어문회
출판교재

漢字能力 檢定試驗

特級

권하는 글

우리 겨레는 아득한 옛날부터 우리말을 쓰면서 살아 왔다. 아마 처음에는 요사이 우리가 쓰고 있는 '아버지, 어머니, 위, 아래, 하나, 둘, 바위, 돌, 물, 불' 같은 基礎語彙가 먼저 쓰였을 것이다.

그러다가 약 2천년 전부터, 당시로는 우리 겨레보다 文化水準이 높았던 이웃나라의 中國 사람들과 접촉하면서 그들의 글자와 글인 漢字와 漢文을 받아들이게 되고 漢字로 이루어진 語彙도 많이 빌려 쓰게 되었다. 이리하여 우리 겨레는 우리의 固有語와 함께, '父·母, 上·下, 一·二, 岩·石'과 같은 漢字語를 쓰게 되었으며, 본래 우리말의 基礎語彙에 없던 抽象的인 말, 예를 들면 '希望, 進步, 勇氣, 特別'과 같은 語彙와, 사회제도 및 정부 기구를 나타내는 '科擧, 試驗, 判書, 捕校' 등도 함께 써 오게 되었다.

이러한 현상은 오늘날에도 마찬가지여서, 새로운 文物制度가 생기고 學問이 발달하면, 자연스러이 漢字로 새 단어를 만들어 쓰는 일이 많다. '治安監, 元士, 修能試驗, 面接考査, 高速電鐵, 宇宙探索, 公認仲介士' 등 예를 이루 다 들 수가 없다.

따라서 우리는 이미 우리말 안에 녹아들어 있는 漢字語를 정확하게 이해하여, 순수한 우리의 固有語와 함께 우리말을 더욱 올바르게 사용하기 위하여 漢字를 공부하여야 한다.

韓國語文敎育硏究會에서는 우리 국민의 漢字에 대한 이해를 促進시키고 國語 생활의 수준을 向上시키고자 여러 漢字 학습 敎材를 編纂해 왔다. 또 한편으로는 韓國漢字能力檢定會에서 시행하고 있는 全國漢字能力檢定試驗에도 對備할 수 있도록 級數別로 漢字를 配定하고, 漢字마다 標準이 된 訓과 音, 그리고 長短音을 표시하였으며, 누구나 알아야 될 類義語, 反意語(相對語), 故事成語, 漢字의 部首, 널리 쓰이고 있는 略字 등도 자세히 제시해 두고 있다.

우리의 漢字學習 目的은 어디까지나 國語 안의 漢字語를 제대로 알고자 하는 데 있으나, 이러한 漢字학습을 통하여 우리의 文化遺産인 漢文典籍을 읽어 내고, 漢語를 배우는 데도 도움이 될 수 있을 것이라고 믿는다.

韓國語文敎育硏究會 會長　姜 信 沆

머리말

國語 어휘의 70% 정도를 차지하고 있는 것이 漢字語입니다. 30여 년 간의 한글 專用 교육은 국민의 國語 能力을 低下시킴으로써 상호간 意思疏通을 모호하게 하고, 學習 能力을 減少시켰을 뿐만 아니라, 傳統과의 단절, 漢字文化圈 내에서의 孤立이라는 결과를 빚어냈습니다.

이미 30여 년 전에 이런 한글 專用 교육의 盲點을 파악하고 漢字 교육을 통한 國語 교육 正常化를 기치로 발족한 韓國語文教育硏究會는 잘못된 語文 정책을 바로잡기 위한 여러 활동을 꾸준히 벌여 왔습니다. 語文 정책을 바로잡기 위한 활동의 강화 차원에서 社團法人 韓國語文會를 창립하였고, 公教育에서 담당하지 못하고 있는 漢字 교육을 장려하기 위하여 韓國漢字能力檢定會를 설립하였습니다.

국민의 言語 能力, 事務 能力 低下는 필연적으로 國家와 社會 양 쪽에서부터 반성을 불러 일으켰습니다. 政府는 公文書에 漢字를 倂記하자는 결정을 내렸으며, 한편으로 經濟 단체에서는 漢字 교육의 필요성을 力說하고 있습니다. 머지않아 公教育에서도 漢字가 混用된 교재로 정상적인 학습을 할 날이 到來할 것을 의심치 않습니다.

한글 전용 교육을 받고 자라난 世代가 이제는 社會의 중장년층이 된 바, 漢字를 모르는 데서 오는 불편을 후손에게 대물림하지 않기 위하여 漢字 교육에 관심을 보이고 있습니다. 이는 全國漢字能力檢定試驗에 응시하는 미취학 아동과 초등학생 지원자의 수가 꾸준히 증가하는 것에서 확인할 수 있습니다

韓國語文教育硏究會는 全國漢字能力檢定試驗 교재를 이미 10여 년 전에 출간하였으나 그 내용이 지나치게 간단하였기에, 학습자들이 보다 쉽게 漢字를 익히고, 全國漢字能力檢定試驗에 대비할 수 있는 級數別 自習書의 보급이 필요하다고 판단하여, 이 학습서를 출간하게 된 것입니다. 이 책은 각 級數別 읽기와 쓰기 配定 漢字를 구별하여, 각각의 활용 단어를 넣었으며, 그 외 部首, 劃數, 訓音, 讀音, 長短音, 筆順, 略字, 俗音字, 多音字, 故事成語, 反義語, 類義語, 轉義語 등을 갖춤으로써 종합적 漢字 학습을 가능케 하였습니다.

이 학습서가 全國漢字能力檢定試驗을 준비하는 모든 분들에게 훌륭한 길잡이가 되기를 바라마지 않습니다.

韓國語文教育硏究會 編纂委員長　南 基 卓

일러두기

1 漢字의 理解 篇을 두어 參考토록 하였습니다.

2 韓國語文敎育硏究會 選定 特級 配定漢字 5,978字의 部首와 劃數, 代表訓音을 提示하였습니다. 代表訓音은 韓國語文敎育硏究會, 社團法人 韓國語文會, 韓國漢字能力檢定會가 指定한 訓音을 따랐습니다. 劃數는 總劃에서 部首의 劃數를 뺀 나머지 劃으로 統一하였습니다.

3 各 漢字의 級數를 '아라비아' 數字로 表示하였습니다. 쓰기까지 考慮하여 級數를 16段階로 나누어 숫자로 表示하였습니다. 00~80 範圍는 읽기 範圍이고, 10~80 範圍는 쓰기 範圍가 됩니다.

4 漢字語 語頭에서의 音의 長短을 알 수 있도록 長音으로 發音하는 漢字는 :으로, 漢字語에 따라 長短音이 區分되는 漢字는 (:)으로 表示하였습니다. 短音인 것은 表示를 하지 않았습니다.

5 長短音 漢字語, 同字異音字(多音字), 俗音 漢字語, 轉義語, 故事成語, 相對語, 類義語, 同音異義語, 略字, 部首別 配定漢字 等을 실었습니다.

6 相對字, 類義字 等은 對等한 關係의 漢字語로 結合되는 것으로 壓縮하였습니다.

7 旣出問題를 揭載하고, 新習漢字 一覽表를 넣어 受驗者의 參考가 되게 하였습니다.

8 漢文의 理解 篇을 두어 參考토록 하였습니다.

級數	記號	內容		累計
特級	00	特級	新習漢字 1,328字	5,978字
特級Ⅱ	02	特級Ⅱ	新習漢字 1,150字	4,918字
1級	10	1級	新習漢字 1,145字	3,500字
2級[人名地名用]	12	2級	新習漢字(538字) 中 1級 쓰기 範圍 밖인 人名地名用 350字	2,355字
2級	20	2級	新習漢字(538字) 中 人名地名用 350字를 除外한 188字	2,005字
3級	30	3級	新習漢字 317字	1,817字
3級Ⅱ	32	3級Ⅱ	新習漢字 500字	1,500字
4級	40	4級	新習漢字 250字	1,000字
4級Ⅱ	42	4級Ⅱ	新習漢字 250字	750字
5級	50	5級	新習漢字(100字)	500字
5級Ⅱ	52	5級Ⅱ	新習漢字(100字)	400字
6級	60	6級	新習漢字 125字	300字
6級Ⅱ	62	6級Ⅱ	新習漢字 125字	225字
7級	70	7級	新習漢字 50字	150字
7級Ⅱ	72	7級Ⅱ	新習漢字 50字	100字
8級	80	8級	新習漢字 50字	50字

漢字能力試驗 應試 要綱

全國漢字能力檢定試驗 級數別 配定漢字 數 및 水準

級數	읽기	쓰기	수준 및 특성
特級	5,978	3,500	國漢混用 古典을 不便 없이 읽고, 研究할 수 있는 水準 高級
特級Ⅱ	4,918	2,355	國漢混用 古典을 不便 없이 읽고, 研究할 수 있는 水準 中級
1級	3,500	2,005	國漢混用 古典을 不便 없이 읽고, 研究할 수 있는 水準 初級
2級	2,355	1,817	常用漢字의 活用은 勿論 人名地名用 基礎漢字 活用 段階
3級	1,817	1,000	高級 常用漢字 活用의 中級 段階
3級II	1,500	750	高級 常用漢字 活用의 初級 段階
4級	1,000	500	中級 常用漢字 活用의 高級 段階
4級II	750	400	中級 常用漢字 活用의 中級 段階
5級	500	300	中級 常用漢字 活用의 初級 段階
5級II	400	225	中級 常用漢字 活用의 初級 段階
6級	300	150	基礎 常用漢字 活用의 高級 段階
6級II	225	50	基礎 常用漢字 活用의 中級 段階
7級	150	–	基礎 常用漢字 活用의 初級 段階
7級II	100	–	基礎 常用漢字 活用의 初級 段階
8級	50	–	漢字 學習 動機 附與를 爲한 級數

▶▶ 上位級數 漢字는 下位級數 漢字를 모두 包含하고 있습니다.

▶▶ 쓰기 配定漢字는 한 두 級數 아래의 읽기 配定漢字이거나 그 範圍 內에 있습니다.

▶▶ 初等學生은 4級, 中·高等學生은 3級, 大學生은 1級, 專攻者는 特級 取得에 目標를 두고, 學習하길 勸해 드립니다.

全國漢字能力檢定試驗 出題基準

區 分	特級	特級Ⅱ	1級	2級	3級	3級Ⅱ	4級	4級Ⅱ	5級	5級Ⅱ	6級	6級Ⅱ	7級	7級Ⅱ	8級
讀音	45	45	50	45	45	45	32	35	35	35	33	32	32	22	24
漢字쓰기	40	40	40	30	30	30	20	20	20	20	20	10	0	0	0
訓音	27	27	32	27	27	27	22	22	23	23	22	29	30	30	24
完成型[成語]	10	10	15	10	10	10	5	5	4	4	3	2	2	2	0
反義語	10	10	10	10	10	10	3	3	3	3	3	2	2	2	0
뜻풀이	5	5	10	5	5	5	3	3	3	3	2	2	2	2	0
同音異義語	10	10	10	5	5	5	3	3	3	3	2	0	0	0	0
部首	10	10	10	5	5	5	3	3	0	0	0	0	0	0	0
同義語	10	10	10	5	5	5	3	3	3	3	2	0	0	0	0
長短音	10	10	10	5	5	5	3	0	0	0	0	0	0	0	0
略字	3	3	3	3	3	3	3	3	3	3	0	0	0	0	0
筆順	0	0	0	0	0	0	0	0	3	3	3	3	2	2	2
漢文	20	20	0	0	0	0	0	0	0	0	0	0	0	0	0
計	200	200	200	150	150	150	100	100	100	100	90	80	70	60	50

▶▶ 出題基準表는 基本指針으로서, 出題委員의 意圖에 따라 項目別 問項數에는 誤差가 發生할 수 있습니다.

全國漢字能力檢定試驗 試驗 時間 및 合格 基準

區 分	特級	特級Ⅱ	1級	2級	3級	3級Ⅱ	4級	4級Ⅱ	5級	5級Ⅱ	6級	6級Ⅱ	7級	7級Ⅱ	8級
出題問項	200		200	150			100				90	80	70	60	50
合格問項	160		160	105			70				63	56	49	42	35
試驗時間	100分		90分	60分			50分								

▶▶ 特級~1級은 出題問項의 80% 以上, 2級~8級은 70% 以上 得點하면 合格입니다.

▶▶ 1問項當 1點으로 級數別 滿點은 出題問項數와 같습니다. 百分率 換算點數를 使用하지 않습니다.

▶▶ 合格發表時 提供되는 點數 또한 合格者의 得點問項數입니다.

▶▶ 應試者는 試驗 始作 20分前까지 考査室에 入室하셔야 하며, 同伴者는 20分前까지 考査場 밖으로 退場하여야 합니다.

▶▶ 答案 作成이 完了된 분은 언제든 退室 可能합니다. 考査場 밖으로 退場해야 하며, 試驗 完了까지 考査場 안으로 再入場할 수 없습니다.

漢字能力級數 取得者 優待事項

- 取得 級數의 國家公認 與否, 取得 級數의 取得年度나 效用度에 따라 優待가 달라질 수 있습니다. 最新 情報는 韓國漢字能力檢定會 홈페이지(http://www.hanja.re.kr) 또는 優待를 提供하는 機關의 案內를 參考하시기 바랍니다.
- 資格基本法 第27條에 依據, 國家資格 取得者와 同等한 待遇 및 惠澤을 받습니다.
- 大入 面接時 加算點이 附與됩니다.(該當學校에 限함.)
- 韓國教育開發院 學點銀行의 學點에 反映됩니다.(現在 1級에 限함.)
- 大學(校) 學點 및 卒業 認證에 反映됩니다.(該當學校에 限함.)
- 大學(校) 隨時募集 및 特別銓衡에 反映됩니다.(該當學校에 限함.)
- 陸軍 幹部 昇進 考課에 反映됩니다.(副士官 5級, 尉官將校 4級, 領官將校 3級 以上)
- 企業體 入社 및 人事考課에 反映됩니다.(該當企業에 限함.)

차 례

漢字

(社) 韓國語文會 主管 / 韓國漢字能力檢定會 施行

1 章

漢字의 理解

1. 漢字의 起源과 傳來

漢字의 起源과 관련한 학설은 結繩說, 八卦說, 河圖洛書說, 倉頡造字說, 陶畫(陶符)說 등이 있다. 이 중 紀元前 4,000年頃의 질그릇에 그려진 그림 또는 부호가 漢字의 起源이라는 陶畫(陶符)說이 현재의 通說이라 할 수 있다. 이 陶文은 殷代의 甲骨文, 周代의 金文(金石文), 戰國文字, 秦代의 篆書(大篆, 小篆), 漢代의 隸書로 변천을 보이다가 漢나라 말기에 드디어 오늘날까지 쓰이는 楷書(正書, 眞書)가 나오고, 이후 行書, 草書 등의 書體도 나오게 되었다.
漢字가 우리나라에 傳來된 시기는 정확하지 않다. 그러나 기원전부터 古朝鮮과 韓 등 만주와 한반도의 古代 정치세력들이 中國과 부단한 접촉을 가졌음은 文獻과 考古 유적 유물로 확인되고 있는 바 이런 交流 속에서 아마도 漢字는 자연스럽게 導入되었을 것이다.
訓民正音이 창제되고, 壬辰倭亂 이후 古代小說 등이 등장하면서 訓民正音의 사용이 점차 증가하였으며, 19세기 이후에는 國漢混用文이 널리 쓰이면서 현재까지도 쓰이고 있다. 解放 이후 한글專用論이 득세하면서 漢字 사용이 많이 줄어들었지만 점차 漢字의 필요성이 인식되면서 필요한 漢字는 混用하자는 주장이 지지를 얻어 가고 있다. 漢字는 한글과 더불어 國語를 표기하는 文字의 하나이다. 소리글자(한글)와 뜻글자(漢字)의 混用은 一文字 專用의 단점을 극복하고 相乘作用을 일으켜 韓國人의 理想的 文字生活을 가능케 해 준다고 하겠다.

2. 漢字와 六書

六書는 後漢시대에 許愼이 『說文解字』에서 정리한 것으로, 象形, 指事, 會意, 形聲, 轉注, 假借이다. 六書는 漢字의 生成 원리를 설명하는 방법으로, 한자의 모양(形), 소리(音), 뜻(意)의 세 요소를 가지고 여섯 가지 방법으로 한자를 설명하는 것이다.

(1) 象形文字는 사물의 모양을 본떠서 만든 글자이다. 日, 月, 山, 川, 鳥, 魚 등이 이에 해당한다.

(2) 指事文字는 구체적인 모양을 나타낼 수 없는 사상이나 개념을 선이나 점 등으로 나타낸 글자이다. 上, 下, 一, 二 등이 이에 해당한다.

(3) 會意文字는 두 개 이상의 글자가 뜻으로 결합하여 만들어진 글자이다. 밝은 해(日)와 밝은 달(月)을 합쳐 밝다(明)는 글자를 만드는 식이다. 男, 林, 仕, 炎, 孝 등이 이에 해당한다.

(4) 形聲文字는 모양과 소리, 즉 뜻을 나타내는 漢字와 소리를 나타내는 漢字를 결합하여 만들어진 글자이다. 聞의 경우 소리는 門이 뜻은 耳가 담당하는 식이다. 이미 있는 글자를 활용하여 뜻과 소리를 배정하는 데서 매우 쉬운 방법이었으므로 대부분의 漢字는 바로 이 形聲의 원리에 의하여 만들어 졌다. 刊, 忙, 仙, 淸 등이 이에 해당한다.

(5) 轉注文字는 바퀴가 굴러 자리를 옮기고(轉), 다른 땅에 물을 대듯(注) 이미 있는 글자의 뜻을 확대, 유추하여 새로운 뜻을 가지게 된 文字이다. 老를 예로 들면 허리를 구부리고 지팡이를 짚은 사람의 모습을 그린 象形文字로 '늙은이'의 뜻이나, 연륜이 쌓이면 그 만큼 경험도 많아 일에 익숙해지는 데서, '익숙하다'의 뜻이 나오게 되었다. 새로운 뜻에는 새로운 소리가 담기는 경우도 있다. 惡은 마음(心)이 온전하지 않은(亞) 것으로 '악할 악'의 訓音이 되었는데, 악한 것은 사람들이 미워한다는 데서 '미워할 오'의 訓音이 파생된 경우를 들 수 있다.

(6) 假借文字는 의성어, 의태어, 외래어 등을 표기하기 위하여 글자의 소리를 빌려다 쓴 文字이다. 예로 佛蘭西는 프랑스를, 露西亞나 俄羅斯는 러시아를 발음대로 표기하기 위하여 빌려 쓴 글자이다. 이 경우 漢字音이 나라마다 달라 처음으로 假借文字를 만든 나라의 漢字 표기만 가져다가 그 나라의 漢字音으로 읽을 경우 原音과는 차이를 보일 수도 있다. 또 경우에 따라서는 美國 달러화의 표기 모양과 비슷한 漢字인 弗을 빌려서 美國 달러화를 표기하는 등 뜻과는 무관하게 모양만 빌리는 경우도 있다. 또 새로운 글자가 필요하거나 이미 있는 글자를 피하여 다른 글자를 쓰고 싶을 때 모양이나 소리가 비슷한 글자를 빌려다가 쓰는 경우가 있다. 鐘(쇠북 종) 대신에 鍾(술그릇 종 → 쇠북 종)을 쓰거나 脣(입술 순) 대신에 唇(놀랄 진 → 입술 순)을 쓰는 것 등이다. 이 경우의 假借는 漢字를 복잡하게 만드는 측면도 있어 이미 假借文字가 原字의 기능을 대신하는 경우를 제외하고는 가능하면 사용을 자제하는 것이 좋다. 다만 옛 文獻을 읽을 때는 假借가 많아 알아두지 않을 수 없다.

3. 漢字와 破字

破字는 漢字의 字劃을 풀어 나누는 것이다. 예로 字는 宀과 子로, 李는 木과 子 또는 十과 八과 子로 나누는 것 등이다. 破字풀이는 이 나누어진 각각의 字劃을 가지고 漢字의 뜻을 풀이하는 것으로 形聲文字 조차도 會意文字 분석법으로 풀이하는 것이 주가 된다. 예로 他는 人(사람)과 也(살무사)로 나누어 '사람은 제 어미를 죽이는 살무사와는 다르다는 데서 ' 다르다'의 뜻이다'라고 풀이하는 것 등이다.

漢字의 대부분을 이루는 形聲文字는 반드시 形과 聲으로 구분되는 것은 아니다. 聲符는 비단 表音할 뿐만 아니라 또한 表義도 할 수 있다. 예를 들어 衷자의 形符 衣는 이 글자의 지칭 대상이 옷가지 종류임을 나타내며 聲符 中은 이 글자의 字音이 '중'임을 나타냄과 동시에 또한 글자 뜻에 안(內), 裏(속)의 뜻이 있음을 나타낸다. 衷은 衣가 뜻(속옷)을, 中이 소리를 나타내는 形聲文字이고, 동시에 中(속)과 衣(옷)가 결합한 會意文字이기도 한 것이다. 形聲文字의 聲符라도 반드시 소리만을 나타내는 것이 아니고 뜻도 고려하여 聲符를 택했다는 사실은 破字의 원리가 된다.

한편 더 이상 破字할 수 없는 지경까지 破字하여 글자를 풀이하는 경우와, 六書의 원리를 완전히 무시하고 행해지는 破字도 있는 데, 이는 흥미 위주의 글자 풀이이고, 學術的으로 큰 의미를 부여하기는 어렵다.

4. 漢字의 字形

漢字의 字形은 漢字의 역사가 오래된 만큼 많은 변화를 겪었다. 옛날에 쓰였거나 지금도 쓰고 있는 자체로는 甲骨文, 金文(金石文), 戰國文字, 篆書(大篆, 小篆), 隷書, 楷書(正書, 眞書), 行書, 草書 등이 있다. 이를 모두 다 공부한다는 것은 專門家에게도 어려운 일이고, 일반인에게는 꼭 필요한 부분도 아니다. 漢字 學習의 대상이고 현재 우리가 쓰는 漢字의 標準이 되는 字體는 楷書이므로 우선 楷書體 字形에 익숙해지면 된다.

漢字는 楷書 계통의 글자체를 기준으로 劃이 분명하고 누구나 알아 볼 수 있게 써야 하며, 흘림체 글씨를 쓰면 타인이 보기에 잘못 쓴 것으로, 글자 모양을 정확히 모르는 것으로 판단할 수 있다.

5. 混同하기 쉬운 漢字_形似字

漢字에는 모양이 거의 같거나 類似한 글자들이 있는데, 이를 잘 구분하여 써야 한다. 已(이미 이), 巳(뱀 사), 己(몸 기), 㔾(병부 절) 등이 이런 글자이다. 한편 胄(肉부 5획, 맏아들 주)와 冑(冂부 7획, 투구 주), 玆(玄부 5획, 검을/이 자)와 茲(艸부 6획, 초목우거질/이 자)처럼 거의 구별하기 어려운 글자도 있는데, 이런 경우는 예로부터 같은 글자로 간주하다시피 하였으므로 문장 상에서 어울리는 글자를 보아 그 뜻을 살펴야 한다. 그 외 汨(水부 4획, 골몰할 골 | 물이름 멱), 汩(水부 4획, 물흐를 율 | 빠질 골) 등도 주의하여야 할 글자이다.

6. 漢字의 筆順

漢字를 쓰는 데는 일정한 규칙이 있다. 漢字의 書體 중에 草書라는 흘림 글씨체가 있는데, 이 역시 알아보기 어렵게 쓴 듯하지만 필요한 劃은 갖추고 있다

漢字를 쓸 때는 그 역사 속의 대부분에서 붓을 이용했으므로, 書體는 붓글씨를 중심으로 이루어져 왔는데, 붓을 한 번 움직여 쓸 수 있는 부분을 한 劃이라고 하며, 劃은 형태에 따라 點과 線으로, 線은 다시 直線과 曲線으로 구별한다. 筆順 또는 劃順이란 결국 이 點과 線을 쓰는 순서를 말하는 것이다.

筆順은 漢字를 그리는 것이 아니라 모양 있게 쓰면서 빠르고 정확하게 쓸 수 있는 방법이므로 部首字를 중심으로 常用漢字의 筆順은 익혀 두는 것이 좋다.

(1) 점 　丶 왼점, 　丶 오른점, 　丿 오른점삐침, 　㇀ 치킴

(2) 직선 　一 가로획, 　丨 세로획, 　乛 평갈고리, 　亅 왼갈고리,

　　　　㇙ 오른갈고리, 　㇕ 꺾기

(3) 곡선 　丿 삐침, 　㇏ 파임, 　乚 새가슴, 　㇄ 지게다리,

　　　　㇂ 누운지게다리, 　㇁ 굽은갈고리, 　辶 받침

筆順의 대원칙은 다음과 같다.

(1) 위에서 아래로 쓴다.

例 三 : 一 二 三

(2) 왼쪽에서 오른쪽으로 쓴다.

例 川 : 丿 川 川

(3) 가로획을 먼저 쓰고 세로획은 나중에 쓴다.

例 大 : 一 ナ 大

복합적인 글자는 이의 대원칙이 순서대로 적용된다.

例 共 : 一 十 廾 共 共 共

(4) 가로획과 세로획이 교차할 때에는 가로획을 먼저 긋는다.

例 古 : 一 十 十 古 古

(5) 좌우 대칭일 때는 가운데 획을 먼저 긋는다.

例 小 : 亅 小 小

(6) 몸(에운담)을 먼저 긋는다.

例 國 : 丨 冂 冂 冂 冂 冂 冂 國 國 國 國

　 同 : 丨 冂 冂 冂 同 同

(7) 글자 전체를 꿰뚫는 획은 나중에 긋는다.

例 中 : 丶 口 口 中

　 母 : ㇄ 母 母 母 母

(8) 삐침(丿)과 파임(乀)이 어우를 때는 삐침을 먼저 한다.

例 父 : 

(9) 오른쪽 위의 점은 맨 나중에 찍는다.

例 代 : 

(10) 辶, 廴 받침은 맨 나중에 한다.

例 近 : 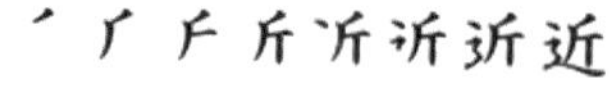

建 : 

위의 원칙과 다른 기준도 적용되어 두 가지 이상 筆順이 있는 글자들도 더러 있고, 위의 원칙을 벗어난 예외적인 글자도 혹 있을 수 있다. 그런 경우는 별도로 익혀두는 수밖에 없다.

7. 字典의 活用

보통 字典과 玉篇을 같은 것으로 혼동하는데, 본래 玉篇은 梁나라 때 顧野王이라는 學者가 편찬한 字典 중의 하나였다. 이 책의 원본은 오늘날 비록 전하지 않지만 片鱗으로만 살펴보아도 대단한 力作으로 이후 字典의 대명사가 되었던 까닭에 오늘날까지 字典을 대신하는 이름으로도 쓰이고 있는 것이다. 현재 우리나라에서 주로 쓰이는 字典은 朝鮮朝 字典들을 거쳐 1915년 朝鮮光文會에서 간행한『新字典』계통의 字典이다.

漢字를 접하다 보면 모르는 글자를 만날 수 있고, 알고 있는 訓音으로는 이해되지 않는 말을 만날 수 있다. 이런 경우에는 字典을 찾아 글자의 풀이와 용례 등을 살펴 의문을 풀어야 한다.

字典을 활용하기 위해서는 앞서 언급한 部首字들을 먼저 알아야 한다. 字典은 部首別로 漢字를 분류하고 그 部首에 속한 글자들을 劃順(部首의 劃은 제외)으로 열거하고 있기 때문이다.

따라서 모르는 글자가 있는 경우 먼저 그 글자의 部首字를 찾아낼 수 있어야 한다. 다음에는 字典의 部首索引에서 그 部首에 속한 글자들이 몇 면에 있는 가를 알아보고, 거기서 部首를 제외한 나머지 글자의 劃數를 계산하여 찾으면 된다.

部首를 모르거나 하는 경우에는 음을 추정하여 字音索引을 통하여 검색할 수 있다. 이도 용이치 않을 때는 漢字의 總劃數을 세어 總劃索引을 통하여 검색할 수 있다.

2章

漢字의 訓音

1. 代表訓音의 理解

訓은 漢字의 새김(뜻)을, 音은 漢字의 소리를 말한다. 예로 漢字 '天'을 예로 들면 訓은 '하늘, 임금, 목숨, 크다' 등이고, 音은 '천'이다. 音은 비교적 明確하고 限定되어 있지만 訓은 대체로 그 범위가 넓다. 오랜 세월에 걸쳐 사용되어 오는 동안 원래의 뜻이 확장되거나 다른 뜻이 추가되어 대부분의 漢字가 하나 이상의 訓을 가지고 있다. 그래서 學習者 사이에 의사소통의 필요상 漢字 한 字 한 字에 이름을 지어 주는 작업이 必要하게 되었다. 예로 漢字 '天'은 '하늘 천, 임금 천, 목숨 천, 클 천' 등으로 여러 訓이 있지만 오랜 세월 '하늘 천'이 代表訓音으로 자리 잡아 대부분의 사람이 '목숨 천'이라 하면 잘 모르지만 '하늘 천' 하면 바로 '天'이라는 글자모양을 떠 올리는 것이다. 그래서 代表訓音이 생기게 되었다. 代表訓音은 오랜 세월 전승되어 온, 말 그대로 그 글자를 대표하는 訓音으로 정착된 것이므로 代表訓音을 먼저 외고 의사소통이나 답안 작성에 代表訓音을 제시하는 것이 좋다.

代表訓音은 어떻게 選定된 것인가? 韓國語文敎育硏究會 選定 代表訓音은 『東國正韻』, 『三韻聲彙』, 『全韻玉篇』, 『訓蒙字會』, 『新增類合』, 『石峰千字文』, 『倭語類解』, 『兒學編』, 『字類註釋』, 『字典釋要』, 『新字典』, 기타 諺解文獻 등 傳來文獻에 보이는 漢字 한 字 한 字의 訓音을 검토하여 ① 傳統訓音은 그 글자를 대표할 만한 보편적이고 합리적인 訓音으로 오랜 세월 전승되어 왔으므로 이를 존중한다. ② 一字一訓一音을 원칙으로 하고, 부득이한 경우 複數 訓音을 代表訓音으로 한다. ③ 순우리말(固有語) 訓을 살리며, 用例를 訓으로 삼는 것은 避한다. ④ 從來의 俗訓을 避하고, 正訓을 원칙으로 한다. ⑤ 固有語의 의미가 바뀐(轉移) 경우에는 現代語를 살려 訓音으로 삼는다는 등의 원칙하에 選定되었다.

〈訓音採點基準〉

代表訓音 외에 위에 열거한 傳統 字典類에 등장하는 訓은 典據가 확실한 訓으로 맞는 訓으로 처리한다. 다만 固有語의 의미가 바뀌거나(轉移) 한글 철자에 변동이 있는 경우에는 現代語를 살리는 방향으로 한다. 참고로 다음의 訓音은 認定되지 않는다.

① 어떤 글자의 訓音에 대하여 個人的 見解를 담은 경우 : 字典이나 學習 敎材는 개인적으로 編纂한 것도 있고, 學會나 出版社에서 編纂委員會를 구성하여 共同으로 編纂한 것도 있다. 물론 이런 著作들은 典據를 가지고 編纂되어야 하고 어떤 글자의 訓音에 대하여 개인적 견해를 담은 경우에는 개인적 의견임을 표시하여야 하고, 公式化하려면 關係 學者들의 同意를 얻는 절차를 밟아야 한다. 여러 사람의 同意를 얻지 못한 견해는 한 개인의 의견에 지나지 않으며, 이런 부분은 試驗에서 인정되지 않는다. 물론 妥當性이 있는 訓音이라면 토론을 거쳐 수용하는 절차를 밟게 되지만 當該 試驗에 막 바로 適用되지는 않는다. 字典을 이용하려면 大學의 漢字 關聯 學科에서 많이 이용하는 權威있는 字典을 구입해야 한다.

② 編纂 과정의 실수로 訓音이 잘못된 경우 : 編纂 과정의 실수로 訓音이 잘못된 경우가 있다. 틀린 것으로 바른 것을 바꿀 수는 없으므로 이런 경우는 구제받을 길이 없다. 學習하면서 의심나는 부분은 관련 기관에 質疑를 하고, 해당 기관에서 배포하는 正誤表

등을 이용하여 틀린 것을 바로잡아야 한다.

③ 특별한 경우를 제외하고는 나라이름, 성(姓), 물이름, 나무이름, 땅이름 등으로 訓을 쓰는 것은 정답으로 인정하지 않는다. 이런 漢字는 하나 둘이 아니어서 이를 용인할 경우, 대부분의 漢字가 이러한 訓으로 대체되어 버리고, 정작 중요한 訓들이 후순위로 밀릴 것이기 때문이다. 또 이런 경우는 그 글자가 성(姓)으로 쓰이고, 이름자로도 쓰인다는 것을 보이는 것이지 엄밀하게는 訓이라 보기에는 어려운 것이다. 英(꽃부리 영)을 예로 들면 '나라이름 영', '영국(英國) 영'과 같은 형태의 訓音은 인정하지 않는다. 英國의 英은 英吉利를 줄인 것이고, England의 音借(假借)이다. 소리를 빌리면서 뜻도 취하여 England를 꽃부리 같고, 길하고, 이익이 되는 나라로 지칭하고 있는 것이다. 실제로 英이 英國을 지칭하는 말로 쓰여, '나라이름 영'이라고 하기도 하나 이를 인정하지 않는 것은 이를 용인할 경우, 美는 나라이름 미, 佛은 나라이름 불 등으로 나라이름으로 쓰이는 대부분의 漢字가 이러한 訓으로 대체되어 버리고, 정작 중요하고 일반적인 訓 즉, 美(아름다울 미), 佛(부처 불) 등이 후순위로 밀릴 것이기 때문이다. 梁의 경우, 나라이름으로도 쓰이고, 성씨로도 쓰이기 때문에 '성(姓) 량', '양(梁)나라 량' 이라 할 수도 있지만 이를 인정치 않는 것은 보다 일반적인 '들보 량'을 알고 있는 가를 확인하고자 하기 때문이다. 沮의 경우 沮水라는 강이 있어 이를 '물이름(沮水) 저'라 하기도 하지만 이를 인정치 않는 것은 보다 일반적인 '막을 저'를 알고 있는 가를 확인하고자 하기 때문이다. 桑의 경우 이를 '나무이름 상'으로 하면 인정하지 않는다. 구체적으로 '뽕나무 상'으로 답하여야 한다. 그러나 다른 訓이 없이 姓氏, 人名, 地名, 國名, 山名, 水名 등으로 쓰이는 漢字는 예외적으로 '~이름'을 인정한다. 全國漢字能力檢定試驗이 代表訓音을 내세우는 이유 중의 하나는 보다 일반적인 전통 訓을 익힐 수 있도록 유도하는 취지도 있다는 점을 염두에 두어야 한다.

④ 특별한 경우를 제외하고는 漢字 단어를 訓으로 쓰면 인정되지 않는다. 모든 漢字를 순우리말 訓으로만 하는 것은 어려움이 있어, 全國漢字能力檢定試驗도 부득이하게 傳來文獻에 根據가 있는 漢字단어로 된 訓은 수용하고 있다. 그러나 기타의 漢字단어 訓은 대체로 수용치 않는다. 漢字말 訓을 認定하는 경우는 訓으로서의 資格 要件을 갖추고 있어야 하고, 순우리말 訓이 없거나 순우리말 訓 보다는 漢字말 訓이 더욱 일반적으로 알려져 있다고 판단되는 경우에 한한다. 일례로 哨(망볼 초)를 '보초(步哨) 초'로 하면 誤答이 된다. 步哨의 步(걷는다)의 의미가 哨에는 없기 때문이다. 斬(벨 참)을 '참신할 참'으로 하면 誤答이 된다. 斬에는 新(새롭다)의 의미가 없기 때문이다. 이런 漢字말은 일단 訓으로서의 資格 要件을 갖추지 못하고 있으므로 논할 것도 없다. 예외적으로 區를 '구분(區分)할 구'라 하면 이를 인정한다. 나눌 구(區), 나눌 분(分)으로 區分의 의미를 區 혼자서도 대변할 수 있고 '나누다'의 순우리말 訓 보다는 이 訓이 더욱 일반적으로 알려져 있다고 판단하였기 때문이다. 그러나 戰(싸움 전)을 '전쟁(戰爭) 전', '전투(戰鬪) 전'이라 하면 인정되지 않는다. 訓의 자격 요건을 갖추었다고 보이지만 '싸움'이라는 전통 훈이 보다 일반적이므로, '전쟁'이나 '전투'를 인정하고 보태야 할 이유가 없는 것이다. 漢字의 訓을 익히는 까닭은 그 글자가 들어간 다른 單語를 접했을 때 이미 익힌 訓으로 그 뜻을 쉽게 유추할 수 있을 것이기 때문이다. 漢字 訓을 漢字 單語로 한다면 정확한 의미를 모른 채 역시 漢字의 소리만 외우게 되는 결과를 초래할 것이고,

漢字의 訓은 不知其數로 많아질 것이다. 역시 傳統 訓을 중심으로 學習하는 것이 좋다.

⑤ 특별한 경우를 제외하고는 해당 漢字의 音으로 訓을 쓰면 인정되지 않는다. 예로 學(배울 학)을 '학 학'이라 하면 誤答이다. 그러나 脈(맥 맥), 串(곶 곶), 籠(농 롱) 등은 인정된다. 이런 경우는 漢字의 音이 이미 하나의 독립된 의미체계를 이루면서 單語가 된 것이고, 또, 그 訓을 다른 訓들과 비교하여 대표 訓에 준할 정도로 중요한 자리를 차지하고 있다고 인정되기 때문이다. 그러나 音으로 訓이 되는 글자들도 대부분 다른 訓이 있으므로 가능하면 音으로 訓을 삼는 것은 피하는 것이 좋다.

참고로 漢字는 名詞나 形容詞 등이 구분되지 않고 쓰이거나 能動 被動 使動 受動 등이 구분되지 않고 쓰이는 경우가 있다. 또 漢字의 訓은 含蓄性 있게 表現되는 것이 많다. 예로 '길다, 길게 하다, 길어지다, 긺, 길이, 긴' 등등은 우리말에서는 분명 다른 것이지만 漢字는 '長'이라는 漢字로 이 모든 것을 表現할 수 있다. 그러나 '長'이 이를 다 표현한다고 하여 訓音을 '길다 장, 길게 하다 장, 길어지다 장, 긺 장, 길이 장, 긴 장, 길 장' 등으로 모두 摘示하지는 않으며 보통 '긴 장'이나 '길 장' 정도로 壓縮하여 表現하는 것으로 그치고 이런 語尾의 변화나 態의 변화는 일일이 摘示하지 않는 것이 일반적이다. 漢字의 特性을 이해하면 되는 것을 訓으로 복잡하게 表現할 필요는 없기 때문이다.

訓音을 적는 것도 오랜 원칙이 있다. 訓音을 동시에 적을 때는 訓과 音 사이를 한 칸 띄우고, 訓이 形容詞나 動詞인 경우에는 원형을 밝히지 않고 '~ㄹ', '~할'의 활용으로 訓이 音을 修飾하는 형태로 표현하는 것이 오랜 원칙이다. 예로 天은 '하늘 천', 感은 '느낄 감', 動은 '움직일 동'으로 표현한다. 최근에는 '느끼다 감', '움직이다 동'과 같이 원형을 밝혀 적기도 하지만 그러나 오랜 訓音 표기법을 존중하는 것이 좋다.

다음은 特級 配定漢字의 代表訓音을 밝힌 것이다. 級數와 部劃도 참고로 넣었다.

2. 特級 配定漢字의 代表訓音

特級 配定漢字는 韓國語文教育研究會 選定 5,000字(未發表)를 骨幹으로 하고, 國立國語研究院 選定 3,000字, 大法院 選定 人名用漢字를 參考하였다. 물론 여기에는 8級부터 特級Ⅱ에 이르는 漢字들은 모두 들어 있다. 新習漢字는 1,328字이다. 참고로 特級Ⅱ에 配定된 4,888字에는 略字, 俗字 등이 등재되어 있는 것이 많았으나 이를 솎아내지 않고 모두 넣어 強과 强, 畫와 畵, 祕와 秘, 礙와 碍 등은 字形 기준으로 함께 등록하였다. 이에 대해서는 本文의 <漢字, 正字와 略字>를 참고하기 바란다.

家 72 (宀/07/10) 집 가
歌 70 (欠/10/14) 노래 가
價 52 (人/13/15) 값 가
加 50 (力/03/05) 더할 가
可 50 (口/02/05) 옳을 가:
假 42 (人/09/11) 거짓 가:
街 42 (行/06/12) 거리 가(:)
暇 40 (日/09/13) 틈/겨를 가:

佳 32 (人/06/08) 아름다울 가:
架 32 (木/05/09) 시렁 가:
伽 12 (人/05/07) 절 가
柯 12 (木/05/09) 가지 가
賈 12 (貝/06/13) 성(姓) 가 | 장사 고
軻 12 (車/05/12) 수레/사람이름 가
迦 12 (辵/05/09) 부처이름 가
呵 10 (口/05/08) 꾸짖을 가:
哥 10 (口/07/10) 성(姓) 가
嘉 10 (口/11/14) 아름다울 가
嫁 10 (女/10/13) 시집갈 가
稼 10 (禾/10/15) 심을 가
苛 10 (艸/05/09) 가혹할 가:
袈 10 (衣/05/11) 가사(袈裟) 가
駕 10 (馬/05/15) 멍에 가(:)
枷 02 (木/05/09) 칼/도리깨 가
珂 02 (玉/05/09) 옥이름 가
痂 02 (疒/05/10) 헌데딱지 가
茄 02 (艸/05/09) 가지 가
訶 02 (言/05/12) 꾸짖을 가
跏 02 (足/05/12) 책상다리할 가
哿 00 (口/07/10) 가할 가:
斝 00 (斗/08/12) 옥잔 가
檟 00 (木/13/17) 가나무 가
珈 00 (玉/05/09) 머리꾸미개 가
葭 00 (艸/09/13) 갈대 가 | 멀 하
各 62 (口/03/06) 각각 각
角 62 (角/00/07) 뿔 각
刻 40 (刀/06/08) 새길 각
覺 40 (見/13/20) 깨달을 각
脚 32 (肉/07/11) 다리 각
閣 32 (門/06/14) 집 각
却 30 (卩/05/07) 물리칠 각
珏 12 (玉/05/09) 쌍옥 각
恪 10 (心/06/09) 삼갈 각
殼 10 (殳/08/12) 껍질 각
慤 02 (心/11/15) 정성/삼갈 각
卻 00 (卩/07/09) 물리칠 각
桷 00 (木/07/11) 서까래 각
間 72 (門/04/12) 사이 간(:)
干 40 (干/00/03) 방패 간
看 40 (目/04/09) 볼 간
簡 40 (竹/12/18) 대쪽/간략할 간(:)
刊 32 (刀/03/05) 새길 간
幹 32 (干/10/13) 줄기 간
懇 32 (心/13/17) 간절할 간:
肝 32 (肉/03/07) 간 간(:)
姦 30 (女/06/09) 간음할 간:
杆 12 (木/03/07) 몽둥이 간
艮 12 (艮/00/06) 괘이름 간
墾 10 (土/13/16) 개간할 간
奸 10 (女/03/06) 간사할 간
揀 10 (手/09/12) 가릴 간:
澗 10 (水/12/15) 산골물 간:
癎 10 (疒/12/17) 간질 간(:)
竿 10 (竹/03/09) 낚싯대 간
艱 10 (艮/11/17) 어려울 간
諫 10 (言/09/16) 간할 간:
侃 02 (人/06/08) 강직할 간:
柬 02 (木/05/09) 가릴 간
桿 02 (木/07/11) 막대 간
磵 02 (石/12/17) 시내[澗] 간:

稈 02 (禾/07/12) 볏짚 간
榦 00 (木/10/14) 줄기 간 | 우물난간 한
玕 00 (玉/03/07) 옥돌 간
衎 00 (行/03/09) 즐길/곧을 간
瞯 00 (目/12/17) 엿볼 간: | 곁눈질할 한:
蕑 00 (艸/12/16) 난초/연밥 간
渴 30 (水/09/12) 목마를 갈
葛 20 (艸/09/13) 칡 갈
鞨 12 (革/09/18) 오랑캐이름 갈
喝 10 (口/09/12) 꾸짖을 갈
竭 10 (立/09/14) 다할 갈
褐 10 (衣/09/14) 갈색/굵은베 갈
乫 02 (乙/05/06) 땅이름 갈
曷 02 (曰/05/09) 어찌 갈
碣 02 (石/09/14) 비석 갈
蝎 02 (虫/09/15) 전갈 갈
秸 00 (禾/06/11) 볏짚 갈
感 60 (心/09/13) 느낄 감:
減 42 (水/09/12) 덜 감:
監 42 (皿/09/14) 볼 감
敢 40 (攴/08/12) 감히/구태여 감:
甘 40 (甘/00/05) 달 감
鑑 32 (金/14/22) 거울 감
憾 20 (心/13/16) 섭섭할 감:
勘 10 (力/09/11) 헤아릴 감
堪 10 (土/09/12) 견딜 감
柑 10 (木/05/09) 귤 감
疳 10 (疒/05/10) 감질 감
瞰 10 (目/12/17) 굽어볼 감
紺 10 (糸/05/11) 감색/연보라 감
坎 02 (土/04/07) 구덩이 감
嵌 02 (山/09/12) 끼울 감
戡 02 (戈/09/13) 이길 감
橄 02 (木/12/16) 감람나무 감
鑒 02 (金/14/22) 거울[鑑] 감
龕 02 (龍/06/22) 감실 감
欿 00 (欠/08/12) 서운할 감:
歛 00 (欠/13/17) 바랄 감
矙 00 (目/20/25) 엿볼 감:
酣 00 (酉/05/12) 술즐길 감
减 00 (冫/09/11) 덜 감:
甲 40 (田/00/05) 갑옷 갑
岬 12 (山/05/08) 곶(串) 갑
鉀 12 (金/05/13) 갑옷 갑
匣 10 (匚/05/07) 갑(匣) 갑
閘 10 (門/05/13) 수문 갑
胛 02 (肉/05/09) 어깻죽지 갑
江 72 (水/03/06) 강 강
強 60 (弓/08/11) 강할 강(:)
康 42 (广/08/11) 편안 강
講 42 (言/10/17) 욀 강:
降 40 (阜/06/09) 내릴 강: | 항복할 항
剛 32 (刀/08/10) 굳셀 강
綱 32 (糸/08/14) 벼리 강
鋼 32 (金/08/16) 강철 강
姜 12 (女/06/09) 성(姓) 강
岡 12 (山/05/08) 산등성이 강
崗 12 (山/08/11) 언덕 강
彊 12 (弓/13/16) 굳셀 강
疆 12 (田/14/19) 지경 강
慷 10 (心/11/14) 슬플 강:
糠 10 (米/11/17) 겨 강

腔 10 (肉/08/12) 속빌 강
薑 10 (艸/13/17) 생강 강
堈 02 (土/08/11) 독 강
强 02 (弓/09/12) 강할[強] 강(:)
畺 02 (田/08/13) 지경[疆] 강
絳 02 (糸/06/12) 짙게붉을 강:
羌 02 (羊/02/08) 오랑캐 강
舡 02 (舟/03/09) 배 강
襁 02 (衣/11/16) 포대기 강
鱇 02 (魚/11/22) 아귀 강
杠 00 (木/03/07) 깃대 강
橿 00 (木/13/17) 참죽나무 강
開 60 (門/04/12) 열 개
改 50 (攴/03/07) 고칠 개(:)
個 42 (人/08/10) 낱 개(:)
介 32 (人/02/04) 낄 개:
槪 32 (木/11/15) 대개 개:
蓋 32 (艸/10/14) 덮을 개(:)
慨 30 (心/11/14) 슬퍼할 개:
皆 30 (白/04/09) 다[總] 개
价 12 (人/04/06) 클 개:
塏 12 (土/10/13) 높은땅 개:
凱 10 (几/10/12) 개선할 개:
愾 10 (心/10/13) 성낼 개:
漑 10 (水/11/14) 물댈 개:
箇 10 (竹/08/14) 낱 개(:)
芥 10 (艸/04/08) 겨자 개
愷 02 (心/10/13) 즐거울 개:
疥 02 (疒/04/09) 옴 개
盖 02 (皿/06/11) 덮을[蓋] 개(:)
鎧 02 (金/10/18) 갑옷 개:
槩 00 (木/11/15) 평미레 개:
玠 00 (玉/04/08) 큰홀 개
喈 00 (口/09/12) 새소리/빠를 개
嘅 00 (口/11/14) 탄식할 개
湝 00 (水/09/12) 물흐를 개
客 52 (宀/06/09) 손 객
喀 02 (口/09/12) 토할 객
坑 20 (土/04/07) 구덩이 갱
羹 10 (羊/13/19) 국 갱:
粳 02 (米/07/13) 메벼 갱
硜 00 (石/07/12) 돌소리 갱
賡 00 (貝/08/15) 이을 갱
鏗 00 (金/11/19) 금석소리 갱
秔 00 (禾/04/09) 메벼 갱
臄 00 (肉/13/17) 순대 갹
車 72 (車/00/07) 수레 거 | 수레 차
去 50 (厶/03/05) 갈 거:
擧 50 (手/14/18) 들 거:
居 40 (尸/05/08) 살 거
巨 40 (工/02/05) 클 거:
拒 40 (手/05/08) 막을 거:
據 40 (手/13/16) 근거 거:
距 32 (足/05/12) 상거(相距)할 거:
醵 10 (酉/13/20) 추렴할 거: | 추렴할 갹
倨 10 (人/08/10) 거만할 거:
渠 10 (水/09/12) 개천 거
据 02 (手/08/11) 일할/의거할 거
炬 02 (火/05/09) 횃불 거:
祛 02 (示/05/10) 떨어없앨 거:
踞 02 (足/08/15) 걸어앉을 거:
遽 02 (辵/13/17) 급할 거:

鉅 02 (金/05/13) 톱/클 거:
鋸 02 (金/08/16) 톱 거:
秬 00 (禾/05/10) 검은기장 거
筥 00 (竹/07/13) 광주리 거: | 밥통 려:
籧 00 (竹/17/23) 대자리 거
莒 00 (艸/07/11) 나라이름 거
蘧 00 (艸/17/21) 패랭이꽃 거
袪 00 (衣/05/10) 소매 거:
椐 00 (木/08/12) 느티나무 거
琚 00 (玉/08/12) 패옥 거
虡 00 (虍/08/14) 쇠북걸이틀 거
件 50 (人/04/06) 물건 건
健 50 (人/09/11) 굳셀 건:
建 50 (廴/06/09) 세울 건:
乾 32 (乙/10/11) 하늘/마를 건
鍵 12 (金/09/17) 자물쇠/열쇠 건:
巾 10 (巾/00/03) 수건 건
腱 10 (肉/09/13) 힘줄 건
虔 10 (虍/04/10) 공경할 건:
愆 02 (心/09/13) 허물 건
楗 02 (木/09/13) 문빗장 건
蹇 02 (足/10/17) 절 건
騫 02 (馬/10/20) 이지러질 건
褰 00 (衣/10/16) 걷을 건
傑 40 (人/10/12) 뛰어날 걸
乞 30 (乙/02/03) 빌 걸
杰 12 (木/04/08) 뛰어날 걸
桀 12 (木/06/10) 하(夏)왕이름 걸
朅 00 (曰/10/14) 떠날 걸
檢 42 (木/13/17) 검사할 검:
儉 40 (人/13/15) 검소할 검:
劍 32 (刀/13/15) 칼 검:
劒 02 (刀/14/16) 칼 검:
瞼 02 (目/13/18) 눈시울 검:
鈐 02 (金/04/12) 자물쇠 검
黔 02 (黑/04/16) 검을 검
劫 10 (力/05/07) 위협할 겁
怯 10 (心/05/08) 겁낼 겁
迲 02 (辵/05/09) 자래[單位] 겁
跲 00 (足/06/13) 엎드러질 겁
憩 20 (心/12/16) 쉴 게:
揭 20 (手/09/12) 높이들[擧]/걸[掛] 게:
偈 10 (人/09/11) 불시(佛詩) 게:
愒 00 (心/09/12) 쉴 게 | 탐할 개
格 52 (木/06/10) 격식 격
擊 40 (手/13/17) 칠[打] 격
激 40 (水/13/16) 격할 격
隔 32 (阜/10/13) 사이뜰 격
檄 10 (木/13/17) 격문(檄文) 격
膈 10 (肉/10/14) 가슴 격
覡 10 (見/07/14) 박수[男巫] 격
鴃 00 (鳥/04/15) 왜가리 격
綌 00 (糸/07/13) 굵은갈포 격
繳 00 (糸/13/19) 주살 격 | 동일 교
鶪 00 (鳥/07/18) 왜가리 격
見 52 (見/00/07) 볼 견: | 뵈올 현:
堅 40 (土/08/11) 굳을 견
犬 40 (犬/00/04) 개 견
牽 30 (牛/07/11) 이끌/끌 견
絹 30 (糸/07/13) 비단 견
肩 30 (肉/04/08) 어깨 견
遣 30 (辵/10/14) 보낼 견:

甄 12 (瓦/09/14) 질그릇 견
繭 10 (糸/13/19) 고치 견:
譴 10 (言/14/21) 꾸짖을 견:
鵑 10 (鳥/07/18) 두견새 견
狷 00 (犬/07/10) 고집스러울 견
畎 00 (田/04/09) 밭고랑 견
繾 00 (糸/14/20) 곡진할 견:
蠲 00 (虫/17/23) 덜/정결할 견
岍 00 (山/04/07) 산이름 견
獧 00 (犬/13/16) 뛸 견: | 급할 현:
睊 00 (目/07/12) 흘겨볼 견
豣 00 (豕/06/13) 돼지/노루 견
決 52 (水/04/07) 결단할 결
結 52 (糸/06/12) 맺을 결
潔 42 (水/12/15) 깨끗할 결
缺 42 (缶/04/10) 이지러질 결
訣 32 (言/04/11) 이별할 결
抉 02 (手/04/07) 도려낼 결
闋 00 (門/09/17) 마칠 결
袺 00 (衣/06/11) 옷섶잡을 결
觼 00 (角/15/22) 쇠고리 결
兼 32 (八/08/10) 겸할 겸
謙 32 (言/10/17) 겸손할 겸
慊 02 (心/10/13) 앙심먹을 겸 | 족할 협
箝 02 (竹/08/14) 재갈 겸
鉗 02 (金/05/13) 집게 겸
鎌 02 (金/10/18) 낫 겸
歉 00 (欠/10/14) 흉년들 겸
蒹 00 (艸/10/14) 갈대 겸
京 60 (亠/06/08) 서울 경
敬 52 (攴/09/13) 공경 경:
景 50 (日/08/12) 볕 경(:)
競 50 (立/15/20) 다툴 경:
輕 50 (車/07/14) 가벼울 경
境 42 (土/11/14) 지경 경
慶 42 (心/11/15) 경사 경:
經 42 (糸/07/13) 지날/글 경
警 42 (言/13/20) 깨우칠 경:
傾 40 (人/11/13) 기울 경
更 40 (日/03/07) 고칠 경 | 다시 갱:
鏡 40 (金/11/19) 거울 경:
驚 40 (馬/13/23) 놀랄 경
徑 32 (彳/07/10) 지름길/길 경
硬 32 (石/07/12) 굳을 경
耕 32 (耒/04/10) 밭갈[犁田] 경
頃 32 (頁/02/11) 이랑/잠깐 경
卿 30 (卩/10/12) 벼슬 경
庚 30 (广/05/08) 별 경
竟 30 (立/06/11) 마침내 경:
儆 12 (人/13/15) 경계할 경:
炅 12 (火/04/08) 빛날 경
璟 12 (玉/12/16) 옥빛 경:
瓊 12 (玉/15/19) 구슬 경
勁 10 (力/07/09) 굳셀 경
憬 10 (心/12/15) 깨달을/동경할 경:
梗 10 (木/07/11) 줄기/막힐 경:
痙 10 (疒/07/12) 경련(痙攣) 경
磬 10 (石/11/16) 경쇠 경:
脛 10 (肉/07/11) 정강이 경
莖 10 (艸/07/11) 줄기 경
頸 10 (頁/07/16) 목 경
鯨 10 (魚/08/19) 고래 경

俓 02 (人/07/09) 지름길 경
倞 02 (人/08/10) 굳셀 경
勍 02 (力/08/10) 굳셀 경
坰 02 (土/05/08) 들[野] 경
擎 02 (手/13/17) 받들 경
暻 02 (日/12/16) 밝을 경
涇 02 (水/07/10) 물이름 경
璥 02 (玉/13/17) 옥이름 경
絅 02 (糸/05/11) 당길/홑옷 경:
耿 02 (耳/04/10) 빛날 경
逕 02 (辵/07/11) 길 경
冏 00 (冂/05/07) 빛날 경
惸 00 (心/09/12) 근심할 경
檠 00 (木/13/17) 등잔걸이 경
煢 00 (火/09/13) 외로울 경
煢 00 (火/08/12) 외로울 경
熲 00 (火/11/15) 빛날 경
罄 00 (缶/11/17) 다할 경:
褧 00 (衣/10/16) 홑옷 경
駉 00 (馬/05/15) 살찌고큰 경
黥 00 (黑/08/20) 자자(刺字)할 경
冂 00 (冂/00/02) 멀 경
牼 00 (牛/07/11) 소정강이뼈 경
瞏 00 (目/08/13) 놀라서볼 경
鶊 00 (鳥/08/19) 꾀꼬리 경
界 62 (田/04/09) 지경 계:
計 62 (言/02/09) 셀 계:
係 42 (人/07/09) 맬 계:
季 40 (子/05/08) 계절 계:
戒 40 (戈/03/07) 경계할 계:
系 40 (糸/01/07) 이어맬 계:
繼 40 (糸/14/20) 이을 계:
階 40 (阜/09/12) 섬돌 계
鷄 40 (鳥/10/21) 닭 계
啓 32 (口/08/11) 열 계:
契 32 (大/06/09) 맺을 계:
桂 32 (木/06/10) 계수나무 계:
械 32 (木/07/11) 기계 계:
溪 32 (水/10/13) 시내 계
癸 30 (癶/04/09) 북방/천간 계:
繫 30 (糸/13/19) 맬 계:
悸 10 (心/08/11) 두근거릴 계:
堺 02 (土/09/12) 지경[界] 계:
屆 02 (尸/05/08) 이를[至] 계:
棨 02 (木/08/12) 중계[壁柱] 계
磎 02 (石/10/15) 시내 계
稽 02 (禾/10/15) 머무를 계:
誡 02 (言/07/14) 경계할 계:
谿 02 (谷/10/17) 시내 계
烓 00 (火/06/10) 화덕 계
雞 00 (隹/10/18) 닭 계
笄 00 (竹/04/10) 비녀 계
高 62 (高/00/10) 높을 고
古 60 (口/02/05) 예 고:
苦 60 (艸/05/09) 쓸[味覺] 고
告 52 (口/04/07) 고할 고:
固 50 (囗/05/08) 굳을 고(:)
考 50 (老/02/06) 생각할 고(:)
故 42 (攴/05/09) 연고 고(:)
孤 40 (子/05/08) 외로울 고
庫 40 (广/07/10) 곳집 고
姑 32 (女/05/08) 시어미 고

稿 32 (禾/10/15) 원고/볏짚 고
鼓 32 (鼓/00/13) 북 고
枯 30 (木/05/09) 마를 고
顧 30 (頁/12/21) 돌아볼 고
雇 20 (隹/04/12) 품팔 고
皐 12 (白/06/11) 언덕 고
叩 10 (口/02/05) 두드릴 고
呱 10 (口/05/08) 울 고
拷 10 (手/06/09) 칠 고
敲 10 (攴/10/14) 두드릴 고
痼 10 (疒/08/13) 고질 고
股 10 (肉/04/08) 넓적다리 고
膏 10 (肉/10/14) 기름 고
袴 10 (衣/06/11) 바지 고:
辜 10 (辛/05/12) 허물 고
錮 10 (金/08/16) 막을 고
尻 02 (尸/02/05) 꽁무니 고
攷 02 (攴/02/06) 상고할[考] 고(:)
暠 02 (日/10/14) 밝을 고 | 휠 호
槁 02 (木/10/14) 마를 고
沽 02 (水/05/08) 살/팔 고
睾 02 (目/09/14) 불알 고
羔 02 (羊/04/10) 새끼양 고
苽 02 (艸/05/09) 줄 고 | 오이 과
菰 02 (艸/08/12) 줄풀 고
藁 02 (艸/14/18) 짚 고
蠱 02 (虫/17/23) 독벌레/고혹할 고
誥 02 (言/07/14) 깨우칠 고:
刳 00 (刀/06/08) 가를 고
杲 00 (木/04/08) 밝을 고
栲 00 (木/06/10) 북나무 고
槀 00 (木/10/14) 마른나무 고
櫜 00 (木/15/19) 칼집 고
盬 00 (皿/13/18) 짠못/마실 고
瞽 00 (目/13/18) 소경 고
罟 00 (网/05/10) 그물 고:
羖 00 (羊/04/10) 염소 고:
觚 00 (角/05/12) 술잔 고
酤 00 (酉/05/12) 단술 고
熇 00 (火/10/14) 말릴 고
楛 00 (木/09/13) 거칠 고 | 나무이름 호
稾 00 (禾/10/15) 원고/볏짚 고
罛 00 (网/05/10) 큰물고기그물 고
翺 00 (羽/12/18) 노닐 고
鼛 00 (鼓/08/21) 큰북 고
曲 50 (曰/02/06) 굽을 곡
穀 40 (禾/10/15) 곡식 곡
哭 32 (口/07/10) 울 곡
谷 32 (谷/00/07) 골 곡
梏 10 (木/07/11) 수갑 곡
鵠 10 (鳥/07/18) 고니/과녁 곡
斛 02 (斗/07/11) 휘 곡
觳 00 (角/10/17) 곱송그릴 곡 | 비교할 각
轂 00 (車/10/17) 수레바퀴통 곡
牿 00 (牛/07/11) 외양간 곡
困 40 (囗/04/07) 곤할 곤:
坤 30 (土/05/08) 따 곤
昆 10 (日/04/08) 맏 곤
棍 10 (木/08/12) 몽둥이 곤
袞 10 (衣/05/11) 곤룡포 곤:
崑 02 (山/08/11) 산이름 곤
梱 02 (木/07/11) 문지방 곤

滾 02 (水/11/14) 넘쳐흐를 곤
琨 02 (玉/08/12) 옥돌 곤
鯤 02 (魚/08/19) 곤어 곤
緄 00 (糸/08/14) 띠 곤 | 오랑캐이름 혼
錕 00 (金/08/16) 붉은쇠 곤
髡 00 (髟/03/13) 머리깎을 곤
梱 00 (木/08/12) 문지방 곤
鯀 00 (魚/07/18) 큰물고기 곤
骨 40 (骨/00/10) 뼈 골
汨 10 (水/04/07) 골몰할 골 | 물이름 멱
工 72 (工/00/03) 장인 공
空 72 (穴/03/08) 빌 공
公 62 (八/02/04) 공평할 공
共 62 (八/04/06) 한가지 공:
功 62 (力/03/05) 공[勳] 공
孔 40 (子/01/04) 구멍 공:
攻 40 (攴/03/07) 칠[擊] 공:
供 32 (人/06/08) 이바지할 공:
恐 32 (心/06/10) 두려울 공(:)
恭 32 (心/06/10) 공손할 공
貢 32 (貝/03/10) 바칠 공:
拱 10 (手/06/09) 팔짱낄 공:
鞏 10 (革/06/15) 굳을 공
控 02 (手/08/11) 당길 공:
珙 02 (玉/06/10) 큰옥 공
蚣 02 (虫/04/10) 지네 공
悾 00 (心/08/11) 정성 공
邛 00 (邑/03/06) 수고할 공
果 62 (木/04/08) 실과 과:
科 62 (禾/04/09) 과목 과
課 52 (言/08/15) 공부할/과정 과(:)
過 52 (辵/09/13) 지날 과:
寡 32 (宀/11/14) 적을 과:
誇 32 (言/06/13) 자랑할 과:
戈 20 (戈/00/04) 창 과
瓜 20 (瓜/00/05) 외 과
菓 20 (艸/08/12) 과자 과/실과 과:
顆 10 (頁/08/17) 낟알 과
跨 02 (足/06/13) 넘을 과
鍋 02 (金/09/17) 노구솥 과
夸 00 (大/03/06) 사치할/자랑할 과
裹 00 (衣/08/14) 쌀 과:
薖 00 (艸/13/17) 너그러울 과
蜾 00 (虫/08/14) 나나니벌 과
郭 30 (邑/08/11) 둘레/외성 곽
廓 10 (广/11/14) 둘레 곽 | 클 확
槨 10 (木/11/15) 외관(外棺) 곽
藿 10 (艸/16/20) 콩잎/미역 곽
躩 00 (足/20/27) 바삐갈 곽
霍 00 (雨/08/16) 곽란 곽
鞹 00 (革/11/20) 가죽 곽
觀 52 (見/18/25) 볼 관
關 52 (門/11/19) 관계할 관
官 42 (宀/05/08) 벼슬 관
管 40 (竹/08/14) 대롱/주관할 관
冠 32 (冖/07/09) 갓 관
寬 32 (宀/12/15) 너그러울 관
慣 32 (心/11/14) 익숙할 관
貫 32 (貝/04/11) 꿸 관(:)
館 32 (食/08/17) 집 관
款 20 (欠/08/12) 항목 관:
串 12 (丨/06/07) 꿸 관 | 땅이름 곶

琯 12 (玉/08/12) 옥피리 관
棺 10 (木/08/12) 널 관
灌 10 (水/18/21) 물댈 관
顴 10 (頁/18/27) 광대뼈 관
瓘 02 (玉/18/22) 옥 관
罐 02 (缶/18/24) 물동이 관
菅 02 (艸/08/12) 왕골 관
梡 02 (木/07/11) 도마 관
丱 00 (丨/04/05) 쌍상투 관
盥 00 (皿/11/16) 낯씻을 관:
祼 00 (示/08/13) 강신제 관
綰 00 (糸/08/14) 얽을 관
錧 00 (金/08/16) 비녀장 관
鸛 00 (鳥/18/29) 황새 관
痯 00 (疒/08/13) 병에지칠 관
瘝 00 (疒/09/14) 앓을 관
刮 10 (刀/06/08) 긁을 괄
括 10 (手/06/09) 묶을 괄
恝 02 (心/06/10) 괄시할 괄
适 02 (辵/06/10) 빠를 괄
佸 00 (人/06/08) 모일 괄
栝 00 (木/06/10) 전나무 괄
聒 00 (耳/06/12) 떠지껄일 괄
光 62 (儿/04/06) 빛 광
廣 52 (广/12/15) 넓을 광:
鑛 40 (金/15/23) 쇳돌 광:
狂 32 (犬/04/07) 미칠 광
匡 10 (匚/04/06) 바룰 광
壙 10 (土/15/18) 뫼구덩이 광:
曠 10 (日/15/19) 빌 광:
胱 10 (肉/06/10) 오줌통 광

侊 02 (人/06/08) 성할 광
洸 02 (水/06/09) 물솟을 광
炚 02 (火/04/08) 빛날 광
珖 02 (玉/06/10) 옥피리 광
筐 02 (竹/06/12) 광주리 광
桄 00 (木/06/10) 광랑나무 광
纊 00 (糸/15/21) 고운솜 광:
誆 00 (言/07/14) 속일 광
迋 00 (辵/04/08) 속일 광 | 갈 왕
掛 30 (手/08/11) 걸[懸] 괘
卦 10 (卜/06/08) 점괘 괘
罫 10 (网/08/13) 줄[罫線] 괘
壞 32 (土/16/19) 무너질 괴:
怪 32 (心/05/08) 괴이할 괴(:)
塊 30 (土/10/13) 흙덩이 괴
愧 30 (心/10/13) 부끄러울 괴:
傀 20 (人/10/12) 허수아비 괴:
槐 12 (木/10/14) 회화나무/느티나무 괴
乖 10 (丿/07/08) 어그러질 괴
拐 10 (手/05/08) 후릴 괴
魁 10 (鬼/04/14) 괴수 괴
瑰 00 (玉/10/14) 옥돌 괴
蕢 00 (艸/12/16) 흙덩이 괴 | 삼태기 궤
虢 00 (虍/09/15) 나라이름 괵
宏 10 (宀/04/07) 클 굉
肱 10 (肉/04/08) 팔뚝 굉
轟 10 (車/14/21) 울릴/수레소리 굉
紘 02 (糸/04/10) 벼리 굉
觥 00 (角/06/13) 뿔잔 굉
鞃 00 (革/05/14) 고삐 굉
教 80 (支/07/11) 가르칠 교:

校 80 (木/06/10) 학교 교:
交 60 (亠/04/06) 사귈 교
橋 50 (木/12/16) 다리 교
巧 32 (工/02/05) 공교할 교
較 32 (車/06/13) 견줄/비교할 교
矯 30 (矢/12/17) 바로잡을 교:
郊 30 (邑/06/09) 들[野] 교
僑 20 (人/12/14) 더부살이 교
絞 20 (糸/06/12) 목맬 교
膠 20 (肉/11/15) 아교 교
咬 10 (口/06/09) 물[齧]/새소리 교
喬 10 (口/09/12) 높을 교
嬌 10 (女/12/15) 아리따울 교
攪 10 (手/20/23) 흔들 교
狡 10 (犬/06/09) 교활할 교
皎 10 (白/06/11) 달밝을 교
蛟 10 (虫/06/12) 교룡(蛟龍) 교
轎 10 (車/12/19) 가마 교
驕 10 (馬/12/22) 교만할 교
嶠 02 (山/12/15) 산길 교
翹 02 (羽/12/18) 우뚝할 교
蕎 02 (艸/12/16) 메밀 교
餃 02 (食/06/15) 교자 교
鮫 02 (魚/06/17) 상어 교
佼 00 (人/06/08) 예쁠/업신여길 교
嘐 00 (口/11/14) 깨물 교 | 클 효
姣 00 (女/06/09) 아름다울/아양부릴 교
磽 00 (石/12/17) 자갈땅 교
蹻 00 (足/12/19) 발들 교 | 짚신 갹
傚 00 (人/13/15) 갈 교
敿 00 (攴/12/16) 맬 교
曒 00 (日/13/17) 밝을 교
茭 00 (艸/06/10) 마른꼴 교 | 풀뿌리 효
莜 00 (艸/06/10) 당아욱 교
鷮 00 (鳥/12/23) 꿩 교
九 80 (乙/01/02) 아홉 구
口 70 (口/00/03) 입 구(:)
球 62 (玉/07/11) 공 구
區 60 (匸/09/11) 구분할/지경 구
具 52 (八/06/08) 갖출 구(:)
舊 52 (臼/12/18) 예 구:
救 50 (攴/07/11) 구원할 구:
句 42 (口/02/05) 글귀 구
求 42 (水/02/07) 구할[索] 구
究 42 (穴/02/07) 연구할 구
構 40 (木/10/14) 얽을 구
丘 32 (一/04/05) 언덕 구
久 32 (丿/02/03) 오랠 구:
拘 32 (手/05/08) 잡을 구
俱 30 (人/08/10) 함께 구
懼 30 (心/18/21) 두려워할 구
狗 30 (犬/05/08) 개 구
苟 30 (艸/05/09) 진실로/구차할 구
驅 30 (馬/11/21) 몰 구
龜 30 (龜/00/16) 거북 구(귀) | 터질 균
歐 20 (欠/11/15) 구라파/칠 구
購 20 (貝/10/17) 살 구
鷗 20 (鳥/11/22) 갈매기 구
玖 12 (玉/03/07) 옥돌 구
邱 12 (邑/05/08) 언덕 구
仇 10 (人/02/04) 원수 구
嘔 10 (口/11/14) 게울 구(:)

垢 10 (土/06/09) 때 구
寇 10 (宀/08/11) 도적 구
嶇 10 (山/11/14) 험할 구
枸 10 (木/05/09) 구기자(枸杞子) 구
柩 10 (木/05/09) 널[棺] 구
毆 10 (殳/11/15) 때릴 구
溝 10 (水/10/13) 도랑 구
灸 10 (火/03/07) 뜸 구:
矩 10 (矢/05/10) 모날/법 구
臼 10 (臼/00/06) 절구 구
舅 10 (臼/07/13) 시아비/외삼촌 구
衢 10 (行/18/24) 네거리 구
謳 10 (言/11/18) 노래 구
軀 10 (身/11/18) 몸 구
鉤 10 (金/05/13) 갈고리 구
駒 10 (馬/05/15) 망아지 구
鳩 10 (鳥/02/13) 비둘기 구
廏 10 (广/11/14) 마구 구
勾 02 (勹/02/04) 굽을 구
咎 02 (口/05/08) 허물 구
坵 02 (土/05/08) 언덕[丘] 구
廐 02 (广/11/14) 마구간[廏] 구
毬 02 (毛/07/11) 제기/공 구
瞿 02 (目/13/18) 놀랄 구
絿 02 (糸/07/13) 급할 구
逑 02 (辵/07/11) 짝 구
銶 02 (金/07/15) 끌 구
柾 02 (木/05/09) 널[柩] 구
耈 02 (老/05/11) 늙은이 구
俅 00 (人/07/09) 공순할 구
劬 00 (力/05/07) 수고할 구
姤 00 (女/06/09) 만날 구
媾 00 (女/10/13) 겹혼인/화친할 구
嫗 00 (女/11/14) 할미 구
屨 00 (尸/14/17) 신 구:
彀 00 (弓/10/13) 활당길 구:
扣 00 (手/03/06) 두드릴 구
捄 00 (手/07/10) 흙파올릴 구
搆 00 (手/10/13) 얽을 구
漚 00 (水/11/14) 물거품 구
璆 00 (玉/11/15) 옥경쇠 구
疚 00 (疒/03/08) 오랜병 구
窶 00 (穴/11/16) 가난할 구: | 기울어진땅 루:
糗 00 (米/10/16) 미숫가루 구:
裘 00 (衣/07/13) 갖옷 구
覯 00 (見/10/17) 만나볼 구
遘 00 (辵/10/14) 만날 구
韭 00 (韭/00/09) 부추 구
笱 00 (竹/05/11) 통발 구
觩 00 (角/07/14) 뿔굽을 구
雊 00 (隹/05/13) 장끼울 구
艽 00 (艸/02/06) 변방 구 | 진교 교
國 80 (囗/08/11) 나라 국
局 52 (尸/04/07) 판[形局] 국
菊 32 (艸/08/12) 국화 국
鞠 12 (革/08/17) 성(姓)/국문할 국
鞫 02 (革/09/18) 국문할 국
麴 02 (麥/08/19) 누룩 국
匊 00 (勹/06/08) 움큼 국
軍 80 (車/02/09) 군사 군
郡 60 (邑/07/10) 고을 군:
君 40 (口/04/07) 임금 군

群 40 (羊/07/13) 무리 군
窘 10 (穴/07/12) 군색할 군:
裙 02 (衣/07/12) 치마 군
屈 40 (尸/05/08) 굽힐 굴
掘 20 (手/08/11) 팔 굴
窟 20 (穴/08/13) 굴 굴
堀 02 (土/08/11) 팔 굴
詘 00 (言/05/12) 말막힐 굴 | 내칠 출
宮 42 (宀/07/10) 집 궁
窮 40 (穴/10/15) 다할/궁할 궁
弓 32 (弓/00/03) 활 궁
穹 10 (穴/03/08) 하늘 궁
躬 10 (身/03/10) 몸 궁
芎 02 (艸/03/07) 궁궁이 궁
權 42 (木/18/22) 권세 권
券 40 (刀/06/08) 문서 권
勸 40 (力/18/20) 권할 권:
卷 40 (卩/06/08) 책 권(:)
拳 32 (手/06/10) 주먹 권:
圈 20 (囗/08/11) 우리[牢] 권
倦 10 (人/08/10) 게으를 권:
捲 10 (手/08/11) 거둘/말 권
眷 10 (目/06/11) 돌볼 권:
淃 02 (水/08/11) 돌아흐를 권
棬 00 (木/08/12) 나무그릇 권
睠 00 (目/08/13) 돌아볼 권:
綣 00 (糸/08/14) 정다울 권
鬈 00 (髟/08/18) 머리고울 권
厥 30 (厂/10/12) 그[其] 궐
闕 20 (門/10/18) 대궐 궐
蹶 10 (足/12/19) 일어설/넘어질 궐
獗 02 (犬/12/15) 날뛸 궐
蕨 02 (艸/12/16) 고사리 궐
軌 30 (車/02/09) 바퀴자국 궤:
机 10 (木/02/06) 책상 궤:
櫃 10 (木/14/18) 궤짝 궤:
潰 10 (水/12/15) 무너질 궤:
詭 10 (言/06/13) 속일 궤:
几 10 (几/00/02) 안석 궤:
饋 02 (食/12/21) 먹일 궤
匱 00 (匚/12/14) 갑(匣)/다할 궤:
氿 00 (水/02/05) 구멍샘 궤:
簋 00 (竹/11/17) 제기(祭器)이름 궤:
跪 00 (足/06/13) 꿇어앉을 궤:
餽 00 (食/10/19) 먹일 궤:
匭 00 (匚/09/11) 상자 궤
垝 00 (土/06/09) 무너질 궤
簣 00 (竹/12/18) 삼태기 궤:
貴 50 (貝/05/12) 귀할 귀:
歸 40 (止/14/18) 돌아갈 귀:
鬼 32 (鬼/00/10) 귀신 귀:
晷 02 (日/08/12) 해그림자 귀
宄 00 (宀/02/05) 간악할 귀
規 50 (見/04/11) 법 규
叫 30 (口/02/05) 부르짖을 규
糾 30 (糸/02/08) 얽힐 규
閨 20 (門/06/14) 안방 규
圭 12 (土/03/06) 서옥(瑞玉)/쌍토 규
奎 12 (大/06/09) 별 규
揆 12 (手/09/12) 헤아릴 규
珪 12 (玉/06/10) 홀 규
硅 10 (石/06/11) 규소 규

窺 10 (穴/11/16) 엿볼 규
葵 10 (艸/09/13) 아욱/해바라기 규
逵 10 (辵/08/12) 길거리 규
槻 02 (木/11/15) 물푸레나무 규
竅 02 (穴/13/18) 구멍 규
赳 02 (走/02/09) 헌걸찰 규
刲 00 (刀/06/08) 찌를/벨 규
樛 00 (木/11/15) 휠 규
睽 00 (目/09/14) 어그러질/반목할 규
糺 00 (糸/01/07) 살필 규
闚 00 (門/11/19) 엿볼 규
頍 00 (頁/04/13) 머리들 규
戣 00 (戈/09/13) 창 규
頄 00 (頁/02/11) 광대뼈 규 | 광대뼈 구
騤 00 (馬/09/19) 말건장할 규
均 40 (土/04/07) 고를 균
菌 32 (艸/08/12) 버섯 균
勻 02 (勹/02/04) 고를 균
畇 02 (田/04/09) 밭일굴 균
筠 02 (竹/07/13) 대껍질 균
鈞 02 (金/04/12) 무거울 균
箘 00 (竹/08/14) 죽순 균
麕 00 (鹿/08/19) 노루 균
橘 10 (木/12/16) 귤 귤
極 42 (木/09/13) 다할/극진할 극
劇 40 (刀/13/15) 심할 극
克 32 (儿/05/07) 이길 극
剋 10 (刀/07/09) 이길 극
戟 10 (戈/08/12) 창 극
棘 10 (木/08/12) 가시 극
隙 10 (阜/10/13) 틈 극
亟 00 (二/07/09) 빠를 극 | 자주 기
殛 00 (歹/09/13) 귀양보낼 극
襋 00 (衣/12/17) 옷깃 극
郤 00 (邑/07/10) 틈 극
根 60 (木/06/10) 뿌리 근
近 60 (辵/04/08) 가까울 근:
勤 40 (力/11/13) 부지런할 근(:)
筋 40 (竹/06/12) 힘줄 근
僅 30 (人/11/13) 겨우 근:
斤 30 (斤/00/04) 근[무게단위]/날[刃] 근
謹 30 (言/11/18) 삼갈 근:
槿 12 (木/11/15) 무궁화 근:
瑾 12 (玉/11/15) 아름다운옥 근:
覲 10 (見/11/18) 뵐 근
饉 10 (食/11/20) 주릴 근:
劤 02 (力/04/06) 힘셀 근
懃 02 (心/13/17) 은근할 근
芹 02 (艸/04/08) 미나리 근
菫 02 (艸/08/12) 씀바귀 근
墐 00 (土/11/14) 묻을 근
瑾 00 (水/11/14) 맑을 근
金 80 (金/00/08) 쇠 금 | 성(姓) 김
今 62 (人/02/04) 이제 금
禁 42 (示/08/13) 금할 금:
琴 32 (玉/08/12) 거문고 금
禽 32 (内/08/13) 새 금
錦 32 (金/08/16) 비단 금:
擒 10 (手/13/16) 사로잡을 금
衾 10 (衣/04/10) 이불 금:
襟 10 (衣/13/18) 옷깃 금:
妗 02 (女/04/07) 외숙모 금

昑 02 (日/04/08) 밝을 금
檎 02 (木/13/17) 능금 금
芩 02 (艸/04/08) 풀이름 금
衿 02 (衣/04/09) 옷깃 금
急 62 (心/05/09) 급할 급
級 60 (糸/04/10) 등급 급
給 50 (糸/06/12) 줄 급
及 32 (又/02/04) 미칠 급
扱 10 (手/04/07) 거둘 급 | 꽂을 삽
汲 10 (水/04/07) 물길을 급
伋 02 (人/04/06) 생각할 급
岌 00 (山/04/07) 산높을 급
肯 30 (肉/04/08) 즐길 긍:
兢 12 (儿/12/14) 떨릴 긍:
亘 10 (二/04/06) 뻗칠 긍: | 베풀 선
矜 10 (矛/04/09) 자랑할 긍:
亙 00 (二/04/06) 뻗칠 긍:
氣 72 (气/06/10) 기운 기
記 72 (言/03/10) 기록할 기
旗 70 (方/10/14) 기 기
基 52 (土/08/11) 터 기
己 52 (己/00/03) 몸 기
技 50 (手/04/07) 재주 기
期 50 (月/08/12) 기약할 기
汽 50 (水/04/07) 물끓는김 기
器 42 (口/13/16) 그릇 기
起 42 (走/03/10) 일어날 기
奇 40 (大/05/08) 기특할 기
寄 40 (宀/08/11) 부칠 기
機 40 (木/12/16) 틀 기
紀 40 (糸/03/09) 벼리 기
企 32 (人/04/06) 꾀할 기
其 32 (八/06/08) 그 기
畿 32 (田/10/15) 경기(京畿) 기
祈 32 (示/04/09) 빌 기
騎 32 (馬/08/18) 말탈 기
幾 30 (幺/09/12) 몇 기
忌 30 (心/03/07) 꺼릴 기
旣 30 (无/07/11) 이미 기
棄 30 (木/08/12) 버릴 기
欺 30 (欠/08/12) 속일 기
豈 30 (豆/03/10) 어찌 기
飢 30 (食/02/11) 주릴 기
棋 20 (木/08/12) 바둑 기
冀 12 (八/14/16) 바랄 기
岐 12 (山/04/07) 갈림길 기
沂 12 (水/04/07) 물이름 기
淇 12 (水/08/11) 물이름 기
琦 12 (玉/08/12) 옥이름 기
琪 12 (玉/08/12) 아름다운옥 기
璣 12 (玉/12/16) 별이름 기
箕 12 (竹/08/14) 키 기
耆 12 (老/04/10) 늙을 기
騏 12 (馬/08/18) 준마 기
驥 12 (馬/16/26) 천리마 기
麒 12 (鹿/08/19) 기린 기
伎 10 (人/04/06) 재간 기
嗜 10 (口/10/13) 즐길 기
妓 10 (女/04/07) 기생 기:
崎 10 (山/08/11) 험할 기
朞 10 (月/08/12) 돌 기
杞 10 (木/03/07) 구기자(枸杞子) 기

畸 10 (田/08/13) 뙈기밭/불구(不具) 기
綺 10 (糸/08/14) 비단 기
羈 10 (网/19/24) 굴레/나그네 기
肌 10 (肉/02/06) 살[膚肉] 기
譏 10 (言/12/19) 비웃을 기
圻 02 (土/04/07) 경기(京畿) 기
埼 02 (土/08/11) 갑 기
夔 02 (夊/17/20) 조심할 기
玘 02 (玉/03/07) 패옥 기
琪 02 (玉/11/15) 피변옥 기
碁 02 (石/08/13) 바둑 기
磯 02 (石/12/17) 여울돌 기
祁 02 (示/03/08) 클 기
祇 02 (示/04/09) 지신 기
祺 02 (示/08/13) 길할 기
穖 02 (耒/12/18) 밭갈 기
錡 02 (金/08/16) 세발가마 기
錤 02 (金/08/16) 호미 기
饑 02 (食/12/21) 주릴 기
僛 00 (人/12/14) 비틀거려춤출 기
墍 00 (土/11/14) 흙바를 기
屺 00 (山/03/06) 민둥산 기
忮 00 (心/04/07) 사나울 기
掎 00 (手/08/11) 당길 기
旂 00 (方/06/10) 용대기 기
暣 00 (日/10/14) 별 기
曁 00 (日/12/16) 미칠 기
棊 00 (木/08/12) 바둑 기
歧 00 (止/04/08) 두갈래길 기
綦 00 (糸/08/14) 들메끈 기
羇 00 (网/17/22) 굴레/나그네 기
跂 00 (足/04/11) 육발이/발돋움할 기
頎 00 (頁/04/13) 헌걸찰 기
芑 00 (艸/03/07) 흰차조 기
蘷 00 (艸/16/20) 조심할 기
覊 00 (襾/19/25) 굴레/나그네 기
軝 00 (車/04/11) 수레굴통대 기
緊 32 (糸/08/14) 긴할 긴
吉 50 (口/03/06) 길할 길
拮 10 (手/06/09) 일할 길
佶 02 (人/06/08) 바를 길
桔 02 (木/06/10) 도라지 길
姞 00 (女/06/09) 삼갈 길
喫 10 (口/09/12) 먹을 끽
那 30 (邑/04/07) 어찌 나:
儺 10 (人/19/21) 푸닥거리 나
懦 10 (心/14/17) 나약할 나:
拏 10 (手/05/09) 잡을 나:
拿 10 (手/06/10) 잡을[拏同] 나:
娜 02 (女/07/10) 아리따울 나
諾 32 (言/09/16) 허락할 낙
暖 42 (日/09/13) 따뜻할 난:
難 42 (隹/11/19) 어려울 난(:)
煖 10 (火/09/13) 더울 난:
赧 00 (赤/05/12) 부끄러울 난:
戁 00 (心/19/23) 두려워할 난
捏 10 (手/07/10) 꾸밀 날
捺 10 (手/08/11) 누를 날
陧 00 (阜/07/10) 위태할 날
南 80 (十/07/09) 남녘 남
男 72 (田/02/07) 사내 남
枏 02 (木/04/08) 녹나무 남

楠 02 (木/09/13) 녹나무 남
湳 02 (水/09/12) 물이름 남
納 40 (糸/04/10) 들일 납
衲 10 (衣/04/09) 기울[縫] 납
軜 00 (車/04/11) 고삐 납
娘 32 (女/07/10) 계집 낭
囊 10 (口/19/22) 주머니 낭
曩 00 (日/17/21) 지난번 낭:
內 72 (入/02/04) 안 내:
耐 32 (而/03/09) 견딜 내:
乃 30 (丿/01/02) 이에 내:
奈 30 (大/05/08) 어찌 내
柰 02 (木/05/09) 사과/어찌 내
迺 00 (辵/06/10) 이에 내:
鼐 00 (鼎/02/15) 큰솥 내:
女 80 (女/00/03) 계집 녀
年 80 (干/03/06) 해 년
撚 10 (手/12/15) 비빌 년
秊 02 (禾/03/08) 해[年] 년
涅 10 (水/07/10) 열반(涅槃) 녈
念 52 (心/04/08) 생각 념:
恬 02 (心/06/09) 편안할 념
拈 02 (手/05/08) 집을 념 | 집을 점
捻 02 (手/08/11) 비틀 념
寧 32 (宀/11/14) 편안 녕
寗 02 (宀/10/13) 차라리 녕
獰 02 (犬/14/17) 사나울 녕
佞 00 (人/05/07) 재주있을/아첨할 녕
甯 00 (用/07/12) 차라리 녕
努 42 (力/05/07) 힘쓸 노
怒 42 (心/05/09) 성낼 노:
奴 32 (女/02/05) 종 노
弩 10 (弓/05/08) 쇠뇌 노
駑 10 (馬/05/15) 둔한말 노
瑙 02 (玉/09/13) 마노 노
呶 00 (口/05/08) 지껄일 노
孥 00 (子/05/08) 자식 노
峱 00 (山/07/10) 산이름 노
猱 00 (犬/09/12) 원숭이 노
怓 00 (心/05/08) 어지러울 노
砮 00 (石/05/10) 돌살촉 노
農 72 (辰/06/13) 농사 농
濃 20 (水/13/16) 짙을 농:
膿 10 (肉/13/17) 고름 농
穠 00 (禾/13/18) 무성할 농
腦 32 (肉/09/13) 골/뇌수 뇌
惱 30 (心/09/12) 번뇌할 뇌
餒 00 (食/07/16) 주릴 뇌
尿 20 (尸/04/07) 오줌 뇨
撓 10 (手/12/15) 휠 뇨:
鬧 02 (鬥/05/15) 지껄일 뇨:
耨 00 (耒/10/16) 호미 누:
嫩 02 (女/11/14) 어릴 눈:
訥 10 (言/04/11) 말더듬거릴 눌
紐 10 (糸/04/10) 맺을 뉴
杻 02 (木/04/08) 싸리 뉴: | 수갑 추:
忸 00 (心/04/07) 익을 뉴 | 부끄러울 뉵
狃 00 (犬/04/07) 익숙할 뉴:
鈕 00 (金/04/12) 인꼭지 뉴
能 52 (肉/06/10) 능할 능
泥 32 (水/05/08) 진흙 니
尼 20 (尸/02/05) 여승 니

怩 00 (心/05/08) 부끄러워할 니
柅 00 (木/05/09) 굄목 니
你 00 (人/05/07) 너 니
溺 20 (水/10/13) 빠질 닉
匿 10 (匸/09/11) 숨길 닉
昵 00 (日/05/09) 친할 닐 | 아비사당 녜
多 60 (夕/03/06) 많을 다
茶 32 (艸/06/10) 차 다 | 차 차
爹 00 (父/06/10) 아비 다
短 62 (矢/07/12) 짧을 단(:)
團 52 (囗/11/14) 둥글 단
壇 50 (土/13/16) 단 단
單 42 (口/09/12) 홑 단
斷 42 (斤/14/18) 끊을 단:
檀 42 (木/13/17) 박달나무 단
端 42 (立/09/14) 끝 단
段 40 (殳/05/09) 층계 단
丹 32 (丶/03/04) 붉을 단
但 32 (人/05/07) 다만 단:
旦 32 (日/01/05) 아침 단
鍛 20 (金/09/17) 쇠불릴 단
湍 12 (水/09/12) 여울 단
簞 10 (竹/12/18) 소쿠리 단
緞 10 (糸/09/15) 비단 단
蛋 10 (虫/05/11) 새알 단:
亶 02 (亠/11/13) 진실로 단
彖 02 (彐/06/09) 판단할 단
袒 02 (衣/05/10) 옷벗어멜 단
鄲 02 (邑/12/15) 한단 단
慱 00 (心/11/14) 근심할 단
漙 00 (水/11/14) 이슬많을 단
癉 00 (疒/12/17) 앓을 단
煅 00 (火/09/13) 쇠불릴 단
襢 00 (衣/13/18) 웃통벗을 단 | 흰베 전
達 42 (辵/09/13) 통달할 달
撻 10 (手/13/16) 때릴 달
疸 10 (疒/05/10) 황달 달
澾 02 (水/13/16) 미끄러울 달
獺 02 (犬/16/19) 수달 달
怛 00 (心/05/08) 슬플 달
闥 00 (門/13/21) 궐문 달
談 50 (言/08/15) 말씀 담
擔 42 (手/13/16) 멜 담
淡 32 (水/08/11) 맑을 담
潭 20 (水/12/15) 못[池] 담
膽 20 (肉/13/17) 쓸개 담:
憺 10 (心/13/16) 참담할 담
曇 10 (日/12/16) 흐릴 담
澹 10 (水/13/16) 맑을 담
痰 10 (疒/08/13) 가래 담:
譚 10 (言/12/19) 클/말씀 담
啖 02 (口/08/11) 씹을 담
坍 02 (土/04/07) 무너질 담
湛 02 (水/09/12) 즐길 담 | 잠길 잠
聃 02 (耳/05/11) 귓바퀴없을 담
蕁 02 (艸/12/16) 지모 담 | 쐐기풀 심
覃 02 (襾/06/12) 깊을 담
錟 02 (金/08/16) 창 담
黮 00 (黑/09/21) 검을 담: | 오디 심:
惔 00 (心/08/11) 속탈 담
窞 00 (穴/08/13) 구덩이 담
耼 00 (耳/04/10) 귓바퀴없을 담

菼 00 (艸/08/12) 달 담:
萏 00 (艸/08/12) 연봉오리 담
餤 00 (食/08/17) 먹을 담
驔 00 (馬/12/22) 정강이흰말 담
髧 00 (髟/04/14) 머리늘어질 담
答 72 (竹/06/12) 대답 답
踏 32 (足/08/15) 밟을 답
畓 30 (田/04/09) 논 답
遝 10 (辵/10/14) 뒤섞일 답
沓 02 (水/04/08) 겹칠 답
堂 62 (土/08/11) 집 당
當 52 (田/08/13) 마땅 당
黨 42 (黑/08/20) 무리 당
唐 32 (口/07/10) 당나라/당황할 당(:)
糖 32 (米/10/16) 엿 당
塘 12 (土/10/13) 못[池] 당
撞 10 (手/12/15) 칠 당
棠 10 (木/08/12) 아가위 당
螳 10 (虫/11/17) 버마재비(사마귀) 당
幢 02 (巾/12/15) 기 당
戇 02 (心/24/28) 어리석을 당
倘 00 (人/08/10) 만일 당 | 노닐 상
儻 00 (人/20/22) 고상할/구차할 당
鏜 00 (金/11/19) 종고소리 당
鐺 00 (金/13/21) 목쇠사슬 당 | 노구 쟁
螗 00 (虫/10/16) 씽씽매미 당
大 80 (大/00/03) 큰 대(:)
代 62 (人/03/05) 대신할 대:
對 62 (寸/11/14) 대할 대:
待 60 (彳/06/09) 기다릴 대:
帶 42 (巾/08/11) 띠 대(:)
隊 42 (阜/09/12) 무리 대
臺 32 (至/08/14) 대 대
貸 32 (貝/05/12) 빌릴/뀔 대:
垈 20 (土/05/08) 집터 대
戴 20 (戈/13/17) 일[首荷] 대:
擡 10 (手/14/17) 들[擧] 대
袋 10 (衣/05/11) 자루 대
坮 02 (土/05/08) 돈대 대
岱 02 (山/05/08) 산이름 대
玳 02 (玉/05/09) 대모(玳瑁) 대
黛 02 (黑/05/17) 눈썹그릴 대
懟 00 (心/14/18) 원망할 대:
憝 00 (心/12/16) 원망할/악할 대:
祋 00 (示/04/09) 창 대
譈 00 (言/12/19) 원망할 대:
德 52 (彳/12/15) 큰 덕
悳 12 (心/08/12) 큰[德] 덕
道 72 (辵/09/13) 길 도:
圖 62 (囗/11/14) 그림 도
度 60 (广/06/09) 법도 도(:) | 헤아릴 탁
到 52 (刀/06/08) 이를 도:
島 50 (山/07/10) 섬 도
都 50 (邑/09/12) 도읍 도
導 42 (寸/13/16) 인도할 도:
徒 40 (彳/07/10) 무리 도
盜 40 (皿/07/12) 도둑 도(:)
逃 40 (辵/06/10) 도망할 도
倒 32 (人/08/10) 넘어질 도:
刀 32 (刀/00/02) 칼 도
桃 32 (木/06/10) 복숭아 도
渡 32 (水/09/12) 건널 도

途 32 (辵/07/11) 길[行中] 도:
陶 32 (阜/08/11) 질그릇 도
塗 30 (土/10/13) 칠할 도
挑 30 (手/06/09) 돋울 도
稻 30 (禾/10/15) 벼 도
跳 30 (足/06/13) 뛸 도
悼 20 (心/08/11) 슬퍼할 도
燾 12 (火/14/18) 비칠 도
堵 10 (土/09/12) 담 도
屠 10 (尸/09/12) 죽일 도
掉 10 (手/08/11) 흔들 도
搗 10 (手/10/13) 찧을 도
淘 10 (水/08/11) 쌀일 도
滔 10 (水/10/13) 물넘칠 도
濤 10 (水/14/17) 물결 도
睹 10 (目/09/14) 볼 도
禱 10 (示/14/19) 빌 도
萄 10 (艸/08/12) 포도 도
賭 10 (貝/09/16) 내기 도
蹈 10 (足/10/17) 밟을 도
鍍 10 (金/09/17) 도금할 도:
嶋 02 (山/11/14) 섬 도
棹 02 (木/08/12) 노 도 | 책상 탁
櫂 02 (木/14/18) 상앗대 도
覩 02 (見/09/16) 볼 도
韜 02 (韋/10/19) 감출 도
叨 00 (口/02/05) 탐할 도
忉 00 (心/02/05) 근심할 도
慆 00 (心/10/13) 기뻐할 도
擣 00 (手/14/17) 찧을 도
檮 00 (木/14/18) 등걸 도 | 산대 주
稌 00 (禾/07/12) 찰벼 도
闍 00 (門/09/17) 성문 도
鼗 00 (鼓/06/19) 작은북 도
咷 00 (口/06/09) 울 도
瘏 00 (疒/09/14) 앓을 도
綯 00 (糸/08/14) 노끈 도
翿 00 (羽/14/20) 깃일산 도
荼 00 (艸/07/11) 씀바귀 도
謟 00 (言/10/17) 의심할 도
鞉 00 (革/06/15) 소고 도
讀 62 (言/15/22) 읽을 독 | 구절 두
獨 52 (犬/13/16) 홀로 독
毒 42 (毋/05/09) 독 독
督 42 (目/08/13) 감독할 독
篤 30 (竹/10/16) 도타울 독
瀆 10 (水/15/18) 도랑/더럽힐 독
禿 10 (禾/02/07) 대머리 독
牘 02 (片/15/19) 편지 독
犢 02 (牛/15/19) 송아지 독
纛 02 (糸/19/25) 둑[儀仗旗] 독
櫝 00 (木/15/19) 궤 독
黷 00 (黑/15/27) 더러울 독
匵 00 (匚/15/17) 손궤 독
敦 30 (攴/08/12) 도타울 돈
豚 30 (豕/04/11) 돼지 돈
惇 12 (心/08/11) 도타울 돈
燉 12 (火/12/16) 불빛 돈
頓 12 (頁/04/13) 조아릴 돈:
沌 10 (水/04/07) 엉길 돈
墩 02 (土/12/15) 돈대 돈
暾 02 (日/04/08) 밝을 돈

暾 02 (日/12/16) 해돋을 돈
焞 02 (火/08/12) 어스름할 돈 | 성할 퇴
遯 02 (辵/11/15) 도망할 돈 | 도망할 둔
突 32 (穴/04/09) 갑자기 돌
乭 12 (乙/05/06) 이름 돌
東 80 (木/04/08) 동녘 동
動 72 (力/09/11) 움직일 동:
冬 70 (冫/03/05) 겨울 동(:)
同 70 (口/03/06) 한가지 동
洞 70 (水/06/09) 골 동: | 밝을 통:
童 62 (立/07/12) 아이 동(:)
銅 42 (金/06/14) 구리 동
凍 32 (冫/08/10) 얼 동:
桐 20 (木/06/10) 오동나무 동
棟 20 (木/08/12) 마룻대 동
董 12 (艸/09/13) 바를[正] 동:
憧 10 (心/12/15) 동경할 동:
疼 10 (疒/05/10) 아플 동:
瞳 10 (目/12/17) 눈동자 동:
胴 10 (肉/06/10) 큰창자/몸통 동
仝 02 (人/03/05) 한가지[同] 동
潼 02 (水/12/15) 물이름 동
侗 00 (人/06/08) 지각없을 동 | 키멀쑥할 통
僮 00 (人/12/14) 아이종 동:
彤 00 (彡/04/07) 붉은칠할 동
蝀 00 (虫/08/14) 무지개 동:
烔 00 (火/06/10) 뜨거울 동
罿 00 (网/12/17) 새그물 동
頭 60 (頁/07/16) 머리 두
斗 42 (斗/00/04) 말 두
豆 42 (豆/00/07) 콩 두
杜 12 (木/03/07) 막을 두
兜 10 (儿/09/11) 투구 두 | 도솔천(兜率天) 도
痘 10 (疒/07/12) 역질 두
枓 02 (木/04/08) 주두 두
竇 02 (穴/15/20) 구멍 두
荳 02 (艸/07/11) 팥 두
逗 02 (辵/07/11) 머무를 두
斁 00 (攴/13/17) 무너질 두 | 싫어할 역
屯 30 (屮/01/04) 진칠 둔
鈍 30 (金/04/12) 둔할 둔:
臀 10 (肉/13/17) 볼기 둔
遁 10 (辵/09/13) 숨을 둔:
芚 02 (艸/04/08) 싹돋을 둔
得 42 (彳/08/11) 얻을 득
登 70 (癶/07/12) 오를 등
等 62 (竹/06/12) 무리 등:
燈 42 (火/12/16) 등 등
騰 30 (馬/10/20) 오를 등
藤 20 (艸/15/19) 등나무 등
謄 20 (言/10/17) 베낄 등
鄧 12 (邑/12/15) 나라이름 등:
橙 10 (木/12/16) 귤/걸상 등
嶝 02 (山/12/15) 고개 등
滕 00 (水/10/15) 물솟아오를 등
縢 00 (糸/10/16) 노/꿰맬 등
螣 00 (虫/10/16) 등사 등
羅 42 (网/14/19) 벌릴 라
裸 20 (衣/08/13) 벗을 라:
懶 10 (心/16/19) 게으를 라:
癩 10 (疒/16/21) 문둥이 라:
螺 10 (虫/11/17) 소라 라

邏 10 (辵/19/23) 순라 라
喇 02 (口/09/12) 나팔 라
蘿 02 (艸/19/23) 담쟁이 라
臝 00 (肉/17/21) 벌거벗을 라
蠃 00 (虫/13/19) 나나니벌 라
樂 62 (木/11/15) 즐길 락 | 노래 악 | 좋아할 요
落 50 (艸/09/13) 떨어질 락
絡 32 (糸/06/12) 이을/얽을 락
洛 20 (水/06/09) 물이름 락
烙 10 (火/06/10) 지질 락
酪 10 (酉/06/13) 쇠젖 락
駱 10 (馬/06/16) 낙타 락
珞 02 (玉/06/10) 구슬 락
雒 00 (隹/06/14) 올빼미/표가라 락
亂 40 (乙/12/13) 어지러울 란:
卵 40 (卩/05/07) 알 란:
欄 32 (木/17/21) 난간 란
蘭 32 (艸/17/21) 난초 란
爛 20 (火/17/21) 빛날 란:
瀾 10 (水/17/20) 물결 란
鸞 10 (鳥/19/30) 난새 란
欒 02 (木/19/23) 단란할 란
闌 00 (門/09/17) 가로막을 란
瓓 00 (玉/17/21) 옥빛 란
剌 10 (刀/07/09) 발랄할 랄
辣 10 (辛/07/14) 매울 랄
捋 00 (手/07/10) 뽑을/문지를 랄
覽 40 (見/14/21) 볼 람
濫 30 (水/14/17) 넘칠 람:
藍 20 (艸/14/18) 쪽 람
籃 10 (竹/14/20) 대바구니 람
嵐 02 (山/09/12) 아지랑이 람
擥 02 (手/14/18) 잡을[攬] 람:
攬 02 (手/21/24) 잡을 람:
欖 02 (木/21/25) 감람나무 람
纜 02 (糸/21/27) 닻줄 람
襤 02 (衣/14/19) 남루할 람
拉 20 (手/05/08) 끌 랍
臘 10 (肉/15/19) 섣달 랍
蠟 10 (虫/15/21) 밀 랍
朗 52 (月/07/11) 밝을 랑:
廊 32 (广/10/13) 사랑채/행랑 랑
浪 32 (水/07/10) 물결 랑(:)
郎 32 (邑/07/10) 사내 랑
狼 10 (犬/07/10) 이리 랑:
琅 02 (玉/07/11) 옥소리 랑
瑯 02 (玉/10/14) 법랑 랑
螂 02 (虫/10/16) 사마귀 랑
稂 00 (禾/07/12) 가라지/강아지풀 랑
來 70 (人/06/08) 올 래(:)
萊 12 (艸/08/12) 명아주 래
崍 02 (山/08/11) 산이름 래
徠 02 (彳/08/11) 올 래
騋 00 (馬/08/18) 큰말 래
倈 00 (人/08/10) 올/위로할 래
勑 00 (力/08/10) 위로할 래 | 조서 칙
冷 50 (冫/05/07) 찰 랭:
略 40 (田/06/11) 간략할/약할 략
掠 30 (手/08/11) 노략질할 략
良 52 (艮/01/07) 어질 량
量 50 (里/05/12) 헤아릴 량
兩 42 (入/06/08) 두 량:

糧 40 (米/12/18) 양식 량
梁 32 (木/07/11) 들보/돌다리 량
涼 32 (水/08/11) 서늘할 량
諒 30 (言/08/15) 살펴알/믿을 량
輛 20 (車/08/15) 수레 량:
亮 12 (亠/07/09) 밝을 량
樑 12 (木/11/15) 들보 량
倆 10 (人/08/10) 재주 량
粱 10 (米/07/13) 기장 량
凉 02 (冫/08/10) 서늘할[涼] 량
粮 02 (米/07/13) 양식 량
旅 52 (方/06/10) 나그네 려
麗 42 (鹿/08/19) 고울 려
慮 40 (心/11/15) 생각할 려:
勵 32 (力/15/17) 힘쓸 려:
呂 12 (口/04/07) 성(姓)/법칙 려:
廬 12 (广/16/19) 농막(農幕)집 려
礪 12 (石/15/20) 숫돌 려:
驪 12 (馬/19/29) 검은말 려 | 검은말 리
侶 10 (人/07/09) 짝 려:
戾 10 (戶/04/08) 어그러질 려:
濾 10 (水/15/18) 거를 려:
閭 10 (門/07/15) 마을 려
黎 10 (黍/03/15) 검을 려
儷 02 (人/19/21) 짝 려
櫚 02 (木/15/19) 종려나무 려
藜 02 (艸/15/19) 명아주 려
蠣 02 (虫/15/21) 굴 려:
驢 02 (馬/16/26) 나귀 려
犁 02 (牛/08/12) 쟁기 려 | 얼룩소 리
厲 00 (厂/13/15) 엄할/숫돌 려:
膂 00 (肉/10/14) 등골뼈 려
蠡 00 (虫/15/21) 좀먹을 려 | 소라 라
藘 00 (艸/15/19) 꼭두서니 려
力 72 (力/00/02) 힘 력
歷 52 (止/12/16) 지날 력
曆 32 (日/12/16) 책력 력
瀝 10 (水/16/19) 스밀 력
礫 10 (石/15/20) 조약돌 력
轢 02 (車/15/22) 차에치일/삐걱거릴 력
靂 02 (雨/16/24) 벼락 력
櫟 00 (木/15/19) 떡갈나무 력
酈 00 (邑/19/22) 땅이름 력 | 땅이름 리
鬲 00 (鬲/00/10) 솥 력 | 가로막을 격
練 52 (糸/09/15) 익힐 련:
連 42 (辵/07/11) 이을 련
戀 32 (心/19/23) 그리워할/그릴 련:
聯 32 (耳/11/17) 연이을 련
蓮 32 (艸/11/15) 연꽃 련
鍊 32 (金/09/17) 쇠불릴/단련할 련:
憐 30 (心/12/15) 불쌍히여길 련
煉 20 (火/09/13) 달굴 련
漣 12 (水/11/14) 잔물결 련
輦 10 (車/08/15) 가마 련
攣 02 (手/19/23) 손발굽을 련
璉 02 (玉/11/15) 호련 련
孌 00 (女/19/22) 아름다울 련
列 42 (刀/04/06) 벌릴 렬
烈 40 (火/06/10) 매울 렬
裂 32 (衣/06/12) 찢어질 렬
劣 30 (力/04/06) 못할 렬
冽 02 (冫/06/08) 찰 렬

洌 02 (水/06/09) 맑을 렬
栵 00 (木/06/10) 산밤나무 렬 | 늘어설 례
廉 30 (广/10/13) 청렴할 렴
濂 12 (水/13/16) 물이름 렴
斂 10 (攴/13/17) 거둘 렴:
殮 10 (歹/13/17) 염(殮)할 렴:
簾 10 (竹/13/19) 발 렴
蘞 00 (艸/17/21) 거지덩굴 렴
獵 30 (犬/15/18) 사냥 렵
令 50 (人/03/05) 하여금 령(:)
領 50 (頁/05/14) 거느릴 령
嶺 32 (山/14/17) 고개 령
靈 32 (雨/16/24) 신령 령
零 30 (雨/05/13) 떨어질/영[數字] 령
玲 12 (玉/05/09) 옥소리 령
囹 10 (囗/05/08) 옥(獄) 령
逞 10 (辵/07/11) 쾌할 령
鈴 10 (金/05/13) 방울 령
齡 10 (齒/05/20) 나이 령
伶 02 (人/05/07) 악공/영리할 령
岺 02 (山/05/08) 산깊을 령
怜 02 (心/05/08) 영리할 령
笭 02 (竹/05/11) 다래끼 령
羚 02 (羊/05/11) 영양 령
翎 02 (羽/05/11) 깃 령
聆 02 (耳/05/11) 들을 령
姈 00 (女/05/08) 여자영리할 령
昤 00 (日/05/09) 햇빛 령
苓 00 (艸/05/09) 복령(茯苓) 령
蛉 00 (虫/05/11) 고추잠자리 령
例 60 (人/06/08) 법식 례:
禮 60 (示/13/18) 예도 례:
隸 30 (隶/08/16) 종 례:
醴 12 (酉/13/20) 단술[甘酒] 례:
澧 02 (水/13/16) 물이름 례
鱧 00 (魚/13/24) 가물치 례
老 70 (老/00/06) 늙을 로:
路 60 (足/06/13) 길 로:
勞 52 (力/10/12) 일할 로
爐 32 (火/16/20) 화로 로
露 32 (雨/13/21) 이슬 로(:)
盧 12 (皿/11/16) 성(姓) 로
蘆 12 (艸/16/20) 갈대 로
魯 12 (魚/04/15) 노나라/노둔할 로
鷺 12 (鳥/13/24) 해오라기/백로 로
撈 10 (手/12/15) 건질 로
擄 10 (手/13/16) 노략질할 로
虜 10 (虍/07/13) 사로잡을 로
櫓 02 (木/15/19) 노/방패 로
潞 02 (水/13/16) 물이름 로
瀘 02 (水/16/19) 물이름 로
輅 02 (車/06/13) 수레 로
鹵 02 (鹵/00/11) 개펄 로
壚 00 (土/16/19) 검은흙 로
簬 00 (竹/13/19) 대이름 로
纑 00 (糸/16/22) 베올 로
綠 60 (糸/08/14) 푸를 록
錄 42 (金/08/16) 기록할 록
祿 32 (示/08/13) 녹 록
鹿 30 (鹿/00/11) 사슴 록
碌 10 (石/08/13) 푸른돌 록
麓 10 (鹿/08/19) 산기슭 록

菉 02 (艸/08/12) 조개풀 록
彔 00 (彐/05/08) 새길 록
論 42 (言/08/15) 논할 론
弄 32 (廾/04/07) 희롱할 롱:
籠 20 (竹/16/22) 대바구니 롱(:)
壟 10 (土/16/19) 밭두둑 롱:
瓏 10 (玉/16/20) 옥소리 롱
聾 10 (耳/16/22) 귀먹을 롱
朧 02 (月/16/20) 몽롱할 롱
瀧 02 (水/16/19) 젖을 롱
隴 00 (阜/16/19) 언덕 롱:
賴 32 (貝/09/16) 의뢰할 뢰:
雷 32 (雨/05/13) 우레 뢰
儡 10 (人/15/17) 꼭두각시 뢰:
牢 10 (牛/03/07) 우리[畜舍] 뢰
磊 10 (石/10/15) 돌무더기 뢰
賂 10 (貝/06/13) 뇌물 뢰
瀨 02 (水/16/19) 여울 뢰
賚 02 (貝/08/15) 줄 뢰
罍 00 (缶/15/21) 술잔 뢰
耒 00 (耒/00/06) 따비 뢰:
料 50 (斗/06/10) 헤아릴 료(:)
了 30 (亅/01/02) 마칠 료:
僚 30 (人/12/14) 동료 료
療 20 (疒/12/17) 병고칠 료
遼 12 (辵/12/16) 멀 료
寮 10 (宀/12/15) 동관(同官) 료
燎 10 (火/12/16) 횃불 료
瞭 10 (目/12/17) 밝을 료
聊 10 (耳/05/11) 애오라지 료
寥 10 (宀/11/14) 쓸쓸할 료
廖 02 (广/11/14) 공허할 료
蓼 02 (艸/11/15) 여뀌 료:
潦 00 (水/12/15) 장마 료: | 장마 로:
繚 00 (糸/12/18) 동일 료
敹 00 (攴/11/15) 가릴 료
龍 40 (龍/00/16) 용 룡
樓 32 (木/11/15) 다락 루
漏 32 (水/11/14) 샐 루:
累 32 (糸/05/11) 여러/자주 루:
屢 30 (尸/11/14) 여러 루:
淚 30 (水/08/11) 눈물 루:
壘 10 (土/15/18) 보루 루
陋 10 (阜/06/09) 더러울 루:
婁 02 (女/08/11) 끌 루
瘻 02 (疒/11/16) 부스럼 루
縷 02 (糸/11/17) 실오리 루:
蔞 02 (艸/11/15) 물쑥 루
褸 02 (衣/11/16) 남루할 루
鏤 02 (金/11/19) 새길 루
摟 00 (手/11/14) 안을 루
流 52 (水/07/10) 흐를 류
類 52 (頁/10/19) 무리 류(:)
留 42 (田/05/10) 머무를 류
柳 40 (木/05/09) 버들 류(:)
硫 20 (石/07/12) 유황 류
謬 20 (言/11/18) 그르칠 류
劉 12 (刀/13/15) 죽일/묘금도(卯金刂) 류
溜 10 (水/10/13) 처마물 류
琉 10 (玉/07/11) 유리 류
瘤 10 (疒/10/15) 혹 류:
旒 02 (方/09/13) 깃발 류

榴 02 (木/10/14) 석류 류
瀏 02 (水/15/18) 맑을 류
瑠 02 (玉/10/14) 유리 류
纍 00 (糸/15/21) 가둘 류 | 가둘 루
懰 00 (心/15/18) 근심할/아름다울 류
罶 00 (网/10/15) 통발 류:
藟 00 (艸/15/19) 덩굴풀 류
虆 00 (艸/21/25) 덩굴 류
騮 00 (馬/07/17) 월따말 류
六 80 (八/02/04) 여섯 륙
陸 52 (阜/08/11) 뭍 륙
戮 10 (戈/11/15) 죽일 륙
僇 00 (人/11/13) 욕할 륙
穋 00 (禾/11/16) 올벼 륙
輪 40 (車/08/15) 바퀴 륜
倫 32 (人/08/10) 인륜 륜
崙 12 (山/08/11) 산이름 륜
淪 10 (水/08/11) 빠질 륜
綸 10 (糸/08/14) 벼리 륜
侖 02 (人/06/08) 산이름/차례 륜
律 42 (彳/06/09) 법칙 률
栗 32 (木/06/10) 밤 률
率 32 (玄/06/11) 비율 률 | 거느릴 솔
慄 10 (心/10/13) 떨릴 률
隆 32 (阜/09/12) 높을 륭
勒 10 (力/09/11) 굴레 륵
肋 10 (肉/02/06) 갈빗대 륵
凜 10 (冫/13/15) 찰 름
廩 00 (广/13/16) 쌀곳간 름
懍 00 (心/13/16) 두려워할 름
陵 32 (阜/08/11) 언덕 릉
楞 12 (木/09/13) 네모질[四角] 릉
凌 10 (冫/08/10) 업신여길 릉
稜 10 (禾/08/13) 모날 릉
綾 10 (糸/08/14) 비단 릉
菱 10 (艸/08/12) 마름 릉
里 70 (里/00/07) 마을 리:
利 62 (刀/05/07) 이할 리:
理 62 (玉/07/11) 다스릴 리:
李 60 (木/03/07) 오얏/성(姓) 리:
離 40 (隹/11/19) 떠날 리:
吏 32 (口/03/06) 벼슬아치/관리 리:
履 32 (尸/12/15) 밟을 리:
裏 32 (衣/07/13) 속 리:
梨 30 (木/07/11) 배 리
俚 10 (人/07/09) 속될 리:
悧 10 (心/07/10) 영리할 리
痢 10 (疒/07/12) 이질 리:
籬 10 (竹/19/25) 울타리 리
罹 10 (网/11/16) 걸릴 리
裡 10 (衣/07/12) 속 리:
釐 10 (里/11/18) 다스릴 리
厘 02 (厂/07/09) 다스릴[釐] 리 | 가게[廛] 전:
唎 02 (口/07/10) 소리 리
浬 02 (水/07/10) 해리 리
狸 02 (犬/07/10) 삵 리
璃 02 (玉/11/15) 유리 리
羸 02 (羊/13/19) 야윌 리
莉 02 (艸/07/11) 말리 리
鯉 02 (魚/07/18) 잉어 리:
俐 00 (人/07/09) 영리할 리
涖 00 (水/07/10) 임할 리

离 00 (内/06/11) 도깨비/산신 리
莅 00 (艸/07/11) 임할 리
梩 00 (木/07/11) 삼태기 리
縭 00 (糸/11/17) 신꾸밀 리
纚 00 (糸/19/25) 맬 리 | 머리싸개 사
詈 00 (言/05/12) 꾸짖을 리:
隣 30 (阜/12/15) 이웃 린
麟 12 (鹿/12/23) 기린 린
吝 10 (口/04/07) 아낄 린
燐 10 (火/12/16) 도깨비불 린
躪 10 (足/20/27) 짓밟을 린
鱗 10 (魚/12/23) 비늘 린
潾 02 (水/12/15) 맑을 린
璘 02 (玉/12/16) 옥빛 린
藺 02 (艸/16/20) 골풀 린
粼 00 (米/08/14) 물맑을 린
鄰 00 (邑/12/15) 이웃 린
林 70 (木/04/08) 수풀 림
臨 32 (臣/11/17) 임할 림
淋 10 (水/08/11) 임질 림
琳 02 (玉/08/12) 아름다운옥 림
霖 02 (雨/08/16) 장마 림
立 72 (立/00/05) 설 립
笠 10 (竹/05/11) 삿갓 립
粒 10 (米/05/11) 낟알 립
砬 02 (石/05/10) 돌소리 립
苙 00 (艸/05/09) 구릿대/짐승우리 립
馬 50 (馬/00/10) 말 마:
磨 32 (石/11/16) 갈 마
麻 32 (麻/00/11) 삼 마(:)
摩 20 (手/11/15) 문지를 마
痲 20 (疒/08/13) 저릴 마
魔 20 (鬼/11/21) 마귀 마
瑪 02 (玉/10/14) 마노 마
碼 02 (石/10/15) 마노 마
禡 00 (示/10/15) 마제(禡祭) 마
幕 32 (巾/11/14) 장막 막
漠 32 (水/11/14) 넓을 막
莫 32 (艸/07/11) 없을 막
膜 20 (肉/11/15) 꺼풀/막 막
寞 10 (宀/11/14) 고요할 막
邈 02 (辵/14/18) 멀 막
藐 00 (艸/14/18) 멀 막 | 작을 묘
瘼 00 (疒/11/16) 병들 막
萬 80 (艸/09/13) 일만 만:
滿 42 (水/11/14) 찰 만(:)
晩 32 (日/07/11) 늦을 만:
慢 30 (心/11/14) 거만할 만:
漫 30 (水/11/14) 흩어질 만:
娩 20 (女/07/10) 낳을 만:
灣 20 (水/22/25) 물굽이 만
蠻 20 (虫/19/25) 오랑캐 만
卍 10 (十/04/06) 만(卍) 만:
彎 10 (弓/19/22) 굽을 만
挽 10 (手/07/10) 당길 만:
瞞 10 (目/11/16) 속일 만
蔓 10 (艸/11/15) 덩굴 만
輓 10 (車/07/14) 끌/애도할 만:
饅 10 (食/11/20) 만두 만
鰻 10 (魚/11/22) 뱀장어 만
万 02 (一/02/03) 일만[萬] 만:
巒 02 (山/19/22) 멧부리 만

曼 02 (曰/07/11) 길[長] 만
墁 00 (土/11/14) 바를 만
鏋 00 (金/11/19) 금 만
末 50 (木/01/05) 끝 말
靺 12 (革/05/14) 말갈(靺鞨) 말
抹 10 (手/05/08) 지울 말
沫 10 (水/05/08) 물거품 말
襪 10 (衣/15/20) 버선 말
唜 02 (口/07/10) 끝 말
茉 02 (艸/05/09) 말리 말
秣 00 (禾/05/10) 말먹이 말
望 52 (月/07/11) 바랄 망:
亡 50 (亠/01/03) 망할 망
妄 32 (女/03/06) 망령될 망:
忘 30 (心/03/07) 잊을 망
忙 30 (心/03/06) 바쁠 망
罔 30 (网/03/08) 없을 망
茫 30 (艸/06/10) 아득할 망
網 20 (糸/08/14) 그물 망
芒 10 (艸/03/07) 까끄라기 망
惘 10 (心/08/11) 멍할 망
莽 02 (艸/08/12) 풀 망
輞 02 (車/08/15) 바퀴테 망
邙 02 (邑/03/06) 북망산 망
蘉 00 (艸/16/20) 힘쓸 망
每 72 (毋/03/07) 매양 매(:)
買 50 (貝/05/12) 살 매:
賣 50 (貝/08/15) 팔 매(:)
妹 40 (女/05/08) 누이 매
媒 32 (女/09/12) 중매 매
梅 32 (木/07/11) 매화 매
埋 30 (土/07/10) 묻을 매
枚 20 (木/04/08) 낱 매
魅 20 (鬼/05/15) 매혹할 매
寐 10 (宀/09/12) 잘 매:
昧 10 (日/05/09) 어두울 매
煤 10 (火/09/13) 그을음 매
罵 10 (网/10/15) 꾸짖을 매:
邁 10 (辵/13/17) 갈[行] 매
呆 10 (口/04/07) 어리석을 매
沬 00 (水/05/08) 희미할 매 | 낯씻을 회
莓 00 (艸/05/09) 딸기 매
勱 00 (力/13/15) 힘쓸 매
浼 00 (水/07/10) 더럽힐 매 | 편히흐를 면
痗 00 (疒/07/12) 병들 매
脢 00 (肉/07/11) 등심 매
鋂 00 (金/07/15) 사슬고리 매
霾 00 (雨/14/22) 흙비 매
韎 00 (韋/05/14) 가죽 매
脈 42 (肉/06/10) 줄기 맥
麥 32 (麥/00/11) 보리 맥
貊 12 (豸/06/13) 맥국(貊國) 맥
陌 02 (阜/06/09) 밭두둑길 맥
驀 02 (馬/11/21) 뛰어넘을 맥
貉 00 (豸/06/13) 오랑캐 맥
霢 00 (雨/10/18) 가랑비 맥
孟 32 (子/05/08) 맏 맹(:)
猛 32 (犬/08/11) 사나울 맹:
盲 32 (目/03/08) 소경/눈멀 맹
盟 32 (皿/08/13) 맹세 맹
萌 10 (艸/08/12) 움[芽] 맹
氓 02 (氏/04/08) 백성 맹

覓 12 (見/04/11) 찾을 멱
冪 02 (冖/14/16) 덮을 멱
面 70 (面/00/09) 낯 면:
勉 40 (力/07/09) 힘쓸 면:
免 32 (儿/05/07) 면할 면:
眠 32 (目/05/10) 잘 면
綿 32 (糸/08/14) 솜 면
冕 12 (冂/09/11) 면류관 면:
沔 12 (水/04/07) 물이름/빠질 면:
俛 12 (人/07/09) 힘쓸/구푸릴 면:
棉 10 (木/08/12) 목화 면
眄 10 (目/04/09) 곁눈질할 면:
緬 10 (糸/09/15) 멀 면(:)
麪 10 (麥/04/15) 국수 면
麵 02 (麥/09/20) 국수[麪] 면
湎 00 (水/09/12) 빠질 면:
滅 32 (水/10/13) 꺼질/멸할 멸
蔑 20 (艸/11/15) 업신여길 멸
篾 00 (竹/11/17) 대껍질 멸
幭 00 (巾/15/18) 덮개 멸
名 72 (口/03/06) 이름 명
命 70 (口/05/08) 목숨 명:
明 62 (日/04/08) 밝을 명
鳴 40 (鳥/03/14) 울 명
銘 32 (金/06/14) 새길 명
冥 30 (冖/08/10) 어두울 명
暝 10 (日/10/14) 저물 명
溟 10 (水/10/13) 바다 명
皿 10 (皿/00/05) 그릇 명:
螟 10 (虫/10/16) 멸구 명
酩 10 (酉/06/13) 술취할 명:
椧 02 (木/08/12) 홈통 명
瞑 02 (目/10/15) 눈감을 명
茗 02 (艸/06/10) 차싹 명
蓂 02 (艸/10/14) 명협 명
袂 10 (衣/04/09) 소매 메
母 80 (毋/01/05) 어미 모:
毛 42 (毛/00/04) 터럭 모
模 40 (木/11/15) 본뜰 모
慕 32 (心/11/15) 그릴 모:
謀 32 (言/09/16) 꾀 모
貌 32 (豸/07/14) 모양 모
侮 30 (人/07/09) 업신여길 모(:)
冒 30 (冂/07/09) 무릅쓸 모
募 30 (力/11/13) 모을/뽑을 모
暮 30 (日/11/15) 저물 모:
某 30 (木/05/09) 아무 모:
帽 20 (巾/09/12) 모자 모
矛 20 (矛/00/05) 창 모
牟 12 (牛/02/06) 성(姓)/보리[大麥] 모
茅 12 (艸/05/09) 띠[草名] 모
謨 12 (言/11/18) 꾀 모
摸 10 (手/11/14) 더듬을 모
牡 10 (牛/03/07) 수컷 모
耗 10 (耒/04/10) 소모할 모
糢 10 (米/11/17) 모호할 모
姆 02 (女/05/08) 여스승 모
摹 02 (手/11/15) 모뜰 모
瑁 02 (玉/09/13) 대모 모
眸 02 (目/06/11) 눈동자 모
芼 02 (艸/04/08) 나물 모
旄 00 (方/06/10) 털기(旗) 모

眊 00 (目/04/09) 눈흐릴/늙을 모
耄 00 (老/04/10) 늙을 모
蟊 00 (虫/11/17) 해충 모
髦 00 (髟/04/14) 다박머리 모
麰 00 (麥/06/17) 보리 모
木 80 (木/00/04) 나무 목
目 60 (目/00/05) 눈 목
牧 42 (牛/04/08) 칠[養] 목
睦 32 (目/08/13) 화목할 목
沐 20 (水/04/07) 머리감을 목
穆 12 (禾/11/16) 화목할 목
鶩 02 (鳥/09/20) 집오리 목
楘 00 (木/09/13) 수레장식 목
霂 00 (雨/07/15) 가랑비 목
沒 32 (水/04/07) 빠질 몰
歿 10 (歹/04/08) 죽을 몰
夢 32 (夕/11/14) 꿈 몽
蒙 32 (艸/10/14) 어두울 몽
朦 02 (月/14/18) 몽롱할 몽
幪 00 (巾/14/17) 덮을 몽
濛 00 (水/14/17) 이슬비 몽
矇 00 (目/14/19) 소경 몽
饛 00 (食/14/23) 밥수북히담을 몽
墓 40 (土/11/14) 무덤 묘:
妙 40 (女/04/07) 묘할 묘:
卯 30 (卩/03/05) 토끼 묘:
廟 30 (广/12/15) 사당 묘:
苗 30 (艸/05/09) 모 묘:
昴 12 (日/05/09) 별이름 묘:
描 10 (手/09/12) 그릴 묘:
杳 10 (木/04/08) 아득할 묘
渺 10 (水/09/12) 아득할/물질펀할 묘:
猫 10 (犬/09/12) 고양이 묘:
竗 02 (立/04/09) 묘할[妙] 묘:
錨 02 (金/09/17) 닻 묘
眇 00 (目/04/09) 애꾸 묘:
貓 00 (豸/09/16) 고양이 묘:
茆 00 (艸/05/09) 띠 묘 | 갯버들 류
無 50 (火/08/12) 없을 무
務 42 (力/09/11) 힘쓸 무:
武 42 (止/04/08) 호반 무:
舞 40 (舛/08/14) 춤출 무:
茂 32 (艸/05/09) 무성할 무:
貿 32 (貝/05/12) 무역할 무:
戊 30 (戈/01/05) 천간 무:
霧 30 (雨/11/19) 안개 무:
巫 10 (工/04/07) 무당 무:
憮 10 (心/12/15) 어루만질 무:
拇 10 (手/05/08) 엄지손가락 무:
撫 10 (手/12/15) 어루만질 무(:)
毋 10 (毋/00/04) 말[勿] 무
畝 10 (田/05/10) 이랑 무: | 이랑 묘:
蕪 10 (艸/12/16) 거칠 무
誣 10 (言/07/14) 속일 무:
懋 02 (心/13/17) 힘쓸 무:
无 02 (无/00/04) 없을[無] 무
楙 02 (木/09/13) 모과나무 무
珷 02 (玉/07/11) 옥돌 무
繆 02 (糸/11/17) 얽을 무 | 어그러질 류
鵡 02 (鳥/07/18) 앵무새 무:
儛 00 (人/14/16) 춤출 무:
廡 00 (广/12/15) 행랑 무

膴 00 (肉/12/16) 두터울 무
髳 00 (髟/05/15) 다박머리 무
墨 32 (土/12/15) 먹 묵
默 32 (黑/04/16) 잠잠할 묵
纆 00 (糸/15/21) 노 묵
門 80 (門/00/08) 문 문
問 70 (口/08/11) 물을 문:
文 70 (文/00/04) 글월 문
聞 62 (耳/08/14) 들을 문(:)
紋 32 (糸/04/10) 무늬 문
紊 20 (糸/04/10) 어지러울/문란할 문
汶 12 (水/04/07) 물이름 문
蚊 10 (虫/04/10) 모기 문
們 02 (人/08/10) 무리 문
刎 02 (刀/04/06) 목자를 문
吻 02 (口/04/07) 입술 문
雯 02 (雨/04/12) 구름무늬 문
捫 00 (手/08/11) 어루만질 문
炆 00 (火/04/08) 따뜻할 문
璊 00 (玉/11/15) 붉은옥 문
穈 00 (禾/11/16) 붉은기장 문 | 검은기장 미
物 72 (牛/04/08) 물건 물
勿 32 (勹/02/04) 말[禁] 물
沕 02 (水/04/07) 아득할 물
米 60 (米/00/06) 쌀 미
美 60 (羊/03/09) 아름다울 미(:)
味 42 (口/05/08) 맛 미:
未 42 (木/01/05) 아닐 미(:)
尾 32 (尸/04/07) 꼬리 미:
微 32 (彳/10/13) 작을 미
眉 30 (目/04/09) 눈썹 미
迷 30 (辵/06/10) 미혹할 미(:)
彌 12 (弓/14/17) 미륵/오랠 미
媚 10 (女/09/12) 아첨할/예쁠 미
薇 10 (艸/13/17) 장미 미
靡 10 (非/11/19) 쓰러질 미
嵋 02 (山/09/12) 산이름 미
梶 02 (木/07/11) 나무끝 미
楣 02 (木/09/13) 인중방 미
渼 02 (水/09/12) 물놀이 미
湄 02 (水/09/12) 물가 미
謎 02 (言/10/17) 수수께끼 미
黴 02 (黑/11/23) 기미낄 미
亹 00 (亠/20/22) 힘쓸 미
弭 00 (弓/06/09) 활고자 미:
敉 00 (攴/06/10) 어루만질 미
瀰 00 (水/17/20) 물가득할 미
糜 00 (米/11/17) 죽 미
麋 00 (鹿/06/17) 고라니 미
郿 00 (邑/09/12) 땅이름 미
民 80 (氏/01/05) 백성 민
憫 30 (心/12/15) 민망할 민
敏 30 (攴/07/11) 민첩할 민
旻 12 (日/04/08) 하늘 민
旼 12 (日/04/08) 화할 민
玟 12 (玉/04/08) 아름다운돌 민
珉 12 (玉/05/09) 옥돌 민
閔 12 (門/04/12) 성(姓) 민
悶 10 (心/08/12) 답답할 민
岷 02 (山/05/08) 산이름 민
愍 02 (心/09/13) 슬퍼할 민
泯 02 (水/05/08) 빠질 민

緡 02 (糸/09/15) 돈꿰미 민
忞 00 (心/04/08) 힘쓸 민
暋 00 (日/09/13) 강할/번민할 민
黽 00 (黽/00/13) 힘쓸 민 | 맹꽁이 맹 | 땅이름 면
慜 00 (心/11/15) 총명할 민
敃 00 (攴/05/09) 힘쓸 민
潣 00 (水/12/15) 물졸졸흐를 민
痻 00 (疒/08/13) 병들 민
密 42 (宀/08/11) 빽빽할 밀
蜜 30 (虫/08/14) 꿀 밀
謐 10 (言/10/17) 고요할 밀
朴 60 (木/02/06) 성(姓) 박
博 42 (十/10/12) 넓을 박
拍 40 (手/05/08) 칠 박
薄 32 (艸/13/17) 엷을 박
迫 32 (辵/05/09) 핍박할 박
泊 30 (水/05/08) 머무를/배댈 박
舶 20 (舟/05/11) 배 박
剝 10 (刀/08/10) 벗길 박
搏 10 (手/10/13) 두드릴 박
撲 10 (手/12/15) 칠[擊] 박
樸 10 (木/12/16) 순박할 박
珀 10 (玉/05/09) 호박(琥珀) 박
箔 10 (竹/08/14) 발[簾] 박
粕 10 (米/05/11) 지게미 박
縛 10 (糸/10/16) 얽을 박
膊 10 (肉/10/14) 팔뚝 박
駁 10 (馬/04/14) 논박할 박
璞 02 (玉/12/16) 옥덩어리 박
雹 02 (雨/05/13) 우박 박
亳 00 (亠/08/10) 땅이름 박
鎛 00 (金/10/18) 호미 박
襮 00 (衣/15/20) 수놓은깃 박
鉑 00 (金/05/13) 금박 박
半 62 (十/03/05) 반(半) 반:
反 62 (又/02/04) 돌이킬/돌아올 반:
班 62 (玉/06/10) 나눌 반
盤 32 (皿/10/15) 소반 반
般 32 (舟/04/10) 가지/일반 반
飯 32 (食/04/13) 밥 반
伴 30 (人/05/07) 짝 반:
叛 30 (又/07/09) 배반할 반:
返 30 (辵/04/08) 돌이킬 반:
搬 20 (手/10/13) 옮길 반
潘 12 (水/12/15) 성(姓) 반
磻 12 (石/12/17) 반계(磻溪) 반 | 반계 번
拌 10 (手/05/08) 버릴 반
攀 10 (手/15/19) 더위잡을 반
斑 10 (文/08/12) 아롱질 반
槃 10 (木/10/14) 쟁반 반
畔 10 (田/05/10) 밭두둑 반
礬 10 (石/15/20) 백반 반
絆 10 (糸/05/11) 얽어맬 반
蟠 10 (虫/12/18) 서릴 반
頒 10 (頁/04/13) 나눌 반
泮 02 (水/05/08) 얼음풀릴/학교 반
瘢 02 (疒/10/15) 흉터 반
盼 02 (目/04/09) 눈예쁠 반
磐 02 (石/10/15) 너럭바위 반
胖 00 (肉/05/09) 살찔 반
鞶 00 (革/10/19) 가죽띠 반
發 62 (癶/07/12) 필 발

髮 40 (髟/05/15) 터럭 발
拔 32 (手/05/08) 뽑을 발
渤 12 (水/09/12) 바다이름 발
鉢 12 (金/05/13) 바리때 발
勃 10 (力/07/09) 노할 발
撥 10 (手/12/15) 다스릴 발
潑 10 (水/12/15) 물뿌릴 발
跋 10 (足/05/12) 밟을 발
醱 10 (酉/12/19) 술괼 발
魃 10 (鬼/05/15) 가물 발
浡 00 (水/07/10) 우쩍일어날 발
茇 00 (艸/05/09) 풀뿌리 발
軷 00 (車/05/12) 길제사 발
方 72 (方/00/04) 모[稜] 방
放 62 (攴/04/08) 놓을 방(:)
房 42 (戶/04/08) 방 방
訪 42 (言/04/11) 찾을 방:
防 42 (阜/04/07) 막을 방
妨 40 (女/04/07) 방해할 방
芳 32 (艸/04/08) 꽃다울 방
倣 30 (人/08/10) 본뜰 방
傍 30 (人/10/12) 곁 방:
邦 30 (邑/04/07) 나라 방
紡 20 (糸/04/10) 길쌈 방
旁 12 (方/06/10) 곁 방:
龐 12 (龍/03/19) 높은집 방
坊 10 (土/04/07) 동네 방
尨 10 (尢/04/07) 삽살개 방
幇 10 (巾/09/12) 도울 방
彷 10 (彳/04/07) 헤맬 방(:)
昉 10 (日/04/08) 밝을 방
枋 10 (木/04/08) 다목 방
榜 10 (木/10/14) 방(榜)붙일 방:
肪 10 (肉/04/08) 기름 방
膀 10 (肉/10/14) 오줌통 방
謗 10 (言/10/17) 헐뜯을 방:
滂 02 (水/10/13) 비퍼부을 방
磅 02 (石/10/15) 돌떨어지는소리 방
舫 02 (舟/04/10) 쌍배 방
蒡 02 (艸/10/14) 우엉 방
蚌 02 (虫/04/10) 조개 방
厖 00 (厂/07/09) 클 방
幫 00 (巾/14/17) 도울 방
魴 00 (魚/04/15) 방어 방
逄 00 (辵/06/10) 막을 방
雱 00 (雨/04/12) 눈내릴 방
倍 50 (人/08/10) 곱 배(:)
拜 42 (手/05/09) 절 배:
背 42 (肉/05/09) 등 배:
配 42 (酉/03/10) 나눌/짝 배:
培 32 (土/08/11) 북돋울 배:
排 32 (手/08/11) 밀칠 배
輩 32 (車/08/15) 무리 배:
杯 30 (木/04/08) 잔 배
俳 20 (人/08/10) 배우 배
賠 20 (貝/08/15) 물어줄 배:
裵 12 (衣/08/14) 성(姓) 배
徘 10 (彳/08/11) 어정거릴 배
湃 10 (水/09/12) 물결칠 배
胚 10 (肉/05/09) 아기밸 배
陪 10 (阜/08/11) 모실 배:
焙 02 (火/08/12) 불쬘 배

盃 02 (皿/04/09) 잔[杯] 배
裴 02 (衣/08/14) 성[裵] 배
褙 02 (衣/09/14) 배자 배
桮 00 (木/07/11) 술잔 배
白 80 (白/00/05) 흰 백
百 70 (白/01/06) 일백 백
伯 32 (人/05/07) 맏 백
柏 20 (木/05/09) 측백 백
帛 10 (巾/05/08) 비단 백
魄 10 (鬼/05/15) 넋 백
佰 02 (人/06/08) 우두머리 백
栢 02 (木/06/10) 측백[柏] 백
番 60 (田/07/12) 차례 번
繁 32 (糸/11/17) 번성할 번
煩 30 (火/09/13) 번거로울 번
飜 30 (飛/12/21) 번역할 번
蕃 10 (艸/12/16) 불을 번
藩 10 (艸/15/19) 울타리 번
幡 02 (巾/12/15) 기 번
樊 02 (木/11/15) 울 번
燔 02 (火/12/16) 구울 번
翻 00 (羽/12/18) 날/뒤칠 번
蘩 00 (艸/17/21) 흰쑥 번
袢 00 (衣/05/10) 속옷 번
墦 00 (土/12/15) 무덤 번
伐 42 (人/04/06) 칠[討] 벌
罰 42 (网/09/14) 벌할 벌
閥 20 (門/06/14) 문벌 벌
筏 12 (竹/06/12) 뗏목 벌
犯 40 (犬/02/05) 범할 범:
範 40 (竹/09/15) 법 범:
凡 32 (几/01/03) 무릇 범(:)
汎 20 (水/03/06) 넓을 범:
范 12 (艸/05/09) 성(姓) 범:
帆 10 (巾/03/06) 돛 범:
梵 10 (木/07/11) 불경 범:
氾 10 (水/02/05) 넘칠 범:
泛 10 (水/05/08) 뜰 범:
机 00 (木/03/07) 나무이름 범
法 52 (水/05/08) 법 법
琺 02 (玉/08/12) 법랑 법
壁 42 (土/13/16) 벽 벽
碧 32 (石/09/14) 푸를 벽
僻 20 (人/13/15) 궁벽할 벽
劈 10 (刀/13/15) 쪼갤 벽
擘 10 (手/13/17) 엄지손가락 벽
璧 10 (玉/13/18) 구슬 벽
癖 10 (疒/13/18) 버릇 벽
闢 10 (門/13/21) 열 벽
檗 02 (木/13/17) 황벽나무 벽
蘗 02 (艸/17/21) 황경나무 벽
霹 02 (雨/13/21) 벼락 벽
甓 00 (瓦/13/18) 벽돌 벽
辟 00 (辛/06/13) 물리칠 벽
變 52 (言/16/23) 변할 변:
邊 42 (辵/15/19) 가[側] 변
辯 40 (辛/14/21) 말씀 변:
辨 30 (辛/09/16) 분별할 변:
卞 12 (卜/02/04) 성(姓) 변:
弁 12 (廾/02/05) 고깔 변:
駢 02 (馬/08/18) 쌍말 변 | 나란히할 병
籩 00 (竹/19/25) 제기이름 변

釆 00 (釆/00/07) 나눌 변
別 60 (刀/05/07) 다를/나눌 별
瞥 10 (目/12/17) 눈깜짝할 별
鼈 10 (黽/12/25) 자라 별
鱉 02 (魚/12/23) 자라[鼈] 별
病 60 (疒/05/10) 병 병:
兵 52 (八/05/07) 병사 병
丙 32 (一/04/05) 남녘 병:
屛 30 (尸/08/11) 병풍 병(:)
竝 30 (立/05/10) 나란히 병:
倂 20 (人/08/10) 아우를 병:
昞 12 (日/05/09) 밝을 병:
昺 12 (日/05/09) 밝을 병:
柄 12 (木/05/09) 자루 병:
炳 12 (火/05/09) 불꽃 병:
秉 12 (禾/03/08) 잡을 병:
甁 10 (瓦/08/13) 병 병
餠 10 (食/08/17) 떡 병:
幷 02 (干/05/08) 아우를 병
棅 02 (木/08/12) 자루[柄] 병:
軿 02 (車/08/15) 수레 병
缾 00 (缶/08/14) 병 병
迸 00 (辵/08/12) 흩어질 병
怲 00 (心/05/08) 근심할 병
荓 00 (艸/08/12) 풀이름 병
保 42 (人/07/09) 지킬 보(:)
報 42 (土/09/12) 갚을/알릴 보:
寶 42 (宀/17/20) 보배 보:
步 42 (止/03/07) 걸음 보:
普 40 (日/08/12) 넓을 보:
補 32 (衣/07/12) 기울 보:
譜 32 (言/12/19) 족보 보:
潽 12 (水/12/15) 물이름 보:
甫 12 (用/02/07) 클 보:
輔 12 (車/07/14) 도울 보:
堡 10 (土/09/12) 작은성 보:
洑 10 (水/06/09) 보 보 | 스며흐를 복
菩 10 (艸/08/12) 보살 보
湺 02 (水/09/12) 사람이름 보
珤 02 (玉/06/10) 보배[寶] 보:
褓 02 (衣/09/14) 포대기 보(:)
鴇 00 (鳥/04/15) 너새 보:
黼 00 (黹/07/19) 수놓은옷 보
服 60 (月/04/08) 옷 복
福 52 (示/09/14) 복 복
復 42 (彳/09/12) 회복할 복 | 다시 부:
伏 40 (人/04/06) 엎드릴 복
複 40 (衣/09/14) 겹칠 복
腹 32 (肉/09/13) 배 복
覆 32 (襾/12/18) 덮을 부 | 다시 복
卜 30 (卜/00/02) 점 복
馥 12 (香/09/18) 향기 복
僕 10 (人/12/14) 종 복
匐 10 (勹/09/11) 길 복
輻 10 (車/09/16) 바퀴살 복 | 바퀴살 폭
鰒 10 (魚/09/20) 전복 복
宓 02 (宀/05/08) 성(姓) 복
茯 02 (艸/06/10) 복령 복
蔔 02 (艸/11/15) 무 복
輹 02 (車/09/16) 바퀴통 복
扑 00 (手/02/05) 칠 복
濮 00 (水/14/17) 물이름 복

椱 00 (木/09/13) 뿔막이 복 | 뿔막이 벽
葍 00 (艸/09/13) 순무 복
鍑 00 (金/09/17) 솥 복
本 60 (木/01/05) 근본 본
乶 02 (乙/07/08) 땅이름 볼
奉 52 (大/05/08) 받들 봉:
封 32 (寸/06/09) 봉할 봉
峯 32 (山/07/10) 봉우리 봉
逢 32 (辵/07/11) 만날 봉
鳳 32 (鳥/03/14) 봉새 봉:
蜂 30 (虫/07/13) 벌 봉
俸 20 (人/08/10) 녹(祿) 봉:
縫 20 (糸/11/17) 꿰맬 봉
蓬 12 (艸/11/15) 쑥 봉
捧 10 (手/08/11) 받들 봉
棒 10 (木/08/12) 막대 봉
烽 10 (火/07/11) 봉화 봉
鋒 10 (金/07/15) 칼날 봉
峰 02 (山/07/10) 멧부리 봉
熢 02 (火/11/15) 내자옥할 봉
琫 02 (玉/08/12) 칼집장식 봉
丰 00 (丨/03/04) 예쁠 봉
菶 00 (艸/08/12) 풀우거질 봉
唪 00 (口/08/11) 크게웃을 봉
葑 00 (艸/09/13) 순무 봉
芃 00 (艸/03/07) 풀무성할 봉
父 80 (父/00/04) 아비 부
夫 70 (大/01/04) 지아비 부
部 62 (邑/08/11) 떼 부
副 42 (刀/09/11) 버금 부:
婦 42 (女/08/11) 며느리 부
富 42 (宀/09/12) 부자 부:
府 42 (广/05/08) 마을[官廳] 부(:)
否 40 (口/04/07) 아닐 부:
負 40 (貝/02/09) 질[荷] 부:
付 32 (人/03/05) 부칠 부:
扶 32 (手/04/07) 도울 부
浮 32 (水/07/10) 뜰 부
符 32 (竹/05/11) 부호 부(:)
簿 32 (竹/13/19) 문서 부:
腐 32 (肉/08/14) 썩을 부:
賦 32 (貝/08/15) 부세 부:
附 32 (阜/05/08) 붙을 부(:)
赴 30 (走/02/09) 다다를[趨而至]/갈[趨] 부:
敷 20 (攴/11/15) 펼 부(:)
膚 20 (肉/11/15) 살갗 부
傅 12 (人/10/12) 스승 부:
釜 12 (金/02/10) 가마[鬴] 부
阜 12 (阜/00/08) 언덕 부:
俯 10 (人/08/10) 구부릴 부:
剖 10 (刀/08/10) 쪼갤 부:
咐 10 (口/05/08) 분부할/불[吹] 부
埠 10 (土/08/11) 부두 부:
孵 10 (子/11/14) 알깔 부
斧 10 (斤/04/08) 도끼 부
腑 10 (肉/08/12) 육부(六腑) 부
芙 10 (艸/04/08) 연꽃 부
訃 10 (言/02/09) 부고 부:
賻 10 (貝/10/17) 부의 부:
駙 10 (馬/05/15) 부마 부:
孚 02 (子/04/07) 믿을 부
溥 02 (水/10/13) 넓을 부

缶 02 (缶/00/06) 장군 부
艀 02 (舟/07/13) 거룻배 부
莩 02 (艸/07/11) 갈청 부 | 굶어죽을 표
趺 02 (足/04/11) 가부좌할 부
鳧 02 (鳥/02/13) 물오리 부
俘 00 (人/07/09) 사로잡을 부
拊 00 (手/05/08) 어루만질 부:
掊 00 (手/08/11) 헤칠 부
桴 00 (木/07/11) 대마루 부
祔 00 (示/05/10) 합장할 부
罦 00 (网/07/12) 덮을 부
芣 00 (艸/04/08) 질경이 부
蜉 00 (虫/07/13) 하루살이 부
裒 00 (衣/07/13) 모을 부
鈇 00 (金/04/12) 작두/도끼 부
鮒 00 (魚/05/16) 붕어 부:
痡 00 (疒/07/12) 앓을 부
紑 00 (糸/04/10) 옷깨끗할 부
北 80 (匕/03/05) 북녘 북 | 달아날 배:
分 62 (刀/02/04) 나눌 분(:)
憤 40 (心/12/15) 분할 분:
粉 40 (米/04/10) 가루 분(:)
奔 32 (大/05/08) 달릴 분
奮 32 (大/13/16) 떨칠 분:
紛 32 (糸/04/10) 어지러울 분
墳 30 (土/12/15) 무덤 분
芬 12 (艸/04/08) 향기 분
吩 10 (口/04/07) 분부할 분:
噴 10 (口/12/15) 뿜을 분
忿 10 (心/04/08) 성낼 분:
扮 10 (手/04/07) 꾸밀 분

焚 10 (火/08/12) 불사를 분
盆 10 (皿/04/09) 동이 분
糞 10 (米/11/17) 똥 분
雰 10 (雨/04/12) 눈날릴 분
昐 02 (日/04/08) 햇빛 분
汾 02 (水/04/07) 물이름 분
賁 02 (貝/05/12) 클 분 | 꾸밀 비
枌 00 (木/04/08) 흰느릅나무 분
棼 00 (木/08/12) 어지러울 분
濆 00 (水/12/15) 물가 분
蕡 00 (艸/12/16) 열매많을 분
幩 00 (巾/13/16) 재갈장식 분
苯 00 (艸/05/09) 우거질 분
豶 00 (豕/13/20) 불깐[去勢]돼지 분
饙 00 (食/13/22) 찐밥 분
鼖 00 (鼓/05/18) 큰북 분
不 72 (一/03/04) 아닐 불
佛 42 (人/05/07) 부처 불
拂 32 (手/05/08) 떨칠 불
弗 20 (弓/02/05) 아닐/말[勿] 불
彿 10 (彳/05/08) 비슷할 불
紱 00 (糸/05/11) 인끈 불
艴 00 (色/05/11) 성발끈낼 불 | 성발끈낼 발
茀 00 (艸/05/09) 우거질 불
黻 00 (黹/05/17) 슬갑/보불 불
芾 00 (艸/04/08) 슬갑/우거질 불
咈 00 (口/05/08) 어길 불
市 00 (巾/01/04) 슬갑 불
第 00 (竹/05/11) 수레가리개 불
紼 00 (糸/05/11) 인끈 불
崩 30 (山/08/11) 무너질 붕

朋 30 (月/04/08) 벗 붕
鵬 12 (鳥/08/19) 새 붕
棚 10 (木/08/12) 사다리 붕
硼 10 (石/08/13) 붕사(硼砂) 붕
繃 10 (糸/11/17) 묶을 붕
比 50 (比/00/04) 견줄 비:
費 50 (貝/05/12) 쓸 비:
鼻 50 (鼻/00/14) 코 비:
備 42 (人/10/12) 갖출 비:
悲 42 (心/08/12) 슬플 비:
非 42 (非/00/08) 아닐 비(:)
飛 42 (飛/00/09) 날 비
批 40 (手/04/07) 비평할 비:
碑 40 (石/08/13) 비석 비
祕 40 (示/05/10) 숨길 비:
卑 32 (十/06/08) 낮을 비:
妃 32 (女/03/06) 왕비 비
婢 32 (女/08/11) 계집종 비:
肥 32 (肉/04/08) 살찔 비:
匪 20 (匚/08/10) 비적 비:
丕 12 (一/04/05) 클 비
毖 12 (比/05/09) 삼갈 비
毘 12 (比/05/09) 도울 비
泌 12 (水/05/08) 분비할 비: | 스며흐를 필
匕 10 (匕/00/02) 비수 비:
庇 10 (广/04/07) 덮을 비:
憊 10 (心/12/16) 고단할 비:
扉 10 (戶/08/12) 사립문 비
沸 10 (水/05/08) 끓을 비: | 용솟음할 불
琵 10 (玉/08/12) 비파 비
痺 10 (疒/08/13) 저릴 비
砒 10 (石/04/09) 비상 비:
秕 10 (禾/04/09) 쭉정이 비:
緋 10 (糸/08/14) 비단 비:
翡 10 (羽/08/14) 물총새 비:
脾 10 (肉/08/12) 지라 비(:)
臂 10 (肉/13/17) 팔 비:
蜚 10 (虫/08/14) 바퀴/날[飛] 비
裨 10 (衣/08/13) 도울 비
誹 10 (言/08/15) 헐뜯을 비
譬 10 (言/13/20) 비유할 비:
鄙 10 (邑/11/14) 더러울 비:
妣 10 (女/04/07) 죽은어미 비
斐 02 (文/08/12) 아롱질 비
枇 02 (木/04/08) 비파나무 비
榧 02 (木/10/14) 비자나무 비
毗 02 (比/05/09) 도울 비
秘 02 (禾/05/10) 숨길[祕] 비:
粃 02 (米/04/10) 쭉정이 비
菲 02 (艸/08/12) 엷을 비
仳 00 (人/04/06) 떠날 비
俾 00 (人/08/10) 하여금 비:
剕 00 (刀/08/10) 발벨 비:
圮 00 (土/03/06) 무너질 비:
埤 00 (土/08/11) 더할 비
庳 00 (广/08/11) 낮을 비
悱 00 (心/08/11) 분할 비:
棐 00 (木/08/12) 도지개 비
淠 00 (水/08/11) 물이름 비
痹 00 (疒/08/13) 저릴 비
紕 00 (糸/04/10) 꾸밀 비
羆 00 (网/14/19) 곰 비

腓 00 (肉/08/12) 장딴지 비
貔 00 (豸/10/17) 맹수이름 비
轡 00 (車/15/22) 고삐 비:
閟 00 (門/05/13) 닫을 비:
霏 00 (雨/08/16) 눈펄펄내릴 비
騑 00 (馬/08/18) 곁마 비
伾 00 (人/05/07) 힘셀 비
奰 00 (大/15/18) 장대할 비
岯 00 (山/05/08) 산겹칠 비
朏 00 (月/05/09) 초승달 비
畀 00 (田/03/08) 줄 비:
秠 00 (禾/05/10) 검은기장 비
篦 00 (竹/10/16) 대광주리 비:
鞞 00 (革/08/17) 마상북 비 | 칼집 병
駓 00 (馬/05/15) 황부루 비
貧 42 (貝/04/11) 가난할 빈
賓 30 (貝/07/14) 손 빈
頻 30 (頁/07/16) 자주 빈
彬 12 (彡/08/11) 빛날 빈
嚬 10 (口/16/19) 찡그릴 빈
嬪 10 (女/14/17) 궁녀벼슬이름 빈
殯 10 (歹/14/18) 빈소 빈
濱 10 (水/14/17) 물가 빈
瀕 10 (水/16/19) 물가/가까울 빈
斌 02 (文/08/12) 빛날 빈
檳 02 (木/14/18) 빈랑나무 빈
浜 02 (水/07/10) 물가 빈
牝 02 (牛/02/06) 암컷 빈
玭 02 (玉/04/08) 진주 빈
儐 00 (人/14/16) 인도할 빈
擯 00 (手/14/17) 물리칠 빈
繽 00 (糸/14/20) 어지러울 빈
蘋 00 (艸/16/20) 마름 빈
豳 00 (豕/10/17) 나라이름 빈
邠 00 (邑/04/07) 나라이름 빈
鬢 00 (髟/14/24) 살쩍 빈
璸 00 (玉/14/18) 옥의무늬 빈
蠙 00 (虫/14/20) 진주조개 빈
氷 50 (水/01/05) 얼음 빙
聘 30 (耳/07/13) 부를 빙
馮 12 (馬/02/12) 탈[乘] 빙 | 성(姓) 풍
憑 10 (心/12/16) 비길[依] 빙
騁 02 (馬/07/17) 달릴 빙
四 80 (口/02/05) 넉 사:
事 72 (亅/07/08) 일 사:
社 62 (示/03/08) 모일 사
使 60 (人/06/08) 하여금/부릴 사:
死 60 (歹/02/06) 죽을 사:
仕 52 (人/03/05) 섬길 사(:)
史 52 (口/02/05) 사기(史記) 사:
士 52 (士/00/03) 선비 사:
寫 50 (宀/12/15) 베낄 사
思 50 (心/05/09) 생각 사(:)
査 50 (木/05/09) 조사할 사
寺 42 (寸/03/06) 절 사
師 42 (巾/07/10) 스승 사
舍 42 (舌/02/08) 집 사
謝 42 (言/10/17) 사례할 사:
射 40 (寸/07/10) 쏠 사(:)
私 40 (禾/02/07) 사사(私事) 사
絲 40 (糸/06/12) 실 사
辭 40 (辛/12/19) 말씀 사

司 32 (口/02/05) 맡을 사
斜 32 (斗/07/11) 비낄 사
沙 32 (水/04/07) 모래 사
祀 32 (示/03/08) 제사 사
蛇 32 (虫/05/11) 긴뱀 사
詞 32 (言/05/12) 말/글 사
邪 32 (邑/04/07) 간사할 사
似 30 (人/05/07) 닮을 사:
巳 30 (己/00/03) 뱀 사:
捨 30 (手/08/11) 버릴 사:
斯 30 (斤/08/12) 이 사
詐 30 (言/05/12) 속일 사
賜 30 (貝/08/15) 줄 사:
唆 20 (口/07/10) 부추길 사
赦 20 (赤/04/11) 용서할 사:
飼 20 (食/05/14) 기를 사
泗 12 (水/05/08) 물이름 사:
些 10 (二/06/08) 적을 사
嗣 10 (口/10/13) 이을 사:
奢 10 (大/09/12) 사치할 사
娑 10 (女/07/10) 춤출/사바세상 사
徙 10 (彳/08/11) 옮길 사:
瀉 10 (水/15/18) 쏟을 사(:)
獅 10 (犬/10/13) 사자 사(:)
祠 10 (示/05/10) 사당 사
紗 10 (糸/04/10) 비단 사
蓑 10 (艸/10/14) 도롱이 사
麝 10 (鹿/10/21) 사향노루 사:
乍 02 (丿/04/05) 잠깐 사
伺 02 (人/05/07) 엿볼 사
俟 02 (人/07/09) 기다릴 사

傞 02 (人/13/15) 잘게부술 사 | 잘게부술 새
柶 02 (木/05/09) 숟가락/윷 사
梭 02 (木/07/11) 북[織具] 사
渣 02 (水/09/12) 찌끼 사
砂 02 (石/04/09) 모래 사
篩 02 (竹/10/16) 체 사
肆 02 (聿/07/13) 방자할/베풀 사:
莎 02 (艸/07/11) 사초 사
裟 02 (衣/07/13) 가사(袈裟) 사
駟 02 (馬/05/15) 사마(駟馬) 사
糸 00 (糸/00/06) 실 사 | 가는실 멱
傞 00 (人/10/12) 취한춤 사
榭 00 (木/10/14) 정자/사당 사
汜 00 (水/03/06) 늪 사:
笥 00 (竹/05/11) 옷상자 사:
鯊 00 (魚/07/18) 상어/모래무지 사
戺 00 (戶/03/07) 문지방 사
涘 00 (水/07/10) 물가 사:
簑 00 (竹/10/16) 도롱이 사
耜 00 (耒/05/11) 따비/보습 사:
葸 00 (艸/09/13) 겁낼 사
蓰 00 (艸/11/15) 다섯곱 사:
蹝 00 (足/11/18) 천천히걸을 사
削 32 (刀/07/09) 깎을 삭
朔 30 (月/06/10) 초하루 삭
鑠 00 (金/15/23) 쇠녹일 삭
山 80 (山/00/03) 메 산
算 70 (竹/08/14) 셈 산:
產 52 (生/06/11) 낳을 산:
散 40 (攴/08/12) 흩을 산:
傘 20 (人/10/12) 우산 산

酸 20 (酉/07/14) 실[味覺] 산
刪 10 (刀/05/07) 깎을 산
珊 10 (玉/05/09) 산호 산
疝 10 (疒/03/08) 산증(疝症) 산
汕 02 (水/03/06) 오구 산
蒜 02 (艸/10/14) 마늘 산
霰 02 (雨/12/20) 싸락눈 산
潸 00 (水/12/15) 눈물줄줄흘릴 산
殺 42 (殳/07/11) 죽일 살 | 감할/빠를 쇄:
撒 10 (手/12/15) 뿌릴 살
煞 10 (火/09/13) 죽일 살
薩 10 (艸/14/18) 보살 살
乷 02 (乙/07/08) 땅이름 살
三 80 (一/02/03) 석 삼
森 32 (木/08/12) 수풀 삼
蔘 20 (艸/11/15) 삼 삼
滲 10 (水/11/14) 스밀 삼
杉 02 (木/03/07) 삼나무 삼
芟 02 (艸/04/08) 풀벨 삼
衫 02 (衣/03/08) 적삼 삼
插 20 (手/09/12) 꽂을 삽
澁 10 (水/12/15) 떫을 삽
鈒 02 (金/04/12) 새길 삽
颯 02 (風/05/14) 바람소리 삽
歃 00 (欠/09/13) 마실 삽
上 72 (一/02/03) 윗 상:
商 52 (口/08/11) 장사 상
相 52 (目/04/09) 서로 상
賞 50 (貝/08/15) 상줄 상
常 42 (巾/08/11) 떳떳할 상
床 42 (广/04/07) 상 상
想 42 (心/09/13) 생각 상:
狀 42 (犬/04/08) 형상 상 | 문서 장:
傷 40 (人/11/13) 다칠 상
象 40 (豕/05/12) 코끼리 상
像 32 (人/12/14) 모양 상
償 32 (人/15/17) 갚을 상
喪 32 (口/09/12) 잃을 상(:)
尙 32 (小/05/08) 오히려 상(:)
桑 32 (木/06/10) 뽕나무 상
裳 32 (衣/08/14) 치마 상
詳 32 (言/06/13) 자세할 상
霜 32 (雨/09/17) 서리 상
嘗 30 (口/11/14) 맛볼 상
祥 30 (示/06/11) 상서 상
箱 20 (竹/09/15) 상자 상
庠 12 (广/06/09) 학교 상
孀 10 (女/17/20) 홀어미 상
爽 10 (爻/07/11) 시원할 상:
翔 10 (羽/06/12) 날[飛] 상
觴 10 (角/11/18) 잔 상
峠 02 (山/06/09) 고개 상
廂 02 (广/09/12) 곁채 상
橡 02 (木/12/16) 상수리 상
湘 02 (水/09/12) 물이름 상
牀 02 (爿/04/08) 평상[床] 상
塽 00 (土/11/14) 높고밝은땅 상
殤 00 (歹/11/15) 어려서죽을 상
顙 00 (頁/10/19) 이마 상:
鱨 00 (魚/14/25) 자가사리/날치 상
璽 10 (玉/14/19) 옥새(玉璽) 새
賽 02 (貝/10/17) 굿할 새

色 70 (色/00/06) 빛 색
塞 32 (土/10/13) 막힐 색 | 변방 새
索 32 (糸/04/10) 찾을 색 | 노[새끼줄] 삭
嗇 10 (口/10/13) 아낄 색
穡 02 (禾/13/18) 거둘 색
生 80 (生/00/05) 날 생
牲 10 (牛/05/09) 희생 생
甥 10 (生/07/12) 생질 생
笙 02 (竹/05/11) 생황 생
眚 00 (目/05/10) 새앙 생
西 80 (襾/00/06) 서녘 서
書 62 (曰/06/10) 글 서
序 50 (广/04/07) 차례 서:
徐 32 (彳/07/10) 천천할 서(:)
恕 32 (心/06/10) 용서할 서:
緖 32 (糸/09/15) 실마리 서:
署 32 (网/09/14) 마을[官廳] 서:
庶 30 (广/08/11) 여러 서:
敍 30 (攴/07/11) 펼 서:
暑 30 (日/09/13) 더울 서:
誓 30 (言/07/14) 맹세할 서:
逝 30 (辵/07/11) 갈[往] 서:
瑞 20 (玉/09/13) 상서 서:
舒 12 (舌/06/12) 펼 서:
壻 10 (士/09/12) 사위 서:
嶼 10 (山/14/17) 섬 서(:)
抒 10 (手/04/07) 풀 서:
曙 10 (日/14/18) 새벽 서:
棲 10 (木/08/12) 깃들일 서:
犀 10 (牛/08/12) 무소 서:
胥 10 (肉/05/09) 서로 서
薯 10 (艸/14/18) 감자 서:
黍 10 (黍/00/12) 기장 서:
鼠 10 (鼠/00/13) 쥐 서:
墅 02 (土/11/14) 농막 서:
捿 02 (手/08/11) 깃들일 서:
栖 02 (木/06/10) 깃들일[棲] 서:
筮 02 (竹/07/13) 점대 서
絮 02 (糸/06/12) 솜 서 | 성 여
鋤 02 (金/07/15) 호미 서
噬 00 (口/13/16) 씹을 서:
婿 00 (女/09/12) 사위 서:
湑 00 (水/09/12) 이슬맺힐 서
澨 00 (水/13/16) 물가 서
紓 00 (糸/04/10) 늘어질 서
癙 00 (疒/13/18) 근심병 서:
藇 00 (艸/14/18) 아름다울 서 | 마 여
諝 00 (言/09/16) 슬기 서
鱮 00 (魚/14/25) 연어 서
夕 70 (夕/00/03) 저녁 석
席 60 (巾/07/10) 자리 석
石 60 (石/00/05) 돌 석
惜 32 (心/08/11) 아낄 석
釋 32 (釆/13/20) 풀 석
昔 30 (日/04/08) 예[古] 석
析 30 (木/04/08) 쪼갤 석
碩 20 (石/09/14) 클 석
奭 12 (大/12/15) 클/쌍백 석
晳 12 (日/08/12) 밝을 석
錫 12 (金/08/16) 주석 석
潟 10 (水/12/15) 개펄 석
汐 02 (水/03/06) 조수 석

淅 02 (水/08/11) 쌀일 석
蓆 02 (艸/10/14) 클 석
腊 00 (肉/08/12) 육포 석
舃 00 (臼/06/12) 신 석
鉐 00 (金/05/13) 놋쇠 석
鼫 00 (鼠/05/18) 다람쥐 석
螫 00 (虫/11/17) 쏠 석
裼 00 (衣/08/13) 벗어맬 석 | 포대기 체
先 80 (儿/04/06) 먼저 선
線 62 (糸/09/15) 줄 선
仙 52 (人/03/05) 신선 선
鮮 52 (魚/06/17) 고울 선
善 50 (口/09/12) 착할 선:
船 50 (舟/05/11) 배 선
選 50 (辵/12/16) 가릴 선:
宣 40 (宀/06/09) 베풀 선
旋 32 (方/07/11) 돌[廻] 선
禪 32 (示/12/17) 선 선
繕 20 (糸/12/18) 기울 선:
瑄 12 (玉/09/13) 도리옥 선
璇 12 (玉/11/15) 옥 선
璿 12 (玉/14/18) 구슬 선
扇 10 (戶/06/10) 부채 선
煽 10 (火/10/14) 부채질할 선
羨 10 (羊/07/13) 부러워할 선: | 무덤길 연:
腺 10 (肉/09/13) 샘 선
膳 10 (肉/12/16) 선물/반찬 선:
銑 10 (金/06/14) 무쇠 선
僊 02 (人/11/13) 춤훨훨출 선
嬋 02 (女/12/15) 고울 선
敾 02 (攴/12/16) 사람이름 선
渲 02 (水/09/12) 바림 선
琁 02 (玉/07/11) 옥 선
癬 02 (疒/17/22) 버짐 선:
蘚 02 (艸/17/21) 이끼 선
蟬 02 (虫/12/18) 매미 선
詵 02 (言/06/13) 말전할/많을 선
跣 02 (足/06/13) 맨발 선
鐥 02 (金/12/20) 대야 선
饍 02 (食/12/21) 반찬[膳] 선:
墡 00 (土/12/15) 흰흙 선
愃 00 (心/09/12) 상쾌할 선 | 너그러울 훤
僎 00 (人/12/14) 갖출 선 | 준작 준
墠 00 (土/12/15) 제터 선
毨 00 (毛/06/10) 털갈 선
珗 00 (玉/06/10) 옥돌 선
雪 62 (雨/03/11) 눈 설
說 52 (言/07/14) 말씀 설 | 달랠 세:
設 42 (言/04/11) 베풀 설
舌 40 (舌/00/06) 혀 설
卨 12 (卜/09/11) 사람이름 설
薛 12 (艸/13/17) 성(姓) 설
屑 10 (尸/07/10) 가루 설
泄 10 (水/05/08) 샐 설
洩 10 (水/06/09) 샐 설 | 퍼질 예
渫 10 (水/09/12) 파낼 설
楔 02 (木/09/13) 문설주 설
褻 02 (衣/11/17) 무람없을 설
齧 02 (齒/06/21) 깨물 설
偰 00 (人/09/11) 맑을 설
暬 00 (日/11/15) 설만할 설
紲 00 (糸/05/11) 고삐 설

挈 00 (手/06/10) 끌 설 | 이지러질 계
絏 00 (糸/06/12) 맬 설 | 소매 예
纖 20 (糸/17/23) 가늘 섬
暹 12 (日/12/16) 햇살치밀/나라이름 섬
蟾 12 (虫/13/19) 두꺼비 섬
陝 12 (阜/07/10) 땅이름 섬
殲 10 (歹/17/21) 다죽일 섬
閃 10 (門/02/10) 번쩍일 섬
贍 02 (貝/13/20) 넉넉할 섬
憸 00 (心/13/16) 아첨할 섬
攝 30 (手/18/21) 다스릴/잡을 섭
涉 30 (水/07/10) 건널 섭
燮 12 (火/13/17) 불꽃 섭
韘 00 (韋/09/18) 깍지 섭
姓 72 (女/05/08) 성 성:
成 62 (戈/03/07) 이룰 성
省 62 (目/04/09) 살필 성 | 덜 생
性 52 (心/05/08) 성품 성:
城 42 (土/07/10) 재 성
星 42 (日/05/09) 별 성
盛 42 (皿/07/12) 성할 성:
聖 42 (耳/07/13) 성인 성:
聲 42 (耳/11/17) 소리 성
誠 42 (言/07/14) 정성 성
晟 12 (日/07/11) 밝을 성
醒 10 (酉/09/16) 깰 성
宬 02 (宀/07/10) 서고 성
惺 02 (心/09/12) 깨달을 성
猩 02 (犬/09/12) 성성이 성
珹 02 (玉/07/11) 옥이름 성
筬 02 (竹/07/13) 바디 성
腥 02 (肉/09/13) 비릴 성
瑆 00 (玉/09/13) 옥빛 성
騂 00 (馬/07/17) 붉은소 성
娍 00 (女/07/10) 아름다울 성
世 72 (一/04/05) 인간 세:
歲 52 (止/09/13) 해 세:
洗 52 (水/06/09) 씻을 세:
勢 42 (力/11/13) 형세 세:
稅 42 (禾/07/12) 세금 세:
細 42 (糸/05/11) 가늘 세:
貰 20 (貝/05/12) 세놓을 세:
笹 02 (竹/05/11) 가는대[細竹] 세
帨 00 (巾/07/10) 수건 세
小 80 (小/00/03) 작을 소:
少 70 (小/01/04) 적을 소:
所 70 (戶/04/08) 바 소:
消 62 (水/07/10) 사라질 소
掃 42 (手/08/11) 쓸[掃除] 소(:)
笑 42 (竹/04/10) 웃음 소:
素 42 (糸/04/10) 본디/흴[白] 소(:)
燒 32 (火/12/16) 사를 소(:)
疏 32 (疋/07/12) 소통할 소
蘇 32 (艸/16/20) 되살아날 소
訴 32 (言/05/12) 호소할 소
召 30 (口/02/05) 부를 소
昭 30 (日/05/09) 밝을 소
蔬 30 (艸/12/16) 나물 소
騷 30 (馬/10/20) 떠들 소
紹 20 (糸/05/11) 이을 소
巢 12 (巛/08/11) 새집 소
沼 12 (水/05/08) 못 소

邵 12 (邑/05/08) 땅이름/성(姓) 소
塑 10 (土/10/13) 흙빚을 소
宵 10 (宀/07/10) 밤[夜] 소
搔 10 (手/10/13) 긁을 소
梳 10 (木/07/11) 얼레빗 소
甦 10 (生/07/12) 깨어날 소
疎 10 (疋/07/12) 성길 소
瘙 10 (疒/10/15) 피부병 소
簫 10 (竹/13/19) 퉁소 소
蕭 10 (艸/13/17) 쓸쓸할 소
逍 10 (辵/07/11) 노닐 소
遡 10 (辵/10/14) 거스를 소
嘯 02 (口/13/16) 휘파람 소:
溯 02 (水/10/13) 거슬러올라갈 소
瀟 02 (水/17/20) 물이름 소
炤 02 (火/05/09) 밝을 소 | 비출 조
篠 02 (竹/10/16) 조릿대 소
銷 02 (金/07/15) 쇠녹일 소
韶 02 (音/05/14) 풍류/아름다울 소
埽 00 (土/08/11) 쓸 소(:)
愬 00 (心/10/14) 하소연할 소 | 두려워할 색
繅 00 (糸/11/17) 고치켤 소
翛 00 (羽/07/13) 날개소리 소
艘 00 (舟/10/16) 고물(船尾) 소
蛸 00 (虫/07/13) 갈거미 소
霄 00 (雨/07/15) 하늘 소
愫 00 (心/10/13) 정성 소
慅 00 (心/10/13) 소란스러울 소 | 고달플 초
柖 00 (木/05/09) 나무흔들릴 소
玿 00 (玉/05/09) 아름다운옥 소
蠨 00 (虫/17/23) 갈거미 소
速 60 (辵/07/11) 빠를 속
束 52 (木/03/07) 묶을 속
俗 42 (人/07/09) 풍속 속
續 42 (糸/15/21) 이을 속
屬 40 (尸/18/21) 붙일 속
粟 30 (米/06/12) 조 속
贖 10 (貝/15/22) 속죄할 속
涑 02 (水/07/10) 물이름 속
謖 02 (言/10/17) 일어날 속
樕 00 (木/11/15) 참나무 속
萩 00 (艸/11/15) 푸성귀 속
藚 00 (艸/15/19) 쇠귀나물 속
觫 00 (角/07/14) 곱송그릴 속
餗 00 (食/07/16) 삶은나물 속
孫 60 (子/07/10) 손자 손(:)
損 40 (手/10/13) 덜 손:
遜 10 (辵/10/14) 겸손할 손:
巽 02 (己/09/12) 부드러울 손
蓀 02 (艸/10/14) 향풀 손
飡 02 (食/02/11) 밥 손 | 벼슬이름 찬
飧 00 (食/03/12) 저녁밥/물만밥 손
飱 00 (食/04/13) 저녁밥 손
蟀 00 (虫/11/17) 귀뚜라미 솔
送 42 (辵/06/10) 보낼 송:
松 40 (木/04/08) 소나무 송
頌 40 (頁/04/13) 기릴/칭송할 송:
訟 32 (言/04/11) 송사할 송:
誦 30 (言/07/14) 욀 송:
宋 12 (宀/04/07) 성(姓) 송:
悚 10 (心/07/10) 두려울 송:
淞 02 (水/08/11) 물이름 송

竦 00 (立/07/12) 공경할/두려울 송:
刷 32 (刀/06/08) 인쇄할 쇄:
鎖 32 (金/10/18) 쇠사슬 쇄:
灑 10 (水/19/22) 뿌릴 쇄:
碎 10 (石/08/13) 부술 쇄:
洒 00 (水/06/09) 뿌릴 쇄: | 씻을 세:
瑣 00 (玉/10/14) 옥가루 쇄:
衰 32 (衣/04/10) 쇠할 쇠
釗 02 (金/02/10) 쇠 쇠
水 80 (水/00/04) 물 수
手 72 (手/00/04) 손 수(:)
數 70 (攴/11/15) 셈 수:
樹 60 (木/12/16) 나무 수
首 52 (首/00/09) 머리 수
修 42 (人/08/10) 닦을 수
受 42 (又/06/08) 받을 수(:)
守 42 (宀/03/06) 지킬 수
授 42 (手/08/11) 줄 수
收 42 (攴/02/06) 거둘 수
秀 40 (禾/02/07) 빼어날 수
垂 32 (土/05/08) 드리울 수
壽 32 (士/11/14) 목숨 수
帥 32 (巾/06/09) 장수 수
愁 32 (心/09/13) 근심 수
殊 32 (歹/06/10) 다를 수
獸 32 (犬/15/19) 짐승 수
輸 32 (車/09/16) 보낼 수
隨 32 (阜/13/16) 따를 수
需 32 (雨/06/14) 쓰일/쓸 수
囚 30 (囗/02/05) 가둘 수
搜 30 (手/09/12) 찾을 수
睡 30 (目/08/13) 졸음 수
誰 30 (言/08/15) 누구 수
遂 30 (辵/09/13) 드디어 수
雖 30 (隹/09/17) 비록 수
須 30 (頁/03/12) 모름지기 수
洙 12 (水/06/09) 물가 수
銖 12 (金/06/14) 저울눈 수
隋 12 (阜/09/12) 수나라 수
嫂 10 (女/09/12) 형수 수
戍 10 (戈/02/06) 수자리 수
狩 10 (犬/06/09) 사냥할 수
瘦 10 (疒/09/14) 여윌 수
穗 10 (禾/12/17) 이삭 수
竪 10 (立/08/13) 세울 수
粹 10 (米/08/14) 순수할 수
繡 10 (糸/13/19) 수놓을 수:
羞 10 (羊/05/11) 부끄러울 수
蒐 10 (艸/10/14) 모을 수
袖 10 (衣/05/10) 소매 수
酬 10 (酉/06/13) 갚을 수
髓 10 (骨/13/23) 뼛골 수
讎 10 (言/16/23) 원수 수
嗽 02 (口/11/14) 기침할 수
岫 02 (山/05/08) 산굴 수
峀 02 (山/05/08) 산굴[岫] 수
漱 02 (水/11/14) 양치할 수
燧 02 (火/13/17) 봉화 수
琇 02 (玉/07/11) 옥돌 수
璲 02 (玉/13/17) 패옥 수
綏 02 (糸/07/13) 편안할 수 | 기드리움 유
綬 02 (糸/08/14) 인끈 수

脩 02 (肉/07/11) 길[長] 수
茱 02 (艸/06/10) 수유 수
蓚 02 (艸/10/14) 수산 수
藪 02 (艸/15/19) 숲 수
讐 02 (言/16/23) 원수 수
邃 02 (辵/14/18) 깊을 수
銹 02 (金/07/15) 쇳녹날 수
隧 02 (阜/13/16) 길[路] 수
鬚 02 (髟/12/22) 수염 수
叟 00 (又/08/10) 늙은이 수
售 00 (口/08/11) 팔 수
廋 00 (广/10/13) 숨길 수
殳 00 (殳/00/04) 창 수
濉 00 (水/13/16) 물이름 수 | 노려볼 휴
睟 00 (目/08/13) 바로볼 수
瞍 00 (目/09/14) 소경 수
竪 00 (豆/08/15) 세울 수
檖 00 (木/13/17) 산배 수
穟 00 (禾/13/18) 벼이삭 수
繻 00 (糸/14/20) 고운비단 수
醜 00 (鬼/14/24) 미워할 수 | 미워할 추
宿 52 (宀/08/11) 잘 숙 | 별자리 수:
叔 40 (又/06/08) 아재비 숙
肅 40 (聿/07/13) 엄숙할 숙
淑 32 (水/08/11) 맑을 숙
熟 32 (火/11/15) 익을 숙
孰 30 (子/08/11) 누구 숙
塾 10 (土/11/14) 글방 숙
夙 10 (夕/03/06) 이를 숙
菽 10 (艸/08/12) 콩 숙
潚 02 (水/13/16) 물맑을 숙
琡 02 (玉/08/12) 옥이름 숙
璹 02 (玉/14/18) 옥그릇 숙
俶 00 (人/08/10) 비롯할 숙
橚 00 (木/13/17) 무성할 숙
順 52 (頁/03/12) 순할 순:
純 42 (糸/04/10) 순수할 순
巡 32 (巛/04/07) 돌[廻]/순행할 순
旬 32 (日/02/06) 열흘 순
瞬 32 (目/12/17) 눈깜짝일 순
循 30 (彳/09/12) 돌[環] 순
殉 30 (歹/06/10) 따라죽을 순
脣 30 (肉/07/11) 입술 순
盾 20 (目/04/09) 방패 순
洵 12 (水/06/09) 참으로 순
淳 12 (水/08/11) 순박할 순
珣 12 (玉/06/10) 옥이름 순
舜 12 (舛/06/12) 순임금 순
荀 12 (艸/06/10) 풀이름 순
筍 10 (竹/06/12) 죽순 순
醇 10 (酉/08/15) 전국술 순
馴 10 (馬/03/13) 길들일 순
徇 02 (彳/06/09) 부릴/조리돌릴 순
恂 02 (心/06/09) 미쁠/무서울 순
栒 02 (木/06/10) 나무이름 순
楯 02 (木/09/13) 난간 순
橓 02 (木/12/16) 무궁화나무 순
蓴 02 (艸/11/15) 순채 순
蕣 02 (艸/12/16) 무궁화 순
詢 02 (言/06/13) 물을 순
諄 02 (言/08/15) 거듭이를 순
錞 02 (金/08/16) 악기이름 순

肫 00 (肉/04/08) 광대뼈 순
鶉 00 (鳥/08/19) 메추리 순
漘 00 (水/11/14) 물가 순
犉 00 (牛/08/12) 입술검은누렁소 순
郇 00 (邑/06/09) 나라이름 순
術 62 (行/05/11) 재주 술
述 32 (辵/05/09) 펼 술
戌 30 (戈/02/06) 개 술
鉥 02 (金/05/13) 돗바늘 술
崇 40 (山/08/11) 높을 숭
崧 02 (山/08/11) 산높을 숭
嵩 02 (山/10/13) 산높을 숭
瑟 12 (玉/09/13) 큰거문고 슬
膝 10 (肉/11/15) 무릎 슬
蝨 02 (虫/09/15) 이 슬
璱 00 (玉/13/17) 아름다운옥 슬
習 60 (羽/05/11) 익힐 습
濕 32 (水/14/17) 젖을 습
拾 32 (手/06/09) 주울 습 | 열 십
襲 32 (衣/16/22) 엄습할 습
褶 02 (衣/11/16) 사마치/주름 습 | 겹옷 첩
熠 00 (火/11/15) 빛날 습
隰 00 (阜/14/17) 진펄 습
勝 60 (力/10/12) 이길 승
承 42 (手/04/08) 이을 승
乘 32 (丿/09/10) 탈 승
僧 32 (人/12/14) 중 승
昇 32 (日/04/08) 오를 승
升 20 (十/02/04) 되 승
繩 12 (糸/13/19) 노끈 승
丞 10 (一/05/06) 정승 승
蠅 02 (虫/13/19) 파리 승
陞 02 (阜/07/10) 오를 승
市 72 (巾/02/05) 저자 시:
時 72 (日/06/10) 때 시
始 62 (女/05/08) 비로소 시:
示 50 (示/00/05) 보일 시:
施 42 (方/05/09) 베풀 시:
是 42 (日/05/09) 이[斯]/옳을 시:
視 42 (見/05/12) 볼 시:
試 42 (言/06/13) 시험 시(:)
詩 42 (言/06/13) 시 시
侍 32 (人/06/08) 모실 시:
矢 30 (矢/00/05) 화살 시:
屍 20 (尸/06/09) 주검 시:
柴 12 (木/06/10) 섶[薪] 시:
匙 10 (匕/09/11) 숟가락 시:
媤 10 (女/09/12) 시집 시
弑 10 (弋/09/12) 윗사람죽일 시:
猜 10 (犬/08/11) 시기할 시
諡 10 (言/09/16) 시호 시:
豺 10 (豸/03/10) 승냥이 시:
柹 10 (木/05/09) 감 시:
嘶 02 (口/12/15) 말울/목쉴 시
尸 02 (尸/00/03) 주검 시:
屎 02 (尸/06/09) 똥 시
恃 02 (心/06/09) 믿을 시:
翅 02 (羽/04/10) 날개 시
蒔 02 (艸/10/14) 모종할 시
蓍 02 (艸/10/14) 시초 시
豕 02 (豕/00/07) 돼지 시
偲 00 (人/09/11) 힘쓸 시

兕 00 (儿/05/07) 외뿔소 시
啻 00 (口/09/12) 뿐 시:
塒 00 (土/10/13) 홰 시
枲 00 (木/05/09) 수삼 시:
緦 00 (糸/09/15) 시마(緦麻) 시
諟 00 (言/09/16) 다스릴 시:
釃 00 (酉/19/26) 술거를 시
鳲 00 (鳥/03/14) 뻐꾸기 시
食 72 (食/00/09) 밥/먹을 식
植 70 (木/08/12) 심을 식
式 60 (弋/03/06) 법 식
識 52 (言/12/19) 알 식
息 42 (心/06/10) 쉴 식
飾 32 (食/05/14) 꾸밀 식
殖 20 (歹/08/12) 불릴 식
湜 12 (水/09/12) 물맑을 식
軾 12 (車/06/13) 수레가로나무 식
拭 10 (手/06/09) 씻을 식
熄 10 (火/10/14) 불꺼질 식
蝕 10 (虫/09/15) 좀먹을 식
埴 02 (土/08/11) 찰흙 식 | 찰흙 치
寔 02 (宀/09/12) 이(是) 식
篒 02 (竹/09/15) 땅이름 식
栻 00 (木/06/10) 점치는판 식
信 62 (人/07/09) 믿을 신:
新 62 (斤/09/13) 새 신
神 62 (示/05/10) 귀신 신
身 62 (身/00/07) 몸 신
臣 52 (臣/00/06) 신하 신
申 42 (田/00/05) 납[猿] 신
愼 32 (心/10/13) 삼갈 신:
伸 30 (人/05/07) 펼 신
晨 30 (日/07/11) 새벽 신
辛 30 (辛/00/07) 매울 신
紳 20 (糸/05/11) 띠[帶] 신:
腎 20 (肉/08/12) 콩팥 신:
呻 10 (口/05/08) 읊조릴 신
娠 10 (女/07/10) 아이밸 신
宸 10 (宀/07/10) 대궐 신
燼 10 (火/14/18) 불탄끝 신:
薪 10 (艸/13/17) 섶 신
蜃 10 (虫/07/13) 큰조개 신
訊 10 (言/03/10) 물을 신:
迅 10 (辵/03/07) 빠를 신
侁 02 (人/06/08) 걷는모양 신
莘 02 (艸/07/11) 세신[細辛] 신
藎 02 (艸/14/18) 조개풀 신
哂 00 (口/06/09) 웃을 신:
矧 00 (矢/04/09) 하물며 신:
贐 00 (貝/14/21) 노자 신:
駪 00 (馬/06/16) 많을 신
璶 00 (玉/14/18) 옥돌 신
甡 00 (生/05/10) 수두룩할 신
室 80 (宀/06/09) 집 실
失 60 (大/02/05) 잃을 실
實 52 (宀/11/14) 열매 실
悉 10 (心/07/11) 다 실
蟋 00 (虫/11/17) 귀뚜라미 실
心 70 (心/00/04) 마음 심
深 42 (水/08/11) 깊을 심
審 32 (宀/12/15) 살필 심(:)
甚 32 (甘/04/09) 심할 심:

尋 30 (寸/09/12) 찾을 심
瀋 12 (水/15/18) 즙낼/물이름 심:
沁 02 (水/04/07) 스며들 심
芯 02 (艸/04/08) 골풀 심
諶 02 (言/09/16) 믿을 심
葚 00 (艸/09/13) 오디 심:
諗 00 (言/08/15) 고할 심
十 80 (十/00/02) 열 십
什 10 (人/02/04) 열사람 십 | 세간 집
雙 32 (隹/10/18) 두/쌍 쌍
氏 40 (氏/00/04) 각시/성씨(姓氏) 씨
兒 52 (儿/06/08) 아이 아
亞 32 (二/06/08) 버금 아(:)
我 32 (戈/03/07) 나 아:
牙 32 (牙/00/04) 어금니 아
芽 32 (艸/04/08) 싹 아
阿 32 (阜/05/08) 언덕 아
雅 32 (隹/04/12) 맑을 아(:)
餓 30 (食/07/16) 주릴 아:
俄 10 (人/07/09) 아까 아
啞 10 (口/08/11) 벙어리 아(:)
衙 10 (行/07/13) 마을[官廳] 아
訝 10 (言/04/11) 의심할 아
娥 02 (女/07/10) 예쁠 아
峨 02 (山/07/10) 산높을 아
莪 02 (艸/07/11) 다북쑥 아
蛾 02 (虫/07/13) 누에나방 아
鴉 02 (鳥/04/15) 갈까마귀 아
鵝 02 (鳥/07/18) 거위 아
迓 00 (辵/04/08) 맞을 아
惡 52 (心/08/12) 악할 악 | 미워할 오
岳 30 (山/05/08) 큰산 악
握 20 (手/09/12) 쥘 악
堊 10 (土/08/11) 흰흙 악
愕 10 (心/09/12) 놀랄 악
顎 10 (頁/09/18) 턱 악
嶽 02 (山/14/17) 큰산[岳] 악
幄 02 (巾/09/12) 장막(帳幕) 악
渥 02 (水/09/12) 비젖을/두터울 악
鄂 02 (邑/09/12) 땅이름 악
鍔 02 (金/09/17) 칼날 악
鰐 02 (魚/09/20) 악어 악
齷 02 (齒/09/24) 악착할 악
咢 00 (口/06/09) 깜짝놀랄 악
安 72 (宀/03/06) 편안 안
案 50 (木/06/10) 책상 안:
眼 42 (目/06/11) 눈 안:
岸 32 (山/05/08) 언덕 안:
顔 32 (頁/09/18) 낯 안:
雁 30 (隹/04/12) 기러기 안:
按 10 (手/06/09) 누를 안(:)
晏 10 (日/06/10) 늦을 안:
鞍 10 (革/06/15) 안장 안:
鮟 02 (魚/06/17) 아귀 안
犴 00 (犬/03/06) 들개/옥(獄) 안
鴈 00 (鳥/04/15) 기러기 안:
謁 30 (言/09/16) 뵐 알
閼 12 (門/08/16) 막을 알
斡 10 (斗/10/14) 돌 알
軋 10 (車/01/08) 삐걱거릴 알
揠 00 (手/09/12) 뽑을 알
訐 00 (言/03/10) 들추어낼 알

遏 00 (辵/09/13) 막을 알
頞 00 (頁/06/15) 콧대 알
戛 00 (戈/07/11) 창/어근버근할 알
歹 00 (歹/00/04) 뼈앙상할 알 | 나쁠 대
暗 42 (日/09/13) 어두울 암:
巖 32 (山/20/23) 바위 암
癌 20 (疒/12/17) 암 암:
庵 10 (广/08/11) 암자 암
闇 10 (門/09/17) 숨을 암:
唵 02 (口/08/11) 움켜먹을 암
岩 02 (山/05/08) 바위[巖] 암
菴 02 (艸/08/12) 암자 암
黯 00 (黑/09/21) 검을 암:
壓 42 (土/14/17) 누를 압
押 30 (手/05/08) 누를 압
鴨 12 (鳥/05/16) 오리 압
狎 02 (犬/05/08) 친압할 압
仰 32 (人/04/06) 우러를 앙:
央 32 (大/02/05) 가운데 앙
殃 30 (歹/05/09) 재앙 앙
怏 10 (心/05/08) 원망할 앙
秧 10 (禾/05/10) 모 앙
鴦 10 (鳥/05/16) 원앙 앙
昂 10 (日/04/08) 높을 앙
昻 02 (日/05/09) 높을[昂] 앙
卬 00 (卩/02/04) 나 앙
泱 00 (水/05/08) 물깊고넓을 앙 | 흰구름일 영
盎 00 (皿/05/10) 동이 앙
鞅 00 (革/05/14) 가슴걸이 앙
愛 60 (心/09/13) 사랑 애(:)
哀 32 (口/06/09) 슬플 애
涯 30 (水/08/11) 물가 애
礙 20 (石/14/19) 거리낄 애:
埃 12 (土/07/10) 티끌 애
艾 12 (艸/02/06) 쑥 애
崖 10 (山/08/11) 언덕 애
曖 10 (日/13/17) 희미할 애
隘 10 (阜/10/13) 좁을 애
靄 10 (雨/16/24) 아지랑이 애:
厓 02 (厂/06/08) 언덕 애
碍 02 (石/08/13) 거리낄[礙] 애:
僾 00 (人/13/15) 비슷할/돋보기 애:
藹 00 (艸/16/20) 초목우거질 애:
餲 00 (食/09/18) 밥쉴 애:
液 42 (水/08/11) 진 액
額 40 (頁/09/18) 이마 액
厄 30 (厂/02/04) 액 액
扼 10 (手/04/07) 잡을 액
縊 10 (糸/10/16) 목맬 액
腋 10 (肉/08/12) 겨드랑이 액
掖 02 (手/08/11) 낄/겨드랑이 액
戹 00 (戶/01/05) 좁을 액
阨 00 (阜/04/07) 막힐 액 | 좁을 애
額 00 (頁/06/15) 이마 액
櫻 10 (木/17/21) 앵두 앵
鶯 10 (鳥/10/21) 꾀꼬리 앵
罌 02 (缶/14/20) 양병 앵
鸚 02 (鳥/17/28) 앵무새 앵
嚶 00 (口/17/20) 꾀꼬리소리 앵
夜 60 (夕/05/08) 밤 야:
野 60 (里/04/11) 들[坪] 야:
也 30 (乙/02/03) 이끼/어조사 야:

耶 30 (耳/03/09) 어조사 야
惹 20 (心/09/13) 이끌 야:
倻 12 (人/09/11) 가야 야
冶 10 (冫/05/07) 풀무 야:
揶 10 (手/09/12) 야유할 야:
爺 10 (父/09/13) 아비 야
椰 02 (木/09/13) 야자나무 야
弱 62 (弓/07/10) 약할 약
藥 62 (艸/15/19) 약 약
約 52 (糸/03/09) 맺을 약
若 32 (艸/05/09) 같을 약 | 반야 야
躍 30 (足/14/21) 뛸 약
葯 10 (艸/09/13) 꽃밥 약
蒻 02 (艸/10/14) 부들 약
禴 00 (示/17/22) 봄제사 약
籥 00 (竹/17/23) 피리 약
瀹 00 (水/17/20) 데칠/지질 약
洋 60 (水/06/09) 큰바다 양
陽 60 (阜/09/12) 볕 양
養 52 (食/06/15) 기를 양:
羊 42 (羊/00/06) 양 양
樣 40 (木/11/15) 모양 양
壤 32 (土/17/20) 흙덩이 양:
揚 32 (手/09/12) 날릴 양
讓 32 (言/17/24) 사양할 양:
楊 30 (木/09/13) 버들 양
孃 20 (女/17/20) 아가씨 양
襄 12 (衣/11/17) 도울 양(:)
恙 10 (心/06/10) 병/근심할 양:
攘 10 (手/17/20) 물리칠 양:
瘍 10 (疒/09/14) 헐 양
釀 10 (酉/17/24) 술빚을 양
癢 10 (疒/15/20) 가려울 양:
佯 02 (人/06/08) 거짓 양
敭 02 (攴/09/13) 날릴[揚] 양
暘 02 (日/09/13) 해돋을 양
瀁 02 (水/15/18) 물깊을 양
煬 02 (火/09/13) 녹일 양
痒 02 (疒/06/11) 가려울[癢] 양:
禳 02 (示/17/22) 빌[祈] 양
穰 02 (禾/17/22) 볏줄기 양
漾 00 (水/11/14) 물출렁거릴 양
瀼 00 (水/17/20) 이슬많은모양 양
颺 00 (風/09/18) 날릴 양
昜 00 (日/05/09) 볕 양
鍚 00 (金/09/17) 말이마치장 양
饟 00 (食/17/26) 건량 양
語 70 (言/07/14) 말씀 어:
漁 50 (水/11/14) 고기잡을 어
魚 50 (魚/00/11) 고기/물고기 어
御 32 (彳/08/11) 거느릴 어:
於 30 (方/04/08) 어조사 어 | 탄식할 오
圄 10 (囗/07/10) 옥 어
瘀 10 (疒/08/13) 어혈질 어:
禦 10 (示/11/16) 막을 어:
馭 02 (馬/02/12) 말부릴 어
齬 02 (齒/07/22) 이어긋날 어:
圉 00 (囗/08/11) 마부 어
敔 00 (攴/07/11) 막을 어
飫 00 (食/04/13) 배부를 어:
饇 00 (食/11/20) 배부를 어
億 50 (人/13/15) 억[數字] 억

憶 32 (心/13/16) 생각할 억
抑 32 (手/04/07) 누를 억
臆 10 (肉/13/17) 가슴 억
檍 02 (木/13/17) 참죽나무 억
嶷 00 (山/14/17) 숙성할 억 | 산이름 의
言 60 (言/00/07) 말씀 언
焉 30 (火/07/11) 어찌 언
彦 12 (彡/06/09) 선비 언:
堰 10 (土/09/12) 둑 언
諺 10 (言/09/16) 언문/속담 언:
偃 02 (人/09/11) 쓰러질 언
唁 00 (口/07/10) 위문할 언
鰋 00 (魚/09/20) 메기 언:
孼 02 (子/16/19) 서자 얼
蘖 02 (艸/17/21) 싹 얼
臬 00 (自/04/10) 문지방 얼
孽 00 (子/17/20) 서자 얼
臲 00 (自/10/16) 위태할 얼
嚴 40 (口/17/20) 엄할 엄
儼 10 (人/20/22) 엄연할 엄
奄 10 (大/05/08) 문득 엄:
掩 10 (手/08/11) 가릴 엄:
俺 02 (人/08/10) 나 엄
淹 02 (水/08/11) 담글 엄
閹 00 (門/08/16) 고자/내시 엄
揜 00 (手/09/12) 가릴 엄:
渰 00 (水/09/12) 구름일 엄
業 62 (木/09/13) 업 업
嶪 02 (山/13/16) 산높을 업
如 42 (女/03/06) 같을 여
餘 42 (食/07/16) 남을 여

與 40 (臼/07/14) 더불/줄 여:
予 30 (亅/03/04) 나 여
余 30 (人/05/07) 나 여
汝 30 (水/03/06) 너 여:
輿 30 (車/10/17) 수레 여:
歟 02 (欠/14/18) 어조사 여
璵 02 (玉/14/18) 옥 여
礖 02 (石/14/19) 돌 여
艅 02 (舟/07/13) 배이름 여
茹 02 (艸/06/10) 꼭두서니 여
轝 02 (車/14/21) 수레[輿] 여:
旟 00 (方/16/20) 기 여
洳 00 (水/06/09) 물이름/축축할 여
畬 00 (田/07/12) 세해된밭 여 | 따비밭 사
鷽 00 (鳥/14/25) 갈까마귀 여
逆 42 (辵/06/10) 거스릴 역
域 40 (土/08/11) 지경 역
易 40 (日/04/08) 바꿀 역 | 쉬울 이:
亦 32 (亠/04/06) 또 역
役 32 (彳/04/07) 부릴 역
疫 32 (疒/04/09) 전염병 역
譯 32 (言/13/20) 번역할 역
驛 32 (馬/13/23) 역 역
繹 10 (糸/13/19) 풀[解] 역
嶧 00 (山/13/16) 산이름 역
懌 00 (心/13/16) 기뻐할 역
淢 00 (水/08/11) 빨리흐를 역 | 해자 혁
閾 00 (門/08/16) 문지방 역
埸 00 (土/08/11) 지경/밭두둑 역
晹 00 (日/08/12) 햇살약할 역
棫 00 (木/08/12) 두릅나무 역

緎 00 (糸/08/14) 혼솔 역
罭 00 (网/08/13) 물고기그물 역
鵙 00 (鳥/08/19) 거위소리 역 | 거위소리 예
鷁 00 (鳥/10/21) 칠면조 역
然 70 (火/08/12) 그럴 연
演 42 (水/11/14) 펼 연:
煙 42 (火/09/13) 연기 연
硏 42 (石/06/11) 갈 연:
延 40 (廴/04/07) 늘일 연
燃 40 (火/12/16) 탈 연
緣 40 (糸/09/15) 인연 연
鉛 40 (金/05/13) 납 연
宴 32 (宀/07/10) 잔치 연:
沿 32 (水/05/08) 물따라갈/따를 연(:)
燕 32 (火/12/16) 제비 연(:)
軟 32 (車/04/11) 연할 연:
硯 20 (石/07/12) 벼루 연:
姸 12 (女/06/09) 고울 연:
淵 12 (水/09/12) 못 연
衍 12 (行/03/09) 넓을 연:
捐 10 (手/07/10) 버릴 연:
椽 10 (木/09/13) 서까래 연
筵 10 (竹/07/13) 대자리 연
鳶 10 (鳥/03/14) 솔개 연
嚥 02 (口/16/19) 침삼킬 연
堧 02 (土/09/12) 빈땅 연
娟 02 (女/07/10) 예쁠 연
挻 02 (手/07/10) 당길 연
沇 02 (水/04/07) 물이름 연
涎 02 (水/07/10) 침 연
涓 02 (水/07/10) 졸졸흐를 연
烟 02 (火/06/10) 연기[煙] 연
縯 02 (糸/11/17) 길 연 | 당길 인
兗 00 (儿/07/09) 땅이름 연
悁 00 (心/07/10) 성낼 연 | 조급할 견
掾 00 (手/09/12) 아전 연
蜎 00 (虫/07/13) 벌레꿈틀거릴 연
醼 00 (酉/16/23) 잔치 연
熱 50 (火/11/15) 더울 열
悅 32 (心/07/10) 기쁠 열
閱 30 (門/07/15) 볼[覽] 열
噎 00 (口/12/15) 목멜 열
染 32 (木/05/09) 물들 염:
炎 32 (火/04/08) 불꽃 염
鹽 32 (鹵/13/24) 소금 염
厭 20 (厂/12/14) 싫어할 염:
閻 12 (門/08/16) 마을 염
焰 10 (火/08/12) 불꽃 염
艶 10 (色/13/19) 고울 염:
剡 02 (刀/08/10) 날카로울 염
琰 02 (玉/08/12) 옥 염
苒 02 (艸/05/09) 풀우거질 염
髥 02 (髟/04/14) 구레나룻 염
冉 00 (冂/03/05) 나아갈 염
檿 00 (木/14/18) 산뽕나무 염:
饜 00 (食/14/23) 싫을/배부를 염:
焱 00 (火/08/12) 불꽃 염 | 불꽃 혁
燄 00 (火/12/16) 불당길 염:
艷 00 (色/18/24) 고울 염[艶]:
葉 50 (艸/09/13) 잎 엽
燁 12 (火/11/15) 빛날 엽
曄 02 (日/11/15) 빛날 엽

爗 00 (火/15/19) 빛날 엽
饁 00 (食/10/19) 들밥먹일 엽
永 60 (水/01/05) 길 영:
英 60 (艸/05/09) 꽃부리 영
榮 42 (木/10/14) 영화 영
映 40 (日/05/09) 비칠 영(:)
營 40 (火/13/17) 경영할 영
迎 40 (辵/04/08) 맞을 영
影 32 (彡/12/15) 그림자 영:
泳 30 (水/05/08) 헤엄칠 영:
詠 30 (言/05/12) 읊을 영:
暎 12 (日/09/13) 비칠 영:
瑛 12 (玉/09/13) 옥빛 영
盈 12 (皿/04/09) 찰 영
嬰 10 (女/14/17) 어린아이 영
塋 02 (土/10/13) 무덤 영
嶸 02 (山/14/17) 산가파를 영
楹 02 (木/09/13) 기둥 영
渶 02 (水/09/12) 물이름 영
潁 02 (水/11/15) 물이름 영
濚 02 (水/14/17) 물졸졸흐를 영
瀛 02 (水/16/19) 바다 영
瀯 02 (水/17/20) 물소리 영
煐 02 (火/09/13) 빛날 영
瓔 02 (玉/17/21) 옥돌 영
穎 02 (禾/11/16) 이삭 영
纓 02 (糸/17/23) 갓끈 영
鍈 02 (金/09/17) 방울소리 영
霙 02 (雨/09/17) 진눈깨비 영
咏 00 (口/05/08) 읊을 영:
嬴 00 (女/13/16) 가득할 영
縈 00 (糸/10/16) 얽힐 영
贏 00 (貝/13/20) 남을 영
郢 00 (邑/07/10) 땅이름 영:
攖 00 (手/17/20) 찌를/가까이할 영
藝 42 (艸/15/19) 재주 예:
豫 40 (豕/09/16) 미리 예:
譽 32 (言/14/21) 기릴/명예 예:
銳 30 (金/07/15) 날카로울 예:
預 20 (頁/04/13) 맡길/미리 예:
濊 12 (水/13/16) 종족이름 예:
睿 12 (目/09/14) 슬기 예:
芮 12 (艸/04/08) 성(姓) 예:
曳 10 (曰/02/06) 끌 예:
穢 10 (禾/13/18) 더러울 예:
裔 10 (衣/07/13) 후손 예:
詣 10 (言/06/13) 이를[至] 예:
乂 02 (丿/01/02) 깎을 예
倪 02 (人/08/10) 어릴 예
刈 02 (刀/02/04) 벨 예
叡 02 (又/14/16) 밝을 예:
汭 02 (水/04/07) 물굽이 예
猊 02 (犬/08/11) 사자 예
蘂 02 (艸/16/20) 꽃술[蕊] 예:
霓 02 (雨/08/16) 암무지개 예
睨 00 (目/08/13) 흘겨볼 예:
翳 00 (羽/11/17) 가릴 예:
蕊 00 (艸/12/16) 꽃술 예:
蚋 00 (虫/04/10) 모기 예:
鷖 00 (鳥/11/22) 갈매기 예
麑 00 (鹿/08/19) 사슴새끼 예
勩 00 (力/12/14) 수고로울 예 | 수고로울 이

堄 00 (土/08/11) 성가퀴 예
槸 00 (木/12/16) 드리울 예
瘞 00 (疒/10/15) 묻을 예:
羿 00 (羽/03/09) 사람이름 예:
蓺 00 (艸/11/15) 심을 예
輗 00 (車/08/15) 멍에막이 예
五 80 (二/02/04) 다섯 오:
午 72 (十/02/04) 낮 오:
誤 42 (言/07/14) 그르칠 오:
悟 32 (心/07/10) 깨달을 오:
烏 32 (火/06/10) 까마귀 오
傲 30 (人/11/13) 거만할 오:
吾 30 (口/04/07) 나 오
嗚 30 (口/10/13) 슬플 오
娛 30 (女/07/10) 즐길 오:
汚 30 (水/03/06) 더러울 오:
梧 20 (木/07/11) 오동나무 오(:)
吳 12 (口/04/07) 성(姓) 오
墺 12 (土/13/16) 물가 오:
伍 10 (人/04/06) 다섯사람 오:
奧 10 (大/10/13) 깊을 오(:)
寤 10 (宀/11/14) 잠깰 오
懊 10 (心/13/16) 한할 오:
俉 02 (人/07/09) 맞이할 오
塢 02 (土/10/13) 산언덕 오:
敖 02 (攴/07/11) 거만할 오:
旿 02 (日/04/08) 밝을 오
晤 02 (日/07/11) 밝을 오:
澳 02 (水/13/16) 물굽이 오
熬 02 (火/11/15) 볶을 오
獒 02 (犬/11/15) 사나운개 오
筽 02 (竹/07/13) 버들고리 오
蜈 02 (虫/07/13) 지네 오
鰲 02 (魚/11/22) 자라 오
鼇 02 (黽/11/24) 자라 오
忤 00 (心/04/07) 거스를 오:
汙 00 (水/03/06) 더러울 오:
隩 00 (阜/13/16) 감출 오
嗸 00 (口/11/14) 시끄러울 오
奡 00 (大/09/12) 거만할 오:
杇 00 (木/03/07) 흙손 오
珸 00 (玉/07/11) 아름다운돌 오
屋 50 (尸/06/09) 집 옥
玉 42 (玉/00/05) 구슬 옥
獄 32 (犬/11/14) 옥[囚舍] 옥
沃 12 (水/04/07) 기름질 옥
鈺 12 (金/05/13) 보배 옥
鋈 00 (金/07/15) 도금할 옥
溫 60 (水/10/13) 따뜻할 온
穩 20 (禾/14/19) 편안할 온
蘊 10 (艸/16/20) 쌓을 온:
瑥 02 (玉/10/14) 사람이름 온
瘟 02 (疒/10/15) 염병 온
縕 02 (糸/10/16) 묵은솜 온:
媪 00 (女/10/13) 할미 온
慍 00 (心/10/13) 성낼 온
昷 00 (日/05/09) 온화할 온
醞 00 (酉/10/17) 술빚을 온:
韞 00 (韋/10/19) 감출 온:
兀 02 (儿/01/03) 우뚝할 올
卼 00 (卩/07/09) 위태할 올
扤 00 (手/03/06) 움직일 올

兀 00 (木/03/07) 가지없는나무/위태로울 올
擁 30 (手/13/16) 낄 옹:
翁 30 (羽/04/10) 늙은이 옹
甕 12 (瓦/13/18) 독 옹:
邕 12 (邑/03/10) 막힐 옹
雍 12 (隹/05/13) 화(和)할 옹
壅 10 (土/13/16) 막을 옹
瓮 02 (瓦/04/09) 독 옹
癰 02 (疒/18/23) 종기 옹
饔 02 (食/13/22) 아침밥 옹
廱 00 (广/18/21) 막힐 옹
雝 00 (隹/10/18) 화할/할미새 옹
顒 00 (頁/09/18) 우러를 옹
灉 00 (水/18/21) 물이름 옹
瓦 32 (瓦/00/05) 기와 와:
臥 30 (臣/02/08) 누울 와:
渦 10 (水/09/12) 소용돌이 와
蝸 10 (虫/09/15) 달팽이 와
訛 10 (言/04/11) 그릇될 와:
窩 02 (穴/09/14) 움집 와
窪 02 (穴/09/14) 웅덩이 와
蛙 02 (虫/06/12) 개구리 와
吪 00 (口/04/07) 움직일 와
完 50 (宀/04/07) 완전할 완
緩 32 (糸/09/15) 느릴 완:
莞 12 (艸/07/11) 빙그레할 완 | 왕골 관
婉 10 (女/08/11) 순할/아름다울 완:
宛 10 (宀/05/08) 완연할 완
玩 10 (玉/04/08) 즐길 완:
腕 10 (肉/08/12) 팔뚝 완(:)
阮 10 (阜/04/07) 성(姓) 완:
頑 10 (頁/04/13) 완고할 완
椀 02 (木/08/12) 주발[碗] 완:
浣 02 (水/07/10) 빨 완
琓 02 (玉/07/11) 나라이름 완
琬 02 (玉/08/12) 홀 완
碗 02 (石/08/13) 주발[椀] 완:
翫 02 (羽/09/15) 구경할 완:
脘 02 (肉/07/11) 중완[胃腑] 완
豌 02 (豆/08/15) 완두 완
垸 00 (土/07/10) 회섞어바를 완
盌 00 (皿/05/10) 주발 완
婠 00 (女/08/11) 품성좋을 완
曰 30 (曰/00/04) 가로 왈
王 80 (玉/00/04) 임금 왕
往 42 (彳/05/08) 갈 왕:
旺 12 (日/04/08) 왕성할 왕:
汪 12 (水/04/07) 넓을 왕(:)
枉 10 (木/04/08) 굽을 왕:
歪 20 (止/05/09) 기울 왜 | 기울 외
倭 12 (人/08/10) 왜나라 왜
矮 10 (矢/08/13) 난쟁이 왜
娃 02 (女/06/09) 예쁠 왜 | 미인 와
騧 00 (馬/09/19) 공골말 왜
外 80 (夕/02/05) 바깥 외:
畏 30 (田/04/09) 두려워할 외:
巍 10 (山/18/21) 높고클 외
猥 10 (犬/09/12) 외람할 외:
嵬 02 (山/10/13) 높을 외:
要 52 (襾/03/09) 요긴할 요(:)
曜 50 (日/14/18) 빛날요:
謠 42 (言/10/17) 노래 요

搖 30 (手/10/13) 흔들 요
腰 30 (肉/09/13) 허리 요
遙 30 (辵/10/14) 멀 요
妖 20 (女/04/07) 요사할 요
堯 12 (土/09/12) 요임금 요
姚 12 (女/06/09) 예쁠 요
耀 12 (羽/14/20) 빛날 요
僥 10 (人/12/14) 요행 요
凹 10 (凵/03/05) 오목할 요
夭 10 (大/01/04) 일찍죽을 요:
拗 10 (手/05/08) 우길 요
擾 10 (手/15/18) 시끄러울 요
窈 10 (穴/05/10) 고요할 요:
窯 10 (穴/10/15) 기와가마 요
邀 10 (辵/13/17) 맞을 요
饒 10 (食/12/21) 넉넉할 요
嶢 02 (山/12/15) 높을 요
橈 02 (木/12/16) 노/꺾어질 요
燿 02 (火/14/18) 비칠/빛날 요
瑤 02 (玉/10/14) 아름다운옥 요
繇 02 (糸/11/17) 싱할 요 | 부드러울 유
繞 02 (糸/12/18) 두를 요
蟯 02 (虫/12/18) 요충 요
喓 00 (口/09/12) 벌레소리 요
傜 00 (彳/10/13) 구실 요
徼 00 (彳/13/16) 구할 요: | 변방 교:
殀 00 (歹/04/08) 일찍죽을 요
蕘 00 (艸/12/16) 나무할 요
葽 00 (艸/09/13) 아기풀 요
鷂 00 (鳥/11/22) 암꿩이울 요
浴 50 (水/07/10) 목욕할 욕
慾 32 (心/11/15) 욕심 욕
欲 32 (欠/07/11) 하고자할 욕
辱 32 (辰/03/10) 욕될 욕
縟 02 (糸/10/16) 화문놓을 욕
褥 02 (衣/10/15) 요[藉] 욕
勇 62 (力/07/09) 날랠 용:
用 62 (用/00/05) 쓸 용:
容 42 (宀/07/10) 얼굴 용
庸 30 (广/08/11) 떳떳할 용
傭 20 (人/11/13) 품팔 용
熔 20 (火/10/14) 녹을 용
溶 12 (水/10/13) 녹을 용
瑢 12 (玉/10/14) 패옥소리 용
鎔 12 (金/10/18) 쇠녹일 용
鏞 12 (金/11/19) 쇠북 용
涌 10 (水/07/10) 물 솟을 용:
聳 10 (耳/11/17) 솟을 용:
茸 10 (艸/06/10) 풀날 용: | 버섯 이:
蓉 10 (艸/10/14) 연꽃 용
踊 10 (足/07/14) 뛸 용:
俑 02 (人/07/09) 허수아비 용
冗 02 (冖/02/04) 한산할/번잡할[宂] 용:
埇 02 (土/07/10) 길돋울 용:
墉 02 (土/11/14) 담[垣] 용
慂 02 (心/10/14) 권할 용
榕 02 (木/10/14) 나무이름 용
湧 02 (水/09/12) 물솟을[涌] 용:
甬 02 (用/02/07) 종꼭지 용
宂 00 (宀/02/05) 일없을/번잡할 용:
踴 00 (足/09/16) 뛸 용:
鄘 00 (邑/11/14) 나라이름 용

右 72 (口/02/05) 오를/오른(쪽) 우:
友 52 (又/02/04) 벗 우:
雨 52 (雨/00/08) 비 우:
牛 50 (牛/00/04) 소 우
優 40 (人/15/17) 넉넉할 우
遇 40 (辵/09/13) 만날 우:
郵 40 (邑/08/11) 우편 우
偶 32 (人/09/11) 짝 우:
宇 32 (宀/03/06) 집 우:
愚 32 (心/09/13) 어리석을 우
憂 32 (心/11/15) 근심 우
羽 32 (羽/00/06) 깃 우:
于 30 (二/01/03) 어조사 우
又 30 (又/00/02) 또 우:
尤 30 (尢/01/04) 더욱 우
佑 12 (人/05/07) 도울 우:
祐 12 (示/05/10) 복(福) 우:
禹 12 (内/04/09) 성(姓) 우(:)
寓 10 (宀/09/12) 부칠[寄] 우:
虞 10 (虍/07/13) 염려할/나라이름 우
迂 10 (辵/03/07) 에돌 우
隅 10 (阜/09/12) 모퉁이 우
嵎 10 (山/09/12) 산굽이 우
旴 02 (日/03/07) 해뜰 우
玗 02 (玉/03/07) 옥돌 우
瑀 02 (玉/09/13) 옥돌 우
盂 02 (皿/03/08) 바리 우
禑 02 (示/09/14) 복 우
紆 02 (糸/03/09) 얽힐 우
芋 02 (艸/03/07) 토란 우:
藕 02 (艸/15/19) 연뿌리 우:
釪 02 (金/03/11) 바리때 우
雩 02 (雨/03/11) 기우제 우
俁 00 (人/07/09) 클 우
吁 00 (口/03/06) 탄식할 우
堣 00 (土/09/12) 땅이름 우
盱 00 (目/03/08) 눈부릅뜰 우
耦 00 (耒/09/15) 짝 우:
耰 00 (耒/15/21) 고무래 우
踽 00 (足/09/16) 홀로걸을 우
麀 00 (鹿/02/13) 암사슴 우
麌 00 (鹿/07/18) 수사슴/떼지어모일 우
噳 00 (口/13/16) 떼지을/웃는모양 우
懮 00 (心/15/18) 근심할 우
楀 00 (木/09/13) 나무이름 우
訏 00 (言/03/10) 속일 우:
訧 00 (言/04/11) 허물 우
旭 12 (日/02/06) 아침해 욱
昱 12 (日/05/09) 햇빛밝을 욱
煜 12 (火/09/13) 빛날 욱
郁 12 (邑/06/09) 성할 욱
頊 12 (頁/04/13) 삼갈 욱
勖 02 (力/09/11) 힘쓸 욱
彧 02 (彡/07/10) 문채 욱
栯 02 (木/06/10) 나무이름 욱
稶 02 (禾/10/15) 무성할 욱
燠 00 (火/13/17) 더울 욱
勗 00 (力/09/11) 힘쓸 욱
稢 00 (禾/08/13) 서직무성할 욱
薁 00 (艸/13/17) 머루 욱
運 62 (辵/09/13) 옮길 운:
雲 52 (雨/04/12) 구름 운

韻 32 (音/10/19) 운 운:
云 30 (二/02/04) 이를 운
芸 12 (艸/04/08) 향풀 운
殞 10 (歹/10/14) 죽을 운:
耘 10 (耒/04/10) 김맬 운
隕 10 (阜/10/13) 떨어질 운:
橒 02 (木/12/16) 나무이름 운
澐 02 (水/12/15) 큰물결 운
熉 02 (火/10/14) 노란모양 운
蕓 02 (艸/12/16) 평지 운
沄 00 (水/04/07) 물콸콸흐를 운
篔 00 (竹/10/16) 왕대 운
鬱 20 (鬯/19/29) 답답할 울
蔚 12 (艸/11/15) 고을이름 울
乭 02 (乙/03/04) 땅이름 울
菀 00 (艸/08/12) 무성할 울 | 동산 원: | 개미취 완
雄 50 (隹/04/12) 수컷 웅
熊 12 (火/10/14) 곰 웅
園 60 (囗/10/13) 동산 원
遠 60 (辵/10/14) 멀 원:
元 52 (儿/02/04) 으뜸 원
原 50 (厂/08/10) 언덕 원
院 50 (阜/07/10) 집 원
願 50 (頁/10/19) 원할 원:
員 42 (口/07/10) 인원 원
圓 42 (囗/10/13) 둥글 원
怨 40 (心/05/09) 원망할 원(:)
援 40 (手/09/12) 도울 원:
源 40 (水/10/13) 근원 원
苑 20 (艸/05/09) 나라동산 원:
媛 12 (女/09/12) 계집 원
瑗 12 (玉/09/13) 구슬 원
袁 12 (衣/04/10) 성(姓) 원
猿 10 (犬/10/13) 원숭이 원
鴛 10 (鳥/05/16) 원앙 원
冤 10 (冖/08/10) 원통할 원(:)
円 02 (冂/02/04) 둥글[圓] 원
垣 02 (土/06/09) 담 원
嫄 02 (女/10/13) 여자이름 원
寃 02 (宀/08/11) 원통할[冤] 원(:)
愿 02 (心/10/14) 삼갈 원
沅 02 (水/04/07) 물이름 원
洹 02 (水/06/09) 물이름 원
湲 02 (水/09/12) 물졸졸흐를 원
爰 02 (爪/05/09) 이에 원
轅 02 (車/10/17) 끌채 원
騵 00 (馬/10/20) 붉은말 원
黿 00 (黽/04/17) 큰자라 원
月 80 (月/00/04) 달 월
越 32 (走/05/12) 넘을 월
鉞 02 (金/05/13) 도끼 월
刖 00 (刀/04/06) 발꿈치벨 월
軏 00 (車/03/10) 멍에막이 월
偉 52 (人/09/11) 클 위
位 50 (人/05/07) 자리 위
爲 42 (爪/08/12) 하/할 위(:)
衛 42 (行/09/15) 지킬 위
危 40 (卩/04/06) 위태할 위
圍 40 (囗/09/12) 에워쌀 위
委 40 (女/05/08) 맡길 위
威 40 (女/06/09) 위엄 위
慰 40 (心/11/15) 위로할 위

僞 32 (人/12/14) 거짓 위
胃 32 (肉/05/09) 밥통 위
謂 32 (言/09/16) 이를 위
緯 30 (糸/09/15) 씨 위
違 30 (辵/09/13) 어긋날 위
尉 20 (寸/08/11) 벼슬 위
渭 12 (水/09/12) 물이름 위
韋 12 (韋/00/09) 가죽 위
魏 12 (鬼/08/18) 성(姓) 위
萎 10 (艸/08/12) 시들 위
暐 02 (日/09/13) 빛날 위
瑋 02 (玉/09/13) 옥이름 위
葦 02 (艸/09/13) 갈대 위
蔿 02 (艸/12/16) 애기풀 위
蝟 02 (虫/09/15) 고슴도치 위
褘 02 (衣/09/14) 휘장 위
喟 00 (口/09/12) 한숨쉴 위
煒 00 (火/09/13) 빛날 위
闈 00 (門/09/17) 대궐안작은문 위
韡 00 (韋/12/21) 밝고성한모양 위
蘤 00 (艸/15/19) 익모초 위
有 70 (月/02/06) 있을 유:
油 60 (水/05/08) 기름 유
由 60 (田/00/05) 말미암을 유
乳 40 (乙/07/08) 젖 유
儒 40 (人/14/16) 선비 유
遊 40 (辵/09/13) 놀 유
遺 40 (辵/12/16) 남길 유
幼 32 (幺/02/05) 어릴 유
幽 32 (幺/06/09) 그윽할 유
悠 32 (心/07/11) 멀 유
柔 32 (木/05/09) 부드러울 유
猶 32 (犬/09/12) 오히려 유
維 32 (糸/08/14) 벼리 유
裕 32 (衣/07/12) 넉넉할 유:
誘 32 (言/07/14) 꾈 유
唯 30 (口/08/11) 오직 유
惟 30 (心/08/11) 생각할 유
愈 30 (心/09/13) 나을 유
酉 30 (酉/00/07) 닭 유
兪 12 (入/07/09) 대답할/인월도(人月刂) 유
庾 12 (广/08/11) 곳집/노적가리 유
楡 12 (木/09/13) 느릅나무 유
踰 12 (足/09/16) 넘을 유
喩 10 (口/09/12) 깨우칠 유
宥 10 (宀/06/09) 너그러울 유
愉 10 (心/09/12) 즐거울 유
揄 10 (手/09/12) 야유할 유
柚 10 (木/05/09) 유자 유
游 10 (水/09/12) 헤엄칠 유
癒 10 (疒/13/18) 병나을 유
諛 10 (言/08/15) 아첨할 유
諭 10 (言/09/16) 타이를 유
蹂 10 (足/09/16) 밟을 유
鍮 10 (金/09/17) 놋쇠 유
侑 02 (人/06/08) 짝/권할 유:
孺 02 (子/14/17) 어릴 유
攸 02 (攴/03/07) 아득할 유
楢 02 (木/09/13) 졸참나무 유
洧 02 (水/06/09) 물이름 유
濡 02 (水/14/17) 젖을/막힐 유
猷 02 (犬/09/13) 꾀할 유

瑜 02 (玉/09/13) 아름다운옥 유
臾 02 (臼/02/08) 잠깐 유
萸 02 (艸/08/12) 수유 유
逾 02 (辵/09/13) 넘을 유
釉 02 (釆/05/12) 유약 유
呦 00 (口/05/08) 사슴울 유
囿 00 (囗/06/09) 동산 유:
帷 00 (巾/08/11) 휘장/장막 유
揉 00 (手/09/12) 휠 유
牖 00 (片/11/15) 깨우칠/창 유
窬 00 (穴/09/14) 판장문 유
籲 00 (竹/26/32) 부르짖을 유
緌 00 (糸/08/14) 갓끈 유
莠 00 (艸/07/11) 가라지 유
鮪 00 (魚/06/17) 상어 유
黝 00 (黑/05/17) 검푸를 유
龥 00 (龠/09/26) 부르짖을 유
卣 00 (卜/05/07) 술통 유
曘 00 (日/14/18) 햇빛 유
楰 00 (木/09/13) 산유자나무 유
櫄 00 (木/11/15) 화톳불놓을 유
滺 00 (水/11/14) 물흐르는모양 유
濰 00 (水/14/17) 물이름 유
秞 00 (禾/05/10) 곡식무성할 유
羑 00 (羊/03/09) 인도할 유
褎 00 (衣/09/15) 옷잘입을/나아갈 유 | 소매 수
輶 00 (車/09/16) 가벼운수레 유
醹 00 (酉/14/21) 술맛진할 유
育 70 (肉/04/08) 기를 육
肉 42 (肉/00/06) 고기 육
堉 02 (土/08/11) 기름진땅 육
毓 02 (毋/10/14) 키울 육
潤 32 (水/12/15) 불을 윤:
閏 30 (門/04/12) 윤달 윤:
允 12 (儿/02/04) 맏[伯] 윤:
尹 12 (尸/01/04) 성(姓) 윤:
胤 12 (肉/05/09) 자손 윤
鈗 12 (金/04/12) 창 윤
奫 02 (大/12/15) 물깊고넓을 윤
玧 02 (玉/04/08) 귀막이옥 윤 | 붉은옥 문
贇 02 (貝/11/18) 예쁠 윤 | 예쁠 빈
狁 00 (犬/04/07) 오랑캐이름 윤
阭 00 (阜/04/07) 높을 윤
聿 02 (聿/00/06) 붓 율
汩 00 (水/04/07)물흐를 율 | 빠질 골
繘 00 (糸/12/18) 두레박줄 율
驈 00 (馬/12/22) 샅흰검은말 율
鴥 00 (鳥/05/16) 빨리날 율
融 20 (虫/10/16) 녹을 융
戎 10 (戈/02/06) 병장기/오랑캐 융
絨 10 (糸/06/12) 가는베 융
瀜 02 (水/16/19) 물깊고넓을 융
銀 60 (金/06/14) 은 은
恩 42 (心/06/10) 은혜 은
隱 40 (阜/14/17) 숨을 은
垠 12 (土/06/09) 지경 은
殷 12 (殳/06/10) 은나라 은
誾 12 (言/08/15) 향기 은
慇 02 (心/10/14) 은근할 은
嚚 00 (口/15/18) 어리석을 은
憖 00 (心/12/16) 물을/원할 은
檼 00 (木/14/18) 마룻대/도지개 은

濦 00 (水/10/13) 물이름 은
誾 00 (言/03/10) 언쟁할 은
乙 32 (乙/00/01) 새 을
音 62 (音/00/09) 소리 음
飮 62 (食/04/13) 마실 음(:)
陰 42 (阜/08/11) 그늘 음
淫 32 (水/08/11) 음란할 음
吟 30 (口/04/07) 읊을 음
蔭 10 (艸/11/15) 그늘 음
邑 70 (邑/00/07) 고을 읍
泣 30 (水/05/08) 울 읍
揖 10 (手/09/12) 읍할 읍
挹 00 (手/07/10) 뜰/읍할 읍
浥 00 (水/07/10) 젖을 읍
應 42 (心/13/17) 응할 응:
凝 30 (冫/14/16) 엉길 응:
鷹 12 (鳥/13/24) 매 응(:)
膺 10 (肉/13/17) 가슴 응:
意 62 (心/09/13) 뜻 의:
衣 60 (衣/00/06) 옷 의
醫 60 (酉/11/18) 의원 의
義 42 (羊/07/13) 옳을 의:
議 42 (言/13/20) 의논할 의(:)
依 40 (人/06/08) 의지할 의
儀 40 (人/13/15) 거동 의
疑 40 (疋/09/14) 의심할 의
宜 30 (宀/05/08) 마땅 의
矣 30 (矢/02/07) 어조사 의
擬 10 (手/14/17) 비길 의:
椅 10 (木/08/12) 의자 의
毅 10 (殳/11/15) 굳셀 의

誼 10 (言/08/15) 정(情) 의
倚 02 (人/08/10) 기댈 의
懿 02 (心/18/22) 아름다울 의
艤 02 (舟/13/19) 배댈 의
薏 02 (艸/13/17) 율무 의 | 연밥속 억
蟻 02 (虫/13/19) 개미 의
劓 00 (刀/14/16) 코벨 의
猗 00 (犬/08/11) 불깐개 의 | 부드러울 아
饐 00 (食/12/21) 밥쉴 의 | 밥쉴 애
扆 00 (戶/06/10) 병풍 의
薿 00 (艸/14/18) 우거질 의 | 우거질 억
二 80 (二/00/02) 두 이:
以 52 (人/03/05) 써 이:
耳 50 (耳/00/06) 귀 이:
移 42 (禾/06/11) 옮길 이
異 40 (田/06/11) 다를 이:
已 32 (己/00/03) 이미 이:
夷 30 (大/03/06) 오랑캐 이
而 30 (而/00/06) 말이을 이
貳 20 (貝/05/12) 두/갖은두 이:
伊 12 (人/04/06) 저[彼] 이
怡 12 (心/05/08) 기쁠 이
珥 12 (玉/06/10) 귀고리 이:
姨 10 (女/06/09) 이모 이
弛 10 (弓/03/06) 늦출 이:
爾 10 (爻/10/14) 너 이:
痍 10 (疒/06/11) 상처 이
餌 10 (食/06/15) 미끼 이:
彛 02 (彐/13/16) 떳떳할[彝] 이
肄 02 (聿/07/13) 익힐 이:
苡 02 (艸/05/09) 율무/질경이[苢] 이:

荑 02 (艸/06/10) 흰비름 이 | 띠싹 제
貽 02 (貝/05/12) 줄[與] 이
邇 02 (辵/14/18) 가까울 이:
飴 02 (食/05/14) 엿 이
彝 00 (彐/15/18) 떳떳할 이
洟 00 (水/06/09) 콧물 이
訑 00 (言/03/10) 자랑할 이 | 방탕할 탄
迤 00 (辵/05/09) 든든할 이 | 어정거릴 타
刵 00 (刀/06/08) 귀벨 이
异 00 (廾/03/06) 그만둘 이
杝 00 (木/03/07) 나무이름 이 | 쪼갤 치
桋 00 (木/06/10) 가시목 이
樲 00 (木/12/16) 멧대추나무 이:
苢 00 (艸/05/09) 질경이 이:
詒 00 (言/05/12) 줄 이 | 속일 태
頤 00 (頁/06/15) 턱 이
益 42 (皿/05/10) 더할 익
翼 32 (羽/11/17) 날개 익
翊 12 (羽/05/11) 도울 익
翌 10 (羽/05/11) 다음날 익
瀷 02 (水/17/20) 물이름 익
謚 02 (言/10/17) 빙그레할 익 | 시호 시
弋 00 (弋/00/03) 주살 익
人 80 (人/00/02) 사람 인
因 50 (囗/03/06) 인할 인
印 42 (卩/04/06) 도장 인
引 42 (弓/01/04) 끌 인
認 42 (言/07/14) 알[知] 인
仁 40 (人/02/04) 어질 인
忍 32 (心/03/07) 참을 인
姻 30 (女/06/09) 혼인 인
寅 30 (宀/08/11) 범[虎]/동방 인
刃 20 (刀/01/03) 칼날 인:
咽 10 (口/06/09) 목구멍 인 | 목멜 열 | 삼킬 연
湮 10 (水/09/12) 묻힐 인
蚓 10 (虫/04/10) 지렁이 인
靭 10 (革/03/12) 질길 인
絪 02 (糸/06/12) 기운 인
茵 02 (艸/06/10) 자리/사철쑥 인
靷 02 (革/04/13) 가슴걸이 인
仞 00 (人/03/05) 길 인:
夤 00 (夕/11/14) 공손할 인
禋 00 (示/09/14) 제사지낼 인
牣 00 (牛/03/07) 가득할 인:
訒 00 (言/03/10) 말더듬거릴 인:
軔 00 (車/03/10) 바퀴고임나무 인
闉 00 (門/09/17) 성문 인
陻 00 (阜/09/12) 막을/막힐 인
駰 00 (馬/06/16) 회색얼룩말 인
一 80 (一/00/01) 한 일
日 80 (日/00/04) 날 일
逸 32 (辵/08/12) 편안할 일
壹 20 (士/09/12) 한/갖은한 일
佾 12 (人/06/08) 줄춤 일
鎰 12 (金/10/18) 무게이름 일
佚 10 (人/05/07) 편안 일 | 질탕 질
溢 10 (水/10/13) 넘칠 일
馹 02 (馬/04/14) 역말[驛馬] 일
泆 00 (水/05/08) 음탕할/넘칠 일
任 52 (人/04/06) 맡길 임(:)
壬 32 (士/01/04) 북방 임:
賃 32 (貝/06/13) 품삯 임:

妊 20 (女/04/07) 아이밸 임:
姙 02 (女/06/09) 아이밸[妊] 임:
恁 02 (心/06/10) 생각할 임
稔 02 (禾/08/13) 익을 임 | 익을 념
荏 02 (艸/06/10) 들깨 임
衽 00 (衣/04/09) 옷깃 임
袵 00 (衣/06/11) 옷깃 임
入 70 (入/00/02) 들 입
廿 02 (十/01/03) 스물[廿] 입
剩 10 (刀/10/12) 남을 잉:
孕 10 (子/02/05) 아이밸 잉:
仍 02 (人/02/04) 인할 잉
芿 02 (艸/04/08) 새풀싹 잉
陾 00 (阜/09/12) 담쌓는소리 잉
子 72 (子/00/03) 아들 자
自 72 (自/00/06) 스스로 자
字 70 (子/03/06) 글자 자
者 60 (老/05/09) 놈 자
姉 40 (女/05/08) 손윗누이 자
姿 40 (女/06/09) 모양 자:
資 40 (貝/06/13) 재물 자
刺 32 (刀/06/08) 찌를 자: | 찌를 척
慈 32 (心/09/13) 사랑 자
紫 32 (糸/06/12) 자줏빛 자
恣 30 (心/06/10) 마음대로/방자할 자:
玆 30 (玄/05/10) 이 자
磁 20 (石/09/14) 자석 자
諮 20 (言/09/16) 물을 자:
雌 20 (隹/06/14) 암컷 자
滋 12 (水/09/12) 불을[益] 자
仔 10 (人/03/05) 자세할 자
炙 10 (火/04/08) 구울 자 | 구울 적
煮 10 (火/09/13) 삶을 자(:)
瓷 10 (瓦/06/11) 사기그릇 자
疵 10 (疒/06/11) 허물 자
蔗 10 (艸/11/15) 사탕수수 자
藉 10 (艸/14/18) 깔/핑계할 자:
咨 02 (口/06/09) 차탄할/물을 자
孜 02 (子/04/07) 부지런할 자
茨 02 (艸/06/10) 남가새 자
孳 00 (子/10/13) 새끼칠 자
柘 00 (木/05/09) 메뽕나무 자
粢 00 (米/06/12) 서직/젯밥 자
耔 00 (耒/03/09) 북돋울 자
胾 00 (肉/06/12) 고깃점 자
茲 00 (艸/06/10) 초목무성할 자
訾 00 (言/06/13) 훼방할/헐뜯을 자
貲 00 (貝/06/13) 재물 자
赭 00 (赤/09/16) 붉은흙 자
鎡 00 (金/10/18) 호미 자
秭 00 (禾/05/10) 천억 자
胏 00 (肉/05/09) 밥찌끼 자
訿 00 (言/06/13) 훼방할/헐뜯을 자
鼒 00 (鼎/03/16) 옹솥 자
作 62 (人/05/07) 지을 작
昨 62 (日/05/09) 어제 작
爵 30 (爪/14/18) 벼슬 작
酌 30 (酉/03/10) 술부을/잔질할 작
勺 10 (勹/01/03) 구기 작
嚼 10 (口/18/21) 씹을 작
灼 10 (火/03/07) 불사를 작
炸 10 (火/05/09) 터질 작

綽 10 (糸/08/14) 너그러울 작
芍 10 (艸/03/07) 함박꽃 작
雀 10 (隹/03/11) 참새 작
鵲 10 (鳥/08/19) 까치 작
斫 02 (斤/05/09) 쪼갤 작
柞 00 (木/05/09) 떡갈나무 작
殘 40 (歹/08/12) 남을 잔
棧 10 (木/08/12) 사다리 잔
盞 10 (皿/08/13) 잔 잔
孱 02 (子/09/12) 잔약할 잔
潺 02 (水/12/15) 물졸졸흐를 잔
僝 00 (人/12/14) 갖출/욕할 잔
暫 32 (日/11/15) 잠깐 잠(:)
潛 32 (水/12/15) 잠길 잠
蠶 20 (虫/18/24) 누에 잠
箴 10 (竹/09/15) 경계 잠
簪 10 (竹/12/18) 비녀 잠
岑 02 (山/04/07) 산높을 잠
雜 40 (隹/10/18) 섞일 잡
長 80 (長/00/08) 긴 장(:)
場 72 (土/09/12) 마당 장
章 60 (立/06/11) 글 장
將 42 (寸/08/11) 장수 장(:)
障 42 (阜/11/14) 막을 장
壯 40 (士/04/07) 장할 장:
帳 40 (巾/08/11) 장막 장
張 40 (弓/08/11) 베풀 장
腸 40 (肉/09/13) 창자 장
裝 40 (衣/07/13) 꾸밀 장
獎 40 (犬/11/15) 장려할 장(:)
丈 32 (一/02/03) 어른 장:
掌 32 (手/08/12) 손바닥 장:
粧 32 (米/06/12) 단장할 장
臟 32 (肉/18/22) 오장 장:
莊 32 (艸/07/11) 씩씩할 장
葬 32 (艸/09/13) 장사지낼 장:
藏 32 (艸/14/18) 감출 장:
墻 30 (土/13/16) 담 장
庄 12 (广/03/06) 전장(田莊) 장
獐 12 (犬/11/14) 노루 장
璋 12 (玉/11/15) 홀[圭] 장
蔣 12 (艸/11/15) 성(姓) 장
仗 10 (人/03/05) 의장(儀仗) 장
匠 10 (匚/04/06) 장인 장
杖 10 (木/03/07) 지팡이 장(:)
檣 10 (木/13/17) 돛대 장
漿 10 (水/11/15) 즙 장
薔 10 (艸/13/17) 장미 장
醬 10 (酉/11/18) 장 장:
暲 02 (日/11/15) 해돋을 장
樟 02 (木/11/15) 녹나무 장
欌 02 (木/18/22) 장롱 장:
牆 02 (爿/13/17) 담 장
臧 02 (臣/08/14) 착할 장
贓 02 (貝/14/21) 장물 장
奘 00 (大/07/10) 클 장
戕 00 (戈/04/08) 찌를 장
漳 00 (水/11/14) 물이름 장
牂 00 (爿/06/10) 암양 장
萇 00 (艸/08/12) 보리수 장
鏘 00 (金/11/19) 옥소리 장
斨 00 (斤/04/08) 도끼 장

粻 00 (米/08/14) 양식 장
才 62 (手/00/03) 재주 재
在 60 (土/03/06) 있을 재:
材 52 (木/03/07) 재목 재
財 52 (貝/03/10) 재물 재
再 50 (冂/04/06) 두 재:
災 50 (火/03/07) 재앙 재
栽 32 (木/06/10) 심을 재:
裁 32 (衣/06/12) 옷마를 재
載 32 (車/06/13) 실을 재:
哉 30 (口/06/09) 어조사 재
宰 30 (宀/07/10) 재상 재:
滓 10 (水/10/13) 찌끼 재
齋 10 (齊/03/17) 재계할/집 재
梓 02 (木/07/11) 가래나무 재:
渽 02 (水/09/12) 강이름 재
縡 02 (糸/10/16) 일[事] 재
齎 02 (齊/07/21) 가질 재 | 가질 제
灾 00 (火/03/07) 재앙 재
纔 00 (糸/17/23) 겨우 재
賫 00 (貝/08/15) 가질 재
爭 50 (爪/04/08) 다툴 쟁
錚 10 (金/08/16) 쇳소리 쟁
箏 02 (竹/08/14) 쟁[악기이름] 쟁
諍 02 (言/08/15) 간할 쟁
貯 50 (貝/05/12) 쌓을 저:
低 42 (人/05/07) 낮을 저:
底 40 (广/05/08) 밑 저:
抵 32 (手/05/08) 막을[抗] 저:
著 32 (艸/09/13) 나타날 저:
沮 20 (水/05/08) 막을[遮] 저:
咀 10 (口/05/08) 씹을 저:
狙 10 (犬/05/08) 원숭이/엿볼 저:
箸 10 (竹/09/15) 젓가락 저
詛 10 (言/05/12) 저주할 저:
躇 10 (足/13/20) 머뭇거릴 저
邸 10 (邑/05/08) 집 저:
觝 10 (角/05/12) 씨름 저:
豬 10 (豕/09/16) 돼지 저
佇 02 (人/05/07) 우두커니설 저:
儲 02 (人/16/18) 쌓을 저
姐 02 (女/05/08) 맏누이 저:
杵 02 (木/04/08) 공이 저
楮 02 (木/09/13) 닥나무 저:
樗 02 (木/11/15) 가죽나무 저
渚 02 (水/09/12) 물가 저
猪 02 (犬/09/12) 돼지[豬] 저
疽 02 (疒/05/10) 종기 저
紵 02 (糸/05/11) 모시 저:
苧 02 (艸/05/09) 모시 저:
菹 02 (艸/08/12) 김치 저
藷 02 (艸/16/20) 감자 저
這 02 (辵/07/11) 이 저:
雎 02 (隹/05/13) 물수리 저
齟 02 (齒/05/20) 이어긋날 저 | 이어긋날 서
杼 00 (木/04/08) 북(織具) 저:
氐 00 (氏/01/05) 근본 저
罝 00 (网/05/10) 짐승그물 저
羝 00 (羊/05/11) 숫양 저
苴 00 (艸/05/09) 암삼 저 | 두엄풀 자
疷 00 (疒/05/10) 앓을 저
砠 00 (石/05/10) 돌산 저

筯 00 (竹/07/13) 젓가락 저
羜 00 (羊/05/11) 새끼양 저
的 52 (白/03/08) 과녁 적
赤 50 (赤/00/07) 붉을 적
敵 42 (攴/11/15) 대적할 적
積 40 (禾/11/16) 쌓을 적
籍 40 (竹/14/20) 문서 적
績 40 (糸/11/17) 길쌈 적
賊 40 (貝/06/13) 도둑 적
適 40 (辵/11/15) 맞을 적
寂 32 (宀/08/11) 고요할 적
摘 32 (手/11/14) 딸[手收] 적
笛 32 (竹/05/11) 피리 적
跡 32 (足/06/13) 발자취 적
蹟 32 (足/11/18) 자취 적
滴 30 (水/11/14) 물방울 적
嫡 10 (女/11/14) 정실 적
狄 10 (犬/04/07) 오랑캐 적
謫 10 (言/11/18) 귀양갈 적
迹 10 (辵/06/10) 자취 적
勣 02 (力/11/13) 공(功) 적
翟 02 (羽/08/14) 꿩 적
荻 02 (艸/07/11) 물억새 적
廸 02 (廴/05/09) 나아갈 적
鏑 02 (金/11/19) 살촉 적
糴 00 (米/16/22) 쌀사들일 적
覿 00 (見/15/22) 볼 적
逖 00 (辵/07/11) 멀 적
籊 00 (竹/14/20) 가늘고길 적
趯 00 (走/14/21) 뛸 적 | 뛸 약
踖 00 (足/08/15) 조심해서걸을/밟을 적

全 72 (入/04/06) 온전 전
前 72 (刀/07/09) 앞 전
電 72 (雨/05/13) 번개 전:
戰 62 (戈/12/16) 싸움 전:
傳 52 (人/11/13) 전할 전
典 52 (八/06/08) 법 전:
展 52 (尸/07/10) 펼 전:
田 42 (田/00/05) 밭 전
專 40 (寸/08/11) 오로지 전
轉 40 (車/11/18) 구를 전:
錢 40 (金/08/16) 돈 전:
殿 32 (殳/09/13) 전각 전:
甸 12 (田/02/07) 경기 전
剪 10 (刀/09/11) 가위 전(:)
塡 10 (土/10/13) 메울 전
奠 10 (大/09/12) 정할/제사 전:
廛 10 (广/12/15) 가게 전:
悛 10 (心/07/10) 고칠 전:
栓 10 (木/06/10) 마개 전
氈 10 (毛/13/17) 담(毯) 전:
澱 10 (水/13/16) 앙금 전:
煎 10 (火/09/13) 달일 전(:)
癲 10 (疒/19/24) 미칠 전:
箋 10 (竹/08/14) 기록할 전
箭 10 (竹/09/15) 살[矢] 전:
篆 10 (竹/09/15) 전자(篆字) 전:
纏 10 (糸/15/21) 얽을 전
輾 10 (車/10/17) 돌아누울 전:
銓 10 (金/06/14) 사람가릴 전(:)
顚 10 (頁/10/19) 엎드러질/이마 전:
顫 10 (頁/13/22) 떨 전:

餞 10 (食/08/17) 보낼 전:
佃 02 (人/05/07) 밭갈 전
佺 02 (人/06/08) 신선이름 전
塼 02 (土/11/14) 벽돌[甎] 전
琠 02 (玉/08/12) 옥이름 전
畑 02 (田/04/09) 화전 전
筌 02 (竹/06/12) 통발 전
詮 02 (言/06/13) 갖출 전
鈿 02 (金/05/13) 비녀 전
鐫 02 (金/13/21) 새길 전
巓 00 (山/19/22) 산꼭대기 전
戩 00 (戈/10/14) 다할 전
旃 00 (方/06/10) 기(旗) 전
畋 00 (田/04/09) 사냥할 전
翦 00 (羽/09/15) 자를 전
腆 00 (肉/08/12) 두터울 전:
荃 00 (艸/06/10) 향초 전
邅 00 (辵/13/17) 머뭇거릴 전
靦 00 (面/07/16) 부끄러울 전:
顓 00 (頁/09/18) 오로지 전
飦 00 (食/03/12) 죽 전
鱣 00 (魚/13/24) 전어 전: | 드렁허리 선:
澶 00 (水/15/18) 물이름 전
牷 00 (牛/06/10) 희생 전
瘨 00 (疒/10/15) 앓을 전
闐 00 (門/10/18) 성할 전
切 52 (刀/02/04) 끊을 절 | 온통 체
節 52 (竹/09/15) 마디 절
絶 42 (糸/06/12) 끊을 절
折 40 (手/04/07) 꺾을 절
竊 30 (穴/17/22) 훔칠 절
截 10 (戈/10/14) 끊을 절
浙 02 (水/07/10) 강이름 절
癤 02 (疒/15/20) 부스럼 절
晢 00 (日/07/11) 밝을 절 | 별반짝일 제
晣 00 (日/07/11) 밝을 절 | 별반짝일 제
店 52 (广/05/08) 가게 점:
占 40 (卜/03/05) 점령할 점:/점칠 점
點 40 (黑/05/17) 점 점(:)
漸 32 (水/11/14) 점점 점:
粘 10 (米/05/11) 붙을 점
霑 10 (雨/08/16) 젖을 점
岾 02 (山/05/08) 고개 재 | 절이름 점
点 02 (火/05/09) 점[點] 점(:)
鮎 02 (魚/05/16) 메기 점
墊 00 (土/11/14) 빠질 점
玷 00 (玉/05/09) 옥티 점
簟 00 (竹/12/18) 대자리 점:
坫 00 (土/05/08) 잔돌려놓는자리 점
接 42 (手/08/11) 이을 접
蝶 30 (虫/09/15) 나비 접
摺 02 (手/11/14) 접을 접 | 접을 섭
正 72 (止/01/05) 바를 정(:)
庭 62 (广/07/10) 뜰 정
定 60 (宀/05/08) 정할 정:
情 52 (心/08/11) 뜻 정
停 50 (人/09/11) 머무를 정
政 42 (攴/05/09) 정사(政事) 정
程 42 (禾/07/12) 한도/길[道] 정
精 42 (米/08/14) 정할 정
丁 40 (一/01/02) 고무래/장정 정
整 40 (攴/12/16) 가지런할 정:

靜 40 (靑/08/16) 고요할 정
井 32 (二/02/04) 우물 정(:)
亭 32 (亠/07/09) 정자 정
廷 32 (廴/04/07) 조정 정
征 32 (彳/05/08) 칠 정
淨 32 (水/08/11) 깨끗할 정
貞 32 (貝/02/09) 곧을 정
頂 32 (頁/02/11) 정수리 정
訂 30 (言/02/09) 바로잡을 정
偵 20 (人/09/11) 염탐할 정
呈 20 (口/04/07) 드릴 정
艇 20 (舟/07/13) 배 정
旌 12 (方/07/11) 기 정
晶 12 (日/08/12) 맑을 정
楨 12 (木/09/13) 광나무 정
汀 12 (水/02/05) 물가 정
珽 12 (玉/07/11) 옥이름 정
禎 12 (示/09/14) 상서로울 정
鄭 12 (邑/12/15) 나라 정:
鼎 12 (鼎/00/13) 솥 정
幀 10 (巾/09/12) 그림족자 정
挺 10 (手/07/10) 빼어날 정
町 10 (田/02/07) 밭두둑 정
睛 10 (目/08/13) 눈동자 정
碇 10 (石/08/13) 닻 정
穽 10 (穴/04/09) 함정 정
酊 10 (酉/02/09) 술취할 정
釘 10 (金/02/10) 못 정
錠 10 (金/08/16) 덩이 정
靖 10 (靑/05/13) 편안할 정(:)
姃 02 (女/05/08) 단정할 정
晸 02 (日/08/12) 동틀 정
檉 02 (木/13/17) 능수버들 정
淀 02 (水/08/11) 얕은물 정
渟 02 (水/09/12) 물괼 정
湞 02 (水/09/12) 물이름 정
瀞 02 (水/16/19) 맑을 정
炡 02 (火/05/09) 빛날 정
玎 02 (玉/02/06) 옥 소리 정
綎 02 (糸/07/13) 인끈 정
諪 02 (言/09/16) 조정할 정
鉦 02 (金/05/13) 징 정
鋌 02 (金/07/15) 쇳덩이 정
霆 02 (雨/07/15) 벼락 정
桯 00 (木/07/11) 탁자 정
梃 00 (木/07/11) 몽둥이 정
棖 00 (木/08/12) 문설주 정
珵 00 (玉/07/11) 옥이름 정
酲 00 (酉/07/14) 숙취 정
鋥 00 (金/07/15) 칼날세울 정:
靚 00 (靑/07/15) 단장할 정
涏 00 (水/07/10) 물결곧을 정 | 윤이날 전
裎 00 (衣/07/12) 옷벗을 정
赬 00 (赤/09/16) 붉을 정
阱 00 (阜/04/07) 함정 정
弟 80 (弓/04/07) 아우 제:
第 62 (竹/05/11) 차례 제:
題 62 (頁/09/18) 제목 제
制 42 (刀/06/08) 절제할 제:
提 42 (手/09/12) 끌 제
濟 42 (水/14/17) 건널 제:
祭 42 (示/06/11) 제사 제:

製 42 (衣/08/14) 지을 제:
除 42 (阜/07/10) 덜 제
際 42 (阜/11/14) 즈음/가[邊] 제:
帝 40 (巾/06/09) 임금 제:
諸 32 (言/09/16) 모두 제
齊 32 (齊/00/14) 가지런할 제
堤 30 (土/09/12) 둑 제
劑 20 (刀/14/16) 약제 제
啼 10 (口/09/12) 울 제
悌 10 (心/07/10) 공손할 제:
梯 10 (木/07/11) 사다리 제
蹄 10 (足/09/16) 굽 제
臍 02 (肉/14/18) 배꼽 제
薺 02 (艸/14/18) 냉이 제:
醍 02 (酉/09/16) 제호 제
霽 02 (雨/14/22) 갤 제:
娣 00 (女/07/10) 제수 제:
瑅 00 (玉/09/13) 옥이름 제
禔 00 (示/09/14) 편안할 제
稊 00 (禾/07/12) 가라지 제
躋 00 (足/14/21) 오를 제
隄 00 (阜/09/12) 둑/막을 제
嚌 00 (口/14/17) 맛볼 제
懠 00 (心/14/17) 성낼 제
泲 00 (水/05/08) 물이름 제
穧 00 (禾/14/19) 볏단 제
蠐 00 (虫/14/20) 굼벵이 제
隮 00 (阜/14/17) 오를 제
鵜 00 (鳥/07/18) 사다새 제
祖 70 (示/05/10) 할아비 조
朝 60 (月/08/12) 아침 조
調 52 (言/08/15) 고를 조
操 50 (手/13/16) 잡을 조(:)
助 42 (力/05/07) 도울 조:
早 42 (日/02/06) 이를 조:
造 42 (辵/07/11) 지을 조:
鳥 42 (鳥/00/11) 새 조
條 40 (木/07/11) 가지 조
潮 40 (水/12/15) 밀물/조수 조
組 40 (糸/05/11) 짤 조
兆 32 (儿/04/06) 억조 조
照 32 (火/09/13) 비칠 조:
租 32 (禾/05/10) 조세 조
弔 30 (弓/01/04) 조상할 조:
燥 30 (火/13/17) 마를 조
彫 20 (彡/08/11) 새길 조
措 20 (手/08/11) 둘[置] 조
釣 20 (金/03/11) 낚을/낚시 조:
曺 12 (曰/06/10) 성(姓) 조
祚 12 (示/05/10) 복(福) 조
趙 12 (走/07/14) 나라 조:
凋 10 (冫/08/10) 시들 조
嘲 10 (口/12/15) 비웃을 조
曹 10 (曰/07/11) 무리 조
棗 10 (木/08/12) 대추 조
槽 10 (木/11/15) 구유 조
漕 10 (水/11/14) 배로실어나를 조
爪 10 (爪/00/04) 손톱 조
眺 10 (目/06/11) 볼 조:
稠 10 (禾/08/13) 빽빽할 조
粗 10 (米/05/11) 거칠 조
糟 10 (米/11/17) 지게미 조

繰 10 (糸/13/19) 고치켤 조
肇 10 (聿/08/14) 비롯할 조:
藻 10 (艸/16/20) 마름 조:
詔 10 (言/05/12) 조서 조:
躁 10 (足/13/20) 조급할 조
遭 10 (辵/11/15) 만날 조
阻 10 (阜/05/08) 막힐 조
吊 02 (口/03/06) 조상할[弔] 조:
俎 02 (人/07/09) 도마 조
晁 02 (日/06/10) 아침 조
璪 02 (玉/13/17) 면류관장식 조
窕 02 (穴/06/11) 그윽할 조
蚤 02 (虫/04/10) 벼룩 조
雕 02 (隹/08/16) 아로새길 조
洮 00 (水/06/09) 씻을 조
佻 00 (人/06/08) 경박할 조
徂 00 (彳/05/08) 갈 조
懆 00 (心/13/16) 근심할 조
殂 00 (歹/05/09) 죽을 조
阜 00 (白/02/07) 검을/하인 조:
竈 00 (穴/16/21) 부엌 조
蔦 00 (艸/11/15) 담쟁이덩굴 조
蜩 00 (虫/08/14) 매미 조
鼂 00 (黽/05/18) 아침 조
恌 00 (心/06/09) 경박할 조
慥 00 (心/11/14) 독실할 조
旐 00 (方/08/12) 기 조
皂 00 (白/02/07) 검을/하인 조:
罩 00 (网/08/13) 가리 조
蓧 00 (艸/11/15) 삼태기 조
螬 00 (虫/11/17) 굼벵이 조

阼 00 (阜/05/08) 동편섬돌 조
鞗 00 (革/07/16) 고삐 조
鰷 00 (魚/11/22) 피라미 조
足 72 (足/00/07) 발 족
族 60 (方/07/11) 겨레 족
簇 10 (竹/11/17) 가는대[小竹] 족
鏃 02 (金/11/19) 살촉 족
尊 42 (寸/09/12) 높을 존
存 40 (子/03/06) 있을 존
卒 52 (十/06/08) 마칠 졸
拙 30 (手/05/08) 졸할 졸
猝 10 (犬/08/11) 갑자기 졸
種 52 (禾/09/14) 씨 종(:)
終 50 (糸/05/11) 마칠 종
宗 42 (宀/05/08) 마루 종
從 40 (彳/08/11) 좇을 종(:)
鍾 40 (金/09/17) 쇠북 종
縱 32 (糸/11/17) 세로 종
綜 20 (糸/08/14) 모을 종
琮 12 (玉/08/12) 옥홀 종
慫 10 (心/11/15) 권할 종
腫 10 (肉/09/13) 종기 종:
踪 10 (足/08/15) 자취 종
踵 10 (足/09/16) 발꿈치 종
倧 02 (人/08/10) 신인(神人) 종
悰 02 (心/08/11) 즐길 종
棕 02 (木/08/12) 종려나무[椶] 종
淙 02 (水/08/11) 물소리 종
鐘 02 (金/12/20) 쇠북 종
椶 00 (木/09/13) 종려나무 종
樅 00 (木/11/15) 전나무 종

璁 00 (玉/11/15) 패옥소리 종
螽 00 (虫/11/17) 메뚜기 종
蹤 00 (足/11/18) 자취 종
尰 00 (尢/09/12) 수중다리 종
豵 00 (豕/11/18) 돼지새끼 종
鬷 00 (鬲/09/19) 모일 종
左 72 (工/02/05) 왼 좌:
座 40 (广/07/10) 자리 좌:
坐 32 (土/04/07) 앉을 좌:
佐 30 (人/05/07) 도울 좌:
挫 10 (手/07/10) 꺾을 좌:
脞 00 (肉/07/11) 잔달 좌
罪 50 (网/08/13) 허물 죄:
主 70 (丶/04/05) 임금/주인 주
住 70 (人/05/07) 살 주:
注 62 (水/05/08) 부을 주:
晝 60 (日/07/11) 낮 주
州 52 (巛/03/06) 고을 주
週 52 (辵/08/12) 주일 주
走 42 (走/00/07) 달릴 주
周 40 (口/05/08) 두루 주
朱 40 (木/02/06) 붉을 주
酒 40 (酉/03/10) 술 주(:)
奏 32 (大/06/09) 아뢸 주(:)
宙 32 (宀/05/08) 집 주:
柱 32 (木/05/09) 기둥 주
株 32 (木/06/10) 그루 주
洲 32 (水/06/09) 물가 주
珠 32 (玉/06/10) 구슬 주
鑄 32 (金/14/22) 쇠불릴 주
舟 30 (舟/00/06) 배 주
駐 20 (馬/05/15) 머무를 주:
疇 12 (田/14/19) 이랑 주
做 10 (人/09/11) 지을 주
胄 10 (肉/05/09) 자손 주
呪 10 (口/05/08) 빌 주:
嗾 10 (口/11/14) 부추길 주
廚 10 (广/12/15) 부엌 주
紂 10 (糸/03/09) 주임금 주
紬 10 (糸/05/11) 명주 주
註 10 (言/05/12) 글뜻풀 주:
誅 10 (言/06/13) 벨 주
躊 10 (足/14/21) 머뭇거릴 주:
輳 10 (車/09/16) 몰려들 주
侏 02 (人/06/08) 난쟁이 주
姝 02 (女/06/09) 예쁠 주
湊 02 (水/09/12) 모일 주
澍 02 (水/12/15) 단비 주
炷 02 (火/05/09) 심지 주
籌 02 (竹/14/20) 산가지/헤아릴 주:
綢 02 (糸/08/14) 빽빽할 주
蛛 02 (虫/06/12) 거미 주
酎 02 (酉/03/10) 진한술 주
冑 02 (冂/07/09) 투구 주
侜 00 (人/06/08) 가릴 주
幬 00 (巾/14/17) 휘장 주 | 덮을 도
裯 00 (衣/08/13) 홑이불 주 | 소매 도
輈 00 (車/06/13) 수레채 주
遒 00 (辵/09/13) 굳셀 주
霔 00 (雨/08/16) 시우 주
咮 00 (口/06/09) 새부리 주
妵 00 (女/05/08) 여자예쁜모양 주

燽 00 (火/14/18) 드러날 주
譸 00 (言/14/21) 속일 주
躕 00 (足/15/22) 머뭇거릴 주
邾 00 (邑/06/09) 나라이름 주
馵 00 (馬/03/13) 뒷발이흰말 주
竹 42 (竹/00/06) 대 죽
粥 02 (米/06/12) 죽 죽
鬻 00 (鬲/12/22) 죽 죽 | 팔 육
準 42 (水/10/13) 준할 준:
俊 30 (人/07/09) 준걸 준:
遵 30 (辵/12/16) 좇을 준:
准 20 (冫/08/10) 비준 준:
埈 12 (土/07/10) 높을 준:
峻 12 (山/07/10) 높을/준엄할 준:
晙 12 (日/07/11) 밝을 준:
浚 12 (水/07/10) 깊게할 준:
濬 12 (水/14/17) 깊을 준:
駿 12 (馬/07/17) 준마 준:
樽 10 (木/12/16) 술통 준
竣 10 (立/07/12) 마칠 준:
蠢 10 (虫/15/21) 꾸물거릴 준:
儁 02 (人/13/15) 영특할 준:
寯 02 (宀/13/16) 모을 준
焌 02 (火/07/11) 불태울 준
畯 02 (田/07/12) 농부 준
逡 02 (辵/07/11) 물러갈 준
雋 02 (隹/05/13) 영특할 준 | 살질 전
噂 00 (口/12/15) 수군거릴 준
埻 00 (土/08/11) 과녁 준
蹲 00 (足/12/19) 걸어앉을 준
隼 00 (隹/02/10) 새매 준

鱒 00 (魚/12/23) 송어 준
茁 02 (艸/05/09) 풀싹 줄 | 풀싹 절
崒 00 (山/08/11) 산높을 줄
中 80 (丨/03/04) 가운데 중
重 70 (里/02/09) 무거울 중:
衆 42 (血/06/12) 무리 중:
仲 32 (人/04/06) 버금 중(:)
卽 32 (卩/07/09) 곧 즉
櫛 10 (木/15/19) 빗 즐
騭 00 (馬/10/20) 수말 즐
汁 10 (水/02/05) 즙 즙
葺 10 (艸/09/13) 기울 즙
楫 02 (木/09/13) 노 즙
緝 02 (糸/09/15) 거둘 즙 | 거둘 집
戢 00 (戈/09/13) 거둘 즙
濈 00 (水/13/16) 화목할 즙
增 42 (土/12/15) 더할 증
證 40 (言/12/19) 증거 증
憎 32 (心/12/15) 미울 증
曾 32 (曰/08/12) 일찍 증
症 32 (疒/05/10) 증세 증(:)
蒸 32 (艸/10/14) 찔 증
贈 30 (貝/12/19) 줄[送] 증
拯 02 (手/06/09) 건질 증
烝 02 (火/06/10) 찔/뭇 증
甑 02 (瓦/12/17) 시루 증
繒 02 (糸/12/18) 비단 증
璔 00 (玉/12/16) 옥(玉) 증
地 70 (土/03/06) 따 지
紙 70 (糸/04/10) 종이 지
知 52 (矢/03/08) 알 지

止 50 (止/00/04) 그칠 지
志 42 (心/03/07) 뜻 지
指 42 (手/06/09) 가리킬 지
支 42 (支/00/04) 지탱할 지
至 42 (至/00/06) 이를 지
持 40 (手/06/09) 가질 지
智 40 (日/08/12) 슬기/지혜 지
誌 40 (言/07/14) 기록할 지
之 32 (丿/03/04) 갈 지
枝 32 (木/04/08) 가지 지
池 32 (水/03/06) 못 지
只 30 (口/02/05) 다만 지
遲 30 (辵/12/16) 더딜/늦을 지
旨 20 (日/02/06) 뜻 지
脂 20 (肉/06/10) 기름 지
址 12 (土/04/07) 터 지
芝 12 (艸/04/08) 지초 지
咫 10 (口/06/09) 여덟치 지
摯 10 (手/11/15) 잡을 지
枳 10 (木/05/09) 탱자 지 | 탱자 기
祉 10 (示/04/09) 복(福) 지
肢 10 (肉/04/08) 팔다리 지
沚 02 (水/04/07) 물가 지
漬 02 (水/11/14) 적실 지
砥 02 (石/05/10) 숫돌 지
祗 02 (示/05/10) 공경할 지
芷 02 (艸/04/08) 구릿대 지
蜘 02 (虫/08/14) 거미 지
贄 02 (貝/11/18) 폐백 지
趾 02 (足/04/11) 발 지
坻 00 (土/05/08) 모래섬 지 | 무너질 저
篪 00 (竹/10/16) 저[篴] 지
踟 00 (足/08/15) 머뭇거릴 지
蚳 00 (虫/05/11) 개미알 지
輊 00 (車/06/13) 수레숙어질 지
鋕 00 (金/07/15) 새길 지
直 72 (目/03/08) 곧을 직
職 42 (耳/12/18) 직분 직
織 40 (糸/12/18) 짤 직
稙 12 (禾/08/13) 올벼 직
稷 12 (禾/10/15) 피[穀名] 직
眞 42 (目/05/10) 참 진
進 42 (辵/08/12) 나아갈 진:
珍 40 (玉/05/09) 보배 진
盡 40 (皿/09/14) 다할 진:
陣 40 (阜/07/10) 진칠 진
振 32 (手/07/10) 떨칠 진:
辰 32 (辰/00/07) 별 진 | 때 신
鎭 32 (金/10/18) 진압할 진(:)
陳 32 (阜/08/11) 베풀 진:/묵을 진
震 32 (雨/07/15) 우레 진:
塵 20 (土/11/14) 티끌 진
津 20 (水/06/09) 나루 진(:)
診 20 (言/05/12) 진찰할 진
晋 12 (日/06/10) 진나라 진:
秦 12 (禾/05/10) 성(姓) 진
嗔 10 (口/10/13) 성낼 진
疹 10 (疒/05/10) 마마 진
唇 02 (口/07/10) 놀랄 진
搢 02 (手/10/13) 꽂을 진
晉 02 (日/06/10) 성(姓)/나아갈[晋] 진:
桭 02 (木/07/11) 처마 진

榛 02 (木/10/14) 개암나무 진
殄 02 (歹/05/09) 끊을/다할 진
溱 02 (水/10/13) 많을 진
瑨 02 (玉/10/14) 옥돌 진
璡 02 (玉/12/16) 옥돌 진
畛 02 (田/05/10) 밭두렁 진
瞋 02 (目/10/15) 부릅뜰 진
縉 02 (糸/10/16) 꽂을 진
縝 02 (糸/10/16) 맺을 진:
臻 02 (至/10/16) 이를 진
蔯 02 (艸/11/15) 사철쑥 진
袗 02 (衣/05/10) 홑옷 진
賑 02 (貝/07/14) 진휼 진:
軫 02 (車/05/12) 수레뒤턱나무 진
瑱 00 (玉/10/14) 귀막이옥 진
蓁 00 (艸/10/14) 우거질 진
鬒 00 (髟/10/20) 숱많고검을 진
禛 00 (示/10/15) 복받을 진
紾 00 (糸/05/11) 비틀/거칠 진
螓 00 (虫/10/16) 쓰르라미 진
質 52 (貝/08/15) 바탕 질
疾 32 (疒/05/10) 병 질
秩 32 (禾/05/10) 차례 질
姪 30 (女/06/09) 조카 질
窒 20 (穴/06/11) 막힐 질
叱 10 (口/02/05) 꾸짖을 질
嫉 10 (女/10/13) 미워할 질
帙 10 (巾/05/08) 책권차례 질
桎 10 (木/06/10) 차꼬 질
膣 10 (肉/11/15) 음도 질
跌 10 (足/05/12) 거꾸러질 질
迭 10 (辵/05/09) 갈마들 질
侄 02 (人/06/08) 어리석을 질
瓆 02 (玉/15/19) 사람이름 질
蛭 02 (虫/06/12) 거머리 질
垤 00 (土/06/09) 개밋둑 질
絰 00 (糸/06/12) 요질/수질 질
蒺 00 (艸/10/14) 남가새 질
挃 00 (手/06/09) 벼벨 질
瓞 00 (瓜/05/10) 북치 질
礩 00 (石/15/20) 주춧돌 질
耋 00 (老/06/12) 늙을 질
銍 00 (金/06/14) 짧은낫 질
斟 10 (斗/09/13) 짐작할 짐
朕 10 (月/06/10) 나 짐:
集 62 (隹/04/12) 모을 집
執 32 (土/08/11) 잡을 집
輯 20 (車/09/16) 모을 집
潗 02 (水/12/15) 샘물솟을 집
鏶 02 (金/12/20) 쇳조각 집
徵 32 (彳/12/15) 부를 징
懲 30 (心/15/19) 징계할 징
澄 10 (水/12/15) 맑을 징
次 42 (欠/02/06) 버금 차
差 40 (工/07/10) 다를 차
借 32 (人/08/10) 빌/빌릴 차:
此 32 (止/02/06) 이 차
且 30 (一/04/05) 또 차:
遮 20 (辵/11/15) 가릴 차(:)
叉 10 (又/01/03) 갈래 차
嗟 10 (口/10/13) 탄식할 차:
蹉 10 (足/10/17) 미끄러질 차

侘 02 (人/06/08) 자랑할/실의할 차
嵯 02 (山/10/13) 산높고험할 차 | 산세들쭉날쭉한모양 치
磋 02 (石/10/15) 갈 차
箚 02 (竹/08/14) 글/찌를 차 | 글/찌를 잡
泚 00 (水/06/09) 물맑을 차
佌 00 (人/06/08) 작을 차
佽 00 (人/06/08) 도울 차
瑳 00 (玉/10/14) 옥빛 차
着 52 (目/07/12) 붙을 착
錯 32 (金/08/16) 어긋날 착
捉 30 (手/07/10) 잡을 착
搾 10 (手/10/13) 짤 착
窄 10 (穴/05/10) 좁을 착
鑿 10 (金/20/28) 뚫을 착
齪 02 (齒/07/22) 악착할 착
斲 00 (斤/10/14) 깎을 착
斮 00 (斤/08/12) 벨 착
讚 40 (言/19/26) 기릴 찬:
贊 32 (貝/12/19) 도울 찬:
餐 20 (食/07/16) 밥 찬
燦 12 (火/13/17) 빛날 찬:
璨 12 (玉/13/17) 옥빛 찬:
瓚 12 (玉/19/23) 옥잔 찬
鑽 12 (金/19/27) 뚫을 찬
撰 10 (手/12/15) 지을 찬:
纂 10 (糸/14/20) 모을 찬:
饌 10 (食/12/21) 반찬 찬:
簒 10 (竹/10/16) 빼앗을 찬:
澯 02 (水/13/16) 맑을 찬
竄 02 (穴/13/18) 도망할/내칠 찬:
篡 02 (竹/11/17) 빼앗을[簒] 찬:
粲 02 (米/07/13) 선명할/하얀쌀밥 찬
纘 02 (糸/19/25) 이을 찬:
巑 00 (山/19/22) 높이솟을 찬
爨 00 (火/25/29) 불땔 찬:
湌 00 (水/09/12) 먹을 찬 | 밥 손
察 42 (宀/11/14) 살필 찰
刹 20 (刀/06/08) 절 찰
札 20 (木/01/05) 편지 찰
擦 10 (手/14/17) 문지를 찰
紮 02 (糸/05/11) 묶을 찰
扎 00 (手/01/04) 뽑을 찰
參 52 (厶/09/11) 참여할 참
慘 30 (心/11/14) 참혹할 참
慙 30 (心/11/15) 부끄러울 참
斬 20 (斤/07/11) 벨 참(:)
僭 10 (人/12/14) 주제넘을 참:
塹 10 (土/11/14) 구덩이 참
懺 10 (心/17/20) 뉘우칠 참
站 10 (立/05/10) 역(驛)마을 참(:)
讒 10 (言/17/24) 참소할 참
讖 10 (言/17/24) 예언 참
憯 00 (心/12/15) 마음아플 참
毚 00 (比/13/17) 약은토끼 참
譖 00 (言/12/19) 참소할 참
窓 62 (穴/06/11) 창 창
唱 50 (口/08/11) 부를 창:
創 42 (刀/10/12) 비롯할 창:
倉 32 (人/08/10) 곳집 창(:)
昌 32 (日/04/08) 창성할 창(:)
蒼 32 (艸/10/14) 푸를 창
暢 30 (日/10/14) 화창할 창:

彰 20 (彡/11/14) 드러날 창
滄 20 (水/10/13) 큰바다 창
敞 12 (攴/08/12) 시원할 창
昶 12 (日/05/09) 해길 창:
倡 10 (人/08/10) 광대 창:
娼 10 (女/08/11) 창녀 창(:)
廠 10 (广/12/15) 공장 창
愴 10 (心/10/13) 슬플 창:
槍 10 (木/10/14) 창 창
漲 10 (水/11/14) 넘칠 창:
猖 10 (犬/08/11) 미쳐날뛸 창
瘡 10 (疒/10/15) 부스럼 창
脹 10 (肉/08/12) 부을 창:
艙 10 (舟/10/16) 부두 창
菖 10 (艸/08/12) 창포 창
悵 00 (心/08/11) 슬플 창:
搶 00 (手/10/13) 빼앗을 창
瑲 00 (玉/10/14) 옥소리 창
窗 00 (穴/07/12) 창 창
蹌 00 (足/10/17) 추창할 창
鬯 00 (鬯/00/10) 항풀 창
鶬 00 (鳥/10/21) 왜가리/꾀꼬리 창
韔 00 (韋/08/17) 활집 창
採 40 (手/08/11) 캘 채:
債 32 (人/11/13) 빚 채:
彩 32 (彡/08/11) 채색 채:
菜 32 (艸/08/12) 나물 채:
埰 12 (土/08/11) 사패지(賜牌地) 채:
蔡 12 (艸/11/15) 성(姓) 채:
采 12 (釆/01/08) 풍채 채:
寨 10 (宀/11/14) 목책(木柵) 채
寀 02 (宀/08/11) 채지 채
砦 02 (石/05/10) 목책 채
綵 02 (糸/08/14) 비단 채:
釵 02 (金/03/11) 비녀 채 | 비녀 차
瘥 00 (疒/10/15) 병나을 채 | 역질 차
瘵 00 (疒/11/16) 허로병 채
蠆 00 (虫/13/19) 벌(蜂)/전갈 채:
責 52 (貝/04/11) 꾸짖을 책
冊 40 (冂/03/05) 책 책
策 32 (竹/06/12) 꾀 책
柵 10 (木/05/09) 울타리 책
簀 00 (竹/11/17) 살평상 책
處 42 (虍/05/11) 곳 처:
妻 32 (女/05/08) 아내 처
悽 20 (心/08/11) 슬퍼할 처:
凄 10 (冫/08/10) 쓸쓸할 처
萋 00 (艸/08/12) 풀성할 처
尺 32 (尸/01/04) 자 척
戚 32 (戈/07/11) 친척 척
拓 32 (手/05/08) 넓힐 척
斥 30 (斤/01/05) 물리칠 척
隻 20 (隹/02/10) 외짝 척
陟 12 (阜/07/10) 오를 척
擲 10 (手/15/18) 던질 척
滌 10 (水/11/14) 씻을 척
瘠 10 (疒/10/15) 여윌 척
脊 10 (肉/06/10) 등마루 척
倜 02 (人/08/10) 얽매이지않을 척
剔 02 (刀/08/10) 뼈바를 척
慽 02 (心/11/14) 근심할 척
蹠 02 (足/11/18) 밟을 척

坧 00 (土/05/08) 터 척
惕 00 (心/08/11) 두려워할 척
跖 00 (足/05/12) 발바닥 척
慼 00 (心/11/15) 근심할 척
蹐 00 (足/10/17) 잔걸음 척
躑 00 (足/11/18) 머뭇거릴 척 | 굽 적
千 70 (十/01/03) 일천 천
天 70 (大/01/04) 하늘 천
川 70 (巛/00/03) 내 천
泉 40 (水/05/09) 샘 천
淺 32 (水/08/11) 얕을 천:
賤 32 (貝/08/15) 천할 천:
踐 32 (足/08/15) 밟을 천:
遷 32 (辵/11/15) 옮길 천:
薦 30 (艸/13/17) 천거할 천:
釧 12 (金/03/11) 팔찌 천
喘 10 (口/09/12) 숨찰 천:
擅 10 (手/13/16) 멋대로할 천:
穿 10 (穴/04/09) 뚫을 천:
闡 10 (門/12/20) 밝힐 천:
仟 02 (人/03/05) 일천 천
玔 02 (玉/03/07) 옥고리 천
舛 02 (舛/00/06) 어그러질 천:
阡 02 (阜/03/06) 밭둑길 천
韆 02 (革/15/24) 그네 천
俴 00 (人/08/10) 엷을 천
倩 00 (人/08/10) 아름다울 천: | 사위 청:
幝 00 (巾/12/15) 해진모양 천
梴 00 (木/07/11) 나무밋밋할 천
遄 00 (辵/09/13) 빠를 천
鐵 50 (金/13/21) 쇠 철

哲 32 (口/07/10) 밝을 철
徹 32 (彳/12/15) 통할 철
撤 20 (手/12/15) 거둘 철
喆 12 (口/09/12) 밝을/쌍길[吉] 철
澈 12 (水/12/15) 맑을 철
凸 10 (凵/03/05) 볼록할 철
綴 10 (糸/08/14) 엮을 철
轍 10 (車/12/19) 바퀴자국 철
輟 02 (車/08/15) 그칠 철
啜 00 (口/08/11) 훌쩍거릴 철
惙 00 (心/08/11) 근심할 철
掇 00 (手/08/11) 주울 철
歠 00 (欠/15/19) 마실 철
驖 00 (馬/13/23) 구렁말 철
尖 30 (小/03/06) 뾰족할 첨
添 30 (水/08/11) 더할 첨
瞻 12 (目/13/18) 볼 첨
僉 10 (人/11/13) 다/여러 첨
籤 10 (竹/17/23) 제비(점대) 첨
諂 10 (言/08/15) 아첨할 첨:
沾 02 (水/05/08) 젖을 첨
甛 02 (甘/06/11) 달[甘] 첨
簽 02 (竹/13/19) 이름둘 첨
詹 02 (言/06/13) 이를(至) 첨
覘 00 (見/05/12) 엿볼 첨 | 엿볼 점
忝 00 (心/04/08) 욕될 첨
襜 00 (衣/13/18) 수레휘장 첨
餂 00 (食/06/15) 핥을 첨
妾 30 (女/05/08) 첩 첩
諜 20 (言/09/16) 염탐할 첩
帖 10 (巾/05/08) 문서 첩

捷 10 (手/08/11) 빠를 첩
牒 10 (片/09/13) 편지 첩
疊 10 (田/17/22) 거듭 첩
貼 10 (貝/05/12) 붙일 첩
堞 02 (土/09/12) 성가퀴 첩
睫 02 (目/08/13) 속눈썹 첩
輒 02 (車/07/14) 문득 첩
靑 80 (靑/00/08) 푸를 청
淸 62 (水/08/11) 맑을 청
請 42 (言/08/15) 청할 청
廳 40 (广/22/25) 관청 청
聽 40 (耳/16/22) 들을 청
晴 30 (日/08/12) 갤 청
菁 02 (艸/08/12) 순무 청 | 빛날 정
鯖 02 (魚/08/19) 청어 청
體 62 (骨/13/23) 몸 체
滯 32 (水/11/14) 막힐 체
替 30 (曰/08/12) 바꿀 체
逮 30 (辵/08/12) 잡을 체
遞 30 (辵/10/14) 갈릴 체
締 20 (糸/09/15) 맺을 체
涕 10 (水/07/10) 눈물 체
諦 10 (言/09/16) 살필 체
剃 02 (刀/07/09) 머리깎을 체
彘 00 (彐/09/12) 돼지 체
棣 00 (木/08/12) 산앵두나무 체 | 익숙할 태
嚔 00 (口/15/18) 재채기할 체
掣 00 (手/08/12) 끌 체 | 당길 철
揥 00 (手/09/12) 빗치개 체 | 버릴 제
杕 00 (木/03/07) 나무우뚝설 체 | 키 타
疐 00 (疋/09/14) 꼭지 체 | 엎어질 치
禘 00 (示/09/14) 큰제사 체
蝃 00 (虫/08/14) 무지개 체
遰 00 (辵/09/13) 갈마들 체 | 두를 대
髢 00 (髟/03/13) 딴머리 체
草 70 (艸/06/10) 풀 초
初 50 (刀/05/07) 처음 초
招 40 (手/05/08) 부를 초
礎 32 (石/13/18) 주춧돌 초
肖 32 (肉/03/07) 닮을/같을 초
超 32 (走/05/12) 뛰어넘을 초
抄 30 (手/04/07) 뽑을 초
秒 30 (禾/04/09) 분초 초
哨 20 (口/07/10) 망볼 초
焦 20 (火/08/12) 탈[燥] 초
楚 12 (木/09/13) 초나라 초
憔 10 (心/12/15) 파리할 초
梢 10 (木/07/11) 나무끝 초
樵 10 (木/12/16) 나무할 초
炒 10 (火/04/08) 볶을 초
硝 10 (石/07/12) 화약 초
礁 10 (石/12/17) 암초 초
稍 10 (禾/07/12) 점점 초
蕉 10 (艸/12/16) 파초 초
貂 10 (豸/05/12) 담비 초
醋 10 (酉/08/15) 초 초
剿 02 (刀/11/13) 끊을/노략질할 초
椒 02 (木/08/12) 산초나무 초
艸 02 (艸/00/06) 풀 초
苕 02 (艸/05/09) 완두 초
酢 02 (酉/05/12) 초 초 | 술권할 작
醮 02 (酉/12/19) 초례 초

勦 00 (力/11/13) 노곤할 초
悄 00 (心/07/10) 근심할 초
誚 00 (言/07/14) 꾸짖을 초
譙 00 (言/12/19) 꾸짖을 초
促 32 (人/07/09) 재촉할 촉
觸 32 (角/13/20) 닿을 촉
燭 30 (火/13/17) 촛불 촉
蜀 12 (虫/07/13) 나라이름 촉
囑 10 (口/21/24) 부탁할 촉
矗 02 (目/19/24) 우뚝솟을 촉
躅 00 (足/13/20) 자취 촉
蠋 00 (虫/13/19) 뽕나무벌레 촉
寸 80 (寸/00/03) 마디 촌:
村 70 (木/03/07) 마을 촌:
忖 10 (心/03/06) 헤아릴 촌:
邨 02 (邑/04/07) 마을[村] 촌:
總 42 (糸/11/17) 다[皆] 총:
銃 42 (金/06/14) 총 총
聰 30 (耳/11/17) 귀밝을 총
叢 10 (又/16/18) 떨기/모일 총
塚 10 (土/10/13) 무덤 총
寵 10 (宀/16/19) 사랑할 총:
悤 02 (心/07/11) 바쁠 총
憁 02 (心/11/14) 실심할 총
摠 02 (手/11/14) 거느릴 총:
蔥 02 (艸/11/15) 파 총
冢 00 (冖/08/10) 클/무덤 총:
潨 00 (水/12/15) 물모일 총
撮 10 (手/12/15) 모을/사진찍을 촬
最 50 (曰/08/12) 가장 최:
催 32 (人/11/13) 재촉할 최:
崔 12 (山/08/11) 성(姓)/높을 최
漼 00 (氵/11/13) 눈서리쌓일 최
嘬 00 (口/12/15) 물(齧) 최:
摧 00 (手/11/14) 꺾을 최
秋 70 (禾/04/09) 가을 추
推 40 (手/08/11) 밀 추
追 32 (辵/06/10) 쫓을/따를 추
抽 30 (手/05/08) 뽑을 추
醜 30 (酉/10/17) 추할 추
趨 20 (走/10/17) 달아날 추
楸 12 (木/09/13) 가래 추
鄒 12 (邑/10/13) 추나라 추
墜 10 (土/12/15) 떨어질 추
椎 10 (木/08/12) 쇠몽치/등골 추
樞 10 (木/11/15) 지도리 추
芻 10 (艸/04/10) 꼴 추
酋 10 (酉/02/09) 우두머리 추
錐 10 (金/08/16) 송곳 추
錘 10 (金/08/16) 저울추 추
鎚 10 (金/10/18) 쇠망치 추
鰍 10 (魚/09/20) 미꾸라지 추
槌 10 (木/10/14) 칠[擊] 추 | 방망이 퇴
湫 02 (水/09/12) 늪 추 | 웅덩이 초
皺 02 (皮/10/15) 주름질 추
萩 02 (艸/09/13) 다북쑥 추
諏 02 (言/08/15) 가릴 추
雛 02 (隹/10/18) 새새끼 추
騶 02 (馬/10/20) 마부 추
蝤 00 (虫/09/15) 나무굼벵이 추 | 하루살이 유
甃 00 (瓦/09/14) 우물벽돌 추
瘳 00 (疒/11/16) 병나을 추

縐 00 (糸/10/16) 주름 추
騅 00 (馬/08/18) 푸르고흰얼룩말 추
鵻 00 (鳥/08/19) 비둘기 추
鷲 00 (鳥/09/20) 무수리 추
麤 00 (鹿/22/33) 거칠 추
椎 00 (木/08/12) 나무이름 추
緅 00 (糸/08/14) 아청빛 추
萑 00 (艸/08/12) 익모초 추 | 물억새 환
鄹 00 (邑/14/17) 나라이름 추
祝 50 (示/05/10) 빌 축
築 42 (竹/10/16) 쌓을 축
蓄 42 (艸/10/14) 모을 축
縮 40 (糸/11/17) 줄일 축
畜 32 (田/05/10) 짐승 축
丑 30 (一/03/04) 소 축
逐 30 (辵/07/11) 쫓을 축
蹴 20 (足/12/19) 찰 축
軸 20 (車/05/12) 굴대 축
竺 02 (竹/02/08) 천축 축
筑 02 (竹/06/12) 악기이름 축
蹙 02 (足/11/18) 찡그릴/움츠릴 축
妯 00 (女/05/08) 동서 축 | 슬퍼할 추
蹜 00 (足/11/18) 종종걸음칠 축
柷 00 (木/05/09) 악기이름 축
蓫 00 (艸/11/15) 참소리쟁이 축
踧 00 (足/08/15) 삼갈 축 | 평평할 척
顣 00 (頁/11/20) 찡그릴 축
春 70 (日/05/09) 봄 춘
椿 12 (木/09/13) 참죽나무 춘
瑃 02 (玉/09/13) 옥이름 춘
杶 00 (木/04/08) 참죽나무 춘
賰 00 (貝/09/16) 넉넉할 춘
出 70 (凵/03/05) 날[生] 출
黜 10 (黑/05/17) 내칠 출
朮 02 (木/01/05) 삽주 출
怵 00 (心/05/08) 두려울 출
充 52 (儿/04/06) 채울 충
忠 42 (心/04/08) 충성 충
蟲 42 (虫/12/18) 벌레 충
衝 32 (行/09/15) 찌를 충
衷 20 (衣/04/10) 속마음 충
沖 12 (水/04/07) 화(和)할 충
忡 00 (心/04/07) 근심할 충
琉 00 (玉/06/10) 귀막이 충
虫 00 (虫/00/06) 벌레 충 | 벌레 훼
悴 10 (心/08/11) 파리할 췌:
膵 10 (肉/12/16) 췌장 췌:
萃 10 (艸/08/12) 모을 췌:
贅 10 (貝/11/18) 혹 췌:
惴 00 (心/09/12) 두려워할 췌
揣 00 (手/09/12) 헤아릴 췌 | 헤아릴 취
瘁 00 (疒/08/13) 병들 췌: | 병들 취:
取 42 (又/06/08) 가질 취:
就 40 (尢/09/12) 나아갈 취:
趣 40 (走/08/15) 뜻 취:
吹 32 (口/04/07) 불 취:
醉 32 (酉/08/15) 취할 취:
臭 30 (自/04/10) 냄새 취:
炊 20 (火/04/08) 불땔 취:
聚 12 (耳/08/14) 모을 취:
娶 10 (女/08/11) 장가들 취:
翠 10 (羽/08/14) 푸를/물총새 취:

脆 10 (肉/06/10) 연할 취:
嘴 02 (口/12/15) 부리 취:
驟 02 (馬/14/24) 빠를 취:
鷲 02 (鳥/12/23) 독수리 취:
毳 00 (毛/08/12) 솜털 취:
測 42 (水/09/12) 헤아릴 측
側 32 (人/09/11) 곁 측
惻 10 (心/09/12) 슬플 측
仄 02 (人/02/04) 기울 측
厠 02 (厂/09/11) 뒷간 측
廁 00 (广/09/12) 뒷간 측
昃 00 (日/04/08) 해기울 측
層 40 (尸/12/15) 층[層階] 층
致 50 (至/04/10) 이를 치:
治 42 (水/05/08) 다스릴 치
置 42 (网/08/13) 둘[措] 치:
齒 42 (齒/00/15) 이 치
値 32 (人/08/10) 값 치
恥 32 (心/06/10) 부끄러울 치
稚 32 (禾/08/13) 어릴 치
峙 12 (山/06/09) 언덕 치
雉 12 (隹/05/13) 꿩 치
侈 10 (人/06/08) 사치할 치
嗤 10 (口/10/13) 비웃을 치
幟 10 (巾/12/15) 기(旗) 치
熾 10 (火/12/16) 성할 치
痔 10 (疒/06/11) 치질 치
癡 10 (疒/14/19) 어리석을 치
緻 10 (糸/10/16) 빽빽할 치
馳 10 (馬/03/13) 달릴 치
梔 02 (木/07/11) 치자나무 치:
淄 02 (水/08/11) 강이름 치
痴 02 (疒/08/13) 어리석을[癡] 치
穉 02 (禾/12/17) 어릴 치
緇 02 (糸/08/14) 검을 치
蚩 02 (虫/04/10) 어리석을 치
輜 02 (車/08/15) 짐수레 치
哆 00 (口/06/09) 입벌릴 치
寘 00 (宀/10/13) 둘 치
絺 00 (糸/07/13) 가는칡베 치
菑 00 (艸/08/12) 묵정밭 치 | 재앙 재
褫 00 (衣/10/15) 옷벗길/빼앗을 치
鴟 00 (鳥/05/16) 솔개 치
庤 00 (广/06/09) 쌓을 치
懥 00 (心/15/18) 성낼 치
懫 00 (心/15/18) 성낼 치
觶 00 (角/12/19) 술잔 치
則 50 (刀/07/09) 법칙 칙
勅 10 (力/07/09) 칙서 칙
飭 02 (食/04/13) 신칙할 칙
親 60 (見/09/16) 친할 친
七 80 (一/01/02) 일곱 칠
漆 32 (水/11/14) 옻 칠
柒 02 (木/05/09) 옻[漆] 칠
侵 42 (人/07/09) 침노할 침
寢 40 (宀/11/14) 잘 침:
針 40 (金/02/10) 바늘 침(:)
沈 32 (水/04/07) 잠길 침(:) | 성(姓) 심:
浸 32 (水/07/10) 잠길 침:
枕 30 (木/04/08) 베개 침:
砧 10 (石/05/10) 다듬잇돌 침:
鍼 10 (金/09/17) 침(鍼) 침

琛 02 (玉/08/12) 보배 침
忱 00 (心/04/07) 정성 침
駸 00 (馬/07/17) 말달릴 침
寑 00 (宀/09/12) 잘 침:
綅 00 (糸/07/13) 붉은실 침 | 비단 섬
蟄 10 (虫/11/17) 숨을 칩
縶 00 (糸/11/17) 말맬 칩
稱 40 (禾/09/14) 일컬을 칭
秤 10 (禾/05/10) 저울 칭
快 42 (心/04/07) 쾌할 쾌
噲 00 (口/13/16) 목구멍 쾌:
夬 00 (大/01/04) 괘이름/결단할 쾌
他 50 (人/03/05) 다를 타
打 50 (手/02/05) 칠 타:
墮 30 (土/12/15) 떨어질 타:
妥 30 (女/04/07) 온당할 타:
唾 10 (口/08/11) 침[涎] 타:
惰 10 (心/09/12) 게으를 타:
楕 10 (木/09/13) 길고둥글 타:
舵 10 (舟/05/11) 키[正船木] 타
陀 10 (阜/05/08) 비탈질/부처 타
駝 10 (馬/05/15) 낙타 타
咤 02 (口/06/09) 꾸짖을 타
拖 02 (手/05/08) 끌 타
朵 02 (木/02/06) 꽃송이 타:
馱 02 (馬/03/13) 짐실을 타
佗 00 (人/05/07) 짊어질/다를 타
沱 00 (水/05/08) 물이름/눈물흐를 타
鮀 00 (魚/05/16) 모래무지 타
鼉 00 (黽/12/25) 자라/악어 타
它 00 (宀/02/05) 다를 타 | 뱀 사
嶞 00 (山/12/15) 산좁고길 타
紽 00 (糸/05/11) 타래 타
卓 50 (十/06/08) 높을 탁
托 30 (手/03/06) 맡길 탁
濁 30 (水/13/16) 흐릴 탁
濯 30 (水/14/17) 씻을 탁
琢 20 (玉/08/12) 다듬을 탁
託 20 (言/03/10) 부탁할 탁
擢 10 (手/14/17) 뽑을 탁
鐸 10 (金/13/21) 방울 탁
倬 02 (人/08/10) 클 탁
啄 02 (口/08/11) 쪼을 탁
坼 02 (土/05/08) 터질 탁
晫 02 (日/08/12) 밝을 탁
柝 02 (木/05/09) 쪼갤/딱따기 탁
琸 02 (玉/08/12) 사람이름 탁
橐 00 (木/12/16) 전대 탁
蘀 00 (艸/16/20) 낙엽 탁
椓 00 (木/08/12) 칠 탁
炭 50 (火/05/09) 숯 탄:
彈 40 (弓/12/15) 탄알 탄:
歎 40 (欠/11/15) 탄식할 탄:
誕 30 (言/07/14) 낳을/거짓 탄:
灘 12 (水/19/22) 여울 탄
呑 10 (口/04/07) 삼킬 탄
坦 10 (土/05/08) 평탄할 탄:
憚 10 (心/12/15) 꺼릴 탄
綻 10 (糸/08/14) 터질 탄:
嘆 02 (口/11/14) 한숨쉴[歎] 탄:
僤 00 (人/12/14) 빠를 탄
殫 00 (歹/12/16) 다할 탄

驔 00 (馬/12/22) 연전총(連錢驄) 탄
嘽 00 (口/12/15) 헐떡거릴 탄 | 느릿할 천:
疃 00 (田/12/17) 짐승발자국/마을 탄
脫 40 (肉/07/11) 벗을 탈
奪 32 (大/11/14) 빼앗을 탈
棁 00 (木/07/11) 막대기 탈 | 동자기둥 절
探 40 (手/08/11) 찾을 탐
貪 30 (貝/04/11) 탐낼 탐
耽 12 (耳/04/10) 즐길 탐
眈 10 (目/04/09) 노려볼 탐
噴 00 (口/11/14) 먹는소리/많을 탐
醓 00 (酉/09/16) 육장 탐
塔 32 (土/10/13) 탑 탑
搭 10 (手/10/13) 탈[乘] 탑
榻 02 (木/10/14) 긴걸상 탑
潔 00 (水/11/14) 물이모이는모양 탑 | 강이름 루
湯 32 (水/09/12) 끓을 탕:
宕 10 (宀/05/08) 호탕할 탕:
蕩 10 (艸/12/16) 방탕할 탕:
帑 02 (巾/05/08) 국고/재물 탕: | 처자 노
盪 00 (皿/12/17) 씻을 탕:
簜 00 (竹/12/18) 왕대 탕
蝪 00 (虫/09/15) 땅거미 탕
太 60 (大/01/04) 클 태
態 42 (心/10/14) 모습 태:
殆 32 (歹/05/09) 거의 태
泰 32 (水/05/10) 클 태
怠 30 (心/05/09) 게으를 태
胎 20 (肉/05/09) 아이밸 태
颱 20 (風/05/14) 태풍 태
兌 12 (儿/05/07) 바꿀/기쁠 태
台 12 (口/02/05) 별 태
汰 10 (水/04/07) 일[淘] 태
笞 10 (竹/05/11) 볼기칠 태
苔 10 (艸/05/09) 이끼 태
跆 10 (足/05/12) 밟을 태
邰 02 (邑/05/08) 나라이름 태
迨 00 (辵/05/09) 미칠 태
駾 00 (馬/07/17) 말빨리달릴 태
宅 52 (宀/03/06) 집 택
擇 40 (手/13/16) 가릴 택
澤 32 (水/13/16) 못 택
撐 10 (手/12/15) 버틸 탱
撑 02 (手/12/15) 버틸[撐] 탱
攄 10 (手/15/18) 펼 터:
土 80 (土/00/03) 흙 토
討 40 (言/03/10) 칠 토(:)
兎 32 (儿/06/08) 토끼 토
吐 32 (口/03/06) 토할 토(:)
兔 02 (儿/05/07) 토끼[兎] 토
哼 00 (口/08/11) 느릿할 톤 | 일깨울 순
噋 00 (口/12/15) 느릿할 톤 | 일깨울 순
噸 00 (口/13/16) 무게단위 톤
瓲 00 (瓦/04/09) 톤 톤
畽 00 (田/09/14) 염우없을 톤 | 빈터 탄
通 60 (辵/07/11) 통할 통
統 42 (糸/06/12) 거느릴 통:
痛 40 (疒/07/12) 아플 통:
慟 10 (心/11/14) 서러워할 통:
桶 10 (木/07/11) 통(桶) 통
筒 10 (竹/06/12) 통(筒) 통
恫 00 (心/06/09) 슬플 통 | 으를 동

退 42 (辵/06/10) 물러날 퇴:
堆 10 (土/08/11) 쌓을 퇴:
腿 10 (肉/10/14) 넓적다리 퇴:
褪 10 (衣/10/15) 바랠[褪色] 퇴:
頹 10 (頁/07/16) 무너질 퇴
魋 00 (鬼/08/18) 짐승이름 퇴 | 북상투 추
隤 00 (阜/12/15) 무너질 퇴
蓷 00 (艸/11/15) 익모초 퇴
投 40 (手/04/07) 던질 투
鬪 40 (鬥/10/20) 싸움 투
透 32 (辵/07/11) 사무칠 투
套 10 (大/07/10) 씌울 투
妬 10 (女/05/08) 샘낼 투
偸 02 (人/09/11) 훔칠 투
渝 00 (水/09/12) 변할 투
特 60 (牛/06/10) 특별할 특
慝 10 (心/11/15) 사특할 특
忒 00 (心/03/07) 변할 특
闖 02 (門/10/18) 엿볼 틈
波 42 (水/05/08) 물결 파
破 42 (石/05/10) 깨뜨릴 파:
派 40 (水/06/09) 갈래 파
把 30 (手/04/07) 잡을 파:
播 30 (手/12/15) 뿌릴 파(:)
罷 30 (网/10/15) 마칠 파:
頗 30 (頁/05/14) 자못 파
坡 12 (土/05/08) 언덕 파
婆 10 (女/08/11) 할미 파
巴 10 (己/01/04) 꼬리 파
爬 10 (爪/04/08) 긁을 파
琶 10 (玉/08/12) 비파 파
芭 10 (艸/04/08) 파초 파
跛 10 (足/05/12) 절름발이 파 | 비스듬히설 피:
擺 02 (手/15/18) 벌릴/열 파
杷 02 (木/04/08) 비파나무/써레 파
皤 00 (白/12/17) 머리흴 파
簸 00 (竹/13/19) 까부를 파:
嶓 00 (山/12/15) 산이름 파
豝 00 (豕/04/11) 암퇘지 파
板 50 (木/04/08) 널 판
判 40 (刀/05/07) 판단할 판
版 32 (片/04/08) 판목 판
販 30 (貝/04/11) 팔[賣] 판
阪 12 (阜/04/07) 언덕 판
辦 10 (辛/09/16) 힘들일 판
坂 02 (土/04/07) 언덕 판
瓣 02 (瓜/14/19) 꽃잎/날름 판
鈑 02 (金/04/12) 금박 판
昄 00 (日/04/08) 클 판
八 80 (八/00/02) 여덟 팔
叭 02 (口/02/05) 나팔 팔
捌 02 (手/07/10) 깨뜨릴 팔
敗 50 (攴/07/11) 패할 패:
貝 30 (貝/00/07) 조개 패:
霸 20 (雨/13/21) 으뜸 패:
佩 10 (人/06/08) 찰[帶] 패:
唄 10 (口/07/10) 염불소리 패:
悖 10 (心/07/10) 거스를 패:
沛 10 (水/04/07) 비쏟아질 패:
牌 10 (片/08/12) 패(牌) 패
稗 10 (禾/08/13) 피[穀類] 패:
浿 02 (水/07/10) 강이름 패:

狽 02 (犬/07/10) 이리 패:
覇 02 (襾/13/19) 으뜸[霸] 패:
孛 00 (子/04/07) 살별 패 | 안색변할 발
旆 00 (方/06/10) 기(旗) 패
粺 00 (米/08/14) 정미(精米) 패
茷 00 (艸/06/10) 풀잎무성할 패
彭 12 (彡/09/12) 성(姓) 팽
澎 10 (水/12/15) 물소리 팽
膨 10 (肉/12/16) 불을 팽
烹 02 (火/07/11) 삶을 팽
伻 00 (人/05/07) 심부름꾼 팽
祊 00 (示/04/09) 제사이름 팽
愎 10 (心/09/12) 강퍅할 퍅
便 70 (人/07/09) 편할 편(:) | 똥오줌 변
篇 40 (竹/09/15) 책 편
偏 32 (人/09/11) 치우칠 편
片 32 (片/00/04) 조각 편(:)
編 32 (糸/09/15) 엮을 편
遍 30 (辵/09/13) 두루 편
扁 12 (戶/05/09) 작을 편
鞭 10 (革/09/18) 채찍 편
騙 10 (馬/09/19) 속일 편
翩 02 (羽/09/15) 빨리날 편
徧 00 (彳/09/12) 두루 편 | 두루 변
褊 00 (衣/09/14) 옷좁을 편
諞 00 (言/09/16) 교묘히말할 편
貶 10 (貝/05/12) 낮출 폄:
平 72 (干/02/05) 평평할 평
評 40 (言/05/12) 평할 평:
坪 20 (土/05/08) 들[野] 평
萍 10 (艸/08/12) 부평초(浮萍草) 평
枰 02 (木/05/09) 바둑판 평
苹 00 (艸/05/09) 다북쑥 평
閉 40 (門/03/11) 닫을 폐:
廢 32 (广/12/15) 폐할/버릴 폐:
弊 32 (廾/12/15) 폐단/해질 폐:
肺 32 (肉/04/08) 허파 폐:
幣 30 (巾/12/15) 화폐 폐:
蔽 30 (艸/12/16) 덮을 폐:
斃 10 (攴/14/18) 죽을 폐:
陛 10 (阜/07/10) 대궐섬돌 폐:
吠 02 (口/04/07) 짖을 폐:
嬖 02 (女/13/16) 사랑할 폐:
敝 00 (攴/08/12) 해질 폐:
包 42 (勹/03/05) 쌀[裹] 포(:)
布 42 (巾/02/05) 베/펼 포(:) | 보시 보:
砲 42 (石/05/10) 대포 포:
胞 40 (肉/05/09) 세포 포(:)
捕 32 (手/07/10) 잡을 포:
浦 32 (水/07/10) 개[水邊] 포
抱 30 (手/05/08) 안을 포:
飽 30 (食/05/14) 배부를 포:
怖 20 (心/05/08) 두려워할 포
抛 20 (手/04/07) 던질 포:
鋪 20 (金/07/15) 펼/가게 포
葡 12 (艸/09/13) 포도 포
鮑 12 (魚/05/16) 절인물고기 포:
匍 10 (勹/07/09) 길 포
咆 10 (口/05/08) 고함지를[咆哮] 포
哺 10 (口/07/10) 먹일 포:
圃 10 (囗/07/10) 채마밭 포
泡 10 (水/05/08) 거품 포

疱 10 (疒/05/10) 물집 포:
脯 10 (肉/07/11) 포(脯) 포
蒲 10 (艸/10/14) 부들 포
袍 10 (衣/05/10) 도포 포
褒 10 (衣/09/15) 기릴 포
逋 10 (辵/07/11) 도망갈 포
庖 10 (广/05/08) 부엌 포
佈 02 (人/05/07) 펼 포:
匏 02 (勹/09/11) 박 포
苞 02 (艸/05/09) 떨기 포
炮 00 (火/05/09) 싸서구울 포
炰 00 (火/05/09) 구울 포
餔 00 (食/07/16) 저녁밥 포
襃 00 (衣/11/17) 기릴 포
麃 00 (鹿/04/15) 고라니 포 | 김맬 표
暴 42 (日/11/15) 사나울 폭 | 모질 포:
爆 40 (火/15/19) 불터질 폭
幅 30 (巾/09/12) 폭 폭
曝 10 (日/15/19) 쪼일 폭 | 쪼일 포
瀑 10 (水/15/18) 폭포 폭 | 소나기 포
表 62 (衣/02/08) 겉 표
票 42 (示/06/11) 표 표
標 40 (木/11/15) 표할 표
漂 30 (水/11/14) 떠다닐 표
杓 12 (木/03/07) 북두자루 표
剽 10 (刀/11/13) 겁박할 표
慓 10 (心/11/14) 급할 표
豹 10 (豸/03/10) 표범 표
飄 10 (風/11/20) 나부낄 표
俵 02 (人/08/10) 나누어줄 표
彪 02 (彡/08/11) 범 표
瓢 02 (瓜/11/16) 표주박 표
飇 02 (風/12/21) 폭풍 표
驃 02 (馬/11/21) 누런말 표
儦 00 (人/15/17) 떼지어다닐 표
嘌 00 (口/11/14) 빠를 표
摽 00 (手/11/14) 칠 표
殍 00 (歹/07/11) 굶어죽을 표
鑣 00 (金/15/23) 재갈 표
滮 00 (水/11/14) 물흐르는모양 표 | 물흐르는모양 퓨
瀌 00 (水/15/18) 눈비퍼부을 표
飆 00 (風/12/21) 폭풍 표
品 52 (口/06/09) 물건 품:
稟 10 (禾/08/13) 여쭐 품:
風 62 (風/00/09) 바람 풍
豊 42 (豆/06/13) 풍년 풍
楓 32 (木/09/13) 단풍 풍
諷 10 (言/09/16) 풍자할 풍
灃 00 (水/18/21) 강이름 풍
豐 00 (豆/11/18) 풍년 풍
疲 40 (疒/05/10) 피곤할 피
避 40 (辵/13/17) 피할 피:
彼 32 (彳/05/08) 저 피:
皮 32 (皮/00/05) 가죽 피
被 32 (衣/05/10) 입을 피:
披 10 (手/05/08) 헤칠 피
陂 02 (阜/05/08) 방죽 피 | 언덕 파
詖 00 (言/05/12) 치우칠 피
必 52 (心/01/05) 반드시 필
筆 52 (竹/06/12) 붓 필
畢 32 (田/06/11) 마칠 필
匹 30 (匚/02/04) 짝 필

弼 12 (弓/09/12) 도울 필
疋 10 (疋/00/05) 필(匹) 필
珌 02 (玉/05/09) 칼집장식옥 필
苾 02 (艸/05/09) 필추 필
馝 02 (香/05/14) 향기로울 필
佖 00 (人/05/07) 점잖을/가득할 필
觱 00 (角/09/16) 피리/쌀쌀할 필
鞸 00 (革/11/20) 슬갑 필 | 칼집 병
駜 00 (馬/05/15) 말살찔 필
怭 00 (心/05/08) 설만할 필
鉍 00 (金/05/13) 창자루 필
飶 00 (食/05/14) 음식의향기 필
乏 10 (丿/04/05) 모자랄 핍
逼 10 (辵/09/13) 핍박할 핍
偪 00 (人/09/11) 핍박할 핍
下 72 (一/02/03) 아래 하:
夏 70 (夊/07/10) 여름 하:
河 50 (水/05/08) 물 하
何 32 (人/05/07) 어찌 하
荷 32 (艸/07/11) 멜 하(:)
賀 32 (貝/05/12) 하례할 하:
瑕 10 (玉/09/13) 허물 하
蝦 10 (虫/09/15) 두꺼비/새우 하
遐 10 (辵/09/13) 멀 하
霞 10 (雨/09/17) 노을 하
厦 02 (厂/10/12) 큰집 하:
廈 02 (广/10/13) 큰집 하:
昰 02 (日/05/09) 여름[夏] 하: | 이[是] 시:
鰕 02 (魚/09/20) 새우 하
嘏 00 (口/11/14) 클 하
呀 00 (口/04/07) 입벌릴 하
苄 00 (艸/03/07) 지황 하 | 지황 호
菏 00 (艸/08/12) 풀이름/늪이름 하
騢 00 (馬/09/19) 적부루마 하
學 80 (子/13/16) 배울 학
鶴 32 (鳥/10/21) 학 학
虐 20 (虍/03/09) 모질 학
壑 10 (土/14/17) 구렁 학
謔 10 (言/09/16) 희롱할 학
瘧 10 (疒/09/14) 학질(瘧疾) 학
翯 00 (羽/10/16) 함치르르할 학
韓 80 (韋/08/17) 한국/나라 한(:)
漢 72 (水/11/14) 한수/한나라 한:
寒 50 (宀/09/12) 찰 한
限 42 (阜/06/09) 한할 한:
恨 40 (心/06/09) 한[怨] 한:
閑 40 (門/04/12) 한가할 한
汗 32 (水/03/06) 땀 한(:)
旱 30 (日/03/07) 가물 한:
翰 20 (羽/10/16) 편지 한:
邯 12 (邑/05/08) 조(趙)나라서울 한 | 사람이름 감
悍 10 (心/07/10) 사나울 한:
澣 10 (水/13/16) 빨래할/열흘 한
罕 10 (网/03/07) 드물 한:
瀚 02 (水/16/19) 넓고클 한
閒 02 (門/04/12) 한가할 한
熯 00 (火/11/15) 마를/말릴 한
哻 00 (口/07/10) 코고는소리 한
僩 00 (人/12/14) 너그러울/노할 한
暵 00 (日/11/15) 마를/말릴 한
扞 00 (手/03/06) 막을 한
割 32 (刀/10/12) 벨 할

轄 10 (車/10/17) 다스릴 할
劼 00 (力/06/08) 삼갈 할
舝 00 (舛/07/13) 비녀장 할
含 32 (口/04/07) 머금을 함
陷 32 (阜/08/11) 빠질 함:
咸 30 (口/06/09) 다 함
艦 20 (舟/14/20) 큰 배 함:
函 10 (凵/06/08) 함(函) 함
喊 10 (口/09/12) 소리칠 함:
檻 10 (木/14/18) 난간 함:
涵 10 (水/08/11) 젖을 함
緘 10 (糸/09/15) 봉할 함
銜 10 (金/06/14) 재갈 함
鹹 10 (鹵/09/20) 짤[鹽味] 함
啣 02 (口/08/11) 재갈[銜] 함
菡 00 (艸/08/12) 연꽃봉오리 함
諴 00 (言/09/16) 화할 함
闞 00 (門/12/22) 범우는소리 함
合 60 (口/03/06) 합할 합
盒 10 (皿/06/11) 합(盒) 합
蛤 10 (虫/06/12) 조개 합
哈 02 (口/06/09) 마실 합
閤 02 (門/06/14) 합문 합
闔 02 (門/10/18) 문짝 합
嗑 00 (口/10/13) 입다물 합
柙 00 (木/05/09) 짐승우리 합
盍 00 (皿/05/10) 덮을 합 | 새이름 갈
港 42 (水/09/12) 항구 항:
航 42 (舟/04/10) 배 항:
抗 40 (手/04/07) 겨룰 항:
恒 32 (心/06/09) 항상 항
項 32 (頁/03/12) 항목 항:
巷 30 (己/06/09) 거리 항:
亢 12 (亠/02/04) 높을 항
沆 12 (水/04/07) 넓을 항:
缸 10 (缶/03/09) 항아리 항
肛 10 (肉/03/07) 항문 항
伉 02 (人/04/06) 강직할/짝 항:
姮 02 (女/06/09) 항아(姮娥) 항
嫦 02 (女/11/14) 항아 항 | 항아 상
杭 02 (木/04/08) 거룻배 항
桁 02 (木/06/10) 차꼬 항 | 도리 형
頏 00 (頁/04/13) 새날아내릴/목구멍 항
海 72 (水/07/10) 바다 해:
害 52 (宀/07/10) 해할 해:
解 42 (角/06/13) 풀 해:
亥 30 (亠/04/06) 돼지 해
奚 30 (大/07/10) 어찌 해
該 30 (言/06/13) 갖출[備]/마땅[當] 해
偕 10 (人/09/11) 함께 해
咳 10 (口/06/09) 기침 해
懈 10 (心/13/16) 게으를 해:
楷 10 (木/09/13) 본보기 해
諧 10 (言/09/16) 화할 해
邂 10 (辵/13/17) 우연히만날 해:
駭 10 (馬/06/16) 놀랄 해
骸 10 (骨/06/16) 뼈 해
垓 02 (土/06/09) 땅가장자리 해
孩 02 (子/06/09) 어린아이 해
瀣 02 (水/16/19) 이슬 해
蟹 02 (虫/13/19) 게 해
醢 00 (酉/10/17) 젓 해

陔 00 (阜/06/09) 섬돌 해
核 40 (木/06/10) 씨 핵
劾 10 (力/06/08) 꾸짖을 핵
覈 00 (襾/13/19) 핵실할 핵
幸 62 (干/05/08) 다행 행:
行 60 (行/00/06) 다닐 행(:) | 항렬 항
杏 12 (木/03/07) 살구 행:
倖 02 (人/08/10) 요행 행:
荇 02 (艸/06/10) 마름풀 행
悻 00 (心/08/11) 발끈성낼 행:
向 60 (口/03/06) 향할 향:
鄕 42 (邑/10/13) 시골 향
香 42 (香/00/09) 향기 향
響 32 (音/13/22) 울릴 향:
享 30 (亠/06/08) 누릴 향:
嚮 10 (口/16/19) 길잡을 향:
饗 10 (食/13/22) 잔치할 향:
珦 02 (玉/06/10) 옥구슬 향
餉 02 (食/06/15) 먹일/양식 향:
許 50 (言/04/11) 허락할 허
虛 42 (虍/06/12) 빌 허
噓 10 (口/12/15) 불[吹] 허
墟 10 (土/12/15) 터 허
栩 00 (木/06/10) 상수리나무 허 | 상수리나무 우
憲 40 (心/12/16) 법 헌:
獻 32 (犬/16/20) 드릴 헌:
軒 30 (車/03/10) 집 헌
櫶 02 (木/16/20) 나무이름 헌
巘 00 (山/20/23) 산봉우리 헌
歇 10 (欠/09/13) 쉴 헐
驗 42 (馬/13/23) 시험 험:
險 40 (阜/13/16) 험할 험:
獫 00 (犬/13/16) 오랑캐이름 험 | 개 렴
玁 00 (犬/20/23) 오랑캐이름 험
革 40 (革/00/09) 가죽 혁
爀 12 (火/14/18) 불빛 혁
赫 12 (赤/07/14) 빛날 혁
奕 02 (大/06/09) 클 혁
侐 00 (人/06/08) 고요할 혁
洫 00 (水/06/09) 빌[虛]/넘칠 혁
焃 00 (火/07/11) 붉을 혁
虩 00 (虍/12/18) 두려워할 혁
衋 00 (血/18/24) 애통해할 혁
現 62 (玉/07/11) 나타날 현:
賢 42 (貝/08/15) 어질 현
顯 40 (頁/14/23) 나타날 현:
懸 32 (心/16/20) 달[繫] 현:
玄 32 (玄/00/05) 검을 현
絃 30 (糸/05/11) 줄 현
縣 30 (糸/10/16) 고을 현:
弦 20 (弓/05/08) 시위 현
峴 12 (山/07/10) 고개 현:
炫 12 (火/05/09) 밝을 현:
鉉 12 (金/05/13) 솥귀 현
眩 10 (目/05/10) 어지러울 현:
絢 10 (糸/06/12) 무늬 현:
衒 10 (行/05/11) 자랑할 현:
俔 02 (人/07/09) 엿볼 현
晛 02 (日/07/11) 햇살 현
泫 02 (水/05/08) 눈물흘릴/이슬맺힐 현:
玹 02 (玉/05/09) 옥돌 현
睍 02 (目/07/12) 눈불거질 현

舷 02 (舟/05/11) 뱃전 현
儇 00 (人/13/15) 영리할 현
嬛 00 (女/13/16) 산뜻할 현 | 외로울 경
昡 00 (日/05/09) 햇빛 현
駽 00 (馬/07/17) 검푸른말 현
怰 00 (心/05/08) 팔 현
莧 00 (艸/07/11) 비름 현:
鞙 00 (革/07/16) 멍에끈 현
血 42 (血/00/06) 피 혈
穴 32 (穴/00/05) 굴 혈
孑 02 (子/00/03) 외로울 혈
頁 02 (頁/00/09) 머리 혈
絜 00 (糸/06/12) 잴 혈 | 깨끗할 결
嫌 30 (女/10/13) 싫어할 혐
協 42 (十/06/08) 화할 협
脅 32 (肉/06/10) 위협할 협
峽 20 (山/07/10) 골짜기 협
陜 12 (阜/07/10) 좁을 협 | 땅이름 합
俠 10 (人/07/09) 의기로울 협
挾 10 (手/07/10) 낄 협
狹 10 (犬/07/10) 좁을 협
頰 10 (頁/07/16) 뺨 협
夾 02 (大/04/07) 낄 협
浹 02 (水/07/10) 두루미칠 협
脇 02 (肉/06/10) 갈비[脅] 협
莢 02 (艸/07/11) 콩꼬투리 협
鋏 02 (金/07/15) 가위 협
洽 00 (氵/06/08) 젖을 협
恊 00 (心/06/09) 맞을 협
兄 80 (儿/03/05) 형 형
形 62 (彡/04/07) 모양 형
刑 40 (刀/04/06) 형벌 형
衡 32 (行/10/16) 저울대 형
亨 30 (亠/05/07) 형통할 형
螢 30 (虫/10/16) 반딧불 형
型 20 (土/06/09) 모형 형
瀅 12 (水/15/18) 물맑을 형:
炯 12 (火/05/09) 빛날 형
瑩 12 (玉/10/15) 밝을 형 | 옥돌 영
邢 12 (邑/04/07) 성(姓) 형
馨 12 (香/11/20) 꽃다울 형
荊 10 (艸/06/10) 가시 형
烱 02 (火/07/11) 빛날 형
泂 02 (水/05/08) 멀 형
滎 02 (水/10/14) 실개천 형
瀯 02 (水/18/21) 사람이름 형
熒 02 (火/10/14) 등불반짝거릴 형
珩 02 (玉/06/10) 패옥 형
逈 02 (辵/05/09) 멀 형
鎣 02 (金/10/18) 줄 형
惠 42 (心/08/12) 은혜 혜:
慧 32 (心/11/15) 슬기로울 혜:
兮 30 (八/02/04) 어조사 혜
彗 10 (彐/08/11) 살별 혜:
醯 10 (酉/12/19) 식혜 혜
暳 02 (日/11/15) 별반짝거릴 혜
蕙 02 (艸/12/16) 난초/혜초 혜:
蹊 02 (足/10/17) 지름길 혜
鞋 02 (革/06/15) 신 혜
傒 00 (人/10/12) 기다릴/가둘 혜
嘒 00 (口/11/14) 반짝거릴 혜
徯 00 (彳/10/13) 기다릴 혜:

盻 00 (目/04/09) 눈흘길 혜
憓 00 (心/12/15) 사랑할 혜
譓 00 (言/12/19) 슬기로울 혜
號 60 (虍/07/13) 이름 호(:)
湖 50 (水/09/12) 호수 호
呼 42 (口/05/08) 부를 호
好 42 (女/03/06) 좋을 호:
戶 42 (戶/00/04) 집 호:
護 42 (言/14/21) 도울 호:
浩 32 (水/07/10) 넓을 호:
胡 32 (肉/05/09) 되[狄] 호
虎 32 (虍/02/08) 범 호(:)
豪 32 (豕/07/14) 호걸 호
乎 30 (丿/04/05) 어조사 호
互 30 (二/02/04) 서로 호:
毫 30 (毛/07/11) 터럭 호
濠 20 (水/14/17) 호주 호
壕 12 (土/14/17) 해자 호
扈 12 (戶/07/11) 따를 호:
昊 12 (日/04/08) 하늘 호:
晧 12 (日/07/11) 밝을 호:
澔 12 (水/12/15) 넓을 호:
皓 12 (白/07/12) 흴[白] 호
祜 12 (示/05/10) 복(福) 호
鎬 12 (金/10/18) 호경 호:
弧 10 (弓/05/08) 활 호
狐 10 (犬/05/08) 여우 호
琥 10 (玉/08/12) 호박(琥珀) 호:
瑚 10 (玉/09/13) 산호 호
糊 10 (米/09/15) 풀칠할 호
壺 02 (士/09/12) 병 호
岵 02 (山/05/08) 초목이우거진산 호
淏 02 (水/08/11) 맑을 호:
滸 02 (水/11/14) 물가 호
濩 02 (水/14/17) 퍼질 호 | 낙숫물떨어지는모양 확
灝 02 (水/21/24) 물줄기멀 호
瓠 02 (瓜/06/11) 박 호
縞 02 (糸/10/16) 흰깁 호
芦 02 (艸/04/08) 지황 호
葫 02 (艸/09/13) 물외/마늘 호
蒿 02 (艸/10/14) 다북쑥 호 | 다북쑥 고
蝴 02 (虫/09/15) 나비 호
頀 02 (音/14/23) 구할 호
顥 02 (頁/12/21) 클 호
嘷 00 (口/11/14) 부르짖을 호
怙 00 (心/05/08) 믿을 호:
皜 00 (白/10/15) 흴 호
皞 00 (白/12/17) 밝을 호
薅 00 (艸/13/17) 김맬 호
或 40 (戈/04/08) 혹 혹
惑 32 (心/08/12) 미혹할 혹
酷 20 (酉/07/14) 심할 혹
婚 40 (女/08/11) 혼인할 혼
混 40 (水/08/11) 섞을 혼:
魂 32 (鬼/04/14) 넋 혼
昏 30 (日/04/08) 어두울 혼
渾 10 (水/09/12) 흐릴 혼:
琿 02 (玉/09/13) 아름다운옥 혼
惛 00 (心/08/11) 흐릴 혼 | 번민할 민
忽 32 (心/04/08) 갑자기 홀
惚 10 (心/08/11) 황홀할 홀
笏 10 (竹/04/10) 홀(笏) 홀

紅 40 (糸/03/09) 붉을 홍
洪 32 (水/06/09) 넓을 홍
弘 30 (弓/02/05) 클 홍
鴻 30 (鳥/06/17) 기러기 홍
泓 12 (水/05/08) 물깊을 홍
哄 10 (口/06/09) 떠들썩할 홍
虹 10 (虫/03/09) 무지개 홍
訌 10 (言/03/10) 어지러울 홍
汞 02 (水/03/07) 수은 홍
烘 02 (火/06/10) 불쬘 홍
鉷 00 (金/06/14) 쇠뇌 홍
鬨 00 (鬥/06/16) 싸움소리 홍:
洚 00 (水/06/09) 물넘칠 홍
火 80 (火/00/04) 불 화(:)
話 72 (言/06/13) 말씀 화
花 70 (艸/04/08) 꽃 화
和 62 (口/05/08) 화할 화
畫 60 (田/07/12) 그림 화: | 그을 획(劃)
化 52 (匕/02/04) 될 화(:)
貨 42 (貝/04/11) 재물 화:
華 40 (艸/07/11) 빛날 화
禍 32 (示/09/14) 재앙 화:
禾 30 (禾/00/05) 벼 화
靴 20 (革/04/13) 신[履, 鞋] 화
嬅 12 (女/11/14) 탐스러울 화
樺 12 (木/11/15) 벚나무/자작나무 화
畵 02 (田/08/13) 그림 화: | 그을 획[畫]
譁 02 (言/11/18) 지껄일 화
確 42 (石/10/15) 굳을 확
擴 30 (手/15/18) 넓힐 확
穫 30 (禾/14/19) 거둘 확
攫 02 (手/20/23) 움킬 확
碻 02 (石/10/15) 굳을 확
矍 00 (目/15/20) 두리번거릴 확
雘 00 (隹/10/18) 붉을/진사(辰沙) 확
患 50 (心/07/11) 근심 환:
歡 40 (欠/18/22) 기쁠 환
環 40 (玉/13/17) 고리 환(:)
換 32 (手/09/12) 바꿀 환:
還 32 (辵/13/17) 돌아올 환
丸 30 (丶/02/03) 둥글 환
幻 20 (幺/01/04) 헛보일 환:
桓 12 (木/06/10) 굳셀 환
煥 12 (火/09/13) 빛날 환:
喚 10 (口/09/12) 부를 환
宦 10 (宀/06/09) 벼슬 환:
驩 10 (馬/18/28) 기뻐할 환
鰥 10 (魚/10/21) 홀아비 환
奐 02 (大/06/09) 빛날 환
晥 02 (日/07/11) 밝을 환
渙 02 (水/09/12) 물흩어질 환:
紈 02 (糸/03/09) 흰깁 환
圜 00 (囗/13/16) 두를 환 | 둥글 원
懽 00 (心/18/21) 기뻐할 환
睆 00 (目/07/12) 밝을 환
豢 00 (豕/06/13) 기를 환:
鍰 00 (金/09/17) 무게단위/고리 환
鐶 00 (金/13/21) 고리 환
芄 00 (艸/03/07) 왕골 환
逭 00 (辵/08/12) 도망할 환:
活 72 (水/06/09) 살 활
滑 20 (水/10/13) 미끄러울 활 | 익살스러울 골

猾 10 (犬/10/13) 교활할 활
闊 10 (門/09/17) 넓을 활
豁 02 (谷/10/17) 넓을 활
濶 00 (水/14/17) 넓을 활
黃 60 (黃/00/12) 누를 황
況 40 (水/05/08) 상황 황:
皇 32 (白/04/09) 임금 황
荒 32 (艸/06/10) 거칠 황
晃 12 (日/06/10) 밝을 황
滉 12 (水/10/13) 깊을 황
凰 10 (几/09/11) 봉황 황
徨 10 (彳/09/12) 헤맬 황
恍 10 (心/06/09) 황홀할 황
惶 10 (心/09/12) 두려울 황
慌 10 (心/10/13) 어리둥절할 황
煌 10 (火/09/13) 빛날 황
遑 10 (辵/09/13) 급할 황
幌 02 (巾/10/13) 휘장 황
愰 02 (心/10/13) 들뜰 황
晄 02 (日/06/10) 밝을 황
榥 02 (木/10/14) 책상 황
湟 02 (水/09/12) 웅덩이 황
潢 02 (水/12/15) 웅덩이 황
璜 02 (玉/12/16) 패옥 황
篁 02 (竹/09/15) 대숲 황
簧 02 (竹/12/18) 생황 황
蝗 02 (虫/09/15) 황충[食苗蟲] 황
隍 02 (阜/09/12) 해자 황
堭 00 (土/09/12) 해자 황
喤 00 (口/09/12) 울음소리 황
媓 00 (女/09/12) 어머니 황
會 62 (曰/09/13) 모일 회:
回 42 (口/03/06) 돌아올 회
灰 40 (火/02/06) 재 회
悔 32 (心/07/10) 뉘우칠 회:
懷 32 (心/16/19) 품을 회
廻 20 (廴/06/09) 돌[旋] 회
檜 12 (木/13/17) 전나무 회:
淮 12 (水/08/11) 물이름 회
徊 10 (彳/06/09) 머뭇거릴 회
恢 10 (心/06/09) 넓을 회
晦 10 (日/07/11) 그믐 회
繪 10 (糸/13/19) 그림 회:
膾 10 (肉/13/17) 회(膾) 회:
蛔 10 (虫/06/12) 회충 회
誨 10 (言/07/14) 가르칠 회:
賄 10 (貝/06/13) 재물/뇌물 회:
匯 02 (匚/11/13) 물돌아모일 회:
澮 02 (水/13/16) 봇도랑 회:
獪 02 (犬/13/16) 교활할 회: | 교활할 쾌:
茴 02 (艸/06/10) 회향 회
洄 00 (水/06/09) 거슬러흐를/돌아흐를 회
頮 00 (頁/07/16) 낯씻을 회
薈 00 (艸/13/17) 초목무성할 회
劃 32 (刀/12/14) 그을 획
獲 32 (犬/14/17) 얻을 획
擭 00 (手/14/17) 잡을 획 | 덫 확
橫 32 (木/12/16) 가로 횡
宖 02 (宀/05/08) 집울릴 횡
鐄 02 (金/12/20) 큰쇠북 횡
孝 72 (子/04/07) 효도 효:
效 52 (攴/06/10) 본받을 효:

曉 30 (日/12/16) 새벽 효:
哮 10 (口/07/10) 성낼 효
嚆 10 (口/14/17) 울릴 효
爻 10 (爻/00/04) 사귈/가로그을 효
酵 10 (酉/07/14) 삭힐 효:
斅 02 (攴/16/20) 가르칠 효
梟 02 (木/07/11) 올빼미 효
涍 02 (水/07/10) 물이름 효
淆 02 (水/08/11) 뒤섞일 효
肴 02 (肉/04/08) 안주 효
驍 02 (馬/12/22) 날랠 효
効 00 (力/06/08) 본받을 효:
嘵 00 (口/12/15) 두려워할 효
傚 00 (人/10/12) 본받을 효
囂 00 (口/18/21) 들렐 효
殽 00 (殳/08/12) 섞일/안주 효
虓 00 (虍/04/10) 범울부짖을 효
鴞 00 (鳥/05/16) 부엉이/올빼미 효
後 72 (彳/06/09) 뒤 후:
候 40 (人/08/10) 기후 후:
厚 40 (厂/07/09) 두터울 후:
侯 30 (人/07/09) 제후 후
喉 20 (口/09/12) 목구멍 후
后 12 (口/03/06) 임금/왕후 후:
吼 10 (口/04/07) 울부짖을 후:
嗅 10 (口/10/13) 맡을 후:
朽 10 (木/02/06) 썩을 후:
逅 10 (辵/06/10) 만날 후:
帿 02 (巾/09/12) 과녁 후
煦 02 (火/09/13) 따스할 후
珝 02 (玉/06/10) 옥이름 후
詡 00 (言/06/13) 자랑할 후
酗 00 (酉/04/11) 주정할 후
餱 00 (食/09/18) 건량 후
鍭 00 (金/09/17) 화살촉 후
訓 60 (言/03/10) 가르칠 훈:
勳 20 (力/14/16) 공(功) 훈
壎 12 (土/14/17) 질나팔 훈
熏 12 (火/10/14) 불길 훈
薰 12 (艸/14/18) 향풀 훈
暈 10 (日/09/13) 무리[光環] 훈
勛 02 (力/10/12) 공[勳] 훈
塤 02 (土/10/13) 질나발[壎] 훈
焄 02 (火/07/11) 향내 훈
燻 02 (火/14/18) 연기치밀 훈
纁 00 (糸/14/20) 분홍빛 훈
鑂 00 (金/14/22) 금빛바랠 훈
薨 02 (艸/13/17) 죽을 훙
喧 10 (口/09/12) 지껄일 훤
暄 02 (日/09/13) 따뜻할 훤
煊 02 (火/09/13) 밝을 훤
萱 02 (艸/09/13) 원추리 훤
咺 00 (口/06/09) 울 훤
諠 00 (言/09/16) 지껄일/잊을 훤
諼 00 (言/09/16) 속일/잊을 훤
貆 00 (豸/06/13) 담비새끼 훤
毁 30 (殳/09/13) 헐 훼:
卉 10 (十/03/05) 풀 훼
喙 10 (口/09/12) 부리 훼
虺 00 (虫/03/09) 독사/작은뱀 훼:
揮 40 (手/09/12) 휘두를 휘
輝 30 (車/08/15) 빛날 휘

徽 12 (彳/14/17) 아름다울 휘
彙 10 (彐/10/13) 무리 휘
諱 10 (言/09/16) 숨길/꺼릴 휘
麾 10 (麻/04/15) 기(旗) 휘
暉 02 (日/09/13) 햇빛 휘
煇 02 (火/09/13) 빛날 휘 | 햇무리 운
翬 00 (羽/09/15) 날개휠휠칠/꿩 휘
休 70 (人/04/06) 쉴 휴
携 30 (手/10/13) 이끌 휴
烋 12 (火/06/10) 아름다울 휴
畦 02 (田/06/11) 밭이랑 휴 | 밭이랑 규
虧 02 (虍/11/17) 이지러질 휴
睢 00 (目/08/13) 부릅떠볼 휴 | 물이름 수
咻 00 (口/06/09) 지껄일 휴 | 따뜻하게할 후
攜 00 (手/18/21) 끌 휴
觿 00 (角/18/25) 뿔송곳 휴
恤 10 (心/06/09) 불쌍할 휼
譎 02 (言/12/19) 속일 휼
鷸 02 (鳥/12/23) 도요새 휼
遹 00 (辵/12/16) 좇을/간사할 휼
凶 52 (凵/02/04) 흉할 흉
胸 32 (肉/06/10) 가슴 흉
匈 12 (勹/04/06) 오랑캐 흉
兇 10 (儿/04/06) 흉악할 흉
洶 10 (水/06/09) 용솟음칠 흉
訩 00 (言/04/11) 흉악할/다툴 흉
黑 50 (黑/00/12) 검을 흑
欣 10 (欠/04/08) 기쁠 흔
痕 10 (疒/06/11) 흔적 흔
昕 02 (日/04/08) 해돋을 흔
炘 02 (火/04/08) 화끈거릴 흔
忻 00 (心/04/07) 기뻐할 흔
釁 00 (酉/18/25) 틈 흔
吃 02 (口/03/06) 말더듬을 흘
屹 02 (山/03/06) 산우뚝할 흘
紇 02 (糸/03/09) 질낮은실 흘
訖 02 (言/03/10) 이를[至] 흘
仡 00 (人/03/05) 날랠 흘 | 배흔들리는모양 올
汔 00 (水/03/06) 거의 흘
迄 00 (辵/03/07) 이를 흘
齕 00 (齒/03/18) 씹을/깨물 흘
欽 12 (欠/08/12) 공경할 흠
欠 10 (欠/00/04) 하품 흠:
歆 10 (欠/09/13) 흠향할 흠
吸 42 (口/04/07) 마실 흡
恰 10 (心/06/09) 흡사할 흡
洽 10 (水/06/09) 흡족할 흡
翕 02 (羽/06/12) 모을 흡
潝 00 (水/12/15) 물빨리흐를 흡
興 42 (臼/09/16) 일[盛] 흥(:)
希 42 (巾/04/07) 바랄 희
喜 40 (口/09/12) 기쁠 희
稀 32 (禾/07/12) 드물 희
戲 32 (戈/13/17) 놀이 희
噫 20 (口/13/16) 한숨쉴 희
姬 20 (女/06/09) 계집 희
熙 20 (火/09/13) 빛날 희
嬉 12 (女/12/15) 아름다울 희
憙 12 (心/12/16) 기뻐할 희
熹 12 (火/12/16) 빛날 희
禧 12 (示/12/17) 복(福) 희
羲 12 (羊/10/16) 복희(伏羲) 희

犧 10 (牛/16/20) 희생 희
僖 02 (人/12/14) 즐거울 희
凞 02 (冫/13/15) 화할 희
囍 02 (口/21/24) 쌍희(雙喜) 희
憘 02 (心/12/15) 기쁠[喜] 희
戱 02 (戈/12/16) 놀이[戲] 희
晞 02 (日/07/11) 마를 희
曦 02 (日/16/20) 햇빛 희
熺 02 (火/12/16) 빛날[熹] 희
咥 00 (口/06/09) 웃을 히 | 깨물 전
嘻 00 (口/12/15) 탄식하는소리/화락할 희
爔 00 (火/16/20) 불 희
豨 00 (豕/07/14) 돼지 희
餼 00 (食/10/19) 보낼 희
橲 00 (木/12/16) 나무이름 희
饎 00 (食/12/21) 주식 희
詰 10 (言/06/13) 꾸짖을 힐
襭 00 (衣/15/20) 옷자락에꽂을 힐

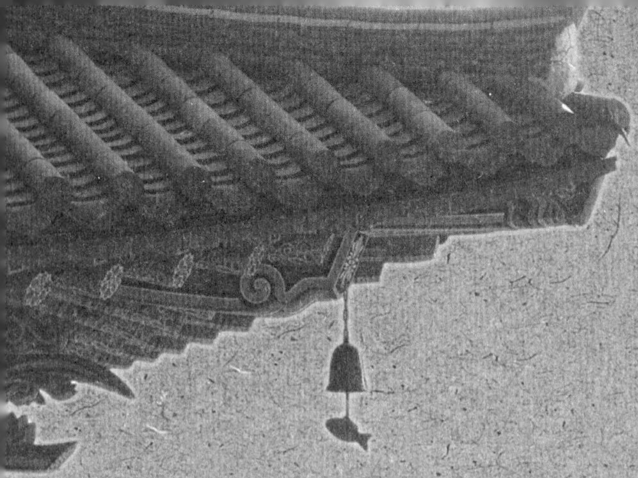

少年易老 學難成

3章

漢字의 部首

1. 部首의 理解

部首는 字典에서 漢字를 찾는데 필요하기도 하지만 形聲文字의 의미부는 모두 이 部首字이므로 漢字의 뜻을 이해하는 데 불가결한 부분이다. 같은 部首에 속한 글자는 대체로 部首字가 지니고 있는 큰 개념은 공유하고 있다. 예로 人(사람 인)이 部首字로 들어간 代, 信, 仁, 作, 俊, 休 등은 모두 사람 그 자체나 사람이 갖는 성질 또는 상태 등 '사람'과 관련된 의미를 이룬다는 것이다. 宀(집 면)이 부수자로 들어간 家, 宮, 安, 宇, 宙 등은 모두 집 그 자체나 집의 규모, 집에서 무언 가를 하는 것 등 '집'과 관련된 뜻을 지니고 있다.
部首는 그 위치에 따라 모양이 바뀌기도 하며 다음과 같이 부른다.

(1) 변(邊) : 부수가 글자의 왼쪽에 있는 경우

仁 (亻은 人의 변형으로 '사람인 변'이라 부름)

(2) 방(傍) : 부수가 글자의 오른쪽에 있는 경우

別 (刂는 刀의 변형으로 '선 칼도 방'이라 부름)

(3) 머리 : 부수가 글자의 위에 있는 경우

室 (宀은 '갓 머리'라 부름)

(4) 발 : 부수가 글자의 아래에 있는 경우

兄 (儿은 '어진사람인 발'이라 부름)

(5) 엄 : 부수가 글자의 위쪽부터 왼쪽에 걸쳐 있는 경우

屠 (尸는 '주검시 엄'이라 부름)

(6) 받침 : 부수가 글자의 왼쪽부터 아래에 걸쳐 있는 경우

道 (辶은 '책 받침'이라 부름)

(7) 몸(에운담) : 부수가 글자를 에워싸고 있는 경우

國, 問 (口은 '에운담', 門은 '문문 몸'이라 부름)

(8) 제부수 : 한 글자 전체가 그대로 부수인 것

車, 身, 立 등

部首를 최초로 고안한 사람은 後漢때의 文字學者인 許愼이라는 사람이다. 그는 漢字의 3요소인 形(모양) 音(소리), 義(뜻)를 밝힌 『說文解字』라는 책을 저술하고, 당시에 존재하던 漢字 9,353字를 540개의 部首를 사용하여 분류하였다. 그 후 淸나라 때에 이르러 『康熙字典』이 편찬되면서 필요한 새로운 部首를 만들고 部首字 중 불필요하거나 중복된 것은 하나로 통합하여 214개로 정리하였고, 이 214 部首가 오늘날까지 이용되고 있다. 이 214 部首는 다음과 같다.

劃數	部首	部首名稱	部首訓音
1	一	한 일	한 (일)
1	丨	뚫을 곤	뚫을 (곤)
1	丶	점 주	점 (주)
1	丿	삐침 별	삐침 (별)
1	乙	새 을	새 (을)
1	亅	갈고리 궐	갈고리 (궐)
2	二	두 이	두 (이)
2	亠	돼지해머리	돼지해머리 (두)
2	人	사람 인	사람 (인)
2	儿	어진사람 인	어진사람 (인)
2	入	들 입	들 (입)
2	八	여덟 팔	여덟 (팔)
2	冂	멀 경	멀 (경)
2	冖	민갓머리	덮을 (멱)
2	冫	이수변	얼음 (빙)
2	几	안석 궤	안석 (궤)
2	凵	위터진입구	입벌릴 (감)
2	刀	칼 도	칼 (도)
2	力	힘 력	힘 (력)
2	勹	쌀 포	쌀 (포)
2	匕	비수 비	비수 (비)
2	匚	터진입구	상자 (방)
2	匸	터진에운담	감출 (혜)
2	十	열 십	열 (십)
2	卜	점 복	점 (복)
2	卩	병부 절	병부 (절)
2	厂	민엄호	언덕 (엄),(한)
2	厶	마늘모	사사로울 (사)
2	又	또 우	또 (우)
3	口	입 구	입 (구)
3	囗	에운담, 큰입구	나라 (국)
3	土	흙 토	흙 (토)
3	士	선비 사	선비 (사)
3	夂	뒤져올 치	뒤져올 (치)
3	夊	천천히걸을 쇠	천천히걸을 (쇠)
3	夕	저녁 석	저녁 (석)
3	大	큰 대	큰 (대)

劃數	部首	部首名稱	部首訓音
3	女	계집 녀	계집 (녀)
3	子	아들 자	아들 (자)
3	宀	갓머리	집 (면)
3	寸	마디 촌	마디 (촌)
3	小	작을 소	작을 (소)
3	尢	절름발이 왕	절름발이 (왕)
3	尸	주검 시	주검 (시)
3	屮	풀 철, 왼손 좌	풀/싹날 (철), 왼손 (좌)
3	山	메/뫼 산	메 (산)
3	巛	개미허리	내 (천)
3	工	장인 공	장인 (공)
3	己	몸 기	몸 (기)
3	巾	수건 건	수건 (건)
3	干	방패 간	방패 (간)
3	幺	작을 요	작을 (요)
3	广	엄호	집 (엄)
3	廴	민책받침	길게걸을/끌 (인)
3	廾	밑스물입	들/팔짱낄 (공)
3	弋	주살 익	주살 (익)
3	弓	활 궁	활 (궁)
3	彐	터진가로왈	돼지머리 (계)
3	彡	터럭삼, 삐친석삼	터럭 (삼)
3	彳	두인변	조금걸을/자축거릴 (척)
4	心	마음 심	마음 (심)
4	戈	창 과	창 (과)
4	戶	지게 호	지게 (호)
4	手	손 수	손 (수)
4	支	지탱할 지	지탱할 (지)
4	攴	등글월문	칠 (복)
4	文	글월 문	글월 (문)
4	斗	말 두	말 (두)
4	斤	날 근	날/도끼 (근)
4	方	모 방	모 (방)
4	日	날 일	날 (일)
4	曰	가로 왈	가로 (왈)
4	月	달 월	달 (월)
4	木	나무 목	나무 (목)

4	欠	하품 흠	하품 (흠)
4	止	그칠 지	그칠 (지)
4	歹	죽을 사	부서진뼈/살발린뼈 (알)
4	殳	갖은등글월문	창 (수)
4	毋	말 무	말 (무)
4	比	견줄 비	견줄 (비)
4	毛	터럭 모	터럭 (모)
4	氏	각시(閣氏) 씨	씨 (씨)
4	气	기운 기	기운 (기)
4	水	물 수	물 (수)
4	火	불 화	불 (화)
4	爪	손톱 조	손톱 (조)
4	父	아비 부	아비 (부)
4	爻	점괘 효	사귈 (효)
4	爿	장수장변	나무조각 (장)
4	片	조각 편	조각 (편)
4	牙	어금니 아	어금니 (아)
4	牛	소 우	소 (우)
4	犬	개 견	개 (견)
4	无	없을 무	없을 (무)
5	玄	검을 현	검을 (현)
5	玉	구슬 옥	구슬 (옥)
5	瓜	오이 과	오이 (과)
5	瓦	기와 와	기와 (와)
5	甘	달 감	달 (감)
5	生	날 생	날 (생)
5	用	쓸 용	쓸 (용)
5	田	밭 전	밭 (전)
5	疋	짝/필 필	끗 (필), 발 (소)
5	疒	병질엄	병들어누울 (녁)
5	癶	필발머리	걸을/어그러질 (발)
5	白	흰 백	흰 (백)
5	皮	가죽 피	가죽 (피)
5	皿	그릇 명	그릇 (명)
5	目	눈 목	눈 (목)
5	矛	창 모	창 (모)
5	矢	화살 시	화살 (시)
5	石	돌 석	돌 (석)

5	示	보일 시	보일 (시)
5	禸	짐승발자국/자귀 유	짐승발자국/자귀 (유)
5	禾	벼 화	벼 (화)
5	穴	구멍 혈	구멍 (혈)
5	立	설 립	설 (립)
6	竹	대 죽	대 (죽)
6	米	쌀 미	쌀 (미)
6	糸	실 사	실 (사)
6	缶	장군 부	장군 (부)
6	网	그물 망	그물 (망)
6	羊	양 양	양 (양)
6	羽	깃 우	깃 (우)
6	老	늙을 로	늙을 (로)
6	而	말이을 이	말이을 (이)
6	耒	쟁기 뢰	쟁기 (뢰)
6	耳	귀 이	귀 (이)
6	聿	붓 율	붓 (율)
6	肉	고기 육	고기 (육)
6	臣	신하 신	신하 (신)
6	自	스스로 자	스스로 (자)
6	至	이를 지	이를 (지)
6	臼	절구 구	절구 (구)
6	舌	혀 설	혀 (설)
6	舛	어그러질 천	어그러질 (천)
6	舟	배 주	배 (주)
6	艮	머무를 간	머무를 (간)
6	色	빛 색	빛 (색)
6	艸	초두	풀 (초)
6	虍	범 호	범/호피무늬 (호)
6	虫	벌레 충, 벌레 훼	벌레 (충), 벌레 (훼)
6	血	피 혈	피 (혈)
6	行	다닐 행	다닐 (행)
6	衣	옷 의	옷 (의)
6	襾	덮을 아	덮을 (아)
7	見	볼 견	볼 (견)
7	角	뿔 각	뿔 (각)
7	言	말씀 언	말씀 (언)
7	谷	골 곡	골 (곡)

7	豆	콩 두	콩 (두)
7	豕	돼지 시	돼지 (시)
7	豸	갖은돼지 시	발없는벌레 (치), 해태 (태)
7	貝	조개 패	조개 (패)
7	赤	붉을 적	붉을 (적)
7	走	달아날 주	달아날 (주)
7	足	발 족	발 (족)
7	身	몸 신	몸 (신)
7	車	수레 거	수레 (거)
7	辛	매울 신	매울 (신)
7	辰	별 진	별 (진)
7	辵	갖은책받침	쉬엄쉬엄갈 (착)
7	邑	고을 읍	고을 (읍)
7	酉	닭 유	닭 (유)
7	釆	분별할 변	분별할 (변)
7	里	마을 리	마을 (리)
8	金	쇠 금	쇠 (금)
8	長	길 장	길 (장)
8	門	문 문	문 (문)
8	阜	언덕 부	언덕 (부)
8	隶	미칠 이	미칠 (이), 미칠 (대)
8	隹	새 추	새 (추)
8	雨	비 우	비 (우)
8	靑	푸를 청	푸를 (청)
8	非	아닐 비	아닐 (비)
9	面	낯 면	낯 (면)
9	革	가죽 혁	가죽 (혁)
9	韋	다룸가죽 위	다룸가죽 (위)
9	韭	부추 구	부추 (구)
9	音	소리 음	소리 (음)
9	頁	머리 혈	머리 (혈)
9	風	바람 풍	바람 (풍)
9	飛	날 비	날 (비)
9	食	밥 식	밥 (사), 밥 (식)
9	首	머리 수	머리 (수)
9	香	향기 향	향기 (향)
10	馬	말 마	말 (마)
10	骨	뼈 골	뼈 (골)
10	高	높을 고	높을 (고)
10	髟	터럭 발	머리털늘어질 (표)
10	鬥	싸울 투	싸울 (투)
10	鬯	술 창	술 (창)
10	鬲	솥 력	솥 (력), 가로막을 (격)
10	鬼	귀신 귀	귀신 (귀)
11	魚	물고기 어	물고기 (어)
11	鳥	새 조	새 (조)
11	鹵	소금밭 로	소금밭 (로)
11	鹿	사슴 록	사슴 (록)
11	麥	보리 맥	보리 (맥)
11	麻	삼 마	삼 (마)
12	黃	누를 황	누를 (황)
12	黍	기장 서	기장 (서)
12	黑	검을 흑	검을 (흑)
12	黹	바느질할 치	바느질할 (치)
13	黽	맹꽁이 맹	맹꽁이 (맹)
13	鼎	솥 정	솥 (정)
13	鼓	북 고	북 (고)
13	鼠	쥐 서	쥐 (서)
14	鼻	코 비	코 (비)
14	齊	가지런할 제	가지런할 (제)
15	齒	이 치	이 (치)
16	龍	용 룡	용 (룡)
16	龜	거북 귀	거북 (구) (귀), 터질 (균)
17	龠	피리 약	피리 (약)

部首가 그 위치와 자체에 따라 모양이 바뀌는 경우가 있는데, 이를 變形部首라 부르며, 대개 다음과 같다.

劃數	部首	原部首	部首名稱	劃數	部首	原部首	部首名稱
1	乚	乙	새 을	4	⺿	艸	초두, 풀초머리
2	刂	刀	선칼 도, 칼도방	4	灬	火	연화발
2	亻	人	사람 인 변	4	攵	攴	등글월문
2	㔾	卩	병부 절 발	4	罓	网	그물 망
3	犭	犬	개견변	4	四	网	그물 망
3	阝	阜	좌부 변, * 좌부방	4	⻌	辵	책받침
3	扌	手	손수변	4	⻍	辵	책받침
3	氵	水	삼수변	4	礻	示	보일 시 변
3	忄	心	마음심변 * 심방변	5	衤	衣	옷 의
3	阝	邑	우부 방, 고을읍 방	5	罒	目	눈 목
3	龷	艸	초두, 풀초머리	5	氺	水	아래물 수
3	兀	尢	절름발이 왕	5	𤴔	疋	필 필
3	允	尢	절름발이 왕	5	歺	歹	죽을사
3	川	巛	개미허리	5	罒	网	그물 망
3	⺕	彐	터진가로왈	6	𦥑	臼	두손으로 잡을 국
3	彑	彐	터진가로왈	6	糹	糸	실사변
4	耂	老	늙을 로	6	⺶	羊	양 양
4	旡	无	이미기방	6	⺮	竹	대죽머리
4	㣺	心	마음심밑	6	西	襾	덮을 아
4	𤣩	玉	구슬옥변	6	覀	襾	덮을 아
4	牜	牛	소우변	7	𧾷	足	발족변
4	月	肉	육 달 월	8	镸	長	길 장
4	爫	爪	손톱 조 머리	8	青	靑	푸를 청
4	⺥	爪	손톱 조 머리	9	飠	食	밥사변, 밥식변

2. 特級 配定漢字 部首別 一覽

特級 配定漢字를 부수별로 일별하면 다음과 같다.

部首字의 音價를 기준으로 해당 部首의 漢字와 級數를 보였다. 部首/音價/漢字/級數 순으로 羅列하였다.

角(각) 角 60 解 42 觸 32 觝 10 觴 10 觚 00 觥 00 觩 00 觫 00 觷 00 觳 00 觶 00 觼 00

鱅 00

干(간) 年 80 平 70 幸 60 干 40 幹 32 幷 02

艮(간) 良 52 艮 12 艱 10

甘(감) 甘 40 甚 32 甛 02

凵(감) 出 70 凶 52 凸 10 凹 10 函 10

車(거) 軍 80 車 70 輕 50 輪 40 轉 40 輩 32 載 32 輸 32 軟 32 較 32 軌 30 輿 30 軒 30
輝 30 輯 20 軸 20 輛 20 軻 12 輔 12 軾 12 輓 10 轎 10 輳 10 輻 10 輾 10 轄 10
轟 10 輦 10 軋 10 轍 10 軫 02 轝 02 輞 02 輟 02 輹 02 轢 02 輜 02 轅 02 輅 02
軏 02 軿 02 軔 00 軏 00 軧 00 軜 00 軙 00 輧 00 輊 00 輗 00 輶 00 轂 00 轡 00

巾(건) 市 70 席 60 師 42 常 42 希 42 帶 42 布 42 帝 40 帳 40 幕 32 帥 32 幅 30 幣 30
帽 20 幇 10 帙 10 幀 10 幟 10 巾 10 帆 10 帖 10 帛 10 幌 02 帑 02 幄 02 幡 02
幢 02 帿 02 帀 00 帨 00 帷 00 幝 00 幘 00 幪 00 幫 00 幬 00 幭 00

犬(견) 獨 52 狀 42 犬 40 犯 40 獎 40 狂 32 獲 32 獄 32 獻 32 猶 32 猛 32 獸 32 獵 30
狗 30 獐 12 猖 10 狐 10 狹 10 狼 10 猿 10 狄 10 狩 10 狙 10 猾 10 獅 10 猥 10
猫 10 猜 10 狡 10 猝 10 狽 02 猊 02 獒 02 狎 02 猩 02 獺 02 狸 02 獰 02 獗 02
猷 02 猪 02 獪 02 犴 00 狃 00 狁 00 狷 00 猗 00 猱 00 獧 00 獫 00 獼 00

見(견) 親 60 見 52 觀 52 規 50 視 42 覽 40 覺 40 覓 12 覲 10 覗 10 覩 02 覘 00 覼 00
覿 00

冂(경) 再 50 冊 40 冒 30 冕 12 円 02 冑 02 冂 00 冉 00 冏 00

彐(계) 彗 10 彙 10 彝 02 彖 02 彔 00 彘 00 彞 00

高(고) 高 60

鼓(고) 鼓 32 鼕 00 鼗 00 鼙 00

谷(곡) 谷 32 豁 02 谿 02

丨(곤) 中 80 串 12 丰 00 丱 00

骨(골) 體 60 骨 40 髓 10 骸 10

工(공) 左 70 工 70 巨 40 差 40 巧 32 巫 10

廾(공) 弊 32 弄 32 弁 12 异 00

戈(과) 成 60 戰 60 戒 40 或 40 戲 32 戚 32 我 32 戊 30 戌 30 戴 20 戈 20 戎 10 截 10
戍 10 戟 10 戮 10 戱 02 戡 02 戕 00 戛 00 戢 00 戣 00 戩 00

瓜(과) 瓜 20 瓠 02 瓢 02 瓣 02 瓞 00

口(구) 口 70 同 70 問 70 命 70 名 70 右 70 各 60 古 60 合 60 和 60 向 60 告 52 品 52

史 52 商 52 唱 50 可 50 吉 50 善 50 呼 42 器 42 句 42 單 42 員 42 吸 42 味 42
君 40 嚴 40 否 40 周 40 喜 40 吏 32 司 32 含 32 哭 32 唐 32 哀 32 喪 32 吐 32
哲 32 啓 32 吹 32 咸 30 唯 30 叫 30 吾 30 鳴 30 嘗 30 只 30 召 30 吟 30 哉 30
噫 20 呈 20 喉 20 哨 20 唆 20 喆 12 吳 12 呂 12 后 12 台 12 嘲 10 哄 10 吝 10
嘔 10 喝 10 呵 10 嗅 10 唾 10 嗟 10 喙 10 喧 10 吩 10 嚼 10 囑 10 咽 10 噓 10
咐 10 咆 10 哥 10 嘉 10 喊 10 喘 10 嚬 10 呑 10 呻 10 唄 10 哮 10 喩 10 叱 10
呪 10 嚮 10 嗤 10 啞 10 嗔 10 喫 10 嗇 10 咫 10 啼 10 嗣 10 嚆 10 囊 10 哺 10
喚 10 呱 10 喬 10 呆 10 吼 10 嗾 10 咳 10 噴 10 嗜 10 咬 10 咀 10 叩 10 咨 02
喞 02 囍 02 哈 02 啖 02 嘯 02 喇 02 咼 02 嘴 02 咤 02 唎 02 吻 02 喀 02 嚥 02
叭 02 唵 02 唇 02 嗽 02 啄 02 嘶 02 吃 02 吊 02 嘆 02 咎 02 吠 02 叨 00 吁 00
吪 00 呀 00 呶 00 咏 00 呦 00 咈 00 咺 00 哂 00 咢 00 咥 00 咷 00 咮 00 哆 00
咻 00 哻 00 唁 00 哿 00 唪 00 啍 00 啜 00 售 00 喈 00 喟 00 啻 00 喤 00 嘤 00
嗑 00 嘌 00 噴 00 嘏 00 嘅 00 嘐 00 嘒 00 嗸 00 噂 00 嘵 00 嘻 00 嘽 00 噂 00
嘬 00 噎 00 噉 00 嚝 00 噬 00 嚬 00 噲 00 嚌 00 嚏 00 嚚 00 嚶 00 囂 00

臼(구) 舊 52 興 42 與 40 舅 10 臼 10 臾 02 舃 00

韭(구) 韭 00

龜(구) 龜 30

囗(국) 國 80 四 80 園 60 圖 60 團 52 因 50 固 50 圓 42 回 42 困 40 圍 40 囚 30 圈 20
圃 10 囹 10 圄 10 囿 00 圉 00 圜 00

弓(궁) 弟 80 強 60 弱 60 引 42 彈 40 張 40 弓 32 弘 30 弔 30 弦 20 弗 20 疆 12 彌 12
弼 12 彎 10 弩 10 弧 10 弛 10 强 02 弭 00 彀 00

亅(궐) 事 70 了 30 予 30

几(궤) 凡 32 凱 10 几 10 凰 10

鬼(귀) 魂 32 鬼 32 魔 20 魅 20 魏 12 魁 10 魃 10 魄 10 魋 00 魑 00

斤(근) 新 60 斷 42 斥 30 斤 30 斯 30 斬 20 斧 10 斫 02 斯 00 斮 00 斲 00

金(금) 金 80 銀 60 鐵 50 銅 42 錄 42 銃 42 鑛 40 針 40 鉛 40 鍾 40 錢 40 鏡 40 鍊 32
錦 32 鑄 32 錯 32 鋼 32 銘 32 鎖 32 鎭 32 鑑 32 鈍 30 銳 30 鋪 20 釣 20 鍛 20
鍵 12 銖 12 鎔 12 鉀 12 鑽 12 釧 12 釜 12 鎰 12 鏞 12 錫 12 鉉 12 鈗 12 鉢 12
鎬 12 鈺 12 鑰 10 鍍 10 釘 10 錠 10 鍼 10 鉤 10 鐸 10 銓 10 銑 10 錐 10 錚 10
銜 10 錘 10 鈴 10 鎚 10 鑿 10 錮 10 鋒 10 錟 02 鐫 02 鈑 02 鈿 02 鍈 02 鉅 02
鏤 02 鈞 02 錄 02 錤 02 鎣 02 鍋 02 鈐 02 鉦 02 鋏 02 鎌 02 鋋 02 鏶 02 鉗 02
錡 02 鐘 02 鋤 02 鐥 02 鈒 02 銷 02 鏑 02 鉞 02 釗 02 鏃 02 銹 02 鋸 02 釬 02
錨 02 鑒 02 鎧 02 鍔 02 錞 02 鐄 02 銶 02 釵 02 鈕 00 鈇 00 鉑 00 鉍 00 鉐 00
銾 00 銍 00 鋥 00 銡 00 鋈 00 鋂 00 錧 00 錕 00 鍑 00 鍭 00 鍚 00 鍰 00 鎛 00
鎡 00 鏋 00 鏜 00 鏘 00 鏗 00 鐺 00 鐶 00 鏕 00 鑠 00 鑣 00

己(기) 己 52 已 32 巷 30 巳 30 巴 10 巽 02

无(기) 旣 30 无 02

气(기) 氣 70

女(녀) 女 80 姓 70 始 60 婦 42 好 42 如 42 妨 40 威 40 姿 40 妙 40 妹 40 姉 40 委 40
婚 40 姑 32 妻 32 婢 32 妃 32 奴 32 娘 32 媒 32 妄 32 姻 30 嫌 30 妾 30 妥 30
姪 30 娛 30 姦 30 妖 20 姬 20 娩 20 妊 20 孃 20 婥 12 姚 12 嬉 12 姸 12 媛 12
姜 12 婉 10 姤 10 嬌 10 嬪 10 孀 10 娼 10 姨 10 嫁 10 娠 10 媚 10 奸 10 娑 10
嬰 10 媤 10 婆 10 妓 10 嫉 10 娶 10 嫡 10 嫂 10 妣 10 嫄 02 婄 02 姮 02 妗 02
姙 02 姆 02 娃 02 嬖 02 嫩 02 婁 02 娟 02 娥 02 嬋 02 姝 02 娜 02 姐 02 娫 02
姈 00 妯 00 姓 00 姞 00 姤 00 姣 00 娍 00 娣 00 婠 00 媓 00 婿 00 媼 00 媾 00
嫗 00 嬴 00 嬛 00 孌 00

疒(녁) 病 60 痛 40 疲 40 症 32 疾 32 疫 32 痲 20 癌 20 療 20 疱 10 癩 10 痢 10 瘧 10
痙 10 痰 10 瘀 10 癡 10 痔 10 疳 10 疼 10 痼 10 瘦 10 痕 10 痘 10 瘍 10 癢 10
癲 10 瘡 10 癎 10 痺 10 疝 10 疸 10 癖 10 痍 10 癒 10 疹 10 瘤 10 疵 10 瘠 10
瘙 10 瘻 02 癬 02 疥 02 痴 02 瘸 02 瘢 02 疽 02 瘟 02 痂 02 癰 02 痒 02 疚 00
痃 00 痗 00 痡 00 瘖 00 瘁 00 痯 00 痹 00 瘰 00 瘏 00 瘨 00 瘥 00 瘞 00 瘵 00
瘳 00 瘼 00 瘴 00 癲 00

大(대) 大 80 天 70 夫 70 失 60 太 60 奉 52 奇 40 契 32 奏 32 奔 32 奮 32 奪 32 央 32
夷 30 奈 30 奚 30 奎 12 奭 12 奧 10 奢 10 套 10 夭 10 奠 10 奄 10 奕 02 奫 02
奐 02 夾 02 夬 00 夸 00 奘 00 奡 00 奰 00

刀(도) 前 70 分 60 利 60 別 60 切 52 到 52 初 50 則 50 創 42 制 42 副 42 列 42 刻 40
判 40 刑 40 券 40 劇 40 刀 32 割 32 剛 32 刷 32 劍 32 刊 32 劃 32 削 32 刺 32
刃 20 刹 20 劑 20 劉 12 剽 10 剝 10 刪 10 劈 10 剋 10 刮 10 剩 10 刺 10 剪 10
剖 10 剡 02 劒 02 刈 02 剔 02 剿 02 刎 02 剃 02 刖 00 刳 00 刵 00 刲 00 荆 00
劓 00

斗(두) 料 50 斗 42 斜 32 斡 10 斟 10 斛 02 斝 00

豆(두) 豆 42 豊 42 豈 30 豌 02 豎 00 豐 00

亠(두) 交 60 京 60 亡 50 亦 32 亭 32 亨 30 亥 30 享 30 亢 12 亮 12 亶 02 亳 00 亹 00

力(력) 動 70 力 70 勇 60 勝 60 功 60 勞 52 加 50 助 42 努 42 勢 42 務 42 勤 40 勸 40
勉 40 勵 32 劣 30 募 30 勳 20 勒 10 劾 10 勁 10 勘 10 勅 10 劫 10 勃 10 勛 02
劤 02 勣 02 勖 02 勍 02 劬 00 劼 00 効 00 勑 00 勗 00 勦 00 勚 00 勱 00

鬲(력) 鬲 00 鬷 00 鬻 00

老(로) 老 70 者 60 考 50 耆 12 耉 02 耄 00 耋 00

鹵(로) 鹽 32 鹹 10 鹵 02

鹿(록) 麗 42 鹿 30 麒 12 麟 12 麝 10 麓 10 麀 00 麃 00 麋 00 麑 00 麖 00 麕 00 麤 00

耒(뢰) 耕 32 耗 10 耘 10 耭 02 耒 00 耔 00 耜 00 耦 00 耨 00 耰 00

龍(룡) 龍 40 龐 12 龕 02

里(리) 里 70 重 70 野 60 量 50 釐 10

立(립) 立 70 童 60 章 60 競 50 端 42 竟 30 竝 30 竣 10 站 10 竭 10 竪 10 竗 02 竦 00

馬(마) 馬 50 驗 42 驚 40 騎 32 驛 32 騰 30 騷 30 驅 30 駐 20 馮 12 驪 12 驥 12 騏 12
駿 12 駝 10 馳 10 駁 10 駙 10 駕 10 驩 10 駱 10 駑 10 駒 10 馴 10 驕 10 騙 10
駭 10 馭 02 駢 02 馱 02 駬 02 騫 02 騶 02 騁 02 驍 02 駟 02 驀 02 驃 02 驟 02
驢 02 馵 00 駉 00 駜 00 駓 00 駰 00 駪 00 騂 00 駸 00 䮑 00 駽 00 駾 00 騑 00
騋 00 騅 00 騤 00 騧 00 騢 00 騵 00 騺 00 驔 00 驒 00 驈 00 驖 00

麻(마) 麻 32 麾 10

网(망) 罪 50 罰 42 羅 42 置 42 署 32 罷 30 罔 30 罵 10 羈 10 罫 10 罹 10 罕 10 罛 00
罟 00 罝 00 罦 00 罩 00 罭 00 罶 00 罿 00 羆 00 羇 00

麥(맥) 麥 32 麪 10 麴 02 麵 02 麮 00

冖(멱) 冠 32 冥 30 冤 10 冪 02 冗 02 冢 00

面(면) 面 70 靦 00

宀(면) 室 80 家 70 安 70 定 60 宅 52 客 52 實 52 宿 52 害 52 寒 50 寫 50 完 50 宗 42
宮 42 守 42 富 42 容 42 察 42 寶 42 密 42 官 42 寢 40 寄 40 宣 40 寂 32 宙 32
寬 32 寧 32 審 32 宴 32 宇 32 寡 32 宜 30 寅 30 宰 30 宋 12 寵 10 寓 10 宏 10
宕 10 寤 10 寇 10 宛 10 宸 10 宵 10 寨 10 寐 10 宦 10 寞 10 寥 10 寮 10 宥 10
寃 02 寯 02 寗 02 宓 02 宬 02 宖 02 宷 02 寔 02 宂 00 宄 00 它 00 寑 00 寘 00

皿(명) 監 42 盛 42 益 42 盜 40 盡 40 盟 32 盤 32 盈 12 盧 12 盆 10 盒 10 盞 10 皿 10
盂 02 盖 02 盃 02 盌 00 盎 00 盇 00 盥 00 盪 00 盬 00

毛(모) 毛 42 毫 30 氈 10 毬 02 毨 00 毳 00

矛(모) 矛 20 矜 10

木(목) 木 80 東 80 校 80 村 70 植 70 林 70 業 60 樂 60 本 60 根 60 樹 60 果 60 朴 60
李 60 格 52 材 52 束 52 案 50 査 50 板 50 橋 50 末 50 極 42 榮 42 權 42 未 42
檀 42 檢 42 核 40 構 40 模 40 樣 40 條 40 柳 40 標 40 機 40 松 40 朱 40 概 32
械 32 梅 32 梁 32 桃 32 枝 32 橫 32 染 32 桂 32 樓 32 栽 32 桑 32 架 32 株 32
栗 32 柔 32 柱 32 森 32 欄 32 楓 32 楊 30 枕 30 梨 30 析 30 某 30 杯 30 枯 30
棄 30 桐 20 札 20 棟 20 柏 20 梧 20 棋 20 枚 20 楚 12 杏 12 槐 12 楸 12 楞 12
杓 12 樺 12 杜 12 楨 12 楡 12 槿 12 椿 12 柄 12 櫟 12 桓 12 柴 12 杆 12 檜 12
杰 12 桀 12 柯 12 櫻 10 檻 10 柿 10 枉 10 櫛 10 棗 10 柵 10 梵 10 樞 10 棧 10
楕 10 槽 10 枳 10 枸 10 梳 10 樽 10 梏 10 棍 10 榔 10 朽 10 梢 10 棚 10 棠 10
槃 10 椅 10 槍 10 櫃 10 橡 10 梗 10 椎 10 机 10 橙 10 柚 10 柑 10 棺 10 檄 10

樵 10 杞 10 梯 10 杏 10 樸 10 檣 10 杖 10 栓 10 棉 10 枋 10 樞 10 楷 10 桶 10
棲 10 棘 10 榜 10 桎 10 橘 10 槌 10 棒 10 椒 02 棆 02 朶 02 槶 02 朮 02 梔 02
櫓 02 楙 02 柴 02 梡 02 橈 02 柰 02 楠 02 栮 02 樫 02 桔 02 櫂 02 棹 02 柾 02
檎 02 槻 02 欒 02 枓 02 柝 02 檍 02 桁 02 梱 02 欖 02 杭 02 槁 02 桀 02 楗 02
枰 02 杷 02 橄 02 榻 02 榴 02 楔 02 檳 02 橬 02 梭 02 杉 02 橡 02 栖 02 楣 02
榥 02 楮 02 杵 02 榧 02 樟 02 棕 02 櫶 02 桿 02 柬 02 枷 02 楢 02 栯 02 橒 02
栒 02 橓 02 楯 02 梓 02 樊 02 杻 02 桭 02 梛 02 椀 02 榛 02 柶 02 枇 02 栢 02
檍 02 榕 02 梶 02 楫 02 檗 02 楺 02 梟 02 榲 02 杠 00 杋 00 杇 00 杌 00 杕 00
杝 00 杲 00 杼 00 枌 00 杶 00 柞 00 柷 00 枭 00 柙 00 柖 00 柅 00 柘 00 栝 00
栵 00 桄 00 栩 00 栻 00 栲 00 桋 00 梩 00 梃 00 梴 00 桯 00 梚 00 梧 00 梲 00
桴 00 棣 00 椐 00 棫 00 棖 00 棸 00 棼 00 棬 00 棊 00 棐 00 梱 00 椓 00 椶 00
棨 00 楰 00 楅 00 楀 00 楛 00 槀 00 榭 00 榦 00 槉 00 槩 00 槮 00 樅 00 樇 00
橐 00 橲 00 樂 00 樲 00 橚 00 橥 00 檖 00 橿 00 櫝 00 櫁 00 檮 00 櫽 00 橐 00
櫟 00 櫝 00

目(목) 直 70 省 60 目 60 相 52 着 52 眼 42 督 42 眞 42 看 40 瞬 32 盲 32 眠 32 睦 32
睡 30 眉 30 盾 20 睿 12 瞻 12 眄 10 瞞 10 瞳 10 睛 10 眷 10 瞰 10 眈 10 瞥 10
眺 10 瞭 10 眩 10 睹 10 瞋 02 盼 02 睟 02 瞑 02 瞼 02 矗 02 睾 02 睍 02 瞿 02
睫 02 盱 00 盻 00 眊 00 眇 00 眚 00 睆 00 睊 00 睘 00 睨 00 睟 00 睢 00 瞺 00
睽 00 瞍 00 瞯 00 瞽 00 矇 00 矍 00 矙 00

毋(무) 毋 80 每 70 毒 42 毋 10 毓 02

文(문) 文 70 斑 10 斌 02 斐 02

門(문) 門 80 間 70 開 60 關 52 閑 40 閉 40 閣 32 閱 30 閏 30 閥 20 闕 20 閨 20 閻 12
閔 12 闞 12 闡 10 閃 10 闇 10 闢 10 閭 10 閘 10 闊 10 闔 02 閒 02 閤 02 闖 02
閟 00 閹 00 閾 00 闉 00 闈 00 闍 00 闋 00 闌 00 闐 00 闃 00 闥 00

米(미) 米 60 精 42 粉 40 糧 40 粧 32 糖 32 粟 30 粒 10 粕 10 糞 10 粱 10 粘 10 糟 10
糢 10 糊 10 粗 10 糠 10 粹 10 粲 02 粥 02 粃 02 粮 02 粳 02 粢 00 粻 00 粼 00
粺 00 糗 00 糜 00 糴 00

黽(민) 鼈 10 鼇 02 黽 00 鼁 00 鼂 00 鼉 00

癶(발) 登 70 發 60 癸 30

方(방) 旗 70 方 70 族 60 旅 52 施 42 旋 32 於 30 旌 12 旁 12 旒 02 旆 00 旂 00 旃 00
旄 00 旐 00 旟 00

匚(방) 匪 20 匡 10 匣 10 匠 10 匯 02 匭 00 匱 00 匵 00

白(백) 白 80 百 70 的 52 皇 32 皆 30 皐 12 皓 12 皎 10 皀 00 皁 00 皜 00 皤 00 皞 00

釆(변) 釋 32 采 12 釉 02 釆 00

丿(별) 久 32 之 32 乘 32 乎 30 乃 30 乖 10 乏 10 乍 02 乂 02

卜(복) 占 40 卜 30 卞 12 卨 12 卦 10 卣 00

攴(복) 敎 80 數 70 放 60 敬 52 效 52 救 50 敗 50 改 50 收 42 政 42 敵 42 故 42 整 40
攻 40 散 40 敢 40 敦 30 敍 30 敏 30 敷 20 敞 12 斃 10 斂 10 敲 10 敖 02 攸 02
斅 02 敭 02 敼 02 攷 02 敀 00 敉 00 敔 00 敝 00 敹 00 敿 00 斁 00

父(부) 父 80 爺 10 爹 00

缶(부) 缺 42 缸 10 罐 02 罌 02 缶 02 缾 00 罄 00 罍 00

阜(부) 陽 60 陸 52 院 50 障 42 防 42 隊 42 限 42 除 42 陰 42 際 42 隱 40 險 40 降 40
階 40 陣 40 陳 32 隆 32 陵 32 阿 32 隨 32 陷 32 附 32 陶 32 隔 32 隣 30 陜 12
阜 12 隋 12 陝 12 陟 12 阪 12 隙 10 隘 10 阻 10 隕 10 阮 10 陛 10 陀 10 陪 10
陋 10 隅 10 陂 02 隍 02 陌 02 隧 02 阡 02 陞 02 阱 00 阬 00 阨 00 阼 00 陔 00
陧 00 陻 00 陾 00 隄 00 隤 00 隩 00 隮 00 隰 00 隴 00

匕(비) 北 80 化 52 匕 10 匙 10

比(비) 比 50 毘 12 毖 12 毗 02 毚 00

非(비) 非 42 靡 10

飛(비) 飛 42 飜 30

鼻(비) 鼻 50

冫(빙) 冬 70 冷 50 凍 32 凝 30 准 20 凄 10 冶 10 凋 10 凜 10 凌 10 凉 02 凞 02 冽 02
冾 00 减 00 漼 00

糸(사) 紙 70 級 60 線 60 綠 60 結 52 約 52 練 52 給 50 終 50 純 42 統 42 經 42 絶 42
續 42 素 42 細 42 總 42 絲 40 縮 40 紅 40 組 40 紀 40 繼 40 績 40 納 40 系 40
織 40 緣 40 緩 32 紛 32 累 32 維 32 編 32 絡 32 縱 32 緊 32 繁 32 紫 32 索 32
紋 32 綿 32 緖 32 綱 32 緯 30 絃 30 絹 30 縣 30 糾 30 繫 30 絞 20 紹 20 綜 20
纖 20 締 20 紳 20 繕 20 紡 20 紊 20 縫 20 網 20 繩 12 綸 10 紗 10 紐 10 綽 10
絢 10 綻 10 緞 10 繭 10 纂 10 紬 10 綴 10 紂 10 緬 10 繡 10 紺 10 繹 10 繰 10
纏 10 縛 10 縕 10 繃 10 繪 10 綾 10 緻 10 綺 10 緋 10 絨 10 絆 10 緘 10 縕 02
繆 02 繞 02 綎 02 繇 02 縝 02 縷 02 紘 02 紵 02 紆 02 縟 02 綷 02 絳 02 絪 02
縉 02 緡 02 繽 02 紇 02 綠 02 纜 02 絮 02 綢 02 繒 02 縞 02 緝 02 綏 02 絅 02
纛 02 綬 02 纓 02 紈 02 綵 02 纘 02 緇 02 紮 02 糸 00 糺 00 紓 00 紕 00 紑 00
紲 00 紽 00 紱 00 紾 00 紼 00 絜 00 絏 00 絰 00 綌 00 綅 00 絺 00 綏 00 綦 00
緄 00 綣 00 緎 00 緅 00 綰 00 緺 00 緦 00 縢 00 縐 00 縈 00 縶 00 繅 00 縭 00
繘 00 繚 00 繳 00 繻 00 繾 00 纁 00 繽 00 纆 00 纊 00 纍 00 纑 00 纔 00 纚 00

士(사) 士 52 壯 40 壽 32 壬 32 壹 20 壻 10 壺 02

厶(사) 參 52 去 50

山(산) 山 80 島 50 崇 40 峯 32 嶺 32 岸 32 巖 32 崩 30 岳 30 峽 20 岐 12 峴 12 崗 12

崙 12 岬 12 岡 12 崔 12 峻 12 峙 12 嶇 10 嶼 10 崎 10 巍 10 崖 10 嵎 10 岱 02
岑 02 嶸 02 峰 02 峠 02 岾 02 嶋 02 岵 02 嶪 02 嵋 02 岩 02 峀 02 嵬 02 崑 02
岫 02 屹 02 嶝 02 崍 02 嶠 02 嵯 02 巒 02 岷 02 嵌 02 嵩 02 峨 02 嶢 02 嵐 02
岺 02 崧 02 嶽 02 屺 00 岌 00 岍 00 岯 00 猖 00 崒 00 隮 00 嶓 00 嶧 00 嶷 00
巓 00 巑 00 巘 00

彡(삼) 形 60 彩 32 影 32 彫 20 彰 20 彬 12 彭 12 彦 12 彧 02 彪 02 彤 00

色(색) 色 70 艶 10 艴 00 艷 00

生(생) 生 80 産 52 甦 10 甥 10 甡 00

黍(서) 黍 10 黎 10

鼠(서) 鼠 10 鼫 00

夕(석) 外 80 夕 70 多 60 夜 60 夢 32 夙 10 夤 00

石(석) 石 60 砲 42 硏 42 確 42 破 42 碑 40 碧 32 硬 32 磨 32 礎 32 硫 20 碩 20 硯 20
礙 20 磁 20 磻 12 礪 12 硼 10 硝 10 礁 10 砧 10 磊 10 碎 10 磬 10 碌 10 礫 10
礬 10 砒 10 硅 10 碇 10 碻 02 砂 02 砥 02 磐 02 磅 02 碣 02 碉 02 磋 02 磌 02
砦 02 碁 02 碍 02 磯 02 碗 02 碾 02 碼 02 砬 02 砠 00 砮 00 硜 00 磽 00 磧 00

舌(설) 舍 42 舌 40 舒 12

小(소) 小 80 少 70 尙 32 尖 30

夊(쇠) 夏 70 夔 02

手(수) 手 70 才 60 技 50 操 50 擧 50 打 50 接 42 拜 42 承 42 掃 42 授 42 指 42 提 42
擔 42 據 40 拒 40 持 40 抗 40 探 40 擊 40 援 40 招 40 批 40 揮 40 拍 40 折 40
投 40 損 40 推 40 擇 40 採 40 摘 32 掌 32 換 32 拓 32 振 32 揚 32 扶 32 拾 32
抑 32 拔 32 拂 32 拳 32 抵 32 拘 32 排 32 捕 32 押 30 抽 30 捉 30 掠 30 掛 30
拙 30 挑 30 攝 30 搖 30 擁 30 携 30 抄 30 抱 30 捨 30 搜 30 托 30 把 30 播 30
擴 30 掘 20 搬 20 撤 20 抛 20 摩 20 握 20 揭 20 措 20 拉 20 揷 20 揆 12 攪 10
拐 10 擢 10 挽 10 拷 10 挺 10 攀 10 括 10 撮 10 撲 10 搏 10 掩 10 掉 10 拌 10
擦 10 揀 10 摸 10 搗 10 攄 10 抹 10 按 10 撓 10 扮 10 搔 10 拮 10 搭 10 拗 10
擄 10 抒 10 揖 10 撥 10 拿 10 撫 10 撒 10 拏 10 撰 10 搾 10 拭 10 捏 10 捷 10
扱 10 扼 10 擾 10 撞 10 擡 10 捲 10 拱 10 撈 10 挪 10 擘 10 捧 10 擅 10 捐 10
擬 10 摯 10 描 10 撚 10 攘 10 挾 10 撻 10 揄 10 撐 10 捺 10 披 10 挫 10 擲 10
擒 10 拇 10 搢 02 拈 02 挻 02 揔 02 摹 02 捻 02 拯 02 擥 02 擎 02 掖 02 控 02
抉 02 捿 02 据 02 攬 02 攣 02 捌 02 撑 02 揞 02 擺 02 攫 02 拖 02 扎 00 扑 00
扤 00 扣 00 扞 00 拊 00 挐 00 挃 00 拵 00 挹 00 捄 00 掇 00 掣 00 掎 00 捫 00
掊 00 揥 00 揉 00 揠 00 掾 00 揣 00 揜 00 搆 00 搶 00 摧 00 摟 00 摽 00 擣 00
擭 00 擯 00 攖 00 攜 00

水(수) 水 80 活 70 江 70 海 70 漢 70 洞 70 溫 60 注 60 消 60 永 60 淸 60 洋 60 油 60

決 52 法 52 流 52 洗 52 漁 50 汽 50 氷 50 湖 50 浴 50 河 50 深 42 濟 42 演 42
準 42 滿 42 液 42 潔 42 波 42 治 42 測 42 求 42 港 42 減 42 派 40 潮 40 源 40
混 40 況 40 激 40 泉 40 淫 32 浩 32 濕 32 滅 32 湯 32 渡 32 淨 32 溪 32 泰 32
淑 32 潛 32 浸 32 汗 32 淡 32 漸 32 潤 32 漆 32 泥 32 淺 32 浮 32 漠 32 洪 32
沈 32 涼 32 澤 32 池 32 沒 32 滯 32 浦 32 浪 32 沙 32 漏 32 洲 32 沿 32 汚 30
濁 30 泣 30 淚 30 滴 30 漂 30 濫 30 漫 30 渴 30 濯 30 泳 30 汝 30 添 30 涉 30
泊 30 涯 30 津 20 濠 20 滑 20 溺 20 滄 20 濃 20 灣 20 沐 20 沮 20 洛 20 潭 20
汎 20 淵 12 渭 12 灘 12 汀 12 潘 12 瀅 12 漣 12 沂 12 湍 12 渤 12 溶 12 泌 12
浚 12 湜 12 淇 12 汶 12 潽 12 瀋 12 濬 12 沖 12 沆 12 沃 12 汪 12 淮 12 濂 12
沼 12 滉 12 滋 12 瀐 12 淳 12 洵 12 沔 12 泗 12 泓 12 澈 12 洙 12 澔 12 溜 10
渠 10 氾 10 洑 10 泛 10 涵 10 湮 10 淘 10 汲 10 瀉 10 汨 10 汁 10 潑 10 淪 10
澹 10 瀾 10 濱 10 潰 10 瀉 10 漿 10 瀆 10 漕 10 汰 10 沌 10 涅 10 滔 10 洽 10
滲 10 湃 10 溢 10 瀑 10 澁 10 灌 10 漲 10 渺 10 濤 10 滓 10 溟 10 沛 10 漑 10
澎 10 沸 10 游 10 洶 10 澣 10 灑 10 涌 10 滌 10 溝 10 瀕 10 泡 10 涕 10 濾 10
渫 10 洩 10 泄 10 渾 10 澄 10 澱 10 渦 10 淋 10 澗 10 沫 10 瀝 10 瀣 02 漢 02
瀛 02 淆 02 浿 02 潺 02 濡 02 濩 02 潁 02 潔 02 澍 02 湊 02 涍 02 渙 02 潗 02
渽 02 淙 02 灝 02 湧 02 滸 02 淏 02 溱 02 澐 02 湫 02 浹 02 澳 02 淄 02 滎 02
湟 02 沅 02 浣 02 洹 02 瀣 02 澮 02 洞 02 沾 02 瀷 02 瀜 02 潢 02 沚 02 泫 02
瀚 02 汭 02 瀯 02 湲 02 瀠 02 漬 02 渚 02 汞 02 洧 02 泯 02 沓 02 洢 02 滾 02
滂 02 泮 02 瀞 02 沽 02 溯 02 瀨 02 渥 02 渼 02 湄 02 沕 02 瀁 02 涇 02 湛 02
淞 02 漥 02 渣 02 湞 02 渲 02 淅 02 汐 02 沁 02 湘 02 潣 02 瀟 02 汕 02 涑 02
淀 02 湳 02 渟 02 浜 02 汾 02 洸 02 溥 02 瀏 02 沇 02 瀧 02 涎 02 瀘 02 潞 02
涓 02 澧 02 潚 02 漱 02 洌 02 浬 02 淹 02 潾 02 潼 02 浙 02 氿 00 汜 00 汙 00
汔 00 汩 00 沄 00 泱 00 洟 00 泲 00 沱 00 洙 00 洒 00 洟 00 洄 00 洮 00 洳 00
泚 00 洫 00 洚 00 涏 00 浥 00 涖 00 浼 00 涘 00 涬 00 淢 00 淠 00 湑 00 湎 00
渝 00 湁 00 湝 00 湌 00 滕 00 溵 00 滍 00 漾 00 溥 00 漚 00 漳 00 漌 00 滮 00
漯 00 潸 00 潒 00 澖 00 潦 00 澬 00 滃 00 濟 00 瀅 00 澱 00 澭 00 濰 00 濛 00
瀵 00 潤 00 瀌 00 瀍 00 瀰 00 瀹 00 瀼 00 灑 00 灃 00

首(수) 首 52

殳(수) 殺 42 段 40 殿 32 毁 30 股 12 毆 10 毅 10 殼 10 殳 00 殷 00

尸(시) 展 52 局 52 屋 50 屬 40 層 40 屆 40 居 40 尺 32 尾 32 履 32 屢 30 屛 30 屍 20
尼 20 尿 20 尹 12 屑 10 屠 10 尸 02 屆 02 尻 02 屎 02 屨 00

矢(시) 短 60 知 52 矢 30 矣 30 矯 30 矮 10 矩 10 矧 00

示(시) 祖 70 神 60 社 60 禮 60 福 52 祝 50 示 50 祭 42 禁 42 票 42 祕 40 祈 32 祿 32
禍 32 禪 32 祀 32 祥 30 禧 12 祚 12 祐 12 禎 12 祜 12 祉 10 禦 10 禱 10 祠 10
禳 02 祁 02 祇 02 祺 02 禑 02 祛 02 祗 02 祋 00 祊 00 祔 00 祼 00 禋 00 禔 00
禘 00 禡 00 禛 00 禴 00

豕(시) 豫 40 象 40 豪 32 豚 30 豬 10 豕 02 豝 00 豢 00 豜 00 豨 00 豳 00 豵 00 豶 00

食(식) 食 70 飮 60 養 52 餘 42 館 32 飯 32 飾 32 飽 30 飢 30 餓 30 餐 20 飼 20 饗 10
餌 10 饉 10 饅 10 饒 10 饌 10 餞 10 餠 10 飴 02 餉 02 饔 02 饍 02 飡 02 飭 02
饑 02 饋 02 餃 02 飧 00 飦 00 飫 00 飱 00 飶 00 餂 00 餒 00 餗 00 餔 00 餤 00
餱 00 餲 00 餼 00 餽 00 饁 00 饇 00 饐 00 饎 00 饙 00 饜 00 饛 00 饟 00

臣(신) 臣 52 臨 32 臥 30 臧 02

身(신) 身 60 軀 10 躬 10

辛(신) 辯 40 辭 40 辛 30 辨 30 辜 10 辦 10 辣 10 辟 00

心(심) 心 70 愛 60 感 60 急 60 意 60 必 52 念 52 性 52 情 52 惡 52 思 50 患 50 快 42
忠 42 惠 42 慶 42 恩 42 態 42 想 42 息 42 怒 42 志 42 應 42 悲 42 憲 40 慮 40
恨 40 憤 40 慰 40 怨 40 悅 32 悟 32 慈 32 懇 32 愁 32 憶 32 慣 32 忍 32 恥 32
慧 32 慾 32 愼 32 惜 32 怪 32 懸 32 恕 32 愚 32 憎 32 惑 32 忽 32 恒 32 憂 32
恭 32 恐 32 悠 32 戀 32 慕 32 悔 32 懷 32 怠 30 忙 30 慘 30 憫 30 慢 30 恣 30
憐 30 愧 30 懲 30 慨 30 忘 30 惟 30 懼 30 愈 30 慙 30 忌 30 惱 30 惹 20 憩 20
悽 20 怖 20 憾 20 悼 20 惇 12 怡 12 悳 12 憙 12 惚 10 悸 10 憮 10 慓 10 慫 10
怯 10 慷 10 悧 10 惰 10 懦 10 愾 10 懊 10 恢 10 憬 10 憔 10 懥 10 悚 10 恤 10
懺 10 慄 10 恪 10 惻 10 悌 10 懈 10 憑 10 憧 10 悴 10 恰 10 憚 10 慝 10 愉 10
悖 10 愕 10 慟 10 悉 10 怏 10 惘 10 憺 10 悛 10 恙 10 忿 10 悍 10 愴 10 懶 10
愎 10 慌 10 悶 10 忖 10 恍 10 惶 10 慊 02 惪 02 愿 02 愷 02 懿 02 懋 02 怜 02
懃 02 慇 02 恬 02 惺 02 愍 02 恃 02 慤 02 悰 02 恁 02 愆 02 恂 02 憾 02 憘 02
戇 02 悤 02 恝 02 愰 02 憁 02 忉 00 忒 00 忻 00 忱 00 忸 00 忮 00 忡 00 忝 00
忤 00 忞 00 怰 00 怭 00 怵 00 怓 00 怗 00 怲 00 怩 00 怛 00 恫 00 恌 00 恊 00
悁 00 悄 00 悱 00 惕 00 惛 00 悵 00 惙 00 惔 00 悻 00 悾 00 愃 00 愫 00 愒 00
惴 00 愽 00 慍 00 愬 00 慅 00 慆 00 慦 00 慱 00 慼 00 慥 00 憓 00 憝 00 憖 00
憯 00 憸 00 懌 00 懆 00 懍 00 懠 00 懟 00 懥 00 憒 00 懮 00 懰 00 懽 00 戁 00

十(십) 十 80 南 80 千 70 午 70 半 60 卒 52 卓 50 博 42 協 42 卑 32 升 20 卍 10 卉 10
卄 02

氏(씨) 民 80 氏 40 氓 02 氐 00

牙(아) 牙 32

襾(아) 西 80 要 52 覆 32 覇 02 覃 02 覈 00 羈 00

歹(알) 死 60 殘 40 殆 32 殊 32 殉 30 殃 30 殖 20 殮 10 殲 10 殯 10 歿 10 殞 10 殄 02
歹 00 殀 00 殂 00 殍 00 殛 00 殤 00 殫 00

龠(약) 龥 00

羊(양) 美 60 義 42 羊 42 群 40 羲 12 羞 10 羹 10 羨 10 羔 02 羸 02 羌 02 羚 02 羑 00
羖 00 羝 00 羜 00

魚(어) 鮮 52 魚 50 魯 12 鮑 12 鰍 10 鰒 10 鰻 10 鯨 10 鱗 10 鰥 10 鮟 02 鰲 02 鰊 02
鰕 02 鰐 02 鯉 02 鱉 02 鮎 02 鯖 02 鮫 02 鯤 02 魴 00 鮒 00 鮀 00 鮪 00 鯊 00

鯀 00 鰋 00 鰷 00 鱒 00 鱧 00 鱣 00 鱠 00 鱮 00

言(언) 記 70 話 70 語 70 言 60 讀 60 訓 60 計 60 變 52 課 52 調 52 識 52 說 52 談 50
許 50 護 42 謝 42 試 42 誠 42 設 42 請 42 議 42 警 42 詩 42 誤 42 講 42 論 42
認 42 謠 42 訪 42 評 40 討 40 讚 40 證 40 誌 40 訴 32 謙 32 誘 32 譽 32 訣 32
譯 32 詞 32 詳 32 謂 32 讓 32 諾 32 誇 32 訟 32 譜 32 謀 32 諸 32 誓 30 謹 30
詠 30 訂 30 諒 30 詐 30 誦 30 謁 30 該 30 誕 30 誰 30 託 20 診 20 謬 20 謄 20
諜 20 諮 20 誾 12 謨 12 諺 10 誨 10 訝 10 譴 10 詛 10 謗 10 譏 10 謫 10 諭 10
諧 10 謔 10 諦 10 諡 10 註 10 譬 10 讎 10 譚 10 諫 10 誹 10 訣 10 詰 10 誣 10
諂 10 謳 10 訌 10 訊 10 諷 10 訃 10 誼 10 誅 10 詔 10 諱 10 詣 10 訥 10 訛 10
詭 10 謐 10 讖 10 讒 10 諏 02 諍 02 訶 02 讐 02 諴 02 誥 02 詵 02 譎 02 詹 02
譁 02 諶 02 謎 02 詢 02 諄 02 詮 02 諡 02 諄 02 諼 02 訖 02 訑 00 訏 00 訒 00
訐 00 訔 00 訧 00 訩 00 詘 00 詒 00 詖 00 詈 00 訾 00 詡 00 詵 00 誚 00 誑 00
諗 00 諝 00 諞 00 諴 00 諼 00 諠 00 諟 00 諂 00 謥 00 譙 00 譤 00 譖 00 譸 00

广(엄) 度 60 庭 60 廣 52 店 52 序 50 床 42 府 42 康 42 底 40 庫 40 廳 40 座 40 廢 32
廊 32 庶 30 廟 30 庚 30 廉 30 庸 30 庄 12 庠 12 庾 12 廬 12 庖 10 庵 10 廓 10
庇 10 廏 10 廚 10 廠 10 廛 10 廈 02 廂 02 廐 02 廖 02 庤 00 庳 00 廁 00 廋 00
廡 00 廩 00 廱 00

厂(엄) 原 50 厚 40 厥 30 厄 30 厭 20 厘 02 厓 02 厠 02 厦 02 厖 00 厲 00

玉(옥) 王 80 班 60 球 60 理 60 現 60 玉 42 環 40 珍 40 琴 32 珠 32 琢 20 瑞 20 瑄 12
珉 12 琦 12 珽 12 瑩 12 瑾 12 琪 12 玖 12 璇 12 珥 12 珣 12 璿 12 璣 12 珪 12
瓊 12 璋 12 珏 12 瑗 12 瑢 12 璨 12 瑟 12 玲 12 琮 12 玟 12 璟 12 瓚 12 瑛 12
琯 12 琵 10 玩 10 珊 10 璧 10 琉 10 璽 10 瑚 10 珀 10 琶 10 琥 10 瑕 10 瓏 10
瑋 02 瑪 02 琅 02 琰 02 瑯 02 瑃 02 珞 02 璘 02 瓔 02 璹 02 璉 02 琠 02 琛 02
琳 02 璲 02 璵 02 琸 02 瑜 02 珦 02 琬 02 瓘 02 琿 02 琫 02 玭 02 琓 02 玘 02
珝 02 珖 02 玹 02 瑙 02 珐 02 珹 02 玳 02 琁 02 琋 02 瑤 02 璃 02 玧 02 瑠 02
堪 02 珩 02 璪 02 珂 02 璜 02 玗 02 瑀 02 玎 02 瑁 02 珙 02 瑨 02 珌 02 琡 02
璥 02 璡 02 珷 02 琨 02 璞 02 瑥 02 玔 02 琇 02 瑱 02 玕 00 玠 00 玿 00 珈 00
玷 00 琉 00 珗 00 珸 00 珵 00 琚 00 瑆 00 瑅 00 瑱 00 瑳 00 瑣 00 瑲 00 瑰 00
璊 00 瑽 00 璆 00 璔 00 璱 00 璶 00 璸 00 瓓 00

瓦(와) 瓦 32 甕 12 甄 12 瓶 10 瓷 10 甑 02 瓮 02 瓵 00 甃 00 甓 00

曰(왈) 書 60 會 60 最 50 曲 50 更 40 曾 32 替 30 曰 30 曺 12 曳 10 曹 10 曷 02 曼 02
朅 00

尢(왕) 就 40 尤 30 尨 10 尰 00

幺(요) 幼 32 幽 32 幾 30 幻 20

用(용) 用 60 甫 12 甬 02 甯 00

又(우) 反 60 友 52 取 42 受 42 叔 40 及 32 又 30 叛 30 叢 10 叉 10 叡 02 叟 00

牛(우) 物 70 特 60 牛 50 牧 42 牽 30 牟 12 犀 10 牡 10 犧 10 牢 10 牲 10 犢 02 牝 02
犁 02 牣 00 牷 00 牼 00 牿 00 犉 00

羽(우) 習 60 翼 32 羽 32 翁 30 翰 20 耀 12 翊 12 翠 10 翔 10 翡 10 翌 10 翩 02 翹 02
翅 02 翟 02 翕 02 翎 02 翫 02 羿 00 翛 00 翬 00 翦 00 翯 00 翳 00 翱 00 翻 00
翮 00

雨(우) 電 70 雪 60 雨 52 雲 52 霜 32 靈 32 露 32 雷 32 震 32 需 32 霧 30 零 30 霸 20
雰 10 靄 10 霑 10 霞 10 靂 02 霙 02 雩 02 霽 02 雹 02 霓 02 雯 02 霹 02 霰 02
霖 02 霆 02 雱 00 霂 00 霄 00 霔 00 霏 00 霍 00 霢 00 霾 00

月(월) 月 80 有 70 朝 60 服 60 望 52 朗 52 期 50 朋 30 朔 30 朞 10 朕 10 朦 02 朧 02
朏 00

韋(위) 韓 80 韋 12 韜 02 韎 00 韔 00 韘 00 韞 00 韡 00

酉(유) 醫 60 配 42 酒 40 醉 32 醜 30 酉 30 酌 30 酷 20 酸 20 醴 12 酊 10 酋 10 醇 10
酬 10 酪 10 醵 10 醱 10 酵 10 醬 10 酩 10 醋 10 醒 10 醯 10 釀 10 酢 02 酎 02
醍 02 醮 02 酗 00 酤 00 酣 00 酲 00 醓 00 醢 00 醞 00 醹 00 醼 00 釁 00 釃 00

内(유) 禽 32 禹 12 离 00

肉(육) 育 70 能 52 肉 42 背 42 脈 42 腸 40 脫 40 胞 40 肝 32 肖 32 脅 32 腹 32 胡 32
肥 32 脚 32 胸 32 胃 32 肺 32 臟 32 腦 32 腐 32 肩 30 腰 30 肯 30 脣 30 膚 20
膜 20 膠 20 脂 20 胎 20 腎 20 膽 20 胤 12 膊 10 肌 10 胥 10 膺 10 肋 10 脹 10
腫 10 腺 10 肢 10 脊 10 脾 10 冑 10 腿 10 股 10 膏 10 胚 10 肛 10 臂 10 肪 10
膀 10 膿 10 膈 10 膣 10 腕 10 腑 10 腱 10 膾 10 膝 10 脯 10 膳 10 脛 10 膨 10
胴 10 臀 10 肱 10 胱 10 腋 10 膵 10 腔 10 臘 10 脆 10 臆 10 臍 02 脇 02 脩 02
腥 02 胛 02 腙 02 肴 02 肫 00 胖 00 胏 00 胾 00 脞 00 脢 00 腆 00 腓 00 腊 00
膂 00 膴 00 臄 00 臝 00

聿(율) 肅 40 肇 10 聿 02 肄 02 肆 02

乙(을) 九 80 乳 40 亂 40 乾 32 乙 32 乞 30 也 30 乭 12 乫 02 乷 02 乶 02 乼 02

音(음) 音 60 響 32 韻 32 韶 02 護 02

邑(읍) 邑 70 部 60 郡 60 都 50 鄕 42 郵 40 郞 32 邪 32 郊 30 邦 30 那 30 郭 30 邕 12
鄧 12 邯 12 郁 12 邵 12 邢 12 鄭 12 邱 12 鄒 12 邸 10 鄙 10 郃 02 鄂 02 鄲 02
邨 02 邙 02 邛 00 邠 00 郇 00 郲 00 郢 00 郤 00 鄘 00 鄜 00 鄰 00 鄹 00 酈 00

衣(의) 衣 60 表 60 製 42 裝 40 複 40 裂 32 裏 32 衰 32 裁 32 襲 32 裳 32 補 32 裕 32
被 32 裸 20 衷 20 袁 12 襄 12 裵 12 袈 10 袂 10 褪 10 袋 10 襪 10 袴 10 袞 10
裨 10 襟 10 衲 10 褐 10 衾 10 褒 10 袍 10 裡 10 裔 10 袖 10 褶 02 褘 02 襤 02
褥 02 裙 02 褻 02 衿 02 褙 02 褸 02 襁 02 衫 02 袒 02 裟 02 袗 02 褓 02 裴 02
衽 00 袢 00 袪 00 衹 00 袺 00 裘 00 裎 00 裒 00 裯 00 裼 00 褁 00 褏 00 褊 00
褩 00 褰 00 褫 00 褭 00 襋 00 襢 00 襜 00 襭 00 襮 00

二(이) 五 80 二 80 亞 32 井 32 云 30 于 30 互 30 亘 10 些 10 亙 00 亟 00

而(이) 耐 32 而 30

耳(이) 聞 60 耳 50 職 42 聲 42 聖 42 聽 40 聯 32 聘 30 聰 30 耶 30 聚 12 耽 12 聳 10 聾 10 聊 10 聆 02 耿 02 聃 02 聒 00 聒 00

隶(이) 隸 30

弋(익) 式 60 弑 10 弋 00

人(인) 人 80 休 70 便 70 住 70 來 70 信 60 例 60 代 60 今 60 使 60 作 60 偉 52 以 52 仕 52 仙 52 價 52 傳 52 任 52 健 50 令 50 停 50 位 50 他 50 億 50 倍 50 件 50 佛 42 低 42 假 42 俗 42 保 42 係 42 修 42 侵 42 個 42 伐 42 備 42 傷 40 候 40 儉 40 傑 40 優 40 傾 40 儀 40 儒 40 依 40 仁 40 伏 40 偏 32 値 32 仰 32 催 32 但 32 倫 32 付 32 倒 32 企 32 伯 32 介 32 借 32 偶 32 侍 32 供 32 償 32 僞 32 側 32 僧 32 像 32 仲 32 促 32 何 32 佳 32 債 32 倉 32 侮 30 俱 30 俊 30 侯 30 佐 30 傍 30 倣 30 似 30 傲 30 伸 30 余 30 伴 30 僅 30 僚 30 俳 20 俸 20 傭 20 偵 20 僑 20 併 20 僻 20 傀 20 傘 20 倻 12 伽 12 价 12 儆 12 傅 12 俛 12 倭 12 佑 12 伊 12 佾 12 偈 10 伎 10 侈 10 仔 10 倨 10 儼 10 仇 10 佩 10 倆 10 俄 10 什 10 僕 10 俚 10 僥 10 俯 10 僉 10 儺 10 伍 10 僭 10 偕 10 仗 10 俠 10 做 10 倡 10 倦 10 佚 10 儡 10 侶 10 們 02 侑 02 侁 02 儁 02 倬 02 俑 02 俵 02 佺 02 侖 02 侊 02 俎 02 佈 02 偸 02 佇 02 俓 02 倞 02 伉 02 僿 02 僖 02 仍 02 倜 02 仟 02 儇 02 侏 02 俺 02 偃 02 佯 02 倪 02 侘 02 俟 02 伋 02 伺 02 佶 02 伶 02 佰 02 仄 02 佃 02 侄 02 倚 02 倧 02 倖 02 倍 02 俔 02 仝 02 侃 02 儲 02 儷 02 仞 00 仡 00 仳 00 伻 00 伾 00 佌 00 佖 00 你 00 佗 00 佞 00 佽 00 侗 00 佸 00 佼 00 侐 00 佻 00 俯 00 俘 00 俁 00 俅 00 俐 00 倩 00 倘 00 倈 00 俶 00 倰 00 偰 00 偲 00 偪 00 俾 00 傚 00 傒 00 傞 00 僇 00 僎 00 僮 00 僝 00 僤 00 僴 00 儌 00 僾 00 儌 00 儇 00 儛 00 儐 00 儦 00 儻 00

儿(인) 兄 80 先 80 光 60 兒 52 元 52 充 52 克 32 兆 32 免 32 兎 32 兢 12 允 12 兌 12 兇 10 兜 10 兔 02 兀 02 兕 00 兗 00

廴(인) 建 50 延 40 廷 32 廻 20

一(일) 三 80 七 80 一 80 世 70 不 70 上 70 下 70 丁 40 丘 32 丙 32 丈 32 且 30 丑 30 丕 12 丞 10 万 02

日(일) 日 80 時 70 春 70 晝 60 昨 60 明 60 景 50 曜 50 暴 42 是 42 早 42 暗 42 星 42 暖 42 智 40 普 40 暇 40 易 40 映 40 暫 32 昇 32 曆 32 旬 32 昌 32 晚 32 旦 32 暑 30 晴 30 晨 30 昏 30 昭 30 暮 30 曉 30 暢 30 旱 30 昔 30 旨 20 晳 12 晟 12 旻 12 暎 12 旼 12 晃 12 昺 12 昶 12 晶 12 昴 12 晙 12 旭 12 晋 12 昱 12 昞 12 晧 12 昊 12 旺 12 暹 12 曖 10 昉 10 昂 10 晦 10 暝 10 暈 10 曝 10 昧 10 昆 10 曠 10 曙 10 曇 10 晏 10 暻 02 昰 02 昐 02 晢 02 昕 02 曦 02 晷 02 暠 02 暉 02 暄 02 最 02 旴 02 晫 02 暲 02 晁 02 暐 02 晄 02 昑 02 暾 02 晥 02 晤 02 昨 02

暳 02 旽 02 晛 02 昻 02 暘 02 晞 02 曄 02 昄 00 昃 00 昜 00 昡 00 昑 00 昵 00
昷 00 晰 00 晢 00 睗 00 晵 00 暛 00 暵 00 朁 00 曁 00 曒 00 曘 00 曩 00

入(입) 全 70 內 70 入 70 兩 42 兪 12

子(자) 學 80 孝 70 子 70 字 70 孫 60 孔 40 季 40 存 40 孤 40 孟 32 孰 30 孕 10 孵 10
孑 02 孺 02 孼 02 孩 02 孱 02 孜 02 孚 02 孛 00 孥 00 孳 00 孽 00

自(자) 自 70 臭 30 臬 00 臲 00

長(장) 長 80

爿(장) 牆 02 牀 02 牂 00

赤(적) 赤 50 赦 20 赫 12 赧 00 赭 00 赬 00

田(전) 男 70 由 60 界 60 畫 60 番 60 當 52 留 42 申 42 田 42 略 40 甲 40 異 40 畜 32
畢 32 畿 32 畏 30 畓 30 疆 12 疇 12 甸 12 畸 10 畝 10 町 10 畔 10 疊 10 畵 02
畺 02 畑 02 畇 02 畛 02 畯 02 畦 02 畀 00 畎 00 畋 00 畬 00 畽 00 疃 00

卩(절) 印 42 卷 40 危 40 卵 40 卽 32 却 30 卯 30 卿 30 卬 00 卻 00 卼 00

鼎(정) 鼎 12 鼐 00 鼒 00

齊(제) 齊 32 齋 10 齎 02

爪(조) 爭 50 爲 42 爵 30 爬 10 爪 10 爰 02

鳥(조) 鳥 42 鷄 40 鳴 40 鶴 32 鳳 32 鴻 30 鷗 20 鴨 12 鷺 12 鵬 12 鷹 12 鴦 10 鶯 10
鳩 10 鵲 10 鵠 10 鵑 10 鸞 10 鳶 10 鴛 10 鷲 02 梟 02 鶉 02 鸚 02 鵡 02 鷙 02
鵝 02 鴉 02 鳲 00 鴇 00 鴃 00 鴈 00 鴞 00 鴥 00 鴟 00 鵙 00 鵜 00 鵊 00 鵓 00
鶊 00 鵻 00 鶩 00 鷊 00 鶬 00 鷖 00 鷹 00 鷁 00 鸒 00 鸛 00

足(족) 足 70 路 60 踏 32 跡 32 距 32 蹟 32 踐 32 跳 30 躍 30 蹴 20 踰 12 躊 10 踊 10
踵 10 踪 10 躁 10 跛 10 蹈 10 跆 10 蹄 10 蹂 10 蹶 10 跌 10 跋 10 躪 10 躇 10
蹉 10 跏 02 趺 02 跣 02 踞 02 蹇 02 蹙 02 跨 02 趾 02 蹠 02 蹊 02 跂 00 跖 00
跪 00 跲 00 踟 00 踧 00 踖 00 踽 00 踴 00 蹐 00 蹌 00 蹢 00 蹤 00 蹜 00 蹝 00
蹲 00 蹻 00 躅 00 躋 00 躕 00 躩 00

舟(주) 船 50 航 42 般 32 舟 30 舶 20 艇 20 艦 20 艙 10 舵 10 舫 02 艀 02 艅 02 舡 02
舷 02 艤 02 艘 00

走(주) 走 42 起 42 趣 40 越 32 超 32 赴 30 趨 20 趙 12 赳 02 趯 00

丶(주) 主 70 丹 32 丸 30

竹(죽) 答 70 算 70 等 60 第 60 筆 52 節 52 築 42 笑 42 竹 42 篇 40 管 40 筋 40 範 40
簡 40 籍 40 策 32 符 32 簿 32 笛 32 篤 30 籠 20 箱 20 箕 12 筏 12 箴 10 籃 10
簞 10 笏 10 箔 10 簪 10 箸 10 笠 10 籬 10 簒 10 箇 10 筒 10 籤 10 竿 10 筵 10
箭 10 簇 10 筍 10 簾 10 笞 10 篆 10 箋 10 簫 10 筐 02 篁 02 筌 02 箝 02 簽 02

竺 02 筬 02 筍 02 筐 02 簒 02 籌 02 篠 02 筮 02 筠 02 箏 02 箕 02 篩 02 簽 02
簧 02 筌 02 笭 02 筑 02 笄 00 笱 00 笥 00 第 00 筥 00 筋 00 箘 00 篚 00 篪 00
篔 00 簑 00 簣 00 簋 00 篾 00 簟 00 簜 00 簀 00 簬 00 簸 00 籗 00 籥 00 籩 00
籧 00 籲 00

支(지) 支 42

止(지) 正 70 歲 52 歷 52 止 50 步 42 武 42 歸 40 此 32 歪 20 歧 00

至(지) 致 50 至 42 臺 32 臻 02

辰(진) 農 70 辱 32 辰 32

辵(착) 道 70 速 60 遠 60 通 60 運 60 近 60 週 52 過 52 選 50 進 42 送 42 連 42 邊 42
造 42 達 42 逆 42 退 42 遺 40 遊 40 避 40 逃 40 迎 40 遇 40 適 40 述 32 追 32
還 32 透 32 逸 32 迫 32 途 32 逢 32 遷 32 返 30 遣 30 逮 30 遞 30 遂 30 迷 30
遙 30 遲 30 逝 30 違 30 遵 30 遍 30 逐 30 遮 20 迦 12 遼 12 遁 10 逅 10 逞 10
邀 10 迅 10 迂 10 遡 10 迹 10 遑 10 逋 10 邂 10 逍 10 邏 10 遝 10 遜 10 邁 10
遐 10 迭 10 遭 10 逼 10 逵 10 這 02 逾 02 适 02 逗 02 逑 02 遯 02 遽 02 逡 02
迲 02 迪 02 邇 02 邈 02 邃 02 迥 02 逕 02 迄 00 迋 00 迓 00 迨 00 迤 00 逎 00
迸 00 逄 00 逖 00 逭 00 遏 00 遒 00 遄 00 遆 00 遘 00 遹 00 邅 00

鬯(창) 鬱 20 鬯 00

彳(척) 後 70 待 60 德 52 律 42 復 42 往 42 得 42 從 40 徒 40 役 32 徵 32 御 32 征 32
彼 32 徑 32 徹 32 徐 32 微 32 循 30 徽 12 徙 10 徊 10 徨 10 徘 10 彷 10 彿 10
徇 02 徠 02 徂 00 徧 00 徯 00 徭 00 徼 00

舛(천) 舞 40 舜 12 舛 02 舝 00

巛(천) 川 70 州 52 巡 32 巢 12

屮(철) 屯 30

靑(청) 靑 80 靜 40 靖 10 靚 00

艸(초) 萬 80 花 70 草 70 英 60 藥 60 苦 60 葉 50 落 50 蓄 42 藝 42 華 40 蘭 32 蒼 32
菜 32 若 32 薄 32 蓮 32 著 32 芽 32 蓋 32 茂 32 芳 32 菊 32 蒸 32 荒 32 莫 32
菌 32 荷 32 蒙 32 茶 32 葬 32 莊 32 藏 32 蘇 32 茫 30 苟 30 苗 30 蔬 30 蔽 30
薦 30 藤 20 蔑 20 藍 20 菓 20 苑 20 葛 20 蔘 20 蘆 12 茅 12 蓬 12 葡 12 蔡 12
荀 12 萊 12 芬 12 艾 12 薛 12 芸 12 莞 12 蔣 12 芝 12 菫 12 蔚 12 芮 12 薰 12
范 12 蕭 10 茸 10 萃 10 莖 10 芙 10 菩 10 蓉 10 薪 10 芻 10 薩 10 蕃 10 蓑 10
薯 10 萍 10 菽 10 苛 10 葯 10 荊 10 蕪 10 藩 10 薇 10 蒲 10 蒐 10 藿 10 蔓 10
萄 10 萌 10 芥 10 芎 10 藉 10 蕉 10 薔 10 藻 10 薑 10 葵 10 蔗 10 萎 10 苔 10
菖 10 蕩 10 蘊 10 芒 10 菱 10 葺 10 芭 10 蔭 10 蓚 02 蓆 02 藎 02 芼 02 芩 02
菲 02 芟 02 菫 02 莘 02 苧 02 蘿 02 蓍 02 蕙 02 芚 02 茄 02 芎 02 荻 02 葦 02
蔦 02 莢 02 苞 02 菰 02 蘂 02 蕈 02 苾 02 藷 02 莎 02 菹 02 藕 02 蒜 02 芋 02

茁 02 芯 02 蘚 02 蕓 02 芹 02 蕎 02 莪 02 蔯 02 菰 02 菅 02 蓼 02 蒿 02 蓀 02
茵 02 菁 02 葫 02 蕘 02 萩 02 茉 02 藪 02 莽 02 荳 02 苡 02 荏 02 芦 02 萸 02
茗 02 蒽 02 蓂 02 荇 02 苕 02 萱 02 艸 02 蒻 02 蔞 02 茯 02 薺 02 蕨 02 芿 02
茨 02 蒔 02 蕁 02 蕣 02 芷 02 莩 02 萸 02 茱 02 蓤 02 薏 02 茴 02 茹 02 藜 02
菴 02 蔔 02 蘗 02 蘖 02 蒡 02 莉 02 藺 02 苒 02 蓴 02 艽 00 芄 00 芃 00 芑 00
芐 00 芣 00 芾 00 茀 00 苴 00 苓 00 茇 00 苙 00 苺 00 苹 00 茚 00 苯 00 莒 00
菝 00 莅 00 莽 00 茭 00 荃 00 兹 00 荼 00 莒 00 莠 00 莅 00 莧 00 萑 00 菀 00
菶 00 菼 00 菑 00 菬 00 萇 00 菡 00 萋 00 菏 00 葭 00 葑 00 葍 00 葽 00 葚 00
葸 00 蒹 00 蒺 00 蓁 00 蓫 00 蔌 00 蓷 00 蓺 00 蔦 00 蓧 00 蓰 00 蕢 00 蕘 00
蕡 00 蕊 00 蕑 00 蕣 00 蕙 00 薈 00 薖 00 薿 00 藐 00 蕻 00 蕬 00 薏 00 藚 00
藟 00 蘀 00 藹 00 蘉 00 蘋 00 蘷 00 蘞 00 蘧 00 蘩 00 虆 00

寸(촌) 寸 80 對 60 尊 42 將 42 寺 42 導 42 專 40 射 40 封 32 尋 30 尉 20

隹(추) 集 60 雄 50 難 42 雜 40 離 40 雙 32 雅 32 雖 30 雁 30 雇 20 雌 20 隻 20 雍 12
雉 12 雀 10 睢 02 雛 02 雕 02 雋 02 隼 00 雊 00 雒 00 雞 00 雔 00 雘 00

虫(충) 蟲 42 蛇 32 蝶 30 蜜 30 蜂 30 螢 30 融 20 蠶 20 蠻 20 蜀 12 蟾 12 蜚 10 蛟 10
蝕 10 螟 10 螳 10 蝦 10 蚊 10 蚓 10 蠢 10 蛔 10 蛋 10 蠟 10 蟠 10 蛤 10 蜃 10
蟄 10 蝸 10 虹 10 螺 10 蚩 02 蛛 02 蚤 02 蠣 02 蝎 02 蝟 02 蟬 02 蟯 02 蛙 02
蛾 02 蟹 02 螂 02 蠱 02 蟻 02 蝗 02 蜈 02 蠅 02 蝨 02 蚌 02 蚣 02 蝴 02 蛭 02
蜘 02 虫 00 虺 00 蚋 00 蚔 00 蛉 00 蛸 00 蜎 00 蜉 00 蝃 00 蝀 00 蜩 00 蜾 00
蝤 00 蝪 00 蠑 00 螗 00 螣 00 蟋 00 螯 00 蝨 00 蟀 00 螽 00 螬 00 蠃 00 蠆 00
蠋 00 蠐 00 蠙 00 蠡 00 蠨 00 蠲 00

齒(치) 齒 42 齡 10 齬 02 齷 02 齧 02 齟 02 齪 02 齕 00

豸(치) 貌 32 貊 12 貂 10 豺 10 豹 10 貉 00 貆 00 貓 00 貔 00

黹(치) 黻 00 黼 00

土(토) 土 80 場 70 地 70 堂 60 在 60 基 52 壇 50 城 42 壁 42 報 42 壓 42 境 42 增 42
域 40 均 40 堅 40 墓 40 塞 32 培 32 墨 32 壤 32 壞 32 坐 32 垂 32 塔 32 執 32
墮 30 塊 30 埋 30 坤 30 塗 30 墻 30 堤 30 墳 30 坪 20 型 20 坑 20 塵 20 垈 20
坡 12 墺 12 堯 12 壎 12 塏 12 垛 12 址 12 埃 12 塘 12 埈 12 壕 12 圭 12 垠 12
堵 10 堰 10 塡 10 垢 10 墾 10 堪 10 墜 10 壅 10 塚 10 堆 10 埠 10 坊 10 坦 10
壙 10 壘 10 塾 10 堊 10 壟 10 堡 10 塑 10 塹 10 壑 10 墟 10 墩 02 塤 02 埼 02
坰 02 圻 02 垓 02 塼 02 坮 02 塢 02 坍 02 堞 02 塋 02 墅 02 堈 02 堧 02 堀 02
坼 02 墉 02 埇 02 埴 02 堺 02 坎 02 坵 02 坂 02 埥 02 垣 02 圮 00 坻 00 坧 00
坫 00 垤 00 垝 00 垸 00 埻 00 埧 00 埽 00 埸 00 堭 00 埤 00 堣 00 堦 00 墊 00
墁 00 塈 00 墐 00 墺 00 墡 00 墦 00 墠 00 壚 00

鬥(투) 鬪 40 鬧 02 鬩 00 鬮 00

八(팔) 八 80 六 80 公 60 共 60 具 52 兵 52 典 52 其 32 兼 32 兮 30 冀 12

貝(패) 財 52 質 52 責 52 賞 50 貯 50 買 50 賣 50 貴 50 費 50 貨 42 貧 42 賢 42 負 40
資 40 賊 40 賀 32 貞 32 貸 32 賦 32 貢 32 贊 32 貿 32 賴 32 賤 32 賃 32 貫 32
贈 30 貝 30 貪 30 販 30 賓 30 賜 30 購 20 賠 20 貰 20 貳 20 賈 12 賭 10 贖 10
賂 10 貶 10 賄 10 貼 10 贅 10 賻 10 贍 02 貰 02 賽 02 賚 02 贄 02 贓 02 貽 02
賑 02 贇 02 貲 00 賡 00 賫 00 賰 00 贏 00 贐 00

片(편) 版 32 片 32 牒 10 牌 10 牘 02 牖 00

勹(포) 包 42 勿 32 匈 12 匍 10 勻 10 匐 10 匏 02 勾 02 匀 02 匊 00

髟(표) 髮 40 鬚 02 髥 02 髢 00 髣 00 髦 00 髴 00 髾 00 鬈 00 鬢 00 鬟 00

風(풍) 風 60 颱 20 飄 10 飇 02 颯 02 颺 00 飆 00

皮(피) 皮 32 皺 02

疋(필) 疑 40 疏 32 疎 10 疋 10 疐 00

行(행) 術 60 行 60 街 42 衛 42 衡 32 衝 32 衍 12 衢 10 衒 10 衙 10 衎 00

香(향) 香 42 馥 12 馨 12 馝 02

革(혁) 革 40 靴 20 鞠 12 鞨 12 靺 12 鞏 10 鞭 10 鞍 10 靭 10 靷 02 鞋 02 韆 02 鞫 02
鞅 00 鞀 00 鞉 00 鞙 00 鞶 00 鞞 00 鞶 00 鞹 00 韠 00

玄(현) 玄 32 率 32 玆 30

穴(혈) 空 70 窓 60 究 42 窮 40 突 32 穴 32 竊 30 窒 20 窟 20 窺 10 穿 10 穹 10 窈 10
窘 10 穽 10 窄 10 窯 10 窪 02 竅 02 窕 02 窩 02 竄 02 竇 02 窗 00 窖 00 窳 00
窶 00 竈 00

血(혈) 衆 42 血 42 衋 00

頁(혈) 題 60 頭 60 順 52 類 52 願 50 領 50 額 40 頌 40 顯 40 項 32 顔 32 頂 32 頃 32
須 30 顧 30 頻 30 頗 30 預 20 頊 12 頓 12 顎 10 頑 10 顚 10 頹 10 顆 10 頸 10
顴 10 顫 10 頰 10 頒 10 顥 02 頁 02 頫 00 頎 00 頍 00 頏 00 頷 00 頤 00 頮 00
頹 00 顒 00 顓 00 頽 00 顣 00

匸(혜) 區 60 匹 30 匿 10

戶(호) 所 70 戶 42 房 42 扁 12 扈 12 戾 10 扇 10 扉 10 戹 00 戺 00 扆 00

虍(호) 號 60 處 42 虛 42 虎 32 虐 20 虜 10 虞 10 虔 10 虧 02 虓 00 虡 00 虢 00 虣 00

火(화) 火 80 然 70 熱 50 炭 50 無 50 災 50 煙 42 燈 42 營 40 爆 40 烈 40 燃 40 灰 40
熟 32 照 32 烏 32 燒 32 爐 32 炎 32 燕 32 煩 30 燥 30 焉 30 燭 30 煕 20 熔 20
爛 20 炊 20 煉 20 焦 20 燦 12 爀 12 燁 12 炫 12 炳 12 炅 12 煜 12 燾 12 熏 12
爕 12 煥 12 燉 12 炁 12 炯 12 熹 12 熊 12 焰 10 烽 10 熾 10 煌 10 烙 10 煞 10
爧 10 炒 10 灸 10 燐 10 燎 10 煤 10 煽 10 炸 10 焚 10 灼 10 煮 10 炙 10 煎 10

煖 10 熄 10 炤 02 烟 02 煇 02 熢 02 燔 02 煐 02 烹 02 熺 02 熒 02 熬 02 煬 02
炘 02 点 02 炡 02 熏 02 焙 02 煦 02 烝 02 燧 02 烘 02 烱 02 焞 02 焌 02 炬 02
烓 02 燿 02 昞 02 煊 02 焄 02 熉 02 灾 00 炆 00 炰 00 炮 00 烓 00 烔 00 焃 00
焱 00 煢 00 煅 00 熒 00 煒 00 熇 00 熯 00 熲 00 熠 00 燄 00 燠 00 燽 00 爔 00
爗 00 爨 00

禾(화) 秋 70 科 60 種 52 程 42 稅 42 移 42 積 40 秀 40 私 40 稱 40 穀 40 稿 32 稀 32
租 32 秩 32 稚 32 稻 30 禾 30 穫 30 秒 30 穩 20 秉 12 穆 12 稙 12 秦 12 稷 12
稍 10 稟 10 稗 10 禿 10 稜 10 秤 10 秕 10 稠 10 穗 10 秧 10 稼 10 穢 10 稔 02
穡 02 稭 02 季 02 穰 02 稶 02 穎 02 穉 02 秘 02 稈 02 秔 00 秣 00 秬 00 秭 00
秞 00 秠 00 秸 00 稊 00 稌 00 稂 00 稢 00 稾 00 穋 00 穈 00 穠 00 穟 00 穧 00

黃(황) 黃 60

爻(효) 爾 10 爽 10 爻 10

黑(흑) 黑 50 黨 42 點 40 默 32 黜 10 黛 02 黴 02 黔 02 黝 00 黥 00 黯 00 黰 00 黷 00

欠(흠) 歌 70 次 42 歡 40 歎 40 欲 32 欺 30 款 20 歐 20 欽 12 歆 10 欠 10 歇 10 欣 10
歟 02 歛 00 歃 00 歉 00 歙 00 歔 00

一日不讀書 口中生荊棘

漢字

(社) 韓國語文會 主管 / 韓國漢字能力檢定會 施行

4章

漢字, 正字와 略字

1. 略字, 俗字 등의 槪念

漢字에는 正字, 略字, 俗字, 同字, 古字, 本字, 異體字, 簡化字 등이 있다. 觀을 예로 들면 觀(正字), 観 观(略字), 觀(俗字), 观(簡化字); 年을 예로 들면 年(正字), 秊(本字); 棋를 예로 들면, 棋(正字), 棊(同字), 碁(同字)이다. 正字는 널리 쓰이는 바른 字形의 글자이다. 略字는 이 正字의 劃을 簡略化하여 쓰기 쉽게 만든 글자이다. 俗字는 民間에서 널리 쓰이는 글자로 엄밀하게는 틀린 글자이지만, 많이 쓰이는 것은 正字나 略字로 취급하기도 한다. 同字는 역시 正字로 訓音이 같은 글자이다. 古字, 本字는 新字가 나오면서 쓰임이 없어지거나 작아진 글자이다. 異體字는 正字의 劃에 여러 가지 변화가 가해진 변형 글자이다. 簡化字는 中國에서 사용되는 略字이다.

俗字는 엄밀하게는 틀린 글자이지만, 많이 쓰이는 것은 正字나 略字로 취급하기도 한다. 糢를 예로 들면 본래 模의 俗字다. 그러나 1915년의 <<新字典>>에는 벌써 糢가 模로부터 독립하여 糢糊(말이나 태도가 흐리터분하여 분명하지 않다)라는 말로는 模糊에 우선하여 쓰이고 있음을 보이고 있다. 이런 경우의 俗字는 이미 正字의 반열에 올라와 있는 것이다. 또 点을 예로 들면 이는 본래 俗字이나 이미 일반에 널리 쓰여 略字로서의 地位를 차지하고 있는 것이다. 特級 범위에서 正字와 俗字가 같이 選定된 것은 다음과 같다. 괄호 안이 俗字다. 참고로 正字와 俗字의 구분은 절대적인 것은 아니어서 羇(羈) 등은 同字로도 볼 수 있을 것이다. 이 중에는 혹 略字로 選定된 것도 있다. 그런 것은 略字 목록에서 보이기로 한다.

琅(瑯) 枏(楠) 閒(間) 廏(廐) 冤(寃) 篡(簒) 昂(昻) 杆(桿) 岡(崗) 柏(栢) 杯(盃)

弔(吊) 沙(砂) 丘(坵) 祕(秘) 模(糢) 豆(荳) 畫(畵) 強(强) 羇(羈) 飧(飱) 皁(皂)

한 눈에 보아도 이미 正字 보다 익숙한 俗字들이 눈에 많이 뜨일 것이다. 한편 인쇄체와 필기체를 비롯하여 컴퓨터상에도 하나의 글자이면서도 모양이 조금씩 다른 글자들도 있고, 俗字가 正字 대신에 들어가 있는 것들도 있다. 예로 컴퓨터의 글자 중 强이 보통 4,888字 범위 내에 들어 있고, 強은 部首로나 찾아야 나온다. 畫, 祕, 冤, 戲 등도 각각 畵, 秘, 寃, 戱로 등록되어 있다.

한편 略字나 俗字라 하기에는 조금 어려운 筆劃이 약간 변형되어 널리 쓰이는 漢字들이 있다. 이런 것은 그대로 正字의 범주에 있는 것으로 보아도 좋을 것이다. 대략 다음과 같다. 다만 여기서 제시된 劃의 변화가 있는 글자들이 다른 글자 속에서 그러할 뿐 단독으로는 변화된 모양으로 쓰이지 않을 수 있다. 예를 들어 冤가 兔로는 쓰여도 刀가 단독으로 ⺈로는 쓰이지 않는다.

겸 兼, 兼, 兼 兼謙嫌 ↔ 兼謙嫌

계 彑, 彐 緣錄綠碌祿菉 ↔ 縁録緑碌禄菉

기 己, 巳, 已, 己 遷巷港 ↔ 遷巷港

도 刀, ⺈ 絕兔兎 ↔ 絶免兔

랑 良, 良, 良 郎廊朗瑯螂 ↔ 郎廊朗瑯螂

령 令, 令 令領嶺玲齡零囹 ↔ 令領嶺玲齡零囹

복 攴, 攵 敍 ↔ 敘

빙 冫, 冫 冬終 ↔ 冬終

사 糸, 糸 線綿絹糾紀紅約 ↔ 線綿絹糾紀紅約

시 示, 礻 視神禮祖祝福 ↔ 視神礼祖祝福

식 食, 食, 飠 飮飾蝕 ↔ 飲飾蝕

언 彦, 彥 彦諺 ↔ 彥諺

언 言, 言 言語計訂訃 ↔ 言語計訂訃

유 兪, 俞 喩愉愈諭渝瘉踰偸 ↔ 喻愉愈諭渝癒踰偷

인 刃, 刄 刃忍認 ↔ 刄忍認

입 入, 人 全銓內納訥 ↔ 全銓内納訥

조 皀, 𠂉, 良 節概慨漑鄕響嚮 ↔ 節概慨漑鄉響嚮

조 爫, 爫 暖采採埰綵寀 ↔ 暖采採埰綵寀

진 晉, 晋 晉縉瑨搢 ↔ 晋縉瑨搢

진 眞, 真 鎭愼塡顚嗔 ↔ 鎮慎填顛嗔

착 辶, 辶 道過連選遍遷逍遊 ↔ 道過連選遍遷逍遊

참 兓, 兟 僭潛 ↔ 僣潜

책 冊, 册 冊柵刪珊 ↔ 册栅删珊

청 靑, 青 淸請晴鯖菁 ↔ 清請晴鯖菁

팔 八, 丷 平判益送兌悅 ↔ 平判益送兑悦

풍 豐, 豊 豐豔 ↔ 豊艶

호 戶, 户 戶遍戾所編篇扇扈 ↔ 户遍戾所編篇扇扈

희 𦣞, 臣 熙姬 ↔ 熙姫

同字는 訓音이 같은 글자이다. 예외처럼 보이는 글자도 있지만 그 출발은 訓音이 같은 데 있다. 예로 做와 作는 字典에 同字로 되어 있는데, 音이 다르다. 그러나 두 글자가 同字라 할 때는 做와 作 모두 '지을 주, 만들 주'로 訓音이 모두 같다는 전제가 깔려 있다. 현재의 '作(작)'음과 同字라는 뜻은 아닌 것이다. 同字에는 劍劒 峯峰처럼 部首 劃의 위치 변경이나 모양 변화에 그치는 完全同字가 있고, 歎嘆처럼 거의 모든 경우에 뜻이 같은 同字가 있고, 疏疎(성기다, 드물다의 뜻만 공유, 소통하다 등의 뜻은 疎는 쓰지 않음)처럼 일부 뜻만 공유하는 同字가 있다. 따라서 同字라고 무조건 바꾸어 쓸 수 있는 것은 아니다. 또 訓音이 모두 같은 조건하에서도 일부 漢字語는 습관적으로 특정 글자만 선택하여 쓰기도 한다. 다음은 特級 배정한자 범위 내에 있는 同字들을 보인 것이다. 이 중에는 혹 略字로 選定된 것도 있다. 그런 것은 略字 목록에서 보이기로 한다.

磵 澗	槀 槁	德 悳	湎 沔	痺 痹	讎 讐	熔 鎔	鍾 鐘	閑 閒
榦 幹	昳 光	嶋 島	睦 穆	濱 瀕	嶽 岳	勗 勖	做 作	嫦 姮
鑑 鑒	丘 邱	覩 睹	玅 妙	蓑 簑	菴 庵	苡 苢	峻 埈	脅 脇
鉀 甲	柩 柾	敦 惇	無 无	棲 栖	癢 痒	姙 妊	草 艸	芦 苄
疆 畺	克 剋	同 仝	傍 旁	棲 捿	轝 輿	訾 訿	勦 剿	閧 哄
個 箇	亙 亘	攬 擥	裵 裴	壻 婿	煙 烟	牆 墻	穉 稚	確 碻
傑 杰	棋 碁	梁 樑	蘗 檗	仙 僊	艷 艶	莊 庄	寘 置	晄 晃
劒 劍	饑 飢	糧 粮	鼈 鱉	饍 膳	映 暎	災 灾	漆 柒	赫 焃
徑 俓	圻 畿	鍊 煉	昞 昺	泄 洩	濚 瀯	跡 蹟	歎 嘆	壎 塤
烱 炯	旗 旂	嶺 岺	棅 柄	疏 疎	叡 睿	跡 迹	撐 撑	濉 睢
堺 界	蘷 夔	寥 廖	奉 捧	遡 溯	豫 預	晢 晣	噉 噉	煊 暄
溪 磎	拏 拿	瑠 琉	峯 峰	率 帥	鼇 鰲	旌 旍	遍 徧	熹 熺
溪 谿	暖 煖	裏 裡	熢 烽	修 脩	碗 椀	隄 堤	滮 淲	
磎 谿	淡 澹	麵 麪	毘 毗	峀 岫	湧 涌	雕 彫	匹 疋	

古字, 本字는 역시 正字의 하나이다. 新字, 略字, 俗字가 나오면서 그 쓰임이 없어지거나 작아졌을 뿐 正字라는 지위가 사라진 것은 아니다. 예로 豐이 正字, 豊이 俗字였지만 지금은 豊이 正字로 자리잡아 豐은 古字, 本字 취급을 한다, 그러나 豐 역시 쓰임이 많지 않을 뿐 여전히 쓰이며 正字로서의 지위를 유지하고 있다. 이런 글자들로 豐 豔 勛 雞 昰 杳 卻 季 攷 등을 들 수 있다.

異體字는 筆寫本이나 木版本 漢文 原典을 보면 쉽게 접할 수 있다. 예를 들면 恒(항상 항)을 옛 책에 보면 恒이나 恆 등으로 쓴 것이 보이는데, 이런 것은 異體字라 할 수 있다. 그러나 異體字는 國語 생활에서 반드시 필요한 부분은 아니고, 표준 국어 생활 등에서는 인정되지 않으므로 標準 字形의 漢字 正字를 익히는데 힘을 써야 한다.

簡化字는 中國 略字라 할 수 있다. 中國과의 交易이 增大하면서 中國 簡化字를 漢字試驗에 導入하자는 論議들이 있고 實際로 簡化字를 漢字試驗에 導入한 곳도 있다. 크게 보면 簡化字도 漢字[略字]로서 正字와 완전히 동떨어진 文字가 아니므로 略字의 範疇에서 簡化字를 導入하여 쓰는 것은 可能하리라 判斷된다. 단 中國에서 이미 獨立 正字로 쓰이고 있는 글자들을 簡化字로 지정하여 발생하는 혼란이 있으므로 이런 류의 글자들은 사용을 자제하여야 한다. 中國 簡化字總表에 依하면 簡化字는 모두 2,235字이고 이 중 1表와 2表의 482字를 익히면 나머지 3表의 1,753字는 簡化된 劃을 따로 익히지 않아도 모두 알 수 있도록 되어 있다. 더군다나 이 482字 조차도 碍

(礙), 宝(寶), 蚕(蠶), 辞(辭), 担(擔), 灯(燈), 点(點), 独(獨) 등 既存의 韓國 略字와 通하는 것이 約 80字이고, 기타 글자도 正字와 對比하여 簡化된 部分을 살펴보는 정도이면 簡化字는 쉽게 알아볼 수 있다. 漢字를 아는 사람에게 簡化字는 어렵거나 낯선 文字가 아닌 것이다. 예로 貝를 贝로 줄인 것은 한 번 보면 바로 알 수 있을 것이다. 또 貝를 贝로 줄인 것을 알게 되면 贞(貞), 则(則), 负(負), 贡(貢), 员(員), 财(財), 狈(狽), 责(責), 厕(廁), 贩(販), 贬(貶), 败(敗), 贪(貪), 贫(貧), 侦(偵), 侧(側), 货(貨), 贯(貫), 测(測), 恻(惻), 贰(貳), 贲(賁), 贳(貰), 费(費), 勋(勛), 帧(幀), 贴(貼), 贻(貽), 贵(貴), 贷(貸), 贸(貿), 贺(賀), 资(資), 贾(賈), 损(損), 圆(圓), 贼(賊), 贿(賄), 赂(賂), 债(債), 赁(賃), 惯(慣), 琐(瑣), 殒(殞), 赈(賑), 婴(嬰), 帻(幘), 绩(績), 愤(憤), 遗(遺), 赋(賦), 啧(嘖), 赌(賭), 赏(賞), 赐(賜), 赖(賴), 殡(殯) 등은 한 번에 해결되는 것이다. 꼭 부수자가 아니더라도 여러 글자에 공통으로 출현하는 글자 역시 마찬가지다. 雚을 예로 들면 雚이 又로 簡化된 것을 알면, 观(觀), 权(權), 劝(勸), 欢(歡) 등은 힘들이지 않고 쉽게 알아보게 되는 것이다.

漢字를 익히면 中國, 日本, 臺灣 등 漢字文化圈에 속하는 나라들의 漢字 표기는 비교적 쉽게 알아볼 수 있다. 發音은 다를지라도 漢字語까지도 통하는 것이 많기 때문이다. 그러나 같은 漢字語를 쓰는데, 그 뜻은 다른 경우도 있으므로 주의를 요한다. 예로 '公社'는 韓國에서는 '공공의 회사'라는 뜻이고, 中國에서는 '농촌 집단'의 뜻이다. '汽車'는 韓國에서는 '기차'인데, 中國에서는 '자동차'를 나타낸다. '學院'은 韓國에서는 '사설 교육기관'이지만 中國에서는 '대학'을 나타낸다. 한편 같은 지칭 대상을 서로 다른 漢字로 표현하는 경우도 있다. 韓國에서 俳優라고 하는 것을 中國에서는 演员이라 칭하고, 韓國에서 時計라고 하는 것을 中國에서는 時钟(鍾, 鐘)이라 하며, 韓國에서 映畫(畵)라 하는 것을 中國에서는 电(電)影이라 하는 것들이다. 그러나 이런 정도는 漢字의 訓音을 안다면 미루어 짐작하거나 어렵지 않게 익힐 수 있을 것이다.

略字는 컴퓨터 환경에서는 그 필요성이 줄어들었다고 볼 수 있으나 아직도 文書를 직접 써야 하는 경우가 있고 그럴 때 略字는 아주 유용하다고 할 수 있다. 本書의 略字는 종래부터 쓰여 온 略字 외에 俗字 중에 略字처럼 기능하는 글자, 中國 簡化字 중 국내에서도 通用되는 글자 등도 흡수하였다. 다만 筆劃은 쓰기에 더 쉬울지라도 劃이 줄지 아니한 글자(解의 俗字 觧, 陰의 俗字 隂, 蔭의 俗字 䕃 등)는 略字 목록에서 削除하였다. 참고로 본 特級 교재에서는 中國 簡化字와 日本 常用略字도 편의를 위하여 略字 목록에 수록하였다. 참고하시기 바란다.

참고로 略字가 특정 쓰임으로만 국한되어 별개의 正字로 독립해 가기도 한다. 예로 杰은 傑의 略字라고 하지만 예로부터 주로 이름자로만 쓰일 뿐 傑의 略字로서의 기능은 약하다고 볼 수 있다. 円은 圓의 略字로 되어 있고, 전산용 4,888자에 들어 있지만 국내에서는 쓰임이 없다고 할 수 있고 현재는 日本의 화폐 단위로서의 기능만 하고 있다고 할 수 있다. 또 略字는 언제든 正字를 대신하여 쓸 수 있는 글자이지만 固有名詞의 표기 등 특별한 경우에는 選擇的 또는 習慣的으로 正字 또는 略字만 쓰일 수도 있다. 또 독립된 正字가 다른 正字의 略字 역할을 겸하는 경우도 있다. 이런 글자의 예로 臺(台) 餘(余) 豫(予) 藝(芸) 缺(欠) 등을 들 수 있는데, 이런 경우에는 지정된 略字 기능 이외에 각각의 글자의 고유한

訓音을 共有하지는 않음에 주의하여야 한다.

여기에서 略字로 지정된 글자 중에는 상위級數에 新習漢字로 配定된 漢字가 있을 수 있으나 略字로서의 기능은 별개이므로 하위級數에서 略字 시험의 出題 대상이 된다. 예로 欠은 '하품 흠'자로 1級에 등록되어 있으나 4級Ⅱ 配定漢字인 缺(이지러질 결)의 略字 문제로도 나올 수 있다. 이 경우 '하품 흠'이란 訓音과 '缺'字는 아무런 관계가 없음에 또한 주의하여야 한다.

다음은 特級 配定漢字 쓰기範圍(1級 배정한자 읽기 범위)內 略字목록이다. 시험에서 略字는 常用漢字의 쓰기가 중심이 되므로 번거로움을 피하기 위하여 읽기 漢字 범위로 확대하지 않았고, 3500字 범위로도 基本 略字의 이해에는 충분하다고 판단하였다. 왼쪽이 正字, 가운데가 級數, 오른쪽이 略字이다.

2. 特級 쓰기配定漢字 範圍内 略字

* 본 特級 교재에서는 中國 簡化字와 日本 常用略字도 학습자의 이해와 편의를 위하여 略字 목록에 수록하였다. 참고로 현재 韓國語文會 漢字試驗에서는 中國과 日本에서만 쓰이는 簡化字 내지 略字는 韓國 略字로 인정하지 않는다는 점에 주의하여야 한다.
* 簡化字의 경우는 代用字가 많은 점에 주의하여야 한다. 어떤 漢字의 略字로 이미 다른 뜻으로 쓰이고 있는 漢字가 선택된 경우는 代用字의 역할을 하게 되는데, 이 때 逆의 關係는 成立하지 아니한다. 예로 穀(곡식 곡)의 略字로 谷(골 곡)이 제시된 경우, 穀(곡식)의 略字로 谷을 쓴다는 뜻이나 谷(골 곡)의 正字로 穀(곡식 곡)이 쓰일 수 있다는 의미는 아니라는 점에 주의하여야 한다.

級數	音價	正字	略字1	略字2	略字3	略字4	備考
52	가	價	価	价			
42	가	假	仮				
12	가	賈	贾				
12	가	軻	轲				
10	가	駕	驾				
40	각	覺	覚	觉			
32	각	閣	阁				
10	각	殼	壳				
72	간	間	间				
40	간	簡	简				
32	간	幹	干				
32	간	懇	恳				
32	간	乾	干				'마를 간'에 한함, '하늘 건'은 乾
30	간	姦	奸				
10	간	墾	垦				
10	간	揀	拣				
10	간	澗	涧				
10	간	癎	痫				
10	간	艱	艰				
10	간	諫	谏				
42	감	減	减				
42	감	監	监				
32	감	鑑	鉴	鍳			
10	감	紺	绀				
12	갑	鉀	钾				
10	갑	閘	闸				
42	강	講	讲				
32	강	剛	刚				
32	강	綱	纲				

32	강	鋼	钢
12	강	岡	冈
12	강	崗	岗
12	강	疆	強 强
12	강	殭	畺
10	강	薑	姜
60	개	開	开
42	개	個	个
32	개	槪	概
32	개	蓋	盖
30	개	慨	慨
12	개	塏	垲
10	개	凱	凯
10	개	愾	忾
10	개	漑	溉
10	개	箇	个
72	거	車	车
50	거	擧	挙 举 舉
40	거	據	拠 据
12	건	鍵	键
40	걸	傑	杰
42	검	檢	検 检
40	검	儉	倹 俭
32	검	劍	剣 剑
40	격	擊	撃 击
10	격	覡	觋
52	견	見	见
40	견	堅	坚
30	견	牽	牵
30	견	絹	绢
10	견	繭	茧
10	견	譴	谴
10	견	鵑	鹃
52	결	決	决
52	결	結	结
42	결	潔	洁
42	결	缺	欠
32	결	訣	诀
32	겸	謙	谦
50	경	競	竞
50	경	輕	軽 轻
42	경	慶	庆
42	경	經	経 经
40	경	傾	倾
40	경	鏡	镜
40	경	驚	惊
32	경	徑	径 径
32	경	耕	畊

32 경 頃 顷
30 경 卿 卿
12 경 璟 璄
12 경 瓊 琼
10 경 勁 劲
10 경 痙 痉
10 경 脛 胫
10 경 莖 茎 茎
10 경 頸 颈
10 경 鯨 鲸
62 계 計 计
42 계 係 系
40 계 繼 継 继
40 계 階 阶
40 계 鷄 鸡 鳮 鶏
32 계 啓 启
32 계 溪 渓
30 계 繫 繋 系
40 고 庫 库
30 고 顧 顾
12 고 皐 皋
10 고 錮 锢
40 곡 穀 谷
10 곡 鵠 鹄

10 곤 袞 衮
32 공 貢 贡
10 공 鞏 巩
52 과 課 课
52 과 過 过
32 과 誇 夸
20 과 菓 果
10 과 顆 颗
10 곽 槨 椁
52 관 觀 覌 观 **覌** 観
52 관 關 関 关
32 관 寬 宽
32 관 慣 惯
32 관 貫 贯
32 관 館 舘 馆
52 광 廣 広 广
40 광 鑛 鉱 矿
10 광 壙 圹
10 광 曠 旷
30 괘 掛 挂
32 괴 壞 壊 坏
30 괴 塊 块
10 굉 轟 轰
50 교 橋 桥

32	교	較	较	
30	교	矯	矫	
20	교	僑	侨	
20	교	絞	绞	
20	교	膠	胶	
10	교	喬	乔	
10	교	嬌	娇	
10	교	攪	搅	
10	교	轎	轿	
10	교	驕	骄	
60	구	區	区	
52	구	舊	旧	
42	구	句	勾	
40	구	構	构	
30	구	懼	惧	
30	구	驅	駆	驱
30	구	龜	亀	龟
20	구	歐	欧	
20	구	購	购	
20	구	鷗	鴎	鸥
12	구	邱	丘	
10	구	嘔	呕	
10	구	嶇	岖	
10	구	毆	殴	
10	구	溝	沟	
10	구	謳	𧦅	讴
10	구	軀	躯	
10	구	鉤	鈎	钩
10	구	駒	驹	
10	구	鳩	鸠	
10	구	廏	廐	
80	국	國	国	
80	군	軍	军	
40	궁	窮	穷	
42	권	權	权	権
40	권	勸	劝	勧
10	권	顴	颧	
10	권	捲	卷	
20	궐	闕	阙	
30	궤	軌	轨	
10	궤	櫃	柜	
10	궤	潰	溃	
10	궤	詭	诡	
50	귀	貴	贵	
40	귀	歸	帰	归
50	규	規	规	
30	규	糾	纠	
20	규	閨	闺	

12	규	珪	圭
10	규	窺	窥
42	극	極	极
40	극	劇	剧
10	극	剋	克
30	근	僅	仅
30	근	謹	谨
10	근	覲	觐
10	근	饉	馑
32	금	錦	锦
60	급	級	级
50	급	給	给
72	기	氣	気 气
72	기	記	记
40	기	機	机
40	기	紀	纪
32	기	騎	骑
30	기	幾	几
30	기	旣	既
30	기	棄	弃
30	기	豈	岂
30	기	飢	饥
12	기	璣	玑
12	기	騏	骐
12	기	驥	骥
10	기	綺	绮
10	기	羈	羁
10	기	譏	讥
32	긴	緊	紧
10	끽	喫	吃
10	나	儺	傩
10	나	拿	拏
32	낙	諾	诺
42	난	難	难
40	납	納	纳
10	년	撚	捻
32	녕	寧	寍 寕 宁
10	노	駑	驽
72	농	農	农
20	농	濃	浓
10	농	膿	脓
32	뇌	腦	脳 脑
30	뇌	惱	悩 恼
10	눌	訥	讷
10	뉴	紐	纽
52	단	團	団 团
50	단	壇	坛
42	단	單	単 单

42 단 斷 断
20 단 鍛 煅 锻
10 단 簞 箪
10 단 緞 缎
42 달 達 达
10 달 撻 挞
50 담 談 谈
42 담 擔 担
20 담 膽 胆
10 담 曇 昙
10 담 澹 淡
10 담 譚 谭
52 당 當 当
42 당 黨 党
62 대 對 対 对
42 대 帶 帯 带
42 대 隊 队
32 대 臺 台 坮
32 대 貸 贷
10 대 擡 抬
10 대 墜 坠
52 덕 德 悳
62 도 圖 図 图
42 도 導 导
40 도 盜 盗
30 도 塗 涂
30 도 稻 稲
12 도 燾 焘
10 도 搗 捣
10 도 濤 涛
10 도 禱 祷
10 도 賭 赌
10 도 鍍 镀
62 독 讀 読 读
52 독 獨 独
30 독 篤 笃
10 독 瀆 渎
12 돈 燉 炖
12 돈 頓 顿
80 동 東 东
72 동 動 动
70 동 同 仝
42 동 銅 铜
32 동 凍 冻
20 동 棟 栋
60 두 頭 头
30 둔 鈍 钝
42 등 燈 灯

30 등 騰 腾
20 등 謄 誊
12 등 鄧 邓
42 라 羅 罗
10 라 懶 懒
10 라 癩 癞
10 라 邏 逻
62 락 樂 楽 乐
32 락 絡 络
10 락 駱 骆
40 란 亂 乱
32 란 欄 栏
32 란 蘭 兰
20 란 爛 烂
10 란 瀾 澜
10 란 鸞 鵉 鸾
40 람 覽 覧 覧 览
30 람 濫 滥
20 람 藍 蓝
10 람 籃 篮
10 랍 臘 腊
10 랍 蠟 蝋 蜡
70 래 來 来
12 래 萊 莱

42 량 兩 両 两
40 량 糧 粮
32 량 涼 凉
30 량 諒 谅
20 량 輛 輌 辆
12 량 樑 梁
10 량 倆 俩
42 려 麗 麗 丽
40 려 慮 虑
32 려 勵 励
12 려 廬 庐
12 려 礪 砺
12 려 驪 骊
10 려 濾 滤
10 려 閭 闾
52 력 歷 歴 历
32 력 曆 暦 历
10 력 瀝 沥
10 력 礫 砾
52 련 練 练
42 련 連 连
32 련 戀 恋
32 련 聯 联
32 련 蓮 莲

32 련	鍊	炼	
30 련	憐	怜	
20 련	煉	炼	
12 련	漣	涟	
10 련	輦	辇	
10 렴	斂	敛	
10 렴	殮	殓	
10 렴	簾	帘	
30 렵	獵	猟 猎	
50 령	領	领	
32 령	嶺	岺 岭	
32 령	靈	灵 霊	
10 령	鈴	铃	
10 령	齡	齢 龄	
60 례	禮	礼	
30 례	隸	隶	
52 로	勞	労 劳	
32 로	爐	炉	
12 로	盧	卢	
12 로	蘆	芦	
12 로	魯	鲁	
12 로	鷺	鹭	
10 로	撈	捞	
10 로	擄	掳	
10 로	虜	虏	
60 록	綠	绿	
42 록	錄	录	
42 론	論	论	
20 롱	籠	篭 笼	
10 롱	壟	垄	
10 롱	瓏	珑	
10 롱	聾	聋	
32 뢰	賴	赖	
10 뢰	賂	赂	
20 료	療	疗	
12 료	遼	辽	
10 료	瞭	了	'밝을 료'로만 씀, 멀리볼 료'는 瞭
40 룡	龍	竜 龙	
32 루	樓	楼	
30 루	屢	屡	
30 루	淚	泪	
10 루	壘	塁 垒	
52 류	類	类	
20 류	謬	谬	
12 류	劉	刘	
52 륙	陸	陆	
40 륜	輪	轮	

32	륜	倫	伦
12	륜	崙	仑 崘
10	륜	淪	沦
10	륜	綸	纶
10	률	慄	栗
12	릉	楞	棱
10	릉	稜	棱
10	릉	綾	绫
40	리	離	⿰文隹 离
32	리	裏	里
10	리	籬	篱
10	리	裡	里
10	리	釐	厘
30	린	隣	邻 阾
10	린	躪	躏
10	린	鱗	鳞
32	림	臨	临
50	마	馬	马
80	만	萬	万
42	만	滿	満 满
20	만	灣	湾
20	만	蠻	蛮
10	만	彎	弯
10	만	瞞	瞒
10	만	輓	挽
10	만	饅	馒
10	만	鰻	鳗
10	말	襪	袜
20	망	網	网
50	매	買	买
50	매	賣	売 卖
10	매	罵	骂
10	매	邁	迈
42	맥	脈	脉
32	맥	麥	麦
12	멱	覓	觅
32	면	綿	绵
10	면	緬	缅
10	면	麪	面
32	멸	滅	灭
40	명	鳴	鸣
32	명	銘	铭
32	모	謀	谋
32	모	貌	皃
12	모	謨	谟
10	모	糢	模
32	몽	夢	梦
30	묘	廟	庿 庙

50	무	無	无	
42	무	務	务	
32	무	貿	贸	
30	무	霧	雾	
10	무	憮	怃	
10	무	撫	抚	
10	무	畝	亩	
10	무	蕪	芜	
10	무	誣	诬	
80	문	門	门	
70	문	問	问	
62	문	聞	闻	
32	문	紋	纹	
12	미	彌	弥	
30	민	憫	悯	
12	민	閔	闵	
10	민	悶	闷	
10	밀	謐	谧	
32	박	迫	廹	
10	박	撲	扑	
10	박	樸	朴	
10	박	縛	缚	
10	박	駁	驳	
32	반	盤	盘	
32	반	飯	饭	
10	반	槃	盘	
10	반	礬	矾	
10	반	絆	绊	
10	반	頒	颁	
62	발	發	発	发
40	발	髮	发	
12	발	鉢	钵	
10	발	撥	拨	
10	발	潑	泼	
10	발	醱	酜	酦
42	방	訪	访	
30	방	倣	仿	
30	방	傍	旁	
20	방	紡	纺	
12	방	龐	庞	
10	방	謗	谤	
32	배	輩	軰	辈
20	배	賠	赔	
30	번	煩	烦	
30	번	飜	翻	
42	벌	罰	罚	
20	벌	閥	阀	
40	범	範	笵	范

10	범	泛	汎
10	벽	闢	辟
52	변	變	変 变
42	변	邊	辺 边
40	변	辯	辩
10	별	鼈	鳖
30	병	竝	並 并
20	병	倂	并
10	병	餠	饼
42	보	報	报
42	보	寶	宝
32	보	補	补
32	보	譜	谱
12	보	輔	辅
42	복	復	复
40	복	複	复
10	복	僕	仆
10	복	輻	辐
10	복	鰒	鳆
32	봉	鳳	凤
20	봉	縫	缝
10	봉	鋒	锋
42	부	婦	妇
42	부	富	冨
40	부	負	负
32	부	賦	赋
20	부	敷	旉
20	부	膚	肤
10	부	訃	讣
10	부	賻	赙
10	부	駙	驸
40	분	憤	愤
32	분	奮	奋
32	분	紛	纷
30	분	墳	坟
10	분	噴	喷
10	분	糞	粪
42	불	佛	仏
32	불	拂	払
12	붕	鵬	鹏
10	붕	繃	绷
50	비	費	费
42	비	備	备
42	비	飛	飞
10	비	憊	惫
10	비	緋	绯
10	비	誹	诽
42	빈	貧	贫

30	빈	賓	宾
30	빈	頻	频
10	빈	嚬	颦
10	빈	嬪	嫔
10	빈	殯	殡
10	빈	濱	浜 滨
10	빈	瀕	濒
10	빙	憑	凭
50	사	寫	写 寫 寫
42	사	師	师
42	사	謝	谢
40	사	絲	糸 丝
40	사	辭	辞
32	사	詞	词
30	사	捨	舍
30	사	詐	诈
30	사	賜	赐
20	사	飼	饲
10	사	瀉	泻
10	사	獅	狮
10	사	紗	纱
70	산	算	筭
52	산	産	产
20	산	傘	伞
42	살	殺	杀
10	살	薩	萨
20	삼	蔘	参
10	삼	滲	渗
20	삽	揷	插
10	삽	澁	涉 澀
50	상	賞	赏
42	상	狀	状
40	상	傷	伤
32	상	償	偿
32	상	喪	丧
32	상	桑	桒
32	상	詳	详
30	상	嘗	甞 尝
10	상	觴	觞
10	새	璽	玺
10	색	嗇	啬
62	서	書	书
32	서	緖	绪
30	서	敍	叙
10	서	嶼	屿
10	서	棲	栖
32	석	釋	釈 释
20	석	碩	硕

12	석	錫	锡
62	선	線	线
52	선	鮮	鲜
50	선	船	舩
50	선	選	选
32	선	禪	禅 禅
20	선	繕	缮
12	선	璿	璇
10	선	羨	羡
10	선	銑	铣
52	설	說	说
42	설	設	设
10	설	洩	泄
20	섬	纖	繊 纤
12	섬	陜	陕
10	섬	殲	歼
10	섬	閃	闪
30	섭	攝	摂 摄
12	섭	燮	变
42	성	聖	圣
42	성	聲	声
42	성	誠	诚
52	세	歲	岁 嵗
42	세	勢	势
42	세	細	细
20	세	貰	贳
42	소	掃	扫
32	소	燒	焼 烧
32	소	蘇	苏
32	소	訴	诉
30	소	騷	騒 骚
20	소	紹	绍
10	소	甦	苏
10	소	疎	疏
10	소	簫	箫
10	소	蕭	萧
10	소	遡	溯 泝
42	속	續	続 续
40	속	屬	属
10	속	贖	赎
60	손	孫	孙
40	손	損	损
10	손	遜	逊
40	송	頌	颂
32	송	訟	讼
30	송	誦	诵
32	쇄	鎖	锁
10	쇄	灑	洒

10	쇄	碎	碎
70	수	數	数
60	수	樹	树
42	수	收	収
32	수	壽	寿
32	수	帥	帅
32	수	獸	獣 獣 兽
32	수	輸	输
32	수	隨	随
30	수	搜	捜
30	수	誰	谁
30	수	雖	虽
30	수	須	须
12	수	銖	铢
10	수	瘦	痩
10	수	穗	穂
10	수	竪	竖
10	수	粹	粋
10	수	繡	繍 繍 绣
10	수	髓	髄
10	수	讎	雠
40	숙	肅	粛 粛 肃
52	순	順	顺
42	순	純	纯
10	순	筍	笋
10	순	馴	驯
62	술	術	术
60	습	習	习
32	습	濕	湿
32	습	襲	袭
60	승	勝	胜
32	승	乘	乗
32	승	昇	升
12	승	繩	縄 绳
72	시	時	时
42	시	視	视
42	시	試	试
42	시	詩	诗
20	시	屍	尸
10	시	謚	谥
10	시	豺	犲
52	식	識	识
32	식	飾	饰
12	식	軾	轼
10	식	蝕	蚀
20	신	紳	绅
20	신	腎	肾
10	신	燼	烬

10	신	訊	讯	
52	실	實	実	实
32	심	審	宷	审
30	심	尋	寻	
12	심	瀋	沈	
32	쌍	雙	双	
52	아	兒	児	儿
32	아	亞	亚	亜
30	아	餓	饿	
10	아	啞	唖	哑
10	아	訝	讶	
52	악	惡	悪	恶
10	악	堊	垩	
10	악	顎	颚	
32	안	顔	颜	
30	알	謁	谒	
12	알	閼	阏	
10	알	軋	轧	
32	암	巖	岩	巌
10	암	闇	暗	
42	압	壓	圧	压
12	압	鴨	鸭	
10	앙	鴦	鸯	
60	애	愛	爱	
20	애	礙	碍	
10	애	曖	暧	
10	애	靄	霭	
40	액	額	额	
10	액	縊	缢	
10	앵	櫻	桜	樱
10	앵	鶯	莺	
10	야	爺	爷	
62	약	藥	薬	药
52	약	約	约	
30	약	躍	跃	
60	양	陽	昜	阳
52	양	養	养	
40	양	樣	样	
32	양	壤	壤	
32	양	揚	扬	
32	양	讓	讓	让
30	양	楊	杨	
20	양	孃	孃	娘
12	양	襄	襄	
10	양	攘	攘	
10	양	瘍	疡	
10	양	釀	醸	酿
10	양	癢	痒	

70	어	語	语
50	어	漁	渔
50	어	魚	鱼
10	어	禦	御
50	억	億	亿
32	억	憶	忆
10	억	臆	肊
10	언	諺	谚
40	엄	嚴	厳 严
10	엄	儼	俨
62	업	業	业
42	여	餘	余
40	여	與	与
32	역	譯	訳 译
32	역	驛	駅 驿
10	역	繹	绎
42	연	煙	烟
40	연	緣	缘
40	연	鉛	鈆 铅
32	연	軟	软
20	연	硯	砚
12	연	淵	渊 渕
10	연	鳶	鸢
50	열	熱	热
30	열	閱	阅
32	염	鹽	塩 盐
20	염	厭	厌
12	염	閻	阎
50	엽	葉	叶
12	엽	燁	烨
42	영	榮	栄 荣
40	영	營	営 营
30	영	詠	咏
12	영	暎	映
10	영	嬰	婴
42	예	藝	芸 艺 兿
40	예	豫	予
32	예	譽	誉
30	예	銳	锐
20	예	預	预
10	예	穢	秽
10	예	詣	诣
42	오	誤	误
32	오	烏	乌
30	오	嗚	呜
32	옥	獄	狱
12	옥	鈺	钰
20	온	穩	稳 穏

10	온	蘊	蕴
30	옹	擁	拥
12	옹	甕	瓮
10	와	渦	涡
10	와	蝸	蜗
10	와	訛	讹
32	완	緩	缓
10	완	頑	顽
12	요	堯	尧 垚
10	요	僥	侥
10	요	撓	挠
10	요	擾	扰
10	요	窯	窑
10	요	饒	饶
32	욕	慾	欲
20	용	傭	佣
12	용	鎔	熔
12	용	鏞	镛
10	용	聳	耸
40	우	優	优
40	우	郵	邮
32	우	憂	忧
12	욱	頊	顼
62	운	運	运
52	운	雲	云
32	운	韻	韵
10	운	殞	殒
10	운	隕	陨
20	울	鬱	峹 郁 欝
60	원	園	园
60	원	遠	逺 远
50	원	願	愿
42	원	員	貟 员
42	원	圓	円 圆
10	원	鴛	鸳
52	위	偉	伟
42	위	爲	為 为
42	위	衛	卫
40	위	圍	囲 围
32	위	僞	偽 伪
32	위	謂	谓
30	위	緯	纬
30	위	違	违
12	위	韋	韦
40	유	遊	游
40	유	遺	遗
32	유	猶	犹
32	유	維	维

32	유	誘	诱
12	유	踰	逾
10	유	癒	愈
10	유	諛	谀
10	유	諭	谕
32	윤	潤	润
30	윤	閏	闰
10	융	絨	绒
60	은	銀	银
40	은	隱	隐 隠
12	은	誾	訚
62	음	飮	饮
42	음	陰	阴
10	음	蔭	荫
42	응	應	応 应
12	응	鷹	鹰
60	의	醫	医
42	의	義	义
42	의	議	议
40	의	儀	仪
30	의	宜	冝
10	의	擬	拟
10	의	誼	谊
40	이	異	异

20	이	貳	弍 弐 贰	
10	이	爾	尔	
10	이	餌	饵	
42	인	認	认	
10	인	靭	韧	
20	일	壹	壱 弌	
12	일	鎰	镒	
32	임	賃	赁	
10	잉	剩	剩	
40	자	資	资	
20	자	諮	咨 谘	
10	자	藉	借	'핑계하다, 기대다'의 뜻만 略字로 借를 씀. '깔개, 짓밟다' 등은 藉를 그대로 씀.
10	작	綽	绰	
10	작	鵲	鹊	
40	잔	殘	残 残	
10	잔	棧	桟 栈	
10	잔	盞	盏	
32	잠	暫	暂	
20	잠	蠶	蚕	
40	잡	雜	雑 杂	
80	장	長	长	

72	장	場	场	
42	장	將	将	将
40	장	壯	壮	
40	장	帳	帐	
40	장	張	张	
40	장	腸	肠	
40	장	裝	装	
40	장	獎	奨	奖
32	장	粧	妆	
32	장	臟	臓	脏
32	장	莊	庄	荘
32	장	藏	蔵	
30	장	墻	墙	
12	장	蔣	蒋	蒋
10	장	檣	樯	
10	장	漿	浆	
10	장	薔	蔷	
10	장	醬	醤	酱
52	재	財	财	
32	재	載	载	
30	재	哉	戋	
10	재	齋	斎	斋
50	쟁	爭	争	
10	쟁	錚	铮	

50	저	貯	贮	
10	저	箸	筯	
10	저	詛	诅	
10	저	豬	猪	
42	적	敵	敌	
40	적	積	积	
40	적	績	绩	
40	적	賊	贼	
40	적	適	适	
32	적	跡	迹	
32	적	蹟	迹	
10	적	謫	谪	
72	전	電	电	
62	전	戰	战	戦
52	전	傳	伝	
40	전	專	専	专
40	전	轉	転	转
40	전	錢	銭	钱
10	전	廛	厘	
10	전	氈	毡	
10	전	澱	淀	
10	전	癲	癫	
10	전	箋	笺	
10	전	纏	缠	

10 전 輾 辗
10 전 銓 铨
10 전 顚 颠
10 전 顫 颤
10 전 餞 饯
52 절 節 節 节
42 절 絶 绝
30 절 竊 窃
40 점 點 点 奌
32 점 漸 渐
10 점 霑 沾
60 정 定 㝎
40 정 靜 静
32 정 淨 净 凈
32 정 貞 贞
32 정 頂 顶
30 정 訂 订
20 정 偵 侦
12 정 楨 桢
12 정 禎 祯
12 정 鄭 郑
10 정 幀 帧
10 정 穽 阱
10 정 釘 钉
10 정 錠 锭
62 제 題 题
42 제 濟 済 济
42 제 製 制
42 제 際 际
32 제 諸 诸
32 제 齊 斉 齐
20 제 劑 剤 剂
52 조 調 调
42 조 鳥 鸟
40 조 條 条
40 조 組 组
20 조 釣 钓
12 조 趙 赵
10 조 棗 枣
10 조 繰 缲
10 조 詔 诏
52 졸 卒 卆
52 종 種 种
50 종 終 终
40 종 從 从 従
40 종 鍾 钟
32 종 縱 纵 縦
20 종 綜 综

10	종	慫	怂 慫	
10	종	腫	肿	
60	주	晝	昼	
52	주	週	周	
32	주	鑄	鋳 铸	
20	주	駐	驻	
12	주	疇	畴	
10	주	廚	厨	
10	주	紂	纣	
10	주	紬	绅	
10	주	註	注	
10	주	誅	诛	
10	주	躊	踌	
10	주	輳	辏	
42	준	準	准 凖	
12	준	濬	浚	
12	준	駿	骏	
42	중	衆	众	
32	즉	卽	即	
10	즐	櫛	櫛 栉	
40	증	證	証 证	
32	증	蒸	烝	
30	증	贈	赠	
70	지	紙	纸	
40	지	誌	志	
30	지	遲	遅 迟	
10	지	摯	挚	
42	직	職	职	
40	직	織	织	
42	진	進	进	
40	진	珍	珎	
40	진	盡	尽	
40	진	陣	阵	
32	진	陳	陈	
30	진	脣	唇	
20	진	塵	尘	
20	진	診	诊	
52	질	質	质 貭	
30	질	姪	侄	
32	집	執	执	
20	집	輯	辑	
32	징	徵	征	'음률이름 치'는 徵을 그대로 씀.
30	징	懲	惩	
32	착	錯	错	
10	착	鑿	凿	
40	찬	讚	讃 賛 赞	
32	찬	贊	賛 赞	

20 찬 餐 飡
12 찬 燦 灿
12 찬 瓚 瓉 瓒
12 찬 鑽 鑚 钻
10 찬 饌 馔
52 참 參 参 叁 — 参은 '석 삼'으로도 쓰고, 叁은 '석 삼'으로만 씀
30 참 慘 惨
30 참 慙 惭
20 참 斬 斩
10 참 塹 堑
10 참 懺 忏
10 참 讒 谗
10 참 讖 谶
42 창 創 创
32 창 倉 仓
32 창 蒼 苍
30 창 暢 畅
20 창 滄 沧
10 창 廠 厂
10 창 愴 怆
10 창 槍 枪
10 창 漲 涨

10 창 瘡 疮
10 창 脹 胀
10 창 艙 舱
40 채 採 采
32 채 債 债
52 책 責 责
42 처 處 処 处
20 처 悽 凄
20 척 隻 只
10 척 擲 掷
10 척 滌 涤
32 천 淺 浅 浅
32 천 賤 賎 贱
32 천 踐 践 践
32 천 遷 迁
30 천 薦 荐
12 천 釧 钏
10 천 闡 阐
50 철 鐵 鉄 铁
32 철 徹 彻
12 철 喆 哲
10 철 綴 缀
10 철 轍 辙
10 첨 僉 佥

10	첨	籤	签
10	첨	諂	谄
20	첩	諜	谍
10	첩	疊	畳 叠
10	첩	貼	贴
42	청	請	请
40	청	廳	庁 厅
40	청	聽	聴 听
62	체	體	体
32	체	滯	滞 滞
30	체	遞	逓 递
20	체	締	缔
10	체	諦	谛
32	초	礎	础
32	촉	觸	触
30	촉	燭	烛
10	촉	囑	嘱
42	총	總	総 緫 总
42	총	銃	铳
30	총	聰	聡 聪 聪
10	총	叢	丛
10	총	塚	冢
10	총	寵	宠
30	추	醜	丑
20	추	趨	趋
12	추	鄒	邹
10	추	樞	枢
10	추	芻	刍
10	추	錐	锥
10	추	錘	锤
10	추	鎚	锤
10	추	鰍	鳅
42	축	築	筑
40	축	縮	缩
20	축	軸	轴
42	충	蟲	虫
32	충	衝	冲
12	충	沖	冲
10	췌	贅	赘
32	취	醉	酔
42	측	測	测
32	측	側	侧
10	측	惻	恻
40	층	層	层
42	치	齒	歯 齿
10	치	幟	帜
10	치	熾	炽
10	치	癡	痴

10	치	緻	致	
10	치	馳	驰	
50	칙	則	则	
60	친	親	亲	
32	칠	漆	柒	
40	침	寢	寝	寑
40	침	針	针	
10	침	鍼	针	
10	칩	蟄	蛰	
40	칭	稱	称	
30	타	墮	堕	
10	타	舵	柁	
10	타	駝	驼	
30	탁	濁	浊	
20	탁	託	托	
10	탁	鐸	铎	
40	탄	彈	弾	弹
40	탄	歎	叹	
30	탄	誕	诞	
12	탄	灘	滩	
10	탄	憚	惮	
10	탄	綻	绽	
32	탈	奪	夺	
30	탐	貪	贪	

32	탕	湯	汤		
10	탕	蕩	荡		
42	태	態	态		
20	태	颱	台		
12	태	兌	兑		
40	택	擇	択	择	
32	택	澤	沢	泽	
10	터	攄	摅		
40	토	討	讨		
32	토	兎	兔		
42	통	統	统		
10	통	慟	恸		
40	투	鬪	闘	閗	斗
10	투	妬	妒		
30	파	罷	罢		
30	파	頗	颇		
30	판	販	贩		
10	판	辦	办		
50	패	敗	败		
30	패	貝	贝		
20	패	霸	覇		
10	패	唄	呗		
32	편	編	编		
10	편	騙	骗		

10	폄	貶	贬
40	평	評	评
40	폐	閉	闭
32	폐	廢	廃 废
30	폐	幣	币
10	폐	斃	毙
42	포	砲	炮
30	포	飽	饱
20	포	鋪	铺
12	포	鮑	鲍
40	표	標	标
10	표	飄	飘
62	풍	風	风
32	풍	楓	枫
12	풍	馮	冯
10	풍	諷	讽
52	필	筆	笔
32	필	畢	毕
10	필	疋	匹
32	하	賀	贺
10	하	蝦	虾
80	학	學	学
32	학	鶴	鹤
10	학	謔	谑
10	학	瘧	疟
80	한	韓	韩
72	한	漢	汉
40	한	閑	闲
10	한	澣	浣
10	할	轄	辖
32	함	陷	陷
20	함	艦	艦 舰
10	함	檻	槛
10	함	緘	缄
10	함	銜	啣 衔
10	함	鹹	醎 咸
32	항	項	项
30	해	該	该
10	해	諧	谐
10	해	駭	骇
42	향	鄕	鄉 乡
32	향	響	響 响
10	향	嚮	向
10	향	饗	飨
50	허	許	许
42	허	虛	虚
10	허	噓	嘘
10	허	墟	墟

40 헌 憲 宪

32 헌 獻 献

30 헌 軒 轩

42 험 驗 験 验

40 험 險 険 险

12 혁 爀 赫

62 현 現 现

42 현 賢 賢 贤

40 현 顯 顕 显

32 현 懸 悬

30 현 絃 弦

30 현 縣 県 县

12 현 峴 岘

12 현 鉉 铉

10 현 絢 绚

42 협 協 协

32 협 脅 胁

20 협 峽 峡

12 협 陜 陕

10 협 俠 侠

10 협 挾 挟

10 협 狹 狭

10 협 頰 頬 颊

30 형 螢 蛍 萤

12 형 瀅 滢 滢

12 형 瑩 莹

42 혜 惠 恵

60 호 號 号

42 호 護 护

12 호 澔 浩

12 호 鎬 镐

10 혼 渾 浑

40 홍 紅 红

30 홍 鴻 鸿

10 홍 訌 讧

72 화 話 话

60 화 畫 画 画

42 화 貨 货

40 화 華 华

32 화 禍 祸

12 화 樺 桦

42 확 確 确

30 확 擴 拡 扩

30 확 穫 获

40 환 歡 欢 歓

40 환 環 环

32 환 換 换

32 환 還 还

12	환	煥	焕
10	환	喚	唤
10	환	驩	欢 歓
10	환	鰥	鳏
10	활	闊	阔
40	황	況	况
62	회	會	会
32	회	懷	懐 怀
20	회	迴	回
12	회	檜	桧
10	회	繪	絵 绘
10	회	膾	脍
10	회	誨	诲
10	회	賄	贿
32	획	劃	划
32	획	獲	获
52	효	效	効
30	효	曉	暁 晓

72	후	後	后
60	훈	訓	训
20	훈	勳	勋
12	훈	壎	埙
10	훈	暈	晕
40	휘	揮	挥
30	휘	輝	辉
10	휘	彙	汇
10	휘	諱	讳
10	흉	兇	凶
10	흉	洶	汹
10	흔	欣	忻
12	흠	欽	钦
42	흥	興	兴
32	희	戲	戱 戏
20	희	姬	姫
10	희	犧	犠 牺
10	힐	詰	诘

3. 略字와 略化規則

아래의 略化規則(一律로 모든 해당 글자에 適用되지는 않음)의 適用을 받는 漢字들은 위의 目錄에 대표적 漢字 한 두 字만 넣고 모두 넣지는 않았다. 參考바란다. 또 簡化字나 日本 常用略字만의 略化規則은 여기에 따로 넣지 않았으므로 위의 略字 目錄을 참고하기 바란다.

※ 皀[皀]가 艮로 2劃이 略化된 글자는 概慨溉既節即鄉

嚮饗嚮 등에 적용됨.
※ 良[良]이 良으로 1劃이 略化된 글자는 郎廊朗 등에 적용됨.
※ 食[飠]이 食으로 1劃이 略化된 글자는 飮飾蝕 등에 적용됨.
※ 者가 者로 1劃이 略化된 글자는 都堵睹賭覩者煮著豬猪箸楮渚躇藷儲諸緖 등에 적용됨.
※ 幷이 并으로 2劃이 略化된 글자는 幷倂甁屛餠輧骿 등에 적용됨.
※ 兟이 㚘으로 4劃이 略化된 글자는 贊讚瓚纘鑽 등에 적용됨.
※ 區가 区로 7劃이 略化된 글자는 區歐毆軀鷗驅嘔嶇謳 등에 적용됨.
※ 吅이 ⺍으로 3劃이 略化된 글자는 獸嚴單戰彈禪蟬憚嬋 등에 적용됨.
※ 會가 会로 7劃이 略化된 글자는 會繪檜膾澮獪 등에 적용됨.
※ 詹이 旦으로 8劃이 略化된 글자는 擔膽 등에 적용됨.
※ 氵가 冫으로 1劃이 略化된 글자는 沖涼減準 등에 적용됨.
※ 雚이 又로 16劃이 略化된 글자는 觀權勸 등에 적용됨.
※ 爿이 丬으로 1劃이 略化된 글자는 壯裝莊狀牀 將奬醬蔣漿 등에 적용됨.
※ 䜌이 亦으로 13劃이 略化된 글자는 鸞變戀蠻彎灣巒攣 등에 적용됨.
※ 夾이 夹으로 1劃이 略化된 글자는 夾峽狹俠浹挾陜鋏莢頰陜 등에 적용됨.
※ 婁가 娄로 2劃이 略化된 글자는 婁樓縷屢褸瘻蔞鏤數

등에 적용됨.
※ 戔이 戋으로 2劃이 略化된 글자는 戔殘盞棧錢箋餞賤淺 등에 적용됨.
※ 𦥯이 ⺍으로 8劃이 略化된 글자는 覺學 등에 적용됨.
※ 臣이 刂으로 4劃이 略化된 글자는 腎堅緊臨師帥濫藍襤籃監鑑艦 檻賢등에 적용됨.
※ 臨이 丨⺈으로 9劃이 略化된 글자는 鑒覽攬纜欖擥 등에 적용됨.
※ 睪이 尺으로 9劃이 略化된 글자는 澤擇驛譯釋 등에 적용됨.
※ 參이 参으로 3劃이 略化된 글자는 參慘蔘滲 등에 적용됨.
※ 壽가 寿로 7劃이 略化된 글자는 壽濤禱燾鑄 등에 적용됨.
※ 𥁕이 昷으로 1劃이 略化된 글자는 溫媼韞慍瑥縕瘟 등에 적용됨.
※ 僉이 㑒으로 5劃이 略化된 글자는 簽檢儉劍劒驗險 등에 적용됨.
※ 巠이 圣로 2劃이 略化된 글자는 經輕徑勁頸痙逕莖 등에 적용됨.
※ 𢇍가 𠃊米로 7劃이 略化된 글자는 斷繼 등에 적용됨.
※ 黃이 厶로 10劃이 略化된 글자는 廣鑛擴 등에 적용됨.
※ 褱이 衣로 3劃이 略化된 글자는 壞懷 등에 적용됨.
※ 𡿺가 㐫로 2劃이 略化된 글자는 腦惱 등에 적용됨.
※ 巤이 鼡으로 7劃이 略化된 글자는 獵蠟臘 등에 적용됨.
※ 臺가 台로 9劃이 略化된 글자는 臺擡 등에 적용됨.
※ 𢇇가 关로 5劃이 略化된 글자는 關聯 등에 적용됨.

※ 盧가 户로 12劃이 略化된 글자는 爐蘆廬 등에 적용됨.

※ 齒가 歯로 3劃이 略化된 글자는 齒齡 등에 적용됨.

※ 炏이 𭕄으로 5劃이 略化된 글자는 勞營榮螢 등에 적용됨.

※ 龍이 竜으로 6劃이 略化된 글자는 龍籠瀧 등에 적용됨.

※ 兩이 両으로 2劃이 略化된 글자는 兩輛滿 등에 적용됨.

※ 弗이 厶로 3劃이 略化된 글자는 佛拂彿 등에 적용됨.

※ 堯가 尭로 4劃이 略化된 글자는 堯燒曉蟯嶢橈繞僥饒撓 등에 적용됨.

※ 㕣가 公으로 1劃이 略化된 글자는 船鉛 등에 적용됨.

※ 賣가 売로 8劃이 略化된 글자는 賣讀續 등에 적용됨.

※ 爾가 尔로 9劃이 略化된 글자는 爾邇彌 등에 적용됨.

※ 處,豦가 処로 6劃과 8劃이 略化된 글자는 處據 등에 적용됨.

※ 𤔔이 舌로 6劃이 略化된 글자는 亂辭 등에 적용됨.

※ 卒이 卆로 4劃이 略化된 글자는 卒粹雜醉 등에 적용됨.

※ 𣥠가 有로, 㷀이 㐃으로 '工'의 3劃이 略化된 글자는 髓隨墮 穩隱 등에 적용됨.

※ 惠가 恵로 2劃이 略化된 글자는 惠穗 등에 적용됨.

※ 肅이 粛(肃)으로 4(3)劃이 略化된 글자는 肅繡瀟 등에 적용됨.

※ 㬎이 显으로 5劃이 略化된 글자는 濕顯 등에 적용됨.

※ 亞가 亜로 1劃이 略化된 글자는 亞啞惡 등에 적용됨.

※ 樂이 楽으로 2劃이 略化된 글자는 樂藥 등에 적용됨.

※ 屬이 属으로 9劃이 略化된 글자는 屬囑 등에 적용됨.

※ 與가 兴로 8劃이 略化된 글자는 擧譽 등에 적용됨.
※ 襄이 襄으로 4劃이 略化된 글자는 讓壤孃釀穰 등에 적용됨.
※ 䍃가 䍃로 1劃이 略化된 글자는 遙瑤搖 등에 적용됨.
※ 將이 将으로 1劃이 略化된 글자는 將獎醬蔣漿 등에 적용됨.
※ 爲가 為로 3劃이 略化된 글자는 爲僞 등에 적용됨.
※ 爭이 争으로 2劃이 略化된 글자는 爭靜淨瀞 등에 적용됨.
※ 專이 云으로 7劃이 略化된 글자는 傳轉 등에 적용됨.
※ 齊가 斉로 6劃이 略化된 글자는 齊濟劑 등에 적용됨.
※ 曾이 曽으로 1劃이 略化된 글자는 曾增贈憎甑繒 등에 적용됨.
※ 蜀이 虫으로 7劃이 略化된 글자는 獨觸 등에 적용됨.
※ 悤이 怱,忽으로 3,2劃이 略化된 글자는 悤總聰蔥 등에 적용됨.
※ 發이 発으로 3劃이 略化된 글자는 發廢 등에 적용됨.
※ 虛가 虚으로 1劃이 略化된 글자는 虛墟噓戱 등에 적용됨.
※ 宀이 冖으로 1劃이 略化된 글자는 富寫宜 등에 적용됨.
※ 广이 厂으로 1劃이 略化된 글자는 廈殿廁 등에 적용됨.
※ 口가 厶로 1劃이 略化된 글자는 員兌克 등에 적용됨.
※ 藏이 蔵으로 3劃이 略化된 글자는 藏臟 등에 적용됨.
※ 𣪊이 車로 2劃이 略化된 글자는 擊繫 등에 적용됨.
※ 臼가 臼로 2劃이 略化된 글자는 插搜 등에 적용됨.
※ 攵이 力으로 2劃이 略化된 글자는 敎效 등에 적용됨.

※ 罒이 田으로 1劃이 略化된 글자는 黑墨默練錬動 등에 적용됨.

※ 母가 毋로 1劃이 略化된 글자는 毒繁梅悔海敏侮 등에 적용됨.

※ 攵이 又로 2劃이 略化된 글자는 敍(敘)收 등에 적용됨.

※ 石이 氵로 3劃이 略化된 글자는 磎 등에 적용됨.

※ 句이 勾로 1劃이 略化된 글자는 鉤句 등에 적용됨.

※ 黽이 魚로 2劃이 略化된 글자는 鼇 등에 적용됨.

※ 一의 1劃이 略化된 글자는 殼穀德徵懲隆難勤謹僅董漢 등에 적용됨.

※ 丶의 1劃이 略化된 글자는 寬殺奬器淚臭 등에 적용됨.

有志者 事竟成

漢字

(社) 韓國語文會 主管 / 韓國漢字能力檢定會 施行

5章

漢字語의 讀音

漢字는 國語속의 文字의 하나이고 그 發音 및 表記는 國語의 音韻法則 등에 영향을 받는다. 그 대표적인 것으로, 長短音, 頭音法則, 俗音 등을 들 수 있다.

1. 漢字의 長短音

國語 속의 漢字는 同一 音價 속에서 長短으로 구분되기도 한다. 예를 들어 國語辭典을 보면 '광주(廣州)[광:주]'식으로 發音을 표기하면서 :(쌍점)을 찍어 놓은 것을 볼 수 있다. 이는 해당 音을 길게 읽으라는 표시이다. 그러나 모든 '廣(광:)'을 '광:'으로 읽으라는 것은 아니다. 말의 첫머리에 올 때만 長短을 구분한다. '長廣(장광)'은 긴소리인 '廣'이 있지만 語頭가 아니므로 '장광:'으로 發音하지 않는다.

長短은 왜 필요한가? 音의 高低와 長短은 말에 韻律이 실리게 하고, 말의 語感에 변화를 주어 意味 전달에 차이를 가져온다. '광:주(廣州)'의 긴 발음과 '광주(光州)'의 짧은 발음은 話者가 말의 長短을 구분함에 따라 韻律의 변화를 일으키고, 聽者는 長短 韻律의 변화에 따라 聽取 느낌이 달라질 뿐 아니라 그 말의 意味도 다르게 받아들이게 되는 것이다.

長短은 어떻게 생겼는가? 15세기 中世國語에는 音의 長短외에 高低(聲調)의 구분도 있었다. 現代國語의 長短은 中世國語의 四聲에서 비롯되었다. 平聲은 低調로 낮은 소리, 去聲은 高調로 높은 소리, 上聲은 低調와 高調의 복합으로 처음이 낮고 나중이 높은 소리, 入聲은 짧고 빨리 끝나는 소리였다. 聲調는 글자의 왼쪽에 點을 찍어 표시하였는데, 이 점을 '傍點(곁點, 圈點, 四聲點)'으로 부른다. 『訓民正音』에 보면 平聲은 점이 없고, 去聲은 한 점, 上聲은 두 점을 글자의 왼편에 찍었다. 入聲(ㄱ, ㄷ, ㅂ, ㄹ 받침)은 점이 없는 것은 '平聲的 入聲', 점이 한 개 있는 것은 '去聲的 入聲', 점이 두 개 있는 것은 '上聲的 入聲'으로 구분하는데, 받침(ㄱ, ㄷ, ㅂ, ㄹ)으로 바로 알아 볼 수 있다. 예로 '學'은 그 음이 'ㄱ'받침으로 끝나므로 入聲이 된다. 그러나 四聲은 國人의 言語 生活과 어울리지 않는 측면이 있어 16세기 이후 消滅하였고 長短만 남게 되었다.

長短에는 法則이 있는가? 四聲이 消滅하면서 長短으로 바뀌었는데, 入聲만 모두 短音으로 바뀌었고, 上聲은 대체로 長音으로, 平聲과 去聲은 대체로 短音으로 바뀌었다. 上聲에 長音이 많은 것은 上聲이 長音으로 발달한 것이 아니고 본래 上聲字의 音節 母音이 대부분 長母音이었기 때문이다. 따라서 四聲을 구분할 줄 알면 長短도 어느 정도 구분할 수 있다. 그러나 漢字의 四聲을 익히는 것은 쉬운 일이 아니고 오직 入聲만 알아보기 쉬울 뿐이다. 결국 長短音을 하루아침에 익힐 수 있는 방법은 없고, 하나하나 차근차근 익혀 나가야 한다.

長短은 어떻게 익혀야 하는가? 漢字의 訓에 따라 長短이 달라지기도 한다. '長'을 예로 들면 長官(장:관)의 長은 '어른 장'의 뜻으로 길게 발음하고, 長短(장단)의 長은 '긴 장'의 뜻으로 짧게 발음한다. 또 '討'를 예로 들면 '칠(誅) 토'의 뜻은 短音으로 討伐(토벌) 討滅(토멸)이 되고, '찾을(尋) 토'는 長音으로 討論(토:론) 討議(토:의)가 된다. 한편 一字多音인 경우에는 音의 변화에 따라 長短이 결정되기도 한다. '醵<추렴할 갹(거)>'를 예로 들면 '갹'음인 경우에는 短音, '거'음인 경우에는 長音이 되어 각각 醵出(거:출), 醵出(갹출)로 다르게 된다. '更(고칠 경, 다시 갱)'을 예로 들면 '경'은 短音, '갱'은 長音으로 更迭(경질), 更生(갱:생)으로 音의 변화에 따라 長短이 달라진다.

그러나 어떤 뚜렷한 法則性을 발견하기 어려운 상황에서 한 글자 한 글자의 경우의 수를 따져 가면서 長短을 익히는 것은 현실적으로 어려운 일이다. 長短의 구분은 同音異義語의 구분에도 그 이유가 있었을 것이므로 동일 音價의 단어들을 가지고 그때그때 長短을 익히는 것도 하나의 방법이다. 예로 京畿道 廣州와 全羅道 光州는 각각 廣州(광: 주)와 光州(광주)로 長短音이 다르다. 姓氏를 예로 들면 鄭韓國(정:한국), 丁韓國(정한국)으로 長短이 다르다. 간신을 예로 들면 諫臣(간:신)은 길고, 奸臣(간신)은 짧다. 영동을 예로 들면 永同(영:동)은 길고 嶺東(영동)은 짧다. 이와 같이 종래 長短을 무시한 발음으로는 구분하지 못했던 동일 音價의 말들의 長短을 구분하여 가면서 익히면 長短音이 쉽고 재미있게 다가올 것이다.

特級 5,978字 범위 내에서 長音 漢字와 漢字語에 따라 長短이 區分되는 漢字는 다음과 같다.

1_1. 語頭에서 長音으로 發音되는 漢字

가 50 可 옳을 가:
가 42 假 거짓 가:
가 40 暇 틈/겨를 가:
가 32 佳 아름다울 가:
가 32 架 시렁 가:
가 10 呵 꾸짖을 가:
가 10 苛 가혹할 가:
가 00 哿 가할 가:
간 32 懇 간절할 간:
간 30 姦 간음할 간:
간 10 揀 가릴 간:
간 10 澗 산골물 간:
간 10 諫 간할 간:
간 02 侃 강직할 간:
간 02 磵 시내[澗] 간:
간 00 瞯 엿볼 간: | 곁눈질할 한:
감 60 感 느낄 감:
감 42 減 덜 감:
감 40 敢 감히/구태여 감:
감 20 憾 섭섭할 감:
감 00 欿 서운할 감:
감 00 矙 엿볼 감:
감 00 减 덜 감:
강 42 講 욀 강:
강 10 慷 슬플 강:
강 02 絳 짙게붉을 강:
개 32 介 낄 개:
개 32 概 대개 개:
개 30 慨 슬퍼할 개:
개 12 价 클 개:
개 12 塏 높은땅 개:
개 10 凱 개선할 개:
개 10 愾 성낼 개:
개 10 漑 물댈 개:
개 02 愷 즐거울 개:
개 02 鎧 갑옷 개:
개 00 槩 평미레 개:
갱 10 羹 국 갱:
거 50 去 갈 거:
거 50 擧 들 거:

거 40 巨 클 거:
거 40 拒 막을 거:
거 40 據 근거 거:
거 32 距 상거(相距)할 거:
거 10 倨 거만할 거:
거 02 炬 횃불 거:
거 02 踞 걸어앉을 거:
거 02 遽 급할 거:
거 02 鉅 톱/클 거:
거 02 鋸 톱 거:
거 00 筥 광주리 거: | 밥통 려:
거 00 祛 소매 거:
건 50 健 굳셀 건:
건 50 建 세울 건:
건 12 鍵 자물쇠/열쇠 건:
건 10 虔 공경할 건:
검 42 檢 검사할 검:
검 40 儉 검소할 검:
검 32 劍 칼 검:
검 02 劒 칼 검:
게 20 憩 쉴 게:
게 20 揭 높이들[擧]/걸[掛] 게:
게 10 偈 불시(佛詩) 게:
견 52 見 볼 견: | 뵈올 현:
견 30 遣 보낼 견:
견 10 繭 고치 견:
견 10 譴 꾸짖을 견:
견 00 繾 곡진할 견:
견 00 獧 뛸 견: | 급할 현:
겸 00 歉 흉년들 겸
경 52 敬 공경 경:
경 50 競 다툴 경:
경 42 慶 경사 경:
경 42 警 깨우칠 경:
경 40 鏡 거울 경:
경 30 竟 마침내 경:
경 12 儆 경계할 경:
경 12 璟 옥빛 경:
경 10 憬 깨달을/동경할 경:
경 10 梗 줄기/막힐 경:
경 10 磬 경쇠 경:
경 02 絅 당길/홑옷 경:
경 00 罄 다할 경:
계 62 界 지경 계:
계 62 計 셀 계:
계 42 係 맬 계:
계 40 季 계절 계:
계 40 戒 경계할 계:
계 40 系 이어맬 계:
계 40 繼 이을 계:
계 32 啓 열 계:
계 32 桂 계수나무 계:
계 32 械 기계 계:
계 30 癸 북방/천간 계:
계 30 繫 맬 계:
계 10 悸 두근거릴 계:
계 02 堺 지경[界] 계:
계 02 屆 이를[至] 계:
계 02 稽 머무를 계:
계 02 誡 경계할 계:
고 60 古 예 고:
고 52 告 고할 고:
고 10 袴 바지 고:
고 02 誥 깨우칠 고:
고 00 罟 그물 고:
고 00 羖 염소 고:
곤 40 困 곤할 곤:
곤 10 袞 곤룡포 곤:
공 62 共 한가지 공:
공 40 孔 구멍 공:
공 40 攻 칠[擊] 공:
공 32 供 이바지할 공:

공 32 貢 바칠 공:
공 10 拱 팔짱낄 공:
공 02 控 당길 공:
과 62 果 실과 과:
과 52 過 지날 과:
과 32 寡 적을 과:
과 32 誇 자랑할 과:
과 00 裹 쌀 과:
관 20 款 항목 관:
관 00 盥 낯씻을 관:
광 52 廣 넓을 광:
광 40 鑛 쇳돌 광:
광 10 壙 뫼구덩이 광:
광 10 曠 빌 광:
광 00 纊 고운솜 광:
괴 32 壞 무너질 괴:
괴 30 愧 부끄러울 괴:
괴 20 傀 허수아비 괴:
교 80 敎 가르칠 교:
교 80 校 학교 교:
교 30 矯 바로잡을 교:
구 52 舊 예 구:
구 50 救 구원할 구:
구 32 久 오랠 구:
구 10 灸 뜸 구:
구 00 屨 신 구:
구 00 彀 활당길 구:
구 00 窶 가난할 구: | 기울어진땅 루:
구 00 糗 미숫가루 구:
군 60 郡 고을 군:
군 10 窘 군색할 군:
권 40 勸 권할 권:
권 32 拳 주먹 권:
권 10 倦 게으를 권:
권 10 眷 돌볼 권:
권 00 睠 돌아볼 권:
궤 30 軌 바퀴자국 궤:
궤 10 机 책상 궤:
궤 10 櫃 궤짝 궤:
궤 10 潰 무너질 궤:
궤 10 詭 속일 궤:
궤 10 几 안석 궤:
궤 00 匱 갑(匣)/다할 궤:
궤 00 氿 구멍샘 궤:
궤 00 簋 제기(祭器)이름 궤:
궤 00 跪 꿇어앉을 궤:
궤 00 餽 먹일 궤:
궤 00 簣 삼태기 궤:
귀 50 貴 귀할 귀:
귀 40 歸 돌아갈 귀:
귀 32 鬼 귀신 귀:
근 60 近 가까울 근:
근 30 僅 겨우 근:
근 30 謹 삼갈 근:
근 12 槿 무궁화 근:
근 12 瑾 아름다운옥 근:
근 10 饉 주릴 근:
금 42 禁 금할 금:
금 32 錦 비단 금:
금 10 衾 이불 금:
금 10 襟 옷깃 금:
긍 30 肯 즐길 긍:
긍 12 兢 떨릴 긍:
긍 10 矜 자랑할 긍:
긍 00 亙 뻗칠 긍:
기 10 妓 기생 기:
나 30 那 어찌 나:
나 10 懦 나약할 나:
나 10 拏 잡을 나:
나 10 拿 잡을[拏同] 나:
난 42 暖 따뜻할 난:
난 10 煖 더울 난:

난 00 赧 부끄러울 난:
낭 00 曩 지난번 낭:
내 72 內 안 내:
내 32 耐 견딜 내:
내 30 乃 이에 내:
내 00 迺 이에 내:
내 00 鼐 큰솥 내:
념 52 念 생각 념:
노 42 怒 성낼 노:
농 20 濃 짙을 농:
뇨 10 撓 휠 뇨:
뇨 02 鬧 지껄일 뇨:
누 00 耨 호미 누:
눈 02 嫩 어릴 눈:
뉴 02 杻 싸리 뉴: | 수갑 추:
뉴 00 狃 익숙할 뉴:
단 42 斷 끊을 단:
단 32 但 다만 단:
단 10 蛋 새알 단:
담 20 膽 쓸개 담:
담 10 痰 가래 담:
담 00 黮 검을 담: | 오디 심:
담 00 菼 달 담:
대 62 代 대신할 대:
대 62 對 대할 대:
대 60 待 기다릴 대:
대 32 貸 빌릴/뀔 대:
대 20 戴 일[首荷] 대:
대 00 懟 원망할 대:
대 00 憝 원망할/악할 대:
대 00 譈 원망할 대:
도 72 道 길 도:
도 52 到 이를 도:
도 42 導 인도할 도:
도 32 倒 넘어질 도:
도 32 途 길[行中] 도:

도 10 鍍 도금할 도:
돈 12 頓 조아릴 돈:
동 72 動 움직일 동:
동 70 洞 골 동: | 밝을 통:
동 32 凍 얼 동:
동 12 董 바를[正] 동:
동 10 憧 동경할 동:
동 10 疼 아플 동:
동 10 瞳 눈동자 동:
동 00 僮 아이종 동:
동 00 蝀 무지개 동:
둔 30 鈍 둔할 둔:
둔 10 遁 숨을 둔:
등 62 等 무리 등:
등 12 鄧 나라이름 등:
라 20 裸 벗을 라:
라 10 懶 게으를 라:
라 10 癩 문둥이 라:
란 40 亂 어지러울 란:
란 40 卵 알 란:
란 20 爛 빛날 란:
람 30 濫 넘칠 람:
람 02 擥 잡을[攬] 람:
람 02 攬 잡을 람:
랑 52 朗 밝을 랑:
랑 10 狼 이리 랑:
랭 50 冷 찰 랭:
량 42 兩 두 량:
량 20 輛 수레 량:
려 40 慮 생각할 려:
려 32 勵 힘쓸 려:
려 12 呂 성(姓)/법칙 려:
려 12 礪 숫돌 려:
려 10 侶 짝 려:
려 10 戾 어그러질 려:
려 10 濾 거를 려:

려 02 蠣 굴 려:
려 00 厲 엄할/숫돌 려:
련 52 練 익힐 련:
련 32 戀 그리워할/그릴 련:
련 32 鍊 쇠불릴/단련할 련:
렴 10 斂 거둘 렴:
렴 10 殮 염(殮)할 렴:
례 60 例 법식 례:
례 60 禮 예도 례:
례 30 隷 종 례:
례 12 醴 단술[甘酒] 례:
로 70 老 늙을 로:
로 60 路 길 로:
롱 32 弄 희롱할 롱:
롱 10 壟 밭두둑 롱:
롱 00 隴 언덕 롱:
뢰 32 賴 의뢰할 뢰:
뢰 10 儡 꼭두각시 뢰:
뢰 00 耒 따비 뢰:
료 30 了 마칠 료:
료 02 蓼 여뀌 료:
료 00 潦 장마 료: | 장마 로:
루 32 漏 샐 루:
루 32 累 여러/지주 루:
루 30 屢 여러 루:
루 30 淚 눈물 루:
루 10 陋 더러울 루:
루 02 縷 실오리 루:
류 10 瘤 혹 류:
류 00 罶 통발 류:
리 70 里 마을 리:
리 62 利 이할 리:
리 62 理 다스릴 리:
리 60 李 오얏/성(姓) 리:
리 40 離 떠날 리:
리 32 吏 벼슬아치/관리 리:
리 32 履 밟을 리:
리 32 裏 속 리:
리 10 俚 속될 리:
리 10 痢 이질 리:
리 10 裡 속 리:
리 00 詈 꾸짖을 리:
마 50 馬 말 마:
만 80 萬 일만 만:
만 32 晩 늦을 만:
만 30 慢 거만할 만:
만 30 漫 흩어질 만:
만 20 娩 낳을 만:
만 10 卍 만(卍) 만:
만 10 挽 당길 만:
만 10 輓 끌/애도할 만:
만 02 万 일만[萬] 만:
망 52 望 바랄 망:
망 32 妄 망령될 망:
매 50 買 살 매:
매 10 寐 잘 매:
매 10 罵 꾸짖을 매:
맹 32 猛 사나울 맹:
면 70 面 낯 면:
면 40 勉 힘쓸 면:
면 32 免 면할 면:
면 12 冕 면류관 면:
면 12 沔 물이름/빠질 면:
면 12 俛 힘쓸/구푸릴 면:
면 10 眄 곁눈질할 면:
면 00 湎 빠질 면:
명 70 命 목숨 명:
명 10 皿 그릇 명:
명 10 酩 술취할 명:
모 80 母 어미 모:
모 32 慕 그릴 모:
모 30 暮 저물 모:

모 30 某 아무 모:
묘 40 墓 무덤 묘:
묘 40 妙 묘할 묘:
묘 30 卯 토끼 묘:
묘 30 廟 사당 묘:
묘 30 苗 모 묘:
묘 12 昴 별이름 묘:
묘 10 描 그릴 묘:
묘 10 渺 아득할/물질펀할 묘:
묘 10 猫 고양이 묘:
묘 02 玅 묘할[妙] 묘:
묘 00 眇 애꾸 묘:
묘 00 貓 고양이 묘:
무 42 務 힘쓸 무:
무 42 武 호반 무:
무 40 舞 춤출 무:
무 32 茂 무성할 무:
무 32 貿 무역할 무:
무 30 戊 천간 무:
무 30 霧 안개 무:
무 10 巫 무당 무:
무 10 憮 어루만질 무:
무 10 拇 엄지손가락 무:
무 10 畝 이랑 무: | 이랑 묘:
무 10 誣 속일 무:
무 02 楙 힘쓸 무:
무 02 鵡 앵무새 무:
무 00 儛 춤출 무:
문 70 問 물을 문:
미 42 味 맛 미:
미 32 尾 꼬리 미:
미 00 弭 활고자 미:
반 62 半 반(半) 반:
반 62 反 돌이킬/돌아올 반:
반 30 伴 짝 반:
반 30 叛 배반할 반:
반 30 返 돌이킬 반:
방 42 訪 찾을 방:
방 30 傍 곁 방:
방 12 旁 곁 방:
방 10 榜 방(榜)붙일 방:
방 10 謗 헐뜯을 방:
배 42 拜 절 배:
배 42 背 등 배:
배 42 配 나눌/짝 배:
배 32 培 북돋울 배:
배 32 輩 무리 배:
배 20 賠 물어줄 배:
배 10 陪 모실 배:
범 40 犯 범할 범:
범 40 範 법 범:
범 20 汎 넓을 범:
범 12 范 성(姓) 범:
범 10 帆 돛 범:
범 10 梵 불경 범:
범 10 氾 넘칠 범:
범 10 泛 뜰 범:
변 52 變 변할 변:
변 40 辯 말씀 변:
변 30 辨 분별할 변:
변 12 卞 성(姓) 변:
변 12 弁 고깔 변:
병 60 病 병 병:
병 32 丙 남녘 병:
병 30 竝 나란히 병:
병 20 倂 아우를 병:
병 12 昞 밝을 병:
병 12 昺 밝을 병:
병 12 柄 자루 병:
병 12 炳 불꽃 병:
병 12 秉 잡을 병:
병 10 餠 떡 병:

병 02 棅 자루[柄] 병:
보 42 報 갚을/알릴 보:
보 42 寶 보배 보:
보 42 步 걸음 보:
보 40 普 넓을 보:
보 32 補 기울 보:
보 32 譜 족보 보:
보 12 潽 물이름 보:
보 12 甫 클 보:
보 12 輔 도울 보:
보 10 堡 작은성 보:
보 02 珤 보배[寶] 보:
보 00 鴇 너새 보:
봉 52 奉 받들 봉:
봉 32 鳳 봉새 봉:
봉 20 俸 녹(祿) 봉:
부 42 副 버금 부:
부 42 富 부자 부:
부 40 否 아닐 부:
부 40 負 질[荷] 부:
부 32 付 부칠 부:
부 32 簿 문서 부:
부 32 腐 썩을 부:
부 32 賦 부세 부:
부 30 赴 다다를[趨而至]/갈[趨] 부:
부 12 傅 스승 부:
부 12 阜 언덕 부:
부 10 俯 구부릴 부:
부 10 剖 쪼갤 부:
부 10 埠 부두 부:
부 10 訃 부고 부:
부 10 賻 부의 부:
부 10 駙 부마 부:
부 00 拊 어루만질 부:
부 00 鮒 붕어 부:
분 40 憤 분할 분:
분 32 奮 떨칠 분:
분 10 吩 분부할 분:
분 10 忿 성낼 분:
비 50 比 견줄 비:
비 50 費 쓸 비:
비 50 鼻 코 비:
비 42 備 갖출 비:
비 42 悲 슬플 비:
비 40 批 비평할 비:
비 40 祕 숨길 비:
비 32 卑 낮을 비:
비 32 婢 계집종 비:
비 32 肥 살찔 비:
비 20 匪 비적 비:
비 10 匕 비수 비:
비 10 庇 덮을 비:
비 10 憊 고단할 비:
비 10 砒 비상 비:
비 10 秕 쭉정이 비:
비 10 緋 비단 비:
비 10 翡 물총새 비:
비 10 臂 팔 비:
비 10 譬 비유할 비:
비 10 鄙 더러울 비:
비 02 秘 숨길[祕] 비:
비 00 俾 하여금 비:
비 00 剕 발벨 비:
비 00 圮 무너질 비:
비 00 悱 분할 비:
비 00 轡 고삐 비:
비 00 閟 닫을 비:
비 00 畀 줄 비:
비 00 篚 대광주리 비:
사 80 四 넉 사:
사 72 事 일 사:
사 60 使 하여금/부릴 사:

사 60 死 죽을 사:
사 52 史 사기(史記) 사:
사 52 士 선비 사:
사 42 謝 사례할 사:
사 30 似 닮을 사:
사 30 巳 뱀 사:
사 30 捨 버릴 사:
사 30 賜 줄 사:
사 20 赦 용서할 사:
사 12 泗 물이름 사:
사 10 嗣 이을 사:
사 10 徙 옮길 사:
사 10 麝 사향노루 사:
사 02 肆 방자할/베풀 사:
사 00 汜 늪 사:
사 00 笥 옷상자 사:
사 00 涘 물가 사:
사 00 耜 따비/보습 사:
사 00 蓰 다섯곱 사:
산 70 算 셈 산:
산 52 産 낳을 산:
산 40 散 흩을 산:
상 72 上 윗 상:
상 42 想 생각 상:
상 10 爽 시원할 상:
상 00 顙 이마 상:
서 50 序 차례 서:
서 32 恕 용서할 서:
서 32 緖 실마리 서:
서 32 署 마을[官廳] 서:
서 30 庶 여러 서:
서 30 敍 펼 서:
서 30 暑 더울 서:
서 30 誓 맹세할 서:
서 30 逝 갈[往] 서:
서 20 瑞 상서 서:
서 12 舒 펼 서:
서 10 壻 사위 서:
서 10 抒 풀 서:
서 10 曙 새벽 서:
서 10 棲 깃들일 서:
서 10 犀 무소 서:
서 10 薯 감자 서:
서 10 黍 기장 서:
서 10 鼠 쥐 서:
서 02 墅 농막 서:
서 02 栖 깃들일[棲] 서:
서 00 噬 씹을 서:
서 00 婿 사위 서:
서 00 癙 근심병 서:
선 50 善 착할 선:
선 50 選 가릴 선:
선 20 繕 기울 선:
선 10 羨 부러워할 선: | 무덤길 연:
선 10 膳 선물/반찬 선:
선 02 癬 버짐 선:
성 72 姓 성 성:
성 52 性 성품 성:
성 42 盛 성할 성:
성 42 聖 성인 성:
세 72 世 인간 세:
세 52 歲 해 세:
세 52 洗 씻을 세:
세 42 勢 형세 세:
세 42 稅 세금 세:
세 42 細 가늘 세:
세 20 貰 세놓을 세:
소 80 小 작을 소:
소 70 少 적을 소:
소 70 所 바 소:
소 42 笑 웃음 소:
소 02 嘯 휘파람 소:

손 40 損 덜 손:
손 10 遜 겸손할 손:
송 42 送 보낼 송:
송 40 頌 기릴/칭송할 송:
송 32 訟 송사할 송:
송 30 誦 욀 송:
송 12 宋 성(姓) 송:
송 10 悚 두려울 송:
송 00 竦 공경할/두려울 송:
쇄 32 刷 인쇄할 쇄:
쇄 32 鎖 쇠사슬 쇄:
쇄 10 灑 뿌릴 쇄:
쇄 10 碎 부술 쇄:
쇄 00 洒 뿌릴 쇄: | 씻을 세:
쇄 00 瑣 옥가루 쇄:
수 10 繡 수놓을 수:
순 52 順 순할 순:
시 72 市 저자 시:
시 62 始 비로소 시:
시 50 示 보일 시:
시 42 施 베풀 시:
시 42 是 이[斯]/옳을 시:
시 42 視 볼 시:
시 32 侍 모실 시:
시 30 矢 화살 시:
시 20 屍 주검 시:
시 12 柴 섶[薪] 시:
시 10 匙 숟가락 시:
시 10 弑 윗사람죽일 시:
시 10 諡 시호 시:
시 10 豺 승냥이 시:
시 10 柿 감 시:
시 02 恃 믿을 시:
시 00 啻 뿐 시:
시 00 枲 수삼 시:
시 00 諟 다스릴 시:
신 62 信 믿을 신:
신 32 愼 삼갈 신:
신 20 紳 띠[帶] 신:
신 20 腎 콩팥 신:
신 10 燼 불탄끝 신:
신 10 訊 물을 신:
신 00 哂 웃을 신:
신 00 矧 하물며 신:
신 00 贐 노자 신:
심 32 甚 심할 심:
심 12 瀋 즙낼/물이름 심:
심 00 葚 오디 심:
아 32 我 나 아:
아 30 餓 주릴 아:
안 50 案 책상 안:
안 42 眼 눈 안:
안 32 岸 언덕 안:
안 32 顔 낯 안:
안 30 雁 기러기 안:
안 10 晏 늦을 안:
안 10 鞍 안장 안:
안 00 鴈 기러기 안:
암 42 暗 어두울 암:
암 20 癌 암 암:
암 10 闇 숨을 암:
암 00 黯 검을 암:
앙 32 仰 우러를 앙:
애 20 礙 거리낄 애:
애 10 靄 아지랑이 애:
애 02 碍 거리낄[礙] 애:
애 00 僾 비슷할/돋보기 애:
애 00 藹 초목우거질 애:
애 00 餲 밥쉴 애:
야 60 夜 밤 야:
야 60 野 들[坪] 야:
야 30 也 이끼/어조사 야:

야 20 惹 이끌 야:
야 10 冶 풀무 야:
야 10 揶 야유할 야:
양 52 養 기를 양:
양 32 壤 흙덩이 양:
양 32 讓 사양할 양:
양 10 恙 병/근심할 양:
양 10 攘 물리칠 양:
양 10 癢 가려울 양:
양 02 痒 가려울[癢] 양:
어 70 語 말씀 어:
어 32 御 거느릴 어:
어 10 瘀 어혈질 어:
어 10 禦 막을 어:
어 02 齬 이어긋날 어:
어 00 飫 배부를 어:
언 12 彦 선비 언:
언 10 諺 언문/속담 언:
언 00 鰋 메기 언:
엄 10 奄 문득 엄:
엄 10 掩 가릴 엄:
엄 00 揜 가릴 엄:
여 40 與 더불/줄 여:
여 30 汝 너 여:
여 30 輿 수레 여:
여 02 轝 수레[輿] 여:
연 42 演 펼 연:
연 42 硏 갈 연:
연 32 宴 잔치 연:
연 32 軟 연할 연:
연 20 硯 벼루 연:
연 12 姸 고울 연:
연 12 衍 넓을 연:
연 10 捐 버릴 연:
염 32 染 물들 염:
염 20 厭 싫어할 염:
염 10 艶 고울 염:
염 00 檿 산뽕나무 염:
염 00 饜 싫을/배부를 염:
염 00 剡 불당길 염:
염 00 艷 고울 염[艶]:
영 60 永 길 영:
영 32 影 그림자 영:
영 30 泳 헤엄칠 영:
영 30 詠 읊을 영:
영 12 暎 비칠 영:
영 00 咏 읊을 영:
영 00 郢 땅이름 영:
예 42 藝 재주 예:
예 40 豫 미리 예:
예 32 譽 기릴/명예 예:
예 30 銳 날카로울 예:
예 20 預 맡길/미리 예:
예 12 濊 종족이름 예:
예 12 睿 슬기 예:
예 12 芮 성(姓) 예:
예 10 曳 끌 예:
예 10 穢 더러울 예:
예 10 裔 후손 예:
예 10 詣 이를[至] 예:
예 02 叡 밝을 예:
예 02 蘂 꽃술[蕊] 예:
예 00 睨 흘겨볼 예:
예 00 翳 가릴 예:
예 00 蕊 꽃술 예:
예 00 蚋 모기 예:
예 00 瘞 묻을 예:
예 00 羿 사람이름 예:
오 80 五 다섯 오:
오 72 午 낮 오:
오 42 誤 그르칠 오:
오 32 悟 깨달을 오:

오 30 傲 거만할 오:
오 30 娛 즐길 오:
오 30 汚 더러울 오:
오 12 墺 물가 오:
오 10 伍 다섯사람 오:
오 10 懊 한할 오:
오 02 塢 산언덕 오:
오 02 敖 거만할 오:
오 02 晤 밝을 오:
오 00 忤 거스를 오:
오 00 汙 더러울 오:
오 00 奡 거만할 오:
온 10 蘊 쌓을 온:
온 02 縕 묵은솜 온:
온 00 醞 술빚을 온:
온 00 韞 감출 온:
옹 30 擁 낄 옹:
옹 12 甕 독 옹:
와 32 瓦 기와 와:
와 30 臥 누울 와:
와 10 訛 그릇될 와:
완 32 緩 느릴 완:
완 10 婉 순할/아름다울 완:
완 10 玩 즐길 완:
완 02 椀 주발[碗] 완:
완 02 翫 구경할 완:
왕 42 往 갈 왕:
왕 12 旺 왕성할 왕:
왕 10 枉 굽을 왕:
외 80 外 바깥 외:
외 30 畏 두려워할 외:
외 10 猥 외람할 외:
외 02 嵬 높을 외:
요 50 曜 빛날요:
요 10 夭 일찍죽을 요:
요 10 窈 고요할 요:
요 00 徼 구할 요: | 변방 교:
용 62 勇 날랠 용:
용 62 用 쓸 용:
용 10 涌 물 솟을 용:
용 10 聳 솟을 용:
용 10 茸 풀날 용: | 버섯 이:
용 10 踊 뛸 용:
용 02 冗 한산할/번잡할[宂] 용:
용 02 埇 길돋울 용:
용 02 湧 물솟을[涌] 용:
용 00 宂 일없을/번잡할 용:
용 00 踴 뛸 용:
우 72 右 오를/오른(쪽) 우:
우 52 友 벗 우:
우 52 雨 비 우:
우 40 遇 만날 우:
우 32 偶 짝 우:
우 32 宇 집 우:
우 32 羽 깃 우:
우 30 又 또 우:
우 12 佑 도울 우:
우 12 祐 복(福) 우:
우 10 寓 부칠[寄] 우:
우 02 芋 토란 우:
우 02 藕 연뿌리 우:
우 00 耦 짝 우:
우 00 訏 속일 우:
운 62 運 옮길 운:
운 32 韻 운 운:
운 10 殞 죽을 운:
운 10 隕 떨어질 운:
원 60 遠 멀 원:
원 50 願 원할 원:
원 40 援 도울 원:
원 20 苑 나라동산 원:
유 70 有 있을 유:

유 32 裕 넉넉할 유:
유 02 侑 짝/권할 유:
유 00 囿 동산 유:
윤 32 潤 불을 윤:
윤 30 閏 윤달 윤:
윤 12 允 맏[伯] 윤:
윤 12 尹 성(姓) 윤:
응 42 應 응할 응:
응 30 凝 엉길 응:
응 10 膺 가슴 응:
의 62 意 뜻 의:
의 42 義 옳을 의:
의 10 擬 비길 의:
이 80 二 두 이:
이 52 以 써 이:
이 50 耳 귀 이:
이 40 異 다를 이:
이 32 已 이미 이:
이 20 貳 두/갖은두 이:
이 12 珥 귀고리 이:
이 10 弛 늦출 이:
이 10 爾 너 이:
이 10 餌 미끼 이:
이 02 肄 익힐 이:
이 02 苡 율무/질경이[苢] 이:
이 02 邇 가까울 이:
이 00 樲 멧대추나무 이:
이 00 苢 질경이 이:
인 20 刃 칼날 인:
인 00 仞 길 인:
인 00 牣 가득할 인:
인 00 訒 말더듬거릴 인:
임 32 壬 북방 임:
임 32 賃 품삯 임:
임 20 妊 아이밸 임:
임 02 姙 아이밸[妊] 임:
잉 10 剩 남을 잉:
잉 10 孕 아이밸 잉:
자 40 姿 모양 자:
자 30 恣 마음대로/방자할 자:
자 20 諮 물을 자:
자 10 藉 깔/핑계할 자:
장 40 壯 장할 장:
장 32 丈 어른 장:
장 32 掌 손바닥 장:
장 32 臟 오장 장:
장 32 葬 장사지낼 장:
장 32 藏 감출 장:
장 10 醬 장 장:
장 02 欌 장롱 장:
재 60 在 있을 재:
재 50 再 두 재:
재 32 栽 심을 재:
재 32 載 실을 재:
재 30 宰 재상 재:
재 02 梓 가래나무 재:
저 50 貯 쌓을 저:
저 42 低 낮을 저:
저 40 底 밑 저:
저 32 抵 막을[抗] 저:
저 20 沮 막을[遮] 저:
저 10 咀 씹을 저:
저 10 狙 원숭이/엿볼 저:
저 10 詛 저주할 저:
저 10 邸 집 저:
저 10 觝 씨름 저:
저 02 佇 우두커니설 저:
저 02 姐 맏누이 저:
저 02 楮 닥나무 저:
저 02 紵 모시 저:
저 02 苧 모시 저:
저 02 這 이 저:

저 00 杼 북(織具) 저:
전 72 電 번개 전:
전 62 戰 싸움 전:
전 52 典 법 전:
전 52 展 펼 전:
전 40 轉 구를 전:
전 40 錢 돈 전:
전 32 殿 전각 전:
전 10 奠 정할/제사 전:
전 10 廛 가게 전:
전 10 悛 고칠 전:
전 10 氈 담(毯) 전:
전 10 澱 앙금 전:
전 10 癲 미칠 전:
전 10 箭 살[矢] 전:
전 10 篆 전자(篆字) 전:
전 10 輾 돌아누울 전:
전 10 顚 엎드러질/이마 전:
전 10 顫 떨 전:
전 10 餞 보낼 전:
전 00 腆 두터울 전:
전 00 靦 부끄러울 전:
전 00 鱣 전어 전: | 드렁허리 선:
점 52 店 가게 점:
점 32 漸 점점 점:
점 00 簟 대자리 점:
정 60 定 정할 정:
정 40 整 가지런할 정:
정 12 鄭 나라 정:
정 00 鋥 칼날세울 정:
제 80 弟 아우 제:
제 62 第 차례 제:
제 42 制 절제할 제:
제 42 濟 건널 제:
제 42 祭 제사 제:
제 42 製 지을 제:
제 42 際 즈음/가[邊] 제:
제 40 帝 임금 제:
제 10 悌 공손할 제:
제 02 薺 냉이 제:
제 02 霽 갤 제:
제 00 娣 제수 제:
조 42 助 도울 조:
조 42 早 이를 조:
조 42 造 지을 조:
조 32 照 비칠 조:
조 30 弔 조상할 조:
조 20 釣 낚을/낚시 조:
조 12 趙 나라 조:
조 10 眺 볼 조:
조 10 肇 비롯할 조:
조 10 藻 마름 조:
조 10 詔 조서 조:
조 02 吊 조상할[弔] 조:
조 00 皁 검을/하인 조:
조 00 皂 검을/하인 조:
종 10 腫 종기 종:
좌 72 左 왼 좌:
좌 40 座 자리 좌:
좌 32 坐 앉을 좌:
좌 30 佐 도울 좌:
좌 10 挫 꺾을 좌:
죄 50 罪 허물 죄:
주 70 住 살 주:
주 62 注 부을 주:
주 32 宙 집 주:
주 20 駐 머무를 주:
주 10 呪 빌 주:
주 10 註 글뜻풀 주:
주 10 躊 머뭇거릴 주:
주 02 籌 산가지/헤아릴 주:
준 42 準 준할 준:

준 30 俊 준걸 준:
준 30 遵 좇을 준:
준 20 准 비준 준:
준 12 埈 높을 준:
준 12 峻 높을/준엄할 준:
준 12 晙 밝을 준:
준 12 浚 깊게할 준:
준 12 濬 깊을 준:
준 12 駿 준마 준:
준 10 竣 마칠 준:
준 10 蠢 꾸물거릴 준:
준 02 儁 영특할 준:
중 70 重 무거울 중:
중 42 衆 무리 중:
진 42 進 나아갈 진:
진 40 盡 다할 진:
진 32 振 떨칠 진:
진 32 震 우레 진:
진 12 晋 진나라 진:
진 02 晉 성(姓)/나아갈[晋] 진:
진 02 縝 맺을 진:
진 02 賑 진휼 진:
짐 10 朕 나 짐:
차 32 借 빌/빌릴 차:
차 30 且 또 차:
차 10 嗟 탄식할 차:
찬 40 讚 기릴 찬:
찬 32 贊 도울 찬:
찬 12 燦 빛날 찬:
찬 12 璨 옥빛 찬:
찬 10 撰 지을 찬:
찬 10 纂 모을 찬:
찬 10 饌 반찬 찬:
찬 10 簒 빼앗을 찬:
찬 02 竄 도망할/내칠 찬:
찬 02 簒 빼앗을[簒] 찬:
찬 02 纘 이을 찬:
찬 00 爨 불땔 찬:
참 10 僭 주제넘을 참:
창 50 唱 부를 창:
창 42 創 비롯할 창:
창 30 暢 화창할 창:
창 12 昶 해길 창:
창 10 倡 광대 창:
창 10 愴 슬플 창:
창 10 漲 넘칠 창:
창 10 脹 부을 창:
창 00 悵 슬플 창:
채 40 採 캘 채:
채 32 債 빚 채:
채 32 彩 채색 채:
채 32 菜 나물 채:
채 12 埰 사패지(賜牌地) 채:
채 12 蔡 성(姓) 채:
채 12 采 풍채 채:
채 02 綵 비단 채:
채 00 蠆 벌(蜂)/전갈 채:
처 42 處 곳 처:
처 20 悽 슬퍼할 처:
천 32 淺 얕을 천:
천 32 賤 천할 천:
천 32 踐 밟을 천:
천 32 遷 옮길 천:
천 30 薦 천거할 천:
천 10 喘 숨찰 천:
천 10 擅 멋대로할 천:
천 10 穿 뚫을 천:
천 10 闡 밝힐 천:
천 02 舛 어그러질 천:
천 00 倩 아름다울 천: | 사위 청:
첨 10 諂 아첨할 첨:
촌 80 寸 마디 촌:

촌 70 村 마을 촌:
촌 10 忖 헤아릴 촌:
촌 02 邨 마을[村] 촌:
총 42 總 다[皆] 총:
총 10 寵 사랑할 총:
총 02 摠 거느릴 총:
총 00 冢 클/무덤 총:
최 50 最 가장 최:
최 32 催 재촉할 최:
최 00 嘬 물(齧) 최:
췌 10 悴 파리할 췌:
췌 10 膵 췌장 췌:
췌 10 萃 모을 췌:
췌 10 贅 혹 췌:
췌 00 瘁 병들 췌: | 병들 취:
취 42 取 가질 취:
취 40 就 나아갈 취:
취 40 趣 뜻 취:
취 32 吹 불 취:
취 32 醉 취할 취:
취 30 臭 냄새 취:
취 20 炊 불땔 취:
취 12 聚 모을 취:
취 10 娶 장가들 취:
취 10 翠 푸를/물총새 취:
취 10 脆 연할 취:
취 02 嘴 부리 취:
취 02 驟 빠를 취:
취 02 鷲 독수리 취:
취 00 毳 솜털 취:
치 50 致 이를 치:
치 42 置 둘[措] 치:
치 02 梔 치자나무 치:
침 40 寢 잘 침:
침 32 浸 잠길 침:
침 30 枕 베개 침:
침 10 砧 다듬잇돌 침:
침 00 寑 잘 침:
쾌 00 噲 목구멍 쾌:
타 50 打 칠 타:
타 30 墮 떨어질 타:
타 30 妥 온당할 타:
타 10 唾 침[涎] 타:
타 10 惰 게으를 타:
타 10 楕 길고둥글 타:
타 02 朶 꽃송이 타:
탄 50 炭 숯 탄:
탄 40 彈 탄알 탄:
탄 40 歎 탄식할 탄:
탄 30 誕 낳을/거짓 탄:
탄 10 坦 평탄할 탄:
탄 10 綻 터질 탄:
탄 02 嘆 한숨쉴[歎] 탄:
탕 32 湯 끓을 탕:
탕 10 宕 호탕할 탕:
탕 10 蕩 방탕할 탕:
탕 00 盪 씻을 탕:
태 42 態 모습 태:
터 10 攄 펼 터:
통 42 統 거느릴 통:
통 40 痛 아플 통:
통 10 慟 서러워할 통:
퇴 42 退 물러날 퇴:
퇴 10 堆 쌓을 퇴:
퇴 10 腿 넓적다리 퇴:
퇴 10 褪 바랠[褪色] 퇴:
파 42 破 깨뜨릴 파:
파 30 把 잡을 파:
파 30 罷 마칠 파:
파 00 簸 까부를 파:
패 50 敗 패할 패:
패 30 貝 조개 패:

패 20 霸 으뜸 패:
패 10 佩 찰[帶] 패:
패 10 唄 염불소리 패:
패 10 悖 거스를 패:
패 10 沛 비쏟아질 패:
패 10 稗 피[穀類] 패:
패 02 浿 강이름 패:
패 02 狽 이리 패:
패 02 覇 으뜸[霸] 패:
폄 10 貶 낮출 폄:
평 40 評 평할 평:
폐 40 閉 닫을 폐:
폐 32 廢 폐할/버릴 폐:
폐 32 弊 폐단/해질 폐:
폐 32 肺 허파 폐:
폐 30 幣 화폐 폐:
폐 30 蔽 덮을 폐:
폐 10 斃 죽을 폐:
폐 10 陛 대궐섬돌 폐:
폐 02 吠 짖을 폐:
폐 02 嬖 사랑할 폐:
폐 00 敝 해질 폐:
포 42 砲 대포 포:
포 32 捕 잡을 포:
포 30 抱 안을 포:
포 30 飽 배부를 포:
포 20 抛 던질 포:
포 12 鮑 절인물고기 포:
포 10 哺 먹일 포:
포 10 疱 물집 포:
포 02 佈 펼 포:
품 52 品 물건 품:
품 10 稟 여쭐 품:
피 40 避 피할 피:
피 32 彼 저 피:
피 32 被 입을 피:
하 72 下 아래 하:
하 70 夏 여름 하:
하 32 賀 하례할 하:
하 02 厦 큰집 하:
하 02 廈 큰집 하:
하 02 昰 여름[夏] 하: | 이[是] 시:
한 72 漢 한수/한나라 한:
한 42 限 한할 한:
한 40 恨 한[怨] 한:
한 30 旱 가물 한:
한 20 翰 편지 한:
한 10 悍 사나울 한:
한 10 罕 드물 한:
함 32 陷 빠질 함:
함 20 艦 큰 배 함:
함 10 喊 소리칠 함:
함 10 檻 난간 함:
항 42 港 항구 항:
항 42 航 배 항:
항 40 抗 겨룰 항:
항 32 項 항목 항:
항 30 巷 거리 항:
항 12 沆 넓을 항:
항 02 伉 강직할/짝 항:
해 72 海 바다 해:
해 52 害 해할 해:
해 42 解 풀 해:
해 10 懈 게으를 해:
해 10 邂 우연히만날 해:
행 62 幸 다행 행:
행 12 杏 살구 행:
행 02 倖 요행 행:
행 00 悻 발끈성낼 행:
향 60 向 향할 향:
향 32 響 울릴 향:
향 30 享 누릴 향:

향 10 嚮 길잡을 향:
향 10 饗 잔치할 향:
향 02 餉 먹일/양식 향:
헌 40 憲 법 헌:
헌 32 獻 드릴 헌:
험 42 驗 시험 험:
험 40 險 험할 험:
현 62 現 나타날 현:
현 40 顯 나타날 현:
현 32 懸 달[繫] 현:
현 30 縣 고을 현:
현 12 峴 고개 현:
현 12 炫 밝을 현:
현 10 眩 어지러울 현:
현 10 絢 무늬 현:
현 10 衒 자랑할 현:
현 02 泫 눈물흘릴/이슬맺힐 현:
현 00 莧 비름 현:
형 12 瀅 물맑을 형:
혜 42 惠 은혜 혜:
혜 32 慧 슬기로울 혜:
혜 10 彗 살별 혜:
혜 02 蕙 난초/혜초 혜:
혜 00 徯 기다릴 혜:
호 42 好 좋을 호:
호 42 戶 집 호:
호 42 護 도울 호:
호 32 浩 넓을 호:
호 30 互 서로 호:
호 12 扈 따를 호:
호 12 昊 하늘 호:
호 12 晧 밝을 호:
호 12 澔 넓을 호:
호 12 鎬 호경 호:
호 10 琥 호박(琥珀) 호:
호 02 淏 맑을 호:
호 00 怙 믿을 호:
혼 40 混 섞을 혼:
혼 10 渾 흐릴 혼:
홍 00 鬨 싸움소리 홍:
화 42 貨 재물 화:
화 32 禍 재앙 화:
환 50 患 근심 환:
환 32 換 바꿀 환:
환 20 幻 헛보일 환:
환 12 煥 빛날 환:
환 10 宦 벼슬 환:
환 02 渙 물흩어질 환:
환 00 豢 기를 환:
환 00 逭 도망할 환:
황 40 況 상황 황:
회 62 會 모일 회:
회 32 悔 뉘우칠 회:
회 12 檜 전나무 회:
회 10 繪 그림 회:
회 10 膾 회(膾) 회:
회 10 誨 가르칠 회:
회 10 賄 재물/뇌물 회:
회 02 匯 물돌아모일 회:
회 02 澮 봇도랑 회:
회 02 獪 교활할 회: | 교활할 쾌:
효 72 孝 효도 효:
효 52 效 본받을 효:
효 30 曉 새벽 효:
효 10 酵 삭힐 효:
효 00 効 본받을 효:
후 72 後 뒤 후:
후 40 候 기후 후:
후 40 厚 두터울 후:
후 12 后 임금/왕후 후:
후 10 吼 울부짖을 후:
후 10 嗅 맡을 후:

후 10 朽 썩을 후:

후 10 逅 만날 후:

훈 60 訓 가르칠 훈:

훼 30 毁 헐 훼:

훼 00 虺 독사/작은뱀 훼:

흠 10 欠 하품 흠:

1_2. 語頭에서 長短이 區分되는 漢字

가 42 街 街道(가:도) 街頭(가:두)를 제외하고는 모두 短音.

가 10 駕 駕轎(가:교)를 제외하고는 모두 短音.

간 72 間 間隔(간격) 間隙(간극), 그리고 間數(간수) 등 '間'이 '집의 공간'을 나타내는 漢字語인 경우 이외에는 모두 長音.

간 40 簡 簡單(간단) 簡略(간략) 簡素(간소) 등 '간단하다'의 뜻이 담긴 말은 簡易(간:이)만 제외하고 모두 短音. 기타 뜻은 모두 長音.

간 32 肝 肝氣(간기) 肝油(간유) 肝腸(간장)을 제외하고는 모두 長音.

간 10 癎 癎氣(간기) 癎癖(간벽)을 제외하고는 대부분 長音.

강 60 強 強氏(강:씨) 強姦(강:간) 強盜(강:도) 強勸(강:권) 強制(강:제) 등 姓氏, 억지로 시킴, 불법적 행위가 담긴 漢字語는 長音. 기타는 短音. 특히 強大(강대) 強力(강력) 強化(강화) 등 '강하다'의 뜻은 모두 短音.

강 40 降 降兵(항병) 降伏(항복) 등 '항'音은 短音, 降等(강:등) 降雪(강:설) 등 '강'音은 長音.

강 02 强 強 참조.

개 50 改 改札(개찰) 改漆(개칠) 등을 예외로 하고 대부분 長音.

개 42 個 個別(개:별) 個性(개:성) 個體(개:체) 등 자립명사는 대부분 長音. 個人(개인) 個數(개수) 등은 예외. 個當(개당) 個所(개소) 個條(개조) 등 의존명사는 短音.

개 32 蓋 蓋棺(개관) 蓋草(개초) 등을 예외로 하고 대부분 長音.

개 10 箇 個 참조.

개 02 盖 蓋 참조.

거 10 醵 醵金(갹금) 醵出(갹출) 등 '갹'音은 短音, 醵金(거:금) 醵出(거:출) 등 '거'音은 長音.

경 50 景 景品(경:품), 景雲(경:운) 景慕(경:모) 등 '상서롭다, 우러르다'의 뜻을 지닌 말, 景武臺(경:무대) 景福宮(경:복궁) 등 궁궐명, 인명, 지명, 연호(年號) 등은 長音. 景概(경개) 景氣(경기) 景物(경물) 景致(경치) 등 '볕, 경치'의 뜻을 지닌 말, 景況(경황) 景印本(경인본) 景風(경풍) 景天(경천) 景行(경행) 등은 短音.

경 40 更 更迭(경질) 更張(경장) 등 '경'音은 短音. 更年期(갱:년기) 更生(갱:생) 更新(갱:신) 등 '갱'音은 長音

계 32 契 契(설) 契丹(글안) 契闊(결활) 등 '설, 글, 결'音은 短音. 契機(계:기) 契約(계:약) 등 '계'音은 長音.

고 50 固 지명 固城(고:성)을 제외하고는 모두 短音.

고 50 考 考妣(고:비), 考古(고:고) 考究(고:구)의 '연구'의 뜻이 담긴 말, 考査(고:사)

考試(고:시) 考課(고:과)의 '시험' 관련된 말은 長音. 기타는 短音

고 42 故 故로(고로) 故鄕(고향)을 제외하고는 모두 長音.

고 02 攷 考 참조.

공 32 恐 恐怖(공포)를 제외하고 모두 長音.

과 52 課 課稅(과:세)를 제외하고 課業(과업) 課程(과정) 課題(과제) 등 기타 말은 短音.

과 20 菓 菓品(과:품)을 제외하고 菓子(과자) 등 기타 말은 短音.

관 32 貫 貫珠(관:주) 貫革(관:혁)은 長音. 貫流(관류) 貫通(관통) 貫鄕(관향) 貫徹(관철) 등 기타 말은 短音.

괴 32 怪 怪怪(괴괴) 怪常(괴상) 怪惡(괴악) 怪異(괴이) 怪歎(괴탄)을 제외하고 모두 長音.

구 70 口 口文(구문) 口錢(구전)만 短音. 기타는 長音.

구 52 具 具氏(구:씨)의 姓氏일 때만 長音. 기타는 短音.

구 10 嘔 嘔吐(구:토)는 長音. 기타는 短音.

권 40 卷 卷煙(궐:련)을 예외로 하고, 기타는 短音.

근 40 勤 勤苦(근고) 勤仕(근사) 勤事(근사)를 예외로 하고, 기타는 長音.

긍 10 亘 亘古(긍고) 등 '긍'音은 長音. '선'音은 短音.

난 42 難 難堪(난:감) 難色(난:색) 難處(난:처) 難兄難弟(난:형난제)를 제외하면 대체로 短音.

단 62 短 短距離(단거리) 短點(단점) 短縮(단축)을 제외하면 대체로 長音.

당 32 唐 唐突(당:돌)을 예외로 하고 기타는 短音.

대 80 大 大邱(대구) 大田(대전) 大口(대구) 大宗孫(대종손) 大斗(대두) 大文(대문), 大佛(대불)을 제외하고는 모두 長音.

대 42 帶 帶狀(대상) 帶率(대솔)을 제외하고는 대체로 長音.

도 60 度 度外(도외)를 제외하고는 모두 長音. 度支部(탁지부) 등 '탁'음은 短音. 참고로 度外(도외)가 短音이면 그에 딸린 度外視, 度外置之 등은 마찬가지로 短音이 됨.

도 40 盜 盜跖(도:척)을 예외로 하고 모두 短音.

동 70 冬 冬瓜(동과) 冬葵(동규) 冬臘月(동납월) 冬柏(동백) 冬白蝦(동백하) 冬芽(동아) 冬衣(동의) 冬至(동지) 冬胞子(동포자) 冬灰(동회)를 제외하고는 모두 長音.

동 62 童 童蒙(동몽)을 예외로 하고 기타는 長音.

랑 32 浪 浪太(낭태)를 예외로 하고 기타는 長音.

래 70 來 來生(내:생) 來世(내:세) 來月(내:월) 來週(내:주) 來秋(내:추) 來春(내:춘) 來夏(내:하) 來學期(내:학기) 來學年(내:학년) 등 '다음, 돌아오는'의 뜻을 지닌 말은 長音. 來客 來貢 來到 來訪 來賓 來聘 來社 來孫 來襲 來信 來謁 來演 來往 來遊 來電 來店 來朝 來住 來着 來聽 來便 來韓 來航 來現 來會는 長音. 기타는 短音. '다음, 돌아오는'의 뜻을 지닌 말 중에서도 來年(내년) 來日(내일)은 短音.

령 50 令 令監(영:감)을 제외하고는 모두 短音.

로 32 露 露積(노:적)을 예외로 하고 모두 短音.

롱 20 籠 籠球(농:구) 籠絡(농:락)을 제외하고는 대부분 短音.

료 50 料 料理(요리) 料食(요식) 料亭(요정) 등 '요리' 관련 말, 料量(요량) 料察(요찰) 등

'헤아림'의 뜻을 지닌 말은 短音. 料金(요:금) 料給(요:급) 料祿(요:록) 料率(요:율) 등 '돈, 봉급' 관련된 말은 長音.

류 52 類 類달리(유달리)는 短音. 기타는 長音.

류 40 柳 柳氏(유씨)의 성씨는 短音. 柳京(유경) 柳眉(유미)는 短音. 기타는 대부분 長音.

리 02 厘 釐와 廛의 약자로 쓰인 경우 釐(短音), 廛(長音) 참조.

마 32 痲 痲雀(마:작)은 예외, 기타는 短音.

만 42 滿 滿洲(만주) 滿淸(만청) 滿鐵(만철) 滿軍(만군) 滿蒙(만몽) 滿文(만문) 滿字(만자) 등 滿洲와 관련된 漢字語, 滿나이(만나이) 滿年齡(만연령) 등 滿나이와 관련된 漢字語, 滿干(만간) 滿期(만기) 滿喫(만끽) 滿了(만료) 滿滿(만만) 滿腹(만복) 滿朔(만삭) 滿살窓(만살창) 滿水(만수) 滿員(만원) 滿願(만원) 滿溢(만일) 滿點(만점) 滿足(만족) 滿幅(만폭) 滿艦飾(만함식) 滿瑚臺(만호대) 滿瑚杯(만호배)는 短音. 기타는 長音.

매 72 每 每양(←常) 每日(매일)을 제외하고 모두 長音.

매 50 賣 賣買(매매)를 제외하고 모두 長音.

맹 32 孟 孟浪(맹랑)을 제외하고 모두 長音.

면 10 緬 緬羊(면양) 緬然(면연) 緬甸(면전)을 제외하고 모두 長音.

모 30 侮 侮辱(모욕)을 제외하고 모두 長音.

목 80 木 木瓜(모:과)는 장음. '목'음은 모두 短音.

무 10 撫 憮摩(무마)를 제외하고 모두 長音.

문 62 聞 聞慶(문경)을 제외하고 모두 長音.

미 60 美 美國(미국) 美人(미인- 미국인) 美軍(미군) 美機(미기) 美弗(미불) 美貨(미화) 등 美國과 관련된 漢字語는 短音. 美濃紙(미농지) 美德島(미덕도) 美川王(미천왕)은 短音. 기타는 長音.

미 42 未 未安(미안)을 제외하고 모두 長音.

미 30 迷 迷亂(미란) 迷失(미실) 迷兒(미아) 迷鳥(미조) 迷走(미주) 迷彩(미채) 迷惑(미혹)은 短音. 迷見(미:견) 迷境(미:경) 迷界(미:계) 迷宮(미:궁) 迷途(미:도) 迷路(미:로) 迷妄(미:망) 迷夢(미:몽) 迷想(미:상) 迷信(미:신)은 長音.

방 62 放 放學(방학)은 예외, 기타는 長音.

방 10 彷 彷彿(방:불)은 장음. 彷徨(방황) 등 기타는 短音.

배 50 倍 倍達(배달)은 短音. 기타는 長音.

범 32 凡 凡氏(범씨)의 姓氏는 短音. 凡節(범절)은 短音, 기타는 長音.

병 30 屛 屛迹(병:적)은 장음, 기타는 短音.

보 42 保 保單子(보단자) 保手(보수) 保人(보인) 保證(보증) 등 '보증서는 것'과 관련된 한자어는 短音. 기타는 長音.

복 42 復 復刊(복간) 復古(복고) 復歸(복귀) 復學(복학) 등 '복'음은 短音. 復活(부:활) 復興(부:흥) 등 '부'음은 長音.

부 42 府 府君(부:군) 府制(부:제)는 長音. 기타는 短音.

부 32 符 符信(부:신) 符作(부:작) 符籍(부:적) 符讖(부:참) 符合(부:합) 符號(부:호)는 長音. 符節(부절) 등 기타는 短音.

부 32 附 附子(부자)는 短音. 기타는 長音.

부 20 敷 敷敎(부:교) 敷設(부:설) 敷衍(부:연)은 長音. 敷地(부지) 등 기타는 短音.

북 80 北 '북'은 短音. '배'音은 長音이나 國語에 해당 용어 없음.

분 62 分 分數(분:수) 分內(분:내) 分外(분:외) 分義(분:의) 分際(분:제) 分限(분:한) 등 지위에 맞는 한도로서의 '분수'와 관련된 漢字語는 長音. 分福(분:복) 分付(분:부/吩咐) 分量(분:량)은 長音. 分配(분배) 分數(분수;수학) 등 기타는 短音.

분 40 粉 粉紅(분:홍)을 제외하고 모두 短音.

비 42 非 非但(비단) 非才(비재)는 短音. 기타는 長音.

비 12 泌 泌尿(비:뇨) 泌乳(비:유) 등 '비'音은 長音. '필'音은 短音이나 國語에 해당 漢字語 없음.

비 10 沸 沸水(불수) 沸波(불파) 등 '불'音은 短音. 沸騰(비등) 沸涌(비용) 등 '비'音은 長音.

비 10 脾 脾髓(비:수)는 長音. 기타는 短音.

사 52 仕 仕宦(사:환)은 長音. 기타는 短音.

사 50 思 思想(사:상)은 長音. 기타는 短音.

사 42 寺 寺門(사문) 寺院(사원) 寺刹(사찰) 등 '사'音은 短音. 寺奴婢(시노비) 寺人(시인) 寺正(시정) 등 시'音은 長音.

사 40 射 射場(사:장) 射亭(사:정)은 長音. 기타는 短音.

사 10 瀉 瀉材(사:재) 瀉劑(사:제) 瀉血(사:혈)은 長音. 瀉藥(사약) 등 기타는 短音.

사 10 獅 獅孫(사손)은 短音. 獅子(사:자)는 長音.

살 42 殺 殺氣(살기) 殺伐(살벌) 殺傷(살상) 등 '살'音은 短音. 殺到(쇄:도) 등 '쇄'音은 長音.

상 42 狀 狀態(상태) 狀況(상황) 등 '상'音은 短音. 狀啓(장:계) 狀頭(장:두) 등 '장'音은 長音.

상 32 喪 喪配(상:배) 喪夫(상:부) 喪偶(상:우) 喪妻(상:처)는 長音. 기타는 短音.

상 32 尙 尙氏(상씨)의 姓氏는 短音. 尙宮(상궁) 尙父(상보) 尙門(상문) 등 벼슬과 官廳名은 短音. 尙州(상주) 등 地名은 短音. 尙友(상우) 尙子(상자) 尙齒(상치)는 短音. 尙古 尙農 尙德 尙禮 尙武 尙文 尙商派 尙志 尙靑 尙賢 尙好 등 '숭상하다, 높이다, 좋아하다' 등의 뜻이 담긴 말은 대부분 長音. 尙未晩(상:미만) 尙有良心(상:유양심) 尙早(상:조) 尙饗(상:향) 등 '아직, 오히려' 등의 뜻이 담긴 말은 長音. 尙論(상:론)은 長音.

서 32 徐 徐氏(서씨)의 姓氏는 短音. 徐羅伐(서라벌) 등의 國名이나 地名은 短音. 기타 '천천히' 등의 뜻이 담긴 말은 모두 장음. [장] 徐步(서보) 徐徐(서서)히 徐行(서행)

서 10 嶼 國語에 실례 없음.

설 52 說 說明(설명) 說往說來(설왕설래) 說樂(열락) 등 '설'과 '열'音은 短音. 說客(세:객) 등 '세'音은 長音.

소 42 掃 掃除(소:제) 掃地(소:지) 掃天表(소:천표)는 長音. 기타는 短音.

소 42 素 素氏(소:씨)의 姓氏는 長音. 素物(소:물) 素服(소:복) 素饌(소:찬) 素症(소:증) 素琴(소:금) 素英(소:영) 등 "꾸밈없는" 관련 뜻의 말은 長音. 素氣(소:기)는

長音. 素問(소:문) 素官(소:관) 등 號, 벼슬이름, 책이름 관련 말은 長音. 素朴(소박)은 短音. 素量(소:량) 素粒子(소:립자) 등 단위와 관련된 말은 長音. 素貧(소빈) 素數(소수) 素質(소질) 素餐(소찬) 등 '본디, 평소' 등의 뜻이 담긴 말은 短音.

소 32 燒 燒餠(소:병) 燒紙(소:지)는 長音. 기타는 短音.

소 00 埽 掃 참조.

손 60 孫 後孫의 준말인 孫(손:)을 제외하고 모두 短音.

수 72 手 手巾(수:건)을 제외하고 모두 短音.

수 70 數 數罟(촉고) 數尿症(삭뇨증) 등 '촉'과 '삭'音은 短音. 數量(수량) 數學(수학) 등 '수'音은 長音.

수 42 受 受苦(수:고)를 제외하고 모두 短音.

숙 52 宿 宿根(숙근) 宿德(숙덕) 宿命(숙명) 宿食(숙식) 등 '숙'音은 短音. 宿曜(수요)의 '수'音은 長音.

시 42 試 試合(시합) 試驗(시험)을 제외하고 모두 長音.

심 32 審 審藥(심:약) 審議(심:의) 審判(심:판)을 제외하고 모두 短音.

아 32 亞 亞歐(아구) 亞細亞(아세아) 亞州(아주) 등 音譯語, 亞麻(아마)의 풀이름, 亞鉛(아연)의 광물이름 말은 短音. 기타 亞綱(아:강) 亞灌木(아:관목) 亞炭(아:탄) 등의 생물과 화학물질 관련 용어, 亞房(아:방) 亞將(아:장) 등 벼슬 관련 용어, 亞流(아:류) 亞聖(아:성) 등 '버금'의 뜻을 지닌 말 등은 모두 長音.

아 32 雅 雅淡(아담) 제외, 기타는 長音.

아 10 啞 啞鈴(아:령)을 제외하고 모두 短音.

안 10 按 按摩(안마) 按酒(안주)를 제외하고, 기타는 長音.

애 60 愛 愛國(애국) 愛人(애인) 愛情(애정) 愛酒(애주)를 제외, 기타는 長音.

양 12 襄 襄氏(양씨)의 姓氏는 短音. 襄公(양공) 등 인명은 短音. 襄荷(양하)의 풀이름은 短音. 襄陽(양양)의 지명은 短音. 기타는 長音, 특히 襄禮(양:례) 襄奉(양:봉) 등 장례 관련 용어는 長音.

역 40 易 易數(역수) 易理(역리) 易學(역학) 등 '역'音은 短音. 易行(이:행) 등 '이'音은 長音.

연 32 沿 沿革(연:혁)을 제외, 기타는 短音.

연 32 燕 燕山君(연산군) 燕京(연경) 燕行(연행) 등 人名, 地名 관련 용어는 短音. 기타는 長音

영 40 映 映寫(영사) 映像(영상) 映畫(영화) 등 영화 관련 용어는 短音. 기타는 長音.

오 20 梧 梧島(오:도)는 예외, 기타는 短音.

오 10 奧 奧陶系(오도계) 奧密稠密(오밀조밀)은 短音. 기타는 長音.

완 10 腕 腕力(완력)은 短音. 기타는 長音.

완 10 阮 阮國(원국)의 국명은 短音. 기타 '완'音은 모두 長音.

왕 12 汪 汪氏(왕씨)의 姓氏는 短音. 기타는 長音.

요 52 要 要緊(요긴) 要領(요령) 要事(요사) 要素(요소) 要所(요소) 要約(요약)은 短音. 기타는 長音.

우 12 禹 禹氏(우:씨)의 姓氏는 長音. 기타는 短音.

울 00 菀 菀結(울결) 菀熱(울열) 등 '울'음은 短音. 菀茂(원무) 등 '원'음은 長音.

원 40 怨 怨讎(원수)는 短音. 기타는 長音.

원 10 冤 冤痛(원통)은 短音. 기타는 長音.

원 02 寃 冤 참조.

위 42 爲 爲人(위:인-사람을 위함) 등 '爲(위:)하다'의 뜻은 長音. 爲人(위인-사람됨) 등 기타는 短音.

음 62 飮 飮毒(음독) 飮料(음료)는 短音. 기타는 長音.

응 12 鷹 鷹德嶺(응:덕령) 鷹峰山(응:봉산) 鷹岩洞(응:암동) 등 지명은 長音. 기타는 短音.

의 42 議 議政府(의:정부)는 長音. 기타는 短音.

임 52 任 任氏(임씨)의 姓氏는 短音. 기타는 長音.

자 32 刺 刺殺(척살) 등 '척'음은 短音. 刺戟(자:극) 刺客(자:객) 등 '자'음은 長音.

자 10 煮 煮繭(자견) 煮沸(자비)는 短音. 기타는 長音.

잠 32 暫 暫時(잠:시)는 長音. 기타는 短音.

장 80 長 長官(장:관) 長老(장:로) 長成(장:성) 長者(장:자) 등 '어른, 맏이, 우두머리'의 뜻이 담긴 말은 모두 長音. 기타는 '길다'의 뜻을 지닌 말 포함 모두 短音.

장 42 將 將校(장:교) 將帥(장:수) 將兵(장:병) 將星(장:성) 등 '장수, 장군'의 뜻이 담긴 말은 將軍(장군)만 제외하고 모두 長音. 기타는 將氏(장씨)의 姓氏 포함 모두 短音.

장 40 奬 奬忠壇(장충단) 奬忠洞(장충동) 등 지명은 短音. 기타는 長音.

장 10 杖 杖鼓(장고_장구)를 제외하고 모두 長音.

저 32 著 著押(착압) 등 '착'음은 短音. 著書(저서) 著述(저술) 著者(저자) 등 '저'음은 長音.

전 10 剪 剪燈新話(전등신화) 剪裁(전재)는 短音. 기타는 長音.

전 10 煎 煎餠(전병) 煎油魚(전유어)는 短音. 기타는 長音.

전 10 銓 銓衡(전형)은 短音. 기타는 長音.

점 40 占 占卦(점괘) 占卜(점복) 占術(점술) 등 '점치는 것'과 관련된 말은 短音. 占據(점:거) 占領(점:령) 占有(점:유) 등 '차지하다, 점령하다'의 뜻을 지닌 말은 長音.

점 40 點 點心(점:심)은 長音. 기타는 短音.

점 02 点 點 참조.

정 72 正 正月(정월) 正日(정일) 正朝(정조) 正初(정초) 등 '정월, 설날' 관련 말은 短音. 기타는 '바르다'의 뜻 포함 모두 長音.

정 32 井 井邑詞(정:읍사)는 長音. 기타는 短音.

정 10 靖 靖國(정:국)을 제외하고 기타는 短音.

조 50 操 操鍊(조:련) 操練(조:련) 操船(조:선) 操心(조:심) 操典(조:전) 操車(조:차) 操舵(조:타)는 長音. 기타는 短音.

종 52 種 種犬(종견) 種鷄(종계) 種子(종자) 種豚(종돈) 種族(종족) 등 '씨'와 관련된 말은 短音. 기타 種類(종:류) 種目(종:목) 種別(종:별) 등 사물의 갈래와 관련된 말 포함 모두 長音.

종 40 從 從弟(종:제) 從祖(종:조) 從姪(종:질) 從兄(종:형) 등 친척과 관련된 말은 長音. 기타는 短音.

주 40 酒 酒酊(주:정)은 長音. 기타는 短音.

주 32 奏 奏效(주효)는 短音. 기타는 長音.

중 32 仲 仲氏(중:씨) 仲兄(중:형) 仲父(중:부) 등 친인척 관련 말은 모두 長音. 仲介(중개) 仲媒(중매) 仲秋(중추) 등 기타는 短音.

증 32 症 화증(火症)의 뜻으로서의 症(증:)[예 症 나다.)을 제외하고 모두 短音.

진 32 鎭 鎭南浦(진남포)의 지명은 短音. 鎭靜(진정) 鎭魂(진혼)은 短音. 기타는 長音.

진 32 陳 陳列(진:열) 陳設(진:설) 陳述(진:술) 등 '베풀다, 벌이다'의 뜻이 담긴 말은 모두 長音. 陳腐(진부) 등 '묵다, 낡다' 등의 뜻이 담긴 말 포함 기타는 短音.

진 20 津 津氣(진:기)는 長音. 기타는 短音.

차 20 遮 遮額(차액) 遮陽(차양) 遮掩(차엄) 遮容(차용) 遮音(차음) 遮日(차일) 遮彈(차탄) 遮湖(차호)는 短音. 遮戒(차:계) 遮光(차:광) 遮斷(차:단) 遮當(차:당) 遮道(차:도) 遮燈(차:등) 遮路(차:로) 遮面(차:면) 遮壁(차:벽) 遮水(차:수) 遮惡(차:악) 遮遏(차:알) 遮障(차:장) 遮詮(차:전) 遮情(차:정) 遮罪(차:죄) 遮止(차:지) 遮蔽(차:폐)는 長音.

참 20 斬 斬奸(참간) 斬級(참급) 斬新(참신)은 短音. 기타는 長音.

참 10 站 站運(참운)은 短音. 기타는 長音.

창 32 倉 倉卒(창:졸)은 長音. 기타는 短音.

창 32 昌 昌慶苑(창경원) 昌德宮(창덕궁) 昌盛(창성)은 長音, 昌寧(창녕) 昌平(창평) 등 기타는 短音.

창 10 娼 娼女(창:녀) 娼婦(창:부)는 長音. 娼家(창가) 娼妓(창기) 등 기타는 短音.

침 40 針 針小棒大(침소봉대) 針葉樹(침엽수) 등 '바늘' 관련 말은 短音. 針母(침:모) 針房(침:방) 針線(침:선) 등 '바느질' 관련 말은 長音.

침 32 沈 沈氏(심:씨) 沈淸(심:청)의 姓氏는 長音. 沈溺(침닉) 沈淪(침륜) 沈默(침묵) 沈潛(침잠) 沈澱(침전) 沈靜(침정) 沈重(침중) 沈醉(침취)는 長音. 沈降(침강) 沈柹(침시) 沈鬱(침울) 沈積(침적) 沈着(침착) 沈滯(침체) 沈痛(침통)은 短音.

탄 00 嘽 嘽嘽(탄탄) 등 '탄'음은 短音. 嘽緩(천완) 등 '천'음은 長音.

탕 02 帑 帑藏(탕:장) 帑幣(탕:폐) 등 '탕'음은 長音

토 40 討 討伐(토벌) 討滅(토멸) 討食(토식) 討破(토파) 등 '치다'의 뜻이 담긴 말은 短音. 討論(토:론) 討議(토:의) 등 '따지고, 의견을 나누는' 개념의 말은 長音.

토 32 吐 吐露(토로) 吐하다(토하다) 吐手(*토시)는 短音. 吐谷渾(토욕혼) 吐魯蕃(토로번) 吐蕃(토번) 吐渾(토혼) 吐解尼師今(토해이사금) 등 音譯語, 人名, 國名 등은 短音. 吐根(토:근) 吐瀉(토:사) 吐血(토:혈) 등 기타는 長音.

파 30 播 播說(파:설) 播種(파:종) 播遷(파:천)은 長音. 기타는 短音.

파 10 跛 跛蹇(파건) 跛行(파행) 등 '파'音은 短音. 跛立(피립) 跛倚(피의) 등 '피'音은 長音.

편 70 便 便紙(편:지)는 長音. 기타는 短音.

편 32 片 片紙(편:지)는 長音. 기타는 短音.

포 42 包 包匣(포갑) 包囊(포낭) 包袋(포대) 包絡(포락) 包裝(포장) 包藏(포장) 包紙(포지) 包皮(포피) 包含(포함) 包涵(포함) 包背裝(포배장) 包子(포자)

包藏禍心(포장화심) 包懷(포회)는 短音. 包莖(포:경) 包裹(포:과) 包括(포:괄) 包攝(포:섭) 包容(포:용) 包圍(포:위) 包有(포:유) 包領(포:령)은 長音.

포 42 布 布木(포목) 布笠(포립) 布網(포망) 布衣寒士(포의한사) 등 '베'의 뜻을 지닌 말은 短音. 布告(포:고) 布石(포:석) 布陣(포:진) 등 '알리다, 벌이다' 개념의 말은 長音.

포 40 胞 胞胎(포:태)는 長音. 기타는 短音.

폭 42 暴 暴徒(폭도) 暴露(폭로) 暴行(폭행) 등 '폭'音은 短音. 暴惡(포:악) 暴虐(포:학) 등 '포'音은 長音.

하 32 荷 荷物(하:물) 荷役(하:역)은 長音. 기타는 短音.

한 80 韓 韓國(한:국) 韓服(한:복) 韓族(한:족) 등 '나라, 종족'과 관련된 말은 長音. 기타 韓氏(한씨) 韓山(한산) 등 '姓氏, 地名' 관련 어휘 등은 모두 短音.

한 32 汗 汗國(한국) 汗黨(한당)은 短音. 기타 汗馬(한:마) 汗衫(한:삼) 汗蒸(한:증) 汗疹(한:진) 등 '땀' 관련 말은 모두 長音.

행 60 行 行實(행:실)은 長音. 기타는 短音.

호 60 號 號角(호각)은 短音. 기타는 長音.

호 32 虎 虎班(호반)은 短音. 기타는 長音.

화 80 火 火曜(화요)는 短音. 기타는 長音.

화 60 畫 畫順(획순) 畫一(획일) 畫策(획책) 등 '획'音은 短音. 畫家(화:가) 畫幅(화:폭) 등 '화'音은 長音.

화 52 化 化學(화학) 化粧(화장)은 短音. 기타는 長音.

화 02 畵 畫 참조.

환 40 環 環境(환:경)은 長音. 기타는 短音.

흥 42 興 興味(흥:미) 興趣(흥:취) 등 '즐거운 감정'의 뜻을 지닌 말은 모두 長音. 興亡(흥:망)은 長音. 興氏(흥씨)의 姓氏, 興南(흥남) 등 地名, 興盛(흥성) 등 기타는 短音.

2. 漢字와 頭音法則

國語의 音韻 法則 等과 맞물려 漢字의 音이 변하는 경우가 있는데, 대표적인 것이 頭音法則이다.

1. 한자음 '녀, 뇨, 뉴, 니'가 단어 첫머리에 올 적에는, '여, 요, 유, 이'로 적는다. 단어의 첫머리 이외의 경우에는 본음대로 적는다.

예) 女軍(녀군 → 여군), 尿石(뇨석 → 요석), 紐帶(뉴대 → 유대), 泥海(니해 → 이해)
　　歌女(가녀), 檢尿(검뇨), 結紐(결뉴), 金泥(금니)

※ 다만, 다음과 같은 의존 명사에서는 '녀' 음을 인정한다.

예) 몇 年(몇 연 → 몇 년)

※ 접두사처럼 쓰이는 한자가 붙어서 된 말이나 합성어, 둘 이상의 단어로 이루어진 고유 명사를 붙여 쓰는 경우, 뒷말의 첫소리가 'ㄴ' 소리로 나더라도 두음 법칙에 따라 적는다.

예) 新女性(신 여성), 空念佛(공 염불), 男尊女卑(남존 여비)
伽倻女子大學(가야 여자대학), 韓國尿素肥料株式會社(한국 요소비료주식회사)

2. 한자음 '랴, 려, 례, 료, 류, 리'가 단어의 첫머리에 올 적에는, '야, 여, 예, 요, 유, 이'로 적는다. 단어의 첫머리 이외의 경우에는 본음대로 적는다.

예) 兩班(량반 → 양반), 良心(량심 → 양심), 歷史(력사 → 역사), 禮儀(례의 → 예의), 龍宮(룡궁 → 용궁) 流行(류행 → 유행), 理髮(리발 → 이발)
改良(개량), 經歷(경력), 家禮(가례), 鷄龍(계룡), 源流(원류), 推理(추리)

※ 다만 兩이 의존 명사로 쓰이는 경우에는 '냥'으로 적는다.

예) 兩重(량중 → 냥쭝), __兩(__량 → __냥)

※ 다음과 같은 의존 명사는 본음대로 적는다.

예) 몇 리(里) 냐?, 그럴 리(理)가 없다.

※ 모음이나 'ㄴ' 받침 뒤에 이어지는 '렬, 률'은 '열, 율'로 적는다.

예) 羅列(나렬 → 나열), 分裂(분렬 → 분열), 比率(비률 → 비율), 戰慄(전률 → 전율)

※ 외자로 된 이름을 성에 붙여 쓸 경우에도 본음대로 적을 수 있다.

예) 申砬(신립), 崔麟(최린), 蔡倫(채륜), 河崙(하륜)

※ 준말에서 본음으로 소리나는 것은 본음대로 적는다.

예) 國聯(국련, 國際聯合), 大韓敎聯(대한교련, 大韓敎育聯合會)

※ 접두사처럼 쓰이는 한자가 붙어서 된 말이나 합성어, 둘 이상의 단어로 이루어진 고유 명사를 붙여 쓰는 경우나 십진법에 따라 쓰는 수(數)는 뒷말의 첫소리가 'ㄴ' 또는 'ㄹ' 소리로 나더라도 두음 법칙에 따라 적는다.

예) 逆利用(역 이용), 年利率(연 이율), 熱力學(열 역학), 海外旅行(해외 여행) 漢城旅館(한성 여관), 新興理髮館(신흥 이발관), 六千六百六十六(육천 육백 육십 육)

3. 한자음 '라, 래, 로, 뢰, 루, 르'가 단어의 첫머리에 올 적에는, '나, 내, 노, 뇌, 누, 느'로 적는다. 단어의 첫머리 이외의 경우에는 본음대로 적는다.

예) 樂園(락원 → 낙원), 來日(래일 → 내일), 老人(로인 → 노인), 雷聲(뢰성 → 뇌성) 樓閣(루각 → 누각), 陵墓(릉묘 → 능묘)
娛樂(오락), 去來(거래), 敬老(경로), 水雷(수뢰), 高樓(고루), 王陵(왕릉)

※ 접두사처럼 쓰이는 한자가 붙어서 된 단어는 뒷말을 두음 법칙에 따라 적는다.
예) 來來月(내 내월), 上老人(상 노인), 重勞動(중 노동), 非論理的(비 논리적)

頭音法則에 해당하는 漢字는 特級 5,978字 범위 내에서 모두 371字로 다음과 같다. 多音字 중에서 頭音법칙 해당 漢字가 대여섯 자 있으나 이는 생략하였다.

正音	漢字	級數	頭音	正音	漢字	級數	頭音	正音	漢字	級數	頭音	正音	漢字	級數	頭音
녀	女	80	여	라	羅	42	나	랄	辣	10	날	래	勑	00	내
년	年	80	연	라	裸	20	나	랄	捋	00	날	랭	冷	50	냉
년	撚	10	연	라	懶	10	나	람	覽	40	남	략	略	40	약
년	秊	02	연	라	癩	10	나	람	濫	30	남	략	掠	30	약
녈	涅	10	열	라	螺	10	나	람	藍	20	남	량	良	52	양
념	念	52	염	라	邏	10	나	람	籃	10	남	량	量	50	양
념	恬	02	염	라	喇	02	나	람	嵐	02	남	량	兩	42	양
념	拈	02	염	라	蘿	02	나	람	擥	02	남	량	糧	40	양
념	捻	02	염	라	蠃	00	나	람	攬	02	남	량	梁	32	양
녕	寧	32	영	라	臝	00	나	람	欖	02	남	량	涼	32	양
녕	寗	02	영	락	樂	62	낙	람	纜	02	남	량	諒	30	양
녕	獰	02	영	락	落	50	낙	람	襤	02	남	량	輛	20	양
녕	佞	00	영	락	絡	32	낙	랍	拉	20	납	량	亮	12	양
녕	甯	00	영	락	洛	20	낙	랍	臘	10	납	량	樑	12	양
뇨	尿	20	요	락	烙	10	낙	랍	蠟	10	납	량	倆	10	양
뇨	撓	10	요	락	酪	10	낙	랑	朗	52	낭	량	粱	10	양
뇨	鬧	02	요	락	駱	10	낙	랑	廊	32	낭	량	凉	02	양
뉴	紐	10	유	라	珞	02	나	랑	浪	32	낭	량	粮	02	양
뉴	杻	02	유	락	雒	00	낙	랑	郎	32	낭	려	旅	52	여
뉴	忸	00	유	란	亂	40	난	랑	狼	10	낭	려	麗	42	여
뉴	狃	00	유	란	卵	40	난	랑	琅	02	낭	려	慮	40	여
뉴	鈕	00	유	란	欄	32	난	랑	瑯	02	낭	려	勵	32	여
니	泥	32	이	란	蘭	32	난	랑	螂	02	낭	려	呂	12	여
니	尼	20	이	란	爛	20	난	랑	稂	00	낭	려	廬	12	여
니	怩	00	이	란	瀾	10	난	래	來	70	내	려	礪	12	여
니	柅	00	이	란	鸞	10	난	래	萊	12	내	려	驪	12	여
니	你	00	이	란	欒	02	난	래	崍	02	내	려	侶	10	여
닉	溺	20	익	란	闌	00	난	래	徠	02	내	려	戾	10	여
닉	匿	10	익	란	瓓	00	난	래	騋	00	내	려	濾	10	여
닐	昵	00	일	랄	剌	10	날	래	倈	00	내	려	閭	10	여

려	黎	10	여
려	儷	02	여
려	櫚	02	여
려	藜	02	여
려	蠣	02	여
려	驢	02	여
려	犁	02	이
려	厲	00	여
려	膂	00	여
려	蠡	00	여
려	藘	00	여
력	力	72	역
력	歷	52	역
력	曆	32	역
력	瀝	10	역
력	礫	10	역
력	轢	02	역
력	靂	02	역
력	櫟	00	역
력	酈	00	역
련	練	52	연
련	連	42	연
련	戀	32	연
련	聯	32	연
련	蓮	32	연
련	鍊	32	연
련	憐	30	연
련	煉	20	연
련	漣	12	연
련	輦	10	연
련	攣	02	연
련	璉	02	연
련	孌	00	연
렬	列	42	열
렬	烈	40	열
렬	裂	32	열
렬	劣	30	열
렬	冽	02	열
렬	洌	02	열
렬	栵	00	열
렴	廉	30	염
렴	濂	12	염
렴	斂	10	염
렴	殮	10	염
렴	簾	10	염
렴	蘞	00	염
렵	獵	30	엽
령	令	50	영
령	領	50	영
령	嶺	32	영
령	靈	32	영
령	零	30	영
령	玲	12	영
령	囹	10	영
령	逞	10	영
령	鈴	10	영
령	齡	10	영
령	伶	02	영
령	岺	02	영
령	怜	02	영
령	笭	02	영
령	羚	02	영
령	翎	02	영
령	聆	02	영
령	姈	00	영
령	昤	00	영
령	苓	00	영
령	蛉	00	영
례	例	60	예
례	禮	60	예
례	隷	30	예
례	醴	12	예
례	澧	02	예
례	鱧	00	예
로	老	70	노
로	路	60	노
로	勞	52	노
로	爐	32	노
로	露	32	노
로	盧	12	노
로	蘆	12	노
로	魯	12	노
로	鷺	12	노
로	撈	10	노
로	擄	10	노
로	虜	10	노
로	櫓	02	노
로	潞	02	노
로	瀘	02	노
로	輅	02	노
로	鹵	02	노
로	壚	00	노
로	簵	00	노
로	纑	00	노
록	綠	60	녹
록	錄	42	녹
록	祿	32	녹
록	鹿	30	녹
록	碌	10	녹
록	麓	10	녹
록	菉	02	녹
록	彔	00	녹
론	論	42	논
롱	弄	32	농
롱	籠	20	농
롱	壟	10	농
롱	瓏	10	농
롱	聾	10	농
롱	朧	02	농
롱	瀧	02	농
롱	隴	00	농
뢰	賴	32	뇌
뢰	雷	32	뇌
뢰	儡	10	뇌
뢰	牢	10	뇌
뢰	磊	10	뇌
뢰	賂	10	뇌
뢰	瀨	02	뇌
뢰	賚	02	뇌
뢰	罍	00	뇌
뢰	耒	00	뇌
료	料	50	요
료	了	30	요
료	僚	30	요
료	療	20	요
료	遼	12	요
료	寮	10	요
료	燎	10	요
료	瞭	10	요
료	聊	10	요
료	寥	10	요
료	廖	02	요
료	蓼	02	요
료	潦	00	요
료	繚	00	요
료	敹	00	요
룡	龍	40	용
루	樓	32	누
루	漏	32	누
루	累	32	누
루	屢	30	누
루	淚	30	누
루	壘	10	누
루	陋	10	누

루 婁 02 누
루 瘻 02 누
루 縷 02 누
루 蔞 02 누
루 褸 02 누
루 鏤 02 누
루 摟 00 누
류 流 52 유
류 類 52 유
류 留 42 유
류 柳 40 유
류 硫 20 유
류 謬 20 유
류 劉 12 유
류 溜 10 유
류 琉 10 유
류 瘤 10 유
류 旒 02 유
류 榴 02 유
류 瀏 02 유
류 瑠 02 유
류 纍 00 유
류 懰 00 유
류 罶 00 유
류 藟 00 유
류 蘽 00 유
류 騮 00 유

륙 六 80 육
륙 陸 52 육
륙 戮 10 육
륙 僇 00 육
륙 穋 00 육
륜 輪 40 윤
륜 倫 32 윤
륜 崙 12 윤
륜 淪 10 윤
륜 綸 10 윤
륜 侖 02 윤
률 律 42 율
률 栗 32 율
률 率 32 율
률 慄 10 율
륭 隆 32 융
륵 勒 10 늑
륵 肋 10 늑
름 凜 10 늠
름 廩 00 늠
름 懍 00 늠
릉 陵 32 능
릉 楞 12 능
릉 凌 10 능
릉 稜 10 능
릉 綾 10 능
릉 菱 10 능

리 里 70 이
리 利 62 이
리 李 60 이
리 理 62 이
리 離 40 이
리 吏 32 이
리 履 32 이
리 裏 32 이
리 梨 30 이
리 俚 10 이
리 悧 10 이
리 痢 10 이
리 籬 10 이
리 罹 10 이
리 裡 10 이
리 釐 10 이
리 厘 02 이
리 唎 02 이
리 浬 02 이
리 狸 02 이
리 璃 02 이
리 羸 02 이
리 莉 02 이
리 鯉 02 이
리 俐 00 이
리 涖 00 이
리 离 00 이

리 莅 00 이
리 梩 00 이
리 縭 00 이
리 纚 00 이
리 詈 00 이
린 隣 30 인
린 麟 12 인
린 吝 10 인
린 燐 10 인
린 躪 10 인
린 鱗 10 인
린 潾 02 인
린 璘 02 인
린 藺 02 인
린 粼 00 인
린 鄰 00 인
림 林 70 임
림 臨 32 임
림 淋 10 임
림 琳 02 임
림 霖 02 임
립 立 72 입
립 笠 10 입
립 粒 10 입
립 砬 02 입
립 苙 00 입

3. 俗音 漢字語

한글 맞춤법은 漢字語에서 本音으로도 나고 俗音으로도 나는 것은 각각 그 소리에 따라 적는다고 규정하고 있다. 이에 따라 俗音으로 소리 나는 漢字語는 俗音 그대로 적어야 한다. 俗音이란 무엇인가? 예를 들면 '六月'은 '유월'로 읽고 쓴다. '六'의 本音은 '륙'이고, 頭音法則을 따라도 '육'이 되지 '유'가 될 수 없으므로 '유'음은 俗音이다. 이와 같이 俗音이란 漢字의 本音과 달리 一般社會에서 다르게 읽는 音으로 거의 대부분이 옛 字典에 典據가 없는 音이다. 俗音은 일부 漢字語에서만 生成되고 보편적인 것은 아니다. 따라서 頭音法則처럼 특별한 규칙이 있는 것이 아니므로 俗音 漢字를 대하게 되면 多音字 쯤으로 생각하고 익히는 것이 좋다.

漢字 俗音의 발생은 國語의 音韻法則 등과 밀접한 關係가 있는 것으로 보인다. 漢字語의 讀音이 매끄럽지 못하고 어려운 경우 매끄럽고 쉽게 發音할 수 있는 音價로 音이 변화하기도 한다. 사실 頭音法則의 적용을 받는 漢字의 頭音도 本音과는 다르다는 점에서 크게는 俗音으로 볼 수 있다. 다만 그 法則性이 두드러지므로 頭音法則으로 따로 떼어 묶을 수 있는 것일 뿐이다.

俗音과 本音의 경계는 분명하지 않다. 오랜 세월이 경과하면 俗音이 本音과 자리를 바꾸는 경우도 생긴다. 예로 覆蓋(복개)의 '覆'은 본래 '덮을 부'로 '부'로 읽어야 하나 언제부터인가 일부 漢字語는 '복'으로 읽었다. '복'은 俗音이라 할 수 있다. 그러나 지금은 상황이 逆轉되어 '부'음은 覆載(부재), 覆育(부육) 등 일부 漢字語에만 남아있고 나머지는 전부 '복'음이다. 결국 지금은 '덮다'의 뜻에서는 '복'음이 本音이고, '부'음이 俗音이라 할 수 있는 것이다. 그러나 여전히 字典에는 '덮다'의 뜻으로 '부'음의 흔적이 남아 있고, '복'음도 인정하고 있으므로 이런 경우는 多音으로 처리하는 것이 편리할 것이다.

俗音은 本音을 밀어내고 俗音으로만 쓰이거나 本音과 共存하는 경우도 있고, 俗音 漢字語가 漢字말이라는 인식이 稀薄해지면서 한글말化한 경우도 있다. 몇 가지 예를 들어 보기로 한다.

'許諾'은 本音은 '허낙'이지만 俗音은 '허락'이다. 國語辭典에도 표제어가 '허락(許諾)'으로 되어 있고, '허낙'은 '허락(許諾)의 잘못'이라 적고 있다. 즉, 許諾은 '허락'으로만 읽고 써야 하는 것이다. '十月'은 本音은 '십월'이지만 俗音은 '시월'이다. 國語辭典에도 표제어가 '시월(十月)'로 되어 있고, '십월'은 '시월(十月)의 잘못'이라 적고 있다. 즉, 十月은 '시월'로만 읽고 써야 하는 것이다.

내락(內諾)의 경우는 허락(許諾)과 같은 경우라 볼 수 있음에도 '내락(內諾)'을 표준어로 하고, '내낙(內諾)'을 내락(內諾)의 원말이라 하고 있다. 어떤 경우는 원말이라 하고 어떤 경우는 잘못이라 풀이하고 있어 일관성이 없다. 그러나 역시 원말 보다는 표준어에 무게가 실린 것이므로 '내락'이라는 俗音이 '내낙'의 本音에 우선한다고 할 수 있다. 盟誓의 경우에도, '맹서(盟誓)'는 '맹세의 원말'로 풀이하고, '맹세(盟誓)'는 표준말로 풀이하고 있다. 역시 '맹서(盟誓)'의 本音보다는 '맹세(盟誓)'의 俗音이 우선하는 것으로 볼 수 있다. 그런데 원말이라 한 경우는 잘못은 아니므로 써도 되는 것으로 볼 수 있다. 그리고 사실상 속음(변한 말)과 본음(원말)이 같이 쓰이는 사례도 발견된다.

契丹이란 漢字語는 '계단, 글단, 글안, 거란'의 4가지 음이 보인다. 국어사전에는 '계단'은 '거란'의 잘못이라 적고 있다. 나라이름인 경우에는 '글'이라고 읽으므로 일단, '계단'은 틀린 讀音이다. 그러면 '글단'은 맞는 것인가? 국어사전에 '글단(契丹)'은 '거란의 원말'이라 적고 있다. '거란'(漢字가 부기되지 않고 한글로만 표기되어 있다.)을 찾으면 '글안(契丹)에서 온 말'로 풀이하고 있고, '글안(契丹)'을 찾으면 '거란'을 참조하라고 되어 있다. 결국 '契丹'은 本音이 '글단'이고 俗音이 '글안'이며, '거란'은 한글化한 말로 볼 수 있고, 俗音 '글안'과 한글化한 말 '거란'이 共存하는 것으로 볼 수 있다.

'과녁'은 '貫革'에서 온 말이다. 國語辭典에서 '관혁(貫革)'을 찾으면 '과녁의 원말(語源)'로 풀이하고 있다. 그리고 '과녁'을 찾으면 이미 漢字가 부기되지 않고 한글로만 표기되고 있으므로 '과'와 '녁'은 각각 '貫'과 '革'의 俗音이라 할 수 없고, '과녁'은 貫革에서 유래한 한글化한 말로 볼 수 있다. '과녁' 그대로 한글로 쓰고, '貫革'이라는 漢字語를 쓸 경우에는 이를 '관혁'으로 읽고 표기하면 될 것이다. 또는 '과녁'도 貫革의 俗音으로 처리하여도 큰 문제는 없을 것이다. 그런데, 예로 '장고(杖鼓)'나 '삭월세(朔月貰)'의 경우에는 각각 '장구'와 '사글세'의 語源임에도 불구하고 國語辭典에 각각 '장구의 잘못', '사글세의 잘못'이라고 적고 있다. '杖鼓, 朔月貰'라는 漢字語와 '장고, 삭월세'라는 讀音의 사용 자체를 제한하고 있는 것이다. 오직 한글로 '장구, 사글세'만 써야 한다. '관혁(貫革)' 등의 경우와 대비된다. 소리만을 중시해서는 안 되고, 國語를 表記하는 文字로서의 漢字, 그리고 그 漢字의 本音과 뜻도 중요하므로 마땅히 한글化한 '장구', '사글세'는 그대로 쓰고, 그 原語인 '杖鼓(장고), 朔月貰(삭월세)'도 漢字語로서 쓰는 것을 허용하여야 한다고 본다. 아니라면 '장구', '사글세' 등도 俗音 처리하여 漢字를 부기하여야 할 것이다.

아래는 俗音 漢字語를 보인 것이다. 여기의 俗音은 頭音法則이나 疊語의 讀音에 관한 規程의 적용을 받는 경우를 제외하고, 本音과 다른 경우는 모두 흡수하는 것을 원칙으로 하였다. 佛教界에서 쓰이는 漢字音들도 俗音에 넣었다. 그리고 漢字語에 따라 本音[원말]과 俗音[변한말]이 다 쓰이거나 각기 다른 뜻으로 쓰이는 경우는 둘 다 밝혀 누었다. 다만 다음과 같은 경우는 제외하였다.

㉠ 韓國語文教育研究會 選定 特級 配定漢字 범위 내에 있는 漢字만 대상으로 하였다. 예로 든 漢字語는 이 범위를 벗어날 수 있다.

㉡ 짐승(衆生) 등 이미 漢字語란 의식이 희박하거나 그에 준한다고 판단되는 경우와 本義, 本音과의 乖離가 심하여 俗音 보다는 語源으로 처리함이 마땅할 것으로 보이는 것은 俗音 목록에서 제외하였다.

㉢ 佐飯(자반) 簇只(조끼) 등 순우리말을 漢字의 음과 뜻을 취하여 적은 것은 제외하였다.

㉣ '한 歲(한 살)' 등 訓讀으로 보이는 漢字는 생략하였다.

㉤ 齘齒(개치) 憩室(계실) 都提調(도제주) 白川郡(배천군) 仙槎(선차) 減壓瓣(감압변) 非常瓣(비상변) 試作瓣(시작변) 安全瓣(안전변) 制動瓣(제동변) 蒸氣瓣(증기변) 眞空瓣(진공변) 車掌瓣(차장변) 吸排氣瓣(흡배기변) 油煠爐(유첩로) 育苗(육모) 蠕動(윤동) 蠕動運動(윤동운동) 瘖藥(암약) 仝刈(전애) 揃刈(전애) 夏刈(하애) 接種花(접중화) 浚渫機(준첩

기) 浚渫船(준첩선) 卒癌(졸암) 竹簞(죽담) 遮陽(채양) 鶖頭(추두) 脫肛(탈홍) 脫肛症(탈홍증) 糖度(탕도) 糖色(탕색) 製糖(제탕) 榛子糖(진자탕) 土甓壁(토피벽) 土甓집(토피집) 高畦(고규) 畦幅(규폭) 平畦(평규) 平畦式(평규식) 秤量(평량) 秤量管(평량관) 秤量 burette(평량뷰레트) 秤馬(평마) 八日契(파일계) 祫享(합향) 등 北韓말은 제외하였다.

ⓑ 卍字(완자) 등 中國式 讀音을 따른 것은 제외하였다.

ⓢ '채비(差備)'의 差는 古字典에 '다를 차, 어긋날 치, 부릴(使) 채'로 '채'음이 등록되어 있음에도 國語辭典에서는 '채비'를 漢字를 부기하지 않고 '차비(差備)'에서 온 말로 풀고 있다. 이는 잘못으로 '채비(差備)'를 그대로 漢字말로 보아야 한다.

架(가) 32 架子꾼(갸자꾼) 架子(갸자/가자)

家(가) 72 自家(자갸/자가) 자갸는 자기(自己)를 예스럽게 조금 높여 이르는 말. 자가는 자기 집. 假家(가게/가가) * 가게는 물건 파는 집. 가가는 가게 또는 임시로 지은 집.

間(간) 72 '방 한 間(방 한 칸)' '나머지 間(나머지 칸)'

艱(간) 10 艱難(가난/간난) * 가난은 살림살이가 넉넉하지 못하고 쪼들림의 뜻. 간난은 가난의 뜻 외에 몹시 힘들고 고생스러움의 뜻이 있음.

喝(갈) 10 喝食(할식) 喝參(할참) 喝火(할화)

徑(갱) 00 徑反結合校正(경반결합교정)

牽(견) 30 牽馬(경마/견마)

鼓(고) 32 杖鼓(장구) 長鼓(장구)

庫(고) 40 醬庫(장꼬) 醬庫媽媽(장꼬마마)

尻(고) 02 黑尻(흑구)

孔(공) 40 孔蛇無尺(궁사무척/공사무척)

供(공) 32 供養米(고양미/공양미) 供養主(고양주/공양주) 香供養(향고양/향공양)

貫(관) 32 貫革(과녁/관혁)

句(구) 42 句글(귀글) 글句(글귀)

扣(구) 00 扣撥(고발) 扣除(고제)

垢(구) 10 僂垢(누후)

口(구) 70 於口(어귀) 燕口(연귀/연구) 燕口실(연귀실) 燕口자(연귀자) 燕口장부(연귀장부) 燕口板(연귀판) 안鏃燕口(안촉연귀) 안팎燕口(안팎연귀) 鏃燕口(촉연귀) 맞댄燕口(맞댄연귀) 맞燕口(맞연귀)

麴(국) 02 麴菌(곡균/국균) 麴茶(곡다/곡차) 麴子(곡자/국자) 種麴(종곡/종국) 黃麴(황곡/황국) 白麴(백곡/백국) 黑麴(흑곡/흑국)

卷(권) 40 卷煙(궐련/권연) 卷煙草(궐련초/권연초) 卷煙匣(궐련갑) 卷煙딱지(궐련딱지) 卷煙箱子(궐련상자) 葉卷煙(엽궐련) 잎卷煙(잎궐련) 紙卷煙(지궐련/지권연) 紙卷煙匣(지궐련갑)

筋(근) 40 筋斗(곤두) 筋頭(곤두)

及(급) 32 出埃及(출애굽) 出埃及記(출애굽기)

旣(기) 30 蝕旣(식개/식기)

拏(나) 10 漢拏山(한라산)

諾(낙) 32 內諾(내락) 受諾(수락) 唯諾(유락) 一呼再諾(일호재락) 快諾(쾌락) 許諾(허락) * 모음 뒤에서 '락'

難(난) 42 困難(곤란) 論難(논란) * 'ㄴ' 뒤에서 '란'

赧(난) 00 愧赧(괴란)

暖(난) 42 寒暖(한란)

煖(난) 10 寒煖(한란)

南(남) 80 南無(나무) * 나무(南無, Namas)는 돌아가 의지한다는 뜻.

納(납) 40 干納(간랍/간납) 肝納(간랍/간납) 納哈出(나하추)

娘(낭) 32 姑娘菜(고랑채)

囊(낭) 10 牛囊(우랑/우낭)

內(내) 72 內人(나인/내인) * 나인은 고려 조선 시대에, 궁궐 안에서 왕과 왕비를 가까이 모시는 내명부를 통틀어 이르던 말. 내인은 아낙네의 뜻.

乃(내) 30 乃終(나중/내종)

女(녀) 80 婦女(부네/부녀) * 부네는 하회 별신굿 다섯째 마당에 등장하는 젊은 부인. 부녀는 성인 여자의 뜻.

撚(년) 10 強撚(강연) 交撚(교연) 左撚(좌연) 合撚(합연). 속음인 '연'음이 대세, 본음은 檢撚器(검년기/검연기) 정도에만 남아있음.

涅(녈) 10 拂涅(불열) * 사실상 '녈'음이 남아있지 않음.

念(념) 52 報念(보렴)

寧(녕) 32 古寧(고령) 敦寧(돈령) 武寧王(무령왕) 靡寧(미령) 保寧(보령) 富寧(부령) 遼寧(요령) 宜寧(의령) 載寧(재령) 會寧(회령) 孝寧大君(효령대군) * 'ㄴ'과 모음 뒤에서 '령'

奴(노) 32 雇奴(고로)

怒(노) 42 大怒(대로) 喜怒(희로) 喜怒哀樂(희로애락)

鬧(뇨) 02 惹鬧(야료)

撓(뇨) 10 可撓性(가요성) 屈撓(굴요) 不撓(불요) * 逗撓(두뇨)를 제외하고는 사실상 '요'음이 대세.

紐(뉴) 10 龜紐(귀유/귀뉴)

能(능) 52 幹能(간릉/간능)

匿(닉) 10 舍匿(사익/사닉)

丹(단) 32 契丹(글안/거란) 契丹場(글안장/거란장) 牡丹(모란)

糖(당) 32 沙糖(사탕) 砂糖(사탕) 雪糖(설탕) 屑糖(설탕) 糖水肉(탕수육) 紅糖(홍탕)

帶(대) 42 冠帶(관디/관대)

大(대) 80 大年號(다년호/대년호)

都(도) 50 軍都目(군두목)

道(도) 72 使道(사또)

闍(도) 00 閻魔羅闍(염마나자)

刀(도) 32 斫刀(작두/작도)

桃(도) 32 胡桃(호두) 櫻桃(앵두) 鶯桃(앵두) 鸎桃(앵두) 紫桃(자두)

纛(독) 02 纛赤(도치) 大纛(대둑/대독) 小纛(소둑/소독) 纛(둑/독) 纛神廟(둑신묘/독신묘) 纛祭(둑제/독제) * '둑'음이 대세.

頓(돈) 12 匈奴冒頓(흉노묵특/흉노묵돌)

動(동) 72 擧動(거둥/거동) * 거둥은 임금의 나들이. 거동은 몸을 움직임. 또는 그런 짓이나 태도. 擧動길(거둥길) 天動(천둥/천동)

東(동) 80 廣東布(광당포/광동포)

銅(동) 42 白銅(백통/백동)

頭(두) 60 上頭(상투/상두) 包頭連배추(포도련배추/포두련배추)

邏(라) 10 巡邏(술래/순라) * 술래는 술래잡기 놀이에서, 숨은 아이들을 찾아내는 아이. 순라는 순라군이 도둑 화재 따위를 경계하느라고 도성 안을 돌아다니던 일.

剌(랄) 10 水剌(수라) 尼剌部陀(이라부타)

冷(랭) 50 去冷(거냉)

糧(량) 40 佛糧畓(불양답/불량답)

兩(량) 42 錢兩(전냥) 兩重(냥쭝)

戀(련) 32 失戀(실연) 戀戀(연연)

列(렬) 42 系列(계열) 戰列(전열) 등 * 모음과 'ㄴ' 뒤에서 '렬', '률'은 모두 '열', '율'

劣(렬) 30 卑劣(비열) 鈍劣(둔열) 등 * 모음과 'ㄴ' 뒤에서 '렬', '률'은 모두 '열', '율'

烈(렬) 40 義烈(의열) 先烈(선열) 등 * 모음과 'ㄴ' 뒤에서 '렬', '률'은 모두 '열', '율'

裂(렬) 32 破裂(파열) 分裂(분열) 등 * 모음과 'ㄴ' 뒤에서 '렬', '률'은 모두 '열', '율'

冽(렬) 02 寒冽(한열) 등 * 모음과 'ㄴ' 뒤에서 '렬', '률'은 모두 '열', '율'

洌(렬) 02 寒洌(한열) 등 * 모음과 'ㄴ' 뒤에서 '렬', '률'은 모두 '열', '율'

栵(렬) 00 국어에 해당 한자어 보이지 않음. * 모음과 'ㄴ' 뒤에서 '렬', '률'은 모두 '열', '율'

鈴(령) 10 懸鈴(설령/현령) * 설령은 처마 따위에 방울을 단 것. 현령은 설령 또는 관아에서 통신을 보낼 때, 그 급한 정도를 나타내기 위하여 봉투에 동그라미를 찍던 일.

擄(로) 10 侵擄(침노)

蘆(로) 12 葫蘆甁(호리병/호로병)

論(론) 42 議論(의논) 議論調(의논조)

籠(롱) 20 紙籠(지농/지롱) * 지농은 종이를 발라 만든 장롱. 지롱은 종이로 만든 등롱.

牢(뢰) 10 周牢(주리/주뢰) 周牢대(주릿대)

寥(료) 10 寂寥(적요)

柳(류) 40 美柳(미루)

留(류) 42 彌留滯(미루체/미류체)

戮(륙) 10 殺戮(살육) 殄戮(진육/진륙)

六(륙) 80 五六月(오뉴월) 六月(유월) 三六(삼육) 上六(상육) 林園十六志(임원십육지)

栗(률) 32 乾栗(건율) 棗栗(조율) 등 * 모음과 'ㄴ' 뒤에서 '렬', '률'은 모두 '열', '율'

率(률) 32 高率(고율) 比率(비율) 등 * 모음과 'ㄴ' 뒤에서 '렬', '률'은 모두 '열', '율'

律(률) 42 旋律(선율) 戒律(계율) 등 * 모음과 'ㄴ' 뒤에서 '렬', '률'은 모두 '열', '율'

慄(률) 10 戰慄(전율) 愧慄(괴율) 등 * 모음과 'ㄴ' 뒤에서 '렬', '률'은 모두 '열', '율'

離(리) 40 支離(지루)

馬(마) 50 雪馬(썰매/설마)

藐(막) 00 三藐三菩提(삼먁삼보리)

木(목) 80 乾木瓜(건모과) 木瓜(모과/목과) 木瓜나무(모과나무) 木瓜熟(모과수/모과숙) 木瓜正果(모과정과) 木瓜粥(모과죽) 木瓜편(모과편)

吻(문) 02 鋸吻가시치(서물가시치)

彌(미) 12 彌里介(며리개)

柏(백) 20 椒柏酒(초박주/초백주)

燔(번) 02 延燔(연반) 延燔契(연반계) 延燔꾼(연반꾼)

分(분) 62 分重(푼쭝) 四分(사푼/사분) *사푼은 넓이의 단위. 사분은 '넷으로 나누다.'의 뜻. 一分錢(일푼전) 錢錢分分이(전전푼푼이) 척푼(隻分) 隻分隻厘(척푼척리) 分厘(푼리/분리) 分數(푼수/분수) * 푼수는 얼마에 상당하는 정도, 상태나 형편의 뜻이고, 분수는 사물을 분별하는 지혜. 한도나 한계, 수학에서 정수 a를 0이 아닌 정수 b로 나눈 몫을 a/b로 표시한 것을 뜻한다.

盆(분) 10 洋盆(양푼) 小洋盆(소양푼)

不(불) 72 不當(부당) 不知(부지) 不實(부실) 등 * 뒷말 초성이 'ㄷ', 'ㅈ' 일 때 '부'음이나 不實은 예외. '부'음도 正音이나 國語에서는 없고 漢文의 의문사로 쓰일 때 음임.

沙(사) 32 墨沙(묵새)

砂(사) 02 墨砂(묵새)

蛇(사) 32 委蛇(위타/위이) *위타는 미꾸라지, '위이'로 읽으면 구불구불 기어가는 모양의 뜻.니膩(니)

朔(삭) 30 朔月貰(사글세)

上(상) 72 各貢上下(각공차하)

生(생) 80 初生(초승/초생) * 초승은 음력으로 그달 초하루부터 처음 며칠 동안을 일컬음. 초생은 갓 생겨남의 뜻. 初生달(초승달)

誓(서) 30 盟誓(맹세/맹서) 盟誓文(맹세문) 盟誓書(맹세서) 盟誓지거리(맹세지거리) 盟誓코(맹세코)

鼠(서) 10 靑鼠毛(청설모/청서모)

書(서) 62 休書(수세/휴서)

僊(선) 02 上僊(상천/상선)

舌(설) 40 能舌(능혈)

雪(설) 62 雪馬(썰매/설마)

城(성) 42 城隍(서낭/성황)

鎖(쇄) 32 獄鎖丁(옥사정)

手(수) 72 套手(토시/투수)

袖(수) 10 套袖(토시/투수)

嗽(수) 02 咳嗽(해소/해수)

熟(숙) 32 熟肉(수육/숙육) 木瓜熟(모과수/모과숙)

巡(순) 32 巡邏(술래/순라) * 술래는 술래잡기 놀이에서, 숨은 아이들을 찾아내는 아이. 순라는 순라군이 도둑 화재 따위를 경계하느라고 도성 안을 돌아다니던 일.

瑟(슬) 12 琴瑟(금실/금슬) *금실은 '부부간의 사랑.'의 뜻. 금슬은 '거문고' 또는 '거문고와 비파'의 뜻. 琴瑟之樂(금실지락)

晨(신) 30 霜晨(상진/상신)

身(신) 62 身毒(건독/견독/연독)

薪(신) 10 薪炭手(실탄수)

實(실) 52 實답다(시답다/실답다) 實답잖다(시답잖다)

十(십) 80 十月(시월) 十五里(시오리) 十方(시방) 十王(시왕)

惡(악) 52 惡米(앵미/악미)

揚(양) 32 擧揚(거량/거양) * 거량은 설법할 때, 죽은 이의 영혼을 부르는 일. 거양은 높이 들어 올리거나 칭찬하여 높임의 뜻.

鶂(역/예) 00 鶂鶂之肉(얼얼지육)

煙(연) 42 卷煙(궐련/권연) 卷煙草(궐련초/권연초) 卷煙匣(궐련갑) 卷煙딱지(궐련딱지) 卷煙箱子(궐련상자) 葉卷煙(엽궐련) 잎卷煙(잎궐련) 紙卷煙(지궐련/지권연) 紙卷煙匣(지궐련갑)

軟(연) 32 軟鷄(영계/연계)

熱(열) 50 庚熱(경렬/경열)

染(염) 32 愛染(애렴/애염) 後染(후렴/후염) 退染(토렴/퇴염)

炎(염) 32 肺炎(폐렴)

鹽(염) 32 胡鹽(호렴/호염)

曳(예) 10 頭髮扶曳(두발부리/두발부예)

豫(예) 40 豫防(이방/예방)

卼(올) 00 䡾卼(얼울/얼올)

牛(우) 50 碧昌牛(벽창호)

迂(우) 10 迂怪(오괴/우괴) 迂妄(오망/우망) 迂闊(오활/우활)

月(월) 80 朔月貰(사글세)

醫(의) 60 虛醫(허예)

異(이) 40 智異山(지리산)

人(인) 80 四人轎(사린교/사인교) 四人籃輿(사린남여/사인남여) 四人方床(사린방상/사인방상)

仍(잉) 02 仍任(인임/잉임)

子(자) 72 白子(백지/백자) 黑子(흑지/흑자) * 흑지는 바둑돌의 검은 알을, 흑자는 사마귀를 가리킴. 障子(장지/장자) 鍾子(종지/종자)

瓷(자) 10 洋瓷器(양재기/양자기)

滋(자) 12 滋味(재미/자미) * 재미는 즐거운 기분이나 느낌, 생활의 형편, 좋은 성과나 보람의 뜻이고, 자미는 양분이 많고 맛도 좋음의 뜻임.

字(자) 70 退字(퇴짜/퇴자)

芍(작) 10 芍藥(사약/작약)

柞(작) 00 柞作(저작)

場(장) 72 道場(도량/도장) * 도량은 도를 얻으려고 수행하는 곳. 도장은 무예를 닦는 곳.

張(장) 40 돈張(돈짱)

腸(장) 40 腸子(창자) 大腸(대창/대장) * 대창은 '소 같은 큰 짐승의 대장.', 대장은 '큰창자.'의 뜻. 大腸저냐(대창저냐) 大腸젓(대창젓) 새腸(새창)

豬(저) 10 豬頭片(제두편)

的(적) 52 金的李的(김지이지)

赤(적) 50 纛赤(도치) 祕闍赤(비도치) 迂達赤(우달치) 詔羅赤(조라치) 八加赤(팔가치) 必闍赤(필도치) 速古赤(속고지) 時波赤(시파지) 必者赤(필자지) 忽赤(홀지) 火兒赤(화아지)

踖(적) 00 踧踖(축척)

錢(전) 40 私錢(사천/사전) *사천은 부녀자가 살림살이에 쓸 돈을 절약하여 남몰래 모아 둔 돈이나 개인이 사사로이 가진 돈을 사전은 개인이 위조한 가짜돈을 뜻함.

漸(점) 32 痢漸(이정/이점)

定(정) 60 人定(인경/인정) 人定殿(인경전)

幀(정) 10 幀(탱) 幀畫(탱화)

酲(정) 00 解酲(해장/해정) 解酲거리(해장거리) 解酲국(해장국/해정국) 解酲床(해장상/해정상) 解酲술(해장술/해정술) 解酲酒(해장주/해정주) 解酲湯(해장탕/해정탕)

提(제) 42 菩提(보리/보제) 三藐三菩提(삼먁삼보리)

祭(제) 42 祭酒(좨주/제주) * 좨주는 高麗 시대에, 석전(釋奠)의 제향(祭享)을 맡아 하던 종삼품 벼슬. 朝鮮 시대에, 성균관에 속한 정삼품 벼슬. 제주는 제사에 쓰는 술.

棗(조) 10 大棗(대추/대조) 風落棗(풍락초)

祖(조) 70 父祖(부주/부조) * 부주는 날 때부터 자손에게 전해져 내려오는 소질이나 성질의 뜻. 부조는 아버지와 할아버지.

操(조) 50 才操(재주/재조)

調(조) 52 才調(재주/재조)

阻(조) 10 胞阻(포저)

足(족) 72 奉足(봉죽/봉족)

鏃(족) 02 鏃身(촉신) 骨鏃(골촉) 弩鏃(노촉) 鐵鏃(철촉) 등 * 현재는 '촉'음이 대세.

終(종) 50 乃終(나중/내종)

從(종) 40 侍從(시중/시종) * 시중은 옆에 있으면서 여러 가지 심부름을 하는 일. 시종은 임금을 모시던 벼슬. 從容(조용/종용) * 종용은 성격이나 태도가 차분하고 침착하다의 뜻, 조용은 차분하고 얌전하다는 뜻 외에도 고요하다, 평안하다, 한가하다, 은밀하다의 뜻으로 확장되어 쓰임.

座(좌) 40 解座(해자/해좌)

重(중) 70 分重(푼쭝) 兩重(냥쭝) 斤兩重(근량쭝) 斤重(근쭝/근중) * 쭝(重)은 의존 명사 '냥, 돈, 푼' 따위의 뒤에 붙어 무게의 뜻을 더하는 접미사로 근쭝은 무게의 단위. 근중은 '무게가 무겁다.'의 뜻.

中(중) 80 日中(일종/일중) * 일종은 불교에서 1월, 5월, 9월의 초하루와 보름에 한 끼씩만 먹는 행사. 여러 겁(劫)에 걸치어 지은 죄업을 소멸하고 내세에 복을 받아 많은 양식을 받기 위해서 한다. 일중은 정오 때, 밤낮의 길이가 같은 때(춘분과 추분), 가난하여 아침과 저녁은 굶고 낮에 한 번만 먹는 것을 뜻한다.

指(지) 42 指路(찌로/지로) 찌로는 朝鮮 시대에, 병조 판서가 대궐 문 안에 들어설 때 그의 길을 인도하라는 뜻으로 각 문을 지키는 군사가 차례로 길게 빼어 외치던 소리. 지로는 길을 가리켜 인도함의 뜻.

帙(질) 10 帙冊(길책/질책)

遮(차) 20 遮那(자나) 毘盧遮那佛(비로자나불) 遮文茶(자문다)

着(착) 52 主着(주책)

菖(창) 10 石菖蒲(석장포/석창포) 菖蒲(장포/창포) 菖蒲水(장포수)

漲(창) 10 漲潮流(장조류/창조류)

采(채) 12 封采(봉치/봉채)

鐵(철) 50 鐵丸(처란/철환)

帖(첩/체) 10 印成帖(인성접) 差帖(차접)

諦(체) 10 四諦(사제/사체) 苦諦(고제) 集諦(집제) 滅諦(멸제) 道諦(도제) 俗諦(속제/속체) 진제(眞諦) 四聖諦(사성제) 四眞諦(사진제)

礎(초) 32 柱礎(주추)

椒(초) 02 胡椒(후추/호초)

總(총) 42 大總(대충/대총)

醜(추) 30 地醜德齊(지취덕제/지추덕제)

築(축) 42 防築(방죽/방축)

出(출) 70 出斂(추렴/출렴) 納哈出(나하추)

充(충) 52 充實(중실/충실) * 중실은 '몸이 딘딘히고 실히다.'의 뜻으로 충실은 튼튼하다의 뜻 이외에도 '내용이 알차고 단단함.'의 뜻으로도 쓰임.

陀(타) 10 旃陀羅(전다라/전타라) 加那陀(가나다) 曼陀羅(만다라) 乾陀羅(건다라) 陀羅尼(다라니/타라니)

宅(택) 52 貴宅(귀댁) 宅內(댁내) 別宅(별댁/별택) * 별댁은 첩이나 첩의 집. 별택은 본집 이외에 따로 지어 놓은 집. 本宅(본댁) 査宅(사댁) 媤宅(시댁)

退(퇴) 42 退染(토렴/퇴염)

套(투) 10 套袖(토시/투수) 套手(토시/투수)

婆(파) 10 乾闥婆(건달바) 婆羅門(바라문) 娑婆(사바/사파)

派(파) 40 長派(장패/장파)

板(판) 50 剪板(전반) 翦板(전반)

叭(팔) 02 개喇叭(개나발) 喇叭대(나발대) 喇叭手(나발수) *나발수는 군중(軍中)에서 나발을 부는 일을 맡아 하던 병사, 나팔수는 나팔 부는 사람.

喇叭치마(나발치마) 唐喇叭(당나발) 甁喇叭(병나발) 손喇叭(손나발) 戰爭喇叭(전쟁나발) 粥喇叭(죽나발) 질喇叭(질나발) 코喇叭(코나발) *코나발은 코로 홍얼거리거나 콧방귀를 뀌는 소리를 속되게 이르는 말. 코나팔은 코 고는 것을 속되게 이르는 말. 喇叭(나발/나팔) 喇叭통(나발통/나팔통)

八(팔) 80 初八日(초파일/초팔일) * 초파일은 부처님 오신날, 초팔일은 초여드렛날을 뜻함. 八日(파일) 八日燈(파일등) 四八虛通(사발허통/사팔허통)

牌(패) 10 官牌子(관배자)

貝(패) 30 寶貝(보배/보패)

愎(퍅) 10 乖愎(괴팍) * 중모음의 단모음화를 지양한 것이나 剛愎(강퍅) 暗愎(암퍅) 등은 '퍅'음을 허용하고 있어 일관성이 없음. '괴퍅'도 인정하여야 할 듯.

葡(포) 12 靑葡萄눈(청보도눈)

布(포) 42 布施(보시/포시) 勸善布施(권선보시) 布施攝(보시섭) 布施쌀(보시쌀) 布施돈(보싯돈) 살布施(살보시) 財布施(재보시) 齋布施(재보시)

庖(포) 10 庖廚(푸주/포주)

皮(피) 32 鹿皮(녹비/녹피)

避(피) 40 避接(비접/피접)

呀(하) 00 呀喇菩(야라보)

苄(하/호) 00 松苄(송변) 熟苄(숙변/숙하)

哈(합) 02 納哈出(나하추)

蛤(합) 10 黑蛤(흑첩/흑합)

項(항) 32 揮項(휘양/휘항) 木揮項(목휘양/목휘항)

驗(험) 42 靈驗(영검/영험)

革(혁) 40 貫革(과녁/관혁)

懸(현) 32 懸鈴(설령/현령) * 설령은 처마 따위에 방울을 단 것. 현령은 설령 또는 관아에서 통신을 보낼 때, 그 급한 정도를 나타내기 위하여 봉투에 동그라미를 찍던 일.

懸(현) 32 懸盤(선반/현반)

蒿(호) 02 蒿인절餠(고인절병)

胡(호) 32 胡椒(후추/호초)

琿(혼) 02 璦琿條約(애훈조약) *아이훈 조약

丸(환) 30 鐵丸(처란/철환)

隍(황) 02 城隍(서낭/성황)

詡(후) 00 自詡(자허)

薨(훙) 02 北薨魚(북횡어/북훙어)

休(휴) 70 休書(수세/휴서)

痕(흔) 10 淚痕(누한/누흔) * 누한은 '도자기의 표면에 눈물이 흐른 모양으로 잿물이 흘러내린 자국.' 누흔은 '눈물이 흐른 자국'의 뜻.

4. 漢字와 사이시옷

한글맞춤법에 따라 두 音節로 된 다음 漢字語는 사이시옷을 받치어 적는다.

庫間(곳간), 貰房(셋방), 數字(숫자), 車間(찻간), 退間(툇간), 回數(횟수)

* 참고로 '數字'는 '수자'의 독음과 표기도 가능하나 그럴 경우 '數字(수자)'는 '두서너 글자'의 뜻이 되어 '數字(숫자)'와 뜻이 달라진다.
* 茶房(찻방), 茶床(찻상), 茶盞(찻잔), 茶鍾(찻종), 茶欌(찻장)은 '차(茶)'를 순우리말로 보아 사이시옷 規程에서 제외하였으나 '茶(차)'는 漢字로 보아야 할 것이고, 위의 '茶(차)'가 들어있는 漢字語는 사이시옷 規程에 넣는 것이 옳을 것으로 본다.

5. 疊語가 있는 漢字語의 讀音

한글맞춤법 제13항에 "한 단어 안에서 같은 음절이나 비슷한 음절이 겹쳐 나는 부분은 같은 글자로 적는다."는 규정이 있다. 예로 연연불망(戀戀不忘)은 頭音法則에 따라 앞의 글자는 頭音인 '연', 뒤의 글자는 本音인 '련'이 되어 '연련불망'으로 적어야 할 것이지만 이미 사람들의 發音 형태가 '연연불망'으로 굳어져 이와 같은 規程이 생기게 된 것이다. 이와 같은 規程이 적용되는 漢字語는 대략 다음과 같다.

撓撓	요요	了了	요요
寥寥無聞	요요무문	老老法師	노노법사
寥寥	요요	戀戀不忘	연연불망
類類相從	유유상종	戀戀	연연
累累	누누	來來世世	내내세세
屢屢	누누		

그러나 落落長松은 '낙락장송', 念念不忘은 '염념불망', 年年歲歲는 '연년세세' 등 頭音法則의 적용만 받고 위의 規程이 적용되지 않는 漢字語들이 대부분이므로 위의 規程이 적용된 漢字語만 별도로 익혀두면 된다.

6. 標準語規程 속의 漢字語

標準語規程 속의 漢字語와 관련된 條項을 살펴보면 대략 다음과 같다.

제5항에 어원에서 멀어진 형태로 굳어져서 널리 쓰이는 것은, 그것을 표준어로 삼는다는 규정에 따라 朔月貰(삭월세)는 버리고 '사글세'를 쓴다.

제8항에 양성 모음이 음성 모음으로 바뀌어 굳어진 단어는 음성 모음 형태를 표준어로 삼는다는 규정에 따라 奉足(봉족)을 버리고 '봉죽', 柱礎(주초)를 버리고 '주추'를 쓴다. 다만, 語源 의식이 강하게 작용하는 단어에서는 양성 모음 형태를 그대로 표준어로 삼는다는 단서 조항에 따라 '삼춘'을 버리고 '삼촌(三寸)', '부주'를 버리고 '부조(扶助)', '사둔'을 버리고 '사돈(查頓)'을 쓴다.

제10항에 모음이 단순화한 형태를 표준어로 삼는다는 규정에 따라 乖愎(괴퍅)을 버리고 '乖愎(괴팍)', 美柳(미류)나무를 버리고 '미루나무'를 쓴다.

제11항에 모음의 발음 변화를 인정하여, 발음이 바뀌어 굳어진 형태를 표준어로 삼는다는 규정에 따라 支離(지리)를 버리고 '지루', 主着(주착)을 버리고 '주책'을 쓴다.

제13항에 한자 '구(句)'가 붙어서 이루어진 단어는 '귀'로 읽는 것을 인정하지 아니하고, '구'로 통일하되, 다음 단어는 '귀'로 발음되는 형태를 표준어로 삼는다는 규정에 따라 '귀글(句글)', '글귀(글句)'의 句는 '귀'만을 인정한다.

위의 규정 속의 漢字語는 모두 현행 標準語의 語源이고, 乖愎(괴팍), 句글(귀글), 글句(글귀)만 漢字가 부기되어 쓰이므로 本書에서는 愎(팍), 句(귀)는 俗音으로 취급하기로 한다.

위의 規程을 따를 때 判斷이 쉽지 않은 漢字語들이 있다. 앞에서 예로 든 '장구'와 장고(杖鼓)'를 다시 살펴보자. 『標準國語大辭典』에서는 제5항이나 제8항을 적용하여 '장구'를 취하고 '장고(杖鼓)'를 버렸다. 또 다음 제17항과 제25항도 '장구'를 선택함에 힘을 부여한다.

제17항 비슷한 발음의 몇 형태가 쓰일 경우, 그 의미에 아무런 차이가 없고, 그 중 하나가 더 널리 쓰이면, 그 한 형태만을 표준어로 삼는다.

제25항 의미가 똑같은 형태가 몇 가지 있을 경우, 그 중 어느 하나가 압도적으로 널리 쓰이면, 그 단어만을 표준어로 삼는다.

그러나 위의 제8항의 語源 의식이 강하게 작용하는 단어에서는 양성 모음 형태를 그대로 표준어로 삼는다는 단서를 따른다면 오히려 '장구'를 버리고 '장고(杖鼓)'를 살릴 수도 있다. 또 五六月(오뉴월)이라는 많이 변한 음인 '뉴'음도 俗音으로 인정하는 정도인데, '고'음의 '구'음으로의 변화, 양성모음에서 음성모음으로의 변화 정도의 音韻 변화는 俗音으로 처리하여도 가능할 것이다. 또 '장구'가 압도적으로 많이 쓰인다는 증거도 부족한 것이므로 제26항을 따라 '장구'와 '장고(杖鼓)' 둘 다 허용하는 것도 하나의 방법이 될 수 있다.

제26항 한 가지 의미를 나타내는 형태 몇 가지가 널리 쓰이며 표준어 규정에 맞으면, 그 모두를 표준어로 삼는다.

결국 言衆의 腦裏에 語源의식이 남아있어, 異議 소지가 있는 부분은 어느 하나를 표준말로 하기 보다는 둘 다 許容하거나 音韻 변화가 심하지 않은 정도는 한글化이전의 말로 보아 漢字를 부기하여 俗音으로 처리하는 것도 하나의 방법이 될 수 있다고 본다.

7. 同字異音字(多音字) 漢字語

漢字는 하나 이상의 音을 가진 것도 있다. 대체로 뜻이 달라지는 경우에 音도 달라진다. '降'을 예로 들면, 降等(강등) 등 '내리다'의 뜻에서는 '강', 投降(투항) 등 '항복하다'의 뜻에서는 '항'음이 된다. 같은 뜻이면서도 音이 다른 경우도 있다. '茶'를 예로 들면 똑같은 '차'의 뜻이니 茶房(다방) 紅茶(홍차) 등에 보이듯 漢字語에 따라 음이 다르게 쓰인다. 또 모든 漢字語에 두 가지 음이 모두 쓰이는 경우도 있다. 예를 들면 '醵'는 '추렴하다'의 뜻으로 모든 漢字語에 '거'와 '갹'의 두 음이 모두 인정된다. 주의할 것은 어떤 '音'은 거의 소멸되어 특정 漢字語에만 살아남아 있고 다른 漢字語에 그 '音'이 적용되지 않는다는 것이다. 예로 乾(마를 간)은 '乾木水生' 등에만 남아 있어 '乾燥'는 '건조'일 뿐 이를 '간조'로 하지 않는다는 것이다. 다음은 特級 配定漢字 범위 내에서 여전한 쓰임을 지니고 있는 多音字의 訓音과 해당 漢字語를 보인 것이다.

葭 00 [갈대 가 | 멀 하]
　　葭蘆(가로) 葭萌(하맹)

訶 02 [꾸짖을 가 | 꾸짖을 하]
　　訶陵(가릉) 訶子(가자) 摩訶(마하) 訶梨帝母(하리제모) 娑婆訶(사바하)

賈 12 [성(姓) 가 | 장사 고]
　　賈島(가도) 賈船(고선) 商賈(상고)

榦 00 [줄기 간 | 우물난간 한]
　　根榦(근간) 井榦(정한)

干 40 [방패 간 | 벼슬아치 한]
　　干戈(간과) 若干(약간) 干支(한지) 阿干(아한) 鹽干(염한)

瞯 00 [엿볼 간: | 곁눈질할 한:]
　　瞯覘(간첨) 瞯眄(한면)

喝 10 [꾸짖을 갈 | 꾸짖을 할]
　　喝破(갈파) 恐喝(공갈) 傳喝(전갈) 喝食(할식) 喝參(할참) 喝火(할화)

降 40 [내릴 강: | 항복할 항]
　　降等(강등) 降伏(항복) 降雨(강우) 投降(투항)

醵 10 [추렴할 거: | 추렴할 갹]
　　醵金(거금/갹금) 醵飮(거음/갹음) 醵出(거출/갹출)

筥 00 [광주리 거: | 밥통 려:]

筐筥(광거) 飯筥(반려/반거)

車 72 [수레 거 | 수레 차]
客車(객차) 車庫(차고) 車馬(거마) 人力車(인력거)

乾 32 [하늘/마를 건 | 마를 간]
乾坤(건곤) 乾濕(건습) 乾木水生(간목수생) 乾淨(간정) 白乾蠶(백간잠)

愒 00 [쉴 게 | 탐할 개 | 으를 할]
愒息(게식) 愒求(개구) 恐愒(공할)

繳 00 [주살 격 | 동일 교]
繳網(격망) 繒繳(증격) 繳送(격송) 繳駁(교박) 繳繞(교요)

見 52 [볼 견: | 뵈올 현:]
見聞(견문) 見積(견적) 見齒(현치) 發見(발견) 謁見(알현) 朝見(조현)

獧 00 [뛸 견: | 급할 현:]
獧者(견자) 獧薄(현박) 獧捷(현첩)

結 52 [맺을 결 | 상투 계]
結實(결실) 締結(체결) 魋結(추계) 椎結(추계)

更 40 [고칠 경 | 다시 갱:]
更生(갱생) 更新(갱신) 更張(경장) 變更(변경)

契 32 [맺을 계: | 근고할 결 | 나라이름 글 | 사람이름 설]
契機(계기) 契約(계약) 契(설) 契丹(글안) 契闊(결활)

熇 00 [말릴 고 | 불길 학 | 뜨거울 효]
熇燥(고조) 熇赫(학혁) 熇暑(효서)

叩 10 [두드릴 고 | 두드릴 구]
叩頭(고두) 叩扉(고비) 叩解(구해)

告 52 [고할 고: | 고할 곡]
告白(고백) 廣告(광고) 出必告(출필곡)

楛 00 [거칠 고 | 나무이름 호]
楛耕(고경) 楛矢(호시)

觳 00 [곱송그릴 곡 | 비교할 각]
觳觫(곡속) 觳抵(각저) 觳力(각력)

鵠 10 [고니/과녁 곡 | 고니 혹]
鵠志(곡지) 鴻鵠(홍곡) 寡鵠(과혹)

谷 32 [골 곡 | 나라이름 욕]
溪谷(계곡) 吐谷渾(토욕혼)

緄 00 [띠 곤 | 오랑캐이름 혼]
緄帶(곤대) 緄戎(혼융)

汩 10 [골몰할 골 | 물이름 멱]
汩董(골동) 汩沒(골몰) 汨羅(멱라) 汨水(멱수)

廓 10 [둘레 곽 | 클 확]

廓開(확개) 廓大(확대) 城廓(성곽) 外廓(외곽)

串 12 [꿸 관 | 땅 이름 곶]

石串洞(석관동) 魚串(어관) 長山串(장산곶) 竹串島(죽곶도)

迋 00 [속일/두려워할 광 | 갈 왕]

迋迋(광광) 迋勞(왕로)

蕢 00 [흙덩이 괴 | 삼태기 궤]

蕢桴(괴부) 荷蕢(하궤)

嘐 00 [깨물 교 | 클 효]

嘐嘐(교교/효효)

蹻 00 [발들 교 | 짚신 갹]

蹻足(교족) 蹻履(갹리)

較 32 [견줄 교 | 견줄 각]

較量(교량) 計較(계교) 獵較(엽각/엽교)

茭 00 [마른꼴 교 | 풀뿌리 효]

茭芻(교추) 茭葑(효봉)

窶 00 [가난할 구: | 기울어진땅 루:]

窶乏(구핍) 狹窶(협루)

龜 30 [거북 구 | 거북 귀 | 터질 균]

龜鑑(귀감) 龜裂(균열) 龜旨歌(구지가)

艽 00 [변방 구(규) | 진교 교]

艽野(구야/규야) 蓁艽(진교)

詘 00 [말막힐 굴 | 내칠 출 | 말더듬을 눌]

詘伸(굴신) 詘斥(출척) 詘澁(눌삽)

晷 02 [해그림자 귀 | 해그림자 구]

晷漏(귀루) 繼晷(계귀) 晷刻(구각) 昃晷(측구) 仰釜日晷(앙부일귀/앙부일구)

蹶 10 [일어설/넘어질 궐 | 움직일 궤]

蹶起(궐기) 蹶蹶(궤궤) 驚蹶(경궐) 顚蹶(전궐)

頄 00 [광대뼈 규 | 광대뼈 구]

壯頄(장규/장구)

亟 00 [빠를 극 | 자주 기]

亟去(극거) 亟稱(기칭)

金 80 [쇠 금 | 성(姓) 김]

金賞(금상) 純金(순금) 金氏(김씨)

圻 02 [경기 기 | 지경 은]

遐圻(하기) 開圻(개은)

涅 10 [열반(涅槃) 녈 | 검은 물들일 날]

涅槃(열반) 涅而不緇(날이불치)

拈 02 [집을 념 | 집을 점]

拈古(염고) 拈華微笑(염화미소) 拈鍼(점침)

忸 00 [익을 뉴 | 부끄러울 뉵]

忸褻(유설) 忸怩(육니)

杻 02 [싸리 뉴: | 수갑 추:]

括杻木(괄뉴목) 枷杻(가추) 鐵杻(철추)

昵 00 [친할 닐 | 아비사당 녜]

昵近(일근) 祀昵(사녜)

茶 32 [차 다 | 차 차]

茶道(다도) 茶房(다방) 綠茶(녹차) 紅茶(홍차)

單 42 [홑 단 | 오랑캐임금 선]

簡單(간단) 單純(단순) 食單(식단) 單于(선우)

襢 00 [웃통벗을 단 | 흰베 전]

襢裼(단석) 襢衣(전의)

黮 00 [검을 담: | 오디 심:]

黯黮(암담) 桑黮(상심)

湛 02 [즐길 담 | 잠길 잠]

湛樂(담락) 湛水(담수) 湛露(잠로) 湛碧(잠벽)

蕁 02 [지모 담 | 쐐기풀 심]

蕁麻(담마/심마)

倘 00 [만일 당 | 노닐 상]

倘若(당약) 倘庭(상정)

鐺 00 [목쇠사슬 당 | 노구 쟁]

鐺鎖(당쇄) 鐺鬲(쟁력)

大 80 [큰 대(:) | 큰 태:]

大捷(대첩) 擴大(확대) 大保(태보) 大僕(태복) 大傅(태부) 大社(태사)

檮 00 [등걸 도 | 산대 주]

檮杌(도올) 檮蓍(주시)

跳 30 [뛸 도 | 뛸 조]

跳馬(도마) 跳躍(도약) 幅跳(폭도) 跳驅(조구) 跳騰(조등) 魚跳(어조)

度 60 [법도 도(:) | 헤아릴 탁]

角度(각도) 軌度(궤도) 度支(탁지) 預度(예탁)

纛 02 [둑 독 | 둑 도]

大纛(대독) 坐纛旗(좌독기) 纛赤(도치)

讀 62 [읽을 독 | 구절 두]

講讀(강독) 購讀(구독) 句讀點(구두점) 吏讀(이두)

頓 12 [조아릴 돈: | 무딜 둔: | 흉노왕이름 돌]

頓悟(돈오) 挫頓(좌돈) 沈頓(침둔) 冒頓(묵돌)

遯 02 [도망할 돈 | 도망할 둔]

遯逸(돈일=둔일) 隱遯(은둔)

侗 00 [지각없을 동 | 키멀쑥할 통]
侗愚(동우) 侗長(통장)

洞 70 [골 동: | 밝을 통:]
洞長(동장) 洞達(통달) 洞察(통찰) 洞燭(통촉) 洞穴(동혈)

斁 00 [무너질 두 | 싫어할 역]
斁壞(두괴) 斁遺(역유)

兜 10 [투구 두 | 도솔천(兜率天) 도]
兜率(도솔) 兜轎(두교) 兜籠(두롱) 兜侵(두침)

懶 10 [게으를 라: | 게으를 란:]
懶慢(나만) 懶怠(나태) 慵懶(용란)

樂 62 [즐길 락 | 노래 악 | 좋아할 요]
苦樂(고락) 管絃樂(관현악) 極樂(극락) 樂曲(악곡) 樂山樂水(요산요수)

勑 00 [위로할 래 | 조서 칙]
皆勑(개래) 詔勑(조칙)

蠡 00 [좀먹을/표주박 려 | 소라 라]
蠡測(여측) 蠡結(나계)

驪 12 [검은말 려 | 검은말 리]
驪州(여주) 驪駒曲(이구곡) 驪龍(이룡) 驪珠(이주)

犂 02 [쟁기 려 | 얼룩소 리]
挽犂(만려) 鋤犂(서려) 泥犂(이리) 犂牛(이우)

鬲 00 [솥 력 | 가로막을 격]
釜鬲(부력) 鼎鬲(정력) 鬲塞(격색) 鬲絶(격절)

酈 00 [땅이름 력 | 땅이름 리]
漢酈(한력) 魯酈(노리)

礫 10 [조약돌 력 | 조약돌 륵]
沙礫(사력) 瓦礫(와력) 瓦礫(와륵)

栵 00 [산밤나무 렬 | 늘어설 례]
灌栵(관례) 栵實(열실)

逞 10 [쾌할 령 | 쾌할 정]
逞欲(영욕) 不逞(불령) 逞志(정지)

隷 30 [종 례: | 종 예:]
直隷(직례) 賤隷(천례) 衙隷(아례) 家隷(가예) 奴隷(노예) 僕隷(복예)

潦 00 [장마 료: | 장마 로:]
霖潦(임료/임로) 潦浸(요침/노침)

纍 00 [가둘 류 | 가둘 루]
纍紲(유설/누설) 纍囚(유수/누수)

綸 10 [벼리 륜 | 관건 관]

綸巾(윤건) 綸命(윤명) 修綸(수륜) 綸巾(관건)

率 32 [비율 률 | 거느릴 솔]

輕率(경솔) 能率(능률) 率先(솔선) 率直(솔직) 利率(이율) 稅率(세율)

纚 00 [맬 리 | 머리싸개 사]

纚鳥(이조) 緇纚(치사)

藐 00 [멀 막 | 작을 묘]

藐然(막연) 藐玩(묘완)

万 02 [일만[萬] 만: | 성(姓) 묵]

万歲(만세) 万俟(묵기)

莽 02 [풀 망 | 풀 무]

莽草(망초) 灌莽(관망) 榛莽(진망) 魯莽(노무) 鹵莽(노무)

沬 00 [희미할 매 | 낯씻을 회]

日沬(일매) 沬水(회수)

浼 00 [더럽힐 매 | 편히흐를 면]

浼瀆(매독) 浼浼(면면)

貉 00 [오랑캐 맥 | 담비 학]

九貉(구맥) 蠻貉(만맥) 貉裘(학구)

免 32 [면할 면: | 상복 문]

免稅(면세) 贖免(속면) 袒免(단문)

姆 02 [여스승 모 | 여스승 무]

保姆(보모) 姆敎(무교)

牡 10 [수컷 모 | 수컷 무]

牡牛(모우) 肥牡(비모) 牡痔(무치) 一牡多牝(일무다빈)

冒 30 [무릅쓸 모 | 선우이름 묵]

冒稱(모칭) 冒險(모험) 冒頓(묵돌)

茆 00 [띠 묘 | 갯버들 류]

茆蒜(묘산) 蒲茆(포류)

繆 02 [얽을 무 | 어그러질 류]

綢繆(주무) 繆篆(무전) 糾繆(규류)

畝 10 [이랑 무: | 이랑 묘:]

頃畝法(경무법) 田畝(전묘)

穈 00 [붉은기장 문 | 검은기장 미]

穈黍(문서) 穈粥(미죽)

黽 00 [힘쓸 민 | 맹꽁이 맹 | 땅이름 면]

黽勉(민면) 黽蛙(맹와) 黽池(면지)

磻 12 [반계(磻溪) 반 | 반계 번]

磻溪(반계) 磟磻洞(녹번동)

泛 10 [뜰 범: | 엎을 봉:]

泛宅(범택) 浮泛(부범) 泛駕之馬(봉가지마)

駢 02 [쌍말 변 | 나란히할 병]

駢文(변문) 駢趾(병지)

洑 10 [보 보 | 스며 흐를 복]

洑稅(보세) 洑主(보주) 洑流(복류) 湍洑(단복)

輻 10 [바퀴살 복 | 바퀴살 폭]

輻射(복사) 輻輳(폭주) 輪輻(윤복) 車輻(거폭)

覆 32 [덮을 복(부) | 다시 복]

覆刻(복각) 覆蓋(복개) 覆面(복면) 覆育(부육) 覆翼(부익)

伏 40 [엎드릴 복 | 새알품을 부]

蟄伏(칩복) 降伏(항복) 伏鷄(부계)

復 42 [회복할 복 | 다시 부:]

光復(광복) 復舊(복구) 復活(부활) 復興(부흥)

楅 00 [뿔막이 복 | 뿔막이 벽]

楅衡(복형/벽형)

棒 10 [막대 봉 | 막대 방]

棍棒(곤봉) 鐵棒(철봉) 棒戱(방희) 棍棒(곤방) 擊棒(격방) 一棒(일방)

莩 02 [갈청 부 | 굶어죽을 표]

葭莩(가부) 餓莩(아표)

否 40 [아닐 부: | 막힐 비:]

可否(가부) 否認(부인) 安否(안부) 否塞(비색) 否運(비운)

父 80 [아비 부 | 남자미칭 보]

父親(부친) 嶽父(악부) 尙父(상보) 漁父(어보) 尼父(이보) 古公亶父(고공단보)

北 80 [북녘 북 | 달아날 배:]

北極(북극) 越北(월북) 敗北(패배)

賁 02 [클 분 | 꾸밀 비]

賁臨(분림) 虎賁(호분) 賁臨(비림) 賁飾(비식)

艴 00 [성발끈낼 불 | 성발끈낼 발]

艴然(발연/불연)

枇 02 [비파 비 | 비파 피]

枇杷(비파) 枇梘(피현)

沸 10 [끓을 비: | 용솟음할 불]

沸騰(비등) 沸湯(비탕) 沸沫(불말) 沸泉(불천)

鞞 00 [마상북 비 | 칼집 병]

鞞鼓(비고) 鞞芾(병불)

馮 12 [탈(乘) 빙 | 성(姓) 풍]

馮氣(빙기) 馮河(빙하) 馮夷(풍이) 馮氏(풍씨)

糸 00 [실 사 | 가는실 멱]

細糸(세사/세멱)

寺 42 [절 사 | 내관(內官) 시:]
寺刹(사찰) 山寺(산사) 寺正(시정) 九寺(구시)

殺 42 [죽일 살 | 감할/빠를 쇄:]
殺蟲(살충) 暗殺(암살) 減殺(감쇄) 殺到(쇄도)

狀 42 [형상 상 | 문서 장:]
告訴狀(고소장) 年賀狀(연하장) 狀態(상태) 症狀(증상)

塞 32 [막힐 색 | 변방 새]
拔本塞源(발본색원) 塞翁之馬(새옹지마) 要塞(요새) 閉塞(폐색)

索 32 [찾을 색 | 노(새끼줄) 삭]
檢索(검색) 思索(사색) 索道(삭도)鐵索(철삭)

藇 00 [아름다울 서 | 마 여]
藇釃(서시) 藷藇(저여)

裼 00 [벗어맬 석 | 포대기 체]
袒裼(단석) 裼褓(체보)

愃 00 [상쾌할 선 | 너그러울 훤]
愃快(선쾌) 赫愃(혁훤)

羨 10 [부러워할 선: | 무덤길 연:]
羨望(선망) 羨慕(선모) 羨道(연도) 羨門(연문)

僎 00 [갖출 선 | 준작 준]
僎備(선비) 僎爵(준작)

說 52 [말씀 설 | 달랠 세: | 기쁠 열]
槪說(개설) 浪說(낭설) 遊說(유세) 說樂(열락)

挈 00 [끌 설 | 이지러질 계]
挈子(설자) 挈歡(계환)

紲 00 [맬 설 | 소매 예]
紲絆(설반) 紲袂(예메)

省 62 [살필 성 | 덜 생]
歸省(귀성) 反省(반성) 省略(생략)

愬 00 [하소연할 소 | 두려워할 색]
讒愬(참소) 愬虎(색호)

炤 02 [밝을 소 | 비출 조]
炤炤(소소/조조)

繅 00 [고치켤 소 | 옥받침/색방석 조]
繅綿(소면) 繅絲(소사) 繅席(조석) 繅藉(조자) *'고치켜다'는 繅와 繰가 同字인데, 繰는 音이 '조'로 변하였음.

慅 00 [소란스러울 소 | 고달플 초]
慅慅(소소) 勞慅(노초)

飡 02 [밥 손 | 벼슬이름 찬]
飡饔(손옹) 伊飡(이찬) 級飡(급찬)

洒 00 [뿌릴 쇄: | 씻을 세:]
洒掃(쇄소) 洒濯(세탁)

衰 32 [쇠할 쇠 | 상복 최]
盛衰(성쇠) 衰落(쇠락) 斬衰(참최)

濉 00 [물이름 수 | 노려볼 휴]
濉水(수수) 濉盱(휴우)

隧 02 [길 수 | 떨어질 추]
經隧(경수) 隧路(수로) 暗隧道(암추도)

綏 02 [편안할 수 | 기드리움 유]
綏靖(수정) 撫綏(무수) 寵綏(총유)

帥 32 [장수 수 | 거느릴 솔]
將帥(장수) 統帥(통수) 帥師(솔사) 帥先(솔선)

數 70 [셈 수: | 자주 삭 | 빽빽할 촉]
計數(계수) 級數(급수) 疏數(소삭) 煩數(번삭) 數罟(촉고)

醜 00 [미워할 수 | 미워할 추]
醜穢(추예/수예)

宿 52 [잘 숙 | 별자리 수:]
露宿(노숙) 留宿(유숙) 星宿(성수) 宿願(숙원) 辰宿(진수)

褶 02 [사마치/주름 습 | 겹옷 첩]
褶曲(습곡) 袴褶(고습) 褶衣(첩의)

拾 32 [주울 습 | 열 십]
收拾(수습) 拾得(습득) 拾萬(십만)

埴 02 [찰흙 식 | 찰흙 치]
埴土(식토/치토) 埏埴(연식) 粘埴(점식)

識 52 [알 식 | 기록할이지]
鑑識(감식) 面識(면식)博識(박식)識別(식별) 標識(표지)

食 72 [밥/먹을 식 | 밥 사]
間食(간식) 食糧(식량) 菜食(채식) 簞食(단사)

什 10 [열 사람 십 | 세간 집]
什吏(십리) 什長(십장) 什具(집구) 什器(집기)

氏 40 [각시/성씨(姓氏) 씨 | 나라이름 지]
某氏(모씨) 姓氏(성씨) 氏族(씨족) 月氏(월지)

惡 52 [악할 악 | 미워할 오]
發惡(발악) 善惡(선악) 憎惡(증오) 嫌惡(혐오)

歹 00 [뼈앙상할 알 | 나쁠 대]
歹骨(알골) 歹徒(대도)

泱 00 [물깊고넓을 앙 | 흰구름일 영]
泱鬱(앙울) 泱泱(앙앙/영영)

阨 00 [막힐 액 | 좁을 애]
阨窮(액궁) 阨狹(애협)

縊 10 [목맬 액 | 목맬 의]
縊刑(액형) 絞縊(교액) 縊架(의가)

若 32 [같을 약 | 반야 야]
萬若(만약) 明若觀火(명약관화) 般若心經(반야심경)

於 30 [어조사 어 | 탄식할 오]
甚至於(심지어) 於焉間(어언간) 於乎(오호)

嶷 00 [숙성할 억 | 산이름 의]
嶷然(억연) 九嶷(구의)

畬 00 [세해된밭 여 | 따비밭 사]
畬田(여전/사전) 燒畬(소사)

淢 00 [빨리흐를 역 | 해자 혁]
淢汨(역율) 溝淢(구혁)

易 40 [바꿀 역 | 쉬울 이:]
簡易(간이)貿易(무역) 易經(역경) 容易(용이)

鶂 00 [거위소리 역 | 거위소리 예]
鶂鶂(예예/역역)

悁 00 [성낼 연 | 조급할 견]
悁忿(연분) 悁急(연급)

焱 00 [불꽃 염 | 불꽃 혁 | 세찬바람 표]
焱飛(염비/혁비) 焱忽(표홀)

葉 50 [잎 엽 | 고을이름 섭]
枯葉(고엽) 葉書(엽서) 枝葉(지엽) 迦葉(가섭)

豫 40 [미리 예: | 미리 여]
豫感(예감) 豫探(여탐)

勩 00 [수고로울 예 | 수고로울 이]
知勩(지예/지이)

阮 10 [성(姓) 완: | 나라이름 원]
阮元(완원) 阮籍(완적) 阮咸(완함) 阮國(원국)

宛 10 [완연할 완 | 나라이름 원]
宛然(완연) 宛轉(완전) 大宛(대원)

莞 12 [빙그레할 완 | 왕골 관]
莞島(완도) 莞蒲(관포)

娃 02 [예쁠 왜 | 미인 와]
吳娃(오왜) 娃姣(와교)

歪 20 [기울 왜 | 기울 외]
舌歪(설왜) 歪曲(왜곡) 歪調(외조)

儌 00 [구할 요: | 변방 교:]
儌倖(요행) 儌塞(교새)

茸 10 [풀날 용: | 버섯 이:]
茸茂(용무) 鹿茸(녹용) 茸巖(이암) 眞茸(진이)

蔚 12 [고을이름/우거질 울 | 익모초/우거질 위]
蔚山(울산) 蔚珍(울진) 蔚興(울흥) 彬蔚(빈위) 芜蔚(충위)

菀 00 [무성할 울 | 동산 원: | 개미취 완]
菀柳(울류) 菀牧(원목) 紫菀(자완)

褎 00 [옷잘입을/나아갈 유 | 소매 수]
褎然(유연) 豹褎(표수)

汩 00 [물흐를 율 | 빠질 골]
汩流(율류) 汩沒(골몰)

饐 00 [밥쉴 의 | 밥쉴 애]
饐餲(의애/애애)

猗 00 [불깐개 의 | 부드러울 아]
猗犬(의견) 猗嗟(의차) 猗儺(아나)

嶷 00 [우거질 의 | 우거질 억]
嶷嶷(의의/억억)

迤 00 [든든할 이 | 어정거릴 타]
迤久(이구) 迤逗(타두)

訑 00 [자랑할 이 | 방탕할 탄 | 속일 타]
訑顔(이안) 慢訑(만탄) 訑瞞(타만)

荑 02 [흰비름 이 | 띠싹 제]
蕪荑(무이) 荑指(제지)

杝 00 [나무이름 이 | 쪼갤 치]
杝棺(이관) 杝薪(치신)

詒 00 [줄 이 | 속일 태]
詒謀(이모) 詒欺(태기)

謚 02 [빙그레할 익 | 시호 시]
謚貌(익모) 謚號(시호=諡號)

咽 10 [목구멍 인 | 목 멜 열 | 삼킬 연]
咽喉(인후) 咽塞(열색) 呑咽(탄연)

佚 10 [편안 일 | 질탕 질]
佚樂(일락) 佚蕩(질탕) 安佚(안일)

稔 02 [익을 임 | 익을 념]
稔性(임성) 不稔(불임) 稔知(염지) 實稔(실념)

胏 00 [밥찌끼 자 | 허파<肺> 폐]
乾胏(건자) 胏肝(폐간) 胏腑(폐부)

炙 10 [구울 자 | 구울 적]
炙膾(적회) 魚炙(어적) 親炙(친자) 膾炙(회자)

刺 32 [찌를 자: | 찌를 척]
刺客(자객) 刺殺(척살)

梓 02 [가래나무 재: | 가래나무 자:]
梓里(재리) 上梓(상재) 桐梓(동재) 梓人(자인) 桑梓(상자) 梓宮(자궁)

齎 02 [가질 재 | 가질 제]
齎糧(재량) 齎鬱(재울) 金齎玉膾(금제옥회)

滓 10 [찌끼 재 | 찌끼 자]
滓穢(재예) 酒滓(주자)

苴 00 [암삼 저 | 두엄풀 자]
苴布(저포) 苴肥(자비)

齟 02 [이어긋날 저 | 이어긋날 서]
齟齬(저어/서어)

躇 10 [머뭇거릴 저 | 건너뛸 착]
躇階(착계) 躊躇(주저)

著 32 [나타날 저: | 붙을 착]
論著(논저) 名著(명저) 著名(저명) 著述(저술) 著押(착압)

趯 00 [뛸 적 | 뛸 약]
趯然(적연) 趯動(약동)

鱣 00 [전어 전: | 드렁허리 선:]
鱣魚(전어/선어)

晢 00 [밝을 절 | 별반짝일 제]
晢晢(절절/제제)

切 52 [끊을 절 | 온통 체]
斷切(단절) 一切(일절/일체) 適切(적절) 切親(절친)

晣 00 [밝을 절 | 별반짝일 제]
晣晣(절절/제제)

岾 02 [고개 재 | 절이름 점]
永郎岾(영랑재) 楡岾寺(유점사)

摺 02 [접을 접 | 접을 섭]
摺紙(접지) 摺齒(접치) 摺合(섭합) 白摺扇(백섭선)

涏 00 [물결곧을 정 | 윤이날 전]
涏寒(정한) 尾涏(미전)

諸 32 [모두 제 | 어조사 저]
諸國(제국) 諸賢(제현) 諸侯(제후) 忽諸(홀저) 居諸(거저)

稠 10 [빽빽할 조 | 빽빽할 주]
稠密(조밀) 稠濁(조탁) 稠疊(주첩) 稠人廣衆(주인광중)

裯 00 [홑이불 주 | 소매 도]
衾裯(금주) 裯衫(도삼)

幬 00 [휘장 주 | 덮을 도]
幬帳(주장) 覆幬(부도)

鬻 00 [죽 죽 | 팔 육 | 기를 국]
羹鬻(갱죽) 鬻賣(육매) 鬻子(국자)

雋 02 [영특할 준 | 살질 전]
雋選(준선) 雋哲(준철) 雋永(전영)

茁 02 [풀싹 줄 | 풀싹 절]
茁長(줄장) 茁鯊(절사)

緝 02 [거둘 즙 | 거둘 집]
補緝(보즙) 緝捕(집포)

坻 00 [모래섬 지 | 무너질 저]
坻岸(지안) 坻伏(저복)

枳 10 [탱자 지 | 탱자 기 | 해칠 기]
枳殼(지각/기각) 橘化爲枳(귤화위지) 枳塞(기색) 枳礙(기애)

辰 32 [별 진 | 때 신]
辰星(진성) 生辰(생신) 日辰(일진) 誕辰(탄신)

斟 10 [짐작할 짐 | 술부을 침]
斟問(짐문) 斟酌(짐작) 斟量(침량) 斟酒(침주)

徵 32 [부를 징 | 화음 치]
象徵(상징) 徵兵(징병) 特徵(특징) 徵調(치조) 宮商角徵羽(궁상각치우)

嵯 02 [산높고험할 차 | 산세들쭉날쭉한모양 치]
嵯峨(차아) 嵾嵯(참치)

差 40 [다를 차 | 어긋날 치 | 부릴 채]
誤差(오차) 差別(차별) 參差(참치) 差備(채비)

鑿 10 [뚫을 착 | 구멍 조]
鑿巖(착암) 掘鑿(굴착) 圓鑿(원조)

飡 00 [먹을 찬 | 밥 손]
晩飡(만찬) 夕飡(석손)

參 52 [참여할 참 | 석 삼]
古參(고참) 持參(지참) 參觀(참관) 參拾(삼십)

菖 10 [창포 창 | 창포 장]
菖蒲(창포) 白菖(백창) 石菖蒲(석장포) 菖蒲(장포)

釵 02 [비녀 채 | 비녀 차]
鳳釵(봉채/봉차) 玉釵(옥채/옥차)

瘥 00 [병나을 채 | 역질 차]
瘥癒(채유) 瘥瘼(차막)

拓 32 [넓힐 척 | 박을 탁]
干拓(간척) 開拓(개척) 拓本(탁본)

蹢 00 [머뭇거릴 척 | 굽 적]
蹢躅(척촉) 豕蹢(시적)

倩 00 [아름다울 천: | 사위 청:]
盼倩(반천) 倩壻(청서)

覘 00 [엿볼 첨 | 엿볼 점]
覘望(첨망/점망) 窺覘(규첨/규점)

沾 02 [젖을 첨 | 젖을 점]
均沾(균첨) 沾濕(첨습) 沾衣(첨의) 沾解王(첨해왕) 沾濡(점유) 沾洽(점흡) 沾汗(점한) 沾潤(점윤)

帖 10 [문서 첩 |체지 체]
帖文(첩문) 墨帖(묵첩) 帖紙(체지) 招帖(초체)

菁 02 [순무 청 | 빛날 정]
菁芽(청아) 蔓菁(만청) 菁華(정화)

棣 00 [산앵두나무 체 | 익숙할 태]
棣棠(체당) 棣棣(태태)

掣 00 [끌 체 | 당길 철]
掣曳(체예) 掣臂(철비)

揥 00 [빗치개 체 | 버릴 제]
象揥(상체) 投揥(투제)

杕 00 [나무우뚝설 체 | 키 타]
杕杜(체두) 舟杕(주타)

疐 00 [꼭지 체 | 엎어질 치]
瓜疐(과체) 疐便(치편)

遆 00 [갈마들 체 | 두를 대]
遆傳(체전) 遆繞(대요)

酢 02 [초 초 | 술권할 작]
鴨酢(압초) 魚酢(어초) 酬酢(수작)

蝤 00 [나무굼벵이 추 | 하루살이 유]
蝤蚓(추인) 蜉蝤(부유)

湫 02 [늪 추 | 웅덩이 초]
淑湫(숙추) 龍湫(용추) 湫隘(초애)

推 40 [밀 추 | 밀 퇴]
推尋(추심) 推讓(추양) 推敲(퇴고) 推窓(퇴창)

槌 10 [칠(擊) 추 | 방망이 퇴]

槌鑿(추착) 槌提(퇴제) 硏槌(연퇴) 鐵槌(철퇴)

萑 00 [익모초 추 | 물억새 환]
萑草(추초/환초) 萑葦(환위) 萑蒲(환포)

妯 00 [동서 축 | 슬퍼할 추]
妯間(축간) 憂妯(우추)

蹴 00 [삼갈 축 | 평평할 척]
蹴踖(축적) 蹴蹴(척척)

虫 00 [벌레 충 | 벌레 훼]
虫尾(훼미) 害虫(해충)

瘁 00 [병들 췌: | 병들 취:]
劬瘁(구췌/구취)

揣 00 [헤아릴 췌 | 헤아릴 취]
揣度(췌탁/취탁) 揣知(췌지/취지)

悴 10 [파리할 췌: | 파리할 취:]
憔悴(초췌) 盡悴(진취)

趣 40 [뜻 취: | 뜻 추:]
趣旨(취지) 興趣(흥취) 三惡趣(삼악추)

廁 00 [뒷간 측 | 뒷간 치]
廁間(측간) 行廁(행치)

厠 02 [뒷간 측 | 뒷간 치]
厠間(측간) 行厠(행치)

菑 00 [묵정밭 치 | 재앙 재]
菑畬(치여) 菑害(재해)

則 50 [법칙 칙 | 곧 즉]
規則(규칙) 犯則(범칙) 準則(준칙) 學則(학칙) 불연즉(不然則)

沈 32 [잠길 침 | 성(姓) 심]
浮沈(부침) 沈降(침강) 沈默(침묵) 沈氏(심씨)

綅 00 [붉은실 침 | 비단 섬]
朱綅(주침) 綅緞(섬단)

它 00 [다를 타 | 뱀 사]
它腸(타장) 毒它(독사)

嘽 00 [헐떡거릴 탄 | 느릿할 천:]
嘽嘽(탄탄) 嘽緩(천완)

棁 00 [막대기 탈 | 동자기둥 절]
揮棁(휘탈) 藻棁(조절)

漯 00 [물이모이는모양 탑 | 강이름 루]
漯然(탑연) 漯水(누수)

帑 02 [국고/재물 탕: | 처자 노]

帑藏(탕장) 帑幣(탕폐) 妻帑(처노)

哼 00 [느릿할 톤 | 일깨울 순]

哼哼(톤톤/순순)

噋 00 [느릿할 톤 | 일깨울 순]

噋噋(톤톤/순순)

畽 00 [염우없을 톤 | 빈터 탄]

畽行(톤행) 町畽(정탄)

恫 00 [슬플 통 | 으를 동]

恫怨(통원) 恫喝(동갈)

筒 10 [통 통 | 통 동]

算筒(산통) 煙筒(연통) 동아(筒兒) 箭筒(전동)

魋 00 [짐승이름 퇴 | 북상투 추]

魋顔(퇴안) 魋結(추계)

闖 02 [엿볼 틈 | 엿볼 츰]

闖肆(틈사) 闖起(틈기) 闖發(틈발) 闖入(틈입) 闖敵(츰적)

跛 10 [절름발이 파 | 비스듬히 설 피:]

跛行(파행) 偏跛(편파) 跛立(피립)

孛 00 [살별 패 | 안색변할 발]

孛彗(패해) 孛如(발여)

徧 00 [두루 편 | 두루 변]

徧擧(편거/변거)

遍 30 [두루 편 | 두루 변]

遍歷(편력) 普遍(보편) 遍照(변조) 遍知(변지)

便 70 [편할 편(:) | 똥오줌 변]

簡便(간편) 男便(남편) 大便(대변) 用便(용변)

麃 00 [고라니 포 | 김맬 표]

獲麃(획포) 麃乂(표예)

曝 10 [쪼일 폭 | 쪼일 포]

曝露(폭로) 曝書(폭서) 曝白(포백) 曝氣(포기)

暴 42 [사나울 폭 | 모질 포:]

狂暴(광포) 亂暴(난폭) 暴動(폭동) 橫暴(횡포)

滮 00 [물흐르는모양 표 | 물흐르는모양 퓨]

滮流(표류/퓨류)

陂 02 [방죽 피 | 언덕 파]

陂池(피지) 陂陀(파타)

鞸 00 [슬갑 필 | 칼집 병]

素鞸(소필) 鞸琫(병봉)

苄 00 [지황 하 | 지황 호]

苄根(하근/호근)

邯 12 [조(趙)나라 서울 한 | 사람 이름 감]
姜邯瓚(강감찬) 邯鄲之夢(한단지몽)

盍 00 [덮을 합 | 새이름 갈]
盍簪(합잠) 盍旦(갈단)

合 60 [합할 합 | 홉 홉]
結合(결합) 合格(합격) 合理(합리) 會合(회합) 十合(십홉)

桁 02 [차꼬 항 | 도리 형]
桁頭(항두) 單桁(단항) 桁橋(형교) 鋼桁(강형)

行 60 [다닐 행(:) | 항렬 항]
旅行(여행) 流行(유행) 行列(항렬/행렬)

栩 00 [상수리나무 허 | 상수리나무 우]
栩栩(허허) 苞栩(포허/포우)

獫 00 [오랑캐이름 험 | 개 렴]
載獫(재렴) 獫狁(험윤)

嬛 00 [산뜻할 현 | 외로울 경]
嬛嬛(현현) 嬛孤(경고)

絜 00 [잴 혈 | 깨끗할 결]
絜矩(혈구) 絜齊(결제)

陜 12 [좁을 협 | 땅 이름 합]
隘陜(애협) 陜川(합천)

瑩 12 [밝을 형 | 옥돌 영]
崔瑩(최영) 瑩鏡(영경) 瑩然(영연) 瑩澈(형철/영철) 未瑩(미형)

蹊 02 [지름길 혜 | 지름길 계]
鼠蹊(서혜) 霜蹊(상혜) 蹊徑(계경) 霜蹊(상계)

蒿 02 [다북쑥 호 | 다북쑥 고]
蓬蒿(봉호) 艾蒿(애호) 蒿雀(호작) 蒿引絶餠(고인절병) 靑蒿酒(청고주)

濩 02 [퍼질 호 | 낙숫물떨어지는모양 확]
韶濩(소호) 濩落(확락)

惛 00 [흐릴 혼 | 번민할 민]
惛耄(혼모) 惛冤(민원)

畵 02 [그림 화: | 그을 획(劃)]
畫 참조.

畫 60 [그림 화: | 그을 획(劃)]
圖畫(도화) 漫畫(만화) 畫順(획순)

圜 00 [두를 환 | 둥글 원]
圜繞(환요) 圜方(원방)

滑 20 [미끄러울 활 | 익살스러울 골]

圓滑(원활) 潤滑油(윤활유) 滑降(활강) 滑稽(골계) 滑汨(골골)

獪 02 [교활할 회: | 교활할 쾌:]

老獪(노회) 獪猾(회활) 狡獪(교쾌)

擭 00 [잡을 획 | 덫 확]

捕擭(포획) 罟擭(고확)

睢 00 [부릅떠볼 휴 | 물이름 수]

睢盱(휴우) 睢河(수하)

咻 00 [지껄일 휴 | 따뜻하게할 후]

呀咻(하휴) 咻氣(후기)

畦 02 [밭이랑 휴 | 밭이랑 규]

野畦(야휴) 廢畦(폐휴) 畦畔(휴반) 高畦(고규) 平畦(평규) 畦幅(규폭)

仡 00 [날랠 흘 | 배흔들리는모양 올]

仡仡(흘흘/올올)

咥 00 [웃을 희 | 깨물 질]

咥咥(희희) 咥尾(질미)

噫 20 [한숨쉴 희 | 트림할 애]

噫氣(애기) 噫嗚(희오) 噫噫(희희)

忞 00 [힘쓸 민 | 어지러울 문]

忞忞(민민/문문)

煒 00 [빛날 위 | 빛날 휘]

煒煒(위위/휘휘) 光煒(광위) 煒煌(휘황)

隩 00 [감출 오 | 살만한 곳 욱]

塗隩(도오) 隩宅(욱택)

苹 00 [다북쑥 평 | 병거(兵車) 병]

野苹(야평) 苹車(병거)

翛 00 [날개소리 소 | 빠를 유]

翛颯(소삽) 翛然(유연)

8. 特級 읽기配定漢字 讀音

2音節 漢字語만 대상으로 特級 읽기 범위인 特級Ⅱ 이상 漢字가 적어도 한 글자는 들어 있는 漢字語 중에서 뽑았다. 그 아래 級數의 漢字語는 漢字語 쓰기에서 따로 제시하기로 한다. 수험자 편의를 고려하여 特級 新習漢字語와 特級Ⅱ 新習漢字語로 나누어 실었다.

<特級 新習漢字語>

哿	哿矣(가의) [0030]	榦	榦國(간국) [0080]	酣	酣酣(감감) [0000]
斝	斝歷(가력) [0052]	榦	榦輔(간보) [0012]	酣	酣對(감대) [0062]
斝	斝彝(가이) [0002]	榦	榦用(간용) [0062]	酣	酣樂(감락) [0062]
斝	斝耳(가이) [0050]	榦	榦佐(간좌) [0030]	酣	酣眠(감면) [0032]
斝	罍斝(뇌가) [0000]	榦	榦河(간하) [0050]	酣	酣夢(감몽) [0032]
斝	彝斝(이가) [0000]	玕	瓓玕(난간) [0000]	酣	酣賞(감상) [0050]
檟	檟楛(가고) [0000]	玕	琅玕(낭간) [0200]	酣	酣睡(감수) [0030]
檟	檟木(가목) [0080]	衎	衎衎(간간) [0000]	酣	酣熟(감숙) [0032]
檟	檟辱(가욕) [0032]	衎	衎賓(간빈) [0030]	酣	酣飫(감어) [0000]
檟	檟楚(가초) [0012]	衎	衎然(간연) [0070]	酣	酣娛(감오) [0030]
檟	枌檟(분가) [0000]	衎	衎爾(간이) [0010]	酣	酣臥(감와) [0030]
葭	葭菼(가담) [0000]	衎	衎直(간직) [0072]	酣	酣飮(감음) [0062]
葭	葭簾(가렴) [0010]	瞯	瞯隙(간극) [0010]	酣	酣戰(감전) [0062]
葭	葭蘆(가로) [0012]	瞯	瞯詢(간순) [0002]	酣	酣縱(감종) [0032]
葭	葭蓬(가봉) [0012]	瞯	瞯瑕(간하) [0010]	酣	酣暢(감창) [0030]
葭	葭莩(가부) [0002]	瞯	瞯然(한연) [0070]	酣	酣春(감춘) [0070]
葭	葭葦(가위) [0002]	蕑	蕑屨(간구) [0000]	酣	酣醉(감취) [0032]
葭	葭簀(가책) [0000]	蕑	蕑根(간근) [0060]	酣	酣興(감흥) [0042]
葭	葭草(가초) [0070]	秸	秸席(갈석) [0060]	酣	半酣(반감) [6200]
葭	葭灰(가회) [0040]	秸	秸莞(갈완) [0012]	酣	方酣(방감) [7200]
葭	蒹葭(겸가) [0000]	秸	秸鞠(길국) [0012]	酣	酒酣(주감) [4000]
葭	葭萌(하맹) [0010]	欿	欿欿(감감) [0000]	酣	酗酣(후감) [0000]
卻	卻顧(각고) [0030]	欿	欿憾(감감) [0020]	減	劃減(획감) [3200]
卻	卻背(각배) [0042]	欿	欿愁(감수) [0032]	杠	杠蓋(강개) [0032]
卻	卻步(각보) [0042]	欿	欿視(감시) [0042]	杠	杠轂(강곡) [0000]
卻	卻生(각생) [0080]	欿	欿然(감연) [0070]	杠	杠房(강방) [0042]
卻	卻說(각설) [0052]	欿	欿切(감절) [0052]	杠	杠送(강송) [0042]
卻	卻退(각퇴) [0042]	歛	歛陷(감함) [0032]	杠	杠子(강자) [0072]
桷	楯桷(순각) [0200]	酣	酣歌(감가) [0070]	杠	杠輈(강주) [0000]

杠	杠軸(강축)	[0020]
杠	長杠(장강)	[8000]
橿	橿橿(강강)	[0000]
橿	杻橿(유강)	[0200]
槩	內槩(내개)	[7200]
槩	量槩(양개)	[5000]
玠	玠珪(개규)	[0012]
喈	喈喈(개개)	[0000]
喈	喈然(개연)	[0070]
嘅	嘅息(개식)	[0042]
嘅	嘅嘆(개탄)	[0002]
湝	湝湝(개개)	[0000]
湝	湝然(개연)	[0070]
硜	硜硜(경경)	[0000]
硜	硜鄙(경비)	[0010]
硜	硜然(경연)	[0070]
硜	硜執(경집)	[0032]
賡	賡歌(갱가)	[0070]
賡	賡本(갱본)	[0060]
賡	賡續(갱속)	[0042]
賡	賡酬(갱수)	[0010]
賡	賡颺(갱양)	[0000]
賡	賡衍(갱연)	[0012]
賡	賡韻(갱운)	[0032]
賡	賡載(갱재)	[0032]
賡	賡進(갱진)	[0042]
鏗	鏗鏗(갱갱)	[0000]
鏗	鏗轟(갱굉)	[0010]
鏗	鏗瞑(갱명)	[0010]
鏗	鏗然(갱연)	[0070]
鏗	鏗爾(갱이)	[0010]
鏗	鏗鏘(갱장)	[0000]
鏗	鏗鐘(갱종)	[0002]
鏗	鏘鏗(장갱)	[0000]
秔	秔稌(갱도)	[0000]
秔	秔稻(갱도)	[0030]
秔	秔米(갱미)	[0060]
秬	秬秠(거비)	[0000]
秬	秬黍(거서)	[0010]
秬	秬鬯(거창)	[0000]
秬	秬草(거초)	[0070]
筥	筐筥(광거)	[0200]
籧	籧筐(거광)	[0002]
莒	揉莒(유거)	[0000]
蘧	蘧蘧(거거)	[0000]
蘧	蘧車(거거)	[0072]
蘧	蘧廬(거려)	[0012]
蘧	蘧麥(거맥)	[0032]
蘧	蘧然(거연)	[0070]
蘧	蘧藕(거우)	[0002]
袪	袪裼(거석)	[0000]
袪	袪濕(거습)	[0032]
袪	袪痒(거양)	[0002]
袪	袪蕩(거탕)	[0010]
琚	琚瑀(거우)	[0002]
琚	瓊琚(경거)	[1200]
虡	虡業(거업)	[0062]
虡	鐘虡(종거)	[0200]
褰	褰擧(건거)	[0050]
褰	褰裳(건상)	[0032]
褰	褰帷(건유)	[0000]
褰	褰衣(건의)	[0060]
朅	朅伽(걸가)	[0012]
朅	朅朅(걸걸)	[0000]
朅	朅歸(걸귀)	[0040]
朅	朅來(걸래)	[0070]
朅	朅休(걸휴)	[0070]
跲	跲疐(겁치)	[0000]
跲	嚏跲(체겁)	[0000]
愒	愒時(개시)	[0072]
愒	愒陰(개음)	[0042]
愒	愒日(개일)	[0080]
愒	玩愒(완게)	[1000]
鴃	鴃舌(격설)	[0040]
綌	綌冪(격멱)	[0002]
綌	綌衰(격최)	[0032]
綌	綌絺(격치)	[0000]
綌	絺綌(치격)	[0000]
繳	繳交(격교)	[0060]
繳	繳納(격납)	[0040]
繳	繳來(격래)	[0070]
繳	繳網(격망)	[0020]
繳	繳銷(격소)	[0002]
繳	繳送(격송)	[0042]
繳	繳進(격진)	[0042]
繳	繳還(격환)	[0032]
繳	繳駁(교박)	[0010]
繳	繳繞(교요)	[0002]
繳	矰繳(증격)	[0200]
鶪	鶪鶪(격격)	[0000]
鶪	鶪苦(격고)	[0060]
鶪	鶪鳴(격명)	[0040]
鶪	鵲鶪(작격)	[1000]
狷	狷介(견개)	[0032]
狷	狷狂(견광)	[0032]
狷	狷急(견급)	[0062]
狷	狷戾(견려)	[0010]
狷	狷忿(견분)	[0010]
狷	狷隘(견애)	[0010]
狷	狷志(견지)	[0042]
狷	狷淺(견천)	[0032]
狷	狷狹(견협)	[0010]
狷	狂狷(광견)	[3200]
畎	畎疆(견강)	[0012]
畎	畎谷(견곡)	[0032]
畎	畎隴(견롱)	[0000]
畎	畎畝(견묘)	[0010]
畎	畎遂(견수)	[0030]
畎	畎澮(견회)	[0002]
繾	繾綣(견권)	[0000]
繾	綣繾(권견)	[0000]
蠲	蠲閣(견각)	[0032]
蠲	蠲減(견감)	[0042]
蠲	蠲潔(견결)	[0042]

蠲	蠲放(견방)	[0062]
蠲	蠲除(견제)	[0042]
蠲	蠲蕩(견탕)	[0010]
蠲	蠲弊(견폐)	[0032]
獧	獧巧(현교)	[0032]
獧	獧利(현리)	[0062]
獧	獧薄(현박)	[0032]
獧	獧捷(현첩)	[0010]
睊	睊睊(견견)	[0000]
睊	睊怒(견노)	[0042]
睊	睊目(견목)	[0060]
睊	睊然(견연)	[0070]
豣	豣豵(견종)	[0000]
闋	闋服(결복)	[0060]
闋	闋制(결제)	[0042]
闋	服闋(복결)	[6000]
闋	一闋(일결)	[8000]
觼	觼軜(결납)	[0000]
歉	歉儉(겸검)	[0040]
歉	歉年(겸년)	[0080]
歉	歉迫(겸박)	[0032]
歉	歉惜(겸석)	[0032]
歉	歉歲(겸세)	[0052]
歉	歉然(겸연)	[0070]
歉	歉忱(겸침)	[0000]
歉	歉褊(겸편)	[0000]
歉	歉敝(겸폐)	[0000]
歉	歉弊(겸폐)	[0032]
歉	歉荒(겸황)	[0032]
歉	大歉(대겸)	[8000]
歉	免歉(면겸)	[3200]
歉	災歉(재겸)	[5000]
歉	判歉(판겸)	[4000]
歉	豊歉(풍겸)	[4200]
歉	豐歉(풍겸)	[0000]
歉	凶歉(흉겸)	[5200]
蒹	蒹葭(겸가)	[0000]
蒹	蒹葦(겸위)	[0002]
冏	冏然(경연)	[0070]
冏	冏徹(경철)	[0032]
惸	惸孤(경고)	[0040]
惸	惸寡(경과)	[0032]
惸	惸獨(경독)	[0052]
惸	惸鰥(경환)	[0010]
惸	疚惸(구경)	[0000]
檠	檠架(경가)	[0032]
檠	檠括(경괄)	[0010]
檠	檠燈(경등)	[0042]
檠	檠木(경목)	[0080]
檠	檠榜(경방)	[0010]
檠	短檠(단경)	[6200]
檠	燈檠(등경)	[4200]
檠	書檠(서경)	[6200]
檠	鍮檠(유경)	[1000]
檠	長檠(장경)	[8000]
煢	煢居(경거)	[0040]
煢	煢煢(경경)	[0000]
煢	煢獨(경독)	[0052]
煢	煢眇(경묘)	[0000]
煢	煢飛(경비)	[0042]
煢	煢身(경신)	[0062]
煢	煢然(경연)	[0070]
煢	煢鰥(경환)	[0010]
焭	焭焭(경경)	[0000]
焭	焭單(경단)	[0042]
焭	焭愁(경수)	[0032]
焭	焭獨(경독)	[0052]
熲	熲熲(경경)	[0000]
熲	熲光(경광)	[0062]
熲	熲耀(경요)	[0012]
熲	熲輝(경휘)	[0030]
熲	桄熲(광경)	[0000]
磬	磬家(경가)	[0072]
磬	磬竭(경갈)	[0010]
磬	磬空(경공)	[0072]
磬	磬然(경연)	[0070]
磬	磬折(경절)	[0040]
磬	磬盡(경진)	[0040]
磬	磬乏(경핍)	[0010]
磬	告磬(고경)	[5200]
褧	褧裳(경상)	[0032]
褧	褧衣(경의)	[0060]
駉	駉駉(경경)	[0000]
駉	駉牧(경목)	[0042]
駉	壯駉(장경)	[4000]
黥	黥徒(경도)	[0040]
黥	黥面(경면)	[0070]
黥	黥首(경수)	[0052]
黥	黥劓(경의)	[0000]
黥	黥字(경자)	[0070]
黥	黥刑(경형)	[0040]
鶊	鶬鶊(창경)	[0000]
烓	烓竈(계조)	[0000]
雞	江雞(강계)	[7200]
雞	雞竿(계간)	[0010]
雞	雞距(계거)	[0032]
雞	雞骨(계골)	[0040]
雞	雞豚(계돈)	[0030]
雞	雞黍(계서)	[0010]
雞	雞眼(계안)	[0042]
雞	雞黃(계황)	[0060]
笄	鬈笄(권계)	[0000]
笄	纚笄(사계)	[0000]
刳	刳肝(고간)	[0032]
刳	刳剝(고박)	[0010]
刳	刳心(고심)	[0070]
刳	刳剔(고척)	[0002]
刳	刲刳(규고)	[0000]
杲	杲杲(고고)	[0000]
杲	杲乎(고호)	[0030]
栲	栲決(고결)	[0052]
栲	栲掠(고략)	[0030]
栲	栲櫟(고력)	[0000]
栲	栲訊(고신)	[0010]

槀 槀離(고리) [0040]
槀 槀本(고본) [0060]
槀 槀殯(고빈) [0010]
槀 槀粟(고속) [0030]
槀 槀葬(고장) [0032]
槀 槀草(고초) [0070]
槀 覆槀(복고) [3200]
櫜 櫜甲(고갑) [0040]
櫜 櫜弓(고궁) [0032]
櫜 櫜兜(고두) [0010]
櫜 櫜服(고복) [0060]
櫜 戢櫜(즙고) [0000]
盬 盬惡(고악) [0052]
盬 盬鹽(고염) [0032]
瞽 瞽見(고견) [0052]
瞽 瞽女(고녀) [0080]
瞽 瞽漏(고루) [0032]
瞽 瞽妄(고망) [0032]
瞽 瞽蒙(고몽) [0032]
瞽 瞽史(고사) [0052]
瞽 瞽說(고설) [0052]
瞽 瞽瞍(고수) [0000]
瞽 瞽樂(고악) [0062]
瞽 瞽人(고인) [0080]
瞽 瞽者(고자) [0060]
瞽 矇瞽(몽고) [0000]
瞽 巫瞽(무고) [1000]
罟 罛罟(고고) [0000]
罟 罟網(고망) [0020]
罟 罟師(고사) [0042]
罟 罟船(고선) [0050]
罟 罟擭(고확) [0000]
罟 鳥罟(조고) [4200]
罟 彘罟(체고) [0000]
罟 數罟(촉고) [7000]
羖 羖公(고공) [0062]
羖 羖子(고자) [0072]
觚 觚角(고각) [0062]
觚 觚簡(고간) [0040]
觚 觚牘(고독) [0002]
觚 觚盧(고로) [0012]
觚 觚稜(고릉) [0010]
觚 觚編(고편) [0032]
觚 奇觚(기고) [4000]
觚 竈觚(조고) [0000]
觚 操觚(조고) [5000]
酤 酤家(고가) [0072]
酤 酤買(고매) [0050]
酤 酤酒(고주) [0040]
熇 熇竭(고갈) [0010]
熇 熇焚(고분) [0010]
熇 熇熇(학학) [0000]
熇 熇赫(학혁) [0012]
熇 熇厲(효려) [0000]
熇 熇暑(효서) [0030]
楛 檟楛(가고) [0000]
楛 楛耕(고경) [0032]
楛 楛菀(고울) [0000]
楛 楛箘(호균) [0000]
楛 楛弩(호노) [0010]
楛 楛矢(호시) [0030]
楛 楛子(호자) [0072]
稾 稾車(고거) [0072]
稾 稾稻(고도) [0030]
稾 稾離(고리) [0040]
稾 稾秣(고말) [0000]
稾 稾本(고본) [0060]
稾 稾書(고서) [0062]
罛 罛罟(고고) [0000]
罛 罛罶(고류) [0000]
罛 罛釣(고조) [0020]
翶 翶翶(고고) [0000]
翶 翶飛(고비) [0042]
翶 翶翔(고상) [0010]
翶 翶遊(고유) [0040]
鼛 鼛鼓(고고) [0032]
鼛 鼛鼛(고고) [0000]
鼛 鼛聲(고성) [0042]
觳 觳苦(각고) [0060]
觳 觳力(각력) [0072]
觳 觳薄(각박) [0032]
觳 觳食(각식) [0072]
觳 觳抵(각저) [0032]
觳 觳觫(곡속) [0000]
轂 杠轂(강곡) [0000]
轂 轂擊(곡격) [0040]
轂 轂綰(곡관) [0000]
轂 轂輪(곡륜) [0040]
轂 轂陽(곡양) [0060]
轂 轂轉(곡전) [0040]
轂 轂下(곡하) [0072]
轂 綰轂(관곡) [0000]
轂 輦轂(연곡) [1000]
轂 推轂(추곡) [4000]
牿 牿牢(곡뢰) [0010]
牿 牿亡(곡망) [0050]
牿 牿服(곡복) [0060]
牿 牿委(곡위) [0040]
牿 牿害(곡해) [0052]
緄 緄帶(곤대) [0042]
緄 緄邊(곤변) [0042]
錕 錕鋼(곤강) [0032]
錕 錕吾(곤오) [0030]
髡 髡褐(곤갈) [0010]
髡 髡鉗(곤겸) [0002]
髡 髡首(곤수) [0052]
髡 髡樹(곤수) [0060]
髡 髡接(곤접) [0042]
悾 悾悾(공공) [0000]
悾 悾款(공관) [0020]
悾 悾虛(공허) [0042]
邛 邛遇(공우) [0040]
夸 夸大(과대) [0080]
夸 夸耀(과요) [0012]

夸	夸侈(과치) [0010]	丱	丱髮(관발) [0040]	瘝	瘝敗(관패) [0050]
夸	恣夸(자과) [3000]	丱	童丱(동관) [6200]	栝	栝蔞(괄루) [0002]
裹	結裹(결과) [5200]	盥	盥漑(관개) [0010]	栝	栝樓(괄루) [0032]
裹	裹脚(과각) [0032]	盥	盥沐(관목) [0020]	栝	栝松(괄송) [0040]
裹	裹頭(과두) [0060]	盥	盥盆(관분) [0010]	栝	檃栝(은괄) [0000]
裹	裹糧(과량) [0040]	盥	盥洗(관세) [0052]	聒	聒聒(괄괄) [0000]
裹	裹飯(과반) [0032]	盥	盥嗽(관소) [0002]	聒	聒亂(괄란) [0040]
裹	裹封(과봉) [0032]	盥	盥漱(관수) [0002]	聒	聒擾(괄요) [0010]
裹	裹束(과속) [0052]	盥	盥水(관수) [0080]	聒	聒耳(괄이) [0050]
裹	裹足(과족) [0072]	盥	盥櫛(관즐) [0010]	聒	聒炒(괄초) [0010]
裹	裹蒸(과증) [0032]	盥	盥濯(관탁) [0030]	聒	惡聒(악괄) [5200]
裹	裹紙(과지) [0070]	盥	盥獻(관헌) [0032]	聒	嘵聒(효괄) [0000]
裹	裹持(과지) [0040]	盥	洮盥(도관) [0000]	桄	桄熲(광경) [0000]
裹	裹包(과포) [0042]	祼	祼圭(관규) [0012]	桄	桄關(광관) [0052]
裹	裹革(과혁) [0040]	祼	祼將(관장) [0042]	桄	桄桔(광길) [0002]
裹	福裹(복과) [5200]	祼	祼鬯(관창) [0000]	桄	桄充(광충) [0052]
裹	包裹(포과) [4200]	祼	祼享(관향) [0030]	纊	纊紘(광굉) [0002]
薖	薖軸(과축) [0020]	祼	祼獻(관헌) [0032]	纊	纊服(광복) [0060]
蜾	蜾蠃(과라) [0000]	祼	薦祼(천관) [3000]	纊	纊衫(광삼) [0002]
蜾	蜾扁(과편) [0012]	綰	轂綰(곡관) [0000]	纊	纊息(광식) [0042]
躩	躩步(곽보) [0042]	綰	綰結(관계) [0052]	纊	線纊(선광) [6200]
躩	躩躍(곽약) [0030]	綰	綰轂(관곡) [0000]	纊	屬纊(속광) [4000]
躩	踖躩(적곽) [0000]	綰	綰攝(관섭) [0030]	誆	誆告(광고) [0052]
霍	霍霍(곽곽) [0000]	綰	綰合(관합) [0060]	誆	誆動(광동) [0072]
霍	霍氣(곽기) [0072]	錧	錧籥(관약) [0000]	誆	誆誣(광무) [0010]
霍	霍亂(곽란) [0040]	鸛	鸛鵠(관곡) [0010]	誆	誆詐(광사) [0030]
霍	霍閃(곽섬) [0010]	鸛	鸛鳴(관명) [0040]	誆	誆語(광어) [0070]
霍	霍食(곽식) [0072]	鸛	鸛鳥(관조) [0042]	誆	誆誘(광유) [0032]
霍	霍焉(곽언) [0030]	鸛	鸛鶴(관학) [0032]	誆	誆惑(광혹) [0032]
霍	霍然(곽연) [0070]	鸛	白鸛(백관) [8000]	誆	欺誆(기광) [3000]
霍	霍濩(곽호) [0002]	鸛	烏鸛(오관) [3200]	誆	侜誆(주광) [0000]
霍	暑霍(서곽) [3000]	鸛	黑鸛(흑관) [5000]	迋	迋迋(광광) [0000]
鞹	鞹鞃(곽굉) [0000]	痯	痯痯(관관) [0000]	迋	迋欺(광기) [0030]
鞹	紫鞹(자곽) [3200]	痯	病痯(병관) [6000]	瑰	瑰怪(괴괴) [0032]
鞹	靑鞹(청곽) [8000]	瘝	瘝官(관관) [0042]	瑰	瑰詭(괴궤) [0010]
鞹	草鞹(초곽) [7000]	瘝	瘝曠(관광) [0010]	瑰	瑰奇(괴기) [0040]
丱	丱角(관각) [0062]	瘝	瘝素(관소) [0042]	瑰	瑰麗(괴려) [0042]
丱	丱童(관동) [0062]	瘝	瘝恫(관통) [0000]	瑰	瑰寶(괴보) [0042]

瑰	瑰偉(괴위)	[0052]
瑰	瑰才(괴재)	[0062]
蕢	蕢桴(괴부)	[0000]
虢	虢州(괵주)	[0052]
觥	巨觥(거굉)	[4000]
觥	觥觥(굉굉)	[0000]
觥	觥撻(굉달)	[0010]
觥	觥觴(굉상)	[0010]
觥	觥盂(굉우)	[0002]
觥	觥酌(굉작)	[0030]
觥	銀觥(은굉)	[6000]
觥	稱觥(칭굉)	[4000]
鞃	鞹鞃(곽굉)	[0000]
佼	佼健(교건)	[0050]
佼	佼童(교동)	[0062]
佼	佼人(교인)	[0080]
佼	佼好(교호)	[0042]
佼	壯佼(장교)	[4000]
嘐	嘐嘐(교교)	[0000]
嘐	嘐然(교연)	[0070]
嘐	嘐然(효연)	[0070]
嘐	嘐嘐(효효)	[0000]
姣	姣潔(교결)	[0042]
姣	姣姣(교교)	[0000]
姣	姣童(교동)	[0062]
姣	姣美(교미)	[0060]
姣	姣娥(교아)	[0002]
姣	姣艶(교염)	[0010]
磽	磽禿(교독)	[0010]
磽	磽薄(교박)	[0032]
磽	磽戛(교알)	[0000]
磽	磽瘠(교척)	[0010]
磽	磽狹(교협)	[0010]
蹻	蹻履(갹리)	[0032]
蹻	蹻脚(교각)	[0032]
蹻	蹻減(교감)	[0042]
蹻	蹻蹻(교교)	[0000]
蹻	蹻履(교리)	[0032]
蹻	蹻摩(교마)	[0020]
蹻	蹻足(교족)	[0072]
蹻	蹻捷(교첩)	[0010]
蹻	蹻蹊(교혜)	[0002]
蹻	跂蹻(극갹)	[0000]
蹻	按蹻(안교)	[1000]
蹻	敝蹻(폐갹)	[0000]
儌	儌訐(요알)	[0000]
儌	儌遮(요차)	[0020]
儌	儌倖(요행)	[0002]
噭	噭絜(교결)	[0000]
噭	噭噭(교교)	[0000]
噭	噭然(교연)	[0070]
噭	噭映(교영)	[0040]
噭	噭月(교월)	[0080]
噭	噭日(교일)	[0080]
茭	茭牧(교목)	[0042]
茭	茭草(교초)	[0070]
茭	茭芻(교추)	[0010]
荍	荍麥(교맥)	[0032]
鷮	鷮息(교식)	[0042]
劬	劬勤(구근)	[0040]
劬	劬力(구력)	[0072]
劬	劬勞(구로)	[0052]
劬	劬瘠(구척)	[0010]
劬	劬瘁(구췌)	[0000]
姤	姤卦(구괘)	[0010]
姤	姤草(구초)	[0070]
媾	交媾(교구)	[6000]
媾	媾接(구접)	[0042]
媾	媾疹(구진)	[0010]
媾	媾合(구합)	[0060]
媾	媾和(구화)	[0062]
媾	婚媾(혼구)	[4000]
嫗	嫗伏(구복)	[0040]
嫗	老嫗(노구)	[7000]
嫗	巫嫗(무구)	[1000]
嫗	媼嫗(온구)	[0000]
嫗	翁嫗(옹구)	[3000]
屨	蕑屨(간구)	[0000]
屨	菅屨(관구)	[0200]
屨	屨校(구교)	[0080]
屨	屨縷(구루)	[0002]
屨	屨杖(구장)	[0010]
屨	痲屨(마구)	[3200]
屨	扉屨(비구)	[1000]
屨	衣屨(의구)	[6000]
屨	杖屨(장구)	[1000]
屨	草屨(초구)	[7000]
屨	革屨(혁구)	[4000]
彀	彀騎(구기)	[0032]
彀	彀喫(구끽)	[0010]
彀	彀率(구율)	[0032]
彀	彀張(구장)	[0040]
彀	彀中(구중)	[0080]
彀	羿彀(예구)	[0000]
扣	扣劍(고검)	[0032]
扣	扣關(고관)	[0052]
扣	扣頭(고두)	[0060]
扣	扣馬(고마)	[0050]
扣	扣撥(고발)	[0010]
扣	扣除(고제)	[0042]
扣	扣鐘(고종)	[0002]
扣	扣住(고주)	[0070]
扣	扣絃(고현)	[0030]
扣	扣問(구문)	[0070]
扣	扣舷(구현)	[0002]
扣	鈕扣(유구)	[0000]
捄	矯捄(교구)	[3000]
捄	捄世(구세)	[0072]
捄	捄正(구정)	[0072]
捄	捄敗(구패)	[0050]
捄	捄偏(구편)	[0032]
捄	捄弊(구폐)	[0032]
捄	捄荒(구황)	[0032]
搆	搆架(구가)	[0032]

搆	搆間(구간) [0072]
搆	搆結(구결) [0052]
搆	搆成(구성) [0062]
搆	搆禍(구화) [0032]
漚	漚庫(구고) [0040]
漚	漚痲(구마) [0032]
漚	漚夢(구몽) [0032]
漚	漚泊(구박) [0030]
漚	漚泄(구설) [0010]
漚	漚鬱(구울) [0020]
漚	漚泡(구포) [0010]
漚	浮漚(부구) [3200]
璆	璆磬(구경) [0010]
璆	璆琳(구림) [0002]
璆	璆珌(구필) [0002]
疚	疚愆(구건) [0002]
疚	疚惸(구경) [0000]
疚	疚心(구심) [0070]
疚	疚惡(구악) [0052]
疚	疚痛(구통) [0040]
疚	疚懷(구회) [0032]
疚	哀疚(애구) [3200]
窶	窶艱(구간) [0010]
窶	窶陋(구루) [0010]
窶	窶藪(구수) [0002]
窶	窶數(구수) [0070]
窶	窶乏(구핍) [0010]
窶	貧窶(빈구) [4200]
糗	糗糧(구량) [0040]
糗	糗芳(구방) [0032]
糗	糗餌(구이) [0010]
糗	糗粻(구장) [0000]
裘	輕裘(경구) [5000]
裘	羔裘(고구) [0200]
裘	裘褐(구갈) [0010]
裘	裘葛(구갈) [0020]
裘	裘領(구령) [0050]
裘	裘馬(구마) [0050]
裘	裘絺(구치) [0000]
裘	箕裘(기구) [1200]
裘	鹿裘(녹구) [3000]
裘	黼裘(보구) [0000]
裘	黻裘(불구) [0000]
裘	裼裘(석구) [0000]
裘	羊裘(양구) [4200]
裘	御裘(어구) [3200]
裘	麑裘(예구) [0000]
裘	衣裘(의구) [6000]
裘	旃裘(전구) [0000]
裘	皁裘(조구) [0000]
裘	貂裘(초구) [1000]
裘	絺裘(치구) [0000]
裘	皮裘(피구) [3200]
裘	貉裘(학구) [0000]
裘	狐裘(호구) [1000]
覯	覯面(구면) [0070]
覯	覯侮(구모) [0030]
覯	覯閔(구민) [0012]
覯	覯晤(구오) [0002]
覯	覯止(구지) [0050]
遘	遘難(구난) [0042]
遘	遘愍(구민) [0002]
遘	遘紛(구분) [0032]
遘	遘逆(구역) [0042]
遘	遘合(구합) [0060]
遘	遘禍(구화) [0032]
遘	遘會(구회) [0062]
韭	韭白(구백) [0080]
韭	韭子(구자) [0072]
韭	韭菹(구저) [0002]
韭	韭菜(구채) [0032]
韭	韭黃(구황) [0060]
韭	馬韭(마구) [5000]
韭	愛韭(애구) [6000]
韭	羊韭(양구) [4200]
韭	烏韭(오구) [3200]
韭	禹韭(우구) [1200]
笱	笱梁(구량) [0032]
笱	笱婦(구부) [0042]
艽	艽野(구야) [0060]
艽	秦艽(진교) [0000]
艽	秦艽(진규) [0000]
觩	觩角(구각) [0062]
雊	雊鳴(구명) [0040]
雊	雊雉(구치) [0012]
詘	敬詘(경굴) [5200]
詘	詘免(굴면) [0032]
詘	詘伸(굴신) [0030]
詘	詘申(굴신) [0042]
詘	詘折(굴절) [0040]
詘	詘指(굴지) [0042]
詘	詘體(굴체) [0062]
詘	詘免(출면) [0032]
棬	棬棬(권권) [0000]
棬	棬杯(권배) [0030]
棬	棬樞(권추) [0010]
棬	柳棬(유권) [4000]
睠	睠顧(권고) [0030]
睠	睠睠(권권) [0000]
睠	睠戀(권련) [0032]
綣	繾綣(견권) [0000]
綣	綣繾(권견) [0000]
綣	綣結(권결) [0052]
綣	綣戀(권련) [0032]
綣	綣領(권령) [0050]
鬈	鬈笄(권계) [0000]
鬈	鬈髮(권발) [0040]
鬈	鬈首(권수) [0052]
匱	困匱(곤궤) [4000]
匱	匱竭(궤갈) [0010]
匱	匱渴(궤갈) [0030]
匱	匱櫝(궤독) [0000]
匱	匱少(궤소) [0070]
匱	匱乏(궤핍) [0010]

匱	餽匱(뇌궤) [0000]
匱	乏匱(핍궤) [1000]
匱	柙匱(합궤) [0000]
氿	氿濫(궤람) [0030]
氿	氿泉(궤천) [0040]
簋	簋飧(궤손) [0000]
簋	簋飱(궤손) [0000]
簋	簋實(궤실) [0052]
簋	簋貳(궤이) [0020]
簋	籩簋(변궤) [0000]
簋	瓦簋(와궤) [3200]
跪	跪叩(궤고) [0010]
跪	跪起(궤기) [0042]
跪	跪倒(궤도) [0032]
跪	跪履(궤리) [0032]
跪	跪拜(궤배) [0042]
跪	跪伏(궤복) [0040]
跪	跪謝(궤사) [0042]
跪	跪像(궤상) [0032]
跪	跪石(궤석) [0060]
跪	跪乳(궤유) [0040]
跪	跪坐(궤좌) [0032]
跪	跪請(궤청) [0042]
跪	起跪(기궤) [4200]
跪	拜跪(배궤) [4200]
跪	牛跪(우궤) [5000]
跪	刖跪(월궤) [0000]
跪	長跪(장궤) [8000]
跪	蹌跪(창궤) [0000]
餽	餽糧(궤량) [0040]
餽	餽送(궤송) [0042]
餽	餽餉(궤향) [0002]
匭	匭匣(궤갑) [0010]
匭	匭櫝(궤독) [0002]
匭	匭函(궤함) [0010]
垝	垝垣(궤원) [0002]
簣	簣籠(궤롱) [0020]
簣	一簣(일궤) [8000]
刲	刲刳(규고) [0000]
刲	刲刺(규자) [0032]
刲	刲割(규할) [0032]
樛	樛葛(규갈) [0020]
樛	樛結(규결) [0052]
樛	樛流(규류) [0052]
樛	樛木(규목) [0080]
樛	樛纏(규전) [0010]
睽	睽睢(계휴) [0000]
睽	睽間(규간) [0072]
睽	睽隔(규격) [0032]
睽	睽孤(규고) [0040]
睽	睽卦(규괘) [0010]
睽	睽眠(규면) [0032]
睽	睽目(규목) [0060]
睽	睽違(규위) [0030]
糺	糺軍(규군) [0080]
糺	糺轄(규할) [0010]
糺	糺戶(규호) [0042]
糺	蓁糺(진규) [0000]
闚	闚觀(규관) [0052]
闚	闚望(규망) [0052]
闚	闚問(규문) [0070]
闚	闚伺(규사) [0002]
闚	闚玩(규완) [0010]
頍	頍弁(규변) [0012]
頍	頍然(규연) [0070]
頍	頍纓(규영) [0002]
騤	騤瞿(규구) [0002]
騤	騤騤(규규) [0000]
騤	騤馬(규마) [0050]
箘	箘桂(균계) [0032]
箘	箘簬(균로) [0000]
箘	楛箘(호균) [0000]
麕	麕聚(균취) [0012]
亟	亟務(극무) [0042]
亟	亟見(기견) [0052]
亟	亟絶(기절) [0042]
殛	殛罰(극벌) [0042]
郤	郤曲(각곡) [0050]
郤	郤兵(각병) [0052]
郤	郤門(극문) [0080]
郤	郤始(극시) [0062]
郤	郤地(극지) [0070]
郤	郤穴(극혈) [0032]
墐	墐泥(근니) [0032]
墐	墐塗(근도) [0030]
岌	岌岌(급급) [0000]
岌	岌峨(급아) [0002]
岌	岌嶪(급업) [0002]
岌	岌爾(급이) [0010]
岌	嶷岌(억급) [0000]
岌	嵬岌(외급) [0200]
僛	僛僛(기기) [0000]
僛	僛舞(기무) [0040]
僛	僛醜(기추) [0030]
屺	屺岵(기호) [0002]
忮	忮刻(기각) [0040]
忮	忮忒(기특) [0000]
掎	掎角(기각) [0062]
掎	掎挈(기결) [0000]
掎	掎鹿(기록) [0030]
掎	掎拔(기발) [0032]
旂	旂脚(기각) [0032]
旂	旂竿(기간) [0010]
旂	旂頭(기두) [0060]
旂	旂鈴(기령) [0010]
旂	旂常(기상) [0042]
旂	大旂(대기) [8000]
曁	曁居(기거) [0040]
曁	曁曁(기기) [0000]
曁	靡曁(기기) [1000]
棊	棊劫(기겁) [0010]
棊	棊局(기국) [0052]
棊	棊譜(기보) [0032]
棊	棊聲(기성) [0042]

棊	棊錯(기착) [0032]
棊	棊峙(기치) [0012]
棊	棊置(기치) [0042]
歧	歧途(기도) [0032]
歧	歧路(기로) [0060]
歧	歧迷(기미) [0030]
歧	歧秀(기수) [0040]
歧	歧嶷(기억) [0000]
歧	歧旨(기지) [0020]
歧	分歧(분기) [6200]
歧	雜歧(잡기) [4000]
綦	綦巾(기건) [0010]
綦	綦谿(기계) [0002]
綦	綦履(기리) [0032]
綦	綦迹(기적) [0010]
綦	綦重(기중) [0070]
綦	綦縞(기호) [0002]
羇	孤羇(고기) [4000]
羇	羇旅(기려) [0052]
羇	羇屬(기속) [0040]
羇	羇束(기속) [0052]
羇	羇愁(기수) [0032]
羇	羇寓(기우) [0010]
跂	跂蹻(극갹) [0000]
跂	跂脚(기각) [0032]
跂	跂跂(기기) [0000]
跂	跂望(기망) [0052]
跂	跂息(기식) [0042]
跂	跂仰(기앙) [0032]
跂	跂足(기족) [0072]
跂	跂踵(기종) [0010]
跂	闉跂(인기) [0000]
頎	頎典(간전) [0052]
頎	頎頎(기기) [0000]
頎	頎大(기대) [0080]
頎	頎然(기연) [0070]
頎	頎長(기장) [0080]
頎	頎峻(기준) [0012]
芑	豐芑(풍기) [0000]
覊	紲覊(설기) [0000]
姞	姞慧(길혜) [0032]
赧	愧赧(괴란) [3000]
赧	赧愧(난괴) [0020]
赧	赧面(난면) [0070]
赧	赧色(난색) [0070]
赧	赧顔(난안) [0032]
赧	赧然(난연) [0070]
赧	赧汗(난한) [0032]
赧	面赧(면난) [7000]
赧	羞赧(수난) [1000]
軜	觼軜(결납) [0000]
曩	曩舊(낭구) [0052]
曩	曩基(낭기) [0052]
曩	曩烈(낭렬) [0040]
曩	曩昔(낭석) [0030]
曩	曩時(낭시) [0072]
曩	曩葉(낭엽) [0050]
曩	曩日(낭일) [0080]
曩	曩者(낭자) [0060]
曩	曩懷(낭회) [0032]
曩	疇曩(주낭) [1200]
迺	迺今(내금) [0062]
迺	迺者(내자) [0060]
迺	迺在(내재) [0060]
鼐	鼎鼐(정내) [1200]
佞	奸佞(간녕) [1000]
佞	辯佞(변영) [4000]
佞	不佞(불녕) [7200]
佞	邪佞(사녕) [3200]
佞	憸佞(섬녕) [0000]
佞	佞口(영구) [0070]
佞	佞媚(영미) [0010]
佞	佞辯(영변) [0040]
佞	佞邪(영사) [0032]
佞	佞臣(영신) [0052]
佞	佞諛(영유) [0010]
佞	佞人(영인) [0080]
佞	佞諂(영첨) [0010]
佞	佞險(영험) [0040]
佞	佞惑(영혹) [0032]
佞	諛佞(유녕) [1000]
佞	讒佞(참녕) [1000]
佞	諂佞(첨녕) [1000]
佞	諞佞(편녕) [0000]
佞	便佞(편녕) [7000]
佞	嬛佞(현녕) [0000]
呶	呶拏(노나) [0010]
呶	呶呶(노노) [0000]
呶	紛呶(분노) [3200]
孥	孥戮(노륙) [0010]
孥	孥稚(노치) [0032]
孥	妻孥(처노) [3200]
猱	猱升(노승) [0020]
猱	猱援(노원) [0040]
猱	猱雜(노잡) [0040]
猱	猱進(노진) [0042]
怓	怓怓(노노) [0000]
怓	怓亂(노란) [0040]
怓	惛怓(혼노) [0000]
砮	砮石(노석) [0060]
砮	石砮(석노) [6000]
穠	穠桃(농도) [0032]
穠	穠茂(농무) [0032]
穠	穠纖(농섬) [0020]
穠	穠華(농화) [0040]
餒	餒怯(뇌겁) [0010]
餒	餒匱(뇌궤) [0000]
餒	餒飢(뇌기) [0030]
餒	餒敗(뇌패) [0050]
餒	餒魂(뇌혼) [0032]
餒	凍餒(동뇌) [3200]
餒	懸餒(현뇌) [3200]
耨	耕耨(경누) [3200]
耨	耒耨(뇌누) [0000]

耨	耨耕(누경)	[0032]
耨	耨農(누농)	[0072]
耨	耨耜(누사)	[0000]
耨	耨薩(누살)	[0010]
耨	薅耨(호누)	[0000]
忸	忸怩(육니)	[0000]
忸	忸忖(육촌)	[0010]
忸	忸恨(육한)	[0040]
狃	狃習(유습)	[0060]
狃	狃勝(유승)	[0060]
狃	狃捷(유첩)	[0010]
狃	狃猇(유효)	[0000]
鈕	龍鈕(용뉴)	[4000]
鈕	鈕扣(유구)	[0000]
鈕	鈕鼻(유비)	[0050]
鈕	鈕樞(유추)	[0010]
鈕	鐶鈕(환뉴)	[0000]
怩	忸怩(육니)	[0000]
柅	金柅(금니)	[8000]
柅	柅車(이거)	[0072]
柅	柅格(이격)	[0052]
柅	柅柅(이니)	[0000]
柅	柅杜(이두)	[0012]
你	你那(이나)	[0030]
你	你每(이매)	[0072]
昵	敬昵(경닐)	[5200]
昵	狎昵(압닐)	[0200]
昵	昵近(일근)	[0060]
昵	昵比(일비)	[0050]
昵	昵侍(일시)	[0032]
昵	昵狎(일압)	[0002]
昵	昵愛(일애)	[0060]
昵	昵嫌(일혐)	[0030]
昵	昵洽(일흡)	[0010]
爹	老爹(노다)	[7000]
爹	爹娘(다낭)	[0032]
爹	爹爹(다다)	[0000]
慱	慱慱(단단)	[0000]
慱	慱約(단약)	[0052]
慱	慱然(단연)	[0070]
漙	漙漙(단단)	[0000]
漙	漙兮(단혜)	[0030]
癉	角癉(각단)	[6200]
癉	癉暑(단서)	[0030]
癉	癉惡(단악)	[0052]
癉	癉疽(단저)	[0002]
癉	癉疾(단질)	[0032]
癉	癉瘧(단학)	[0010]
癉	膽癉(담단)	[2000]
煅	煅煉(단련)	[0020]
煅	煅粉(단분)	[0040]
煅	煅事(단사)	[0072]
襢	羸襢(나단)	[0000]
襢	襢裼(단석)	[0000]
襢	襢衣(전의)	[0060]
怛	驚怛(경달)	[4000]
怛	怛悼(달도)	[0020]
怛	怛傷(달상)	[0040]
怛	怛然(달연)	[0070]
怛	怛惕(달척)	[0000]
怛	忉怛(도달)	[0000]
怛	傷怛(상달)	[4000]
怛	懮怛(우달)	[0000]
怛	惙怛(철달)	[0000]
怛	忡怛(충달)	[0000]
怛	惻怛(측달)	[1000]
闥	閨闥(규달)	[2000]
闥	禁闥(금달)	[4200]
闥	闥爾(달이)	[0010]
闥	扆闥(의달)	[0000]
闥	紫闥(자달)	[3200]
黮	黮闇(담암)	[0010]
黮	黮昏(담혼)	[0030]
黮	黯黮(암담)	[0000]
惔	惔焚(담분)	[0010]
窞	窞穽(담정)	[0010]
窞	窞處(담처)	[0042]
菼	葭菼(가담)	[0000]
萏	菡萏(함담)	[0000]
餤	餤餅(담병)	[0010]
餤	夜餤(야담)	[6000]
驔	驔步(담보)	[0042]
髧	髧髦(담모)	[0000]
髧	髧右(담우)	[0072]
髧	髦髧(모담)	[0000]
倘	倘來(당래)	[0070]
倘	倘然(당연)	[0070]
倘	伴倘(반당)	[3000]
倘	倘佯(상양)	[0002]
儻	儻朗(당랑)	[0052]
儻	儻來(당래)	[0070]
儻	儻莽(당망)	[0002]
儻	儻或(당혹)	[0040]
儻	俶儻(척당)	[0000]
鏜	鏜鏜(당당)	[0000]
鏜	鏜然(당연)	[0070]
鏜	鏜威(당위)	[0040]
鐺	鐺鐺(당당)	[0000]
鐺	鐺鎖(당쇄)	[0032]
鐺	鐺口(쟁구)	[0070]
鐺	鐺鬲(쟁력)	[0000]
鐺	鐺墨(쟁묵)	[0032]
鐺	鐺戶(쟁호)	[0042]
鐺	鼎鐺(정쟁)	[1200]
螗	蜩螗(조당)	[0000]
懟	懟憾(대감)	[0020]
懟	懟險(대험)	[0040]
懟	憤懟(분대)	[4000]
懟	慍懟(온대)	[0000]
懟	怨懟(원대)	[4000]
憝	憝魁(대괴)	[0010]
憝	大憝(대대)	[8000]
祋	祋殳(대수)	[0000]
叨	叨冒(도모)	[0030]

叨 叨竊(도절) [0030]
叨 忝叨(첨도) [0000]
忉 忉怛(도달) [0000]
忉 忉忉(도도) [0000]
忉 忉利(도리) [0062]
慆 慆慆(도도) [0000]
慆 慆濫(도람) [0030]
慆 慆淫(도음) [0032]
慆 慆耳(도이) [0050]
擣 亂擣(난도) [4000]
擣 擣鍊(도련) [0032]
擣 擣蒜(도산) [0002]
擣 擣藥(도약) [0062]
擣 擣衣(도의) [0060]
擣 擣砧(도침) [0010]
擣 擣虛(도허) [0042]
檮 檮昧(도매) [0010]
檮 檮杌(도올) [0000]
稌 秔稌(갱도) [0000]
稌 稌黍(도서) [0010]
稌 稌粟(도속) [0030]
闍 闍臺(도대) [0032]
闍 闍黎(도려) [0010]
闍 闍梨(도리) [0030]
闍 闍里(도리) [0070]
闍 闍毘(도비) [0012]
闍 闍梨(사리) [0030]
闍 闍毘(사비) [0012]
闍 闍維(사유) [0032]
闍 闍婆(사파) [0010]
闍 闉闍(인도) [0000]
鼗 路鼗(노도) [6000]
鼗 雷鼗(뇌도) [3200]
鼗 鼗鼓(도고) [0032]
鼗 鼗武(도무) [0042]
鼗 靈鼗(영도) [3200]
咷 咷笑(도소) [0042]
咷 咷嗥(도호) [0000]
瘏 瘏口(도구) [0070]
瘏 瘏毒(도독) [0042]
瘏 瘏悴(도췌) [0010]
瘏 痡瘏(부도) [0000]
綯 綯絞(도교) [0020]
綯 綯絲(도사) [0040]
綯 索綯(삭도) [3200]
翿 翿旌(도정) [0012]
荼 荼苦(도고) [0060]
荼 荼毒(도독) [0042]
荼 荼蓼(도료) [0002]
荼 荼首(도수) [0052]
荼 荼薺(도제) [0002]
荼 荼菜(도채) [0032]
荼 荼炭(도탄) [0050]
荼 荼酷(도혹) [0020]
謟 謟過(도과) [0052]
謟 謟媚(도미) [0010]
鞉 鞉鼓(도고) [0032]
鞉 鞉鞞(도비) [0000]
櫝 開櫝(개독) [6000]
櫝 啓櫝(계독) [3200]
櫝 匱櫝(궤독) [0000]
櫝 櫝蓋(독개) [0032]
櫝 櫝褓(독보) [0002]
櫝 櫝玉(독옥) [0042]
櫝 櫝藏(독장) [0032]
櫝 笥櫝(사독) [0000]
櫝 小櫝(소독) [8000]
櫝 主櫝(주독) [7000]
櫝 合櫝(합독) [6000]
黷 干黷(간독) [4000]
黷 黷敬(독경) [0052]
黷 黷近(독근) [0060]
黷 黷亂(독란) [0040]
黷 黷冒(독모) [0030]
黷 黷武(독무) [0042]
黷 黷泄(독설) [0010]
黷 黷昏(독혼) [0030]
黷 黷貨(독화) [0042]
黷 煩黷(번독) [3000]
匵 匵中(독중) [0080]
匵 匵護(독호) [0042]
匵 韞匵(온독) [0000]
侗 侗乎(동호) [0030]
侗 侗長(통장) [0080]
僮 家僮(가동) [7200]
僮 奴僮(노동) [3200]
僮 僮隷(동례) [0030]
僮 僮僕(동복) [0010]
僮 僮御(동어) [0032]
僮 僮子(동자) [0072]
僮 僮指(동지) [0042]
僮 僮惛(동혼) [0000]
僮 僮昏(동혼) [0030]
僮 妖僮(요동) [2000]
彤 彤管(동관) [0040]
彤 彤弓(동궁) [0032]
彤 彤丹(동단) [0032]
彤 彤史(동사) [0052]
彤 彤矢(동시) [0030]
彤 彤雲(동운) [0052]
彤 彤庭(동정) [0062]
蝀 螮蝀(체동) [0000]
烔 烔烔(동동) [0000]
烔 烔煬(동양) [0002]
斁 斁壞(두괴) [0032]
斁 斁亂(두란) [0040]
斁 斁倫(두륜) [0032]
斁 斁耗(두모) [0010]
斁 斁敗(두패) [0050]
斁 斁遺(역유) [0040]
滕 滕口(등구) [0070]
滕 滕廬(등려) [0012]
滕 滕六(등륙) [0080]
滕 滕室(등실) [0080]

縢	縢囊(등낭)	[0010]
縢	縢履(등리)	[0032]
縢	縢絲(등사)	[0040]
縢	縢書(등서)	[0062]
縢	行縢(행등)	[6000]
螣	螣蛇(등사)	[0032]
蠃	蠃襢(나단)	[0000]
蠃	蠃葬(나장)	[0032]
蠃	蠃行(나행)	[0060]
蠃	蜾蠃(과라)	[0000]
蠃	蠃魚(나어)	[0050]
蠃	蠃蟲(나충)	[0042]
蠃	須蠃(수라)	[3000]
雒	雒雒(낙락)	[0000]
雒	雒誦(낙송)	[0030]
雒	雒陽(낙양)	[0060]
闌	闌干(난간)	[0040]
闌	闌圈(난권)	[0020]
闌	闌單(난단)	[0042]
闌	闌道(난도)	[0072]
闌	闌門(난문)	[0080]
闌	闌珊(난산)	[0010]
闌	闌遺(난유)	[0040]
闌	闌入(난입)	[0070]
闌	闌出(난출)	[0070]
闌	興闌(홍란)	[4200]
瓓	瓓玕(난간)	[0000]
瓓	瓓珊(난산)	[0010]
捋	捋鬚(날수)	[0002]
捋	捋乳(날유)	[0040]
捋	捋采(날채)	[0012]
捋	捋虎(날호)	[0032]
稂	稂秕(낭비)	[0010]
稂	稂莠(낭유)	[0000]
騋	騋牝(내빈)	[0002]
倈	倈兒(내아)	[0052]
倈	倈子(내자)	[0072]
厲	苛厲(가려)	[1000]
厲	公厲(공려)	[6200]
厲	厲疾(나질)	[0032]
厲	凌厲(능려)	[1000]
厲	色厲(색려)	[7000]
厲	嚴厲(엄려)	[4000]
厲	厲揭(여게)	[0020]
厲	厲階(여계)	[0040]
厲	厲鬼(여귀)	[0032]
厲	厲氣(여기)	[0072]
厲	厲壇(여단)	[0050]
厲	厲民(여민)	[0080]
厲	厲色(여색)	[0070]
厲	厲石(여석)	[0060]
厲	厲聲(여성)	[0042]
厲	厲神(여신)	[0062]
厲	厲祭(여제)	[0042]
厲	厲疾(여질)	[0032]
厲	厲虐(여학)	[0020]
厲	厲行(여행)	[0060]
厲	夭厲(요려)	[1000]
厲	災厲(재려)	[5000]
厲	峻厲(준려)	[1200]
厲	淸厲(청려)	[6200]
厲	風厲(풍려)	[6200]
厲	熇厲(효려)	[0000]
膂	肱膂(굉려)	[1000]
膂	膂氣(여기)	[0072]
膂	膂力(여력)	[0072]
膂	脊膂(척려)	[1000]
蠡	蠡結(나계)	[0052]
蠡	蠡母(나모)	[0080]
蠡	蠡見(여견)	[0052]
蠡	蠡器(여기)	[0042]
蠡	蠡實(여실)	[0052]
蠡	蠡魚(여어)	[0050]
蠡	蠡牛(여우)	[0050]
蠡	蠡測(여측)	[0042]
鬲	鬲肝(격간)	[0032]
鬲	鬲塞(격색)	[0032]
鬲	鬲要(격요)	[0052]
鬲	鬲咽(격인)	[0010]
鬲	鬲絶(격절)	[0042]
鬲	鬲如(역여)	[0042]
櫟	栲櫟(고력)	[0000]
櫟	櫟木(역목)	[0080]
櫟	櫟釜(역부)	[0012]
櫟	櫟社(역사)	[0062]
櫟	櫟散(역산)	[0040]
櫟	櫟翁(역옹)	[0030]
櫟	櫟樗(역저)	[0002]
櫟	樗櫟(저력)	[0200]
孌	孌婉(연완)	[0010]
蘞	白蘞(백렴)	[8000]
昤	昤昤(영령)	[0000]
昤	煜昤(욱령)	[1200]
苓	茯苓(복령)	[0200]
苓	苓落(영락)	[0050]
苓	苓通(영통)	[0060]
苓	豬苓(저령)	[1000]
苓	朱苓(주령)	[4000]
苓	竹苓(죽령)	[4200]
苓	豨苓(희령)	[0000]
蛉	螟蛉(명령)	[1000]
蛉	蛉窮(영궁)	[0040]
鱧	鱧魚(예어)	[0050]
鱧	鱧腸(예장)	[0040]
鱧	黑鱧(흑례)	[5000]
壚	壚頭(노두)	[0060]
壚	壚邸(노저)	[0010]
壚	壚土(노토)	[0080]
壚	當壚(당로)	[5200]
壚	木壚(목로)	[8000]
壚	酒壚(주로)	[4000]
壚	黃壚(황로)	[6000]
簬	箘簬(균로)	[0000]
纑	紡纑(방로)	[2000]

彔	曲彔(곡록) [5000]
彔	彔曲(녹곡) [0050]
彔	彔蔌(녹속) [0000]
隴	畎隴(견롱) [0000]
隴	隴客(농객) [0052]
隴	隴關(농관) [0052]
隴	隴禽(농금) [0032]
隴	隴斷(농단) [0042]
隴	隴畝(농묘) [0010]
隴	隴山(농산) [0080]
隴	隴上(농상) [0072]
隴	隴省(농성) [0062]
隴	隴種(농종) [0052]
隴	隴蜀(농촉) [0012]
罍	罍斝(뇌가) [0000]
罍	罍篚(뇌비) [0000]
罍	罍洗(뇌세) [0052]
罍	罍罌(뇌앵) [0002]
罍	罍恥(뇌치) [0032]
罍	缾罍(병뢰) [0000]
罍	山罍(산뢰) [8000]
罍	洗罍(세뢰) [5200]
罍	瓦罍(와뢰) [3200]
罍	樽罍(준뢰) [1000]
耒	耒耨(뇌누) [0000]
耒	耒耜(뇌사) [0000]
潦	經潦(경료) [4200]
潦	潦水(노수) [0080]
潦	潦汙(노오) [0000]
潦	潦溢(노일) [0010]
潦	潦倒(요도) [0032]
潦	潦水(요수) [0080]
潦	潦冽(요열) [0002]
潦	潦熱(요열) [0050]
潦	潦炎(요염) [0032]
潦	潦草(요초) [0070]
潦	雨潦(우료) [5200]
潦	積潦(적료) [4000]
潦	行潦(행료) [6000]
繚	繚曲(요곡) [0050]
繚	繚糾(요규) [0030]
繚	繚戾(요려) [0010]
敹	敹甲(요갑) [0040]
敹	敹徹(요철) [0032]
摟	摟羅(누라) [0042]
摟	摟搜(누수) [0030]
摟	摟抱(누포) [0030]
纍	纍纍(누누) [0000]
纍	纍卵(누란) [0040]
纍	纍黍(누서) [0010]
纍	纍垂(누수) [0032]
纍	纍臣(누신) [0052]
纍	纍然(누연) [0070]
纍	颺纍(양루) [0000]
纍	絶纍(절루) [4200]
纍	解纍(해루) [4200]
罶	罛罶(고류) [0000]
藟	葛藟(갈류) [2000]
藟	蓬藟(봉류) [1200]
藟	藟梩(유리) [0000]
藟	藟散(유산) [0040]
虆	虆梩(나리) [0000]
駵	騧駵(과류) [0000]
駵	駵馬(유마) [0050]
僇	僇民(육민) [0080]
僇	僇辱(육욕) [0032]
廩	公廩(공름) [6200]
廩	官廩(관름) [4200]
廩	廩庫(늠고) [0040]
廩	廩給(늠급) [0050]
廩	廩料(늠료) [0050]
廩	廩俸(늠봉) [0020]
廩	廩生(늠생) [0080]
廩	廩贍(늠섬) [0002]
廩	廩粟(늠속) [0030]
廩	廩食(늠식) [0072]
廩	廩翁(늠옹) [0030]
廩	廩肉(늠육) [0042]
廩	廩入(늠입) [0070]
廩	廩藏(늠장) [0032]
廩	廩田(늠전) [0042]
廩	廩典(늠전) [0052]
廩	廩振(늠진) [0032]
廩	廩倉(늠창) [0032]
廩	廩蓄(늠축) [0042]
廩	廩布(늠포) [0042]
廩	廩況(늠황) [0040]
廩	廩餼(늠희) [0000]
廩	米廩(미름) [6000]
廩	薄廩(박름) [3200]
廩	俸廩(봉름) [2000]
廩	朔廩(삭름) [3000]
廩	御廩(어름) [3200]
廩	捐廩(연름) [1000]
廩	月廩(월름) [8000]
廩	庾廩(유름) [1200]
廩	儲廩(저름) [0200]
廩	倉廩(창름) [3200]
廩	餼廩(희름) [0000]
懍	懍懼(늠구) [0030]
懍	懍慄(늠률) [0010]
懍	懍懍(늠름) [0000]
懍	懍畏(늠외) [0030]
懍	懍遵(늠준) [0030]
懍	悚懍(송름) [1000]
懍	危懍(위름) [4000]
懍	憯懍(참름) [0000]
懍	惶懍(황름) [1000]
俐	伶俐(영리) [0200]
涖	涖官(이관) [0042]
涖	涖事(이사) [0072]
离	离卦(이괘) [0010]
离	离宮(이궁) [0042]
离	离方(이방) [0072]

离	离筵(이연) [0010]
莅	來莅(내리) [7000]
莅	莅官(이관) [0042]
莅	莅國(이국) [0080]
莅	莅盟(이맹) [0032]
莅	莅修(이수) [0042]
莅	莅任(이임) [0052]
莅	莅止(이지) [0050]
梩	虆梩(나리) [0000]
梩	蕌梩(유리) [0000]
纚	紼纚(불리) [0000]
纚	纚笄(사계) [0000]
纚	纚連(사련) [0042]
纚	纚纚(사사) [0000]
纚	纚屬(사속) [0040]
纚	纚迤(사이) [0000]
纚	纚乎(사호) [0030]
纚	緇纚(치사) [0200]
詈	罵詈(매리) [1000]
詈	詈罵(이매) [0010]
詈	詈侮(이모) [0030]
詈	詈語(이어) [0070]
詈	詈詰(이힐) [0010]
粼	粼粼(인린) [0000]
粼	澈粼(철린) [1200]
鄰	唐鄰(당린) [3200]
鄰	東鄰(동린) [8000]
鄰	保鄰(보린) [4200]
鄰	四鄰(사린) [8000]
鄰	臣鄰(신린) [5200]
鄰	鄰境(인경) [0042]
鄰	鄰光(인광) [0062]
鄰	鄰近(인근) [0060]
鄰	鄰邦(인방) [0030]
鄰	鄰保(인보) [0042]
鄰	鄰比(인비) [0050]
鄰	鄰佑(인우) [0012]
鄰	鄰友(인우) [0052]
鄰	鄰笛(인적) [0032]
鄰	鄰提(인제) [0042]
鄰	鄰徵(인징) [0032]
禡	禡禱(마도) [0010]
禡	禡牙(마아) [0032]
禡	禡祭(마제) [0042]
藐	藐姑(묘고) [0032]
藐	藐孤(묘고) [0040]
藐	藐躬(묘궁) [0010]
藐	藐藐(묘묘) [0000]
藐	藐視(묘시) [0042]
藐	藐然(묘연) [0070]
藐	藐玩(묘완) [0010]
瘼	巨瘼(거막) [4000]
瘼	痼瘼(고막) [1000]
瘼	民瘼(민막) [8000]
瘼	病瘼(병막) [6000]
瘼	邑瘼(읍막) [7000]
瘼	瘥瘼(차막) [0000]
瘼	瘵瘼(채막) [0000]
瘼	弊瘼(폐막) [3200]
墁	墁滅(만멸) [0032]
墁	杇墁(오만) [0000]
秣	稾秣(고말) [0000]
秣	秣蹇(말건) [0002]
秣	秣馬(말마) [0050]
秣	秣飼(말사) [0020]
秣	秣芻(말추) [0010]
秣	糧秣(양말) [4000]
沬	沬泣(회읍) [0030]
沬	沬血(회혈) [0042]
莓	莓舌(매설) [0040]
莓	草莓(초매) [7000]
浼	浼求(매구) [0042]
浼	浼瀆(매독) [0010]
浼	浼止(매지) [0050]
浼	浼浼(면면) [0000]
痗	痗然(매연) [0070]
脢	脢腓(매비) [0000]
脢	脢胎(매태) [0020]
霾	霾蒙(매몽) [0032]
霾	霾霧(매무) [0030]
霾	霾雨(매우) [0052]
霾	霾晦(매회) [0010]
霾	海霾(해매) [7200]
韎	韎弁(매변) [0012]
韎	韎樂(매악) [0062]
韎	韎韋(매위) [0012]
韎	韎布(매포) [0042]
貉	貉道(맥도) [0072]
貉	貉裘(학구) [0000]
貉	貉奴(학노) [0032]
貉	貉袖(학수) [0010]
貉	貉子(학자) [0072]
霢	霢霂(맥목) [0000]
湎	湎亂(면란) [0040]
湎	湎湎(면면) [0000]
湎	湎演(면연) [0042]
湎	湎淫(면음) [0032]
湎	湎爾(면이) [0010]
湎	淫湎(음면) [3200]
湎	沈湎(침면) [3200]
篾	篾棄(멸기) [0030]
篾	篾纜(멸람) [0002]
篾	篾絲(멸사) [0040]
篾	篾片(멸편) [0032]
旄	旄期(모기) [0050]
旄	旄頭(모두) [0060]
旄	旄舞(모무) [0040]
旄	旄倪(모예) [0002]
旄	旄牛(모우) [0050]
旄	旄節(모절) [0052]
旄	旄俊(모준) [0030]
旄	旄表(모표) [0062]
旄	白旄(백모) [8000]
旄	羽旄(우모) [3200]

旄	節旄(절모)	[5200]
旄	旌旄(정모)	[1200]
眊	眊悼(모도)	[0020]
眊	眊眊(모모)	[0000]
眊	眊燥(모조)	[0030]
眊	眊昏(모혼)	[0030]
耄	老耄(노모)	[7000]
耄	悼耄(도모)	[2000]
耄	耄倦(모권)	[0010]
耄	耄勤(모근)	[0040]
耄	耄期(모기)	[0050]
耄	耄悼(모도)	[0020]
耄	耄碌(모록)	[0010]
耄	耄思(모사)	[0050]
耄	耄耋(모질)	[0000]
耄	耄皤(모파)	[0000]
耄	耄荒(모황)	[0032]
耄	耋耄(질모)	[0000]
耄	昏耄(혼모)	[3000]
蟊	蟊螟(모명)	[0010]
蟊	蟊食(모식)	[0072]
蟊	蟊賊(모적)	[0040]
蟊	蟊蠆(모채)	[0000]
髦	髧髦(담모)	[0000]
髦	髦傑(모걸)	[0040]
髦	髦髧(모담)	[0000]
髦	髦頭(모두)	[0060]
髦	髦馬(모마)	[0050]
髦	髦尾(모미)	[0032]
髦	髦倪(모예)	[0002]
髦	髦俊(모준)	[0030]
髦	髦昏(모혼)	[0030]
髦	弁髦(변모)	[1200]
髦	英髦(영모)	[6000]
髦	俊髦(준모)	[3000]
髦	賢髦(현모)	[4200]
麰	麰麥(모맥)	[0032]
麰	麰粉(모분)	[0040]
麰	麰穗(모수)	[0010]
麰	秋麰(추모)	[7000]
麰	春麰(춘모)	[7000]
麰	黃麰(황모)	[6000]
霂	霢霂(맥목)	[0000]
霂	霂霖(목림)	[0002]
幪	幪蓋(몽개)	[0032]
幪	幪巾(몽건)	[0010]
幪	幪幪(몽몽)	[0000]
幪	幪茂(몽무)	[0032]
濛	溟濛(명몽)	[1000]
濛	濛朧(몽롱)	[0002]
濛	濛籠(몽롱)	[0020]
濛	濛漠(몽막)	[0032]
濛	濛昧(몽매)	[0010]
濛	濛濛(몽몽)	[0000]
濛	濛汜(몽사)	[0000]
濛	濛雨(몽우)	[0052]
濛	濛鴻(몽홍)	[0030]
濛	鴻濛(홍몽)	[3000]
矇	矇瞽(몽고)	[0000]
矇	矇瞳(몽동)	[0010]
矇	矇昧(몽매)	[0010]
矇	矇瞍(몽수)	[0000]
矇	矇蔽(몽폐)	[0030]
眇	煢眇(경묘)	[0000]
眇	盲眇(맹묘)	[3200]
眇	眇蹇(묘건)	[0002]
眇	眇勁(묘경)	[0010]
眇	眇邈(묘막)	[0002]
眇	眇末(묘말)	[0050]
眇	眇冥(묘명)	[0030]
眇	眇目(묘목)	[0060]
眇	眇福(묘복)	[0052]
眇	眇小(묘소)	[0080]
眇	眇視(묘시)	[0042]
眇	眇身(묘신)	[0062]
眇	眇忽(묘홀)	[0032]
眇	微眇(미묘)	[3200]
眇	晢眇(제묘)	[0000]
貓	貓鬼(묘귀)	[0032]
貓	貓頭(묘두)	[0060]
貓	貓兒(묘아)	[0052]
貓	貓牛(묘우)	[0050]
貓	貓精(묘정)	[0042]
貓	斑貓(반묘)	[1000]
貓	夜貓(야묘)	[6000]
貓	野貓(야묘)	[6000]
茆	茆蒜(묘산)	[0002]
儛	儛書(무서)	[0062]
儛	儛人(무인)	[0080]
儛	儛天(무천)	[0070]
廡	廊廡(낭무)	[3200]
廡	大廡(대무)	[8000]
廡	東廡(동무)	[8000]
廡	廡金(무금)	[0080]
廡	廡舍(무사)	[0042]
廡	廡坐(무좌)	[0032]
廡	西廡(서무)	[8000]
廡	陞廡(승무)	[0200]
廡	兩廡(양무)	[4200]
廡	一廡(일무)	[8000]
膴	膴膴(무무)	[0000]
膴	膴仕(무사)	[0052]
膴	膴然(무연)	[0070]
膴	盛膴(성무)	[4200]
髼	髼茸(몽용)	[0010]
纆	纆牽(묵견)	[0030]
纆	纆徽(묵휘)	[0012]
纆	徽纆(휘묵)	[1200]
捫	捫腹(문복)	[0032]
捫	捫蝨(문슬)	[0002]
捫	捫膝(문슬)	[0010]
捫	捫籥(문약)	[0000]
捫	拊捫(부문)	[0000]
穈	穈黍(문서)	[0010]

亹	亹勉(미면)	[0040]
亹	亹亹(미미)	[0000]
亹	亹斐(미비)	[0002]
亹	亹壽(미수)	[0032]
弭	弭蓋(미개)	[0032]
弭	弭頭(미두)	[0060]
弭	弭忘(미망)	[0030]
弭	弭伏(미복)	[0040]
弭	弭節(미절)	[0052]
敉	敉功(미공)	[0062]
敉	敉寧(미녕)	[0032]
敉	敉謐(미밀)	[0010]
敉	敉邦(미방)	[0030]
敉	敉平(미평)	[0072]
瀰	瀰淪(미륜)	[0010]
瀰	瀰漫(미만)	[0030]
瀰	瀰茫(미망)	[0030]
瀰	瀰迤(미이)	[0000]
糜	糠糜(강미)	[1000]
糜	口糜(구미)	[7000]
糜	糜軀(미구)	[0010]
糜	糜爛(미란)	[0020]
糜	糜沸(미비)	[0010]
糜	糜食(미식)	[0072]
糜	糜捐(미연)	[0010]
糜	糜粥(미죽)	[0002]
糜	食糜(식미)	[7200]
糜	乳糜(유미)	[4000]
麋	麋角(미각)	[0062]
麋	麋骨(미골)	[0040]
麋	麋軀(미구)	[0010]
麋	麋臺(미대)	[0032]
麋	麋鹿(미록)	[0030]
麋	麋墨(미묵)	[0032]
麋	麋散(미산)	[0040]
麋	麋侯(미후)	[0030]
郿	郿塢(미오)	[0002]
郿	郿條(미조)	[0040]

忞	忞忞(문문)	[0000]
忞	忞忞(민민)	[0000]
暋	暋亂(민란)	[0040]
暋	暋作(민작)	[0062]
黽	黽窟(맹굴)	[0020]
黽	黽勉(민면)	[0040]
黽	水黽(수민)	[8000]
愍	愍顧(민고)	[0030]
愍	愍念(민념)	[0052]
亳	亳姑(박고)	[0032]
鎛	鎛器(박기)	[0042]
鎛	鎛師(박사)	[0042]
鎛	鎛鐘(박종)	[0002]
襮	襮白(박백)	[0080]
胖	胖大(반대)	[0080]
胖	胖肆(반사)	[0002]
胖	胖合(반합)	[0060]
胖	胖脹(방창)	[0010]
胖	肥胖(비반)	[3200]
胖	舌胖(설반)	[4000]
鞶	鞶鑑(반감)	[0032]
鞶	鞶囊(반낭)	[0010]
鞶	鞶帨(반세)	[0000]
鞶	鞶纓(반영)	[0002]
鞶	帨鞶(세반)	[0000]
浡	浡亂(발란)	[0040]
浡	浡鬱(발울)	[0020]
茇	藁茇(고발)	[0200]
茇	茇茇(발발)	[0000]
茇	茇舍(발사)	[0042]
茇	茇涉(발섭)	[0030]
軷	軷壇(발단)	[0050]
軷	軷涉(발섭)	[0030]
軷	軷祭(발제)	[0042]
厖	厖大(방대)	[0080]
厖	厖雜(방잡)	[0040]
厖	厖村(방촌)	[0070]
厖	厖鴻(방홍)	[0030]

厖	厖厚(방후)	[0040]
厖	駿厖(준방)	[1200]
幫	幫補(방보)	[0032]
幫	幫子(방자)	[0072]
幫	幫助(방조)	[0042]
幫	幫湊(방주)	[0002]
幫	幫判(방판)	[0040]
魴	魴魚(방어)	[0050]
魴	魴鰥(방환)	[0010]
逄	逄逄(방방)	[0000]
逄	逄塞(방색)	[0032]
雱	雱雱(방방)	[0000]
雱	雪雱(설방)	[6200]
翻	翻却(번각)	[0030]
翻	翻車(번거)	[0072]
翻	翻滾(번곤)	[0002]
翻	翻倒(번도)	[0032]
翻	翻動(번동)	[0072]
翻	翻騰(번등)	[0030]
翻	翻弄(번롱)	[0032]
翻	翻流(번류)	[0052]
翻	翻覆(번복)	[0032]
翻	翻本(번본)	[0060]
翻	翻身(번신)	[0062]
翻	翻案(번안)	[0050]
翻	翻譯(번역)	[0032]
翻	翻然(번연)	[0070]
翻	翻意(번의)	[0062]
翻	翻異(번이)	[0040]
翻	翻掌(번장)	[0032]
翻	繽翻(빈번)	[0000]
翻	翩翻(편번)	[0200]
蘩	蘩縷(번루)	[0002]
蘩	蘩蔞(번루)	[0002]
蘩	蘋蘩(빈번)	[0000]
袢	袢署(번서)	[0032]
袢	袢延(번연)	[0040]
袢	袢燠(번욱)	[0000]

袢	紲袢(설반) [0000]
墦	墦肉(번육) [0042]
墦	墦祭(번제) [0042]
甓	蓋甓(개벽) [3200]
甓	陶甓(도벽) [3200]
甓	甓器(벽기) [0042]
甓	甓塗(벽도) [0030]
甓	甓寺(벽사) [0042]
甓	甓瓦(벽와) [0032]
甓	甓牆(벽장) [0002]
甓	甓墻(벽장) [0030]
甓	甓甃(벽추) [0000]
甓	甓塔(벽탑) [0032]
甓	耳甓(이벽) [5000]
甓	宗甓(종벽) [4200]
甓	靑甓(청벽) [8000]
甓	甃甓(추벽) [0000]
甓	破甓(파벽) [4200]
甓	紅甓(홍벽) [4000]
辟	宮辟(궁벽) [4200]
辟	大辟(대벽) [8000]
辟	放辟(방벽) [6200]
辟	百辟(백벽) [7000]
辟	辟彊(벽강) [0012]
辟	辟穀(벽곡) [0040]
辟	辟匿(벽닉) [0010]
辟	辟邪(벽사) [0032]
辟	辟易(벽역) [0040]
辟	辟雍(벽옹) [0012]
辟	辟除(벽제) [0042]
辟	復辟(복벽) [4200]
辟	剕辟(비벽) [0000]
辟	腓辟(비벽) [0000]
辟	邪辟(사벽) [3200]
辟	召辟(소벽) [3000]
辟	禮辟(예벽) [6000]
辟	劓辟(의벽) [0000]
辟	自辟(자벽) [7200]
辟	重辟(중벽) [7000]
辟	徵辟(징벽) [3200]
辟	哲辟(철벽) [3200]
辟	便辟(편벽) [7000]
辟	刑辟(형벽) [4000]
籩	籩簋(변궤) [0000]
籩	籩豆(변두) [0042]
籩	籩筍(변순) [0010]
餠	餠居(병거) [0040]
餠	餠管(병관) [0040]
餠	餠罍(병뢰) [0000]
餠	餠笙(병생) [0002]
餠	挈餠(설병) [0000]
迸	迸散(병산) [0040]
迸	迸出(병출) [0070]
怲	怲怲(병병) [0000]
怲	怲然(병연) [0070]
荓	荓蜂(병봉) [0030]
鸨	鸨妓(보기) [0010]
鸨	鸨奥(보오) [0010]
鸨	鸨合(보합) [0060]
黼	黼裘(보구) [0000]
黼	黼構(보구) [0040]
黼	黼黻(보불) [0000]
黼	黼純(보순) [0042]
黼	黼宸(보신) [0010]
黼	黼帳(보장) [0040]
黼	黼藻(보조) [0010]
扑	敬扑(경복) [5200]
扑	扑擊(복격) [0040]
扑	扑撻(복달) [0010]
扑	扑罰(복벌) [0042]
扑	扑牛(복우) [0050]
扑	扑責(복책) [0052]
扑	鞭扑(편복) [1000]
楅	楅室(복실) [0080]
楅	楅衡(복형) [0032]
葍	旋葍(선복) [3200]
丰	丰神(봉신) [0062]
丰	丰茸(봉용) [0010]
丰	丰容(봉용) [0042]
丰	丰韻(봉운) [0032]
丰	丰采(봉채) [0012]
丰	丰致(봉치) [0050]
丰	風丰(풍봉) [6200]
菶	菶茂(봉무) [0032]
菶	菶菶(봉봉) [0000]
菶	菶茸(봉용) [0010]
菶	菶萋(봉처) [0000]
菶	萋菶(처봉) [0000]
唪	唪經(봉경) [0042]
唪	唪唪(봉봉) [0000]
唪	唪誦(봉송) [0030]
葑	葑爐(봉로) [0032]
葑	葑菲(봉비) [0002]
葑	葑田(봉전) [0042]
葑	葑菜(봉채) [0032]
芃	芃麥(봉맥) [0032]
芃	芃芃(봉봉) [0000]
俘	俘虜(부로) [0010]
俘	俘囚(부수) [0030]
俘	俘斬(부참) [0020]
俘	俘獲(부획) [0032]
俘	囚俘(수부) [3000]
俘	狄俘(적부) [1000]
俘	賤俘(천부) [3200]
俘	獻俘(헌부) [3200]
拊	搏拊(박부) [1000]
拊	拊楗(부건) [0002]
拊	拊捫(부문) [0000]
拊	拊搏(부박) [0010]
拊	拊循(부순) [0030]
拊	拊膺(부응) [0010]
掊	掊擊(부격) [0040]
掊	掊克(부극) [0032]
掊	掊冒(부모) [0030]

掊 掊斥(부척) [0030]
掊 掊取(부취) [0042]
桴 鼓桴(고부) [3200]
桴 蕢桴(괴부) [0000]
桴 桴京(부경) [0060]
桴 桴鼓(부고) [0032]
桴 桴棟(부동) [0020]
桴 桴筏(부벌) [0012]
桴 桴粥(부육) [0002]
桴 桴炭(부탄) [0050]
桴 桴革(부혁) [0040]
祔 班祔(반부) [6200]
祔 祔廟(부묘) [0030]
祔 祔祀(부사) [0032]
祔 祔食(부식) [0072]
祔 祔右(부우) [0072]
祔 祔葬(부장) [0032]
祔 祔祭(부제) [0042]
祔 祔左(부좌) [0072]
祔 祔享(부향) [0030]
祔 合祔(합부) [6000]
罦 罦罝(부저) [0000]
罦 罝罦(저부) [0000]
芣 芣苡(부이) [0002]
芣 芣苢(부이) [0000]
芣 芣菜(부채) [0032]
蜉 蜉結(부결) [0052]
裒 裒斂(부렴) [0010]
裒 裒類(부류) [0052]
裒 裒益(부익) [0042]
裒 裒集(부집) [0062]
裒 裒掇(부철) [0000]
裒 裒取(부취) [0042]
鈇 金鈇(금부) [8000]
鈇 鈇鎖(부쇄) [0032]
鈇 鈇鉞(부월) [0002]
鈇 鈇質(부질) [0052]
鈇 鈇砧(부침) [0010]
鮒 鮒魚(부어) [0050]
鮒 轍鮒(철부) [1000]
痡 痡瘏(부도) [0000]
痡 痡毒(부독) [0042]
痡 齕痡(흘부) [0000]
枌 枌檟(분가) [0000]
枌 枌社(분사) [0062]
枌 枌楡(분유) [0012]
枌 枌梓(분재) [0002]
枌 枌巷(분항) [0030]
棼 棼亂(분란) [0040]
棼 棼梁(분량) [0032]
棼 棼輪(분륜) [0040]
棼 棼楣(분미) [0002]
棼 棼煙(분연) [0042]
濆 汀濆(정분) [1200]
蕡 麻蕡(마분) [3200]
蕡 蕡燭(비촉) [0030]
饙 饙飯(분반) [0032]
饙 饙饎(분희) [0000]
紱 紱麟(불린) [0012]
紱 紱冕(불면) [0012]
艴 艴然(발연) [0070]
茀 茀祿(불록) [0032]
茀 茀茀(불불) [0000]
茀 茀矢(불시) [0030]
茀 茀然(불연) [0070]
茀 茀鬱(불울) [0020]
茀 茀雜(불잡) [0040]
茀 簟茀(점불) [0000]
韍 黼韍(보불) [0000]
韍 韍裘(불구) [0000]
韍 韍領(불령) [0050]
韍 韍文(불문) [0070]
韍 韍班(불반) [0062]
韍 韍繡(불수) [0010]
芾 米芾(미불) [6000]
芾 鞞芾(병불) [0000]
咈 咈諫(불간) [0010]
咈 咈忤(불오) [0000]
咈 咈鬱(불울) [0020]
咈 吁咈(우불) [0000]
巿 徐巿(서불) [3200]
紼 紼謳(불구) [0010]
紼 紼纚(불리) [0000]
紼 紼冕(불면) [0012]
紼 紼蔽(불폐) [0030]
仳 仳離(비리) [0040]
仳 仳別(비별) [0060]
仳 仳脇(비협) [0002]
俾 俾頭(비두) [0060]
俾 俾倪(비예) [0002]
俾 瓦俾(와비) [3200]
剕 剕罰(비벌) [0042]
剕 剕辟(비벽) [0000]
剕 剕形(비형) [0062]
圮 圮剝(비박) [0010]
圮 圮絶(비절) [0042]
圮 圮族(비족) [0060]
圮 頹圮(퇴비) [1000]
埤 埤濕(비습) [0032]
埤 埤堄(비예) [0000]
埤 埤益(비익) [0042]
庳 庳陋(비루) [0010]
庳 庳隘(비애) [0010]
悱 憤悱(분비) [4000]
悱 悱發(비발) [0062]
悱 悱憤(비분) [0040]
悱 悱悱(비비) [0000]
悱 悱怵(비출) [0000]
悱 悱惻(비측) [0010]
棐 棐几(비궤) [0010]
棐 棐德(비덕) [0052]
棐 棐常(비상) [0042]
棐 棐彝(비이) [0000]
棐 棐忱(비침) [0000]

淠 淠淠(비비) [0000]
淠 淠河(비하) [0050]
淠 舟淠(주비) [3000]
痹 骨痹(골비) [4000]
痹 筋痹(근비) [4000]
痹 冷痹(냉비) [5000]
痹 痲痹(마비) [2000]
痹 麻痹(마비) [3200]
痹 馬痹(마비) [5000]
痹 脈痹(맥비) [4200]
痹 痹疳(비감) [0010]
痹 痹痼(비고) [0010]
痹 痹厥(비궐) [0030]
痹 痹病(비병) [0060]
痹 痹濕(비습) [0032]
痹 痹頑(비완) [0010]
痹 痹症(비증) [0032]
痹 舌痹(설비) [4000]
痹 濕痹(습비) [3200]
痹 腎痹(신비) [2000]
痹 頑痹(완비) [1000]
痹 遠痹(원비) [6000]
痹 肉痹(육비) [4200]
痹 周痹(주비) [4000]
痹 着痹(착비) [5200]
痹 痛痹(통비) [4000]
痹 風痹(풍비) [6200]
痹 皮痹(피비) [3200]
痹 寒痹(한비) [5000]
痹 行痹(행비) [6000]
痹 喉痹(후비) [2000]
紕 紕亂(비란) [0040]
紕 紕戾(비려) [0010]
紕 紕漏(비루) [0032]
紕 紕謬(비류) [0020]
紕 紕薄(비박) [0032]
羆 羆臥(비와) [0030]
羆 羆褥(비욕) [0002]

羆 羆虎(비호) [0032]
腓 股腓(고비) [1000]
腓 脢腓(매비) [0000]
腓 腓骨(비골) [0040]
腓 腓辟(비벽) [0000]
腓 腓字(비자) [0070]
腓 腓腸(비장) [0040]
貔 貔虎(비호) [0032]
貔 貔環(비환) [0040]
轡 轡繫(비계) [0030]
轡 轡紐(비뉴) [0010]
轡 轡頭(비두) [0060]
轡 轡勒(비륵) [0010]
轡 騑轡(비비) [0000]
轡 轡輿(비여) [0030]
轡 轡策(비책) [0032]
轡 轡銜(비함) [0010]
轡 鞍轡(안비) [1000]
轡 鑣轡(표비) [0000]
閟 閟隔(비격) [0032]
閟 閟密(비밀) [0042]
閟 閟惜(비석) [0032]
閟 閟嚴(비엄) [0040]
閟 閟幽(비유) [0032]
霏 紛霏(분비) [3200]
霏 霏落(비락) [0050]
霏 霏霧(비무) [0030]
霏 霏微(비미) [0032]
霏 霏霏(비비) [0000]
霏 霏雪(비설) [0062]
霏 霏烟(비연) [0002]
霏 霏紅(비홍) [0040]
霏 水霏(수비) [8000]
騑 騑駕(비가) [0010]
騑 騑駒(비구) [0010]
騑 騑馬(비마) [0050]
騑 騑轡(비비) [0000]
奰 奰怒(비노) [0042]

奰 奰發(비발) [0062]
奰 奰逆(비역) [0042]
朏 朏明(비명) [0062]
朏 朏魄(비백) [0010]
朏 朏朏(비비) [0000]
朏 朏晨(비신) [0030]
朏 朏然(비연) [0070]
畀 畀矜(비긍) [0010]
畀 畀付(비부) [0032]
畀 委畀(위비) [4000]
畀 投畀(투비) [4000]
秠 秬秠(거비) [0000]
篦 罍篦(뇌비) [0000]
鞞 鞉鞞(도비) [0000]
鞞 鞞琫(병봉) [0002]
鞞 鞞芾(병불) [0000]
鞞 鞞鼓(비고) [0032]
駓 駓駓(비비) [0000]
駓 駓然(비연) [0070]
儐 儐豆(빈두) [0042]
儐 儐畔(빈반) [0010]
儐 儐相(빈상) [0052]
擯 滅擯(멸빈) [3200]
擯 排擯(배빈) [3200]
擯 擯却(빈각) [0030]
擯 擯介(빈개) [0032]
擯 擯攻(빈공) [0040]
擯 擯棄(빈기) [0030]
擯 擯相(빈상) [0052]
擯 擯斥(빈척) [0030]
擯 斥擯(척빈) [3000]
繽 繽翻(빈번) [0000]
繽 繽粉(빈분) [0040]
蘋 綠蘋(녹빈) [6000]
蘋 白蘋(백빈) [8000]
蘋 蘋果(빈과) [0062]
蘋 蘋蘩(빈번) [0000]
蘋 蘋藻(빈조) [0010]

蘋	青蘋(청빈)	[8000]
豳	豳文(반문)	[0070]
豳	豳歌(빈가)	[0070]
豳	豳公(빈공)	[0062]
豳	豳風(빈풍)	[0062]
邠	去邠(거빈)	[5000]
邠	邠國(빈국)	[0080]
邠	邠盼(빈반)	[0002]
邠	邠詩(빈시)	[0042]
邠	邠風(빈풍)	[0062]
鬢	綠鬢(녹빈)	[6000]
鬢	白鬢(백빈)	[8000]
鬢	鬢角(빈각)	[0062]
鬢	鬢毛(빈모)	[0042]
鬢	鬢髮(빈발)	[0040]
鬢	鬢霜(빈상)	[0032]
鬢	鬢棗(빈조)	[0010]
鬢	鬢腫(빈종)	[0010]
鬢	鬢瘡(빈창)	[0010]
鬢	霜鬢(상빈)	[3200]
鬢	雪鬢(설빈)	[6200]
鬢	鬚鬢(수빈)	[0200]
鬢	雙鬢(쌍빈)	[3200]
鬢	雅鬢(아빈)	[3200]
鬢	兩鬢(양빈)	[4200]
鬢	玉鬢(옥빈)	[4200]
鬢	雲鬢(운빈)	[5200]
璸	璸暉(빈휘)	[0002]
蠙	蠙蚌(빈방)	[0002]
蠙	蠙珠(빈주)	[0032]
傞	傞傞(사사)	[0000]
傞	傞俄(사아)	[0010]
傞	醉傞(취사)	[3200]
榭	廣榭(광사)	[5200]
榭	樓榭(누사)	[3200]
榭	臺榭(대사)	[3200]
榭	月榭(월사)	[8000]
榭	亭榭(정사)	[3200]
榭	層榭(층사)	[4000]
汜	濛汜(몽사)	[0000]
汜	蒙汜(몽사)	[3200]
汜	沱汜(타사)	[0000]
笥	巾笥(건사)	[1000]
笥	筐笥(광사)	[0200]
笥	笥櫝(사독)	[0000]
笥	笥腹(사복)	[0032]
笥	衣笥(의사)	[6000]
鯊	鋸鯊(거사)	[0200]
鯊	冠鯊(관사)	[3200]
鯊	猫鯊(묘사)	[1000]
鯊	鯊鼓(사고)	[0032]
鯊	鯊翅(사시)	[0002]
鯊	鯊魚(사어)	[0050]
鯊	鯊皮(사피)	[0032]
鯊	茁鯊(절사)	[0200]
戺	戺庭(사정)	[0062]
戺	戺陛(사폐)	[0010]
簑	簑笠(사립)	[0010]
簑	簑翁(사옹)	[0030]
簑	簑衣(사의)	[0060]
簑	一簑(일사)	[8000]
耜	耒耜(뇌사)	[0000]
耜	耨耜(누사)	[0000]
耜	耜鐵(사철)	[0050]
葸	葸葸(사사)	[0000]
葸	葸愼(사신)	[0032]
葸	畏葸(외사)	[3000]
蓰	倍蓰(배사)	[5000]
蓰	蓰蓰(사사)	[0000]
蓰	離蓰(이사)	[4000]
鑠	鑠閃(삭섬)	[0010]
鑠	鑠穎(삭영)	[0002]
鑠	鎔鑠(용삭)	[1200]
鑠	矍鑠(확삭)	[0000]
潸	潸慨(산개)	[0030]
潸	潸淚(산루)	[0030]
潸	潸流(산류)	[0052]
潸	潸潸(산산)	[0000]
潸	潸焉(산언)	[0030]
潸	潸然(산연)	[0070]
潸	潸悵(산창)	[0000]
潸	潸泫(산현)	[0002]
歃	歃盟(삽맹)	[0032]
歃	歃血(삽혈)	[0042]
歃	歃會(삽회)	[0062]
塽	塽塏(상개)	[0012]
殤	嫁殤(가상)	[1000]
殤	三殤(삼상)	[8000]
殤	殤宮(상궁)	[0042]
殤	殤服(상복)	[0060]
殤	殤死(상사)	[0060]
殤	上殤(상상)	[7200]
殤	殤殀(상요)	[0000]
殤	殤子(상자)	[0072]
殤	夭殤(요상)	[1000]
殤	長殤(장상)	[8000]
殤	中殤(중상)	[8000]
殤	彭殤(팽상)	[1200]
殤	下殤(하상)	[7200]
顙	稽顙(계상)	[0200]
顙	頓顙(돈상)	[1200]
顙	博顙(박상)	[4200]
顙	顙骨(상골)	[0040]
顙	顙子(상자)	[0072]
顙	顙泚(상체)	[0000]
顙	額顙(액상)	[0000]
顙	頏顙(항상)	[0000]
眚	眚愆(생건)	[0002]
眚	眚目(생목)	[0060]
眚	眚災(생재)	[0050]
眚	一眚(일생)	[8000]
噬	搏噬(박서)	[1000]
噬	反噬(반서)	[6200]
噬	噬膚(서부)	[0020]

噬 噬臍(서제) [0002]
噬 噬呑(서탄) [0010]
噬 噬嗑(서합) [0000]
噬 犴噬(안서) [0000]
噬 咥噬(절서) [0000]
噬 呑噬(탄서) [1000]
噬 攫噬(확서) [0200]
湑 湑湑(서서) [0000]
湑 湑酒(서주) [0040]
湑 葉湑(엽서) [5000]
澨 海澨(해서) [7200]
紓 紓寬(서관) [0032]
紓 紓難(서난) [0042]
紓 紓力(서력) [0072]
紓 紓放(서방) [0062]
紓 紓迴(서회) [0020]
癙 癙憂(서우) [0032]
諝 才諝(재서) [6200]
腊 腊毒(석독) [0042]
腊 腊葉(석엽) [0050]
腊 腊肉(석육) [0042]
腊 腊田(석전) [0042]
舃 舃履(석리) [0032]
舃 舃鹹(석함) [0010]
舃 舃奕(석혁) [0002]
舃 赤舃(적석) [5000]
舃 靑舃(청석) [8000]
舃 奕舃(혁석) [0200]
鼫 鼫鼠(석서) [0010]
螫 蛇螫(사석) [3200]
螫 螫蝎(석갈) [0002]
螫 螫毒(석독) [0042]
螫 螫搏(석박) [0010]
螫 螫魚(석어) [0050]
螫 螫乳(석유) [0040]
螫 虺螫(훼석) [0000]
裼 袪裼(거석) [0000]
裼 襢裼(단석) [0000]
裼 裼裘(석구) [0000]
裼 裼襲(석습) [0032]
裼 裼衣(석의) [0060]
僎 僎賓(준빈) [0030]
墠 墠帷(선유) [0000]
墠 墠場(선장) [0072]
毨 毛毨(모선) [4200]
毨 毨毨(선선) [0000]
暬 暬御(설어) [0032]
紲 勒紲(늑설) [1000]
紲 紲羈(설기) [0000]
紲 紲絆(설반) [0010]
紲 紲袢(설반) [0000]
紲 紲食(설사) [0072]
挈 挈令(계령) [0050]
挈 掎挈(기결) [0000]
挈 挈家(설가) [0072]
挈 挈眷(설권) [0010]
挈 挈帶(설대) [0042]
挈 挈領(설령) [0050]
挈 挈缾(설병) [0000]
挈 挈幼(설유) [0032]
挈 挈提(설제) [0042]
挈 挈壺(설호) [0002]
挈 提挈(제설) [4200]
憸 憸狡(섬교) [0010]
憸 憸佞(섬녕) [0000]
憸 憸邪(섬사) [0032]
韘 韘觿(섭휴) [0000]
騂 騂剛(성강) [0032]
騂 騂弓(성궁) [0032]
騂 騂犢(성독) [0002]
騂 騂顔(성안) [0032]
帨 鞶帨(반세) [0000]
帨 帨巾(세건) [0010]
帨 帨鞶(세반) [0000]
埽 埽墓(소묘) [0040]
埽 埽除(소제) [0042]
埽 埽地(소지) [0070]
愬 愬告(소고) [0052]
愬 愬寃(소원) [0002]
繅 繅車(소거) [0072]
繅 繅綿(소면) [0032]
繅 繅絲(소사) [0040]
繅 繅出(소출) [0070]
繅 繅席(조석) [0060]
繅 繅藉(조자) [0010]
翛 翛颯(소삽) [0002]
翛 翛翛(소소) [0000]
翛 翛然(유연) [0070]
蛸 蠨蛸(소소) [0000]
霄 九霄(구소) [8000]
霄 凌霄(능소) [1000]
霄 丹霄(단소) [3200]
霄 半霄(반소) [6200]
霄 碧霄(벽소) [3200]
霄 霄駕(소가) [0010]
霄 霄景(소경) [0050]
霄 霄衢(소구) [0010]
霄 霄極(소극) [0042]
霄 霄練(소련) [0052]
霄 霄壤(소양) [0032]
霄 霄漢(소한) [0072]
霄 雲霄(운소) [5200]
霄 元霄(원소) [5200]
霄 中霄(중소) [8000]
霄 層霄(층소) [4000]
慅 慅擾(소요) [0010]
慅 慅兮(초혜) [0030]
蠨 蠨蛸(소소) [0000]
樕 樸樕(복속) [1000]
樕 樕樸(속복) [0010]
蔌 彔蔌(녹속) [0000]
蔌 蔌蔌(속속) [0000]
蔌 野蔌(야속) [6000]
蔌 肴蔌(효속) [0200]

餗	轂餗(곡속) [0000]
餗	餗餗(속속) [0000]
飧	簋飧(궤손) [0000]
飧	飧泄(손설) [0010]
飧	飧饔(손옹) [0002]
飧	飧錢(손전) [0040]
飱	簋飱(궤손) [0000]
飱	飱瀉(손사) [0010]
飱	飱泄(손설) [0010]
飱	饔飱(옹손) [0200]
蟀	蟋蟀(실솔) [0000]
竦	喬竦(교송) [1000]
竦	竦動(송동) [0072]
竦	竦身(송신) [0062]
竦	竦然(송연) [0070]
洒	洒心(세심) [0070]
洒	洒濯(세탁) [0030]
洒	洒落(쇄락) [0050]
洒	洒掃(쇄소) [0042]
洒	洒脫(쇄탈) [0040]
瑣	微瑣(미쇄) [3200]
瑣	煩瑣(번쇄) [3000]
瑣	細瑣(세쇄) [4200]
瑣	小瑣(소쇄) [8000]
瑣	瑣談(쇄담) [0050]
瑣	瑣末(쇄말) [0050]
瑣	瑣聞(쇄문) [0062]
瑣	瑣尾(쇄미) [0032]
瑣	瑣事(쇄사) [0072]
瑣	瑣散(쇄산) [0040]
瑣	瑣屑(쇄설) [0010]
瑣	瑣細(쇄세) [0042]
瑣	瑣小(쇄소) [0080]
瑣	瑣瑣(쇄쇄) [0000]
瑣	瑣碎(쇄쇄) [0010]
瑣	瑣言(쇄언) [0060]
瑣	瑣質(쇄질) [0052]
瑣	零瑣(영쇄) [3000]
瑣	青瑣(청쇄) [8000]
叟	耆叟(기수) [1200]
叟	老叟(노수) [7000]
叟	童叟(동수) [6200]
叟	眉叟(미수) [3000]
叟	白叟(백수) [8000]
叟	叟兵(수병) [0052]
叟	叟叟(수수) [0000]
叟	叟族(수족) [0060]
叟	野叟(야수) [6000]
叟	漁叟(어수) [5000]
叟	迂叟(우수) [1000]
叟	田叟(전수) [4200]
叟	釣叟(조수) [2000]
叟	智叟(지수) [4000]
叟	樵叟(초수) [1000]
叟	村叟(촌수) [7000]
售	買售(매수) [5000]
售	發售(발수) [6200]
售	售奸(수간) [0010]
售	售跡(수적) [0032]
售	出售(출수) [7000]
廋	廋辭(수사) [0040]
廋	廋隱(수은) [0040]
廋	廋蔽(수폐) [0030]
殳	戈殳(과수) [2000]
殳	祋殳(대수) [0000]
殳	殳書(수서) [0062]
殳	殳仗(수장) [0010]
殳	殳蟲(수충) [0042]
睟	睟穆(수목) [0012]
睟	睟顔(수안) [0032]
睟	睟容(수용) [0042]
睟	睟天(수천) [0070]
瞍	瞽瞍(고수) [0000]
瞍	矇瞍(몽수) [0000]
豎	內豎(내수) [7200]
豎	童豎(동수) [6200]
豎	牧豎(목수) [4200]
豎	小豎(소수) [8000]
豎	豎褐(수갈) [0010]
豎	豎櫃(수궤) [0010]
豎	豎童(수동) [0062]
豎	豎吏(수리) [0032]
豎	豎立(수립) [0072]
豎	豎臣(수신) [0052]
豎	豎窯(수요) [0010]
豎	豎儒(수유) [0040]
豎	豎子(수자) [0072]
豎	豎笛(수적) [0032]
豎	豎宦(수환) [0010]
豎	侍豎(시수) [3200]
豎	閹豎(엄수) [0000]
豎	麗豎(여수) [4200]
豎	逆豎(역수) [4200]
豎	樵豎(초수) [1000]
檖	檖羅(수라) [0042]
穟	麥穟(맥수) [3200]
穟	穟穟(수수) [0000]
繻	繻券(수권) [0040]
繻	繻子(수자) [0072]
俶	俶擾(숙요) [0010]
俶	俶裝(숙장) [0040]
俶	俶獻(숙헌) [0032]
俶	俶儻(척당) [0000]
橚	橚麥(숙맥) [0032]
橚	橚茂(숙무) [0032]
橚	橚爽(숙상) [0010]
橚	橚橚(숙숙) [0000]
橚	橚矗(숙촉) [0002]
肫	肫懇(순간) [0032]
肫	肫宏(순굉) [0010]
肫	肫篤(순독) [0030]
肫	肫肫(순순) [0000]
肫	肫惻(순측) [0010]
肫	鴉肫(아순) [0200]

鶉	鶉褐(순갈) [0010]
鶉	鶉居(순거) [0040]
鶉	鶉灸(순구) [0010]
鶉	鶉肉(순육) [0042]
鶉	鶉衣(순의) [0060]
鶉	鶉火(순화) [0080]
鶉	懸鶉(현순) [3200]
犉	犉牡(순모) [0010]
郇	郇庖(순포) [0010]
熠	熠沒(습몰) [0032]
熠	熠熠(습습) [0000]
熠	熠然(습연) [0070]
熠	熠燿(습요) [0002]
熠	熠煜(습욱) [0012]
隰	隰坰(습경) [0002]
隰	隰畔(습반) [0010]
隰	原隰(원습) [5000]
偲	美偲(미시) [6000]
偲	偲偲(시시) [0000]
兕	兕甲(시갑) [0040]
兕	兕虎(시호) [0032]
塒	塒鷄(시계) [0040]
塒	塒圈(시권) [0020]
枲	枲麻(시마) [0032]
枲	枲實(시실) [0052]
枲	枲耳(시이) [0050]
枲	枲著(시착) [0032]
枲	枲袍(시포) [0010]
緦	緦功(시공) [0062]
緦	緦冠(시관) [0032]
緦	緦麻(시마) [0032]
緦	緦服(시복) [0060]
緦	緦緦(시시) [0000]
緦	緦親(시친) [0060]
緦	緦布(시포) [0042]
諟	諟正(시정) [0072]
諟	諟諦(시체) [0010]
釃	釃酒(시주) [0040]
釃	釃尊(시준) [0042]
釃	釃浚(시준) [0012]
鳲	鳲鳩(시구) [0010]
鳲	鳲梟(시효) [0002]
哂	哂笑(신소) [0042]
哂	哂歎(신탄) [0040]
哂	哂謔(신학) [0010]
贐	密贐(밀신) [4200]
贐	贐敬(신경) [0052]
贐	贐禮(신례) [0060]
贐	贐物(신물) [0072]
贐	贐私(신사) [0040]
贐	贐儀(신의) [0040]
贐	贐資(신자) [0040]
贐	贐錢(신전) [0040]
贐	贐行(신행) [0060]
贐	贐貨(신화) [0042]
駪	馬駪(마신) [5000]
駪	駪駪(신신) [0000]
駪	駪征(신정) [0032]
甡	甡鹿(신록) [0030]
甡	甡植(신식) [0070]
甡	甡甡(신신) [0000]
蟋	蟋蟀(실솔) [0000]
諗	諗知(심지) [0052]
迓	迓勞(아로) [0052]
迓	迓承(아승) [0042]
迓	迓迎(아영) [0040]
迓	迓人(아인) [0080]
迓	迓衡(아형) [0032]
咢	驚咢(경악) [4000]
咢	咢咢(악악) [0000]
咢	咢布(악포) [0042]
犴	犴噬(안서) [0000]
犴	犴訟(안송) [0032]
犴	犴獄(안옥) [0032]
鴈	落鴈(낙안) [5000]
鴈	鳧鴈(부안) [0200]
鴈	禮鴈(예안) [6000]
揠	揠苗(알묘) [0030]
揠	揠補(알보) [0032]
訐	訐激(계격) [0040]
訐	告訐(고알) [5200]
訐	非訐(비알) [4200]
訐	訐奸(알간) [0010]
訐	訐訴(알소) [0032]
訐	訐揚(알양) [0032]
訐	訐嗾(알주) [0010]
訐	傲訐(요알) [0000]
遏	禁遏(금알) [4200]
遏	防遏(방알) [4200]
遏	遏迦(알가) [0012]
遏	遏過(알과) [0052]
遏	遏滅(알멸) [0032]
遏	遏密(알밀) [0042]
遏	遏惡(알악) [0052]
遏	遏抑(알억) [0032]
遏	遏絶(알절) [0042]
遏	遏情(알정) [0052]
遏	遏止(알지) [0050]
遏	遏奪(알탈) [0032]
遏	遏血(알혈) [0042]
遏	夭遏(요알) [1000]
遏	沮遏(서알) [2000]
遏	遮遏(차알) [2000]
頞	蹙頞(축알) [0200]
頞	顣頞(축알) [0000]
戛	磽戛(교알) [0000]
戛	戛擊(알격) [0040]
戛	戛戛(알알) [0000]
戛	戛然(알연) [0070]
戛	戛箏(알쟁) [0002]
戛	戛齒(알치) [0042]
歹	歹徒(대도) [0040]
歹	歹話(대화) [0072]
黯	黯黮(암담) [0000]

黯 黯黯(암암) [0000]
黯 黯靄(암애) [0010]
黯 黯然(암연) [0070]
黯 黯冉(암염) [0000]
黯 黯沮(암저) [0020]
黯 黯敝(암폐) [0000]
黯 黯黑(암흑) [0050]
卬 卬角(앙각) [0062]
卬 卬曲(앙곡) [0050]
卬 卬望(앙망) [0052]
卬 卬鼻(앙비) [0050]
泱 泱軋(앙알) [0010]
泱 泱泱(앙앙) [0000]
泱 泱瀼(앙양) [0000]
泱 泱鬱(앙울) [0020]
泱 泱蕩(앙탕) [0010]
泱 泱泱(영영) [0000]
盎 盎盎(앙앙) [0000]
盎 盎然(앙연) [0070]
盎 盎盂(앙우) [0002]
盎 盎溢(앙일) [0010]
盎 盎齊(앙제) [0032]
盎 盎酒(앙주) [0040]
鞅 馬鞅(마앙) [5000]
鞅 鞅勒(앙륵) [0010]
鞅 鞅絆(앙반) [0010]
鞅 鞅掌(앙장) [0032]
僾 僾逮(애체) [0030]
藹 菴藹(암애) [0200]
藹 藹藹(애애) [0000]
藹 藹如(애여) [0042]
藹 藹然(애연) [0070]
藹 藹鬱(애울) [0020]
藹 藹彩(애채) [0032]
藹 黝藹(유애) [0000]
藹 和藹(화애) [6200]
餲 餲饐(애의) [0000]
餲 饐餲(의애) [0000]
戹 戹苦(액고) [0060]
戹 戹運(액운) [0062]
阨 迫阨(박액) [3200]
阨 阨曲(애곡) [0050]
阨 阨險(애험) [0040]
阨 阨困(액곤) [0040]
阨 阨窮(액궁) [0040]
阨 阨塞(액색) [0032]
阨 阨阱(액정) [0000]
阨 險阨(험액) [4000]
頟 廣頟(광액) [5200]
頟 頟骨(액골) [0040]
頟 頟顙(액상) [0000]
頟 頟頟(액액) [0000]
嚶 嚶鳴(앵명) [0040]
嚶 呦嚶(유앵) [0000]
籥 錧籥(관약) [0000]
籥 管籥(관약) [4000]
籥 舞籥(무약) [4000]
籥 捫籥(문약) [0000]
籥 籥口(약구) [0070]
籥 籥牡(약모) [0010]
籥 籥舞(약무) [0040]
籥 籥師(약사) [0042]
籥 葦籥(위약) [0200]
籥 橐籥(탁약) [0000]
瀹 瀹茶(약다) [0032]
瀹 瀹茗(약명) [0002]
瀹 瀹疎(약소) [0010]
瀹 瀹祭(약제) [0042]
漾 漾開(양개) [0060]
漾 漾泊(양박) [0030]
漾 漾漾(양양) [0000]
漾 漾舟(양주) [0030]
漾 漾馳(양치) [0010]
漾 蕩漾(탕양) [1000]
漾 波漾(파양) [4200]
瀼 泱瀼(앙양) [0000]
瀼 瀼泄(양설) [0010]
瀼 瀼瀼(양양) [0000]
颺 賡颺(갱양) [0000]
颺 颺去(양거) [0050]
颺 颺籃(양람) [0010]
颺 颺纍(양루) [0000]
颺 颺扇(양선) [0010]
颺 颺聲(양성) [0042]
颺 颺言(양언) [0060]
颺 迤颺(이양) [0000]
颺 飄颺(표양) [1000]
鍚 鍚面(양면) [0070]
圉 彊圉(강어) [1200]
圉 強圉(강어) [6000]
圉 圉空(어공) [0072]
圉 圉牧(어목) [0042]
圉 圉臣(어신) [0052]
圉 圉人(어인) [0080]
圉 豢圉(환어) [0000]
敔 枳敔(지어) [1000]
敔 柷敔(축어) [0000]
飫 酣飫(감어) [0000]
飫 飫經(어경) [0042]
飫 飫聞(어문) [0062]
飫 飫賜(어사) [0030]
飫 飫饒(어요) [0010]
飫 饜飫(염어) [0000]
嶷 歧嶷(기억) [0000]
嶷 嶷岌(억급) [0000]
嶷 嶷爽(억상) [0010]
嶷 嵬嶷(외의) [0200]
唁 唁勞(언로) [0052]
唁 唁奠(언전) [0010]
鰋 鰋魚(언어) [0050]
臬 臬極(얼극) [0042]
臬 臬兀(얼올) [0002]
臬 臬憲(얼헌) [0040]
孽 孽兄(얼형) [0080]

孽	釁孽(흔얼) [0000]	嶧	嶧陽(역양) [0060]	冄	黯冄(암염) [0000]
臲	臲業(얼업) [0062]	懌	懌氣(역기) [0072]	冄	奄冄(엄염) [1000]
臲	臲卼(얼올) [0000]	懌	懌懷(역회) [0032]	冄	冄鎌(염겸) [0002]
閹	閹官(엄관) [0042]	懌	懽懌(환역) [0000]	冄	冄求(염구) [0042]
閹	閹黨(엄당) [0042]	淢	淢汨(역율) [0000]	冄	冄弱(염약) [0062]
閹	閹茂(엄무) [0032]	閾	識閾(식역) [5200]	冄	冄冄(염염) [0000]
閹	閹豎(엄수) [0000]	閾	閾內(역내) [0072]	冄	冄進(염진) [0042]
閹	閹竪(엄수) [0010]	閾	閾外(역외) [0080]	檿	檿絲(염사) [0040]
閹	閹寺(엄시) [0042]	閾	閾闈(역위) [0000]	檿	檿桑(염상) [0032]
閹	閹然(엄연) [0070]	閾	閾値(역치) [0032]	檿	檿弧(염호) [0010]
閹	閹人(엄인) [0080]	閾	閾下(역하) [0072]	饜	饜見(염견) [0052]
閹	閹割(엄할) [0032]	埸	疆埸(강역) [1200]	饜	饜食(염식) [0072]
閹	閹宦(엄환) [0010]	棫	棫樸(역복) [0010]	饜	饜飫(염어) [0000]
閹	天閹(천엄) [7000]	鶂	鶂路(역로) [0060]	饜	饜足(염족) [0072]
揜	揜蓋(엄개) [0032]	鶂	鶂鶂(역역) [0000]	猋	猋飛(염비) [0042]
揜	揜顧(엄고) [0030]	鶂	鶂鶂(예예) [0000]	猋	猋絶(염절) [0042]
揜	揜抑(엄억) [0032]	鷊	鷊綬(역수) [0002]	猋	猋擧(표거) [0050]
揜	揜蔽(엄폐) [0030]	悁	悁急(견급) [0062]	猋	猋起(표기) [0042]
渰	渰溺(엄닉) [0020]	悁	悁勤(연근) [0040]	猋	猋忽(표홀) [0032]
渰	渰爛(엄란) [0020]	悁	悁忿(연분) [0010]	燄	幻燄(환염) [2000]
渰	渰漏(엄루) [0032]	悁	悁憂(연우) [0032]	饁	饁稼(엽가) [0010]
渰	渰死(엄사) [0060]	掾	掾吏(연리) [0032]	饁	饁具(엽구) [0052]
渰	渰殺(엄살) [0042]	掾	掾屬(연속) [0040]	饁	饁獸(엽수) [0032]
渰	渰渰(엄엄) [0000]	掾	掾佐(연좌) [0030]	咏	咏歌(영가) [0070]
渰	渰雲(엄운) [0052]	蜎	蜎動(연동) [0072]	咏	咏詩(영시) [0042]
渰	渰浸(엄침) [0032]	蜎	蜎蜎(연연) [0000]	咏	咏吟(영음) [0030]
旟	旟旟(여여) [0000]	蜎	蜎蠋(연촉) [0000]	咏	咏唱(영창) [0050]
旟	旟隼(여준) [0000]	蜎	蜎蟹(연해) [0002]	嬴	輸嬴(수영) [3200]
旟	旌旟(정여) [1200]	醼	醼樂(연락) [0062]	嬴	餘嬴(여영) [4200]
旟	旐旟(조여) [0000]	醼	醼飮(연음) [0062]	嬴	嬴蓋(영개) [0032]
旟	隼旟(준여) [0000]	醼	醼集(연집) [0062]	嬴	嬴得(영득) [0042]
洳	墊洳(점여) [0000]	醼	醼享(연향) [0030]	嬴	嬴縮(영축) [0040]
畬	畬耕(사경) [0032]	噎	膈噎(격열) [1000]	縈	縈牽(영견) [0030]
畬	畬田(여전) [0042]	噎	噎膈(열격) [0010]	縈	縈結(영결) [0052]
畬	畬丁(여정) [0040]	噎	噎嘔(열구) [0010]	縈	縈繫(영계) [0030]
畬	畬菑(여치) [0000]	噎	噎氣(열기) [0072]	縈	縈帶(영대) [0042]
畬	菑畬(치여) [0000]	噎	噎塞(열색) [0032]	縈	縈薄(영박) [0032]
鸒	鸒斯(여사) [0030]	噎	五噎(오열) [8000]	縈	縈絲(영사) [0040]

縈	縈旋(영선) [0032]
縈	縈廻(영회) [0020]
贏	贏家(영가) [0072]
贏	贏闕(영궐) [0020]
贏	贏得(영득) [0042]
贏	贏落(영락) [0050]
贏	贏糧(영량) [0040]
贏	贏利(영리) [0062]
贏	贏羨(영선) [0010]
贏	贏輸(영수) [0032]
贏	贏餘(영여) [0042]
贏	贏財(영재) [0052]
贏	贏縮(영축) [0040]
郢	郢客(영객) [0052]
郢	郢曲(영곡) [0050]
郢	郢路(영로) [0060]
郢	郢書(영서) [0062]
郢	郢聲(영성) [0042]
郢	郢人(영인) [0080]
郢	郢匠(영장) [0010]
攖	攖寧(영녕) [0032]
攖	攖當(영당) [0052]
攖	攖鱗(영린) [0010]
攖	攖挽(영만) [0010]
攖	攖拂(영불) [0032]
睨	睨望(예망) [0052]
睨	睨視(예시) [0042]
睨	睨詰(예힐) [0010]
睨	傲睨(오예) [3000]
翳	掩翳(엄예) [1000]
翳	翳景(예경) [0050]
翳	翳鳳(예봉) [0032]
翳	翳屬(예속) [0040]
翳	翳如(예여) [0042]
翳	翳翳(예예) [0000]
翳	翳鬱(예울) [0020]
翳	翳蔽(예폐) [0030]
翳	翳薈(예회) [0000]
翳	雲翳(운예) [5200]
翳	圓翳(원예) [4200]
翳	陰翳(음예) [4200]
翳	岑翳(잠예) [0200]
翳	障翳(장예) [4200]
翳	萋翳(처예) [0000]
翳	菑翳(치예) [0000]
翳	黑翳(흑예) [5000]
蕊	蓮蕊(연예) [3200]
蕊	蕊簡(예간) [0040]
蕊	蕊宮(예궁) [0042]
蕊	蕊榜(예방) [0010]
蕊	蕊粉(예분) [0040]
蕊	蕊柱(예주) [0032]
蕊	蕊黃(예황) [0060]
蕊	雄蕊(웅예) [5000]
蕊	雌蕊(자예) [2000]
蕊	花蕊(화예) [7000]
蚋	蚊蚋(문예) [1000]
鷖	鷖輅(예로) [0002]
鷖	鷖彌(예미) [0012]
鷖	鷖總(예총) [0042]
麑	麑裘(예구) [0000]
麑	麑卵(예란) [0040]
麑	麑鹿(예록) [0030]
麑	麑衣(예의) [0060]
勩	勩勤(예근) [0040]
堄	埤堄(비예) [0000]
堄	垤堄(질예) [0000]
橤	橤橤(예예) [0000]
橤	花橤(화예) [7000]
瘞	望瘞(망예) [5200]
瘞	瘞坎(예감) [0002]
瘞	瘞斂(예렴) [0010]
瘞	瘞埋(예매) [0030]
瘞	瘞安(예안) [0072]
瘞	瘞玉(예옥) [0042]
瘞	瘞藏(예장) [0032]
瘞	瘞錢(예전) [0040]
瘞	瘞重(예중) [0070]
瘞	瘞置(예치) [0042]
瘞	禋瘞(인예) [0000]
羿	羿彀(예구) [0000]
輗	輗軏(예월) [0000]
輗	軏輗(월예) [0000]
忤	客忤(객오) [5200]
忤	見忤(견오) [5200]
忤	乖忤(괴오) [1000]
忤	咈忤(불오) [0000]
忤	忤慢(오만) [0030]
忤	忤視(오시) [0042]
忤	忤逆(오역) [0042]
忤	忤耳(오이) [0050]
忤	忤旨(오지) [0020]
忤	違忤(위오) [3000]
忤	人忤(인오) [8000]
忤	燭忤(촉오) [3000]
汙	潦汙(노오) [0000]
汙	汙官(오관) [0042]
汙	汙垢(오구) [0010]
汙	汙泥(오니) [0032]
汙	汙瀆(오독) [0010]
汙	汙萊(오래) [0012]
汙	汙隆(오륭) [0032]
汙	汙穢(오예) [0010]
汙	汙辱(오욕) [0032]
汙	赭汙(자오) [0000]
汙	玷汙(점오) [0000]
隩	隩區(오구) [0060]
隩	隩愛(오애) [0060]
隩	隩隅(오우) [0010]
隩	塗隩(도오) [3000]
隩	隩隩(욱욱) [0000]
隩	隩宅(욱택) [0052]
奡	奡兀(오올) [0002]
杇	杇刀(오도) [0032]

杇	杇墁(오만)	[0000]
杇	杇人(오인)	[0080]
鋈	鋈器(옥기)	[0042]
鋈	鋈錞(옥대)	[0002]
鋈	鋈銑(옥선)	[0010]
鋈	鋈續(옥속)	[0042]
媼	老媼(노온)	[7000]
媼	媒媼(매온)	[3200]
媼	媼嫗(온구)	[0000]
媼	媼神(온신)	[0062]
媼	翁媼(옹온)	[3000]
媼	乳媼(유온)	[4000]
媼	才媼(재온)	[6200]
媼	尊媼(존온)	[4200]
慍	慍怒(온노)	[0042]
慍	慍懟(온대)	[0000]
慍	慍憤(온분)	[0040]
慍	慍色(온색)	[0070]
慍	慍容(온용)	[0042]
慍	慍意(온의)	[0062]
醞	宮醞(궁온)	[4200]
醞	內醞(내온)	[7200]
醞	法醞(법온)	[5200]
醞	尙醞(상온)	[3200]
醞	宣醞(선온)	[4000]
醞	御醞(어온)	[3200]
醞	醞釀(온양)	[0010]
醞	醞藉(온자)	[0010]
醞	醞織(온직)	[0040]
醞	香醞(향온)	[4200]
韞	韞價(온가)	[0052]
韞	韞匵(온독)	[0000]
韞	韞玉(온옥)	[0042]
韞	韞晦(온회)	[0010]
卼	臲卼(얼올)	[0000]
卼	卼卼(올올)	[0000]
卼	危卼(위올)	[4000]
杌	檮杌(도올)	[0000]
杌	杌牀(올상)	[0002]
杌	杌子(올자)	[0072]
杌	杌樗(올저)	[0002]
廱	廱君(옹군)	[0040]
廱	廱穆(옹목)	[0012]
廱	廱蔽(옹폐)	[0030]
雝	雝渠(옹거)	[0010]
雝	雝鳴(옹명)	[0040]
雝	雝穆(옹목)	[0012]
雝	雝雝(옹옹)	[0000]
雝	雝容(옹용)	[0042]
雝	雝蔽(옹폐)	[0030]
顒	顒企(옹기)	[0032]
顒	顒祈(옹기)	[0032]
顒	顒戴(옹대)	[0020]
顒	顒望(옹망)	[0052]
顒	顒昂(옹앙)	[0002]
顒	顒若(옹약)	[0032]
顒	顒顒(옹옹)	[0000]
顒	顒祝(옹축)	[0050]
顒	顒候(옹후)	[0040]
盌	鼈盌(별완)	[1000]
盌	小盌(소완)	[8000]
盌	盌遂(완수)	[0030]
盌	盌脣(완순)	[0030]
盌	盌脫(완탈)	[0040]
騧	騧騮(과류)	[0000]
騧	騧馬(과마)	[0050]
喓	喓喝(요갈)	[0010]
傜	傜力(요력)	[0072]
傜	傜賦(요부)	[0032]
傜	傜稅(요세)	[0042]
傜	傜戍(요수)	[0010]
傜	傜役(요역)	[0032]
傜	傜合(요합)	[0060]
傜	雜傜(잡요)	[4000]
儌	儌劫(요겁)	[0010]
儌	儌道(요도)	[0072]
儌	儌倖(요행)	[0002]
殀	殤殀(상요)	[0000]
殀	殀亡(요망)	[0050]
殀	殀殂(요조)	[0000]
殀	殀札(요찰)	[0020]
蕘	蕘牧(요목)	[0042]
蕘	蕘豎(요수)	[0010]
蕘	蕘子(요자)	[0072]
蕘	蕘花(요화)	[0070]
蕘	芻蕘(추요)	[1000]
葽	葽繞(요요)	[0002]
鷕	鷕氣(요기)	[0072]
鷕	鷕鳴(요명)	[0040]
鷕	鷕鷕(요요)	[0000]
宂	宂怯(용겁)	[0010]
宂	宂官(용관)	[0042]
宂	宂多(용다)	[0060]
宂	宂談(용담)	[0050]
宂	宂沓(용답)	[0002]
宂	宂吏(용리)	[0032]
宂	宂漫(용만)	[0030]
宂	宂務(용무)	[0042]
宂	宂文(용문)	[0070]
宂	宂煩(용번)	[0030]
宂	宂倂(용병)	[0020]
宂	宂兵(용병)	[0052]
宂	宂費(용비)	[0050]
宂	宂語(용어)	[0070]
宂	宂穢(용예)	[0010]
宂	宂用(용용)	[0062]
宂	宂員(용원)	[0042]
宂	宂雜(용잡)	[0040]
宂	宂將(용장)	[0042]
宂	宂長(용장)	[0080]
宂	宂筆(용필)	[0052]
宂	宂話(용화)	[0072]
俁	俁然(우연)	[0070]
俁	俁俁(우우)	[0000]

吁	吁咈(우불)	[0000]
吁	吁嗟(우차)	[0010]
吁	長吁(장우)	[8000]
堣	堣夷(우이)	[0030]
盱	盱衡(우형)	[0032]
盱	盱睢(우휴)	[0000]
盱	睢盱(휴우)	[0000]
耦	配耦(배우)	[4200]
耦	妃耦(비우)	[3200]
耦	耦居(우거)	[0040]
耦	耦耕(우경)	[0032]
耦	耦俱(우구)	[0030]
耦	耦立(우립)	[0072]
耦	耦語(우어)	[0070]
耦	耰耦(우우)	[0000]
耦	耦刺(우자)	[0032]
耦	作耦(작우)	[6200]
耦	敵耦(적우)	[4200]
耦	匹耦(필우)	[3000]
耰	耰鋤(우서)	[0002]
耰	耰耦(우우)	[0000]
踽	踽涼(우량)	[0032]
踽	踽步(우보)	[0042]
踽	踽踽(우우)	[0000]
麀	麀鹿(우록)	[0030]
麀	麀聚(우취)	[0012]
麌	牡麌(모우)	[1000]
麌	麌麌(우우)	[0000]
噳	噳噳(우우)	[0000]
噳	噳爾(우이)	[0010]
懮	懮怛(우달)	[0000]
懮	懮受(유수)	[0042]
懮	慅懮(조우)	[0000]
懮	慼懮(척우)	[0000]
訏	訏謀(우모)	[0032]
訏	訏誣(우무)	[0010]
訏	訏猷(우유)	[0002]
訏	訏兪(우유)	[0012]
訏	訏策(우책)	[0032]
訧	訧端(우단)	[0042]
燠	袢燠(번욱)	[0000]
燠	涼燠(양욱)	[3200]
燠	燠沐(욱목)	[0020]
燠	燠室(욱실)	[0080]
燠	燠熱(욱열)	[0050]
燠	燠日(욱일)	[0080]
燠	燠火(욱화)	[0080]
燠	寒燠(한욱)	[5000]
沄	沄涌(운용)	[0010]
沄	沄沄(운운)	[0000]
沄	泫沄(현운)	[0200]
篔	篔房(운방)	[0042]
菀	楛菀(고울)	[0000]
菀	棘菀(극원)	[1000]
菀	菀柳(울류)	[0040]
菀	菀勃(울발)	[0010]
菀	菀桑(울상)	[0032]
菀	菀菀(울울)	[0000]
菀	菀牧(원목)	[0042]
菀	菀茂(원무)	[0032]
菀	紫菀(자완)	[3200]
刖	刖脚(월각)	[0032]
刖	刖跪(월궤)	[0000]
刖	刖足(월족)	[0072]
刖	刖刑(월형)	[0040]
刖	劓刖(의월)	[0000]
軏	輗軏(예월)	[0000]
軏	軏輗(월예)	[0000]
喟	喟然(위연)	[0070]
喟	喟喟(위위)	[0000]
喟	嘆喟(탄위)	[0200]
煒	光煒(광위)	[6200]
煒	煒管(위관)	[0040]
煒	煒發(휘발)	[0062]
煒	煒爗(휘엽)	[0012]
煒	煒煌(휘황)	[0010]
煒	煒煒(휘휘)	[0000]
闈	宮闈(궁위)	[4200]
闈	東闈(동위)	[8000]
闈	閾闈(역위)	[0000]
闈	闈門(위문)	[0080]
闈	闈箔(위박)	[0010]
闈	離闈(이위)	[4000]
闈	慈闈(자위)	[3200]
闈	庭闈(정위)	[6200]
闈	重闈(중위)	[7000]
韡	韡如(위여)	[0042]
韡	韡曄(위엽)	[0002]
呦	呦嚶(유앵)	[0000]
呦	呦呦(유유)	[0000]
囿	苑囿(원유)	[2000]
囿	園囿(원유)	[6000]
囿	囿苑(유원)	[0020]
囿	囿池(유지)	[0032]
囿	囿草(유초)	[0070]
帷	褰帷(건유)	[0000]
帷	經帷(경유)	[4200]
帷	薄帷(박유)	[3200]
帷	書帷(서유)	[6200]
帷	墠帷(선유)	[0000]
帷	幄帷(악유)	[0200]
帷	簾帷(염유)	[1000]
帷	帷堂(유당)	[0062]
帷	帷幕(유막)	[0032]
帷	帷箔(유박)	[0010]
帷	帷房(유방)	[0042]
帷	帷幄(유악)	[0002]
帷	帷子(유자)	[0072]
帷	帷帳(유장)	[0040]
帷	扆帷(의유)	[0000]
帷	帳帷(장유)	[4000]
揉	矯揉(교유)	[3000]
揉	紛揉(분유)	[3200]
揉	揉莒(유거)	[0000]

揉 揉摩(유마) [0020]
揉 揉撲(유박) [0010]
揉 揉制(유제) [0042]
揉 揉紙(유지) [0070]
揉 揉斮(유착) [0000]
牖 牖啓(유계) [0032]
牖 牖導(유도) [0042]
牖 牖迷(유미) [0030]
牖 牖民(유민) [0080]
牖 牖衷(유충) [0020]
牖 牖下(유하) [0072]
牖 牖戶(유호) [0042]
牖 窓牖(창유) [6200]
窬 窺窬(규유) [1000]
窬 窬木(유목) [0080]
窬 窬桶(유통) [0010]
籲 籲懇(유간) [0032]
籲 籲留(유류) [0042]
籲 籲俊(유준) [0030]
籲 籲天(유천) [0070]
籲 籲請(유청) [0042]
緌 緌纓(유영) [0002]
緌 緌緌(유유) [0000]
緌 緌章(유장) [0060]
莠 稂莠(낭유) [0000]
莠 狼莠(낭유) [1000]
莠 惡莠(악유) [5200]
莠 良莠(양유) [5200]
莠 莠命(유명) [0070]
莠 莠民(유민) [0080]
莠 莠言(유언) [0060]
鮪 鮪魚(유어) [0050]
黝 黝堊(우악) [0010]
黝 黝駒(유구) [0010]
黝 黝糾(유규) [0030]
黝 黝綠(유록) [0060]
黝 黝碧(유벽) [0032]
黝 黝色(유색) [0070]
黝 黝瘦(유수) [0010]
黝 黝藹(유애) [0000]
黝 黝鳥(유조) [0042]
黝 黝澤(유택) [0032]
嚅 嚅昧(유매) [0010]
楰 楰木(유목) [0080]
槱 槱蘇(유소) [0032]
槱 槱薪(유신) [0010]
槱 槱柞(유작) [0000]
滺 滺然(유연) [0070]
滺 滺滺(유유) [0000]
秞 秞秞(유유) [0000]
秞 秞爾(유이) [0010]
羑 羑里(유리) [0070]
褎 褎然(유연) [0070]
褎 褎褎(유유) [0000]
褎 豹褎(표수) [1000]
輶 輶車(유거) [0072]
輶 輶德(유덕) [0052]
輶 輶瀆(유독) [0010]
輶 輶薄(유박) [0032]
輶 輶軒(유헌) [0030]
醹 醹醴(유례) [0012]
狁 獫狁(험윤) [0000]
狁 玁狁(험윤) [0000]
汩 汩沒(골몰) [0032]
汩 淢汩(역율) [0000]
汩 汩汩(율율) [0000]
繘 繘井(율정) [0032]
鴥 鴥揚(율양) [0032]
嚚 嚚固(은고) [0050]
嚚 嚚童(은동) [0062]
憖 憖遺(은유) [0040]
憖 憖置(은치) [0042]
檼 檼栝(은괄) [0000]
訔 訔如(은여) [0042]
訔 訔訔(은은) [0000]
挹 挹降(읍강) [0040]
挹 挹婁(읍루) [0002]
挹 挹損(읍손) [0040]
挹 挹盈(읍영) [0012]
挹 挹注(읍주) [0062]
浥 浥乾(읍건) [0032]
浥 浥納(읍납) [0040]
浥 浥爛(읍란) [0020]
浥 浥淚(읍루) [0030]
浥 浥塵(읍진) [0020]
劓 黥劓(경의) [0000]
劓 劓辟(의벽) [0000]
劓 劓鼻(의비) [0050]
劓 劓刖(의월) [0000]
劓 劓刑(의형) [0040]
猗 猗儺(아나) [0010]
猗 猗那(아나) [0030]
猗 猗萎(아위) [0010]
猗 漣猗(연의) [1200]
猗 猗蘭(의란) [0032]
猗 猗靡(의미) [0010]
猗 猗違(의위) [0030]
猗 猗猗(의의) [0000]
饐 餲饐(애의) [0000]
饐 饐餲(의애) [0000]
饐 饐熱(의열) [0050]
扆 負扆(부의) [4000]
扆 扆闥(의달) [0000]
扆 扆旒(의류) [0002]
扆 扆帷(의유) [0000]
嶷 嶷嶷(억억) [0000]
嶷 嶷嶷(의의) [0000]
彝 棐彝(비이) [0000]
彝 彝斝(이가) [0000]
彝 彝鑑(이감) [0032]
彝 彝軌(이궤) [0030]
彝 彝倫(이륜) [0032]
彝 彝典(이전) [0052]
彝 彝訓(이훈) [0060]

洟	洟涕(이체) [0010]	頤	解頤(해이) [4200]	泆	泆湯(일탕) [0032]
洟	涕洟(체이) [1000]	弋	遊弋(유익) [4000]	泆	蕩泆(탕일) [1000]
訑	慢訑(만탄) [3000]	弋	弋器(익기) [0042]	衽	斂衽(염임) [1000]
訑	訑訑(이이) [0000]	弋	弋羅(익라) [0042]	衽	衽髮(임발) [0040]
訑	訑瞞(타만) [0010]	弋	弋獵(익렵) [0030]	衽	衽服(임복) [0060]
訑	訑言(타언) [0060]	弋	弋射(익사) [0040]	衽	衽席(임석) [0060]
迤	瀰迤(미이) [0000]	弋	弋獲(익획) [0032]	衽	衽接(임접) [0042]
迤	纚迤(사이) [0000]	弋	畋弋(전익) [0000]	衽	裯衽(주임) [0000]
迤	委迤(위이) [4000]	仞	九仞(구인) [8000]	袵	右袵(우임) [7200]
迤	迤久(이구) [0032]	仞	萬仞(만인) [8000]	袵	左袵(좌임) [7200]
迤	迤颺(이양) [0000]	仞	百仞(백인) [7000]	陾	陾陾(잉잉) [0000]
迤	迤迤(이이) [0000]	仞	仞積(인적) [0040]	孳	孳尾(자미) [0032]
迤	迤逗(타두) [0002]	仞	仞寒(인한) [0050]	孳	孳息(자식) [0042]
刵	刵刑(이형) [0040]	仞	千仞(천인) [7000]	孳	孳乳(자유) [0040]
刵	劓刵(의이) [0000]	夤	夤恪(인각) [0010]	孳	孳育(자육) [0070]
栮	栮桑(이상) [0032]	夤	夤夜(인야) [0060]	孳	孳孕(자잉) [0010]
樲	樲棘(이극) [0010]	夤	夤緣(인연) [0040]	孳	孳畜(자축) [0032]
苢	芣苢(부이) [0000]	禋	禋潔(인결) [0042]	柘	桑柘(상자) [3200]
詒	詒戒(이계) [0040]	禋	禋禮(인례) [0060]	柘	柘館(자관) [0032]
詒	詒厥(이궐) [0030]	禋	禋祀(인사) [0032]	柘	柘橋(자교) [0050]
詒	詒譏(이기) [0010]	禋	禋瘞(인예) [0000]	柘	柘榴(자류) [0002]
詒	詒誤(이오) [0042]	牣	牣積(인적) [0040]	柘	柘蠶(자잠) [0020]
詒	詒託(태탁) [0020]	訒	訒言(인언) [0060]	柘	柘袍(자포) [0010]
詒	詒騙(태편) [0010]	軔	發軔(발인) [6200]	柘	柘黃(자황) [0060]
頤	期頤(기이) [5000]	軔	軔車(인거) [0072]	粢	粢盛(자성) [0042]
頤	發頤(발이) [6200]	闉	闉跂(인기) [0000]	粢	粢醍(자제) [0002]
頤	頤光(이광) [0062]	闉	闉闍(인도) [0000]	粢	祭粢(제자) [4200]
頤	頤卦(이괘) [0010]	闉	闉阨(인액) [0030]	耔	耘耔(운자) [1000]
頤	頤氣(이기) [0072]	陻	陻窮(인궁) [0040]	胾	胾羹(자갱) [0010]
頤	頤老(이로) [0070]	陻	陻塞(인색) [0032]	玆	負玆(부자) [4000]
頤	頤使(이사) [0060]	陻	陻厄(인액) [0030]	玆	玆其(자기) [0032]
頤	頤神(이신) [0062]	駰	駰騏(인기) [0012]	玆	玆夷(자이) [0030]
頤	頤養(이양) [0052]	駰	駰原(인원) [0050]	玆	玆玆(자자) [0000]
頤	頤衛(이위) [0042]	泆	淫泆(음일) [3200]	訾	非訾(비자) [4200]
頤	頤指(이지) [0042]	泆	泆陽(일양) [0060]	訾	訾缺(자결) [0042]
頤	頤朶(이타) [0002]	泆	泆然(일연) [0070]	訾	訾咎(자구) [0002]
頤	程頤(정이) [4200]	泆	泆泆(일일) [0000]	訾	訾屈(자굴) [0040]
頤	支頤(지이) [4200]	泆	泆宕(일탕) [0010]	訾	訾給(자급) [0050]

訾	訾短(자단)	[0062]
訾	訾謗(자방)	[0010]
訾	訾省(자성)	[0062]
訾	訾怨(자원)	[0040]
訾	訾議(자의)	[0042]
訾	訾訾(자자)	[0000]
訾	訾責(자책)	[0052]
訾	訾毁(자훼)	[0030]
訾	毁訾(훼자)	[3000]
貲	貲遣(자견)	[0030]
貲	貲囊(자낭)	[0010]
貲	貲物(자물)	[0072]
貲	貲裝(자장)	[0040]
貲	貲橐(자탁)	[0000]
赭	代赭(대자)	[6200]
赭	渥赭(악자)	[0200]
赭	赭徒(자도)	[0040]
赭	赭面(자면)	[0070]
赭	赭山(자산)	[0080]
赭	赭色(자색)	[0070]
赭	赭石(자석)	[0060]
赭	赭堊(자악)	[0010]
赭	赭顔(자안)	[0032]
赭	赭汙(자오)	[0000]
赭	赭衣(자의)	[0060]
赭	赭斫(자작)	[0002]
赭	赭土(자토)	[0080]
赭	赭汗(자한)	[0032]
鎡	鎡基(자기)	[0052]
鎡	鎡貨(자화)	[0042]
秭	秭雉(자치)	[0012]
胏	乾胏(건자)	[3200]
胏	胏肝(폐간)	[0032]
胏	胏腑(폐부)	[0010]
胏	胏石(폐석)	[0060]
訿	潝訿(흡자)	[0000]
柞	楢柞(유작)	[0000]
柞	柞繭(작견)	[0010]
柞	柞木(작목)	[0080]
柞	柞薪(작신)	[0010]
柞	柞實(작실)	[0052]
柞	柞蠶(작잠)	[0020]
柞	柞作(저작)	[0062]
僝	僝功(잔공)	[0062]
僝	僝驟(잔취)	[0002]
戕	戕囊(장낭)	[0010]
戕	戕命(장명)	[0070]
戕	戕伐(장벌)	[0042]
戕	戕殺(장살)	[0042]
戕	戕賊(장적)	[0040]
戕	戕折(장절)	[0040]
戕	戕虐(장학)	[0020]
戕	戕害(장해)	[0052]
漳	漳防(장방)	[0042]
牂	敦牂(돈장)	[3000]
牂	牂柯(장가)	[0012]
牂	牂羊(장양)	[0042]
牂	牂雲(장운)	[0052]
牂	牂牂(장장)	[0000]
牂	牂羝(장저)	[0000]
萇	萇草(장초)	[0070]
萇	萇弘(장홍)	[0030]
鏘	鏗鏘(갱장)	[0000]
鏘	鏘鏗(장갱)	[0000]
鏘	鏘洋(장양)	[0060]
鏘	鏘然(장연)	[0070]
鏘	鏘湧(장용)	[0002]
鏘	鏘鏘(장장)	[0000]
粻	糗粻(구장)	[0000]
粻	餱粻(후장)	[0000]
纔	今纔(금재)	[6200]
纔	纔可(재가)	[0050]
纔	纔方(재방)	[0072]
纔	纔瞬(재순)	[0032]
纔	纔越(재월)	[0032]
纔	纔屬(재촉)	[0040]
齎	齎盜(재도)	[0040]
齎	齎發(재발)	[0062]
齎	齎送(재송)	[0042]
齎	齎志(재지)	[0042]
齎	齎獻(재헌)	[0032]
杼	機杼(기저)	[4000]
杼	大杼(대저)	[8000]
杼	飛杼(비저)	[4200]
杼	杼斗(서두)	[0042]
杼	杼情(서정)	[0052]
杼	杼機(저기)	[0040]
杼	杼梭(저사)	[0002]
杼	杼柚(저축)	[0010]
杼	栩杼(허서)	[0000]
氐	氐冬(저동)	[0070]
氐	氐星(저성)	[0042]
氐	氐首(저수)	[0052]
氐	氐宿(저수)	[0052]
氐	氐賤(저천)	[0032]
罝	罦罝(부저)	[0000]
罝	罝羅(저라)	[0042]
罝	罝網(저망)	[0020]
罝	罝罦(저부)	[0000]
罝	罝兎(저토)	[0032]
羝	牂羝(장저)	[0000]
羝	羝羊(서양)	[0042]
羝	羝乳(저유)	[0040]
苴	苴麻(저마)	[0032]
苴	苴杖(저장)	[0010]
苴	苴絰(저질)	[0000]
苴	苴布(저포)	[0042]
苴	苞苴(포저)	[0200]
砠	砠田(저전)	[0042]
筯	玉筯(옥저)	[4200]
糴	糴米(적미)	[0060]
糴	秋糴(추적)	[7000]
糴	閉糴(폐적)	[4000]
覿	私覿(사적)	[4000]

覿	覿見(적견)	[0052]
覿	覿面(적면)	[0070]
覿	覿武(적무)	[0042]
覿	覿見(적현)	[0052]
逖	疏逖(소적)	[3200]
逖	逖慕(적모)	[0032]
逖	逖成(적성)	[0062]
逖	逖遠(적원)	[0060]
逖	逖聽(적청)	[0040]
籊	籊籊(적적)	[0000]
籊	籊竹(적죽)	[0042]
趯	趯動(약동)	[0072]
趯	趯鞠(적국)	[0012]
趯	趯然(적연)	[0070]
趯	趯趯(적적)	[0000]
趯	趯筆(적필)	[0052]
踖	踖躩(적곽)	[0000]
踖	踖席(적석)	[0060]
踖	踖踖(적적)	[0000]
踖	踖踧(적축)	[0000]
踖	踧踖(축적)	[0000]
巓	山巓(산전)	[8000]
巓	巓倒(전도)	[0032]
巓	巓疾(전질)	[0032]
巓	絶巓(절전)	[4200]
戩	戩穀(전곡)	[0040]
戩	戩福(전복)	[0052]
旃	旃褐(전갈)	[0010]
旃	旃裘(전구)	[0000]
旃	旃檀(전단)	[0042]
旃	旃毛(전모)	[0042]
旃	旃蒙(전몽)	[0032]
旃	旃旌(전정)	[0012]
旃	旃毳(전취)	[0000]
旃	旃廈(전하)	[0002]
旃	旆旃(패전)	[0000]
畋	畋獵(전렵)	[0030]
畋	畋食(전식)	[0072]
畋	畋漁(전어)	[0050]
畋	畋弋(전익)	[0000]
翦	翦刻(전각)	[0040]
翦	翦甲(전갑)	[0040]
翦	翦江(전강)	[0072]
翦	翦鯨(전경)	[0010]
翦	翦徑(전경)	[0032]
翦	翦棘(전극)	[0010]
翦	翦頭(전두)	[0060]
翦	翦落(전락)	[0050]
翦	翦翎(전령)	[0002]
翦	翦毛(전모)	[0042]
翦	翦板(전반)	[0050]
翦	翦髮(전발)	[0040]
翦	翦伐(전벌)	[0042]
翦	翦拂(전불)	[0032]
翦	翦削(전삭)	[0032]
翦	翦翦(전전)	[0000]
翦	翦定(전정)	[0060]
翦	翦除(전제)	[0042]
翦	翦枝(전지)	[0032]
腆	加腆(가전)	[5000]
腆	腆傀(전괴)	[0020]
腆	腆冒(전모)	[0030]
腆	腆顔(전안)	[0032]
腆	腆然(전연)	[0070]
腆	腆厚(전후)	[0040]
荃	荃蓀(전손)	[0002]
荃	荃心(전심)	[0070]
荃	荃宰(전재)	[0030]
荃	荃蹄(전제)	[0010]
荃	荃察(전찰)	[0042]
邅	邅蹇(전건)	[0002]
邅	邅徊(전회)	[0010]
靦	靦愧(전괴)	[0030]
靦	靦面(전면)	[0070]
靦	靦冒(전모)	[0030]
靦	靦顔(전안)	[0032]
靦	靦然(전연)	[0070]
顓	顓決(전결)	[0052]
顓	顓固(전고)	[0050]
顓	顓斷(전단)	[0042]
顓	顓對(전대)	[0062]
顓	顓面(전면)	[0070]
顓	顓命(전명)	[0070]
顓	顓門(전문)	[0080]
顓	顓民(전민)	[0080]
顓	顓兵(전병)	[0052]
顓	顓醇(전순)	[0010]
顓	顓頊(전욱)	[0012]
顓	顓制(전제)	[0042]
鱣	鱣堂(선당)	[0062]
鱣	鱣舍(선사)	[0042]
鱣	鱣岫(전수)	[0002]
鱣	鱣魚(전어)	[0050]
牷	牲牷(생전)	[1000]
牷	牷物(전물)	[0072]
牷	牷牲(전생)	[0010]
牷	牷犧(전희)	[0010]
瘨	瘨癎(전간)	[0010]
瘨	瘨眩(전현)	[0010]
闐	駢闐(변전)	[0200]
闐	闐道(전도)	[0072]
闐	闐滿(전만)	[0042]
闐	闐繁(전번)	[0032]
闐	闐委(전위)	[0040]
闐	闐闐(전전)	[0000]
闐	和闐(화전)	[6200]
晢	晢晢(절절)	[0000]
晢	晢明(제명)	[0062]
晢	晢眇(제묘)	[0000]
晢	晢白(제백)	[0080]
晢	晢耀(제요)	[0012]
晢	晢晢(제제)	[0000]
墊	脚墊(각점)	[3200]
墊	隱墊(은점)	[4000]

墊	墊蓋(점개) [0032]
墊	墊洳(점여) [0000]
墊	墊陷(점함) [0032]
玷	玷缺(점결) [0042]
玷	玷漏(점루) [0032]
玷	玷染(점염) [0032]
玷	玷汙(점오) [0000]
玷	玷辱(점욕) [0032]
玷	玷瑕(점하) [0010]
簟	管簟(관점) [4000]
簟	蘆簟(노점) [1200]
簟	簟紋(점문) [0032]
簟	簟茀(점불) [0000]
簟	簟席(점석) [0060]
簟	簟子(점자) [0072]
簟	簟匠(점장) [0010]
簟	簟竹(점죽) [0042]
簟	竹簟(죽점) [4200]
坫	爵坫(작점) [3000]
梃	梃刃(정인) [0020]
梃	梃杻(정추) [0002]
梃	鐵梃(철정) [5000]
棖	棖橘(정귤) [0010]
棖	棖撥(정발) [0010]
棖	棖觸(정촉) [0032]
酲	宿酲(숙정) [5200]
酲	餘酲(여정) [4200]
酲	酲困(정곤) [0040]
酲	酲夢(정몽) [0032]
酲	酲煩(정번) [0030]
酲	酲魂(정혼) [0032]
酲	解酲(해장) [4200]
靚	靚觀(정관) [0052]
靚	靚麗(정려) [0042]
靚	靚飾(정식) [0032]
靚	靚深(정심) [0042]
靚	靚閒(정한) [0002]
涏	涏涏(전전) [0000]
涏	涏寒(정한) [0050]
頳	頳肩(정견) [0030]
頳	頳怒(정노) [0042]
頳	頳面(정면) [0070]
頳	頳尾(정미) [0032]
頳	頳脣(정순) [0030]
頳	頳顏(정안) [0032]
頳	頳液(정액) [0042]
阱	阨阱(액정) [0000]
阱	阱獸(정수) [0032]
阱	阱室(정실) [0080]
阱	阱陷(정함) [0032]
娣	良娣(양제) [5200]
娣	娣婦(제부) [0042]
娣	娣姪(제질) [0030]
娣	姪娣(질제) [3000]
禔	禔躬(제궁) [0010]
禔	禔福(제복) [0052]
禔	禔身(제신) [0062]
稊	稊米(제미) [0060]
稊	稊秕(제비) [0010]
稊	稊芽(제아) [0032]
稊	稊田(제전) [0042]
稊	稊稗(제패) [0010]
躋	登躋(등제) [7000]
躋	躋登(제능) [0070]
躋	躋攀(제반) [0010]
躋	躋升(제승) [0020]
躋	躋陟(제척) [0012]
嚌	嚌嚌(개개) [0000]
嚌	嚌嚌(제제) [0000]
嚌	嚌齒(제치) [0042]
嚌	嚌肺(제폐) [0032]
蠐	蠐領(제령) [0050]
蠐	蠐螬(제조) [0000]
蠐	螬蠐(조제) [0000]
蠐	蝤蠐(추제) [0000]
隮	隮顚(제전) [0010]
隮	隮陟(제척) [0012]
鵜	鵜梁(제량) [0010]
鵜	鵜翼(제익) [0032]
洮	洮盥(도관) [0000]
洮	洮汰(도태) [0010]
洮	洮頮(도회) [0000]
佻	輕佻(경조) [5000]
佻	佻巧(조교) [0032]
佻	佻薄(조박) [0032]
佻	儇佻(현조) [0000]
徂	徂年(조년) [0080]
徂	徂落(조락) [0050]
徂	徂歿(조몰) [0010]
徂	徂謝(조사) [0042]
徂	徂暑(조서) [0030]
徂	徂逝(조서) [0030]
徂	徂歲(조세) [0052]
徂	徂往(조왕) [0042]
徂	徂征(조정) [0032]
徂	徂輝(조휘) [0030]
懆	懆惡(조악) [0052]
懆	懆懮(조우) [0000]
懆	懆懆(조조) [0000]
殂	殀殂(요조) [0000]
殂	殂落(조락) [0050]
殂	殂背(조배) [0042]
殂	殂謝(조사) [0042]
殂	殂逝(조서) [0030]
殂	殂化(조화) [0052]
皁	牙皁(아조) [3200]
皁	皁角(조각) [0062]
皁	皁蓋(조개) [0032]
皁	皁巾(조건) [0010]
皁	皁堅(조견) [0040]
皁	皁裘(조구) [0000]
皁	皁君(조군) [0040]
皁	皁囊(조낭) [0010]
皁	皁隷(조례) [0030]

皁	皁履(조리) [0032]
皁	皁李(조리) [0060]
皁	皁礬(조반) [0010]
皁	皁白(조백) [0080]
皁	皁色(조색) [0070]
皁	皁衣(조의) [0060]
皁	皁騶(조추) [0002]
皁	皁莢(조협) [0002]
竈	烓竈(계조) [0000]
竈	冷竈(냉조) [5000]
竈	丹竈(단조) [3200]
竈	病竈(병조) [6000]
竈	釜竈(부조) [1200]
竈	瓦竈(와조) [3200]
竈	匠竈(장조) [1000]
竈	竈間(조간) [0072]
竈	竈鷄(조계) [0040]
竈	竈觚(조고) [0000]
竈	竈突(조돌) [0032]
竈	竈燎(조료) [0010]
竈	竈馬(조마) [0050]
竈	竈神(조신) [0062]
竈	竈王(조왕) [0080]
竈	竈丁(조정) [0040]
竈	竈戶(조호) [0042]
竈	廚竈(주조) [1000]
蔦	蔦蘿(조라) [0002]
蜩	馬蜩(마조) [5000]
蜩	蜩甲(조갑) [0040]
蜩	蜩螗(조당) [0000]
蜩	蜩蟬(조선) [0002]
蜩	蜩翼(조익) [0032]
蜩	蜩蟟(조진) [0000]
恌	恌輕(조경) [0050]
慥	慥然(조연) [0070]
慥	慥慥(조조) [0000]
旐	旐旟(조여) [0000]
旐	旐旌(조정) [0012]
罩	罩甲(조갑) [0040]
罩	罩羅(조라) [0042]
罩	罩棚(조붕) [0010]
罩	罩汕(조산) [0002]
螬	蠐螬(제조) [0000]
螬	螬蠐(조제) [0000]
螬	螬行(조행) [0060]
阼	阼階(조계) [0040]
阼	阼席(조석) [0060]
阼	阼俎(조조) [0002]
阼	踐阼(천조) [3200]
鞗	鞗革(조혁) [0040]
鰷	鰷魚(조어) [0050]
椶	椶櫚(종려) [0002]
椶	椶毛(종모) [0042]
椶	椶魚(종어) [0050]
椶	椶衣(종의) [0060]
椶	椶鞋(종혜) [0002]
樅	樅鼓(종고) [0032]
樅	樅木(종목) [0080]
樅	樅樅(종종) [0000]
瑽	瑽然(종연) [0070]
瑽	瑽瑢(종용) [0012]
螽	阜螽(부종) [1200]
螽	斯螽(사종) [3000]
螽	螽結(종결) [0052]
螽	螽螟(종명) [0010]
螽	螽斯(종사) [0030]
螽	草螽(초종) [7000]
螽	土螽(토종) [8000]
蹤	客蹤(객종) [5200]
蹤	繼蹤(계종) [4000]
蹤	鷄蹤(계종) [4000]
蹤	孤蹤(고종) [4000]
蹤	高蹤(고종) [6200]
蹤	舊蹤(구종) [5200]
蹤	露蹤(노종) [3200]
蹤	發蹤(발종) [6200]
蹤	履蹤(이종) [3200]
蹤	前蹤(전종) [7200]
蹤	蹤由(종유) [0060]
蹤	蹤迹(종적) [0010]
蹤	蹤跡(종적) [0032]
蹤	蹤轍(종철) [0010]
蹤	蹤行(종행) [0060]
蹤	蹤響(종향) [0032]
蹤	蹤蹊(종혜) [0002]
蹤	賤蹤(천종) [3200]
蹤	追蹤(추종) [3200]
蹤	萍蹤(평종) [1000]
豵	豜豵(견종) [0000]
鬷	鬷假(종가) [0042]
鬷	鬷邁(종매) [0010]
脞	脞錄(좌록) [0042]
脞	脞說(좌설) [0052]
脞	脞冗(좌용) [0002]
脞	叢脞(총좌) [1000]
侜	侜誑(주광) [0000]
侜	侜張(주장) [0040]
幬	幬載(도재) [0032]
幬	幬茵(주인) [0002]
幬	幬帳(주장) [0040]
裯	裯衽(주임) [0000]
輈	杠輈(강주) [0000]
輈	輈人(주인) [0080]
輈	輈張(주장) [0040]
輈	輈轉(주전) [0040]
遒	遒擧(주거) [0050]
遒	遒勁(주경) [0010]
遒	遒煉(주련) [0020]
遒	遒邁(주매) [0010]
遒	遒媚(주미) [0010]
遒	遒放(주방) [0062]
遒	遒爽(주상) [0010]
遒	遒然(주연) [0070]
遒	遒逸(주일) [0032]

遒 遒盡(주진) [0040]
遒 遒豪(주호) [0032]
霔 霔雨(주우) [0052]
咮 咮硯(주연) [0020]
譸 譸欺(주기) [0030]
譸 譸張(주장) [0040]
譸 譸囂(주효) [0000]
躕 踟躕(지주) [0000]
邾 邾婁(주루) [0002]
鬻 鬻子(국자) [0072]
鬻 鬻歌(육가) [0070]
鬻 鬻貴(육귀) [0050]
鬻 鬻技(육기) [0050]
鬻 鬻度(육도) [0060]
鬻 鬻子(육자) [0072]
鬻 鬻文(죽문) [0070]
鬻 鬻爵(죽작) [0030]
噂 噂競(준경) [0050]
噂 噂沓(준답) [0002]
噂 噂議(준의) [0042]
埻 埻的(준적) [0052]
蹲 長蹲(장준) [8000]
蹲 蹲踞(준거) [0002]
蹲 蹲龍(준룡) [0040]
蹲 蹲柿(준시) [0010]
蹲 蹲夷(준이) [0030]
蹲 蹲坐(준좌) [0032]
蹲 蹲蹲(준준) [0000]
蹲 蹲止(준지) [0050]
蹲 蹲縮(준축) [0040]
蹲 蹲鴟(준치) [0000]
蹲 中蹲(중준) [8000]
蹲 豊蹲(풍준) [4200]
蹲 合蹲(합준) [6000]
隼 旟隼(여준) [0000]
隼 隼擊(준격) [0040]
隼 隼旟(준여) [0000]
隼 隼張(준장) [0040]
隼 隼質(준질) [0052]
崒 崒騰(줄등) [0030]
崒 崒乎(줄호) [0030]
騭 陰騭(음즐) [4200]
戢 禁戢(금즙) [4200]
戢 戢櫜(즙고) [0000]
戢 戢斂(즙렴) [0010]
戢 戢鱗(즙린) [0010]
戢 戢兵(즙병) [0052]
戢 戢翼(즙익) [0032]
戢 徵戢(징즙) [3200]
濈 濈然(즙연) [0070]
濈 濈濈(즙즙) [0000]
坻 坻伏(저복) [0040]
坻 坻岸(지안) [0032]
篪 篪竹(지죽) [0042]
篪 篪塤(지훈) [0002]
篪 壎篪(훈지) [1200]
踟 躊踟(주지) [1000]
踟 踟躕(지주) [0000]
蚳 蚳母(지모) [0080]
蚳 蚳醢(지해) [0000]
輊 輊軒(지헌) [0030]
瑱 瑱圭(진규) [0012]
蓁 蓁瓜(진과) [0020]
蓁 蓁菅(진관) [0002]
蓁 蓁艽(진교) [0000]
蓁 蓁糺(진규) [0000]
蓁 蓁艽(진규) [0000]
蓁 蓁莽(진망) [0002]
蓁 蓁蕪(진무) [0010]
蓁 蓁藪(진수) [0002]
蓁 蓁蓁(진진) [0000]
鬒 鬒美(진미) [0060]
鬒 鬒髮(진발) [0040]
鬒 鬒雲(진운) [0052]
紾 紾戾(진려) [0010]
螓 蜩螓(조진) [0000]
螓 螓首(진수) [0052]
螓 螓蛾(진아) [0002]
垤 丘垤(구질) [3200]
垤 蟻垤(의질) [0200]
垤 垤堄(질예) [0000]
絰 加絰(가질) [5000]
絰 葛絰(갈질) [2000]
絰 墨絰(묵질) [3200]
絰 首絰(수질) [5200]
絰 腰絰(요질) [3000]
絰 苴絰(저질) [0000]
絰 絰帶(질대) [0042]
絰 絰杖(질장) [0010]
絰 絰皇(질황) [0032]
絰 衰絰(최질) [3200]
絰 環絰(환질) [4000]
蒺 蒺藜(질려) [0002]
挃 手挃(수질) [7200]
挃 挃挃(질질) [0000]
瓞 瓜瓞(과질) [2000]
瓞 瓞綿(질면) [0032]
礩 礩滯(질체) [0032]
耋 耄耋(모질) [0000]
耋 耋老(질로) [0070]
耋 耋吏(질리) [0032]
耋 耋耄(질모) [0000]
耋 耋民(질민) [0080]
耋 耋嗟(질차) [0010]
耋 七耋(칠질) [8000]
耋 八耋(팔질) [8000]
銍 銍權(질권) [0042]
銍 銍艾(질예) [0012]
泚 顙泚(상체) [0000]
佽 佽助(차조) [0042]
佽 佽恤(차휼) [0010]
瑳 瑳磨(차마) [0032]
瑳 瑳切(차절) [0052]
瑳 瑳瑳(차차) [0000]

瑳	瑳兮(차혜) [0030]	譖	譖構(참구) [0040]	鬯	祼鬯(관창) [0000]
斲	揉斲(유착) [0000]	譖	譖謗(참방) [0010]	鬯	鬱鬯(울창) [2000]
斲	斲泥(착니) [0032]	譖	譖訴(참소) [0032]	鬯	主鬯(주창) [7000]
斲	斲輪(착륜) [0040]	譖	譖言(참언) [0060]	鬯	鬯弓(창궁) [0032]
斲	斲木(착목) [0080]	譖	譖人(참인) [0080]	鬯	鬯圭(창규) [0012]
斲	斲削(착삭) [0032]	譖	譖害(참해) [0052]	鬯	鬯達(창달) [0042]
斲	斲喪(착상) [0032]	譖	椓譖(탁참) [0000]	鬯	鬯罔(창망) [0030]
斲	斲雕(착조) [0002]	悵	伏悵(복창) [4000]	鬯	鬯茂(창무) [0032]
斮	斮脛(작경) [0010]	悵	潸悵(산창) [0000]	鬯	鬯礙(창애) [0020]
斮	斮筋(작근) [0040]	悵	悵憾(창감) [0020]	鬯	鬯草(창초) [0070]
斮	斮戮(작륙) [0010]	悵	悵缺(창결) [0042]	鬯	鬯浹(창협) [0002]
斮	斮涉(작섭) [0030]	悵	悵惘(창망) [0010]	鶬	鶬鶊(창경) [0000]
斮	斮陳(작진) [0032]	悵	悵望(창망) [0052]	鶬	鶬鷄(창계) [0040]
巑	巑叢(찬총) [0010]	悵	悵怏(창앙) [0010]	鶬	鶖鶬(추창) [0000]
爨	爨桂(찬계) [0032]	悵	悵然(창연) [0070]	韔	弓韔(궁창) [3200]
爨	爨具(찬구) [0052]	悵	悵鬱(창울) [0020]	韔	韔弓(창궁) [0032]
爨	爨琴(찬금) [0032]	悵	悵恨(창한) [0040]	瘥	卽瘥(즉채) [3200]
爨	爨桐(찬동) [0020]	悵	悵懷(창회) [0032]	瘥	瘥瘼(차막) [0000]
爨	爨弄(찬롱) [0032]	悵	悽悵(처창) [2000]	瘥	瘥昏(차혼) [0030]
爨	爨婢(찬비) [0032]	悵	忡悵(충창) [0000]	瘥	瘥度(채도) [0060]
爨	爨薪(찬신) [0010]	搶	搶劫(창겁) [0010]	瘥	瘥復(채복) [0042]
爨	爨下(찬하) [0072]	搶	搶金(창금) [0080]	瘵	勞瘵(노채) [5200]
爨	饎爨(희찬) [0000]	搶	搶攘(창양) [0010]	瘵	瘵蠱(채고) [0002]
澯	澯泄(찬설) [0010]	搶	搶奪(창탈) [0032]	瘵	瘵鬼(채귀) [0032]
扎	扎書(찰서) [0062]	搶	搶風(창풍) [0062]	瘵	瘵瘼(채막) [0000]
扎	扎煞(찰쇄) [0010]	瑲	瑲瑲(창창) [0000]	瘵	瘵疾(채질) [0032]
扎	扎營(찰영) [0040]	囱	囱格(창격) [0052]	蠆	蝥蠆(모채) [0000]
扎	扎扎(찰찰) [0000]	囱	囱稿(창고) [0032]	蠆	水蠆(수채) [8000]
扎	扎翰(찰한) [0020]	囱	囱禽(창금) [0032]	蠆	蠆芥(채개) [0010]
憯	憯急(참급) [0062]	囱	囱簾(창렴) [0010]	蠆	蠆毒(채독) [0042]
憯	憯懍(참름) [0000]	囱	囱籠(창롱) [0020]	蠆	蠆尾(채미) [0032]
憯	憯悽(참처) [0020]	囱	囱蟾(창섬) [0012]	蠆	蠆蟲(채충) [0042]
毚	毚檀(참단) [0042]	囱	囱友(창우) [0052]	簀	葭簀(가책) [0000]
毚	毚微(참미) [0032]	蹌	蹌跪(창궤) [0000]	簀	易簀(역책) [4000]
毚	毚欲(참욕) [0032]	蹌	蹌濟(창제) [0042]	簀	簀牀(책상) [0002]
毚	毚兎(참토) [0032]	蹌	蹌蹌(창창) [0000]	萋	菶萋(봉처) [0000]
毚	毚毫(참호) [0030]	蹌	趨蹌(추창) [2000]	萋	萋錦(처금) [0032]
譖	誣譖(무참) [1000]	鬯	秬鬯(거창) [0000]	萋	萋迷(처미) [0030]

萋	萋菶(처봉)	[0000]
萋	萋菲(처비)	[0002]
萋	萋翳(처예)	[0000]
萋	萋萋(처처)	[0000]
惕	驚惕(경척)	[4000]
惕	兢惕(긍척)	[1200]
惕	怛惕(달척)	[0000]
惕	惕懼(척구)	[0030]
惕	惕念(척념)	[0052]
惕	惕慮(척려)	[0040]
惕	惕息(척식)	[0042]
惕	惕若(척약)	[0032]
惕	惕然(척연)	[0070]
惕	怵惕(출척)	[0000]
惕	忡惕(충척)	[0000]
惕	惴惕(췌척)	[0000]
惕	虛惕(허척)	[4200]
跖	盜跖(도척)	[4000]
慼	慼懮(척우)	[0000]
慼	慼慼(척척)	[0000]
慼	慼恨(척한)	[0040]
蹐	蹐門(척문)	[0080]
蹐	蹐地(척지)	[0070]
蹐	蹐滯(척체)	[0032]
蹐	蹐促(척촉)	[0032]
蹐	躅蹐(촉척)	[0000]
蹐	蹙蹐(축척)	[0200]
蹢	蹢躅(척촉)	[0000]
蹢	躅蹢(촉척)	[0000]
俴	俴駟(천사)	[0002]
俴	俴者(천자)	[0060]
倩	倩嬌(천교)	[0010]
倩	倩盼(천반)	[0002]
倩	倩草(천초)	[0070]
倩	倩工(청공)	[0072]
倩	倩人(청인)	[0080]
幝	幝幝(천천)	[0000]
梴	梴然(천연)	[0070]
梴	梴梴(천천)	[0000]
遄	遄急(천급)	[0062]
遄	遄塗(천도)	[0030]
遄	遄飛(천비)	[0042]
遄	遄迅(천신)	[0010]
啜	啜羹(철갱)	[0010]
啜	啜息(철식)	[0042]
啜	啜泣(철읍)	[0030]
啜	啜哄(철홍)	[0010]
惙	惙怛(철달)	[0000]
惙	惙頓(철돈)	[0012]
掇	裒掇(부철)	[0000]
掇	拾掇(습철)	[3200]
掇	掇桂(철계)	[0032]
掇	掇錄(철록)	[0042]
掇	掇送(철송)	[0042]
掇	掇拾(철습)	[0032]
歠	歠粥(철죽)	[0002]
歠	歠醢(철해)	[0000]
覘	窺覘(규점)	[1000]
覘	覘國(점국)	[0080]
覘	覘窺(점규)	[0010]
覘	覘視(점시)	[0042]
覘	覘人(점인)	[0080]
覘	覘敵(점적)	[0042]
覘	覘察(점찰)	[0042]
覘	覘探(점탐)	[0040]
覘	覘標(점표)	[0040]
覘	覘候(점후)	[0040]
覘	覘望(첨망)	[0052]
忝	忝官(첨관)	[0042]
忝	忝叨(첨도)	[0000]
忝	忝先(첨선)	[0080]
忝	忝顏(첨안)	[0032]
襜	襜車(첨거)	[0072]
襜	襜幄(첨악)	[0002]
襜	襜如(첨여)	[0042]
襜	襜衣(첨의)	[0060]
襜	襜襜(첨첨)	[0000]
襜	襜蔽(첨폐)	[0030]
餂	餂喫(첨끽)	[0010]
餂	餂弄(첨롱)	[0032]
彘	狗彘(구체)	[3000]
彘	彘肩(체견)	[0030]
彘	彘罟(체고)	[0000]
彘	彘牢(체뢰)	[0010]
彘	彘豪(체호)	[0032]
棣	棠棣(당체)	[1000]
棣	棣達(체달)	[0042]
棣	棣棠(체당)	[0010]
棣	棣友(체우)	[0052]
棣	棣通(체통)	[0060]
棣	棣華(체화)	[0040]
棣	棣棣(태태)	[0000]
嚏	噴嚏(분체)	[1000]
嚏	嚏跲(체겁)	[0000]
嚏	嚏咳(체해)	[0010]
掣	牽掣(견철)	[3000]
掣	掣鯨(철경)	[0010]
掣	掣頓(철돈)	[0012]
掣	掣手(철수)	[0072]
掣	掣礙(철애)	[0020]
掣	掣摯(철지)	[0010]
掣	掣籤(철첨)	[0010]
掣	掣痛(철통)	[0040]
掣	掣獲(철획)	[0032]
杕	杕杜(체두)	[0012]
疐	跲疐(겁치)	[0000]
疐	疐跋(치발)	[0010]
疐	疐便(치편)	[0070]
禘	禘郊(체교)	[0030]
禘	禘祭(체제)	[0042]
蝃	蝃蝀(체동)	[0000]
髢	加髢(가체)	[5000]
髢	髢禁(체금)	[0042]
勦	勦民(초민)	[0080]

勦 勦說(초설) [0052]
勦 勦捷(초첩) [0010]
悄 悄密(초밀) [0042]
悄 悄語(초어) [0070]
悄 悄然(초연) [0070]
悄 悄寂(초적) [0032]
悄 悄愴(초창) [0010]
悄 悄悄(초초) [0000]
誚 誚難(초난) [0042]
誚 誚惱(초뇌) [0030]
誚 誚石(초석) [0060]
誚 誚讓(초양) [0032]
誚 誚責(초책) [0052]
誚 誚毁(초훼) [0030]
譙 譙呵(초가) [0010]
譙 譙勵(초려) [0032]
譙 譙樓(초루) [0032]
譙 譙止(초지) [0050]
躅 軌躅(궤촉) [3000]
躅 芳躅(방촉) [3200]
躅 蹢躅(척촉) [0000]
躅 躅路(촉로) [0060]
躅 躅繡(촉수) [0010]
躅 躅蹐(촉척) [0000]
躅 躅蹢(촉척) [0000]
躅 躅天(촉천) [0070]
蠋 蜎蠋(연촉) [0000]
冢 丘冢(구총) [3200]
冢 動冢(동총) [7200]
冢 陪冢(배총) [1000]
冢 壽冢(수총) [3200]
冢 冢婦(총부) [0042]
冢 冢嗣(총사) [0010]
冢 冢祀(총사) [0032]
冢 冢舍(총사) [0042]
冢 冢子(총자) [0072]
冢 冢宰(총재) [0030]
冢 冢弟(총제) [0080]
冢 冢土(총토) [0080]
冢 土冢(토총) [8000]
潨 潨洞(총동) [0070]
潨 潨流(총류) [0052]
潨 潨瀉(총사) [0010]
潨 潨潺(총잔) [0002]
嘬 嘬兵(최병) [0052]
摧 摧決(최결) [0052]
摧 摧靡(최미) [0010]
摧 摧謝(최사) [0042]
摧 摧傷(최상) [0040]
摧 摧碎(최쇄) [0010]
摧 摧抑(최억) [0032]
摧 摧殘(최잔) [0040]
摧 摧沮(최저) [0020]
摧 摧折(최절) [0040]
摧 摧挫(최좌) [0010]
摧 摧破(최파) [0042]
摧 摧陷(최함) [0032]
蝤 蝤蚓(추인) [0010]
蝤 蝤蠐(추제) [0000]
甃 甓甃(벽추) [0000]
甃 甃理(추리) [0062]
甃 甃甓(추벽) [0000]
甃 甃城(추성) [0042]
瘳 瘳減(추감) [0042]
瘳 瘳健(추건) [0050]
瘳 瘳損(추손) [0040]
瘳 瘳疾(추질) [0032]
縐 絳縐(강추) [0200]
縐 縐紋(추문) [0032]
縐 縐紗(추사) [0010]
縐 縐絺(추치) [0000]
騅 騅馬(추마) [0050]
鵻 靑鵻(청추) [8000]
鵻 鵻其(추기) [0032]
鵻 鵻禮(추례) [0060]
鶖 鶖梁(추량) [0032]
鶖 鶖子(추자) [0072]
鶖 鶖鶬(추창) [0000]
麤 疏麤(소추) [3200]
麤 精麤(정추) [4200]
麤 麤褐(추갈) [0010]
麤 麤彊(추강) [0012]
麤 麤鑛(추광) [0040]
麤 麤怪(추괴) [0032]
麤 麤近(추근) [0060]
麤 麤氣(추기) [0072]
麤 麤談(추담) [0050]
麤 麤鹵(추로) [0002]
麤 麤陋(추루) [0010]
麤 麤末(추말) [0050]
麤 麤莽(추망) [0002]
麤 麤猛(추맹) [0032]
麤 麤妙(추묘) [0040]
麤 麤物(추물) [0072]
麤 麤米(추미) [0060]
麤 麤密(추밀) [0042]
麤 麤飯(추반) [0032]
麤 麤鄙(추비) [0010]
麤 麤疏(추소) [0032]
麤 麤率(추솔) [0032]
麤 麤習(추습) [0060]
麤 麤惡(추악) [0052]
麤 麤言(추언) [0060]
麤 麤人(추인) [0080]
麤 麤雜(추잡) [0040]
麤 麤才(추재) [0062]
麤 麤悖(추패) [0010]
麤 麤布(추포) [0042]
麤 荒麤(황추) [3200]
萑 萑蘭(환란) [0032]
萑 萑葦(환위) [0002]
萑 萑蒲(환포) [0010]
鄹 鄹闕(추궐) [0020]
鄹 鄹里(추리) [0070]

蹜	踧如(축여)	[0042]
蹜	蹜蹜(축축)	[0000]
柷	柷敔(축어)	[0000]
蓫	蓫蕩(축탕)	[0010]
踧	踖踧(적축)	[0000]
踧	踧踧(척척)	[0000]
踧	踧口(축구)	[0070]
踧	踧然(축연)	[0070]
踧	踧爾(축이)	[0010]
踧	踧踖(축적)	[0000]
踧	踧蹜(축축)	[0000]
踧	踧縮(축축)	[0040]
顣	顣頞(축알)	[0000]
怵	悱怵(비출)	[0000]
怵	怵迫(출박)	[0032]
怵	怵息(출식)	[0042]
怵	怵然(출연)	[0070]
怵	怵惕(출척)	[0000]
忡	忡怛(충달)	[0000]
忡	忡悵(충창)	[0000]
忡	忡惕(충척)	[0000]
忡	忡忡(충충)	[0000]
珫	珫耳(충이)	[0050]
珫	珫璜(충황)	[0002]
虫	虫尾(훼미)	[0032]
惴	憂惴(우췌)	[3200]
惴	惴悸(췌계)	[0010]
惴	惴慄(췌율)	[0010]
惴	惴惕(췌척)	[0000]
揣	揣骨(췌골)	[0040]
揣	揣量(췌량)	[0050]
揣	揣摩(췌마)	[0020]
揣	揣摸(췌모)	[0010]
揣	揣歪(췌왜)	[0020]
揣	揣知(췌지)	[0052]
揣	揣度(췌탁)	[0060]
瘁	劬瘁(구췌)	[0000]
瘁	勞瘁(노췌)	[5200]
瘁	榮瘁(영췌)	[4200]
瘁	殄瘁(진췌)	[0200]
瘁	盡瘁(진췌)	[4000]
瘁	盡瘁(진취)	[4000]
毳	旃毳(전취)	[0000]
毳	毳褐(취갈)	[0010]
毳	毳客(취객)	[0052]
毳	毳衲(취납)	[0010]
毳	毳飯(취반)	[0032]
毳	毳衣(취의)	[0060]
毳	毳袍(취포)	[0010]
毳	火毳(화취)	[8000]
廁	內廁(내측)	[7200]
廁	如廁(여측)	[4200]
廁	外廁(외측)	[8000]
廁	廁間(측간)	[0072]
廁	廁鬼(측귀)	[0032]
廁	廁竇(측두)	[0002]
廁	廁木(측목)	[0080]
廁	廁上(측상)	[0072]
廁	廁鼠(측서)	[0010]
廁	廁飾(측식)	[0032]
廁	廁神(측신)	[0062]
廁	廁室(측실)	[0080]
廁	廁豫(측예)	[0040]
廁	廁中(측중)	[0080]
廁	廁廳(측청)	[0040]
廁	行廁(행치)	[6000]
昃	盈昃(영측)	[1200]
昃	昃晷(측구)	[0002]
昃	昃食(측식)	[0072]
昃	昃景(측영)	[0050]
昃	昃日(측일)	[0080]
哆	摩哆(마다)	[2000]
哆	哆口(치구)	[0070]
寘	寘念(치념)	[0052]
寘	寘力(치력)	[0072]
寘	寘身(치신)	[0062]
絺	綌絺(격치)	[0000]
絺	裘絺(구치)	[0000]
絺	縐絺(추치)	[0000]
絺	絺褐(치갈)	[0010]
絺	絺綌(치격)	[0000]
絺	絺裘(치구)	[0000]
絺	絺衣(치의)	[0060]
菑	畬菑(여치)	[0000]
菑	菑畝(치묘)	[0010]
菑	菑攘(치양)	[0010]
菑	菑畬(치여)	[0000]
菑	菑翳(치예)	[0000]
褫	褫職(치직)	[0042]
褫	褫奪(치탈)	[0032]
鴟	角鴟(각치)	[6200]
鴟	怪鴟(괴치)	[3200]
鴟	茅鴟(모치)	[1200]
鴟	蹲鴟(준치)	[0000]
鴟	鴟溝(치구)	[0010]
鴟	鴟目(치목)	[0060]
鴟	鴟吻(치문)	[0002]
鴟	鴟尾(치미)	[0032]
鴟	鴟視(치시)	[0042]
鴟	鴟張(치장)	[0040]
鴟	鴟梟(치효)	[0002]
鴟	鴟鴞(치효)	[0000]
鴟	梟鴟(효치)	[0200]
忱	歉忱(겸침)	[0000]
忱	芹忱(근침)	[0200]
忱	微忱(미침)	[3200]
忱	棐忱(비침)	[0000]
忱	忱恂(침순)	[0002]
忱	下忱(하침)	[7200]
忱	血忱(혈침)	[4200]
駸	駸尋(침심)	[0030]
駸	駸淫(침음)	[0032]
駸	駸駸(침침)	[0000]
縶	幽縶(유칩)	[3200]

縶	縶拘(칩구) [0032]
縶	縶縛(칩박) [0010]
縶	縶維(칩유) [0032]
噲	繁噲(번쾌) [3200]
噲	噲等(쾌등) [0062]
噲	噲伍(쾌오) [0010]
夬	夬決(쾌결) [0052]
夬	夬卦(쾌괘) [0010]
夬	夬履(쾌리) [0032]
沱	滂沱(방타) [0200]
沱	沱汜(타사) [0000]
沱	沱若(타약) [0032]
鮀	鮀江(타강) [0072]
鮀	鮀魚(타어) [0050]
鼉	鼉甲(타갑) [0040]
鼉	鼉鼓(타고) [0032]
它	它名(타명) [0072]
它	它日(타일) [0080]
它	它腸(타장) [0040]
隋	隋喬(타교) [0010]
隋	隋山(타산) [0080]
隋	隋隋(타타) [0000]
橐	歸橐(귀탁) [4000]
橐	囊橐(낭탁) [1000]
橐	網橐(망탁) [2000]
橐	私橐(사탁) [4000]
橐	貲橐(자탁) [0000]
橐	橐奸(탁간) [0010]
橐	橐囊(탁낭) [0010]
橐	橐笥(탁사) [0000]
橐	橐籥(탁약) [0000]
橐	橐載(탁재) [0032]
橐	橐駝(탁타) [0010]
橐	橐筆(탁필) [0052]
柝	柝斛(탁곡) [0002]
柝	柝船(탁선) [0050]
柝	柝陰(탁음) [0042]
柝	柝譖(탁참) [0000]

僤	僤怒(탄노) [0042]
殫	殫竭(탄갈) [0010]
殫	殫屈(탄굴) [0040]
殫	殫技(탄기) [0050]
殫	殫亡(탄망) [0050]
殫	殫悶(탄민) [0010]
殫	殫誠(탄성) [0042]
殫	殫殘(탄잔) [0040]
殫	殫精(탄정) [0042]
殫	殫盡(탄진) [0040]
殫	殫洽(탄흡) [0010]
驒	驒駱(탄락) [0010]
驒	驒驒(탄탄) [0000]
嘽	嘽緩(천완) [0032]
嘽	嘽咺(천훤) [0000]
嘽	嘽哼(탄톤) [0000]
梲	梲藻(절조) [0010]
梲	梲杖(탈장) [0010]
醓	醓醢(담해) [0000]
醓	醢醓(해담) [0000]
漯	漯水(누수) [0080]
漯	漯水(탑수) [0080]
漯	漯漯(탑탑) [0000]
盪	激盪(격탕) [4000]
盪	動盪(동탕) [7200]
盪	跳盪(조탕) [3000]
盪	振盪(진탕) [3200]
盪	震盪(진탕) [3200]
盪	盪擊(탕격) [0040]
盪	盪摩(탕마) [0020]
盪	盪覆(탕복) [0032]
盪	盪舟(탕주) [0030]
盪	盪滌(탕척) [0010]
盪	盪汰(탕태) [0010]
簜	簜節(탕절) [0052]
簜	簜札(탕찰) [0020]
迨	迨及(태급) [0032]
迨	迨吉(태길) [0050]

迨	迨至(태지) [0042]
駾	駾喙(태훼) [0010]
哼	嘽哼(탄톤) [0000]
噋	噋噋(순순) [0000]
噋	噋噋(톤톤) [0000]
噸	噸稅(돈세) [0042]
噸	噸數(돈수) [0070]
畽	町畽(정탄) [1000]
恫	瘝恫(관통) [0000]
恫	恫喝(동갈) [0010]
恫	恫懼(동구) [0030]
恫	恫疑(동의) [0040]
恫	恫怨(통원) [0040]
魋	魋結(추계) [0052]
魋	魋顔(퇴안) [0032]
魋	魋悍(퇴한) [0010]
魋	魋翕(퇴흡) [0002]
隤	隤缺(퇴결) [0042]
隤	隤納(퇴납) [0040]
隤	隤然(퇴연) [0070]
隤	隤陷(퇴함) [0032]
渝	不渝(불투) [7200]
渝	渝破(유파) [0042]
渝	渝涅(투날) [0010]
渝	渝濫(투람) [0030]
渝	渝盟(투맹) [0032]
渝	渝薄(투박) [0032]
渝	渝色(투색) [0070]
渝	渝溢(투일) [0010]
渝	渝州(투주) [0052]
渝	渝替(투체) [0030]
忒	忮忒(기특) [0000]
皤	耄皤(모파) [0000]
皤	皤腹(파복) [0032]
皤	皤罌(파앵) [0002]
皤	皤翁(파옹) [0030]
皤	皤皤(파파) [0000]
皤	皤蒿(파호) [0002]

簸	刦簸(겁파) [1000]
簸	簸箕(파기) [0012]
簸	簸掉(파도) [0010]
簸	簸弄(파롱) [0032]
簸	簸揚(파양) [0032]
簸	簸蕩(파탕) [0010]
昄	昄宇(판우) [0032]
昄	昄章(판장) [0060]
孛	孛散(발산) [0040]
孛	孛如(발여) [0042]
孛	孛星(패성) [0042]
孛	彗孛(혜패) [1000]
旆	大旆(대패) [8000]
旆	反旆(반패) [6200]
旆	旌旆(정패) [1200]
旆	旆旃(패전) [0000]
旆	旆旌(패정) [0012]
旆	旆旆(패패) [0000]
旆	懸旆(현패) [3200]
茷	茅茷(모패) [1200]
茷	茷茷(패패) [0000]
伻	高伻(고팽) [6200]
伻	專伻(전팽) [4000]
伻	伻圖(팽도) [0062]
伻	伻頭(팽두) [0060]
徧	均徧(균편) [4000]
徧	徧搜(변수) [0030]
徧	徧行(변행) [0060]
徧	周徧(주편) [4000]
徧	徧擧(편거) [0050]
徧	徧界(편계) [0062]
徧	徧觀(편관) [0052]
徧	徧讀(편독) [0062]
徧	徧禮(편례) [0060]
徧	徧至(편지) [0042]
徧	徧行(편행) [0060]
褊	歉褊(겸편) [0000]
褊	褊刻(편각) [0040]
褊	褊急(편급) [0062]
褊	褊忌(편기) [0030]
褊	褊短(편단) [0062]
褊	褊陋(편루) [0010]
褊	褊裨(편비) [0010]
褊	褊衫(편삼) [0002]
褊	褊小(편소) [0080]
褊	褊隘(편애) [0010]
褊	褊淺(편천) [0032]
褊	褊狹(편협) [0010]
諞	諞佞(편녕) [0000]
諞	諞言(편언) [0060]
苹	苹車(병거) [0072]
苹	野苹(야평) [6000]
苹	苹果(평과) [0062]
苹	苹藻(평조) [0010]
苹	苹苹(평평) [0000]
敝	歉敝(겸폐) [0000]
敝	僅敝(근폐) [3000]
敝	敝撤(별철) [0020]
敝	黯敝(암폐) [0000]
敝	敝褐(폐갈) [0010]
敝	敝甲(폐갑) [0040]
敝	敝蹻(폐갹) [0000]
敝	敝件(폐건) [0050]
敝	敝館(폐관) [0032]
敝	敝壞(폐괴) [0032]
敝	敝校(폐교) [0080]
敝	敝國(폐국) [0080]
敝	敝衲(폐납) [0010]
敝	敝廬(폐려) [0012]
敝	敝履(폐리) [0032]
敝	敝笠(폐립) [0010]
敝	敝網(폐망) [0020]
敝	敝邦(폐방) [0030]
敝	敝舍(폐사) [0042]
敝	敝社(폐사) [0062]
敝	敝船(폐선) [0050]
敝	敝屋(폐옥) [0050]
敝	敝邑(폐읍) [0070]
敝	敝衣(폐의) [0060]
敝	敝店(폐점) [0052]
敝	敝虧(폐휴) [0002]
炮	炮羔(포고) [0002]
炮	炮灸(포구) [0010]
炮	炮臺(포대) [0032]
炮	炮烙(포락) [0010]
炮	炮炙(포자) [0010]
炮	炮煮(포자) [0010]
炮	炮煎(포전) [0010]
炮	炮製(포제) [0042]
炮	炮燥(포조) [0030]
炮	杏炮(행포) [1200]
餔	餔樂(포락) [0062]
餔	餔食(포식) [0072]
餔	餔糟(포조) [0010]
襃	襃加(포가) [0050]
襃	襃大(포대) [0080]
襃	襃錄(포록) [0042]
襃	襃賞(포상) [0050]
襃	襃衣(포의) [0060]
襃	襃彈(포탄) [0040]
襃	襃歎(포탄) [0040]
襃	襃貶(포폄) [0010]
襃	襃諱(포휘) [0010]
麃	麃鹿(포록) [0030]
儦	儦俟(표사) [0002]
儦	儦儦(표표) [0000]
嘌	嘌唱(표창) [0050]
嘌	嘌嘌(표표) [0000]
嘌	嘌兮(표혜) [0030]
摽	摽擧(표거) [0050]
摽	摽梅(표매) [0032]
摽	摽遇(표우) [0040]
殍	殍餓(표아) [0030]
鑣	鑣駕(표가) [0010]

鑣	鑣客(표객) [0052]
鑣	鑣轡(표비) [0000]
鑣	鑣鑣(표표) [0000]
滮	滮澗(표간) [0010]
滮	滮稻(표도) [0030]
滮	滮灑(표쇄) [0010]
滮	滮田(표전) [0042]
瀌	瀌然(표연) [0070]
瀌	瀌瀌(표표) [0000]
飆	商飆(상표) [5200]
飆	獰飆(영표) [0232]
飆	天飆(천표) [7000]
飆	飆擧(표거) [0050]
飆	飆騰(표등) [0030]
飆	飆發(표발) [0062]
飆	飆然(표연) [0070]
飆	飆塵(표진) [0020]
飆	飆飆(표표) [0000]
飆	飆風(표풍) [0062]
飆	飆忽(표홀) [0032]
飆	風飆(풍표) [6200]
灃	灃沛(풍패) [0010]
豐	豐幹(풍간) [0032]
豐	豐歉(풍겸) [0000]
豐	豐骨(풍골) [0040]
豐	豐功(풍공) [0062]
豐	豐國(풍국) [0080]
豐	豐芑(풍기) [0000]
豐	豐寧(풍녕) [0032]
豐	豐大(풍대) [0080]
豐	豐麗(풍려) [0042]
豐	豐隆(풍륭) [0032]
豐	豐滿(풍만) [0042]
豐	豐明(풍명) [0062]
豐	豐美(풍미) [0060]
豐	豐盛(풍성) [0042]
豐	豐潤(풍윤) [0032]
詖	詖遁(피둔) [0010]
詖	詖辭(피사) [0040]
詖	詖術(피술) [0062]
詖	詖謁(피알) [0030]
詖	詖言(피언) [0060]
詖	詖行(피행) [0060]
詖	險詖(험피) [4000]
佖	衍佖(연필) [1200]
佖	佖佖(필필) [0000]
觱	觱栗(필률) [0032]
觱	觱發(필발) [0062]
觱	觱沸(필불) [0010]
鞞	鞞琫(병봉) [0002]
駜	駜駽(필현) [0000]
怭	醉怭(취필) [3200]
怭	怭怭(필필) [0000]
鉍	矛鉍(모필) [2000]
鉍	鉍鉍(필필) [0000]
偪	偪處(핍처) [0042]
偪	偪仄(핍측) [0002]
嘏	嘏命(하명) [0070]
嘏	嘏辭(하사) [0040]
呀	呀坑(하갱) [0020]
呀	呀闔(하합) [0002]
苄	乾苄(건하) [3200]
苄	法苄(법하) [5200]
苄	松苄(송변) [4000]
苄	熟苄(숙변) [3200]
翯	翯然(학연) [0070]
翯	翯翯(학학) [0000]
翯	翯乎(학호) [0030]
熯	熯焚(한분) [0010]
熯	熯薪(한신) [0010]
熯	熯造(한조) [0042]
熯	熯熾(한치) [0010]
僩	僩瑟(한슬) [0012]
僩	僩雅(한아) [0032]
僩	僩靜(한정) [0040]
暵	暵乾(한건) [0032]
暵	暵魃(한발) [0010]
暵	暵熱(한열) [0050]
暵	暵地(한지) [0070]
暵	暵旱(한한) [0030]
暵	暵赫(한혁) [0012]
扞	扞格(간격) [0052]
扞	扞拒(한거) [0040]
扞	扞格(한격) [0052]
扞	扞城(한성) [0042]
扞	扞率(한솔) [0032]
扞	扞衛(한위) [0042]
劼	劼毖(할비) [0012]
菡	菡萏(함담) [0000]
菡	菡菡(함함) [0000]
諴	諴口(함구) [0070]
諴	諴民(함민) [0080]
諴	諴孚(함부) [0002]
嗑	嗑牙(갑아) [0032]
嗑	噬嗑(서합) [0000]
嗑	嗑着(합착) [0052]
柙	柙匱(합궤) [0000]
柙	柙牀(합상) [0002]
柙	柙板(합판) [0050]
盍	盍旦(갈단) [0032]
盍	盍各(합각) [0062]
盍	盍簪(합잠) [0010]
盍	盍徹(합철) [0032]
頏	頏顙(항상) [0000]
醢	螺醢(나해) [1000]
醢	卵醢(난해) [4000]
醢	鹿醢(녹해) [3000]
醢	醓醢(담해) [0000]
醢	食醢(식해) [7200]
醢	魚醢(어해) [5000]
醢	蛙醢(와해) [0200]
醢	裏醢(이해) [3200]
醢	雜醢(잡해) [4000]
醢	菹醢(저해) [0200]

醢	蚳醢(지해) [0000]
醢	歠醢(철해) [0000]
醢	兎醢(토해) [3200]
醢	蝦醢(하해) [1000]
醢	蛤醢(합해) [1000]
醢	醢醓(해담) [0000]
醢	醢屬(해속) [0040]
醢	醢漿(해장) [0010]
醢	醢醬(해장) [0010]
醢	醢汁(해즙) [0010]
醢	醢脯(해포) [0010]
醢	蟹醢(해해) [0200]
陔	陔鼓(해고) [0032]
陔	陔蘭(해란) [0032]
陔	陔養(해양) [0052]
陔	陔兆(해조) [0032]
覈	檢覈(검핵) [4200]
覈	考覈(고핵) [5000]
覈	究覈(구핵) [4200]
覈	窮覈(궁핵) [4000]
覈	糾覈(규핵) [3000]
覈	盤覈(반핵) [3200]
覈	辨覈(변핵) [3000]
覈	査覈(사핵) [5000]
覈	詳覈(상핵) [3200]
覈	審覈(심핵) [3200]
覈	按覈(안핵) [1000]
覈	嚴覈(엄핵) [4000]
覈	精覈(정핵) [4200]
覈	綜覈(종핵) [2000]
覈	推覈(추핵) [4000]
覈	討覈(토핵) [4000]
覈	覈勘(핵감) [0010]
覈	覈得(핵득) [0042]
覈	覈論(핵론) [0042]
覈	覈理(핵리) [0062]
覈	覈辨(핵변) [0030]
覈	覈査(핵사) [0050]
覈	覈實(핵실) [0052]
悻	悻動(행동) [0072]
悻	悻逆(행역) [0042]
悻	悻然(행연) [0070]
悻	悻直(행직) [0072]
悻	悻悻(행행) [0000]
栩	苞栩(포우) [0200]
栩	栩栩(허허) [0000]
巘	巘崎(헌기) [0010]
獫	獫狁(험윤) [0000]
玁	玁狁(험윤) [0000]
洫	溝洫(구혁) [1000]
洫	區洫(구혁) [6000]
洫	白洫(백혁) [8000]
洫	封洫(봉혁) [3200]
洫	洫實(혁실) [0052]
洫	洫洫(혁혁) [0000]
虩	虩然(혁연) [0070]
虩	虩虩(혁혁) [0000]
虩	虩虎(혁호) [0032]
畫	畫傷(혁상) [0040]
畫	畫然(혁연) [0070]
儇	輕儇(경현) [5000]
儇	儇巧(현교) [0032]
儇	儇利(현리) [0062]
儇	儇佻(현소) [0000]
嬛	嬛佞(현녕) [0000]
嬛	嬛薄(현박) [0032]
昡	昡俗(현속) [0042]
昡	昡曜(현요) [0050]
駽	駜駽(필현) [0000]
莧	莧陸(현륙) [0052]
莧	莧菜(현채) [0032]
鞙	鞙絲(현사) [0040]
絜	絜廉(결렴) [0030]
絜	絜白(결백) [0080]
絜	絜楹(결영) [0002]
絜	絜齊(결자) [0032]
絜	絜齊(결제) [0032]
絜	噭絜(교결) [0000]
絜	絜矩(혈구) [0010]
傒	傒落(혜락) [0050]
傒	傒倖(혜행) [0002]
嘒	嘒星(혜성) [0042]
嘒	嘒嘒(혜혜) [0000]
徯	徯落(혜락) [0050]
徯	徯望(혜망) [0052]
徯	徯倖(혜행) [0002]
盻	瞋盻(진혜) [0200]
盻	盻盻(혜혜) [0000]
憓	憓征(혜정) [0032]
嘷	咷嘷(도호) [0000]
嘷	嘷旦(호단) [0032]
嘷	嘷吸(호흡) [0042]
怙	失怙(실호) [6000]
怙	依怙(의호) [4000]
怙	怙彊(호강) [0012]
怙	怙冒(호모) [0030]
怙	怙勢(호세) [0042]
怙	怙恃(호시) [0002]
怙	怙終(호종) [0050]
薅	薅惱(호뇌) [0030]
薅	薅耨(호누) [0000]
薅	薅馬(호마) [0050]
薅	薅田(호전) [0042]
薅	薅櫛(호즐) [0010]
惛	僮惛(동혼) [0000]
惛	惛怓(혼노) [0000]
惛	惛亂(혼란) [0040]
鬨	鬨堂(홍당) [0062]
鬨	鬨動(홍동) [0072]
鬨	鬨市(홍시) [0072]
鬨	鬨然(홍연) [0070]
鬨	鬨傳(홍전) [0052]
鬨	鬨槍(홍창) [0010]
洚	洚洞(홍동) [0070]

洚 洚水(홍수) [0080]
矍 矍鑠(확삭) [0000]
矍 矍然(확연) [0070]
圜 舊圜(구환) [5200]
圜 半圜(반원) [6200]
圜 圜蓋(원개) [0032]
圜 圜丘(원구) [0032]
圜 圜壇(원단) [0050]
圜 圜方(원방) [0072]
懽 懽服(환복) [0060]
懽 懽懌(환역) [0000]
懽 懽暢(환창) [0030]
豢 芻豢(추환) [1000]
豢 豢牢(환뢰) [0010]
豢 豢養(환양) [0052]
豢 豢圉(환어) [0000]
豢 豢擾(환요) [0010]
鍰 銅鍰(동환) [4200]
鍰 罰鍰(벌환) [4200]
鐶 扉鐶(비환) [1000]
鐶 細鐶(세환) [4200]
鐶 鐶貫(환관) [0032]
鐶 鐶鈕(환뉴) [0000]
鐶 鐶餠(환병) [0010]
鐶 鐶釧(환천) [0012]
芄 芄蘭(환란) [0032]
逭 逭咎(환구) [0002]
逭 逭勞(환로) [0052]
逭 逭免(환면) [0032]
逭 逭死(환사) [0060]
逭 逭暑(환서) [0030]
逭 逭役(환역) [0032]
濶 浩濶(호활) [3200]
濶 濶口(활구) [0070]
喤 喤喤(황황) [0000]
洄 泝洄(소회) [0200]
洄 遡洄(소회) [1000]
洄 洄糾(회규) [0030]
洄 洄沿(회연) [0032]
洄 洄游(회유) [0010]
洄 洄洄(회회) [0000]
頮 洮頮(도회) [0000]
頮 頮面(회면) [0070]
頮 頮沐(회목) [0020]
頮 頮浴(회욕) [0050]
頮 頮濯(회탁) [0030]
頮 頮澤(회택) [0032]
薈 蘆薈(노회) [1200]
薈 翳薈(예회) [0000]
薈 薈蔚(회울) [0012]
薈 薈萃(회췌) [0010]
擭 罟擭(고확) [0000]
擭 擭穽(확정) [0010]
擭 擭地(획지) [0070]
嘵 嘵聒(효괄) [0000]
嘵 嘵舌(효설) [0040]
嘵 嘵嘵(효효) [0000]
傚 是傚(시효) [4200]
傚 傚古(효고) [0060]
傚 傚倣(효방) [0030]
囂 紛囂(분효) [3200]
囂 譸囂(주효) [0000]
囂 塵囂(진효) [2000]
囂 囂凌(효릉) [0010]
囂 囂薄(효박) [0032]
囂 囂浮(효부) [0032]
囂 囂塵(효진) [0020]
殽 殽亂(효란) [0040]
殽 殽羞(효수) [0010]
殽 殽饌(효찬) [0010]
殽 殽核(효핵) [0040]
虓 狃虓(유효) [0000]
虓 虓怒(효노) [0042]
虓 虓雄(효웅) [0050]
虓 虓虎(효호) [0032]
虓 虓豁(효활) [0002]
鴞 鷄鴞(계효) [4000]
鴞 山鴞(산효) [8000]
鴞 水鴞(수효) [8000]
鴞 鴟鴞(치효) [0000]
鴞 鴞鳴(효명) [0040]
鴞 鴞音(효음) [0062]
鴞 鴞響(효향) [0032]
詡 誇詡(과후) [3200]
詡 自詡(자후) [7200]
詡 奬詡(장후) [4000]
詡 詡笑(후소) [0042]
詡 詡揚(후양) [0032]
詡 詡張(후장) [0040]
詡 詡詡(후후) [0000]
酗 酗酣(후감) [0000]
酗 酗罵(후매) [0010]
酗 酗酒(후주) [0040]
餱 餱糧(후량) [0040]
餱 餱粻(후장) [0000]
鍭 鍭矢(후시) [0030]
纁 玄纁(현훈) [3200]
纁 纁裳(훈상) [0032]
纁 纁雁(훈안) [0030]
纁 纁招(훈초) [0040]
纁 纁玄(훈현) [0032]
纁 纁黃(훈황) [0060]
咺 嘽咺(천훤) [0000]
諠 諠動(훤동) [0072]
諠 諠騰(훤등) [0030]
諠 諠煩(훤번) [0030]
諠 諠擾(훤요) [0010]
諠 諠雜(훤잡) [0040]
諼 詐諼(사훤) [3000]
諼 諼浮(훤부) [0032]
諼 諼草(훤초) [0070]
諼 諼諼(훤훤) [0000]
貆 貆猪(훤저) [0002]
虺 虺毒(훼독) [0042]

虺	虺民(훼민) [0080]
虺	虺蛇(훼사) [0032]
虺	虺螫(훼석) [0000]
翬	翬矯(휘교) [0030]
翬	翬錦(휘금) [0032]
翬	翬飛(휘비) [0042]
翬	翬翟(휘적) [0002]
睢	睽睢(계휴) [0000]
睢	盱睢(우휴) [0000]
睢	睢剌(휴랄) [0010]
睢	睢盱(휴우) [0000]
咻	咻迫(휴박) [0032]
攜	攜帶(휴대) [0042]
攜	攜離(휴리) [0040]
攜	攜手(휴수) [0072]
觿	韘觿(섭휴) [0000]
觿	觿年(휴년) [0080]
觿	觿礪(휴려) [0012]
觿	觿解(휴해) [0042]
遹	遹追(휼추) [0032]
遹	遹皇(휼황) [0032]
訩	鞫訩(국흉) [1200]
訩	訩懼(흉구) [0030]
訩	訩動(흉동) [0072]
訩	訩訩(흉흉) [0000]
忻	忻戴(흔대) [0020]
忻	忻戚(흔척) [0032]
釁	邊釁(변흔) [4200]
釁	伺釁(사흔) [0200]
釁	生釁(생흔) [8000]
釁	釁潔(흔결) [0042]
釁	釁鼓(흔고) [0032]
釁	釁隙(흔극) [0010]
釁	釁端(흔단) [0042]
釁	釁累(흔루) [0032]
釁	釁孼(흔얼) [0000]
仡	仡栗(흘률) [0032]
仡	仡勇(흘용) [0062]
汔	汔盡(흘진) [0040]
迄	迄功(흘공) [0062]
迄	迄今(흘금) [0062]
迄	迄至(흘지) [0042]
齕	齕瓜(흘과) [0020]
齕	齕剌(흘랄) [0010]
齕	齕痡(흘부) [0000]
齕	齕齧(흘설) [0002]
齕	齕齕(흘흘) [0000]
潝	潝訿(흡자) [0000]
潝	潝潝(흡흡) [0000]
咥	咥尾(절미) [0032]
咥	咥噬(절서) [0000]
咥	咥咥(희희) [0000]
嘻	嘻笑(희소) [0042]
嘻	嘻嗟(희차) [0010]
嘻	嘻歎(희탄) [0040]
嘻	嘻嘻(희희) [0000]
豨	豨膏(희고) [0010]
豨	豨突(희돌) [0032]
豨	豨苓(희령) [0000]
豨	豨勇(희용) [0062]
餼	廩餼(늠희) [0000]
餼	賑餼(진희) [0200]
餼	餼牽(희견) [0030]
餼	餼廩(희름) [0000]
餼	餼羊(희양) [0042]
饎	饙饎(분희) [0000]
饎	饎人(희인) [0080]
饎	饎爨(희찬) [0000]

<特級Ⅱ 新習漢字語>

枷	行枷(행가) [6002]
枷	枷杻(가추) [0202]
枷	懸枷(현가) [3202]
枷	鐵枷(철가) [5002]
枷	着枷(착가) [5202]
枷	足枷(족가) [7202]
枷	連枷(연가) [4202]
枷	枷囚(가수) [0230]
枷	枷鎖(가쇄) [0232]
珂	珂里(가리) [0270]
珂	珂鄕(가향) [0242]
痂	乳痂(유가) [4002]
痂	結痂(결가) [5202]
痂	痘痂(두가) [1002]
痂	落痂(낙가) [5002]
痂	痂皮(가피) [0232]
茄	蕃茄(번가) [1002]
茄	天茄(천가) [7002]
茄	五茄(오가) [8002]
茄	茄荷(가하) [0232]
茄	茄菹(가저) [0202]
茄	茄房(가방) [0242]
茄	茄子(가자) [0272]
訶	訶陵(가릉) [0232]
訶	訶子(가자) [0272]
訶	摩訶(마하) [2002]
跏	跏坐(가좌) [0232]
跏	結跏(결가) [5202]
跏	半跏(반가) [6202]
跏	全跏(전가) [7202]

愨	誠愨(성각) [4202]
愨	愨士(각사) [0252]
愨	愨實(각실) [0252]
愨	謹愨(근각) [3002]
侃	侃侃(간간) [0202]
柬	發柬(발간) [6202]
柬	書柬(서간) [6202]
桿	繫桿(계간) [3002]
磵	谷磵(곡간) [3202]
稈	麥稈(맥간) [3202]
稈	禾稈(화간) [3002]
曷	曷爲(갈위) [0242]
碣	碑碣(비갈) [4002]
碣	石碣(석갈) [6002]
碣	墓碣(묘갈) [4002]
碣	短碣(단갈) [6202]
碣	碣斗(갈두) [0242]
碣	苔碣(태갈) [1002]
蝎	蝎虎(갈호) [0232]
坎	坎軻(감가) [0212]
坎	坎肩(감견) [0230]
坎	坎卦(감괘) [0210]
坎	坎方(감방) [0272]
坎	坎止(감지) [0250]
坎	心坎(심감) [7002]
坎	土坎(토감) [8002]
嵌	嵌合(감합) [0260]
嵌	嵌入(감입) [0270]
嵌	嵌竇(감두) [0202]
嵌	象嵌(상감) [4002]
嵌	嵌谷(감곡) [0232]
嵌	嵌工(감공) [0272]
戡	戡亂(감란) [0240]
戡	戡夷(감이) [0230]
戡	戡定(감정) [0260]
橄	橄欖(감람) [0202]
鑒	雅鑒(아감) [3202]
鑒	智鑒(지감) [4002]

龕	龕室(감실) [0280]
龕	移龕(이감) [4202]
龕	佛龕(불감) [4202]
龕	壁龕(벽감) [4202]
龕	靈龕(영감) [3202]
龕	龕塔(감탑) [0232]
龕	龕像(감상) [0232]
龕	燈龕(등감) [4202]
胛	胛骨(갑골) [0240]
胛	肩胛(견갑) [3002]
絳	淺絳(천강) [3202]
絳	絳袍(강포) [0210]
絳	絳帳(강장) [0240]
絳	絳燭(강촉) [0230]
羌	羌桃(강도) [0232]
羌	羌鹽(강염) [0232]
羌	羌活(강활) [0272]
舡	舡軒(강헌) [0230]
舡	舡魚(강어) [0250]
襁	襁褓(강보) [0202]
鱇	鮟鱇(안강) [0202]
愷	愷悌(개제) [0210]
愷	八愷(팔개) [8002]
疥	水疥(수개) [8002]
疥	蟲疥(충개) [4202]
疥	濕疥(습개) [3202]
疥	膿疥(농개) [1002]
疥	犬疥(견개) [4002]
疥	疥癩(개라) [0210]
疥	砂疥(사개) [0202]
疥	疥瘡(개창) [0210]
疥	疥癬(개선) [0202]
疥	乾疥(건개) [3202]
鎧	鎧甲(개갑) [0240]
鎧	鎧袖(개수) [0210]
鎧	鎧仗(개장) [0210]
鎧	鎧冑(개주) [0210]
鎧	鎧板(개판) [0250]

鎧	鐵鎧(철개) [5002]
喀	喀出(객출) [0270]
喀	喀血(객혈) [0242]
喀	喀痰(객담) [0210]
粳	粳米(경미) [0260]
粳	粳餠(경병) [0210]
粳	粳粟(경속) [0230]
粳	粳米(갱미) [0260]
粳	粳稻(갱도) [0230]
据	据置(거치) [0242]
据	据銃(거총) [0242]
据	拮据(길거) [1002]
炬	炬眼(거안) [0242]
炬	炬火(거화) [0280]
炬	杻炬(유거) [0202]
炬	燎炬(요거) [1002]
炬	望炬(망거) [5202]
炬	秉炬(병거) [1202]
炬	松炬(송거) [4002]
炬	植炬(식거) [7002]
炬	下炬(하거) [7202]
炬	慧炬(혜거) [3202]
炬	炬燭(거촉) [0230]
袪	袪痰(거담) [0210]
踞	踞坐(거좌) [0232]
踞	踞侍(거시) [0232]
踞	踞床(거상) [0242]
踞	蟠踞(반거) [1002]
踞	虎踞(호거) [3202]
踞	箕踞(기거) [1202]
遽	遽卒(거졸) [0252]
遽	怱遽(총거) [0202]
遽	卒遽(졸거) [5202]
遽	惶遽(황거) [1002]
遽	薄遽(박거) [3202]
遽	輕遽(경거) [5002]
遽	遽色(거색) [0270]
遽	遽經(거경) [0242]

遽	急遽(급거)	[6202]
鉅	鉅萬(거만)	[0280]
鉅	細鉅(세거)	[4202]
鉅	帶鉅(대거)	[4202]
鉅	鉅狡(거교)	[0210]
鉅	鉅公(거공)	[0262]
鉅	鉅偉(거위)	[0252]
鉅	鉅儒(거유)	[0240]
鋸	引鋸(인거)	[4202]
鋸	鋸屑(거설)	[0210]
鋸	鋸匠(거장)	[0210]
鋸	鋸齒(거치)	[0242]
鋸	刀鋸(도거)	[3202]
鋸	圓鋸(원거)	[4202]
愆	悔愆(회건)	[3202]
愆	愆悔(건회)	[0232]
愆	愆滯(건체)	[0232]
愆	愆義(건의)	[0242]
愆	愆尤(건우)	[0230]
愆	愆戾(건려)	[0210]
愆	愆納(건납)	[0240]
愆	愆過(건과)	[0252]
愆	前愆(전건)	[7202]
愆	愆期(건기)	[0250]
蹇	驕蹇(교건)	[1002]
蹇	蹇蹇(건건)	[0202]
蹇	剛蹇(강건)	[3202]
蹇	蹇驢(건려)	[0202]
蹇	蹇劣(건열)	[0230]
蹇	蹇步(건보)	[0242]
蹇	蹇士(건사)	[0252]
蹇	蹇膝(건슬)	[0210]
蹇	蹇跛(건파)	[0210]
蹇	駑蹇(노건)	[1002]
蹇	舌蹇(설건)	[4002]
蹇	蹇屯(건둔)	[0230]
蹇	蹇脚(건각)	[0232]
蹇	蹇滯(건체)	[0232]
蹇	蹇卦(건괘)	[0210]
蹇	偃蹇(언건)	[0202]
蹇	運蹇(운건)	[6202]
瞼	眼瞼(안검)	[4202]
瞼	瞼板(검판)	[0250]
鈐	鈐韜(검도)	[0202]
鈐	鈐印(검인)	[0242]
鈐	韜鈐(도검)	[0202]
鈐	鈐束(검속)	[0252]
鈐	鈐璽(검새)	[0210]
黔	黔首(검수)	[0252]
黔	黔炭(검탄)	[0250]
黔	黔突(검돌)	[0232]
黔	黔驢(검려)	[0202]
黔	黔沈(검침)	[0232]
黔	黔中(검중)	[0280]
黔	黔慝(검특)	[0210]
黔	黔省(검성)	[0262]
抉	抉摘(결적)	[0232]
抉	抉剔(결척)	[0202]
抉	摘抉(적결)	[3202]
抉	剔抉(척결)	[0202]
慊	慊然(겸연)	[0270]
箝	箝制(겸제)	[0242]
箝	箝口(겸구)	[0270]
箝	箝馬(겸마)	[0250]
箝	箝語(겸어)	[0270]
鉗	鉗口(겸구)	[0270]
鉗	鉗忌(겸기)	[0230]
鉗	鉗奴(겸노)	[0232]
鉗	鉗徒(겸도)	[0240]
鉗	鉗子(겸자)	[0272]
鉗	鉗制(겸제)	[0242]
鉗	鉗脚(겸각)	[0232]
鎌	鎌倉(겸창)	[0232]
鎌	鉤鎌(구겸)	[1002]
倞	無倞(무경)	[5002]
勍	勍敵(경적)	[0242]
坰	野坰(야경)	[6002]
坰	坰場(경장)	[0272]
坰	坰畓(경답)	[0230]
擎	擎壺(경호)	[0202]
擎	擎手(경수)	[0272]
涇	涇渭(경위)	[0212]
耿	剛耿(강경)	[3202]
耿	耿潔(경결)	[0242]
耿	耿耿(경경)	[0202]
耿	耿光(경광)	[0262]
耿	耿暉(경휘)	[0202]
耿	耿介(경개)	[0232]
逕	樵逕(초경)	[1002]
逕	逕庭(경정)	[0262]
逕	三逕(삼경)	[8002]
逕	石逕(석경)	[6002]
逕	小逕(소경)	[8002]
逕	正逕(정경)	[7202]
逕	鳥逕(조경)	[4202]
屆	屆出(계출)	[0270]
屆	屆期(계기)	[0250]
棨	中棨(중계)	[8002]
稽	句稽(구계)	[4202]
稽	稽古(계고)	[0260]
稽	稽留(계류)	[0242]
稽	稽封(세봉)	[0232]
稽	稽謝(계사)	[0242]
稽	稽首(계수)	[0252]
稽	稽緩(계완)	[0232]
稽	稽程(계정)	[0242]
稽	稽遲(계지)	[0230]
稽	稽滯(계체)	[0232]
稽	無稽(무계)	[5002]
稽	滑稽(골계)	[2002]
誡	誡勉(계면)	[0240]
誡	誡命(계명)	[0270]
誡	告誡(고계)	[5202]
誡	敎誡(교계)	[8002]

誡	勸誡(권계)	[4002]
誡	女誡(여계)	[8002]
誡	守誡(수계)	[4202]
誡	諷誡(풍계)	[1002]
谿	谿路(계로)	[0260]
谿	澗谿(간계)	[1002]
谿	谿堂(계당)	[0262]
谿	谿流(계류)	[0252]
谿	棠谿(당계)	[1002]
谿	鼠谿(서계)	[1002]
谿	後谿(후계)	[7202]
谿	谿谷(계곡)	[0232]
尻	黑尻(흑구)	[5002]
攷	論攷(논고)	[4202]
攷	搜攷(수고)	[3002]
攷	雜攷(잡고)	[4002]
暠	暠然(호연)	[0270]
槁	鼻槁(비고)	[5002]
槁	枯槁(고고)	[3002]
槁	槁木(고목)	[0280]
沽	沽酒(고주)	[0240]
沽	沽名(고명)	[0272]
沽	沽販(고판)	[0230]
沽	沽貝(고패)	[0230]
沽	大沽(대고)	[8002]
沽	沽券(고권)	[0240]
睾	睾囊(고낭)	[0210]
睾	睾女(고녀)	[0280]
睾	睾丸(고환)	[0230]
睾	控睾(공고)	[0202]
羔	羔雁(고안)	[0230]
羔	羔羊(고양)	[0242]
羔	雄羔(웅고)	[5002]
苽	沈苽(침고)	[3202]
菰	菰根(고근)	[0260]
菰	眞菰(진고)	[4202]
菰	菰繩(고승)	[0212]
菰	菰菜(고채)	[0232]
藁	藁本(고본)	[0260]
藁	藁席(고석)	[0260]
藁	藁葬(고장)	[0232]
藁	稻藁(도고)	[3002]
藁	麥藁(맥고)	[3202]
藁	文藁(문고)	[7002]
藁	禾藁(화고)	[3002]
蠱	蠱毒(고독)	[0242]
蠱	巫蠱(무고)	[1002]
蠱	妖蠱(요고)	[2002]
蠱	蠱惑(고혹)	[0232]
蠱	蠱石(고석)	[0260]
蠱	蠱卦(고괘)	[0210]
蠱	蠱脹(고창)	[0210]
蠱	蠱蟲(고충)	[0242]
誥	制誥(제고)	[4202]
誥	詔誥(조고)	[1002]
誥	庭誥(정고)	[6202]
誥	典誥(전고)	[5202]
誥	誓誥(서고)	[3002]
誥	官誥(관고)	[4202]
誥	誥文(고문)	[0270]
誥	誥命(고명)	[0270]
誥	遺誥(유고)	[4002]
斛	大斛(대곡)	[8002]
斛	小斛(소곡)	[8002]
斛	石斛(석곡)	[6002]
斛	斛量(곡량)	[0250]
斛	斗斛(두곡)	[4202]
斛	斛上(곡상)	[0272]
斛	萬斛(만곡)	[8002]
崑	崑曲(곤곡)	[0250]
崑	崑腔(곤강)	[0210]
崑	崑崙(곤륜)	[0212]
崑	崑玉(곤옥)	[0242]
崑	崑山(곤산)	[0280]
梱	梱包(곤포)	[0242]
梱	梱帥(곤수)	[0232]
滾	滾沸(곤불)	[0210]
滾	滾滾(곤곤)	[0202]
滾	滾汨(곤골)	[0210]
琨	琨瑜(곤유)	[0202]
鯤	鯤鵬(곤붕)	[0212]
控	控柱(공주)	[0232]
控	提控(제공)	[4202]
控	控除(공제)	[0242]
控	控告(공고)	[0252]
控	控睾(공고)	[0202]
控	控球(공구)	[0262]
控	控訴(공소)	[0232]
控	控帳(공장)	[0240]
珙	珙璧(공벽)	[0210]
蚣	蜈蚣(오공)	[0202]
跨	跨節(과절)	[0252]
鍋	南鍋(남와)	[8002]
罐	竪罐(수관)	[1002]
罐	扁罐(편관)	[1202]
罐	製罐(제관)	[4202]
罐	洗罐(세관)	[5202]
罐	茶罐(다관)	[3202]
罐	汽罐(기관)	[5002]
罐	罐石(관석)	[0260]
罐	空罐(공관)	[7202]
罐	湯罐(탕관)	[3202]
罐	罐滓(관재)	[0210]
菅	菅履(관리)	[0232]
恝	難恝(난괄)	[4202]
恝	恝然(괄연)	[0270]
恝	恝待(괄대)	[0260]
恝	恝視(괄시)	[0242]
适	體适(체괄)	[6202]
侊	侊飯(광반)	[0232]
洸	洸洋(황양)	[0260]
洸	洸洸(광광)	[0202]
洸	洸忽(황홀)	[0232]
筐	粉筐(분광)	[4002]

筐 筐底(광저) [0240]
筐 筐球(광구) [0262]
筐 頃筐(경광) [3202]
紘 帝紘(제굉) [4002]
紘 八紘(팔굉) [8002]
嶠 嶠南(교남) [0280]
嶠 海嶠(해교) [7202]
翹 翹首(교수) [0252]
翹 翹楚(교초) [0212]
翹 翹秀(교수) [0240]
翹 翹思(교사) [0250]
翹 翹望(교망) [0252]
翹 翹頭(교두) [0260]
翹 翹企(교기) [0232]
翹 連翹(연교) [4202]
蕎 蕎麥(교맥) [0232]
蕎 蕎花(교화) [0270]
餃 餃子(교자) [0272]
餃 餃飴(교이) [0202]
鮫 馬鮫(마교) [5002]
鮫 蛇鮫(사교) [3202]
鮫 星鮫(성교) [4202]
鮫 白鮫(백교) [8002]
鮫 猫鮫(묘교) [1002]
鮫 鮫函(교함) [0210]
鮫 鮫皮(교피) [0232]
鮫 鮫膚(교부) [0220]
鮫 鯨鮫(경교) [1002]
鮫 鮫類(교류) [0252]
勾 勾當(구당) [0252]
勾 勾檢(구검) [0242]
勾 勾股(구고) [0210]
勾 勾管(구관) [0240]
勾 勾郞(구랑) [0232]
勾 免勾(면구) [3202]
勾 勾配(구배) [0242]
咎 怨咎(원구) [4002]
咎 休咎(휴구) [7002]
咎 禍咎(화구) [3202]
咎 追咎(추구) [3202]
咎 天咎(천구) [7002]
咎 懺咎(참구) [1002]
咎 罪咎(죄구) [5002]
咎 謫咎(적구) [1002]
咎 咎鼓(구고) [0232]
咎 引咎(인구) [4202]
咎 殃咎(앙구) [3002]
咎 歸咎(귀구) [4002]
咎 咎悔(구회) [0232]
咎 咎責(구책) [0252]
咎 咎徵(구징) [0232]
咎 咎殃(구앙) [0230]
咎 災咎(재구) [5002]
坵 坵段(구단) [0240]
毬 毛毬(모구) [4202]
毬 行毬(행구) [6002]
毬 鞭毬(편구) [1002]
毬 蹴毬(축구) [2002]
毬 彩毬(채구) [3202]
毬 擊毬(격구) [4002]
毬 射毬(사구) [4002]
毬 毬工(구공) [0272]
毬 氣毬(기구) [7202]
毬 毬花(구화) [0270]
毬 毬杖(구장) [0210]
毬 毬場(구장) [0272]
毬 毬門(구문) [0280]
毬 毬果(구과) [0262]
毬 禪毬(선구) [3202]
瞿 瞿曇(구담) [0210]
瞿 瞿瞿(구구) [0202]
瞿 瞿麥(구맥) [0232]
鞫 設鞫(설국) [4202]
鞫 親鞫(친국) [6002]
鞫 治鞫(치국) [4202]
鞫 推鞫(추국) [4002]
鞫 逮鞫(체국) [3002]
鞫 訊鞫(신국) [1002]
鞫 拿鞫(나국) [1002]
鞫 鞫劾(국핵) [0210]
鞫 鞫問(국문) [0270]
鞫 鞫訊(국신) [0210]
鞫 庭鞫(정국) [6202]
鞫 鞫囚(국수) [0230]
鞫 鞫獄(국옥) [0232]
鞫 鞫正(국정) [0272]
鞫 鞫罪(국죄) [0250]
鞫 鞫廳(국청) [0240]
鞫 鞫治(국치) [0242]
麴 麴糵(국얼) [0202]
麴 麴子(국자) [0272]
麴 紅麴(홍국) [4002]
麴 秋麴(추국) [7002]
麴 粗麴(조국) [1002]
麴 銀麴(은국) [6002]
麴 神麴(신국) [6202]
麴 粉麴(분국) [4002]
麴 米麴(미국) [6002]
麴 麪麴(면국) [1002]
麴 蓼麴(요국) [0202]
麴 種麴(종국) [5202]
麴 麴君(국군) [0240]
麴 麴菌(국균) [0232]
麴 麴母(국모) [0280]
裙 單裙(단군) [4202]
裙 紅裙(홍군) [4002]
裙 翠裙(취군) [1002]
裙 長裙(장군) [8002]
裙 羅裙(나군) [4202]
裙 裙子(군자) [0272]
裙 襪裙(말군) [1002]
堀 鑿堀(착굴) [1002]
芎 川芎(천궁) [7002]
獗 猖獗(창궐) [1002]

蕨	蕨菜(궐채)	[0232]
蕨	蕨湯(궐탕)	[0232]
饋	饋遺(궤유)	[0240]
饋	饋恤(궤휼)	[0210]
饋	餉饋(향궤)	[0202]
饋	饋酒(궤주)	[0240]
饋	供饋(공궤)	[3202]
饋	饋送(궤송)	[0242]
晷	繼晷(계귀)	[4002]
晷	寸晷(촌구)	[8002]
晷	晷漏(귀루)	[0232]
槻	槻木(규목)	[0280]
竅	九竅(구규)	[8002]
竅	耳竅(이규)	[5002]
竅	陰竅(음규)	[4202]
竅	汗竅(한규)	[3202]
竅	淸竅(청규)	[6202]
竅	穴竅(혈규)	[3202]
竅	陽竅(양규)	[6002]
竅	孔竅(공규)	[4002]
竅	心竅(심규)	[7002]
赳	赳赳(규규)	[0202]
勻	勻軸(균축)	[0220]
勻	勻體(균체)	[0262]
勻	勻旨(균지)	[0220]
勻	勻敎(균교)	[0280]
昀	昀昀(윤윤)	[0202]
筠	綠筠(녹균)	[6002]
鈞	國鈞(국균)	[8002]
鈞	鈞天(균천)	[0270]
鈞	陶鈞(도균)	[3202]
鈞	千鈞(천균)	[7002]
懃	懃懇(근간)	[0232]
懃	慇懃(은근)	[0202]
芹	芹宮(근궁)	[0242]
芹	獻芹(헌근)	[3202]
芹	水芹(수근)	[8002]
芹	芹菜(근채)	[0232]
芹	芹誠(근성)	[0242]
芹	芹菹(근저)	[0202]
菫	毛菫(모근)	[4202]
檎	林檎(임금)	[7002]
芩	片芩(편금)	[3202]
芩	宿芩(숙금)	[5202]
芩	黃芩(황금)	[6002]
芩	子芩(자금)	[7202]
芩	條芩(조금)	[4002]
衿	靑衿(청금)	[8002]
衿	喉衿(후금)	[2002]
圻	開圻(개은)	[6002]
圻	遐圻(하기)	[1002]
碁	奕碁(혁기)	[0202]
碁	碁戰(기전)	[0262]
碁	碁博(기박)	[0242]
碁	碁風(기풍)	[0262]
碁	復碁(복기)	[4202]
碁	速碁(속기)	[6002]
碁	碁院(기원)	[0250]
碁	圍碁(위기)	[4002]
碁	將碁(장기)	[4202]
碁	碁勢(기세)	[0242]
碁	碁客(기객)	[0252]
碁	碁局(기국)	[0252]
碁	碁壇(기단)	[0250]
碁	碁譜(기보)	[0232]
碁	碁聖(기성)	[0242]
磯	釣磯(조기)	[2002]
磯	漁磯(어기)	[5002]
磯	磯松(기송)	[0240]
祁	祁山(기산)	[0280]
祁	祁連(기련)	[0242]
祁	祁寒(기한)	[0250]
祇	祇支(기지)	[0242]
祇	神祇(신기)	[6202]
祇	僧祇(승기)	[3202]
祇	山祇(산기)	[8002]
祇	祇候(기후)	[0230]
祇	祇園(기원)	[0260]
祇	祇迎(기영)	[0240]
祇	地祇(지기)	[7002]
祺	祺祥(기상)	[0230]
祺	祺然(기연)	[0270]
錡	錡釜(기부)	[0212]
饑	饑乏(기핍)	[0210]
饑	饑歲(기세)	[0252]
饑	饑荒(기황)	[0232]
饑	饑寒(기한)	[0250]
饑	饑飽(기포)	[0230]
饑	饑腸(기장)	[0240]
饑	饑疫(기역)	[0232]
饑	饑餓(기아)	[0230]
饑	饑凍(기동)	[0232]
饑	饑溺(기닉)	[0220]
饑	饑饉(기근)	[0210]
饑	饑窮(기궁)	[0240]
饑	饑穰(기양)	[0202]
佶	佶屈(길굴)	[0240]
桔	桔桀(길걸)	[0212]
桔	桔梗(길경)	[0210]
娜	娜娜(나나)	[0202]
湳	湳水(남수)	[0280]
湳	湳德(남덕)	[0252]
柰	柰子(내자)	[0272]
柰	柰脯(내포)	[0210]
柰	柰何(나하)	[0232]
恬	恬雅(염아)	[0232]
恬	恬安(염안)	[0272]
恬	恬潔(염결)	[0242]
恬	恬澹(염담)	[0210]
恬	恬然(염연)	[0270]
恬	恬逸(염일)	[0232]
恬	恬靜(염정)	[0240]
恬	恬蕩(염탕)	[0210]
恬	恬泰(염태)	[0232]

恬	恬退(염퇴)	[0242]
恬	恬虛(염허)	[0242]
恬	恬嬉(염희)	[0212]
恬	恬熙(염희)	[0220]
恬	恬謐(염밀)	[0210]
拈	拈衣(염의)	[0260]
拈	拈香(염향)	[0242]
拈	拈鍼(점침)	[0210]
拈	拈提(염제)	[0242]
拈	拈語(염어)	[0270]
拈	拈來(염래)	[0270]
拈	拈古(염고)	[0260]
拈	拈則(염칙)	[0250]
捻	捻鍼(염침)	[0210]
捻	捻軍(염군)	[0280]
捻	捻法(염법)	[0252]
捻	捻匪(염비)	[0220]
捻	捻子(염자)	[0272]
捻	捻轉(염전)	[0240]
捻	捻挫(염좌)	[0210]
捻	捻出(염출)	[0270]
寗	康寗(강녕)	[4202]
獰	獰風(영풍)	[0262]
獰	兇獰(흉녕)	[1002]
獰	獰悍(영한)	[0210]
獰	獰慝(영특)	[0210]
獰	獰惡(영악)	[0252]
獰	獰猛(영맹)	[0232]
獰	獰毒(영독)	[0242]
瑙	瑪瑙(마노)	[0202]
鬧	煩鬧(번뇨)	[3002]
鬧	鬧鐘(요종)	[0202]
鬧	喧鬧(훤뇨)	[1002]
鬧	作鬧(작뇨)	[6202]
鬧	熱鬧(열뇨)	[5002]
鬧	惹鬧(야료)	[2002]
鬧	紛鬧(분뇨)	[3202]
鬧	起鬧(기뇨)	[4202]
鬧	鬧憤(요분)	[0240]
鬧	鬧熱(요열)	[0250]
鬧	息鬧(식뇨)	[4202]
嫩	嫩晴(눈청)	[0230]
嫩	嫩江(눈강)	[0272]
嫩	五嫩(오눈)	[8002]
嫩	嫩寒(눈한)	[0250]
嫩	嫩草(눈초)	[0270]
嫩	嫩竹(눈죽)	[0242]
嫩	嫩葉(눈엽)	[0250]
嫩	嫩芽(눈아)	[0232]
嫩	嫩麗(눈려)	[0242]
嫩	嫩綠(눈록)	[0260]
杻	枷杻(가추)	[0202]
杻	杻炬(유거)	[0202]
杻	木杻(목추)	[8002]
杻	鐵杻(철추)	[5002]
亶	亶父(단보)	[0280]
亶	亶亶(단단)	[0202]
彖	彖傳(단전)	[0252]
彖	彖辭(단사)	[0240]
袒	偏袒(편단)	[3202]
袒	肉袒(육단)	[4202]
袒	右袒(우단)	[7202]
袒	袒免(단문)	[0232]
袒	袒跣(단선)	[0202]
袒	左袒(좌단)	[7202]
袒	袒肩(단견)	[0230]
袒	袒褐(단갈)	[0210]
鄲	邯鄲(한단)	[1202]
澾	蘚澾(선달)	[0202]
獺	獺祭(달제)	[0242]
獺	獺爪(달조)	[0210]
獺	山獺(산달)	[8002]
獺	水獺(수달)	[8002]
獺	海獺(해달)	[7202]
啖	健啖(건담)	[5002]
啖	茶啖(다담)	[3202]
啖	寢啖(침담)	[4002]
坍	坍倒(담도)	[0232]
湛	湛軒(담헌)	[0230]
湛	湛然(잠연)	[0270]
湛	湛水(담수)	[0280]
湛	湛碧(잠벽)	[0232]
湛	湛樂(담락)	[0262]
湛	湛露(잠로)	[0232]
聃	聃丘(담구)	[0232]
蕁	蕁麻(담마)	[0232]
蕁	蕁麻(심마)	[0232]
覃	覃恩(담은)	[0242]
覃	寶覃(보담)	[4202]
覃	腸覃(장담)	[4002]
錟	錟戈(염과)	[0220]
沓	沓雜(답잡)	[0240]
沓	悶沓(민답)	[1002]
沓	雜沓(잡답)	[4002]
沓	紛沓(분답)	[3202]
幢	貴幢(귀당)	[5002]
幢	郎幢(낭당)	[3202]
幢	衝幢(충당)	[3202]
幢	旌幢(정당)	[1202]
幢	牙幢(아당)	[3202]
幢	誓幢(서당)	[3002]
幢	寶幢(보당)	[4202]
幢	幢號(당호)	[0260]
幢	幢戟(당극)	[0210]
幢	弩幢(노당)	[1002]
幢	經幢(경당)	[4202]
幢	甲幢(갑당)	[4002]
幢	監幢(감당)	[4202]
幢	幢竿(당간)	[0210]
戇	戇諫(장간)	[0210]
戇	戇直(당직)	[0272]
戇	戇愚(당우)	[0232]
戇	戇朴(당박)	[0260]
岱	岱宗(대종)	[0242]

玳	玳瑁(대모) [0202]
黛	粉黛(분대) [4002]
黛	翠黛(취대) [1002]
黛	紅黛(홍대) [4002]
黛	鉛黛(연대) [4002]
黛	東黛(동대) [8002]
黛	靑黛(청대) [8002]
黛	黛黑(대흑) [0250]
黛	黛靑(대청) [0280]
黛	黛色(대색) [0270]
黛	黛眉(대미) [0230]
棹	回棹(회도) [4202]
棹	櫓棹(노도) [0202]
棹	棹唱(도창) [0250]
棹	棹歌(도가) [0270]
棹	短棹(단도) [6202]
櫂	櫓櫂(노도) [0202]
櫂	桂櫂(계도) [3202]
覩	厭覩(염도) [2002]
韜	韜藉(도자) [0210]
韜	韜鈐(도검) [0202]
韜	韜略(도략) [0240]
韜	韜晦(도회) [0210]
韜	鈐韜(검도) [0202]
韜	韜光(도광) [0262]
牘	尺牘(척독) [3202]
牘	簡牘(간독) [4002]
牘	牘尾(독미) [0232]
牘	牘書(독서) [0262]
牘	牘箋(독전) [0210]
牘	書牘(서독) [6202]
牘	案牘(안독) [5002]
犢	祭犢(제독) [4202]
犢	牲犢(생독) [1002]
犢	犢牛(독우) [0250]
犢	犢鼻(독비) [0250]
犢	禽犢(금독) [3202]
犢	犢車(독거) [0272]
纛	大纛(대독) [8002]
纛	纛祭(둑제) [0242]
纛	小纛(소둑) [8002]
墩	坐墩(좌돈) [3202]
墩	墩障(돈장) [0242]
墩	墩臺(돈대) [0232]
暾	暾暾(돈돈) [0202]
暾	朝暾(조돈) [6002]
焞	焞焞(돈돈) [0202]
遯	遯世(둔세) [0272]
遯	隱遯(은둔) [4002]
遯	遯竄(돈찬) [0202]
遯	遯逸(돈일) [0232]
遯	遯隱(돈은) [0240]
遯	遯世(돈세) [0272]
遯	遯卦(돈괘) [0210]
潼	潼關(동관) [0252]
潼	碧潼(벽동) [3202]
枓	枓工(두공) [0272]
枓	柱枓(주두) [3202]
竇	巖竇(암두) [3202]
竇	慧竇(혜두) [3202]
竇	利竇(이두) [6202]
竇	嵌竇(감두) [0202]
竇	閨竇(규두) [2002]
荳	紅荳(홍두) [4002]
逗	逗機(두기) [0240]
逗	逗留(두류) [0242]
逗	逗撓(두뇨) [0210]
逗	逗滯(두체) [0232]
芚	紙芚(지둔) [7002]
芚	草芚(초둔) [7002]
芚	油芚(유둔) [6002]
嶝	梯嶝(제등) [1002]
嶝	懸嶝(현등) [3202]
嶝	廻嶝(회등) [2002]
喇	喇叭(나팔) [0202]
喇	朱喇(주라) [4002]
喇	喇叭(나발) [0202]
蘿	蘿蔔(나복) [0202]
蘿	海蘿(해라) [7202]
蘿	靑蘿(청라) [8002]
蘿	蒔蘿(시라) [0202]
蘿	松蘿(송라) [4002]
蘿	料蘿(요라) [5002]
蘿	蘿月(나월) [0280]
蘿	蘿蔓(나만) [0210]
蘿	蘿徑(나경) [0232]
蘿	藤蘿(등라) [2002]
蘿	女蘿(여라) [8002]
蘿	綠蘿(녹라) [6002]
蘿	蘿井(나정) [0232]
珞	瓔珞(영락) [0202]
欒	團欒(단란) [5202]
嵐	溪嵐(계람) [3202]
嵐	翠嵐(취람) [1002]
嵐	春嵐(춘람) [7002]
嵐	晴嵐(청람) [3002]
嵐	嵐風(남풍) [0262]
嵐	嵐翠(남취) [0210]
嵐	嵐光(남광) [0262]
嵐	嵐氣(남기) [0272]
擥	擥取(남취) [0242]
攬	攬要(남요) [0252]
攬	收攬(수람) [4202]
攬	結攬(결람) [5202]
攬	延攬(연람) [4002]
攬	典攬(전람) [5202]
攬	提攬(제람) [4202]
攬	總攬(총람) [4202]
欖	橄欖(감람) [0202]
欖	欖仁(남인) [0240]
纜	繫纜(계람) [3002]
纜	解纜(해람) [4202]
纜	電纜(전람) [7202]
纜	緊纜(긴람) [3202]

纜	纜魚(남어) [0250]
襤	襤褸(남루) [0202]
襤	襤衣(남의) [0260]
琅	琅琅(낭랑) [0202]
琅	琅然(낭연) [0270]
琅	琅函(낭함) [0210]
琅	玲琅(영랑) [1202]
瑯	琺瑯(법랑) [0202]
螂	螳螂(당랑) [1002]
徠	勞徠(노래) [5202]
徠	招徠(초래) [4002]
粮	粮料(양료) [0250]
粮	田粮(전량) [4202]
儷	儷文(여문) [0270]
儷	失儷(실려) [6002]
儷	魚儷(어려) [5002]
儷	伉儷(항려) [0202]
櫚	華櫚(화려) [4002]
櫚	棕櫚(종려) [0202]
藜	藜灰(여회) [0240]
藜	藜鐵(여철) [0250]
藜	藜杖(여장) [0210]
藜	藜蘆(여로) [0212]
藜	藜羹(여갱) [0210]
藜	藜藿(여곽) [0210]
蠣	蠣殼(여각) [0210]
蠣	蠣灰(여회) [0240]
蠣	蠣灰(여회) [0240]
蠣	牡蠣(모려) [1002]
蠣	雕蠣(조려) [0202]
驢	驢子(여자) [0272]
驢	驢漢(여한) [0272]
驢	海驢(해려) [7202]
驢	黔驢(검려) [0202]
驢	健驢(건려) [5002]
驢	靑驢(청려) [8002]
驢	蹇驢(건려) [0202]
犁	犁牛(이우) [0250]

犁	鋤犁(서려) [0202]
犁	挽犁(만려) [1002]
犁	犁然(이연) [0270]
犁	犁鼠(이서) [0210]
犁	犁老(이로) [0270]
犁	泥犁(이리) [3202]
犁	鋤犁(서려) [0202]
犁	犁色(이색) [0270]
轢	轢死(역사) [0260]
轢	軋轢(알력) [1002]
轢	凌轢(능력) [1002]
轢	轢殺(역살) [0242]
轢	轢傷(역상) [0240]
靂	霹靂(벽력) [0202]
攣	攣急(연급) [0262]
攣	攣縮(연축) [0240]
攣	攣跛(연피) [0210]
攣	痙攣(경련) [1002]
攣	拘攣(구련) [3202]
璉	瑚璉(호련) [1002]
冽	冽泉(열천) [0240]
冽	凜冽(늠렬) [1002]
冽	淸冽(청렬) [6202]
冽	甘冽(감렬) [4002]
冽	冽水(열수) [0280]
伶	伶侏(영주) [0202]
伶	伶長(영장) [0280]
伶	女伶(여령) [8002]
伶	伶工(영공) [0272]
伶	伶官(영관) [0242]
伶	伶樂(영악) [0262]
怜	怜悧(영리) [0210]
羚	羚羊(영양) [0242]
翎	花翎(화령) [7002]
翎	飄翎(표령) [1002]
翎	翎毛(영모) [0242]
翎	霜翎(상령) [3202]
聆	瞻聆(첨령) [1202]

澧	澧泉(예천) [0240]
澧	澧沛(예패) [0210]
櫓	執櫓(집로) [3202]
櫓	櫓櫂(노도) [0202]
櫓	櫓歌(노가) [0270]
櫓	櫓棹(노도) [0202]
櫓	櫓聲(노성) [0242]
櫓	樓櫓(누로) [3202]
櫓	雙櫓(쌍노) [3202]
櫓	中櫓(중로) [8002]
櫓	干櫓(간로) [4002]
櫓	櫓軍(노군) [0280]
潞	潞水(노수) [0280]
潞	潞川(노천) [0270]
瀘	瀘水(노수) [0280]
輅	革輅(혁로) [4002]
輅	翟輅(적로) [0202]
輅	御輅(어로) [3202]
輅	象輅(상로) [4002]
輅	輅路(노로) [0260]
輅	鸞輅(난로) [1002]
輅	大輅(대로) [8002]
鹵	鹵獲(노획) [0232]
鹵	鹵簿(노부) [0232]
鹵	砂鹵(사로) [0202]
鹵	鹵田(노전) [0242]
鹵	鹵石(노석) [0260]
鹵	鹵莽(노망) [0202]
鹵	斥鹵(척로) [3002]
菉	菉竹(녹죽) [0242]
朧	朧朦(농몽) [0202]
朧	朧月(농월) [0280]
朧	朦朧(몽롱) [0202]
瀧	瀧瀧(농롱) [0202]
瀧	瀧岡(상강) [0212]
瀨	急瀨(급뢰) [6202]
瀨	淺瀨(천뢰) [3202]
賚	錫賚(석뢰) [1202]

賚	賚賜(뇌사)	[0230]
賚	賚去(뇌거)	[0250]
蓼	蓼麴(요국)	[0202]
蓼	蓼籃(요람)	[0210]
蓼	蓼蠻(요만)	[0220]
蓼	蓼蟲(요충)	[0242]
蓼	蓼花(요화)	[0270]
蓼	馬蓼(마료)	[5002]
蓼	天蓼(천료)	[7002]
蓼	香蓼(향료)	[4202]
蓼	紅蓼(홍료)	[4002]
蓼	蓼廓(요확)	[0210]
婁	婁星(누성)	[0242]
婁	婁宿(누수)	[0252]
婁	離婁(이루)	[4002]
瘻	尿瘻(요루)	[2002]
瘻	狼瘻(낭루)	[1002]
瘻	骨瘻(골루)	[4002]
瘻	疳瘻(감루)	[1002]
瘻	齒瘻(치루)	[4202]
瘻	痔瘻(치루)	[1002]
瘻	腸瘻(장루)	[4002]
瘻	鼠瘻(서루)	[1002]
瘻	糞瘻(분루)	[1002]
瘻	蜂瘻(봉루)	[3002]
瘻	瘻痔(누치)	[0210]
瘻	瘻管(누관)	[0240]
瘻	瘻孔(누공)	[0240]
瘻	血瘻(혈루)	[4202]
縷	縷命(누명)	[0270]
縷	絲縷(사루)	[4002]
縷	線縷(선루)	[6202]
縷	絮縷(서루)	[0202]
縷	縷陳(누진)	[0232]
縷	縷繹(누역)	[0210]
縷	縷言(누언)	[0260]
縷	縷述(누술)	[0232]
縷	縷析(누석)	[0230]
縷	縷望(누망)	[0252]
縷	縷縷(누누)	[0202]
縷	金縷(금루)	[8002]
縷	縷說(누설)	[0252]
蔞	瓜蔞(과루)	[2002]
蔞	蔞蒿(누호)	[0202]
褸	襤褸(남루)	[0202]
鏤	鏤工(누공)	[0272]
鏤	鏤金(누금)	[0280]
鏤	鏤榥(누황)	[0202]
鏤	鏤刻(누각)	[0240]
鏤	雕鏤(조루)	[0202]
鏤	鏤版(누판)	[0232]
鏤	刻鏤(각루)	[4002]
鏤	撥鏤(발루)	[1002]
鏤	鏤氷(누빙)	[0250]
旒	旗旒(기류)	[7002]
旒	長旒(장류)	[8002]
旒	冕旒(면류)	[1202]
榴	石榴(석류)	[6002]
榴	樺榴(화류)	[1202]
榴	榴花(유화)	[0270]
榴	榴彈(유탄)	[0240]
榴	榴月(유월)	[0280]
榴	甘榴(감류)	[4002]
瑠	瑠璃(유리)	[0202]
厘	分厘(분리)	[6202]
狸	白狸(백리)	[8002]
狸	海狸(해리)	[7202]
狸	巖狸(암리)	[3202]
璃	琉璃(유리)	[1002]
羸	羸老(이로)	[0270]
羸	羸兵(이병)	[0252]
羸	疲羸(피리)	[4002]
羸	疼羸(동리)	[1002]
羸	羸瘦(이수)	[0210]
羸	羸弱(이약)	[0262]
羸	老羸(노리)	[7002]
莉	茉莉(말리)	[0202]
鯉	黃鯉(황리)	[6002]
鯉	回鯉(회리)	[4202]
鯉	草鯉(초리)	[7002]
鯉	白鯉(백리)	[8002]
鯉	鯉幟(이치)	[0210]
鯉	鯉魚(이어)	[0250]
鯉	鯉燈(이등)	[0242]
鯉	鯉膽(이담)	[0220]
鯉	鯉素(이소)	[0242]
潾	潾潾(인린)	[0202]
璘	璘彬(인빈)	[0212]
藺	馬藺(마린)	[5002]
藺	藺草(인초)	[0270]
琳	球琳(구림)	[6202]
霖	梅霖(매림)	[3202]
霖	愁霖(수림)	[3202]
霖	淫霖(음림)	[3202]
霖	長霖(장림)	[8002]
霖	積霖(적림)	[4002]
霖	秋霖(추림)	[7002]
霖	風霖(풍림)	[6202]
霖	霖濕(임습)	[0232]
霖	久霖(구림)	[3202]
霖	霖雨(임우)	[0252]
瑪	瑪竇(마두)	[0202]
瑪	瑪瑙(마노)	[0202]
碼	電碼(전마)	[7202]
邈	遼邈(요막)	[1202]
邈	邈遠(막원)	[0260]
邈	綿邈(면막)	[3202]
邈	懸邈(현막)	[3202]
万	万俟(묵기)	[0202]
巒	衆巒(중만)	[4202]
巒	重巒(중만)	[7002]
巒	翠巒(취란)	[1002]
巒	翠巒(취만)	[1002]
巒	層巒(층만)	[4002]

巒 峯巒(봉만) [3202]
巒 名巒(명만) [7202]
巒 連巒(연만) [4202]
巒 奇巒(기만) [4002]
巒 岡巒(강만) [1202]
曼 四曼(사만) [8002]
曼 曼壽(만수) [0232]
曼 曼姬(만희) [0220]
曼 阿曼(아만) [3202]
曼 曼麗(만려) [0242]
茉 茉莉(말리) [0202]
莽 莽草(망초) [0270]
莽 灌莽(관망) [1002]
莽 魯莽(노무) [1202]
莽 榛莽(진망) [0202]
莽 草莽(초망) [7002]
莽 鹵莽(노망) [0202]
輞 輞川(망천) [0270]
邙 北邙(북망) [8002]
陌 巷陌(항맥) [3002]
陌 紫陌(자맥) [3202]
陌 阡陌(천맥) [0202]
驀 驀進(맥진) [0242]
氓 峽氓(협맹) [2002]
氓 流氓(유맹) [5202]
氓 愚氓(우맹) [3202]
氓 殘氓(잔맹) [4002]
氓 蒼氓(창맹) [3202]
氓 村氓(촌맹) [7002]
氓 逋氓(포맹) [1002]
氓 鄕氓(향맹) [4202]
氓 遠氓(원맹) [6002]
冪 冪根(멱근) [0260]
冪 乘冪(승멱) [3202]
冪 冪法(멱법) [0252]
冪 冪數(멱수) [0270]
冪 冪乘(멱승) [0232]
冪 方冪(방멱) [7202]
冪 昇冪(승멱) [3202]
冪 降冪(강멱) [4002]
瞑 瞑目(명목) [0260]
瞑 瞑眩(명현) [0210]
瞑 瞑坐(명좌) [0232]
瞑 瞑想(명상) [0242]
茗 茗器(명기) [0242]
茗 茗宴(명연) [0232]
茗 茗飮(명음) [0262]
茗 茗果(명과) [0262]
蓂 蓂莢(명협) [0202]
蓂 蓂曆(명력) [0232]
姆 保姆(보모) [4202]
姆 月姆(월모) [8002]
姆 姆敎(무교) [0280]
摹 摹倣(모방) [0230]
摹 摹出(모출) [0270]
摹 摹印(모인) [0242]
瑁 玳瑁(대모) [0202]
眸 明眸(명모) [6202]
眸 醉眸(취모) [3202]
眸 淸眸(청모) [6202]
眸 睛眸(정모) [1002]
眸 眸子(모자) [0272]
眸 雙眸(쌍모) [3202]
芼 芼滑(모활) [0220]
鶩 野鶩(야목) [6002]
鶩 鶩泄(목설) [0210]
鶩 鷄鶩(계목) [4002]
朦 朧朦(농몽) [0202]
朦 朦朧(몽롱) [0202]
朦 朦昏(몽혼) [0230]
錨 錨索(묘삭) [0232]
錨 鐵錨(철묘) [5002]
錨 主錨(주묘) [7002]
錨 揚錨(양묘) [3202]
錨 拔錨(발묘) [3202]
錨 錨床(묘상) [0242]
錨 投錨(투묘) [4002]
錨 錨鎖(묘쇄) [0232]
錨 錨泊(묘박) [0230]
錨 錨地(묘지) [0270]
錨 大錨(대묘) [8002]
懋 懋戒(무계) [0240]
懋 懋力(무력) [0272]
懋 懋典(무전) [0252]
无 无妄(무망) [0232]
繆 糾繆(규류) [3002]
繆 綢繆(주무) [0202]
繆 繆篆(무전) [0210]
鵡 鸚鵡(앵무) [0202]
們 圖們(도문) [6202]
刎 自刎(자문) [7202]
刎 刎死(문사) [0260]
刎 刎頸(문경) [0210]
吻 口吻(구문) [7002]
吻 吻合(문합) [0260]
吻 脣吻(순문) [3002]
吻 接吻(접문) [4202]
吻 正吻(정문) [7202]
吻 虎吻(호문) [3202]
沕 沕穆(물목) [0212]
沕 沕漠(물막) [0232]
嵋 峨嵋(아미) [0202]
楣 楣石(미석) [0260]
楣 門楣(문미) [8002]
渼 渼金(미금) [0280]
湄 水湄(수미) [8002]
湄 曲湄(곡미) [5002]
謎 謎題(미제) [0262]
謎 謎語(미어) [0270]
黴 防黴(방미) [4202]
黴 黴雨(미우) [0252]
黴 黴菌(미균) [0232]
黴 驅黴(구미) [3002]
岷 岷江(민강) [0272]

愍	憐愍(연민)	[3002]
愍	哀愍(애민)	[3202]
愍	愛愍(애민)	[6002]
愍	慈愍(자민)	[3202]
愍	弔愍(조민)	[3002]
愍	惜愍(석민)	[3202]
愍	悲愍(비민)	[4202]
愍	深愍(심민)	[4202]
愍	矜愍(긍민)	[1002]
愍	不愍(불민)	[7202]
愍	愍然(민연)	[0270]
泯	泯亂(민란)	[0240]
泯	泯絶(민절)	[0242]
泯	泯然(민연)	[0270]
泯	泯默(민묵)	[0232]
泯	泯沒(민몰)	[0232]
泯	泯滅(민멸)	[0232]
緡	釣緡(조민)	[2002]
緡	緡錢(민전)	[0240]
璞	璞玉(박옥)	[0242]
雹	霜雹(상박)	[3202]
雹	雨雹(우박)	[5202]
雹	雹異(박이)	[0240]
雹	雹災(박재)	[0250]
雹	雹害(박해)	[0252]
泮	泮民(반민)	[0280]
泮	泮漢(반한)	[0272]
泮	泮通(반통)	[0260]
泮	泮村(반촌)	[0270]
泮	泮中(반중)	[0280]
泮	泮製(반제)	[0242]
泮	泮長(반장)	[0280]
泮	泮人(반인)	[0280]
泮	泮儒(반유)	[0240]
泮	泮蛙(반와)	[0202]
泮	入泮(입반)	[7002]
泮	泮水(반수)	[0280]
泮	泮門(반문)	[0280]
泮	泮隷(반례)	[0230]
泮	泮宮(반궁)	[0242]
泮	泮館(반관)	[0232]
泮	近泮(근반)	[6002]
泮	泮試(반시)	[0242]
瘢	紫瘢(자반)	[3202]
瘢	瘢瘡(반창)	[0210]
瘢	瘢痕(반흔)	[0210]
瘢	傷瘢(상반)	[4002]
瘢	瘡瘢(창반)	[1002]
瘢	刀瘢(도반)	[3202]
磐	落磐(낙반)	[5002]
磐	磐石(반석)	[0260]
滂	滂滂(방방)	[0202]
舫	彩舫(채방)	[3202]
舫	畫舫(화방)	[6002]
蒡	牛蒡(우방)	[5002]
蚌	蚌珠(방주)	[0232]
蚌	蚌鷸(방휼)	[0202]
焙	焙爐(배로)	[0232]
焙	焙脯(배포)	[0210]
焙	焙籠(배롱)	[0220]
焙	焙器(배기)	[0242]
焙	焙乾(배건)	[0232]
焙	焙燒(배소)	[0232]
盃	盃盞(배잔)	[0210]
盃	盃盂(배우)	[0202]
盃	盃盤(배반)	[0232]
裵	裵度(배도)	[0260]
褙	褙子(배자)	[0272]
褙	初褙(초배)	[5002]
褙	正褙(정배)	[7202]
褙	再褙(재배)	[5002]
褙	褙布(배포)	[0242]
褙	褙接(배접)	[0242]
褙	半褙(반배)	[6202]
褙	塗褙(도배)	[3002]
褙	甲褙(갑배)	[4002]
褙	褙板(배판)	[0250]
佰	仟佰(천백)	[0202]
栢	春栢(춘백)	[7002]
幡	旗幡(기번)	[7002]
幡	幢幡(당번)	[0202]
幡	玉幡(옥번)	[4202]
幡	黃幡(황번)	[6002]
幡	幡然(번연)	[0270]
樊	樊籠(번롱)	[0220]
樊	樊籬(번리)	[0210]
樊	樊穢(번예)	[0210]
燔	燔劫(번겁)	[0210]
燔	例燔(예번)	[6002]
燔	燔官(번관)	[0242]
燔	燔燎(번료)	[0210]
燔	燔師(번사)	[0242]
燔	燔燧(번수)	[0202]
燔	燔柴(번시)	[0212]
燔	燔灼(번작)	[0210]
燔	燔祭(번제)	[0242]
燔	燔造(번조)	[0242]
燔	燔鐵(번철)	[0250]
燔	再燔(재번)	[5002]
燔	初燔(초번)	[5002]
燔	延燔(연반)	[4002]
燔	燔土(번토)	[0280]
燔	甲燔(갑번)	[4002]
燔	別燔(별번)	[6002]
琺	琺靑(법청)	[0280]
琺	琺瑯(법랑)	[0202]
檗	黃檗(황벽)	[6002]
蘗	小蘗(소벽)	[8002]
蘗	黃蘗(황벽)	[6002]
霹	霹靂(벽력)	[0202]
駢	駢指(병지)	[0242]
駢	駢列(변열)	[0242]
駢	駢趾(병지)	[0202]
駢	駢文(변문)	[0270]

幷 幷作(병작) [0262]
幷 幷月(병월) [0280]
幷 幷有(병유) [0270]
褓 冊褓(책보) [4002]
褓 合褓(합보) [6002]
褓 襁褓(강보) [0202]
褓 胎褓(태보) [2002]
褓 藥褓(약보) [6202]
褓 繡褓(수보) [1002]
褓 床褓(상보) [4202]
褓 民褓(민보) [8002]
褓 官褓(관보) [4202]
褓 函褓(함보) [1002]
褓 門褓(문보) [8002]
宓 宓羲(복희) [0212]
宓 宓妃(복비) [0232]
茯 茯神(복신) [0262]
蔔 蘿蔔(나복) [0202]
輹 脫輹(탈복) [4002]
琫 玉琫(옥봉) [4202]
孚 孚佑(부우) [0212]
孚 中孚(중부) [8002]
孚 見孚(견부) [5202]
缶 缶鼓(부고) [0232]
缶 缶器(부기) [0242]
缶 水缶(수부) [8002]
缶 瓦缶(와부) [3202]
缶 橫缶(횡부) [3202]
艀 艀船(부선) [0250]
莩 餓莩(아표) [3002]
趺 跏趺(가부) [0202]
趺 龜趺(귀부) [3002]
趺 趺方(부방) [0272]
趺 趺坐(부좌) [0232]
趺 碑趺(비부) [4002]
趺 石趺(석부) [6002]
趺 足趺(족부) [7202]
鳧 野鳧(야부) [6002]

鳧 沈鳧(침부) [3202]
鳧 舒鳧(서부) [1202]
鳧 鳧樽(부준) [0210]
鳧 鳧藻(부조) [0210]
鳧 鳧雁(부안) [0230]
鳧 家鳧(가부) [7202]
鳧 鳧鐘(부종) [0202]
汾 汾酒(분주) [0240]
賁 賁臨(분림) [0232]
賁 虎賁(호분) [3202]
賁 賁然(비연) [0270]
賁 賁臨(비림) [0232]
賁 賁來(비래) [0270]
賁 賁卦(비괘) [0210]
賁 賁飾(비식) [0232]
斐 斐斐(비비) [0202]
枇 枇杷(비파) [0202]
榧 糖榧(당비) [3202]
榧 榧子(비자) [0272]
毗 倚毗(의비) [0202]
粃 粃糠(비강) [0210]
粃 糠粃(강비) [1002]
菲 菲德(비덕) [0252]
菲 菲禮(비례) [0260]
菲 菲薄(비박) [0232]
菲 菲食(비식) [0272]
菲 菲才(비재) [0262]
菲 繩菲(승비) [1202]
菲 芳菲(방비) [3202]
斌 斌斌(빈빈) [0202]
牝 牝瓦(빈와) [0232]
牝 種牝(종빈) [5202]
牝 牝畜(빈축) [0232]
牝 牝牛(빈우) [0250]
牝 牝羊(빈양) [0242]
牝 牝鳥(빈조) [0242]
牝 牝馬(빈마) [0250]
牝 牝鹿(빈록) [0230]

牝 牝狼(빈랑) [0210]
牝 牝鷄(빈계) [0240]
牝 牝牡(빈모) [0210]
騁 縱騁(종빙) [3202]
騁 馳騁(치빙) [1002]
乍 乍飜(사번) [0230]
乍 乍晴(사청) [0230]
伺 偵伺(정사) [2002]
伺 伺窺(사규) [0210]
伺 伺隙(사극) [0210]
伺 伺望(사망) [0252]
伺 尋伺(심사) [3002]
伺 伺候(사후) [0240]
伺 伺察(사찰) [0242]
伺 窺伺(규사) [1002]
俟 俟命(사명) [0270]
俟 万俟(묵기) [0202]
俟 相俟(상사) [5202]
俟 不俟(불사) [7202]
柶 柶占(사점) [0240]
柶 擲柶(척사) [1002]
梭 梭鷄(사계) [0240]
梭 梭餠(사병) [0210]
梭 梭魚(사어) [0250]
梭 梭田(사전) [0242]
梭 擲梭(척사) [1002]
梭 投梭(투사) [4002]
渣 殘渣(잔사) [4002]
渣 渣滓(사재) [0210]
砂 砂漠(사막) [0232]
砂 砂濱(사빈) [0210]
砂 鐵砂(철사) [5002]
砂 蠶砂(잠사) [2002]
砂 鹽砂(염사) [3202]
砂 撒砂(살사) [1002]
砂 砂堆(사퇴) [0210]
砂 砂灘(사탄) [0212]
砂 砂嘴(사취) [0202]

砂 砂夷(사이) [0230]
砂 砂錫(사석) [0212]
砂 黃砂(황사) [6002]
砂 微砂(미사) [3202]
砂 砂礫(사력) [0210]
砂 珪砂(규사) [1202]
砂 腦砂(뇌사) [3202]
砂 丹砂(단사) [3202]
砂 靈砂(영사) [3202]
砂 砂蔘(사삼) [0220]
砂 墨砂(묵새) [3202]
砂 覆砂(복사) [3202]
砂 硼砂(붕사) [1002]
砂 砂疥(사개) [0202]
砂 砂糖(사탕) [0232]
砂 砂袋(사대) [0210]
砂 膠砂(교사) [2002]
砂 茅砂(모사) [1202]
篩 絹篩(견사) [3002]
篩 篩部(사부) [0262]
篩 篩別(사별) [0260]
篩 篩骨(사골) [0240]
篩 篩管(사관) [0240]
肆 橫肆(횡사) [3202]
肆 庖肆(포사) [1002]
肆 闖肆(틈사) [0202]
肆 冊肆(책사) [4002]
肆 酒肆(주사) [4002]
肆 店肆(점사) [5202]
肆 廛肆(전사) [1002]
肆 恣肆(자사) [3002]
肆 瓦肆(와사) [3202]
肆 肆廛(사전) [0210]
肆 市肆(시사) [7202]
肆 肆市(사시) [0272]
肆 奢肆(사사) [1002]
肆 肆毒(사독) [0242]
肆 肆氣(사기) [0272]
肆 雷肆(뇌사) [3202]
肆 屠肆(도사) [1002]
肆 矜肆(긍사) [1002]
肆 驕肆(교사) [1002]
肆 開肆(개사) [6002]
肆 書肆(서사) [6202]
肆 肆縱(사종) [0232]
莎 覆莎(부사) [3202]
莎 莎土(사토) [0280]
莎 莎草(사초) [0270]
莎 莎城(사성) [0242]
莎 浮莎(부사) [3202]
莎 金莎(금사) [8002]
莎 莎鷄(사계) [0240]
裟 袈裟(가사) [1002]
駟 駟馬(사마) [0250]
駟 駟鐵(사철) [0250]
駟 千駟(천사) [7002]
汕 汕頭(산두) [0260]
蒜 醋蒜(초산) [1002]
蒜 葱蒜(총산) [0202]
蒜 野蒜(야산) [6002]
蒜 蒜炙(산적) [0210]
蒜 大蒜(대산) [8002]
蒜 醬蒜(장산) [1002]
蒜 葫蒜(호산) [0202]
霰 急霰(급산) [6202]
霰 霰石(산석) [0260]
霰 霰彈(산탄) [0240]
霰 雨霰(우산) [5202]
杉 杉籬(삼리) [0210]
杉 杉木(삼목) [0280]
杉 杉松(삼송) [0240]
杉 杉板(삼판) [0250]
杉 鶯杉(앵삼) [1002]
芟 芟除(삼제) [0242]
芟 芟荒(삼황) [0232]
衫 葛衫(갈삼) [2002]
衫 輕衫(경삼) [5002]
衫 羅衫(나삼) [4202]
衫 步衫(보삼) [4202]
衫 圓衫(원삼) [4202]
衫 油衫(유삼) [6002]
衫 長衫(장삼) [8002]
衫 翠衫(취삼) [1002]
衫 偏衫(편삼) [3202]
衫 弊衫(폐삼) [3202]
衫 汗衫(한삼) [3202]
衫 紅衫(홍삼) [4002]
衫 巾衫(건삼) [1002]
衫 錦衫(금삼) [3202]
鈒 鈒字(삽자) [0270]
鈒 鈒金(삽금) [0280]
鈒 鈒面(삽면) [0270]
颯 颯颯(삽삽) [0202]
颯 颯爽(삽상) [0210]
颯 颯然(삽연) [0270]
颯 颯爾(삽이) [0210]
颯 蕭颯(소삽) [1002]
颯 颯辣(삽랄) [0210]
廂 東廂(동상) [8002]
廂 西廂(서상) [8002]
廂 後廂(후상) [7202]
廂 廂軍(상군) [0280]
橡 橡木(상목) [0280]
橡 橡實(상실) [0252]
橡 橡子(상자) [0272]
湘 湘潭(상담) [0220]
湘 義湘(의상) [4202]
湘 瀟湘(소상) [0202]
湘 湘竹(상죽) [0242]
湘 湘勇(상용) [0262]
湘 湘君(상군) [0240]
湘 沅湘(원상) [0202]
牀 繩牀(승상) [1202]
牀 南牀(남상) [8002]

牀 平牀(평상) [7202]
牀 榻牀(탑상) [0202]
牀 寢牀(침상) [4002]
牀 棧牀(잔상) [1002]
牀 臥牀(와상) [3002]
牀 屍牀(시상) [2002]
牀 模牀(모상) [4002]
牀 靈牀(영상) [3202]
牀 東牀(동상) [8002]
牀 同牀(동상) [7002]
牀 起牀(기상) [4202]
牀 匡牀(광상) [1002]
牀 牀榻(상탑) [0202]
賽 賽錢(새전) [0240]
賽 答賽(답새) [7202]
賽 報賽(보새) [4202]
賽 賽神(새신) [0262]
穡 稼穡(가색) [1002]
穡 穡經(색경) [0242]
笙 琴笙(금생) [3202]
笙 鳳笙(봉생) [3202]
笙 笙歌(생가) [0270]
笙 笙鼓(생고) [0232]
笙 笙篁(생황) [0202]
笙 笙簧(생황) [0202]
笙 巢笙(소생) [1202]
笙 瑤笙(요생) [0202]
墅 村墅(촌서) [7002]
墅 草墅(초서) [7002]
墅 別墅(별서) [6002]
墅 山墅(산서) [8002]
捿 兩捿(양서) [4202]
栖 獨栖(독서) [5202]
筮 筮書(서서) [0262]
筮 占筮(점서) [4002]
筮 易筮(역서) [4002]
筮 筮子(서자) [0272]
筮 筮仕(서사) [0252]
筮 筮卜(서복) [0230]
筮 卜筮(복서) [3002]
筮 卦筮(괘서) [1002]
筮 筮竹(서죽) [0242]
絮 柳絮(유서) [4002]
絮 絮說(서설) [0252]
絮 風絮(풍서) [6202]
絮 敗絮(패서) [5002]
絮 絮語(서어) [0270]
絮 絮雪(서설) [0262]
絮 絮縷(서루) [0202]
絮 飛絮(비서) [4202]
絮 蘆絮(노서) [1202]
絮 輕絮(경서) [5002]
絮 絲絮(사서) [4002]
鋤 大鋤(대서) [8002]
鋤 鋤骨(서골) [0240]
鋤 鋤犁(서려) [0202]
汐 汐曇(석담) [0210]
汐 汐水(석수) [0280]
汐 潮汐(조석) [4002]
汐 海汐(해석) [7202]
淅 淅瀝(석력) [0210]
淅 淅然(석연) [0270]
蓆 藤蓆(등석) [2002]
僊 上僊(상선) [7202]
僊 上僊(상천) [7202]
嬋 嬋娟(선연) [0202]
渲 暈渲(운선) [1002]
渲 渲染(선염) [0232]
琁 琁題(선제) [0262]
琁 琁玉(선옥) [0242]
癬 癬瘡(선창) [0210]
癬 疥癬(개선) [0202]
癬 乾癬(건선) [3202]
癬 口癬(구선) [7002]
癬 刀癬(도선) [3202]
癬 白癬(백선) [8002]
癬 濕癬(습선) [3202]
癬 頑癬(완선) [1002]
癬 牛癬(우선) [5002]
癬 苔癬(태선) [1002]
癬 風癬(풍선) [6202]
癬 夏癬(하선) [7002]
癬 黃癬(황선) [6002]
癬 馬癬(마선) [5002]
蘚 水蘚(수선) [8002]
蘚 苔蘚(태선) [1002]
蘚 蘚澾(선달) [0202]
蘚 陰蘚(음선) [4202]
蘚 山蘚(산선) [8002]
蘚 蘚類(선류) [0252]
蘚 蘚蓋(선개) [0232]
蘚 碧蘚(벽선) [3202]
蘚 蘚帽(선모) [0220]
蘚 蘚苔(선태) [0210]
蟬 蟬鳴(선명) [0240]
蟬 合蟬(합선) [6002]
蟬 秋蟬(추선) [7002]
蟬 殘蟬(잔선) [4002]
蟬 玉蟬(옥선) [4202]
蟬 蟬脫(선탈) [0240]
蟬 蟬蟲(선충) [0242]
蟬 蟬紋(선문) [0232]
蟬 蟬島(선도) [0250]
蟬 蟬殼(선각) [0210]
蟬 晩蟬(만선) [3202]
蟬 枯蟬(고선) [3002]
蟬 蟬吟(선음) [0230]
詵 智詵(지선) [4002]
詵 道詵(도선) [7202]
跣 徒跣(도선) [4002]
跣 裸跣(나선) [2002]
跣 跣足(선족) [0272]
跣 跣行(선행) [0260]
跣 袒跣(단선) [0202]

膳	肉膳(육선)	[4202]
楔	楔隊(설대)	[0242]
楔	綽楔(작설)	[1002]
楔	楔形(설형)	[0262]
楔	楔齒(설치)	[0242]
楔	楔狀(설상)	[0242]
楔	雷楔(뇌설)	[3202]
楔	楔石(설석)	[0260]
褻	猥褻(외설)	[1002]
褻	褻瀆(설독)	[0210]
褻	狎褻(압설)	[0202]
褻	褻衣(설의)	[0260]
褻	褻翫(설완)	[0202]
褻	褻語(설어)	[0270]
褻	煩褻(번설)	[3002]
褻	淫褻(음설)	[3202]
褻	褻慢(설만)	[0230]
齧	齧齒(설치)	[0242]
齧	齧鐵(설철)	[0250]
齧	蹄齧(제설)	[1002]
齧	鼠齧(서설)	[1002]
齧	齧舌(설설)	[0240]
贍	養贍(양섬)	[5202]
贍	富贍(부섬)	[4202]
贍	贍富(섬부)	[0242]
贍	贍足(섬족)	[0272]
贍	贍賑(섬진)	[0202]
贍	華贍(화섬)	[4002]
猩	猩猩(성성)	[0202]
猩	猩脣(성순)	[0230]
猩	猩紅(성홍)	[0240]
筬	筬匠(성장)	[0210]
腥	腥塵(성진)	[0220]
腥	腥臭(성취)	[0230]
腥	腥風(성풍)	[0262]
腥	腥血(성혈)	[0242]
腥	羊腥(양성)	[4202]
腥	牛腥(우성)	[5002]
腥	血腥(혈성)	[4202]
腥	喉腥(후성)	[2002]
腥	豚腥(돈성)	[3002]
嘯	猿嘯(원소)	[1002]
嘯	虎嘯(호소)	[3202]
嘯	海嘯(해소)	[7202]
嘯	吟嘯(음소)	[3002]
嘯	嘯兇(소흉)	[0210]
嘯	嘯音(소음)	[0262]
嘯	嘯詠(소영)	[0230]
嘯	長嘯(장소)	[8002]
嘯	嘯聚(소취)	[0212]
嘯	悲嘯(비소)	[4202]
嘯	嘯歌(소가)	[0270]
嘯	嘯法(소법)	[0252]
溯	溯考(소고)	[0250]
溯	溯行(소행)	[0260]
溯	溯河(소하)	[0250]
溯	溯游(소유)	[0210]
溯	溯及(소급)	[0232]
溯	溯江(소강)	[0272]
溯	溯源(소원)	[0240]
瀟	瀟湘(소상)	[0202]
瀟	瀟灑(소쇄)	[0210]
瀟	瀟湖(소호)	[0250]
瀟	瀟瀟(소소)	[0202]
炤	炤炤(소소)	[0202]
銷	銷夏(소하)	[0270]
銷	銷殘(소잔)	[0240]
銷	銷暑(소서)	[0230]
銷	銷補(소보)	[0232]
銷	銷忘(소망)	[0230]
銷	銷却(소각)	[0230]
銷	徒銷(도소)	[4002]
銷	魂銷(혼소)	[3202]
銷	銷寒(소한)	[0250]
韶	韶華(소화)	[0240]
韶	仰韶(앙소)	[3202]
韶	韶濩(소호)	[0202]
韶	韶夏(소하)	[0270]
韶	韶容(소용)	[0242]
韶	韶顔(소안)	[0232]
韶	簫韶(소소)	[1002]
韶	韶腦(소뇌)	[0232]
韶	韶景(소경)	[0250]
韶	角韶(각소)	[6202]
韶	韻韶(운소)	[3202]
巽	巽劣(손열)	[0230]
巽	巽風(손풍)	[0262]
巽	巽坐(손좌)	[0232]
巽	巽二(손이)	[0280]
巽	巽羽(손우)	[0232]
巽	巽方(손방)	[0272]
巽	巽卦(손괘)	[0210]
巽	謙巽(겸손)	[3202]
巽	巽時(손시)	[0272]
蓀	溪蓀(계손)	[3202]
湌	伊湌(이찬)	[1202]
湌	阿湌(아찬)	[3202]
湌	薩湌(살찬)	[1002]
湌	沙湌(사찬)	[3202]
湌	級湌(급찬)	[6002]
淞	吳淞(오송)	[1202]
淞	霧淞(무송)	[3002]
嗽	頓嗽(돈수)	[1202]
嗽	咳嗽(해수)	[1002]
嗽	鬱嗽(울수)	[2002]
嗽	咳嗽(해소)	[1002]
嗽	寒嗽(한수)	[5002]
嗽	痰嗽(담수)	[1002]
嗽	胎嗽(태수)	[2002]
嗽	嗽咳(수해)	[0210]
嗽	酒嗽(주수)	[4002]
嗽	乳嗽(유수)	[4002]
嗽	嗽洗(수세)	[0252]
嗽	濕嗽(습수)	[3202]

嗽	火嗽(화수) [8002]	脩	脯脩(포수) [1002]	鬚	卷鬚(권수) [4002]
嗽	乾嗽(건수) [3202]	茱	茱萸(수유) [0202]	鬚	鯨鬚(경수) [1002]
嗽	啞嗽(아수) [1002]	蓚	蓚酸(수산) [0220]	鬚	脚鬚(각수) [3202]
嗽	氣嗽(기수) [7202]	藪	逋藪(포수) [1002]	徇	徇財(순재) [0252]
岫	層岫(층수) [4002]	藪	淵藪(연수) [1202]	徇	徇通(순통) [0260]
岫	雲岫(운수) [5202]	藪	詩藪(시수) [4202]	徇	徇求(순구) [0242]
岫	巖岫(암수) [3202]	藪	林藪(임수) [7002]	徇	徇警(순경) [0242]
岫	岫雲(수운) [0252]	藪	利藪(이수) [6202]	恂	恂慄(순율) [0210]
岫	峯岫(봉수) [3202]	邃	祕邃(비수) [4002]	恂	恂恂(순순) [0202]
峀	淡峀(담수) [3202]	邃	幽邃(유수) [3202]	楯	劍楯(검순) [3202]
潄	養潄(양수) [5202]	邃	淵邃(연수) [1202]	楯	楯形(순형) [0262]
潄	含潄(함수) [3202]	邃	邃古(수고) [0260]	楯	鐵楯(철순) [5002]
燧	烽燧(봉수) [1002]	邃	靈邃(영수) [3202]	楯	楯座(순좌) [0240]
燧	燧火(수화) [0280]	邃	深邃(심수) [4202]	楯	楯狀(순상) [0242]
燧	燧煙(수연) [0242]	銹	防銹(방수) [4202]	楯	楯鼻(순비) [0250]
燧	燧石(수석) [0260]	銹	鐵銹(철수) [5002]	楯	楯鱗(순린) [0210]
燧	巢燧(소수) [1202]	銹	轉銹(전수) [4002]	楯	司楯(사순) [3202]
燧	燔燧(번수) [0202]	銹	銹菌(수균) [0232]	楯	楯板(순판) [0250]
燧	燧金(수금) [0280]	銹	銹病(수병) [0260]	楯	干楯(간순) [4002]
琇	琇瑩(수영) [0212]	隧	經隧(경수) [4202]	楯	防楯(방순) [4202]
琇	琇實(수실) [0252]	隧	隧路(수로) [0260]	楯	藤楯(등순) [2002]
綏	歸綏(귀수) [4002]	隧	隧道(수도) [0272]	蓴	塊蓴(괴순) [3002]
綏	寵綏(총유) [1002]	隧	墓隧(묘수) [4002]	蓴	蓴菜(순채) [0232]
綏	靖綏(정수) [1002]	鬚	霜鬚(상수) [3202]	蓴	石蓴(석순) [6002]
綏	綏懷(수회) [0232]	鬚	鬚根(수근) [0260]	蓴	絲蓴(사순) [4002]
綏	綏靖(수정) [0210]	鬚	鬚貌(수모) [0232]	蕣	蕣花(순화) [0270]
綏	綏撫(수무) [0210]	鬚	鬚髯(수염) [0202]	詢	詢問(순문) [0270]
綏	撫綏(무수) [1002]	鬚	龍鬚(용수) [4002]	詢	詢訪(순방) [0242]
綬	略綬(약수) [4002]	鬚	顎鬚(악수) [1002]	詢	諮詢(자순) [2002]
綬	藍綬(남수) [2002]	鬚	觸鬚(촉수) [3202]	詢	下詢(하순) [7202]
綬	縮綬(축수) [4002]	鬚	鬚眉(수미) [0230]	詢	廣詢(광순) [5202]
綬	印綬(인수) [4202]	鬚	花鬚(화수) [7002]	詢	交詢(교순) [6002]
綬	網綬(망수) [2002]	鬚	虎鬚(호수) [3202]	詢	謹詢(근순) [3002]
綬	黃綬(황수) [6002]	鬚	美鬚(미수) [6002]	諄	諄諄(순순) [0202]
脩	脩短(수단) [0262]	鬚	苔鬚(태수) [1002]	錞	金錞(금순) [8002]
脩	束脩(속수) [5202]	鬚	鬚髮(수발) [0240]	崧	崧高(숭고) [0262]
脩	脩竹(수죽) [0242]	鬚	怒鬚(노수) [4202]	嵩	嵩山(숭산) [0280]
脩	棗脩(조수) [1002]	鬚	白鬚(백수) [8002]	嵩	嵩呼(숭호) [0242]

嵩	增嵩(증숭) [4202]	陞	陞階(승계) [0240]	翅	半翅(반시) [6202]
蝨	臭蝨(취슬) [3002]	陞	陞降(승강) [0240]	蒔	蒔蘿(시라) [0202]
蝨	蚤蝨(조슬) [0202]	陞	序陞(서승) [5002]	蓍	蓍草(시초) [0270]
蝨	鶴蝨(학슬) [3202]	陞	例陞(예승) [6002]	蓍	短蓍(단시) [6202]
蝨	陰蝨(음슬) [4202]	陞	陞補(승보) [0232]	蓍	蓍龜(시귀) [0230]
蝨	龍蝨(용슬) [4002]	陞	陞資(승자) [0240]	豕	魚豕(어시) [5002]
蝨	毛蝨(모슬) [4202]	嘶	聲嘶(성시) [4202]	豕	豕喙(시훼) [0210]
蝨	壁蝨(벽슬) [4202]	尸	傳尸(전시) [5202]	豕	豕侯(시후) [0230]
蝨	沙蝨(사슬) [3202]	尸	尸盟(시맹) [0232]	豕	豕牢(시뢰) [0210]
蝨	床蝨(상슬) [4202]	尸	尸咽(시인) [0210]	豕	豕突(시돌) [0232]
蝨	蝨甫(슬보) [0212]	尸	尸祿(시록) [0232]	豕	封豕(봉시) [3202]
褶	袴褶(고습) [1002]	尸	敵尸(적시) [4202]	豕	豕圈(시권) [0220]
褶	褶曲(습곡) [0250]	尸	尸素(시소) [0242]	埴	埴土(식토) [0280]
褶	菌褶(균습) [3202]	尸	閉尸(폐시) [4002]	埴	埴土(치토) [0280]
蠅	桑蠅(상승) [3202]	尸	尸解(시해) [0242]	埴	粘埴(점식) [1002]
蠅	青蠅(청승) [8002]	尸	尸厥(시궐) [0230]	寔	寔景(식경) [0250]
蠅	牛蠅(우승) [5002]	尸	尸官(시관) [0242]	侁	侁侁(신신) [0202]
蠅	蠅頭(승두) [0260]	尸	尸童(시동) [0262]	莘	莘野(신야) [0260]
蠅	飯蠅(반승) [3202]	尸	尸蟲(시충) [0242]	莘	莘莘(신신) [0202]
蠅	蚊蠅(문승) [1002]	屎	胎屎(태시) [2002]	藎	藎臣(신신) [0252]
蠅	金蠅(금승) [8002]	屎	屎尿(시뇨) [0220]	沁	沁留(심류) [0242]
蠅	家蠅(가승) [7202]	恃	轉恃(전시) [4002]	沁	血沁(혈심) [4202]
蠅	狗蠅(구승) [3002]	恃	自恃(자시) [7202]	沁	沁營(심영) [0240]
蠅	蠅虎(승호) [0232]	恃	依恃(의시) [4002]	娥	宮娥(궁아) [4202]
陞	陞學(승학) [0280]	恃	失恃(실시) [6002]	娥	孀娥(상아) [1002]
陞	陞爵(승작) [0230]	恃	恃險(시험) [0240]	娥	仙娥(선아) [5202]
陞	陞齋(승재) [0210]	恃	恃惡(시악) [0252]	娥	素娥(소아) [4202]
陞	陞進(승진) [0242]	恃	恃憑(시빙) [0210]	娥	嫦娥(상아) [0202]
陞	陞秩(승질) [0232]	恃	恃賴(시뢰) [0232]	娥	姮娥(항아) [0202]
陞	陞差(승차) [0240]	恃	負恃(부시) [4002]	峨	巍峨(외아) [1002]
陞	陞遞(승체) [0230]	恃	憑恃(빙시) [1002]	峨	峨嵋(아미) [0202]
陞	陞班(승반) [0262]	翅	翅翼(시익) [0232]	峨	岑峨(잠아) [0202]
陞	陞獻(승헌) [0232]	翅	翅脈(시맥) [0242]	峨	峨冠(아관) [0232]
陞	陞戶(승호) [0242]	翅	後翅(후시) [7202]	峨	嵯峨(차아) [0202]
陞	陞總(승총) [0242]	翅	展翅(전시) [5202]	莪	莪朮(아출) [0202]
陞	驟陞(취승) [0202]	翅	魚翅(어시) [5002]	莪	菁莪(청아) [0202]
陞	陞遷(승천) [0232]	翅	翅鳥(시조) [0242]	蛾	燈蛾(등아) [4202]
陞	陞六(승륙) [0280]	翅	膜翅(막시) [2002]	蛾	喉蛾(후아) [2002]

蛾	灰蛾(회아)	[4002]
蛾	螢蛾(형아)	[3002]
蛾	匏蛾(포아)	[0202]
蛾	蹴蛾(축아)	[2002]
蛾	蛾賊(아적)	[0240]
蛾	蠶蛾(잠아)	[2002]
蛾	乳蛾(유아)	[4002]
蛾	蛾袋(아대)	[0210]
蛾	收蛾(수아)	[4202]
蛾	發蛾(발아)	[6202]
蛾	螟蛾(명아)	[1002]
蛾	毒蛾(독아)	[4202]
蛾	穀蛾(곡아)	[4002]
蛾	母蛾(모아)	[8002]
蛾	蛾眉(아미)	[0230]
鴉	鴉陣(아진)	[0240]
鴉	昏鴉(혼아)	[3002]
鴉	寒鴉(한아)	[5002]
鴉	慈鴉(자아)	[3202]
鴉	鴉青(아청)	[0280]
鴉	鴉鳥(아조)	[0242]
鴉	鴉笛(아적)	[0232]
鴉	鴉軋(아알)	[0210]
鴉	山鴉(산아)	[8002]
鴉	晩鴉(만아)	[3202]
鴉	亂鴉(난아)	[4002]
鴉	塗鴉(도아)	[3002]
鴉	烏鴉(오아)	[3202]
鴉	鴉煙(아연)	[0242]
鵝	鵝眼(아안)	[0242]
鵝	天鵝(천아)	[7002]
鵝	鵝皮(아피)	[0232]
鵝	鵝鴨(아압)	[0212]
鵝	淘鵝(도아)	[1002]
鵝	鵝脯(아포)	[0210]
嶽	嶽干(악간)	[0240]
嶽	海嶽(해악)	[7202]
嶽	楓嶽(풍악)	[3202]
嶽	衆嶽(중악)	[4202]
嶽	赤嶽(적악)	[5002]
嶽	淵嶽(연악)	[1202]
嶽	嶽丈(악장)	[0232]
嶽	華嶽(화악)	[4002]
嶽	嶽瀆(악독)	[0210]
嶽	松嶽(송악)	[4002]
嶽	霜嶽(상악)	[3202]
嶽	緬嶽(면악)	[1002]
嶽	靈嶽(영악)	[3202]
嶽	喬嶽(교악)	[1002]
嶽	嶽公(악공)	[0262]
幄	帳幄(장악)	[4002]
幄	幄次(악차)	[0242]
幄	幄手(악수)	[0272]
幄	幄幕(악막)	[0232]
幄	靈幄(영악)	[3202]
幄	經幄(경악)	[4202]
幄	柩幄(구악)	[1002]
渥	渥澤(악택)	[0232]
渥	渥恩(악은)	[0242]
渥	惠渥(혜악)	[4202]
渥	優渥(우악)	[4002]
渥	渥丹(악단)	[0232]
渥	隆渥(융악)	[3202]
渥	渥眄(악면)	[0210]
鄂	鄂州(악주)	[0252]
鍔	蔡鍔(채악)	[1202]
鰐	鰐魚(악어)	[0250]
鰐	鰐皮(악피)	[0232]
齷	齷齪(악착)	[0202]
鮟	鮟鱇(안강)	[0202]
菴	俟菴(사암)	[0202]
菴	菴堂(암당)	[0262]
菴	菴羅(암라)	[0242]
菴	菴廬(암려)	[0212]
菴	菴子(암자)	[0272]
菴	名菴(명암)	[7202]
狎	狎侮(압모)	[0230]
狎	狎邪(압사)	[0232]
狎	愛狎(애압)	[6002]
狎	狎褻(압설)	[0202]
狎	親狎(친압)	[6002]
狎	狎妓(압기)	[0210]
狎	狎近(압근)	[0260]
狎	狎客(압객)	[0252]
狎	狎逼(압핍)	[0210]
狎	狎弄(압롱)	[0232]
厓	盤厓(반애)	[3202]
碍	碍子(애자)	[0272]
掖	縫掖(봉액)	[2002]
掖	帝掖(제액)	[4002]
掖	張掖(장액)	[4002]
掖	誘掖(유액)	[3202]
掖	掖庭(액정)	[0262]
掖	掖垣(액원)	[0202]
掖	掖屬(액속)	[0240]
掖	掖門(액문)	[0280]
掖	掖隷(액례)	[0230]
掖	宸掖(신액)	[1002]
掖	提掖(제액)	[4202]
掖	禁掖(금액)	[4202]
掖	宮掖(궁액)	[4202]
掖	掖宮(액궁)	[0242]
罌	罌粟(앵속)	[0230]
鸚	鸚鵡(앵무)	[0202]
鸚	鸚哥(앵가)	[0210]
椰	椰子(야자)	[0272]
椰	椰瓢(야표)	[0202]
蒻	蒻席(약석)	[0260]
佯	佯怒(양노)	[0242]
佯	倚佯(의양)	[0202]
佯	佯敗(양패)	[0250]
佯	佯醉(양취)	[0232]
佯	佯言(양언)	[0260]
佯	佯啞(양아)	[0210]

佯 佯病(양병) [0260]
佯 佯聾(양롱) [0210]
佯 佯狂(양광) [0232]
佯 佯功(양공) [0262]
佯 佯驚(양경) [0240]
佯 佯名(양명) [0272]
敭 歷敭(역양) [5202]
暘 雨暘(우양) [5202]
暘 暘烏(양오) [0232]
暘 暘谷(양곡) [0232]
瀁 瀁瀁(양양) [0202]
痒 心痒(심양) [7002]
痒 痛痒(통양) [4002]
禳 祈禳(기양) [3202]
禳 禳法(양법) [0252]
禳 禳災(양재) [0250]
穰 饑穰(기양) [0202]
穰 豊穰(풍양) [4202]
穰 早穰(조양) [4202]
穰 穰歲(양세) [0252]
穰 穰穰(양양) [0202]
馭 馭車(어거) [0272]
馭 騎馭(기어) [3202]
馭 制馭(제어) [4202]
馭 馭馬(어마) [0250]
馭 仙馭(선어) [5202]
馭 龍馭(용어) [4002]
馭 司馭(사어) [3202]
齬 齟齬(서어) [0202]
齬 齟齬(저어) [0202]
偃 偃傲(언오) [0230]
偃 偃見(언견) [0252]
偃 休偃(휴언) [7002]
偃 偃草(언초) [0270]
偃 偃月(언월) [0280]
偃 偃臥(언와) [0230]
偃 偃松(언송) [0240]
偃 偃倦(언권) [0210]
偃 偃蹇(언건) [0202]
偃 偃仰(언앙) [0232]
偃 偃武(언무) [0242]
偃 傾偃(경언) [4002]
孼 孼産(얼산) [0252]
孼 罪孼(죄얼) [5002]
孼 災孼(재얼) [5002]
孼 作孼(작얼) [6202]
孼 遺孼(유얼) [4002]
孼 逆孼(역얼) [4202]
孼 孼統(얼통) [0242]
孼 孼子(얼자) [0272]
孼 孼屬(얼속) [0240]
孼 殃孼(앙얼) [3002]
孼 庶孼(서얼) [3002]
孼 孤孼(고얼) [4002]
孼 餘孼(여얼) [4202]
孼 禍孼(화얼) [3202]
孼 孼孫(얼손) [0260]
孼 孼妾(얼첩) [0230]
蘖 媒蘖(매얼) [3202]
蘖 麴蘖(국얼) [0202]
蘖 分蘖(분얼) [6202]
蘖 麥蘖(맥얼) [3202]
淹 淹泊(엄박) [0230]
淹 滯淹(체엄) [3202]
淹 鹽淹(염엄) [3202]
淹 淹恤(엄휼) [0210]
淹 淹滯(엄체) [0232]
淹 淹雅(엄아) [0232]
淹 淹沒(엄몰) [0232]
淹 淹留(엄류) [0242]
淹 淹究(엄구) [0242]
淹 淹貫(엄관) [0232]
淹 流淹(유엄) [5202]
業 業業(업업) [0202]
歟 也歟(야여) [3002]
艅 帆艅(범여) [1002]
茹 茹茹(여여) [0202]
茹 茹蘆(여로) [0212]
茹 竹茹(죽여) [4202]
茹 香茹(향여) [4202]
轝 輦轝(연여) [1002]
轝 彩轝(채여) [3202]
嚥 嚥日(연일) [0280]
嚥 嚥下(연하) [0272]
嚥 誤嚥(오연) [4202]
娟 娟娟(연연) [0202]
娟 便娟(편연) [7002]
娟 軟娟(연연) [3202]
娟 娟秀(연수) [0240]
娟 嬋娟(선연) [0202]
娟 娟容(연용) [0242]
沇 沇溶(유용) [0212]
沇 沇水(연수) [0280]
沇 沇沇(연연) [0202]
涎 龍涎(용연) [4002]
涎 潮涎(조연) [4002]
涎 涎沫(연말) [0210]
涎 垂涎(수연) [3202]
涎 流涎(유연) [5202]
涎 痰涎(담연) [1002]
涓 涓奴(연노) [0232]
涓 涓露(연로) [0232]
涓 涓流(연류) [0252]
涓 涓埃(연애) [0212]
涓 涓涓(연연) [0202]
涓 涓吉(연길) [0250]
剡 廟剡(묘염) [3002]
剡 剡手(염수) [0272]
琰 琰圭(염규) [0212]
琰 琬琰(완염) [0202]
苒 荏苒(임염) [0202]
髥 美髥(미염) [6002]
髥 霜髥(상염) [3202]
髥 龍髥(용염) [4002]

髥	髥盧(염로) [0212]
髥	紅髥(홍염) [4002]
髥	虎髥(호염) [3202]
髥	胡髥(호염) [3202]
髥	蒼髥(창염) [3202]
髥	長髥(장염) [8002]
髥	銀髥(은염) [6002]
髥	鬚髥(수염) [0202]
髥	衰髥(쇠염) [3202]
髥	疏髥(소염) [3202]
髥	紫髥(자염) [3202]
曄	曄然(엽연) [0270]
曄	曄煜(엽욱) [0212]
曄	曄曄(엽엽) [0202]
塋	塋土(영토) [0280]
塋	封塋(봉영) [3202]
塋	墳塋(분영) [3002]
塋	先塋(선영) [8002]
塋	塋域(영역) [0240]
楹	楹內(영내) [0272]
楹	楹棟(영동) [0220]
楹	楹聯(영련) [0232]
楹	楹外(영외) [0280]
楹	楹帖(영첩) [0210]
楹	軒楹(헌영) [3002]
楹	丹楹(단영) [3202]
瀛	瀛州(영주) [0252]
瀛	瀛閣(영각) [0232]
瀛	臨瀛(임영) [3202]
瀛	東瀛(동영) [8002]
瀛	大瀛(대영) [8002]
瀛	瀛海(영해) [0272]
瀯	滎瀯(형영) [0202]
瀯	瀯瀯(영영) [0202]
瓔	落瓔(낙영) [5002]
瓔	瓔珞(영락) [0202]
瓔	鈿瓔(전영) [0202]
穎	聰穎(총영) [3002]
穎	苞穎(포영) [0202]
穎	花穎(화영) [7002]
穎	穎花(영화) [0270]
穎	奇穎(기영) [4002]
穎	穎慧(영혜) [0232]
穎	穎脫(영탈) [0240]
穎	穎敏(영민) [0230]
穎	穎發(영발) [0262]
穎	穎悟(영오) [0232]
穎	穎異(영이) [0240]
穎	穎才(영재) [0262]
穎	穎哲(영철) [0232]
穎	穎樵(영초) [0210]
穎	毛穎(모영) [4202]
穎	穎果(영과) [0262]
纓	冠纓(관영) [3202]
纓	貝纓(패영) [3002]
纓	纓紳(영신) [0220]
纓	塵纓(진영) [2002]
纓	簪纓(잠영) [1002]
纓	衣纓(의영) [6002]
纓	笠纓(입영) [1002]
纓	玉纓(옥영) [4202]
纓	馬纓(마영) [5002]
纓	木纓(목영) [8002]
纓	繁纓(반영) [3202]
纓	紅纓(홍영) [4002]
纓	纓頭(영두) [0260]
霙	垂霙(수영) [3202]
霙	珠霙(주영) [3202]
霙	飄霙(표영) [1002]
霙	飛霙(비영) [4202]
乂	保乂(보예) [4202]
乂	俊乂(준예) [3002]
倪	端倪(단예) [4202]
刈	刈取(예취) [0242]
刈	刈草(예초) [0270]
刈	早刈(조예) [4202]
刈	夏刈(하애) [7002]
刈	坪刈(평예) [2002]
刈	全刈(전애) [7202]
刈	親刈(친애) [6002]
叡	叡斷(예단) [0242]
叡	叡覽(예람) [0240]
叡	叡慮(예려) [0240]
叡	叡明(예명) [0262]
叡	叡聞(예문) [0262]
叡	叡敏(예민) [0230]
叡	叡算(예산) [0270]
叡	叡智(예지) [0240]
叡	叡感(예감) [0260]
叡	聰叡(총예) [3002]
叡	叡裁(예재) [0232]
叡	叡歎(예탄) [0240]
猊	猊下(예하) [0272]
猊	猊座(예좌) [0240]
蘂	蘂國(예국) [0280]
霓	虹霓(홍예) [1002]
霓	雲霓(운예) [5202]
霓	霓裳(예상) [0232]
霓	望霓(망예) [5202]
塢	塢壁(오벽) [0242]
敖	倉敖(창오) [3202]
敖	敖民(오민) [0280]
晤	會晤(회오) [6202]
晤	晤語(오어) [0270]
晤	拜晤(배오) [4202]
晤	面晤(면오) [7002]
澳	澳門(오문) [0280]
熬	熬餠(오병) [0210]
筽	筽粟(오속) [0230]
蜈	蜈蚣(오공) [0202]
蜈	蜈躁(오조) [0210]
鼇	鼇頭(오두) [0260]
鼇	鼇山(오산) [0280]
瘟	瘟黃(온황) [0260]

瘟 瘟疫(온역) [0232]
瘟 瘟鬼(온귀) [0232]
縕 縕袍(온포) [0210]
兀 兀然(올연) [0270]
兀 兀兀(올올) [0202]
兀 兀坐(올좌) [0232]
兀 畏兀(외올) [3002]
兀 兀立(올립) [0272]
兀 兀頭(올두) [0260]
兀 兀突(올돌) [0232]
兀 兀僧(올승) [0232]
兀 突兀(돌올) [3202]
瓮 鐵瓮(철옹) [5002]
瓮 黃瓮(황옹) [6002]
癰 腹癰(복옹) [3202]
癰 肝癰(간옹) [3202]
癰 臀癰(둔옹) [1002]
癰 腎癰(신옹) [2002]
癰 臂癰(비옹) [1002]
癰 懸癰(현옹) [3202]
癰 肺癰(폐옹) [3202]
癰 脫癰(탈옹) [4002]
癰 齒癰(치옹) [4202]
癰 腸癰(장옹) [4002]
癰 癰癤(옹절) [0202]
癰 癰疽(옹저) [0202]
癰 囊癰(낭옹) [1002]
饔 司饔(사옹) [3202]
窩 窩窟(와굴) [0220]
窩 窩藏(와장) [0232]
窩 燕窩(연와) [3202]
窩 腋窩(액와) [1002]
窩 眼窩(안와) [4202]
窩 膝窩(슬와) [1002]
窩 蜂窩(봉와) [3002]
窩 頰窩(협와) [1002]
窪 窪地(와지) [0270]
窪 窪隆(와륭) [0232]

蛙 金蛙(금와) [8002]
蛙 青蛙(청와) [8002]
蛙 雨蛙(우와) [5202]
蛙 蛙吠(와폐) [0202]
蛙 蛙炒(와초) [0210]
蛙 蛙泳(와영) [0230]
蛙 蛙聲(와성) [0242]
蛙 泮蛙(반와) [0202]
蛙 蛙鳴(와명) [0240]
椀 椀器(완기) [0242]
椀 玉椀(옥완) [4202]
椀 香椀(향완) [4202]
浣 浣紗(완사) [0210]
浣 浣衣(완의) [0260]
浣 浣腸(완장) [0240]
浣 上浣(상완) [7202]
琬 琬琰(완염) [0202]
碗 碗琴(완금) [0232]
碗 碗口(완구) [0270]
碗 磁碗(자완) [2002]
碗 茶碗(차완) [3202]
翫 褻翫(설완) [0202]
翫 傳翫(전완) [5202]
翫 展翫(전완) [5202]
脘 中脘(중완) [8002]
脘 上脘(상완) [7202]
脘 胃脘(위완) [3202]
脘 下脘(하완) [7202]
豌 豌豆(완두) [0242]
娃 吳娃(오왜) [1202]
嵬 嵬選(외선) [0250]
嵬 磊嵬(뇌외) [1002]
嵬 崔嵬(최외) [1202]
嵬 嵬嵬(외외) [0202]
嶢 嶢崎(요기) [0210]
嶢 岧嶢(초요) [0202]
嶢 嶢巖(요암) [0232]
嶢 嶢嶢(요요) [0202]

橈 橈骨(요골) [0240]
橈 橈狀(요상) [0242]
橈 橈曲(요곡) [0250]
燿 炳燿(병요) [1202]
燿 閃燿(섬요) [1002]
燿 燿燿(요요) [0202]
燿 煜燿(욱요) [1202]
瑤 瓊瑤(경요) [1202]
瑤 瑤笙(요생) [0202]
瑤 瑤顔(요안) [0232]
瑤 瑤琴(요금) [0232]
瑤 瑤札(요찰) [0220]
瑤 瑤族(요족) [0260]
瑤 瑤臺(요대) [0232]
瑤 瑤珠(요주) [0232]
瑤 瑤池(요지) [0232]
瑤 瑤翰(요한) [0220]
瑤 瑤草(요초) [0270]
瑤 瑤玉(요옥) [0242]
繞 環繞(환요) [4002]
繞 纏繞(전요) [1002]
繞 圍繞(위요) [4002]
繞 繞帶(요대) [0242]
繞 繞客(요객) [0252]
繞 紛繞(분요) [3202]
繞 盤繞(반요) [3202]
蟯 蟯蟲(요충) [0242]
縟 繁縟(번욕) [3202]
縟 縟禮(욕례) [0260]
褥 病褥(병욕) [6002]
褥 褥奢(욕사) [0210]
褥 褥婦(욕부) [0242]
褥 産褥(산욕) [5202]
褥 衾褥(금욕) [1002]
褥 鞍褥(안욕) [1002]
褥 褥薩(욕살) [0210]
褥 就褥(취욕) [4002]
褥 坐褥(좌욕) [3202]

褥 氈褥(전욕) [1002]
褥 褥瘡(욕창) [0210]
俑 陶俑(도용) [3202]
俑 作俑(작용) [6202]
俑 土俑(토용) [8002]
俑 艾俑(애용) [1202]
冗 煩冗(번용) [3002]
冗 閑冗(한용) [4002]
冗 長冗(장용) [8002]
墉 長墉(장용) [8002]
墉 周墉(주용) [4002]
墉 如墉(여용) [4202]
墉 崇墉(숭용) [4002]
慂 強慂(강용) [6002]
慂 慫慂(종용) [1002]
湧 噴湧(분용) [1002]
湧 湧起(용기) [0242]
湧 湧昇(용승) [0232]
湧 湧泉(용천) [0240]
湧 湧出(용출) [0270]
湧 洶湧(흉용) [1002]
甬 甬筒(용통) [0210]
玗 玗甸(우전) [0212]
玗 玗琪(우기) [0212]
盂 熟盂(숙우) [3202]
盂 盃盂(배우) [0202]
盂 鉢盂(발우) [1202]
盂 腎盂(신우) [2002]
盂 盂只(우지) [0230]
盂 銀盂(은우) [6002]
盂 飯盂(반우) [3202]
禑 禑王(우왕) [0280]
紆 盤紆(반우) [3202]
紆 縈紆(영우) [4202]
紆 紆曲(우곡) [0250]
紆 紆餘(우여) [0242]
芋 土芋(토우) [8002]
芋 香芋(향우) [4202]
芋 藷芋(저우) [0202]
芋 茵芋(인우) [0202]
芋 芋栗(우율) [0232]
芋 烏芋(오우) [3202]
芋 山芋(산우) [8002]
芋 芒芋(망우) [1002]
芋 菊芋(국우) [3202]
藕 藕根(우근) [0260]
藕 菱藕(능우) [1002]
藕 藕花(우화) [0270]
藕 蓮藕(연우) [3202]
雩 雩祭(우제) [0242]
雩 雩祀(우사) [0232]
雩 舞雩(무우) [4002]
雩 雩壇(우단) [0250]
勖 勖勉(욱면) [0240]
勖 勖率(욱솔) [0232]
彧 彧彧(욱욱) [0202]
垣 頹垣(퇴원) [1002]
垣 宮垣(궁원) [4202]
垣 草垣(초원) [7002]
垣 戎垣(융원) [1002]
垣 垣墻(원장) [0230]
垣 垣衣(원의) [0260]
垣 外垣(외원) [8002]
垣 掖垣(액원) [0202]
垣 袖垣(수원) [1002]
垣 堡垣(보원) [1002]
垣 藩垣(번원) [1002]
垣 壇垣(단원) [5002]
垣 文垣(문원) [7002]
愿 鄕愿(향원) [4202]
沅 沅水(원수) [0280]
沅 沅湘(원상) [0202]
沅 沅江(원강) [0272]
洹 洹洹(환환) [0202]
洹 洹水(원수) [0280]
湲 貴湲(귀원) [5002]
湲 潺湲(잔원) [0202]
湲 受湲(수원) [4202]
爰 爰書(원서) [0262]
轅 轅門(원문) [0280]
轅 車轅(거원) [7202]
鉞 斧鉞(부월) [1002]
鉞 秉鉞(병월) [1202]
鉞 弓鉞(궁월) [3202]
鉞 節鉞(절월) [5202]
鉞 黃鉞(황월) [6002]
鉞 金鉞(금월) [8002]
暐 暐暐(위위) [0202]
瑋 奇瑋(기위) [4002]
葦 石葦(석위) [6002]
葦 葦魚(위어) [0250]
葦 瓦葦(와위) [3202]
葦 葦簾(위렴) [0210]
葦 蘆葦(노위) [1202]
葦 剖葦(부위) [1002]
蔿 蔿子(위자) [0272]
蝟 蝟集(위집) [0262]
蝟 蝟毛(위모) [0242]
蝟 蝟縮(위축) [0240]
蝟 蝟皮(위피) [0232]
蝟 刺蝟(자위) [3202]
蝟 蝟膽(위담) [0220]
褘 褘衣(휘의) [0260]
侑 侑食(유식) [0272]
侑 四侑(사유) [8002]
孺 孺慕(유모) [0232]
孺 孺人(유인) [0280]
孺 童孺(동유) [6202]
孺 孺子(유자) [0272]
孺 孺孩(유해) [0202]
孺 孺嬰(유영) [0210]
攸 攸司(유사) [0232]
洧 洧盤(유반) [0232]
洧 洧水(유수) [0280]

湵	湵河(유하) [0250]	毓	毓精(육정) [0242]	蟻	蟻裳(의상) [0232]
濡	濡桑(유상) [0232]	奫	奫淪(윤륜) [0210]	蟻	職蟻(직의) [4202]
濡	濡泄(유설) [0210]	奫	奫奫(윤윤) [0202]	蟻	酒蟻(주의) [4002]
濡	濡染(유염) [0232]	聿	聿修(율수) [0242]	蟻	蟻穴(의혈) [0232]
濡	濡佛(유불) [0242]	慇	慇懃(은근) [0202]	蟻	蟻塔(의탑) [0232]
濡	濡袂(유몌) [0210]	倚	倚伏(의복) [0240]	蟻	蟻塚(의총) [0210]
濡	濡潤(유윤) [0232]	倚	偏倚(편의) [3202]	蟻	蟻蠶(의잠) [0220]
濡	濡滯(유체) [0232]	倚	跛倚(피의) [1002]	蟻	蟻援(의원) [0240]
濡	霑濡(점유) [1002]	倚	親倚(친의) [6002]	蟻	馬蟻(마의) [5002]
濡	澍濡(주유) [0202]	倚	倚着(의착) [0252]	蟻	蟻壤(의양) [0232]
濡	沾濡(점유) [0202]	倚	倚仗(의장) [0210]	蟻	火蟻(화의) [8002]
濡	濡脈(유맥) [0242]	倚	倚佯(의양) [0202]	蟻	蟻附(의부) [0232]
猷	大猷(대유) [8002]	倚	倚息(의식) [0242]	蟻	蟻封(의봉) [0232]
猷	高猷(고유) [6202]	倚	倚勢(의세) [0242]	蟻	蟻潰(의궤) [0210]
猷	謀猷(모유) [3202]	倚	倚附(의부) [0232]	蟻	蟻寇(의구) [0210]
猷	帝猷(제유) [4002]	倚	倚門(의문) [0280]	蟻	蟻徑(의경) [0232]
猷	鴻猷(홍유) [3002]	倚	倚閭(의려) [0210]	蟻	羽蟻(우의) [3202]
猷	皇猷(황유) [3202]	倚	信倚(신의) [6202]	蟻	浮蟻(부의) [3202]
猷	宏猷(굉유) [1002]	倚	徙倚(사의) [1002]	彛	鳥彛(조이) [4202]
猷	光猷(광유) [6202]	倚	倚毗(의비) [0202]	彛	彛族(이족) [0260]
瑜	瑕瑜(하유) [1002]	懿	懿親(의친) [0260]	彛	彛訓(이훈) [0260]
瑜	瑜伽(유가) [0212]	懿	懿戚(의척) [0232]	彛	彛性(이성) [0252]
瑜	琨瑜(곤유) [0202]	懿	懿行(의행) [0260]	彛	彛倫(이륜) [0232]
臾	須臾(수유) [3002]	懿	顯懿(현의) [4002]	彛	彛器(이기) [0242]
臾	縱臾(종유) [3202]	懿	風懿(풍의) [6202]	彛	秉彛(병이) [1202]
萸	茱萸(수유) [0202]	懿	懿風(의풍) [0262]	彛	伯彛(백이) [3202]
萸	吳萸(오유) [1202]	懿	懿旨(의지) [0220]	彛	民彛(민이) [8002]
逾	逾月(유월) [0280]	懿	懿績(의적) [0240]	彛	鷄彛(계이) [4002]
逾	逾越(유월) [0232]	懿	懿文(의문) [0270]	彛	宗彛(종이) [4202]
釉	釉瓦(유와) [0232]	懿	懿望(의망) [0252]	彛	司彛(사이) [3202]
釉	汁釉(즙유) [1002]	懿	懿德(의덕) [0252]	肄	肄業(이업) [0262]
釉	黑釉(흑유) [5002]	懿	懿軌(의궤) [0230]	肄	肄習(이습) [0260]
釉	釉藥(유약) [0262]	懿	懿訓(의훈) [0260]	肄	肄儀(이의) [0240]
釉	鉛釉(연유) [4002]	艤	艤裝(의장) [0240]	苡	薏苡(의이) [0202]
釉	施釉(시유) [4202]	艤	艤舟(의주) [0230]	荑	蕪荑(무이) [1002]
釉	色釉(색유) [7002]	薏	薏苡(의이) [0202]	貽	貽弊(이폐) [0232]
釉	綠釉(녹유) [6002]	薏	蓮薏(연의) [3202]	貽	貽笑(이소) [0242]
釉	贊釉(찬유) [3202]	薏	苦薏(고의) [6002]	貽	贈貽(증이) [3002]

貽 貽訓(이훈) [0260]
貽 貽害(이해) [0252]
貽 貽惱(이뇌) [0230]
貽 貽憂(이우) [0232]
貽 貽績(이적) [0240]
貽 貽謀(이모) [0232]
貽 貽貝(이패) [0230]
邇 邇來(이래) [0270]
邇 遐邇(하이) [1002]
邇 遠邇(원이) [6002]
邇 密邇(밀이) [4202]
飴 水飴(수이) [8002]
飴 飴粕(이박) [0210]
飴 餃飴(교이) [0202]
茵 茵蔯(인진) [0202]
茵 茵席(인석) [0260]
茵 茵芋(인우) [0202]
茵 茵匠(인장) [0210]
靭 靭性(인성) [0252]
靭 發靭(발인) [6202]
馹 乘馹(승일) [3202]
馹 馹召(일소) [0230]
姙 姙婦(임부) [0242]
姙 姙産(임산) [0252]
姙 姙娠(임신) [0210]
姙 姙孕(임잉) [0210]
恁 恁兒(임아) [0252]
恁 恁地(임지) [0270]
稔 稔知(염지) [0252]
稔 不稔(불임) [7202]
稔 稔知(임지) [0252]
稔 稔熟(염숙) [0232]
稔 稔性(임성) [0252]
稔 實稔(실념) [5202]
稔 豊稔(풍념) [4202]
荏 荏染(임염) [0232]
荏 桂荏(계임) [3202]
荏 水荏(수임) [8002]
荏 野荏(야임) [6002]
荏 荏粕(임박) [0210]
荏 荏弱(임약) [0262]
荏 眞荏(진임) [4202]
荏 荏雀(임작) [0210]
荏 荏子(임자) [0272]
荏 荏苒(임염) [0202]
仍 仍帶(잉대) [0242]
仍 仍舊(잉구) [0252]
仍 仍仕(잉사) [0252]
仍 仍孫(잉손) [0260]
仍 仍任(인임) [0252]
仍 仍停(잉정) [0250]
仍 仍秩(잉질) [0232]
仍 仍執(잉집) [0232]
仍 仍妻(잉처) [0232]
仍 仍便(잉편) [0270]
仍 仍劃(잉획) [0232]
仍 後仍(후잉) [7202]
仍 雲仍(운잉) [5202]
咨 咨歎(자탄) [0240]
咨 嗟咨(차자) [1002]
咨 移咨(이자) [4202]
咨 咨文(자문) [0270]
咨 咨嗟(자차) [0210]
孜 孜孜(자자) [0202]
孜 江孜(강자) [7202]
茨 茅茨(모자) [1202]
斫 斫殺(작살) [0242]
斫 偸斫(투작) [0202]
斫 斫斬(작참) [0220]
斫 魯斫(노작) [1202]
斫 斫斷(작단) [0242]
斫 斧斫(부작) [1002]
斫 舊斫(구작) [5202]
斫 盜斫(도작) [4002]
斫 亂斫(난작) [4002]
斫 斫破(작파) [0242]
孱 孱骨(잔골) [0240]
孱 孱孑(잔혈) [0202]
孱 孱拙(잔졸) [0230]
孱 昏孱(혼잔) [3002]
孱 闇孱(암잔) [1002]
孱 庸孱(용잔) [3002]
孱 孱劣(잔열) [0230]
孱 孱妄(잔망) [0232]
孱 孱微(잔미) [0232]
孱 孱弱(잔약) [0262]
孱 孱疲(잔피) [0240]
孱 孱孱(잔잔) [0202]
潺 潺湲(잔원) [0202]
潺 潺流(잔류) [0252]
潺 潺風(잔풍) [0262]
潺 潺潺(잔잔) [0202]
潺 淙潺(종잔) [0202]
岑 岑樓(잠루) [0232]
岑 岑莖(잠경) [0210]
岑 岑寂(잠적) [0232]
岑 岑巖(잠암) [0232]
岑 岑峨(잠아) [0202]
樟 樟腦(장뇌) [0232]
樟 樟島(장도) [0250]
樟 樟木(장목) [0280]
樟 樟樹(장수) [0260]
欌 竹欌(죽장) [4202]
欌 紅欌(홍장) [4002]
欌 卓欌(탁장) [5002]
欌 漆欌(칠장) [3202]
欌 冊欌(책장) [4002]
欌 欌廛(장전) [0210]
欌 饌欌(찬장) [1002]
欌 藥欌(약장) [6202]
欌 欌籠(장롱) [0220]
欌 鳳欌(봉장) [3202]
欌 壁欌(벽장) [4202]
欌 龍欌(용장) [4002]

欌 籠欌(농장) [2002]
欌 茶欌(찻장) [3202]
牆 隔牆(격장) [3202]
牆 堵牆(도장) [1002]
牆 面牆(면장) [7002]
牆 壁牆(벽장) [4202]
牆 城牆(성장) [4202]
牆 巖牆(암장) [3202]
牆 如牆(여장) [4202]
牆 垣牆(원장) [0202]
牆 築牆(축장) [4202]
牆 越牆(월장) [3202]
牆 舷牆(현장) [0202]
牆 穿牆(천장) [1002]
牆 牆垣(장원) [0202]
牆 牆壁(장벽) [0242]
牆 牆籬(장리) [0210]
牆 牆隙(장극) [0210]
牆 胸牆(흉장) [3202]
臧 臧否(장부) [0240]
臧 臧獲(장획) [0232]
贓 買贓(매장) [5002]
贓 贓物(장물) [0272]
贓 贓罪(장죄) [0250]
贓 贓品(장품) [0252]
贓 坐贓(좌장) [3202]
贓 貪贓(탐장) [3002]
贓 贓律(장률) [0242]
贓 犯贓(범장) [4002]
贓 滿贓(만장) [4202]
贓 盜贓(도장) [4002]
贓 贓吏(장리) [0232]
贓 贓盜(장도) [0240]
梓 梓宮(자궁) [0242]
梓 梓工(재공) [0272]
梓 上梓(상재) [7202]
梓 桑梓(상자) [3202]
梓 登梓(등재) [7002]
梓 桐梓(동재) [2002]
梓 梓室(재실) [0280]
齎 齎糧(재량) [0240]
齎 齎鬱(재울) [0220]
齎 齎來(재래) [0270]
齎 幽齎(유재) [3202]
齎 齎心(재심) [0270]
箏 風箏(풍쟁) [6202]
箏 大箏(대쟁) [8002]
箏 牙箏(아쟁) [3202]
諍 諫諍(간쟁) [1002]
諍 諍子(쟁자) [0272]
諍 諍臣(쟁신) [0252]
諍 諍友(쟁우) [0252]
佇 佇想(저상) [0242]
佇 佇眄(저면) [0210]
佇 佇念(저념) [0252]
佇 佇眷(저권) [0210]
佇 佇見(저견) [0252]
儲 建儲(건저) [5002]
儲 儲嗣(저사) [0210]
儲 公儲(공저) [6202]
儲 斗儲(두저) [4202]
儲 兵儲(병저) [5202]
儲 翊儲(익저) [1202]
儲 儲留(저류) [0242]
儲 國儲(국저) [8002]
儲 儲米(저미) [0260]
儲 儲書(저서) [0262]
儲 積儲(적저) [4002]
儲 存儲(존저) [4002]
儲 擢儲(탁저) [1002]
儲 廢儲(폐저) [3202]
儲 皇儲(황저) [3202]
儲 儲利(저리) [0262]
姐 姐姐(저저) [0202]
姐 小姐(소저) [8002]
杵 搗杵(도저) [1002]
杵 砧杵(침저) [1002]
杵 臼杵(구저) [1002]
杵 杵孫(저손) [0260]
杵 鈴杵(영저) [1002]
杵 杵臼(저구) [0210]
杵 天杵(천저) [7002]
楮 楮幣(저폐) [0230]
楮 寸楮(촌저) [8002]
楮 片楮(편저) [3202]
楮 楮皮(저피) [0232]
楮 楮冊(저책) [0240]
楮 尺楮(척저) [3202]
楮 楮錢(저전) [0240]
楮 楮田(저전) [0242]
楮 楮實(저실) [0252]
楮 楮墨(저묵) [0232]
楮 楮李(저리) [0260]
楮 楮貨(저화) [0242]
樗 樗散(저산) [0240]
樗 樗根(저근) [0260]
樗 樗鷄(저계) [0240]
樗 樗蒲(저포) [0210]
樗 樗才(저재) [0262]
樗 樗木(저목) [0280]
樗 樗材(저재) [0252]
渚 渚岸(저안) [0232]
渚 渚崖(저애) [0210]
渚 汀渚(정저) [1202]
渚 釣渚(조저) [2002]
渚 洲渚(주저) [3202]
渚 蘆渚(노저) [1202]
渚 沙渚(사저) [3202]
渚 五渚(오저) [8002]
猪 猪勇(저용) [0262]
猪 猪肝(저간) [0232]
猪 猪突(저돌) [0232]
猪 猪毛(저모) [0242]
猪 猪肉(저육) [0242]

疽	癰疽(옹저)	[0202]
疽	脫疽(탈저)	[4002]
疽	炭疽(탄저)	[5002]
疽	調疽(조저)	[5202]
疽	緩疽(완저)	[3202]
疽	敦疽(돈저)	[3002]
疽	壞疽(괴저)	[3202]
疽	骨疽(골저)	[4002]
疽	甘疽(감저)	[4002]
疽	疽瘡(저창)	[0210]
紵	紵布(저포)	[0242]
紵	紵紬(저주)	[0210]
紵	紵紗(저사)	[0210]
紵	唐紵(당저)	[3202]
紵	紵衣(저의)	[0260]
紵	紵根(저근)	[0260]
苧	苧環(저환)	[0240]
苧	苧布(저포)	[0242]
苧	苧田(저전)	[0242]
苧	細苧(세저)	[4202]
苧	生苧(생저)	[8002]
苧	白苧(백저)	[8002]
苧	唐苧(당저)	[3202]
苧	苧痲(저마)	[0232]
菹	芹菹(근저)	[0202]
菹	茄菹(가저)	[0202]
菹	芥菹(개저)	[1002]
菹	瓠菹(호저)	[0202]
菹	梅菹(매저)	[3202]
菹	熟菹(숙저)	[3202]
菹	筍菹(순저)	[1002]
菹	預菹(예저)	[2002]
菹	醬菹(장저)	[1002]
菹	菜菹(채저)	[3202]
菹	醋菹(초저)	[1002]
菹	蔥菹(총저)	[0202]
菹	鯇菹(환저)	[1002]
菹	雉菹(치저)	[1202]
菹	蒲菹(포저)	[1002]
菹	鷄菹(계저)	[4002]
菹	瓜菹(과저)	[2002]
藷	藷類(저류)	[0252]
藷	藷芋(저우)	[0202]
藷	甘藷(감저)	[4002]
這	這番(저번)	[0260]
這	這般(저반)	[0232]
這	這這(저저)	[0202]
這	這間(저간)	[0272]
雎	雎鳩(저구)	[0210]
齟	齟齬(저어)	[0202]
齟	齟齬(서어)	[0202]
翟	翟衣(적의)	[0260]
翟	翟羽(적우)	[0232]
翟	翟輅(적로)	[0202]
翟	翟車(적거)	[0272]
翟	墨翟(묵적)	[3202]
翟	舞翟(무적)	[4002]
荻	蘆荻(노적)	[1202]
迪	啓迪(계적)	[3202]
鏑	鳴鏑(명적)	[4002]
鏑	鋒鏑(봉적)	[1002]
鏑	鏑矢(적시)	[0230]
鏑	鏑銜(적함)	[0210]
佃	佃作(전작)	[0262]
佃	佃丁(전정)	[0240]
佃	佃漁(전어)	[0250]
佃	佃夫(전부)	[0270]
佃	佃民(전민)	[0280]
佃	佃農(전농)	[0272]
佃	佃客(전객)	[0252]
佃	佃甲(전갑)	[0240]
佃	佃戶(전호)	[0242]
塼	塼槨(전곽)	[0210]
塼	塼墓(전묘)	[0240]
筌	畫筌(화전)	[6002]
筌	筌蹄(전제)	[0210]
筌	漁筌(어전)	[5002]
詮	言詮(언전)	[6002]
詮	表詮(표전)	[6202]
詮	廢詮(폐전)	[3202]
詮	遮詮(차전)	[2002]
詮	眞詮(진전)	[4202]
詮	詮解(전해)	[0242]
詮	詮次(전차)	[0242]
詮	詮議(전의)	[0242]
詮	詮釋(전석)	[0232]
詮	詮索(전색)	[0232]
詮	詮考(전고)	[0250]
詮	所詮(소전)	[7002]
詮	能詮(능전)	[5202]
詮	詮堂(전당)	[0262]
鈿	珠鈿(주전)	[3202]
鈿	鈿合(전합)	[0260]
鈿	華鈿(화전)	[4002]
鈿	花鈿(화전)	[7002]
鈿	鈿針(전침)	[0240]
鈿	鈿瓔(전영)	[0202]
鈿	鈿螺(전라)	[0210]
鈿	鈿車(전차)	[0272]
鈿	螺鈿(나전)	[1002]
鈿	金鈿(금전)	[8002]
鐫	彫鐫(소전)	[2002]
浙	浙派(절파)	[0240]
癤	癤瘡(절창)	[0210]
癤	癤症(절증)	[0232]
癤	軟癤(연절)	[3202]
癤	癰癤(옹절)	[0202]
癤	癤瘍(절양)	[0210]
癤	癤腫(절종)	[0210]
鮎	鮎魚(점어)	[0250]
摺	摺桶(접통)	[0210]
摺	摺合(섭합)	[0260]
摺	摺刀(접도)	[0232]
摺	摺枕(접침)	[0230]

摺	摺齒(접치)	[0242]
摺	摺帖(접첩)	[0210]
摺	摺綴(접철)	[0210]
摺	摺冊(접책)	[0240]
摺	摺扇(접선)	[0210]
摺	摺燈(접등)	[0242]
檉	檉柳(정류)	[0240]
渟	渟泊(정박)	[0230]
渟	渟水(정수)	[0280]
玎	玎玲(정령)	[0212]
鉦	鼓鉦(고정)	[3202]
鉦	金鉦(금정)	[8002]
鉦	鉦鼓(정고)	[0232]
鉦	鉦手(정수)	[0272]
鋌	鐵鋌(철정)	[5002]
霆	霆擊(정격)	[0240]
霆	雷霆(뇌정)	[3202]
霆	電霆(전정)	[7202]
霆	震霆(진정)	[3202]
臍	臍炎(제염)	[0232]
臍	香臍(향제)	[4202]
臍	蒸臍(증제)	[3202]
臍	臍下(제하)	[0272]
臍	臍風(제풍)	[0262]
臍	煉臍(연제)	[2002]
臍	臍腫(제종)	[0210]
臍	臍緖(제서)	[0232]
臍	臍帶(제대)	[0242]
臍	臍囊(제낭)	[0210]
臍	臍瘡(제창)	[0210]
薺	薺湯(제탕)	[0232]
薺	薺菜(제채)	[0232]
薺	薺浦(제포)	[0232]
霽	開霽(개제)	[6002]
霽	光霽(광제)	[6202]
霽	霽月(제월)	[0280]
霽	霽天(제천)	[0270]
霽	霽靑(제청)	[0280]
吊	吊橋(조교)	[0250]
俎	刀俎(도조)	[3202]
俎	進俎(진조)	[4202]
俎	樽俎(준조)	[1002]
俎	俎尊(조준)	[0242]
俎	俎肉(조육)	[0242]
俎	鼎俎(정조)	[1202]
俎	牢俎(뇌조)	[1002]
俎	越俎(월조)	[3202]
窕	窈窕(요조)	[1002]
蚤	鼠蚤(서조)	[1002]
蚤	蚤世(조세)	[0272]
蚤	蚤歲(조세)	[0252]
蚤	蚤蝨(조슬)	[0202]
蚤	花蚤(화조)	[7002]
蚤	狗蚤(구조)	[3002]
雕	雕鏤(조루)	[0202]
雕	雕朽(조후)	[0210]
雕	雕雲(조운)	[0252]
雕	雕蠣(조려)	[0202]
雕	雕刻(조각)	[0240]
雕	雕版(조판)	[0232]
鏃	矢鏃(시촉)	[3002]
鏃	鐵鏃(철촉)	[5002]
鏃	鏃身(촉신)	[0262]
鏃	箭鏃(전촉)	[1002]
鏃	平鏃(평촉)	[7202]
鏃	隱鏃(은촉)	[4002]
鏃	外鏃(외촉)	[8002]
鏃	雙鏃(쌍촉)	[3202]
鏃	沒鏃(몰촉)	[3202]
鏃	弩鏃(노촉)	[1002]
鏃	骨鏃(골촉)	[4002]
鏃	退鏃(퇴촉)	[4202]
鏃	玉鏃(옥촉)	[4202]
倧	眞倧(진종)	[4202]
倧	倧經(종경)	[0242]
棕	棕眼(종안)	[0242]
棕	棕櫚(종려)	[0202]
淙	淙然(종연)	[0270]
淙	淙潺(종잔)	[0202]
淙	淙淙(종종)	[0202]
鐘	鑄鐘(주종)	[3202]
鐘	應鐘(응종)	[4202]
鐘	鐘路(종로)	[0260]
鐘	曉鐘(효종)	[3002]
鐘	鐘惺(종성)	[0202]
鐘	鐘塔(종탑)	[0232]
鐘	鐘磬(종경)	[0210]
鐘	霧鐘(무종)	[3002]
鐘	鳧鐘(부종)	[0202]
鐘	曙鐘(서종)	[1002]
鐘	鳴鐘(명종)	[4002]
鐘	晩鐘(만종)	[3202]
鐘	鐘鼓(종고)	[0232]
鐘	弔鐘(조종)	[3002]
鐘	鐘閣(종각)	[0232]
鐘	警鐘(경종)	[4202]
鐘	函鐘(함종)	[1002]
鐘	鬧鐘(요종)	[0202]
鐘	打鐘(타종)	[5002]
鐘	掛鐘(괘종)	[3002]
鐘	擔鐘(담종)	[4202]
鐘	醒鐘(성종)	[1002]
侏	伶侏(영주)	[0202]
侏	侏離(주리)	[0240]
侏	侏儒(주유)	[0240]
姝	姝姬(주희)	[0220]
姝	姝姝(주주)	[0202]
姝	姝好(주호)	[0242]
湊	輻湊(폭주)	[1002]
湊	湊合(주합)	[0260]
湊	湊重(주중)	[0270]
湊	湊集(주집)	[0262]
澍	澍濡(주유)	[0202]
炷	燈炷(등주)	[4202]

炷	炷香(주향)	[0242]
籌	籌商(주상)	[0252]
籌	籌策(주책)	[0232]
籌	籌板(주판)	[0250]
籌	籌學(주학)	[0280]
籌	籌畫(주획)	[0260]
籌	探籌(탐주)	[4002]
籌	籌算(주산)	[0270]
籌	籌廳(주청)	[0240]
籌	觸籌(촉주)	[3202]
籌	籌謀(주모)	[0232]
籌	籌略(주략)	[0240]
籌	籌堂(주당)	[0262]
籌	講籌(강주)	[4202]
籌	淨籌(정주)	[3202]
籌	遺籌(유주)	[4002]
籌	運籌(운주)	[6202]
籌	牙籌(아주)	[3202]
籌	象籌(상주)	[4002]
籌	書籌(서주)	[6202]
籌	籌辦(주판)	[0210]
籌	籌備(주비)	[0242]
綢	綢密(주밀)	[0242]
綢	綢直(주직)	[0272]
綢	綢部(주부)	[0262]
綢	綢繆(주무)	[0202]
綢	綢緞(주단)	[0210]
綢	溫綢(온주)	[6002]
綢	細綢(세주)	[4202]
蛛	蛛絲(주사)	[0240]
蛛	蜘蛛(지주)	[0202]
蛛	喜蛛(희주)	[4002]
蛛	蛛網(주망)	[0220]
酎	酎今(주금)	[0262]
胄	甲胄(갑주)	[4002]
粥	馬粥(마죽)	[5002]
粥	糠粥(강죽)	[1002]
粥	羹粥(갱죽)	[1002]
粥	白粥(백죽)	[8002]
粥	鷄粥(계죽)	[4002]
粥	粥藥(죽약)	[0262]
粥	豆粥(두죽)	[4202]
粥	稀粥(희죽)	[3202]
粥	灰粥(회죽)	[4002]
粥	粥飮(죽음)	[0262]
粥	粥食(죽식)	[0272]
粥	牛粥(우죽)	[5002]
粥	魚粥(어죽)	[5002]
粥	松粥(송죽)	[4002]
粥	伏粥(복죽)	[4002]
粥	匏粥(포죽)	[0202]
儁	儁異(준이)	[0240]
晙	寒晙(한준)	[5002]
晙	田晙(전준)	[4202]
浚	浚巡(준순)	[0232]
雋	雋永(전영)	[0260]
雋	雋哲(준철)	[0232]
雋	雋選(준선)	[0250]
茁	茁浦(줄포)	[0232]
茁	茁長(줄장)	[0280]
楫	舟楫(주즙)	[3002]
緝	補緝(보즙)	[3202]
緝	緝捕(즙포)	[0232]
緝	緝合(집합)	[0260]
拯	救拯(구증)	[5002]
拯	拯出(증출)	[0270]
拯	拯濟(증제)	[0242]
拯	拯米(증미)	[0260]
拯	拯網(증망)	[0220]
拯	拯救(증구)	[0250]
拯	鉤拯(구증)	[1002]
拯	拯恤(증휼)	[0210]
烝	烝發(증발)	[0262]
烝	烝鬱(증울)	[0220]
烝	黃烝(황증)	[6002]
烝	汗烝(한증)	[3202]
烝	烝解(증해)	[0242]
烝	烝烹(증팽)	[0202]
烝	烝溜(증류)	[0210]
烝	烝臍(증제)	[0202]
烝	砂烝(사증)	[0202]
烝	烝濕(증습)	[0232]
烝	烝暑(증서)	[0230]
烝	烝庶(증서)	[0230]
烝	烝餠(증병)	[0210]
烝	烝民(증민)	[0280]
烝	烝黎(증려)	[0210]
烝	烝氣(증기)	[0272]
烝	淫烝(음증)	[3202]
烝	烝炊(증취)	[0220]
甑	瓦甑(와증)	[3202]
甑	甑餠(증병)	[0210]
甑	破甑(파증)	[4202]
繒	倭繒(왜증)	[1202]
繒	染繒(염증)	[3202]
繒	甲繒(갑증)	[4002]
繒	繒綾(증릉)	[0210]
沚	洲沚(주지)	[3202]
沚	中沚(중지)	[8002]
漬	漬墨(지묵)	[0232]
漬	漬浸(지침)	[0232]
漬	酒漬(수지)	[4002]
漬	漸漬(점지)	[3202]
漬	醬漬(장지)	[1002]
漬	浸漬(침지)	[3202]
砥	砥磨(지마)	[0232]
砥	砥鍊(지련)	[0232]
砥	砥礪(지려)	[0212]
砥	革砥(혁지)	[4002]
祗	祗候(지후)	[0240]
祗	祗迎(지영)	[0240]
祗	祗受(지수)	[0242]
祗	祗敬(지경)	[0252]
祗	祗送(지송)	[0242]

芷	白芷(백지)	[8002]
蜘	蜘蛛(지주)	[0202]
蜘	蜘網(지망)	[0220]
贄	致贄(치지)	[5002]
贄	執贄(집지)	[3202]
贄	贄見(지현)	[0252]
趾	足趾(족지)	[7202]
趾	交趾(교지)	[6002]
趾	宮趾(궁지)	[4202]
趾	基趾(기지)	[5202]
趾	斷趾(단지)	[4202]
趾	駢趾(병지)	[0202]
趾	玉趾(옥지)	[4202]
趾	趾間(지간)	[0272]
趾	趾骨(지골)	[0240]
趾	趾點(지점)	[0240]
唇	朱唇(주순)	[4002]
唇	丹唇(단순)	[3202]
唇	兎唇(토순)	[0202]
唇	花唇(화순)	[7002]
搢	搢笏(진홀)	[0210]
搢	搢紳(진신)	[0220]
晉	晉察(진찰)	[0242]
晉	晉山(진산)	[0280]
晉	晉體(진체)	[0262]
晉	東晉(동진)	[8002]
晉	晉秩(진질)	[0232]
晉	晉州(진주)	[0252]
晉	晉陽(진양)	[0260]
晉	晉書(진서)	[0262]
晉	晉紀(진기)	[0240]
晉	晉卦(진괘)	[0210]
晉	晉鼓(진고)	[0232]
晉	西晉(서진)	[8002]
晉	三晉(삼진)	[8002]
晉	後晉(후진)	[7202]
榛	榛蕪(진무)	[0210]
榛	榛荊(진형)	[0210]
榛	榛子(진자)	[0272]
榛	榛穢(진예)	[0210]
榛	榛莽(진망)	[0202]
榛	榛栗(진율)	[0232]
榛	荊榛(형진)	[1002]
榛	榛刺(진자)	[0232]
殄	剿殄(초진)	[0202]
殄	剿殄(초진)	[0202]
殄	禽殄(금진)	[3202]
殄	殄戮(진륙)	[0210]
殄	殄滅(진멸)	[0232]
殄	殄殲(진섬)	[0210]
殄	殄肉(진육)	[0242]
殄	殄破(진파)	[0242]
殄	擒殄(금진)	[1002]
溱	溱溱(진진)	[0202]
畛	畛域(진역)	[0240]
瞋	瞋目(진목)	[0260]
瞋	無瞋(무진)	[5002]
瞋	瞋怒(진노)	[0242]
瞋	瞋縛(진박)	[0210]
瞋	瞋覺(진각)	[0240]
縉	縉紳(진신)	[0220]
縝	縝密(진밀)	[0242]
臻	臻赴(진부)	[0230]
蔯	茵蔯(인진)	[0202]
袗	青袗(청진)	[8002]
賑	賑政(진정)	[0242]
賑	開賑(개진)	[6002]
賑	公賑(공진)	[6202]
賑	賑事(진사)	[0272]
賑	補賑(보진)	[3202]
賑	賑撫(진무)	[0210]
賑	賑貸(진대)	[0232]
賑	賑資(진자)	[0240]
賑	賑救(진구)	[0250]
賑	賑穀(진곡)	[0240]
賑	賑牌(진패)	[0210]
賑	賑濟(진제)	[0242]
賑	贍賑(섬진)	[0202]
賑	賑廳(진청)	[0240]
賑	賑恤(진휼)	[0210]
賑	殷賑(은진)	[1202]
賑	賑財(진재)	[0252]
軫	軫池(진지)	[0232]
軫	玉軫(옥진)	[4202]
軫	軫念(진념)	[0252]
軫	軫星(진성)	[0242]
軫	軫憂(진우)	[0232]
軫	軫恤(진휼)	[0210]
軫	護軫(호진)	[4202]
軫	軫宿(진수)	[0252]
蛭	蛭木(질목)	[0280]
蛭	水蛭(수질)	[8002]
蛭	馬蛭(마질)	[5002]
蛭	肝蛭(간질)	[3202]
蛭	蛭石(질석)	[0260]
潗	潗潗(집집)	[0202]
嵯	嵯峨(차아)	[0202]
嵯	嵯嵯(차차)	[0202]
磋	切磋(절차)	[5202]
箚	抄箚(초차)	[3002]
箚	箚靑(차청)	[0280]
箚	箚紙(차지)	[0270]
箚	箚子(차자)	[0272]
箚	箚刺(차자)	[0232]
箚	箚文(차문)	[0270]
箚	箚記(차기)	[0272]
箚	駐箚(주차)	[2002]
箚	袖箚(수차)	[1002]
箚	聯箚(연차)	[3202]
箚	疏箚(소차)	[3202]
箚	臺箚(대차)	[3202]
箚	奏箚(주차)	[3202]
齪	齷齪(악착)	[0202]
竄	竄殺(찬살)	[0242]

竄	改竄(개찬)	[5002]
竄	塗竄(도찬)	[3002]
竄	遯竄(돈찬)	[0202]
竄	遁竄(둔찬)	[1002]
竄	流竄(유찬)	[5202]
竄	潛竄(잠찬)	[3202]
竄	點竄(점찬)	[4002]
竄	誅竄(주찬)	[1002]
竄	竄匿(찬닉)	[0210]
竄	竄配(찬배)	[0242]
竄	竄黜(찬출)	[0210]
竄	竄入(찬입)	[0270]
竄	竄謫(찬적)	[0210]
竄	竄逐(찬축)	[0230]
竄	竄貶(찬폄)	[0210]
竄	添竄(첨찬)	[3002]
竄	貶竄(폄찬)	[1002]
竄	逋竄(포찬)	[1002]
竄	下竄(하찬)	[7202]
竄	竄逃(찬도)	[0240]
竄	斥竄(척찬)	[3002]
粲	韓粲(한찬)	[8002]
粲	粲爛(찬란)	[0220]
粲	粲然(찬연)	[0270]
粲	祭粲(제찬)	[4202]
粲	閼粲(알찬)	[1202]
粲	夷粲(이찬)	[3002]
粲	角粲(각찬)	[6202]
纘	纘承(찬승)	[0242]
纘	纘述(찬술)	[0232]
纘	纘續(찬속)	[0242]
纘	纘緒(찬서)	[0232]
纘	纘繼(찬계)	[0240]
紮	緊紮(긴찰)	[3202]
砦	砦堡(채보)	[0210]
砦	敵砦(적채)	[4202]
砦	山砦(산채)	[8002]
砦	堡砦(보채)	[1002]
砦	鹿砦(녹채)	[3002]
砦	城砦(성채)	[4202]
綵	綵綺(채기)	[0210]
綵	綵組(채조)	[0240]
綵	結綵(결채)	[5202]
綵	奇綵(기채)	[4002]
綵	先綵(선채)	[8002]
綵	送綵(송채)	[4202]
綵	綵籠(채롱)	[0220]
綵	綵鳳(채봉)	[0232]
綵	綵棚(채붕)	[0210]
綵	綵帳(채장)	[0240]
綵	綵華(채화)	[0240]
綵	綵緞(채단)	[0210]
綵	綵繩(채승)	[0212]
釵	金釵(금채)	[8002]
釵	鳳釵(봉채)	[3202]
釵	玉釵(옥채)	[4202]
釵	銀釵(은채)	[6002]
釵	花釵(화채)	[7002]
釵	金釵(금차)	[8002]
釵	竹釵(죽차)	[4202]
倜	倜然(척연)	[0270]
剔	剔抉(척결)	[0202]
剔	剔紅(척홍)	[0240]
剔	剔出(척출)	[0270]
剔	剔去(척거)	[0250]
剔	抉剔(결척)	[0202]
慽	慽悲(척비)	[0242]
慽	慘慽(참척)	[3002]
慽	悲慽(비척)	[4202]
蹠	對蹠(대척)	[6202]
蹠	足蹠(족척)	[7202]
蹠	蹠骨(척골)	[0240]
仟	仟佰(천백)	[0202]
仟	仟仟(천천)	[0202]
仟	仟眠(천면)	[0232]
舛	乖舛(괴천)	[1002]
舛	舛駁(천박)	[0210]
舛	舛逆(천역)	[0242]
舛	舛誤(천오)	[0242]
舛	舛訛(천와)	[0210]
舛	舛雜(천잡)	[0240]
舛	舛錯(천착)	[0232]
阡	阡陌(천맥)	[0202]
輟	輟朝(철조)	[0260]
輟	輟耕(철경)	[0232]
輟	輟市(철시)	[0272]
沾	沾醉(점취)	[0232]
沾	沾毫(점호)	[0230]
沾	沾衣(첨의)	[0260]
沾	沾潤(점윤)	[0232]
沾	均沾(균첨)	[4002]
沾	沾濡(점유)	[0202]
沾	沾濕(첨습)	[0232]
沾	沾汗(점한)	[0232]
沾	沾洽(점흡)	[0210]
甛	甛硝(첨초)	[0210]
甛	甛瓜(첨과)	[0220]
甛	甛菜(첨채)	[0232]
簽	簽押(첨압)	[0230]
簽	簽兵(첨병)	[0252]
簽	題簽(제첨)	[6202]
詹	詹事(첨사)	[0272]
堞	粉堞(분첩)	[4002]
堞	城堞(성첩)	[4202]
堞	雉堞(치첩)	[1202]
堞	女堞(여첩)	[8002]
睫	睫眉(첩미)	[0230]
睫	交睫(교첩)	[6002]
睫	倒睫(도첩)	[3202]
睫	目睫(목첩)	[6002]
睫	睫毛(첩모)	[0242]
睫	眉睫(미첩)	[3002]
輒	輒然(첩연)	[0270]
菁	菁華(청화)	[0240]

菁	蕪菁(무청)	[1002]
菁	菁根(청근)	[0260]
菁	菁莪(청아)	[0202]
菁	菁煎(청전)	[0210]
菁	菁州(청주)	[0252]
菁	蔓菁(만청)	[1002]
鯖	侯鯖(후청)	[3002]
鯖	鯖魚(청어)	[0250]
剃	剃髮(체발)	[0240]
剃	剃頭(체두)	[0260]
剃	剃度(체도)	[0260]
剃	剃刀(체도)	[0232]
剃	開剃(개체)	[6002]
剃	簪剃(잠체)	[1002]
剿	剿除(초제)	[0242]
剿	剿滅(초멸)	[0232]
剿	剿殄(초진)	[0202]
剿	剿襲(초습)	[0232]
剿	剿匪(초비)	[0220]
剿	剿討(초토)	[0240]
剿	剿說(초설)	[0252]
椒	蜀椒(촉초)	[1202]
椒	點椒(점초)	[4002]
椒	秦椒(진초)	[1202]
椒	椒蘭(초란)	[0232]
椒	椒房(초방)	[0242]
椒	蕃椒(번초)	[1002]
椒	椒實(초실)	[0252]
椒	椒庭(초정)	[0262]
椒	椒酒(초주)	[0240]
椒	椒紅(초홍)	[0240]
椒	芭椒(파초)	[1002]
椒	漢椒(한초)	[7202]
椒	胡椒(호초)	[3202]
椒	花椒(화초)	[7002]
椒	南椒(남초)	[8002]
椒	唐椒(당초)	[3202]
椒	苦椒(고초)	[6002]

苕	苕苕(초초)	[0202]
苕	苕嶢(초요)	[0202]
酢	鴨酢(압초)	[1202]
酢	魚酢(어초)	[5002]
醮	醮禮(초례)	[0260]
醮	醮行(초행)	[0260]
醮	醮祭(초제)	[0242]
醮	再醮(재초)	[5002]
矗	矗矗(촉촉)	[0202]
矗	矗石(촉석)	[0260]
悤	悤遽(총거)	[0202]
悤	悤急(총급)	[0262]
悤	悤劇(총극)	[0240]
悤	悤忙(총망)	[0230]
悤	悤擾(총요)	[0210]
悤	悤中(총중)	[0280]
悤	悤悤(총총)	[0202]
摠	摠管(총관)	[0240]
摠	軍摠(군총)	[8002]
摠	旗摠(기총)	[7002]
摠	百摠(백총)	[7002]
摠	摠監(총감)	[0242]
摠	摠郎(총랑)	[0232]
摠	摠律(총률)	[0242]
摠	還摠(환총)	[3202]
摠	把摠(파총)	[3002]
摠	摠護(총호)	[0242]
摠	摠牌(총패)	[0210]
摠	摠府(총부)	[0242]
摠	摠部(총부)	[0262]
摠	摠裁(총재)	[0232]
蔥	蔥花(총화)	[0270]
蔥	胡蔥(호총)	[3202]
蔥	蔥鬱(총울)	[0220]
蔥	落蔥(낙총)	[5002]
蔥	細蔥(세총)	[4202]
蔥	鬱蔥(울총)	[2002]
蔥	蔥根(총근)	[0260]

蔥	蔥蒜(총산)	[0202]
蔥	蔥菹(총저)	[0202]
蔥	蔥笛(총적)	[0232]
蔥	蔥珩(총형)	[0202]
蔥	蔥青(총청)	[0280]
蔥	蔥蔥(총총)	[0202]
蔥	蔥白(총백)	[0280]
蔥	蔥湯(총탕)	[0232]
蔥	蔥菜(총채)	[0232]
湫	龍湫(용추)	[4002]
湫	淑湫(숙추)	[3202]
湫	湫隘(조애)	[0210]
皺	防皺(방추)	[4202]
皺	皺胃(추위)	[0232]
皺	皺眉(추미)	[0230]
皺	皺紋(추문)	[0232]
皺	皺脚(추각)	[0232]
皺	皺面(추면)	[0270]
萩	萩草(추초)	[0270]
諏	諏吉(추길)	[0250]
諏	諏謀(추모)	[0232]
諏	諮諏(자추)	[2002]
雛	育雛(육추)	[7002]
雛	鷄雛(계추)	[4002]
雛	奴雛(노추)	[3202]
雛	發雛(발추)	[6202]
雛	鳳雛(봉추)	[3202]
雛	幼雛(유추)	[3202]
雛	雌雛(자추)	[2002]
雛	雛鳳(추봉)	[0232]
雛	雛孫(추손)	[0260]
雛	雛僧(추승)	[0232]
雛	雛鶯(추앵)	[0210]
雛	雛形(추형)	[0262]
雛	雛兒(추아)	[0252]
雛	燕雛(연추)	[3202]
騶	騶僕(추복)	[0210]
騶	騶虞(추우)	[0210]

騶 騶從(추종) [0240]
竺 天竺(천축) [7002]
竺 竺經(축경) [0242]
竺 竺學(축학) [0280]
筑 擊筑(격축) [4002]
蹙 惶蹙(황축) [1002]
蹙 蹙眉(축미) [0230]
蹙 悚蹙(송축) [1002]
蹙 嚬蹙(빈축) [1002]
蹙 口蹙(구축) [7002]
蹙 窮蹙(궁축) [4002]
朮 白朮(백출) [8002]
朮 蓬朮(봉출) [1202]
朮 莪朮(아출) [0202]
朮 蒼朮(창출) [3202]
朮 赤朮(적출) [5002]
嘴 蠟嘴(납취) [1002]
嘴 崎嘴(기취) [1002]
嘴 銅嘴(동취) [4202]
嘴 毒嘴(독취) [4202]
嘴 角嘴(각취) [6202]
嘴 沙嘴(사취) [3202]
嘴 銳嘴(예취) [3002]
嘴 乳嘴(유취) [4002]
嘴 地嘴(지취) [7002]
嘴 煙嘴(연취) [4202]
驟 驟步(취보) [0242]
驟 馳驟(치취) [1002]
驟 驟集(취집) [0262]
驟 驟進(취진) [0242]
驟 驟雨(취우) [0252]
驟 驟署(취서) [0232]
驟 驟涼(취량) [0232]
驟 驟起(취기) [0242]
驟 驟陞(취승) [0202]
鷲 鷲山(취산) [0280]
鷲 鷲瓦(취와) [0232]
鷲 鷲頭(취두) [0260]
鷲 禿鷲(독취) [1002]
鷲 鷲座(취좌) [0240]
鷲 鷲嶺(취령) [0232]
仄 仄日(측일) [0280]
仄 平仄(평측) [7202]
仄 仄字(측자) [0270]
仄 仄韻(측운) [0232]
仄 仄聲(측성) [0242]
仄 仄聞(측문) [0262]
仄 仄起(측기) [0242]
仄 傾仄(경측) [4002]
仄 仄行(측행) [0260]
梔 山梔(산치) [8002]
梔 梔蠟(치랍) [0210]
梔 梔子(치자) [0272]
痴 白痴(백치) [8002]
痴 才痴(재치) [6202]
痴 天痴(천치) [7002]
穉 童穉(동치) [6202]
緇 緇營(치영) [0240]
緇 緇流(치류) [0252]
緇 緇布(치포) [0242]
緇 緇衣(치의) [0260]
緇 緇素(치소) [0242]
緇 緇門(치문) [0280]
緇 緇墨(치묵) [0232]
緇 緇徒(치도) [0240]
緇 緇侶(치려) [0210]
緇 緇塵(치진) [0220]
蚩 蚩尤(치우) [0230]
蚩 姸蚩(연치) [1202]
輜 輜重(치중) [0270]
輜 輜車(치차) [0272]
飭 申飭(신칙) [4202]
飭 轉飭(전칙) [4002]
飭 檢飭(검칙) [4202]
飭 戒飭(계칙) [4002]
飭 糾飭(규칙) [3002]
飭 規飭(규칙) [5002]
飭 謹飭(근칙) [3002]
飭 禁飭(금칙) [4202]
飭 令飭(영칙) [5002]
飭 例飭(예칙) [6002]
飭 禮飭(예칙) [6002]
飭 修飭(수칙) [4202]
飭 嚴飭(엄칙) [4002]
飭 筵飭(연칙) [1002]
飭 操飭(조칙) [5002]
飭 飭敎(칙교) [0280]
飭 約飭(약칙) [5202]
飭 曉飭(효칙) [3002]
飭 訓飭(훈칙) [6002]
飭 指飭(지칙) [4202]
咤 叱咤(질타) [1002]
拖 拖鉤(타구) [0210]
拖 拖帶(타대) [0242]
拖 拖過(타과) [0252]
拖 拖去(타거) [0250]
拖 延拖(연타) [4002]
拖 拖白(타백) [0280]
朶 耳朶(이타) [5002]
朶 古朶(고타) [6002]
朶 骨朶(골타) [4002]
朶 萬朶(만타) [8002]
朶 花朶(화타) [7002]
馱 馱餉(타향) [0202]
馱 馱物(타물) [0272]
馱 馱酒(타주) [0240]
啄 剝啄(박탁) [1002]
啄 啄評(탁평) [0240]
啄 啄木(탁목) [0280]
啄 亂啄(난탁) [4002]
啄 啄食(탁식) [0272]
坼 坼裂(탁렬) [0232]
坼 坼字(탁자) [0270]
坼 坼封(탁봉) [0232]

坼	坼名(탁명) [0272]
坼	坼甲(탁갑) [0240]
坼	龜坼(균탁) [3002]
坼	開坼(개탁) [6002]
坼	甲坼(갑탁) [4002]
坼	坼榜(탁방) [0210]
柝	柝字(탁자) [0270]
柝	夜柝(야탁) [6002]
柝	金柝(금탁) [8002]
柝	鼓柝(고탁) [3202]
柝	警柝(경탁) [4202]
柝	擊柝(격탁) [4002]
柝	寒柝(한탁) [5002]
嘆	嗟嘆(차탄) [1002]
嘆	可嘆(가탄) [5002]
嘆	感嘆(감탄) [6002]
嘆	慨嘆(개탄) [3002]
嘆	悲嘆(비탄) [4202]
嘆	愁嘆(수탄) [3202]
嘆	仰嘆(앙탄) [3202]
嘆	哀嘆(애탄) [3202]
嘆	叡嘆(예탄) [0202]
嘆	懇嘆(간탄) [3202]
嘆	咨嘆(자탄) [0202]
嘆	欽嘆(흠탄) [1202]
嘆	贊嘆(찬탄) [3202]
嘆	嘆美(탄미) [0260]
嘆	嘆服(탄복) [0260]
嘆	嘆聲(탄성) [0242]
嘆	嘆息(탄식) [0242]
嘆	嘆願(탄원) [0250]
嘆	痛嘆(통탄) [4002]
嘆	恨嘆(한탄) [4002]
嘆	駭嘆(해탄) [1002]
嘆	懊嘆(오탄) [1002]
榻	客榻(객탑) [5202]
榻	淨榻(정탑) [3202]
榻	龍榻(용탑) [4002]
榻	下榻(하탑) [7202]
榻	榻下(탑하) [0272]
榻	榻前(탑전) [0272]
榻	榻床(탑상) [0242]
榻	榻背(탑배) [0242]
榻	坐榻(좌탑) [3202]
榻	臥榻(와탑) [3002]
榻	玉榻(옥탑) [4202]
榻	御榻(어탑) [3202]
榻	僧榻(승탑) [3202]
榻	禪榻(선탑) [3202]
榻	石榻(석탑) [6002]
榻	床榻(상탑) [4202]
榻	寶榻(보탑) [4202]
榻	對榻(대탑) [6202]
榻	榻敎(탑교) [0280]
帑	府帑(부탕) [4202]
帑	民帑(민탕) [8002]
帑	公帑(공탕) [6202]
帑	國帑(국탕) [8002]
帑	私帑(사탕) [4002]
帑	尙帑(상탕) [3202]
帑	倉帑(창탕) [3202]
帑	帑藏(탕장) [0232]
帑	帑錢(탕전) [0240]
帑	帑幣(탕폐) [0230]
帑	內帑(내탕) [7202]
邰	有邰(유태) [7002]
兎	兎脣(토순) [0202]
偸	偸賣(투매) [0250]
偸	偸閑(투한) [0240]
偸	偸針(투침) [0240]
偸	偸取(투취) [0242]
偸	偸竊(투절) [0230]
偸	偸葬(투장) [0232]
偸	偸斫(투작) [0202]
偸	偸庸(투용) [0230]
偸	偸薄(투박) [0232]
偸	偸盜(투도) [0240]
偸	苟偸(구투) [3002]
偸	寇偸(구투) [1002]
偸	偸眼(투안) [0242]
闖	闖肆(틈사) [0202]
闖	闖敵(츰적) [0242]
闖	闖起(틈기) [0242]
闖	闖發(틈발) [0262]
闖	闖入(틈입) [0270]
擺	遞擺(체파) [3002]
擺	擺落(파락) [0250]
擺	擺撥(파발) [0210]
擺	擺線(파선) [0262]
擺	擺脫(파탈) [0240]
杷	竹杷(죽파) [4202]
杷	枇杷(비파) [0202]
杷	柴杷(시파) [1202]
坂	險坂(험판) [4002]
坂	坂路(판로) [0260]
坂	峻坂(준판) [1202]
坂	丘坂(구판) [3202]
坂	山坂(산판) [8002]
瓣	側瓣(측판) [3202]
瓣	蓮瓣(연판) [3202]
瓣	滑瓣(활판) [2002]
瓣	花瓣(화판) [7002]
瓣	合瓣(합판) [6002]
瓣	瓣化(판화) [0252]
瓣	瓣狀(판상) [0242]
瓣	瓣膜(판막) [0220]
瓣	瓣裂(판열) [0232]
瓣	翼瓣(익판) [3202]
瓣	複瓣(복판) [4002]
瓣	單瓣(단판) [4202]
瓣	旗瓣(기판) [7002]
瓣	口瓣(구판) [7002]
瓣	重瓣(중판) [7002]
瓣	脣瓣(순판) [3002]

鈑	金鈑(금판)	[8002]
叭	喇叭(나팔)	[0202]
浿	浿營(패영)	[0240]
浿	浿水(패수)	[0280]
浿	浿江(패강)	[0272]
浿	浿西(패서)	[0280]
狽	狼狽(낭패)	[1002]
烹	烹鮮(팽선)	[0252]
烹	烝烹(증팽)	[0202]
烹	珍烹(진팽)	[4002]
烹	烹茶(팽다)	[0232]
烹	烹夫(팽부)	[0270]
烹	烹調(팽조)	[0252]
烹	烹割(팽할)	[0232]
烹	割烹(할팽)	[3202]
烹	烹卵(팽란)	[0240]
翩	聯翩(연편)	[3202]
翩	翩翩(편편)	[0202]
枰	楸枰(추평)	[1202]
枰	棋枰(기평)	[2002]
枰	浮枰(부평)	[3202]
吠	吠陀(폐타)	[0210]
吠	吠舍(폐사)	[0242]
吠	蛙吠(와폐)	[0202]
吠	犬吠(견폐)	[4002]
吠	狗吠(구폐)	[3002]
嬖	嬖愛(폐애)	[0260]
嬖	嬖寵(폐총)	[0210]
嬖	嬖幸(폐행)	[0262]
嬖	嬖妾(폐첩)	[0230]
嬖	嬖人(폐인)	[0280]
嬖	偏嬖(편폐)	[3202]
嬖	寵嬖(총폐)	[1002]
嬖	嬖宦(폐환)	[0210]
嬖	房嬖(방폐)	[4202]
嬖	內嬖(내폐)	[7202]
嬖	嬖臣(폐신)	[0252]
佈	佈告(포고)	[0252]
佈	佈明(포명)	[0262]
佈	補佈(보포)	[3202]
匏	匏蘆(포로)	[0212]
匏	匏粥(포죽)	[0202]
匏	匏湯(포탕)	[0232]
匏	匏菜(포채)	[0232]
匏	匏樽(포준)	[0210]
匏	灰匏(회포)	[4002]
匏	匏花(포화)	[0270]
匏	匏勺(포작)	[0210]
匏	匏部(포부)	[0262]
匏	匏瓜(포과)	[0220]
匏	苦匏(고포)	[6002]
匏	繫匏(계포)	[3002]
匏	匏蛾(포아)	[0202]
苞	苞葉(포엽)	[0250]
苞	花苞(화포)	[7002]
苞	總苞(총포)	[4202]
苞	苞鱗(포린)	[0210]
苞	苞穎(포영)	[0202]
俵	俵災(표재)	[0250]
彪	炳彪(병표)	[1202]
瓢	瓢舟(표주)	[0230]
瓢	瓢蟲(표충)	[0242]
瓢	瓢酒(표주)	[0240]
瓢	瓢子(표자)	[0272]
瓢	瓢泊(표박)	[0230]
瓢	佩瓢(패표)	[1002]
瓢	酒瓢(주표)	[4002]
瓢	簞瓢(단표)	[1002]
瓢	雀瓢(작표)	[1002]
瓢	瓢樽(표준)	[0210]
瓢	椰瓢(야표)	[0202]
瓢	瓢簞(표단)	[0210]
飇	飜飇(번표)	[3002]
驃	驃金(표금)	[0280]
驃	驃馬(표마)	[0250]
陂	陂池(피지)	[0232]
苾	苾芻(필추)	[0210]
廈	廈門(하문)	[0280]
廈	廣廈(광하)	[5202]
廈	廈氈(하전)	[0210]
廈	廈屋(하옥)	[0250]
廈	巨廈(거하)	[4002]
廈	大廈(대하)	[8002]
廈	高廈(고하)	[6202]
廈	崇廈(숭하)	[4002]
鰕	糠鰕(강하)	[1002]
鰕	魚鰕(어하)	[5002]
鰕	海鰕(해하)	[7202]
瀚	浩瀚(호한)	[3202]
閒	閒靜(한정)	[0240]
閒	閒散(한산)	[0240]
閒	閒民(한민)	[0280]
閒	閒暇(한가)	[0240]
閒	閒談(한담)	[0250]
啣	納啣(납함)	[4002]
哈	哈密(합밀)	[0242]
閤	閤門(합문)	[0280]
閤	閤內(합내)	[0272]
閤	黃閤(황합)	[6002]
閤	賢閤(현합)	[4202]
閤	閤患(합환)	[0250]
閤	閤下(합하)	[0272]
閤	閤節(합절)	[0252]
閤	宮閤(궁합)	[4202]
閤	出閤(출합)	[7002]
閤	左閤(좌합)	[7202]
閤	院閤(원합)	[5002]
閤	右閤(우합)	[7202]
閤	詣閤(예합)	[1002]
閤	分閤(분합)	[6202]
閤	閤外(합외)	[0280]
閤	伏閤(복합)	[4002]
閤	領閤(영합)	[5002]
閤	閨閤(규합)	[2002]

閤 守閤(수합) [4202]
闔 闔闢(합벽) [0210]
闔 闔司(합사) [0232]
闔 闔門(합문) [0280]
闔 闔國(합국) [0280]
闔 闔境(합경) [0242]
闔 闔家(합가) [0272]
闔 開闔(개합) [6002]
闔 闔眼(합안) [0242]
伉 伉健(항건) [0250]
伉 伉儷(항려) [0202]
伉 伉配(항배) [0242]
伉 伉直(항직) [0272]
姮 姮娥(항아) [0202]
嫦 嫦娥(상아) [0202]
杭 亂杭(난항) [4002]
杭 橋杭(교항) [5002]
杭 杭州(항주) [0252]
桁 單桁(단항) [4202]
桁 鋼桁(강형) [3202]
桁 構桁(구형) [4002]
桁 符桁(부형) [3202]
桁 桁楊(항양) [0230]
桁 桁頭(항두) [0260]
桁 桁橋(형교) [0250]
桁 平桁(평형) [7202]
桁 衣桁(의항) [6002]
桁 玉桁(옥형) [4202]
垓 九垓(구해) [8002]
垓 垓下(해하) [0272]
垓 壇垓(단해) [5002]
垓 崇垓(숭해) [4002]
垓 垓心(해심) [0270]
垓 垓子(해자) [0272]
垓 掘垓(굴해) [2002]
孩 孩提(해제) [0242]
孩 嬰孩(영해) [1002]
孩 童孩(동해) [6202]
孩 孩子(해자) [0272]
孩 孩嬰(해영) [0210]
孩 孩兒(해아) [0252]
孩 孩童(해동) [0262]
孩 幼孩(유해) [3202]
孩 孺孩(유해) [0202]
瀣 沆瀣(항해) [1202]
蟹 蟹座(해좌) [0240]
蟹 蟹舍(해사) [0242]
蟹 花蟹(화해) [7002]
蟹 蟹黃(해황) [0260]
蟹 蟹行(해행) [0260]
蟹 蟹湯(해탕) [0232]
蟹 蟹胥(해서) [0210]
蟹 蟹卵(해란) [0240]
蟹 蟹甲(해갑) [0240]
蟹 角蟹(각해) [6202]
蟹 蛤蟹(합해) [1002]
蟹 醬蟹(장해) [1002]
蟹 魚蟹(어해) [5002]
蟹 石蟹(석해) [6002]
蟹 籠蟹(농해) [2002]
蟹 蟹糞(해분) [0210]
蟹 蟹脯(해포) [0210]
倖 僥倖(요행) [1002]
倖 倖脫(행탈) [0240]
倖 倖免(행면) [0232]
倖 恩倖(은행) [4202]
倖 射倖(사행) [4002]
倖 薄倖(박행) [3202]
倖 倖望(행망) [0252]
餉 管餉(관향) [4002]
餉 軍餉(군향) [8002]
餉 糧餉(양향) [4002]
餉 晩餉(만향) [3202]
餉 一餉(일향) [8002]
餉 轉餉(전향) [4002]
餉 親餉(친향) [6002]
餉 餉官(향관) [0242]
餉 餉饋(향궤) [0202]
餉 餉堂(향당) [0262]
餉 餉道(향도) [0272]
餉 餉保(향보) [0242]
餉 餉食(향식) [0272]
餉 餉倉(향창) [0232]
餉 餉廳(향청) [0240]
餉 還餉(환향) [3202]
餉 馱餉(타향) [0202]
餉 餉穀(향곡) [0240]
奕 奕世(혁세) [0272]
奕 奕葉(혁엽) [0250]
奕 奕碁(혁기) [0202]
奕 象奕(상혁) [4002]
奕 博奕(박혁) [4202]
奕 奕奕(혁혁) [0202]
晛 晛乳(현유) [0240]
泫 涕泫(체현) [1002]
泫 泫然(현연) [0270]
泫 泫泫(현현) [0202]
晛 晛晛(현현) [0202]
舷 半舷(반현) [6202]
舷 舷墻(현장) [0230]
舷 舷弧(현호) [0210]
舷 舷側(현측) [0232]
舷 舷窓(현창) [0262]
舷 舷梯(현제) [0210]
舷 舷門(현문) [0280]
舷 舷燈(현등) [0242]
舷 舷頭(현두) [0260]
舷 左舷(좌현) [7202]
舷 船舷(선현) [5002]
舷 乾舷(건현) [3202]
舷 右舷(우현) [7202]
孑 孤孑(고혈) [4002]
孑 單孑(단혈) [4202]
孑 孱孑(잔혈) [0202]

孑	孑立(혈립) [0272]
孑	孑然(혈연) [0270]
孑	孑遺(혈유) [0240]
頁	頁巖(혈암) [0232]
夾	夾路(협로) [0260]
夾	夾刀(협도) [0232]
夾	夾紙(협지) [0270]
夾	夾鐘(협종) [0202]
夾	夾侍(협시) [0232]
夾	夾袖(협수) [0210]
夾	夾書(협서) [0262]
夾	夾士(협사) [0252]
夾	夾叉(협차) [0210]
夾	夾錄(협록) [0242]
夾	夾註(협주) [0210]
夾	夾袋(협대) [0210]
夾	夾囊(협낭) [0210]
夾	夾間(협간) [0272]
夾	夾角(협각) [0262]
夾	梵夾(범협) [1002]
夾	夾門(협문) [0280]
夾	夾房(협방) [0242]
夾	夾板(협판) [0250]
夾	夾戶(협호) [0242]
夾	夾室(협실) [0280]
夾	夾彩(협채) [0232]
浹	浹旬(협순) [0232]
浹	浹日(협일) [0280]
浹	浹辰(협진) [0232]
浹	浹洽(협흡) [0210]
脇	脇書(협서) [0262]
脇	脇痛(협통) [0240]
脇	脇侍(협시) [0232]
脇	脇士(협사) [0252]
脇	支脇(지협) [4202]
脇	脇杖(협장) [0210]
莢	蓂莢(명협) [0202]
莢	藥莢(약협) [6202]
莢	莢果(협과) [0262]
莢	莢膜(협막) [0220]
莢	莢蒿(협호) [0202]
鋏	鋏脚(협각) [0232]
鋏	鋏刀(협도) [0232]
鋏	鋏蟲(협충) [0242]
鋏	改鋏(개협) [5002]
鋏	鋏狀(협상) [0242]
鋏	木鋏(목협) [8002]
滎	滎瀯(형영) [0202]
熒	熒熒(형형) [0202]
熒	聽熒(청형) [4002]
熒	青熒(청형) [8002]
熒	熒聞(형문) [0262]
熒	熒行(형행) [0260]
熒	熒煌(형황) [0210]
熒	熒燭(형촉) [0230]
珩	蔥珩(총형) [0202]
蕙	蕙帶(혜대) [0242]
蕙	蘭蕙(난혜) [3202]
蕙	蕙香(혜향) [0242]
蕙	蕙蘭(혜란) [0232]
蕙	蕙心(혜심) [0270]
蕙	蕙風(혜풍) [0262]
蕙	蕙草(혜초) [0270]
蹊	霜蹊(상계) [3202]
蹊	霜蹊(상혜) [3202]
蹊	鼠蹊(서혜) [1002]
蹊	蹊徑(계경) [0232]
鞋	鞋襪(혜말) [0210]
鞋	僧鞋(승혜) [3202]
鞋	繩鞋(승혜) [1202]
鞋	洋鞋(양혜) [6002]
鞋	御鞋(어혜) [3202]
鞋	雲鞋(운혜) [5202]
鞋	紙鞋(지혜) [7002]
鞋	繡鞋(수혜) [1002]
鞋	女鞋(여혜) [8002]
鞋	祭鞋(제혜) [4202]
鞋	絲鞋(사혜) [4002]
鞋	寶鞋(보혜) [4202]
鞋	望鞋(망혜) [5202]
鞋	痲鞋(마혜) [3202]
鞋	鞋匠(혜장) [0210]
鞋	泥鞋(이혜) [3202]
鞋	油鞋(유혜) [6002]
鞋	宮鞋(궁혜) [4202]
鞋	乾鞋(건혜) [3202]
鞋	鞋廛(혜전) [0210]
鞋	唐鞋(당혜) [3202]
鞋	溫鞋(온혜) [6002]
壺	骨壺(골호) [4002]
壺	壺蘆(호로) [0212]
壺	壺狀(호상) [0242]
壺	弦壺(현호) [2002]
壺	香壺(향호) [4202]
壺	唾壺(타호) [1002]
壺	蓬壺(봉호) [1202]
壺	壺網(호망) [0220]
壺	漏壺(누호) [3202]
壺	壺觴(호상) [0210]
壺	擎壺(경호) [0202]
壺	壺漿(호장) [0210]
壺	壺酒(호수) [0240]
壺	壺天(호천) [0270]
岵	陟岵(척호) [1202]
滸	烏滸(오호) [3202]
濩	韶濩(소호) [0202]
灝	灝灝(호호) [0202]
灝	灝氣(호기) [0272]
瓠	瓠犀(호서) [0210]
瓠	瓠木(호목) [0280]
瓠	瓠落(호락) [0250]
瓠	瓠果(호과) [0262]
瓠	窺瓠(규호) [1002]
瓠	苦瓠(고호) [6002]

瓠 康瓠(강호) [4202]
瓠 瓠菹(호저) [0202]
縞 魯縞(노호) [1202]
縞 縞素(호소) [0242]
縞 縞冠(호관) [0232]
縞 縞衣(호의) [0260]
葫 葫蘆(호로) [0212]
葫 葫蒜(호산) [0202]
蒿 艾蒿(애호) [1202]
蒿 蒿崔(호최) [0212]
蒿 蒿雀(호작) [0210]
蒿 莢蒿(협호) [0202]
蒿 莢蒿(협호) [0202]
蒿 青蒿(청호) [8002]
蒿 蓬蒿(봉호) [1202]
蒿 白蒿(백호) [8002]
蒿 蔞蒿(누호) [0202]
蒿 草蒿(초호) [7002]
蝴 蝴蝶(호접) [0230]
顥 少顥(소호) [7002]
顥 顥天(호천) [0270]
琿 琿春(혼춘) [0270]
汞 昇汞(승홍) [3202]
汞 雷汞(뇌홍) [3202]
汞 汞粉(홍분) [0240]
汞 甘汞(감홍) [4002]
汞 猛汞(맹홍) [3202]
烘 烘爐(홍로) [0232]
譁 喧譁(훤화) [1002]
譁 譁然(화연) [0270]
譁 譁笑(화소) [0242]
攫 攫奪(확탈) [0232]
攫 攫搏(확박) [0210]
攫 一攫(일확) [8002]
攫 攫浚(확준) [0212]
攫 攫取(확취) [0242]
奐 輪奐(윤환) [4002]
睆 睆目(환목) [0260]
睆 睆然(환연) [0270]
睆 睆睆(환환) [0202]
渙 渙發(환발) [0262]
渙 渙散(환산) [0240]
渙 渙卦(환괘) [0210]
渙 渙然(환연) [0270]
紈 氷紈(빙환) [5002]
紈 紈袴(환고) [0210]
紈 綾紈(능환) [1002]
紈 綺紈(기환) [1002]
紈 紈扇(환선) [0210]
豁 豁痰(활담) [0210]
豁 眼豁(안활) [4202]
豁 豁然(활연) [0270]
豁 豁如(활여) [0242]
豁 豁達(활달) [0242]
豁 軒豁(헌활) [3002]
豁 深豁(심활) [4202]
豁 疏豁(소활) [3202]
豁 空豁(공활) [7202]
豁 開豁(개활) [6002]
豁 豪豁(호활) [3202]
幌 蚊幌(문황) [1002]
幌 書幌(서황) [6202]
幌 寢幌(침황) [4002]
榥 欄榥(난황) [3202]
榥 鏤榥(누황) [0202]
榥 軒榥(헌황) [3002]
湟 湟河(황하) [0250]
湟 湟水(황수) [0280]
潢 潢池(황지) [0232]
潢 裝潢(장황) [4002]
潢 粧潢(장황) [3202]
潢 銀潢(은황) [6002]
潢 天潢(천황) [7002]
篁 篁竹(황죽) [0242]
篁 翠篁(취황) [1002]
篁 笙篁(생황) [0202]
簧 單簧(단황) [4202]
簧 複簧(복황) [4002]
簧 笙簧(생황) [0202]
簧 簧葉(황엽) [0250]
簧 雙簧(쌍황) [3202]
蝗 蝗旱(황한) [0230]
蝗 飛蝗(비황) [4202]
蝗 蝗蟲(황충) [0242]
蝗 蝗害(황해) [0252]
蝗 蝗災(황재) [0250]
隍 隍塹(황참) [0210]
隍 城隍(성황) [4202]
隍 隍池(황지) [0232]
匯 總匯(총회) [4202]
匯 匯劃(회획) [0232]
澮 溝澮(구회) [1002]
獪 獪猾(회활) [0210]
獪 狡獪(교쾌) [1002]
獪 老獪(노회) [7002]
茴 茴香(회향) [0242]
鐄 錚鐄(쟁횡) [1002]
梟 梟勇(효용) [0262]
梟 梟罪(효죄) [0250]
梟 梟騎(효기) [0232]
梟 梟敵(효적) [0242]
梟 梟將(효장) [0242]
梟 梟雄(효웅) [0250]
梟 梟悍(효한) [0210]
梟 梟惡(효악) [0252]
梟 梟示(효시) [0250]
梟 梟首(효수) [0252]
梟 梟目(효목) [0260]
梟 梟猛(효맹) [0232]
梟 土梟(토효) [8002]
梟 桃梟(도효) [3202]
梟 梟木(효목) [0280]
淆 混淆(혼효) [4002]
淆 淆雜(효잡) [0240]

淆 淆亂(효란) [0240]
淆 紛淆(분효) [3202]
淆 淆薄(효박) [0232]
肴 粗肴(조효) [1002]
肴 肴饌(효찬) [0210]
肴 佳肴(가효) [3202]
肴 嘉肴(가효) [1002]
肴 乾肴(건효) [3202]
肴 美肴(미효) [6002]
肴 盛肴(성효) [4202]
肴 魚肴(어효) [5002]
肴 殘肴(잔효) [4002]
肴 珍肴(진효) [4002]
肴 肴膳(효선) [0210]
肴 肴解(효해) [0242]
肴 肴核(효핵) [0240]
肴 酒肴(주효) [4002]
驍 驍悍(효한) [0210]
驍 驍騎(효기) [0232]
驍 驍望(효망) [0252]
驍 驍名(효명) [0272]
驍 驍武(효무) [0242]
驍 驍銳(효예) [0230]
驍 驍勇(효용) [0262]
驍 驍將(효장) [0242]
煦 和煦(화후) [6202]
煦 春煦(춘후) [7002]
煦 煦煦(후후) [0202]
燻 燻香(훈향) [0242]
燻 煙燻(연훈) [4202]
燻 溫燻(온훈) [6002]
燻 燻室(훈실) [0280]
燻 燻煙(훈연) [0242]
燻 燻肉(훈육) [0242]
燻 燻劑(훈제) [0220]
燻 燻製(훈제) [0242]
燻 燻造(훈조) [0242]
燻 燻蒸(훈증) [0232]

燻 燻腿(훈퇴) [0210]
燻 鼻燻(비훈) [5002]
薨 薨逝(훙서) [0230]
薨 薨御(훙어) [0232]
薨 薨去(훙거) [0250]
暄 暄天(훤천) [0270]
暄 暄風(훤풍) [0262]
暄 暄日(훤일) [0280]
暄 寒暄(한훤) [5002]
暄 春暄(춘훤) [7002]
暄 晴暄(청훤) [3002]
暄 負暄(부훤) [4002]
煊 煊赫(훤혁) [0212]
萱 萱草(훤초) [0270]
萱 春萱(춘훤) [7002]
萱 椿萱(춘훤) [1202]
萱 萱堂(훤당) [0262]
萱 萱菜(훤채) [0232]
暉 晨暉(신휘) [3002]
暉 斜暉(사휘) [3202]
暉 旭暉(욱휘) [1202]
暉 春暉(춘휘) [7002]
暉 淸暉(청휘) [6202]
暉 朝暉(조휘) [6002]
暉 夕暉(석휘) [7002]
暉 晩暉(만휘) [3202]
暉 落暉(낙휘) [5002]
暉 耿暉(경휘) [0202]
暉 餘暉(여휘) [4202]
煇 煇光(휘광) [0262]
煇 煇煌(휘황) [0210]
煇 煇煇(휘휘) [0202]
畦 平畦(평규) [7202]
畦 廢畦(폐휴) [3202]
畦 畦幅(규폭) [0230]
畦 町畦(정휴) [1002]
畦 高畦(고규) [6202]
畦 野畦(야휴) [6002]

畦 畦畔(휴반) [0210]
虧 虧喪(휴상) [0232]
虧 虧欠(휴흠) [0210]
虧 虧蔽(휴폐) [0230]
虧 虧月(휴월) [0280]
虧 虧盈(휴영) [0212]
虧 虧失(휴실) [0260]
虧 虧損(휴손) [0240]
虧 虧空(휴공) [0272]
虧 初虧(초휴) [5002]
虧 盈虧(영휴) [1202]
虧 喫虧(끽휴) [1002]
虧 虧蝕(휴식) [0210]
譎 奇譎(기휼) [4002]
譎 奸譎(간휼) [1002]
譎 詭譎(궤휼) [1002]
譎 譎謀(휼모) [0232]
譎 狡譎(교휼) [1002]
譎 譎詐(휼사) [0230]
譎 譎詭(휼궤) [0210]
譎 譎怪(휼괴) [0232]
譎 譎計(휼계) [0262]
譎 譎諫(휼간) [0210]
譎 陰譎(음휼) [4202]
譎 背譎(배휼) [4202]
鷸 田鷸(전휼) [4202]
鷸 鷸鳥(휼조) [0242]
鷸 蚌鷸(방휼) [0202]
昕 昕夕(흔석) [0270]
炘 炘炘(흔흔) [0202]
吃 吃逆(흘역) [0242]
吃 吃音(흘음) [0262]
吃 口吃(구흘) [7002]
吃 吃水(흘수) [0280]
吃 吃病(흘병) [0260]
吃 吃語(흘어) [0270]
屹 屹然(흘연) [0270]
屹 屹出(흘출) [0270]

屹	屹乎(흘호) [0230]
屹	屹立(흘립) [0272]
紇	韋紇(위흘) [1202]
紇	回紇(회흘) [4202]
訖	言訖(언흘) [6002]
訖	照訖(조흘) [3202]
翕	翕然(흡연) [0270]
翕	翕如(흡여) [0242]
晞	晞覯(희관) [0252]
晞	晞和(희화) [0262]
曦	朝曦(조희) [6002]
曦	曦軒(희헌) [0230]
曦	曦光(희광) [0262]
曦	曦月(희월) [0280]

漢字

(社) 韓國語文會 主管 / 韓國漢字能力檢定會 施行

6章

漢字語 뜻풀이

1. 漢字語의 構造

하나의 漢字가 그대로 單語로 쓰이는 경우에는 해당 漢字의 訓音을 알면 바로 單語의 뜻을 알 수 있다. 예로 '家(가)'라는 單音節 單語는 '집 가'라는 訓音만으로 그 單語의 뜻을 파악할 수 있다. 그러나 둘 이상의 漢字가 結合한 多音節 單語는 낱글자의 訓音외에 結合의 構造를 알아야 單語의 뜻을 바르게 理解할 수 있다. 아래는 간단하게 2音節 이상의 漢字로 이루어진 漢字 單語의 構造를 설명한 것이다. 복잡한 單語라도 대략 아래의 構造를 크게 벗어나지 않을 것이다. 그러나 하나의 漢字語가 하나의 構造에 局限되는 것은 아니고 뜻의 分化에 따라 둘 이상의 構造를 지닌 漢字語가 있을 수 있다.

1) 竝列 構造 : 對等, 類義, 相對, 疊語 構造 등이 있다.

對等 構造는 서로 對等한 위치를 차지하는 漢字끼리 竝列로 結合한 경우이다. 예를 들면 草木(초목 : 풀과 나무), 牛馬(우마 : 소와 말), 松竹(송죽 : 소나무와 대나무), 耳目(귀와 눈), 魚鼈(어별 : 물고기와 자라), 高遠(고원 : 높고 멀다), 深大(심대 : 깊고 크다), 狹小(협소 : 좁고 작다), 淸正(청정 : 맑고 바르다), 貧寒(빈한 : 가난하고 춥다) 등이다.

類義 構造는 뜻이 같거나 비슷한 漢字끼리 竝列로 結合한 경우이다. 예를 들면 家屋(가옥 : 집), 樹木(수목 : 나무), 海洋(해양 : 바다), 星辰(성신 : 별), 順序(순서 : 차례), 知識(지식 : 앎), 計算(계산 : 셈), 監察(감찰 : 살핌), 恐怖(공포 : 두려워함), 販賣(판매 : 팖) 등이다.

相對 構造는 뜻이 서로 相對 또는 反對되는 漢字끼리 竝列로 結合한 경우이다. 예를 들면 東西(동서 : 동쪽과 서쪽), 古今(고금 : 옛날과 지금), 左右(좌우 :왼쪽과 오른쪽), 父母(부모 : 아버지와 어머니), 兄弟(형제 : 형과 동생), 加減(가감 : 더하고 덞), 多少(다소 : 많고 적음), 生死(생사 : 나고 죽음), 遠近(원근 : 멀고 가까움), 淸濁(청탁 : 맑고 흐림) 등이다.

疊語 構造는 같은 漢字끼리 對等하게 結合한 경우이다. 뜻을 强調하거나 形容詞 역할 등을 하는데, 예를 들면 曲曲(곡곡 : 굽이굽이), 年年(연년 : 해마다), 房房(방방 : 방마다), 處處(처처 : 곳곳), 戶戶(호호 : 집마다), 寂寂(적적 : 매우 쓸쓸하다), 堂堂(당당 : 매우 의젓하다), 悠悠(유유 : 아주 여유가 있다), 浩浩(호호 : 아주 넓고 크다), 深深(심심 : 아주 깊다) 등이다.

2) 主述 構造 : 主語와 述語의 관계로 결합한 것이다. 예를 들면 日出(일출 : 해가 뜨다), 鳥飛(조비 : 새가 날다), 水流(수류 : 물이 흐르다), 人造(인조 : 사람이 만들다), 鷄鳴(계명 : 닭이 울다), 國立(국립 : 나라가 세우다), 君命(군명 : 임금이 명령하다), 地動(지동 : 땅이 움직이다), 天高(천고 : 하늘이 높다), 馬肥(말이 살찌다) 등이다.

3) 述目 構造 : 述語와 目的語의 관계로 결합한 것이다. 예를 들면 走馬(주마 : 말을 달리다),

看山(간산 : 산을 보다), 開會(개회 : 회의를 시작하다), 乘車(승차 : 차를 타다), 救國(구국 : 나라를 구하다), 溫故(온고 : 옛 것을 익히다), 知新(지신 : 새 것을 알다), 植木(식목 : 나무를 심다), 成功(성공 : 공을 이루다), 愛國(애국 : 나라를 사랑하다) 등이다.

4) 述補 構造 : 述語와 補語의 관계로 결합한 것이다. 예를 들면 入社(입사 : 회사에 들어가다), 登校(등교 : 학교에 가다), 浸水(침수 : 물에 잠기다), 無用(무용 : 쓸모가 없다), 有罪(유죄 : 죄가 있다), 歸鄕(귀향 : 고향으로 돌아가다), 伏地(복지 : 땅에 엎드리다), 在宅(재택 : 집에 있다), 退場(퇴장 : 장소에서 물러나다), 就任(취임 : 맡은 일에 나아가다) 등이다.

5) 修飾 構造 : 修飾語와 被修飾語의 관계로 결합한 것이다. 冠形語가 體言을 修飾하는 경우와 副詞語가 用言을 修飾하는 경우로 나눌 수 있다.

冠形語는 用言외에 體言도 가능하다. 冠形語가 體言을 修飾하는 경우를 예로 들면 動産(동산 : 움직이는 재산, 옮길 수 있는 재산), 一人(일인 : 한 사람), 祖國(조국 : 할아비의 나라, 조상 때부터 산 나라), 東海(동해 : 동쪽의 바다), 這間(저간 : 이사이, 요즈음), 靑天(청천 : 푸른 하늘), 明月(명월 : 밝은 달), 高談(고담 : 고상한 말), 短杖(단장 : 짧은 지팡이), 學校(학교 : 배우는 터전) 등이다.

副詞語가 用言을 修飾하는 경우를 예로 들면 冷藏(냉장 : 차게 저장하다), 高飛(고비 : 높이 날다), 長流(장류 : 길게 흐르다), 恒愛(항애 : 끝없이 사랑하다), 甚大(심대 : 매우 크다), 遠行(원행 : 멀리 가다), 斬新(매우 새롭다), 最貴(최귀 : 가장 귀하다), 敢行(감행 : 과감하게 행하다), 勤勞(근로 : 부지런히 일하다) 등이다.

6) 轉義 構造 : 두 개 이상의 글자가 앞의 5가지 構造 중의 하나로 結合하여 새로운 뜻을 만드는 것이다. 예로 春秋(춘추)는 '봄과 가을'의 뜻으로 相對 構造의 單語이나 계절의 변화, 흐르는 세월 등의 유추에서 '나이, 연세, 역사'의 새로운 뜻으로 발전하였다. 이 경우에는 두 글자가 만나서 字義에서 轉移된 새로운 뜻을 만들어 낸 것으로 轉義 構造의 單語가 된다. 鷄肋은 '닭의 갈비'로 修飾 構造의 말이나 '쓸모는 없으나 버리기에는 아까운 것'의 뜻에 이르면 두 글자가 만나 새로운 뜻을 만들어 낸 것이므로 轉義 構造의 單語가 된다. 더 예를 들면 光陰(광음 : 햇빛과 그늘 → 시간, 세월), 秋毫(추호 : 가을의 짐승 털 → 아주 적음), 白眉(백미 : 흰 눈썹 → 뛰어난 사람, 훌륭한 물건), 傾國(경국 : 나라를 기울게 함 → 뛰어나게 아름다운 여인), 濫觴(남상 : 잔을 띄움 → 사물의 시초), 棟梁(동량 : 마룻대와 들보 → 나라의 인재), 覆轍(복철 : 엎어진 수레바퀴 → 앞의 사람의 실패), 點額(점액 : 이마에 점이 찍힘 → 시험에 떨어짐) 등이다. 대개 故事가 있는 單語는 轉義 構造가 된다.

3音節 이상의 漢字 單語 역시 이런 構造를 크게 벗어나지 않는다. 먼저 3音節語의 몇 가지 예를 들어 보기로 한다. '謝恩會(사은회)'의 '謝恩'은 '은혜에 감사함'의 뜻으로 述補 構造이나 여기서는 '은혜에 감사하는'으로 '會(모임, 만남)'를 꾸미고 있으므로 전체적으로는

修飾 構造의 漢字語가 된다. '性轉換(성전환)'의 '轉換'은 '바뀌다'의 뜻으로 類義 構造이나 '性'이라는 主語의 述語 역할을 함으로 전체적으로는 '성이 바뀌다'의 뜻으로 主述 構造가 된다. '茶飯事(다반사)'의 茶飯은 竝列 構造의 말이나 '事'를 꾸며주는 기능을 하여 '차 마시고 밥 먹는 일'의 뜻이 되므로 전체적으로는 修飾 構造가 된다. 나아가 '예삿일, 흔한 일'의 뜻이 되면 轉義 構造가 된다. '未亡人(미망인)'의 未亡은 '아직 죽지 않았다'는 뜻의 修飾 構造의 단어이나 여기서는 '人'을 꾸며주고 있으므로 전체적으로는 '아직 따라 죽지 못한 사람'의 뜻으로 修飾 構造가 된다. '남편이 죽고 홀로 남은 여자'에 이르면 轉義 構造의 漢字 單語가 된다.

4音節 이상의 漢字語도 마찬가지로 분석할 수 있다. 몇 가지 예를 들어 보기로 한다. '頂門一鍼(정문일침)'을 보면 '頂門'은 '꼭대기에 있는 문(정수리)'으로 '頂'이 '門'을 修飾하는 修飾 構造이고, '一鍼'은 '하나의 침'으로 '一'이 '鍼'을 꾸며주는 修飾 構造다. 전체적으로는 '정수리의 하나의 침'의 뜻으로 '頂門'이 '一鍼'을 꾸며주므로 修飾 構造의 漢字語가 된다. 나아가 '따끔한 충고나 교훈'의 뜻은 轉義 構造가 된다. '流言蜚語(유언비어)'를 예를 들면 流言은 '흐르는 말', 蜚語는 '나는 말'의 뜻으로 모두 修飾 構造의 單語이다. 전체적으로는 근거 없이 떠도는 말의 뜻을 가진 流言과 蜚語가 만나 그 뜻이 강조된 것으로 竝列 構造 중 類義 構造의 단어가 된다.

한편 多音節 漢字語 중에는 하나의 완전한 文章이 單語化한 것이 있다. '靑出於藍(청출어람)'을 예로 들면 '푸름이 나왔다'의 靑出이 '主語 + 述語'의 主述 構造가 되고, '쪽에서 나왔다'의 出於藍은 '述語 + 補語'의 述補 構造가 된다, 전체적으로는 '푸름이 쪽에서 나왔다'의 뜻으로 '主語 + 述語 + 補語'의 형태가 된다. 이것은 主述과 述補가 결합된 형태의 하나의 文章이 그대로 漢字語가 된 것이다. 나아가 '제자나 후배가 스승이나 선배보다 나음'의 뜻에 이르면 轉義 構造가 된다. '乞人憐天(걸인연천)'을 예로 들면 修飾 構造의 '빌어먹고 사는 사람'의 乞人이 主語가 되고 憐이 述語가 되어 '거지가 불쌍히 여기다'의 主述 構造가 된다, 한편 憐이 述語, 天이 目的語가 되어 '하늘을 불쌍히 여기다'의 뜻으로 述目 構造가 된다. 전체적으로는 '거지가 하늘을 불쌍히 여기다'의 뜻으로 '主語 + 述語 + 目的語'의 형태가 된다. 이것은 主述과 述目이 결합된 형태인 하나의 文章이 그대로 漢字語가 된 것이다. 나아가 '불행한 처지에 놓여 있는 사람이 부질없이 행복한 사람을 동정함'의 뜻에 이르면 轉義 構造가 된다.

다음은 本書에 나오는 漢字語를 풀이하여 學習에 참고토록 하였다. 대부분의 漢字語를 풀이하였으나 2音節 漢字語는 그 양이 많아 特級과 特級Ⅱ 新習漢字語 중에 일부만 추려 넣었다.

2. 四音節 故事成語 및 漢字語

家家戶戶(가가호호) [72724242] 한 집 한 집 (유) 家家門前

加減乘除(가감승제) [50423242] 덧셈, 뺄셈, 곱셈, 나눗셈을 아울러 이르는 말.

可居之地(가거지지) [50403270] 머물러 살 만한 살기 좋은 곳. (유) 可居之處

家鷄野雉(가계야치) [72406012] 집의 닭을 미워하고 들의 꿩을 사랑한다는 뜻으로,아내를 소박(素朴)하고 첩을 좋아함 또는 좋은 필적(筆跡)을 버리고 나쁜 필적(筆跡)을 좋아함 또는 흔한 것을 멀리하고 언제나 새롭고 진귀(珍貴)한 것을 중히 여김 <출> 晉中與書(진중여서) (유) 家鷄野鶩

架空人物(가공인물) [32728072] 상상으로 꾸며낸 인물.

家給人足(가급인족) [72508072] 집집마다 먹고 사는 것에 부족함이 없이 넉넉함. <출> 한서(漢書)

街談巷說(가담항설) [42503052] 거리나 항간에 떠도는 소문. <출> 한서(漢書) 예문지(藝文志) (유) 街談巷語, 街談巷議, 街說巷談, 道聽塗說, 流言蜚語

街談巷語(가담항어) [42503070] 街談巷說 참조. 거리나 항간에 떠도는 소문.

街談巷議(가담항의) [42503042] 街談巷說 참조. 거리나 항간에 떠도는 소문.

假途滅虢(가도멸괵) [42323200] 길을 빌려 괵국(虢國)을 멸(滅)하니, 진헌공(晉獻公)이 우국길을 빌려 괵국(虢國)을 멸(滅)하였음 <출> 千字文

家徒壁立(가도벽립) [72404272] 세간 하나 없고 집안에 단지 사방 벽만 있을 뿐임. 집안이 가난함. <출> 수서(隋書) 조원숙(趙元淑) 열전 (유) 家徒四壁

家徒四壁(가도사벽) [72408042] 집안이 네 벽 뿐이라는 뜻으로, 집안 형편이 매우 어려움 <출> 한서(漢書) 사마상여전(司馬相如傳) (유) 家徒壁立

可東可西(가동가서) [50805080] 동쪽이라 할 수도 있고 서쪽이라 할 수도 있다는 뜻으로, 이러나 저러나 상관(相關)없다는 말. 가이동가이서(可以東可以西)의 준말

苛斂誅求(가렴주구) [10101042] 세금을 가혹하게 거두어들이고, 무리하게 재물을 빼앗음.

假弄成眞(가롱성진) [42326242] 장난삼아 한 것이 진심으로 한 것같이 됨. (유) 弄假成眞

家無擔石(가무담석) [72504260] 석(石)은 한 항아리, 담(擔)은 두 항아리라는 뜻으로 집에 모아 놓은 재산이 조금도 없음. <출> 후한서(後漢書) 열전(列傳) 第十七

葭莩之親(가부지친) [00023260] 갈대의 줄기에 붙어 있는 갈대청같이 엷게 붙어 있는 친척이라는 뜻으로, 먼 촌수(寸數)의 인척(姻戚)

家貧落魄(가빈낙백) [72425010] 집안이 가난하여 뜻을 얻지 못하고 실의에 빠짐. <출> 사기(史記) 역생육가열전(酈生陸賈列傳) (유) 落魄

家貧親老(가빈친로) [72426070] 집이 가난하고 부모가 늙었을 때는 마음에 들지 않은 벼슬자리라도 얻어서 어버이를 봉양(奉養)해야 한다는 말 <출> 공자가어(孔子家語)

家常茶飯(가상다반) [72423232] 집에서 먹는 평소의 식사라는 뜻으로, 일상의 일이나 당연

지사(當然之事)를 이르는 말

加上尊號(가상존호) [50724260] 임금이나 왕후(王后)의 존호(尊號)에 다시 존호(尊號)를 더함

家書萬金(가서만금) [72628080] 여행 중에 가족에게 서신을 받으면 그 기쁨이 만금을 얻는 데 해당함. 가서저만금(家書抵萬金)의 준말. <출> 두보(杜甫)의 시 춘망(春望)

街說巷談(가설항담) [42523050] 街談巷說 참조. 거리나 항간에 떠도는 소문.

加膝墜淵(가슬추연) [50101012] 무릎에 앉혀 귀여워하거나 연못에 빠뜨린다는 뜻으로, 사랑과 미움을 기분(氣分)에 따라 나타냄으로써 그 언행(言行)이 예에 벗어남 <출> 예기(禮記)

可信之人(가신지인) [50623280] 믿을 만한 사람. 믿음직한 사람

假我年數(가아연수) [42328070] 몇 년이라도 더 오래 살기를 바람 <출> 논어(論語)

加用貢物(가용공물) [50623272] 공물을 적은 장부인 공안(貢案)에 들어 있지 않은 가외의 공물

家喩戶曉(가유호효) [72104230] 집집마다 알려주어 알아듣게 한다는 뜻으로, 누구나 다 아는 것을 이르는 말. <출> 열녀전(列女傳)

佳人薄命(가인박명) [32803270] 아름다운 여자는 수명이 짧음 <출> 소식(蘇軾)의 가인박명(佳人薄命) 시 (유) 美人薄命, 紅顏薄命

價重連城(가중연성) [52704242] 여러 성(城)을 합할 정도로 그 값어치가 귀중하다는 말 <출> 사기(史記) 상여전(相如傳) (유) 連城之寶, 價値連城

加重處罰(가중처벌) [50704242] 형을 더 무겁게 하여 내리는 벌.

假支給金(가지급금) [42425080] 정한 날보다 앞당겨 임시로 지급하는 돈.

刻鵠類鶩(각곡유목) [40105202] 고니를 새기려다 실패(失敗)해도 집오리와 비슷하게는 된다는 뜻으로, 글을 배움에 그것을 완전히 다 익히지는 못하더라도 최소한 선인(善人)은 될 수 있다는 말 <출> 후한서(後漢書) (상) 畫虎類狗, 畫虎不成 (유) 刻鵠類鵝

刻鵠類鵝(각곡유아) [40105202] 고니를 새기려다 실패(失敗)해도 거위와 비슷하게는 된다는 뜻으로, 글을 배움에 그것을 완전히 다 익히지는 못하더라도 최소한 선인(善人)은 될 수 있다는 말 <출> 후한서(後漢書) (상) 畫虎類狗, 畫虎不成 (유) 刻鵠類鶩

刻骨難忘(각골난망) [40404230] 結草報恩 참조. 남에게 입은 은혜가 뼈에 새길 만큼 커서 잊혀지지 아니함.

刻骨銘心(각골명심) [40403270] 뼈에 새기고 마음에 새김, 마음속 깊이 새겨 두고 잊지 아니함. (유) 鏤骨銘心, 銘肌鏤骨

刻骨痛恨(각골통한) [40404040] 뼈에 사무칠 만큼 원통하고 한스러움.

恪勤勉勵(각근면려) [10404032] 정성을 다하여 부지런히 힘씀.

脚踏實地(각답실지) [32325270] 발이 실제로 땅에 붙었다는 뜻으로, 일 처리 솜씨가 착실함을 말함. 행실이 바르고 태도가 성실함을 말함 <출> 宋

史(송사)

各得其所(각득기소) [62423270] 저마다 제자리를 얻음. 결국에는 각자의 능력과 적성에 맞게 적절한 위치에 놓이게 됨. <출> 한서(漢書) 동방삭전(東方朔傳)

刻船求劍(각선구검) [40504232] 刻舟求劍 참조. 칼을 물에 떨어뜨리고 움직이는 배에 위치를 새겼다가 배가 멈춘 뒤에 칼을 찾음.

各樣各色(각양각색) [62406270] 저마다 다른 여러 가지 모양과 빛깔.

各自圖生(각자도생) [62726280] 저마다 스스로 삶의 계획을 꾸려감.

角者無齒(각자무치) [62605042] 뿔이 있는 짐승은 이가 없다는 뜻으로 한 사람이 여러 가지 재주나 복을 다 가질 수 없음을 이름

各自爲政(각자위정) [62724242] 저마다 스스로 정치를 함. 전체와의 조화나 타인과의 협력이 어렵게 됨. <출> 춘추좌씨전(春秋左氏傳) 선공(宣公) 2년조

刻舟求劍(각주구검) [40304232] 융통성 없이 현실에 맞지 않는 낡은 생각을 고집하는 어리석음. 초나라 사람이 배에서 칼을 물속에 떨어뜨리고 그 위치를 뱃전에 표시하였다가 나중에 배가 움직인 것을 생각하지 않고 칼을 찾았다는 데서 유래. <출> 여씨춘추(呂氏春秋) 찰금편(察今篇) (유) 刻船求劍, 守株待兎, 守株, 株守

刻燭賦詩(각촉부시) [40303242] 정한 시간 안에 시를 짓는 놀이

脚下照顧(각하조고) [32723230] 자기의 발 밑을 잘 비추어 돌이켜본다는 뜻으로, 가깝고 친할수록 더욱 조심해야 함

刻畫無鹽(각화무염) [40605032] 무염은 중국 齊(제)나라의 지명이며, 못생긴 것으로 이름 높은 제나라 宣王(선왕)의 妃(비)인 鍾離春(종리춘)이 태어난 고장. 아무리 꾸며도 무염이란 뜻으로, 얼굴이 못생긴 여자가 아무리 화장을 해도 미인과 비교할 바가 못됨

衎衎大笑(간간대소) [00008042] 얼굴에 기쁜 표정을 지으며 크게 소리 내어 웃음

干卿何事(간경하사) [40303272] 다른 사람의 일에 참견하는 것을 비웃음 <출> 남당서(南唐書) (유) 底事干卿, 干卿底事, 干卿甚事

幹國之器(간국지기) [32803242] 나라를 다스릴 만한 그릇 <출> 後漢書(후한서)

肝腦塗地(간뇌도지) [32323070] 참혹한 죽음을 당하여 간장(肝臟)과 뇌수(腦髓)가 땅에 널려 있음. 나라를 위하여 목숨을 돌보지 않고 애를 씀. <출> 사기(史記) 유경열전(劉敬列傳)

肝膽相照(간담상조) [32205232] 간과 쓸개를 서로 비춤. 서로 속마음을 털어놓고 친하게 사귐. <출> 한유(韓愈) 유자후묘지명 (柳子厚墓誌銘) (유) 披肝膽

肝膽濕熱(간담습열) [32203250] 간담에 생긴 습기와 열기가 합쳐진 나쁜 기운 또는 그로 인한 병.

肝膽楚越(간담초월) [32201232] 간과 쓸개의 거리가 초나라와 월나라의 관계처럼 멂. 거리상으로는 서로 가까이 있지만 관계가 매우 멂. <출> . <출> 장자(莊子) 덕충부(德充符) (유) 肝膽胡越

肝膽胡越(간담호월) [32203232] 肝膽楚越 참조. <출> 회남자(淮南子) 숙진편(俶眞篇)

竿頭之勢(간두지세) [10603242] 累卵之危 참조. 대막대기 끝에 선 형세. 매우 위태로운 형세.

簡髮而櫛(간발이즐) [40403010] 머리를 한 가닥씩 골라서 빗는다는 뜻으로, 몹시 좀스러움. <출> 장자(莊子)

間不容髮(간불용발) [72724240] 머리털 하나 들어갈 틈도 없이 사태가 매우 급박함

干城之材(간성지재) [40423252] 棟梁之器 참조. 성(나라)을 지키는 인재.

間世之材(간세지재) [72723252] 여러 세대를 통하여 드물게 나는 인재.

奸臣賊子(간신적자) [10524072] 亂臣賊子 참조. 간사한 신하와 부모를 거스르는 자식.

間於齊楚(간어제초) [72303212] 鯨戰蝦死 참조. 약자가 강자들 틈에 끼어서 괴로움을 겪음. 중국의 주나라 말엽 등나라가 제나라와 초나라 사이에 끼어서 괴로움을 겪었다는 데서 유래.

看雲步月(간운보월) [40524280] 고향 생각이 간절하여, 낮이면 고향 쪽 구름을 보고, 밤이면 달을 보며 거닒 <출> 後漢書(후한서)

干雲蔽日(간운폐일) [40523080] 구름을 침범하고 해를 덮는다는 뜻으로, 큰 나무가 하늘을 찌를 듯이 높이 솟음

干將莫耶(간장막야) [40423230] 중국 춘추(春秋) 시대의 도장(刀匠)인 간장과 그의 아내 막야가 만든 칼로 좋은 칼을 이름 <출> 吳越春秋(오월춘추) 합려내전 (유) 雄劍

葛巾野服(갈건야복) [20106060] 칡베로 만든 두건과 베옷, 隱士(은사)나 處士(처사)의 거칠고 소박한 옷차림.

渴而穿井(갈이천정) [30301032] 亡羊補牢 참조. 목이 마를 때에야 비로소 우물을 팜. 미리 대비하지 않으면 일이 임박해서 소용이 없음 <출> 설원

竭澤而漁(갈택이어) [10323050] 연못의 물을 말려서 고기를 잡는다는 뜻으로 멀리 내다보지 못하고 눈앞의 이익만을 꾀함. <출> 여씨춘추(呂氏春秋) 의상(義賞)편

減價償却(감가상각) [42523230] 토지를 제외한 고정 자산에 생기는 가치의 소모를 셈하는 회계상의 절차로 소모 비율 만큼 자산의 가치를 줄여 잡는 행위.

感慨無量(감개무량) [60305050] 마음속에서 느끼는 감동이나 느낌이 끝이 없음.

甘棠遺愛(감당유애) [40104060] 청렴결백하거나 선정을 베푼 사람을 그리워하는 마음 <출> 詩經(시경)

敢不生心(감불생심) [40728070] 감히 엄두도 내지 못함. (유) 敢不生意, 焉敢生心

敢不生意(감불생의) [40728062] 敢不生心 참조. 감히 엄두도 내지 못함.

減壓療法(감압요법) [42422052] 정상보다 높은 뇌압을 낮추는 치료법.

甘言利說(감언이설) [40606252] 달콤한 말과 이로운 말, 남의 비위를 맞추거나 꾀는 말.

敢言之地(감언지지) [40603270] 거리낌 없이 말할 만한 자리나 처지.

甘井先竭(감정선갈) [40328010] 甘泉先竭 참조. 물맛이 좋은 우물이 길어가는 사람이 많아서 먼저 마른다는 말로 재능 많은 사람이 일찍 몸을 망치기 쉬움

坎井之蛙(감정지와) [02323202] 井中之蛙 참조. 구덩이와 우물 안의 개구리.

坎中之蛙(감중지와) [02803202] 井中之蛙 참조. 구덩이 안의 개구리.

感之德之(감지덕지) [60325232] 분에 넘치는 듯싶어 매우 고맙게 여김.

減之又減(감지우감) [42323042] 덜어 낸 데에서 또 덞.

甘泉先竭(감천선갈) [40408010] 물맛이 좋은 샘은 빨리 마름. 재주가 뛰어난 사람이 일찍 쇠함. (유) 甘井先竭

甘呑苦吐(감탄고토) [40106032] 달면 삼키고 쓰면 뱉음. 자신의 비위에 따라서 사리의 옳고 그름을 판단함.

瞰瑕伺隙(감하사극) [00100210] 상대방의 빈틈을 엿봄.

酣紅爛紫(감홍난자) [00402032] 가을에 단풍이 한창 울긋불긋한 모양

甲骨文字(갑골문자) [40407070] 거북의 등딱지나 짐승의 뼈에 새긴 상형 문자.

甲男乙女(갑남을녀) [40723280] 갑이란 남자와 을이란 여자. 평범한 사람들. (유) 張三李四, 匹夫匹婦

綱擧目張(강거목장) [32506040] 大綱(대강)을 들면 細目(세목)도 저절로 밝히어 짐 <출> 詩經(시경)

康衢煙月(강구연월) [42104280] 평화로운 큰 길거리에서 밥 짓는 연기에 달빛이 비치는 모습. 태평한 세상의 평화로운 풍경. 鼓腹擊壤 참조. 2010년 새해 사자성어

強近之族(강근지족) [60603260] 強近之親 참조. 도움을 줄 만한 아주 가까운 겨레붙이.

強近之親(강근지친) [60603260] 도움을 줄 만한 아주 가까운 친척. (유) 強近之族, 朞功親, 期功親, 朞功強近之親

強弩之末(강노지말) [60103250] 강대한 힘일지라도 마지막에는 쇠약해짐. 센 놋쇠로 쏜 화살도 먼 데까지 다 가면 힘이 다해서 노(魯)나라에서 나는 얇은 명주도 뚫을 수 없다(強弩之末, 力不能入魯縞)는 데서 유래. <출> 漢書(한서) 韓安國傳(한안국전)

剛戾自用(강려자용) [32107262] 스스로의 재능과 지혜만 믿고 남의 말을 듣지 않음을 말함 (유) 固執不通, 剛愎自用

剛木水生(강목수생) [32808080] 乾木水生 참조. 물기 없는 나무에서 물이 남.

強迫觀念(강박관념) [60325252] 마음속에서 떨쳐 버리려 해도 떠나지 아니하는 억눌린 생각.

襁褓小兒(강보소아) [02028052] 아직 걷지 못하여 포대기에 싸서 기르는 어린아이. (유) 襁褓幼兒

疆場多事(강역다사) [12006072] 국경 지역에서 이웃 나라와 전쟁이 나서 바쁨

剛柔雙濟(강유쌍제) [32323242] 강함과 부드러움이 서로 도움이 됨.

剛毅木訥(강의목눌) [32108010] 강직하고, 의연하고, 질박하고, 어눌함. <출> 논어(論語) 자로편(子路篇) (상) 巧言令色

剛愎自用(강퍅자용) [32107262] 고집을 부려 제멋대로 함. <출> 좌전(左傳) (유) 固執不通, 剛戾自用

江湖煙波(강호연파) [72504242] 강이나 호수 위에 안개처럼 보얗게 이는 기운과 그 수면의 잔물결. 대자연의 풍경.

改過自新(개과자신) [50527262] 改過遷善 참조. 허물을 고쳐 스스로 새롭게 함.

改過遷善(개과천선) [50523250] 허물을 고쳐 착하게 됨. (유) 改過自新, 悔過遷善

蓋棺事定(개관사정) [32107260] 시체를 관에 넣고 뚜껑을 덮은 후에야 일을 결정함. 사람이 죽은 후에야 비로소 그 사람에 대한 평가가 제대로 됨. <출> 두보(杜甫)의 군불견간소계(君不見簡蘇係) 시

開卷有益(개권유익) [60407042] 책을 읽으면 유익함. 독서를 무척 좋아했던 중국 송나라 태종(太宗)의 말. <출> 왕벽지(王闢之) 승수연담록(澠水燕談錄)

開門納賊(개문납적) [60804040] 開門揖盜 참조. 문을 열어 도둑을 맞아들임.

開門揖盜(개문읍도) [60801040] 문을 열어 도둑에게 예를 갖춤. 제 스스로 화를 불러들임. <출> 삼국지(三國志) 오서(吳書) 손권전(孫權傳) (유) 開門納賊

開物成務(개물성무) [60726242] 만물의 뜻을 열어 천하의 사무(事務)를 성취함 또는 사람이 아직 모르는 곳을 개발(開發)하여 뜻을 성취함 <출> 易經(역경)

改善匡正(개선광정) [50501072] 고쳐서 좋고 바르게 함.

蓋世之才(개세지재) [32723262] 세상을 뒤덮을 만큼 뛰어난 재주나 그 재주를 가진 사람.

改玉改行(개옥개행) [50425060] 차고 다닐 옥의 종류를 바꾸면 걸음걸이도 바꾸어야 함. 법을 변경하면 일도 고쳐야 함.

開源節流(개원절류) [60405252] 재원을 늘리고 지출을 줄임. <출> 순자(荀子) 부국(富國)편

開天闢地(개천벽지) [60701070] 하늘이 열리고 땅이 열린다는 뜻으로, 중국의 천지창조(天地創造) 신화에서 유래한 말 <출> 삼오력기(三五歷記) (유) 天地開闢 , 開闢

客反爲主(객반위주) [52624270] 손님이 도리어 주인이 됨. (유) 主客顚倒

坑儒焚書(갱유분서) [20401062] 焚書坑儒 참조. 선비를 구덩이에 묻고 책을 불태움.

擧國內閣(거국내각) [50807232] 특정한 정당이나 정파를 배경으로 하지 않는 전국민적 내각.

擧棋不定(거기부정) [50207260] 바둑돌을 들고 놓을 곳을 정하지 못함. 확고한 주관이 없거나 계획이 수시로 바뀜. <출> 춘추좌씨전(春秋左氏傳) 양공(襄公) 25년조

去頭截尾(거두절미) [50601032] 머리와 꼬리를 잘라 버림. 어떤 일의 요점만 간단히 말함.

車水馬龍(거수마룡) [72805040] 수레들은 흐르는 강물과 같고, 마필(馬匹)들의 움직임은 물에서 헤엄치는 교룡(蛟龍)과 같다(車如流水, 馬如游龍)는 뜻으로, 권세있는 자에게 줄을 대보려는 아부꾼들의 차량 행렬을 묘사한 말. 수레와 말의 왕래가 많아 매우 떠들석한 상황. <출> 후한서(後漢書) 명덕마황후기(明德馬皇后紀)

居安思危(거안사위) [40725040] 편안할 때에 어려움이 닥칠 것을 미리 대비하여야 함. <출> 춘추좌씨전(春秋左氏傳) (유) 安居危思, 有備無患 (상) 亡羊補牢, 死後藥方文, 死後淸心丸

擧案齊眉(거안제미) [50503230] 밥상을 눈썹과 가지런하도록 공손히 들어 남편 앞에 가지고 감. 남편을 깍듯이 공경함. <출> 후한서(後漢書) 일민전(逸民傳)

車魚之歎(거어지탄) [72503240] 수레와 고기가 없음을 탄식한다는 데서 사람의 욕심에는 한이 없음을 이르는 말. <출> 전국시대 제나라 孟嘗君(맹상군)의 식객 중 馮諼(풍훤)이란 자가 처음엔 상에 고기가 없다고 노래했고, 고기가 나온 뒤에는 출입할 때 타고 다닐 수레가 없다고 노래한 고사에서 유래. <출> 戰國策(전국책).

擧一反三(거일반삼) [50806280] 하나를 들면 셋을 돌이켜 앎. 스승으로부터 하나를 배우면 다른 것까지도 유추해서 앎. <출> 논어(論語) 술이(述而)편

去者日疎(거자일소) [50608010] 죽어서 이 세상(世上)을 떠나면 점점 서로의 정이 멀어짐

車載斗量(거재두량) [72324250] 수레에 싣고 말로 됨. 물건이나 인재 따위가 많아서 그다지 귀하지 않음. <출> 삼국지(三國志) 오서(吳書) 오주손권전(吳主孫權傳)

車在馬前(거재마전) [72605072] 경험이 없는 말로 수레를 끌게 하려면, 먼저 다른 말이 끄는 수레 뒤에 매어 따라다니게 하여 길들여야 한다는 뜻으로, 작은 일에서부터 훈련을 거듭한 뒤 본업에 종사해야 함

擧措失當(거조실당) [50206052] 모든 조치가 정당하지 않음. <출> 사기(史記) 진시황본기(秦始皇本紀)

車轍鮒魚(거철부어) [72100050] 涸轍鮒魚 참조. 물 마른 수레바퀴 자국 속에 있는 붕어.

乾坤一擲(건곤일척) [32308010] 하늘과 땅에 한번 던져봄. 주사위를 던져 승패를 겲. 운명을 걸고 단판걸이로 승부를 겨룸. <출> 한유(韓愈)의 과홍구(過鴻溝) 시에서 유래. (유) 一擲乾坤

乾闥婆城(건달바성) [32001042] 실체는 없이 공중에 나타나는 성곽 또는 바닷가에서 공기가 층을 이루어 온도 차를 가질 때 먼 곳의 육지, 수목,

가옥 따위의 상(像)이 거꾸로 서거나 바로 서서 공중 높이 솟아 보이는 신기루를 비유적으로 이르는 말로 실체 없이 허상만 있는 것을 비유함

乾畓直播(건답직파) [32307230] 마른논에 물을 대지 않고 그대로 씨를 뿌림.

乾木生水(건목생수) [32808080] 乾木水生 참조. 마른나무에서 물이 남.

乾木水生(건목수생) [32808080] 마른나무에서 물이 남. 아무것도 없는 사람에게 무리하게 무엇을 내라고 요구함. (유) 剛木水生, 乾木生水

桀犬吠堯(걸견폐요) [12400212] 걸왕의 개가 요임금을 보고 짖음, 선악을 가리지 않고 그 주인에게 무조건 충성함. 하나라 걸왕의 개는 제 주인이 포악한 사람이었으나 오직 주인만을 따를 뿐이며, 오히려 어진 요임금을 보고 짖었다는 데서 유래. <출> 史記 列傳의 '跖狗吠堯'가 변한 고사

乞不竝行(걸불병행) [30723060] 비럭질은 여럿이 함께 하지 않음, 어떤 것을 요구하는 사람이 여럿이면 그것을 얻기가 어려움.

乞人憐天(걸인연천) [30803070] 거지가 하늘을 불쌍히 여김. 불행한 처지에 놓여 있는 사람이 부질없이 행복한 사람을 동정함.

黔驢技窮(검려기궁) [02025040] 당나귀의 뒷발질처럼 조그마한 재주마저 바닥이 드러남.

黔驢之技(검려지기) [02023250] 당나귀의 뒷발질. 자신의 솜씨와 힘이 없음을 모르고 뽐내다가 화를 스스로 부름. 옛날 당나귀가 없었던 검(黔) 땅에 어떤 사람이 당나귀를 데려와 산에서 키웠는데, 이를 처음 본 호랑이가 신령한 짐승이라 생각하고 덤비지 못하다가, 어느 날 일부러 덤벼들어 보니 당나귀가 서투른 뒷발질을 하므로 약한 것을 알고 순식간에 잡아먹어 버렸다는 데서 유래. <출> 유하동집(柳河東集) (유) 黔驢

格物致知(격물치지) [52725052] 실제 사물의 이치를 연구하여 앎에 이름. <출> 대학(大學) (유) 格致

隔世之感(격세지감) [32723260] 오래지 않은 동안에 몰라보게 변하여 아주 다른 세상이 된 것 같은 느낌. (유) 今昔之感

擊壤之歌(격양지가) [40323270] 鼓腹擊壤 참조. 땅을 두드리며 부르는 노래.

激濁揚淸(격탁양청) [40303262] 탁류를 몰아내고 맑은 물결을 끌어 들임. 惡을 미워하고 善을 좋아함.

隔鞋搔癢(격혜소양) [32021010] 隔靴搔痒 참조. 신을 신고 발바닥을 긁음.

隔靴搔痒(격화소양) [32201002] 신을 신고 발바닥을 긁음. 성에 차지 않아 안타까움. (유) 隔鞋搔痒, 隔靴爬痒

隔靴搔癢(격화소양) [32201010] 신을 신고 발바닥을 긁음. 성에 차지 않아 안타까움. (유) 隔鞋搔癢, 隔靴爬癢

隔靴爬癢(격화파양) [32201010] 隔靴搔痒 참조. 신을 신고 발바닥을 긁음.

牽強附會(견강부회) [30603262] 이치에 맞지 않는 말을 억지로 끌어 붙여 자기에게 유리

하게 함. (유) 郢書燕說

繾綣之情(견권지정) [00003252] 마음속에 굳게 맺혀 잊혀 지지 않는 정. 견권한 정

見金如石(견금여석) [52804260] 황금을 보기를 돌같이 함. 지나친 욕심을 절제함. 최영 장군이 어린 시절 그의 아버지가 항상 그에게 경계하여 말하기를 "황금 보기를 돌같이 하라" 라고 하였다. 이 말을 들은 최영은 항상 이 네 자로 띠에 새겨놓고 죽을 때까지 가슴에 품고서 잃지를 않았다. <출> 성현(成俔)의 용재총화(慵齋叢話)

見卵求鷄(견란구계) [52404240] 달걀을 보고 닭이 되어 울기를 바라는 것처럼 지나치게 성급함. <출> 장자(莊子) (유) 見彈求炙, 見卵而求時夜, 見彈求鴞

見獵心喜(견렵심희) [52307040] 사냥하는 모습을 보니 마음이 기쁘다는 뜻으로, 어렸을 때를 그리워하는 마음

見利思義(견리사의) [52625042] 눈앞의 이익을 보면 의리를 먼저 생각함. (상) 見利忘義

犬馬之勞(견마지로) [40503252] 개나 말 정도의 하찮은 힘. 윗사람에게 충성을 다하는 자신의 노력을 낮추어 이르는 말. (유) 犬馬之役, 犬馬之心, 犬馬之誠, 狗馬之心, 粉骨碎身, 盡忠竭力, 驅馳

犬馬之誠(견마지성) [40503242] 犬馬之勞 참조. 개나 말의 정성.

犬馬之心(견마지심) [40503270] 犬馬之勞 참조. 개나 말의 마음.

犬馬之養(견마지양) [40503252] 개나 말을 기르는 것의 기름. 부모를 모시는 데 먹는 것이나 돌보고 만다면 개와 말을 기르는 것과 다를 바 없다는 것으로 부모를 소홀히 대접하고 공경하지 않음을 뜻함. <출> 논어(論語) 위정(爲政)편

犬馬之役(견마지역) [40503232] 犬馬之勞 참조. 개나 말의 노역.

犬馬之齒(견마지치) [40503242] 개나 말이 하는 일없이 나이만 더하듯이 일없이 나이만 먹는 일이나 자기 나이를 겸손하게 이르는 말 <출> 한서(漢書) (유) 犬馬之年, 犬馬之齡

見蚊拔劍(견문발검) [52103232] 모기를 보고 칼을 뺌. 사소한 일에 크게 성내어 덤빔. (유) 怒蠅拔劍

見蚊拔劒(견문발검) [52103202] 모기를 보고 검을 뽑음. 사소한 일에 크게 성내어 덤빔을 이르는 말.

見物生心(견물생심) [52728070] 어떠한 실물을 보게 되면 그것을 가지고 싶은 욕심이 생김.

堅白同異(견백동이) [40807040] 중국 전국(戰國) 시대의 공손용이 내어 건 일종의 궤변(詭辯). 단단하고 흰 돌은 눈으로 보아서는 그것이 흰 것을 알 수 있으나 단단한지는 모르며, 손으로 만져 보았을 때에는 그것이 단단한 것인 줄 알 수 있을 뿐 빛깔은 흰지 모르므로, 단단하고 흰 돌은 동일한 물건이 아니라고 설명

하는 것. (유) 堅白論, 堅石白馬, 詭辯, 詭辭

堅壁淸野(견벽청야) [40426260] 성에 들어가 지키며 적에게 먹을 것을 주지 않기 위해 들판을 비움.

見不逮聞(견불체문) [52723062] 눈으로 직접 보니 들었던 것보다 못하다는 말로 헛된 명성을 이름 <출> 당서(唐書) (유) 見不如聞

見善如渴(견선여갈) [52504230] 착한 일을 보기를 마치 목마른 것같이 함.

見善從之(견선종지) [52504032] 착한 일이나 착한 사람을 보면 그것을 따름.

犬齧枯骨(견설고골) [40023040] 개가 말라빠진 뼈를 핥음. 아무 맛도 없음.

犬牙相制(견아상제) [40325242] 犬牙相錯 참조. 땅의 경계가 일직선으로 되어 있지 않고 개의 이빨처럼 들쭉날쭉 서로 어긋남.

犬牙相錯(견아상착) [40325232] 땅의 경계가 일직선으로 되어 있지 않고 개의 이빨처럼 들쭉날쭉 서로 어긋남. <출> 한서(漢書) 중산정왕전(中山靖王傳) (유) 犬牙相制, 犬牙相値, 犬牙差互

犬羊之質(견양지질) [40423252] 재능이 없이 태어난 바탕

牽牛織女(견우직녀) [30504080] 견우와 직녀, 견우성과 직녀성.

見危授命(견위수명) [52404270] 見危致命 참조. 나라가 위태로울 때 자기의 몸을 나라에 바침.

見危致命(견위치명) [52405070] 나라가 위태로울 때 자기의 몸을 나라에 바침. <출> 논어(論語) 자장(子張)편 (유) 見危授命

堅忍不拔(견인불발) [40327232] 굳게 참고 견디어 마음이 흔들리지 않음

見彈求鴞(견탄구효) [52404200] 달걀을 보고 닭이 되어 울기를 바라는 것처럼 지나치게 성급함. <출> 장자(莊子) (유) 見彈求炙, 見卵而求時夜, 見卵求鷄

見兎放狗(견토방구) [52326230] 토끼를 발견한 후에 사냥개를 풀어도 늦지 않음. 일이 되어가는 것을 본 뒤에 대처함 <출> 新序(신서)

犬兎之爭(견토지쟁) [40323250] 개와 토끼의 다툼. 두 사람의 싸움에 제삼자가 이익을 봄. <출> 전국책(戰國策) 제책(齊策) (유) 蚌鷸之爭, 鷸蚌之爭, 漁夫之利, 田夫之功, 漁人之功

結跏趺坐(결가부좌) [52020232] 부처의 坐法(좌법). 왼쪽 발을 오른쪽 넓적다리 위에 놓고 오른쪽 발을 왼쪽 넓적다리 위에 놓고 앉는 것을 吉祥坐(길상좌), 그 반대를 降魔坐(항마좌)라고 함.

結弓獐皮(결궁장피) [52321232] 활에 매는 노루 가죽

闋服敍用(결복서용) [00603062] 상(喪)을 당(當)하여 벼슬에서 물러났던 사람을, 탈상(脫喪)한 뒤에 다시 기용(起用)하던 일

決死反對(결사반대) [52606262] 죽기를 각오하고 있는 힘을 다하여 반대함.

結義兄弟(결의형제) [52428080] 桃園結義 참조. 형제의 의리를 맺음.

結者解之(결자해지) [52604232] 맺은 사람이 풂. 자기가 저지른 일은 자기가 해결함. 이 말은 속담 "맺은 놈이 풀지"를 홍만종(洪萬宗)이 순오지

(旬五志)에 한역(漢譯)해 실은 것임.

結草報恩(결초보은) [52704242] 죽은 뒤에라도 은혜를 잊지 않고 갚음. <출> 춘추시대에, 진나라의 위과(魏顆)가 아버지가 세상을 떠난 후에 서모를 개가시켜 순사(殉死)하지 않게 하였더니, 그 뒤 싸움터에서 그 서모 아버지의 혼이 적군의 앞길에 풀을 묶어 적을 넘어뜨려 위과가 공을 세울 수 있도록 하였다는 고사에서 유래. <출> 춘추좌씨전(春秋左氏傳) 선공(宣公) 15年 秋七月條 (유) 結草, 刻骨難忘, 白骨難忘, 難忘之澤, 難忘之恩

兼人之勇(겸인지용) [32803262] 혼자서 능히 몇 사람을 당해 낼만한 용기. <출> 논어(論語) 선진편(先進篇)

兼聽則明(겸청즉명) [32405062] 여러 사람의 의견을 들어 보면 시비를 정확하게 판단할 수 있음. <출> 자치통감(資治通鑒) 당기(唐紀) 태종(太宗) 정관(貞觀) 2년조

歉荒之年(겸황지년) [00323280] 흉년이 든 해.

輕擧妄動(경거망동) [50503272] 가볍고 망령되게 행동함. 또는 그런 행동. (상) 隱忍自重, 思慮分別

輕車熟路(경거숙로) [50723260] 경쾌한 수레를 타고 익숙한 길을 간다는 뜻으로, 일에 숙달되어 조금도 막힘이 없음 <출> 한유(韓愈)

輕裘肥馬(경구비마) [50003250] 가벼운 갑옷과 살진말이라는 뜻으로, 부귀(富貴) 영화(榮華)를 형용(形容)해 이르는 말 <출전> : 한어(韓語)

輕裘緩帶(경구완대) [50003242] 가벼운 가죽 옷과 느슨하게 맨 띠. 경쾌한 차림새를 이름.

經國濟世(경국제세) [42804272] 나라를 잘 다스려 세상을 구제함.

傾國之色(경국지색) [40803270] 임금이 혹하여 나라가 기울어져도 모를 정도로 뛰어나게 아름다운 여인. <출> 사기(史記) 항우본기(項羽本紀) (유) 傾國, 傾城, 傾城之色, 無比一色, 天下一色, 天下絶色, 絶世佳人, 萬古絶色, 羞花閉月, 閉月羞花, 國香, 國色, 丹脣皓齒, 明眸皓齒, 朱脣皓齒, 朱脣白齒, 皓齒丹脣, 沈魚落雁, 解語花, 花容月態, 雪膚花容, 月態花容, 雲鬢花容 (상) 薄色

驚弓之鳥(경궁지조) [40323242] 懲羹吹虀 참조. 한 번 화살에 맞은 새는 구부러진 나무만 보아도 놀람.

耕當問奴(경당문노) [32527032] 농사일은 머슴에게 물어야 한다는 뜻으로, 일은 항상 그 부문의 전문가와 상의하여야 함 <출> 송서(宋書)

敬老孝親(경로효친) [52707260] 늙은이를 공경하고 어버이에게 효도함.

輕薄浮虛(경박부허) [50323242] 輕佻浮薄 참조. 말하고 행동하는 것이 신중하지 못하고 실속이 없음.

卿士大夫(경사대부) [30528070] 조선 시대에, 영의정, 좌의정, 우의정 이외의 모든 벼슬아치를 통틀어 이르는 말.

傾城之色(경성지색) [40423270] 傾國之色 참조. 성(나라)을 기울어뜨릴 정도의 예쁜 용모.

經世濟民(경세제민) [42724280] 세상을 다스리고 백성을 구제함. 經濟(경제)의 어원.

經世致用(경세치용) [42725062] 利用厚生 참조. 학문은 세상을 다스리는 데에 실질적인 이익을 줄 수 있는 것이어야 한다는 유교의 한 주장.

黥首刖足(경수월족) [00520072] 중국에서 중죄인(重罪人)에게 내리던 형벌(刑罰)의 한 가지

庚戌國恥(경술국치) [30308032] 경술년(1910년)의 국가의 치욕, 일본이 대한제국을 병탄한 일을 지칭함.

傾危之士(경위지사) [40403252] 국가를 위태롭게 하는 사람.

敬而遠之(경이원지) [52306032] 공경하되 가까이하지는 않음. <출> 논어(論語) 옹야편(雍也篇) (유) 敬遠

鯨戰蝦死(경전하사) [10621060] 고래 싸움에 새우 등 터짐. 강한 자끼리 서로 싸우는 통에 아무 상관도 없는 약한 자가 해를 입음. (유) 間於齊楚

輕佻浮薄(경조부박) [50003232] 말하고 행동하는 것이 신중하지 못하고 가벼움. (유) 輕薄浮虛, 輕浮

驚鳥啄蛇(경조탁사) [40420232] 놀란 새가 뱀을 쪼음. 거문고의 운지법에서, 왼쪽 새끼손가락으로 문현을 막았다 떼었다 하는 동작이 재빨라야 함을 이르는 말.

罄竹書難(경죽서난) [00426242] 초(楚)나라와 월(越)나라에서 생산되는 모든 대나무 잎을 사용해 그 나쁜 행실을 기록하는 데모든 대나무 잎을 사용해도 다 쓰기 어려움. 악행이 너무 많아 나쁜 행실을 기록하는데 종이가 모자를 정도임 (유) 罄竹難書

瓊枝玉葉(경지옥엽) [12324250] 옥으로 된 가지와 잎. (유) 金枝玉葉

瓊枝旃檀(경지전단) [12320042] 재덕(才德)을 갖춘 사람이나 잘된 시문(詩文)을 비유적으로 말함

敬天勤民(경천근민) [52704080] 하늘을 공경하고 백성을 위하여 부지런히 일함.

驚天動地(경천동지) [40707270] 하늘을 놀라게 하고 땅을 뒤흔듦. 세상을 몹시 놀라게 함. (유) 驚天

敬天愛人(경천애인) [52706080] 하늘을 숭배하고 인간을 사랑함.

鏡花水月(경화수월) [40708080] 거울에 비친 꽃과 물에 비친 달. 눈으로 볼 수 있으나 잡을 수는 없음. 시문에서 느껴지기는 하나 표현할 수 없는 미묘한 정취.

鷄犬昇天(계견승천) [40403270] 다른 사람의 권세에 빌붙어 승진하거나 한 사람의 출세로 집안이 덕을 보는 일 <출> 신선전(神仙傳) (유) 淮南鷄犬, 拔宅飛升

桂冠詩人(계관시인) [32324280] 17세기부터 영국 왕실에서 국가적으로 뛰어난 시인을 이르는 명예로운 칭호.

鷄口牛後(계구우후) [40705072] 닭의 주둥이와 소의 꼬리. 큰 단체의 꼴찌보다는 작은 단체의 우두머리가 되는 것이 오히려 나음. <출> 전국책(戰

國策) 한책(韓策)과 사기(史記) 소진열전(蘇秦列傳)

鷄群孤鶴(계군고학) [40404032] 群鷄一鶴 참조. 닭 무리 가운데의 한 마리 학.

鷄群一鶴(계군일학) [40408032] 群鷄一鶴 참조. 닭 무리 가운데의 한 마리 학.

鷄卵有骨(계란유골) [40407040] 달걀에도 뼈가 있음. 어렵게 얻은 계란이 운 사납게 곯은 계란이었다는 데서 운수가 나쁜 사람은 모처럼 좋은 기회를 만나도 역시 일이 잘 안됨을 이르는 말. <출> 송남잡지(松南雜識)

桂林一枝(계림일지) [32708032] 진(晉)나라의 詵(극선)이 현량(賢良) 제1호로 천거된 것을 가리켜 계수나무 한 가지를 얻은 데에 불과하다고 한 데서 온 것으로, 대수롭지 않은 출세를 일컬음 사람됨이 비범하면서도 겸손함이나 대수롭지 않은 출세의 비유 <출> 진서(晉書)

鷄鳴狗盜(계명구도) [40403040] 하찮은 재주라도 쓰임이 있음. 제나라의 맹상군(孟嘗君)이 진(秦)나라 소왕(昭王)에게 죽게 되었을 때, 식객(食客) 가운데 개를 가장하여 남의 물건을 잘 훔치는 사람과 닭의 울음소리를 잘 흉내 내는 사람의 도움으로 위기에서 빠져 나왔다는 데서 유래. <출> 사기(史記) 맹상군열전(孟嘗君列傳) (유) 鷄鳴之客

鷄鳴之客(계명지객) [40403252] 鷄鳴狗盜 참조. 닭의 울음소리를 잘 흉내 내는 식객.

計無所出(계무소출) [62507070] 百計無策 참조. 계획하여 보나 소득이 없음.

稽顙拜言(계상배언) [02004260] 머리를 조아려 사뢴다는 뜻으로, 상제(喪制)가 편지 첫머리나 자기 이름 다음에 쓰는 한문 투의 말

季札掛劍(계찰괘검) [40203032] 신의(信義)를 중히 여김. 오(吳)나라의 계찰(季札)이 서(徐)나라의 군주에게 자신의 보검을 주려고 마음먹었는데, 이미 그가 죽은 뒤라 자신의 보검을 풀어 그의 무덤가의 나무에 걸어놓고 떠났다는 고사에서 유래. <출> 사기(史記) 오태백세가(吳太伯世家)

季布一諾(계포일낙) [40428032] 초(楚)나라 계포는 약속을 반드시 지키는 사람이었다. 항우(項羽)와 유방(劉邦)이 천하를 걸고 싸울 때, 계포가 초나라 대장이 되어 유방을 여러 차례 괴롭혔는데, 한나라가 천하를 통일을 하자 쫓겨다녀야 하는 신세가 되었다. 그런데 그를 잘 아는 이가 유방에게 천거하여 사면시킨 뒤 벼슬까지 얻게 하였다. 계포가 한번 한 약속이라는 뜻으로 틀림없이 승낙함을 뜻함 <출> 사기(史記) (유) 季札繫劍, 季札掛劍, 一諾千金

鷄皮鶴髮(계피학발) [40323240] 닭의 가죽처럼 거칠고 머리칼은 학의 털처럼 희다는 뜻으로, 늙은 사람을 이르는 말 <출> 당현종(唐玄宗) (유) 鷄皮, 鶴髮

溪壑之慾(계학지욕) [32103232] 得隴望蜀 참조. 시냇물이 흐르는 산골짜기의 욕심. 끝이 없는 욕심.

古公亶父(고공단보) [60620280] 중국 周(주)나라의 기초를 닦은 인물로, 문왕의 조부.

高官大爵(고관대작) [62428030] 지위가 높고 훌륭한 벼슬. 또는 그런 벼슬아치.

股肱之臣(고굉지신) [10103252] 다리와 팔 같이 중요한 신하. 임금이 가장 신임하는 신하. <출> 서경(書經) 익직편(益稷篇) (유) 股肱, 股掌之臣, 肱膂

孤軍奮鬪(고군분투) [40803240] 외로이 떨어져 있는 군사가 많은 수의 적군과 용감하게 잘 싸움, 남의 도움을 받지 아니하고 힘에 벅찬 일을 잘 해 나가는 것을 비유적으로 이름.

古今東西(고금동서) [60628080] 옛날과 지금, 동양과 서양을 통틀어 이르는 말.

敲金戛石(고금알석) [10800060] 쇠를 두드리고 돌을 울린다는 뜻으로, 시나 문장(文章)의 어울림이 뛰어남 <출> 韓愈(한유)

高臺廣室(고대광실) [62325280] 지대를 높게 다지고 크게 지은 좋은 집.

孤獨單身(고독단신) [40524262] 孑孑單身 참조. 외로운 홀몸.

叩頭謝罪(고두사죄) [10604250] 머리를 조아리며 잘못을 빎. (유) 叩謝

膏粱珍味(고량진미) [10104042] 기름진 고기와 좋은 곡식으로 만든 맛있는 음식. <출> 맹자(孟子) 고자상(告子上) (유) 膏粱, 山海珍味, 山珍海味, 山珍海錯, 山珍海饌, 水陸珍味, 水陸珍饌, 海陸珍味, 龍味鳳湯

苦輪之海(고륜지해) [60403272] 고뇌가 끊임없이 돌고 도는 인간 세계

孤立無援(고립무원) [40725040] 四面楚歌 참조. 고립되어 구원을 받을 데가 없음.

瞽馬聞鈴(고마문령) [00506210] 눈 먼 말이 앞에 가는 말의 방울 소리를 듣고 그대로 좇아간다는 뜻으로, 자기(自己)의 주견(主見) 없이 남이 하는 대로 맹목적(盲目的)으로 좇아 감을 이르는 말

藁網捉虎(고망착호) [02203032] 썩은 새끼로 범을 잡음, 서툰 솜씨로 큰일을 하려는 어리석음을 이름.

枯木發榮(고목발영) [30806242] 고목에서 꽃이 핌 또는 죽은 사람이 다시 살아남 <출> 조식(曹植) (유) 枯木生花

枯木死灰(고목사회) [30806040] 겉모습은 마른나무와 같고 마음은 재와 같음. 생기와 의욕이 없는 사람.

枯木生花(고목생화) [30808070] 마른 나무에서 꽃이 핀다는 뜻으로, 곤궁한 처지의 사람이 행운을 만나 신기하게도 잘 됨을 말함 <출> 송남잡식(松南雜識) (유) 枯木發榮

枯木朽株(고목후주) [30801032] 마른 나무와 썩은 등걸이라는 뜻으로, 쓰이지 못하는 사람이나 물건 또는 자신을 낮추어 겸손하게 표현하는 말 <출> 추양(鄒陽)의 옥중상양왕서(獄中上梁王書) (유) 枯株朽木

鼓腹擊壤(고복격양) [32324032] 태평한 세월을 즐김. 요 임금 때 한 노인이 배를 두드리고 땅을 치면서 요 임금의 덕을 찬양하고 태평성대를 즐겼다는 데서 유래. <출> 십팔사략(十八史略) 악부시집(樂府詩集) 격양가(擊壤歌) (유) 擊壤之歌, 擊壤歌, 康衢煙月

高峯峻嶺(고봉준령) [62321232] 높이 솟은 산봉우리와 험준한 산마루.

叩盆之歎(고분지탄) [10103240] 아내가 죽은 한탄 (유) 叩盆之嘆, 鼓盆之嘆, 鼓盆之歎

攷事撮要(고사촬요) [02721052] 조선 명종 때, 魚叔權(어숙권)이 事大交隣(사대교린)과 일상생활에 필요한 여러 가지 사항을 모아 엮은 책. 3권 3책.

高山流水(고산유수) [62805280] 管鮑之交 참조. 높은 산과 흐르는 물. 풍류의 곡조를 잘 아는 사람이 아니면 알지 못할 미묘한 거문고의 소리. 자기 마음속과 가치를 잘 알아주는 참다운 친구.

古色蒼然(고색창연) [60703270] 오래되어 예스러운 풍치나 모습이 그윽함.

孤城落日(고성낙일) [40425080] 외딴 성과 서산에 지는 해. 세력이 다하고 남의 도움이 없는 매우 외로운 처지. <출> 당(唐)나라 왕유(王維)의 시 송위평사(送韋評事)

高聲放歌(고성방가) [62426270] 술에 취하여 거리에서 큰 소리를 지르거나 노래를 부르는 짓.

高水敷地(고수부지) [62802070] 큰물이 날 때만 물에 잠기는 하천 언저리의 터, 둔치, 강턱.

姑息之計(고식지계) [32423262] 우선 당장 편한 것만을 택하는 꾀나 방법. 한때의 안정을 얻기 위하여 임시로 둘러맞추어 처리하거나 이리저리 주선하여 꾸며 내는 계책. <출> 예기(禮記) 단궁편(檀弓篇) (유) 姑息策, 目前之計, 凍足放尿, 下石上臺, 上石下臺, 上下撐石, 彌縫策, 彌縫之策, 臨時變通, 臨時防牌, 臨時方便, 臨時排布, 臨時處變, 颺湯止沸

孤臣冤淚(고신원루) [40521030] 임금의 신임이나 사랑을 받지 못하는 외로운 신하의 원통한 눈물.

孤身隻影(고신척영) [40622032] 몸 붙일 곳 없이 외로이 떠도는 홀몸.

苦心慘憺(고심참담) [60703010] 몹시 애를 태우며 근심 걱정을 함

苦心血誠(고심혈성) [60704242] 마음과 힘을 다하는 지극한 정성

高岸深谷(고안심곡) [62324232] 桑田碧海 참조. 높은 언덕이 깊은 골짜기가 됨.

枯楊生稊(고양생제) [30308000] 마른 버드나무에 새움이 돋는다는 뜻으로, 노인이 젊은 아내를 얻어 능히 자손을 얻을 수 있음을 이르는 말 <출> 易經(역경)

高陽酒徒(고양주도) [62604040] 술을 좋아하여 제멋대로 행동하는 사람. 진(秦)나라 말기 유방(劉邦)을 도와 한(漢)나라의 창업을 도운 고양(高陽) 땅의 역이기(酈食其)가 유생(儒生)을 싫어하는 유방을 처

음 만날 때 자기는 유생이 아니라 고양 땅의 술꾼이라 한 데서 유래. <출> 사기(史記) 역생육가(酈生陸賈)열전

枯魚之肆(고어지사) [30503202] 涸轍鮒魚 참조. 건어물전. 매우 곤궁한 처지.

古往今來(고왕금래) [60426270] 예전과 지금.

孤往獨驀(고왕독맥) [40425202] 외로이 가고 홀로 달림.

苦肉之計(고육지계) [60423262] 苦肉之策 참조. 자신의 괴로움을 무릅쓰고 꾸미는 계책.

苦肉之策(고육지책) [60423232] 적을 속이기 위하여 자신의 괴로움을 무릅쓰고 꾸미는 계책. <출> 삼국지(三國志) 오지(吳志). (유) 苦肉之計

苦逸之復(고일지복) [60323242] 안일이 있음으로 고통이 찾아옴 <출> 열자(列子)

孤掌難鳴(고장난명) [40324240] 외손뼉만으로는 소리가 울리지 아니함. 혼자의 힘만으로 어떤 일을 이루기 어려움 <출> 수호전(水滸傳) (유) 獨掌難鳴

股掌之臣(고장지신) [10323252] 股肱之臣 참조. 다리와 손같이 중요한 신하.

高低長短(고저장단) [62428062] 높고 낮음과 길고 짧음.

孤注一擲(고주일척) [40628010] 도박꾼이 마지막 밑천을 다 걸고 달라붙음 <출> 진서(晉書)

苦盡甘來(고진감래) [60404070] 쓴 것이 다하면 단 것이 옴. 고생 끝에 즐거움이 옴. 세상 일은 순환되는 것임. (상) 興盡悲來

孤雛腐鼠(고추부서) [40023210] 외로운 병아리와 썩은 쥐라는 뜻으로, 보잘것없고 그 인격이 천함 <출> 후한서(後漢書)

高枕安眠(고침안면) [62307232] 高枕而臥 참조. 베개를 높이 하여 편안히 잠 <출> 사기(史記)

高枕而臥(고침이와) [62303030] 高枕安眠 참조. 베개를 높이 하여 잠. 근심 없이 편안히 지냄. <출> 사기(史記) 장의열전(張儀列傳). (유) 高枕, 高枕安眠

告解聖事(고해성사) [52424272] 告白聖事(고백성사)

轂擊肩摩(곡격견마) [00403020] 수레의 바퀴통이 서로 부딪치고 사람의 어깨가 스침. 거리가 번화함을 이름.

曲高和寡(곡고화과) [50626232] 곡이 높으면 화답하는 사람이 적음. 사람의 재능이 너무 높으면 따르는 무리들이 적음. <출> 춘추전국시대 송옥(宋玉)의 말에서 유래.

曲突徙薪(곡돌사신) [50321010] 亡羊補牢, 有備無患 참조. 굴뚝을 구부리고 땔나무를 다른 곳으로 옮김. 화근을 미리 치움으로써 재앙을 미연에 방지함. <출> 한서(漢書) 곽광(霍光)전.

曲直不問(곡직불문) [50727270] 不問曲直 참조. 바르거나 바르지 않음을 묻지 아니함.

穀倉地帶(곡창지대) [40327042] 쌀 따위의 곡식이 많이 나는 지대.

曲學阿世(곡학아세) [50803272] 바른 길에서 벗어난 학문으로 세상 사람에게 아첨함. <출> 사기(史記) 유림열전(儒林列傳).

困獸猶鬪(곤수유투) [40323240] 위급할 때는 아무리 약한 짐승이라도 싸우려고 덤빔. (유) 窮鼠齧猫

琨玉秋霜(곤옥추상) [02427032] 아름다운 옥과 가을의 서리, 고상하고 기품있는 인격.

困而知之(곤이지지) [40305232] 三知 참조. 피곤해지도록 공부하여 앎.

骨肉相殘(골육상잔) [40425240] 가까운 혈족끼리 서로 해치고 죽임. (유) 骨肉相爭, 骨肉相戰, 煮豆燃萁, 兄弟鬩牆

骨肉相爭(골육상쟁) [40425250] 骨肉相殘 참조. 가까운 혈족끼리 서로 싸움.

骨肉相戰(골육상전) [40425262] 骨肉相殘 참조. 가까운 혈족끼리 서로 싸움.

骨肉之親(골육지친) [40423260] 부자, 형제 등의 육친(肉親). <출> 여씨춘추(呂氏春秋) 정통(精通)편. (유) 骨肉, 血肉, 血肉之親

空谷足音(공곡족음) [72327262] 空谷跫音 참조. 아무도 없는 골짜기에 울리는 사람 발자국 소리.

功過相半(공과상반) [62525262] 세운 공과 허물이 절반씩임.

公明正大(공명정대) [62627280] 하는 일이나 태도가 사사로움이나 그릇됨이 없이 분명하고, 정당하고 떳떳함.

公私多忙(공사다망) [62406030] 공적인 일과 사적인 일로 많이 바쁨.

孔席墨突(공석묵돌) [40603232] 여기저기 몹시 바쁘게 돌아다님. 한(漢)나라 반고(班固)는 춘추전국시대의 공자와 . <출> 묵자의 유세 활동을 '공자의 자리는 따뜻해 질 틈이 없고, . <출> 묵자 집의 굴뚝에는 그을음이 낄 새가 없다(孔席不暖, 墨突不黔).'고 표현한데서 유래. <출> 반고(班固)의 답빈희(答賓戲).

公示送達(공시송달) [62504242] 민사 소송법에서, 당사자의 주거 불명 따위의 사유로 소송에 관한 서류를 전달하기 어려울 때에 그 서류를 법원 게시판이나 신문에 일정한 기간 동안 게시함으로써 송달한 것과 똑같은 효력을 발생시키는 송달 방법.

攻玉以石(공옥이석) [40425260] 옥을 가는 데 돌로 한다는 뜻으로, 하찮은 물건이나 사람도 중요한 일을 할 땐 귀하게 쓰인다는 말 <출> 후한서(後漢書)

孔子穿珠(공자천주) [40721032] 不恥下問 참조. 공자가 구슬을 꿤. 자기보다 못한 사람에게 모르는 것을 묻는 것이 부끄러운 일이 아님. <출> 조정사원(祖庭事苑).

空前絶後(공전절후) [72724272] 前無後無 참조. 앞에는 비었고, 뒤에는 끊어짐.

共存共榮(공존공영) [62406242] 다 같이 잘 살아나감.

空中樓閣(공중누각) [72803232] 공중에 떠 있는 누각. 아무런 근거나 토대가 없는 사물이나 생각. 신기루(蜃氣樓). <출> 심괄(沈括)의 몽계필담(夢溪筆談).

公平無私(공평무사) [62725040] 공평하여 사사로움이 없음.

功虧一簣(공휴일궤) [62028000] 성공을 눈앞에 두고 실패함. 주(周)나라 소공(召公)이 '아홉 길 높이의 산을 쌓음에 한 삼태기의 흙이라도 모자라면 일을 이루지 못한다(爲山九仞, 功虧一簣).'고 한데서 유래. <출> 상서(尙書) 주서(周書) 여오(旅獒). (유) 未成一簣

過恭非禮(과공비례) [52324260] 지나친 공손은 예의가 아님.

誇大妄想(과대망상) [32803242] 자신의 능력, 재산, 용모 따위의 현재 상태를 실제보다 턱없이 크게 과장하여 그것을 사실인 것처럼 믿는 일이나 그런 생각.

寡頭政治(과두정치) [32604242] 적은 수의 우두머리가 국가의 최고 기관을 조직하여 행하는 독재적인 정치.

過門不入(과문불입) [52807270] 아는 이의 문전을 지나가면서도 들르지 못할 많큼 바쁨 (유) 過門, 憂過

寡不敵衆(과부적중) [32724242] 衆寡不敵 참조. 적은 것으로 많은 것을 대적하지 못함.

過失相規(과실상규) [52605250] 향약의 네 가지 덕목 가운데 하나. 나쁜 행실을 하지 못하도록 서로 규제함을 이름.

過猶不及(과유불급) [52327232] 정도를 지나침은 미치지 못함과 같음. 중용(中庸)이 중요함. <출> 논어(論語) 선진편(先進篇).

瓜田李下(과전이하) [20426072] 의심받기 쉬운 행동은 피하는 것이 좋음. 李下는 이하부정관(李下不整冠), 瓜田은 과전불납리(瓜田不納履)의 준말로 오이 밭에서 신을 고쳐 신지 말고 오얏(자두)나무 밑에서 갓을 고쳐 쓰지 말라는 뜻. <출> 문선(文選)의 군자행(君子行). (유) 李下, 李下不整冠, 瓜田不納履

裹革之尸(과혁지시) [00403202] 馬革裹屍 참조. 말가죽으로 싼 시체. 전사자의 시체. 전쟁에 나가는 용장(勇將)의 각오. <출> 후한서(後漢書) 마원전(馬援傳).

裹革之屍(과혁지시) [00403220] 말가죽으로 싼 시체. 전쟁에서 싸우다 죽은 사람의 시체.

郭汾陽傳(곽분양전) [30026052] 조선 후기의 국문 소설. 중국 당나라를 배경으로 하여 실존 인물인 汾陽王(분양왕) 郭子儀(곽자의)의 행적을 그림, 작자와 연대는 자세하지 않음.

冠蓋相望(관개상망) [32325252] 수레 덮개를 서로 바라본다는 뜻으로, 앞뒤의 차가 서로 잇달아 사신의 왕래가 그치지 않음 <출> 사기(史記)

觀過知仁(관과지인) [52525240] 사람의 과실은 군자와 소인에 따라 달라, 그 잘못함을 보고 사람이 어진 성품인지를 안다는 말 <출> 논어(論語)

管窺錐指(관규추지) [40101042] 대나무 대롱으로 보고 송곳이 가리키는 곳을 본다는 말로 학식이나 견문이 좁음 또는 자신의 의견을 낮추어 하는 말

寬猛相濟(관맹상제) [32325242] 너그러움과 엄격함이 서로 조화를 이루어야 함 <출> 좌전(左傳)

寬仁大度(관인대도) [32408060] 마음이 너그럽고 인자하며 도량이 넓음

官猪腹痛(관저복통) [42023240] 관가 돼지 배 앓는다는 뜻으로, 자기와 아무 관계없는 사람이 당하는 고통 <출> 순오지(旬五志)

官製葉書(관제엽서) [42425062] 정부에서 발행한 일정한 규격의 우편엽서.

管中窺豹(관중규표) [40801010] 井中之蛙 참조. 대롱 속으로 표범을 엿봄. 시야가 매우 좁음. <출> 진서(晋書) 왕헌지전(王獻之傳).

觀天望氣(관천망기) [52705272] 구름이나 여러 대기 현상을 살펴보고 날씨를 예측하는 일

管鮑之交(관포지교) [40123260] 아주 친한 친구 사이의 사귐. 春秋시대의 管仲과 鮑叔牙의 우정이 아주 돈독하였다는 고사에서 유래. <출> 史記(사기) 管仲列傳(관중열전). (유) 高山流水, 刎頸之交, 刎頸之友, 水魚之交, 水魚, 水魚之親, 魚水之交, 魚水親, 魚水之親, 金蘭之交, 金蘭之契, 金蘭契, 金蘭交, 金蘭之誼, 淡水之交, 淡交, 芝蘭之交, 斷金之契, 斷金之交, 膠漆之交, 膠漆之心, 莫逆之友, 知己之友, 知己, 心友, 知音, 知音人 (상) 市道之交

管絃樂器(관현악기) [40306242] 대롱과 줄로 만든 악기의 통칭.

冠婚喪祭(관혼상제) [32403242] 관례, 혼례, 상례, 제례를 아울러 이르는 말.

刮垢磨光(괄구마광) [10103262] 때를 벗기고 닦아 빛이 나게 닦는다는 뜻으로, 사람의 결점을 고치고 장점을 발휘하게 함

刮目相對(괄목상대) [10605262] 눈을 비비고 상대편을 본다는 뜻으로, 남의 학식이나 재주가 놀랄 만큼 부쩍 늚을 이르는 말. <출> 삼국지(三國志) 오지(吳志) 여몽전주(呂蒙傳注). (유) 日就月將, 日進月步

光明正大(광명정대) [62627280] 말과 행동이 떳떳하고 정당함 (유) 公明, 公正, 大公至平, 至公, 至公無私, 至公至平

狂言綺語(광언기어) [32601070] 이치에 맞지 않는 말이나 교묘하게 수식한 말 <출> 백씨문집(白氏文集)

狂言妄說(광언망설) [32603252] 이치에 맞지 않고 道義(도의)에 어긋나는 말. (유) 狂談悖說

光陰如箭(광음여전) [62424210] 세월이 쏜 화살과 같아서 한번 지나면 되돌아오지 않음 (유) 光陰流水

光陰流水(광음유수) [62425280] 세월이 흐르는 물처럼 빠름 <출> 안씨가훈(顏氏家訓) (유) 光陰如箭

曠日彌久(광일미구) [10801232] 헛되이 세월을 보내며 일을 오래 끎. <출> 전국책(戰國策) 조책(趙策). (유) 曠日持久

曠日持久(광일지구) [10804032] 曠日彌久 참조. 헛되이 세월을 보내며 날짜만 끎.

曠前絶後(광전절후) [10724272] 前無後無 참조. 앞에는 비었고, 뒤에는 끊어짐.

光風霽月(광풍제월) [62620280] 비가 갠 뒤의 맑게 부는 바람과 밝은 달. 마음이 넓고 쾌활하여 아무 거리낌이 없는 인품. 황정견이 주돈이의 인품

을 평한 데서 유래. <출> 송서(宋書) 주돈이전(周敦頤傳). (유) 光霽, 霽月光風

怪常罔測(괴상망측) [32423042] 괴이하고 이상하고, 추측이 불가능할 정도로 이치에 맞지 아니함.

塊葉蘋科(괴엽빈과) [30500062] 물 위에 떠서 자라는 풀인 생이래과

觥籌交錯(굉주교착) [00026032] 벌로 먹이는 술의 술잔과 잔 수를 세는 산가지가 뒤섞인다는 뜻으로, 술자리가 성대함을 이름 (유) 杯盤狼藉

矯角殺牛(교각살우) [30624250] 소의 뿔을 바로잡으려다가 소를 죽임. 잘못된 점을 고치려다가 그 방법이나 정도가 지나쳐 오히려 일을 그르침.

蛟龍得水(교룡득수) [10404280] 교룡이 물을 얻음. 좋은 기회를 얻음. <출> 북사(北史) 양대안전(楊大眼傳).

驕兵必敗(교병필패) [10525250] 자기 군대의 힘만 믿고 교만하여 적에게 위엄을 보이려는 병정은 적의 군대에게 반드시 패함

喬松之壽(교송지수) [10403232] 교(喬)는 주나라 시대의 신선 왕자교(王子喬). 송(松)은 신농씨 무렵의 신선 적송자(赤松子)로 교송(喬松)의 수명(壽命)처럼 오래 삶

巧言令色(교언영색) [32605070] 아첨하는 말과 알랑거리는 태도. <출> 논어(論語) 학이편(學而篇). (상) 剛毅木訥, 誠心誠意

矯枉過正(교왕과정) [30105272] 굽은 것을 바로 잡으면서 정도를 지나침. 잘못된 것을 바로잡으려다가 너무 지나쳐서 오히려 나쁘게 됨. <출> 후한서(後漢書) 중장통(仲長統)전. (유) 矯枉過直

矯枉過直(교왕과직) [30105272] 矯枉過正 참조. 굽은 것을 바로 잡으면서 정도를 지나침.

校外指導(교외지도) [80804242] 교사가 학교 밖에서 학생들의 생활을 단속하고 지도하는 일.

交友以信(교우이신) [60525262] 믿음으로 벗을 사귐. 화랑도 세속 오계의 하나.

敎子採薪(교자채신) [80724010] 자식에게 땔나무 캐오는 법을 가르침. 무슨 일이든 장기적인 안목을 갖고 근본적인 처방에 힘씀. <출> 속맹자(續孟子).

翹足而待(교족이대) [02723060] 발돋음을 하고 기다린다는 뜻으로 곧 바라는 기회가 옴 <출>史記(사기)

膠柱鼓瑟(교주고슬) [20323212] 거문고의 기러기발을 갖풀로 붙임. 소용없는 행위. 고지식하여 조금도 융통성이 없음. <출> 사기(史記) 인상여전(藺相如傳). (유) 膠瑟

巧遲拙速(교지졸속) [32303060] 교묘하기는 하나 느린 것보다 서투르지만 빠른 것이 나음 <출> 손자(孫子)

交淺言深(교천언심) [60326042] 사귄 지는 오래지 않으나 서로 심중을 털어놓고 이야기함 <출> 전국책

膠漆之交(교칠지교) [20323260] 管鮑之交 참조. 아교[膠]와 옻칠[漆]처럼 끈끈한 사귐. 당

(唐)나라의 시인인 백거이(白居易)가 친구 원미지(元微之)에게 보낸 편지에서 유래. <출> 원미지(元微之)의 백씨문집(白氏文集).

膠漆之心(교칠지심) [20323270] 管鮑之交 참조. 아교[膠]와 옻칠[漆]처럼 끈끈한 사귐. 당(唐)나라의 시인인 백거이(白居易)가 친구 원미지(元微之)에게 보낸 편지에서 유래. <출> 원미지(元微之)의 백씨문집(白氏文集).

狡兎三窟(교토삼굴) [10328020] 교활한 토끼는 세 개의 숨을 굴을 파 놓음. 사람이 교묘하게 잘 숨어 재난을 피함. <출> 사기(史記) 맹상군열전(孟嘗君列傳).

教學相長(교학상장) [80805280] 가르치고 배우면서 서로 성장함. <출> 예기(禮記).

口角春風(구각춘풍) [70627062] 좋은 말재주로 남을 칭찬하여 즐겁게 함 또는 그런 말

口蓋音化(구개음화) [70326252] 입천장소리로 됨, 끝소리가 'ㄷ,ㅌ'인 형태소가 구개음 'ㅈ,ㅊ'이 되거나, 'ㅌ'이 'ㅊ'이 되는 현상.

鳩居鵲巢(구거작소) [10401012] 비둘기는 스스로 자기의 집을 짓지 않고 까치집에서 사는 데서 나온 말로, 아내가 남편의 집을 자기 집으로 삼는 것을 비유적으로 이르는 말

究竟不淨(구경부정) [42307232] 사람이 죽으면 그 육신은 땅에 묻히어 흙이 되고, 벌레가 먹으면 똥이 되는 등 신체의 종말이 깨끗하지가 못함을 이르는 불교의 말

究竟涅槃(구경열반) [42301010] 모든 번뇌를 완전히 소멸시키고 최상의 깨달음을 얻은 경지 (유) 大般涅槃, 無上涅槃

九曲肝腸(구곡간장) [80503240] 굽이굽이 서린 창자. 깊은 마음속 또는 시름이 쌓인 마음속.

九曲羊腸(구곡양장) [80504240] 九折羊腸 참조. 아홉 번 꼬부라진 양의 창자.

救過不贍(구과불섬) [50527202] 자신의 잘못을 바로 잡는 일조차 충분하지 못함 <출> 사기(史記)

救國干城(구국간성) [50804042] 나라를 구하는 방패와 성이란 뜻으로, 나라를 구하여 지키는 믿음직한 군인이나 인물 (유) 干城之材, 棟梁之器

舊弓新矢(구궁신시) [52326230] 묵은 활과 새 화살이란 뜻으로, 그래야만 잘 맞는다는 데서 나온 말

九年面壁(구년면벽) [80807042] 面壁九年 참조. 달마가 숭산(嵩山) 소림사에서 9년 동안 벽을 보고 좌선하여 도를 깨달은 일. <출> 오등회원(五燈會元) 동토조사(東土祖師)편.

瞿曇之教(구담지교) [02103280] 불교(佛教)를 달리 이르는 말. 석가모니의 가르침

求道於盲(구도어맹) [42723032] 길을 맹인에게 묻는다는 뜻으로, 방법이 잘못되어 있기 때문에 아무런 효과도 없음 <출> 韓愈 答陳生書

口頭三昧(구두삼매) [70608010] 경문(經文)의 글귀만 읽고 참된 선리(禪理)를 닦음이 없는

수도(修道)를 뜻하는 말로 화두(話頭)만 주장하는 선(禪) (유) 口頭禪

鷗鷺忘機(구로망기) [20123040] 바닷가에서 갈매기와 해오라기 노는 것을 보며 세상일을 잊음, 숨어 살면서 속세의 일을 잊음.

劬勞之感(구로지감) [00523260] 낳아 키우기에 고생한 부모의 은공을 생각하는 마음

劬勞之恩(구로지은) [00523242] 자기를 낳아서 기른 어버이의 은덕.

丘里之言(구리지언) [32703260] 시골사람들의 말로 근거없는 헛말 <출> 장자(莊子)

狗馬之心(구마지심) [30503270] 犬馬之勞 참조. 개나 말이 주인에게 충성하는 마음 <출> 한서(漢書)

狗猛酒酸(구맹주산) [30324020] 술집의 개가 사나우면 손님들이 오지 않아 술이 시어짐. 한 나라에 간신배가 있으면 어진 신하가 모이지 않음. <출> 한비자(韓非子) 외저설(外儲說) 右

口無完人(구무완인) [70505080] 그 입에 오르면 온전한 사람이 없음이라는 뜻으로, 그런 사람을 욕하는 말

狗尾續貂(구미속초) [30324210] 담비 꼬리가 모자라 개의 꼬리로 이음. 벼슬을 함부로 줌. 훌륭한 것 뒤에 보잘것없는 것이 뒤따름. 진서(晋書) 조왕륜전(趙王倫傳)에 나옴.

口蜜腹劍(구밀복검) [70303232] 입에는 꿀이 있고 배 속에는 칼이 있음(口有蜜腹有劒). 말로는 친한 듯하나 속으로는 해칠 생각이 있음. <출> 신당서(新唐書), 자치통감(資治通鑑) 당기(唐紀). (유) 笑中刀, 笑裏藏刀, 笑中有劍, 笑中有刀

毆槃捫燭(구반문촉) [10100030] 장님이 쟁반을 두드리고 초를 만져본 것만으로 태양에 대해 말한다는 뜻으로, 남의 말만 듣고 지레짐작으로 이야기하지 말라는 말임 (유) 群盲撫象, 群盲評象

狗飯橡實(구반상실) [30320252] 개밥의 도토리라는 속담으로, 따돌림을 당함 <출> 동언해(東言解)

口腹之計(구복지계) [70323262] 먹고 살아 가는 방법 <출> 송남잡식(松南雜識)

救死不瞻(구사불첨) [50607212] 매우 곤란하여 다른 일을 돌아볼 겨를이 없음

九死一生(구사일생) [80608080] 아홉 번 죽을 뻔하다 한 번 살아남. 죽을 고비를 여러 차례 넘기고 겨우 살아남. <출> 이소(離騷). (유) 百死一生, 十生九死, 萬死一生, 起死回生

口尙乳臭(구상유취) [70324030] 입에서 아직 젖내가 남. 말이나 행동이 유치함. <출> 사기(史記) 고조기(高祖記). (유) 黃口乳臭

具膳飡飯(구선손반) [52100032] 반찬(飯饌)을 갖추고 밥을 먹음 <출>千字文(천자문)

救世濟民(구세제민) [50724280] 세상을 구하고 민생을 구제함

鳩首凝議(구수응의) [10523042] 비둘기가 머리를 조아리고 모이를 쪼듯 사람이 모여서 이마를 맞대고 의논하는 모양 (유) 鳩首會議

九十春光(구십춘광) [80807062] 석 달 동안의 화창한 봄 날씨 또는 노인의 마음이 청년처

럼 젊음

口若懸河(구약현하) [70323250] 진(晉)나라 때 곽상(郭象)은 논쟁을 벌일 때마다 풍부한 지식을 바탕으로 이치를 논하였다. 왕연(王練)이 '곽상의 말을 듣고 있으면 마치 흐르는 물이 큰 물줄기로 쏟아져 마르지 않는 것과 같다.(聽象語면 如懸河하여 瀉水注而不竭이라.' 며 칭찬한데서 유래하여, 거침없이 말을 잘하는 것을 이름 <출> 한유(韓愈) (유) 口如懸河, 靑山流水

九牛一毛(구우일모) [80508042] 아홉 마리의 소 가운데 박힌 하나의 털. 매우 많은 것 가운데 극히 적은 수. <출> 한서(漢書) 사마천전(司馬遷傳). (유) 滄海一粟, 滄海一滴, 大海一滴, 大海一粟

口耳之學(구이지학) [70503280] 들은 것을 자기 생각 없이 그대로 남에게 전하는 것이 고작인 학문. <출> 순자(荀子) 권학편(勸學篇).

求田問舍(구전문사) [42427042] 논밭과 집을 구하고 문의하여 산다는 뜻으로, 자기의 이익에만 마음을 쓰고 국가의 대사를 돌보지 아니함 <출> 위지(魏志)

求全之毁(구전지훼) [42723230] 몸과 마음을 닦아 행실을 온전히 하려다가 뜻밖에 남으로부터 듣는 욕 <출> 맹자(孟子)

九折羊腸(구절양장) [80404240] 아홉 번 꼬부라진 양의 창자. 꼬불꼬불하며 험한 산길. (유) 九曲羊腸, 九折

口誅筆伐(구주필벌) [70105242] 입과 붓으로 잘못을 꾸짖음

九重宮闕(구중궁궐) [80704220] 겹겹이 문으로 막은 깊은 궁궐, 임금이 있는 대궐 안. 九重의 九는 반드시 아홉이 아니라 그만큼 많다는 뜻.

求卽得之(구즉득지) [42324232] 무엇을 구하면 이를 얻을 수 있음 <출> 맹자(孟子)

九尺長身(구척장신) [80328062] 아홉 자나 되는 아주 큰 키. 또는 그런 사람.

屨賤踊貴(구천용귀) [00321050] 보통 신의 값은 싸고 용(踊:죄를 지어 발을 잘린 사람이 신는 신)의 값은 비싸나는 뜻으로 죄인이 많음을 이름 <출> 좌전(左傳)

九天直下(구천직하) [80707272] 一瀉千里 참조. 하늘에서 땅을 향하여 일직선으로 떨어짐. 일사천리의 형세.

舊態依然(구태의연) [52424070] 예전 모습 그대로임.

捄弊生弊(구폐생폐) [00328032] 폐해를 바로잡으려다가 도리어 다른 폐해를 일으킴.

購捕贖良(구포속량) [20321052] 조선시대에, 범인을 고발하여 잡게 하는 공을 세움으로써 노비의 신분을 벗어나 양인의 신분을 얻던 일.

口血未乾(구혈미건) [70424232] 맹세할 때에 입에 묻힌 피가 아직 마르지 않았다는 뜻으로, 맹세한 지가 오래되지 않았음 <출> 춘추좌씨전(春秋左氏傳)

口禍之門(구화지문) [70323280] 駟不及舌 참조. 입은 재앙을 불러들이는 문. 풍도(馮道)가 지은 설시(舌詩)에서 유래. 전당시(全唐詩).

救火投薪(구화투신) [50804010] 불을 끄려고 섶나무를 집어 던짐. 잘못된 일의 근본을 다스리지 않고 성급하게 행동하다가 도리어 그 해를 더 크게 함. (유) 抱薪救火, 負薪救火

鞠躬盡力(국궁진력) [12104072] 몸과 마음을 다하여 나랏일에 힘씀.

鞠躬盡瘁(국궁진췌) [12104000] 몸과 마음을 다하여 나랏일에 힘씀 <출> 제갈량(諸葛亮) 후출사표(後出師表)

國利民福(국리민복) [80628052] 나라의 이익과 국민의 행복.

國步艱難(국보간난) [80421042] 나라의 발걸음 곧 운명이 매우 어지럽고 어려움 <출> 시경(詩經)

國士無雙(국사무쌍) [80525032] 나라에서 견줄 사람이 없을 정도로 빼어난 선비. <출> 사기(史記) 회음후열전(淮陰侯列傳).

國憂民恤(국우민휼) [80328010] 나랏일을 근심하고 고통스런 삶을 사는 백성을 불쌍하게 여김.

國威宣揚(국위선양) [80404032] 나라의 위신을 널리 떨치게 함.

國泰民安(국태민안) [80328072] 나라가 태평하고 백성이 편안함.

群輕折軸(군경절축) [40504020] 아무리 가벼운 것이라도 많이 모이면 수레의 굴대를 구부러뜨릴 수 있다는 뜻으로, 아무리 적은 힘이라도 협력하면 강적에 대항할 수 있다는 말 <출> 사기(史記)

群鷄一鶴(군계일학) [40408032] 닭의 무리 가운데에서 한 마리의 학. 많은 사람 가운데서 뛰어난 인물. <출> 진서(晋書)의 혜소전(嵇紹傳). (유) 鷄群孤鶴, 鷄群一鶴, 白眉

群盲撫象(군맹무상) [40321040] 장님 여럿이 코끼리를 만짐. 사물을 좁은 소견과 주관으로 잘못 판단함. <출> 涅槃經(열반경). (유) 群盲評象

群盲評象(군맹평상) [40324040] 群盲撫象 참조. 장님 여럿이 코끼리를 평가함.

軍不厭詐(군불염사) [80722030] 兵不厭詐 참조. 군사상의 일은 속임수를 싫어하지 아니함.

君射臣決(군사신결) [40405252] 임금이 활쏘기를 좋아하면 신하는 깍지를 낀다는 뜻으로 윗사람이 즐겨하면 아랫사람이 반드시 본받음 <출> 순자(荀子)

君臣有義(군신유의) [40527042] 五倫(오륜)의 하나. 임금과 신하 사이에는 의리가 잇어야 함.

群雄割據(군웅할거) [40503240] 여러 영웅이 각기 한 지방씩 차지하고 위세를 부림.

君爲臣綱(군위신강) [40425232] 신하는 임금을 섬기는 것이 근본임 .

君子務本(군자무본) [40724260] 군자는 근본에 온 힘을 다 쏟음. <출> 논어(論語) 학이(學而)편.

君子不器(군자불기) [40727242] 군자는 그릇이 아님. 군자는 그릇처럼 국한되지 않음. <출> 논어(論語) 위정(爲政)편.

君子三樂(군자삼락) [40728062] 군자의 세 가지 즐거움. 부모가 살아 계시고 형제가 무고한 것, 하늘과 사람에게 부끄러워할 것이 없는 것, 천하의 영재를 얻어서 가르치는 것. <출> 맹자(孟子) 진심장(盡心章).

君子豹變(군자표변) [40721052] 군자는 허물을 고쳐 올바로 행함이 아주 빠르고 뚜렷함. <출> 논어(論語) 자로(子路) 편.

群衆心理(군중심리) [40427062] 많은 사람이 모였을 때에, 자제력을 잃고 쉽사리 흥분하거나 다른 사람의 언동에 따라 움직이는 일시적이고 특수한 심리 상태.

群策群力(군책군력) [40324072] 많은 사람들의 지혜와 능력

軍行旅進(군행여진) [80605242] 군대가 전쟁터로 나아감.

掘墓鞭屍(굴묘편시) [20401020] 오(吳)나라로 망명한 자서(子胥)는 뜻을 이루어 초(楚)나라로 쳐들어가 자신을 죽이려 했던 평왕(平王)의 무덤을 파헤치고 시체에 분을 풀었다고 한다.묘를 파헤쳐 시체에 매질을 한다는 뜻으로, 통쾌한 복수나 지나친 행동을 일컫는 말 <출> 오자서(伍子胥)

掘井取水(굴정취수) [20324280] 우물을 파서 물을 얻음.

窮狗莫追(궁구막추) [40303232] 피할 곳 없는 개를 쫓지 말 것. 곤란한 지경에 있는 사람을 모질게 다루면 해를 입으니 건드리지 말라는 말. (유) 窮寇勿迫, 窮寇勿追, 窮鼠莫追

窮寇勿迫(궁구물박) [40103232] 窮狗莫追 참조. 피할 곳 없는 도적을 쫓지 말 것.

窮寇勿追(궁구물추) [40103232] 窮狗莫追 참조. 피할 곳 없는 도적을 쫓지 말 것.

窮年累世(궁년누세) [40803272] 자신의 일생(一生)과 자손 대대.

窮鼠莫追(궁서막추) [40103232] 窮狗莫追 참조. 피할 곳 없는 쥐를 쫓지 말 것.

窮鼠齧猫(궁서설묘) [40100210] 困獸猶鬪 참조. 궁지에 몰린 쥐가 고양이를 묾. 궁지에 몰리면 약자라도 강자에게 필사적으로 반항함.

窮餘一策(궁여일책) [40428032] 窮餘之策 참조. 궁한 나머지 생각다 못하여 짜낸 하나의 계책.

窮餘之策(궁여지책) [40423232] 궁한 나머지 생각다 못하여 짜낸 계책. (유) 窮餘一策

窮鳥入懷(궁조입회) [40427032] 쫓기던 새가 사람의 품안으로 날아든다는 뜻으로, 사람이 궁하면 적에게도 의지함 <출> 안씨가훈(顔氏家訓)

睠顧之恩(권고지은) [00303242] 돌보아 준 은혜(恩惠) (유) 眷顧之恩

權謀術數(권모술수) [42326270] 목적 달성을 위하여 수단과 방법을 가리지 아니하는 온갖 모략이나 술책. (유) 權謀術策, 權數, 權術

權謀術策(권모술책) [42326232] 權謀術數 참조. 목적 달성을 위하여 수단과 방법을 가리지 아니하는 온갖 모략이나 술책.

權不十年(권불십년) [42728080] 권세는 십 년을 가지 못함. 아무리 높은 권세라도 오래가지 못함. (유) 勢不十年

勸善懲惡(권선징악) [40503052] 착한 일을 권장하고 악한 일을 징계함. <출> 춘추좌씨전(春秋左氏傳). (유) 勸懲, 懲勸, 勸誡, 彰善懲惡

捲土重來(권토중래) [10807070] 땅을 말아 일으킬 것 같은 기세로 다시 옴. 한 번 실패하였으나 힘을 회복하여 다시 쳐들어옴. 어떤 일에 실패한 뒤에 힘을 가다듬어 다시 그 일에 착수함. 항우가 유방과의 결전에서 패하여 오강(烏江) 근처에서 자결한 것을 탄식한 말에서 유래. <출> 두목(杜牧)의 시 제오강정(題烏江亭).

貴鵠賤鷄(귀곡천계) [50103240] 고니를 귀하게 여기고 닭을 천하게 여김. 먼 데 있는 것을 귀하게 여기고 가까운 데 있는 것을 천하게 여김. (유) 貴耳賤目

歸馬放牛(귀마방우) [40506250] 전쟁에 썼던 말과 소를 놓아줌. 더 이상 전쟁을 하지 아니함. <출> 상서(尙書) 무성(武成)편.

歸命頂禮(귀명정례) [40703260] 부처에게 몸과 마음으로 돌아가 머리를 부처의 발에 대고 절을 함 또는 예불할 때 부르는 말

龜毛兎角(귀모토각) [30423262] 거북의 털과 토끼의 뿔, 있을 수 없는 일.

龜背刮毛(귀배괄모) [30421042] 거북의 등에서 털을 깎음. 불가능한 일을 무리하게 하려고 함.

歸巢本能(귀소본능) [40126052] 동물이 자기 서식처나 둥지로 되돌아오는 성질이나 능력.

貴耳賤目(귀이천목) [50503260] 貴鵠賤鷄 참조. 귀를 귀하게 여기고 눈을 천하게 여김. 가까운 것을 나쁘게 여기고 먼 곳에 있는 것을 좋게 여김(비판적).

規矩準繩(규구준승) [50104212] 목수가 쓰는 그림쇠, 자, 수준기, 먹줄을 통틀어 이르는 말 ②일상생활에서 지켜야 할 기준과 법칙을 이름 (유) 規矩

閨中七友(규중칠우) [20808052] 부녀자가 바느질을 하는데 필요한 침선(針線)의 7가지 물건인 바늘, 실, 골무, 가위, 자 , 인두, 다리미. 조선 후기에 간행된 작자미상의 규중칠우쟁론기(閨中七友爭論記)는 이런 규중칠우를 의인화(擬人化)해 인간사회를 풍자한 작품.

橘中之樂(귤중지락) [10803262] 옛날 중국의 파공땅에 살던 사람이 큰 귤을 쪼개어 보니, 그 속에서 두 노인이 바둑을 두고 있었다는 고사에서 바둑 두는 즐거움을 뜻함

橘化爲枳(귤화위지) [10524210] 南橘北枳 참조. 귤이 변하여 탱자가 됨.

隙駒光陰(극구광음) [10106242] 몹시 빨리 지나가는 세월.

克己復禮(극기복례) [32524260] 자기의 욕심을 누르고 착한 본성의 예도를 회복함. <출> 논어(論語) 안연(顔淵)편. (유) 克復

克己奉公(극기봉공) [32525262] 자기 자신의 욕망을 억누르고 나라와 사회를 위해 일한다는 것을 이르는 말 <출> 논어(論語)

極樂往生(극락왕생) [42624280] 죽어서 극락세계에 다시 태어남.

極樂淨土(극락정토) [42623280] 아미타불(阿彌陀佛)이 살고 있다는 정토(淨土). 이 세상(世上)에서 서쪽으로 십만 억의 불토를 지나서 있으며, 모든

것이 완전히 갖추어 불과(佛果)를 얻은 사람이 죽어서 다시 태어나는 곳으로 불교에서 말하는 내세의 이상 세계 (유) 極樂安養淨土, 無量淸淨土, 安樂國, 安養界

克伐怨慾(극벌원욕) [32424032] 네 가지 악덕(惡德), 남을 이기려 하고, 자기를 자랑하는 일, 원망하고 화내는 일, 욕심을 내고 탐내는 일 <출> 논어(論語)

郤詵一枝(극선일지) [00028032] 대수롭지 않은 대책. 사람됨이 출중하면서도 청빈하고 겸손함. 진(晉)나라의 극선이 무제에게 대답하기를, 자기의 대책(對策)은 천하(天下) 제일(第一)이라 하나, 오히려 계림(桂林)의 일지(一枝)요 곤산의 편옥(片玉)과 같다고 한 옛일에서 온 말 <출전> '몽구(蒙求)'의 표제(標題)

極惡無道(극악무도) [42525072] 더할 나위 없이 악하고 도리에 완전히 어긋나 있음.

僅僅得生(근근득생) [30304280] 겨우겨우 살아감.

近墨者黑(근묵자흑) [60326050] 먹을 가까이하는 사람은 검어짐. 나쁜 사람과 가까이 지내면 나쁜 버릇에 물들기 쉬움. (유) 近朱者赤 (상) 麻中之蓬

近悅遠來(근열원래) [60326070] 가까운 곳에서는 기뻐하고 먼 곳에서는 옴. 정치를 잘 하면 국내와 인근 국가의 사람들이 그 혜택을 입게 되어 기뻐하고 먼 나라의 사람들도 흠모하여 모여듦. <출> 논어(論語) 자로(子路) 편.

近憂遠慮(근우원려) [60326040] 內憂外患 참조. 가까운 곳에서는 근심하고 먼 곳에서는 염려함.

勤將補拙(근장보졸) [40423230] 서투른 것을 보충)하려면 부지런함이 으뜸임

近朱者赤(근주자적) [60406050] 近墨者黑 참조. 붉은 것을 가까이 하면 붉어짐.

近親相姦(근친상간) [60605230] 촌수가 가까운 일가 사이의 남녀가 서로 성적 관계를 맺음.

謹賀新年(근하신년) [30326280] 삼가 새해를 축하함. 새해의 복을 비는 인사말.

契苾何力(글필하력) [32023272] 唐(당)나라의 장군. 고구려 보장왕 때, 두 차례에 걸쳐 고구려 침략 전쟁에 참전.

禽困覆車(금곤복거) [32403272] 새도 곤경에 빠지면 수레를 뒤엎음, 약자도 기운을 내면 큰 힘을 낼 수 있음을 비유적으로 이름 <출> 사기(史記)

金科玉條(금과옥조) [80624240] 금이나 옥처럼 귀중히 여겨 꼭 지켜야 할 법칙이나 규정.

金冠朝服(금관조복) [80326060] 조선시대에, 벼슬아치들이 입던 금관과 조복을 아울러 이르는 말.

金口木舌(금구목설) [80708040] 주의를 환기시키는 종을 가리키는 말로 훌륭한 말로 사회(社會)를 가르치고 이끌어 나가는 사람을 이름

金權萬能(금권만능) [80428052] 돈만 있으면 모든 일을 다 할 수 있음.

禽犢之行(금독지행) [32023260] 새나 송아지의 행동이라는 뜻으로 짐승같은 못된 짓

金縢之詞(금등지사) [80003232] 쇠줄로 단단히 봉(封)하여 비서(祕書)를 넣어두는 상자(箱子)라는 뜻으로, 억울하거나 비밀(祕密)스런 일을 글로 남겨 후세(後世)에 그 진실(眞實)을 전(傳)하고자 할 때 쓰는 말

金蘭之契(금란지계) [80323232] 管鮑之交 참조. 쇠처럼 단단하고 난초 향기처럼 그윽한 사귐의 의리를 맺음.

金蘭之交(금란지교) [80323260] 管鮑之交 참조. 쇠처럼 단단하고 난초 향기처럼 그윽한 사귐. <출> 역경(易經) 계사상전(繫辭上傳).

金蘭之誼(금란지의) [80323210] 管鮑之交 참조. 쇠처럼 단단하고 난초 향기처럼 그윽한 사귐.

金迷紙醉(금미지취) [80307032] 금종이에 정신이 미혹되고 취함. 사치스런 생활. <출> 송(宋)나라의 도곡(陶谷)이 편찬한 청이록(淸異錄).

錦上添花(금상첨화) [32723070] 비단 위에 꽃을 더함. 좋은 일 위에 또 좋은 일이 더하여짐. <출> 왕안석(王安石)의 시 즉사(卽事). (상) 雪上加霜, 前虎後狼, 雪上加雪

金石牢約(금석뇌약) [80601052] 金石之約 참조. 쇠나 돌처럼 굳고 변함없는 약속.

金石盟約(금석맹약) [80603252] 金石之約 참조. 쇠나 돌처럼 굳고 변함없는 약속.

金石相約(금석상약) [80605252] 金石之約 참조. 쇠나 돌처럼 굳고 변함없는 약속.

金石爲開(금석위개) [80604260] 中石沒鏃 참조. 쇠와 돌을 열리게 함. 정신을 집중해서 전력을 다하면 어떤 일에도 성공할 수 있음. <출> 신서(新序) 잡사(雜事) 4편.

今昔之感(금석지감) [62303260] 隔世之感 참조. 지금과 옛날의 차이가 너무 심하여 생기는 느낌.

金石之交(금석지교) [80603260] 쇠나 돌처럼 굳고 변함없는 사귐.

金石之約(금석지약) [80603252] 쇠나 돌처럼 굳고 변함없는 약속. (유) 金石牢約, 金石盟約, 金石相約

金城鐵壁(금성철벽) [80425042] 金城湯池 참조. 쇠로 만든 성과 철로 만든 벽. 방어 시설이 잘되어 있어서 공격하기 어려운 성. <출> 서적(徐積)의 화예복(和倪復).

金城湯池(금성탕지) [80423232] 쇠로 만든 성과, 그 둘레에 파 놓은 뜨거운 물로 가득 찬 못. 방어 시설이 잘되어 있는 성. <출> 한서(漢書) 괴통전(蒯通傳). (유) 金城鐵壁, 湯池鐵城, 難攻不落

琴瑟相和(금슬상화) [32125262] 琴瑟之樂(금실지락) 참조. 琴瑟(금슬), 즉 거문고와 비파 소리가 조화를 이룸. 부부 사이가 다정하고 화목함.

琴瑟之樂(금슬지락) [32123262] 거문고와 비파를 부부에 비유. 부부간의 사랑. 조화를 잘 이루는 부부 사이의 즐거움. <출> 시경(詩經) 관저편(關雎篇). (유) 琴瑟, 琴瑟相和, 如鼓琴瑟, 鴛鴦之契, 鴛鴦契, 二姓之樂, 比翼連理, 連理比翼, 比翼, 連理, 比翼鳥, 連理枝

今是昨非(금시작비) [62426242] 오늘은 옳고 어제는 그르다는 뜻으로, 과거의 잘못을 이제야 깨달음 <출> 도잠(陶潛) 귀거래사(歸去來辭) (유) 昨非今是

今始初聞(금시초문) [62625062] 지금 비로소 처음으로 들음.

今時初聞(금시초문) [62725062] 바로 지금 처음으로 들음.

錦心繡口(금심수구) [32701070] 훌륭한 착상과 아름다운 말 또는 글을 짓는 재주가 뛰어남

金玉敗絮(금옥패서) [80425002] 겉은 화려하게 꾸미었으나 속은 추악함

金旺之節(금왕지절) [80123252] 五行(오행) 중에서 金氣(금기)가 가장 왕성한 절기, 가을.

錦衣尙褧(금의상경) [32603200] 비단옷을 입고 기운 옷을 덧입음. 군자는 미덕을 간직하고 있어도 이를 겉으로 드러내지 않음을 비유.

錦衣夜行(금의야행) [32606060] 비단옷을 입고 밤길을 다님. 생색이 나지 않음. 아무 보람이 없는 일을 함. 입신출세하고도 고향으로 돌아가지 않음. <출> 사기(史記) 항우본기(項羽本紀). (유) 夜行被繡, 衣錦夜行, 繡衣夜行 (상) 錦衣還鄕

錦衣玉食(금의옥식) [32604272] 비단옷과 흰 쌀밥. 호화스럽고 사치스러운 생활. (유) 好衣好食, 暖衣飽食, 暖飽, 飽食暖衣 (상) 惡衣惡食, 粗衣惡食, 粗衣粗食

錦衣晝行(금의주행) [32606060] 錦衣還鄕 참조. 비단옷을 입고 낮에 다님.

錦衣還鄕(금의환향) [32603242] 錦衣夜行 참조. 비단옷을 입고 고향에 돌아옴. 출세를 하여 고향에 감.

金枝玉葉(금지옥엽) [80324250] 금으로 된 가지와 옥으로 된 잎. 임금의 가족. 귀한 자손. (유) 瓊枝玉葉

及瓜而代(급과이대) [32203062] 오이가 익을 무렵이 되면 교체해준다는 뜻으로 임기가 끝나면 자리를 옮겨준다는 말 또는 약속을 제대로 지키지 않는다는 뜻도 있음 <출> 춘추좌씨전(春秋左氏傳) (유) 瓜代, 瓜時而代

汲水功德(급수공덕) [10806252] 목마른 사람에게 물을 길어다 주는 공덕.

急轉直下(급전직하) [62407272] 형세가 걷잡을 수 없을 만큼 급작스럽게 안 좋은 방향으로 전개됨.

兢兢業業(긍긍업업) [12126262] 항상 조심하여 삼감.

掎角之勢(기각지세) [00623242] 달아나는 사슴을 잡을 때, 뒷발을 잡고, 뿔을 잡는다는 뜻으로 앞뒤에서 적을 몰아칠 수 있는 양면(兩面) 작전(作戰)의 형세(形勢)를 비유(比喩)하는 말 또는 두 영웅(英雄)이 할거(割據)하여 서로 세력(勢力)을 다투는 형세(形勢) (유) 犄角之勢

氣高萬丈(기고만장) [72628032] 기운이 높이 치솟고 멀리까지 뻗침. 꺼드럭거리는 우쭐하여 뽐내는 기세가 대단함. (유) 豪氣萬丈, 氣焰萬丈

箕裘之業(기구지업) [12003262] 키 만들고 갖옷 만드는 일. 선대에서부터 전해져 내려오는 사업.

己飢己溺(기기기닉) [52305220] 자기가 굶주리고 자기가 물에 빠진 듯이 여김. 다른 사람의 고통을 자기의 고통으로 생각하고 그들의 고통을 덜어주기 위해 책임을 다함. <출> 맹자(孟子) 이루상(離婁上). (유) 人溺己溺, 人飢己飢

技能妖術(기능요술) [50522062] 고도로 숙련된 손 기술을 가지고 사람의 눈을 속이는 요술.

騎驢覓驢(기려멱려) [32021202] 나귀를 타고 나귀를 찾아다닌다는 뜻으로, 가까이에 있는 것을 도리어 먼 데서 구하는 어리석음

己卯士禍(기묘사화) [52305232] 기묘년(조선 중종 14년 1519년)에 일어난 선비의 재앙, 훈구파가 조광조 등의 신진파를 죽이거나 귀양 보냄.

記問之學(기문지학) [72703280] 단순히 책을 읽거나 외기만 할 뿐 제대로 이해하지 못하는 학문.

己未運動(기미운동) [52426272] 기미년(1919년)의 운동, 삼일운동.

驥服鹽車(기복염거) [12603272] 천리마가 소금 수레를 끎. 유능한 사람이 알아주는 이를 만나지 못해, 천한 일에 종사함. <출> 전국책(戰國策).

饑不擇食(기불택식) [02724072] 굶주린 사람은 먹을 것을 가리지 않음, 빈곤한 사람은 대수롭지 않은 은혜에도 감격함.

幾死僅生(기사근생) [30603080] 거의 죽을 뻔하다가 겨우 살아남 (유) 起死回生

起死回生(기사회생) [42604280] 九死一生 참조. 거의 죽을 뻔하다가 도로 살아남. <출> 여씨춘추(呂氏春秋) 별류편(別類篇) (유) 幾死僅生

箕山之志(기산지지) [12803242] 속세의 때를 묻히지 않고 은둔해 사는 고결한 뜻. 許由(허유)가 요임금이 자기에게 천하를 물려주겠다고 하는 말을 듣고 기산에 숨어 영수(潁水)에서 귀를 씻었다는 데서 유래.

奇想天外(기상천외) [40427080] 착상이나 생각 따위가 쉽게 짐작할 수 없을 정도로 기발하고 엉뚱함.

羈紲之僕(기설지복) [10003210] 기설은 굴레와 고삐라는 뜻으로, 곧 임금의 행차에 말고삐를 쥐고 모시는 사람 (출) 좌전(左傳)

技成眼昏(기성안혼) [50624230] 재주를 다 배우니 눈이 어두움

欺世盜名(기세도명) [30724072] 세상 사람을 속이고 헛된 명예를 탐냄

起訴猶豫(기소유예) [42323240] 검사가 형사 사건에 대하여 범죄의 혐의를 인정하나 범인의 성격, 연령, 환경, 범죄의 경중, 정상, 범행 후의 정황 따위를 참작하여 공소를 제기하지 않는 일.

騎獸之勢(기수지세) [32323242] 騎虎之勢 참조. 짐승을 타고 달리는 형세.

起承轉結(기승전결) [42424052] 한시에서, 기는 시를 시작하는 부분, 승은 그것을 이어받아 전개하는 부분, 전은 시의를 한 번 돌리어 전환하는 부

분, 결은 전체 詩意(시의)를 끝맺는 부분임, 논설문 따위의 글을 짜임새 있게 짓는 형식에도 적용됨.

奇巖怪石(기암괴석) [40323260] 기이하게 생긴 바위와 괴상하게 생긴 돌.

奇巖絶壁(기암절벽) [40324242] 기이하게 생긴 바위와 깎아지른 듯한 낭떠러지.

記憶喪失(기억상실) [72323260] 이전의 어느 기간 동안의 기억이 사라져 버리는 일.

企業合倂(기업합병) [32626020] 둘 이상의 기업이 하나의 기업으로 합병하는 일.

氣焰萬丈(기염만장) [72108032] 氣高萬丈 참조. 꺼드럭거리는 기세가 대단하여 멀리까지 뻗침.

旣往不咎(기왕불구) [30427202] 이미 지나간 일은 탓하지 아니함 <출> 논어(論語)

旣往之事(기왕지사) [30423272] 이미 지나간 일.

氣韻生動(기운생동) [72328072] 글씨나 그림의 기품・정취가 생생하게 약동하는 듯한 화법(畫法) <출> 철경록(輟耕錄)

棄爾幼志(기이유지) [30103242] 아이의 마음을 버림

杞人之憂(기인지우) [10803232] 기나라 사람의 근심. 앞일에 대한 쓸데없는 걱정. 옛날 기(杞)나라에 살던 한 사람이 '만일 하늘이 무너지면 어디로 피해야 좋을 것인가?' 하고 침식을 잊고 걱정하였다는 데서 유래. <출> . <출> 열자(列子) 천서편(天瑞篇). (유) 杞憂

起翦頗牧(기전파목) [42003042] 백기(白起)와 왕전(王翦)은 진(秦)나라 장수(將帥)요, 염파(廉頗)와 이목(李牧)은 조(趙)나라 장수(將帥)임 <출> 千字文)

氣絶招風(기절초풍) [72424062] 기 흐름이 막히고 풍증에 걸림. 몹시 놀란 상태를 나타냄.

旣定事實(기정사실) [30607252] 이미 결정되어 있는 사실.

基調演說(기조연설) [52524252] 중요 인물이 나와 모임의 기본 취지나 정책, 방향 따위에 대하여 설명하는 연설.

氣盡脈盡(기진맥진) [72404240] 기운과 의지력이 다하여 스스로 가누지 못할 지경이 됨.

機銃掃射(기총소사) [40424240] 비행기에서 목표물을 비로 쓸어 내듯이 기관총으로 쏘는 일.

旗幟鮮明(기치선명) [70105262] 깃발의 색깔이 뚜렷하다는 뜻으로 의견이나 입장이 분명함

幾何級數(기하급수) [30326070] 서로 이웃하는 항의 비(比)가 일정한 급수. 일정하게 배로 늘어나는 급수.

祁奚薦讎(기해천수) [02303010] 중국 진(晉)나라 사람 기혜(祁奚)가 벼슬을 물러날 때 군주인 도공(悼公)이 누구를 후임자로 할지 묻자 자신의 원수인 해호(解狐)를 추천했다는 고사로 공평무사하여 사심이 없음을 이름 <출> 춘추좌씨전(春秋左氏傳)

騎虎難下(기호난하) [32324272] 騎虎之勢 참조. 호랑이 등에 올라타고 달려 내리기 어려운 형세. <출> 수서(隋書) 독고황후전(獨孤皇后傳).

騎虎之勢(기호지세) [32323242] 호랑이를 타고 달리는 형세라. 이미 시작한 일을 중도에서 그만둘 수 없음. <출> 수서(隋書) 독고황후전(獨孤皇后傳). (유) 騎獸之勢, 騎虎難下

奇貨可居(기화가거) [40425040] 진기한 물건은 잘 간직할만함. 나중에 이익을 남기고 팜. 좋은 기회를 놓치지 말아야 함. <출> 사기(史記) 여불위열전(呂不韋列傳).

棄灰之刑(기회지형) [30403240] 길에 재를 버린 사람까지도 잡아 형벌을 내린다는 뜻으로 엄격하고 융통성이 없으며 지나친 형벌 <출> 사기(史記) 이사전(李斯傳)

拮据黽勉(길거민면) [10020040] 몹시 애써서 일함

吉凶禍福(길흉화복) [50523252] 길흉과 화복을 아울러 이름.

羅雀堀鼠(나작굴서) [42100210] 그물로 참새를 잡고 땅을 파서 쥐를 잡는다는 뜻으로, 최악의 상태에 이르러 어찌할 방법이 없음 <출> 당서(唐書)

落膽喪魂(낙담상혼) [50203232] 실의에 빠지고 마음이 상해서 넋을 잃음. (유) 喪魂落膽

落落長松(낙락장송) [50508040] 가지가 길게 축축 늘어진 키가 큰 소나무.

落帽之辰(낙모지신) [50203232] 중국 진(晉)나라 때 정서대장군(征西大將軍) 환온(桓溫)이 연 용산의 연회에서 참군(參軍) 맹가(孟嘉)의 관모(冠帽)가 떨어진 데서 유래하여 소탈하면서도 활달한 풍모 또는 그 연회가 열린 음력 9월9일 중양절을 달리 부르는 말 (유) 孟嘉落帽, 龍山落帽

落木寒天(낙목한천) [50805070] 나뭇잎이 다 떨어진 겨울의 춥고 쓸쓸한 풍경. 또는 그런 계절.

落心千萬(낙심천만) [50707080] 마음이 천길만길 떨어짐, 바라던 일을 이루지 못하여 마음이 몹시 상함.

洛陽紙價(낙양지가) [20607052] 낙양땅의 종이 값이 귀함. 책의 평판이 좋아 매우 잘 팔림. <출> 진서(晋書) 문원전(文苑傳). (유) 洛陽紙貴

洛陽紙貴(낙양지귀) [20607050] 낙양땅의 종이 값이 귀함. 책의 평판이 좋아 매우 잘 팔림. <출> 진서(晋書) 문원전(文苑傳). (유) 洛陽紙價

絡繹不絶(낙역부절) [32107242] 실이 이어져 끊어지지 않음, 왕래가 잦아 소식이 끊이지 아니함. (유) 連絡不絶

落葉歸根(낙엽귀근) [50504060] 잎이 떨어져 뿌리로 돌아감. 결국은 자기가 본래 났거나 자랐던 곳으로 돌아감. <출> 전등록(傳燈錄).

落月屋梁(낙월옥량) [50805032] 꿈 속에서 벗을 만나 즐기다가 꿈을 깨니 벗은 간데 없고 지붕 위에 싸늘한 달빛만이 흩어져 있었다 함 <출> 두보(杜甫) 몽이백(夢李白)

樂而不淫(낙이불음) [62307232] 즐기되 음탕하지는 않음. 즐거움의 도를 지나치지 않음. <출> 논어(論語) 팔일(八佾) 편.

樂而思蜀(낙이사촉) [62305012] 중국의 삼국시대에 촉한(蜀漢)의 유선(劉禪)이 위나라에

굴복하여 사마소가 잔치를 벌이자 촉의 신하들은 망국의 슬픔으로 통한의 눈물을 흘렸지만 유선은 희희낙락하자 사마소가 격멸하며 촉이 그립지 않는냐 물으니 이곳이 즐겁다 보니 촉나라는 생각나지 않는다고 한 고사로 눈앞의 즐거움에 빠져 근본을 잊는 잘못을 지적하는 말

落穽下石(낙정하석) [50107260] 함정에 빠진 사람에게 돌을 떨어뜨림. 어려운 처지에 놓인 사람을 도와주기는커녕 도리어 괴롭힘. (유) 下穽投石

落筆點蠅(낙필점승) [50524002] 중국의 삼국시대에 오(吳)나라의 화가 조불흥(曹不興)이 손권의 명을 받고 병풍에 그림을 그릴 때에 실수로 떨어뜨린 붓의 흔적을 따라 교묘하게 파리로 바꾸어 그렸다는 고사로 화가(畫家)의 훌륭한 솜씨를 이름

落花流水(낙화유수) [50705280] 떨어지는 꽃과 흐르는 물. 가는 봄의 경치. 살림이나 세력이 약해져 아주 보잘것없이 됨. 떨어지는 꽃은 물이 흐르는 대로 흐르기를 바라고 흐르는 물은 떨어지는 꽃을 띄워 흐르기를 바란다는 데서, 남녀가 서로 그리워함을 이르는 말. 춘앵전이나 처용무에서, 두 팔을 좌우로 한 번씩 뿌리는 춤사위.

難攻不落(난공불락) [42407250] 金城湯池 참조. 공격하기가 어려워 쉽사리 함락되지 아니함.

難忘之恩(난망지은) [42303242] 結草報恩 참조. 잊기 어려운 은혜.

難忘之澤(난망지택) [42303232] 結草報恩 참조. 잊기 어려운 은택.

難伯難仲(난백난중) [42324232] 難兄難弟 참조. 누구를 형이라 하고 누구를 아우라 하기 어려움.

爛商公論(난상공론) [20526242] 爛商討議 참조. 충분히 생각하고 의견을 나누어 토의함.

爛商公議(난상공의) [20526242] 爛商討議 참조. 충분히 생각하고 의견을 나누어 토의함.

爛商熟議(난상숙의) [20523242] 爛商討議 참조. 충분히 생각하고 의견을 나누어 토의함.

爛商討論(난상토론) [20524042] 爛商討議 참조. 충분히 생각하고 의견을 나누어 토의함.

爛商討議(난상토의) [20524042] 충분히 생각하고 의견을 나누어 토의함. (유) 爛商熟議, 爛議, 爛商公議, 爛商公論, 爛商討論

亂臣賊子(난신적자) [40524072] 나라를 어지럽히는 불충한 무리. <출> 맹자(孟子) 등문공(滕文公) 하편. (유) 奸臣賊子

蘭艾同焚(난애동분) [32127010] 난초(蘭草)와 쑥을 함께 불태운다는 뜻으로, 군자와 소인을 구별하지 않고 처벌함 (유) 玉石俱焚

爛若披錦(난약피금) [20321032] 손흥공(孫興公)이 현란하기가 마치 비단을 펼친 듯하여 아름답지 않은 부분이 없다(爛若披錦 無處不鮮)고 반악(潘岳)의 문장을 칭찬하여 한 말로 빛나는 문체의 문장을 말함 <출> 세설신어(世說新語)

暖衣飽食(난의포식) [42603072] 錦衣玉食 참조. 따뜻하게 입고 배불리 먹음. <출> 맹자

(孟子) 등문공상(滕文公上).

卵翼之恩(난익지은) [40323242] 알을 까서 날개로 품어 준 은혜란 뜻으로, 자기를 낳아 길러 준 어버이의 은혜를 말함 <출> 좌전(左傳)

蘭姿蕙質(난자혜질) [32400252] 난초의 자태와 혜초의 자질, 여자의 아름다운 자태와 뛰어난 자질.

蘭亭殉葬(난정순장) [32323032] 당나라 태종이 왕희지(王羲之)의 난정첩을 몹시 사랑하여 자기가 죽거든 관에 넣어 달라고 한 고사로 서화나 도자기 등의 물건을 사랑하는 마음이 두터움 <출> 상서고실(尙書故實)

蘭摧玉折(난최옥절) [32004240] 난초가 꺾이고 옥이 부서진다는 뜻으로, 현인(賢人)이나 가인(佳人)의 죽음을 뜻함

難解難入(난해난입) [42424270] 이해하기 어렵고, 깨달음에 들기도 어려움 <출> 법화경(法華經)

難兄難弟(난형난제) [42804280] 누구를 형이라 하고 누구를 아우라 하기 어려움. 두 사물이 비슷하여 낫고 못함을 정하기 어려움. <출> 세설신어(世說新語) 덕행편(德行篇). (유) 伯仲, 伯仲之間, 伯仲之勢, 伯仲勢, 莫上莫下, 難伯難仲

難化之氓(난화지맹) [42523202] 교화하기 어려운 백성.

涅而不緇(날이불치) [10307202] 검게 물들여도 검어지지 않음, 어진 사람은 쉽게 惡(악)에 물들지 아니함.

南柯一夢(남가일몽) [80128032] 꿈과 같이 헛된 한 때의 부귀영화. 당나라의 순우분(淳于棼)이 술에 취하여 홰나무의 남쪽으로 뻗은 가지 밑에서 잠이 들었는데 괴안국(槐安國)으로부터 영접을 받아 20년 동안 영화를 누리는 꿈을 꾸었다는 데서 유래. <출> 명나라 때 탕현조가 지은 희곡 남가기(南柯記) 이문집(異聞集). (유) 槐夢, 槐安夢, 南柯夢, 南柯之夢, 邯鄲之夢, 邯鄲之枕, 邯鄲夢枕, 盧生之夢, 一炊之夢, 榮枯一炊, 黃粱之夢, 一場春夢

南柯之夢(남가지몽) [80123232] 南柯一夢 참조. 남쪽으로 뻗은 가지에서의 꿈.

南郭濫吹(남곽남취) [80303032] 무능한 사람이 재능이 있는 체하거나 실력이 없는 사람이 어떤 지위에 붙어 있음. 제(齊)나라 때에, 남곽이라는 사람이 생황을 불 줄 모르면서 악사(樂仕)들 가운데에 끼어 있다가 한 사람씩 불게 하자 도망하였다는 데서 유래. <출> 한비자(韓非子) 내저설(內儲說) 상편. (유) 濫竽充數, 濫竽, 濫吹

南橘北枳(남귤북지) [80108010] 강남의 귤을 강북에 심으면 탱자가 됨. 사람은 사는 곳의 환경에 따라 착하게도 되고 악하게도 됨. <출> 안자춘추(晏子春秋) 내잡(內雜) 하편. (유) 橘化爲枳

南箕北斗(남기북두) [80128042] 남쪽의 기성(箕星)은 키로 쌀을 까불지 못하고, 북두칠성(北斗七星)은 쌀을 되지 못한다는 뜻으로, 유명무실함

南男北女(남남북녀) [80728080] 우리나라에서, 남자는 남쪽 지방 사람이 잘나고 여자는 북쪽 지방 사람이 고움을 이르는 말.

男女老少(남녀노소) [72807070] 남자와 여자, 늙은이와 젊은이이란 뜻으로, 모든 사람을 이름.

男女有別(남녀유별) [72807060] 유교 사상에서 남자와 여자 사이에 분별이 있어야 함을 이름.

男女平等(남녀평등) [72807262] 남자와 여자의 법률적 권리나 사회적 대우에 차별이 없음.

南蠻鴃舌(남만격설) [80200040] 맹자가 남방의 초(楚)나라 출신인 허행(許行)의 언동을 비난한 말로 뜻이 통하지 않는 외국인의 말을 경멸하는 말 <출> 孟子(맹자)

南蠻北狄(남만북적) [80208010] 남쪽 오랑캐와 북쪽 오랑캐.

南面出治(남면출치) [80707042] 임금의 자리에 올라 나라를 다스림. 임금이 남쪽을 향하여 신하와 대면한 데서 유래. (유) 南面

男負女戴(남부여대) [72408020] 남자는 짐을 지고 여자는 짐을 이고 이동함. 가난한 사람들이 살 곳을 찾아 이리저리 떠돌아다님.

攬轡澄淸(남비징청) [02001062] 천하의 정치를 바로 잡을 큰 뜻을 품고 부임(赴任)함 또는 처음으로 관직(官職)에 나아갈 때에 어지러운 정치를 바로 잡을 큰 뜻을 품는 일

南船北馬(남선북마) [80508050] 東奔西走 참조. 남쪽은 강이 많아서 배를 이용하고 북쪽은 산과 사막이 많아서 말을 이용함. 늘 쉬지 않고 여기저기 여행을 하거나 돌아다님. (유) 北馬南船

藍田生玉(남전생옥) [20428042] 중국 진(秦)나라 때의 현으로 아름다운 옥으로 유명한 남전에서 옥이 난다는 뜻으로, 명문 집안에서 뛰어난 젊은이가 나옴 <출> 삼국지(三國志)

男尊女卑(남존여비) [72428032] 남자는 존귀하고 여자는 비천함. 여자보다 남자를 우대하고 존중함. . <출> 열자(列子) 천서편(天瑞篇)에 나옴. (상) 女尊男卑

"南風不競(남풍불경) [80627250] 춘추시대, 초(楚)나라의 영윤(令尹) 자경(子庚)은 군사를 거느리고 정(鄭)나라로 쳐 들어갔으나 자전과 자서는 방비를 튼튼하게 하였다. 초나라의 출병 소식을 들은 진(秦)나라 악관(樂官) 사광(師曠)은 ""내가 간혹 남방의 노래, 북방의 노래를 부르는데, 남방의 음조는 미약하고 조금도 생기가 없다(南風不競 多死聲). 초군은 반드시 멸망할 것이다.""라고 하였다는 고사에서 유래. 세력이 크게 떨치지 못함을 이르는 말 <출> 남풍(南風),춘추좌씨전(春秋左氏傳)"

南行北走(남행북주) [80608042] 남으로 가고 북으로 달린다는 말로 바삐 돌아다님 (유) 南船北馬, 東奔西走, 東馳西走, 東行西走, 津梁

狼多肉少(낭다육소) [10604270] 이리는 많은데 고기는 적다는 말로 돈은 적은데 나눌 사람을 많음을 이름

廊廟之器(낭묘지기) [32303242] 묘당에 앉아서 천하 일을 보살필만한 재상감으로 큰 인물을 이름 <출> 삼국지(三國志) 촉서(蜀書)

狼子野心(낭자야심) [10726070] 이리의 야성. 잘 길들여지지 아니함. 신의가 없는 사람은 쉽게 교화할 수 없음.

囊中之錐(낭중지추) [10803210] 주머니 속의 송곳. 재능이 뛰어난 사람은 숨어 있어도 저절로 사람들에게 알려짐. <출> 사기(史記) 평원군전(平原君傳). (유) 錐囊, 錐處囊中, 穎脫, 穎脫而出

囊中取物(낭중취물) [10804272] 주머니 속의 물건을 얻음. 아주 쉬운 일. (유) 探囊取物

郎廳坐起(낭청좌기) [32403242] 벼슬이 낮은 낭관(郎官)이 멋대로 나서서 일을 본다는 뜻으로, 아랫사람이 윗사람보다 더 지독함

內剛外柔(내강외유) [72328032] 外柔內剛 참조. 안으로 굳세고 밖으로 부드러움.

內局法醞(내국법온) [72525200] 멥쌀과 찹쌀을 쪄서 식힌 것에 보리와 녹두를 섞어 만든 누룩을 넣어 담근 술 (유) 香醞, 香醞酒

內省不疚(내성불구) [72627200] 자기 자신을 돌이켜 보아 부끄러움이 없음.

內憂外患(내우외환) [72328050] 나라 안팎의 여러 가지 어려움. <출> 국어(國語) 진어(晋語), 관자(管子) 계(戒)편. (유) 近憂遠慮

內柔外剛(내유외강) [72328032] 外剛內柔 참조. 안으로 부드럽고 밖으로 굳셈.

內潤外朗(내윤외랑) [72328052] 옥의 광택이 안에 함축된 것을 내윤(內潤)이라 하고, 밖으로 나타난 것을 외랑(外朗)이라 함. 재주와 덕망을 겸비한 것.

來者可追(내자가추) [70605032] 지나간 일은 어찌할 수가 없지만 장차 다가올 일은 조심하여야 전과 같은 과실을 범하지 않을 수 있음 <출> 논어(論語)

內殿菩薩(내전보살) [72321010] 내전에 앉은 보살이라는 뜻으로, 알면서도 모르는 체하고 가만히 있는 사람

內助之功(내조지공) [72423262] 안에서 돕는 공. 아내가 가정에서 남편이 바깥일을 잘 할 수 있도록 도와줌. <출> 삼국지(三國志).

內淸外濁(내청외탁) [72628030] 속은 맑으나 겉은 흐림. 어지러운 세상을 살아가려면 마음은 맑게 가지면서도 행동은 흐린 것처럼 하여야 함.

冷暖自知(냉난자지) [50427252] 물이 차가운지, 따뜻한지는 그 물을 마신 자만이 안다는 뜻으로, 자기 일은 남이 말하기 전에 자기 스스로 안다는 말 <출> 전등록(傳燈錄)

冷汗三斗(냉한삼두) [50328042] 식은땀이 서 말이나 나온다는 뜻으로 몹 시 부끄러워하거나 무서워함을 이르는 말.

怒甲乙移(노갑을이) [42403242] 怒甲移乙 참조. 갑에게서 당한 노여움을 을에게 옮김.

怒甲移乙(노갑이을) [42404232] 갑에게서 당한 노여움을 을에게 옮김. 어떠한 사람에게서 당한 노여움을 애꿎은 다른 사람에게 화풀이함. (유) 怒甲乙移, 怒室色市

老嫗能解(노구능해) [70005242] 나이든 할머니도 글을 이해한다는 뜻에서 매우 쉽게 글을 쓰려고 힘쓰는 것 <출> 백거이(白居易) (유) 老嫗能解, 老嫗都解, 老嫗都解

盧弓盧矢(노궁노시) [12321230] 검은 칠을 한 활과 화살을 아울러 이름, 고대 중국에서 큰 공이 있는 제후에게 천자가 검은 활과 화살을 하사한 데에서 정벌의 권한을 상징함.

怒氣衝天(노기충천) [42723270] 성이 하늘을 찌를 듯이 머리끝까지 치받쳐 있음.

呶呶發明(노노발명) [00006262] 여러 말로 구차하게 변명(辨明)함

呶呶不休(노노불휴) [00007270] 수다스럽다는 뜻 <출> 한유(韓愈)의 언잠(言箴)

老當益壯(노당익장) [70524240] 늙었지만 의욕이나 기력은 점점 좋아짐. <출> 후한서(後漢書) 마원전(馬援傳). (유) 老益壯

老萊之戲(노래지희) [70123232] 효도. 자식이 나이가 들어도 부모의 자식에 대한 마음은 똑같으므로 변함없이 효도해야 함. 春秋時代 楚나라 사람 노래자(老萊子)가 칠십의 나이에 무늬있는 옷을 입고 동자의 모습으로 재롱을 부려 부모에게 자식의 늙음을 잊게 해드린 일에서 유래. (유) 斑衣之戲

路柳墻花(노류장화) [60403070] 아무나 쉽게 꺾을 수 있는 길가의 버들과 담 밑의 꽃. 창녀나 기생.

老馬識途(노마식도) [70505232] 老馬之智 참조. 늙은 말이 갈 길을 앎.

駑馬十駕(노마십가) [10508010] 느리고 둔한 말도 준마의 하룻길을 열흘에는 갈 수 있음. 둔하고 재능이 모자라는 사람도 열심히 하면 훌륭한 사람이 될 수 있음. 말이 수레를 끌고 나니는 하루 동안의 노정(路程)이 一駕로, 十駕는 열흘간의 노정. <출> 순자(荀子) 수신편(修身篇).

老馬之智(노마지지) [70503240] 늙은 말의 지혜. 아무리 하찮은 것일지라도 저마다 장기나 장점을 지니고 있음. 풍부한 경험에서 나오는 지혜. <출> 한비자(韓非子) 세림편(說林篇). (유) 老馬識途

怒目疾視(노목질시) [42603242] 미워하여 성난 눈으로 쳐다봄.

魯般之巧(노반지교) [12323232] 노반은 노(魯)나라 때의 유명한 목수(木手) 공수반(公輸班) 후세에 공인(工人)의 제신(祭神)이 된 고사에서 유래하여 손재주가 있어 무엇이든 잘 만드는 것을 이름 <출> 맹자(孟子)

怒發大發(노발대발) [42628062] 몹시 노하여 크게 성을 냄. <출> 사기(史記) 인상여전(藺相如傳). (유) 怒髮衝冠

怒髮衝冠(노발충관) [42403232] 怒發大發 참조. 노하여 일어선 머리카락이 관을 추켜올림. 몹시 성이 난 모양. <출> 사기(史記) 염파인상여(廉頗藺相如)열전.

爐邊談話(노변담화) [32425072] 화롯가에 둘러앉아서 서로 한가롭게 주고받는 이야기.

爐邊情談(노변정담) [32425250] 화롯가에 둘러앉아서 서로 한가롭게 주고받는 이야기. (유) 爐邊談話

路不拾遺(노불습유) [60723240] 道不拾遺 참조. 길에 떨어진 물건도 주워 가지 않음.

老士宿儒(노사숙유) [70525240] 나이가 많고 학식이 깊은 선비

勞思逸淫(노사일음) [52503232] 일을 하면 좋은 생각을 지니고 안일한 생활을 하면 나쁜 마음이 일어남

勞使和合(노사화합) [52606260] 노동자와 사용자가 화합함.

老生常談(노생상담) [70804250] 노인들이 늘 하는 이야기란 뜻으로 새로운 의견이 없는 상투적인 말

盧生之夢(노생지몽) [12803232] 邯鄲之夢 참조. 노생의 꿈.

老少同樂(노소동락) [70707062] 늙은이와 젊은이가 함께 즐김.

老少不定(노소부정) [70707260] 노인도 소년도 언제 죽을지 모른다는 뜻으로, 사람의 목숨은 덧없어 죽음에는 노소가 따로 없음

怒蠅拔劍(노승발검) [42023232] 見蚊拔劒 참조. 성가시게 구는 파리를 보고 화가 나서 칼을 뺌. 사소한 일에 화를 냄. 작은 일에 어울리지 않게 커다란 대책을 세움.

怒室色市(노실색시) [42807072] 안방에서 화를 내고 밖에 나가 얼굴 붉힌다는 뜻으로 속담 '종로에서 뺨 맞고 한강에서 눈 흘긴다'는 말과 통함 (유) 怒甲移乙

勞心焦思(노심초사) [52702050] 몹시 마음을 쓰며 애를 태움. <출> 맹자(孟子) 등문공상(滕文公上). (유) 勞思, 焦勞, 焦心苦慮

奴顔婢膝(노안비슬) [32323210] 사내종의 얼굴과 계집종의 무릎이란 뜻으로, 지나치게 굽실굽실하며 비굴한 태도를 말함

魯陽之戈(노양지과) [12603220] 전국시대(戰國時代)에 초(楚)나라의 노양공이 한나라와 격전중 해가 넘어가려 하자 창을 들어 해를 부르니 해가 그의 명령대로 군대의 하룻길인 삼사(三舍)나 뒷걸음질 쳤다는 고사에서 노양공의 창이란 뜻으로, 위세가 당당함을 이름 <출> 회남자(淮南子)

魯魚之誤(노어지오) [12503242] 비슷한 글자를 혼동하여 잘못 쓰기 쉬움 (유) 魯魚亥豕

魯魚亥豕(노어해시) [12503002] 노(魯)와 어(魚), 해(亥)와 시(豕)는 글자 모양이 비슷해 잘못 쓰는 오류를 범하기 쉬움 (유) 魯魚之誤

勞燕分飛(노연분비) [52326242] 때까치와 제비가 서로 나뉘어 날아간다는 뜻으로, 사람들 사이의 이별을 뜻함

老嫗能解(노온능해) [70005242] 늙은 할머니도 이해할 수 있을 만큼 글을 쉽게 쓰는 것

<출> 趙翼(조익)의 甌北詩話(구복시화) (유) 老嫗都解, 老嫗都解, 老嫗能解

勞而無功(노이무공) [52305062] 애는 썼으나 보람이 없음. <출> . <출> 장자(莊子) 천운편(天運篇), 관자(管子) 형세편(形勢篇). (유) 徒勞無功, 徒勞無益, 萬事休矣

老莊思想(노장사상) [70325042] 노자와 장자의 사상.

老婆心切(노파심절) [70107052] 할머니가 걱정하는 친절한 마음이란 뜻으로 지나치게 걱정하는 마음을 이르며 여기서 '老婆心(노파심)'이란 말이 나왔음 <출> 전등록(傳燈錄)

碌碌之輩(녹록지배) [10103232] 녹록은 흔해빠진 것을 뜻하므로 곧 특별히 두드러진 데도 없이 평범한 인물을 이름

綠林豪客(녹림호객) [60703252] 綠林豪傑 참조. 푸른 숲 속의 호걸.

綠林豪傑(녹림호걸) [60703240] 푸른 숲 속의 호걸. 화적이나 도둑을 달리 이르는 말. <출> 후한서(後漢書) 유현유분자열전(劉玄劉盆子列傳). (유) 綠林豪客, 綠林客, 梁上君子, 無本大商

綠鬢紅顔(녹빈홍안) [60004032] 윤이 나는 검은 머리와 고운 얼굴이란 뜻으로, 젊고 아름다운 여자(女子)의 얼굴을 말함

鹿死誰手(녹사수수) [30603072] 사슴이 누구의 손에 죽는가라는 뜻으로, 승패(勝敗)를 결정(決定)하지 못하는 것을 이름 <출> 진서(晉書)

綠水靑山(녹수청산) [60808080] 푸른 물과 푸른 산.

綠楊芳草(녹양방초) [60303270] 푸른 버드나무와 향기로운 풀.

綠陰芳草(녹음방초) [60423270] 푸르게 우거진 나무와 향기로운 풀, 여름철의 자연경관을 이름.

綠衣使者(녹의사자) [60606060] 푸른 옷을 입은 사자. 앵무새.

綠衣紅裳(녹의홍상) [60604032] 연두저고리에 다홍치마. 젊은 여자의 고운 옷차림.

論功行賞(논공행상) [42626050] 공적의 크고 작음 따위를 논의하여 그에 알맞은 상을 줌. (유) 賞功

弄假成眞(농가성진) [32426242] 假弄成眞 참조. 장난삼아 한 것이 진심으로 한 것같이 됨.

隴斷之術(농단지술) [00423262] 자신의 이익을 홀로 차지하는 재주 (유) 壟斷之術

弄兵潢池(롱병황지) [32520232] 하는 일이 아이들 장난과도 같거나 몹시 소란스러움 <출> 한서(漢書)

弄瓦之慶(농와지경) [32323242] 딸을 낳은 즐거움. 예전에, 중국에서 딸을 낳으면 흙으로 만든 실패를 장난감으로 주었다는 데서 유래. (유) 弄瓦, 弄瓦之喜 (상) 弄璋之慶

弄瓦之喜(농와지희) [32323240] 弄瓦之慶 참조. 딸을 낳은 기쁨.

農爲政本(농위정본) [72424260] 농사가 정치의 근본이고 나라의 기본임 <출> 제범(帝範)

弄璋之慶(농장지경) [32123242] 弄瓦之慶 참조. 아들을 낳은 즐거움. 예전에, 중국에서 아들을 낳으면 규옥(圭玉)으로 된 구슬의 덕을 본받으라는

뜻으로 구슬을 장난감으로 주었다는 데서 유래.

弄璋之喜(농장지희) [32123240] 弄璋之慶 참조. 아들을 낳은 기쁨.

籠鳥戀雲(농조연운) [20423252] 새장에 갇힌 새가 구름을 그리워함. 속박당한 몸이 자유를 그리워함.

雷同附和(뇌동부화) [32703262] 附和雷同 참조. 우레 소리와 같이하여 붙어 섞임.

雷厲風飛(뇌려풍비) [32006242] 일하는 솜씨가 빠름. 명령이 엄함.

雷逢電別(뇌봉전별) [32327260] 우레처럼 만났다가 번개처럼 헤어진다는 뜻으로, 잠깐 만났다가 곧 이별함

雷聲霹靂(뇌성벽력) [32420202] 우렛소리와 벼락을 아울러 이르는 말.

腦下垂體(뇌하수체) [32723262] 간뇌 밑에 있는, 돌기 모양의 내분비샘.

屢見不鮮(누견불선) [30527252] 너무 자주 보아 전혀 새롭지 않음. <출> 사기(史記) 역생육가(酈生陸賈)열전.

鏤骨銘心(누골명심) [02403270] 刻骨銘心 참조. 마음에 간직하고 뼈에 새김 <출> 서언고사(書言故事) (유) 銘肌鏤骨, 刻骨銘心

累卵之勢(누란지세) [32403242] 累卵之危 참조. 계란을 포개어 쌓아놓은 형세.

累卵之危(누란지위) [32403240] 층층이 쌓아 놓은 알의 위태로움. 몹시 아슬아슬한 위기. <출> 사기(史記) 범수채택열전(范睢蔡澤列傳).. (유) 累卵之勢, 危如累卵, 累卵, 百尺竿頭, 竿頭之勢, 風前燈火, 風燈, 風前燈燭, 風前燭火, 風燭, 危機一髮, 危如一髮, 危如朝露

陋塵吹影(누진취영) [10203232] 먼지에 새기고 그림자를 입으로 분다는 뜻으로, 쓸데없는 헛된 노력

陋巷簞瓢(누항단표) [10301002] 簞食瓢飮 참조. 누추한 거리에서 대나무 밥그릇의 밥과 표주박 물을 마시며 삶.

訥言敏行(눌언민행) [10603060] 말은 느려도 실제 행동은 재빠르고 능란함. <출> 논어(論語) 이인(里仁) 편.

陵谷之變(능곡지변) [32323252] 桑田碧海 참조. 높은 언덕이 깊은 골짜기가 되고 깊은 골짜기가 높은 언덕으로 변한다는 뜻으로, 세상일이 극심하게 뒤바뀜 (유) 桑田碧海, 桑滄之變, 桑海之變, 滄桑之變, 滄海桑田

凌摩絳霄(능마강소) [10200200] 곤어(鯤魚)가 봉새로 변하여 한 번 날면 구천(九天)에 이르니, 사람의 운수(運數)를 표현하는 말

能小能大(능소능대) [52805280] 모든 일에 두루 능함.

凌霄花科(능소화과) [10007062] 나무 또는 풀로서 열대(熱帶) 및 온대 지방(地方)에 자라며 쌍떡잎식물(植物) 통꽃류에 딸린 한 과

能手能爛(능수능란) [52725220] 어떤 일에 익숙한 솜씨와 재주.

凌雲之志(능운지지) [10523242] 靑雲之志 참조. 구름을 깔보는 뜻. 속세를 떠나서 초탈하려는 마음. 큰 뜻을 펼치기 위하여 높은 벼슬에 오르고자 하는 뜻.

陵雲之志(능운지지) [32523242] 靑雲之志 참조. 구름을 깔보는 뜻. 속세를 떠나서 초탈하려는 마음. 큰 뜻을 펼치기 위하여 높은 벼슬에 오르고자 하는 뜻.

能者多勞(능자다로) [52606052] 유능한 사람 일수록 많은 일을 함 또는 필요 이상의 수고를 함 <출> 장자(莊子)

凌遲處斬(능지처참) [10304220] 대역죄를 범한 자에게 과하던 극형. 죄인을 죽인 뒤 시신의 머리, 몸, 팔, 다리를 토막 쳐서 각지에 돌려 보이는 형벌. (유) 凌遲/陵遲(능지)

陵遲處斬(능지처참) [32304220] 대역죄를 범한 자에게 과하던 극형. 죄인을 죽인 뒤 시신의 머리, 몸, 팔, 다리를 토막 쳐서 각지에 돌려 보이는 형벌. (유) 陵遲/凌遲(능지)

多岐亡羊(다기망양) [60125042] 달아난 양을 찾으려 할 때 갈림길이 많아 끝내는 양을 잃음. 학문의 길이 여러 갈래로 나뉘어 있어서 진리를 얻기 어려움. 방침이 많아서 도리어 갈 바를 모름. . <출> 열자(列子) 설부편(說符篇). (유) 亡羊之歎, 亡羊, 亡羊歎

多難興邦(다난흥방) [60424230] 많은 어려운 일을 겪고서야 나라를 일으킨다는 뜻에서, 어려움을 극복하고 노력해야 큰 일을 이룰 수 있음 <출> 진서(晉書)

多多益善(다다익선) [60604250] 많으면 많을수록 더욱 좋음. 한(漢)나라의 장수 한신(韓信)이 고조(高祖)와 장수의 역량에 대하여 얘기할 때, 고조는 10만 정도의 병사를 지휘할 수 있는 그릇이지만, 자신은 병사의 수가 많을수록 잘 지휘할 수 있다고 한 말에서 유래. <출> 사기(史記) 회음후열전(淮陰侯列傳).

多聞博識(다문박식) [60624252] 보고 들은 것이 많고 아는 것이 많음.

多事多難(다사다난) [60726042] 여러 가지 일도 많고 어려움이나 탈도 많음.

多士濟濟(다사제제) [60524242] 여러 선비가 모두 뛰어나다는 늣으로 훌륭한 인재가 낳음을 이름 <출> 시경(詩經) (유) 濟濟多士

多少不計(다소불계) [60707262] 많고 적음을 헤아리지 아니함.

多才多能(다재다능) [60626052] 재주가 많고 능력이 많음.

多錢善賈(다전선고) [60405012] 長袖善舞 참조. 밑천이 넉넉하면 장사를 잘할 수 있음.

多情多感(다정다감) [60526060] 정이 많고 감정이 풍부함.

多情多恨(다정다한) [60526040] 유난히 잘 느끼고 또 원한도 잘 가짐 또는 애틋한 정도 많고 한스러운 일도 많음

多賤寡貴(다천과귀) [60323250] 많으면 천하고 적으면 귀하다는 말로 모든 물건은 많고적음에 따라 그 가치가 정하여짐

斷金之契(단금지계) [42803232] 管鮑之交 참조. 쇠라도 자를 만큼 굳은 약속. 매우 두터운 우정.

斷金之交(단금지교) [42803260] 管鮑之交 참조. 쇠라도 자를 만큼 강한 사귐. 매우 두터운

우정.

斷機之戒(단기지계) [42403240] 斷機之敎 참조. 짜던 베를 끊어 훈계함.

斷機之敎(단기지교) [42403280] 학문을 중도에서 그만두면 짜던 베의 날을 끊는 것처럼 아무 쓸모없음. <출> 맹자가 수학(修學) 도중에 집에 돌아오자, 그의 어머니가 짜던 베를 끊어 그를 훈계하였다는 데서 유래. . <출> 열녀전(列女傳) 모의전(母儀傳) 추맹가모(鄒孟軻母)조. (유) 孟母三遷, 孟母三遷之敎, 三徙, 三遷之敎, 孟母斷機, 斷機之戒

單刀直入(단도직입) [42327270] 혼자서 칼 한 자루를 들고 적진으로 곧장 쳐들어감. 여러 말을 늘어놓지 아니하고 바로 핵심적인 것을 말함.

單獨一身(단독일신) [42528062] 孑孑單身 참조. 홀몸.

斷爛朝報(단란조보) [42206042] 토막이 나고 일관성이 없는 단편적인 기사밖에 실려 있지 않은 틀에 박힌 보도 <출> 송사(宋史)

單文孤證(단문고증) [42704040] 한 쪽의 문서, 한 개의 증거라는 뜻으로, 불충분한 증거 (상) 博引旁證

簞食豆羹(단사두갱) [10724210] 대나무로 만든 밥그릇 하나에 담은 밥과 제기(祭器) 하나에 떠 놓은 국. 변변치 못한 음식. <출> 맹자(孟子). (유) 一簞食一豆羹, 單食壺漿

簞食瓢飮(단사표음) [10720262] 대나무로 만든 밥그릇에 담은 밥과 표주박에 든 물. 청빈하고 소박한 생활. <출> 논어(論語) 옹야편(雍也篇). (유) 簞瓢, 一簞一瓢, 一簞食一瓢飮, 簞瓢陋巷, 陋巷簞瓢

單食壺漿(단사호장) [42720210] 도시락 밥과 병에 담은 음료수라는 뜻으로, 변변치 못한 음식 (유) 簞食豆羹

斷袖之嬖(단수지폐) [42103202] 소매를 자르는 사랑이란 뜻으로 동성애를 이렇게 말함 <출> 한서(漢書) 동현전(董賢傳)

丹脣皓齒(단순호치) [32301242] 傾國之色 참조. 붉은 입술과 하얀 치아. 아름다운 여자.

丹崖靑壁(단애청벽) [32108042] 비범하고 고결한 인품을 가진, 한 번 뵙기도 어려운 사람을 만남 <출> 서언고사(書言故事)

斷長補短(단장보단) [42803262] 絶長補短 참조. 긴 곳을 잘라 짧은 곳을 보충함.

斷章取義(단장취의) [42604242] 남의 글에서 전체의 뜻과는 관계없이 자기가 필요한 부분만을 따서 마음대로 해석하여 씀 <출> 춘추좌씨전(春秋左氏傳) 양공(襄公)

簞瓢陋巷(단표누항) [10021030] 簞食瓢飮 참조. 대나무 밥그릇의 밥과 표주박 물을 마시며 누추한 거리에서 삶.

斷港絶潢(단항절황) [42424202] 흘러갈 곳이 끊어진 지류와 이어질 곳이 없는 못이라는 뜻으로, 연락이 끊어짐

膽大心小(담대심소) [20807080] 문장을 지을 때, 담력은 크게 가지되 주의는 세심해야 함. 구당서(舊唐書) 방기전(方伎傳) 손사막(孫思邈)조.

膽大於身(담대어신) [20803062] 쓸개가 몸보다도 크다는 뜻으로, 담력이 큼을 말함 <출> 당서(唐書)

淡石花醢(담석화해) [32607000] 물굴젓. 매우 묽게 담가 국물이 많은 굴젓

談笑自若(담소자약) [50427232] 근심이나 놀라운 일을 당하였을 때도 보통 때와 같이 웃고 이야기하며 침착함. (유) 言笑自若

淡水之交(담수지교) [32803260] 管鮑之交 참조. 맑은 물의 사귐. 담박(淡泊)하고 변함이 없는 우정. <출> . <출> 장자(莊子) 외편(外篇) 산목(山木) 第二十.

膽如斗大(담여두대) [20424280] 한 말들이 말처럼 배짱이 크다는 뜻으로 배짱이 두둑함 <출> 삼국지(三國志)

談天彫龍(담천조룡) [50702040] 전국시대 제(齊)나라의 추연(騶衍)과 추석(騶奭)의 고사에서 천상(天象)을 이야기하고 용을 조각한다는 뜻으로 변론이나 문장이 원대하고 고상함을 이르는 말 <출> 사기(史記) (유) 談天雕龍

幢竿支柱(당간지주) [02104232] 절의 문 앞에 세우는 기(幢)를 다는 짐대(竿)를 받쳐 세우는 기둥.

堂狗風月(당구풍월) [62306280] 서당에서 기르는 개가 계속하여 글 읽는 소리를 들으면 풍월을 읊음. 한 분야에서 오래되면 노력하지 않아도 얼마간의 경험과 지식을 지니게 됨.

當機立斷(당기입단) [52407242] 그 자리에서 바로 결단을 내림 <출> 춘추좌씨전(春秋左氏傳)

黨同伐異(당동벌이) [42704240] 일의 옳고 그름은 따지지 않고 뜻이 같으면 한 무리가 되고 그렇지 않으면 공격함. *2004년 올해의 사자성어 <출> 후한서(後漢書) 당동전(黨同傳). (유) 黨閥, 同黨伐異, 黨利黨略

螳螂拒轍(당랑거철) [10024010] 강한 상대나 되지 않을 일에 덤벼드는 부모한 행동거지. 제나라 장공(莊公)이 사냥을 나가는데 사마귀가 앞발을 들고 수레바퀴를 멈추려 했다는 데서 유래. <출> . <출> 장자(莊子) 인간세편(人間世篇). (유) 螳螂當車轍, 螳螂之斧

螳螂窺蟬(당랑규선) [10021002] 눈앞의 이익에만 정신이 팔려 뒤에 닥친 위험을 깨닫지 못함. 사마귀가 매미를 덮치려고 엿보는 데에만 정신이 팔려 참새가 자신을 엿보고 있음을 몰랐다는 데서 유래. (유) 螳螂搏蟬, 螳螂在後

螳螂搏蟬(당랑박선) [10021002] 螳螂窺蟬 참조. 사마귀가 매미를 잡음.

螳螂在後(당랑재후) [10026072] 螳螂窺蟬 참조. (위험이) 사마귀의 뒤에 있음.

螳螂之斧(당랑지부) [10023210] 螳螂拒轍 참조. 사마귀의 도끼(발).

螳臂當車(당비당거) [10105272] 사마귀의 팔뚝이 수레를 당하다라는 뜻으로 막을 수 없는

세력에 대항하려는 무모한 행동 <출> 회남자(淮南子)

當意卽妙(당의즉묘) [52623240] 그 자리에서 잘 적응하고 재치있게 행동함 또는 임기응변(臨機應變)으로 말을 잘 골라 표현함

大喝一聲(대갈일성) [80108042] 크게 외치는 한마디의 소리 <출> 수호전(水滸傳)

大驚失色(대경실색) [80406070] 크게 놀라 얼굴빛이 하얗게 됨. (유) 大驚失性

大巧若拙(대교약졸) [80323230] 아주 교묘한 재주를 가진 사람은 그 재주를 자랑하지 아니하므로 언뜻 보기엔 서투른 것 같음

大器晩成(대기만성) [80423262] 큰 그릇을 만드는 데는 시간이 오래 걸림. 크게 될 사람은 늦게 이루어짐. <출> 노자(老子) 사십일장(四十一章), 삼국지 위서(魏書) 최염(崔琰)전.

大南寔錄(대남식록) [80800242] 베트남 마지막 왕조인 阮朝(완조)의 실록.

大膽無雙(대담무쌍) [80205032] 담력이 크기가 어디에 비할 데가 없음

大同小異(대동소이) [80708040] 큰 차이 없이 거의 같음. (유) 五十笑百

大明天地(대명천지) [80627070] 아주 환하게 밝은 세상.

戴盆望天(대분망천) [20105270] 머리에 동이를 이고 하늘을 바라보려 함. 한 번에 두 가지 일을 함께 하기 어려움.

大書特記(대서특기) [80626072] 大書特筆 참조. 글자를 크게 쓰고 특별하게 보이게 기록함.

大書特書(대서특서) [80626062] 大書特筆 참조. 글자를 크게 쓰고 특별하게 보이게 씀.

大書特筆(대서특필) [80626052] 글자를 크게 쓰고 특별하게 보이게 씀. 신문 따위의 출판물에서 어떤 기사에 큰 비중을 두어 다룸. (유) 大書特記, 大書特書, 大字特書, 特筆大書

大聲痛哭(대성통곡) [80424032] 큰 소리로 몹시 슬프게 곡을 함.

對岸之火(대안지화) [62323280] 강 건너 불이라는 뜻으로, 아무 관계도 없다는 듯이 관심이 없음

大逆無道(대역무도) [80425072] 사람의 도리를 거스르는 행위로 예전에는 임금에 대한 거스름을 뜻함 <출> 한서(漢書) (유) 大逆不道

對牛彈琴(대우탄금) [62504032] 馬耳東風 참조. 소귀에 거문고 소리란 뜻으로 어리석은 사람에게 깊은 이치를 알려주어도 소용없음 <출> 남조(南朝) 양(梁)나라 승우(僧祐)의 홍명집(弘明集).

大義滅親(대의멸친) [80423260] 대의를 위해서는 친족도 멸함. 국가나 사회의 대의를 위해서는 부모 형제의 정도 돌보지 않음. <출> 춘추좌씨전(春秋左氏傳) 은공(隱公) 三四年條.

大義名分(대의명분) [80427262] 사람으로서 마땅히 지키고 행하여야 할 도리나 본분. 어떤 일을 꾀하는 데 내세우는 합당한 구실이나 이유.

代人捉刀(대인착도) [62803032] 남을 대신하여 일을 함. 흉노(匈奴)의 사신이 위(魏)나라 무제(武帝)를 만나러 왔을 때, 위무제는 대신(大臣) 최계각(崔季珪)으로 하여금 흉노의 사신을 접견하게 하고, 자신

은 칼을 잡고 시위(侍衛)처럼 서있었다는 데서 유래. <출> 세설신어(世說新語) 용지(容止)편.

對人春風(대인춘풍) [62807062] 남을 대할 때는 봄바람과 같이 부드럽게 대함. (상) 持己秋霜

大人虎變(대인호변) [80803252] 호랑이털이 가을이 되어 그 무늬가 뚜렷해지듯 훌륭한 사람은 스스로를 새롭게 하여 큰 변화를 이룰 수 있음 <출> 역경(易經)

大慈大悲(대자대비) [80328042] 넓고 커서 끝이 없는 부처와 보살의 자비, 관세음보살이 중생을 사랑하고 불쌍히 여기는 마음.

大字特書(대자특서) [80706062] 大書特筆 참조. 큰 글자로 특별하게 보이게 씀.

大材小用(대재소용) [80528062] 牛鼎烹鷄 참조. 큰 재목(材木)이 작게 쓰임. 큰 재목은 큰 일에 쓰여야 함.

對症下藥(대증하약) [62327262] 증세에 맞게 약을 써야 함. 문제의 핵심을 바로 보고 대처해야함. 화타(華佗)가 증상이 똑같은 두 사람에게 각기 다른 약을 먹게 한 데서 유래. <출> 삼국지(三國志) 위서(魏書) 화타전(華佗傳).

大智如愚(대지여우) [80404232] 큰 지혜를 가진 사람은 잔재주를 부리지 않으므로 언뜻 보기에는 어리석게 보임

戴天之讎(대천지수) [20703210] 不共戴天 참조. 한 하늘을 이고 살지 못할 원수.

大廈棟梁(대하동량) [80022032] 큰 집을 지을 때 쓰는 기둥과 대들보라는 말로 뛰어난 인재를 이름 <출> 회남자(淮南子) (유) 棟梁之臣

大寒索裘(대한색구) [80503200] 혹한이 닥쳐 오자 갖옷을 찾는다는 뜻으로, 미리 대비하지 못하고 일이 닥친 뒤에야 허둥거림 <출> 양자법언(揚子法言)

大海一粟(대해일속) [80728030] 九牛一毛 참조. 큰 바다의 좁쌀 하나.

大海一滴(대해일적) [80728030] 九牛一毛 참조. 큰 바다의 물 한 방울.

德無常師(덕무상사) [52504242] 덕(德)을 닦는 데는 일정한 스승이 없음. 마주치는 환경, 마주치는 사람 모두가 수행에 도움이 됨.

德本財末(덕본재말) [52605250] 사람이 살아가는 데 덕(德)이 근본이고, 재물(財物)은 사소함.

德輶如毛(덕유여모) [52004242] 덕을 행함은 털의 가벼움같이 쉬움 <출> 시경(詩經)

德必有隣(덕필유린) [52527030] 덕이 있으면 따르는 사람이 있어 외롭지 않음. <출> 논어(論語) 이인편(里仁篇). (유) 德不孤必有隣, 德不孤

陶犬瓦鷄(도견와계) [32403240] 흙으로 구워 만든 개와 기와로 만든 닭이라는 뜻으로, 겉모습만 훌륭하고 실속이 없어 아무 쓸모도 없는 사람 <출> 금루자(金樓子)

圖窮匕見(도궁비현) [62401052] 진왕(秦王) 정(政:뒷날 진시황)을 암살할 계획을 꾸미던 형가(荊軻)라는 자객이 지도를 풀자 그 안에 감추었던 비

수가 나왔다는 고사에서 일이 탄로 나고 음모가 드러남을 뜻함 <출> 사기(史記)

跳梁跋扈(도량발호) [30321012] 나쁜 사람들이 거리낌 없이 날뜀

徒勞無功(도로무공) [40525062] 勞而無功 참조. 헛되고 공훈이 없음. <출> . <출> 장자(莊子) 천운(天運)편.

徒勞無益(도로무익) [40525042] 勞而無功 참조. 헛되고 실익이 없음.

屠龍之技(도룡지기) [10403250] 용을 잡는 재주. 쓸데없는 재주. <출> 전국시대 주평만이라는 자는 용을 죽이는 방법을 지리익에게서 배우느라 천금이나 되는 가산을 탕진하여 삼 년 만에 그 재주를 이어받았지만, 그 재주를 쓸 데가 없었다는 데서 유래. <출> . <출> 장자(莊子) 열어구편(列禦寇篇).

倒履相迎(도리상영) [32325240] 신발을 거꾸로 신고 나가 손님을 맞이한다는 뜻으로, 손님을 반갑게 맞이함 <출> 한서(漢書) (유) 倒履迎之, 倒履迎客

道謀是用(도모시용) [72324262] 집을 짓는 데 길가는 사람들에게 의견을 물으면 모두 달라 집을 지을 수 없다는 말로 주관 없이 남의 의견만 좇는 사람은 성공할 수 없음을 이름 <출> 시경(詩經)

屠門戒殺(도문계살) [10804042] 푸줏간에서 죽이기를 경계한다는 뜻으로, 전혀 있을 수 없는 일을 말함 <출> 순오지(旬五志) (유) 屠門談佛

道傍苦李(도방고리) [72306060] 길옆의 쓴 자두나무. 사람들이 버린 물건이나 무용지물. 진서(晋書) 왕융전(王戎傳).

塗不拾遺(도불습유) [30723240] 道不拾遺 참조. 길에 떨어진 물건도 주워 가지 않음.

道不拾遺(도불습유) [72723240] 나라가 잘 다스려지고 풍속이 아름다워서 길에 떨어진 물건도 주워 가지 않음. <출> 한비자(韓非子) 외저설(外儲說) 좌상편(左上篇). (유) 路不拾遺, 塗不拾遺, 堯舜時代, 堯舜之節, 堯舜時節, 太平聖代

徒費脣舌(도비순설) [40503040] 공연히 말만 많이 하고 아무 보람이 없음

桃色雜誌(도색잡지) [32704040] 색정에 관한 내용을 담은 잡지.

徒手體操(도수체조) [40726250] 맨손체조.

盜亦有道(도역유도) [40327072] 도둑에게도 도둑 나름의 도덕이 있음을 이름.

桃園結義(도원결의) [32605242] 의형제를 맺음. 유비, 관우, 장비가 도원에서 의형제를 맺은 데에서 유래. <출> 삼국지연의(三國志演義). (유) 結義兄弟, 盟兄弟

悼二將歌(도이장가) [20804270] 두 장수를 애도하는 노래, 고려 예종이 지은 8구체 향가로 예종 15년(1120) 서경 팔관회가 열렸을 때, 개국 공신인 신숭겸과 김낙 두 장수의 공을 추도하기 위하여 지음.

陶走猗頓(도주의돈) [32420012] 도주(陶走)는 춘추(春秋) 시대(時代) 월(越)의 범여(范蠡), 의돈(猗頓)은 노국(魯國)의 부호로 막대한 재산이나 돈이

많은 부자를 말함 <출> 史記(사기) 殖貨列傳(식화열전) (유) 猗頓之富, 陶朱之富, 陶猗, 陶走猗頓之富

盜憎主人(도증주인) [40327080] 도둑은 주인을 미워함. 자기와 반대되는 입장에 있는 사람을 미워함.

到處春風(도처춘풍) [52427062] 四面春風 참조. 이르는 곳마다 봄바람.

道聽塗說(도청도설) [72403052] 街談巷說 참조. 길거리에 떠도는 소문. <출> 논어(論語) 양화(陽貨)편.

倒置干戈(도치간과) [32424020] 무기를 거꾸로 놓는다는 뜻으로, 세상이 평화로워졌음을 이르는 말 <출> 史記

塗炭之苦(도탄지고) [30503260] 진구렁에 빠지고 숯불에 타는 괴로움. 비참한 생활. <출> 서경(書經)의 중훼지고편(仲虺之誥篇).

倒行逆施(도행역시) [32604242] 차례나 순서를 바꾸어서 행함.

獨當一面(독당일면) [52528070] 혼자서 한 방면이나 한 부문의 임무를 담당하는 것 <출> 한서(漢書) 장량전(張良傳)

獨不將軍(독불장군) [52724280] 혼자서는 장군이 될 수 없음. 무슨 일이든 자기 생각대로 혼자서 처리하는 사람. 다른 사람에게 따돌림을 받는 외로운 사람. 남과 의논하고 협조하여야 함.

讀書亡羊(독서망양) [62625042] 글을 읽는 데 정신이 팔려서 먹이고 있던 양을 잃음. 하는 일에는 뜻이 없고 다른 생각만 하다가 낭패를 봄. <출> . <출> 장자(莊子) 외편(外篇) 변무편(騈拇篇).

讀書三到(독서삼도) [62628052] 독서를 하는 세 가지 방법. 입으로 다른 말을 아니하고 책을 읽는 구도(口到), 눈으로 다른 것을 보지 않고 책만 잘 보는 안도(眼到), 마음속에 깊이 새기는 심도(心到). (유) 三到

讀書三昧(독서삼매) [62628010] 오직 책읽기에만 집중함

讀書三餘(독서삼여) [62628042] 책을 읽기에 적당한 세 가지 여유있는 때. 겨울, 밤, 비가 올 때. (유) 三餘

讀書尙友(독서상우) [62623252] 책을 읽음으로써 옛날의 현인들과 벗이 될 수 있음. <출> 맹자(孟子) 만장하(萬章下).

獨守空房(독수공방) [52427242] 혼자서 빈방을 지킴, 혼자 지냄, 아내가 남편 없이 혼자 지냄.

獨也靑靑(독야청청) [52308080] 홀로 푸르름. 남들이 모두 절개를 꺾는 상황 속에서도 홀로 절개를 굳세게 지키고 있음을 비유적으로 이름.

獨掌難鳴(독장난명) [52324240] 孤掌難鳴 참조. 외손바닥으로는 울림을 내기 어려움.

頓首百拜(돈수백배) [12527042] 머리가 땅에 닿도록 수없이 계속 절을 함. 百拜는 반드시 백번 절한다는 뜻이 아니라 그만큼 많이 절한다는 뜻.

頓悟漸修(돈오점수) [12323242] 한번에 깨달음을 얻었다 할지라도 아직은 부족하기 때문에 지속적으로 부족함을 닦아 나가야함

豚蹄一酒(돈제일주) [30108040] 돼지 발굽과 술 한 잔. 작은 물건으로 많은 물건을 구하려고 하는 것을 비꼬아 하는 말. <출> 사기(史記) 골계열전(滑稽列傳).

突然變異(돌연변이) [32705240] 생물체에서 어버이의 계통에 없던 새로운 형질이 나타나 유전하는 현상.

東家之丘(동가지구) [80723232] 동쪽 이웃집에 사는 공자를 어리석은 이웃사람으로 알고 동가구(東家丘)라고 했다는 고사에서 이웃의 유명한 사람을 알아보지 못함 <출> 공자가어(孔子家語)

同價紅裳(동가홍상) [70524032] 같은 값이면 나홍치마. 같은 값이년 좋은 물건을 가심.

同苦同樂(동고동락) [70607062] 괴로움도 즐거움도 함께 함.

同工異曲(동공이곡) [70724050] 같은 재주에 다른 곡조. 재주나 솜씨는 같지만 표현된 내용이나 맛이 다름. <출> 한유(韓愈)의 진학해(進學解). (유) 同工異體, 同巧異曲, 同巧異體

同工異體(동공이체) [70724062] 同工異曲 참조. 같은 재주에 만든 것은 다른 형체.

同巧異曲(동교이곡) [70324050] 同工異曲 참조. 같은 재주에 만든 것은 다른 곡조.

同巧異體(동교이체) [70324062] 同工異曲 참조. 같은 재주에 만든 것은 다른 형체.

同根連枝(동근연지) [70604232] 같은 뿌리에서 나온 잇닿은 나뭇가지. 형제자매(兄弟姉妹).

同氣相求(동기상구) [70725242] 同病相憐 참조. 같은 기운끼리 서로를 구함.

同黨伐異(동당벌이) [70424240] 黨同伐異 참조. 뜻이 같으면 무리를 이루고 다르면 공격함.

棟梁之器(동량지기) [20323242] 마룻대와 들보 역할을 할만한 그릇. 한 집안이나 한 나라를 떠받치는 중대한 일을 맡을 만한 인재. <출> 오월춘추(吳越春秋) 구천입신외전(句踐入臣外傳). (유) 棟梁之材, 棟梁, 干城之材, 干城, 命世之才, 命世才

棟梁之材(동량지재) [20323252] 棟梁之器 참조. 마룻대와 들보 역할을 할만한 재목.

同流合汚(동류합오) [70526030] 세상의 흐름에 동조하고 세상의 더러운 것과도 합류함 <출> 맹자(孟子) 진심장구하(盡心章句下) '同乎流俗 合乎汚世'의 준말

動脈硬化(동맥경화) [72423252] 동맥의 벽이 두꺼워지고 굳어져서 탄력을 잃는 질환.

同名異人(동명이인) [70724080] 같은 이름을 가진 서로 다른 사람.

同文同軌(동문동궤) [70707030] 글자체를 한가지로 하고 수레의 너비를 같게 함. 천하가 통일된 상태. (유) 車同軌, 書同文, 車同軌書同文

東問西答(동문서답) [80708072] 동쪽을 물으니 서쪽으로 답함. 물음과는 전혀 상관없는 엉뚱한 대답. (유) 問東答西

洞房華燭(동방화촉) [70424030] 신부의 방에 촛불이 아름답게 비친다는 뜻으로, 신랑이 신부(의 방에서 첫날밤을 지내는 일 또는 결혼식를 이르는 말

同病相憐(동병상련) [70605230] 같은 병을 앓는 사람끼리 서로 가엾게 여김. 어려운 처지

에 있는 사람끼리 서로 가엾게 여김. <출> 오월춘추(吳越春秋) 합려내전(闔閭內傳). (유) 同舟相救, 同氣相求, 同聲相應, 類類相從, 草綠同色

東奔西走(동분서주) [80328042] 동쪽으로 뛰고 서쪽으로 뜀. 사방으로 이리저리 몹시 바쁘게 돌아다님. (유) 東西奔走, 東走西奔, 東馳西走, 南船北馬

凍氷寒雪(동빙한설) [32505062] 얼어붙은 얼음과 차가운 눈, 심한 추위를 이름.

東山高臥(동산고와) [80806230] 悠悠自適 참조. 동산에서 베개를 높이하고 누워 잠. 속세의 번잡함을 피하여 산중에 은거함. 진(晋)나라의 사안이 속진(俗塵)을 피하여 절강성(浙江省) 동산(東山)에 은거하였다는 데서 유래. <출> 세설신어(世說新語) 언어(言語)편.

東山再起(동산재기) [80805042] 동진의 사인이 일찍이 동산으로 은퇴했다가 다시 큰 벼슬을 하게 된 고사로, 물러난 사람이나 실패한 사람이 다시 일어나 세상에 나옴을 뜻함 <출> 진서(晉書)

同床各夢(동상각몽) [70426232] 同床異夢 참조. 같은 자리에 자면서 저마다 다른 꿈을 꿈.

同床異夢(동상이몽) [70424032] 같은 자리에 자면서 다른 꿈을 꿈. 겉으로는 같이 행동하면서도 속으로는 각각 딴 생각을 하고 있음. (유) 同牀各夢

同牀異夢(동상이몽) [70024032] 같은 자리에 자면서 다른 꿈을 꿈, 겉으로는 같이 행동하면서도 속으로는 각각 딴생각을 하고 있음. (유) 同牀各夢

東西古今(동서고금) [80806062] 동양과 서양, 옛날과 지금을 통틀어 이르는 말.

東西南北(동서남북) [80808080] 동쪽과 서쪽, 남쪽과 서쪽. 사방.

東西奔走(동서분주) [80803242] 東奔西走 참조. 동쪽과 서쪽을 오고가며 달림.

冬扇夏爐(동선하로) [70107032] 夏爐冬扇 참조. 겨울의 부채와 여름의 화로. 무용지물(無用之物)을 이름.

同姓同本(동성동본) [70727060] 姓(성)과 본관이 모두 같음.

同聲相應(동성상응) [70425242] 同病相憐 참조. 같은 소리끼리는 서로 응하여 울림. 같은 무리끼리 서로 통하고 자연히 모임.

同性戀愛(동성연애) [70523260] 같은 性(성)끼리 하는 연애.

同心同德(동심동덕) [70707052] 일치단결된 마음. <출> 상서(尙書) 태서(泰書).

同惡相助(동악상조) [70525242] 악인도 서로 돕는다는 뜻으로, 같은 무리끼리 서로 도움 <출> 사기(史記)

同業相仇(동업상구) [70625210] 일을 함께 하면 이해 관계로 서로 원수가 되기 쉬움 <출> 소서(素書)

童牛角馬(동우각마) [62506250] 뿔이 없는 송아지와 뿔이 있는 말의 뜻으로 도리에 어긋남

同而不和(동이불화) [70307262] 겉으로는 동의를 표시하면서도 내심은 그렇지 않은 하찮은 소인의 사귐 <출> 논어(論語) (상) 和而不同

東夷西戎(동이서융) [80308010] 동쪽 오랑캐와 서쪽 오랑캐.

凍足放尿(동족방뇨) [32726220] 姑息之計 참조. 언 발에 오줌 누기. 잠시 동안만 효력이 있음. 임시방편의 계책.

同族相殘(동족상잔) [70605240] 같은 겨레끼리 서로 싸우고 죽임.

同舟相救(동주상구) [70305250] 同病相憐 참조. 같은 배를 탄 사람끼리 서로 도움. 같은 운명이나 처지에 놓이면 아는 사람이나 모르는 사람이나 서로 돕게 됨. 손자(孫子) 구지(九地)편.

東走西奔(동주서분) [80428032] 東奔西走 참조. 동쪽으로 달리고 서쪽으로 달림.

動輒見敗(동첩견패) [72025250] 무슨 일이든지 해 보려고 움직이기만 하면 번번이 실패를 봄

東推西貸(동추서대) [80408032] 이곳 저곳에서 빚을 짐 (유) 東西貸取, 東取西貸

東衝西突(동충서돌) [80328032] 左衝右突 참조. 동쪽에서 부딪히고 서쪽에서 부딪힘.

東馳西走(동치서주) [80108042] 東奔西走 참조. 동쪽으로 달리고 서쪽으로 달림.

東敗西喪(동패서상) [80508032] 이르는 곳마다 실패하거나 망함

東海揚塵(동해양진) [80723220] 동해에 티끌만 날림, 바다가 육지로 변함, 세상 일의 변화가 큼. (유) 桑田碧海(상전벽해)

董狐之筆(동호지필) [12103252] 사실을 숨기지 아니하고 그대로 씀. <출> 춘추시대 진(晋)나라의 사관(史官)이었던 동호(董狐)가 위세를 두려워하지 않고 사실을 직필(直筆)하였다는 데서 유래. <출> 춘추좌씨전(春秋左氏傳) 선공이년조(宣公二年條). (유) 太史之簡

冬烘先生(동홍선생) [70028080] 겨울철에 방 안에 앉아 불만 쬐고 있는 훈장. 학문만 하여 세상 물정에 어두운 사람.

杜口裹足(두구과족) [12700072] 입을 다물고 발을 싸맨다는 뜻으로, 반대하면서도 말하지 않고 따르지 않는 태도로 소신껏 하지 못함 <출> 사기(史記)

斗南一人(두남일인) [42808080] 북두칠성의 남쪽(온 천하)의 단 한 사람. 천하에 으뜸가는 훌륭한 인물.

頭童齒闊(두동치활) [60624210] 머리가 벗어지고, 이가 빠져 사이가 벌어진다는 뜻으로, 곧 늙음을 이름

杜門不出(두문불출) [12807270] 문을 닫고 나가지 아니함. 집에서 은거하면서 관직에 나가지 아니하거나 사회의 일을 하지 아니함.

頭髮上指(두발상지) [60407242] 머리털이 곤두선다는 뜻으로 심하게 화난 모습 <출> 사기(史記) 항우(項羽) (유) 髮植穿冠, 髮衝冠, 怒髮衝冠

斗折蛇行(두절사행) [42403260] 북두칠성처럼 꺾여 구부러지고 뱀이 기어가듯 꼬불꼬불함 <출> 유종원(柳宗元)의 시

杜漸防萌(두점방맹) [12324210] 점(漸)은 사물의 처음. 맹(萌)은 싹. 싹이 나오지 못하게 막음. 좋지 못한 일의 조짐이 보였을 때 즉시 그 해로운

것을 제거해야 더 큰 해(害)가 되지 않음.

斗酒不辭(두주불사) [42407240] 말술도 사양하지 않음. 술을 매우 잘 마심. <출> 사기(史記) 항우본기(項羽本紀).

頭寒足熱(두한족열) [60507250] 머리는 차게, 발은 따뜻하게 하면 건강에 좋음

得過且過(득과차과) [42523052] 그럭저럭 되는대로 지낸다는 뜻으로 중국 오대산에 다리 넷에 날개가 달린 괴상한 짐승의 울음소리가 '得過且過,得過且過(그럭저럭 지내자, 그럭저럭 지내자)'하는 것처럼 들려서 그 이름을 한호충 또는 한호조라고 했다는 고사에서 나옴 <출> 남촌철경록

得隴望蜀(득롱망촉) [42005212] 만족할 줄을 모르고 계속 욕심을 부림. 魏(위)나라 曹操(조조)는 농 땅을 수중에 넣고 촉까지 욕심내지는 않았다는 데서 유래. 또 후한의 광무제가 농을 평정한 후에 다시 촉 지방까지 원하였다는 데에서도 유래. <출전> 三國志, 後漢書 光武記 獻帝記. (유) 望蜀, 平隴望蜀, 望蜀之歎, 谿壑之慾, 溪壑

得魚忘筌(득어망전) [42503002] 물고기를 잡고 나면 통발을 잊어버림. 목적을 이루면 그때까지 수단으로 삼았던 사물은 무용지물이 됨. <출> 장자(莊子) 외물(外物)편.

得意忘形(득의망형) [42623062] 뜻을 얻어 자신의 형체마저 잊어버린다는 뜻으로 우쭐거리는 태도 <출> 진서(晉書)

得意揚揚(득의양양) [42623232] 뜻한 바를 이루어 우쭐거리며 뽐냄. <출> 사기(史記) 관안열전(管晏列傳). (유) 意氣揚揚

得一忘十(득일망십) [42803080] 한 가지를 얻고 열 가지를 잃어버림. 기억력이 좋지 못함 (상) 聞一知十

登高而招(등고이초) [70623040] 높은 곳에 올라 부르면 먼 곳에 있는 사람도 잘 볼 수 있으므로, 효과를 올리기 위하여 물선을 잘 이용함 또는 배움에 의해 높은 깨달음을 얻음 <출> 순자(荀子)

登高自卑(등고자비) [70627232] 높은 곳에 오르려면 낮은 곳에서부터 시작함. 일을 순서대로 하여야 함. 지위가 높아질수록 자신을 낮춤.

登樓去梯(등루거제) [70325010] 다락에 오르게 하고 사다리를 치움. 사람을 꾀어서 어려운 처지에 빠지게 함 <출> 송남잡식(宋南雜識)

謄寫雜誌(등사잡지) [20504040] 원본을 가지고 등사기로 베끼어 발간한 잡지.

騰勇副尉(등용부위) [30624220] 조선시대, 잡직 정칠품 무관의 품계.

燈下不明(등하불명) [42727262] 등잔 밑이 어두움. 가까이에 있는 물건이나 사람을 잘 찾지 못함.

燈火可親(등화가친) [42805060] 등불을 가까이할 만함. 서늘한 가을밤은 등불을 가까이 하여 글 읽기에 좋음. <출> 한유(韓愈) 부독서성남(符讀書城南).

馬脚露出(마각노출) [50323270] 말의 다리가 드러난다는 뜻으로, 숨기려던 모습이 드러남 <출> 원곡(元曲)

痲姑搔癢(마고소양) [32321010] 마고 선녀가 긴 손톱으로 가려운 데를 긁음. 바라던 일이 뜻대로 잘됨. <출> 신선전(神仙傳) 마고(痲姑). (유) 痲姑爬痒

痲姑爬痒(마고파양) [32321002] 마고 선녀가 가려운 데를 긁어 줌, 일이 뜻대로 됨, 痲姑는 선녀의 이름으로 손톱이 길었는데, 채경이라는 사람이 이 손톱을 보고 등을 긁으면 좋겠다고 생각한 데서 유래. <출> 神仙傳. (유) 痲姑搔痒(마고소양)

痲姑爬癢(마고파양) [32321010] 痲姑搔癢 참조. 마고 선녀가 긴 손톱으로 가려운 데를 긁음.

摩拳擦掌(마권찰장) [20321032] 주먹과 손바닥을 비빈다는 뜻으로, 힘을 모아서 나아갈 기회를 엿봄

磨斧爲針(마부위침) [32104240] 愚公移山 참조. 도끼를 갈아 바늘을 만듦.

磨斧爲鍼(마부위침) [32104210] 磨斧爲針 참조. 도끼를 갈아 바늘을 만듦.

磨斧作針(마부작침) [32106240] 愚公移山 참조. 도끼를 갈아 바늘을 만듦. 작은 노력이라도 끈기있게 계속하면 큰 일을 이룰 수 있음. <출> 당서(唐書) 문원전(文苑傳).

磨斧作鍼(마부작침) [32106210] 磨斧作針 참조. 도끼를 갈아 바늘을 만듦.

馬首是瞻(마수시첨) [50524212] 춘추시대, 12개국과 연합하여 秦나라 공략에 나섰을 때 총지휘를 맡은 진(晉)의 장군 순언(荀偃)은 '오직 나의 말머리가 향하는 쪽을 보고 따라오라(唯余馬首是瞻)'고 명령을 내렸다는 고사로 말 머리 가는 방향을 보고 따르라는 뜻이며 흐트러짐 없는 행동함을 이름 <출> 춘추좌씨전(春秋左氏傳)

馬耳東風(마이동풍) [50508062] 牛耳讀經 참조. 말귀에 동쪽바람. 남의 말을 귀담아 듣지 않고 그대로 흘려버림. <출> 이백(李白) 답왕십이한야독작유회(答王十二寒夜獨酌有懷). (유) 如風過耳, 牛耳讀經, 對牛彈琴, 牛耳誦經

磨杵作鍼(마저작침) [32026210] 愚公移山 참조. 절굿공이를 갈아 침을 만듦.

摩頂放踵(마정방종) [20326210] 정수리부터 갈아 닳아져서 발꿈치까지 이른다는 뜻으로, 자기를 돌보지 아니하고 온힘을 다함 <출> 맹자(孟子)

痲中之蓬(마중지봉) [32803212] 近墨者黑 참조. 삼밭에 나는 쑥. 선한 사람과 사귀면 그 감화를 받아 자연히 선해짐.

馬齒莧科(마치현과) [50420062] 쌍떡잎식물 갈래꽃류의 한 과인 쇠비름과. 전 세계에 약 500종이 분포하는데 우리나라에는 쇠비름, 채송화의 2종이 분포함

馬革裹屍(마혁과시) [50400020] 말가죽으로 시체를 쌈. 전쟁터에서 죽음. 전쟁에 나가는

용장(勇將)의 각오. <출> 후한서(後漢書) 마원전(馬援傳). (유) 裹革之尸, 裹革

馬好替乘(마호체승) [50423032] 말도 갈아타는 것이 좋다는 뜻으로, 예전 것도 좋기는 하지만 새것으로 바꾸어 보는 것도 즐거움 <출> 동언해(東言解)

莫無可奈(막무가내) [32505030] 어찌할 수 없음. 莫無可奈를 '어찌할수 없는 것이 아님'으로 풀이하지 않도록 주의해야 함. (유) 莫可奈何(막가내하) 無可奈何(무가내하) 無可奈(무가내)

莫上莫下(막상막하) [32723272] 難兄難弟 참조. 누구를 위라 하고 누구를 아래라 하기 어려움.

莫逆之友(막역지우) [32423252] 管鮑之交 참조. 사귐에 뜻이 맞아 서로 거스르는 일이 없는 벗, . <출> 장자(莊子) 대종사(大宗師) 편.

幕天席地(막천석지) [32706070] 하늘을 장막으로 삼고 땅을 자리로 삼는다는 뜻으로, 천지를 자기의 거처로 할 정도로 품은 뜻이 큼

寞天寂也(막천적야) [10703230] 쓸쓸하고 적적함 (유) 寂寞江山

幕後交涉(막후교섭) [32726030] 막사 뒤에서 교섭함, 겉으로 드러나지 아니하게 은밀히 하는 교섭.

萬頃蒼波(만경창파) [80323242] 한없이 넓고 넓은 바다. (유) 萬里滄波

萬古不變(만고불변) [80607252] 아주 오랜 세월 동안 변하지 아니함.

萬古絶色(만고절색) [80604270] 傾國之色 참조. 아주 오랜 세월 동안 나오지 않은 예쁜 용모.

萬古風霜(만고풍상) [80606232] 아주 오랜 세월 동안 겪어 온 많은 고생. (유) 萬古風雪

萬古風雪(만고풍설) [80606262] 萬古風霜 참조. 아주 오랜 세월 동안 겪어 온 많은 고생.

萬口成碑(만구성비) [80706240] 만인의 입이 비를 이룬다는 뜻으로, 여러 사람이 칭찬하는 것이 송덕비를 세우는 것과 같음

萬里滄波(만리창파) [80702042] 萬頃蒼波 참조. 한없이 넓고 넓은 바다.

蠻貊之邦(만맥지방) [20123230] 중국 북쪽과 남쪽에 사는 오랑캐의 나라라는 뜻으로, 미개한 나라를 이름 <출> 논어(論語)

萬病通治(만병통치) [80606042] 한 가지 처방으로 온갖 병을 다 고침.

萬不得已(만부득이) [80724232] 매우 不得已함. 萬은 不得已를 강조.

萬夫之望(만부지망) [80703252] 온세상의 사람들이 우러러 사모함 또는 그 사람 <출> 주역(周易)

萬不成說(만불성설) [80726252] 語不成說 참조. 모든 것이 말이 되지 않음.

萬死無惜(만사무석) [80605032] 만 번 죽어도 아깝지 않을 만큼 죄가 큼

萬事如意(만사여의) [80724262] 모든 일이 뜻과 같음.

萬事亨通(만사형통) [80723060] 모든 것이 뜻대로 잘됨.

萬事休矣(만사휴의) [80727030] 勞而無功 참조. 모든 것이 헛수고로 돌아감. <출> 송사(宋史) 형남고씨세가(荊南高氏世家).

萬世無疆(만세무강) [80725012] 萬壽無疆 참조. 아주 오랫동안 끊없이 삶.
萬壽無疆(만수무강) [80325012] 아주 오랫동안 끊없이 삶. <출> 시경(詩經) 소아(小雅) 남산유대(南山有臺). (유) 萬世無疆, 壽考無疆, 壽耉
萬乘天子(만승천자) [80327072] 많은 군대를 거느린 천자, 황제 * 1승은 4필의 말이 끄는 兵車(戰車)
晩時之歎(만시지탄) [32723240] 시기에 늦어 기회를 놓쳤음을 안타까워하는 탄식. 晩時之嘆 (유) 後時之歎
晩食當肉(만식당육) [32725242] 늦게 배고플 때 먹는 것은 무엇이든 고기 맛과 같게 느껴짐.
萬牛難回(만우난회) [80504242] 만 마리의 소로 끌어도 돌려 세울 수 없을 만큼 고집 센 사람.
萬紫千紅(만자천홍) [80327040] 千紫萬紅 참조. 울긋불긋한 여러 가지 꽃의 빛깔이나 그런 빛깔의 꽃.
滿場一致(만장일치) [42728050] 장내에 모인 모든 사람의 의견이 같음.
萬丈瀑布(만장폭포) [80321042] 매우 높은 데서 떨어지는 폭포. 萬丈은 실제 폭포의 길이가 아니라 폭포의 길이가 매우 길다는 것을 나타냄.
萬全之計(만전지계) [80723262] 萬全之策 참조. 모든 것에 완전한 계책.
萬全之策(만전지책) [80723232] 모든 것에 완전한 계책. <출> 후한서(後漢書) 유표전(劉表傳). (유) 萬全之計, 萬全策
滿朝百官(만조백관) [42607042] 조정의 모든 벼슬아치 (유) 滿朝
萬壑千峯(만학천봉) [80107032] 첩첩이 겹쳐진 깊고 큰 골짜기와 수많은 산봉우리.
萬彙群象(만휘군상) [80104040] 森羅萬象 참조. 우주에 있는 온갖 사물과 현상.
末大必折(말대필절) [50805240] 가지가 크면 줄기가 부러짐 <출> 춘추전씨전(春秋左氏傳)
秣馬利兵(말마이병) [00506252] 말에 먹이를 먹이고 병기(兵器)를 날카롭게 간다는 뜻으로, 전쟁을 준비함 <출전> 춘추좌씨전(春秋左氏傳)
網開三面(망개삼면) [20608070] 탕왕(湯王)이 짐승들이 달아날 수 있도록 그물의 세 면을 모두 열어놓은 것처럼 어질고 너그러운 덕을 이름
亡國之音(망국지음) [50803262] 나라를 망하게 할 음악. 저속하고 잡스러운 음악. <출> 한비자(韓非子) 십과편(十過篇). (유) 亡國之聲, 鄭衛之音, 鄭音, 鄭衛桑間
亡國之歎(망국지탄) [50803240] 麥秀之歎 참조. 고국의 멸망을 한탄함. (유) 亡國之嘆
亡國之恨(망국지한) [50803240] 麥秀之歎 참조. 고국의 멸망을 한탄함.
亡戟得矛(망극득모) [50104220] 두 갈래로 갈라진 창인 극을 잃고 자루가 긴 창인 모를 얻었다는 뜻으로 얻고 잃음이 비슷하여 이익이 없음 <출> 여씨춘추(呂氏春秋)
罔極之恩(망극지은) [30423242] 끝없이 베풀어 주는 혜택이나 고마움.
忘年之交(망년지교) [30803260] 忘年之友 참조. 나이에 거리끼지 않고 허물없이 사귐.
忘年之友(망년지우) [30803252] 나이에 거리끼지 않고 허물없이 사귄 벗. (유) 忘年交, 忘

年友, 忘年之交

網漏呑舟(망루탄주) [20321030] 그물이 새면 배를 삼킴. 탄주는 본래는 呑舟之魚로 배를 삼킬만한 큰 고기를 의미하여, 망루탄주는 큰 고기도 놓칠 그물이라는 뜻임. 법령이 지나치게 관대하면 큰 죄를 짓고도 피할 수 있게 되어 기강이 서지 않음. 史記 酷吏傳(혹리전).

忙裡偸閑(망리투한) [30100240] 바쁜 중에도 틈을 타서 마음을 즐겁게 함

茫茫大海(망망대해) [30308072] 한없이 크고 넓은 바다.

望梅解渴(망매해갈) [52324230] 매실은 생각만 하여도 침이 돌아 목마름이 해소됨. 매실의 맛이 아주 심. 공상으로 잠시 동안의 평안과 위안을 얻음. <출> 세설신어(世說新語) 가휼(假譎)편 (유) 望梅止渴

罔赦之罪(망사지죄) [30203250] 용서할 수 없을 정도로 큰 죄. (유) 罔赦

亡羊得牛(망양득우) [50424250] 양을 잃고 소를 얻음. 손해를 본 것이 오히려 이익이 된다는 뜻.

亡羊補牢(망양보뢰) [50423210] 양을 잃고 우리를 고침. 이미 어떤 일을 실패한 뒤에 뉘우쳐도 아무 소용이 없음. <출> 전국책(戰國策) 초책(楚策). (유) 亡牛補牢, 死後藥方文, 渴而穿井 (상) 曲突徙薪, 有備無患, 居安思危, 安居危思

亡羊之歎(망양지탄) [50423240] 多岐亡羊 참조. 양을 잃어버리고 하는 탄식. (유) 亡羊之嘆

望洋之歎(망양지탄) [52603240] 井中之蛙 참조. 큰 바다를 바라보며 하는 한탄. 어떤 일에 자기 자신의 힘이 미치지 못할 때에 하는 탄식. <출> . <출> 장자(莊子) 추수편(秋水篇). (유) 望洋之嘆

茫然自失(망연자실) [30707260] 멍하니 정신을 잃음.

亡牛補牢(망우보뢰) [50503210] 亡羊補牢 참조. 소를 잃고 우리를 고침.

望雲之情(망운지정) [52523252] 고향 쪽의 구름을 바라보는 마음. 객지에서 고향에 계신 어버이를 생각하는 마음. <출> 당서(唐書) 적인걸(狄仁傑)조. (유) 望雲之懷

望雲之懷(망운지회) [52523232] 望雲之情 참조. 고향 쪽의 구름을 바라보는 마음.

罔有擇言(망유택언) [30704060] 말이 모두 법에 맞아 골라 낼 것이 없음 <출> 서경(書經)

芒刺在背(망자재배) [10326042] 가시를 등에 지고 있음. 마음이 아주 조마조마하고 편하지 아니함. <출> 한서(漢書) 곽광(霍光)전.

妄自尊大(망자존대) [32724280] 망령되게 함부로 스스로를 높이고 잘난 체함. <출> 후한서(後漢書) 마원전(馬援傳).

罔知所措(망지소조) [30527020] 조치할 바를 알지 못함, 당황하거나 급하여 어찌할 줄을 모르고 갈팡질팡함. (유) 罔措(망조) 彷徨失措(방황실조)

望塵莫及(망진막급) [52203232] 먼지를 바라보고 미치지 못한다는 말로, 손에 넣지 못함 <출> 남사(南史)

望蜀之歎(망촉지탄) [52123240] 得隴望蜀 참조. 蜀땅을 얻고 싶어 하는 탄식.

望風而靡(망풍이미) [52623010] 기세를 보고 쏠린다는 뜻으로, 소문을 듣고 놀라서 맞서 보려고도 하지 아니하고 달아남

賣劍買牛(매검매우) [50325050] 검을 팔아 소를 산다는 뜻으로, 병사를 그만두고 농사를 지으니 곧 평화스런 세상이 됨 <출> 한서(漢書)

賣官賣職(매관매직) [50425042] 돈이나 재물을 받고 벼슬을 팖.

買櫝還珠(매독환주) [50003232] 상자만 사고 구슬은 돌려줌. 본연의 일은 잊고 지엽적인 일만을 추구함. 진주를 높은 값에 팔기 위해, 향내나는 목란(木蘭)으로 작은 상자를 고급스럽게 만들어 그 안에 진주를 넣고 팔려고 했는데, 사는 사람이 상자만 사고 진주는 되돌려 주었다는 데에서 유래. <출> 한비자(韓非子) 외저설좌상(外儲說左上)편.

埋頭沒身(매두몰신) [30603262] 일에 파묻혀 헤어나지 못함

罵詈雜言(매리잡언) [10004060] 상대에게 온갖 욕을 해대며 큰소리로 꾸짖음, 또는 그 꾸짖는 말 <출> 史記(사기)

買死馬骨(매사마골) [50605040] 죽은 말의 뼈를 삼. 귀중한 것을 손에 넣기 위해 먼저 공을 들이는 것. <출> 춘추전국시대에 어떤 왕이 천리마를 얻기 위해 죽은 천리마의 뼈를 비싼 값에 샀더니, 소문이 전해져 천리마를 가진 사람들이 하나 둘 씩 나타나 천리마를 쉽게 손에 넣을 수 있었다는 데서 유래.

賣鹽逢雨(매염봉우) [50323252] 소금을 팔다가 비를 만난다는 뜻으로, 일에 어려움을 만나서 되는 일이 없음 <출> 송남잡식(宋南雜識)

梅妻鶴子(매처학자) [32323272] 悠悠自適 참조. 매화 아내에 학 아들. 속세를 떠나 유유자적하게 생활하는 것. <출> 시화총귀(詩話總龜).

每況愈下(매황유하) [72403072] 동곽자(東郭子)가 장자(莊子)와 대화하는 고사에서 나온 말로 처음에는 매하유황이었던 말이 나중엔 매황유하로 바뀌고 뜻도 달라졌기에 갈수록 상황이 나빠짐을 이름 <출> 장자(莊子) 지북유(知北遊)편

麥丘邑人(맥구읍인) [32327080] 제(齊)나라 환공(桓公)이 맥구(麥丘)로 사냥을 나갔다가 우연히 곱게 늙은 한 노인을 만나 깊은 깨달음을 얻게 되어 그 노인을 맥구의 우두머리로 임명했다는 고사로 곱고 덕스럽게 늙은 사람, 곧고 슬기로워 인생의 바른 길을 인도할 수 있는 노인을 말함 <출> 신서(新序) 잡사(雜事)편

麥秀黍油(맥수서유) [32401060] 麥秀之歎 참조. 잘자란 보리의 이삭과 기장의 윤기.

麥秀之歎(맥수지탄) [32403240] 麥秀之歎 참조. 잘자란 보리이삭을 보고 하는 탄식. 고국의 멸망을 한탄함. 기자(箕子)가 은(殷)나라가 망한 뒤의 폐허가 된 궁궐터에서도 보리는 잘 자라고, 기장은 윤기있는 것을 보고 망국을 한탄하였다는 데서 유래. <출> 사기(史記) 송미자세가(宋微子世家). (유) 麥秀之嘆, 亡國之歎,

亡國之恨, 麥秀黍油

盲龜浮木(맹귀부목) [32303280] 盲龜遇木 참조. 눈먼 거북이 우연히 뜬 나무를 붙잡음.

盲龜遇木(맹귀우목) [32304080] 눈먼 거북이 우연히 뜬 나무를 붙잡음. 어려운 형편에 우연히 행운을 얻게 됨 <출> 아함경(阿含經) (유) 盲龜浮木, 千載一遇

孟母斷機(맹모단기) [32804240] 斷機之敎 참조. <출> 맹자의 어머니가 짜던 베의 날을 끊음.

孟母三遷(맹모삼천) [32808032] 斷機之敎 참조. 자식 교육에 정성을 다함. <출> 맹자가 어렸을 때 묘지 가까이 살았더니 장사 지내는 흉내를 내기에, 맹자 어머니가 집을 시전 근처로 옮겼는데 이번에는 물건 파는 흉내를 내므로, 다시 글방이 있는 곳으로 옮겨 공부를 시켰다는 데서, 맹자의 어머니가 아들을 가르치기 위하여 세 번이나 이사를 하였음에서 유래. <출> . <출> 열녀전(列女傳), 모의전(母儀傳).

盲人摸象(맹인모상) [32801040] 장님이 코끼리를 만지고 자신이 만진 부분으로 전체를 알려고 함

盲人直門(맹인직문) [32807280] 盲者正門 참조. 소경이 정문을 바로 찾아 들어감.

盲者正門(맹자정문) [32607280] 소경이 정문을 바로 찾아 들어감. 어리석은 사람이 어쩌다 이치에 들어맞는 일을 함. (유) 盲人直門, 盲者直門

盲者直門(맹자직문) [32607280] 盲者正門 참조. 소경이 정문을 바로 찾아 들어감.

猛虎伏草(맹호복초) [32324070] 풀밭에 엎드려 있는 범이란 뜻으로, 훌륭한 인물은 일시적으로는 숨어 있지만 때가 되면 반드시 세상에 드러남

綿裏藏針(면리장침) [32323240] 솜 속에 바늘을 감추어 꽂는다는 뜻으로, 겉으로는 부드러운 듯하나 마음에 품은 바가 있음

面壁九年(면벽구년) [70428080] 愚公移山 참조. 달마가 숭산(嵩山) 소림사에서 9년 동안 벽을 보고 좌선하여 도를 깨날은 일. 오등회원(五燈會元) 동토조사(東土祖師)편. (유) 九年面壁

麵市鹽車(면시염거) [02723272] 밀가루를 뿌린 시장 거리와 소금을 실은 수레라는 말로 눈이 내린 풍경을 말함

面張牛皮(면장우피) [70405032] 얼굴에 쇠가죽을 바름. 몹시 뻔뻔스러움. (유) 鐵面皮, 強顔, 厚顔, 顔厚

面從腹背(면종복배) [70403242] 겉으로는 복종하는 체하면서 내심으로는 배반함. (유) 面從後言, 陽奉陰違

面從後言(면종후언) [70407260] 面從腹背 참조. 대면하여서는 복종하는 체하면서 뒤에서는 다른 말을 함.

免責特權(면책특권) [32526042] 국회의원이 국회에서 직무상 행한 발언과 표결에 대하여 국회 밖에서 책임을 지지 않는 특권.

面紅耳赤(면홍이적) [70405050] 얼굴이 귀 밑까지 붉어질 만큼 부끄러움

滅門之禍(멸문지화) [32803232] 한 집안이 멸망하여 없어짐 (유) 滅門之患, 滅族之禍
滅私奉公(멸사봉공) [32405262] 사사로움을 버리고 공익을 받듦.
明見萬里(명견만리) [62528070] 만리 밖의 일을 환하게 살펴서 알고 있다는 뜻으로, 매우 총명함 <출> 후한서(後漢書)
明鏡高懸(명경고현) [62406232] 높게 매달려 있는 맑은 거울. 시비를 분명하게 따지는 공정무사(公正無私)한 법관. 진(秦)나라에 있었다는 거울로 사람의 마음까지도 비추었다는데서 유래. <출> 서경잡기(西京雜記) 권3. (유) 秦鏡高懸
明鏡止水(명경지수) [62405080] 맑은 거울과 고요한 물. 잡념과 가식과 헛된 욕심 없이 맑고 깨끗한 마음. <출> . <출> 장자(莊子) 덕충부편(德充符篇). (유) 雲心月性
名過其實(명과기실) [72523252] 이름만 좋고 사실은 그만하지 못하다는 뜻으로 빛 좋은 개살구와 통함
銘肌鏤骨(명기누골) [32100240] 刻骨銘心 참조. 살갗에 새기고 뼈에 새긴다는 뜻으로, 마음에 깊이 새겨 잊지 않음 <출> 안씨가훈 (유) 鏤骨銘心, 刻骨銘心
名落孫山(명락손산) [72506080] 손산(孫山)의 이름이 마지막이라는 말로 송나라의 손산이 친구와 함께 과거를 치렀는데 자신의 이름이 합격명단 마지막에 있고 친구는 떨어졌다는 고사에서 시험에 합격하지 못하고 떨어짐을 말함 <출> 과정록(過庭錄) (유) 孫山之外
名列前茅(명렬전모) [72427212] 이름이나 서열이 앞에 있음을 뜻하는 말로 시험에 수석을 함 <출> 춘추좌씨전(春秋左氏傳)
冥冥之志(명명지지) [30303242] 마음 속 깊이 간직한 뜻
明眸皓齒(명모호치) [62021242] 丹脣皓齒 참조. 맑은 눈동자와 흰 이. 미인(美人)의 모습. 두보(杜甫)의 시 애강두(哀江頭).
明目張膽(명목장담) [62604020] 눈을 밝게 하고 담을 넓힘, 두려워하지 않고 용기를 내어 일을 함.
名門巨族(명문거족) [72804060] 이름나고 크게 번창한 집안.
名不虛傳(명불허전) [72724252] 이름이 헛되이 퍼진 것이 아니라는 뜻으로, 이름날 만한 까닭이 있음을 이르는 말.
鳴蟬潔飢(명선결기) [40024230] 매미는 굶더라도 깨끗함을 취하고 더러운 것은 먹지 않음.
命世之才(명세지재) [70723262] 棟梁之器 참조. 한 시대를 바로잡아 구원할 만한 큰 인재.
名實相符(명실상부) [72525232] 이름과 실상이 서로 꼭 맞음.
明若觀火(명약관화) [62325280] 불을 보듯 분명하고 뻔함. (유) 觀火, 不問可知, 不言可知, 不言可想
命緣義輕(명연의경) [70404250] 목숨을 의에 연연하여 가볍게 여기다는 뜻으로, 의로움을 위해서는 목숨도 아끼지 않음 <출> 후한서(後漢書)

明月爲燭(명월위촉) [62804230] 방 안에 비치는 달빛을 촛불로 삼음 <출> 당서(唐書)

蓂荑德山(명이덕산) [02025280] 강원도 이천군 웅탄면과 함경남도 덕원군 풍하면 사이에 있는 산. 마식령산맥에 속함.

命在頃刻(명재경각) [70603240] 거의 죽게 되어 곧 숨이 끊어질 지경에 이름. (유) 命在朝夕

命在朝夕(명재조석) [70606070] 命在頃刻 참조. 아침이나 저녁에 숨이 끊어질 지경.

名正言順(명정언순) [72726052] 뜻이 바르고 말이 이치에 맞음

名從主人(명종주인) [72407080] 사물의 이름은 원래 주인이 붙인 이름을 따름. 사물의 명칭은 현지의 호칭법에 따라야 한다는 말. <출> 춘추곡량전(春秋穀梁傳) 환공(桓公) 2년조.

明珠闇投(명주암투) [62321040] 명주를 어둠 속에서 남에게 던져줌. 귀중한 물건도 남에게 잘못 주면 오히려 원망을 듣게 됨.

明珠彈雀(명주탄작) [62324010] 새를 잡는데 명주를 씀. 작은 것을 탐내다가 큰 것을 손해보게 됨. <출> 장자(莊子) 양왕(讓王)편.

明察秋毫(명찰추호) [62427030] 가을에 새로 난 동물의 털처럼 사소한 일에 대해서도 빈틈없이 살핌 <출> 맹자(孟子)

明窓淨机(명창정궤) [62623210] 햇빛이 잘 비치는 창밑에 놓여 있는 깨끗한 책상이라는 뜻으로, 말끔히 정돈된 서재의 모습 <출> 구양수(歐陽脩)

明哲保身(명철보신) [62324262] 총명하고 사리에 밝아 일을 잘 처리하여 자기 몸을 보존함. <출> 서경(書經) 열명(說命).

毛骨悚然(모골송연) [42401070] 두려움에 온몸의 털이 곤두서고, 뼈마디가 시림. 화감(畫鑒) 당화(唐畫).

冒沒廉恥(모몰염치) [30323032] 염치 없는 줄 알면서도 이를 무릅쓰고 일을 행함 (유) 冒廉, 冒沒

毛遂自薦(모수자천) [42307230] 자기가 자기를 추천함. 춘추전국 시대에 조나라 평원군(平原君)이 초나라에 구원을 청하기 위하여 사신을 물색할 때에 모수가 스스로를 추천하였다는 데서 유래. <출> 사기(史記) 평원군전(平原君傳).

矛盾撞着(모순당착) [20201052] 自家撞着 참조. 같은 사람의 말이나 행동이 앞뒤가 서로 맞지 아니함.

暮夜無知(모야무지) [30605052] 깊은 밤중에 하는 일이라서 아무도 보고 듣는 사람이 없다는 뜻으로 남 몰래 뇌물이나 선물을 줌

冒雨翦韭(모우전구) [30520000] 비가 오는데도 불구하고 부추를 솎아 손님을 대접한다는 말로, 우정의 두터움을 이르며 '冒雨剪韭'라고도 씀 <출> 곽임종별전(郭林宗別傳)

毛皮之附(모피지부) [42323232] 가죽도 없는데 털이 붙는다는 뜻으로 중요한 일은 처리하지 않으면서 부분적인 것만 해결하려고 함 <출> 진서(晉書)

木鷄養到(목계양도) [80405252] 춘추전국 시대 제(齊)나라에 닭싸움 전문 기성자(紀渻子)에게 왕이 언제 싸움닭의 준비가 끝나냐고 묻자 나무로 만든 닭 같으니 훈련이 완성되었다고 하는 고사에서 나온 말로 아주 점잖고 융통성이 없다는 뜻 <출> 장자(莊子) 달생(達生)편

目光如炬(목광여거) [60624202] 눈빛이 횃불과 같다는 말로 크게 화가 난 모습 <출> 남사단도제전(南史檀道濟傳)

木壚酒店(목로주점) [80004052] 좁고 기다랗게 널빤지로 만든 술상을 베풀고 술을 파는 집

木本水源(목본수원) [80608040] 나무의 밑동과 물의 근원이란 뜻으로, 자식은 자기 몸의 근원인 부모를 생각해야 함 <출> 좌전(左傳)

目不識丁(목불식정) [60725240] 아주 간단한 글자인 '丁' 자를 눈으로 보고도 그것이 '고무래'인 줄을 알지 못함. 까막눈. 신당서(新唐書) 장굉정전(張宏靖傳). (유) 一文不知, 一字不識, 一文不通, 一字無識, 全無識, 判無識, 魚魯不辨

目不忍見(목불인견) [60723252] 눈앞에 벌어진 상황 따위를 눈뜨고는 차마 볼 수 없음. (유) 不忍見

木石不傅(목석불부) [80607212] 나무에도 돌에도 붙을 곳이 없다는 뜻으로 가난하고 외로우며 기댈 곳이 없음 (유) 木石難得, 木石難傅

目食耳視(목식이시) [60725042] 눈으로 먹고 귀로 본다는 뜻으로, 맛있는 것보다 보기에 아름다운 음식을 좋아하고, 몸에 맞는 것보다 귀로 들은 유행하는 의복(衣服)을 입는 것처럼 겉치레만 따름 <출> 사마광(司馬光)의 우서(迂書)

木旺之節(목왕지절) [80123252] 五行(오행)의 木氣(목기)가 성하는 때, 봄철.

木偶人衣(목우인의) [80328060] 나무 인형에 옷을 입힌다는 뜻으로, 쓸데없는 일을 함 <출> 사기(史記)

沐雨櫛風(목우즐풍) [20521062] 비로 목욕하고 바람으로 머리를 빗는다는 뜻으로, 비바람을 무릅쓰고 고생함 <출> 북제서(北齊書) (유) 艱難辛苦

木人石心(목인석심) [80806070] 나무로 만든 인간과 돌의 마음. 의지가 굳어 어떠한 유혹에도 마음이 흔들리지 않는 사람. 진(晋)나라 무제(武帝) 때의 권신(權臣) 가충(賈充)이 한 말로 진서(晋書).

目前之計(목전지계) [60723262] 姑息之計 참조. 눈앞의 계책.

目指氣使(목지기사) [60427260] 눈짓으로 지시하고 얼굴빛으로 사람을 부린다는 말로 사람을 경멸하며 부림 <출> 한서(漢書)

目睫之間(목첩지간) [60023272] 눈과 속눈썹 사이라는 뜻으로 아주 가까운 거리나 시간 <출> 후한서(後漢書)

蒙網捉魚(몽망착어) [32203050] 그물을 쓰고 고기를 잡는다는 뜻으로, 그물을 물에 던져야 고기가 걸리는 법인 데, 그물을 머리에 쓰고서도 고기가

잡힌다는 것은 운이 좋았음을 이름 <출> 순오지(旬五志)

夢寐之間(몽매지간) [32103272] 잠을 자며 꿈을 꾸는 동안. (유) 夢寐間

夢想不到(몽상부도) [32427252] 꿈에도 생각하지 못함

夢外之事(몽외지사) [32803272] 천만 뜻밖의 일

夢中相尋(몽중상심) [32805230] 몹시 그리워서 꿈에서까지 서로 찾는다는 뜻으로, 매우 친함 <출> 서언고사(書言故事)

夢中占夢(몽중점몽) [32804032] 꿈속에서 꿈을 점친다는 뜻으로 사람의 인생이 덧없음을 이름 <출> 장자(莊子)

夢幻泡影(몽환포영) [32201032] 꿈과 허깨비, 거품과 그림자와 같다는 뜻으로, 인생의 덧없음을 이름 <출> 금강경(金剛經)

猫頭懸鈴(묘두현령) [10603210] 猫項懸鈴 참조. 고양이 머리에 방울 달기.

猫鼠同處(묘서동처) [10107042] 고양이와 쥐가 함께 있다는 뜻으로, 곧, 도둑을 잡아야 할 사람이 도둑과 한패가 된 것처럼 부정을 저지름

眇視跛履(묘시파리) [00421032] 한쪽 눈이 안 보이면서 환히 보려 하고 절름발이가 먼 길을 걸으려 한다는 뜻으로, 분에 넘치는 일을 하다가는 오히려 화를 자초함을 이르는 말

猫項懸鈴(묘항현령) [10323210] 쥐가 고양이 목에 방울을 닮. 실행할 수 없는 헛된 논의. 쥐가 고양이의 습격을 미리 막기 위한 수단으로 고양이의 목에 방울을 다는 일을 의논하였으나, 실행 불가능으로 끝났다는 우화에서 유래. <출> 송세림(宋世琳)의 어면순(禦眠楯). (유) 猫頭懸鈴

無可奈何(무가내하) [50503032] 몹시 고집을 부려 어찌할 수가 없음 <출> 사기(史記), 장자(莊子) (유) 莫可奈何, 莫無可奈, 無可奈

無價大寶(무가대보) [50528042] 값을 헤아릴 수 없을 만큼 귀한 보물 <출> 삼국유사(三國遺事)

無稽之言(무계지언) [50023260] 비교할만한 옛날 얘기가 없는 말이란 뜻으로 믿을 수 없는 말이나 근거가 없는 말 <출> 서경(書經)

無骨好人(무골호인) [50404280] 줏대가 없이 두루뭉술하고 순하여 남의 비위를 다 맞추는 사람.

無愧於心(무괴어심) [50303070] 마음에 조금도 부끄러울 것이 없음

無窮無盡(무궁무진) [50405040] 끝이 없고 다함이 없음.

無男獨女(무남독녀) [50725280] 아들이 없고 하나뿐인 딸.

無念無想(무념무상) [50525042] 무아의 경지에 이르러 일체의 상념을 떠남.

無累之人(무루지인) [50323280] 무슨 일에도 관련을 갖지 않으며 온갖 욕심에서 벗어난 사람 <출> 회남자(淮南子)

武陵桃源(무릉도원) [42323240] 세상과 따로 떨어진 별천지. 이상향. 晋나라 때 武陵의 한 어부가 복숭아꽃이 핀 수원지로 올라가 굴속에서 秦나라의 난리를 피하여 온 사람들을 만났는데, 그들은 매우 살

기 좋아 그동안 바깥세상의 변천과 많은 세월이 지난 줄도 몰랐다는 데서 유래. <출> 陶淵明의 桃花源記. (유) 桃源, 桃源鄕, 仙境, 仙界, 仙鄕, 仙寰, 桃源境, 理想鄕, 壺中天地, 壺中天, 壺天, 一壺天, 別世界, 別乾坤, 別有天地, 別天地, 別天界, 別有乾坤, 小國寡民

舞馬之災(무마지재) [40503250] 말이 춤추는 꿈을 꾸면 화재가 일어난다는 데서 나온 말로 화재를 달리 이르는 말 <출> 전국책(全國策) (유) 馬舞之災

毋望之福(무망지복) [10523252] 뜻하지 않게 읻는 복 <출> 전국책(全國策)

無味乾燥(무미건조) [50423230] 재미나 멋이 없이 메마름. (유) 乾燥無味(건조무미)

無病自灸(무병자구) [50607210] 질병이 없는데 스스로 뜸질을 함. 불필요한 노력을 하여 정력을 낭비함. <출> 장자(莊子) 잡편(雜篇) 도척(盜跖)조.

無病長壽(무병장수) [50608032] 병 없이 건강하게 오래 삶.

無服之殤(무복지상) [50603200] 나이(7세 이하)어려서 죽음

無本大商(무본대상) [50608052] 밑천 없이 하는 큰 장사라는 뜻으로 도둑을 비꼬아 하는 말 (유) 綠林豪傑, 梁上君子

無不干涉(무불간섭) [50724030] 함부로 참견하고 간섭하지 않는 일이 없음.

無不通達(무불통달) [50726042] 無不通知 참조. 통달하지 아니한 것이 없음.

無不通知(무불통지) [50726052] 무슨 일이든지 환히 통하여 모르는 것이 없음. (유) 無不通達

無比一色(무비일색) [50508070] 傾國之色 참조. 견줄 데가 없는 오직 하나의 미모, 미인.

無辭可答(무사가답) [50405072] 일에 대한 이치가 바르기에 더 이상 따질 말이 없음

無私無偏(무사무편) [50405032] 개인적인 욕심이나 치우침이 없이 매우 공평함

巫山之夢(무산지몽) [10803232] 남녀의 정교(情交). 초나라의 양왕(襄王)이 낮잠을 자다가 꿈속에서 무산의 신녀(神女)를 만나 즐거움을 누렸다는 고사에서 유래. <출> 문선(文選) 송옥(宋玉) 고당부(高唐賦). (유) 巫山夢, 巫山雨, 巫山雲, 巫山之雨, 巫山之雲, 雲雨之樂, 雲雨樂, 朝雲暮雨, 雲雨之情, 薦枕席

巫山之雨(무산지우) [10803252] 巫山之夢 참조. 무산의 비.

巫山之雲(무산지운) [10803252] 巫山之夢 참조. 무산의 구름.

無常出入(무상출입) [50427070] 아무 때나 거리낌 없이 드나듦.

無所不在(무소부재) [50707260] 있지 않는 데가 없이 어디든지 다 있음

無所不爲(무소불위) [50707242] 하지 못하는 바가 없음. 주로 강한 권력을 말할 때 쓰임.

無始無終(무시무종) [50625050] 시작도 끝도 없다는 뜻으로, 불변의 진리나 윤회의 무한성을 말함

無信不立(무신불립) [50627272] 신의가 없으면 살아갈 수 없음을 이르는 말. <출> 논어(論語) 안연편(顔淵篇).

務實力行(무실역행) [42527260] 참되고 실속 있도록 힘써 실행함.

無言不答(무언부답) [50607272] 대답하지 못할 말이 없음

無厭足心(무염족심) [50207270] 싫증 나지 않는 마음이란 뜻으로 그칠 줄 모르는 열의를 이름

無用之物(무용지물) [50623272] 쓸모없는 물건, 쓸모없는 사람.

無用之用(무용지용) [50623262] 쓸모없는 것의 쓰임. 언뜻 보기에 쓸모없는 것이 오히려 큰 구실을 함. <출> . <출> 장자(莊子) 인간세편(人間世篇).

無爲徒食(무위도식) [50424072] 하는 일 없이 한갓 먹기만 함.

無爲而治(무위이치) [50423042] 聖人의 덕이 지극히 커서 아무 일을 하지 않아도 천하가 저절로 잘 다스려짐. <출> 논어(論語) 위령공편(衛靈公篇). (유) 無爲之治

無爲而化(무위이화) [50423052] 인위적인 노력을 하지 않아도 스스로 변화함. 성인의 덕이 크면 클수록 백성들이 스스로 따라서 감화됨. <출> 노자(老子) 五十七章.

無爲自然(무위자연) [50427270] 인위적인 것이 없고 저절로 그러한 상태. 이상적인 경지. <출> 노자(老子).

無爲之治(무위지치) [50423242] 無爲而治 참조. 인위적인 노력을 하지 않아도 다스려지는 이상적 정치.

撫育之道(무육지도) [10703272] 어루만져 기르는 도리

無依無托(무의무탁) [50405030] 몸을 의지하고 맡길 곳이 없음. 몹시 가난하고 외로운 상태.

無人不知(무인부지) [50807252] 소문이 널리 퍼져서 모르는 사람이 없음

無人之境(무인지경) [50803242] 사람이 살지 않는 외진 곳.

無賃乘車(무임승차) [50323272] 차비를 내지 않고 차를 탐.

無腸公子(무장공자) [50406272] 창자가 없는 공자라는 뜻으로 담력이나 기개가 없는 사람을 비웃는 말 또는 게(蟹)를 말함

無錢旅行(무전여행) [50405260] 여행에 드는 비용을 가지지 아니하고 길을 떠나 얻어먹으면서 다니는 여행.

無錢取食(무전취식) [50404272] 값을 치를 돈도 없이 남이 파는 음식을 취함.

無主空山(무주공산) [50707280] 주인이 없는 빈 산 또는 쓸쓸한 분위기의 산

無知莫知(무지막지) [50523252] 아는 게 없어 상스러우며 포악함.

無偏無黨(무편무당) [50325042] 어느 한쪽으로 치우치거나 특정 무리에 속하지 않음. (유) 不偏不黨

無風地帶(무풍지대) [50627042] 바람이 불지 아니하는 지역에서 다른 곳의 재난 따위가 미치지 아니하는 안전한 곳을 비유적으로 이르는 말.

無後爲大(무후위대) [50724280] 자손이 없는 것은 가장 큰 불효임

無毁無譽(무훼무예) [50305032] 욕할 것도 칭찬할 것도 없음

墨突不黔(묵돌불검) [32327202] 너무 바빠서 한자리에 앉아 있을 여유가 없음 <출> 묵자(墨子)

默默不答(묵묵부답) [32327272] 잠자코 아무 대답도 하지 않음.

默擯對處(묵빈대처) [32006242] 말없이 물리친다는 뜻으로, 말과 왕래(往來)를 일체(一切) 끊어 죄(罪)를 지은 자(者)가 스스로 부끄러움과 참회(懺悔)를 느낄 수 있도록 하는 불교(佛敎)의 계율(戒律) 중(中) 하나

墨守成規(묵수성규) [32426250] 춘추시대 송나라의 묵자(墨子)가 내기에서 성을 잘 지켜 초나라의 공격을 아홉 번이나 물리쳐 실제 선쟁을 박았다는데서 유래하여 자신의 의견이나 주장을 끝까지 지킴 또는 낡은 틀에만 매달림 <출> 묵자(墨子) 공수반편(公輸盤篇) (유) 墨翟之守

墨子悲染(묵자비염) [32724232] 중국 전국시대(戰國時代)의 사상가(思想家)였던 묵자가 하얀 실을 보고, 그것이 어떤 빛깔로도 물들 수 있음을 알고 울었다는 뜻으로, 사람은 습관이나 환경에 따라 그 성품이 착해지기도 악해지기도 함을 이름 (유) 墨子泣絲

墨翟之守(묵적지수) [32023242] 춘추시대 송나라의 묵자(墨子)가 내기에서 성을 잘 지켜 초나라의 공격을 아홉 번이나 물리쳐 실제 전쟁을 막았다는데서 유래하여 자기의 주장이나 옛날 습관 따위를 굳게 지킴 <출> 묵자(墨子) 공수반편(公輸盤篇). (유) 墨守

刎頸之交(문경지교) [02103260] 管鮑之交 참조. 목을 베어 줄 수 있을 정도로 절친한 사귐. 생사를 같이 할 수 있는 매우 소중한 벗. <출> 사기(史記) 열전(列傳) 염파인상여전(廉頗藺相如傳).

刎頸之友(문경지우) [02103252] 管鮑之交 참조. 목을 베어 줄 수 있을 정도로 절친한 벗.

文過遂非(문과수비) [70523042] 허물을 숨기고 조금도 뉘우치지 않음

文過飾非(문과식비) [70523242] 허물도 꾸미고 잘못도 꾸민다는 뜻으로, 잘못이 있음에도 뉘우침도 없이 숨길 뿐 아니라 도리어 잘난 체함

聞過則喜(문과즉희) [62525040] 자신의 허물을 듣고 기뻐하다라는 뜻으로 자신의 잘못에 대한 비판을 기꺼이 받아들임

文恬武嬉(문념무희) [70024212] 문관들은 안일하게 지내고 무관들은 놀고지낸다는 뜻으로, 세상이 태평함 또는 정치가 썩었음을 이르는 말 <출> 한유(韓愈) 평회서비(平淮西碑)

問東答西(문동답서) [70807280] 東問西答 참조. 동쪽을 물으니 서쪽이라고 답함.

文武兼全(문무겸전) [70423272] 학문과 무예를 고루 갖춤. (유) 文武雙全

文武雙全(문무쌍전) [70423272] 학문과 무예를 고루 갖춤. (유) 文武兼全

文房四寶(문방사보) [70428042] 文房四友 참조. 문인의 방의 네 가지 보물.

文房四友(문방사우) [70428052] 문인의 방의 네 가지 벗. 종이, 붓, 먹, 벼루의 네 가지 문방구. (유) 文房四寶, 四友, 四寶

文心雕龍(문심조룡) [70700240] 중국 梁(양)나라의 劉勰(유협)이 쓴 남북조 시대의 문학 평론서.

問安視膳(문안시선) [70724210] 웃어른께 안부를 여쭙고 반찬의 맛을 살핀다는 뜻으로, 웃어른을 잘 모시고 받듦

蚊蚋負山(문예부산) [10004080] 모기가 산을 짊어진다는 뜻으로, 역량이나 능력이 부족한 사람이 중대한 일을 감당할 수 없음 <출> 장자(莊子)

文藝復興(문예부흥) [70424242] 르네상스(Renaissance). 14세기~16세기에, 이탈리아를 중심으로 하여 유럽 여러 나라에서 일어난 인간성 해방을 위한 문화 혁신 운동.

文苑黼黻(문원보불) [70200000] 조선(朝鮮) 시대(時代) 초(初) 이래(以來)의 관각(館閣)의 문장(文章)을 모은 책으로 22대 정조(正祖) 11(1787)년에 간행(刊行). 45권 22책.

文人相輕(문인상경) [70805250] 문인들이 서로 가벼이 얕잡아봄

聞一知十(문일지십) [62805280] 하나를 듣고 열 가지를 미루어 앎. 지극히 총명함. <출> 논어(論語) 공야장(公冶長).

門墻桃李(문장도리) [80303260] 문장은 스승의 문하를, 도리는 스승이 길러낸 뛰어난 제자를 가리키는 말로 스승이 길러낸 제자들과 그의 문하생을 이름

門前乞食(문전걸식) [80723072] 문앞에서 음식을 구걸한다는 데서 이집 저집 돌아다니며 빌어먹는 것을 이르는 말.

門前成市(문전성시) [80726272] 집 문 앞이 시장을 이루다시피 함. 찾아오는 사람이 많음. <출> 한서(漢書) 정숭전(鄭崇傳). (유) 門庭若市 (상) 門前雀羅

門前沃畓(문전옥답) [80721230] 집 가까이에 있는 기름진 논.

門前雀羅(문전작라) [80721042] 門前成市 참조. 문 밖에 새 그물을 쳐놓을 만함. 손님들의 발길이 끊어짐. <출> 사기(史記) 급정열전(汲鄭列傳). (유) 門外可設雀羅 (상) 門前成市, 門庭若市

門庭若市(문정약시) [80623272] 門前成市 참조. 대문 안 뜰이 시장 같음. 찾아오는 사람이 많음.

文質彬彬(문질빈빈) [70521212] 겉모양의 아름다움과 본바탕이 서로 잘 어울림. <출> 논어(論語) 옹야편擁也篇).

文筆盜賊(문필도적) [70524040] 膝甲盜賊 참조. 남의 글이나 저술을 베껴 마치 제가 지은 것처럼 하는 사람.

勿揀赦前(물간사전) [32102072] 용서받을 수 없을 만큼 무거운 죄

勿輕小事(물경소사) [32508072] 작은 일이라도 가벼이 보지 말라는 뜻. 작은 일에도 정성을 다하라는 가르침.

勿忘在莒(물망재거) [32306000] 과거에 어려움을 겪던 때를 잊지 말아야 함 <출> 사기(史記) 전단열전(田單列傳)

物薄情厚(물박정후) [72325240] 사람과 사귀는 데 선물이나 음식 대접은 다소 박하더라도 정만은 두터워야 함

物腐蟲生(물부충생) [72324280] 물건이란 반드시 먼저 썩은 뒤에야 벌레가 생김. 내부에 약점이 생기면 곧 외부의 침입이 있게 됨. <출> 소식(蘇軾)의 범증론(范增論).

物色比類(물색비류) [72705052] 물색은 제물로 바친 동물의 털 색깔로 '물색하다'라는 말이 여기서 나왔으며 비류는 물건의 비슷함을 견줘보는 것으로 같은 것을 비교해서 연구하는 것을 말함 <출> 예기(禮記)

勿失好機(물실호기) [32604240] 좋은 기회를 놓치지 말라는 뜻. (유) 時不可失

物心兩面(물심양면) [72704270] 물질적인 것과 정신적인 것의 두 방면.

物心一如(물심일여) [72708042] 사물과 마음이 구분 없이 하나의 근본으로 통합됨.

物我一體(물아일체) [72328062] 외물(外物)과 자아, 객관과 주관, 또는 물질계와 정신계가 어울려 하나가 됨.

物外閑人(물외한인) [72804080] 세상사에 관계하지 않고 한가롭게 지내는 사람.

物以類聚(물이류취) [72525212] 물건은 종류별로 모이게 마련이란 말로 부정적인 의미가 강함

物情騷然(물정소연) [72523070] 세상이 어수선하여 시끄러움 <출> 후한서(後漢書)

微官末職(미관말직) [32425042] 지위가 아주 낮은 벼슬. 또는 그런 위치에 있는 사람.

糜軀碎首(미구쇄수) [00101052] 몸이 부서지고 머리가 가루가 됨. 있는 힘을 다함을 이름.

未能免俗(미능면속) [42523242] 아직도 속된 습관에서 벗어나지 못함 또는 그런 습관은 버리기가 어려움 <출> 세설신어(世說新語) 임탄(任誕)편.

尾大難掉(미대난도) [32804210] 꼬리가 커서 흔들기 어렵다는 뜻으로, 일의 끝이 크게 벌어져서 처리하기가 어려움 (유) 尾大不掉, 尾掉

眉目秀麗(미목수려) [30604042] 눈썹과 눈이 수려하다는 뜻으로, 얼굴이 빼어나게 아름다움

彌縫之策(미봉지책) [12203232] 姑息之計 참조. 꿰매어 깁는 계책. <출> 춘추좌씨전(春秋左氏傳) 환공(桓公) 五年條.

靡不用極(미불용극) [10726242] 마음과 힘을 다하여 함

美辭麗句(미사여구) [60404242] 아름답게, 듣기 좋게 꾸민 글귀.

尾生之信(미생지신) [32803262] 믿음이 두터움. <출> 사기(史記) 소진전(蘇秦傳) 우직하여 융통성이 없이 약속만을 굳게 지킴. <출> 장자(莊子) 도척편(盜跖篇) 춘추시대에 미생(尾生)이라는 자가 다리 밑에서 만나자고 한 여자와의 약속을 지키기 위하여 홍수에도 피하지 않고 기다리다가 마침내 익사하였다는 고사에서 유래.

未成一簣(미성일궤) [42628000] 산을 만들 때에 마지막 한 삼태기를 덜 얹어 산이 이루어지지 못한다는 뜻으로, 마지막 노력을 소홀히 하면 일이

실패함을 이름 <출> 논어(論語) (유) 功虧一簣

微吟緩步(미음완보) [32303242] 작은 소리로 읊조리며 천천히 거니는 것

美意延年(미의연년) [60624080] 즐거운 마음으로 사는 사람은 오래 삶 <출> 순자(荀子)

美人薄命(미인박명) [60803270] 佳人薄命 참조. 미인의 목숨은 짧음

米珠薪桂(미주신계) [60321032] 식량은 주옥(珠玉)보다 비싸고, 땔감은 계수나무보다 비쌈. 物價가 치솟아 오름. <출> 전국책(戰國策) 초책(楚策).

迷津寶筏(미진보벌) [30204212] 길을 헤매는 나루에서 길을 찾아가는 훌륭한 배. 삶에 가르침을 주는 책.

美風良俗(미풍양속) [60625242] 아름답고 좋은 풍속이나 기풍.

民膏民脂(민고민지) [80108020] 백성의 피와 땀이라는 뜻으로, 백성에게서 지나치게 거둔 세금이나 재물

民貴君輕(민귀군경) [80504050] 백성이 존귀하고 사직은 그 다음이며 임금은 가볍다'라고 말한 데서 유래. 2011년 새해 사자성어. <출> 맹자(孟子) 진심(盡心)편

密雲不雨(밀운불우) [42527252] 짙은 구름이 끼어 있으나 비가 오지 않음. 어떤 일의 징조만 있고 그 일은 이루어지지 않음. 위에서 내리는 은택이 아래까지 고루 내려지지 않음. 2006년 올해의 사자성어. (출) 周易 小畜卦의 卦辭

蜜月旅行(밀월여행) [30805260] 신혼여행. 蜜月은 꿀같이 달콤한 달이라는 뜻으로, 결혼 직후의 즐겁고 달콤한 시기를 비유적으로 이르는 말.

波羅蜜多(바라밀다) [42423060] 태어나고 죽는 현실의 괴로움에서 번뇌와 고통이 없는 경지인 피안으로 건넌다는 뜻으로, 열반에 이르고자 하는 보살의 수행 (유) 到岸, 到彼岸, 波羅蜜

博古知今(박고지금) [42605262] 널리 옛 일을 알면 오늘날의 일도 알게 됨.

博覽強記(박람강기) [42406072] 여러 가지의 책을 널리 많이 읽고 기억을 잘함. (유) 博學多識

薄利多賣(박리다매) [32626050] 이익을 적게 보고 많이 파는 것.

博文約禮(박문약례) [42705260] 널리 학문을 닦아 사리를 연구하고, 이것을 실행하는 데 예의로써 하여 정도에 벗어나지 않게 함 <출> 논어(論語)

薄氷如臨(박빙여림) [32504232] 살얼음을 밟는 것처럼 위태로움 (유) 如履薄氷

撲朔迷離(박삭미리) [10303040] 남녀 구별이 어렵거나 일이 서로 복잡하게 얽혀 구분하기 힘든 경우 <출> 목란사(木蘭辭)

博施濟衆(박시제중) [42424242] 사랑과 은혜를 널리 베풀어 뭇사람을 구제함 <출> 논어(論語)

博愛主義(박애주의) [42607042] 차별을 버리고 온 인류가 서로 평등하게 사랑하여야 한다는 주의.

璞玉渾金(박옥혼금) [02421080] 아직 쪼지 아니한 옥과 불리지 아니한 금. 성품이 소박하고 꾸밈이 없음.

博而不精(박이부정) [42307242] 독서에 있어서 정독(精讀)의 중요성을 뜻하는 말로 여러 방면으로 널리 알지만 깊지 못함 또는 널리 알되 자세하지 못함

博引旁證(박인방증) [42421240] 널리 예를 들어 그것을 증거로 사물을 설명함 (상) 單文孤證

拍掌大笑(박장대소) [40328042] 손뼉을 치며 크게 웃음. (유) 拍笑

博學多識(박학다식) [42806052] 博覽強記 참조. 학식이 넓고 아는 것이 많음.

半跏趺坐(반가부좌) [62020232] 한쪽 다리를 구부려 다른 쪽 다리의 허벅다리 위에 올려놓고 앉는 자세. (유) 半跏

盤溪曲徑(반계곡경) [32325032] 서려 있는 계곡과 구불구불한 길. 일을 순서대로 정당하게 하지 아니하고 그릇된 수단을 써서 억지로 함. (유) 旁岐曲徑

反求諸己(반구저기) [62423252] 돌이켜서 그 원인을 자기에게서 찾음이라는 뜻으로 반성하여 자신을 꾸짖음 <출> 맹자(孟子), 중용(中庸)

盤根錯節(반근착절) [32603252] 서린 뿌리와 얼크러진 마디. 처리하기가 매우 어려운 사건. 세력이 깊이 뿌리박고 있어 흔들리지 아니함. <출> 후한서(後漢書) 우후전(虞詡傳). (유) 盤錯

飯囊酒袋(반낭주대) [32104010] 酒袋飯囊 참조. 밥을 담는 주머니와 술을 담는 부대.

反對給付(반대급부) [62625032] 어떤 일에 대응하여 얻게 되는 이익.

半途而廢(반도이폐) [62323032] 일을 하다가 도중에 그만둠 (유) 中途而廢

攀龍附鳳(반룡부봉) [10403232] 훌륭한 임금을 좇아서 공명을 세움.

反面教師(반면교사) [62708042] 아주 나쁜 점만 가르쳐주는 선생이란 뜻에서 그와 같이 되지 않기 위한 본보기로 삼음

半面之分(반면지분) [62703262] 얼굴만 약간 알 정도의, 교분이 두텁지 못한 사이. (유) 半面識, 半面之識

半面之識(반면지식) [62703252] 半面之分 참조. 얼굴만 약간 알 정도의, 교분이 두텁지 못한 사이.

班門弄斧(반문농부) [62803210] 목장(木匠)의 시조라는 노반(魯班)의 문 앞에서 도끼 다루는 솜씨를 자랑함. 전문가 앞에서 얄팍한 재주를 뽐냄. <출> 명(明)나라 매지환(梅之渙)의 제이백묘시(題李白墓詩).

斑駁之歎(반박지탄) [10103240] 한 쪽으로 치우치고 공정하지 못함에 대한 탄식 (유) 斑駁之嘆

反覆無常(반복무상) [62325042] 언행이 이랬다저랬다 일정하지 아니함.

半部論語(반부논어) [62624270] 반 권의 논어. 고전의 학습이 매우 중요함을 비유한 말. 산동(山東)사람 조보(趙普)가 송(宋) 태조를 도와 천하를 통일하였는데, "논어의 절반 지식으로 태조께서 천하를 평정하시는 일을 도왔으며, 나머지 절반의 지식으로 폐하께

서 천하를 다스리도록 돕고 있습니다."라고 말한 데서 유래. <출> 나대경(羅大經)의 학림옥로(鶴林玉露).

伴食宰相(반식재상) [30723052] 옆에서 밥만 먹는 재상. 재능이 없으면서 유능한 재상 옆에 붙어서 정사를 처리하는 재상.

半信半疑(반신반의) [62626240] 내용의 절반은 믿으면서도 절반은 의심함.

半身不隨(반신불수) [62627232] 병이나 사고로 반신이 마비되는 일. 또는 그런 사람.

反掖之寇(반액지구) [62023210] 겨드랑이 밑에서 나라를 배반하는 적이라는 뜻으로, 내란(內亂)을 말함

般若心經(반야심경) [32327042] 대반야바라밀다경의 요점을 간결하게 설명한 짧은 경전.

攀轅臥轍(반원와철) [10023010] 수레의 끌채에 매달리고 수레바퀴 앞에 눕는다는 뜻으로 훌륭한 관리가 오래 남아있기를 바라는 마음 <출> 한서(漢書)

斑衣之戲(반의지희) [10603232] 老萊之戲 참조. 효도. 늙도록 다하는 효도. 반의는 여러 빛깔의 옷감으로 지어 만든 어린아이의 옷을 말함. 春秋時代 楚나라 사람 노래자(老萊子)가 칠십의 나이에 무늬있는 옷을 입고 동자의 모습으로 재롱을 부려 부모에게 자식의 늙음을 잊게 해드린 일에서 유래.

半子之名(반자지명) [62723272] 사위를 거의 아들과 다름없이 여김. 사위. (유) 百年之客, 佳婿, 佳壻, 嬌客, 東床, 東廂, 東牀, 半子, 壻郎, 女壻, 令壻

反哺之孝(반포지효) [62103272] 까마귀 새끼가 자라서 늙은 어미에게 먹이를 물어다 주는 효(孝). 자식이 자란 후에 어버이의 은혜를 갚는 효성. (유) 烏鳥私情, 願乞終養

班荊道故(반형도고) [62107242] 초나라의 오거(伍擧)와 공손귀생(公孫貴生)은 정나라의 도읍 부근에서 만나 형초(荊草)를 깔고 앉아 함께 음식을 먹으면서 다시 돌아 갈 것에 대하여 이야기한 고사(班荊相與食, 而言復故)에서 옛 친구를 만나 허물없이 옛정을 이야기함을 이름 <출> 춘추좌씨전(春秋左氏傳) 양공(襄公)

反禍爲福(반화위복) [62324252] 塞翁之馬 참조. 도리어 화가 복이 됨.

拔本塞源(발본색원) [32603240] 뿌리를 뽑고 샘물을 막음. 좋지 않은 일의 근본을 없애 다시는 그러한 일이 생길 수 없도록 함. <출> 춘추좌씨전(春秋左氏傳) 소공(昭公) 九年條.

發憤忘食(발분망식) [62403072] 끼니까지도 잊을 정도로 어떤 일에 열중하여 노력함.

拔山蓋世(발산개세) [32803272] 힘은 산을 뽑을 만큼 세고 기개는 세상을 덮을 만큼 웅대함. 항우(項羽)가 해하(垓下)에서 한(漢)나라 군사에게 포위되었을 때 적군들이 사방에서 초나라 노래를 부르는 것을 듣고 읊었다는 시의 한 구절에서 유래. <출> 사기(史記) 항우본기(項羽本紀). (유) 力拔山氣蓋世

拔山擧鼎(발산거정) [32805012] 항우(項羽)는 중국 진(秦)나라 말기에 진승(陳勝)·오광(吳

廣)의 난이 일어나자 숙부 항량(項梁)과 함께 오중(吳中)에 머물러 있을 때, 항우는 체구가 크고 용감하여 무거운 솥도 거뜬히 들어올려서 거정(擧鼎)이라고 불렸기에 산을 뽑고 솥을 들어 올리다라는 뜻으로 힘이 매우 셈을 말함 <출> 사기(史記) 항우본기(項羽本紀)

發蹤指示(발종지시) [62004250] 매어 놓았던 사냥개를 풀어 짐승이 있는 곳을 가리킴. 어떻게 하라고 방법을 가르쳐 보임을 이름.

拔萃抄錄(발췌초록) [32103042] 여럿 속에서 뛰어난 것을 뽑아 간단히 적어 둔 것

旁岐曲徑(방기곡경) [12125032] 盤溪曲徑 참조. 샛길과 굽은 길로서 많은 사람들이 나니는 큰 길이 아니라는 뜻. 일을 바른 길을 좇아서 정당하고 순탄하게 하지 않고 그릇된 수단을 써서 억지로 함을 비유하는 말. 2009년 올해의 사자성어.

放飯流歠(방반유철) [62325200] 밥을 많이 뜨고 국을 흘림. 음식을 절약할 줄 모름.

放聲大哭(방성대곡) [62428032] 목놓아 크게 통곡함.

傍若無人(방약무인) [30325080] 곁에 사람이 없는 것같음. 거리낌 없이 함부로 말하고 행동하는 태도. <출> 사기(史記) 자객열전(刺客列傳). (유) 眼下無人, 眼中無人

魴魚赬尾(방어정미) [00500032] 부담이 크고 피로가 심함을 이르는 말. 방어의 흰 꼬리가 붉어지는 것에서 유래.

方長不折(방장부절) [72807240] 한창 자라는 풀이나 나무를 꺾지 아니함. 앞길이 유망한 사람이나 사업에 대하여 헤살을 놓지 않음.

方底圓蓋(방저원개) [72404232] 方枘圓鑿(방예원조) 참조. 밑바닥은 모나고 덮개는 둥긂.

防諜部隊(방첩부대) [42206242] 적국의 간첩이나 첩보 활동을 막는 임무를 맡는 부대.

防患未然(방환미연) [42504270] 화를 당하기 전에 재앙을 미리 막음

蚌鷸之爭(방휼지쟁) [02023250] 犬兎之爭 참조. 대립하는 두 세력이 다투다가 결국은 구경하는 다른 사람에게 득을 주는 싸움. 도요새가 조개와 다투다가 다 같이 어부에게 잡히고 말았다는 데서 유래. <출> 전국책(戰國策) 연책(燕策).

拜金思想(배금사상) [42805042] 돈을 최고의 가치로 여기고 숭배하는 사상.

杯盤狼藉(배반낭자) [30321010] 잔과 접시들이 어지럽게 흩어져 있음. 잔치가 파할 무렵이나 파한 뒤의 어지러운 술자리. <출> 사기(史記) 골계(滑稽)열전. (유) 觥籌交錯

排山壓卵(배산압란) [32804240] 산을 떠밀어 달걀을 눌러 깨뜨린다는 뜻으로, 일이 아주 쉬움 <출> 진서(晉書)

杯水車薪(배수거신) [30807210] 한 잔의 물을 한 수레의 장작불에 끼얹는다는 뜻으로, 아무 소용 없음 또는 능력이 모자라 도저히 일을 감당할 수 없음 <출> 맹자(孟子) (유) 杯水救車, 杯水輿薪, 以卵擊石, 以卵投石, 漢江投石, 紅爐上一點雪, 紅爐點雪

背水之陣(배수지진) [42803240] 강이나 바다를 등지고 치는 진. 결사항전 의지의 표현, 한(漢)나라의 한신(韓信)이 강을 등지고 진을 쳐서 병사들이 물러서지 못하고 힘을 다하여 싸우도록 하여 조(趙)나라의 군사를 물리쳤다는 데서 유래. <출> 사기(史記) 회음후열전(淮陰侯列傳). (유) 背水陣, 濟河焚舟, 破釜沈舟(船), 捨量沈舟

裵是愰傳(배시황전) [12420252] 조선시대의 군담 소설. 조선 효종 때 러시아를 정벌한 배시황의 무용담. 작가와 연대는 자세하지 않음.

背恩忘德(배은망덕) [42423052] 남에게 입은 은혜를 저버리고 은덕을 잊음.

杯中蛇影(배중사영) [30803232] 술잔 속에 비친 뱀의 그림자. 쓸데없는 의심을 품고 스스로 고민함. 진서(晋書) 악광전(樂廣傳).

倍稱之息(배칭지식) [50403242] 이자가 빌린 돈의 갑절이 된다는 뜻으로 비싼 이자를 말함

百家爭鳴(백가쟁명) [70725040] 많은 학자나 문화인 등이 자기의 학설이나 주장을 자유롭게 발표하여, 논쟁하고 토론함. 1956년에 중국 공산당이 정치 투쟁을 위하여 내세운 강령.

百計無策(백계무책) [70625032] 어려운 일을 당하여 온갖 계교를 다 써도 해결할 방도를 찾지 못함. (유) 計無所出

白骨難忘(백골난망) [80404230] 結草報恩 참조. 죽어서 백골이 되어도 잊을 수 없음. 잊지 못할 큰 은덕.

百孔千瘡(백공천창) [70407010] 수많은 구멍과 수많은 상처, 온갖 폐단과 결함으로 엉망진창이 된 모양. 百과 千은 꼭 백과 천이라는 수사가 아니라 많다는 뜻.

白駒過隙(백구과극) [80105210] 인생은 빠르게 지나감. 인생은 문틈으로 흰 말이 지나가는 것을 봄과 같다는 데서 유래. <출> 장자(莊子) 지북유(知北遊) 편.

百年佳期(백년가기) [70803250] 百年佳約 참조. 평생을 같이 지낼 것을 굳게 다짐하는 아름다운 언약.

百年佳約(백년가약) [70803252] 젊은 남녀가 부부가 되어 평생을 같이 지낼 것을 굳게 다짐하는 아름다운 언약. (유) 百年佳期, 百年言約, 百年之約

百年大計(백년대계) [70808062] 먼 앞날까지 미리 내다보고 세우는 크고 중요한 계획.

百年同樂(백년동락) [70807062] 百年偕老 참조. 평생 동안 즐거움을 함께 함.

百年言約(백년언약) [70806052] 百年佳約 참조. 평생을 같이 지낼 것을 굳게 다짐하는 아름다운 언약.

百年之客(백년지객) [70803252] 半子之名 참조. 언제나 깍듯하게 대해야 하는 어려운 손님이라는 뜻으로, 사위를 말함 (유) 半子之名

百年之約(백년지약) [70803252] 百年佳約 참조. 평생을 같이 지낼 것을 굳게 다짐하는 아름다운 언약.

百年河淸(백년하청) [70805062] 아무리 오랜 시일이 지나도 어떤 일이 이루어지기 어려움. 황하(黃河)가 늘 흐려 맑을 때가 없다는 데서 유래. <출> 춘추좌씨전(春秋左氏傳) 양왕(襄王) 8년조. (유) 不知何歲月, 千年一淸

百年偕樂(백년해락) [70801062] 百年偕老 참조. 한 평생 즐거움을 같이함.

百年偕老(백년해로) [70801070] 부부가 되어 한평생을 사이좋게 지내고 즐겁게 함께 늙음. <출> 시경(詩經) 격고(擊鼓). (유) 百年同樂, 百年偕樂, 偕老同穴

白頭如新(백두여신) [80604262] 머리가 백발이 되도록 오래 사귀었어도 서로 마음을 깊이 알지 못하여 새로 사귄 사람과 다름이 없음. 오랫동안 사귀어 온 사이지만 서로 간의 정이 두텁지 못함.

伯樂一顧(백락일고) [32628030] 알아주는 사람이 있어야 능력을 발휘할 수 있음. 백락(伯樂)은 주(周)나라 때 사람으로 말을 잘 감정하였는데, 명마라도 백락을 만나지 못하면 소금수레를 끌 뿐이었다는 데서 유래. <출> 전국책(戰國策) 연책(燕策). (유) 世有伯樂然後有千里馬

百伶百俐(백령백리) [70027000] 매우 영리하고 민첩함

白龍魚服(백룡어복) [80405060] 흰 용이 물고기로 모습을 바꾸었다는 뜻으로, 그 때문에 어부에게 붙잡힌다는 데서, 귀한 사람이 허름한 옷을 입고 가난한 사람 모습을 함 <출> 동경부(東京賦)

百萬長者(백만장자) [70808060] 재산이 매우 많은 사람, 아주 큰 부자.

白面書生(백면서생) [80706280] 한갓 글만 읽고 세상일에는 전혀 경험이 없는 사람. 송서(宋書) 심경지전(沈慶之傳).

百發百中(백발백중) [70627080] 백 번 쏘아 백 번 맞힘. 총이나 활 따위를 쏠 때마다 겨눈 곳에 다 맞음. 무슨 일이나 틀림없이 잘 들어맞음. (유) 一發必中

白璧微瑕(백벽미하) [80103210] 흰 옥에도 흠이 있다는 뜻으로, 훌륭한 것에도 약간의 결점이 있음

百死一生(백사일생) [70608080] 九死一生 참조. 백 번 죽을 뻔하다가 한 번 살아남.

百世之師(백세지사) [70723242] 후세(後世)까지 모든 사람의 스승으로 존경을 받을 만한 훌륭한 사람.

白手乾達(백수건달) [80723242] 돈 한 푼 없이 빈둥거리며 놀고먹는 건달.

白首北面(백수북면) [80528070] 재주와 덕이 없는 사람은 늙어서도 북쪽을 향하여 스승의 가르침을 받음이 마땅함. 배움에는 나이 제한이 없으므로 백발의 노인이 되어서도 배워야 함.

白水眞人(백수진인) [80804280] 옛날 중국에서 후한이 새로 나타나게 될 것을 예언한 말로 돈의 다른 이름으로 쓰임

伯牙絶絃(백아절현) [32324230] 자기를 알아주는 참다운 벗의 죽음을 슬퍼함. <출> 춘추

시대에 백아(伯牙)는 거문고를 매우 잘 탔고 그의 벗 종자기(鍾子期)는 그 거문고 소리를 잘 들었는데, 종자기가 죽어 그 거문고 소리를 들을 사람이 없게 되자 백아가 절망하여 거문고 줄을 끊어 버리고 다시는 거문고를 타지 않았다는 데서 유래. . <출> 열자(列子) 탕문편(湯問篇)과 여씨춘추(呂氏春秋).

白魚入舟(백어입주) [80507030] 주(周)나라의 武王(무왕)이 殷(은)나라의 紂王(주왕)을 치려고 강을 건널 때에 흰 물고기가 배에 뛰어들었는데, 이것이 승리의 징조가 되었다는데서 적이 항복(降伏)함을 말함 <출> 사기(史記)

白雲孤飛(백운고비) [80524042] 흰구름이 외롭게 떠다닌다는 말로 멀리 떠나온 자식이 어버이를 그리워하는 마음 <출> 당서(唐書)

白雲蒼狗(백운창구) [80523230] 桑田碧海 참조. 흰구름이 순식간에 푸른 개로 변한다는 뜻으로 세상 일이 뜻밖으로 빠르게 바뀜 <출> 두보(杜甫)의 가탄(可嘆)

白衣民族(백의민족) [80608060] 흰옷을 입은 민족, 한민족을 이르는 말. 예로부터 우리 민족이 흰옷을 즐겨 입은 데서 유래.

白衣從軍(백의종군) [80604080] 벼슬 없이 군대를 따라 싸움터로 감.

伯夷叔齊(백이숙제) [32304032] 형 백이(백이)와 아우 숙제(숙제). 모두 은(殷)나라 고죽군(孤竹君)의 아들로 무왕(武王)이 은나라를 치고 주(周)나라를 세우자 백이, 숙제 형제는 주나라의 곡식을 먹는 것을 부끄러워하여 수양산에 숨어서 고사리를 캐서(采薇) 먹고 살다 굶어 죽었음.

白刃可蹈(백인가도) [80205010] 날카로운 칼날도 밟을 수 있다는 말로 용기가 있으면 어려운 일로 헤쳐갈 수 있다는 말 <출> 중용(中庸)

百戰老將(백전노장) [70627042] 수많은 싸움을 치른 노련한 장수.

百戰百勝(백전백승) [70627060] 싸울 때마다 다 이김.

百折不屈(백절불굴) [70407240] 어떠한 난관에도 결코 굽히지 않음. (유) 百折不撓

百折不撓(백절불요) [70407210] 百折不屈 참조. 어떠한 난관에도 결코 굽히지 않음.

栢舟之操(백주지조) [02303250] 위국(衛國)의 세자 공백(共伯)의 아내가 공강(共姜)이 백주(栢舟)라는 시를 지어 맹세하고 절개를 지킨 고사에서 나온 말로, 남편이 일찍 죽은 아내가 절개를 지킴

白晝搶奪(백주창탈) [80600032] 대낮에 남의 물건을 빼앗음

伯仲叔季(백중숙계) [32324040] 백은 맏이, 중은 둘째, 숙은 셋째, 계는 막내라는 뜻으로, 사형제의 차례를 이르는 말. 예기(禮記) 단궁상편(檀弓上篇). 원래는 4형제일 때의 서열이고 반드시 셋째는 叔, 넷째는 季로 고정되어 있는 것은 아님. 남의 동생은 모두 季氏라 하며, 2兄弟일 때는 兄의 아들이 아버지의 弟(둘째)

를 叔父라 함.

伯仲之間(백중지간) [32323272] 難兄難弟 참조. 누가 첫째이고 둘째인지 구분하기 어려움.

伯仲之勢(백중지세) [32323242] 難兄難弟 참조. 누가 첫째이고 둘째인지 구분하기 어려움. 위나라 문제(文帝) 조비(曹丕)의 전론(典論).

白地曖昧(백지애매) [80701010] 까닭 없이 죄를 뒤집어쓰고 재앙을 당하여 억울함

百尺竿頭(백척간두) [70321060] 累卵之危 참조. 백 자나 되는 높은 장대 위에 올라섬. 몹시 어렵고 위태로운 지경. 전등록(傳燈錄).

百八煩惱(백팔번뇌) [70803030] 사람의 마음속에 있는 엄청난 번뇌. 사람이 지닌 108가지의 번뇌. 육근(六根; 눈, 귀, 코, 혀, 몸, 뜻)에 각기 고(苦), 락(樂), 불고불락(不苦不樂)이 있어 18가지가 되고, 이에 탐(貪)과 무탐(無貪)이 있어 36가지가 되며, 이것을 다시 과거, 현재, 미래로 각각 풀면 108가지임. (유) 百八

百八念珠(백팔염주) [70805232] 작은 구슬 108개를 꿴 염주. 백팔 번뇌를 상징.

百骸俱痛(백해구통) [70103040] 몸의 모든 뼈가 다 아픔

百害無益(백해무익) [70525042] 해롭기만 하고 하나도 이로운 바가 없음.

繁文縟禮(번문욕례) [32700260] 자질구레한 꾸밈의 글, 복잡하게 얽힌 예라는 뜻으로 규칙, 예절, 절차 따위가 번거롭고 까다로움

翻雲覆雨(번운복우) [00523252] 갑자기 구름이 끼고 비가 온다는 말로 인정이 쉽게 변함을 비유함

伐性之斧(벌성지부) [42523210] 사람의 본성을 끊는 도끼라는 뜻으로, 사람의 마음을 혼란하게 하는 여자의 유혹 <출> 여씨춘추(呂氏春秋)

伐齊爲名(벌제위명) [42324272] 겉으로는 어떤 일을 하는 체하고 속으로는 딴 짓을 함. <출> 전국시대 연(燕)나라 장수 악의(樂毅)가 제나라를 칠 때, 제나라의 장수 전단(田單)이 악의가 제나라를 정복한 뒤에 제나라의 왕이 되려고 한다는 헛소문을 퍼뜨리자, 燕王이 의심하여 악의를 불러들이었다는 데서 유래.

辟邪進慶(벽사진경) [00324242] 사귀(邪鬼)를 쫓고 경사(慶事)로운 일을 맞이함

碧海桑田(벽해상전) [32723242] 桑田碧海 참조. 푸른 바다가 뽕나무밭이 됨.

便同一室(변동일실) [70708080] 변소를 같이 쓰는 한 집이라는 데서, 남과 아주 가까워 한 집안이나 마찬가지임

邊上加邊(변상가변) [42725042] 기존의 본전에 邊利(변리)를 합쳐 만든 새 본전에 덧붙인 변리.

變化無雙(변화무쌍) [52525032] 비할 데 없이 변화가 심함.

別無神通(별무신통) [60506260] 별로 신통할 것이 없음.

別無長物(별무장물) [60508072] 長物은 여분(餘分)이라는 뜻. 필요한 것 이외에는 갖지 않음. 물욕이 없는 검소한 생활. <출> 세설신어(世說新語) 덕행(德行)편.

別有乾坤(별유건곤) [60703230] 武陵桃源 참조. 이 세상과 따로 존재하는 세계.

別有天地(별유천지) [60707070] 武陵桃源 참조. 이 세상과 따로 존재하는 세계.

兵家常事(병가상사) [52724272] 전쟁에서 이기고 지는 일은 흔히 있는 일임을 이름, 실패는 흔히 있으므로 낙심할 것이 없음을 이르는 말.

兵貴神速(병귀신속) [52506260] 군대는 귀신처럼 빨리 움직임이 중요함 <출> 위지(魏志)

兵不厭詐(병불염사) [52722030] 용병에 있어서는 속임수를 꺼리지 않음. 전쟁에서는 모든 방법으로 적군을 속여야 함. <출> 한비자(韓非子) 난일(難一). (유) 軍不厭詐

炳如日星(병여일성) [12428042] 해와 별처럼 밝고 빛남.

病入骨髓(병입골수) [60704010] 病入膏肓 참조. 병이 고치기 어렵게 몸속 깊이 듦.

秉燭夜遊(병촉야유) [12306040] 촛불을 들고 밤에 논다는 뜻으로, 때에 맞춰 즐김 또는 낮부터 밤중까지 놂

病風傷暑(병풍상서) [60624030] 바람에 병들고 더위에 상한다는 뜻으로, 힘든 세상살이에 쪼들림

輔車相依(보거상의) [12725240] 脣亡齒寒 참조. 수레에서 덧방나무와 바퀴가 서로 의지함. 긴밀한 관계를 맺으면서 서로 돕고 의지함.

補過拾遺(보과습유) [32523240] 임금의 잘못을 바로잡아 고치게 함 <출> 한서(漢書)

輔國安民(보국안민) [12807280] 나랏일을 돕고 백성을 편안하게 함.

步武堂堂(보무당당) [42426262] 걸음걸이가 씩씩하고 위엄이 있음. 步는 한 걸음, 武는 반 걸음.

報本反始(보본반시) [42606262] 천지에 보답하고 처음으로 돌아간다는 뜻으로, 천지와 선조의 은혜에 보답함 <출> 예기(禮記)

輔時救難(보시구난) [12725042] 시대를 도와서 환난을 구한다는 말로서,잘못된 곳을 바로잡고 미치지 못하는 곳을 보필함 <출> 삼국유사(三國遺事)

保身之策(보신지책) [42623232] 몸을 보전하는 계책.

鴇羽之嗟(보우지차) [00323210] 너새 날개의 탄식(歎息)이라는 뜻으로 백성이 싸움터에 나가 있어 그 어버이를 봉양하지 못함을 한탄함 <출>詩經(시경)

報怨以德(보원이덕) [42405252] 원한을 덕으로 갚음.

普天率土(보천솔토) [40703280] 普天之下(보천지하) 率土之濱(솔토지빈)'을 줄인 말로, 하늘과 땅을 덮고 있는 온 세상을 가리키는 말 <출> 시경(詩經)

普遍妥當(보편타당) [40303052] 두루 통하여 특별하지 않고 사리에 맞아 타당함.

寶貨難售(보화난수) [42424200] 값비싼 보물(寶物)은 쉽게 팔리지 않는다는 뜻으로, 훌륭한 사람은 기량(器量)이 크므로 남에게 쓰이기 어렵다는 말

覆車之戒(복거지계) [32723240] 앞의 수레가 엎어지는 것을 보고 뒤의 수레는 미리 경계하여 엎어지지 않도록 함. 남의 실패를 거울삼아 자기를

경계함. <출> 한서(漢書) 가의전(賈誼傳). (유) 殷鑑不遠, 不踏覆轍, 以古爲鑑, 前車可鑑, 前車覆後車戒, 前覆後戒, 學于古訓

福輕乎羽(복경호우) [52503032] 복은 새털보다 가벼운 것이란 말로 자기의 마음 여하에 따라 행복을 찾을 수 있음 <출전> 장자(莊子)

伏龍鳳雛(복룡봉추) [40403202] 엎드린 용과 봉황의 새끼라는 뜻으로, 엎드려 있는 용은 제갈공명(諸葛孔明), 봉황의 새끼란 방사원(龐士元)을 가리키며 아직 알려지지 않은 뛰어난 사람을 말함 <출> 삼국지(三國志)

伏慕區區(복모구구) [40326060] 주로 한문 편지글에서, '삼가 사모하는 마음 그지 없습니다'의 뜻으로 쓰임

伏慕無任(복모무임) [40325052] 주로 한문 편지에서, '삼가 사모하는 마음 그지없어 어찌할 바를 모르겠습니다'의 뜻으로 쓰임

腹背之毛(복배지모) [32423242] 배와 등에 난 털이라는 뜻으로 쓸모없음을 이름

覆杯之水(복배지수) [32303280] 엎지른 물이란 뜻으로, 다시 바로 잡기 어렵게 저지른 일 <출> 송남잡식(松南雜識)

覆巢破卵(복소파란) [32124240] 엎어진 둥우리 속의 알을 깨다라는 뜻으로 어버이가 재앙을 받으면 자식도 상처를 입음 (유) 覆巢餘卵

腹心之友(복심지우) [32703252] 마음이 맞는 친구 <출> 한서(漢書)

腹藏遺物(복장유물) [32324072] 불상 뱃속에 든 사리·불경 같은 유물

卜晝卜夜(복주복야) [30603060] 밤낮을 가리지 않고 술 마시고 노는 것 <출> 춘추좌씨전(春秋左氏傳)

伏地不動(복지부동) [40707272] 땅에 엎드려 움직이지 아니한다는 말로 주어진 일이나 업무를 처리하는 데 몸을 사림

本末顚倒(본말전도) [60501032] 일이 처음과 나중 또는 중요한 것과 사소한 것이 뒤바뀜 (유) 主客顚倒, 本末轉倒

本然之性(본연지성) [60703252] 사람이 본디부터 가지고 있는 성품 <출> 주자어류(朱子語類)

本第入納(본제입납) [60627040] 본집으로 들어가는 편지라는 뜻으로, 자기 집으로 편지할 때에 편지 겉봉에 자기 이름을 쓰고 그 밑에 쓰는 말.

奉檄之喜(봉격지희) [52103240] 부모가 살아있는 사람이 고을의 원(員)이 되는 기쁨

封庫罷職(봉고파직) [32403042] 관가의 창고를 봉하여 잠그고, 관직에서 파면함, (유) 封庫 封庫罷黜

奉公滅私(봉공멸사) [52623240] 사욕을 버리고 공익을 위하여 힘씀.

蓬頭亂髮(봉두난발) [12604040] 쑥대강이같이 헙수룩하게 마구 흐트러진 머리털. (유) 蓬頭突鬢

蓬萊弱水(봉래약수) [12126280] 봉래(蓬萊)는 봉래산으로 동쪽 바다에 있고 약수(弱水)는 서쪽 땅을 흐르는 강으로 이 사이가 30만 리 떨어져 있으

므로 아주 큰 차이가 있음을 말함 <출> 태평광기(太平廣記) (상) 一衣帶水

鳳麟芝蘭(봉린지란) [32121232] 봉황, 기린과 같이 잘난 남자와 지초, 난초와 같이 예쁜 여자라는 뜻으로, 젊은 남녀의 아름다움을 말함

鳳毛麟角(봉모인각) [32421262] 봉황의 깃털과 기린의 뿔이라는 뜻으로, 보기 힘든 매우 희귀한 물건 또는 뛰어난 인재를 가리킴 <출> 남사(南史)

捧腹絶倒(봉복절도) [10324232] 抱腹絶倒 참조. 배를 잡고 몸을 굽히고 자빠질 정도로 웃음.

奉仕活動(봉사활동) [52527272] 사회나 타인에 대해 정성을 들여 섬기거나 돌보는 일.

逢人輒說(봉인첩설) [32800252] 만나는 사람마다 붙들고 지껄이어 소문을 퍼뜨림 (유) 逢人卽說

蓬戶甕牖(봉호옹유) [12421200] 쑥으로 엮어 만든 문과 깨진 항아리로 만든 창문이라는 뜻으로 가난한 사람이 사는 집 <출> 예기(禮記)

附加價値(부가가치) [32505232] 새로 덧붙인 가치.

浮家泛宅(부가범택) [32721052] 물에 떠다니는 배에서 하는 살림살이 또는 그 배

婦姑勃谿(부고발계) [42321002] 며느리와 시어미가 서로 싸움 <출> 장자(莊子) 외물(外物)

富國強兵(부국강병) [42806052] 나라를 부유하게 만들고 군대를 강하게 함, 부유한 나라와 강한 군대.

富貴功名(부귀공명) [42506272] 재산이 많고 지위가 높으며 공을 세워 이름을 떨침.

富貴浮雲(부귀부운) [42503252] 뜬구름같이 덧없는 부귀 <출> 논어(論語)

富貴榮華(부귀영화) [42504240] 재산이 많고 지위가 높으며 귀하게 되어서 세상에 드러나 온갖 영광을 누림.

富貴在天(부귀재천) [42506070] 부유함과 귀함은 하늘에 달려 있음.

不當利得(부당이득) [72526242] 정당치 못한 방법으로 얻는 이익.

不大不小(부대불소) [72807280] 크지도 작지도 않고 알맞음.

不得其位(부득기위) [72423250] 실력은 충분하나 그 실력을 펴볼 자리를 얻지 못함.

不得不然(부득불연) [72427270] 그렇게 될 수밖에 없음.

不得要領(부득요령) [72425250] 要領不得 참조. 말이나 글 또는 일의 골자나 이치를 알 수가 없음.

駙馬都尉(부마도위) [10505020] 천자가 타는 수레에 딸린 말을 타는 사람에게 주는 칭호. 임금의 사위에게 주던 칭호. (유) 駙馬, 都尉, 粉侯

父母奉養(부모봉양) [80805252] 부모를 받들어 모심.

剖腹藏珠(부복장주) [10323232] 배를 가르고 구슬을 갈무리한다는 뜻으로 재물에 눈이 어두움

夫婦有別(부부유별) [70427060] 五倫(오륜)의 하나, 남편과 아내 사이에는 본분의 구별이 있음.

浮生若夢(부생약몽) [32803232] 뜬 인생이 꿈과 같다는 뜻으로 인생의 허무함을 말함 (유)

浮生如夢

負絏之勞(부설지로)	[40003252]	귀양 가는 사람을 데리고 다니는 수고
膚受之愬(부수지소)	[20423200]	살을 에는 듯한 통절(痛切)한 하소연
負薪救火(부신구화)	[40105080]	救火投薪 참조. 섶을 지고 불을 끄려함.
負薪之憂(부신지우)	[40103232]	采薪之憂 참조. 섶을 지어야 하는 근심.
俯仰不愧(부앙불괴)	[10327230]	굽어보나 우러러보나 부끄럽지 않음 <출> 맹자(孟子) 진심상(盡心上)
扶養家族(부양가족)	[32527260]	처자나 부모 형제 등 자기가 부양하거나 부양 하여야 하는 가족.
附炎棄寒(부염기한)	[32323050]	권세를 떨칠 때의 사람을 따르다가 그 권세가 쇠하면 버리고 떠난다는 뜻으로 인정의 가볍고 얕음을 말함
浮雲朝露(부운조로)	[32526032]	뜬구름과 아침 이슬이라는 뜻으로, 덧없는 인생이나 세상
斧鉞之下(부월지하)	[10023272]	작은 도끼와 큰 도끼의 아래라는 뜻으로, 제왕의 위엄을 말함
夫爲婦綱(부위부강)	[70424232]	아내는 남편을 섬기는 것이 근본임.
父爲子綱(부위자강)	[80427232]	아들은 아버지를 섬기는 것이 근본임.
扶危定傾(부위정경)	[32406040]	위기를 맞아 잘못됨을 바로 잡고 나라를 바로 세움.
婦有長舌(부유장설)	[42708040]	여자가 말이 많음은 화의 발단이 됨
不自量力(부자양력)	[72725072]	자신의 힘은 생각하지 않고 섣부르게 행동함 <출> 좌전(左傳)
父子有親(부자유친)	[80727060]	五倫(오륜)의 하나. 아버지와 아들 사이에는 두터운 정이 있어야 함.
父慈子孝(부자자효)	[80327272]	부모는 자녀를 사랑하고, 자녀는 부모에게 효도함
父傳子傳(부전자전)	[80527252]	아버지가 아들에게 대대로 전함 (유) 父子相傳, 父傳子承
賦存資源(부존자원)	[32404040]	경제적 목적에 이용할 수 있는 지각 안의 지질학적 자원.
釜中生魚(부중생어)	[12808050]	오랫동안 밥을 하지 못하여 솥 안에 물고기가 생김, 매우 가난함. 後漢書 范冉傳(범염전).
釜中之魚(부중지어)	[12803250]	魚遊釜中 참조. 솥 속의 물고기.
負重致遠(부중치원)	[40705060]	무거운 물건을 지고 먼 곳까지 감. 중요한 직책을 맡음. <출> 삼국지(三國志) 촉서(蜀書) 방통(龐統)전.
不卽不離(부즉불리)	[72327240]	두 관계가 붙지도 아니하고 떨어지지도 아니함, 찬성도 아니하고 반대도 아니함.
不知甘苦(부지감고)	[72524060]	달고 씀을 가리지 못한다는 뜻으로 아주 쉬운 이치도 알지 못함을 이르는 말.
不知去處(부지거처)	[72525042]	간 곳을 모름.
不知其數(부지기수)	[72523270]	헤아릴 수가 없을 만큼 많음.
不知端倪(부지단예)	[72524202]	일의 처음과 끝을 알 수 없음 <출> 장자(莊子)
不知寢食(부지침식)	[72524072]	不撤晝夜 참조. 자고 먹는 일을 잊을 만큼 일에 열중함.

(유) 不撤晝夜, 不解衣帶, 夜以繼晝, 晝而繼夜

父執尊長(부집존장) [80324280] 아버지의 벗으로 나이가 아버지와 비슷한 어른 (유) 父執, 父交

夫唱婦隨(부창부수) [70504232] 남편이 주장하고 아내가 이에 잘 따름. (유) 唱隨, 倡隨

鮒蟄之穴(부칩지혈) [00103232] 개구리가 칩복한 굴이라는 뜻으로 우물을 이르는 말.

赴湯蹈火(부탕도화) [30321080] 끓는 물이나 뜨거운 불도 헤아리지 않고 뛰어든다는 말로, 목숨을 걸고 하는 아주 어렵고 힘든 일에 몸을 던짐 <출> 한서(漢書)

浮萍轉蓬(부평전봉) [32104012] 살 도리가 없어서 떠돌아 다니는 낙오된 신세

父風母習(부풍모습) [80628060] 아버지와 어머니를 골고루 닮음

負荊請罪(부형청죄) [40104250] 가시나무를 짊어지고 죄를 청함. 자신의 잘못을 인정하고 처벌을 자청함. 사기(史記) 염파인상여(廉頗藺相如)열전.

附和雷同(부화뇌동) [32623270] 우레 소리에 붙어 섞임. 자기 주견이 없이 남의 의견에 따라 움직임. <출> 예기(禮記) 곡례(曲禮). (유) 雷同, 雷同附和, 附同, 附和隨行, 隨衆逐隊, 旅進旅退

附和隨行(부화수행) [32623260] 附和雷同 참조. 자기 주견이 없이 남의 의견에 따라 움직임.

北馬南船(북마남선) [80508050] 南船北馬 참조. 북쪽은 말, 남쪽은 배를 이용하여 돌아다님.

北邙山川(북망산천) [80028070] 무덤이 많은 곳이나 사람이 죽어서 묻히는 곳. 중국의 북망산에 무덤이 많았다는 데서 유래.

北門之歎(북문지탄) [80803240] 북문(北山)은 궁궐의 상징어. 벼슬자리에 나가기는 하였으나 뜻대로 성공하지 못하여 그 곤궁함을 한탄함.

北山之感(북산지감) [80803260] 북산에서 느끼는 감회. 북산(北山)은 궁궐의 상징어. 나라 일에 힘쓰느라고 부모봉양을 제대로 못한 것을 슬퍼하는 마음.

北轅適楚(북원적초) [80024012] 수레의 머리를 북쪽으로 향하게 해 놓고 남쪽인 초(楚)나라로 가려 한다는 뜻으로, 의도하는 바와 행하는 바가 서로 어긋남

北窓三友(북창삼우) [80628052] 거문고, 술, 시(詩). 백거이(白居易)의 북창삼우시(北窓三友詩).

粉骨碎身(분골쇄신) [40401062] 犬馬之勞 참조. 뼈가 가루가 되고 몸이 부서지도록 노력함.

奔放自在(분방자재) [32627260] 규정이나 규칙에 따르지 않고 제 멋대로 함

粉白黛黑(분백대흑) [40800250] 분을 희게 바르고 먹으로 눈썹을 까맣게 화장한 미인의 얼굴

焚書坑儒(분서갱유) [10622040] 중국 진(秦)나라의 시황제가 학자들의 정치적 비판을 막기 위하여 민간의 책 가운데 의약(醫藥), 복서(卜筮), 농업에

관한 것만을 제외하고 모든 서적을 불태우고 수많은 유생을 구덩이에 묻어 죽인 일. <출> 사기(史記) 진시황기(秦始皇紀). (유) 坑儒焚書, 秦火

分袖相別(분수상별) [62105260] 서로 소매를 나누고 헤어진다는 뜻으로 이별을 말함

粉身靡骨(분신미골) [40621040] 몸이 가루가 되게 하고 뼈를 부러뜨린다 는 뜻으로, 모든 정성과 힘을 다함

粉靑沙器(분청사기) [40803242] 청자에 백토로 분을 발라 다시 구워 낸 그릇.

糞土之言(분토지언) [10803260] 이치에 닿지 않는 터무니없는 말

不可救藥(불가구약) [72505062] 치료약을 구할 수 없음. 일이 만회할 수 없을 지경에 달하였음. <출> 시경(詩經) 대아(大雅)의 판(板) 시.

不可究詰(불가구힐) [72504210] 내용이 복잡하여 참된 사실을 밝힐 수가 없음

不可不念(불가불념) [72507252] 잊어서는 절대 안 됨.

不可思議(불가사의) [72505042] 생각하거나 미루어 헤아릴 수 없음, 이상야릇함.

不可勝數(불가승수) [72506070] 헤아릴 수 없을 만큼 아주 많음.

不暇草書(불가초서) [72407062] 한자 초서를 쓸 때는 획과 점을 일일이 쓰지 않는데 이것 마저 쓸 틈이 없을 만큼 매우 바쁨

不可抗力(불가항력) [72504072] 사람의 힘으로는 저항할 수 없는 힘.

不可形言(불가형언) [72506260] 말이나 글로 표현할 수 없음.

不覺技痒(불각기양) [72405002] 가려움을 견디기 힘들다는 뜻으로 자신의 재주를 보이고 싶어 안달함

不刊之書(불간지서) [72323262] 닳아 없어지지 않고 오래 세상에 전해질 책

不敢生意(불감생의) [72408062] 감히 엄두도 내지 못함. (유) 敢不生心, 焉敢生心

不顧廉恥(불고염치) [72303032] 염치를 돌아보지 아니함. (유) 廉恥不顧

不共戴天(불공대천) [72622070] 하늘을 함께 이지 못함. 이 세상에서 같이 살 수 없을 만큼 큰 원한. (유) 不俱戴天, 戴天之讐, 戴天之怨讐

不攻自破(불공자파) [72407242] 치지 않아도 저절로 깨짐.

不愧屋漏(불괴옥루) [72305032] 옥루(屋漏)는 방의 북서쪽(北西-)의 어두운 구석이란 말로 군자는 사람이 보지 않는 곳에서도 부끄러움이 없음

不敎而誅(불교이주) [72803010] 제대로 가르치지 않다가 일을 저지르면 가볍게 사람을 죽인다는 뜻으로, 교육을 강조하는 말 <출> 논어(論語)

不俱戴天(불구대천) [72302070] 不共戴天 참조. 하늘을 함께 이지 못함. <출> 예기(禮記) 곡례편(曲禮篇).

不求甚解(불구심해) [72423242] 깊이 이해하기를 구하지 않음 <출> 도연명(陶淵明)의 오류선생전(五柳先生傳)

不倦不懈(불권불해) [72107210] 싫증을 내지 않고 게을리 하지 아니함

不軌之心(불궤지심) [72303270] 법이나 도리에 어긋나는 마음, 반역을 꾀하는 마음.

不期而會(불기이회) [72503062] 약속을 하지 않고 우연히 만남.

不念舊惡(불념구악) [72525252] 지나간 잘못을 마음 속에 담아두지 않음 <출> 논어(論語)

공야장(公冶長)편

不能不已(불능불이) [72527232] 그만두지 않을 수 없음.

佛頭著糞(불두저분) [42603210] 부처님 머리에 붙은 똥이란 뜻으로 훌륭한 책의 서투른 서문 또는 착한 사람이 모욕함 <출> 경덕전등록(景德傳燈錄) 여회선사(如會禪師)편 (유) 佛頭着糞

不良少年(불량소년) [72527080] 행실이나 성품이 나쁜 소년.

不慮胡獲(불려호획) [72403232] 깊이 생각하지 않으면 좋은 결과를 얻지 못함 <출> 서경(書經)

不勞所得(불로소득) [72527042] 직접 일을 하지 아니하고 얻는 이익.

不老長生(불로장생) [72708080] 늙지않고 오래도록 살아감.

不立文字(불립문자) [72727070] 불교에서 문자로 가르침을 세우지 않는다는 의미에서 마음에서 마음으로 전한다는 뜻으로 쓰임.

不忘之恩(불망지은) [72303242] 잊지 못할 은혜.

不眠不休(불면불휴) [72327270] 자지도 않고 쉬지도 않음. 일에 모든 힘을 쏟음.

不問可知(불문가지) [72705052] 묻지 아니하여도 알 수 있음. (유) 不言可想, 不言可知

不問曲折(불문곡절) [72705040] 不問曲直 참조. 바르고 굽음을 묻지 아니함.

不問曲直(불문곡직) [72705072] 옳고 그름을 따지지 아니함. <출> 사기(史記) 열전(列傳) 이사전(李斯傳). (유) 不問曲折, 曲直不問

不伐己長(불벌기장) [72425280] 자기의 장점을 자랑하지 않는다는 뜻으로, 겸손한 자세를 말함

不辨菽麥(불변숙맥) [72301032] 콩과 보리도 구별하지 못할 만큼 세상물정에 매우 어두움

不分早白(불분조백) [72624280] 착하고 나쁨, 잘나고 못남을 가리지 않음

不費之惠(불비지혜) [72503242] 자기에게 손해 없이 남에게 베푸는 은혜

不事二君(불사이군) [72728040] 한 사람이 두 임금을 섬기지 아니함.

不世之才(불세지재) [72723262] 세상에서 드문 재주 또는 그 사람

不勝枚擧(불승매거) [72602050] 너무 많아서 다 헤아릴 수 없음

不審檢問(불심검문) [72324270] 아는 것이 의심스러운 대상을 멈추어 깊이 알아봄

不審之責(불심지책) [72323252] 자세히 살피지 못한 것에 대한 책임을 짐

不言可想(불언가상) [72605042] 不問可知 참조. 말하지 않아도 상상할 수 있음.

不言可知(불언가지) [72605052] 不問可知 참조. 말하지 않아도 알 수 있음.

不言之化(불언지화) [72603252] 말하지 않아도 미치는 감화

不易流行(불역유행) [72405260] 불역(不易)은 예술의 본질은 바뀌지 않음을, 유행(流行)은 표현 방식은 시대에 따라 끊임없이 변함을 나타내는 말로 이 두 가지가 하나의 바탕으로 돌아가야한다는 생각

不撓不屈(불요불굴) [72107240] 한번 먹은 마음이 흔들리거나 굽힘이 없음.

不要不急(불요불급) [72527262] 중요하지도 않고 급하지도 않음.

不辱君命(불욕군명) [72324070] 외국에 사신으로 가서 임금의 명을 욕되게 하지 않음의 뜻으로 맡은 바를 훌륭히 마침 <출> 논어(論語)

不遠萬里(불원만리) [72608070] 不遠千里 참조. 만 리 길도 멀다하지 않음.

不遠千里(불원천리) [72607070] 천 리 길도 멀다고 여기지 않음. <출> 맹자(孟子) 양혜왕(梁惠王). (유) 不遠萬里

不違農時(불위농시) [72307272] 농사철을 어기지 않음이란 뜻으로 알맞은 때에 농사를 지음 <출> 맹자(孟子)

不爲福先(불위복선) [72425280] 복을 얻는 데 남보다 앞서면 남에게 미움을 받으므로 남에 앞서서 차지하려 하지 않음

不爲酒困(불위주곤) [72424040] 술 때문에 곤란하게 되지 아니함 <출> 논어(論語)

不遺餘力(불유여력) [72404272] 있는 힘을 남기지 않고 다 씀 <출> 전국책(戰國策) (유) 全力投球

不意之變(불의지변) [72623252] 뜻밖의 변고(變故)

不因人熱(불인인열) [72508050] 사람의 열로써 밥을 짓지 않는다는 뜻으로, 남에게 은혜를 입는 것을 떳떳이 여기지 않음 <출> 세설신어(世說新語)

不忍正視(불인정시) [72327242] 차마 바로 볼 수가 없음.

不撤晝夜(불철주야) [72206060] 어떤 일에 몰두하여 조금도 쉴 사이 없이 밤낮을 가리지 아니함. (유) 夜以繼晝, 晝而繼夜, 不知寢食, 不解衣帶

不恥下問(불치하문) [72327270] 손아랫사람이나 지위나 학식이 자기만 못한 사람에게 모르는 것을 묻는 일을 부끄러워하지 아니함. 논어(論語) 공야장(公冶長) 편. (유) 孔子穿珠

不快指數(불쾌지수) [72424270] 기온과 습도 따위의 기상 요소를 자료로 무더위에 대하여 몸이 느끼는 쾌, 불쾌의 정도를 나타내는 지수.

不偏不黨(불편부당) [72327242] 無偏無黨 참조. 어느 한쪽으로 치우치거나 특정 무리에 속하지 않음.

不避風雨(불피풍우) [72406252] 비바람을 무릅쓰고 일함.

不學無識(불학무식) [72805052] 배운 것이 없어 아는 것이 없음.

不寒而慄(불한이율) [72503010] 춥지 아니한데 떪. 몹시 두려워함. <출> 사기(史記) 혹리(酷吏)열전.

不解衣帶(불해의대) [72426042] 不撤晝夜 참조. 옷 띠를 풀지 않고 잠시도 쉬지 않으며 일에 힘씀 <출> 한서(漢書) (유) 不撤晝夜, 不知寢食, 夜以繼晝, 晝而繼夜

不協和音(불협화음) [72426262] 어울리지 않는 소리 또는 사람들 관계가 잘 어울리지 않음

不遑啓處(불황계처) [72103242] 집 안에서 편히 쉴 틈이 없음

不朽功績(불후공적) [72106240] 썩지 않고 오래 남을 애쓴 보람

崩城之痛(붕성지통) [30423240] 성(城)이 무너질 만큼 큰 슬픔이라는 뜻으로, 남편이 죽은 슬픔 (상) 叩盆之痛, 鼓盆之痛, 叩盆之歎(嘆), 鼓盆之歎(嘆), 鼓盆

朋友有信(붕우유신) [30527062] 五倫(오륜)의 하나로 벗 사이에는 믿음이 있어야 함

鵬程萬里(붕정만리) [12428070] 붕새가 날아갈 길이 만 리라는 뜻으로, 가야할 머나먼 길 또는 사람의 앞날이 매우 까마득함 <출> 장자(莊子) 소요유(逍遙遊).

比肩接踵(비견접종) [50304210] 사람들의 어깨가 서로 닿고 발뒤꿈치가 서로 맞닿을 만큼 사람이 많음

匪寇婚構(비구혼구) [20104040] 도적질하려고 온 것이 아니라 청혼하려는 좋은 뜻에서 옴

泌尿器科(비뇨기과) [12204262] 비뇨기에 관한 병을 연구하고 치료하는 임상 의학. 또는 그런 의원.

非禮之禮(비례지례) [42603260] 예의에 어긋나지 않은 듯이 보이나, 실제로는 어긋남 <출> 맹자(孟子)

非命橫死(비명횡사) [42703260] 뜻밖의 사고를 당하여 죽음.

非夢似夢(비몽사몽) [42323032] 완전히 잠이 들지도 잠에서 깨어나지도 않은 어렴풋한 상태. (유) 似夢非夢

誹謗之木(비방지목) [10103280] 요(堯) 임금은 도당씨(陶唐氏) 제곡(帝嚳)의 아들로 큰 북을 걸어 놓고 불만이 있는 사람은 그 북을 울린 후에 자기의 생각을 말하게 하여 더 좋은 선정을 베풀 수 있었다는 고사에서 헐뜯는 나무라는 뜻으로 훌륭한 정치의 본보기가 되는 물건이나 사건을 말함 <출> 회남자(淮南子)

臂不外曲(비불외곡) [10728050] 팔은 밖으로 굽지 않는다는 뜻으로 자신에게 도움이 되도록 함 <출> 벽암록(碧巖錄)

比比有之(비비유지) [50507032] 어떤 일이나 현상이 흔히 있음.

匪石之心(비석지심) [20603270] 돌처럼 마음대로 할 수 없는 마음이란 뜻으로 굳은 마음을 말함

飛蛾赴火(비아부화) [42023080] 나방이 불 속으로 날아든다는 뜻으로, 스스로 위험한 곳에 들어감 <출> 양서(梁書)

飛揚跋扈(비양발호) [42321012] 날아오르고 밟고 뛴다는 뜻으로, 날랜 새가 날고 큰 물고기가 날뛰는 것처럼 거리낌없이 제멋대로 행동함 <출> 북사(北史)

比屋可封(비옥가봉) [50505032] 집마다 상 받을 만한 사람이 많다는 뜻으로, 요순(堯舜) 시대처럼 평화로움을 말함

脾胃難定(비위난정) [10324260] 비위가 뒤집혀 가라앉지 아니한다는 뜻으로, 밉살스런 꼴을 보고 마음이 아니꼬움

匪夷所思(비이소사) [20307050] 보통 사람으로서는 헤아리지 못할 생각 <출> 역경(易經)

飛耳長目(비이장목) [42508060] 멀리 있는 것을 빨리 듣는 귀와 먼 곳을 보는 눈이라는 뜻으로, 관찰력이 넓고 날카로움 또는 책 <출> 관자(管子) (유) 長目飛耳

比翼連理(비익연리) [50324262] 琴瑟之樂(금실지락) 참조. 비익조(比翼鳥)와 연리지(連理枝). 부부 사이가 아주 화목함.

非一非再(비일비재) [42804250] 같은 현상이나 일이 한둘이 아니고 많음.

飛潛同置(비잠동치) [42327042] 날고 잠기는 표현이 같은 작품에 놓여 있다는 의미로 옛날 한시를 지을 때 좋은 작품을 얻기 위한 기본적인 수사법

飛將數奇(비장수기) [42427040] 중국 한(漢)나라 때 장군 이광(李廣)이 재주는 많으나 여러 번 어려움을 겪었다는 고사에서 비장(飛將)'은 이광을 가리키고, '수기(數奇)'는 '운수가 사납다'라는 뜻이므로 재주가 많으면 어려움도 많게 됨 <출> 사기(史記) 이장군열전(李將軍列傳)

飛鳥驚蛇(비조경사) [42424032] 打草驚蛇 참조. 새가 날아가는 듯하고 뱀이 놀란다는 뜻으로 움직임이 넘치는 글씨체 <출> 법서원(法書苑) (유) 打草驚蛇, 宿虎衝鼻, 驚蛇入草

鼻下政事(비하정사) [50724272] 코 밑에 닥친 일에 관한 정사(政事)라는 뜻으로, 하루하루를 겨우 먹고 살아가는 일 (유) 鼻下公事

飛黃騰達(비황등달) [42603042] 전설적인 말인 비황(飛黃)이 위로 올라간다는 뜻으로, 지위나 직위가 갑자기 올라 갑자기 부귀와 권력을 얻게 되는 일 <출> 부독서성남(符讀書城南) (유) 飛黃騰踏

牝鷄司晨(빈계사신) [02403230] 牝鷄之晨 참조. 암탉이 새벽을 알리는 일을 맡음.

牝鷄之晨(빈계지신) [02403230] 암탉이 새벽을 알리느라고 먼저 욺. 부인이 남편을 젖혀놓고 집안일을 마음대로 처리함. <출> 서경(書經) 목서(牧誓). (유) 牝鷄司晨

牝馬之貞(빈마지정) [02503232] 암말의 절개란 뜻으로 잘 참아내어 성공함을 이름 <출> 역경(易經)

擯不與言(빈불여언) [00724060] 아주 물리치고 말도 아니 함

貧者一燈(빈자일등) [42608042] 가난한 사람이 바치는 하나의 등(燈). 물질의 많고 적음보다 정성이 중요함. 왕이 부처에게 바친 백 개의 등은 밤사이에 다 꺼졌으나 가난한 노파 난타(難陀)가 정성으로 바친 하나의 등은 꺼지지 않았다는 데서 유래. 賢愚經(현우경).

賓至如歸(빈지여귀) [30424240] 제 집에 돌아온 것 같이 편한 대접을 받음 <출> 춘추좌씨전(春秋左氏傳)

牝黃牡驪(빈황모려) [02601012] 사물을 인식하려면 그 실질을 파악하여야 함. 진(秦)나라 때 천리마를 알아보는 구방고(九方皐)라는 이가 말의 색깔과 암수조차도 구별하지 못했으나 명마를 골라냈다는데서 유래. . <출> 열자(列子) 설부(說符)편.

氷上競技(빙상경기) [50725050] 얼음판 위에서 하는 경기를 통틀어 이르는 말.

氷姿玉質(빙자옥질) [50404252] 얼음같이 맑고 깨끗한 살결과 구슬같이 아름다운 자질. (유) 仙姿玉質

氷淸玉潤(빙청옥윤) [50624232] 얼음과 같이 맑고 구슬과 같이 윤이 난다는 뜻으로, 장인과 사위의 인물됨이 다 같이 뛰어남 <출> 진서(晉書)

氷炭之間(빙탄지간) [50503272] 얼음과 숯불의 사이. 서로 화합할 수 없는 사이. 초사(楚辭) 동방삭칠간전(東方朔七諫傳). (유) 氷炭不相容

氷壺秋月(빙호추월) [50027080] 얼음을 넣은 항아리와 가을 달이라는 뜻으로, 청렴하고 결백한 마음

徙家忘妻(사가망처) [10723032] 이사를 갈 때 아내를 잊고 두고 감. 무엇을 잘 잊음.

四強雄蕊(사강웅예) [80605000] 한 송이의 꽃 속에 수술이 여섯 개 있어 그중 넷은 길고 둘은 짧은 것으로 냉이·배추·무 따위의 수술이 이에 딸림. (유) 四長雄蕊

四顧無親(사고무친) [80305060] 의지할 만한 사람이 아무도 없음. (유) 四顧無託

四顧無託(사고무탁) [80305020] 四顧無親 참조. 사방을 둘러보아도 의탁할 데가 없음.

思考方式(사고방식) [50507260] 어떤 문제에 대하여 생각하고 궁리하는 방법이나 태도.

射空中鵠(사공중곡) [40728010] 무턱대고 쏘아 과녁을 맞혔다는 뜻으로, 멋모르고 한 일이 우연히 들어맞아 성공함 <출> 순오지(旬五志)

師曠之聰(사광지총) [42103230] 중국 진나라의 악사 사광(師曠)이 앞이 안 보이지만 음조를 듣고 잘 판단하였다는 데서 귀가 예민함을 이름 <출> 맹자(孟子)

事貴迅速(사귀신속) [72501060] 일은 빨리 할수록 좋음

捨近取遠(사근취원) [30604260] 가까운 것을 버리고 먼 것을 취함, 일의 순서나 차례를 바꾸어서 함.

舍己從人(사기종인) [42524080] 자기의 행위를 버리고 다른 사람의 좋은 점을 본떠 행함

士氣衝天(사기충천) [52723270] 사기가 하늘을 찌를 듯이 높음.

使驥捕鼠(사기포서) [60123210] 천리마로 하여금 쥐를 잡게 한다는 뜻으로, 사람을 쓸 줄 모르면 유능한 사람도 무능해짐 <출> 장자(莊子)

士農工商(사농공상) [52727252] 예전에, 백성을 나누던 네 가지 계급. 선비, 농부, 공상(工匠), 상인을 이름.

捨短取長(사단취장) [30624280] 나쁜 점은 버리고 좋은 점은 받아들임 <출> 한서(漢書) (유) 舍短取長

四端七情(사단칠정) [80428052] 성리학(性理學)에서 사단(四端)은 인간의 본성에서 우러나오는 마음씨로 인의예지(仁義禮智)를 말하며, 칠정(七情)은 인간의 자연적 감정으로 희로애락애오욕(喜怒哀樂愛惡欲)을 가리킴 <출> 맹자(孟子)

四達五通(사달오통) [80428060] 四通八達 참조. 길이 여러 발면으로 다 통함.

事大主義(사대주의) [72807042] 주체성이 없이 세력이 강한 나라나 사람을 받들어 섬기는 태도.

捨量沈舟(사량침주) [30503230] 背水之陣 참조. 식량을 버리고 배를 침몰시킨다는 뜻으로, 목숨을 걸고 어떤 일에 대처함 <출> 사기(史記) (유) 背

水之陣, 濟河焚舟, 破釜沈舟(船)

思慮分別(사려분별) [50406260] 생각을 짜내어 옳고 그름을 잘 구별함 (유) 熟慮斷行 (상) 輕擧妄動

私利私慾(사리사욕) [40624032] 사사로운 이익과 욕심.

駟馬難追(사마난추) [02504232] 駟不及舌 참조. 사마(駟馬; 하나의 수레를 끄는 네 필의 말)라도 혀를 놀려서 하는 말을 따르지 못함. 말조심해야 함. 송(宋)나라 구양수(歐陽修)의 필설(筆說).

四面楚歌(사면초가) [80701270] 아무에게도 도움을 받지 못하는, 외롭고 곤란한 지경에 빠진 형편. 楚나라 項羽가 사면을 둘러싼 漢나라 군사 쪽에서 들려오는 楚나라의 노랫소리를 듣고 楚나라가 이미 漢나라에 다 넘어간 줄 알고 놀랐다는 데서 유래다. <출> 사기(史記) 항우본기(項羽本記). (유) 楚歌, 孤立無援

四面春風(사면춘풍) [80707062] 두루 봄바람. 누구에게나 좋게 대함, 또는 그런 사람. (유) 到處春風, 四時春風

徙木之信(사목지신) [10803262] 나라를 다스리는 사람은 백성을 속이지 않아야 하고, 백성의 신임을 받아야 함. 진(秦)의 상앙(商鞅)이 법령을 개정하려 할 때, 수도 남문의 큰 나무를 북문으로 옮기는 백성에게 상금을 걸었는데, 이를 옮기는 사람이 있자 약속대로 포상하여 법령을 신뢰할 수 있음을 보인 데서 유래. <출> 사기(史記) 상군열전(商君列傳).

似夢非夢(사몽비몽) [30324232] 非夢似夢 참조. 꿈인듯하고, 꿈이 아닌 듯도 함.

斯文亂賊(사문난적) [30704040] 儒에 어긋나는 언행을 하는 사람. 斯文은 논어(論語) 자한(子罕)에 보이는 바, 孔子는 文王과 周公이 남긴 학문과 사상을 斯文이라 하고, 자신은 天命으로 斯文을 이어받았다고 자부한 데서, 斯文은 儒를 가리키는 용어가 되었음.

事半功倍(사반공배) [72626250] 들인 노력은 적고 성과는 많음.

沙鉢農事(사발농사) [32127272] 사발(沙鉢)에 짓는 농사라는 뜻으로, 밥을 빌어먹음

沙鉢通文(사발통문) [32126070] 호소문이나 격문 따위를 쓸 때에 누가 주모자인가를 알지 못하도록 서명에 참여한 사람들의 이름을 사발 모양으로 둥글게 뼁 돌려 적은 통문.

師範學校(사범학교) [42408080] 사범 교육을 목적으로 하는 학교.

四分五裂(사분오열) [80628032] 여러 갈래로 갈기갈기 찢어짐. 질서 없이 어지럽게 흩어지거나 헤어짐. 천하가 심히 어지러워짐. <출> 전국책(戰國策) 위책(魏策). (유) 三分五裂

駟不及舌(사불급설) [02723240] 사마(駟馬; 하나의 수레를 끄는 네 필의 말)라도 혀를 놀려서 하는 말을 따르지 못한다는 말로 소문은 순식간에 퍼짐을 뜻함 <출> 논어(論語) 안연(顔淵)편. (유) 駟馬難追, 口禍之門

死不瞑目(사불명목) [60721060] 죽어서도 눈은 편히 감지 못함 (유) 死不顚目

邪不犯正(사불범정) [32724072] 事必歸正 참조. 바르지 못하고 요사스러운 것이 바른 것을 건드리지 못함. 정의가 반드시 이김.

闍鼻多法(사비다법) [00506052] 불교식(佛敎式)으로 시체(屍體)를 화장(火葬)하는 법 (유) 茶毘法, 焚燒法, 闍毘法, 闍維法

仕非爲貧(사비위빈) [52424242] 관리는 가난해도 녹을 먹기 위해 일하지 않는다는 뜻으로, 관리는 덕을 천하에 펴야 한다는 말 <출> 맹자(孟子)

四捨五入(사사오입) [80308070] 4 이하의 수는 버리고 5 이상의 수는 그 윗자리에 1을 더하여 주는 방법, 반올림.

沙上樓閣(사상누각) [32723232] 모래 위에 세운 누각이라는 뜻으로, 기초가 튼튼하지 못하여 오래 견디지 못할 일이나 물건을 이르는 말.

砂上樓閣(사상누각) [02723232] 모래 위에 세운 누각. 기초가 튼튼하지 못하여 오래 견디지 못할 일이나 물건.

泗上弟子(사상제자) [12728072] 공자의 제자. 공자가 회수(淮水)의 지류인 사수(泗水) 변에서 제자를 가르쳤다는 데에서 유래

死生決斷(사생결단) [60805242] 죽고 삶을 돌보지 않고 끝장을 내려고 함.

死生關頭(사생관두) [60805260] 죽고 사는 것이 달린 매우 위험한 고비 (유) 生死關頭

捨生之心(사생지심) [30803270] 자기의 목숨을 버리면서까지 희생하겠다는 마음.

捨生取義(사생취의) [30804242] 목숨을 버리고 의를 좇음. 목숨을 버릴지언정 옳은 일을 함. <출> 맹자(孟子) 고자(告子). (유) 殺身成仁, 殺身立節

四書五經(사서오경) [80628042] 사서(論語, 孟子, 大學,中庸)와 오경(詩經, 書經, 易經, 禮記, 春秋)을 아울러 이르는 말.

射石爲虎(사석위호) [40604232] 中石沒鏃 참조. 호랑이라 여기고 돌에 화살을 쏨.

四聲通攷(사성통고) [80426002] 조선 세종 때에, 신숙주가 왕명에 따라 편찬한 韻書(운서).

捨小取大(사소취대) [30804280] 작은 것을 버리고 큰 것을 가짐.

死僧習杖(사승습장) [60326010] 죽은 중의 볼기를 친다는 뜻으로, 힘이 없는 사람을 폭행하거나 위엄을 부림

似是而非(사시이비) [30423042] 그럴듯하나 아님. <출> 맹자(孟子) 진심장하(盡心章下)편. (유) 似而非

四時春風(사시춘풍) [80727062] 四面春風 참조. 사계절 봄바람. 두루 봄바람.

捨身供養(사신공양) [30623252] 佛事(불사)를 이루기 위해서나 깨달음을 얻기 위하여 손, 발 따위의 신체의 일부, 또는 온몸을 부처나 보살에게 바침.

捨身成道(사신성도) [30626272] 속계에서의 몸을 버리고 불문(佛門)에 들어가 도를 이룸.

蛇身人首(사신인수) [32628052] 뱀의 몸에 사람의 머리, 중국 상고 시대의 제왕 복희씨의 괴상한 모양을 이르는 말.

事實無根(사실무근) [72525060] 근거가 없음, 터무니없음.

蛇心佛口(사심불구) [32704270] 뱀의 마음과 부처의 입이라는 뜻으로, 마음은 간악하면서

입으로는 착한 말을 함 또는 그러한 사람

四十初襪(사십초말) [80805010] 갓마흔에 첫 버선이라는 뜻으로, 뒤늦게 비로소 일을 해봄

使羊將狼(사양장랑) [60424210] 양으로 하여금 이리의 장수가 되게 한다는 뜻으로, 약자에게 강자를 이끌게 함 <출> 사기(史記) (유) 羊將狼

辭讓之心(사양지심) [40323270] 四端 참조. 사람의 본성에서 우러나오는 겸손히 남에게 사양하는 마음. 禮의 실마리가 되는 마음.

事有終始(사유종시) [72705062] 일에는 처음과 끝이 있음 <출> 대학(大學)

死而無悔(사이무회) [60305032] 죽어도 후회하지 않는다는 뜻으로 무모한 행동을 말함 <출> 논어(論語)

死而不亡(사이불망) [60307250] 몸은 죽어도 遺德은 잊혀지지 않는 것이 바로 오래 사는 것임 <출> 노자(老子) (유) 死且不朽

事已至此(사이지차) [72324232] 이미 일이 여기에 이르렀다는 뜻으로, 후회해도 소용 없음

死而後已(사이후이) [60307232] 죽은 뒤에야 일을 그만둠. 있는 힘을 다하여 그 일에 끝까지 힘씀.

使人勿疑(사인물의) [60803240] 의심스러운 사람은 부리지 말고(疑人勿使), 일단 사람을 부리게 되면 그 사람을 의심하지 말아야 함.

斯人斯疾(사인사질) [30803032] '이런 (아까운) 사람에게 이런 병이'라는 뜻으로, 몹시 아끼는 사람이 질병으로 죽음에 놓인 것을 이르며 조문할 경우에 주로 쓰이는 말 <출> 논어(論語) 옹야편(雍也篇)

獅子奮迅(사자분신) [10723210] 사자가 성낸 듯 그 기세가 거세고 날램.

使錢如水(사전여수) [60404280] 돈을 아끼지 않고 물 쓰듯 함

事齊事楚(사제사초) [72327212] 제나라를 섬겨야 할지 초나라를 섬겨야 할지 중간에 끼어서 이러지도 저러지도 못하는 딱한 사정 <출> 맹자(孟子)

四柱八字(사주팔자) [80328070] 사주(생년월일)의 干支(간지)가 되는 여덟 글자. 사주에 따라 운명이 정하여 있다고 믿어 '타고난 운수'의 뜻으로 쓰임.

死中求生(사중구생) [60804280] 죽을 고비에서 살 길을 찾음 (유) 死中求活

四重阿湌(사중아찬) [80703200] 신라의 벼슬 이름. 삼중아찬(三重阿湌)의 위

沙中偶語(사중우어) [32803270] 漢나라 高祖 때 벼슬을 받지 못한 신하들이 모래에 앉아 마주보고 역모를 꾸몄다는 고사에서 신하가 남몰래 임금을 몰아낼 꾀를 속삭임 <출> 사기(史記)

使之聞之(사지문지) [60326232] 자기의 뜻을 다른 사람을 통해서 간접적으로 남에게 전함

巳進申退(사진신퇴) [30424242] 조선시대에, 벼슬아치가 巳時(사시)에 출근하고 申時(신시)에 퇴근하던 일.

死且不朽(사차불후) [60307210] 죽더라도 썩지 않는다는 뜻으로, 몸은 죽어 썩어 없어져도 그 명성은 길이 후세에까지 남음 (유) 死而不亡

事親以孝(사친이효) [72605272] 효도로써 어버이를 섬김. 화랑도 세속 오계의 하나.

四通五達(사통오달) [80608042] 四通八達 참조. 길이 여러 방면으로 두루 통함.
四通八達(사통팔달) [80608042] 도로나 교통망, 통신망 따위가 이리저리 사방으로 통함. (유) 四達五通, 四通五達
事必歸正(사필귀정) [72524072] 모든 일은 반드시 바른길로 돌아감. (유) 邪不犯正
四海同胞(사해동포) [80727040] 四海兄第 참조. 온 세상 사람이 모두 동포.
四海爲家(사해위가) [80724272] 온 세상이 다 제 집이란 뜻으로, 임금의 업적이 큼 또는 떠돌아다녀서 일정하게 머무는 곳이 없음
四海兄第(사해형제) [80728062] 온 세상 사람이 모두 형제. 친밀함을 이르는 말. <출> 논어(論語) 안연편(顔淵篇). (유) 四海同胞
死灰復燃(사회부연) [60404240] 불 꺼진 재가 다시 타오름. 세력을 잃었던 사람이 다시 득세함. <출> 사기(史記) 한장유(韓長孺)열전.
削足適屨(삭족적구) [32724000] 신을 발에 맞추지 않고 발을 신에 맞춤. 매우 어리석음을 이름.
削奪官職(삭탈관직) [32324242] 죄를 지은 자의 벼슬과 품계를 빼앗고 벼슬아치의 명부에서 그 이름을 지우던 일.
山鷄野鶩(산계야목) [80406002] 산꿩과 들오리라는 뜻으로 성질이 사납고 제 마음대로만 하려고 해 다잡을 수 없는 사람
山高水長(산고수장) [80628080] 산은 높이 솟고 강은 길게 흐름. 군자의 덕행이 높고 한없이 오래 전하여 내려오는 것을 비유적으로 이름.
山窮水盡(산궁수진) [80408040] 산길이 막히고 물길이 끊어져 더 갈 길이 없음. 막다른 지경에 이름. (유) 山盡水窮, 山盡海渴
山溜穿石(산류천석) [80101060] 愚公移山 참조. 산에서 떨어지는 물방울이 바위를 뚫음.
山明水麗(산명수려) [80628042] 山紫水明 참조. 산 모양이 선명하고 물이 고움.
山明水紫(산명수자) [80628032] 山紫水明 참조. 산 모양이 선명하고 물이 단풍잎에 덮임.
山明水淸(산명수청) [80628062] 山紫水明 참조. 산 모양이 선명하고 물이 맑음.
酸性製鋼(산성제강) [20524232] 산성 내화재를 사용하여 강철을 만드는 정련 공정.
山陽聞笛(산양문적) [80606232] 진(晋)나라의 향수(向秀)는 산양(山陽)을 지나가다가 피리소리를 듣고 어린 시절의 벗들을 그리워 하며 사구부(思舊賦)라는 부(賦)를 지었다는 고사로 이미 죽은 친구를 그리워하는 마음을 말함
山紫水麗(산자수려) [80328042] 山紫水明 참조. 산의 초목에 붉은 단풍이 들고 물이 고움.
山紫秀麗(산자수려) [80324042] 산은 자줏빛으로 선명하고 물은 깨끗하다는 뜻으로, 경치가 아름다움을 이르는 말.
山紫水明(산자수명) [80328062] 산의 초목에 붉은 단풍이 들고 물은 맑음. 경치가 아름다움. (유) 山明水麗, 山明水紫, 山明水淸, 山紫水麗
山戰水戰(산전수전) [80628062] 산에서도 싸우고 물에서도 싸움. 세상의 온갖 고생과 어려움을 다 겪음.
山盡水窮(산진수궁) [80408040] 山窮水盡 참조. 산길이 다하고 물길이 다함을 뜻하며 더

이상 나아갈 길이 없음

山盡海渴(산진해갈) [80407230] 山窮水盡 참조. 산길이 다하고 바닷길이 다함.

山珍海味(산진해미) [80407242] 膏粱珍味 참조. 산에서 나는 진귀한 것과 바다에서 나는 맛있는 것.

山珍海錯(산진해착) [80407232] 膏粱珍味 참조. 산에서 나는 진귀한 것과 바다에서 나는 맛있는 것.

山珍海饌(산진해찬) [80407210] 膏粱珍味 참조. 산에서 나는 진귀한 것과 바다에서 나는 맛있는 것.

山川草木(산천초목) [80707080] 산과 내와 풀과 나무라는 뜻으로, 자연을 이름.

山海珍味(산해진미) [80724042] 膏粱珍味 참조. 산에서 나는 진귀한 것과 바다에서 나는 맛있는 것.

酸化水素(산화수소) [20528042] 산소와 수소의 화학적 결합물로 물을 전문적으로 이르는 말.

殺身成仁(살신성인) [42626240] 捨生取義 참조. 자기의 몸을 희생하여 인(仁)을 이룸. <출> 논어(論語) 위령공편(衛靈公篇).

殺身立節(살신입절) [42627252] 捨生取義 참조. 자기의 몸을 희생하여 절개를 세움.

三綱五倫(삼강오륜) [80328032] 유교 도덕에서 기본이 되는 세 가지의 강령(君爲臣綱, 父爲子綱, 夫爲婦綱)과 지켜야 할 다섯 가지의 도리(父子有親, 君臣有義, 夫婦有別, 長幼有序, 朋友有信).

三顧草廬(삼고초려) [80307012] 인재를 맞아들이기 위하여 참을성 있게 노력함. 중국 삼국시대에, 蜀漢의 劉備가 난양(南陽)에 은거하고 있던 諸葛亮의 초가집으로 세 번이나 찾아갔다는 데서 유래. <출> 삼국지(三國志) 촉지(蜀志) 제갈량전(諸葛亮傳). (유) 草廬三顧

三國鼎立(삼국정립) [80801272] 세 나라가 솥발처럼 서로 견제하고 대립함.

三權分立(삼권분립) [80426272] 국가의 권력을 입법, 사법, 행정의 삼권으로 분리하여 서로 견제하게 함으로써 권력의 남용을 막고, 국민의 권리와 자유를 보장하는 국가 조직의 원리.

三年不飛(삼년불비) [80807242] 3년 동안 날지 않음. 훗날 웅비(雄飛)할 기회를 기다림. <출> 춘추시대 오패(五霸)의 한 사람인 초(楚) 장왕(莊王)이 3년에 걸쳐 주색(酒色)으로 나날을 보내면서 간신과 충신을 가려내어, 국정에 임하자마자 간신을 처단하고 충신을 등용하여 한 번에 나라가 바로잡혔다는 고사에서 유래. 여씨춘추(呂氏春秋) 심응람(審應覽). (유) 一鳴驚人

三頭六臂(삼두육비) [80608010] 머리가 셋이요, 팔이 여섯이라는 말로 힘이 매우 센 사람

森羅萬象(삼라만상) [32428040] 우주에 있는 온갖 사물과 현상. 법구경(法句經). (유) 萬彙群象

三面六臂(삼면육비) [80708010] 얼굴이 셋, 팔이 여섯이라는 뜻으로, 혼자서 여러 사람 몫

의 일을 함 (유) 八面六臂

三釜之養(삼부지양) [80123252] 적은 월급으로도 부모님이 살아계셔 효도할 수 있는 즐거움 <출> 장자(莊子)

三分五裂(삼분오열) [80628032] 四分五裂 참조. 셋으로 나뉘고 다섯으로 찢어짐.

三分鼎立(삼분정립) [80621272] 천하를 셋으로 나누어 세 나라가 정립함.

三三五五(삼삼오오) [80808080] 서너 사람 또는 대여섯이 떼를 지은 모양 또는 여기저기 몇몇씩 흩어져 있는 모양 <출> 이백(李白)의 채련곡(采蓮曲)

參商之歎(삼상지탄) [52523240] 서쪽의 별인 삼성(參星)과 동쪽의 별인 상성(商星)이 서로 멀리 떨어져 있듯이, 두 사람이 멀리 헤어져 있어 만나기 어려운 것에 대한 탄식

三省吾身(삼성오신) [80623062] 자기에 대해 하루에 세 가지를 반성함. <출> 논어(論語) 학이편(學而篇). (유) 三省

三旬九食(삼순구식) [80328072] 삼십일 동안 아홉 끼니밖에 먹지 못함. 몹시 가난함. 도연명(陶淵明) 의고시(擬古詩).

三十六計(삼십육계) [80808062] 서른여섯 가지의 꾀. 많은 꾀. 여러 계책 중에 가장 좋은 것은 도망가는 것이라는 말(三十六計走爲上計). 자치통감(資治通鑑).

三位一體(삼위일체) [80508062] 세 가지의 것이 하나의 실체를 구성함.

三人成虎(삼인성호) [80806232] 세 사람이 짜면 거리에 범이 나왔다는 거짓말도 꾸밀 수 있음. 근거 없는 말이라도 여러 사람이 말하면 곧이듣게 됨. <출> 전국책(戰國策) 위책(魏策). (유) 三人成市虎, 市虎, 投杼疑, 投杼踰牆

三日遊街(삼일유가) [80804042] 과거에 급제한 사람이 사흘 동안 시험관과 선배 급제자와 친척을 방문하던 일.

三日天下(삼일천하) [80807072] 五日京兆 참조. 정권을 잡았다가 짧은 기간 내에 밀려나게 됨. 어떤 지위에 발탁, 기용되었다가 며칠 못 가서 떨어지는 일.

三從依托(삼종의탁) [80404030] 三從之道 참조. 세 사람을 좇아 의탁함.

三從之德(삼종지덕) [80403252] 三從之道 참조. 세 사람을 좇는 덕목.

三從之道(삼종지도) [80403272] 예전에, 여자가 따라야 할 세 가지 도리. 어려서는 아버지, 결혼해서는 남편, 남편이 죽은 후에는 아들을 따르는 도리. 예기(禮記) 의례(儀禮) 상복전(喪服傳). (유) 三從, 三從依托, 三從之德, 三從之禮, 三從之法, 三從之義, 三從之托

三從之禮(삼종지례) [80403260] 三從之道 참조. 세 사람을 좇는 예도.

三從之法(삼종지법) [80403252] 三從之道 참조. 세 사람을 좇는 법도.

三從之義(삼종지의) [80403242] 三從之道 참조. 세 사람을 좇는 도의.

三從之托(삼종지탁) [80403230] 三從之道 참조. 세 사람을 좇는 의탁.

三紙無驢(삼지무려) [80705002]	세 장의 종이를 썼으나 나귀 려(驢)자 하나 못 쓴다는 뜻으로, 허세를 부릴 뿐 실제 재주는 없는 사람이나 그럴 경우 <출> 안씨가훈(顔氏家訓) 면학편(勉學篇) (유) 博士賣驢
三枝之禮(삼지지례) [80323260]	비둘기는 예의를 지켜 어미새가 앉은 가지에서 세 가지 아래에 앉는다는 말
三徵七辟(삼징칠벽) [80328000]	숨어서 사는 선비를 임금이 부름
三尺童子(삼척동자) [80326272]	키가 석 자 정도밖에 되지 않는 어린아이, 철없는 어린아이.
三遷之敎(삼천지교) [80323280]	斷機之敎 참조. 부모가 자녀 교육에 정성을 다함. <출> 맹자가 어렸을 때 묘지 가까이 살았더니 장사 지내는 흉내를 내기에, 집을 시전 근처로 옮겼더니 이번에는 물건 파는 흉내를 내므로, 다시 글방이 있는 곳으로 옮겨 공부를 시켰다는 데서 유래. <출> . <출> 열녀전(列女傳), 모의전(母儀傳).
三寸之舌(삼촌지설) [80803240]	세치의 혀라는 뜻으로 뛰어난 말재주 <출>사기(史記) 평원군열전(平原君列傳)
三寸之轄(삼촌지할) [80803210]	할(轄)은 바퀴를 고정시키는 짧은 못으로 사물의 요점 또는 가장 중요한 곳을 가리킴 <출> 회남자(淮南子)
三秋之思(삼추지사) [80703250]	一刻三秋 참조. 하루만 만나지 않아도 삼 년 동안이나 만나지 않은 것처럼 생각함 (유) 一日三秋, 一刻三秋
三寒四溫(삼한사온) [80508060]	7일을 주기로 사흘 동안 춥고 나흘 동안 따뜻함, 한국을 비롯하여 아시아의 동부, 북부에서 나타나는 겨울 기온의 변화 현상을 이름.
三戶亡秦(삼호망진) [80425012]	초(楚)나라가 망하고 세 집만 남아도 그 억울함으로 진(秦)나라를 멸망시킨다는 뜻으로, 힘이 작아도 큰 결심을 하면 승리함 <출> <사기(史記)> 항우본기(項羽本紀)
三皇五帝(삼황오제) [80328040]	삼황(燧人氏, 伏羲氏, 神農氏)과 오제(黃帝, 顓頊, 帝嚳, 堯, 舜)를 아울러 이름.
歃血同盟(삽혈동맹) [00427032]	백제(百濟)가 망한 뒤 신라(新羅) 문무왕(文武王) 5(665)년 임금이 당(唐)의 사신(使臣) 유인원(劉仁願)과 전(前) 백제(百濟) 임금의 아들 융(隆)과 함께 웅진(熊津) 취리산(就利山)에서 한 회맹(會盟)
喪家之狗(상가지구) [32723230]	상가의 개. 몹시 초라하고 수척한 사람을 깔보는 표현. 자신의 뜻을 펼치지 못하여 실의에 빠진 사람. <출> 사기(史記) 공자세가(孔子世家).
桑間濮上(상간복상) [32720072]	亡國之音 참조. 중국(中國) 하남성에 있는 복수(濮水) 강가 뽕나무 숲에서 남녀간에 유행했다는 옛일에서 나온 말

로 음란한 음악 또는 망국의 음악을 가리킴 <출> 禮記(예기) (유) 亡國之音, 濮上之音, 桑間之音, 桑濮之音

相驚伯有(상경백유) [52403270] 춘추시대(春秋時代)에 사나운 백유(伯有)라는 사람의 이름만 들어도 정(鄭)나라 사람들은 놀랐다는 고사에서 온 말로 있지도 않은 일에 놀라서 두려워하며 어쩔 줄 모름 <출> 좌전(左傳)

傷弓之鳥(상궁지조) [40323242] 懲羹吹虀 참조. 한 번 화살에 맞은 새는 구부러진 나무만 보아도 놀람. 한 번 혼이 난 일로 늘 의심과 두려운 마음을 품음.

賞奇析疑(상기석의) [50403040] 훌륭한 작품을 감상하고 미묘한 부분은 서로 따져가며 논의함 <출> 도연명(陶淵明) 이거이수(移居二首)

喪頭服色(상두복색) [32606070] 상여를 꾸미려고 둘러치는 오색 비단의 휘장 또는 겉으로는 번지르르하나 속은 보잘것없는 일이나 사람

上樓擔梯(상루담제) [72324210] 나무에 오르게 해놓고는 사다리를 치워버린다는 뜻으로, 사람을 끌어들여 궁지에 몰아넣음 <출> 세설신어(世說新語) 출면(黜免). (유) 上樓儋梯, 勸上搖木, 上樹拔梯, 登樓去梯

上漏下濕(상루하습) [72327232] 지붕에서 비가 새고 밑에서 습기가 올라온다는 뜻으로 매우 가난한 집을 이름.

常鱗凡介(상린범개) [42103232] 흔한 물고기와 조개라는 뜻으로 평범한 사람을 말함

桑麻之交(상마지교) [32323260] 뽕나무와 삼나무를 벗삼아 지낸다는 뜻으로 소박한 사귐 <출> 두보(杜甫) 기설삼랑중거(奇薛三郎中璩)

喪明之痛(상명지통) [32623240] 눈이 멀 정도로 슬프다는 뜻으로 아들을 잃은 슬픔

常目在之(상목재지) [42606032] 늘 눈여겨 봄

上文右武(상문우무) [72707242] 문무(文武)를 모두 높이 알아줌.

桑蓬之志(상봉지지) [32123242] 남자가 세상을 위하여 공을 세우고자 하는 큰 뜻, 고대 중국에서 아들을 낳으면 뽕나무(桑) 활과 쑥대(蓬) 살로 천지사방을 쏘면서 성공을 축원한데서 유래 <출> 예기(禮記) (유) 桑弧, 桑弧蓬矢

上奉下率(상봉하솔) [72527232] 부모를 받들어 모시고 처와 자식을 거느림.

相扶相助(상부상조) [52325242] 서로서로 도움.

相思不見(상사불견) [52507252] 남녀가 서로 그리워하면서도 만나보지 못함

上山求魚(상산구어) [72804250] 緣木求魚 참조. 산에 올라 물고기를 구함.

上色琢器(상색탁기) [72702042] 빛깔이나 품질이 썩 좋은, 틀에 박아 내어 만든 다음 다시 쪼아서 고르게 만든 그릇.

相鼠有皮(상서유피) [52107032] 쥐를 보아도 가죽이 있다는 뜻으로 예절을 모르는 사람을 말할 때 쓰는 말. 相은 視의 뜻. <출> 시경(詩經) 국풍(國風) 제4 용풍(鄘風)

上石下臺(상석하대) [72607232] 姑息之計 참조. 아랫돌 빼서 윗돌 괴고 윗돌 빼서 아랫돌 굄.

上善若水(상선약수) [72503280] 지극히 착한 것은 마치 물과 같음. 물은 만물을 이롭게 하면서도 다투지 아니하고, 많은 사람들이 싫어하는 곳에 처하니, 그런 까닭으로 도에 가까움. <출> 노자(老子) 8장.

上援下推(상원하추) [72407240] 윗사람이 끌어주고 아랫사람이 밀어주어 벼슬에 나아감. (유) 推戴

桑梓之鄕(상자지향) [32023242] 여러 대 조상의 무덤이 있는 고향, 대대로 살아온 고향. 뽕나무와 가래나무를 심어 자손들에게 양잠과 기구 만들기에 힘쓰게 하였다는 데서 유래. 詩經. (유) 桑梓

桑田碧海(상전벽해) [32423272] 뽕나무 밭이 변하여 푸른 바다가 됨. 세상일의 변천이 심함. 당나라 시인 유정지(劉廷芝)의 대비백두옹(代悲白頭翁)이라는 시. (유) 碧海桑田, 桑碧, 桑田滄海, 桑海, 桑海之變, 滄桑, 滄海桑田, 滄桑之變, 高岸深谷, 陵谷之變, 白雲蒼狗

桑田滄海(상전창해) [32422072] 桑田碧海 참조. 뽕나무 밭이 변하여 푸른 바다가 됨.

象齒焚身(상치분신) [40421062] 코끼리는 상아(象牙)가 있음으로 해서 죽음을 당한다는 뜻으로, 많은 재물을 가지고 있기 때문에 도리어 화를 입음

上下之分(상하지분) [72723262] 윗사람과 아랫사람의 분별.

上下撑石(상하탱석) [72721060] 姑息之計 참조. 아랫돌 빼서 윗돌 괴고 윗돌 빼서 아랫돌 굄.

傷寒裏症(상한이증) [40503232] 더운 것을 싫어하고 찬 것을 좋아하며 목이 마르고 변비가 생기고 헛소리를 하는 증세

桑海之變(상해지변) [32723252] 桑田碧海 참조. 뽕나무 밭이 변하여 푸른 바다가 되거나 또는 그 반대의 변화.

象形文字(상형문자) [40627070] 물건의 모양을 본떠서 만든 글자.

桑弧蓬矢(상호봉시) [32101230] 옛날, 중국에서 남자가 태어나면, 뽕나무로 만든 활과 쑥대로 만든 화살로 사방을 쏘아 장차 뛰어난 인물이 될 것을 빌었다는 데서 남자가 뜻을 세움을 말함 <출> 예기(禮記) (유) 桑蓬之志, 桑弧

喪魂落膽(상혼낙담) [32325020] 落膽喪魂 참조. 넋을 잃고 실의에 빠짐.

上火下澤(상화하택) [72807232] 위에는 불, 아래에는 못. 불이 위에 놓이고 못이 아래에 놓인 모습으로 사물들이 서로 이반하고 분열하는 현상을 상징. 2005년 올해의 사자성어

上厚下薄(상후하박) [72407232] 윗사람에게는 후하고 아랫사람에게는 박함.

塞翁得失(새옹득실) [32304260] 塞翁之馬 참조. 새옹의 얻은 것과 잃은 것.

塞翁之馬(새옹지마) [32303250] 인생의 길흉화복은 예측하기가 어려움. 새옹이란 노인이 기르던 말이 오랑캐 땅으로 달아나 낙심하였는데, 그 후 그 말이 준마를 한 필 끌고 와서 기뻐하였고, 아들이 그

준마를 타다가 떨어져 다리가 부러져 노인이 다시 낙심하였는데, 그로 인해 아들이 전쟁에 끌려 나가지 아니하고 죽음을 면하여 다시 기뻐하였다는 이야기에서 유래 <출> 회남자(淮南子) 인간훈(人間訓) (유) 塞翁馬, 塞翁得失, 塞翁禍福, 轉禍爲福, 反禍爲福, 禍轉爲福, 黑牛生白犢

塞翁禍福(새옹화복) [32303252] 塞翁之馬 참조. 새옹의 화와 복.

色厲內荏(색려내임) [70007202] 겉으로는 엄격(嚴格)하나 내심으로는 부드러움 <출전> 論語

色如死灰(색여사회) [70426040] 얼굴 색이 꺼진 잿빛과 같다는 뜻으로 얼굴에 감정 표현이 없음

色卽是空(색즉시공) [70324272] 형체는 헛것이라는 뜻으로, 모두 인연으로 생기는 것인데, 그 본질은 허무한 존재임 <출> 반야경(般若經)

生口不網(생구불망) [80707220] 산 입에 거미줄을 치지는 아니함. 아무리 곤궁하여도 그럭저럭 먹고살 수 있음.

生寄死歸(생기사귀) [80406040] 삶은 잠깐 머무르는 것이고, 죽음은 돌아감 <출> 회남자(淮南子)

生面大責(생면대책) [80708052] 잘 알지 못하고 관계 없는 사람을 그릇 꾸짖음

生面不知(생면부지) [80707252] 태어나서 만나 본 적이 없는 전혀 모르는 사람

生巫殺人(생무살인) [80104280] 선무당이 사람을 잡는다는 뜻으로, 미숙한 사람이 일을 그르침

生不如死(생불여사) [80724260] 살아 있음이 차라리 죽는 것만 못함. 몹시 어려운 형편에 있음.

生死苦樂(생사고락) [80606062] 삶과 죽음, 괴로움과 즐거움을 통틀어 이르는 말.

生死肉骨(생사육골) [80604240] 죽은 사람을 살려 내어 뼈에 살을 붙인다는 뜻으로 큰 은혜를 베풂 (유) 生死骨肉

生殺與奪(생살여탈) [80424032] 살리고 죽이는 일과 주고 빼앗는 일, 어떤 사람이나 사물을 마음대로 쥐고 흔듦을 비유적으로 이름.

生三死七(생삼사칠) [80806080] 사람이 태어난 뒤 사흘 동안과 죽은 뒤 이레 동안을 부정하다고 꺼리는 기간

生而知之(생이지지) [80305232] 三知 참조. 태어나면서부터 앎.

生者必滅(생자필멸) [80605232] 생명이 있는 것은 반드시 죽음. 존재의 무상(無常). (유) 雪泥鴻爪, 人生無常, 人生朝露

生呑活剝(생탄활박) [80107210] 산 채로 삼키고 산 채로 껍질을 벗긴다는 뜻으로, 남의 글을 송두리째 인용함 <출> 대당신어(大唐新語)

鼠肝蟲臂(서간충비) [10324210] 쥐의 간과 벌레의 팔이라는 뜻으로, 쓸모없고 하찮은 사람이나 물건을 이르는 말.

胥動浮言(서동부언) [10723260] 거짓말을 퍼뜨려 민심을 선동함

黍離之歎(서리지탄) [10403240] 나라가 멸망하여 궁궐터에 기장만이 자라 황폐해진 것을

보고 하는 탄식이라는 뜻으로, 부귀 영화의 무상함 <출> 시경(詩經) (유) 黍離

西方淨土(서방정토) [80723280] 서쪽에 있다는 아미타불의 극락 세계.

書不借人(서불차인) [62723280] 책을 아껴 남에게 빌려주지 않음

西施捧心(서시봉심) [80421070] 춘추시대 월(越)나라의 미인 서시가 가슴앓이로 괴로워서 자주 가슴에 손을 얹고 얼굴을 찡그리자, 어떤 못 생긴 여자가 이를 아름다운 자태라 여기고 흉내내다가 웃음거리가 되었다는 고사로 함부로 흉내내다가 웃음거리가 됨 <출> 장사(莊子) 천운(天運) (유) 西施矉目, 西施顰目, 效顰

鼠竊狗偸(서절구투) [10303002] 쥐나 개처럼 몰래 물건을 훔침. 좀도둑. (유) 鼠竊

噬臍莫及(서제막급) [00023232] 이미 저지른 잘못에 대하여 후회하여도 소용이 없음. 사람에게 잡힌 사향노루가 배꼽의 향내 때문에 잡혔다고 제 배꼽을 물어뜯었다는 데서 유래. <출> 春秋左氏傳 (춘추좌씨전)

釋迦如來(석가여래) [32124270] 석가모니를 신성하게 이르는 말.

釋階登天(석계등천) [32407070] 사다리를 버리고 하늘에 오르려 하는 것처럼 불가능한 일을 하려 함 <출> 초사(楚辭)

席藁待罪(석고대죄) [60026050] 거적을 깔고 엎드려서 임금의 처분을 기다림. (유) 席藁待命

碩果不食(석과불식) [20627272] 큰 과실을 다 먹지 아니하고 남김, 자기만의 욕심을 버리고 자손에게 복을 줌.

席卷之勢(석권지세) [60403242] 거침없이 세력을 다 차지하는 기세

釋根灌枝(석근관지) [32601032] 뿌리를 버려 두고 가지에 물을 준다는 뜻으로, 근본을 잊고 눈에 보이는 것에만 힘씀 <출> 회남자(淮南子)

席不暇暖(석불가난) [60724042] 앉은 자리가 따뜻할 겨를이 없음. 자리나 주소를 자주 옮기거나 매우 바쁘게 돌아다님. <출> 한유(韓愈)의 쟁신론(爭臣論).

釋眼儒心(석안유심) [32424070] 석가의 눈과 공자의 마음이란 뜻으로, 곧 자비롭고 인애가 깊음

碩座教授(석좌교수) [20408042] 기업이나 개인이 기부한 기금으로 연구 활동을 하도록 대학에서 지정한 교수. 碩座는 碩學(석학)을 위한 자리라는 뜻으로 학식이 높고 깊은 분을 모시려는 뜻이 담겨 있음.

惜指失掌(석지실장) [32426032] 矯角殺牛. 손가락을 아끼려다가 손바닥마저 잃는다는 뜻으로 작을 것을 아끼려다 큰 일을 그르침 (유) 小貪大失, 矯角殺牛, 矯枉過直

石破天驚(석파천경) [60427040] 돌이 깨지자 하늘이 놀란다는 뜻으로 아름다운 음악 또는 기발한 생각을 말함 <출> 이하(李賀)의 이빙공후인(李憑

公侯引)

碩學鴻儒(석학홍유) [20803040] 학문이 깊고 넓은 대학자 <출> 진서(晉書)

石火光陰(석화광음) [60806242] 돌이 마주 부딪칠 때에 불이 반짝이는 것과 같이 빠른 세월

旋乾轉坤(선건전곤) [32324030] 천지를 뒤집는다는 뜻으로 천하의 난을 평정함 또는 나라의 나쁜 풍습을 한번에 크게 고침

先見之明(선견지명) [80523262] 어떤 일이 일어나기 전에 미리 앞을 내다보고 아는 지혜.

先景後事(선경후사) [80507272] 먼저 자연 경치를 묘사하고 그 뒤에 화자의 정서나 심사를 묘사하는 한시의 시상 전개법

善供無德(선공무덕) [50325052] 부처에게 공양을 잘 하여도 아무 공덕이 없다는 뜻으로, 남을 위하여 힘써 일을 하였으나 별 소득이 없음

先公後私(선공후사) [80627240] 공적인 일을 먼저 하고 사사로운 일은 뒤로 미룸.

璇璣玉衡(선기옥형) [12124232] 고대 중국에서 천체의 운행과 위치를 관측하던 장치로 지평선을 나타내는 둥근 고리와 지평선에 직각으로 교차하는 자오선을 나타내는 둥근 고리, 하늘의 적도와 위도 따위를 나타내는 눈금이 달린 원형의 고리를 한데 짜 맞추어 만듦. (유) 渾天儀(혼천의) 渾儀器(혼의기) 渾儀(혼의)

善男善女(선남선녀) [50725080] 성품이 착한 남자와 여자, 착하고 어진 사람들을 이름, 곱게 단장을 한 남자와 여자를 이름.

先禮後學(선례후학) [80607280] 먼저 예의를 배우고 나중에 학문을 배우라는 뜻으로, 예의가 우선임을 이르는 말.

先發制人(선발제인) [80624280] 남의 꾀를 사전에 알아차리고 일이 일어나기 전에 미리 막아 냄. (유) 先則制人

先病者醫(선병자의) [80606060] 먼저 앓아 본 사람이 남을 고칠 수 있다는 뜻으로, 경험 있는 사람이 남을 도울 수 있음

先史時代(선사시대) [80527262] 문헌 사료가 전혀 존재하지 않는 시대.

先聲奪人(선성탈인) [80423280] 先則制人 참조. 소문을 미리 퍼뜨려 남의 기세를 꺾음 또는 먼저 큰소리를 질러 남의 기세를 꺾음 (유) 先發制人, 先則制人

先聲後實(선성후실) [80427252] 먼저 말로서 놀라게 하고 실력은 뒤에 가서 보여줌.

羨魚無網(선어무망) [10505020] 그물이 없으면서 고기를 얻고 싶어한다는 뜻으로 얻을 수단이 없으면서 무엇을 갖고 싶어 함

先憂後樂(선우후락) [80327262] 근심할 일은 남보다 먼저 근심하고 즐길 일은 남보다 나중에 즐김 <출> 고문진보(古文眞寶)

善爲說辭(선위설사) [50425240] 말을 재치 있게 잘 함

善游者溺(선유자닉) [50106020] 헤엄 잘 치는 사람이 물에 빠지기 쉽다는 말로, 한 가지 재주에 뛰어난 사람이 그 재주만 믿고 자만하다가 도리어 재앙을 당함 <출> 한비자(韓非子)

先意順旨(선의순지) [80625220] 먼저 남의 의중을 알아차리고 그 뜻을 따른다는 뜻으로 처음에는 효도를 가리켰으나 나중엔 다른 사람이 의중을 미리 헤아려 아부함을 말함 <출> 석개(石介)의 격사홀명(擊蛇笏銘), 예기(禮記) 제의(祭儀)편 (유) 先意承旨, 承意順旨

先義後利(선의후리) [80427262] 먼저 도리를 생각하고 이익은 그 뒤에 한다는 말로 장사의 기본 태도를 말함 <출> 맹자(孟子)

仙姿玉質(선자옥질) [52404252] 氷姿玉質 참조. 신선의 자태에 옥의 바탕. 몸과 마음이 매우 아름다운 사람.

善自爲謀(선자위모) [50724232] 자신을 위한 일을 잘 꾸민다는 뜻으로, 자기 속셈을 차리는 데 뛰어남 <출> 남제서(南齊書) 왕승건(王僧虔)전

先制攻擊(선제공격) [80424040] 상대편을 견제하거나 제압하기 위해 선수를 쳐서 공격하는 일.

先則制人(선즉제인) [80504280] 先發制人 참조. 먼저 손을 쓰면 남을 제압할 수 있음. <출> 사기(史記) 항우본기(項羽本記).

先斬後啓(선참후계) [80207232] 군율을 어긴 자를 먼저 처형한 뒤에 임금에게 아뢰던 일.

扇枕溫席(선침온석) [10306060] 昏定晨省 참조. 여름에는 부채질로 시원하게 겨울에는 체온으로 이부자리를 따뜻하게 한다는 뜻으로 부모에게 효도를 다함 <출> 동관한기(東觀漢記) (유) 定省, 朝夕定省, 昏定晨省

仙風道骨(선풍도골) [52627240] 신선의 풍채와 도인의 골격, 남달리 뛰어나고 高雅(고아)한 풍채를 이름.

雪泥鴻爪(설니홍조) [62323010] 生者必滅 참조. 눈이 쌓인 진흙위에 난 기러기의 발자국. 눈이 녹으면 없어지는 데서, 인생의 자취가 눈 녹듯이 사라져 무상함을 비유.

舌芒於劍(설망어검) [40103032] 혀가 칼보다 날카로움. 사건을 논하는 논봉(論鋒)이 날카로움.

挈缾之知(설병지지) [00003252] 병 하나를 들어 물을 길을 줄 아는 지혜라는 뜻으로 아주 작은 지혜

雪膚花容(설부화용) [62207042] 傾國之色 참조. 눈처럼 흰 피부와 꽃처럼 아름다운 얼굴.

雪上加霜(설상가상) [62725032] 눈 위에 서리가 덮임. 난처한 일이나 불행한 일이 잇따라 일어남 <출> 전등록(傳燈錄) (유) 前虎後狼, 雪上加雪 (상) 錦上添花

雪上加雪(설상가설) [62725062] 雪上加霜 참조. 눈 위에 또 눈이 덮힘.

設心做意(설심주의) [42701062] 일부러 간사한 꾀를 냄

說往說來(설왕설래) [52425270] 서로 변론을 주고받으며 옥신각신함. 말이 오고 감. (유) 言去言來, 言三語四, 言往說來, 言往言來

舌底有斧(설저유부) [40407010] 혀 아래(밑에) 도끼가 들어있다는 뜻으로 말조심하라는 말

雪中四友(설중사우) [62808052] 옥매(玉梅), 납매(臘梅), 다매(茶梅), 수선(水仙)을 가리킴

雪中松柏(설중송백) [62804020] 歲寒松柏 참조. 눈 속의 소나무와 잣나무.

雪中送炭(설중송탄) [62804250] 추운 날씨에 땔감을 보냄. 급히 필요할 때 필요한 도움을 줌. 송사(宋史) 태종기(太宗紀).

纖纖玉手(섬섬옥수) [20204272] 가냘프고 옥처럼 고운 여자의 손.

葉公好龍(섭공호룡) [50624240] 葉公(섭공)이란 춘추시대 초(楚) 나라의 葉(섭)이란 지방을 다스렸던 영주를 일컫는데 용을 무척 좋아했다고 한다. 하늘에 살던 용이 이 소문을 듣고 반가운 마음에 찾아갔더니, 그만 기겁을 하고 깜짝 놀라서 혼비백산 달아나고 말았다는 고사로 좋아한다고 하지만 정말로 좋아하는 것이 아니라 말로만 외칠 뿐 실제 하는 것은 없음을 가리킴 <출> 신서(新序) 잡사편

涉于春氷(섭우춘빙) [30307050] 봄철의 얼음을 건너는 것처럼 매우 위험함 <출> 서경(書經)

成功者退(성공자퇴) [62626042] 공을 이룬 사람은 물러나야 한다는 뜻으로, 성공한 사람은 물러날 때를 알아야 함 <출> 사기(史記) 범저채택열전(范睢蔡澤列傳) (유) 成功身退, 成功者去

聲東擊西(성동격서) [42804080] 동쪽에서 소리를 내고 서쪽에서 적을 침. 적을 유인하여 이쪽을 공격하는 체하다가 그 반대쪽을 치는 전술. 통전(通典)의 병전(兵典).

星羅雲布(성라운포) [42425242] 별처럼 펼쳐져 있고, 구름처럼 퍼져 있다는 뜻으로, 사물이 여기저기 많이 흩어져 있는 모양 <출> 반고(班固)의 서도부(西都賦)

聲聞過情(성문과정) [42625252] 명성이 실정을 앞선다는 뜻으로, 그 사람의 가치 이상으로 평판이 높음 <출> 맹자(孟子)

盛水不漏(성수불루) [42807232] 가득 찬 물이 조금도 새지 않음, 사물이 빈틈없이 꽉 짜였거나 매우 정밀함을 이름.

性猶湍水(성유단수) [52321280] 사람의 본성은 여울물과 같다는 뜻으로, 여울물이 동쪽으로도 서쪽으로도 흘러갈 수 있듯이, 천성적으로 착하지도 악하지도 않다는 고자(告子)의 주장

聲音震盪(성음진탕) [42623200] 청진기를 가슴에 대면 귀에서 감지되는, 말하고 있을 때 생기는 진동

盛者必衰(성자필쇠) [42605232] 日月盈昃 참조. 융성한 것은 결국 쇠퇴해짐 <출> 인왕경(仁王經) (유) 生者必滅

誠中形外(성중형외) [42806280] 진실한 마음과 참된 생각은 꾸미지 않아도 결국 겉으로 드러남 <출> 대학(大學)

城下之盟(성하지맹) [42723232] 성 밑까지 쳐들어온 적군과 맺는 맹약. 항복한 나라가 적국과 맺는 굴욕적인 맹약. <출> 춘추좌씨전(春秋左氏傳)

환공(桓公) 12년조.

城狐社鼠(성호사서) [42106210] 성안에 사는 여우와 사단(社壇)에 사는 쥐. 임금의 곁에 있는 간신의 무리나 관청의 세력에 기대어 사는 무리.

星火燎原(성화요원) [42801050] 작은 불씨가 퍼지면 넓은 들은 태운다는 뜻으로, 작은 일이라도 처음에 그르치면 나중에 큰 일이 됨 <출> 서경(書經)

洗踏足白(세답족백) [52327280] 상전의 빨래를 하여 주느라 종의 발꿈치가 희게 된다는 뜻으로 남을 위하여 한 일이 자신에게도 얼마간의 이득이 됨 <출> 순오지(旬五志)

勢不十年(세불십년) [42728080] 權不十年 참조. 권세는 십년을 가지 못함.

世上萬事(세상만사) [72728072] 세상에서 일어나는 온갖 일.

世世相傳(세세상전) [72725252] 여러 대를 두고 전하여 내려옴

世俗五戒(세속오계) [72428040] 신라 진평왕 때에 圓光(원광)이 정한 花郞(화랑)의 다섯 가지 계율. 事君以忠, 事親以孝, 交友以信, 臨戰無退, 殺生有擇.

歲時風俗(세시풍속) [52726242] 계절에 따라 치르는 옛날부터 그 사회에 전해 오는 생활 전반에 걸친 행사나 습관.

勢如破竹(세여파죽) [42424242] 燎原之火 참조. 대를 쪼개는 기세. 적을 거침없이 물리치고 쳐들어가는 기세. 진서(晋書) 두예전(杜預傳).

洗耳恭聽(세이공청) [52503240] 귀를 씻고 공손하게 듣는다는 뜻으로 다른 사람이 하는 말을 잘 들음의 뜻이나 흔히 남의 말을 비웃는 경우나 농담으로 씀. <출> 고사전(高士傳) (유) 潁川洗耳

世態炎涼(세태염량) [72423232] 炎涼世態 참조. 세력이 있을 때는 아첨하여 따르고 세력이 없어지면 푸대접하는 세상인심.

細胞分裂(세포분열) [42406232] 한 개의 모세포가 핵분열과 세포질 분열에 의하여 두 개 이상의 세포로 나누어지는 현상.

歲寒三友(세한삼우) [52508052] 추운 겨울철의 세 벗, 추위에 잘 견디는 소나무, 대나무, 매화나무를 통틀어 이름. 松竹梅.

歲寒松柏(세한송백) [52504020] 추운 겨울의 소나무와 잣나무. 어떤 역경 속에서도 지조를 굽히지 않음. 또는 그런 지조. 歲寒然後 知松栢之後彫也(날씨가 추어진 뒤라야 송백이 늦게 시든다는 것을 안다)라는 말씀이 논어(論語) 자한(子罕). (유) 雪中松柏

小康狀態(소강상태) [80424242] 혼란 따위가 그치고 조금 잠잠하여진 약간 편안한 상태.

素車白馬(소거백마) [42728050] 흰 포장을 두른 수레와 흰말이라는 뜻으로 상여로 쓰이는데 친구의 죽음을 슬퍼하는 마음 또는 아주 친한 친구 사이를 뜻하기도 함 <출> 후한서(後漢書)

少見多怪(소견다괴) [70526032] 본 것이 적으면 괴이한 일이 많다는 뜻으로 견문이 좁은 것을 비웃는 말 <출> 홍명집(弘明集)-이혹론(理惑論)

小國寡民(소국과민) [80803280] 武陵桃源 참조. 작은 나라 적은 백성. 老子가 그린 이상사회, 이상국가. <출> 노자(老子) 80장.

蕭規曹隨(소규조수) [10501032] 소하(蕭何)는 한(漢)나라의 법령과 제도를 제정하였고, 조참(曹參)은 모든 정책과 법령을 소하가 결정해 놓은 것을 따라 집행하였다는 데서 유래하여 앞사람이 만들어 놓은 제도를 그대로 따름 . <출> 양웅(楊雄)의 해조(解嘲).

小隙沈舟(소극침주) [80103230] 조그마한 틈으로 물이 새어들어 배가 가라앉는다는 뜻으로, 작은 일을 게을리하면 큰 재앙이 닥치게 됨 <출> 열자(列子)

笑裏藏刀(소리장도) [42323232] 웃는 마음속에 칼이 있다는 뜻으로 겉으로는 웃고 있으나 마음속에는 해칠 마음을 품고 있음 <출> 당서(唐書) (유) 口蜜腹劍

巢林一枝(소림일지) [12708032] 새집하나 있는 숲과 나뭇가지 하나처럼 규모가 작은 집으로 분수에 맞게 만족하고 사는 것을 말함 <출> 장자(莊子)

燒眉之急(소미지급) [32303262] 焦眉之急 참조. 눈썹에 불이 붙은 지경의 급함

素服丹粧(소복단장) [42603232] 아래위를 하얗게 차려입고 곱고 맵시 있게 꾸밈. 또는 그런 차림.

消費預金(소비예금) [62502080] 소득자가 임금 따위의 소득을 재화나 용역을 구입할 때까지 일시적으로 맡기는 예금.

笑比河淸(소비하청) [42505062] 맑은 황하를 보는 것 만큼이나 웃음을 보기가 어렵다는 데서 나온 말로 근엄하여 좀처럼 웃지 않음 <출> 송사(宋史)

昭昭白髮(소소백발) [30308040] 온통 하얗게 센 머리 또는 그 머리를 한 늙은이 (유) 皜皜白髮

小乘佛敎(소승불교) [80324280] 수행을 통한 개인의 해탈을 가르치는 교법인 小乘(소승)을 主旨(주지)로 하는 모든 교파의 불교.

小心翼翼(소심익익) [80703232] 세심하고 조심성이 많다는 뜻으로, 마음이 작고 약하여 작은 일에도 겁을 내는 모양 <출> 시경(詩經)

霄壤之間(소양지간) [00323272] 雲泥之差 참조. 하늘과 땅의 사이의 차이.

霄壤之差(소양지차) [00323240] 雲泥之差 참조. 하늘과 땅 사이의 차이.

霄壤之判(소양지판) [00323240] 雲泥之差 참조. 하늘과 땅 사이의 차이.

小異大同(소이대동) [80408070] 五十笑百 참조. 조금 다르고 크게는 같음.

騷人墨客(소인묵객) [30803252] 시문(詩文)과 서화(書畫)를 일삼는 사람.

小人之勇(소인지용) [80803262] 匹夫之勇 참조. 소인의 용기.

蕭牆之亂(소장지란) [10023240] 自中之亂 참조. 내부에서 일어난 변란. 형제들 사이의 싸움.

蕭牆之變(소장지변) [10023252] 自中之亂 참조. 내부에서 일어난 변란. 형제들 사이의 싸

움.

蕭牆之憂(소장지우) [10023232] 自中之亂 참조. 내부에서 일어난 변란. 형제들 사이의 싸움.

小株密播(소주밀파) [80324230] 모를 심는데 한포기당 주수를 적게 해서 베게 심는 방법.

笑中有劍(소중유검) [42807032] 口蜜腹劍 참조. 웃음 속에 칼이 있음. 겉으로는 웃고 있으나 마음속에는 해칠 마음을 품고 있음.

笑中有刀(소중유도) [42807032] 口蜜腹劍 참조. 웃음 속에 칼이 있음. 겉으로는 웃고 있으나 마음속에는 해칠 마음을 품고 있음.

蘇秦張儀(소진장의) [32124040] 옛날 중국 전국 시대에 말을 잘 하기로 유명한 소진(蘇秦)과 장의(張儀)를 뜻하는 말로 말 잘하는 사람을 가리킴

小貪大失(소탐대실) [80308060] 矯角殺牛 참조. 작은 것을 탐하다가 큰 것을 잃음.

所向無敵(소향무적) [70605042] 나아가는 곳마다 적이 없음 <출> 삼국지(三國志)

巢毁卵破(소훼난파) [12304042] 새집이 부서지면 알도 깨짐. 조직이나 집단이 무너지면 그 구성원들도 피해를 입게 됨. <출> 후한서(後漢書) 정공순(鄭孔荀)열전.

速成疾亡(속성질망) [60623250] 빨리 이룬 것은 빨리 망함

束手無策(속수무책) [52725032] 손을 묶은 것처럼 어찌할 도리가 없어 꼼짝 못함. (유) 束手

速戰速決(속전속결) [60626052] 빨리 몰아쳐 싸워 승부를 빨리 결정함, 어떤 일을 빨리 진행하여 빨리 끝냄을 비유적으로 이름.

束之高閣(속지고각) [52326232] 묶어서 높은 곳에 얹어 둔다는 뜻으로, 한쪽에 치워 놓고 쓰지 아니함을 이르는 말. 고각(高閣)은 벽에 매단 서가.

續貂之譏(속초지기) [42103210] 쓸 만한 인격자가 없어 그만 못한 사람을 등용(登用)함을 비웃는 말 (유) 狗尾續貂

孫康映雪(손강영설) [60424062] 螢雪之功 참조. 열심히 공부함. 진(晋)나라의 손강(孫康)이 몹시 가난하여 겨울밤에는 눈빛으로 공부하였다는 데서 유래.

損上剝下(손상박하) [40721072] 나라에 해를 끼치고 백성의 재물을 빼앗음

巽與之言(손여지언) [02403260] 남의 마음을 거스르지 않고 자신을 낮추어 조심스럽게 하는 말 <출> 논어(論語)

損者三樂(손자삼요) [40608062] 사람의 몸에 손실이 되는 세 가지 즉 분에 넘치게 즐기는 것, 일하지 아니하고 노는 것을 즐기는 것, 주색을 좋아하는 것을 말함 <출> 논어(論語)

損者三友(손자삼우) [40608052] 사귀면 손해가 되는 세 종류의 벗. 편벽한 벗, 착하기만 하고 줏대가 없는 벗, 말만 잘하고 성실하지 못한 벗. <출> 논어(論語) 계씨(季氏) 편. (유) 三損友 (상) 益者三友

率口而發(솔구이발) [32703062] 입에서 나오는 대로 말을 가볍게 함

率先垂範(솔선수범) [32803240] 남보다 앞장서서 행동해서 몸소 다른 사람의 본보기가 됨.

率獸食人(솔수식인) [32327280] 폭정으로 백성들에게 고통을 줌. 궁궐 주방에는 고기가 있는데, 들에는 굶어 죽은 백성들의 시체가 있다면 이것은 짐승을 몰아다가 사람을 잡아 먹이는 것과 다름이 없다는 孟子의 말씀에서 유래. <출> 맹자(孟子) 양혜왕상(梁惠王上)편.

松喬之壽(송교지수) [40103232] 고대 중국의 전설상의 인물인 적송자(赤松子)와 주나라의 왕지교(王之喬) 두 사람이 모두 신선으로 장수하였다는 데서 유래하여 오래 삶을 비유적으로 이르는 말

送舊迎新(송구영신) [42524062] 묵은해를 보내고 새해를 맞음. (유) 送迎

松都契員(송도계원) [40503242] 조선시대 전기의 한명회(韓明澮)와 관련된 고사로 '송도계의 일원'이라는 뜻이며 하찮은 지위나 세력을 믿고 남을 멸시하는 사람을 비유함

松茂柏悅(송무백열) [40322032] 소나무가 무성하면 잣나무가 기뻐함. 벗이 잘되는 것을 기뻐함. (참) 蕙焚蘭悲

松柏之質(송백지질) [40203252] 蒲柳之質 참조. 건강한 체질. 소나무와 잣나무는 서리를 맞고 더욱더 무성해지는 데서 유래. <출> 세설신어(世說新語) 언어편(言語篇).

宋襄之仁(송양지인) [12123240] 너무 착하기만 하여 쓸데없는 아량을 베풀어 실속이 없음. <출> 춘추시대에, 宋나라의 양공이 적을 불쌍히 여겨 공자목이(公子目夷)의 진언을 받아들이지 않았다가 오히려 楚나라에 패배하여 세상 사람들이 비웃었다는 데서 유래. <출> 춘추좌씨전(春秋左氏傳) 희공(僖公) 十八年條.

洒洒落落(쇄쇄낙락) [00005050] 성격이나 태도, 언동 따위가 소탈하여 사물 등에 집착(執着)하지 않음

碎首灰塵(쇄수회진) [10524020] 머리를 부스러뜨려 재와 티끌을 만든다는 뉴으로 온갖 정성을 다함 <출> 三國史記

洒心自新(쇄심자신) [00707262] 마음을 씻고 기분을 새롭게 함 <출> 漢書(한서)

手脚慌忙(수각황망) [72321030] 손발을 어찌할 바를 모른다는 뜻으로 뜻밖의 일에 놀라고 당황하여 쩔쩔맴

數間斗屋(수간두옥) [70724250] 두서너 칸밖에 안 되는 아주 작은 집 (유) 三間草家, 三間草屋, 數間草屋, 草家三間

壽考無疆(수고무강) [32505012] 萬壽無疆 참조. 목숨이 다함이 없음.

首丘初心(수구초심) [52325070] 여우가 죽을 때에 머리를 자기가 살던 굴 쪽으로 둠. 고향을 그리워하는 마음. <출> 예기(禮記) 단궁(檀弓) 上篇. (유) 首丘, 狐死首丘, 胡馬依北風, 胡馬望北

隨機應變(수기응변) [32404252] 臨機應變 참조. 그때그때 처한 상황에 맞추어 변화함.

修己治人(수기치인) [42524280] 자신의 몸과 마음을 닦은 후에 남을 다스림.

須陀洹果(수다원과) [30100262] 四果(사과)의 하나. 그릇된 견해, 진리에 대한 의심 따위를 버리고 성자의 무리에 들어가는 聲聞(성문)의 마지막 지위.

殊途同歸(수도동귀) [32327040] 길은 다르지만 이르는 곳이 같음을 비유한 말. 주역(周易) 계사(繫辭) 下.

水到魚行(수도어행) [80525060] 물이 이르면 물고기가 다님. 무슨 일이건 때가 되면 이루어짐.

垂頭喪氣(수두상기) [32603272] 근심 걱정으로 고개가 숙어지고 맥이 풀림.

垂簾之政(수렴지정) [32103242] 임금이 어린 나이로 즉위하였을 때, 왕대비나 대왕대비가 이를 도와 정사를 돌보던 일. 왕대비가 신하를 접견할 때 그 앞에 발을 늘인 데서 유래.

垂簾聽政(수렴청정) [32104042] 임금이 어린 나이로 즉위하였을 때, 왕대비나 대왕대비가 이를 도와 정사를 돌보던 일. 왕대비가 신하를 접견할 때 그 앞에 발을 늘인 데서 유래.

水陸珍味(수륙진미) [80524042] 膏粱珍味 참조. 물과 뭍에서 나는 진귀하고 맛있는 것.

水陸珍饌(수륙진찬) [80524010] 膏粱珍味 참조. 물과 뭍에서 나는 진귀하고 맛있는 것.

睟面盎背(수면앙배) [00700042] 윤기가 도는 얼굴과 기운이 넘치는 등. 화평한 기운이 겉으로 드러남을 형용.

壽福康寧(수복강녕) [32524232] 오래 살고 복을 누리며 건강하고 평안함. (유) 壽便

手不釋卷(수불석권) [72723240] 손에서 책을 놓지 아니하고 늘 글을 읽음.

首揷石枏(수삽석남) [52206002] 朴寅亮(박인량)이 지은 殊異傳(수이전)에 실려 있는 고려 시대의 설화. 부모의 반대로 사랑을 이루지 못하고 죽은 崔伉(최항)이라는 청년의 혼이 사랑하는 이를 만나고 결국 되살아나 백년해로하였다는 내용.

首鼠兩端(수서양단) [52104242] 구멍에서 머리를 내밀고 나갈까 말까 망설이는 쥐. 머뭇거리며 진퇴나 거취를 정하지 못하는 상태. <출> 사기(史記) 위기무안후열전(魏其武安侯列傳). (유) 首鼠, 左顧右眄, 左右顧眄, 左顧右視, 左眄右顧, 左瞻右顧

漱石枕流(수석침류) [02603052] 돌로 양치질하고 흐르는 물을 베개로 삼음. 잘못을 인정하지 않고 억지를 씀. 진서(晋書) 손초전(孫楚專). (유) 枕流漱石, 推舟於陸

袖手傍觀(수수방관) [10723052] 팔짱을 끼고 보고만 있음. 간섭하거나 거들지 아니하고 그대로 버려둠. (유) 吾不關焉

隨時應變(수시응변) [32724252] 臨機應變 참조. 때에 처한 상황에 따라 변화함.

修身齊家(수신제가) [42623272] 몸과 마음을 닦아 수양하고 집안을 다스림.

水魚之交(수어지교) [80503260] 管鮑之交 참조. 물과 물고기의 사귐. <출> 삼국지(三國志) 촉서(蜀書) 제갈전(諸葛傳).

水魚之親(수어지친) [80503260] 管鮑之交 참조. 물과 물고기의 친함.

羞惡之心(수오지심) [10523270] 四端 참조. 사람의 본성에서 우러나오는 옳지 못함을 부끄러워하고 착하지 못함을 미워하는 마음. 義의 실마리가 되는 마음.

誰怨誰咎(수원수구) [30403002] 누구를 원망하고 누구를 탓할 것인가? 남을 원망하거나 탓할 것이 없음. (유) 誰怨孰尤

誰怨孰尤(수원숙우) [30403030] 誰怨誰咎 참조. 누구를 원망하고 누구를 탓할 것인가?

隨意契約(수의계약) [32623252] 경쟁이나 입찰에 의하지 않고 상대편을 임의로 선택하여 체결하는 계약.

繡衣夜行(수의야행) [10606060] 錦衣夜行 참조. 비단옷 입고 밤에 다님.

水滴穿石(수적천석) [80301060] 愚公移山 참조. 물방울이 바위를 뚫음.

守株待兎(수주대토) [42326032] 刻舟求劍 참조. 한 가지 일에만 얽매여 발전을 모르는 어리석음. 또 그런 사람. 宋나라의 한 농부가 우연히 나무 그루터기에 토끼가 부딪쳐 죽은 것을 잡은 후, 또 그와 같이 토끼를 잡을까 하여 일도 하지 않고 그루터기만 지키고 있었다는 데서 유래. <출> 한비자(韓非子) 오두편(五蠹篇).

隨衆逐隊(수중축대) [32423042] 附和雷同 참조. 무리를 따르고 대열을 좇음. 자기의 뚜렷한 주관이 없이 여러 사람의 틈에 끼어 덩달아 행동함.

壽則多辱(수즉다욕) [32506032] 오래 살수록 그만큼 욕됨이 많음. <출> . <출> 장자(莊子) 천지편(天地篇).

羞花閉月(수화폐월) [10704080] 傾國之色 참조. 꽃도 부끄러워하고 달도 숨음. 여인의 얼굴과 맵시가 매우 아름다움.

隋侯之珠(수후지주) [12303232] 和氏之璧 참조. 천하의 귀중한 보배. 隋나라의 국보였던 구슬. 수후(隋侯)가 뱀을 살려 준 뒤 뱀으로부터 받은 보주(寶珠)로, 변화(卞和)의 화씨지벽(和氏之璧)과 함께 천하의 귀중한 보배를 나타냄. (유) 隋珠

菽麥不辨(숙맥불변) [10327230] 콩인지 보리인지를 구별하지 못함. 사리 분별을 못함. 또 그런 모자라고 어리석은 사람. (유) 菽麥

熟不還生(숙불환생) [32723280] 한번 익힌 음식은 날것으로 되돌아갈 수 없음, 그대로 두면 쓸데없다는 뜻으로, 장만한 음식을 남에게 권할 때 쓰는 말.

俶載南畝(숙재남묘) [00328010] 비로소 남녘의 밭에서 농사일을 시작함. <출> 千字文(천자문)

宿虎衝鼻(숙호충비) [52323250] 打草驚蛇 참조. 자는 호랑이의 코를 찌름. 가만히 있는 사람을 공연히 건드려서 화를 입거나 일을 불리하게 만듦.

夙興夜寐(숙흥야매) [10426010] 새벽에 일어나 밤에 잠. 부지런히 일함.

脣亡齒寒(순망치한) [30504250] 입술이 없으면 이가 시림. 서로 이해관계가 밀접한 사이에 어느 한쪽이 망하면 다른 한쪽도 그 영향을 받아 온전하기 어려움을 이름. <출> 춘추좌씨전(春秋左氏傳) 희공오년조(僖公五年條). (유) 脣齒之國, 脣齒輔車, 輔車相依, 輔車

諄諭博士(순유박사) [02104252] 고려와 조선 시대에, 성균관에 속한 종칠품 벼슬. 諄諭는 일깨운다는 뜻으로 諄諭博士는 유학교육을 담당함.

脣齒輔車(순치보거) [30421272] 脣亡齒寒 참조. 입술과 이 중에서 또는 수레의 덧방나무와 바퀴 중에서 어느 한쪽만 없어도 안됨. 서로 없어서는 안 될 깊은 관계.

脣齒之國(순치지국) [30423280] 脣亡齒寒 참조. 입술과 이처럼 이해관계가 밀접한 두 나라.

順風滿帆(순풍만범) [52624210] 돛이 뒤에서 부는 바람을 받아 배가 잘 달리는 모양. STX 그룹 사자성어

崧陽書院(숭양서원) [02606250] 開城(개성)에 있는, 鄭夢周(정몽주)를 모신 서원.

膝甲盜賊(슬갑도적) [10404040] 남의 글이나 저술을 베껴 마치 제가 지은 것처럼 하는 사람. 바지옷인 슬갑을 훔쳤으나 용도를 몰라 머리에 써 남의 비웃음을 산 데서 유래, 홍만종(洪萬宗)의 순오지(旬五志). (유) 文筆盜賊

乘望風旨(승망풍지) [32526220] 망루에 올라 바람결을 헤아림, 남의 눈치를 보아 가며 비위를 잘 맞추어 줌.

乘勝長驅(승승장구) [32608030] 싸움에 이긴 형세를 타고 계속 몰아침.

乘風破浪(승풍파랑) [32624232] 바람을 타고 파도를 헤쳐나감 <출> 南史

侍巾帷房(시건유방) [32100042] 여자들의 거처인 유방(帷房)에서 모시고 수건을 받드니 처첩(妻妾)이 하는 일. <출> 千字文

時機尙早(시기상조) [72403242] 어떤 일을 하기에 아직 때가 이름.

市道之交(시도지교) [72723260] 管鮑之交 참조. 시장과 길거리에서 이루어지는 사귐. 단지 이익만을 위한 사귐. <출> 史記

時不可失(시불가실) [72725060] 勿失好機 참조. 때를 잃어버리면 안됨. 좋은 기회는 한번 지나가면 다시 잡기가 어려움. <출> 상서(尙書) 태서(泰誓)편.

是非曲直(시비곡직) [42425072] 옳고 그르고 굽고 곧음.

是非之心(시비지심) [42423270] 사람의 본성에서 우러나오는 옳고 그름을 가릴 줄 아는 마음. 知의 실마리가 되는 마음. <출> 맹자의 四端 중 하나

視死如歸(시사여귀) [42604240] 視死如生 참조. 죽음을 두려워하지 않고 마치 고향으로 돌아가듯이 여김.

視死如生(시사여생) [42604280] 죽음을 보기를 삶처럼 여김. 죽음을 두려워하지 않음. (유) 視死如歸 <출> . <출> 장자

時事用語(시사용어) [72726270] 당시에 일어난 여러 가지 사회적 사건에 관련된 용어.

屍山血海(시산혈해) [20804272] 시체가 산같이 쌓이고 피가 바다같이 흐름.
是是非非(시시비비) [42424242] 여러 가지의 잘잘못. 서로 옳고 그름을 따지는 일 <출> 순자
尸位素餐(시위소찬) [02504220] 재덕이나 공로가 없어 직책을 다하지 못하면서 자리만 차지하고 녹(祿)을 받아먹음. <출> 한서(漢書) 주운전(朱雲傳). (유) 尸祿, 尸素, 素餐
市場物價(시장물가) [72727252] 저자(시장)에서 거래되는 물건의 값.
市井雜輩(시정잡배) [72324032] 시정에 떠돌아다니는 점잖지 못한 무리.
始終如一(시종여일) [62504280] 처음부터 끝까지 변함없이 한결같음.
始終一貫(시종일관) [62508032] 일 따위를 처음부터 끝까지 한결같이 함.
施行錯誤(시행착오) [42603242] 행동에 잘못을 저지름, 시행과 착오를 되풀이하다가 점차 목표에 도달할 수 있게 된다는 원리.
時和年豊(시화연풍) [72628042] 나라가 태평하고 풍년이 듦.
時和年豐(시화연풍) [72628000] 나라가 태평하고 풍년이 듦 (유) 時和歲豐
食少事煩(식소사번) [72707230] 먹는 것은 적고, 하는 일은 많음. 건강을 돌보지 않고 일만 함, 생기는 것도 없이 헛되이 바쁨. 삼국 시대 위나라의 사마의가 제갈량을 두고 한 말에서 유래. 食少事煩이었던 제갈량은 결국 병이들어 54세에 죽음.
識字憂患(식자우환) [52703250] 학식이 있는 것이 오히려 근심을 사게 됨. 소동파(蘇東坡) 석창서취묵당(石蒼舒醉墨堂).
新聞記者(신문기자) [62627260] 새로운 소식을 실어 나르는 신문에 실을 자료를 수집, 집필, 편집하는 사람.
紳士協定(신사협정) [20524260] 점잖은 사람들의 협정, 서로 상대편을 믿고 맺는 비공식적 협정. (유) 紳士協約
信賞必罰(신상필벌) [62505242] 공이 있는 자에게는 반드시 상을 주고, 죄가 있는 사람에게는 반드시 벌을 줌. 상과 벌을 공정하고 엄중하게 하는 일.
申申當付(신신당부) [42425232] 거듭하여 간곡히 하는 당부.
申申付託(신신부탁) [42423220] 거듭하여 간곡히 하는 부탁.
身言書判(신언서판) [62606240] 중국 당나라 때에 관리를 선출하던 네 가지 표준. 예전에, 인물을 선택하는 데 표준으로 삼던 조건인 몸가짐, 말솜씨, 글씨쓰기, 판단력.
信用社會(신용사회) [62626262] 거래 따위가 서로간의 믿음으로 움직이는 사회.
伸寃雪恥(신원설치) [30026232] 원한을 풀고 치욕을 씻어버림.
信之無疑(신지무의) [62325040] 꼭 믿고 의심하지 아니함.
新陳代謝(신진대사) [62326242] 새로운 것을 늘어놓아 물러난 것을 대신함, 생물체가 생명활동에 쓰는 물질을 생성하고 필요하지 않은 물질을 몸밖으로 내보내는 작용.

身體髮膚(신체발부) [62624020] 몸과 머리털과 피부, 몸 전체를 이르는 말.

神出鬼沒(신출귀몰) [62703232] 귀신같이 나타났다가 귀신같이 사라짐. 그 움직임을 쉽게 알 수 없을 만큼 자유자재로 나타나고 사라짐. 회남자(淮南子) 병략훈(兵略訓).

身土不二(신토불이) [62807280] 몸과 땅은 둘이 아니고 하나라는 뜻으로, 자기가 사는 땅에서 산출한 농산물이라야 체질에 잘 맞음을 이르는 말.

腎虛腰痛(신허요통) [20423040] 신장의 기능이 쇠약하거나 지나친 房事(방사)로 허리가 아픈 증상.

室內溫度(실내온도) [80726060] 방안 또는 건물 안의 따뜻함과 차가움의 정도. 또는 그것을 나타내는 수치.

實事求是(실사구시) [52724242] 사실에 토대를 두어 진리를 탐구하는 일. 정확한 고증을 바탕으로 하는 과학적 객관적 학문 태도. 淸나라 고증학의 학문 태도. 조선 시대 실학파의 학문. <출> 한서(漢書) 하간헌왕덕전(河間獻王德傳).

實陳無諱(실진무휘) [52325010] 以實直告 참조. 사실대로 진술하고 숨기는 바가 없음.

心廣體胖(심광체반) [70526200] 마음이 너그러워서 몸에 살이 오름 <출> 대학(大學)

心機一轉(심기일전) [70408040] 이제까지 가졌던 마음가짐을 버리고 새로이 함.

深思熟考(심사숙고) [42503250] 깊이 잘 생각함. (유) 深思熟慮

深思熟慮(심사숙려) [42503240] 深思熟考 참조. 깊이 잘 생각함.

深山幽谷(심산유곡) [42803232] 깊은 산속의 으슥한 골짜기.

心心相印(심심상인) [70705242] 以心傳心 참조. 마음과 마음으로 서로 통함.

心在鴻鵠(심재홍곡) [70603010] 학업을 닦으면서 마음은 다른 곳에 씀. 바둑을 두면서 마음은 기러기나 고니가 날아오면 쏘아 맞출 것만 생각한다면 성취가 없을 것이라는 맹자(孟子)의 말씀에서 유래. <출> 맹자(孟子) 고자장구상(告子章句上).

十年減壽(십년감수) [80804232] 수명이 십 년이 줄어듦, 위험한 고비를 겪음을 비유.

十年窓下(십년창하) [80806272] 十年寒窓 참조. 십년을 창을 내리고 사람의 방문을 받지 않음.

十年寒窓(십년한창) [80805062] 십년 동안 사람이 오지 않아 쓸쓸한 창문. 오랫동안 두문불출(杜門不出)하고 열심히 공부한 세월. 유기(劉祁)의 귀잠지(歸潛志). (유) 十年窓下

十目所視(십목소시) [80607042] 여러 사람이 다 보고 있음. 세상 사람을 속일 수 없음. 대학(大學).

十伐之木(십벌지목) [80423280] 열 번 찍어 베는 나무. 열 번 찍어 안 넘어가는 나무가 없음.

十步芳草(십보방초) [80423270] 열 걸음 안에 아름다운 꽃과 풀이 있음. 세상에는 훌륭한 사람이 많음. 한(漢)나라 유향(劉向)의 설원(說苑).

十生九死(십생구사) [80808060] 九死一生 참조. 아홉 번 죽을 뻔하고 열 번을 살아남.

十匙一飯(십시일반) [80108032] 밥 열 술이 밥 한 그릇이 됨. 여러 사람이 조금씩 힘을 합하면 한 사람을 돕기 쉬움.

十二指腸(십이지장) [80804240] 손가락 12개를 옆으로 늘어놓은 길이의 창자(실제 길이는 25~30cm로 12지 보다는 긺), 작은 창자 가운데 幽門(유문)에 이어지는 부분.

十日之菊(십일지국) [80803232] 한창때인 9월 9일이 지난 9월 10일의 국화. 이미 때가 늦은 일.

十顚九倒(십전구도) [80108032] 七顚八倒 참조. 열 번 구르고 아홉 번 거꾸러짐.

十中八九(십중팔구) [80808080] 열 가운데 여덟이나 아홉 정도, 거의 대부분이거나 거의 틀림없음을 이름.

十寒一曝(십한일폭) [80508010] 열흘 동안 춥다가 하루 볕이 쬠. 일이 꾸준하게 진행되지 못하고 중간에 자주 끊김. <출> 맹자(孟子) 고자상(告子上). (유) 一曝十寒

雙務協定(쌍무협정) [32424260] 쌍방이 서로 대등한 의무를 지는 협정.

阿耨達池(아누달지) [32004232] 히말라야의 북쪽에 있어, 첨부주로 흘러서 윤택(潤澤)하게 한다는 못의 이름. 무열뇌지(無熱惱池). 무열지(無熱池)

峨嵋農樂(아미농악) [02027262] 부산광역시 서구 아미동 일대에 전해 오는 농악.

阿房羅刹(아방나찰) [32424220] 지옥에 있는 獄卒(옥졸). 소머리에 사람의 손을 가지고 있고 발에는 소 발굽이 달려 있다고 하며, 산을 뽑아 들 만한 힘에 강철 창을 들고 있다고 함.

阿鼻叫喚(아비규환) [32503010] 아비지옥과 규환지옥. 여러 사람이 비참한 지경에 빠져 울부짖는 참상.

阿修羅場(아수라장) [32424272] 아수라왕이 제석천과 싸운 마당, 싸움이나 그 밖의 다른 일로 큰 혼란에 빠진 곳. 또는 그런 상태.

亞字瑣門(아자쇄문) [32700080] 문짝의 살대가 아자 모양으로 된 문 (유) 亞字門

我田引水(아전인수) [32424280] 자기 논에 물 대기. 자기에게만 이롭게 되도록 생각하거나 행동함.

握髮吐哺(악발토포) [20403210] 吐哺握髮 참조. 감고 있던 머리를 거머쥐고 먹던 것을 뱉고 영접함.

惡衣惡食(악의악식) [52605272] 錦衣玉食 참조. 너절하고 조잡한 옷을 입고 맛없는 음식을 먹음. 또는 그 옷이나 음식. (유) 粗衣惡食, 粗衣粗食 (상) 錦衣玉食, 好衣好食

惡戰苦鬪(악전고투) [52626040] 매우 어려운 조건을 무릅쓰고 싸우고 고생스럽게 싸움.

鮟鱇網船(안강망선) [02022050] 긴 주머니 모양의 통그물로 물고기를 잡는 배.

安居危思(안거위사) [72404050] 亡羊補牢 참조. 편안할 때에 어려움이 닥칠 것을 미리 대비함.

眼高手卑(안고수비) [42627232] 눈은 높으나 재주가 낮음. 이상만 높고 실천이 따르지 못함. (유) 眼高手低

眼高手低(안고수저) [42627242] 眼高手卑 참조. 눈은 높으나 재주가 낮음.

鴈門紫塞(안문자새) [00803232] 안문관(기러기도 넘어가지 못한다는 높은 산에 있는 관문)과 자새(붉은 흙으로 만든 요새인 만리장성). <출> 千字文(천자문)

安分自足(안분자족) [72627272] 자기 분수를 편안히 여기고 스스로 넉넉하다고 여김.

安分知足(안분지족) [72625272] 편안한 마음으로 제 분수를 지키며 만족할 줄을 앎.

安貧樂道(안빈낙도) [72426272] 가난한 생활을 하면서도 편안한 마음으로 도를 즐겨 지킴. (유) 淸貧樂道

安心立命(안심입명) [72707270] 불성(佛性)을 깨닫고 삶과 죽음을 초월함으로써 마음의 편안함을 얻음.

眼中無人(안중무인) [42805080] 傍若無人 참조. 눈 아래에 사람이 없음. 방자하고 교만하여 다른 사람을 업신여김.

眼中之人(안중지인) [42803280] 눈 속에 있는 사람. 정(情)든 사람. 눈앞에 있는 사람이나 눈앞에 없어도 평생 사귄 사람을 일컬음.

眼下無人(안하무인) [42725080] 傍若無人 참조. 눈 아래에 사람이 없음. 방자하고 교만하여 다른 사람을 업신여김.

安閑自適(안한자적) [72407240] 悠悠自適 참조. 평화롭고 한가하여 마음 내키는 대로 즐김.

揠苗助長(알묘조장) [00304280] 곡식(穀食)이 빨리 자라도록 하려고 이삭을 뽑아 올린 때문에 모두 죽어 손해(損害)를 보게 된다는 뜻으로, 빨리 이익(利益)을 보려다가 도리어 해를 입게 됨

謁聖及第(알성급제) [30423262] 조선 시대에, 임금이 성균관 문묘에 참배[謁聖]한 뒤 보이는 과거시험에 합격하던 일.

暗衢明燭(암구명촉) [42106230] 어두운 거리에 밝은 등불. 삶의 지혜를 제공하는 책.

暗中摸索(암중모색) [42801032] 물건 따위를 어둠 속에서 더듬어 찾음. 어림으로 무엇을 알아내거나 찾아내려 함. 은밀한 가운데 일의 실마리나 해결책을 찾아내려 함. 수당가화(隋唐佳話). (유) 暗索

暗行御史(암행어사) [42603252] 자기의 정체를 숨기고 순행하는 어사, 조선시대에, 임금의 특명을 받아 지방관의 치적과 비위를 탐문하고 백성의 어려움을 살펴서 개선하는 일을 맡아 하던 임시 벼슬.

殃及池魚(앙급지어) [30323250] 엉뚱하게 재난을 당함. 성문(城門)에 난 불을 못물로 끄니 그 못의 물고기가 다 죽었다는 데서 유래. 여씨춘추(呂氏春秋) 필기편(必己編). (유) 橫來之厄, 橫厄, 池魚之殃

仰望不及(앙망불급) [32527232] 우러러 보아도 미치지 못함.

仰釜日晷(앙부일구) [32128002] 세종 16년(1434년)에 만든 해시계. 솥 모양의 그릇 안쪽에 24절기를 나타내는 눈금을 새기고, 북극을 가리키는 바늘을 꽂아, 이 바늘의 그림자가 가리키는 눈금에 따라 시각을 알 수 있게 만듦.

仰天大笑(앙천대소) [32708042] 터져 나오는 웃음을 참을 수 없거나 어이가 없어서 하늘을 쳐다보고 크게 웃음.

哀乞伏乞(애걸복걸) [32304030] 소원이나 요구 따위를 들어 달라고 애처롭게 빌며 엎드려 간절히 빎.

愛國愛族(애국애족) [60806060] 나라와 겨레를 사랑함.

曖昧模糊(애매모호) [10104010] 말이나 태도 따위가 희미하고 흐려 분명하지 아니함.

哀而不悲(애이불비) [32307242] 슬프지만 겉으로는 슬픔을 나타내지 아니함.

愛之重之(애지중지) [60327032] 사랑하고 소중히 여김.

野球選手(야구선수) [60625072] 야구에서 공격과 수비를 전문으로 하는 사람.

夜郎自大(야랑자대) [60327280] 용렬하거나 우매한 무리 가운데서 가장 세력이 있어 잘난 체하고 뽐냄을 이름. 漢나라 때에 서남쪽의 오랑캐 가운데서 야랑국이 가장 세력이 강하여 오만한 데서 유래. <출> 사기(史記) 서남이(西南夷)열전.

野生動物(야생동물) [60807272] 산이나 들에서 저절로 나서 자라는 동물.

野生植物(야생식물) [60807072] 산이나 들에서 저절로 나서 자라는 식물.

夜以繼晝(야이계주) [60524060] 不撤晝夜 참조. 밤에도 낮을 이어 일하고 공부함.

夜行被繡(야행피수) [60603210] 錦衣夜行 참조. 밤에 비단옷을 입고 다님.

藥籠中物(약롱중물) [62208072] 약롱 속의 약품. 꼭 필요한 사람. 가까이 사귀어 자기편으로 만든 사람. 병을 고치는 약처럼 사람의 잘못을 고치도록 하는 것. (유) 藥籠之物

藥籠之物(약롱지물) [62203272] 藥籠中物 참조. 약롱 속의 약품.

藥房甘草(약방감초) [62424070] 감초가 거의 모든 처방에 들어가는 데서, 아무 일에나 간섭하려 드는 사람, 어떤 일에서든지 두루 통하는 사람 등을 이름.

約法三章(약법삼장) [52528060] 한(漢)나라 고조가 진(秦)나라 군사를 격파하고 함양(咸陽)에 들어가서 지방의 유력자들과 약속한 세 조항의 법. 사람을 살해한 자는 사형에 처하고, 사람을 상해하거나 남의 물건을 훔친 자는 처벌한다는 내용. (유) 法三章

藥石之言(약석지언) [62603260] 사람의 병을 고치는 약과 돌바늘 같은 말, 남의 잘못을 훈계하여 그것을 고치는 데에 도움이 되는 말을 이름.

弱肉強食(약육강식) [62426072] 약한 자가 강한 자에게 먹힘. 강한 자가 약한 자를 희생시켜서 번영함. 약한 자는 끝내 강한 자에게 멸망함. 한창려집(韓昌黎集) 송부도문창사서(送浮屠文暢師序).

良禽擇木(양금택목) [52324080] 새도 가지를 가려 앉음. 현명한 선비는 좋은 군주를 가려서 섬김.

讓渡所得(양도소득) [32327042] 토지나 건물 따위의 자산을 양도함으로써 발생하는 소득.

羊頭狗肉(양두구육) [42603042] 양의 머리를 걸어 놓고 개고기를 팜(懸羊頭賣馬肉). 겉보기만 그럴듯하고 속은 변변하지 아니함. 안자춘추(晏子春

秋) 내편(內篇). (유) 羊質虎皮

陽奉陰違(양봉음위) [60524230] 面從腹背 참조. 겉으로는 받들고 속으로는 어긋남.

梁上君子(양상군자) [32724072] 綠林豪傑 참조. 들보 위의 군자. 도둑을 완곡하게 이름. <출> 후한서(後漢書) 진식전(陳寔傳).

兩手据地(양수거지) [42720270] 절을 한 뒤에 양손을 마주 잡고 서 있음.

良藥苦口(양약고구) [52626070] 병에 이로운 좋은 약은 입에 씀. 충언(忠言), 간언(諫言), 금언(金言)은 귀에 거슬리나 자신에게 이로움. 공자가어(孔子家語) 육본편(六本篇), 설원(說苑) 정간편(正諫篇).

兩者擇一(양자택일) [42604080] 둘 중에서 하나를 고름.

羊質虎皮(양질호피) [42523232] 羊頭狗肉 참조. 속은 양이고 거죽은 범. 본바탕은 아름답지 아니하면서 겉모양만 꾸밈.

量體裁衣(양체재의) [50623260] 몸에 맞게 옷을 고침. 구체적인 상황에 근거하여 문제나 일을 처리함. 남제서(南齊書) 장융전(張融傳).

陽春佳節(양춘가절) [60703252] 따뜻한 봄날의 좋은 시절.

颺湯止沸(양탕지비) [00325010] 姑息之計 참조. 끓는 물을 잠시 퍼냈다가 다시 부어 끓는 것을 중지시키려 함. 임시방편으로 일을 처리하는 것을 비유. (유) 姑息之計

楊布之狗(양포지구) [30423230] 겉모습이 변한 것을 보고, 속까지 변해버렸다고 판단하는 사람. 양포(楊布)가 외출할 때는 흰 옷을 입고 나갔다가 비를 맞아 검은 옷으로 갈아입고 돌아왔는데, 양포의 개가 알아보지 못하고 짖어대서 개를 때리려 했더니, 형 양주(楊朱)가 말하기를 "네 개가 나갈 때는 흰 옷을 입고 나갔다가 검은 옷을 입고 돌아온다면 너 역시 괴상하게 여기지 않겠냐" 고 나무랐던 일화에서 유래. . <출> 열자(列子) 설부편(說符篇).

養虎遺患(양호유환) [52324050] 범을 길러서 화근을 남김. 화근이 될 것을 길러서 후환을 당하게 됨. <출> 사기(史記) 항우본기(項羽本紀). (유) 養虎後患

養虎後患(양호후환) [52327250] 養虎遺患 참조. 범을 길러서 뒷날의 화근을 남김.

禳禍求福(양화구복) [02324252] 재앙을 물리치고 복을 구함.

魚東肉西(어동육서) [50804280] 제사상을 차릴 때, 생선 반찬은 동쪽에 놓고 고기반찬은 서쪽에 놓는 일.

魚頭肉尾(어두육미) [50604232] 물고기 머리와 짐승 고기의 꼬리, 맛있다는 고기 부위를 이름.

魚魯不辨(어로불변) [50127230] 目不識丁 참조. 어(魚) 자와 노(魯) 자를 구별하지 못함. 아주 무식함.

魚網鴻離(어망홍리) [50203040] 물고기를 잡으려고 쳐 놓은 그물에 기러기가 걸림. 구하는 것이 아닌 딴것을 얻음. 남의 일로 엉뚱하게 화를 입게 됨.

魚目燕石(어목연석) [50603260] 진짜와 비슷하나 본질은 완전히 다른 것. 물고기의 눈과 중국 연산(燕山)에서 나는 돌은 구슬처럼 보이나 구슬이 아니라는 데서 유래. (유) 魚目

魚變成龍(어변성룡) [50526240] 물고기가 변하여서 용이 됨. 아주 곤궁하던 사람이 부귀를 누리게 되거나 보잘것없던 사람이 큰 인물이 됨.

漁夫之利(어부지리) [50703262] 犬兎之爭 참조. 어부의 이익. <출> 전국책(戰國策) 연책(燕策).

漁父之利(어부지리) [50803262] 犬兎之爭 참조. 어부의 이익. <출> 전국책(戰國策) 연책(燕策).

語不成說(어불성설) [70726252] 말이 조금도 사리에 맞지 아니함. (유) 萬不成說, 不成說

魚水之交(어수지교) [50803260] 管鮑之交 참조. 물고기와 물의 사귐.

魚水之親(어수지친) [50803260] 管鮑之交 참조. 물고기와 물의 친함.

魚遊釜中(어유부중) [50401280] 물고기가 솥 안에서 노님. 살아 있기는 하여도 생명이 얼마 남지 아니하였음. 상황이 극히 위험한 상태. <출> 후한서(後漢書) 장강(張綱)전. (유) 釜中之魚

漁人之功(어인지공) [50803262] 犬兎之爭 참조. 어부의 공로.

御前會議(어전회의) [32726242] 임금의 앞에서 중신들이 모여 국가 대사를 의논하던 회의.

抑强扶弱(억강부약) [32603262] 강한 자를 억누르고 약한 자를 도와줌. (상) 抑弱扶强

億萬長者(억만장자) [50808060] 헤아리기 어려울 만큼 많은 재산을 가진 큰부자.

抑弱扶强(억약부강) [32623260] 抑强扶弱 참조. 약한 자를 억누르고 강한 자를 도움.

億兆蒼生(억조창생) [50323280] 수많은 무성한 생물, 수많은 백성을 이름.

抑何心情(억하심정) [32327052] 도대체 무슨 심정이냐라는 뜻으로, 무슨 생각으로 그러는지 마음을 알 수 없음을 이름.

焉敢生心(언감생심) [30408070] 敢不生心 참조. 어찌 감히 그런 생각을 하는가?

言去言來(언거언래) [60506070] 說往說來 참조. 말이 오고 감.

言近旨遠(언근지원) [60602060] 말은 쉬우나 뜻은 심오함.

言三語四(언삼어사) [60807080] 說往說來 참조. 말을 여러 번 주고받음.

言笑自若(언소자약) [60427232] 談笑自若 참조. 웃고 이야기하며 침착함.

言語道斷(언어도단) [60707242] 말할 길이 끊어짐. 어이가 없어서 말하려 해도 말할 수 없음. (유) 道斷, 言語同斷

言語同斷(언어동단) [60707042] 言語道斷 참조. 말씀이 함께 끊어짐.

言往說來(언왕설래) [60425270] 說往說來 참조. 말이 오고 감.

言往言來(언왕언래) [60426070] 說往說來 참조. 말이 오고 감.

言中有骨(언중유골) [60807040] 말 속에 뼈가 있음. 예사로운 말 속에 단단한 속뜻이 들어 있음. (유) 言中有言, 言中有響

言中有言(언중유언) [60807060] 言中有骨 참조. 말 속에 말이 있음. 예사로운 말 속에 어떤 풍자나 암시가 들어 있음.

言中有響(언중유향) [60807032] 言中有骨 참조. 말 속에 울림이 있음. 내용 이상의 깊은 뜻이 있음.

言則是也(언즉시야) [60504230] 말인즉 옳음. 말하는 것이 사리에 맞음.

言行相反(언행상반) [60605262] 말과 행동이 서로 반대됨.

言行一致(언행일치) [60608050] 말과 행동이 서로 같음, 말한 대로 실행함.

嚴冬雪寒(엄동설한) [40706250] 몹시 추운 겨울철 눈 내리기 전후의 심한 추위.

掩目捕雀(엄목포작) [10603210] 눈을 가리고 참새를 잡으려 함. 일을 불성실하게 하는 것에 대한 경계.

嚴父慈母(엄부자모) [40803280] 엄격한 아버지와 사랑이 깊은 어머니, 아버지는 자식들을 엄격히 다루어야 하고 어머니는 자식들을 깊은 사랑으로 보살펴야 함을 이름.

掩耳盜鈴(엄이도령) [10504010] 귀를 막고 방울을 훔침. 모든 사람이 그 잘못을 다 알고 있는데 얕은꾀를 써서 남을 속이려 함. <출> 여씨춘추(呂氏春秋) 불구론(不苟論)의 자지편(自知篇).

掩耳盜鐘(엄이도종) [10504002] 진(晉)나라 육경(六經) 중의 한 사람인 범씨(范氏)가 망하게 되자 범씨의 종을 훔치러 들어온 자가 종을 망치로 치니 소리가 나서 종을 빼앗길까 두려워 그의 귀를 막았다는 고사. 귀를 막고 종을 훔친다라는 뜻으로, 자기만 듣지 않으면 남도 듣지 못한다고 생각하는 어리석은 행동 또는 결코 넘어가지 않을 얕은 수로 남을 속이려 함 (2011년 올해의 사자성어) <출> 여씨춘추(呂氏春秋) (유) 掩耳偸鈴, 掩耳盜鈴, 掩目捕雀

嚴妻侍下(엄처시하) [40323272] 엄한 아내를 모시고 있는 처지, 아내에게 쥐여사는 남편의 처지를 놀림조로 이름.

如鼓琴瑟(여고금슬) [42323212] 거문고와 비파를 타는 것과 같음. 부부 사이가 다정하고 화목함.

膂力過人(여력과인) [00725280] 육체적인 힘이 남보다 뛰어남.

如履薄氷(여리박빙) [42323250] 살얼음을 밟는 것과 같음. 아슬아슬하고 위험한 일. (유) 履氷

與民同樂(여민동락) [40807062] 임금이 백성과 함께 즐김. (유) 與民偕樂

與民偕樂(여민해락) [40801062] 與民同樂 참조. 임금이 백성과 함께 즐김.

厲世摩鈍(여세마둔) [00722030] 세상 사람을 격려(激勵)하여 인재(人材)가 되도록 도움

與世推移(여세추이) [40724042] 세상이 변하는 대로 따라 변함. (유) 與世浮沈

如是我聞(여시아문) [42423262] 이와 같이 나는 들었다라는 뜻, 모든 불경의 첫머리에 붙은 말로, 불경이 만들어 낸 말이 아니라 석가모니로부터 들은 내용을 전하는 것이라는 것을 밝히는 것임.

呂氏春秋(여씨춘추) [12407070] 秦(진)나라의 呂不韋(여불위)가 학자들에게 편찬하게 한 史論書(사론서).

與羊謀肉(여양모육) [40423242]	與狐謀皮 참조. 양에게 양고기를 내어 놓으라고 꼬임.
如魚得水(여어득수) [42504280]	물고기가 물을 얻은 것과 같음. 마음에 맞는 사람을 얻거나 자신에게 매우 적합한 환경을 얻게 됨. 유비(劉備)가 제갈량(諸葛亮)을 얻었을 때 한 말에서 유래. <출> 삼국지(三國志) 촉서(蜀書) 제갈량(諸葛亮)전.
如蟻偸垤(여의투질) [42020200]	개미가 금탑을 모으는 것과 같이 부지런하게 재산을 모음 <출>旬五志(순오지)
如鳥數飛(여조삭비) [42427042]	학습(學習). 배우고 익히는 것은 새가 자주 날갯짓하는 것과 같다는 뜻. <출> 논어(論語) 학이(學而) 편 주자(朱子) 註.
女尊男卑(여존남비) [80427232]	사회적 지위나 권리에 있어 여자를 남자보다 우대하고 존중하는 일. (상) 男尊女卑
旅進旅退(여진여퇴) [52425242]	附和雷同 참조. 줏대 없이 물러나고 나아가는 것을 무리와 함께 함.
如出一口(여출일구) [42708070]	異口同聲 참조. 여러 사람의 말이 한 입에서 나온 것과 같음.
如廁二心(여측이심) [42008070]	뒷간에 갈 적 마음 다르고 올 적 마음 다르다는 말.
如風過耳(여풍과이) [42625250]	馬耳東風 참조. 바람이 귀를 통과하는 것과 같음.
女必從夫(여필종부) [80524070]	아내는 반드시 남편을 따라야 함.
如合符節(여합부절) [42603252]	부절이 일치하듯 사물이 꼭 들어 맞음.
旅行案內(여행안내) [52605072]	여행하는 사람의 편의를 위하여 교통 여건이나 숙소, 명승고적 따위를 안내하는 일.
與狐謀皮(여호모피) [40103232]	여우에게 가죽을 내어 놓으라고 꼬임. 근본적으로 이룰 수 없는 일. 태평어람(太平御覽) 권208. (유) 與羊謀肉, 與虎謀皮
與虎謀皮(여호모피) [40323232]	與狐謀皮 참조. 호랑이에게 가죽을 내어 놓으라고 꼬임.
櫟翁稗說(역옹패설) [00301052]	고려(高麗) 때 이제현(李齊賢)이 사화(史話)·시화(詩話)·시사(時事)를 기술(記述)한 책. 대부분(大部分)이 詩(시)에 대(對)한 논의(論議)로 일종(一種)의 시 비평서(批評書)라 할 수 있음. 4권 1책
易地思之(역지사지) [40705032]	처지를 바꾸어서 생각하여 봄.
淵蓋蘇文(연개소문) [12323270]	고구려의 정치가. 장군.
捐金沈珠(연금침주) [10803232]	재물을 가벼이 보고 부귀를 탐하지 않음. 금을 산에 버리고 구슬을 못에 빠뜨린다(捐金於山, 沈珠於淵)는 말에서 유래. 반고(班固)의 동도부(東都賦).
連帶責任(연대책임) [42425252]	두 사람 이상이 함께 지는 책임.
鉛刀一割(연도일할) [40328032]	납으로 만든 칼로 한 번 벰. 자기의 힘이 없음을 겸손하게 이르는 말. 다시는 쓰지 못함. 우연히 얻게 된 공명이나

영예.

連絡不絶(연락부절) [42327242] 왕래가 잦아 소식이 끊이지 아니함. (유) 絡繹不絶

捐廩補弊(연름보폐) [10003232] 공익(公益)을 위하여 벼슬아치들이 녹봉의 일부를 덜어 내어서 보태던 일.

連理比翼(연리비익) [42625032] 琴瑟之樂(금실지락) 참조. 비익조(比翼鳥)와 연리지(連理枝). 부부 사이가 아주 화목함.

聯立內閣(연립내각) [32727232] 둘 이상의 정당 대표로 구성되는 내각.

年末年始(연말연시) [80508062] 한 해의 마지막 때와 새해의 첫머리를 아울러 이름.

緣木求魚(연목구어) [40804250] 나무에 올라가서 물고기를 구함. 도저히 불가능한 일. <출> 맹자(孟子) 양혜왕(梁惠王) 편. (유) 上山求魚, 與狐謀皮

年富力強(연부역강) [80427260] 나이가 젊고 기력이 왕성함.

鳶飛魚躍(연비어약) [10425030] 솔개가 날고 물고기가 뜀. 온갖 동물이 생을 즐김. <출> 시경(詩經) 대아(大雅) 한록편(旱麓篇).

連席會議(연석회의) [42606242] 둘 이상의 회의체가 합동으로 여는 회의.

連鎖反應(연쇄반응) [42326242] 연결된 사슬처럼 자극에 대한 대응이 잇달음.

燕雁代飛(연안대비) [32306242] 제비가 날아올 때는 기러기가 날아가고 기러기가 날아올 때에는 제비가 날아가 서로 교체하여 각각 다른 방향으로 감. 사람의 일이 서로 어긋남.

戀愛小說(연애소설) [32608052] 남녀 간의 사랑을 주제로 하는 소설.

年月日時(연월일시) [80808072] 해와 달과 날과 시를 아울러 이르는 말.

連載小說(연재소설) [42328052] 신문이나 잡지 따위에 계속해서 매회 싣는 소설.

連戰連勝(연전연승) [42624260] 싸울 때마다 계속하여 이김.

年中行事(연중행사) [80806072] 해마다 일정한 시기를 정하여 놓고 하는 행사.

軟體動物(연체동물) [32627272] 연한 동물, 뼈가 없는 동물로 달팽이, 문어, 조개 따위 등이 해당된다.

煙霞痼疾(연하고질) [42101032] 연하(煙霞; 안개와 노을, 고요한 산수의 경치)를 몹시 사랑하고 즐기는 성벽(性癖). (유) 煙霞之癖, 泉石膏肓

煙霞之癖(연하지벽) [42103210] 煙霞痼疾 참조. 고요한 산수의 경치를 몹시 사랑하고 즐기는 성벽.

燕鴻之歎(연홍지탄) [32303240] 가을에 여름새인 제비는 남쪽으로 날아가고 겨울새인 기러기는 북쪽으로 날아가서 서로 만나지 못하여 탄식함. 길이 어긋나서 서로 만나지 못하여 탄식함.

閻羅大王(염라대왕) [12428080] 저승를 다스리는 왕, 지옥에 떨어지는 사람이 지은 생전의 선악을 심판함.

炎涼世態(염량세태) [32327242] 세력이 있을 때는 아첨하여 따르고 세력이 없어지면 푸대접하는 세상인심. (유) 世態炎涼

厭世主義(염세주의) [20727042] 세계나 인생을 비참한 것으로 보아 싫어하며, 개혁이나 진보는 불가능하다고 보는 경향이나 태도.

斂膝端坐(염슬단좌) [10104232] 무릎을 거두고 옷자락을 바로 하여 단정히 앉음 (유) 斂膝危坐, 斂膝跪坐

拈華微笑(염화미소) [02403242] 以心傳心 참조. 말로 통하지 아니하고 마음에서 마음으로 전하는 일. 석가모니가 영산회(靈山會)에서 연꽃 한 송이를 대중에게 보이자 마하가섭만이 그 뜻을 깨닫고 미소 지으므로 그에게 불교의 진리를 주었다고 하는 데서 유래.

拈華示衆(염화시중) [02405042] 拈華微笑, 以心傳心 참조. 꽃을 들어 무리에게 보임.

榮枯盛衰(영고성쇠) [42304232] 꽃피고 마르고 번성하고 쇠락함. 천지의 시운(時運)이 끊임없이 변화하고 순환하는 일. 인생이나 사물의 번성함과 쇠락함이 서로 바뀜. (유) 興亡盛衰

榮枯一炊(영고일취) [42308020] 南柯一夢 참조. 인생이 꽃피고 시드는 것은 한번 밥짓는 순간같이 덧없고 부질없음. 唐나라 소년 노생(盧生)이 도사인 여옹(呂翁)의 베개를 빌려 베고 잠이 들어 부귀영화를 누리며 80세까지 산 꿈을 꾸었는데, 깨어 보니 아까 주인이 짓던 조밥이 채 익지 않았더라는 데서 유래.

永久不變(영구불변) [60327252] 오래도록 변하지 아니함.

零零瑣瑣(영령쇄쇄) [30300000] 자질구레하고 보잘것이 없음 (유) 零瑣

盈滿之咎(영만지구) [12423202] 가득 차면 기울고 넘치는 허물이 생김. 만사가 다 이루어지면 도리어 화를 가져오게 될 수도 있음.

郢書燕說(영서연설) [00623252] 영(郢) 땅 사람의 글을 연(燕)나라 사람이 설명한다는 뜻으로, 도리에 맞지 않는 일을 억지로 끌어대어 맞춤 <출> 韓非子(한비자) (유) 牽強附會

零細業者(영세업자) [30426260] 작고 가늘어 보잘것 없는 생산 규모와 적은 자본을 가지고 기업을 운영하는 상공업자.

伶牙俐齒(영아이치) [02320042] 말솜씨가 좋음

獰惡無道(영악무도) [02525072] 모질고 사납기가 이를 데 없음.

營養失調(영양실조) [40526052] 5영양이 조화를 잃음, 영양소의 부족 또는 과잉으로 일어나는 신체의 이상 상태.

營業停止(영업정지) [40625050] 영업을 못하게 함, 단속 규정을 위반하였을 때, 행정 처분에 의하여 일정 기간 영업을 못하게 하는 일.

英雄豪傑(영웅호걸) [60503240] 영웅과 호걸을 아울러 이름.

英才敎育(영재교육) [60628070] 뛰어난 재능을 지닌 사람의 재능을 훌륭하게 발전시키기 위한 특수 교육.

穎脫而出(영탈이출) [02403070] 囊中之錐 참조. 주머니속의 송곳이 주머니를 뚫고 나옴. <출> 사기(史記) 평원군(平原君) 열전.

英韓辭典(영한사전) [60804052] 영어를 한국어로 풀이한 사전.

映畫俳優(영화배우) [40602040] 영화에 출연하는 연기자.

藝文類聚(예문유취) [42705212] 唐(당)나라의 歐陽詢(구양순)이 편찬한 백과사전류의 책.

曳尾塗中(예미도중) [10323080] 벼슬을 하지 않고 한가롭게 지냄. 莊子가 거북이가 죽어서 대접받기 보다는 살아서 흙 속에서 꼬리를 끌며 다니기를 바랄 것이라며 벼슬을 거부한데서 유래. <출> . <출> 장자(莊子) 추수(秋水)편.

禮尙往來(예상왕래) [60324270] 예절은 서로 왕래하여 사귐을 귀하게 여긴다는 말.

禮儀凡節(예의범절) [60403252] 일상생활에서 갖추어야 할 모든 예의와 절차.

五車之書(오거지서) [80723262] 汗牛充棟 참조. 다섯 수레의 책.

熬苦草醬(오고초장) [02607010] 볶은고추장.

五穀百果(오곡백과) [80407062] 대표적으로 벼, 보리, 콩, 조, 기장의 곡식 곧 온갖 곡식과 과실을 이르는 말.

五里霧中(오리무중) [80703080] 오리나 되는 짙은 안개 속. 무슨 일에 대하여 방향이나 갈피를 잡을 수 없음. 2001년 올해의 사자성어. <출> 후한서(後漢書) 장해전(張楷傳).

寤寐不忘(오매불망) [10107230] 자나 깨나 잊지 못함. (유) 寤寐思服

寤寐思服(오매사복) [10105060] 寤寐不忘 참조. 자나 깨나 늘 생각함.

吾不關焉(오불관언) [30725230] 나는 관계하지 않음. (유) 袖手傍觀

吾鼻三尺(오비삼척) [30508032] 내 코가 석자. 자기 사정이 급하여 남을 돌볼 겨를이 없음.

烏飛梨落(오비이락) [32423050] 까마귀 날자 배 떨어짐. 아무 관계도 없이 한 일이 공교롭게도 때가 같아 억울하게 의심을 받거나 난처한 위치에 서게 됨.

傲霜孤節(오상고절) [30324052] 차가운 서릿발 속에서도 굴하지 아니하고 외로이 지키는 절개. 국화(菊花). 절개 있는 선비. (유) 五彩玲瓏

五色玲瓏(오색영롱) [80701210] 여러 가지 색이 한데 섞이어 매우 빛남.

吾舌尙在(오설상재) [30403260] 나의 혀는 아직 있음. 아직도 천하를 움직일 수 있는 힘이 있음. <출> 전국시대 장의(張儀)의 말로, 과연 그는 혀(언변) 하나로 진(秦)나라의 재상이 되어 연횡책(連衡策)으로 일찍이 소진(蘇秦)이 이룩한 합종책(合縱策)을 깨고 진의 세력을 공고히 함. <출> 사기(史記) 장의열전(張儀列傳).

五十笑百(오십소백) [80804270] 조금 낫고 못한 정도의 차이는 있으나 본질적으로는 차이가 없음. 양(梁)나라 혜왕(惠王)이 정사(政事)에 관하여 孟子에게 물었을 때, 전쟁에 패하여 어떤 자는 백 보를, 또 어떤 자는 오십 보를 도망했다면, 도망한 것에는 양자의 차이가 없으므로 오십보 도망간 자가 백보를 도망간 자를 비웃을 수 없다고 대답한 데서 유래. (유) 五十步百步, 大同小異, 小異大同

五言金城(오언금성) [80608042] 五言長城 참조. 오언이 쇠로 만든 성과 같음.

五言長城(오언장성) [80608042] 오언이 만리장성과 같음. 오언의 시에 매우 능숙함. (유) 五言金城

五言絶句(오언절구) [80604242] 漢詩(한시)에서 한 구가 다섯 글자로 된 절구.

吾亦不知(오역부지) [30327252] 나 또한 알지 못함.

吳牛喘月(오우천월) [12501080] 懲羹吹虀 참조. 吳牛(물소)가 더위를 두려워한 나머지 밤에 달이 뜨는 것을 보고도 해인가 하고 헐떡거림. 간이 작아 공연한 일에 미리 겁부터 내고 허둥거림. 또는 그런 사람. <출> 세설신어(世說新語) 언어편(言語篇).

烏雲之陣(오운지진) [32523240] 까마귀나 구름이 모였다 흩어졌다 하듯, 출몰(出沒) 변화가 자유자재한 진법(陣法). 육도(六韜) 표도(豹韜) 편 오운산병(烏雲山兵) 조.

吳越同舟(오월동주) [12327030] 서로 적의를 품은 사람들이 한자리에 있게 된 경우나 서로 협력하여야 하는 상황. <출> 춘추전국시대에, 서로 적대 관계인 吳나라의 왕 부차(夫差)와 越나라의 왕 구천(句踐)이 같은 배를 탔으나 풍랑을 만나서 서로 단합하여야 했다는 데서 유래. 손자(孫子) 구지편(九地篇).

五日京兆(오일경조) [80806032] 오래 계속되지 못하는 일. 京兆는 京兆尹의 준말로 지금의 한국의 서울市長에 해당함. 오일 동안 서울시장을 함. <출> 한서(漢書) 장창전(張敞傳). (유) 三日天下

五臟六腑(오장육부) [80328010] 오장과 육부, 내장을 통틀어 이르는 말.

烏鳥私情(오조사정) [32424052] 反哺之孝 참조. 까마귀의 사사로운 정. 지극한 효심. 까마귀가 자라면 그 어미에게 먹이를 물어다 먹이는 데서 유래. 진(晋)나라 이밀(李密)이 쓴 진정표(陳情表).

五風十雨(오풍십우) [80628052] 닷새 동안 바람 불고 열흘 동안 비가 온다는 뜻으로 기후가 아주 고름을 이르는 말.

烏合之卒(오합지졸) [32603252] 까마귀가 모인 것처럼 질서가 없이 보인 병졸. 임시로 모여들어서 규율이 없고 무질서한 병졸 또는 군중. <출> 후한서(後漢書) 경감전(耿龕傳). (유) 烏合之衆, 瓦合之卒

烏合之衆(오합지중) [32603242] 烏合之卒 참조. 까마귀가 모인 것처럼 질서가 없이 모인 무리.

嗚呼痛哉(오호통재) [30424030] '아, 비통하도다'라는 뜻으로, 슬플 때나 탄식할 때 하는 말.

澳洪帝國(오홍제국) [02324080] 오스트리아,헝가리 제국.

玉骨仙風(옥골선풍) [42405262] 살빛이 희고 고결하여 신선과 같은 풍채.

玉鬢紅顔(옥빈홍안) [42004032] 아름다운 귀밑머리와 붉은 얼굴. 곧 아름다운 젊은이의 모습

玉石俱焚(옥석구분) [42603010] 옥과 돌이 함께 불에 탐. 옳은 사람이나 그른 사람의 구별없이 모두 재앙을 입음. <출> 서경(書經) 하서(夏書) 윤정

편(胤征篇). (유) 玉石同碎, 玉石混淆

玉石同櫃(옥석동궤) [42607010] 玉石同匱 참조. 옥과 돌이 같은 궤에 있음. 좋은 것과 나쁜 것, 혹은 똑똑한 사람과 어리석은 사람이 한데 섞여 있는 경우(境遇)를 말함

玉石同匱(옥석동궤) [42607000] 옥과 돌이 같은 궤에 있음. 착한 사람이나 악한 사람이 한곳에 섞여 있음. 좋은 것과 나쁜 것이 한데 섞여 있음. (유) 玉石混淆

玉石同碎(옥석동쇄) [42607010] 玉石俱焚 참조. 옥과 돌이 함께 부수어짐.

玉石混淆(옥석혼효) [42604002] 玉石同匱 참조. 옥과 돌이 한데 섞여 있음.

沃野千里(옥야천리) [12607070] 끝없이 넓은 기름진 들판.

屋烏之愛(옥오지애) [50323260] 그 사람을 사랑하면 그의 집 지붕에 있는 까마귀까지도 사랑스럽게 보임. 깊은 사랑.

屋下架屋(옥하가옥) [50723250] 지붕 아래 또 지붕을 만듦. 선인(先人)들이 이루어 놓은 일을 후세의 사람들이 무익하게 거듭하여 발전한 바가 조금도 없음.

溫故知新(온고지신) [60425262] 옛것을 익히고 그것을 미루어서 새것을 앎. <출> 논어(論語) 위정편(爲政篇).

甕牖繩樞(옹유승추) [12001210] 깨진 항아리의 주둥이로 창을 하고, 새끼로 문을 단다는 뜻으로, 가난한 집을 이르는 말 <출> 賣誼(매의)

蝸角之勢(와각지세) [10623242] 蝸角之爭 참조. 달팽이의 더듬이 위의 형세.

蝸角之爭(와각지쟁) [10623250] 달팽이의 더듬이 위에서 싸움. 하찮은 일로 벌이는 싸움. 작은 나라끼리의 싸움. <출> . <출> 장자(莊子) 칙양편(則陽篇). (유) 蝸角觝, 蝸角之勢

瓦釜雷鳴(와부뇌명) [32123240] 기왓가마가 우레와 같은 소리를 내면서 끓음. 별로 아는 것도 없는 사람이 과장해서 말함.

臥薪嘗膽(와신상담) [30103020] 섶에 몸을 눕히고 쓸개를 맛봄. 원수를 갚거나 마음먹은 일을 이루기 위하여 온갖 어려움과 괴로움을 참고 견딤. <출> 춘추시대 吳나라의 왕 부차(夫差)가 아버지의 원수를 갚기 위하여 장작더미 위에서 잠을 자며 越나라의 왕 구천(句踐)에게 복수할 것을 맹세하였고, 그에게 패배한 越나라의 왕 구천이 쓸개를 핥으면서 복수를 다짐한 데서 유래. <출> 사기(史記) 월왕구천세가(越王句踐世家). (유) 嘗膽

蝸牛角上(와우각상) [10506272] 달팽이의 더듬이 위. 세상이 좁음. (유) 蝸角

瓦合之卒(와합지졸) [32603252] 烏合之卒 참조. 쉽게 깨지는 기와를 모아 놓은 듯한 허약한 병졸.

玩物喪志(완물상지) [10723242] 아끼고 좋아하는 물건을 가지고 노는 데 팔려 소중한 자기의 본심을 잃음.

完璧歸趙(완벽귀조) [50104012] 빌린 물건을 정중히 돌려보냄. <출> 전국시대 趙나라의 인상여(藺相如)가 진(秦)나라의 소양왕이 열다섯 성(城)과 화씨(和氏)의 벽(璧)을 바꾸자고 하여 진나라에 갔으나 소양왕이 거짓말을 하고 있다는 것을 알고, 목숨을 걸고 화씨지벽을 고스란히 도로 찾아왔다는 데서 유래.

完全無缺(완전무결) [50725042] 충분히 갖추어져 있어 아무런 결점이 없음.

完全犯罪(완전범죄) [50724050] 범인이 범행의 증거가 될 만한 물건이나 사실을 전혀 남기지 않아 자기의 범행 사실을 완전하게 숨김으로써 성립하는 범죄.

緩衝地帶(완충지대) [32327042] 대립하는 나라들 사이의 충돌을 완화시키기 위하여 설치한 중립 지대.

玩火自焚(완화자분) [10807210] 무모한 일로 남을 해치려다 결국 자신이 해를 입게 됨. 무력이란 불과 같은 것이어서, 단속하지 않으면 장차 자신이 그 불속에서 타게 될 것이라는 노(魯)나라 중중(衆仲)의 말에서 유래. <출> 춘추좌씨전(春秋左氏傳) 은공(隱公) 4년조.

曰可曰否(왈가왈부) [30503040] 어떤 일에 대하여 옳거니 옳지 아니하거니 하고 말함.

王侯將相(왕후장상) [80304252] 제왕, 제후, 장수, 재상을 아울러 이르는 말.

矮人看場(왜인간장) [10804072] 矮子看戲 참조. 키 작은 사람의 마당극 보기.

矮人看戲(왜인간희) [10804032] 矮子看戲 참조. 키 작은 사람의 연극 보기.

矮人觀場(왜인관장) [10805272] 矮子看戲 참조. 키 작은 사람의 마당극 보기.

矮子看戲(왜자간희) [10724032] 키 작은 사람의 연극 보기. 키가 작은 사람이 큰 사람 틈에 끼여 구경은 못하고서 앞사람의 이야기만 듣고는 자기가 본 체 또는 아는 체한다는 데서, 자신은 아무것도 모르면서 남이 그렇다고 하니까 덩달아서 그렇다고 하는 것을 말함. (유) 矮人看場, 矮人看戲, 矮人觀場

外剛內柔(외강내유) [80327232] 外柔內剛 참조. 겉으로 보기에는 강하게 보이나 속은 부드러움.

外交使節(외교사절) [80606052] 국가 간의 외교 교섭을 위하여 외국에 파견되는 국가의 대표자. 또는 대표 기관.

外柔內剛(외유내강) [80327232] 겉으로는 부드럽고 순하게 보이나 속은 곧고 굳셈. (유) 內剛外柔 (상) 外剛內柔, 內柔外剛

要領不得(요령부득) [52507242] 말이나 글 또는 일 따위의 줄거리나 이치를 알 수가 없음. (유) 不得要領

樂山樂水(요산요수) [62806280] 산수(山水)의 자연을 즐기고 좋아함. <출> 논어(論語) 옹야편(雍也篇).

堯舜時代(요순시대) [12127262] 道不拾遺 참조. 요임금과 순임금이 덕으로 천하를 다스리던 태평한 시대. 치세(治世)의 모범.

堯舜時節(요순시절) [12127252] 道不拾遺 참조. 요임금과 순임금이 덕으로 천하를 다스리던 태평한 시절.

堯舜之節(요순지절) [12123252] 道不拾遺 참조. 요임금과 순임금이 덕으로 천하를 다스리던 태평한 시절.

燎原之火(요원지화) [10503280] 벌판을 태우며 나가는 불. 세력이 매우 대단하여 막을 수 없음. <출> 서경(書經) 반경(盤庚). (유) 破竹之勢, 勢如破竹

窈窕淑女(요조숙녀) [10023280] 말과 행동이 품위가 있으며 얌전하고 정숙한 여자. <출> 시경(詩經) 주남관저(周南關雎).

搖之不動(요지부동) [30327272] 흔들어도 꼼짝하지 아니함.

欲蓋彌彰(욕개미창) [32321220] 진상을 감추려 하면 더욱 밝게 드러나게 됨. <출> 춘추시대 주(邾)나라 대부 흑굉(黑肱)이 노나라에 투항하여, 그가 다스렸던 남(濫)땅이 노나라에 편입되었다. 공자는 흑굉으로 인하여 영토의 변동이라는 큰 사건이 발생하였기 때문에 불의를 징벌하기 위해 흑굉의 이름을 남겨야 한다고 주장하고, 그의 이름을 춘추에 기록하였음. <출> 춘추좌씨전(春秋左氏傳) 소공(昭公) 31년조.

欲巧反拙(욕교반졸) [32326230] 잘 만들려고 하다가 도리어 형편없는 물건을 만듦. 너무 잘하려 하면 도리어 잘되지 아니함을 이르는 말.

欲求不滿(욕구불만) [32427242] 하고자 하는 바가 방해받아 만족스럽지 못한 상태.

欲燒筆硯(욕소필연) [32325220] 붓과 벼루를 태워버리고 싶어함. 남이 지은 문장의 뛰어남을 보고 자신의 재주가 그에 미치지 못함을 탄식함.

欲速不達(욕속부달) [32607242] 일을 빨리 하려고 하면 도리어 이루지 못함. <출> 논어(論語) 자로(子路)편.

欲取先予(욕취선여) [32428030] 얻으려면 먼저 주어야 함. <출> 전국시대 진(晋)나라 임장(任章)의 말에서 유래. <출> 전국책(戰國策) 위책(魏策).

勇氣百倍(용기백배) [62727050] 격려나 응원 따위에 자극을 받아 힘이나 용기를 더 냄.

龍頭蛇尾(용두사미) [40603232] 용의 머리와 뱀의 꼬리. 처음은 왕성하나 끝이 부진한 현상. 벽암록(碧巖錄).

龍門點額(용문점액) [40804040] 시험에 낙제함. 용문을 올라간 잉어는 용이 되고, 그렇지 못한 것은 이마에 점이 찍혀서 돌아간다는 데서 유래. 唐나라 李白의 시 증최시랑(贈崔侍郎). (유) 點額

龍味鳳湯(용미봉탕) [40423232] 용 고기로 맛을 낸 요리와 봉새로 끓인 탕. 膏粱珍味 참조.

龍蛇飛騰(용사비등) [40324230] 용이 날아오르는 듯한 힘이 있는 필력.

用意周到(용의주도) [62624052] 마음 씀이 두루 미쳐 일에 빈틈이 없음.

龍虎相搏(용호상박) [40325210] 용과 범이 서로 치고 싸움, 강자끼리 서로 싸움.

愚公移山(우공이산) [32624280] 우공이 산을 옮김. 어리석은 일 같아도 끝까지 밀고 나가면 목적을 달성할 수 있음. 다는 말. 티끌모아 태산. . <출> 열자(列子) 탕문편(湯問篇). (유) 積土成山, 積小成大, 積塵成山, 塵合泰山, 磨斧爲針, 磨斧作針, 鐵杵成針, 磨杵作鍼, 面壁九年, 水滴穿石, 山溜穿石, 積水成淵

憂國衷情(우국충정) [32802052] 나랏일을 근심하고 염려하는 참된 마음.

牛驥同皁(우기동조) [50127000] 느린 소와 천리마가 한 마굿간에 매여 있음. 준재(俊才)를 범인과 같이 취급함. 대단히 냉대받음.

愚蒙等誚(우몽등초) [32326200] 어리석은 무리들도 꾸짖을 정도로 변변치 못하다는 표현. 겸양의 표현으로도 봄. <출> 千字文

愚問賢答(우문현답) [32704272] 어리석은 질문에 대한 현명한 대답.

牛步萬里(우보만리) [50428070] 우직한 소의 걸음이 만리를 간다

偶像崇拜(우상숭배) [32324042] 신 이외의 사람이나 물체를 신앙의 대상으로 숭배하는 일.

雨順風調(우순풍조) [52526252] 비가 때맞추어 알맞게 내리고 바람이 고르게 분다는 뜻으로, 농사에 알맞게 기후가 순조로움을 이르는 말.

優勝劣敗(우승열패) [40603050] 나은 자는 이기고 못난 자는 짐. 생존경쟁(生存競爭)을 이름. (유) 自然淘汰

迂餘曲折(우여곡절) [10425040] 뒤얽혀 복잡하여진 사정.

牛往馬往(우왕마왕) [50425042] 소 갈 데 말 갈 데 다 다님. 함부로 온갖 군데를 다 쫓아다님.

右往左往(우왕좌왕) [72427242] 이리저리 왔다갔다하며 일이나 나아가는 방향을 종잡지 못함. 2003년 올해의 사자성어

優柔不斷(우유부단) [40327242] 마음이 부드럽고 순하여 결단성이 없음, 결정을 내리지 못해 이러지도 저러지도 못함.

牛耳讀經(우이독경) [50506242] 馬耳東風 참조. 소귀에 경 읽기. 다산(茶山) 정약용(鄭若鏞)의 이담속찬(耳談續簒).

牛耳誦經(우이송경) [50503042] 馬耳東風 참조. 소귀에 경 읽기.

牛鼎烹鷄(우정팽계) [50120240] 소 삶는 솥에 닭을 삶음. 큰 인재를 작은 일에 씀. <출> 후한서(後漢書) 변양전(邊讓傳). (유) 大材小用

友好條約(우호조약) [52424052] 나라와 나라 사이의 우의를 지키기 위하여 맺는 조약.

羽化登仙(우화등선) [32527052] 사람의 몸에 날개가 돋아 하늘로 올라가 신선이 됨. 진서(晋書) 허매전(許邁傳). (유) 羽化

雨後竹筍(우후죽순) [52724210] 비가 온 뒤에 여기저기 솟는 죽순. 어떤 일이 한때에 많이 생겨남.

旭日昇天(욱일승천) [12803270] 아침 해가 하늘에 떠오름.

雲泥之差(운니지차) [52323240] 구름과 진흙의 차이. 서로 간의 차이가 매우 심함. (유) 天壤之判, 天壤之差, 天壤之間, 天淵之差, 霄壤之差, 霄壤之間, 霄壤之判

雲鬢花容(운빈화용) [52007042] 傾國之色 참조. 탐스러운 귀 밑머리와 꽃 같은 얼굴이라는

뜻으로, 미인(美人)을 이르는 말. (유) 傾國之色 등

雲上氣稟(운상기품) [52727210] 속됨을 벗어난 고상한 기질과 성품.

雲心月性(운심월성) [52708052] 明鏡止水 참조. 구름 같은 마음과 달 같은 성품. 맑고 깨끗하여 욕심이 없음.

雲霓之望(운예지망) [52023252] 가뭄 때 구름과 무지개를 바람. 간절한 바람. (유) 雲霓望

雲雨之樂(운우지락) [52523262] 巫山之夢 참조. 楚나라 혜왕(惠王)이 운몽(雲夢)에 있는 고당에 갔을 때에 꿈속에서 무산(巫山)의 신녀(神女)를 만나 즐겼다는 고사에서 유래.

雲雨之情(운우지정) [52523252] 巫山之夢 참조. 楚나라 혜왕(惠王)이 운몽(雲夢)에 있는 고당에 갔을 때에 꿈속에서 무산(巫山)의 신녀(神女)를 만나 즐겼다는 고사에서 유래.

運轉免許(운전면허) [62403250] 도로에서 자동차나 오토바이 따위를 운전할 수 있는 자격.

雲中白鶴(운중백학) [52808032] 구름 속을 나는 백학. 고상한 기품을 가진 사람.

雲蒸龍變(운증용변) [52324052] 물이 증발하여 구름이 되고 뱀이 변하여 용이 되어 하늘로 오름. 영웅호걸이 기회를 얻어 일어남.

願乞終養(원걸종양) [50305052] 反哺之孝 참조. 부모가 돌아가시는 날까지 봉양하기를 원함. 지극한 효성. 진(晉)나라 사람 이밀(李密)이 쓴 진정표(陳情表).

圓孔方木(원공방목) [42407280] 方枘圓鑿(방예원조) 참조. 둥근 구멍에 모난 막대기.

遠交近攻(원교근공) [60606040] 먼 나라와 친교를 맺고 가까운 나라를 공격함. <출> 전국시대의 외교 정책으로, 사기(史記) 범저채택전(范雎蔡澤傳).

願賜骸骨(원사해골) [50301040] 늙은 재상이 벼슬을 내놓고 은퇴하기를 임금에게 청원하던 일. <출> 사기(史記) 항우본기(項羽本記) 장승상열전(張丞相列傳). (유) 乞身, 乞骸, 請老, 乞骸骨

鴛鴦衾枕(원앙금침) [10101030] 원앙을 수놓은 이불과 베개. 부부가 함께 덮는 이불과 베는 베개.

鴛鴦之契(원앙지계) [10103232] 琴瑟之樂(금실지락) 참조. 원앙의 만남. 금실이 좋은 부부의 사이.

怨入骨髓(원입골수) [40704010] 원한이 뼛속에 사무침. 몹시 원망함. <출> 사기(史記) 진본기(秦本記).

沅芷澧蘭(원지예란) [02020232] 沅水(원수)에서 나는 구리때와 澧水(예수)에서 나는 난초, 이름난 향초.

遠禍召福(원화소복) [60323052] 화를 물리치고 복을 불러들임.

越犬吠雪(월견폐설) [32400262] 井中之蛙 참조. 어리석고 세상일을 올바르게 생각하지 못하는 사람이 보통의 일을 보고도 매우 놀람. 날씨가 따뜻하여 눈이 오는 일이 드문 越나라에 눈이 오면 개가 이상히 여겨 짖는다는 데서 유래.

月滿則虧(월만즉휴) [80425002] 日月盈昃 참조. 달이 차면 반드시 이지러짐. 무슨 일이든지 성하면 반드시 쇠하게 됨.

月明星稀(월명성희) [80624232] 달이 밝으면 별빛은 희미해짐. 새로운 영웅이 나타나면 다른 군웅(群雄)의 존재가 희미해짐. 조조(曹操)의 단가행(短歌行).

月盈則食(월영즉식) [80125072] 日月盈昃 참조. 달이 차면 반드시 이지러짐. 무슨 일이든지 성하면 반드시 쇠하게 됨.

越俎代庖(월조대포) [32026210] 자신의 직분을 넘어 타인의 일을 대신하는 것. 요리사가 부엌에서 제대로 솜씨 발휘를 못한다 하여 제사 지내는 사람이 도마를 뛰어넘어 요리사를 대신할 수 없다고 한 허유(許由)의 말에서 유래. <출> . <출> 장자(莊子) 소요유(逍遙遊)편.

越俎之嫌(월조지혐) [32023230] 자기에게 주어진 직분이나 권한 따위를 넘어 부당하게 남의 일을 간섭한다는 혐의. 요리사가 부엌에서 제대로 솜씨 발휘를 못한다 하여 제사 지내는 사람이 도마를 뛰어넘어 요리사를 대신할 수 없다고 한 허유(許由)의 말에서 유래. <출> . <출> 장자(莊子) 소요유(逍遙遊)편.

刖趾適屨(월지적구) [00024000] 발꿈치를 잘라 신에 맞춘다는 뜻으로, 본말(本末)이나 주객(主客)을 뒤집음. 좋게 하려다 도리어 더 나쁘게 됨

月態花容(월태화용) [80427042] 傾國之色 참조. 달처럼 고운 자태와 꽃처럼 아름다운 얼굴.

月下老人(월하노인) [80727080] 부부의 인연을 맺어 줌. 중매를 섬. 당(唐)나라의 위고(韋固)가 달빛 아래서 글을 읽고 있던 어떤 노인을 만나 장래의 아내에 대한 예언을 들었다는 데서 유래. 태평광기(太平廣記) 정혼점(定婚店). (유) 氷人, 月老, 月下氷人

月下氷人(월하빙인) [80725080] 月下老人 참조. 氷人은 진(晋)나라 때 영고책(令孤策)이라는 사람이 얼음 밑에 있는 사람과 장시간 이야기를 주고받은 꿈을 꾼 뒤 남녀의 결혼중매를 하게 되었다는 데서 유래. 진서(晋書) 예술전(藝術傳).

位階秩序(위계질서) [50403250] 지위나 품계 등 상하 관계에서 마땅히 있어야 하는 차례와 순서.

危機一髮(위기일발) [40408040] 累卵之危 참조. 위험한 고비가 한 가닥 머리털 길이와 같이 여유가 조금도 없이 닥쳐옴.

渭樹江雲(위수강운) [12607252] 위수(渭水)의 나무와 강수(江水)의 구름. 멀리 떨어져 있는 벗이 서로 그리워함.

危如累卵(위여누란) [40423240] 累卵之危 참조. 위험하기가 계란을 쌓아놓은 듯함.

危如一髮(위여일발) [40428040] 累卵之危 참조. 위험이 한 가닥 머리털 길이와 같이 가까이 다가옴.

危如朝露(위여조로) [40426032] 累卵之危 참조. 위험이 해가 뜨면 곧 사라지는 아침 이슬처럼 가까이 다가옴.

喟然歎息(위연탄식) [00704042] 한숨을 쉬며 크게 탄식함

威而不猛(위이불맹) [40307232] 위엄이 있으나 사납지는 아니함. 공자의 인품을 나타낸 말. <출>논어(論語) 요왈(堯曰)편

爲人設官(위인설관) [42804242] 어떤 사람을 채용하기 위하여 일부러 벼슬자리를 마련함.

僞造紙幣(위조지폐) [32427030] 진짜처럼 보이게 만든 가짜 지폐. (유) 僞幣(위폐)

韋編三絶(위편삼절) [12328042] 책을 열심히 읽음. 공자가 주역을 즐겨 읽어 책의 가죽 끈이 세 번이나 끊어졌다는 데서 유래. <출> 사기(史記) 공자세가(孔子世家). (유) 三絶

危險千萬(위험천만) [40407080] 위험이 천만이나 되는 수처럼 많음, 위험하기 짝이 없음.

有口無言(유구무언) [70705060] 입은 있어도 할말은 없음. 변명할 말이 없거나 변명을 못함.

柔能勝剛(유능승강) [32526032] 柔能制剛 참조. 부드러운 것이 오히려 능히 굳센 것을 이김.

柔能制剛(유능제강) [32524232] 부드러운 것이 오히려 능히 굳센 것을 누름. <출> 노자(老子) 36장. (유) 柔能勝剛

柳綠花紅(유록화홍) [40607040] 초록빛 버들잎과 붉은 꽃. 봄의 자연 경치.

類萬不同(유만부동) [52807270] 비슷한 것이 아주 많으나 서로 같지는 아니함. 정도에 넘치거나 분수에 맞지 아니함.

有名無實(유명무실) [70725052] 내건 이름은 그럴듯하지만 알맹이가 없음.

流芳百世(유방백세) [52327072] 꽃다운 이름이 후세에 길이 전함. 진서(晋書) 환온전(桓溫傳). (유) 流芳 (상) 遺臭萬年

猶父猶子(유부유자) [32803272] 아버지와 같고 아들 같은 사람이라는 데서, 삼촌과 조카를 아울러 이름.

有斐君子(유비군자) [70024072] 학식과 인격이 훌륭한 사람.

有備無患(유비무환) [70425050] 亡羊補牢 참조. 미리 준비가 되어 있으면 걱정할 것이 없음. <출> 서경(書經) 열명편(說命篇).

有償增資(유상증자) [70324240] 新株(신주)를 발행함으로써 자금을 새로 조달하여 자본금을 늘리는 일.

流水不腐(유수불부) [52807232] 흐르는 물은 썩지 아니함. 늘 움직이는 것은 썩지 아니함.

唯我獨尊(유아독존) [30325242] 오직 나만이 존귀함. 세상에서 자기 혼자 잘났다고 뽐냄.

有鍔土器(유악토기) [70028042] 아가리가 곧게 끝나지 아니하고 목에 비하여 옆으로 튀어나온 깔때기 모양으로 된 토기.

有耶無耶(유야무야) [70305030] 있는 듯 없는 듯 흐지부지함.

酉陽雜俎(유양잡조) [30604002] 唐(당)나라의 段成式(단성식)이 지은 수필.

流言蜚語(유언비어) [52601070] 街談巷說 참조. 사실여부가 분명치 않은 사람 사이에 흐르는 소문과 날라 다니는 소문.

褎如充耳(유여충이) [00425250] 용모는 출중하지만 덕행은 그에 걸맞지 않음. 남의 의견을 들으려 하지 않음.

悠然自適(유연자적) [32707240] 悠悠自適 참조. 한가하고 여유롭게 자기 가고 싶은 데 다니며 속박 없이 편안하게 삶.

唯唯諾諾(유유낙낙) [30303232] 맞다고 하고 그렇다고 함, 명령하는 대로 순종함.

類類相從(유유상종) [52525240] 同病相憐 참조. 끼리끼리 서로 좇음.

悠悠自適(유유자적) [32327240] 한가하고 여유롭게 자기 가고 싶은 데 다니며 속박 없이 편안하게 삶. (유) 悠然自適, 安閑自適, 梅妻鶴子, 東山高臥

有人衛星(유인위성) [70804242] 사람이 탄 인공위성.

唯一無二(유일무이) [30805080] 오직 하나뿐이고 둘도 없음.

窬墻穿穴(유장천혈) [00301032] 담에 구멍을 뚫는다는 뜻으로, 財物(재물)이나 여자에게 탐심을 가지고 몰래 남의 집에 들어감 (유) 窬墻鑽穴

窬牆穿穴(유장천혈) [00021032] 담에 구멍을 뚫음. 재물이나 여자를 탐내어 남의 집에 몰래 들어감.

有靦面目(유전면목) [70007060] 부끄럽거나 무안한 마음이 얼굴에 나타남, 또는 그 얼굴

遺傳因子(유전인자) [40525072] 생물체의 개개의 유전 형질을 발현시키는 원인이 되는 낱낱의 요소나 물질.

愈出愈怪(유출유괴) [30703032] 갈수록 더 괴상함. 愈~愈는 '~하면 할수록 더욱 더'의 뜻을 지님, 예로 愈往愈甚은 '갈수록 더 심함'의 뜻이 됨.

遺臭萬年(유취만년) [40308080] 더러운 이름을 후세에 오래도록 남김. (상) 流芳百世

兪扁之術(유편지술) [12123262] 明나라의 兪跗(유부)와 扁鵲(편작)의 의술, 이름난 의사의 훌륭한 치료법.

遊必有方(유필유방) [40527072] 집을 떠나 있을 때(遊)는 부모가 걱정하시지 않도록 반드시 있는 곳을 알려야 함. 父母在 不遠遊 遊必有方이라 한 공자의 말씀에서 유래. <출> 논어(論語) 이인(里仁) 편.

有閑階級(유한계급) [70404060] 생산 활동에 종사하지 아니하면서 소유한 재산으로 소비만 하는 계급.

六韜三略(육도삼략) [80028040] 중국의 오래된 兵書(병서)인 六韜(육도)와 三略(삼략)을 아울러 이르는 말. (유) 韜略

肉山脯林(육산포림) [42801070] 酒池肉林 참조. 고기가 산을 이루고 포(脯)가 숲을 이룸. 몹시 사치스러운 잔치.

六十甲子(육십갑자) [80804072] 甲乙丙丁戊己庚辛壬癸 10개의 天干(천간)과)와 子丑寅卯辰巳午未申酉戌亥 12개의 地支(지지)를 순차로 배합하여 甲子, 乙丑 부터 壬戌, 癸亥까지 60 가지로 늘어놓은 것.

六尺之孤(육척지고) [80323240] 周나라의 1尺은 二歲半에 해당함. 그러므로 6尺은 15세를 의미. 15세의 고아. 나이가 젊은 후계자.

允文允武(윤문윤무) [12701242] 天子(천자)가 文武(문무)의 덕을 겸비하고 있음을 이르는 말.

輪廻無常(윤회무상) [40205042] 인생은 수레바퀴가 끊임없이 구르는 것과 같이 돌고 돌며 덧없음.

殷鑑不遠(은감불원) [12327260] 覆車之戒 참조. 다른 사람의 실패를 자신의 거울로 삼음. 殷나라의 거울은 멀지 아니한 前代의 夏나라에 있다는 것으로, 夏나라가 멸망한 것을 교훈으로 삼아 정치를 잘해야 한다는 뜻. <출> 시경(詩經) 대아(大雅) 편의 탕시(湯詩) (유) 覆車之戒

隱居放言(은거방언) [40406260] 은거하여 살면서 마음속에 품고 있는 생각을 털어놓음. <출> 논어(論語) 미자(微子) 편.

隱忍自重(은인자중) [40327270] 마음속에 감추어 참고 견디면서 몸가짐을 신중하게 행동함. (상) 輕擧妄動

銀燭煒煌(은촉위황) [60300010] 은촛대의 촛불은 빛나서 휘황찬란(輝煌燦爛)함 <출> 千字文

乙卯倭亂(을묘왜란) [32301240] 을묘년(조선 명종 10년 1555년)에 전라남도 해남군에 있는 達梁浦(달량포)에 倭人(왜인)이 배 60여 척을 끌고 쳐들어와 난리를 일으킨 사건.

乙丑甲子(을축갑자) [32304072] 육십갑자에서 갑자 다음에 을축이 아니 오고 을축이 먼저 왔다는 뜻. 무슨 일이 제대로 되지 아니함, 순서가 뒤바뀜.

陰德陽報(음덕양보) [42526042] 남이 모르게 덕행을 쌓은 사람은 뒤에 그 보답을 받게 됨.

飮水思源(음수사원) [62805040] 물을 마실 때는 그 물의 근원을 생각함. 근본을 잊지 않음. 유자산집(庾子山集) 제7권의 징주곡(徵周曲).

陰陽五行(음양오행) [42608060] 음양과 오행을 아울러 이름.

吟遊詩人(음유시인) [30404280] 중세 구라파에서 여러 지방을 떠돌아다니면서 시를 읊었던 시인.

吟風弄月(음풍농월) [30623280] 맑은 바람과 밝은 달을 대상으로 시를 지어 읊고 흥취를 자아내며 즐겁게 놂. (유) 吟風咏月

吟風咏月(음풍영월) [30620080] 吟風弄月 참조. 맑은 바람과 밝은 달을 대상으로 시를 지어 읊고 흥취를 자아내며 즐겁게 놂.

泣斬馬謖(읍참마속) [30205002] 큰 목적을 위하여 자기가 아끼는 사람을 버림. 蜀나라 諸葛亮이 군령을 어기어 가정(街亭) 싸움에서 패한 마속을 눈물을 머금고 참형에 처하였다는 데서 유래. <출> 삼국지(三國志) 마속전(馬謖傳).

應口輒對(응구첩대) [42700262] 묻는 대로 바로 거침없이 대답함.

衣架飯囊(의가반낭) [60323210] 酒袋飯囊 참조. 옷걸이와 밥주머니. 아무 쓸모없는 사람.

衣結屨穿(의결구천) [60520010] 옷은 헤어져 꿰매고 신은 낡아 구멍이 뚫어짐. 몹시 가난함을 이름.

衣錦絅衣(의금경의) [60320260] 衣錦褧衣 참조. 비단 옷을 입고 그 위에 안을 대지 않은 홑옷을 또 입음.

衣錦褧衣(의금경의) [60320060] 비단 옷을 입고 그 위에 안을 대지 않은 홑옷을 또 입음. 군자가 미덕을 갖추고 있으나 이를 자랑하지 않음. (유) 衣錦絅衣

衣錦歸鄕(의금귀향) [60324042] 錦衣還鄕 참조. 비단옷 입고 고향에 돌아감.

衣錦夜行(의금야행) [60326060] 錦衣夜行 참조. 비단옷 입고 밤에 다님.

衣錦之榮(의금지영) [60323242] 錦衣還鄕 참조. 비단옷을 입은 영예.

意氣揚揚(의기양양) [62723232] 得意洋洋 참조. 뜻한 바를 펼치려는 기운이 호응을 얻어 만족한 빛이 얼굴과 행동에 나타남. 안자춘추(晏子春秋) 내편잡상제오(內篇雜上第五).

意氣投合(의기투합) [62724060] 마음이나 뜻이 서로 맞음.

倚閭而望(의려이망) [02103052] 倚門倚閭 참조. 마을 어귀에 세운 문에 기대어 바라봄.

倚閭之望(의려지망) [02103252] 倚門倚閭 참조. 마을 어귀에 세운 문에 기대어 바라봄.

意馬心猿(의마심원) [62507010] 생각은 말처럼 달리고 마음은 원숭이처럼 설렘. 사람의 마음이 세속의 번뇌와 욕정 때문에 항상 어지러움.

倚馬之才(의마지재) [02503262] 七步之才 참조. 말에 의지하여 기다리는 동안에 긴 문장을 지어 내는 글재주. 글을 빨리 잘 짓는 재주.

倚門倚閭(의문의려) [02800210] 문간에 기대어 기다리고 마을 어귀에 세운 문에 기대어 기다림. 자녀가 돌아오기를 기다리는 부모의 간절한 마음. <출> 전국책(戰國策) 제책(齊策). (유) 倚門之望, 倚門而望, 倚閭之望, 倚閭而望, 倚門, 倚閭

倚門而望(의문이망) [02803052] 倚門倚閭 참조. 문간에 기대어 바라봄.

倚門之望(의문지망) [02803252] 倚門倚閭 참조. 문간에 기대어 바라봄.

依願免職(의원면직) [40503242] 본인의 청원에 의하여 직위를 해면함.

伊霍之事(이곽지사) [12003272] 나라를 위하여 왕을 내쫓거나 맞아들이는 일. 은나라의 이윤이 태갑(太甲)을 내쫓고, 전한의 곽광이 효선제(孝宣帝)를 옹립한 네에서 유래.

異口同聲(이구동성) [40707042] 입은 다르나 목소리는 같음. 여러 사람의 말이 한결같음. (유) 異口同音, 如出一口

異口同音(이구동음) [40707062] 異口同聲 참조. 입은 다르나 목소리는 같음.

離群索居(이군삭거) [40403240] 벗들의 곁을 떠나 홀로 쓸쓸하게 지냄.

利己主義(이기주의) [62527042] 자기 자신의 이익만을 꾀하고, 사회 일반의 이익은 염두에 두지 않으려는 태도.

以德報怨(이덕보원) [52524240] 덕으로써 원수에 보답함. 원수에게 은덕을 베풂.

以毒制毒(이독제독) [52424242] 다른 독을 써서 독을 없앰. 惡人(악인)을 물리치는 데 다른 악인을 이용함을 이르는 말.

以頭搶地(이두창지) [52600070] 머리를 땅에 대고 비빈다는 뜻으로, 무엇을 호소하거나 잘못을 뉘우쳐 용서를 구함

鯉登龍門(이등용문) [02704080] 어려운 관문을 통과하여 크게 출세하게 됨. 잉어가 황하

(黃河) 강 상류의 급류를 이룬 곳인 용문을 오르면 용이 된다는 전설에서 유래. <출> 후한서(後漢書) 卷六十七 黨錮列傳第五十七 이응전(李膺傳), 辛氏三秦記, 唐나라 李白의 시 증최시랑(贈崔侍郎). (유) 登龍門

以卵擊石(이란격석) [52404060] 달걀로 돌을 침. 아주 약한 것으로 강한 것에 대항하려는 어리석음. . <출> 묵자(墨子) 귀의(貴義)편. (유) 以卵投石

以卵投石(이란투석) [52404060] 以卵擊石 참조. 달걀로 돌치기.

以蠡測海(이려측해) [52004272] 변변치 않은 작은 물건으로 큰 바다를 헤아린다는 뜻으로, 생각이 깊지 못함을 이름

以貌取人(이모취인) [52324280] 능력보다 겉모습을 보고 사람을 뽑음.

耳目口鼻(이목구비) [50607050] 눈, 코, 입, 귀를 아울러 이름, 눈, 코, 입, 귀를 중심으로 한 얼굴의 생김새.

異腹兄弟(이복형제) [40328080] 배다른 형제, 아버지는 같고 어머니는 다른 형제.

以鼠爲璞(이서위박) [52104202] 쥐를 가지고 옥돌이라 함, 아무 쓸모없는 것을 보물로 여김.

以石投水(이석투수) [52604080] 하기 쉬운 말의 비유. 또는 충고하는 말을 잘 받아들임.

二姓之樂(이성지락) [80723262] 琴瑟之樂 참조. 남성과 여성의 즐거움.

二姓之合(이성지합) [80723260] 성이 다른 남자와 여자가 혼인하는 일.

耳視目聽(이시목청) [50426040] 소문을 듣고 직접 본 듯 상황을 알아차리고(耳視), 표정을 보고 직접 설명을 들은 듯 상황을 알아차림(目聽). 사람의 눈치가 매우 빠름. . <출> 열자(列子) 중니(仲尼)편.

以食爲天(이식위천) [52724270] 백성들은 먹을거리를 하느님 삼음. 사람이 살아가는 데 먹는 것이 가장 중요함. <출> 사기(史記) 역생육가열전(酈生陸賈列傳).

以實告之(이실고지) [52525232] 以實直告 참조. 사실을 아룀.

以實直告(이실직고) [52527252] 사실 그대로 고함. (유) 陳供, 實陣無諱, 以實告之, 從實直告

以心傳心(이심전심) [52705270] 마음과 마음으로 서로 뜻이 통함. 석가가 제자인 가섭(迦葉)에게 말이나 글이 아니라 以心傳心의 방법으로 불교의 진수(眞髓)를 전했다는 데서 유래. 전등록(傳燈錄). (유) 心心相印, 拈華微笑, 拈華示衆

二十四時(이십사시) [80808072] 하루를 스물넷으로 나누어 각각 이십사방위의 이름을 붙여 이르는 스물네 시.

以熱治熱(이열치열) [52504250] 열로써 열을 다스림.

已往之事(이왕지사) [32423272] 이미 지나간 일.

利用厚生(이용후생) [62624080] 기구를 편리하게 쓰고 먹을 것과 입을 것을 넉넉하게 하여, 국민의 생활을 나아지게 함. <출> 상서(尙書) 우서(虞書)의 대우모(大禹謨). (유) 經世致用

易輶攸畏(이유유외) [40000230] 말을 쉽고 가볍게 하는 것은 군자(君子)가 두려워하는 바임 <출> 千字文

二律背反(이율배반) [80424262] 두 가지 규칙이 서로 등 돌리고 반대됨. 상호모순으로 양립할 수 없는 두 개의 명제. 칸트에 의하여 널리 쓰이게 된 용어로 안티노미(antinomy)의 번역어.

以夷制夷(이이제이) [52304230] 오랑캐로 오랑캐를 무찌름, 한 세력을 이용하여 다른 세력을 제어함.

二人三脚(이인삼각) [80808032] 두 사람이 나란히 서서 서로 맞닿은 쪽의 발목을 묶어 세 발처럼 하여 함께 뛰는 경기.

以人爲感(이인위감) [52804260] 남의 옳고 그름을 본보기로 삼음.

以一警百(이일경백) [52804270] 一罰百戒 참조. 한명을 벌하여 백명을 경계하게 함.

以逸待勞(이일대로) [52326052] 편안히 쉰 군대가 멀리서 오느라 피곤한 적군을 기다림.

以長補短(이장보단) [52803262] 남의 장점을 거울 삼아 내 단점을 보완함.

泥田鬪狗(이전투구) [32424030] 진흙탕에서 싸우는 개, 자기의 이익을 위하여 비열하게 다툼, 강인한 성격의 함경도 사람을 이르는 말로도 씀.

頤指氣使(이지기사) [00427260] 말 대신 살짝 뜻만 보여 다른 사람 스스로 알게 한다는 뜻으로, 사람을 마음대로 부림을 이르는 말

以指測海(이지측해) [52424272] 손가락을 가지고 바다의 깊이를 잼. 자기 역량을 모르는 어리석음.

二八靑春(이팔청춘) [80808070] 16세 무렵의 꽃다운 청춘, 혈기 왕성한 젊은 시절.

離合集散(이합집산) [40606240] 헤어지고, 합치고, 모이고, 흩어짐. 2002년 올해의 사자성어

利害得失(이해득실) [62524260] 이로움과 해로움과 얻음과 잃음을 아울러 이르는 말.

利害相半(이해상반) [62525262] 이익과 손해가 반반씩임.

利害打算(이해타산) [62525070] 이해관계를 이모저모 모두 따져 보는 일.

以血洗血(이혈세혈) [52425242] 피를 피로 씻음. 악을 악으로 갚거나 서툽 나쁜 짓을 함.

以火救火(이화구화) [52805080] 불로써 불을 끄려함. 일을 처리함에 있어서 오히려 사태를 더욱 악화시킴. <출> . <출> 장자(莊子) 인간세(人間世).

匿名批評(익명비평) [10724040] 글쓴이가 자기 이름을 감추고 비평함.

益者三友(익자삼우) [42608052] 사귀어서 자기에게 도움이 되는 세 가지의 벗. 심성이 곧은 사람, 믿음직한 사람, 문견이 많은 사람. <출> 논어(論語) 계씨(季氏) 편. (유) 三益友 (상) 損者三友

引繼引受(인계인수) [42404242] 넘겨주고 물려받음.

因果報應(인과보응) [50624242] 種豆得豆 참조. 원인과 결과가 서로 호응하여 그대로 갚음.

因果應報(인과응보) [50624242] 種豆得豆 참조. 원인과 결과가 서로 호응하여 그대로 갚음. 전생에 지은 선악에 따라 현재의 행과 불행이 있음. 현세에서의 선악의 결과에 따라 내세에서 행과 불행이 있

음.

人琴俱亡(인금구망) [80323050] 사람의 죽음을 몹시 슬퍼함. 진(晋)나라의 왕헌지(王獻之)가 죽자 그가 쓰던 거문고도 소리를 내지 않았다는 데서 유래. <출> 세설신어(世說新語) 상서(傷逝)편. (유) 人琴幷絶, 人琴之歎

人琴幷絶(인금병절) [80320242] 人琴俱亡 참조. 사람과 거문고 소리가 함께 끊어짐.

人琴之歎(인금지탄) [80323240] 人琴俱亡 참조. 사람과 거문고의 탄식.

人飢己飢(인기기기) [80305230] 己飢己溺 참조. 남의 굶주림을 자기의 굶주림으로 여김.

人溺己溺(인닉기닉) [80205220] 己飢己溺 참조. 남이 물에 빠지면 자기가 물에 빠진 듯이 여김.

印度支那(인도지나) [42604230] '인도차이나'의 음역어.

人面獸心(인면수심) [80703270] 사람의 얼굴을 하고 있으나 마음은 짐승과 같음. 마음이나 행동이 몹시 흉악함. <출> 한서(漢書) 흉노전(匈奴傳).

人名在天(인명재천) [80726070] 사람의 목숨은 하늘에 달려 있음.

人命在天(인명재천) [80706070] 사람의 목숨은 하늘에 달려있음.

人事不省(인사불성) [80727262] 사람으로서의 예절을 차릴 줄 모름, 제 몸에 벌어지는 일을 모를 만큼 정신을 잃은 상태.

人死留名(인사유명) [80604272] 사람은 죽어서 이름을 남김. 사람의 삶이 헛되지 아니하면 그 이름이 길이 남음. (유) 豹死留皮, 虎死留皮

人山人海(인산인해) [80808072] 사람이 산을 이루고 바다를 이룸, 사람이 수없이 많이 모인 상태를 이름.

人相着衣(인상착의) [80525260] 사람의 생김새와 입고 있는 옷.

人生無常(인생무상) [80805042] 生者必滅 참조. 사람의 삶은 덧없음.

人生三樂(인생삼락) [80808062] 인생의 세 가지 즐거움. 사람으로 태어난 것, 사내로 태어난 것, 장수하는 것.

人生朝露(인생조로) [80806032] 生者必滅 참조. 인생은 아침 이슬과 같이 덧없음.

因數分解(인수분해) [50706242] 정수 또는 정식을 몇 개의 간단한 인수의 곱의 꼴로 바꾸어 나타내는 일.

因循姑息(인순고식) [50303242] 낡은 관습이나 폐단을 그대로 따르고, 잠시 숨을 쉬는 데 그치듯 멀리 보지 못하고 당장의 편안함만을 도모함.

引繩批根(인승비근) [42124060] 새끼줄을 걸어서 잡아당겨 뿌리째 뽑아 버림, 둘이서 새끼를 꼬는 것처럼 힘을 합하여 남을 배척하고 그와 사귀지 않도록 함 (유) 引繩排根

人身攻擊(인신공격) [80624040] 남의 신상에 관한 일을 들어 비난함.

人心難測(인심난측) [80704242] 사람의 마음은 헤아리기 어려움.

因噎廢食(인열폐식) [50003272] 목이 메어 음식을 먹지 않는다는 뜻으로, 작은 어려움을 두려워하여 나머지 큰 일을 그만둠 .

人爲淘汰(인위도태) [80421010] 생물집단에서 좋은 것, 우성인 것만 살아남도록 인위적으로 만듦. 품종 개량에서 특수한 형질을 지닌 것만을 가려서 교배함. (유) 人爲選擇, 人工選擇, 人工淘汰 (상) 自然淘汰, 自然選擇

人爲選擇(인위선택) [80425040] 人爲淘汰 참조. 좋은 것, 우성인 것만 살아남도록 인위적으로 만듦.

因人成事(인인성사) [50806272] 어떤 일을 자기 혼자의 힘으로 이루지 못하고 남의 힘을 얻어 이룸.

仁者無敵(인자무적) [40605042] 어진 사람은 모든 사람이 사랑하므로 세상에 적이 없음.

仁者不憂(인자불우) [40607232] 어진 사람은 분수를 지키어 걱정이 없음.

人之常情(인지상정) [80324252] 사람이면 누구나 가지는 보통의 마음.

人海戰術(인해전술) [80726262] 우수한 화기보다 다수의 병력을 투입하여 적을 압도하는 전술.

一家親戚(일가친척) [80726032] 일가와 친족, 외척, 인척의 모든 겨레붙이.

一刻三秋(일각삼추) [80408070] 一日三秋 참조. 일각(15분, 아주 짧은 시간)이 삼 년 같음.

一刻千金(일각천금) [80407080] 일각(15분, 아주 짧은 시간)이라도 천금과 같이 귀중함. 소식(蘇軾)의 시 춘소(春宵).

一間斗屋(일간두옥) [80724250] 한 칸밖에 안 되는 한 말들이 말만한 작은 집.

一擧兩得(일거양득) [80504242] 한 가지 일을 하여 두 가지 이익을 얻음. <출> 전국책(戰國策) 진책(秦策). (유) 兩得, 一擧二得, 一石二鳥, 一箭雙鵰 , 一擧兩取, 一擧兩實 (상) 一擧兩失

一擧兩失(일거양실) [80504260] 一擧兩得 참조. 한 가지 일을 하여 다른 두 가지 일을 잃음.

一擧兩實(일거양실) [80504252] 一擧兩得 참조. 한 번 손을 들어 두개의 열매를 땀. <출> 사기(史記) 장의열전(張儀列傳).

一擧兩取(일거양취) [80504242] 一擧兩得 참조. 한 번 손을 들어 두 가지를 취함. <출> 전국책(戰國策) 조책(趙策).

一擧二得(일거이득) [80508042] 一擧兩得 참조. 한 가지 일을 하여 두 가지 이익을 얻음.

一擧一動(일거일동) [80508072] 하나하나의 동작이나 움직임.

日久月深(일구월심) [80328042] 날이 오래고 달이 깊어 감. 세월이 흐를수록 더함.

一口二言(일구이언) [80708060] 한 입으로 두 말을 함, 한 가지 일에 대하여 말을 이랬다 저랬다 함을 이름.

一裘一葛(일구일갈) [80008020] 한 장의 갖옷과 한 장의 베옷. 매우 가난한 살림을 이름. (유) 衣結屨穿

一丘之貉(일구지학) [80323200] 한 언덕에 사는 담비. 구별하기 어려운 같은 종류의 무리. <출> 한서(漢書) 양운(楊惲)전.

一國三公(일국삼공) [80808062] 한 나라에 세 임금. 많은 사람들이 저마다 구구한 의견을 제시함을 비유한 말. <출> 춘추좌씨전(春秋左氏傳) 희공(僖公) 5년조.

一饋十起(일궤십기) [80028042] 일이 매우 바쁘거나 일에 열중함. 夏나라의 禹왕이 한 끼의 밥을 먹는 도중에 열 번이나 일어나 찾아온 사람을 맞이했다는 데서 유래. 회남자(淮南子) 범론훈(氾論訓).

一氣呵成(일기가성) [80721062] 일을 단숨에 매끄럽게 해낸다는 의미로, 좋은 기회가 주어졌을 때 미루지 않고 이뤄내야 한다는 뜻. <출> 호응린(胡應麟)의 시수(詩藪)

日氣槪況(일기개황) [80723240] 어떤 지역의 기상 상황의 흐름을 대체적으로 종합한 것.

一騎當千(일기당천) [80325270] 한 사람의 기병이 천 사람을 당함, 싸우는 능력이 아주 뛰어남을 이름. (유) 一人當千

一短一長(일단일장) [80628080] 一長一短 참조. 단점도 한 가지 장점도 한 가지.

一簞一瓢(일단일표) [80108002] 簞食瓢飮 참조. 대나무 도시락에 담긴 밥 한 그릇과 표주박에 담긴 물 한 그릇.

一黨獨裁(일당독재) [80425232] 하나의 정당이 국가 권력을 장악, 그 권력을 독단적으로 행사하는 일.

一刀兩斷(일도양단) [80324242] 한 칼에 두 도막을 냄. 어떤 일을 머뭇거리지 아니하고 선뜻 결정함. (유) 一刀割斷

一刀割斷(일도할단) [80323242] 一刀兩斷 참조. 한 칼에 쪼개어 도막을 냄.

一覽輒記(일람첩기) [80400272] 한 번 보면 다 기억함, 총명하고 기억력이 좋음.

一連番號(일련번호) [80426060] 일률적으로 연속되어 있는 번호.

一蓮托生(일련탁생) [80323080] 죽은 뒤에도 함께 극락정토에서 같은 연꽃 위에 왕생함. 어떤 일의 선악이나 결과에 대한 예견에 관계없이 끝까지 행동과 운명을 함께 함.

一勞永逸(일로영일) [80526032] 지금의 노고를 통해 오랫동안 안락을 누림.

一律千篇(일률천편) [80427040] 千篇一律 참조. 한 가지 규칙 내지는 특성이 모든 글에 똑같이 나타나 특성이 없음.

一望無涯(일망무애) [80525030] 한눈에 바라볼 수 없을 정도로 아득하게 멀고 넓어서 끝이 없음.

一望無際(일망무제) [80525042] 한눈에 바라볼 수 없을 정도로 아득하게 멀고 넓어서 끝이 없음.

一網打盡(일망타진) [80205040] 한 번 그물을 쳐서 고기를 다 잡음. 어떤 무리를 한꺼번에 모조리 다 잡음. 송사(宋史) 범순인전(范純仁傳). (유) 網打

一脈相通(일맥상통) [80425260] 하나의 맥락으로 서로 통함, 상태나 성질 따위가 서로 통하거나 비슷해짐.

一鳴驚人(일명경인) [80404080] 三年不飛 참조. 한번 시작하면 사람을 놀랠 정도의 대사업을 이룩함. <출> 춘추전국시대의 제나라 순우곤(淳于髡)이 새를 통하여 위왕(威王)에게 諫한 데서 유래. <출> 사기(史記) 골계(滑稽)열전.

日暮途窮(일모도궁) [80303240] 日暮途遠 참조. 날은 저물고 갈 길은 막혀 있음. (유) 日暮途遠

日暮途遠(일모도원) [80303260] 날은 저물고 갈 길은 멂. 늙고 쇠약하나 앞으로 해야 할 일은 많음. <출> 사기(史記) 오자서열전(伍子胥列傳). (유) 日暮途窮

一木難支(일목난지) [80804242] 큰 집이 무너지는 것을 나무 기둥 하나로 떠받치지 못함. 이미 기울어지는 대세를 혼자서는 감당할 수 없음. <출> 세설신어(世說新語) 임탄편(任誕篇). (유) 一柱難支

一無消息(일무소식) [80506242] 咸興差使 참조. 전혀 소식이 없음.

一文不知(일문부지) [80707252] 目不識丁 참조. 한 글자도 알지 못함.

一文不通(일문불통) [80707260] 目不識丁 참조. 한 글자에도 통하지 못함.

一問一答(일문일답) [80708072] 한 번 물음에 대하여 한 번 대답함.

一飯千金(일반천금) [80327080] 조그만 은혜에 크게 보답함. 漢나라의 韓信이 빨래하는 노파에게서 한 끼의 밥을 얻어먹고 뒤에 천금으로 사례하였다는 데서 유래. <출> 사기(史記) 회음후(淮陰侯)열전.

一髮千鈞(일발천균) [80407002] 한 가닥의 머리털로 천균(만근)이나 되는 무거운 물건을 매어 끎. 매우 위태로운 일. <출> 한서(漢書) 매승(枚乘)전. (유) 一髮引千鈞

一發必中(일발필중) [80625280] 百發百中 참조. 한 번 쏘아 반드시 맞춤.

一罰百戒(일벌백계) [80427040] 한 사람을 벌주어 백 사람을 경계함. 다른 사람들에게 경각심을 불러일으키기 위하여 본보기로 한 사람에게 엄한 처벌을 하는 일. (유) 以一警百, 懲一勵百

一夫多妻(일부다처) [80706032] 한 남편에게 동시에 여러 아내가 있음.

一夫從事(일부종사) [80704072] 한 남편만을 섬김

一傅衆咻(일부중휴) [80124200] 스승 한 명에 떠드는 무리는 많음. 학습 환경이 좋지 않고 방해가 많음. 일에 성과가 없음. <출> 맹자(孟子) 등문공하(滕文公下)편.

一悲一喜(일비일희) [80428040] 한편으로는 슬퍼하고 한편으로는 기뻐함. (유) 一喜一悲

一絲不亂(일사불란) [80407240] 한 오리 실도 엉키지 아니함, 질서가 정연하여 조금도 흐트러지지 아니함을 이름.

一瀉千里(일사천리) [80107070] 강물이 빨리 흘러 천 리를 감. 어떤 일이 거침없이 빨리 진행됨. (유) 九天直下

一石二鳥(일석이조) [80608042] 一擧兩得 참조. 돌 한 개를 던져 새 두 마리를 잡음. 동시에 두 가지 이득을 봄.

一世之雄(일세지웅) [80723250] 그 시대의 가장 뛰어난 인물 (유) 一時之傑

一樹百穫(일수백확) [80607030] 나무 한 그루를 심어서 백 가지의 이익을 봄. 유능한 인재 하나를 길러 여러 가지 효과를 얻음.

一心不亂(일심불란) [80707240] 마음을 한 가지 일에 기울여 다른 것에 주의를 돌리지 않

음 <출> 아미타경(阿彌陀經)

一心專力(일심전력) [80704072] 한마음으로 한 곳에만 온 힘을 다함.

一魚濁水(일어탁수) [80503080] 한 마리의 물고기가 물을 흐림. 한 사람의 잘못으로 여러 사람이 피해를 입게 됨.

一言半句(일언반구) [80606242] 한 마디 말과 반 구절, 아주 짧은 말

一言半辭(일언반사) [80606240] 단 한 마디의 말이라는 뜻으로, 아주 짧은 말 <출> 사기(史記) (유) 一言半句

一言之下(일언지하) [80603272] 한 마디로 잘라 말함. 또는 두말할 나위 없음.

一言千金(일언천금) [80607080] 한마니의 말이 천금의 가치가 있음

一言蔽之(일언폐지) [80603032] 한 마디 말로 능히 그 뜻을 다함 <출> 논어(論語) '一言以蔽之'

一葉小船(일엽소선) [80508050] 一葉片舟 참조. 물위에 떠있는 잎사귀 하나처럼 작은 배.

一葉障目(일엽장목) [80504260] 잎사귀 하나로 눈을 가림. 부분적이고 일시적인 현상에 미혹되어 전반적이고 근본적인 문제를 깨닫지 못함. 갈천자(鶡冠子) 천칙(天則)편.

一葉知秋(일엽지추) [80505270] 하나의 나뭇잎을 보고 가을이 옴을 앎. 조그마한 일을 가지고 장차 올 일을 미리 짐작함. 회남자(淮南子) 설산훈편(說山訓篇).

一葉片舟(일엽편주) [80503230] 한 척의 쪽배. (유) 一葉舟, 一葉小船

日月盈昃(일월영측) [80801200] 해와 달도 차면 기욺. 모든 일은 홍성함이 있으면 쇠퇴함이 뒤따름 <출> 千字文 (유) 盈昃, 花無十日紅, 月盈則食, 月滿則虧, 盛者必衰

一飮一啄(일음일탁) [80628002] 조금씩 마시고 조금씩 먹음, 사람이 그 분수를 지키며 다른 것을 탐내지 아니하고 사는 모습.

一衣帶水(일의대수) [80604280] 한 옷의 띠로 잴 수 있을 만큼 한 줄기 좁은 강물이나 바닷물. 겨우 냇물 하나를 사이에 둔 가까운 이웃. (유) 指呼之間, 指呼間, 咫尺

一以貫之(일이관지) [80523232] 하나의 방법이나 태도로써 처음부터 끝까지 한결같음. <출> 논어(論語) 이인편(里仁篇). (유) 一貫

一人當千(일인당천) [80805270] 한 사람이 천 명의 적을 당해 냄 <출> 北齊書(북제서) (유) 一騎當千

一日三秋(일일삼추) [80808070] 하루가 삼 년 같음. 몹시 애태우며 기다림. <출> 시경(詩經) 왕풍(王風)의 시 채갈(采葛). (유) 一刻三秋, 一刻如三秋, 一日如三秋

一日之雅(일일지아) [80803232] 잠깐 동안의 사귐(교제). 사귐이 얕음. 아(雅)는 평소(平素)의 교제를 나타냄

一日之長(일일지장) [80803280] 하루 먼저 세상에 태어남. 나이가 조금 위임. 조금 나음 또는 그런 선배.

一日千里(일일천리) [80807070] 하루에 천 리를 달림. 말이 매우 빨리 달림. 발전하는 속도가 빠름. 물의 흐름이 빠름. <출> 후한서(後漢書) 왕윤(王允)전.
一字無識(일자무식) [80705052] 目不識丁 참조. 한 글자도 알지 못함.
一字百金(일자백금) [80707080] 一字千金 참조. 글자 하나의 값이 백금의 가치가 있음.
一字不識(일자불식) [80707252] 目不識丁 참조. 한 글자도 알지 못함.
一字千金(일자천금) [80707080] 글자 하나의 값이 천금의 가치가 있음. 글씨나 문장이 아주 훌륭함. 진(秦)나라의 여불위(呂不韋)가 식객들을 동원해 백과사전격인 여씨춘추(呂氏春秋)를 완성하고, 이 책에 대한 강한 자부심의 표현으로, 수도인 함양(咸陽) 성문에 걸어놓고, 누구든지 한 글자라도 더하거나 뺀다면 천금을 주겠다(有能增省一字者予千金)고 한 데서 유래. <출> 사기(史記) 여불위전(呂不韋傳). (유) 一字百金
一長一短(일장일단) [80808062] 일면의 장점과 다른 일면의 단점을 통틀어 이름. (유) 一短一長
一場春夢(일장춘몽) [80727032] 南柯一夢 참조. 한바탕의 봄꿈. 헛된 영화나 덧없는 일. 一炊之夢
一場風波(일장풍파) [80726242] 한바탕의 심한 야단. 싸움
一齊射擊(일제사격) [80324040] 여럿이 한꺼번에 총포를 쏘는 일.
一朝一夕(일조일석) [80608070] 하루 아침과 하루 저녁이란 뜻으로, 짧은 시일을 이르는 말.
一柱難支(일주난지) [80324242] 一木難支 참조. 기둥 하나로는 버티기 어려움.
一知半解(일지반해) [80526242] 하나쯤 알고 반쯤 깨달음이라는 뜻으로, 지식이 적음 <출> 滄浪詩話(창랑시화)
一陣狂風(일진광풍) [80403262] 한바탕 몰아치는 사나운 바람
日進月步(일진월보) [80428042] 刮目相對 참조. 날마다 앞서가고 달마다 앞으로 걸어감.
一進一退(일진일퇴) [80428042] 한 번 나아감과 한 번 물러섬 <출> 荀子(순자)
一觸卽發(일촉즉발) [80323262] 한 번 건드리면 바로 폭발함. 몹시 위급한 상태.
一寸光陰(일촌광음) [80806242] 매우 짧은 동안의 시간.
日就月將(일취월장) [80408042] 刮目相對 참조. 날마다 자라고 달마다 발전함.
一炊之夢(일취지몽) [80203232] 邯鄲之夢 참조. 밥 한 끼 지을 동안의 꿈.
日昃之勞(일측지로) [80003252] 점심을 거르고 해가 기울도록 하는 노력.
一致團結(일치단결) [80505252] 여럿이 마음을 합쳐 한 덩어리로 굳게 뭉침.
一波萬波(일파만파) [80428042] 하나의 물결이 연쇄적으로 많은 물결을 일으킨다는 뜻으로, 한 사건이 그 사건에 그치지 아니하고 잇따라 많은 사건으로 번짐을 이름.
一敗塗地(일패도지) [80503070] 싸움에 한 번 패하여 간과 뇌가 땅바닥에 으깨어짐. 여지없이 패하여 다시 일어날 수 없게 되는 지경에 이름. 漢

고조 劉邦의 말. <출> 사기(史記) 고조본기(高祖本紀).

一片丹心(일편단심) [80323270] 한 조각의 붉은 마음. 진심에서 우러나오는 변치 아니하는 마음.

一曝十寒(일폭십한) [80108050] 十寒一曝 참조. 하루 볕 쬐고 십일 동안 추움.

一筆揮之(일필휘지) [80524032] 글씨를 단숨에 죽 내리 씀.

一攫千金(일확천금) [80027080] 단번에 천금을 움켜쥠. 힘들이지 아니하고 단번에 많은재물을 얻음.

一喜一悲(일희일비) [80408042] 한편으로는 기뻐하고 한편으로는 슬퍼함, 기쁨과 슬픔이 번갈아 일어남.

臨渴掘井(임갈굴정) [32302032] 목이 말라야 우물을 팜, 준비 없이 있다가 일을 당하여 허둥지둥 서두름.

臨機應變(임기응변) [32404252] 그때그때 처한 사태에 맞추어 즉각 그 자리에서 결정하거나 처리함. (유) 應變, 臨時應變, 隨機應變, 隨機, 隨時應變

臨農奪耕(임농탈경) [32723232] 농사지을 시기에 이르러 경작자를 바꿈. 남이 이미 다 마련하여 놓은 것을 가로챔.

臨時防牌(임시방패) [32724210] 姑息之計 참조. 무너진 성벽을 급한 대로 우선 방패로 막음.

臨時方便(임시방편) [32727270] 姑息之計 참조. 그때그때 처한 상황에 맞추어 우선 급하게 내놓은 방법.

臨時排布(임시배포) [32723242] 姑息之計 참조. 그때그때 처한 상황에 맞추어 우선 급하게 내놓은 계획.

臨時變通(임시변통) [32725260] 姑息之計 참조. 그때그때 처한 상황에 맞추어 우선 일을 처리함.

臨時應變(임시응변) [32724252] 臨機應變 참조. 그때그때 처한 상황에 맞추어 우선 변화를 줌.

臨時處變(임시처변) [32724252] 姑息之計 참조. 그때그때 처한 상황에 맞추어 우선 변화를 줌.

臨淵羨魚(임연선어) [32121050] 못에 다다라서 물고기를 보고 군침을 흘린다는 데서, 바라기만 하고 실제로는 아무 것도 하지 않음을 비유한 말.

任人唯賢(임인유현) [52803042] 오직 인품과 능력만을 보고 사람을 임용함. 관중(管仲)의 말. <출> 한비자(韓非子) 외저설좌하(外儲說左下)편.

臨戰無退(임전무퇴) [32625042] 전쟁에 나아가서 물러서지 않음.

壬辰倭亂(임진왜란) [32321240] 임진년(조선 선조 25년 1592년)에 왜인이 침범하여 난리를 일으킨 사건.

入國査證(입국사증) [70805040] 외국인에 대한 입국을 허가하는 내용의 사실 증명.

立稻先賣(입도선매) [72308050] 벼가 서기도 전에 팜, 아직 논에서 자라고 있는 벼를 미리 돈을 받고 팜.

立身揚名(입신양명) [72623272] 출세하여 이름을 세상에 떨침. (유) 立身出世

立身出世(입신출세) [72627072] 立身揚名 참조. 자신의 존재를 드러내고 세상에 나감. 사회적으로 유명해짐.

立地條件(입지조건) [72704050] 논밭 등의 자리가 가지는 지리적 조건.

立春大吉(입춘대길) [72708050] 입춘을 맞이하여 크게 길하기를 바람.

自家撞着(자가당착) [72721052] 같은 사람의 말이나 행동이 앞뒤가 서로 맞지 아니함. (유) 矛盾, 矛盾撞着, 自己矛盾

自強不息(자강불식) [72607242] 스스로 힘써 몸과 마음을 가다듬어 쉬지 아니함.

自激之心(자격지심) [72403270] 자기가 한 일에 대하여 스스로 미흡하게 여기는 마음.

自古以來(자고이래) [72605270] 예로부터 지금까지의 동안.

刺股懸梁(자고현량) [32103232] 懸梁刺股 참조. 허벅다리를 찌르고 머리털을 끈에 묶어 들보에 매닮.

自愧之心(자괴지심) [72303270] 스스로 부끄럽게 여기는 마음. (유) 自愧心

自給自足(자급자족) [72507272] 필요한 물자를 스스로 생산하여 충당함.

磁氣共鳴(자기공명) [20726240] 전자기파 사이에 생기는 공명 현상.

自欺欺人(자기기인) [72303080] 자신을 속이고 남을 속인다. 자신도 믿지 않는 말이나 행동으로 남까지 속이는 사람을 풍자함. 2007년 올해의 사자성어

自己矛盾(자기모순) [72522020] 自家撞着 참조. 같은 사람의 말이나 행동이 앞뒤가 서로 맞지 아니함.

自動移替(자동이체) [72724230] 정한 날에 지급인 예금 계좌에서 자동적으로 출금하여 받는 사람 계좌로 옮기는 것.

子膜執中(자막집중) [72203280] 융통성이 없음. <출> 전국시대에 자막이라는 사람이 중용(中庸)만을 지켰다는 데서 유래.

姉妹結緣(자매결연) [40405240] 자매의 관계를 맺음, 지역이나 단체끼리 서로 돕거나 교류하기 위하여 친선 관계를 맺음.

自問自答(자문자답) [72707272] 스스로 묻고 스스로 대답함.

自斧刖足(자부월족) [72100072] 믿는 도끼에 발등 찍힘

子孫萬代(자손만대) [72608062] 후손에서 후손으로 이어지는 오래도록 내려오는 여러 대.

自手削髮(자수삭발) [72723240] 자기 손으로 자신의 머리털을 깎음. 어려운 일을 남의 힘을 빌리지 않고 자기 혼자의 힘으로 감당함. 본인의 뜻으로 머리를 깎고 중이 됨.

自手成家(자수성가) [72726272] 물려받은 재산이 없이 자기 혼자의 힘으로 집안을 일으키고 재산을 모음.

自勝者強(자승자강) [72606060] 진실로 강한 자는 자신을 이기는 자. 자신을 이기는 것은 자기의 사리사욕을 극복하는 것. <출> 노자(老子) 변덕(辯德). (유) 克己

自繩自縛(자승자박) [72127210] 자기의 줄로 자기 몸을 옭아 묶음. 자기가 한 말과 행동에 자기 자신이 옭혀 곤란하게 됨. 제 마음으로 번뇌를 일으

켜 괴로움을 만듦.

自信滿滿(자신만만) [72624242] 스스로에 대한 믿음이 매우 가득함.

自業自得(자업자득) [72627242] 자기가 저지른 일의 결과를 자기가 받음. (유) 自業自縛, 自作自受, 自作之孼, 自作孼

自業自縛(자업자박) [72627210] 自業自得 참조. 자기가 저지른 일의 결과로 자신이 옭힘.

自然淘汰(자연도태) [72701010] 자연계에서 그 생활 조건에 적응하는 생물은 생존하고, 그렇지 못한 생물은 저절로 사라지는 일. 다윈이 도입한 개념. (유) 自然選擇 (상) 人爲淘汰, 人爲選擇, 人工選擇, 人工淘汰

自然選擇(자연선택) [72705040] 自然淘汰 참조. 생물집단에서 생활조건에 적응하는 것만 살아남음.

自由自在(자유자재) [72607260] 모든 것을 자기 마음대로 할 수 있음.

子子孫孫(자자손손) [72726060] 자손의 여러 代(대).

自作自受(자작자수) [72627242] 自業自得 참조. 자기가 저지른 일의 결과를 자기가 받음.

自作之孼(자작지얼) [72623202] 自業自得 참조. 스스로 만든 재앙.

自淨作用(자정작용) [72326262] 오염된 물이나 땅 따위가 저절로 깨끗해지는 작용.

自中之亂(자중지란) [72803240] 같은 편끼리 하는 싸움. (유) 蕭牆之變, 蕭牆之亂, 蕭牆之憂, 內訌, 內紛, 內爭

自初至終(자초지종) [72504250] 처음부터 끝까지의 과정.

自暴自棄(자포자기) [72427230] 절망에 빠져 자신에게 사납게 굴고 스스로를 돌보지 아니함. 孟子(맹자) 離婁篇(이루편). (유) 自棄, 自暴, 暴棄

自畫自讚(자화자찬) [72607240] 자기가 그린 그림을 스스로 칭찬함. 자기가 한 일을 스스로 자랑함. (유) 自畫讚, 自讚, 自稱

作心三日(작심삼일) [62708080] 단단히 먹은 마음이 사흘을 가지 못함. 결심이 굳지 못함.

作中人物(작중인물) [62808072] 문학 작품에 나오는 인물.

雀學鸛步(작학관보) [10800042] 참새가 황새의 걸음을 배움. 자기의 역량은 생각하지 아니하고 억지로 남을 모방함을 비유.

殘月曉星(잔월효성) [40803042] 스러져가는 달과 새벽녘에 보이는 별, 새벽녘의 달과 샛별.

潛銷暗鑠(잠소암삭) [32024200] 알지 못하는 사이에 쇠가 녹듯이 슬그머니 줄어 없어짐.

潛蹤祕跡(잠종비적) [32004032] 발자취나 떠난 흔적을 아주 숨김 (유) 潛迹, 潛蹤祕迹, 藏蹤祕迹

長杠大筆(장강대필) [80008052] 긴 장대와 같은 큰 붓. 힘 있고 웅대한 글을 이름.

長頸烏喙(장경오훼) [80103210] 관상에서, 목이 길고 입이 뾰족한 상(相). 참을성이 많아 고생을 이겨 내지만 잔인하고 욕심이 많으며 남을 의심하는 마음이 강하여 안락을 누리기 어렵다고 함. 이런 인물은 어려움은 함께 할 수 있으나 즐거움은 함께 누리기 어렵다고 함. <출> 사기(史記) 월세가(越世家).

"藏頭露尾(장두노미) [32603232] 머리는 숨겼지만 꼬리는 숨기지 못하고 드러낸 모습""을 가리킴. 2010년 올해의 사자성어. <출> 중국 원나라의 문인 장가구가 지은 '점강진·번귀거래사'와 왕엽이 지은 '도화녀'라는 문학작품 (유) 藏形匿影"

張三李四(장삼이사) [40806080] 甲男乙女 참조. 장씨(張氏)의 셋째 아들과 이씨(李氏)의 넷째 아들.

將相之器(장상지기) [42523242] 장수(將帥) 또는 재상(宰相)이 될 만한 그릇.

醬石花醢(장석화해) [10607000] 장굴젓. 굴을 소금에 절였다가 국물을 따라 버리고, 끓여 식힌 뒤에 간장을 부어 삭힌 젓

長袖善舞(장수선무) [80105040] 소매가 길면 춤을 잘 출 수 있음. 재물이 넉넉한 사람은 일을 하거나 성공하기가 쉬움. <출> 한비자(韓非子) 오두편(五蠹篇). (유) 多錢善賈(다전선고)

長夜之飮(장야지음) [80603262] 밤새도록 술을 마심. 또는 밤새도록 마시는 술.

長吁短歎(장우단탄) [80006240] 긴 한숨과 짧은 탄식. 탄식하여 마지아니함.

長幼有序(장유유서) [80327050] 五倫(오륜)의 하나. 어른과 어린이 사이에는 엄격한 차례가 있음.

獐耳細辛(장이세신) [12504230] 노루귀, 미나리아재빗과의 여러해살이풀.

長者萬燈(장자만등) [80608042] 부자가 부처님께 올리는 일만 개의 등. 貧者一燈과 대를 이루어 가난한 사람이 올리는 한 개의 등과 정성에서는 같은 것임을 말함.

莊周之夢(장주지몽) [32403232] 胡蝶之夢 참조. 장주의 꿈. <출> . <출> 장자(莊子) 제물편(齊物篇).

掌中寶玉(장중보옥) [32804242] 손안에 있는 보배로운 구슬이란 뜻으로, 귀하고 보배롭게 여기는 존재를 비유적으로 이르는 말.

長風波浪(장풍파랑) [80624232] 멀리 불어가는 대풍을 타고 끝없는 바다 저쪽으로 배를 달린다는 뜻으로 대업을 이룬다는 의미 (2011년 현대차 사자성어). <출> 이백(李白)의 詩 <行路難>

再三再四(재삼재사) [50805080] 서너 너덧 번. 여러 번.

才勝薄德(재승박덕) [62603252] 재주는 뛰어나지만 덕이 적음.

才子佳人(재자가인) [62723280] 재주 있는 남자와 아름다운 여자를 아울러 이름.

爭先恐後(쟁선공후) [50803272] 앞을 다투고 뒤처지는 것을 두려워함. 격렬한 경쟁. <출> 한비자(韓非子) 유로(喩老)편.

爭魚者濡(쟁어자유) [50506002] 고기를 잡으려는 사람은 물에 젖음. 이익을 얻으려고 다투는 사람은 언제나 고생을 면치 못함.

杵臼之交(저구지교) [02103260] 절굿공이와 확의 사귐. 귀천을 가리지 아니하고 사귐.

豬突豨勇(저돌희용) [10320062] 멧돼지처럼 앞뒤를 생각하지 않고 용맹스럽게 나아감 (유) 豬突之勇, 猪突豨勇

樗櫟之材(저력지재) [02003252] 참나무와 가죽나무 재목. 아무 데도 쓸모없는 사람을 비

유.

抵死爲限(저사위한) [32604242] 죽기를 각오하고 굳세게 저항함.

低首下心(저수하심) [42527270] 머리를 낮추고 마음을 아래로 향하게 함. 머리 숙여 복종함. <출> 한유(韓愈)의 제악어문(祭鰐魚文).

羝羊觸藩(저양촉번) [00423210] 숫양이 울타리를 받다가 뿔이 걸려 꼼짝도 못한다는 뜻으로, 능력없는 사람이 마구잡이로 일을 처리하다가 난처한 처지에 빠지게 됨 <출> 易經(역경)

賊反荷杖(적반하장) [40623210] 도둑이 도리어 매를 듦. 잘못한 사람이 아무 잘못도 없는 사람을 나무람.

適法節次(적법절차) [40525242] 법에 맞는 행위의 순서나 방법.

赤貧如洗(적빈여세) [50424252] 가진 것이 하나없는 가난함이 마치 물로 씻은 듯함, 아무것도 가진 것이 없을 정도로 매우 가난함.

積善餘慶(적선여경) [40504242] 착한 일을 많이 한 결과로 경사스럽고 복된 일이 자손에게까지 미침. 주역(周易)의 문언전(文言傳). (상) 積惡餘殃

積小成大(적소성대) [40806280] 愚公移山 참조. 작은 것을 쌓아 큰 것을 이룸.

赤手空拳(적수공권) [50727232] 맨손과 맨주먹. 아무것도 가진 것이 없음. (유) 隻手空拳

積水成淵(적수성연) [40806212] 愚公移山 참조. 한 방울의 물이 모여 연못을 이룸.

適時適地(적시적지) [40724070] 알맞은 시기와 장소.

積惡餘殃(적악여앙) [40524230] 남에게 악한 짓을 많이 하여 그 죄에 따르는 재앙이 자손에게 미침. (상) 積善餘慶

適者生存(적자생존) [40608040] 환경에 적응하는 생물만이 살아남고, 그렇지 못한 것은 도태되어 멸망하는 현상.

赤子之心(적자지심) [50723270] 赤子(갓난아이)의 마음. 죄악에 물들지 아니하고 순수하며 거짓이 없는 마음. <출> 맹자(孟子) 이루장구하(離婁章句下).

適材適所(적재적소) [40524070] 알맞은 인재를 알맞은 자리에 씀.

積塵成山(적진성산) [40206280] 愚公移山 참조. 먼지가 쌓여 산을 이룸.

積土成山(적토성산) [40806280] 愚公移山 참조. 흙이 쌓여 산을 이룸.

傳家之寶(전가지보) [52723242] 조상 때부터 대대로 전해오는 보물.

前車覆轍(전거복철) [72723210] 앞 수레가 엎어진 바퀴 자국. 이전 사람의 그릇된 일이나 행동의 자취. <출> 한서(漢書) 가의전(賈誼傳). (유) 前轍, 前軌, 覆轍

前倨後恭(전거후공) [72107232] 전에는 거만하다가 나중에는 공손함. 상대편의 입지에 따라 대하는 태도가 일변하는 것. <출> 사기(史記) 소진열전(蘇秦列傳).

前古未聞(전고미문) [72604262] 前代未問 참조. 이전이나 옛날에는 들은 바가 없음.

專管水域(전관수역) [40408040] 연안국이 어업이나 그 밖의 자원 발굴 등에 대하여 특권을 가지는 수역.

電光石火(전광석화) [72626080] 번갯불과 부싯돌의 불. 매우 짧은 시간이나 매우 재빠른 움직임 따위.

全國體典(전국체전) [72806252] 전국 체육 대회.

前代未聞(전대미문) [72624262] 이제까지 들어본 적이 없는 일. (유) 前古未聞

前途洋洋(전도양양) [72326060] 사람의 앞날이 한없이 넓음, 발전의 여지가 매우 많음을 이름.

傳來之風(전래지풍) [52703262] 예전부터 전하여 오는 풍속(風俗).

前輪驅動(전륜구동) [72403072] 앞바퀴로 (자동차를) 움직임.

前無後無(전무후무) [72507250] 이전에도 없었고 앞으로도 없음. (유) 空前絶後, 曠前絶後, 空前, 曠前

田夫之功(전부지공) [42703262] 犬兎之爭 참조. 농부의 공덕.

展示效果(전시효과) [52505262] 정치 지도자가 대내외적으로 자신의 업적을 과시하기 위하여 실질적인 효과가 크지도 아니한 상징적인 정책을 실시함으로써 얻고자 하는 효과, 자신의 소득 수준에 따르지 아니하고 타인을 모방함으로써 소비 지출이 늘어나게 되는 사회적,심리적 효과.

前衛藝術(전위예술) [72424262] 이전의 것을 배격하고 새로운 표현 수법을 앞장 서서 시도하고 보호하는 실험적이고 혁신적인 예술.

全人敎育(전인교육) [72808070] 인간이 지닌 모든 자질을 조화롭게 발달시키는 것을 목적으로 하는 교육.

前人未踏(전인미답) [72804232] 破天荒 참조. 이제까지 그 누구도 밟아보지 못한 곳. 이제까지 그 누구도 손을 대어 본 일이 없음.

電子産業(전자산업) [72725262] 컴퓨터 따위의 활용과 관련된 산업.

電子娛樂(전자오락) [72723062] 컴퓨터 따위를 이용하여 하는 놀이.

戰戰兢兢(전전긍긍) [62621212] 몹시 두려워서 벌벌 떨며 조심함. <출> 시경(詩經) 소아편(小雅篇)의 소민(小旻)이라는 시. (유) 戰兢

輾轉反側(전전반측) [10406232] 누워서 몸을 이리저리 뒤척이며 잠을 이루지 못함. <출> 시경(詩經) 주남(周南). (유) 輾轉, 輾轉不寐

輾轉不寐(전전불매) [10407210] 輾轉反側 참조. 누워서 몸을 이리저리 뒤척이며 잠을 이루지 못함.

全知全能(전지전능) [72527252] 모든 것을 알고, 모든 일을 다 행할 수 있는 능력.

轉地訓鍊(전지훈련) [40706032] 신체의 적응력을 개발, 향상하기 위하여 환경 조건이 다른 곳으로 옮겨 가서 하는 훈련.

前瞻後顧(전첨후고) [72127230] 앞을 바라보고 뒤를 돌아봄, 일을 당하여 결단하지 못하고 앞뒤를 재며 어물어물함. (유) 瞻前顧後(첨전고후)

前虎後狼(전호후랑) [72327210] 錦上添花, 雪上加霜 참조. 앞문에서 호랑이를 막고 있으려니까 뒷문으로 이리가 들어옴. 재앙이 끊일 사이 없이 닥침.

轉禍爲福(전화위복) [40324252] 塞翁之馬 참조. 화가 바뀌어 오히려 복이 됨. 戰國策(전국책) 燕策(연책).

竊鈇之疑(절부지의) [30003240] 공연한 혐의. 도끼를 훔쳐 갔다고 의심받은 사람의 행동이나 말이 모두 틀림없이 훔쳐 간 것처럼 보였으나, 다른 데서 그 도끼가 발견되어 누명을 벗은 후에는 그렇게 보이지 않았다는 고사에서 유래. <출> . <출> 열자(列子) 설부편(說符篇)

絶世佳人(절세가인) [42723280] 傾國之色 참조. 세상에 끊어진 미인.

截長補短(절장보단) [10803262] 絶長補短 참조. 긴 것을 잘라서 짧은 것을 보충함.

絶長補短(절장보단) [42803262] 긴 것을 잘라서 짧은 것을 보충함. 장점이나 넉넉한 것으로 단점이나 부족한 것을 보충함. (유) 絶長補短, 斷長補短

折足覆餗(절족복속) [40723200] 솥발을 부러뜨려 음식을 엎지른다는 뜻으로, 나랏일에 소인을 쓰면 그 임무를 감당하지 못하여 나라를 위태롭게 만듦을 말함

切磋琢磨(절차탁마) [52022032] 옥이나 돌 따위를 갈고 닦아서 빛을 냄. 부지런히 학문과 덕행을 닦음. <출> 시경(詩經) 위풍(衛風) 기오편(淇澳篇)과 논어(論語) 학이편(學而篇). (유) 切磨

切齒腐心(절치부심) [52423270] 몹시 분하여 이를 갈며 속을 썩임. (유) 切齒扼腕

切齒扼腕(절치액완) [52421010] 이를 갈고 팔을 걷어붙이며 몹시 분해함.

絶海孤島(절해고도) [42724050] 육지에서 아주 멀리 떨어져 있는 외딴섬.

鮎魚上竹(점어상죽) [02507242] 메기가 대나무에 올라감, 역경을 극복하고 목적을 이룸.

漸入佳境(점입가경) [32703242] 들어갈수록 점점 경치가 좋음(멋있음, 재미있음, 맛있음). 고개지가 사탕수수를 먹을 때, 늘 가느다란 줄기 부분부터 먼저 씹어 먹었는데, 이를 이상하게 여긴 친구들이 물었더니 고개지가 갈수록 점점 단맛이 나기(漸入佳境) 때문이라고 대답한데서 유래. 진서(晋書) 고개지전(顧愷之傳). (유) 蔗境, 佳境

點鐵成金(점철성금) [40506280] 쇠를 달구어 황금을 만듦. 나쁜 것을 고쳐서 좋은 것을 만듦. 옛사람의 말을 따다가 글을 지음. 전습록(傳習錄) 卷下.

接道區域(접도구역) [42726040] 도로와 인접한 구역, 도로 확장용 용지 확보나 도로 보호 등을 위하여 법으로 설정된 도로 인접 구역.

靜觀默照(정관묵조) [40523232] 조용히 사물을 관찰하고 잡념을 없애고 고요히 앉아서 진리를 깨닫고자 하는 불가의 수행 방법.

井臼之役(정구지역) [32103232] 물을 긷고 절구질 하는 일로 살림살이의 수고로움을 이르는 말.

正當防衛(정당방위) [72524242] 자기 또는 남에게 가하여지는 급박하고 부당한 침해를 막기 위하여 침해자에게 어쩔 수 없이 취하는 가해 행위.

正面衝突(정면충돌) [72703232] 두 물체가 정면으로 부딪침, 두 편이 정면으로 맞부딪쳐 싸움.

頂門一針(정문일침) [32808040] 정수리에 침을 놓음. 따끔한 충고나 교훈.

頂門一鍼(정문일침) [32808010] 정수리에 침을 놓음. 따끔한 충고나 교훈. (유) 頂上一鍼

程門立雪(정문입설) [42807262] 제자가 스승을 극진히 섬김. 유초(遊酢)와 양시(楊時) 두 사람이 눈 오는 밤에 스승인 정이천(程伊川)을 모시고 서 있었다는 고사에서 유래.

正副統領(정부통령) [72424250] 대통령과 부통령을 아울러 이름.

頂上一鍼(정상일침) [32728010] 頂門一鍼 참조. 정수리에 침을 놓음.

情狀參酌(정상참작) [52425230] 범죄의 정상에 참작할 만한 사유가 있다고 판단되는 경우에, 법원이 그 형을 줄이거나 가볍게 하는 것.

精神薄弱(정신박약) [42623262] 정신 발달이 약하여 일을 처리하거나 환경에 적응하는 것이 어려운 상태.

精神錯亂(정신착란) [42623240] 의식 장애를 일으켜 지적 능력을 일시적으로 잃어버리는 상태.

挺身出戰(정신출전) [10627062] 앞장서서 나가 싸움. 위급할 때 과감히 나서 모든 책임을 다함. 구당서(舊唐書) 경군홍(敬君弘)전.

鄭衛桑間(정위상간) [12423272] 亡國之音, 鄭衛之音 참조. <출> 춘추전국시대 정나라와 위나라에서 유행하던 음악은 뽕나무사이의 소리처럼 음란함.

鄭衛之音(정위지음) [12423262] 亡國之音 참조. <출> 춘추전국시대 정나라와 위나라에서 유행하던 음악. 난세(亂世)의 음(音). 음란한 망국(亡國)의 음악.

井底之蛙(정저지와) [32403202] 井中之蛙 참조. 우물 바닥의 개구리.

正正堂堂(정정당당) [72726262] 태도나 수단이 바르고 떳떳함.

井中觀天(정중관천) [32805270] 井中之蛙 참조. 우물 속에서 하늘을 쳐다 봄.

井中之蛙(정중지와) [32803202] 우물 안 개구리. 견문이 좁고 세상 형편에 어두운 사람. <출> . <출> 장자(莊子) 추수편(秋水篇). (유) 坎井之蛙, 坎中之蛙, 井庭蛙, 籬鷃, 坐井觀天, 井中觀天, 井蛙, 井中蛙, 井底之蛙, 井底蛙, 越犬吠雪, 蜀犬吠日, 管中窺豹, 望洋之歎, 通管窺天

整形手術(정형수술) [40627262] 선천적이거나 후천적인 기형, 또는 질환이나 외상에 따른 운동 기능의 장애를 정상 상태로 회복하기 위하여 실시하는 외과 수술.

帝國主義(제국주의) [40807042] 우월한 군사력과 경제력으로 다른 나라나 민족을 정벌하여 대국가를 건설하려는 침략주의.

濟世安民(제세안민) [42727280] 세상을 고통에서 구원하고 백성을 편안하게 살도록 함.

霽月光風(제월광풍) [02806262] 光風霽月 참조. 비가 갠 뒤의 맑게 부는 바람과 밝은 달.

齊人攫金(제인확금) [32800280] 앞뒤 가리지 않고 자기 이익만을 챙기려 함. 齊나라 사람(날치기)이 금을 움켜쥐고 도망치다 잡혀서 발뺌하기를 '나는 금만 보았지 사람은 보지 못했다'고 한데서 유래. 여씨춘추(呂氏春秋) 거유(去宥) 편.

諸子百家(제자백가) [32727072] 중국 춘추 전국 시대의 여러 학설의 창시자와 그 학파. 孔子(공자)와 儒家(유가), 老子(노자)와 道家(도가) 등.

濟濟多士(제제다사) [42426052] 훌륭한 여러 선비.

濟濟蹌蹌(제제창창) [42420000] 몸가짐이 위엄 있고, 질서가 잘 잡혀있음 <출> 詩經(시경)

祭天儀式(제천의식) [42704060] 하늘을 숭배하고 제사 지내는 종교 의식.

濟河焚舟(제하분주) [42501030] 背水之陣 참조. 배를 타고 물을 건넌 후 배를 태워버림. 결사항전의 의지의 표현.

朝刊新聞(조간신문) [60326262] 아침에 간행하는 신문.

糟糠之妻(조강지처) [10103232] 지게미와 쌀겨로 끼니를 이을 때의 아내. 몹시 가난하고 천할 때에 고생을 함께 겪어 온 아내. <출> 후한서(後漢書) 송홍전(宋弘傳). (유) 糟糠

朝改暮變(조개모변) [60503052] 朝令暮改 참조. 명령이나 법령을 아침에 고쳤다가 저녁에 또 고침.

條件反射(조건반사) [40506240] 특정 환경 조건에서의 일정한 자극에 대한 일정한 반응.

早期教育(조기교육) [42508070] 지능 발달이 빠른, 학령 이전의 어린이를 대상으로 실시하는 교육.

潮力發電(조력발전) [40726272] 조수 간만의 차이로 일어나는 힘을 이용하는 수력 발전.

朝令暮改(조령모개) [60503050] 아침에 명령을 내렸다가 저녁에 다시 고침. 법령을 자꾸 고쳐서 갈피를 잡기가 어려움. 계획이나 결정 따위를 일관성이 없이 자주 고침. <출> 사기(史記) 평준서(平準書). (유) 朝令夕改, 朝變夕改, 朝改暮變, 朝變暮改, 朝夕變改

朝令夕改(조령석개) [60507050] 朝令暮改 참조. 아침에 명령을 내렸다가 저녁에 다시 고침.

朝名市利(조명시리) [60727262] 명예는 조정에서 다투고 이익은 시장에서 다툼. 무슨 일이든 알맞은 곳에서 하여야 함. <출> 전국책(戰國策) 진책(秦策).

朝聞夕死(조문석사) [60627060] 아침에 참된 이치를 들어 깨달으면 저녁에 죽어도 한이 될 것이 없다는 말. 論語 里仁篇(이인편). 朝聞道夕死可矣

朝變暮改(조변모개) [60523050] 朝令暮改 참조. 명령이나 법령을 아침에 고쳤다가 저녁에 또 고침.

朝變夕改(조변석개) [60527050] 아침에 고친 것을 저녁에 또 고침.

朝不慮夕(조불려석) [60724070] 형세가 절박하여 아침에 저녁 일을 헤아리지 못함. 당장을 걱정할 뿐이고 앞일을 생각할 겨를이 없음. (유) 朝不謀夕

朝不謀夕(조불모석) [60723270] 朝不慮夕 참조. 아침에 저녁 일을 꾀하지 못함.

朝三暮四(조삼모사) [60803080] 간사한 꾀로 남을 속여 희롱함. 宋나라의 저공(狙公)의 고사로, 먹이를 아침에 세 개, 저녁에 네 개씩 주겠다는 말에는 원숭이들이 적다고 화를 내더니 아침에 네 개, 저녁에 세 개씩 주겠다는 말에는 좋아하였다는 데서 유래. 생계(生計)를 달리 이르는 말로도 씀. <출> . <출> 장자(莊子) 제물론(齊物論). (유) 朝三

朝夕變改(조석변개) [60705250] 朝令暮改 참조. 아침에 고친 것을 저녁에 또 고침.

措手不及(조수불급) [20727232] 손을 대고자 하나 미치지 못함, 손쓰기에는 때가 늦음.

朝蠅暮蚊(조승모문) [60023010] 아침에는 파리, 저녁에는 모기가 들끓음, 小人(소인)이 날뜀.

早失父母(조실부모) [42608080] 어려서 부모를 여읨.

彫心鏤骨(조심누골) [20700240] 마음에 새기고 뼈에 새김, 오래도록 고심한다는 뜻으로, 흔히 시문 따위를 애 써서 다듬음을 비유적으로 이름.

爪牙之士(조아지사) [10323252] 손톱과 어금니 같은 선비. 충성으로 임금을 모시는 신하.

竈王大神(조왕대신) [00808062] 부뚜막, 부엌을 맡았다는 신(神). 부엌에 있어서 모든 길흉(吉凶)을 판단한다 함 (유) 竈神, 竈王, 竈王神

朝雲暮雨(조운모우) [60523052] 巫山之夢 참조. 아침에는 구름이 되고 저녁에는 비가 됨. 남녀 간의 애정이 깊음.

粗衣惡食(조의악식) [10605272] 惡衣惡食 참조. 거친 옷을 입고, 좋지 않은 음식을 먹음.

粗衣粗食(조의조식) [10601072] 惡衣惡食 참조. 거친 옷을 입고, 거친 밥을 먹음.

朝薺暮鹽(조제모염) [60023032] 아침에는 냉이를 저녁에는 소금을 먹음. 매우 가난한 살림살이. <출> 한유(漢愈)의 송궁문(送窮文). 참고로 送窮文이란 '가난 귀신에게 보내는 글'이라는 뜻으로, 한유가 가난을 擬人化하여 쓴 글임.

早朝割引(조조할인) [42603242] 극장 등에서 이른 아침에 입장하는 사람들에게 입장 요금을 조금 깎아 줌.

鳥足之血(조족지혈) [42723242] 새 발의 피. 매우 적은 분량. (유) 蹄涔

朝聚暮散(조취모산) [60123040] 아침에 모였다가 저녁에 헤어짐. 모이고 헤어짐의 덧없음.

朝花月夕(조화월석) [60708070] 花朝月夕 참조. 꽃 피는 아침과 달 밝은 밤.

足且足矣(족차족의) [72307230] 아주 흡족하고 넉넉하여 기준에 차고도 남음.

足脫不及(족탈불급) [72407232] 맨발로 뛰어도 따라가지 못함. 능력 역량 재질 따위가 두드러져 도저히 다른 사람이 따라가지 못할 정도임.

存亡之秋(존망지추) [40503270] 존속과 멸망, 또는 생존과 사망이 결정되는 아주 절박한 경우나 시기.

尊卑貴賤(존비귀천) [42325032] 지위나 신분의 높고 낮음과 귀하고 천함.

鐘鼓之樂(종고지락) [02323262] 종과 북을 치며 즐김, 부부 사이의 화목한 정.

種瓜得瓜(종과득과) [52204220] 種豆得豆 참조. 외 심은데 외가 남.

宗敎改革(종교개혁) [42805040] 16세기 유럽에서 로마 가톨릭 교회의 비교리적 행위에 반대하여 일어난 개혁 운동.

終南捷徑(종남첩경) [50801032] 종남산(終南山)은 벼슬길에 오르는 지름길. 명리(名利)를 얻을 수 있는 가장 빠른 길. 노장용(盧藏用)이 조정의 관심을 끌기 위해 종남산에 들어가 은둔생활을 하다가 바로 조정의 부름을 받고 기뻐하자, 사마승정(司馬承禎)이란 사람이 비꼬아 한 말에서 유래. 신당서(新唐書) 노장용전(盧藏用傳).

種豆得豆(종두득두) [52424242] 콩을 심으면 반드시 콩이 나옴. 원인에 따라 결과가 생김. (유) 因果應報, 因果報應, 果報, 種瓜得瓜

宗廟社稷(종묘사직) [42306212] 왕실과 나라를 통틀어 이르는 말. 宗廟는 왕가 조상의 위패를 모시는 사당으로 왕실을, 社稷은 나라를 세울 때 천자나 제후가 제사를 지내던 토지신과 곡식신을 아울러 이르는 말로 나라를 나타냄.

終無消息(종무소식) [50506242] 咸興差使 참조. 끝내 아무 소식이 없음.

螽斯之望(종사지망) [00303252] 여치가 99개의 알을 낳는 데서, 아들을 많이 두고 싶은 소망을 이르는 말.

從實直告(종실직고) [40527252] 以實直告 참조. 사실로 바로 고함.

縱橫無盡(종횡무진) [32325040] 전후좌우로 움직여 끝이 없음, 활약이 대단하거나 이야기 등이 끝이 없음을 이름.

縱橫錯綜(종횡착종) [32323220] 종과 횡의 모든 것이 한데 뒤섞여 모임.

左顧右眄(좌고우면) [72307210] 首鼠兩端 참조. 왼쪽을 돌아보고 오른쪽을 돌아봄.

左顧右視(좌고우시) [72307242] 首鼠兩端 참조. 왼쪽을 돌아보고 오른쪽을 돌아봄.

左眄右顧(좌면우고) [72107230] 首鼠兩端 참조. 왼쪽을 돌아보고 오른쪽을 돌아봄.

坐不安席(좌불안석) [32727260] 앉아도 자리가 편안하지 않음. 마음이 불안하거나 걱정스러워서 한군데에 가만히 앉아 있지 못하고 안절부절못하는 모양.

左右顧眄(좌우고면) [72723010] 首鼠兩端 참조. 왼쪽을 돌아보고 오른쪽을 돌아봄.

左右衝突(좌우충돌) [72723232] 左衝右突 참조. 왼쪽으로 부딪고, 오른쪽으로 돌진함.

坐井觀天(좌정관천) [32325270] 井中之蛙 참조. 우물 속에 앉아 하늘을 봄. 사람의 견문(見聞)이 매우 좁음.

左提右挈(좌제우설) [72427200] 왼쪽으로 끌고, 오른쪽으로 이끈다는 뜻으로, 서로 의지하고 도움 <출>漢書(한서)

左提右攜(좌제우휴) [72427200] 손을 맞잡고 서로 도움.

左之右之(좌지우지) [72327232] 이리저리 제 마음대로 휘두르거나 다룸. (유) 左右之, 左右

左瞻右顧(좌첨우고) [72127230] 首鼠兩端 참조. 왼쪽을 돌아보고 오른쪽을 돌아봄.

左衝右突(좌충우돌) [72327232] 이리저리 마구 찌르고 부딪침. (유) 東衝西突, 左右衝突

左側通行(좌측통행) [72326060] 길을 갈 때에 왼쪽으로 감.

罪中又犯(죄중우범) [50803040] 죄를 짓고 형기를 마치기 전에 거듭 죄를 저지름.
株價指數(주가지수) [32524270] 주가의 변동을 나타내는 지수.
主客一體(주객일체) [70528062] 주인과 손님이 하나가 됨. 주체와 객체가 하나가 됨.
主客顚倒(주객전도) [70521032] 주인과 손의 위치가 서로 뒤바뀜. 사물의 경중, 선후, 완급 따위가 서로 뒤바뀜. (유) 客反爲主
晝耕夜讀(주경야독) [60326062] 낮에는 농사짓고, 밤에는 글을 읽음. 어려운 여건 속에서도 꿋꿋이 공부함. (유) 晴耕雨讀
主權在民(주권재민) [70426080] 나라의 주권이 국민에게 있음.
酒囊飯袋(주낭반대) [40103210] 酒袋飯囊 참조. 술주머니와 밥주머니.
酒袋飯囊(주대반낭) [40103210] 술주머니와 밥주머니. 먹고 마실 줄만 알지 일할 줄을 모르는 쓸모없는 사람. 송(宋)나라 증조(曾慥)의 유설(類說). (유) 飯囊酒袋, 酒囊飯袋, 衣架飯囊
周到綿密(주도면밀) [40523242] 두루 미쳐 자세하고 빈틈이 없음.
走馬加鞭(주마가편) [42505010] 달리는 말에 채찍질함. 잘하는 사람을 더욱 장려함.
走馬看山(주마간산) [42504080] 말을 타고 달리며 산천을 구경함. 자세히 살피지 아니하고 대충대충 보고 지나감.
主務官廳(주무관청) [70424240] 일정한 사무를 주관하여 그 권한과 직무를 관장하는 행정관청.
酒酸不售(주산불수) [40207200] 술이 쉬도록 팔리지 않음. 경영 방법이 좋지 않거나 문제가 있음. 술 장사꾼인 송(宋)나라 장씨(莊氏)가 모든 것을 완벽하게 준비했으나, 가게에 사나운 개를 키워 손님이 없었다는 데서 유래. <출> 한비자(韓非子) 외저설우상(外儲說右上)편.
酒色雜技(주색잡기) [40704050] 술과 여자의 예쁜 모양과 잡스러운 여러 가지 노름을 아울러 이름.
朱脣白齒(주순백치) [40308042] 傾國之色 참조. 붉은 입술에 흰 이. 초사(楚辭) 卷第十 대초장구(大招章句) 第十.
朱脣皓齒(주순호치) [40301242] 傾國之色 참조. 붉은 입술에 흰 이. 초사(楚辭) 卷第十 대초장구(大招章句) 第十.
株式會社(주식회사) [32606262] 주식의 발행을 통하여 여러 사람으로부터 자본을 조달받는 회사.
晝夜長川(주야장천) [60608070] 밤낮으로 쉬지 아니하고 연달아. (유) 長川
晝而繼夜(주이계야) [60304060] 不撤晝夜 참조. 낮에 하던 일을 이어 밤에도 함.
注入敎育(주입교육) [62708070] 기억과 암기를 주로 하여 지식을 넣어 주는 형태의 교육.
舟中敵國(주중적국) [30804280] 자기 배 안에 적국이 있음. 군주가 덕을 닦지 아니하면 자기편일지라도 모두 곧 적이 될 수 있음. <출> 사기(史記) 손자오기(孫子吳起)열전.
酒池肉林(주지육림) [40324270] 술로 연못을 이루고 고기로 숲을 이룸. 호사스러운 술잔

	치. 殷나라 紂왕이 못을 파 술을 채우고 숲의 나뭇가지에 고기를 걸어 잔치를 즐겼던 일에서 유래. <출> 사기(史記) 은본기(殷本紀). (유) 肉山脯林
竹頭木屑(죽두목설) [42608010]	대나무 조각과 나무 부스러기. 쓸모가 적은 물건. 못 쓰게 된 것들을 모아 재활용함. 진서(晋書) 도간전(陶侃傳).
竹林七賢(죽림칠현) [42708042]	晉(진)나라 초기에 노자와 . <출> 장자의 무위 사상을 숭상하여 죽림에 모여 청담으로 세월을 보낸 일곱 명의 선비.
竹馬故友(죽마고우) [42504252]	대말을 타고 놀던 오랜 벗. 어릴 때부터 같이 놀며 자란 벗. 진서(晋書) 은호전(殷浩傳). (유) 竹馬交友, 竹馬舊友, 竹馬之友
竹馬交友(죽마교우) [42506052]	竹馬故友 참조. 대말을 타고 놀던 오랜 벗.
竹馬舊友(죽마구우) [42505252]	竹馬故友 참조. 대말을 타고 놀던 오랜 벗.
竹馬之友(죽마지우) [42503252]	竹馬故友 참조. 대말을 타고 놀던 오랜 벗.
竹帛垂名(죽백수명) [42103272]	죽백(역사서)에 이름을 기록함. 명예로운 이름을 후세에 남김.
竹杖芒鞋(죽장망혜) [42101002]	대지팡이와 짚신. 먼 길을 떠날 때의 아주 간편한 차림새.
噂沓背憎(준답배증) [00024232]	눈 앞에서는 친한 체하며 수다를 떨고 돌아서서는 비방(誹謗)함 <출> 시경(詩經) 소아(小雅) 시월지교(十月之交)
遵養時晦(준양시회) [30527210]	道(도)를 좇아 덕을 기르고, 때에 따라서는 자기를 드러내지 아니하고 숨어 언행을 삼감.
樽俎折衝(준조절충) [10024032]	술자리(樽俎)에서 외국 사신과 담소하면서 상대편의 요구를 물리침. 외교상의 교섭에서 담판으로 국위를 빛냄. 안영(晏嬰)이 쓴 안자춘추(晏子春秋) 내편(內篇).
衆寡不敵(중과부적) [42327242]	적은 수효로 많은 수효를 대적하지 못함. <출> 맹자(孟子) 양혜왕편(梁惠王篇). (유) 寡不敵衆
衆口難防(중구난방) [42704242]	뭇사람의 말을 막기가 어려움. 막기 어려울 정도로 여럿이 마구 지껄임.
衆口鑠金(중구삭금) [42700080]	뭇사람의 말은 쇠도 녹임. 여론의 힘이 큼. 국어(國語) 주어(周語).
中途而廢(중도이폐) [80323032]	일을 하다가 중간에 그만둠.
衆目環視(중목환시) [42604042]	衆人環視 참조. 여러 사람의 눈이 둘러싸고 지켜봄.
中石沒矢(중석몰시) [80603230]	中石沒鏃 참조. 쏜 화살이 돌에 박힘.
中石沒鏃(중석몰족) [80603202]	쏜 화살이 돌에 박힘. 정신을 집중해서 전력을 다하면 어떤 일에도 성공할 수 있음. 前漢의 李廣이 어느 날, 황혼녘에 초원을 지나다가 큰 돌을 호랑이로 잘못 보고 한발에 죽이겠다는 신념으로 활을 당겼더니, 그 돌에 화살이 깊이 박혔으나 돌임을 안 뒤 다시 쏘아 보았으나 화살은

돌에 맞는 순간 튀어 오를 뿐이었다는 데서 유래. 史記 李將軍傳. (유) 金石爲開, 射石爲虎, 中石沒矢, 精神一到何事不成

衆心成城(중심성성) [42706242] 여러 사람의 마음이 성을 이룸. 여러 사람의 마음이 하나로 단결하면 성처럼 굳어짐.

重言復言(중언부언) [70604260] 이미 한 말을 자꾸 되풀이함.

中原逐鹿(중원축록) [80503030] 서로 경쟁하여 어떤 지위를 얻고자 하는 일. 군웅(群雄)이 천하「중원」에서 제왕「사슴」의 지위를 얻으려고 다투는 일. <출> 사기(史記) 회음후열전(淮陰侯列傳). (유) 逐鹿, 角逐, 中原之鹿

衆人環視(중인환시) [42804042] 여러 사람이 둘러싸고 지켜봄. (유) 衆目環視

仲秋佳節(중추가절) [32703252] 음력 팔월 보름의 좋은 시절이라는 뜻으로, '추석'을 달리 이르는 말, 음력 팔월의 좋은 가을철.

櫛風沐雨(즐풍목우) [10622052] 머리털을 바람으로 빗질하고 몸은 빗물로 목욕함. 오랜 세월을 객지에서 방랑하며 온갖 고생을 다 함. (유) 櫛雨, 櫛風

知過必改(지과필개) [52525250] 허물임을 알면 반드시 고침.

支給停止(지급정지) [42505050] 채무자가 채권자에게 채무를 변제할 능력이 없음을 표시하는 행위.

知己之友(지기지우) [52523252] 管鮑之交 참조. 자기를 알아주는 벗.

持己秋霜(지기추상) [40527032] 자신을 대할 때는 가을 서리처럼 엄하게 함. (상) 對人春風

知難而退(지난이퇴) [52423042] 형세가 불리한 것을 알면 물러서야 함. <출> 춘추좌씨전(春秋左氏傳) 선공(宣公) 12년조.

之東之西(지동지서) [32803280] 동쪽으로도 가고 서쪽으로도 간다는 뜻으로, 뚜렷한 목적 없이 이리저리 갈팡질팡함을 이름.

芝蘭之交(지란지교) [12323260] 管鮑之交 참조. 지초(芝草)와 난초(蘭草)의 사귐.

芝蘭之室(지란지실) [12323280] 지초 난초 향 같은 좋은 향기가 풍기는 방, 군자를 이름.

指鹿爲馬(지록위마) [42304250] 윗사람을 농락하여 권세를 마음대로 함. 모순된 것을 끝까지 우겨서 남을 속이려는 짓. 진(秦)나라의 조고(趙高)가 자신의 권세를 시험하여 보고자 황제 호해(胡亥)에게 사슴을 가리키며 말이라고 한 데서 유래. <출> 사기(史記) 진시황본기(秦始皇本紀).

支離滅裂(지리멸렬) [42403232] 흩어지고 찢기어 갈피를 잡을 수 없음. (유) 支離分散

支離分散(지리분산) [42406240] 支離滅裂 참조. 찢기고 떠나고 나뉘고 흩어짐.

知命之年(지명지년) [52703280] 50세. 孔子가 나이 50에 天命을 알았다는 데서 由來. (유) 知天命, 知命, 艾年, 艾老, 半百

知斧斫足(지부작족) [52100272] 믿는 도끼에 발등 찍힌다는 뜻으로, 믿는 사람에게서 배신

당함을 비유.

紙上兵談(지상병담) [70725250] 卓上空論 참조. 종이 위에서 펼치는 용병의 이야기.

至誠感天(지성감천) [42426070] 지극한 정성에는 하늘도 감동함.

至誠盡力(지성진력) [42424072] 지극한 정성을 바쳐 있는 힘을 다해 노력하겠다는 뜻. 2011년 산림청 사자성어

池魚之殃(지어지앙) [32503230] 殃及池魚 참조. 못 속의 물고기의 재앙.

智者一失(지자일실) [40608060] 千慮一失 참조. 슬기로운 사람도 많은 생각 중에는 간혹 실수가 있음.

知足不辱(지족불욕) [52727232] 분수를 지켜 만족할 줄 아는 사람은 욕되지 아니함. <출> 노자(老子) 44장.

遲遲不進(지지부진) [30307242] 매우 더디어서 일 따위가 잘 진척되지 아니함.

指天爲誓(지천위서) [42704230] 하늘에 대고 맹세함.

紙筆硯墨(지필연묵) [70522032] 종이와 붓과 벼루와 먹을 아울러 이르는 말.

知行合一(지행합일) [52606080] 지식과 행동이 서로 맞아 하나가 됨.

指呼之間(지호지간) [42423272] 一衣帶水 참조. 손짓하여 부를 만큼 가까운 거리.

直系卑屬(직계비속) [72403240] 자기로부터 직계로 이어져 내려가는 혈족. 아들, 딸, 손자, 증손 등을 이름.

直系尊屬(직계존속) [72404240] 조상으로부터 직계로 내려와 자기에 이르는 사이의 혈족. ..., 고조부모, 증조부모, 조부모, 부모를 이름.

織錦回文(직금회문) [40324270] 구성이 절묘한 훌륭한 문학작품. 두도(竇滔)의 아내인 소혜(蘇蕙)라는 여인이 만든 선기도(璇璣圖)에는 모두 840자가 새겨져 있는데, 이들을 종횡, 상하, 좌우 등등 어떻게 읽어도 모두 훌륭한 시(回文詩)가 되었다는데서 유래. 진서(晋書) . <출> 열녀전(列女傳) 두도처소씨(竇滔妻蘇氏)조.

直四角形(직사각형) [72806262] 내각이 모두 직각인 사각형.

直射光線(직사광선) [72406262] 정면으로 곧게 비치는 빛살.

直屬上官(직속상관) [72407242] 자기가 직접 속하여 있는 부서의 상관.

秦鏡高懸(진경고현) [12406232] 明鏡高懸 참조. 사람의 마음까지도 비추었다는 진(秦)나라 거울이 높게 매달려 있음.

陳根委翳(진근위예) [32604000] 가을이 오면 오동 뿐 아니라 고목의 뿌리는 시들어 마름 <출>千字文

盡善完美(진선완미) [40505060] 盡善盡美 참조. 더할 나위 없이 좋고 아름다움.

盡善盡美(진선진미) [40504060] 더할 나위 없이 훌륭하고 아름다움. 완전무결함. (유) 盡善完美

珍羞盛饌(진수성찬) [40104210] 진귀한 반찬으로 가득 차린 음식.

盡忠竭力(진충갈력) [40421072] 犬馬之勞 참조. 충성을 다하고 힘을 다함.

盡忠報國(진충보국) [40424280] 충성을 다하여 나라의 은혜를 갚음.

進退無路(진퇴무로) [42425060] 進退兩難 참조. 나아가고 물러날 길이 없음.
進退兩難(진퇴양난) [42424242] 이러지도 저러지도 못하는 어려운 처지. (유) 進退維谷, 進退無路
進退幽谷(진퇴유곡) [42423232] 앞뒤로 골짜기라는 데서, 이러지도 저러지도 못하고 꼼짝할 수 없는 궁지.
進退維谷(진퇴유곡) [42423232] 進退兩難 참조. 나아가고 물러날 길이 오직 골짜기뿐임.
塵合泰山(진합태산) [20603280] 愚公移山 참조. 먼지가 모여 태산이 됨.
集團農場(집단농장) [62527272] 농지의 소유권을 공동으로 가지고 협동하여 조직적으로 경영하는 농장.
執行猶豫(집행유예) [32603240] 3년 이하의 징역 또는 금고의 형이 선고된 범죄자에게 정상을 참작하여 일정한 기간 동안 형의 집행을 유예하는 일. 그 기간을 사고 없이 넘기면 형의 선고 효력이 없어짐.
懲羹吹菜(징갱취채) [30103232] 懲羹吹虀 참조. 뜨거운 국에 데어서 냉채를 후후 불고 먹음.
懲一勵百(징일여백) [30803270] 一罰百戒 참조. 한 사람을 벌하여 백 사람을 격동시킴.
此月彼月(차월피월) [32803280] 此日彼日 참조. 이 달 저 달. 자꾸 기한을 미루는 모양.
車胤聚螢(차윤취형) [72121230] 螢雪之功 참조. 차윤이 반딧불이를 모음.
此日彼日(차일피일) [32803280] 이날 저 날. 자꾸 기한을 미루는 모양. (유) 此月彼月
借廳入室(차청입실) [32407080] 대청을 빌려 쓰다가 점점 안방까지 들어감. 처음에는 남에게 의지하다가 점차 그의 권리까지 침범함. (유) 借廳借閨
借廳借閨(차청차규) [32403220] 借廳入室 참조. 대청을 빌려 쓰다가 점점 안방까지 들어감.
參差不齊(참치부제) [52407232] 길고 짧고 들쭉날쭉하여 가지런하지 아니함.
滄桑之變(창상지변) [20323252] 桑田碧海 참조. 푸른 바다가 뽕나무밭이 되는 변화.
彰善懲惡(창선징악) [20503052] 勸善懲惡 참조. 착한 것을 드러내고, 악한 것을 징계함.
創氏改名(창씨개명) [42405072] 성씨를 새로 만들고 이름을 고침, 일제가 강제로 우리나라 사람의 성과 이름을 일본식으로 고치게 한 일을 가리킴.
創業守成(창업수성) [42624262] 나라(왕조)를 세우는 것과 나라(왕조)를 지키는 것. <출> 당서(唐書) 방현령전(房玄齡傳).
彰往察來(창왕찰래) [20424270] 이미 지난 일을 분명하게 밝혀서 장차 올 일의 득실을 살핌.
創痍未瘳(창이미추) [42104200] 칼에 맞은 상처가 아직 아물지 않았다는 뜻으로, 전란의 피해(被害)가 아직 회복(回復)되지 않았음 <출> 史記
滄海桑田(창해상전) [20723242] 桑田碧海 참조. 푸른 바다가 뽕나무밭이 되는 변화.
滄海遺珠(창해유주) [20724032] 넓고 큰 바다 속에 캐어지지 않은 채 남아 있는 진주. 세상에 미처 알려지지 않은 드물고 귀한 보배. 세상에 미처 알려지지 않은 덕과 지혜가 높은 어진 사람. <출> 당서

(唐書).

滄海一粟(창해일속) [20728030] 九牛一毛 참조. 넓고 큰 바다 속의 좁쌀 한 알. 아주 많거나 넓은 것 가운데 있는 매우 하찮고 작은 것. 소식(蘇軾)의 전적벽부(前赤壁賦).

滄海一滴(창해일적) [20728030] 九牛一毛 참조. 넓고 큰 바다 속의 물방울 하나.

采薪之憂(채신지우) [12103232] 섶을 만들어야 하는 근심. 병이 들어서 땔나무를 할 수 없음. 자신의 병을 겸손하게 이르는 말. <출> 맹자(孟子) 공손추(公孫丑) 편. (유) 負薪之憂

妻城子獄(처성사옥) [32427232] 아내는 성(城)이고 자식은 감옥. 처자가 있는 사람은 거기에 얽매여 자유롭게 활동할 수 없음.

跖狗吠堯(척구폐요) [00300212] 중국에서 악하기로 유명한 도척이라는 사람이 기르던 개가 착한 임금으로 이름난 요임금을 보고 짖었다는 데에서, 누구나 자기 주인에게 충실한 법임을 이르는 말로 못된 것에 물들면 착한 사람을 도리어 못된 것으로 알고 덤빈다는 뜻과 악한 사람의 편이 되어 착한 사람을 미워한다는 말 (유) 桀犬吠堯

倜儻不羈(척당불기) [02007210] 기개(氣槪)가 있고, 뜻이 커서 남에게 눌려지내지 않음

慼謝歡招(척사환초) [00424040] 슬픔은 사양하고 즐거움은 부름. 마음에서 슬픔이 없어지고 즐거움만 부른 듯이 오게 됨 <출> 千字文

隻手空拳(척수공권) [20727232] 赤手空拳 참조. 외손에 빈주먹.

隻分隻厘(척푼척리) [20622002] 몇 푼 안 되는 적은 돈.

陟岵陟屺(척호척기) [12021200] 타향(他鄕)에 있는 자식(子息)이 고향(故鄕)의 부모(父母)를 그리워하여 자주 산에 올라가 고향(故鄕) 쪽을 바라봄

天高馬肥(천고마비) [70625032] 하늘은 높고 말은 살찜. 하늘이 맑고 모든 것이 풍성함. <출> 한서(漢書) 흉노전(匈奴傳). (유) 秋高馬肥

千軍萬馬(천군만마) [70808050] 천 명의 군사와 만 마리의 군마, 아주 많은 수의 군사와 군마를 이름.

千金買骨(천금매골) [70805040] 연(燕)나라의 소왕(昭王)이 어진 자를 구할 때, 곽외가 옛날 어느 임금이 천리마를 구하기 위해서 먼저 말의 뼈를 샀다는 이야기를 예로 들며 자기 자신부터 등용하게 했다는 고사로 열심히 인재를 구함을 말함 <출> 전국책(戰國策)

千年一淸(천년일청) [70808062] 百年河淸 참조. 천 년에 한 번 맑아짐. 가능하지 아니한 일을 바람.

天道不謟(천도부도) [70727200] 하늘이 선한 사람에게는 복을 주고, 악(惡)한 사람에게는 화(禍)를 주는 것은 조금도 의심할 바 없음

天道是非(천도시비) [70724242] 하늘의 도는 옳은 지 그른 지 알 수 없음. 漢武帝 때 匈奴의 포로가 된 李陵을 司馬遷이 홀로 비호하다가 宮刑을

당하였는데, 뒤에 사마천은 伯夷叔齊는 仁과 德을 쌓았으나 굶어 죽었고, 顔回는 학문을 좋아하였으나 쌀겨도 배불리 못먹고 夭折하였지만, 盜跖은 사람을 죽이는 등 포악방자하였지만 천수를 누렸다고 하면서 선현에 자신의 처지를 빗대 천도에 대해 의문을 제기한 데서 유래. 史記 伯夷叔齊列傳.

千慮一得(천려일득) [70408042] 천 번을 생각하여 하나를 얻음. 어리석은 사람이라도 많은 생각을 하면 그 과정에서 한 가지쯤은 좋은 것이 나올 수 있음. (상) 千慮一失

千慮一失(천려일실) [70408060] 천 번 생각에 한 번 실수. 슬기로운 사람이라도 여러 가지 생각 가운데에는 잘못되는 것이 있을 수 있음. <출> 사기(史記) 회음후열전(淮陰侯列傳). (유) 智者一失 (상) 千慮一得

千萬多幸(천만다행) [70806062] 아주 다행함. (유) 萬萬多幸, 萬分多幸

天方地方(천방지방) [70727072] 하늘 방향이 어디이고 땅의 방향이 어디인지 모름. 마음이 조급하여 허둥지둥 함부로 날뛰는 모양. 天方地軸과 함께 한국 속담이 漢譯된 것. 원래 속담이 무엇인지는 확실치 않음. 동언해(東言解). 유) 天方地軸

天方地軸(천방지축) [70727020] 天方地方 참조. 하늘 방향이 어디이고 땅의 축이 어디인지 모름.

川邊風景(천변풍경) [70426250] 천변 중심의 경치나 삶의 모습, 박태원이 지은 소설의 이름.

千峯萬壑(천봉만학) [70328010] 수많은 산봉우리와 산골짜기.

千絲萬縷(천사만루) [70408002] 피륙을 짜는 데에 드는 온갖 가는 실의 수많은 올.

天上天下(천상천하) [70727072] 하늘 위와 하늘 아래라는 뜻으로, 온 세상을 이름.

天生緣分(천생연분) [70804062] 하늘이 정하여 준 연분.

千歲一時(천세일시) [70528072] 千載一遇 참조. 천년에 한 번 올까 말까한 한 번의 때.

千辛萬苦(천신만고) [70308060] 천 가지 매운 것과 만 가지 쓴 것, 온갖 어려운 고비를 다 겪으며 심하게 고생함.

千耶萬耶(천야만야) [70308030] 가파로운 산이나 벼랑 같은 것이 천길만길이나 되는 듯 까마득하게 높거나 깊은 모양.

天壤之間(천양지간) [70323272] 雲泥之差 참조. 하늘과 땅의 사이.

天壤之差(천양지차) [70323240] 雲泥之差 참조. 하늘과 땅의 차이.

天壤之判(천양지판) [70323240] 雲泥之差 참조. 하늘이라는 판가름과 땅이라는 판가름.

天淵之差(천연지차) [70123240] 雲泥之差 참조. 하늘과 연못과의 거리의 차이.

天佑神助(천우신조) [70126242] 하늘이 돕고 신령이 도움.

天衣無縫(천의무봉) [70605020] 하늘나라 옷은 꿰맨 흔적이 없음. 일부러 꾸민 데 없이 자연스럽고 아름다우면서 완전함. 완전무결하여 흠이 없음.

세상사에 물들지 아니한 어린이와 같은 순진함. 주로 시가(詩歌)나 문장에 대하여 이르는 말임. 태평광기(太平廣記) 귀괴신기(鬼怪神寄) 곽한(郭翰)의 이야기.

天人共怒(천인공노) [70806242] 하늘과 사람이 함께 노함, 누구나 분노할 만큼 증오스럽거나 도저히 용납할 수 없음을 이름.

千仞斷崖(천인단애) [70004210] 천 길이나 되는 깎아지른 듯한 높은 낭떠러지. (유) 千仞絶壁

千仞萬丈(천인만장) [70008032] 매우 높거나 깊음.

千仞絶壁(천인절벽) [70004242] 천 길이나 되는 깎아지른 듯한 높은 낭떠러지. (유) 千仞斷崖

千一夜話(천일야화) [70806072] 1001일 동안 밤에 한 이야기. 아랍 어로 쓰여진 설화집, 아라비안나이트.

千紫萬紅(천자만홍) [70328040] 울긋불긋한 여러 가지 꽃의 빛깔. 또는 그런 빛깔의 꽃. (유) 萬紫千紅

千載一時(천재일시) [70328072] 千載一遇 참조. 천년에 한 번 올까 말까한 한 번의 때.

千載一遇(천재일우) [70328040] 천 년에 단 한 번 만남. 좀처럼 만나기 어려운 좋은 기회. 문선(文選)에 실린 원안(袁宏)의 삼국명신서찬(三國名臣序贊). (유) 千歲一時, 千載一時

天災地變(천재지변) [70507052] 지진, 홍수, 태풍 따위의 자연현상으로 인한 재앙.

天定配匹(천정배필) [70604230] 하늘에서 미리 정하여 준 배필, 잘 어울리는 한 쌍의 부부. (유) 天生配匹(천생배필) 天上配匹(천상배필) 天生佳緣(천생가연)

天井不知(천정부지) [70327252] 천장(天井=天障)을 알지 못함. 하늘 높은 줄 모름. 물가 따위가 한없이 오르기만 함.

天地萬物(천지만물) [70708072] 세상에 있는 모든 것.

天地神明(천지신명) [70706262] 온세상, 대자연을 다스린다는 온갖 신령.

天眞爛漫(천진난만) [70422030] 자연스럽고 참되어 말이나 행동에 아무런 꾸밈이 없음.

千差萬別(천차만별) [70408060] 여러 가지 사물이 모두 차이가 있고 구별이 있음.

千態萬象(천태만상) [70428040] 천 가지 모습과 만 가지 형상, 온갖 모양, 세상 사물이 한결같지 아니하고 각각 모습,모양이 다름을 이름.

千篇一律(천편일률) [70408042] 수많은 글이 모두 하나의 법칙 내지는 특성을 나타냄. 여럿이 개별적 특성이 없이 모두 엇비슷한 현상. 여러 시문의 격조(格調)가 모두 비슷하여 개별적 특성이 없음. (유) 一律千篇

天下一色(천하일색) [70728070] 傾國之色 참조. 세상에 하나뿐인 미모.

天下壯士(천하장사) [70724052] 세상에 비길 데 없는 힘센 사람.

天下絶色(천하절색) [70724270] 傾國之色 참조. 세상에 끊어진 미모.

天下泰平(천하태평) [70723272] 정치가 잘되어 온 세상이 평화로움, 어떤 일에 무관심한 상태로 걱정 없이 편안하게 있는 태도를 가벼운 놀림조로 이르는 말.

淺學菲才(천학비재) [32800262] 학문이 얕고 재주가 변변치 않음, 자기 학식을 겸손하게 이르는 말. (유) 淺學短才

徹頭徹尾(철두철미) [32603232] 처음부터 끝까지 빈틈이 없음. (유) 徹上徹下

轍鮒之急(철부지급) [10003262] 涸轍鮒魚 참조. 물 마른 수레바퀴 자국 속에 있는 붕어의 급함.

徹上徹下(철상철하) [32723272] 徹頭徹尾 참조. 위부터 아래까지 빈틈이 없음..

啜菽飮水(철숙음수) [00106280] 콩을 먹고 물을 마신다는 뜻으로, 집은 가난하여도 부모에게 효도를 극진(極盡)히 함을 이르는 말 <출>禮記(예기)

鐵杵磨鍼(철저마침) [50023210] 쇠공이를 갈아서 바늘을 만들다' 라는 뜻으로, 정성(精誠)을 다하여 노력(努力)하면 아무리 힘든 목표(目標)라도 달성(達成)할 수 있음을 나타내는 말 <출> 방여승람(方輿勝覽) (유) 鐵棒磨成針 磨鐵杵欲作針 磨鐵杵 磨杵成針

鐵杵成針(철저성침) [50026240] 愚公移山 참조. 절구공이를 갈아 바늘을 만듦. 의지를 가지고 노력하면 반드시 성공함. 진인석(陳仁錫)의 잠확류서(潛確類書).

鐵杵成鍼(철저성침) [50026210] 愚公移山 참조. 절구공이를 갈아 바늘을 만듦.

徹地之冤(철지지원) [32703210] 徹天之寃 참조. 땅에 사무치는 크나큰 원한.

徹天之冤(철천지원) [32703210] 하늘에 사무치는 크나큰 원한. (유) 徹地之冤, 徹天之恨

徹天之恨(철천지한) [32703240] 徹天之寃 참조. 하늘에 사무치는 크나큰 원한.

晴耕雨讀(청경우독) [30325262] 晝耕夜讀 참조. 날이 개면 논밭을 갈고 비가 오면 글을 읽음. 부지런히 일하며 공부함.

青丘永言(청구영언) [80326060] 조선 영조 4년(1728)에 金天澤(김천택)이 역대 시조를 수집하여 펴낸 최초의 시조집.

清廉潔白(청렴결백) [62304280] 마음이 맑고 깨끗하며 탐욕이 없음.

清貧樂道(청빈낙도) [62426272] 安貧樂道 참조. 청렴결백하고 가난하게 사는 것을 옳은 것으로 여기고 즐김.

青酸加里(청산가리) [80205070] '시안화칼륨'을 일상적으로 이르는 말. '청산칼리(青酸kali)'의 음역어.

青山流水(청산유수) [80805280] 푸른 산에 거침없이 흐르는 맑은 물에서, 막힘없이 썩 잘하는 말을 비유적으로 이르는 말.

清純可憐(청순가련) [62425030] 맑고 순수하며 가엾고 불쌍하게 여길만 함, 심성이 맑고 몸매가 가냘퍼 보여 동정심을 불러 일으키는 여인의 모습을 형용하는 말.

青雲之志(청운지지) [80523242] 끈 뜻을 펼치기 위하여 벼슬길에 오르고자 하는 뜻. 높은 지위에 오르고자 하는 뜻. 혹 속세를 초탈하려는 뜻을 일컫기도 함. 王勃(왕발)의 藤王閣詩序(등왕각시서), 장구령

(張九齡)의 조경견백발(朝鏡見白髮). (유) 凌雲之志 陵雲之志

淸日戰爭(청일전쟁) [62806250] 1894년 조선에 출병하는 문제로 일어난 청나라와 일본과의 전쟁.

靑天白日(청천백일) [80708080] 하늘이 맑게 갠 대낮. 맑은 하늘에 뜬 해. 혐의나 원죄(冤罪)가 풀리어 무죄가 됨. <출> 한유(韓愈)의 여최군서(與崔群書).

靑天霹靂(청천벽력) [80700202] 맑게 갠 하늘에서 치는 날벼락. 뜻밖에 일어난 큰 변고나 사건. 남송(南宋)의 대시인 육유(陸游)의 검남시고(劍南詩稿) 구월사일계미명기작(九月四日鷄未鳴起作)이라는 시.

靑出於藍(청출어람) [80703020] 쪽에서 뽑아낸 푸른 물감이 쪽보다 더 푸름. 제자나 후배가 스승이나 선배보다 나음. 순자(荀子) 권학(勸學) 편. (유) 出藍

淸風明月(청풍명월) [62626280] 맑은 바람과 밝은 달.

棣鄂之情(체악지정) [00023252] 산앵두나무 꽃의 정의. 형제간의 두터운 우애를 이름. (유) 塤篪相和

草根木皮(초근목피) [70608032] 풀뿌리와 나무껍질, 맛이나 영양 가치가 없는 거친 음식을 비유적으로 이름.

初度巡視(초도순시) [50603242] 한 기관의 책임자나 감독자 등이 부임하여 처음으로 그 관할 지역을 순회하여 시찰함.

樵童牧豎(초동목수) [10624200] 땔나무하는 아이와 소먹이는 총각이라는 뜻으로, 배우지 못해 식견(識見)이 좁은 사람을 말함 (유) 樵牧(초목)

初動搜査(초동수사) [50723050] 사건 발생 직후에, 범인을 검거하고 증거를 확보하기 위한 긴급 수사 활동.

草廬三顧(초려삼고) [70128030] 三顧草廬 참조. 초가집을 세 번 돌아봄.

草綠同色(초록동색) [70607070] 同病相憐 참조. 풀색과 녹색은 같은 색. 같은 처지나 경우의 사람들 끼리 어울려 행동함.

草莽之臣(초망지신) [70023252] 벼슬을 하지 않고 초야에 묻혀 사는 사람. (유) 草茅之臣

焦眉之急(초미지급) [20303262] 눈썹에 불이 붙은 상황처럼 매우 급함. 오등회원(五燈會元). (유) 燒眉之急, 燃眉, 焦眉

草食動物(초식동물) [70727272] 풀을 주로 먹고 사는 동물.

焦心苦慮(초심고려) [20706040] 勞心焦思 참조. 마음을 태우며 애써 생각함.

招搖過市(초요과시) [40305272] 호령하고, 수레 소리 요란하게 울리면서 거들먹거리며 저자거리를 지남. 요란하게 자랑하고 다님. 위(衛)나라 거백옥(蘧伯玉)의 행차 모양으로, 사기(史記) 공자세가(孔子世家).

初志一貫(초지일관) [50428032] 처음에 세운 뜻을 끝까지 밀고 나감.

蜀犬吠日(촉견폐일) [12400280] 井中之蛙 참조. 식견이 좁은 사람이 현인(賢人)의 언행을 의심하는 일. 蜀나라는 산이 높고 안개가 항상 짙어 해가 보이는 날이 드물기 때문에 개들이 해를 보면 이상히 여겨 짖었다는 데서 유래.

寸鐵殺人(촌철살인) [80504280] 한 치의 쇠붙이로 사람을 죽임. 간단한 말로도 남을 감동시키거나 남의 약점을 찌름. 나대경(羅大經)의 학림옥로(學林玉露) 지부(地部) 살인수단(殺人手段).

悤忙之間(총망지간) [02303272] 매우 급하고 바쁜 틈.

蔥竹之交(총죽지교) [02423260] 파피리를 불고 대말을 타며 어렸을 때에 함께 놀던 벗 및 그 사귐.

冢中枯骨(총중고골) [00803040] 무덤 가운데 있는 백골이라는 뜻으로 무능한 사람을 이름.

摧堅陷陣(최견함진) [00403240] 견고(堅固)한 적의 진을 쳐서 무너뜨림 <출> 南史(남사)

摧枯拉朽(최고납후) [00302010] 마른 나무와 썩은 나무를 꺾음. 쉽사리 상대를 굴복시킴.

秋高馬肥(추고마비) [70625032] 天高馬肥 참조. 하늘은 높고 말은 살찜.

推己及人(추기급인) [40523280] 자기 마음을 미루어 보아 남에게도 그렇게 대하거나 행동함 (유) 絜矩之道

鄒魯之鄕(추로지향) [12123242] 공자와 맹자의 고향, 예절을 알고 학문이 왕성한 곳. 鄒魯는 공자는 노나라 사람이고 맹자는 추나라 사람이라는 데서, 공자와 맹자를 아울러 이르는 말.

芻蕘之說(추요지설) [10003252] 고루(固陋)하고 촌스러운 말. 꼴을 하고 나무하는 사람들의 말

追友江南(추우강남) [32527280] 친구 따라 강남에 감. 자기주장이 없는 행동.

麤衣惡食(추의악식) [00605272] 거친 옷과 거친 음식. 청빈한 생활을 형용. (유) 麤衣糲食

推舟於陸(추주어륙) [40303052] 漱石枕流 참조. 뭍으로 배를 밀려고 함. 잘못을 인정하지 않고 억지를 씀.

麤枝大葉(추지대엽) [00328050] 거친 가지와 커다란 잎이라는 뜻으로, 글을 지을 때에 작은 것에 얽매이지 않고, 느긋하고 대범(大汎)하게 붓을 놀림 <출> 朱子語類(주자어류)

錐處囊中(추처낭중) [10421080] 囊中之錐 참조. 송곳이 주머니 속에 있음.

秋風落葉(추풍낙엽) [70625050] 가을바람에 떨어지는 나뭇잎. 어떤 형세나 세력이 갑자기 기울어지거나 헤어져 흩어지는 모양.

秋毫之末(추호지말) [70303250] 가을의 짐승 털의 끝. 아주 작음, 아주 적음. <출> 맹자(孟子) 양혜왕장구상(梁惠王章句上). (유) 分毫, 秋毫, 一毫, 毫釐, 毫末

逐條審議(축조심의) [30403242] 한 조목씩 차례로 모두 심의함.

春秋鼎盛(춘추정성) [70701242] 나이가 솥발처럼 튼튼하게 서고 혈기가 매우 왕성하다는 데서, 제왕의 나이가 한창 때임을 나타냄.

春秋筆法(춘추필법) [70705252] 춘추의 기록 방법. 공자가 엮은 춘추(春秋)와 같이 역사 사건에 대한 비판적이고 엄정한 필법. 대의명분을 밝히어

세우는 역사 서술 방법.

春雉自鳴(춘치자명) [70127240] 봄철의 꿩이 스스로 욺. 시키거나 요구하지 아니하여도 자기 스스로 함.

春夏秋冬(춘하추동) [70707070] 봄, 여름, 가을, 겨울의 네 계절.

出嫁外人(출가외인) [70108080] 시집 간 딸은 남이나 마찬가지임.

出奇制勝(출기제승) [70404260] 기묘한 계략(計略)을 써서 승리함. <출> 사기(史記) 전단(田單)열전.

出沒無雙(출몰무쌍) [70325032] 나타났다 없어졌다 하는 것이 비길 데 없을 만큼 심함.

出産休暇(출산휴가) [70527040] 근로 여성이 아이를 낳기 위하여 얻는 휴가.

出爾反爾(출이반이) [70106210] 너에게서 나와서 너에게로 돌아감. 행불행과 호악이 결국은 모두 자기 자신에 의하여 초래됨. 증자(曾子)의 말로, 맹자(孟子) 양혜왕(梁惠王) 하편.

出將入相(출장입상) [70427052] 나가서는 장수가 되고 들어와서는 재상이 됨. 문무를 다 갖추어 장상(將相)의 벼슬을 모두 지냄.

衝擊療法(충격요법) [32402052] 환자에게 급격한 충격을 줌으로써 치료 효과를 얻는 방법.

忠言逆耳(충언역이) [42604250] 충직한 말은 귀에 거슬림. <출> 사기(史記) 회남왕전(淮南王傳).

揣摩臆測(췌마억측) [00201042] 남의 생각을 자기 나름대로 추측함.

就勞事業(취로사업) [40527262] 영세 근로자의 생계 지원 사업으로 정부에서 실시하는 일거리 제공사업.

吹毛求疵(취모구자) [32424210] 상처를 찾으려고 털을 불어 헤침. 억지로 남의 작은 허물을 들추어냄. <출> 한비자(韓非子) 대체(大體) 편. (유) 吹毛覓疵

吹毛覓疵(취모멱자) [32421210] 吹毛求疵 참조. 상처를 찾으려고 털을 불어 헤침.

取捨選擇(취사선택) [42305040] 쓸 것은 쓰고 버릴 것은 버림.

醉生夢死(취생몽사) [32803260] 술에 취하여 자는 동안에 꾸는 꿈속에 살고 죽음. 한평생을 아무 하는 일 없이 흐리멍덩하게 살아감. (유) 醉死

惻隱之心(측은지심) [10403270] 四端 참조. 사람의 본성에서 우러나오는 불쌍히 여겨 언짢아하는 마음. 仁의 실마리가 되는 마음.

層生疊出(층생첩출) [40801070] 일이 여러 가지로 겹쳐서 자꾸 생겨남.

層巖絶壁(층암절벽) [40324242] 몹시 험한 바위가 겹겹으로 쌓인 낭떠러지.

層層侍下(층층시하) [40403272] 부모, 조부모 등 여러 어른을 모시고 사는 처지.

鴟目虎吻(치목호문) [00603202] 올빼미의 눈과 호랑이의 입술이라는 뜻으로, 탐욕이 많은 상(相)을 이르는 말.

癡人說夢(치인설몽) [10805232] 어리석은 사람이 꿈 이야기를 함. 허황된 말을 지껄임. 남송(南宋)의 석혜홍(釋惠洪)이 쓴 냉재야화(冷齋夜話) 卷九.

蚩蠢之氓(치준지맹) [02103202] 어리석은 백성.

置之度外(치지도외) [42326080] 법도외의 것으로 상관하지 아니하고 내버려둠. <출> 후한

서(後漢書) 공손술열전(公孫述列傳). (유) 度外視

七去之惡(칠거지악) [80503252] 예전에, 아내를 내쫓을 수 있는 이유가 되었던 일곱 가지 허물. 시부모를 잘 섬기지 않는 것(不順父母), 무자식(無子), 부정(不貞), 질투(嫉妬), 못된 병(惡疾), 수다(多言), 훔치는 것(竊盜). 공자가어(孔子家語) 본명해편(本命解篇). (유) 七去, 七出 (상) 三不去

七年大旱(칠년대한) [80808030] 칠 년 동안이나 내리 계속되는 큰 가뭄. 殷(은)나라 탕왕 때에 있었던 큰 가뭄에서 유래.

七落八落(칠락팔락) [80508050] 七零八落 참조. 일곱이 떨어지거나 여덟이 떨어짐.

七零八落(칠령팔락) [80308050] 사물이 가지런하게 고르지 못함. 제각기 뿔뿔이 흩어지거나 이리저리 없어짐. (유) 七落八落

七步成詩(칠보성시) [80426242] 七步之才 참조. 일곱 걸음에 한 편의 시를 완성함.

七步之才(칠보지재) [80423262] 일곱 걸음을 걸을 동안에 시를 지을 만한 재주. 아주 뛰어난 글재주. 魏나라의 시인 조식(曹植)이 형 조비(曹丕)의 명에 따라 일곱 걸음을 걸을 동안에 시를 지었다는 데서 유래. <출> 세설신어(世說新語) 문학편(文學篇). (유) 七步才, 倚馬之才, 七步成詩

七顚八起(칠전팔기) [80108042] 일곱 번 넘어지고 여덟 번 일어남. 여러 번 실패하여도 굴하지 아니하고 꾸준히 노력함.

七顚八倒(칠전팔도) [80108032] 일곱 번 구르고 여덟 번 거꾸러짐. 수없이 실패를 거듭하거나 매우 심하게 고생함. (유) 十顚九倒

七縱七擒(칠종칠금) [80328010] 마음대로 잡았다 놓아 주었다 함. 상대편을 마음대로 요리함. 蜀나라의 諸葛亮이 맹획(孟獲)을 일곱 번이나 사로잡았다가 일곱 번 놓아 주었다는 데서 유래. <출> 삼국지(三國志). (유) 七擒

枕流漱石(침류수석) [30520260] 漱石枕流 참조. 흐르는 물을 베개로 삼고, 돌로 양치질힘. 진서(晋書) 손초전(孫楚專).

針小棒大(침소봉대) [40801080] 작은 일을 크게 불리어 떠벌림. 鍼小棒大로도 씀.

鍼小棒大(침소봉대) [10801080] 작은 일을 크게 불리어 떠벌림. 針小棒大로도 씀

沈魚落雁(침어낙안) [32505030] 丹脣皓齒 참조. 아름다운 여인의 용모. 미인. 미인을 보고 물 위에서 놀던 물고기가 부끄러워서 물속 깊이 숨고 하늘 높이 날던 기러기가 부끄러워서 땅으로 떨어졌다는 데서 유래. <출> . <출> 장자(莊子) 제물론(齊物論).

快刀亂麻(쾌도난마) [42324032] 잘 드는 칼로 마구 헝클어진 삼 가닥을 자름. 어지럽게 뒤얽힌 사물을 강력한 힘으로 명쾌하게 처리함.

唾面自乾(타면자건) [10707232] 다른 사람이 나의 얼굴에 침을 뱉으면 절로 그 침이 마를 때까지 기다림. 처세에는 인내가 필요함을 강조하여 이르는 말. 십팔사략(十八史略).

他山之石(타산지석) [50803260] 다른 산의 나쁜 돌이라도 자신의 산의 옥돌을 가는 데에 쓸 수 있음. 본이 되지 않을 남의 말이나 행동도 자신의 지식과 인격을 수양하는 데에 도움이 될 수 있음. <출> 시경(詩經) 소아(小雅) 편의 학명(鶴鳴) 시.

他尙何說(타상하설) [50323252] 다른 무엇을 어찌 말할 필요가 있겠는가? 한 가지를 보면 다른 것은 보지 않아도 헤아릴 수 있음.

打草驚蛇(타초경사) [50704032] 풀을 두들겨서 뱀을 놀라게 함. 불필요하게 상대방을 자극함. 수호전(水滸傳). (유) 宿虎衝鼻, 飛鳥驚蛇, 驚蛇入草

託孤寄命(탁고기명) [20404070] 후견인에게 어린 임금을 부탁하고 국정을 위탁함. 또는 어린 임금을 돕는 후견인이 됨. (유) 託寄

卓上空論(탁상공론) [50727242] 현실성이 없는 허황한 이론이나 논의. (유) 机上空論, 机上論, 紙上兵談

殫竭心力(탄갈심력) [00107072] 마음과 힘을 다 쏟음.

炭水化物(탄수화물) [50805272] 탄소와 물분자로 이루어진 유기 화합물.

炭化水素(탄화수소) [50528042] 탄소와 수소만으로 이루어진 화합물을 통틀어 이름.

脫脂粉乳(탈지분유) [40204040] 지방분을 제거한 우유를 건조시켜 만든 가루우유.

脫兎之勢(탈토지세) [40323242] 우리를 빠져나가 달아나는 토끼의 기세. 매우 빠르고 날랜 기세.

貪官汚吏(탐관오리) [30423032] 백성의 재물을 탐내어 빼앗는, 행실이 깨끗하지 못한 관리.

探囊取物(탐낭취물) [40104272] 囊中取物 참조. 주머니를 뒤져 물건을 얻음.

貪賂無藝(탐뢰무예) [30105042] 貪欲無藝 참조. 뇌물을 탐함에 그 끝이 없음.

貪小失大(탐소실대) [30806080] 작은 이익을 탐하여 큰 이익을 잃어버림. 유자신론(劉子新論) 탐애(貪愛)편.

貪欲無藝(탐욕무예) [30325042] 탐내는 욕심에 끝이 없음. 국어(國語) 진어(晋語) 8편. (유) 貪賂無藝

貪天之功(탐천지공) [30703262] 하늘의 공을 탐함. 남의 공을 도용함. <출> 춘추좌씨전(春秋左氏傳) 진문공(晋文公)조.

湯池鐵城(탕지철성) [32325042] 金城湯池 참조. 끓는 못과 쇠로 만든 성.

太剛則折(태강즉절) [60325040] 너무 굳거나 빳빳하면 꺾어지기가 쉬움.

太古時代(태고시대) [60607262] 현재로부터 아주 멀리 떨어진 아주 오랜 시대.

太史之簡(태사지간) [60523240] 董狐之筆 참조. 太史는 중국에서 기록을 맡아보던 벼슬아치로 史官을 말하고, 簡은 문서를 말함. 역사가의 역사 기록. 역사를 기록함에 사실을 숨기지 아니하고 그대로 씀.

泰山北斗(태산북두) [32808042] 태산(泰山)과 북두칠성. 세상 사람들로부터 존경받는 사람. <출> 당서(唐書) 한유전(韓愈傳). (유) 山斗, 泰斗

泰山壓卵(태산압란) [32804240] 큰 산이 알을 누름. 큰 위세와 위엄. 아주 쉬움. 진서(晋書) 손혜전(孫惠傳).

泰山峻嶺(태산준령) [32801232] 큰 산과 험한 고개.

太上皇后(태상황후) [60723212] 황제의 살아 있는 어머니, 선 황제의 살아 있는 아내.

胎生植物(태생식물) [20807072] 태생하는 식물. 열매가 익은 후에도 한동안 모체 내에 머물러 거기서 종자가 발아하고 뿌리가 나서 떨어져 번식함.

泰然自若(태연자약) [32707232] 마음에 어떠한 충동을 받아도 움직임이 없이 크게 자연스러워 저절로 그런듯함.

太平聖代(태평성대) [60724262] 道不拾遺 참조. 어진 임금이 잘 다스리어 태평한 세상이나 시대.

太平煙月(태평연월) [60724280] 밥 짓는 연기에 은은한 달빛이 어리는 크게 평화로운 풍경의 세월. 근심이나 걱정이 없는 편안한 세월.

土木工事(토목공사) [80807272] 철도를 놓고 뱃길을 내는 등의 땅과 하천 따위를 고쳐 만드는 공사.

土崩瓦解(토붕와해) [80303242] 흙이 무너지고 기와가 깨짐, 어떤 조직이나 사물이 손을 쓸 수 없을 정도로 무너져 버림.

兎死狗烹(토사구팽) [32603002] 토끼가 죽으면 사냥개를 삶아 먹힘(狡兎死走狗烹). 필요할 때는 쓰고 필요 없을 때는 야박하게 버림. <출> 사기(史記) 회음후열전(淮陰侯列).

兎死狐悲(토사호비) [32601042] 토끼가 죽으니 여우가 슬퍼함. 같은 무리의 불행을 슬퍼함. (유) 狐死兎泣, 狐死兎悲

兎營三窟(토영삼굴) [32408020] 토끼가 위기에서 벗어나기 위하여 세 개의 굴을 파 놓아 둠. 자신의 안전을 위하여 미리 몇 가지 대비책을 짜 놓음.

吐盡肝膽(토진간담) [32403220] 간과 쓸개를 다 토함. 실정(實情)을 숨김없이 다 털어놓고 말함. (유) 吐盡

吐哺握髮(토포악발) [32102040] 민심을 수렴하고 정무를 보살피기에 잠시도 편안함이 없음. 훌륭한 인물을 잃을까 두려워하는 마음. 周公이 식사 때나 목욕할 때 내객이 있으면 먹던 것을 뱉고, 감고 있던 머리를 거머쥐고 영접하였다는 데서 유래. 한시외전(韓詩外傳). (유) 握沐, 握髮, 握髮吐哺, 吐握, 吐哺, 吐哺捉髮

吐哺捉髮(토포착발) [32103040] 吐哺握髮 참조. 먹던 것을 뱉고, 감고 있던 머리를 거머쥠.

通俗小說(통속소설) [60428052] 문학적 가치보다는 흥미에 중점을 두고, 재미있는 사건의 전개에 중점을 두는 소설.

投杼踰牆(투저유장) [40001202] 三人成虎 참조. 베틀북을 던지고 담장을 뛰어 넘음. 여러 번 말을 들으면 믿게 됨. 증삼(曾參)의 어머니가 아들을 굳게 믿어 의심하지 않았는데, 베를 짜고 있을 때 어떤 사람이 와서 증삼이 사람을 죽였다고 고함을 쳤으나 곧이듣지 않았고, 두 번째도 그랬으나, 세 번째 사람이 와서 같은 말을 하니 결국 북을 던지고 담장을 뛰어넘어 달려나갔다는 고사에서 유래. <출> 전국책(戰國策) 진책(秦策).
投鞭斷流(투편단류) [40104252] 채찍을 던져 흐르는 강물을 막음. 병력이 많고 강대함을 비유하여 이르는 말. 진서(晋書) 견재기(堅載記).
投筆從戎(투필종융) [40524010] 붓을 던지고 창을 좇음. 학문을 포기하고 종군(從軍)함. <출> 한서(漢書) 반초(班超)전.
特急列車(특급열차) [60624272] 보통의 급행열차보다 더 빨리 달리는 열차.
特別活動(특별활동) [60607272] 정규 과업 이외의 활동. 학교 교육 과정에서 교과 학습 이외의 교육 활동.
特筆大書(특필대서) [60528062] 大書特筆 참조. 특별하게 쓰고 큰 글씨로 씀.
破鏡重圓(파경중원) [42407042] 반으로 잘라졌던 거울이 합쳐져 다시 둥그런 본 모습을 찾게 됨. 생이별한 부부가 다시 만남.
破鏡之歎(파경지탄) [42403240] 깨어진 거울 조각을 들고 하는 탄식. 부부의 이별을 서러워하는 탄식.
破觚斲雕(파고착조) [42000002] 모난 것을 둥글게 하고, 복잡하게 조각한 것을 깎아냄 또는 가혹(苛酷)한 형벌을 없애고, 복잡한 규칙을 고침 <출> 史記(사기)
破瓜之年(파과지년) [42203280] 破瓜는 여자의 생리나 처녀성 상실을 나타냄. 또 瓜를 破字하면 八八이 되므로 여자 나이 16세, 남자 나이 64세를 나타냄. 진(晋)나라 손작(孫綽)의 시 정인벽옥가(情人碧玉歌).
波瀾萬丈(파란만장) [42108032] 물결이 만 길임. 사람의 생활이나 일의 진행이 여러 가지 곡절과 시련이 많고 변화가 심함. (유) 波瀾重疊
波瀾重疊(파란중첩) [42107010] 波瀾萬丈 참조. 물결 위에 물결임.
破釜沈舟(파부침주) [42123230] 背水之陣 참조. 밥 지을 솥을 깨뜨리고 돌아갈 때 탈 배를 가라앉힘. 살아 돌아올 기약을 하지 않고 결사의 각오로 싸우겠다는 굳은 결의. <출> 사기(史記) 항우본기(項羽本紀).
破邪顯正(파사현정) [42324072] 불교(佛敎) 삼론종(三論宗)의 근본 교의로 사견(邪見)과 사도(邪道)를 깨고 정법(正法)을 드러냄 곧 부처의 가르침에 어긋나는 생각을 버리고 올바른 도리를 따른다는 의미. 2012년 올해의 사자성어. <출> 삼론현의(三論玄義) (유) 破顯, 衛正斥邪, 衛正斥邪
波狀攻擊(파상공격) [42424040] 파도 모양으로 일정한 시간 간격을 두고 되풀이하여 하는 공격.
破顔大笑(파안대소) [42328042] 매우 즐거운 표정으로 활짝 웃음. (유) 破顔一笑
破顔一笑(파안일소) [42328042] 破顔大笑 참조. 얼굴 모양이 깨질 정도로 한 번 크게 웃음.
破竹之勢(파죽지세) [42423242] 燎原之火 참조. 대를 쪼개는 기세. 적을 거침없이 물리치고 쳐들어가는 기세. 진서(晋書) 두예전(杜預傳).

皤皤老人(파파노인) [00007080] 머리털이 하얗게 센 늙은이.

阪上走丸(판상주환) [12724230] 언덕 위에서 공을 굴림, 어떤 세력에 힘입어 일을 꾀하면 쉽게 이루어지거나 잘 진전됨.

八年風塵(팔년풍진) [80806220] 오랜 세월 동안 바람 맞고 먼지를 뒤집어 씀, 오랜 세월 고생함, 유방이 8년을 고생한 끝에 항우를 멸한 데서 유래.

八方美人(팔방미인) [80726080] 어느 모로 보나 아름다운 사람. 여러 방면에 능통한 사람. 한 가지 일에 정통하지 못하고 온갖 일에 조금씩 손대는 사람. 주관이 없이 누구에게나 잘 보이도록 처세하는 사람.

八字青山(팔자청산) [80708080] 미인의 고운 눈썹을 이름.

敗家亡身(패가망신) [50725062] 집안의 재산을 다 써 없애고 몸을 망침.

悖入悖出(패입패출) [10701070] 사리에 어긋나게 비정상적인 방법으로 얻은 재물은 비정상적으로 다시 나감. 대학(大學).

烹羊炮羔(팽양포고) [02420002] 설 같은 때에 양이나 염소 등을 잡아 잔치를 베풂

鞭長莫及(편장막급) [10803232] 돕고 싶지만 능력이 미치지 못함. 채찍이 길다 해도 말의 배까지는 닿지 않는다(雖鞭之長不及馬腹)라고 한 말에서 유래. <출> 춘추좌씨전(春秋左氏傳) 선공(宣公) 15년조.

平隴望蜀(평롱망촉) [72005212] 得隴望蜀 참조. 농(隴) 지방을 평정한 뒤에 촉(蜀) 지방까지 바람,

平地風波(평지풍파) [72706242] 평온한 자리에서 일어나는 바람과 파도, 뜻밖에 분쟁이 일어남을 비유. 唐(당)나라의 시인 劉禹錫(유우석)의 竹枝詞(죽지사).

平和共生(평화공생) [72626280] 평온하고 화목하게 함께 살아감.

閉月羞花(폐월수화) [40801070] 傾國之色 참조. 여인의 얼굴과 맵시가 매우 아름다움. 미인. 미인을 보고 꽃도 부끄러워하고 달도 숨는다는 데서 유래.

敝衣破冠(폐의파관) [00604232] 弊袍破笠 참조. 해진 옷과 부서진 갓.

敝衣破笠(폐의파립) [00604210] 弊袍破笠 참조. 해진 옷과 부서진 갓.

廢寢忘食(폐침망식) [32403072] 잠을 안 자고, 밥 먹는 것도 잊음. 매우 열심히 공부(연구)함. 송사기사본말(宋史記事本末) 왕안석변법(王安石變法).

廢寢忘餐(폐침망찬) [32403020] 잠자리를 폐하고 먹는 것을 잊음, 일에 몰두함.

弊袍破笠(폐포파립) [32104210] 해진 옷과 부서진 갓. 초라한 차림새. (유) 敝袍破笠, 敝衣破冠 敝衣破笠

捕盜大將(포도대장) [32408042] 조선시대, 포도청의 으뜸 벼슬.

炮烙之刑(포락지형) [00103240] 뜨겁게 달군 쇠로 살을 지지는 형벌로 殷나라 주왕(紂王) 때, 기름칠한 구리 기둥을 숯불 위에 걸쳐 놓고 죄인을 그

위로 건너가게 하였음 <출> 사기(史記) 은본기(殷本紀) (유) 炮烙

蒲柳之姿(포류지자) [10403240] 蒲柳之質 참조. 갯버들의 모습.

蒲柳之質(포류지질) [10403252] 갯버들의 자질. 잎이 일찍 떨어지는 연약한 나무. 몸이 잔약하여 병에 걸리기 쉬운 체질. <출> 세설신어(世說新語) 언어편(言語篇). (유) 蒲柳之姿, 蒲柳質 (상) 松栢之質

抱腹絶倒(포복절도) [30324232] 배를 그러안고 넘어질 정도로 몹시 웃음. (유) 捧腹絶倒, 絶倒, 抱腹

飽食暖衣(포식난의) [30724260] 錦衣玉食 참조. 배부르게 먹고, 따듯하게 입음.

抱薪救火(포신구화) [30105080] 救火投薪 참조. 戰國時代 魏나라의 蘇代가 秦의 割讓 요구에 왕에게 충고하기를 "진나라의 목적은 위나라를 병합하는 것이므로 화의를 맺어도 침공은 그치지 않을 것입니다. 그러므로 진나라에 할양하는 것은 '땔나무를 안고 불을 끄려는 것(抱薪救火)'과 같아, 땔나무가 없어지지 않는 한 불은 꺼지지 않듯이, 땅을 할양하는 것도 이와 마찬가지입니다"라고 한 데서 유래. 史記 魏世家.

飽飫烹宰(포어팽재) [30000230] 배부르면 삶고 칼질한 고기 요리도 싫음. 배 부를 때에는 아무리 좋은 음식도 그 맛을 모름 <출>千字文(천자문)

布衣之交(포의지교) [42603260] 베옷을 입고 다닐 때의 사귐. 벼슬을 하기 전 선비 시절의 사귐. 또는 그렇게 사귄 벗.

鋪裝道路(포장도로) [20407260] 길바닥에 돌이나 시멘트 따위를 깔고 평평하고 단단하게 다져 사람이나 자동차가 다닐 수 있도록 꾸민 비교적 넓은 길.

布帳馬車(포장마차) [42405072] 비바람, 햇볕 따위를 막기 위하여 포장을 둘러친 마차, 손수레 따위에 네 기둥을 세우고 포장을 씌워 만든 이동식 간이 주점.

庖丁解牛(포정해우) [10404250] 기술이 매우 뛰어남. 고대의 이름난 요리사 포정(捕丁)이 소 몸의 생김대로 自然스럽게 칼질하여 소의 살과 뼈를 다치지 않는 것은 물론 칼날에도 손상이 안가도록 소를 잘 잡았다는 데서 유래 <출> 장자(莊子) 양생주편(養生主篇).

抱痛西河(포통서하) [30408050] 공자의 제자인 자하(子夏)가 서하(西河)에서 아들을 잃고 너무 비통해 한 끝에 실명한 고사로 부모가 자식을 잃고 슬퍼함

暴虎馮河(포호빙하) [42321250] 맨손으로 범을 때려잡고 걸어서 황하(黃河)를 건넘. 무모한 용기. <출> 논어(論語) 술이편(述而篇).

輻輳幷臻(폭주병진) [10100202] 수레의 바퀴통에 바퀴살이 모이듯 함, 한곳으로 많이 몰려듦. (유) 輻輳(폭주)

表裏不同(표리부동) [62327270] 겉과 속이 다름. 마음이 음흉하고 불량함.

豹死留皮(표사유피) [10604232] 人死留名 참조. 표범은 죽어서 가죽을 남김. 사람은 죽어서 명예를 남겨야 함. 구양수(歐陽脩)의 신오대사(新五代史) 사절전(死節傳).

表音文字(표음문자) [62627070] 말소리를 그대로 기호로 나타낸 문자.

風木之悲(풍목지비) [62803242] 風樹之歎 참조. 바람이 잦아들 날 없는 나무의 슬픔.

風飛雹散(풍비박산) [62420240] 바람이 날리고 우박이 흩어짐, 사업의 실패로 식솔들이 뿔뿔이 흩어져 살 수 밖에 없게 된 상황을 나타냄. (유) 風散

豐山樅榧(풍산종비) [00800002] 전나무과에 딸린 늘푸른 큰키나무로 건축재, 상자(箱子), 널빤지, 펄프재에 쓰임

風樹之感(풍수지감) [62603260] 風樹之歎 참조. 바람이 잦아들 날 없는 나무의 느낌.

風樹之悲(풍수지비) [62603242] 風樹之歎 참조. 바람이 잦아들 날 없는 나무의 슬픔.

風樹之歎(풍수지탄) [62603240] 효도를 다하지 못한 채 어버이를 여윈 자식의 슬픔. 나무는 고요하고자 하나 바람이 그치지 않고, 자식은 봉양하고자하나 부모님은 기다려 주시지 않네(樹欲靜而風不止, 子欲養而親不待)라는 구절에서 유래. 한시외전(韓詩外傳). (유) 風木之悲, 風樹之感, 風樹之悲

風雲之會(풍운지회) [62523262] 용이 바람과 구름을 얻어서 기운을 얻음. 총명한 임금과 어진 신하가 서로 만남. 영웅호걸이 때를 만나 뜻을 이룰 수 있는 좋은 기회.

風月主人(풍월주인) [62807080] 맑은 바람과 밝은 달 따위의 아름다운 자연을 즐기는 사람.

風前燈燭(풍전등촉) [62724230] 累卵之危 참조. 바람 앞의 등불.

風前燈火(풍전등화) [62724280] 累卵之危 참조. 바람 앞의 등불. 사물이 매우 위태로운 처지에 놓임.

風前燭火(풍전촉화) [62723080] 累卵之危 참조. 바람 앞의 촛불.

風塵表物(풍진표물) [62206272] 속세를 벗어난 사람. (유) 風塵外物

風餐露宿(풍찬노숙) [62203252] 바람을 맞으며 밥을 먹고, 이슬을 맞으며 잠을 잔다는 데서. 객지에서 겪는 숱한 고생을 이름.

風馳電掣(풍치전체) [62107200] 바람이 불고 번개가 친다는 뜻으로, 매우 빠름을 말함

風化作用(풍화작용) [62526262] 암석이 물리 현상으로 점차 분해되어 토양으로 형성되는 작용.

皮骨相接(피골상접) [32405242] 살가죽과 뼈가 맞붙음, 몹시 마른 몸을 이름.

被髮左衽(피발좌임) [32407200] 머리를 풀고 옷깃을 왼쪽으로 여밈. 미개한 나라의 풍습을 이르는 말.

被選擧權(피선거권) [32505042] 선거에 입후보하여 뽑힌 사람이 될 수 있는 권리.

避獐逢虎(피장봉호) [40123232] 노루를 피하다가 호랑이를 만남, 작은 해를 피하려다 도리

어 큰 화를 당함.

彼此一般(피차일반) [32328032] 저나 나나 한가지, 두 편이 서로 같음.

被害妄想(피해망상) [32523242] 남이 자기에게 해를 입힌다고 생각하는 망상.

筆記試驗(필기시험) [52724242] 답안을 글로 써야 하는 시험.

匹馬單騎(필마단기) [30504232] 한 필의 말을 혼자 탐, 지원세력이 없음.

匹夫之勇(필부지용) [30703262] 깊은 생각 없이 혈기만 믿고 함부로 부리는 소인의 용기. <출> 맹자(孟子) 양혜왕(梁惠王) 하편. (유) 小人之勇

匹夫匹婦(필부필부) [30703042] 甲男乙女 참조. 한 사람의 남자와 한 사람의 여자.

必有曲折(필유곡절) [52705040] 반드시 무슨 까닭이 있음. (유) 必有事端

必有事端(필유사단) [52707242] 必有曲折 참조. 반드시 무슨 일의 실마리가 있음.

夏葛冬裘(하갈동구) [70207000] 夏爐冬扇 참조. 여름의 서늘한 베옷과 겨울의 따뜻한 갖옷. 격이나 철에 맞음.

下等動物(하등동물) [72627272] 진화 정도가 낮아 몸의 구조가 단순한 원시적인 동물.

夏爐冬扇(하로동선) [70327010] 여름의 화로와 겨울의 부채. 격(格)이나 철에 맞지 아니함. 논형(論衡) 봉우편(逢遇篇). (유) 冬扇, 冬扇夏爐 (상) 夏葛冬裘

瑕不掩瑜(하불엄유) [10721002] 옥의 티가 옥의 전체적 아름다움을 가리지는 못함, 일부분의 흠으로 전체를 해하지는 못함. (유) 瑕瑜不相揜 (하유불상엄)

瑕不揜瑜(하불엄유) [10720002] 일부분의 흠으로 전체를 해하지는 못함.

下石上臺(하석상대) [72607232] 姑息之計 참조. 아랫돌 빼서 윗돌 괴고 윗돌 빼서 아랫돌 굄.

夏扇冬曆(하선동력) [70107032] 여름의 부채와 겨울의 새해 책력. 선사하는 물건이 철에 맞음.

下愚不移(하우불이) [72327242] 아주 어리석고 못난 사람의 기질은 변하지 아니함.

下情上達(하정상달) [72527242] 백성의 뜻이 위에 미침

下穽投石(하정투석) [72104060] 落穽下石 참조. 함정에 빠진 사람에게 돌을 던짐.

下學上達(하학상달) [72807242] 아래를 배워 위에 도달함. 쉬운 지식을 배워 어려운 이치를 깨달음. <출> 논어(論語) 헌문(憲問).

下厚上薄(하후상박) [72407232] 아랫사람에게 후하고 윗사람에게는 박하게 함.

鶴首苦待(학수고대) [32526060] 학의 목처럼 목을 길게 빼고 간절히 기다림. (유) 鶴首, 鶴望, 鶴企, 鶴立

學如不及(학여불급) [80427232] 배움은 모자란 듯이 여김. 배움의 길은 끝이 없으므로 자만하지 말고 끊임없이 학문에 정진하여야 함.

學而知之(학이지지) [80305232] 三知 참조. 배워서야 앎에 이름.

漢江投石(한강투석) [72724060] 한강에 돌 던지기. 지나치게 미미하여 아무런 효과를 미치지 못함.

限界狀況(한계상황) [42624240] 죽음 등 인생에서 불가피하게 직면할 수밖에 없는 상황.

邯鄲夢枕(한단몽침) [12023230] 邯鄲之夢 참조. 한단의 꿈과 베개.

邯鄲之夢(한단지몽) [12023232] 南柯一夢 참조. 인생과 영화의 덧없음. 서기 731년에 노생(盧生)이 한단이란 곳에서 여옹(呂翁)의 베개를 빌려 잠을 잤는데, 꿈속에서 80년 동안 부귀영화를 다 누렸으나 깨어보니 메조로 밥을 짓는 동안이었다는 데서 유래. 심기제(沈旣濟)의 침중기(枕中記)에서 보임.

邯鄲之步(한단지보) [12023242] 함부로 자기 본분을 버리고 남의 행위를 따라 하면 두 가지 모두 잃음. 어떤 사람이 한단이란 도시에 가서 그곳의 걸음걸이를 배우려다 미처 배우지 못하고, 본래의 걸음걸이도 잊어버려 기어서 돌아왔다는 데에서 유래. <출> . <출> 장자(莊子) 추수편(秋水篇). (유) 邯鄲學步

邯鄲之枕(한단지침) [12023230] 邯鄲之夢 참조. 한단의 베개.

邯鄲學步(한단학보) [12028042] 邯鄲之步 참조. 한단에서 걸음걸이를 배움.

汗流浹背(한류협배) [32520242] 땀이 흘러 등을 적심. 극도로 무서워하거나 긴장된 상황. <출> 사기(史記) 진승상세가(陳丞相世家).

韓方醫術(한방의술) [80726062] 약초와 침 등으로 병을 치료하는 우리나라 의술.

汗牛充棟(한우충동) [32505220] 짐으로 실으면 소가 땀을 흘리고, 쌓으면 들보에까지 참. 가지고 있는 책이 매우 많음. 柳宗元(유종원) 陸文通先生墓表(육문통선생묘표). (유) 五車, 五車書, 五車之書

割席分坐(할석분좌) [32606232] 자리를 갈라서 따로 앉음. 교제를 끊고 같은 자리에 앉지 아니함. <출> 세설신어(世說新語) 덕행(德行) 편.

緘口無言(함구무언) [10705060] 입을 다물고 아무 말도 하지 아니함. (유) 緘口不言

緘口不言(함구불언) [10707260] 緘口無言 참조. 입을 다물고 아무 말도 하지 아니함.

含憤蓄怨(함분축원) [32404240] 분한 마음을 품고 원한을 쌓음.

含哺鼓腹(함포고복) [32103232] 잔뜩 먹고 배를 두드림. 먹을 것이 풍족하여 즐겁게 지냄.

咸興差使(함흥차사) [30424060] 심부름을 가서 오지 아니함. 朝鮮 태조 이성계가 왕위를 물려주고 함흥에 있을 때에, 태종이 보낸 차사를 혹은 죽이고 혹은 잡아 가두어 돌려보내지 아니하였던 데서 유래. 연려실기술((燃藜室記述) 권2. (유) 終無消息, 一無消息

合成樹脂(합성수지) [60626020] 유기 화합물의 합성으로 만들어진 수지 모양의 고분자 화합물을 통틀어 이르는 말.

合縱連衡(합종연횡) [60324232] 소진(蘇秦)의 합종설과 장의(張儀)의 연횡설을 아울러 이르는 말. <출> 사기(史記) 소진열전(蘇秦列傳) 등.

合浦珠還(합포주환) [60323232] 잃었던 것을 찾거나 떠난 것이 돌아옴. 합포군은 진주조개로 유명하였으나 탐관오리들이 지나치게 많은 진주를 캐내는 바람에, 자취를 감추었다가, 맹상이 불법행위를 엄단하고 진주조개의 생산과 보호를 장려하자, 합포 바다에 다시 진주조개가 나타났다는데서 유래. <출> 후한서(後漢

書) 맹상전(孟嘗傳).

航空母艦(항공모함) [42728020] 항공기를 싣고 다니면서 뜨고 내리게 할 수 있는 설비를 갖춘 큰 군함.

航空郵便(항공우편) [42724070] 비행기로 우편물을 실어 나르는 우편.

恒茶飯事(항다반사) [32323272] 밥 먹고 차 마시는 것처럼 늘 있는 일. 항상 있어서 이상하거나 신통할 것이 없는 일. (유) 茶飯事, 日常茶飯事

亢龍有悔(항룡유회) [12407032] 하늘 끝까지 다다른 용(항룡)이 내려갈 길 밖에 없음을 후회함. 부귀영화가 극도에 다다른 사람은 쇠락할 염려가 있음. 욕심에 한계가 없으면 반드시 후회하게 됨. 역경(易經) 효사(爻辭).

解裘衣之(해구의지) [42006032] 자기(自己) 갑옷을 벗어 남에게 입힌다는 뜻으로, 남에게 은혜(恩惠)를 베풂을 이르는 말 <출전> 전국책(戰國策)

偕老同穴(해로동혈) [10707032] 百年偕老 참조. 살아서는 같이 늙고 죽어서는 한 무덤에 묻힘. 생사를 같이하자는 부부의 굳은 맹세. 偕老는 시경(詩經) 패풍(愕風) 격고편(擊鼓篇), 용풍(堵風) 군자해로편(君子偕老篇), 위풍(衛風) 맹편(氓篇)에 同穴은 시경(詩經) 왕풍(王風) 대거편(大車篇).

海陸珍味(해륙진미) [72524042] 膏粱珍味 참조. 바다와 뭍에서 나는 진귀하고 맛난 것.

海水浴場(해수욕장) [72805072] 바닷물에서 헤엄칠 수 있는 시설을 갖춘 장소.

海翁好鷗(해옹호구) [72304220] 사람에게 야심(野心)이 있으면 새도 그것을 알고 가까이 하지 않음. 바닷가의 어떤 사람이 갈매기와 친하였는데, 하루는 그 사람의 아버지가 갈매기를 잡아오라고 하여, 바닷가로 나갔으나 전과 달리 갈매기들은 그 사람의 머리 위를 맴돌며 날 뿐 내려오지 않았다는 데서 유래. . <출> 열자(列子) 황제(黃帝) 편.

解衣推食(해의추식) [42604072] 자기 옷을 벗어주고 먹을 것을 건네줌. 다른 사람을 따듯하게 배려함. 漢나라 유방(劉邦)이 한신(韓信)을 이와 같이 대접하였다는 데에서 유래. <출> 사기(史記) 회음후(淮陰侯) 열전.

醢汁水卵(해즙수란) [00108040] 젓국수란. 젓국을 탄 물에 쇠고기나 파 따위를 썰어 넣고 끓이다가 달걀을 깨뜨려 넣어 반쯤 익힌 음식

行動擧止(행동거지) [60725050] 몸을 움직이거나 멈춰 하는 모든 짓.

行方不明(행방불명) [60727262] 간 곳이나 방향을 모름.

行不由徑(행불유경) [60726032] 길을 가는데 지름길이나 뒤안길로 가지 않고 큰길로 감. 행동을 공명정대(公明正大)하게 함. <출> 논어(論語) 옹야편(雍也篇). (유) 君子大路行

行尸走肉(행시주육) [60024242] 걸어 다니는 송장과 고깃덩어리. 배운 것이 없어서 아무 쓸모가 없는 사람.

幸災不仁(행재불인) [62507240]	남의 재난을 다행으로 여기는 것은 어질지 못함. <출> 춘추좌씨전(春秋左氏傳) 희공(僖公) 14년조.
向隅之歎(향우지탄) [60103240]	구석을 향하여 한탄함. 좋은 때(기회)를 만나지 못한 것을 한탄함.
虛禮虛飾(허례허식) [42604232]	헛된 예절이나 법식, 정성이 없이 겉으로만 번드르르하게 꾸밈.
虛無孟浪(허무맹랑) [42503232]	터무니없이 거짓되고 실속이 없음.
虛送歲月(허송세월) [42425280]	하는 일 없이 헛되이 세월만 보냄.
虛心坦懷(허심탄회) [42701032]	품은 생각을 터놓고 말할 만큼 아무 거리낌이 없고 솔직함.
許由巢父(허유소부) [50601280]	부귀영화를 마다하는 사람. * 요임금이 허유에게 천하를 주겠다고 하자 허유는 더러운 말을 들었다고 하여 潁水강물에 귀를 씻었으며, 소부는 허유가 귀를 씻은 더러운 물을 소에게 먹일 수 없다고 하여 소를 끌고 돌아갔다는 데에서 유래.
虛張聲勢(허장성세) [42404242]	실속은 없으면서 큰소리치거나 허세를 부림.
軒軒丈夫(헌헌장부) [30303270]	외모가 준수하고 풍채가 당당한 남자. (유) 軒軒大丈夫
懸梁刺股(현량자고) [32323210]	허벅다리를 찌르고 머리카락을 노끈으로 묶음. 잠을 물리치며 학업에 매우 힘씀. <출> 전국시대의 소진(蘇秦)은 졸음이 오면 송곳으로 허벅다리를 찌르고, 초나라의 손경(孫敬)은 머리카락을 새끼로 묶어 대들보에 매달아 졸음을 쫓았다는 데서 유래. <출> 전국책(戰國冊) 진책(秦策)과 삼자경(三字經). (유) 刺股, 刺股懸梁
賢母良妻(현모양처) [42805232]	어진 어머니이면서 착한 아내.
懸河口辯(현하구변) [32507040]	懸河之辯 참조. 경사가 급하여 위에서 아래로 쏜살같이 흐르는 강과 같은 말.
懸河雄辯(현하웅변) [32505040]	懸河之辯 참조. 경사가 급하여 위에서 아래로 쏜살같이 흐르는 강과 같은 유창한 말.
懸河之辯(현하지변) [32503240]	경사가 급하여 위에서 아래로 쏜살같이 흐르는 강과 같은 말. 다는 말로, 말. 거침없이 유창하게 엮어 내려가는 말. 진서(晋書) 곽상전(郭象傳). (유) 懸河口辯, 懸河雄辯, 靑山流水
絜矩之道(혈구지도) [00103272]	곱자를 가지고 재는 방법이라는 뜻으로, 자기의 처지를 미루어 남을 헤아림 (유) 推己及人
血肉之親(혈육지친) [42423260]	骨肉之親 참조. 부자나 형제 등의 육친(肉親).
孑孑單身(혈혈단신) [02024262]	의지할 곳이 없는 외로운 홀몸. (유) 孤獨單身, 單獨一身
兄亡弟及(형망제급) [80508032]	형이 아들 없이 죽었을 때 아우가 혈통(血統)을 잇는 일.
螢雪之功(형설지공) [30623262]	반딧불과 눈을 이용한 공부. 고생을 하면서 부지런하고 꾸

준하게 공부함. 晋나라 차윤(車胤)이 반딧불을 모아 그 불빛으로 글을 읽고, 손강(孫康)이 겨울밤 눈빛에 비추어 글을 읽었다는 고사에서 유래. 진서(晋書)의 차윤전(車胤傳), 손강전(孫康傳). (유) 車胤聚螢, 孫康映雪

兄友弟恭(형우제공) [80528032] 형은 아우를 사랑하고 아우는 형을 공경(公卿)함.

形而上學(형이상학) [62307280] 철학에서 형체를 갖추고 있는 사물을 넘어서는 사물의 본질, 존재의 근본 원리를 사유나 직관에 의하여 탐구하는 학문.

形而下學(형이하학) [62307280] 철학에서 형체를 갖추고 있는 사물을 연구하는 학문. 주로 자연과학을 이름.

兄弟姉妹(형제자매) [80804040] 남자 동기의 형과 아우, 여자 동기의 언니와 아우를 아울러 이름.

形形色色(형형색색) [62627070] 많은 모양과 많은 빛깔.

蕙焚蘭悲(혜분난비) [02103242] 혜란(蕙蘭; 난초의 하나로, 잎은 난초보다 길고 빳빳하며, 꽃은 늦은 봄에 한 줄기에 열 개 가량씩 피고, 꽃의 빛깔은 조금 부옇고 향기는 난초보다 못함)이 불에 타면 난초가 슬퍼함. 벗의 불행을 함께 슬퍼함. (참) 松茂栢悅

狐假虎威(호가호위) [10423240] 남의 권세를 빌려 위세를 부림. 여우가 호랑이의 위세를 빌려 호기를 부린다는 데서 유래. <출> 전국책(戰國策) 초책(楚策).

互角之勢(호각지세) [30623242] 역량이 서로 비슷비슷한 위세. 互角은 쇠뿔의 양쪽이 서로 길이나 크기가 같다는 데에서 유래.

虎溪三笑(호계삼소) [32328042] 동양화 화제(畫題)의 하나. 학문이나 예술에 열중함. 중국 진(晋)나라의 혜원 법사가 여산(廬山)의 동림사(東林寺)에 은거하면서, 호계(虎溪)를 건너지 않기로 하였으나 도연명, 육수정(陸修靜)을 배웅할 때 이야기에 도취해 무심코 건너 버려 세 사람이 크게 웃었다는 고사에서 유래. 여산기(廬山記). (유) 三笑

虎口餘生(호구여생) [32704280] 여러 차례 죽을 고비를 겪고 겨우 살아남은 목숨. 송(宋)나라 때, 호주(湖州)에 사는 주태(朱泰)라는 사람이 호랑이에게 물려가다 겨우 살아났다는 데서 유래.

狐丘之戒(호구지계) [10323240] 남에게 원한을 사는 일이 없도록 조심함. 호구(狐丘)에 사는 한 노인이 초(楚)나라 대부(大夫) 손숙오(孫叔敖)에게 사람들이 가지는 세 가지 원망, 즉 고관에 대한 세인의 질투, 현신에 대한 군주의 증오, 녹(봉급)이 많은 고관에 대한 세인의 원망을 조심하라고 충고했다는 고사에서 유래. . <출> 열자(列子) 설부편(說符篇).

糊口之計(호구지계) [10703262] 糊口之策 참조. 입에 풀칠하는 계책.

糊口之方(호구지방) [10703272] 糊口之策 참조. 입에 풀칠하는 방책.

糊口之策(호구지책) [10703232] 입에 풀칠하는 계책. 가난한 살림에서 그저 겨우 먹고살아가는 방책. (유) 糊口之計, 糊口之方, 糊口策

豪氣萬丈(호기만장) [32728032] 氣高萬丈 참조. 꺼드럭거리는 기운이 만 길임.

虎狼之國(호랑지국) [32103280] 호랑이같은 나라. 신의가 없는 나라, 포악한 나라. 굴원(屈原)이 진(秦)나라를 가리켜 한 말. <출> 사기(史記) 굴원(屈原)열전.

壺裏乾坤(호리건곤) [02323230] 호리병 속의 천지, 늘 술에 취하여 있는 상태.

胡馬望北(호마망북) [32505280] 首丘初心 참조. 북쪽오랑캐의 말이 북쪽을 바라봄.

毫毛斧柯(호모부가) [30421012] 수목을 어릴 때 베지 않으면 마침내 도끼를 사용하게 됨. 화근(禍根)은 크기 전에 없애야 함. 나쁜 버릇은 어릴 때 고쳐야 함. 공자가어(孔子家語) 관주(觀周) 편.

好事多魔(호사다마) [42726020] 좋은 일에는 흔히 방해되는 일이 많음. 또는 그런 일이 많이 생김. (유) 鮒魚多骨

狐死首丘(호사수구) [10605232] 首丘初心 참조. 여우가 죽을 때 머리를 제가 살던 굴이 있는 언덕으로 돌림.

虎死留皮(호사유피) [32604232] 人死留名 참조. 호랑이는 죽어서 가죽을 남김.

狐死兎悲(호사토비) [10603242] 兎死狐悲 참조. 여우가 죽으면 토끼가 슬퍼함.

狐死兎泣(호사토읍) [10603230] 兎死狐悲 참조. 여우가 죽으면 토끼가 욺.

虎視眈眈(호시탐탐) [32421010] 범이 눈을 부릅뜨고 먹이를 노려봄. 남의 것을 빼앗기 위하여 형세를 살피며 가만히 기회를 엿봄. 또는 그런 모양. 주역(周易) 이괘편(頤卦篇).

豪言壯談(호언장담) [32604050] 거리낌없고 씩씩하게 말함.

浩然之氣(호연지기) [32703272] 하늘과 땅 사이에 가득 찬 넓고 큰 원기. 거침없이 넓고 큰 기개. <출> 맹자(孟子) 공손추(公孫丑) 상편. (유) 浩氣, 正氣

號曰百萬(호왈백만) [60307080] 실상은 얼마 되지 아니한 것을 많은 것처럼 과장하여 말함.

豪雨警報(호우경보) [32524242] 세찬 큰비에 주의하라는 소식.

狐疑不決(호의부결) [10407252] 의심이 많아 결단을 내리지 못함. 여우는 얼음 위를 걸을 때, 이상한 소리가 나면 곧 얼음이 갈라지는 것을 예감하고 가던 길을 되돌아온다는 데서 유래. 술정기(述征記).

好衣好食(호의호식) [42604272] 錦衣玉食 참조. 좋은 옷 입고 좋은 음식을 먹음.

戶籍抄本(호적초본) [42403060] 호적 원본에 기재된 것 가운데 특정인의 기록만 뽑아서 베낀 증명 문서.

胡蝶之夢(호접지몽) [32303232] 나비의 꿈. 나와 외물(外物)은 본디 하나이던 것이 현실에서 갈라진 것에 불과하다는 이치. 장자가 꿈에 나비가 되었다가 깬 뒤에 자기가 꿈속에서 나비가 되었는지 원래

나비였던 자기가 꿈속에서 장자가 되었는지 알 수 없게 되었다는 고사에서 유래. <출> 장자(莊子) 제물론(齊物論). (유) 莊周之夢, 胡蝶夢, 蝶夢

壺中天地(호중천지) [02807070] 武陵桃源 참조. 항아리 속에 있는 신기한 세상.

護疾忌醫(호질기의) [42323060] 병을 숨기면서 의사에게 보이지 않음. 즉 문제가 있는데도 다른 사람의 충고를 듣지 않는다는 뜻. 2008년 올해의 사자성어 (유) 諱疾忌醫

昊天罔極(호천망극) [12703042] 하늘과 같이 다함이 없음, 어버이의 은혜가 넓고 큼, 주로 부모의 제사에서 祝文(축문)에 쓰이는 말.

皓齒丹脣(호치단순) [12423230] 丹脣皓齒 참조. 흰 이와 붉은 입술.

呼兄呼弟(호형호제) [42804280] 서로 형이라 부르고 아우라 부름, 매우 가까운 친구로 지냄을 이름.

互惠關稅(호혜관세) [30425242] 서로에게 혜택이 되는 관세, 통상 협정을 한 두 국가 사이에 서로 관세를 인하하여 무역 증진을 꾀하는 관세.

皜皜白髮(호호백발) [00008040] 온통 하얗게 센 머리 또는 그 머리를 한 늙은이 (유) 昭昭白髮

浩浩蕩蕩(호호탕탕) [32321010] 끝없이 넓고 넓음. 기세 있고 힘참.

豪華燦爛(호화찬란) [32401220] 사치스럽고 화려하여 눈이 부실 정도로 빛남.

惑世誣民(혹세무민) [32721080] 세상을 어지럽히고 백성을 미혹하게 하여 속임.

魂不附身(혼불부신) [32723262] 魂飛魄散 참조. 넋이 몸에 붙어있지 않음.

魂不附體(혼불부체) [32723262] 魂飛魄散 참조. 넋이 몸에 붙어있지 않음.

魂飛魄散(혼비백산) [32421040] 혼백이 어지러이 흩어짐. 몹시 놀라 넋을 잃음. (유) 魄散, 魂不附身, 魂不附體

昏睡狀態(혼수상태) [30304242] 완전히 의식을 잃고 인사불성이 된 상태.

渾然一致(혼연일치) [10708050] 의견이나 주장 따위가 완전히 하나로 일치함.

昏定晨省(혼정신성) [30603062] 밤에는 부모의 잠자리를 보아 드리고 이른 아침에는 부모의 밤새 안부를 여쭘. 부모를 잘 섬기고 효성을 다함. 예기(禮記) 곡례편(曲禮篇). (유) 定省, 朝夕定省, 扇枕溫席

忽顯忽沒(홀현홀몰) [32403232] 문득 나타났다 문득 없어짐.

紅東白西(홍동백서) [40808080] 제사 때에 신위를 기준으로, 붉은 과실은 동쪽에 흰 과실은 서쪽에 차리는 격식.

紅爐點雪(홍로점설) [40324062] 빨갛게 달아오른 화로 위에 약간의 눈. 큰일을 함에 있어 작은 힘으로는 아무 도움이 되지 아니함. 사욕(私慾)이나 의혹(疑惑)이 일시에 꺼져 없어짐. (유) 紅爐上一點雪

紅毛碧眼(홍모벽안) [40423242] 붉은 털과 푸른 눈에서 서양인을 가리킴.

洪範九疇(홍범구주) [32408012] 우(禹) 임금이 정한 정치 도덕의 아홉 원칙. 書經(서경)의 홍범.

紅石花醢(홍석화해) [40607000] 어리굴젓. 고춧가루 따위를 풀고 소금을 약간 뿌려서 담근

굴짓

紅顔薄命(홍안박명) [40323270] 佳人薄命 참조. 붉은 얼굴(미인)은 명이 짧음.

弘益人間(홍익인간) [30428072] 널리 인간을 이롭게 함. 고조선의 건국이념.

華官膴職(화관무직) [40420042] 이름이 높고 녹이 많은 벼슬

和光同塵(화광동진) [62627020] 빛이 섞이어 먼지와 함께함. 자기의 어짊과 능력을 드러내지 않고 세속에 섞여 살면서도 본질은 변치 않음. <출> 노자(老子). (유) 和光

畫龍點睛(화룡점정) [60404010] 무슨 일을 하는 데에 가장 중요한 부분을 완성함. 글을 짓거나 일을 하는 데서 가장 요긴한 어느 한 대목을 성공적으로 완성함. 남북조(南北朝)시대, 양(梁)나라에 장승요(張僧繇)라는 사람이 용을 그리고 난 후에 마지막으로 눈동자를 그려 넣었더니 그 용이 실제 용이 되어 홀연히 구름을 타고 하늘로 날아 올라갔다는 고사에서 유래. 수형기(水衡記). (유) 點睛

禍福糾纆(화복규묵) [32523000] 화(禍)와 복(福)이 꼰 노와 같이 서로 얽혀 있다는 뜻으로, 화(禍)가 있으면 복이 있고, 복이 있으면 화(禍)가 있음을 비유(比喩)함. <출전> 史記(사기)

畫蛇添足(화사첨족) [60323072] 뱀을 다 그리고 나서 있지도 아니한 발을 덧붙여 그려 넣음. 쓸데없는 군짓을 하여 도리어 잘못되게 함. <출> 전국책(戰國策) 제책(齊策), 사기(史記) 초세가(楚世家). (유) 蛇足

華胥之夢(화서지몽) [40103232] 낮잠 또는 좋은 꿈. 고대 중국의 황제(黃帝)가 낮잠을 자다 꿈을 꾸었는데 화서(華胥)라는 나라에 가서 그 나라의 어진 정치를 보고 깨어나 통치의 도를 깊이 깨달았다는 데서 유래. . <출> 열자(列子) 황제편(黃帝篇).

火繩拳銃(화승권총) [80123242] 방아쇠가 있으나 격동쇠가 밖으로 나와 붙은 구식 권총.

和氏之璧(화씨지벽) [62403210] 화씨의 구슬. 천하의 귀중한 보배. 뛰어난 인재. (유) 隋侯之珠, 隋珠

火旺之節(화왕지절) [80123252] 五行(오행)에서, 火氣(화기)가 왕성한 절기, 여름.

花容月態(화용월태) [70428042] 傾國之色 참조. 꽃처럼 아름다운 얼굴과 달처럼 고운 자태.

和而不同(화이부동) [62307270] 남과 화목하게 지내기는 하나 중용을 넘어서까지 무턱대고 어울리지는 아니함.

華而不實(화이부실) [40307252] 꽃은 피었으나 열매가 없음. 가식과 허영에 지나지 않음. <출> 춘추좌씨전(春秋左氏傳) 문공(文公) 5년조.

禍轉爲福(화전위복) [32404252] 塞翁之馬 참조. 화가 옮기어 복이 됨.

花朝月夕(화조월석) [70608070] 꽃 피는 아침과 달 밝은 밤. 경치가 좋은 시절. 음력 2월 보름과 8월 보름. (유) 朝花月夕

畫中之餠(화중지병) [60803210]	그림의 떡. 먹거나 얻을 수 없음. 아무 소용이 없음. (유) 畫餠
和風暖陽(화풍난양) [62624260]	솔솔 부는 화창한 바람과 따스한 햇볕이라는 뜻으로, 따뜻한 봄 날씨를 이르는 말.
化學武器(화학무기) [52804242]	독가스, 화염 방사기 등 화학전에 쓰는 무기.
畫虎不成(화호불성) [60327262]	畫虎類狗 참조. 범을 그리려다가 이루지 못함. 부족한 자질로 큰일을 하려다가 도리어 일을 그르침.
畫虎類狗(화호유구) [60325230]	범을 그리려다가 개를 그림. 부족한 자질로 큰일을 하려다가 도리어 일을 그르침. <출> 후한서(後漢書) 마원전(馬援傳). (상) 刻鵠類鵝, 刻鵠類鶩 (유) 畫虎不成
確固不動(확고부동) [42507272]	튼튼하고 굳어 흔들리거나 움직이지 아니함.
紈袴子弟(환고자제) [02107280]	재산이 많고 지위가 높은 집안의 자제.
換骨奪胎(환골탈태) [32403220]	뼈대를 바꾸어 끼고 태를 바꾸어 씀. 사람이 보다 나은 방향으로 변하여 전혀 딴사람처럼 됨. 고인의 시문의 형식을 바꾸어서 그 짜임새와 수법이 먼저 것보다 잘되게 함을 이르는 말. 중국 남송의 중 혜홍(惠洪)의 냉재야화(冷齋夜話). (유) 奪胎, 換骨, 換奪
歡呼雀躍(환호작약) [40421030]	기뻐서 크게 소리를 치며 날뜀.
豁然貫通(활연관통) [02703260]	이치를 환하게 꿰뚫어 도를 깨달음.
黃口小兒(황구소아) [60708052]	부리가 누런 새 새끼같이 어린아이. 철없이 미숙한 사람을 낮잡아 이르는 말. (유) 黃口, 黃口幼兒
黃口幼兒(황구유아) [60703252]	黃口小兒 참조. 부리가 누런 새 새끼같이 어린아이.
黃口乳臭(황구유취) [60704030]	口尙乳臭 참조. 부리가 누런 새 새끼같이 어려서 아직 젖비린내가 남. 어리고 하잘것없음을 비난조로 이르는 말.
黃口簽丁(황구첨정) [60700240]	조선 후기에, 軍政(군정)이 문란해져서 어린아이(黃口)를 軍籍(군적)에 올려 군포를 징수하던 일.
黃金萬能(황금만능) [60808052]	돈만 있으면 무엇이든지 마음대로 할 수 있음을 이름.
黃金分割(황금분할) [60806232]	사람이 가장 아름답고 조화를 이룬 모양으로 받아들이는 분할형태로, 한 선분을 두 부분으로 나눌 때에, 전체에 대한 큰 부분의 비와 큰 부분에 대한 작은 부분의 비가 같도록 나눈 것인데, 그 비는 1.618:1이라고 함.
荒唐無稽(황당무계) [32325002]	허망하고 터무니없어 머리에 넣어 둘 만한 가치가 없음. (유) 荒誕無稽
黃粱之夢(황량지몽) [60103232]	邯鄲之夢 참조. 메조의 꿈.
皇天后土(황천후토) [32701280]	하늘의 신과 땅의 신.
荒誕無稽(황탄무계) [32305002]	荒唐無稽 참조. 허망하고 터무니없어 머리에 넣어 둘 만한 가치가 없음.
會稽之恥(회계지치) [62023232]	회계산에서의 수치. 전쟁에 패한 치욕. <출> 춘추시대에

월왕(越王) 구천(句踐)이 오왕(吳王) 부차(夫差)에게 회계산(會稽山)에서 패전하고 생포되어 굴욕적인 강화를 맺었다는 데서 유래. <출> 사기(史記) 월왕구천세가(越王句踐世家).

悔過遷善(회과천선) [32523250] 改過遷善 참조. 허물을 뉘우쳐 착한 데로 옮김.

懷璧有罪(회벽유죄) [32107050] 분수에 맞지 않는 귀한 물건을 지니고 있으면 훗날 화를 초래할 수 있음. 주(周)나라의 속담에 '필부는 죄가 없어도 구슬을 가지고 있으면 그것이 곧 죄가 된다(匹夫無罪 懷璧其罪)'고 한 데서 유래. <출> 춘추좌씨전(春秋佐氏傳).

繪事後素(회사후소) [10727242] 그림 그리는 일은 흰 바탕이 있은 이후에 함. 먼저 바탕을 손질한 후에 그림을 그림. 사람은 좋은 바탕(어짊)이 있은 뒤에 형식(禮度)을 더해야 함. 형식적인 예(禮)보다는 그 예의 본질인 인(仁)한 마음이 중요함. <출> 논어(論語) 팔일(八佾).

灰色分子(회색분자) [40706272] 흑백이 분명치 않은 재색을 띤 부분체, 사상적 경향 따위가 뚜렷하지 않은 사람.

會者定離(회자정리) [62606040] 만난 자는 반드시 헤어짐. 모든 것이 무상함.

回轉木馬(회전목마) [42408050] 빙글빙글 도는 나무말, 기둥 둘레의 원판 위에 설치한 목마에 사람을 태워 빙글빙글 돌리는 놀이 기구.

橫斷步道(횡단보도) [32424272] 사람이 가로질러 건너다닐 수 있도록 안전표지나 도로 표지를 설치하여 차도 위에 마련한 보행길.

橫來之厄(횡래지액) [32703230] 殃及池魚 참조. 옆에서 오는 재앙. 뜻밖에 닥쳐오는 불행.

橫說竪說(횡설수설) [32521052] 조리가 없이 말을 이러쿵저러쿵 지껄임. (유) 橫竪說去, 橫竪說話

橫竪說去(횡수설거) [32105250] 橫說竪說 참조. 조리가 없이 말을 이러쿵저러쿵 지껄임.

橫竪說話(횡수설화) [32105272] 橫說竪說 참조. 조리가 없이 말을 이러쿵저러쿵 지껄임.

孝道觀光(효도관광) [72725262] 자식이 어버이를 다른 지방이나 다른 나라에 가서 그곳의 풍경이나 문물 따위를 구경하시도록 함.

孝悌忠信(효제충신) [72104262] 어버이에 대한 효도, 형제끼리의 우애, 임금에 대한 충성, 벗 사이의 믿음.

後起之秀(후기지수) [72423240] 후배 중의 우수한 인물. <출> 세설신어(世說新語) 상예(賞譽)편.

朽木糞牆(후목분장) [10801002] 썩은 나무는 조각할 수 없고 썩은 벽은 다시 칠할 수 없음. 어떤 일을 하고자 하는 의지와 기개가 없는 사람은 가르칠 수 없음. <출> 논어(論語) 공야장편(公冶長篇).

後生可畏(후생가외) [72805030] 장래성 있는 후배는 두려워 할 만함. "후배들은 두려워할 만하다. 장래에 그들이 지금의 우리만 못하리라는 것을 어찌 알 수 있겠는가. 그러나 40세, 50세가 되어도 세상에 이름이 나지 않는다면 두려워할 바 없다." 라고 한 공자 말씀에서 유래. <출> 논어(論語) 자한(子罕).

厚生事業(후생사업) [40807262] 사람들의 생활을 넉넉하고 윤택하게 하기 위한 사업.

喉舌之臣(후설지신) [20403252] 임금의 명령을 비롯하여 나라의 중대한 언론을 맡은 신하, 承旨(승지)를 달리 이르는 말. (유) 喉舌

後時之歎(후시지탄) [72723240] 晩時之歎 참조. 때가 늦은 것을 탄식함.

厚顔無恥(후안무치) [40325032] 낯가죽이 두꺼워서 뻔뻔스럽고 부끄러움이 없음. <출> 서경(書經) 하서(夏書) 오자지가(五子之歌).

後悔莫及(후회막급) [72323232] 때늦은 뉘우침은 이미 벌어진 상황을 되돌릴 수 없음, 이미 잘못된 뒤에 아무리 후회하여도 다시 어찌할 수가 없음.

訓蒙字會(훈몽자회) [60327062] 조선 중종 22년(1527)에 최세진이 지은 한자 학습서.

訓民正音(훈민정음) [60807262] 백성을 가르치는 바른 소리, 1443년에 세종이 창제한 표음 문자를 이르는 말, 세종 28년(1446)에 훈민정음 28자를 세상에 반포할 때에 찍어 낸 판각 원본.

壎篪相和(훈지상화) [12005262] 형이 훈이라는 악기를 불면 아우는 지라는 악기를 불어 화답함. 형제간의 화목함을 비유. (유) 棣鄂之情

焄蒿悽愴(훈호처창) [02022010] 향이 타오르고 제수의 향기가 서려 오르고 사람의 마음은 슬퍼짐, 제사지낼 때 향이 타오르고 제수의 향기가 서려 오르는 모양을 귀신의 모양인 양 표현한 말. 禮記(예기) 祭義(제의)편.

喧喧囂囂(훤훤효효) [02020000] 수많은 사람이 저마다 떠들어서 시끄러운 모양

毁瓦劃墁(훼와획만) [30323200] 기와를 헐고 흙손질한 벽에 금을 긋는다는 뜻으로, '남의 집에 해를 끼침'을 이르는 말 (유) 毁劃

諱疾忌醫(휘질기의) [10323060] 병을 숨기고 의사를 꺼려함. 자신의 결점을 감추고 고치려 하지 않음. 주돈이(周敦頤)의 주자통서(周子通書).

睢睢盱盱(휴휴우우) [00000000] 안하무인의 태도를 형용. 공경하는 태도를 형용. 온화하고 순박한 모양.

鷸蚌之爭(휼방지쟁) [02023250] 犬兎之爭 참조. 도요새와 조개의 싸움. <출> 전국책(戰國策) 연책(燕策).

凶惡無道(흉악무도) [52525072] 성질이 거칠고 사나우며 도의심이 없음.

胸有成竹(흉유성죽) [32706242] 대나무 그림을 그리기 이전에 마음속에 이미 완성된 대나무 그림이 있음. 일을 처리함에 있어 미리 계산이 모두 서 있음. 소식(蘇軾)의 운당곡언죽기(篔簹谷偃竹記)와 조보지(晁補之)의 증문잠생양극일학문여가화죽구시(贈文潛甥楊克一學文與可畫竹求詩).

黑衣宰相(흑의재상) [50603052] 정치에 참여하여 큰 영향력을 행사하는 중. 黑衣는 중이

입는 가사나 장삼 따위의 옷을 나타냄.

迄可休矣(흘가휴의) [00507030] 알맞은 정도에 이르면 그만두라는 데서 정도를 넘어섬을 경계하여 이르는 말로 쓰임.

吸收合併(흡수합병) [42426020] 합병 회사 가운데 한 회사가 다른 회사를 흡수하는 방식의 합병. (유) 竝呑合併(병탄합병)

興亡盛衰(흥망성쇠) [42504232] 榮枯盛衰 참조. 흥성하고 멸망함과 번성하고 쇠퇴함.

興味津津(흥미진진) [42422020] 흥과 맛이 넘쳐흐를 정도로 매우 많음.

興盡悲來(흥진비래) [42404270] 즐거운 일이 다하면 슬픈 일이 닥쳐옴. 세상일은 순환되는 것임. (상) 苦盡甘來

稀代未聞(희대미문) [32624262] 매우 드물어 좀처럼 듣지 못함.

喜怒哀樂(희로애락) [40423262] 기쁨과 노여움과 슬픔과 즐거움.

喜色滿面(희색만면) [40704270] 기쁜 빛이 얼굴에 가득함.

稀少價値(희소가치) [32705232] 드물기 때문에 인정되는 가치.

喜喜樂樂(희희낙락) [40406262] 매우 기뻐하고 매우 즐거워함.

嬉戲皥皥(희희호호) [12020000] 백성의 생활이 몹시 즐겁고 화평함.

3. 三音節 漢字語 및 故事成語

可及的(가급적) [503252] 할 수 있는 한, 되도록.

跏趺坐(가부좌) [020232] 부처의 坐法(좌법)으로 좌선할 때 앉는 방법, 한쪽 발을 넓적다리 위로 올리는 자세로 앉음.

角逐戰(각축전) [623062] 서로 이기려고 다투어 덤비는 싸움.

奸佞輩(간녕배) [100032] 간사하고 아첨을 잘하는 무리.

懇談會(간담회) [325062] 정답게 서로 이야기를 나누는 모임.

干拓地(간척지) [403270] 바다나 호수 따위를 둘러막고 물을 빼내어 만든 땅.

賡載帖(갱재첩) [003210] 임금과 신하가 화답한 글을 모은 시첩(詩帖).

据置臺(거치대) [024232] 총 따위의 물건을 받쳐 놓는 대.

建蔽率(건폐율) [503032] 대지 면적에 대한 건물의 바닥 면적의 비율.

檢査畢(검사필) [425032] 검사를 마침.

擊壤歌(격양가) [403270] 풍년과 태평한 세월을 즐기는 농부의 노래. * 요임금 때에, 태평한 생활을 즐거워하여 불렀다고 함.

結晶體(결정체) [521262] 결정이 성장하여 일정한 형상을 이룬 물체, 노력의 결과로 얻은 보람을 비유적으로 이름.

黥字刑(경자형) [007040] 죄수의 피부에 먹물로 글자를 새겨 넣던 형벌.

戒盈杯(계영배) [401230] 술을 많이 마시는 것을 경계하기 위하여 특별하게 만든 잔. 술잔을 가득 채워서 마시지 못하도록 술이 어느 정도까지 차면 술잔

옆의 구멍으로 새게 되어 있음.

觚不觚(고불고) [007200] 사물의 이름과 실상이 서로 맞지 않음을 비유하는 말.

苦肉策(고육책) [604232] 적을 속이기 위하여 자신의 괴로움을 무릅쓰고 꾸미는 계책.

骨董品(골동품) [401252] 오래되었거나 희귀한 옛 물품, 시대감각을 잃은 무딘 사람이나 그런 물건을 비유적으로 이름.

聒聒兒(괄괄아) [000052] 여치.

槐安夢(괴안몽) [127232] 괴안국(槐安國)의 꿈. → 헛된 한때의 부귀영화. * 唐나라의 淳于棼이 술에 취하여 홰나무의 남쪽으로 뻗은 가지 밑에서 잠이 들었는데 槐安國으로부터 영접을 받아 20년 동안 영화를 누리는 꿈을 꾸었다는 데서 유래. (유) 南柯一夢, 槐夢

口頭禪(구두선) [706032] 글귀만 읽고 참된 禪(선)의 도를 닦지 아니하는 태도, 실행이 따르지 않는 실속이 없는 말.

劬勞日(구로일) [005280] 자식을 낳아서 기르느라고 부모가 애쓰기 시작한 날이라는 뜻으로, 자기의 생일을 이르는 말.

求償權(구상권) [423242] 다른 사람을 위하여 그 사람의 빚을 갚은 사람이 다른 연대 채무자나 주된 채무자에게 상환을 요구할 수 있는 권리.

九醞酒(구온주) [800040] 전국술.

購販場(구판장) [203072] 조합 따위에서, 생활용품 따위를 공동으로 사들여 조합원에게 싸게 파는 곳.

金一封(금일봉) [808032] 금액을 밝히지 않고 종이에 싸서 봉하여 주는 상금, 격려금이나 기부금 등을 이름.

及其也(급기야) [323230] 마지막에 가서는.

給水栓(급수전) [508010] 수도꼭지.

亘萬古(긍만고) [108060] 아주 옛날에까지 두루 걸침.

既得權(기득권) [304242] 이미 차지한 권리.

耆老所(기로소) [127070] 조선시대에, 70세가 넘는 정이품 이상의 문관들을 예우하기 위하여 설치한 기구.

麒麟兒(기린아) [121252] 상상속의 상서로운 짐승인 기린같은 사람, 지혜와 재주가 썩 뛰어난 사람.

淇園長(기원장) [126080] 대나무. * 중국 河南省(하남성) 淇水(기수)의 동산이 대나무로 유명하였다는 데서 유래.

羅甸語(나전어) [421270] 라틴어의 음역어.

露店商(노점상) [325252] 길가의 한데에 물건을 벌여 놓고 하는 장사. 또는 그런 장사를 하는 사람.

農繁期(농번기) [723250] 농사일이 매우 바쁜 시기.

籠中鳥(농중조) [208042] 새장 안의 새, 얽매여 자유가 없는 몸을 비유적으로 이름.

賚咨官(뇌자관) [020242] 조선시대에, 중국 禮部(예부)에 咨文(자문)을 가지고 가던 임시 벼슬아치.

凌霄志(능소지) [100042] 하늘보다도 더 높은 큰 뜻.
茶飯事(다반사) [323272] 차 마시고 밥 먹는 일, 예삿일, 흔한 일.
斷末摩(단말마) [425020] 죽음, 臨終(임종), 숨이 끊어질 때의 모진 고통. * 末摩는 산스크리트 어 marman의 음역어, 이는 신체의 급소로 잘리면 심한 고통 속에 죽는다고 함.
耼牟羅(담모라) [001242] 나라이름. 탐라.
唐喇叭(당나발) [320202] 보통 나발보다 큰 나발, 흐뭇하여 헤벌어진 입을 놀림조로 이름.
螳螂力(당랑력) [100272] 사마귀가 수레바퀴를 막는 힘, 아주 미약한 힘을 이름.
大唐鶪(대당격) [803200] 물때까치.
擣衣聲(도의성) [006042] 다듬이질하는 소리.
到彼岸(도피안) [523232] 번뇌와 고통이 없는 경지인 피안으로 건넌다는 뜻으로, 열반에 이르고자 하는 보살의 수행을 이르는 말.
篤志家(독지가) [304272] 도탑고 친절한 마음을 가진 사람, 자선 사업이나 사회사업에 물심양면으로 참여하여 지원하는 사람.
頓呼法(돈호법) [124252] 사람이나 사물의 이름을 불러 주의를 불러일으키는 수사법.
突破口(돌파구) [324270] 가로막은 것을 쳐서 깨뜨려 통과할 수 있도록 뚫은 통로나 목, 부닥친 장애나 어려움 따위를 해결하는 실마리.
東郭履(동곽리) [803032] 동곽의 신발, 매우 가난함. * 동곽의 신이 밑면이 닳아 없어져 발이 그대로 땅에 닿았다는 데서 유래. <출> 史記(사기) 滑稽列傳(골계열전) 第六十六.
同鼎食(동정식) [701272] 한솥밥을 먹음, 한집에서 같이 삶을 비유적으로 이름.
登龍門(등용문) [704080] 용문을 오름, 크게 출세함. 출세를 위한 관문. * 黃河(황하) 상류의 용문 계곡 근처에 흐름이 매우 빠른 폭포가 있어 물고기가 만일 오르기만 하면 용이 된다고 하였다는 데서 유래. <출> 後漢書(후한서) 李膺傳(이응전).
摩天樓(마천루) [207032] 하늘을 찌를 듯이 솟은 아주 높은 건물.
忙中閑(망중한) [308040] 바쁜 가운데 잠깐 얻어 낸 겨를.
猛活躍(맹활약) [327230] 눈부실 정도로 뛰어난 활약.
冪函數(멱함수) [021070] 변수의 거듭제곱의 형태로 나타낼 수 있는 함수.
螟蛉子(명령자) [100072] 양자(養子).
木壚板(목로판) [800050] 주로 목로 위에 차려 놓고 먹는 술판. 또는 그런 술집.
木鍮檠(목유경) [801000] 나무로 만든 등잔 받침.
無可奈(무가내) [505030] 융통성이 없고 고집이 세어 어찌할 수 없음.
巫山雲(무산운) [108052] 무산의 구름. → 남녀의 情交 * 楚나라 襄王이 낮잠을 자다가 꿈속에서 무산의 神女를 만나 즐거움을 누렸다는 고사에서 유래.
無酌定(무작정) [503060] 미리 정한 것이 없음, 좋고 나쁨을 가림이 없음.
無盡藏(무진장) [504032] 다함이 없이 많음, 끝이 없음.
默祕權(묵비권) [324042] 심문에서 자기에게 불리한 경우 비밀로 하고 침묵하거나 진술을 거부할 수 있는 권리.

未亡人(미망인) [425080] 아직 따라 죽지 못한 사람, 남편이 죽고 홀로 남은 여자의 자칭. * 春秋左氏傳(춘추좌씨전) 魯(노) 成公 14년조 등에 보임. 자칭으로 다른 사람이 미망인이라 일컬으면 큰 실례.

彌縫策(미봉책) [122032] 꿰매어 깁는 계책. → 임시방편의 계책. <출> 春秋左氏傳 桓公 五年條. (유) 姑息之計

未嘗不(미상불) [423072] 아닌 게 아니라 과연.

未挈家(미설가) [420072] 조선 시대에, 지방관이 특별한 지역에 부임할 때 그 가족을 데리고 가지 못하던 일.

未曾有(미증유) [423270] 지금까지 한 번도 있어 본 적이 없음.

波羅蜜(바라밀) [424230] 열반에 이르고자 하는 보살의 수행을 이르는 말.

舶來品(박래품) [207052] 다른 나라에서 배로 실어 온 물품.

半跏像(반가상) [620232] 반가부좌로 앉은 부처의 상.

發祥地(발상지) [623070] 역사적으로 큰 가치가 있는 어떤 일이나 사물이 처음 나타난 곳, 나라를 세운 임금이 태어난 땅.

髮衝冠(발충관) [403232] 머리카락이 곤두서서 관(冠)을 밀어 올린다는 데서, 몹시 화가 남을 이름.

防空壕(방공호) [427212] 적의 공격을 피하기 위하여 땅속에 파 놓은 굴이나 구덩이.

放膽文(방담문) [622070] 한문에서, 작법 따위에 얽매임이 없이 자신의 생각과 느낌을 자유롭고 대담하게 나타내는 글. 주로 초학자가 한문 작문에 대한 자신감을 기르려고 하는 한 방편임.

防波堤(방파제) [424230] 파도를 막기 위하여 항만에 쌓은 둑.

配偶者(배우자) [423260] 부부의 한쪽에서 본 다른 쪽.

白眼視(백안시) [804242] 흰 눈으로 봄, 남을 업신여기거나 무시함. * 죽림칠현의 한 사람인 阮籍(완적)이 반갑지 않은 손님은 白眼으로, 반가운 손님은 靑眼으로 대하였다는 데서 유래. <출> 晉書(진서) 阮籍傳(완적전).

白日夢(백일몽) [808032] 대낮에 꿈을 꿈, 실현될 수 없는 헛된 생각.

辟左右(벽좌우) [007272] 밀담을 하려고 곁에 있는 사람을 물리침.

騈儷文(변려문) [020270] 중국의 육조와 당나라 때 성행한 한문 문체. 4자구와 6자구를 배열하기 때문에 四六文(사륙문)이라고도 함.

褓負商(보부상) [024052] 봇짐장수와 등짐 장수를 통틀어 이름.

補身湯(보신탕) [326232] 허약한 몸에 영양을 보충해 주는 국.

普遍性(보편성) [403052] 모든 것에 두루 미치거나 통하는 성질.

浮動票(부동표) [327242] 떠도는 표, 정세나 분위기에 따라 변화할 가능성이 많은 표.

不得已(부득이) [724232] 마지못하여 하는 수 없이.

浮浪兒(부랑아) [323252] 보호자의 곁을 떠나 하는 일 없이 이곳저곳 떠돌아다니는 아이.

副葬品(부장품) [423252] 매장할 때, 시체와 함께 껴묻는 물건.

北邙山(북망산) [800280] 무덤이 많은 곳이나 사람이 죽어서 묻히는 곳, 중국의 北邙山(북망산)에 무덤이 많았다는 데서 유래.

分水嶺(분수령) [628032] 물 흐름이 나뉘는 산마루나 산줄기, 어떤 사물이나 사태가 발전하는 전환점을 비유적으로 이름.

佛蘭西(불란서) [423280] 프랑스의 음역어.

拂鬚塵(불수진) [320220] 수염의 먼지를 털어 줌, 윗사람에게 아첨하거나 윗사람에 대한 비굴한 자세를 비유. <출> 宋史(송사) 寇準傳(구준전).

不汗黨(불한당) [723242] 땀을 흘리지 않고 무언가를 차지하려는 무리, 떼를 지어 돌아다니며 재물을 마구 빼앗는 사람들의 무리, 남 괴롭히는 것을 일삼는 파렴치한 사람들의 무리.

備忘錄(비망록) [423042] 잊는 것에 대비하여 남겨 놓은 기록.

蛇蝎視(사갈시) [320242] 뱀이나 전갈을 보듯이 함, 어떤 대상을 몹시 싫어함을 이름.

舍廊房(사랑방) [423242] 사랑으로 쓰는 방.

司令塔(사령탑) [325032] 상황을 잘 보고 지휘할 수 있도록 높게 만든 탑 모양의 장소나 그곳에서 지휘하는 사람.

捨身行(사신행) [306260] 목숨을 아끼지 아니하고 닦는 수행.

似而非(사이비) [303042] 겉으로는 비슷하나 속은 완전히 다름.

獅子吼(사자후) [107210] 사자의 울부짖음. → 부처의 위엄 있는 설법, 열변을 토하는 연설, 질투심이 강한 아내가 남편에게 암팡스럽게 떠드는 일. <출> 維摩經, 傳燈錄, 本草綱目 등.

社稷壇(사직단) [621250] 임금이 백성을 위하여 土神(토신)인 社와 穀神(곡신)인 稷에게 제사 지내던 제단.

三昧境(삼매경) [801042] 삼매의 경지. → 잡념을 떠나서 오직 하나의 대상에만 정신을 집중하는 경지. <출> 대승의장(大乘義章) 지론(智論). (유) 三昧

顙叫子(상규자) [003072] 목구멍에 놓고 불면 사람의 말소리를 낸다는 호루라기의 일종.

先驅者(선구자) [803060] 말을 탄 행렬에서 맨 앞에 선 사람, 어떤 일이나 사상에서 나른 사람들보다 앞선 사람.

禪問答(선문답) [327072] 참선하는 사람들끼리 진리를 찾기 위하여 주고받는 대화, 주어진 문제와는 상관없이 한가로이 주고받는 이야기를 놀림조로 이르는 말.

聖餐式(성찬식) [422060] 예수의 수난을 기념하는 기독교의 의식. 예수의 최후를 기념하여 會衆(회중)이 예수의 살을 상징하는 빵과 피를 상징하는 포도주를 나누어 먹는 의식.

笑中刀(소중도) [428032] 웃음 속의 칼, 겉으로는 웃으나 속에는 해칠 마음을 품음. <출> 舊唐書(구당서) 李義府傳(이의부전).

損稌簟(손도점) [400000] 멍석.

手榴彈(수류탄) [720240] 손으로 잡아 던지는 석류 열매 모양의 폭탄, 손으로 던져 터뜨리는 작은 폭탄.

搜所聞(수소문) [307062] 세상에 떠도는 소문을 두루 찾아 살핌.
睢陽曲(수양곡) [006050] 남조 양의 효왕이 수양성을 쌓을 때 지었다는 노래 이름.
水溶性(수용성) [801252] 어떤 물질이 물에 녹는 성질.
守錢虜(수전로) [424010] 守錢奴. 돈을 모을 줄만 알아 한번 손에 들어간 것은 도무지 쓰지 않는 사람을 낮잡아 이르는 말.
手荷物(수하물) [723272] 손에 들고 다닐 수 있는 짐, 기차 편 등에 손쉽게 부칠 수 있는 작고 가벼운 짐.
宿泊屆(숙박계) [523002] 숙박인의 성명, 주소, 행선지 따위를 적은 서류.
郇公廚(순공주) [006210] 순국공(郇國公)의 부엌. 음식 맛이 좋은 집을 이르는 말. 당(唐)의 순국공 위척(韋陟)의 부엌에 맛좋은 음식이 많았던 데서 유래.
旬望間(순망간) [325272] 음력 초열흘부터 보름까지의 사이.
時限附(시한부) [724232] 어떤 일에 일정한 시간의 한계를 둠.
蜃氣樓(신기루) [107232] 이무기가 토해낸 기운이 만들어 놓은 건물. → 대기 속에서 빛의 굴절 현상에 의하여 공중이나 땅 위에 무엇이 있는 것처럼 보이는 현상, 홀연히 나타나 짧은 시간 동안 유지되다가 사라지는 아름답고 환상적인 일이나 현상 따위. (유) 空中樓閣. 海市
蟋蟀聲(실솔성) [000042] 귀뚜라미 울음소리.
審美眼(심미안) [326042] 아름다움을 살펴 찾는 안목.
甚至於(심지어) [324230] 더욱 심하다 못하여 나중에는.
十誡命(십계명) [800270] 하나님이 시나이 산에서 모세를 통하여 이스라엘 백성에게 내렸다고 하는 열 가지 계율.
阿喇唎(아라리) [320202] 산스크리트 어 alali의음역, 넓은 들에 사람의 기척이 없는 지경, 교만하여서 모든 사람을 업신여기는 마음.
亞細亞(아세아) [324232] 아시아(ASIA)의 漢字 음역어.
亞熱帶(아열대) [325042] 열대에 버금가는 지대, 열대와 온대의 중간 지대.
亞字門(아자문) [327080] 문짝의 살을 '亞' 자 모양으로 짠 문.
安樂國(안락국) [726280] 아미타불이 살고 있는 정토(淨土)로, 괴로움이 없으며 지극히 안락하고 자유로운 세상.
安養界(안양계) [725262] 아미타불이 살고 있는 정토(淨土)로, 괴로움이 없으며 지극히 안락하고 자유로운 세상.
安全瓣(안전판) [727202] 증기관 내의 압력이 규정 이상 오르게 되면 저절로 밸브가 열려 초과 증기를 밖으로 빼내는 안전장치, 위험이나 파멸을 막아 내는 구실을 하는 안전 장치.
眼中釘(안중정) [428010] 눈엣가시.
禳辟符(양벽부) [020032] 재앙과 액운을 물리치는 부적.
揚水機(양수기) [328040] 물을 퍼 올리는 기계.
羊將狼(양장랑) [424210] 양으로 하여금 이리의 장수가 되게 한다는 뜻으로, 약자에게 강

자를 이끌게 함. <출> 사기(史記)

御耒耜(어뢰사) [320000] 임금이 몸소 농사지을 때 쓰던 쟁기.

於是乎(어시호) [304230] 이제야.

於焉間(어언간) [303072] 어느 사이에, 어느덧.

於中間(어중간) [308072] 거의 중간쯤 되는 곳. 또는 그런 상태.

於此彼(어차피) [303232] 이렇게 하든지 저렇게 하든지.

如反掌(여반장) [426232] 손바닥을 뒤집는 것과 같음, 일이 매우 쉬움.

濾水羅(여수라) [108042] 철사 따위로 맨, 물을 거르는 데 쓰는 체.

驛馬煞(역마살) [325010] 늘 분주하게 이리저리 떠돌아다니게 된 액운.

驛勢圈(역세권) [324220] 기차나 지하철 역을 일상적으로 이용하는 주변 거주자가 분포하는 범위.

輦轂下(연곡하) [100072] 왕도(王都).

連理枝(연리지) [426232] 두 나무의 가지가 서로 맞닿아 결이 서로 통함, 부부의 사이가 좋음. <출> 白居易(백거이)의 長恨歌(장한가).

燕尾服(연미복) [323260] 저고리의 앞은 허리 아래가 없고 뒤는 두 갈래로 길게 내려와 마치 제비의 꼬리처럼 보이는 옷으로, 남자용 서양 예복.

連鎖店(연쇄점) [423252] 쇠사슬식으로 연결된 점포, 소매 상점을 여러 곳에 두고 중앙에서 통제하는 점포 조직.

嚥語症(연어증) [027032] 말을 빨리 하여 음절 등을 빠뜨리는 언어 장애.

鉛筆芯(연필심) [405202] 연필 속에 들어 있는 가느다란 심.

閻羅國(염라국) [124280] 염라대왕이 다스리는 나라, 저승.

零細民(영세민) [304280] 수입이 적어 몹시 가난한 사람.

五車書(오거서) [807262] 다섯 수레에 실을 만한 책, 아주 많은 책. 장서(藏書). <출> 莊子(장자) 雜篇 天下 第三十三, 杜甫(두보)의 題 柏學士茅屋 (제 백학사모옥) 시. (유) 男兒須讀五車書

墺地利(오지리) [127062] 오스트리아의 음역어.

烏騅馬(오추마) [320050] 검은 털에 흰 털이 섞인 말. 옛날 중국의 항우가 탔다는 준마.

蝸角觝(와각저) [106210] 蝸角之爭(와각지쟁). 달팽이의 더듬이 위에서 싸움. 하찮은 일로 벌이는 싸움을 비유, 작은 나라끼리의 싸움을 비유. <출> 莊子(장자) 則陽篇(칙양편).

外販員(외판원) [803042] 직접 손님을 찾아다니면서 물건을 파는 사람.

鎔鑛爐(용광로) [124032] 광석을 녹여서 쇠붙이를 뽑아내는 가마.

優良株(우량주) [405232] 수익과 배당이 높은 일류 회사의 주식.

園頭幕(원두막) [606032] 오이, 참외, 수박, 호박 따위를 심은 밭을 지키기 위하여 밭머리에 지은 막.

鴛鴦契(원앙계) [101032] 금실이 좋은 부부의 사이.

違和感(위화감) [306260] 조화되지 아니하는 느낌.

有望株(유망주) [705232] 시세가 오를 가망이 있는 주식, 어떤 분야에서 발전될 가망이 많은 사람을 비유적으로 이름.

類人猿(유인원) [528010] 사람과 생김새가 비슷한 유인원과의 원숭이를 통틀어 이름.

肉薄戰(육박전) [423262] 적과 직접 맞붙어서 총검으로 치고받는 싸움.

利尿劑(이뇨제) [622020] 오줌을 잘 나오게 하는 약제.

伊太利(이태리) [126062] 이탈리아의 음역어.

人乃天(인내천) [803070] 사람이 곧 하늘.

日較差(일교차) [803240] 기온 따위가 하루 동안에 변화하는 차이.

一邊倒(일변도) [804232] 한쪽으로만 치우침.

一字師(일자사) [807042] 한 글자를 가르쳐 준 스승. 핵심을 짚어주는 스승. * 詩文의 한 글자를 고쳐 시의 정취를 살렸다는 唐 시인 鄭谷(정곡)의 고사에서 유래. <출> 唐詩紀事(당시기사).

長蛇陣(장사진) [803240] 긴뱀 모양의 진, 많은 사람이 줄을 지어 길게 늘어선 모양을 이름.

鐺脚政(쟁각정) [003242] 어질고 훌륭한 정치를 이르는 말.

底引網(저인망) [404220] 바다 밑바닥으로 끌고 다니면서 깊은 바다 속의 물고기를 잡는 그물.

赤裸裸(적나라) [502020] 몸에 아무것도 입지 아니하고 발가벗음. 있는 그대로 다 드러내어 숨김이 없음.

赤兎馬(적토마) [503250] 중국 삼국 시대에 관우가 탔었다는 준마의 이름, 매우 빠른 말.

傳奇叟(전기수) [524000] 예전에, 이야기책을 전문적으로 읽어 주던 사람.

電算網(전산망) [727020] 컴퓨터로 연결되는 통신 조직망.

田柴科(전시과) [421262] 고려시대에, 벼슬아치 등에게 토지 및 땔나무를 댈 임야를 나누어 주던 제도.

接尾辭(접미사) [423240] 어근이나 단어의 뒤에 붙어 새로운 단어가 되게 하는 말.

井間紙(정간지) [327270] 글씨를 쓸 때에, 글자의 간격을 고르게 하기 위하여 井間(정간)을 그어 글씨를 쓸 종이 밑에 받치는 종이.

赬玉盤(정옥반) [004232] 붉은 옥쟁반. 태양을 비유하는 말.

井華水(정화수) [324080] 이른 새벽에 길은 우물물.

操觚者(조고자) [500060] 문필가.

早晚間(조만간) [423272] 앞으로, 머잖아.

釣名慾(조명욕) [207232] 명예를 탐내어 구하는 욕심.

竈王神(조왕신) [008062] 부엌에 있으면서 모든 길흉을 판단한다고 하는 신.

操向杆(조향간) [506012] 차량이나 비행기 따위에서 진행 방향을 조종하는 운전 장치.

猝乍間(졸사간) [100272] 미처 어떻게 해볼 겨를도 없는 짧은 시간.

拙丈夫(졸장부) [303270] 어리석은 못난 사내.

種禾稻(종화도) [523030] 볏모.

座右銘(좌우명) [407232] 자리 옆에 갖추어 두고 가르침으로 삼는 말.

準租稅(준조세) [423242] 조세는 아니지만 실질적으로 조세와 같은 성질의 공과금이나 기부금.

重且大(중차대) [703080] 중요하고 또 큼.

紙物鋪(지물포) [707220] 온갖 종이를 파는 가게.

至于今(지우금) [423062] 예로부터 오늘에 이르기까지.

遲進兒(지진아) [304252] 학습이나 지능의 발달이 더딘 아동.

知天命(지천명) [527070] 天命을 앎, 50세. * 孔子 말씀에서 유래. <출> 論語(논어).

指呼間(지호간) [424272] 손짓하여 부를만한 간격, 아주 가까운 거리.

袗絺綌(진치격) [020000] 칡 실로 짜서 만든 베옷.

蒺藜鐵(질려철) [000250] 마름쇠.

次善策(차선책) [425032] 최선책에 다음가는 방책.

倉卒間(창졸간) [325272] 미처 어찌 할 수 없이 매우 급작스러운 사이.

尺貫法(척관법) [323252] 길이의 단위는 척(尺), 양의 단위는 승(升), 무게의 단위는 관(貫)으로 하는 도량형법.

千里眼(천리안) [707042] 천 리 밖의 것을 볼 수 있는 시력, 뛰어난 통찰력. * 양일이 정보원을 각지에 파견, 정보를 수집하여 먼 곳의 일을 바라보듯 잘 알고 있었다는 데서 유래. <출> 魏書(위서) 楊逸傳(양일전).

天水畓(천수답) [708030] 천둥지기, 빗물에 의하여서만 벼를 심어 재배할 수 있는 논.

鐵面皮(철면피) [507032] 쇠로 만든 낯가죽, 염치가 없고 뻔뻔스러운 사람. * 출세를 위해 부끄러운 짓을 서슴지 않았던 王光遠(왕광원)이라는 사람에게서 유래. <출> 孫光憲(손광헌)의 北夢瑣言(북몽쇄언).

鐵甕城(철옹성) [501242] 쇠로 만든 독처럼 튼튼하게 둘러쌓은 성, 방비나 단결 따위가 견고한 사물이나 상태를 이름.

青眼視(청안시) [804242] 푸른 눈으로 봄, 좋게 보고 잘 대함. * 죽림칠현의 한 사람인 阮籍(완적)이 반갑지 않은 손님은 白眼으로, 반가운 손님은 青眼으로 대하였다는 데서 유래. <출> 晉書(진서) 阮籍傳(완적전).

聽診器(청진기) [402042] 환자의 몸 안에서 나는 소리를 듣고 진단하는데 쓰는 의료 기구.

替費地(체비지) [305070] 換地(환지) 계획에서 제외하여 사업에 필요한 재원을 확보하기 위하여 유보해 놓은 땅.

哨戒艦(초계함) [204020] 해상에서, 적의 습격에 대비하여 경계하는 군함.

超黨派(초당파) [324240] 당파의 이해를 초월함, 국가 중대사 등에 모든 당파가 다 함께 일치된 태도를 취함.

催淚劑(최루제) [323020] 눈물을 흘리게 하는 약제.

鄒魯學(추로학) [121280] 공자와 맹자의 학문. 儒學(유학)을 이름. * 공자는 노나라 사람이고 맹자는 추나라 사람임에서 鄒魯는 공자와 맹자를 아울러 이름.

騅不逝(추불서) [007230] 중국 초나라 항우의 애마 오추마도 나아가지 않는다는 뜻으로, 기세가 꺾이고 힘이 빠져 어찌할 수 없음을 비유.

蹴球狂(축구광) [206232] 축구에 미치다시피 열중한 사람을 이름.

椿府丈(춘부장) [124232] 춘부의 어른, 남의 아버지의 높임말. * 椿은 3만 2천년을 1년으로 한다는 전설상의 장수나무로 莊子 逍遙遊에 보임. 여기의 椿府는 장수할 분이 사는 곳을 일컬음.

出班奏(출반주) [706232] 여러 신하 가운데 특별히 혼자 나아가 임금에게 아룀, 여러 사람이 모인 자리에서 맨 먼저 말을 꺼냄.

妥協案(타협안) [304250] 어떤 일을 서로 양보하는 마음으로 협의하여 내놓는 의안.

胎息法(태식법) [204252] 예전에, 道家(도가)에서 행하던 호흡법의 하나. 잡념을 없애고 가만가만 숨을 쉬어서 기운이 배꼽 아래에 미치게 하는데, 이를 되풀이하면 오래 산다고 함.

統帥權(통수권) [423242] 한 나라 전체의 병력을 지휘하고 통솔하는 권력.

堆惕鬼(퇴척귀) [100032] 좌선을 방해하는 귀신.

破天荒(파천황) [427032] 천황을 깨뜨림, 이전에 아무도 하지 못한 일을 처음으로 해냄. * 荊州에서 과거 급제자가 나오지 않는 상황(당시 사람이 天荒으로 일컬음)을 유세라는 사람이 깨뜨리고 과거에 급제하였다는데서 유래. <출> 孫光憲(손광헌)의 北夢瑣言(북몽쇄언).

八朔童(팔삭동) [803062] 팔삭둥이. 임신한 지 여덟 달 만에 낳은 아이. 똑똑하지 못한 사람을 놀림조로 이르는 말.

八佾舞(팔일무) [801240] 樂生(악생) 64명이 여덟 줄로 정렬하여 아악에 맞추어 추는 큰 규모의 文舞(문무)나 武舞(무무).

吠風月(폐풍월) [026280] 개가 달을 보고 짖음, 시가를 짓는 일을 놀림조로 이르는 말.

片片金(편편금) [323280] 조각조각이 모두 금, 물건이나 시문의 글귀 따위가 다 보배롭고 아름다움을 이름.

蔽一言(폐일언) [308060] 한 마디로 휩싸서 말함.

蒲柳質(포류질) [104052] 부들과 버들같은 바탕, 연약한 나무. → 몸이 약하여 병에 걸리기 쉬운 체질, <출> 世說新語 言語篇.

抛物線(포물선) [207262] 던져진 물체의 이동 곡선, 물체가 반원 모양을 그리며 날아가는 선.

披肝膽(피간담) [103220] 간과 쓸개를 열어 보임, 서로 속마음을 털어놓고 친하게 사귐.

何如間(하여간) [324272] 어찌하든지 간에.

鶴翼陣(학익진) [323240] 학이 날개를 편 듯이 치는 진.

解語花(해어화) [427070] 말을 풀이하는 꽃, 아름다운 여인, 기생 * 당 현종이 양귀비를 말을 알아듣는 꽃으로 칭한 데서 유래. <출> 王仁裕(왕인유)의 開元天寶遺事(개원천보유사).

香醞酒(향온주) [420040] 멥쌀과 찹쌀을 쪄서 식힌 것에 보리와 녹두를 섞어 만든 누룩을 넣어 담근 술.

絜河戲(혈하희) [005032] 줄다리기.

螢光燈(형광등) [306242] 형광 물질을 바른 방전등, 둔하고 반응이 느린 사람을 속되게 이름.

糊口策(호구책) [107032] 입에 풀칠하는 계책, 겨우겨우 먹고 살아갈 계책.

壺中天(호중천) [028070] 항아리 속에 있는 신기한 세상, 별천지의 뜻.

紅一點(홍일점) [408040] 푸른 잎 가운데 피어 있는 한 송이의 붉은 꽃, 많은 남자 사이에 끼어 있는 한 사람의 여자. <출> 王安石(왕안석)의 詠石榴詩(영석류시).

火繩銃(화승총) [801242] 노끈이 타들어가 화약이 불붙어 총탄이 발사되도록 만든 총.

花妬娟(화투연) [701002] 이른 봄, 꽃이 필 무렵에 추워짐. 또는 그런 추위

花風病(화풍병) [706260] 꽃바람 병, 相思病.

換差損(환차손) [324040] 환율의 변동으로 인하여 발생하는 손해.

回顧錄(회고록) [423042] 지나간 일을 돌이켜 생각하며 적은 기록.

斅學半(효학반) [028062] 가르침 반 배움 반, 남에게 학문을 가르치는 일은 자기에게도 공부가 됨을 이름.

休憩室(휴게실) [702080] 머물러 쉴 수 있도록 마련해 놓은 방.

稀覯書(희구서) [320062] 후세에 남아 전하는 것이 매우 드문 책.

喜捨金(희사금) [403080] 어떤 목적을 위하여 기꺼이 내놓은 돈.

4. 二音節 漢字語 및 故事成語

편의상 特級과 特級Ⅱ로 나누어 실기로 한다.

<特級 新習漢字語>

家僮(가동) [7200] 예전에, 집안 심부름을 하는 사내아이 종.
苛厲(가려) [1000] 매우 모질고 사나움.
葭簾(가렴) [0010] 갈대를 가늘게 쪼개어 엮은 발.
嫁殤(가상) [1000] 혼례를 치르기 전에 죽은 처녀의 넋을 약혼한 남자에게 시집보내는 일.
檟辱(가욕) [0032] 매를 맞는 치욕을 당함.
斝耳(가이) [0050] 귀가 있는 옥으로 만든 술잔.
加絰(가질) [5000] 죽은 사람에게 새 옷을 입히는 소렴(小殮) 때에 상제가 수질(首絰)을 처음으로 머리에 씀.
加髢(가체) [5000] 부인들의 머리 위에 얹는 큰머리.
卻顧(각고) [0030] 뒤를 돌아봄. 되새겨 봄. 고려함.
轂苦(각고) [0060] 궁핍함. 가난함.
郤曲(각곡) [0050] 굽음. 휘어짐.
轂抵(각저) [0032] 씨름과 비슷한 고대의 기예.
角鴟(각치) [6200] 수리부엉이.
衎衎(간간) [0000] 화락한 모양. 강직하고 침착한 모양.
扞格(간격) [0052] 서로 막아서 들이지 아니함.
瞯隙(간극) [0010] 기회를 엿봄. 또는 기회를 탐.
奸佞(간녕) [1000] 간사하고 아첨을 잘함.
干黷(간독) [4000] 범하여 더럽힘.
榦輔(간보) [0012] 국가의 중책을 맡을 만한 大臣을 가리키는 말.
頎典(간전) [0052] 단단하고 질긴 모양.
葛藟(갈류) [2000] 칡덩굴. 이리저리 얽혀서 곤란한 상태를 비유.
秸莞(갈완) [0012] 짚으로 엮어 만든 자리.
欿憾(감감) [0020] 뜻에 차지 않아 한스럽게 여김.
酣對(감대) [0062] 서로 상대가 되어 흥겹게 술을 마심.
酣眠(감면) [0032] 깊이 단잠을 잠.
酣飫(감어) [0000] 술과 음식을 실컷 먹음. 여러 학설이나 이론을 실컷 섭렵함.
酣臥(감와) [0030] 깊이 잠이 듦.
酣縱(감종) [0032] 술을 마구 마심. 제멋대로 행동함. 방종함. 봄기운이 무르익어 생기발랄한 모양.
酣興(감홍) [0042] 술을 마시고 한껏 즐거워함.

嗑牙(갑아) [0032] 수다스러움.
杠轂(강곡) [0000] 수레 덮개의 자루와 수레의 바퀴통. 중심을 비유하는 말.
糠糜(강미) [1000] 겨죽.
彊圉(강어) [1200] 고갑자(古甲子)에서, 천간(天干)의 첫째.
疆埸(강역) [1200] 논밭의 경계. 국경(國境).
絳緅(강추) [0200] 고추잠자리.
開櫝(개독) [6000] 제사를 지낼 때에 신주(神主)를 모신 독을 엶.
愒時(개시) [0072] 시간을 허송함.
嘅息(개식) [0042] 탄식함.
賡歌(갱가) [0070] 다른 사람에 이어서 노래로 화답함.
秔稻(갱도) [0030] 메벼.
賡酬(갱수) [0010] 시를 지어 서로 주고받음.
籧筐(거광) [0002] 누에치기에 쓰는 대그릇.
蘧廬(거려) [0012] 역참을 지나는 사람들이 쉬어 갈 수 있도록 마련한 집.
袪蕩(거탕) [0010] 철저히 제거함. 완전히 없앰.
褰裳(건상) [0032] 아래옷의 옷자락을 걷어 올림. 국사(國事)에 분주함. 제왕의 양위.
跲躓(겁치) [0000] 미끄러져 넘어짐. 실패하여 몹시 곤궁한 처지를 이르는 말.
鬲肝(격간) [0032] 가슴과 간, 가장 친한 친구 사이를 비유
鴃舌(격설) [0040] 거위의 혀 놀림. 알아들을 수 없는 외국인의 말을 낮잡아 이르는 말.
鬲咽(격인) [0010] 소화기관이 막히어 삼키기 어려움
綌衰(격최) [0032] 거친 갈포로 만든 상복.
蠲閣(견각) [0032] 세금의 징수를 면제함.
畎疆(견강) [0012] 논밭의 경계. 논밭의 두둑.
狷狂(견광) [0032] 강직함과 자유분방함. 고지식함과 호방함.
悁急(견급) [0062] 조급함. 성급함.
畎畝(견묘) [0010] 밭의 고랑과 이랑을 아울러 이르는 말.
豣豵(견종) [0000] 짐승의 새끼를 두루 이르는 말.
絜廉(결렴) [0030] 청렴결백함.
絜楹(결영) [0002] 반들반들 윤이 남. 남의 비위를 잘 맞추어 아첨함을 비유하는 말.
蒹葦(겸위) [0002] 갈대.
罄竭(경갈) [0010] 돈이나 물건 따위가 다 없어짐.
惸寡(경과) [0032] 외로운 과부. 또는 외로운 사람.
敬昵(경닐) [5200] 공경하고 친애함.
煢獨(경독) [0052] 형제나 자식이 없는 사람. 의지할 곳 없는 외로운 사람.
檠燈(경등) [0042] 등잔걸이에 얹힌 등불.
黥面(경면) [0070] 형벌로 얼굴에 먹물을 뜸. 또는 그렇게 한 얼굴이나 그 얼굴을 한 죄인.
駉牧(경목) [0042] 방목함. 또는 방목장.

檠榜(경방) [0010] 활과 쇠뇌를 바로잡는 틀. 도지개.
敬扑(경복) [5200] 공경하여 답장한다는 뜻으로, 주로 한문투의 편지글 답장 첫머리에 쓰는 말.
硜鄙(경비) [0010] 천박하고 비루함.
熲耀(경요) [0012] 반짝거림. 빛남.
冏徹(경철) [0032] 빛나고 밝음.
惸鰥(경환) [0010] 외로운 홀아비. 또는 외로운 사람.
煢鰥(경환) [0010] 과부와 홀아비. 의지할 곳이 없는 사람.
訐激(계격) [0040] 직언을 하여 격노시킴.
稽顙(계상) [0200] 이마가 땅에 닿도록 몸을 굽힘.
烓竈(계조) [0000] 풍로(風爐)
繼蹤(계종) [4000] 뒤를 이음.
鷄鴞(계효) [4000] 올빼미.
刳肝(고간) [0032] 배를 갈라 간을 드러냄. 마음속에 품은 뜻을 모두 털어놓음을 비유하는 말.
觚簡(고간) [0040] 고대에 글자를 기록하는 데 쓰던 나무쪽. 서적을 이르는 말.
熇竭(고갈) [0010] 물이 마름.
告罄(고경) [5200] 제사가 끝남.
羖公(고공) [0062] 수염이 많은 사람을 이르는 말.
櫜弓(고궁) [0032] 활을 활집에 넣음. 전쟁이 끝났음을 이르는 말.
瞽女(고녀) [0080] 여자 장님.
痼瘼(고막) [1000] 바로잡기 어려운 폐단.
瞽妄(고망) [0032] 터무니없는 말. 사리에 맞지 않는 언론.
酤買(고매) [0050] 술을 사고 팖. 또는 매매 행위를 이르는 말.
鼓桴(고부) [3200] 북채
槀殯(고빈) [0010] 영구를 임시로 안치한 곳.
罟師(고사) [0042] 어부.
翺翔(고상) [0010] 빙빙 돌며 낢. 배회하며 나아가지 않음. 머뭇거리며 앞으로 나가지 않음. 유유히 노닒.
槀書(고서) [0062] 草書를 이르는 말. 신중하게 쓰지 않고 볏짚과 같이 산만하고 다듬어지지 않았다고 하여 이르는 말.
栲訊(고신) [0010] 고문하여 심문함.
槁菀(고울) [0000] 시듦과 우거짐. 성쇠, 영욕을 비유하는 말.
扣鐘(고종) [0002] 종을 침. 가르침을 잘 받음.
考覈(고핵) [5000] 조사하여 밝힘.
罟擭(고확) [0000] 그물과 덫.
牿牢(곡뢰) [0010] 소나 말을 넣어 기르는 우리.
觳觫(곡속) [0000] 무서워서 벌벌 떪.

轂下(곡하) [0072] 천자(天子)가 타는 수레 밑이라는 뜻으로, '서울'을 이르는 말.
髡褐(곤갈) [0010] 머리를 깎고 거친 베옷을 입은 사람이라는 뜻으로 중을 이르는 말.
錕吾(곤오) [0030] 고대의 날카로운 검의 이름. 보검을 두루 이르는 말. 산이름.
悾款(공관) [0020] 정성스러움.
邛遇(공우) [0040] 한대(漢代) 사마상여가 공(邛) 땅에서 탁문군을 꾀어 함께 달아난 일을 말함. 뒤에 재자(才子)와 가인(佳人)이 우연히 만나 서로 사랑함을 이르는 말로 쓰임.
裹糧(과량) [0040] 먼 길을 떠날 때 양식을 싸 가지고 다님.
瓜瓞(과질) [2000] 큰 오이와 작은 오이라는 뜻으로, 자손의 번성함을 비유적으로 이르는 말.
薖軸(과축) [0020] 어진 사람이 초야에 은거하여 곤궁하게 살아감을 이르는 말.
藿食(곽식) [0072] 변변찮은 음식.
躩躍(곽약) [0030] 뛰어오름. 도약함.
盥漑(관개) [0010] 죄과, 구습 따위를 깨끗이 씻어 없앰.
綰結(관계) [0052] 머리를 묶음. 어린 시절을 비유하는 말.
丱童(관동) [0062] 어린 아이. 총각. 나이 어린 종.
瘝素(관소) [0042] 직책은 게을리하고 녹봉만 받음.
盥漱(관수) [0002] 세수하고 양치질함. 손이나 얼굴을 씻는 일을 두루 이르는 말.
錧籥(관약) [0000] 자물쇠.
管簟(관점) [4000] 대자리.
盥櫛(관즐) [0010] 낯을 씻고 머리를 빗음.
祼鬯(관창) [0000] 제사 때, 울창주를 땅에 부어 신을 청하여 내리게 하던 일.
鸛鶴(관학) [0032] 두루미.
聒耳(괄이) [0050] 귀가 따갑도록 지껄이고 떠듦.
桄熲(광경) [0000] 알차고 빛남. 학문이 깊고 넓음을 형용한 말.
桄桔(광길) [0002] 타작하는 데 쓰는 도리깨나 탈곡기
誆動(광동) [0072] 없는 사실을 꾸며 선동함.
筐笥(광사) [0200] 대바구니.
纊息(광식) [0042] 임종 무렵의 숨결을 이르는 말. 임종 때 코와 입에 솜을 대어 숨이 남아 있는지를 확인한 데서 유래한 말.
誆誘(광유) [0032] 남을 속여서 꾀어냄.
瑰寶(괴보) [0042] 기이하고 진귀함. 특별히 진귀한 물건. 걸출한 인재를 비유하는 말.
瑰才(괴재) [0062] 뛰어난 재주. 또는 그런 재주를 가진 사람.
肱膂(굉려) [1000] 고굉지신.
觥酌(굉작) [0030] 술을 마심. 술잔.
皦絜(교결) [0000] 깨끗함. 순결함.
佼童(교동) [0062] 귀엽게 잘생긴 남자 아이.
蹻履(교리) [0032] 빠르고 힘차게 걸음.

莜麥(교맥) [0032] 메밀.

磽戞(교알) [0000] 문구가 난삽하여 뜻을 이해하기 어려움을 이르는 말.

姣艷(교염) [0010] 아름답고 고움.

繳繞(교요) [0002] 문제나 사정 등에 얽매여 이치나 글이 명확하지 못함. 성가시어 쉬지 못함. 둘러쌈.

矯揉(교유) [3000] 결점을 고침.

皦日(교일) [0080] 밝은 해. 빛나는 태양.

茭芻(교추) [0010] 말린 꼴.

觩角(구각) [0062] 끝이 굽은 뿔.

搆間(구간) [0072] 두 사람 사이를 멀어지게 함. 이간함

窶艱(구간) [0010] 가난하고 고생스러움.

裘葛(구갈) [0020] 겨울옷과 여름옷을 아울러 이르는 말. 1년을 이르는 말. 사철의 옷과 추위와 더위의 때의 변화를 두루 이름.

裘褐(구갈) [0010] 거칠고 허름한 옷. 은사(隱士)를 이르는 말.

疚惸(구경) [0000] 근심.

穀喫(구끽) [0010] 먹음직스러운 것.

糗糧(구량) [0040] 말린 양식.

笱梁(구량) [0032] 통발과 어량(魚梁). 물고기를 잡는 설비

裘領(구령) [0050] 갖옷의 깃. 사물의 가장 긴요하고 으뜸이 되는 골자나 이치를 비유한 말.

劬勞(구로) [0052] 자식을 낳아서 기르느라고 힘을 들이고 애를 씀.

裘馬(구마) [0050] 좋은 가죽옷을 입고 말을 타고 다니는 사람. 부자(富者)를 달리 이르는 말.

覯侮(구모) [0030] 모욕을 당함.

漚夢(구몽) [0032] 물거품 같은 꿈. 덧없는 꿈.

扣問(구문) [0070] 질문함.

搆成(구성) [0062] 얽어서 만듦. 짜맞춤.

艽野(구야) [0060] 아득히 멀고 황량한 곳.

遘逆(구역) [0042] 반란을 일으킴.

屨杖(구장) [0010] 50세 이상의 노인에 대한 경칭.

韭菹(구저) [0002] 부추 김치.

劬瘠(구척) [0010] 피곤에 지치고 가난에 찌듦.

狗彘(구체) [3000] 개돼지.

丘冢(구총) [3200] 무덤.

窶乏(구핍) [0010] 곤궁함.

究覈(구핵) [4200] 이치나 사실 따위를 속속들이 살펴 밝힘.

溝洫(구혁) [1000] 길가나 논밭 사이의 작은 도랑.

媾和(구화) [0062] 국가 간 화평을 맺음.

捄荒(구황) [0032] 흉년으로 굶주리는 백성들을 구제함.
遘會(구회) [0062] 서로 만남. 함께 모임. 의기투합함. 영합함.
鞠子(국자) [0072] 자식을 기름.
詘指(굴지) [0042] 자신의 몸을 낮춤. 뜻을 굽힘. 손가락을 꼽아 계산함.
宮闈(궁위) [4200] 궁궐(宮闕).
綣繾(권견) [0000] 정이 깊이 들어 헤어지기 어려움.
鬈笄(권계) [0000] 여자의 살쩍이나 머리털을 묶는 데 쓰는 비녀.
睠顧(권고) [0030] 돌아보고 보살펴 줌.
棬樞(권추) [0010] 나무를 구부려 만든 문지도리. 거처가 누추하거나 집안 형편이 곤궁함을 형용한 말.
跪叩(궤고) [0010] 꿇어앉아 머리를 땅에 조아림.
匭牘(궤독) [0002] 함 속에 넣어 둔 문서. 물건을 넣어두는 함.
垝垣(궤원) [0002] 무너진 담장.
跪乳(궤유) [0040] 새끼 양이 무릎을 꿇고 젖을 먹음. 자식이 어버이에게 효도함을 이르는 말.
氿泉(궤천) [0040] 옆에서 흘러나오는 샘물.
軌躅(궤촉) [3000] 수레바퀴의 자국. 이전 사람이 남긴 본보기.
匱乏(궤핍) [0010] 물자가 떨어짐. 재산 없는 사람.
餽餉(궤향) [0002] 재물을 보냄. 군량. 음식을 보냄. 환대함.
樛葛(규갈) [0020] 굽은 나뭇가지와 칡덩굴. 뒤엉킴. 뒤엉키어 모호함.
睽隔(규격) [0032] 헤어짐. 떨어짐.
闚觀(규관) [0052] 좁은 틈으로 봄. 소견이 좁음을 이르는 말.
閨闥(규달) [2000] 여자의 침실. 궁녀의 방.
闚伺(규사) [0002] 기회를 노림.
頍纓(규영) [0002] 관(冠)의 끈.
刲刺(규자) [0032] 찔러 죽임. 찌름.
糾覈(규핵) [3000] 과오나 죄상을 따져서 밝힘.
麕聚(균취) [0012] 노루처럼 끼리끼리 서로 모임을 이르는 말.
跂蹻(극갹) [0000] 나막신과 짚신.
亟務(극무) [0042] 시급히 처리해야 할 일. 시급한 일.
郤始(극시) [0062] 처음. 시작. 시초
岌嶪(급업) [0002] 높고 가파른 모양. 위급함.
棊劫(기겁) [0010] 바둑에서의 패싸움. 전투나 전쟁을 비유하기도 함.
亟見(기견) [0052] 자주 봄.
綦谿(기계) [0002] 매우 깊음.
奇觚(기고) [4000] 진귀한 책.
頎大(기대) [0080] 체구가 크고 훤칠함.
掎鹿(기록) [0030] 사슴을 끌어당김. 사슴을 좇아감. 뭇 영웅들이 천하를 다투는 것을 비유한 말.

跂望(기망) [0052] 발돋움하여 바라봄. 간절히 바람을 형용한 말.
僛舞(기무) [0040] 술에 취해 춤을 춤.
歧迷(기미) [0030] 엇갈리어 분명하지 않음.
羈束(기속) [0052] 얽어매어 묶음.
耆叟(기수) [1200] 노인(老人).
岐嶷(기억) [0000] 어린 나이에 총명함을 이르는 말. 6~7세의 나이를 이르는 말.
羈寓(기우) [0010] 타향살이.
期頤(기이) [5000] 백 살의 나이. 또는 그 나이의 사람.
歧旨(기지) [0020] 다른 뜻. 여러 가지로 해석이 가능한 뜻을 이르는 말.
忮忒(기특) [0000] 시기심이 많고 남을 잘 속임.
屺岵(기호) [0002] 부모.
羸襢(나단) [0000] 알몸. 옷을 벗음.
赧愧(난괴) [0020] 부끄러워함.
闌圈(난권) [0020] 가축을 가두어 기르는 곳. 우리.
闌珊(난산) [0010] 의기나 기세가 쇠함. 곤궁함.
闌入(난입) [0070] 허가 없이 함부로 뛰어듦.
曩者(낭자) [0060] 지난번.
囊橐(낭탁) [1000] 자기의 차지로 만듦. 또는 그런 물건. 주머니.
倈子(내자) [0072] 심부름하는 아이.
迺在(내재) [0060] 겨우. 간신히.
冷竈(냉조) [5000] 자주 밥을 짓지 못하는 구차한 집의 부뚜막이란 뜻으로, 매우 가난함을 이르는 말.
壚頭(노두) [0060] 주막. 술집.
老耄(노모) [7000] 늙어서 정신이 가물가물함.
猱援(노원) [0040] 원숭이처럼 재빠르게 올라감.
潦溢(노일) [0010] 홍수가 흘러넘침.
露蹤(노종) [3200] 행색을 드러낸다는 뜻으로, 어사가 출두함을 이르는 말.
孥稚(노치) [0032] 어린 아이.
隴客(농객) [0052] 앵무새. 중국의 隴山에 많이 살고 있는 데에서 붙은 이름.
隴斷(농단) [0042] 깎아 세운 듯한 높은 언덕. 이익이나 권리를 독차지함. 어떤 사람이 시장에서 높은 곳에 올라가 사방을 살펴보고 자기 물건을 팔기에 적당한 곳으로 가서 상업상의 이익을 독점하였다는 데서 유래. <출> 孟子의 公孫丑.
隴畝(농묘) [0010] 논밭. 초야. 산야
穠纖(농섬) [0020] 풍만함과 섬약함. 또는 곱고 섬세함.
隴蜀(농촉) [0012] 사람의 마음은 만족할 줄을 몰라서 욕심이 끝이 없음. 농(隴)을 평정하고도 다시 촉(蜀)을 바란다는 말에서 유래. <출> 後漢書 岑彭傳.

穠華(농화) [0040] 젊고 아름다운 여자를 이르는 말. 활짝 핀 꽃봉우리.
餒飢(뇌기) [0030] 굶주림. 또는 굶주린 사람.
耒耨(뇌누) [0000] 쟁기와 괭이라는 뜻으로, 농구를 이르는 말.
罍篚(뇌비) [0000] 제사나 연회 때 쓰는 주기(酒器)와 식기. 제사를 이르는 말.
罍恥(뇌치) [0032] 술병이 비어 있는 것을 술동이가 부끄러워함. 직책을 다하지 못하여 부끄러워함을 비유.
摟搜(누수) [0030] 이익이 될 만한 것은 모조리 긁어모음 곧 매우 인색하게 자신의 이익을 챙김.
勒紲(늑설) [1000] 말고삐.
廩庫(늠고) [0040] 쌀을 넣어 두는 곳집.
懍慄(늠률) [0010] 추워서 떠는 모양. 두려워하는 모양. 엄숙하고 경건한 모양.
廩振(늠진) [0032] 관청에서 빈민에게 쌀을 배급하여 줌.
爹娘(다낭) [0032] 부모.
襢裼(단석) [0000] 웃통을 벗어 어깨를 드러냄.
丹霄(단소) [3200] 저녁놀과 같이 붉은 하늘.
癉惡(단악) [0052] 악인이나 악행을 증오함.
怛悼(달도) [0020] 근심하고 슬퍼함. 슬프고 마음이 쓰림.
闥爾(달이) [0010] 매우 빠른 모양.
怛惕(달척) [0000] 두려워함. 슬픔. 비통함.
餤餠(담병) [0010] 떡.
驔步(담보) [0042] 말처럼 큰 걸음을 내디딤.
窞穽(담정) [0010] 함정.
醓醢(담해) [0000] 육장(肉醬), 육즙(肉汁)
倘來(당래) [0070] 혹은. 만약에.
當壚(당로) [5200] 선술집의 술청에 앉아 술을 팖. 前漢의 사마상여가 자기 아내 卓文君을 술독을 둔 곳에 앉혀 술을 팔게 하였다는 데서 유래.
棠棣(당체) [1000] 산앵두나무.
儻或(당혹) [0040] 아마. 혹시. 가령.
懟憾(대감) [0020] 원한을 품음.
憝魁(대괴) [0010] 악인의 우두머리. 元兇
歹徒(대도) [0040] 나쁜 사람.
大辟(대벽) [8000] 중국에서 행하던 오형(五刑) 가운데 하나. 죄인의 목을 베던 형벌.
臺榭(대사) [3200] 높고 크게 세운 누각이나 정자.
荼苦(도고) [0060] 고생스러움. 괴로움.
綯絞(도교) [0020] 새끼를 꼼.
瘏口(도구) [0070] 입이 아프도록 말함. 거듭 간곡하게 말함.
慆濫(도람) [0030] 태만하고 방종(放縱)함.
擣鍊(도련) [0032] 종이나 피륙 따위를 다듬잇돌에 놓고 다듬어서 윤기가 나고 매끄럽게 함.

荼蓼(도료) [0002] 씀바귀와 여뀌. 잡초를 두루 이름. 쓰고 맵다는 뜻에서 어렵고 고생스러움을 비유하는 말.

闍里(도리) [0070] 길거리.

悼耄(도모) [2000] 일곱 살 어린이와 여든 살 늙은이를 아울러 이르는 말.

韜武(도무) [0042] 자신의 맡은 일에 뛰어난 재주를 가진 사람을 이르는 말.

諂媚(도미) [0010] 아첨함.

檮杌(도올) [0000] 전설상의 사나운 짐승 이름. 전설상의 흉악한 인물로 악인을 두루 이르는 말. 춘추시대 초나라의 역사책 이름.

幬載(도재) [0032] 뒤덮고 실음. 천지의 덕을 이름.

叨竊(도절) [0030] 차지해서는 안 될 것을 차지함. 재주도 없이 벼슬에 있다는 의미의 謙辭.

咷嘷(도호) [0000] 울부짖음.

洮類(도회) [0000] 손과 얼굴을 씻음.

黷近(독근) [0060] 허물없이 지나치게 친근함.

櫝玉(독옥) [0042] 궤에 갈무리한 아름다운 옥. 감추어 둔 재능을 비유하는 말.

黷貨(독화) [0042] 정당하지 아니한 수단으로 얻은 재물.

恫喝(동갈) [0010] 을러대며 위협함.

僮御(동어) [0032] 사내 종과 계집 종.

僮惛(동혼) [0000] 어리석어 사리에 어두움. 또는 그런 사람.

斁倫(두륜) [0032] 인륜이 무너짐.

登躋(등제) [7000] 높은 곳에 오름.

麻屨(마구) [3200] 미투리.

禡祭(마제) [0042] 출병할 때, 그 군대가 머무르는 곳에서 군신(軍神)에게 무운(武運)을 빌던 제사.

熳滅(만멸) [0032] 발라 없앰.

秣馬(말마) [0050] 말에게 먹이를 줌. 말을 기름.

浼瀆(매독) [0010] 더럽힘. 모독함. 주로 상대방에게 누를 끼친다는 의미의 겸사로 쓰임.

霾蒙(매몽) [0032] 흙먼지로 뒤덮여 뿌옇고 흐릿함.

脢腓(매비) [0000] 등살과 장딴지. 서로 떨어질 수 없는 관계를 비유하는 말로, 부부의 결합을 상징하는 주역 함괘의 효사에서 유래.

靺韋(매위) [0012] 적황색의 무두질한 가죽. 무사(武士)를 이르는 말.

霢霂(맥목) [0000] 이슬비. 가랑비. 땀이 흐르는 모양. 가랑비가 흩뿌리는 모양.

盲眇(맹묘) [3200] 보지 못하는 병. '맹'은 두 눈이 다 먼 것이고, '묘'는 한쪽 눈만 먼 것.

湎淫(면음) [0032] 술에 빠짐.

篾棄(멸기) [0030] 포기함. 또는 경시함.

髦傑(모걸) [0040] 재주와 슬기가 뛰어난 사람. 준걸.

耄勤(모근) [0040] 늙어서 일에 싫증을 냄. 늙어서도 여전히 부지런함.

眊悼(모도) [0020] 노인과 어린이.
蟊食(모식) [0072] 해충이 농작물의 뿌리를 갉아먹음. 탐관오리가 백성의 재물을 약탈함을 비유하는 말.
旄倪(모예) [0002] 노인과 어린아이.
耄耋(모질) [0000] 나이가 들어 늙음. 또는 그런 사람.
木壚(목로) [8000] 주로 선술집에서 술잔을 놓기 위하여 쓰는, 널빤지로 좁고 길다랗게 만든 상.
霂霖(목림) [0002] 빗물. 은택을 비유한 말.
髳茸(몽용) [0010] 초목이 더부룩하게 무더기로 나는 모양.
濛雨(몽우 [0052] 이슬비.
矇蔽(몽폐) [0030] 멍청함. 어리석음. 속임. 진상을 은폐함.
濛鴻(몽홍) [0030] 광대하여 끝이 없음. 혼돈(混沌)
藐孤(묘고) [0040] 어리고 약한 고아.
眇冥(묘명) [0030] 어둡고 아득해서 식별하기 어려움. 죽음.
憮金(무금) [0080] 재물을 가벼이 여겨 베풀기를 좋아함.
誣譖(무참) [1000] 없는 사실을 거짓으로 꾸며 남을 참소함.
敉功(미공) [0062] 천하를 안정시켜 편안하게 한 공.
糜軀(미구) [0010] 몸이 부서지도록 정성을 다함. 목숨을 바침.
糜爛(미란) [0020] 산산이 부숨. 썩어 문드러짐. 부패함.
瀰漫(미만) [0030] 물이 가득한 모양. 가득 참.
弭伏(미복) [0040] 온순히 복종함. 순종함.
麋散(미산) [0040] 부서져 흩어짐.
亹壽(미수) [0032] 오래 삶.
愍顧(민고) [0030] 가엾이 여기고 보살펴 줌.
黽勉(민면) [0040] 힘씀. 진력함. 또는 억지로. 마지못해.
密贐(밀신) [4200] 노자 명목으로 볼래 수는 금품.
鎛器(박기) [0042] 호미.
襮白(박백) [0080] 의사나 태도를 분명하게 드러냄.
搏噬(박서) [1000] 움켜쥐고 씹어 먹음.
薄帷(박유) [3200] 얇은 휘장.
班祔(반부) [6200] 자식이 없는 사람의 신주를 조상의 사당에 함께 모심.
反噬(반서) [6200] 기르던 짐승이 은혜를 잊고 주인을 해침. 은혜를 베풀어 준 사람을 도리어 해침.
胖合(반합) [0060] 반쪽끼리 합하여 하나가 됨. 남녀가 혼인하여 부부가 됨을 이르는 말.
茇涉(발섭) [0030] 산을 넘고 물을 건넘. 여행길이 고생스러움을 형용하는 말.
浡鬱(발울) [0020] 가득 차서 넘침. 열렬함. 격렬함.
發軔(발인) [6200] 수레가 떠나간다는 뜻으로, 어떤 일을 시작함을 비유적으로 이르는 말.
軷祭(발제) [0042] 노신(路神)에게 지내는 제사. 길제사.

放辟(방벽) [6200] 아무 거리낌 없이 제멋대로 행동함.
芳躅(방촉) [3200] 옛 사람의 훌륭한 행적.
滂沱(방타) [0200] 비가 세차게 좍좍 쏟아짐. 눈물이 뚝뚝 떨어짐.
厖鴻(방홍) [0030] 높고 큰 모양. 우주가 형성되기 이전의 혼돈상태로서 지극히 광대한 기운.
魴鰥(방환) [0010] 방어와 환어. 품행이 단정하지 못하고 다루기 힘든 여자를 비유하는 말. 낡은 통발로는 방어와 환어를 잡기 힘들다는 시경 구절에서 유래.
倍蓰(배사) [5000] 한 곱절에서 다섯 곱절 가량을 이르는 말. 倍는 한 곱절, 蓰는 다섯 곱절.
百辟(백벽) [7000] 여러 제후(諸侯).
白叟(백수) [8000] 노인.
翻滾(번곤) [0002] 소용돌이침. 용솟음침. 세차게 끓음.
翻案(번안) [0050] 이미 결정된 판결, 정론(定論)을 뒤엎음.
袢襖(번욱) [0000] 무더위.
墦祭(번제) [0042] 벌초하고 제사함. 성묘함.
罰鍰(벌환) [4200] 정하여진 액수의 돈을 내고 죄를 보상하게 함.
辟疆(벽강) [0012] 천자의 칭호. 강토를 개척한다는 뜻으로 군주에게만 전용하여 이르던 호칭.
甓塗(벽도) [0030] 벽돌을 길에 깖.
弁髦(변모) [1200] 쓸데없는 물건. 변은 관례 때에 한 번만 쓰는 치포관, 모는 동자의 더펄머리로, 관례가 끝나면 모두 소용이 없게 된다는 데서 유래.
辨覈(변핵) [3000] 옳고 그름을 가려서 밝힘.
邊釁(변흔) [4200] 국경 지역에서 이웃 나라와 일어나는 다툼.
鞞芾(병불) [0000] 칼집과 폐슬(蔽膝). 고관이나 귀인을 이르는 말.
黼黻(보불) [0000] 화려한 문양을 수놓은 예복. 화려한 문사(文辭).
黼扆(보신) [0010] 제왕의 거처. 제왕을 이름.
鴇合(보합) [0060] 너새(느시)가 다른 새와 교미한다는 뜻으로 남녀가 음란함을 비유함.
服闋(복결) [6000] 상례에서, 삼년상을 마치고 상복을 벗음.
扑撻(복달) [0010] 회초리로 때림.
復辟(복벽) [4200] 물러났던 임금이 다시 왕위에 오름. 중신(重臣)이 섭정을 그만둠.
楅衡(복형) [0032] 소의 뿔에 가로대는 나무. 들이받는 것을 방지하기 위한 것.
唪經(봉경) [0042] 經文을 소리내어 외움.
丰容(봉용) [0042] 토실토실한 아름다운 얼굴.
丰采(봉채) [0012] 훌륭한 태도(風采). 뛰어나게 아름다운 용모.
封洫(봉혁) [3200] 논밭의 경계.
蜉結(부결) [0052] 하루살이처럼 모여 듦. 많은 사람이 들끓음을 이르는 말.
桴棟(부동) [0020] 기둥. 사물의 중심축.
裒斂(부렴) [0010] 수탈하고 착취함.

俘囚(부수) [0030] 포로.

拊膺(부응) [0010] 가슴을 침. 애통해하거나 분해함을 나타내는 말.

負扆(부의) [4000] 천자(天子)가 도끼 모양의 수를 놓은 병풍을 뒤로 하고 신하를 대한다는 뜻으로, 천자의 지위에 오름을 이르는 말.

芣苢(부이) [0000] 질경이.

裒益(부익) [0042] 덜어 냄과 보탬. 줄이고 더함.

祔葬(부장) [0032] 합장(合葬)함. 조상의 무덤 옆에 안장함.

罦罝(부저) [0000] 새나 짐승을 잡는 그물을 두루 이르는 말.

阜螽(부종) [1200] 메뚜기

掊取(부취) [0042] 착취함. 재물을 강제로 빼앗음.

枌楡(분유) [0012] 느릅나무. 고향(故鄕)을 이르는 말. 한고조가 고향인 풍(豐)에서 느릅나무를 심어 토지의 신으로 삼은 데서 유래.

噴嚏(분체) [1000] 재채기.

饙饎(분치) [0000] 밥을 짓고 술을 빚음을 이르는 말.

紼謳(불구) [0010] 상엿소리.

不佞(불녕) [7200] 재주가 없는 사람. 편지 글에서 대등한 관계에 있는 사람에게 자기를 낮추어 이르는 표현임.

紱麟(불린) [0012] 기린 뿔에 끈을 묶음. 생일을 축하할 때 씀. 공자가 태어나기 전에 공자의 어머니 징재가 옥서를 물고 나타난 기린의 뿔에 수놓인 비단 끈을 묶어 주었다는 고사에서 유래.

紱冕(불면) [0012] 관인의 인끈과 대부 이상의 관리가 쓰는 예관. 지위가 높은 벼슬이나 관리를 이르는 말.

咈鬱(불울) [0020] 노여움에 속 태우며 번민함.

扉屨(비구) [1000] 짚신.

轡勒(비륵) [0010] 고삐와 굴레.

仳離(비리) [0040] 헤어짐. 여자가 버림받음.

朏明(비명) [0062] 날이 막 밝아옴. 동이 틈.

霏微(비미) [0032] 부슬부슬 내리는 가랑비. 조금 흩뿌리는 눈. 흩뿌림. 흩날림. 희미함. 어둑함.

剕辟(비벽) [0000] 발목을 베는 형벌.

悱憤(비분) [0040] 근심이 가슴에 쌓임.

閟惜(비석) [0032] 숨기고 아낌. 감추어 두고 소중하게 돌봄.

朏晨(비신) [0030] 새벽. 여명.

非訐(비알) [4200] 남의 잘못을 헐뜯고 들추어 냄.

奰逆(비역) [0042] 난을 일으킴.

痹頑(비완) [0010] 인체의 감각 기능이 전부 또는 부분적으로 마비됨.

脾腸(비장) [0040] 종아리. 장딴지.

飛杼(비저) [4200] 직물 기계의 날실을 넣는 장치.

棐忱(비침) [0000] 성실하고 신의 있는 사람을 도와줌.
羆虎(비호) [0032] 곰과 호랑이. 용사(勇士)를 이르는 말.
儐豆(빈두) [0042] 식기를 진열한다는 의미로 형제 사이에 우애가 있고 화목함을 이르는 말.
鬢髮(빈발) [0040] 살쩍과 머리털.
纚笄(사계) [0000] 머리를 묶고 비녀를 얹음.
闍梨(사리) [0030] 阿闍利의 약칭. 고승. 승려를 두루 이르는 말.
蓑笠(사립) [0010] 도롱이와 삿갓.
笥腹(사복) [0032] 책 상자가 들어 잇는 배. 학식이 풍부함을 이르는 말.
戺庭(사정) [0062] 섬돌 아래의 뜰
耜鐵(사철) [0050] 농기구를 만드는 쇠붙이.
潸泫(산현) [0002] 눈물이 흐르는 모양.
歃血(삽혈) [0042] 맹약. 맹약문을 낭독한 다음 희생으로 잡은 짐승의 피를 나누어 마시거나 입 언저리에 칠하는 일.
塽塏(상개) [0012] 높고 건조한 곳. 또는 높고 건조함.
倘佯(상양) [0002] 한가롭게 여기저기 돌아다님.
殤殀(상요) [0000] 일찍 죽음. 요절함.
顙泚(상체) [0000] 이마에 땀이 남. 부끄럽거나 두려움을 나타냄.
生釁(생흔) [8000] 가깝던 사이에 서로 틈이 생김.
紓放(서방) [0062] 마음을 풀어놓고 토로함.
癙憂(서우) [0032] 우울함. 금심함.
抒情(서정) [0052] 생각이나 감정을 펼침.
噬臍(서제) [0002] 배꼽을 물어뜯으려 하여도 입이 닿지 아니함. 후회하여도 이미 때가 늦음을 이르는 말.
湑酒(서주) [0040] 맑은 술. 청주(淸酒)
螫蝎(석갈) [0002] 독침으로 사람을 쏘는 전갈. 몹시 두려운 일이나 악랄한 사람을 비유한 말.
腊田(석전) [0042] 가을에 비가 적을 때 간 메마른 밭.
舃鹹(석함) [0010] 소금기가 있는 척박한 땅.
鱣舍(선사) [0042] 학교 건물. 교사(校舍). 후한 때 황새들이 세 마리의 드렁허리를 물고 양진(楊震)의 강당 앞에 날아와 모였다는 고사에서 유래.
暬御(설어) [0032] 임금을 가까이에서 모시는 사람.
韘觿(섭휴) [0000] 지용을 겸비한 소년을 이르는 말.
騂顔(성안) [0032] 술에 취하거나 수줍어서 얼굴이 붉어짐.
帨鞶(세반) [0000] 허리에 차는 수건.
繅車(소거) [0072] 고치를 켜는 물레.
霄極(소극) [0042] 하늘 꼭대기. 조정(朝廷)을 이르는 말.
霄壤(소양) [0032] 하늘과 땅. 또는 하늘과 땅 차이.

慅擾(소요) [0010] 난리가 남.
溯洄(소회) [0200] 배를 저어 흐르는 물을 거슬러 올라감.
屬纊(속광) [4000] 임종(臨終). 옛날 중국에서 사람이 죽어 갈 무렵에 고운 솜을 코나 입에 대어 호흡의 기운을 검사하였다는 데서 유래.
飧泄(손설) [0010] 소화되지 않은 음식물의 찌꺼기가 그대로 배설되는 병.
洒掃(쇄소) [0042] 물을 뿌리고 땅을 쓺. 청소함.
繻券(수권) [0040] 비단으로 만든 관문의 통행증.
羞赧(수난) [1000] 부끄러워 얼굴을 붉힘.
廋辭(수사) [0040] 수수께끼
豎子(수자) [0072] 동복(童僕). 어린아이. 남을 업신여겨 이르는 말. 풋내기.
售跡(수적) [0032] 출세함. 업적을 세워 명예를 드날리는 일.
俶裝(숙장) [0040] 채비를 차림.
俶獻(숙헌) [0032] 철따라 나오는 토산물을 맨 먼저 임금께 진상하는 일.
鶉衣(순의) [0060] 누더기. 메추라기는 꼬리가 없기 때문에 이르는 말.
郇庖(순포) [0010] 맛있는 음식.
塒圈(시권) [0020] 홰와 우리.
釃尊(시준) [0042] 술잔에 술을 따름.
緦親(시친) [0060] 시마를 입을 정도의 먼 친척.
賮禮(신례) [0060] 노잣돈.
臣鄰(신린) [5200] 한 임금을 모시는 신하끼리의 처지.
哂笑(신소) [0042] 조소함. 비웃음. 미소.
甡植(신식) [0070] 번식함.
蟋蟀(실솔) [0000] 귀뚜라미.
失怙(실호) [6000] 아버지를 여읨.
諗知(심지) [0052] 이해함. 앎.
迓衡(아형) [0032] 태평스러운 정사(政事)를 맞이함을 이르는 말.
咢布(악포) [0042] 陰과 陽의 기운이 어우러져 사방으로 퍼져나감.
犴噬(안서) [0000] 체포되어 감옥에 갇힘을 비유하는 말.
揠苗(알묘) [0030] 揠苗助長의 준말. 곡식을 빨리 자라게 하려고 고갱이를 뽑아 올림. 억지로 빨리 이루려다가 그르침을 비유.
訐揚(알양) [0032] 들추어내어 폭로함.
訐嗾(알주) [0010] 남을 헐뜯으려고 없는 일을 있는 것처럼 꾸며 말을 일부러 퍼뜨림.
菴藹(암애) [0200] 초목이 무성함.
狎昵(압닐) [0200] 매우 친하고 가까움.
卬曲(앙곡) [0050] 어쨌든. 굽어보나 쳐다보나.
鞅絆(앙반) [0010] 말의 뱃대끈과 밀치끈. 굴레와 속박을 비유한 말.
卬鼻(앙비) [0050] 들창코.
盎溢(앙일) [0010] 차서 넘침.

藹鬱(애울) [0020] 성한 모양.
僾逮(애체) [0030] 안경.
阨阱(액정) [0000] 함정. 고난스러운 상황을 비유한 말.
嚶鳴(앵명) [0040] 새들이 서로 화답하며 정답게 지저귐. 친구 간에 서로 정답고 의가 좋음.
夜餤(야담) [6000] 밤참.
籥牡(약모) [0010] 자물쇠. 또는 문빗장.
瀹疎(약소) [0010] 준설함.
量槩(양개) [5000] 평미레.
漾泊(양박) [0030] 떠돌아다님.
颺聲(양성) [0042] 명성을 날림. 또는 높은 소리.
涼燠(양욱) [3200] 서늘한 기운과 따뜻한 기운이라는 뜻으로, 세월을 비유.
良莠(양유) [5200] 좋은 풀과 나쁜 풀. 착한 사람과 악한 사람.
飫經(어경) [0042] 충분히 겪음. 익히 경험함.
圄空(어공) [0072] 감옥이 텅 빔. 즉 태평하여 죄인이 없음을 이르는 말.
嶷爽(억상) [0010] 재주가 뛰어나고 성격이 호탕함.
臬極(얼극) [0042] 준칙. 표준.
臲業(얼업) [0062] 재앙의 조짐이 될 싹.
渰雲(엄운) [0052] 비구름.
閹割(엄할) [0032] 거세함.
厲揭(여게) [0020] 옷을 걷고 개울을 건넌다는 것으로 임기응변으로 세상을 살아감을 뜻함.
膂氣(여기) [0072] 남에게 굽히지 않는 굳세고 억척스러운 기운.
鸒斯(여사) [0030] 갈까마귀. 시문에서 이익을 탐하는 소인배를 비유하는 말로도 사용됨.
餘贏(여영) [4200] 나머지.
蠡測(여측) [0042] 표주박으로 바닷물을 헤아림. 얕은 식견으로 사물을 헤아림을 비유한 말.
畬菑(여치) [0000] 밭을 갈고 김을 맴.
鶂路(역로) [0060] 상황이 불리하거나 벼슬길에서 뜻을 이루지 못함을 이르는 말.
櫟樗(역저) [0002] 상수리나무와 가죽나무. 자신을 쓸모없는 재목에 비유하는 겸손의 말.
易簀(역책) [4000] 살평상 또는 삿자리를 바꿈. 학덕이 높은 사람의 죽음이나 임종을 이르는 말. 증자가 죽을 때를 당하여 삿자리를 바꾸었다는 데서 유래. <출> 禮記 檀弓篇.
捐廩(연름) [1000] 공익(公益)을 위하여 벼슬아치들이 녹봉의 일부를 덜어 내어서 보태던 일.
孌婉(연완) [0010] 아름답고 고움.
蜎蠋(연촉) [0000] 뽕나무 벌레를 이르는 말.
醼享(연향) [0030] 국빈을 대접하는 잔치.

噎塞(열색) [0032] 가로막음. 식도가 막힘.
冉弱(염약) [0062] 연약함.
饜飫(염어) [0000] 음식이 매우 풍성함을 이르는 말. 배부르게 먹음. 포만감을 느낌. 책을 두루 많이 읽음.
贏闕(영궐) [0020] 남음과 모자람.
苓落(영락) [0050] 시들어 떨어짐. 쇠락함.
攖鱗(영린) [0010] 용의 거꾸로 난 비늘을 건드려 노하게 한다는 뜻으로, 제왕의 노여움을 촉발시킴을 비유하는 말.
英髦(영모) [6000] 뛰어난 젊은이.
佞邪(영사) [0032] 간사하고 아첨을 잘함. 또는 그런 사람.
縈絲(영사) [0040] 얽힌 실. 얽히어 풀기 어려운 근심이나 걱정을 비유하는 말.
贏羨(영선) [0010] 나머지. 잉여. 늘어남. 길이가 길어짐.
贏縮(영축) [0040] 나아가고 물러남. 길고 짧음. 차고 이지러짐. 풍족함과 부족함. 불어남과 줄어듦.
鷖輅(예로) [0002] 관(棺)을 운반하는 수레. 영구차.
輗軏(예월) [0000] 사물의 관건을 비유한 말. 수레를 이르는 말.
睨詰(예힐) [0010] 노려보면서 캐물음.
汙萊(오래) [0012] 전답이 묵어 진창이 되거나 묵정밭이 됨. 황폐한 땅.
杇人(오인) [0080] 미장이.
玉鬢(옥빈) [4200] 옥 같은 귀밑머리. 젊고 아리따운 여자의 얼굴을 이르는 말.
醞釀(온양) [0010] 술을 빚음. 어떤 일이 이루어지도록 미리 준비함. 무고한 죄를 씌움. 조화를 이룸.
韞玉(온옥) [0042] 옥을 간직함. 재능을 숨김을 비유한 말.
杌檮(올저) [0002] 앙상한 가죽나무. 재목이 못되고 장래성이 없음을 비유하는 말.
顒祈(옹기) [0032] 공손하게 간청함.
徭賦(요무) [0032] 徭役과 賦稅.
徼倖(요행) [0002] 분수에 맞지 않는 것을 바람. 뜻밖의 성공을 바람.
冗官(용관) [0042] 중요하지 아니한 벼슬. 또는 그 벼슬아치.
冗談(용담) [0050] 군소리
耦耕(우경) [0032] 두 사람이 나란히 논밭을 갊. 농사를 지음. 농사에 힘을 기울임.
耦立(우립) [0072] 두 사람이 나란히 섬.
迂叟(우수) [1000] 세상일에 어두운 늙은이. 노인이 자기를 낮추어 이르는 일인칭 대명사.
耰耦(우우) [0000] 밭 갈고 씨 뿌리는 일에 종사하는 사람.
訏猷(우유) [0002] 원대한 계획.
嵎夷(우이) [0030] 땅 이름. 日本을 이르는 말.
圜蓋(원개) [0032] 둥근 덮개. 하늘을 이르는 말.
圜方(원방) [0072] 둥근 것과 모진 것. 하늘과 땅.
原隰(원습) [5000] 높고 마른 땅과 낮고 젖은 땅을 아울러 이르는 말.

牖導(유도) [0042] 이끎. 인도함.
醹醴(유례) [0012] 맛이 좋은 술.
嚅昧(유매) [0010] 우매함. 또는 그러한 사람.
輶薄(유박) [0032] 천박함. 가벼움. 경미함.
帷幄(유악) [0002] 작전 계획을 짜는 곳. 천자의 측근 또는 조정. 슬기와 꾀를 내어 일을 처리하는 데에 능한 신하.
莠言(유언) [0060] 추악한 말. 험담이나 욕.
籲天(유천) [0070] 하늘에 원통함을 호소함.
忸怩(육니) [0000] 부끄러움. 주저함. 망설임. 뒤척임.
鴥揚(율양) [0032] 높이 오름.
嚚固(은고) [0050] 흉악하고 완고함.
挹注(읍주) [0062] 挹彼注玆의 준말로 저쪽 그릇의 액체를 떠다가 이쪽 그릇에 부음. 곧 한쪽의 것을 가져다 다른 쪽에 채우는 것을 이름.
彝鑑(이감) [0032] 영구불변한 거울로 삼아 본받을 만한 모범.
彝倫(이륜) [0032] 사람이 항상 지켜야 하는 도리.
涖事(이사) [0072] 집무함. 공무를 처리함.
頤使(이사) [0060] 턱으로 부림. 사람을 마음대로 부림을 이르는 말.
頤朶(이타) [0002] 턱이 늘어짐. 부러워함. 먹고 싶어 군침을 흘림.
駰騏(인기) [0012] 준마.
夤緣(인연) [0040] 덩굴이 줄을 타고 뻗어 올라감. 끊이지 않고 이어짐. 권세에 빌붙어 이익을 꾀함.
禋瘞(인예) [0000] 하늘과 땅에 제사 지냄을 이르는 말.
胾羹(자갱) [0010] 고깃국.
兹其(자기) [0032] 호미.
赭徒(자도) [0040] 붉은 옷을 입은 무리. 죄수나 범인을 이르는 말.
赭山(자산) [0080] 나무가 없어 바닥이 발갛게 드러난 산.
粢盛(자성) [0042] 제사 때 제기에 담아 올리는 곡식을 이르는 말.
柞實(작실) [0052] 도토리.
鏘洋(장양) [0060] 좋은 평판. 아름다운 음악소리를 냄. 성대한 모양.
纔方(재방) [0072] 방금. 이제 막.
杼機(저기) [0040] 북과 베틀. 생각의 계기를 비유하는 말.
羝乳(저유) [0040] 숫양에게서 젖이 남. 불가능한 일을 비유하는 말.
柞作(저작) [0062] 검안서를 사실대로 작성하지 아니함.
苴杖(저장) [0010] 아들이 부친상에 짚는 대지팡이.
菹醢(저해) [0200] 김치와 젓갈.
趯鞠(적국) [0012] 군중(軍中)에서 무예를 연습하던 유희. 오늘날의 축구와 유사함.
翦棘(전극) [0010] 가시나무를 베어 버림. 간악한 사람을 제거함.
顓斷(전단) [0042] 혼자 마음대로 결단함.

顚民(전민) [0080] 어리석고 착한 백성. 양민(良民)을 이르는 말.
戩福(전복) [0052] 상서롭고 복됨.
畋漁(전어) [0050] 사냥과 물고기잡이. 널리 섭렵함을 비유하는 말.
闐委(전위) [0040] 사람이나 사물이 많이 모여듦을 이르는 말.
荃宰(전재) [0030] 임금과 신하를 비유하는 말.
荃蹄(전제) [0010] 통발과 올무. 목적을 이루기 위한 수단을 비유하는 말.
翦枝(전지) [0032] 가지치기.
啐噬(절서) [0000] 깨물어 먹음. 통째로 삼킴.
墊蓋(점개) [0032] 깔개와 덮개.
覘國(점국) [0080] 국정(國情)을 살핌. 제위(帝位)를 엿봄을 이르는 말.
玷汙(점오) [0000] 능욕함. 더러운 때나 얼룩.
玷瑕(점하) [0010] 흠. 결점.
酲夢(정몽) [0032] 술에 취한 듯 꿈을 꾸는 듯 정신이 몽롱함을 이르는 말.
町畽(정탄) [1000] 집 옆의 빈터.
阱陷(정함) [0032] 지하 감옥. 고난을 당하는 지경을 비유한 말.
娣婦(제부) [0042] 손아랫동서.
鵜翼(제익) [0032] 벼슬자리에 있으면서 직무를 다하지 못함을 비유하는 말.
躋陟(제척) [0012] 승진함. 도달함.
皁堅(조견) [0040] 아직 여물지 않은 열매와 잘 여문 열매.
操觚(조고) [5000] 글자를 쓰는 패를 잡음. 글을 쓴다는 뜻으로, 문필에 종사함을 이르는 말.
竈突(조돌) [0032] 굴뚝.
徂落(조락) [0050] 죽음. 시듦. 쇠락함.
皁白(조백) [0080] 검은색과 흰색. 중과 속인. 옳고 그름.
阼席(조석) [0060] 주인의 자리.
螽結(종결) [0052] 메뚜기 떼가 모여듦. 사람이 부수하게 집결함을 비유하는 말.
蹤蹊(종혜) [0002] 지름길. 방법.
脞錄(좌록) [0042] 여러 가지의 자질구레한 일을 기록함. 또는 그런 책.
左衽(좌임) [7200] 미개한 상태를 이르는 말. 오랑캐로 여겼던 북방민족의 옷 입는 방식이 오른쪽 섶을 왼쪽 섶 위로 여몄다는 데서 유래.
譸欺(주기) [0030] 속임.
疇曩(주낭) [1200] 지난번.
澍雨(주우) [0052] 때맞추어 내리는 비. 비가 내림.
裯衽(주임) [0000] 이불과 요. 침구(寢具).
輈轉(주전) [0040] 두루 돌아다님. 사방에 유세하러 다님을 이르는 말.
主鬯(주창) [7000] 태자(太子). 종묘(宗廟)에서 제사를 지낼 때 울창주(鬱鬯酒)를 올린데서 유래.
隼擊(준격) [0040] 새매의 공격. 재빠르고 맹렬한 공격을 비유한 말.

噂沓(준답) [0002] 의논이 분분함. 떠들썩함. 남을 공박하고 헐뜯음. 문장이 장황하고 번잡함.

蹲龍(준룡) [0040] 웅크리고 앉은 용. 공자를 이르는 말.

俊髦(준모) [3000] 재주와 덕망이 뛰어난 젊은 선비.

崒騰(줄등) [0030] 높은 산이 무너지고 강물이 용솟음침. 사회가 혼란함을 형용하는 말.

重闈(중위) [7000] 여러 겹으로 세운 궁전의 문(門).

戢兵(즙병) [0052] 무기를 거둠. 전쟁을 그만둠. 군사 행동을 정지함.

輊軒(지헌) [0030] 앞이 낮은 수레와 뒤가 낮은 수레라는 뜻으로 고저(高低)나 경중(輕重)을 이르는 말.

篪塤(지훈) [0002] 악기 이름. 篪는 대나무로, 塤은 흙으로 만든 악기. 서로 화목함을 이르는 말.

鬒髮(진발) [0040] 숱이 많고 윤기 있는 머리털.

螓蛾(진아) [0002] 매미의 이마와 나방의 눈썹. 여자의 아름다운 용모를 형용하는 말. 미녀.

塵囂(진효) [2000] 속세의 소란함과 번거로움.

銍權(질권) [0042] 무력과 모략으로 상대방을 제압함을 이르는 말.

絰帶(질대) [0042] 상복을 입을 때, 머리와 허리에 두르는 수질과 요질.

瓞緜(질면) [0032] 끊임없이 뻗어나감. 끝없이 이어짐.

徵辟(징벽) [3200] 임금이 초야에 있는 사람을 예(禮)를 갖추어 불러서 벼슬을 시킴.

斲木(착목) [0080] 나무를 깎음. 벌목. 딱다구리.

斲雕(착조) [0002] 아로새겨 꾸민 것을 깎아 없앰. 또는 퇴폐한 풍속을 다스려 없앰.

爨桂(찬계) [0032] 계수나무로 땔감을 함. 호화로운 생활을 비유함.

爨桐(찬동) [0020] 후한의 채옹이 이웃에서 땔감으로 오동나무를 태우는 소리를 듣고 곧 그것을 얻어다가 금(琴)을 만들었더니 좋은 소리가 났다는 고사에서 유래한 말로 훌륭한 인재나 재목이 버려짐을 이르는 말.

讒佞(참녕) [1000] 아첨하며 남을 모함함.

毚毫(참호) [0030] 토끼털로 맨 붓.

搶劫(창겁) [0010] 폭력으로 위협하여 재물을 약탈함.

窗格(창격) [0052] 창의 격자(格子). 창살.

韔弓(창궁) [0032] 활을 활집에 넣어 갈무리함.

鬯達(창달) [0042] 막힘없이 잘 통함. 또는 거침없이 뻗어 나감.

窗蟾(창섬) [0012] 창에 비치는 달빛.

悵怏(창앙) [0010] 슬프고 울적함. 낙담하고 섭섭해 함.

瑲瑲(창창) [0000] 의성어. 옥이 서로 부딪치는 소리. 또는 맑고 낭랑한 소리를 두루 이르는 말.

搶奪(창탈) [0032] 폭력을 휘둘러 강제로 빼앗음. 쟁탈함.

瘵蠱(채고) [0002] 고질병. 불치병.

瘥度(채도) [0060] 병이 조금씩 나아가는 정도.

蠆毒(채독) [0042] 전갈의 독. 재난이나 재앙을 비유하는 말.
俶儻(척당) [0000] 재주와 기개가 다른 사람보다 뛰어남. 고상하고 대범함.
蹢躅(척촉) [0000] 배회하며 나아가지 못하는 모양.
倩盼(천반) [0002] 보조개가 예쁘고 눈이 예쁘다는 데서 여인의 예쁜 얼굴을 형용하는 말.
踐阼(천조) [3200] 임금의 자리를 이음.
倩草(천초) [0070] 남에게 자신을 대신하여 글씨를 쓰게 함.
掇桂(철계) [0032] 계수나무 가지를 꺾음. 곧 과거에 급제함.
哲辟(철벽) [3200] 어질고 명철한 임금.
啜息(철식) [0042] 식사와 휴식.
掣籤(철첨) [0010] 제비를 뽑음. 先後의 순서를 결정하거나 길흉을 점칠 때 행하던 일.
忝叨(첨도) [0000] 자격이 부족한 사람이 분에 넘치는 벼슬을 받음.
襜衣(첨의) [0060] 앞치마.
棣達(체달) [0042] 거침없이 통함.
涕洟(체이) [1000] 눈물과 콧물.
禘祭(체제) [0042] 천신이나 조상에 대한 큰 제사.
勦民(초민) [0080] 백성을 지치게 함. 백성을 괴롭힘.
慅兮(초혜) [0030] 근심하는 모양.
數罟(촉고) [7000] 눈을 상당히 잘게 떠서 촘촘하게 만든 그물.
躅天(촉천) [0070] 기세가 하늘을 찌름.
冢婦(총부) [0042] 망부(亡父)를 계승한 맏아들이 대를 이을 아들 없이 죽었을 때의 그 아내.
嘬兵(최병) [0052] 군사를 크게 일으킴.
衰絰(최질) [3200] 상중(喪中)에 입는 삼베 옷.
瘳健(추건) [0050] 질병이 나음. 건강이 회복됨.
魋結(추계) [0052] 상투.
甃埋(추리) [0062] 수리함. 고짐
鄹里(추리) [0070] 공자의 고향 마을.
麤妙(추묘) [0040] 추악함과 아름다움.
秋糴(추적) [7000] 가을에 나라에서 환곡을 거두어들이던 일.
趨蹌(추창) [2000] 예도(禮度)에 맞게 허리를 굽히고 빨리 걸어감.
推覈(추핵) [4000] 죄인을 추궁하여 죄상을 조사함.
柷敔(축어) [0000] 축(柷)과 어(敔). 축은 음악을 시작할 때에, 어는 그칠 때에 울린다.
踧踖(축축) [0000] 물이 모여서 흐르지 못하는 모양. 머뭇거리며 나아가지 못하는 모양.
詘免(출면) [0032] 파면함.
怵息(출식) [0042] 두려워서 숨을 제대로 쉬지 못함.
揣摸(췌모) [0010] 헤아림. 추측함. 완미함. 연구함.
毳客(취객) [0052] 중. 중들이 취납(毳衲)을 입기 때문에 이르는 말.
厠鼠(측서) [0010] 뒷간의 쥐. 지위를 얻지 못한 사람을 이르는 말.

昃食(측식) [0072] 정오가 지나서 밥을 먹음. 정무에 부지런히 힘씀을 이르는 말.
厠豫(측예) [0040] 참여함. 끼어듦.
層霄(층소) [4000] 높은 하늘.
沈湎(침면) [3200] 술에 절어서 아주 헤어나지 못함.
噲伍(쾌오) [0010] 평범한 무리. 용렬한 무리.
它腸(타장) [0040] 다른 마음. 두 마음. 다른 사람의 마음.
椓譖(탁참) [0000] 남의 약점을 들추어내어 공박함. 참소하고 헐뜯음.
訑言(탄언) [0060] 과장하여 진실하지 못한 말.
殫洽(탄흡) [0010] 넓고 자세함. 견문이 넓음을 이르는 말.
渝涅(투날) [0010] 흰색이 검정색으로 변함. 처음 지녔던 마음이 변함을 비유한 말.
投畀(투비) [4000] 죄인을 지정한 곳으로 귀양을 보내던 일.
簸箕(파기) [0012] 키. 곡식을 까부르는 데에 쓰는 도구.
八耋(팔질) [8000] 여든 살.
肺肝(폐간) [0032] 허파와 간. 속마음을 비유하는 말.
敝蹻(폐갹) [0000] 해어진 짚신. 쓸모 없는 물건을 비유한 말.
弊瘼(폐막) [3200] 고치기 어려운 폐단.
褒加(포가) [0050] 표창하고 등급을 올려줌.
炮烙(포락) [0010] 뜨겁게 달군 쇠로 살을 지지는 형벌. 견디기 힘든 고통을 비유하는 말. 殷 주왕 때, 기름을 칠한 구리기둥을 숯불 위에 걸쳐 놓고 죄인을 그 위로 건너가게 하던 형벌.
苞苴(포저) [0200] 예전에, 물건을 싸는 것과 물건 밑에 까는 것이란 뜻으로, 뇌물로 보내는 물건을 이르던 말.
褒諱(포휘) [0010] 좋은 점을 드러내 알리고 나쁜 점을 감싸줌.
鏢客(표객) [0052] 여행이나 운송 중에 안전을 목적으로 고용하는 무사.
摽梅(표매) [0032] 잘 익어서 떨어진 매실이라는 뜻으로, 혼기가 지난 여자를 이르는 말.
飆然(표연) [0070] 돌연히. 갑자기
滮田(표전) [0042] 논.
飆塵(표진) [0020] 광풍에 휩쓸린 먼지. 인생무상을 비유.
儦儦(표표) [0000] 종
澧沛(풍패) [0010] 비가 세차게 내리는 모양.
詖謁(피알) [0030] 마음이 부정하여 사적인 일로 알현하고 청탁함을 이르는 말.
觱沸(필불) [0010] 샘물이 솟아나는 모양.
呀坑(하갱) [0020] 여울의 어구.
葭萌(하맹) [0010] 먼 지역에 사는 백성.
嘏辭(하사) [0040] 제사를 지낼 때에, 신(神)이 제주(祭主)에게 내리는 축복의 말.
暵赫(한혁) [0012] 더위가 심함. 찌는 듯이 더움.
劼毖(할비) [0012] 삼감. 근신함.
菡萏(함담) [0000] 연꽃의 봉오리.

陔養(해양) [0052] 부모를 효성으로 봉양하자고 서로 권면함. 효성으로 부모를 봉양함.
解頤(해이) [4200] 턱을 풂. 입을 크게 벌리고 웃음을 이르는 말.
解酲(해장) [4200] 술기운을 풂.
覈勘(핵감) [0010] 심사함. 현장에 가서 조사함.
行廁(행치) [6000] 걸어 다니는 뒷간. 몸이 깨끗하지 못함을 이르는 말.
獻俘(헌부) [3200] 예전에, 전쟁에 이기고 돌아와서 조상의 영묘 앞에 포로를 바치면서 성공을 고하던 일.
奕舃(혁석) [0200] 오래도록 영화를 누림.
儇巧(현교) [0032] 교활하고 약삭빠름.
獧利(현리) [0062] 영리함. 사기를 쳐서 이익을 얻음.
絜矩(혈구) [0010] 곱자를 가지고 길이를 잼. 자기의 처지를 미루어 남의 처지를 헤아려 앎을 이르는 말.
憓征(혜정) [0032] 하늘의 뜻에 따라 토벌함.
徯倖(혜행) [0002] 요행을 바람. 미혹됨.
楛箘(호균) [0000] 호목과 균죽. 모두 화살을 만드는 좋은 재료로 우수한 인재를 비유하는 말로 쓰임.
怙恃(호시) [0002] 믿고 의지함. 부모.
怙終(호종) [0050] 이전의 허물을 뉘우침이 없이 다시 죄를 저지름.
薅櫛(호즐) [0010] 김매고 빗질함. 깨끗이 제거하여 정리함.
嘑吸(호흡) [0042] 숨을 내쉬고 들이마시는 짧은 시간.
鴻濛(홍몽) [3000] 하늘과 땅이 아직 갈리지 아니한 혼돈 상태. 천지자연의 원기(元氣).
鬨市(홍시) [0072] 번화한 시가. 번화가.
矍鑠(확삭) [0000] 노인이 눈동자가 초롱초롱하고 정신력이 왕성한 모양. 두려워서 떠는 모양.
擭穽(확정) [0010] 덫을 놓거나 함정을 팜.
逭咎(환구) [0002] 허물을 피함. 죄책에서 벗어남.
鐶餠(환병) [0010] 기름에 튀긴 밀가루 음식.
幻燄(환염) [2000] 허깨비와 아지랑이. 이 세상의 모든 것이 실체가 없고 덧없음을 비유적으로 이르는 말.
豢擾(환요) [0010] 기르며 길들임.
黃壚(황로) [6000] 저승.
洄沿(회연) [0032] 물을 거슬러 올라감과 물을 따라 내려감.
沬泣(회읍) [0030] 눈물로 얼굴을 씻음. 눈물이 얼굴에 가득함.
頮濯(회탁) [0030] 얼굴을 씻고 양치를 함.
熇暑(효서) [0030] 찌는 듯한 더위.
囂塵(효진) [0020] 시끄럽고 먼지가 많음. 어지럽고 소란한 인간 세상.
殽核(효핵) [0040] 요리와 과일. 맛있는 좋은 음식을 이르는 말.
鴞響(효향) [0032] 올빼미의 울음소리. 악인의 아우성을 비유함.

虓虎(효호) [0032] 울부짖는 범. 성이 나서 사납게 울부짖는 용맹한 장수를 비유하는 말.

餱粻(후장) [0000] 건량.

酗酒(후주) [0040] 절제 없이 술을 마심. 또는 술에 취하여 소란을 피움.

纁招(훈초) [0040] 은사(隱士)를 관직에 초빙함을 이르는 말.

諠動(훤동) [0072] 소란스럽게 움직임. 소란스럽게 부추기거나 선동함.

虺毒(훼독) [0042] 독사의 독(毒). 음모나 악랄한 계책을 이르는 말.

翬飛(휘비) [0042] 꿩이 날아가는 듯함. 궁실이 웅장하고 화려함을 형용한 말.

觽年(휴년) [0080] 어린 나이. 옥이나 뼈로 만든 송곳을 장식으로 차고 다니는 또래의 나이.

攜離(휴리) [0040] 사이가 벌어져 마음이 떠남. 이반함. 사이가 벌어지게 만듦. 이간함.

釁隙(흔극) [0010] 틈. 기회. 간격. 불화. 원한. 누락. 다툼. 재앙. 난리.

迄今(흘금) [0062] 지금까지.

齕齧(흘설) [0002] 물어뜯음. 씹어서 맛봄.

仡勇(흘용) [0062] 씩씩하고 날쌤.

翕訿(흡자) [0000] 翕翕訿訿의 준말로 많은 사람이 부화뇌동함을 이르는 말.

餼廩(희름) [0000] 관청에서 녹봉으로 지급하는 양식. 급여를 두루 이르는 말.

嘻笑(희소) [0042] 억지로 웃음. 기뻐서 웃음. 호탕하게 웃음. 비웃음. 조소함.

餼羊(희양) [0042] 곡삭(告朔)의 예(禮)에 희생으로 쓰이는 양. 예의. 또는 겨우 형식만 갖춤을 이르는 말.

<特級II 新習漢字語>

稼穡(가색) [1002] 쌀이나 밀 따위의 주식이 되는 곡물에 의거하여 경영하는 농업.

枷鎖(가쇄) [0232] 죄인의 목에 씌우던 나무 칼과 목이나 발목에 채우던 쇠사슬.

茄菹(가저) [0202] 가지김치.

痂皮(가피) [0232] 피부병을 앓아 생긴 부스럼 딱지.

慤士(각사) [0252] 마음가짐이나 생활 자세 따위가 성실한 선비.

侃侃(간간) [0202] 품성이나 행동 따위가 꼿꼿함.

澗谿(간계) [1002] 산골에 흐르는 물.

簡牘(간독) [4002] 글씨를 쓰는 데에 사용한 대쪽과 나무쪽. 편지.

蝎虎(갈호) [0232] 도마뱀붙이.

嵌谷(감곡) [0232] 산의 동굴, 깊은 산골짜기.

戡亂(감란) [0240] 난리를 평정시킴.

龕室(감실) [0280] 고구려 무덤에서, 앞방의 양옆에 딸린 방, 사당 안에 신주를 모셔 두는 장, 닫집(궁전 안의 옥좌 위나 법당의 불좌 위에 만들어 다는 집 모형), 성당 안에 성체를 모셔 둔 곳.

嵌入(감입) [0270] 장식 따위를 새기거나 박아 넣음.

戡定(감정) [0260] 적을 물리치어 난리를 평정함.

坎止(감지) [0250] 일이 처리하기 어려워 도중에 그만둠.

胛骨(갑골) [0240] 어깨뼈.
甲繒(갑증) [4002] 품질이 좋고 바탕이 얇은 고급 비단.
岡巒(강만) [1202] 언덕과 산을 아울러 이르는 말.
降冪(강멱) [4002] 내림차.
糠粃(강비) [1002] 겨와 쭉정이라는 데서, 거친 식사를 이름.
絳帳(강장) [0240] 붉은 빛깔의 휘장, 스승의 자리, 학자의 서재.
絳袍(강포) [0210] 강사포, 임금이 신하들로부터 하례를 받을 때 입던 예복.
開坼(개은) [6002] 편지 따위의 봉하여 두었던 것을 엶.
芥菹(개저) [1002] 갓김치.
愷悌(개제) [0210] 용모와 기상이 화락하고 단아함.
開霽(개제) [6002] 비가 멎고 하늘이 활짝 갬.
鎧冑(개주) [0210] 갑옷과 투구.
鎧板(개판) [0250] 탄알이 꿰뚫지 못하도록 표면에쇠붙이를 덧붙인 판.
改鋏(개협) [5002] 승차권이나 입장권에 가위 자국를 내면서 검사함.
喀出(객출) [0270] 뱉어 냄.
羹粥(갱죽) [1002] 시래기 따위의 채소류를 넣고 멀겋게 끓인 죽.
遽經(거경) [0242] 덧없이 빨리 지나감.
祛痰(거담) [0210] 가래를 없앰.
鉅萬(거만) [0280] 많은 수량.
踞床(거상) [0242] 가로로 길어 여러 사람이 늘어앉을 수 있는 걸상.
炬眼(거안) [0242] 사물을 잘 분별하는 안목.
車轅(거원) [7202] 끌채.
鉅儒(거유) [0240] 큰 선비, 이름난 유학자, 학식이 많은 선비.
据銃(거총) [0242] 사격에서 목표를 겨누기 위해 총의 개머리판을 어깨 앞쪽에 대는 행위.
据置(거치) [0242] 그대로 둠. 채무의 상환을 일정 기간 유예함.
蹇脚(건각) [0232] 절뚝발이.
乾疥(건개) [3202] 마른옴.
巾衫(건삼) [1002] 두건과 옷을 아울러 이르는 말.
乾癬(건선) [3202] 마른버짐.
乾嗽(건수) [3202] 마른기침.
建儲(건저) [5002] 왕의 자리를 계승할 왕세자나 황태자를 정하던 일.
乾肴(건효) [3202] 마른안주.
鈐璽(검새) [0210] 임금의 옥새를 찍음.
鈐束(검속) [0252] 엄하게 단속함.
檢飭(검칙) [4202] 점검하여 바로잡음.
黔炭(검탄) [0250] 품질이 거칠고 화력이 약한 참숯.
黔慝(검특) [0210] 속이 검고 간사함.
擊毬(격구) [4002] 말을 타고 공채로 공을 치던 무예.

隔牆(격장) [3202] 담 하나를 사이에 두고 이웃함.
擊柝(격탁) [4002] 딱따기. 딱따기를 침.
見孚(견부) [5202] 남에게 신용을 얻음.
結痂(결가) [5202] 헌데에서 나온 고름이나 피 따위가 말라서 살갗에 딱지가 앉은 것.
結攬(결람) [5202] 일정한 목적을 위하여 뜻을 같이하는 사람을 끌어 모음.
鉗忌(겸기) [0230] 남을 미워하고 해치려 함.
箝語(겸어) [0270] 입을 막아 말을 못하게 함.
慊然(겸연) [0270] 쑥스럽고 어색함.
頃筐(경광) [3202] 한쪽 운두가 다른 쪽 운두보다 낮은 광주리.
坰畓(경답) [0230] 바닷가에 둑을 쌓아 만든 논.
經幢(경당) [4202] 경문을 새긴 깃 기둥.
擎手(경수) [0272] 공경하여 두 손으로 떠받듦.
勍敵(경적) [0242] 강한 적.
蹊徑(계경) [0232] 좁은 길. 경계(經界).
稽古(계고) [0260] 옛일을 자세히 살핌.
屆期(계기) [0250] 정한 때에 다다름.
繫纜(계람) [3002] 닻줄을 맴, 배를 멈춤.
誡命(계명) [0270] 종교에서 반드시 지켜야 할 사항.
啓迪(계적) [3202] 가르쳐 인도함.
鷄雛(계추) [4002] 병아리.
屆出(계출) [0270] 신고(申告).
繫匏(계포) [3002] 시렁이나 벽에 걸려 있는 바가지라는 데서, 하는 일 없이 세월을 보내는 사람을 비유적으로 이름.
辜女(고녀) [0280] 어지자지.
蠱毒(고독) [0242] 뱀, 지네, 두꺼비 따위의 독.
沽名(고명) [0272] 명예를 구함.
袴褶(고습) [1002] 사마치.
菰繩(고승) [0212] 골풀을 비벼 꼰 줄.
羔羊(고양) [0242] 어린양.
藁葬(고장) [0232] 시체를 거적에 싸서 장사를 지냄.
沽酒(고주) [0240] 술을 팔거나 삼.
蠱惑(고혹) [0232] 중독된 듯 매력 따위에 홀려서 제 정신을 못 차림.
谷磵(곡간) [3202] 산골짜기를 흐르는 시냇물.
梱帥(곤수) [0232] 조선시대, 평안도와 함경도의 병마절도사와 수군절도사를 통틀어 이르던 말.
滑稽(골계) [2002] 어떤 교훈이 담겨있는 익살.
控帳(공장) [0240] 망각에 대비하여 일의 골자를 적어 둔 비망록.
公儲(공저) [6202] 정부에서 하는 저축. 양곡을 비축하는 것 따위를 이름.

空豁(공활) [7202] 텅 비고 매우 넓음.
菅履(관리) [0232] 엄짚신.
恝視(괄시) [0242] 업신여기고 하찮게 대함.
廣詢(광순) [5202] 여러 사람의 의견을 두루 물음.
掛鐘(괘종) [3002] 벽 등에 걸어 놓게 만든 시계.
斛量(곡량) [0250] 휘로 곡식의 분량을 헤아림.
翹望(교망) [0252] 발돋움하여 바라본다는 데서, 몹시 기다림을 이름.
蕎麥(교맥) [0232] 메밀.
驕肆(교사) [1002] 교만하고 방자함.
餃子(교자) [0272] 만두(饅頭).
翹楚(교초) [0212] 여럿 가운데에서 뛰어남.
橋杭(교항) [5002] 다리의 기초 공사 때에 쓰는 말뚝.
狡譎(교휼) [1002] 간사한 꾀와 거짓으로 남을 속이는 재주가 뛰어남.
鉤鎌(구겸) [1002] 낫, 갈고랑이.
勾管(구관) [0240] 맡아서 다스림.
柩幄(구악) [1002] 상례에서, 널[棺]에 두르는 휘장.
咎徵(구징) [0232] 큰 재앙이 있을 징조.
寇偸(구투) [1002] 남의 나라에 쳐들어가서 난폭한 짓이나 도둑질을 함.
鞫治(국치) [0242] 엄중한 죄인을 국청에서 심문하여 죄를 다스리던 일.
國帑(국탕) [8002] 나라의 창고. 나라의 재산.
掘垓(굴해) [2002] 무덤의 가를 돌아가며 고랑을 깊이 팜.
宮娥(궁아) [4202] 나인(內人). 궁궐 안에서 왕과 왕비를 가까이 모시는 내명부의 여인을 통틀어 이름.
宮垣(궁원) [4202] 궁 주위에 쌓아 올린 담.
窮蹙(궁축) [4002] 생활이 궁하고 어려워 집 안에 죽치고 들어앉아 있음.
蕨菜(궐채) [0232] 고사리, 고사리나물.
饋恤(궤휼) [0210] 가난한 사람에게 물건을 나눠주어 구제함.
晷漏(귀루) [0232] 해시계와 물시계에서, 시각(時刻)을 이름.
龜趺(귀부) [3002] 거북 모양으로 만든 비석의 받침돌.
糾繆(규류) [3002] 잘못을 고침.
閨閤(규합) [2002] 궁중의 작은 문. 또는 침전. 안방.
匀軸(균축) [0220] 권력의 중심축이라는 데서, 정승(政丞)을 이르던 말.
謹愨(근각) [3002] 삼가고 성실함.
禁掖(금액) [4202] 궁중(宮中). 대궐 안.
擒殄(금진) [1002] 사로잡아 죽임.
急瀨(급뢰) [6202] 물살이 세찬 여울.
起鬧(기뇨) [4202] 소란을 일으킴.
饑溺(기닉) [0220] 굶주리고 물에 빠져 헤어나지 못한다는 데서, 어려운 살림을 이름.

碁譜(기보) [0232] 바둑이나 장기 두는 방법을 적은 책.
起牀(기상) [4202] 잠자리에서 일어남.
饑疫(기역) [0232] 굶주림과 돌림병.
奇瑋(기위) [4002] 뛰어나게 훌륭함.
棋枰(기평) [2002] 바둑판.
綺紈(기환) [1002] 고운 비단. 또는 곱고 값진 옷.
佶屈(길굴) [0240] 문맥이 매끄럽지 못해 뜻을 이해하기 어려움.
喫虧(끽휴) [1002] 손해를 입음.
拿鞫(나국) [1002] 죄인을 잡아다 국청에서 신문하던 일.
羅裙(나군) [4202] 얇은 비단 치마.
喇叭(나발) [0202] 위는 가늘고 끝은 퍼진 모양의 관악기. 지껄이거나 떠들어 대는 입을 속되게 이르는 말.
蘿月(나월) [0280] 담쟁이덩굴 사이로 바라보이는 달.
螺鈿(나전) [1002] 광채가 나는 자개 조각을 여러 가지 모양으로 박아 넣거나 붙여서 장식하는 공예 기법.
蘭蕙(난혜) [3202] 난초와 혜초를 아울러 이름. 난초와 혜초처럼 향기로운 풀이라는 데서, 현인과 군자를 이름.
嵐氣(남기) [0272] 이내.
襤褸(남루) [0202] 낡아 해진 옷.
南鍋(남와) [8002] 냄비.
納啣(납함) [4002] 윗사람에게 명함을 드림.
琅琅(낭랑) [0202] 옥이 부딪쳐 울리는 소리가 매우 맑음.
囊癰(낭옹) [1002] 고환에 나는 종기.
琅函(낭함) [0210] 문서함.
櫓歌(노가) [0270] 뱃노래.
駑蹇(노건) [1002] 둔한 말의 걸음, 느리고 둔함.
輅路(노로) [0260] 수레가 다닐 수 있는 크고 넓은 길.
老羸(노리) [7002] 늙어서 쇠약해짐. 또는 그런 사람.
鹵莽(노망) [0202] 행동 따위가 무디고 거칢.
魯莽(노무) [1202] 성질이나 재질이 무디고 거칢.
怒鬚(노수) [4202] 잔뜩 성이 나서 쭉 뻗친 수염.
鹵田(노전) [0242] 소금기가 있는 메마른 땅.
老獪(노회) [7002] 경험이 많고 교활함.
膿疥(농개) [1002] 작은 고름집이 생기는 옴.
朧月(농월) [0280] 흐린 달.
賚賜(뇌사) [0230] 윗사람이 아랫사람에게 물건을 내려 줌.
磊嵬(뇌외) [1002] 높고 크고 험준함.
瘻孔(누공) [0240] 몸에 염증 때문에 생기는 대롱 모양의 구멍.

縷望(누망) [0252]　한 가닥 실낱같은 희망.
縷述(누술) [0232]　자세하게 진술함.
鏤版(누판) [0232]　판목에 그림이나 글자 따위를 새김.
漏壺(누호) [3202]　물시계에서 물을 담는 그릇과 받는 그릇을 아울러 이름. 물시계.
嫩芽(눈아) [0232]　새로 나오는 싹.
嫩寒(눈한) [0250]　심하지 않은 추위.
茶罐(다관) [3202]　차를 끓여 담는 그릇.
團欒(단란) [5202]　즐겁고 화목함.
斷趾(단지) [4202]　발의 뒤꿈치를 자름. * 옛날 형벌의 하나로 가벼운 죄는 왼발 뒤꿈치, 무거운 죄는 오른발 뒤꿈치를 잘랐음.
簞瓢(단표) [1002]　도시락과 표주박을 아울러 이름.
蕁麻(담마) [0232]　쐐기풀.
湛水(담수) [0280]　괸 물, 저수지 따위에 물을 채움.
覃恩(담은) [0242]　은혜를 널리 베풂, 임금이 베푸는 은혜.
沓雜(답잡) [0240]　북적북적하고 복잡함.
幢竿(당간) [0210]　짐대, 당을 달아 세우는 대. * 幢은 절의 위치를 알리는 절의 문 앞에 세우는 기
戇朴(당박) [0260]　어리석을 만큼 매우 순박함.
對蹠(대척) [6202]　어떤 사물이나 현상을 비교해 볼 때, 서로 정반대가 됨.
陶鈞(도균) [3202]　질그릇을 만드는 물레에서 임금이 천하를 경영함을 이름.
塗褙(도배) [3002]　종이로 벽 따위를 바르는 일.
盜斫(도작) [4002]　盜伐. 허가 없이 산의 나무를 몰래 베어 감.
搗杵(도저) [1002]　곡식 따위를 찧는 절굿공이.
塗竄(도찬) [3002]　문장의 글귀를 지우거나 다시 고쳐 씀.
棹唱(도창) [0250]　배를 저으며 노래함. 또는 그 노래.
韜晦(도회) [0210]　재능이나 학식 따위를 숨겨 감춤.
桃梟(도효) [3202]　나무에 달린 채 겨울을 나서 저절로 마른 복숭아.
毒嘴(독취) [4202]　독살스러운 부리라는 데서, 악독한 말을 옮기는 사람의 입을 이름.
禿鷲(독취) [1002]　독수리.
遯逸(돈일) [0232]　속세를 피하여 편안히 삶.
墩障(돈장) [0242]　흙으로 쌓아 올려 만든 성채.
東瀛(동영) [8002]　동쪽 바다.
斗斛(두곡) [4202]　곡식을 되는 말과 휘를 아울러 이르는 말.
纛祭(둑제) [0242]　임금의 행차나 군대의 행렬 앞에 세우는 둑에 지내던 제사.
燈炷(등주) [4202]　불의 심지.
馬蛭(마질) [5002]　말거머리.
曼麗(만려) [0242]　살결이 곱고 아름다움.
晩蟬(만선) [3202]　저녁에 우는 매미, 철 늦게 우는 매미.

晩鴉(만아) [3202] 해가 저물 때 날아가는 갈까마귀.
萬朶(만타) [8002] 수많은 꽃송이. 온갖 초목의 가지.
驀進(맥진) [0242] 좌우를 돌아볼 겨를이 없이 힘차게 나아감.
冪數(멱수) [0270] 거듭제곱으로 된 수.
麪麴(면국) [1002] 밀가루를 눌러서 만든 누룩.
綿邈(면막) [3202] 매우 멀고 아득함.
緬嶽(면악) [1002] 아득한 산봉우리.
明眸(명모) [6202] 맑고 아름다운 눈동자.
瞑想(명상) [0242] 고요히 눈을 감고 깊이 생각함.
蓂莢(명협) [0202] 달력 풀. * 요임금 때 났었다는 전설상의 상서로운 풀로 일정하게 잎이 나고 져서 날을 알려주었다 함.
摹倣(모방) [0230] 다른 것을 본뜨거나 본받음.
芼滑(모활) [0220] 화갱을 만들 때 맛을 내기 위하여 넣는 나물.
木鋏(목협) [8002] 전지가위.
懋戒(무계) [0240] 힘써 잘 경계함.
舞雩(무우) [4002] 기우제를 지낼 때 춤을 추는 곳.
墨砂(묵새) [3202] 거무스름한 모래흙.
文藁(문고) [7002] 한 사람의 글을 모아 엮은 책.
門楣(문미) [8002] 창문 위에 가로 댄 나무.
刎死(문사) [0260] 스스로 목을 베어 죽음.
蚊蠅(문승) [1002] 모기와 파리를 아울러 이르는 말.
文垣(문원) [7002] 홍문관(弘文館) 또는 예문관(藝文館).
吻合(문합) [0260] 입술이 꼭 들어맞는다는 데서, 사물의 일치함을 이름.
美髥(미염) [6002] 아름다운 구레나룻.
謎題(미제) [0262] 수수께끼 같아서 잘 풀 수 없는 어려운 문제.
泯亂(민란) [0240] 사회의 질서와 도덕을 어지럽힘.
泯默(민묵) [0232] 입을 다물고 말을 하지 않음.
愍然(민연) [0270] 민망함, 답답하고 딱하여 안타까움.
緡錢(민전) [0240] 꿰미에 꿴 돈.
密邇(밀이) [4202] 임금을 가까이함. 남몰래 가까이함.
璞玉(박옥) [0242] 쪼거나 갈지 아니한, 천연 그대로의 옥 덩어리.
博奕(박혁) [4202] 장기바둑.
半跏(반가) [6202] 반가부좌.
泮蛙(반와) [0202] 성균관 개구리라는 데서, 자나깨나 책만 읽는 사람을 놀림조로 이름.
盤紆(반우) [3202] 꼬불꼬불하게 얽힘.
瘢瘡(반창) [0210] 상처의 흔적.
泮村(반촌) [0270] 성균관을 중심으로 한 근처의 동네를 이르던 말.
發柬(발간) [6202] 초대장을 보냄.

拔錨(발묘) [3202] 닻을 거두어 올린다는 데서, 배가 떠남을 이름.
發蛾(발아) [6202] 누에가 나방이 되어서 고치를 뚫고 나옴.
鉢盂(발우) [1202] 바리때.
發靷(발인) [6202] 장례를 지내러 가기 위하여 상여 따위가 집에서 떠남.
防黴(방미) [4202] 곰팡이가 생기는 것을 막음.
防銹(방수) [4202] 녹이 스는 것을 막음.
蚌鷸(방휼) [0202] 조개와 도요새.
焙籠(배롱) [0220] 화로에 씌워 놓고 그 위에 젖은 기저귀나 옷을 얹어 말리도록 만든 기구.
白鮫(백교) [8002] 백상아리.
白痴(백치) [8002] 뇌에 장애나 질환이 있어 지능이 아주 낮고 정신이 박약한 것. 또는 그런 사람.
蕃茄(번가) [1002] 토마토.
燔劫(번겁) [0210] 집에 불을 지르고 약탈함.
樊籠(번롱) [0220] 번뇌에 묶여 자유롭지 못함.
燔柴(번시) [0212] 섶나무를 태우며 하늘에 제사 지냄.
樊穢(번예) [0210] 삼한 때에, 집단의 首長을 이르던 칭호의 하나.
繁縟(번욕) [3202] 번거롭고 까다로운 규칙과 예절.
蕃椒(번초) [1002] 고추.
飜飈(번표) [3002] 모진 바람에 뒤집힘.
壁龕(벽감) [4202] 벽면을 오목하게 파서 만든 공간. * 등잔이나 조각품 따위를 세우는 공간으로 씀.
碧蘚(벽선) [3202] 푸른 이끼
壁欌(벽장) [4202] 벽을 뚫어 작은 문을 내고 그 안에 물건을 넣어 두게 만든 공간.
駢列(변열) [0242] 늘어서거나 늘어놓음.
別墅(별서) [6002] 농사를 짓기 위해 농장이나 들이 있는 부근에 한적하게 따로 지은 집.
幷月(병월) [0280] 월경을 두 달에 한 번씩 하는 일.
秉彝(병이) [1202] 타고난 천성을 그대로 지킴.
保姆(보모) [4202] 어린이를 돌보아 주며 가르치는 여자.
報賽(보새) [4202] 가을 농사를 마친 뒤, 신에게 감사를 드리기 위하여 지내는 제사.
堡垣(보원) [1002] 성가퀴.
補賑(보진) [3202] 흉년에 곤궁한 사람에게 보태어 도움.
艀船(부선) [0250] 동력 설비가 없어서 짐을 실은 채 다른 배에 끌려 다니는 배.
鳧藻(부조) [0210] 물오리가 藻類(조류)를 보면 기뻐한다는 데서, 몹시 기뻐서 떠듦을 이름.
負暄(부훤) [4002] 햇볕을 쬐는 일이라는 데서, 부귀를 부러워하지 아니하는 마음을 이름. * 宋나라의 한 가난한 농부가 봄볕에 등을 쬐면서 세상에 이보다 더 따스한 것은 없으리라는 생각에 이를 임금에게 아뢰었다는 데서 유래.
分厘(분리) [6202] 저울이나 자 따위의 단위인 푼(分)과 리(厘)를 아울러 이르는 말.
紛繞(분요) [3202] 서로 어지럽게 뒤얽힘.

噴湧(분용) [1002] 물이 세차게 뿜어 솟아 오름. 느낌이나 생각이 북받쳐 오름을 비유적으로 이름.

鼻槁(비고) [5002] 코 안이 마르는 병.

祕邃(비수) [4002] 비밀스럽고 깊숙함.

賁飾(비식) [0232] 예쁘고 아름답게 꾸밈.

菲才(비재) [0262] 재주가 없음, 변변치 못한 재능이라는 뜻으로, 자기 재능을 겸손하게 이르는 말.

駟馬(사마) [0250] 네 필의 말이 끄는 수레.

俟命(사명) [0270] 천명을 기다림, 임금의 명령을 기다림.

司饔(사옹) [3202] 조선시대에, 궁중의 음식을 만들던 사람.

四侑(사유) [8002] 四配. 공자묘에 함께 모신 네 賢人. * 오른쪽의 顔子와 子思, 왼쪽의 曾子와 孟子.

梭田(사전) [0242] 베틀의 북 모양으로 두 끝이 가늘어져 뾰족하고 길쭉하게 생긴 밭.

砂烝(사증) [0202] 모래찜질.

伺察(사찰) [0242] 남의 행동을 몰래 엿보아 살핌.

乍晴(사청) [0230] 지루하게 내리던 비가 그치고 잠깐 갬.

砂灘(사탄) [0212] 모래톱 가의 여울.

私帑(사탕) [4002] 개인 창고. 개인 자산.

伺候(사후) [0240] 웃어른의 분부를 기다림, 웃어른을 찾아서 문안을 드림.

斜暉(사휘) [3202] 저녁 무렵에 비스듬하게 비치는 햇빛.

山祇(산기) [8002] 산신령.

山蘚(산선) [8002] 산에 난 이끼.

蒜炙(산적) [0210] 마늘적.

山砦(산채) [8002] 산에 돌이나 목책 따위를 둘러 만든 진터. 산적들의 소굴.

霰彈(산탄) [0240] 사격할 때 속에 있던 탄알들이 퍼져 터지는 탄알.

杉籬(삼리) [0210] 삼나무의 울타리.

芟除(삼제) [0242] 풀을 깎듯이 베어 없애 버림.

颯爽(삽상) [0210] 바람이 시원하게 불어 마음이 아주 상쾌함.

鈒字(삽자) [0270] 刺字. 얼굴 등에 홈을 내어 먹물로 죄명을 찍어 넣던 벌.

象嵌(상감) [4002] 도자기 따위의 표면에 여러 가지 무늬를 새겨서 그 속에 자개 따위를 박아 넣는 공예 기법.

霜蹊(상계) [3202] 서리가 내린 산길.

廂軍(상군) [0280] 임금이 나들이할 때 호위하던 군사.

霜雹(상박) [3202] 서리와 우박을 아울러 이르는 말.

橡實(상실) [0252] 상수리.

孀娥(상아) [1002] 홀어미.

桑梓(상자) [3202] 조상의 무덤이 있는 고향이나 고향의 집을 이르는 말. * 뽕나무와 가래나무를 심어 자손들에게 양잠과 기구 만들기에 힘쓰게 하였다는 데서 유래. 詩經에 보임.
上梓(상재) [7202] 출판하기 위하여 인쇄에 붙임.
賽神(새신) [0262] 굿이나 푸닥거리를 하는 일.
牲犢(생독) [1002] 제사 지낼 때, 제물로 쓰는 송아지.
笙簧(생황) [0202] 雅樂에 쓰는 관악기의 하나.
誓誥(서고) [3002] 윗사람이 아랫사람에게 맹세하여 말함.
書肆(서사) [6202] 책 가게, 서점.
筮書(서서) [0262] 점을 의뢰한 사람의 길흉을 적어 낸 문서.
絮說(서설) [0252] 쓸데없이 지루하게 오래 이야기를 늘어놓음.
石逕(석경) [6002] 돌이 많은 좁은 길.
汐曇(석담) [0210] 밀물의 물기 때문에 낀 구름.
淅瀝(석력) [0210] 비나 눈이 내리는 소리, 바람이 나무를 스치어 울리는 소리.
石蓴(석순) [6002] 파래.
先塋(선영) [8002] 조상의 무덤.
蟬脫(선탈) [0240] 매미가 허물을 벗는다는 데서, 낡은 형식을 벗음을 이름.
跣行(선행) [0260] 맨발로 감.
褻翫(설완) [0202] 가까이 두고 즐겨 구경함.
齧鐵(설철) [0250] 불가사리.
楔齒(설치) [0242] 염습하기 전에, 입에 낟알을 물리려고 屍身(시신)의 이를 벌리는 일.
楔形(설형) [0262] 쐐기의 모양, 쐐기꼴.
閃耀(섬요) [1002] 번쩍거리며 빛남.
贍賑(섬진) [0202] 재물을 주어 도와줌.
聲嘶(성시) [4202] 목이 쉼.
腥塵(성진) [0220] 비린내가 나는 먼지라는 데서, 어지러운 세상을 이름.
腥風(성풍) [0262] 피비린내 나는 바람.
細葱(세총) [4202] 실파.
溯考(소고) [0250] 옛일을 거슬러 올라가서 자세히 고찰함.
銷忘(소망) [0230] 기억에서 사라져 잊혀짐.
蕭颯(소삽) [1002] 바람이 차고 쓸쓸함.
瀟灑(소쇄) [0210] 기운이 맑고 깨끗함.
韶顔(소안) [0232] 젊은이처럼 자신감과 생기가 넘치는 환한 노인의 얼굴.
小姐(소저) [8002] 아가씨.
溯河(소하) [0250] 바닷물고기가 산란을 위하여 강을 거슬러 올라감.
韶華(소화) [0240] 화창한 봄의 경치, 젊은 시절, 젊은이처럼 윤택이 나는 늙은이의 얼굴빛.
巽風(손풍) [0262] 남동풍.
悚蹙(송축) [1002] 송구하여 몸을 움츠림.
搜攷(수고) [3002] 이것저것 찾아서 서로 비교하여 연구함.
水獺(수달) [8002] 족제빗과의 포유동물.

隧道(수도) [0272] 산, 강 따위의 밑바닥을 뚫어서 굴로 만든 철도나 도로.
愁霖(수림) [3202] 우울하고 긴 장마.
綏撫(수무) [0210] 편안하게 하고 어루만져 달램.
繡褓(수보) [1002] 수를 놓은 보자기.
水缶(수부) [8002] 물장구
漱洗(수세) [0252] 양치질하고 세수함.
燧煙(수연) [0242] 봉화의 연기.
秀穎(수영) [4002] 잘 여문 벼나 수수 따위의 이삭. 재능이 뛰어남.
岫雲(수운) [0252] 골짜기의 바위 구멍에서 일어나는 것처럼 보이는 구름.
袖箚(수차) [1002] 임금을 뵙고 직접 바치던 상소.
詢訪(순방) [0242] 방문하여 의논함. 또는 자문을 구하러 방문함.
楯鼻(순비) [0250] 방패의 코라는 데서, 방패의 손잡이를 이름, 진중에서 쓰는 방패.
蕣花(순화) [0270] 무궁화.
崇廈(숭하) [4002] 높고 큰 집.
崇垓(숭해) [4002] 높은 낭떠러지.
陞階(승계) [0240] 품계가 오름, 법계가 오름.
乘馹(승일) [3202] 왕명을 띤 벼슬아치가 어디 갈 때에 역마를 잡아타던 일.
陞遞(승체) [0230] 관직이 승진되어 갈리던 일.
陞總(승총) [0242] 징세에 빠진 논밭을 징세 장부에 기록하던 일.
繩鞋(승혜) [1202] 미투리.
豕圈(시권) [0220] 돼지우리.
蓍龜(시귀) [0230] 점칠 때 쓰는 가새풀과 거북.
尸童(시동) [0262] 제사 지낼 때 神位(신위) 대신으로 앉히던 어린아이.
施釉(시유) [4202] 도자기를 만들 때에, 잿물을 바르는 일.
翅鳥(시조) [0242] 하늘을 날아다니는 새.
柴杷(시파) [1202] 씨앗을 뿌리고 흙을 덮거나 평평하게 고를 때에 쓰는 농기구.
尸解(시해) [0242] 도교에서, 몸만 남겨 두고 혼백이 빠져나가서 신선이 되는 일.
豕喙(시훼) [0210] 돼지 주둥아리라는 데서, 욕심이 많아 보이는 사람을 이름.
寔景(식경) [0250] 매우 좋은 경치.
藎臣(신신) [0252] 충신(忠臣).
信倚(신의) [6202] 믿고 의지함.
申飭(신칙) [4202] 단단히 타일러서 경계함.
晨暉(신휘) [3002] 아침의 햇빛.
實稔(실념) [5202] 곡식알이 여물고 익음.
失恃(실시) [6002] 어머니를 여읨.
心竅(심규) [7002] 마음속의 깊은 곳.
蛾賊(아적) [0240] 개미 떼같이 새까맣게 많이 모인 도둑의 무리, 이루 헤아릴 수 없이 많은 수효.

餓莩(아표) [3002] 굶어 죽은 송장.
嶽公(악공) [0262] 장인(丈人).
渥澤(악택) [0232] 두터운 은혜나 혜택.
眼瞼(안검) [4202] 눈꺼풀.
巖竇(암두) [3202] 바위에 난 구멍.
菴子(암자) [0272] 큰 절에 딸린 작은 절, 도를 닦기 위하여 만든 자그마한 집.
狎弄(압롱) [0232] 흉허물 없이 서로 친하여 희롱함.
罌粟(앵속) [0230] 양귀비.
野坰(야경) [6002] 성문 밖의 들.
惹鬧(야료) [2002] 까닭 없이 트집을 잡고 함부로 떠들어 댐.
野鶩(야목) [6002] 청둥오리.
野蒜(야산) [6002] 달래.
野荏(야임) [6002] 들깨.
椰瓢(야표) [0202] 야자나무의 열매로 만든 표주박.
藥褓(약보) [6202] 약보자기라는 데서 약을 많이 써서 여간한 약으로는 그 효험을 보지 못함. 또는 그런 사람.
藥莢(약협) [6202] 총포 탄알의 화약을 넣은, 놋쇠로 만든 작은 통.
暘谷(양곡) [0232] 해가 처음 돋는 곳.
佯聾(양롱) [0210] 거짓으로 귀먹은 체함.
佯病(양병) [0260] 꾀병.
兩捿(양서) [4202] 물속이나 땅 위의 양쪽에서 다 삶.
養漱(양수) [5202] 양치질.
禳災(양재) [0250] 신령이나 귀신에게 빌어서 재앙을 물리침.
魚翅(어시) [5002] 물고기의 지느러미.
魚酢(어초) [5002] 생선젓.
偃武(언무) [0242] 무기를 보관하여 두고 사용하지 않는다는 데서, 전쟁의 끝을 이름.
偃傲(언오) [0230] 뽐내며 교만함.
孼統(얼통) [0242] 첩 소생의 혈통.
淹究(엄구) [0242] 널리 깊이 연구함.
淹恤(엄휼) [0210] 타향에 오래 머물며 근심한다는 데서, 오랫동안 숨어 살거나 피난함을 이름.
藜羹(여갱) [0210] 명아주로 끓인 국이라는 데서, 맛없고 거친 음식을 비유적으로 이름.
驢漢(여한) [0272] 어리석고 둔한 사람.
轢死(역사) [0260] 차에 치여 죽음.
連枷(연가) [4202] 도리깨, 곡식의 낟알을 떠는 데 쓰는 농기구.
涓吉(연길) [0250] 혼인 따위의 경사를 위하여 좋은 날을 고름.
鉛黛(연대) [4002] 흰 분과 눈썹연필, 화장품을 비유적으로 이르는 말.
涎沫(연말) [0210] 침과 거품을 아울러 이름.

涓埃(연애) [0212] 물방울과 티끌이라는 데서, 아주 작은 것을 이름.
輦轝(연여) [1002] 임금이 타는 輦과 임금의 至親이 타는 轝를 아울러 이름.
燕窩(연와) [3202] 해안의 바위틈에 사는 금사연의 둥지. * 물고기나 바닷말을 물어다가 침을 발라서 만든 것으로 중국 요리의 상등 국거리.
娟容(연용) [0242] 아름다운 얼굴.
攣縮(연축) [0240] 당기고 켕기어 오그라들거나 줄어듦.
聯翩(연편) [3202] 잇따라 가볍게 나붓거림.
嚥下(연하) [0272] 꿀떡 삼켜서 넘김.
洌泉(열천) [0240] 차고 맑은 샘.
剡手(염수) [0272] 날카로운 칼끝이라는 데서, 민첩한 솜씨를 이름.
拈語(염어) [0270] 불가에서, 옛사람의 숨은 이야기를 가져다가 해석하고 비평하는 말.
拈衣(염의) [0260] 불가에서, 스승에게서 물려받은 법의(法衣)를 착용하는 일. * 스승의 법맥이나 법통을 이음을 상징.
恬逸(염일) [0232] 마음이 편하고 자유로움.
捻轉(염전) [0240] 비틀어짐, 뒤틀림.
捻出(염출) [0270] 어떤 방법 따위를 어렵게 생각해 냄, 필요한 비용 따위를 어렵게 걷음.
恬退(염퇴) [0242] 명예나 이익에 뜻이 없어서 벼슬을 내어 놓고 물러남.
伶官(영관) [0242] 음악을 맡아보던 벼슬아치.
楹內(영내) [0272] 현관의 안.
塋域(영역) [0240] 산소(山所).
穎悟(영오) [0232] 남보다 뛰어나게 영리하고 슬기로움.
穎才(영재) [0262] 아주 두드러지게 뛰어난 재주. 또는 그런 사람.
楹帖(영첩) [0210] 문구를 써서 기둥에 걸어 둔 족자.
穎脫(영탈) [0240] 주머니 속의 송곳 끝이 밖으로 튀어나온다는 데서, 뛰어난 재능은 결국 밖으로 드러남을 이름.
獰風(영풍) [0262] 몹시 사나운 바람.
霓裳(예상) [0232] 무지개와 같이 아름다운 치마라는 데서, 신선의 옷을 이름.
叡裁(예재) [0232] 임금이 결재하여 허락함.
叡智(예지) [0240] 사물의 이치를 꿰뚫어 보는 지혜롭고 밝은 마음.
銳嘴(예취) [3002] 새의 날카로운 부리.
叡嘆(예탄) [0202] 임금이 탄식함. 또는 그 탄식.
猊下(예하) [0272] 부처나 보살이 앉는 자리. 高僧을 높여 이르는 말. 승려에게 편지를 보낼 때, 받을 사람의 이름 밑에 써서 경의를 나타내는 말.
蜈蚣(오공) [0202] 지네.
鼇頭(오두) [0260] 큰 자라의 머리라는 데서, 장원으로 급제한 사람을 이름. 서적의 본문 위의 欄에 써 놓은 註解文.
敖民(오민) [0280] 게을러서 놀고 있는 백성.
烏鴉(오아) [3202] 까마귀.

晤語(오어) [0270] 마주 대하여 터놓고 이야기함.
玉釵(옥채) [4202] 옥비녀.
玉桁(옥형) [4202] 옥돌로 만든 도리나 지름대.
縕袍(온포) [0210] 묵은 솜을 둔 도포.
兀頭(올두) [0260] 대머리.
兀然(올연) [0270] 홀로 우뚝한 모양.
癰癤(옹절) [0202] 급성으로 곪으면서 한 가운데에 큰 根이 생기는 종기.
窩藏(와장) [0232] 범인을 숨겨 주고 재워 주는 일.
窪地(와지) [0270] 움푹 패어 웅덩이가 된 땅.
浣腸(완장) [0240] 장을 깨끗이 씻는 일.
嵬選(외선) [0250] 과거(科擧)에서 우등(優等)으로 급제하던 일.
猥褻(외설) [1002] 성욕을 함부로 자극하여 난잡함.
橈曲(요곡) [0250] 지각 운동으로 인하여 지각의 넓은 부분이 위쪽이나 아래쪽으로 휘면서 변형되는 현상.
嶢崎(요기) [0210] 복잡하고 곡절이 많음.
瑤珠(요주) [0232] 아름다운 구슬.
瑤札(요찰) [0220] 아름다운 편지.
蟯蟲(요충) [0242] 요충과의 기생충.
僥倖(요행) [1002] 행복을 바람. 뜻밖에 얻는 행복.
寥廓(요확) [0210] 텅 비고 끝없이 넓음.
龍鬚(용수) [4002] 용의 수염이란 데서, 임금의 수염을 높여 이름.
龍馭(용어) [4002] 임금이 백성을 다스림, 임금이 죽음.
愚氓(우맹) [3202] 어리석은 백성.
雩祀(우사) [0232] 나라에서 지내던 기우제.
雨蛙(우와) [5202] 청개구리.
芋栗(우율) [0232] 토란과 밤.
右舷(우현) [7202] 고물에서 뱃머리를 향하여 오른쪽에 있는 뱃전.
暈渲(운선) [1002] 그림 따위를 그릴 때, 어떤 빛깔을 점점 흐리게 그리는 방법.
雲仍(운잉) [5202] 운손(雲孫;구름 같은 자손)과 잉손(仍孫;거듭 자손)이라는 데서, 먼 후손을 이름.
圓鋸(원거) [4202] 둥근톱.
越牆(월장) [3202] 담을 넘음.
越俎(월조) [3202] 도마를 넘는다는 데서, 자기 권리를 넘어 남의 권한 따위를 침범함을 이름.
遺誥(유고) [4002] 선왕이 남긴 교훈.
濡袂(유메) [0210] 눈물에 젖은 옷소매.
釉藥(유약) [0262] 잿물, 도자기의 몸에 덧씌우는 약.
流涎(유연) [5202] 부럽거나 먹고 싶어 침을 흘림.
榴月(유월) [0280] 석류꽃이 피는 달이란 데서, 음력 오월을 이르는 말.

踰越(유월) [0232] 한도를 넘음.
孺孩(유해) [0202] 젖먹이.
肉袒(육단) [4202] 복종 따위의 표시로 윗옷의 한쪽을 벗어 상체의 일부를 드러내는 일.
毓精(육정) [0242] 정기를 받음.
輪奐(윤환) [4002] 집이 크고 넓으며 아름다움.
聿修(율수) [0242] 조상의 德을 이어받아 닦음.
銀潢(은황) [6002] 은하수.
蟻寇(의구) [0210] 좀도둑.
懿軌(의궤) [0230] 좋은 본보기나 법칙.
依恃(의시) [4002] 믿고 의지함.
倚息(의식) [0242] 숨이 차서 어떤 곳에 기대어 서서 숨을 쉬는 일.
衣纓(의영) [6002] 의복과 갓끈이라는 데서, 조정의 신하를 비유적으로 이름.
薏苡(의이) [0202] 율무.
懿績(의적) [0240] 훌륭하고 뛰어난 공적.
艤舟(의주) [0230] 배가 떠날 준비를 함.
懿風(의풍) [0262] 아름다운 풍습.
彛倫(이륜) [0232] 사람으로서 떳떳하게 지켜야 할 도리.
犁色(이색) [0270] 노인의 얼굴에 생긴 검버섯.
鯉素(이소) [0242] 편지.
利藪(이수) [6202] 이익이 많은 곳.
肄業(이업) [0262] 기술을 배움.
肄儀(이의) [0240] 의식이나 범절을 미리 익힘.
移咨(이자) [4202] 중국과 왕복하는 외교 문서를 보냄.
貽弊(이폐) [0232] 남에게 폐를 끼침.
貽訓(이훈) [0260] 조상이 자손을 위하여 남긴 가르침.
引鋸(인거) [4202] 큰 톱을 양쪽에서 마주 잡고 번갈아 잡아당겨 톱질함.
茵席(인석) [0260] 왕골이나 부들로 만든 돗자리.
茵蔯(인진) [0202] 말린 사철쑥.
一餉(일향) [8002] 한 차례의 음식을 먹을 만한 동안.
一攫(일확) [8002] 한 움큼. 손쉽게 한 번에 얻음.
稔性(임성) [0252] 수정을 통하여 새끼를 밸 수 있는 능력. 싹틀 수 있는 씨를 이루는 식물체의 능력.
荏苒(임염) [0202] 차츰차츰 세월이 지나거나 일이 되어 감.
入泮(입반) [7002] 어린이가 처음으로 입학하여 학생이 됨, 성균관과 文廟(문묘)에 들어감.
仍秩(잉질) [0232] 종전의 품계를 그대로 가지던 일.
仍妻(잉처) [0232] 거듭 얻은 아내라는 데서, 첩을 이름.
刺蝟(자위) [3202] 고슴도치.
咨嘆(자탄) [0202] 한숨을 쉬며 한탄함.

咨歎(자탄) [0240] 한숨을 쉬며 한탄함.
斫破(작파) [0242] 찍어서 쪼개거나 쪼개어 깨뜨림.
孱妄(잔망) [0232] 얄밉도록 맹랑함. 또는 그런 짓.
潺湲(잔원) [0202] 물이나 눈물 따위의 흐름이 잔잔하고 조용함.
孱孑(잔혈) [0202] 가냘프고 연약하며 의지할 데가 없음.
湛露(잠로) [0232] 많이 내린 이슬, 임금의 깊은 은혜를 비유적으로 이름.
岑樓(잠루) [0232] 높고 뾰족한 누각.
岑巖(잠암) [0232] 높고 험한 바위.
潛竄(잠찬) [3202] 몰래 도망쳐 깊숙이 숨어 버림.
簪剃(잠체) [1002] 도사나 승려가 됨.
雜攷(잡고) [4002] 여러 가지를 고찰하여 특별한 체계 없이 엮은 글.
欌籠(장롱) [0220] 옷 따위를 넣어 두는 장과 농을 아울러 이름.
長旒(장류) [8002] 폭이 넓고 길이가 긴 깃발.
贓物(장물) [0272] 절도 따위의 재산 범죄에 의하여 불법으로 가진 타인 소유의 재물.
長嘯(장소) [8002] 길게 부는 휘파람, 시가 따위를 길게 읊조림.
樟樹(장수) [0260] 녹나무.
長冗(장용) [8002] 글이나 말 따위가 쓸데없이 긺.
醬蟹(장해) [1002] 게젓.
齎糧(재량) [0240] 먹을 양식을 지니고 다님.
齋心(재심) [0270] 마음을 깨끗이 하여 부정(不淨)을 피함.
再醮(재초) [5002] 개가(改嫁)함.
諍臣(쟁신) [0252] 왕의 잘못을 바른말로 간하는 신하.
樗鷄(저계) [0240] 메뚜기.
雎鳩(저구) [0210] 물수리.
佇念(저념) [0252] 머물러 서서 생각에 잠김.
藷類(저류) [0252] 감자, 고구마 따위를 통틀어 이름.
這番(저번) [0260] 지난번.
藷芋(저우) [0202] 고구마.
樗才(저재) [0262] 쓸모없는 재주나 재능. 아무 데에도 소용이 없는 재목.
楮錢(저전) [0240] 종이돈. 지폐.
紵布(저포) [0242] 모시.
楮貨(저화) [0242] 닥나무 껍질로 만들어 쓰던 종이돈.
翟車(적거) [0272] 황후가 타는 수레.
鏑矢(적시) [0230] 선전(宣戰)의 표시나 사냥터에서의 신호로 쓰이던 화살. * 화살 자루 끝에 사슴이나 물소 따위의 뿔의 속을 깎아 내어 속이 비게 한 것을 붙인 것으로, 쏘면 날면서 소리를 냄.
塼槨(전곽) [0210] 벽돌로 쌓아 만든 무덤의 현실(玄室) 벽.
典攬(전람) [5202] 경전의 중요한 뜻을 추려서 풀이하는 일.

田粮(전량) [4202] 땅과 곡식을 아울러 이르는 말.
詮釋(전석) [0232] 설명하여 밝힘. 또는 그 풀이말.
佃漁(전어) [0250] 사냥질과 고기잡이를 아울러 이름.
傳翫(전완) [5202] 사랑하여 대대로 전해 가며 가까이 두고 다루거나 보며 즐김.
纏繞(전요) [1002] 덩굴 따위가 친친 휘감거나 휘감김.
氈褥(전욕) [1002] 모직으로 된 깔개.
電霆(전정) [7202] 번개.
筌蹄(전제) [0210] 고기를 잡는 통발과 토끼를 잡는 올가미라는 데서, 목적을 달성하기 위한 방편, 사물의 길잡이를 이름.
箭鏃(전촉) [1002] 화살촉.
佃戶(전호) [0242] 지주의 땅을 빌려서 농사를 지은 후에 소작료를 치르던 농민.
癤瘍(절양) [0210] 부스럼.
鮎魚(점어) [0250] 메기.
沾醉(점취) [0232] 흠뻑 취함.
沾毫(점호) [0230] 붓의 끝을 적신다는 데서, 글을 쓰거나 그림을 그림을 이름.
接吻(접문) [4202] 입술을 댐.
摺扇(접선) [0210] 쥘부채.
摺齒(접치) [0242] 이를 부러뜨림.
鉦鼓(정고) [0232] 징과 북. * 군사에서 징은 전투 중지의 신호로, 북은 진군의 신호.
町畦(정휴) [1002] 밭둑이나 밭이랑을 통틀어 이름. 경계나 지경을 비유적으로 이름.
帝紘(제굉) [4002] 제왕이 천하를 다스리는 도리.
臍帶(제대) [0242] 탯줄.
蹄齧(제설) [1002] 말이 발로 차고 이로 물어뜯음.
制馭(제어) [4202] 억눌러서 제 마음대로 다룸.
祭粲(제찬) [4202] 젯메.
題簽(제첨) [6202] 표지에 직접 쓰지 아니하고 다른 종이 쪽지에 써서 앞표지에 붙인 외제(外題).
薺湯(제탕) [0232] 냉이를 고추장과 된장을 섞어 푼 물에 넣어 끓인 국.
鳥逕(조경) [4202] 새나 겨우 통할 정도로 좁은 산 길.
釣磯(조기) [2002] 낚시터.
朝暾(조돈) [6002] 아침에 돋는 해.
弔愍(조민) [3002] 죽음에 대하여 조의를 표하고 위로함.
蚤世(조세) [0272] 夭折. 일찍 죽음.
蚤蝨(조슬) [0202] 벼룩과 이를 통틀어 이르는 말.
俎肉(조육) [0242] 제사를 마치고 제관들이 나누어 먹는, 제사에 쓴 고기.
釣渚(조저) [2002] 낚시질을 하는 물가.
弔鐘(조종) [3002] 죽은 사람을 애도하는 뜻으로 치는 종. 일의 맨 마지막을 고하는 신호를 비유적으로 이름.

粗肴(조효) [1002] 변변하지 아니한 안주. * 자기가 차린 안주를 겸손하게 이름.
雕朽(조후) [0210] 썩은 나무에 조각한다는 데서, 별 쓸모가 없음을 비유적으로 이름.
照訖(조흘) [3202] 대조를 끝냄. 과거 응시생에 대하여 시험 전에 성균관에서 호적 대조를 먼저 하던 일.
種牝(종빈) [5202] 씨암컷.
縱臾(종유) [3202] 달래고 부추기어 권함.
左袒(좌단) [7202] 왼쪽 소매를 벗는다는 데서, 남을 편들어 동의함을 이름. * 前漢 시절, 呂后(여후)가 반란을 꾀할 때 周勃(주발)이 漢 왕실을 돕고자 하는 자는 좌단하라고 명하자 모두 좌단하였다는 데서 유래. 史記 呂后本紀(여후본기)에 보임.
蛛網(주망) [0220] 거미집.
綢密(주밀) [0242] 촘촘하고 빽빽함.
籌備(주비) [0242] 어떤 일을 하기 위하여 미리 계획하고 준비함.
酒嗽(주수) [4002] 술을 지나치게 마셔서 가래와 기침이 심하게 나오는 병.
侏儒(주유) [0240] 난쟁이. 예전에, 궁중에 있던 배우.
澍濡(주유) [0202] 단비에 젖는다는 데서, 임금의 은총이 골고루 미침을 비유적으로 이름.
酒漬(주지) [4002] 약을 술에 담가 서서히 스며들도록 하는 일.
誅竄(주찬) [1002] 형벌로 죽이는 일과 귀양 보내는 일.
籌辦(주판) [0210] 형편이나 사정을 헤아려서 처리함.
湊合(주합) [0260] 그러모아 하나로 합함.
雋選(준선) [0250] 재주가 뛰어난 사람을 뽑음.
俊乂(준예) [3002] 재주나 슬기가 매우 뛰어난 사람.
茁長(줄장) [0280] 풀, 나무 따위가 눈터서 자람. 짐승이 커서 살찜.
中脘(중완) [8002] 위 안의 한가운데. 任脈에 속하는 穴(* 배꼽 위 네 치쯤 되는 곳으로 위가 있는 부위에 있음).
緝捕(즙포) [0232] 죄인을 잡음.
甑餠(증병) [0210] 시루떡.
烝庶(증서) [0230] 모든 백성.
烝暑(증서) [0230] 무더위.
增嵩(증숭) [4202] 액수나 분량 따위가 더 늘어남.
蒸臍(증제) [3202] 배꼽에 소금이나 약을 채워 넣고 그 위에 뜸을 떠서 배꼽을 덥게 하는 뜸.
拯出(증출) [0270] 물에 잠긴 물건 따위를 물 밖으로 꺼냄.
拯恤(증휼) [0210] 救恤. 재난을 당한 사람이나 빈민에게 금품을 주어 구제함.
智鑒(지감) [4002] 사물을 깨달아 아는 능력.
祇受(지수) [0242] 임금이 내려 주는 물건을 공경하여 받음.
贄見(지현) [0252] 예물을 가지고 스승 등을 찾아뵘.
職蟻(직의) [4202] 일개미.
軫念(진념) [0252] 윗사람이 아랫사람의 사정을 걱정하여 생각함. 임금이 신하나 백성의 사정을 걱정하여 근심함.

賑貸(진대) [0232] 재난이나 흉년 든 해에 어려운 백성에게 나라의 곡식을 꾸어 주던 일.

瞋目(진목) [0260] 두 눈을 부릅뜸.

榛蕪(진무) [0210] 잡목이나 잡초가 무성함. 신분이 미천함. 정도(正道)를 해치는 물건.

搢紳(진신) [0220] 모든 벼슬아치를 통틀어 이름. 지위가 높고 행동이 점잖은 사람.

塵纓(진영) [2002] 먼지가 묻은 冠의 끈이라는 데서, 속세의 관직을 이름.

搢笏(진홀) [0210] 손에 들었던 홀(笏)을 띠에 꽂음.

軫恤(진휼) [0210] 불쌍하고 가련하게 여김.

蛭木(질목) [0280] 지레로 쓰는 나무.

箚記(차기) [0272] 책을 읽으며 얻은 바를 그때그때 적어 놓음. 또는 그런 책.

箚靑(차청) [0280] 바늘로 몸을 살짝 찌르고 그곳에 먹물을 넣음.

鑿掘(착굴) [1020] 구멍이나 굴을 파 들어감.

饌欌(찬장) [1002] 음식이나 그릇 따위를 넣어 두는 장.

懺咎(참구) [1002] 허물을 뉘우침.

慘慽(참척) [3002] 자손이 부모나 조부모보다 먼저 죽는 일.

蒼朮(창출) [3202] 당삽주. 당삽주의 뿌리.

綵繩(채승) [0212] 오색 비단실로 가늘게 꼰 줄.

綵華(채화) [0240] 비단 조각으로 만든 꽃.

剔出(척출) [0270] 발라내거나 도려냄.

陟岵(척호) [1202] 고향에 있는 부모를 그리워함.

千鈞(천균) [7002] 매우 무거운 무게. * 1균은 30근.

天鵝(천아) [7002] 고니.

天竺(천축) [7002] 인도의 옛 이름.

天痴(천치) [7002] 뇌에 장애나 질환이 있어 지능이 아주 낮고 정신이 박약한 것. 또는 그런 사람.

輟耕(철경) [0232] 논밭의 경작을 중도에서 그만둠.

輟市(철시) [0272] 국상이 나거나 하면 저자의 문을 닫고 쉬던 일.

鐵杻(철추) [5002] 물레의 가락.

瞻聆(첨령) [1202] 여러 사람이 보고 듣는 일.

睫眉(첩미) [0230] 속눈썹과 눈썹.

靑衿(청금) [8002] 유생(儒生).

菁莪(청아) [0202] 무성한 쑥과 같이 많은 인재를 교육함.

鯖魚(청어) [0250] 고등어.

靑蒿(청호) [8002] 제비쑥.

剃髮(체발) [0240] 머리카락을 바싹 깎음.

遞擺(체파) [3002] 역에서 파발마를 갈아타던 일.

椒房(초방) [0242] 후춧가루를 바른 방이라는 데서, 왕비나 왕후가 거처하는 방이나 궁전 또는 왕후를 이름. * 후추나무는 온기가 있고 열매가 많은 식물로서,

자손이 많이 퍼지라는 뜻에서 왕후의 방 벽에 발랐다고 함.

初燔(초번) [5002] 도자기의 애벌구이.

剿說(초설) [0252] 남의 학설을 훔쳐 제 것처럼 만듦.

湫隘(초애) [0210] 땅이 낮고 좁음.

剿討(초토) [0240] 도둑의 무리를 쳐서 물리침.

醮行(초행) [0260] 신랑이 초례를 지내기 위하여 처가로 감.

矗石(촉석) [0260] 삐죽삐죽 높이 솟은 돌.

觸鬚(촉수) [3202] 곤충 따위의 입 주위에 있는 수염 모양의 감각 기관.

寸晷(촌구) [8002] 짧은 시간.

蔥根(총근) [0260] 파의 흰 뿌리. 미인의 흰 손가락을 비유적으로 이름.

聰穎(총영) [3002] 재주와 지혜가 남보다 뛰어나고 똑똑함.

悤擾(총요) [0210] 바쁘고 부산함.

蔥菹(총저) [0202] 파김치.

摠護(총호) [0242] 초상 치르는 일 전체를 맡아 관리함. 또는 그렇게 하는 사람.

推鞫(추국) [4002] 의금부에서 임금의 특명에 따라 중한 죄인을 신문하던 일.

諏吉(추길) [0250] 길일(吉日)을 택함.

皺紋(추문) [0232] 주름살 같은 무늬.

皺眉(추미) [0230] 눈썹을 찡그림. 또는 그 눈썹.

雛鳳(추봉) [0232] 봉(鳳)의 새끼라는 데서, 뛰어나게 훌륭한 자제(子弟)를 비유적으로 이름.

騶從(추종) [0240] 윗사람을 따라다니는 종.

竺經(축경) [0242] 불경(佛經).

春煦(춘후) [7002] 봄볕이 따뜻함.

春暉(춘휘) [7002] 봄의 따뜻한 햇빛. 부모의 따뜻한 은덕을 비유적으로 이름.

翠嵐(취람) [1002] 먼 산에 끼어 푸르스름하게 보이는 흐릿한 기운.

驟涼(취량) [0232] 가을철에 갑자기 찾아드는 서늘한 기운.

驟陞(취승) [0202] 계급이나 벼슬이 갑자기 뛰어오름.

驟進(취진) [0242] 계급이나 벼슬이 갑자기 뛰어오름.

翠篁(취황) [1002] 푸르게 우거진 대숲.

仄聲(측성) [0242] 한자음 사성 가운데 상성, 거성, 입성을 통틀어 이르는 말.

仄行(측행) [0260] 모로 걷거나 비뚜로 걸음. 옆으로 비켜서 걸음.

緇侶(치려) [0210] 검은 옷의 무리라는 데서, 승려를 이름.

馳騁(치빙) [1002] 말을 달림, 바쁘게 돌아다님.

梔子(치자) [0272] 치자나무의 열매.

輜重(치중) [0270] 말이나 수레에 실은 짐. 군대의 여러 가지 물품을 통틀어 이름.

緇塵(치진) [0220] 지저분한 티끌. 또는 세속의 더러운 때.

雉堞(치첩) [1202] 성가퀴.

親鞫(친국) [6002] 임금이 중죄인을 몸소 신문하던 일.

親狎(친압) [6002] 버릇없이 너무 지나치게 친함.

親刈(친애) [6002] 임금이 적전에서 몸소 벼를 베던 일.
親餉(친향) [6002] 임금이 음식을 베풀어 군사를 위로함.
砧杵(침저) [1002] 다듬잇방망이.
拖過(타과) [0252] 이 핑계 저 핑계로 기한을 끌어 나감.
拖鉤(타구) [0210] 줄다리기.
馱物(타물) [0272] 보잘것없어서 짐만 되는 물건.
坼甲(탁갑) [0240] 씨의 껍질이 갈라져 싹이 틈.
坼名(탁명) [0272] 과거에 급제한 사람의 봉미(封彌;응시자의 인적사항을 적어 봉한 것)를 임금 앞에서 뜯던 일.
啄食(탁식) [0272] 쪼아 먹음.
貪贓(탐장) [3002] 벼슬아치가 옳지 않은 짓을 하여 재물을 탐함.
榻牀(탑상) [0202] 걸상과 평상을 아울러 이르는 말.
苔碣(태갈) [1002] 이끼가 낀 비석.
土坎(토감) [8002] 흙구덩이, 묏자리를 정할 때까지 시체를 임시로 흙으로 덮어 둠.
土俑(토용) [8002] 순장할 때에 사람 대신으로 무덤 속에 함께 묻던, 흙으로 만든 허수아비.
退鏃(퇴촉) [4202] 화살이 과녁에 닿았다가 꽂히지 아니하고 튀어서 떨어짐.
偸葬(투장) [0232] 남의 산이나 묏자리에 몰래 자기 집안의 묘를 쓰는 일.
闖肆(틈사) [0202] 기회를 타서 마음대로 함.
闖入(틈입) [0270] 기회를 타서 느닷없이 함부로 들어감.
擺撥(파발) [0210] 조선 후기에, 공문을 급히 보내기 위하여 설치한 역참. 파발꾼. 파발마.
擺脫(파탈) [0240] 어떤 구속이나 예절로부터 벗어남.
坂路(판로) [0260] 비탈길.
瓣膜(판막) [0220] 심장이나 혈관 속에서 피가 거꾸로 흐르는 것을 막는 막.
八紘(팔굉) [8002] 여덟 방위의 멀고 너른 범위라는 데서, 온 세상을 이름.
烹鮮(팽선) [0252] 백성을 다스리고 나라를 다스림. * 작은 물고기를 요리할 때 비늘이나 내장을 떼어 내지 않고 하는 것처럼 큰 나라를 다스리는 자는 번거로운 법령 따위를 피하고 자연에 맡겨야 한다는 노자의 글에서 유래. 老子에 보임.
扁罐(편관) [1202] 배가 불룩한 주전자.
嬖臣(폐신) [0252] 임금에게 아첨하여 신임을 받는 신하.
嬖妾(폐첩) [0230] 아양을 떨어 귀염을 받는 첩.
廢畦(폐휴) [3202] 황폐한 밭.
佈明(포명) [0262] 어떤 사실을 널리 밝힘.
脯脩(포수) [1002] 얇게 잘라서 말린 고기, 말린 고기와 과일류.
苞葉(포엽) [0250] 잎의 변태로, 싹이나 꽃봉오리를 싸서 보호하는 작은 잎.
匏樽(포준) [0210] 박으로 만든 술 그릇.
俵災(표재) [0250] 흉년이 든 때에 조세를 줄임.
瓢舟(표주) [0230] 표주박처럼 만든 작은 배.

瓢蟲(표충) [0242] 무당벌레.
諷誡(풍계) [1002] 넌지시 말하여 훈계함.
豊穰(풍양) [4202] 풍년이 들어 곡식이 잘 여묾, 얼굴이나 사람 됨됨이가 원숙하여 뛰어남.
陂池(피지) [0232] 물이 괸 땅.
苾芻(필추) [0210] 비구(比丘). 출가하여 구족계를 받은 남자 중.
廈氈(하전) [0210] 양탄자를 깐 큰 집이라는 데서, 임금이 거처하는 곳을 이름. 경연청.
下榻(하탑) [7202] 걸상을 내린다는 데서, 손님을 맞아 극진히 대접함을 이름. * 後漢의 陳蕃(진번)이 선비를 대접하기 위해 특별히 안석을 마련하였다는 데서 유래.
閑冗(한용) [4002] 일이 없이 한가함.
寒畯(한준) [5002] 가난하나 재주와 지혜가 뛰어난 사람.
寒柝(한탁) [5002] 추운 밤에 야경꾼이 치는 딱딱이.
割烹(할팽) [3202] 베고 삶는다는 데서, 음식을 조리함을 이름.
闔國(합국) [0280] 전국. 온 나라.
闔眼(합안) [0242] 남의 허물을 보고도 모르는 체함.
閤下(합하) [0272] 정일품 벼슬아치를 높여 부르던 말. 존귀한 사람이라는 뜻으로, 상대편을 높여 부르는 말.
閤患(합환) [0250] 남의 아내의 병을 높여 이르는 말.
伉健(항건) [0250] 굳세고 용맹스러움.
伉儷(항려) [0202] 남편과 아내로 이루어진 짝.
巷陌(항맥) [3002] 도회지의 거리.
沆瀣(항해) [1202] 한밤중의 이슬 기운. 바다 위에 어린 기운.
海嶠(해교) [7202] 바닷가의 가파른 산.
海蘿(해라) [7202] 풀가사리.
孩提(해제) [0242] 어린아이.
海鰕(해하) [7202] 大蝦. 왕새우
蟹行(해행) [0260] 게걸음.
行枷(행가) [6002] 행차칼, 옥중에 있는 죄인을 다른 곳으로 옮길 때 목에 씌우던 형구.
倖望(행망) [0252] 요행을 바람.
餉道(향도) [0272] 군량을 나르는 길.
香椀(향완) [4202] 제사 때에 향을 담는 사발.
香芋(향우) [4202] 땅콩.
鄕愿(향원) [4202] 수령을 속이고 양민을 괴롭히던 촌락의 토호.
獻芹(헌근) [3202] 미나리를 바친다는 데서, 남에게 보내는 선물이나 글을 겸손하게 이르는 말.
奕葉(혁엽) [0250] 여러 대를 이어 영화를 누림.
革砥(혁지) [4002] 가죽숫돌.
舷燈(현등) [0242] 야간에 항해하는 배가 다른 배에게 그 진로를 알리기 위하여 양쪽 뱃전에 다는 등.
泫然(현연) [0270] 눈물이 줄줄 흘러 있는 모양. 또는 눈물을 흘리며 운 모양.
弦壺(현호) [2002] 활등 모양의 손잡이가 달린 항아리.
舷弧(현호) [0210] 배의 이물과 고물 사이 뱃전의 곡선 각도.
孑立(혈립) [0272] 외따로 홀로 섬.
孑遺(혈유) [0240] 약간의 나머지. 단 하나 남아 있는 것.
夾路(협로) [0260] 큰길에서 갈라진 좁은 길.
峽氓(협맹) [2002] 두메에서 농사나 짓는 어리석은 백성.
浹旬(협순) [0232] 열흘 동안. 十干의 甲에서부터 마지막 癸에 이르는 날수.
夾註(협주) [0210] 본문보다 작은 글자로 괄호로 묶거나 본문 속에 끼워 넣어 본문을 알기 쉽게 풀이하여 놓은 글.
浹辰(협진) [0232] 12일간. 十二支의 子에서부터 마지막 亥에 이르는 날수.
脇痛(협통) [0240] 옆구리가 결리고 아픈 병.
荊榛(형진) [1002] 가시나무와 개암나무라는 데서, 무성한 잡목림을 이름.
熒燭(형촉) [0230] 반짝거리는 작은 촛불.
慧炬(혜거) [3202] 지혜의 횃불. * 부처의 지혜를 이름.
鞋襪(혜말) [0210] 신과 버선을 아울러 이름.
蕙心(혜심) [0270] 미인의 고운 마음씨.
瑚璉(호련) [1002] 三代(夏殷周) 시대에 오곡을 담아 신에게 바칠 때 쓰던 제기, 고귀한 인격을 가진 사람이나 학식과 능력이 뛰어난 사람을 비유적으로 이르는 말. * 孔子가 子貢의 인물됨을 호련으로 평가한 데서 유래.
壺觴(호상) [0210] 술병과 술잔을 아울러 이름.
瓠犀(호서) [0210] 박의 속과 씨. 박속같이 희고 고르게 박힌 이를 비유적으로 이름.
縞衣(호의) [0260] 흰 비단 저고리. 두루미의 흰 깃을 비유적으로 이름.
蒿雀(호작) [0210] 촉새.
胡椒(호초) [3202] 후추. 후추의 껍질.
魂銷(혼소) [3202] 혼이 사라졌다는 데서, 충격 놀람 따위로 제정신을 차리지 못함을 이름.
烘爐(홍로) [0232] 큰 화로.
紅髥(홍염) [4002] 붉은 수염. 서양 사람을 비유적으로 이름.
鴻猷(홍유) [3002] 큰 계략.
譁笑(화소) [0242] 큰 소리를 내어 시끄럽게 웃는 웃음.
花鬚(화수) [7002] 꽃술.
禍孽(화얼) [3202] 화를 끼치는 재앙.
花瓣(화판) [7002] 꽃잎.
攫取(확취) [0242] 확 움켜 빼앗아 가짐.
紈袴(환고) [0210] 곱고 흰 비단 바지.
渙散(환산) [0240] 군중이나 단체가 뿔뿔이 헤어짐. 높은 열이 서서히 내림.
還摠(환총) [3202] 환곡(還穀)의 총수(總數).

豁達(활달) [0242] 시원스럽게 탁 트임.
黃鉞(황월) [6002] 황금으로 장식한 도끼.
皇猷(황유) [3202] 황제가 국가를 통치하기 위한 계책.
蝗災(황재) [0250] 풀무치 떼가 날아와 농작물을 남김없이 먹어 버리는 큰 재해.
潢池(황지) [0232] 물이 괴어 있는 못.
隍池(황지) [0232] 성 밖에 빙 둘러서 파 놓은, 물이 마른 못.
回鯉(회리) [4202] 물음이나 편지 따위에 대답함. * 춘추시대에, 월왕 구천의 가신 范蠡(범여)가 잉어의 배를 따고 그 속에 편지를 넣었다는 데서 유래.
灰粥(회죽) [4002] 횟가루에 물을 많이 부어 죽처럼 만든 혼합물.
驍騎(효기) [0232] 용감하고 날랜 기병.
淆薄(효박) [0232] 인정이나 풍속이 어지럽고 아주 각박함.
梟首(효수) [0252] 죄인의 목을 베어 높은 곳에 매달아 놓던 형벌.
梟將(효장) [0242] 사납고 날랜 장수.
驍將(효장) [0242] 사납고 날랜 장수.
肴核(효핵) [0240] 술안주와 과일을 아울러 이름.
燻製(훈제) [0242] 소금에 절인 고기를 연기에 그슬려 말림. 또는 그 식품.
萱菜(훤채) [0232] 원추리나물.
暄風(훤풍) [0262] 따뜻한 바람.
虧空(휴공) [0272] 계산 따위가 줄어 없어짐. 또는 없어져서 부족함.
休偃(휴언) [7002] 푹 쉼.
虧月(휴월) [0280] 이지러진 달.
譎謀(휼모) [0232] 남을 속이는 꾀.
鷸鳥(휼조) [0242] 도요새.
洶湧(흉용) [1002] 물결이 매우 세차게 일어나거나 솟아남.
吃語(흘어) [0270] 더듬어 가면서 하는 말.
吃逆(흘역) [0242] 딸꾹질.
屹出(흘출) [0270] 산이나 바위 따위가 험하고 날카롭게 우뚝 솟음.
屹乎(흘호) [0230] 우뚝하게 높이 솟은 모양.
翕如(흡여) [0242] 음악의 성률(聲律) 따위가 잘 맞는 모양. 성(盛)한 모양.
曦光(희광) [0262] 아침 햇빛.
曦軒(희헌) [0230] 태양(太陽).
晞和(희화) [0262] 날씨나 마음씨가 온화함.

5. 轉義語 및 故事成語

轉義語는 앞서 漢字語의 構造에서 언급한 轉義 構造의 漢字語이다. 轉義 構造는 두 개 이상의 글자가 漢字語의 構造에서 언급하였던 5가지 構造 중의 하나로 結合하여 새로운 뜻을 만드는 것이다. 예로 春秋(춘추)는 '봄과 가을'의 뜻으로 相對 構造의 單語이나 계절의 변화, 흐르는 세월 등의 유추에서 '나이, 연세, 역사'의 새로운 뜻으로 발전하였다. 이 경우에는 두 글자가 만나서 字義에서 轉移된 새로운 뜻을 만들어 낸 것으로 轉義 構造의 單語가 된다. 鷄肋은 '닭의 갈비'로 修飾 構造의 말이나 '쓸모는 없으나 버리기에는 아까운 것'의 뜻에 이르면 두 글자가 만나 새로운 뜻을 만들어 낸 것이므로 轉義 構造의 單語가 된다. 더 예를 들면 光陰(광음 : 햇빛과 그늘 → 시간, 세월), 秋毫(추호 : 가을의 짐승 털 → 아주 적음), 白眉(백미 : 흰 눈썹 → 뛰어난 사람, 훌륭한 물건), 傾國(경국 : 나라를 기울게 함 → 뛰어나게 아름다운 여인), 濫觴(남상 : 잔을 띄움 → 사물의 시초), 棟梁(동량 : 마룻대와 들보 → 나라의 인재), 覆轍(복철 : 엎어진 수레바퀴 → 앞의 사람의 실패), 點額(점액 : 이마에 점이 찍힘 → 시험에 떨어짐) 등이다. 대개 故事가 있는 單語는 轉義 構造가 된다.

다음은 轉義가 있는 漢字語 중에서 일부를 추려 그 字義와 轉義를 아울러 밝힌 것이다. 참고하시기 바란다.

脚光(각광) [3262]	다리 빛, 무대의 앞쪽 아래에 장치하여 배우를 비추는 광선. → 사회적 관심이나 흥미, 주목
干城(간성) [4042]	방패와 성. → 나라를 지키는 믿음직한 군대나 인물.
蹇驢(건려) [0202]	다리를 저는 나귀. → 쓸모없는 사람.
黔驢(검려) [0202]	검주(黔州)의 나귀. → 보잘것없는 솜씨와 힘 * 중국의 검주(黔州)에 어떤 사람이 처음으로 나귀를 끌고 갔을 때 그 큰 울음소리를 듣고 범이 두려워하다가 뒤에 별다른 힘이 없음을 알고는 오히려 그 나귀를 잡아먹어 버렸다는 데서 유래, 黔驢之技.
黔首(검수) [0252]	검은 맨머리. → 일반 백성. * 예전에 중국에서 서민들은 머리에 관을 쓰지 않고 검은 맨머리로 지낸 데서 유래.
鬲肝(격간) [0032]	가슴과 간. → 가장 친한 친구 사이를 비유.
鴃舌(격설) [0040]	거위의 혀 놀림. → 알아들을 수 없는 외국인의 말을 낮잡아 이름.
箝制(겸제) [0242]	말에 재갈을 물림. → 자유를 구속하여 억누름.
耿光(경광) [0262]	밝은 빛. → 높은 덕.
傾國(경국) [4080]	나라를 기울어지게 함. → 뛰어나게 아름다운 여인.
鷄肋(계륵) [4010]	닭의 갈비. → 그다지 큰 소용은 없으나 버리기에는 아까운 것.
鷄鶩(계목) [4002]	닭과 집오리. → 평범한 사람.
鷄皮(계피) [4032]	닭의 살갗처럼 거친 살갗. → 늙은 사람.
刳肝(고간) [0032]	배를 갈라 간을 드러냄. → 마음속에 품은 뜻을 모두 털어놓음을 비유.
股肱(고굉) [1010]	다리와 팔 → 임금이 가장 신임하는 신하. * 股肱之臣의 준말.
櫜弓(고궁) [0032]	활을 활집에 넣음. → 전쟁이 끝났음을 이르는 말.
膏粱(고량) [1010]	기름과 기장. → 기름진 고기와 좋은 곡식, 맛있는 음식, 부귀한 가문.
高枕(고침) [6230]	베개를 높이 함. → 편안히 잠. 근심 없이 편안히 지냄.

敲推(고퇴) [1040] 敲字와 推字. → 시문을 지을 때 고치고 다듬는 것. * 唐나라의 시인 賈島가 '僧推月下門'이란 시구를 지을 때 '推'를 '敲'로 바꿀까 말까 망설이다가 韓愈를 만나 그의 조언으로 '敲'로 결정하였다는 데서 유래. 推敲(퇴고)라고도 함.

古稀(고희) [6032] 예로부터 드묾. → 일흔 살.

髡褐(곤갈) [0010] 머리를 깎고 거친 베옷을 입은 사람. → 중을 이르는 말.

鯤鵬(곤붕) [0212] 상상 속의 큰 물고기와 새. → 매우 큰 사물.

骨肉(골육) [4042] 뼈와 살. → 겨레붙이, 혈육

邛遇(공우) [0040] 공(邛) 땅의 만남. → 한대(漢代) 사마상여가 공(邛) 땅에서 탁문군을 꾀어 함께 달아난 일에서, 재자(才子)와 가인(佳人)이 우연히 만나 서로 사랑함을 이르는 말로 쓰임.

瓜期(과기) [2050] 외의 시기. → 여자 나이 16세, 벼슬에서 물러날 때. * 春秋시대 齊나라의 양공이 관리를 임지로 보내면서 다음 해 오이가 익을 무렵에는 돌아오게 하겠다고 말한 데서 유래.

瓜滿(과만) [2042] 외가 가득함. → 벼슬에서 물러날 때, 여자 나이 16세 * 瓜를 破字하면 八八이 되므로 16세를 뜻함.

觀火(관화) [5280] 불을 봄. → 분명함, 뻔함.

光陰(광음) [6242] 햇빛과 그늘. → 시간, 세월

掛冠(괘관) [3032] 冠을 벗어 城門에 겲. → 벼슬아치가 벼슬을 내놓고 물러남.

槐夢(괴몽) [1232] 괴안국(槐安國)의 꿈. → 헛된 한때의 부귀영화. * 唐나라의 淳于棼이 술에 취하여 홰나무의 남쪽으로 뻗은 가지 밑에서 잠이 들었는데 槐安國으로부터 영접을 받아 20년 동안 영화를 누리는 꿈을 꾸었다는 데서 유래. 南柯一夢.

肱膂(굉려) [1000] 팔과 등골뼈. → 임금이 가장 신임하는 신하.

嬌客(교객) [1052] 아리따운 손. → 사위.

裘領(구령) [0050] 갖옷의 깃. → 사물의 가장 긴요하고 으뜸이 되는 골자나 이치를 비유.

驅馳(구치) [3010] 말을 몰아 달리며 돌아다님. → 매우 바쁘게 돌아다님.

漚泡(구포) [0010] 물거품. → 헛되고 덧없음을 비유하는 말.

國色(국색) [8070] 나라의 빛. → 나라 안에서 으뜸가는 미인.

國香(국향) [8042] 나라의 향기. → 나라 안에서 으뜸가는 미인.

權輿(권여) [4230] 저울대와 수레 바탕. → 사물의 시초.

規矩(규구) [5010] 목수가 쓰는 그림쇠, 곱자. → 일상생활에서 지켜야 할 법도.

克己(극기) [3252] 자기를 이김. → 욕심을 눌러 이김.

芹誠(근성) [0242] 미나리를 바치는 정성. → 정성을 다하는 마음. * 충성스러운 농부가 임금에게 향기로운 미나리를 바쳤다는 데서 유래.

錦歸(금귀) [3240] 비단옷을 입고 고향에 돌아감. → 출세하여 고향에 돌아감.

琴瑟(금실) [3212] 금슬(거문고와 비파)의 조화. → 부부간의 사랑.

掎鹿(기록) [0030] 사슴을 끌어당김. → 뭇 영웅들이 천하를 다투는 것을 비유한 말.

杞憂(기우) [1032] 기나라 사람의 근심. → 앞일에 대한 쓸데없는 걱정. * 옛날 杞나라에 살던 한 사람이 '만일 하늘이 무너지면 어디로 피해야 좋을 것인가?' 하고 침식을 잊고 걱정하였다는 데서 유래, 列子 天瑞篇에 보임.

南面(남면) [8070] 얼굴을 남쪽으로 함. → 임금이 되어 나라를 다스림.

濫觴(남상) [3010] 잔을 띄움. → 사물의 처음이나 기원. * 揚子江같은 큰 하천의 근원도 잔을 띄울 만큼 가늘게 흐르는 시냇물에서 비롯한다는 데서 유래, 荀子 子道篇에 보임.

狼狽(낭패) [1002] 이리. → 뜻한 일이 실패하거나 어긋나 딱한 처지가 됨. * 낭패는 전설상의 동물로, 狼은 뒷다리가 짧고 狽는 앞다리가 짧은 까닭으로 두 녀석이 함께 행동하는데, 어려움이 많았다는데서 유래함. 後漢書 李固傳, 段成式의 酉陽雜俎에 보임.

冷竈(냉조) [5000] 차가운 부뚜막. → 집이 매우 가난함을 이르는 말.

綠林(녹림) [6070] 푸른 숲. → 적이나 도둑의 소굴.

壟斷(농단) [1042] 깎아 세운 듯한 높은 언덕. → 이익이나 권리를 독차지함. * 어떤 사람이 시장에서 높은 곳에 올라가 사방을 살펴보고 자기 물건을 팔기에 적당한 곳으로 가서 상업상의 이익을 독점하였다는 데서 유래, 孟子 公孫丑(공손추)에 보임.

隴斷(농단) [0042] 깎아 세운 듯한 높은 언덕. → 이익이나 권리를 독차지함. 어떤 사람이 시장에서 높은 곳에 올라가 사방을 살펴보고 자기 물건을 팔기에 적당한 곳으로 가서 상업상의 이익을 독점하였다는 데서 유래. <출> 孟子의 公孫丑.

籠絡(농락) [2032] 대로 엮은 새장 속의 발을 묶인 새. → 가두거나 속박함, 상대를 제 마음대로 놀림.

隴蜀(농촉) [0012] 농(隴)을 평정하고도 다시 촉(蜀)을 바란다는 말에서 유래. → 사람의 마음은 만족할 줄을 몰라서 욕심이 끝이 없음. <출> 後漢書 岑彭傳.

牢籠(뇌롱) [1020] 우리 속의 가축과 대로 엮은 새장 속의 새. → 가두거나 속박함, 상대를 제 마음대로 놀림.

累卵(누란) [3240] 계란을 포개 쌓음. → 대단히 위태로움.

簞瓢(단표) [1002] 대나무로 만든 도시락의 밥과 박으로 만든 표주박의 물. → 청빈하고 소박한 생활.

當壚(당로) [5200] 술독을 맡음. → 선술집의 술청에 앉아 술을 팖. 前漢의 사마상여가 자기 아내 卓文君을 술독을 둔 곳에 앉혀 술을 팔게 하였다는 데서 유래.

圖南(도남) [6280] 남쪽으로 가려고 기도함. → 웅대한 일을 계획하고 있음.

荼蓼(도료) [0002] 씀바귀와 여뀌. → 잡초를 두루 이르는 말. 쓰고 맵다는 뜻으로 어렵고 고생스러움을 비유하는 말.

桃源(도원) [3240] 복숭아꽃이 핀 수원지. → 살기 좋은 이상향, 별천지.

塗炭(도탄) [3050] 진흙땅에 빠지고 숯불에 탐. → 몹시 어렵고 고통스러움.

櫝玉(독옥) [0042] 궤에 갈무리한 아름다운 옥. → 감추어 둔 재능을 비유하는 말.

棟梁(동량) [2032] 마룻대와 들보. → 한 집안이나 한 나라를 맡을 만한 인재, 吳越春秋 句踐入臣外傳에 보임.

凍梨(동리) [3230] 언 배 껍질. → 아흔 살.

冬扇(동선) [7010] 겨울의 부채. → 철에 맞지 아니함, 論衡의 逢遇篇에 보임.

銅臭(동취) [4230] 동전에서 나는 냄새. → 돈으로 벼슬을 사거나 수전노 짓을 함.

頭角(두각) [6062] 짐승의 머리에 있는 뿔. → 뛰어난 학식이나 재능.

杜撰(두찬) [1210] 두묵(杜默)이 시를 지음. → 전거나 출처가 확실하지 못한 저술, 틀린 곳이 많은 작품. * 杜默이 詩를 한 수 지었는데 운율이 맞지 않는 데가 여러 군데 있었다는데서 유래, 野客叢書에 보임.

望九(망구) [5280] 구십 살을 바라봄. → 81세.

望百(망백) [5270] 백 살을 바라봄. → 91세.

望八(망팔) [5280] 팔십 살을 바라봄. → 71세.

矛盾(모순) [2020] 창과 방패. → 두 가지 이치가 서로 어긋나 맞지 않음. * 楚나라의 상인이 창과 방패를 팔면서 창은 어떤 방패로도 막지 못하는 창이라 하고 방패는 어떤 창으로도 뚫지 못하는 방패라 하여, 앞뒤가 안 맞는 말을 하였다는 데서 유래, 韓非子 難勢篇에 보임.

木鐸(목탁) [8010] 나무로 만든 방울. → 세상 사람들을 각성시키고 가르쳐 인도하는 사람. * 木鐸은 중국에서 불교가 전래되기 이전부터 사용했는데 백성들에게 節氣에 따른 농사일을 알리기 위해 관리는 매년 봄만 되면 커다란 방울을 치면서 市內를 돌아다니며 '봄이 왔으니 씨를 뿌려라'고 알렸는데 그 방울 속의 혀가 나무로 되어 있었으므로 木鐸이라고 함, 論語 八佾에 보임.

蒙塵(몽진) [3220] 머리에 먼지를 뒤집어씀. → 임금이 난리를 피하여 안전한 곳으로 떠남.

刎頸(문경) [0210] 목을 벰. → 해고 또는 해직.

米壽(미수) [6032] 쌀미(米)字의 나이. → 米字를 破字하면 八十八이 되므로 88세를 의미. 농부가 모를 심어 추수할 때까지 88번의 손질이 필요하다는데서 유래했다는 설도 있음.

半壽(반수) [6232] 절반의 나이. → 81세. 半을 破字하면 八十一이 되는 데서 유래.

半子(반자) [6272] 절반의 아들. → 사위.

發軔(발인) [6200] 수레가 떠나감. → 어떤 일을 시작함을 비유적으로 이르는 말.

跋扈(발호) [1012] 민초를 짓밟고 권세만을 따름. → 권세를 멋대로 부리며 함부로 날뜀, 제어하기 어려운 강한 세력, 後漢書 梁冀傳에 보임.

白眉(백미) [8030] 흰 눈썹. → 여럿 가운데에서 가장 뛰어난 사람이나 훌륭한 물건, 작품.

魄散(백산) [1040] 넋이 흩어짐. → 몹시 놀람.

白壽(백수) [8032] 아흔아홉 살. → '百'에서 '一'을 빼면 99가 되고 '白' 자가 되는 데서 유래.

弁髦(변모) [1200] 변과 모. 변은 관례 때에 한 번만 쓰는 치포관, 모는 동자의 더펄머리로, 관례가 끝나면 모두 소용이 없는 물건. → 쓸데없는 물건을 이름.

秉鉞(병월) [1202] 부월(도끼)를 잡음. → 무장이 병권을 잡음.

伏龍(복룡) [4040] 엎드려 있는 용. → 숨어 세상에 나오지 않은 뛰어난 선비.

覆轍(복철) [3210] 엎어진 수레바퀴. → 前轍, 앞서 가던 사람이 실패한 자취.

鳳兒(봉아) [3252] 봉황의 새끼. → 장차 큰 인물이 될 만한 소년.

鳳雛(봉추) [3202] 봉황의 새끼. → 지략이 뛰어난 젊은이, 아직 세상에 드러나지 아니한 영웅.

桴棟(부동) [0020] 마룻대와 용마루. → 기둥. 사물의 중심축.

駙馬(부마) [1050] 천자가 타는 수레에 딸린 말. → 임금의 사위.

負扆(부의) [4000] 천자(天子)가 도끼 모양의 수를 놓은 병풍을 뒤로 하고 신하를 대한데서 나온 말. → 천자의 지위에 오름을 이르는 말.

枌楡(분유) [0012] 느릅나무. → 고향(故鄕)을 이르는 말. 한고조가 고향인 풍(豐)에서 느릅나무를 심어 토지의 신으로 삼은 데서 유래.

紱麟(불린) [0012] 기린 뿔에 끈을 묶음. → 생일을 축하할 때 씀. 공자가 태어나기 전에 공자의 어머니 징재가 옥서를 물고 나타난 기린의 뿔에 수놓인 비단 끈을 묶어 주었다는 고사에서 유래.

不肖(불초) [7232] 닮지 않음. → 어버이의 덕망에 미치지 못하는 어리석은 사람.

不惑(불혹) [7232] 미혹되지 않음. → 마흔 살.

鵬圖(붕도) [1262] 붕새의 도모. → 한없이 큰 포부, 雄圖, 莊子 逍遙遊에 보임.

粃糠(비강) [0210] 쭉정이와 겨. → 변변치 못한 음식, 하찮은 물건.

比翼(비익) [5032] 날개를 같이 함. → 부부 금실이 좋음.

羆虎(비호) [0032] 곰과 호랑이. → 용사(勇士)를 이르는 말.

笥腹(사복) [0032] 책 상자가 들어 있는 배. → 학식이 풍부함을 이르는 말.

蛇足(사족) [3272] 뱀의 발. → 쓸데없는 짓.

傘壽(산수) [2032] 우산의 나이. → 80세, 八과 十사이에 人이 있는 모양에서 유래, 祝福.

三徙(삼사) [8010] 세 번을 이사함. → 자식의 교육에 정성을 다함. * 孟母三遷之敎

桑年(상년) [3280] 뽕나무의 나이. → 48세. * 桑의 俗字인 桒은 破字하면 十자 4개와 八字가 됨.

嘗膽(상담) [3020] 쓸개를 맛봄. → 원수를 갚거나 마음먹은 일을 이루기 위하여 온갖 어려움과 괴로움을 참고 견딤, * 臥薪嘗膽. 春秋시대 吳나라의 왕 夫差가 아버지의 원수를 갚기 위하여 장작더미 위에서 잠을 자며 越나라의 왕 句踐에게 복수할 것을 맹세하였고, 그에게 패배한 越나라의 왕 구천이 쓸개를 핥으면서 복수를 다짐한 데서 유래, 史記 越王句踐世家에 보임.

上僊(상선) [7202] 하늘로 올라가 신선이 됨. → 帝王(제왕)의 죽음.

桑弧(상호) [3210] 뽕나무로 만든 활. → 남자가 큰 뜻을 세움. 옛날 중국에서 남자가 태어나면 뽕나무로 만든 활과 쑥대로 만든 살을 천지 사방에 쏘아 큰 뜻을 이루기를 빌던 풍속에서 유래.

鼠竊(서절) [1030] 쥐새끼가 물건을 훔침. → 좀도둑.

噬臍(서제) [0002] 배꼽을 물어뜯으려 하여도 입이 닿지 아니함. → 후회하여도 이미 때가 늦음을 이르는 말.

螫蝎(석갈) [0002] 독침으로 사람을 쏘는 전갈. → 몹시 두려운 일이나 악랄한 사람을 비유한 말.

蟬鳴(선명) [0240] 매미가 욺. → 귀찮게 자꾸 지껄이는 소리.

鱣舍(선사) [0042] 드렁허리 집. → 학교 건물. 교사(校舍). 후한 때 황새들이 세 마리의 드렁허리를 물고 양진(楊震)의 강당 앞에 날아와 모였다는 고사에서 유래.

屬纊(속광) [4000] 솜을 댐. → 임종(臨終). 옛날 중국에서 사람이 죽어 갈 무렵에 고운 솜을 코나 입에 대어 호흡의 기운을 검사하였다는 데서 유래.

首鼠(수서) [5210] 구멍에서 머리를 내민 쥐. → 머뭇거리며 진퇴나 거취를 정하지 못함.

守株(수주) [4232] 그루터기를 지킴. → 융통성이 없는 어리석은 사람. * 守株待兔

菽麥(숙맥) [1032] 콩과 보리. → 콩과 보리도 구분 못하는 어리석은 사람, 세상 물정을 모르는 사람, 사리분별을 못하는 사람. * 菽麥不辨

市虎(시호) [7232] 저자의 호랑이. → 여러 사람이 한 입으로 하는 거짓말은 쇠도 녹임.

食言(식언) [7260] 입 밖에 낸 말을 먹음. → 약속을 지키지 않음.

宸襟(신금) [1010] 대궐의 옷깃. → 임금의 마음.

薪米(신미) [1060] 땔나무와 쌀. → 생활의 재료.

蛾眉(아미) [0230] 누에나방의 눈썹. → 가늘고 길게 굽어진 아름다운 눈썹, 미인의 눈썹.

握髮(악발) [2040] 감고 있던 머리를 거머쥐고 손님을 맞음. → 政事에 바쁨. 吐哺握髮.

雁書(안서) [3062] 기러기 편지. → 먼 곳에서 온 소식이나 편지.

揠苗(알묘) [0030] 揠苗助長의 준말. 곡식을 빨리 자라게 하려고 고갱이를 뽑아 올림. → 억지로 빨리 이루려다가 그르침을 비유.

壓卷(압권) [4240] 위의 책이 아래 책을 누름. → 제일 잘된 책이나 작품.

艾年(애년) [1280] 머리털이 쑥처럼 희어진 나이. → 쉰 살.

粱肉(양육) [1042] 좋은 곡식과 고기. → 좋은 음식.

蠡測(여측) [0042] 以蠡測海의 준말. 표주박으로 바닷물을 헤아림. → 얕은 식견으로 사물을 헤아림을 비유한 말.

逆鱗(역린) [4210] 거슬러 난 비늘. → 임금의 분노, 용의 턱 아래에 거슬러 난 비늘을 건드리면 용이 크게 노한다는 전설에서 나온 말, 韓非子 說難編에 보임.

易簀(역책) [4000] 살평상 또는 삿자리를 바꿈. → 학덕이 높은 사람의 죽음이나 임종을 이르는 말. 증자가 죽을 때를 당하여 삿자리를 바꾸었다는 데서 유래. <출> 禮記 檀弓篇.

燃眉(연미) [4030] 눈썹에 불이 붙음. → 매우 급함.

淵藪(연수) [1202] 못과 숲. → 물건이나 사람이 모이는 곳 * 못에 물고기가 모여들고 숲에 짐승이 모여드는 데서 나온 말.

煙霞(연하) [4210] 안개와 노을. → 고요한 산수의 경치.

縈絲(영사) [0040] 얽힌 실. → 얽히어 풀기 어려운 근심이나 걱정을 비유하는 말.

盈昃(영측) [1200] 해와 달도 차면 기움. → 흥성함에는 쇠퇴함이 뒤따름.
玉鬢(옥빈) [4200] 옥 같은 귀밑머리. → 젊고 아리따운 여자의 얼굴을 이르는 말.
蝸角(와각) [1062] 달팽이의 더듬이. → 세상이 좁음.
臥龍(와룡) [3040] 누워있는 용. → 숨어 세상에 나오지 않은 뛰어난 선비.
完璧(완벽) [5010] 흠이 없는 완전한 구슬. → 결함이 없이 완전함. 史記 藺相如列傳에 보임.
圜蓋(원개) [0032] 둥근 덮개. → 하늘을 이르는 말.
鴛鴦(원앙) [1010] 원앙새 암컷과 수컷. → 사이좋은 부부.
衣鉢(의발) [6012] 가사와 바리때. → 불교에서 스승으로부터 전하는 敎法이나 불교의 깊은 뜻.
而立(이립) [3072] 그리고 섬. → 30세. * 孔子가 30에 자립했다는 데서 유래.
頤使(이사) [0060] 턱으로 부림. → 사람을 마음대로 부림을 이르는 말.
耳順(이순) [5052] 귀가 순함. → 60세. * 孔子가 60세가 되어서 이치에 통달하여, 남이 하는 말을 들으면 듣는 것에 따라서 이해가 되었다는 데서 이와 같이 일컬음.
頤朶(이타) [0002] 턱이 늘어짐. → 부러워함. 먹고 싶어 군침을 흘림.
一髮(일발) [8040] 한 가닥의 머리털. → 극히 작음, 아주 짧음, 여유가 없음.
蔗境(자경) [1042] 점점 더 좋은 경계가 펼쳐짐. → 이야기 따위가 점점 재미있어짐.
刺股(자고) [3210] 다리를 찌름. → 졸음을 극복하고 열심히 공부함. * 戰國시대의 蘇秦은 졸음이 오면 송곳으로 허벅다리를 찔러 졸음을 쫓았다는 데서 유래.
赭徒(자도) [0040] 붉은 옷을 입은 무리. → 죄수나 범인을 이르는 말.
長川(장천) [8070] 긴 내. → 밤낮으로 쉬지 아니하고 연달아.
樗櫟(저력) [0200] 참나무와 가죽나무 재목. → 아무 데도 쓸모없는 사람을 비유. (유) 樗櫟之材
羝乳(저유) [0040] 숫양에게서 젖이 남. → 불가능한 일을 비유하는 말.
翦棘(전극) [0010] 가시나무를 베어 버림. → 간악한 사람을 제거함.
荃蹄(전제) [0010] 통발과 올무. → 목적을 이루기 위한 수단을 비유하는 말.
折角(절각) [4062] 뿔을 부러뜨림. → 상대방의 기세를 누르거나 콧대를 납작하게 만듦.
切磨(절마) [5232] 옥을 깎고 갊. → 덕행과 학문을 닦음.
折箭(절전) [4010] 화살을 부러뜨림. → 힘을 한 군데로 모으면 강해짐. * 土谷渾(토욕혼)의 왕 阿豺(아시)가 아들 20명을 모아 놓고 화살을 손에 쥐고 부러뜨려 보게 하고 말하기를 "화살 하나는 쉽게 부러졌으나 많은 것은 그렇지 않았다. 나라도 이와 같다. 각기 혼자서 행동하면 분열되지만, 모두가 하나로 의지를 모으면 견고해지는 것이다"라고 후손을 경계한데서 유래. 北史 吐谷渾傳에 보임.
切磋(절차) [5202] 옥이나 돌을 갈고 닦음. → 학문과 덕행을 닦음.
折檻(절함) [4010] 난간이 부러짐. → 강경하게 간(諫)함, 엄하게 꾸짖음. * 前漢의 朱雲이 成帝에게 간하니 성난 임금이 그를 끌어내라고 하자, 어전의 난간을 붙잡고 계속 간하다가 그가 잡았던 난간이 부러졌다는 데에서 유래, 漢書 朱雲傳에 보임.

點額(점액) [4040] 이마에 점이 찍힘. → 시험에 낙제함.

點睛(점정) [4010] 점을 찍어 눈동자를 그림. → 가장 중요한 부분을 완성함. * 용을 그리고 난 후에 마지막으로 눈동자를 그려 넣었더니 그 용이 실제 용이 되어 홀연히 구름을 타고 하늘로 날아 올라갔다는 고사에서 유래, 畫龍點睛, 水衡記에 보임.

井蛙(정와) [3202] 우물 개구리. → 견문이 좁고 세상 형편에 어두운 사람, 井中之蛙.. 莊子 秋水篇에 보임.

提孩(제해) [4202] 손으로 끌고 다닐(提) 수 있는 어린아이. → 2~3살의 아이.

糟糠(조강) [1010] 술지게미와 쌀겨. → 가난한 사람이 먹는 초라한 음식, 가난을 함께 한 아내.

操觚(조고) [5000] 글자를 쓰는 패를 잡음. → 글을 쓴다는 뜻으로, 문필에 종사함을 이르는 말.

卒壽(졸수) [5232] 마치는 나이. → 90세. * 卒의 俗字 卆를 破字하면 九十인데서 유래.

螽結(종결) [0052] 메뚜기 떼가 모여듦. → 사람이 무수하게 집결함을 비유하는 말.

踵武(종무) [1042] 발자국을 따라 밟음. → 뒤를 이음, 先人의 사업을 이음.

從心(종심) [4070] 마음을 좇음. → 일흔 살. * 孔子가 七十而從心所欲不踰矩라고 한 것에서 유래.

左袒(좌단) [7202] 왼쪽 소매를 벗음. → 남을 편들어 동의함. * 前漢 때 呂后가 반란을 꾀할 때 공신 周勃이 軍中에서 여후를 돕고자 하는 자는 우단하고 한나라 왕실을 돕고자 하는 자는 좌단하라고 명하자 모두 좌단하였다는 데서 유래. 史記 呂后本紀에 보임.

左衽(좌임) [7200] 옷섶을 왼쪽으로 여밈. → 미개한 상태를 이르는 말. 오랑캐로 여겼던 북방민족의 옷 입는 방식이 오른쪽 섶을 왼쪽 섶 위로 여몄다는 데서 유래.

主鬯(주창) [7000] 울창주 올리는 일을 주재함. → 태자(太子). 종묘(宗廟)에서 제사를 지낼 때 울창주(鬱鬯酒)를 올린데서 유래.

隼擊(준격) [0040] 새매의 공격. → 재빠르고 맹렬한 공격을 비유한 말.

櫛雨(즐우) [1052] 머리털을 바람으로 빗질하고 빗물에 머리를 감음. → 오랜 세월을 객지에서 방랑하며 온갖 고생을 다 함. 櫛風沐雨의 준말.

知音(지음) [5262] 소리를 알아 줌. → 마음이 서로 통하는 친한 벗.

咫尺(지척) [1032] 여덟 치와 열 치(한 자). → 아주 가까운 거리.

津梁(진량) [2032] 나루터에서 배타고, 다리를 건넘. → 사방으로 이리저리 몹시 바쁘게 돌아다님.

螓蛾(진아) [0002] 매미의 이마와 나방의 눈썹. → 여자의 아름다운 용모를 형용하는 말. 미녀.

秦火(진화) [1280] 秦나라의 불태움. → 秦의 始皇帝가 儒學과 諸子百家의 서적을 불태운 일, 焚書坑儒.

桎梏(질곡) [1010] 수갑과 차꼬. → 자유가 없는 고통스런 상태.

蹉跌(차질) [1010] 발을 헛디디어 넘어짐. → 하던 일이나 계획이 틀어짐.

斲雕(착조) [0002] 아로새겨 꾸민 것을 깎아 없앰. → 퇴폐한 풍속을 다스려 없앰.

爨桂(찬계) [0032] 계수나무로 땔감을 함. → 호화로운 생활을 비유함.

爨桐(찬동) [0020] 오동나무를 태움. → 훌륭한 인재나 재목이 버려짐을 이르는 말. 후한의 채옹이 이웃에서 땔감으로 오동나무를 태우는 소리를 듣고 곧 그것을 얻어다가 금(琴)을 만들었더니 좋은 소리가 났다는 고사에서 유래.

滄桑(창상) [2032] 푸른 바다와 뽕나무밭. → 뽕나무 밭이 변하여 푸른 바다가 됨, 세상일의 변천이 심함, 桑田碧海.

蠆毒(채독) [0042] 전갈의 독. → 재난이나 재앙을 비유하는 말.

掇桂(철계) [0032] 계수나무 가지를 꺾음. → 곧 과거에 급제함.

轍鮒(철부) [1000] 수레바퀴 자국에 괸 물 속에 있는 붕어. → 매우 위급한 상황에 처한 사람. 涸轍鮒魚(학철부어)의 준말.

楚歌(초가) [1270] 楚나라 노래. → 사방 어디에도 도울 사람이 없는 외롭고 곤란한 지경. * 楚나라 項羽가 사면을 둘러싼 漢나라 군사 쪽에서 들려오는 楚나라의 노랫소리를 듣고 楚나라 군사가 이미 항복한 줄 알고 놀랐다는 데서 유래, 史記 項羽本記에 보임, 四面楚歌.

焦眉(초미) [2030] 눈썹을 태움. → 매우 급함, 焦眉之急의 준말, 五燈會元에 보임.

錐囊(추낭) [1010] 송곳과 주머니. → 재능이 뛰어난 사람. * 송곳이 주머니 속을 뚫고 나오듯 재능을 감출 수 없다는 데서 유래.

秋扇(추선) [7010] 가을의 부채. → 철이 지나서 쓸모없이 된 물건, 이성의 사랑을 잃은 사람. 秋豊扇. 文選의 怨歌行이라는 시에 보임.

秋毫(추호) [7030] 가을 털. → 매우 작거나 적음.

逐鹿(축록) [3030] 사슴을 쫓음. → 서로 경쟁하여 어떤 지위를 얻고자 하는 일. 서로 이기려고 다투며 덤벼듦.

春秋(춘추) [7070] 봄과 가을. → 나이, 연세, 해(세월), 역사.

廁鼠(측서) [0010] 뒷간의 쥐. → 지위를 얻지 못한 사람을 이르는 말.

昃食(측식) [0072] 정오가 지나서 밥을 먹음. → 정무에 부지런히 힘씀을 이르는 말.

渝涅(투날) [0010] 흰색이 검정색으로 변함. → 처음 지녔던 마음이 변함을 비유한 말.

破鏡(파경) [4240] 깨어진 거울. → 이지러진 달, 부부가 헤어짐.

破瓜(파과) [4220] 瓜字를 쪼갬. → 여자 나이 16세, 남자 나이 64세. * 瓜를 破字하면 八八이 되는 데서 유래.

破僻(파벽) [4220] 궁벽한 상태를 깨트려 부숨. → 양반이 없는 시골이나 인구수가 적은 성씨에 인재가 나서 본래의 미천한 상태를 벗어남. 破天荒.

佩瓢(패표) [1002] 쪽박을 참. → 빌어먹음.

肺肝(폐간) [0032] 허파와 간. → 속마음을 비유하는 말.

敝蹻(폐갹) [0000] 해어진 짚신. → 쓸모 없는 물건을 비유한 말.

幣帛(폐백) [3010] 비단. → 예물, 선물.

炮烙(포락) [0010] 굽고 지짐. → 뜨겁게 달군 쇠로 살을 지지는 형벌. 견디기 힘든 고통을 비유하는 말. 殷 주왕 때, 기름을 칠한 구리기둥을 숯불 위에 걸쳐 놓고 죄인을 그 위로 건너가게 하던 형벌.

苞苴(포저) [0200] 물건을 싸는 것과 물건 밑에 까는 것. → 뇌물로 보내는 물건을 이르던 말.

摽梅(표매) [0032] 잘 익어서 떨어진 매실. → 혼기가 지난 여자를 이르는 말.

飆塵(표진) [0020] 광풍에 휩쓸린 먼지. → 인생무상을 비유.

風燈(풍등) [6242] 바람의 등불. → 매우 위태함.

風燭(풍촉) [6230] 바람의 촛불. → 매우 위태함.

鶴髮(학발) [3240] 두루미의 깃털처럼 흰 머리. → 늙은 사람.

解頤(해이) [4200] 턱을 풂. → 입을 크게 벌리고 웃음을 이르는 말.

行廁(행치) [6000] 걸어 다니는 뒷간. → 몸이 깨끗하지 못함을 이르는 말.

懸梁(현량) [3232] 들보에 머리카락을 매닮. → 졸음을 극복하고 열심히 공부함. * 楚나라의 孫敬은 머리카락을 새끼로 묶어 대들보에 매달아 졸음을 쫓았다는 데서 유래.

絜矩(혈구) [0010] 곱자를 가지고 길이를 잼. → 자기의 처지를 미루어 남의 처지를 헤아려 앎을 이르는 말.

血肉(혈육) [4242] 피와 살. → 겨레붙이, 골육.

荊妻(형처) [1032] 가시나무 비녀를 꽂은 아내. → 남에게 자기의 아내를 낮추어 이르는 말, 荊婦라고도 함. * 後漢 때에 梁鴻의 아내 孟光이 가시나무 비녀를 꽂고 무명으로 만든 치마를 입었다는 데서 유래. 後漢書 梁鴻傳에 보임.

糊口(호구) [1070] 입에 풀칠을 함. → 겨우 끼니를 이어 감.

楛箘(호균) [0000] 호목과 균죽. → 우수한 인재를 비유하는 말로 쓰임. 호목과 균죽은 모두 화살을 만드는 좋은 재료.

毫釐(호리) [3010] 저울 눈금의 毫와 釐. → 조금, 아주 적은 분량.

怙恃(호시) [0002] 믿고 의지함. → 부모.

薅櫛(호즐) [0010] 김매고 빗질함. → 깨끗이 제거하여 정리함.

紅裙(홍군) [4002] 붉은 치마. → 미인, 藝妓(예기).

畫餠(화병) [6010] 그림의 떡. → 아무 소용없는 것.

還甲(환갑) [3240] 갑자년이 되돌아 옴. → 만 60세.

換骨(환골) [3240] 뼈대를 바꿈. → 더 좋게 바뀜.

幻燄(환염) [2000] 허깨비와 아지랑이. → 이 세상의 모든 것이 실체가 없고 덧없음을 비유적으로 이르는 말.

黃口(황구) [6070] 누런 입. → 철없는 사람.

膾炙(회자) [1010] 날고기와 구운 고기의 냄새가 널리 퍼짐. → 어떤 사물이 칭찬을 받으며 사람의 입에 자주 오르내리며 널리 퍼짐.

嚆矢(효시) [1030] 우는살. → 어떤 사물이나 현상이 시작되어 나온 맨 처음, 전쟁을 시작할 때 우는살을 먼저 쏘았다는 데에서 유래. 莊子 在宥篇에 보임.

鴞響(효향) [0032] 올빼미의 울음소리. → 악인의 아우성을 비유함.

虓虎(효호) [0032] 울부짖는 범. → 성이 나서 사납게 울부짖는 용맹한 장수를 비유하는 말.

喉衿(후금) [2002] 목구멍과 옷깃. → 중요한 곳.

虺毒(훼독) [0042] 독사의 독(毒). → 음모나 악랄한 계책을 이르는 말.

喜壽(희수) [4032] 기쁜 나이. → 77세, 喜를 草書에는 七十七로 쓰는 데서 유래.

觚不觚(고불고) [007200] 술잔이로되 술잔이 아님. → 사물의 이름과 실상이 서로 맞지 않음을 비유하는 말.

劬勞日(구로일) [005280] 자식을 낳아서 기르느라고 부모가 애쓰기 시작한 날. → 자기의 생일을 이르는 말.

茶飯事(다반사) [323272] 차 마시고 밥 먹는 일. → 예삿일, 흔한 일.

斷末摩(단말마) [425020] 급소를 자름. → 숨이 끊어질 때의 모진 고통, 임종(臨終)

唐喇叭(당나발) [320202] 보통 나발보다 큰 나발. → 흐뭇하여 헤벌어진 입을 놀림조로 이름.

螳螂力(당랑력) [100272] 사마귀가 수레바퀴를 막는 힘. → 아주 미약한 힘. * 齊나라 莊公이 사냥을 나가는데 사마귀가 앞발을 들고 수레바퀴를 멈추려 했다는 데서 유래, 莊子 人間世篇에 보임.

東郭履(동곽리) [803032] 동곽의 신발. → 매우 가난함.

彤管貽(동관이) [004002] 붉은 피리를 전함. → 여자가 남자에게 글을 써 보내어 은근한 정을 전하는 것을 비유적으로 이르는 말.

登龍門(등용문) [704080] 용문을 오름. → 크게 출세함. 출세를 위한 관문.

巫山雲(무산운) [108052] 무산의 구름. → 남녀의 情交 * 楚나라 襄王이 낮잠을 자다가 꿈속에서 무산의 神女를 만나 즐거움을 누렸다는 고사에서 유래.

未亡人(미망인) [425080] 아직 따라 죽지 못한 사람. → 남편이 죽고 홀로 남은 여자.

彌縫策(미봉책) [122032] 꿰매어 깁는 계책. → 임시방편의 계책, 姑息之計, 春秋左氏傳 桓公五年條에 보임.

白眼視(백안시) [804242] 흰 눈으로 봄. → 남을 업신여기거나 무시함.

北邙山(북망산) [800280] 산이름. → 무덤이 많은 곳이나 사람이 죽어서 묻히는 곳, 중국의 北邙山(북망산)에 무덤이 많았다는 데서 유래.

拂鬚塵(불수진) [320220] 남의 수염에 붙은 티끌을 털어 줌. → 윗사람이나 권력자에게 아첨함, 宋史 寇準傳에 보임.

蛇蝎視(사갈시) [320242] 뱀이나 전갈을 보듯이 함. → 어떤 대상을 몹시 싫어함을 이름.

獅子吼(사자후) [107210] 사자의 울부짖음. → 부처의 위엄 있는 설법, 열변을 토하는 연설, 질투심이 강한 아내가 남편에게 암팡스럽게 떠드는 일. 維摩經, 傳燈錄, 本草綱目 등에 보임.

三昧境(삼매경) [801042] 삼매의 경지. → 잡념을 떠나서 오직 하나의 대상에만 정신을 집중하는 경지. 대승의장(大乘義章) 지론(智論)에 보임. 三昧

笑中刀(소중도) [428032] 웃음 속의 칼. → 겉으로는 웃으나 속에는 해칠 마음을 품음.

郇公廚(순공주) [006210] 순국공(郇國公)의 부엌. → 음식 맛이 좋은 집을 이르는 말. 당(唐)의 순국공 위척(韋陟)의 부엌에 맛좋은 음식이 많았던 데서 유래.

蜃氣樓(신기루) [107232] 이무기가 토해낸 기운이 만들어 놓은 건물. → 대기 속에서 빛의 굴절 현상에 의하여 공중이나 땅 위에 무엇이 있는 것처럼 보이는 현상, 홀연히 나타나 짧은 시간 동안 유지되다가 사라지는 아름답고 환상적인 일이나 현상 따위, 空中樓閣. 海市

眼中釘(안중정) [428010] 눈엣가시. → 눈에 거슬리는 사람, 新五代史 趙在禮傳에 보임.

如反掌(여반장) [426232] 손바닥을 뒤집음. → 일이 매우 쉬움.

連理枝(연리지) [426232] 두 나무의 가지가 서로 맞닿아 결이 서로 통함. → 부부의 사이가 좋음.

五車書(오거서) [807262] 다섯 수레에 실을 만한 책. → 아주 많은 책. 장서(藏書).

蝸角觝(와각저) [106210] 달팽이 더듬이 위에서 겨룸. → 하찮은 일로 벌이는 싸움, 작은 나라끼리의 싸움, 莊子 則陽篇에 보임.

鴛鴦契(원앙계) [101032] 원앙새 암컷과 수컷의 맺음. → 금실이 좋음.

一字師(일자사) [807042] 한 글자를 가르쳐 준 스승. → 핵심을 짚어주는 스승.

操觚者(조고자) [500060] 목간을 잡은 사람. → 글쓰는 사람. 문필가.

知天命(지천명) [527070] 天命을 암. → 50세.

指呼間(지호간) [424272] 손짓하여 부를만한 간격. → 아주 가까운 거리.

千里眼(천리안) [707042] 천 리 밖의 것을 볼 수 있는 시력. → 뛰어난 통찰력.

鐵面皮(철면피) [507032] 쇠로 만든 낯가죽. → 염치가 없고 뻔뻔스러운 사람.

靑眼視(청안시) [804242] 푸른 눈으로 봄. → 좋게 보고 잘 대함.

騅不逝(추불서) [007230] 중국 초나라 항우의 애마 오추마도 나아가지 않음. → 기세가 꺾이고 힘이 빠져 어찌할 수 없음을 비유.

破天荒(파천황) [427032] 천황을 깨뜨림. → 이전에 아무도 하지 못한 일을 처음으로 해냄.

蒲柳質(포류질) [104052] 부들과 버들같은 바탕, 연약한 나무. → 몸이 약하여 병에 걸리기 쉬운 체질, 世說新語 言語篇에 나오는 말.

披肝膽(피간담) [103220] 간과 쓸개를 열어 보임. → 서로 속마음을 털어놓고 친하게 사귐.

解語花(해어화) [427070] 말을 풀이하는 꽃. → 아름다운 여인, 기생

糊口策(호구책) [107032] 입에 풀칠하는 계책. → 겨우겨우 먹고 살아갈 계책.

壺中天(호중천) [028070] 항아리 속의 세상. → 별천지, 별세계, 仙境, 武陵桃源.

紅一點(홍일점) [408040] 푸른 잎 가운데 피어 있는 한 송이의 붉은 꽃. → 많은 남자 사이에 끼어 있는 한 사람의 여자.

花風病(화풍병) [706260] 꽃바람 병. → 相思病.

6. 漢字語 풀이_固有語(순우리말)

漢字語를 固有語(순우리말)로만 풀라고 하면 漢字말이 들어가서는 안 된다. 다음은 그 풀이의 實例이다. 단어로 된 것 외에 순 우리말로만 풀이가 가능한 漢字語도 넣었다. 앞의 漢字語 풀이와 중복되는 것도 있으므로 일부만 뽑아 넣었다.

加減(가감) [5042] 더하고 빼기
架橋(가교) [3250] 다리를 놓음
苛厲(가려) [1000] 매우 모질고 사나움.
可笑(가소) [5042] 우스움
可憎(가증) [5032] 얄미움, 괘씸함
角鴟(각치) [6200] 수리부엉이.
間或(간혹) [7240] 이따금
襁褓(강보) [0202] 포대기
粳稻(갱도) [0230] 메벼
秔稻(갱도) [0030] 메벼.
擧皆(거개) [5030] 거의 모두
鋸屑(거설) [0210] 톱밥
乾柿(건시) [3210] 곶감
見樣(견양) [5240] 보기
蒹葦(겸위) [0002] 갈대.
粳餠(경병) [0210] 메떡
粳粟(경속) [0230] 메조
故意(고의) [4262] 일부러 하는 생각
罟擭(고확) [0000] 그물과 덫.
古稀(고희) [6032] 일흔 살
觳觫(곡속) [0000] 무서워서 벌벌 떪.
貢獻(공헌) [3232] 이바지
過誤(과오) [5242] 잘못
錧籥(관약) [0000] 자물쇠.
管簟(관점) [4000] 대자리.
鸛鶴(관학) [0032] 두루미.
筐笥(광사) [0200] 대바구니.
鮫膚(교부) [0220] 소름

構內(구내) [4072] 터 안
具備(구비) [5242] 갖춤
口實(구실) [7052] 핑계
狗彘(구체) [3000] 개돼지.
丘冢(구총) [3200] 무덤.
麴君(국군) [0240] 술
麴櫱(국얼) [0202] 누룩
郤始(극시) [0062] 처음.
近似(근사) [6030] 비슷함
近者(근자) [6060] 요사이
衾褥(금욕) [1002] 이부자리
今茲(금자) [6230] 올해
幾微(기미) [3032] 낌새
饑餓(기아) [0230] 굶주림
既往(기왕) [3042] 이미 지나간
幾日(기일) [3080] 며칠
期必(기필) [5052] 꼭
幾何(기하) [3032] 얼마
臝襢(나단) [0000] 알몸. 옷을 벗음.
那邊(나변) [3042] 어디, 어느 곳
內賓(내빈) [7230] 안손님
來往(내왕) [7042] 오고 감
迺在(내재) [0060] 겨우.
奈何(내하) [3032] 어찌함
路肩(노견) [6030] 갓길
壚頭(노두) [0060] 술집.
露天(노천) [3270] 한데
鹿角(녹각) [3062] 사슴뿔
隴畝(농묘) [0010] 논밭.
勒紲(늑설) [1000] 말고삐.
能通(능통) [5260] 아주 잘함
多忙(다망) [6030] 매우 바쁨
多衆(다중) [6042] 뭇사람
但只(단지) [3230] 다만
團合(단합) [5260] 뭉침
螳螂(당랑) [1002] 사마귀
當然(당연) [5270] 마땅
大抵(대저) [8032] 무릇

代替(대체) [6230] 바꿈
棹歌(도가) [0270] 뱃노래
都是(도시) [5042] 도무지
豚舍(돈사) [3042] 돼지우리
突出(돌출) [3270] 쑥 내밂
痲屨(마구) [3200] 미투리.
痲鞋(마혜) [3202] 미투리
晩禾(만화) [3230] 늦벼
亡人(망인) [5080] 죽은 사람
忙中(망중) [3080] 바쁜 가운데
暮境(모경) [3042] 늙바탕
某處(모처) [3042] 어떠한 곳
濛雨(몽우 [0052] 이슬비.
苗木(묘목) [3080] 나무모
錨索(묘삭) [0232] 닻줄
未熟(미숙) [4232] 서투름
謎語(미어) [0270] 수수께끼
鎛器(박기) [0042] 호미.
紡績(방적) [2040] 실뽑기, 실잣기
樊籬(번리) [0210] 울타리
袢襖(번욱) [0000] 무더위.
範圍(범위) [4040] 테두리
別添(별첨) [6030] 덧붙임
蜂蜜(봉밀) [3030] 꿀
部落(부락) [6250] 마을
阜螽(부종) [1200] 메뚜기
負債(부채) [4032] 빚
奔忙(분망) [3230] 매우 바쁨
墳墓(분묘) [3040] 무덤
噴嚔(분체) [1000] 재채기.
朋友(붕우) [3052] 벗
轡勒(비륵) [0010] 고삐와 굴레.
朏晨(비신) [0030] 새벽.
牝鷄(빈계) [0240] 암탉
思料(사료) [5050] 생각
飼料(사료) [2050] 먹이
簑笠(사립) [0010] 도롱이와 삿갓.
相互(상호) [5230] 서로

庶幾(서기) [3030] 거의
鋤犁(서려) [0202] 호미와 쟁기
跣足(선족) [0272] 맨발
腥臭(성취) [0230] 비린내
星輝(성휘) [4230] 별빛
洗濯(세탁) [5230] 빨래
所謂(소위) [7032] 이른바
所以(소이) [7052] 까닭
廋辭(수사) [0040] 수수께끼
燧石(수석) [0260] 부싯돌
水泳(수영) [8030] 헤엄
水蛭(수질) [8002] 거머리
蟋蟀(실솔) [0000] 귀뚜라미.
巖牆(암장) [3202] 돌담
夜啖(야담) [6000] 밤참.
堰堤(언제) [1030] 둑
餘嬴(여영) [4200] 나머지.
年輪(연륜) [8040] 나이테
獵師(엽사) [3042] 사냥꾼
靈龕(영감) [3202] 널
吾東(오동) [3080] 우리나라
吾等(오등) [3062] 우리
熬餠(오병) [0210] 떡볶이
午睡(오수) [7230] 낮잠
杇人(오인) [0080] 미장이.
沃土(옥토) [1280] 기름진 땅
往往(왕왕) [4242] 가끔
腰帶(요대) [3042] 허리띠
宂談(용담) [0050] 군소리
用役(용역) [6232] 품
于先(우선) [3080] 먼저
孺嬰(유영) [0210] 젖먹이
陸稻(육도) [5230] 밭벼
耳竅(이규) [5002] 귓구멍
異邦(이방) [4030] 다른 나라
犁牛(이우) [0250] 얼룩소
隣村(인촌) [3070] 이웃 마을
長男(장남) [8072] 맏아들

長姪(장질) [8030] 큰조카
這間(저간) [0272] 요즈음
田畓(전답) [4230] 논밭
翦枝(전지) [0032] 가지치기.
墊蓋(점개) [0032] 깔개와 덮개.
整地(정지) [4070] 땅고르기
堤防(제방) [3042] 둑
竈突(조돌) [0032] 굴뚝.
足蹠(족척) [7202] 발바닥
種豚(종돈) [5230] 씨돼지
地塊(지괴) [7030] 땅덩이
只今(지금) [3062] 말하는 바로 이때
畛域(진역) [0240] 밭두렁
姪女(질녀) [3080] 조카딸
姪婦(질부) [3042] 조카며느리
叱咤(질타) [1002] 꾸짖음
參酌(참작) [5230] 헤아림
擲柶(척사) [1002] 윷놀이
撤回(철회) [2042] 거두어 들임
甛瓜(첨과) [0220] 참외
捷徑(첩경) [1032] 지름길
菁根(청근) [0260] 무
涕洟(체이) [1000] 눈물과 콧물.
魋結(추계) [0052] 상투.
雛兒(추아) [0252] 풋내기
追越(추월) [3232] 앞지르기
驟雨(취우) [0252] 소나기
枕頭(침두) [3060] 베갯머리
針線(침선) [4062] 바느질
妥當(타당) [3052] 마땅함
胎土(태토) [2080] 바탕흙, 질흙
簸箕(파기) [0012] 키.
播種(파종) [3052] 씨뿌리기
貝殼(패각) [3010] 조가비
鞭撻(편달) [1010] 채찍질
片舟(편주) [3230] 작은 배 조각배
抱卵(포란) [3040] 알 품기
暴暑(폭서) [4230] 불볕더위, 된더위

瀌田(표전) [0042] 논.
荷重(하중) [3270] 짐 무게
旱魃(한발) [3010] 가뭄
奚暇(해가) [3040] 어느 겨를
解弛(해이) [4210] 느즈러짐, 풀림
蝴蝶(호접) [0230] 나비
混和(혼화) [4062] 섞음
虹霓(홍예) [1002] 무지개
禾稈(화간) [3002] 볏짚
花蟹(화해) [7002] 꽃게
黃壚(황로) [6000] 저승.
況且(황차) [4030] 하물며
蝗蟲(황충) [0242] 풀무치, 메뚜기
曉晨(효신) [3030] 새벽

可及的(가급적) [503252] 되도록
聒聒兒(괄괄아) [000052] 여치.
及其也(급기야) [323230] 마침내
大唐鶪(대당격) [803200] 물때까치.
擣衣聲(도의성) [006042] 다듬이 소리.
未嘗不(미상불) [423072] 아닌 게 아니라
未曾有(미증유) [423270] 일찍이 있지 아니함
不得已(부득이) [724232] 마지못하여 하는 수 없이
浮浪者(부랑자) [323260] 떠돌이
小麥粉(소맥분) [803240] 밀가루
損棜簟(손도점) [400000] 멍석.
蟋蟀聲(실솔성) [000042] 귀뚜라미 울음 소리.
眼中釘(안중정) [428010] 눈엣가시
於是乎(어시호) [304230] 이제야.
於焉間(어언간) [303072] 어느덧
於此彼(어차피) [303232] 이렇게 하든지 저렇게 하든지
如反掌(여반장) [426232] 매우 쉬움
一邊倒(일변도) [804232] 한쪽으로만 치우침
早晩間(조만간) [423272] 앞으로, 머잖아
至于今(지우금) [423062] 예로부터 오늘에 이르기까지
袗絺綌(진치격) [020000] 칡 실로 짜서 만든 베옷.
蒺藜鐵(질려철) [000250] 마름쇠.
絜河戲(혈하희) [005032] 줄다리기.

花妬娟(화투연) [701002] 이른 봄. 이른 추위.

7. 漢字語 풀이_俗談

漢字語를 같은 뜻의 俗談으로 풀이하는 경우이다. 여기서는 四字成語로 漢譯된 俗談을 주로 하였다. 다음은 그 實例이다.

甘井先竭(감정선갈) [40328030] 단 우물이 먼저 마른다.
甘呑苦吐(감탄고토) [40106032] 달면 삼키고 쓰면 뱉는다.
乞人憐天(걸인연천) [30803070] 비렁뱅이가 하늘을 불쌍히 여긴다.
見蚊拔劍(견문발검) [52103232] 모기 보고 칼 빼기.
結者解之(결자해지) [52604232] 맺은 놈이 풀지.
鯨戰蝦死(경전하사) [10621060] 고래 싸움에 새우 등 터진다.
鷄卵有骨(계란유골) [40407040] 달걀에도 뼈가 있음.
孤掌難鳴(고장난명) [40324240] 외손뼉이 울랴.
舊官名官(구관명관) [52427242] 구관이 명관이다.
狗飯橡實(구반상실) [30320252] 개밥의 도토리.
堂狗風月(당구풍월) [62306280] 서당 개 삼 년에 풍월을 읊는다.
同價紅裳(동가홍상) [70524032] 같은 값이면 다홍치마라.
凍足放尿(동족방뇨) [32726220] 언 발에 오줌 누기.
燈下不明(등하불명) [42727262] 등잔 밑이 어둡다.
亡羊補牢(망양보뢰) [50423210] 소 잃고 외양간 고친다.
亡子計齒(망자계치) [50726242] 죽은 자식 나이 세기.
猫項懸鈴(묘항현령) [10323210] 고양이 목에 방울 달기.
宿虎衝鼻(숙호충비) [52323250] 자는 범 코 찌르기.
脣亡齒寒(순망치한) [30504250] 입술이 없으면 이가 시리다.
十匙一飯(십시일반) [80108032] 열의 한 술 밥이 한 그릇 푼푼하다.
我田引水(아전인수) [32424280] 제 논에 물대기.
於異阿異(어이아이) [30403240] 아 해 다르고 어 해 다르다.
掩耳偸鈴(엄이투령) [10500210] 귀 막고 방울 도적질하기.
吾鼻三尺(오비삼척) [30508032] 내 코가 석자라.
烏飛梨落(오비이락) [32423050] 까마귀 날자 배 떨어진다.
牛耳讀經(우이독경) [50506242] 쇠귀에 경 읽기.
以蝦釣鯉(이하조리) [52102002] 새우로 잉어를 낚는다.
人死留名(인사유명) [80604272] 사람은 죽으면 이름을 남기고 범은 죽으면 가죽을 남긴다.
一魚混川(일어혼천) [80504070] 미꾸라지 한 마리가 온 웅덩이를 흐려 놓는다.

臨渴掘井(임갈굴정) [32302032]　목마른 놈이 우물판다.
賊反荷杖(적반하장) [40623210]　도둑이 매를 든다.
積小成大(적소성대) [40806280]　티끌 모아 태산.
井中之蛙(정중지와) [32803202]　우물 안 개구리.
鳥足之血(조족지혈) [42723242]　새 발의 피.
種豆得豆(종두득두) [52424242]　콩 심은 데 콩 나고 팥 심은 데 팥 난다.
知斧斫足(지부작족) [52100272]　믿는 도끼에 발등 찍힌다.
至誠感天(지성감천) [42426070]　정성이 지극하면 하늘도 움직인다.
借廳借閨(차청차규) [32403220]　대청 빌면 안방 빌자 한다.
漢江投石(한강투석) [72724060]　한강에 돌 던지기.
虎死留皮(호사유피) [32604232]　사람은 죽으면 이름을 남기고 범은 죽으면 가죽을 남긴다.
畫中之餠(화중지병) [60803210]　그림의 떡.

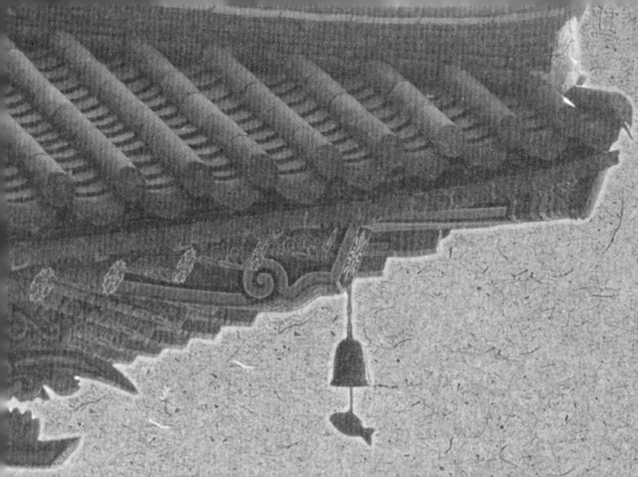

有始者 必有終

漢字

(社) 韓國語文會 主管 / 韓國漢字能力檢定會 施行

7 章

類義語 · 相對語

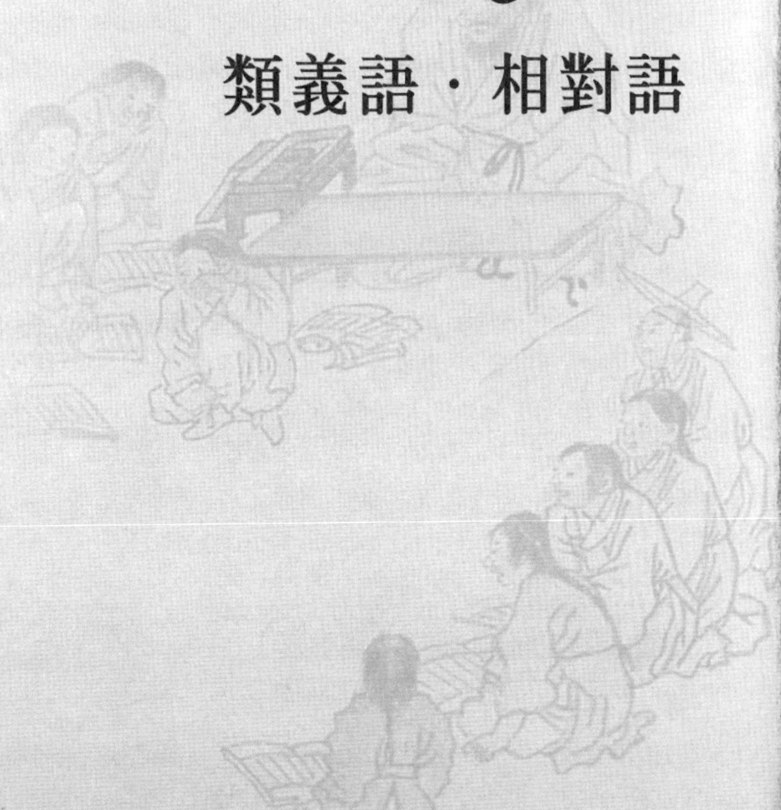

1. 類義語·相對語 完成의 意味

類義語나 相對語를 完成하는 문제에서 단순히 訓音이 비슷하거나 서로 대비되는 漢字만을 제시해서는 안 된다.

문제는 거의 대부분 單語, 漢字語를 完成하라고 나온다. 漢字語 完成의 의미는 새로운 漢字語를 만들라는 것이 아니고 기왕에 쓰이는 漢字語를 完成하라는 의미이다. 따라서 첫째, 辭典, 字典에 등재되어 있거나 실제로 쓰이는 漢字語로 完成하여야 하고, 둘째, 完成된 漢字語의 각 漢字가 相對 관계, 類義 관계의 틀 속에 머물러 있어야 한다.

첫 번째 예로 '相對字를 넣어 漢字語를 完成하시오'라고 하고 '乘(　)'으로 되어 있으면 乘과 相對 관계이면서 乘의 오른쪽 위치에 알맞은 漢字를 찾아 넣어 漢字語를 完成해야 하는 것이다. 降이나 除 등을 넣어 漢字語 '乘降, 乘除'를 제시하면 되는 것이다. 수험자 중에는 下를 넣고 왜 정답 처리가 안 되는 지 의아해 한다. 물론 乘과 下는 乘車와 下車에서 보이듯 두 글자가 相對 관계인 것은 분명하지만 문제 조건에 '相對字를 넣어 漢字語를 完成하라'고 되어 있다면 乘下가 相對 관계를 유지하면서 漢字語라는 조건에 부합하여야 하는 것이다. 그러나 '乘下'라는 단어는 없고 그 뜻도 정의되어 있지 않다. 만일 이를 '아래에서 타다', '차를 타고 지방으로 내려가다' 등등의 다른 뜻으로 쓰자고 약속한다면 또 어떻게 되겠는가? 그때는 相對 관계조차 성립되지 않을 수 있다. 漢字를 가지고 필요한 말을 만들어 쓸 수는 있지만 그것은 개인적으로 만들어져서는 안 되고 社會的 合意를 거쳐야 하는 것이므로 相對語, 類義語를 完成하라는 문제에서 社會的 合意가 없는 새로운 漢字語를 만들어내서는 안 된다.

두 번째 예로 '相對字를 넣어 漢字語를 完成하시오' 하고 '起(　)'가 제시된 경우 起의 오른쪽에 위치하는 한자로 伏, 臥 등을 넣어 '起伏, 起臥'의 漢字語를 完成하면 된다. 이 경우 寢으로 답하면 어떻게 되는가? 물론 사전에 起寢이라는 말이 있다. 그러나 여기의 起寢은 '잠자리에서 일어남'의 뜻이다. 완성된 漢字語가 '일어나다', '잠자다'의 개념의 相對 관계를 유지하지 못하고 述語와 補語의 관계로 결합하고 있는 것이므로 이도 답이 되지 않는다.

위와 같이 단순히 訓音만 대비하여 類義字·相對字를 넣을 경우 類義語·相對語가 되지 않을 수 있다는 점에 留念하여야 한다.

2. 類義語(同義語, 同意語)

類義語는 '衣服', '停止'처럼 같거나 비슷한 뜻을 지닌 글자가 竝列로 結合한 漢字語가 있고, '流言蜚語', '輕擧妄動'처럼 類義語(여기서는 流言과 蜚語, 輕擧와 妄動)들이 四字成語의 형태로 結合語를 만드는 것이 있다. 그 외 '天地'와 '乾坤', '破天荒'과 '未曾有', '滄海一粟'과 '九牛一毛'처럼 結合語는 만들지 않지만 概念 對比 類義 關係를 形成하는 漢字語들이 있다.

여기서는 便宜上 類義 關係의 結合語를 만드는 것은 類義結合語, 나머지는 類義語로 부르기로 한다. 사실 모든 文脈에서 바꾸어 쓸 수 있는 진정한 意味에서의 同義語란 없다고 할 수 있으므로 혹 있을 수도 있는 同義語는 類義語의 범주 속에서 포괄적으로 처리하였다. 아래는 類義結合語와 類義語의 실례를 보인 것이다.

2_1. 類義(同義, 同意)結合語

어떤 글자는 類義結合語가 많을 수 있으나 열거상 重複이 발생할 수 있어 같은 글자끼리 모으지는 않았으며 편의상 漢字語의 讀音 순대로 나열하였다.

歌曲(가곡) [7050]
街衢(가구) [4210]
暇隙(가극) [4010]
街道(가도) [4272]
街路(가로) [4260]
葭蘆(가로) [0012]
袈裟(가사) [1002]
家室(가실) [7280]
歌樂(가악) [7062]
駕御(가어) [1032]
歌詠(가영) [7030]
家屋(가옥) [7250]
歌謠(가요) [7042]
加增(가증) [5042]
歌唱(가창) [7050]
呵責(가책) [1052]
加添(가첨) [5030]
價値(가치) [5232]
家宅(가택) [7252]
苛虐(가학) [1020]
街巷(가항) [4230]
家戶(가호) [7242]
苛酷(가혹) [1020]
恪謹(각근) [1030]
刻銘(각명) [4032]
恪愼(각신) [1032]
愨實(각실) [0252]
覺寤(각오) [4010]
覺悟(각오) [4032]
殼皮(각피) [1032]
刊刻(간각) [3240]
間隔(간격) [7232]
澗谿(간계) [1002]
艱苦(간고) [1060]
艱困(간곤) [1040]
間隙(간극) [7210]
艱難(간난) [1042]
肝膽(간담) [3220]
簡略(간략) [4040]
干櫓(간로) [4002]
奸邪(간사) [1032]
揀選(간선) [1050]
懇誠(간성) [3242]
奸僞(간위) [1032]
姦淫(간음) [3032]
諫諍(간쟁) [1002]
懇切(간절) [3252]
簡札(간찰) [4020]
瞯覘(간첨) [0000]
揀擇(간택) [1040]
簡擇(간택) [4040]
奸慝(간특) [1010]
葛藤(갈등) [2020]
竭盡(갈진) [1040]
感覺(감각) [6040]
勘檢(감검) [1042]
監觀(감관) [4252]
勘校(감교) [1080]
柑橘(감귤) [1010]
堪耐(감내) [1032]
勘査(감사) [1050]
減削(감삭) [4232]
減省(감생) [4262]
減損(감손) [4240]
監視(감시) [4242]
勘審(감심) [1032]
敢勇(감용) [4062]
憾怨(감원) [2040]
堪忍(감인) [1032]
監察(감찰) [4242]
甘甛(감첨) [4002]
憾恨(감한) [2040]
甲殼(갑각) [4010]
慷慨(강개) [1030]
剛健(강건) [3250]
強健(강건) [6050]
剛堅(강견) [3240]
剛勁(강경) [3210]
疆境(강경) [1242]
強硬(강경) [6032]
強勁(강경) [6010]
疆界(강계) [1262]
強固(강고) [6050]
綱紀(강기) [3240]
康寧(강녕) [4232]
講釋(강석) [4232]
講誦(강송) [4230]
疆域(강역) [1240]
綱維(강유) [3232]
剛毅(강의) [3210]
腔腸(강장) [1040]
江河(강하) [7250]
降下(강하) [4072]
講解(강해) [4242]
開啓(개계) [6032]
漑灌(개관) [1010]
開闢(개벽) [6010]
蓋覆(개복) [3232]
愾憤(개분) [1040]
改悛(개전) [5010]
開坼(개탁) [6002]
客旅(객려) [5252]
坑塹(갱참) [2010]
居館(거관) [4032]
巨大(거대) [4080]
擧動(거동) [5072]
居留(거류) [4042]
距離(거리) [3240]

倨慢(거만) [1030]
渠帥(거수) [1032]
渠首(거수) [1052]
渠率(거수) [1032]
倨傲(거오) [1030]
鉅偉(거위) [0252]
遽卒(거졸) [0252]
居住(거주) [4070]
健剛(건강) [5032]
健勁(건경) [5010]
乾枯(건고) [3230]
虔恭(건공) [1032]
愆過(건과) [0252]
愆戾(건려) [0210]
愆謬(건류) [0220]
建立(건립) [5072]
虔誠(건성) [1042]
虔肅(건숙) [1040]
愆尤(건우) [0230]
乾燥(건조) [3230]
蹇跛(건파) [0210]
愆悔(건회) [0232]
乞求(걸구) [3042]
檢督(검독) [4242]
檢査(검사) [4250]
檢閱(검열) [4230]
檢察(검찰) [4242]
劫迫(겁박) [1032]
怯怖(겁포) [1020]
偈頌(게송) [1040]
憩息(게식) [2042]
愒息(게식) [0042]
憩休(게휴) [2070]
隔間(격간) [3272]
激烈(격렬) [4040]
鬲塞(격색) [0032]
格式(격식) [5260]
隔阻(격조) [3210]
激衝(격충) [4032]
擊打(격타) [4050]
譴呵(견가) [1010]
堅剛(견강) [4032]
堅強(견강) [4060]
堅硬(견경) [4032]
堅勁(견경) [4010]
堅固(견고) [4050]
牽挽(견만) [3010]
絹紗(견사) [3010]
牽曳(견예) [3010]
牽引(견인) [3042]
譴責(견책) [1052]
結構(결구) [5240]
決潰(결궤) [5210]
結紐(결뉴) [5210]
決斷(결단) [5242]
結縛(결박) [5210]
潔白(결백) [4280]
訣別(결별) [3260]
結束(결속) [5252]
結約(결약) [5252]
潔齋(결재) [4210]
抉摘(결적) [0232]
潔淨(결정) [4232]
抉剔(결척) [0202]
結締(결체) [5220]
決判(결판) [5240]
缺乏(결핍) [4210]
兼倂(겸병) [3220]
兼幷(겸병) [3202]
謙遜(겸손) [3210]
謙讓(겸양) [3232]
警覺(경각) [4240]
耕墾(경간) [3210]
鏡鑑(경감) [4032]
梗槪(경개) [1032]
勁健(경건) [1050]
敬虔(경건) [5210]
境界(경계) [4262]
警戒(경계) [4240]
嬛孤(경고) [0040]
敬恭(경공) [5232]
經過(경과) [4252]
景光(경광) [5062]
耿光(경광) [0262]
京都(경도) [6050]
傾倒(경도) [4032]
經歷(경력) [4252]
痙攣(경련) [1002]
經理(경리) [4262]
慶福(경복) [4252]
傾斜(경사) [4032]
梗塞(경색) [1032]
驚訝(경아) [4010]
驚愕(경악) [4010]
境域(경역) [4240]
經營(경영) [4240]
瓊玉(경옥) [1242]
卿尹(경윤) [3012]
競爭(경쟁) [5050]
更迭(경질) [4010]
慶祝(경축) [4250]
傾仄(경측) [4002]
慶賀(경하) [4232]
驚駭(경해) [4010]
耿暉(경휘) [0202]
谿澗(계간) [0210]
界境(계경) [6242]
契券(계권) [3240]
階級(계급) [4060]
階段(계단) [4040]
稽留(계류) [0242]
季末(계말) [4050]
繫縛(계박) [3010]
繼嗣(계사) [4010]
計算(계산) [6270]
繫束(계속) [3052]
繼續(계속) [4042]
計數(계수) [6270]
繼承(계승) [4042]
契約(계약) [3252]
界域(계역) [6240]
悸慄(계율) [1010]
季節(계절) [4052]
計策(계책) [6232]
溪川(계천) [3270]
階層(계층) [4040]
苦艱(고간) [6010]
枯渴(고갈) [3030]
敲擊(고격) [1040]
考究(고구) [5042]
苦難(고난) [6042]
孤獨(고독) [4052]
考慮(고려) [5040]
顧眄(고면) [3010]
告白(고백) [5280]
翺翔(고상) [0010]
古昔(고석) [6030]
告示(고시) [5250]
苦辛(고신) [6030]
雇傭(고용) [2020]
告諭(고유) [5210]
膏油(고유) [1060]
枯凋(고조) [3010]
熇燥(고조) [0030]
高峻(고준) [6212]
拷打(고타) [1050]
高卓(고탁) [6250]
高亢(고항) [6212]
孤孑(고혈) [4002]
曲鞠(곡국) [5012]
穀糧(곡량) [4040]
牿牢(곡뢰) [0010]

觳觫(곡속) [0000]
哭泣(곡읍) [3230]
鵠的(곡적) [1052]
困窘(곤군) [4010]
困窮(곤궁) [4040]
棍棒(곤봉) [1010]
滾沸(곤불) [0210]
困憊(곤비) [4010]
琨瑜(곤유) [0202]
棍杖(곤장) [1010]
困乏(곤핍) [4010]
汨沒(골몰) [1032]
汩沒(골몰) [0032]
骨骸(골해) [4010]
恭虔(공건) [3210]
恐怯(공겁) [3210]
攻擊(공격) [4040]
恭敬(공경) [3252]
恐悸(공계) [3210]
鞏固(공고) [1050]
恐懼(공구) [3230]
供饋(공궤) [3202]
供給(공급) [3250]
貢納(공납) [3240]
共同(공동) [6270]
恐慄(공률) [3210]
攻伐(공벌) [4042]
恭遜(공손) [3210]
供與(공여) [3240]
工作(공작) [7262]
工匠(공장) [7210]
控除(공제) [0242]
工造(공조) [7242]
攻討(공토) [4040]
恐怖(공포) [3220]
恐愒(공할) [3200]
空虛(공허) [7242]
貢獻(공헌) [3232]
孔穴(공혈) [4032]
恐惶(공황) [3210]
功勳(공훈) [6220]
果敢(과감) [6240]
過去(과거) [5250]
誇矜(과긍) [3210]
過謬(과류) [5220]
顆粒(과립) [1010]
戈矛(과모) [2020]
科目(과목) [6260]
寡少(과소) [3270]
果實(과실) [6252]
過失(과실) [5260]
過誤(과오) [5242]
過剩(과잉) [5210]
裹包(과포) [0042]
躩躍(곽약) [0030]
館閣(관각) [3232]
灌漑(관개) [1010]
關鍵(관건) [5212]
棺柩(관구) [1010]
觀覽(관람) [5240]
管理(관리) [4062]
冠帽(관모) [3220]
款誠(관성) [2042]
關鎖(관쇄) [5232]
慣習(관습) [3260]
觀視(관시) [5242]
關與(관여) [5240]
寬宥(관유) [3210]
官尹(관윤) [4212]
官爵(관작) [4230]
管掌(관장) [4032]
觀察(관찰) [5242]
貫穿(관천) [3210]
貫徹(관철) [3232]
貫通(관통) [3260]
管轄(관할) [4010]
款項(관항) [2032]
筐筥(광거) [0200]
匡矯(광교) [1030]
廣漠(광막) [5232]
光明(광명) [6262]
廣博(광박) [5242]
光色(광색) [6270]
廣衍(광연) [5212]
光耀(광요) [6212]
匡正(광정) [1072]
光彩(광채) [6232]
壙穴(광혈) [1032]
廣闊(광활) [5210]
光輝(광휘) [6230]
卦兆(괘조) [1032]
怪奇(괴기) [3240]
乖戾(괴려) [1010]
傀儡(괴뢰) [2010]
愧羞(괴수) [3010]
魁帥(괴수) [1032]
魁首(괴수) [1052]
怪訝(괴아) [3210]
怪異(괴이) [3240]
愧慙(괴참) [3030]
乖舛(괴천) [1002]
愧恥(괴치) [3032]
乖愎(괴팍) [1010]
乖悖(괴패) [1010]
宏廓(굉곽) [1010]
宏大(굉대) [1080]
校勘(교감) [8010]
驕倨(교거) [1010]
攪亂(교란) [1040]
橋梁(교량) [5032]
驕慢(교만) [1030]
巧妙(교묘) [3240]
郊野(교야) [3060]
嬌艷(교염) [1010]
姣艶(교염) [0010]
驕傲(교오) [1030]
繳繞(교요) [0002]
僑寓(교우) [2010]
驕逸(교일) [1032]
驕恣(교자) [1030]
矯正(교정) [3072]
矯直(교직) [3072]
茭芻(교추) [0010]
狡獪(교쾌) [1002]
狡猾(교활) [1010]
敎誨(교회) [8010]
敎訓(교훈) [8060]
衢街(구가) [1042]
謳歌(구가) [1070]
溝渠(구거) [1010]
求乞(구걸) [4230]
毆擊(구격) [1040]
究竟(구경) [4230]
究考(구고) [4250]
枸杞(구기) [1010]
拘拿(구나) [3210]
寇盜(구도) [1040]
矩度(구도) [1060]
溝瀆(구독) [1010]
寇掠(구략) [1030]
丘壟(구롱) [3210]
丘陵(구릉) [3232]
購買(구매) [2050]
區別(구별) [6060]
丘阜(구부) [3212]
區分(구분) [6062]
具備(구비) [5242]
求索(구색) [4232]
仇讎(구수) [1010]
咎殃(구앙) [0230]
區域(구역) [6040]
久遠(구원) [3260]

救援(구원) [5040]
謳吟(구음) [1030]
仇敵(구적) [1042]
寇賊(구적) [1040]
救濟(구제) [5042]
構造(구조) [4042]
苟且(구차) [3030]
軀體(구체) [1062]
構築(구축) [4042]
驅馳(구치) [3010]
毆打(구타) [1050]
寇奪(구탈) [1032]
嘔吐(구토) [1032]
漚泡(구포) [0010]
窶乏(구핍) [0010]
溝壑(구학) [1010]
溝洫(구혁) [1000]
溝澮(구회) [1002]
救恤(구휼) [5010]
鞫問(국문) [0270]
鞫訊(국신) [0210]
鞠養(국양) [1252]
鞠育(국육) [1270]
鞫劾(국핵) [0210]
窘困(군곤) [1040]
窘窮(군궁) [1040]
窘急(군급) [1062]
群黨(군당) [4042]
群黎(군려) [4010]
軍旅(군려) [8052]
窘迫(군박) [1032]
軍兵(군병) [8052]
軍士(군사) [8052]
窘塞(군색) [1032]
君王(군왕) [4080]
郡邑(군읍) [6070]
君主(군주) [4070]
群衆(군중) [4042]
郡縣(군현) [6030]
屈曲(굴곡) [4050]
屈枉(굴왕) [4010]
屈撓(굴요) [4010]
屈折(굴절) [4040]
窟穴(굴혈) [2032]
窮困(궁곤) [4040]
窮究(궁구) [4042]
窮窘(궁군) [4010]
宮闕(궁궐) [4220]
窮極(궁극) [4042]
窮塞(궁색) [4032]
宮殿(궁전) [4232]
窮盡(궁진) [4040]
券契(권계) [4032]
眷顧(권고) [1030]
睠顧(권고) [0030]
勸勵(권려) [4032]
圈牢(권뢰) [2010]
勸勉(권면) [4040]
倦憊(권비) [1010]
勸奬(권장) [4040]
權稱(권칭) [4240]
倦惰(권타) [1010]
倦怠(권태) [1030]
權衡(권형) [4232]
蹶起(궐기) [1042]
闕失(궐실) [2060]
潰決(궤결) [1052]
詭怪(궤괴) [1032]
潰崩(궤붕) [1030]
詭詐(궤사) [1030]
潰瘍(궤양) [1010]
潰裂(궤열) [1032]
詭僞(궤위) [1032]
軌轍(궤철) [3010]
匱乏(궤핍) [0010]
詭譎(궤휼) [1002]
鬼神(귀신) [3262]
貴重(귀중) [5070]
歸還(귀환) [4032]
規格(규격) [5052]
糾結(규결) [3052]
規例(규례) [5060]
逵路(규로) [1060]
糾明(규명) [3062]
閨房(규방) [2042]
規範(규범) [5040]
窺伺(규사) [1002]
闚伺(규사) [0002]
規式(규식) [5060]
規律(규율) [5042]
糾察(규찰) [3042]
窺覘(규첨) [1000]
規則(규칙) [5050]
規度(규탁) [5060]
糾彈(규탄) [3040]
叫喚(규환) [3010]
叫吼(규후) [3010]
均等(균등) [4062]
龜裂(균열) [3032]
均調(균조) [4052]
龜坼(균탁) [3002]
均平(균평) [4072]
隙間(극간) [1072]
克堪(극감) [3210]
極窮(극궁) [4240]
克勝(극승) [3260]
極盡(극진) [4240]
根幹(근간) [6000]
根本(근본) [6060]
謹愼(근신) [3032]
覲謁(근알) [1030]
謹飭(근칙) [3002]
覲見(근현) [1052]
禁錮(금고) [4210]
錦綺(금기) [3210]
琴瑟(금슬) [3212]
禁遏(금알) [4200]
禽鳥(금조) [3242]
衾裯(금주) [1000]
擒捉(금착) [1030]
金鐵(금철) [8050]
急遽(급거) [6202]
急迫(급박) [6232]
給賜(급사) [5030]
急速(급속) [6260]
給與(급여) [5040]
急躁(급조) [6210]
急促(급촉) [6232]
矜誇(긍과) [1032]
矜愍(긍민) [1002]
兢惕(긍척) [1200]
矜恤(긍휼) [1010]
棄却(기각) [3030]
紀綱(기강) [4032]
綺絹(기견) [1030]
機械(기계) [4032]
欺誑(기광) [3000]
奇怪(기괴) [4032]
器具(기구) [4252]
飢饉(기근) [3010]
饑饉(기근) [0210]
祈禱(기도) [3210]
伎倆(기량) [1010]
技倆(기량) [5010]
耆老(기로) [1270]
記錄(기록) [7242]
譏弄(기롱) [1032]
麒麟(기린) [1212]
起立(기립) [4272]
欺瞞(기만) [3010]
企望(기망) [3252]
冀望(기망) [1252]

器皿(기명) [4210]
欺誣(기무) [3010]
羈絆(기반) [1010]
起發(기발) [4262]
譏謗(기방) [1010]
旗幡(기번) [7002]
寄付(기부) [4032]
肌膚(기부) [1020]
錡釜(기부) [0212]
欺詐(기사) [3030]
祺祥(기상) [0230]
技術(기술) [5062]
己身(기신) [5262]
飢餓(기아) [3030]
祈禳(기양) [3202]
棄捐(기연) [3010]
伎藝(기예) [1042]
技藝(기예) [5042]
嗜慾(기욕) [1032]
寄寓(기우) [4010]
冀願(기원) [1250]
旣已(기이) [3032]
畿甸(기전) [3212]
基址(기지) [5212]
記識(기지) [7252]
器什(기집) [4210]
棄擲(기척) [3010]
祈祝(기축) [3250]
旗幟(기치) [7010]
忌憚(기탄) [3010]
欺騙(기편) [3010]
崎險(기험) [1040]
忌嫌(기혐) [3030]
嗜好(기호) [1042]
綺紈(기환) [1002]
忌諱(기휘) [3010]
緊要(긴요) [3252]
拮据(길거) [1002]

懶慢(나만) [1030]
懦弱(나약) [1062]
羅列(나열) [4242]
懶惰(나타) [1010]
懶怠(나태) [1030]
拿捕(나포) [1032]
柰何(나하) [0232]
絡脈(낙맥) [3242]
落墮(낙타) [5030]
駱駝(낙타) [1010]
難艱(난간) [4210]
難苦(난고) [4260]
亂攪(난교) [4010]
欄檻(난함) [3210]
納貢(납공) [4032]
納入(납입) [4070]
納獻(납헌) [4032]
浪漫(낭만) [3230]
囊橐(낭탁) [1000]
狼狽(낭패) [1002]
耐忍(내인) [3232]
冷凉(냉량) [5032]
冷寒(냉한) [5050]
勞勤(노근) [5240]
駑鈍(노둔) [1030]
擄掠(노략) [1030]
努力(노력) [4272]
勞務(노무) [5242]
奴僕(노복) [3210]
奴隸(노예) [3230]
老翁(노옹) [7030]
蘆葦(노위) [1202]
虜獲(노획) [1032]
祿俸(녹봉) [3220]
論議(논의) [4242]
農耕(농경) [7232]
朧朦(농몽) [0202]
弄玩(농완) [3210]

濃厚(농후) [2040]
餒飢(뇌기) [0030]
牢獄(뇌옥) [1032]
雷震(뇌진) [3232]
樓閣(누각) [3232]
樓館(누관) [3232]
陋鄙(누비) [1010]
漏洩(누설) [3210]
漏泄(누설) [3210]
陋隘(누애) [1010]
詘澁(눌삽) [0010]
訥澁(눌삽) [1010]
凜冽(늠렬) [1002]
懍慄(늠률) [0010]
稜角(능각) [1062]
陵丘(능구) [3232]
凌蔑(능멸) [1020]
緞絹(단견) [1030]
斷決(단결) [4252]
段階(단계) [4040]
單獨(단독) [4252]
鍛鍊(단련) [2032]
端末(단말) [4250]
袒裼(단석) [0200]
襢裼(단석) [0000]
團圓(단원) [5242]
斷截(단절) [4210]
斷絶(단절) [4242]
斷切(단절) [4252]
端正(단정) [4272]
但只(단지) [3230]
單孑(단혈) [4202]
達成(달성) [4262]
怛惕(달척) [0000]
撻笞(달태) [1010]
達通(달통) [4260]
坍倒(담도) [0232]
湛樂(담락) [0262]

談說(담설) [5052]
潭沼(담소) [2012]
黮闇(담암) [0010]
談言(담언) [5060]
潭淵(담연) [2012]
擔任(담임) [4252]
黮昏(담혼) [0030]
談話(담화) [5072]
遝至(답지) [1042]
撞突(당돌) [1032]
螳螂(당랑) [1002]
堂室(당실) [6280]
倘若(당약) [0032]
當該(당해) [5230]
懟憾(대감) [0020]
遞繞(대요) [0002]
刀劍(도검) [3232]
度矩(도구) [6010]
悼懼(도구) [2030]
度揆(도규) [6012]
禱祈(도기) [1032]
到達(도달) [5242]
徒黨(도당) [4042]
道途(도도) [7232]
道塗(도도) [7230]
濤瀾(도란) [1010]
道路(도로) [7260]
屠戮(도륙) [1010]
道理(도리) [7262]
逃亡(도망) [4050]
賭博(도박) [1042]
徒輩(도배) [4032]
屠殺(도살) [1042]
裯衫(도삼) [0002]
島嶼(도서) [5010]
渡涉(도섭) [3230]
都市(도시) [5072]
跳躍(도약) [3030]

檮杌(도올) [0000]
都邑(도읍) [5070]
導引(도인) [4242]
陶瓷(도자) [3210]
堵牆(도장) [1002]
堵墻(도장) [1030]
盜賊(도적) [4040]
盜竊(도절) [4030]
到着(도착) [5252]
禱祝(도축) [1050]
淘汰(도태) [1010]
濤波(도파) [1042]
逃避(도피) [4040]
咷嘷(도호) [0000]
圖畫(도화) [6260]
導訓(도훈) [4260]
獨孤(독고) [5240]
瀆汚(독오) [1030]
墩臺(돈대) [0232]
敦篤(돈독) [3030]
遯隱(돈은) [0240]
遯竄(돈찬) [0202]
敦厚(돈후) [3040]
突兀(돌올) [3202]
突忽(돌홀) [3232]
憧憬(동경) [1010]
洞窟(동굴) [7020]
同等(동등) [7062]
洞里(동리) [7070]
動搖(동요) [7230]
同一(동일) [7080]
童穉(동치) [6202]
疼痛(동통) [1040]
童孩(동해) [6202]
洞穴(동혈) [7032]
斁壞(두괴) [0032]
逗留(두류) [0242]
頭首(두수) [6052]

逗滯(두체) [0232]
鈍頑(둔완) [3010]
遁竄(둔찬) [1002]
遁避(둔피) [1040]
等級(등급) [6260]
謄寫(등사) [2050]
登躋(등제) [7000]
登陟(등척) [7012]
魔鬼(마귀) [2032]
磨耗(마모) [3210]
痲痺(마비) [2010]
磨硏(마연) [3242]
摩擦(마찰) [2010]
邈遠(막원) [0260]
彎曲(만곡) [1050]
彎屈(만굴) [1040]
蔓延(만연) [1040]
滿盈(만영) [4212]
挽引(만인) [1042]
末端(말단) [5042]
末尾(말미) [5032]
忘失(망실) [3060]
亡逋(망포) [5010]
浼瀆(매독) [0010]
罵詈(매리) [1000]
昧冥(매명) [1030]
每常(매상) [7242]
煤煙(매연) [1042]
韎韋(매위) [0012]
邁進(매진) [1042]
脈絡(맥락) [4232]
霢霂(맥목) [0000]
盟誓(맹세) [3230]
萌芽(맹아) [1032]
黽蛙(맹와) [0002]
猛勇(맹용) [3262]
猛暴(맹포) [3242]
猛悍(맹한) [3210]

勉勵(면려) [4032]
面貌(면모) [7032]
面顔(면안) [7032]
面容(면용) [7042]
滅亡(멸망) [3250]
明光(명광) [6262]
明朗(명랑) [6252]
命令(명령) [7050]
明瞭(명료) [6210]
明白(명백) [6280]
冥闇(명암) [3010]
酩酊(명정) [1010]
名稱(명칭) [7240]
溟海(명해) [1072]
名號(명호) [7260]
明輝(명휘) [6230]
慕戀(모련) [3232]
牟麥(모맥) [1232]
侮蔑(모멸) [3020]
毛髮(모발) [4240]
模倣(모방) [4030]
模範(모범) [4040]
慕愛(모애) [3260]
謀猷(모유) [3202]
摸擬(모의) [1010]
模擬(모의) [4010]
耄耋(모질) [0000]
募集(모집) [3062]
謀策(모책) [3232]
模楷(모해) [4010]
沐浴(목욕) [2050]
沒溺(몰닉) [3220]
矇瞽(몽고) [0000]
朦朧(몽롱) [0202]
濛朧(몽롱) [0002]
蒙昧(몽매) [3210]
濛昧(몽매) [0010]
矇昧(몽매) [0010]

矇瞍(몽수) [0000]
矇昏(몽혼) [0230]
渺茫(묘망) [1030]
杳冥(묘명) [1030]
廟祠(묘사) [3010]
描寫(묘사) [1050]
誣欺(무기) [1030]
懋力(무력) [0272]
茂盛(무성) [3242]
貿易(무역) [3240]
舞佾(무일) [4012]
紊亂(문란) [2040]
文書(문서) [7062]
問訊(문신) [7010]
文章(문장) [7060]
文彩(문채) [7032]
門戶(문호) [8042]
物件(물건) [7250]
物品(물품) [7252]
彌久(미구) [1232]
糜爛(미란) [0020]
美麗(미려) [6042]
瀰漫(미만) [0030]
尾末(미말) [3250]
微細(미세) [3242]
微小(미소) [3280]
美艶(미염) [6010]
迷惑(미혹) [3032]
憫憐(민련) [3030]
黽勉(민면) [0040]
泯滅(민멸) [0232]
泯沒(민몰) [0232]
敏速(민속) [3060]
泯絶(민절) [0242]
旻天(민천) [1270]
敏捷(민첩) [3010]
密緻(밀치) [4210]
迫劫(박겁) [3210]

搏擊(박격) [1040]
迫急(박급) [3262]
舶船(박선) [2050]
朴素(박소) [6042]
朴質(박질) [6052]
樸質(박질) [1052]
剝割(박할) [1032]
迫脅(박협) [3232]
伴侶(반려) [3010]
畔畝(반묘) [1010]
飯食(반식) [3272]
搬運(반운) [2062]
頒布(반포) [1042]
返還(반환) [3032]
瘢痕(반흔) [0210]
發起(발기) [6242]
發射(발사) [6240]
浡鬱(발울) [0020]
發展(발전) [6252]
拔擢(발탁) [3210]
醱酵(발효) [1010]
膀胱(방광) [1010]
邦國(방국) [3080]
方道(방도) [7272]
坊里(방리) [1070]
幫補(방보) [0032]
彷彿(방불) [1010]
放釋(방석) [6232]
防遏(방알) [4200]
防禦(방어) [4210]
方隅(방우) [7210]
紡績(방적) [2040]
方正(방정) [7272]
幇助(방조) [1042]
幫助(방조) [0042]
放蕩(방탕) [6210]
妨害(방해) [4052]
彷徨(방황) [1010]

配分(배분) [4262]
焙燒(배소) [0232]
陪隨(배수) [1032]
陪侍(배시) [1032]
俳優(배우) [2040]
配偶(배우) [4232]
胚孕(배잉) [1010]
盃盞(배잔) [0210]
陪從(배종) [1040]
俳倡(배창) [2010]
排斥(배척) [3230]
胚胎(배태) [1020]
配匹(배필) [4230]
徘徊(배회) [1010]
煩苛(번가) [3010]
幡旗(번기) [0270]
樊籬(번리) [0210]
藩籬(번리) [1010]
繁茂(번무) [3232]
蕃茂(번무) [1032]
煩悶(번민) [3010]
翻覆(번복) [0032]
煩數(번삭) [3070]
蕃盛(번성) [1042]
煩瑣(번쇄) [3000]
蕃殖(번식) [1020]
飜譯(번역) [3032]
燔灼(번작) [0210]
幡幟(번치) [0210]
汎濫(범람) [1030]
汎溢(범일) [1010]
法規(법규) [5250]
法度(법도) [5260]
法例(법례) [5260]
法律(법률) [5242]
法式(법식) [5260]
法典(법전) [5252]
法則(법칙) [5250]

霹靂(벽력) [0202]
碧綠(벽록) [3260]
璧玉(벽옥) [1042]
碧靑(벽청) [3280]
變改(변개) [5250]
變更(변경) [5240]
變易(변역) [5240]
變革(변혁) [5240]
變化(변화) [5252]
別離(별리) [6040]
別差(별차) [6040]
倂兼(병겸) [2032]
病瘼(병막) [6000]
兵士(병사) [5252]
炳燿(병요) [1202]
兵卒(병졸) [5252]
倂合(병합) [2060]
病患(병환) [6050]
報告(보고) [4252]
報道(보도) [4272]
堡壘(보루) [1010]
黼黻(보불) [0000]
補裨(보비) [3210]
報償(보상) [4232]
報酬(보수) [4210]
保衛(보위) [4242]
輔助(보조) [1242]
補緝(보즙) [3202]
堡砦(보채) [1002]
保護(보호) [4242]
覆蓋(복개) [3232]
僕奴(복노) [1032]
僕隷(복례) [1030]
卜筮(복서) [3002]
福祚(복조) [5212]
僕從(복종) [1040]
福祉(복지) [5210]
本根(본근) [6060]

本源(본원) [6040]
俸祿(봉록) [2032]
奉仕(봉사) [5252]
峯岫(봉수) [3202]
烽燧(봉수) [1002]
奉承(봉승) [5242]
逢遇(봉우) [3240]
鋒刃(봉인) [1020]
棒杖(봉장) [1010]
封緘(봉함) [3210]
奉獻(봉헌) [5232]
蓬蒿(봉호) [1202]
斧斤(부근) [1030]
部隊(부대) [6242]
覆幬(부도) [3200]
桴棟(부동) [0020]
俘虜(부로) [0010]
部類(부류) [6252]
拊捫(부문) [0000]
浮泛(부범) [3210]
富贍(부섬) [4202]
附屬(부속) [3240]
負恃(부시) [4002]
賦與(부여) [3240]
芙蓉(부용) [1010]
斧鉞(부월) [1002]
蜉蝣(부유) [0000]
扶翼(부익) [3232]
斧斫(부작) [1002]
腑臟(부장) [1032]
罘罝(부저) [0000]
扶助(부조) [3242]
副次(부차) [4242]
附着(부착) [3252]
付託(부탁) [3220]
剖判(부판) [1040]
腐敗(부패) [3250]
負荷(부하) [4032]

扶護(부호) [3242]
腐朽(부후) [3210]
憤愾(분개) [4010]
憤慨(분개) [4030]
墳墓(분묘) [3040]
分配(분배) [6242]
分別(분별) [6260]
吩咐(분부) [1010]
分析(분석) [6230]
焚燒(분소) [1032]
扮飾(분식) [1032]
紛擾(분요) [3210]
扮裝(분장) [1040]
奔走(분주) [3242]
墳塚(분총) [3010]
分割(분할) [6232]
紛淆(분효) [3202]
拂拭(불식) [3210]
崩壞(붕괴) [3032]
崩潰(붕궤) [3010]
朋黨(붕당) [3042]
朋友(붕우) [3052]
碑碣(비갈) [4002]
悲慨(비개) [4230]
憊困(비곤) [1040]
比較(비교) [5032]
緋緞(비단) [1010]
鄙陋(비루) [1010]
轡勒(비륵) [0010]
鄙俚(비리) [1010]
仳離(비리) [0040]
鄙吝(비린) [1010]
費耗(비모) [5010]
悲愍(비민) [4202]
臂膊(비박) [1010]
菲薄(비박) [0232]
誹謗(비방) [1010]
仳別(비별) [0060]
裨補(비보) [1032]
飛翔(비상) [4210]
悲哀(비애) [4232]
沸涌(비용) [1010]
費用(비용) [5062]
譬喩(비유) [1010]
庇蔭(비음) [1010]
埤益(비익) [0042]
裨助(비조) [1042]
悲慘(비참) [4230]
悲愴(비창) [4210]
悲慽(비척) [4202]
卑賤(비천) [3232]
沸湯(비탕) [1032]
枇杷(비파) [0202]
琵琶(비파) [1010]
批評(비평) [4040]
賓客(빈객) [3052]
貧困(빈곤) [4240]
貧窮(빈궁) [4240]
擯斥(빈척) [0030]
嚬蹙(빈축) [1002]
憑據(빙거) [1040]
聘召(빙소) [3030]
憑恃(빙시) [1002]
憑依(빙의) [1040]
憑藉(빙자) [1010]
憑證(빙증) [1040]
聘招(빙초) [3040]
査檢(사검) [5042]
紗絹(사견) [1030]
斜傾(사경) [3240]
思考(사고) [5050]
伺窺(사규) [0210]
紗錦(사금) [1032]
賜給(사급) [3050]
詐欺(사기) [3030]
思念(사념) [5052]
紗緞(사단) [1010]
思慮(사려) [5040]
使令(사령) [6050]
瀉痢(사리) [1010]
思慕(사모) [5032]
事務(사무) [7242]
士兵(사병) [5252]
師傅(사부) [4212]
思想(사상) [5042]
辭說(사설) [4052]
些少(사소) [1070]
嗣續(사속) [1042]
辭讓(사양) [4032]
飼養(사양) [2052]
事業(사업) [7262]
使役(사역) [6032]
査閱(사열) [5030]
舍屋(사옥) [4250]
思惟(사유) [5030]
飼育(사육) [2070]
渣滓(사재) [0210]
肆廛(사전) [0210]
肆縱(사종) [0232]
寺刹(사찰) [4220]
査察(사찰) [5042]
奢侈(사치) [1010]
沙汰(사태) [3210]
舍宅(사택) [4252]
邪慝(사특) [3210]
社會(사회) [6262]
削減(삭감) [3242]
削剝(삭박) [3210]
削除(삭제) [3242]
山陵(산릉) [8032]
散漫(산만) [4030]
刪削(산삭) [1032]
刪省(산생) [1062]
産生(산생) [5280]
算數(산수) [7070]
山岳(산악) [8030]
潸泫(산현) [0002]
珊瑚(산호) [1010]
殺戮(살육) [4210]
森林(삼림) [3270]
滲透(삼투) [1032]
鈒鏤(삽루) [0202]
商賈(상고) [5212]
庠校(상교) [1280]
想念(상념) [4252]
商量(상량) [5250]
想思(상사) [4250]
祥瑞(상서) [3020]
上昇(상승) [7232]
喪失(상실) [3260]
殤殀(상요) [0000]
傷痍(상이) [4010]
傷愴(상창) [4010]
爽快(상쾌) [1042]
狀態(상태) [4242]
相互(상호) [5230]
色彩(색채) [7032]
省減(생감) [6242]
省略(생략) [6240]
生産(생산) [8052]
牲牷(생전) [1000]
甥姪(생질) [1030]
生出(생출) [8070]
生活(생활) [8072]
書柬(서간) [6202]
逝去(서거) [3050]
胥吏(서리) [1032]
誓盟(서맹) [3032]
筮卜(서복) [0230]
瑞祥(서상) [2030]
庶孼(서얼) [3002]
暑熱(서열) [3050]

徐緩(서완) [3232]
癙憂(서우) [0032]
書籍(서적) [6240]
書冊(서책) [6240]
釋放(석방) [3262]
善良(선량) [5052]
鮮麗(선려) [5242]
羨慕(선모) [1032]
船舶(선박) [5020]
選拔(선발) [5032]
選別(선별) [5060]
嬋娟(선연) [0202]
嬋姸(선연) [0212]
愃快(선쾌) [0042]
選擢(선탁) [5010]
蘚苔(선태) [0210]
選擇(선택) [5040]
船艦(선함) [5020]
旋回(선회) [3242]
紲羈(설기) [0000]
褻瀆(설독) [0210]
洩漏(설루) [1032]
紲絆(설반) [0010]
絏絆(설반) [0010]
泄瀉(설사) [1010]
設施(설시) [4242]
說話(설화) [5272]
殲滅(섬멸) [1032]
贍富(섬부) [0242]
憸邪(섬사) [0032]
纖細(섬세) [2042]
贍足(섬족) [0272]
攝理(섭리) [3062]
誠慤(성각) [4202]
誠款(성관) [4220]
性心(성심) [5270]
姓氏(성씨) [7240]
盛旺(성왕) [4212]
聲音(성음) [4262]
省察(성찰) [6242]
城砦(성채) [4202]
成就(성취) [6240]
帨巾(세건) [0010]
世界(세계) [7262]
世代(세대) [7262]
細微(세미) [4232]
洗滌(세척) [5210]
洗濯(세탁) [5230]
洒濯(세탁) [0030]
消滅(소멸) [6232]
消耗(소모) [6210]
小微(소미) [8032]
素朴(소박) [4260]
燒焚(소분) [3210]
訴訟(소송) [3232]
嘯詠(소영) [0230]
逍遙(소요) [1030]
騷擾(소요) [3010]
燒灼(소작) [3210]
蕭寂(소적) [1032]
疏註(소주) [3210]
梳櫛(소즐) [1010]
素質(소질) [4252]
蔬菜(소채) [3032]
搔爬(소파) [1010]
召喚(소환) [3010]
束縛(속박) [5210]
損減(손감) [4042]
遜恭(손공) [1032]
損傷(손상) [4040]
損失(손실) [4060]
飧饔(손옹) [0002]
損害(손해) [4052]
悚懼(송구) [1030]
悚慄(송률) [1010]
悚懍(송름) [1000]
訟訴(송소) [3232]
悚惶(송황) [1010]
瑣碎(쇄쇄) [0010]
碎破(쇄파) [1042]
衰弱(쇠약) [3262]
秀傑(수걸) [4040]
羞愧(수괴) [1030]
首魁(수괴) [5210]
羞赧(수난) [1000]
首頭(수두) [5260]
收斂(수렴) [4210]
狩獵(수렵) [1030]
受領(수령) [4250]
隧路(수로) [0260]
樹林(수림) [6070]
竪立(수립) [1072]
睡眠(수면) [3032]
壽命(수명) [3270]
樹木(수목) [6080]
酬報(수보) [1042]
輸送(수송) [3242]
修習(수습) [4260]
收拾(수습) [4232]
修飾(수식) [4232]
授與(수여) [4240]
鬚髯(수염) [0202]
輸贏(수영) [3200]
守衛(수위) [4242]
須臾(수유) [3002]
廋隱(수은) [0040]
殊異(수이) [3240]
讎敵(수적) [1042]
綏靖(수정) [0210]
修葺(수즙) [4210]
蒐集(수집) [1062]
蒐輯(수집) [1020]
瘦瘠(수척) [1010]
獸畜(수축) [3232]
羞恥(수치) [1032]
殊特(수특) [3260]
廋蔽(수폐) [0030]
嗽咳(수해) [0210]
收穫(수확) [4230]
熟練(숙련) [3252]
肅嚴(숙엄) [4040]
淑淸(숙청) [3262]
宿寢(숙침) [5240]
純潔(순결) [4242]
恂懼(순구) [0230]
巡邏(순라) [3210]
脣吻(순문) [3002]
詢問(순문) [0270]
純粹(순수) [4210]
恂慄(순율) [0210]
巡廻(순회) [3220]
術藝(술예) [6242]
崇高(숭고) [4062]
崇尙(숭상) [4032]
習慣(습관) [6032]
習練(습련) [6052]
習癖(습벽) [6010]
熠燿(습요) [0002]
熠煜(습욱) [0012]
濕潤(습윤) [3232]
拾掇(습철) [3200]
習學(습학) [6080]
承繼(승계) [4240]
承奉(승봉) [4252]
時期(시기) [7250]
猜忌(시기) [1030]
恃賴(시뢰) [0232]
弑戮(시륙) [1010]
侍陪(시배) [3210]
恃憑(시빙) [0210]
施設(시설) [4242]
柴薪(시신) [1210]

翅翼(시익) [0232]
始創(시창) [6242]
始初(시초) [6250]
猜妬(시투) [1010]
試驗(시험) [4242]
式例(식례) [6060]
拭拂(식불) [1032]
飾粧(식장) [3232]
植栽(식재) [7032]
式典(식전) [6052]
申告(신고) [4252]
辛苦(신고) [3060]
身軀(신구) [6210]
訊鞫(신국) [1002]
宸闕(신궐) [1020]
神鬼(신귀) [6232]
愼謹(신근) [3230]
迅急(신급) [1062]
辛辣(신랄) [3010]
神靈(신령) [6232]
訊問(신문) [1070]
迅速(신속) [1060]
薪柴(신시) [1012]
辛烈(신열) [3040]
呻吟(신음) [1030]
伸張(신장) [3040]
愼重(신중) [3270]
迅疾(신질) [1032]
身體(신체) [6262]
薪樵(신초) [1010]
室家(실가) [8072]
悉皆(실개) [1030]
實果(실과) [5262]
失敗(실패) [6050]
尋訪(심방) [3042]
審査(심사) [3250]
心性(심성) [7052]
深邃(심수) [4202]
深奧(심오) [4210]
甚酷(심혹) [3220]
娥姣(아교) [0200]
阿丘(아구) [3232]
兒童(아동) [5262]
衙府(아부) [1042]
迓迎(아영) [0040]
阿諂(아첨) [3210]
訝惑(아혹) [1032]
樂歌(악가) [6270]
幄帷(악유) [0200]
齷齪(악착) [0202]
惡慝(악특) [5210]
安康(안강) [7242]
按檢(안검) [1042]
安寧(안녕) [7232]
顔面(안면) [3270]
眼目(안목) [4260]
按撫(안무) [1010]
犴獄(안옥) [0032]
安全(안전) [7272]
安靖(안정) [7210]
按察(안찰) [1042]
安平(안평) [7272]
軋轢(알력) [1002]
斡旋(알선) [1032]
遏抑(알억) [0032]
遏止(알지) [0050]
黯黮(암담) [0000]
庵廬(암려) [1012]
暗昧(암매) [4210]
暗冥(암명) [4230]
闇冥(암명) [1030]
菴藹(암애) [0200]
狎褻(압설) [0202]
壓抑(압억) [4232]
殃咎(앙구) [3002]
秧苗(앙묘) [1030]
鞅絆(앙반) [0010]
殃災(앙재) [3050]
殃禍(앙화) [3032]
哀悼(애도) [3220]
愛戀(애련) [6032]
隘陋(애루) [1010]
曖昧(애매) [1010]
愛慕(애모) [6032]
哀愍(애민) [3202]
餲饐(애의) [0000]
愛寵(애총) [6010]
阨狹(애협) [0010]
艾蒿(애호) [1202]
阨窮(액궁) [0040]
額顙(액상) [0000]
液汁(액즙) [4210]
厄禍(액화) [3032]
鸚鵡(앵무) [0202]
揶揄(야유) [1010]
約結(약결) [5252]
略省(약생) [4062]
約束(약속) [5252]
藥劑(약제) [6220]
掠奪(약탈) [3032]
糧穀(양곡) [4040]
楊柳(양류) [3040]
良善(양선) [5250]
恙憂(양우) [1032]
養育(양육) [5270]
諒知(양지) [3052]
樣態(양태) [4042]
壤土(양토) [3280]
良好(양호) [5242]
御駕(어가) [3210]
圄囹(어령) [1010]
御領(어령) [3250]
漁撈(어로) [5010]
語辭(어사) [7040]
抑壓(억압) [3242]
言談(언담) [6050]
言辭(언사) [6040]
言說(언설) [6052]
言語(언어) [6070]
偃臥(언와) [0230]
堰堤(언제) [1030]
揜蓋(엄개) [0032]
淹留(엄류) [0242]
淹泊(엄박) [0230]
嚴肅(엄숙) [4040]
嚴峻(엄준) [4012]
淹滯(엄체) [0232]
掩蔽(엄폐) [1030]
揜蔽(엄폐) [0030]
奄忽(엄홀) [1032]
業務(업무) [6242]
業事(업사) [6272]
餘暇(여가) [4240]
旅客(여객) [5252]
女娘(여랑) [8032]
閭里(여리) [1070]
麗美(여미) [4260]
閭閻(여염) [1012]
餘贏(여영) [4200]
餘饒(여요) [4210]
餘剩(여잉) [4210]
輿地(여지) [3070]
畬菑(여치) [0000]
黎黑(여흑) [1050]
域境(역경) [4042]
役使(역사) [3260]
驛站(역참) [3210]
輦轂(연곡) [1000]
硏究(연구) [4242]
悁急(연급) [0062]
捐棄(연기) [1030]
鍊鍛(연단) [3220]

淵潭(연담) [1220]
姸麗(연려) [1242]
年齡(연령) [8010]
掾吏(연리) [0032]
硏磨(연마) [4232]
煙煤(연매) [4210]
戀慕(연모) [3232]
憐憫(연민) [3030]
憐愍(연민) [3002]
悁忿(연분) [0010]
筵席(연석) [1060]
年歲(연세) [8052]
燃燒(연소) [4032]
連續(연속) [4242]
娟秀(연수) [0240]
淵邃(연수) [1202]
硏修(연수) [4242]
練習(연습) [5260]
戀愛(연애) [3260]
姸艶(연염) [1210]
孌婉(연완) [0010]
緣因(연인) [4050]
輦車(연차) [1072]
軟脆(연취) [3210]
延拖(연타) [4002]
漣波(연파) [1242]
憐恤(연휼) [3010]
悅樂(열락) [3262]
閱覽(열람) [3040]
閱視(열시) [3042]
閱眼(열안) [3042]
恬澹(염담) [0210]
念慮(염려) [5240]
艶美(염미) [1060]
恬謐(염밀) [0210]
殮殯(염빈) [1010]
念想(염상) [5242]
稔熟(염숙) [0232]

恬安(염안) [0272]
饜飫(염어) [0000]
恬靜(염정) [0240]
恬泰(염태) [0232]
詠歌(영가) [3070]
永久(영구) [6032]
零落(영락) [3050]
玲瓏(영롱) [1210]
伶俐(영리) [0200]
怜悧(영리) [0210]
盈滿(영만) [1242]
獰猛(영맹) [0232]
佞媚(영미) [0010]
靈魄(영백) [3210]
縈旋(영선) [0032]
贏羨(영선) [0010]
領率(영솔) [5032]
領受(영수) [5042]
靈神(영신) [3262]
獰惡(영악) [0252]
囹圄(영어) [1010]
贏餘(영여) [0042]
永遠(영원) [6060]
佞諛(영유) [0010]
詠吟(영음) [3030]
穎異(영이) [0240]
映照(영조) [4032]
詠唱(영창) [3050]
穎哲(영철) [0232]
佞諂(영첨) [0010]
鈴鐸(영탁) [1010]
領統(영통) [5042]
英特(영특) [6060]
獰悍(영한) [0210]
嬰孩(영해) [1002]
靈魂(영혼) [3232]
榮華(영화) [4240]
縈廻(영회) [0020]

例規(예규) [6050]
銳利(예리) [3062]
瘞埋(예매) [0030]
絏袂(예몌) [0010]
例法(예법) [6052]
隸僕(예복) [3010]
裔孫(예손) [1060]
藝術(예술) [4262]
例式(예식) [6060]
穢汚(예오) [1030]
輗軏(예월) [0000]
曳引(예인) [1042]
例典(예전) [6052]
裔胄(예주) [1010]
穢濁(예탁) [1030]
汙垢(오구) [0010]
汚瀆(오독) [3010]
梧桐(오동) [2020]
娛樂(오락) [3062]
誤謬(오류) [4220]
傲慢(오만) [3030]
烏鴉(오아) [3202]
忤逆(오역) [0042]
汚穢(오예) [3010]
汙穢(오예) [0010]
隩隅(오우) [0010]
誤錯(오착) [4232]
汚濁(오탁) [3030]
懊恨(오한) [1040]
獄牢(옥뢰) [3210]
玉璧(옥벽) [4210]
屋舍(옥사) [5042]
屋宇(옥우) [5032]
媼嫗(온구) [0000]
溫暖(온난) [6042]
溫煖(온난) [6010]
慍怒(온노) [0042]
慍懟(온대) [0000]

慍憤(온분) [0040]
醞釀(온양) [0010]
穩全(온전) [2072]
蘊蓄(온축) [1042]
韞晦(온회) [0010]
兀突(올돌) [0232]
廱穆(옹목) [0012]
壅塞(옹색) [1032]
癰疽(옹저) [0202]
壅滯(옹체) [1032]
廱蔽(옹폐) [0030]
雍和(옹화) [1262]
窩窟(와굴) [0220]
訛謬(와류) [1020]
訛誤(와오) [1042]
訛僞(와위) [1032]
頑固(완고) [1050]
頑鈍(완둔) [1030]
婉麗(완려) [1042]
玩弄(완롱) [1032]
婉美(완미) [1060]
婉媚(완미) [1010]
緩徐(완서) [3232]
頑愚(완우) [1032]
完全(완전) [5072]
枉曲(왕곡) [1050]
枉屈(왕굴) [1040]
旺盛(왕성) [1242]
汪洋(왕양) [1260]
旺興(왕흥) [1242]
矮短(왜단) [1062]
畏怯(외겁) [3010]
畏懼(외구) [3030]
嵬岌(외급) [0200]
猥濫(외람) [1030]
巍峨(외아) [1002]
嵬嶷(외의) [0200]
燎炬(요거) [1002]

要求(요구) [5242]
撓屈(요굴) [1040]
要緊(요긴) [5232]
搖動(요동) [3072]
擾亂(요란) [1040]
料量(요량) [5050]
聊賴(요뢰) [1032]
遼邈(요막) [1202]
夭殤(요상) [1000]
妖艶(요염) [2010]
遼遠(요원) [1260]
遙遠(요원) [3060]
寥寂(요적) [1032]
窈窕(요조) [1002]
饒足(요족) [1072]
邀招(요초) [1040]
料度(요탁) [5060]
僥倖(요행) [1002]
勇敢(용감) [6240]
勇猛(용맹) [6232]
容貌(용모) [4232]
用費(용비) [6250]
庸常(용상) [3042]
鎔冶(용야) [1210]
踊躍(용약) [1030]
聳峙(용치) [1012]
紆曲(우곡) [0250]
迂曲(우곡) [1050]
憂慮(우려) [3240]
憂愁(우수) [3232]
愚頑(우완) [3210]
迂遠(우원) [1060]
羽翼(우익) [3232]
宇宙(우주) [3232]
吁嗟(우차) [0010]
憂妯(우추) [3200]
愚癡(우치) [3210]
憂患(우환) [3250]

迂闊(우활) [1010]
迂廻(우회) [1020]
煜燿(욱요) [1202]
運動(운동) [6272]
運搬(운반) [6220]
云謂(운위) [3032]
援救(원구) [4050]
怨懟(원대) [4000]
願望(원망) [5052]
院宇(원우) [5032]
垣墻(원장) [0230]
垣牆(원장) [0202]
冤痛(원통) [1040]
怨恨(원한) [4040]
軏輗(월예) [0000]
違乖(위괴) [3010]
偉大(위대) [5280]
危懍(위름) [4000]
違忤(위오) [3000]
圍繞(위요) [4002]
委任(위임) [4052]
萎凋(위조) [1010]
違錯(위착) [3032]
委託(위탁) [4020]
危殆(위태) [4032]
油膏(유고) [6010]
諭告(유고) [1052]
誘拐(유괴) [3210]
悠久(유구) [3232]
柔懦(유나) [3210]
諛佞(유녕) [1000]
牖導(유도) [0042]
愉樂(유락) [1062]
流浪(유랑) [5232]
庾廩(유름) [1200]
琉璃(유리) [1002]
瑠璃(유리) [0202]
蹂躪(유린) [1010]

揉摩(유마) [0020]
嚅昧(유매) [0010]
諛媚(유미) [1010]
輶薄(유박) [0032]
幼少(유소) [3270]
纍囚(유수) [0030]
遺失(유실) [4060]
帷幄(유악) [0002]
愉悅(유열) [1032]
謬誤(유오) [2042]
囿苑(유원) [0020]
帷帳(유장) [0040]
裕足(유족) [3272]
留住(유주) [4270]
油脂(유지) [6020]
幼稚(유치) [3232]
遊戲(유희) [4032]
育鞠(육국) [7012]
忸怩(육니) [0000]
鬻賣(육매) [0050]
戮殺(육살) [1042]
肉身(육신) [4262]
育養(육양) [7052]
僇辱(육욕) [0032]
陸地(육지) [5270]
肉體(육체) [4262]
淪沒(윤몰) [1032]
潤濕(윤습) [3232]
胤裔(윤예) [1210]
潤澤(윤택) [3232]
輪廻(윤회) [4020]
汩流(율류) [0052]
律法(율법) [4252]
戎兵(융병) [1052]
隆盛(융성) [3242]
隆昌(융창) [3232]
融通(융통) [2060]
融和(융화) [2062]

隆興(융흥) [3242]
慇懃(은근) [0202]
隱匿(은닉) [4010]
隱遯(은둔) [4002]
隱遁(은둔) [4010]
隱祕(은비) [4040]
慇憂(은우) [0232]
恩寵(은총) [4210]
恩惠(은혜) [4242]
隱諱(은휘) [4010]
淫姦(음간) [3230]
音聲(음성) [6242]
吟嘯(음소) [3002]
吟詠(음영) [3030]
音韻(음운) [6232]
泣哭(읍곡) [3032]
依據(의거) [4040]
議論(의논) [4242]
宜當(의당) [3052]
醫療(의료) [6020]
依倣(의방) [4030]
衣服(의복) [6060]
依憑(의빙) [4010]
意思(의사) [6250]
擬像(의상) [1032]
疑訝(의아) [4010]
饐餲(의애) [0000]
意義(의의) [6242]
意志(의지) [6242]
意趣(의취) [6240]
樲棘(이극) [0010]
里閭(이려) [7010]
詈罵(이매) [0010]
詈侮(이모) [0030]
離別(이별) [4060]
移徙(이사) [4210]
吏胥(이서) [3210]
俚俗(이속) [1042]

羸瘦(이수) [0210]
肄習(이습) [0260]
頤養(이양) [0052]
爾汝(이여) [1030]
怡悅(이열) [1232]
弛緩(이완) [1032]
移運(이운) [4262]
利益(이익) [6242]
移轉(이전) [4240]
弛解(이해) [1042]
詈詰(이힐) [0010]
溺沒(익몰) [2032]
吝恪(인각) [0010]
引牽(인견) [4230]
鄰近(인근) [0060]
駰騏(인기) [0012]
忍耐(인내) [3232]
引導(인도) [4242]
湮沒(인몰) [1032]
鄰比(인비) [0050]
吝嗇(인색) [1010]
陻塞(인색) [0032]
認識(인식) [4252]
因緣(인연) [5040]
仁慈(인자) [4032]
認知(인지) [4252]
湮沈(인침) [1032]
咽喉(인후) [1020]
昵近(일근) [0060]
一同(일동) [8070]
佾舞(일무) [1240]
昵比(일비) [0050]
泆宕(일탕) [0010]
賃貸(임대) [3232]
霖潦(임료) [0200]
妊娠(임신) [2010]
入納(입납) [7040]
剩餘(잉여) [1042]

孕胎(잉태) [1020]
自己(자기) [7252]
姿貌(자모) [4032]
諮問(자문) [2070]
訾謗(자방) [0010]
恣肆(자사) [3002]
仔詳(자상) [1032]
仔細(자세) [1042]
諮詢(자순) [2002]
慈愛(자애) [3260]
慈仁(자인) [3240]
資財(자재) [4052]
資質(자질) [4052]
咨嗟(자차) [0210]
恣擅(자천) [3010]
刺衝(자충) [3232]
疵瑕(자하) [1010]
資貨(자화) [4042]
訾毁(자훼) [0030]
疵痕(자흔) [1010]
棧橋(잔교) [1050]
殘餘(잔여) [4042]
箴警(잠경) [1042]
箴戒(잠계) [1040]
岑峨(잠아) [0202]
匠工(장공) [1072]
掌管(장관) [3240]
長久(장구) [8032]
奬勸(장권) [4040]
藏匿(장닉) [3210]
奬勵(장려) [4032]
帳幕(장막) [4032]
薔薇(장미) [1010]
丈夫(장부) [3270]
臟腑(장부) [3210]
戕殺(장살) [0042]
將帥(장수) [4232]
裝飾(장식) [4032]

帳幄(장악) [4002]
障礙(장애) [4220]
牆垣(장원) [0202]
帳帷(장유) [4000]
齋潔(재결) [1042]
齋戒(재계) [1040]
才術(재술) [6262]
栽植(재식) [3270]
齋室(재실) [1080]
災殃(재앙) [5030]
災厄(재액) [5030]
才藝(재예) [6242]
災禍(재화) [5032]
財貨(재화) [5242]
財賄(재회) [5210]
爭競(쟁경) [5050]
爭鬪(쟁투) [5040]
杵臼(저구) [0210]
罝羅(저라) [0042]
罝網(저망) [0020]
罝罦(저부) [0000]
邸舍(저사) [1042]
著述(저술) [3232]
沮遏(저알) [2000]
咀嚼(저작) [1010]
著作(저작) [3262]
貯積(저적) [5040]
邸第(저제) [1062]
咀呪(저주) [1010]
詛呪(저주) [1010]
貯蓄(저축) [5042]
邸宅(저택) [1052]
抵抗(저항) [3240]
覿見(적견) [0052]
摘抉(적결) [3202]
謫咎(적구) [1002]
賊盜(적도) [4040]
積累(적루) [4032]

寂寞(적막) [3210]
敵讎(적수) [4210]
寂寥(적요) [3210]
逖遠(적원) [0060]
積貯(적저) [4050]
積儲(적저) [4002]
寂靜(적정) [3240]
積疊(적첩) [4010]
積蓄(적축) [4042]
癲癎(전간) [1010]
瘨癎(전간) [0010]
悛改(전개) [1050]
癲狂(전광) [1032]
靦愧(전괴) [0030]
顚倒(전도) [1032]
巓倒(전도) [0032]
畋獵(전렵) [0030]
典例(전례) [5260]
鐫鏤(전루) [0202]
典範(전범) [5240]
典法(전법) [5252]
戩福(전복) [0052]
廛肆(전사) [1002]
塡塞(전색) [1032]
牷牲(전생) [0010]
展舒(전서) [5212]
箋釋(전석) [1032]
餞送(전송) [1042]
典式(전식) [5260]
全完(전완) [7250]
纏繞(전요) [1002]
典律(전율) [5242]
詮議(전의) [0242]
轉移(전이) [4042]
戰爭(전쟁) [6250]
典籍(전적) [5240]
奠定(전정) [1060]
箋註(전주) [1010]

專擅(전천) [4010]
塡充(전충) [1052]
戰鬪(전투) [6240]
錢幣(전폐) [4030]
廛鋪(전포) [1020]
銓衡(전형) [1032]
悛換(전환) [1032]
轉回(전회) [4042]
牷犧(전희) [0010]
節季(절계) [5240]
切斷(절단) [5242]
截斷(절단) [1042]
絶斷(절단) [4242]
竊盜(절도) [3040]
癤瘡(절창) [0210]
玷缺(점결) [0042]
占筮(점서) [4002]
玷汙(점오) [0000]
玷辱(점욕) [0032]
霑濡(점유) [1002]
沾濡(점유) [0202]
霑潤(점윤) [1032]
粘着(점착) [1052]
店鋪(점포) [5220]
玷瑕(점하) [0010]
墊陷(점함) [0032]
霑洽(점흡) [1010]
接續(접속) [4242]
挺傑(정걸) [1040]
淨潔(정결) [3242]
正匡(정광) [7210]
旌旗(정기) [1270]
整頓(정돈) [4012]
停留(정류) [5042]
靜謐(정밀) [4010]
渟泊(정박) [0230]
征伐(정벌) [3242]
汀濆(정분) [1200]

亭榭(정사) [3200]
偵伺(정사) [2002]
禎祥(정상) [1230]
挺秀(정수) [1040]
靖綏(정수) [1002]
靖安(정안) [1072]
情誼(정의) [5210]
情意(정의) [5262]
汀渚(정저) [1202]
靜寂(정적) [4032]
整齊(정제) [4032]
停駐(정주) [5020]
停住(정주) [5070]
停止(정지) [5050]
正直(정직) [7272]
貞直(정직) [3272]
棖觸(정촉) [0032]
偵探(정탐) [2040]
旌旆(정패) [1200]
阱陷(정함) [0032]
旌麾(정휘) [1210]
町畦(정휴) [1002]
除減(제감) [4242]
啼哭(제곡) [1032]
躋登(제등) [0070]
題目(제목) [6260]
祭祀(제사) [4232]
提挈(제설) [4200]
躋升(제승) [0020]
堤堰(제언) [3010]
帝王(제왕) [4080]
晢耀(제요) [0012]
啼泣(제읍) [1030]
製作(제작) [4262]
齊整(제정) [3240]
製造(제조) [4242]
螬蠐(제조) [0000]
第次(제차) [6242]

躋陟(제척) [0012]
隮陟(제척) [0012]
第宅(제택) [6252]
稊稗(제패) [0010]
彫刻(조각) [2040]
雕刻(조각) [0240]
阻隔(조격) [1032]
恌輕(조경) [0050]
凋枯(조고) [1030]
調均(조균) [5240]
躁急(조급) [1062]
罩羅(조라) [0042]
眺覽(조람) [1040]
皁隷(조례) [0030]
嘲弄(조롱) [1032]
雕鏤(조루) [0202]
眺望(조망) [1052]
稠密(조밀) [1042]
糟粕(조박) [1010]
助幇(조방) [4210]
遭逢(조봉) [1032]
租賦(조부) [3232]
阻塞(조색) [1032]
徂逝(조서) [0030]
殂逝(조서) [0030]
蜩蟬(조선) [0002]
租稅(조세) [3242]
早速(조속) [4260]
肇始(조시) [1062]
照映(조영) [3240]
徂往(조왕) [0042]
遭遇(조우) [1040]
凋萎(조위) [1010]
造作(조작) [4262]
螬蠐(조제) [0000]
組織(조직) [4040]
兆朕(조짐) [3210]
詔勅(조칙) [1000]

詔勅(조칙) [1010]
嘲謔(조학) [1010]
調和(조화) [5262]
尊高(존고) [4262]
尊貴(존귀) [4250]
尊崇(존숭) [4240]
存在(존재) [4060]
卒遽(졸거) [5202]
拙劣(졸렬) [3030]
卒兵(졸병) [5252]
終結(종결) [5052]
終端(종단) [5042]
終了(종료) [5030]
終末(종말) [5050]
從僕(종복) [4010]
腫瘍(종양) [1010]
慫慂(종용) [1002]
瑽瑢(종용) [0012]
蹤跡(종적) [0032]
蹤迹(종적) [0010]
終止(종지) [5050]
蹤轍(종철) [0010]
綜合(종합) [2060]
座席(좌석) [4060]
挫折(좌절) [1040]
罪辜(죄고) [5010]
罪過(죄과) [5052]
住居(주거) [7040]
侜誑(주광) [0000]
主君(주군) [7040]
州郡(주군) [5260]
譸欺(주기) [0030]
紬緞(주단) [1010]
綢緞(주단) [0210]
駐留(주류) [2042]
誅戮(주륙) [1010]
紬綾(주릉) [1010]
籌謀(주모) [0232]

綢繆(주무) [0202]
籌商(주상) [0252]
舟船(주선) [3050]
註疏(주소) [1032]
幬著(주시) [0002]
胄裔(주예) [1010]
珠玉(주옥) [3242]
周圍(주위) [4040]
胄胤(주윤) [1012]
做作(주작) [1062]
幬帳(주장) [0040]
呪詛(주저) [1010]
躊躇(주저) [1010]
廚竈(주조) [1000]
躊踟(주지) [1000]
湊集(주집) [0262]
周徧(주편) [4000]
註解(주해) [1042]
朱紅(주홍) [4040]
蹲踞(준거) [0002]
俊傑(준걸) [3040]
浚渫(준설) [1210]
遵守(준수) [3042]
峻嚴(준엄) [1240]
儁異(준이) [0240]
埻的(준적) [0052]
雋哲(준철) [0232]
峻險(준험) [1240]
重複(중복) [7040]
中央(중앙) [8032]
重疊(중첩) [7010]
汁液(즙액) [1042]
增加(증가) [4250]
繒繳(증격) [0200]
贈給(증급) [3050]
繒綾(증릉) [0210]
證憑(증빙) [4010]
贈與(증여) [3040]
憎惡(증오) [3252]
贈貽(증이) [3002]
贈呈(증정) [3020]
拯濟(증제) [0242]
祗敬(지경) [0252]
脂膏(지고) [2010]
至遝(지답) [4210]
砥礪(지려) [0212]
脂肪(지방) [2010]
祉福(지복) [1052]
知識(지식) [5252]
地輿(지여) [7030]
脂油(지유) [2060]
志意(지의) [4262]
旨意(지의) [2062]
蜘蛛(지주) [0202]
漬浸(지침) [0232]
支撐(지탱) [4210]
智慧(지혜) [4032]
嗔怒(진노) [1042]
瞋怒(진노) [0242]
紾戾(진려) [0010]
殄戮(진륙) [0210]
蓁莽(진망) [0002]
殄滅(진멸) [0232]
蓁蕪(진무) [0010]
珍寶(진보) [4042]
殄殲(진섬) [0210]
辰宿(진수) [3252]
眞實(진실) [4252]
塵埃(진애) [2012]
陳列(진열) [3242]
進陟(진척) [4212]
進出(진출) [4270]
進就(진취) [4240]
賑恤(진휼) [0210]
迭代(질대) [1062]
耋老(질로) [0070]
叱罵(질매) [1010]
耋耄(질모) [0000]
質樸(질박) [5210]
質朴(질박) [5260]
疾病(질병) [3260]
窒塞(질색) [2032]
秩序(질서) [3250]
質素(질소) [5242]
銍艾(질예) [0012]
叱責(질책) [1052]
礩滯(질체) [0032]
叱咤(질타) [1002]
佚蕩(질탕) [1010]
跌宕(질탕) [1010]
嫉妬(질투) [1010]
疾患(질환) [3250]
斟酌(짐작) [1030]
什器(집기) [1042]
集團(집단) [6252]
集募(집모) [6230]
什物(집물) [1072]
集會(집회) [6262]
懲戒(징계) [3040]
徵聘(징빙) [3230]
徵收(징수) [3242]
澄淸(징청) [1062]
車輛(차량) [7220]
瑳磨(차마) [0032]
差別(차별) [4060]
嵯峨(차아) [0202]
遮遏(차알) [2000]
遮掩(차엄) [2010]
差異(차이) [4040]
嗟咨(차자) [1002]
瑳切(차절) [0052]
次第(차제) [4262]
佽助(차조) [0042]
蹉跌(차질) [1010]
嗟嘆(차탄) [1002]
嗟歎(차탄) [1040]
斲削(착삭) [0032]
錯誤(착오) [3242]
竄匿(찬닉) [0210]
竄逃(찬도) [0240]
燦爛(찬란) [1220]
饌膳(찬선) [1010]
撰述(찬술) [1032]
讚譽(찬예) [4032]
竄謫(찬적) [0210]
贊助(찬조) [3242]
纂輯(찬집) [1020]
纂集(찬집) [1062]
簒奪(찬탈) [1032]
察見(찰견) [4252]
察觀(찰관) [4252]
慙愧(참괴) [3030]
僭濫(참람) [1030]
讒謗(참방) [1010]
譖謗(참방) [0010]
讒愬(참소) [1000]
譖訴(참소) [0032]
慙羞(참수) [3010]
參與(참여) [5240]
讖緯(참위) [1030]
憯悽(참처) [0020]
塹濠(참호) [1020]
塹壕(참호) [1012]
慘酷(참혹) [3020]
懺悔(참회) [1032]
唱歌(창가) [5070]
悵憾(창감) [0020]
鶬鶊(창경) [0000]
倉庫(창고) [3240]
猖獗(창궐) [1002]
倉廩(창름) [3200]
槍矛(창모) [1020]

創始(창시) [4262]
悵怏(창앙) [0010]
瘡瘍(창양) [1010]
倡優(창우) [1040]
窓牖(창유) [6200]
瘡痍(창이) [1010]
漲溢(창일) [1010]
創作(창작) [4262]
瘡腫(창종) [1010]
創初(창초) [4250]
搶奪(창탈) [0032]
菖蒲(창포) [1010]
悵恨(창한) [0040]
綵綺(채기) [0210]
綵緞(채단) [0210]
瘵瘼(채막) [0000]
彩紋(채문) [3232]
砦堡(채보) [0210]
彩色(채색) [3270]
菜蔬(채소) [3230]
瘥癒(채유) [0010]
採擇(채택) [4040]
策謀(책모) [3232]
冊書(책서) [4062]
責任(책임) [5252]
凄涼(처량) [1032]
萋菶(처봉) [0000]
悽慘(처참) [2030]
悽愴(처창) [2010]
悽悵(처창) [2000]
剔抉(척결) [0202]
惕懼(척구) [0030]
脊膂(척려) [1000]
慽悲(척비) [0242]
斥擯(척빈) [3000]
躑躅(척촉) [0000]
斥黜(척출) [3010]
天穹(천궁) [7010]
遄急(천급) [0062]
踐踏(천답) [3232]
闡明(천명) [1062]
淺薄(천박) [3232]
舛駁(천박) [0210]
天覆(천부) [7032]
遷徙(천사) [3210]
遄迅(천신) [0010]
舛逆(천역) [0242]
舛誤(천오) [0242]
舛訛(천와) [0210]
嘽緩(천완) [0032]
擅恣(천자) [1030]
舛雜(천잡) [0240]
穿鑿(천착) [1010]
舛錯(천착) [0232]
鐵鋼(철강) [5032]
撤收(철수) [2042]
掇拾(철습) [0032]
添加(첨가) [3050]
諂佞(첨녕) [1000]
尖端(첨단) [3042]
覘望(첨망) [0052]
沾濕(첨습) [0232]
諂諛(첨유) [1010]
貼付(첩부) [1032]
捷速(첩속) [1060]
清潔(청결) [6242]
青綠(청록) [8060]
聽聞(청문) [4062]
青碧(청벽) [8032]
倩壻(청서) [0010]
清淑(청숙) [6232]
清淨(청정) [6232]
清澄(청징) [6210]
青蒼(청창) [8032]
請囑(청촉) [4210]
青翠(청취) [8010]
菁華(청화) [0240]
締結(체결) [2052]
體軀(체구) [6210]
棣棠(체당) [0010]
替代(체대) [3062]
蝃蝀(체동) [0000]
涕淚(체루) [1030]
裼褓(체보) [0002]
滯塞(체색) [3232]
體身(체신) [6262]
滯淹(체엄) [3202]
掣曳(체예) [0010]
涕洟(체이) [1000]
棣通(체통) [0060]
涕泫(체현) [1002]
替換(체환) [3032]
譙呵(초가) [0010]
超過(초과) [3252]
誚難(초난) [0042]
剿滅(초멸) [0232]
招聘(초빙) [4030]
醋酸(초산) [1020]
誚讓(초양) [0032]
招邀(초요) [4010]
超越(초월) [3232]
剿除(초제) [0242]
剿殄(초진) [0202]
初創(초창) [5042]
誚責(초책) [0052]
憔悴(초췌) [1010]
促急(촉급) [3262]
促迫(촉박) [3232]
躅躑(촉척) [0000]
囑託(촉탁) [1020]
村落(촌락) [7050]
村閭(촌려) [7010]
村里(촌리) [7070]
寸節(촌절) [8052]
忖度(촌탁) [1060]
悤遽(총거) [0202]
悤急(총급) [0262]
悤忙(총망) [0230]
聰明(총명) [3062]
塚墓(총묘) [1040]
寵愛(총애) [1060]
寵恩(총은) [1042]
叢萃(총췌) [1010]
叢聚(총취) [1012]
寵嬖(총폐) [1002]
總匯(총회) [4202]
摧抑(최억) [0032]
崔嵬(최외) [1202]
摧折(최절) [0040]
摧挫(최좌) [0010]
催促(최촉) [3232]
椎擊(추격) [1040]
墜落(추락) [1050]
抽拔(추발) [3032]
追隨(추수) [3232]
酋帥(추수) [1032]
蝤蠐(추제) [0000]
追從(추종) [3240]
趨蹌(추창) [2000]
抽擢(추탁) [3010]
祝慶(축경) [5042]
築構(축구) [4240]
祝禱(축도) [5010]
畜牛(축우) [3250]
蓄積(축적) [4240]
蹴踖(축적) [0000]
出生(출생) [7080]
詘斥(출척) [0030]
黜斥(출척) [1030]
怵惕(출척) [0000]
衝激(충격) [3240]
衝突(충돌) [3232]

充滿(충만) [5242]
充塡(충전) [5210]
惴悸(췌계) [0010]
贅瘤(췌류) [1010]
惴慄(췌율) [0010]
惴惕(췌척) [0000]
揣度(췌탁) [0060]
聚斂(취렴) [1210]
翠碧(취벽) [1032]
脆弱(취약) [1062]
脆軟(취연) [1032]
趣意(취의) [4062]
聚集(취집) [1262]
吹噓(취허) [3210]
惻怛(측달) [1000]
惻憫(측민) [1030]
側傍(측방) [3230]
惻愴(측창) [1010]
測度(측탁) [4260]
層階(층계) [4040]
馳驅(치구) [1030]
癡鈍(치둔) [1030]
治理(치리) [4262]
癡呆(치매) [1010]
緻密(치밀) [1042]
馳騁(치빙) [1002]
稚幼(치유) [3232]
馳走(치주) [1042]
褫奪(치탈) [0032]
勅詔(칙조) [1010]
侵掠(침략) [4230]
沈淪(침륜) [3210]
沈湎(침면) [3212]
沈沒(침몰) [3232]
沈默(침묵) [3232]
侵犯(침범) [4240]
忱恂(침순) [0002]
沈潛(침잠) [3232]

浸漬(침지) [3202]
浸透(침투) [3232]
縶拘(칩구) [0032]
縶縛(칩박) [0010]
蟄伏(칩복) [1040]
縶維(칩유) [0032]
蟄藏(칩장) [1032]
夬決(쾌결) [0052]
打擊(타격) [5040]
打撞(타당) [5010]
墮落(타락) [3050]
詑瞞(타만) [0010]
打撲(타박) [5010]
咤叱(타질) [0210]
惰怠(타태) [1030]
橐囊(탁낭) [0010]
度量(탁량) [6050]
坼裂(탁렬) [0232]
鐸鈴(탁령) [1010]
琢磨(탁마) [2032]
擢拔(탁발) [1032]
濁穢(탁예) [3010]
濁汚(탁오) [3030]
卓越(탁월) [5032]
殫竭(탄갈) [0010]
坦夷(탄이) [1030]
坦平(탄평) [1072]
彈劾(탄핵) [4010]
奪掠(탈략) [3230]
棁杖(탈장) [0010]
探求(탐구) [4042]
耽樂(탐락) [1262]
探訪(탐방) [4042]
探索(탐색) [4032]
貪慾(탐욕) [3032]
探偵(탐정) [4020]
搭乘(탑승) [1032]
搭載(탑재) [1032]

盪滌(탕척) [0010]
迨及(태급) [0032]
詒欺(태기) [0030]
怠慢(태만) [3030]
汰沙(태사) [1032]
苔蘚(태선) [1002]
態樣(태양) [4240]
胎孕(태잉) [2010]
迨至(태지) [0042]
怠惰(태타) [3010]
詒騙(태편) [0010]
泰平(태평) [3272]
胎胞(태포) [2040]
兌換(태환) [1232]
宅舍(택사) [5242]
撐支(탱지) [1042]
討伐(토벌) [4042]
土壤(토양) [8032]
土地(토지) [8070]
慟哭(통곡) [1032]
通貫(통관) [6032]
洞達(통달) [7042]
通達(통달) [6042]
統領(통령) [4250]
統率(통솔) [4232]
統帥(통수) [4232]
痛冤(통원) [4010]
通融(통융) [6020]
通徹(통철) [6032]
洞通(통통) [7060]
通透(통투) [6032]
統合(통합) [4260]
退却(퇴각) [4230]
槌擊(퇴격) [1040]
頹圮(퇴비) [1000]
堆積(퇴적) [1040]
妬忌(투기) [1030]
偸盜(투도) [0240]

渝濫(투람) [0030]
渝溢(투일) [0010]
鬪爭(투쟁) [4050]
鬪戰(투전) [4062]
偸竊(투절) [0230]
投擲(투척) [4010]
透徹(투철) [3232]
透浸(투침) [3232]
透通(투통) [3260]
特殊(특수) [6032]
慝惡(특악) [1052]
特異(특이) [6040]
波濤(파도) [4210]
波瀾(파란) [4210]
波浪(파랑) [4232]
破碎(파쇄) [4210]
把握(파악) [3020]
芭蕉(파초) [1010]
判決(판결) [4052]
販賣(판매) [3050]
悖亂(패란) [1040]
悖戾(패려) [1010]
敗亡(패망) [5050]
敗北(패배) [5080]
悖逆(패역) [1042]
旆旌(패정) [0012]
孛彗(패해) [0010]
澎湃(팽배) [1010]
膨脹(팽창) [1010]
騙欺(편기) [1030]
鞭撻(편달) [1010]
翩翻(편번) [0200]
偏僻(편벽) [3220]
鞭扑(편복) [1000]
便安(편안) [7072]
褊隘(편애) [0010]
編纂(편찬) [3210]
鞭策(편책) [1032]

鞭笞(편태) [1010]
褊狹(편협) [0010]
貶降(폄강) [1040]
貶下(폄하) [1072]
平均(평균) [7240]
平等(평등) [7262]
平安(평안) [7272]
平坦(평탄) [7210]
平和(평화) [7262]
肺肝(폐간) [0032]
廢棄(폐기) [3230]
廢亡(폐망) [3250]
幣帛(폐백) [3010]
肺腑(폐부) [0010]
斃死(폐사) [1060]
嬖愛(폐애) [0260]
嬖寵(폐총) [0210]
弊害(폐해) [3252]
怖悸(포계) [2010]
佈告(포고) [0252]
包裹(포과) [4200]
包括(포괄) [4210]
抛棄(포기) [2030]
捕拿(포나) [3210]
葡萄(포도) [1210]
逋逃(포도) [1040]
捕虜(포로) [3210]
泡沫(포말) [1010]
逋亡(포망) [1050]
匍匐(포복) [1010]
脯脩(포수) [1002]
餔食(포식) [0072]
抱擁(포옹) [3030]
包容(포용) [4242]
包圍(포위) [4240]
怖慄(포율) [2010]
庖廚(포주) [1010]
捕捉(포착) [3230]
逋竄(포찬) [1002]
抛擲(포척) [2010]
褒稱(포칭) [1040]
褒歎(포탄) [0040]
胞胎(포태) [4020]
暴虐(포학) [4220]
包含(포함) [4232]
咆號(포호) [1060]
抱懷(포회) [3032]
捕獲(포획) [3232]
捕擭(포획) [3200]
咆哮(포효) [1010]
暴露(폭로) [4232]
滮流(표류) [0052]
標榜(표방) [4010]
殍餓(표아) [0030]
麃刈(표예) [0002]
剽勇(표용) [1062]
表皮(표피) [6232]
慓悍(표한) [1010]
品件(품건) [5250]
品物(품물) [5272]
豊饒(풍요) [4210]
豊足(풍족) [4272]
豊厚(풍후) [4240]
疲困(피곤) [4040]
被衾(피금) [3210]
疲勞(피로) [4052]
皮膚(피부) [3220]
疲憊(피비) [4010]
皮革(피혁) [3240]
畢竟(필경) [3230]
匹耦(필우) [3000]
乏匱(핍궤) [1000]
逼迫(핍박) [1032]
下降(하강) [7240]
賀慶(하경) [3242]
廈屋(하옥) [0250]
遐遠(하원) [1060]
瑕疵(하자) [1010]
河川(하천) [5070]
壑谷(학곡) [1032]
學習(학습) [8060]
扞拒(한거) [0040]
暵乾(한건) [0032]
閑隙(한극) [4010]
悍毒(한독) [1042]
寒冷(한랭) [5050]
罕罔(한망) [1030]
瞷眄(한면) [0010]
旱魃(한발) [3010]
熯焚(한분) [0010]
暵熱(한열) [0050]
扞衛(한위) [0042]
澣滌(한척) [1010]
澣濯(한탁) [1030]
恨歎(한탄) [4040]
暵旱(한한) [0030]
割剝(할박) [3210]
劼毖(할비) [0012]
銜勒(함륵) [1010]
陷沒(함몰) [3232]
緘封(함봉) [1032]
艦船(함선) [2050]
艦艇(함정) [2020]
柙匱(합궤) [0000]
合倂(합병) [6020]
合幷(합병) [6002]
抗拒(항거) [4040]
伉配(항배) [0242]
航船(항선) [4250]
骸骨(해골) [1040]
該當(해당) [3052]
害毒(해독) [5242]
孩童(해동) [0262]
解放(해방) [4262]
解散(해산) [4240]
解釋(해석) [4232]
解消(해소) [4262]
害損(해손) [5240]
咳嗽(해수) [1002]
孩兒(해아) [0252]
駭愕(해악) [1010]
海洋(해양) [7260]
孩嬰(해영) [0210]
解弛(해이) [4210]
楷正(해정) [1072]
咳喘(해천) [1010]
懈惰(해타) [1010]
懈怠(해태) [1030]
諧謔(해학) [1010]
諧和(해화) [1062]
邂逅(해후) [1010]
行動(행동) [6072]
行爲(행위) [6042]
鄕村(향촌) [4270]
許可(허가) [5050]
虛空(허공) [4272]
許諾(허락) [5032]
虛無(허무) [4250]
虛僞(허위) [4232]
巘崎(헌기) [0010]
獻納(헌납) [3240]
憲法(헌법) [4052]
歇息(헐식) [1042]
險阨(험액) [4000]
險峻(험준) [4012]
奕碁(혁기) [0202]
懸掛(현괘) [3230]
賢良(현량) [4252]
玄妙(현묘) [3240]
嬛薄(현박) [0032]
絃線(현선) [3062]
眩曜(현요) [0050]

顯著(현저) [4032]
顯現(현현) [4062]
絜矩(혈구) [0010]
穴竅(혈규) [3202]
嫌忌(혐기) [3030]
嫌惡(혐오) [3052]
峽谷(협곡) [2032]
脅迫(협박) [3232]
狹隘(협애) [1010]
狹窄(협착) [1010]
協和(협화) [4262]
浹洽(협흡) [0210]
荊棘(형극) [1010]
形貌(형모) [6232]
刑罰(형벌) [4042]
形像(형상) [6232]
形象(형상) [6240]
形式(형식) [6260]
形容(형용) [6242]
形態(형태) [6242]
熒煌(형황) [0210]
惠恩(혜은) [4242]
慧智(혜지) [3240]
惠澤(혜택) [4232]
彗孛(혜패) [1000]
薅耨(호누) [0000]
毫毛(호모) [3042]
琥珀(호박) [1010]
毫髮(호발) [3040]
皓白(호백) [1280]
葫蒜(호산) [0202]
互相(호상) [3052]
蝴蝶(호접) [0230]
壕塹(호참) [1210]
濠塹(호참) [2010]
昊天(호천) [1270]
豪宕(호탕) [3210]
浩瀚(호한) [3202]
豪俠(호협) [3210]
浩濶(호활) [3200]
酷毒(혹독) [2042]
酷甚(혹심) [2032]
惛怓(혼노) [0000]
混沌(혼돈) [4010]
渾沌(혼돈) [1010]
混亂(혼란) [4040]
魂靈(혼령) [3232]
昏冥(혼명) [3030]
惛耄(혼모) [0000]
魂魄(혼백) [3210]
昏闇(혼암) [3010]
婚姻(혼인) [4030]
混雜(혼잡) [4040]
婚娶(혼취) [4010]
混濁(혼탁) [4030]
渾濁(혼탁) [1030]
混淆(혼효) [4002]
鴻雁(홍안) [3030]
虹霓(홍예) [1002]
禍咎(화구) [3202]
畫圖(화도) [6062]
和睦(화목) [6232]
化變(화변) [5252]
話說(화설) [7252]
禍殃(화앙) [3230]
禍厄(화액) [3230]
話言(화언) [7260]
禍災(화재) [3250]
貨財(화재) [4252]
和平(화평) [6272]
貨幣(화폐) [4230]
和諧(화해) [6210]
和協(화협) [6242]
和煦(화후) [6202]
確固(확고) [4250]
廓大(확대) [1080]
還歸(환귀) [3240]
喚叫(환규) [1030]
逭免(환면) [0032]
豢養(환양) [0052]
懽懌(환역) [0000]
歡悅(환열) [4032]
患憂(환우) [5032]
歡喜(환희) [4040]
豁悟(활오) [0232]
猾獪(활회) [1002]
惶怯(황겁) [1010]
惶悸(황계) [1010]
惶恐(황공) [1032]
惶懼(황구) [1030]
遑急(황급) [1062]
惶懍(황름) [1000]
荒蕪(황무) [3210]
惶悚(황송) [1010]
皇王(황왕) [3280]
皇帝(황제) [3240]
隍塹(황참) [0210]
荒麤(황추) [3200]
荒廢(황폐) [3232]
恍惚(황홀) [1010]
慌惚(황홀) [1010]
悔愆(회건) [3202]
恢廣(회광) [1052]
回歸(회귀) [4240]
賄賂(회뢰) [1010]
會社(회사) [6262]
回旋(회선) [4232]
薈蔚(회울) [0012]
懷孕(회잉) [3210]
回轉(회전) [4240]
會集(회집) [6262]
懷抱(회포) [3230]
悔恨(회한) [3240]
繪畫(회화) [1060]
獪猾(회활) [0210]
獲得(획득) [3242]
橫肆(횡사) [3202]
殽亂(효란) [0040]
梟猛(효맹) [0232]
驍武(효무) [0242]
傚倣(효방) [0030]
熇暑(효서) [0030]
曉晨(효신) [3030]
梟勇(효용) [0262]
驍勇(효용) [0262]
曉喩(효유) [3010]
曉諭(효유) [3010]
淆雜(효잡) [0240]
梟鴟(효치) [0200]
哮咆(효포) [1010]
梟悍(효한) [0210]
哮吼(효후) [1010]
後昆(후곤) [7210]
勳功(훈공) [2062]
訓敎(훈교) [6080]
訓導(훈도) [6042]
訓誨(훈회) [6010]
薨去(훙거) [0250]
薨逝(훙서) [0230]
喧鬧(훤뇨) [1002]
喧譁(훤화) [1002]
毁壞(훼괴) [3032]
毁碎(훼쇄) [3010]
毁呰(훼자) [3000]
輝光(휘광) [3062]
諱忌(휘기) [1030]
彙類(휘류) [1052]
諱祕(휘비) [1040]
翬飛(휘비) [0042]
煒燁(휘엽) [0012]
輝耀(휘요) [3012]
煒煌(휘황) [0010]

輝煌(휘황) [3010]
休憩(휴게) [7020]
携帶(휴대) [3042]
畦畔(휴반) [0210]
休息(휴식) [7042]
滙盱(휴우) [0000]
睢盱(휴우) [0000]
恤救(휼구) [1050]
譎詭(휼궤) [0210]
譎詐(휼사) [0230]
遹追(휼추) [0032]
胸膈(흉격) [3210]
凶歉(흉겸) [5200]
胸襟(흉금) [3210]
兇獰(흉녕) [1002]
凶猛(흉맹) [5232]
兇惡(흉악) [1052]
凶惡(흉악) [5252]
胸臆(흉억) [3210]
洶涌(흉용) [1010]
凶暴(흉포) [5242]
釁隙(흔극) [0010]
欣悅(흔열) [1032]
痕迹(흔적) [1010]
痕跡(흔적) [1032]
欣喜(흔희) [1040]
齕齧(흘설) [0002]
欠缺(흠결) [1042]
欽敬(흠경) [1252]
欠乏(흠핍) [1010]
歆饗(흠향) [1010]
吸飮(흡음) [4262]
興起(흥기) [4242]
興隆(흥륭) [4232]
興旺(흥왕) [4212]
稀貴(희귀) [3250]
喜樂(희락) [4062]
希望(희망) [4252]
犧牲(희생) [1010]
稀少(희소) [3270]
嘻笑(희소) [0042]
戲狎(희압) [3202]
喜悅(희열) [4032]
希願(희원) [4250]
戲遊(희유) [3240]
戲謔(희학) [3210]
詰難(힐난) [1042]
詰問(힐문) [1070]
詰責(힐책) [1052]

2_2. 類義語(同義語, 同意語)_2字

佳客(가객) - 嘉賓(가빈) [3252-1030]
佳客(가객) - 佳賓(가빈) [3252-3230]
歌客(가객) - 歌人(가인) [7052-7080]
佳客(가객) - 珍客(진객) [3252-4052]
價格(가격) - 價額(가액) [5252-5240]
佳境(가경) - 蔗境(자경) [3242-1042]
家計(가계) - 家道(가도) [7262-7272]
架空(가공) - 構虛(구허) [3272-4042]
架空(가공) - 虛構(허구) [3272-4240]
架空(가공) - 懸空(현공) [3272-3272]
佳果(가과) - 佳實(가실) [3262-3252]
家敎(가교) - 家訓(가훈) [7280-7260]
家敎(가교) - 庭誥(정고) [7280-6202]
家敎(가교) - 庭敎(정교) [7280-6280]
家敎(가교) - 庭訓(정훈) [7280-6260]
家眷(가권) - 家屬(가속) [7210-7240]
家眷(가권) - 眷率(권솔) [7210-1032]
家眷(가권) - 食率(식솔) [7210-7232]
家規(가규) - 家法(가법) [7250-7252]
加給(가급) - 加俸(가봉) [5050-5020]
佳期(가기) - 佳節(가절) [3250-3252]
佳氣(가기) - 瑞氣(서기) [3272-2072]
佳氣(가기) - 休氣(휴기) [3272-7072]
歌女(가녀) - 歌姬(가희) [7080-7020]
可憐(가련) - 惻隱(측은) [5030-1040]
苛斂(가렴) - 箕斂(기렴) [1010-1210]
街路(가로) - 街道(가도) [4260-4272]
家祿(가록) - 世祿(세록) [7232-7232]
佳名(가명) - 嘉名(가명) [3272-1072]
家名(가명) - 家聲(가성) [7272-7242]
假名(가명) - 假銜(가함) [4272-4210]
家母(가모) - 家慈(가자) [7280-7232]
家母(가모) - 慈親(자친) [7280-3260]
家母(가모) - 主母(주모) [7280-7080]
家門(가문) - 家閥(가벌) [7280-7220]
家門(가문) - 門閥(문벌) [7280-8020]
可否(가부) - 贊反(찬반) [5040-3262]
可否(가부) - 贊否(찬부) [5040-3240]
家産(가산) - 家財(가재) [7252-7252]
家書(가서) - 家信(가신) [7262-7262]

加速(가속) - 增速(증속) [5060-4260]
假睡(가수) - 假寐(가매) [4230-4210]
佳約(가약) - 約婚(약혼) [3252-5240]
佳約(가약) - 定婚(정혼) [3252-6040]
佳約(가약) - 婚約(혼약) [3252-4052]
家業(가업) - 世業(세업) [7262-7262]
嘉月(가월) - 桃月(도월) [1080-3280]
佳作(가작) - 佳篇(가편) [3262-3240]
假裝(가장) - 假扮(가분) [4240-4210]
假裝(가장) - 假飾(가식) [4240-4232]
假裝(가장) - 粧撰(장찬) [4240-3210]
家長(가장) - 戶主(호주) [7280-4270]
苛政(가정) - 悖政(패정) [1042-1042]
苛政(가정) - 暴政(폭정) [1042-4242]
苛政(가정) - 虐政(학정) [1042-2042]
家族(가족) - 食口(식구) [7260-7270]
加罪(가죄) - 加律(가율) [5050-5042]
加罪(가죄) - 加刑(가형) [5050-5040]
加絰(가질) - 加麻(가마) [5000-5032]
苛責(가책) - 刻責(각책) [1052-4052]
加派(가파) - 增派(증파) [5040-4240]
家品(가품) - 門品(문품) [7252-8052]
家風(가풍) - 家行(가행) [7262-7260]
家風(가풍) - 門風(문풍) [7262-8062]
加筆(가필) - 補筆(보필) [5052-3252]
加害(가해) - 刺刻(자각) [5052-3240]
加護(가호) - 斗護(두호) [5042-4242]
佳肴(가효) - 嘉肴(가효) [3202-1002]
佳肴(가효) - 美肴(미효) [3202-6002]
佳姬(가희) - 美姬(미희) [3220-6020]
覺得(각득) - 悟得(오득) [4042-3242]
角燈(각등) - 提燈(제등) [6242-4242]
刻銘(각명) - 勒銘(늑명) [4032-1032]
各封(각봉) - 別封(별봉) [6232-6032]
刻石(각석) - 刊石(간석) [4060-3260]
覺悟(각오) - 決心(결심) [4032-5270]
覺悟(각오) - 決意(결의) [4032-5262]
各人(각인) - 各名(각명) [6280-6272]
各地(각지) - 各所(각소) [6270-6270]
各地(각지) - 各處(각처) [6270-6242]
角逐(각축) - 逐鹿(축록) [6230-3030]
奸計(간계) - 奸策(간책) [1062-1032]
澗谿(간계) - 溪流(계류) [1002-3252]
澗谿(간계) - 谿流(계류) [1002-0252]
看過(간과) - 放過(방과) [4052-6252]
間隙(간극) - 間隔(간격) [7210-7232]
瞯隙(간극) - 瞯瑕(간하) [0010-0010]
艱難(간난) - 苦楚(고초) [1042-6012]
看病(간병) - 看護(간호) [4060-4042]
榦輔(간보) - 榦佐(간좌) [0012-0030]
幹線(간선) - 本線(본선) [3262-6062]
看守(간수) - 藏守(장수) [4042-3242]
奸臣(간신) - 妖臣(요신) [1052-2052]
奸賊(간적) - 奸盜(간도) [1040-1040]
看做(간주) - 置簿(치부) [4010-4232]
諫止(간지) - 諫制(간제) [1050-1042]
間諜(간첩) - 五列(오열) [7220-8042]
揀擇(간택) - 揀選(간선) [1040-1050]
葛藤(갈등) - 軋轢(알력) [2020-1002]
敢決(감결) - 敢斷(감단) [4052-4042]
鑑戒(감계) - 鏡戒(경계) [3240-4040]
堪耐(감내) - 堪忍(감인) [1032-1032]
感動(감동) - 感銘(감명) [6072-6032]
戡亂(감란) - 戡夷(감이) [0240-0230]
戡亂(감란) - 戡定(감정) [0240-0260]
戡亂(감란) - 平亂(평란) [0240-7240]
酣眠(감면) - 酣睡(감수) [0032-0030]
感奮(감분) - 感發(감발) [6032-6062]
感想(감상) - 所感(소감) [6042-7060]
減衰(감쇠) - 衰減(쇠감) [4232-3242]
甘言(감언) - 甘辭(감사) [4060-4040]
監役(감역) - 董役(동역) [4232-1232]
敢戰(감전) - 敢鬪(감투) [4062-4040]
勘罪(감죄) - 論勘(논감) [1050-4210]
敢行(감행) - 敢爲(감위) [4060-4042]
減劃(감획) - 減筆(감필) [4232-4252]

減劃(감획) - 減畫(감획) [4232-4260]
甲馬(갑마) - 介馬(개마) [4050-3250]
甲馬(갑마) - 鎧馬(개마) [4050-0250]
甲富(갑부) - 首富(수부) [4042-5242]
甲族(갑족) - 甲班(갑반) [4060-4062]
甲冑(갑주) - 鎧冑(개주) [4002-0202]
甲坼(갑탁) - 坼甲(탁갑) [4002-0240]
強姦(강간) - 劫姦(겁간) [6030-1030]
強姦(강간) - 劫辱(겁욕) [6030-1032]
強姦(강간) - 劫奪(겁탈) [6030-1032]
強弓(강궁) - 勁弓(경궁) [6032-1032]
強弓(강궁) - 勁弩(경노) [6032-1010]
強記(강기) - 牢記(뇌기) [6072-1072]
降壇(강단) - 下壇(하단) [4050-7250]
岡巒(강만) - 丘山(구산) [1202-3280]
強迫(강박) - 劫迫(겁박) [6032-1032]
講士(강사) - 演士(연사) [4252-4252]
鋼索(강삭) - 索條(삭조) [3232-3240]
彊圉(강어) - 彊梧(강오) [1200-1220]
強敵(강적) - 勍敵(극적) [6042-4042]
強敵(강적) - 大敵(대적) [6042-8042]
強奪(강탈) - 劫掠(겁략) [6032-1030]
強奪(강탈) - 劫奪(겁탈) [6032-1032]
強奪(강탈) - 勒奪(늑탈) [6032-1032]
強奪(강탈) - 掠奪(약탈) [6032-3032]
強奪(강탈) - 抑奪(억탈) [6032-3232]
強奪(강탈) - 脅奪(협탈) [6032-3232]
強風(강풍) - 勁風(경풍) [6062-1062]
強風(강풍) - 猛風(맹풍) [6062-3262]
強風(강풍) - 甚風(심풍) [6062-3262]
江港(강항) - 河港(하항) [7242-5042]
講解(강해) - 講釋(강석) [4242-4232]
講解(강해) - 講話(강화) [4242-4272]
強虎(강호) - 猛虎(맹호) [6032-3232]
強化(강화) - 補強(보강) [6052-3260]
改嫁(개가) - 再醮(재초) [5010-5002]
改刊(개간) - 改版(개판) [5032-5032]
開刊(개간) - 發刊(발간) [6032-6232]
開刊(개간) - 創刊(창간) [6032-4232]
改稿(개고) - 改敲(개고) [5032-5010]
改稿(개고) - 敲推(고퇴) [5032-1040]
改稿(개고) - 潤文(윤문) [5032-3270]
改稿(개고) - 推敲(퇴고) [5032-4010]
改過(개과) - 改心(개심) [5052-5070]
改過(개과) - 改悛(개전) [5052-5010]
改過(개과) - 反省(반성) [5052-6262]
概觀(개관) - 概見(개견) [3252-3252]
開校(개교) - 開學(개학) [6080-6080]
開國(개국) - 開元(개원) [6080-6052]
開國(개국) - 建國(건국) [6080-5080]
開櫝(개독) - 啓櫝(계독) [6000-3200]
開東(개동) - 破曉(파효) [6080-4230]
開東(개동) - 平旦(평단) [6080-7232]
開落(개락) - 開謝(개사) [6050-6042]
改良(개량) - 改善(개선) [5052-5050]
改曆(개력) - 換歲(환세) [5032-3252]
概論(개론) - 概說(개설) [3242-3252]
概論(개론) - 氾論(범론) [3242-1042]
概論(개론) - 汎論(범론) [3242-2042]
概論(개론) - 汎說(범설) [3242-2052]
開發(개발) - 啓發(계발) [6062-3262]
開封(개봉) - 開書(개서) [6032-6062]
開悟(개오) - 解悟(해오) [6032-4232]
改元(개원) - 改號(개호) [5052-5060]
介意(개의) - 懸念(현념) [3262-3252]
開戰(개전) - 開仗(개장) [6062-6010]
開店(개점) - 開肆(개사) [6052-6002]
改正(개정) - 更正(경정) [5072-4072]
改定(개정) - 更定(경정) [5060-4060]
改除(개제) - 改差(개차) [5042-5040]
改造(개조) - 更造(경조) [5042-4042]
改竄(개찬) - 改刪(개산) [5002-5010]
開拓(개척) - 開墾(개간) [6032-6010]
開拓(개척) - 開荒(개황) [6032-6032]
開閉(개폐) - 開鎖(개쇄) [6040-6032]
改票(개표) - 改札(개찰) [5042-5020]

改革(개혁) - 改變(개변) [5040-5052]
客狀(객상) - 客況(객황) [5242-5240]
客席(객석) - 客位(객위) [5260-5250]
客席(객석) - 客座(객좌) [5260-5240]
客愁(객수) - 客恨(객한) [5232-5240]
客室(객실) - 客房(객방) [5280-5242]
客室(객실) - 賓室(빈실) [5280-3080]
更讀(갱독) - 再讀(재독) [4062-5062]
更生(갱생) - 甦生(소생) [4080-1080]
更生(갱생) - 蘇生(소생) [4080-3280]
更生(갱생) - 再生(재생) [4080-5080]
醵出(갹출) - 醵金(갹금) [1070-1080]
居甲(거갑) - 居魁(거괴) [4040-4010]
籧廬(거려) - 旅館(여관) [0012-5232]
巨木(거목) - 巨樹(거수) [4080-4060]
巨富(거부) - 大富(대부) [4042-8042]
去邠(거빈) - 播遷(파천) [5000-3032]
居士(거사) - 處士(처사) [4052-4252]
巨商(거상) - 大賈(대고) [4052-8012]
巨商(거상) - 大商(대상) [4052-8052]
巨商(거상) - 富賈(부고) [4052-4212]
巨商(거상) - 富商(부상) [4052-4252]
巨商(거상) - 勝商(승상) [4052-6052]
巨商(거상) - 豪商(호상) [4052-3252]
巨細(거세) - 洪纖(홍섬) [4042-3220]
巨細(거세) - 洪細(홍세) [4042-3242]
巨儒(거유) - 鉅儒(거유) [4040-0240]
巨儒(거유) - 宏儒(굉유) [4040-1040]
巨財(거재) - 巨産(거산) [4052-4052]
拒絶(거절) - 拒否(거부) [4042-4040]
居接(거접) - 住接(주접) [4042-7042]
居處(거처) - 居所(거소) [4042-4070]
據奪(거탈) - 據執(거집) [4032-4032]
健康(건강) - 健勝(건승) [5042-5060]
建軍(건군) - 創軍(창군) [5080-4280]
建議(건의) - 建白(건백) [5042-5080]
巾櫛(건즐) - 梳洗(소세) [1010-1052]
建築(건축) - 造營(조영) [5042-4240]
健筆(건필) - 健毫(건호) [5052-5030]
健筆(건필) - 筆健(필건) [5052-5250]
傑物(걸물) - 傑人(걸인) [4072-4080]
傑作(걸작) - 名作(명작) [4062-7262]
劍客(검객) - 劍俠(검협) [3252-3210]
檢查(검사) - 查檢(사검) [4250-5042]
黔首(검수) - 黎民(여민) [0252-1080]
劍術(검술) - 劍技(검기) [3262-3250]
劍術(검술) - 劍法(검법) [3262-3252]
檢眼(검안) - 檢視(검시) [4242-4242]
儉約(검약) - 經濟(경제) [4052-4242]
儉約(검약) - 寡約(과약) [4052-3252]
儉約(검약) - 節約(절약) [4052-5252]
檢正(검정) - 檢飭(검칙) [4272-4202]
怯夫(겁부) - 懦夫(나부) [1070-1070]
隔年(격년) - 隔歲(격세) [3280-3252]
隔年(격년) - 一易(일역) [3280-8040]
激勵(격려) - 鼓舞(고무) [4032-3240]
激勵(격려) - 鼓吹(고취) [4032-3232]
激論(격론) - 劇論(극론) [4042-4042]
激務(격무) - 劇務(극무) [4042-4042]
隔意(격의) - 疏意(소의) [3262-3262]
激戰(격전) - 劇戰(극전) [4062-4062]
隔阻(격조) - 久阻(구조) [3210-3210]
隔阻(격조) - 久闊(구활) [3210-3210]
隔阻(격조) - 積阻(적조) [3210-4010]
激震(격진) - 劇震(극진) [4032-4032]
狷狂(견광) - 狂狷(광견) [0032-3200]
堅持(견지) - 堅執(견집) [4040-4032]
見黜(견출) - 見逐(견축) [5210-5230]
結末(결말) - 結局(결국) [5250-5252]
結盟(결맹) - 歃血(삽혈) [5232-0042]
結盟(결맹) - 訂盟(정맹) [5232-3032]
闋服(결복) - 解喪(해상) [0060-4232]
決死(결사) - 殊死(수사) [5260-3260]
決死(결사) - 限死(한사) [5260-4260]
決水(결수) - 決河(결하) [5280-5250]
結實(결실) - 結果(결과) [5252-5262]

缺點(결점) - 短所(단소) [4240-6270]
缺點(결점) - 短點(단점) [4240-6240]
缺點(결점) - 短處(단처) [4240-6242]
缺點(결점) - 短行(단행) [4240-6260]
缺乏(결핍) - 不足(부족) [4210-7272]
缺乏(결핍) - 絶乏(절핍) [4210-4210]
缺陷(결함) - 瑕疵(하자) [4232-1010]
決行(결행) - 斷行(단행) [5260-4260]
結婚(결혼) - 嫁娶(가취) [5240-1010]
結婚(결혼) - 婚姻(혼인) [5240-4030]
謙恭(겸공) - 謙遜(겸손) [3232-3210]
謙恭(겸공) - 謙巽(겸손) [3232-3202]
謙恭(겸공) - 謙虛(겸허) [3232-3242]
兼攝(겸섭) - 兼勤(겸근) [3230-3240]
兼攝(겸섭) - 兼掌(겸장) [3230-3232]
謙讓(겸양) - 謙辭(겸사) [3232-3240]
兼任(겸임) - 兼務(겸무) [3252-3242]
兼任(겸임) - 兼職(겸직) [3252-3242]
歉荒(겸황) - 歉敝(겸폐) [0032-0000]
歉荒(겸황) - 歉弊(겸폐) [0032-0032]
罄竭(경갈) - 枯罄(고경) [0010-3000]
輕減(경감) - 減輕(감경) [5042-4250]
境界(경계) - 區劃(구획) [4262-6032]
敬啓(경계) - 謹啓(근계) [5232-3032]
敬啓(경계) - 拜啓(배계) [5232-4232]
敬具(경구) - 敬白(경백) [5252-5280]
傾國(경국) - 傾城(경성) [4080-4042]
傾國(경국) - 國色(국색) [4080-8070]
傾國(경국) - 國香(국향) [4080-8042]
警邏(경라) - 警巡(경순) [4210-4232]
鯨浪(경랑) - 鯨波(경파) [1032-1042]
敬老(경로) - 尙齒(상치) [5270-3242]
敬慕(경모) - 敬仰(경앙) [5232-5232]
驚服(경복) - 駭服(해복) [4060-1060]
經費(경비) - 所入(소입) [4250-7070]
慶事(경사) - 嘉事(가사) [4272-1072]
慶事(경사) - 祥慶(상경) [4272-3042]
經世(경세) - 經國(경국) [4272-4280]
輕視(경시) - 蟻視(의시) [5042-0242]
敬愛(경애) - 畏愛(외애) [5260-3060]
敬畏(경외) - 寅畏(인외) [5230-3030]
輕雨(경우) - 小雨(소우) [5052-8052]
耕作(경작) - 耕墾(경간) [3262-3210]
競爭(경쟁) - 爭競(쟁경) [5050-5050]
經典(경전) - 常道(상도) [4252-4272]
景祚(경조) - 景福(경복) [5012-5052]
慶兆(경조) - 慶祥(경상) [4232-4230]
慶兆(경조) - 慶瑞(경서) [4232-4220]
慶弔(경조) - 吉凶(길흉) [4230-5052]
慶祝(경축) - 慶賀(경하) [4250-4232]
敬稱(경칭) - 尊稱(존칭) [5240-4240]
京鄕(경향) - 都鄙(도비) [6042-5010]
傾向(경향) - 動向(동향) [4060-7260]
經驗(경험) - 體驗(체험) [4242-6242]
更革(경혁) - 矯革(교혁) [4040-3040]
計減(계감) - 計除(계제) [6242-6242]
階段(계단) - 段階(단계) [4040-4040]
階段(계단) - 層階(층계) [4040-4040]
繼代(계대) - 代承(대승) [4062-6242]
計略(계략) - 計策(계책) [6240-6232]
計略(계략) - 謀略(모략) [6240-3240]
計略(계략) - 方略(방략) [6240-7240]
計量(계량) - 計測(계측) [6250-6242]
系譜(계보) - 世譜(세보) [4032-7232]
稽顙(계상) - 頓顙(돈상) [0200-1200]
繼述(계술) - 繼襲(계습) [4032-4032]
季氏(계씨) - 介弟(개제) [4040-3280]
季氏(계씨) - 令弟(영제) [4040-5080]
桂月(계월) - 桂秋(계추) [3280-3270]
繼蹟(계적) - 繼蹤(계종) [4032-4000]
啓迪(계적) - 敎導(교도) [3202-8042]
啓迪(계적) - 敎誘(교유) [3202-8032]
烓竈(계조) - 風爐(풍로) [0000-6232]
鷄皮(계피) - 鶴髮(학발) [4032-3240]
溪壑(계학) - 溪谷(계곡) [3210-3232]
溪壑(계학) - 望蜀(망촉) [3210-5212]

高歌(고가) - 高唱(고창) [6270-6250]
苦懇(고간) - 懇請(간청) [6032-3242]
苦懇(고간) - 懇囑(간촉) [6032-3210]
枯渴(고갈) - 空竭(공갈) [3030-7210]
顧見(고견) - 顧護(고호) [3052-3042]
高見(고견) - 尊意(존의) [6252-4262]
高官(고관) - 達官(달관) [6242-4242]
高官(고관) - 顯職(현직) [6242-4042]
股肱(고굉) - 肱膂(굉려) [1010-1000]
高敎(고교) - 高訓(고훈) [6280-6260]
故國(고국) - 祖國(조국) [4280-7080]
古宮(고궁) - 古殿(고전) [6042-6032]
顧忌(고기) - 顧望(고망) [3030-3052]
瞽女(고녀) - 女卜(여복) [0080-8030]
顧念(고념) - 顧視(고시) [3052-3042]
高談(고담) - 高話(고화) [6250-6272]
高德(고덕) - 俊德(준덕) [6252-3052]
叩頭(고두) - 叩首(고수) [1060-1052]
苦樂(고락) - 甘苦(감고) [6062-4060]
考量(고량) - 思量(사량) [5050-5050]
考量(고량) - 思料(사료) [5050-5050]
苦勞(고로) - 作苦(작고) [6052-6260]
固壘(고루) - 堅壘(견루) [5010-4010]
高樓(고루) - 崇樓(숭루) [6232-4032]
高樓(고루) - 危樓(위루) [6232-4032]
痼瘼(고막) - 痼弊(고폐) [1000-1032]
高名(고명) - 嘉稱(가칭) [6272-1040]
高名(고명) - 大名(대명) [6272-8072]
高名(고명) - 令名(영명) [6272-5072]
高名(고명) - 有名(유명) [6272-7072]
顧命(고명) - 遺詔(유조) [3070-4010]
枯木(고목) - 槁木(고목) [3080-0280]
古木(고목) - 老木(노목) [6080-7080]
古木(고목) - 老樹(노수) [6080-7060]
叩門(고문) - 叩扉(고비) [1080-1010]
古物(고물) - 故物(고물) [6072-4272]
古物(고물) - 古品(고품) [6072-6052]
古物(고물) - 老物(노물) [6072-7072]
告白(고백) - 披瀝(피력) [5280-1010]
高士(고사) - 高人(고인) [6252-6280]
考査(고사) - 考驗(고험) [5050-5042]
高山(고산) - 高嶽(고악) [6280-6202]
高山(고산) - 喬陟(교척) [6280-1012]
孤山(고산) - 獨山(독산) [4080-5280]
古書(고서) - 古典(고전) [6062-6052]
古書(고서) - 舊典(구전) [6062-5252]
古書(고서) - 陳編(진편) [6062-3232]
稾書(고서) - 草書(초서) [0062-7062]
固守(고수) - 墨守(묵수) [5042-3242]
高手(고수) - 上手(상수) [6272-7272]
古式(고식) - 舊式(구식) [6060-5260]
古式(고식) - 舊套(구투) [6060-5210]
古式(고식) - 陳套(진투) [6060-3210]
苦心(고심) - 苦慮(고려) [6070-6040]
苦心(고심) - 苦思(고사) [6070-6050]
苦心(고심) - 苦衷(고충) [6070-6020]
苦心(고심) - 勞思(노사) [6070-5250]
苦心(고심) - 勞心(노심) [6070-5270]
苦心(고심) - 焦勞(초로) [6070-2052]
苦心(고심) - 焦思(초사) [6070-2050]
苦心(고심) - 焦心(초심) [6070-2070]
考案(고안) - 案考(안고) [5050-5050]
高額(고액) - 多額(다액) [6240-6040]
苦役(고역) - 苛役(가역) [6032-1032]
高恩(고은) - 大恩(대은) [6242-8042]
高恩(고은) - 隆恩(융은) [6242-3242]
高恩(고은) - 鴻恩(홍은) [6242-3042]
高吟(고음) - 高詠(고영) [6230-6230]
苦戰(고전) - 苦鬪(고투) [6062-6040]
苦戰(고전) - 難戰(난전) [6062-4262]
高節(고절) - 高槪(고개) [6252-6232]
高蹤(고종) - 高行(고행) [6200-6260]
古刹(고찰) - 古寺(고사) [6020-6042]
高喊(고함) - 大喊(대함) [6210-8010]
苦海(고해) - 苦域(고역) [6072-6040]
考覈(고핵) - 檢覈(검핵) [5000-4200]

苦行(고행) - 淨人(정인) [6060-3280]
故鄕(고향) - 枌楡(분유) [4242-0012]
故鄕(고향) - 鄕里(향리) [4242-4270]
古稀(고희) - 從心(종심) [6032-4070]
古稀(고희) - 七旬(칠순) [6032-8032]
古稀(고희) - 稀年(희년) [6032-3280]
古稀(고희) - 稀壽(희수) [6032-3232]
曲徑(곡경) - 私徑(사경) [5032-4032]
轂下(곡하) - 京師(경사) [0072-6042]
困境(곤경) - 曲境(곡경) [4042-5042]
困境(곤경) - 難境(난경) [4042-4242]
困睡(곤수) - 困臥(곤와) [4030-4030]
困睡(곤수) - 困寢(곤침) [4030-4040]
困絶(곤절) - 困竭(곤갈) [4042-4010]
困絶(곤절) - 困渴(곤갈) [4042-4030]
骨氣(골기) - 骨力(골력) [4072-4072]
共感(공감) - 同感(동감) [6260-7060]
公告(공고) - 公發(공발) [6252-6262]
公告(공고) - 公示(공시) [6252-6250]
公告(공고) - 公布(공포) [6252-6242]
公告(공고) - 頒布(반포) [6252-1042]
功過(공과) - 功罪(공죄) [6252-6250]
孔隙(공극) - 空隙(공극) [4010-7210]
攻落(공락) - 攻陷(공함) [4050-4032]
公路(공로) - 孔路(공로) [6260-4060]
空老(공로) - 虛老(허로) [7270-4270]
功勞(공로) - 效勞(효로) [6252-5252]
共謀(공모) - 同謀(동모) [6232-7032]
空房(공방) - 空閨(공규) [7242-7220]
空房(공방) - 空室(공실) [7242-7280]
空白(공백) - 空欄(공란) [7280-7232]
空白(공백) - 餘白(여백) [7280-4280]
空白(공백) - 虛點(허점) [7280-4240]
工事(공사) - 工役(공역) [7272-7232]
功業(공업) - 功烈(공렬) [6262-6240]
公用(공용) - 公務(공무) [6262-6242]
公用(공용) - 公費(공비) [6262-6250]
公用(공용) - 官費(관비) [6262-4250]
公用(공용) - 國費(국비) [6262-8050]
公用(공용) - 國用(국용) [6262-8062]
公賊(공적) - 公盜(공도) [6240-6240]
空前(공전) - 曠前(광전) [7272-1072]
共存(공존) - 同存(동존) [6240-7040]
恐縮(공축) - 惶縮(황축) [3240-1040]
瓜年(과년) - 瓜期(과기) [2080-2050]
瓜年(과년) - 瓜滿(과만) [2080-2042]
瓜年(과년) - 瓜時(과시) [2080-2072]
瓜年(과년) - 破瓜(파과) [2080-4220]
過念(과념) - 過慮(과려) [5252-5240]
寡德(과덕) - 薄德(박덕) [3252-3252]
寡德(과덕) - 菲德(비덕) [3252-0252]
過失(과실) - 愆過(건과) [5260-0252]
過失(과실) - 闕失(궐실) [5260-2060]
過失(과실) - 違失(위실) [5260-3060]
過失(과실) - 罪過(죄과) [5260-5052]
過言(과언) - 過談(과담) [5260-5250]
過飮(과음) - 長酒(장주) [5262-8040]
過從(과종) - 相從(상종) [5240-5240]
過讚(과찬) - 過稱(과칭) [5240-5240]
寡妻(과처) - 荊婦(형부) [3232-1042]
寡妻(과처) - 荊妻(형처) [3232-1032]
灌漑(관개) - 灌注(관주) [1010-1062]
官界(관계) - 宦海(환해) [4262-1072]
官權(관권) - 官力(관력) [4242-4272]
關聯(관련) - 牽聯(견련) [5232-3032]
關聯(관련) - 聯關(연관) [5232-3252]
貫流(관류) - 通流(통류) [3252-6052]
管理(관리) - 管句(관구) [4062-4042]
官吏(관리) - 官憲(관헌) [4232-4240]
寬免(관면) - 宥恕(유서) [3232-1032]
官帽(관모) - 制帽(제모) [4220-4220]
官務(관무) - 廳務(청무) [4242-4042]
官福(관복) - 宦數(환수) [4252-1070]
寬裕(관유) - 廣裕(광유) [3232-5232]
官銀(관은) - 官金(관금) [4260-4280]
官銀(관은) - 官錢(관전) [4260-4240]

官邸(관저) - 公邸(공저) [4210-6210]
觀點(관점) - 見地(견지) [5240-5270]
恝待(괄대) - 薄遇(박우) [0260-3240]
廣告(광고) - 廣布(광포) [5252-5242]
匡救(광구) - 匡濟(광제) [1050-1042]
鑛夫(광부) - 坑夫(갱부) [4070-2070]
狂夫(광부) - 狂漢(광한) [3270-3272]
鑛夫(광부) - 採工(채공) [4070-4072]
狂言(광언) - 狂談(광담) [3260-3250]
廣義(광의) - 泛意(범의) [5242-1062]
廣義(광의) - 汎意(범의) [5242-2062]
匡正(광정) - 矯正(교정) [1072-3072]
匡正(광정) - 廓正(확정) [1072-1072]
掛冠(괘관) - 掛冕(괘면) [3032-3012]
怪奇(괴기) - 傀奇(괴기) [3240-2040]
壞爛(괴란) - 糜爛(미란) [3220-0020]
乖離(괴리) - 乖隔(괴격) [1040-1032]
槐宸(괴신) - 楓宸(풍신) [1210-3210]
宏圖(굉도) - 宏規(굉규) [1062-1050]
宏圖(굉도) - 宏謀(굉모) [1062-1032]
宏圖(굉도) - 宏謨(굉모) [1062-1012]
校規(교규) - 校則(교칙) [8050-8050]
驕矜(교긍) - 驕誇(교과) [1010-1032]
校內(교내) - 學內(학내) [8072-8072]
交代(교대) - 交迭(교질) [6062-6010]
交代(교대) - 替代(체대) [6062-3062]
交代(교대) - 遞代(체대) [6062-3062]
敎徒(교도) - 信徒(신도) [8040-6240]
敎徒(교도) - 信者(신자) [8040-6260]
攪亂(교란) - 亂攪(난교) [1040-4010]
攪亂(교란) - 擾亂(요란) [1040-1040]
矯誣(교무) - 矯僞(교위) [1010-3032]
交番(교번) - 代番(대번) [6060-6260]
交番(교번) - 遞番(체번) [6060-3060]
交分(교분) - 交誼(교의) [6062-6010]
交分(교분) - 交情(교정) [6062-6052]
交分(교분) - 情交(정교) [6062-5260]
交分(교분) - 情分(정분) [6062-5262]
交分(교분) - 情誼(정의) [6062-5210]
交聘(교빙) - 通聘(통빙) [6030-6030]
巧詐(교사) - 巧僞(교위) [3230-3232]
巧詐(교사) - 詐巧(사교) [3230-3032]
咬傷(교상) - 咬創(교창) [1040-1042]
交涉(교섭) - 折衝(절충) [6030-4032]
嬌兒(교아) - 佼童(교동) [1052-0062]
嬌兒(교아) - 嬌童(교동) [1052-1062]
嬌兒(교아) - 姣童(교동) [1052-0062]
郊野(교야) - 郊原(교원) [3060-3050]
巧言(교언) - 巧說(교설) [3260-3252]
交戰(교전) - 交戟(교극) [6062-6010]
巧拙(교졸) - 工拙(공졸) [3230-7230]
敎旨(교지) - 官誥(관고) [8020-4202]
敎旨(교지) - 敎趣(교취) [8020-8040]
巧智(교지) - 術智(술지) [3240-6240]
交睫(교첩) - 接目(접목) [6002-4260]
校合(교합) - 校正(교정) [8060-8072]
謳歌(구가) - 謳吟(구음) [1070-1030]
晷刻(구각) - 寸陰(촌음) [0240-8042]
口渴(구갈) - 燥渴(조갈) [7030-3030]
舊穀(구곡) - 陳穀(진곡) [5240-3240]
舊功(구공) - 舊勞(구로) [5262-5252]
舊功(구공) - 舊勳(구훈) [5262-5220]
寇掠(구략) - 寇奪(구탈) [1030-1032]
舊例(구례) - 舊慣(구관) [5260-5232]
久留(구류) - 淹留(엄류) [3242-0242]
久留(구류) - 遲留(지류) [3242-3042]
裘馬(구마) - 富者(부자) [0050-4260]
舊面(구면) - 熟面(숙면) [5270-3270]
究明(구명) - 闡究(천구) [4262-1042]
歐美(구미) - 西洋(서양) [2060-8060]
救民(구민) - 濟民(제민) [5080-4280]
口碑(구비) - 口承(구승) [7040-7042]
口碑(구비) - 口傳(구전) [7040-7052]
口碑(구비) - 口占(구점) [7040-7040]
鉤狀(구상) - 鉤形(구형) [1042-1062]
拘束(구속) - 羈束(기속) [3252-1052]

拘束(구속) - 籠絆(농반) [3252-2010]
拘束(구속) - 束縛(속박) [3252-5210]
口誦(구송) - 音讀(음독) [7030-6262]
口述(구술) - 口宣(구선) [7032-7040]
口述(구술) - 口演(구연) [7032-7042]
舊惡(구악) - 宿惡(숙악) [5252-5252]
舊緣(구연) - 舊因(구인) [5240-5250]
舊友(구우) - 故舊(고구) [5252-4252]
舊友(구우) - 故友(고우) [5252-4252]
舊友(구우) - 故人(고인) [5252-4280]
救援(구원) - 援救(원구) [5040-4050]
舊恩(구은) - 前恩(전은) [5242-7242]
舊章(구장) - 舊典(구전) [5260-5252]
救災(구재) - 救難(구난) [5050-5042]
救濟(구제) - 拯濟(증제) [5042-0242]
俱存(구존) - 俱慶(구경) [3040-3042]
具陳(구진) - 具稟(구품) [5232-5210]
舊債(구채) - 宿債(숙채) [5232-5232]
九天(구천) - 九野(구야) [8070-8060]
九天(구천) - 層宵(층소) [8070-4010]
具體(구체) - 具象(구상) [5262-5240]
驅逐(구축) - 驅出(구출) [3030-3070]
口臭(구취) - 口過(구과) [7030-7052]
口筆(구필) - 口書(구서) [7052-7062]
舊恨(구한) - 舊怨(구원) [5240-5240]
鳩合(구합) - 鳩聚(구취) [1060-1012]
溝洫(구혁) - 溝澮(구회) [1000-1002]
球形(구형) - 球狀(구상) [6262-6242]
媾和(구화) - 講和(강화) [0062-4262]
國境(국경) - 疆場(강역) [8042-1200]
國境(국경) - 邦域(방역) [8042-3040]
國民(국민) - 國人(국인) [8080-8080]
局部(국부) - 局所(국소) [5262-5270]
國譯(국역) - 韓譯(한역) [8032-8032]
國憂(국우) - 國患(국환) [8032-8050]
國運(국운) - 國步(국보) [8062-8042]
菊月(국월) - 菊秋(국추) [3280-3270]
國儲(국저) - 貳極(이극) [8002-2042]

國情(국정) - 國狀(국상) [8052-8042]
國恥(국치) - 國辱(국욕) [8032-8032]
軍機(군기) - 戰機(전기) [8040-6240]
軍糧(군량) - 餉饋(향궤) [8040-0202]
軍備(군비) - 武備(무비) [8042-4242]
軍備(군비) - 兵備(병비) [8042-5242]
軍勢(군세) - 武旅(무려) [8042-4252]
軍勢(군세) - 兵勢(병세) [8042-5242]
群臣(군신) - 諸臣(제신) [4052-3252]
群英(군영) - 群芳(군방) [4060-4032]
群英(군영) - 群花(군화) [4060-4070]
軍營(군영) - 兵舍(병사) [8040-5242]
軍律(군율) - 軍規(군규) [8042-8050]
君恩(군은) - 恩光(은광) [4042-4262]
群衆(군중) - 群民(군민) [4042-4080]
屈服(굴복) - 屈膝(굴슬) [4060-4010]
屈指(굴지) - 僂指(누지) [4042-0042]
掘鑿(굴착) - 鑿掘(착굴) [2010-1020]
窮相(궁상) - 貧相(빈상) [4052-4252]
窮色(궁색) - 窮氣(궁기) [4070-4072]
弓術(궁술) - 射技(사기) [3262-4050]
窮心(궁심) - 用慮(용려) [4070-6240]
窮心(궁심) - 用心(용심) [4070-6270]
窮村(궁촌) - 窮鄕(궁향) [4070-4042]
窮村(궁촌) - 貧村(빈촌) [4070-4270]
勸告(권고) - 勸說(권설) [4052-4052]
眷顧(권고) - 眷佑(권우) [1030-1012]
勸勉(권면) - 勸力(권력) [4040-4072]
權謀(권모) - 權略(권략) [4232-4240]
勸善(권선) - 進善(진선) [4050-4250]
權術(권술) - 權數(권수) [4262-4270]
權輿(권여) - 濫觴(남상) [4230-3010]
權輿(권여) - 嚆矢(효시) [4230-1030]
勸獎(권장) - 勸勵(권려) [4040-4032]
勸懲(권징) - 懲勸(징권) [4030-3040]
軌範(궤범) - 範軌(범궤) [3040-4030]
軌躅(궤촉) - 先軌(선궤) [3000-8030]
軌躅(궤촉) - 遺範(유범) [3000-4040]

詭譎(궤휼) - 奇譎(기휼) [1002-4002]
歸家(귀가) - 歸宅(귀택) [4072-4052]
歸家(귀가) - 還家(환가) [4072-3272]
歸結(귀결) - 歸斷(귀단) [4052-4042]
歸農(귀농) - 歸耕(귀경) [4072-4032]
歸隊(귀대) - 歸營(귀영) [4042-4040]
貴宅(귀댁) - 貴家(귀가) [5052-5072]
貴宅(귀댁) - 尊家(존가) [5052-4272]
貴宅(귀댁) - 尊宅(존택) [5052-4252]
歸路(귀로) - 回路(회로) [4060-4260]
貴命(귀명) - 尊命(존명) [5070-4270]
貴門(귀문) - 尊門(존문) [5080-4280]
貴賓(귀빈) - 大賓(대빈) [5030-8030]
歸元(귀원) - 歸寂(귀적) [4052-4032]
歸元(귀원) - 示寂(시적) [4052-5032]
歸元(귀원) - 入寂(입적) [4052-7032]
歸元(귀원) - 遷化(천화) [4052-3252]
歸天(귀천) - 歸泉(귀천) [4070-4040]
歸降(귀항) - 歸伏(귀복) [4040-4040]
歸鄕(귀향) - 歸省(귀성) [4042-4062]
歸鄕(귀향) - 還鄕(환향) [4042-3242]
規範(규범) - 規模(규모) [5040-5040]
規範(규범) - 繩矩(승구) [5040-1210]
規律(규율) - 紀律(기율) [5042-4042]
規程(규정) - 規定(규정) [5042-5060]
規程(규정) - 限定(한정) [5042-4260]
糾錯(규착) - 糾紛(규분) [3032-3032]
糾錯(규착) - 糾纏(규전) [3032-3010]
叫喚(규환) - 叫號(규호) [3010-3060]
均衡(균형) - 平衡(평형) [4032-7232]
劇盜(극도) - 劇賊(극적) [4040-4040]
極貧(극빈) - 貧素(빈소) [4242-4242]
極上(극상) - 難上(난상) [4272-4272]
極上(극상) - 太上(태상) [4272-6072]
極凶(극흉) - 慘凶(참흉) [4252-3052]
根幹(근간) - 幹根(간근) [6032-3260]
根幹(근간) - 根基(근기) [6032-6052]
根幹(근간) - 根本(근본) [6032-6060]
根幹(근간) - 根底(근저) [6032-6040]
根幹(근간) - 基礎(기초) [6032-5232]
近年(근년) - 輓近(만근) [6080-1060]
近年(근년) - 比年(비년) [6080-5080]
近來(근래) - 比來(비래) [6070-5070]
近隣(근린) - 比隣(비린) [6030-5030]
勤勉(근면) - 力勉(역면) [4040-7240]
根性(근성) - 性根(성근) [6052-5260]
謹身(근신) - 恪謹(각근) [3062-1030]
謹身(근신) - 恪愼(각신) [3062-1032]
根源(근원) - 起首(기수) [6040-4252]
根絶(근절) - 根滅(근멸) [6042-6032]
謹弔(근조) - 敬弔(경조) [3030-5230]
近處(근처) - 近邊(근변) [6042-6042]
近處(근처) - 隣近(인근) [6042-3060]
勤怠(근태) - 勤慢(근만) [4030-4030]
謹賀(근하) - 恭賀(공하) [3032-3232]
覲見(근현) - 覲光(근광) [1052-1062]
覲見(근현) - 覲謁(근알) [1052-1030]
近況(근황) - 近狀(근상) [6040-6042]
近況(근황) - 近勢(근세) [6040-6042]
禁斷(금단) - 禁絶(금절) [4242-4242]
今昔(금석) - 今古(금고) [6230-6260]
禽獸(금수) - 鳥獸(조수) [3232-4232]
琴瑟(금실) - 比翼(비익) [3212-5032]
琴瑟(금실) - 連理(연리) [3212-4262]
禁煙(금연) - 斷煙(단연) [4242-4242]
琴韻(금운) - 琴音(금음) [3232-3262]
擒縱(금종) - 縱擒(종금) [1032-3210]
禁酒(금주) - 斷酒(단주) [4240-4240]
急湍(급단) - 急瀨(급뢰) [6212-6202]
急命(급명) - 急令(급령) [6270-6250]
急報(급보) - 急告(급고) [6242-6252]
急死(급사) - 猝死(졸사) [6260-1060]
急書(급서) - 急信(급신) [6262-6262]
急書(급서) - 急便(급편) [6262-6270]
急所(급소) - 要部(요부) [6270-5262]
急所(급소) - 要所(요소) [6270-5270]

急所(급소) - 要點(요점) [6270-5240]
急所(급소) - 要諦(요체) [6270-5210]
急襲(급습) - 急擊(급격) [6232-6240]
給與(급여) - 給料(급료) [5040-5050]
急進(급진) - 過激(과격) [6242-5240]
急進(급진) - 頓進(돈진) [6242-1242]
急患(급환) - 急病(급병) [6250-6260]
急患(급환) - 急症(급증) [6250-6232]
急患(급환) - 頓病(돈병) [6250-1260]
兢懼(긍구) - 兢惕(긍척) [1230-1200]
矜大(긍대) - 矜伐(긍벌) [1080-1042]
肯志(긍지) - 贊意(찬의) [3042-3262]
棋客(기객) - 碁客(기객) [2052-0252]
棋客(기객) - 棋士(기사) [2052-2052]
棋客(기객) - 碁士(기사) [2052-0252]
寄居(기거) - 寄食(기식) [4040-4072]
寄居(기거) - 寓食(우식) [4040-1072]
起工(기공) - 着工(착공) [4272-5272]
器具(기구) - 什物(집물) [4252-1072]
飢饉(기근) - 飢餓(기아) [3010-3030]
技能(기능) - 技倆(기량) [5052-5010]
奇談(기담) - 奇譚(기담) [4050-4010]
奇談(기담) - 珍話(진화) [4050-4072]
期待(기대) - 企待(기대) [5060-3260]
期待(기대) - 企望(기망) [5060-3252]
期待(기대) - 期望(기망) [5060-5052]
期待(기대) - 囑望(촉망) [5060-1052]
祈禱(기도) - 祈求(기구) [3210-3242]
祈禱(기도) - 祈望(기망) [3210-3252]
祈禱(기도) - 祈願(기원) [3210-3250]
企圖(기도) - 企劃(기획) [3262-3232]
綺羅(기라) - 羅綺(나기) [1042-4210]
氣量(기량) - 氣宇(기우) [7250-7232]
氣力(기력) - 筋力(근력) [7272-4072]
氣力(기력) - 精力(정력) [7272-4272]
耆老(기로) - 耆舊(기구) [1270-1252]
耆老(기로) - 耆年(기년) [1270-1280]
記錄(기록) - 著錄(저록) [7242-3242]
譏弄(기롱) - 戱弄(희롱) [1032-0232]
寄留(기류) - 託足(탁족) [4042-2072]
奇問(기문) - 珍問(진문) [4070-4070]
器物(기물) - 器皿(기명) [4272-4210]
奇峯(기봉) - 奇巒(기만) [4032-4002]
奇書(기서) - 奇籍(기적) [4062-4040]
奇石(기석) - 怪石(괴석) [4060-3260]
旣成(기성) - 已成(이성) [3062-3262]
耆叟(기수) - 老人(노인) [1200-7080]
旣述(기술) - 上述(상술) [3032-7232]
旣述(기술) - 前述(전술) [3032-7232]
奇巖(기암) - 怪巖(괴암) [4032-3232]
奇言(기언) - 奇語(기어) [4060-4070]
寄與(기여) - 貢獻(공헌) [4040-3232]
忌惡(기오) - 忌憎(기증) [3052-3032]
忌惡(기오) - 憎忌(증기) [3052-3230]
起臥(기와) - 容止(용지) [4230-4250]
起臥(기와) - 坐作(좌작) [4230-3262]
旗章(기장) - 旗號(기호) [7060-7060]
氣絶(기절) - 失氣(실기) [7242-6072]
氣絶(기절) - 昏絶(혼절) [7242-3042]
寄贈(기증) - 贈與(증여) [4030-3040]
寄贈(기증) - 贈呈(증정) [4030-3020]
機智(기지) - 頓才(돈재) [4040-1262]
機智(기지) - 頓智(돈지) [4040-1240]
基層(기층) - 底層(저층) [5240-4040]
其他(기타) - 其外(기외) [3250-3280]
起泡(기포) - 發泡(발포) [4210-6210]
氣品(기품) - 風格(풍격) [7252-6252]
忌諱(기휘) - 忌避(기피) [3010-3040]
緊談(긴담) - 要談(요담) [3250-5250]
吉夢(길몽) - 祥夢(상몽) [5032-3032]
吉月(길월) - 令月(영월) [5080-5080]
吉日(길일) - 令日(영일) [5080-5080]
吉占(길점) - 吉卜(길복) [5040-5030]
吉兆(길조) - 佳兆(가조) [5032-3232]
吉兆(길조) - 吉祥(길상) [5032-5030]
羅裙(나군) - 羅裳(나상) [4202-4232]

懶農(나농) - 怠農(태농) [1072-3072]
懶眠(나면) - 惰眠(타면) [1032-1032]
癩病(나병) - 疥癩(개라) [1060-0210]
拿引(나인) - 拿來(나래) [1042-1070]
拿引(나인) - 拿就(나취) [1042-1040]
拿引(나인) - 拿致(나치) [1042-1050]
懶怠(나태) - 怠慢(태만) [1030-3030]
落島(낙도) - 孤島(고도) [5050-4050]
樂園(낙원) - 樂土(낙토) [6260-6280]
落月(낙월) - 傾月(경월) [5080-4080]
烙印(낙인) - 燒印(소인) [1042-3242]
落第(낙제) - 留級(유급) [5062-4260]
落照(낙조) - 仄日(측일) [5032-0280]
落着(낙착) - 決定(결정) [5052-5260]
爛開(난개) - 爛發(난발) [2060-2062]
難民(난민) - 窮民(궁민) [4280-4080]
亂峯(난봉) - 亂山(난산) [4032-4080]
亂射(난사) - 亂擊(난격) [4040-4040]
爛商(난상) - 熟談(숙담) [2052-3250]
爛商(난상) - 熟議(숙의) [2052-3242]
蘭室(난실) - 蘭閨(난규) [3280-3220]
闌入(난입) - 擅入(천입) [0070-1070]
難破(난파) - 破船(파선) [4242-4250]
難解(난해) - 難澁(난삽) [4242-4210]
襤褸(남루) - 襤衣(남의) [0202-0260]
濫用(남용) - 亂用(난용) [3062-4062]
濫用(남용) - 誤用(오용) [3062-4262]
南進(남진) - 南下(남하) [8042-8072]
朗讀(낭독) - 朗誦(낭송) [5262-5230]
浪費(낭비) - 徒消(도소) [3250-4062]
浪費(낭비) - 徒銷(도소) [3250-4002]
浪死(낭사) - 徒死(도사) [3260-4060]
來到(내도) - 來着(내착) [7052-7052]
內亂(내란) - 內寇(내구) [7240-7210]
內亂(내란) - 內變(내변) [7240-7252]
內亂(내란) - 內戰(내전) [7240-7262]
來歷(내력) - 由來(유래) [7052-6070]
來莅(내리) - 降臨(강림) [7000-4032]
內密(내밀) - 內秘(내비) [7242-7202]
內密(내밀) - 內祕(내비) [7242-7240]
內紛(내분) - 內爭(내쟁) [7232-7250]
內紛(내분) - 內訌(내홍) [7232-7210]
內事(내사) - 秘事(비사) [7272-4072]
內事(내사) - 陰事(음사) [7272-4272]
來屬(내속) - 來服(내복) [7040-7060]
來屬(내속) - 來伏(내복) [7040-7040]
來屬(내속) - 來附(내부) [7040-7032]
內侍(내시) - 閹宦(엄환) [7232-0010]
內侍(내시) - 嬖宦(폐환) [7232-0210]
內憂(내우) - 內患(내환) [7232-7250]
來人(내인) - 來者(내자) [7080-7060]
倈子(내자) - 使喚(사환) [0072-6010]
內子(내자) - 室人(실인) [7272-8080]
內寵(내총) - 內嬖(내폐) [7210-7202]
內通(내통) - 姦淫(간음) [7260-3032]
內通(내통) - 內應(내응) [7260-7242]
內通(내통) - 私通(사통) [7260-4060]
內通(내통) - 野合(야합) [7260-6060]
內通(내통) - 通情(통정) [7260-6052]
耐乏(내핍) - 耐貧(내빈) [3210-3242]
來學(내학) - 後學(후학) [7080-7280]
冷官(냉관) - 薄宦(박환) [5042-3210]
冷氣(냉기) - 寒氣(한기) [5072-5072]
冷淡(냉담) - 薄情(박정) [5032-3252]
冷溫(냉온) - 溫冷(온랭) [5060-6050]
老脚(노각) - 老足(노족) [7032-7072]
老公(노공) - 尊老(존로) [7062-4270]
老公(노공) - 尊翁(존옹) [7062-4230]
怒氣(노기) - 怒色(노색) [4272-4270]
老農(노농) - 老圃(노포) [7072-7010]
怒濤(노도) - 警濤(경도) [4210-4210]
怒濤(노도) - 怒潮(노조) [4210-4240]
老妄(노망) - 老狂(노광) [7032-7032]
老妄(노망) - 妄靈(망령) [7032-3232]
老少(노소) - 少長(소장) [7070-7080]
老衰(노쇠) - 頹暮(퇴모) [7032-1030]

老鶯(노앵) - 殘鶯(잔앵) [7010-4010]
勞賃(노임) - 勞費(노비) [5232-5250]
勞作(노작) - 力作(역작) [5262-7262]
露店(노점) - 亂廛(난전) [3252-4010]
蘆汀(노정) - 蘆洲(노주) [1212-1232]
路程(노정) - 道程(도정) [6042-7242]
路程(노정) - 里程(이정) [6042-7042]
露呈(노정) - 呈露(정로) [3220-2032]
奴主(노주) - 主僕(주복) [3270-7010]
老兄(노형) - 兄丈(형장) [7080-8032]
鹿角(녹각) - 落角(낙각) [3062-5062]
綠潭(녹담) - 碧潭(벽담) [6020-3220]
綠堂(녹당) - 綠窓(녹창) [6062-6062]
綠林(녹림) - 青林(청림) [6070-8070]
鹿尾(녹미) - 鹿舌(녹설) [3032-3040]
綠樹(녹수) - 碧樹(벽수) [6060-3260]
綠水(녹수) - 碧水(벽수) [6080-3280]
錄紙(녹지) - 錄片(녹편) [4270-4232]
鹿湯(녹탕) - 鹿羹(녹갱) [3032-3010]
論斷(논단) - 論決(논결) [4242-4252]
論駁(논박) - 駁論(박론) [4210-1042]
論駁(논박) - 駁說(박설) [4210-1052]
論駁(논박) - 反駁(반박) [4210-6210]
論述(논술) - 論陳(논진) [4232-4232]
論述(논술) - 說述(설술) [4232-5232]
論意(논의) - 論旨(논지) [4262-4220]
論議(논의) - 談議(담의) [4242-5042]
論議(논의) - 議論(의논) [4242-4242]
論爭(논쟁) - 對論(대론) [4250-6242]
論責(논책) - 論詰(논힐) [4252-4210]
論劾(논핵) - 臺論(대론) [4210-3242]
論劾(논핵) - 臺彈(대탄) [4210-3240]
論劾(논핵) - 彈駁(탄박) [4210-4010]
論劾(논핵) - 彈劾(탄핵) [4210-4010]
壟斷(농단) - 隴斷(농단) [1042-0042]
籠絡(농락) - 牢籠(뇌롱) [2032-1020]
濃霧(농무) - 大霧(대무) [2030-8030]
濃霧(농무) - 暗霧(암무) [2030-4230]
農夫(농부) - 畲丁(여정) [7270-0040]
農夫(농부) - 耰耦(우우) [7270-0000]
農婦(농부) - 田婦(전부) [7242-4242]
弄舌(농설) - 饒舌(요설) [3240-1040]
農酒(농주) - 農濁(농탁) [7240-7230]
農閑(농한) - 農隙(농극) [7240-7210]
弄翰(농한) - 弄筆(농필) [3220-3252]
耒耨(뇌누) - 農具(농구) [0000-7252]
雷同(뇌동) - 附同(부동) [3270-3270]
樓臺(누대) - 樓榭(누사) [3232-3200]
累代(누대) - 歷世(역세) [3262-5272]
累卵(누란) - 風燈(풍등) [3240-6242]
累卵(누란) - 風燭(풍촉) [3240-6230]
陋俗(누속) - 陋習(누습) [1042-1060]
陋俗(누속) - 陋風(누풍) [1042-1062]
累息(누식) - 屛息(병식) [3242-3042]
累戰(누전) - 連戰(연전) [3262-4262]
陋地(누지) - 鄙地(비지) [1070-1070]
漏出(누출) - 漏泄(누설) [3270-3210]
漏出(누출) - 漏洩(누설) [3270-3210]
陋巷(누항) - 隘巷(애항) [1030-1030]
能吏(능리) - 材吏(재리) [5232-5232]
多寡(다과) - 多少(다소) [6032-6070]
多年(다년) - 宿年(숙년) [6080-5280]
多辯(다변) - 多言(다언) [6040-6060]
多謝(다사) - 多罪(다죄) [6042-6050]
多濕(다습) - 高濕(고습) [6032-6232]
多食(다식) - 健啖(건담) [6072-5002]
多食(다식) - 健食(건식) [6072-5072]
多食(다식) - 大食(대식) [6072-8072]
短見(단견) - 管見(관견) [6252-4052]
短頸(단경) - 短項(단항) [6210-6232]
單袴(단고) - 袴衣(고의) [4210-1060]
單騎(단기) - 一騎(일기) [4232-8032]
鍛鍊(단련) - 練磨(연마) [2032-5232]
鍛鍊(단련) - 硏磨(연마) [2032-4232]
鍛鍊(단련) - 鍊磨(연마) [2032-3232]
鍛鍊(단련) - 砥礪(지려) [2032-0212]

短命(단명) - 短世(단세) [6270-6272]
短命(단명) - 短壽(단수) [6270-6232]
短命(단명) - 薄命(박명) [6270-3270]
斷髮(단발) - 落髮(낙발) [4240-5040]
斷髮(단발) - 削髮(삭발) [4240-3240]
斷髮(단발) - 斬髮(참발) [4240-2040]
單番(단번) - 一擧(일거) [4260-8050]
丹誠(단성) - 丹心(단심) [3242-3270]
丹誠(단성) - 丹衷(단충) [3242-3220]
丹誠(단성) - 赤心(적심) [3242-5070]
斷腸(단장) - 斷魂(단혼) [4240-4232]
斷絶(단절) - 絶斷(절단) [4242-4242]
丹柱(단주) - 丹楹(단영) [3232-3202]
單行(단행) - 獨往(독왕) [4260-5242]
單行(단행) - 獨行(독행) [4260-5260]
達辯(달변) - 能辯(능변) [4240-5240]
達言(달언) - 達辭(달사) [4260-4240]
潭邊(담변) - 潭上(담상) [2042-2072]
痰聲(담성) - 痰響(담향) [1042-1032]
醓醢(담해) - 肉醬(육장) [0000-4210]
答辭(답사) - 答言(답언) [7240-7260]
答賽(답새) - 報賽(보새) [7202-4202]
踏襲(답습) - 蹈襲(도습) [3232-1032]
踏襲(답습) - 沿襲(연습) [3232-3232]
踏襲(답습) - 因襲(인습) [3232-5032]
遝至(답지) - 殺到(쇄도) [1042-4252]
當官(당관) - 在冠(재관) [5242-6032]
當期(당기) - 當季(당계) [5250-5240]
當代(당대) - 當世(당세) [5262-5272]
當代(당대) - 當朝(당조) [5262-5260]
黨類(당류) - 同類(동류) [4252-7052]
黨類(당류) - 同種(동종) [4252-7052]
黨類(당류) - 伴當(반당) [4252-3052]
黨類(당류) - 連類(연류) [4252-4252]
當選(당선) - 入選(입선) [5250-7050]
當所(당소) - 當處(당처) [5270-5242]
當夜(당야) - 卽夜(즉야) [5260-3260]
唐冊(당책) - 唐板(당판) [3240-3250]
大家(대가) - 巨星(거성) [8072-4042]
大家(대가) - 巨匠(거장) [8072-4010]
大綱(대강) - 大略(대략) [8032-8040]
大綱(대강) - 大要(대요) [8032-8052]
大哭(대곡) - 啼哭(제곡) [8032-1032]
大功(대공) - 丕績(비적) [8062-1240]
大國(대국) - 大邦(대방) [8080-8030]
對立(대립) - 對峙(대치) [6272-6212]
對面(대면) - 對見(대견) [6270-6252]
對面(대면) - 案對(안대) [6270-5062]
大寶(대보) - 大極(대극) [8042-8042]
大寶(대보) - 至寶(지보) [8042-4242]
大暑(대서) - 大熱(대열) [8030-8050]
大雪(대설) - 壯雪(장설) [8062-4062]
大聲(대성) - 大音(대음) [8042-8062]
大勝(대승) - 大捷(대첩) [8060-8010]
大屋(대옥) - 廣宅(광택) [8050-5252]
待遇(대우) - 待接(대접) [6040-6042]
待遇(대우) - 處遇(처우) [6040-4240]
代員(대원) - 代人(대인) [6242-6280]
大位(대위) - 高位(고위) [8050-6250]
大位(대위) - 盛位(성위) [8050-4250]
大位(대위) - 崇班(숭반) [8050-4062]
大邑(대읍) - 雄邑(웅읍) [8070-5070]
大任(대임) - 大務(대무) [8052-8042]
大任(대임) - 大役(대역) [8052-8032]
代任(대임) - 代辦(대판) [6252-6210]
大作(대작) - 巨作(거작) [8062-4062]
大才(대재) - 碩才(석재) [8062-2062]
對敵(대적) - 抵當(저당) [6242-3252]
大典(대전) - 大儀(대의) [8052-8040]
大典(대전) - 重典(중전) [8052-7052]
大罪(대죄) - 大犯(대범) [8050-8040]
大衆(대중) - 群俗(군속) [8042-4042]
大差(대차) - 逕庭(경정) [8040-0262]
大差(대차) - 徑庭(경정) [8040-3262]
代辦(대판) - 代辨(대변) [6210-6230]
代辦(대판) - 代償(대상) [6210-6232]

代辦(대판) - 代任(대임) [6210-6252]
大旱(대한) - 長旱(장한) [8030-8030]
大海(대해) - 鴻溟(홍명) [8072-3010]
對話(대화) - 對談(대담) [6272-6250]
對話(대화) - 對語(대어) [6272-6270]
對話(대화) - 對言(대언) [6272-6260]
大孝(대효) - 至孝(지효) [8072-4272]
德星(덕성) - 瑞星(서성) [5242-2042]
悼歌(도가) - 輓歌(만가) [2070-1070]
悼歌(도가) - 挽歌(만가) [2070-1070]
渡江(도강) - 渡河(도하) [3272-3250]
到達(도달) - 當到(당도) [5242-5252]
徒黨(도당) - 徒輩(도배) [4042-4032]
道德(도덕) - 倫理(윤리) [7252-3262]
擣鍊(도련) - 搗砧(도침) [0032-1010]
徒步(도보) - 徒行(도행) [4042-4060]
徒步(도보) - 步行(보행) [4042-4260]
屠肆(도사) - 懸房(현방) [1002-3242]
屠殺(도살) - 屠獸(도수) [1042-1032]
屠殺(도살) - 屠宰(도재) [1042-1030]
盜殺(도살) - 私屠(사도) [4042-4010]
盜視(도시) - 盜見(도견) [4042-4052]
徒食(도식) - 臥食(와식) [4072-3072]
徒食(도식) - 菜食(채식) [4072-3272]
陶冶(도야) - 陶鑄(도주) [3210-3232]
桃源(도원) - 仙境(선경) [3240-5242]
桃源(도원) - 仙界(선계) [3240-5262]
桃源(도원) - 仙鄕(선향) [3240-5242]
刀匠(도장) - 刀工(도공) [3210-3272]
途中(도중) - 中途(중도) [3280-8032]
途中(도중) - 中路(중로) [3280-8060]
到處(도처) - 觸處(촉처) [5242-3242]
盜聽(도청) - 密聽(밀청) [4040-4240]
陶枕(도침) - 瓷枕(자침) [3230-1030]
淘汰(도태) - 陶汰(도태) [1010-3210]
淘汰(도태) - 汰沙(태사) [1010-1032]
都合(도합) - 都數(도수) [5060-5070]
渡航(도항) - 渡海(도해) [3242-3272]
韜晦(도회) - 卷懷(권회) [0210-4032]
獨斷(독단) - 專決(전결) [5242-4052]
獨斷(독단) - 專斷(전단) [5242-4042]
督勵(독려) - 策勵(책려) [4232-3232]
禿木(독목) - 禿樹(독수) [1080-1060]
毒殺(독살) - 毒害(독해) [4242-4252]
毒手(독수) - 毒牙(독아) [4272-4232]
獨宿(독숙) - 獨寢(독침) [5252-5240]
毒藥(독약) - 惡藥(악약) [4262-5262]
毒刃(독인) - 凶刃(흉인) [4220-5220]
毒刃(독인) - 兇刃(흉인) [4220-1020]
獨占(독점) - 專有(전유) [5240-4070]
篤學(독학) - 獨習(독습) [3080-5260]
突變(돌변) - 豹變(표변) [3252-1052]
突變(돌변) - 忽變(홀변) [3252-3252]
同甲(동갑) - 同年(동년) [7040-7080]
同甲(동갑) - 同齒(동치) [7040-7042]
凍結(동결) - 氷結(빙결) [3252-5052]
洞窟(동굴) - 洞穴(동혈) [7020-7032]
東宮(동궁) - 東儲(동저) [8042-8002]
洞內(동내) - 坊內(방내) [7072-1072]
棟梁(동량) - 干城(간성) [2032-4042]
棟梁(동량) - 棟樑(동량) [2032-2012]
棟梁(동량) - 楹棟(영동) [2032-0220]
棟梁(동량) - 柱梁(주량) [2032-3232]
同僚(동료) - 僚友(요우) [7030-3052]
同輩(동배) - 等輩(등배) [7032-6232]
同腹(동복) - 同母(동모) [7032-7080]
同席(동석) - 同坐(동좌) [7060-7032]
同時(동시) - 等時(등시) [7072-6272]
同意(동의) - 贊成(찬성) [7062-3262]
洞長(동장) - 洞首(동수) [7080-7052]
動靜(동정) - 起居(기거) [7240-4240]
東征(동정) - 東伐(동벌) [8032-8042]
動靜(동정) - 動止(동지) [7240-7250]
同窓(동창) - 同門(동문) [7062-7080]
同窓(동창) - 同接(동접) [7062-7042]
同窓(동창) - 同學(동학) [7062-7080]

胴體(동체) - 胴部(동부) [1062-1062]
童穉(동치) - 孩兒(해아) [6202-0252]
東海(동해) - 東瀛(동영) [8072-8002]
同行(동행) - 同道(동도) [7060-7072]
同行(동행) - 同伴(동반) [7060-7030]
同形(동형) - 同樣(동양) [7062-7040]
頭目(두목) - 頭領(두령) [6060-6050]
頭目(두목) - 頭首(두수) [6060-6052]
頭目(두목) - 首領(수령) [6060-5250]
頭目(두목) - 主領(주령) [6060-7050]
頭緖(두서) - 條理(조리) [6032-4062]
斗屋(두옥) - 斗室(두실) [4250-4280]
頭註(두주) - 鼇頭(오두) [6010-0260]
遁逃(둔도) - 逋逃(포도) [1040-1040]
鈍夫(둔부) - 鈍漢(둔한) [3070-3072]
得暇(득가) - 得由(득유) [4240-4260]
得談(득담) - 得謗(득방) [4250-4210]
得意(득의) - 得心(득심) [4262-4270]
等價(등가) - 同價(동가) [6252-7052]
登校(등교) - 出校(출교) [7080-7080]
登極(등극) - 登位(등위) [7042-7050]
登極(등극) - 登祚(등조) [7042-7012]
登極(등극) - 負扆(부의) [7042-4000]
登極(등극) - 卽位(즉위) [7042-3250]
騰落(등락) - 高落(고락) [3050-6250]
登用(등용) - 擧用(거용) [7062-5062]
登用(등용) - 登庸(등용) [7062-7030]
登用(등용) - 登擢(등탁) [7062-7010]
登用(등용) - 昇擢(승탁) [7062-3210]
登陟(등척) - 登行(등행) [7012-7060]
等閑(등한) - 疎忽(소홀) [6240-1032]
魔境(마경) - 魔界(마계) [2042-2062]
摩擦(마찰) - 抹擦(말찰) [2010-1010]
痲醉(마취) - 朦昏(몽혼) [2032-0030]
莫及(막급) - 莫甚(막심) [3232-3232]
幕後(막후) - 背後(배후) [3272-4272]
萬感(만감) - 萬念(만념) [8060-8052]
萬感(만감) - 百感(백감) [8060-7060]
晩景(만경) - 暮景(모경) [3250-3050]
萬國(만국) - 萬域(만역) [8080-8040]
滿期(만기) - 期滿(기만) [4250-5042]
晩年(만년) - 老年(노년) [3280-7080]
滿堂(만당) - 滿場(만장) [4262-4272]
晩來(만래) - 老來(노래) [3270-7070]
萬物(만물) - 群有(군유) [8072-4070]
萬物(만물) - 萬有(만유) [8072-8070]
萬民(만민) - 蒸民(증민) [8080-3280]
萬民(만민) - 烝民(증민) [8080-0280]
萬民(만민) - 烝庶(증서) [8080-0230]
萬民(만민) - 蒸庶(증서) [8080-3230]
萬病(만병) - 百病(백병) [8060-7060]
漫步(만보) - 漫行(만행) [3042-3060]
萬福(만복) - 百福(백복) [8052-7052]
萬事(만사) - 百事(백사) [8072-7072]
萬世(만세) - 萬代(만대) [8072-8062]
萬世(만세) - 萬葉(만엽) [8072-8050]
輓章(만장) - 輓詩(만시) [1060-1042]
輓章(만장) - 挽詩(만시) [1060-1042]
輓章(만장) - 挽章(만장) [1060-1060]
滿潮(만조) - 高潮(고조) [4240-6240]
晩鍾(만종) - 晩鐘(만종) [3240-3202]
晩鍾(만종) - 暮鍾(모종) [3240-3040]
晩鍾(만종) - 昏鍾(혼종) [3240-3040]
滿座(만좌) - 一座(일좌) [4240-8040]
晩春(만춘) - 殘春(잔춘) [3270-4070]
末境(말경) - 老境(노경) [5042-7042]
末技(말기) - 末藝(말예) [5050-5042]
末期(말기) - 終期(종기) [5050-5050]
末技(말기) - 下技(하기) [5050-7250]
末端(말단) - 末尾(말미) [5042-5032]
末世(말세) - 世末(세말) [5072-7250]
末世(말세) - 惡世(악세) [5072-5272]
抹消(말소) - 抹去(말거) [1062-1050]
末職(말직) - 末官(말관) [5042-5042]
忘却(망각) - 忘棄(망기) [3030-3030]
忘却(망각) - 失念(실념) [3030-6052]

亡骨(망골) - 亡物(망물) [5040-5072]
望臺(망대) - 望樓(망루) [5232-5232]
妄發(망발) - 妄言(망언) [3262-3260]
妄想(망상) - 浪志(낭지) [3242-3242]
望鄕(망향) - 懷鄕(회향) [5242-3242]
亡魂(망혼) - 幽靈(유령) [5032-3232]
賣買(매매) - 沽販(고판) [5050-0230]
賣買(매매) - 買售(매수) [5050-5000]
枚數(매수) - 張數(장수) [2070-4070]
賣淫(매음) - 賣笑(매소) [5032-5042]
邁進(매진) - 驀進(맥진) [1042-0242]
每戶(매호) - 戶戶(호호) [7242-4242]
魅惑(매혹) - 魅了(매료) [2032-2030]
麥類(맥류) - 麥穀(맥곡) [3252-3240]
麥類(맥류) - 夏穀(하곡) [3252-7040]
猛毒(맹독) - 劇毒(극독) [3242-4042]
猛將(맹장) - 強將(강장) [3242-6042]
緜亘(면긍) - 延亘(연긍) [3210-4010]
緜亘(면긍) - 聯亘(연긍) [3210-3210]
緜亘(면긍) - 連亘(연긍) [3210-4210]
面目(면목) - 面貌(면모) [7060-7032]
面責(면책) - 面詰(면힐) [7052-7010]
滅亡(멸망) - 滅沒(멸몰) [3250-3232]
滅亡(멸망) - 覆亡(복망) [3250-3250]
滅亡(멸망) - 覆滅(복멸) [3250-3232]
滅門(멸문) - 滅族(멸족) [3280-3260]
滅門(멸문) - 族殺(족살) [3280-6042]
滅種(멸종) - 絶種(절종) [3252-4252]
名家(명가) - 名門(명문) [7272-7280]
名家(명가) - 名手(명수) [7272-7272]
名家(명가) - 名人(명인) [7272-7280]
銘旗(명기) - 銘旌(명정) [3270-3212]
名馬(명마) - 逸驥(일기) [7250-3212]
名望(명망) - 聲望(성망) [7252-4252]
名文(명문) - 逸文(일문) [7270-3270]
名簿(명부) - 錄牒(녹첩) [7232-4210]
名分(명분) - 名目(명목) [7262-7260]
名分(명분) - 名色(명색) [7262-7270]
鳴謝(명사) - 銘謝(명사) [4042-3242]
名勝(명승) - 景勝(경승) [7260-5060]
名僧(명승) - 名衲(명납) [7232-7210]
名僧(명승) - 名釋(명석) [7232-7232]
名勝(명승) - 勝景(승경) [7260-6050]
名勝(명승) - 勝致(승치) [7260-6050]
銘心(명심) - 銘記(명기) [3270-3272]
明月(명월) - 名月(명월) [6280-7280]
冥恩(명은) - 冥應(명응) [3042-3042]
冥恩(명은) - 冥助(명조) [3042-3042]
名醫(명의) - 良醫(양의) [7260-5260]
名匠(명장) - 名工(명공) [7210-7272]
名族(명족) - 著姓(저성) [7260-3272]
明證(명증) - 明徵(명징) [6240-6232]
明察(명찰) - 總察(총찰) [6242-4242]
名筆(명필) - 大筆(대필) [7252-8052]
冥婚(명혼) - 冥契(명계) [3040-3032]
冒瀆(모독) - 瀆冒(독모) [3010-1030]
冒瀆(모독) - 汚瀆(오독) [3010-3010]
冒頭(모두) - 虛頭(허두) [3060-4260]
謀免(모면) - 圖免(도면) [3232-6232]
謀免(모면) - 謀避(모피) [3232-3240]
模範(모범) - 龜鑑(귀감) [4040-3032]
募兵(모병) - 募軍(모군) [3052-3080]
謀臣(모신) - 帷幄(유악) [3252-0002]
慕心(모심) - 慕念(모념) [3270-3252]
旄倪(모예) - 耄悼(모도) [0002-0020]
旄倪(모예) - 眊悼(모도) [0002-0020]
旄倪(모예) - 髦倪(모예) [0002-0002]
模作(모작) - 擬作(의작) [4062-1062]
模造(모조) - 擬製(의제) [4042-1042]
謀陷(모함) - 構陷(구함) [3232-4032]
謀陷(모함) - 誣陷(무함) [3232-1032]
謀陷(모함) - 誣害(무해) [3232-1052]
謀陷(모함) - 訐嗾(알주) [3232-0010]
謀陷(모함) - 遏嗾(알주) [3232-0010]
目擊(목격) - 目睹(목도) [6040-6010]
牧舍(목사) - 畜舍(축사) [4242-3242]

木性(목성) - 木紋(목문) [8052-8032]
沐浴(목욕) - 洗沐(세목) [2050-5220]
目下(목하) - 當下(당하) [6072-5272]
目下(목하) - 目今(목금) [6072-6062]
沒頭(몰두) - 汨沒(골몰) [3260-1032]
沒頭(몰두) - 極意(극의) [3260-4262]
沒頭(몰두) - 專心(전심) [3260-4070]
沒殺(몰살) - 滅殺(멸살) [3242-3242]
沒我(몰아) - 忘我(망아) [3232-3032]
沒我(몰아) - 無我(무아) [3232-5032]
蒙昧(몽매) - 暗愚(암우) [3210-4232]
蒙昧(몽매) - 夷昧(이매) [3210-3010]
蒙恩(몽은) - 蒙惠(몽혜) [3242-3202]
蒙恩(몽은) - 恩賴(은뢰) [3242-4232]
濛鴻(몽홍) - 混沌(혼돈) [0030-4010]
妙技(묘기) - 奇技(기기) [4050-4050]
妙理(묘리) - 妙諦(묘체) [4062-4010]
墓碑(묘비) - 墓碣(묘갈) [4040-4002]
墓碑(묘비) - 墓表(묘표) [4040-4062]
妙思(묘사) - 妙想(묘상) [4050-4042]
描寫(묘사) - 描出(묘출) [1050-1070]
妙所(묘소) - 妙處(묘처) [4070-4042]
妙藥(묘약) - 祕藥(비약) [4062-4062]
苗裔(묘예) - 苗胤(묘윤) [3010-3012]
妙策(묘책) - 奇計(기계) [4032-4062]
妙策(묘책) - 奇策(기책) [4032-4032]
妙策(묘책) - 奇劃(기획) [4032-4032]
無冠(무관) - 無官(무관) [5032-5042]
無冠(무관) - 無位(무위) [5032-5050]
武器(무기) - 軍器(군기) [4242-8042]
武器(무기) - 兵具(병구) [4242-5252]
武器(무기) - 兵器(병기) [4242-5242]
武器(무기) - 鬪具(투구) [4242-4052]
武略(무략) - 軍謀(군모) [4240-8032]
無料(무료) - 無給(무급) [5050-5050]
無謀(무모) - 無算(무산) [5032-5070]
武士(무사) - 韎韋(매위) [4252-0012]
武術(무술) - 武藝(무예) [4262-4242]
武神(무신) - 軍神(군신) [4262-8062]
無敵(무적) - 無前(무전) [5042-5072]
無退(무퇴) - 不退(불퇴) [5042-7242]
無學(무학) - 不學(불학) [5080-7280]
無學(무학) - 非學(비학) [5080-4280]
默念(묵념) - 默禱(묵도) [3252-3210]
默讀(묵독) - 目讀(목독) [3262-6062]
默殺(묵살) - 無視(무시) [3242-5042]
默想(묵상) - 默考(묵고) [3242-3250]
默認(묵인) - 默諾(묵낙) [3242-3232]
默認(묵인) - 默許(묵허) [3242-3250]
墨刑(묵형) - 黥刑(경형) [3240-0040]
文談(문담) - 文話(문화) [7050-7072]
文德(문덕) - 文道(문도) [7052-7072]
文士(문사) - 詞伯(사백) [7052-3232]
文士(문사) - 詞人(사인) [7052-3280]
問安(문안) - 問候(문후) [7072-7040]
問責(문책) - 叱責(질책) [7052-1052]
問責(문책) - 責問(책문) [7052-5270]
問責(문책) - 譙呵(초가) [7052-0010]
問責(문책) - 誚讓(초양) [7052-0032]
問責(문책) - 誚責(초책) [7052-0052]
問責(문책) - 詰問(힐문) [7052-1070]
文筆(문필) - 文墨(문묵) [7052-7032]
文華(문화) - 文藻(문조) [7040-7010]
物名(물명) - 品名(품명) [7272-5272]
物名(물명) - 品目(품목) [7272-5260]
物神(물신) - 呪物(주물) [7262-1072]
未開(미개) - 原始(원시) [4260-5062]
未決(미결) - 非決(비결) [4252-4252]
美德(미덕) - 嘉德(가덕) [6052-1052]
美童(미동) - 麗竪(여수) [6062-4200]
美童(미동) - 孌童(연동) [6062-3262]
美貌(미모) - 美顔(미안) [6032-6032]
微聲(미성) - 微音(미음) [3242-3262]
微誠(미성) - 微忱(미침) [3242-3200]
美鬚(미수) - 美髥(미염) [6002-6002]
迷信(미신) - 俗信(속신) [3062-4262]

微恙(미양) - 小恙(소양) [3210-8010]
未然(미연) - 事前(사전) [4270-7272]
美容(미용) - 美粧(미장) [6042-6032]
美酒(미주) - 佳酒(가주) [6040-3240]
美酒(미주) - 嘉酒(가주) [6040-1040]
美醜(미추) - 姸醜(연추) [6030-1230]
美醜(미추) - 姸蚩(연치) [6030-1202]
微風(미풍) - 軟風(연풍) [3262-3262]
未畢(미필) - 未了(미료) [4232-4230]
尾行(미행) - 追跡(추적) [3260-3232]
尾行(미행) - 追蹤(추종) [3260-3200]
未洽(미흡) - 未滿(미만) [4210-4242]
民心(민심) - 人心(인심) [8070-8070]
敏捷(민첩) - 迅速(신속) [3010-1060]
密談(밀담) - 蜜語(밀어) [4250-3070]
密令(밀령) - 暗令(암령) [4250-4250]
密通(밀통) - 暗通(암통) [4260-4260]
密閉(밀폐) - 固閉(고폐) [4240-5040]
搏動(박동) - 脈動(맥동) [1072-4272]
博覽(박람) - 洽覽(흡람) [4240-1040]
薄俸(박봉) - 薄祿(박록) [3220-3232]
薄俸(박봉) - 小祿(소록) [3220-8032]
博識(박식) - 多識(다식) [4252-6052]
博愛(박애) - 汎愛(범애) [4260-2060]
薄葬(박장) - 儉葬(검장) [3232-4032]
舶載(박재) - 舶來(박래) [2032-2070]
舶載(박재) - 船積(선적) [2032-5040]
薄才(박재) - 劣才(열재) [3262-3062]
剝皮(박피) - 去皮(거피) [1032-5032]
薄學(박학) - 淺學(천학) [3280-3280]
反曲(반곡) - 反屈(반굴) [6250-6240]
盤曲(반곡) - 盤屈(반굴) [3250-3240]
盤曲(반곡) - 盤折(반절) [3250-3240]
叛徒(반도) - 逆黨(역당) [3040-4242]
班常(반상) - 常班(상반) [6242-4262]
盤旋(반선) - 盤回(반회) [3232-3242]
半霄(반소) - 中天(중천) [6200-8070]
反逆(반역) - 謀反(모반) [6242-3262]
叛意(반의) - 背心(배심) [3062-4270]
反日(반일) - 侮日(모일) [6280-3080]
反日(반일) - 排日(배일) [6280-3280]
瘢瘡(반창) - 瘢痕(반흔) [0210-0210]
反旆(반패) - 還軍(환군) [6200-3280]
拔群(발군) - 不群(불군) [3240-7240]
拔群(발군) - 逸群(일군) [3240-3240]
拔群(발군) - 出衆(출중) [3240-7042]
發端(발단) - 始作(시작) [6242-6262]
拔錨(발묘) - 揚錨(양묘) [3202-3202]
拔錨(발묘) - 投錨(투묘) [3202-4002]
發信(발신) - 送信(송신) [6262-4262]
發議(발의) - 發案(발안) [6242-6250]
拔萃(발췌) - 拔抄(발초) [3210-3230]
拔萃(발췌) - 拔取(발취) [3210-3242]
發火(발화) - 發砲(발포) [6280-6242]
發火(발화) - 點火(점화) [6280-4080]
發火(발화) - 着火(착화) [6280-5280]
傍觀(방관) - 放置(방치) [3052-6242]
傍觀(방관) - 坐觀(좌관) [3052-3252]
傍觀(방관) - 坐視(좌시) [3052-3242]
芳年(방년) - 芳春(방춘) [3280-3270]
放談(방담) - 縱談(종담) [6250-3250]
放發(방발) - 放散(방산) [6262-6240]
放發(방발) - 放砲(방포) [6262-6242]
方案(방안) - 方策(방책) [7250-7232]
芳詠(방영) - 芳吟(방음) [3230-3230]
防衛(방위) - 守防(수방) [4242-4242]
放逸(방일) - 縱逸(종일) [6232-3232]
紡績(방적) - 紡織(방직) [2040-2040]
放縱(방종) - 恣肆(자사) [6232-3002]
放縱(방종) - 恣擅(자천) [6232-3010]
房中(방중) - 房內(방내) [4280-4272]
放蕩(방탕) - 逸蕩(일탕) [6210-3210]
防牌(방패) - 干櫓(간로) [4210-4002]
訪韓(방한) - 來韓(내한) [4280-7080]
防寒(방한) - 禦寒(어한) [4250-1050]
妨害(방해) - 妨礙(방애) [4052-4020]

妨害(방해) - 障礙(장애) [4052-4220]
妨害(방해) - 沮害(저해) [4052-2052]
芳香(방향) - 佳芳(가방) [3242-3232]
芳香(방향) - 芳薰(방훈) [3242-3212]
背景(배경) - 後景(후경) [4250-7250]
拜納(배납) - 奉納(봉납) [4240-5240]
配達(배달) - 配布(배포) [4242-4242]
拜禮(배례) - 敬拜(경배) [4260-5242]
背叛(배반) - 乖叛(괴반) [4230-1030]
背叛(배반) - 乖背(괴배) [4230-1042]
背叛(배반) - 遘逆(구역) [4230-0042]
背叛(배반) - 矛盾(모순) [4230-2020]
背叛(배반) - 背反(배반) [4230-4262]
俳優(배우) - 劇子(극자) [2040-4072]
背恩(배은) - 忘德(망덕) [4242-3052]
倍前(배전) - 倍舊(배구) [5072-5052]
排斥(배척) - 擯棄(빈기) [3230-0030]
排斥(배척) - 擯斥(빈척) [3230-0030]
背皮(배피) - 背革(배혁) [4232-4240]
配匹(배필) - 伉儷(항려) [4230-0202]
百穀(백곡) - 各穀(각곡) [7040-6240]
白眉(백미) - 壓卷(압권) [8030-4240]
白眉(백미) - 穎脫(영탈) [8030-0240]
白眉(백미) - 錐囊(추낭) [8030-1010]
白叟(백수) - 老人(노인) [8000-7080]
白鬚(백수) - 霜鬚(상수) [8002-3202]
白鬚(백수) - 霜髥(상염) [8002-3202]
白鬚(백수) - 銀髥(은염) [8002-6002]
百態(백태) - 百樣(백양) [7042-7040]
百花(백화) - 衆芳(중방) [7070-4232]
煩禮(번례) - 縟禮(욕례) [3060-0260]
罰酒(벌주) - 罰杯(벌배) [4240-4230]
伐採(벌채) - 削伐(삭벌) [4240-3242]
罰責(벌책) - 責罰(책벌) [4252-5242]
凡夫(범부) - 凡人(범인) [3270-3280]
凡夫(범부) - 俗人(속인) [3270-4280]
凡夫(범부) - 俗衆(속중) [3270-4242]
法臘(법랍) - 戒臘(계랍) [5210-4010]
碧霄(벽소) - 蒼天(창천) [3200-3270]
碧霄(벽소) - 青天(청천) [3200-8070]
碧眼(벽안) - 綠瞳(녹동) [3242-6010]
碧眼(벽안) - 綠眼(녹안) [3242-6042]
碧雲(벽운) - 綠雲(녹운) [3252-6052]
碧雲(벽운) - 翠雲(취운) [3252-1052]
僻地(벽지) - 僻幽(벽유) [2070-2032]
僻地(벽지) - 深巷(심항) [2070-4230]
僻村(벽촌) - 僻處(벽처) [2070-2042]
僻村(벽촌) - 僻巷(벽항) [2070-2030]
僻村(벽촌) - 僻鄕(벽향) [2070-2042]
辯論(변론) - 論辨(논변) [4042-4230]
辯論(변론) - 論辯(논변) [4042-4240]
辨理(변리) - 辦理(판리) [3062-1062]
邊防(변방) - 關防(관방) [4242-5242]
辨償(변상) - 償復(상복) [3032-3242]
辨償(변상) - 辦償(판상) [3032-1032]
辯舌(변설) - 言辯(언변) [4040-6040]
變心(변심) - 轉意(전의) [5270-4062]
變節(변절) - 換節(환절) [5252-3252]
變遷(변천) - 動轉(동전) [5232-7240]
變遷(변천) - 變化(변화) [5232-5252]
變遷(변천) - 沿革(연혁) [5232-3240]
變遷(변천) - 轉變(전변) [5232-4052]
瞥見(별견) - 瞥觀(별관) [1052-1052]
別館(별관) - 分館(분관) [6032-6232]
別世(별세) - 棄世(기세) [6072-3072]
兵甲(병갑) - 甲仗(갑장) [5240-4010]
兵難(병난) - 兵厄(병액) [5242-5230]
兵法(병법) - 韜略(도략) [5252-0240]
兵法(병법) - 戰術(전술) [5252-6262]
鞞芾(병불) - 高官(고관) [0000-6242]
鞞芾(병불) - 高紳(고신) [0000-6220]
鞞芾(병불) - 貴人(귀인) [0000-5080]
病色(병색) - 病氣(병기) [6070-6072]
病席(병석) - 病床(병상) [6060-6042]
兵船(병선) - 軍船(군선) [5250-8050]
病中(병중) - 病間(병간) [6080-6072]

兵塵(병진) - 戰塵(전진) [5220-6220]
寶劍(보검) - 明劍(명검) [4232-6232]
寶劍(보검) - 寶刀(보도) [4232-4232]
補修(보수) - 修補(수보) [3242-4232]
保眼(보안) - 養目(양목) [4242-5260]
保養(보양) - 養生(양생) [4252-5280]
保有(보유) - 保持(보지) [4270-4240]
普通(보통) - 通常(통상) [4060-6042]
普遍(보편) - 一般(일반) [4030-8032]
復啓(복계) - 敬復(경복) [4232-5242]
復啓(복계) - 敬覆(경복) [4232-5232]
復啓(복계) - 敬扑(경복) [4232-5200]
復啓(복계) - 拜復(배복) [4232-4242]
復啓(복계) - 拜覆(배복) [4232-4232]
復歸(복귀) - 歸復(귀복) [4240-4042]
卜姓(복성) - 卜妾(복첩) [3072-3030]
服屬(복속) - 屬服(속복) [6040-4060]
服用(복용) - 賞藥(상약) [6062-5062]
服制(복제) - 衣制(의제) [6042-6042]
福祉(복지) - 福利(복리) [5210-5262]
復職(복직) - 開復(개복) [4242-6042]
復職(복직) - 復任(복임) [4242-4252]
本性(본성) - 率性(솔성) [6052-3252]
本式(본식) - 本格(본격) [6060-6052]
俸廩(봉름) - 官廩(관름) [2000-4200]
俸廩(봉름) - 官況(관황) [2000-4240]
俸廩(봉름) - 廩料(늠료) [2000-0050]
俸廩(봉름) - 廩俸(늠봉) [2000-0020]
俸廩(봉름) - 廩食(늠식) [2000-0072]
俸廩(봉름) - 廩況(늠황) [2000-0040]
逢變(봉변) - 逢辱(봉욕) [3252-3232]
封土(봉토) - 封地(봉지) [3280-3270]
俯瞰(부감) - 瞰視(감시) [1010-1042]
俯瞰(부감) - 下瞰(하감) [1010-7210]
不當(부당) - 失當(실당) [7252-6052]
婦德(부덕) - 女德(여덕) [4252-8052]
婦道(부도) - 女道(여도) [4272-8072]
駙馬(부마) - 都尉(도위) [1050-5020]
駙馬(부마) - 粉侯(분후) [1050-4030]
父母(부모) - 屺岵(기호) [8080-0002]
父母(부모) - 爹娘(다낭) [8080-0032]
父母(부모) - 兩親(양친) [8080-4260]
父母(부모) - 怙恃(호시) [8080-0002]
夫婦(부부) - 伉配(항배) [7042-0242]
浮氷(부빙) - 伐氷(벌빙) [3250-4250]
扶桑(부상) - 暘谷(양곡) [3232-0232]
俘囚(부수) - 捕虜(포로) [0030-3210]
副業(부업) - 副職(부직) [4262-4242]
訃音(부음) - 告訃(고부) [1062-5210]
訃音(부음) - 訃聞(부문) [1062-1062]
訃音(부음) - 惡報(악보) [1062-5242]
訃音(부음) - 哀啓(애계) [1062-3232]
訃音(부음) - 諱音(휘음) [1062-1062]
訃音(부음) - 凶聞(흉문) [1062-5262]
訃音(부음) - 凶報(흉보) [1062-5242]
訃音(부음) - 凶音(흉음) [1062-5262]
赴任(부임) - 到任(도임) [3052-5252]
扶助(부조) - 扶翼(부익) [3242-3232]
父執(부집) - 父交(부교) [8032-8060]
府帑(부탕) - 國庫(국고) [4202-8040]
北境(북경) - 北疆(북강) [8042-8012]
分給(분급) - 折給(절급) [6250-4050]
分擔(분담) - 分任(분임) [6242-6252]
分擔(분담) - 分掌(분장) [6242-6232]
紛沓(분답) - 紛雜(분잡) [3202-3240]
墳墓(분묘) - 丘冢(구총) [3040-3200]
墳墓(분묘) - 滕室(등실) [3040-0080]
墳墓(분묘) - 山所(산소) [3040-8070]
墳墓(분묘) - 塋土(영토) [3040-0280]
分別(분별) - 辨別(변별) [6260-3060]
分別(분별) - 思慮(사려) [6260-5040]
紛失(분실) - 遺失(유실) [3260-4060]
分野(분야) - 境地(경지) [6260-4270]
分野(분야) - 部門(부문) [6260-6280]
分野(분야) - 領域(영역) [6260-5040]
枌楡(분유) - 枌梓(분재) [0012-0002]

奔逸(분일) - 逸走(일주) [3232-3242]
盆栽(분재) - 盆種(분종) [1032-1052]
奮戰(분전) - 奮鬪(분투) [3262-3240]
奔竄(분찬) - 走竄(주찬) [3202-4202]
憤痛(분통) - 熱痛(열통) [4040-5040]
佛堂(불당) - 雁堂(안당) [4262-3062]
紱冕(불면) - 黻班(불반) [0012-0062]
不備(불비) - 不具(불구) [7242-7252]
佛師(불사) - 佛工(불공) [4242-4272]
不漁(불어) - 凶漁(흉어) [7250-5250]
不運(불운) - 悲運(비운) [7262-4262]
不遠(불원) - 未久(미구) [7260-4232]
不遠(불원) - 不久(불구) [7260-7232]
不意(불의) - 非意(비의) [7262-4262]
不次(불차) - 非次(비차) [7242-4242]
不許(불허) - 不諾(불낙) [7250-7232]
不惑(불혹) - 強仕(강사) [7232-6052]
不朽(불후) - 不磨(불마) [7210-7232]
不朽(불후) - 不滅(불멸) [7210-7232]
鵬鯤(붕곤) - 鯤鵬(곤붕) [1202-0212]
崩御(붕어) - 賓天(빈천) [3032-3070]
崩御(붕어) - 昇遐(승하) [3032-3210]
崩御(붕어) - 龍馭(용어) [3032-4002]
崩御(붕어) - 殂落(조락) [3032-0050]
悲歌(비가) - 哀歌(애가) [4270-3270]
悲感(비감) - 哀感(애감) [4260-3260]
鄙見(비견) - 陋見(누견) [1052-1052]
鄙見(비견) - 陋心(누심) [1052-1070]
丕圖(비도) - 鴻圖(홍도) [1262-3062]
丕圖(비도) - 鴻猷(홍유) [1262-3002]
非理(비리) - 背理(배리) [4262-4262]
非理(비리) - 悖理(패리) [4262-1062]
非命(비명) - 橫死(횡사) [4270-3260]
祕方(비방) - 祕傳(비전) [4072-4052]
祕本(비본) - 祕籍(비적) [4060-4040]
祕本(비본) - 珍書(진서) [4060-4062]
朏晨(비신) - 黎明(여명) [0030-1062]
緋衣(비의) - 朱衣(주의) [1060-4060]
批正(비정) - 點定(점정) [4072-4060]
飛札(비찰) - 飛書(비서) [4220-4262]
悲歎(비탄) - 悲嘆(비탄) [4240-4202]
悲歎(비탄) - 傷嗟(상차) [4240-4010]
悲歎(비탄) - 痛嘆(통탄) [4240-4002]
悲歎(비탄) - 痛歎(통탄) [4240-4040]
批評(비평) - 批判(비판) [4040-4040]
批評(비평) - 評論(평론) [4040-4042]
庇護(비호) - 陰庇(음비) [1042-4210]
貧困(빈곤) - 困窮(곤궁) [4240-4040]
貧困(빈곤) - 窶乏(구핍) [4240-0010]
貧困(빈곤) - 貧窮(빈궁) [4240-4240]
牝牡(빈모) - 雌雄(자웅) [0210-2050]
氷鏡(빙경) - 氷輪(빙륜) [5040-5040]
氷庫(빙고) - 氷室(빙실) [5040-5080]
氷人(빙인) - 月老(월로) [5080-8070]
私見(사견) - 私意(사의) [4052-4062]
四境(사경) - 四邊(사변) [8042-8042]
四境(사경) - 四垂(사수) [8042-8032]
四極(사극) - 四遠(사원) [8042-8060]
詐欺(사기) - 欺詐(기사) [3030-3030]
思念(사념) - 情念(정념) [5052-5252]
邪道(사도) - 邪路(사로) [3272-3260]
師道(사도) - 師術(사술) [4272-4262]
肆毒(사독) - 肆惡(사악) [0242-0252]
私利(사리) - 私益(사익) [4062-4042]
私立(사립) - 民立(민립) [4072-8072]
伺望(사망) - 斥候(척후) [0252-3040]
使命(사명) - 任務(임무) [6070-5242]
思慕(사모) - 思戀(사련) [5032-5032]
死文(사문) - 空文(공문) [6070-7270]
私服(사복) - 平服(평복) [4060-7260]
私費(사비) - 自費(자비) [4050-7250]
詐術(사술) - 僞計(위계) [3062-3262]
斜視(사시) - 邪視(사시) [3242-3242]
賜與(사여) - 施與(시여) [3040-4240]
四友(사우) - 四寶(사보) [8052-8042]
詐僞(사위) - 飾僞(식위) [3032-3232]

私邸(사저) - 私館(사관) [4010-4032]
師傅(사전) - 師承(사승) [4252-4242]
使嗾(사주) - 敎唆(교사) [6010-8020]
辭職(사직) - 辭免(사면) [4042-4032]
辭職(사직) - 辭任(사임) [4042-4052]
寫眞(사진) - 寫實(사실) [5042-5052]
寺刹(사찰) - 寺院(사원) [4220-4250]
死體(사체) - 死骸(사해) [6062-6010]
詐取(사취) - 騙取(편취) [3042-1042]
詐稱(사칭) - 冒名(모명) [3040-3072]
詐稱(사칭) - 冒稱(모칭) [3040-3040]
私宅(사택) - 私第(사제) [4052-4062]
四通(사통) - 四達(사달) [8060-8042]
死鬪(사투) - 死戰(사전) [6040-6062]
死灰(사회) - 寒灰(한회) [6040-5040]
散鬱(산울) - 消暢(소창) [4020-6230]
散策(산책) - 散步(산보) [4032-4042]
散策(산책) - 逍遙(소요) [4032-1030]
山後(산후) - 山背(산배) [8072-8042]
殺人(살인) - 殺越(살월) [4280-4232]
殺人(살인) - 殺害(살해) [4280-4252]
殺人(살인) - 戕賊(장적) [4280-0040]
撒布(살포) - 撒散(살산) [1042-1040]
三代(삼대) - 三族(삼족) [8062-8060]
三冬(삼동) - 九冬(구동) [8070-8070]
三拜(삼배) - 三禮(삼례) [8042-8060]
三春(삼춘) - 九春(구춘) [8070-8070]
三夏(삼하) - 九夏(구하) [8070-8070]
鈒面(삽면) - 刺字(자자) [0270-3270]
上古(상고) - 邃古(수고) [7260-0260]
上古(상고) - 遙昔(요석) [7260-3030]
上古(상고) - 太古(태고) [7260-6060]
上官(상관) - 上司(상사) [7242-7232]
常規(상규) - 常律(상률) [4250-4242]
常規(상규) - 常憲(상헌) [4250-4240]
詳記(상기) - 詳錄(상록) [3272-3242]
傷怛(상달) - 傷悼(상도) [4000-4020]
詳覽(상람) - 細覽(세람) [3240-4240]
商略(상략) - 商計(상계) [5240-5262]
常例(상례) - 通例(통례) [4260-6060]
尙武(상무) - 右武(우무) [3242-7242]
尙文(상문) - 右文(우문) [3270-7270]
賞杯(상배) - 賞盞(상잔) [5030-5010]
賞罰(상벌) - 賞刑(상형) [5042-5040]
賞罰(상벌) - 褒罰(포벌) [5042-1042]
賞罰(상벌) - 褒徵(포징) [5042-1032]
相法(상법) - 相術(상술) [5252-5262]
詳報(상보) - 細報(세보) [3242-4242]
上疏(상소) - 拜疏(배소) [7232-4232]
上疏(상소) - 奏書(주서) [7232-3262]
上疏(상소) - 奏章(주장) [7232-3260]
常數(상수) - 定數(정수) [4270-6070]
喪失(상실) - 喪亡(상망) [3260-3250]
傷心(상심) - 傷懷(상회) [4070-4032]
傷心(상심) - 心傷(심상) [4070-7040]
常壓(상압) - 定壓(정압) [4242-6042]
相議(상의) - 相論(상론) [5242-5242]
相議(상의) - 商議(상의) [5242-5242]
上意(상의) - 上旨(상지) [7262-7220]
相爭(상쟁) - 相鬪(상투) [5250-5240]
商店(상점) - 廛肆(전사) [5252-1002]
賞讚(상찬) - 讚賞(찬상) [5040-4050]
上策(상책) - 上計(상계) [7232-7262]
上策(상책) - 上數(상수) [7232-7270]
傷歎(상탄) - 歎傷(탄상) [4040-4040]
商品(상품) - 物件(물건) [5252-7250]
桑海(상해) - 桑碧(상벽) [3272-3232]
桑海(상해) - 滄桑(창상) [3272-2032]
狀況(상황) - 情勢(정세) [4240-5242]
常會(상회) - 例會(예회) [4262-6062]
生氣(생기) - 生彩(생채) [8072-8032]
省略(생략) - 省減(생감) [6240-6242]
生路(생로) - 初行(초행) [8060-5060]
生路(생로) - 活計(활계) [8060-7262]
生蜜(생밀) - 生淸(생청) [8030-8062]
生死(생사) - 死命(사명) [8060-6070]

生死(생사) - 死生(사생) [8060-6080]
生殺(생살) - 殺活(살활) [8042-4272]
生色(생색) - 生光(생광) [8070-8062]
生業(생업) - 所業(소업) [8062-7062]
生業(생업) - 職業(직업) [8062-4262]
生育(생육) - 生長(생장) [8070-8080]
生前(생전) - 身前(신전) [8072-6272]
生存(생존) - 生息(생식) [8040-8042]
生後(생후) - 生來(생래) [8072-8070]
書家(서가) - 書師(서사) [6272-6242]
逝去(서거) - 仙逝(선서) [3050-5230]
書庫(서고) - 冊庫(책고) [6240-4040]
曙光(서광) - 曉色(효색) [1062-3070]
書童(서동) - 學童(학동) [6262-8062]
壻郎(서랑) - 佳壻(가서) [1032-3210]
壻郎(서랑) - 佳婿(가서) [1032-3200]
壻郎(서랑) - 嬌客(교객) [1032-1052]
壻郎(서랑) - 東床(동상) [1032-8042]
壻郎(서랑) - 東廂(동상) [1032-8002]
壻郎(서랑) - 東牀(동상) [1032-8002]
壻郎(서랑) - 半子(반자) [1032-6272]
壻郎(서랑) - 女壻(여서) [1032-8010]
壻郎(서랑) - 令壻(영서) [1032-5010]
書面(서면) - 文面(문면) [6270-7070]
署名(서명) - 著銜(착함) [3272-3210]
庶民(서민) - 白民(백민) [3080-8080]
庶民(서민) - 平民(평민) [3080-7280]
絮說(서설) - 絮語(서어) [0252-0270]
瑞雨(서우) - 滋雨(자우) [2052-1252]
瑞雨(서우) - 慈雨(자우) [2052-3252]
敍任(서임) - 敍位(서위) [3052-3050]
書店(서점) - 冊肆(책사) [6252-4002]
湑酒(서주) - 清酒(청주) [0040-6240]
釋明(석명) - 釋辯(석변) [3262-3240]
夕陽(석양) - 落照(낙조) [7060-5032]
夕陽(석양) - 殘陽(잔양) [7060-4060]
夕霞(석하) - 晚霞(만하) [7010-3210]
仙家(선가) - 仙居(선거) [5272-5240]

先覺(선각) - 先醒(선성) [8040-8010]
先覺(선각) - 先知(선지) [8040-8052]
船工(선공) - 船匠(선장) [5072-5010]
先納(선납) - 豫納(예납) [8040-4040]
仙女(선녀) - 仙媛(선원) [5280-5212]
仙丹(선단) - 神丹(신단) [5232-6232]
先導(선도) - 啓行(계행) [8042-3260]
鮮明(선명) - 章章(장장) [5262-6060]
選拔(선발) - 簡拔(간발) [5032-4032]
選拔(선발) - 簡擢(간탁) [5032-4010]
選拔(선발) - 擇拔(택발) [5032-4032]
先輩(선배) - 先進(선진) [8032-8042]
禪寺(선사) - 禪閣(선각) [3242-3232]
先山(선산) - 舊山(구산) [8080-5280]
先聖(선성) - 前聖(전성) [8042-7242]
仙藥(선약) - 聖藥(성약) [5262-4262]
先王(선왕) - 先主(선주) [8080-8070]
先儒(선유) - 前儒(전유) [8040-7240]
善意(선의) - 好意(호의) [5062-4262]
仙人(선인) - 道士(도사) [5280-7252]
善人(선인) - 善者(선자) [5080-5060]
善人(선인) - 良人(양인) [5080-5280]
先任(선임) - 前任(전임) [8052-7252]
善政(선정) - 善治(선치) [5042-5042]
船着(선착) - 着船(착선) [5052-5250]
先哲(선철) - 古賢(고현) [8032-6042]
先哲(선철) - 昔賢(석현) [8032-3042]
先哲(선철) - 先賢(선현) [8032-8042]
先哲(선철) - 前賢(전현) [8032-7242]
先親(선친) - 先子(선자) [8060-8072]
選擇(선택) - 選擢(선탁) [5040-5010]
善行(선행) - 嘉行(가행) [5060-1060]
善行(선행) - 馴行(순행) [5060-1060]
線形(선형) - 絲狀(사상) [6262-4042]
線形(선형) - 線狀(선상) [6262-6242]
舌劍(설검) - 舌刀(설도) [4032-4032]
說教(설교) - 教說(교설) [5280-8052]
雪氣(설기) - 雪意(설의) [6272-6262]

設立(설립) - 建樹(건수) [4272-5060]
說明(설명) - 說與(설여) [5262-5240]
說明(설명) - 解說(해설) [5262-4252]
暬御(설어) - 近侍(근시) [0032-6032]
說破(설파) - 論破(논파) [5242-4242]
雪害(설해) - 雪禍(설화) [6252-6232]
雪後(설후) - 雪餘(설여) [6272-6242]
閃光(섬광) - 閃火(섬화) [1062-1080]
蟾光(섬광) - 蟾輝(섬휘) [1262-1230]
攝行(섭행) - 兼行(겸행) [3060-3260]
性格(성격) - 氣質(기질) [5252-7252]
性交(성교) - 交媾(교구) [5260-6000]
性交(성교) - 媾合(구합) [5260-0060]
性交(성교) - 房事(방사) [5260-4272]
聖德(성덕) - 乾德(건덕) [4252-3252]
聖慮(성려) - 聖情(성정) [4240-4252]
聖慮(성려) - 叡慮(예려) [4240-0240]
性靈(성령) - 靈性(영성) [5232-3252]
聲貌(성모) - 聲影(성영) [4232-4232]
聖聞(성문) - 天聽(천청) [4262-7040]
城壁(성벽) - 城墻(성장) [4242-4230]
城壁(성벽) - 城牆(성장) [4242-4202]
星狀(성상) - 星形(성형) [4242-4262]
盛時(성시) - 盛期(성기) [4272-4250]
盛時(성시) - 盛世(성세) [4272-4272]
誠心(성심) - 懇意(간의) [4270-3262]
誠心(성심) - 誠意(성의) [4270-4262]
性慾(성욕) - 色慾(색욕) [5232-7032]
性慾(성욕) - 色情(색정) [5232-7052]
性慾(성욕) - 慾情(욕정) [5232-3252]
盛運(성운) - 旺運(왕운) [4262-1262]
聖恩(성은) - 覃恩(담은) [4242-0242]
聖恩(성은) - 聖慈(성자) [4242-4232]
聖恩(성은) - 優恩(우은) [4242-4042]
性情(성정) - 情性(정성) [5252-5252]
聖詔(성조) - 聖諭(성유) [4210-4210]
城砦(성채) - 城塞(성새) [4202-4232]
城堞(성첩) - 雉堞(치첩) [4202-1202]
成就(성취) - 達成(달성) [6240-4262]
城下(성하) - 城底(성저) [4272-4240]
姓銜(성함) - 名銜(명함) [7210-7210]
盛會(성회) - 高會(고회) [4262-6262]
世仇(세구) - 世讐(세수) [7210-7202]
世仇(세구) - 世讎(세수) [7210-7210]
世事(세사) - 世故(세고) [7272-7242]
世上(세상) - 世界(세계) [7272-7262]
歲歲(세세) - 連年(연년) [5252-4280]
洗手(세수) - 洗顔(세안) [5272-5232]
洗手(세수) - 頮面(회면) [5272-0070]
洗心(세심) - 洗肝(세간) [5270-5232]
世智(세지) - 世才(세재) [7240-7262]
世智(세지) - 俗才(속재) [7240-4262]
洗滌(세척) - 洗淨(세정) [5210-5232]
世派(세파) - 支派(지파) [7240-4240]
世波(세파) - 荒波(황파) [7242-3242]
細行(세행) - 小節(소절) [4260-8052]
疏隔(소격) - 疏遠(소원) [3232-3260]
小技(소기) - 些技(사기) [8050-1050]
少女(소녀) - 童女(동녀) [7080-6280]
少女(소녀) - 小娘(소랑) [7080-8032]
少年(소년) - 少童(소동) [7080-7062]
所望(소망) - 念願(염원) [7052-5250]
消耗(소모) - 費耗(비모) [6210-5010]
沼畔(소반) - 池畔(지반) [1210-3210]
沼畔(소반) - 池邊(지변) [1210-3242]
蔬飯(소반) - 菜飯(채반) [3032-3232]
小別(소별) - 小分(소분) [8060-8062]
素服(소복) - 素衣(소의) [4260-4260]
笑殺(소살) - 大笑(대소) [4242-8042]
昭詳(소상) - 仔細(자세) [3032-1042]
小序(소서) - 小引(소인) [8050-8042]
小僧(소승) - 貧道(빈도) [8032-4272]
燒失(소실) - 燒亡(소망) [3260-3250]
素心(소심) - 素意(소의) [4270-4262]
笑顔(소안) - 笑容(소용) [4232-4242]
少額(소액) - 低額(저액) [7040-4240]

嘯詠(소영) - 吟詠(음영) [0230-3030]
消日(소일) - 度日(도일) [6280-6080]
消日(소일) - 消光(소광) [6280-6262]
消日(소일) - 消寂(소적) [6280-6232]
消日(소일) - 消閑(소한) [6280-6240]
小酌(소작) - 小宴(소연) [8030-8032]
小酌(소작) - 一酌(일작) [8030-8030]
召集(소집) - 招集(초집) [3062-4062]
掃蕩(소탕) - 掃攘(소양) [4210-4210]
消火(소화) - 救火(구화) [6280-5080]
俗界(속계) - 俗境(속경) [4262-4242]
屬纊(속광) - 臨終(임종) [4000-3250]
俗氣(속기) - 俗臭(속취) [4272-4230]
俗念(속념) - 塵想(진상) [4252-2042]
俗談(속담) - 俗語(속어) [4250-4270]
俗談(속담) - 俗言(속언) [4250-4260]
俗談(속담) - 俗諺(속언) [4250-4210]
俗談(속담) - 俗話(속화) [4250-4272]
續騰(속등) - 連騰(연등) [4230-4230]
續落(속락) - 連落(연락) [4250-4250]
俗論(속론) - 俗理(속리) [4242-4262]
俗論(속론) - 俗議(속의) [4242-4242]
俗論(속론) - 流議(유의) [4242-5242]
屬文(속문) - 屬辭(속사) [4070-4040]
速步(속보) - 疾步(질보) [6042-3242]
速步(속보) - 疾足(질족) [6042-3272]
俗事(속사) - 世塵(세진) [4272-7220]
俗世(속세) - 塵世(진세) [4272-2072]
俗心(속심) - 俗腸(속장) [4270-4240]
俗儒(속유) - 鄙儒(비유) [4240-1040]
俗儒(속유) - 世儒(세유) [4240-7240]
贖罪(속죄) - 罪滅(죄멸) [1050-5032]
損益(손익) - 損得(손득) [4042-4042]
率家(솔가) - 挈家(설가) [3272-0072]
率家(솔가) - 率眷(솔권) [3272-3210]
送年(송년) - 辭歲(사세) [4280-4052]
誦讀(송독) - 讀誦(독송) [3062-6230]
誦文(송문) - 誦呪(송주) [3070-3010]

送神(송신) - 辭神(사신) [4262-4062]
送迎(송영) - 迎送(영송) [4240-4042]
衰落(쇠락) - 零落(영락) [3250-3050]
衰落(쇠락) - 凋落(조락) [3250-1050]
衰運(쇠운) - 倒運(도운) [3262-3262]
衰退(쇠퇴) - 衰盡(쇠진) [3242-3240]
收監(수감) - 收繫(수계) [4242-4230]
殊功(수공) - 殊績(수적) [3262-3240]
守口(수구) - 愼口(신구) [4270-3270]
收金(수금) - 集金(집금) [4280-6280]
首肯(수긍) - 共鳴(공명) [5230-6240]
袖納(수납) - 袖傳(수전) [1040-1052]
手段(수단) - 方法(방법) [7240-7252]
收錄(수록) - 收載(수재) [4242-4232]
受命(수명) - 拜命(배명) [4270-4270]
搜索(수색) - 搜求(수구) [3032-3042]
首席(수석) - 首位(수위) [5260-5250]
首席(수석) - 一位(일위) [5260-8050]
首席(수석) - 主位(주위) [5260-7050]
修繕(수선) - 修理(수리) [4220-4262]
遂成(수성) - 成遂(성수) [3062-6230]
獸性(수성) - 獸慾(수욕) [3252-3232]
愁心(수심) - 愁腸(수장) [3270-3240]
殊遇(수우) - 殊眷(수권) [3240-3210]
水雲(수운) - 雲水(운수) [8052-5280]
囚衣(수의) - 獄衣(옥의) [3060-3260]
隨意(수의) - 任意(임의) [3262-5262]
隨意(수의) - 恣意(자의) [3262-3062]
殊才(수재) - 瑰才(괴재) [3262-0062]
殊才(수재) - 宏才(굉재) [3262-1062]
殊才(수재) - 鬼才(귀재) [3262-3262]
修正(수정) - 訂正(정정) [4272-3072]
手製(수제) - 手作(수작) [7242-7262]
守操(수조) - 操守(조수) [4250-5042]
守卒(수졸) - 守兵(수병) [4252-4252]
守卒(수졸) - 戍人(수인) [4252-1080]
守株(수주) - 株守(주수) [4232-3242]
收支(수지) - 入出(입출) [4242-7070]

垂直(수직) - 鉛直(연직) [3272-4072]
瘦瘠(수척) - 憔悴(초췌) [1010-1010]
殊寵(수총) - 殊恩(수은) [3210-3242]
壽限(수한) - 大限(대한) [3242-8042]
水害(수해) - 水災(수재) [8052-8050]
隨行(수행) - 陪隨(배수) [3260-1032]
隨行(수행) - 陪行(배행) [3260-1060]
首號(수호) - 初號(초호) [5260-5060]
受勳(수훈) - 受章(수장) [4220-4260]
宿契(숙계) - 宿約(숙약) [5232-5252]
肅啓(숙계) - 肅呈(숙정) [4032-4020]
熟考(숙고) - 熟慮(숙려) [3250-3240]
熟考(숙고) - 熟思(숙사) [3250-3250]
熟達(숙달) - 鍊達(연달) [3242-3242]
熟達(숙달) - 練達(연달) [3242-5242]
熟覽(숙람) - 熟閱(숙열) [3240-3230]
熟眠(숙면) - 酣臥(감와) [3232-0030]
宿命(숙명) - 定命(정명) [5270-6070]
宿命(숙명) - 天命(천명) [5270-7070]
塾生(숙생) - 塾兒(숙아) [1080-1052]
淑性(숙성) - 淑質(숙질) [3252-3252]
宿食(숙식) - 寢食(침식) [5272-4072]
夙夜(숙야) - 晨夜(신야) [1060-3060]
宿願(숙원) - 宿望(숙망) [5250-5252]
宿願(숙원) - 宿懷(숙회) [5250-5232]
宿儒(숙유) - 宿學(숙학) [5240-5280]
肅恩(숙은) - 肅謝(숙사) [4042-4042]
熟知(숙지) - 熟識(숙식) [3252-3252]
熟知(숙지) - 熟悉(숙실) [3252-3210]
熟知(숙지) - 熟通(숙통) [3252-3260]
熟知(숙지) - 稔知(염지) [3252-0252]
熟知(숙지) - 委悉(위실) [3252-4010]
熟知(숙지) - 知悉(지실) [3252-5210]
熟知(숙지) - 洞知(통지) [3252-7052]
肅唱(숙창) - 呼唱(호창) [4050-4250]
肅淸(숙청) - 肅正(숙정) [4062-4072]
宿患(숙환) - 痼疾(고질) [5250-1032]
宿患(숙환) - 久疾(구질) [5250-3232]
宿患(숙환) - 宿病(숙병) [5250-5260]
巡歷(순력) - 歷巡(역순) [3252-5232]
巡杯(순배) - 酒巡(주순) [3230-4032]
順産(순산) - 正産(정산) [5252-7252]
巡遊(순유) - 歷遊(역유) [3240-5240]
巡遊(순유) - 遊歷(유력) [3240-4052]
馴育(순육) - 飼馴(사순) [1070-2010]
順從(순종) - 從順(종순) [5240-4052]
巡察(순찰) - 巡省(순성) [3242-3262]
巡察(순찰) - 巡視(순시) [3242-3242]
純忠(순충) - 精忠(정충) [4242-4242]
馴致(순치) - 敎擾(교요) [1050-8010]
順行(순행) - 順進(순진) [5260-5242]
崇信(숭신) - 信崇(신숭) [4062-6240]
濕氣(습기) - 漏氣(누기) [3272-3272]
襲受(습수) - 襲承(습승) [3242-3242]
濕地(습지) - 沮澤(저택) [3270-2032]
昇級(승급) - 陞級(승급) [3260-0260]
昇級(승급) - 昇座(승좌) [3260-3240]
昇級(승급) - 陞座(승좌) [3260-0240]
乘機(승기) - 乘時(승시) [3240-3272]
僧侶(승려) - 髡褐(곤갈) [3210-0010]
僧侶(승려) - 毳客(취객) [3210-0052]
僧侶(승려) - 毳袍(취포) [3210-0010]
勝負(승부) - 輸贏(수영) [6040-3200]
勝負(승부) - 勝敗(승패) [6040-6050]
勝負(승부) - 贏輸(영수) [6040-0032]
乘船(승선) - 登船(등선) [3250-7050]
乘船(승선) - 上船(상선) [3250-7250]
勝戰(승전) - 戰勝(전승) [6062-6260]
昇進(승진) - 喬遷(교천) [3242-1032]
昇進(승진) - 登進(등진) [3242-7042]
昇進(승진) - 昇階(승계) [3242-3240]
昇進(승진) - 升揚(승양) [3242-2032]
昇進(승진) - 陞進(승진) [3242-0242]
昇進(승진) - 榮轉(영전) [3242-4240]
昇天(승천) - 飛昇(비승) [3270-4232]
詩歌(시가) - 詩謠(시요) [4270-4242]

詩歌(시가) - 永言(영언) [4270-6060]
侍講(시강) - 勸講(권강) [3242-4042]
尸祿(시록) - 素餐(소찬) [0232-4220]
尸祿(시록) - 尸素(시소) [0232-0242]
詩文(시문) - 辭章(사장) [4270-4060]
詩文(시문) - 詞章(사장) [4270-3260]
時服(시복) - 時衣(시의) [7260-7260]
試算(시산) - 驗算(험산) [4270-4270]
詩心(시심) - 詩情(시정) [4270-4252]
詩心(시심) - 詩魂(시혼) [4270-4232]
視野(시야) - 視界(시계) [4260-4262]
視野(시야) - 眼界(안계) [4260-4262]
時宜(시의) - 機宜(기의) [7230-4030]
猜疑(시의) - 邪推(사추) [1040-3240]
詩人(시인) - 詩家(시가) [4280-4272]
詩人(시인) - 詩客(시객) [4280-4252]
詩人(시인) - 吟客(음객) [4280-3052]
市井(시정) - 閭閻(여염) [7232-1012]
始祖(시조) - 鼻祖(비조) [6270-5070]
始祖(시조) - 元祖(원조) [6270-5270]
始終(시종) - 端倪(단예) [6250-4202]
始終(시종) - 頭尾(두미) [6250-6032]
始終(시종) - 本末(본말) [6250-6050]
始終(시종) - 首末(수말) [6250-5250]
始終(시종) - 首尾(수미) [6250-5232]
始初(시초) - 厥初(궐초) [6250-3050]
始初(시초) - 當初(당초) [6250-5250]
施行(시행) - 施爲(시위) [4260-4242]
食客(식객) - 寄客(기객) [7252-4052]
識見(식견) - 見識(견식) [5252-5252]
識見(식견) - 知見(지견) [5252-5252]
殖利(식리) - 利殖(이식) [2062-6220]
植木(식목) - 植樹(식수) [7080-7060]
飾辭(식사) - 飾說(식설) [3240-3252]
食言(식언) - 負約(부약) [7260-4052]
食言(식언) - 違約(위약) [7260-3052]
食言(식언) - 僞言(위언) [7260-3260]
植栽(식재) - 栽植(재식) [7032-3270]

身計(신계) - 身謨(신모) [6262-6212]
身計(신계) - 身謀(신모) [6262-6232]
辛苦(신고) - 辛酸(신산) [3060-3020]
宸念(신념) - 宸衷(신충) [1052-1020]
神童(신동) - 俊童(준동) [6262-3062]
神慮(신려) - 宸慮(신려) [6240-1040]
神慮(신려) - 神思(신사) [6240-6250]
信賴(신뢰) - 委信(위신) [6232-4062]
宸臨(신림) - 臨御(임어) [1032-3232]
贐物(신물) - 贐儀(신의) [0072-0040]
臣民(신민) - 臣庶(신서) [5280-5230]
新法(신법) - 新律(신율) [6252-6242]
新本(신본) - 新刊(신간) [6260-6232]
神算(신산) - 神策(신책) [6270-6232]
信任(신임) - 信委(신위) [6252-6240]
神傳(신전) - 神授(신수) [6252-6242]
神助(신조) - 神冥(신명) [6242-6230]
信從(신종) - 信服(신복) [6240-6260]
信從(신종) - 信伏(신복) [6240-6240]
身體(신체) - 肉體(육체) [6262-4262]
申飭(신칙) - 申戒(신계) [4202-4240]
神託(신탁) - 託宣(탁선) [6220-2040]
信標(신표) - 信牌(신패) [6240-6210]
失脚(실각) - 失足(실족) [6032-6072]
失期(실기) - 失時(실시) [6050-6072]
失機(실기) - 逸機(일기) [6040-3240]
失禮(실례) - 缺禮(결례) [6060-4260]
實利(실리) - 實益(실익) [5262-5242]
失望(실망) - 落膽(낙담) [6052-5020]
失望(실망) - 失意(실의) [6052-6062]
實施(실시) - 實行(실행) [5242-5260]
失言(실언) - 失語(실어) [6060-6070]
失業(실업) - 失職(실직) [6062-6042]
失踪(실종) - 失跡(실적) [6010-6032]
實測(실측) - 踏測(답측) [5242-3242]
實吐(실토) - 吐說(토설) [5232-3252]
實吐(실토) - 吐實(토실) [5232-3252]
失敗(실패) - 落空(낙공) [6050-5072]

深計(심계) - 淵謀(연모) [4262-1232]
深計(심계) - 淵謨(연모) [4262-1212]
心曲(심곡) - 情曲(정곡) [7050-5250]
深交(심교) - 深契(심계) [4260-4232]
深宮(심궁) - 重闈(중위) [4242-7000]
深慮(심려) - 玄慮(현려) [4240-3240]
審問(심문) - 査問(사문) [3270-5070]
深思(심사) - 尋思(심사) [4250-3050]
深愁(심수) - 濃愁(농수) [4232-2032]
深愁(심수) - 深憂(심우) [4232-4232]
心身(심신) - 心骨(심골) [7062-7040]
深怨(심원) - 深恨(심한) [4240-4240]
深智(심지) - 深慧(심혜) [4240-4232]
審察(심찰) - 審按(심안) [3242-3210]
深責(심책) - 切責(절책) [4252-5252]
心祝(심축) - 暗祝(암축) [7050-4250]
雙眸(쌍모) - 兩眼(양안) [3202-4242]
雙璧(쌍벽) - 聯璧(연벽) [3210-3210]
雙璧(쌍벽) - 連璧(연벽) [3210-4210]
我軍(아군) - 友軍(우군) [3280-5280]
兒名(아명) - 小字(소자) [5272-8070]
餓死(아사) - 饑死(기사) [3060-0260]
餓死(아사) - 飢死(기사) [3060-3060]
阿諂(아첨) - 阿附(아부) [3210-3232]
惡黨(악당) - 惡漢(악한) [5242-5272]
惡黨(악당) - 凶漢(흉한) [5242-5272]
惡黨(악당) - 兇漢(흉한) [5242-1072]
樂律(악률) - 樂調(악조) [6242-6252]
惡夢(악몽) - 凶夢(흉몽) [5232-5232]
握髮(악발) - 握沐(악목) [2040-2020]
握髮(악발) - 吐握(토악) [2040-3220]
握髮(악발) - 吐哺(토포) [2040-3210]
惡神(악신) - 禍神(화신) [5262-3262]
惡語(악어) - 惡舌(악설) [5270-5240]
惡語(악어) - 惡說(악설) [5270-5252]
惡韻(악운) - 惡詩(악시) [5232-5242]
幄帷(악유) - 揮帳(휘장) [0200-4040]
惡筆(악필) - 粗筆(조필) [5252-1052]
安樂(안락) - 康樂(강락) [7262-4262]
按摩(안마) - 摩娑(마사) [1020-2010]
安貧(안빈) - 樂貧(낙빈) [7242-6242]
雁書(안서) - 信音(신음) [3062-6262]
雁書(안서) - 雁帛(안백) [3062-3010]
雁書(안서) - 雁報(안보) [3062-3042]
雁書(안서) - 雁使(안사) [3062-3060]
雁書(안서) - 雁信(안신) [3062-3062]
雁書(안서) - 雁札(안찰) [3062-3020]
安息(안식) - 寧息(영식) [7242-3242]
安息(안식) - 游息(유식) [7242-1042]
安息(안식) - 遊息(유식) [7242-4042]
安心(안심) - 放念(방념) [7270-6252]
安心(안심) - 安堵(안도) [7270-7210]
安全(안전) - 萬全(만전) [7272-8072]
安全(안전) - 無故(무고) [7272-5042]
安全(안전) - 無事(무사) [7272-5072]
安全(안전) - 十全(십전) [7272-8072]
安住(안주) - 安接(안접) [7270-7242]
按察(안찰) - 按視(안시) [1042-1042]
按察(안찰) - 按覈(안핵) [1042-1000]
案出(안출) - 捻出(염출) [5070-0270]
案下(안하) - 机下(궤하) [5072-1072]
案下(안하) - 硏北(연북) [5072-4280]
案下(안하) - 硯北(연북) [5072-2080]
案下(안하) - 梧下(오하) [5072-2072]
案下(안하) - 座下(좌하) [5072-4072]
斡旋(알선) - 周旋(주선) [1032-4032]
巖居(암거) - 巖處(암처) [3240-3242]
暗記(암기) - 誦記(송기) [4272-3072]
暗誦(암송) - 諷讀(풍독) [4230-1062]
暗示(암시) - 示唆(시사) [4250-5020]
暗示(암시) - 諷示(풍시) [4250-1050]
暗月(암월) - 朧月(농월) [4280-0280]
壓迫(압박) - 威壓(위압) [4232-4042]
仰望(앙망) - 仰企(앙기) [3252-3232]
仰望(앙망) - 仰願(앙원) [3252-3250]
仰慕(앙모) - 景慕(경모) [3232-5032]

仰慕(앙모) - 景仰(경앙) [3232-5032]
怏宿(앙숙) - 雍齒(옹치) [1052-1242]
哀矜(애긍) - 哀憐(애련) [3210-3230]
哀矜(애긍) - 哀愍(애민) [3210-3202]
哀悼(애도) - 憐悼(연도) [3220-3020]
愛慕(애모) - 愛戀(애련) [6032-6032]
愛撫(애무) - 字撫(자무) [6010-7010]
哀思(애사) - 哀念(애념) [3250-3252]
哀訴(애소) - 歎訴(탄소) [3232-4032]
哀怨(애원) - 哀恨(애한) [3240-3240]
愛人(애인) - 戀人(연인) [6080-3280]
愛酒(애주) - 好酒(호주) [6040-4240]
愛妾(애첩) - 寵妾(총첩) [6030-1030]
僾逮(애체) - 眼鏡(안경) [0030-4240]
哀歡(애환) - 喜悲(희비) [3240-4042]
縊死(액사) - 勒死(늑사) [1060-1060]
野史(야사) - 外史(외사) [6052-8052]
野翁(야옹) - 村翁(촌옹) [6030-7030]
弱骨(약골) - 弱質(약질) [6240-6252]
弱冠(약관) - 弱年(약년) [6232-6280]
弱冠(약관) - 蚤歲(조세) [6232-0252]
藥欌(약장) - 藥籠(약롱) [6202-6220]
略裝(약장) - 略服(약복) [4040-4060]
略筆(약필) - 約文(약문) [4052-5270]
略筆(약필) - 略文(약문) [4052-4070]
藥效(약효) - 藥力(약력) [6252-6272]
兩脚(양각) - 雙脚(쌍각) [4232-3232]
養鷄(양계) - 鷄農(계농) [5240-4072]
讓渡(양도) - 讓與(양여) [3232-3240]
養豚(양돈) - 牧豬(목저) [5230-4210]
養兵(양병) - 養軍(양군) [5252-5280]
陽傘(양산) - 日傘(일산) [6020-8020]
釀成(양성) - 釀造(양조) [1062-1042]
陽性(양성) - 陽症(양증) [6052-6032]
養成(양성) - 育成(육성) [5262-7062]
良案(양안) - 名案(명안) [5250-7250]
良藥(양약) - 良劑(양제) [5262-5220]
良友(양우) - 勝友(승우) [5252-6052]

良友(양우) - 良朋(양붕) [5252-5230]
諒知(양지) - 察知(찰지) [3052-4252]
良策(양책) - 高猷(고유) [5232-6202]
良策(양책) - 高策(고책) [5232-6232]
良策(양책) - 善策(선책) [5232-5032]
良妻(양처) - 令妻(영처) [5232-5032]
良妻(양처) - 賢妻(현처) [5232-4232]
良風(양풍) - 美風(미풍) [5262-6062]
良風(양풍) - 懿風(의풍) [5262-0262]
陽皮(양피) - 包皮(포피) [6032-4232]
漁家(어가) - 漁戶(어호) [5072-5042]
御庫(어고) - 御府(어부) [3240-3242]
語氣(어기) - 語勢(어세) [7072-7042]
語氣(어기) - 語調(어조) [7072-7052]
御覽(어람) - 聖覽(성람) [3240-4240]
御覽(어람) - 叡覽(예람) [3240-0240]
魚籠(어롱) - 魚藍(어람) [5020-5020]
魚龍(어룡) - 魚鼈(어별) [5040-5010]
御馬(어마) - 袞馬(곤마) [3250-1050]
御名(어명) - 王名(왕명) [3272-8072]
御命(어명) - 王命(왕명) [3270-8070]
御命(어명) - 勅命(칙명) [3270-1070]
御物(어물) - 御用(어용) [3272-3262]
漁夫(어부) - 罟師(고사) [5070-0042]
漁夫(어부) - 漁父(어보) [5070-5080]
漁夫(어부) - 淵客(연객) [5070-1252]
御製(어제) - 聖製(성제) [3242-4242]
御座(어좌) - 玉座(옥좌) [3240-4240]
御座(어좌) - 王座(왕좌) [3240-8040]
御筆(어필) - 宸筆(신필) [3252-1052]
抑制(억제) - 抑止(억지) [3242-3250]
抑制(억제) - 沮抑(저억) [3242-2032]
億兆(억조) - 億萬(억만) [5032-5080]
諺解(언해) - 諺譯(언역) [1042-1032]
嚴斷(엄단) - 嚴勘(엄감) [4042-4010]
嚴斷(엄단) - 嚴處(엄처) [4042-4042]
嚴命(엄명) - 嚴令(엄령) [4070-4050]
嚴罰(엄벌) - 嚴治(엄치) [4042-4042]

嚴査(엄사) - 嚴調(엄조) [4050-4052]
閹人(엄인) - 鼓子(고자) [0080-3272]
閹人(엄인) - 火者(화자) [0080-8060]
掩蔽(엄폐) - 掩塞(엄색) [1030-1032]
閹宦(엄환) - 閹官(엄관) [0010-0042]
業績(업적) - 功績(공적) [6240-6240]
旅館(여관) - 客舍(객사) [5232-5242]
旅毒(여독) - 路毒(노독) [5242-6042]
輿望(여망) - 衆望(중망) [3052-4252]
與否(여부) - 然否(연부) [4040-7040]
餘生(여생) - 餘壽(여수) [4280-4232]
餘生(여생) - 殘命(잔명) [4280-4070]
餘業(여업) - 餘烈(여열) [4262-4240]
旅裝(여장) - 客裝(객장) [5240-5240]
女裝(여장) - 女服(여복) [8040-8060]
旅情(여정) - 客懷(객회) [5252-5232]
旅情(여정) - 旅思(여사) [5252-5250]
旅情(여정) - 旅抱(여포) [5252-5230]
餘澤(여택) - 世澤(세택) [4232-7232]
餘澤(여택) - 餘德(여덕) [4232-4252]
餘澤(여택) - 遺恩(유은) [4232-4042]
餘澤(여택) - 遺蔭(유음) [4232-4010]
餘澤(여택) - 遺陰(유음) [4232-4042]
驛券(역권) - 封傳(봉전) [3240-3252]
域內(역내) - 域中(역중) [4072-4080]
力士(역사) - 壯士(장사) [7252-4052]
逆臣(역신) - 叛臣(반신) [4252-3052]
逆臣(역신) - 賊臣(적신) [4252-4052]
逆心(역심) - 逆意(역의) [4270-4262]
歷任(역임) - 歷官(역관) [5252-5242]
逆賊(역적) - 國賊(국적) [4240-8040]
逆賊(역적) - 朝敵(조적) [4240-6042]
逆轉(역전) - 反轉(반전) [4240-6240]
力戰(역전) - 力爭(역쟁) [7262-7250]
歷朝(역조) - 累朝(누조) [5260-3260]
逆行(역행) - 逆進(역진) [4260-4242]
戀歌(연가) - 情歌(정가) [3270-5270]
連結(연결) - 結連(결련) [4252-5242]
輦轂(연곡) - 御駕(어가) [1000-3210]
研究(연구) - 稽査(계사) [4242-0250]
研究(연구) - 考究(고구) [4242-5042]
研究(연구) - 考察(고찰) [4242-5042]
研究(연구) - 研考(연고) [4242-4250]
延期(연기) - 緩期(완기) [4050-3250]
延期(연기) - 退期(퇴기) [4050-4250]
年老(연로) - 年晩(연만) [8070-8032]
年老(연로) - 年滿(연만) [8070-8042]
掾吏(연리) - 胥吏(서리) [0032-1032]
掾吏(연리) - 掾屬(연속) [0032-0040]
掾吏(연리) - 掾佐(연좌) [0032-0030]
年末(연말) - 暮歲(모세) [8050-3052]
年末(연말) - 宿歲(숙세) [8050-5252]
連名(연명) - 聯名(연명) [4272-3272]
連名(연명) - 列名(열명) [4272-4272]
連名(연명) - 合名(합명) [4272-6072]
連發(연발) - 續發(속발) [4262-4262]
延燒(연소) - 類燒(유소) [4032-5232]
淵源(연원) - 本源(본원) [1240-6040]
戀情(연정) - 戀心(연심) [3252-3270]
年次(연차) - 序齒(서치) [8042-5042]
年次(연차) - 歲次(세차) [8042-5242]
煙筒(연통) - 煙管(연관) [4210-4240]
熱狂(열광) - 狂熱(광열) [5032-3250]
列立(열립) - 羅立(나립) [4272-4272]
悅服(열복) - 愛服(애복) [3260-6060]
熱心(열심) - 熱志(열지) [5070-5042]
烈火(열화) - 猛火(맹화) [4080-3280]
烈火(열화) - 炎火(염화) [4080-3280]
廉價(염가) - 低價(저가) [3052-4252]
廉價(염가) - 賤價(천가) [3052-3252]
簾幕(염막) - 簾帷(염유) [1032-1000]
艶美(염미) - 艶羨(염선) [1060-1010]
艶色(염색) - 艶容(염용) [1070-1042]
艶姿(염자) - 艶態(염태) [1040-1042]
鹽池(염지) - 鹽井(염정) [3232-3232]
廉探(염탐) - 內探(내탐) [3040-7240]

廉探(염탐) - 廉問(염문) [3040-3070]
廉探(염탐) - 廉察(염찰) [3040-3042]
靈感(영감) - 靈想(영상) [3260-3242]
靈龜(영귀) - 神龜(신귀) [3230-6230]
永年(영년) - 久年(구년) [6080-3280]
永年(영년) - 永世(영세) [6080-6072]
英斷(영단) - 雄斷(웅단) [6042-5042]
英略(영략) - 英圖(영도) [6040-6062]
永眠(영면) - 潛寐(잠매) [6032-3210]
永眠(영면) - 他界(타계) [6032-5062]
英妙(영묘) - 英髦(영모) [6040-6000]
靈廟(영묘) - 靈殿(영전) [3230-3232]
迎賓(영빈) - 延賓(연빈) [4030-4030]
迎聘(영빙) - 請待(청대) [4030-4260]
營繕(영선) - 修營(수영) [4020-4240]
靈藥(영약) - 神藥(신약) [3262-6262]
營養(영양) - 滋養(자양) [4052-1252]
靈域(영역) - 靈境(영경) [3240-3242]
榮辱(영욕) - 楛菀(고울) [4232-0000]
永遠(영원) - 永久(영구) [6060-6032]
靈肉(영육) - 形神(형신) [3242-6262]
永日(영일) - 長日(장일) [6080-8080]
英姿(영자) - 英風(영풍) [6040-6062]
榮爵(영작) - 高爵(고작) [4230-6230]
永住(영주) - 久住(구주) [6070-3270]
靈地(영지) - 靈場(영장) [3270-3272]
領土(영토) - 疆土(강토) [5080-1280]
領土(영토) - 版圖(판도) [5080-3262]
領土(영토) - 昄宇(판우) [5080-0032]
英豪(영호) - 英士(영사) [6032-6052]
英豪(영호) - 英彦(영언) [6032-6012]
豫見(예견) - 先見(선견) [4052-8052]
豫見(예견) - 逆睹(역도) [4052-4210]
禮物(예물) - 謝物(사물) [6072-4272]
禮物(예물) - 幣物(폐물) [6072-3072]
例外(예외) - 格外(격외) [6080-5280]
禮遇(예우) - 禮待(예대) [6040-6060]
例題(예제) - 例問(예문) [6062-6070]
誤記(오기) - 誤錄(오록) [4272-4242]
汚泥(오니) - 土泥(토니) [3032-8032]
傲慢(오만) - 倨慢(거만) [3030-1030]
傲慢(오만) - 驕慢(교만) [3030-1030]
五色(오색) - 五彩(오채) [8070-8032]
誤審(오심) - 誤斷(오단) [4232-4242]
誤審(오심) - 誤判(오판) [4232-4240]
吳娃(오왜) - 吳姬(오희) [1202-1220]
奧義(오의) - 奧祕(오비) [1042-1040]
誤字(오자) - 誤寫(오사) [4270-4250]
誤字(오자) - 誤書(오서) [4270-4262]
汚點(오점) - 惡穢(악예) [3040-5210]
烏合(오합) - 烏集(오집) [3260-3262]
誤解(오해) - 曲解(곡해) [4242-5042]
玉膚(옥부) - 玉肌(옥기) [4220-4210]
玉食(옥식) - 美食(미식) [4272-6072]
屋外(옥외) - 戶外(호외) [5080-4280]
玉容(옥용) - 玉面(옥면) [4242-4270]
玉容(옥용) - 玉貌(옥모) [4242-4232]
玉音(옥음) - 瓊音(경음) [4262-1262]
玉音(옥음) - 德音(덕음) [4262-5262]
玉音(옥음) - 御聲(어성) [4262-3242]
玉姿(옥자) - 玉度(옥도) [4240-4260]
玉質(옥질) - 麗質(여질) [4252-4252]
玉饌(옥찬) - 嘉饌(가찬) [4210-1010]
玉饌(옥찬) - 佳饌(가찬) [4210-3210]
玉體(옥체) - 貴體(귀체) [4262-5062]
玉體(옥체) - 尊體(존체) [4262-4262]
沃土(옥토) - 膏壤(고양) [1280-1032]
沃土(옥토) - 肥土(비토) [1280-3280]
沃土(옥토) - 沃壤(옥양) [1280-1232]
媼嫗(온구) - 老婆(노파) [0000-7010]
溫室(온실) - 煖室(난실) [6080-1080]
溫室(온실) - 暖室(난실) [6080-4280]
溫顔(온안) - 溫色(온색) [6032-6070]
溫顔(온안) - 溫容(온용) [6032-6042]
溫熱(온열) - 暖熱(난열) [6050-4250]
溫衣(온의) - 煖衣(난의) [6060-1060]

縕衣(온의) - 暖衣(난의) [6060-4260]
縕衣(온의) - 熟衣(숙의) [6060-3260]
縕風(온풍) - 煖風(난풍) [6062-1062]
縕風(온풍) - 暖風(난풍) [6062-4262]
擁立(옹립) - 迎立(영립) [3072-4072]
臥龍(와룡) - 伏龍(복룡) [3040-4040]
臥龍(와룡) - 鳳兒(봉아) [3040-3252]
臥龍(와룡) - 鳳雛(봉추) [3040-3202]
臥病(와병) - 病臥(병와) [3060-6030]
臥病(와병) - 臥席(와석) [3060-3060]
瓦解(와해) - 分崩(분붕) [3242-6230]
渦形(와형) - 渦狀(와상) [1062-1042]
緩急(완급) - 遲速(지속) [3262-3060]
完納(완납) - 皆納(개납) [5040-3040]
完了(완료) - 皆濟(개제) [5030-3042]
完了(완료) - 完濟(완제) [5030-5042]
完了(완료) - 完畢(완필) [5030-5032]
緩步(완보) - 徐步(서보) [3242-3242]
緩步(완보) - 徐行(서행) [3242-3260]
完備(완비) - 全具(전구) [5042-7252]
完譯(완역) - 全譯(전역) [5032-7232]
完全(완전) - 萬全(만전) [5072-8072]
完全(완전) - 十全(십전) [5072-8072]
完治(완치) - 全治(전치) [5042-7242]
完敗(완패) - 沒敗(몰패) [5050-3250]
王家(왕가) - 王室(왕실) [8072-8080]
王家(왕가) - 王族(왕족) [8072-8060]
往見(왕견) - 往觀(왕관) [4252-4252]
王公(왕공) - 貴顯(귀현) [8062-5040]
王權(왕권) - 君權(군권) [8042-4042]
往年(왕년) - 徂年(조년) [4280-0080]
往來(왕래) - 來往(내왕) [4270-7042]
枉臨(왕림) - 尊來(존래) [1032-4270]
王孫(왕손) - 王胤(왕윤) [8060-8012]
王者(왕자) - 覇者(패자) [8060-0260]
王者(왕자) - 霸者(패자) [8060-2060]
王土(왕토) - 王領(왕령) [8080-8050]
倭軍(왜군) - 倭兵(왜병) [1280-1252]
外觀(외관) - 外見(외견) [8052-8052]
畏懼(외구) - 憺畏(담외) [3030-1030]
外國(외국) - 異國(이국) [8080-4080]
外國(외국) - 他國(타국) [8080-5080]
外泊(외박) - 外宿(외숙) [8030-8052]
猥褻(외설) - 淫猥(음외) [1002-3210]
外城(외성) - 外郭(외곽) [8042-8030]
外城(외성) - 外廓(외곽) [8042-8010]
猥語(외어) - 猥言(외언) [1070-1060]
外裝(외장) - 外飾(외식) [8040-8032]
外題(외제) - 表題(표제) [8062-6262]
外題(외제) - 標題(표제) [8062-4062]
外戚(외척) - 外族(외족) [8032-8060]
畏縮(외축) - 蝟縮(위축) [3040-0240]
邀擊(요격) - 逆擊(역격) [1040-4240]
邀擊(요격) - 迎擊(영격) [1040-4040]
要訣(요결) - 訣要(결요) [5232-3252]
妖怪(요괴) - 妖魔(요마) [2032-2020]
拗堂(요당) - 堂拗(당요) [1062-6210]
瑤臺(요대) - 玉宇(옥우) [0232-4232]
瑤臺(요대) - 玉殿(옥전) [0232-4232]
料理(요리) - 調理(조리) [5062-5262]
妖物(요물) - 邪物(사물) [2072-3272]
夭殤(요상) - 殤殀(상요) [1000-0000]
夭殤(요상) - 殀亡(요망) [1000-0050]
夭殤(요상) - 夭逝(요서) [1000-1030]
夭殤(요상) - 殀殂(요조) [1000-0000]
夭殤(요상) - 殀札(요찰) [1000-0020]
夭殤(요상) - 早死(조사) [1000-4260]
夭殤(요상) - 蚤世(조세) [1000-0272]
妖術(요술) - 魔法(마법) [2062-2052]
妖術(요술) - 魔術(마술) [2062-2062]
僥倖(요행) - 奇福(기복) [1002-4052]
僥倖(요행) - 徼幸(요행) [1002-0062]
龍宮(용궁) - 水宮(수궁) [4042-8042]
宂談(용담) - 宂話(용화) [0050-0072]
宂談(용담) - 贅言(췌언) [0050-1060]
勇猛(용맹) - 猛勇(맹용) [6232-3262]

勇猛(용맹) - 武猛(무맹) [6232-4232]
勇猛(용맹) - 雄悍(웅한) [6232-5010]
容貌(용모) - 面像(면상) [4232-7032]
容貌(용모) - 面相(면상) [4232-7052]
勇兵(용병) - 猛士(맹사) [6252-3252]
容認(용인) - 認容(인용) [4242-4242]
勇進(용진) - 銳進(예진) [6242-3042]
容喙(용훼) - 開喙(개훼) [4210-6010]
寓居(우거) - 寓宿(우숙) [1040-1052]
優待(우대) - 優遇(우우) [4060-4040]
優待(우대) - 厚待(후대) [4060-4060]
愚論(우론) - 愚說(우설) [3242-3252]
耦立(우립) - 對偶(대우) [0072-6232]
愚民(우민) - 暗民(암민) [3280-4280]
愚夫(우부) - 愚男(우남) [3270-3272]
愚婦(우부) - 愚女(우녀) [3242-3280]
愚書(우서) - 愚札(우찰) [3262-3220]
郵送(우송) - 發送(발송) [4042-6242]
憂時(우시) - 憂世(우세) [3272-3272]
友愛(우애) - 友誼(우의) [5260-5210]
友愛(우애) - 友情(우정) [5260-5252]
憂畏(우외) - 憂懼(우구) [3230-3230]
優越(우월) - 優勢(우세) [4032-4042]
愚人(우인) - 愚物(우물) [3280-3272]
愚人(우인) - 愚者(우자) [3280-3260]
右族(우족) - 右姓(우성) [7260-7272]
偶話(우화) - 偶語(우어) [3272-3270]
旭日(욱일) - 曙日(서일) [1280-1080]
旭日(욱일) - 朝日(조일) [1280-6080]
旭日(욱일) - 曉日(효일) [1280-3080]
運命(운명) - 運勢(운세) [6270-6242]
運送(운송) - 運輸(운수) [6242-6232]
運送(운송) - 轉運(전운) [6242-4062]
運送(운송) - 通運(통운) [6242-6062]
運營(운영) - 運用(운용) [6240-6262]
雄傑(웅걸) - 雄豪(웅호) [5040-5032]
雄圖(웅도) - 鵬圖(붕도) [5062-1262]
雄篇(웅편) - 高篇(고편) [5040-6240]
遠計(원계) - 遠謀(원모) [6062-6032]
遠近(원근) - 遐邇(하이) [6060-1002]
遠代(원대) - 遠世(원세) [6062-6072]
遠望(원망) - 遠眺(원조) [6052-6010]
遠洋(원양) - 絶海(절해) [6060-4272]
原因(원인) - 理由(이유) [5050-6260]
遠地(원지) - 遠方(원방) [6070-6072]
遠地(원지) - 遠域(원역) [6070-6040]
遠行(원행) - 高蹈(고도) [6060-6210]
元兇(원흉) - 渠帥(거수) [5210-1032]
元兇(원흉) - 渠率(거수) [5210-1032]
元兇(원흉) - 渠首(거수) [5210-1052]
元兇(원흉) - 魁首(괴수) [5210-1052]
越階(월계) - 越任(월임) [3240-3252]
越尺(월척) - 準尺(준척) [3232-4232]
違格(위격) - 違式(위식) [3052-3060]
偉功(위공) - 偉烈(위열) [5262-5240]
偉功(위공) - 戎功(융공) [5262-1062]
威光(위광) - 稜威(능위) [4062-1040]
違期(위기) - 愆期(건기) [3050-0250]
慰撫(위무) - 存撫(존무) [4010-4010]
違反(위반) - 背違(배위) [3062-4230]
僞本(위본) - 假本(가본) [3260-4260]
僞書(위서) - 僞片(위편) [3262-3232]
威嚴(위엄) - 威信(위신) [4040-4062]
威儀(위의) - 儀觀(의관) [4040-4052]
僞造(위조) - 假造(가조) [3242-4242]
位牌(위패) - 靈位(영위) [5010-3250]
僞學(위학) - 異學(이학) [3280-4080]
威脅(위협) - 脅迫(협박) [4032-3232]
誘拐(유괴) - 拐引(괴인) [3210-1042]
幼君(유군) - 幼帝(유제) [3240-3240]
幼年(유년) - 童年(동년) [3280-6280]
遊覽(유람) - 浪遊(낭유) [4040-3240]
遊覽(유람) - 遊觀(유관) [4040-4052]
遊獵(유렵) - 遊弋(유익) [4030-4000]
流離(유리) - 漂浪(표랑) [5240-3032]
流離(유리) - 漂流(표류) [5240-3052]

流離(유리) - 漂泊(표박) [5240-3030]
流離(유리) - 漂寓(표우) [5240-3010]
遺民(유민) - 餘民(여민) [4080-4280]
類別(유별) - 種別(종별) [5260-5260]
遺産(유산) - 遺財(유재) [4052-4052]
油衫(유삼) - 油衣(유의) [6002-6060]
儒生(유생) - 書生(서생) [4080-6280]
諭示(유시) - 曉喩(효유) [1050-3010]
諭示(유시) - 曉諭(효유) [1050-3010]
遺兒(유아) - 棄兒(기아) [4052-3052]
遺兒(유아) - 遺愛(유애) [4052-4060]
遺言(유언) - 遺音(유음) [4060-4062]
誘引(유인) - 誘出(유출) [3242-3270]
遺著(유저) - 遺籍(유적) [4032-4040]
遺跡(유적) - 古蹟(고적) [4032-6032]
遺跡(유적) - 古跡(고적) [4032-6032]
遺跡(유적) - 舊跡(구적) [4032-5232]
遺跡(유적) - 舊蹟(구적) [4032-5232]
遺跡(유적) - 遺蹟(유적) [4032-4032]
遺址(유지) - 舊基(구기) [4012-5252]
遺址(유지) - 舊址(구지) [4012-5212]
遺志(유지) - 遺意(유의) [4042-4062]
類纂(유찬) - 類編(유편) [5210-5232]
幼稚(유치) - 未熟(미숙) [3232-4232]
誘爆(유폭) - 殉爆(순폭) [3240-3040]
遺風(유풍) - 遺俗(유속) [4062-4042]
育苗(육묘) - 養苗(양묘) [7030-5230]
肉慾(육욕) - 淫慾(음욕) [4232-3232]
陸運(육운) - 陸輸(육수) [5262-5232]
潤澤(윤택) - 豊富(풍부) [3232-4242]
潤筆(윤필) - 染筆(염필) [3252-3252]
隱士(은사) - 裘褐(구갈) [4052-0010]
隱士(은사) - 山林(산림) [4052-8070]
隱士(은사) - 山長(산장) [4052-8080]
隱身(은신) - 潛身(잠신) [4062-3262]
隱迹(은적) - 遁迹(둔적) [4010-1010]
隱蔽(은폐) - 隱匿(은닉) [4030-4010]
恩恤(은휼) - 慈恤(자휼) [4210-3210]
恩恤(은휼) - 字恤(자휼) [4210-7010]
陰謀(음모) - 鬼胎(귀태) [4232-3220]
淫事(음사) - 陰事(음사) [3272-4272]
淫祠(음사) - 陰祠(음사) [3210-4210]
淫習(음습) - 淫風(음풍) [3260-3262]
陰佑(음우) - 陰助(음조) [4212-4242]
陰害(음해) - 陰中(음중) [4252-4280]
揖讓(읍양) - 揖遜(읍손) [1032-1010]
應變(응변) - 隨機(수기) [4252-3240]
凝視(응시) - 注視(주시) [3042-6242]
應接(응접) - 應待(응대) [4242-4260]
議決(의결) - 議約(의약) [4252-4252]
議決(의결) - 議定(의정) [4252-4260]
扆闥(의달) - 宮闕(궁궐) [0000-4220]
扆闥(의달) - 宮殿(궁전) [0000-4232]
意圖(의도) - 計劃(계획) [6262-6232]
意圖(의도) - 意思(의사) [6262-6250]
意圖(의도) - 意志(의지) [6262-6242]
意圖(의도) - 意向(의향) [6262-6260]
義務(의무) - 責務(책무) [4242-5242]
倚門(의문) - 倚閭(의려) [0280-0210]
意味(의미) - 意義(의의) [6242-6242]
義憤(의분) - 義怒(의노) [4240-4242]
疑訝(의아) - 疑惑(의혹) [4010-4032]
依存(의존) - 依支(의지) [4040-4042]
蟻聚(의취) - 蟻集(의집) [0212-0262]
意表(의표) - 料外(요외) [6262-5080]
義解(의해) - 義疏(의소) [4242-4232]
異景(이경) - 異觀(이관) [4050-4052]
夷界(이계) - 蠻地(만지) [3062-2070]
夷界(이계) - 蕃地(번지) [3062-1070]
利己(이기) - 愛己(애기) [6252-6052]
移動(이동) - 轉移(전이) [4272-4042]
異變(이변) - 變事(변사) [4052-5272]
異說(이설) - 異道(이도) [4052-4072]
耳順(이순) - 杖鄕(장향) [5052-1042]
移植(이식) - 移種(이종) [4270-4252]
異域(이역) - 國外(해외) [4040-8080]

異域(이역) - 局外(국외) [4040-5280]
異域(이역) - 方外(방외) [4040-7280]
異域(이역) - 海外(해외) [4040-7280]
已往(이왕) - 旣往(기왕) [3242-3042]
利用(이용) - 活用(활용) [6262-7262]
利潤(이윤) - 利文(이문) [6232-6270]
利潤(이윤) - 利益(이익) [6232-6242]
利潤(이윤) - 利錢(이전) [6232-6240]
異議(이의) - 異論(이론) [4042-4042]
移葬(이장) - 遷墓(천묘) [4232-3240]
罹災(이재) - 罹禍(이화) [1050-1032]
移轉(이전) - 移住(이주) [4240-4270]
移轉(이전) - 轉居(전거) [4240-4040]
以前(이전) - 前往(전왕) [5272-7242]
釐正(이정) - 釐革(이혁) [1072-1040]
異種(이종) - 殊類(수류) [4052-3252]
移職(이직) - 轉職(전직) [4242-4042]
移職(이직) - 遷職(천직) [4242-3242]
異草(이초) - 異卉(이훼) [4070-4010]
離脫(이탈) - 脫離(탈리) [4040-4040]
理解(이해) - 納得(납득) [6242-4042]
理解(이해) - 了解(요해) [6242-3042]
理解(이해) - 會得(회득) [6242-6242]
匿名(익명) - 埋名(매명) [1072-3072]
溺死(익사) - 水死(수사) [2060-8060]
人傑(인걸) - 人豪(인호) [8040-8032]
人山(인산) - 人海(인해) [8080-8072]
刃傷(인상) - 刃創(인창) [2040-2042]
人相(인상) - 人態(인태) [8052-8042]
仁愛(인애) - 仁親(인친) [4060-4060]
人爲(인위) - 人工(인공) [8042-8072]
鄰提(인제) - 鴛鴦(원앙) [0042-1010]
鄰提(인제) - 匹鳥(필조) [0042-3042]
引證(인증) - 引據(인거) [4240-4240]
一家(일가) - 室家(실가) [8072-8072]
一見(일견) - 一觀(일관) [8052-8052]
一見(일견) - 一望(일망) [8052-8052]
一見(일견) - 一眸(일모) [8052-8002]
日計(일계) - 日算(일산) [8062-8070]
一技(일기) - 一能(일능) [8050-8052]
日當(일당) - 日給(일급) [8052-8050]
日當(일당) - 日俸(일봉) [8052-8020]
一帶(일대) - 一圓(일원) [8042-8042]
逸樂(일락) - 逸豫(일예) [3262-3240]
一列(일렬) - 單列(단열) [8042-4242]
日錄(일록) - 日譜(일보) [8042-8032]
日沒(일몰) - 日盡(일진) [8032-8040]
一式(일식) - 一襲(일습) [8060-8032]
日食(일식) - 和食(화식) [8072-6272]
一隅(일우) - 一角(일각) [8010-8062]
逸才(일재) - 廣才(광재) [3262-5262]
逸才(일재) - 宏材(굉재) [3262-1052]
逸才(일재) - 上才(상재) [3262-7262]
逸才(일재) - 秀才(수재) [3262-4062]
日照(일조) - 日射(일사) [8032-8040]
一簇(일족) - 一群(일군) [8010-8040]
一族(일족) - 一門(일문) [8060-8080]
一周(일주) - 一巡(일순) [8040-8032]
一策(일책) - 一計(일계) [8032-8062]
逸脫(일탈) - 脫逸(탈일) [3240-4032]
一品(일품) - 逸品(일품) [8052-3252]
一品(일품) - 絶品(절품) [8052-4252]
逸筆(일필) - 逸毫(일호) [3252-3230]
逸話(일화) - 逸聞(일문) [3272-3262]
入棺(입관) - 納棺(납관) [7010-4010]
入費(입비) - 浮費(부비) [7050-3250]
入侍(입시) - 入覲(입근) [7032-7010]
立案(입안) - 具案(구안) [7250-5250]
入養(입양) - 養嗣(양사) [7052-5210]
入養(입양) - 入後(입후) [7052-7072]
入荷(입하) - 入貨(입화) [7032-7042]
立會(입회) - 證參(증참) [7262-4052]
立後(입후) - 立嗣(입사) [7272-7210]
自覺(자각) - 自醒(자성) [7240-7210]
自警(자경) - 自戒(자계) [7242-7240]
自國(자국) - 本國(본국) [7280-6080]

紫禁(자금) - 皇居(황거) [3242-3240]
自給(자급) - 自足(자족) [7250-7272]
慈堂(자당) - 萱堂(훤당) [3262-0262]
自刎(자문) - 刎死(문사) [7202-0260]
自負(자부) - 自恃(자시) [7240-7202]
自負(자부) - 自信(자신) [7240-7262]
自殺(자살) - 自決(자결) [7242-7252]
自署(자서) - 手署(수서) [7232-7232]
刺繡(자수) - 繡刺(수자) [3210-1032]
自習(자습) - 自學(자학) [7260-7280]
自然(자연) - 天然(천연) [7270-7070]
字典(자전) - 字類(자류) [7052-7052]
自讚(자찬) - 自稱(자칭) [7240-7240]
自害(자해) - 自傷(자상) [7252-7240]
作黨(작당) - 作輩(작배) [6242-6232]
作黨(작당) - 作牌(작패) [6242-6210]
雀盲(작맹) - 雀目(작목) [1032-1060]
作文(작문) - 行文(행문) [6270-6070]
作孼(작얼) - 作戲(작희) [6202-6232]
作孼(작얼) - 作戱(작희) [6202-6202]
作擾(작요) - 起鬧(기뇨) [6210-4202]
爵號(작호) - 爵名(작명) [3060-3072]
繳還(격환) - 繳來(격래) [0032-0070]
殘金(잔금) - 餘錢(여전) [4080-4240]
殘金(잔금) - 殘額(잔액) [4080-4040]
殘留(잔류) - 殘存(잔존) [4042-4040]
殘雪(잔설) - 宿雪(숙설) [4062-5262]
殘雪(잔설) - 點雪(점설) [4062-4062]
殘熱(잔열) - 餘熱(여열) [4050-4250]
殘熱(잔열) - 餘炎(여염) [4050-4232]
殘熱(잔열) - 殘暑(잔서) [4050-4030]
殘在(잔재) - 遺在(유재) [4060-4060]
殘滓(잔재) - 殘渣(잔사) [4010-4002]
殘賊(잔적) - 殘盜(잔도) [4040-4040]
殘寒(잔한) - 餘寒(여한) [4050-4250]
潛伏(잠복) - 伏在(복재) [3240-4060]
潛伏(잠복) - 潛隱(잠은) [3240-3240]
潛魚(잠어) - 潛鱗(잠린) [3250-3210]
箴言(잠언) - 警句(경구) [1060-4242]
雜鬼(잡귀) - 雜神(잡신) [4032-4062]
雜器(잡기) - 雜具(잡구) [4042-4052]
雜念(잡념) - 客慮(객려) [4052-5240]
雜木(잡목) - 雜樹(잡수) [4080-4060]
雜物(잡물) - 雜卜(잡복) [4072-4030]
雜輩(잡배) - 雜類(잡류) [4032-4052]
長江(장강) - 大河(대하) [8072-8050]
壯擧(장거) - 偉擧(위거) [4050-5250]
壯觀(장관) - 偉觀(위관) [4052-5252]
壯年(장년) - 盛年(성년) [4080-4280]
壯談(장담) - 壯言(장언) [4050-4060]
壯途(장도) - 壯行(장행) [4032-4060]
將來(장래) - 來頭(내두) [4270-7060]
長蘆(장로) - 驚蔘(경삼) [8012-4020]
帳簿(장부) - 帳冊(장책) [4032-4040]
長上(장상) - 上長(상장) [8072-7280]
長逝(장서) - 遠逝(원서) [8030-6030]
場所(장소) - 處所(처소) [7270-4270]
長壽(장수) - 亹壽(미수) [8032-0032]
長壽(장수) - 長生(장생) [8032-8080]
裝飾(장식) - 修飾(수식) [4032-4232]
裝飾(장식) - 治粧(치장) [4032-4232]
裝塡(장전) - 揷彈(삽탄) [4010-2040]
裝塡(장전) - 裝藥(장약) [4010-4062]
裝塡(장전) - 裝彈(장탄) [4010-4040]
長點(장점) - 美點(미점) [8040-6040]
裝幀(장정) - 裝訂(장정) [4010-4030]
裝幀(장정) - 裝潢(장황) [4010-4002]
裝幀(장정) - 粧潢(장황) [4010-3202]
長足(장족) - 巨足(거족) [8072-4072]
裝着(장착) - 付着(부착) [4052-3252]
裝着(장착) - 附着(부착) [4052-3252]
藏置(장치) - 祕藏(비장) [3242-4032]
才傑(재걸) - 才俊(재준) [6240-6230]
齋戒(재계) - 潔齋(결재) [1040-4210]
再起(재기) - 更起(갱기) [5042-4042]
才器(재기) - 才局(재국) [6242-6252]

才能(재능) - 器量(기량) [6252-4250]
再錄(재록) - 再記(재기) [5042-5072]
再論(재론) - 更論(갱론) [5042-4042]
財物(재물) - 財賄(재회) [5272-5210]
再發(재발) - 更發(갱발) [5062-4062]
才士(재사) - 才子(재자) [6252-6272]
財産(재산) - 資産(자산) [5252-4052]
災殃(재앙) - 咎殃(구앙) [5030-0230]
災殃(재앙) - 殃禍(앙화) [5030-3032]
災殃(재앙) - 災禍(재화) [5030-5032]
災疫(재역) - 災厲(재려) [5032-5000]
才媛(재원) - 才女(재녀) [6212-6280]
財政(재정) - 錢政(전정) [5242-4042]
再製(재제) - 再造(재조) [5042-5042]
宰制(재제) - 宰割(재할) [3042-3032]
在朝(재조) - 在廷(재정) [6060-6032]
在職(재직) - 在勤(재근) [6042-6040]
再會(재회) - 更逢(갱봉) [5062-4032]
再會(재회) - 再逢(재봉) [5062-5032]
爭論(쟁론) - 爭議(쟁의) [5042-5042]
儲廩(저름) - 廩庫(늠고) [0200-0040]
儲廩(저름) - 廩倉(늠창) [0200-0032]
佇眄(저면) - 佇見(저견) [0210-0252]
佇想(저상) - 佇念(저념) [0242-0252]
底意(저의) - 內意(내의) [4062-7262]
著作(저작) - 著述(저술) [3262-3232]
著作(저작) - 撰述(찬술) [3262-1032]
沮止(저지) - 沮遏(저알) [2050-2000]
積功(적공) - 積勞(적로) [4062-4052]
適歸(적귀) - 適從(적종) [4040-4040]
積德(적덕) - 累德(누덕) [4052-3252]
適例(적례) - 好例(호례) [4060-4260]
嫡流(적류) - 嫡嫡(적적) [1052-1010]
摘發(적발) - 摘出(적출) [3262-3270]
適法(적법) - 如法(여법) [4052-4252]
適法(적법) - 合法(합법) [4052-6052]
適否(적부) - 當否(당부) [4040-5240]
適時(적시) - 適期(적기) [4072-4050]
積載(적재) - 裝載(장재) [4032-4032]
積載(적재) - 載積(재적) [4032-3240]
敵情(적정) - 敵況(적황) [4252-4240]
的中(적중) - 臆中(억중) [5280-1080]
適職(적직) - 適業(적업) [4042-4062]
敵彈(적탄) - 敵丸(적환) [4240-4230]
全家(전가) - 渾家(혼가) [7272-1072]
前揭(전게) - 前載(전재) [7220-7232]
前戒(전계) - 前誥(전고) [7240-7202]
錢穀(전곡) - 金穀(금곡) [4040-8040]
全國(전국) - 擧國(거국) [7280-5080]
專念(전념) - 專事(전사) [4052-4072]
專念(전념) - 執一(집일) [4052-3280]
全道(전도) - 一道(일도) [7272-8072]
箭筒(전동) - 矢服(시복) [1010-3060]
顚落(전락) - 顚墜(전추) [1050-1010]
傳來(전래) - 渡來(도래) [5270-3270]
展望(전망) - 眺望(조망) [5252-1052]
全貌(전모) - 全姿(전자) [7232-7240]
前夕(전석) - 昨晩(작만) [7270-6232]
電線(전선) - 導線(도선) [7262-4262]
田稅(전세) - 田租(전조) [4242-4232]
餞送(전송) - 祖送(조송) [1042-7042]
傳言(전언) - 託言(탁언) [5260-2060]
傳染(전염) - 感染(감염) [5232-6032]
纏繞(전요) - 纏着(전착) [1002-1052]
前衛(전위) - 前拒(전거) [7242-7240]
戰慄(전율) - 觳觫(곡속) [6210-0000]
戰慄(전율) - 戰悸(전계) [6210-6210]
戰慄(전율) - 戰懼(전구) [6210-6230]
戰慄(전율) - 震恐(진공) [6210-3232]
戰慄(전율) - 震懼(진구) [6210-3230]
戰慄(전율) - 振慄(진율) [6210-3210]
戰慄(전율) - 震慄(진율) [6210-3210]
戰慄(전율) - 震怖(진포) [6210-3220]
前陣(전진) - 先陣(선진) [7240-8040]
前陣(전진) - 前軍(전군) [7240-7280]
典質(전질) - 典執(전집) [5252-5232]

前債(전채) - 先債(선채) [7232-8032]
前策(전책) - 前計(전계) [7232-7262]
前轍(전철) - 覆轍(복철) [7210-3210]
前轍(전철) - 前軌(전궤) [7210-7230]
轉請(전청) - 轉託(전탁) [4042-4020]
轉向(전향) - 轉身(전신) [4060-4062]
折脚(절각) - 折跌(절질) [4032-4010]
絶景(절경) - 秀氣(수기) [4250-4072]
絶景(절경) - 絶勝(절승) [4250-4260]
絶交(절교) - 斷交(단교) [4260-4260]
絶技(절기) - 絶藝(절예) [4250-4242]
絶代(절대) - 絶世(절세) [4262-4272]
絶命(절명) - 絶息(절식) [4270-4242]
絶壁(절벽) - 岸壁(안벽) [4242-3242]
絶色(절색) - 一色(일색) [4270-8070]
絶崖(절애) - 斷岸(단안) [4210-4232]
絶崖(절애) - 斷崖(단애) [4210-4210]
竊取(절취) - 盜取(도취) [3042-4042]
絶後(절후) - 無後(무후) [4272-5072]
絶後(절후) - 絶嗣(절사) [4272-4210]
絶後(절후) - 絶孫(절손) [4272-4260]
點檢(점검) - 點査(점사) [4042-4050]
占考(점고) - 占斷(점단) [4050-4042]
霑濕(점습) - 沾濡(점유) [1032-0202]
點眼(점안) - 點藥(점약) [4042-4062]
漸漸(점점) - 漸次(점차) [3232-3242]
漸漸(점점) - 次次(차차) [3232-4242]
接境(접경) - 交界(교계) [4242-6062]
接脣(접순) - 近口(근구) [4230-6070]
接脣(접순) - 接口(접구) [4230-4270]
政綱(정강) - 權綱(권강) [4232-4232]
靖國(정국) - 靖難(정난) [1080-1042]
精讀(정독) - 味讀(미독) [4262-4262]
精讀(정독) - 熟讀(숙독) [4262-3262]
精靈(정령) - 靈魂(영혼) [4232-3232]
精靈(정령) - 精氣(정기) [4232-4272]
定論(정론) - 定說(정설) [6042-6052]
正味(정미) - 純量(순량) [7242-4250]
征夫(정부) - 征人(정인) [3270-3280]
頂上(정상) - 絶頂(절정) [3272-4232]
精選(정선) - 極擇(극택) [4250-4240]
精選(정선) - 愼選(신선) [4250-3250]
政勢(정세) - 政情(정정) [4242-4252]
定業(정업) - 定職(정직) [6062-6042]
正誤(정오) - 勘誤(감오) [7242-1042]
正坐(정좌) - 端坐(단좌) [7232-4232]
政策(정책) - 政略(정략) [4232-4240]
政策(정책) - 政術(정술) [4232-4262]
正鐵(정철) - 練鐵(연철) [7250-5250]
正鐵(정철) - 鍊鐵(연철) [7250-3250]
正初(정초) - 歲首(세수) [7250-5252]
正初(정초) - 歲初(세초) [7250-5250]
正初(정초) - 首歲(수세) [7250-5252]
正初(정초) - 年頭(연두) [7250-8060]
情趣(정취) - 情致(정치) [5240-5250]
情趣(정취) - 風情(풍정) [5240-6252]
正則(정칙) - 正度(정도) [7250-7260]
正統(정통) - 正系(정계) [7242-7240]
情況(정황) - 情景(정경) [5240-5250]
情況(정황) - 情狀(정상) [5240-5242]
情況(정황) - 情地(정지) [5240-5270]
情況(정황) - 情形(정형) [5240-5262]
帝綱(제강) - 帝紘(제굉) [4032-4002]
帝京(제경) - 玉京(옥경) [4060-4260]
諸般(제반) - 各般(각반) [3232-6232]
除煩(제번) - 冠省(관생) [4230-3262]
除煩(제번) - 刪蔓(산만) [4230-1010]
除煩(제번) - 舌代(설대) [4230-4062]
祭費(제비) - 祭資(제자) [4250-4240]
諸神(제신) - 群神(군신) [3262-4062]
帝業(제업) - 帝圖(제도) [4062-4062]
帝業(제업) - 帝謨(제모) [4062-4012]
帝位(제위) - 聖祚(성조) [4050-4212]
帝位(제위) - 宸極(신극) [4050-1042]
帝位(제위) - 帝祚(제조) [4050-4012]
帝威(제위) - 皇威(황위) [4040-3240]

提議(제의) - 提起(제기) [4242-4242]
提議(제의) - 提論(제론) [4242-4242]
提議(제의) - 提言(제언) [4242-4260]
制定(제정) - 立制(입제) [4260-7242]
除塵(제진) - 收塵(수진) [4220-4220]
帝統(제통) - 帝系(제계) [4042-4040]
制憲(제헌) - 立憲(입헌) [4240-7240]
弔歌(조가) - 葬歌(장가) [3070-3270]
鳥道(조도) - 鳥逕(조경) [4272-4202]
朝露(조로) - 朝菌(조균) [6032-6032]
嘲弄(조롱) - 欺弄(기롱) [1032-3032]
嘲弄(조롱) - 愚弄(우롱) [1032-3232]
造昧(조매) - 草昧(초매) [4210-7010]
弔辭(조사) - 悼詞(도사) [3040-2032]
弔辭(조사) - 弔詞(조사) [3040-3032]
早産(조산) - 早生(조생) [4252-4280]
祖上(조상) - 先代(선대) [7072-8062]
弔書(조서) - 弔狀(조장) [3062-3042]
粗食(조식) - 艱食(간식) [1072-1072]
竈神(조신) - 竈王(조왕) [0062-0080]
操心(조심) - 注意(주의) [5070-6262]
遭遇(조우) - 會遇(회우) [1040-6240]
調劑(조제) - 調藥(조약) [5220-5262]
早朝(조조) - 詰朝(힐조) [4260-1060]
凋盡(조진) - 凋弊(조폐) [1040-1032]
早春(조춘) - 初春(초춘) [4270-5070]
措置(조치) - 措處(조처) [2042-2042]
朝會(조회) - 朝禮(조례) [6062-6060]
族長(족장) - 族父(족부) [6080-6080]
尊容(존용) - 尊貌(존모) [4242-4232]
尊丈(존장) - 尊執(존집) [4232-4232]
拙見(졸견) - 愚見(우견) [3052-3252]
拙見(졸견) - 愚計(우계) [3052-3262]
拙稿(졸고) - 愚稿(우고) [3032-3232]
卒壽(졸수) - 凍梨(동리) [5232-3230]
拙策(졸책) - 拙謀(졸모) [3032-3032]
從今(종금) - 從此(종차) [4062-4032]
終尾(종미) - 終末(종말) [5032-5050]
種子(종자) - 種物(종물) [5272-5272]
從卒(종졸) - 從兵(종병) [4052-4052]
佐理(좌리) - 佐治(좌치) [3062-3042]
挫傷(좌상) - 挫創(좌창) [1040-1042]
座中(좌중) - 座上(좌상) [4080-4072]
左遷(좌천) - 降等(강등) [7232-4062]
左遷(좌천) - 落等(낙등) [7232-5062]
左遷(좌천) - 遷謫(천적) [7232-3210]
罪囚(죄수) - 繫囚(계수) [5030-3030]
罪囚(죄수) - 累囚(누수) [5030-3230]
罪囚(죄수) - 囚人(수인) [5030-3080]
罪律(죄율) - 罪罰(죄벌) [5042-5042]
酒客(주객) - 酒豪(주호) [4052-4032]
住居(주거) - 居第(거제) [7040-4062]
住居(주거) - 住家(주가) [7040-7072]
住居(주거) - 住宅(주택) [7040-7052]
酒狂(주광) - 酒亂(주란) [4032-4040]
酒狂(주광) - 酒妄(주망) [4032-4032]
酒道(주도) - 酒德(주덕) [4072-4052]
籌略(주략) - 籌謀(주모) [0240-0232]
駐輦(주련) - 駐駕(주가) [2010-2010]
主謀(주모) - 發頭(발두) [7032-6260]
住民(주민) - 居民(거민) [7080-4080]
主賓(주빈) - 正客(정객) [7030-7252]
誅殺(주살) - 誅戮(주륙) [1042-1010]
酒色(주색) - 酒淫(주음) [4070-4032]
註釋(주석) - 註明(주명) [1032-1062]
註釋(주석) - 註解(주해) [1032-1042]
主演(주연) - 主役(주역) [7042-7032]
周遊(주유) - 周流(주류) [4040-4052]
周遊(주유) - 周章(주장) [4040-4060]
主將(주장) - 主帥(주수) [7042-7032]
主鬯(주창) - 太子(태자) [7000-6072]
鑄貨(주화) - 鑄錢(주전) [3242-3240]
鑄貨(주화) - 鑄幣(주폐) [3242-3230]
奏效(주효) - 成效(성효) [3252-6252]
酒興(주흥) - 酣興(감흥) [4042-0042]
竹簡(죽간) - 簡策(간책) [4240-4032]

竹簡(죽간) - 簡冊(간책) [4240-4040]
竹簡(죽간) - 竹冊(죽책) [4240-4240]
準據(준거) - 臬極(얼극) [4240-0042]
準據(준거) - 依準(의준) [4240-4042]
蠢動(준동) - 蠢爾(준이) [1072-1010]
俊辯(준변) - 大辯(대변) [3040-8040]
俊辯(준변) - 逸辯(일변) [3040-3240]
峻峯(준봉) - 危峯(위봉) [1232-4032]
俊才(준재) - 俊良(준량) [3062-3052]
俊才(준재) - 駿良(준량) [3062-1252]
俊才(준재) - 駿逸(준일) [3062-1232]
俊才(준재) - 俊逸(준일) [3062-3032]
駿足(준족) - 驥足(기족) [1272-1272]
駿足(준족) - 上馬(상마) [1272-7250]
駿足(준족) - 駿馬(준마) [1272-1250]
準則(준칙) - 準規(준규) [4250-4250]
仲介(중개) - 居間(거간) [3232-4072]
仲介(중개) - 居媒(거매) [3232-4032]
中斷(중단) - 中絕(중절) [8042-8042]
重病(중병) - 大病(대병) [7060-8060]
重病(중병) - 篤疾(독질) [7060-3032]
仲陽(중양) - 仲春(중춘) [3260-3270]
衆愚(중우) - 衆盲(중맹) [4232-4232]
重疊(중첩) - 千疊(천첩) [7010-7010]
仲兄(중형) - 次兄(차형) [3280-4280]
卽席(즉석) - 卽座(즉좌) [3260-3240]
櫛雨(즐우) - 櫛風(즐풍) [1052-1062]
增軍(증군) - 增兵(증병) [4280-4252]
增俸(증봉) - 增給(증급) [4220-4250]
證憑(증빙) - 憑證(빙증) [4010-1040]
增稅(증세) - 加稅(가세) [4242-5042]
增額(증액) - 加額(가액) [4240-5040]
增築(증축) - 增修(증수) [4242-4242]
贈賄(증회) - 贈賂(증뢰) [3010-3010]
遲刻(지각) - 晚到(만도) [3040-3252]
遲刻(지각) - 遲參(지참) [3040-3052]
地境(지경) - 境域(경역) [7042-4240]
知己(지기) - 淡交(담교) [5252-3260]
知己(지기) - 水魚(수어) [5252-8050]
知己(지기) - 心友(심우) [5252-7052]
知己(지기) - 知音(지음) [5252-5262]
知己(지기) - 知人(지인) [5252-5280]
知己(지기) - 親舊(친구) [5252-6052]
知己(지기) - 親友(친우) [5252-6052]
智略(지략) - 機略(기략) [4040-4040]
智略(지략) - 智謀(지모) [4040-4032]
持論(지론) - 執說(집설) [4042-3252]
支流(지류) - 分流(분류) [4252-6252]
志望(지망) - 志願(지원) [4252-4250]
知命(지명) - 半百(반백) [5270-6270]
知命(지명) - 艾年(애년) [5270-1280]
芝眉(지미) - 芝宇(지우) [1230-1232]
支配(지배) - 統治(통치) [4242-4242]
地上(지상) - 地面(지면) [7072-7070]
地上(지상) - 現世(현세) [7072-6272]
至誠(지성) - 虔誠(건성) [4242-1042]
智識(지식) - 知力(지력) [4052-5272]
至材(지재) - 絕才(절재) [4252-4262]
踟躕(지주) - 躊躇(주저) [0000-1010]
地主(지주) - 土主(토주) [7070-8070]
至親(지친) - 至情(지정) [4260-4252]
支撐(지탱) - 扶持(부지) [4210-3240]
支撐(지탱) - 扶支(부지) [4210-3242]
支撐(지탱) - 支持(지지) [4210-4240]
支撐(지탱) - 支撐(지탱) [4210-4202]
至痛(지통) - 極痛(극통) [4240-4240]
至痛(지통) - 劇痛(극통) [4240-4040]
紙幣(지폐) - 楮錢(저전) [7030-0240]
地形(지형) - 地相(지상) [7062-7052]
直感(직감) - 卽感(즉감) [7260-3260]
職工(직공) - 工員(공원) [4272-7242]
直買(직매) - 卽賣(즉매) [7250-3250]
織婦(직부) - 機女(기녀) [4042-4080]
織婦(직부) - 機婦(기부) [4042-4042]
直屬(직속) - 直隸(직례) [7240-7230]
直通(직통) - 直放(직방) [7260-7262]

眞景(진경) - 實景(실경) [4250-5250]
塵念(진념) - 塵慮(진려) [2052-2040]
盡力(진력) - 極力(극력) [4072-4272]
盡力(진력) - 奔走(분주) [4072-3242]
盡力(진력) - 爲力(위력) [4072-4272]
眞理(진리) - 眞道(진도) [4262-4272]
珍味(진미) - 佳味(가미) [4042-3242]
珍味(진미) - 嘉味(가미) [4042-1042]
進拜(진배) - 進謁(진알) [4242-4230]
進步(진보) - 開明(개명) [4242-6062]
進步(진보) - 開進(개진) [4242-6042]
進步(진보) - 開化(개화) [4242-6052]
珍寶(진보) - 琦賂(기뢰) [4042-1210]
進步(진보) - 發達(발달) [4242-6242]
進步(진보) - 前進(전진) [4242-7242]
進步(진보) - 向上(향상) [4242-6072]
塵事(진사) - 塵務(진무) [2072-2042]
珍羞(진수) - 盛饌(성찬) [4010-4210]
珍羞(진수) - 華饌(화찬) [4010-4010]
珍襲(진습) - 珍藏(진장) [4032-4032]
鎭壓(진압) - 制壓(제압) [3242-4242]
眞僞(진위) - 眞假(진가) [4232-4242]
眞僞(진위) - 眞否(진부) [4232-4240]
振作(진작) - 振起(진기) [3262-3242]
進退(진퇴) - 去就(거취) [4242-5040]
進退(진퇴) - 趨舍(추사) [4242-2042]
質問(질문) - 質疑(질의) [5270-5240]
疾風(질풍) - 迅風(신풍) [3262-1062]
執權(집권) - 執柄(집병) [3242-3212]
集錄(집록) - 輯錄(집록) [6242-2042]
集錄(집록) - 纂錄(찬록) [6242-1042]
集注(집주) - 集註(집주) [6262-6210]
集注(집주) - 集中(집중) [6262-6280]
集票(집표) - 集札(집찰) [6242-6220]
集荷(집하) - 集貨(집화) [6232-6242]
借券(차권) - 借書(차서) [3240-3262]
次席(차석) - 次位(차위) [4260-4250]
差額(차액) - 差金(차금) [4040-4080]

借用(차용) - 貸用(대용) [3262-3262]
着劍(착검) - 帶劍(대검) [5232-4232]
着劍(착검) - 佩儉(패검) [5232-1040]
鑿空(착공) - 鑿路(착로) [1072-1060]
着席(착석) - 着座(착좌) [5260-5240]
錯誤(착오) - 差錯(차착) [3242-4032]
着彈(착탄) - 彈着(탄착) [5240-4052]
饌間(찬간) - 饌房(찬방) [1072-1042]
竄匿(찬닉) - 逃匿(도닉) [0210-4010]
竄匿(찬닉) - 逃遁(도둔) [0210-4010]
竄匿(찬닉) - 逃隱(도은) [0210-4040]
竄匿(찬닉) - 逋竄(포찬) [0210-1002]
簒立(찬립) - 簒弑(찬시) [1072-1010]
簒立(찬립) - 簒位(찬위) [1072-1050]
簒立(찬립) - 簒奪(찬탈) [1072-1032]
讚辭(찬사) - 賞詞(상사) [4040-5032]
讚頌(찬송) - 讚美(찬미) [4040-4060]
讚頌(찬송) - 讚揚(찬양) [4040-4032]
贊助(찬조) - 贊翼(찬익) [3242-3232]
贊助(찬조) - 協贊(협찬) [3242-4232]
竄黜(찬출) - 竄謫(찬적) [0210-0210]
竄黜(찬출) - 竄逐(찬축) [0210-0230]
竄黜(찬출) - 竄貶(찬폄) [0210-0210]
刹那(찰나) - 瞬間(순간) [2030-3272]
刹那(찰나) - 瞬時(순시) [2030-3272]
刹那(찰나) - 瞬息(순식) [2030-3242]
刹那(찰나) - 轉瞬(전순) [2030-4032]
刹那(찰나) - 片刻(편각) [2030-3240]
察任(찰임) - 察職(찰직) [4252-4242]
參見(참견) - 參涉(참섭) [5252-5230]
參考(참고) - 參照(참조) [5250-5232]
慘殺(참살) - 殘殺(잔살) [3042-4042]
慙色(참색) - 愧色(괴색) [3070-3070]
譖訴(참소) - 譏讒(기참) [0032-1010]
譖訴(참소) - 讒訴(참소) [0032-1032]
斬首(참수) - 斷頭(단두) [2052-4260]
蒼空(창공) - 碧空(벽공) [3272-3272]
漲滿(창만) - 漲溢(창일) [1042-1010]

唱隨(창수) - 倡隨(창수) [5032-1032]
倡義(창의) - 起義(기의) [1042-4242]
創造(창조) - 肇造(조조) [4242-1042]
蒼波(창파) - 碧波(벽파) [3242-3242]
倉荷(창하) - 倉貨(창화) [3232-3242]
瘥度(채도) - 差效(차효) [0060-4052]
採訪(채방) - 採探(채탐) [4042-4040]
菜蔬(채소) - 菜麻(채마) [3230-3232]
採種(채종) - 取種(취종) [4052-4252]
冊匣(책갑) - 書帙(서질) [4010-6210]
策略(책략) - 謀策(모책) [3240-3232]
策略(책략) - 策謀(책모) [3240-3232]
處女(처녀) - 室女(실녀) [4280-8080]
處女(처녀) - 處子(처자) [4280-4272]
妻妾(처첩) - 嫡妾(적첩) [3230-1030]
賤待(천대) - 賤視(천시) [3260-3242]
千慮(천려) - 萬慮(만려) [7040-8040]
天賦(천부) - 天稟(천품) [7032-7010]
天外(천외) - 九涯(구애) [7080-8030]
天佑(천우) - 佑命(우명) [7012-1270]
天運(천운) - 歷運(역운) [7062-5262]
天胤(천윤) - 天嗣(천사) [7012-7010]
天子(천자) - 鉅公(거공) [7072-0262]
天子(천자) - 辟疆(벽강) [7072-0012]
天子(천자) - 扆旒(의류) [7072-0002]
天子(천자) - 皇帝(황제) [7072-3240]
天裁(천재) - 勅裁(칙재) [7032-1032]
踐祚(천조) - 踐極(천극) [3200-3242]
踐祚(천조) - 踐位(천위) [3200-3250]
天誅(천주) - 天討(천토) [7010-7040]
天地(천지) - 堪輿(감여) [7070-1030]
天地(천지) - 乾坤(건곤) [7070-3230]
天地(천지) - 覆載(부재) [7070-3232]
天地(천지) - 霄壤(소양) [7070-0032]
天地(천지) - 圜方(원방) [7070-0072]
賤妾(천첩) - 奴家(노가) [3230-3272]
天險(천험) - 天阻(천조) [7040-7010]
撤廢(철폐) - 廢撤(폐철) [2032-3220]
捷報(첩보) - 勝報(승보) [1042-6042]
請暇(청가) - 謁告(알고) [4240-3052]
淸覽(청람) - 高覽(고람) [6240-6240]
淸覽(청람) - 尊覽(존람) [6240-4240]
請老(청로) - 乞身(걸신) [4270-3062]
請老(청로) - 乞骸(걸해) [4270-3010]
淸吏(청리) - 廉吏(염리) [6232-3032]
淸望(청망) - 淸名(청명) [6252-6272]
淸白(청백) - 淸廉(청렴) [6280-6230]
請賓(청빈) - 請客(청객) [4230-4252]
淸掃(청소) - 掃拭(소식) [6242-4210]
淸掃(청소) - 洒掃(쇄소) [6242-0042]
淸掃(청소) - 刷掃(쇄소) [6242-3242]
淸掃(청소) - 淨掃(정소) [6242-3242]
請援(청원) - 請助(청조) [4240-4242]
淸節(청절) - 淸操(청조) [6252-6250]
請託(청탁) - 干囑(간촉) [4220-4010]
請託(청탁) - 請囑(청촉) [4220-4210]
淸濁(청탁) - 好惡(호오) [6230-4252]
請婚(청혼) - 求婚(구혼) [4240-4240]
滯納(체납) - 滯給(체급) [3240-3250]
滯納(체납) - 滯拂(체불) [3240-3232]
滯留(체류) - 稽留(계류) [3242-0242]
滯留(체류) - 滯在(체재) [3242-3260]
剃髮(체발) - 剃頭(체두) [0240-0260]
體樣(체양) - 態樣(태양) [6240-4240]
涕泣(체읍) - 流泣(유읍) [1030-5230]
草家(초가) - 草堂(초당) [7072-7062]
超過(초과) - 逾越(유월) [3252-0232]
初段(초단) - 一段(일단) [5040-8040]
招待(초대) - 招請(초청) [4060-4042]
抄錄(초록) - 抄寫(초사) [3042-3050]
招撫(초무) - 招慰(초위) [4010-4040]
焦眉(초미) - 燃眉(연미) [2030-4030]
抄本(초본) - 略本(약본) [3060-4060]
草屋(초옥) - 茅屋(모옥) [7050-1250]
草葬(초장) - 藁葬(고장) [7032-0232]
蜀道(촉도) - 蜀路(촉로) [1272-1260]

燭忤(촉오) - 觸怒(촉노) [3000-3242]
村婦(촌부) - 俚婦(이부) [7042-1042]
村野(촌야) - 村郊(촌교) [7060-7030]
村場(촌장) - 村市(촌시) [7072-7072]
村中(촌중) - 村內(촌내) [7080-7072]
寸土(촌토) - 尺土(척토) [8080-3280]
寸評(촌평) - 短評(단평) [8040-6240]
聰明(총명) - 記性(기성) [3062-7252]
聰明(총명) - 明晳(명석) [3062-6212]
冢婦(총부) - 宗婦(종부) [0042-4242]
寵兒(총아) - 寵人(총인) [1052-1080]
寵愛(총애) - 特愛(특애) [1060-6060]
聰智(총지) - 聰哲(총철) [3040-3032]
冢土(총토) - 太社(태사) [0080-6062]
最高(최고) - 至上(지상) [5062-4272]
最高(최고) - 最上(최상) [5062-5072]
最善(최선) - 極善(극선) [5050-4250]
摧折(최절) - 挫折(좌절) [0040-1040]
摧折(최절) - 摧挫(최좌) [0040-0010]
秋景(추경) - 秋容(추용) [7050-7042]
醜言(추언) - 莠言(유언) [3060-0060]
秋情(추정) - 秋思(추사) [7052-7050]
推尊(추존) - 推尙(추상) [4042-4032]
推薦(추천) - 薦達(천달) [4030-3042]
推測(추측) - 推量(추량) [4042-4050]
秋波(추파) - 眼波(안파) [7042-4242]
秋毫(추호) - 分毫(분호) [7030-6230]
秋毫(추호) - 一毫(일호) [7030-8030]
秋毫(추호) - 毫釐(호리) [7030-3010]
秋毫(추호) - 毫末(호말) [7030-3050]
祝儀(축의) - 祝典(축전) [5040-5052]
蓄積(축적) - 積貯(적저) [4240-4050]
蓄積(축적) - 積儲(적저) [4240-4002]
祝電(축전) - 祝報(축보) [5072-5042]
築造(축조) - 造築(조축) [4242-4242]
縮退(축퇴) - 退縮(퇴축) [4042-4240]
春景(춘경) - 韶景(소경) [7050-0250]
春景(춘경) - 春容(춘용) [7050-7042]
春光(춘광) - 韶華(소화) [7062-0240]
椿堂(춘당) - 令尊(영존) [1262-5042]
春情(춘정) - 春機(춘기) [7052-7040]
出家(출가) - 出門(출문) [7072-7080]
出帆(출범) - 解纜(해람) [7010-4202]
出兵(출병) - 出軍(출군) [7052-7080]
出産(출산) - 生産(생산) [7052-8052]
出産(출산) - 出生(출생) [7052-7080]
出船(출선) - 發船(발선) [7050-6250]
出獄(출옥) - 出監(출감) [7032-7042]
出征(출정) - 征行(정행) [7032-3260]
出版(출판) - 刊出(간출) [7032-3270]
出版(출판) - 刊行(간행) [7032-3260]
出版(출판) - 刷行(쇄행) [7032-3260]
出荷(출하) - 積出(적출) [7032-4070]
充滿(충만) - 彌滿(미만) [5242-1242]
充滿(충만) - 洋溢(양일) [5242-6010]
充塡(충전) - 塡充(전충) [5210-1052]
揣量(췌량) - 忖度(촌탁) [0050-1060]
揣量(췌량) - 揣摩(췌마) [0050-0020]
揣量(췌량) - 揣度(췌탁) [0050-0060]
贅文(췌문) - 冗文(용문) [1070-0070]
悴顔(췌안) - 悴容(췌용) [1032-1042]
取捨(취사) - 用捨(용사) [4230-6230]
廁間(측간) - 便所(변소) [0072-7070]
廁間(측간) - 廁室(측실) [0072-0080]
惻怛(측달) - 惻愴(측창) [1000-1010]
測地(측지) - 度地(탁지) [4270-6070]
致景(치경) - 美景(미경) [5050-6050]
稚氣(치기) - 乳氣(유기) [3272-4072]
治法(치법) - 治術(치술) [4252-4262]
治下(치하) - 管下(관하) [4272-4072]
親分(친분) - 契分(계분) [6062-3262]
親政(친정) - 親朝(친조) [6042-6060]
親筆(친필) - 肉筆(육필) [6052-4252]
親筆(친필) - 自筆(자필) [6052-7252]
七去(칠거) - 七出(칠출) [8050-8070]
沈降(침강) - 沈下(침하) [3240-3272]

沈降(침강) - 下沈(하침) [3240-7232]
寢具(침구) - 衾枕(금침) [4052-1030]
寢臺(침대) - 寢床(침상) [4032-4042]
寢臺(침대) - 寢牀(침상) [4032-4002]
侵迫(침박) - 侵逼(침핍) [4232-4210]
浸入(침입) - 浸沈(침침) [3270-3232]
沈着(침착) - 冷靜(냉정) [3252-5040]
侵虐(침학) - 陵虐(능학) [4220-3220]
蟄居(칩거) - 屈蟄(굴칩) [1040-4010]
蟄居(칩거) - 閉居(폐거) [1040-4040]
稱觥(칭굉) - 獻壽(헌수) [4000-3232]
稱頌(칭송) - 稱道(칭도) [4040-4072]
稱頌(칭송) - 稱辭(칭사) [4040-4040]
稱頌(칭송) - 稱說(칭설) [4040-4052]
稱冤(칭원) - 呼冤(호원) [4010-4210]
稱讚(칭찬) - 賞美(상미) [4040-5060]
稱讚(칭찬) - 賞揚(상양) [4040-5032]
稱讚(칭찬) - 賞譽(상예) [4040-5032]
快諾(쾌락) - 快許(쾌허) [4232-4250]
快癒(쾌유) - 快復(쾌복) [4210-4242]
快癒(쾌유) - 快差(쾌차) [4210-4240]
快調(쾌조) - 好調(호조) [4252-4252]
快活(쾌활) - 活潑(활발) [4272-7210]
他人(타인) - 他者(타자) [5080-5060]
他地(타지) - 外地(외지) [5070-8070]
妥帖(타첩) - 妥貼(타첩) [3010-3010]
妥帖(타첩) - 打合(타합) [3010-5060]
他村(타촌) - 外村(외촌) [5070-8070]
他鄕(타향) - 客地(객지) [5042-5270]
他鄕(타향) - 殊鄕(수향) [5042-3242]
卓論(탁론) - 卓說(탁설) [5042-5052]
拓本(탁본) - 碑帖(비첩) [3260-4010]
託送(탁송) - 傳送(전송) [2042-5242]
殫竭(탄갈) - 殫盡(탄진) [0010-0040]
彈琴(탄금) - 擊琴(격금) [4032-4032]
歎賞(탄상) - 稱歎(칭탄) [4050-4040]
歎賞(탄상) - 歎稱(탄칭) [4050-4040]
脫落(탈락) - 遺落(유락) [4050-4050]
脫獄(탈옥) - 牢脫(뇌탈) [4032-1040]
脫獄(탈옥) - 越獄(월옥) [4032-3232]
脫獄(탈옥) - 破獄(파옥) [4032-4232]
脫字(탈자) - 缺字(결자) [4070-4270]
脫字(탈자) - 闕字(궐자) [4070-2070]
脫字(탈자) - 闕劃(궐획) [4070-2032]
脫字(탈자) - 落字(낙자) [4070-5070]
脫字(탈자) - 逸字(일자) [4070-3270]
脫盡(탈진) - 奪氣(탈기) [4040-3272]
脫出(탈출) - 脫去(탈거) [4070-4050]
探求(탐구) - 索求(색구) [4042-3242]
探求(탐구) - 探索(탐색) [4042-4032]
耽美(탐미) - 唯美(유미) [1260-3060]
探査(탐사) - 鉤校(구교) [4050-1080]
貪虐(탐학) - 貪橫(탐횡) [3020-3032]
蕩女(탕녀) - 蕩婦(탕부) [1080-1042]
蕩盡(탕진) - 蕩竭(탕갈) [1040-1010]
泰斗(태두) - 山斗(산두) [3242-8042]
太陽(태양) - 暘烏(양오) [6060-0232]
擇用(택용) - 鉤用(구용) [4062-1062]
吐露(토로) - 吐破(토파) [3232-3242]
土俗(토속) - 土風(토풍) [8042-8062]
土堤(토제) - 土坡(토파) [8030-8012]
痛感(통감) - 切感(절감) [4060-5260]
痛哭(통곡) - 慟哭(통곡) [4032-1032]
統括(통괄) - 統轄(통할) [4210-4210]
通交(통교) - 通好(통호) [6060-6042]
統率(통솔) - 統領(통령) [4232-4250]
通人(통인) - 通士(통사) [6080-6052]
統制(통제) - 統御(통어) [4242-4232]
通知(통지) - 報知(보지) [6052-4252]
通則(통칙) - 通規(통규) [6050-6050]
通則(통칙) - 通律(통률) [6050-6042]
通則(통칙) - 通法(통법) [6050-6052]
統稱(통칭) - 都名(도명) [4240-5072]
統稱(통칭) - 總稱(총칭) [4240-4240]
統稱(통칭) - 通稱(통칭) [4240-6040]
退遁(퇴둔) - 退避(퇴피) [4210-4240]

頹落(퇴락) - 朽落(후락) [1050-1050]
褪色(퇴색) - 減色(감색) [1070-4270]
褪色(퇴색) - 退色(퇴색) [1070-4270]
退息(퇴식) - 退休(퇴휴) [4242-4270]
頹運(퇴운) - 頹勢(퇴세) [1062-1042]
退任(퇴임) - 退職(퇴직) [4252-4242]
投歸(투귀) - 投化(투화) [4040-4052]
透寫(투사) - 影寫(영사) [3250-3250]
投藥(투약) - 給藥(급약) [4062-5062]
鬪爭(투쟁) - 爭鬪(쟁투) [4050-5040]
鬪志(투지) - 鬪心(투심) [4042-4070]
特別(특별) - 各別(각별) [6060-6260]
特色(특색) - 特徵(특징) [6070-6032]
特殊(특수) - 特異(특이) [6032-6040]
特製(특제) - 別製(별제) [6042-6042]
特酒(특주) - 名酒(명주) [6040-7240]
特酒(특주) - 銘酒(명주) [6040-3240]
特品(특품) - 殊品(수품) [6052-3252]
特效(특효) - 卓效(탁효) [6052-5052]
闖起(틈기) - 闖發(틈발) [0242-0262]
破壞(파괴) - 殘毁(잔훼) [4232-4030]
簸弄(파롱) - 調戱(조희) [0032-5232]
波紋(파문) - 水紋(수문) [4232-8032]
破産(파산) - 倒産(도산) [4252-3252]
破碎(파쇄) - 碎破(쇄파) [4210-1042]
破屋(파옥) - 頹屋(퇴옥) [4250-1050]
破片(파편) - 斷片(단편) [4232-4232]
板刻(판각) - 刻板(각판) [5040-4050]
販賣(판매) - 發賣(발매) [3050-6250]
八紘(팔굉) - 八區(팔구) [8002-8060]
八方(팔방) - 八面(팔면) [8072-8070]
八旬(팔순) - 杖朝(장조) [8032-1060]
八旬(팔순) - 八耋(팔질) [8032-8000]
八字(팔자) - 祿命(녹명) [8070-3270]
悖德(패덕) - 敗德(패덕) [1052-5052]
悖倫(패륜) - 背倫(배륜) [1032-4232]
悖倫(패륜) - 不倫(불륜) [1032-7232]
悖倫(패륜) - 傷倫(상륜) [1032-4032]
悖倫(패륜) - 逆倫(역륜) [1032-4232]
敗亡(패망) - 敗滅(패멸) [5050-5032]
敗北(패배) - 敗戰(패전) [5080-5062]
彭殤(팽상) - 壽夭(수요) [1200-3210]
偏嗜(편기) - 惑嗜(혹기) [3210-3210]
鞭撻(편달) - 扑撻(복달) [1010-0010]
鞭撻(편달) - 鞭扑(편복) [1010-1000]
遍歷(편력) - 轉歷(전력) [3052-4052]
偏愛(편애) - 偏嬖(편폐) [3260-3202]
編著(편저) - 編述(편술) [3232-3232]
片舟(편주) - 芥舟(개주) [3230-1030]
片舟(편주) - 扁舟(편주) [3230-1230]
便紙(편지) - 簡牘(간독) [7070-4002]
便紙(편지) - 簡札(간찰) [7070-4020]
便紙(편지) - 書簡(서간) [7070-6240]
便紙(편지) - 書牘(서독) [7070-6202]
便紙(편지) - 書疏(서소) [7070-6232]
便紙(편지) - 書信(서신) [7070-6262]
便紙(편지) - 書狀(서장) [7070-6242]
便紙(편지) - 書札(서찰) [7070-6220]
便紙(편지) - 書尺(서척) [7070-6232]
便紙(편지) - 書翰(서한) [7070-6220]
便紙(편지) - 書函(서함) [7070-6210]
便紙(편지) - 聲問(성문) [7070-4270]
便紙(편지) - 信書(신서) [7070-6262]
便紙(편지) - 鯉素(이소) [7070-0242]
便紙(편지) - 札翰(찰한) [7070-2020]
便紙(편지) - 尺簡(척간) [7070-3240]
便紙(편지) - 片楮(편저) [7070-3202]
便紙(편지) - 片紙(편지) [7070-3270]
編輯(편집) - 纂輯(찬집) [3220-1020]
編輯(편집) - 綴輯(철집) [3220-1020]
編纂(편찬) - 纂修(찬수) [3210-1042]
編纂(편찬) - 編修(편수) [3210-3242]
偏頗(편파) - 偏私(편사) [3230-3240]
貶斥(폄척) - 減黜(감출) [1030-4210]
貶毁(폄훼) - 貶論(폄론) [1030-1042]
貶毁(폄훼) - 貶辭(폄사) [1030-1040]

評決(평결) - 評定(평정) [4052-4060]
平凡(평범) - 尋常(심상) [7232-3042]
平素(평소) - 平常(평상) [7242-7242]
廢家(폐가) - 壞屋(괴옥) [3272-3250]
廢鑛(폐광) - 閉山(폐산) [3240-4080]
敝廬(폐려) - 鄙第(비제) [0012-1062]
廢亡(폐망) - 廢滅(폐멸) [3250-3232]
廢船(폐선) - 死船(사선) [3250-6050]
嬖愛(폐애) - 嬖幸(폐행) [0260-0262]
弊衣(폐의) - 鶉衣(순의) [3260-0060]
弊衣(폐의) - 敗衣(패의) [3260-5060]
弊衣(폐의) - 敝衣(폐의) [3260-0060]
暴棄(포기) - 自棄(자기) [4230-7230]
暴棄(포기) - 自暴(자포) [4230-7242]
抱腹(포복) - 絶倒(절도) [3032-4232]
抱負(포부) - 雄志(웅지) [3040-5042]
抱負(포부) - 壯志(장지) [3040-4042]
飽食(포식) - 饜食(염식) [3072-0072]
捕斬(포참) - 擒斬(금참) [3220-1020]
逋脫(포탈) - 逋稅(포세) [1040-1042]
逋脫(포탈) - 逋租(포조) [1040-1032]
抱恨(포한) - 抱冤(포원) [3040-3010]
包懷(포회) - 包藏(포장) [4232-4232]
咆哮(포효) - 哮吼(효후) [1010-1010]
暴君(폭군) - 亂君(난군) [4240-4040]
暴騰(폭등) - 急騰(급등) [4230-6230]
暴落(폭락) - 急落(급락) [4250-6250]
暴力(폭력) - 腕力(완력) [4272-1072]
暴雨(폭우) - 猛雨(맹우) [4252-3252]
暴飮(폭음) - 轟飮(굉음) [4262-1062]
暴飮(폭음) - 宏飮(굉음) [4262-1062]
暴飮(폭음) - 大飮(대음) [4262-8062]
標本(표본) - 表率(표솔) [4060-6232]
剽竊(표절) - 盜作(도작) [1030-4062]
稟申(품신) - 稟告(품고) [1042-1052]
品評(품평) - 品定(품정) [5240-5260]
品行(품행) - 素行(소행) [5260-4260]
品行(품행) - 操行(조행) [5260-5060]

豊年(풍년) - 登歲(등세) [4280-7052]
豊年(풍년) - 熟歲(숙세) [4280-3252]
風浪(풍랑) - 風濤(풍도) [6232-6210]
風輪(풍륜) - 風神(풍신) [6240-6262]
風聞(풍문) - 風聽(풍청) [6262-6240]
風習(풍습) - 氣習(기습) [6260-7260]
豊穰(풍양) - 豊稔(풍념) [4202-4202]
豊穰(풍양) - 豊熟(풍숙) [4202-4232]
豊作(풍작) - 上作(상작) [4262-7262]
風節(풍절) - 風尙(풍상) [6252-6232]
風害(풍해) - 風難(풍난) [6252-6242]
豊凶(풍흉) - 饑穰(기양) [4252-0202]
豊凶(풍흉) - 飢穰(기양) [4252-3002]
豊凶(풍흉) - 豐凶(풍흉) [4252-0052]
披覽(피람) - 披見(피견) [1040-1052]
必須(필수) - 要須(요수) [5230-5230]
逼奪(핍탈) - 剽掠(표략) [1032-1030]
下校(하교) - 退校(퇴교) [7280-4280]
下答(하답) - 下回(하회) [7272-7242]
夏服(하복) - 暑衣(서의) [7060-3060]
下賜(하사) - 賚賜(뇌사) [7230-0230]
下賜(하사) - 錫賚(석뢰) [7230-1202]
下賜(하사) - 御賜(어사) [7230-3230]
賀狀(하장) - 賀書(하서) [3242-3262]
河海(하해) - 江海(강해) [5072-7272]
遐鄕(하향) - 遐方(하방) [1042-1072]
下懷(하회) - 下情(하정) [7232-7252]
虐待(학대) - 驅迫(구박) [2060-3032]
虐待(학대) - 虐遇(학우) [2060-2040]
鶴首(학수) - 鶴企(학기) [3252-3232]
鶴首(학수) - 鶴立(학립) [3252-3272]
鶴首(학수) - 鶴望(학망) [3252-3252]
學窓(학창) - 螢窓(형창) [8062-3062]
閑居(한거) - 燕息(연식) [4040-3242]
寒暖(한란) - 寒煖(한란) [5042-5010]
寒暖(한란) - 寒溫(한온) [5042-5060]
寒暖(한란) - 寒暄(한훤) [5042-5002]
閑步(한보) - 閑行(한행) [4042-4060]

寒暑(한서) - 冷暖(냉난) [5030-5042]
寒暑(한서) - 冷煖(냉난) [5030-5010]
旱熱(한열) - 旱炎(한염) [3050-3032]
寒燠(한욱) - 寒暑(한서) [5000-5032]
閑人(한인) - 閑客(한객) [4080-4052]
漢籍(한적) - 漢書(한서) [7240-7262]
閑地(한지) - 靜境(정경) [4070-4042]
閑地(한지) - 閑職(한직) [4070-4042]
割賦(할부) - 賦拂(부불) [3232-3232]
含怨(함원) - 結怨(결원) [3240-5240]
咸池(함지) - 昧谷(매곡) [3032-1032]
合計(합계) - 合算(합산) [6062-6070]
合致(합치) - 一致(일치) [6050-8050]
恒常(항상) - 每常(매상) [3242-7242]
降者(항자) - 降人(항인) [4060-4080]
抗爭(항쟁) - 抗戰(항전) [4050-4062]
航海(항해) - 航走(항주) [4272-4242]
解劍(해검) - 脫刀(탈도) [4232-4032]
海內(해내) - 區極(구극) [7272-6042]
該當(해당) - 當該(당해) [3052-5230]
解毒(해독) - 破毒(파독) [4242-4242]
海東(해동) - 東邦(동방) [7280-8030]
解夢(해몽) - 占夢(점몽) [4232-4032]
海澨(해서) - 海岸(해안) [7200-7232]
解冤(해원) - 雪憤(설분) [4210-6240]
垓子(해자) - 外壕(외호) [0272-8012]
垓子(해자) - 外濠(외호) [0272-8020]
垓子(해자) - 周池(주지) [0272-4032]
海賊(해적) - 海盜(해도) [7240-7240]
核心(핵심) - 中心(중심) [4070-8070]
核心(핵심) - 中核(중핵) [4070-8040]
幸運(행운) - 利運(이운) [6262-6262]
行爲(행위) - 所爲(소위) [6042-7042]
行人(행인) - 路人(노인) [6080-6080]
香氣(향기) - 芳氣(방기) [4272-3272]
鄕士(향사) - 鄕儒(향유) [4252-4240]
饗宴(향연) - 宴饗(연향) [1032-3210]
香煙(향연) - 香雲(향운) [4242-4252]
向意(향의) - 向慕(향모) [6062-6032]
香草(향초) - 芳草(방초) [4270-3270]
許可(허가) - 承諾(승낙) [5050-4232]
許可(허가) - 認可(인가) [5050-4250]
許可(허가) - 許諾(허락) [5050-5032]
虛空(허공) - 蓼廓(요확) [4272-0210]
許給(허급) - 許施(허시) [5050-5042]
虛名(허명) - 空名(공명) [4272-7272]
虛名(허명) - 白望(백망) [4272-8052]
虛言(허언) - 空言(공언) [4260-7260]
獻納(헌납) - 獻供(헌공) [3240-3232]
獻米(헌미) - 誠米(성미) [3260-4260]
革新(혁신) - 刷新(쇄신) [4062-3262]
革新(혁신) - 維新(유신) [4062-3262]
革新(혁신) - 鼎新(정신) [4062-1262]
革職(혁직) - 褫職(치직) [4042-0042]
懸心(현심) - 懸懸(현현) [3270-3232]
賢愚(현우) - 賢否(현부) [4232-4240]
賢才(현재) - 才賢(재현) [4262-6242]
血肉(혈육) - 骨肉(골육) [4242-4042]
血鬪(혈투) - 血爭(혈쟁) [4240-4250]
血鬪(혈투) - 血戰(혈전) [4240-4262]
嫌嫉(혐질) - 嫌厭(혐염) [3010-3020]
嫌恨(혐한) - 嫌怨(혐원) [3040-3040]
俠氣(협기) - 氣俠(기협) [1072-7210]
協力(협력) - 戮力(육력) [4272-1072]
刑具(형구) - 獄具(옥구) [4052-3252]
刑民(형민) - 刑人(형인) [4080-4080]
衡平(형평) - 水平(수평) [3272-8072]
惠鑑(혜감) - 惠存(혜존) [4232-4240]
護國(호국) - 衛國(위국) [4280-4280]
浩氣(호기) - 正氣(정기) [3272-7272]
虎狼(호랑) - 狼虎(낭호) [3210-1032]
好色(호색) - 貪淫(탐음) [4270-3032]
互讓(호양) - 交讓(교양) [3032-6032]
好雨(호우) - 甘雨(감우) [4252-4052]
好雨(호우) - 膏雨(고우) [4252-1052]
豪雨(호우) - 甚雨(심우) [3252-3252]

好雨(호우) - 適雨(적우) [4252-4052]
豪族(호족) - 豪家(호가) [3260-3272]
酷吏(혹리) - 苛吏(가리) [2032-1032]
酷使(혹사) - 苦使(고사) [2060-6060]
酷使(혹사) - 虐使(학사) [2060-2060]
酷暑(혹서) - 劇暑(극서) [2030-4030]
酷暑(혹서) - 極暑(극서) [2030-4230]
酷暑(혹서) - 酷陽(혹양) [2030-2060]
酷暑(혹서) - 熇厲(효려) [2030-0000]
酷暑(혹서) - 熇暑(효서) [2030-0030]
酷評(혹평) - 苛評(가평) [2040-1040]
酷評(혹평) - 冷評(냉평) [2040-5040]
酷寒(혹한) - 苦寒(고한) [2050-6050]
酷寒(혹한) - 劇寒(극한) [2050-4050]
酷寒(혹한) - 極寒(극한) [2050-4250]
酷寒(혹한) - 烈寒(열한) [2050-4050]
酷刑(혹형) - 峻刑(준형) [2040-1240]
婚禮(혼례) - 婚儀(혼의) [4060-4040]
婚需(혼수) - 資賄(자회) [4032-4010]
混雜(혼잡) - 混亂(혼란) [4040-4040]
混戰(혼전) - 亂戰(난전) [4062-4062]
弘益(홍익) - 廣益(광익) [3042-5242]
鴻積(홍적) - 洪業(홍업) [3040-3262]
鴻積(홍적) - 鴻業(홍업) [3040-3062]
火工(화공) - 火夫(화부) [8072-8070]
火輪(화륜) - 外車(외차) [8040-8072]
禍福(화복) - 災祥(재상) [3252-5030]
畫仙(화선) - 畫聖(화성) [6052-6042]
和顔(화안) - 怡顔(이안) [6232-1232]
花容(화용) - 佳容(가용) [7042-3242]
花容(화용) - 容華(용화) [7042-4240]
和韻(화운) - 賡韻(갱운) [6232-0032]
化粧(화장) - 丹粧(단장) [5232-3232]
化粧(화장) - 姸粧(연장) [5232-1232]
還甲(환갑) - 周甲(주갑) [3240-4040]
還甲(환갑) - 華甲(화갑) [3240-4040]
還甲(환갑) - 還曆(환력) [3240-3232]
還甲(환갑) - 回甲(회갑) [3240-4240]
換骨(환골) - 奪胎(탈태) [3240-3220]
換骨(환골) - 換奪(환탈) [3240-3232]
歡談(환담) - 歡語(환어) [4050-4070]
歡待(환대) - 懇待(간대) [4060-3260]
還都(환도) - 還京(환경) [3250-3260]
患者(환자) - 病者(병자) [5060-6060]
皇陵(황릉) - 帝陵(제릉) [3232-4032]
荒墳(황분) - 荒塚(황총) [3230-3210]
皇恩(황은) - 皇澤(황택) [3242-3232]
皇族(황족) - 帝戚(제척) [3260-4032]
荒地(황지) - 曠土(광토) [3270-1080]
黃泉(황천) - 九原(구원) [6040-8050]
黃泉(황천) - 九泉(구천) [6040-8040]
黃泉(황천) - 冥途(명도) [6040-3032]
黃泉(황천) - 冥曹(명조) [6040-3010]
黃泉(황천) - 遺界(유계) [6040-4062]
黃泉(황천) - 幽都(유도) [6040-3250]
黃泉(황천) - 陰府(음부) [6040-4242]
黃泉(황천) - 重泉(중천) [6040-7040]
黃泉(황천) - 泉壤(천양) [6040-4032]
黃泉(황천) - 玄宅(현택) [6040-3252]
黃泉(황천) - 黃壚(황로) [6040-6000]
惶蹙(황축) - 恐蹙(공축) [1002-3202]
黃土(황토) - 黃壤(황양) [6080-6032]
回答(회답) - 回帖(회첩) [4272-4210]
回答(회답) - 回貼(회첩) [4272-4210]
回覽(회람) - 輪示(윤시) [4240-4050]
回覽(회람) - 轉照(전조) [4240-4032]
回報(회보) - 答報(답보) [4242-7242]
回信(회신) - 答信(답신) [4262-7262]
回信(회신) - 返信(반신) [4262-3062]
灰燼(회신) - 燼灰(신회) [4010-1040]
回憶(회억) - 緬憶(면억) [4232-1032]
會議(회의) - 集議(집의) [6242-6242]
懷抱(회포) - 宿抱(숙포) [3230-5230]
劃一(획일) - 一律(일률) [3280-8042]
橫行(횡행) - 方行(방행) [3260-7260]
效力(효력) - 效能(효능) [5272-5252]

效力(효력) - 效用(효용) [5272-5262]
效力(효력) - 效驗(효험) [5272-5242]
孝鳥(효조) - 慈鳥(자조) [7242-3242]
後軍(후군) - 殿軍(전군) [7280-3280]
後面(후면) - 背面(배면) [7270-4270]
厚賜(후사) - 優賜(우사) [4030-4030]
後嗣(후사) - 遺嗣(유사) [7210-4010]
後嗣(후사) - 胤嗣(윤사) [7210-1210]
厚顔(후안) - 強顔(강안) [4032-6032]
厚恩(후은) - 渥澤(악택) [4042-0232]
後妻(후처) - 繼妻(계처) [7232-4032]
後哲(후철) - 後彦(후언) [7232-7212]
後退(후퇴) - 退却(퇴각) [7242-4230]
後患(후환) - 後顧(후고) [7250-7230]
後患(후환) - 後憂(후우) [7250-7232]
訓戒(훈계) - 勸戒(권계) [6040-4040]
訓長(훈장) - 學究(학구) [6080-8042]
毁損(훼손) - 壞損(괴손) [3040-3240]
休息(휴식) - 休憩(휴게) [7042-7020]
休息(휴식) - 休止(휴지) [7042-7050]
休養(휴양) - 靜養(정양) [7052-4052]
休紙(휴지) - 敗紙(패지) [7070-5070]
凶計(흉계) - 惡計(악계) [5262-5262]
凶計(흉계) - 兇計(흉계) [5262-1062]
凶計(흉계) - 凶謀(흉모) [5262-5232]
凶年(흉년) - 儉年(검년) [5280-4080]
凶年(흉년) - 歉歲(겸세) [5280-0052]
凶黨(흉당) - 兇黨(흉당) [5242-1042]
凶黨(흉당) - 兇徒(흉도) [5242-1040]
凶黨(흉당) - 凶徒(흉도) [5242-5240]
凶事(흉사) - 禍事(화사) [5272-3272]
凶事(흉사) - 兇事(흉사) [5272-1072]
凶日(흉일) - 惡日(악일) [5280-5280]
胸中(흉중) - 胸臆(흉억) [3280-3210]
黑髮(흑발) - 烏髮(오발) [5040-3240]
黑白(흑백) - 白黑(백흑) [5080-8050]
黑白(흑백) - 是非(시비) [5080-4242]
黑白(흑백) - 皁白(조백) [5080-0080]
黑牛(흑우) - 烏牛(오우) [5050-3250]
黑雲(흑운) - 烏雲(오운) [5052-3252]
屹然(흘연) - 屹乎(흘호) [0270-0230]
欽慕(흠모) - 悅慕(열모) [1232-3232]
興起(흥기) - 興作(흥작) [4242-4262]
興亡(흥망) - 楛菀(고울) [4250-0000]
興亡(흥망) - 盛衰(성쇠) [4250-4232]
興亡(흥망) - 營悴(영췌) [4250-4010]
興亡(흥망) - 營瘁(영췌) [4250-4000]
興亡(흥망) - 興壞(흥괴) [4250-4232]
興亡(흥망) - 興敗(흥패) [4250-4250]
興亡(흥망) - 興廢(흥폐) [4250-4232]
興味(흥미) - 興趣(흥취) [4242-4240]
希望(희망) - 所願(소원) [4252-7050]
希望(희망) - 願望(원망) [4252-5052]
喜捨(희사) - 捨撤(사철) [4030-3020]
喜色(희색) - 悅色(열색) [4070-3270]
稀姓(희성) - 僻姓(벽성) [3272-2072]
喜悅(희열) - 欣悅(흔열) [4032-1032]
喜悅(희열) - 喜樂(희락) [4032-4062]
詰難(힐난) - 指彈(지탄) [1042-4240]
詰責(힐책) - 罵倒(매도) [1052-1032]

2_3. 類義語(同義語, 同意語)_3字

可燃物(가연물) - 可燃體(가연체) [504072-504062]
加入金(가입금) - 加入費(가입비) [507080-507050]
家庭欄(가정란) - 家庭面(가정면) [726232-726270]

懇親會(간친회) - 親睦會(친목회) [326062-603262]
監督員(감독원) - 監督者(감독자) [424242-424260]
監視員(감시원) - 監視人(감시인) [424242-424280]
監視員(감시원) - 監視者(감시자) [424242-424260]
改良種(개량종) - 育成種(육성종) [505252-706252]
改良策(개량책) - 改善策(개선책) [505232-505032]
概算給(개산급) - 概算渡(개산도) [327050-327032]
改札係(개찰계) - 改札員(개찰원) [502042-502042]
開創地(개창지) - 開拓地(개척지) [604270-603270]
開敞地(개창지) - 開豁地(개활지) [601270-600270]
開催者(개최자) - 主催者(주최자) [603260-703260]
開票所(개표소) - 開票場(개표장) [604270-604272]
改革家(개혁가) - 改革者(개혁자) [504072-504060]
車同軌(거동궤) - 書同文(서동문) [727030-627070]
巨細事(거세사) - 大小事(대소사) [404272-808072]
健啖家(건담가) - 大食家(대식가) [500272-807272]
建造物(건조물) - 建築物(건축물) [504272-504272]
建築家(건축가) - 建築士(건축사) [504272-504252]
建築家(건축가) - 建築者(건축자) [504272-504260]
儉約家(검약가) - 經濟家(경제가) [405272-424272]
儉約家(검약가) - 節約家(절약가) [405272-525272]
檢閱員(검열원) - 檢閱者(검열자) [423042-423060]
揭示板(게시판) - 案內板(안내판) [205050-507250]
結果期(결과기) - 結實期(결실기) [526250-525250]
決死戰(결사전) - 殊死戰(수사전) [526062-326062]
警覺心(경각심) - 警戒心(경계심) [424070-424070]
警報器(경보기) - 報知機(보지기) [424242-425240]
警備網(경비망) - 警備線(경비선) [424220-424262]
經常稅(경상세) - 常時稅(상시세) [424242-427242]
景勝地(경승지) - 名勝地(명승지) [506070-726070]
經驗談(경험담) - 體驗談(체험담) [424250-624250]
姑息策(고식책) - 彌縫策(미봉책) [324232-122032]
孤兒院(고아원) - 保育院(보육원) [405250-427050]
考案物(고안물) - 考案品(고안품) [505072-505052]
高潮線(고조선) - 滿潮線(만조선) [624062-424062]
空腹感(공복감) - 空腹症(공복증) [723260-723232]
空想家(공상가) - 夢想家(몽상가) [724272-324272]
共通點(공통점) - 同一點(동일점) [626040-708040]

觀客席(관객석) - 觀覽席(관람석) [525260-524060]
官公署(관공서) - 官公廳(관공청) [426232-426240]
關聯性(관련성) - 聯關性(연관성) [523252-325252]
管理員(관리원) - 管理人(관리인) [406242-406280]
管理員(관리원) - 管理者(관리자) [406242-406260]
官費生(관비생) - 國費生(국비생) [425080-805080]
觀相學(관상학) - 人相學(인상학) [525280-805280]
光澤紙(광택지) - 有光紙(유광지) [623270-706270]
槐安夢(괴안몽) - 南柯夢(남가몽) [127232-801232]
敎鍊場(교련장) - 訓鍊場(훈련장) [803272-603272]
校費生(교비생) - 貸費生(대비생) [805080-325080]
敎育家(교육가) - 敎育者(교육자) [807072-807060]
交際家(교제가) - 社交家(사교가) [604272-626072]
交通網(교통망) - 道路網(도로망) [606020-726020]
交通業(교통업) - 運輸業(운수업) [606062-623262]
具象化(구상화) - 具體化(구체화) [524052-526252]
國內法(국내법) - 內國法(내국법) [807252-728052]
軍事費(군사비) - 軍需錢(군수전) [807250-803240]
窮八十(궁팔십) - 上八十(상팔십) [408080-728080]
勸解人(권해인) - 仲裁人(중재인) [404280-323280]
極上等(극상등) - 最上級(최상급) [427262-507260]
極上品(극상품) - 最上品(최상품) [427252-507252]
極惡人(극악인) - 重惡人(중악인) [425280-705280]
勤勞者(근로자) - 勞動者(노동자) [405260-527260]
金蘭契(금란계) - 金蘭交(금란교) [803232-803260]
金蘭契(금란계) - 魚水親(어수친) [803232-508060]
金蘭契(금란계) - 知音人(지음인) [803232-526280]
今世界(금세계) - 今世上(금세상) [627262-627272]
給水船(급수선) - 水槽船(수조선) [508050-801050]
給水柱(급수주) - 給水塔(급수탑) [508032-508032]
期功親(기공친) - 朞功親(기공친) [506260-106260]
技能工(기능공) - 技術工(기술공) [505272-506272]
騎馬術(기마술) - 乘馬術(승마술) [325062-325062]
寄生物(기생물) - 寄生者(기생자) [408072-408060]
棄捐金(기연금) - 義捐金(의연금) [301080-421080]
起泡劑(기포제) - 發泡劑(발포제) [421020-621020]
起火箭(기화전) - 神機箭(신기전) [428010-624010]
喫煙室(끽연실) - 吸煙室(흡연실) [104280-424280]

樂天論(낙천론) - 樂天說(낙천설) [627042-627052]
耐水紙(내수지) - 防水紙(방수지) [328070-428070]
耐水布(내수포) - 防水布(방수포) [328042-428042]
來往人(내왕인) - 往來人(왕래인) [704280-427080]
勞動服(노동복) - 作業服(작업복) [527260-626260]
能辯家(능변가) - 達辯家(달변가) [524072-424072]
丹粧室(단장실) - 化粧室(화장실) [323280-523280]
達辯家(달변가) - 能辯家(능변가) [424072-524072]
達辯家(달변가) - 好辯客(호변객) [424072-424052]
當局者(당국자) - 當路者(당로자) [525260-526060]
當務者(당무자) - 實務者(실무자) [524260-524260]
大滿員(대만원) - 超滿員(초만원) [804242-324242]
貸本業(대본업) - 貰冊業(세책업) [326062-204062]
貸付料(대부료) - 貸與料(대여료) [323250-324050]
都大體(도대체) - 大關節(대관절) [508062-805252]
逃亡人(도망인) - 逃亡者(도망자) [405080-405060]
逃亡人(도망인) - 逃走者(도주자) [405080-404260]
都市民(도시민) - 都市人(도시인) [507280-507280]
都心部(도심부) - 都心地(도심지) [507062-507070]
桃源境(도원경) - 桃源鄕(도원향) [324042-324042]
桃源境(도원경) - 別乾坤(별건곤) [324042-603230]
桃源境(도원경) - 別世界(별세계) [324042-607262]
桃源境(도원경) - 別天界(별천계) [324042-607062]
桃源境(도원경) - 別天地(별천지) [324042-607070]
桃源境(도원경) - 理想鄕(이상향) [324042-624242]
到着順(도착순) - 先着順(선착순) [525252-805252]
到彼岸(도피안) - 波羅蜜(바라밀) [523232-424230]
毒舌家(독설가) - 險口家(험구가) [424072-407072]
同期生(동기생) - 同窓生(동창생) [705080-706280]
同鄕會(동향회) - 鄕友會(향우회) [704262-425262]
童話集(동화집) - 童話冊(동화책) [627262-627240]
杜門令(두문령) - 禁足令(금족령) [128050-427250]
摩擦傷(마찰상) - 擦過傷(찰과상) [201040-105240]
忘年交(망년교) - 忘年友(망년우) [308060-308052]
媒介物(매개물) - 媒介體(매개체) [323272-323262]
賣上金(매상금) - 賣出金(매출금) [507280-507080]
賣淫窟(매음굴) - 私娼窟(사창굴) [503220-401020]
綿洋襪(면양말) - 木洋襪(목양말) [326010-806010]

模造紙(모조지) - 白上紙(백상지) [404270-807270]
模造品(모조품) - 擬製品(의제품) [404252-104252]
沒經界(몰경계) - 沒涇渭(몰경위) [324262-320212]
墓碣銘(묘갈명) - 墓碑銘(묘비명) [400232-404032]
無缺勤(무결근) - 無缺席(무결석) [504240-504260]
無賴漢(무뢰한) - 浮浪者(부랑자) [503272-323260]
無名氏(무명씨) - 無名人(무명인) [507240-507280]
無産家(무산가) - 無産者(무산자) [505272-505260]
巫山夢(무산몽) - 巫山雨(무산우) [108032-108052]
巫山夢(무산몽) - 巫山雲(무산운) [108032-108052]
巫山夢(무산몽) - 雲雨樂(운우락) [108032-525262]
巫山夢(무산몽) - 薦枕席(천침석) [108032-303060]
無所得(무소득) - 無收入(무수입) [507042-504270]
貿易國(무역국) - 通商局(통상국) [324080-605252]
門下生(문하생) - 門下人(문하인) [807280-807280]
文化物(문화물) - 文化財(문화재) [705272-705252]
未開人(미개인) - 野蠻人(야만인) [426080-602080]
未曾有(미증유) - 破天荒(파천황) [423270-427032]
民聲函(민성함) - 輿論函(여론함) [804210-304210]
民有林(민유림) - 私有林(사유림) [807070-407070]
民有地(민유지) - 私有地(사유지) [807070-407070]
半空日(반공일) - 半休日(반휴일) [627280-627080]
發頭人(발두인) - 主謀者(주모자) [626080-703260]
發明家(발명가) - 發明者(발명자) [626272-626260]
發祥地(발상지) - 發源地(발원지) [623070-624070]
放浪者(방랑자) - 流浪者(유랑자) [623260-523260]
訪問客(방문객) - 訪問者(방문자) [427052-427060]
訪問記(방문기) - 探訪記(탐방기) [427072-404272]
妨礙物(방애물) - 妨害物(방해물) [402072-405272]
妨礙物(방애물) - 障礙物(장애물) [402072-422072]
方外客(방외객) - 局外者(국외자) [728052-528060]
紡錘形(방추형) - 流線型(유선형) [201020-526220]
配給所(배급소) - 配給處(배급처) [425070-425042]
排氣管(배기관) - 排氣筒(배기통) [327240-327210]
背反者(배반자) - 反側者(반측자) [426260-623260]
排水孔(배수공) - 排水口(배수구) [328040-328070]
排水孔(배수공) - 排水門(배수문) [328040-328080]
辨明調(변명조) - 辨明套(변명투) [306252-306210]

保管料(보관료) - 保管費(보관비) [424050-424050]
保有者(보유자) - 保持者(보지자) [427060-424060]
補助員(보조원) - 補助者(보조자) [324242-324260]
普遍性(보편성) - 一般性(일반성) [403052-803252]
普遍化(보편화) - 一般化(일반화) [403052-803252]
復仇心(복구심) - 復讐心(복수심) [421070-420270]
復仇心(복구심) - 復讎心(복수심) [421070-421070]
本土種(본토종) - 在來種(재래종) [608052-607052]
負傷兵(부상병) - 戰傷兵(전상병) [404052-624052]
賻儀金(부의금) - 弔慰金(조위금) [104080-304080]
賻儀金(부의금) - 弔意金(조의금) [104080-306280]
不足量(부족량) - 不足分(부족분) [727250-727262]
紛失物(분실물) - 遺失物(유실물) [326072-406072]
不具者(불구자) - 障礙人(장애인) [725260-422080]
不老草(불로초) - 不死藥(불사약) [727070-726062]
不死身(불사신) - 不死鳥(불사조) [726062-726042]
比翼鳥(비익조) - 連理枝(연리지) [503242-426232]
比翼鳥(비익조) - 鴛鴦契(원앙계) [503242-101032]
邪教徒(사교도) - 邪宗徒(사종도) [328040-324240]
事業家(사업가) - 事業者(사업자) [726272-726260]
殺人狂(살인광) - 殺人鬼(살인귀) [428032-428032]
相思病(상사병) - 戀愛病(연애병) [525060-326060]
相思病(상사병) - 花風病(화풍병) [525060-706260]
相思病(상사병) - 懷心病(회심병) [525060-327060]
想定量(상정량) - 推定量(추정량) [426050-406050]
賞春客(상춘객) - 享春客(향춘객) [507052-307052]
上八字(상팔자) - 好八字(호팔자) [728070-428070]
喪布契(상포계) - 爲親契(위친계) [324232-426032]
喪布契(상포계) - 初喪契(초상계) [324232-503232]
生動感(생동감) - 躍動感(약동감) [807260-307260]
生活苦(생활고) - 生活難(생활난) [807260-807242]
書道家(서도가) - 書藝家(서예가) [627272-624272]
庶民層(서민층) - 平民層(평민층) [308040-728040]
宣言文(선언문) - 宣言書(선언서) [406070-406062]
先着手(선착수) - 先着鞭(선착편) [805272-805210]
設計圖(설계도) - 靑寫眞(청사진) [426262-805042]
雪白色(설백색) - 純白色(순백색) [628070-428070]
細工師(세공사) - 細工人(세공인) [427242-427280]

世紀病(세기병) - 時代病(시대병) [724060-726260]
洗面所(세면소) - 洗面室(세면실) [527070-527080]
洗面所(세면소) - 洗面場(세면장) [527070-527072]
洗面所(세면소) - 洗手間(세수간) [527070-527272]
小賣商(소매상) - 小賣人(소매인) [805052-805080]
消費高(소비고) - 消費量(소비량) [625062-625050]
消費高(소비고) - 消費額(소비액) [625062-625040]
小兒服(소아복) - 乳兒服(유아복) [805260-405260]
所有物(소유물) - 掌中物(장중물) [707072-328072]
所有人(소유인) - 所有者(소유자) [707080-707060]
所持人(소지인) - 所持者(소지자) [704080-704060]
俗世間(속세간) - 俗世界(속세계) [427272-427262]
損失金(손실금) - 損害金(손해금) [406080-405280]
受領人(수령인) - 受取人(수취인) [425080-424280]
手續金(수속금) - 手續費(수속비) [724280-724250]
宿命觀(숙명관) - 運命觀(운명관) [527052-627052]
宿泊料(숙박료) - 宿泊費(숙박비) [523050-523050]
熟設間(숙설간) - 帳設間(장설간) [324272-404272]
純損失(순손실) - 純損害(순손해) [424060-424052]
瞬息間(순식간) - 一瞬間(일순간) [324272-803272]
瞬息間(순식간) - 一刹那(일찰나) [324272-802030]
瞬息間(순식간) - 轉瞬間(전순간) [324272-403272]
乘務員(승무원) - 乘組員(승조원) [324242-324042]
勝戰國(승전국) - 戰勝國(전승국) [606280-626080]
屍體房(시체방) - 屍體室(시체실) [206242-206280]
申告人(신고인) - 申告者(신고자) [425280-425260]
新年辭(신년사) - 年頭辭(연두사) [628040-806040]
伸縮性(신축성) - 融通性(융통성) [304052-206052]
實力家(실력가) - 實力者(실력자) [527272-527260]
實馬力(실마력) - 軸馬力(축마력) [525072-205072]
實社會(실사회) - 實世間(실세간) [526262-527272]
實吐情(실토정) - 實通情(실통정) [523252-526052]
實行家(실행가) - 實行者(실행자) [526072-526060]
案內員(안내원) - 案內役(안내역) [507242-507232]
案內員(안내원) - 引導者(인도자) [507242-424260]
安樂國(안락국) - 安養界(안양계) [726280-725262]
愛國心(애국심) - 祖國愛(조국애) [608070-708060]
愛酒家(애주가) - 好酒家(호주가) [604072-424072]

藥材商(약재상) - 藥種商(약종상) [625252-625252]
藥劑室(약제실) - 調劑室(조제실) [622080-522080]
養蜂園(양봉원) - 養蜂場(양봉장) [523060-523072]
漁撈期(어로기) - 漁獲期(어획기) [501050-503250]
億萬年(억만년) - 萬億年(만억년) [508080-805080]
女信徒(여신도) - 女信者(여신자) [806240-806260]
旅行家(여행가) - 周遊家(주유가) [526072-404072]
力農家(역농가) - 勤農家(근농가) [727272-407272]
力農家(역농가) - 篤農家(독농가) [727272-307272]
力不足(역부족) - 力不及(역불급) [727272-727232]
沿海邊(연해변) - 沿海地(연해지) [327242-327270]
染色家(염색가) - 染色工(염색공) [327072-327072]
厭惡症(염오증) - 嫌惡症(혐오증) [205232-305232]
永久性(영구성) - 恒久性(항구성) [603252-323252]
豫想高(예상고) - 豫想量(예상량) [404262-404250]
豫想高(예상고) - 豫想額(예상액) [404262-404240]
隷屬物(예속물) - 從屬物(종속물) [304072-404072]
汚物場(오물장) - 汚穢場(오예장) [307272-301072]
汚物場(오물장) - 塵芥場(진개장) [307272-201072]
汚物桶(오물통) - 塵芥桶(진개통) [307210-201010]
外國人(외국인) - 異邦人(이방인) [808080-403080]
外國製(외국제) - 外製品(외제품) [808042-804252]
料理器(요리기) - 調理器(조리기) [506242-526242]
料理臺(요리대) - 調理臺(조리대) [506232-526232]
料理法(요리법) - 調理法(조리법) [506252-526252]
料理師(요리사) - 調理士(조리사) [506242-526252]
料理室(요리실) - 調理室(조리실) [506280-526280]
料理用(요리용) - 調理用(조리용) [506262-526262]
宇宙船(우주선) - 衛星船(위성선) [323250-424250]
運動員(운동원) - 運動家(운동가) [627242-627272]
運動員(운동원) - 運動者(운동자) [627242-627260]
運轉士(운전사) - 運轉者(운전자) [624052-624060]
遠距離(원거리) - 長距離(장거리) [603240-803240]
月旦評(월단평) - 月朝評(월조평) [803240-806040]
流動性(유동성) - 移動性(이동성) [527252-427252]
有力家(유력가) - 有力者(유력자) [707272-707260]
有意味(유의미) - 有意義(유의의) [706242-706242]
潤筆料(윤필료) - 揮毫料(휘호료) [325250-403050]

應援客(응원객) - 應援團(응원단) [424052-424052]
義勇軍(의용군) - 義勇隊(의용대) [426280-426242]
擬人化(의인화) - 人格化(인격화) [108052-805252]
依存心(의존심) - 依賴心(의뢰심) [404070-403270]
異敎徒(이교도) - 外敎人(외교인) [408040-808080]
移住民(이주민) - 移住者(이주자) [427080-427060]
理解力(이해력) - 理會力(이회력) [624272-626272]
一家見(일가견) - 一隻眼(일척안) [807252-802042]
一個人(일개인) - 一私人(일사인) [804280-804080]
一須臾(일수유) - 一彈指(일탄지) [803002-804042]
資産家(자산가) - 財産家(재산가) [405272-525272]
殘留物(잔류물) - 殘存物(잔존물) [404272-404072]
雜所得(잡소득) - 雜收入(잡수입) [407042-404270]
雜貨店(잡화점) - 雜貨廛(잡화전) [404252-404210]
再構成(재구성) - 再組織(재조직) [504062-504040]
再構成(재구성) - 再編成(재편성) [504062-503262]
再武裝(재무장) - 再軍備(재군비) [504240-508042]
著作家(저작가) - 著述家(저술가) [326272-323272]
貯炭所(저탄소) - 貯炭場(저탄장) [505070-505072]
適法性(적법성) - 合法性(합법성) [405252-605252]
全國紙(전국지) - 中央紙(중앙지) [728070-803270]
展望臺(전망대) - 眺望臺(조망대) [525232-105232]
全無識(전무식) - 判無識(판무식) [725052-405052]
全盛期(전성기) - 最盛期(최성기) [724250-504250]
停車場(정거장) - 停留場(정류장) [507272-504272]
精米所(정미소) - 製粉所(제분소) [426070-424070]
整備工(정비공) - 整備士(정비사) [404272-404252]
罪責感(죄책감) - 罪惡感(죄악감) [505260-505260]
罪責感(죄책감) - 罪障感(죄장감) [505260-504260]
仲介國(중개국) - 中間國(중간국) [323280-807280]
重勞動(중노동) - 重勞役(중노역) [705272-705232]
支給額(지급액) - 支拂額(지불액) [425040-423240]
志望生(지망생) - 志望者(지망자) [425280-425260]
指名人(지명인) - 指名者(지명자) [427280-427260]
紙物鋪(지물포) - 紙物商(지물상) [707220-707252]
地方色(지방색) - 地方熱(지방열) [707270-707250]
地方色(지방색) - 鄕土色(향토색) [707270-428070]
地域性(지역성) - 地方性(지방성) [704052-707252]

支援軍(지원군) - 救援兵(구원병) [424080-504052]
進度表(진도표) - 進行表(진행표) [426062-426062]
眞面目(진면목) - 眞面貌(진면모) [427060-427032]
珍風景(진풍경) - 異風景(이풍경) [406250-406250]
嫉妬心(질투심) - 妬忌心(투기심) [101070-103070]
集結所(집결소) - 集結地(집결지) [625270-625270]
集會所(집회소) - 集會場(집회장) [626270-626272]
簒立者(찬립자) - 簒奪者(찬탈자) [107260-103260]
千萬年(천만년) - 千萬代(천만대) [708080-708062]
鐵工所(철공소) - 鐵工場(철공장) [507270-507272]
哲學家(철학가) - 哲學者(철학자) [328072-328060]
滯納金(체납금) - 滯拂金(체불금) [324080-323280]
祝賀客(축하객) - 賀禮客(하례객) [503252-326052]
快男兒(쾌남아) - 快男子(쾌남자) [427252-427272]
快速船(쾌속선) - 快走船(쾌주선) [426050-424250]
脫獄囚(탈옥수) - 脫獄者(탈옥자) [403230-403260]
通告文(통고문) - 通達書(통달서) [605270-604262]
通告文(통고문) - 通知書(통지서) [605270-605262]
通俗物(통속물) - 大衆物(대중물) [604272-804272]
痛快感(통쾌감) - 痛快味(통쾌미) [404260-404242]
特殊性(특수성) - 特異性(특이성) [603252-604052]
販賣所(판매소) - 發賣所(발매소) [305070-625070]
販賣所(판매소) - 販賣處(판매처) [305070-305042]
悖倫兒(패륜아) - 破倫者(파륜자) [103252-423260]
敗北者(패배자) - 敗戰者(패전자) [508060-506260]
表具店(표구점) - 表具舍(표구사) [625252-625242]
標識板(표지판) - 標示板(표시판) [405250-405050]
香味料(향미료) - 香味劑(향미제) [424250-424220]
鄕愁病(향수병) - 懷鄕病(회향병) [423260-324260]
歇泊地(헐박지) - 歇泊處(헐박처) [103070-103042]
嫌惡感(혐오감) - 嫌惡症(혐오증) [305260-305232]
好天候(호천후) - 好天氣(호천기) [427040-427072]
紅一點(홍일점) - 一點紅(일점홍) [408040-804040]
貨物船(화물선) - 回漕船(회조선) [427250-421050]
換節期(환절기) - 換候期(환후기) [325250-324050]
荒蕪地(황무지) - 荒廢地(황폐지) [321070-323270]
回想記(회상기) - 回想錄(회상록) [424272-424242]
後男便(후남편) - 後書房(후서방) [727270-726242]

休閑地(휴한지) - 休耕地(휴경지)　[704070-703270]
詰問答(힐문답) - 詰論議(힐논의)　[107072-104242]

2_4. 類義語(同義語, 同意語)_4字

呵呵大笑(가가대소) - 哄然大笑(홍연대소)　[10108042-10708042]
家家門前(가가문전) - 家家戶戶(가가호호)　[72728072-72724242]
家鷄野雉(가계야치) - 家鷄野鶩(가계야목)　[72406012-72406002]
架空導體(가공도체) - 架空電線(가공전선)　[32724262-32727262]
街談巷說(가남항설) - 街談巷語(가담항어)　[42503052-42503070]
街談巷說(가담항설) - 街談巷議(가담항의)　[42503052-42503042]
街談巷說(가담항설) - 街說巷談(가설항담)　[42503052-42523050]
街談巷說(가담항설) - 道聽塗說(도청도설)　[42503052-72403052]
街談巷說(가담항설) - 流言蜚語(유언비어)　[42503052-52601070]
家徒四壁(가도사벽) - 家徒壁立(가사벽립)　[72408042-72404272]
假弄成眞(가롱성진) - 弄假成眞(농가성진)　[42326242-32426242]
可視半徑(가시반경) - 視界半徑(시계반경)　[50426232-42626232]
佳人薄命(가인박명) - 美人薄命(미인박명)　[32803270-60803270]
佳人薄命(가인박명) - 紅顔薄命(홍안박명)　[32803270-40323270]
家藏什物(가장집물) - 家財道具(가재도구)　[72321072-72527252]
刻苦勉勵(각고면려) - 刻苦精勵(각고정려)　[40604032-40604232]
刻苦勉勵(각고면려) - 恪勤勉勵(각근면려)　[40604032-10404032]
刻鵠類鶩(각곡유목) - 刻鵠類鵝(각곡유아)　[40105202-40105202]
刻骨難忘(각골난망) - 結草報恩(결초보은)　[40404230-52704242]
刻骨難忘(각골난망) - 難忘之恩(난망지은)　[40404230-42303242]
刻骨難忘(각골난망) - 難忘之澤(난망지택)　[40404230-42303232]
刻骨難忘(각골난망) - 白骨難忘(백골난망)　[40404230-80404230]
刻骨銘心(각골명심) - 鏤骨銘心(누골명심)　[40403270-02403270]
刻骨銘心(각골명심) - 銘肌鏤骨(명기누골)　[40403270-32100240]
刻骨憤恨(각골분한) - 刻骨之痛(각골지통)　[40404040-40403240]
刻骨憤恨(각골분한) - 刻骨痛恨(각골통한)　[40404040-40404040]
各樣各色(각양각색) - 形形色色(형형색색)　[62406270-62627070]
刻舟求劍(각주구검) - 刻船求劍(각선구검)　[40304232-40504232]
刻舟求劍(각주구검) - 守株待兎(수주대토)　[40304232-42326032]
干卿何事(간경하사) - 干卿甚事(간경심사)　[40303272-40303272]
干卿何事(간경하사) - 干卿底事(간경저사)　[40303272-40304072]

干卿何事(간경하사) - 底事干卿(저사간경) [40303272-40724030]
肝膽楚越(간담초월) - 肝膽胡越(간담호월) [32201232-32203232]
干城之材(간성지재) - 棟梁之器(동량지기) [40423252-20323242]
干城之材(간성지재) - 棟梁之材(동량지재) [40423252-20323252]
干城之材(간성지재) - 命世之才(명세지재) [40423252-70723262]
奸臣賊子(간신적자) - 亂臣賊子(난신적자) [10524072-40524072]
間於齊楚(간어제초) - 鯨戰蝦死(경전하사) [72303212-10621060]
甘井先竭(감정선갈) - 甘泉先竭(감천선갈) [40328010-40408010]
甲男乙女(갑남을녀) - 張三李四(장삼이사) [40723280-40806080]
甲男乙女(갑남을녀) - 匹夫匹婦(필부필부) [40723280-30703042]
康衢煙月(강구연월) - 擊壤之歌(격양지가) [42104280-40323270]
康衢煙月(강구연월) - 鼓腹擊壤(고복격양) [42104280-32324032]
強近之族(강근지족) - 強近之親(강근지친) [60603260-60603260]
剛木水生(강목수생) - 乾木生水(건목생수) [32808080-32808080]
個個服招(개개복초) - 個個承服(개개승복) [42426040-42424260]
改過遷善(개과천선) - 改過自新(개과자신) [50523250-50527262]
改過遷善(개과천선) - 悔過遷善(회과천선) [50523250-32523250]
開門納賊(개문납적) - 開門揖盜(개문읍도) [60804040-60801040]
個別教授(개별교수) - 個別指導(개별지도) [42608042-42604242]
個人業者(개인업자) - 個人業主(개인업주) [42806260-42806270]
据置預金(거치예금) - 据置貯金(거치저금) [02422080-02425080]
乾坤一擲(건곤일척) - 一擲乾坤(일척건곤) [32308010-80103230]
桀犬吠堯(걸견폐요) - 跖拘吠堯(척구폐요) [12400212-00320212]
隔世之感(격세지감) - 今昔之感(금석지감) [32723260-62303260]
隔靴搔癢(격화소양) - 隔鞋搔癢(격혜소양) [32201010-32021010]
隔靴搔癢(격화소양) - 隔靴爬癢(격화파양) [32201010-32201010]
牽強附會(견강부회) - 郢書燕說(영서연설) [30603262-00623252]
見卵求鷄(견란구계) - 見彈求炙(견탄구자) [52404240-52404210]
見卵求鷄(견란구계) - 見彈求鴞(견탄구효) [52404240-52404200]
犬馬之勞(견마지로) - 犬馬之誠(견마지성) [40503252-40503242]
犬馬之勞(견마지로) - 犬馬之役(견마지역) [40503252-40503232]
犬馬之勞(견마지로) - 狗馬之心(구마지심) [40503252-30503270]
犬馬之勞(견마지로) - 粉骨碎身(분골쇄신) [40503252-40401062]
犬馬之勞(견마지로) - 盡忠竭力(진충갈력) [40503252-40421072]
犬馬之齒(견마지치) - 犬馬之年(견마지년) [40503242-40503280]
犬馬之齒(견마지치) - 犬馬之齡(견마지령) [40503242-40503210]
見蚊拔劍(견문발검) - 怒蠅拔劍(노승발검) [52103232-42023232]
見不如聞(견불여문) - 見不逮聞(견불체문) [52724262-52723062]

犬牙相錯(견아상착) - 犬牙相制(견아상제) [40325232-40325242]
犬牙相錯(견아상착) - 犬牙相値(견아상치) [40325232-40325232]
犬牙相錯(견아상착) - 犬牙差互(견아차호) [40325232-40324030]
見危授命(견위수명) - 見危致命(견위치명) [52404270-52405070]
結義兄弟(결의형제) - 桃園結義(도원결의) [52428080-32605242]
兼奴上典(겸노상전) - 身兼奴僕(신겸노복) [32327252-62323210]
傾國之色(경국지색) - 傾城之色(경성지색) [40803270-40423270]
傾國之色(경국지색) - 丹脣皓齒(단순호치) [40803270-32301242]
傾國之色(경국지색) - 萬古絶色(만고절색) [40803270-80604270]
傾國之色(경국지색) - 明眸皓齒(명모호치) [40803270-62021242]
傾國之色(경국지색) - 無比一色(무비일색) [40803270-50508070]
傾國之色(경국지색) - 雪膚花容(설부화용) [40803270-62207042]
傾國之色(경국지색) - 羞花閉月(수화폐월) [40803270-10704080]
傾國之色(경국지색) - 雲鬢花容(운빈화용) [40803270-52007042]
傾國之色(경국지색) - 月態花容(월태화용) [40803270-80427042]
傾國之色(경국지색) - 絶世佳人(절세가인) [40803270-42723280]
傾國之色(경국지색) - 朱脣白齒(주순백치) [40803270-40308042]
傾國之色(경국지색) - 朱脣皓齒(주순호치) [40803270-40301242]
傾國之色(경국지색) - 天下一色(천하일색) [40803270-70728070]
傾國之色(경국지색) - 天下絶色(천하절색) [40803270-70724270]
傾國之色(경국지색) - 沈魚落雁(침어낙안) [40803270-32505030]
傾國之色(경국지색) - 閉月羞花(폐월수화) [40803270-40801070]
傾國之色(경국지색) - 皓齒丹脣(호치단순) [40803270-12423230]
傾國之色(경국지색) - 花容月態(화용월태) [40803270-70428042]
經國之才(경국지재) - 經國大才(경국대재) [42803262-42808062]
驚弓之鳥(경궁지조) - 傷弓之鳥(상궁지조) [40323242-40323242]
驚弓之鳥(경궁지조) - 吳牛喘月(오우천월) [40323242-12501080]
驚弓之鳥(경궁지조) - 懲羹吹菜(징갱취채) [40323242-30103232]
經世致用(경세치용) - 利用厚生(이용후생) [42725062-62624080]
鷄犬昇天(계견승천) - 拔宅飛升(발택비승) [40403270-32524220]
鷄犬昇天(계견승천) - 淮南鷄犬(회남계견) [40403270-12804040]
階級觀念(계급관념) - 階級意識(계급의식) [40605252-40606252]
鷄鳴狗盜(계명구도) - 鷄鳴之客(계명지객) [40403040-40403252]
溪壑之慾(계학지욕) - 得隴望蜀(득롱망촉) [32103232-42005212]
溪壑之慾(계학지욕) - 望蜀之歎(망촉지탄) [32103232-52123240]
溪壑之慾(계학지욕) - 平隴望蜀(평롱망촉) [32103232-72005212]
股肱之臣(고굉지신) - 股掌之臣(고장지신) [10103252-10323252]
古今無雙(고금무쌍) - 古今獨步(고금독보) [60625032-60625242]

高臺廣室(고대광실) - 高閣大樓(고각대루) [62325280-62328032]
高臺廣室(고대광실) - 高樓巨閣(고루거각) [62325280-62324032]
高臺廣室(고대광실) - 大廈高樓(대하고루) [62325280-80026232]
膏粱珍味(고량진미) - 山珍海味(산진해미) [10104042-80407242]
膏粱珍味(고량진미) - 山珍海錯(산진해착) [10104042-80407232]
膏粱珍味(고량진미) - 山珍海饌(산진해찬) [10104042-80407210]
膏粱珍味(고량진미) - 山海珍味(산해진미) [10104042-80724042]
膏粱珍味(고량진미) - 水陸珍味(수륙진미) [10104042-80524042]
膏粱珍味(고량진미) - 水陸珍饌(수륙진찬) [10104042-80524010]
膏粱珍味(고량진미) - 龍味鳳湯(용미봉탕) [10104042-40423232]
膏粱珍味(고량진미) - 海陸珍味(해륙진미) [10104042-72524042]
枯木發榮(고목발영) - 枯木生花(고목생화) [30806242-30808070]
枯木朽株(고목후주) - 枯株朽木(고주후목) [30801032-30321080]
叩盆之歎(고분지탄) - 鼓盆之歎(고분지탄) [10103240-32103240]
姑息之計(고식지계) - 凍足放尿(동족방뇨) [32423262-32726220]
姑息之計(고식지계) - 目前之計(목전지계) [32423262-60723262]
姑息之計(고식지계) - 彌縫之策(미봉지책) [32423262-12203232]
姑息之計(고식지계) - 上石下臺(상석하대) [32423262-72607232]
姑息之計(고식지계) - 上下撐石(상하탱석) [32423262-72721060]
姑息之計(고식지계) - 颺湯止沸(양탕지비) [32423262-00325010]
姑息之計(고식지계) - 臨時防牌(임시방패) [32423262-32724210]
姑息之計(고식지계) - 臨時方便(임시방편) [32423262-32727270]
姑息之計(고식지계) - 臨時排布(임시배포) [32423262-32723242]
姑息之計(고식지계) - 臨時變通(임시변통) [32423262-32725260]
姑息之計(고식지계) - 臨時處變(임시처변) [32423262-32724252]
姑息之計(고식지계) - 下石上臺(하석상대) [32423262-72607232]
苦肉之計(고육지계) - 苦肉之策(고육지책) [60423262-60423232]
孤掌難鳴(고장난명) - 獨掌難鳴(독장난명) [40324240-52324240]
固定不變(고정불변) - 一定不變(일정불변) [50607252-80607252]
固執不通(고집불통) - 剛戾自用(강려자용) [50327260-32107262]
固執不通(고집불통) - 剛愎自用(강퍅자용) [50327260-32107262]
高枕安眠(고침안면) - 高枕而臥(고침이와) [62307232-62303030]
骨肉相爭(골육상쟁) - 骨肉相殘(골육상잔) [40425250-40425240]
骨肉相爭(골육상쟁) - 骨肉相戰(골육상전) [40425250-40425262]
公營放送(공영방송) - 公共放送(공공방송) [62406242-62626242]
公益事業(공익사업) - 公共事業(공공사업) [62427262-62627262]
孔子穿珠(공자천주) - 不恥下問(불치하문) [40721032-72327270]
功虧一簣(공휴일궤) - 未成一簣(미성일궤) [62028000-42628000]

寡不敵衆(과부적중) - 衆寡不敵(중과부적) [32724242-42327242]
科學武器(과학무기) - 科學兵器(과학병기) [62804242-62805242]
官能檢查(관능검사) - 官能審査(관능심사) [42524250-42523250]
管中窺豹(관중규표) - 坎井之蛙(감정지와) [40801010-02323202]
管中窺豹(관중규표) - 坎中之蛙(감중지와) [40801010-02803202]
管中窺豹(관중규표) - 望洋之歎(망양지탄) [40801010-52603240]
管中窺豹(관중규표) - 越犬吠雪(월견폐설) [40801010-32400262]
管中窺豹(관중규표) - 井底之蛙(정저지와) [40801010-32403202]
管中窺豹(관중규표) - 井中觀天(정중관천) [40801010-32805270]
管中窺豹(관중규표) - 井中之蛙(정중지와) [40801010-32803202]
管中窺豹(관중규표) - 坐井觀天(좌정관천) [40801010-32325270]
管中窺豹(관중규표) - 蜀犬吠日(촉견폐일) [40801010-12400280]
管中窺豹(관중규표) - 通管窺天(통관규천) [40801010-60401070]
管鮑之交(관포지교) - 高山流水(고산유수) [40123260-62805280]
管鮑之交(관포지교) - 膠漆之交(교칠지교) [40123260-20323260]
管鮑之交(관포지교) - 膠漆之心(교칠지심) [40123260-20323270]
管鮑之交(관포지교) - 金蘭之契(금란지계) [40123260-80323232]
管鮑之交(관포지교) - 金蘭之交(금란지교) [40123260-80323260]
管鮑之交(관포지교) - 金蘭之誼(금란지의) [40123260-80323210]
管鮑之交(관포지교) - 斷金之契(단금지계) [40123260-42803232]
管鮑之交(관포지교) - 斷金之交(단금지교) [40123260-42803260]
管鮑之交(관포지교) - 淡水之交(담수지교) [40123260-32803260]
管鮑之交(관포지교) - 莫逆之友(막역지우) [40123260-32423252]
管鮑之交(관포지교) - 刎頸之交(문경지교) [40123260-02103260]
管鮑之交(관포지교) - 刎頸之友(문경지우) [40123260-02103252]
管鮑之交(관포지교) - 水魚之交(수어지교) [40123260-80503260]
管鮑之交(관포지교) - 水魚之親(수어지친) [40123260-80503260]
管鮑之交(관포지교) - 魚水之交(어수지교) [40123260-50803260]
管鮑之交(관포지교) - 魚水之親(어수지친) [40123260-50803260]
管鮑之交(관포지교) - 知己之友(지기지우) [40123260-52523252]
管鮑之交(관포지교) - 芝蘭之交(지란지교) [40123260-12323260]
刮目相對(괄목상대) - 日進月步(일진월보) [10605262-80428042]
刮目相對(괄목상대) - 日就月將(일취월장) [10605262-80408042]
光明正大(광명정대) - 大公至平(대공지평) [62627280-80624272]
光明正大(광명정대) - 至公無私(지공무사) [62627280-42625040]
光明正大(광명정대) - 至公至平(지공지평) [62627280-42624272]
光陰流水(광음유수) - 光陰如箭(광음여전) [62425280-62424210]
曠日彌久(광일미구) - 曠日持久(광일지구) [10801232-10804032]

觥籌交錯(굉주교착) - 杯盤狼藉(배반낭자) [00026032-30321010]
矯角殺牛(교각살우) - 矯枉過正(교왕과정) [30624250-30105272]
矯角殺牛(교각살우) - 矯枉過直(교왕과직) [30624250-30105272]
矯角殺牛(교각살우) - 惜指失掌(석지실장) [30624250-32426032]
矯角殺牛(교각살우) - 小貪大失(소탐대실) [30624250-80308060]
巧言令色(교언영색) - 阿諛苟容(아유구용) [32605070-32103042]
究竟涅槃(구경열반) - 大般涅槃(대반열반) [42301010-80321010]
究竟涅槃(구경열반) - 無上涅槃(무상열반) [42301010-50721010]
九曲羊腸(구곡양장) - 九折羊腸(구절양장) [80504240-80404240]
九死一生(구사일생) - 幾死僅生(기사근생) [80608080-30603080]
九死一生(구사일생) - 起死回生(기사회생) [80608080-42604280]
九死一生(구사일생) - 萬死一生(만사일생) [80608080-80608080]
九死一生(구사일생) - 百死一生(백사일생) [80608080-70608080]
九死一生(구사일생) - 十生九死(십생구사) [80608080-80808060]
口尙乳臭(구상유취) - 黃口乳臭(황구유취) [70324030-60704030]
鳩首會議(구수회의) - 鳩首凝議(구수응의) [10526242-10523042]
九牛一毛(구우일모) - 大海一粟(대해일속) [80508042-80728030]
九牛一毛(구우일모) - 大海一滴(대해일적) [80508042-80728030]
九牛一毛(구우일모) - 滄海一粟(창해일속) [80508042-20728030]
九牛一毛(구우일모) - 滄海一滴(창해일적) [80508042-20728030]
救火投薪(구화투신) - 負薪救火(부신구화) [50804010-40105080]
救火投薪(구화투신) - 抱薪求禍(포신구화) [50804010-30104232]
國際舞臺(국제무대) - 世界舞臺(세계무대) [80424032-72624032]
群鷄一鶴(군계일학) - 鷄群孤鶴(계군고학) [40408032-40404032]
群鷄一鶴(군계일학) - 鷄群一鶴(계군일학) [40408032-40408032]
群盲撫象(군맹무상) - 毆槃捫燭(구반문촉) [40321040-10100030]
群盲撫象(군맹무상) - 群盲評象(군맹평상) [40321040-40324040]
軍不厭詐(군불염사) - 兵不厭詐(병불염사) [80722030-52722030]
窮鼠莫追(궁서막추) - 窮狗莫追(궁구막추) [40103232-40303232]
窮鼠莫追(궁서막추) - 窮寇勿迫(궁구물박) [40103232-40103232]
窮鼠莫追(궁서막추) - 窮寇勿追(궁구물추) [40103232-40103232]
窮鼠齧猫(궁서설묘) - 困獸猶鬪(곤수유투) [40100210-40323240]
窮餘之策(궁여지책) - 窮餘一策(궁여일책) [40423232-40428032]
權謀術數(권모술수) - 權謀術策(권모술책) [42326270-42326232]
權不十年(권불십년) - 勢不十年(세불십년) [42728080-42728080]
勸善懲惡(권선징악) - 彰善懲惡(창선징악) [40503052-20503052]
貴鵠賤鷄(귀곡천계) - 貴耳賤目(귀이천목) [50103240-50503260]
近墨者黑(근묵자흑) - 近朱者赤(근주자적) [60326050-60406050]

金石盟約(금석맹약) - 金石牢約(금석뇌약) [80603252-80601052]
金石盟約(금석맹약) - 金石相約(금석상약) [80603252-80605252]
金石盟約(금석맹약) - 金石之約(금석지약) [80603252-80603252]
金城湯池(금성탕지) - 金城鐵壁(금성철벽) [80423232-80425042]
金城湯池(금성탕지) - 難攻不落(난공불락) [80423232-42407250]
金城湯池(금성탕지) - 湯池鐵城(탕지철성) [80423232-32325042]
琴瑟之樂(금실지락) - 琴瑟相和(금슬상화) [32123262-32125262]
琴瑟之樂(금실지락) - 比翼連理(비익연리) [32123262-50324262]
琴瑟之樂(금실지락) - 如鼓琴瑟(여고금슬) [32123262-42323212]
琴瑟之樂(금실지락) - 連理比翼(연리비익) [32123262-42625032]
琴瑟之樂(금실지락) - 鴛鴦之契(원앙지계) [32123262-10103232]
琴瑟之樂(금실지락) - 二姓之樂(이성지락) [32123262-80723262]
金銀寶石(금은보석) - 金銀財寶(금은재보) [80604260-80605242]
金銀寶石(금은보석) - 金銀珠玉(금은주옥) [80604260-80603242]
錦衣夜行(금의야행) - 繡衣夜行(수의야행) [32606060-10606060]
錦衣夜行(금의야행) - 夜行被繡(야행피수) [32606060-60603210]
錦衣夜行(금의야행) - 衣錦夜行(의금야행) [32606060-60326060]
金盞玉臺(금잔옥대) - 金盞銀臺(금잔은대) [80104232-80106032]
金枝玉葉(금지옥엽) - 瓊枝玉葉(경지옥엽) [80324250-12324250]
及瓜而代(급과이대) - 瓜時而代(과시이대) [32203062-20723062]
急難之風(급난지풍) - 急人之風(급인지풍) [62423262-62803262]
氣高萬丈(기고만장) - 氣焰萬丈(기염만장) [72628032-72108032]
氣高萬丈(기고만장) - 豪氣萬丈(호기만장) [72628032-32728032]
己飢己溺(기기기닉) - 人溺己溺(인닉기닉) [52305220-80205220]
己飢己溺(기기기익) - 人飢己飢(인기기기) [52305220-80305230]
羈絆藝術(기반예술) - 效用藝術(효용예술) [10104262-52624262]
飢餓線上(기아선상) - 飢餓之境(기아지경) [30306272-30303242]
騎虎之勢(기호지세) - 騎獸之勢(기수지세) [32323242-32323242]
騎虎之勢(기호지세) - 騎虎難下(기호난하) [32323242-32324272]
落膽喪魂(낙담상혼) - 喪魂落膽(상혼낙담) [50203232-32325020]
落帽之辰(낙모지신) - 孟嘉落帽(맹가낙모) [50203232-32105020]
落帽之辰(낙모지신) - 龍山落帽(용산낙모) [50203232-40805020]
落穽下石(낙정하석) - 下穽投石(하정투석) [50107260-72104060]
爛商討論(난상토론) - 爛商公論(난상공론) [20524042-20526242]
爛商討論(난상토론) - 爛商公議(난상공의) [20524042-20526242]
爛商討論(난상토론) - 爛商熟議(난상숙의) [20524042-20523242]
爛商討論(난상토론) - 爛商討議(난상토의) [20524042-20524042]
難兄難弟(난형난제) - 難伯難仲(난백난중) [42804280-42324232]

難兄難弟(난형난제) - 莫上莫下(막상막하) [42804280-32723272]
難兄難弟(난형난제) - 伯仲之間(백중지간) [42804280-32323272]
難兄難弟(난형난제) - 伯仲之勢(백중지세) [42804280-32323242]
南柯一夢(남가일몽) - 南柯之夢(남가지몽) [80128032-80123232]
南柯一夢(남가일몽) - 盧生之夢(노생지몽) [80128032-12803232]
南柯一夢(남가일몽) - 榮枯一炊(영고일취) [80128032-42308020]
南柯一夢(남가일몽) - 一場春夢(일장춘몽) [80128032-80727032]
南柯一夢(남가일몽) - 一炊之夢(일취지몽) [80128032-80203232]
南柯一夢(남가일몽) - 邯鄲夢枕(한단몽침) [80128032-12023230]
南柯一夢(남가일몽) - 邯鄲之夢(한단지몽) [80128032-12023232]
南柯一夢(남가일몽) - 邯鄲之枕(한단지침) [80128032-12023230]
南柯一夢(남가일몽) - 黃粱之夢(황량지몽) [80128032-60103232]
南橘北枳(남귤북지) - 橘化爲枳(귤화위기) [80108010-10524210]
南橘北枳(남귤북지) - 橘化爲枳(귤화위지) [80108010-10524210]
南船北馬(남선북마) - 北馬南船(북마남선) [80508050-80508050]
囊中之錐(낭중지추) - 穎脫而出(영탈이출) [10803210-02403070]
囊中之錐(낭중지추) - 錐處囊中(추처낭중) [10803210-10421080]
囊中取物(낭중취물) - 探囊取物(탐낭취물) [10804272-40104272]
內憂外患(내우외환) - 近憂遠慮(근우원려) [72328050-60326040]
怒甲移乙(노갑이을) - 怒甲乙移(노갑을이) [42404232-42403242]
怒甲移乙(노갑이을) - 怒室色市(노실색시) [42404232-42807072]
老嫗能解(노구능해) - 老嫗都解(노구도해) [70005242-70005042]
老嫗能解(노구능해) - 老媼能解(노온능해) [70005242-70005242]
老嫗能解(노구능해) - 老媼都解(노온도해) [70005242-70005042]
老萊之戲(노래지희) - 斑衣之戲(반의지희) [70123232-10603232]
老馬之智(노마지지) - 老馬識途(노마식도) [70503240-70505232]
勞務賠償(노무배상) - 役務賠償(역무배상) [52422032-32422032]
怒發大發(노발대발) - 怒髮衝冠(노발충관) [42628062-42403232]
勞心焦思(노심초사) - 焦心苦慮(초심고려) [52702050-20706040]
魯魚亥豕(노어해시) - 魯魚之誤(노어지오) [12503002-12503242]
老漢少楚(노한소초) - 老紅少靑(노홍소청) [70727012-70407080]
隴斷之術(농단지술) - 壟斷之術(농단지술) [00423262-10423262]
農本主義(농본주의) - 農本思想(농본사상) [72607042-72605042]
農時方劇(농시방극) - 農時方張(농시방장) [72727240-72727240]
弄瓦之慶(농와지경) - 弄瓦之喜(농와지희) [32323242-32323240]
雷聲霹靂(뇌성벽력) - 雷霆霹靂(뇌정벽력) [32420202-32020202]
累卵之危(누란지위) - 竿頭之勢(간두지세) [32403240-10603242]
累卵之危(누란지위) - 累卵之勢(누란지세) [32403240-32403242]

累卵之危(누란지위) - 百尺竿頭(백척간두) [32403240-70321060]
累卵之危(누란지위) - 危機一髮(위기일발) [32403240-40408040]
累卵之危(누란지위) - 危如累卵(위여누란) [32403240-40423240]
累卵之危(누란지위) - 危如一髮(위여일발) [32403240-40428040]
累卵之危(누란지위) - 危如朝露(위여조로) [32403240-40426032]
累卵之危(누란지위) - 風前燈燭(풍전등촉) [32403240-62724230]
累卵之危(누란지위) - 風前燈火(풍전등화) [32403240-62724280]
累卵之危(누란지위) - 風前燭火(풍전촉화) [32403240-62723080]
陵雲之志(능운지지) - 靑雲之志(청운지지) [32523242-80523242]
多士濟濟(다사제제) - 濟濟多士(제제다사) [60524242-42426052]
單獨一身(단독일신) - 孤獨單身(고독단신) [42528062-40524262]
簞食豆羹(단사두갱) - 單食壺漿(단사호장) [10724210-42720210]
簞食瓢飮(단사표음) - 陋巷簞瓢(누항단표) [10720262-10301002]
簞食瓢飮(단사표음) - 簞瓢陋巷(단표누항) [10720262-10021030]
簞食瓢飮(단사표음) - 一簞一瓢(일단일표) [10720262-80108002]
談笑自若(담소자약) - 言笑自若(언소자약) [50427232-60427232]
談天彫龍(담천조룡) - 談天雕龍(담천조룡) [50702040-50700240]
黨同伐異(당동벌이) - 同黨伐異(동당벌이) [42704240-70424240]
螳螂拒轍(당랑거철) - 螳螂之斧(당랑지부) [10024010-10023210]
螳螂搏蟬(당랑박선) - 螳螂窺蟬(당랑규선) [10021002-10021002]
螳螂搏蟬(당랑박선) - 螳螂在後(당랑재후) [10021002-10026072]
大驚失色(대경실색) - 大驚失性(대경실성) [80406070-80406052]
代代孫孫(대대손손) - 子子孫孫(자자손손) [62626060-72726060]
大同小異(대동소이) - 小異大同(소이대동) [80708040-80408070]
大同小異(대동소이) - 五十笑百(오십소백) [80708040-80804270]
大書特筆(대서특필) - 大書特記(대서특기) [80626052-80626072]
大書特筆(대서특필) - 大書特書(대서특서) [80626052-80626062]
大書特筆(대서특필) - 大字特書(대자특서) [80626052-80706062]
大書特筆(대서특필) - 特筆大書(특필대서) [80626052-60528062]
大逆無道(대역무도) - 大逆不道(대역부도) [80425072-80427272]
大衆食堂(대중식당) - 公衆食堂(공중식당) [80427262-62427262]
徒勞無功(도로무공) - 勞而無功(노이무공) [40525062-52305062]
倒履相迎(도리상영) - 倒履迎客(도리영객) [32325240-32324052]
倒履相迎(도리상영) - 倒履迎之(도리영지) [32325240-32324032]
屠門戒殺(도문계살) - 屠門談佛(도문담불) [10804042-10805042]
道不拾遺(도불습유) - 路不拾遺(노불습유) [72723240-60723240]
道不拾遺(도불습유) - 塗不拾遺(도불습유) [72723240-30723240]
道不拾遺(도불습유) - 堯舜時代(요순시대) [72723240-12127262]

道不拾遺(도불습유) - 堯舜時節(요순시절) [72723240-12127252]
道不拾遺(도불습유) - 堯舜之節(요순지절) [72723240-12123252]
道不拾遺(도불습유) - 太平聖代(태평성대) [72723240-60724262]
陶走猗頓(도주의돈) - 陶朱之富(도주지부) [32420012-32403242]
陶走猗頓(도주의돈) - 猗頓之富(의돈지부) [32420012-00123242]
逃避思想(도피사상) - 遁避思想(둔피사상) [40405042-10405042]
頓首再拜(돈수재배) - 稽顙再拜(계상재배) [12525042-02005042]
頓首再拜(돈수재배) - 稽首再拜(계수재배) [12525042-02525042]
同工異曲(동공이곡) - 同工異體(동공이체) [70724050-70724062]
同工異曲(동공이곡) - 同巧異曲(동교이곡) [70724050-70324050]
同工異曲(동공이곡) - 同巧異體(동교이체) [70724050-70324062]
東問西答(동문서답) - 問東答西(문동답서) [80708072-70807280]
同病相憐(동병상련) - 同氣相求(동기상구) [70605230-70725242]
同病相憐(동병상련) - 同聲相應(동성상응) [70605230-70425242]
同病相憐(동병상련) - 同舟相救(동주상구) [70605230-70305250]
同病相憐(동병상련) - 類類相從(유유상종) [70605230-52525240]
同病相憐(동병상련) - 草綠同色(초록동색) [70605230-70607070]
東奔西走(동분서주) - 南船北馬(남선북마) [80328042-80508050]
東奔西走(동분서주) - 南行北走(남행북주) [80328042-80608042]
東奔西走(동분서주) - 東西奔走(동서분주) [80328042-80803242]
東奔西走(동분서주) - 東走西奔(동주서분) [80328042-80428032]
東奔西走(동분서주) - 東馳西走(동치서주) [80328042-80108042]
東奔西走(동분서주) - 東行西走(동행서주) [80328042-80608042]
東奔西走(동분서주) - 北馬南船(북마남선) [80328042-80508050]
東山高臥(동산고와) - 梅妻鶴子(매처학자) [80806230-32323272]
東山高臥(동산고와) - 安閑自適(안한자적) [80806230-72407240]
東山高臥(동산고와) - 悠然自適(유연자적) [80806230-32707240]
東山高臥(동산고와) - 悠悠自適(유유자적) [80806230-32327240]
同床異夢(동상이몽) - 同床各夢(동상각몽) [70424032-70426232]
冬扇夏爐(동선하로) - 夏爐冬扇(하로동선) [70107032-70327010]
同族相爭(동족상쟁) - 同族相殘(동족상잔) [70605250-70605240]
同族相爭(동족상쟁) - 民族相殘(민족상잔) [70605250-80605240]
東取西貸(동취서대) - 東西貸取(동서대취) [80428032-80803242]
東取西貸(동취서대) - 東推西貸(동추서대) [80428032-80408032]
董狐之筆(동호지필) - 太史之簡(태사지간) [12103252-60523240]
頭髮上指(두발상지) - 怒髮衝冠(노발충관) [60407242-42403232]
頭髮上指(두발상지) - 髮植穿冠(발식천관) [60407242-40701032]
麻姑搔癢(마고소양) - 麻姑爬癢(마고파양) [32321010-32321010]

磨斧作針(마부작침) - 磨斧爲針(마부위침) [32106240-32104240]
磨斧作針(마부작침) - 磨杵成針(마저성침) [32106240-32026240]
磨斧作針(마부작침) - 面壁九年(면벽구년) [32106240-70428080]
磨斧作針(마부작침) - 山溜穿石(산류천석) [32106240-80101060]
磨斧作針(마부작침) - 水滴穿石(수적천석) [32106240-80301060]
磨斧作針(마부작침) - 愚公移山(우공이산) [32106240-32624280]
磨斧作針(마부작침) - 積小成大(적소성대) [32106240-40806280]
磨斧作針(마부작침) - 積水成淵(적수성연) [32106240-40806212]
磨斧作針(마부작침) - 積塵成山(적진성산) [32106240-40206280]
磨斧作針(마부작침) - 積土成山(적토성산) [32106240-40806280]
磨斧作針(마부작침) - 塵合泰山(진합태산) [32106240-20603280]
磨斧作針(마부작침) - 鐵杵磨鍼(철저마침) [32106240-50023210]
磨斧作針(마부작침) - 鐵杵成針(철저성침) [32106240-50026240]
馬耳東風(마이동풍) - 對牛彈琴(대우탄금) [50508062-62504032]
馬耳東風(마이동풍) - 如風過耳(여풍과이) [50508062-42625250]
馬耳東風(마이동풍) - 牛耳讀經(우이독경) [50508062-50506242]
馬耳東風(마이동풍) - 牛耳誦經(우이송경) [50508062-50503042]
莫無可奈(막무가내) - 莫可奈何(막가내하) [32505030-32503032]
莫無可奈(막무가내) - 無可奈何(무가내하) [32505030-50503032]
萬頃蒼波(만경창파) - 萬里滄波(만리창파) [80323242-80702042]
萬古風霜(만고풍상) - 萬古風雪(만고풍설) [80606232-80606262]
萬里同風(만리동풍) - 千里同風(천리동풍) [80707062-70707062]
萬無一失(만무일실) - 萬不失一(만불실일) [80508060-80726080]
萬壽無疆(만수무강) - 萬世無疆(만세무강) [80325012-80725012]
萬壽無疆(만수무강) - 壽考無疆(수고무강) [80325012-32505012]
晩時之歎(만시지탄) - 後時之歎(후시지탄) [32723240-72723240]
萬全之計(만전지계) - 萬全之策(만전지책) [80723262-80723232]
萬壑千峯(만학천봉) - 千峯萬嶽(천봉만악) [80107032-70328002]
萬壑千峯(만학천봉) - 千峯萬壑(천봉만학) [80107032-70328010]
萬壑千峯(만학천봉) - 千山萬嶽(천산만악) [80107032-70808002]
萬壑千峯(만학천봉) - 千山萬壑(천산만학) [80107032-70808010]
網擧目隨(망거목수) - 烹頭耳熟(팽두이숙) [20506032-02605032]
亡國之音(망국지음) - 亡國之聲(망국지성) [50803262-50803242]
亡國之音(망국지음) - 濮上之音(복상지음) [50803262-00723262]
亡國之音(망국지음) - 桑間濮上(상간복상) [50803262-32720072]
亡國之音(망국지음) - 桑間之音(상간지음) [50803262-32723262]
亡國之音(망국지음) - 桑濮之音(상복지음) [50803262-32003262]
亡國之音(망국지음) - 鄭衛桑間(정위상간) [50803262-12423272]

亡國之音(망국지음) - 鄭衛之音(정위지음) [50803262-12423262]
罔極之痛(망극지통) - 天崩之痛(천붕지통) [30423240-70303240]
忘年之友(망년지우) - 忘年之交(망년지교) [30803252-30803260]
亡羊補牢(망양보뢰) - 渴而穿井(갈이천정) [50423210-30301032]
亡羊補牢(망양보뢰) - 亡牛補牢(망우보뢰) [50423210-50503210]
望雲之情(망운지정) - 望雲之懷(망운지회) [52523252-52523232]
麥秀之歎(맥수지탄) - 亡國之歎(망국지탄) [32403240-50803240]
麥秀之歎(맥수지탄) - 亡國之恨(망국지한) [32403240-50803240]
麥秀之歎(맥수지탄) - 麥秀黍油(맥수서유) [32403240-32401060]
盲龜遇木(맹귀우목) - 盲龜浮木(맹귀부목) [32304080-32303280]
孟母三遷(맹모삼천) - 斷機之戒(단기지계) [32808032-42403240]
孟母三遷(맹모삼천) - 斷機之敎(단기지교) [32808032-42403280]
孟母三遷(맹모삼천) - 孟母斷機(맹모단기) [32808032-32804240]
孟母三遷(맹모삼천) - 三遷之敎(삼천지교) [32808032-80323280]
盲人直門(맹인직문) - 盲者正門(맹자정문) [32807280-32607280]
盲人直門(맹인직문) - 盲者直門(맹자직문) [32807280-32607280]
面無人色(면무인색) - 面如土色(면여토색) [70508070-70428070]
面從腹背(면종복배) - 面從後言(면종후언) [70403242-70407260]
面從腹背(면종복배) - 陽奉陰違(양봉음위) [70403242-60524230]
滅門之禍(멸문지화) - 滅門之患(멸문지환) [32803232-32803250]
滅門之禍(멸문지화) - 滅族之禍(멸족지화) [32803232-32603232]
明鏡高懸(명경고현) - 秦鏡高懸(진경고현) [62406232-12406232]
明鏡止水(명경지수) - 雲心月性(운심월성) [62405080-52708052]
名落孫山(명락손산) - 孫山之外(손산지외) [72506080-60803280]
名門大家(명문대가) - 名門巨族(명문거족) [72808072-72804060]
名不虛傳(명불허전) - 名不虛得(명불허득) [72724252-72724242]
明若觀火(명약관화) - 不問可知(불문가지) [62325280-72705052]
明若觀火(명약관화) - 不言可想(불언가상) [62325280-72605042]
明若觀火(명약관화) - 不言可知(불언가지) [62325280-72605052]
命在頃刻(명재경각) - 命在朝夕(명재조석) [70603240-70606070]
目不識丁(목불식정) - 魚魯不辨(어로불변) [60725240-50127230]
目不識丁(목불식정) - 一文不知(일문부지) [60725240-80707252]
目不識丁(목불식정) - 一文不通(일문불통) [60725240-80707260]
目不識丁(목불식정) - 一字無識(일자무식) [60725240-80705052]
目不識丁(목불식정) - 一字不識(일자불식) [60725240-80707252]
木石不傅(목석불부) - 木石難得(목석난득) [80607212-80604242]
木石不傅(목석불부) - 木石難傅(목석난부) [80607212-80604212]
沐雨櫛風(목우즐풍) - 艱難辛苦(간난신고) [20521062-10423060]

猫項懸鈴(묘항현령) - 猫頭懸鈴(묘두현령) [10323210-10603210]
武陵桃源(무릉도원) - 別有乾坤(별유건곤) [42323240-60703230]
武陵桃源(무릉도원) - 別有天地(별유천지) [42323240-60707070]
武陵桃源(무릉도원) - 小國寡民(소국과민) [42323240-80803280]
舞馬之災(무마지재) - 馬舞之災(마무지재) [40503250-50403250]
舞文曲筆(무문곡필) - 舞文弄筆(무문농필) [40705052-40703252]
無不通知(무불통지) - 無不通達(무불통달) [50726052-50726042]
無爲徒食(무위도식) - 浪遊徒食(낭유도식) [50424072-32404072]
無爲之治(무위지치) - 無爲而治(무위이치) [50423242-50423042]
無害無得(무해무득) - 無得無失(무득무실) [50525042-50425060]
墨子悲染(묵자비염) - 墨子泣絲(묵자읍사) [32724232-32723040]
墨翟之守(묵적지수) - 墨守成規(묵수성규) [32023242-32426250]
文房四友(문방사우) - 文房四寶(문방사보) [70428052-70428042]
門前成市(문전성시) - 門庭若市(문정약시) [80726272-80623272]
文筆盜賊(문필도적) - 膝甲盜賊(슬갑도적) [70524040-10404040]
勿失好機(물실호기) - 時不可失(시불가실) [32604240-72725060]
尾大難掉(미대난도) - 尾大不掉(미대부도) [32804210-32807210]
未熟練工(미숙련공) - 非熟練工(비숙련공) [42325272-42325272]
博覽強記(박람강기) - 博學多識(박학다식) [42406072-42806052]
盤溪曲徑(반계곡경) - 旁岐曲徑(방기곡경) [32325032-12125032]
飯囊酒袋(반낭주대) - 衣架飯囊(의가반낭) [32104010-60323210]
飯囊酒袋(반낭주대) - 酒囊飯袋(주낭반대) [32104010-40103210]
飯囊酒袋(반낭주대) - 酒袋飯囊(주대반낭) [32104010-40103210]
半面之分(반면지분) - 半面之識(반면지식) [62703262-62703252]
半信半疑(반신반의) - 且信且疑(차신차의) [62626240-30623040]
反哺之孝(반포지효) - 烏鳥私情(오조사정) [62103272-32424052]
反哺之孝(반포지효) - 願乞終養(원걸종양) [62103272-50305052]
發光信號(발광신호) - 閃光信號(섬광신호) [62626260-10626260]
傍若無人(방약무인) - 眼中無人(안중무인) [30325080-42805080]
傍若無人(방약무인) - 眼下無人(안하무인) [30325080-42725080]
拜金主義(배금주의) - 拜金思想(배금사상) [42807042-42805042]
背水之陣(배수지진) - 捨量沈舟(사량침주) [42803240-30503230]
背水之陣(배수지진) - 濟河焚舟(제하분주) [42803240-42501030]
背水之陣(배수지진) - 破釜沈船(파부침선) [42803240-42123250]
背水之陣(배수지진) - 破釜沈舟(파부침주) [42803240-42123230]
百計無策(백계무책) - 計無所出(계무소출) [70625032-62507070]
百年佳約(백년가약) - 百年佳期(백년가기) [70803252-70803250]
百年佳約(백년가약) - 百年言約(백년언약) [70803252-70806052]

百年佳約(백년가약) - 百年之約(백년지약) [70803252-70803252]
百年大計(백년대계) - 百年之計(백년지계) [70808062-70803262]
百年之客(백년지객) - 半子之名(반자지명) [70803252-62723272]
百年河清(백년하청) - 千年一淸(천년일청) [70805062-70808062]
百年河清(백년하청) - 何待歲月(하대세월) [70805062-32605280]
百年偕老(백년해로) - 百年同樂(백년동락) [70801070-70807062]
百年偕老(백년해로) - 百年偕樂(백년해락) [70801070-70801062]
百年偕老(백년해로) - 偕老同穴(해로동혈) [70801070-10707032]
百發百中(백발백중) - 一發必中(일발필중) [70627080-80625280]
百日祈禱(백일기도) - 百日致誠(백일치성) [70803210-70805042]
百戰老將(백전노장) - 幽燕老將(유연노장) [70627042-32327042]
百折不屈(백절불굴) - 百折不撓(백절불요) [70407240-70407210]
百花滿發(백화만발) - 百花爛漫(백화난만) [70704262-70702030]
百花滿發(백화만발) - 百花燎亂(백화요란) [70704262-70701040]
補過拾遺(보과습유) - 拾遺補過(습유보과) [32523240-32403252]
覆車之戒(복거지계) - 不踏覆轍(부답복철) [32723240-72323210]
覆車之戒(복거지계) - 殷鑑不遠(은감불원) [32723240-12327260]
覆車之戒(복거지계) - 以古爲鑑(이고위감) [32723240-52604232]
覆車之戒(복거지계) - 前車可鑑(전거가감) [32723240-72725032]
覆車之戒(복거지계) - 前覆後戒(전복후계) [32723240-72327240]
覆車之戒(복거지계) - 學于古訓(학우고훈) [32723240-80306060]
蓬頭垢面(봉두구면) - 蓬首垢面(봉수구면) [12601070-12521070]
逢人輒說(봉인첩설) - 逢人卽說(봉인즉설) [32800252-32803252]
浮生如夢(부생여몽) - 浮生若夢(부생약몽) [32804232-32803232]
負薪之憂(부신지우) - 采薪之憂(채신지우) [40103232-12103232]
釜中之魚(부중지어) - 魚遊釜中(어유부중) [12803250-50401280]
夫唱婦隨(부창부수) - 女必從夫(여필종부) [70504232-80524070]
附和雷同(부화뇌동) - 雷同附和(뇌동부화) [32623270-32703262]
附和雷同(부화뇌동) - 附和隨行(부화수행) [32623270-32623260]
附和雷同(부화뇌동) - 隨衆逐隊(수중축대) [32623270-32423042]
附和雷同(부화뇌동) - 旅進旅退(여진여퇴) [32623270-52425242]
憤氣衝天(분기충천) - 憤氣騰騰(분기등등) [40723270-40723030]
粉白黛綠(분백대록) - 粉白黛黑(분백대흑) [40800260-40800250]
焚書坑儒(분서갱유) - 坑儒焚書(갱유분서) [10622040-20401062]
分袖相別(분수상별) - 分手作別(분수작별) [62105260-62726260]
不顧廉恥(불고염치) - 廉恥不顧(염치불고) [72303032-30327230]
不俱戴天(불구대천) - 戴天之讎(대천지수) [72302070-20703210]
不俱戴天(불구대천) - 不共戴天(불공대천) [72302070-72622070]

不老長生(불로장생) - 長生不死(장생불사) [72708080-80807260]
不問曲直(불문곡직) - 曲直不問(곡직불문) [72705072-50727270]
不問曲直(불문곡직) - 不問曲折(불문곡절) [72705072-72705040]
不易之法(불역지법) - 不易之典(불역지전) [72403252-72403252]
不遠千里(불원천리) - 不遠萬里(불원만리) [72607070-72608070]
不遺餘力(불유여력) - 全力投球(전력투구) [72404272-72724062]
不撤晝夜(불철주야) - 不知寢食(부지침식) [72206060-72524072]
不撤晝夜(불철주야) - 不解衣帶(불해의대) [72206060-72426042]
不撤晝夜(불철주야) - 夜以繼晝(야이계주) [72206060-60524060]
不撤晝夜(불철주야) - 晝而繼夜(주이계야) [72206060-60304060]
不偏不黨(불편부당) - 無偏無黨(무편무당) [72327242-50325042]
不合理性(불합리성) - 非合理性(비합리성) [72606252-42606252]
非夢似夢(비몽사몽) - 似夢非夢(사몽비몽) [42323032-30324232]
飛耳長目(비이장목) - 長目飛耳(장목비이) [42508060-80604250]
鼻下政事(비하정사) - 鼻下公事(비하공사) [50724272-50726272]
飛黃騰達(비황등달) - 飛黃騰踏(비황등답) [42603042-42603032]
氷姿玉質(빙자옥질) - 仙姿玉質(선자옥질) [50404252-52404252]
四強雄蕊(사강웅예) - 四長雄蕊(사장웅예) [80605000-80805000]
四顧無親(사고무친) - 四顧無託(사고무탁) [80305060-80305020]
四面楚歌(사면초가) - 孤立無援(고립무원) [80701270-40725040]
四面春風(사면춘풍) - 到處春風(도처춘풍) [80707062-52427062]
四面春風(사면춘풍) - 四時春風(사시춘풍) [80707062-80727062]
四分五裂(사분오열) - 三分五裂(삼분오열) [80628032-80628032]
死不瞑目(사불명목) - 死不顚目(사불전목) [60721060-60721060]
死生關頭(사생관두) - 生死關頭(생사관두) [60805260-80605260]
死生同苦(사생동고) - 死生契闊(사생계활) [60807060-60803210]
捨生取義(사생취의) - 殺身成仁(살신성인) [30804242-42626240]
捨生取義(사생취의) - 殺身立節(살신입절) [30804242-42627252]
射石爲虎(사석위호) - 金石爲開(금석위개) [40604232-80604260]
射石爲虎(사석위호) - 中石沒矢(중석몰시) [40604232-80603230]
些少之事(사소지사) - 細微之事(세미지사) [10703272-42323272]
死而不亡(사이불망) - 死且不朽(사차불후) [60307250-60307210]
社稷之臣(사직지신) - 柱石之臣(주석지신) [62123252-32603252]
四通八達(사통팔달) - 四達五通(사달오통) [80608042-80428060]
四通八達(사통팔달) - 四通五達(사통오달) [80608042-80608042]
事必歸正(사필귀정) - 邪不犯正(사불범정) [72524072-32724072]
四海同胞(사해동포) - 四海兄第(사해형제) [80727040-80728062]
山窮水盡(산궁수진) - 山盡水窮(산진수궁) [80408040-80408040]

山窮水盡(산궁수진) - 山盡海渴(산진해갈) [80408040-80407230]
酸洗滌酸(산세척산) - 酸洗滌劑(산세척제) [20521020-20521020]
山紫水明(산자수명) - 山明水麗(산명수려) [80328062-80628042]
山紫水明(산자수명) - 山明水紫(산명수자) [80328062-80628032]
山紫水明(산자수명) - 山明水淸(산명수청) [80328062-80628062]
山紫水明(산자수명) - 山紫水麗(산자수려) [80328062-80328042]
三顧草廬(삼고초려) - 草廬三顧(초려삼고) [80307012-70128030]
三年不飛(삼년불비) - 一鳴驚人(일명경인) [80807242-80404080]
三頭六臂(삼두육비) - 三面六臂(삼면육비) [80608010-80708010]
森羅萬象(삼라만상) - 萬彙群象(만휘군상) [32428040-80104040]
三人成虎(삼인성호) - 投杼踰牆(투저유장) [80806232-40001202]
三日天下(삼일천하) - 五日京兆(오일경조) [80807072-80806032]
三從之道(삼종지도) - 三從依托(삼종의탁) [80403272-80404030]
三從之道(삼종지도) - 三從之德(삼종지덕) [80403272-80403252]
三從之道(삼종지도) - 三從之禮(삼종지례) [80403272-80403260]
三從之道(삼종지도) - 三從之法(삼종지법) [80403272-80403252]
三從之道(삼종지도) - 三從之義(삼종지의) [80403272-80403242]
三從之道(삼종지도) - 三從之托(삼종지탁) [80403272-80403230]
三紙無驢(삼지무려) - 博士賣驢(박사매려) [80705002-42525002]
上樓擔梯(상루담제) - 勸上搖木(권상요목) [72324210-40723080]
上樓擔梯(상루담제) - 登樓去梯(등루거제) [72324210-70325010]
上樓擔梯(상루담제) - 上樹拔梯(상수발제) [72324210-72603210]
桑蓬之志(상봉지지) - 桑弧蓬矢(상호봉시) [32123242-32101230]
桑田碧海(상전벽해) - 高岸深谷(고안심곡) [32423272-62324232]
桑田碧海(상전벽해) - 陵谷之變(능곡지변) [32423272-32323252]
桑田碧海(상전벽해) - 白雲蒼狗(백운창구) [32423272-80523230]
桑田碧海(상전벽해) - 碧海桑田(벽해상전) [32423272-32723242]
桑田碧海(상전벽해) - 桑田滄海(상전창해) [32423272-32422072]
桑田碧海(상전벽해) - 桑滄之變(상창지변) [32423272-32203252]
桑田碧海(상전벽해) - 桑海之變(상해지변) [32423272-32723252]
桑田碧海(상전벽해) - 滄桑之變(창상지변) [32423272-20323252]
桑田碧海(상전벽해) - 滄海桑田(창해상전) [32423272-20723242]
塞翁之馬(새옹지마) - 反禍爲福(반화위복) [32303250-62324252]
塞翁之馬(새옹지마) - 塞翁得失(새옹득실) [32303250-32304260]
塞翁之馬(새옹지마) - 塞翁禍福(새옹화복) [32303250-32303252]
塞翁之馬(새옹지마) - 轉禍爲福(전화위복) [32303250-40324252]
塞翁之馬(새옹지마) - 禍轉爲福(화전위복) [32303250-32404252]
生面不知(생면부지) - 一面不知(일면부지) [80707252-80707252]

生死骨肉(생사골육) - 生死肉骨(생사육골) [80604042-80604240]
生者必滅(생자필멸) - 雪泥鴻爪(설니홍조) [80605232-62323010]
生者必滅(생자필멸) - 人生無常(인생무상) [80605232-80805042]
生者必滅(생자필멸) - 人生朝露(인생조로) [80605232-80806032]
西方世界(서방세계) - 西方國家(서방국가) [80727262-80728072]
西山落日(서산낙일) - 日落西山(일락서산) [80805080-80508080]
西山落日(서산낙일) - 日落咸池(일락함지) [80805080-80503032]
先發制人(선발제인) - 先聲奪人(선성탈인) [80624280-80423280]
先發制人(선발제인) - 先則制人(선즉제인) [80624280-80504280]
雪上加霜(설상가상) - 雪上加雪(설상가설) [62725032-62725062]
雪上加霜(설상가상) - 前虎後狼(전호후랑) [62725032-72327210]
說往說來(설왕설래) - 言去言來(언거언래) [52425270-60506070]
說往說來(설왕설래) - 言三語四(언삼어사) [52425270-60807080]
說往說來(설왕설래) - 言往說來(언왕설래) [52425270-60425270]
說往說來(설왕설래) - 言往言來(언왕언래) [52425270-60426070]
成功身退(성공신퇴) - 成功者去(성공자거) [62626242-62626050]
成功身退(성공신퇴) - 成功者退(성공자퇴) [62626242-62626042]
盛夏炎熱(성하염열) - 盛夏之熱(성하지열) [42703250-42703250]
洗耳恭聽(세이공청) - 潁川洗耳(영천세이) [52503240-02705250]
歲寒松柏(세한송백) - 雪中松柏(설중송백) [52504020-62804020]
笑裏藏刀(소리장도) - 口蜜腹劍(구밀복검) [42323232-70303232]
笑裏藏刀(소리장도) - 笑中有劍(소중유검) [42323232-42807032]
笑裏藏刀(소리장도) - 笑中有刀(소중유도) [42323232-42807032]
昭昭白髮(소소백발) - 皜皜白髮(호호백발) [30308040-00008040]
消息不通(소식불통) - 音信不通(음신불통) [62427260-62627260]
速戰速決(속전속결) - 速進速決(속진속결) [60626052-60426052]
首丘初心(수구초심) - 胡馬望北(호마망북) [52325070-32505280]
首丘初心(수구초심) - 狐死首丘(호사수구) [52325070-10605232]
首鼠兩端(수서양단) - 左顧右眄(좌고우면) [52104242-72307210]
首鼠兩端(수서양단) - 左顧右視(좌고우시) [52104242-72307242]
首鼠兩端(수서양단) - 左眄右顧(좌면우고) [52104242-72107230]
首鼠兩端(수서양단) - 左右顧眄(좌우고면) [52104242-72723010]
首鼠兩端(수서양단) - 左瞻右顧(좌첨우고) [52104242-72127230]
漱石枕流(수석침류) - 推舟於陸(추주어륙) [02603052-40303052]
漱石枕流(수석침류) - 枕流漱石(침류수석) [02603052-30520260]
水天彷彿(수천방불) - 水天一碧(수천일벽) [80701010-80708032]
水火氷炭(수화빙탄) - 水火相剋(수화상극) [80805050-80805210]
熟慮斷行(숙려단행) - 思慮分別(사려분별) [32404260-50406260]

宿虎衝鼻(숙호충비) - 驚蛇入草(경사입초) [52323250-40327070]
宿虎衝鼻(숙호충비) - 飛鳥驚蛇(비조경사) [52323250-42424032]
宿虎衝鼻(숙호충비) - 打草驚蛇(타초경사) [52323250-50704032]
脣亡齒寒(순망치한) - 輔車相依(보거상의) [30504250-12725240]
脣亡齒寒(순망치한) - 脣齒輔車(순치보거) [30504250-30421272]
脣亡齒寒(순망치한) - 脣齒之國(순치지국) [30504250-30423280]
承意順旨(승의순지) - 先意順旨(선의순지) [42625220-80625220]
承意順旨(승의순지) - 先意承旨(선의승지) [42625220-80624220]
時代精神(시대정신) - 時代思想(시대사상) [72624262-72625042]
視死如生(시사여생) - 視死如歸(시사여귀) [42604280-42604240]
是也非也(시야비야) - 曰是曰非(왈시왈비) [42304230-30423042]
時和年豐(시화연풍) - 時和歲豐(시화세풍) [72628000-72625200]
申申當付(신신당부) - 申申付託(신신부탁) [42425232-42423220]
室內競技(실내경기) - 屋內競技(옥내경기) [80725050-50725050]
深思熟考(심사숙고) - 深思熟慮(심사숙려) [42503250-42503240]
深山幽谷(심산유곡) - 深山窮谷(심산궁곡) [42803232-42804032]
十年知己(십년지기) - 舊年親舊(구년친구) [80805252-52806052]
十年寒窓(십년한창) - 十年窓下(십년창하) [80805062-80806272]
十中八九(십중팔구) - 十常八九(십상팔구) [80808080-80428080]
十寒一曝(십한일폭) - 一曝十寒(일폭십한) [80508010-80108050]
握髮吐哺(악발토포) - 吐哺握髮(토포악발) [20403210-32102040]
握髮吐哺(악발토포) - 吐哺捉髮(토포착발) [20403210-32103040]
眼高手卑(안고수비) - 眼高手低(안고수저) [42627232-42627242]
安貧樂道(안빈낙도) - 淸貧樂道(청빈낙도) [72426272-62426272]
暗黑社會(암흑사회) - 暗黑世界(암흑세계) [42506262-42507262]
暗黑社會(암흑사회) - 暗黑天地(암흑천지) [42506262-42507070]
殃及池魚(앙급지어) - 池魚之殃(지어지앙) [30323250-32503230]
殃及池魚(앙급지어) - 橫來之厄(횡래지액) [30323250-32703230]
藥籠之物(약롱지물) - 藥籠中物(약롱중물) [62203272-62208072]
羊頭狗肉(양두구육) - 羊質虎皮(양질호피) [42603042-42523232]
羊頭狗肉(양두구육) - 表裏不同(표리부동) [42603042-62327270]
梁上君子(양상군자) - 綠林豪客(녹림호객) [32724072-60703252]
梁上君子(양상군자) - 綠林豪傑(녹림호걸) [32724072-60703240]
梁上君子(양상군자) - 無本大商(무본대상) [32724072-50608052]
養虎後患(양호후환) - 養虎遺患(양호유환) [52327250-52324050]
漁夫之利(어부지리) - 犬兎之爭(견토지쟁) [50703262-40323250]
漁夫之利(어부지리) - 漁人之功(어인지공) [50703262-50803262]
漁夫之利(어부지리) - 田夫之功(전부지공) [50703262-42703262]

語不成說(어불성설) - 萬不成說(만불성설) [70726252-80726252]
億兆蒼生(억조창생) - 萬戶衆生(만호중생) [50323280-80424280]
焉敢生心(언감생심) - 敢不生心(감불생심) [30408070-40728070]
焉敢生心(언감생심) - 敢不生意(감불생의) [30408070-40728062]
焉敢生心(언감생심) - 不敢生意(불감생의) [30408070-72408062]
言語道斷(언어도단) - 言語同斷(언어동단) [60707242-60707042]
言中有骨(언중유골) - 言中有言(언중유언) [60807040-60807060]
言中有骨(언중유골) - 言中有響(언중유향) [60807040-60807032]
言之無益(언지무익) - 言之何益(언지하익) [60325042-60323242]
嚴冬雪寒(엄동설한) - 三冬雪寒(삼동설한) [40706250-80706250]
與民同樂(여민동락) - 與民偕樂(여민해락) [40807062-40801062]
與世推移(여세추이) - 與世浮沈(여세부침) [40724042-40723232]
與羊謀肉(여양모육) - 與狐謀皮(여호모피) [40423242-40103232]
與羊謀肉(여양모육) - 與虎謀皮(여호모피) [40423242-40323232]
歷歷可數(역력가수) - 歷歷可知(역력가지) [52525070-52525052]
緣木求魚(연목구어) - 上山求魚(상산구어) [40804250-72804250]
連城之寶(연성지보) - 價重連城(가중연성) [42423242-52704242]
連城之寶(연성지보) - 價値連城(가치연성) [42423242-52324242]
炎涼世態(염량세태) - 世態炎涼(세태염량) [32327242-72423232]
榮枯盛衰(영고성쇠) - 興亡盛衰(흥망성쇠) [42304232-42504232]
永久公債(영구공채) - 利息公債(이식공채) [60326232-62426232]
營利保險(영리보험) - 營業保險(영업보험) [40624240-40624240]
營營汲汲(영영급급) - 營營逐逐(영영축축) [40401010-40403030]
永遠無窮(영원무궁) - 永永無窮(영영무궁) [60605040-60605040]
傲慢無道(오만무도) - 傲慢無禮(오만무례) [30305072-30305060]
寤寐不忘(오매불망) - 寤寐思服(오매사복) [10107230-10105060]
吾不關焉(오불관언) - 袖手傍觀(수수방관) [30725230-10723052]
五言金城(오언금성) - 五言長城(오언장성) [80608042-80608042]
烏合之卒(오합지졸) - 烏合之衆(오합지중) [32603252-32603242]
烏合之卒(오합지졸) - 瓦合之卒(와합지졸) [32603252-32603252]
玉石俱焚(옥석구분) - 蘭艾同焚(난애동분) [42603010-32127010]
玉石俱焚(옥석구분) - 玉石同碎(옥석동쇄) [42603010-42607010]
玉石俱焚(옥석구분) - 玉石混淆(옥석혼효) [42603010-42604002]
蝸角之爭(와각지쟁) - 蝸角之勢(와각지세) [10623250-10623242]
矮人看戲(왜인간희) - 矮人看場(왜인간장) [10804032-10804072]
矮人看戲(왜인간희) - 矮人觀場(왜인관장) [10804032-10805272]
矮人看戲(왜인간희) - 矮子看戲(왜자간희) [10804032-10724032]
外柔內剛(외유내강) - 內剛外柔(내강외유) [80327232-72328032]

要領不得(요령부득) - 不得要領(부득요령) [52507242-72425250]
憂國之情(우국지정) - 憂國之心(우국지심) [32803252-32803270]
牛鼎烹鷄(우정팽계) - 大材小用(대재소용) [50120240-80528062]
運命論者(운명론자) - 宿命論者(숙명론자) [62704260-52704260]
雲雨之樂(운우지락) - 巫山之夢(무산지몽) [52523262-10803232]
雲雨之樂(운우지락) - 巫山之雨(무산지우) [52523262-10803252]
雲雨之樂(운우지락) - 巫山之雲(무산지운) [52523262-10803252]
雲雨之樂(운우지락) - 雲雨之情(운우지정) [52523262-52523252]
雲雨之樂(운우지락) - 朝雲暮雨(조운모우) [52523262-60523052]
月下氷人(월하빙인) - 月下老人(월하노인) [80725080-80727080]
柔能制剛(유능제강) - 柔能勝剛(유능승강) [32524232-32526032]
流離乞食(유리걸식) - 轉轉乞食(전전걸식) [52403072-40403072]
有名無實(유명무실) - 虛名無實(허명무실) [70725052-42725052]
窬墻穿穴(유장천혈) - 窬墻鑽穴(유장찬혈) [00301032-00301232]
衣結屨穿(의결구천) - 一裘一葛(일구일갈) [60520010-80008020]
意氣揚揚(의기양양) - 得意揚揚(득의양양) [62723232-42623232]
意氣揚揚(의기양양) - 得意洋洋(득의양양) [62723232-42626060]
倚閭而望(의려이망) - 倚閭之望(의려지망) [02103052-02103252]
倚閭而望(의려이망) - 倚門倚閭(의문의려) [02103052-02800210]
倚閭而望(의려이망) - 倚門而望(의문이망) [02103052-02803052]
倚閭而望(의려이망) - 倚門之望(의문지망) [02103052-02803252]
異口同聲(이구동성) - 如出一口(여출일구) [40707042-42708070]
異口同聲(이구동성) - 異口同音(이구동음) [40707042-40707062]
異國情趣(이국정취) - 異國情調(이국정조) [40805240-40805252]
以卵擊石(이란격석) - 杯水車薪(배수거신) [52404060-30807210]
以卵擊石(이란격석) - 杯水救車(배수구거) [52404060-30805072]
以卵擊石(이란격석) - 杯水輿薪(배수여신) [52404060-30803010]
以卵擊石(이란격석) - 以卵投石(이란투석) [52404060-52404060]
以卵擊石(이란격석) - 漢江投石(한강투석) [52404060-72724060]
以卵擊石(이란격석) - 紅爐點雪(홍로점설) [52404060-40324062]
理所固然(이소고연) - 理所當然(이소당연) [62705070-62705270]
以實直告(이실직고) - 實陣無諱(실진무휘) [52527252-52405010]
以實直告(이실직고) - 以實告之(이실고지) [52527252-52525232]
以實直告(이실직고) - 從實直告(종실직고) [52527252-40527252]
以心傳心(이심전심) - 心心相印(심심상인) [52705270-70705242]
已往之事(이왕지사) - 旣往之事(기왕지사) [32423272-30423272]
離合集散(이합집산) - 聚散離合(취산이합) [40606240-12404060]
因果應報(인과응보) - 因果報應(인과보응) [50624242-50624242]

因果應報(인과응보) - 種瓜得瓜(종과득과) [50624242-52204220]
因果應報(인과응보) - 種豆得豆(종두득두) [50624242-52424242]
人琴俱亡(인금구망) - 人琴之歎(인금지탄) [80323050-80323240]
人死留名(인사유명) - 豹死留皮(표사유피) [80604272-10604232]
人死留名(인사유명) - 虎死留皮(호사유피) [80604272-32604232]
人跡未踏(인적미답) - 人跡不到(인적부도) [80324232-80327252]
人種之末(인종지말) - 人中之末(인중지말) [80523250-80803250]
一刻三秋(일각삼추) - 三秋之思(삼추지사) [80408070-80703250]
一刻三秋(일각삼추) - 一日三秋(일일삼추) [80408070-80808070]
一見如舊(일견여구) - 一面如舊(일면여구) [80524252-80704252]
一顧傾國(일고경국) - 一顧傾城(일고경성) [80304080-80304042]
一騎當千(일기당천) - 一人當千(일인당천) [80325270-80805270]
一刀兩斷(일도양단) - 一刀割斷(일도할단) [80324242-80323242]
一得一失(일득일실) - 一利一害(일리일해) [80428060-80628052]
一落萬丈(일락만장) - 一落千丈(일락천장) [80508032-80507032]
一覽不忘(일람불망) - 過目成誦(과목성송) [80407230-52606230]
一覽不忘(일람불망) - 一覽輒記(일람첩기) [80407230-80400272]
日暮途窮(일모도궁) - 日暮途遠(일모도원) [80303240-80303260]
一木難支(일목난지) - 一柱難支(일주난지) [80804242-80324242]
一無可取(일무가취) - 一無所取(일무소취) [80505042-80507042]
一罰百戒(일벌백계) - 以一警百(이일경백) [80427040-52804270]
一罰百戒(일벌백계) - 懲一勵百(징일여백) [80427040-30803270]
一瀉千里(일사천리) - 九天直下(구천직하) [80107070-80707272]
一石二鳥(일석이조) - 一擧兩得(일거양득) [80608042-80504242]
一石二鳥(일석이조) - 一擧兩實(일거양실) [80608042-80504252]
一石二鳥(일석이조) - 一擧兩取(일거양취) [80608042-80504242]
一石二鳥(일석이조) - 一擧二得(일거이득) [80608042-80508042]
一世之雄(일세지웅) - 一時之傑(일시지걸) [80723250-80723240]
一言半句(일언반구) - 一言半辭(일언반사) [80606242-80606240]
一言一行(일언일행) - 一言一動(일언일동) [80608060-80608072]
一葉片舟(일엽편주) - 一葉小船(일엽소선) [80503230-80508050]
日月盈昃(일월영측) - 盛者必衰(성자필쇠) [80801200-42605232]
日月盈昃(일월영측) - 月滿則虧(월만즉휴) [80801200-80425002]
日月盈昃(일월영측) - 月盈則食(월영즉식) [80801200-80125072]
一衣帶水(일의대수) - 指呼之間(지호지간) [80604280-42423272]
一人二役(일인이역) - 一身兩役(일신양역) [80808032-80624232]
一字千金(일자천금) - 一字百金(일자백금) [80707080-80707080]
一長一短(일장일단) - 一短一長(일단일장) [80808062-80628080]

一喜一悲(일희일비) - 一悲一喜(일비일희) [80408042-80428040]
臨渴掘井(임갈굴정) - 臨耕掘井(임경굴정) [32302032-32322032]
臨機應變(임기응변) - 隨機應變(수기응변) [32404252-32404252]
臨機應變(임기응변) - 隨時應變(수시응변) [32404252-32724252]
臨機應變(임기응변) - 臨時應變(임시응변) [32404252-32724252]
立身揚名(입신양명) - 立身出世(입신출세) [72623272-72627072]
自家撞着(자가당착) - 矛盾撞着(모순당착) [72721052-20201052]
自家撞着(자가당착) - 自己矛盾(자기모순) [72721052-72522020]
刺股懸梁(자고현량) - 懸梁刺股(현량자고) [32103232-32323210]
自今以後(자금이후) - 而今以後(이금이후) [72625272-30625272]
自手成家(자수성가) - 自成一家(자성일가) [72726272-72628072]
自業自得(자업자득) - 自業自縛(자업자박) [72627242-72627210]
自業自得(자업자득) - 自作自受(자작자수) [72627242-72627242]
自業自得(자업자득) - 自作之孼(자작지얼) [72627242-72623202]
自然淘汰(자연도태) - 自然選擇(자연선택) [72701010-72705040]
自然選擇(자연선택) - 優勝劣敗(우승열패) [72705040-40603050]
自然災害(자연재해) - 氣象災害(기상재해) [72705052-72405052]
自作地主(자작지주) - 在村地主(재촌지주) [72627070-60707070]
自中之亂(자중지란) - 蕭牆之亂(소장지란) [72803240-10023240]
自中之亂(자중지란) - 蕭牆之變(소장지변) [72803240-10023252]
自中之亂(자중지란) - 蕭牆之憂(소장지우) [72803240-10023232]
自稱君子(자칭군자) - 自稱天子(자칭천자) [72404072-72407072]
昨非今是(작비금시) - 今是昨非(금시작비) [62426242-62426242]
殘杯冷羹(잔배냉갱) - 殘杯冷炙(잔배냉적) [40305010-40305010]
殘忍無道(잔인무도) - 殘惡無道(잔악무도) [40325072-40525072]
殘忍無道(잔인무도) - 殘虐無道(잔학무도) [40325072-40205072]
潛蹤祕跡(잠종비적) - 藏蹤祕迹(장종비적) [32004032-32004010]
藏頭露尾(장두노미) - 藏形匿影(장형익영) [32603232-32621032]
長袖善舞(장수선무) - 多錢善賈(다전선고) [80105040-60405012]
再三思之(재삼사지) - 再考三思(재고삼사) [50805032-50508050]
豬突豨勇(저돌희용) - 豬突之勇(저돌지용) [10320062-10323262]
著名人士(저명인사) - 知名人士(지명인사) [32728052-52728052]
低唱淺酌(저창천작) - 淺酌低唱(천작저창) [42503230-32304250]
寂寞江山(적막강산) - 寞天寂也(막천적야) [32107280-10703230]
赤手空拳(적수공권) - 隻手空拳(척수공권) [50727232-20727232]
前代未聞(전대미문) - 前古未聞(전고미문) [72624262-72604262]
戰歿將兵(전몰장병) - 戰亡將卒(전망장졸) [62104252-62504252]
前無後無(전무후무) - 空前絶後(공전절후) [72507250-72724272]

前無後無(전무후무) - 曠前絶後(광전절후) [72507250-10724272]
輾轉反側(전전반측) - 輾轉不寐(전전불매) [10406232-10407210]
切齒腐心(절치부심) - 切齒扼腕(절치액완) [52423270-52421010]
頂門一鍼(정문일침) - 頂門一針(정문일침) [32808010-32808040]
頂門一針(정문일침) - 頂門一鍼(정문일침) [32808040-32808010]
頂門一鍼(정문일침) - 頂上一鍼(정상일침) [32808010-32728010]
頂門一針(정문일침) - 頂上一鍼(정상일침) [32808040-32728010]
朝令暮改(조령모개) - 朝改暮變(조개모변) [60503050-60503052]
朝令暮改(조령모개) - 朝令夕改(조령석개) [60503050-60507050]
朝令暮改(조령모개) - 朝變暮改(조변모개) [60503050-60523050]
朝令暮改(조령모개) - 朝變夕改(조변석개) [60503050-60527050]
朝令暮改(조령모개) - 朝夕變改(조석변개) [60503050-60705250]
朝不慮夕(조불려석) - 朝不謀夕(조불모석) [60724070-60723270]
粗衣惡食(조의악식) - 惡衣惡食(악의악식) [10605272-52605272]
粗衣惡食(조의악식) - 粗衣粗食(조의조식) [10605272-10601072]
左提右挈(좌제우설) - 左提右攜(좌제우휴) [72427200-72427200]
左衝右突(좌충우돌) - 東衝西突(동충서돌) [72327232-80328032]
左衝右突(좌충우돌) - 左右衝突(좌우충돌) [72327232-72723232]
主客顚倒(주객전도) - 客反爲主(객반위주) [70521032-52624270]
晝耕夜讀(주경야독) - 晴耕雨讀(청경우독) [60326062-30325262]
酒池肉林(주지육림) - 肉山脯林(육산포림) [40324270-42801070]
竹馬故友(죽마고우) - 竹馬交友(죽마교우) [42504252-42506052]
竹馬故友(죽마고우) - 竹馬舊友(죽마구우) [42504252-42505252]
竹馬故友(죽마고우) - 竹馬之友(죽마지우) [42504252-42503252]
中途而廢(중도이폐) - 半途而廢(반도이폐) [80323032-62323032]
衆目環視(중목환시) - 衆人環視(중인환시) [42604042-42804042]
中華思想(중화사상) - 華夷思想(화이사상) [80405042-40305042]
支離滅裂(지리멸렬) - 支離分散(지리분산) [42403232-42406240]
盡善盡美(진선진미) - 盡善完美(진선완미) [40504060-40505060]
珍羞盛饌(진수성찬) - 山海珍味(산해진미) [40104210-80724042]
進退兩難(진퇴양난) - 進退無路(진퇴무로) [42424242-42425060]
進退兩難(진퇴양난) - 進退維谷(진퇴유곡) [42424242-42423232]
此日彼日(차일피일) - 此月彼月(차월피월) [32803280-32803280]
借廳借閨(차청차규) - 借廳入室(차청입실) [32403220-32407080]
天高馬肥(천고마비) - 秋高馬肥(추고마비) [70625032-70625032]
千慮一失(천려일실) - 智者一失(지자일실) [70408060-40608060]
千萬多幸(천만다행) - 萬萬多幸(만만다행) [70806062-80806062]
千萬多幸(천만다행) - 萬分多幸(만분다행) [70806062-80626062]

天方地軸(천방지축) - 天方地方(천방지방) [70727020-70727072]
天府之國(천부지국) - 天府之土(천부지토) [70423280-70423280]
千崩地壞(천붕지괴) - 天崩地坼(천붕지탁) [70307032-70307002]
千思萬量(천사만량) - 千思萬度(천사만탁) [70508050-70508060]
天壤之差(천양지차) - 霄壤之間(소양지간) [70323240-00323272]
天壤之差(천양지차) - 霄壤之差(소양지차) [70323240-00323240]
天壤之差(천양지차) - 霄壤之判(소양지판) [70323240-00323240]
天壤之差(천양지차) - 雲泥之差(운니지차) [70323240-52323240]
天壤之差(천양지차) - 天壤之間(천양지간) [70323240-70323272]
天壤之差(천양지차) - 天壤之判(천양지판) [70323240-70323240]
天壤之差(천양지차) - 天淵之差(천연지차) [70323240-70123240]
天圓地方(천원지방) - 天圜地方(천환지방) [70427072-70007072]
千仞斷崖(천인단애) - 千仞絶壁(천인절벽) [70004210-70004242]
千紫萬紅(천자만홍) - 萬紫千紅(만자천홍) [70328040-80327040]
千載一遇(천재일우) - 千歲一時(천세일시) [70328040-70528072]
千載一遇(천재일우) - 千載一時(천재일시) [70328040-70328072]
天地開闢(천지개벽) - 開天闢地(개천벽지) [70706010-60701070]
千差萬別(천차만별) - 千態萬象(천태만상) [70408060-70428040]
千篇一律(천편일률) - 一律千篇(일률천편) [70408042-80427040]
天下無雙(천하무쌍) - 天下第一(천하제일) [70725032-70726280]
徹頭徹尾(철두철미) - 徹上徹下(철상철하) [32603232-32723272]
轍鮒之急(철부지급) - 車轍鮒魚(거철부어) [10003262-72100050]
轍鮒之急(철부지급) - 枯魚之肆(고어지사) [10003262-30503202]
徹天之冤(철천지원) - 徹地之冤(철지지원) [32703210-32703210]
徹天之冤(철천지원) - 徹天之恨(철천지한) [32703210-32703240]
靑山流水(청산유수) - 口若懸河(구약현하) [80805280-70323250]
靑山流水(청산유수) - 口如懸河(구여현하) [80805280-70423250]
靑山流水(청산유수) - 靑山雨水(청산우수) [80805280-80805280]
靑山流水(청산유수) - 懸河口辯(현하구변) [80805280-32507040]
靑山流水(청산유수) - 懸河雄辯(현하웅변) [80805280-32505040]
靑山流水(청산유수) - 懸河之辯(현하지변) [80805280-32503240]
靑出於藍(청출어람) - 出藍之譽(출람지예) [80703020-70203232]
草家三間(초가삼간) - 三間草家(삼간초가) [70728072-80727072]
草家三間(초가삼간) - 三間草屋(삼간초옥) [70728072-80727050]
草家三間(초가삼간) - 數間斗屋(수간두옥) [70728072-70724250]
草家三間(초가삼간) - 數間草屋(수간초옥) [70728072-70727050]
草木之臣(초목지신) - 草莽之臣(초망지신) [70803252-70023252]
焦眉之急(초미지급) - 燒眉之急(소미지급) [20303262-32303262]

吹毛覓疵(취모멱자) - 吹毛求疵(취모구자) [32421210-32424210]
七落八落(칠락팔락) - 七零八落(칠령팔락) [80508050-80308050]
七步之才(칠보지재) - 七步成詩(칠보성시) [80423262-80426242]
七顚八倒(칠전팔도) - 十顚九倒(십전구도) [80108032-80108032]
卓上空論(탁상공론) - 机上空論(궤상공론) [50727242-10727242]
卓上空論(탁상공론) - 紙上兵談(지상병담) [50727242-70725250]
貪欲無藝(탐욕무예) - 貪賂無藝(탐뢰무예) [30325042-30105042]
太古之民(태고지민) - 太古順民(태고순민) [60603280-60605280]
殆哉岌岌(태재급급) - 殆哉殆哉(태재태재) [32300000-32303230]
太平歲月(태평세월) - 太平煙月(태평연월) [60725280-60724280]
通俗歌謠(통속가요) - 大衆歌謠(대중가요) [60427042-80427042]
波瀾萬丈(파란만장) - 波瀾重疊(파란중첩) [42108032-42107010]
破顔大笑(파안대소) - 破顔一笑(파안일소) [42328042-42328042]
破竹之勢(파죽지세) - 勢如破竹(세여파죽) [42423242-42424242]
破竹之勢(파죽지세) - 燎原之火(요원지화) [42423242-10503280]
弊袍破笠(폐포파립) - 敝衣破冠(폐의파관) [32104210-00604232]
弊袍破笠(폐포파립) - 敝衣破笠(폐의파립) [32104210-00604210]
蒲柳之質(포류지질) - 蒲柳之姿(포류지자) [10403252-10403240]
抱腹絶倒(포복절도) - 捧腹絶倒(봉복절도) [30324232-10324232]
風樹之歎(풍수지탄) - 風木之悲(풍목지비) [62603240-62803242]
風樹之歎(풍수지탄) - 風樹之感(풍수지감) [62603240-62603260]
風樹之歎(풍수지탄) - 風樹之悲(풍수지비) [62603240-62603242]
匹夫之勇(필부지용) - 小人之勇(소인지용) [30703262-80803262]
必有曲折(필유곡절) - 必有事端(필유사단) [52705040-52707242]
何以得此(하이득차) - 何以爲之(하이위지) [32524232-32524232]
河海之恩(하해지은) - 河海之澤(하해지택) [50723242-50723232]
邯鄲之步(한단지보) - 邯鄲學步(한단학보) [12023242-12028042]
閑談客說(한담객설) - 閑談屑話(한담설화) [40505252-40501072]
汗牛充棟(한우충동) - 五車之書(오거지서) [32505220-80723262]
緘口無言(함구무언) - 緘口不言(함구불언) [10705060-10707260]
緘口勿說(함구물설) - 箝口勿說(겸구물설) [10703252-02703252]
咸興差使(함흥차사) - 一無消息(일무소식) [30424060-80506242]
咸興差使(함흥차사) - 終無消息(종무소식) [30424060-50506242]
行動擧止(행동거지) - 動容周旋(동용주선) [60725050-72424032]
獻芹之誠(헌근지성) - 獻芹之意(헌근지의) [32023242-32023262]
絜矩之道(혈구지도) - 推己及人(추기급인) [00103272-40523280]
血肉之親(혈육지친) - 骨肉之親(골육지친) [42423260-40423260]
孑孑單身(혈혈단신) - 孤獨單身(고독단신) [02024262-40524262]

螢雪之功(형설지공) - 孫康映雪(손강영설) [30623262-60424062]
螢雪之功(형설지공) - 車胤聚螢(차윤취형) [30623262-72121230]
糊口之策(호구지책) - 糊口之計(호구지계) [10703232-10703262]
糊口之策(호구지책) - 糊口之方(호구지방) [10703232-10703272]
狐死兎悲(호사토비) - 兎死狐悲(토사호비) [10603242-32601042]
狐死兎悲(호사토비) - 狐死兎泣(호사토읍) [10603242-10603230]
好衣好食(호의호식) - 錦衣玉食(금의옥식) [42604272-32604272]
好衣好食(호의호식) - 暖衣飽食(난의포식) [42604272-42603072]
好衣好食(호의호식) - 飽食暖衣(포식난의) [42604272-30724260]
魂飛魄散(혼비백산) - 魂不附身(혼불부신) [32421040-32723262]
魂飛魄散(혼비백산) - 魂不附體(혼불부체) [32421040-32723262]
昏定晨省(혼정신성) - 扇枕溫席(선침온석) [30603062-10306060]
昏定晨省(혼정신성) - 朝夕定省(조석정성) [30603062-60706062]
和氏之璧(화씨지벽) - 隋侯之珠(수후지주) [62403210-12303232]
花朝月夕(화조월석) - 朝花月夕(조화월석) [70608070-60708070]
黃口幼兒(황구유아) - 黃口小兒(황구소아) [60703252-60708052]
黃金萬能(황금만능) - 金權萬能(금권만능) [60808052-80428052]
橫說竪說(횡설수설) - 橫竪說去(횡수설거) [32521052-32105250]
橫說竪說(횡설수설) - 橫竪說話(횡수설화) [32521052-32105272]
壎篪相和(훈지상화) - 棣鄂之情(체악지정) [12005262-00023252]
諱疾忌醫(휘질기의) - 護疾忌醫(호질기의) [10323060-42323060]

3. 相對語(反對語, 反意語, 反義語, 對義語)

相對語는 '父母', '天地'처럼 두 글자가 각각 相對되는 뜻을 지닌 채로 竝列로 結合한 漢字語가 있고, '東高西低', '遠交近攻'처럼 相對語(여기서는 東高와 西低, 遠交와 近攻)들이 四字成語의 形態로 結合語를 만드는 것이 있다. 그 외 '苦痛'과 '快樂', '專門家'와 '門外漢', "門前成市'와 '門前雀羅'처럼 結合語는 만들지 않지만 概念 對比 相對 關係를 形成하는 漢字語들이 있다. 여기서는 便宜上 相對 關係의 結合語를 만드는 것은 相對結合語, 나머지는 相對語로 부르기로 한다. 다음은 相對結合語 및 相對語의 실례를 보인 것이다.

3_1. 相對(反對, 反意, 反義, 對義)結合語

어떤 글자는 相對結合語가 많을 수 있으나 열거상 重複이 발생할 수 있어 같은 글자끼리 모으지는 않았으며 편의상 漢字語의 讀音 순대로 나열하였다.

加減(가감) [5042]
可否(가부) [5040]
加除(가제) [5042]
嫁娶(가취) [1010]
干戈(간과) [4020]
干滿(간만) [4042]
簡細(간세) [4042]
艱易(간이) [1040]
甘苦(감고) [4060]
江山(강산) [7280]
強弱(강약) [6062]
剛柔(강유) [3232]
開閉(개폐) [6040]
開闔(개합) [6002]
去來(거래) [5070]
去留(거류) [5042]
巨細(거세) [4042]
乾坤(건곤) [3230]
乾濕(건습) [3232]
劍楯(검순) [3202]
畎畝(견묘) [0010]
硬軟(경연) [3232]
涇渭(경위) [0212]
經緯(경위) [4230]
慶弔(경조) [4230]
輕重(경중) [5070]
京鄕(경향) [6042]
煢鰥(경환) [0010]
啓閉(계폐) [3240]
姑舅(고구) [3210]
古今(고금) [6062]
苦樂(고락) [6062]
高落(고락) [6250]
姑婦(고부) [3242]
考妣(고비) [5010]
高卑(고비) [6232]
楛菀(고울) [0000]

高低(고저) [6242]
苦甛(고첨) [6002]
沽販(고판) [0230]
高下(고하) [6272]
曲直(곡직) [5072]
昆弟(곤제) [1080]
功過(공과) [6252]
空陸(공륙) [7252]
攻防(공방) [4042]
公私(공사) [6240]
供需(공수) [3232]
攻守(공수) [4042]
功罪(공죄) [6250]
戈盾(과순) [2020]
寬猛(관맹) [3232]
官民(관민) [4280]
廣狹(광협) [5210]
敎習(교습) [8060]
巧拙(교졸) [3230]
敎學(교학) [8080]
裘葛(구갈) [0020]
舅姑(구고) [1032]
舅甥(구생) [1010]
臼杵(구저) [1002]
君民(군민) [4080]
君臣(군신) [4052]
詘伸(굴신) [0030]
屈伸(굴신) [4030]
弓矢(궁시) [3230]
勸誡(권계) [4002]
倦勤(권근) [1040]
貴賤(귀천) [5032]
戟盾(극순) [1020]
勤慢(근만) [4030]
勤惰(근타) [4010]
勤怠(근태) [4030]
今古(금고) [6260]

今昔(금석) [6230]
擒縱(금종) [1032]
及落(급락) [3250]
急緩(급완) [6232]
起結(기결) [4252]
肌骨(기골) [1040]
起跪(기궤) [4200]
起伏(기복) [4240]
饑穰(기양) [0202]
饑飽(기포) [0230]
飢飽(기포) [3030]
起陷(기함) [4232]
拮抗(길항) [1040]
吉凶(길흉) [5052]
諾否(낙부) [3240]
難易(난이) [4240]
男女(남녀) [7280]
南北(남북) [8080]
來去(내거) [7050]
來往(내왕) [7042]
內外(내외) [7280]
冷煖(냉난) [5010]
冷暖(냉난) [5042]
冷熱(냉열) [5050]
冷溫(냉온) [5060]
奴婢(노비) [3232]
勞使(노사) [5260]
老少(노소) [7070]
老幼(노유) [7032]
濃淡(농담) [2032]
濃薄(농박) [2032]
多寡(다과) [6032]
多少(다소) [6070]
單複(단복) [4240]
旦夕(단석) [3270]
斷續(단속) [4242]
短長(단장) [6280]

當落(당락) [5250]
當否(당부) [5240]
大小(대소) [8080]
貸借(대차) [3232]
都農(도농) [5072]
東西(동서) [8080]
僮御(동어) [0032]
侗愚(동우) [0032]
同異(동이) [7040]
動靜(동정) [7240]
動止(동지) [7250]
冬夏(동하) [7070]
頭尾(두미) [6032]
鈍敏(둔민) [3030]
得喪(득상) [4232]
得失(득실) [4260]
登降(등강) [7040]
騰落(등락) [3050]
登落(등락) [7050]
滿干(만간) [4240]
蠻狄(만적) [2010]
賣買(매매) [5050]
俛仰(면앙) [1232]
明滅(명멸) [6232]
明暗(명암) [6242]
眊悼(모도) [0020]
矛盾(모순) [2020]
旄倪(모예) [0002]
母子(모자) [8072]
巫覡(무격) [1010]
問答(문답) [7072]
文武(문무) [7042]
物心(물심) [7270]
美惡(미악) [6052]
美醜(미추) [6030]
民官(민관) [8042]
班常(반상) [6242]

發着(발착) [6252]
方圓(방원) [7242]
背向(배향) [4260]
白黑(백흑) [8050]
煩簡(번간) [3040]
腹背(복배) [3242]
本末(본말) [6050]
鳳凰(봉황) [3210]
父母(부모) [8080]
夫婦(부부) [7042]
俯仰(부앙) [1032]
裒益(부익) [0042]
父子(부자) [8072]
夫妻(부처) [7032]
浮沈(부침) [3232]
北南(북남) [8080]
糞尿(분뇨) [1020]
分合(분합) [6260]
臂脚(비각) [1032]
卑高(비고) [3262]
悲樂(비락) [4262]
誹譽(비예) [1032]
匕箸(비저) [1010]
肥瘠(비척) [3210]
翡翠(비취) [1010]
悲歡(비환) [4240]
悲喜(비희) [4240]
牝牡(빈모) [0210]
貧富(빈부) [4242]
賓主(빈주) [3070]
氷炭(빙탄) [5050]
士民(사민) [5280]
死生(사생) [6080]
邪正(사정) [3272]
師弟(사제) [4280]
死活(사활) [6072]
朔望(삭망) [3052]
朔晦(삭회) [3010]

山海(산해) [8072]
殺活(살활) [4272]
詳略(상략) [3240]
常班(상반) [4262]
賞罰(상벌) [5042]
上下(상하) [7272]
生滅(생멸) [8032]
生沒(생몰) [8032]
生死(생사) [8060]
生殺(생살) [8042]
序跋(서발) [5010]
庶嫡(서적) [3010]
暑寒(서한) [3050]
善惡(선악) [5052]
先後(선후) [8072]
盛衰(성쇠) [4232]
醒醉(성취) [1032]
成敗(성패) [6250]
細大(세대) [4280]
疎密(소밀) [1042]
疏阻(소조) [3210]
續斷(속단) [4242]
損得(손득) [4042]
損益(손익) [4042]
送受(송수) [4242]
送迎(송영) [4240]
需給(수급) [3250]
受給(수급) [4250]
收給(수급) [4250]
水陸(수륙) [8052]
首尾(수미) [5232]
受拂(수불) [4232]
瘦肥(수비) [1032]
授受(수수) [4242]
壽夭(수요) [3210]
手足(수족) [7272]
收支(수지) [4242]
水火(수화) [8080]

叔姪(숙질) [4030]
順逆(순역) [5242]
陞降(승강) [0240]
乘降(승강) [3240]
昇降(승강) [3240]
勝負(승부) [6040]
乘除(승제) [3242]
勝敗(승패) [6050]
始末(시말) [6250]
是非(시비) [4242]
匙箸(시저) [1010]
始終(시종) [6250]
新古(신고) [6260]
新舊(신구) [6252]
神祇(신기) [6202]
臣民(신민) [5280]
身心(신심) [6270]
信疑(신의) [6240]
伸縮(신축) [3040]
哂歎(신탄) [0040]
失得(실득) [6042]
實否(실부) [5240]
心身(심신) [7062]
深淺(심천) [4232]
心體(심체) [7062]
雅俗(아속) [3242]
安否(안부) [7240]
安危(안위) [7240]
仰俯(앙부) [3210]
哀樂(애락) [3262]
愛惡(애오) [6052]
愛憎(애증) [6032]
哀歡(애환) [3240]
爺孃(야양) [1020]
良否(양부) [5240]
良莠(양유) [5200]
陽陰(양음) [6042]
抑揚(억양) [3232]

言文(언문) [6070]
偃仰(언앙) [0232]
言行(언행) [6060]
與受(여수) [4042]
與野(여야) [4060]
然否(연부) [7040]
淵嶽(연악) [1202]
姸蚩(연치) [1202]
炎涼(염량) [3232]
斂散(염산) [1040]
榮枯(영고) [4230]
贏闕(영궐) [0020]
迎送(영송) [4042]
贏輸(영수) [0032]
榮辱(영욕) [4232]
迎餞(영전) [4010]
贏縮(영축) [0040]
贏縮(영축) [0040]
榮瘁(영췌) [4200]
盈昃(영측) [1200]
盈虛(영허) [1242]
盈虧(영휴) [1202]
豫決(예결) [4052]
銳鈍(예둔) [3030]
汚隆(오륭) [0032]
寤寐(오매) [1010]
玉石(옥석) [4260]
溫冷(온랭) [6050]
溫涼(온량) [6032]
翁嫗(옹구) [3000]
翁壻(옹서) [3010]
饔飱(옹손) [0200]
饔飧(옹손) [0200]
饔湌(옹손) [0202]
翁媼(옹온) [3000]
窪隆(와륭) [0232]
緩急(완급) [3262]
往來(왕래) [4270]

往返(왕반) [4230]
往復(왕복) [4242]
往還(왕환) [4232]
夭壽(요수) [1032]
凹凸(요철) [1010]
用捨(용사) [6230]
優劣(우열) [4030]
右左(우좌) [7272]
雨晴(우청) [5230]
雄雌(웅자) [5020]
遠近(원근) [6060]
圓方(원방) [0072]
原隰(원습) [5000]
鴛鴦(원앙) [1010]
怨恩(원은) [4042]
遠邇(원이) [6002]
月日(월일) [8080]
有無(유무) [7050]
陸海(육해) [5272]
隱見(은견) [4052]
恩讎(은수) [4210]
恩怨(은원) [4240]
隱顯(은현) [4040]
隱現(은현) [4062]
陰陽(음양) [4260]
陰晴(음청) [4230]
異同(이동) [4070]
理亂(이란) [6240]
吏民(이민) [3280]
離合(이합) [4060]
利害(이해) [6252]
因果(인과) [5062]
禋瘞(인예) [0000]
日月(일월) [8080]
任免(임면) [5232]
入落(입락) [7050]
入出(입출) [7070]
子女(자녀) [7280]
姉妹(자매) [4040]
子母(자모) [7280]
雌雄(자웅) [2050]
自他(자타) [7250]
昨今(작금) [6262]
長短(장단) [8062]
將兵(장병) [4252]
臧否(장부) [0240]
將士(장사) [4252]
長幼(장유) [8032]
將卒(장졸) [4252]
低昂(저앙) [4210]
嫡庶(적서) [1030]
田畓(전답) [4230]
畋漁(전어) [0050]
荃宰(전재) [0030]
前後(전후) [7272]
絶嗣(절사) [4210]
墊蓋(점개) [0032]
正反(정반) [7262]
正副(정부) [7242]
正邪(정사) [7232]
淨穢(정예) [3210]
正誤(정오) [7242]
正僞(정위) [7232]
精粗(정조) [4210]
精麤(정추) [4200]
弟兄(제형) [8080]
皁堅(조견) [0040]
早晩(조만) [4232]
朝暮(조모) [6030]
皁白(조백) [0080]
潮汐(조석) [4002]
朝夕(조석) [6070]
祖孫(조손) [7060]
燥濕(조습) [3032]
朝野(조야) [6060]
存亡(존망) [4050]
存滅(존멸) [4032]
存沒(존몰) [4032]
存無(존무) [4050]
尊卑(존비) [4232]
尊侍(존시) [4232]
存廢(존폐) [4032]
縱擒(종금) [3210]
終始(종시) [5062]
縱橫(종횡) [3232]
坐立(좌립) [3272]
坐臥(좌와) [3230]
左右(좌우) [7272]
罪罰(죄벌) [5042]
罪刑(죄형) [5040]
主客(주객) [7052]
主僕(주복) [7010]
晝宵(주소) [6010]
晝夜(주야) [6060]
裯衽(주임) [0000]
主從(주종) [7040]
重輕(중경) [7050]
衆寡(중과) [4232]
中外(중외) [8080]
增減(증감) [4242]
贈答(증답) [3072]
增削(증삭) [4232]
增刪(증산) [4210]
增損(증손) [4240]
憎愛(증애) [3260]
遲速(지속) [3060]
智愚(지우) [4032]
知行(지행) [5260]
輊軒(지헌) [0030]
眞假(진가) [4242]
眞僞(진위) [4232]
進退(진퇴) [4242]
桎梏(질곡) [1010]
集配(집배) [6242]
集散(집산) [6240]
借貸(차대) [3232]
着發(착발) [5262]
贊反(찬반) [3262]
[illegible]礙(창애) [0020]
陟降(척강) [1240]
阡陌(천맥) [0202]
淺深(천심) [3242]
天壤(천양) [7032]
天地(천지) [7070]
凸凹(철요) [1010]
添減(첨감) [3042]
添削(첨삭) [3032]
添竄(첨찬) [3002]
晴曇(청담) [3010]
晴雨(청우) [3052]
晴陰(청음) [3042]
淸濁(청탁) [6230]
推挽(추만) [4010]
推輓(추만) [4010]
麤妙(추묘) [0040]
醜美(추미) [3060]
麤密(추밀) [0042]
柷敔(축어) [0000]
春秋(춘추) [7070]
椿萱(춘훤) [1202]
出缺(출결) [7042]
出納(출납) [7040]
出沒(출몰) [7032]
出入(출입) [7070]
忠奸(충간) [4210]
忠逆(충역) [4242]
娶嫁(취가) [1010]
取貸(취대) [4232]
取捨(취사) [4230]
聚散(취산) [1240]
醉醒(취성) [3210]
絺綌(치격) [0000]

絺裘(치구) [0000]
治亂(치란) [4240]
緇素(치소) [0242]
疐便(치편) [0070]
親疎(친소) [6010]
沈浮(침부) [3232]
快鈍(쾌둔) [4230]
炭氷(탄빙) [5050]
呑吐(탄토) [1032]
吐納(토납) [3240]
吐呑(토탄) [3210]
投打(투타) [4050]
敗興(패흥) [5042]
廢立(폐립) [3272]
廢置(폐치) [3242]
褒貶(포폄) [1010]
襃貶(포폄) [0010]
襃諱(포휘) [0010]
表裏(표리) [6232]
豊歉(풍겸) [4200]
豐歉(풍겸) [0000]

豊薄(풍박) [4232]
豊凶(풍흉) [4252]
皮骨(피골) [3240]
彼我(피아) [3232]
彼此(피차) [3232]
夏冬(하동) [7070]
瑕瑜(하유) [1002]
遐邇(하이) [1002]
呀闔(하합) [0002]
寒煖(한란) [5010]
寒暖(한란) [5042]
閑忙(한망) [4030]
寒暑(한서) [5030]
寒熱(한열) [5050]
寒溫(한온) [5060]
寒燠(한욱) [5000]
寒暄(한훤) [5002]
鹹淡(함담) [1032]
闔闢(합벽) [0210]
海空(해공) [7272]
海陸(해륙) [7252]

向背(향배) [6042]
虛實(허실) [4252]
顯微(현미) [4032]
顯密(현밀) [4042]
玄素(현소) [3242]
賢愚(현우) [4232]
形影(형영) [6232]
兄弟(형제) [8080]
刑罪(형죄) [4050]
弧矢(호시) [1030]
好惡(호오) [4252]
噂吸(호흡) [0042]
呼吸(호흡) [4242]
昏明(혼명) [3062]
禍福(화복) [3252]
和戰(화전) [6262]
活殺(활살) [7242]
晦朔(회삭) [1030]
會散(회산) [6240]
洄沿(회연) [0032]
膾炙(회자) [1010]

橫竪(횡수) [3210]
厚薄(후박) [4032]
後先(후선) [7280]
纁玄(훈현) [0032]
毁譽(훼예) [3032]
休咎(휴구) [7002]
虧蝕(휴식) [0210]
虧盈(휴영) [0212]
凶吉(흉길) [5250]
胸背(흉배) [3242]
凶豊(흉풍) [5242]
黑白(흑백) [5080]
昕夕(흔석) [0270]
忻戚(흔척) [0032]
興亡(흥망) [4250]
興敗(흥패) [4250]
喜怒(희로) [4042]
喜悲(희비) [4042]
曦月(희월) [0280]

3_2. 相對語(反對語, 反意語, 反義語, 對義語)_2字

可決(가결) ↔ 否決(부결) [5052↔4052]
架空(가공) ↔ 實在(실재) [3272↔5260]
可能(가능) ↔ 不能(불능) [5052↔7252]
家父(가부) ↔ 家母(가모) [7280↔7280]
加數(가수) ↔ 減數(감수) [5070↔4270]
可燃(가연) ↔ 不燃(불연) [5040↔7240]
加入(가입) ↔ 脫退(탈퇴) [5070↔4042]
苛政(가정) ↔ 寬政(관정) [1042↔3242]
可便(가편) ↔ 否便(부편) [5070↔4070]
加劃(가획) ↔ 減劃(감획) [5032↔4232]
閣內(각내) ↔ 閣外(각외) [3272↔3280]
姦婦(간부) ↔ 姦夫(간부) [3042↔3070]

幹線(간선) ↔ 支線(지선) [3262↔4262]
干涉(간섭) ↔ 放任(방임) [4030↔6252]
間接(간접) ↔ 直接(직접) [7242↔7242]
干潮(간조) ↔ 滿潮(만조) [4040↔4240]
減軍(감군) ↔ 增軍(증군) [4280↔4280]
減給(감급) ↔ 加給(가급) [4250↔5050]
減量(감량) ↔ 增量(증량) [4250↔4250]
減配(감배) ↔ 增配(증배) [4242↔4242]
減俸(감봉) ↔ 增俸(증봉) [4220↔4220]
減稅(감세) ↔ 增稅(증세) [4242↔4242]
減速(감속) ↔ 加速(가속) [4260↔5060]
減收(감수) ↔ 增收(증수) [4242↔4242]

減壓(감압) ↔ 加壓(가압) [4242↔5042]
減額(감액) ↔ 增額(증액) [4240↔4240]
減退(감퇴) ↔ 增進(증진) [4242↔4242]
剛健(강건) ↔ 優柔(우유) [3250↔4032]
剛健(강건) ↔ 柔弱(유약) [3250↔3262]
剛硬(강경) ↔ 軟弱(연약) [3232↔3262]
剛硬(강경) ↔ 柔和(유화) [3232↔3262]
強固(강고) ↔ 薄弱(박약) [6050↔3262]
強骨(강골) ↔ 弱骨(약골) [6040↔6240]
強國(강국) ↔ 弱國(약국) [6080↔6280]
強群(강군) ↔ 弱群(약군) [6040↔6240]
強大(강대) ↔ 弱小(약소) [6080↔6280]
降等(강등) ↔ 昇進(승진) [4062↔3242]
降冪(강멱) ↔ 昇冪(승멱) [4002↔3202]
強勢(강세) ↔ 弱勢(약세) [6042↔6242]
降壓(강압) ↔ 昇壓(승압) [4042↔3242]
強靭(강인) ↔ 懦弱(나약) [6010↔1062]
強者(강자) ↔ 弱者(약자) [6060↔6260]
強敵(강적) ↔ 弱敵(약적) [6042↔6242]
強點(강점) ↔ 弱點(약점) [6040↔6240]
強卒(강졸) ↔ 弱卒(약졸) [6052↔6252]
降職(강직) ↔ 昇職(승직) [4042↔3242]
強化(강화) ↔ 弱化(약화) [6052↔6252]
開館(개관) ↔ 閉館(폐관) [6032↔4032]
開館(개관) ↔ 廢館(폐관) [6032↔3232]
開校(개교) ↔ 廢校(폐교) [6080↔3280]
開口(개구) ↔ 閉口(폐구) [6070↔4070]
開口(개구) ↔ 緘口(함구) [6070↔1070]
開國(개국) ↔ 鎖國(쇄국) [6080↔3280]
開幕(개막) ↔ 閉幕(폐막) [6032↔4032]
開門(개문) ↔ 閉門(폐문) [6080↔4080]
開房(개방) ↔ 閉房(폐방) [6042↔4042]
開放(개방) ↔ 閉鎖(폐쇄) [6062↔4032]
開封(개봉) ↔ 緘封(함봉) [6032↔1032]
改善(개선) ↔ 改惡(개악) [5050↔5052]
開市(개시) ↔ 閉市(폐시) [6072↔4072]
開式(개식) ↔ 閉式(폐식) [6060↔4060]
開業(개업) ↔ 廢業(폐업) [6062↔3262]
開業(개업) ↔ 閉業(폐업) [6062↔4062]
開院(개원) ↔ 閉院(폐원) [6050↔4050]
開園(개원) ↔ 閉園(폐원) [6060↔4060]
開場(개장) ↔ 閉場(폐장) [6072↔4072]
開店(개점) ↔ 閉店(폐점) [6052↔4052]
開廷(개정) ↔ 閉廷(폐정) [6032↔4032]
開環(개환) ↔ 閉環(폐환) [6040↔4040]
開會(개회) ↔ 閉會(폐회) [6062↔4062]
客僧(객승) ↔ 主僧(주승) [5232↔7032]
坑內(갱내) ↔ 坑外(갱외) [2072↔2080]
巨大(거대) ↔ 微小(미소) [4080↔3280]
巨富(거부) ↔ 極貧(극빈) [4042↔4242]
巨視(거시) ↔ 微視(미시) [4042↔3242]
巨額(거액) ↔ 寡額(과액) [4040↔3240]
建設(건설) ↔ 破壞(파괴) [5042↔4232]
乾燥(건조) ↔ 濕潤(습윤) [3230↔3232]
傑作(걸작) ↔ 拙作(졸작) [4062↔3062]
儉素(검소) ↔ 奢侈(사치) [4042↔1010]
儉約(검소) ↔ 濫用(남용) [4052↔3062]
儉約(검약) ↔ 浪費(낭비) [4052↔3250]
儉約(검약) ↔ 奢侈(사치) [4052↔1010]
揭揚(게양) ↔ 下旗(하기) [2032↔7270]
格上(격상) ↔ 格下(격하) [5272↔5272]
激增(격증) ↔ 激減(격감) [4042↔4042]
結果(결과) ↔ 動機(동기) [5262↔7240]
結果(결과) ↔ 原因(원인) [5262↔5050]
結團(결단) ↔ 解團(해단) [5252↔4252]
決裂(결렬) ↔ 合意(합의) [5232↔6062]
結緣(결연) ↔ 離緣(이연) [5240↔4040]
決定(결정) ↔ 留保(유보) [5260↔4242]
結婚(결혼) ↔ 離婚(이혼) [5240↔4040]
謙遜(겸손) ↔ 倨慢(거만) [3210↔1030]
謙遜(겸손) ↔ 驕慢(교만) [3210↔1030]
謙巽(겸손) ↔ 驕慢(교만) [3202↔1030]
謙遜(겸손) ↔ 傲慢(오만) [3210↔3030]
輕減(경감) ↔ 加重(가중) [5042↔5070]
境內(경내) ↔ 境外(경외) [4272↔4280]
經度(경도) ↔ 緯度(위도) [4260↔3060]

經絲(경사) ↔ 緯絲(위사) [4240↔3040]
經常(경상) ↔ 臨時(임시) [4242↔3272]
輕稅(경세) ↔ 重稅(중세) [5042↔7042]
輕罪(경죄) ↔ 重罪(중죄) [5050↔7050]
輕症(경증) ↔ 重症(중증) [5032↔7032]
輕刑(경형) ↔ 重刑(중형) [5040↔7040]
硬化(경화) ↔ 軟化(연화) [3252↔3252]
惸鰥(경환) ↔ 惸寡(경과) [0010↔0032]
輕患(경환) ↔ 重患(중환) [5050↔7050]
階上(계상) ↔ 階下(계하) [4072↔4072]
季主(계주) ↔ 大主(대주) [4070↔8070]
苦境(고경) ↔ 樂境(낙경) [6042↔6242]
高空(고공) ↔ 低空(저공) [6272↔4272]
高級(고급) ↔ 低級(저급) [6260↔4260]
古例(고례) ↔ 新例(신례) [6060↔6260]
苦味(고미) ↔ 甘味(감미) [6042↔4042]
高尙(고상) ↔ 卑俗(비속) [6232↔3242]
高尙(고상) ↔ 低俗(저속) [6232↔4242]
高聲(고성) ↔ 低聲(저성) [6242↔4242]
高速(고속) ↔ 低速(저속) [6260↔4260]
高雅(고아) ↔ 卑俗(비속) [6232↔3242]
高雅(고아) ↔ 低俗(저속) [6232↔4242]
苦言(고언) ↔ 甘言(감언) [6060↔4060]
高溫(고온) ↔ 低溫(저온) [6260↔4260]
高率(고율) ↔ 低率(저율) [6232↔4232]
孤陰(고음) ↔ 孤陽(고양) [4042↔4060]
股陰(고음) ↔ 股陽(고양) [1042↔1060]
高音(고음) ↔ 低音(저음) [6262↔4262]
古人(고인) ↔ 今人(금인) [6080↔6280]
苦戰(고전) ↔ 樂戰(낙전) [6062↔6262]
高調(고조) ↔ 低調(저조) [6252↔4252]
孤族(고족) ↔ 蕃族(번족) [4060↔1060]
孤族(고족) ↔ 繁族(번족) [4060↔3260]
古註(고주) ↔ 新註(신주) [6010↔6210]
高地(고지) ↔ 低地(저지) [6270↔4270]
古參(고참) ↔ 新參(신참) [6052↔6252]
苦痛(고통) ↔ 快樂(쾌락) [6040↔4262]
曲學(곡학) ↔ 正學(정학) [5080↔7280]
困難(곤란) ↔ 容易(용이) [4042↔4240]
公開(공개) ↔ 隱蔽(은폐) [6260↔4030]
公金(공금) ↔ 私金(사금) [6280↔4080]
公談(공담) ↔ 私談(사담) [6250↔4050]
公畓(공답) ↔ 私畓(사답) [6230↔4030]
公領(공령) ↔ 私領(사령) [6250↔4050]
公論(공론) ↔ 私論(사론) [6242↔4042]
公利(공리) ↔ 私利(사리) [6262↔4062]
空腹(공복) ↔ 滿腹(만복) [7232↔4232]
公憤(공분) ↔ 私憤(사분) [6240↔4040]
公傷(공상) ↔ 私傷(사상) [6240↔4040]
公席(공석) ↔ 私席(사석) [6260↔4060]
共有(공유) ↔ 專有(전유) [6270↔4070]
公益(공익) ↔ 私益(사익) [6242↔4042]
公敵(공적) ↔ 私敵(사적) [6242↔4042]
公座(공좌) ↔ 私座(사좌) [6240↔4040]
空包(공포) ↔ 實包(실포) [7242↔5242]
公翰(공한) ↔ 私翰(사한) [6220↔4020]
過多(과다) ↔ 過少(과소) [5260↔5270]
過多(과다) ↔ 僅少(근소) [5260↔3070]
寡聞(과문) ↔ 多聞(다문) [3262↔6062]
過小(과소) ↔ 過大(과대) [5280↔5280]
過疏(과소) ↔ 過密(과밀) [5232↔5242]
過失(과실) ↔ 故意(고의) [5260↔4262]
寡言(과언) ↔ 多言(다언) [3260↔6060]
寡慾(과욕) ↔ 多慾(다욕) [3232↔6032]
寡慾(과욕) ↔ 多欲(다욕) [3232↔6032]
寡照(과조) ↔ 多照(다조) [3232↔6032]
郭外(곽외) ↔ 郭內(곽내) [3080↔3072]
管內(관내) ↔ 管外(관외) [4072↔4080]
館內(관내) ↔ 館外(관외) [3272↔3280]
灌木(관목) ↔ 喬木(교목) [1080↔1080]
官尊(관존) ↔ 民卑(민비) [4242↔8032]
貫徹(관철) ↔ 挫折(좌절) [3232↔1040]
光明(광명) ↔ 暗黑(암흑) [6262↔4250]
廣義(광의) ↔ 狹義(협의) [5242↔1042]
巧妙(교묘) ↔ 拙劣(졸렬) [3240↔3030]
校外(교외) ↔ 校內(교내) [8080↔8072]

郊餞(교전) ↔ 郊迎(교영) [3010↔3040]
舊官(구관) ↔ 新官(신관) [5242↔6242]
舊館(구관) ↔ 新館(신관) [5232↔6232]
舊規(구규) ↔ 新規(신규) [5250↔6250]
構內(구내) ↔ 構外(구외) [4072↔4080]
舊都(구도) ↔ 新都(신도) [5250↔6250]
舊道(구도) ↔ 新道(신도) [5272↔6272]
舊路(구로) ↔ 新路(신로) [5260↔6260]
舊物(구물) ↔ 新物(신물) [5272↔6272]
舊法(구법) ↔ 新法(신법) [5252↔6252]
舊射(구사) ↔ 新射(신사) [5240↔6240]
舊說(구설) ↔ 新說(신설) [5252↔6252]
拘束(구속) ↔ 放免(방면) [3252↔6232]
拘束(구속) ↔ 釋放(석방) [3252↔3262]
拘束(구속) ↔ 解放(해방) [3252↔4262]
口語(구어) ↔ 文語(문어) [7070↔7070]
舊譯(구역) ↔ 新譯(신역) [5232↔6232]
舊斫(구작) ↔ 新斫(신작) [5202↔6202]
俱存(구존) ↔ 俱沒(구몰) [3040↔3032]
具體(구체) ↔ 抽象(추상) [5262↔3040]
舊稱(구칭) ↔ 現稱(현칭) [5240↔6240]
舊態(구태) ↔ 現態(현태) [5242↔6242]
國內(국내) ↔ 國外(국외) [8072↔8080]
國初(국초) ↔ 國末(국말) [8050↔8050]
君子(군자) ↔ 小人(소인) [4072↔8080]
宮內(궁내) ↔ 宮外(궁외) [4272↔4280]
圈內(권내) ↔ 圈外(권외) [2072↔2080]
權利(권리) ↔ 義務(의무) [4262↔4242]
權買(권매) ↔ 權賣(권매) [4250↔4250]
勸買(권매) ↔ 勸賣(권매) [4050↔4050]
卷首(권수) ↔ 卷尾(권미) [4052↔4032]
權外(권외) ↔ 權內(권내) [4280↔4272]
闕內(궐내) ↔ 闕外(궐외) [2072↔2080]
厥終(궐종) ↔ 厥初(궐초) [3050↔3050]
歸京(귀경) ↔ 離京(이경) [4060↔4060]
貴骨(귀골) ↔ 賤骨(천골) [5040↔3240]
歸納(귀납) ↔ 演繹(연역) [4040↔4210]
歸路(귀로) ↔ 往路(왕로) [4060↔4260]
貴人(귀인) ↔ 賤人(천인) [5080↔3280]
貴地(귀지) ↔ 陋地(누지) [5070↔1070]
歸鄕(귀향) ↔ 離鄕(이향) [4042↔4042]
均等(균등) ↔ 差等(차등) [4062↔4062]
極大(극대) ↔ 極小(극소) [4280↔4280]
極東(극동) ↔ 極西(극서) [4280↔4280]
極北(극북) ↔ 極南(극남) [4280↔4280]
極少(극소) ↔ 極多(극다) [4270↔4260]
極惡(극악) ↔ 極善(극선) [4252↔4250]
極左(극좌) ↔ 極右(극우) [4272↔4272]
極下(극하) ↔ 極上(극상) [4272↔4272]
勤農(근농) ↔ 懶農(나농) [4072↔1072]
勤勉(근면) ↔ 懶怠(나태) [4040↔1030]
勤勉(근면) ↔ 怠惰(태타) [4040↔3010]
禁男(금남) ↔ 禁女(금녀) [4272↔4280]
錦衣(금의) ↔ 布衣(포의) [3260↔4260]
禁止(금지) ↔ 解禁(해금) [4250↔4242]
禁止(금지) ↔ 許可(허가) [4250↔5050]
急激(급격) ↔ 緩慢(완만) [6240↔3230]
急流(급류) ↔ 緩流(완류) [6252↔3252]
急性(급성) ↔ 慢性(만성) [6252↔3052]
及第(급제) ↔ 落第(낙제) [3262↔5062]
急增(급증) ↔ 急減(급감) [6242↔6242]
急進(급진) ↔ 漸進(점진) [6242↔3242]
急行(급행) ↔ 緩行(완행) [6260↔3260]
肯定(긍정) ↔ 否定(부정) [3060↔4060]
既刊(기간) ↔ 未刊(미간) [3032↔4232]
起稿(기고) ↔ 脫稿(탈고) [4232↔4032]
起工(기공) ↔ 竣工(준공) [4272↔1072]
既得(기득) ↔ 未得(미득) [3042↔4242]
起立(기립) ↔ 着席(착석) [4272↔5260]
期末(기말) ↔ 期初(기초) [5050↔5050]
既發(기발) ↔ 未發(미발) [3062↔4262]
既設(기설) ↔ 未設(미설) [3042↔4242]
既成(기성) ↔ 未成(미성) [3062↔4262]
奇數(기수) ↔ 偶數(우수) [4070↔3270]
飢餓(기아) ↔ 飽食(포식) [3030↔3072]
記憶(기억) ↔ 忘却(망각) [7232↔3030]

奇日(기일) ↔ 偶日(우일) [4080↔3280]
旣娶(기취) ↔ 未娶(미취) [3010↔4210]
起筆(기필) ↔ 閣筆(각필) [4252↔3252]
旣婚(기혼) ↔ 未婚(미혼) [3040↔4240]
緊張(긴장) ↔ 解弛(해이) [3240↔4210]
緊縮(긴축) ↔ 緩和(완화) [3240↔3262]
吉卦(길괘) ↔ 凶卦(흉괘) [5010↔5210]
吉報(길보) ↔ 凶報(흉보) [5042↔5242]
吉事(길사) ↔ 凶事(흉사) [5072↔5272]
吉相(길상) ↔ 兇相(흉상) [5052↔1052]
吉相(길상) ↔ 凶相(흉상) [5052↔5252]
吉星(길성) ↔ 凶星(흉성) [5042↔5242]
吉運(길운) ↔ 厄運(액운) [5062↔3062]
吉占(길점) ↔ 凶占(흉점) [5040↔5240]
吉鳥(길조) ↔ 凶鳥(흉조) [5042↔5242]
吉兆(길조) ↔ 凶兆(흉조) [5032↔5232]
樂觀(낙관) ↔ 悲觀(비관) [6252↔4252]
樂勝(낙승) ↔ 辛勝(신승) [6260↔3060]
樂園(낙원) ↔ 地獄(지옥) [6260↔7032]
樂天(낙천) ↔ 厭世(염세) [6270↔2072]
暖流(난류) ↔ 寒流(한류) [4252↔5052]
暖房(난방) ↔ 冷房(냉방) [4242↔5042]
難解(난해) ↔ 容易(용이) [4242↔4240]
亂後(난후) ↔ 亂前(난전) [4072↔4072]
男系(남계) ↔ 女系(여계) [7240↔8040]
南極(남극) ↔ 北極(북극) [8042↔8042]
南端(남단) ↔ 北端(북단) [8042↔8042]
濫罰(남벌) ↔ 濫賞(남상) [3042↔3050]
男服(남복) ↔ 女服(여복) [7260↔8060]
男相(남상) ↔ 女相(여상) [7252↔8052]
男性(남성) ↔ 女性(여성) [7252↔8052]
男孫(남손) ↔ 女孫(여손) [7260↔8060]
男囚(남수) ↔ 女囚(여수) [7230↔8030]
男子(남자) ↔ 女子(여자) [7272↔8072]
男裝(남장) ↔ 女裝(여장) [7240↔8040]
男情(남정) ↔ 女情(여정) [7252↔8052]
南下(남하) ↔ 北上(북상) [8072↔8072]
男婚(남혼) ↔ 女婚(여혼) [7240↔8040]
朗讀(낭독) ↔ 默讀(묵독) [5262↔3262]
內艱(내간) ↔ 外艱(외간) [7210↔8010]
內客(내객) ↔ 外客(외객) [7252↔8052]
內供(내공) ↔ 外供(외공) [7232↔8032]
內廓(내곽) ↔ 外郭(외곽) [7210↔8030]
內廓(내곽) ↔ 外廓(외곽) [7210↔8010]
內道(내도) ↔ 外道(외도) [7272↔8072]
內面(내면) ↔ 外面(외면) [7270↔8070]
內侮(내모) ↔ 外侮(외모) [7230↔8030]
乃父(내부) ↔ 乃母(내모) [3080↔3080]
內部(내부) ↔ 外部(외부) [7262↔8062]
內城(내성) ↔ 外城(외성) [7242↔8042]
內需(내수) ↔ 外需(외수) [7232↔8032]
內容(내용) ↔ 外觀(외관) [7242↔8052]
內容(내용) ↔ 形式(형식) [7242↔6260]
內憂(내우) ↔ 外患(외환) [7232↔8050]
內衣(내의) ↔ 外衣(외의) [7260↔8060]
內因(내인) ↔ 外因(외인) [7250↔8050]
內在(내재) ↔ 外在(외재) [7260↔8060]
內助(내조) ↔ 外助(외조) [7242↔8042]
內地(내지) ↔ 外地(외지) [7270↔8070]
內層(내층) ↔ 外層(외층) [7240↔8040]
內包(내포) ↔ 外延(외연) [7242↔8040]
耐寒(내한) ↔ 耐暑(내서) [3250↔3230]
冷却(냉각) ↔ 加熱(가열) [5030↔5050]
冷水(냉수) ↔ 溫水(온수) [5080↔6080]
駑馬(노마) ↔ 駿馬(준마) [1050↔1250]
老婆(노파) ↔ 老翁(노옹) [7010↔7030]
弄談(농담) ↔ 眞談(진담) [3250↔4250]
濃霧(농무) ↔ 薄霧(박무) [2030↔3230]
農繁(농번) ↔ 農閑(농한) [7232↔7240]
濃粧(농장) ↔ 淡粧(담장) [2032↔3232]
濃縮(농축) ↔ 稀釋(희석) [2040↔3232]
濃厚(농후) ↔ 稀薄(희박) [2040↔3232]
樓上(누상) ↔ 樓下(누하) [3272↔3272]
累增(누증) ↔ 累減(누감) [3242↔3242]
累進(누진) ↔ 累退(누퇴) [3242↔3242]
訥辯(눌변) ↔ 能辯(능변) [1040↔5240]

能動(능동) ↔ 被動(피동) [5272↔3272]
多量(다량) ↔ 少量(소량) [6050↔7050]
多數(다수) ↔ 少數(소수) [6070↔7070]
多雨(다우) ↔ 寡雨(과우) [6052↔3252]
多元(다원) ↔ 一元(일원) [6052↔8052]
多作(다작) ↔ 寡作(과작) [6062↔3262]
多層(다층) ↔ 單層(단층) [6040↔4240]
單記(단기) ↔ 連記(연기) [4272↔4272]
壇上(단상) ↔ 壇下(단하) [5072↔5072]
單數(단수) ↔ 複數(복수) [4270↔4070]
單式(단식) ↔ 複式(복식) [4260↔4060]
達筆(달필) ↔ 惡筆(악필) [4252↔5252]
淡色(담색) ↔ 濃色(농색) [3270↔2070]
當番(당번) ↔ 非番(비번) [5260↔4260]
當選(당선) ↔ 落選(낙선) [5250↔5050]
當籤(당첨) ↔ 落籤(낙첨) [5210↔5010]
唐慌(당황) ↔ 沈着(침착) [3210↔3252]
大劍(대검) ↔ 小劍(소검) [8032↔8032]
大過(대과) ↔ 小過(소과) [8052↔8052]
大國(대국) ↔ 小國(소국) [8080↔8080]
大群(대군) ↔ 小群(소군) [8040↔8040]
大郡(대군) ↔ 小郡(소군) [8060↔8060]
大器(대기) ↔ 小器(소기) [8042↔8042]
大道(대도) ↔ 小道(소도) [8072↔8072]
大盜(대도) ↔ 小盜(소도) [8040↔8040]
大量(대량) ↔ 小量(소량) [8050↔8050]
大路(대로) ↔ 小路(소로) [8060↔8060]
大輪(대륜) ↔ 小輪(소륜) [8040↔8040]
大利(대리) ↔ 小利(소리) [8062↔8062]
大門(대문) ↔ 小門(소문) [8080↔8080]
大邦(대방) ↔ 小邦(소방) [8030↔8030]
大別(대별) ↔ 小別(소별) [8060↔8060]
大事(대사) ↔ 小事(소사) [8072↔8072]
大乘(대승) ↔ 小乘(소승) [8032↔8032]
大失(대실) ↔ 小失(소실) [8060↔8060]
對野(대야) ↔ 對與(대여) [6260↔6240]
對外(대외) ↔ 對內(대내) [6280↔6272]
大雨(대우) ↔ 小雨(소우) [8052↔8052]

大邑(대읍) ↔ 小邑(소읍) [8070↔8070]
大義(대의) ↔ 少義(소의) [8042↔7042]
大人(대인) ↔ 小人(소인) [8080↔8080]
大賊(대적) ↔ 小賊(소적) [8040↔8040]
大敵(대적) ↔ 小敵(소적) [8042↔8042]
大戰(대전) ↔ 小戰(소전) [8062↔8062]
大節(대절) ↔ 小節(소절) [8052↔8052]
貸主(대주) ↔ 借主(차주) [3270↔3270]
大智(대지) ↔ 大愚(대우) [8040↔8032]
大差(대차) ↔ 小差(소차) [8040↔8040]
大村(대촌) ↔ 小村(소촌) [8070↔8070]
大針(대침) ↔ 小針(소침) [8040↔8040]
大秤(대칭) ↔ 小秤(소칭) [8010↔8010]
大敗(대패) ↔ 大勝(대승) [8050↔8060]
大幅(대폭) ↔ 小幅(소폭) [8030↔8030]
大豊(대풍) ↔ 大凶(대흉) [8042↔8052]
代筆(대필) ↔ 自筆(자필) [6252↔7252]
臺下(대하) ↔ 臺上(대상) [3272↔3272]
大形(대형) ↔ 小形(소형) [8062↔8062]
大型(대형) ↔ 小型(소형) [8020↔8020]
對話(대화) ↔ 獨白(독백) [6272↔5280]
大火(대화) ↔ 小火(소화) [8080↔8080]
德談(덕담) ↔ 惡談(악담) [5250↔5250]
都心(도심) ↔ 郊外(교외) [5070↔3080]
獨居(독거) ↔ 雜居(잡거) [5240↔4040]
獨女(독녀) ↔ 獨男(독남) [5280↔5272]
獨立(독립) ↔ 隷屬(예속) [5272↔3040]
獨立(독립) ↔ 依存(의존) [5272↔4040]
獨立(독립) ↔ 依他(의타) [5272↔4050]
獨房(독방) ↔ 雜房(잡방) [5242↔4042]
獨占(독점) ↔ 均霑(균점) [5240↔4010]
獨創(독창) ↔ 模倣(모방) [5242↔4030]
獨處(독처) ↔ 雜處(잡처) [5242↔4042]
同居(동거) ↔ 別居(별거) [7040↔6040]
童男(동남) ↔ 童女(동녀) [6272↔6280]
東端(동단) ↔ 西端(서단) [8042↔8042]
同樂(동락) ↔ 同苦(동고) [7062↔7060]
動令(동령) ↔ 豫令(예령) [7250↔4050]

同腹(동복) ↔ 異腹(이복) [7032↔4032]
同父(동부) ↔ 異父(이부) [7080↔4080]
同姓(동성) ↔ 異姓(이성) [7072↔4072]
同義(동의) ↔ 反義(반의) [7042↔6242]
同意(동의) ↔ 異意(이의) [7062↔4062]
同議(동의) ↔ 異議(이의) [7042↔4042]
棟箭(동전) ↔ 長箭(장전) [2010↔8010]
冬至(동지) ↔ 夏至(하지) [7042↔7042]
動態(동태) ↔ 靜態(정태) [7242↔4042]
同化(동화) ↔ 異化(이화) [7052↔4052]
杜絶(두절) ↔ 不絶(부절) [1242↔7242]
斗出(두출) ↔ 斗入(두입) [4270↔4270]
得勢(득세) ↔ 失勢(실세) [4242↔6042]
得意(득의) ↔ 失意(실의) [4262↔6062]
得點(득점) ↔ 失點(실점) [4240↔6040]
登壇(등단) ↔ 降壇(강단) [7050↔4050]
登盆(등분) ↔ 退盆(퇴분) [7010↔4210]
登山(등산) ↔ 下山(하산) [7080↔7280]
騰勢(등세) ↔ 落勢(낙세) [3042↔5042]
登場(등장) ↔ 退場(퇴장) [7072↔4272]
登廳(등청) ↔ 退廳(퇴청) [7040↔4240]
漠然(막연) ↔ 確然(확연) [3270↔4270]
灣內(만내) ↔ 灣外(만외) [2072↔2080]
滿船(만선) ↔ 空船(공선) [4250↔7250]
晩播(만파) ↔ 早播(조파) [3230↔4230]
晩婚(만혼) ↔ 早婚(조혼) [3240↔4240]
亡父(망부) ↔ 亡母(망모) [5080↔5080]
亡夫(망부) ↔ 亡妻(망처) [5070↔5032]
望後(망후) ↔ 望前(망전) [5272↔5272]
賣價(매가) ↔ 買價(매가) [5052↔5052]
賣氣(매기) ↔ 買氣(매기) [5072↔5072]
賣名(매명) ↔ 買名(매명) [5072↔5072]
賣主(매주) ↔ 買主(매주) [5070↔5070]
賣出(매출) ↔ 買入(매입) [5070↔5070]
買土(매토) ↔ 賣土(매토) [5080↔5080]
賣票(매표) ↔ 買票(매표) [5042↔5042]
買血(매혈) ↔ 賣血(매혈) [5042↔5042]
滅亡(멸망) ↔ 隆盛(융성) [3250↔3242]
滅亡(멸망) ↔ 隆興(융흥) [3250↔3242]
明朗(명랑) ↔ 憂鬱(우울) [6252↔3220]
名譽(명예) ↔ 恥辱(치욕) [7232↔3232]
母系(모계) ↔ 父系(부계) [8040↔8040]
冒頭(모두) ↔ 末尾(말미) [3060↔5032]
牡牛(모우) ↔ 牝牛(빈우) [1050↔0250]
牡畜(모축) ↔ 牝畜(빈축) [1032↔0232]
母親(모친) ↔ 父親(부친) [8060↔8060]
模型(모형) ↔ 原型(원형) [4020↔5020]
目迎(목영) ↔ 目送(목송) [6040↔6042]
妙郞(묘랑) ↔ 妙女(묘녀) [4032↔4080]
無蓋(무개) ↔ 有蓋(유개) [5032↔7032]
無莖(무경) ↔ 有莖(유경) [5010↔7010]
無梗(무경) ↔ 有梗(유경) [5010↔7010]
無故(무고) ↔ 有故(유고) [5042↔7042]
無期(무기) ↔ 有期(유기) [5050↔7050]
無機(무기) ↔ 有機(유기) [5040↔7040]
無量(무량) ↔ 限量(한량) [5050↔4250]
無料(무료) ↔ 有料(유료) [5050↔7050]
無柄(무병) ↔ 有柄(유병) [5012↔7012]
無病(무병) ↔ 有病(유병) [5060↔7060]
無佛(무불) ↔ 有佛(유불) [5042↔7042]
無產(무산) ↔ 有產(유산) [5052↔7052]
無償(무상) ↔ 有償(유상) [5032↔7032]
無色(무색) ↔ 有色(유색) [5070↔7070]
無性(무성) ↔ 有性(유성) [5052↔7052]
無聲(무성) ↔ 有聲(유성) [5042↔7042]
無稅(무세) ↔ 有稅(유세) [5042↔7042]
無信(무신) ↔ 有信(유신) [5062↔7062]
無神(무신) ↔ 有神(유신) [5062↔7062]
無言(무언) ↔ 有言(유언) [5060↔7060]
無賃(무임) ↔ 有賃(유임) [5032↔7032]
無子(무자) ↔ 有子(유자) [5072↔7072]
無罪(무죄) ↔ 有罪(유죄) [5050↔7050]
無職(무직) ↔ 有職(유직) [5042↔7042]
無限(무한) ↔ 有限(유한) [5042↔7042]
無害(무해) ↔ 有害(유해) [5052↔7052]
無血(무혈) ↔ 流血(유혈) [5042↔5242]

無形(무형) ↔ 有形(유형) [5062↔7062]
聞得(문득) ↔ 聞損(문손) [6242↔6240]
文明(문명) ↔ 野蠻(야만) [7062↔6020]
門外(문외) ↔ 門內(문내) [8080↔8072]
未決(미결) ↔ 旣決(기결) [4252↔3052]
美男(미남) ↔ 醜男(추남) [6072↔3072]
美女(미녀) ↔ 醜女(추녀) [6080↔3080]
微動(미동) ↔ 劇動(극동) [3272↔4072]
微騰(미등) ↔ 微落(미락) [3230↔3250]
美聞(미문) ↔ 醜聞(추문) [6062↔3062]
未遂(미수) ↔ 旣遂(기수) [4230↔3030]
未熟(미숙) ↔ 老鍊(노련) [4232↔7032]
未熟(미숙) ↔ 成熟(성숙) [4232↔6232]
未定(미정) ↔ 旣定(기정) [4260↔3060]
未濟(미제) ↔ 旣濟(기제) [4242↔3042]
未知(미지) ↔ 旣知(기지) [4252↔3052]
微風(미풍) ↔ 強風(강풍) [3262↔6062]
敏感(민감) ↔ 鈍感(둔감) [3060↔3060]
敏腕(민완) ↔ 鈍腕(둔완) [3010↔3010]
密夫(밀부) ↔ 密婦(밀부) [4270↔4242]
薄利(박리) ↔ 暴利(폭리) [3262↔4262]
博學(박학) ↔ 薄學(박학) [4280↔3280]
反騰(반등) ↔ 反落(반락) [6230↔6250]
反駁(반박) ↔ 共鳴(공명) [6210↔6240]
返濟(반제) ↔ 借用(차용) [3042↔3262]
搬出(반출) ↔ 搬入(반입) [2070↔2070]
反抗(반항) ↔ 服從(복종) [6240↔6040]
發掘(발굴) ↔ 埋沒(매몰) [6220↔3032]
潑剌(발랄) ↔ 萎縮(위축) [1010↔1040]
潑剌(발랄) ↔ 陰鬱(음울) [1010↔4220]
發毛(발모) ↔ 脫毛(탈모) [6242↔4042]
發信(발신) ↔ 受信(수신) [6262↔4262]
發港(발항) ↔ 着港(착항) [6242↔5242]
放熱(방열) ↔ 吸熱(흡열) [6250↔4250]
拜外(배외) ↔ 排外(배외) [4280↔3280]
排日(배일) ↔ 親日(친일) [3280↔6080]
排他(배타) ↔ 依他(의타) [3250↔4050]
白髮(백발) ↔ 紅顔(홍안) [8040↔4032]

白髮(백발) ↔ 黑髮(흑발) [8040↔5040]
白色(백색) ↔ 黑色(흑색) [8070↔5070]
白眼(백안) ↔ 靑眼(청안) [8042↔8042]
白晝(백주) ↔ 深夜(심야) [8060↔4260]
變則(변칙) ↔ 正則(정칙) [5250↔7250]
保守(보수) ↔ 進步(진보) [4242↔4242]
保守(보수) ↔ 革新(혁신) [4242↔4062]
報恩(보은) ↔ 背恩(배은) [4242↔4242]
複雜(복잡) ↔ 簡單(간단) [4040↔4042]
複雜(복잡) ↔ 單純(단순) [4040↔4242]
本校(본교) ↔ 他校(타교) [6080↔5080]
本業(본업) ↔ 副業(부업) [6062↔4262]
本質(본질) ↔ 現象(현상) [6052↔6240]
富家(부가) ↔ 貧家(빈가) [4272↔4272]
富國(부국) ↔ 貧國(빈국) [4280↔4280]
父權(부권) ↔ 母權(모권) [8042↔8042]
富貴(부귀) ↔ 貧賤(빈천) [4250↔4232]
部內(부내) ↔ 部外(부외) [6272↔6280]
富農(부농) ↔ 貧農(빈농) [4272↔4272]
富民(부민) ↔ 貧民(빈민) [4280↔4280]
扶桑(부상) ↔ 昧谷(매곡) [3232↔1032]
扶桑(부상) ↔ 咸池(함지) [3232↔3032]
敷衍(부연) ↔ 省略(생략) [2012↔6240]
祔右(부우) ↔ 祔左(부좌) [0072↔0072]
富裕(부유) ↔ 貧窮(빈궁) [4232↔4240]
父子(부자) ↔ 母女(모녀) [8072↔8080]
富者(부자) ↔ 貧者(빈자) [4260↔4260]
富村(부촌) ↔ 貧村(빈촌) [4270↔4270]
分洞(분동) ↔ 合洞(합동) [6270↔6070]
奔騰(분등) ↔ 奔落(분락) [3230↔3250]
分離(분리) ↔ 結合(결합) [6240↔5260]
分離(분리) ↔ 合體(합체) [6240↔6062]
分散(분산) ↔ 集中(집중) [6240↔6280]
分析(분석) ↔ 綜合(종합) [6230↔2060]
分析(분석) ↔ 統合(통합) [6230↔4260]
分筆(분필) ↔ 合筆(합필) [6252↔6052]
分解(분해) ↔ 合成(합성) [6242↔6062]
不納(불납) ↔ 納付(납부) [7240↔4032]

不納(불납) ↔ 納附(납부) [7240↔4032]
不良(불량) ↔ 善良(선량) [7252↔5052]
不變(불변) ↔ 可變(가변) [7252↔5052]
不溶(불용) ↔ 可溶(가용) [7212↔5012]
不通(불통) ↔ 開通(개통) [7260↔6060]
不和(불화) ↔ 團欒(단란) [7262↔5202]
不和(불화) ↔ 親和(친화) [7262↔6062]
卑近(비근) ↔ 高遠(고원) [3260↔6260]
悲報(비보) ↔ 朗報(낭보) [4242↔5242]
悲報(비보) ↔ 喜報(희보) [4242↔4042]
碑表(비표) ↔ 碑陰(비음) [4062↔4042]
娑婆(사바) ↔ 彼岸(피안) [0210↔3232]
私心(사심) ↔ 公心(공심) [4070↔6270]
死者(사자) ↔ 生者(생자) [6060↔8060]
事前(사전) ↔ 事後(사후) [7272↔7272]
私函(사함) ↔ 公函(공함) [4010↔6210]
私函(사함) ↔ 公緘(공함) [4010↔6210]
山上(산상) ↔ 山下(산하) [8072↔8072]
散在(산재) ↔ 密集(밀집) [4060↔4262]
産前(산전) ↔ 産後(산후) [5272↔5272]
山前(산전) ↔ 山後(산후) [8072↔8072]
上京(상경) ↔ 下京(하경) [7260↔7260]
上計(상계) ↔ 下計(하계) [7262↔7262]
上官(상관) ↔ 下官(하관) [7242↔7242]
上級(상급) ↔ 下級(하급) [7260↔7260]
上段(상단) ↔ 下段(하단) [7240↔7240]
上端(상단) ↔ 下端(하단) [7242↔7242]
上達(상달) ↔ 下達(하달) [7242↔7242]
上答(상답) ↔ 下答(하답) [7272↔7272]
相對(상대) ↔ 絶對(절대) [5262↔4262]
上欄(상란) ↔ 下欄(하란) [7232↔7232]
上里(상리) ↔ 下里(하리) [7270↔7270]
上面(상면) ↔ 下面(하면) [7270↔7270]
上半(상반) ↔ 下半(하반) [7262↔7262]
上方(상방) ↔ 下方(하방) [7272↔7272]
詳報(상보) ↔ 略報(약보) [3242↔4042]
相逢(상봉) ↔ 離別(이별) [5232↔4060]
上府(상부) ↔ 下府(하부) [7242↔7242]

上部(상부) ↔ 下部(하부) [7262↔7262]
上司(상사) ↔ 下司(하사) [7232↔7232]
相生(상생) ↔ 相剋(상극) [5280↔5210]
上船(상선) ↔ 下船(하선) [7250↔7250]
詳說(상설) ↔ 略說(약설) [3252↔4052]
詳說(상설) ↔ 約說(약설) [3252↔5252]
上水(상수) ↔ 下水(하수) [7280↔7280]
詳述(상술) ↔ 概述(개술) [3232↔3232]
詳述(상술) ↔ 略述(약술) [3232↔4032]
上顎(상악) ↔ 下顎(하악) [7210↔7210]
上位(상위) ↔ 下位(하위) [7250↔7250]
相引(상인) ↔ 相斥(상척) [5242↔5230]
上日(상일) ↔ 下日(하일) [7280↔7280]
上田(상전) ↔ 下田(하전) [7242↔7242]
賞酒(상주) ↔ 罰酒(벌주) [5040↔4240]
上策(상책) ↔ 下策(하책) [7232↔7232]
喪妻(상처) ↔ 喪夫(상부) [3232↔3270]
上側(상측) ↔ 下側(하측) [7232↔7232]
上層(상층) ↔ 下層(하층) [7240↔7240]
上學(상학) ↔ 下學(하학) [7280↔7280]
上限(상한) ↔ 下限(하한) [7242↔7242]
上行(상행) ↔ 下行(하행) [7260↔7260]
上向(상향) ↔ 下向(하향) [7260↔7260]
上廻(상회) ↔ 下廻(하회) [7220↔7220]
塞外(새외) ↔ 塞內(새내) [3280↔3272]
生家(생가) ↔ 養家(양가) [8072↔5272]
生男(생남) ↔ 生女(생녀) [8072↔8080]
生年(생년) ↔ 卒年(졸년) [8080↔5280]
生靈(생령) ↔ 死靈(사령) [8032↔6032]
生路(생로) ↔ 熟路(숙로) [8060↔3260]
生面(생면) ↔ 熟面(숙면) [8070↔3270]
生鰒(생복) ↔ 熟鰒(숙복) [8010↔3210]
生産(생산) ↔ 消費(소비) [8052↔6250]
生食(생식) ↔ 火食(화식) [8072↔8072]
生前(생전) ↔ 死後(사후) [8072↔6072]
生菜(생채) ↔ 熟菜(숙채) [8032↔3232]
生祝(생축) ↔ 死祝(사축) [8050↔6050]
生花(생화) ↔ 造花(조화) [8070↔4270]

暑苦(서고) ↔ 寒苦(한고) [3060↔5060]
暑威(서위) ↔ 寒威(한위) [3040↔5040]
徐行(서행) ↔ 速行(속행) [3260↔6060]
夕刊(석간) ↔ 朝刊(조간) [7032↔6032]
汐水(석수) ↔ 潮水(조수) [0280↔4080]
碩學(석학) ↔ 淺學(천학) [2080↔3280]
先覺(선각) ↔ 後覺(후각) [8040↔7240]
仙界(선계) ↔ 紅塵(홍진) [5262↔4020]
先代(선대) ↔ 後代(후대) [8062↔7262]
善德(선덕) ↔ 惡德(악덕) [5052↔5252]
禪門(선문) ↔ 禪尼(선니) [3280↔3220]
先發(선발) ↔ 後發(후발) [8062↔7262]
先輩(선배) ↔ 後輩(후배) [8032↔7232]
先拂(선불) ↔ 後拂(후불) [8032↔7232]
善友(선우) ↔ 惡友(악우) [5052↔5252]
先月(선월) ↔ 後月(후월) [8080↔7280]
善意(선의) ↔ 惡意(악의) [5062↔5262]
善人(선인) ↔ 惡人(악인) [5080↔5280]
善者(선자) ↔ 惡者(악자) [5060↔5260]
善政(선정) ↔ 惡政(악정) [5042↔5242]
先祖(선조) ↔ 後裔(후예) [8070↔7210]
先主(선주) ↔ 後主(후주) [8070↔7270]
先次(선차) ↔ 後次(후차) [8042↔7242]
先天(선천) ↔ 後天(후천) [8070↔7270]
先牌(선패) ↔ 末牌(말패) [8010↔5010]
先學(선학) ↔ 後學(후학) [8080↔7280]
善行(선행) ↔ 惡行(악행) [5060↔5260]
設契(설계) ↔ 破契(파계) [4232↔4232]
成功(성공) ↔ 落空(낙공) [6262↔5072]
成功(성공) ↔ 失敗(실패) [6262↔6050]
性急(성급) ↔ 悠長(유장) [5262↔3280]
城外(성외) ↔ 城內(성내) [4280↔4272]
盛饌(성찬) ↔ 粗饌(조찬) [4210↔1010]
成會(성회) ↔ 流會(유회) [6262↔5262]
洗練(세련) ↔ 稚拙(치졸) [5252↔3230]
歲前(세전) ↔ 歲後(세후) [5272↔5272]
歲出(세출) ↔ 歲入(세입) [5270↔5270]
細評(세평) ↔ 概評(개평) [4240↔3240]

所得(소득) ↔ 損失(손실) [7042↔4060]
消燈(소등) ↔ 點燈(점등) [6242↔4042]
消滅(소멸) ↔ 發生(발생) [6232↔6280]
消滅(소멸) ↔ 生成(생성) [6232↔8062]
疎生(소생) ↔ 密生(밀생) [1080↔4280]
疎遠(소원) ↔ 緊密(긴밀) [1060↔3242]
疎遠(소원) ↔ 親近(친근) [1060↔6060]
溯游(소유) ↔ 溯洄(소회) [0210↔0200]
溯游(소유) ↔ 遡洄(소회) [0210↔1000]
消火(소화) ↔ 放火(방화) [6280↔6280]
速成(속성) ↔ 晚成(만성) [6062↔3262]
速效(속효) ↔ 遲效(지효) [6052↔3052]
送舊(송구) ↔ 迎新(영신) [4252↔4062]
送信(송신) ↔ 受信(수신) [4262↔4262]
送話(송화) ↔ 受話(수화) [4272↔4272]
受賂(수뢰) ↔ 贈賂(증뢰) [4210↔3010]
受理(수리) ↔ 却下(각하) [4262↔3072]
受賞(수상) ↔ 授賞(수상) [4250↔4250]
守勢(수세) ↔ 攻勢(공세) [4242↔4042]
需要(수요) ↔ 供給(공급) [3252↔3250]
受任(수임) ↔ 授任(수임) [4252↔4252]
收入(수입) ↔ 支出(지출) [4270↔4270]
受章(수장) ↔ 授章(수장) [4260↔4260]
守節(수절) ↔ 失節(실절) [4252↔6052]
守節(수절) ↔ 毁節(훼절) [4252↔3052]
受注(수주) ↔ 發注(발주) [4262↔6262]
收縮(수축) ↔ 膨脹(팽창) [4240↔1010]
輸出(수출) ↔ 輸入(수입) [3270↔3270]
手下(수하) ↔ 手上(수상) [7272↔7272]
收賄(수회) ↔ 贈賄(증회) [4210↔3010]
熟讀(숙독) ↔ 素讀(소독) [3262↔4262]
順境(순경) ↔ 逆境(역경) [5242↔4242]
順路(순로) ↔ 逆路(역로) [5260↔4260]
順流(순류) ↔ 逆流(역류) [5252↔4252]
順産(순산) ↔ 難産(난산) [5252↔4252]
順喪(순상) ↔ 惡喪(악상) [5232↔5232]
純陰(순음) ↔ 純陽(순양) [4242↔4260]
順調(순조) ↔ 逆調(역조) [5252↔4252]

純種(순종) ↔ 雜種(잡종) [4252↔4052]
純眞(순진) ↔ 老獪(노회) [4242↔7002]
順差(순차) ↔ 逆差(역차) [5240↔4240]
順天(순천) ↔ 逆天(역천) [5270↔4270]
順坦(순탄) ↔ 險難(험난) [5210↔4042]
順風(순풍) ↔ 逆風(역풍) [5262↔4262]
順行(순행) ↔ 逆行(역행) [5260↔4260]
純血(순혈) ↔ 混血(혼혈) [4242↔4042]
拾得(습득) ↔ 紛失(분실) [3242↔3260]
拾得(습득) ↔ 遺失(유실) [3242↔4060]
承諾(승낙) ↔ 拒否(거부) [4232↔4040]
承諾(승낙) ↔ 拒絶(거절) [4232↔4042]
勝利(승리) ↔ 敗北(패배) [6062↔5080]
勝報(승보) ↔ 敗報(패보) [6042↔5042]
勝勢(승세) ↔ 敗勢(패세) [6042↔5042]
勝訴(승소) ↔ 敗訴(패소) [6032↔5032]
承認(승인) ↔ 拒否(거부) [4242↔4040]
承認(승인) ↔ 拒絶(거절) [4242↔4042]
勝因(승인) ↔ 敗因(패인) [6050↔5050]
勝者(승자) ↔ 敗者(패자) [6060↔5060]
昇天(승천) ↔ 降臨(강림) [3270↔4032]
始期(시기) ↔ 終期(종기) [6250↔5050]
市內(시내) ↔ 市外(시외) [7272↔7280]
始務(시무) ↔ 終務(종무) [6242↔5042]
始發(시발) ↔ 終發(종발) [6262↔5062]
始發(시발) ↔ 終着(종착) [6262↔5052]
始業(시업) ↔ 終業(종업) [6262↔5062]
是認(시인) ↔ 否認(부인) [4242↔4042]
式前(식전) ↔ 式後(식후) [6072↔6072]
食前(식전) ↔ 食後(식후) [7272↔7272]
新刊(신간) ↔ 舊刊(구간) [6232↔5232]
新穀(신곡) ↔ 舊穀(구곡) [6240↔5240]
新年(신년) ↔ 舊年(구년) [6280↔5280]
新墓(신묘) ↔ 舊山(구산) [6240↔5280]
新本(신본) ↔ 古本(고본) [6260↔6060]
新本(신본) ↔ 舊本(구본) [6260↔5260]
新婦(신부) ↔ 新郎(신랑) [6242↔6232]
新寺(신사) ↔ 古寺(고사) [6242↔6042]

紳士(신사) ↔ 淑女(숙녀) [2052↔3280]
新式(신식) ↔ 舊式(구식) [6260↔5260]
新任(신임) ↔ 舊任(구임) [6252↔5252]
新作(신작) ↔ 舊作(구작) [6262↔5262]
新錢(신전) ↔ 舊錢(구전) [6240↔5240]
新政(신정) ↔ 舊政(구정) [6242↔5242]
新製(신제) ↔ 舊製(구제) [6242↔5242]
愼重(신중) ↔ 輕率(경솔) [3270↔5032]
新體(신체) ↔ 舊體(구체) [6262↔5262]
新派(신파) ↔ 舊派(구파) [6240↔5240]
新版(신판) ↔ 舊版(구판) [6232↔5232]
新品(신품) ↔ 古品(고품) [6252↔6052]
新型(신형) ↔ 舊型(구형) [6220↔5220]
室內(실내) ↔ 室外(실외) [8072↔8080]
實名(실명) ↔ 假名(가명) [5272↔4272]
實質(실질) ↔ 名目(명목) [5252↔7260]
實兄(실형) ↔ 實弟(실제) [5280↔5280]
失怙(실호) ↔ 失恃(실시) [6000↔6002]
深謀(심모) ↔ 淺謀(천모) [4232↔3232]
心的(심적) ↔ 物的(물적) [7052↔7252]
雙利(쌍리) ↔ 片利(편리) [3262↔3262]
雙務(쌍무) ↔ 片務(편무) [3242↔3242]
我國(아국) ↔ 他國(타국) [3280↔5080]
我軍(아군) ↔ 敵軍(적군) [3280↔4280]
衙奴(아노) ↔ 衙婢(아비) [1032↔1032]
我邦(아방) ↔ 異邦(이방) [3230↔4030]
我方(아방) ↔ 敵方(적방) [3272↔4272]
阿父(아부) ↔ 阿母(아모) [3280↔3280]
亞父(아부) ↔ 亞母(아모) [3280↔3280]
雅語(아어) ↔ 俗語(속어) [3270↔4270]
雅言(아언) ↔ 俗言(속언) [3260↔4260]
雅儒(아유) ↔ 俗儒(속유) [3240↔4240]
惡果(악과) ↔ 善果(선과) [5262↔5062]
惡女(악녀) ↔ 善男(선남) [5280↔5072]
惡女(악녀) ↔ 善女(선녀) [5280↔5080]
惡法(악법) ↔ 良法(양법) [5252↔5252]
惡手(악수) ↔ 好手(호수) [5272↔4272]
惡心(악심) ↔ 善心(선심) [5270↔5070]

惡用(악용) ↔ 善用(선용) [5262↔5062]
惡運(악운) ↔ 好運(호운) [5262↔4262]
惡妻(악처) ↔ 良妻(양처) [5232↔5232]
惡風(악풍) ↔ 良風(양풍) [5262↔5262]
安定(안정) ↔ 動搖(동요) [7260↔7230]
暗色(암색) ↔ 明色(명색) [4270↔6270]
暗示(암시) ↔ 明示(명시) [4250↔6250]
愛他(애타) ↔ 愛己(애기) [6050↔6052]
愛好(애호) ↔ 嫌惡(혐오) [6042↔3052]
額內(액내) ↔ 額外(액외) [4072↔4080]
野圈(야권) ↔ 與圈(여권) [6020↔4020]
野黨(야당) ↔ 與黨(여당) [6042↔4042]
夜學(야학) ↔ 晝學(주학) [6080↔6080]
夜行(야행) ↔ 晝行(주행) [6060↔6060]
暘谷(양곡) ↔ 昧谷(매곡) [0232↔1032]
暘谷(양곡) ↔ 咸池(함지) [0232↔3032]
揚名(양명) ↔ 落名(낙명) [3272↔5072]
良書(양서) ↔ 惡書(악서) [5262↔5262]
良俗(양속) ↔ 陋俗(누속) [5242↔1042]
良松(양송) ↔ 惡松(악송) [5240↔5240]
讓受(양수) ↔ 讓渡(양도) [3242↔3232]
讓位(양위) ↔ 受禪(수선) [3250↔4232]
良質(양질) ↔ 惡質(악질) [5252↔5252]
抑賣(억매) ↔ 抑買(억매) [3250↔3250]
嚴格(엄격) ↔ 寬大(관대) [4052↔3280]
女監(여감) ↔ 男監(남감) [8042↔7242]
餘慶(여경) ↔ 餘殃(여앙) [4242↔4230]
女工(여공) ↔ 男工(남공) [8072↔7272]
女權(여권) ↔ 男權(남권) [8042↔7242]
女僧(여승) ↔ 男僧(남승) [8032↔7232]
女兒(여아) ↔ 男兒(남아) [8052↔7252]
女優(여우) ↔ 男優(남우) [8040↔7240]
女體(여체) ↔ 男體(남체) [8062↔7262]
女湯(여탕) ↔ 男湯(남탕) [8032↔7232]
閾內(역내) ↔ 閾外(역외) [0072↔0080]
驛奴(역노) ↔ 驛婢(역비) [3232↔3232]
域外(역외) ↔ 域內(역내) [4080↔4072]
年頭(연두) ↔ 歲暮(세모) [8060↔5230]

軟毛(연모) ↔ 剛毛(강모) [3242↔3242]
憐憫(연민) ↔ 憎惡(증오) [3030↔3252]
年上(연상) ↔ 年下(연하) [8072↔8072]
連勝(연승) ↔ 連敗(연패) [4260↔4250]
延長(연장) ↔ 短縮(단축) [4080↔6240]
年初(연초) ↔ 年末(연말) [8050↔8050]
連豊(연풍) ↔ 連凶(연흉) [4242↔4252]
廉賣(염매) ↔ 廉買(염매) [3050↔3050]
染色(염색) ↔ 脫色(탈색) [3270↔4070]
永劫(영겁) ↔ 須臾(수유) [6010↔3002]
永劫(영겁) ↔ 瞬間(순간) [6010↔3272]
永劫(영겁) ↔ 瞬時(순시) [6010↔3272]
永劫(영겁) ↔ 瞬息(순식) [6010↔3242]
永劫(영겁) ↔ 轉瞬(전순) [6010↔4032]
永劫(영겁) ↔ 刹那(찰나) [6010↔2030]
永劫(영겁) ↔ 片刻(편각) [6010↔3240]
榮光(영광) ↔ 羞恥(수치) [4262↔1032]
迎年(영년) ↔ 送年(송년) [4080↔4280]
營奴(영노) ↔ 營婢(영비) [4032↔4032]
零上(영상) ↔ 零下(영하) [3072↔3072]
迎神(영신) ↔ 送神(송신) [4062↔4262]
營外(영외) ↔ 營內(영내) [4080↔4072]
楹外(영외) ↔ 楹內(영내) [0280↔0272]
令前(영전) ↔ 令後(영후) [5072↔5072]
迎接(영접) ↔ 餞送(전송) [4042↔1042]
靈魂(영혼) ↔ 肉體(육체) [3232↔4262]
銳利(예리) ↔ 鈍濁(둔탁) [3062↔3030]
豫買(예매) ↔ 豫賣(예매) [4050↔4050]
豫算(예산) ↔ 決算(결산) [4070↔5270]
豫習(예습) ↔ 復習(복습) [4060↔4260]
午前(오전) ↔ 午後(오후) [7272↔7272]
屋內(옥내) ↔ 屋外(옥외) [5072↔5080]
沃畓(옥답) ↔ 薄畓(박답) [1230↔3230]
玉碎(옥쇄) ↔ 瓦全(와전) [4210↔3272]
沃土(옥토) ↔ 薄土(박토) [1280↔3280]
穩健(온건) ↔ 強硬(강경) [2050↔6032]
穩健(온건) ↔ 過激(과격) [2050↔5240]
溫氣(온기) ↔ 冷氣(냉기) [6072↔5072]

溫暖(온난) ↔ 寒冷(한랭) [6042↔5050]
溫室(온실) ↔ 冷室(냉실) [6080↔5080]
溫湯(온탕) ↔ 冷湯(냉탕) [6032↔5032]
完備(완비) ↔ 不備(불비) [5042↔7242]
完勝(완승) ↔ 完敗(완패) [5060↔5050]
完帙(완질) ↔ 落帙(낙질) [5010↔5010]
王道(왕도) ↔ 霸道(패도) [8072↔2072]
往復(왕복) ↔ 片道(편도) [4242↔3272]
往信(왕신) ↔ 返信(반신) [4262↔3062]
外殼(외각) ↔ 內殼(내각) [8010↔7210]
外簡(외간) ↔ 內簡(내간) [8040↔7240]
外界(외계) ↔ 內界(내계) [8062↔7262]
外寇(외구) ↔ 內寇(내구) [8010↔7210]
外國(외국) ↔ 內國(내국) [8080↔7280]
外勤(외근) ↔ 內勤(내근) [8040↔7240]
外壘(외루) ↔ 內壘(내루) [8010↔7210]
外柔(외유) ↔ 內剛(내강) [8032↔7232]
外賊(외적) ↔ 內賊(내적) [8040↔7240]
外戚(외척) ↔ 內戚(내척) [8032↔7232]
外鏃(외촉) ↔ 內鏃(내촉) [8002↔7202]
外側(외측) ↔ 內側(내측) [8032↔7232]
外向(외향) ↔ 內向(내향) [8060↔7260]
凹面(요면) ↔ 凸面(철면) [1070↔1070]
凹彫(요조) ↔ 凸彫(철조) [1020↔1020]
勇敢(용감) ↔ 卑怯(비겁) [6240↔3210]
容共(용공) ↔ 反共(반공) [4262↔6262]
傭男(용남) ↔ 傭女(용녀) [2072↔2080]
愚答(우답) ↔ 賢答(현답) [3272↔4272]
優待(우대) ↔ 虐待(학대) [4060↔2060]
愚鈍(우둔) ↔ 穎敏(영민) [3230↔0230]
愚鈍(우둔) ↔ 英敏(영민) [3230↔6030]
優等(우등) ↔ 劣等(열등) [4062↔3062]
優良(우량) ↔ 不良(불량) [4052↔7252]
優良(우량) ↔ 劣惡(열악) [4052↔3052]
愚問(우문) ↔ 賢問(현문) [3270↔4270]
優勢(우세) ↔ 劣勢(열세) [4042↔3042]
優位(우위) ↔ 劣位(열위) [4050↔3050]
友好(우호) ↔ 敵對(적대) [5242↔4262]

雨後(우후) ↔ 雨前(우전) [5272↔5272]
韻文(운문) ↔ 散文(산문) [3270↔4070]
遠隔(원격) ↔ 近接(근접) [6032↔6042]
原告(원고) ↔ 被告(피고) [5052↔3252]
院內(원내) ↔ 院外(원외) [5072↔5080]
員內(원내) ↔ 員外(원외) [4272↔4280]
圓內(원내) ↔ 圓外(원외) [4272↔4280]
原理(원리) ↔ 應用(응용) [5062↔4262]
原書(원서) ↔ 譯書(역서) [5062↔3262]
遠心(원심) ↔ 求心(구심) [6070↔4270]
遠洋(원양) ↔ 近海(근해) [6060↔6072]
原語(원어) ↔ 譯語(역어) [5070↔3270]
越南(월남) ↔ 越北(월북) [3280↔3280]
月末(월말) ↔ 月初(월초) [8050↔8050]
違法(위법) ↔ 適法(적법) [3052↔4052]
違法(위법) ↔ 合法(합법) [3052↔6052]
僞善(위선) ↔ 僞惡(위악) [3250↔3252]
有給(유급) ↔ 無給(무급) [7050↔5050]
有能(유능) ↔ 無能(무능) [7052↔5052]
流動(유동) ↔ 固定(고정) [5272↔5060]
有利(유리) ↔ 不利(불리) [7062↔7262]
有名(유명) ↔ 無名(무명) [7072↔5072]
有備(유비) ↔ 無備(무비) [7042↔5042]
類似(유사) ↔ 相違(상위) [5230↔5230]
有識(유식) ↔ 無識(무식) [7052↔5052]
柔軟(유연) ↔ 硬直(경직) [3232↔3272]
有用(유용) ↔ 無用(무용) [7062↔5062]
有效(유효) ↔ 無效(무효) [7052↔5052]
六順(육순) ↔ 六逆(육역) [8052↔8042]
肉食(육식) ↔ 草食(초식) [4272↔7072]
六正(육정) ↔ 六邪(육사) [8072↔8032]
允許(윤허) ↔ 不允(불윤) [1250↔7212]
隆起(융기) ↔ 沈降(침강) [3242↔3240]
隆起(융기) ↔ 陷沒(함몰) [3242↔3232]
恩惠(은혜) ↔ 怨恨(원한) [4242↔4040]
陰角(음각) ↔ 陽角(양각) [4262↔6062]
淫女(음녀) ↔ 淫男(음남) [3280↔3272]
陰德(음덕) ↔ 陽德(양덕) [4252↔6052]

陰文(음문) ↔ 陽文(양문) [4270↔6070]
陰性(음성) ↔ 陽性(양성) [4252↔6052]
陰數(음수) ↔ 陽數(양수) [4270↔6070]
陰精(음정) ↔ 陽精(양정) [4242↔6042]
飮酒(음주) ↔ 禁酒(금주) [6240↔4240]
陰症(음증) ↔ 陽症(양증) [4232↔6032]
陰地(음지) ↔ 陽地(양지) [4270↔6070]
陰識(음지) ↔ 陽識(양지) [4252↔6052]
陰片(음편) ↔ 陽片(양편) [4232↔6032]
凝固(응고) ↔ 溶解(용해) [3050↔1242]
凝固(응고) ↔ 融解(융해) [3050↔2042]
意譯(의역) ↔ 直譯(직역) [6232↔7232]
利器(이기) ↔ 鈍器(둔기) [6242↔3042]
利己(이기) ↔ 利他(이타) [6252↔6250]
利己(이기) ↔ 犧牲(희생) [6252↔1010]
以內(이내) ↔ 以外(이외) [5272↔5280]
利刀(이도) ↔ 鈍刀(둔도) [6232↔3032]
異例(이례) ↔ 通例(통례) [4060↔6060]
理論(이론) ↔ 實際(실제) [6242↔5242]
離陸(이륙) ↔ 着陸(착륙) [4052↔5252]
以上(이상) ↔ 以下(이하) [5272↔5272]
異說(이설) ↔ 定說(정설) [4052↔6052]
異說(이설) ↔ 通說(통설) [4052↔6052]
理性(이성) ↔ 感性(감성) [6252↔6052]
理性(이성) ↔ 感情(감정) [6252↔6052]
利益(이익) ↔ 損害(손해) [6242↔4052]
移入(이입) ↔ 移出(이출) [4270↔4270]
理直(이직) ↔ 理屈(이굴) [6272↔6240]
異質(이질) ↔ 同質(동질) [4052↔7052]
異質(이질) ↔ 等質(등질) [4052↔6252]
離韓(이한) ↔ 着韓(착한) [4080↔5280]
易行(이행) ↔ 難行(난행) [4060↔4260]
異形(이형) ↔ 同形(동형) [4062↔7062]
以後(이후) ↔ 以前(이전) [5272↔5272]
益友(익우) ↔ 損友(손우) [4252↔4052]
益鳥(익조) ↔ 害鳥(해조) [4242↔5242]
人爲(인위) ↔ 自然(자연) [8042↔7270]
引下(인하) ↔ 引上(인상) [4272↔4272]

日前(일전) ↔ 日後(일후) [8072↔8072]
日進(일진) ↔ 日退(일퇴) [8042↔8042]
任命(임명) ↔ 解任(해임) [5270↔4252]
任意(임의) ↔ 強制(강제) [5262↔6042]
賃借(임차) ↔ 賃貸(임대) [3232↔3232]
入京(입경) ↔ 出京(출경) [7060↔7060]
入庫(입고) ↔ 出庫(출고) [7040↔7040]
入口(입구) ↔ 出口(출구) [7070↔7070]
入闕(입궐) ↔ 退闕(퇴궐) [7020↔4220]
入團(입단) ↔ 退團(퇴단) [7052↔4252]
入黨(입당) ↔ 脫黨(탈당) [7042↔4042]
入社(입사) ↔ 退社(퇴사) [7062↔4262]
入山(입산) ↔ 出山(출산) [7080↔7080]
入禪(입선) ↔ 放禪(방선) [7032↔6232]
入城(입성) ↔ 出城(출성) [7042↔7042]
入域(입역) ↔ 出域(출역) [7040↔7040]
入場(입장) ↔ 退場(퇴장) [7072↔4272]
入定(입정) ↔ 出定(출정) [7060↔7060]
入廷(입정) ↔ 退廷(퇴정) [7032↔4232]
立體(입체) ↔ 平面(평면) [7262↔7270]
入超(입초) ↔ 出超(출초) [7032↔7032]
入學(입학) ↔ 退學(퇴학) [7080↔4280]
入港(입항) ↔ 出港(출항) [7042↔7042]
入會(입회) ↔ 脫會(탈회) [7062↔4062]
自家(자가) ↔ 他家(타가) [7272↔5072]
自動(자동) ↔ 手動(수동) [7272↔7272]
自動(자동) ↔ 他動(타동) [7272↔5072]
自力(자력) ↔ 他力(타력) [7272↔5072]
自立(자립) ↔ 隷屬(예속) [7272↔3040]
自立(자립) ↔ 依存(의존) [7272↔4040]
自立(자립) ↔ 依他(의타) [7272↔4050]
自問(자문) ↔ 自答(자답) [7270↔7272]
自社(자사) ↔ 他社(타사) [7262↔5062]
自由(자유) ↔ 束縛(속박) [7260↔5210]
自律(자율) ↔ 他律(타율) [7242↔5042]
自意(자의) ↔ 他意(타의) [7262↔5062]
自作(자작) ↔ 他作(타작) [7262↔5062]
子正(자정) ↔ 正午(정오) [7272↔7272]

暫逢(잠봉) ↔ 暫別(잠별) [3232↔3260]
潛在(잠재) ↔ 顯在(현재) [3260↔4060]
帳內(장내) ↔ 帳外(장외) [4072↔4080]
場內(장내) ↔ 場外(장외) [7272↔7280]
墻內(장내) ↔ 牆外(장외) [3072↔0280]
墻內(장내) ↔ 墻外(장외) [3072↔3080]
長命(장명) ↔ 短命(단명) [8070↔6270]
長壽(장수) ↔ 夭折(요절) [8032↔1040]
葬前(장전) ↔ 葬後(장후) [3272↔3272]
長處(장처) ↔ 短處(단처) [8042↔6242]
在來(재래) ↔ 外來(외래) [6070↔8070]
在野(재야) ↔ 在朝(재조) [6060↔6060]
低價(저가) ↔ 高價(고가) [4252↔6252]
著騰(저등) ↔ 著落(저락) [3230↔3250]
低利(저리) ↔ 高利(고리) [4262↔6262]
低邊(저변) ↔ 高邊(고변) [4242↔6242]
低熱(저열) ↔ 高熱(고열) [4250↔6250]
低吟(저음) ↔ 高吟(고음) [4230↔6230]
咀呪(저주) ↔ 祝福(축복) [1010↔5052]
咀呪(저주) ↔ 祝願(축원) [1010↔5050]
咀呪(저주) ↔ 祝賀(축하) [1010↔5032]
抵抗(저항) ↔ 屈服(굴복) [3240↔4060]
抵抗(저항) ↔ 投降(투항) [3240↔4040]
嫡家(적가) ↔ 庶家(서가) [1072↔3072]
積極(적극) ↔ 消極(소극) [4042↔6242]
嫡女(적녀) ↔ 庶女(서녀) [1080↔3080]
嫡流(적류) ↔ 庶流(서류) [1052↔3052]
積善(적선) ↔ 積惡(적악) [4050↔4052]
嫡孫(적손) ↔ 庶孫(서손) [1060↔3060]
嫡子(적자) ↔ 庶子(서자) [1072↔3072]
嫡統(적통) ↔ 庶系(서계) [1042↔3040]
嫡派(적파) ↔ 庶派(서파) [1040↔3040]
嫡兄(적형) ↔ 庶兄(서형) [1080↔3080]
前頸(전경) ↔ 後頸(후경) [7210↔7210]
前景(전경) ↔ 後景(후경) [7250↔7250]
前期(전기) ↔ 後期(후기) [7250↔7250]
前段(전단) ↔ 後段(후단) [7240↔7240]
前端(전단) ↔ 後端(후단) [7242↔7242]

轉貸(전대) ↔ 轉借(전차) [4032↔4032]
前輪(전륜) ↔ 後輪(후륜) [7240↔7240]
前面(전면) ↔ 後面(후면) [7270↔7270]
前門(전문) ↔ 後門(후문) [7280↔7280]
前文(전문) ↔ 後文(후문) [7270↔7270]
前半(전반) ↔ 後半(후반) [7262↔7262]
前方(전방) ↔ 後方(후방) [7272↔7272]
前部(전부) ↔ 後部(후부) [7262↔7262]
前世(전세) ↔ 後世(후세) [7272↔7272]
前述(전술) ↔ 後述(후술) [7232↔7232]
全勝(전승) ↔ 全敗(전패) [7260↔7250]
戰勝(전승) ↔ 戰敗(전패) [6260↔6250]
前身(전신) ↔ 後身(후신) [7262↔7262]
前室(전실) ↔ 後室(후실) [7280↔7280]
前緣(전연) ↔ 後緣(후연) [7240↔7240]
前列(전열) ↔ 後列(후열) [7242↔7242]
專用(전용) ↔ 共用(공용) [4062↔6262]
前衛(전위) ↔ 後衛(후위) [7242↔7242]
前任(전임) ↔ 後任(후임) [7252↔7252]
轉入(전입) ↔ 轉出(전출) [4070↔4070]
前者(전자) ↔ 後者(후자) [7260↔7260]
前章(전장) ↔ 後章(후장) [7260↔7260]
前肢(전지) ↔ 後肢(후지) [7210↔7210]
前陣(전진) ↔ 後陣(후진) [7240↔7240]
前進(전진) ↔ 後進(후진) [7242↔7242]
全體(전체) ↔ 個別(개별) [7262↔4260]
前便(전편) ↔ 後便(후편) [7270↔7270]
前項(전항) ↔ 後項(후항) [7232↔7232]
戰後(전후) ↔ 戰前(전전) [6272↔6272]
切上(절상) ↔ 切下(절하) [5272↔5272]
節約(절약) ↔ 濫用(남용) [5252↔3062]
節約(절약) ↔ 浪費(낭비) [5252↔3250]
節約(절약) ↔ 奢侈(사치) [5252↔1010]
絶讚(절찬) ↔ 酷評(혹평) [4240↔2040]
絶筆(절필) ↔ 援筆(원필) [4252↔4052]
漸加(점가) ↔ 漸減(점감) [3250↔3242]
漸騰(점등) ↔ 漸落(점락) [3230↔3250]
正格(정격) ↔ 變格(변격) [7252↔5252]

精巧(정교) ↔ 粗惡(조악) [4232↔1052]
貞男(정남) ↔ 貞女(정녀) [3272↔3280]
精農(정농) ↔ 惰農(타농) [4272↔1072]
正答(정답) ↔ 誤答(오답) [7272↔4272]
正道(정도) ↔ 邪道(사도) [7272↔3272]
精讀(정독) ↔ 濫讀(남독) [4262↔3062]
情郎(정랑) ↔ 情娘(정랑) [5232↔5232]
正論(정론) ↔ 曲論(곡론) [7242↔5042]
精密(정밀) ↔ 粗雜(조잡) [4242↔1040]
精算(정산) ↔ 概算(개산) [4270↔3270]
靜肅(정숙) ↔ 騷亂(소란) [4040↔3040]
精神(정신) ↔ 物質(물질) [4262↔7252]
正室(정실) ↔ 小室(소실) [7280↔8080]
政友(정우) ↔ 政敵(정적) [4252↔4242]
靜的(정적) ↔ 動的(동적) [4052↔7252]
定着(정착) ↔ 漂流(표류) [6052↔3052]
正統(정통) ↔ 異端(이단) [7242↔4042]
除隊(제대) ↔ 入隊(입대) [4242↔7042]
早年(조년) ↔ 老年(노년) [4280↔7080]
早熟(조숙) ↔ 晩熟(만숙) [4232↔3232]
操心(조심) ↔ 放心(방심) [5070↔6270]
朝陽(조양) ↔ 夕陽(석양) [6060↔7060]
早參(조참) ↔ 遲參(지참) [4252↔3052]
存續(존속) ↔ 廢止(폐지) [4042↔3250]
尊稱(존칭) ↔ 卑稱(비칭) [4240↔3240]
終價(종가) ↔ 始價(시가) [5052↔6252]
終講(종강) ↔ 開講(개강) [5042↔6042]
縱貫(종관) ↔ 橫貫(횡관) [3232↔3232]
縱斷(종단) ↔ 橫斷(횡단) [3242↔3242]
縱隊(종대) ↔ 橫隊(횡대) [3242↔3242]
縱帶(종대) ↔ 橫帶(횡대) [3242↔3242]
縱列(종렬) ↔ 橫列(횡렬) [3242↔3242]
終禮(종례) ↔ 朝禮(조례) [5060↔6060]
終了(종료) ↔ 開始(개시) [5030↔6062]
縱斑(종반) ↔ 橫斑(횡반) [3210↔3210]
從僕(종복) ↔ 從婢(종비) [4010↔4032]
種牝(종빈) ↔ 種牡(종모) [5202↔5210]
縱絲(종사) ↔ 橫絲(횡사) [3240↔3240]
縱書(종서) ↔ 橫書(횡서) [3262↔3262]
縱線(종선) ↔ 橫線(횡선) [3262↔3262]
終演(종연) ↔ 開演(개연) [5042↔6042]
終映(종영) ↔ 始映(시영) [5040↔6240]
終戰(종전) ↔ 開戰(개전) [5062↔6062]
縱綴(종철) ↔ 橫綴(횡철) [3210↔3210]
左開(좌개) ↔ 右開(우개) [7260↔7260]
左肩(좌견) ↔ 右肩(우견) [7230↔7230]
左傾(좌경) ↔ 右傾(우경) [7240↔7240]
左顧(좌고) ↔ 右眄(우면) [7230↔7210]
左記(좌기) ↔ 右記(우기) [7272↔7272]
左面(좌면) ↔ 右面(우면) [7270↔7270]
左方(좌방) ↔ 右方(우방) [7272↔7272]
左番(좌번) ↔ 右番(우번) [7260↔7260]
左邊(좌변) ↔ 右邊(우변) [7242↔7242]
座席(좌석) ↔ 立席(입석) [4060↔7260]
左旋(좌선) ↔ 右旋(우선) [7232↔7232]
左手(좌수) ↔ 右手(우수) [7272↔7272]
左眼(좌안) ↔ 右眼(우안) [7242↔7242]
左岸(좌안) ↔ 右岸(우안) [7232↔7232]
左列(좌열) ↔ 右列(우열) [7242↔7242]
左腕(좌완) ↔ 右腕(우완) [7210↔7210]
左翼(좌익) ↔ 右翼(우익) [7232↔7232]
左足(좌족) ↔ 右足(우족) [7272↔7272]
左遷(좌천) ↔ 喬遷(교천) [7232↔1032]
左遷(좌천) ↔ 登進(등진) [7232↔7042]
左遷(좌천) ↔ 昇階(승계) [7232↔3240]
左遷(좌천) ↔ 升揚(승양) [7232↔2032]
左遷(좌천) ↔ 陞任(승임) [7232↔0252]
左遷(좌천) ↔ 昇職(승직) [7232↔3242]
左遷(좌천) ↔ 陞職(승직) [7232↔0242]
左遷(좌천) ↔ 昇進(승진) [7232↔3242]
左遷(좌천) ↔ 陞進(승진) [7232↔0242]
左遷(좌천) ↔ 升進(승진) [7232↔2042]
左遷(좌천) ↔ 陞遷(승천) [7232↔0232]
左遷(좌천) ↔ 榮轉(영전) [7232↔4240]
左側(좌측) ↔ 右側(우측) [7232↔7232]
左便(좌편) ↔ 右便(우편) [7270↔7270]

左舷(좌현) ↔ 右舷(우현) [7202↔7202]
左頰(좌협) ↔ 右頰(우협) [7210↔7210]
晝間(주간) ↔ 夜間(야간) [6072↔6072]
主觀(주관) ↔ 客觀(객관) [7052↔5252]
主室(주실) ↔ 客室(객실) [7080↔5280]
主體(주체) ↔ 客體(객체) [7062↔5262]
俊才(준재) ↔ 駑才(노재) [3062↔1062]
俊才(준재) ↔ 駑材(노재) [3062↔1052]
重視(중시) ↔ 輕視(경시) [7042↔5042]
重臣(중신) ↔ 微臣(미신) [7052↔3252]
中止(중지) ↔ 續行(속행) [8050↔4260]
重厚(중후) ↔ 輕薄(경박) [7040↔5032]
卽前(즉전) ↔ 卽後(즉후) [3272↔3272]
增加(증가) ↔ 減少(감소) [4250↔4270]
增産(증산) ↔ 減産(감산) [4252↔4252]
增勢(증세) ↔ 減勢(감세) [4242↔4242]
增水(증수) ↔ 減水(감수) [4280↔4280]
增員(증원) ↔ 減員(감원) [4242↔4242]
增益(증익) ↔ 減益(감익) [4242↔4242]
增便(증편) ↔ 減便(감편) [4270↔4270]
持戒(지계) ↔ 破戒(파계) [4040↔4240]
遲鈍(지둔) ↔ 敏速(민속) [3030↔3060]
遲鈍(지둔) ↔ 敏捷(민첩) [3030↔3010]
地上(지상) ↔ 地下(지하) [7072↔7072]
持續(지속) ↔ 間歇(간헐) [4042↔7210]
祗迎(지영) ↔ 祗送(지송) [0240↔0242]
止血(지혈) ↔ 出血(출혈) [5042↔7042]
直系(직계) ↔ 傍系(방계) [7240↔3040]
直言(직언) ↔ 曲言(곡언) [7260↔5060]
直前(직전) ↔ 直後(직후) [7272↔7272]
進軍(진군) ↔ 退軍(퇴군) [4280↔4280]
進路(진로) ↔ 退路(퇴로) [4260↔4260]
進步(진보) ↔ 保守(보수) [4242↔4242]
進步(진보) ↔ 退步(퇴보) [4242↔4242]
眞本(진본) ↔ 假本(가본) [4260↔4260]
眞實(진실) ↔ 虛僞(허위) [4252↔4232]
眞心(진심) ↔ 假心(가심) [4270↔4270]
進取(진취) ↔ 退嬰(퇴영) [4242↔4210]
進化(진화) ↔ 退化(퇴화) [4252↔4252]
秩序(질서) ↔ 混沌(혼돈) [3250↔4010]
質疑(질의) ↔ 答辯(답변) [5240↔7240]
質疑(질의) ↔ 對答(대답) [5240↔6272]
質疑(질의) ↔ 應答(응답) [5240↔4272]
集權(집권) ↔ 分權(분권) [6242↔6242]
集合(집합) ↔ 解散(해산) [6260↔4240]
徵稅(징세) ↔ 納稅(납세) [3242↔4042]
差益(차익) ↔ 差損(차손) [4042↔4040]
借賃(차임) ↔ 貸賃(대임) [3232↔3232]
借地(차지) ↔ 貸地(대지) [3270↔3270]
贊成(찬성) ↔ 反對(반대) [3262↔6262]
贊託(찬탁) ↔ 反託(반탁) [3220↔6220]
贊評(찬평) ↔ 酷評(혹평) [3240↔2040]
斬新(참신) ↔ 陳腐(진부) [2062↔3232]
創刊(창간) ↔ 終刊(종간) [4232↔5032]
彰善(창선) ↔ 彰惡(창악) [2050↔2052]
創造(창조) ↔ 摸倣(모방) [4242↔1030]
創造(창조) ↔ 摹倣(모방) [4242↔0230]
創造(창조) ↔ 模倣(모방) [4242↔4030]
天然(천연) ↔ 人造(인조) [7070↔8042]
天才(천재) ↔ 白癡(백치) [7062↔8010]
添加(첨가) ↔ 削減(삭감) [3050↔3242]
添加(첨가) ↔ 削除(삭제) [3050↔3242]
捷徑(첩경) ↔ 迂路(우로) [1032↔1060]
淸江(청강) ↔ 濁江(탁강) [6272↔3072]
淸潔(청결) ↔ 不潔(불결) [6242↔7242]
廳上(청상) ↔ 廳下(청하) [4072↔4072]
淸世(청세) ↔ 濁世(탁세) [6272↔3072]
淸水(청수) ↔ 濁水(탁수) [6280↔3080]
聽者(청자) ↔ 話者(화자) [4060↔7260]
晴天(청천) ↔ 曇天(담천) [3070↔1070]
遞加(체가) ↔ 遞減(체감) [3050↔3042]
體內(체내) ↔ 體外(체외) [6272↔6280]
初面(초면) ↔ 舊面(구면) [5070↔5270]
初聞(초문) ↔ 舊聞(구문) [5062↔5262]
初盤(초반) ↔ 終盤(종반) [5032↔5032]
超人(초인) ↔ 凡人(범인) [3280↔3280]

促進(촉진) ↔ 抑制(억제) [3242↔3242]
寸內(촌내) ↔ 寸外(촌외) [8072↔8080]
總角(총각) ↔ 室女(실녀) [4262↔8080]
總角(총각) ↔ 處女(처녀) [4262↔4280]
總角(총각) ↔ 處子(처자) [4262↔4272]
最高(최고) ↔ 最低(최저) [5062↔5042]
最多(최다) ↔ 最少(최소) [5060↔5070]
最大(최대) ↔ 最小(최소) [5080↔5080]
最上(최상) ↔ 最下(최하) [5072↔5072]
最善(최선) ↔ 最惡(최악) [5050↔5052]
最新(최신) ↔ 最古(최고) [5062↔5060]
最長(최장) ↔ 最短(최단) [5080↔5062]
最前(최전) ↔ 最後(최후) [5072↔5072]
最初(최초) ↔ 最終(최종) [5050↔5050]
推仰(추앙) ↔ 凌蔑(능멸) [4032↔1020]
縮圖(축도) ↔ 伸圖(신도) [4062↔3062]
畜髮(축발) ↔ 剃髮(체발) [3240↔0240]
畜髮(축발) ↔ 祝髮(체발) [3240↔5040]
椿堂(춘당) ↔ 萱堂(훤당) [1262↔0262]
出國(출국) ↔ 入國(입국) [7080↔7080]
出金(출금) ↔ 入金(입금) [7080↔7080]
出牢(출뢰) ↔ 入牢(입뢰) [7010↔7010]
出發(출발) ↔ 到着(도착) [7062↔5252]
出帆(출범) ↔ 歸帆(귀범) [7010↔4010]
出生(출생) ↔ 死亡(사망) [7080↔6050]
出席(출석) ↔ 缺席(결석) [7060↔4260]
出所(출소) ↔ 入所(입소) [7070↔7070]
出獄(출옥) ↔ 入獄(입옥) [7032↔7032]
忠臣(충신) ↔ 逆臣(역신) [4252↔4252]
就任(취임) ↔ 辭任(사임) [4052↔4052]
就任(취임) ↔ 離任(이임) [4052↔4052]
就寢(취침) ↔ 起牀(기상) [4040↔4202]
就寢(취침) ↔ 起床(기상) [4040↔4242]
治世(치세) ↔ 亂世(난세) [4272↔4072]
稚魚(치어) ↔ 成魚(성어) [3250↔6250]
親家(친가) ↔ 媤宅(시댁) [6072↔1052]
親孫(친손) ↔ 外孫(외손) [6060↔8060]
稱讚(칭찬) ↔ 非難(비난) [4040↔4242]
稱讚(칭찬) ↔ 詰難(힐난) [4040↔1042]
快勝(쾌승) ↔ 慘敗(참패) [4260↔3050]
快調(쾌조) ↔ 不調(부조) [4252↔7252]
妥當(타당) ↔ 不當(부당) [3052↔7252]
他殺(타살) ↔ 自殺(자살) [5042↔7242]
他薦(타천) ↔ 自薦(자천) [5030↔7230]
脫帽(탈모) ↔ 着帽(착모) [4020↔5220]
脫衣(탈의) ↔ 着衣(착의) [4060↔5260]
泰運(태운) ↔ 否運(비운) [3262↔4062]
通加(통가) ↔ 通減(통감) [6050↔6042]
統一(통일) ↔ 分裂(분열) [4280↔6232]
退勤(퇴근) ↔ 出勤(출근) [4240↔7040]
退院(퇴원) ↔ 入院(입원) [4250↔7050]
投錨(투묘) ↔ 拔錨(발묘) [4002↔3202]
特大(특대) ↔ 特小(특소) [6080↔6080]
特殊(특수) ↔ 普遍(보편) [6032↔4030]
特殊(특수) ↔ 一般(일반) [6032↔8032]
波丘(파구) ↔ 波谷(파곡) [4232↔4232]
罷接(파접) ↔ 開接(개접) [3042↔6042]
便利(편리) ↔ 不便(불편) [7062↔7270]
偏頗(편파) ↔ 公平(공평) [3230↔6272]
平等(평등) ↔ 差別(차별) [7262↔4060]
平凡(평범) ↔ 奇拔(기발) [7232↔4032]
平凡(평범) ↔ 非凡(비범) [7232↔4232]
暴騰(폭등) ↔ 暴落(폭락) [4230↔4250]
豊漁(풍어) ↔ 凶漁(흉어) [4250↔5250]
豊作(풍작) ↔ 凶作(흉작) [4262↔5262]
避暑(피서) ↔ 避寒(피한) [4030↔4050]
被害(피해) ↔ 加害(가해) [3252↔5052]
畢讀(필독) ↔ 始讀(시독) [3262↔6262]
必然(필연) ↔ 蓋然(개연) [5270↔3270]
必然(필연) ↔ 偶然(우연) [5270↔3270]
畢婚(필혼) ↔ 開婚(개혼) [3240↔6040]
下降(하강) ↔ 上昇(상승) [7240↔7232]
下降(하강) ↔ 上升(상승) [7240↔7220]
賀客(하객) ↔ 弔客(조객) [3252↔3052]
下記(하기) ↔ 上記(상기) [7272↔7272]
下待(하대) ↔ 恭待(공대) [7260↔3260]

下落(하락) ↔ 騰貴(등귀) [7250↔3050]
下落(하락) ↔ 昂騰(앙등) [7250↔1030]
下馬(하마) ↔ 上馬(상마) [7250↔7250]
下午(하오) ↔ 上午(상오) [7272↔7272]
下車(하차) ↔ 上車(상차) [7272↔7272]
下車(하차) ↔ 乘車(승차) [7272↔3272]
閑散(한산) ↔ 繁忙(번망) [4040↔3230]
閑月(한월) ↔ 忙月(망월) [4080↔3080]
割引(할인) ↔ 割增(할증) [3242↔3242]
合流(합류) ↔ 分流(분류) [6052↔6252]
合乘(합승) ↔ 分乘(분승) [6032↔6232]
合葬(합장) ↔ 各葬(각장) [6032↔6232]
合縱(합종) ↔ 連衡(연횡) [6032↔4232]
合憲(합헌) ↔ 違憲(위헌) [6040↔3040]
港內(항내) ↔ 港外(항외) [4272↔4280]
解冬(해동) ↔ 結冬(결동) [4270↔5270]
解纜(해람) ↔ 繫纜(계람) [4202↔3002]
解氷(해빙) ↔ 結氷(결빙) [4250↔5250]
海外(해외) ↔ 海內(해내) [7280↔7272]
解制(해제) ↔ 結制(결제) [4242↔5242]
害蟲(해충) ↔ 益蟲(익충) [5242↔4242]
幸運(행운) ↔ 不運(불운) [6262↔7262]
向上(향상) ↔ 低下(저하) [6072↔4272]
獻饌(헌찬) ↔ 撤饌(철찬) [3210↔2010]
顯官(현관) ↔ 微官(미관) [4042↔3242]
賢臣(현신) ↔ 愚臣(우신) [4252↔3252]
現實(현실) ↔ 空想(공상) [6252↔7242]
現實(현실) ↔ 理想(이상) [6252↔6242]
賢者(현자) ↔ 愚者(우자) [4260↔3260]
好感(호감) ↔ 惡感(악감) [4260↔5260]
好食(호식) ↔ 惡食(악식) [4272↔5272]
好衣(호의) ↔ 惡衣(악의) [4260↔5260]
好材(호재) ↔ 惡材(악재) [4252↔5252]
好轉(호전) ↔ 惡化(악화) [4240↔5252]
好轉(호전) ↔ 逆轉(역전) [4240↔4240]
好評(호평) ↔ 惡評(악평) [4240↔5240]
好況(호황) ↔ 不況(불황) [4240↔7240]
酷暑(혹서) ↔ 酷寒(혹한) [2030↔2050]
和氣(화기) ↔ 怒氣(노기) [6272↔4272]
和睦(화목) ↔ 反目(반목) [6232↔6260]
和解(화해) ↔ 決裂(결렬) [6242↔5232]
和解(화해) ↔ 紛爭(분쟁) [6242↔3250]
擴大(확대) ↔ 縮小(축소) [3080↔4080]
換金(환금) ↔ 換物(환물) [3280↔3272]
歡迎(환영) ↔ 歡送(환송) [4040↔4042]
歡喜(환희) ↔ 悲哀(비애) [4040↔4232]
滑降(활강) ↔ 滑昇(활승) [2040↔2032]
活物(활물) ↔ 死物(사물) [7272↔6072]
活水(활수) ↔ 死水(사수) [7280↔6080]
活用(활용) ↔ 死藏(사장) [7262↔6032]
皇子(황자) ↔ 皇女(황녀) [3272↔3280]
獲得(획득) ↔ 喪失(상실) [3242↔3260]
厚待(후대) ↔ 薄待(박대) [4060↔3260]
厚德(후덕) ↔ 薄德(박덕) [4052↔3252]
厚祿(후록) ↔ 薄祿(박록) [4032↔3232]
訓讀(훈독) ↔ 音讀(음독) [6062↔6262]
黑字(흑자) ↔ 赤字(적자) [5070↔5070]
吸氣(흡기) ↔ 排氣(배기) [4272↔3272]
吸氣(흡기) ↔ 呼氣(호기) [4272↔4272]
興奮(흥분) ↔ 安靜(안정) [4232↔7240]
興奮(흥분) ↔ 鎭靜(진정) [4232↔3240]
喜悅(희열) ↔ 憤怒(분노) [4032↔4042]

3_3. 相對語(反對語, 反意語, 反義語, 對義語)_3字

可變性(가변성) ↔ 不變性(불변성) [505252 ↔ 725252]
可燃性(가연성) ↔ 不燃性(불연성) [504052 ↔ 724052]

可溶性(가용성) ↔ 不溶性(불용성) [501252 ↔ 721252]
加害者(가해자) ↔ 被害者(피해자) [505260 ↔ 325260]
減少量(감소량) ↔ 增加量(증가량) [427050 ↔ 425050]
減少勢(감소세) ↔ 增加勢(증가세) [427042 ↔ 425042]
減少率(감소율) ↔ 增加率(증가율) [427032 ↔ 425032]
降壓器(강압기) ↔ 昇壓器(승압기) [404242 ↔ 324242]
開架式(개가식) ↔ 閉架式(폐가식) [603260 ↔ 403260]
開架制(개가제) ↔ 閉架制(폐가제) [603242 ↔ 403242]
開幕式(개막식) ↔ 閉幕式(폐막식) [603260 ↔ 403260]
開放性(개방성) ↔ 閉鎖性(폐쇄성) [606252 ↔ 403252]
開放的(개방적) ↔ 閉鎖的(폐쇄적) [606252 ↔ 403252]
開式辭(개식사) ↔ 閉式辭(폐식사) [606040 ↔ 406040]
開院式(개원식) ↔ 閉院式(폐원식) [605060 ↔ 405060]
開被覆(개피복) ↔ 閉被覆(폐피복) [603232 ↔ 403232]
開會辭(개회사) ↔ 閉會辭(폐회사) [606240 ↔ 406240]
開會式(개회식) ↔ 閉會式(폐회식) [606260 ↔ 406260]
坑內夫(갱내부) ↔ 坑外夫(갱외부) [207270 ↔ 208070]
巨視的(거시적) ↔ 微視的(미시적) [404252 ↔ 324252]
高踏的(고답적) ↔ 世俗的(세속적) [623252 ↔ 724252]
高利債(고리채) ↔ 低利債(저리채) [626232 ↔ 426232]
高物價(고물가) ↔ 低物價(저물가) [627252 ↔ 427252]
古書籍(고서적) ↔ 新書籍(신서적) [606240 ↔ 626240]
高性能(고성능) ↔ 低性能(저성능) [625252 ↔ 425252]
高所得(고소득) ↔ 低所得(저소득) [627042 ↔ 427042]
高速度(고속도) ↔ 低速度(저속도) [626060 ↔ 426060]
高姿勢(고자세) ↔ 低姿勢(저자세) [624042 ↔ 424042]
高潮期(고조기) ↔ 退潮期(퇴조기) [624050 ↔ 424050]
高地帶(고지대) ↔ 低地帶(저지대) [627042 ↔ 427042]
高學年(고학년) ↔ 低學年(저학년) [628080 ↔ 428080]
高學歷(고학력) ↔ 低學歷(저학력) [628052 ↔ 428052]
曲在我(곡재아) ↔ 曲在彼(곡재피) [506032 ↔ 506032]
公文書(공문서) ↔ 私文書(사문서) [627062 ↔ 407062]
公保險(공보험) ↔ 私保險(사보험) [624240 ↔ 404240]
公生活(공생활) ↔ 私生活(사생활) [628072 ↔ 408072]
過房男(과방남) ↔ 過房女(과방녀) [524272 ↔ 524280]
過小視(과소시) ↔ 過大視(과대시) [528042 ↔ 528042]
光明面(광명면) ↔ 暗黑面(암흑면) [626270 ↔ 425070]
購買者(구매자) ↔ 販賣者(판매자) [205060 ↔ 305060]

舊思想(구사상) ↔ 新思想(신사상) [525042 ↔ 625042]
舊時代(구시대) ↔ 新時代(신시대) [527262 ↔ 627262]
舊制度(구제도) ↔ 新制度(신제도) [524260 ↔ 624260]
舊主人(구주인) ↔ 新主人(신주인) [527080 ↔ 627080]
具體的(구체적) ↔ 抽象的(추상적) [526252 ↔ 304052]
舊體制(구체제) ↔ 新體制(신체제) [526242 ↔ 626242]
極大量(극대량) ↔ 極少量(극소량) [428050 ↔ 427050]
極大點(극대점) ↔ 極小點(극소점) [428040 ↔ 428040]
極大値(극대치) ↔ 極小値(극소치) [428032 ↔ 428032]
極大化(극대화) ↔ 極小化(극소화) [428052 ↔ 428052]
極尊稱(극존칭) ↔ 極卑稱(극비칭) [424240 ↔ 423240]
極左翼(극좌익) ↔ 極右翼(극우익) [427232 ↔ 427232]
極左派(극좌파) ↔ 極右派(극우파) [427240 ↔ 427240]
近地點(근지점) ↔ 遠地點(원지점) [607040 ↔ 607040]
擒而縱(금이종) ↔ 縱而擒(종이금) [103032 ↔ 323010]
急降下(급강하) ↔ 急上昇(급상승) [624072 ↔ 627232]
急騰勢(급등세) ↔ 急落勢(급락세) [623042 ↔ 625042]
及第生(급제생) ↔ 落第生(낙제생) [326280 ↔ 506280]
及第點(급제점) ↔ 落第點(낙제점) [326240 ↔ 506240]
肯定性(긍정성) ↔ 否定性(부정성) [306052 ↔ 406052]
肯定式(긍정식) ↔ 否定式(부정식) [306060 ↔ 406060]
旣墾地(기간지) ↔ 未墾地(미간지) [301070 ↔ 421070]
旣決案(기결안) ↔ 未決案(미결안) [305250 ↔ 425250]
奇順列(기순열) ↔ 偶順列(우순열) [405242 ↔ 325242]
旣婚者(기혼자) ↔ 未婚者(미혼자) [304060 ↔ 424060]
樂觀論(낙관론) ↔ 悲觀論(비관론) [625242 ↔ 425242]
落地前(낙지전) ↔ 落地後(낙지후) [507072 ↔ 507072]
落帙本(낙질본) ↔ 完帙本(완질본) [501060 ↔ 501060]
樂天家(낙천가) ↔ 厭世家(염세가) [627072 ↔ 207272]
男系親(남계친) ↔ 女系親(여계친) [724060 ↔ 804060]
南極圈(남극권) ↔ 北極圈(북극권) [804220 ↔ 804220]
南極帶(남극대) ↔ 北極帶(북극대) [804242 ↔ 804242]
南極點(남극점) ↔ 北極點(북극점) [804240 ↔ 804240]
南端部(남단부) ↔ 北端部(북단부) [804262 ↔ 804262]
內國人(내국인) ↔ 外國人(외국인) [728080 ↔ 808080]
內斜面(내사면) ↔ 外斜面(외사면) [723270 ↔ 803270]
內疏薄(내소박) ↔ 外疏薄(외소박) [723232 ↔ 803232]
內在性(내재성) ↔ 外在性(외재성) [726052 ↔ 806052]

內在律(내재율) ↔ 外在律(외재율)　[726042 ↔ 806042]
內地産(내지산) ↔ 外地産(외지산)　[727052 ↔ 807052]
內向性(내향성) ↔ 外向性(외향성)　[726052 ↔ 806052]
老新郞(노신랑) ↔ 老新婦(노신부)　[706232 ↔ 706242]
老處女(노처녀) ↔ 老總角(노총각)　[704280 ↔ 704262]
農繁期(농번기) ↔ 農閑期(농한기)　[723250 ↔ 724050]
多數者(다수자) ↔ 少數者(소수자)　[607060 ↔ 707060]
多數派(다수파) ↔ 少數派(소수파)　[607040 ↔ 707040]
多數票(다수표) ↔ 少數票(소수표)　[607042 ↔ 707042]
多作家(다작가) ↔ 寡作家(과작가)　[606272 ↔ 326272]
單純性(단순성) ↔ 複雜性(복잡성)　[424252 ↔ 404052]
單層林(단층림) ↔ 多層林(다층림)　[424070 ↔ 604070]
當選人(당선인) ↔ 落選人(낙선인)　[525080 ↔ 505080]
當選者(당선자) ↔ 落選者(낙선자)　[525060 ↔ 505060]
大家族(대가족) ↔ 小家族(소가족)　[807260 ↔ 807260]
大公演(대공연) ↔ 小公演(소공연)　[806242 ↔ 806242]
大公園(대공원) ↔ 小公園(소공원)　[806260 ↔ 806260]
大口徑(대구경) ↔ 小口徑(소구경)　[807032 ↔ 807032]
大區分(대구분) ↔ 小區分(소구분)　[806062 ↔ 806062]
大規模(대규모) ↔ 小規模(소규모)　[805040 ↔ 805040]
大吉日(대길일) ↔ 大凶日(대흉일)　[805080 ↔ 805280]
大納會(대납회) ↔ 大發會(대발회)　[804062 ↔ 806262]
大部隊(대부대) ↔ 小部隊(소부대)　[806242 ↔ 806242]
大部分(대부분) ↔ 小部分(소부분)　[806262 ↔ 806262]
大手術(대수술) ↔ 小手術(소수술)　[807262 ↔ 807262]
大有年(대유년) ↔ 大殺年(대살년)　[807080 ↔ 804280]
大丈夫(대장부) ↔ 拙丈夫(졸장부)　[803270 ↔ 303270]
大戰鬪(대전투) ↔ 小戰鬪(소전투)　[806240 ↔ 806240]
大豊年(대풍년) ↔ 大凶年(대흉년)　[804280 ↔ 805280]
大貨物(대화물) ↔ 小貨物(소화물)　[804272 ↔ 804272]
都給人(도급인) ↔ 受給人(수급인)　[505080 ↔ 425080]
到着驛(도착역) ↔ 出發驛(출발역)　[525232 ↔ 706232]
到着地(도착지) ↔ 出發地(출발지)　[525270 ↔ 706270]
同意語(동의어) ↔ 反意語(반의어)　[706270 ↔ 626270]
同義語(동의어) ↔ 反義語(반의어)　[704270 ↔ 624270]
同意者(동의자) ↔ 反對者(반대자)　[706260 ↔ 626260]
同質性(동질성) ↔ 異質性(이질성)　[705252 ↔ 405252]
同質化(동질화) ↔ 異質化(이질화)　[705252 ↔ 405252]

得人心(득인심) ↔ 失人心(실인심) [428070 ↔ 608070]
末梢的(말초적) ↔ 根幹的(근간적) [501052 ↔ 603252]
忙中閑(망중한) ↔ 閑中忙(한중망) [308040 ↔ 408030]
賣却損(매각손) ↔ 賣却益(매각익) [503040 ↔ 503042]
賣渡人(매도인) ↔ 買受人(매수인) [503280 ↔ 504280]
賣渡側(매도측) ↔ 買受側(매수측) [503232 ↔ 504232]
母系制(모계제) ↔ 父系制(부계제) [804042 ↔ 804042]
母系親(모계친) ↔ 父系親(부계친) [804060 ↔ 804060]
母權制(모권제) ↔ 父權制(부권제) [804242 ↔ 804242]
無鑛質(무광질) ↔ 有鑛質(유광질) [504052 ↔ 704052]
無期限(무기한) ↔ 有期限(유기한) [505042 ↔ 705042]
無能力(무능력) ↔ 有能力(유능력) [505272 ↔ 705272]
無夫妓(무부기) ↔ 有夫妓(유부기) [507010 ↔ 707010]
無稅地(무세지) ↔ 有稅地(유세지) [504270 ↔ 704270]
無稅品(무세품) ↔ 有稅品(유세품) [504252 ↔ 704252]
無主物(무주물) ↔ 有主物(유주물) [507072 ↔ 707072]
無職者(무직자) ↔ 有職者(유직자) [504260 ↔ 704260]
無限大(무한대) ↔ 無限小(무한소) [504280 ↔ 504280]
無形界(무형계) ↔ 有形界(유형계) [506262 ↔ 706262]
無形物(무형물) ↔ 有形物(유형물) [506272 ↔ 706272]
彌縫的(미봉적) ↔ 根本的(근본적) [122052 ↔ 606052]
密輸入(밀수입) ↔ 密輸出(밀수출) [423270 ↔ 423270]
密入國(밀입국) ↔ 密出國(밀출국) [427080 ↔ 427080]
搬入量(반입량) ↔ 搬出量(반출량) [207050 ↔ 207050]
搬入地(반입지) ↔ 搬出地(반출지) [207070 ↔ 207070]
搬入品(반입품) ↔ 搬出品(반출품) [207052 ↔ 207052]
發信人(발신인) ↔ 受信人(수신인) [626280 ↔ 426280]
發信日(발신일) ↔ 受信日(수신일) [626280 ↔ 426280]
排氣瓣(배기판) ↔ 吸氣瓣(흡기판) [327202 ↔ 427202]
排他心(배타심) ↔ 依他心(의타심) [325070 ↔ 405070]
白眼視(백안시) ↔ 靑眼視(청안시) [804242 ↔ 804242]
複局地(복국지) ↔ 單局地(단국지) [405270 ↔ 425270]
本校生(본교생) ↔ 他校生(타교생) [608080 ↔ 508080]
富農家(부농가) ↔ 貧農家(빈농가) [427272 ↔ 427272]
不當性(부당성) ↔ 正當性(정당성) [725252 ↔ 725252]
富益富(부익부) ↔ 貧益貧(빈익빈) [424242 ↔ 424242]
不戰勝(부전승) ↔ 不戰敗(부전패) [726260 ↔ 726250]
分流式(분류식) ↔ 合流式(합류식) [625260 ↔ 605260]

不景氣(불경기) ↔ 好景氣(호경기) [725072 ↔ 425072]
不計勝(불계승) ↔ 不計敗(불계패) [726260 ↔ 726250]
不良品(불량품) ↔ 優良品(우량품) [725252 ↔ 405252]
不文律(불문율) ↔ 成文律(성문율) [727042 ↔ 627042]
不運兒(불운아) ↔ 幸運兒(행운아) [726252 ↔ 626252]
非賣品(비매품) ↔ 販賣品(판매품) [425052 ↔ 305052]
非常時(비상시) ↔ 平常時(평상시) [424272 ↔ 724272]
費差損(비차손) ↔ 費差益(비차익) [504040 ↔ 504042]
死亡地(사망지) ↔ 出生地(출생지) [605070 ↔ 708070]
死差損(사차손) ↔ 死差益(사차익) [604040 ↔ 604042]
三大月(삼대월) ↔ 三小月(삼소월) [808080 ↔ 808080]
三損友(삼손우) ↔ 三益友(삼익우) [804052 ↔ 804252]
三惡聲(삼악성) ↔ 三喜聲(삼희성) [805242 ↔ 804042]
上極限(상극한) ↔ 下極限(하극한) [724242 ↔ 724242]
上級生(상급생) ↔ 下級生(하급생) [726080 ↔ 726080]
上級者(상급자) ↔ 下級者(하급자) [726060 ↔ 726060]
上級職(상급직) ↔ 下級職(하급직) [726042 ↔ 726042]
相對的(상대적) ↔ 絶對的(절대적) [526252 ↔ 426252]
上等品(상등품) ↔ 下等品(하등품) [726252 ↔ 726252]
上半期(상반기) ↔ 下半期(하반기) [726250 ↔ 726250]
上死點(상사점) ↔ 下死點(하사점) [726040 ↔ 726040]
上昇期(상승기) ↔ 下降期(하강기) [723250 ↔ 724050]
上昇線(상승선) ↔ 下降線(하강선) [723262 ↔ 724062]
上顎骨(상악골) ↔ 下顎骨(하악골) [721040 ↔ 721040]
上顎部(상악부) ↔ 下顎部(하악부) [721062 ↔ 721062]
上位圈(상위권) ↔ 下位圈(하위권) [725020 ↔ 725020]
上終價(상종가) ↔ 下終價(하종가) [725052 ↔ 725052]
上層部(상층부) ↔ 下層部(하층부) [724062 ↔ 724062]
上學鐘(상학종) ↔ 下學鐘(하학종) [728002 ↔ 728002]
上限價(상한가) ↔ 下限價(하한가) [724252 ↔ 724252]
上限線(상한선) ↔ 下限線(하한선) [724262 ↔ 724262]
上行線(상행선) ↔ 下行線(하행선) [726062 ↔ 726062]
夕刊紙(석간지) ↔ 朝刊紙(조간지) [703270 ↔ 603270]
先覺者(선각자) ↔ 後覺者(후각자) [804060 ↔ 724060]
先發隊(선발대) ↔ 後發隊(후발대) [806242 ↔ 726242]
先次性(선차성) ↔ 後次性(후차성) [804252 ↔ 724252]
盛需期(성수기) ↔ 非需期(비수기) [423250 ↔ 423250]
少女團(소녀단) ↔ 少年團(소년단) [708052 ↔ 708052]

送年辭(송년사) ↔ 新年辭(신년사) [428040 ↔ 628040]
送荷人(송하인) ↔ 受荷人(수하인) [423280 ↔ 423280]
送話器(송화기) ↔ 受話器(수화기) [427242 ↔ 427242]
送貨人(송화인) ↔ 受話人(수화인) [424280 ↔ 427280]
送話者(송화자) ↔ 受話者(수화자) [427260 ↔ 427260]
收賂罪(수뢰죄) ↔ 贈賂罪(증뢰죄) [421050 ↔ 301050]
輸入國(수입국) ↔ 輸出國(수출국) [327080 ↔ 327080]
輸入率(수입률) ↔ 輸出率(수출률) [327032 ↔ 327032]
輸入商(수입상) ↔ 輸出商(수출상) [327052 ↔ 327052]
輸入稅(수입세) ↔ 輸出稅(수출세) [327042 ↔ 327042]
輸入額(수입액) ↔ 輸出額(수출액) [327040 ↔ 327040]
輸入品(수입품) ↔ 輸出品(수출품) [327052 ↔ 327052]
輸入港(수입항) ↔ 輸出港(수출항) [327042 ↔ 327042]
順機能(순기능) ↔ 逆機能(역기능) [524052 ↔ 424052]
順天命(순천명) ↔ 逆天命(역천명) [527070 ↔ 427070]
拾得物(습득물) ↔ 紛失物(분실물) [324272 ↔ 326072]
勝利者(승리자) ↔ 敗北者(패배자) [606260 ↔ 508060]
勝者戰(승자전) ↔ 敗者戰(패자전) [606062 ↔ 506062]
乘車口(승차구) ↔ 下車口(하차구) [327270 ↔ 727270]
始務式(시무식) ↔ 終務式(종무식) [624260 ↔ 504260]
始發驛(시발역) ↔ 終着驛(종착역) [626232 ↔ 505232]
始業式(시업식) ↔ 終業式(종업식) [626260 ↔ 506260]
新勢力(신세력) ↔ 舊勢力(구세력) [624272 ↔ 524272]
惡感情(악감정) ↔ 好感情(호감정) [526052 ↔ 426052]
惡影響(악영향) ↔ 好影響(호영향) [523232 ↔ 423232]
惡印象(악인상) ↔ 好印象(호인상) [524240 ↔ 424240]
惡材料(악재료) ↔ 好材料(호재료) [525250 ↔ 425250]
惡條件(악조건) ↔ 好條件(호조건) [524050 ↔ 424050]
惡天候(악천후) ↔ 好天候(호천후) [527040 ↔ 427040]
眼孔大(안공대) ↔ 眼孔小(안공소) [424080 ↔ 424080]
愛他心(애타심) ↔ 愛己心(애기심) [605070 ↔ 605270]
野黨圈(야당권) ↔ 與黨圈(여당권) [604220 ↔ 404220]
夜學生(야학생) ↔ 晝學生(주학생) [608080 ↔ 608080]
夜行性(야행성) ↔ 晝行性(주행성) [606052 ↔ 606052]
弱小國(약소국) ↔ 强大國(강대국) [628080 ↔ 028080]
兩非論(양비론) ↔ 兩是論(양시론) [424242 ↔ 424242]
養祖母(양조모) ↔ 養祖父(양조부) [527080 ↔ 527080]
嚴侍下(엄시하) ↔ 慈侍下(자시하) [403272 ↔ 323272]

女同生(여동생) ↔ 男同生(남동생) [807080 ↔ 727080]
女俳優(여배우) ↔ 男俳優(남배우) [802040 ↔ 722040]
女先生(여선생) ↔ 男先生(남선생) [808080 ↔ 728080]
女性觀(여성관) ↔ 男性觀(남성관) [805252 ↔ 725252]
女性美(여성미) ↔ 男性美(남성미) [805260 ↔ 725260]
女性服(여성복) ↔ 男性服(남성복) [805260 ↔ 725260]
女聲部(여성부) ↔ 男聲部(남성부) [804262 ↔ 724262]
女性誌(여성지) ↔ 男性誌(남성지) [805240 ↔ 725240]
女學校(여학교) ↔ 男學校(남학교) [808080 ↔ 728080]
女學生(여학생) ↔ 男學生(남학생) [808080 ↔ 728080]
逆輸入(역수입) ↔ 逆輸出(역수출) [423270 ↔ 423270]
逆移入(역이입) ↔ 逆移出(역이출) [424270 ↔ 424270]
逆轉勝(역전승) ↔ 逆轉敗(역전패) [424060 ↔ 424050]
劣等感(열등감) ↔ 優越感(우월감) [306260 ↔ 403260]
午前班(오전반) ↔ 午後班(오후반) [727262 ↔ 727262]
緩流水(완류수) ↔ 急流水(급류수) [325280 ↔ 625280]
外四寸(외사촌) ↔ 親四寸(친사촌) [808080 ↔ 608080]
外三寸(외삼촌) ↔ 親三寸(친삼촌) [808080 ↔ 608080]
外孫女(외손녀) ↔ 親孫女(친손녀) [806080 ↔ 606080]
外孫子(외손자) ↔ 親孫子(친손자) [806072 ↔ 606072]
優等生(우등생) ↔ 劣等生(열등생) [406280 ↔ 306280]
偶然性(우연성) ↔ 必然性(필연성) [327052 ↔ 527052]
願賣人(원매인) ↔ 願買人(원매인) [505080 ↔ 505080]
越北者(월북자) ↔ 越南者(월남자) [328060 ↔ 328060]
委託人(위탁인) ↔ 受託人(수탁인) [402080 ↔ 422080]
委託者(위탁자) ↔ 受託者(수탁자) [402060 ↔ 422060]
違憲性(위헌성) ↔ 合憲性(합헌성) [304052 ↔ 604052]
唯物論(유물론) ↔ 唯心論(유심론) [307242 ↔ 307042]
有夫女(유부녀) ↔ 有婦男(유부남) [707080 ↔ 704272]
有産者(유산자) ↔ 無産者(무산자) [705260 ↔ 505260]
有識者(유식자) ↔ 無識者(무식자) [705260 ↔ 505260]
愉快感(유쾌감) ↔ 不快感(불쾌감) [104260 ↔ 724260]
六正臣(육정신) ↔ 六邪臣(육사신) [807252 ↔ 803252]
陰性化(음성화) ↔ 陽性化(양성화) [425252 ↔ 605252]
理想派(이상파) ↔ 現實派(현실파) [624240 ↔ 625240]
理性的(이성적) ↔ 感情的(감정적) [625252 ↔ 605252]
離任辭(이임사) ↔ 就任辭(취임사) [405240 ↔ 405240]
利差損(이차손) ↔ 利差益(이차익) [624040 ↔ 624042]

離婚女(이혼녀) ↔ 離婚男(이혼남) [404080 ↔ 404072]
賃貸料(임대료) ↔ 賃借料(임차료) [323250 ↔ 323250]
賃貸物(임대물) ↔ 賃借物(임차물) [323272 ↔ 323272]
賃貸人(임대인) ↔ 賃借人(임차인) [323280 ↔ 323280]
賃貸地(임대지) ↔ 賃借地(임차지) [323270 ↔ 323270]
入庫量(입고량) ↔ 出庫量(출고량) [704050 ↔ 704050]
入金額(입금액) ↔ 出金額(출금액) [708040 ↔ 708040]
自立心(자립심) ↔ 依存心(의존심) [727270 ↔ 404070]
再移入(재이입) ↔ 再移出(재이출) [504270 ↔ 504270]
低金利(저금리) ↔ 高金利(고금리) [428062 ↔ 628062]
積極性(적극성) ↔ 消極性(소극성) [404252 ↔ 624252]
積極的(적극적) ↔ 消極的(소극적) [404252 ↔ 624252]
積極策(적극책) ↔ 消極策(소극책) [404232 ↔ 624232]
前男便(전남편) ↔ 後男便(후남편) [727270 ↔ 727270]
專門家(전문가) ↔ 門外漢(문외한) [408072 ↔ 808072]
前半期(전반기) ↔ 後半期(후반기) [726250 ↔ 726250]
前半部(전반부) ↔ 後半部(후반부) [726262 ↔ 726262]
前半生(전반생) ↔ 後半生(후반생) [726280 ↔ 726280]
前半身(전반신) ↔ 後半身(후반신) [726262 ↔ 726262]
前半戰(전반전) ↔ 後半戰(후반전) [726262 ↔ 726262]
前室宅(전실댁) ↔ 後室宅(후실댁) [728052 ↔ 728052]
專有物(전유물) ↔ 共有物(공유물) [407072 ↔ 627072]
前任者(전임자) ↔ 後任者(후임자) [725260 ↔ 725260]
轉入生(전입생) ↔ 轉出生(전출생) [407080 ↔ 407080]
轉入者(전입자) ↔ 轉出者(전출자) [407060 ↔ 407060]
戰敗國(전패국) ↔ 戰勝國(전승국) [625080 ↔ 626080]
早熟性(조숙성) ↔ 晩熟性(만숙성) [423252 ↔ 323252]
縱斷面(종단면) ↔ 橫斷面(횡단면) [324270 ↔ 324270]
種牡豚(종모돈) ↔ 種牝豚(종빈돈) [521030 ↔ 520230]
種牡馬(종모마) ↔ 種牝馬(종빈마) [521050 ↔ 520250]
種牡牛(종모우) ↔ 種牝牛(종빈우) [521050 ↔ 520250]
種牡畜(종모축) ↔ 種牝畜(종빈축) [521032 ↔ 520232]
左半分(좌반분) ↔ 右半分(우반분) [726262 ↔ 726262]
座席券(좌석권) ↔ 立席券(입석권) [406040 ↔ 726040]
左側面(좌측면) ↔ 右側面(우측면) [723270 ↔ 723270]
左舷錨(좌현묘) ↔ 右舷錨(우현묘) [720202 ↔ 720202]
左回轉(좌회전) ↔ 右回轉(우회전) [724240 ↔ 724240]
重患者(중환자) ↔ 輕患者(경환자) [705060 ↔ 505060]

支出金(지출금) ↔ 收入金(수입금) [427080 ↔ 427080]
支出簿(지출부) ↔ 收入簿(수입부) [427032 ↔ 427032]
支出額(지출액) ↔ 收入額(수입액) [427040 ↔ 427040]
直輸入(직수입) ↔ 直輸出(직수출) [723270 ↔ 723270]
差損金(차손금) ↔ 差益金(차익금) [404080 ↔ 404280]
差異點(차이점) ↔ 共通點(공통점) [404040 ↔ 626040]
贊成票(찬성표) ↔ 反對票(반대표) [326242 ↔ 626242]
債務者(채무자) ↔ 債權者(채권자) [324260 ↔ 324260]
初盤戰(초반전) ↔ 終盤戰(종반전) [503262 ↔ 503262]
總收入(총수입) ↔ 總支出(총지출) [424270 ↔ 424270]
最高價(최고가) ↔ 最低價(최저가) [506252 ↔ 504252]
最高額(최고액) ↔ 最低額(최저액) [506240 ↔ 504240]
最高點(최고점) ↔ 最下點(최하점) [506240 ↔ 507240]
最大量(최대량) ↔ 最少量(최소량) [508050 ↔ 507050]
最大限(최대한) ↔ 最小限(최소한) [508042 ↔ 508042]
最大化(최대화) ↔ 最小化(최소화) [508052 ↔ 508052]
最東端(최동단) ↔ 最西端(최서단) [508042 ↔ 508042]
最上級(최상급) ↔ 最下級(최하급) [507260 ↔ 507260]
最上等(최상등) ↔ 最下等(최하등) [507262 ↔ 507262]
最上層(최상층) ↔ 最下層(최하층) [507240 ↔ 507240]
最上品(최상품) ↔ 最下品(최하품) [507252 ↔ 507252]
出席生(출석생) ↔ 缺席生(결석생) [706080 ↔ 426080]
出席者(출석자) ↔ 缺席者(결석자) [706060 ↔ 426060]
判定勝(판정승) ↔ 判定敗(판정패) [406060 ↔ 406050]
敗戰國(패전국) ↔ 勝戰國(승전국) [506280 ↔ 606280]
廢刊號(폐간호) ↔ 創刊號(창간호) [323260 ↔ 423260]
暴落勢(폭락세) ↔ 暴騰勢(폭등세) [425042 ↔ 423042]
豊漁期(풍어기) ↔ 凶漁期(흉어기) [425050 ↔ 525050]
避暑地(피서지) ↔ 避寒地(피한지) [403070 ↔ 405070]
避妊法(피임법) ↔ 胞胎法(포태법) [402052 ↔ 402052]
下落勢(하락세) ↔ 上昇勢(상승세) [725042 ↔ 723242]
下半部(하반부) ↔ 上半部(상반부) [726262 ↔ 726262]
下半身(하반신) ↔ 上半身(상반신) [726262 ↔ 726262]
下層流(하층류) ↔ 上層流(상층류) [724052 ↔ 724052]
合法化(합법화) ↔ 不法化(불법화) [605252 ↔ 725252]
解氷期(해빙기) ↔ 結氷期(결빙기) [425050 ↔ 525050]
向日性(향일성) ↔ 背日性(배일성) [608052 ↔ 428052]
紅一點(홍일점) ↔ 一點紅(일점홍) [408040 ↔ 804040]

紅一點(홍일점) ↔ 靑一點(청일점) [408040 ↔ 808040]
歡迎曲(환영곡) ↔ 歡送曲(환송곡) [404050 ↔ 404250]
歡迎辭(환영사) ↔ 還送辭(환송사) [404040 ↔ 324240]
歡迎宴(환영연) ↔ 歡送宴(환송연) [404032 ↔ 404232]
歡迎會(환영회) ↔ 歡送會(환송회) [404062 ↔ 404262]

3_4. 相對語(反對語, 反意語, 反義語, 對義語)_4字

刻鵠類鶩(각곡유목) ↔ 畫虎不成(화호불성) [40105202 ↔ 60327262]
刻鵠類鶩(각곡유목) ↔ 畫虎類狗(화호유구) [40105202 ↔ 60325230]
刻鵠類鵝(각곡유아) ↔ 畫虎不成(화호불성) [40105202 ↔ 60327262]
刻鵠類鵝(각곡유아) ↔ 畫虎類狗(화호유구) [40105202 ↔ 60325230]
渴而穿井(갈이천정) ↔ 居安思危(거안사위) [30301032 ↔ 40725040]
渴而穿井(갈이천정) ↔ 曲突徙薪(곡돌사신) [30301032 ↔ 50321010]
渴而穿井(갈이천정) ↔ 安居危思(안거위사) [30301032 ↔ 72404050]
渴而穿井(갈이천정) ↔ 有備無患(유비무환) [30301032 ↔ 70425050]
強大國家(강대국가) ↔ 弱小國家(약소국가) [60808072 ↔ 62808072]
剛毅木訥(강의목눌) ↔ 巧言令色(교언영색) [32108010 ↔ 32605070]
見利思義(견리사의) ↔ 見利忘義(견리망의) [52625042 ↔ 52623042]
輕擧妄動(경거망동) ↔ 思慮分別(사려분별) [50503272 ↔ 50406260]
輕擧妄動(경거망동) ↔ 隱忍自重(은인자중) [50503272 ↔ 40327270]
景氣上昇(경기상승) ↔ 景氣下降(경기하강) [50727232 ↔ 50727240]
景氣回復(경기회복) ↔ 景氣後退(경기후퇴) [50724242 ↔ 50727242]
階高職卑(계고직비) ↔ 階卑職高(계비직고) [40624232 ↔ 40324262]
高官大爵(고관대작) ↔ 微官末職(미관말직) [62428030 ↔ 32425042]
古今同然(고금동연) ↔ 古今不同(고금부동) [60627070 ↔ 60627270]
高臺廣室(고대광실) ↔ 一間斗屋(일간두옥) [62325280 ↔ 80724250]
高山流水(고산유수) ↔ 市道之交(시도지교) [62805280 ↔ 72723260]
苦盡甘來(고진감래) ↔ 興盡悲來(흥진비래) [60404070 ↔ 42404270]
過大評價(과대평가) ↔ 過小評價(과소평가) [52804052 ↔ 52804052]
管鮑之交(관포지교) ↔ 市道之交(시도지교) [40123260 ↔ 72723260]
巧言令色(교언영색) ↔ 誠心誠意(성심성의) [32605070 ↔ 42704262]
膠漆之交(교칠지교) ↔ 市道之交(시도지교) [20323260 ↔ 72723260]
膠漆之心(교칠지심) ↔ 市道之交(시도지교) [20323270 ↔ 72723260]
極大感覺(극대감각) ↔ 極小感覺(극소감각) [42806040 ↔ 42806040]
近墨者黑(근묵자흑) ↔ 麻中之蓬(마중지봉) [60326050 ↔ 32803212]

近朱者赤(근주자적) ↔ 麻中之蓬(마중지봉) [60406050 ↔ 32803212]
金蘭之契(금란지계) ↔ 市道之交(시도지교) [80323232 ↔ 72723260]
金蘭之交(금란지교) ↔ 市道之交(시도지교) [80323260 ↔ 72723260]
金蘭之誼(금란지의) ↔ 市道之交(시도지교) [80323210 ↔ 72723260]
錦上添花(금상첨화) ↔ 雪上加霜(설상가상) [32723070 ↔ 62725032]
錦上添花(금상첨화) ↔ 雪上加雪(설상가설) [32723070 ↔ 62725062]
錦上添花(금상첨화) ↔ 前虎後狼(전호후랑) [32723070 ↔ 72327210]
金輸入點(금수입점) ↔ 金輸出點(금수출점) [80327040 ↔ 80327040]
錦衣玉食(금의옥식) ↔ 惡衣惡食(악의악식) [32604272 ↔ 52605272]
錦衣玉食(금의옥식) ↔ 粗衣惡食(조의악식) [32604272 ↔ 10605272]
錦衣玉食(금의옥식) ↔ 粗衣粗食(조의조식) [32604272 ↔ 10601072]
肯定命題(긍정명제) ↔ 否定命題(부정명제) [30607062 ↔ 40607062]
奇數拍子(기수박자) ↔ 偶數拍子(우수박자) [40704072 ↔ 32704072]
吉則大凶(길즉대흉) ↔ 凶則大吉(흉즉대길) [50508052 ↔ 52508050]
樂觀論者(낙관론자) ↔ 悲觀論者(비관론자) [62524260 ↔ 42524260]
落地以前(낙지이전) ↔ 落地以後(낙지이후) [50705272 ↔ 50705272]
暖房裝置(난방장치) ↔ 冷房裝置(냉방장치) [42424042 ↔ 50424042]
暖衣飽食(난의포식) ↔ 惡衣惡食(악의악식) [42603072 ↔ 52605272]
暖衣飽食(난의포식) ↔ 粗衣惡食(조의악식) [42603072 ↔ 10605272]
暖衣飽食(난의포식) ↔ 粗衣粗食(조의조식) [42603072 ↔ 10601072]
南極距離(남극거리) ↔ 北極距離(북극거리) [80423240 ↔ 80423240]
男尊女卑(남존여비) ↔ 女尊男卑(여존남비) [72428032 ↔ 80427232]
男唱女隨(남창여수) ↔ 女唱男隨(여창남수) [72508032 ↔ 80507232]
內剛外柔(내강외유) ↔ 內柔外剛(내유외강) [72328032 ↔ 72328032]
內剛外柔(내강외유) ↔ 外剛內柔(외강내유) [72328032 ↔ 80327232]
內部抵抗(내부저항) ↔ 外部抵抗(외부저항) [72623240 ↔ 80623240]
弄瓦之慶(농와지경) ↔ 弄璋之慶(농장지경) [32323242 ↔ 32123242]
弄瓦之喜(농와지희) ↔ 弄璋之慶(농장지경) [32323240 ↔ 32123242]
淩雲之志(능운지지) ↔ 陵雲之志(능운지지) [10523242 ↔ 32523242]
淩雲之志(능운지지) ↔ 青雲之志(청운지지) [10523242 ↔ 80523242]
斷金之契(단금지계) ↔ 市道之交(시도지교) [42803232 ↔ 72723260]
斷金之交(단금지교) ↔ 市道之交(시도지교) [42803260 ↔ 72723260]
淡水之交(담수지교) ↔ 市道之交(시도지교) [32803260 ↔ 72723260]
對人春風(대인춘풍) ↔ 持己秋霜(지기추상) [62807062 ↔ 40527032]
同腹兄弟(동복형제) ↔ 異腹兄弟(이복형제) [70328080 ↔ 40328080]
凍氷寒雪(동빙한설) ↔ 和風暖陽(화풍난양) [32505062 ↔ 62624260]
莫逆之友(막역지우) ↔ 市道之交(시도지교) [32423252 ↔ 72723260]
亡羊補牢(망양보뢰) ↔ 居安思危(거안사위) [50423210 ↔ 40725040]

亡羊補牢(망양보뢰) ↔ 曲突徙薪(곡돌사신) [50423210 ↔ 50321010]
亡羊補牢(망양보뢰) ↔ 安居危思(안거위사) [50423210 ↔ 72404050]
亡羊補牢(망양보뢰) ↔ 有備無患(유비무환) [50423210 ↔ 70425050]
亡牛補牢(망우보뢰) ↔ 居安思危(거안사위) [50503210 ↔ 40725040]
亡牛補牢(망우보뢰) ↔ 曲突徙薪(곡돌사신) [50503210 ↔ 50321010]
亡牛補牢(망우보뢰) ↔ 安居危思(안거위사) [50503210 ↔ 72404050]
亡牛補牢(망우보뢰) ↔ 有備無患(유비무환) [50503210 ↔ 70425050]
賣方選擇(매방선택) ↔ 買方選擇(매방선택) [50725040 ↔ 50725040]
買入操作(매입조작) ↔ 賣出操作(매출조작) [50705062 ↔ 50705062]
買入割引(매입할인) ↔ 賣出割引(매출할인) [50703242 ↔ 50703242]
賣主獨占(매주독점) ↔ 買主獨占(매주독점) [50705240 ↔ 50705240]
賣主選擇(매주선택) ↔ 買主選擇(매주선택) [50705040 ↔ 50705040]
賣主市場(매주시장) ↔ 買主市場(매주시장) [50707272 ↔ 50707272]
名實相符(명실상부) ↔ 名實不符(명실불부) [72525232 ↔ 72527232]
母系家族(모계가족) ↔ 父系家族(부계가족) [80407260 ↔ 80407260]
母系制度(모계제도) ↔ 父系制度(부계제도) [80404260 ↔ 80404260]
母系親族(모계친족) ↔ 父系親族(부계친족) [80406060 ↔ 80406060]
母系血族(모계혈족) ↔ 父系血族(부계혈족) [80404260 ↔ 80404260]
無男獨女(무남독녀) ↔ 無妹獨子(무매독자) [50725280 ↔ 50405272]
無資格者(무자격자) ↔ 有資格者(유자격자) [50405260 ↔ 70405260]
無換輸入(무환수입) ↔ 無換輸出(무환수출) [50323270 ↔ 50323270]
刎頸之交(문경지교) ↔ 市道之交(시도지교) [02103260 ↔ 72723260]
刎頸之友(문경지우) ↔ 市道之交(시도지교) [02103252 ↔ 72723260]
門前成市(문전성시) ↔ 門前雀羅(문전작라) [80726272 ↔ 80721042]
門前雀羅(문전작라) ↔ 門庭若市(문정약시) [80721042 ↔ 80623272]
物價騰貴(물가등귀) ↔ 物價下落(물가하락) [72523050 ↔ 72527250]
博引旁證(박인방증) ↔ 單文孤證(단문고증) [42421240 ↔ 42704040]
崩城之痛(붕성지통) ↔ 鼓盆之歎(고분지탄) [30423240 ↔ 32103240]
崩城之痛(붕성지통) ↔ 叩盆之歎(고분지탄) [30423240 ↔ 10103240]
崩城之痛(붕성지통) ↔ 鼓盆之痛(고분지통) [30423240 ↔ 32103240]
崩城之痛(붕성지통) ↔ 叩盆之痛(고분지통) [30423240 ↔ 10103240]
事半功倍(사반공배) ↔ 事倍功少(사배공소) [72626250 ↔ 72506270]
生年月日(생년월일) ↔ 卒年月日(졸년월일) [80808080 ↔ 52808080]
夕刊新聞(석간신문) ↔ 朝刊新聞(조간신문) [70326262 ↔ 60326262]
先富後貧(선부후빈) ↔ 先貧後富(선빈후부) [80427242 ↔ 80427242]
歲入豫算(세입예산) ↔ 歲出豫算(세출예산) [52704070 ↔ 52704070]
損者三樂(손자삼요) ↔ 益者三樂(익자삼요) [40608062 ↔ 42608062]
損者三友(손자삼우) ↔ 益者三友(익자삼우) [40608052 ↔ 42608052]

松柏之質(송백지질) ↔ 蒲柳之姿(포류지자) [40203252 ↔ 10403240]
松柏之質(송백지질) ↔ 蒲柳之質(포류지질) [40203252 ↔ 10403252]
水魚之交(수어지교) ↔ 市道之交(시도지교) [80503260 ↔ 72723260]
水魚之親(수어지친) ↔ 市道之交(시도지교) [80503260 ↔ 72723260]
輸入關稅(수입관세) ↔ 輸出關稅(수출관세) [32705242 ↔ 32705242]
輸入免狀(수입면장) ↔ 輸出免狀(수출면장) [32703242 ↔ 32703242]
收入豫算(수입예산) ↔ 支出豫算(지출예산) [42704070 ↔ 42704070]
輸出貿易(수출무역) ↔ 輸入貿易(수입무역) [32703240 ↔ 32703240]
輸出乘數(수출승수) ↔ 輸入乘數(수입승수) [32703270 ↔ 32703270]
輸出業者(수출업자) ↔ 輸入業者(수입업자) [32706260 ↔ 32706260]
輸出組合(수출조합) ↔ 輸入組合(수입조합) [32704060 ↔ 32704060]
輸出超過(수출초과) ↔ 輸入超過(수입초과) [32703252 ↔ 32703252]
市道之交(시도지교) ↔ 魚水之交(어수지교) [72723260 ↔ 50803260]
市道之交(시도지교) ↔ 魚水之親(어수지친) [72723260 ↔ 50803260]
市道之交(시도지교) ↔ 知己之友(지기지우) [72723260 ↔ 52523252]
市道之交(시도지교) ↔ 芝蘭之交(지란지교) [72723260 ↔ 12323260]
始終一貫(시종일관) ↔ 龍頭蛇尾(용두사미) [62508032 ↔ 40603232]
我田引水(아전인수) ↔ 易地思之(역지사지) [32424280 ↔ 40705032]
惡衣惡食(악의악식) ↔ 飽食暖衣(포식난의) [52605272 ↔ 30724260]
惡衣惡食(악의악식) ↔ 好衣好食(호의호식) [52605272 ↔ 42604272]
語不成說(어불성설) ↔ 萬不成說(만불성설) [70726252 ↔ 80726252]
抑強扶弱(억강부약) ↔ 抑弱扶強(억약부강) [32603262 ↔ 32623260]
言語不通(언어불통) ↔ 言語相通(언어상통) [60707260 ↔ 60705260]
連戰連勝(연전연승) ↔ 連戰連敗(연전연패) [42624260 ↔ 42624250]
屋外競技(옥외경기) ↔ 屋內競技(옥내경기) [50805050 ↔ 50725050]
沃田沃畓(옥전옥답) ↔ 薄田薄畓(박전박답) [12421230 ↔ 32423230]
外貧內富(외빈내부) ↔ 外富內貧(외부내빈) [80427242 ↔ 80427242]
外柔內剛(외유내강) ↔ 內柔外剛(내유외강) [80327232 ↔ 72328032]
外柔內剛(외유내강) ↔ 外剛內柔(외강내유) [80327232 ↔ 80327232]
愚問賢答(우문현답) ↔ 賢問愚答(현문우답) [32704272 ↔ 42703272]
右側通行(우측통행) ↔ 左側通行(좌측통행) [72326060 ↔ 72326060]
違法行爲(위법행위) ↔ 適法行爲(적법행위) [30526042 ↔ 40526042]
流芳百世(유방백세) ↔ 遺臭萬年(유취만년) [52327072 ↔ 40308080]
異腹同生(이복동생) ↔ 同腹同生(동복동생) [40327080 ↔ 70327080]
人工選擇(인공선택) ↔ 自然選擇(자연선택) [80725040 ↔ 72705040]
人性本善(인성본선) ↔ 人性本惡(인성본악) [80526050 ↔ 80526052]
一擧兩失(일거양실) ↔ 一擧兩得(일거양득) [80504260 ↔ 80504242]
一擧兩失(일거양실) ↔ 一擧兩實(일거양실) [80504260 ↔ 80504252]

一擧兩失(일거양실) ↔ 一擧兩取(일거양취) [80504260 ↔ 80504242]
一擧兩失(일거양실) ↔ 一石二鳥(일석이조) [80504260 ↔ 80608042]
一列縱隊(일렬종대) ↔ 一列橫隊(일렬횡대) [80423242 ↔ 80423242]
一衣帶水(일의대수) ↔ 蓬萊弱水(봉래약수) [80604280 ↔ 12126280]
入金傳票(입금전표) ↔ 出金傳票(출금전표) [70805242 ↔ 70805242]
自下達上(자하달상) ↔ 自上達下(자상달하) [72724272 ↔ 72724272]
積善餘慶(적선여경) ↔ 積惡餘殃(적악여앙) [40504242 ↔ 40524230]
積善之家(적선지가) ↔ 積惡之家(적악지가) [40503272 ↔ 40523272]
定率上昇(정률상승) ↔ 定率降下(정률강하) [60327232 ↔ 60324072]
粗衣惡食(조의악식) ↔ 飽食暖衣(포식난의) [10605272 ↔ 30724260]
粗衣惡食(조의악식) ↔ 好衣好食(호의호식) [10605272 ↔ 42604272]
粗衣粗食(조의조식) ↔ 飽食暖衣(포식난의) [10601072 ↔ 30724260]
粗衣粗食(조의조식) ↔ 好衣好食(호의호식) [10601072 ↔ 42604272]
晝長夜短(주장야단) ↔ 晝短夜長(주단야장) [60806062 ↔ 60626080]
智者一失(지자일실) ↔ 千慮一得(천려일득) [40608060 ↔ 70408042]
贊成投票(찬성투표) ↔ 反對投票(반대투표) [32624042 ↔ 62624042]
千慮一失(천려일실) ↔ 千慮一得(천려일득) [70408060 ↔ 70408042]
最高氣溫(최고기온) ↔ 最低氣溫(최저기온) [50627260 ↔ 50427260]
最大極限(최대극한) ↔ 最小極限(최소극한) [50804242 ↔ 50804242]
最大限度(최대한도) ↔ 最小限度(최소한도) [50804260 ↔ 50804260]
出生申告(출생신고) ↔ 死亡申告(사망신고) [70804252 ↔ 60504252]
夏爐冬扇(하로동선) ↔ 夏葛冬裘(하갈동구) [70327010 ↔ 70207000]
下意上達(하의상달) ↔ 上意下達(상의하달) [72627242 ↔ 72627242]
下厚上薄(하후상박) ↔ 上厚下薄(상후하박) [72407232 ↔ 72407232]
形骸之內(형해지내) ↔ 形骸之外(형해지외) [62103272 ↔ 62103280]
吸入行程(흡입행정) ↔ 排氣行程(배기행정) [42706042 ↔ 32726042]

8章

漢字語 쓰기

1. 漢字語 쓰기의 理解

漢字語 쓰는 문제는 漢字 能力을 綜合的으로 檢定하는 수단이랄 수 있다. 略字 등 漢字를 쓰는 문제는 여전히 낱글자 시험에 그치는 것이나 漢字語 쓰기에 이르면 讀音, 뜻, 文章에서의 쓰임, 書寫 능력 등등 漢字 能力을 綜合的으로 한 번에 點檢할 수 있는 것이다.

漢字語 쓰기 문제는 여러 유형이 있다. 지문이 주어지고 그 지문에 어울리는 漢字語를 찾아 써야 하는 문제, 뜻풀이를 제시 하고 그 뜻풀이에 맞는 漢字語를 찾아 쓰는 문제, 代表訓音을 제시하고 해당 訓音의 漢字로 연결된 漢字語를 쓰도록 하는 문제, 漢字語를 제시하고 그 해당 한자어의 類義나 相對 관계의 漢字語를 쓰도록 하는 문제, 漢字語의 일부 漢字만 제공하고 나머지는 찾아내어 써 漢字語를 完成하도록 하는 문제 등등이 있다. 어떤 경우이건 해당 漢字語의 文章 속에서의 쓰임을 알고 있으면 풀 수 있는 문제들이다. 漢字 낱글자 學習은 窮極的으로 이런 漢字語들을 쉽게 이해하고 活用하는 데 있는 것이므로 平素 가능한 많은 漢字語를 접하여 文章에서의 쓰임을 살펴보는 努力이 要望된다.

漢字語 쓰는 문제는 이미 배운 下位級數의 配定漢字가 대상이 되며 特級의 경우는 1級의 配定漢字 3,500字가 쓰기 범위가 된다. 다음은 特級 쓰기 配定漢字語의 實例이다. 풀이는 생략하였고 低級數의 漢字로만 결합된 漢字語는 가능한 除外하였다. 3音節 以上의 漢字語는 뜻풀이에서 대개 다루었으므로 여기서는 제외하였다. 標題字를 먼저 제시하고 그 漢字의 代表音價 순서대로 나열하여 해당 漢字에 속하는 漢字語를 쉽게 알아 볼 수 있도록 하였다.

잘 모르는 漢字語는 字典이나 辭典을 활용하여 익히시기 바란다. 여기에 보이는 漢字語가 전부는 아니다. 평소에 新聞이나 書籍 등을 통하여 접하는 用語 중 혹 모르는 漢字語를 만나면 관심을 갖고 살펴 익혀두기를 권한다.

2. 特級 쓰기配定 漢字語

2音節 漢字語만 대상으로 特級 쓰기 범위 중 3級Ⅱ 이상 1級 이하 漢字語 중에서 뽑았다. 편의상 1級, 2級_人名地名用, 2級, 3級, 3級Ⅱ 配定漢字로 나누었다. 그 아래 級數 漢字語는 지면 관계상 싣지 않았다.

<1級 配定 漢字語>

呵	呵凍(가동) [1032]	哥	八哥(팔가) [8010]	嘉	嘉卉(가훼) [1010]
呵	譴呵(견가) [1010]	嘉	嘉聞(가문) [1062]	嘉	嘉歎(가탄) [1040]
呵	受呵(수가) [4210]	嘉	嘉言(가언) [1060]	嘉	嘉愛(가애) [1060]
呵	呵責(가책) [1052]	嘉	嘉慶(가경) [1042]	嘉	嘉俳(가배) [1020]

嘉	休嘉(휴가)	[7010]
嘉	嘉靖(가정)	[1010]
嘉	嘉穀(가곡)	[1040]
嘉	嘉賓(가빈)	[1030]
嘉	嘉禾(가화)	[1030]
嘉	嘉樂(가악)	[1062]
嘉	嘉納(가납)	[1040]
嘉	嘉禮(가례)	[1060]
嘉	珍嘉(진가)	[4010]
嘉	嘉悅(가열)	[1032]
嘉	靜嘉(정가)	[4010]
嘉	嘉稱(가칭)	[1040]
嘉	亨嘉(형가)	[3010]
嫁	歸嫁(귀가)	[4010]
嫁	娶嫁(취가)	[1010]
嫁	聘嫁(빙가)	[3010]
嫁	改嫁(개가)	[5010]
嫁	嫁娶(가취)	[1010]
嫁	嫁資(가자)	[1040]
嫁	嫁期(가기)	[1050]
嫁	嫁母(가모)	[1080]
嫁	降嫁(강가)	[4010]
稼	秋稼(추가)	[7010]
稼	五稼(오가)	[8010]
稼	稼器(가기)	[1042]
稼	躬稼(궁가)	[1010]
稼	稼事(가사)	[1072]
苛	苛刻(가각)	[1040]
苛	細苛(세가)	[4210]
苛	苛法(가법)	[1052]
苛	苛政(가정)	[1042]
苛	苛殃(가앙)	[1030]
苛	嚴苛(엄가)	[4010]
苛	苛疾(가질)	[1032]
苛	苛酷(가혹)	[1020]
苛	苛虐(가학)	[1020]
苛	苛斂(가렴)	[1010]
苛	苛稅(가세)	[1042]
袈	錦袈(금가)	[3210]
駕	小駕(소가)	[8010]
駕	駐駕(주가)	[2010]
駕	鸞駕(난가)	[1010]
駕	凌駕(능가)	[1010]
駕	枉駕(왕가)	[1010]
駕	從駕(종가)	[4010]
駕	駕御(가어)	[1032]
駕	還駕(환가)	[3210]
駕	車駕(거가)	[7210]
駕	晏駕(안가)	[1010]
駕	駕洛(가락)	[1020]
駕	鳳駕(봉가)	[3210]
駕	仙駕(선가)	[5210]
恪	恪肅(각숙)	[1040]
恪	恪勤(각근)	[1040]
恪	恪虔(각건)	[1010]
恪	恪敏(각민)	[1030]
恪	恪謹(각근)	[1030]
恪	恪守(각수)	[1042]
恪	儼恪(엄각)	[1010]
恪	忠恪(충각)	[4210]
恪	虔恪(건각)	[1010]
恪	勤恪(근각)	[4010]
恪	恪愼(각신)	[1032]
恪	恪循(각순)	[1030]
殼	殼物(각물)	[1072]
殼	殼族(각족)	[1060]
殼	粟殼(속각)	[3010]
殼	枳殼(지각)	[1010]
殼	殼斗(각두)	[1042]
殼	殼果(각과)	[1062]
殼	磁殼(자각)	[2010]
殼	軀殼(구각)	[1010]
殼	地殼(지각)	[7010]
殼	卵殼(난각)	[4010]
殼	貝殼(패각)	[3010]
殼	介殼(개각)	[3210]
墾	墾田(간전)	[1042]
墾	墾鑿(간착)	[1010]
墾	新墾(신간)	[6210]
墾	開墾(개간)	[6010]
墾	墾植(간식)	[1070]
奸	奸邪(간사)	[1032]
奸	奸才(간재)	[1062]
奸	奸徒(간도)	[1040]
奸	奸吏(간리)	[1032]
奸	斬奸(참간)	[2010]
奸	奸婦(간부)	[1042]
奸	奸惡(간악)	[1052]
奸	奸計(간계)	[1062]
奸	奸巧(간교)	[1032]
奸	奸凶(간흉)	[1052]
奸	大奸(대간)	[8010]
奸	奸黨(간당)	[1042]
奸	奸曲(간곡)	[1050]
奸	奸猾(간활)	[1010]
奸	漢奸(한간)	[7210]
揀	揀擇(간택)	[1040]
揀	揀選(간선)	[1050]
揀	分揀(분간)	[6210]
揀	汰揀(태간)	[1010]
澗	澗谷(간곡)	[1032]
澗	澗阿(간아)	[1032]
澗	澗水(간수)	[1080]
癎	癎厥(간궐)	[1030]
癎	癲癎(전간)	[1010]
癎	癎疾(간질)	[1032]
癎	癎病(간병)	[1060]
癎	癎癖(간벽)	[1010]
竿	旗竿(기간)	[7010]
竿	檣竿(장간)	[1010]
竿	禾竿(화간)	[3010]
竿	竿頭(간두)	[1060]
艱	艱患(간환)	[1050]
艱	辛艱(신간)	[3010]

艱	苦艱(고간) [6010]
艱	難艱(난간) [4210]
艱	艱深(간심) [1042]
艱	內艱(내간) [7210]
艱	艱窘(간군) [1010]
艱	艱難(간난) [1042]
艱	艱辛(간신) [1030]
艱	艱苟(간구) [1030]
艱	丁艱(정간) [4010]
艱	艱苦(간고) [1060]
諫	諫言(간언) [1060]
諫	諫止(간지) [1050]
諫	諫勸(간권) [1040]
諫	固諫(고간) [5010]
諫	諫疏(간소) [1032]
諫	諫正(간정) [1072]
諫	正諫(정간) [7210]
諫	苦諫(고간) [6010]
諫	切諫(절간) [5210]
諫	諷諫(풍간) [1010]
諫	直諫(직간) [7210]
諫	匡諫(광간) [1010]
諫	泣諫(읍간) [3010]
諫	諫鼓(간고) [1032]
諫	忠諫(충간) [4210]
喝	喝食(갈식) [1072]
喝	喝采(갈채) [1012]
喝	喝破(갈파) [1042]
喝	引喝(인갈) [4210]
喝	恐喝(공갈) [3210]
喝	虛喝(허갈) [4210]
喝	大喝(대갈) [8010]
喝	喝道(갈도) [1072]
竭	竭盡(갈진) [1040]
竭	蕩竭(탕갈) [1010]
竭	竭力(갈력) [1072]
竭	空竭(공갈) [7210]
褐	短褐(단갈) [6210]

褐	褐夫(갈부) [1070]
褐	釋褐(석갈) [3210]
褐	褐色(갈색) [1070]
褐	褐炭(갈탄) [1050]
勘	勘誤(감오) [1042]
勘	拿勘(나감) [1010]
勘	了勘(요감) [3010]
勘	校勘(교감) [8010]
勘	勘當(감당) [1052]
勘	勘定(감정) [1060]
勘	勘檢(감검) [1042]
勘	勘査(감사) [1050]
勘	勘簿(감부) [1032]
勘	勘校(감교) [1080]
勘	勘合(감합) [1060]
堪	克堪(극감) [3210]
堪	堪忍(감인) [1032]
堪	難堪(난감) [4210]
堪	不堪(불감) [7210]
堪	堪輿(감여) [1030]
柑	橙柑(등감) [1010]
柑	乳柑(유감) [4010]
柑	柑橘(감귤) [1010]
柑	金柑(금감) [8010]
柑	蜜柑(밀감) [3010]
柑	黃柑(황감) [6010]
疳	蛔疳(회감) [1010]
疳	疳積(감적) [1040]
疳	下疳(하감) [7210]
疳	牙疳(아감) [3210]
疳	疳疾(감질) [1032]
疳	五疳(오감) [8010]
疳	疳病(감병) [1060]
疳	疳瘡(감창) [1010]
瞰	瞰下(감하) [1072]
瞰	下瞰(하감) [7210]
瞰	瞰射(감사) [1040]
瞰	瞰視(감시) [1042]

瞰	俯瞰(부감) [1010]
瞰	瞰臨(감림) [1032]
瞰	鳥瞰(조감) [4210]
紺	紺碧(감벽) [1032]
紺	紺瞳(감동) [1010]
紺	紺園(감원) [1060]
紺	紺靑(감청) [1080]
紺	紺宇(감우) [1032]
匣	鏡匣(경갑) [4010]
匣	玉匣(옥갑) [4210]
匣	劍匣(검갑) [3210]
閘	水閘(수갑) [8010]
閘	閘夫(갑부) [1070]
閘	閘門(갑문) [1080]
閘	閘頭(갑두) [1060]
閘	閘室(갑실) [1080]
慷	慷慨(강개) [1030]
糠	糟糠(조강) [1010]
糠	糠蝦(강하) [1010]
腔	腹腔(복강) [3210]
腔	膣腔(질강) [1010]
腔	滿腔(만강) [4210]
腔	腔子(강자) [1072]
腔	體腔(체강) [6210]
腔	腔腸(강장) [1040]
薑	乾薑(건강) [3210]
薑	軟薑(연강) [3210]
薑	灸薑(구강) [1010]
薑	片薑(편강) [3210]
薑	生薑(생강) [8010]
凱	凱樂(개악) [1062]
凱	凱歸(개귀) [1040]
凱	凱歌(개가) [1070]
凱	凱陣(개진) [1040]
凱	凱旋(개선) [1032]
凱	凱風(개풍) [1062]
凱	凱還(개환) [1032]
愾	憤愾(분개) [4010]

愾	敵愾(적개) [4210]
愾	愾憤(개분) [1040]
漑	漑灌(개관) [1010]
漑	漑糞(개분) [1010]
漑	灌漑(관개) [1010]
箇	箇箇(개개) [1010]
箇	筒箇(통개) [1010]
芥	芥子(개자) [1072]
芥	塵芥(진개) [2010]
芥	荊芥(형개) [1010]
芥	土芥(토개) [8010]
芥	草芥(초개) [7010]
芥	芥舟(개주) [1030]
芥	芥塵(개진) [1020]
羹	大羹(대갱) [8010]
羹	羹湯(갱탕) [1032]
羹	羹獻(갱헌) [1032]
醵	醵出(갹출) [1070]
醵	醵飮(갹음) [1062]
醵	醵金(갹금) [1080]
倨	倨氣(거기) [1072]
倨	倨侮(거모) [1030]
倨	驕倨(교거) [1010]
倨	倨慢(거만) [1030]
倨	倨傲(거오) [1030]
渠	車渠(거거) [7210]
渠	暗渠(암거) [4210]
渠	漕渠(조거) [1010]
渠	船渠(선거) [5010]
渠	溝渠(구거) [1010]
巾	手巾(수건) [7210]
巾	葛巾(갈건) [2010]
巾	衣巾(의건) [6010]
巾	頭巾(두건) [6010]
巾	角巾(각건) [6210]
巾	僧巾(승건) [3210]
巾	軟巾(연건) [3210]
巾	網巾(망건) [2010]
巾	孝巾(효건) [7210]
巾	巾櫛(건즐) [1010]
巾	巾車(건거) [1072]
巾	布巾(포건) [4210]
巾	巾幅(건폭) [1030]
巾	禿巾(독건) [1010]
巾	儒巾(유건) [4010]
巾	烏巾(오건) [3210]
巾	巾布(건포) [1042]
巾	綸巾(윤건) [1010]
巾	紗巾(사건) [1010]
腱	腱膜(건막) [1020]
腱	腱索(건삭) [1032]
虔	虔肅(건숙) [1040]
虔	虔恪(건각) [1010]
虔	敬虔(경건) [5210]
虔	恭虔(공건) [3210]
虔	虔虔(건건) [1010]
虔	恪虔(각건) [1010]
虔	虔恭(건공) [1032]
劫	劫濁(겁탁) [1030]
劫	壅劫(옹겁) [1010]
劫	焚劫(분겁) [1010]
劫	增劫(증겁) [4210]
劫	劫劑(겁제) [1020]
劫	劫餘(겁여) [1042]
劫	劫初(겁초) [1050]
劫	劫年(겁년) [1080]
劫	劫會(겁회) [1062]
劫	劫姦(겁간) [1030]
劫	劫盟(겁맹) [1032]
劫	劫迫(겁박) [1032]
劫	劫獄(겁옥) [1032]
劫	劫縛(겁박) [1010]
劫	劫劫(겁겁) [1010]
怯	卑怯(비겁) [3210]
怯	懦怯(나겁) [1010]
怯	生怯(생겁) [8010]
怯	喫怯(끽겁) [1010]
怯	惶怯(황겁) [1010]
怯	怯夫(겁부) [1070]
怯	怯惰(겁타) [1010]
怯	怯怖(겁포) [1020]
怯	怯心(겁심) [1070]
怯	怯懦(겁나) [1010]
怯	怯劣(겁렬) [1030]
怯	怯聲(겁성) [1042]
偈	佛偈(불게) [4210]
偈	寶偈(보게) [4210]
偈	梵偈(범게) [1010]
偈	偈頌(게송) [1040]
偈	偈句(게구) [1042]
檄	飛檄(비격) [4210]
檄	羽檄(우격) [3210]
檄	檄召(격소) [1030]
檄	檄文(격문) [1070]
膈	膈膜(격막) [1020]
膈	胸膈(흉격) [3210]
覡	巫覡(무격) [1010]
繭	繭蠶(견잠) [1020]
繭	絲繭(사견) [4010]
繭	繭絲(견사) [1040]
繭	購繭(구견) [2010]
繭	野繭(야견) [6010]
繭	重繭(중견) [7010]
繭	蠶繭(잠견) [2010]
繭	繭紬(견주) [1010]
繭	繭紙(견지) [1070]
譴	罪譴(죄견) [5010]
譴	怒譴(노견) [4210]
譴	天譴(천견) [7010]
譴	加譴(가견) [5010]
譴	嚴譴(엄견) [4010]
譴	譴呵(견가) [1010]
譴	譴告(견고) [1052]
譴	譴責(견책) [1052]

譴 譴怒(견노) [1042]
鵑 杜鵑(두견) [1210]
勁 後勁(후경) [7210]
勁 勁弩(경노) [1010]
勁 勁騎(경기) [1032]
勁 捷勁(첩경) [1010]
勁 堅勁(견경) [4010]
勁 剛勁(강경) [3210]
勁 果勁(과경) [6210]
勁 雄勁(웅경) [5010]
勁 肥勁(비경) [3210]
勁 勁悍(경한) [1010]
勁 勁敵(경적) [1042]
勁 勁弓(경궁) [1032]
勁 勁草(경초) [1070]
勁 勁葉(경엽) [1050]
勁 勁捷(경첩) [1010]
勁 勁風(경풍) [1062]
憬 憧憬(동경) [1010]
梗 梗槪(경개) [1032]
梗 梗塞(경색) [1032]
梗 生梗(생경) [8010]
梗 梗正(경정) [1072]
梗 梗梗(경경) [1010]
痙 書痙(서경) [6210]
痙 傷痙(상경) [4010]
痙 鎭痙(진경) [3210]
痙 痙風(경풍) [1062]
痙 痙症(경증) [1032]
磬 浮磬(부경) [3210]
磬 玉磬(옥경) [4210]
磬 磬折(경절) [1040]
磬 特磬(특경) [6010]
磬 石磬(석경) [6010]
磬 編磬(편경) [3210]
脛 脛節(경절) [1052]
脛 交脛(교경) [6010]
莖 細莖(세경) [4210]

莖 鱗莖(인경) [1010]
莖 根莖(근경) [6010]
頸 頭頸(두경) [6010]
頸 延頸(연경) [4010]
頸 頸骨(경골) [1040]
頸 長頸(장경) [8010]
頸 短頸(단경) [6210]
頸 頸椎(경추) [1010]
頸 頸聯(경련) [1032]
頸 頸血(경혈) [1042]
鯨 鯨音(경음) [1062]
鯨 巨鯨(거경) [4010]
鯨 鯨呑(경탄) [1010]
鯨 鯨波(경파) [1042]
鯨 鯨浪(경랑) [1032]
鯨 鯨魚(경어) [1050]
鯨 鯨油(경유) [1060]
悸 悸病(계병) [1060]
悸 惶悸(황계) [1010]
悸 動悸(동계) [7210]
悸 戰悸(전계) [6210]
悸 驚悸(경계) [4010]
悸 心悸(심계) [7010]
悸 悸悸(계계) [1010]
悸 恐悸(공계) [3210]
悸 悸慄(계율) [1010]
叩 叩頭(고두) [1060]
叩 叩首(고수) [1052]
叩 叩門(고문) [1080]
呱 呱呱(고고) [1010]
拷 拷問(고문) [1070]
拷 拷打(고타) [1050]
拷 拷掠(고략) [1030]
拷 拷訊(고신) [1010]
敲 敲擊(고격) [1040]
敲 推敲(퇴고) [4010]
痼 痼弊(고폐) [1032]
痼 沈痼(침고) [3210]

痼 痼癖(고벽) [1010]
痼 痼疾(고질) [1032]
痼 根痼(근고) [6010]
股 句股(구고) [4210]
股 股戰(고전) [1062]
股 股掌(고장) [1032]
股 股慄(고율) [1010]
股 股間(고간) [1072]
股 股肱(고굉) [1010]
膏 膏澤(고택) [1032]
膏 土膏(토고) [8010]
膏 脂膏(지고) [2010]
膏 膏劑(고제) [1020]
膏 軟膏(연고) [3210]
膏 膏汗(고한) [1032]
膏 膏粱(고량) [1010]
膏 膏血(고혈) [1042]
膏 膏土(고토) [1080]
膏 膏藥(고약) [1062]
膏 膏壤(고양) [1032]
膏 膏雉(고치) [1012]
膏 膏油(고유) [1060]
袴 短袴(단고) [6210]
辜 無辜(무고) [5010]
辜 罪辜(죄고) [5010]
辜 不辜(불고) [7210]
辜 辜負(고부) [1040]
錮 禁錮(금고) [4210]
錮 黨錮(당고) [4210]
梏 桎梏(질곡) [1010]
鵠 正鵠(정곡) [7210]
鵠 鴻鵠(홍곡) [3010]
鵠 白鵠(백곡) [8010]
鵠 黃鵠(황곡) [6010]
鵠 鵠志(곡지) [1042]
鵠 鵠髮(곡발) [1040]
鵠 鵠的(곡적) [1052]
昆 昆陽(곤양) [1060]

昆 後昆(후곤) [7210]
昆 昆布(곤포) [1042]
昆 昆弟(곤제) [1080]
昆 昆孫(곤손) [1060]
棍 棍杖(곤장) [1010]
棍 棍棒(곤봉) [1010]
袞 御袞(어곤) [3210]
袞 龍袞(용곤) [4010]
袞 玄袞(현곤) [3210]
汨 汨沒(골몰) [1032]
拱 拱揖(공읍) [1010]
拱 垂拱(수공) [3210]
拱 拱把(공파) [1030]
拱 拱手(공수) [1072]
鞏 鞏膜(공막) [1020]
鞏 鞏固(공고) [1050]
顆 飯顆(반과) [3210]
顆 橘顆(귤과) [1010]
顆 顆粒(과립) [1010]
廓 恢廓(회확) [1010]
廓 廓淸(확청) [1062]
廓 宏廓(굉확) [1010]
廓 廓正(확정) [1072]
廓 廓然(확연) [1070]
廓 廓大(확대) [1080]
廓 城廓(성곽) [4210]
槨 副槨(부곽) [4210]
槨 棺槨(관곽) [1010]
藿 藿田(곽전) [1042]
藿 葵藿(규곽) [1010]
棺 副棺(부관) [4210]
棺 棺柩(관구) [1010]
棺 棺板(관판) [1050]
棺 棺材(관재) [1052]
棺 石棺(석관) [6010]
棺 棺槨(관곽) [1010]
棺 蓋棺(개관) [3210]
棺 出棺(출관) [7010]
棺 入棺(입관) [7010]
灌 慧灌(혜관) [3210]
灌 漑灌(개관) [1010]
灌 灌漑(관개) [1010]
灌 灌佛(관불) [1042]
灌 灌域(관역) [1040]
灌 灌腸(관장) [1040]
灌 浸灌(침관) [3210]
顴 顴骨(관골) [1040]
刮 刮目(괄목) [1060]
括 包括(포괄) [4210]
括 括約(괄약) [1052]
括 括弧(괄호) [1010]
括 括髮(괄발) [1040]
括 一括(일괄) [8010]
括 槪括(개괄) [3210]
括 收括(수괄) [4210]
括 總括(총괄) [4210]
匡 正匡(정광) [7210]
匡 匡救(광구) [1050]
匡 匡諫(광간) [1010]
匡 一匡(일광) [8010]
匡 弼匡(필광) [1210]
匡 匡正(광정) [1072]
匡 匡床(광상) [1042]
匡 匡郭(광곽) [1030]
匡 匡濟(광제) [1042]
匡 匡坐(광좌) [1032]
匡 匡勵(광려) [1032]
匡 匡輔(광보) [1012]
匡 胥匡(서광) [1010]
壙 壙中(광중) [1080]
壙 壙誌(광지) [1040]
壙 壙穴(광혈) [1032]
曠 淸曠(청광) [6210]
曠 曠職(광직) [1042]
曠 曠朗(광랑) [1052]
曠 崇曠(숭광) [4010]
曠 平曠(평광) [7210]
曠 怨曠(원광) [4010]
曠 高曠(고광) [6210]
曠 曠達(광달) [1042]
曠 曠年(광년) [1080]
曠 曠野(광야) [1060]
曠 曠懷(광회) [1032]
曠 曠茫(광망) [1030]
曠 曠古(광고) [1060]
曠 曠世(광세) [1072]
曠 曠土(광토) [1080]
曠 曠日(광일) [1080]
胱 膀胱(방광) [1010]
卦 占卦(점괘) [4010]
卦 卦爻(괘효) [1010]
卦 卦象(괘상) [1040]
卦 吉卦(길괘) [5010]
卦 恒卦(항괘) [3210]
卦 坤卦(곤괘) [3010]
卦 陽卦(양괘) [6010]
卦 八卦(팔괘) [8010]
卦 艮卦(간괘) [1210]
卦 卦辭(괘사) [1040]
卦 卦兆(괘조) [1032]
卦 上卦(상괘) [7210]
卦 陰卦(음괘) [4210]
卦 下卦(하괘) [7210]
罫 段罫(단괘) [4010]
罫 罫版(괘판) [1032]
罫 罫紙(괘지) [1070]
罫 罫中(괘중) [1080]
乖 乖亂(괴란) [1040]
乖 乖愎(괴퍅) [1010]
乖 乖角(괴각) [1062]
乖 乖隔(괴격) [1032]
乖 乖背(괴배) [1042]
乖 乖戾(괴려) [1010]
乖 乖悖(괴패) [1010]

拐	拐帶(괴대) [1042]
拐	誘拐(유괴) [3210]
魁	巨魁(거괴) [4010]
魁	魁首(괴수) [1052]
魁	魁選(괴선) [1050]
魁	魁蛤(괴합) [1010]
魁	魁岸(괴안) [1032]
魁	魁星(괴성) [1042]
魁	魔魁(마괴) [2010]
魁	魁傑(괴걸) [1040]
魁	花魁(화괴) [7010]
魁	魁甲(괴갑) [1040]
魁	魁梧(괴오) [1020]
魁	大魁(대괴) [8010]
魁	賊魁(적괴) [4010]
魁	首魁(수괴) [5210]
魁	匪魁(비괴) [2010]
魁	魁頭(괴두) [1060]
魁	黨魁(당괴) [4210]
魁	魁偉(괴위) [1052]
宏	宏廓(굉확) [1010]
宏	宏闊(굉활) [1010]
宏	宏達(굉달) [1042]
宏	宏規(굉규) [1050]
宏	宏傑(굉걸) [1040]
宏	宏博(굉박) [1042]
宏	宏材(굉재) [1052]
宏	宏敞(굉창) [1012]
宏	宏弘(굉홍) [1030]
宏	宏富(굉부) [1042]
宏	宏圖(굉도) [1062]
宏	恢宏(회굉) [1010]
宏	爆宏(폭굉) [4010]
肱	枕肱(침굉) [3010]
肱	曲肱(곡굉) [5010]
肱	股肱(고굉) [1010]
轟	雷轟(뇌굉) [3210]
轟	轟轟(굉굉) [1010]
轟	轟沈(굉침) [1032]
轟	轟破(굉파) [1042]
轟	轟醉(굉취) [1032]
轟	轟笑(굉소) [1042]
轟	轟飮(굉음) [1062]
轟	轟然(굉연) [1070]
咬	咬咬(교교) [1010]
喬	喬幹(교간) [1032]
喬	喬松(교송) [1040]
喬	喬志(교지) [1042]
喬	喬林(교림) [1070]
喬	喬木(교목) [1080]
喬	遷喬(천교) [3210]
喬	凌喬(능교) [1010]
喬	喬遷(교천) [1032]
嬌	阿嬌(아교) [3210]
嬌	嬌艶(교염) [1010]
嬌	嬌姿(교자) [1040]
嬌	嬌童(교동) [1062]
嬌	嬌面(교면) [1070]
嬌	嬌客(교객) [1052]
嬌	嬌兒(교아) [1052]
嬌	愛嬌(애교) [6010]
嬌	嬌聲(교성) [1042]
嬌	嬌女(교녀) [1080]
嬌	嬌歌(교가) [1070]
攪	亂攪(난교) [4010]
攪	攪亂(교란) [1040]
攪	攪拌(교반) [1010]
狡	狡童(교동) [1062]
狡	狡詐(교사) [1030]
狡	狡猾(교활) [1010]
狡	狡智(교지) [1040]
狡	狡吏(교리) [1032]
狡	狡惡(교악) [1052]
皎	皎鏡(교경) [1040]
皎	皎潔(교결) [1042]
皎	皎月(교월) [1080]
蛟	潛蛟(잠교) [3210]
蛟	蛟蛇(교사) [1032]
蛟	蛟蛔(교회) [1010]
蛟	蛟龍(교룡) [1040]
轎	小轎(소교) [8010]
轎	轎夫(교부) [1070]
轎	轎子(교자) [1072]
轎	轎丁(교정) [1040]
驕	驕誇(교과) [1032]
驕	驕倨(교거) [1010]
驕	驕慢(교만) [1030]
驕	驕侈(교치) [1010]
驕	驕亢(교항) [1012]
驕	驕奢(교사) [1010]
驕	驕溢(교일) [1010]
驕	驕兒(교아) [1052]
驕	驕揚(교양) [1032]
驕	驕兵(교병) [1052]
驕	淫驕(음교) [3210]
驕	驕暴(교포) [1042]
仇	仇隙(구극) [1010]
仇	仇怨(구원) [1040]
仇	仇邦(구방) [1030]
仇	世仇(세구) [7210]
仇	讎仇(수구) [1010]
仇	仇家(구가) [1072]
仇	仇亥(구해) [1030]
仇	仇敵(구적) [1042]
仇	仇恨(구한) [1040]
嘔	嘔吐(구토) [1032]
垢	垢弊(구폐) [1032]
垢	汚垢(오구) [3010]
垢	面垢(면구) [7010]
垢	垢濁(구탁) [1030]
垢	無垢(무구) [5010]
垢	垢穢(구예) [1010]
垢	身垢(신구) [6210]
垢	垢面(구면) [1070]

垢 塵垢(진구) [2010]
寇 流寇(유구) [5210]
寇 窮寇(궁구) [4010]
寇 司寇(사구) [3210]
寇 寇賊(구적) [1040]
寇 外寇(외구) [8010]
寇 寇盜(구도) [1040]
寇 邊寇(변구) [4210]
寇 侵寇(침구) [4210]
寇 寇讎(구수) [1010]
寇 內寇(내구) [7210]
寇 劇寇(극구) [4010]
嶇 崎嶇(기구) [1010]
枸 枸骨(구골) [1040]
枸 枸橘(구귤) [1010]
枸 枸杞(구기) [1010]
枸 枸木(구목) [1080]
柩 棺柩(관구) [1010]
柩 柩車(구거) [1072]
毆 毆擊(구격) [1040]
毆 毆縛(구박) [1010]
毆 毆打(구타) [1050]
毆 毆殺(구살) [1042]
溝 溝渠(구거) [1010]
溝 梢溝(초구) [1010]
溝 漕溝(조구) [1010]
溝 御溝(어구) [3210]
溝 陰溝(음구) [4210]
溝 溝瀆(구독) [1010]
溝 溝池(구지) [1032]
灸 鍼灸(침구) [1010]
灸 灸薑(구강) [1010]
矩 矩墨(구묵) [1032]
矩 矩形(구형) [1062]
矩 矩度(구도) [1060]
矩 下矩(하구) [7210]
矩 矩繩(구승) [1012]
矩 前矩(전구) [7210]
矩 矩尺(구척) [1032]
矩 矩步(구보) [1042]
矩 度矩(도구) [6010]
矩 矩地(구지) [1070]
臼 脫臼(탈구) [4010]
臼 井臼(정구) [3210]
臼 石臼(석구) [6010]
臼 茶臼(다구) [3210]
臼 臼狀(구상) [1042]
臼 臼齒(구치) [1042]
臼 臼磨(구마) [1032]
臼 臼砲(구포) [1042]
舅 舅甥(구생) [1010]
舅 姑舅(고구) [3210]
舅 叔舅(숙구) [4010]
舅 舅弟(구제) [1080]
舅 國舅(국구) [8010]
舅 舅父(구부) [1080]
舅 伯舅(백구) [3210]
舅 外舅(외구) [8010]
舅 舅氏(구씨) [1040]
舅 舅母(구모) [1080]
舅 舅姑(구고) [1032]
衢 四衢(사구) [8010]
衢 通衢(통구) [6010]
衢 街衢(가구) [4210]
衢 衢路(구로) [1060]
衢 衢街(구가) [1042]
衢 衢國(구국) [1080]
謳 謳吟(구음) [1030]
謳 謳歌(구가) [1070]
軀 賤軀(천구) [3210]
軀 體軀(체구) [6210]
軀 軀命(구명) [1070]
軀 軀體(구체) [1062]
軀 軀幹(구간) [1032]
軀 瘦軀(수구) [1010]
軀 形軀(형구) [6210]
軀 矮軀(왜구) [1010]
軀 捐軀(연구) [1010]
軀 軀殼(구각) [1010]
軀 衰軀(쇠구) [3210]
鉤 鉤爪(구조) [1010]
鉤 鉤藤(구등) [1020]
鉤 鉤狀(구상) [1042]
鉤 鉤距(구거) [1032]
鉤 金鉤(금구) [8010]
鉤 呑鉤(탄구) [1010]
鉤 鉤餌(구이) [1010]
鉤 垂鉤(수구) [3210]
鉤 銀鉤(은구) [6010]
鉤 帶鉤(대구) [4210]
駒 白駒(백구) [8010]
駒 駒馬(구마) [1050]
駒 駒隙(구극) [1010]
駒 隙駒(극구) [1010]
駒 驪駒(여구) [1210]
駒 龍駒(용구) [4010]
鳩 鳩合(구합) [1060]
鳩 鳴鳩(명구) [4010]
鳩 鳩尾(구미) [1032]
鳩 鳩聚(구취) [1012]
鳩 鳩杖(구장) [1010]
鳩 斑鳩(반구) [1010]
廏 馬廏(마구) [5010]
廏 廏舍(구사) [1042]
廏 內廏(내구) [7210]
窘 窘乏(군핍) [1010]
窘 艱窘(간군) [1010]
窘 窘辱(군욕) [1032]
窘 窘迫(군박) [1032]
窘 窘困(군곤) [1040]
窘 窮窘(궁군) [4010]
窘 窘境(군경) [1042]
穹 蒼穹(창궁) [3210]
穹 高穹(고궁) [6210]

躬	躬化(궁화) [1052]
躬	躬稼(궁가) [1010]
躬	躬行(궁행) [1060]
躬	躬耕(궁경) [1032]
躬	匪躬(비궁) [2010]
躬	聖躬(성궁) [4210]
躬	責躬(책궁) [5210]
倦	倦憊(권비) [1010]
倦	倦怠(권태) [1030]
倦	倦憩(권게) [1020]
倦	倦罷(권파) [1030]
倦	休倦(휴권) [7010]
倦	倦游(권유) [1010]
捲	捲勇(권용) [1062]
捲	席捲(석권) [6010]
眷	眷庇(권비) [1010]
眷	天眷(천권) [7010]
眷	深眷(심권) [4210]
眷	眷愛(권애) [1060]
眷	親眷(친권) [6010]
眷	恩眷(은권) [4210]
眷	殊眷(수권) [3210]
眷	眷佑(권우) [1012]
眷	哀眷(애권) [3210]
蹶	蹶起(궐기) [1042]
蹶	蹶然(궐연) [1070]
蹶	顚蹶(전궐) [1010]
机	机下(궤하) [1072]
机	机上(궤상) [1072]
櫃	書櫃(서궤) [6210]
潰	潰瘍(궤양) [1010]
潰	粉潰(분궤) [4010]
潰	潰溢(궤일) [1010]
潰	潰敗(궤패) [1050]
潰	潰決(궤결) [1052]
潰	潰裂(궤열) [1032]
潰	潰亂(궤란) [1040]
潰	決潰(결궤) [5210]
詭	奇詭(기궤) [4010]
詭	詭激(궤격) [1040]
詭	詭妄(궤망) [1032]
詭	詭策(궤책) [1032]
詭	詭形(궤형) [1062]
詭	詭誕(궤탄) [1030]
詭	詭計(궤계) [1062]
詭	詭詐(궤사) [1030]
詭	詭術(궤술) [1062]
詭	詭言(궤언) [1060]
几	几杖(궤장) [1010]
几	書几(서궤) [6210]
几	几筵(궤연) [1010]
几	竹几(죽궤) [4210]
几	几席(궤석) [1060]
几	玉几(옥궤) [4210]
几	淨几(정궤) [3210]
硅	硅素(규소) [1042]
窺	管窺(관규) [4010]
窺	窺知(규지) [1052]
窺	潛窺(잠규) [3210]
窺	窺間(규간) [1072]
窺	窺見(규견) [1052]
葵	葵藿(규곽) [1010]
葵	山葵(산규) [8010]
葵	葵花(규화) [1070]
逵	九逵(구규) [8010]
逵	逵路(규로) [1060]
橘	枸橘(구귤) [1010]
橘	橘包(귤포) [1042]
橘	橙橘(등귤) [1010]
橘	橘葉(귤엽) [1050]
橘	柑橘(감귤) [1010]
橘	金橘(금귤) [8010]
橘	橘井(귤정) [1032]
橘	橘顆(귤과) [1010]
橘	橘核(귤핵) [1040]
橘	橘柚(귤유) [1010]
橘	橘餠(귤병) [1010]
剋	相剋(상극) [5210]
剋	剋定(극정) [1060]
戟	刺戟(자극) [3210]
戟	兵戟(병극) [5210]
戟	巴戟(파극) [1010]
戟	刀戟(도극) [3210]
戟	電戟(전극) [7210]
戟	持戟(지극) [4010]
戟	交戟(교극) [6010]
戟	劍戟(검극) [3210]
戟	戟架(극가) [1032]
戟	戟盾(극순) [1020]
棘	棘針(극침) [1040]
棘	蒙棘(몽극) [3210]
棘	荊棘(형극) [1010]
隙	農隙(농극) [7210]
隙	隙駒(극구) [1010]
隙	孔隙(공극) [4010]
隙	穴隙(혈극) [3210]
隙	邊隙(변극) [4210]
隙	間隙(간극) [7210]
隙	寸隙(촌극) [8010]
隙	門隙(문극) [8010]
隙	尤隙(우극) [3010]
隙	駒隙(구극) [1010]
隙	仇隙(구극) [1010]
隙	暇隙(가극) [4010]
覲	覲見(근현) [1052]
覲	覲親(근친) [1060]
覲	朝覲(조근) [6010]
覲	覲謁(근알) [1030]
覲	入覲(입근) [7010]
覲	覲禮(근례) [1060]
饉	飢饉(기근) [3010]
饉	凶饉(흉근) [5210]
擒	擒縛(금박) [1010]
擒	擒捉(금착) [1030]

擒	縛擒(박금) [1010]
擒	擒生(금생) [1080]
擒	擒斬(금참) [1020]
擒	生擒(생금) [8010]
擒	擒縱(금종) [1032]
衾	綾衾(능금) [1010]
衾	鴦衾(앙금) [1010]
衾	單衾(단금) [4210]
衾	被衾(피금) [3210]
衾	衾具(금구) [1052]
衾	孤衾(고금) [4010]
衾	同衾(동금) [7010]
衾	布衾(포금) [4210]
衾	衾枕(금침) [1030]
襟	整襟(정금) [4010]
襟	開襟(개금) [6010]
襟	胸襟(흉금) [3210]
襟	衣襟(의금) [6010]
襟	襟懷(금회) [1032]
襟	塵襟(진금) [2010]
襟	宸襟(신금) [1010]
襟	襟帶(금대) [1042]
扱	取扱(취급) [4210]
扱	小扱(소급) [8010]
扱	車扱(차급) [7210]
汲	汲索(급삭) [1032]
汲	汲路(급로) [1060]
亘	亘古(긍고) [1060]
亘	亘長(긍장) [1080]
亘	綿亘(면긍) [3210]
亘	延亘(연긍) [4010]
矜	矜躁(긍조) [1010]
矜	矜誇(긍과) [1032]
矜	誇矜(과긍) [3210]
矜	哀矜(애긍) [3210]
矜	可矜(가긍) [5010]
矜	矜憐(긍련) [1030]
矜	矜恕(긍서) [1032]
矜	矜哀(긍애) [1032]
矜	矜恤(긍휼) [1010]
矜	矜惻(긍측) [1010]
矜	矜育(긍육) [1070]
矜	矜莊(긍장) [1032]
矜	自矜(자긍) [7210]
伎	伎藝(기예) [1042]
伎	伎倆(기량) [1010]
嗜	嗜癖(기벽) [1010]
嗜	嗜好(기호) [1042]
嗜	嗜慾(기욕) [1032]
嗜	嗜玩(기완) [1010]
嗜	最嗜(최기) [5010]
嗜	貪嗜(탐기) [3010]
嗜	嗜眠(기면) [1032]
妓	名妓(명기) [7210]
妓	妓筵(기연) [1010]
妓	藝妓(예기) [4210]
妓	妓女(기녀) [1080]
妓	舞妓(무기) [4010]
妓	妓生(기생) [1080]
妓	預妓(예기) [2010]
妓	妓樓(기루) [1032]
妓	妓樂(기악) [1062]
妓	官妓(관기) [4210]
妓	妓家(기가) [1072]
妓	歌妓(가기) [7010]
妓	美妓(미기) [6010]
妓	聲妓(성기) [4210]
妓	童妓(동기) [6210]
妓	義妓(의기) [4210]
妓	妙妓(묘기) [4010]
妓	娼妓(창기) [1010]
崎	崎嶇(기구) [1010]
朞	朞年(기년) [1080]
朞	小朞(소기) [8010]
朞	大朞(대기) [8010]
杞	枸杞(구기) [1010]
杞	杞憂(기우) [1032]
杞	杞柳(기류) [1040]
畸	畸形(기형) [1062]
畸	畸人(기인) [1080]
綺	綾綺(능기) [1010]
綺	綺麗(기려) [1042]
綺	綺縠(기곡) [1040]
綺	羅綺(나기) [4210]
綺	綺靡(기미) [1010]
羈	繫羈(계기) [3010]
羈	羈寓(기우) [1010]
羈	羈絆(기반) [1010]
肌	肌膚(기부) [1020]
肌	雪肌(설기) [6210]
肌	玉肌(옥기) [4210]
肌	肌理(기리) [1062]
肌	肌骨(기골) [1040]
譏	譏謗(기방) [1010]
譏	譏讒(기참) [1010]
譏	譏評(기평) [1040]
譏	譏諷(기풍) [1010]
譏	譏刺(기자) [1032]
拮	拮抗(길항) [1040]
喫	喫破(끽파) [1042]
喫	喫怯(끽겁) [1010]
喫	喫茶(끽다) [1032]
喫	喫緊(끽긴) [1032]
喫	喫飯(끽반) [1032]
喫	喫着(끽착) [1052]
喫	滿喫(만끽) [4210]
儺	驅儺(구나) [3010]
懦	懦怯(나겁) [1010]
懦	怯懦(겁나) [1010]
懦	懦劣(나열) [1030]
懦	懦弱(나약) [1062]
懦	庸懦(용나) [3010]
拏	紛拏(분나) [3210]
拿	拿推(나추) [1040]

拿 拿就(나취) [1040]
拿 拿獲(나획) [1032]
拿 拿捕(나포) [1032]
拿 拿罷(나파) [1030]
拿 拿來(나래) [1070]
拿 先拿(선나) [8010]
拿 推拿(추나) [4010]
拿 捕拿(포나) [3210]
拿 拘拿(구나) [3210]
拿 拿送(나송) [1042]
拿 罷拿(파나) [3010]
拿 拿入(나입) [1070]
拿 拿處(나처) [1042]
拿 拿鞫(나국) [1012]
拿 拿問(나문) [1070]
拿 拿勘(나감) [1010]
拿 拿引(나인) [1042]
拿 拿法(나법) [1052]
拿 拿命(나명) [1070]
拿 拿致(나치) [1050]
拿 拿囚(나수) [1030]
煖 煖房(난방) [1042]
煖 煖爐(난로) [1032]
煖 飽煖(포난) [3010]
煖 寒煖(한란) [5010]
煖 煖室(난실) [1080]
煖 煖氣(난기) [1072]
捏 捏造(날조) [1042]
捺 捺印(날인) [1042]
捺 捺章(날장) [1060]
捺 捺染(날염) [1032]
捺 捺型(날형) [1020]
衲 緋衲(비납) [1010]
衲 老衲(노납) [7010]
衲 梵衲(범납) [1010]
衲 衲子(납자) [1072]
衲 野衲(야납) [6010]
衲 衲僧(납승) [1032]
衲 衲衣(납의) [1060]
囊 傾囊(경낭) [4010]
囊 寢囊(침낭) [4010]
囊 亥囊(해낭) [3010]
囊 奚囊(해낭) [3010]
囊 心囊(심낭) [7010]
囊 水囊(수낭) [8010]
囊 背囊(배낭) [4210]
囊 浮囊(부낭) [3210]
囊 藥囊(약낭) [6210]
囊 氷囊(빙낭) [5010]
囊 詩囊(시낭) [4210]
囊 行囊(행낭) [6010]
囊 衣囊(의낭) [6010]
囊 陰囊(음낭) [4210]
囊 香囊(향낭) [4210]
囊 錦囊(금낭) [3210]
囊 智囊(지낭) [4010]
囊 囊刀(낭도) [1032]
囊 繡囊(수낭) [1010]
囊 土囊(토낭) [8010]
撚 撚絲(연사) [1040]
撚 撚斷(연단) [1042]
撚 撚紙(연지) [1070]
涅 涅槃(열반) [1010]
弩 弩手(노수) [1072]
弩 勁弩(경노) [1010]
弩 弓弩(궁노) [3210]
弩 弩師(노사) [1042]
弩 伏弩(복노) [4010]
弩 強弩(강노) [6010]
弩 弩砲(노포) [1042]
駑 駑鈍(노둔) [1030]
駑 罷駑(파노) [3010]
膿 膿汁(농즙) [1010]
膿 膿血(농혈) [1042]
膿 膿漏(농루) [1032]
膿 化膿(화농) [5210]
撓 撓改(요개) [1050]
撓 撓屈(요굴) [1040]
撓 撓撓(요뇨) [1010]
撓 撓折(요절) [1040]
訥 訥澁(눌삽) [1010]
訥 口訥(구눌) [7010]
訥 訥言(눌언) [1060]
訥 訥辯(눌변) [1040]
訥 訥催(눌최) [1032]
紐 結紐(결뉴) [5210]
紐 紐由(유유) [1060]
紐 龜紐(귀뉴) [3010]
匿 藏匿(장닉) [3210]
匿 避匿(피닉) [4010]
匿 隱匿(은닉) [4010]
匿 掩匿(엄닉) [1010]
匿 匿空(익공) [1072]
匿 亡匿(망닉) [5010]
匿 匿名(익명) [1072]
簞 簞食(단사) [1072]
緞 絨緞(융단) [1010]
緞 緞子(단자) [1072]
緞 疋緞(필단) [1010]
緞 緋緞(비단) [1010]
緞 紬緞(주단) [1010]
蛋 蛋黃(단황) [1060]
蛋 蛋白(단백) [1080]
撻 鞭撻(편달) [1010]
撻 撻辱(달욕) [1032]
撻 楚撻(초달) [1210]
撻 撻笞(달태) [1010]
撻 撻罰(달벌) [1042]
疸 穀疸(곡달) [4010]
疸 黑疸(흑달) [5010]
疸 黃疸(황달) [6010]
疸 疸病(달병) [1060]
疸 疸症(달증) [1032]
疸 酒疸(주달) [4010]

憺	憺畏(담외) [1030]	屠	屠戮(도륙) [1010]	賭	賭場(도장) [1072]
憺	慘憺(참담) [3010]	屠	屠畜(도축) [1032]	賭	賭只(도지) [1030]
曇	悉曇(실담) [1010]	屠	屠割(도할) [1032]	賭	賭博(도박) [1042]
曇	晴曇(청담) [3010]	屠	屠者(도자) [1060]	賭	賭錢(도전) [1040]
曇	曇天(담천) [1070]	掉	掉尾(도미) [1032]	蹈	蹈襲(도습) [1032]
澹	慘澹(참담) [3010]	搗	賃搗(임도) [3210]	蹈	蹈舞(도무) [1040]
澹	澹艶(담염) [1010]	搗	搗精(도정) [1042]	蹈	高蹈(고도) [6210]
澹	澹泊(담박) [1030]	淘	淘汰(도태) [1010]	蹈	舞蹈(무도) [4010]
澹	暗澹(암담) [4210]	淘	淘金(도금) [1080]	蹈	足蹈(족도) [7210]
澹	平澹(평담) [7210]	滔	滔乎(도호) [1030]	鍍	鍍金(도금) [1080]
痰	檢痰(검담) [4210]	滔	滔天(도천) [1070]	瀆	溝瀆(구독) [1010]
痰	痰火(담화) [1080]	滔	滔蕩(도탕) [1010]	瀆	瀆職(독직) [1042]
痰	痰唾(담타) [1010]	濤	松濤(송도) [4010]	瀆	四瀆(사독) [8010]
痰	燥痰(조담) [3010]	濤	風濤(풍도) [6210]	瀆	冒瀆(모독) [3010]
痰	血痰(혈담) [4210]	濤	狂濤(광도) [3210]	瀆	汚瀆(오독) [3010]
譚	民譚(민담) [8010]	濤	波濤(파도) [4210]	瀆	瀆汚(독오) [1030]
譚	奇譚(기담) [4010]	濤	濤聲(도성) [1042]	禿	禿筆(독필) [1052]
譚	譚詩(담시) [1042]	濤	怒濤(노도) [4210]	禿	禿頭(독두) [1060]
遝	遝至(답지) [1042]	濤	驚濤(경도) [4010]	禿	禿樹(독수) [1060]
撞	尋撞(심당) [3010]	濤	洪濤(홍도) [3210]	禿	禿山(독산) [1080]
撞	撞突(당돌) [1032]	濤	濤波(도파) [1042]	禿	禿翁(독옹) [1030]
撞	撞着(당착) [1052]	濤	濤灣(도만) [1020]	禿	禿丁(독정) [1040]
撞	撞木(당목) [1080]	濤	濤瀾(도란) [1010]	禿	斑禿(반독) [1010]
棠	甘棠(감당) [4010]	濤	漲濤(창도) [1010]	禿	禿巾(독건) [1010]
棠	海棠(해당) [7210]	濤	濤雷(도뢰) [1032]	禿	郭禿(곽독) [3010]
棠	棠梨(당리) [1030]	濤	銀濤(은도) [6010]	沌	混沌(혼돈) [4010]
擡	擡頭(대두) [1060]	睹	睹聞(도문) [1062]	沌	渾沌(혼돈) [1010]
袋	袋鼠(대서) [1010]	睹	逆睹(역도) [4210]	憧	憧憧(동동) [1010]
袋	布袋(포대) [4210]	睹	目睹(목도) [6010]	憧	憧憬(동경) [1010]
袋	麻袋(마대) [3210]	禱	禱請(도청) [1042]	疼	疼痛(동통) [1040]
袋	魚袋(어대) [5010]	禱	祝禱(축도) [5010]	瞳	綠瞳(녹동) [6010]
堵	安堵(안도) [7210]	禱	齋禱(재도) [1010]	瞳	紺瞳(감동) [1010]
堵	堵墻(도장) [1030]	禱	祈禱(기도) [3210]	瞳	重瞳(중동) [7010]
堵	堵列(도열) [1042]	禱	禱祈(도기) [1032]	瞳	漆瞳(칠동) [3210]
屠	浮屠(부도) [3210]	禱	煉禱(연도) [2010]	瞳	瞳人(동인) [1080]
屠	屠腹(도복) [1032]	禱	默禱(묵도) [3210]	瞳	靑瞳(청동) [8010]
屠	屠兒(도아) [1052]	萄	葡萄(포도) [1210]	瞳	瞳子(동자) [1072]
屠	屠殺(도살) [1042]	賭	賭技(도기) [1050]	瞳	瞳焉(동언) [1030]

瞳	瞳孔(동공) [1040]
胴	胴體(동체) [1062]
兜	兜率(도솔) [1032]
痘	痘痕(두흔) [1010]
痘	牛痘(우두) [5010]
痘	種痘(종두) [5210]
痘	水痘(수두) [8010]
痘	痘漿(두장) [1010]
痘	痘瘡(두창) [1010]
痘	痘苗(두묘) [1030]
痘	痘疫(두역) [1032]
痘	痘面(두면) [1070]
臀	臀肉(둔육) [1042]
臀	臀腫(둔종) [1010]
遁	隱遁(은둔) [4010]
遁	遁世(둔세) [1072]
遁	鼠遁(서둔) [1010]
遁	遁逃(둔도) [1040]
遁	逃遁(도둔) [4010]
遁	遁避(둔피) [1040]
遁	遁思(둔사) [1050]
遁	遁迹(둔적) [1010]
遁	遁甲(둔갑) [1040]
遁	遁走(둔주) [1042]
橙	橙橘(등귤) [1010]
橙	橙柑(등감) [1010]
懶	懶婦(나부) [1042]
懶	懶性(나성) [1052]
懶	懶怠(나태) [1030]
懶	懶慢(나만) [1030]
懶	懶眠(나면) [1032]
懶	懶惰(나타) [1010]
癩	癩菌(나균) [1032]
癩	癩漢(나한) [1072]
癩	癩疹(나진) [1010]
癩	癩腫(나종) [1010]
癩	癩病(나병) [1060]
螺	螺階(나계) [1040]
螺	螺旋(나선) [1032]
螺	田螺(전라) [4210]
螺	吹螺(취라) [3210]
螺	青螺(청라) [8010]
螺	螺貝(나패) [1030]
螺	螺髮(나발) [1040]
螺	螺絲(나사) [1040]
螺	螺杯(나배) [1030]
螺	法螺(법라) [5210]
邏	警邏(경라) [4210]
邏	邏卒(나졸) [1052]
邏	邏騎(나기) [1032]
邏	偵邏(정라) [2010]
邏	巡邏(순라) [3210]
烙	鍼烙(침락) [1010]
烙	烙印(낙인) [1042]
酪	酪漿(낙장) [1010]
駱	駱馬(낙마) [1050]
駱	駱駝(낙타) [1010]
瀾	波瀾(파란) [4210]
瀾	驚瀾(경란) [4010]
瀾	狂瀾(광란) [3210]
瀾	碧瀾(벽란) [3210]
瀾	漫瀾(만란) [3010]
瀾	濤瀾(도란) [1010]
瀾	瀾汗(난한) [1032]
鸞	鳳鸞(봉란) [3210]
鸞	鸞殿(난전) [1032]
鸞	鸞鳳(난봉) [1032]
鸞	鸞車(난거) [1072]
鸞	鸞鈴(난령) [1010]
鸞	鸞駕(난가) [1010]
剌	潑剌(발랄) [1010]
剌	水剌(수라) [8010]
辣	惡辣(악랄) [5210]
辣	辣手(날수) [1072]
辣	辛辣(신랄) [3010]
辣	辣腕(날완) [1010]
籃	搖籃(요람) [3010]
籃	魚籃(어람) [5010]
籃	竹籃(죽람) [4210]
臘	夏臘(하랍) [7010]
臘	一臘(일랍) [8010]
臘	臘享(납향) [1030]
臘	眞臘(진랍) [4210]
臘	臘茶(납다) [1032]
臘	舊臘(구랍) [5210]
臘	窮臘(궁랍) [4010]
臘	伏臘(복랍) [4010]
臘	臘劑(납제) [1020]
臘	希臘(희랍) [4210]
臘	法臘(법랍) [5210]
臘	臘平(납평) [1072]
臘	臘梅(납매) [1032]
臘	臘半(납반) [1062]
臘	臘鼓(납고) [1032]
臘	臘祭(납제) [1042]
臘	臘日(납일) [1080]
蠟	蠟燭(납촉) [1030]
蠟	蠟型(납형) [1020]
蠟	蠟紙(납지) [1070]
蠟	蠟花(납화) [1070]
蠟	型蠟(형랍) [2010]
蠟	黃蠟(황랍) [6010]
蠟	白蠟(백랍) [8010]
蠟	蜜蠟(밀랍) [3010]
蠟	蠟淚(납루) [1030]
蠟	封蠟(봉랍) [3210]
蠟	蠟丸(납환) [1030]
狼	餓狼(아랑) [3010]
狼	狼虎(낭호) [1032]
狼	豺狼(시랑) [1010]
狼	貪狼(탐랑) [3010]
狼	狼煙(낭연) [1042]
狼	狼戾(낭려) [1010]
狼	狼抗(낭항) [1040]

狼 狼貪(낭탐) [1030]
狼 狼顧(낭고) [1030]
狼 狼疾(낭질) [1032]
狼 虎狼(호랑) [3210]
狼 鼠狼(서랑) [1010]
倆 伎倆(기량) [1010]
倆 技倆(기량) [5010]
粱 黃粱(황량) [6010]
粱 高粱(고량) [6210]
粱 膏粱(고량) [1010]
粱 青粱(청량) [8010]
侶 僧侶(승려) [3210]
侶 伴侶(반려) [3010]
侶 鴛侶(원려) [1010]
侶 法侶(법려) [5210]
侶 同侶(동려) [7010]
戾 罪戾(죄려) [5010]
戾 悖戾(패려) [1010]
戾 乖戾(괴려) [1010]
戾 猛戾(맹려) [3210]
戾 戾蟲(여충) [1042]
戾 貪戾(탐려) [3010]
戾 剛戾(강려) [3210]
戾 背戾(배려) [4210]
戾 返戾(반려) [3010]
戾 狼戾(낭려) [1010]
戾 戾還(여환) [1032]
濾 濾過(여과) [1052]
閭 閭閻(여염) [1012]
閭 尾閭(미려) [3210]
閭 閭家(여가) [1072]
閭 閭巷(여항) [1030]
閭 閭門(여문) [1080]
閭 里閭(이려) [7010]
閭 式閭(식려) [6010]
閭 閭里(여리) [1070]
閭 州閭(주려) [5210]
閭 村閭(촌려) [7010]
閭 門閭(문려) [8010]
黎 群黎(군려) [4010]
黎 黎民(여민) [1080]
黎 黎庶(여서) [1030]
黎 黎明(여명) [1062]
瀝 瀝瀝(역력) [1010]
瀝 瀝血(역혈) [1042]
瀝 餘瀝(여력) [4210]
瀝 淋瀝(임력) [1010]
瀝 滴瀝(적력) [3010]
礫 石礫(석력) [6010]
礫 瓦礫(와력) [3210]
礫 沙礫(사력) [3210]
礫 礫石(역석) [1060]
輦 玉輦(옥련) [4210]
輦 輦道(연도) [1072]
輦 輦下(연하) [1072]
輦 輦車(연차) [1072]
輦 輦路(연로) [1060]
輦 鳳輦(봉련) [3210]
輦 大輦(대련) [8010]
輦 同輦(동련) [7010]
輦 副輦(부련) [4210]
輦 京輦(경련) [6010]
斂 斂膝(염슬) [1010]
斂 小斂(소렴) [8010]
斂 斂髮(염발) [1040]
斂 稅斂(세렴) [4210]
斂 賦斂(부렴) [3210]
斂 斂容(염용) [1042]
斂 苛斂(가렴) [1010]
斂 後斂(후렴) [7210]
斂 聚斂(취렴) [1210]
斂 收斂(수렴) [4210]
殮 聘殮(빙렴) [3010]
殮 殮襲(염습) [1032]
殮 殮布(염포) [1042]
簾 簾波(염파) [1042]
簾 玉簾(옥렴) [4210]
簾 暖簾(난렴) [4210]
簾 撤簾(철렴) [2010]
簾 翠簾(취렴) [1010]
簾 御簾(어렴) [3210]
簾 垂簾(수렴) [3210]
簾 下簾(하렴) [7210]
簾 竹簾(죽렴) [4210]
簾 水簾(수렴) [8010]
簾 簾幕(염막) [1032]
簾 珠簾(주렴) [3210]
囹 囹圄(영어) [1010]
囹 圄囹(어령) [1010]
逞 不逞(불령) [7210]
逞 逞志(정지) [1042]
鈴 鐸鈴(탁령) [1010]
鈴 鈴鐸(영탁) [1010]
鈴 鈴語(영어) [1070]
鈴 鸞鈴(난령) [1010]
齡 遐齡(하령) [1010]
齡 弱齡(약령) [6210]
齡 頹齡(퇴령) [1010]
齡 長齡(장령) [8010]
齡 延齡(연령) [4010]
齡 適齡(적령) [4010]
齡 馬齡(마령) [5010]
齡 龜齡(귀령) [3010]
齡 妙齡(묘령) [4010]
齡 樹齡(수령) [6010]
齡 壽齡(수령) [3210]
齡 婚齡(혼령) [4010]
齡 幼齡(유령) [3210]
齡 衰齡(쇠령) [3210]
齡 月齡(월령) [8010]
齡 老齡(노령) [7010]
齡 學齡(학령) [8010]
齡 誌齡(지령) [4010]
齡 年齡(연령) [8010]

齡	餘齡(여령)	[4210]
齡	高齡(고령)	[6210]
撈	把撈(파로)	[3010]
撈	漁撈(어로)	[5010]
撈	板撈(판로)	[5010]
撈	曳撈(예로)	[1010]
擄	侵擄(침노)	[4210]
擄	擄掠(노략)	[1030]
虜	虜艦(노함)	[1020]
虜	虜將(노장)	[1042]
虜	僕虜(복로)	[1010]
虜	虜囚(노수)	[1030]
虜	戎虜(융로)	[1010]
虜	劇虜(극로)	[4010]
虜	虜獲(노획)	[1032]
碌	碌碌(녹록)	[1010]
麓	林麓(임록)	[7010]
麓	山麓(산록)	[8010]
壟	丘壟(구롱)	[3210]
壟	先壟(선롱)	[8010]
壟	壟斷(농단)	[1042]
瓏	瓏瓏(농롱)	[1010]
瓏	玲瓏(영롱)	[1210]
聾	厥聾(궐롱)	[3010]
聾	聾啞(농아)	[1010]
聾	聾昏(농혼)	[1030]
聾	耳聾(이롱)	[5010]
聾	聾盲(농맹)	[1032]
聾	聾俗(농속)	[1042]
儡	儡身(뇌신)	[1062]
儡	傀儡(괴뢰)	[2010]
牢	牢籠(뇌롱)	[1020]
牢	牢記(뇌기)	[1072]
牢	獄牢(옥뢰)	[3210]
牢	完牢(완뢰)	[5010]
牢	圈牢(권뢰)	[2010]
牢	土牢(토뢰)	[8010]
牢	牢拒(뇌거)	[1040]
牢	太牢(태뢰)	[6010]
牢	牢却(뇌각)	[1030]
牢	堅牢(견뢰)	[4010]
牢	牢死(뇌사)	[1060]
牢	牢牲(뇌생)	[1010]
牢	大牢(대뢰)	[8010]
牢	牢乎(뇌호)	[1030]
牢	牢確(뇌확)	[1042]
牢	牲牢(생뢰)	[1010]
牢	牢落(뇌락)	[1050]
磊	磊磊(뇌뢰)	[1010]
磊	磊塊(뇌괴)	[1030]
磊	磊落(뇌락)	[1050]
賂	賂謝(뇌사)	[1042]
賂	賂遺(뇌유)	[1040]
賂	納賂(납뢰)	[4010]
賂	賂物(뇌물)	[1072]
賂	賄賂(회뢰)	[1010]
寮	暖寮(난료)	[4210]
寮	寮舍(요사)	[1042]
寮	學寮(학료)	[8010]
寮	百寮(백료)	[7010]
燎	燎火(요화)	[1080]
燎	郊燎(교료)	[3010]
瞭	瞭然(요연)	[1070]
瞭	瞭確(요확)	[1042]
瞭	明瞭(명료)	[6210]
聊	無聊(무료)	[5010]
聊	聊爾(요이)	[1010]
聊	聊賴(요뢰)	[1032]
寥	寥闊(요활)	[1010]
寥	寥寥(요요)	[1010]
寥	荒寥(황료)	[3210]
寥	寂寥(적료)	[3210]
壘	本壘(본루)	[6010]
壘	堡壘(보루)	[1010]
壘	壁壘(벽루)	[4210]
壘	城壘(성루)	[4210]
壘	高壘(고루)	[6210]
壘	堅壘(견루)	[4010]
壘	進壘(진루)	[4210]
壘	敵壘(적루)	[4210]
壘	離壘(이루)	[4010]
壘	邊壘(변루)	[4210]
壘	出壘(출루)	[7010]
壘	孤壘(고루)	[4010]
壘	營壘(영루)	[4010]
壘	殘壘(잔루)	[4010]
壘	走壘(주루)	[4210]
壘	陷壘(함루)	[3210]
壘	滿壘(만루)	[4210]
壘	柵壘(책루)	[1010]
陋	陋鄙(누비)	[1010]
陋	淺陋(천루)	[3210]
陋	固陋(고루)	[5010]
陋	陋地(누지)	[1070]
陋	貧陋(빈루)	[4210]
陋	孤陋(고루)	[4010]
陋	鄙陋(비루)	[1010]
陋	愚陋(우루)	[3210]
陋	賤陋(천루)	[3210]
陋	野陋(야루)	[6010]
陋	頑陋(완루)	[1010]
陋	朴陋(박루)	[6010]
陋	俗陋(속루)	[4210]
陋	陋劣(누열)	[1030]
陋	陋醜(누추)	[1030]
陋	陋風(누풍)	[1062]
陋	陋賤(누천)	[1032]
陋	矮陋(왜루)	[1010]
陋	陋屋(누옥)	[1050]
陋	陋隘(누애)	[1010]
陋	陋巷(누항)	[1030]
陋	陋見(누견)	[1052]
陋	陋態(누태)	[1042]
溜	溜飮(유음)	[1062]

溜	乾溜(건류) [3210]
琉	琉球(유구) [1062]
瘤	腫瘤(종류) [1010]
瘤	贅瘤(췌류) [1010]
戮	戮辱(육욕) [1032]
戮	戮笑(육소) [1042]
戮	誅戮(주륙) [1010]
戮	大戮(대륙) [8010]
戮	刑戮(형륙) [4010]
戮	殺戮(살육) [4210]
戮	戮力(육력) [1072]
戮	屠戮(도륙) [1010]
淪	淪沒(윤몰) [1032]
淪	湮淪(인륜) [1010]
淪	漂淪(표륜) [3010]
淪	鱗淪(인륜) [1010]
淪	隱淪(은륜) [4010]
淪	渾淪(혼륜) [1010]
淪	沈淪(침륜) [3210]
淪	淪塞(윤색) [1032]
淪	淪滅(윤멸) [1032]
淪	淪落(윤락) [1050]
綸	經綸(경륜) [4210]
綸	綸命(윤명) [1070]
綸	彌綸(미륜) [1210]
綸	絲綸(사륜) [4010]
綸	垂綸(수륜) [3210]
綸	綸巾(윤건) [1010]
慄	恐慄(공률) [3210]
慄	戰慄(전율) [6210]
慄	凜慄(늠률) [1010]
慄	悚慄(송률) [1010]
慄	股慄(고율) [1010]
慄	悸慄(계율) [1010]
勒	勒痕(늑흔) [1010]
勒	勒徵(늑징) [1032]
勒	于勒(우륵) [3010]
勒	勒捧(늑봉) [1010]
勒	勒奪(늑탈) [1032]
勒	勒停(늑정) [1050]
勒	勒兵(늑병) [1052]
勒	勒買(늑매) [1050]
勒	勒住(늑주) [1070]
勒	彌勒(미륵) [1210]
勒	勒葬(늑장) [1032]
勒	債勒(채륵) [3210]
勒	銜勒(함륵) [1010]
勒	勒掘(늑굴) [1020]
勒	勒銘(늑명) [1032]
勒	勒婚(늑혼) [1040]
肋	鷄肋(계륵) [4010]
肋	肋骨(늑골) [1040]
肋	沙肋(사륵) [3210]
肋	肋膜(늑막) [1020]
凜	凜乎(늠호) [1030]
凜	凜凜(늠름) [1010]
凜	凜綴(늠철) [1010]
凜	凜烈(늠렬) [1040]
凜	凜秋(늠추) [1070]
凜	凜然(늠연) [1070]
凜	凜慄(늠률) [1010]
凌	凌波(능파) [1042]
凌	凌蔑(능멸) [1020]
凌	凌兢(능긍) [1012]
凌	凌辱(능욕) [1032]
凌	凌雲(능운) [1052]
凌	忍凌(인릉) [3210]
凌	凌遲(능지) [1030]
凌	凌駕(능가) [1010]
凌	凌亂(능란) [1040]
凌	凌摩(능마) [1020]
凌	凌喬(능교) [1010]
凌	凌侮(능모) [1030]
凌	凌逼(능핍) [1010]
稜	稜稜(능릉) [1010]
稜	稜疊(능첩) [1010]
稜	三稜(삼릉) [8010]
稜	威稜(위릉) [4010]
稜	稜角(능각) [1062]
稜	稜威(능위) [1040]
綾	文綾(문릉) [7010]
綾	綾文(능문) [1070]
綾	綾衾(능금) [1010]
綾	綾羅(능라) [1042]
綾	綾織(능직) [1040]
綾	綾綺(능기) [1010]
綾	綾扇(능선) [1010]
綾	綾屬(능속) [1040]
菱	菱花(능화) [1070]
菱	菱荷(능하) [1032]
菱	菱形(능형) [1062]
菱	鐵菱(철릉) [5010]
俚	俚歌(이가) [1070]
俚	俚諺(이언) [1010]
俚	俚語(이어) [1070]
俚	俚耳(이이) [1050]
俚	鄙俚(비리) [1010]
俚	俚婦(이부) [1042]
痢	瀉痢(사리) [1010]
痢	赤痢(적리) [5010]
痢	泄痢(설리) [1010]
痢	下痢(하리) [7210]
痢	痢疾(이질) [1032]
痢	痢症(이증) [1032]
痢	疫痢(역리) [3210]
籬	缺籬(결리) [4210]
籬	籬菊(이국) [1032]
籬	竹籬(죽리) [4210]
籬	疎籬(소리) [1010]
籬	疏籬(소리) [3210]
籬	短籬(단리) [6210]
籬	藩籬(번리) [1010]
籬	東籬(동리) [8010]
籬	荒籬(황리) [3210]

罹	罹病(이병)	[1060]
罹	罹災(이재)	[1050]
裡	帖裡(첩리)	[1010]
裡	庫裡(고리)	[4010]
裡	乾裡(건리)	[3210]
裡	裡水(이수)	[1080]
裡	裡里(이리)	[1070]
釐	釐革(이혁)	[1040]
釐	釐金(이금)	[1080]
釐	釐正(이정)	[1072]
釐	釐分(이분)	[1062]
釐	毫釐(호리)	[3010]
釐	陟釐(척리)	[1210]
吝	貪吝(탐린)	[3010]
吝	儉吝(검린)	[4010]
吝	吝惜(인석)	[1032]
吝	吝嗇(인색)	[1010]
燐	赤燐(적린)	[5010]
燐	燐光(인광)	[1062]
燐	白燐(백린)	[8010]
燐	鬼燐(귀린)	[3210]
燐	黃燐(황린)	[6010]
燐	燐火(인화)	[1080]
躪	蹂躪(유린)	[1010]
鱗	鱗淪(인륜)	[1010]
鱗	鱗甲(인갑)	[1040]
鱗	鱗莖(인경)	[1010]
鱗	鱗毛(인모)	[1042]
鱗	鱗介(인개)	[1032]
鱗	魚鱗(어린)	[5010]
鱗	鱗比(인비)	[1050]
鱗	鱗鱗(인린)	[1010]
鱗	鱗羽(인우)	[1032]
鱗	鱗次(인차)	[1042]
鱗	龍鱗(용린)	[4010]
鱗	羽鱗(우린)	[3210]
鱗	銀鱗(은린)	[6010]
鱗	介鱗(개린)	[3210]
鱗	細鱗(세린)	[4210]
鱗	常鱗(상린)	[4210]
鱗	逆鱗(역린)	[4210]
鱗	片鱗(편린)	[3210]
鱗	活鱗(활린)	[7210]
淋	淋巴(임파)	[1010]
淋	淋瀝(임력)	[1010]
淋	淋疾(임질)	[1032]
淋	淋汗(임한)	[1032]
淋	淋淋(임림)	[1010]
笠	笠子(입자)	[1072]
笠	蓋笠(개립)	[3210]
笠	蓬笠(봉립)	[1210]
笠	笠房(입방)	[1042]
笠	網笠(망립)	[2010]
笠	笠帽(입모)	[1020]
笠	蓑笠(사립)	[1010]
笠	氈笠(전립)	[1010]
粒	飯粒(반립)	[3210]
粒	粒米(입미)	[1060]
粒	米粒(미립)	[6010]
粒	顆粒(과립)	[1010]
粒	粒食(입식)	[1072]
粒	粒子(입자)	[1072]
粒	粟粒(속립)	[3010]
寞	索寞(색막)	[3210]
寞	寞寞(막막)	[1010]
寞	寂寞(적막)	[3210]
寞	落寞(낙막)	[5010]
卍	卍字(만자)	[1070]
彎	彎月(만월)	[1080]
彎	彎弓(만궁)	[1032]
彎	彎曲(만곡)	[1050]
彎	彎環(만환)	[1040]
彎	彎屈(만굴)	[1040]
挽	挽留(만류)	[1042]
挽	挽回(만회)	[1042]
挽	挽詞(만사)	[1032]
挽	挽引(만인)	[1042]
挽	挽歌(만가)	[1070]
瞞	欺瞞(기만)	[3010]
瞞	瞞着(만착)	[1052]
蔓	蔓生(만생)	[1080]
蔓	蔓延(만연)	[1040]
蔓	刪蔓(산만)	[1010]
蔓	蔓荊(만형)	[1010]
蔓	蔓草(만초)	[1070]
蔓	蔓蔘(만삼)	[1020]
輓	推輓(추만)	[4010]
輓	輓近(만근)	[1060]
輓	輓章(만장)	[1060]
輓	輓詞(만사)	[1032]
輓	輓歌(만가)	[1070]
輓	輓輸(만수)	[1032]
饅	饅頭(만두)	[1060]
鰻	風鰻(풍만)	[6210]
鰻	養鰻(양만)	[5210]
鰻	海鰻(해만)	[7210]
抹	抹消(말소)	[1062]
抹	一抹(일말)	[8010]
抹	抹香(말향)	[1042]
抹	抹去(말거)	[1050]
抹	抹擦(말찰)	[1010]
抹	抹茶(말차)	[1032]
抹	抹殺(말살)	[1042]
抹	朱抹(주말)	[4010]
沫	涌沫(용말)	[1010]
沫	浮沫(부말)	[3210]
沫	水沫(수말)	[8010]
沫	幻沫(환말)	[2010]
沫	飛沫(비말)	[4210]
沫	泡沫(포말)	[1010]
襪	洋襪(양말)	[6010]
芒	芒履(망리)	[1032]
芒	芒洋(망양)	[1060]
芒	芒刺(망자)	[1032]

芒	芒種(망종)	[1052]
芒	芒角(망각)	[1062]
芒	芒硝(망초)	[1010]
芒	芒曜(망요)	[1050]
芒	光芒(광망)	[6210]
芒	星芒(성망)	[4210]
芒	句芒(구망)	[4210]
芒	彗芒(혜망)	[1010]
惘	憫惘(민망)	[3010]
寐	假寐(가매)	[4210]
寐	寤寐(오매)	[1010]
寐	夢寐(몽매)	[3210]
昧	昧旦(매단)	[1032]
昧	闇昧(암매)	[1010]
昧	愚昧(우매)	[3210]
昧	昧事(매사)	[1072]
昧	頑昧(완매)	[1010]
昧	造昧(조매)	[4210]
昧	暗昧(암매)	[4210]
昧	曖昧(애매)	[1010]
昧	昧爽(매상)	[1010]
昧	茫昧(망매)	[3010]
昧	草昧(초매)	[7010]
昧	三昧(삼매)	[8010]
昧	昧者(매자)	[1060]
昧	昧谷(매곡)	[1032]
昧	昧踪(매종)	[1010]
昧	蒙昧(몽매)	[3210]
煤	煤煙(매연)	[1042]
煤	松煤(송매)	[4010]
煤	煤炭(매탄)	[1050]
罵	罵辱(매욕)	[1032]
罵	罵倒(매도)	[1032]
罵	怒罵(노매)	[4210]
罵	笑罵(소매)	[4210]
罵	唾罵(타매)	[1010]
罵	痛罵(통매)	[4010]
罵	惡罵(악매)	[5210]
罵	嘲罵(조매)	[1010]
罵	呪罵(주매)	[1010]
罵	面罵(면매)	[7010]
罵	侮罵(모매)	[3010]
罵	嗤罵(치매)	[1010]
邁	高邁(고매)	[6210]
邁	英邁(영매)	[6010]
邁	超邁(초매)	[3210]
邁	雄邁(웅매)	[5010]
邁	邁進(매진)	[1042]
邁	邁德(매덕)	[1052]
呆	癡呆(치매)	[1010]
萌	萌動(맹동)	[1072]
萌	萌芽(맹아)	[1032]
棉	棉子(면자)	[1072]
眄	眄視(면시)	[1042]
眄	仰眄(앙면)	[3210]
眄	顧眄(고면)	[3010]
眄	流眄(유면)	[5210]
緬	緬憶(면억)	[1032]
緬	緬禮(면례)	[1060]
緬	緬甸(면전)	[1012]
緬	緬奉(면봉)	[1052]
緬	緬羊(면양)	[1042]
麪	麪類(면류)	[1052]
麪	麪床(면상)	[1042]
麪	炒麪(초면)	[1010]
瞑	瞑色(명색)	[1070]
溟	北溟(북명)	[8010]
溟	四溟(사명)	[8010]
溟	南溟(남명)	[8010]
溟	鴻溟(홍명)	[3010]
溟	溟洲(명주)	[1032]
溟	滄溟(창명)	[2010]
皿	器皿(기명)	[4210]
螟	螟蟲(명충)	[1042]
酩	酩酊(명정)	[1010]
袂	袂口(메구)	[1070]
袂	衣袂(의메)	[6010]
袂	袂別(메별)	[1060]
袂	聯袂(연메)	[3210]
袂	分袂(분메)	[6210]
摸	摸擬(모의)	[1010]
摸	摸倣(모방)	[1030]
摸	摸索(모색)	[1032]
牡	牡牛(모우)	[1050]
牡	牡瓦(모와)	[1032]
牡	牡桂(모계)	[1032]
牡	牡荊(모형)	[1010]
牡	牡痔(모치)	[1010]
牡	牡畜(모축)	[1032]
耗	減耗(감모)	[4210]
耗	還耗(환모)	[3210]
耗	損耗(손모)	[4010]
耗	耗盡(모진)	[1040]
耗	耗損(모손)	[1040]
耗	音耗(음모)	[6210]
耗	消耗(소모)	[6210]
耗	息耗(식모)	[4210]
耗	耗減(모감)	[1042]
耗	衰耗(쇠모)	[3210]
糢	糢糊(모호)	[1010]
歿	陣歿(진몰)	[4010]
歿	戰歿(전몰)	[6210]
描	描寫(묘사)	[1050]
描	點描(점묘)	[4010]
描	描畫(묘화)	[1060]
描	寸描(촌묘)	[8010]
描	線描(선묘)	[6210]
描	素描(소묘)	[4210]
描	白描(백묘)	[8010]
杳	杳杳(묘묘)	[1010]
杳	杳冥(묘명)	[1030]
杳	杳乎(묘호)	[1030]
杳	杳然(묘연)	[1070]
渺	渺茫(묘망)	[1030]

渺	渺然(묘연)	[1070]	蕪	平蕪(평무)	[7210]	靡	侈靡(치미)	[1010]
渺	渺漫(묘만)	[1030]	蕪	綠蕪(녹무)	[6010]	靡	草靡(초미)	[7010]
渺	浩渺(호묘)	[3210]	蕪	野蕪(야무)	[6010]	靡	奢靡(사미)	[1010]
猫	猫兒(묘아)	[1052]	蕪	靑蕪(청무)	[8010]	靡	淫靡(음미)	[3210]
巫	巫山(무산)	[1080]	蕪	萊蕪(내무)	[1210]	靡	麗靡(여미)	[4210]
巫	巫俗(무속)	[1042]	蕪	荒蕪(황무)	[3210]	靡	浮靡(부미)	[3210]
巫	巫祝(무축)	[1050]	誣	誣枉(무왕)	[1010]	靡	風靡(풍미)	[6210]
巫	巫呪(무주)	[1010]	誣	欺誣(기무)	[3010]	靡	靡然(미연)	[1070]
巫	巫覡(무격)	[1010]	誣	讒誣(참무)	[1010]	靡	靡爛(미란)	[1020]
巫	巫卜(무복)	[1030]	誣	誣報(무보)	[1042]	悶	苦悶(고민)	[6010]
憮	憮然(무연)	[1070]	誣	誣言(무언)	[1060]	悶	解悶(해민)	[4210]
拇	拇印(무인)	[1042]	誣	誣告(무고)	[1052]	悶	排悶(배민)	[3210]
拇	拇指(무지)	[1042]	誣	誣引(무인)	[1042]	悶	愁悶(수민)	[3210]
撫	撫養(무양)	[1052]	誣	誣陷(무함)	[1032]	悶	煩悶(번민)	[3010]
撫	撫育(무육)	[1070]	誣	誣罔(무망)	[1030]	悶	憂悶(우민)	[3210]
撫	撫字(무자)	[1070]	誣	誣欺(무기)	[1030]	悶	悶絶(민절)	[1042]
撫	撫恤(무휼)	[1010]	誣	誣訴(무소)	[1032]	悶	悶死(민사)	[1060]
撫	撫慰(무위)	[1040]	誣	誣淫(무음)	[1032]	謐	靜謐(정밀)	[4010]
撫	鎭撫(진무)	[3210]	蚊	蚊雷(문뢰)	[1032]	謐	寧謐(영밀)	[3210]
撫	撫循(무순)	[1030]	蚊	蚊帳(문장)	[1040]	謐	安謐(안밀)	[7210]
撫	安撫(안무)	[7210]	蚊	蚊群(문군)	[1040]	剝	剝奪(박탈)	[1032]
撫	按撫(안무)	[1010]	媚	邪媚(사미)	[3210]	剝	剝割(박할)	[1032]
撫	愛撫(애무)	[6010]	媚	軟媚(연미)	[3210]	剝	剝姓(박성)	[1072]
撫	巡撫(순무)	[3210]	媚	狐媚(호미)	[1010]	剝	剝落(박락)	[1050]
撫	撫御(무어)	[1032]	媚	諛媚(유미)	[1010]	剝	刊剝(간박)	[3210]
撫	撫摩(무마)	[1020]	媚	柔媚(유미)	[3210]	剝	剝製(박제)	[1042]
撫	宣撫(선무)	[4010]	媚	鮮媚(선미)	[5210]	剝	剝蝕(박식)	[1010]
撫	摩撫(마무)	[2010]	媚	婉媚(완미)	[1010]	剝	剝喪(박상)	[1032]
撫	存撫(존무)	[4010]	媚	明媚(명미)	[6210]	搏	脈搏(맥박)	[4210]
撫	撫鎭(무진)	[1032]	媚	呈媚(정미)	[2010]	搏	手搏(수박)	[7210]
毋	毋追(무추)	[1032]	媚	媚藥(미약)	[1062]	搏	搏鬪(박투)	[1040]
畝	田畝(전묘)	[4210]	媚	媚態(미태)	[1042]	搏	搏戰(박전)	[1062]
蕪	蕪繁(무번)	[1032]	媚	媚附(미부)	[1032]	搏	搏擊(박격)	[1040]
蕪	蕪雜(무잡)	[1040]	媚	阿媚(아미)	[3210]	搏	搏殺(박살)	[1042]
蕪	蕪穢(무예)	[1010]	媚	媚笑(미소)	[1042]	撲	撲滅(박멸)	[1032]
蕪	蕪辭(무사)	[1040]	薇	薔薇(장미)	[1010]	撲	相撲(상박)	[5210]
蕪	蕪淺(무천)	[1032]	靡	綺靡(기미)	[1010]	撲	打撲(타박)	[5010]
蕪	蕪沒(무몰)	[1032]	靡	萎靡(위미)	[1010]	撲	撲殺(박살)	[1042]

撲	撲滿(박만) [1042]
撲	撲筆(박필) [1052]
撲	殲撲(섬박) [1010]
樸	樸頭(박두) [1060]
樸	樸野(박야) [1060]
樸	古樸(고박) [6010]
樸	質樸(질박) [5210]
樸	樸厚(박후) [1040]
樸	樸質(박질) [1052]
樸	樸直(박직) [1072]
樸	樸學(박학) [1080]
樸	簡樸(간박) [4010]
樸	樸淳(박순) [1012]
樸	樸鈍(박둔) [1030]
珀	琥珀(호박) [1010]
珀	明珀(명박) [6210]
箔	珠箔(주박) [3210]
箔	銀箔(은박) [6010]
箔	金箔(금박) [8010]
粕	酒粕(주박) [4010]
粕	糟粕(조박) [1010]
縛	反縛(반박) [6210]
縛	就縛(취박) [4010]
縛	慧縛(혜박) [3210]
縛	縛繩(박승) [1012]
縛	緊縛(긴박) [3210]
縛	擒縛(금박) [1010]
縛	結縛(결박) [5210]
縛	面縛(면박) [7010]
縛	束縛(속박) [5210]
縛	生縛(생박) [8010]
縛	狙縛(저박) [1010]
縛	縛擒(박금) [1010]
縛	毆縛(구박) [1010]
縛	纏縛(전박) [1010]
縛	劫縛(겁박) [1010]
膊	上膊(상박) [7210]
膊	下膊(하박) [7210]
膊	肩膊(견박) [3010]
膊	前膊(전박) [7210]
膊	臂膊(비박) [1010]
駁	駁擊(박격) [1040]
駁	難駁(난박) [4210]
駁	辨駁(변박) [3010]
駁	駁論(박론) [1042]
駁	斑駁(반박) [1010]
駁	駁雜(박잡) [1040]
駁	反駁(반박) [6210]
駁	雜駁(잡박) [4010]
駁	論駁(논박) [4210]
駁	評駁(평박) [4010]
拌	攪拌(교반) [1010]
攀	攀附(반부) [1032]
攀	攀戀(반련) [1032]
攀	登攀(등반) [7010]
攀	攀登(반등) [1070]
攀	攀援(반원) [1040]
攀	攀緣(반연) [1040]
斑	雀斑(작반) [1010]
斑	斑髮(반발) [1040]
斑	斑禿(반독) [1010]
斑	斑點(반점) [1040]
斑	斑爛(반란) [1020]
斑	一斑(일반) [8010]
斑	斑疹(반진) [1010]
斑	斑鳩(반구) [1010]
斑	斑駁(반박) [1010]
斑	斑馬(반마) [1050]
斑	斑布(반포) [1042]
槃	涅槃(열반) [1010]
畔	沼畔(소반) [1210]
畔	澤畔(택반) [3210]
畔	河畔(하반) [5010]
畔	海畔(해반) [7210]
畔	湖畔(호반) [5010]
畔	江畔(강반) [7210]
畔	橋畔(교반) [5010]
畔	池畔(지반) [3210]
畔	水畔(수반) [8010]
礬	明礬(명반) [6210]
礬	綠礬(녹반) [6010]
礬	白礬(백반) [8010]
礬	膽礬(담반) [2010]
礬	礬紅(반홍) [1040]
絆	脚絆(각반) [3210]
絆	羈絆(기반) [1010]
蟠	龍蟠(용반) [4010]
蟠	蟠桃(반도) [1032]
頒	頒曆(반력) [1032]
頒	頒賜(반사) [1030]
頒	頒給(반급) [1050]
頒	頒行(반행) [1060]
頒	頒布(반포) [1042]
勃	勃爾(발이) [1010]
勃	勃姑(발고) [1032]
勃	蓬勃(봉발) [1210]
勃	勃鬱(발울) [1020]
勃	馬勃(마발) [5010]
勃	勃啓(발계) [1032]
勃	勃焉(발언) [1030]
勃	勃起(발기) [1042]
勃	勃興(발흥) [1042]
勃	勃發(발발) [1062]
撥	撥亂(발란) [1040]
撥	反撥(반발) [6210]
撥	觸撥(촉발) [3210]
潑	潑皮(발피) [1032]
潑	活潑(활발) [7210]
潑	潑剌(발랄) [1010]
跋	拓跋(탁발) [3210]
跋	跋扈(발호) [1012]
跋	跋涉(발섭) [1030]
跋	題跋(제발) [6210]
跋	跋辭(발사) [1040]

跋	跋文(발문)	[1070]
跋	序跋(서발)	[5010]
醱	醱酵(발효)	[1010]
魃	炎魃(염발)	[3210]
魃	旱魃(한발)	[3010]
坊	宿坊(숙방)	[5210]
坊	坊舍(방사)	[1042]
坊	坊店(방점)	[1052]
坊	坊本(방본)	[1060]
坊	坊間(방간)	[1072]
坊	街坊(가방)	[4210]
坊	教坊(교방)	[8010]
坊	京坊(경방)	[6010]
坊	坊長(방장)	[1080]
坊	坊任(방임)	[1052]
坊	內坊(내방)	[7210]
坊	僧坊(승방)	[3210]
坊	作坊(작방)	[6210]
坊	冶坊(야방)	[1010]
坊	坊還(방환)	[1032]
坊	春坊(춘방)	[7010]
尨	尨大(방대)	[1080]
尨	尨然(방연)	[1070]
尨	尨服(방복)	[1060]
幇	幇工(방공)	[1072]
幇	幇助(방조)	[1042]
幇	助幇(조방)	[4210]
彷	彷彿(방불)	[1010]
彷	彷徨(방황)	[1010]
昉	神昉(신방)	[6210]
昉	申昉(신방)	[4210]
枋	蘇枋(소방)	[3210]
枋	廳枋(청방)	[4010]
榜	揭榜(게방)	[2010]
榜	板榜(판방)	[5010]
榜	標榜(표방)	[4010]
榜	放榜(방방)	[6210]
榜	酒榜(주방)	[4010]
榜	榜目(방목)	[1060]
榜	榜眼(방안)	[1042]
肪	脂肪(지방)	[2010]
肪	松肪(송방)	[4010]
膀	膀胱(방광)	[1010]
謗	謗書(방서)	[1062]
謗	謗言(방언)	[1060]
謗	怨謗(원방)	[4010]
謗	誹謗(비방)	[1010]
謗	讒謗(참방)	[1010]
謗	毁謗(훼방)	[3010]
謗	謗怨(방원)	[1040]
謗	造謗(조방)	[4210]
謗	譏謗(기방)	[1010]
棒	棒鎚(방추)	[1010]
徘	徘徊(배회)	[1010]
湃	澎湃(팽배)	[1010]
胚	胚胎(배태)	[1020]
胚	胚子(배자)	[1072]
胚	胚渾(배혼)	[1010]
胚	胚孕(배잉)	[1010]
胚	胚芽(배아)	[1032]
胚	胚珠(배주)	[1032]
胚	胚乳(배유)	[1040]
陪	陪遊(배유)	[1040]
陪	陪乘(배승)	[1032]
陪	陪觀(배관)	[1052]
陪	陪客(배객)	[1052]
陪	陪席(배석)	[1060]
陪	陪僕(배복)	[1010]
陪	陪行(배행)	[1060]
陪	追陪(추배)	[3210]
陪	陪審(배심)	[1032]
陪	陪都(배도)	[1050]
陪	陪耕(배경)	[1032]
陪	陪隷(배례)	[1030]
帛	疋帛(필백)	[1010]
帛	財帛(재백)	[5210]
帛	竹帛(죽백)	[4210]
帛	玉帛(옥백)	[4210]
帛	束帛(속백)	[5210]
帛	金帛(금백)	[8010]
帛	帛書(백서)	[1062]
帛	布帛(포백)	[4210]
魄	月魄(월백)	[8010]
魄	魄散(백산)	[1040]
魄	氣魄(기백)	[7210]
魄	死魄(사백)	[6010]
魄	生魄(생백)	[8010]
魄	魂魄(혼백)	[3210]
魄	蜀魄(촉백)	[1210]
魄	精魄(정백)	[4210]
魄	玉魄(옥백)	[4210]
魄	體魄(체백)	[6210]
魄	落魄(낙백)	[5010]
魄	杜魄(두백)	[1210]
魄	曜魄(요백)	[5010]
蕃	蕃人(번인)	[1080]
蕃	蕃國(번국)	[1080]
蕃	生蕃(생번)	[8010]
蕃	蕃盛(번성)	[1042]
蕃	吐蕃(토번)	[3210]
蕃	蕃育(번육)	[1070]
蕃	蕃殖(번식)	[1020]
蕃	蕃界(번계)	[1062]
蕃	熟蕃(숙번)	[3210]
藩	藩屛(번병)	[1030]
藩	大藩(대번)	[8010]
藩	藩籬(번리)	[1010]
藩	藩國(번국)	[1080]
藩	藩臣(번신)	[1052]
藩	外藩(외번)	[8010]
藩	藩任(번임)	[1052]
帆	席帆(석범)	[6010]
帆	揚帆(양범)	[3210]
帆	布帆(포범)	[4210]

帆 白帆(백범) [8010]
帆 歸帆(귀범) [4010]
帆 帆檣(범장) [1010]
帆 出帆(출범) [7010]
帆 帆船(범선) [1050]
帆 風帆(풍범) [6210]
帆 落帆(낙범) [5010]
帆 錦帆(금범) [3210]
帆 雲帆(운범) [5210]
帆 孤帆(고범) [4010]
帆 帆布(범포) [1042]
帆 滿帆(만범) [4210]
帆 征帆(정범) [3210]
帆 帆影(범영) [1032]
帆 片帆(편범) [3210]
帆 輕帆(경범) [5010]
梵 梵樂(범악) [1062]
梵 梵字(범자) [1070]
梵 梵家(범가) [1072]
梵 曉梵(효범) [3010]
梵 夜梵(야범) [6010]
梵 梵書(범서) [1062]
梵 釋梵(석범) [3210]
梵 梵文(범문) [1070]
梵 晨梵(신범) [3010]
梵 梵宇(범우) [1032]
梵 梵唄(범패) [1010]
梵 梵偈(범게) [1010]
梵 梵天(범천) [1070]
梵 梵閣(범각) [1032]
梵 梵刹(범찰) [1020]
梵 梵學(범학) [1080]
梵 梵行(범행) [1060]
梵 梵王(범왕) [1080]
梵 梵衲(범납) [1010]
氾 氾溢(범일) [1010]
氾 氾濫(범람) [1030]
氾 氾論(범론) [1042]
泛 泛浦(범포) [1032]
泛 泛舟(범주) [1030]
泛 泛看(범간) [1040]
泛 泛宅(범택) [1052]
劈 劈破(벽파) [1042]
劈 劈頭(벽두) [1060]
劈 劈開(벽개) [1060]
擘 擘指(벽지) [1042]
擘 巨擘(거벽) [4010]
璧 璧人(벽인) [1080]
璧 璧玉(벽옥) [1042]
璧 連璧(연벽) [4210]
璧 雙璧(쌍벽) [3210]
璧 玉璧(옥벽) [4210]
璧 完璧(완벽) [5010]
璧 寶璧(보벽) [4210]
癖 癖性(벽성) [1052]
癖 性癖(성벽) [5210]
癖 酒癖(주벽) [4010]
癖 睡癖(수벽) [3010]
癖 癎癖(간벽) [1010]
癖 嗜癖(기벽) [1010]
癖 書癖(서벽) [6210]
癖 惡癖(악벽) [5210]
癖 錢癖(전벽) [4010]
癖 潔癖(결벽) [4210]
癖 習癖(습벽) [6010]
癖 病癖(병벽) [6010]
癖 痼癖(고벽) [1010]
癖 腸癖(장벽) [4010]
癖 詩癖(시벽) [4210]
癖 奇癖(기벽) [4010]
闢 開闢(개벽) [6010]
瞥 瞥觀(별관) [1052]
瞥 一瞥(일별) [8010]
瞥 瞥見(별견) [1052]
鼈 龜鼈(귀별) [3010]
鼈 木鼈(목별) [8010]
鼈 鼈甲(별갑) [1040]
鼈 魚鼈(어별) [5010]
瓶 銀瓶(은병) [6010]
瓶 金瓶(금병) [8010]
瓶 酒瓶(주병) [4010]
瓶 花瓶(화병) [7010]
瓶 銅瓶(동병) [4210]
瓶 鐵瓶(철병) [5010]
瓶 空瓶(공병) [7210]
瓶 瓶盆(병분) [1010]
餅 湯餅(탕병) [3210]
餅 畫餅(화병) [6010]
餅 籠餅(농병) [2010]
餅 煎餅(전병) [1010]
餅 柿餅(시병) [1010]
餅 橘餅(귤병) [1010]
餅 粟餅(속병) [3010]
堡 城堡(성보) [4210]
堡 堡障(보장) [1042]
堡 哨堡(초보) [2010]
堡 堡壘(보루) [1010]
堡 戰堡(전보) [6210]
堡 烽堡(봉보) [1010]
洑 洑稅(보세) [1042]
洑 洑主(보주) [1070]
菩 菩薩(보살) [1010]
菩 菩提(보리) [1042]
僕 隷僕(예복) [3010]
僕 家僕(가복) [7210]
僕 傭僕(용복) [2010]
僕 僕婢(복비) [1032]
僕 公僕(공복) [6210]
僕 忠僕(충복) [4210]
僕 僕隷(복례) [1030]
僕 僕虜(복로) [1010]
僕 奴僕(노복) [3210]
僕 從僕(종복) [4010]
僕 老僕(노복) [7010]

僕	婢僕(비복) [3210]
僕	僕從(복종) [1040]
僕	僕妾(복첩) [1030]
僕	陪僕(배복) [1010]
僕	臣僕(신복) [5210]
僕	僕奴(복노) [1032]
僕	太僕(태복) [6010]
匐	扶匐(부복) [3210]
匐	匐枝(복지) [1032]
匐	匍匐(포복) [1010]
輻	輻輳(폭주) [1010]
輻	輻射(복사) [1040]
輻	車輻(거폭) [7210]
鰒	甘鰒(감복) [4010]
鰒	銀鰒(은복) [6010]
鰒	乾鰒(건복) [3210]
鰒	鰒卵(복란) [1040]
鰒	熟鰒(숙복) [3210]
鰒	龜鰒(구복) [3010]
鰒	全鰒(전복) [7210]
鰒	生鰒(생복) [8010]
捧	添捧(첨봉) [3010]
捧	勒捧(늑봉) [1010]
捧	勿捧(물봉) [3210]
捧	捧納(봉납) [1040]
捧	增捧(증봉) [4210]
棒	鐵棒(철봉) [5010]
棒	棒組(봉조) [1040]
棒	痛棒(통봉) [4010]
棒	棍棒(곤봉) [1010]
烽	烽子(봉자) [1072]
烽	烽警(봉경) [1042]
烽	烽堡(봉보) [1010]
烽	烽煙(봉연) [1042]
烽	僞烽(위봉) [3210]
烽	烽火(봉화) [1080]
烽	烽臺(봉대) [1032]
鋒	劍鋒(검봉) [3210]
鋒	舌鋒(설봉) [4010]
鋒	前鋒(전봉) [7210]
鋒	軍鋒(군봉) [8010]
鋒	利鋒(이봉) [6210]
鋒	先鋒(선봉) [8010]
鋒	筆鋒(필봉) [5210]
鋒	談鋒(담봉) [5010]
鋒	鋒尖(봉첨) [1030]
鋒	藏鋒(장봉) [3210]
鋒	交鋒(교봉) [6010]
鋒	鋒刃(봉인) [1020]
鋒	爭鋒(쟁봉) [5010]
鋒	論鋒(논봉) [4210]
鋒	機鋒(기봉) [4010]
鋒	銳鋒(예봉) [3010]
鋒	戈鋒(과봉) [2010]
俯	俯視(부시) [1042]
俯	俯察(부찰) [1042]
俯	俯項(부항) [1032]
俯	俯伏(부복) [1040]
俯	俯仰(부앙) [1032]
俯	俯觀(부관) [1052]
俯	俯瞰(부감) [1010]
剖	剖折(부절) [1040]
剖	剖破(부파) [1042]
剖	剖析(부석) [1030]
剖	剖決(부결) [1052]
剖	剖判(부판) [1040]
剖	解剖(해부) [4210]
咐	吩咐(분부) [1010]
咐	咐囑(부촉) [1010]
埠	埠頭(부두) [1060]
埠	船埠(선부) [5010]
孵	孵化(부화) [1052]
孵	孵卵(부란) [1040]
斧	斧斤(부근) [1030]
斧	鬼斧(귀부) [3210]
斧	雷斧(뇌부) [3210]
斧	斧柯(부가) [1012]
腑	肺腑(폐부) [3210]
腑	腑臟(부장) [1032]
腑	臟腑(장부) [3210]
腑	六腑(육부) [8010]
芙	芙蓉(부용) [1010]
訃	訃報(부보) [1042]
訃	訃告(부고) [1052]
訃	訃聞(부문) [1062]
訃	告訃(고부) [5210]
訃	訃音(부음) [1062]
訃	承訃(승부) [4210]
賻	弔賻(조부) [3010]
賻	賻儀(부의) [1040]
駙	駙馬(부마) [1050]
吩	吩咐(분부) [1010]
噴	噴門(분문) [1080]
噴	噴水(분수) [1080]
噴	飯噴(반분) [3210]
噴	噴騰(분등) [1030]
噴	噴飯(분반) [1032]
噴	噴火(분화) [1080]
忿	躁忿(조분) [1010]
忿	忿爭(분쟁) [1050]
忿	愧忿(괴분) [3010]
忿	小忿(소분) [8010]
忿	激忿(격분) [4010]
扮	扮裝(분장) [1040]
扮	扮飾(분식) [1032]
焚	焚掠(분략) [1030]
焚	焚香(분향) [1042]
焚	焚溺(분닉) [1020]
焚	焚燒(분소) [1032]
焚	焚火(분화) [1080]
焚	焚蕩(분탕) [1010]
焚	焚身(분신) [1062]
焚	燒焚(소분) [3210]
焚	焚劫(분겁) [1010]

盆 金盆(금분) [8010]
盆 花盆(화분) [7010]
盆 貰盆(세분) [2010]
盆 盆地(분지) [1070]
盆 盆盒(분합) [1010]
盆 甁盆(병분) [1010]
盆 浴盆(욕분) [5010]
盆 缺盆(결분) [4210]
盆 盆景(분경) [1050]
盆 盆種(분종) [1052]
盆 鼓盆(고분) [3210]
盆 盆栽(분재) [1032]
糞 糞尿(분뇨) [1020]
糞 漑糞(개분) [1010]
糞 糞壤(분양) [1032]
糞 糞門(분문) [1080]
糞 馬糞(마분) [5010]
糞 糞土(분토) [1080]
糞 糞汁(분즙) [1010]
雰 雰虹(분홍) [1010]
彿 彷彿(방불) [1010]
棚 山棚(산붕) [8010]
硼 硼隱(평은) [1040]
硼 硼酸(붕산) [1020]
繃 繃帶(붕대) [1042]
匕 匕首(비수) [1052]
匕 匕箸(비저) [1010]
庇 眷庇(권비) [1010]
庇 庇護(비호) [1042]
庇 高庇(고비) [6210]
庇 賴庇(뇌비) [3210]
庇 曲庇(곡비) [5010]
庇 庇蔭(비음) [1010]
憊 頓憊(돈비) [1210]
憊 衰憊(쇠비) [3210]
憊 倦憊(권비) [1010]
憊 疲憊(피비) [4010]
憊 憊色(비색) [1070]
憊 憊臥(비와) [1030]
扉 石扉(석비) [6010]
扉 竹扉(죽비) [4210]
扉 荊扉(형비) [1010]
扉 副扉(부비) [4210]
扉 鐵扉(철비) [5010]
扉 巖扉(암비) [3210]
扉 門扉(문비) [8010]
沸 沸湯(비탕) [1032]
沸 沸涌(비용) [1010]
沸 鼎沸(정비) [1210]
沸 沸水(불수) [1080]
沸 煮沸(자비) [1010]
沸 沸騰(비등) [1030]
琵 琵琶(비파) [1010]
痺 頑痺(완비) [1010]
痺 風痺(풍비) [6210]
痺 冷痺(냉비) [5010]
砒 砒酸(비산) [1020]
砒 砒霜(비상) [1032]
砒 砒石(비석) [1060]
砒 砒素(비소) [1042]
秕 秕政(비정) [1042]
緋 緋甲(비갑) [1040]
緋 緋緞(비단) [1010]
緋 緋衲(비납) [1010]
翡 翡翠(비취) [1010]
脾 脾胃(비위) [1032]
脾 脾臟(비장) [1032]
臂 臂力(비력) [1072]
臂 臂環(비환) [1040]
臂 攘臂(양비) [1010]
臂 猿臂(원비) [1010]
臂 臂使(비사) [1060]
臂 還臂(환비) [3210]
臂 半臂(반비) [6210]
臂 臂膊(비박) [1010]
蜚 蜚語(비어) [1070]
裨 裨販(비판) [1030]
裨 裨將(비장) [1042]
裨 裨補(비보) [1032]
裨 裨助(비조) [1042]
誹 誹毁(비훼) [1030]
誹 腹誹(복비) [3210]
誹 誹謗(비방) [1010]
誹 怨誹(원비) [4010]
譬 譬喩(비유) [1010]
鄙 都鄙(도비) [5010]
鄙 鄙見(비견) [1052]
鄙 陋鄙(누비) [1010]
鄙 鄙陋(비루) [1010]
鄙 鄙諺(비언) [1010]
鄙 鄙莊(비장) [1032]
鄙 鄙劣(비열) [1030]
鄙 鄙懷(비회) [1032]
鄙 鄙淺(비천) [1032]
鄙 鄙言(비언) [1060]
鄙 鄙儒(비유) [1040]
鄙 鄙俚(비리) [1010]
妣 皇妣(황비) [3210]
妣 先妣(선비) [8010]
妣 祖妣(조비) [7010]
妣 考妣(고비) [5010]
嚬 嚬呻(빈신) [1010]
嚬 嚬眉(빈미) [1030]
嚬 嚬笑(빈소) [1042]
嬪 妃嬪(비빈) [3210]
嬪 嬪宮(빈궁) [1042]
嬪 嬪妾(빈첩) [1030]
殯 殯宮(빈궁) [1042]
殯 殯殿(빈전) [1032]
殯 殯所(빈소) [1070]
濱 海濱(해빈) [7210]
濱 水濱(수빈) [8010]
瀕 瀕海(빈해) [1072]
瀕 瀕死(빈사) [1060]

憑 憑據(빙거) [1040]
憑 憑信(빙신) [1062]
憑 憑慫(빙종) [1010]
憑 憑虛(빙허) [1042]
憑 憑藉(빙자) [1010]
憑 證憑(증빙) [4010]
憑 公憑(공빙) [6210]
憑 信憑(신빙) [6210]
憑 依憑(의빙) [4010]
憑 文憑(문빙) [7010]
憑 憑陵(빙릉) [1032]
憑 神憑(신빙) [6210]
些 些末(사말) [1050]
些 些細(사세) [1042]
些 些些(사사) [1010]
些 些少(사소) [1070]
嗣 法嗣(법사) [5210]
嗣 天嗣(천사) [7010]
嗣 遺嗣(유사) [4010]
嗣 嗣子(사자) [1072]
嗣 後嗣(후사) [7210]
嗣 嫡嗣(적사) [1010]
嗣 嗣君(사군) [1040]
嗣 令嗣(영사) [5010]
嗣 國嗣(국사) [8010]
嗣 血嗣(혈사) [4210]
嗣 嗣續(사속) [1042]
嗣 繼嗣(계사) [4010]
奢 奢侈(사치) [1010]
奢 驕奢(교사) [1010]
奢 奢華(사화) [1040]
奢 奢靡(사미) [1010]
奢 僭奢(참사) [1010]
奢 奢麗(사려) [1042]
奢 謁奢(알사) [3010]
奢 紛奢(분사) [3210]
奢 奢恣(사자) [1030]
奢 奢僭(사참) [1010]
奢 縱奢(종사) [3210]
奢 奢佚(사일) [1010]
奢 奢傲(사오) [1030]
娑 摩娑(마사) [2010]
娑 娑婆(사바) [1010]
娑 婆娑(파사) [1010]
徙 遷徙(천사) [3210]
徙 轉徙(전사) [4010]
瀉 吐瀉(토사) [3210]
瀉 瀉土(사토) [1080]
瀉 瀉痢(사리) [1010]
瀉 泄瀉(설사) [1010]
瀉 澤瀉(택사) [3210]
瀉 瀉出(사출) [1070]
瀉 及瀉(급사) [3210]
瀉 瀉下(사하) [1072]
瀉 傾瀉(경사) [4010]
瀉 瀉劑(사제) [1020]
獅 獅子(사자) [1072]
祠 叢祠(총사) [1010]
祠 生祠(생사) [8010]
祠 祠宇(사우) [1032]
祠 古祠(고사) [6010]
祠 靈祠(영사) [3210]
祠 淫祠(음사) [3210]
祠 祠院(사원) [1050]
祠 祠堂(사당) [1062]
祠 社祠(사사) [6210]
紗 窓紗(창사) [6210]
紗 素紗(소사) [4210]
紗 紗羅(사라) [1042]
紗 紗窓(사창) [1062]
紗 羅紗(나사) [4210]
紗 網紗(망사) [2010]
紗 黃紗(황사) [6010]
紗 紗巾(사건) [1010]
紗 緊紗(긴사) [3210]
蓑 蓑翁(사옹) [1030]
蓑 蓑笠(사립) [1010]
蓑 一蓑(일사) [8010]
蓑 蓑衣(사의) [1060]
麝 麝香(사향) [1042]
麝 蘭麝(난사) [3210]
刪 增刪(증산) [4210]
刪 刪詩(산시) [1042]
刪 改刪(개산) [5010]
刪 刪蔓(산만) [1010]
刪 刪補(산보) [1032]
刪 刪改(산개) [1050]
刪 刪略(산략) [1040]
刪 刪削(산삭) [1032]
刪 刪省(산생) [1062]
刪 刪定(산정) [1060]
珊 珊瑚(산호) [1010]
疝 疝症(산증) [1032]
疝 疝氣(산기) [1072]
撒 撒水(살수) [1080]
撒 撒布(살포) [1042]
煞 凶煞(흉살) [5210]
煞 厄煞(액살) [3010]
煞 毒煞(독살) [4210]
煞 木煞(목살) [8010]
煞 地煞(지살) [7010]
煞 解煞(해살) [4210]
煞 制煞(제살) [4210]
煞 急煞(급살) [6210]
薩 菩薩(보살) [1010]
薩 布薩(포살) [4210]
滲 滲泄(삼설) [1010]
滲 滲入(삼입) [1070]
滲 滲出(삼출) [1070]
滲 滲漏(삼루) [1032]
滲 滲透(삼투) [1032]
澁 澁劑(삽제) [1020]
澁 羞澁(수삽) [1010]
澁 苦澁(고삽) [6010]

澁	訥澁(눌삽) [1010]
澁	澁苦(삽고) [1060]
澁	澁語(삽어) [1070]
澁	難澁(난삽) [4210]
澁	燥澁(조삽) [3010]
澁	澁滯(삽체) [1032]
孀	孀婦(상부) [1042]
孀	靑孀(청상) [8010]
孀	孀閨(상규) [1020]
孀	孤孀(고상) [4010]
孀	孀老(상로) [1070]
爽	爽然(상연) [1070]
爽	英爽(영상) [6010]
爽	爽涼(상량) [1032]
爽	爽明(상명) [1062]
爽	豪爽(호상) [3210]
爽	健爽(건상) [5010]
爽	爽氣(상기) [1072]
爽	昧爽(매상) [1010]
爽	爽快(상쾌) [1042]
爽	澄爽(징상) [1010]
爽	爽實(상실) [1052]
爽	淸爽(청상) [6210]
爽	俊爽(준상) [3010]
爽	精爽(정상) [4210]
翔	翔集(상집) [1062]
翔	高翔(고상) [6210]
翔	回翔(회상) [4210]
翔	雲翔(운상) [5210]
翔	飛翔(비상) [4210]
翔	翔貴(상귀) [1050]
觴	流觴(유상) [5210]
觴	濫觴(남상) [3010]
觴	觴政(상정) [1042]
觴	觴詠(상영) [1030]
觴	交觴(교상) [6010]
觴	玉觴(옥상) [4210]
璽	璽書(새서) [1062]
嗇	嗇夫(색부) [1070]
嗇	吝嗇(인색) [1010]
嗇	節嗇(절색) [5210]
牲	犧牲(희생) [1010]
牲	牲殺(생살) [1042]
牲	牢牲(뇌생) [1010]
牲	牲牢(생뢰) [1010]
牲	三牲(삼생) [8010]
牲	特牲(특생) [6010]
牲	六牲(육생) [8010]
牲	五牲(오생) [8010]
牲	展牲(전생) [5210]
甥	舅甥(구생) [1010]
甥	外甥(외생) [8010]
壻	國壻(국서) [8010]
壻	率壻(솔서) [3210]
壻	姉壻(자서) [4010]
壻	佳壻(가서) [3210]
壻	壻郞(서랑) [1032]
壻	賢壻(현서) [4210]
壻	姪壻(질서) [3010]
壻	翁壻(옹서) [3010]
壻	同壻(동서) [7010]
壻	豫壻(예서) [4010]
壻	壻屋(서옥) [1050]
嶼	洲嶼(주서) [3210]
嶼	島嶼(도서) [5010]
抒	抒情(서정) [1052]
曙	曙日(서일) [1080]
曙	曙景(서경) [1050]
曙	拂曙(불서) [3210]
曙	曙星(서성) [1042]
曙	曙光(서광) [1062]
曙	曙天(서천) [1070]
棲	棲遲(서지) [1030]
棲	棲息(서식) [1042]
棲	幽棲(유서) [3210]
棲	同棲(동서) [7010]
棲	棲屑(서설) [1010]
棲	水棲(수서) [8010]
棲	雙棲(쌍서) [3210]
棲	隱棲(은서) [4010]
棲	棲隱(서은) [1040]
棲	鷄棲(계서) [4010]
棲	棲遑(서황) [1010]
犀	木犀(목서) [8010]
犀	犀利(서리) [1062]
犀	犀角(서각) [1062]
胥	象胥(상서) [4010]
胥	胥吏(서리) [1032]
胥	胥匡(서광) [1010]
薯	薯童(서동) [1062]
薯	甘薯(감서) [4010]
黍	鷄黍(계서) [4010]
黍	禾黍(화서) [3010]
黍	黍稷(서직) [1012]
黍	角黍(각서) [6210]
黍	黑黍(흑서) [5010]
黍	黍粟(서속) [1030]
黍	黍酒(서주) [1040]
鼠	社鼠(사서) [6210]
鼠	鼠狼(서랑) [1010]
鼠	飛鼠(비서) [4210]
鼠	鼠賊(서적) [1040]
鼠	水鼠(수서) [8010]
鼠	火鼠(화서) [8010]
鼠	首鼠(수서) [5210]
鼠	田鼠(전서) [4210]
鼠	倉鼠(창서) [3210]
鼠	袋鼠(대서) [1010]
鼠	黑鼠(흑서) [5010]
鼠	鼠遁(서둔) [1010]
鼠	香鼠(향서) [4210]
鼠	鼠姑(서고) [1032]
鼠	仙鼠(선서) [5210]
鼠	鼠疫(서역) [1032]

鼠	天鼠(천서)	[7010]
鼠	鼠婦(서부)	[1042]
鼠	窮鼠(궁서)	[4010]
潟	干潟(간석)	[4010]
潟	潟湖(석호)	[1050]
扇	羽扇(우선)	[3210]
扇	白扇(백선)	[8010]
扇	扇央(선앙)	[1032]
扇	扇子(선자)	[1072]
扇	團扇(단선)	[5210]
扇	綾扇(능선)	[1010]
扇	舞扇(무선)	[4010]
扇	羅扇(나선)	[4210]
扇	喪扇(상선)	[3210]
扇	扇形(선형)	[1062]
扇	鳳扇(봉선)	[3210]
煽	煽惑(선혹)	[1032]
煽	煽動(선동)	[1072]
羨	羨餘(선여)	[1042]
羨	羨門(연문)	[1080]
羨	羨望(선망)	[1052]
羨	艶羨(염선)	[1010]
羨	健羨(건선)	[5010]
羨	羨道(연도)	[1072]
羨	羨慕(선모)	[1032]
羨	仰羨(앙선)	[3210]
腺	乳腺(유선)	[4010]
腺	腺病(선병)	[1060]
膳	加膳(가선)	[5010]
膳	膳夫(선부)	[1070]
膳	珍膳(진선)	[4010]
膳	饗膳(향선)	[1010]
膳	典膳(전선)	[5210]
膳	御膳(어선)	[3210]
膳	撤膳(철선)	[2010]
膳	膳物(선물)	[1072]
銑	銑鐵(선철)	[1050]
屑	碎屑(쇄설)	[1010]
屑	玉屑(옥설)	[4210]
屑	不屑(불설)	[7210]
屑	屑塵(설진)	[1020]
屑	棲屑(서설)	[1010]
泄	漏泄(누설)	[3210]
泄	泄氣(설기)	[1072]
泄	滲泄(삼설)	[1010]
泄	泄痢(설리)	[1010]
泄	泄瀉(설사)	[1010]
泄	泄露(설로)	[1032]
泄	排泄(배설)	[3210]
洩	洩漏(설루)	[1032]
洩	漏洩(누설)	[3210]
洩	露洩(노설)	[3210]
渫	浚渫(준설)	[1210]
殲	殲滅(섬멸)	[1032]
殲	殲撲(섬박)	[1010]
閃	閃光(섬광)	[1062]
閃	閃電(섬전)	[1072]
閃	閃影(섬영)	[1032]
閃	閃閃(섬섬)	[1010]
閃	閃火(섬화)	[1080]
閃	閃絡(섬락)	[1032]
閃	閃忽(섬홀)	[1032]
醒	喚醒(환성)	[1010]
醒	覺醒(각성)	[4010]
醒	醒覺(성각)	[1040]
塑	彫塑(조소)	[2010]
塑	繪塑(회소)	[1010]
塑	泥塑(이소)	[3210]
塑	塑像(소상)	[1032]
宵	通宵(통소)	[6010]
宵	今宵(금소)	[6210]
宵	淸宵(청소)	[6210]
宵	宵行(소행)	[1060]
宵	終宵(종소)	[5010]
宵	晝宵(주소)	[6010]
宵	昨宵(작소)	[6210]
宵	徹宵(철소)	[3210]
宵	春宵(춘소)	[7010]
宵	良宵(양소)	[5210]
搔	搔頭(소두)	[1060]
搔	搔癢(소양)	[1010]
搔	搔爬(소파)	[1010]
梳	梳洗(소세)	[1052]
梳	梳沐(소목)	[1020]
梳	梳櫛(소즐)	[1010]
甦	甦息(소식)	[1042]
甦	甦生(소생)	[1080]
疎	疎籬(소리)	[1010]
疎	迂疎(우소)	[1010]
瘙	風瘙(풍소)	[6210]
簫	洞簫(퉁소)	[7010]
簫	鳳簫(봉소)	[3210]
簫	簫鼓(소고)	[1032]
簫	玉簫(옥소)	[4210]
蕭	蕭瑟(소슬)	[1012]
蕭	蕭森(소삼)	[1032]
蕭	蕭寂(소적)	[1032]
蕭	蕭條(소조)	[1040]
逍	逍遙(소요)	[1030]
遡	遡流(소류)	[1052]
遡	遡及(소급)	[1032]
遡	遡源(소원)	[1040]
贖	贖錢(속전)	[1040]
贖	贖罪(속죄)	[1050]
贖	贖償(속상)	[1032]
贖	贖刑(속형)	[1040]
贖	贖還(속환)	[1032]
遜	不遜(불손)	[7210]
遜	遜避(손피)	[1040]
遜	遜辭(손사)	[1040]
遜	遜色(손색)	[1070]
遜	遜讓(손양)	[1032]
遜	遜位(손위)	[1050]
遜	恭遜(공손)	[3210]

遜	揖遜(읍손) [1010]	戍	戍人(수인) [1080]	繡	錦繡(금수) [3210]
遜	謙遜(겸손) [3210]	戍	鎭戍(진수) [3210]	繡	繡紋(수문) [1032]
悚	戰悚(전송) [6210]	戍	戍役(수역) [1032]	繡	繡衣(수의) [1060]
悚	惶悚(황송) [1010]	戍	邊戍(변수) [4210]	繡	繡囊(수낭) [1010]
悚	悚懼(송구) [1030]	狩	狩獵(수렵) [1030]	繡	繡薦(수천) [1030]
悚	悚慄(송률) [1010]	狩	狩人(수인) [1080]	繡	繡像(수상) [1032]
灑	揮灑(휘쇄) [4010]	瘦	瘦鶴(수학) [1032]	羞	羞辱(수욕) [1032]
灑	脫灑(탈쇄) [4010]	瘦	瘦削(수삭) [1032]	羞	羞面(수면) [1070]
灑	灑塵(쇄진) [1020]	瘦	瘦面(수면) [1070]	羞	羞恥(수치) [1032]
灑	灑掃(쇄소) [1042]	瘦	瘦容(수용) [1042]	羞	羞愧(수괴) [1030]
灑	灑然(쇄연) [1070]	瘦	瘦硬(수경) [1032]	羞	常羞(상수) [4210]
灑	灑落(쇄락) [1050]	瘦	瘦軀(수구) [1010]	羞	珍羞(진수) [4010]
碎	碎身(쇄신) [1062]	瘦	瘦長(수장) [1080]	羞	慙羞(참수) [3010]
碎	碎劇(쇄극) [1040]	瘦	瘦斃(수폐) [1010]	羞	薦羞(천수) [3010]
碎	碎破(쇄파) [1042]	瘦	瘦身(수신) [1062]	羞	羞澁(수삽) [1010]
碎	細碎(세쇄) [4210]	瘦	瘦瘠(수척) [1010]	蒐	茅蒐(모수) [1210]
碎	碎石(쇄석) [1060]	穗	一穗(일수) [8010]	蒐	蒐輯(수집) [1020]
碎	煩碎(번쇄) [3010]	穗	麥穗(맥수) [3210]	蒐	蒐羅(수라) [1042]
碎	碎屑(쇄설) [1010]	穗	燈穗(등수) [4210]	蒐	蒐集(수집) [1062]
碎	踏碎(답쇄) [3210]	穗	禾穗(화수) [3010]	蒐	蒐補(수보) [1032]
碎	碎務(쇄무) [1042]	竪	竪臣(수신) [1052]	袖	袖珍(수진) [1040]
碎	碎鑛(쇄광) [1040]	竪	二竪(이수) [8010]	袖	袖裏(수리) [1032]
碎	零碎(영쇄) [3010]	竪	賈竪(고수) [1210]	袖	袖納(수납) [1040]
碎	碎銀(쇄은) [1060]	竪	竪吏(수리) [1032]	袖	袖口(수구) [1070]
碎	粉碎(분쇄) [4010]	竪	竪穴(수혈) [1032]	袖	長袖(장수) [8010]
碎	毁碎(훼쇄) [3010]	竪	竪子(수자) [1072]	袖	羅袖(나수) [4210]
嫂	季嫂(계수) [4010]	竪	竪童(수동) [1062]	袖	袖手(수수) [1072]
嫂	兄嫂(형수) [8010]	竪	竪立(수립) [1072]	袖	窄袖(착수) [1010]
嫂	嫂叔(수숙) [1040]	粹	粹白(수백) [1080]	袖	衣袖(의수) [6010]
嫂	丘嫂(구수) [3210]	粹	粹靈(수령) [1032]	袖	舞袖(무수) [4010]
嫂	家嫂(가수) [7210]	粹	粹然(수연) [1070]	袖	套袖(투수) [1010]
戍	謫戍(적수) [1010]	粹	粹學(수학) [1080]	袖	闊袖(활수) [1010]
戍	戍卒(수졸) [1052]	粹	純粹(순수) [4210]	袖	飜袖(번수) [3010]
戍	屯戍(둔수) [3010]	粹	國粹(국수) [8010]	酬	對酬(대수) [6210]
戍	戍守(수수) [1042]	粹	神粹(신수) [6210]	酬	酬報(수보) [1042]
戍	戍甲(수갑) [1040]	繡	繡裳(수상) [1032]	酬	酬唱(수창) [1050]
戍	戍衛(수위) [1042]	繡	刺繡(자수) [3210]	酬	唱酬(창수) [5010]
戍	戍樓(수루) [1032]	繡	繡帳(수장) [1040]	酬	報酬(보수) [4210]

酬 酬應(수응) [1042]
酬 厚酬(후수) [4010]
酬 獻酬(헌수) [3210]
酬 答酬(답수) [7210]
酬 酬酌(수작) [1030]
酬 酬答(수답) [1072]
酬 應酬(응수) [4210]
髓 髓海(수해) [1072]
髓 髓腦(수뇌) [1032]
髓 腦髓(뇌수) [3210]
髓 骨髓(골수) [4010]
髓 神髓(신수) [6210]
髓 眞髓(진수) [4210]
髓 脊髓(척수) [1010]
髓 精髓(정수) [4210]
讎 讎仇(수구) [1010]
讎 讎敵(수적) [1042]
讎 敵讎(적수) [4210]
讎 寇讎(구수) [1010]
讎 國讎(국수) [8010]
讎 讎嫌(수혐) [1030]
讎 怨讎(원수) [4010]
讎 讎校(수교) [1080]
讎 復讎(복수) [4210]
塾 塾頭(숙두) [1060]
塾 塾生(숙생) [1080]
塾 塾舍(숙사) [1042]
塾 家塾(가숙) [7210]
塾 塾堂(숙당) [1062]
塾 塾長(숙장) [1080]
塾 私塾(사숙) [4010]
塾 鄕塾(향숙) [4210]
塾 義塾(의숙) [4210]
塾 門塾(문숙) [8010]
夙 夙悟(숙오) [1032]
夙 夙志(숙지) [1042]
夙 夙興(숙흥) [1042]
夙 夙成(숙성) [1062]
夙 夙就(숙취) [1040]
夙 夙敏(숙민) [1030]
夙 夙昔(숙석) [1030]
夙 夙夜(숙야) [1060]
夙 夙世(숙세) [1072]
夙 夙起(숙기) [1042]
菽 菽粟(숙속) [1030]
菽 菽水(숙수) [1080]
菽 菽麥(숙맥) [1032]
筍 筍皮(순피) [1032]
筍 稚筍(치순) [3210]
筍 石筍(석순) [6010]
醇 醇化(순화) [1052]
醇 醇味(순미) [1042]
醇 化醇(화순) [5210]
醇 醇美(순미) [1060]
醇 醇朴(순박) [1060]
醇 醇酒(순주) [1040]
醇 醇謹(순근) [1030]
醇 醇儒(순유) [1040]
醇 醇醴(순례) [1012]
醇 醇篤(순독) [1030]
馴 馴致(순치) [1050]
馴 調馴(조순) [5210]
馴 馴養(순양) [1052]
馴 馴性(순성) [1052]
馴 馴服(순복) [1060]
馴 馴良(순량) [1052]
馴 雅馴(아순) [3210]
馴 飼馴(사순) [2010]
馴 馴行(순행) [1060]
馴 馴鹿(순록) [1030]
膝 膝下(슬하) [1072]
膝 容膝(용슬) [4210]
膝 斂膝(염슬) [1010]
膝 接膝(접슬) [4210]
膝 鶴膝(학슬) [3210]
膝 膝行(슬행) [1060]
膝 膝甲(슬갑) [1040]
丞 渡丞(도승) [3210]
丞 驛丞(역승) [3210]
丞 丞相(승상) [1052]
丞 郵丞(우승) [4010]
匙 茶匙(다시) [3210]
匙 飯匙(반시) [3210]
媤 媤家(시가) [1072]
媤 媤叔(시숙) [1040]
媤 媤宅(시댁) [1052]
弑 簒弑(찬시) [1010]
弑 弑殺(시살) [1042]
弑 弑逆(시역) [1042]
弑 弑害(시해) [1052]
猜 猜畏(시외) [1030]
猜 猜憚(시탄) [1010]
猜 猜忍(시인) [1032]
猜 猜妬(시투) [1010]
猜 猜忌(시기) [1030]
猜 疑猜(의시) [4010]
猜 猜嫌(시혐) [1030]
猜 嫌猜(혐시) [3010]
猜 猜克(시극) [1032]
猜 猜惡(시오) [1052]
猜 猜恨(시한) [1040]
謚 謚議(시의) [1042]
謚 追謚(추시) [3210]
謚 賜謚(사시) [3010]
謚 謚號(시호) [1060]
謚 謚法(시법) [1052]
豺 豺狼(시랑) [1010]
豺 豺虎(시호) [1032]
柿 霜柿(상시) [3210]
柿 紅柿(홍시) [4010]
柿 軟柿(연시) [3210]
柿 乾柿(건시) [3210]
柿 柿餠(시병) [1010]
柿 串柿(관시) [1210]

柹	柹雪(시설) [1062]
柹	黑柹(흑시) [5010]
拭	拭淸(식청) [1062]
拭	拭淨(식정) [1032]
拭	拂拭(불식) [3210]
拭	拭目(식목) [1060]
拭	拭拂(식불) [1032]
熄	熄滅(식멸) [1032]
熄	終熄(종식) [5010]
蝕	雨蝕(우식) [5210]
蝕	薄蝕(박식) [3210]
蝕	侵蝕(침식) [4210]
蝕	蝕旣(식기) [1030]
蝕	剝蝕(박식) [1010]
呻	嚬呻(빈신) [1010]
呻	呻吟(신음) [1030]
娠	妊娠(임신) [2010]
宸	槐宸(괴신) [1210]
宸	楓宸(풍신) [3210]
宸	宸筆(신필) [1052]
宸	宸怒(신노) [1042]
宸	宸慮(신려) [1040]
宸	帝宸(제신) [4010]
宸	宸憂(신우) [1032]
宸	宸念(신념) [1052]
宸	宸襟(신금) [1010]
宸	宸儀(신의) [1040]
宸	宸闕(신궐) [1020]
宸	宸翰(신한) [1020]
宸	宸意(신의) [1062]
宸	宸鑑(신감) [1032]
宸	宸斷(신단) [1042]
宸	宸衷(신충) [1020]
燼	輝燼(휘신) [3010]
燼	餘燼(여신) [4210]
燼	灰燼(회신) [4010]
燼	煙燼(연신) [4210]
燼	火燼(화신) [8010]
燼	燼灰(신회) [1040]
燼	燼滅(신멸) [1032]
薪	束薪(속신) [5210]
薪	薪樵(신초) [1010]
薪	薪木(신목) [1080]
薪	負薪(부신) [4010]
薪	薪水(신수) [1080]
薪	薪炭(신탄) [1050]
蜃	蜃市(신시) [1072]
訊	訊檢(신검) [1042]
訊	問訊(문신) [7010]
訊	訊問(신문) [1070]
訊	訊訪(신방) [1042]
訊	拷訊(고신) [1010]
迅	迅風(신풍) [1062]
迅	迅急(신급) [1062]
迅	迅羽(신우) [1032]
迅	迅傳(신전) [1052]
迅	迅速(신속) [1060]
迅	迅雨(신우) [1052]
迅	奮迅(분신) [3210]
迅	迅辦(신판) [1010]
迅	迅雷(신뢰) [1032]
悉	悉達(실달) [1042]
悉	備悉(비실) [4210]
悉	悉皆(실개) [1030]
悉	悉曇(실담) [1010]
悉	詳悉(상실) [3210]
悉	該悉(해실) [3010]
悉	明悉(명실) [6210]
什	什長(십장) [1080]
什	什具(집구) [1052]
什	篇什(편집) [4010]
什	什器(집기) [1042]
什	詩什(시집) [4210]
什	家什(가집) [7210]
什	什物(집물) [1072]
俄	俄頃(아경) [1032]
俄	俄館(아관) [1032]
俄	俄然(아연) [1070]
啞	啞然(아연) [1070]
啞	啞子(아자) [1072]
啞	啞啞(아아) [1010]
啞	聾啞(농아) [1010]
衙	衙隸(아례) [1030]
衙	衙內(아내) [1072]
衙	官衙(관아) [4210]
衙	貳衙(이아) [2010]
衙	公衙(공아) [6210]
衙	副衙(부아) [4210]
衙	正衙(정아) [7210]
衙	衙門(아문) [1080]
衙	衙前(아전) [1072]
衙	殿衙(전아) [3210]
衙	衙參(아참) [1052]
訝	驚訝(경아) [4010]
訝	訝惑(아혹) [1032]
訝	怪訝(괴아) [3210]
訝	訝賓(아빈) [1030]
訝	疑訝(의아) [4010]
堊	白堊(백악) [8010]
堊	素堊(소악) [4210]
堊	丹堊(단악) [3210]
堊	堊塗(악도) [1030]
愕	錯愕(착악) [3210]
愕	愕然(악연) [1070]
愕	愕視(악시) [1042]
愕	驚愕(경악) [4010]
愕	駭愕(해악) [1010]
愕	嗟愕(차악) [1010]
愕	愕立(악립) [1072]
顎	下顎(하악) [7210]
顎	上顎(상악) [7210]
按	按撫(안무) [1010]
按	按診(안진) [1020]
按	按檢(안검) [1042]

按 按劍(안검) [1032]
按 按問(안문) [1070]
按 巡按(순안) [3210]
按 按殺(안살) [1042]
按 按手(안수) [1072]
按 覆按(복안) [3210]
按 按察(안찰) [1042]
按 按擦(안찰) [1010]
按 按摩(안마) [1020]
晏 晏如(안여) [1042]
晏 晏然(안연) [1070]
晏 晏駕(안가) [1010]
晏 晏嬰(안영) [1010]
晏 晏起(안기) [1042]
晏 晏眠(안면) [1032]
鞍 鞍銜(안함) [1010]
鞍 金鞍(금안) [8010]
鞍 鞍馬(안마) [1050]
鞍 鞍裝(안장) [1040]
鞍 玉鞍(옥안) [4210]
鞍 鞍橋(안교) [1050]
鞍 鞍傷(안상) [1040]
鞍 鞍鼻(안비) [1050]
斡 斡旋(알선) [1032]
斡 斡流(알류) [1052]
軋 軋軋(알알) [1010]
庵 草庵(초암) [7010]
庵 庵主(암주) [1070]
庵 庵廬(암려) [1012]
庵 禪庵(선암) [3210]
闇 闇鈍(암둔) [1030]
闇 昏闇(혼암) [3010]
闇 闇昧(암매) [1010]
闇 諒闇(양암) [3010]
闇 闇冥(암명) [1030]
闇 退闇(퇴암) [4210]
怏 怏鬱(앙울) [1020]
怏 怏怏(앙앙) [1010]
秧 挿秧(삽앙) [2010]
秧 秧苗(앙묘) [1030]
秧 秧田(앙전) [1042]
秧 秧針(앙침) [1040]
秧 秧稻(앙도) [1030]
鴦 鴛鴦(원앙) [1010]
鴦 鴦衾(앙금) [1010]
昻 低昻(저앙) [4210]
昻 軒昻(헌앙) [3010]
昻 昻騰(앙등) [1030]
昻 激昻(격앙) [4010]
昻 昻貴(앙귀) [1050]
崖 懸崖(현애) [3210]
崖 崖脚(애각) [1032]
崖 崖檢(애검) [1042]
曖 曖昧(애매) [1010]
曖 曖然(애연) [1070]
曖 曖曖(애애) [1010]
隘 狹隘(협애) [1010]
隘 阻隘(조애) [1010]
隘 險隘(험애) [4010]
隘 隘巷(애항) [1030]
隘 陋隘(누애) [1010]
靄 野靄(야애) [6010]
靄 蒼靄(창애) [3210]
靄 靄靄(애애) [1010]
靄 靄然(애연) [1070]
靄 曉靄(효애) [3010]
靄 朝靄(조애) [6010]
扼 扼喉(액후) [1020]
縊 自縊(자액) [7210]
縊 縊死(액사) [1060]
縊 縊殺(액살) [1042]
腋 腋臭(액취) [1030]
腋 獐腋(장액) [1210]
腋 兩腋(양액) [4210]
腋 腋芽(액아) [1032]
腋 腋汗(액한) [1032]
腋 腋氣(액기) [1072]
腋 腋毛(액모) [1042]
櫻 櫻花(앵화) [1070]
櫻 櫻脣(앵순) [1030]
櫻 山櫻(산앵) [8010]
櫻 櫻桃(앵도) [1032]
鶯 鶯舌(앵설) [1040]
鶯 殘鶯(잔앵) [4010]
鶯 晩鶯(만앵) [3210]
鶯 鶯蝶(앵접) [1030]
鶯 老鶯(노앵) [7010]
鶯 鶯歌(앵가) [1070]
鶯 春鶯(춘앵) [7010]
鶯 黃鶯(황앵) [6010]
鶯 鶯遷(앵천) [1032]
鶯 鶯聲(앵성) [1042]
鶯 鶯脣(앵순) [1030]
冶 冶艶(야염) [1010]
冶 冶郞(야랑) [1032]
冶 冶金(야금) [1080]
冶 冶工(야공) [1072]
冶 冶爐(야로) [1032]
冶 冶匠(야장) [1010]
冶 艶冶(염야) [1010]
冶 陶冶(도야) [3210]
冶 妖冶(요야) [2010]
冶 鍛冶(단야) [2010]
冶 冶坊(야방) [1010]
冶 冶容(야용) [1042]
揶 揶揄(야유) [1010]
爺 爺孃(야양) [1020]
爺 爺爺(야야) [1010]
爺 老爺(노야) [7010]
葯 去葯(거약) [5010]
葯 葯胞(약포) [1040]
恙 微恙(미양) [3210]
恙 無恙(무양) [5010]
攘 攘臂(양비) [1010]

攘 攘伐(양벌) [1042]
攘 攘斥(양척) [1030]
攘 攘竊(양절) [1030]
攘 攘除(양제) [1042]
攘 攘夷(양이) [1030]
攘 擾攘(요양) [1010]
瘍 瘡瘍(창양) [1010]
瘍 腫瘍(종양) [1010]
瘍 潰瘍(궤양) [1010]
瘍 瘍醫(양의) [1060]
釀 釀母(양모) [1080]
釀 釀具(양구) [1052]
釀 釀造(양조) [1042]
釀 釀酒(양주) [1040]
釀 家釀(가양) [7210]
釀 釀甕(양옹) [1012]
釀 釀成(양성) [1062]
釀 野釀(야양) [6010]
釀 釀禍(양화) [1032]
癢 搔癢(소양) [1010]
癢 癢痛(양통) [1040]
癢 技癢(기양) [5010]
癢 痛癢(통양) [4010]
圄 圄囹(어령) [1010]
圄 囹圄(영어) [1010]
瘀 通瘀(통어) [6010]
瘀 瘀熱(어열) [1050]
瘀 消瘀(소어) [6210]
瘀 瘀肉(어육) [1042]
瘀 破瘀(파어) [4210]
瘀 瘀血(어혈) [1042]
瘀 逐瘀(축어) [3010]
禦 禦寒(어한) [1050]
禦 防禦(방어) [4210]
禦 抗禦(항어) [4010]
禦 彊禦(강어) [1210]
禦 禦戰(어전) [1062]
禦 禦侮(어모) [1030]
臆 臆決(억결) [1052]
臆 臆判(억판) [1040]
臆 臆度(억탁) [1060]
臆 臆測(억측) [1042]
臆 臆算(억산) [1070]
臆 臆見(억견) [1052]
臆 臆說(억설) [1052]
臆 臆斷(억단) [1042]
堰 堰堤(언제) [1030]
堰 海堰(해언) [7210]
諺 鄙諺(비언) [1010]
諺 諺譯(언역) [1032]
諺 諺解(언해) [1042]
諺 諺文(언문) [1070]
諺 俗諺(속언) [4210]
諺 諺語(언어) [1070]
諺 俚諺(이언) [1010]
諺 野諺(야언) [6010]
諺 古諺(고언) [6010]
儼 儼恪(엄각) [1010]
儼 儼然(엄연) [1070]
儼 儼雅(엄아) [1032]
儼 儼存(엄존) [1040]
奄 奄然(엄연) [1070]
奄 奄忽(엄홀) [1032]
掩 掩殺(엄살) [1042]
掩 掩擊(엄격) [1040]
掩 掩涕(엄체) [1010]
掩 掩迹(엄적) [1010]
掩 掩護(엄호) [1042]
掩 掩匿(엄닉) [1010]
掩 掩壕(엄호) [1012]
掩 掩土(엄토) [1080]
掩 掩蔽(엄폐) [1030]
掩 掩耀(엄요) [1012]
掩 掩網(엄망) [1020]
掩 掩蓋(엄개) [1032]
掩 掩襲(엄습) [1032]
掩 掩卷(엄권) [1040]
掩 掩門(엄문) [1080]
掩 掩身(엄신) [1062]
掩 掩諱(엄휘) [1010]
掩 掩映(엄영) [1040]
掩 掩耳(엄이) [1050]
掩 遮掩(차엄) [2010]
掩 掩紙(엄지) [1070]
掩 掩置(엄치) [1042]
掩 掩埋(엄매) [1030]
掩 耳掩(이엄) [5010]
掩 掩色(엄색) [1070]
掩 掩體(엄체) [1062]
掩 掩泣(엄읍) [1030]
掩 額掩(액엄) [4010]
掩 掩塞(엄색) [1032]
繹 繹史(역사) [1052]
繹 玩繹(완역) [1010]
繹 絡繹(낙역) [3210]
繹 思繹(사역) [5010]
繹 演繹(연역) [4210]
繹 紬繹(주역) [1010]
繹 繹騷(역소) [1030]
繹 尋繹(심역) [3010]
捐 捐補(연보) [1032]
捐 出捐(출연) [7010]
捐 捐助(연조) [1042]
捐 捐世(연세) [1072]
捐 捐館(연관) [1032]
捐 義捐(의연) [4210]
捐 捐軀(연구) [1010]
捐 募捐(모연) [3010]
捐 捐金(연금) [1080]
椽 椽廳(연청) [1040]
椽 婦椽(부연) [4210]
椽 屋椽(옥연) [5010]
椽 椽端(연단) [1042]
椽 短椽(단연) [6210]

椽 椽木(연목) [1080]
筵 几筵(궤연) [1010]
筵 法筵(법연) [5210]
筵 齋筵(재연) [1010]
筵 賀筵(하연) [3210]
筵 賓筵(빈연) [3010]
筵 筵上(연상) [1072]
筵 妓筵(기연) [1010]
筵 筵席(연석) [1060]
筵 舞筵(무연) [4010]
筵 講筵(강연) [4210]
筵 餞筵(전연) [1010]
筵 御筵(어연) [3210]
筵 壽筵(수연) [3210]
鳶 鳶肩(연견) [1030]
鳶 風鳶(풍연) [6210]
鳶 飛鳶(비연) [4210]
鳶 紙鳶(지연) [7010]
鳶 鳶色(연색) [1070]
焰 紅焰(홍염) [4010]
焰 氣焰(기염) [7210]
焰 火焰(화염) [8010]
焰 勢焰(세염) [4210]
焰 光焰(광염) [6210]
艶 冶艶(야염) [1010]
艶 豊艶(풍염) [4210]
艶 艶姿(염자) [1040]
艶 澹艶(담염) [1010]
艶 嬌艶(교염) [1010]
艶 艶冶(염야) [1010]
艶 艶色(염색) [1070]
艶 艶聞(염문) [1062]
艶 艶語(염어) [1070]
艶 艶態(염태) [1042]
艶 艶歌(염가) [1070]
艶 艶美(염미) [1060]
艶 濃艶(농염) [2010]
艶 妖艶(요염) [2010]
艶 冷艶(냉염) [5010]
艶 婉艶(완염) [1010]
艶 艶羨(염선) [1010]
艶 艶麗(염려) [1042]
艶 艶陽(염양) [1060]
艶 艶妻(염처) [1032]
艶 艶文(염문) [1070]
艶 艶情(염정) [1052]
艶 艶質(염질) [1052]
艶 光艶(광염) [6210]
艶 麗艶(여염) [4210]
嬰 晏嬰(안영) [1010]
嬰 退嬰(퇴영) [4210]
嬰 嬰禍(영화) [1032]
嬰 嬰兒(영아) [1052]
嬰 嬰城(영성) [1042]
曳 牽曳(견예) [3010]
曳 曳白(예백) [1080]
曳 曳撈(예로) [1010]
曳 搖曳(요예) [3010]
曳 曳網(예망) [1020]
穢 濁穢(탁예) [3010]
穢 穢物(예물) [1072]
穢 穢德(예덕) [1052]
穢 蕪穢(무예) [1010]
穢 穢慾(예욕) [1032]
穢 穢慝(예특) [1010]
穢 穢心(예심) [1070]
穢 垢穢(구예) [1010]
穢 汚穢(오예) [3010]
穢 穢汚(예오) [1030]
穢 穢濁(예탁) [1030]
穢 穢氣(예기) [1072]
裔 荒裔(황예) [3210]
裔 後裔(후예) [7210]
裔 苗裔(묘예) [3010]
裔 餘裔(여예) [4210]
裔 四裔(사예) [8010]
裔 遠裔(원예) [6010]
裔 胄裔(주예) [1010]
裔 遐裔(하예) [1010]
裔 裔孫(예손) [1060]
詣 參詣(참예) [5210]
詣 馳詣(치예) [1010]
詣 詣闕(예궐) [1020]
詣 造詣(조예) [4210]
伍 伍列(오열) [1042]
伍 行伍(행오) [6010]
伍 伍長(오장) [1080]
伍 部伍(부오) [6210]
伍 編伍(편오) [3210]
伍 伍伴(오반) [1030]
伍 落伍(낙오) [5010]
伍 伍伯(오백) [1032]
伍 士伍(사오) [5210]
伍 軍伍(군오) [8010]
奧 奧藏(오장) [1032]
奧 蘊奧(온오) [1010]
奧 深奧(심오) [4210]
奧 奧妙(오묘) [1040]
奧 奧境(오경) [1042]
奧 玄奧(현오) [3210]
奧 奧旨(오지) [1020]
寤 寤生(오생) [1080]
寤 覺寤(각오) [4010]
寤 寤寐(오매) [1010]
寤 寤夢(오맹) [1032]
懊 懊悔(오회) [1032]
懊 懊惱(오뇌) [1030]
蘊 五蘊(오온) [8010]
蘊 蘊奧(온오) [1010]
蘊 餘蘊(여온) [4210]
蘊 蘊藉(온자) [1010]
蘊 蘊魔(온마) [1020]
蘊 蘊蓄(온축) [1042]
蘊 蘊抱(온포) [1030]

壅	壅滯(옹체) [1032]
壅	壅塞(옹색) [1032]
壅	壅劫(옹겁) [1010]
壅	壅蔽(옹폐) [1030]
渦	盤渦(반와) [3210]
渦	旋渦(선와) [3210]
渦	渦中(와중) [1080]
渦	渦線(와선) [1062]
渦	渦紋(와문) [1032]
渦	渦旋(와선) [1032]
蝸	蝸牛(와우) [1050]
蝸	蝸廬(와려) [1012]
蝸	蝸屋(와옥) [1050]
蝸	蝸角(와각) [1062]
訛	訛謬(와류) [1020]
訛	浮訛(부와) [3210]
訛	訛僞(와위) [1032]
訛	遷訛(천와) [3210]
訛	訛語(와어) [1070]
訛	轉訛(전와) [4010]
婉	淑婉(숙완) [3210]
婉	婉麗(완려) [1042]
婉	婉弱(완약) [1062]
婉	纖婉(섬완) [2010]
婉	婉曲(완곡) [1050]
婉	婉媚(완미) [1010]
婉	貞婉(정완) [3210]
婉	婉順(완순) [1052]
婉	婉娩(완만) [1020]
婉	婉艷(완염) [1010]
宛	大宛(대원) [8010]
宛	宛然(완연) [1070]
宛	宛轉(완전) [1040]
玩	珍玩(진완) [4010]
玩	賞玩(상완) [5010]
玩	申玩(신완) [4210]
玩	愛玩(애완) [6010]
玩	嗜玩(기완) [1010]
玩	玩見(완견) [1052]
玩	玩弄(완롱) [1032]
玩	玩物(완물) [1072]
玩	玩好(완호) [1042]
玩	玩具(완구) [1052]
玩	玩繹(완역) [1010]
玩	玩索(완색) [1032]
玩	玩味(완미) [1042]
玩	玩藏(완장) [1032]
玩	玩器(완기) [1042]
玩	玩月(완월) [1080]
玩	玩愛(완애) [1060]
玩	玩覽(완람) [1040]
玩	玩讀(완독) [1062]
玩	雜玩(잡완) [4010]
玩	祕玩(비완) [4010]
玩	奇玩(기완) [4010]
玩	器玩(기완) [4210]
玩	弄玩(농완) [3210]
玩	玩賞(완상) [1050]
玩	玩景(완경) [1050]
腕	鐵腕(철완) [5010]
腕	敏腕(민완) [3010]
腕	腕骨(완골) [1040]
腕	腕力(완력) [1072]
腕	上腕(상완) [7210]
腕	辣腕(날완) [1010]
腕	腕釧(완천) [1012]
腕	提腕(제완) [4210]
阮	阮咸(완함) [1030]
阮	阮籍(완적) [1040]
阮	阮元(완원) [1052]
頑	頑喪(완상) [1032]
頑	頑守(완수) [1042]
頑	頑敵(완적) [1042]
頑	頑固(완고) [1050]
頑	頑惡(완악) [1052]
頑	頑痺(완비) [1010]
頑	頑昧(완매) [1010]
頑	頑魯(완로) [1012]
頑	頑慢(완만) [1030]
頑	頑陋(완루) [1010]
頑	頑鈍(완둔) [1030]
頑	頑強(완강) [1060]
頑	冥頑(명완) [3010]
枉	枉顧(왕고) [1030]
枉	枉罪(왕죄) [1050]
枉	枉曲(왕곡) [1050]
枉	枉死(왕사) [1060]
枉	枉駕(왕가) [1010]
枉	誣枉(무왕) [1010]
枉	枉臨(왕림) [1032]
枉	枉告(왕고) [1052]
枉	枉法(왕법) [1052]
枉	冤枉(원왕) [1010]
枉	枉道(왕도) [1072]
枉	枉惑(왕혹) [1032]
矮	矮陋(왜루) [1010]
矮	矮小(왜소) [1080]
矮	矮屋(왜옥) [1050]
矮	矮軀(왜구) [1010]
矮	矮林(왜림) [1070]
巍	巍級(외급) [1060]
巍	巍巍(외외) [1010]
巍	巍然(외연) [1070]
猥	淫猥(음외) [3210]
猥	猥雜(외잡) [1040]
猥	猥濫(외람) [1030]
凹	凸凹(철요) [1010]
凹	凹處(요처) [1042]
凹	凹凸(요철) [1010]
凹	凹面(요면) [1070]
夭	夭桃(요도) [1032]
夭	夭札(요찰) [1020]
夭	夭折(요절) [1040]
夭	夭逝(요서) [1030]

夭	夭死(요사) [1060]
夭	橫夭(횡요) [3210]
夭	桃夭(도요) [3210]
夭	壽夭(수요) [3210]
拗	拗體(요체) [1062]
拗	執拗(집요) [3210]
擾	憂擾(우요) [3210]
擾	騷擾(소요) [3010]
擾	擾擾(요요) [1010]
擾	擾亂(요란) [1040]
擾	躁擾(조요) [1010]
擾	紛擾(분요) [3210]
擾	侵擾(침요) [4210]
擾	匪擾(비요) [2010]
擾	擾攘(요양) [1010]
窈	窈然(요연) [1070]
窈	窈冥(요명) [1030]
窯	窯戶(요호) [1042]
窯	陶窯(도요) [3210]
窯	窯業(요업) [1062]
窯	瓦窯(와요) [3210]
邀	招邀(초요) [4010]
邀	邀擊(요격) [1040]
邀	奉邀(봉요) [5210]
邀	邀招(요초) [1040]
饒	沃饒(옥요) [1210]
饒	饒多(요다) [1060]
饒	饒足(요족) [1072]
饒	餘饒(여요) [4210]
饒	豊饒(풍요) [4210]
饒	饒富(요부) [1042]
饒	饒益(요익) [1042]
饒	饒居(요거) [1040]
饒	富饒(부요) [4210]
饒	饒貸(요대) [1032]
涌	涌泉(용천) [1040]
涌	洶涌(흉용) [1010]
涌	涌沫(용말) [1010]
涌	涌起(용기) [1042]
涌	涌溢(용일) [1010]
涌	涌出(용출) [1070]
涌	沸涌(비용) [1010]
聳	聳空(용공) [1072]
聳	聳立(용립) [1072]
聳	高聳(고용) [6210]
聳	聳然(용연) [1070]
茸	蔘茸(삼용) [2010]
茸	獐茸(장용) [1210]
茸	鹿茸(녹용) [3010]
茸	蒙茸(몽용) [3210]
蓉	芙蓉(부용) [1010]
踊	踊躍(용약) [1030]
踊	舞踊(무용) [4010]
踊	踊貴(용귀) [1050]
寓	寓公(우공) [1062]
寓	寓宿(우숙) [1052]
寓	羈寓(기우) [1010]
寓	寓心(우심) [1070]
寓	寓接(우접) [1042]
寓	寓言(우언) [1060]
寓	寓舍(우사) [1042]
寓	流寓(유우) [5210]
寓	寓話(우화) [1072]
寓	寓居(우거) [1040]
寓	寓目(우목) [1060]
寓	漂寓(표우) [3010]
寓	旅寓(여우) [5210]
寓	寓意(우의) [1062]
虞	虞侯(우후) [1030]
虞	虞人(우인) [1080]
虞	不虞(불우) [7210]
虞	虞犯(우범) [1040]
虞	唐虞(당우) [3210]
迂	迂疏(우소) [1032]
迂	迂遠(우원) [1060]
迂	迂闊(우활) [1010]
迂	迂疎(우소) [1010]
迂	迂曲(우곡) [1050]
迂	怪迂(괴우) [3210]
迂	迂回(우회) [1042]
迂	迂路(우로) [1060]
隅	邊隅(변우) [4210]
隅	四隅(사우) [8010]
隅	廉隅(염우) [3010]
隅	海隅(해우) [7210]
嵎	嵎夷(우이) [1030]
殞	殞泣(운읍) [1030]
殞	殞命(운명) [1070]
耘	耕耘(경운) [3210]
隕	隕星(운성) [1042]
隕	隕石(운석) [1060]
猿	猿臂(원비) [1010]
猿	犬猿(견원) [4010]
鴛	鴛鴦(원앙) [1010]
鴛	鴛侶(원려) [1010]
冤	冤訴(원소) [1032]
冤	冤獄(원옥) [1032]
冤	冤枉(원왕) [1010]
冤	冤抑(원억) [1032]
冤	冤魂(원혼) [1032]
冤	冤罪(원죄) [1050]
冤	冤傷(원상) [1040]
冤	冤痛(원통) [1040]
冤	冤屈(원굴) [1040]
冤	冤鬼(원귀) [1032]
冤	雪冤(설원) [6210]
冤	冤繫(원계) [1030]
冤	煩冤(번원) [3010]
冤	冤死(원사) [1060]
冤	伸冤(신원) [3010]
萎	衰萎(쇠위) [3210]
萎	萎落(위락) [1050]
萎	萎靡(위미) [1010]
萎	萎縮(위축) [1040]

喩	直喩(직유)	[7210]
喩	引喩(인유)	[4210]
喩	比喩(비유)	[5010]
喩	隱喩(은유)	[4010]
喩	訓喩(훈유)	[6010]
喩	譬喩(비유)	[1010]
宥	宥還(유환)	[1032]
宥	宥恕(유서)	[1032]
宥	恕宥(서유)	[3210]
宥	原宥(원유)	[5010]
宥	宥免(유면)	[1032]
宥	三宥(삼유)	[8010]
愉	愉逸(유일)	[1032]
愉	愉愉(유유)	[1010]
愉	怡愉(이유)	[1210]
愉	愉樂(유락)	[1062]
愉	愉色(유색)	[1070]
揄	揶揄(야유)	[1010]
柚	柚酒(유주)	[1040]
柚	橘柚(귤유)	[1010]
柚	柚子(유자)	[1072]
游	汎游(범유)	[2010]
游	倦游(권유)	[1010]
游	回游(회유)	[4210]
癒	快癒(쾌유)	[4210]
癒	治癒(치유)	[4210]
癒	全癒(전유)	[7210]
癒	平癒(평유)	[7210]
諛	阿諛(아유)	[3210]
諛	諂諛(첨유)	[1010]
諛	諛辭(유사)	[1040]
諛	諛言(유언)	[1060]
諛	諛媚(유미)	[1010]
諭	詔諭(조유)	[1010]
諭	諭示(유시)	[1050]
諭	諭告(유고)	[1052]
諭	諭德(유덕)	[1052]
諭	上諭(상유)	[7210]
諭	訓諭(훈유)	[6010]
諭	面諭(면유)	[7010]
諭	諷諭(풍유)	[1010]
諭	諭旨(유지)	[1020]
諭	誨諭(회유)	[1010]
蹂	蹂躪(유린)	[1010]
鍮	眞鍮(진유)	[4210]
鍮	鍮器(유기)	[1042]
戎	戎馬(융마)	[1050]
戎	戎壇(융단)	[1050]
戎	戎軒(융헌)	[1030]
戎	戎醜(융추)	[1030]
戎	戎夷(융이)	[1030]
戎	戎毒(융독)	[1042]
戎	戎裝(융장)	[1040]
戎	大戎(대융)	[8010]
戎	小戎(소융)	[8010]
戎	戎事(융사)	[1072]
戎	蒙戎(몽융)	[3210]
戎	戎狄(융적)	[1010]
戎	戎華(융화)	[1040]
戎	戎場(융장)	[1072]
戎	戎虜(융로)	[1010]
戎	戎車(융거)	[1072]
戎	戎士(융사)	[1052]
戎	戎兵(융병)	[1052]
絨	石絨(석융)	[6010]
絨	絨緞(융단)	[1010]
絨	製絨(제융)	[4210]
絨	絨衣(융의)	[1060]
蔭	蔭仕(음사)	[1052]
蔭	資蔭(자음)	[4010]
蔭	樹蔭(수음)	[6010]
蔭	庇蔭(비음)	[1010]
蔭	蔭德(음덕)	[1052]
蔭	蔭補(음보)	[1032]
蔭	蔭子(음자)	[1072]
蔭	蔭生(음생)	[1080]
蔭	蔭官(음관)	[1042]
蔭	木蔭(목음)	[8010]
蔭	恩蔭(은음)	[4210]
揖	揖讓(읍양)	[1032]
揖	揖遜(읍손)	[1010]
揖	長揖(장읍)	[8010]
揖	拜揖(배읍)	[4210]
揖	拱揖(공읍)	[1010]
膺	膺受(응수)	[1042]
膺	膺懲(응징)	[1030]
膺	懲膺(징응)	[3010]
擬	擬作(의작)	[1062]
擬	擬律(의율)	[1042]
擬	准擬(준의)	[2010]
擬	薦擬(천의)	[3010]
擬	模擬(모의)	[4010]
擬	擬人(의인)	[1080]
擬	擬古(의고)	[1060]
擬	擅擬(천의)	[1010]
擬	擬態(의태)	[1042]
擬	摸擬(모의)	[1010]
擬	比擬(비의)	[5010]
擬	擬製(의제)	[1042]
擬	倫擬(윤의)	[3210]
椅	高椅(고의)	[6210]
椅	椅子(의자)	[1072]
毅	弘毅(홍의)	[3010]
毅	忠毅(충의)	[4210]
毅	毅然(의연)	[1070]
毅	嚴毅(엄의)	[4010]
毅	剛毅(강의)	[3210]
誼	情誼(정의)	[5210]
誼	行誼(행의)	[6010]
誼	禮誼(예의)	[6010]
誼	高誼(고의)	[6210]
姨	姨姪(이질)	[1030]
姨	姨母(이모)	[1080]
姨	姨從(이종)	[1040]

姨 姨子(이자) [1072]
弛 弛緩(이완) [1032]
弛 弛惰(이타) [1010]
弛 弛張(이장) [1040]
弛 厥弛(궐이) [3010]
弛 弛解(이해) [1042]
弛 傾弛(경이) [4010]
弛 弛禁(이금) [1042]
弛 張弛(장이) [4010]
爾 勃爾(발이) [1010]
爾 爾時(이시) [1072]
爾 爾雅(이아) [1032]
爾 爾汝(이여) [1030]
爾 法爾(법이) [5210]
爾 蠢爾(준이) [1010]
爾 莞爾(완이) [1210]
爾 爾來(이래) [1070]
爾 率爾(솔이) [3210]
爾 聊爾(요이) [1010]
爾 卓爾(탁이) [5010]
爾 徒爾(도이) [4010]
痍 創痍(창이) [4210]
痍 瘡痍(창이) [1010]
痍 傷痍(상이) [4010]
餌 食餌(식이) [7210]
餌 藥餌(약이) [6210]
餌 好餌(호이) [4210]
餌 香餌(향이) [4210]
餌 攝餌(섭이) [3010]
餌 鉤餌(구이) [1010]
餌 軟餌(연이) [3210]
翌 翌夜(익야) [1060]
翌 翌日(익일) [1080]
翌 翌週(익주) [1052]
翌 翌朝(익조) [1060]
翌 翌夕(익석) [1070]
翌 翌年(익년) [1080]
翌 翌月(익월) [1080]
咽 嗚咽(오열) [3010]
咽 感咽(감열) [6010]
咽 哀咽(애열) [3210]
咽 咽喉(인후) [1020]
咽 咽咽(인인) [1010]
湮 湮滅(인멸) [1032]
湮 湮淪(인륜) [1010]
湮 湮沒(인몰) [1032]
湮 湮晦(인회) [1010]
蚓 春蚓(춘인) [7010]
靭 靭皮(인피) [1032]
靭 強靭(강인) [6010]
靭 堅靭(견인) [4010]
靭 靭帶(인대) [1042]
佚 佚民(일민) [1080]
佚 佚遊(일유) [1040]
佚 佚罰(일벌) [1042]
佚 遺佚(유일) [4010]
佚 佚蕩(질탕) [1010]
佚 奢佚(사일) [1010]
溢 充溢(충일) [5210]
溢 溢流(일류) [1052]
溢 溢血(일혈) [1042]
溢 海溢(해일) [7210]
溢 氾溢(범일) [1010]
溢 漲溢(창일) [1010]
溢 潰溢(궤일) [1010]
溢 溢喜(일희) [1040]
溢 滿溢(만일) [4210]
溢 涌溢(용일) [1010]
溢 驕溢(교일) [1010]
剩 剩員(잉원) [1042]
剩 餘剩(여잉) [4210]
剩 剩數(잉수) [1070]
剩 過剩(과잉) [5210]
剩 剩額(잉액) [1040]
剩 剩餘(잉여) [1042]
孕 孕胎(잉태) [1020]
孕 孕母(잉모) [1080]
孕 孕重(잉중) [1070]
孕 孕婦(잉부) [1042]
孕 胎孕(태잉) [2010]
孕 懷孕(회잉) [3210]
孕 胚孕(배잉) [1010]
仔 仔蟲(자충) [1042]
仔 仔細(자세) [1042]
仔 仔畜(자축) [1032]
仔 仔詳(자상) [1032]
炙 炙膾(적회) [1010]
炙 魚炙(어적) [5010]
炙 添炙(첨적) [3010]
炙 膾炙(회자) [1010]
炙 親炙(친자) [6010]
炙 炙鐵(적철) [1050]
煮 煮沸(자비) [1010]
瓷 瓷器(자기) [1042]
瓷 紫瓷(자자) [3210]
瓷 花瓷(화자) [7010]
瓷 綠瓷(녹자) [6010]
疵 隱疵(은자) [4010]
疵 瑕疵(하자) [1010]
疵 疵病(자병) [1060]
疵 細疵(세자) [4210]
疵 疵瑕(자하) [1010]
疵 疵痕(자흔) [1010]
蔗 蔗糖(자당) [1032]
蔗 蔗境(자경) [1042]
蔗 甘蔗(감자) [4010]
藉 藉托(자탁) [1030]
藉 蘊藉(온자) [1010]
藉 藉藉(자자) [1010]
藉 藉口(자구) [1070]
藉 憑藉(빙자) [1010]
勺 勺水(작수) [1080]
勺 眞勺(진작) [4210]
勺 龍勺(용작) [4010]

嚼	咀嚼(저작) [1010]
灼	灼爛(작란) [1020]
灼	焦灼(초작) [2010]
灼	灼懸(작현) [1032]
灼	熏灼(훈작) [1210]
灼	鑽灼(찬작) [1210]
灼	灼骨(작골) [1040]
炸	炸裂(작렬) [1032]
炸	炸彈(작탄) [1040]
炸	炸藥(작약) [1062]
炸	炸發(작발) [1062]
綽	綽態(작태) [1042]
綽	綽號(작호) [1060]
綽	綽約(작약) [1052]
綽	綽名(작명) [1072]
綽	綽然(작연) [1070]
芍	芍藥(작약) [1062]
雀	孔雀(공작) [4010]
雀	雀麥(작맥) [1032]
雀	鳥雀(조작) [4210]
雀	雀斑(작반) [1010]
雀	青雀(청작) [8010]
雀	雀躍(작약) [1030]
雀	麻雀(마작) [3210]
雀	雀盲(작맹) [1032]
雀	雀羅(작라) [1042]
雀	黃雀(황작) [6010]
雀	燕雀(연작) [3210]
鵲	喜鵲(희작) [4010]
鵲	鵲鏡(작경) [1040]
鵲	鵲橋(작교) [1050]
鵲	山鵲(산작) [8010]
鵲	扁鵲(편작) [1210]
鵲	鵲報(작보) [1042]
鵲	鵲語(작어) [1070]
鵲	鵲聲(작성) [1042]
棧	棧雲(잔운) [1052]
棧	棧徑(잔경) [1032]
棧	棧橋(잔교) [1050]
棧	棧閣(잔각) [1032]
棧	棧車(잔거) [1072]
棧	棧道(잔도) [1072]
棧	虹棧(홍잔) [1010]
盞	盞臺(잔대) [1032]
盞	瓦盞(와잔) [3210]
盞	燈盞(등잔) [4210]
盞	茶盞(차잔) [3210]
盞	金盞(금잔) [8010]
盞	托盞(탁잔) [3010]
盞	酒盞(주잔) [4010]
盞	添盞(첨잔) [3010]
盞	玉盞(옥잔) [4210]
箴	官箴(관잠) [4210]
箴	酒箴(주잠) [4010]
箴	箴言(잠언) [1060]
箴	箴戒(잠계) [1040]
簪	珠簪(주잠) [3210]
簪	簪筆(잠필) [1052]
簪	玉簪(옥잠) [4210]
簪	金簪(금잠) [8010]
簪	蝶簪(접잠) [3010]
簪	簪笏(잠홀) [1010]
仗	兵仗(병장) [5210]
仗	仗義(장의) [1042]
仗	仗馬(장마) [1050]
仗	儀仗(의장) [4010]
仗	器仗(기장) [4210]
匠	木匠(목장) [8010]
匠	巨匠(거장) [4010]
匠	明匠(명장) [6210]
匠	鐵匠(철장) [5010]
匠	冶匠(야장) [1010]
匠	火匠(화장) [8010]
匠	匠意(장의) [1062]
匠	良匠(양장) [5210]
匠	匠伯(장백) [1032]
匠	筆匠(필장) [5210]
匠	織匠(직장) [4010]
匠	意匠(의장) [6210]
匠	匠戶(장호) [1042]
匠	宰匠(재장) [3010]
匠	宗匠(종장) [4210]
杖	杖毒(장독) [1042]
杖	笞杖(태장) [1010]
杖	鐵杖(철장) [5010]
杖	錫杖(석장) [1210]
杖	棍杖(곤장) [1010]
杖	杖鄕(장향) [1042]
杖	鳩杖(구장) [1010]
杖	歇杖(헐장) [1010]
杖	杖家(장가) [1072]
杖	几杖(궤장) [1010]
杖	杖問(장문) [1070]
杖	杖罰(장벌) [1042]
杖	杖罪(장죄) [1050]
杖	喪杖(상장) [3210]
檣	帆檣(범장) [1010]
檣	檣頭(장두) [1060]
檣	檣樓(장루) [1032]
檣	檣竿(장간) [1010]
漿	漿劑(장제) [1020]
漿	漿果(장과) [1062]
漿	腦漿(뇌장) [3210]
漿	水漿(수장) [8010]
漿	酪漿(낙장) [1010]
漿	義漿(의장) [4210]
漿	痘漿(두장) [1010]
漿	鐵漿(철장) [5010]
漿	血漿(혈장) [4210]
薔	薔薇(장미) [1010]
醬	魚醬(어장) [5010]
醬	豆醬(두장) [4210]
醬	肉醬(육장) [4210]
醬	炒醬(초장) [1010]

醬	醋醬(초장) [1010]
滓	塵滓(진재) [2010]
滓	泥滓(이재) [3210]
滓	汁滓(즙재) [1010]
滓	沈滓(침재) [3210]
齋	齋長(재장) [1080]
齋	施齋(시재) [4210]
齋	齋舍(재사) [1042]
齋	齋任(재임) [1052]
齋	齋日(재일) [1080]
齋	齋場(재장) [1072]
齋	長齋(장재) [8010]
齋	齋七(재칠) [1080]
齋	齋薦(재천) [1030]
齋	齋郞(재랑) [1032]
齋	齋戒(재계) [1040]
齋	齋禱(재도) [1010]
齋	齋筵(재연) [1010]
齋	山齋(산재) [8010]
齋	齋潔(재결) [1042]
齋	齋壇(재단) [1050]
齋	致齋(치재) [5010]
齋	書齋(서재) [6210]
齋	淸齋(청재) [6210]
齋	齋會(재회) [1062]
齋	齋宮(재궁) [1042]
錚	錚錚(쟁쟁) [1010]
咀	咀呪(저주) [1010]
咀	咀嚼(저작) [1010]
狙	狙縛(저박) [1010]
狙	狙擊(저격) [1040]
狙	狙害(저해) [1052]
箸	匕箸(비저) [1010]
箸	火箸(화저) [8010]
箸	下箸(하저) [7210]
詛	詛呪(저주) [1010]
詛	呪詛(주저) [1010]
躇	躇階(착계) [1040]
躇	躊躇(주저) [1010]
邸	潛邸(잠저) [3210]
邸	邸債(저채) [1032]
邸	別邸(별저) [6010]
邸	邸第(저제) [1062]
邸	邸舍(저사) [1042]
邸	公邸(공저) [6210]
邸	邸宅(저택) [1052]
邸	私邸(사저) [4010]
邸	邸報(저보) [1042]
邸	龍邸(용저) [4010]
邸	邸店(저점) [1052]
觝	角觝(각저) [6210]
豬	豬肉(저육) [1042]
豬	豬毛(저모) [1042]
豬	豬水(저수) [1080]
豬	豬突(저돌) [1032]
豬	豬肝(저간) [1032]
豬	野豬(야저) [6010]
豬	山豬(산저) [8010]
豬	豪豬(호저) [3210]
豬	豬勇(저용) [1062]
豬	豬膽(저담) [1020]
嫡	嫡嗣(적사) [1010]
嫡	嫡統(적통) [1042]
嫡	嫡女(적녀) [1080]
嫡	嫡出(적출) [1070]
嫡	長嫡(장적) [8010]
嫡	世嫡(세적) [7210]
嫡	嫡長(적장) [1080]
嫡	嫡派(적파) [1040]
嫡	嫡男(적남) [1072]
嫡	嫡流(적류) [1052]
嫡	嫡妻(적처) [1032]
嫡	嫡孫(적손) [1060]
嫡	嫡子(적자) [1072]
嫡	嫡母(적모) [1080]
狄	戎狄(융적) [1010]
狄	北狄(북적) [8010]
狄	夷狄(이적) [3010]
狄	胡狄(호적) [3210]
謫	遷謫(천적) [3210]
謫	謫客(적객) [1052]
謫	流謫(유적) [5210]
謫	謫居(적거) [1040]
謫	謫遷(적천) [1032]
謫	貶謫(폄적) [1010]
謫	謫死(적사) [1060]
謫	謫降(적강) [1040]
謫	遠謫(원적) [6010]
謫	謫戍(적수) [1010]
謫	謫所(적소) [1070]
迹	手迹(수적) [7210]
迹	轍迹(철적) [1010]
迹	遁迹(둔적) [1010]
迹	掩迹(엄적) [1010]
迹	痕迹(흔적) [1010]
迹	警迹(경적) [4210]
迹	形迹(형적) [6210]
迹	鳥迹(조적) [4210]
剪	剪刀(전도) [1032]
剪	剪滅(전멸) [1032]
剪	剪斷(전단) [1042]
剪	剪裁(전재) [1032]
剪	剪定(전정) [1060]
剪	剪夷(전이) [1030]
剪	剪伐(전벌) [1042]
塡	裝塡(장전) [4010]
塡	補塡(보전) [3210]
塡	塡充(전충) [1052]
塡	充塡(충전) [5210]
塡	塡詞(전사) [1032]
塡	塡補(전보) [1032]
塡	塡然(전연) [1070]
塡	塡足(전족) [1072]
塡	塡塞(전색) [1032]

奠	奠雁(전안)	[1030]
奠	奠爵(전작)	[1030]
奠	奠儀(전의)	[1040]
奠	奠都(전도)	[1050]
奠	奠居(전거)	[1040]
奠	奠物(전물)	[1072]
奠	祭奠(제전)	[4210]
奠	夕奠(석전)	[7010]
奠	奠接(전접)	[1042]
奠	奠菜(전채)	[1032]
廛	撤廛(철전)	[2010]
廛	廛房(전방)	[1042]
廛	廛市(전시)	[1072]
廛	市廛(시전)	[7210]
廛	廛鋪(전포)	[1020]
廛	各廛(각전)	[6210]
悛	改悛(개전)	[5010]
悛	悛容(전용)	[1042]
悛	悛心(전심)	[1070]
悛	悛改(전개)	[1050]
悛	悛換(전환)	[1032]
栓	栓木(전목)	[1080]
栓	栓塞(전색)	[1032]
栓	打栓(타전)	[5010]
栓	音栓(음전)	[6210]
栓	血栓(혈전)	[4210]
栓	活栓(활전)	[7210]
栓	密栓(밀전)	[4210]
氈	氈笠(전립)	[1010]
氈	氈帳(전장)	[1040]
氈	氈帽(전모)	[1020]
氈	靑氈(청전)	[8010]
澱	澱粉(전분)	[1040]
澱	沈澱(침전)	[3210]
煎	煎餠(전병)	[1010]
煎	煎藥(전약)	[1062]
煎	煎茶(전다)	[1032]
煎	煎劑(전제)	[1020]
癲	癲疾(전질)	[1032]
癲	酒癲(주전)	[4010]
癲	癲狂(전광)	[1032]
癲	癲癎(전간)	[1010]
箋	用箋(용전)	[6210]
箋	短箋(단전)	[6210]
箋	箋釋(전석)	[1032]
箋	箋註(전주)	[1010]
箭	斷箭(단전)	[4210]
箭	箭眼(전안)	[1042]
箭	箭網(전망)	[1020]
箭	毒箭(독전)	[4210]
箭	火箭(화전)	[8010]
箭	箭桐(전동)	[1020]
箭	木箭(목전)	[8010]
箭	網箭(망전)	[2010]
箭	飛箭(비전)	[4210]
篆	篆文(전문)	[1070]
篆	篆刻(전각)	[1040]
篆	篆隷(전례)	[1030]
篆	篆書(전서)	[1062]
篆	秦篆(진전)	[1210]
篆	大篆(대전)	[8010]
篆	楷篆(해전)	[1010]
篆	篆字(전자)	[1070]
篆	鳥篆(조전)	[4210]
篆	小篆(소전)	[8010]
纏	糾纏(규전)	[3010]
纏	纏縛(전박)	[1010]
纏	纏足(전영)	[1072]
纏	纏着(전착)	[1052]
纏	纏綿(전면)	[1032]
纏	纏頭(전두)	[1060]
纏	纏結(전결)	[1052]
輾	輾轉(전전)	[1040]
銓	銓部(전부)	[1062]
銓	亞銓(아전)	[3210]
銓	銓考(전고)	[1050]
銓	銓官(전관)	[1042]
銓	銓汰(전태)	[1010]
銓	銓敍(전서)	[1030]
銓	銓衡(전형)	[1032]
顚	顚頓(전돈)	[1012]
顚	酒顚(주전)	[4010]
顚	顚沛(전패)	[1010]
顚	顚末(전말)	[1050]
顚	華顚(화전)	[4010]
顚	顚墜(전추)	[1010]
顚	顚跌(전질)	[1010]
顚	顚倒(전도)	[1032]
顚	顚蹶(전궐)	[1010]
顚	顚落(전락)	[1050]
顫	顫動(전동)	[1072]
餞	餞春(전춘)	[1070]
餞	飮餞(음전)	[6210]
餞	祖餞(조전)	[7010]
餞	餞杯(전배)	[1030]
餞	餞別(전별)	[1060]
餞	餞筵(전연)	[1010]
餞	餞送(전송)	[1042]
截	斷截(단절)	[4210]
截	直截(직절)	[7210]
截	截然(절연)	[1070]
截	截斷(절단)	[1042]
粘	粘塊(점괴)	[1030]
粘	粘液(점액)	[1042]
粘	粘土(점토)	[1080]
粘	粘稠(점조)	[1010]
粘	粘膜(점막)	[1020]
粘	粘着(점착)	[1052]
霑	均霑(균점)	[4010]
霑	霑醉(점취)	[1032]
霑	霑潤(점윤)	[1032]
霑	霑汗(점한)	[1032]
幀	影幀(영정)	[3210]
幀	裝幀(장정)	[4010]

幀	幀畫(탱화) [1060]
挺	挺爭(정쟁) [1050]
挺	挺立(정립) [1072]
挺	挺傑(정걸) [1040]
挺	挺秀(정수) [1040]
挺	挺身(정신) [1062]
挺	挺然(정연) [1070]
挺	挺出(정출) [1070]
挺	挺節(정절) [1052]
町	町步(정보) [1042]
町	町米(정미) [1060]
睛	黑睛(흑정) [5010]
睛	眼睛(안정) [4210]
睛	點睛(점정) [4010]
碇	擧碇(거정) [5010]
碇	碇泊(정박) [1030]
穽	深穽(심정) [4210]
穽	陷穽(함정) [3210]
穽	墜穽(추정) [1010]
穽	虛穽(허정) [4210]
穽	檻穽(함정) [1010]
酊	酒酊(주정) [4010]
酊	酩酊(명정) [1010]
釘	釘頭(정두) [1060]
錠	錠劑(정제) [1020]
錠	施錠(시정) [4210]
錠	裸錠(나정) [2010]
靖	靖難(정난) [1042]
靖	靖獻(정헌) [1032]
靖	靖邊(정변) [1042]
靖	淸靖(청정) [6210]
靖	嘉靖(가정) [1010]
啼	啼哭(제곡) [1032]
啼	悲啼(비제) [4210]
啼	啼泣(제읍) [1030]
啼	啼鳥(제조) [1042]
悌	孝悌(효제) [7210]
悌	不悌(부제) [7210]
悌	悌友(제우) [1052]
梯	飛梯(비제) [4210]
梯	階梯(계제) [4010]
梯	梯級(제급) [1060]
梯	懸梯(현제) [3210]
梯	梯階(제계) [1040]
梯	突梯(돌제) [3210]
梯	梯航(제항) [1042]
梯	梯形(제형) [1062]
梯	梯索(제삭) [1032]
梯	雲梯(운제) [5210]
蹄	鐵蹄(철제) [5010]
蹄	馬蹄(마제) [5010]
蹄	絡蹄(낙제) [3210]
蹄	蹄鐵(제철) [1050]
凋	後凋(후조) [7210]
凋	凋枯(조고) [1030]
凋	凋兵(조병) [1052]
凋	零凋(영조) [3010]
凋	凋落(조락) [1050]
凋	凋殘(조잔) [1040]
凋	枯凋(고조) [3010]
嘲	自嘲(자조) [7210]
嘲	解嘲(해조) [4210]
嘲	嘲罵(조매) [1010]
嘲	嘲謔(조학) [1010]
嘲	嘲弄(조롱) [1032]
嘲	嘲笑(조소) [1042]
曹	法曹(법조) [5210]
曹	兒曹(아조) [5210]
曹	刑曹(형조) [4010]
曹	曹操(조조) [1050]
曹	工曹(공조) [7210]
曹	朋曹(붕조) [3010]
曹	重曹(중조) [7010]
棗	棗栗(조율) [1032]
棗	蜜棗(밀조) [3010]
棗	酸棗(산조) [2010]
棗	乾棗(건조) [3210]
棗	大棗(대조) [8010]
槽	酒槽(주조) [4010]
槽	飼槽(사조) [2010]
槽	浴槽(욕조) [5010]
槽	齒槽(치조) [4210]
槽	石槽(석조) [6010]
漕	回漕(회조) [4210]
漕	漕船(조선) [1050]
漕	競漕(경조) [5010]
漕	轉漕(전조) [4010]
漕	運漕(운조) [6210]
漕	漕艇(조정) [1020]
漕	漕渠(조거) [1010]
漕	漕溝(조구) [1010]
漕	漕轉(조전) [1040]
漕	漕運(조운) [1062]
爪	爪牙(조아) [1032]
爪	爪痕(조흔) [1010]
爪	爪角(조각) [1062]
爪	爪攝(조섭) [1030]
爪	鴻爪(홍조) [3010]
爪	指爪(지조) [4210]
爪	鉤爪(구조) [1010]
爪	牙爪(아조) [3210]
眺	眺臨(조림) [1032]
眺	眺望(조망) [1052]
眺	眺覽(조람) [1040]
稠	粘稠(점조) [1010]
稠	稠密(조밀) [1042]
粗	粗惡(조악) [1052]
粗	粗米(조미) [1060]
粗	粗雜(조잡) [1040]
粗	粗暴(조포) [1042]
粗	粗忽(조홀) [1032]
粗	粗餐(조찬) [1020]
糟	酒糟(주조) [4010]
糟	糟糠(조강) [1010]

糟 糟粕(조박) [1010]
繰 鑄繰(주조) [3210]
繰 繰替(조체) [1030]
繰 繰出(조출) [1070]
繰 繰綿(조면) [1032]
繰 繰絲(조사) [1040]
繰 繰言(조언) [1060]
繰 再繰(재조) [5010]
肇 肇夏(조하) [1070]
肇 肇造(조조) [1042]
肇 肇歲(조세) [1052]
肇 肇國(조국) [1080]
肇 肇業(조업) [1062]
肇 肇秋(조추) [1070]
肇 肇冬(조동) [1070]
肇 肇域(조역) [1040]
肇 肇基(조기) [1052]
藻 魚藻(어조) [5010]
藻 麗藻(여조) [4210]
藻 才藻(재조) [6210]
藻 詞藻(사조) [3210]
藻 藻鏡(조경) [1040]
藻 翰藻(한조) [2010]
藻 藻井(조정) [1032]
藻 藻類(조류) [1052]
藻 藻鑑(조감) [1032]
藻 藻翰(조한) [1020]
詔 詔旨(조지) [1020]
詔 詔書(조서) [1062]
詔 詔冊(조책) [1040]
詔 詔諭(조유) [1010]
詔 詔勅(조칙) [1010]
詔 詔令(조령) [1050]
詔 聖詔(성조) [4210]
詔 明詔(명조) [6210]
詔 制詔(제조) [4210]
躁 矜躁(긍조) [1010]
躁 躁妄(조망) [1032]

躁 躁狂(조광) [1032]
躁 躁進(조진) [1042]
躁 浮躁(부조) [3210]
躁 躁急(조급) [1062]
躁 躁擾(조요) [1010]
躁 躁競(조경) [1050]
躁 躁忿(조분) [1010]
遭 遭逢(조봉) [1032]
遭 遭難(조난) [1042]
遭 遭遇(조우) [1040]
阻 峻阻(준조) [1210]
阻 惡阻(악조) [5210]
阻 阻礙(조애) [1020]
阻 阻隘(조애) [1010]
阻 阻隔(조격) [1032]
阻 天阻(천조) [7010]
簇 簇酒(족주) [1040]
簇 簇生(족생) [1080]
簇 簇擁(족옹) [1030]
簇 簇出(족출) [1070]
猝 猝寒(졸한) [1050]
猝 猝死(졸사) [1060]
猝 猝富(졸부) [1042]
猝 猝然(졸연) [1070]
慫 憑慫(빙종) [1010]
腫 腫瘤(종류) [1010]
腫 臀腫(둔종) [1010]
腫 腫瘍(종양) [1010]
腫 水腫(수종) [8010]
腫 傍腫(방종) [3010]
腫 瘡腫(창종) [1010]
腫 腫脹(종창) [1010]
腫 癩腫(나종) [1010]
腫 腫氣(종기) [1072]
腫 陰腫(음종) [4210]
腫 癌腫(암종) [2010]
腫 腫處(종처) [1042]
腫 浮腫(부종) [3210]

踪 昧踪(매종) [1010]
踪 失踪(실종) [6010]
踵 接踵(접종) [4210]
踵 擧踵(거종) [5010]
踵 比踵(비종) [5010]
踵 踵接(종접) [1042]
踵 踵門(종문) [1080]
挫 挫北(좌배) [1080]
挫 挫折(좌절) [1040]
挫 挫頓(좌돈) [1012]
挫 挫傷(좌상) [1040]
挫 挫辱(좌욕) [1032]
挫 頓挫(돈좌) [1210]
做 看做(간주) [4010]
做 做事(주사) [1072]
做 做恭(주공) [1032]
做 自做(자주) [7210]
做 做況(주황) [1040]
胄 胄裔(주예) [1010]
胄 國胄(국주) [8010]
胄 遠胄(원주) [6010]
胄 胄子(주자) [1072]
胄 胄胤(주윤) [1012]
呪 呪文(주문) [1070]
呪 誦呪(송주) [3010]
呪 詛呪(저주) [1010]
呪 呪術(주술) [1062]
呪 呪罵(주매) [1010]
呪 巫呪(무주) [1010]
呪 印呪(인주) [4210]
呪 呪詛(주저) [1010]
呪 咀呪(저주) [1010]
呪 呪願(주원) [1050]
嗾 指嗾(지주) [4210]
嗾 嗾囑(주촉) [1010]
嗾 使嗾(사주) [6010]
廚 廚子(주자) [1072]
廚 廚房(주방) [1042]

廚	御廚(어주) [3210]
廚	庖廚(포주) [1010]
廚	廚人(주인) [1080]
廚	廚下(주하) [1072]
紂	桀紂(걸주) [1210]
紂	紂王(주왕) [1080]
紬	紬繹(주역) [1010]
紬	紬績(주적) [1040]
紬	紬緞(주단) [1010]
紬	繭紬(견주) [1010]
註	註疏(주소) [1032]
註	註文(주문) [1070]
註	註釋(주석) [1032]
註	集註(집주) [6210]
註	頭註(두주) [6010]
註	旁註(방주) [1210]
註	譯註(역주) [3210]
註	標註(표주) [4010]
註	脚註(각주) [3210]
註	註解(주해) [1042]
註	增註(증주) [4210]
註	側註(측주) [3210]
註	註明(주명) [1062]
註	箋註(전주) [1010]
誅	鬼誅(귀주) [3210]
誅	天誅(천주) [7010]
誅	誅責(주책) [1052]
誅	誅求(주구) [1042]
誅	誅戮(주륙) [1010]
誅	詰誅(힐주) [1010]
誅	誅殺(주살) [1042]
誅	誅伐(주벌) [1042]
誅	筆誅(필주) [5210]
誅	誅罰(주벌) [1042]
誅	誅滅(주멸) [1032]
躊	躊躇(주저) [1010]
輳	輻輳(폭주) [1010]
樽	瓦樽(와준) [3210]
樽	樽杓(준작) [1012]
樽	芳樽(방준) [3210]
樽	亞樽(아준) [3210]
樽	樽酒(준주) [1040]
樽	犧樽(희준) [1010]
竣	竣工(준공) [1072]
竣	竣役(준역) [1032]
蠢	蠢蠢(준준) [1010]
蠢	蠢爾(준이) [1010]
蠢	蠢愚(준우) [1032]
蠢	蠢動(준동) [1072]
蠢	蠢然(준연) [1070]
櫛	象櫛(상즐) [4010]
櫛	櫛沐(즐목) [1020]
櫛	櫛比(즐비) [1050]
櫛	巾櫛(건즐) [1010]
櫛	梳櫛(소즐) [1010]
汁	墨汁(묵즙) [3210]
汁	灰汁(회즙) [4010]
汁	乳汁(유즙) [4010]
汁	膿汁(농즙) [1010]
汁	汁滓(즙재) [1010]
汁	癌汁(암즙) [2010]
汁	糞汁(분즙) [1010]
汁	米汁(미즙) [6010]
汁	肉汁(육즙) [4210]
汁	目汁(목즙) [6010]
葺	草葺(초즙) [7010]
葺	修葺(수즙) [4210]
咫	咫尺(지척) [1032]
摯	眞摯(진지) [4210]
摯	懇摯(간지) [3210]
枳	枳殼(지각) [1010]
枳	枳塞(기색) [1032]
枳	枳礙(기애) [1020]
祉	祉福(지복) [1052]
祉	祥祉(상지) [3010]
祉	福祉(복지) [5210]
肢	肢骨(지골) [1040]
肢	四肢(사지) [8010]
肢	義肢(의지) [4210]
肢	肢體(지체) [1062]
肢	上肢(상지) [7210]
肢	肢解(지해) [1042]
嗔	嗔怒(진노) [1042]
嗔	嗔怨(진원) [1040]
嗔	嗔責(진책) [1052]
疹	發疹(발진) [6210]
疹	濕疹(습진) [3210]
疹	汗疹(한진) [3210]
疹	癩疹(나진) [1010]
疹	痲疹(마진) [2010]
疹	斑疹(반진) [1010]
叱	憤叱(분질) [4010]
叱	怒叱(노질) [4210]
叱	虎叱(호질) [3210]
叱	叱嗟(질차) [1010]
叱	叱辱(질욕) [1032]
叱	叱正(질정) [1072]
嫉	憎嫉(증질) [3210]
嫉	嫉惡(질악) [1052]
嫉	嫉妬(질투) [1010]
嫉	嫉視(질시) [1042]
帙	書帙(서질) [6210]
帙	卷帙(권질) [4010]
帙	部帙(부질) [6210]
桎	桎梏(질곡) [1010]
桎	桎檻(질함) [1010]
膣	膣腔(질강) [1010]
膣	膣球(질구) [1062]
膣	膣炎(질염) [1032]
跌	顚跌(전질) [1010]
跌	跌宕(질탕) [1010]
跌	蹉跌(차질) [1010]
跌	側跌(측질) [3210]
迭	交迭(교질) [6010]

迭 更迭(경질) [4010]
斟 斟酌(짐작) [1030]
朕 地朕(지짐) [7010]
澄 高澄(고징) [6210]
澄 澄潭(징담) [1020]
澄 澄泉(징천) [1040]
澄 澄爽(징상) [1010]
澄 澄淨(징정) [1032]
澄 淸澄(청징) [6210]
澄 明澄(명징) [6210]
澄 澄碧(징벽) [1032]
澄 澄水(징수) [1080]
澄 淵澄(연징) [1210]
叉 叉手(차수) [1072]
叉 叉路(차로) [1060]
叉 了叉(요차) [3010]
叉 三叉(삼차) [8010]
叉 交叉(교차) [6010]
嗟 嗟賞(차상) [1050]
嗟 嗟乎(차호) [1030]
嗟 叱嗟(질차) [1010]
嗟 傷嗟(상차) [4010]
嗟 哀嗟(애차) [3210]
嗟 嗟歎(차탄) [1040]
嗟 嗟愕(차악) [1010]
嗟 嗟稱(차칭) [1040]
蹉 蹉跌(차질) [1010]
搾 搾取(착취) [1042]
搾 搾乳(착유) [1040]
搾 壓搾(압착) [4210]
窄 狹窄(협착) [1010]
窄 窄袖(착수) [1010]
窄 窄小(착소) [1080]
鑿 鑿空(착공) [1072]
鑿 鑿井(착정) [1032]
鑿 鑿開(착개) [1060]
鑿 石鑿(석착) [6010]
鑿 墾鑿(간착) [1010]
鑿 疏鑿(소착) [3210]
鑿 穿鑿(천착) [1010]
撰 撰次(찬차) [1042]
撰 制撰(제찬) [4210]
撰 撰文(찬문) [1070]
撰 撰述(찬술) [1032]
撰 私撰(사찬) [4010]
撰 自撰(자찬) [7210]
撰 杜撰(두찬) [1210]
撰 改撰(개찬) [5010]
撰 撰集(찬집) [1062]
撰 撰錄(찬록) [1042]
纂 纂錄(찬록) [1042]
纂 參纂(참찬) [5210]
纂 論纂(논찬) [4210]
纂 編纂(편찬) [3210]
饌 華饌(화찬) [4010]
饌 饌用(찬용) [1062]
饌 盛饌(성찬) [4210]
饌 饌盒(찬합) [1010]
饌 珍饌(진찬) [4010]
饌 酒饌(주찬) [4010]
饌 饌需(찬수) [1032]
饌 饌母(찬모) [1080]
饌 饌庖(찬포) [1010]
饌 淸饌(청찬) [6210]
饌 饌具(찬구) [1052]
饌 飯饌(반찬) [3210]
饌 饌房(찬방) [1042]
饌 撤饌(철찬) [2010]
簒 簒位(찬위) [1050]
簒 簒虐(찬학) [1020]
簒 簒立(찬립) [1072]
簒 簒逆(찬역) [1042]
簒 簒弑(찬시) [1010]
簒 簒奪(찬탈) [1032]
擦 抹擦(말찰) [1010]
擦 摩擦(마찰) [2010]
擦 按擦(안찰) [1010]
擦 塗擦(도찰) [3010]
擦 擦傷(찰상) [1040]
擦 擦劑(찰제) [1020]
僭 奢僭(사참) [1010]
僭 僭恣(참자) [1030]
僭 僭亂(참란) [1040]
僭 僭妄(참망) [1032]
僭 僭奢(참사) [1010]
僭 僭衣(참의) [1060]
僭 僭稱(참칭) [1040]
塹 塹壕(참호) [1012]
塹 天塹(천참) [7010]
塹 複塹(복참) [4010]
懺 懺除(참제) [1042]
懺 懺洗(참세) [1052]
懺 懺禮(참례) [1060]
懺 懺悔(참회) [1032]
站 兵站(병참) [5210]
站 驛站(역참) [3210]
讒 讒誣(참무) [1010]
讒 譏讒(기참) [1010]
讒 毁讒(훼참) [3010]
讒 讒諂(참첨) [1010]
讒 讒謗(참방) [1010]
讒 讒口(참구) [1070]
讒 讒言(참언) [1060]
讒 讒說(참설) [1052]
讒 讒構(참구) [1040]
讒 讒陷(참함) [1032]
讖 讖言(참언) [1060]
讖 讖緯(참위) [1030]
讖 讖書(참서) [1062]
讖 圖讖(도참) [6210]
讖 符讖(부참) [3210]
讖 詩讖(시참) [4210]
倡 倡優(창우) [1040]
倡 倡道(창도) [1072]

倡	俳倡(배창) [2010]	瘡	疳瘡(감창) [1010]	脊	屋脊(옥척) [5010]
娼	名娼(명창) [7210]	瘡	瘡腫(창종) [1010]	脊	脊梁(척량) [1032]
娼	娼婦(창부) [1042]	瘡	面瘡(면창) [7010]	脊	脊椎(척추) [1010]
娼	街娼(가창) [4210]	瘡	癌瘡(암창) [2010]	脊	脊髓(척수) [1010]
娼	私娼(사창) [4010]	脹	鼓脹(고창) [3210]	脊	脊骨(척골) [1040]
娼	娼家(창가) [1072]	脹	脹滿(창만) [1042]	喘	咳喘(해천) [1010]
娼	娼女(창녀) [1080]	脹	腎脹(신창) [2010]	喘	殘喘(잔천) [4010]
娼	娼妓(창기) [1010]	脹	腫脹(종창) [1010]	喘	餘喘(여천) [4210]
廠	工廠(공창) [7210]	脹	膨脹(팽창) [1010]	喘	喘氣(천기) [1072]
愴	惻愴(측창) [1010]	脹	脹症(창증) [1032]	喘	喘促(천촉) [1032]
愴	悽愴(처창) [2010]	艙	船艙(산창) [5010]	喘	喘急(천급) [1062]
愴	酸愴(산창) [2010]	菖	菖蒲(창포) [1010]	喘	喘息(천식) [1042]
愴	悲愴(비창) [4210]	菖	白菖(백창) [8010]	喘	息喘(식천) [4210]
槍	刀槍(도창) [3210]	寨	敵寨(적채) [4210]	擅	獨擅(독천) [5210]
槍	槍法(창법) [1052]	寨	營寨(영채) [4010]	擅	擅權(천권) [1042]
槍	槍劍(창검) [1032]	柵	城柵(성책) [4210]	擅	擅擬(천의) [1010]
槍	短槍(단창) [6210]	柵	柵壘(책루) [1010]	擅	擅斷(천단) [1042]
槍	槍旗(창기) [1070]	柵	豚柵(돈책) [3010]	擅	專擅(전천) [4010]
槍	長槍(장창) [8010]	柵	鐵柵(철책) [5010]	擅	擅殺(천살) [1042]
槍	鐵槍(철창) [5010]	柵	竹柵(죽책) [4210]	穿	穿結(천결) [1052]
槍	槍杆(창간) [1012]	柵	木柵(목책) [8010]	穿	穿楊(천양) [1030]
漲	漲滿(창만) [1042]	凄	凄涼(처량) [1032]	穿	穿鑿(천착) [1010]
漲	漲溢(창일) [1010]	凄	凄切(처절) [1052]	穿	貫穿(관천) [3210]
漲	漲水(창수) [1080]	擲	打擲(타척) [5010]	闡	闡明(천명) [1062]
漲	暴漲(폭창) [4210]	擲	放擲(방척) [6210]	闡	闡提(천제) [1042]
漲	漲濤(창도) [1010]	擲	抛擲(포척) [2010]	闡	闡究(천구) [1042]
猖	猖狂(창광) [1032]	擲	擲去(척거) [1050]	闡	闡揚(천양) [1032]
猖	猖披(창피) [1010]	擲	擲殺(척살) [1042]	凸	凸凹(철요) [1010]
瘡	瘡藥(창약) [1062]	擲	投擲(투척) [4010]	凸	凹凸(요철) [1010]
瘡	瘡毒(창독) [1042]	滌	蕩滌(탕척) [1010]	凸	凸形(철형) [1062]
瘡	瘡痍(창이) [1010]	滌	澣滌(한척) [1010]	綴	凜綴(늠철) [1010]
瘡	瘡口(창구) [1070]	瘠	瘦瘠(수척) [1010]	綴	綴音(철음) [1062]
瘡	瘡病(창병) [1060]	瘠	瘠土(척토) [1080]	綴	連綴(연철) [4210]
瘡	瘡疾(창질) [1032]	瘠	瘠薄(척박) [1032]	綴	編綴(편철) [3210]
瘡	瘡瘍(창양) [1010]	瘠	毁瘠(훼척) [3010]	綴	綴輯(철집) [1020]
瘡	惡瘡(악창) [5210]	瘠	肥瘠(비척) [3210]	綴	綴文(철문) [1070]
瘡	痘瘡(두창) [1010]	脊	刀脊(도척) [3210]	綴	綴字(철자) [1070]
瘡	凍瘡(동창) [3210]	脊	山脊(산척) [8010]	綴	點綴(점철) [4010]

轍 軌轍(궤철) [3010]
轍 車轍(거철) [7210]
轍 覆轍(복철) [3210]
轍 轍迹(철적) [1010]
轍 同轍(동철) [7010]
僉 僉員(첨원) [1042]
僉 僉意(첨의) [1062]
僉 僉議(첨의) [1042]
僉 僉尊(첨존) [1042]
籤 傍籤(방첨) [3010]
籤 籤子(첨자) [1072]
諂 諂諛(첨유) [1010]
諂 諂巧(첨교) [1032]
諂 邪諂(사첨) [3210]
諂 讒諂(참첨) [1010]
諂 阿諂(아첨) [3210]
諂 諂笑(첨소) [1042]
帖 帖裡(첩리) [1010]
帖 揭帖(게첩) [2010]
帖 帖子(첩자) [1072]
帖 下帖(하첩) [7210]
帖 名帖(명첩) [7210]
帖 爵帖(작첩) [3010]
帖 書帖(서첩) [6210]
帖 法帖(법첩) [5210]
帖 墨帖(묵첩) [3210]
捷 敏捷(민첩) [3010]
捷 捷勁(첩경) [1010]
捷 勁捷(경첩) [1010]
捷 戰捷(전첩) [6210]
捷 簡捷(간첩) [4010]
捷 捷路(첩로) [1060]
捷 捷書(첩서) [1062]
捷 捷徑(첩경) [1032]
捷 捷速(첩속) [1060]
捷 大捷(대첩) [8010]
捷 捷給(첩급) [1050]
牒 錄牒(녹첩) [4210]
牒 請牒(청첩) [4210]
牒 通牒(통첩) [6010]
牒 公牒(공첩) [6210]
牒 移牒(이첩) [4210]
牒 報牒(보첩) [4210]
牒 簿牒(부첩) [3210]
牒 度牒(도첩) [6010]
牒 牒狀(첩장) [1042]
牒 牒報(첩보) [1042]
牒 牒呈(첩정) [1020]
牒 牒紙(첩지) [1070]
疊 稜疊(능첩) [1010]
疊 疊出(첩출) [1070]
疊 疊峯(첩봉) [1032]
疊 疊字(첩자) [1070]
疊 疊嶺(첩령) [1032]
疊 層疊(층첩) [4010]
疊 堆疊(퇴첩) [1010]
疊 疊疊(첩첩) [1010]
疊 重疊(중첩) [7010]
疊 疊書(첩서) [1062]
疊 震疊(진첩) [3210]
疊 疊鼓(첩고) [1032]
疊 積疊(적첩) [4010]
貼 貼付(첩부) [1032]
貼 妥貼(타첩) [3010]
貼 貼用(첩용) [1062]
貼 貼示(첩시) [1050]
涕 涕泣(체읍) [1030]
涕 涕淚(체루) [1030]
涕 掩涕(엄체) [1010]
涕 感涕(감체) [6010]
涕 流涕(유체) [5210]
涕 涕唾(체타) [1010]
涕 鼻涕(비체) [5010]
涕 涕泗(체사) [1012]
涕 泣涕(읍체) [3010]
諦 諦聽(체청) [1040]
諦 諦念(체념) [1052]
諦 妙諦(묘체) [4010]
諦 要諦(요체) [5210]
諦 世諦(세체) [7210]
諦 眞諦(진체) [4210]
諦 俗諦(속체) [4210]
諦 三諦(삼체) [8010]
諦 諦觀(체관) [1052]
憔 憔悴(초췌) [1010]
梢 末梢(말초) [5010]
梢 枝梢(지초) [3210]
梢 梢溝(초구) [1010]
樵 樵歌(초가) [1070]
樵 樵婦(초부) [1042]
樵 樵童(초동) [1062]
樵 樵隱(초은) [1040]
樵 樵夫(초부) [1070]
樵 樵採(초채) [1040]
樵 芻樵(추초) [1010]
樵 樵子(초자) [1072]
樵 薪樵(신초) [1010]
炒 蜜炒(밀초) [3010]
炒 鴨炒(압초) [1210]
炒 炒麪(초면) [1010]
炒 炒醬(초장) [1010]
硝 硝石(초석) [1060]
硝 硝藥(초약) [1062]
硝 硝子(초자) [1072]
硝 芒硝(망초) [1010]
硝 硝煙(초연) [1042]
硝 硝酸(초산) [1020]
礁 浮礁(부초) [3210]
礁 礁石(초석) [1060]
礁 暗礁(암초) [4210]
稍 稍食(초식) [1072]
稍 稍解(초해) [1042]
稍 稍事(초사) [1072]
稍 稍遠(초원) [1060]

蕉	蘭蕉(난초) [3210]
蕉	蕉布(초포) [1042]
蕉	芭蕉(파초) [1010]
蕉	蕉葉(초엽) [1050]
蕉	甘蕉(감초) [4010]
貂	黑貂(흑초) [5010]
貂	金貂(금초) [8010]
貂	續貂(속초) [4210]
醋	醋醬(초장) [1010]
醋	醋酸(초산) [1020]
囑	囑託(촉탁) [1020]
囑	咐囑(부촉) [1010]
囑	囑目(촉목) [1060]
囑	囑言(촉언) [1060]
囑	依囑(의촉) [4010]
囑	懇囑(간촉) [3210]
囑	嗾囑(주촉) [1010]
囑	委囑(위촉) [4010]
囑	緊囑(긴촉) [3210]
囑	請囑(청촉) [4210]
忖	忖度(촌탁) [1060]
叢	芳叢(방총) [3210]
叢	淵叢(연총) [1210]
叢	叢林(총림) [1070]
叢	叢萃(총췌) [1010]
叢	叢誌(총지) [1040]
叢	叢祠(총사) [1010]
叢	叢雲(총운) [1052]
叢	叢說(총설) [1052]
叢	竹叢(죽총) [4210]
塚	塚地(총지) [1070]
塚	塚戶(총호) [1042]
塚	荒塚(황총) [3210]
塚	塚主(총주) [1070]
塚	義塚(의총) [4210]
塚	塚墓(총묘) [1040]
塚	貝塚(패총) [3010]
塚	疑塚(의총) [4010]
塚	古塚(고총) [6010]
塚	掘塚(굴총) [2010]
塚	青塚(청총) [8010]
塚	置塚(치총) [4210]
塚	守塚(수총) [4210]
塚	經塚(경총) [4210]
寵	寵者(총자) [1060]
寵	寵幸(총행) [1062]
寵	寵愛(총애) [1060]
寵	寵厚(총후) [1040]
寵	寵妾(총첩) [1030]
寵	寵利(총리) [1062]
寵	愛寵(애총) [6010]
寵	寵臣(총신) [1052]
寵	寵恩(총은) [1042]
寵	寵兒(총아) [1052]
寵	內寵(내총) [7210]
寵	尊寵(존총) [4210]
寵	天寵(천총) [7010]
寵	慈寵(자총) [3210]
寵	盛寵(성총) [4210]
撮	一撮(일촬) [8010]
撮	撮影(촬영) [1032]
撮	撮土(촬토) [1080]
墜	墜穽(추정) [1010]
墜	墜落(추락) [1050]
墜	墜下(추하) [1072]
墜	墜體(추체) [1062]
墜	顚墜(전추) [1010]
墜	墜典(추전) [1052]
墜	失墜(실추) [6010]
墜	傾墜(경추) [4010]
椎	椎擊(추격) [1040]
椎	椎埋(추매) [1030]
椎	頸椎(경추) [1010]
椎	脊椎(척추) [1010]
椎	鐵椎(철추) [5010]
樞	樞相(추상) [1052]
樞	樞機(추기) [1040]
樞	樞軸(추축) [1020]
樞	樞務(추무) [1042]
樞	要樞(요추) [5210]
樞	樞密(추밀) [1042]
樞	機樞(기추) [4010]
樞	樞要(추요) [1052]
樞	天樞(천추) [7010]
樞	道樞(도추) [7210]
樞	戶樞(호추) [4210]
樞	樞柄(추병) [1012]
芻	鞭芻(편추) [1010]
芻	芻樵(추초) [1010]
芻	反芻(반추) [6210]
芻	芻米(추미) [1060]
芻	芻言(추언) [1060]
芻	芻狗(추구) [1030]
酋	酋長(추장) [1080]
酋	酋領(추령) [1050]
酋	酋帥(추수) [1032]
酋	大酋(대추) [8010]
錐	試錐(시추) [4210]
錐	立錐(입추) [7210]
錐	蘆錐(노추) [1210]
錐	錐指(추지) [1042]
錐	錐臺(추대) [1032]
錐	錐刀(추도) [1032]
錘	鉛錘(연추) [4010]
錘	紡錘(방추) [2010]
鰍	泥鰍(이추) [3210]
鰍	鰍魚(추어) [1050]
槌	鐵槌(철퇴) [5010]
槌	木槌(목퇴) [8010]
黜	黜陟(출척) [1012]
黜	黜罰(출벌) [1042]
黜	黜遠(출원) [1060]
黜	削黜(삭출) [3210]
黜	黜會(출회) [1062]

黜	黜斥(출척) [1030]
黜	斥黜(척출) [3010]
黜	屛黜(병출) [3010]
黜	減黜(감출) [4210]
黜	廢黜(폐출) [3210]
黜	放黜(방출) [6210]
悴	憔悴(초췌) [1010]
悴	傷悴(상췌) [4010]
悴	悴顔(췌안) [1032]
悴	悴容(췌용) [1042]
膵	膵癌(췌암) [1020]
膵	膵臟(췌장) [1032]
膵	膵液(췌액) [1042]
膵	膵管(췌관) [1040]
萃	出萃(출췌) [7010]
萃	拔萃(발췌) [3210]
萃	叢萃(총췌) [1010]
贅	贅句(췌구) [1042]
贅	贅談(췌담) [1050]
贅	贅辯(췌변) [1040]
贅	贅文(췌문) [1070]
贅	贅瘤(췌류) [1010]
贅	贅言(췌언) [1060]
贅	附贅(부췌) [3210]
贅	出贅(출췌) [7010]
娶	婚娶(혼취) [4010]
娶	娶嫁(취가) [1010]
娶	嫁娶(가취) [1010]
娶	娶妻(취처) [1032]
翠	青翠(청취) [8010]
翠	蒼翠(창취) [3210]
翠	翠髮(취발) [1040]
翠	翡翠(비취) [1010]
翠	翠華(취화) [1040]
翠	翠玉(취옥) [1042]
翠	晚翠(만취) [3210]
翠	翠帳(취장) [1040]
翠	翠樓(취루) [1032]

翠	軟翠(연취) [3210]
翠	野翠(야취) [6010]
翠	翠簾(취렴) [1010]
脆	脆弱(취약) [1062]
脆	軟脆(연취) [3210]
脆	柔脆(유취) [3210]
惻	惻心(측심) [1070]
惻	惻憫(측민) [1030]
惻	傷惻(상측) [4010]
惻	矜惻(긍측) [1010]
惻	惻隱(측은) [1040]
惻	惻愴(측창) [1010]
惻	懇惻(간측) [3210]
侈	侈靡(치미) [1010]
侈	驕侈(교치) [1010]
侈	侈風(치풍) [1062]
侈	侈件(치건) [1050]
侈	奢侈(사치) [1010]
侈	侈端(치단) [1042]
侈	侈濫(치람) [1030]
侈	邪侈(사치) [3210]
侈	侈傲(치오) [1030]
嗤	嗤侮(치모) [1030]
嗤	嗤點(치점) [1040]
嗤	嗤罵(치매) [1010]
嗤	嗤笑(치소) [1042]
幟	旗幟(기치) [7010]
幟	標幟(표치) [4010]
幟	赤幟(적치) [5010]
熾	熾烈(치열) [1040]
熾	熾熱(치열) [1050]
熾	熾盛(치성) [1042]
痔	牡痔(모치) [1010]
痔	痔漏(치루) [1032]
痔	血痔(혈치) [4210]
痔	痔疾(치질) [1032]
痔	痔核(치핵) [1040]
癡	癡呆(치매) [1010]

癡	癡人(치인) [1080]
癡	書癡(서치) [6210]
癡	癡漢(치한) [1072]
癡	癡情(치정) [1052]
癡	情癡(정치) [5210]
癡	音癡(음치) [6210]
癡	白癡(백치) [8010]
癡	天癡(천치) [7010]
癡	癡鈍(치둔) [1030]
癡	癡骨(치골) [1040]
癡	狂癡(광치) [3210]
癡	癡愚(치우) [1032]
癡	愚癡(우치) [3210]
癡	癡行(치행) [1060]
緻	密緻(밀치) [4210]
緻	堅緻(견치) [4010]
緻	精緻(정치) [4210]
緻	緻密(치밀) [1042]
馳	星馳(성치) [4210]
馳	背馳(배치) [4210]
馳	馳車(치차) [1072]
馳	馳詣(치예) [1010]
馳	馳馬(치마) [1050]
馳	電馳(전치) [7210]
馳	馳到(치도) [1052]
馳	馳突(치돌) [1032]
馳	馳走(치주) [1042]
馳	馳辯(치변) [1040]
勅	墨勅(묵칙) [3210]
勅	勅庫(칙고) [1040]
勅	勅命(칙명) [1070]
勅	勅額(칙액) [1040]
勅	勅裁(칙재) [1032]
勅	勅斷(칙단) [1042]
勅	詔勅(조칙) [1010]
勅	勅行(칙행) [1060]
勅	勅使(칙사) [1060]
勅	勅問(칙문) [1070]

勅 勅任(칙임) [1052]
勅 制勅(제칙) [4210]
砧 砧聲(침성) [1042]
砧 砧石(침석) [1060]
鍼 鍼烙(침락) [1010]
鍼 鍼術(침술) [1062]
鍼 直鍼(직침) [7210]
鍼 鍼孔(침공) [1040]
鍼 鍼艾(침애) [1012]
鍼 鐵鍼(철침) [5010]
鍼 鍼灸(침구) [1010]
鍼 施鍼(시침) [4210]
鍼 鍼工(침공) [1072]
鍼 鍼筒(침통) [1010]
蟄 蟄居(칩거) [1040]
蟄 蟄伏(칩복) [1040]
蟄 蟄藏(칩장) [1032]
蟄 驚蟄(경칩) [4010]
蟄 蟄龍(칩룡) [1040]
蟄 蟄蟲(칩충) [1042]
蟄 蟄獸(칩수) [1032]
蟄 閉蟄(폐칩) [4010]
秤 天秤(천칭) [7010]
唾 痰唾(담타) [1010]
唾 涕唾(체타) [1010]
唾 寶唾(보타) [4210]
唾 唾手(타수) [1072]
唾 唾液(타액) [1042]
唾 唾罵(타매) [1010]
唾 咳唾(해타) [1010]
唾 唾具(타구) [1052]
惰 惰貧(타빈) [1042]
惰 惰氣(타기) [1072]
惰 惰容(타용) [1042]
惰 惰性(타성) [1052]
惰 惰怠(타태) [1030]
惰 惰農(타농) [1072]
惰 惰力(타력) [1072]
惰 懈惰(해타) [1010]
惰 懶惰(나타) [1010]
惰 怯惰(겁타) [1010]
惰 弛惰(이타) [1010]
惰 勤惰(근타) [4010]
惰 放惰(방타) [6210]
惰 惰卒(타졸) [1052]
楕 楕圓(타원) [1042]
楕 楕球(타구) [1062]
楕 楕率(타율) [1032]
舵 舵手(타수) [1072]
陀 沙陀(사타) [3210]
陀 盤陀(반타) [3210]
陀 頭陀(두타) [6010]
陀 佛陀(불타) [4210]
陀 彌陀(미타) [1210]
陀 伽陀(가타) [1210]
駝 駝鳥(타조) [1042]
駝 駱駝(낙타) [1010]
駝 駝峯(타봉) [1032]
擢 登擢(등탁) [7010]
擢 擢秀(탁수) [1040]
擢 選擢(선탁) [5010]
擢 擢登(탁등) [1070]
擢 超擢(초탁) [3210]
擢 擢拔(탁발) [1032]
擢 擢用(탁용) [1062]
擢 拔擢(발탁) [3210]
擢 擢第(탁제) [1062]
擢 抽擢(추탁) [3010]
鐸 風鐸(풍탁) [6210]
鐸 鐸鈴(탁령) [1010]
鐸 鈴鐸(영탁) [1010]
呑 呑鉤(탄구) [1010]
呑 竝呑(병탄) [3010]
呑 鯨呑(경탄) [1010]
呑 呑吐(탄토) [1032]
坦 平坦(평탄) [7210]
坦 坦路(탄로) [1060]
坦 坦途(탄도) [1032]
坦 坦然(탄연) [1070]
坦 坦腹(탄복) [1032]
坦 坦率(탄솔) [1032]
坦 坦懷(탄회) [1032]
憚 忌憚(기탄) [3010]
憚 猜憚(시탄) [1010]
憚 憚服(탄복) [1060]
憚 敬憚(경탄) [5210]
憚 嚴憚(엄탄) [4010]
綻 綻破(탄파) [1042]
綻 破綻(파탄) [4210]
眈 眈眈(탐탐) [1010]
搭 搭船(탑선) [1050]
搭 鐵搭(철탑) [5010]
搭 搭載(탑재) [1032]
搭 搭乘(탑승) [1032]
宕 豪宕(호탕) [3210]
宕 跌宕(질탕) [1010]
蕩 蕩竭(탕갈) [1010]
蕩 蕩盡(탕진) [1040]
蕩 蕩減(탕감) [1042]
蕩 蕩敗(탕패) [1050]
蕩 蕩平(탕평) [1072]
蕩 焚蕩(분탕) [1010]
蕩 蕩滌(탕척) [1010]
蕩 蕩析(탕석) [1030]
蕩 浩蕩(호탕) [3210]
蕩 滔蕩(도탕) [1010]
蕩 還蕩(환탕) [3210]
蕩 搖蕩(요탕) [3010]
蕩 蕩逸(탕일) [1032]
蕩 飄蕩(표탕) [1010]
蕩 動蕩(동탕) [7210]
蕩 佚蕩(질탕) [1010]
蕩 蕩覆(탕복) [1032]
蕩 掃蕩(소탕) [4210]

蕩 蕩子(탕자) [1072]
蕩 蕩債(탕채) [1032]
蕩 放蕩(방탕) [6210]
汰 汰揀(태간) [1010]
汰 汰沙(태사) [1032]
汰 汰金(태금) [1080]
汰 淘汰(도태) [1010]
汰 沙汰(사태) [3210]
汰 銓汰(전태) [1010]
笞 笞杖(태장) [1010]
笞 鞭笞(편태) [1010]
笞 撻笞(달태) [1010]
笞 掠笞(약태) [3010]
苔 苔石(태석) [1060]
苔 苔徑(태경) [1032]
苔 碧苔(벽태) [3210]
苔 海苔(해태) [7210]
苔 石苔(석태) [6010]
苔 苔泉(태천) [1040]
苔 蒼苔(창태) [3210]
苔 苔痕(태흔) [1010]
苔 綠苔(녹태) [6010]
苔 苔田(태전) [1042]
苔 苔碑(태비) [1040]
跆 跆拳(태권) [1032]
撐 支撐(지탱) [4210]
撐 撐支(탱지) [1042]
攄 攄得(터득) [1042]
攄 攄破(터파) [1042]
攄 攄懷(터회) [1032]
攄 攄抱(터포) [1030]
慟 慟哭(통곡) [1032]
慟 慟泣(통읍) [1030]
慟 哀慟(애통) [3210]
桶 漆桶(칠통) [3210]
桶 飼桶(사통) [2010]
桶 水桶(수통) [8010]
筒 封筒(봉통) [3210]
筒 號筒(호통) [6010]
筒 鍼筒(침통) [1010]
筒 煙筒(연통) [4210]
筒 竹筒(죽통) [4210]
筒 筒箇(통개) [1010]
筒 算筒(산통) [7010]
筒 水筒(수통) [8010]
堆 堆肥(퇴비) [1032]
堆 堆紅(퇴홍) [1040]
堆 堆積(퇴적) [1040]
堆 堆疊(퇴첩) [1010]
堆 堆朱(퇴주) [1040]
腿 腿節(퇴절) [1052]
腿 腿骨(퇴골) [1040]
腿 大腿(대퇴) [8010]
腿 下腿(하퇴) [7210]
褪 褪色(퇴색) [1070]
褪 褪紅(퇴홍) [1040]
頹 頹齡(퇴령) [1010]
頹 頹然(퇴연) [1070]
頹 衰頹(쇠퇴) [3210]
頹 敗頹(패퇴) [5010]
頹 傾頹(경퇴) [4010]
頹 頹舍(퇴사) [1042]
頹 頹俗(퇴속) [1042]
頹 頹運(퇴운) [1062]
頹 頹勢(퇴세) [1042]
頹 頹風(퇴풍) [1062]
頹 頹唐(퇴당) [1032]
頹 頹落(퇴락) [1050]
套 陳套(진투) [3210]
套 舊套(구투) [5210]
套 常套(상투) [4210]
套 外套(외투) [8010]
套 封套(봉투) [3210]
套 恒套(항투) [3210]
套 套習(투습) [1060]
套 套頭(투두) [1060]
套 套袖(투수) [1010]
套 套語(투어) [1070]
妬 妬忌(투기) [1030]
妬 妬妻(투처) [1032]
妬 猜妬(시투) [1010]
妬 嫉妬(질투) [1010]
妬 妬悍(투한) [1010]
妬 妬心(투심) [1070]
慝 淫慝(음특) [3210]
慝 淑慝(숙특) [3210]
慝 陰慝(음특) [4210]
慝 穢慝(예특) [1010]
慝 慝惡(특악) [1052]
婆 産婆(산파) [5210]
婆 婆娑(파사) [1010]
婆 老婆(노파) [7010]
婆 娑婆(사바) [1010]
婆 穩婆(온파) [2010]
婆 婆心(파심) [1070]
婆 湯婆(탕파) [3210]
巴 巴豆(파두) [1042]
巴 淋巴(임파) [1010]
巴 巴人(파인) [1080]
巴 巴戟(파극) [1010]
爬 搔爬(소파) [1010]
爬 搜爬(수파) [3010]
爬 爬行(파행) [1060]
爬 爬蟲(파충) [1042]
琶 琵琶(비파) [1010]
芭 芭蕉(파초) [1010]
跛 偏跛(편파) [3210]
跛 跛行(파행) [1060]
跛 跛立(피립) [1072]
辦 辦納(판납) [1040]
辦 辦務(판무) [1042]
辦 迅辦(신판) [1010]
辦 貿辦(무판) [3210]
辦 總辦(총판) [4210]

辦	買辦(매판)	[5010]
辦	辦課(판과)	[1052]
辦	措辦(조판)	[2010]
辦	辦理(판리)	[1062]
辦	會辦(회판)	[6210]
辦	代辦(대판)	[6210]
辦	辦公(판공)	[1062]
佩	佩用(패용)	[1062]
佩	銘佩(명패)	[3210]
佩	佩物(패물)	[1072]
佩	服佩(복패)	[6010]
佩	玉佩(옥패)	[4210]
佩	感佩(감패)	[6010]
佩	佩香(패향)	[1042]
佩	佩服(패복)	[1060]
佩	佩刀(패도)	[1032]
佩	佩鐵(패철)	[1050]
佩	佩劍(패검)	[1032]
唄	歌唄(가패)	[7010]
唄	梵唄(범패)	[1010]
悖	悖惡(패악)	[1052]
悖	凶悖(흉패)	[5210]
悖	悖戾(패려)	[1010]
悖	悖子(패자)	[1072]
悖	悖習(패습)	[1060]
悖	悖倫(패륜)	[1032]
悖	悖謬(패류)	[1020]
悖	駭悖(해패)	[1010]
悖	悖理(패리)	[1062]
悖	狂悖(광패)	[3210]
悖	悖說(패설)	[1052]
悖	悖類(패류)	[1052]
悖	悖德(패덕)	[1052]
悖	悖談(패담)	[1050]
悖	悖鄕(패향)	[1042]
悖	悖慢(패만)	[1030]
悖	悖逆(패역)	[1042]
悖	悖禮(패례)	[1060]
悖	悖亂(패란)	[1040]
悖	乖悖(괴패)	[1010]
沛	沛澤(패택)	[1032]
沛	顚沛(전패)	[1010]
牌	牌樓(패루)	[1032]
牌	木牌(목패)	[8010]
牌	方牌(방패)	[7210]
牌	藤牌(등패)	[2010]
牌	副牌(부패)	[4210]
牌	竹牌(죽패)	[4210]
牌	位牌(위패)	[5010]
牌	防牌(방패)	[4210]
牌	骨牌(골패)	[4010]
牌	等牌(등패)	[6210]
牌	牙牌(아패)	[3210]
牌	賞牌(상패)	[5010]
牌	門牌(문패)	[8010]
稗	稗史(패사)	[1052]
稗	稗官(패관)	[1042]
稗	稗說(패설)	[1052]
澎	澎湃(팽배)	[1010]
膨	膨大(팽대)	[1080]
膨	膨脹(팽창)	[1010]
愎	乖愎(괴퍅)	[1010]
愎	剛愎(강퍅)	[3210]
鞭	鞭芻(편추)	[1010]
鞭	鞭蹴(편축)	[1020]
鞭	馬鞭(마편)	[5010]
鞭	先鞭(선편)	[8010]
鞭	執鞭(집편)	[3210]
鞭	敎鞭(교편)	[8010]
鞭	鞭笞(편태)	[1010]
鞭	長鞭(장편)	[8010]
鞭	鞭撻(편달)	[1010]
鞭	藤鞭(등편)	[2010]
騙	欺騙(기편)	[3010]
騙	騙取(편취)	[1042]
貶	顯貶(현폄)	[4010]
貶	貶辭(폄사)	[1040]
貶	貶降(폄강)	[1040]
貶	懲貶(징폄)	[3010]
貶	貶流(폄류)	[1052]
貶	貶遷(폄천)	[1032]
貶	貶謫(폄적)	[1010]
貶	貶遞(폄체)	[1030]
萍	靑萍(청평)	[8010]
萍	流萍(유평)	[5210]
萍	萍實(평실)	[1052]
萍	浮萍(부평)	[3210]
斃	斃畜(폐축)	[1032]
斃	疲斃(피폐)	[4010]
斃	病斃(병폐)	[6010]
斃	瘦斃(수폐)	[1010]
斃	斃死(폐사)	[1060]
陛	殿陛(전폐)	[3210]
陛	陛下(폐하)	[1072]
陛	納陛(납폐)	[4010]
陛	天陛(천폐)	[7010]
陛	丹陛(단폐)	[3210]
匍	匍行(포행)	[1060]
匍	匍匐(포복)	[1010]
咆	咆號(포호)	[1060]
咆	哮咆(효포)	[1010]
咆	咆哮(포효)	[1010]
哺	吐哺(토포)	[3210]
哺	反哺(반포)	[6210]
哺	哺乳(포유)	[1040]
圃	場圃(장포)	[7210]
圃	圃蔘(포삼)	[1020]
圃	園圃(원포)	[6010]
圃	玄圃(현포)	[3210]
圃	蔘圃(삼포)	[2010]
圃	圃田(포전)	[1042]
圃	圃師(포사)	[1042]
圃	老圃(노포)	[7010]
泡	氣泡(기포)	[7210]

泡 電泡(전포) [7210]
泡 幻泡(환포) [2010]
泡 泡影(포영) [1032]
泡 泡幻(포환) [1020]
泡 水泡(수포) [8010]
泡 軟泡(연포) [3210]
泡 泡沫(포말) [1010]
疱 水疱(수포) [8010]
脯 市脯(시포) [7210]
脯 脯肉(포육) [1042]
脯 獐脯(장포) [1210]
蒲 蒲黃(포황) [1060]
蒲 蒲月(포월) [1080]
蒲 菖蒲(창포) [1010]
蒲 蒲節(포절) [1052]
袍 同袍(동포) [7010]
褒 褒徵(포징) [1030]
褒 褒彰(포창) [1020]
褒 褒賞(포상) [1050]
褒 過褒(과포) [5210]
褒 褒稱(포칭) [1040]
褒 褒揚(포양) [1032]
逋 負逋(부포) [4010]
逋 流逋(유포) [5210]
逋 逋客(포객) [1052]
逋 逋欠(포흠) [1010]
逋 亡逋(망포) [5010]
逋 酒逋(주포) [4010]
逋 逋租(포조) [1032]
逋 逋還(포환) [1032]
庖 庖丁(포정) [1040]
庖 饌庖(찬포) [1010]
庖 撤庖(철포) [2010]
庖 庖廚(포주) [1010]
庖 庖宰(포재) [1030]
曝 曝白(포백) [1080]
曝 曝氣(포기) [1072]
曝 曝書(폭서) [1062]
瀑 懸瀑(현폭) [3210]
瀑 瀑布(폭포) [1042]
瀑 飛瀑(비폭) [4210]
剽 剽竊(표절) [1030]
剽 剽掠(표략) [1030]
剽 剽輕(표경) [1050]
剽 剽盜(표도) [1040]
剽 剽悍(표한) [1010]
剽 剽賊(표적) [1040]
剽 剽勇(표용) [1062]
剽 剽奪(표탈) [1032]
慓 慓毒(표독) [1042]
慓 慓悍(표한) [1010]
豹 豹尾(표미) [1032]
豹 全豹(전표) [7210]
豹 豹皮(표피) [1032]
豹 豹變(표변) [1052]
豹 虎豹(호표) [3210]
豹 水豹(수표) [8010]
飄 飄蕩(표탕) [1010]
飄 飄散(표산) [1040]
飄 飄落(표락) [1050]
飄 飄風(표풍) [1062]
稟 稟性(품성) [1052]
稟 稟受(품수) [1042]
稟 稟議(품의) [1042]
稟 稟命(품명) [1070]
稟 稟處(품처) [1042]
稟 天稟(천품) [7010]
稟 稟質(품질) [1052]
稟 稟達(품달) [1042]
稟 氣稟(기품) [7210]
稟 稟賦(품부) [1032]
稟 資稟(자품) [4010]
諷 諷諫(풍간) [1010]
諷 譏諷(기풍) [1010]
諷 諷詠(풍영) [1030]
諷 諷諭(풍유) [1010]
諷 諷讀(풍독) [1062]
諷 諷刺(풍자) [1032]
諷 吟諷(음풍) [3010]
披 猖披(창피) [1010]
披 披針(피침) [1040]
披 披展(피전) [1052]
披 披閱(피열) [1030]
披 披覽(피람) [1040]
披 披髮(피발) [1040]
披 紛披(분피) [3210]
披 離披(이피) [4010]
披 披見(피견) [1052]
疋 疋練(필련) [1052]
疋 疋緞(필단) [1010]
疋 疋帛(필백) [1010]
乏 缺乏(결핍) [4210]
乏 乏材(핍재) [1052]
乏 貧乏(빈핍) [4210]
乏 乏盡(핍진) [1040]
乏 絶乏(절핍) [4210]
乏 窘乏(군핍) [1010]
乏 乏少(핍소) [1070]
乏 耐乏(내핍) [3210]
乏 疲乏(피핍) [4010]
乏 承乏(승핍) [4210]
乏 欠乏(흠핍) [1010]
逼 逼奪(핍탈) [1032]
逼 逼塞(핍색) [1032]
逼 逼眞(핍진) [1042]
逼 凌逼(능핍) [1010]
逼 逼迫(핍박) [1032]
瑕 瑕跡(하적) [1032]
瑕 疵瑕(자하) [1010]
瑕 瑕疵(하자) [1010]
瑕 微瑕(미하) [3210]
蝦 糠蝦(강하) [1010]
蝦 魚蝦(어하) [5010]
遐 遐遠(하원) [1060]

遐	遐齡(하령) [1010]
遐	遐裔(하예) [1010]
遐	遐年(하년) [1080]
遐	登遐(등하) [7010]
遐	遐土(하토) [1080]
遐	遐福(하복) [1052]
遐	遐壽(하수) [1032]
霞	殘霞(잔하) [4010]
霞	夕霞(석하) [7010]
霞	落霞(낙하) [5010]
霞	雲霞(운하) [5210]
霞	彩霞(재하) [3210]
霞	丹霞(단하) [3210]
霞	晩霞(만하) [3210]
霞	霞光(하광) [1062]
壑	萬壑(만학) [8010]
壑	洞壑(동학) [7010]
壑	絶壑(절학) [4210]
壑	巖壑(암학) [3210]
壑	壑谷(학곡) [1032]
謔	嘲謔(조학) [1010]
謔	謔劇(학극) [1040]
謔	謔笑(학소) [1042]
謔	謔浪(학랑) [1032]
謔	戲謔(희학) [3210]
謔	諧謔(해학) [1010]
瘧	瘧疾(학질) [1032]
瘧	瘧氣(학기) [1072]
悍	悍毒(한독) [1042]
悍	精悍(정한) [4210]
悍	勁悍(경한) [1010]
悍	剽悍(표한) [1010]
悍	妬悍(투한) [1010]
悍	悍馬(한마) [1050]
悍	悍婦(한부) [1042]
悍	悍勇(한용) [1062]
悍	猛悍(맹한) [3210]
悍	慓悍(표한) [1010]
悍	雄悍(웅한) [5010]
悍	凶悍(흉한) [5210]
澣	中澣(중한) [8010]
澣	澣滌(한척) [1010]
澣	澣濯(한탁) [1030]
澣	下澣(하한) [7210]
澣	上澣(상한) [7210]
澣	澣衣(한의) [1060]
澣	三澣(삼한) [8010]
罕	罕漫(한만) [1030]
罕	稀罕(희한) [3210]
罕	罕罔(한망) [1030]
罕	罕見(한견) [1052]
轄	所轄(소할) [7010]
轄	分轄(분할) [6210]
轄	總轄(총할) [4210]
轄	統轄(통할) [4210]
轄	管轄(관할) [4010]
轄	直轄(직할) [7210]
函	玉函(옥함) [4210]
函	密函(밀함) [4210]
函	書函(서함) [6210]
函	經函(경함) [4210]
函	函蓋(함개) [1032]
喊	高喊(고함) [6210]
喊	喊聲(함성) [1042]
喊	鼓喊(고함) [3210]
檻	檻穽(함정) [1010]
檻	欄檻(난함) [3210]
檻	檻羊(함양) [1042]
檻	檻倉(함창) [1032]
檻	籠檻(농함) [2010]
檻	桎檻(질함) [1010]
檻	獸檻(수함) [3210]
涵	涵養(함양) [1052]
涵	涵泳(함영) [1030]
涵	包涵(포함) [4210]
緘	緘默(함묵) [1032]
緘	緘封(함봉) [1032]
緘	緘口(함구) [1070]
緘	三緘(삼함) [8010]
緘	封緘(봉함) [3210]
緘	緘札(함찰) [1020]
銜	銜枚(함매) [1020]
銜	兼銜(겸함) [3210]
銜	馬銜(마함) [5010]
銜	姓銜(성함) [7210]
銜	借銜(차함) [3210]
銜	銜字(함자) [1070]
銜	鞍銜(안함) [1010]
銜	銜勒(함륵) [1010]
銜	銜泣(함읍) [1030]
鹹	鹹度(함도) [1060]
鹹	鹹水(함수) [1080]
盒	香盒(향합) [4210]
盒	饌盒(찬합) [1010]
盒	煙盒(연합) [4210]
盒	印盒(인합) [4210]
盒	卵盒(난합) [4010]
盒	飯盒(반합) [3210]
盒	茶盒(차합) [3210]
盒	粉盒(분합) [4010]
盒	盆盒(분합) [1010]
盒	寶盒(보합) [4210]
盒	空盒(공합) [7210]
盒	烏盒(오합) [3210]
蛤	花蛤(화합) [7010]
蛤	山蛤(산합) [8010]
蛤	魁蛤(괴합) [1010]
蛤	文蛤(문합) [7010]
缸	酒缸(주항) [4010]
缸	花缸(화항) [7010]
缸	玉缸(옥항) [4210]
肛	脫肛(탈항) [4010]
肛	肛門(항문) [1080]
偕	偕樂(해락) [1062]

偕	偕行(해행) [1060]
偕	偕老(해로) [1070]
咳	咳喘(해천) [1010]
咳	咳唾(해타) [1010]
懈	勞懈(노해) [5210]
懈	懈怠(해태) [1030]
懈	懈慢(해만) [1030]
懈	懈惰(해타) [1010]
楷	楷書(해서) [1062]
楷	楷正(해정) [1072]
楷	楷字(해자) [1070]
楷	楷篆(해전) [1010]
諧	和諧(화해) [6210]
諧	諧謔(해학) [1010]
諧	諧聲(해성) [1042]
諧	俳諧(배해) [2010]
諧	諧語(해어) [1070]
邂	邂逅(해후) [1010]
駭	震駭(진해) [3210]
駭	駭服(해복) [1060]
駭	駭怪(해괴) [1032]
駭	駭擧(해거) [1050]
駭	駭悖(해패) [1010]
駭	傾駭(경해) [4010]
駭	驚駭(경해) [4010]
駭	駭愕(해악) [1010]
駭	駭視(해시) [1042]
骸	遺骸(유해) [4010]
骸	殘骸(잔해) [4010]
骸	骨骸(골해) [4010]
骸	形骸(형해) [6210]
骸	骸骨(해골) [1040]
骸	死骸(사해) [6010]
骸	骸炭(해탄) [1050]
劾	擧劾(거핵) [5010]
劾	自劾(자핵) [7210]
劾	劾狀(핵장) [1042]
劾	劾情(핵정) [1052]

劾	推劾(추핵) [4010]
劾	劾奏(핵주) [1032]
劾	劾論(핵론) [1042]
嚮	嚮導(향도) [1042]
嚮	嚮者(향자) [1060]
嚮	嚮往(향왕) [1042]
饗	歆饗(흠향) [1010]
饗	饗宴(향연) [1032]
饗	大饗(대향) [8010]
饗	饗告(향고) [1052]
饗	饗應(향응) [1042]
饗	饗報(향보) [1042]
饗	饗膳(향선) [1010]
饗	宴饗(연향) [3210]
嘘	吹嘘(취허) [3210]
墟	墟墓(허묘) [1040]
墟	廢墟(폐허) [3210]
墟	故墟(고허) [4210]
墟	丘墟(구허) [3210]
歇	歇拍(헐박) [1040]
歇	歇看(헐간) [1040]
歇	歇宿(헐숙) [1052]
歇	緊歇(긴헐) [3210]
歇	歇價(헐가) [1052]
歇	歇後(헐후) [1072]
歇	歇杖(헐장) [1010]
歇	最歇(최헐) [5010]
歇	歇泊(헐박) [1030]
歇	歇治(헐치) [1042]
眩	眩氣(현기) [1072]
眩	眩暈(현훈) [1010]
眩	眩惑(현혹) [1032]
眩	震眩(진현) [3210]
眩	眩耀(현요) [1012]
絢	絢爛(현란) [1020]
衒	衒學(현학) [1080]
衒	衒氣(현기) [1072]
衒	衒言(현언) [1060]

俠	氣俠(기협) [7210]
俠	俠士(협사) [1052]
俠	勇俠(용협) [6210]
俠	俠勇(협용) [1062]
俠	俠者(협자) [1060]
俠	俠客(협객) [1052]
俠	俠骨(협골) [1040]
挾	挾輔(협보) [1012]
挾	挾詐(협사) [1030]
挾	挾私(협사) [1040]
挾	挾持(협지) [1040]
挾	挾日(협일) [1080]
挾	挾雜(협잡) [1040]
挾	挾憾(협감) [1020]
挾	挾攻(협공) [1040]
狹	狹窄(협착) [1010]
狹	偏狹(편협) [3210]
狹	狹隘(협애) [1010]
狹	狹薄(협박) [1032]
狹	狹量(협량) [1050]
狹	狹軌(협궤) [1030]
狹	廣狹(광협) [5210]
狹	淺狹(천협) [3210]
狹	狹小(협소) [1080]
頰	紅頰(홍협) [4010]
頰	緩頰(완협) [3210]
頰	口頰(구협) [7010]
頰	批頰(비협) [4010]
頰	豊頰(풍협) [4210]
頰	頰車(협차) [1072]
荊	荊棘(형극) [1010]
荊	黃荊(황형) [6010]
荊	負荊(부형) [4010]
荊	蔓荊(만형) [1010]
荊	識荊(식형) [5210]
荊	拙荊(졸형) [3010]
荊	牡荊(모형) [1010]
荊	荊門(형문) [1080]

荊	荊艾(형애) [1012]
荊	荊冠(형관) [1032]
荊	荊芥(형개) [1010]
荊	荊路(형로) [1060]
荊	荊扉(형비) [1010]
荊	荊妻(형처) [1032]
荊	荊婦(형부) [1042]
彗	彗芒(혜망) [1010]
彗	彗掃(혜소) [1042]
彗	彗星(혜성) [1042]
醯	醯鷄(혜계) [1040]
弧	秒弧(초호) [3010]
弧	圓弧(원호) [4210]
弧	懸弧(현호) [3210]
弧	弧宴(호연) [1032]
弧	括弧(괄호) [1010]
弧	桑弧(상호) [3210]
弧	弧矢(호시) [1030]
狐	狐惑(호혹) [1032]
狐	短狐(단호) [6210]
狐	稷狐(직호) [1210]
狐	白狐(백호) [8010]
狐	狐網(호망) [1020]
狐	狐媚(호미) [1010]
狐	城狐(성호) [4210]
狐	狐臭(호취) [1030]
狐	野狐(야호) [6010]
琥	琥珀(호박) [1010]
瑚	珊瑚(산호) [1010]
糊	糢糊(모호) [1010]
糊	糊口(호구) [1070]
糊	含糊(함호) [3210]
糊	模糊(모호) [4010]
糊	糊塗(호도) [1030]
糊	糊名(호명) [1072]
渾	渾沌(혼돈) [1010]
渾	渾淪(혼륜) [1010]
渾	渾家(혼가) [1072]

渾	全渾(전혼) [7210]
渾	胚渾(배혼) [1010]
渾	雄渾(웅혼) [5010]
渾	渾然(혼연) [1070]
渾	渾濁(혼탁) [1030]
惚	恍惚(황홀) [1010]
惚	慌惚(황홀) [1010]
笏	簪笏(잠홀) [1010]
笏	投笏(투홀) [4010]
哄	哄笑(홍소) [1042]
哄	哄動(홍동) [1072]
哄	哄然(홍연) [1070]
虹	虹棧(홍잔) [1010]
虹	虹泉(홍천) [1040]
虹	虹橋(홍교) [1050]
虹	虹彩(홍채) [1032]
虹	雰虹(분홍) [1010]
虹	白虹(백홍) [8010]
虹	長虹(장홍) [8010]
虹	彩虹(채홍) [3210]
訌	內訌(내홍) [7210]
喚	喚呼(환호) [1042]
喚	喚醒(환성) [1010]
喚	召喚(소환) [3010]
喚	宣喚(선환) [4010]
喚	追喚(추환) [3210]
喚	喚聲(환성) [1042]
喚	叫喚(규환) [3010]
喚	喚起(환기) [1042]
喚	喚叫(환규) [1030]
喚	喚問(환문) [1070]
宦	宦侍(환시) [1032]
宦	宦者(환자) [1060]
宦	宦味(환미) [1042]
宦	仕宦(사환) [5210]
宦	遊宦(유환) [4010]
宦	內宦(내환) [7210]
宦	名宦(명환) [7210]

宦	宦官(환관) [1042]
宦	宦情(환정) [1052]
宦	宦路(환로) [1060]
宦	宦達(환달) [1042]
宦	薄宦(박환) [3210]
宦	宦福(환복) [1052]
宦	冷宦(냉환) [5010]
驩	交驩(교환) [6010]
驩	驩然(환연) [1070]
鰥	鰥居(환거) [1040]
鰥	鰥夫(환부) [1070]
猾	猾賊(활적) [1040]
猾	猾智(활지) [1040]
猾	老猾(노활) [7010]
猾	猾吏(활리) [1032]
猾	奸猾(간활) [1010]
猾	狡猾(교활) [1010]
闊	闊袖(활수) [1010]
闊	寬闊(관활) [3210]
闊	平闊(평활) [7210]
闊	久闊(구활) [3210]
闊	廣闊(광활) [5210]
闊	迂闊(우활) [1010]
闊	契闊(결활) [3210]
闊	宏闊(굉활) [1010]
闊	闊疏(활소) [1032]
闊	闊步(활보) [1042]
闊	快闊(쾌활) [4210]
闊	寥闊(요활) [1010]
闊	稀闊(희활) [3210]
闊	闊略(활략) [1040]
闊	闊落(활락) [1050]
闊	闊別(활별) [1060]
凰	鳳凰(봉황) [3210]
徨	彷徨(방황) [1010]
徨	迷徨(미황) [3010]
恍	昏恍(혼황) [3010]
恍	恍惚(황홀) [1010]

惶	惶感(황감) [1060]
惶	惶汗(황한) [1032]
惶	惶怯(황겁) [1010]
惶	惶恐(황공) [1032]
惶	惶悚(황송) [1010]
惶	恐惶(공황) [3210]
惶	驚惶(경황) [4010]
惶	惶惑(황혹) [1032]
惶	惶悸(황계) [1010]
惶	兢惶(긍황) [1210]
惶	戰惶(전황) [6210]
慌	慌惚(황홀) [1010]
慌	慌忙(황망) [1030]
煌	輝煌(휘황) [3010]
煌	敦煌(돈황) [3010]
煌	炫煌(현황) [1210]
遑	大遑(대황) [8010]
遑	遑遑(황황) [1010]
遑	未遑(미황) [4210]
遑	棲遑(서황) [1010]
遑	遑急(황급) [1062]
遑	不遑(불황) [7210]
徊	低徊(저회) [4210]
徊	遲徊(지회) [3010]
徊	徘徊(배회) [1010]
恢	恢弘(회홍) [1030]
恢	恢廓(회확) [1010]
恢	恢然(회연) [1070]
恢	恢復(회복) [1042]
恢	恢宏(회굉) [1010]
晦	潛晦(잠회) [3210]
晦	昏晦(혼회) [3010]
晦	陰晦(음회) [4210]
晦	自晦(자회) [7210]
晦	晦朔(회삭) [1030]
晦	湮晦(인회) [1010]
晦	晦間(회간) [1072]
晦	顯晦(현회) [4010]
晦	月晦(월회) [8010]
晦	朔晦(삭회) [3010]
晦	晦藏(회장) [1032]
繪	繪素(회소) [1042]
繪	繪塑(회소) [1010]
繪	繪圖(회도) [1062]
繪	繪像(회상) [1032]
繪	繪畫(회화) [1060]
膾	膾炙(회자) [1010]
膾	肉膾(육회) [4210]
膾	炙膾(적회) [1010]
膾	魚膾(어회) [5010]
蛔	蛔痛(회통) [1040]
蛔	蛔厥(회궐) [1030]
蛔	蛔藥(회약) [1062]
蛔	蛔蟲(회충) [1042]
蛔	蛟蛔(교회) [1010]
蛔	動蛔(동회) [7210]
蛔	蛔疳(회감) [1010]
蛔	蛔積(회적) [1040]
蛔	蛔症(회증) [1032]
蛔	安蛔(안회) [7210]
誨	誨言(회언) [1060]
誨	敎誨(교회) [8010]
誨	誨諭(회유) [1010]
誨	善誨(선회) [5010]
誨	規誨(규회) [5010]
誨	訓誨(훈회) [6010]
誨	慈誨(자회) [3210]
賄	收賄(수회) [4210]
賄	財賄(재회) [5210]
賄	賄賂(회뢰) [1010]
賄	資賄(자회) [4010]
賄	方賄(방회) [7210]
哮	哮咆(효포) [1010]
哮	咆哮(포효) [1010]
哮	哮吼(효후) [1010]
嚆	嚆矢(효시) [1030]
爻	初爻(초효) [5010]
爻	爻辭(효사) [1040]
爻	六爻(육효) [8010]
爻	卦爻(괘효) [1010]
酵	酵母(효모) [1080]
酵	酵素(효소) [1042]
酵	醱酵(발효) [1010]
吼	哮吼(효후) [1010]
吼	叫吼(규후) [3010]
嗅	嗅感(후감) [1060]
嗅	嗅官(후관) [1042]
嗅	嗅覺(후각) [1040]
朽	衰朽(쇠후) [3210]
朽	朽敗(후패) [1050]
朽	朽壞(후괴) [1032]
朽	朽滅(후멸) [1032]
朽	朽老(후로) [1070]
朽	朽損(후손) [1040]
朽	朽骨(후골) [1040]
朽	朽廢(후폐) [1032]
朽	腐朽(부후) [3210]
朽	枯朽(고후) [3010]
朽	不朽(불후) [7210]
朽	老朽(노후) [7010]
逅	邂逅(해후) [1010]
暈	月暈(월훈) [8010]
暈	眩暈(현훈) [1010]
暈	船暈(선훈) [5010]
暈	日暈(일훈) [8010]
暈	酒暈(주훈) [4010]
暈	暈圍(훈위) [1040]
暈	醉暈(취훈) [3210]
暈	暈輪(훈륜) [1040]
喧	浮喧(부훤) [3210]
喧	喧騷(훤소) [1030]
卉	嘉卉(가훼) [1010]
卉	花卉(화훼) [7010]
卉	芳卉(방훼) [3210]

卉 卉衣(훼의) [1060]
卉 卉服(훼복) [1060]
喙 容喙(용훼) [4210]
喙 烏喙(오훼) [3210]
彙 語彙(어휘) [7010]
彙 彙類(휘류) [1052]
彙 彙報(휘보) [1042]
彙 字彙(자휘) [7010]
彙 品彙(품휘) [5210]
彙 辭彙(사휘) [4010]
諱 諱祕(휘비) [1040]
諱 諱言(휘언) [1060]
諱 隱諱(은휘) [4010]
諱 諱忌(휘기) [1030]
諱 諱字(휘자) [1070]
諱 犯諱(범휘) [4010]
諱 掩諱(엄휘) [1010]
諱 觸諱(촉휘) [3210]
諱 不諱(불휘) [7210]
麾 麾下(휘하) [1072]
麾 指麾(지휘) [4210]
麾 節麾(절휘) [5210]
恤 優恤(우휼) [4010]
恤 弔恤(조휼) [3010]
恤 救恤(구휼) [5010]
恤 恩恤(은휼) [4210]
恤 矜恤(긍휼) [1010]
恤 撫恤(무휼) [1010]
恤 恤問(휼문) [1070]
恤 憫恤(민휼) [3010]
恤 惠恤(혜휼) [4210]
恤 恤民(휼민) [1080]
恤 恤米(휼미) [1060]
恤 恤救(휼구) [1050]
兇 兇行(흉행) [1060]
兇 兇說(흉설) [1052]
兇 兇刃(흉인) [1020]
兇 兇漢(흉한) [1072]
兇 兇黨(흉당) [1042]
兇 兇賊(흉적) [1040]
兇 兇猛(흉맹) [1032]
兇 兇暴(흉포) [1042]
兇 元兇(원흉) [5210]
洶 洶涌(흉용) [1010]
洶 洶洶(흉흉) [1010]
洶 洶急(흉급) [1062]
洶 洶溶(흉용) [1012]
欣 欣躍(흔약) [1030]
欣 欣諾(흔낙) [1032]
欣 欣快(흔쾌) [1042]
欣 欣賞(흔상) [1050]
痕 疵痕(자흔) [1010]
痕 苔痕(태흔) [1010]
痕 血痕(혈흔) [4210]
痕 墨痕(묵흔) [3210]
痕 勒痕(늑흔) [1010]
痕 痕迹(흔적) [1010]
痕 殘痕(잔흔) [4010]
痕 傷痕(상흔) [4010]
痕 刀痕(도흔) [3210]
痕 爪痕(조흔) [1010]
痕 痘痕(두흔) [1010]
欠 欠身(흠신) [1062]
欠 欠乏(흠핍) [1010]
欠 欠缺(흠결) [1042]
欠 欠伸(흠신) [1030]
欠 欠處(흠처) [1042]
欠 逋欠(포흠) [1010]
欠 負欠(부흠) [4010]
欠 欠事(흠사) [1072]
歆 歆感(흠감) [1060]
歆 歆饗(흠향) [1010]
歆 歆格(흠격) [1052]
恰 恰似(흡사) [1030]
洽 協洽(협흡) [4210]
洽 普洽(보흡) [4010]
洽 洽覽(흡람) [1040]
洽 博洽(박흡) [4210]
洽 洽聞(흡문) [1062]
洽 化洽(화흡) [5210]
洽 洽然(흡연) [1070]
洽 洽足(흡족) [1072]
犧 犧樽(희준) [1010]
犧 犧牲(희생) [1010]
詰 詰窮(힐궁) [1040]
詰 詰問(힐문) [1070]
詰 詰晨(힐신) [1030]
詰 詰斥(힐척) [1030]
詰 詰誅(힐주) [1010]
詰 窮詰(궁힐) [4010]
詰 詰旦(힐단) [1032]
詰 面詰(면힐) [7010]
詰 究詰(구힐) [4210]
詰 詰難(힐난) [1042]
詰 辨詰(변힐) [3010]
詰 詰朝(힐조) [1060]
詰 詰責(힐책) [1052]

<2級_人名地名用 配定 漢字語>

伽 頻伽(빈가) [3012]
伽 僧伽(승가) [3212]
伽 伽羅(가라) [1242]
伽 伽倻(가야) [1212]
伽 伽藍(가람) [1220]
柯 柯亭(가정) [1232]
柯 柯葉(가엽) [1250]
柯 庭柯(정가) [6212]
柯 橫柯(횡가) [3212]

賈	賈人(고인)	[1280]
賈	賈胡(고호)	[1232]
賈	賈島(가도)	[1250]
賈	商賈(상고)	[5212]
賈	都賈(도고)	[5012]
賈	舶賈(박고)	[2012]
賈	賈船(고선)	[1250]
軻	孟軻(맹가)	[3212]
迦	迦葉(가섭)	[1250]
迦	釋迦(석가)	[3212]
杆	杆城(간성)	[1242]
杆	欄杆(난간)	[3212]
艮	艮方(간방)	[1272]
鞨	靺鞨(말갈)	[1212]
岬	山岬(산갑)	[8012]
姜	姜柏(강백)	[1220]
岡	岡陵(강릉)	[1232]
岡	岡阜(강부)	[1212]
岡	福岡(복강)	[5212]
岡	丘岡(구강)	[3212]
彊	彊梧(강오)	[1220]
彊	盛彊(성강)	[4212]
彊	自彊(자강)	[7212]
疆	封疆(봉강)	[3212]
疆	無疆(무강)	[5012]
疆	疆域(강역)	[1240]
疆	出疆(출강)	[7012]
疆	邊疆(변강)	[4212]
疆	新疆(신강)	[6212]
疆	疆界(강계)	[1262]
疆	疆土(강토)	[1280]
塏	勝塏(승개)	[6012]
塏	李塏(이개)	[6012]
鍵	鍵盤(건반)	[1232]
鍵	關鍵(관건)	[5212]
甄	甄拔(견발)	[1232]
炅	寒炅(한경)	[5012]
璟	宋璟(송경)	[1212]
瓊	瓊章(경장)	[1260]
瓊	瓊姿(경자)	[1240]
瓊	瓊音(경음)	[1262]
瓊	瓊杯(경배)	[1230]
瓊	瓊玉(경옥)	[1242]
皐	皐陶(고요)	[1232]
皐	東皐(동고)	[8012]
皐	九皐(구고)	[8012]
串	親串(친관)	[6012]
串	甲串(갑곶)	[4012]
槐	三槐(삼괴)	[8012]
槐	槐門(괴문)	[1280]
槐	槐木(괴목)	[1280]
槐	公槐(공괴)	[6212]
槐	槐花(괴화)	[1270]
槐	槐實(괴실)	[1252]
邱	大邱(대구)	[8012]
鞠	鞠治(국치)	[1242]
鞠	鞠戲(국희)	[1232]
鞠	推鞠(추국)	[4012]
鞠	鞠養(국양)	[1252]
鞠	鞠育(국육)	[1270]
鞠	蹴鞠(축국)	[2012]
鞠	曲鞠(곡국)	[5012]
鞠	鞠問(국문)	[1270]
圭	刀圭(도규)	[3212]
圭	白圭(백규)	[8012]
圭	圭角(규각)	[1262]
圭	圭瓚(규찬)	[1212]
圭	圭復(규복)	[1242]
圭	圭田(규전)	[1242]
圭	圭璋(규장)	[1212]
奎	奎章(규장)	[1260]
奎	奎文(규문)	[1270]
奎	奎運(규운)	[1262]
奎	奎宿(규수)	[1252]
奎	奎星(규성)	[1242]
揆	度揆(탁규)	[6012]
揆	庶揆(서규)	[3012]
揆	端揆(단규)	[4212]
揆	右揆(우규)	[7212]
揆	領揆(영규)	[5012]
揆	一揆(일규)	[8012]
揆	百揆(백규)	[7012]
珪	珪幣(규폐)	[1230]
珪	珪石(규석)	[1260]
槿	槿花(근화)	[1270]
槿	木槿(목근)	[8012]
槿	槿域(근역)	[1240]
瑾	細瑾(세근)	[4212]
兢	戰兢(전긍)	[6212]
兢	兢懼(긍구)	[1230]
兢	兢戒(긍계)	[1240]
冀	冀圖(기도)	[1262]
冀	冀願(기원)	[1250]
冀	冀州(기주)	[1252]
冀	冀望(기망)	[1252]
冀	幸冀(행기)	[6212]
冀	希冀(희기)	[4212]
岐	岐路(기로)	[1260]
岐	岐貳(기이)	[1220]
岐	岐山(기산)	[1280]
岐	兩岐(양기)	[4212]
岐	分岐(분기)	[6212]
岐	多岐(다기)	[6012]
岐	別岐(별기)	[6012]
淇	淇水(기수)	[1280]
琦	韓琦(한기)	[8012]
琪	琪花(기화)	[1270]
琪	琪樹(기수)	[1260]
璣	珠璣(주기)	[3212]
箕	箕星(기성)	[1242]
箕	箕子(기자)	[1272]
箕	箕察(기찰)	[1242]
箕	斗箕(두기)	[4212]
耆	耆年(기년)	[1280]

耆	耆儒(기유) [1240]
耆	耆蒙(기몽) [1232]
騏	騏驥(기기) [1212]
驥	騏驥(기기) [1212]
驥	驥足(기족) [1272]
驥	駿驥(준기) [1212]
驥	附驥(부기) [3212]
驥	老驥(노기) [7012]
驥	逸驥(일기) [3212]
麒	麒麟(기린) [1212]
湍	湍流(단류) [1252]
湍	湍水(단수) [1280]
湍	懸湍(현단) [3212]
湍	急湍(급단) [6212]
塘	堤塘(제당) [3012]
塘	池塘(지당) [3212]
塘	芳塘(방당) [3212]
塘	蓮塘(연당) [3212]
燾	燾育(도육) [1270]
惇	惇德(돈덕) [1252]
惇	惇信(돈신) [1262]
惇	惇惠(돈혜) [1242]
頓	頓足(돈족) [1272]
頓	頓寫(돈사) [1250]
頓	頓進(돈진) [1242]
頓	頓謝(돈사) [1242]
頓	頓然(돈연) [1270]
頓	圓頓(원돈) [4212]
頓	困頓(곤돈) [4012]
頓	整頓(정돈) [4012]
頓	登頓(등돈) [7012]
頓	査頓(사돈) [5012]
頓	停頓(정돈) [5012]
頓	安頓(안돈) [7212]
頓	沈頓(침돈) [3212]
董	董役(동역) [1232]
董	董督(동독) [1242]
董	骨董(골동) [4012]
杜	杜康(두강) [1242]
杜	杜甫(두보) [1212]
杜	老杜(노두) [7012]
萊	蓬萊(봉래) [1212]
萊	草萊(초래) [7012]
萊	萊伯(내백) [1232]
亮	亮直(양직) [1272]
亮	亮察(양찰) [1242]
亮	亮許(양허) [1250]
亮	照亮(조량) [3212]
亮	明亮(명량) [6212]
亮	清亮(청량) [6212]
亮	翼亮(익량) [3212]
亮	貞亮(정량) [3212]
亮	忠亮(충량) [4212]
樑	棟樑(동량) [2012]
呂	呂尚(여상) [1232]
呂	六呂(육려) [8012]
呂	中呂(중려) [8012]
呂	律呂(율려) [4212]
呂	大呂(대려) [8012]
呂	仲呂(중려) [3212]
廬	弊廬(폐려) [3212]
廬	廬山(여산) [1280]
廬	草廬(초려) [7012]
廬	僧廬(승려) [3212]
廬	出廬(출려) [7012]
廬	窮廬(궁려) [4012]
廬	孝廬(효려) [7212]
廬	田廬(전려) [4212]
廬	廬幕(여막) [1232]
礪	磨礪(마려) [3212]
礪	礪石(여석) [1260]
驪	驪珠(이주) [1232]
驪	驪龍(이룡) [1240]
驪	驪州(여주) [1252]
漣	漣川(연천) [1270]
漣	細漣(세련) [4212]
漣	清漣(청련) [6212]
玲	玲玲(영령) [1212]
醴	醴酒(예주) [1240]
醴	醴泉(예천) [1240]
醴	甘醴(감례) [4012]
盧	盧胡(노호) [1232]
盧	斯盧(사로) [3012]
盧	都盧(도로) [5012]
盧	胡盧(호로) [3212]
蘆	蘆笛(노적) [1232]
蘆	蘆汀(노정) [1212]
蘆	蘆管(노관) [1240]
蘆	蘆粟(노속) [1230]
蘆	蘆洲(노주) [1232]
蘆	蘆花(노화) [1270]
魯	愚魯(우로) [3212]
魯	鄒魯(추로) [1212]
魯	魯鈍(노둔) [1230]
魯	齊魯(제로) [3212]
魯	魯論(노론) [1242]
鷺	白鷺(백로) [8012]
遼	遼隔(요격) [1232]
遼	遼史(요사) [1252]
遼	廣遼(광료) [5212]
遼	遼遠(요원) [1260]
遼	遼河(요하) [1250]
遼	西遼(서료) [8012]
劉	劉備(유비) [1242]
劉	劉邦(유방) [1230]
崙	河崙(하륜) [5012]
麟	麟鳳(인봉) [1232]
麟	麟角(인각) [1262]
麟	鳳麟(봉린) [3212]
麟	獲麟(획린) [3212]
麟	麒麟(기린) [1212]
靺	靺鞨(말갈) [1212]
貊	九貊(구맥) [8012]
貊	蠻貊(만맥) [2012]

貊	濊貊(예맥) [1212]
覓	尋覓(심멱) [3012]
覓	覓來(멱래) [1270]
覓	覓得(멱득) [1242]
覓	窮覓(궁멱) [4012]
冕	冠冕(관면) [3212]
冕	軒冕(헌면) [3012]
冕	冕服(면복) [1260]
俛	俛首(면수) [1252]
俛	俛仰(면앙) [1232]
牟	牟尼(모니) [1220]
牟	牟還(모환) [1232]
牟	牟利(모리) [1262]
茅	茅草(모초) [1270]
茅	白茅(백모) [8012]
茅	茅屋(모옥) [1250]
謨	鴻謨(홍모) [3012]
謨	廟謨(묘모) [3012]
謨	謨訓(모훈) [1260]
謨	洪謨(홍모) [3212]
謨	皇謨(황모) [3212]
謨	聖謨(성모) [4212]
謨	高謨(고모) [6212]
穆	淸穆(청목) [6212]
穆	昭穆(소목) [3012]
昴	昴宿(묘수) [1252]
彌	彌滿(미만) [1242]
彌	須彌(수미) [3012]
彌	封彌(봉미) [3212]
彌	沙彌(사미) [3212]
彌	彌望(미망) [1252]
彌	彌縫(미봉) [1220]
旻	九旻(구민) [8012]
旻	蒼旻(창민) [3212]
旻	旻天(민천) [1270]
珉	貞珉(정민) [3212]
閔	惜閔(석민) [3212]
潘	潘岳(반악) [1230]
磻	磻溪(반계) [1232]
渤	渤海(발해) [1272]
鉢	周鉢(주발) [4012]
鉢	傳鉢(전발) [5212]
鉢	覆鉢(복발) [3212]
鉢	佛鉢(불발) [4212]
鉢	銅鉢(동발) [4212]
鉢	鐵鉢(철발) [5012]
鉢	衣鉢(의발) [6012]
鉢	托鉢(탁발) [3012]
鉢	沙鉢(사발) [3212]
旁	劇旁(극방) [4012]
筏	津筏(진벌) [2012]
筏	筏橋(벌교) [1250]
筏	筏夫(벌부) [1270]
范	鎔范(용범) [1212]
卞	卞急(변급) [1262]
卞	卞正(변정) [1272]
弁	皮弁(피변) [3212]
弁	弁韓(변한) [1280]
柄	笑柄(소병) [4212]
柄	朝柄(조병) [6012]
柄	權柄(권병) [4212]
柄	宰柄(재병) [3012]
柄	大柄(대병) [8012]
柄	刑柄(형병) [4012]
柄	國柄(국병) [8012]
柄	政柄(정병) [4212]
柄	執柄(집병) [3212]
柄	刀柄(도병) [3212]
柄	葉柄(엽병) [5012]
柄	斗柄(두병) [4212]
柄	六柄(육병) [8012]
炳	炳然(병연) [1270]
炳	炳映(병영) [1240]
秉	秉軸(병축) [1220]
秉	秉權(병권) [1242]
秉	秉燭(병촉) [1230]
甫	甫兒(보아) [1252]
甫	杜甫(두보) [1212]
甫	甫田(보전) [1242]
輔	輔弼(보필) [1212]
輔	賢輔(현보) [4212]
輔	輔仁(보인) [1240]
輔	公輔(공보) [6212]
輔	英輔(영보) [6012]
輔	光輔(광보) [6212]
輔	內輔(내보) [7212]
輔	輔翊(보익) [1212]
輔	宰輔(재보) [3012]
輔	輔翼(보익) [1232]
輔	輔佐(보좌) [1230]
輔	輔相(보상) [1252]
輔	卿輔(경보) [3012]
輔	良輔(양보) [5212]
輔	元輔(원보) [5212]
馥	馥郁(복욱) [1212]
馥	郁馥(욱복) [1212]
蓬	蓬萊(봉래) [1212]
蓬	蓬室(봉실) [1280]
蓬	蓬矢(봉시) [1230]
蓬	蓬宇(봉우) [1232]
蓬	蓬艾(봉애) [1212]
蓬	蓬戶(봉호) [1242]
蓬	霜蓬(상봉) [3212]
蓬	轉蓬(전봉) [4012]
傅	恩傅(은부) [4212]
傅	帝傅(제부) [4012]
傅	師傅(사부) [4212]
傅	太傅(태부) [6012]
釜	釜山(부산) [1280]
釜	釜鼎(부정) [1212]
阜	高阜(고부) [6212]
阜	岡阜(강부) [1212]
阜	丘阜(구부) [3212]
阜	曲阜(곡부) [5012]

芬	芬芳(분방) [1232]
芬	芬蘭(분란) [1232]
芬	芬芬(분분) [1212]
鵬	鵬翼(붕익) [1232]
鵬	鵬圖(붕도) [1262]
鵬	鵬際(붕제) [1242]
鵬	大鵬(대붕) [8012]
鵬	鵬飛(붕비) [1242]
丕	丕圖(비도) [1262]
丕	丕基(비기) [1252]
丕	丕績(비적) [1240]
丕	丕訓(비훈) [1260]
丕	丕業(비업) [1262]
毖	懲毖(징비) [3012]
毘	毘益(비익) [1242]
泌	分泌(분비) [6212]
泌	泌尿(비뇨) [1220]
彬	彬蔚(빈울) [1212]
彬	彬彬(빈빈) [1212]
馮	馮河(빙하) [1250]
庠	庠序(상서) [1250]
庠	庠校(상교) [1280]
舒	舒懷(서회) [1232]
舒	舒緩(서완) [1232]
舒	舒遲(서지) [1230]
舒	展舒(전서) [5212]
舒	安舒(안서) [7212]
舒	卷舒(권서) [4012]
舒	舒暢(서창) [1230]
舒	舒雁(서안) [1230]
晳	明晳(명석) [6212]
晳	白晳(백석) [8012]
錫	錫鑛(석광) [1240]
錫	朱錫(주석) [4012]
錫	巡錫(순석) [3212]
錫	掛錫(괘석) [3012]
錫	無錫(무석) [5012]
錫	九錫(구석) [8012]
薛	薛聰(설총) [1230]
暹	暹羅(섬라) [1242]
蟾	素蟾(소섬) [4212]
蟾	蟾輝(섬휘) [1230]
蟾	玉蟾(옥섬) [4212]
蟾	蟾蛇(섬사) [1232]
蟾	蟾光(섬광) [1262]
蟾	銀蟾(은섬) [6012]
燮	燮和(섭화) [1262]
燮	燮伐(섭벌) [1242]
燮	燮理(섭리) [1262]
巢	蜂巢(봉소) [3012]
巢	卵巢(난소) [4012]
巢	黃巢(황소) [6012]
巢	燕巢(연소) [3212]
巢	病巢(병소) [6012]
巢	巢窟(소굴) [1220]
巢	還巢(환소) [3212]
巢	巢礎(소초) [1232]
巢	賊巢(적소) [4012]
巢	精巢(정소) [4212]
沼	池沼(지소) [3212]
沼	苑沼(원소) [2012]
沼	龍沼(용소) [4012]
沼	沼上(소상) [1272]
沼	沼池(소지) [1232]
沼	沼澤(소택) [1232]
邵	邵雍(소옹) [1212]
宋	宋璟(송경) [1212]
宋	南宋(남송) [8012]
宋	宋學(송학) [1280]
宋	北宋(북송) [8012]
銖	銖兩(수량) [1242]
隋	隋書(수서) [1262]
淳	淳厚(순후) [1240]
淳	淳朴(순박) [1260]
淳	淳昌(순창) [1232]
淳	淳良(순량) [1252]
舜	堯舜(요순) [1212]
荀	荀子(순자) [1272]
瑟	琴瑟(금슬) [3212]
繩	麻繩(마승) [3212]
繩	繩墨(승묵) [1232]
繩	繩直(승직) [1272]
繩	繩技(승기) [1250]
繩	繩播(승파) [1230]
繩	糾繩(규승) [3012]
繩	準繩(준승) [4212]
繩	繩渡(승도) [1232]
繩	紙繩(지승) [7012]
繩	繩尺(승척) [1232]
繩	赤繩(적승) [5012]
繩	繩索(승삭) [1232]
繩	火繩(화승) [8012]
繩	捕繩(포승) [3212]
柴	貯柴(저시) [5012]
柴	柴糧(시량) [1240]
柴	柴草(시초) [1270]
柴	柴木(시목) [1280]
柴	柴炭(시탄) [1250]
軾	蘇軾(소식) [3212]
瀋	瀋陽(심양) [1260]
鴨	鴨爐(압로) [1232]
鴨	家鴨(가압) [7212]
鴨	黃鴨(황압) [6012]
鴨	野鴨(야압) [6012]
鴨	鴨獵(압렵) [1230]
埃	埃滅(애멸) [1232]
埃	芳埃(방애) [3212]
埃	埃及(애급) [1232]
埃	黃埃(황애) [6012]
埃	塵埃(진애) [2012]
艾	蘭艾(난애) [3212]
艾	少艾(소애) [7012]
艾	艾葉(애엽) [1250]
艾	蓬艾(봉애) [1212]

倻 伽倻(가야) [1212]
襄 襄禮(양례) [1260]
襄 襄陽(양양) [1260]
彦 諸彦(제언) [3212]
彦 彦士(언사) [1252]
姸 姸粧(연장) [1232]
姸 姸麗(연려) [1242]
姸 姸醜(연추) [1230]
姸 便姸(편연) [7012]
淵 淵遠(연원) [1260]
淵 洪淵(홍연) [3212]
淵 淵海(연해) [1272]
淵 廣淵(광연) [5212]
淵 顔淵(안연) [3212]
淵 龍淵(용연) [4012]
淵 義淵(의연) [4212]
淵 深淵(심연) [4212]
淵 淵源(연원) [1240]
淵 淵泉(연천) [1240]
淵 重淵(중연) [7012]
衍 墳衍(분연) [3012]
衍 敷衍(부연) [2012]
衍 富衍(부연) [4212]
衍 衍字(연자) [1270]
衍 衍義(연의) [1242]
衍 平衍(평연) [7212]
衍 衍文(연문) [1270]
衍 紛衍(분연) [3212]
衍 廣衍(광연) [5212]
衍 叛衍(반연) [3012]
衍 鄒衍(추연) [1212]
閻 閻羅(염라) [1242]
暎 暎發(영발) [1262]
瑛 藍瑛(남영) [2012]
瑛 赤瑛(적영) [5012]
盈 盈滿(영만) [1242]
盈 盈虛(영허) [1242]
盈 盈德(영덕) [1252]
盈 充盈(충영) [5212]
盈 盈月(영월) [1280]
濊 東濊(동예) [8012]
濊 濊貊(예맥) [1212]
睿 睿宗(예종) [1242]
芮 芮芮(예예) [1212]
吳 吳子(오자) [1272]
吳 吳吟(오음) [1230]
吳 孫吳(손오) [6012]
吳 吳越(오월) [1232]
沃 沃沮(옥저) [1220]
沃 沃田(옥전) [1242]
沃 沃畓(옥답) [1230]
沃 沃野(옥야) [1260]
沃 土沃(토옥) [8012]
沃 啓沃(계옥) [3212]
沃 沃土(옥토) [1280]
沃 肥沃(비옥) [3212]
沃 沃川(옥천) [1270]
甕 鐵甕(철옹) [5012]
甕 瓦甕(와옹) [3212]
甕 甕器(옹기) [1242]
甕 甕津(옹진) [1220]
邕 蔡邕(채옹) [1212]
雍 雍容(옹용) [1242]
雍 邵雍(소옹) [1212]
雍 著雍(저옹) [3212]
雍 雍和(옹화) [1262]
莞 莞島(완도) [1250]
莞 莞枕(관침) [1230]
旺 興旺(흥왕) [4212]
旺 土旺(토왕) [8012]
旺 儀旺(의왕) [4012]
旺 萬旺(만왕) [8012]
旺 旺運(왕운) [1262]
旺 旺盛(왕성) [1242]
汪 汪茫(왕망) [1230]
汪 汪洋(왕양) [1260]
倭 倭政(왜정) [1242]
倭 倭人(왜인) [1280]
倭 倭國(왜국) [1280]
倭 倭亂(왜란) [1240]
倭 倭奴(왜노) [1232]
倭 倭刀(왜도) [1232]
倭 倭館(왜관) [1232]
倭 倭食(왜식) [1272]
倭 倭風(왜풍) [1262]
倭 倭賊(왜적) [1240]
倭 斥倭(척왜) [3012]
倭 倭譯(왜역) [1232]
倭 倭將(왜장) [1242]
倭 倭式(왜식) [1260]
倭 倭債(외채) [1232]
倭 倭女(왜녀) [1280]
倭 倭種(왜종) [1252]
倭 倭兵(왜병) [1252]
倭 附倭(부왜) [3212]
堯 堯舜(요순) [1212]
耀 輝耀(휘요) [3012]
耀 光耀(광요) [6212]
耀 榮耀(영요) [4212]
耀 耀耀(요요) [1212]
耀 耀德(요덕) [1252]
耀 耀電(요전) [1272]
溶 溶媒(용매) [1232]
溶 溶解(용해) [1242]
溶 溶液(용액) [1242]
溶 溶溶(용용) [1212]
鎔 鎔解(용해) [1242]
鎔 鎔接(용접) [1242]
鎔 鎔造(용조) [1242]
鎔 鎔范(용범) [1212]
佑 佑命(우명) [1270]
佑 冥佑(명우) [3012]
佑 保佑(보우) [4212]
佑 佑助(우조) [1242]

祐	默祐(묵우) [3212]
禹	禹貢(우공) [1232]
禹	禹域(우역) [1240]
旭	旭光(욱광) [1262]
旭	朝旭(조욱) [6012]
旭	旭日(욱일) [1280]
昱	昱昱(욱욱) [1212]
煜	李煜(이욱) [6012]
煜	煜煜(욱욱) [1212]
郁	郁郁(욱욱) [1212]
郁	鬱郁(울욱) [2012]
郁	郁馥(욱복) [1212]
郁	馥郁(복욱) [1212]
芸	芸穫(운확) [1230]
芸	芸夫(운부) [1270]
芸	芸芸(운운) [1212]
芸	芸閣(운각) [1232]
芸	芸窓(운창) [1262]
芸	芸香(운향) [1242]
蔚	彬蔚(빈울) [1212]
蔚	蔚然(울연) [1270]
蔚	蔚山(울산) [1280]
熊	熊膽(웅담) [1220]
熊	熊蔬(웅소) [1230]
熊	熊津(웅진) [1220]
熊	白熊(백웅) [8012]
熊	熊女(웅녀) [1280]
媛	邦媛(방원) [3012]
媛	令媛(영원) [5012]
媛	良媛(양원) [5212]
媛	淑媛(숙원) [3212]
媛	才媛(재원) [6212]
媛	媛妃(원비) [1232]
袁	袁紹(원소) [1220]
渭	渭水(위수) [1280]
韋	韋布(위포) [1242]
韋	韋編(위편) [1232]
魏	象魏(상위) [4012]
魏	東魏(동위) [8012]
魏	西魏(서위) [8012]
魏	後魏(후위) [7212]
魏	魏書(위서) [1262]
魏	魏徵(위징) [1232]
魏	北魏(북위) [8012]
庾	庾積(유적) [1240]
楡	桑楡(상유) [3212]
楡	白楡(백유) [8012]
踰	踰年(유년) [1280]
踰	踰限(유한) [1242]
踰	踰嶺(유령) [1232]
踰	踰月(유월) [1280]
允	允納(윤납) [1240]
允	允玉(윤옥) [1242]
允	允許(윤허) [1250]
允	允友(윤우) [1252]
允	承允(승윤) [4212]
允	允可(윤가) [1250]
允	允兄(윤형) [1280]
允	允君(윤군) [1240]
允	顯允(현윤) [4012]
允	允當(윤당) [1252]
允	允恭(윤공) [1232]
尹	庶尹(서윤) [3012]
尹	官尹(관윤) [4212]
尹	卿尹(경윤) [3012]
尹	判尹(판윤) [4012]
尹	令尹(영윤) [5012]
胤	帝胤(제윤) [4012]
胤	胤友(윤우) [1252]
胤	胤玉(윤옥) [1242]
胤	後胤(후윤) [7212]
胤	儒胤(유윤) [4012]
胤	苗胤(모윤) [3012]
胤	傳胤(전윤) [5212]
胤	血胤(혈윤) [4212]
胤	車胤(차윤) [7212]
胤	胤子(윤자) [1272]
胤	來胤(내윤) [7012]
胤	皇胤(황윤) [3212]
胤	胤君(윤군) [1240]
胤	令胤(영윤) [5012]
垠	垠際(은제) [1242]
垠	九垠(구은) [8012]
殷	殷祭(은제) [1242]
殷	殷盛(은성) [1242]
殷	殷曆(은력) [1232]
殷	殷富(은부) [1242]
殷	殷昌(은창) [1232]
殷	殷憂(은우) [1232]
殷	殷殷(은은) [1212]
誾	南誾(남은) [8012]
鷹	角鷹(각응) [6212]
鷹	蒼鷹(창응) [3212]
鷹	籠鷹(농응) [2012]
鷹	鷹犬(응견) [1240]
鷹	鷹視(응시) [1242]
鷹	放鷹(방응) [6212]
伊	伊時(이시) [1272]
怡	怡怡(이이) [1212]
怡	怡悅(이열) [1232]
怡	南怡(남이) [8012]
珥	李珥(이이) [6012]
珥	玉珥(옥이) [4212]
翊	輔翊(보익) [1212]
翊	翊成(익성) [1262]
翊	翊戴(익대) [1220]
鎰	萬鎰(만일) [8012]
鎰	張鎰(장일) [4012]
滋	滋茂(자무) [1232]
滋	滋殖(자식) [1220]
滋	滋雨(자우) [1252]
滋	滋甚(자심) [1232]
獐	獐足(장족) [1272]
獐	獐血(장혈) [1242]

獐	獐毛(장모) [1242]
獐	香獐(향장) [4212]
獐	獐島(장도) [1250]
獐	獐毫(장호) [1230]
獐	獐皮(장피) [1232]
獐	獐肝(장간) [1232]
獐	獐角(장각) [1262]
獐	牙獐(아장) [3212]
璋	圭璋(규장) [1212]
璋	弄璋(농장) [3212]
甸	畿甸(기전) [3212]
甸	甸服(전복) [1260]
甸	羅甸(나전) [4212]
旌	旌鼓(정고) [1232]
旌	旌節(정절) [1252]
旌	旌門(정문) [1280]
旌	旌善(정선) [1250]
旌	旌賞(정상) [1250]
旌	旌旗(정기) [1270]
旌	銘旌(명정) [3212]
晶	結晶(결정) [5212]
晶	水晶(수정) [8012]
晶	晶光(정광) [1262]
楨	楨幹(정간) [1232]
汀	汀岸(정안) [1232]
汀	汀蘭(정란) [1232]
汀	蘆汀(노정) [1212]
珽	玉珽(옥정) [4212]
禎	禎祥(정상) [1230]
鄭	鄭玄(정현) [1232]
鄭	鄭重(정중) [1270]
鄭	鄭澈(정철) [1212]
鄭	鄭聲(정성) [1242]
鼎	鼎革(정혁) [1240]
鼎	鼎坐(정좌) [1232]
鼎	鼎足(정족) [1272]
鼎	釜鼎(부정) [1212]
鼎	鼎分(정분) [1262]
鼎	土鼎(토정) [8012]
鼎	鼎席(정석) [1260]
鼎	五鼎(오정) [8012]
鼎	食鼎(식정) [7212]
鼎	九鼎(구정) [8012]
鼎	鼎立(정립) [1272]
鼎	定鼎(정정) [6012]
鼎	鼎族(정족) [1260]
鼎	丹鼎(단정) [3212]
鼎	石鼎(석정) [6012]
鼎	鼎銘(정명) [1232]
鼎	鼎談(정담) [1250]
祚	延祚(연조) [4012]
祚	踐祚(천조) [3212]
祚	聖祚(성조) [4212]
祚	國祚(국조) [8012]
祚	皇祚(황조) [3212]
祚	寶祚(보조) [4212]
祚	帝祚(제조) [4012]
祚	年祚(연조) [8012]
祚	運祚(운조) [6212]
祚	再祚(재조) [5012]
祚	登祚(등조) [7012]
祚	祚命(조명) [1270]
祚	門祚(문조) [8012]
祚	履祚(이조) [3212]
祚	卽祚(즉조) [3212]
祚	景祚(경조) [5012]
祚	福祚(복조) [5212]
祚	重祚(중조) [7012]
趙	後趙(후조) [7212]
趙	前趙(전조) [7212]
疇	範疇(범주) [4012]
疇	田疇(전주) [4212]
疇	疇輩(주배) [1232]
疇	荒疇(황주) [3212]
疇	西疇(서주) [8012]
峻	峻節(준절) [1252]
峻	峻烈(준열) [1240]
峻	峻法(준법) [1252]
峻	峻宇(준우) [1232]
峻	峻責(준책) [1252]
峻	峻論(준론) [1242]
峻	峻嶺(준령) [1232]
峻	險峻(험준) [4012]
峻	峻刑(준형) [1240]
峻	峻險(준험) [1240]
峻	峻德(준덕) [1252]
峻	奇峻(기준) [4012]
峻	崇峻(숭준) [4012]
峻	嚴峻(엄준) [4012]
峻	峻激(준격) [1240]
峻	峻路(준로) [1260]
峻	峻嚴(준엄) [1240]
峻	峻峯(준봉) [1232]
峻	峻拒(준거) [1240]
峻	峻極(준극) [1242]
晙	權晙(권준) [4212]
浚	浚照(준조) [1232]
浚	浚井(준정) [1232]
濬	濬川(준천) [1270]
濬	濬源(준원) [1240]
濬	濬池(준지) [1232]
濬	濬哲(준철) [1232]
濬	濬潭(준담) [1220]
駿	駿骨(준골) [1240]
駿	駿敏(준민) [1230]
駿	駿良(준량) [1252]
駿	駿足(준족) [1272]
駿	駿馬(준마) [1250]
駿	駿犬(준견) [1240]
駿	駿驥(준기) [1212]
址	故址(고지) [4212]
址	城址(성지) [4212]
址	舊址(구지) [5212]
址	寺址(사지) [4212]

址 廢址(폐지) [3212]
址 遺址(유지) [4012]
芝 石芝(석지) [6012]
芝 芝草(지초) [1270]
芝 雷芝(뇌지) [3212]
芝 芝眉(지미) [1230]
芝 靈芝(영지) [3212]
芝 芝蘭(지란) [1232]
稷 社稷(사직) [6212]
稷 后稷(후직) [1212]
稷 稷山(직산) [1280]
稷 稷愼(직신) [1232]
晋 晉書(진서) [1262]
晋 晉州(진주) [1252]
晋 晉秩(진질) [1232]
晋 西晋(서진) [8012]
晋 三晋(삼진) [8012]
晋 東晋(동진) [8012]
秦 前秦(전진) [7212]
秦 先秦(선진) [8012]
燦 燦爛(찬란) [1220]
燦 燦然(찬연) [1270]
瓚 圭瓚(규찬) [1212]
瓚 玉瓚(옥찬) [4212]
鑽 鑽木(찬목) [1280]
鑽 研鑽(연찬) [4212]
敞 寬敞(관창) [3212]
敞 通敞(통창) [6012]
蔡 蔡邕(채옹) [1212]
蔡 蔡倫(채륜) [1232]
采 展采(전채) [5212]
采 納采(납채) [4012]
采 風采(풍채) [6212]
采 采詩(채시) [1242]
采 封采(봉채) [3212]
陟 陟降(척강) [1240]
陟 三陟(삼척) [8012]
陟 陟罰(척벌) [1242]
陟 進陟(진척) [4212]
釧 玉釧(옥천) [4212]
釧 銀釧(은천) [6012]
喆 羅喆(나철) [4212]
澈 瑩澈(영철) [1212]
澈 鄭澈(정철) [1212]
瞻 視瞻(시첨) [4212]
瞻 瞻望(첨망) [1252]
瞻 瞻仰(첨앙) [1232]
瞻 具瞻(구첨) [5212]
楚 苦楚(고초) [6012]
楚 楚腰(초요) [1230]
楚 淸楚(청초) [6212]
楚 楚楚(초초) [1212]
蜀 蜀道(촉도) [1272]
蜀 蜀鳥(촉조) [1242]
蜀 蜀魂(촉혼) [1232]
蜀 蜀相(촉상) [1252]
蜀 蜀漢(촉한) [1272]
崔 崔沖(최충) [1212]
崔 崔瑩(최영) [1212]
楸 省楸(성추) [6212]
楸 楸木(추목) [1280]
鄒 鄒衍(추연) [1212]
鄒 鄒魯(추로) [1212]
椿 椿庭(춘정) [1262]
椿 椿堂(춘당) [1262]
椿 椿府(춘부) [1242]
沖 沖積(충적) [1240]
沖 崔沖(최충) [1212]
沖 呼沖(호충) [4212]
沖 沖年(충년) [1280]
沖 沖天(충천) [1270]
沖 沖寂(충적) [1232]
沖 沖虛(충허) [1242]
沖 沖靜(충정) [1240]
聚 收聚(수취) [4212]
聚 聚落(취락) [1250]
聚 聚散(취산) [1240]
聚 類聚(유취) [5212]
聚 生聚(생취) [8012]
聚 聚土(취토) [1280]
聚 聚黨(취당) [1242]
聚 蜂聚(봉취) [3012]
聚 完聚(완취) [5012]
聚 屯聚(둔취) [3012]
聚 積聚(적취) [4012]
聚 聚螢(취형) [1230]
聚 團聚(단취) [5212]
聚 群聚(군취) [4012]
聚 聚合(취합) [1260]
聚 聚訟(취송) [1232]
聚 聚軍(취군) [1280]
峙 京峙(경치) [6012]
峙 鳳峙(봉치) [3212]
峙 對峙(대치) [6212]
灘 灘聲(탄성) [1242]
耽 耽美(탐미) [1260]
耽 耽樂(탐락) [1262]
耽 耽溺(탐닉) [1220]
耽 耽讀(탐독) [1262]
耽 耽味(탐미) [1242]
耽 耽羅(탐라) [1242]
兌 發兌(발태) [6212]
兌 兌換(태환) [1232]
兌 兌方(태방) [1272]
台 台監(태감) [1242]
台 台階(태계) [1240]
台 三台(삼태) [8012]
坡 坡州(파주) [1252]
坡 靑坡(청파) [8012]
阪 大阪(대판) [8012]
阪 盤阪(반판) [3212]
扁 扁桃(편도) [1232]
扁 扁舟(편주) [1230]
扁 扁豆(편두) [1242]

扁	扁平(편평) [1272]
扁	扁柏(편백) [1220]
扁	扁題(편제) [1262]
扁	扁額(편액) [1240]
鮑	鮑尺(포척) [1232]
杓	杓子(표자) [1272]
弼	弼導(필도) [1242]
弼	弼成(필성) [1262]
弼	良弼(양필) [5212]
弼	右弼(우필) [7212]
弼	輔弼(보필) [1212]
弼	俊弼(준필) [3012]
亢	高亢(고항) [6212]
亢	亢進(항진) [1242]
亢	亢燥(항조) [1230]
亢	亢旱(항한) [1230]
杏	杏壇(행단) [1250]
杏	杏花(행화) [1270]
杏	杏仁(행인) [1240]
杏	杏林(행림) [1270]
杏	銀杏(은행) [6012]
爀	權爀(권혁) [4212]
赫	赫赫(혁혁) [1212]
赫	赫怒(혁노) [1242]
赫	謝赫(사혁) [4212]
赫	赫然(혁연) [1270]
赫	顯赫(현혁) [4012]
陜	陜川(합천) [1270]
炯	炯眼(형안) [1242]
炯	炯炯(형형) [1212]
炯	炯心(형심) [1270]
瑩	崔瑩(최영) [1212]
瑩	瑩澈(영철) [1212]
瑩	未瑩(미형) [4212]
馨	馨香(형향) [1242]
壕	對壕(대호) [6212]
壕	壁壕(벽호) [4212]
扈	扈衛(호위) [1242]
扈	扈從(호종) [1240]
扈	桑扈(상호) [3212]
昊	蒼昊(창호) [3212]
昊	少昊(소호) [7012]
昊	昊天(호천) [1270]
皓	皓雪(호설) [1262]
皓	四皓(사호) [8012]
皓	皓齒(호치) [1242]
皓	皓首(호수) [1252]
皓	皓月(호월) [1280]
祜	天祜(천호) [7012]
泓	陶泓(도홍) [3212]
泓	深泓(심홍) [4212]
桓	烏桓(오환) [3212]
桓	檀桓(단환) [4212]
桓	三桓(삼환) [8012]
桓	桓因(환인) [1250]
桓	桓雄(환웅) [1250]
桓	盤桓(반환) [3212]
煥	煥乎(환호) [1230]
晃	晃晃(황황) [1212]
滉	李滉(이황) [6012]
檜	檜皮(회피) [1232]
淮	淮水(회수) [1280]
淮	淮陽(회양) [1260]
后	先后(선후) [8012]
后	后土(후토) [1280]
后	后妃(후비) [1232]
后	母后(모후) [8012]
后	太后(태후) [6012]
后	廢后(폐후) [3212]
后	立后(입후) [7212]
后	后稷(후직) [1212]
后	皇后(황후) [3212]
薰	薰化(훈화) [1252]
薰	薰育(훈육) [1270]
薰	薰氣(훈기) [1272]
薰	薰風(훈풍) [1262]
薰	餘薰(여훈) [4212]
薰	香薰(향훈) [4212]
薰	薰陶(훈도) [1232]
徽	徽音(휘음) [1262]
徽	徽號(휘호) [1260]
徽	徽章(휘장) [1260]
徽	前徽(전휘) [7212]
烋	金烋(김휴) [8012]
匈	匈奴(흉노) [1232]
欽	欽念(흠념) [1252]
欽	欽仰(흠앙) [1232]
欽	欽定(흠정) [1260]
欽	欽服(흠복) [1260]
欽	欽命(흠명) [1270]
欽	欽慕(흠모) [1232]
嬉	嬉遊(희유) [1240]
嬉	娛嬉(오희) [3012]
嬉	嬉戲(희희) [1232]
熹	朱熹(주희) [4012]
禧	禧年(희년) [1280]
禧	鴻禧(홍희) [3012]
禧	新禧(신희) [6212]
羲	伏羲(복희) [4012]

<2級 配定 漢字語>

葛	葛藤(갈등) [2020]
葛	葛衣(갈의) [2060]
葛	葛根(갈근) [2060]
葛	葛粉(갈분) [2040]
葛	葛洪(갈홍) [2032]
葛	葛花(갈화) [2070]
葛	葛戶(갈호) [2042]
葛	瓜葛(과갈) [2020]
葛	乾葛(건갈) [3220]

葛	葛布(갈포) [2042]
憾	遺憾(유감) [4020]
憾	私憾(사감) [4020]
憾	宿憾(숙감) [5220]
憾	含憾(함감) [3220]
憾	憾怨(감원) [2040]
憾	憾悔(감회) [2032]
坑	坑夫(갱부) [2070]
坑	坑長(갱장) [2080]
坑	坑口(갱구) [2070]
坑	坑儒(갱유) [2040]
坑	坑內(갱내) [2072]
坑	坑道(갱도) [2072]
坑	深坑(심갱) [4220]
坑	金坑(금갱) [8020]
坑	溫坑(온갱) [6020]
坑	垂坑(수갱) [3220]
坑	鑛坑(광갱) [4020]
坑	銅坑(동갱) [4220]
坑	石坑(석갱) [6020]
坑	炭坑(탄갱) [5020]
坑	銀坑(은갱) [6020]
坑	坑陷(갱함) [2032]
憩	憩泊(게박) [2030]
憩	憩息(게식) [2042]
憩	小憩(소게) [8020]
揭	揭揚(게양) [2032]
揭	揭示(게시) [2050]
揭	揭板(게판) [2050]
揭	揭載(게재) [2032]
揭	高揭(고게) [6220]
揭	上揭(상게) [7220]
雇	雇兵(고병) [2052]
雇	雇用(고용) [2062]
雇	雇傭(고용) [2020]
雇	雇役(고역) [2032]
雇	解雇(해고) [4220]
戈	戈獵(과렵) [2030]
戈	干戈(간과) [4020]
戈	倒戈(도과) [3220]
戈	兵戈(병과) [5220]
戈	戈劍(과검) [2032]
戈	戈盾(과순) [2020]
瓜	瓜年(과년) [2080]
瓜	瓜菜(과채) [2032]
瓜	瓜遞(과체) [2030]
瓜	瓜葛(과갈) [2020]
瓜	破瓜(파과) [4220]
瓜	甘瓜(감과) [4020]
瓜	木瓜(모과) [8020]
菓	菓子(과자) [2072]
菓	菓品(과품) [2052]
菓	茶菓(다과) [3220]
菓	製菓(제과) [4220]
菓	氷菓(빙과) [5020]
菓	漢菓(한과) [7220]
菓	銘菓(명과) [3220]
菓	造菓(조과) [4220]
菓	乳菓(유과) [4020]
款	款待(관대) [2060]
款	款項(관항) [2032]
款	款話(관화) [2072]
款	款曲(관곡) [2050]
款	款誠(관성) [2042]
款	賠款(배관) [2020]
款	承款(승관) [4220]
款	交款(교관) [6020]
款	條款(조관) [4020]
款	暗款(암관) [4220]
款	巨款(거관) [4020]
款	附款(부관) [3220]
款	約款(약관) [5220]
款	借款(차관) [3220]
款	情款(정관) [5220]
款	定款(정관) [6020]
款	落款(낙관) [5020]
款	丹款(단관) [3220]
款	款語(관어) [2070]
款	款談(관담) [2050]
款	納款(납관) [4020]
傀	傀奇(괴기) [2040]
傀	傀然(괴연) [2070]
傀	傀面(괴면) [2070]
傀	傀網(괴망) [2020]
僑	華僑(화교) [4020]
僑	僑胞(교포) [2040]
僑	僑居(교거) [2040]
絞	絞死(교사) [2060]
絞	絞首(교수) [2052]
絞	絞殺(교살) [2042]
膠	膠版(교판) [2032]
膠	膠固(교고) [2050]
膠	膠枕(교침) [2030]
膠	絹膠(견교) [3020]
膠	膠沙(교사) [2032]
膠	膠狀(교상) [2042]
膠	桃膠(도교) [3220]
膠	阿膠(아교) [3220]
膠	膠漆(교칠) [2032]
膠	膠着(교착) [2052]
歐	歐文(구문) [2070]
歐	北歐(북구) [8020]
歐	歐美(구미) [2060]
歐	東歐(동구) [8020]
歐	西歐(서구) [8020]
歐	訪歐(방구) [4220]
購	購讀(구독) [2062]
購	購入(구입) [2070]
購	購書(구서) [2062]
購	購買(구매) [2050]
鷗	白鷗(백구) [8020]
鷗	海鷗(해구) [7220]
掘	發掘(발굴) [6220]
掘	採掘(채굴) [4020]

掘	開掘(개굴)	[6020]
掘	試掘(시굴)	[4220]
掘	掘穴(굴혈)	[2032]
掘	盜掘(도굴)	[4020]
掘	掘削(굴삭)	[2032]
窟	賊窟(적굴)	[4020]
窟	暗窟(암굴)	[4220]
窟	窟穴(굴혈)	[2032]
窟	巖窟(암굴)	[3220]
窟	魔窟(마굴)	[2020]
窟	窟室(굴실)	[2080]
窟	深窟(심굴)	[4220]
窟	蛇窟(사굴)	[3220]
窟	月窟(월굴)	[8020]
窟	仙窟(선굴)	[5220]
窟	石窟(석굴)	[6020]
窟	洞窟(동굴)	[7020]
窟	靈窟(영굴)	[3220]
窟	土窟(토굴)	[8020]
圈	弱圈(약권)	[6220]
圈	商圈(상권)	[5220]
圈	獸圈(수권)	[3220]
圈	圈外(권외)	[2080]
圈	圈內(권내)	[2072]
闕	闕祭(궐제)	[2042]
闕	闕漏(궐루)	[2032]
闕	闕廷(궐정)	[2032]
闕	闕席(궐석)	[2060]
闕	闕本(궐본)	[2060]
闕	闕位(궐위)	[2050]
闕	闕戲(궐희)	[2032]
闕	闕字(궐자)	[2070]
闕	闕仕(궐사)	[2052]
闕	闕員(궐원)	[2042]
闕	闕內(궐내)	[2072]
闕	闕食(궐식)	[2072]
闕	闕祀(궐사)	[2032]
闕	闕到(궐도)	[2052]
闕	補闕(보궐)	[3220]
闕	宮闕(궁궐)	[4220]
闕	京闕(경궐)	[6020]
闕	久闕(구궐)	[3220]
闕	退闕(퇴궐)	[4220]
闕	赴闕(부궐)	[3020]
闕	鳳闕(봉궐)	[3220]
闕	大闕(대궐)	[8020]
闕	犯闕(범궐)	[4020]
闕	帝闕(제궐)	[4020]
闕	入闕(입궐)	[7020]
闕	城闕(성궐)	[4220]
闕	闕課(궐과)	[2052]
闕	朱闕(주궐)	[4020]
闕	禁闕(금궐)	[4220]
闕	門闕(문궐)	[8020]
闕	北闕(북궐)	[8020]
閨	閨秀(규수)	[2040]
閨	閨怨(규원)	[2040]
閨	閨中(규중)	[2080]
閨	空閨(공규)	[7220]
閨	閨房(규방)	[2042]
棋	棋客(기객)	[2052]
棋	棋聖(기성)	[2042]
棋	棋子(기자)	[2072]
棋	速棋(속기)	[6020]
棋	看棋(간기)	[4020]
棋	復棋(복기)	[4220]
棋	將棋(장기)	[4220]
棋	琴棋(금기)	[3220]
棋	棋盤(기반)	[2032]
棋	棋院(기원)	[2050]
棋	棋局(기국)	[2052]
棋	棋戰(기전)	[2062]
棋	棋譜(기보)	[2032]
濃	濃濁(농탁)	[2030]
濃	濃淡(농담)	[2032]
濃	濃度(농도)	[2060]
濃	濃愁(농수)	[2032]
濃	濃縮(농축)	[2040]
濃	濃厚(농후)	[2040]
濃	濃霧(농무)	[2030]
尿	放尿(방뇨)	[6220]
尿	糖尿(당뇨)	[3220]
尿	利尿(이뇨)	[6220]
尿	寡尿(과뇨)	[3220]
尿	夜尿(야뇨)	[6020]
尿	排尿(배뇨)	[3220]
尿	尿道(요도)	[2072]
尿	血尿(혈뇨)	[4220]
尿	尿精(요정)	[2042]
尿	檢尿(검뇨)	[4220]
尿	尿濁(요탁)	[2030]
尿	尿閉(요폐)	[2040]
尿	尿意(요의)	[2062]
尿	尿血(요혈)	[2042]
尼	尼講(이강)	[2042]
尼	尼僧(이승)	[2032]
尼	尼房(이방)	[2042]
尼	摩尼(마니)	[2020]
尼	禪尼(선니)	[3220]
尼	尼院(이원)	[2050]
尼	尼寺(이사)	[2042]
尼	僧尼(승니)	[3220]
溺	溺愛(익애)	[2060]
溺	危溺(위닉)	[4020]
溺	沈溺(침닉)	[3220]
溺	溺兒(익아)	[2052]
溺	燒溺(소닉)	[3220]
溺	沒溺(몰닉)	[3220]
溺	溺沒(익몰)	[2032]
溺	惑溺(혹닉)	[3220]
溺	溺死(익사)	[2060]
溺	陷溺(함닉)	[3220]
鍛	鍛金(단금)	[2080]
鍛	鍛鐵(단철)	[2050]

鍛	鍛工(단공) [2072]
鍛	鍛鍊(단련) [2032]
潭	潭水(담수) [2080]
潭	潭思(담사) [2050]
膽	狗膽(구담) [3020]
膽	魂膽(혼담) [3220]
膽	心膽(심담) [7020]
膽	斗膽(두담) [4220]
膽	膽力(담력) [2072]
膽	虎膽(호담) [3220]
膽	牛膽(우담) [5020]
膽	膽弱(담약) [2062]
膽	膽智(담지) [2040]
膽	嘗膽(상담) [3020]
膽	膽略(담략) [2040]
膽	龍膽(용담) [4020]
膽	象膽(상담) [4020]
膽	落膽(낙담) [5020]
膽	勇膽(용담) [6220]
膽	小膽(소담) [8020]
膽	海膽(해담) [7220]
膽	豪膽(호담) [3220]
膽	膽大(담대) [2080]
膽	膽石(담석) [2060]
膽	大膽(대담) [8020]
膽	肝膽(간담) [3220]
垈	垈地(대지) [2070]
垈	家垈(가대) [7220]
戴	翼戴(익대) [3220]
戴	戴白(대백) [2080]
戴	戴星(대성) [2042]
戴	奉戴(봉대) [5220]
戴	頂戴(정대) [3220]
戴	負戴(부대) [4020]
戴	愛戴(애대) [6020]
戴	感戴(감대) [6020]
戴	推戴(추대) [4020]
悼	哀悼(애도) [3220]
悼	痛悼(통도) [4020]
悼	憫悼(민도) [3020]
悼	憐悼(연도) [3020]
悼	傷悼(상도) [4020]
悼	深悼(심도) [4220]
悼	悲悼(비도) [4220]
悼	弔悼(조도) [3020]
悼	追悼(추도) [3220]
桐	桐油(동유) [2060]
桐	靑桐(청동) [8020]
桐	梧桐(오동) [2020]
棟	充棟(충동) [5220]
棟	分棟(분동) [6220]
棟	病棟(병동) [6020]
棟	棟宇(동우) [2032]
棟	惠棟(혜동) [4220]
棟	棟梁(동량) [2032]
藤	葛藤(갈등) [2020]
藤	交藤(교등) [6020]
藤	藤枕(등침) [2030]
藤	藤梨(등리) [2030]
藤	藤菊(등국) [2032]
藤	藤床(등상) [2042]
藤	藤柳(등류) [2040]
藤	藤架(등가) [2032]
謄	謄本(등본) [2060]
謄	謄寫(등사) [2050]
謄	謄抄(등초) [2030]
謄	飜謄(번등) [3020]
謄	謄記(등기) [2072]
謄	謄錄(등록) [2042]
裸	裸體(나체) [2062]
裸	裸婦(나부) [2042]
裸	半裸(반라) [6220]
裸	裸麥(나맥) [2032]
洛	洛陽(낙양) [2060]
洛	登洛(등락) [7020]
爛	爛漫(난만) [2030]
爛	爛熟(난숙) [2032]
爛	目爛(목란) [6020]
爛	腐爛(부란) [3220]
爛	爛發(난발) [2062]
藍	藍實(남실) [2052]
藍	甘藍(감람) [4020]
藍	出藍(출람) [7020]
藍	藍輿(남여) [2030]
拉	拉杯(납배) [2030]
拉	拉致(납치) [2050]
拉	拉北(납북) [2080]
拉	被拉(피랍) [3220]
輛	車輛(차량) [7220]
煉	煉獄(연옥) [2032]
煉	煉丹(연단) [2032]
煉	煉炭(연탄) [2050]
煉	煉乳(연유) [2040]
煉	煉瓦(연와) [2032]
籠	籠球(농구) [2062]
籠	燈籠(등롱) [4220]
籠	藥籠(약롱) [6220]
籠	印籠(인롱) [4220]
籠	籠絡(농락) [2032]
籠	籠城(농성) [2042]
療	祈療(기료) [3220]
療	療養(요양) [2052]
療	療飢(요기) [2030]
療	醫療(의료) [6020]
療	診療(진료) [2020]
療	午療(오료) [7220]
療	加療(가료) [5020]
療	療治(요치) [2042]
療	施療(시료) [4220]
療	療法(요법) [2052]
療	療病(요병) [2060]
療	治療(치료) [4220]
硫	硫酸(유산) [2020]
硫	脫硫(탈류) [4020]

硫	硫黃(유황) [2060]
謬	誤謬(오류) [4220]
謬	錯謬(착류) [3220]
謬	謬習(유습) [2060]
謬	過謬(과류) [5220]
謬	謬想(유상) [2042]
謬	謬算(유산) [2070]
謬	謬見(유견) [2052]
謬	謬傳(유전) [2052]
摩	肩摩(견마) [3020]
摩	漸摩(점마) [3220]
摩	摩鑛(마광) [2040]
摩	摩尼(마니) [2020]
摩	摩天(마천) [2070]
摩	摩震(마진) [2032]
摩	摩頂(마정) [2032]
摩	切摩(절마) [5220]
痲	痲藥(마약) [2062]
痲	痲醉(마취) [2032]
魔	詩魔(시마) [4220]
魔	魔鬼(마귀) [2032]
魔	魔王(마왕) [2080]
魔	魔術(마술) [2062]
魔	魔軍(마군) [2080]
魔	魔力(마력) [2072]
魔	魔戲(마희) [2032]
魔	魔笛(마적) [2032]
魔	睡魔(수마) [3020]
魔	惡魔(악마) [5220]
魔	病魔(병마) [6020]
魔	魔緣(마연) [2040]
魔	色魔(색마) [7020]
魔	魔窟(마굴) [2020]
魔	魔法(마법) [2052]
魔	天魔(천마) [7020]
魔	五魔(오마) [8020]
魔	魔界(마계) [2062]
魔	魔手(마수) [2072]
魔	心魔(심마) [7020]
膜	腦膜(뇌막) [3220]
膜	筋膜(근막) [4020]
膜	軟膜(연막) [3220]
膜	僞膜(위막) [3220]
膜	角膜(각막) [6220]
膜	腹膜(복막) [3220]
膜	鼓膜(고막) [3220]
膜	網膜(망막) [2020]
膜	胎膜(태막) [2020]
膜	結膜(결막) [5220]
膜	薄膜(박막) [3220]
膜	硬膜(경막) [3220]
膜	飛膜(비막) [4220]
膜	瞬膜(순막) [3220]
膜	皮膜(피막) [3220]
膜	核膜(핵막) [4020]
膜	骨膜(골막) [4020]
膜	緣膜(연막) [4020]
娩	順娩(순만) [5220]
娩	分娩(분만) [6220]
灣	灣商(만상) [2052]
灣	港灣(항만) [4220]
灣	臺灣(대만) [3220]
灣	海灣(해만) [7220]
蠻	野蠻(야만) [6020]
蠻	蠻勇(만용) [2062]
蠻	蠻種(만종) [2052]
蠻	蠻行(만행) [2060]
網	網球(망구) [2062]
網	天網(천망) [7020]
網	刺網(자망) [3220]
網	法網(법망) [5220]
網	傀網(괴망) [2020]
網	刑網(형망) [4020]
網	禁網(금망) [4220]
網	羅網(나망) [4220]
網	漏網(누망) [3220]
網	鳥網(조망) [4220]
網	鐵網(철망) [5020]
網	冠網(관망) [3220]
網	漁網(어망) [5020]
網	網膜(망막) [2020]
網	投網(투망) [4020]
網	魚網(어망) [5020]
網	計網(계망) [6220]
網	觸網(촉망) [3220]
網	網羅(망라) [2042]
網	網版(망판) [2032]
網	網疏(망소) [2032]
網	世網(세망) [7220]
枚	枚擧(매거) [2050]
枚	枚數(매수) [2070]
魅	山魅(산매) [8020]
魅	魅醉(매취) [2032]
魅	妖魅(요매) [2020]
魅	魅了(매료) [2030]
魅	魅惑(매혹) [2032]
魅	鬼魅(귀매) [3220]
魅	魅殺(매쇄) [2042]
魅	邪魅(사매) [3220]
魅	魅力(매력) [2072]
蔑	陵蔑(능멸) [3220]
蔑	侮蔑(모멸) [3020]
蔑	蔑視(멸시) [2042]
蔑	輕蔑(경멸) [5020]
帽	制帽(제모) [4220]
帽	禮帽(예모) [6020]
帽	金帽(금모) [8020]
帽	着帽(착모) [5220]
帽	軍帽(군모) [8020]
帽	冠帽(관모) [3220]
帽	烏帽(오모) [3220]
帽	暖帽(난모) [4220]
帽	帽子(모자) [2072]
帽	脫帽(탈모) [4020]

矛	矛盾(모순)	[2020]
沐	沐雨(목우)	[2052]
沐	沐浴(목욕)	[2050]
紊	紊亂(문란)	[2040]
舶	船舶(선박)	[5020]
舶	市舶(시박)	[7220]
舶	商舶(상박)	[5220]
搬	搬入(반입)	[2070]
搬	運搬(운반)	[6220]
搬	搬運(반운)	[2062]
搬	搬出(반출)	[2070]
搬	搬移(반이)	[2042]
紡	紡車(방차)	[2072]
紡	紡績(방적)	[2040]
紡	精紡(정방)	[4220]
紡	絹紡(견방)	[3020]
紡	混紡(혼방)	[4020]
紡	紡織(방직)	[2040]
俳	俳優(배우)	[2040]
賠	均賠(균배)	[4020]
賠	賠款(배관)	[2020]
賠	賠償(배상)	[2032]
柏	柏山(백산)	[2080]
柏	松柏(송백)	[4020]
柏	冬柏(동백)	[7020]
柏	卷柏(권백)	[4020]
柏	側柏(측백)	[3220]
柏	黃柏(황백)	[6020]
柏	柏松(백송)	[2040]
柏	柏府(백부)	[2042]
柏	柏子(백자)	[2072]
柏	柏臺(백대)	[2032]
柏	柏木(백목)	[2080]
柏	柏谷(백곡)	[2032]
柏	春柏(춘백)	[7020]
閥	閥族(벌족)	[2060]
閥	財閥(재벌)	[5220]
閥	閥閱(벌열)	[2030]
閥	門閥(문벌)	[8020]
閥	軍閥(군벌)	[8020]
閥	官閥(관벌)	[4220]
閥	族閥(족벌)	[6020]
閥	班閥(반벌)	[6220]
閥	簿閥(부벌)	[3220]
閥	地閥(지벌)	[7020]
閥	勳閥(훈벌)	[2020]
閥	華閥(화벌)	[4020]
閥	學閥(학벌)	[8020]
閥	家閥(가벌)	[7220]
閥	黨閥(당벌)	[4220]
閥	派閥(파벌)	[4020]
汎	汎稱(범칭)	[2040]
汎	汎論(범론)	[2042]
僻	偏僻(편벽)	[3220]
僻	窮僻(궁벽)	[4020]
僻	隱僻(은벽)	[4020]
僻	荒僻(황벽)	[3220]
僻	幽僻(유벽)	[3220]
僻	邪僻(사벽)	[3220]
僻	僻處(벽처)	[2042]
僻	僻巷(벽항)	[2030]
僻	僻路(벽로)	[2060]
僻	僻論(벽론)	[2042]
僻	僻儒(벽유)	[2040]
僻	僻派(벽파)	[2040]
僻	僻說(벽설)	[2052]
僻	僻村(벽촌)	[2070]
僻	僻字(벽자)	[2070]
僻	僻姓(벽성)	[2072]
僻	僻書(벽서)	[2062]
僻	僻見(벽견)	[2052]
倂	倂奏(병주)	[2032]
倂	兼倂(겸병)	[3220]
倂	倂罷(병파)	[2030]
倂	倂設(병설)	[2042]
倂	倂用(병용)	[2062]
倂	倂殺(병살)	[2042]
倂	倂合(병합)	[2060]
倂	倂耕(병경)	[2032]
倂	倂記(병기)	[2072]
倂	合倂(합병)	[6020]
俸	減俸(감봉)	[4220]
俸	加俸(가봉)	[5020]
俸	官俸(관봉)	[4220]
俸	薄俸(박봉)	[3220]
俸	制俸(제봉)	[4220]
俸	初俸(초봉)	[5020]
俸	祿俸(녹봉)	[3220]
俸	本俸(본봉)	[6020]
俸	號俸(호봉)	[6020]
俸	日俸(일봉)	[8020]
俸	月俸(월봉)	[8020]
俸	年俸(연봉)	[8020]
俸	罰俸(벌봉)	[4220]
俸	俸祿(봉록)	[2032]
俸	俸米(봉미)	[2060]
俸	增俸(증봉)	[4220]
俸	俸錢(봉전)	[2040]
俸	俸給(봉급)	[2050]
縫	縫合(봉합)	[2060]
縫	縫刺(봉자)	[2032]
縫	縫針(봉침)	[2040]
縫	織縫(직봉)	[4020]
縫	縫製(봉제)	[2042]
縫	裁縫(재봉)	[3220]
縫	假縫(가봉)	[4220]
敷	敷設(부설)	[2042]
敷	敷地(부지)	[2070]
膚	膚淺(부천)	[2032]
膚	雪膚(설부)	[6220]
膚	皮膚(피부)	[3220]
膚	膚受(부수)	[2042]
弗	弗那(불나)	[2030]
弗	弗素(불소)	[2042]

匪	匪徒(비도) [2040]
匪	拳匪(권비) [3220]
匪	匪賊(비적) [2040]
匪	土匪(토비) [8020]
匪	共匪(공비) [6220]
匪	討匪(토비) [4020]
唆	敎唆(교사) [8020]
唆	示唆(시사) [5020]
赦	特赦(특사) [6020]
赦	三赦(삼사) [8020]
赦	寬赦(관사) [3220]
赦	恩赦(은사) [4220]
赦	放赦(방사) [6220]
赦	容赦(용사) [4220]
赦	赦例(사례) [2060]
赦	大赦(대사) [8020]
赦	赦免(사면) [2032]
赦	赦令(사령) [2050]
赦	赦罪(사죄) [2050]
飼	放飼(방사) [6220]
飼	飼養(사양) [2052]
飼	飼育(사육) [2070]
飼	飼料(사료) [2050]
傘	日傘(일산) [8020]
傘	雨傘(우산) [5220]
傘	菌傘(균산) [3220]
傘	傘下(산하) [2072]
傘	傘緣(산연) [2040]
傘	陽傘(양산) [6020]
酸	酸味(산미) [2042]
酸	胃酸(위산) [3220]
酸	硫酸(유산) [2020]
酸	稀酸(희산) [3220]
酸	酸素(산소) [2042]
酸	塔酸(탑산) [3220]
酸	酸敗(산패) [2050]
酸	辛酸(신산) [3020]
酸	窒酸(질산) [2020]
酸	炭酸(탄산) [5020]
酸	酸性(산성) [2052]
酸	鹽酸(염산) [3220]
酸	酸化(산화) [2052]
酸	酸鼻(산비) [2050]
酸	黃酸(황산) [6020]
酸	耐酸(내산) [3220]
蔘	直蔘(직삼) [7220]
蔘	生蔘(생삼) [8020]
蔘	乾蔘(건삼) [3220]
蔘	紅蔘(홍삼) [4020]
蔘	沙蔘(사삼) [3220]
蔘	包蔘(포삼) [4220]
蔘	苦蔘(고삼) [6020]
蔘	採蔘(채삼) [4020]
蔘	錦蔘(금삼) [3220]
蔘	海蔘(해삼) [7220]
蔘	飛蔘(비삼) [4220]
蔘	火蔘(화삼) [8020]
蔘	尾蔘(미삼) [3220]
蔘	蔘鷄(삼계) [2040]
蔘	拳蔘(권삼) [3220]
蔘	蔘貨(삼화) [2042]
蔘	山蔘(산삼) [8020]
蔘	蔘精(삼정) [2042]
蔘	水蔘(수삼) [8020]
蔘	白蔘(백삼) [8020]
蔘	人蔘(인삼) [8020]
蔘	曲蔘(곡삼) [5020]
揷	斜揷(사삽) [3220]
揷	栽揷(재삽) [3220]
揷	揷入(삽입) [2070]
揷	揷畫(삽화) [2060]
揷	揷話(삽화) [2072]
揷	揷花(삽화) [2070]
揷	揷紙(삽지) [2070]
揷	揷植(삽식) [2070]
揷	揷床(삽상) [2042]
箱	箱子(상자) [2072]
箱	書箱(서상) [6220]
瑞	瑞氣(서기) [2072]
瑞	五瑞(오서) [8020]
瑞	瑞夢(서몽) [2032]
瑞	靈瑞(영서) [3220]
瑞	奇瑞(기서) [4020]
瑞	瑞花(서화) [2070]
瑞	瑞兆(서조) [2032]
瑞	瑞光(서광) [2062]
瑞	瑞雨(서우) [2052]
瑞	瑞雲(서운) [2052]
瑞	吉瑞(길서) [5020]
瑞	瑞雪(서설) [2062]
瑞	符瑞(부서) [3220]
瑞	瑞祥(서상) [2030]
瑞	瑞玉(서옥) [2042]
瑞	祥瑞(상서) [3020]
瑞	瑞鳥(서조) [2042]
瑞	慶瑞(경서) [4220]
瑞	瑞獸(서수) [2032]
碩	碩學(석학) [2080]
碩	碩望(석망) [2052]
碩	碩士(석사) [2052]
碩	碩劃(석획) [2032]
碩	碩德(석덕) [2052]
碩	碩儒(석유) [2040]
繕	營繕(영선) [4020]
繕	繕補(선보) [2032]
繕	修繕(수선) [4220]
纖	纖刀(섬도) [2032]
纖	纖巧(섬교) [2032]
纖	廉纖(염섬) [3020]
纖	洪纖(홍섬) [3220]
纖	纖細(섬세) [2042]
纖	纖技(섬기) [2050]
纖	纖眉(섬미) [2030]
纖	纖弱(섬약) [2062]

纖 纖毫(섬호) [2030]
纖 纖月(섬월) [2080]
纖 纖疏(섬소) [2032]
纖 纖麗(섬려) [2042]
纖 纖腰(섬요) [2030]
纖 纖維(섬유) [2032]
貰 月貰(월세) [8020]
貰 房貰(방세) [4220]
貰 貰房(세방) [2042]
貰 貰家(세가) [2072]
貰 貰錢(세전) [2040]
貰 專貰(전세) [4020]
紹 紹興(소흥) [2042]
紹 紹承(소승) [2042]
紹 繼紹(계소) [4020]
紹 紹介(소개) [2032]
紹 紹述(소술) [2032]
盾 戈盾(과순) [2020]
盾 矛盾(모순) [2020]
盾 圓盾(원순) [4220]
升 升鑑(승감) [2032]
升 斗升(두승) [4220]
屍 檢屍(검시) [4220]
屍 屍身(시신) [2062]
屍 屍帳(시장) [2040]
屍 沿屍(연시) [3220]
屍 收屍(수시) [4220]
屍 凍屍(동시) [3220]
屍 死屍(사시) [6020]
屍 屍枕(시침) [2030]
屍 積屍(적시) [4020]
屍 屍體(시체) [2062]
殖 養殖(양식) [5220]
殖 增殖(증식) [4220]
殖 利殖(이식) [6220]
殖 殖利(식리) [2062]
殖 繁殖(번식) [3220]
殖 生殖(생식) [8020]
殖 拓殖(척식) [3220]
殖 殖産(식산) [2052]
殖 殖貨(식화) [2042]
殖 殖財(식재) [2052]
紳 貴紳(귀신) [5020]
紳 紳士(신사) [2052]
紳 鄕紳(향신) [4220]
紳 高紳(고신) [6220]
紳 薦紳(천신) [3020]
腎 牛腎(우신) [5020]
腎 內腎(내신) [7220]
腎 副腎(부신) [4220]
腎 鹿腎(녹신) [3020]
腎 腎候(신후) [2040]
腎 肝腎(간신) [3220]
腎 腎臟(신장) [2032]
腎 腎厥(신궐) [2030]
腎 腎管(신관) [2040]
腎 腎杯(신배) [2030]
腎 腎精(신정) [2042]
腎 腎氣(신기) [2072]
腎 腎腸(신장) [2040]
腎 補腎(보신) [3220]
握 把握(파악) [3020]
握 吐握(토악) [3220]
握 掌握(장악) [3220]
握 握髮(악발) [2040]
握 一握(일악) [8020]
握 握手(악수) [2072]
握 握力(악력) [2072]
握 手握(수악) [7220]
癌 造癌(조암) [4220]
癌 胃癌(위암) [3220]
癌 肝癌(간암) [3220]
癌 舌癌(설암) [4020]
癌 肺癌(폐암) [3220]
礙 礙眼(애안) [2042]
礙 拘礙(구애) [3220]
礙 無礙(무애) [5020]
礙 障礙(장애) [4220]
礙 妨礙(방애) [4020]
礙 礙子(애자) [2072]
礙 礙滯(애체) [2032]
惹 惹起(야기) [2042]
惹 惹出(야출) [2070]
惹 惹端(야단) [2042]
孃 令孃(영양) [5020]
硯 硯池(연지) [2032]
硯 筆硯(필연) [5220]
硯 硯滴(연적) [2030]
厭 厭症(염증) [2032]
厭 厭忌(염기) [2030]
厭 嫌厭(혐염) [3020]
厭 厭棄(염기) [2030]
預 預託(예탁) [2020]
預 參預(참예) [5220]
預 干預(간예) [4020]
預 預差(예차) [2040]
預 預入(예입) [2070]
預 預置(예치) [2042]
預 預金(예금) [2080]
梧 梧桐(오동) [2020]
梧 梧秋(오추) [2070]
梧 梧葉(오엽) [2050]
梧 梧右(오우) [2072]
梧 梧陰(오음) [2042]
梧 梧月(오월) [2080]
梧 梧下(오하) [2072]
穩 靜穩(정온) [4020]
穩 穩健(온건) [2050]
穩 均穩(균온) [4020]
穩 安穩(안온) [7220]
穩 不穩(불온) [7220]
穩 深穩(심온) [4220]
穩 穩和(온화) [2062]
穩 未穩(미온) [4220]

穩	穩當(온당) [2052]
穩	穩全(온전) [2072]
穩	平穩(평온) [7220]
歪	歪力(왜력) [2072]
歪	歪曲(왜곡) [2050]
歪	歪調(외조) [2052]
歪	舌歪(설왜) [4020]
歪	歪形(왜형) [2062]
妖	妖花(요화) [2070]
妖	妖惡(요악) [2052]
妖	災妖(재요) [5020]
妖	妖惑(요혹) [2032]
妖	地妖(지요) [7020]
妖	妖書(요서) [2062]
妖	妖女(요녀) [2080]
妖	妖邪(요사) [2032]
妖	妖精(요정) [2042]
妖	妖魅(요매) [2020]
妖	妖僧(요승) [2032]
妖	妖物(요물) [2072]
妖	妖異(요이) [2040]
妖	妖怪(요괴) [2032]
妖	妖妄(요망) [2032]
妖	妖態(요태) [2042]
妖	妖鬼(요귀) [2032]
妖	妖氣(요기) [2072]
妖	妖人(요인) [2080]
妖	妖星(요성) [2042]
妖	妖婦(요부) [2042]
妖	妖言(요언) [2060]
妖	妖迷(요미) [2030]
妖	妖雲(요운) [2052]
妖	妖術(요술) [2062]
傭	傭船(용선) [2050]
傭	傭聘(용빙) [2030]
傭	傭人(용인) [2080]
傭	傭作(용작) [2062]
傭	傭賃(용임) [2032]
傭	傭兵(용병) [2052]
傭	流傭(유용) [5220]
傭	雇傭(고용) [2020]
傭	解傭(해용) [4220]
鬱	暑鬱(서울) [3020]
鬱	鬱然(울연) [2070]
鬱	蒸鬱(증울) [3220]
鬱	煩鬱(번울) [3020]
鬱	憂鬱(우울) [3220]
鬱	積鬱(적울) [4020]
鬱	散鬱(산울) [4020]
鬱	沈鬱(침울) [3220]
鬱	陰鬱(음울) [4220]
鬱	疏鬱(소울) [3220]
鬱	抑鬱(억울) [3220]
鬱	鬱鬱(울울) [2020]
鬱	鬱蒼(울창) [2032]
鬱	鬱火(울화) [2080]
鬱	鬱寂(울적) [2032]
鬱	鬱林(울림) [2070]
鬱	鬱結(울결) [2052]
鬱	鬱血(울혈) [2042]
鬱	鬱閉(울폐) [2040]
鬱	鬱氣(울기) [2072]
鬱	鬱憤(울분) [2040]
鬱	鬱塞(울색) [2032]
鬱	鬱森(울삼) [2032]
鬱	鬱冒(울모) [2030]
苑	宮苑(궁원) [4220]
苑	苑花(원화) [2070]
苑	祕苑(비원) [4020]
苑	文苑(문원) [7020]
苑	鳳苑(봉원) [3220]
苑	鹿苑(녹원) [3020]
苑	藝苑(예원) [4220]
苑	後苑(후원) [7220]
苑	御苑(어원) [3220]
尉	廷尉(정위) [3220]
尉	准尉(준위) [2020]
尉	大尉(대위) [8020]
尉	少尉(소위) [7020]
尉	中尉(중위) [8020]
尉	副尉(부위) [4220]
尉	校尉(교위) [8020]
尉	都尉(도위) [5020]
尉	尉官(위관) [2042]
融	金融(금융) [8020]
融	圓融(원융) [4220]
融	雙融(쌍융) [3220]
融	孔融(공융) [4020]
融	祝融(축융) [5020]
融	融通(융통) [2060]
融	融合(융합) [2060]
融	融解(융해) [2042]
融	融和(융화) [2062]
融	融資(융자) [2040]
融	融朗(융랑) [2052]
融	融液(융액) [2042]
融	融化(융화) [2052]
融	消融(소융) [6220]
貳	貳車(이거) [2072]
貳	携貳(휴이) [3020]
貳	佐貳(좌이) [3020]
貳	貳極(이극) [2042]
貳	貳臣(이신) [2052]
貳	貳相(이상) [2052]
貳	貳心(이심) [2070]
貳	懷貳(회이) [3220]
刃	自刃(자인) [7220]
刃	刃傷(인상) [2040]
刃	白刃(백인) [8020]
刃	霜刃(상인) [3220]
妊	懷妊(회임) [3220]
妊	不妊(불임) [7220]
妊	妊婦(임부) [2042]
妊	避妊(피임) [4020]

磁 磁氣(자기) [2072]
磁 磁力(자력) [2072]
磁 磁極(자극) [2042]
磁 磁束(자속) [2052]
磁 磁針(자침) [2040]
磁 陶磁(도자) [3220]
磁 消磁(소자) [6220]
磁 磁器(자기) [2042]
磁 青磁(청자) [8020]
磁 電磁(전자) [7220]
磁 磁場(자장) [2072]
磁 磁性(자성) [2052]
磁 磁石(자석) [2060]
磁 磁壁(자벽) [2042]
磁 白磁(백자) [8020]
諮 諮議(자의) [2042]
諮 諮問(자문) [2070]
雌 雌雄(자웅) [2050]
雌 雌蝶(자접) [2030]
雌 雌伏(자복) [2040]
蠶 蠶絲(잠사) [2040]
蠶 蠶豆(잠두) [2042]
蠶 稚蠶(치잠) [3220]
蠶 臥蠶(와잠) [3020]
蠶 副蠶(부잠) [4220]
蠶 勸蠶(권잠) [4020]
蠶 蠶種(잠종) [2052]
蠶 養蠶(양잠) [5220]
蠶 蠶食(잠식) [2072]
蠶 耕蠶(경잠) [3220]
蠶 晩蠶(만잠) [3220]
蠶 蠶室(잠실) [2080]
蠶 蠶兒(잠아) [2052]
沮 沮害(저해) [2052]
沮 愧沮(괴저) [3020]
沮 沮喪(저상) [2032]
沮 沮戱(저희) [2032]
沮 沮氣(저기) [2072]
沮 沮止(저지) [2050]
沮 沮澤(저택) [2032]
沮 沮抑(저억) [2032]
偵 探偵(탐정) [4020]
偵 密偵(밀정) [4220]
偵 偵探(정탐) [2040]
偵 偵諜(정첩) [2020]
偵 偵候(정후) [2040]
偵 偵察(정찰) [2042]
偵 偵客(정객) [2052]
呈 呈券(정권) [2040]
呈 呈上(정상) [2072]
呈 呈戱(정희) [2032]
呈 呈徹(정철) [2032]
呈 呈旬(정순) [2032]
呈 呈示(정시) [2050]
呈 呈訴(정소) [2032]
呈 呈納(정납) [2040]
呈 呈由(정유) [2060]
呈 奉呈(봉정) [5220]
呈 呈該(정해) [2030]
呈 獻呈(헌정) [3220]
呈 露呈(노정) [3220]
呈 謹呈(근정) [3020]
呈 贈呈(증정) [3020]
呈 拜呈(배정) [4220]
呈 敬呈(경정) [5220]
呈 提呈(제정) [4220]
呈 進呈(진정) [4220]
呈 呈送(정송) [2042]
艇 小艇(소정) [8020]
艇 艦艇(함정) [2020]
艇 競艇(경정) [5020]
艇 艇差(정차) [2040]
劑 配劑(배제) [4220]
劑 調劑(조제) [5220]
劑 方劑(방제) [7220]
劑 補劑(보제) [3220]
劑 浸劑(침제) [3220]
劑 下劑(하제) [7220]
劑 丸劑(환제) [3020]
劑 藥劑(약제) [6220]
劑 湯劑(탕제) [3220]
劑 良劑(양제) [5220]
劑 吐劑(토제) [3220]
劑 製劑(제제) [4220]
劑 洗劑(세제) [5220]
劑 質劑(질제) [5220]
彫 彫琢(조탁) [2020]
彫 木彫(목조) [8020]
彫 毛彫(모조) [4220]
彫 彫像(조상) [2032]
彫 彫刻(조각) [2040]
彫 彫飾(조식) [2032]
彫 浮彫(부조) [3220]
措 措辭(조사) [2040]
措 措置(조치) [2042]
措 措處(조처) [2042]
措 失措(실조) [6020]
措 擧措(거조) [5020]
措 罔措(망조) [3020]
釣 釣名(조명) [2072]
釣 釣魚(조어) [2050]
釣 釣臺(조대) [2032]
釣 釣船(조선) [2050]
釣 垂釣(수조) [3220]
綜 綜合(종합) [2060]
綜 綜理(종리) [2062]
綜 綜覽(종람) [2040]
綜 綜核(종핵) [2040]
駐 駐步(주보) [2042]
駐 進駐(진주) [4220]
駐 停駐(정주) [5020]
駐 常駐(상주) [4220]
駐 駐兵(주병) [2052]
駐 駐留(주류) [2042]

駐 駐在(주재) [2060]
駐 駐屯(주둔) [2030]
駐 駐日(주일) [2080]
駐 駐韓(주한) [2080]
駐 駐軍(주군) [2080]
駐 駐車(주차) [2072]
准 准尉(준위) [2020]
准 批准(비준) [4020]
准 認准(인준) [4220]
准 准將(준장) [2042]
旨 敎旨(교지) [8020]
旨 傳旨(전지) [5220]
旨 宗旨(종지) [4220]
旨 奉旨(봉지) [5220]
旨 嚴旨(엄지) [4020]
旨 妙旨(묘지) [4020]
旨 令旨(영지) [5020]
旨 要旨(요지) [5220]
旨 朝旨(조지) [6020]
旨 主旨(주지) [7020]
旨 密旨(밀지) [4220]
旨 承旨(승지) [4220]
旨 論旨(논지) [4220]
旨 音旨(음지) [6220]
旨 趣旨(취지) [4020]
旨 大旨(대지) [8020]
旨 本旨(본지) [6020]
旨 聖旨(성지) [4220]
旨 違旨(위지) [3020]
旨 微旨(미지) [3220]
旨 玄旨(현지) [3220]
旨 上旨(상지) [7220]
旨 批旨(비지) [4020]
旨 甘旨(감지) [4020]
旨 深旨(심지) [4220]
旨 旨意(지의) [2062]
旨 內旨(내지) [7220]
旨 高旨(고지) [6220]
旨 宣旨(선지) [4020]
旨 旨酒(지주) [2040]
旨 旨甘(지감) [2040]
旨 旨義(지의) [2042]
旨 特旨(특지) [6020]
脂 脫脂(탈지) [4020]
脂 脂肉(지육) [2042]
脂 脂澤(지택) [2032]
脂 脂粉(지분) [2040]
脂 樹脂(수지) [6020]
脂 油脂(유지) [6020]
脂 紅脂(홍지) [4020]
脂 脣脂(순지) [3020]
脂 豚脂(돈지) [3020]
脂 竊脂(절지) [3020]
脂 口脂(구지) [7020]
脂 獸脂(수지) [3220]
脂 乳脂(유지) [4020]
脂 丹脂(단지) [3220]
脂 松脂(송지) [4020]
脂 雲脂(운지) [5220]
塵 拜塵(배진) [4220]
塵 絶塵(절진) [4220]
塵 征塵(정진) [3220]
塵 出塵(출진) [7020]
塵 粉塵(분진) [4020]
塵 落塵(낙진) [5020]
塵 餘塵(여진) [4220]
塵 炎塵(염진) [3220]
塵 沙塵(사진) [3220]
塵 欲塵(욕진) [3220]
塵 五塵(오진) [8020]
塵 根塵(근진) [6020]
塵 兵塵(병진) [5220]
塵 戰塵(전진) [6220]
塵 後塵(후진) [7220]
塵 防塵(방진) [4220]
塵 蒙塵(몽진) [3220]
塵 風塵(풍진) [6220]
塵 灰塵(회진) [4020]
塵 玉塵(옥진) [4220]
塵 承塵(승진) [4220]
塵 紅塵(홍진) [4020]
塵 車塵(차진) [7220]
塵 胡塵(호진) [3220]
塵 軟塵(연진) [3220]
塵 塵汚(진오) [2030]
塵 塵緣(진연) [2040]
塵 塵俗(진속) [2042]
塵 塵世(진세) [2072]
塵 塵土(진토) [2080]
塵 黃塵(황진) [6020]
塵 塵外(진외) [2080]
塵 塵界(진계) [2062]
塵 塵境(진경) [2042]
塵 一塵(일진) [8020]
塵 微塵(미진) [3220]
塵 塵煙(진연) [2042]
津 津軍(진군) [2080]
津 津梁(진량) [2032]
津 津氣(진기) [2072]
津 津渡(진도) [2032]
津 津夫(진부) [2070]
津 津逮(진체) [2030]
津 河津(하진) [5020]
津 松津(송진) [4020]
津 關津(관진) [5220]
津 要津(요진) [5220]
津 津液(진액) [2042]
津 津岸(진안) [2032]
津 津驛(진역) [2032]
診 往診(왕진) [4220]
診 回診(회진) [4220]
診 壓診(압진) [4220]
診 打診(타진) [5020]
診 休診(휴진) [7020]

診 檢診(검진) [4220]
診 確診(확진) [4220]
診 來診(내진) [7020]
診 誤診(오진) [4220]
診 宅診(택진) [5220]
診 聽診(청진) [4020]
診 診斷(진단) [2042]
診 診脈(진맥) [2042]
診 診察(진찰) [2042]
診 診候(진후) [2040]
診 診療(진료) [2020]
診 受診(수진) [4220]
診 特診(특진) [6020]
窒 窒氣(질기) [2072]
窒 懲窒(징질) [3020]
窒 窒酸(질산) [2020]
窒 窒息(질식) [2042]
窒 窒素(질소) [2042]
窒 窒塞(질색) [2032]
輯 編輯(편집) [3220]
輯 輯錄(집록) [2042]
輯 補輯(보집) [3220]
輯 特輯(특집) [6020]
輯 續輯(속집) [4220]
遮 遮光(차광) [2062]
遮 蔽遮(폐차) [3020]
遮 遮路(차로) [2060]
遮 遮額(차액) [2040]
遮 遮止(차지) [2050]
遮 遮日(차일) [2080]
遮 遮斷(차단) [2042]
遮 遮道(차도) [2072]
遮 遮陽(차양) [2060]
遮 遮蔽(차폐) [2030]
餐 素餐(소찬) [4220]
餐 加餐(가찬) [5020]
餐 傳餐(전찬) [5220]
餐 午餐(오찬) [7220]
餐 聖餐(성찬) [4220]
餐 朝餐(조찬) [6020]
餐 常餐(상찬) [4220]
餐 晩餐(만찬) [3220]
餐 夕餐(석찬) [7020]
餐 晝餐(주찬) [6020]
餐 餐錢(찬전) [2040]
餐 夜餐(야찬) [6020]
刹 靈刹(영찰) [3220]
刹 寺刹(사찰) [4220]
刹 甲刹(갑찰) [4020]
刹 古刹(고찰) [6020]
刹 巨刹(거찰) [4020]
刹 佛刹(불찰) [4220]
刹 淨刹(정찰) [3220]
刹 寶刹(보찰) [4220]
刹 名刹(명찰) [7220]
刹 刹那(찰나) [2030]
刹 羅刹(나찰) [4220]
札 名札(명찰) [7220]
札 公札(공찰) [6220]
札 請札(청찰) [4220]
札 開札(개찰) [6020]
札 書札(서찰) [6220]
札 標札(표찰) [4020]
札 札翰(찰한) [2020]
札 應札(응찰) [4220]
札 簡札(간찰) [4020]
札 手札(수찰) [7220]
札 落札(낙찰) [5020]
札 印札(인찰) [4220]
札 私札(사찰) [4020]
札 寸札(촌찰) [8020]
札 親札(친찰) [6020]
札 緊札(긴찰) [3220]
札 鑑札(감찰) [3220]
札 附札(부찰) [3220]
札 芳札(방찰) [3220]
札 尊札(존찰) [4220]
札 使札(사찰) [6020]
札 飛札(비찰) [4220]
札 貴札(귀찰) [5020]
札 改札(개찰) [5020]
札 缺札(결찰) [4220]
札 內札(내찰) [7220]
札 返札(반찰) [3020]
札 入札(입찰) [7020]
札 惠札(혜찰) [4220]
札 短札(단찰) [6220]
札 玉札(옥찰) [4220]
札 現札(현찰) [6220]
札 答札(답찰) [7220]
札 御札(어찰) [3220]
札 僞札(위찰) [3220]
札 筆札(필찰) [5220]
斬 處斬(처참) [4220]
斬 腰斬(요참) [3020]
斬 斬頭(참두) [2060]
斬 斬伐(참벌) [2042]
斬 斬罪(참죄) [2050]
斬 斬刑(참형) [2040]
斬 斬首(참수) [2052]
斬 斬衰(참최) [2032]
斬 斬殺(참살) [2042]
斬 斬級(참급) [2060]
斬 斬新(참신) [2062]
彰 彰德(창덕) [2052]
彰 表彰(표창) [6220]
滄 滄海(창해) [2072]
滄 滄波(창파) [2042]
滄 滄茫(창망) [2030]
滄 滄浪(창랑) [2032]
悽 悽慘(처참) [2030]
悽 悽絶(처절) [2042]
悽 悽然(처연) [2070]
隻 隻眼(척안) [2042]

隻 彼隻(피척) [3220]
隻 隻字(척자) [2070]
隻 隻手(척수) [2072]
隻 隻句(척구) [2042]
隻 隻愛(척애) [2060]
隻 隻影(척영) [2032]
隻 隻騎(척기) [2032]
隻 隻言(척언) [2060]
隻 隻身(척신) [2062]
撤 捨撤(사철) [3020]
撤 毁撤(훼철) [3020]
撤 廢撤(폐철) [3220]
撤 撤祀(철사) [2032]
撤 撤還(철환) [2032]
撤 撤罷(철파) [2030]
撤 撤軍(철군) [2080]
撤 撤市(철시) [2072]
撤 撤除(철제) [2042]
撤 撤兵(철병) [2052]
撤 撤收(철수) [2042]
撤 撤退(철퇴) [2042]
撤 撤回(철회) [2042]
撤 撤去(철거) [2050]
撤 撤廢(철폐) [2032]
諜 諜者(첩자) [2060]
諜 偵諜(정첩) [2020]
諜 防諜(방첩) [4220]
諜 諜報(첩보) [2042]
諜 諜候(첩후) [2040]
諜 諜賊(첩적) [2040]
諜 諜知(첩지) [2052]
諜 間諜(간첩) [7220]
締 締結(체결) [2052]
締 締姻(체인) [2030]
締 締構(체구) [2040]
締 締約(체약) [2052]
締 締交(체교) [2060]
締 締盟(체맹) [2032]
哨 步哨(보초) [4220]
哨 哨戒(초계) [2040]
哨 哨兵(초병) [2052]
哨 哨所(초소) [2070]
哨 複哨(복초) [4020]
哨 哨船(초선) [2050]
哨 前哨(전초) [7220]
哨 巡哨(순초) [3220]
焦 焦土(초토) [2080]
焦 焦脣(초순) [2030]
焦 下焦(하초) [7220]
焦 脣焦(순초) [3020]
焦 焦點(초점) [2040]
焦 三焦(삼초) [8020]
焦 焦燥(초조) [2030]
焦 焦眉(초미) [2030]
焦 中焦(중초) [8020]
焦 焦急(초급) [2062]
趨 趨拜(추배) [2042]
趨 奔趨(분추) [3220]
趨 趨迎(추영) [2040]
趨 歸趨(귀추) [4020]
趨 趨風(추풍) [2062]
趨 趨向(추향) [2060]
趨 趨進(추진) [2042]
趨 趨勢(추세) [2042]
趨 趨步(추보) [2042]
趨 趨走(추주) [2042]
趨 趨下(추하) [2072]
蹴 一蹴(일축) [8020]
蹴 蹴球(축구) [2062]
蹴 蹴踏(축답) [2032]
軸 壓軸(압축) [4220]
軸 詩軸(시축) [4220]
軸 主軸(주축) [7020]
軸 標軸(표축) [4020]
軸 坤軸(곤축) [3020]
軸 支軸(지축) [4220]
軸 縱軸(종축) [3220]
軸 地軸(지축) [7020]
軸 軸鋼(축강) [2032]
軸 中軸(중축) [8020]
軸 朔軸(삭축) [3020]
軸 基軸(기축) [5220]
軸 軸距(축거) [2032]
軸 機軸(기축) [4020]
軸 卷軸(권축) [4020]
軸 光軸(광축) [6220]
軸 軸率(축률) [2032]
軸 車軸(차축) [7220]
軸 副軸(부축) [4220]
衷 和衷(화충) [6220]
衷 愚衷(우충) [3220]
衷 折衷(절충) [4020]
衷 聖衷(성충) [4220]
衷 深衷(심충) [4220]
衷 意衷(의충) [6220]
衷 衷懷(충회) [2032]
衷 衷心(충심) [2070]
衷 衷情(충정) [2052]
衷 衷誠(충성) [2042]
衷 苦衷(고충) [6020]
炊 炊飯(취반) [2032]
炊 炊湯(취탕) [2032]
炊 自炊(자취) [7220]
炊 晩炊(만취) [3220]
炊 蒸炊(증취) [3220]
炊 炊事(취사) [2072]
琢 琢器(탁기) [2042]
琢 彫琢(조탁) [2020]
琢 追琢(추탁) [3220]
琢 琢磨(탁마) [2032]
託 全託(전탁) [7220]
託 神託(신탁) [6220]
託 假託(가탁) [4220]
託 信託(신탁) [6220]

託 委託(위탁) [4020]
託 專託(전탁) [4020]
託 寄託(기탁) [4020]
託 請託(청탁) [4220]
託 結託(결탁) [5220]
託 緊託(긴탁) [3220]
託 稱託(칭탁) [4020]
託 反託(반탁) [6220]
託 供託(공탁) [3220]
託 矯託(교탁) [3020]
託 投託(투탁) [4020]
託 受託(수탁) [4220]
託 託辭(탁사) [2040]
託 託故(탁고) [2042]
託 託送(탁송) [2042]
託 宣託(선탁) [4020]
託 付託(부탁) [3220]
託 託意(탁의) [2062]
託 依託(의탁) [4020]
託 託身(탁신) [2062]
託 推託(추탁) [4020]
託 申託(신탁) [4220]
託 預託(예탁) [2020]
託 託言(탁언) [2060]
胎 胎夢(태몽) [2032]
胎 胎盤(태반) [2032]
胎 竹胎(죽태) [4220]
胎 死胎(사태) [6020]
胎 胎毒(태독) [2042]
胎 胎息(태식) [2042]
胎 胎患(태환) [2050]
胎 胎葉(태엽) [2050]
胎 胎兒(태아) [2052]
胎 胎動(태동) [2072]
胎 胎內(태내) [2072]
胎 胎氣(태기) [2072]
胎 胎母(태모) [2080]
胎 胎敎(태교) [2080]
胎 胎生(태생) [2080]
胎 受胎(수태) [4220]
胎 胎芽(태아) [2032]
胎 懷胎(회태) [3220]
胎 補胎(보태) [3220]
胎 胞胎(포태) [4020]
胎 母胎(모태) [8020]
胎 胎占(태점) [2040]
胎 鬼胎(귀태) [3220]
胎 胎膜(태막) [2020]
胎 奪胎(탈태) [3220]
胎 禍胎(화태) [3220]
胎 脫胎(탈태) [4020]
胎 損胎(손태) [4020]
胎 落胎(낙태) [5020]
胎 墮胎(타태) [3020]
胎 雙胎(쌍태) [3220]
胎 安胎(안태) [7220]
颱 颱風(태풍) [2062]
霸 五霸(오패) [8020]
霸 霸者(패자) [2060]
霸 霸道(패도) [2072]
霸 霸氣(패기) [2072]
霸 霸業(패업) [2062]
霸 霸王(패왕) [2080]
霸 爭霸(쟁패) [5020]
霸 霸權(패권) [2042]
霸 雙霸(쌍패) [3220]
霸 霸略(패략) [2040]
霸 制霸(제패) [4220]
霸 連霸(연패) [4220]
坪 建坪(건평) [5020]
坪 坪數(평수) [2070]
怖 震怖(진포) [3220]
怖 怖畏(포외) [2030]
怖 恐怖(공포) [3220]
怖 驚怖(경포) [4020]
抛 抛棄(포기) [2030]
抛 抛置(포치) [2042]
抛 抛車(포거) [2072]
鋪 藥鋪(약포) [6220]
鋪 鋪幕(포막) [2032]
鋪 酒鋪(주포) [4020]
鋪 商鋪(상포) [5220]
鋪 遷鋪(천포) [3220]
鋪 店鋪(점포) [5220]
鋪 鋪設(포설) [2042]
鋪 鋪裝(포장) [2040]
鋪 老鋪(노포) [7020]
虐 淫虐(음학) [3220]
虐 侵虐(침학) [4220]
虐 虐待(학대) [2060]
虐 慘虐(참학) [3020]
虐 陵虐(능학) [3220]
虐 凶虐(흉학) [5220]
虐 貪虐(탐학) [3020]
虐 殘虐(잔학) [4020]
虐 橫虐(횡학) [3220]
虐 酷虐(혹학) [2020]
虐 自虐(자학) [7220]
虐 虐政(학정) [2042]
虐 暴虐(포학) [4220]
虐 虐殺(학살) [2042]
翰 尊翰(존한) [4220]
翰 尺翰(척한) [3220]
翰 弄翰(농한) [3220]
翰 筆翰(필한) [5220]
翰 惠翰(혜한) [4220]
翰 書翰(서한) [6220]
翰 返翰(반한) [3020]
翰 芳翰(방한) [3220]
翰 手翰(수한) [7220]
翰 來翰(내한) [7020]
翰 札翰(찰한) [2020]
翰 貴翰(귀한) [5020]
翰 雲翰(운한) [5220]

翰 翰毛(한모) [2042]
翰 華翰(화한) [4020]
翰 翰飛(한비) [2042]
翰 公翰(공한) [6220]
翰 翰墨(한묵) [2032]
艦 退艦(퇴함) [4220]
艦 巨艦(거함) [4020]
艦 艦影(함영) [2032]
艦 艦尾(함미) [2032]
艦 艦長(함장) [2080]
艦 戰艦(전함) [6220]
艦 艦船(함선) [2050]
艦 艦籍(함적) [2040]
艦 艦砲(함포) [2042]
艦 艦隊(함대) [2042]
艦 艦載(함재) [2032]
艦 旗艦(기함) [7020]
艦 艦艇(함정) [2020]
艦 敵艦(적함) [4220]
艦 舟艦(주함) [3020]
艦 兵艦(병함) [5220]
艦 廢艦(폐함) [3220]
艦 母艦(모함) [8020]
艦 大艦(대함) [8020]
艦 砲艦(포함) [4220]
艦 軍艦(군함) [8020]
艦 乘艦(승함) [3220]
弦 弦影(현영) [2032]
弦 上弦(상현) [7220]
弦 正弦(정현) [7220]
弦 下弦(하현) [7220]
峽 峽谷(협곡) [2032]
峽 峽路(협로) [2060]
峽 山峽(산협) [8020]
峽 海峽(해협) [7220]
型 體型(체형) [6220]
型 舊型(구형) [5220]
型 判型(판형) [4020]
型 典型(전형) [5220]
型 定型(정형) [6020]
型 鑄型(주형) [3220]
型 大型(대형) [8020]
型 新型(신형) [6220]
型 母型(모형) [8020]
型 紙型(지형) [7020]
型 類型(유형) [5220]
型 小型(소형) [8020]
型 字型(자형) [7020]
型 原型(원형) [5020]
型 模型(모형) [4020]
濠 濠洲(호주) [2032]
濠 空濠(공호) [7220]
濠 外濠(외호) [8020]
濠 雪濠(설호) [6220]
酷 酷虐(혹학) [2020]
酷 酷暑(혹서) [2030]
酷 酷臭(혹취) [2030]
酷 酷烈(혹렬) [2040]
酷 酷使(혹사) [2060]
酷 嚴酷(엄혹) [4020]
酷 酷法(혹법) [2052]
酷 酷似(혹사) [2030]
酷 酷遇(혹우) [2040]
酷 酷刑(혹형) [2040]
酷 酷毒(혹독) [2042]
酷 酷寒(혹한) [2050]
酷 貪酷(탐혹) [3020]
酷 酷害(혹해) [2052]
酷 酷肖(혹초) [2032]
酷 酷炎(혹염) [2032]
酷 酷政(혹정) [2042]
酷 酷惡(혹악) [2052]
酷 酷吏(혹리) [2032]
酷 慘酷(참혹) [3020]
酷 冷酷(냉혹) [5020]
酷 酷評(혹평) [2040]
酷 殘酷(잔혹) [4020]
靴 短靴(단화) [6220]
靴 洋靴(양화) [6020]
靴 軍靴(군화) [8020]
靴 長靴(장화) [8020]
靴 祭靴(제화) [4220]
靴 靴工(화공) [2072]
幻 幻法(환법) [2052]
幻 幻想(환상) [2042]
幻 幻相(환상) [2052]
幻 幻影(환영) [2032]
幻 變幻(변환) [5220]
幻 幻夢(환몽) [2032]
幻 幻聽(환청) [2040]
幻 幻退(환퇴) [2042]
幻 浮幻(부환) [3220]
幻 幻術(환술) [2062]
幻 幻覺(환각) [2040]
幻 幻像(환상) [2032]
幻 幻滅(환멸) [2032]
幻 夢幻(몽환) [3220]
幻 幻惑(환혹) [2032]
幻 幻生(환생) [2080]
滑 滑氷(활빙) [2050]
滑 潤滑(윤활) [3220]
滑 圓滑(원활) [4220]
滑 平滑(평활) [7220]
滑 滑奏(활주) [2032]
滑 滑走(활주) [2042]
滑 溫滑(온활) [6020]
滑 滑降(활강) [2040]
滑 柔滑(유활) [3220]
廻 廻風(회풍) [2062]
廻 廻向(회향) [2060]
廻 廻禮(회례) [2060]
廻 輪廻(윤회) [4020]
廻 下廻(하회) [7220]
廻 上廻(상회) [7220]

廻 巡廻(순회) [3220]
廻 廻旋(회선) [2032]
廻 廻轉(회전) [2040]
喉 喉頭(후두) [2060]
喉 喉門(후문) [2080]
喉 喉舌(후설) [2040]
勳 策勳(책훈) [3220]
勳 敍勳(서훈) [3020]
勳 元勳(원훈) [5220]
勳 舊勳(구훈) [5220]
勳 武勳(무훈) [4220]
勳 前勳(전훈) [7220]
勳 遺勳(유훈) [4020]
勳 功勳(공훈) [6220]
勳 殊勳(수훈) [3220]
勳 偉勳(위훈) [5220]
勳 大勳(대훈) [8020]
勳 光勳(광훈) [6220]
勳 樹勳(수훈) [6020]
勳 勳閥(훈벌) [2020]
勳 勳臣(훈신) [2052]
勳 勳階(훈계) [2040]
勳 勳功(훈공) [2062]
勳 勳等(훈등) [2062]
勳 勳業(훈업) [2062]
勳 勳績(훈적) [2040]
勳 勳賞(훈상) [2050]
勳 勳章(훈장) [2060]
勳 勳勞(훈로) [2052]
勳 勳記(훈기) [2072]
勳 勳門(훈문) [2080]
勳 勳貴(훈귀) [2050]
勳 僞勳(위훈) [3220]
勳 勳籍(훈적) [2040]
勳 勳爵(훈작) [2030]
噫 噫氣(희기) [2072]
姬 愛姬(애희) [6020]
姬 王姬(왕희) [8020]
姬 美姬(미희) [6020]
姬 幸姬(행희) [6220]
姬 姬妾(희첩) [2030]
姬 舞姬(무희) [4020]
熙 隆熙(융희) [3220]

<3級 配定 漢字語>

却 却說(각설) [3052]
却 却下(각하) [3072]
却 拒却(거각) [4030]
却 棄却(기각) [3030]
却 冷却(냉각) [5030]
却 忘却(망각) [3030]
却 賣却(매각) [5030]
却 沒却(몰각) [3230]
却 償却(상각) [3230]
却 燒却(소각) [3230]
却 消却(소각) [6230]
却 退却(퇴각) [4230]
姦 姦婦(간부) [3042]
姦 姦夫(간부) [3070]
姦 姦所(간소) [3070]
姦 姦淫(간음) [3032]
姦 姦情(간정) [3052]
姦 姦通(간통) [3060]
姦 巨姦(거간) [4030]
姦 輪姦(윤간) [4030]
姦 強姦(강간) [6030]
渴 渴求(갈구) [3042]
渴 渴急(갈급) [3062]
渴 渴望(갈망) [3052]
渴 渴愛(갈애) [3060]
渴 渴症(갈증) [3032]
渴 枯渴(고갈) [3030]
渴 苦渴(고갈) [6030]
渴 飢渴(기갈) [3030]
渴 燥渴(조갈) [3030]
渴 酒渴(주갈) [4030]
渴 解渴(해갈) [4230]
慨 慨歎(개탄) [3040]
慨 憤慨(분개) [4030]
慨 慙慨(참개) [3030]
皆 皆勤(개근) [3040]
皆 皆兵(개병) [3052]
皆 擧皆(거개) [5030]
乞 乞求(걸구) [3042]
乞 乞盟(걸맹) [3032]
乞 乞食(걸식) [3072]
乞 乞人(걸인) [3080]
乞 求乞(구걸) [4230]
乞 哀乞(애걸) [3230]
牽 牽牛(견우) [3050]
牽 牽引(견인) [3042]
牽 牽制(견제) [3042]
絹 絹本(견본) [3060]
絹 絹絲(견사) [3040]
絹 絹織(견직) [3040]
絹 生絹(생견) [8030]
肩 肩骨(견골) [3040]
肩 肩帶(견대) [3042]
肩 肩等(견등) [3062]
肩 肩部(견부) [3062]
肩 肩輿(견여) [3030]
肩 肩章(견장) [3060]
肩 肩次(견차) [3042]
肩 肩把(견파) [3030]
肩 路肩(노견) [6030]
肩 比肩(비견) [5030]
肩 雙肩(쌍견) [3230]
遣 遣歸(견귀) [3040]

遣	遣唐(견당) [3032]	枯	枯葉(고엽) [3050]	狗	鬪狗(투구) [4030]
遣	遣忘(견망) [3030]	枯	枯旱(고한) [3030]	狗	海狗(해구) [7230]
遣	自遣(자견) [7230]	顧	顧客(고객) [3052]	狗	黃狗(황구) [6030]
遣	派遣(파견) [4030]	顧	顧慮(고려) [3040]	苟	苟免(구면) [3032]
卿	卿輩(경배) [3032]	顧	顧問(고문) [3070]	苟	苟安(구안) [3072]
卿	卿相(경상) [3052]	顧	一顧(일고) [8030]	苟	苟且(구차) [3030]
卿	卿宰(경재) [3030]	顧	回顧(회고) [4230]	苟	苟活(구활) [3072]
卿	公卿(공경) [6230]	坤	乾坤(건곤) [3230]	驅	驅迫(구박) [3032]
庚	庚癸(경계) [3030]	坤	坤方(곤방) [3072]	驅	驅步(구보) [3042]
庚	庚方(경방) [3072]	坤	坤殿(곤전) [3032]	驅	驅使(구사) [3060]
庚	庚伏(경복) [3040]	郭	城郭(성곽) [4230]	驅	驅逐(구축) [3030]
庚	庚戌(경술) [3030]	郭	外郭(외곽) [8030]	驅	驅蟲(구충) [3042]
庚	庚熱(경열) [3050]	掛	掛念(괘념) [3052]	驅	先驅(선구) [8030]
庚	庚炎(경염) [3032]	掛	掛圖(괘도) [3062]	龜	龜鑑(귀감) [3032]
庚	庚辰(경진) [3032]	塊	塊石(괴석) [3060]	龜	龜甲(귀갑) [3040]
庚	同庚(동경) [7030]	塊	金塊(금괴) [8030]	龜	龜頭(귀두) [3060]
竟	究竟(구경) [4230]	塊	銀塊(은괴) [6030]	龜	龜裂(균열) [3032]
竟	畢竟(필경) [3230]	塊	地塊(지괴) [7030]	龜	龜卜(귀복) [3030]
癸	庚癸(경계) [3030]	塊	土塊(토괴) [8030]	龜	龜船(귀선) [3050]
癸	癸未(계미) [3042]	愧	愧色(괴색) [3070]	龜	龜茲(구자) [3030]
癸	癸方(계방) [3072]	愧	愧慙(괴참) [3030]	龜	龜占(귀점) [3040]
癸	癸水(계수) [3080]	愧	自愧(자괴) [7230]	龜	龜貝(귀패) [3030]
癸	癸酉(계유) [3030]	愧	慙愧(참괴) [3030]	厥	厥角(궐각) [3062]
癸	癸坐(계좌) [3032]	矯	矯導(교도) [3042]	厥	厥女(궐녀) [3080]
癸	癸丑(계축) [3030]	矯	矯僞(교위) [3032]	厥	厥尾(궐미) [3032]
繫	繫留(계류) [3042]	矯	矯正(교정) [3072]	厥	厥也(궐야) [3030]
繫	繫馬(계마) [3050]	郊	江郊(강교) [7230]	厥	厥者(궐자) [3060]
繫	繫船(계선) [3050]	郊	郊外(교외) [3080]	厥	厥後(궐후) [3072]
繫	繫獄(계옥) [3032]	郊	近郊(근교) [6030]	厥	突厥(돌궐) [3230]
繫	拘繫(구계) [3230]	俱	俱存(구존) [3040]	軌	廣軌(광궤) [5230]
繫	連繫(연계) [4230]	俱	俱現(구현) [3062]	軌	軌度(궤도) [3060]
繫	囚繫(수계) [3030]	懼	危懼(위구) [4030]	軌	軌道(궤도) [3072]
繫	援繫(원계) [4030]	懼	疑懼(의구) [4030]	軌	軌範(궤범) [3040]
繫	捕繫(포계) [3230]	狗	狗盜(구도) [3040]	軌	軌跡(궤적) [3032]
枯	枯渴(고갈) [3030]	狗	狗肉(구육) [3042]	軌	軌則(궤칙) [3050]
枯	枯骨(고골) [3040]	狗	狗竊(구절) [3030]	軌	同軌(동궤) [7030]
枯	枯木(고목) [3080]	狗	水狗(수구) [8030]	軌	範軌(범궤) [4030]
枯	枯死(고사) [3060]	狗	走狗(주구) [4230]	軌	不軌(불궤) [7230]

軌	常軌(상궤) [4230]	忌	忌祭(기제) [3042]	塗	當塗(당도) [5230]
軌	儀軌(의궤) [4030]	忌	忌中(기중) [3080]	塗	道塗(도도) [7230]
軌	一軌(일궤) [8030]	忌	忌避(기피) [3040]	塗	塗料(도료) [3050]
軌	日軌(일궤) [8030]	忌	相忌(상기) [5230]	塗	塗壁(도벽) [3042]
軌	正軌(정궤) [7230]	忌	嫌忌(혐기) [3030]	塗	塗裝(도장) [3040]
叫	叫聲(규성) [3042]	旣	旣望(기망) [3052]	塗	塗炭(도탄) [3050]
叫	絶叫(절규) [4230]	旣	旣往(기왕) [3042]	塗	塗布(도포) [3042]
糾	糾紛(규분) [3032]	旣	旣存(기존) [3040]	塗	塗巷(도항) [3030]
糾	糾正(규정) [3072]	旣	旣婚(기혼) [3040]	挑	挑發(도발) [3062]
糾	糾錯(규착) [3032]	棄	棄却(기각) [3030]	挑	挑戰(도전) [3062]
糾	糾察(규찰) [3042]	棄	棄權(기권) [3042]	稻	稻作(도작) [3062]
糾	糾彈(규탄) [3040]	棄	棄世(기세) [3072]	稻	陸稻(육도) [5230]
糾	糾合(규합) [3060]	棄	棄兒(기아) [3052]	稻	宜稻(의도) [3030]
糾	紛糾(분규) [3230]	棄	委棄(위기) [4030]	稻	早稻(조도) [4230]
僅	僅僅(근근) [3030]	棄	遺棄(유기) [4030]	跳	距跳(거조) [3230]
僅	僅少(근소) [3070]	棄	破棄(파기) [4230]	跳	高跳(고도) [6230]
斤	斤兩(근량) [3042]	棄	廢棄(폐기) [3230]	跳	跳躍(도약) [3030]
斤	斤量(근량) [3050]	欺	欺弄(기롱) [3032]	篤	篤農(독농) [3072]
謹	謹啓(근계) [3032]	欺	欺罔(기망) [3030]	篤	篤信(독신) [3062]
謹	謹告(근고) [3052]	欺	詐欺(사기) [3030]	篤	篤實(독실) [3052]
謹	謹愼(근신) [3032]	飢	飢渴(기갈) [3030]	篤	篤志(독지) [3042]
謹	謹身(근신) [3062]	飢	飢餓(기아) [3030]	篤	篤厚(독후) [3040]
謹	謹嚴(근엄) [3040]	飢	飢寒(기한) [3050]	篤	敦篤(돈독) [3030]
謹	謹弔(근조) [3030]	飢	虛飢(허기) [4230]	篤	危篤(위독) [4030]
謹	謹奏(근주) [3032]	那	那邊(나변) [3042]	敦	敦篤(돈독) [3030]
謹	謹賀(근하) [3032]	乃	乃子(내자) [3072]	敦	敦睦(돈목) [3032]
肯	肯定(긍정) [3060]	乃	乃至(내지) [3042]	敦	敦厚(돈후) [3040]
肯	首肯(수긍) [5230]	乃	終乃(종내) [5030]	豚	家豚(가돈) [7230]
幾	幾微(기미) [3032]	奈	奈落(나락) [3050]	豚	豚舍(돈사) [3042]
幾	幾百(기백) [3070]	奈	奈何(내하) [3032]	豚	豚兒(돈아) [3052]
幾	幾日(기일) [3080]	惱	苦惱(고뇌) [6030]	豚	豚肉(돈육) [3042]
幾	幾何(기하) [3032]	惱	惱殺(뇌쇄) [3042]	豚	養豚(양돈) [5230]
幾	幾許(기허) [3050]	惱	煩惱(번뇌) [3030]	豚	種豚(종돈) [5230]
幾	庶幾(서기) [3030]	畓	乾畓(건답) [3230]	屯	屯防(둔방) [3042]
忌	家忌(가기) [7230]	畓	京畓(경답) [6030]	屯	屯兵(둔병) [3052]
忌	禁忌(금기) [4230]	畓	畓穀(답곡) [3040]	屯	屯守(둔수) [3042]
忌	忌故(기고) [3042]	畓	田畓(전답) [4230]	屯	屯營(둔영) [3040]
忌	忌日(기일) [3080]	塗	泥塗(이도) [3230]	屯	屯田(둔전) [3042]

屯	雲屯(운둔)	[5230]
屯	土屯(토둔)	[8030]
鈍	鈍感(둔감)	[3060]
鈍	鈍器(둔기)	[3042]
鈍	鈍才(둔재)	[3062]
鈍	鈍濁(둔탁)	[3030]
鈍	鈍化(둔화)	[3052]
鈍	肥鈍(비둔)	[3230]
鈍	愚鈍(우둔)	[3230]
騰	高騰(고등)	[6230]
騰	騰貴(등귀)	[3050]
騰	騰落(등락)	[3050]
騰	騰揚(등양)	[3032]
騰	反騰(반등)	[6230]
騰	奔騰(분등)	[3230]
騰	飛騰(비등)	[4230]
騰	上騰(상등)	[7230]
騰	續騰(속등)	[4230]
騰	昇騰(승등)	[3230]
騰	漸騰(점등)	[3230]
騰	暴騰(폭등)	[4230]
濫	濫發(남발)	[3062]
濫	濫伐(남벌)	[3042]
濫	濫用(남용)	[3062]
濫	濫獲(남획)	[3032]
濫	冒濫(모람)	[3030]
掠	掠奪(약탈)	[3032]
掠	抄掠(초략)	[3030]
掠	侵掠(침략)	[4230]
諒	諒知(양지)	[3052]
諒	諒察(양찰)	[3042]
諒	諒解(양해)	[3042]
諒	海諒(해량)	[7230]
憐	可憐(가련)	[5030]
憐	憐憫(연민)	[3030]
憐	哀憐(애련)	[3230]
憐	愛憐(애련)	[6030]
劣	劣等(열등)	[3062]
劣	劣性(열성)	[3052]
劣	劣勢(열세)	[3042]
劣	劣惡(열악)	[3052]
劣	卑劣(비열)	[3230]
劣	庸劣(용렬)	[3030]
劣	愚劣(우열)	[3230]
劣	優劣(우열)	[4030]
劣	拙劣(졸렬)	[3030]
廉	廉價(염가)	[3052]
廉	廉恥(염치)	[3032]
廉	廉探(염탐)	[3040]
廉	冒廉(모렴)	[3030]
廉	蛇廉(사렴)	[3230]
廉	低廉(저렴)	[4230]
廉	淸廉(청렴)	[6230]
廉	貪廉(탐렴)	[3030]
獵	禁獵(금렵)	[4230]
獵	獵犬(엽견)	[3040]
獵	獵官(엽관)	[3042]
獵	獵奇(엽기)	[3040]
獵	獵夫(엽부)	[3070]
獵	獵師(엽사)	[3042]
獵	獵色(엽색)	[3070]
獵	獵銃(엽총)	[3042]
獵	鹿獵(녹렵)	[3030]
獵	密獵(밀렵)	[4230]
獵	射獵(사렵)	[4030]
獵	涉獵(섭렵)	[3030]
獵	漁獵(어렵)	[5030]
獵	遊獵(유렵)	[4030]
獵	田獵(전렵)	[4230]
獵	川獵(천렵)	[7030]
獵	銃獵(총렵)	[4230]
零	零落(영락)	[3050]
零	零封(영봉)	[3032]
零	零上(영상)	[3072]
零	零細(영세)	[3042]
零	零時(영시)	[3072]
零	零點(영점)	[3040]
零	零下(영하)	[3072]
隷	奴隷(노예)	[3230]
隷	同隷(동례)	[7030]
隷	隷書(예서)	[3062]
隷	隷屬(예속)	[3040]
隷	隷臣(예신)	[3052]
隷	隷人(예인)	[3080]
隷	輿隷(여례)	[3030]
隷	直隷(직례)	[7230]
隷	賤隷(천례)	[3230]
鹿	鹿角(녹각)	[3062]
鹿	鹿獵(녹렵)	[3030]
鹿	鹿皮(녹비)	[3032]
鹿	鹿血(녹혈)	[3042]
鹿	逐鹿(축록)	[3030]
了	了解(요해)	[3042]
了	滿了(만료)	[4230]
了	修了(수료)	[4230]
了	完了(완료)	[5030]
了	終了(종료)	[5030]
僚	閣僚(각료)	[3230]
僚	官僚(관료)	[4230]
僚	群僚(군료)	[4030]
僚	大僚(대료)	[8030]
僚	同僚(동료)	[7030]
僚	僚友(요우)	[3052]
僚	幕僚(막료)	[3230]
僚	百僚(백료)	[7030]
僚	朋僚(붕료)	[3030]
僚	庶僚(서료)	[3030]
僚	屬僚(속료)	[4030]
僚	臣僚(신료)	[5230]
僚	職僚(직료)	[4230]
屢	屢屢(누누)	[3030]
淚	落淚(낙루)	[5030]
淚	淚珠(누주)	[3032]
淚	催淚(최루)	[3230]

淚	墮淚(타루) [3030]	茫	茫漠(망막) [3032]	募	急募(급모) [6230]
淚	血淚(혈루) [4230]	茫	茫茫(망망) [3030]	募	募金(모금) [3080]
梨	梨園(이원) [3060]	茫	茫然(망연) [3070]	募	募集(모집) [3062]
梨	梨花(이화) [3070]	埋	假埋(가매) [4230]	募	應募(응모) [4230]
隣	隣近(인근) [3060]	埋	埋沒(매몰) [3032]	暮	旦暮(단모) [3230]
隣	隣接(인접) [3042]	埋	埋伏(매복) [3040]	暮	暮境(모경) [3042]
隣	隣村(인촌) [3070]	埋	埋葬(매장) [3032]	暮	暮景(모경) [3050]
隣	善隣(선린) [5030]	埋	埋藏(매장) [3032]	暮	暮秋(모추) [3070]
慢	慢侮(만모) [3030]	埋	埋魂(매혼) [3032]	暮	歲暮(세모) [5230]
慢	慢性(만성) [3052]	埋	生埋(생매) [8030]	暮	日暮(일모) [8030]
慢	侮慢(모만) [3030]	冥	冥界(명계) [3062]	某	某某(모모) [3030]
慢	傲慢(오만) [3030]	冥	冥冥(명명) [3030]	某	某種(모종) [3052]
慢	緩慢(완만) [3230]	冥	冥福(명복) [3052]	某	某處(모처) [3042]
慢	自慢(자만) [7230]	冥	冥府(명부) [3042]	某	誰某(수모) [3030]
慢	怠慢(태만) [3030]	冥	冥想(명상) [3042]	卯	卯方(묘방) [3072]
漫	浪漫(낭만) [3230]	侮	輕侮(경모) [5030]	卯	卯時(묘시) [3072]
漫	漫談(만담) [3050]	侮	陵侮(능모) [3230]	卯	卯酉(묘유) [3030]
漫	漫然(만연) [3070]	侮	慢侮(만모) [3030]	卯	卯日(묘일) [3080]
漫	漫評(만평) [3040]	侮	侮慢(모만) [3030]	卯	乙卯(을묘) [3230]
漫	漫筆(만필) [3052]	侮	侮笑(모소) [3042]	卯	破卯(파묘) [4230]
漫	漫畫(만화) [3060]	侮	侮言(모언) [3060]	廟	東廟(동묘) [8030]
漫	放漫(방만) [6230]	侮	侮辱(모욕) [3032]	廟	廟堂(묘당) [3062]
漫	散漫(산만) [4030]	侮	受侮(수모) [4230]	廟	廟議(묘의) [3042]
忘	健忘(건망) [5030]	冒	感冒(감모) [6030]	廟	文廟(문묘) [7030]
忘	遣忘(견망) [3030]	冒	冒耕(모경) [3032]	廟	謁廟(알묘) [3030]
忘	忘却(망각) [3030]	冒	冒頭(모두) [3060]	廟	宗廟(종묘) [4230]
忘	忘年(망년) [3080]	冒	冒濫(모람) [3030]	苗	苗木(묘목) [3080]
忘	忘失(망실) [3060]	冒	冒廉(모렴) [3030]	苗	苗床(묘상) [3042]
忘	忘恩(망은) [3042]	冒	冒犯(모범) [3040]	苗	苗族(묘족) [3060]
忘	不忘(불망) [7230]	冒	冒雨(모우) [3052]	苗	苗板(묘판) [3050]
忘	備忘(비망) [4230]	冒	冒認(모인) [3042]	苗	育苗(육묘) [7030]
忘	三忘(삼망) [8030]	冒	冒進(모진) [3042]	苗	種苗(종묘) [5230]
忙	多忙(다망) [6030]	冒	冒稱(모칭) [3040]	苗	禾苗(화묘) [3030]
忙	奔忙(분망) [3230]	冒	冒寒(모한) [3050]	戊	戊年(무년) [3080]
罔	欺罔(기망) [3030]	冒	冒險(모험) [3040]	戊	戊戌(무술) [3030]
罔	罔極(망극) [3042]	冒	僞冒(위모) [3230]	戊	戊夜(무야) [3060]
罔	罔民(망민) [3080]	冒	侵冒(침모) [4230]	戊	戊日(무일) [3080]
罔	罔測(망측) [3042]	募	公募(공모) [6230]	霧	霧散(무산) [3040]

霧 煙霧(연무) [4230]
霧 雲霧(운무) [5230]
眉 列眉(열미) [4230]
眉 眉間(미간) [3072]
眉 眉目(미목) [3060]
眉 白眉(백미) [8030]
迷 迷宮(미궁) [3042]
迷 迷路(미로) [3060]
迷 迷夢(미몽) [3032]
迷 迷信(미신) [3062]
迷 迷兒(미아) [3052]
迷 迷惑(미혹) [3032]
迷 昏迷(혼미) [3030]
憫 憐憫(연민) [3030]
敏 過敏(과민) [5230]
敏 機敏(기민) [4030]
敏 敏感(민감) [3060]
敏 敏活(민활) [3072]
敏 不敏(불민) [7230]
敏 銳敏(예민) [3030]
敏 聰敏(총민) [3030]
蜜 蜜語(밀어) [3070]
蜜 蜂蜜(봉밀) [3030]
泊 淡泊(담박) [3230]
泊 民泊(민박) [8030]
泊 宿泊(숙박) [5230]
泊 外泊(외박) [8030]
伴 同伴(동반) [7030]
伴 伴奏(반주) [3032]
伴 伴行(반행) [3060]
伴 隨伴(수반) [3230]
叛 謀叛(모반) [3230]
叛 叛軍(반군) [3080]
叛 叛旗(반기) [3070]
叛 叛徒(반도) [3040]
叛 叛亂(반란) [3040]
叛 叛逆(반역) [3042]
叛 背叛(배반) [4230]
返 返納(반납) [3040]
返 返送(반송) [3042]
返 返品(반품) [3052]
返 返還(반환) [3032]
倣 模倣(모방) [4030]
倣 倣似(방사) [3030]
傍 傍系(방계) [3040]
傍 傍觀(방관) [3052]
傍 傍白(방백) [3080]
傍 傍助(방조) [3042]
傍 傍證(방증) [3040]
傍 傍聽(방청) [3040]
邦 聯邦(연방) [3230]
邦 萬邦(만방) [8030]
邦 盟邦(맹방) [3230]
邦 邦國(방국) [3080]
邦 邦畫(방화) [3060]
邦 友邦(우방) [5230]
邦 異邦(이방) [4030]
邦 合邦(합방) [6030]
杯 乾杯(건배) [3230]
杯 苦杯(고배) [6030]
杯 毒杯(독배) [4230]
杯 杯盤(배반) [3032]
杯 祝杯(축배) [5030]
煩 煩惱(번뇌) [3030]
煩 煩數(번삭) [3070]
煩 煩雜(번잡) [3040]
飜 飜刻(번각) [3040]
飜 飜覆(번복) [3032]
飜 飜案(번안) [3050]
飜 飜譯(번역) [3032]
飜 飜意(번의) [3062]
辨 辨理(변리) [3062]
辨 辨明(변명) [3062]
辨 辨別(변별) [3060]
辨 辨償(변상) [3032]
辨 辨濟(변제) [3042]
辨 辨證(변증) [3040]
屛 屛居(병거) [3040]
屛 屛去(병거) [3050]
屛 屛風(병풍) [3062]
竝 竝列(병렬) [3042]
竝 竝立(병립) [3072]
竝 竝書(병서) [3062]
竝 竝設(병설) [3042]
竝 竝用(병용) [3062]
竝 竝進(병진) [3042]
竝 竝行(병행) [3060]
卜 龜卜(귀복) [3030]
卜 卜居(복거) [3040]
卜 卜馬(복마) [3050]
卜 卜師(복사) [3042]
卜 卜債(복채) [3032]
蜂 蜂起(봉기) [3042]
蜂 蜂蜜(봉밀) [3030]
蜂 蜂蝶(봉접) [3030]
蜂 養蜂(양봉) [5230]
赴 赴役(부역) [3032]
赴 赴任(부임) [3052]
墳 古墳(고분) [6030]
墳 封墳(봉분) [3230]
墳 墳墓(분묘) [3040]
墳 雙墳(쌍분) [3230]
崩 崩壞(붕괴) [3032]
崩 崩御(붕어) [3032]
崩 土崩(토붕) [8030]
朋 佳朋(가붕) [3230]
朋 朋黨(붕당) [3042]
朋 朋僚(붕료) [3030]
朋 朋友(붕우) [3052]
賓 國賓(국빈) [8030]
賓 貴賓(귀빈) [5030]
賓 內賓(내빈) [7230]
賓 來賓(내빈) [7030]
賓 賓客(빈객) [3052]

賓	賓服(빈복) [3060]
賓	迎賓(영빈) [4030]
賓	外賓(외빈) [8030]
賓	接賓(접빈) [4230]
賓	主賓(주빈) [7030]
頻	頻度(빈도) [3060]
頻	頻發(빈발) [3062]
頻	頻繁(빈번) [3032]
聘	聘母(빙모) [3080]
聘	聘父(빙부) [3080]
聘	聘召(빙소) [3030]
聘	聘丈(빙장) [3032]
聘	招聘(초빙) [4030]
似	近似(근사) [6030]
似	類似(유사) [5230]
似	倣似(방사) [3030]
似	相似(상사) [5230]
巳	己巳(기사) [5230]
巳	巳時(사시) [3072]
捨	捨家(사가) [3072]
捨	捨覺(사각) [3040]
捨	捨戒(사계) [3040]
捨	捨離(사리) [3040]
捨	捨命(사명) [3070]
捨	捨象(사상) [3040]
捨	捨石(사석) [3060]
捨	捨受(사수) [3042]
捨	捨施(사시) [3042]
捨	捨身(사신) [3062]
捨	捨心(사심) [3070]
捨	外捨(외사) [8030]
捨	用捨(용사) [6230]
捨	取捨(취사) [4230]
捨	投捨(투사) [4030]
捨	喜捨(희사) [4030]
斯	斯界(사계) [3062]
斯	斯文(사문) [3070]
斯	斯須(사수) [3030]
斯	斯學(사학) [3080]
詐	詐降(사항) [3040]
詐	詐欺(사기) [3030]
詐	詐取(사취) [3042]
詐	詐稱(사칭) [3040]
詐	詐誕(사탄) [3030]
賜	賜藥(사약) [3062]
賜	下賜(하사) [7230]
賜	惠賜(혜사) [4230]
賜	厚賜(후사) [4030]
朔	滿朔(만삭) [4230]
朔	每朔(매삭) [7230]
朔	朔望(삭망) [3052]
朔	朔方(삭방) [3072]
朔	朔風(삭풍) [3062]
朔	閏朔(윤삭) [3030]
朔	八朔(팔삭) [8030]
嘗	嘗味(상미) [3042]
嘗	嘗試(상시) [3042]
祥	吉祥(길상) [5030]
祥	大祥(대상) [8030]
祥	練祥(연상) [5230]
祥	發祥(발상) [6230]
祥	不祥(불상) [7230]
祥	祥雲(상운) [3052]
祥	小祥(소상) [8030]
庶	庶幾(서기) [3030]
庶	庶僚(서료) [3030]
庶	庶母(서모) [3080]
庶	庶務(서무) [3042]
庶	庶民(서민) [3080]
庶	庶子(서자) [3072]
庶	庶出(서출) [3070]
敍	加敍(가서) [5030]
敍	敍事(서사) [3072]
敍	敍述(서술) [3032]
敍	敍用(서용) [3062]
敍	敍任(서임) [3052]
敍	敍情(서정) [3052]
敍	自敍(자서) [7230]
敍	追敍(추서) [3230]
暑	大暑(대서) [8030]
暑	猛暑(맹서) [3230]
暑	暑氣(서기) [3072]
暑	暑滯(서체) [3032]
暑	小暑(소서) [8030]
暑	處暑(처서) [4230]
暑	暴暑(폭서) [4230]
暑	避暑(피서) [4030]
暑	旱暑(한서) [3030]
暑	寒暑(한서) [5030]
誓	盟誓(맹세) [3230]
誓	誓盟(서맹) [3032]
誓	誓文(서문) [3070]
誓	誓約(서약) [3052]
誓	誓言(서언) [3060]
誓	誓願(서원) [3050]
誓	宣誓(선서) [4030]
誓	信誓(신서) [6230]
誓	弘誓(홍서) [3030]
逝	急逝(급서) [6230]
逝	逝去(서거) [3050]
逝	逝世(서세) [3072]
逝	逝川(서천) [3070]
逝	仙逝(선서) [5230]
逝	永逝(영서) [6030]
逝	遠逝(원서) [6030]
逝	長逝(장서) [8030]
昔	今昔(금석) [6230]
昔	宿昔(숙석) [5230]
析	分析(분석) [6230]
析	解析(해석) [4230]
攝	管攝(관섭) [4030]
攝	權攝(권섭) [4230]
攝	攝理(섭리) [3062]
攝	攝生(섭생) [3080]

攝	攝位(섭위) [3050]	粟	粟米(속미) [3060]	殉	殉國(순국) [3080]
攝	攝政(섭정) [3042]	粟	粟飯(속반) [3032]	殉	殉死(순사) [3060]
攝	攝取(섭취) [3042]	粟	粟租(속조) [3032]	殉	殉葬(순장) [3032]
攝	攝行(섭행) [3060]	誦	朗誦(낭송) [5230]	殉	殉職(순직) [3042]
攝	愼攝(신섭) [3230]	誦	誦讀(송독) [3062]	脣	脣音(순음) [3062]
攝	失攝(실섭) [6030]	誦	誦詠(송영) [3030]	脣	兎脣(토순) [3230]
攝	靜攝(정섭) [4030]	誦	誦奏(송주) [3032]	戌	甲戌(갑술) [4030]
攝	總攝(총섭) [4230]	誦	暗誦(암송) [4230]	戌	庚戌(경술) [3030]
攝	統攝(통섭) [4230]	誦	愛誦(애송) [6030]	戌	戊戌(무술) [3030]
攝	包攝(포섭) [4230]	誦	詠誦(영송) [3030]	戌	丙戌(병술) [3230]
涉	干涉(간섭) [4030]	囚	囚繫(수계) [3030]	戌	戌年(술년) [3080]
涉	交涉(교섭) [6030]	囚	囚役(수역) [3032]	戌	戌末(술말) [3050]
涉	涉獵(섭렵) [3030]	囚	囚衣(수의) [3060]	戌	戌方(술방) [3072]
涉	涉水(섭수) [3080]	囚	囚人(수인) [3080]	戌	戌兵(술병) [3052]
涉	涉外(섭외) [3080]	囚	罪囚(죄수) [5030]	戌	戌生(술생) [3080]
召	聘召(빙소) [3030]	搜	搜檢(수검) [3042]	戌	戌時(술시) [3072]
召	召命(소명) [3070]	搜	搜訪(수방) [3042]	戌	戌月(술월) [3080]
召	召集(소집) [3062]	搜	搜査(수사) [3050]	戌	戌日(술일) [3080]
召	召還(소환) [3032]	搜	搜索(수색) [3032]	戌	戌正(술정) [3072]
召	應召(응소) [4230]	睡	假睡(가수) [4230]	戌	戌坐(술좌) [3032]
昭	昭明(소명) [3062]	睡	睡眠(수면) [3032]	戌	戌初(술초) [3050]
昭	昭詳(소상) [3032]	睡	午睡(오수) [7230]	戌	壬戌(임술) [3230]
蔬	蔬果(소과) [3062]	睡	昏睡(혼수) [3030]	矢	弓矢(궁시) [3230]
蔬	蔬飯(소반) [3032]	誰	誰某(수모) [3030]	矢	矢石(시석) [3060]
蔬	蔬店(소점) [3052]	誰	誰何(수하) [3032]	矢	矢心(시심) [3070]
蔬	蔬菜(소채) [3032]	遂	未遂(미수) [4230]	矢	矢言(시언) [3060]
蔬	菜蔬(채소) [3230]	遂	遂行(수행) [3060]	伸	屈伸(굴신) [4030]
蔬	春蔬(춘소) [7030]	遂	完遂(완수) [5030]	伸	伸張(신장) [3040]
蔬	香蔬(향소) [4230]	須	公須(공수) [6230]	伸	伸長(신장) [3080]
騷	驚騷(경소) [4030]	須	斯須(사수) [3030]	伸	伸縮(신축) [3040]
騷	騷客(소객) [3052]	須	相須(상수) [5230]	伸	引伸(인신) [4230]
騷	騷動(소동) [3072]	須	須要(수요) [3052]	伸	追伸(추신) [3230]
騷	騷亂(소란) [3040]	須	須知(수지) [3052]	晨	霜晨(상신) [3230]
騷	騷音(소음) [3062]	須	要須(요수) [5230]	晨	晨昏(신혼) [3030]
騷	騷人(소인) [3080]	須	必須(필수) [5230]	晨	曉晨(효신) [3030]
粟	穀粟(곡속) [4030]	循	循行(순행) [3060]	辛	辛苦(신고) [3060]
粟	納粟(납속) [4030]	循	循環(순환) [3040]	辛	辛方(신방) [3072]
粟	粟麥(속맥) [3032]	殉	殉敎(순교) [3080]	辛	辛酉(신유) [3030]

辛	辛亥(신해) [3030]
尋	根尋(근심) [6030]
尋	巡尋(순심) [3230]
尋	尋究(심구) [3042]
尋	尋問(심문) [3070]
尋	尋訪(심방) [3042]
尋	尋常(심상) [3042]
尋	硏尋(연심) [4230]
尋	推尋(추심) [4030]
餓	飢餓(기아) [3030]
餓	餓鬼(아귀) [3032]
餓	餓死(아사) [3060]
岳	山岳(산악) [8030]
岳	岳母(악모) [3080]
岳	岳丈(악장) [3032]
雁	木雁(목안) [8030]
雁	雁奴(안노) [3032]
雁	雁堂(안당) [3062]
雁	雁信(안신) [3062]
雁	雁行(안행) [3060]
雁	鴻雁(홍안) [3030]
謁	拜謁(배알) [4230]
謁	謁見(알현) [3052]
謁	謁廟(알묘) [3030]
押	署押(서압) [3230]
押	押留(압류) [3042]
押	押送(압송) [3042]
押	押收(압수) [3042]
押	押韻(압운) [3032]
押	御押(어압) [3230]
押	著押(착압) [3230]
押	差押(차압) [4030]
押	判押(판압) [4030]
押	花押(화압) [7030]
殃	殃禍(앙화) [3032]
殃	災殃(재앙) [5030]
涯	生涯(생애) [8030]
涯	水涯(수애) [8030]
涯	際涯(제애) [4230]
涯	天涯(천애) [7030]
厄	厄年(액년) [3080]
厄	厄運(액운) [3062]
厄	災厄(재액) [5030]
厄	橫厄(횡액) [3230]
也	厥也(궐야) [3030]
也	初也(초야) [5030]
也	必也(필야) [5230]
也	或也(혹야) [4030]
耶	耶蘇(야소) [3032]
躍	距躍(거약) [3230]
躍	跳躍(도약) [3030]
躍	飛躍(비약) [4230]
躍	暗躍(암약) [4230]
躍	躍動(약동) [3072]
躍	躍進(약진) [3042]
躍	勇躍(용약) [6230]
躍	一躍(일약) [8030]
躍	活躍(활약) [7230]
躍	喜躍(희약) [4030]
楊	綠楊(녹양) [6030]
楊	垂楊(수양) [3230]
楊	楊柳(양류) [3040]
楊	楊梅(양매) [3032]
楊	楊枝(양지) [3032]
於	於戲(오호) [3032]
焉	終焉(종언) [5030]
余	余等(여등) [3062]
余	余輩(여배) [3032]
余	余月(여월) [3080]
汝	汝等(여등) [3062]
汝	汝輩(여배) [3032]
輿	肩輿(견여) [3030]
輿	喪輿(상여) [3230]
輿	輿隷(여례) [3030]
輿	輿論(여론) [3042]
輿	輿望(여망) [3052]
輿	輿地(여지) [3070]
閱	簡閱(간열) [4030]
閱	檢閱(검열) [4230]
閱	考閱(고열) [5030]
閱	校閱(교열) [8030]
閱	査閱(사열) [5030]
閱	巡閱(순열) [3230]
閱	閱讀(열독) [3062]
閱	閱覽(열람) [3040]
閱	閱兵(열병) [3052]
閱	展閱(전열) [5230]
閱	推閱(추열) [4030]
閱	親閱(친열) [6030]
泳	背泳(배영) [4230]
泳	水泳(수영) [8030]
泳	泳法(영법) [3052]
泳	蝶泳(접영) [3030]
泳	混泳(혼영) [4030]
詠	歌詠(가영) [7030]
詠	朗詠(낭영) [5230]
詠	舞詠(무영) [4030]
詠	芳詠(방영) [3230]
詠	誦詠(송영) [3030]
詠	詩詠(시영) [4230]
詠	愛詠(애영) [6030]
詠	詠歌(영가) [3070]
詠	詠物(영물) [3072]
詠	詠史(영사) [3052]
詠	詠雪(영설) [3062]
詠	詠誦(영송) [3030]
詠	詠詩(영시) [3042]
詠	詠吟(영음) [3030]
詠	詠唱(영창) [3050]
詠	詠懷(영회) [3032]
詠	吟詠(음영) [3030]
詠	題詠(제영) [6230]
詠	獻詠(헌영) [3230]
銳	新銳(신예) [6230]

銳 銳角(예각) [3062]
銳 銳騎(예기) [3032]
銳 銳利(예리) [3062]
銳 銳敏(예민) [3030]
銳 銳智(예지) [3040]
銳 精銳(정예) [4230]
銳 尖銳(첨예) [3030]
傲 傲氣(오기) [3072]
傲 傲慢(오만) [3030]
傲 傲視(오시) [3042]
吾 吾君(오군) [3040]
吾 吾黨(오당) [3042]
吾 吾道(오도) [3072]
吾 吾東(오동) [3080]
吾 吾等(오등) [3062]
吾 吾門(오문) [3080]
吾 吾輩(오배) [3032]
吾 吾人(오인) [3080]
吾 吾主(오주) [3070]
吾 吾兄(오형) [3080]
吾 眞吾(진오) [4230]
嗚 嗚泣(오읍) [3030]
嗚 嗚呼(오호) [3042]
娛 娛樂(오락) [3062]
娛 娛遊(오유) [3040]
汚 汚吏(오리) [3032]
汚 汚名(오명) [3072]
汚 汚物(오물) [3072]
汚 汚損(오손) [3040]
汚 汚水(오수) [3080]
汚 汚染(오염) [3032]
汚 汚辱(오욕) [3032]
汚 汚點(오점) [3040]
擁 擁立(옹립) [3072]
擁 擁衛(옹위) [3042]
擁 擁蔽(옹폐) [3030]
擁 擁護(옹호) [3042]
擁 圍擁(위옹) [4030]
擁 抱擁(포옹) [3030]
翁 老翁(노옹) [7030]
翁 翁主(옹주) [3070]
臥 臥龍(와룡) [3040]
臥 臥病(와병) [3060]
臥 坐臥(좌와) [3230]
曰 所曰(소왈) [7030]
曰 一曰(일왈) [8030]
曰 或曰(혹왈) [4030]
畏 畏敬(외경) [3052]
畏 畏友(외우) [3052]
搖 動搖(동요) [7230]
搖 搖動(요동) [3072]
搖 搖亂(요란) [3040]
腰 弓腰(궁요) [3230]
腰 腰帶(요대) [3042]
腰 腰痛(요통) [3040]
腰 折腰(절요) [4030]
遙 遙望(요망) [3052]
遙 遙遠(요원) [3060]
庸 登庸(등용) [7030]
庸 庸劣(용렬) [3030]
庸 庸人(용인) [3080]
庸 庸才(용재) [3062]
庸 庸拙(용졸) [3030]
庸 中庸(중용) [8030]
于 單于(선우) [4230]
于 于歸(우귀) [3040]
于 于先(우선) [3080]
又 又賴(우뢰) [3032]
又 又況(우황) [3040]
又 一又(일우) [8030]
尤 尤妙(우묘) [3040]
尤 尤物(우물) [3072]
尤 尤甚(우심) [3032]
云 云云(운운) [3030]
云 云謂(운위) [3032]
云 云爲(운위) [3042]
緯 經緯(경위) [4230]
緯 北緯(북위) [8030]
緯 緯度(위도) [3060]
違 非違(비위) [4230]
違 違反(위반) [3062]
違 違背(위배) [3042]
違 違法(위법) [3052]
違 違約(위약) [3052]
違 違憲(위헌) [3040]
違 違和(위화) [3062]
唯 唯物(유물) [3072]
唯 唯識(유식) [3052]
唯 唯一(유일) [3080]
惟 恭惟(공유) [3230]
惟 伏惟(복유) [4030]
惟 思惟(사유) [5030]
惟 惟獨(유독) [3052]
惟 惟房(유방) [3042]
惟 惟憂(유우) [3032]
惟 竊惟(절유) [3030]
愈 愈盛(유성) [3042]
愈 愈甚(유심) [3032]
酉 癸酉(계유) [3030]
酉 己酉(기유) [5230]
酉 卯酉(묘유) [3030]
酉 辛酉(신유) [3030]
酉 酉年(유년) [3080]
酉 酉方(유방) [3072]
酉 酉時(유시) [3072]
閏 閏年(윤년) [3080]
閏 閏朔(윤삭) [3030]
閏 閏餘(윤여) [3042]
閏 閏月(윤월) [3080]
閏 閏位(윤위) [3050]
閏 閏秒(윤초) [3030]
閏 閏統(윤통) [3042]
閏 閏下(윤하) [3072]
閏 再閏(재윤) [5030]

閏	正閏(정윤) [7230]
吟	詠吟(영음) [3030]
吟	吟曲(음곡) [3050]
吟	吟味(음미) [3042]
吟	吟詠(음영) [3030]
吟	吟情(음정) [3052]
吟	吟唱(음창) [3050]
泣	感泣(감읍) [6030]
泣	哭泣(곡읍) [3230]
泣	嗚泣(오읍) [3030]
泣	飮泣(음읍) [6230]
泣	泣訴(읍소) [3032]
泣	泣血(읍혈) [3042]
泣	號泣(호읍) [6030]
凝	凝結(응결) [3052]
凝	凝固(응고) [3050]
凝	凝視(응시) [3042]
凝	凝集(응집) [3062]
凝	凝滯(응체) [3032]
凝	凝縮(응축) [3040]
凝	凝血(응혈) [3042]
宜	權宜(권의) [4230]
宜	機宜(기의) [4030]
宜	量宜(양의) [5030]
宜	物宜(물의) [7230]
宜	時宜(시의) [7230]
宜	宜當(의당) [3052]
宜	宜稻(의도) [3030]
宜	宜稱(의칭) [3040]
宜	便宜(편의) [7030]
矣	矣任(의임) [3052]
夷	島夷(도이) [5030]
夷	東夷(동이) [8030]
夷	陵夷(능이) [3230]
夷	明夷(명이) [6230]
夷	邊夷(변이) [4230]
夷	洋夷(양이) [6030]
夷	夷滅(이멸) [3032]
而	而立(이립) [3072]
姻	舊姻(구인) [5230]
姻	連姻(연인) [4230]
姻	姻叔(인숙) [3040]
姻	姻弟(인제) [3080]
姻	姻姪(인질) [3030]
姻	姻戚(인척) [3032]
姻	姻兄(인형) [3080]
姻	親姻(친인) [6030]
姻	婚姻(혼인) [4030]
寅	甲寅(갑인) [4030]
寅	寅念(인념) [3052]
寅	寅方(인방) [3072]
寅	寅時(인시) [3072]
恣	放恣(방자) [6230]
恣	恣行(자행) [3060]
玆	龜玆(구자) [3030]
玆	今玆(금자) [6230]
玆	來玆(내자) [7030]
爵	公爵(공작) [6230]
爵	男爵(남작) [7230]
爵	伯爵(백작) [3230]
爵	封爵(봉작) [3230]
爵	襲爵(습작) [3230]
爵	人爵(인작) [8030]
爵	子爵(자작) [7230]
爵	爵祿(작록) [3032]
爵	爵位(작위) [3050]
爵	爵號(작호) [3060]
爵	進爵(진작) [4230]
爵	天爵(천작) [7030]
爵	獻爵(헌작) [3230]
爵	侯爵(후작) [3030]
酌	自酌(자작) [7230]
酌	酌婦(작부) [3042]
酌	酌定(작정) [3060]
酌	參酌(참작) [5230]
酌	淸酌(청작) [6230]
墻	墻內(장내) [3072]
哉	快哉(쾌재) [4230]
宰	卿宰(경재) [3030]
宰	里宰(이재) [7030]
宰	凡宰(범재) [3230]
宰	邑宰(읍재) [7030]
宰	宰殺(재살) [3042]
宰	宰相(재상) [3052]
宰	宰臣(재신) [3052]
宰	宰我(재아) [3032]
宰	宰人(재인) [3080]
宰	宰執(재집) [3032]
宰	宰割(재할) [3032]
宰	主宰(주재) [7030]
宰	眞宰(진재) [4230]
宰	太宰(태재) [6030]
宰	賢宰(현재) [4230]
滴	餘滴(여적) [4230]
滴	滴水(적수) [3080]
竊	狗竊(구절) [3030]
竊	盜竊(도절) [4030]
竊	竊念(절념) [3052]
竊	竊盜(절도) [3040]
竊	竊惟(절유) [3030]
竊	竊聽(절청) [3040]
竊	竊取(절취) [3042]
蝶	孤蝶(고접) [4030]
蝶	蜂蝶(봉접) [3030]
蝶	蝶夢(접몽) [3032]
蝶	蝶泳(접영) [3030]
蝶	胡蝶(호접) [3230]
蝶	花蝶(화접) [7030]
蝶	黃蝶(황접) [6030]
訂	改訂(개정) [5030]
訂	考訂(고정) [5030]
訂	校訂(교정) [8030]
訂	修訂(수정) [4230]
訂	訂定(정정) [3060]

訂 訂正(정정) [3072]
堤 堤防(제방) [3042]
弔 慶弔(경조) [4230]
弔 謹弔(근조) [3030]
弔 弔客(조객) [3052]
弔 弔哭(조곡) [3032]
弔 弔橋(조교) [3050]
弔 弔旗(조기) [3070]
弔 弔問(조문) [3070]
弔 弔文(조문) [3070]
弔 弔詞(조사) [3032]
弔 弔辭(조사) [3040]
弔 弔喪(조상) [3032]
弔 弔慰(조위) [3040]
弔 弔意(조의) [3062]
弔 弔電(조전) [3072]
燥 乾燥(건조) [3230]
燥 燥渴(조갈) [3030]
拙 巧拙(교졸) [3230]
拙 庸拙(용졸) [3030]
拙 拙稿(졸고) [3032]
拙 拙劣(졸렬) [3030]
拙 拙速(졸속) [3060]
拙 拙作(졸작) [3062]
拙 拙著(졸저) [3032]
拙 拙筆(졸필) [3052]
拙 稚拙(치졸) [3230]
佐 補佐(보좌) [3230]
佐 保佐(보좌) [4230]
佐 上佐(상좌) [7230]
舟 競舟(경주) [5030]
舟 舟車(주거) [3072]
舟 舟師(주사) [3042]
舟 片舟(편주) [3230]
俊 英俊(영준) [6030]
俊 俊傑(준걸) [3040]
俊 俊德(준덕) [3052]
俊 俊秀(준수) [3040]
俊 俊才(준재) [3062]
遵 遵法(준법) [3052]
遵 遵守(준수) [3042]
遵 遵用(준용) [3062]
遵 遵行(준행) [3060]
贈 加贈(가증) [5030]
贈 寄贈(기증) [4030]
贈 贈與(증여) [3040]
贈 追贈(추증) [3230]
贈 惠贈(혜증) [4230]
只 但只(단지) [3230]
只 只今(지금) [3062]
只 只此(지차) [3032]
遲 陵遲(능지) [3230]
遲 遲刻(지각) [3040]
遲 遲明(지명) [3062]
遲 遲延(지연) [3040]
遲 遲參(지참) [3052]
遲 遲滯(지체) [3032]
姪 堂姪(당질) [6230]
姪 叔姪(숙질) [4030]
姪 姻姪(인질) [3030]
姪 族姪(족질) [6030]
姪 姪女(질녀) [3080]
姪 姪婦(질부) [3042]
懲 懲戒(징계) [3040]
懲 懲罰(징벌) [3042]
懲 懲惡(징악) [3052]
懲 懲役(징역) [3032]
且 苟且(구차) [3030]
且 且置(차치) [3042]
且 況且(황차) [4030]
捉 把捉(파착) [3030]
捉 捕捉(포착) [3230]
慘 無慘(무참) [5030]
慘 悲慘(비참) [4230]
慘 慘劇(참극) [3040]
慘 慘變(참변) [3052]
慘 慘死(참사) [3060]
慘 慘事(참사) [3072]
慘 慘狀(참상) [3042]
慘 慘敗(참패) [3050]
慘 慘禍(참화) [3032]
慙 愧慙(괴참) [3030]
慙 慙慨(참개) [3030]
慙 慙愧(참괴) [3030]
慙 慙德(참덕) [3052]
慙 慙伏(참복) [3040]
慙 慙服(참복) [3060]
慙 慙憤(참분) [3040]
慙 慙死(참사) [3060]
慙 慙色(참색) [3070]
慙 慙汗(참한) [3032]
慙 慙恨(참한) [3040]
慙 慙悔(참회) [3032]
暢 流暢(유창) [5230]
暢 暢達(창달) [3042]
暢 暢茂(창무) [3032]
暢 暢懷(창회) [3032]
暢 和暢(화창) [6230]
斥 排斥(배척) [3230]
斥 斥和(척화) [3062]
斥 斥候(척후) [3040]
薦 公薦(공천) [6230]
薦 落薦(낙천) [5030]
薦 自薦(자천) [7230]
薦 薦擧(천거) [3050]
薦 薦新(천신) [3062]
薦 推薦(추천) [4030]
薦 他薦(타천) [5030]
尖 尖端(첨단) [3042]
尖 尖兵(첨병) [3052]
尖 尖銳(첨예) [3030]
添 別添(별첨) [6030]
添 添加(첨가) [3050]
添 添附(첨부) [3032]

添	添削(첨삭) [3032]	秒	秒針(초침) [3040]	枕	枕頭(침두) [3060]
妾	婢妾(비첩) [3230]	燭	洞燭(통촉) [7030]	枕	枕木(침목) [3080]
妾	愛妾(애첩) [6030]	燭	燭光(촉광) [3062]	枕	枕上(침상) [3072]
妾	妻妾(처첩) [3230]	燭	燭臺(촉대) [3032]	墮	失墮(실타) [6030]
妾	妾室(첩실) [3080]	燭	燭數(촉수) [3070]	墮	墮落(타락) [3050]
妾	蓄妾(축첩) [4230]	燭	燭察(촉찰) [3042]	墮	墮淚(타루) [3030]
晴	晴雨(청우) [3052]	燭	華燭(화촉) [4030]	墮	墮漏(타루) [3032]
晴	晴天(청천) [3070]	聰	聰氣(총기) [3072]	墮	墮獄(타옥) [3032]
晴	快晴(쾌청) [4230]	聰	聰明(총명) [3062]	墮	墮罪(타죄) [3050]
替	交替(교체) [6030]	聰	聰敏(총민) [3030]	墮	墮地(타지) [3070]
替	代替(대체) [6230]	抽	抽拔(추발) [3032]	妥	妥結(타결) [3052]
替	對替(대체) [6230]	抽	抽象(추상) [3040]	妥	妥當(타당) [3052]
替	隆替(융체) [3230]	抽	抽身(추신) [3062]	妥	妥協(타협) [3042]
替	立替(입체) [7230]	抽	抽出(추출) [3070]	托	內托(내탁) [7230]
替	移替(이체) [4230]	抽	抽脫(추탈) [3040]	托	依托(의탁) [4030]
逮	連逮(연체) [4230]	醜	醜男(추남) [3072]	托	托毒(탁독) [3042]
逮	逮夜(체야) [3060]	醜	醜女(추녀) [3080]	托	托生(탁생) [3080]
逮	逮捕(체포) [3032]	醜	醜貌(추모) [3032]	托	花托(화탁) [7030]
逮	被逮(피체) [3230]	醜	醜聞(추문) [3062]	濁	鈍濁(둔탁) [3030]
遞	圖遞(도체) [6230]	醜	醜夫(추부) [3070]	濁	淸濁(청탁) [6230]
遞	數遞(삭체) [7030]	醜	醜惡(추악) [3052]	濁	濁流(탁류) [3052]
遞	驛遞(역체) [3230]	醜	醜雜(추잡) [3040]	濁	濁世(탁세) [3072]
遞	郵遞(우체) [4030]	醜	醜態(추태) [3042]	濁	濁音(탁음) [3062]
遞	遞加(체가) [3050]	醜	醜行(추행) [3060]	濁	濁酒(탁주) [3040]
遞	遞減(체감) [3042]	丑	癸丑(계축) [3030]	濁	混濁(혼탁) [4030]
遞	遞代(체대) [3062]	丑	乙丑(을축) [3230]	濯	洗濯(세탁) [5230]
遞	遞送(체송) [3042]	丑	丑方(축방) [3072]	濯	濯足(탁족) [3072]
遞	遞信(체신) [3062]	丑	丑時(축시) [3072]	誕	降誕(강탄) [4030]
遞	遞傳(체전) [3052]	逐	角逐(각축) [6230]	誕	怪誕(괴탄) [3230]
遞	遞增(체증) [3042]	逐	驅逐(구축) [3030]	誕	妄誕(망탄) [3230]
抄	抄啓(초계) [3032]	逐	逐鹿(축록) [3030]	誕	浮誕(부탄) [3230]
抄	抄掠(초략) [3030]	逐	逐條(축조) [3040]	誕	詐誕(사탄) [3030]
抄	抄錄(초록) [3042]	逐	逐出(축출) [3070]	誕	聖誕(성탄) [4230]
抄	抄本(초본) [3060]	臭	惡臭(악취) [5230]	誕	縱誕(종탄) [3230]
抄	抄譯(초역) [3032]	臭	體臭(체취) [6230]	誕	誕降(탄강) [3040]
秒	分秒(분초) [6230]	臭	臭覺(취각) [3040]	誕	誕妄(탄망) [3032]
秒	閏秒(윤초) [3030]	臭	臭氣(취기) [3072]	誕	誕生(탄생) [3080]
秒	秒速(초속) [3060]	枕	木枕(목침) [8030]	誕	誕辰(탄신) [3032]

誕 虛誕(허탄) [4230]
誕 荒誕(황탄) [3230]
貪 食貪(식탐) [7230]
貪 貪官(탐관) [3042]
貪 貪權(탐권) [3042]
貪 貪廉(탐렴) [3030]
貪 貪利(탐리) [3062]
貪 貪慾(탐욕) [3032]
貪 貪位(탐위) [3050]
怠 怠慢(태만) [3030]
怠 怠業(태업) [3062]
把 劍把(검파) [3230]
把 肩把(견파) [3030]
把 把守(파수) [3042]
把 把手(파수) [3072]
把 把持(파지) [3040]
把 把捉(파착) [3030]
播 代播(대파) [6230]
播 床播(상파) [4230]
播 傳播(전파) [5230]
播 直播(직파) [7230]
播 播多(파다) [3060]
播 播種(파종) [3052]
播 播遷(파천) [3032]
罷 罷免(파면) [3032]
罷 罷業(파업) [3062]
罷 罷場(파장) [3072]
罷 罷職(파직) [3042]
頗 頗多(파다) [3060]
頗 偏頗(편파) [3230]
販 街販(가판) [4230]
販 市販(시판) [7230]
販 外販(외판) [8030]
販 直販(직판) [7230]
販 總販(총판) [4230]
販 販禁(판금) [3042]
販 販路(판로) [3060]
販 販賣(판매) [3050]
販 販促(판촉) [3032]
貝 龜貝(귀패) [3030]
貝 錦貝(금패) [3230]
貝 成貝(성패) [6230]
貝 魚貝(어패) [5030]
貝 珠貝(주패) [3230]
貝 貝類(패류) [3052]
貝 貝物(패물) [3072]
貝 貨貝(화패) [4230]
遍 普遍(보편) [4030]
遍 遍踏(편답) [3032]
遍 遍歷(편력) [3052]
幣 納幣(납폐) [4030]
幣 禮幣(예폐) [6030]
幣 僞幣(위폐) [3230]
幣 造幣(조폐) [4230]
幣 紙幣(지폐) [7030]
幣 幣物(폐물) [3072]
幣 貨幣(화폐) [4230]
蔽 擁蔽(옹폐) [3030]
蔽 隱蔽(은폐) [4030]
抱 抱腹(포복) [3032]
抱 抱負(포부) [3040]
抱 抱擁(포옹) [3030]
抱 抱主(포주) [3070]
抱 懷抱(회포) [3230]
飽 飽滿(포만) [3042]
飽 飽聞(포문) [3062]
飽 飽食(포식) [3072]
飽 飽和(포화) [3062]
幅 江幅(강폭) [7230]
幅 旗幅(기폭) [7030]
幅 大幅(대폭) [8030]
幅 路幅(노폭) [6030]
幅 步幅(보폭) [4230]
幅 小幅(소폭) [8030]
幅 增幅(증폭) [4230]
幅 振幅(진폭) [3230]
幅 幅廣(폭광) [3052]
幅 畫幅(화폭) [6030]
漂 浮漂(부표) [3230]
漂 漂流(표류) [3052]
漂 漂母(표모) [3080]
漂 漂白(표백) [3080]
漂 漂着(표착) [3052]
漂 漂漂(표표) [3030]
匹 馬匹(마필) [5030]
匹 配匹(배필) [4230]
匹 匹馬(필마) [3050]
匹 匹夫(필부) [3070]
匹 匹敵(필적) [3042]
旱 枯旱(고한) [3030]
旱 久旱(구한) [3230]
旱 耐旱(내한) [3230]
旱 旱鬼(한귀) [3032]
旱 旱暑(한서) [3030]
旱 旱熱(한열) [3050]
旱 旱炎(한열) [3032]
旱 旱災(한재) [3050]
旱 旱徵(한징) [3032]
旱 旱害(한해) [3052]
咸 咸池(함지) [3032]
巷 街巷(가항) [4230]
巷 塗巷(도항) [3030]
巷 巷間(항간) [3072]
巷 巷談(항담) [3050]
巷 巷說(항설) [3052]
亥 辛亥(신해) [3030]
亥 乙亥(을해) [3230]
亥 亥方(해방) [3072]
亥 亥時(해시) [3072]
奚 奚暇(해가) [3040]
奚 奚琴(해금) [3032]
該 該當(해당) [3052]
該 該博(해박) [3042]
該 該地(해지) [3070]

享	時享(시향)	[7230]
享	祭享(제향)	[4230]
享	從享(종향)	[4030]
享	秋享(추향)	[7030]
享	致享(치향)	[5030]
享	享年(향년)	[3080]
享	享樂(향락)	[3062]
享	享祀(향사)	[3032]
享	享受(향수)	[3042]
享	享有(향유)	[3070]
軒	東軒(동헌)	[8030]
絃	續絃(속현)	[4230]
絃	絶絃(절현)	[4230]
縣	州縣(주현)	[5230]
縣	縣監(현감)	[3042]
縣	縣令(현령)	[3050]
嫌	舊嫌(구혐)	[5230]
嫌	私嫌(사혐)	[4030]
嫌	宿嫌(숙혐)	[5230]
嫌	怨嫌(원혐)	[4030]
嫌	引嫌(인혐)	[4230]
嫌	作嫌(작혐)	[6230]
嫌	前嫌(전혐)	[7230]
嫌	憎嫌(증혐)	[3230]
嫌	含嫌(함혐)	[3230]
嫌	嫌家(혐가)	[3072]
嫌	嫌忌(혐기)	[3030]
嫌	嫌惡(혐오)	[3052]
嫌	嫌疑(혐의)	[3040]
嫌	嫌恨(혐한)	[3040]
嫌	婚嫌(혼혐)	[4030]
亨	亨光(형광)	[3062]
亨	亨國(형국)	[3080]
亨	亨通(형통)	[3060]
螢	螢光(형광)	[3062]
螢	螢雪(형설)	[3062]
乎	斷乎(단호)	[4230]
乎	確乎(확호)	[4230]
互	相互(상호)	[5230]
互	互選(호선)	[3050]
互	互讓(호양)	[3032]
互	互惠(호혜)	[3042]
互	互換(호환)	[3032]
毫	秋毫(추호)	[7030]
毫	毫端(호단)	[3042]
毫	毫末(호말)	[3050]
毫	毫髮(호발)	[3040]
毫	揮毫(휘호)	[4030]
昏	晨昏(신혼)	[3030]
昏	昏迷(혼미)	[3030]
昏	昏睡(혼수)	[3030]
昏	昏絶(혼절)	[3042]
昏	黃昏(황혼)	[6030]
弘	弘敎(홍교)	[3080]
弘	弘範(홍범)	[3040]
弘	弘報(홍보)	[3042]
弘	弘誓(홍서)	[3030]
弘	弘濟(홍제)	[3042]
弘	弘通(홍통)	[3060]
鴻	鴻基(홍기)	[3052]
鴻	鴻名(홍명)	[3072]
鴻	鴻毛(홍모)	[3042]
鴻	鴻雁(홍안)	[3030]
鴻	鴻儒(홍유)	[3040]
鴻	鴻恩(홍은)	[3042]
鴻	鴻學(홍학)	[3080]
禾	晩禾(만화)	[3230]
禾	松禾(송화)	[4030]
禾	田禾(전화)	[4230]
禾	禾穀(화곡)	[3040]
禾	禾利(화리)	[3062]
禾	禾苗(화묘)	[3030]
禾	禾積(화적)	[3040]
禾	禾主(화주)	[3070]
禾	禾尺(화척)	[3032]
禾	禾草(화초)	[3070]
擴	擴大(확대)	[3080]
擴	擴散(확산)	[3040]
擴	擴張(확장)	[3040]
擴	擴充(확충)	[3052]
穫	耕穫(경확)	[3230]
穫	收穫(수확)	[4230]
穫	秋穫(추확)	[7030]
丸	彈丸(탄환)	[4030]
丸	砲丸(포환)	[4230]
丸	丸藥(환약)	[3062]
曉	拂曉(불효)	[3230]
曉	通曉(통효)	[6030]
曉	曉達(효달)	[3042]
曉	曉得(효득)	[3042]
曉	曉星(효성)	[3042]
曉	曉晨(효신)	[3030]
侯	王侯(왕후)	[8030]
侯	諸侯(제후)	[3230]
侯	土侯(토후)	[8030]
侯	侯爵(후작)	[3030]
毁	毁慕(훼모)	[3032]
毁	毁傷(훼상)	[3040]
毁	毁損(훼손)	[3040]
輝	光輝(광휘)	[6230]
輝	德輝(덕휘)	[5230]
輝	明輝(명휘)	[6230]
輝	星輝(성휘)	[4230]
輝	十輝(십휘)	[8030]
輝	顔輝(안휘)	[3230]
輝	愛輝(애휘)	[6030]
輝	揚輝(양휘)	[3230]
輝	餘輝(여휘)	[4230]
輝	再輝(재휘)	[5030]
輝	淸輝(청휘)	[6230]
輝	輝光(휘광)	[3062]
輝	輝度(휘도)	[3060]
輝	輝幕(휘막)	[3032]
輝	輝石(휘석)	[3060]

輝 輝線(휘선) [3062]
輝 輝巖(휘암) [3032]
輝 輝點(휘점) [3040]
輝 輝炭(휘탄) [3050]
携 提携(제휴) [4230]
携 携帶(휴대) [3042]

<3級Ⅱ 配定 漢字語>

佳 佳客(가객) [3252]
佳 佳景(가경) [3250]
佳 佳果(가과) [3262]
佳 佳句(가구) [3242]
佳 佳局(가국) [3252]
佳 佳器(가기) [3242]
佳 佳期(가기) [3250]
佳 佳氣(가기) [3272]
佳 佳郞(가랑) [3232]
佳 佳良(가량) [3252]
佳 佳名(가명) [3272]
佳 佳味(가미) [3242]
佳 佳配(가배) [3242]
佳 佳婦(가부) [3242]
佳 佳城(가성) [3242]
佳 佳詩(가시) [3242]
佳 佳實(가실) [3252]
佳 佳約(가약) [3252]
佳 佳容(가용) [3242]
佳 佳月(가월) [3280]
佳 佳意(가의) [3262]
佳 佳人(가인) [3280]
佳 佳日(가일) [3280]
佳 佳作(가작) [3262]
佳 佳絶(가절) [3242]
佳 佳節(가절) [3252]
佳 佳兆(가조) [3232]
佳 佳酒(가주) [3240]
佳 佳辰(가신) [3232]
佳 佳趣(가취) [3240]
佳 佳篇(가편) [3240]
佳 佳品(가품) [3252]
佳 佳話(가화) [3272]
佳 佳興(가흥) [3242]

架 架空(가공) [3272]
架 架橋(가교) [3250]
架 架構(가구) [3240]
架 架臺(가대) [3232]
架 架尾(가미) [3232]
架 架上(가상) [3272]
架 架線(가선) [3262]
架 架設(가설) [3242]
架 架版(가판) [3232]
架 鏡架(경가) [4032]
架 高架(고가) [6232]
架 書架(서가) [6232]
脚 脚光(각광) [3262]
脚 脚本(각본) [3260]
脚 脚色(각색) [3270]
脚 健脚(건각) [5032]
脚 橋脚(교각) [5032]
脚 立脚(입각) [7232]
脚 馬脚(마각) [5032]
脚 木脚(목각) [8032]
脚 失脚(실각) [6032]
脚 行脚(행각) [6032]
閣 閣議(각의) [3242]
閣 閣下(각하) [3272]
閣 改閣(개각) [5032]
閣 巨閣(거각) [4032]
閣 高閣(고각) [6232]
閣 內閣(내각) [7232]
閣 樓閣(누각) [3232]
閣 飛閣(비각) [4232]
閣 入閣(입각) [7032]
閣 殿閣(전각) [3232]
閣 組閣(조각) [4032]
刊 刊印(간인) [3242]

刊 刊行(간행) [3260]
刊 季刊(계간) [4032]
刊 近刊(근간) [6032]
刊 發刊(발간) [6232]
刊 夕刊(석간) [7032]
刊 續刊(속간) [4232]
刊 旬刊(순간) [3232]
刊 新刊(신간) [6232]
刊 月刊(월간) [8032]
刊 日刊(일간) [8032]
刊 停刊(정간) [5032]
刊 朝刊(조간) [6032]
刊 終刊(종간) [5032]
刊 週刊(주간) [5232]
刊 重刊(중간) [7032]
刊 創刊(창간) [4232]
刊 初刊(초간) [5032]
刊 出刊(출간) [7032]
刊 廢刊(폐간) [3232]
刊 休刊(휴간) [7032]
幹 幹部(간부) [3262]
幹 幹事(간사) [3272]
幹 幹枝(간지) [3232]
幹 骨幹(골간) [4032]
幹 根幹(근간) [6032]
幹 語幹(어간) [7032]
幹 才幹(재간) [6232]
幹 主幹(주간) [7032]
懇 懇曲(간곡) [3250]
懇 懇求(간구) [3242]
懇 懇談(간담) [3250]
懇 懇切(간절) [3252]
懇 懇請(간청) [3242]
肝 肝炎(간염) [3232]

肝	肝要(간요) [3252]
肝	肝油(간유) [3260]
肝	肝臟(간장) [3232]
肝	肝腸(간장) [3240]
肝	洗肝(세간) [5232]
肝	心肝(심간) [7032]
鑑	鑑戒(감계) [3240]
鑑	鑑古(감고) [3260]
鑑	鑑別(감별) [3260]
鑑	鑑査(감사) [3250]
鑑	鑑賞(감상) [3250]
鑑	鑑識(감식) [3252]
鑑	鑑定(감정) [3260]
鑑	鑑察(감찰) [3242]
鑑	鑑票(감표) [3242]
鑑	鏡鑑(경감) [4032]
鑑	年鑑(연감) [8032]
鑑	圖鑑(도감) [6232]
鑑	寶鑑(보감) [4232]
鑑	印鑑(인감) [4232]
剛	剛健(강건) [3250]
剛	剛氣(강기) [3272]
剛	剛斷(강단) [3242]
剛	剛度(강도) [3260]
剛	剛烈(강렬) [3240]
剛	剛毛(강모) [3242]
剛	剛性(강성) [3252]
剛	剛柔(강유) [3232]
剛	剛日(강일) [3280]
剛	剛正(강정) [3272]
剛	剛志(강지) [3242]
剛	剛直(강직) [3272]
剛	剛體(강체) [3262]
剛	堅剛(견강) [4032]
綱	綱領(강령) [3250]
綱	綱目(강목) [3260]
綱	綱常(강상) [3242]
綱	綱要(강요) [3252]
綱	紀綱(기강) [4032]
綱	大綱(대강) [8032]
綱	三綱(삼강) [8032]
綱	要綱(요강) [5232]
綱	政綱(정강) [4232]
鋼	鋼船(강선) [3250]
鋼	鋼線(강선) [3262]
鋼	鋼鐵(강철) [3250]
鋼	鋼板(강판) [3250]
鋼	鋼筆(강필) [3252]
鋼	鍊鋼(연강) [3232]
鋼	製鋼(제강) [4232]
鋼	鐵鋼(철강) [5032]
介	介潔(개결) [3242]
介	介意(개의) [3262]
介	介入(개입) [3270]
介	介在(개재) [3260]
介	媒介(매개) [3232]
介	一介(일개) [8032]
介	節介(절개) [5232]
介	仲介(중개) [3232]
槪	槪觀(개관) [3252]
槪	槪念(개념) [3252]
槪	槪略(개략) [3240]
槪	槪論(개론) [3242]
槪	槪算(개산) [3270]
槪	槪說(개설) [3252]
槪	槪要(개요) [3252]
槪	槪況(개황) [3240]
槪	景槪(경개) [5032]
槪	氣槪(기개) [7232]
槪	大槪(대개) [8032]
槪	疏槪(소개) [3232]
槪	節槪(절개) [5232]
蓋	蓋車(개차) [3272]
蓋	蓋果(개과) [3262]
蓋	蓋石(개석) [3260]
蓋	蓋世(개세) [3272]
蓋	蓋然(개연) [3270]
蓋	蓋瓦(개와) [3232]
蓋	蓋草(개초) [3270]
蓋	蓋板(개판) [3250]
蓋	蓋皮(개피) [3232]
蓋	覆蓋(복개) [3232]
距	距骨(거골) [3240]
距	距今(거금) [3262]
距	距離(거리) [3240]
距	距星(거성) [3242]
距	鷄距(계거) [4032]
距	高距(고거) [6232]
距	相距(상거) [5232]
距	石距(석거) [6032]
距	燒距(소거) [3232]
距	視距(시거) [4232]
乾	乾固(건고) [3250]
乾	乾空(건공) [3272]
乾	乾期(건기) [3250]
乾	乾達(건달) [3242]
乾	乾德(건덕) [3252]
乾	乾性(건성) [3252]
乾	乾濕(건습) [3232]
乾	乾魚(건어) [3250]
乾	乾位(건위) [3250]
乾	乾材(건재) [3252]
乾	乾菜(건채) [3232]
乾	乾川(건천) [3270]
乾	乾草(건초) [3270]
劍	劍客(검객) [3252]
劍	劍道(검도) [3272]
劍	劍舞(검무) [3240]
劍	劍術(검술) [3262]
劍	短劍(단검) [6232]
劍	帶劍(대검) [4232]
劍	刀劍(도검) [3232]
劍	利劍(이검) [6232]
劍	名劍(명검) [7232]

劍 寶劍(보검) [4232]
劍 長劍(장검) [8032]
劍 着劍(착검) [5232]
劍 銃劍(총검) [4232]
隔 間隔(간격) [7232]
隔 隔年(격년) [3280]
隔 隔離(격리) [3240]
隔 隔月(격월) [3280]
隔 隔意(격의) [3262]
隔 隔日(격일) [3280]
隔 隔週(격주) [3252]
隔 隔差(격차) [3240]
隔 相隔(상격) [5232]
隔 遠隔(원격) [6032]
隔 懸隔(현격) [3232]
訣 訣別(결별) [3260]
訣 訣要(결요) [3252]
訣 口訣(구결) [7032]
訣 道訣(도결) [7232]
訣 辭訣(사결) [4032]
訣 生訣(생결) [8032]
訣 永訣(영결) [6032]
訣 要訣(요결) [5232]
訣 眞訣(진결) [4232]
兼 兼務(겸무) [3242]
兼 兼備(겸비) [3242]
兼 兼床(겸상) [3242]
兼 兼業(겸업) [3262]
兼 兼用(겸용) [3262]
兼 兼任(겸임) [3252]
兼 兼職(겸직) [3242]
謙 謙德(겸덕) [3252]
謙 謙讓(겸양) [3232]
謙 謙稱(겸칭) [3240]
謙 謙虛(겸허) [3242]
徑 口徑(구경) [7032]
徑 半徑(반경) [6232]
徑 直徑(직경) [7232]
徑 砲徑(포경) [4232]
硬 堅硬(견경) [4032]
硬 硬度(경도) [3260]
硬 硬性(경성) [3252]
硬 硬水(경수) [3280]
硬 硬式(경식) [3260]
硬 硬音(경음) [3262]
硬 硬直(경직) [3272]
硬 硬質(경질) [3252]
硬 硬貨(경화) [3242]
硬 硬化(경화) [3252]
硬 生硬(생경) [8032]
硬 強硬(강경) [6032]
耕 耕作(경작) [3262]
耕 耕地(경지) [3270]
耕 農耕(농경) [7232]
耕 水耕(수경) [8032]
耕 春耕(춘경) [7032]
耕 筆耕(필경) [5232]
頃 頃刻(경각) [3240]
頃 頃年(경년) [3280]
頃 頃步(경보) [3242]
頃 頃歲(경세) [3252]
頃 頃日(경일) [3280]
頃 頃者(경자) [3260]
啓 啓告(계고) [3252]
啓 啓導(계도) [3242]
啓 啓蒙(계몽) [3232]
啓 啓發(계발) [3262]
啓 啓示(계시) [3250]
啓 狀啓(장계) [4232]
啓 肅啓(숙계) [4032]
啓 天啓(천계) [7032]
契 契券(계권) [3240]
契 契機(계기) [3240]
契 契丹(계단) [3232]
契 契約(계약) [3252]
契 契員(계원) [3242]
契 默契(묵계) [3232]
桂 桂冠(계관) [3232]
桂 桂樹(계수) [3260]
桂 桂皮(계피) [3232]
桂 月桂(월계) [8032]
械 機械(기계) [4032]
械 器械(기계) [4232]
溪 溪谷(계곡) [3232]
溪 溪流(계류) [3252]
溪 溪水(계수) [3280]
溪 溪川(계천) [3270]
溪 碧溪(벽계) [3232]
溪 清溪(청계) [6232]
姑 姑母(고모) [3280]
姑 姑婦(고부) [3242]
姑 姑息(고식) [3242]
姑 姑姉(고자) [3240]
姑 姑從(고종) [3240]
稿 改稿(개고) [5032]
稿 稿料(고료) [3250]
稿 稿本(고본) [3260]
稿 寄稿(기고) [4032]
稿 送稿(송고) [4232]
稿 玉稿(옥고) [4232]
稿 原稿(원고) [5032]
稿 遺稿(유고) [4032]
稿 草稿(초고) [7032]
稿 脫稿(탈고) [4032]
稿 投稿(투고) [4032]
鼓 鼓角(고각) [3262]
鼓 鼓動(고동) [3272]
鼓 鼓舞(고무) [3240]
鼓 鼓手(고수) [3272]
鼓 鼓笛(고적) [3232]
鼓 鼓鑄(고주) [3232]
鼓 鼓吹(고취) [3232]
鼓 法鼓(법고) [5232]
鼓 小鼓(소고) [8032]

哭	哭聲(곡성) [3242]
哭	卒哭(졸곡) [5232]
哭	痛哭(통곡) [4032]
哭	號哭(호곡) [6032]
谷	溪谷(계곡) [3232]
谷	谷泉(곡천) [3240]
谷	谷風(곡풍) [3262]
谷	栗谷(율곡) [3232]
谷	陵谷(능곡) [3232]
谷	幽谷(유곡) [3232]
供	供給(공급) [3250]
供	供物(공물) [3272]
供	供需(공수) [3232]
供	供述(공술) [3232]
供	供養(공양) [3252]
供	供與(공여) [3240]
供	供出(공출) [3270]
供	佛供(불공) [4232]
供	提供(제공) [4232]
恐	可恐(가공) [5032]
恐	恐龍(공룡) [3240]
恐	恐妻(공처) [3232]
恐	震恐(진공) [3232]
恭	恭敬(공경) [3252]
恭	恭待(공대) [3260]
恭	不恭(불공) [7232]
貢	貢女(공녀) [3280]
貢	貢物(공물) [3272]
貢	貢獻(공헌) [3232]
貢	朝貢(조공) [6032]
寡	寡默(과묵) [3232]
寡	寡婦(과부) [3242]
寡	寡少(과소) [3270]
寡	寡守(과수) [3242]
寡	寡慾(과욕) [3232]
寡	寡人(과인) [3280]
寡	寡占(과점) [3240]
寡	多寡(다과) [6032]
誇	誇大(과대) [3280]
誇	誇示(과시) [3250]
誇	誇言(과언) [3260]
誇	誇張(과장) [3240]
冠	桂冠(계관) [3232]
冠	鷄冠(계관) [4032]
冠	冠帶(관대) [3242]
冠	冠禮(관례) [3260]
冠	冠詞(관사) [3232]
冠	冠絶(관절) [3242]
冠	金冠(금관) [8032]
冠	弱冠(약관) [6232]
冠	王冠(왕관) [8032]
冠	衣冠(의관) [6032]
冠	卓冠(탁관) [5032]
冠	彈冠(탄관) [4032]
寬	寬待(관대) [3260]
寬	寬大(관대) [3280]
寬	寬猛(관맹) [3232]
寬	寬恕(관서) [3232]
寬	寬容(관용) [3242]
寬	寬厚(관후) [3240]
寬	裕寬(유관) [3232]
慣	慣例(관례) [3260]
慣	慣性(관성) [3252]
慣	慣習(관습) [3260]
慣	慣用(관용) [3262]
慣	慣行(관행) [3260]
慣	習慣(습관) [6032]
貫	貫祿(관록) [3232]
貫	貫珠(관주) [3232]
貫	貫徹(관철) [3232]
貫	貫通(관통) [3260]
貫	貫鄕(관향) [3242]
貫	本貫(본관) [6032]
貫	一貫(일관) [8032]
館	開館(개관) [6032]
館	公館(공관) [6232]
館	館舍(관사) [3242]
館	館驛(관역) [3232]
館	館長(관장) [3280]
館	舊館(구관) [5232]
館	旅館(여관) [5232]
館	別館(별관) [6032]
館	本館(본관) [6032]
館	新館(신관) [6232]
館	入館(입관) [7032]
館	會館(회관) [6232]
館	休館(휴관) [7032]
狂	狂歌(광가) [3270]
狂	狂客(광객) [3252]
狂	狂犬(광견) [3240]
狂	狂氣(광기) [3272]
狂	狂亂(광란) [3240]
狂	狂夫(광부) [3270]
狂	狂奔(광분) [3232]
狂	狂藥(광약) [3262]
狂	狂飮(광음) [3262]
狂	狂人(광인) [3280]
狂	狂症(광증) [3232]
狂	狂態(광태) [3242]
狂	狂暴(광포) [3242]
狂	狂風(광풍) [3262]
狂	發狂(발광) [6232]
狂	熱狂(열광) [5032]
壞	壞滅(괴멸) [3232]
壞	倒壞(도괴) [3232]
壞	損壞(손괴) [4032]
壞	破壞(파괴) [4232]
怪	怪傑(괴걸) [3240]
怪	怪奇(괴기) [3240]
怪	怪談(괴담) [3250]
怪	怪盜(괴도) [3240]
怪	怪力(괴력) [3272]
怪	怪聞(괴문) [3262]
怪	怪物(괴물) [3272]

怪 怪變(괴변) [3252]
怪 怪獸(괴수) [3232]
怪 怪異(괴이) [3240]
怪 怪漢(괴한) [3272]
怪 奇怪(기괴) [4032]
巧 計巧(계교) [6232]
巧 工巧(공교) [7232]
巧 巧妙(교묘) [3240]
巧 技巧(기교) [5032]
巧 精巧(정교) [4232]
較 比較(비교) [5032]
丘 丘陵(구릉) [3232]
丘 丘木(구목) [3280]
丘 丘墓(구묘) [3240]
丘 丘民(구민) [3280]
丘 丘山(구산) [3280]
丘 阿丘(아구) [3232]
丘 青丘(청구) [8032]
久 久遠(구원) [3260]
久 久滯(구체) [3232]
久 良久(양구) [5232]
久 未久(미구) [4232]
久 永久(영구) [6032]
久 悠久(유구) [3232]
久 長久(장구) [8032]
久 持久(지구) [4032]
久 恒久(항구) [3232]
拘 拘禁(구금) [3242]
拘 拘留(구류) [3242]
拘 拘束(구속) [3252]
拘 拘引(구인) [3242]
拘 拘置(구치) [3242]
拘 不拘(불구) [7232]
菊 菊月(국월) [3280]
菊 菊版(국판) [3232]
菊 菊判(국판) [3240]
菊 菊花(국화) [3270]
菊 霜菊(상국) [3232]
菊 水菊(수국) [8032]
菊 楓菊(풍국) [3232]
菊 黃菊(황국) [6032]
弓 國弓(국궁) [8032]
弓 弓道(궁도) [3272]
弓 弓術(궁술) [3262]
弓 名弓(명궁) [7232]
弓 洋弓(양궁) [6032]
拳 拳法(권법) [3252]
拳 拳銃(권총) [3242]
拳 拳鬪(권투) [3240]
拳 鐵拳(철권) [5032]
鬼 客鬼(객귀) [5232]
鬼 鬼面(귀면) [3270]
鬼 鬼神(귀신) [3262]
鬼 鬼才(귀재) [3262]
鬼 鬼火(귀화) [3280]
鬼 惡鬼(악귀) [5232]
鬼 暗鬼(암귀) [4232]
鬼 雜鬼(잡귀) [4032]
菌 球菌(구균) [6232]
菌 菌根(균근) [3260]
菌 菌類(균류) [3252]
菌 滅菌(멸균) [3232]
菌 病菌(병균) [6032]
菌 保菌(보균) [4232]
菌 殺菌(살균) [4232]
菌 細菌(세균) [4232]
菌 雜菌(잡균) [4032]
克 克己(극기) [3252]
克 克明(극명) [3262]
克 克復(극복) [3242]
克 克服(극복) [3260]
琴 琴道(금도) [3272]
琴 琴書(금서) [3262]
琴 琴心(금심) [3270]
琴 心琴(심금) [7032]
琴 彈琴(탄금) [4032]
琴 風琴(풍금) [6232]
禽 家禽(가금) [7232]
禽 禽獸(금수) [3232]
禽 禽獲(금획) [3232]
禽 猛禽(맹금) [3232]
禽 鳴禽(명금) [4032]
錦 錦衣(금의) [3260]
錦 錦殿(금전) [3232]
錦 錦地(금지) [3270]
及 及落(급락) [3250]
及 及第(급제) [3262]
及 論及(논급) [4232]
及 未及(미급) [4232]
及 普及(보급) [4032]
及 言及(언급) [6032]
及 波及(파급) [4232]
企 企待(기대) [3260]
企 企圖(기도) [3262]
企 企望(기망) [3252]
企 企業(기업) [3262]
企 企劃(기획) [3232]
其 各其(각기) [6232]
其 其間(기간) [3272]
其 其實(기실) [3252]
其 其亦(기역) [3232]
其 其人(기인) [3280]
其 其他(기타) [3250]
畿 京畿(경기) [6032]
畿 畿內(기내) [3272]
畿 畿湖(기호) [3250]
祈 祈求(기구) [3242]
祈 祈雨(기우) [3252]
祈 祈願(기원) [3250]
騎 騎馬(기마) [3250]
騎 騎兵(기병) [3252]
騎 騎士(기사) [3252]
騎 騎手(기수) [3272]
緊 緊急(긴급) [3262]

緊	緊密(긴밀) [3242]
緊	緊迫(긴박) [3232]
緊	緊要(긴요) [3252]
緊	緊張(긴장) [3240]
緊	緊縮(긴축) [3240]
緊	要緊(요긴) [5232]
諾	內諾(내락) [7232]
諾	受諾(수락) [4232]
諾	承諾(승낙) [4232]
諾	應諾(응낙) [4232]
諾	快諾(쾌락) [4232]
諾	許諾(허락) [5032]
娘	娘娘(낭랑) [3232]
娘	娘子(낭자) [3272]
耐	耐性(내성) [3252]
耐	耐熱(내열) [3250]
耐	耐震(내진) [3232]
耐	耐寒(내한) [3250]
耐	耐火(내화) [3280]
耐	忍耐(인내) [3232]
寧	康寧(강녕) [4232]
寧	寧日(영일) [3280]
寧	安寧(안녕) [7232]
奴	家奴(가노) [7232]
奴	監奴(감노) [4232]
奴	奴婢(노비) [3232]
腦	腦裏(뇌리) [3232]
腦	腦死(뇌사) [3260]
腦	腦炎(뇌염) [3232]
腦	腦波(뇌파) [3242]
腦	大腦(대뇌) [8032]
腦	頭腦(두뇌) [6032]
腦	洗腦(세뇌) [5232]
腦	首腦(수뇌) [5232]
泥	泥土(니토) [3280]
茶	茶器(다기) [3242]
茶	茶道(다도) [3272]
茶	茶禮(다례) [3260]
茶	茶房(다방) [3242]
茶	綠茶(녹차) [6032]
茶	葉茶(엽차) [5032]
茶	紅茶(홍차) [4032]
丹	契丹(계단) [3232]
丹	丹鳳(단봉) [3232]
丹	丹誠(단성) [3242]
丹	丹心(단심) [3270]
丹	丹藥(단약) [3262]
丹	丹粧(단장) [3232]
丹	丹田(단전) [3242]
丹	丹靑(단청) [3280]
丹	丹楓(단풍) [3232]
丹	牧丹(목단) [4232]
丹	仙丹(선단) [5232]
但	但空(단공) [3272]
但	但書(단서) [3262]
但	非但(비단) [4232]
旦	元旦(원단) [5232]
旦	一旦(일단) [8032]
淡	淡淡(담담) [3232]
淡	淡白(담백) [3280]
淡	淡水(담수) [3280]
淡	冷淡(냉담) [5032]
淡	雅淡(아담) [3232]
踏	高踏(고답) [6232]
踏	踏步(답보) [3242]
踏	踏査(답사) [3250]
踏	踏襲(답습) [3232]
踏	踏靑(답청) [3280]
踏	踏破(답파) [3242]
唐	唐突(당돌) [3232]
唐	唐詩(당시) [3242]
唐	荒唐(황당) [3232]
糖	果糖(과당) [6232]
糖	糖分(당분) [3262]
糖	糖質(당질) [3252]
糖	雪糖(설탕) [6232]
糖	製糖(제당) [4232]
糖	血糖(혈당) [4232]
臺	架臺(가대) [3232]
臺	鏡臺(경대) [4032]
臺	臺木(대목) [3280]
臺	臺詞(대사) [3232]
臺	臺帳(대장) [3240]
臺	臺紙(대지) [3270]
臺	燈臺(등대) [4232]
臺	望臺(망대) [5232]
臺	舞臺(무대) [4032]
臺	築臺(축대) [4232]
臺	寢臺(침대) [4032]
臺	土臺(토대) [8032]
貸	貸金(대금) [3280]
貸	貸物(대물) [3272]
貸	貸付(대부) [3232]
貸	貸損(대손) [3240]
貸	貸與(대여) [3240]
貸	貸用(대용) [3262]
貸	貸越(대월) [3232]
貸	貸切(대절) [3252]
貸	貸借(대차) [3232]
貸	貸出(대출) [3270]
貸	先貸(선대) [8032]
貸	賃貸(임대) [3232]
貸	轉貸(전대) [4032]
倒	傾倒(경도) [4032]
倒	驚倒(경도) [4032]
倒	倒壞(도괴) [3232]
倒	倒立(도립) [3272]
倒	倒産(도산) [3252]
倒	倒錯(도착) [3232]
倒	倒着(도착) [3252]
倒	倒置(도치) [3242]
倒	壓倒(압도) [4232]
倒	卒倒(졸도) [5232]
倒	打倒(타도) [5032]

刀	戒刀(계도)	[4032]
刀	短刀(단도)	[6232]
刀	刀劍(도검)	[3232]
刀	亂刀(난도)	[4032]
刀	面刀(면도)	[7032]
刀	竹刀(죽도)	[4232]
刀	執刀(집도)	[3232]
刀	快刀(쾌도)	[4232]
桃	桃李(도리)	[3260]
桃	桃園(도원)	[3260]
桃	桃仁(도인)	[3240]
桃	桃花(도화)	[3270]
桃	天桃(천도)	[7032]
桃	胡桃(호도)	[3232]
桃	紅桃(홍도)	[4032]
桃	黃桃(황도)	[6032]
渡	渡江(도강)	[3272]
渡	渡來(도래)	[3270]
渡	渡美(도미)	[3260]
渡	渡河(도하)	[3250]
渡	渡航(도항)	[3242]
渡	賣渡(매도)	[5032]
渡	明渡(명도)	[6232]
渡	不渡(부도)	[7232]
渡	讓渡(양도)	[3232]
渡	言渡(언도)	[6032]
途	途上(도상)	[3272]
途	方途(방도)	[7232]
途	別途(별도)	[6032]
途	用途(용도)	[6232]
途	壯途(장도)	[4032]
途	長途(장도)	[8032]
途	征途(정도)	[3232]
途	中途(중도)	[8032]
陶	陶工(도공)	[3272]
陶	陶器(도기)	[3242]
陶	陶然(도연)	[3270]
陶	陶藝(도예)	[3242]
陶	陶人(도인)	[3280]
陶	陶鑄(도주)	[3232]
陶	陶醉(도취)	[3232]
突	激突(격돌)	[4032]
突	唐突(당돌)	[3232]
突	突擊(돌격)	[3240]
突	突起(돌기)	[3242]
突	突發(돌발)	[3262]
突	突變(돌변)	[3252]
突	突然(돌연)	[3270]
突	突入(돌입)	[3270]
突	突進(돌진)	[3242]
突	突出(돌출)	[3270]
突	突破(돌파)	[3242]
突	突風(돌풍)	[3262]
突	煙突(연돌)	[4232]
突	溫突(온돌)	[6032]
突	追突(추돌)	[3232]
突	衝突(충돌)	[3232]
凍	凍結(동결)	[3252]
凍	凍氷(동빙)	[3250]
凍	凍死(동사)	[3260]
凍	凍傷(동상)	[3240]
凍	凍土(동토)	[3280]
凍	凍破(동파)	[3242]
凍	冷凍(냉동)	[5032]
凍	不凍(부동)	[7232]
凍	解凍(해동)	[4232]
絡	經絡(경락)	[4232]
絡	絡車(낙거)	[3272]
絡	聯絡(연락)	[3232]
絡	連絡(연락)	[4232]
絡	脈絡(맥락)	[4232]
欄	空欄(공란)	[7232]
欄	欄干(난간)	[3240]
蘭	蘭殿(난전)	[3232]
蘭	蘭草(난초)	[3270]
蘭	春蘭(춘란)	[7032]
蘭	和蘭(화란)	[6232]
廊	廊下(낭하)	[3272]
廊	舍廊(사랑)	[4232]
廊	殿廊(전랑)	[3232]
廊	行廊(행랑)	[6032]
廊	畫廊(화랑)	[6032]
廊	回廊(회랑)	[4232]
浪	激浪(격랑)	[4032]
浪	浪費(낭비)	[3250]
浪	浪說(낭설)	[3252]
浪	浪人(낭인)	[3280]
浪	流浪(유랑)	[5232]
浪	孟浪(맹랑)	[3232]
浪	放浪(방랑)	[6232]
浪	浮浪(부랑)	[3232]
浪	波浪(파랑)	[4232]
浪	風浪(풍랑)	[6232]
郎	佳郎(가랑)	[3232]
郎	郎官(낭관)	[3242]
郎	郎君(낭군)	[3240]
郎	郎子(낭자)	[3272]
郎	侍郎(시랑)	[3232]
郎	新郎(신랑)	[6232]
郎	花郎(화랑)	[7032]
梁	橋梁(교량)	[5032]
梁	陸梁(육량)	[5232]
梁	上梁(상량)	[7232]
梁	魚梁(어량)	[5032]
涼	納涼(납량)	[4032]
涼	涼風(양풍)	[3262]
涼	炎涼(염량)	[3232]
涼	淸涼(청량)	[6232]
涼	荒涼(황량)	[3232]
勵	激勵(격려)	[4032]
勵	督勵(독려)	[4232]
勵	勉勵(면려)	[4032]
曆	曆法(역법)	[3252]
曆	鳳曆(봉력)	[3232]

曆 西曆(서력) [8032]
曆 月曆(월력) [8032]
曆 陰曆(음력) [4232]
曆 冊曆(책력) [4032]
曆 編曆(편력) [3232]
戀 戀歌(연가) [3270]
戀 戀戀(연연) [3232]
戀 戀慕(연모) [3232]
戀 戀書(연서) [3262]
戀 戀愛(연애) [3260]
戀 戀人(연인) [3280]
戀 戀情(연정) [3252]
戀 悲戀(비련) [4232]
戀 邪戀(사련) [3232]
戀 思戀(사련) [5032]
戀 失戀(실연) [6032]
聯 關聯(관련) [5232]
聯 對聯(대련) [6232]
聯 聯句(연구) [3242]
聯 聯絡(연락) [3232]
聯 聯立(연립) [3272]
聯 聯盟(연맹) [3232]
聯 聯想(연상) [3242]
聯 聯合(연합) [3260]
聯 蘇聯(소련) [3232]
蓮 蓮根(연근) [3260]
蓮 蓮葉(연엽) [3250]
蓮 蓮池(연지) [3232]
蓮 蓮花(연화) [3270]
蓮 木蓮(목련) [8032]
鍊 敎鍊(교련) [8032]
鍊 鍊鋼(연강) [3232]
鍊 鍊磨(연마) [3232]
鍊 老鍊(노련) [7032]
鍊 修鍊(수련) [4232]
鍊 試鍊(시련) [4232]
鍊 再鍊(재련) [5032]
鍊 製鍊(제련) [4232]
鍊 操鍊(조련) [5032]
裂 決裂(결렬) [5232]
裂 裂傷(열상) [3240]
裂 分裂(분열) [6232]
裂 破裂(파열) [4232]
嶺 嶺南(영남) [3280]
嶺 嶺東(영동) [3280]
嶺 嶺西(영서) [3280]
靈 靈感(영감) [3260]
靈 靈物(영물) [3272]
靈 靈山(영산) [3280]
靈 靈藥(영약) [3262]
靈 靈肉(영육) [3242]
靈 靈長(영장) [3280]
靈 靈前(영전) [3272]
靈 靈驗(영험) [3242]
靈 靈魂(영혼) [3232]
靈 妄靈(망령) [3232]
靈 亡靈(망령) [5032]
靈 聖靈(성령) [4232]
靈 神靈(신령) [6232]
靈 心靈(심령) [7032]
靈 惡靈(악령) [5232]
靈 英靈(영령) [6032]
靈 曜靈(요령) [5032]
靈 慰靈(위령) [4032]
靈 幽靈(유령) [3232]
靈 精靈(정령) [4232]
靈 魂靈(혼령) [3232]
爐 爐邊(노변) [3242]
爐 香爐(향로) [4232]
爐 紅爐(홍로) [4032]
爐 火爐(화로) [8032]
露 露骨(노골) [3240]
露 露宿(노숙) [3252]
露 露積(노적) [3240]
露 露店(노점) [3252]
露 露珠(노주) [3232]
露 露天(노천) [3270]
露 露出(노출) [3270]
露 發露(발로) [6232]
露 白露(백로) [8032]
露 雨露(우로) [5232]
露 草露(초로) [7032]
露 吐露(토로) [3232]
露 暴露(폭로) [4232]
祿 貫祿(관록) [3232]
祿 官祿(관록) [4232]
祿 國祿(국록) [8032]
祿 祿米(녹미) [3260]
祿 福祿(복록) [5232]
祿 食祿(식록) [7232]
弄 弄談(농담) [3250]
弄 弄瓦(농와) [3232]
弄 弄月(농월) [3280]
弄 弄調(농조) [3252]
弄 愚弄(우롱) [3232]
弄 才弄(재롱) [6232]
弄 戲弄(희롱) [3232]
賴 無賴(무뢰) [5032]
賴 信賴(신뢰) [6232]
賴 依賴(의뢰) [4032]
雷 落雷(낙뢰) [5032]
雷 雷管(뇌관) [3240]
雷 雷同(뇌동) [3270]
雷 魚雷(어뢰) [5032]
雷 地雷(지뢰) [7032]
雷 避雷(피뢰) [4032]
樓 樓閣(누각) [3232]
樓 樓上(누상) [3272]
樓 望樓(망루) [5232]
樓 玉樓(옥루) [4232]
樓 危樓(위루) [4032]
漏 刻漏(각루) [4032]
漏 漏刻(누각) [3240]
漏 漏氣(누기) [3272]

漏 漏落(누락) [3250]
漏 漏水(누수) [3280]
漏 漏電(누전) [3272]
漏 漏出(누출) [3270]
漏 疏漏(소루) [3232]
漏 早漏(조루) [4232]
漏 脫漏(탈루) [4032]
累 加累(가루) [5032]
累 係累(계루) [4232]
累 連累(연루) [4232]
累 累計(누계) [3262]
累 累代(누대) [3262]
累 累卵(누란) [3240]
累 累犯(누범) [3240]
累 累積(누적) [3240]
累 累增(누증) [3242]
累 累進(누진) [3242]
累 累差(누차) [3240]
累 累責(누책) [3252]
倫 倫理(윤리) [3262]
倫 不倫(불륜) [7232]
倫 五倫(오륜) [8032]
倫 人倫(인륜) [8032]
倫 天倫(천륜) [7032]
栗 栗谷(율곡) [3232]
栗 生栗(생률) [8032]
栗 黃栗(황률) [6032]
率 輕率(경솔) [5032]
率 高率(고율) [6232]
率 能率(능률) [5232]
率 率家(솔가) [3272]
率 率先(솔선) [3280]
率 率直(솔직) [3272]
率 利率(이율) [6232]
率 倍率(배율) [5032]
率 比率(비율) [5032]
率 稅率(세율) [4232]
率 勝率(승률) [6032]
率 食率(식솔) [7232]
率 引率(인솔) [4232]
率 低率(저율) [4232]
率 眞率(진솔) [4232]
率 草率(초솔) [7032]
率 打率(타율) [5032]
率 統率(통솔) [4232]
率 確率(확률) [4232]
率 換率(환율) [3232]
率 效率(효율) [5232]
隆 隆起(융기) [3242]
隆 隆盛(융성) [3242]
隆 隆崇(융숭) [3240]
隆 隆恩(융은) [3242]
隆 隆準(융준) [3242]
隆 隆昌(융창) [3232]
隆 隆興(융흥) [3242]
陵 江陵(강릉) [7232]
陵 丘陵(구릉) [3232]
陵 陵谷(능곡) [3232]
陵 陵碑(능비) [3240]
陵 陵寢(능침) [3240]
陵 蛇陵(사릉) [3232]
陵 王陵(왕릉) [8032]
吏 警吏(경리) [4232]
吏 官吏(관리) [4232]
吏 吏道(이도) [3272]
吏 吏讀(이두) [3262]
吏 吏頭(이두) [3260]
吏 吏房(이방) [3242]
吏 吏屬(이속) [3240]
吏 稅吏(세리) [4232]
履 履歷(이력) [3252]
履 履修(이수) [3242]
履 履行(이행) [3260]
履 木履(목리) [8032]
履 珠履(주리) [3232]
裏 腦裏(뇌리) [3232]
裏 裏面(이면) [3270]
裏 裏書(이서) [3262]
裏 表裏(표리) [6232]
臨 降臨(강림) [4032]
臨 光臨(광림) [6232]
臨 君臨(군림) [4032]
臨 來臨(내림) [7032]
臨 臨檢(임검) [3242]
臨 臨界(임계) [3262]
臨 臨機(임기) [3240]
臨 臨迫(임박) [3232]
臨 臨床(임상) [3242]
臨 臨時(임시) [3272]
臨 臨戰(임전) [3262]
臨 臨政(임정) [3242]
臨 臨終(임종) [3250]
臨 臨海(임해) [3272]
臨 辱臨(욕림) [3232]
臨 再臨(재림) [5032]
磨 達磨(달마) [4232]
磨 鍊磨(연마) [3232]
磨 磨滅(마멸) [3232]
磨 硏磨(연마) [4232]
痲 加痲(가마) [5032]
痲 大痲(대마) [8032]
痲 亂痲(난마) [4032]
痲 痲衣(마의) [3260]
痲 痲布(마포) [3242]
痲 亞痲(아마) [3232]
痲 菜痲(채마) [3232]
幕 開幕(개막) [6032]
幕 內幕(내막) [7232]
幕 幕間(막간) [3272]
幕 幕府(막부) [3242]
幕 幕舍(막사) [3242]
幕 幕下(막하) [3272]
幕 幕後(막후) [3272]
幕 序幕(서막) [5032]

幕	煙幕(연막) [4232]
幕	銀幕(은막) [6032]
幕	字幕(자막) [7032]
幕	帳幕(장막) [4032]
幕	除幕(제막) [4232]
幕	終幕(종막) [5032]
幕	酒幕(주막) [4032]
幕	天幕(천막) [7032]
幕	閉幕(폐막) [4032]
幕	黑幕(흑막) [5032]
漠	漠漠(막막) [3232]
漠	漠然(막연) [3270]
漠	沙漠(사막) [3232]
莫	莫大(막대) [3280]
莫	莫論(막론) [3242]
莫	莫甚(막심) [3232]
莫	莫逆(막역) [3242]
莫	莫重(막중) [3270]
莫	莫強(막강) [3260]
莫	索莫(삭막) [3232]
晩	晩年(만년) [3280]
晩	晩成(만성) [3262]
晩	晩時(만시) [3272]
晩	晩秋(만추) [3270]
晩	晩學(만학) [3280]
晩	晩婚(만혼) [3240]
晩	昨晩(작만) [6232]
晩	早晩(조만) [4232]
妄	輕妄(경망) [5032]
妄	老妄(노망) [7032]
妄	妄覺(망각) [3240]
妄	妄靈(망령) [3232]
妄	妄發(망발) [3262]
妄	妄言(망언) [3260]
妄	虛妄(허망) [4232]
媒	媒介(매개) [3232]
媒	媒體(매체) [3262]
媒	仲媒(중매) [3232]
媒	觸媒(촉매) [3232]
梅	梅毒(매독) [3242]
梅	梅實(매실) [3252]
梅	梅雨(매우) [3252]
梅	梅畫(매화) [3260]
梅	梅花(매화) [3270]
麥	麥飯(맥반) [3232]
麥	麥芽(맥아) [3232]
麥	麥酒(맥주) [3240]
麥	麥秋(맥추) [3270]
麥	小麥(소맥) [8032]
麥	精麥(정맥) [4232]
孟	孟冬(맹동) [3270]
孟	孟浪(맹랑) [3232]
孟	孟母(맹모) [3280]
孟	孟子(맹자) [3272]
孟	孟秋(맹추) [3270]
孟	孟春(맹춘) [3270]
孟	孟夏(맹하) [3270]
猛	寬猛(관맹) [3232]
猛	猛犬(맹견) [3240]
猛	猛禽(맹금) [3232]
猛	猛毒(맹독) [3242]
猛	猛烈(맹렬) [3240]
猛	猛獸(맹수) [3232]
猛	猛威(맹위) [3240]
猛	猛將(맹장) [3242]
猛	猛打(맹타) [3250]
猛	猛爆(맹폭) [3240]
猛	猛虎(맹호) [3232]
猛	勇猛(용맹) [6232]
盲	盲目(맹목) [3260]
盲	盲信(맹신) [3262]
盲	盲兒(맹아) [3252]
盲	盲人(맹인) [3280]
盲	盲腸(맹장) [3240]
盲	盲點(맹점) [3240]
盲	盲從(맹종) [3240]
盲	文盲(문맹) [7032]
盲	色盲(색맹) [7032]
盲	夜盲(야맹) [6032]
盟	加盟(가맹) [5032]
盟	同盟(동맹) [7032]
盟	聯盟(연맹) [3232]
盟	盟約(맹약) [3252]
盟	盟主(맹주) [3270]
盟	血盟(혈맹) [4232]
免	減免(감면) [4232]
免	免稅(면세) [3242]
免	免訴(면소) [3232]
免	免役(면역) [3232]
免	免疫(면역) [3232]
免	免除(면제) [3242]
免	免罪(면죄) [3250]
免	免職(면직) [3242]
免	免責(면책) [3252]
免	免許(면허) [3250]
免	謀免(모면) [3232]
免	放免(방면) [6232]
免	辭免(사면) [4032]
免	解免(해면) [4232]
眠	冬眠(동면) [7032]
眠	不眠(불면) [7232]
眠	熟眠(숙면) [3232]
眠	安眠(안면) [7232]
眠	永眠(영면) [6032]
眠	催眠(최면) [3232]
眠	沈眠(침면) [3232]
眠	休眠(휴면) [7032]
綿	連綿(연면) [4232]
綿	綿綿(면면) [3232]
綿	綿密(면밀) [3242]
綿	綿絲(면사) [3240]
綿	綿羊(면양) [3242]
綿	石綿(석면) [6032]
綿	純綿(순면) [4232]

綿	原綿(원면)	[5032]
綿	海綿(해면)	[7232]
滅	擊滅(격멸)	[4032]
滅	壞滅(괴멸)	[3232]
滅	磨滅(마멸)	[3232]
滅	滅共(멸공)	[3262]
滅	滅菌(멸균)	[3232]
滅	滅亡(멸망)	[3250]
滅	滅門(멸문)	[3280]
滅	滅族(멸족)	[3260]
滅	滅種(멸종)	[3252]
滅	明滅(명멸)	[6232]
滅	不滅(불멸)	[7232]
滅	死滅(사멸)	[6032]
滅	燒滅(소멸)	[3232]
滅	掃滅(소멸)	[4232]
滅	消滅(소멸)	[6232]
滅	入滅(입멸)	[7032]
滅	自滅(자멸)	[7232]
滅	寂滅(적멸)	[3232]
滅	全滅(전멸)	[7232]
滅	點滅(점멸)	[4032]
滅	破滅(파멸)	[4232]
滅	還滅(환멸)	[3232]
銘	刻銘(각명)	[4032]
銘	感銘(감명)	[6032]
銘	銘記(명기)	[3272]
銘	銘文(명문)	[3270]
銘	銘心(명심)	[3270]
銘	碑銘(비명)	[4032]
慕	敬慕(경모)	[5232]
慕	戀慕(연모)	[3232]
慕	慕情(모정)	[3252]
慕	伏慕(복모)	[4032]
慕	思慕(사모)	[5032]
慕	崇慕(숭모)	[4032]
慕	愛慕(애모)	[6032]
慕	追慕(추모)	[3232]
慕	稱慕(칭모)	[4032]
謀	共謀(공모)	[6232]
謀	圖謀(도모)	[6232]
謀	謀略(모략)	[3240]
謀	謀利(모리)	[3262]
謀	謀免(모면)	[3232]
謀	謀反(모반)	[3262]
謀	謀事(모사)	[3272]
謀	謀議(모의)	[3242]
謀	謀陷(모함)	[3232]
謀	無謀(무모)	[5032]
謀	逆謀(역모)	[4232]
謀	陰謀(음모)	[4232]
謀	智謀(지모)	[4032]
謀	參謀(참모)	[5232]
貌	面貌(면모)	[7032]
貌	美貌(미모)	[6032]
貌	變貌(변모)	[5232]
貌	外貌(외모)	[8032]
貌	容貌(용모)	[4232]
貌	全貌(전모)	[7232]
貌	體貌(체모)	[6232]
貌	片貌(편모)	[3232]
貌	風貌(풍모)	[6232]
睦	親睦(친목)	[6032]
睦	和睦(화목)	[6232]
沒	沒頭(몰두)	[3260]
沒	沒落(몰락)	[3250]
沒	沒死(몰사)	[3260]
沒	沒殺(몰살)	[3242]
沒	沒收(몰수)	[3242]
沒	沒我(몰아)	[3232]
沒	沒入(몰입)	[3270]
沒	水沒(수몰)	[8032]
沒	日沒(일몰)	[8032]
沒	出沒(출몰)	[7032]
沒	沈沒(침몰)	[3232]
沒	陷沒(함몰)	[3232]
夢	吉夢(길몽)	[5032]
夢	夢想(몽상)	[3242]
夢	夢遊(몽유)	[3240]
夢	夢精(몽정)	[3242]
夢	惡夢(악몽)	[5232]
夢	昨夢(작몽)	[6232]
夢	春夢(춘몽)	[7032]
夢	解夢(해몽)	[4232]
夢	現夢(현몽)	[6232]
夢	凶夢(흉몽)	[5232]
蒙	啓蒙(계몽)	[3232]
蒙	蒙古(몽고)	[3260]
蒙	訓蒙(훈몽)	[6032]
茂	茂林(무림)	[3270]
茂	茂盛(무성)	[3242]
茂	茂才(무재)	[3262]
貿	貿穀(무곡)	[3240]
貿	貿易(무역)	[3240]
墨	墨客(묵객)	[3252]
墨	墨字(묵자)	[3270]
墨	墨紙(묵지)	[3270]
墨	墨香(묵향)	[3242]
墨	墨刑(묵형)	[3240]
墨	墨畫(묵화)	[3260]
墨	白墨(백묵)	[8032]
墨	水墨(수묵)	[8032]
墨	餘墨(여묵)	[4232]
墨	筆墨(필묵)	[5232]
默	寡默(과묵)	[3232]
默	默契(묵계)	[3232]
默	默過(묵과)	[3252]
默	默念(묵념)	[3252]
默	默禮(묵례)	[3260]
默	默祕(묵비)	[3240]
默	默殺(묵살)	[3242]
默	默想(묵상)	[3242]
默	默示(묵시)	[3250]
默	默認(묵인)	[3242]

默	默珠(묵주) [3232]	微	微笑(미소) [3242]	迫	迫切(박절) [3252]
默	沈默(침묵) [3232]	微	微少(미소) [3270]	迫	迫眞(박진) [3242]
紋	家紋(가문) [7232]	微	微小(미소) [3280]	迫	迫害(박해) [3252]
紋	羅紋(나문) [4232]	微	微弱(미약) [3262]	迫	壓迫(압박) [4232]
紋	紋銀(문은) [3260]	微	微熱(미열) [3250]	迫	切迫(절박) [5232]
紋	蛇紋(사문) [3232]	微	微震(미진) [3232]	迫	促迫(촉박) [3232]
紋	細紋(세문) [4232]	微	微賤(미천) [3232]	迫	脅迫(협박) [3232]
紋	手紋(수문) [7232]	微	微風(미풍) [3262]	盤	甲盤(갑반) [4032]
紋	水紋(수문) [8032]	微	微行(미행) [3260]	盤	骨盤(골반) [4032]
紋	縱紋(종문) [3232]	微	寒微(한미) [5032]	盤	基盤(기반) [5232]
紋	指紋(지문) [4232]	微	稀微(희미) [3232]	盤	落盤(낙반) [5032]
紋	波紋(파문) [4232]	薄	刻薄(각박) [4032]	盤	盤據(반거) [3240]
勿	勿驚(물경) [3240]	薄	輕薄(경박) [5032]	盤	盤曲(반곡) [3250]
勿	勿禁(물금) [3242]	薄	奇薄(기박) [4032]	盤	盤石(반석) [3260]
勿	勿論(물론) [3242]	薄	薄待(박대) [3260]	盤	盤旋(반선) [3232]
尾	架尾(가미) [3232]	薄	薄德(박덕) [3252]	盤	盤松(반송) [3240]
尾	結尾(결미) [5232]	薄	薄利(박리) [3262]	盤	旋盤(선반) [3232]
尾	交尾(교미) [6032]	薄	薄命(박명) [3270]	盤	小盤(소반) [8032]
尾	龍尾(용미) [4032]	薄	薄福(박복) [3252]	盤	巖盤(암반) [3232]
尾	末尾(말미) [5032]	薄	薄氷(박빙) [3250]	盤	原盤(원반) [5032]
尾	尾骨(미골) [3240]	薄	薄謝(박사) [3242]	盤	音盤(음반) [6232]
尾	尾行(미행) [3260]	薄	薄色(박색) [3270]	盤	終盤(종반) [5032]
尾	蛇尾(사미) [3232]	薄	薄弱(박약) [3262]	盤	中盤(중반) [8032]
尾	首尾(수미) [5232]	薄	薄情(박정) [3252]	盤	地盤(지반) [7032]
尾	語尾(어미) [7032]	薄	薄荷(박하) [3232]	盤	初盤(초반) [5032]
尾	後尾(후미) [7232]	薄	浮薄(부박) [3232]	盤	吸盤(흡반) [4232]
微	輕微(경미) [5032]	薄	野薄(야박) [6032]	般	今般(금반) [6232]
微	機微(기미) [4032]	薄	肉薄(육박) [4232]	般	般樂(반락) [3262]
微	微官(미관) [3242]	薄	淺薄(천박) [3232]	般	般若(반야) [3232]
微	微動(미동) [3272]	薄	厚薄(후박) [4032]	般	一般(일반) [8032]
微	微量(미량) [3250]	薄	稀薄(희박) [3232]	般	全般(전반) [7232]
微	微力(미력) [3272]	迫	窮迫(궁박) [4032]	般	諸般(제반) [3232]
微	微明(미명) [3262]	迫	急迫(급박) [6232]	飯	麥飯(맥반) [3232]
微	微妙(미묘) [3240]	迫	緊迫(긴박) [3232]	飯	飯店(반점) [3252]
微	微微(미미) [3232]	迫	臨迫(임박) [3232]	飯	飯酒(반주) [3240]
微	微服(미복) [3260]	迫	迫近(박근) [3260]	飯	白飯(백반) [8032]
微	微分(미분) [3262]	迫	迫頭(박두) [3260]	飯	殘飯(잔반) [4032]
微	微細(미세) [3242]	迫	迫力(박력) [3272]	飯	朝飯(조반) [6032]

拔	奇拔(기발)	[4032]
拔	拔群(발군)	[3240]
拔	拔本(발본)	[3260]
拔	拔取(발취)	[3242]
拔	選拔(선발)	[5032]
拔	卓拔(탁발)	[5032]
拔	海拔(해발)	[7232]
芳	芳年(방년)	[3280]
芳	芳名(방명)	[3272]
芳	芳草(방초)	[3270]
芳	芳香(방향)	[3242]
培	培養(배양)	[3252]
培	栽培(재배)	[3232]
排	均排(균배)	[4032]
排	排擊(배격)	[3240]
排	排球(배구)	[3262]
排	排氣(배기)	[3272]
排	排卵(배란)	[3240]
排	排律(배율)	[3242]
排	排佛(배불)	[3242]
排	排除(배제)	[3242]
排	排出(배출)	[3270]
排	排他(배타)	[3250]
排	排便(배변)	[3270]
排	排布(배포)	[3242]
輩	年輩(연배)	[8032]
輩	徒輩(도배)	[4032]
輩	輩出(배출)	[3270]
輩	輩行(배행)	[3260]
輩	先輩(선배)	[8032]
輩	若輩(약배)	[3232]
輩	後輩(후배)	[7232]
伯	道伯(도백)	[7232]
伯	方伯(방백)	[7232]
伯	伯母(백모)	[3280]
伯	伯父(백부)	[3280]
伯	伯氏(백씨)	[3240]
伯	伯姉(백자)	[3240]
伯	伯仲(백중)	[3232]
伯	伯兄(백형)	[3280]
伯	五伯(오패)	[8032]
伯	畫伯(화백)	[6032]
繁	農繁(농번)	[7232]
繁	繁多(번다)	[3260]
繁	繁盛(번성)	[3242]
繁	繁榮(번영)	[3242]
繁	繁昌(번창)	[3232]
繁	繁華(번화)	[3240]
繁	浩繁(호번)	[3232]
凡	大凡(대범)	[8032]
凡	凡例(범례)	[3260]
凡	凡夫(범부)	[3270]
凡	凡常(범상)	[3242]
凡	凡失(범실)	[3260]
凡	凡人(범인)	[3280]
凡	非凡(비범)	[4232]
凡	平凡(평범)	[7232]
碧	碧溪(벽계)	[3232]
碧	碧空(벽공)	[3272]
碧	碧眼(벽안)	[3242]
碧	碧天(벽천)	[3270]
碧	碧海(벽해)	[3272]
丙	丙夜(병야)	[3260]
丙	丙子(병자)	[3272]
丙	丙坐(병좌)	[3232]
補	補講(보강)	[3242]
補	補缺(보결)	[3242]
補	補給(보급)	[3250]
補	補導(보도)	[3242]
補	補償(보상)	[3232]
補	補色(보색)	[3270]
補	補選(보선)	[3250]
補	補修(보수)	[3242]
補	補身(보신)	[3262]
補	補藥(보약)	[3262]
補	補完(보완)	[3250]
補	補任(보임)	[3252]
補	補整(보정)	[3240]
補	補正(보정)	[3272]
補	補助(보조)	[3242]
補	補職(보직)	[3242]
補	補充(보충)	[3252]
補	補血(보혈)	[3242]
補	補強(보강)	[3260]
補	相補(상보)	[5232]
補	轉補(전보)	[4032]
補	增補(증보)	[4232]
補	候補(후보)	[4032]
譜	家譜(가보)	[7232]
譜	系譜(계보)	[4032]
譜	年譜(연보)	[8032]
譜	樂譜(악보)	[6232]
譜	譜表(보표)	[3262]
譜	譜學(보학)	[3280]
譜	族譜(족보)	[6032]
腹	開腹(개복)	[6032]
腹	空腹(공복)	[7232]
腹	同腹(동복)	[7032]
腹	腹部(복부)	[3262]
腹	腹水(복수)	[3280]
腹	腹案(복안)	[3250]
腹	腹痛(복통)	[3240]
腹	私腹(사복)	[4032]
腹	心腹(심복)	[7032]
腹	異腹(이복)	[4032]
腹	割腹(할복)	[3232]
覆	傾覆(경복)	[4032]
覆	反覆(반복)	[6232]
覆	覆刻(복각)	[3240]
覆	覆蓋(복개)	[3232]
覆	覆面(복면)	[3270]
覆	覆審(복심)	[3232]
覆	覆育(부육)	[3270]
覆	覆翼(부익)	[3232]

覆 覆載(부재) [3232]
覆 覆敗(복패) [3250]
覆 天覆(천부) [7032]
覆 被覆(피복) [3232]
封 開封(개봉) [6032]
封 同封(동봉) [7032]
封 密封(밀봉) [4232]
封 封建(봉건) [3250]
封 封書(봉서) [3262]
封 封鎖(봉쇄) [3232]
封 封印(봉인) [3242]
封 封奏(봉주) [3232]
封 封紙(봉지) [3270]
封 封窓(봉창) [3262]
封 封合(봉합) [3260]
封 冊封(책봉) [4032]
峯 高峯(고봉) [6232]
峯 主峯(주봉) [7032]
逢 逢變(봉변) [3252]
逢 逢辱(봉욕) [3232]
逢 逢着(봉착) [3252]
逢 相逢(상봉) [5232]
逢 暫逢(잠봉) [3232]
鳳 高鳳(고봉) [6232]
鳳 丹鳳(단봉) [3232]
鳳 龍鳳(용봉) [4032]
鳳 白鳳(백봉) [8032]
鳳 鳳燈(봉등) [3242]
鳳 鳳曆(봉력) [3232]
鳳 鳳城(봉성) [3242]
鳳 鳳眼(봉안) [3242]
鳳 鳳翼(봉익) [3232]
鳳 鳳湯(봉탕) [3232]
鳳 彩鳳(채봉) [3232]
鳳 吐鳳(토봉) [3232]
付 結付(결부) [5232]
付 交付(교부) [6032]
付 給付(급부) [5032]
付 納付(납부) [4032]
付 當付(당부) [5232]
付 貸付(대부) [3232]
付 發付(발부) [6232]
付 配付(배부) [4232]
付 付壁(부벽) [3242]
付 付送(부송) [3242]
付 分付(분부) [6232]
付 送付(송부) [4232]
付 植付(식부) [7032]
付 還付(환부) [3232]
扶 扶養(부양) [3252]
扶 扶助(부조) [3242]
扶 扶持(부지) [3240]
扶 扶支(부지) [3242]
浮 浮刻(부각) [3240]
浮 浮橋(부교) [3250]
浮 浮氣(부기) [3272]
浮 浮動(부동) [3272]
浮 浮浪(부랑) [3232]
浮 浮力(부력) [3272]
浮 浮流(부류) [3252]
浮 浮薄(부박) [3232]
浮 浮上(부상) [3272]
浮 浮生(부생) [3280]
浮 浮說(부설) [3252]
浮 浮揚(부양) [3232]
浮 浮雲(부운) [3252]
浮 浮遊(부유) [3240]
浮 浮沈(부침) [3232]
浮 浮黃(부황) [3260]
符 符書(부서) [3262]
符 符信(부신) [3262]
符 符籍(부적) [3240]
符 符節(부절) [3252]
符 符合(부합) [3260]
符 符號(부호) [3260]
簿 名簿(명부) [7232]
簿 簿記(부기) [3272]
簿 原簿(원부) [5032]
簿 帳簿(장부) [4032]
簿 主簿(주부) [7032]
簿 置簿(치부) [4232]
腐 豆腐(두부) [4232]
腐 防腐(방부) [4232]
腐 腐植(부식) [3270]
腐 腐心(부심) [3270]
腐 腐敗(부패) [3250]
腐 腐刑(부형) [3240]
腐 陳腐(진부) [3232]
賦 賦課(부과) [3252]
賦 賦金(부금) [3280]
賦 賦與(부여) [3240]
賦 賦役(부역) [3232]
賦 賦題(부제) [3262]
賦 賦存(부존) [3240]
賦 詞賦(사부) [3232]
賦 月賦(월부) [8032]
賦 天賦(천부) [7032]
賦 割賦(할부) [3232]
附 寄附(기부) [4032]
附 附加(부가) [3250]
附 附近(부근) [3260]
附 附記(부기) [3272]
附 附帶(부대) [3242]
附 附錄(부록) [3242]
附 附設(부설) [3242]
附 附屬(부속) [3240]
附 附隨(부수) [3232]
附 附言(부언) [3260]
附 附與(부여) [3240]
附 附逆(부역) [3242]
附 附着(부착) [3252]
附 附則(부칙) [3250]
附 附合(부합) [3260]
附 附和(부화) [3262]

附 阿附(아부) [3232]
附 回附(회부) [4232]
奔 狂奔(광분) [3232]
奔 奔放(분방) [3262]
奔 奔散(분산) [3240]
奔 奔走(분주) [3242]
奮 激奮(격분) [4032]
奮 發奮(발분) [6232]
奮 奮起(분기) [3242]
奮 奮發(분발) [3262]
奮 奮然(분연) [3270]
奮 奮戰(분전) [3262]
奮 奮鬪(분투) [3240]
奮 興奮(흥분) [4232]
紛 內紛(내분) [7232]
紛 紛亂(분란) [3240]
紛 紛紛(분분) [3232]
紛 紛失(분실) [3260]
紛 紛爭(분쟁) [3250]
拂 假拂(가불) [4232]
拂 過拂(과불) [5232]
拂 年拂(연불) [8032]
拂 未拂(미불) [4232]
拂 拂逆(불역) [3242]
拂 拂入(불입) [3270]
拂 拂下(불하) [3272]
拂 先拂(선불) [8032]
拂 延拂(연불) [4032]
拂 完拂(완불) [5032]
拂 支拂(지불) [4232]
拂 換拂(환불) [3232]
拂 還拂(환불) [3232]
拂 後拂(후불) [7232]
卑 卑屈(비굴) [3240]
卑 卑小(비소) [3280]
卑 卑屬(비속) [3240]
卑 卑俗(비속) [3242]
卑 卑賤(비천) [3232]
卑 卑下(비하) [3272]
卑 鮮卑(선비) [5232]
卑 野卑(야비) [6032]
妃 王妃(왕비) [8032]
妃 皇妃(황비) [3232]
婢 奴婢(노비) [3232]
婢 婢子(비자) [3272]
肥 金肥(금비) [8032]
肥 綠肥(녹비) [6032]
肥 肥大(비대) [3280]
肥 肥料(비료) [3250]
肥 肥滿(비만) [3242]
肥 肥肉(비육) [3242]
肥 施肥(시비) [4232]
司 司法(사법) [3252]
司 司書(사서) [3262]
司 司正(사정) [3272]
司 司祭(사제) [3242]
司 司會(사회) [3262]
司 上司(상사) [7232]
司 州司(주사) [5232]
斜 傾斜(경사) [4032]
斜 斜面(사면) [3270]
斜 斜線(사선) [3262]
斜 斜視(사시) [3242]
斜 斜陽(사양) [3260]
沙 白沙(백사) [8032]
沙 沙工(사공) [3272]
沙 沙果(사과) [3262]
沙 沙器(사기) [3242]
沙 沙漠(사막) [3232]
沙 黃沙(황사) [6032]
祀 告祀(고사) [5232]
祀 祀天(사천) [3270]
祀 祭祀(제사) [4232]
蛇 毒蛇(독사) [4232]
蛇 白蛇(백사) [8032]
蛇 蛇骨(사골) [3240]
蛇 蛇管(사관) [3240]
蛇 蛇口(사구) [3270]
蛇 蛇毒(사독) [3242]
蛇 蛇龍(사룡) [3240]
蛇 蛇陵(사릉) [3232]
蛇 蛇目(사목) [3260]
蛇 蛇紋(사문) [3232]
蛇 蛇尾(사미) [3232]
蛇 蛇福(사복) [3252]
蛇 蛇師(사사) [3242]
蛇 蛇床(사상) [3242]
蛇 蛇線(사선) [3262]
蛇 蛇身(사신) [3262]
蛇 蛇心(사심) [3270]
蛇 蛇醫(사의) [3260]
蛇 蛇足(사족) [3272]
蛇 蛇座(사좌) [3240]
蛇 蛇酒(사주) [3240]
蛇 蛇體(사체) [3262]
蛇 蛇皮(사피) [3232]
蛇 蛇行(사행) [3260]
蛇 蛇形(사형) [3262]
蛇 蛇黃(사황) [3260]
蛇 烏蛇(오사) [3232]
蛇 長蛇(장사) [8032]
蛇 海蛇(해사) [7232]
詞 歌詞(가사) [7032]
詞 冠詞(관사) [3232]
詞 臺詞(대사) [3232]
詞 動詞(동사) [7232]
詞 名詞(명사) [7232]
詞 副詞(부사) [4232]
詞 詞賦(사부) [3232]
詞 詞話(사화) [3272]
詞 作詞(작사) [6232]
詞 助詞(조사) [4232]
詞 致詞(치사) [5032]
詞 品詞(품사) [5232]

邪 邪敎(사교) [3280]
邪 邪氣(사기) [3272]
邪 邪戀(사련) [3232]
邪 邪心(사심) [3270]
邪 邪惡(사악) [3252]
邪 邪慾(사욕) [3232]
邪 酒邪(주사) [4032]
削 刻削(각삭) [4032]
削 削減(삭감) [3242]
削 削髮(삭발) [3240]
削 削除(삭제) [3242]
削 削奪(삭탈) [3232]
森 森林(삼림) [3270]
森 森嚴(삼엄) [3240]
像 假像(가상) [4232]
像 結像(결상) [5232]
像 鏡像(경상) [4032]
像 群像(군상) [4032]
像 氣像(기상) [7232]
像 銅像(동상) [4232]
像 面像(면상) [7032]
像 佛像(불상) [4232]
像 想像(상상) [4232]
像 石像(석상) [6032]
像 受像(수상) [4232]
像 實像(실상) [5232]
像 影像(영상) [3232]
像 映像(영상) [4032]
像 偶像(우상) [3232]
像 坐像(좌상) [3232]
像 肖像(초상) [3232]
像 虛像(허상) [4232]
像 現像(현상) [6232]
像 胸像(흉상) [3232]
償 求償(구상) [4232]
償 無償(무상) [5032]
償 補償(보상) [3232]
償 報償(보상) [4232]
償 償還(상환) [3232]
償 有償(유상) [7032]
喪 居喪(거상) [4032]
喪 國喪(국상) [8032]
喪 問喪(문상) [7032]
喪 喪家(상가) [3272]
喪 喪亂(상란) [3240]
喪 喪禮(상례) [3260]
喪 喪配(상배) [3242]
喪 喪服(상복) [3260]
喪 喪失(상실) [3260]
喪 喪心(상심) [3270]
喪 喪人(상인) [3280]
喪 喪葬(상장) [3232]
喪 喪章(상장) [3260]
喪 喪主(상주) [3270]
喪 喪中(상중) [3280]
喪 喪妻(상처) [3232]
喪 初喪(초상) [5032]
喪 親喪(친상) [6032]
喪 好喪(호상) [4232]
尙 高尙(고상) [6232]
尙 尙宮(상궁) [3242]
尙 尙今(상금) [3262]
尙 尙武(상무) [3242]
尙 尙存(상존) [3240]
尙 崇尙(숭상) [4032]
尙 和尙(화상) [6232]
桑 桑葉(상엽) [3250]
裳 甲裳(갑상) [4032]
裳 羅裳(나상) [4232]
裳 裳板(상판) [3250]
裳 垂裳(수상) [3232]
裳 衣裳(의상) [6032]
裳 赤裳(적상) [5032]
裳 彩裳(채상) [3232]
裳 靑裳(청상) [8032]
裳 紅裳(홍상) [4032]
詳 未詳(미상) [4232]
詳 詳報(상보) [3242]
詳 詳細(상세) [3242]
詳 詳述(상술) [3232]
霜 霜菊(상국) [3232]
霜 霜葉(상엽) [3250]
霜 霜楓(상풍) [3232]
霜 霜害(상해) [3252]
霜 星霜(성상) [4232]
霜 秋霜(추상) [7032]
霜 風霜(풍상) [6232]
塞 窮塞(궁색) [4032]
塞 否塞(비색) [4032]
塞 要塞(요새) [5232]
塞 閉塞(폐색) [4032]
索 檢索(검색) [4232]
索 思索(사색) [5032]
索 索居(삭거) [3240]
索 索道(삭도) [3272]
索 索莫(삭막) [3232]
索 索引(색인) [3242]
索 索出(색출) [3270]
索 鐵索(철삭) [5032]
索 探索(탐색) [4032]
索 討索(토색) [4032]
徐 徐看(서간) [3240]
徐 徐冷(서랭) [3250]
徐 徐脈(서맥) [3242]
徐 徐步(서보) [3242]
徐 徐緩(서완) [3232]
徐 徐行(서행) [3260]
徐 安徐(안서) [7232]
徐 緩徐(완서) [3232]
徐 疾徐(질서) [3232]
徐 執徐(집서) [3232]
恕 寬恕(관서) [3232]
恕 容恕(용서) [4232]
恕 忠恕(충서) [4232]

恕	海恕(해서)	[7232]
緖	端緖(단서)	[4232]
緖	頭緖(두서)	[6032]
緖	緖論(서론)	[3242]
緖	遺緖(유서)	[4032]
緖	由緖(유서)	[6032]
緖	情緖(정서)	[5232]
署	官署(관서)	[4232]
署	連署(연서)	[4232]
署	本署(본서)	[6032]
署	部署(부서)	[6232]
署	署理(서리)	[3262]
署	署名(서명)	[3272]
署	署員(서원)	[3242]
署	署長(서장)	[3280]
署	支署(지서)	[4232]
惜	惜別(석별)	[3260]
惜	惜敗(석패)	[3250]
惜	哀惜(애석)	[3232]
惜	愛惜(애석)	[6032]
釋	保釋(보석)	[4232]
釋	釋門(석문)	[3280]
釋	釋放(석방)	[3262]
釋	釋然(석연)	[3270]
釋	釋尊(석존)	[3242]
釋	解釋(해석)	[4232]
釋	訓釋(훈석)	[6032]
釋	稀釋(희석)	[3232]
旋	盤旋(반선)	[3232]
旋	旋律(선율)	[3242]
旋	旋盤(선반)	[3232]
旋	旋風(선풍)	[3262]
旋	旋回(선회)	[3242]
旋	周旋(주선)	[4032]
旋	回旋(회선)	[4232]
禪	禪房(선방)	[3242]
禪	禪師(선사)	[3242]
禪	禪讓(선양)	[3232]
禪	禪位(선위)	[3250]
禪	禪宗(선종)	[3242]
禪	坐禪(좌선)	[3232]
禪	參禪(참선)	[5232]
燒	燒距(소거)	[3232]
燒	燒燈(소등)	[3242]
燒	燒滅(소멸)	[3232]
燒	燒失(소실)	[3260]
燒	燒印(소인)	[3242]
燒	燒酒(소주)	[3240]
燒	燒盡(소진)	[3240]
燒	燃燒(연소)	[4032]
燒	全燒(전소)	[7232]
疏	生疏(생소)	[8032]
疏	疏槪(소개)	[3232]
疏	疏開(소개)	[3260]
疏	疏漏(소루)	[3232]
疏	疏明(소명)	[3262]
疏	疏數(소삭)	[3270]
疏	疏遠(소원)	[3260]
疏	疏脫(소탈)	[3240]
疏	疏通(소통)	[3260]
疏	疏忽(소홀)	[3232]
疏	奏疏(주소)	[3232]
疏	親疏(친소)	[6032]
蘇	更蘇(갱소)	[4032]
蘇	美蘇(미소)	[6032]
蘇	蘇聯(소련)	[3232]
蘇	蘇復(소복)	[3242]
蘇	蘇生(소생)	[3280]
蘇	蘇息(소식)	[3242]
蘇	蘇子(소자)	[3272]
訴	告訴(고소)	[5232]
訴	公訴(공소)	[6232]
訴	起訴(기소)	[4232]
訴	免訴(면소)	[3232]
訴	上訴(상소)	[7232]
訴	訴訟(소송)	[3232]
訴	訴願(소원)	[3250]
訴	訴請(소청)	[3242]
訴	訴追(소추)	[3232]
訴	勝訴(승소)	[6032]
訴	提訴(제소)	[4232]
訴	敗訴(패소)	[5032]
訴	被訴(피소)	[3232]
訴	抗訴(항소)	[4032]
訴	呼訴(호소)	[4232]
訟	訴訟(소송)	[3232]
訟	訟事(송사)	[3272]
刷	刷新(쇄신)	[3262]
刷	印刷(인쇄)	[4232]
刷	縮刷(축쇄)	[4032]
鎖	連鎖(연쇄)	[4232]
鎖	封鎖(봉쇄)	[3232]
鎖	鎖國(쇄국)	[3280]
鎖	閉鎖(폐쇄)	[4032]
鎖	項鎖(항쇄)	[3232]
衰	老衰(노쇠)	[7032]
衰	盛衰(성쇠)	[4232]
衰	衰落(쇠락)	[3250]
衰	衰亡(쇠망)	[3250]
衰	衰弱(쇠약)	[3262]
衰	衰殘(쇠잔)	[3240]
衰	衰退(쇠퇴)	[3242]
垂	垂柳(수류)	[3240]
垂	垂範(수범)	[3240]
垂	垂裳(수상)	[3232]
垂	垂直(수직)	[3272]
垂	懸垂(현수)	[3232]
壽	減壽(감수)	[4232]
壽	米壽(미수)	[6032]
壽	壽命(수명)	[3270]
壽	壽福(수복)	[3252]
壽	壽宴(수연)	[3232]
壽	壽衣(수의)	[3260]
壽	長壽(장수)	[8032]

壽	祝壽(축수) [5032]
壽	胡壽(호수) [3232]
壽	稀壽(희수) [3232]
壽	喜壽(희수) [4032]
帥	元帥(원수) [5232]
帥	將帥(장수) [4232]
帥	總帥(총수) [4232]
帥	統帥(통수) [4232]
愁	旅愁(여수) [5232]
愁	愁心(수심) [3270]
愁	哀愁(애수) [3232]
愁	憂愁(우수) [3232]
愁	鄕愁(향수) [4232]
殊	殊常(수상) [3242]
殊	殊異(수이) [3240]
殊	特殊(특수) [6032]
獸	怪獸(괴수) [3232]
獸	禽獸(금수) [3232]
獸	猛獸(맹수) [3232]
獸	獸心(수심) [3270]
獸	獸醫(수의) [3260]
獸	野獸(야수) [6032]
獸	鳥獸(조수) [4232]
輸	空輸(공수) [7232]
輸	禁輸(금수) [4232]
輸	密輸(밀수) [4232]
輸	輸送(수송) [3242]
輸	輸入(수입) [3270]
輸	輸出(수출) [3270]
輸	輸血(수혈) [3242]
輸	運輸(운수) [6232]
隨	附隨(부수) [3232]
隨	隨時(수시) [3272]
隨	隨意(수의) [3262]
隨	隨筆(수필) [3252]
隨	隨行(수행) [3260]
需	供需(공수) [3232]
需	軍需(군수) [8032]
需	民需(민수) [8032]
需	需給(수급) [3250]
需	需要(수요) [3252]
需	需用(수용) [3262]
需	祭需(제수) [4232]
需	必需(필수) [5232]
需	婚需(혼수) [4032]
淑	私淑(사숙) [4032]
淑	淑女(숙녀) [3280]
淑	淑德(숙덕) [3252]
淑	淑淸(숙청) [3262]
淑	貞淑(정숙) [3232]
淑	靜淑(정숙) [4032]
淑	賢淑(현숙) [4232]
熟	能熟(능숙) [5232]
熟	未熟(미숙) [4232]
熟	半熟(반숙) [6232]
熟	成熟(성숙) [6232]
熟	熟客(숙객) [3252]
熟	熟考(숙고) [3250]
熟	熟果(숙과) [3262]
熟	熟達(숙달) [3242]
熟	熟讀(숙독) [3262]
熟	熟卵(숙란) [3240]
熟	熟冷(숙랭) [3250]
熟	熟練(숙련) [3252]
熟	熟眠(숙면) [3232]
熟	熟面(숙면) [3270]
熟	熟設(숙설) [3242]
熟	熟成(숙성) [3262]
熟	熟語(숙어) [3270]
熟	熟議(숙의) [3242]
熟	熟知(숙지) [3252]
熟	熟醉(숙취) [3232]
熟	完熟(완숙) [5032]
熟	圓熟(원숙) [4232]
熟	早熟(조숙) [4232]
巡	巡警(순경) [3242]
巡	巡禮(순례) [3260]
巡	巡訪(순방) [3242]
巡	巡視(순시) [3242]
巡	巡洋(순양) [3260]
巡	巡察(순찰) [3242]
巡	巡航(순항) [3242]
巡	巡行(순행) [3260]
旬	六旬(육순) [8032]
旬	上旬(상순) [7232]
旬	旬刊(순간) [3232]
旬	旬年(순년) [3280]
旬	旬報(순보) [3242]
旬	旬宣(순선) [3240]
旬	旬日(순일) [3280]
旬	中旬(중순) [8032]
旬	初旬(초순) [5032]
旬	七旬(칠순) [8032]
旬	下旬(하순) [7232]
瞬	瞬間(순간) [3272]
瞬	一瞬(일순) [8032]
述	供述(공술) [3232]
述	口述(구술) [7032]
述	記述(기술) [7232]
述	略述(약술) [4032]
述	論述(논술) [4232]
述	詳述(상술) [3232]
述	上述(상술) [7232]
述	述語(술어) [3270]
述	述懷(술회) [3232]
述	著述(저술) [3232]
述	陳述(진술) [3232]
濕	乾濕(건습) [3232]
濕	多濕(다습) [6032]
濕	冷濕(냉습) [5032]
濕	濕氣(습기) [3272]
濕	濕度(습도) [3260]
濕	濕地(습지) [3270]
濕	濕布(습포) [3242]

濕 陰濕(음습) [4232]
濕 治濕(치습) [4232]
拾 收拾(수습) [4232]
拾 拾得(습득) [3242]
襲 繼襲(계습) [4032]
襲 攻襲(공습) [4032]
襲 空襲(공습) [7232]
襲 急襲(급습) [6232]
襲 奇襲(기습) [4032]
襲 踏襲(답습) [3232]
襲 來襲(내습) [7032]
襲 世襲(세습) [7232]
襲 襲擊(습격) [3240]
襲 襲來(습래) [3270]
襲 逆襲(역습) [4232]
襲 因襲(인습) [5032]
襲 一襲(일습) [8032]
襲 被襲(피습) [3232]
乘 同乘(동승) [7032]
乘 分乘(분승) [6232]
乘 史乘(사승) [5232]
乘 乘客(승객) [3252]
乘 乘車(승차) [3272]
乘 乘機(승기) [3240]
乘 乘馬(승마) [3250]
乘 乘務(승무) [3242]
乘 乘法(승법) [3252]
乘 乘船(승선) [3250]
乘 乘勝(승승) [3260]
乘 乘積(승적) [3240]
乘 野乘(야승) [6032]
乘 傳乘(전승) [5232]
乘 便乘(편승) [7032]
乘 合乘(합승) [6032]
僧 高僧(고승) [6232]
僧 女僧(여승) [8032]
僧 僧家(승가) [3272]
僧 僧舞(승무) [3240]
僧 僧服(승복) [3260]
昇 上昇(상승) [7232]
昇 昇降(승강) [3240]
昇 昇格(승격) [3252]
昇 昇級(승급) [3260]
昇 昇段(승단) [3240]
昇 昇進(승진) [3242]
昇 昇天(승천) [3270]
昇 昇華(승화) [3240]
侍 近侍(근시) [6032]
侍 內侍(내시) [7232]
侍 侍女(시녀) [3280]
侍 侍郎(시랑) [3232]
侍 侍衛(시위) [3242]
侍 侍醫(시의) [3260]
侍 侍從(시종) [3240]
飾 假飾(가식) [4232]
飾 加飾(가식) [5032]
飾 文飾(문식) [7032]
飾 服飾(복식) [6032]
飾 粉飾(분식) [4032]
飾 修飾(수식) [4232]
飾 緣飾(연식) [4032]
飾 粧飾(장식) [3232]
飾 裝飾(장식) [4032]
愼 愼重(신중) [3270]
審 結審(결심) [5232]
審 球審(구심) [6232]
審 覆審(복심) [3232]
審 審理(심리) [3262]
審 審問(심문) [3270]
審 審査(심사) [3250]
審 審議(심의) [3242]
審 審判(심판) [3240]
審 豫審(예심) [4032]
審 誤審(오심) [4232]
審 原審(원심) [5032]
審 再審(재심) [5032]
審 主審(주심) [7032]
審 初審(초심) [5032]
甚 激甚(격심) [4032]
甚 極甚(극심) [4232]
甚 莫甚(막심) [3232]
甚 甚難(심난) [3242]
甚 甚大(심대) [3280]
甚 已甚(이심) [3232]
甚 益甚(익심) [4232]
甚 太甚(태심) [6032]
雙 無雙(무쌍) [5032]
雙 雙務(쌍무) [3242]
雙 雙方(쌍방) [3272]
雙 雙手(쌍수) [3272]
雙 雙親(쌍친) [3260]
亞 東亞(동아) [8032]
亞 亞流(아류) [3252]
亞 亞麻(아마) [3232]
亞 亞聖(아성) [3242]
亞 亞鉛(아연) [3240]
亞 亞洲(아주) [3232]
亞 亞獻(아헌) [3232]
我 沒我(몰아) [3232]
我 無我(무아) [5032]
我 小我(소아) [8032]
我 我國(아국) [3280]
我 我軍(아군) [3280]
我 我執(아집) [3232]
我 自我(자아) [7232]
我 彼我(피아) [3232]
牙 毒牙(독아) [4232]
牙 象牙(상아) [4032]
牙 牙器(아기) [3242]
牙 牙山(아산) [3280]
牙 牙城(아성) [3242]
牙 齒牙(치아) [4232]
芽 麥芽(맥아) [3232]
芽 發芽(발아) [6232]

芽	摘芽(적아)	[3232]
阿	阿丘(아구)	[3232]
阿	阿附(아부)	[3232]
阿	阿片(아편)	[3232]
雅	端雅(단아)	[4232]
雅	雅淡(아담)	[3232]
雅	雅樂(아악)	[3262]
雅	雅量(아량)	[3250]
雅	雅兄(아형)	[3280]
雅	雅號(아호)	[3260]
雅	優雅(우아)	[4032]
雅	幽雅(유아)	[3232]
雅	淸雅(청아)	[6232]
岸	對岸(대안)	[6232]
岸	西岸(서안)	[8032]
岸	沿岸(연안)	[3232]
岸	彼岸(피안)	[3232]
岸	海岸(해안)	[7232]
顔	童顔(동안)	[6232]
顔	龍顔(용안)	[4032]
顔	無顔(무안)	[5032]
顔	顔料(안료)	[3250]
顔	顔面(안면)	[3270]
顔	顔色(안색)	[3270]
顔	顔厚(안후)	[3240]
顔	玉顔(옥안)	[4232]
顔	容顔(용안)	[4232]
顔	紅顔(홍안)	[4032]
顔	花顔(화안)	[7032]
顔	厚顔(후안)	[4032]
巖	奇巖(기암)	[4032]
巖	巖盤(암반)	[3232]
巖	巖壁(암벽)	[3242]
巖	巖石(암석)	[3260]
巖	巖鹽(암염)	[3232]
仰	信仰(신앙)	[6232]
仰	仰望(앙망)	[3252]
仰	仰奏(앙주)	[3232]
仰	仰天(앙천)	[3270]
仰	仰請(앙청)	[3242]
仰	仰祝(앙축)	[3250]
仰	推仰(추앙)	[4032]
央	年央(연앙)	[8032]
央	中央(중앙)	[8032]
央	震央(진앙)	[3232]
哀	悲哀(비애)	[4232]
哀	哀歌(애가)	[3270]
哀	哀惜(애석)	[3232]
哀	哀愁(애수)	[3232]
哀	哀怨(애원)	[3240]
哀	哀願(애원)	[3250]
哀	哀切(애절)	[3252]
哀	哀調(애조)	[3252]
哀	哀痛(애통)	[3240]
哀	哀歡(애환)	[3240]
若	萬若(만약)	[8032]
若	般若(반야)	[3232]
若	若干(약간)	[3240]
若	若輩(약배)	[3232]
若	若此(약차)	[3232]
若	若何(약하)	[3232]
若	若或(약혹)	[3240]
若	自若(자약)	[7232]
壤	擊壤(격양)	[4032]
壤	天壤(천양)	[7032]
壤	土壤(토양)	[8032]
壤	平壤(평양)	[7232]
揚	高揚(고양)	[6232]
揚	浮揚(부양)	[3232]
揚	宣揚(선양)	[4032]
揚	揚陸(양륙)	[3252]
揚	揚名(양명)	[3272]
揚	揚水(양수)	[3280]
揚	揚揚(양양)	[3232]
揚	抑揚(억양)	[3232]
揚	引揚(인양)	[4232]
揚	止揚(지양)	[5032]
揚	讚揚(찬양)	[4032]
讓	謙讓(겸양)	[3232]
讓	分讓(분양)	[6232]
讓	辭讓(사양)	[4032]
讓	禪讓(선양)	[3232]
讓	讓渡(양도)	[3232]
讓	讓步(양보)	[3242]
讓	讓與(양여)	[3240]
讓	讓位(양위)	[3250]
讓	移讓(이양)	[4232]
御	御命(어명)	[3270]
御	御使(어사)	[3260]
御	御用(어용)	[3262]
御	御字(어자)	[3270]
御	御殿(어전)	[3232]
御	御酒(어주)	[3240]
御	制御(제어)	[4232]
憶	記憶(기억)	[7232]
憶	追憶(추억)	[3232]
抑	抑留(억류)	[3242]
抑	抑壓(억압)	[3242]
抑	抑揚(억양)	[3232]
抑	抑制(억제)	[3242]
抑	抑止(억지)	[3250]
亦	其亦(기역)	[3232]
亦	亦是(역시)	[3242]
亦	亦然(역연)	[3270]
亦	此亦(차역)	[3232]
役	看役(간역)	[4032]
役	巨役(거역)	[4032]
役	苦役(고역)	[6032]
役	課役(과역)	[5232]
役	端役(단역)	[4232]
役	代役(대역)	[6232]
役	勞役(노역)	[5232]
役	免役(면역)	[3232]
役	配役(배역)	[4232]

役	兵役(병역) [5232]
役	服役(복역) [6032]
役	賦役(부역) [3232]
役	使役(사역) [6032]
役	兒役(아역) [5232]
役	惡役(악역) [5232]
役	役軍(역군) [3280]
役	役事(역사) [3272]
役	役員(역원) [3242]
役	役割(역할) [3232]
役	用役(용역) [6232]
役	雜役(잡역) [4032]
役	轉役(전역) [4032]
役	助役(조역) [4232]
役	主役(주역) [7032]
役	重役(중역) [7032]
役	就役(취역) [4032]
役	退役(퇴역) [4232]
役	荷役(하역) [3232]
役	現役(현역) [6232]
疫	檢疫(검역) [4232]
疫	免疫(면역) [3232]
疫	防疫(방역) [4232]
疫	疫疾(역질) [3232]
疫	紅疫(홍역) [4032]
譯	國譯(국역) [8032]
譯	佛譯(불역) [4232]
譯	譯書(역서) [3262]
譯	譯者(역자) [3260]
譯	誤譯(오역) [4232]
譯	完譯(완역) [5032]
譯	意譯(의역) [6232]
譯	重譯(중역) [7032]
譯	直譯(직역) [7232]
譯	通譯(통역) [6032]
驛	館驛(관역) [3232]
驛	驛馬(역마) [3250]
驛	驛夫(역부) [3270]
驛	驛長(역장) [3280]
驛	驛前(역전) [3272]
驛	驛亭(역정) [3232]
宴	家宴(가연) [7232]
宴	甲宴(갑연) [4032]
宴	壽宴(수연) [3232]
宴	宴席(연석) [3260]
宴	宴會(연회) [3262]
沿	沿道(연도) [3272]
沿	沿邊(연변) [3242]
沿	沿岸(연안) [3232]
沿	沿海(연해) [3272]
沿	沿革(연혁) [3240]
燕	燕京(연경) [3260]
燕	燕息(연식) [3242]
燕	胡燕(호연) [3232]
軟	軟骨(연골) [3240]
軟	軟禁(연금) [3242]
軟	軟性(연성) [3252]
軟	軟水(연수) [3280]
軟	軟式(연식) [3260]
軟	軟食(연식) [3272]
軟	軟弱(연약) [3262]
軟	軟質(연질) [3252]
軟	軟化(연화) [3252]
軟	柔軟(유연) [3232]
悅	法悅(법열) [5232]
悅	悅樂(열락) [3262]
悅	喜悅(희열) [4032]
染	感染(감염) [6032]
染	練染(연염) [5232]
染	染料(염료) [3250]
染	染色(염색) [3270]
染	染織(염직) [3240]
染	傳染(전염) [5232]
染	漸染(점염) [3232]
染	浸染(침염) [3232]
炎	肝炎(간염) [3232]
炎	腦炎(뇌염) [3232]
炎	老炎(노염) [7032]
炎	鼻炎(비염) [5032]
炎	盛炎(성염) [4232]
炎	炎涼(염량) [3232]
炎	炎上(염상) [3272]
炎	炎症(염증) [3232]
炎	炎蒸(염증) [3232]
炎	炎天(염천) [3270]
炎	胃炎(위염) [3232]
炎	肺炎(폐렴) [3232]
炎	暴炎(폭염) [4232]
鹽	食鹽(식염) [7232]
鹽	巖鹽(암염) [3232]
鹽	鹽分(염분) [3262]
鹽	鹽素(염소) [3242]
鹽	鹽田(염전) [3242]
鹽	鹽浦(염포) [3232]
鹽	鹽化(염화) [3252]
鹽	竹鹽(죽염) [4232]
影	近影(근영) [6032]
影	反影(반영) [6232]
影	暗影(암영) [4232]
影	影像(영상) [3232]
影	影印(영인) [3242]
影	影殿(영전) [3232]
影	影響(영향) [3232]
影	眞影(진영) [4232]
影	兎影(토영) [3232]
影	投影(투영) [4032]
譽	名譽(명예) [7232]
譽	榮譽(영예) [4232]
悟	覺悟(각오) [4032]
悟	悟性(오성) [3252]
悟	悔悟(회오) [3232]
烏	烏金(오금) [3280]
烏	烏蛇(오사) [3232]
烏	烏石(오석) [3260]

烏	烏有(오유) [3270]
烏	烏竹(오죽) [3242]
獄	監獄(감옥) [4232]
獄	獄苦(옥고) [3260]
獄	獄舍(옥사) [3242]
獄	獄死(옥사) [3260]
獄	獄事(옥사) [3272]
獄	獄中(옥중) [3280]
獄	疑獄(의옥) [4032]
獄	地獄(지옥) [7032]
獄	出獄(출옥) [7032]
獄	脫獄(탈옥) [4032]
獄	投獄(투옥) [4032]
獄	下獄(하옥) [7232]
瓦	蓋瓦(개와) [3232]
瓦	弄瓦(농와) [3232]
瓦	瓦器(와기) [3242]
瓦	瓦當(와당) [3252]
瓦	瓦全(와전) [3272]
瓦	瓦解(와해) [3242]
緩	徐緩(서완) [3232]
緩	緩急(완급) [3262]
緩	緩徐(완서) [3232]
緩	緩衝(완충) [3232]
緩	緩行(완행) [3260]
緩	緩刑(완형) [3240]
緩	緩和(완화) [3262]
慾	寡慾(과욕) [3232]
慾	過慾(과욕) [5232]
慾	禁慾(금욕) [4232]
慾	物慾(물욕) [7232]
慾	邪慾(사욕) [3232]
慾	色慾(색욕) [7032]
慾	性慾(성욕) [5232]
慾	食慾(식욕) [7232]
慾	愛慾(애욕) [6032]
慾	野慾(야욕) [6032]
慾	慾求(욕구) [3242]
慾	慾望(욕망) [3252]
慾	慾心(욕심) [3270]
慾	肉慾(육욕) [4232]
慾	情慾(정욕) [5232]
慾	虛慾(허욕) [4232]
欲	欲情(욕정) [3252]
欲	情欲(정욕) [5232]
辱	苦辱(고욕) [6032]
辱	困辱(곤욕) [4032]
辱	屈辱(굴욕) [4032]
辱	逢辱(봉욕) [3232]
辱	雪辱(설욕) [6232]
辱	榮辱(영욕) [4232]
辱	辱臨(욕림) [3232]
辱	辱說(욕설) [3252]
辱	辱知(욕지) [3252]
辱	忍辱(인욕) [3232]
辱	恥辱(치욕) [3232]
偶	對偶(대우) [6232]
偶	偶發(우발) [3262]
偶	偶像(우상) [3232]
偶	偶數(우수) [3270]
偶	偶然(우연) [3270]
偶	偶人(우인) [3280]
宇	氣宇(기우) [7232]
宇	屋宇(옥우) [5032]
宇	宇宙(우주) [3232]
宇	殿宇(전우) [3232]
愚	暗愚(암우) [4232]
愚	愚見(우견) [3252]
愚	愚弄(우롱) [3232]
愚	愚問(우문) [3270]
愚	愚民(우민) [3280]
愚	愚惡(우악) [3252]
愚	愚姉(우자) [3240]
愚	愚弟(우제) [3280]
愚	愚直(우직) [3272]
憂	內憂(내우) [7232]
憂	憂慮(우려) [3240]
憂	憂愁(우수) [3232]
憂	憂患(우환) [3250]
憂	丁憂(정우) [4032]
羽	羽毛(우모) [3242]
羽	羽翼(우익) [3232]
韻	餘韻(여운) [4232]
韻	韻律(운율) [3242]
韻	韻文(운문) [3270]
韻	韻士(운사) [3252]
韻	韻致(운치) [3250]
韻	音韻(음운) [6232]
越	貸越(대월) [3232]
越	優越(우월) [4032]
越	越境(월경) [3242]
越	越權(월권) [3242]
越	越南(월남) [3280]
越	越冬(월동) [3270]
越	越等(월등) [3262]
越	越班(월반) [3262]
越	越北(월북) [3280]
越	越尺(월척) [3232]
越	越便(월편) [3270]
越	移越(이월) [4232]
越	超越(초월) [3232]
越	追越(추월) [3232]
越	卓越(탁월) [5032]
僞	僞善(위선) [3250]
僞	僞裝(위장) [3240]
僞	僞造(위조) [3242]
僞	僞證(위증) [3240]
僞	眞僞(진위) [4232]
僞	虛僞(허위) [4232]
胃	健胃(건위) [5032]
胃	胃壁(위벽) [3242]
胃	胃散(위산) [3240]
胃	胃炎(위염) [3232]
胃	胃腸(위장) [3240]

胃	胃痛(위통) [3240]
謂	可謂(가위) [5032]
謂	所謂(소위) [7032]
謂	稱謂(칭위) [4032]
幼	老幼(노유) [7032]
幼	幼年(유년) [3280]
幼	幼兒(유아) [3252]
幼	幼稚(유치) [3232]
幼	長幼(장유) [8032]
幽	幽界(유계) [3262]
幽	幽谷(유곡) [3232]
幽	幽靈(유령) [3232]
幽	幽明(유명) [3262]
幽	幽雅(유아) [3232]
幽	幽宅(유택) [3252]
幽	幽閉(유폐) [3240]
幽	幽玄(유현) [3232]
悠	悠久(유구) [3232]
悠	悠然(유연) [3270]
悠	悠悠(유유) [3232]
柔	剛柔(강유) [3232]
柔	內柔(내유) [7232]
柔	溫柔(온유) [6032]
柔	外柔(외유) [8032]
柔	優柔(우유) [4032]
柔	柔道(유도) [3272]
柔	柔弱(유약) [3262]
柔	柔軟(유연) [3232]
柔	懷柔(회유) [3232]
猶	猶豫(유예) [3240]
維	四維(사유) [8032]
維	維新(유신) [3262]
維	維持(유지) [3240]
裕	富裕(부유) [4232]
裕	餘裕(여유) [4232]
裕	裕寬(유관) [3232]
裕	裕福(유복) [3252]
裕	裕足(유족) [3272]

誘	勸誘(권유) [4032]
誘	誘導(유도) [3242]
誘	誘發(유발) [3262]
誘	誘引(유인) [3242]
誘	誘致(유치) [3250]
誘	誘脅(유협) [3232]
誘	誘惑(유혹) [3232]
潤	利潤(이윤) [6232]
潤	潤氣(윤기) [3272]
潤	潤色(윤색) [3270]
潤	潤澤(윤택) [3232]
潤	潤筆(윤필) [3252]
潤	浸潤(침윤) [3232]
乙	乙未(을미) [3242]
乙	乙夜(을야) [3260]
淫	賣淫(매음) [5032]
淫	手淫(수음) [7232]
淫	淫亂(음란) [3240]
淫	淫行(음행) [3260]
淫	荒淫(황음) [3232]
已	已甚(이심) [3232]
已	已往(이왕) [3242]
翼	覆翼(부익) [3232]
翼	鳳翼(봉익) [3232]
翼	羽翼(우익) [3232]
翼	右翼(우익) [7232]
翼	左翼(좌익) [7232]
翼	鶴翼(학익) [3232]
忍	堅忍(견인) [4032]
忍	不忍(불인) [7232]
忍	隱忍(은인) [4032]
忍	忍苦(인고) [3260]
忍	忍耐(인내) [3232]
忍	忍辱(인욕) [3232]
忍	忍從(인종) [3240]
忍	殘忍(잔인) [4032]
逸	獨逸(독일) [5232]
逸	安逸(안일) [7232]

逸	隱逸(은일) [4032]
逸	逸居(일거) [3240]
逸	逸德(일덕) [3252]
逸	逸民(일민) [3280]
逸	逸士(일사) [3252]
逸	逸品(일품) [3252]
逸	逸話(일화) [3272]
壬	壬方(임방) [3272]
壬	壬人(임인) [3280]
賃	勞賃(노임) [5232]
賃	無賃(무임) [5032]
賃	運賃(운임) [6232]
賃	賃金(임금) [3280]
賃	賃貸(임대) [3232]
賃	賃借(임차) [3232]
賃	滯賃(체임) [3232]
刺	亂刺(난자) [4032]
刺	刺客(자객) [3252]
刺	刺殺(척살) [3242]
刺	刺字(자자) [3270]
慈	仁慈(인자) [4032]
慈	慈堂(자당) [3262]
慈	慈母(자모) [3280]
慈	慈悲(자비) [3242]
慈	慈善(자선) [3250]
慈	慈愛(자애) [3260]
慈	慈惠(자혜) [3242]
紫	紫色(자색) [3270]
紫	紫煙(자연) [3242]
暫	暫間(잠간) [3272]
暫	暫留(잠류) [3242]
暫	暫福(잠복) [3252]
暫	暫逢(잠봉) [3232]
暫	暫時(잠시) [3272]
暫	暫定(잠정) [3260]
暫	暫行(잠행) [3260]
暫	暫許(잠허) [3250]
暫	暫革(잠혁) [3240]

潛	潛伏(잠복)	[3240]
潛	潛水(잠수)	[3280]
潛	潛入(잠입)	[3270]
潛	潛在(잠재)	[3260]
潛	潛跡(잠적)	[3232]
潛	潛行(잠행)	[3260]
潛	沈潛(침잠)	[3232]
丈	査丈(사장)	[5032]
丈	王丈(왕장)	[8032]
丈	丈母(장모)	[3280]
丈	丈夫(장부)	[3270]
丈	丈人(장인)	[3280]
丈	丈尺(장척)	[3232]
掌	車掌(차장)	[7232]
掌	管掌(관장)	[4032]
掌	拍掌(박장)	[4032]
掌	分掌(분장)	[6232]
掌	掌篇(장편)	[3240]
掌	典掌(전장)	[5232]
掌	合掌(합장)	[6032]
粧	內粧(내장)	[7232]
粧	丹粧(단장)	[3232]
粧	粧鏡(장경)	[3240]
粧	粧飾(장식)	[3232]
粧	治粧(치장)	[4232]
粧	化粧(화장)	[5232]
臟	肝臟(간장)	[3232]
臟	內臟(내장)	[7232]
臟	心臟(심장)	[7032]
臟	臟器(장기)	[3242]
莊	老莊(노장)	[7032]
莊	別莊(별장)	[6032]
莊	山莊(산장)	[8032]
莊	莊嚴(장엄)	[3240]
莊	莊園(장원)	[3260]
莊	莊子(장자)	[3272]
莊	莊重(장중)	[3270]
葬	假葬(가장)	[4232]
葬	各葬(각장)	[6232]
葬	監葬(감장)	[4232]
葬	國葬(국장)	[8032]
葬	副葬(부장)	[4232]
葬	喪葬(상장)	[3232]
葬	水葬(수장)	[8032]
葬	安葬(안장)	[7232]
葬	移葬(이장)	[4232]
葬	葬列(장렬)	[3242]
葬	葬禮(장례)	[3260]
葬	葬儀(장의)	[3240]
葬	葬地(장지)	[3270]
葬	合葬(합장)	[6032]
葬	火葬(화장)	[8032]
藏	內藏(내장)	[7232]
藏	冷藏(냉장)	[5032]
藏	寶藏(보장)	[4232]
藏	祕藏(비장)	[4032]
藏	私藏(사장)	[4032]
藏	死藏(사장)	[6032]
藏	所藏(소장)	[7032]
藏	收藏(수장)	[4232]
藏	愛藏(애장)	[6032]
藏	藏府(장부)	[3242]
藏	藏書(장서)	[3262]
藏	藏中(장중)	[3280]
藏	貯藏(저장)	[5032]
藏	退藏(퇴장)	[4232]
栽	輪栽(윤재)	[4032]
栽	植栽(식재)	[7032]
栽	移栽(이재)	[4232]
栽	栽培(재배)	[3232]
栽	栽植(재식)	[3270]
裁	決裁(결재)	[5232]
裁	獨裁(독재)	[5232]
裁	洋裁(양재)	[6032]
裁	裁可(재가)	[3250]
裁	裁斷(재단)	[3242]
裁	裁量(재량)	[3250]
裁	裁定(재정)	[3260]
裁	裁判(재판)	[3240]
裁	制裁(제재)	[4232]
裁	仲裁(중재)	[3232]
裁	體裁(체재)	[6232]
裁	總裁(총재)	[4232]
載	記載(기재)	[7232]
載	登載(등재)	[7032]
載	連載(연재)	[4232]
載	滿載(만재)	[4232]
載	覆載(부재)	[3232]
載	載量(재량)	[3250]
載	積載(적재)	[4032]
載	轉載(전재)	[4032]
載	全載(전재)	[7232]
載	千載(천재)	[7032]
抵	大抵(대저)	[8032]
抵	抵當(저당)	[3252]
抵	抵觸(저촉)	[3232]
抵	抵抗(저항)	[3240]
著	共著(공저)	[6232]
著	論著(논저)	[4232]
著	名著(명저)	[7232]
著	著名(저명)	[3272]
著	著書(저서)	[3262]
著	著述(저술)	[3232]
著	著者(저자)	[3260]
著	著作(저작)	[3262]
著	編著(편저)	[3232]
著	顯著(현저)	[4032]
寂	孤寂(고적)	[4032]
寂	入寂(입적)	[7032]
寂	寂滅(적멸)	[3232]
寂	寂寂(적적)	[3232]
寂	靜寂(정적)	[4032]
寂	閑寂(한적)	[4032]
摘	摘發(적발)	[3262]

摘 摘芽(적아) [3232]
摘 摘要(적요) [3252]
摘 摘出(적출) [3270]
摘 指摘(지적) [4232]
笛 警笛(경적) [4232]
笛 鼓笛(고적) [3232]
笛 汽笛(기적) [5032]
笛 胡笛(호적) [3232]
跡 遺跡(유적) [4032]
跡 人跡(인적) [8032]
跡 潛跡(잠적) [3232]
跡 足跡(족적) [7232]
跡 追跡(추적) [3232]
跡 筆跡(필적) [5232]
蹟 古蹟(고적) [6032]
蹟 史蹟(사적) [5232]
蹟 事蹟(사적) [7232]
蹟 遺蹟(유적) [4032]
蹟 異蹟(이적) [4032]
蹟 行蹟(행적) [6032]
殿 宮殿(궁전) [4232]
殿 錦殿(금전) [3232]
殿 南殿(남전) [8032]
殿 內殿(내전) [7232]
殿 大殿(대전) [8032]
殿 蘭殿(난전) [3232]
殿 法殿(법전) [5232]
殿 別殿(별전) [6032]
殿 寶殿(보전) [4232]
殿 佛殿(불전) [4232]
殿 聖殿(성전) [4232]
殿 神殿(신전) [6232]
殿 御殿(어전) [3232]
殿 影殿(영전) [3232]
殿 浴殿(욕전) [5032]
殿 殿閣(전각) [3232]
殿 殿階(전계) [3240]
殿 殿內(전내) [3272]
殿 殿堂(전당) [3262]
殿 殿廊(전랑) [3232]
殿 殿試(전시) [3242]
殿 殿宇(전우) [3232]
殿 殿最(전최) [3250]
殿 殿下(전하) [3272]
殿 殿後(전후) [3272]
殿 正殿(정전) [7232]
殿 珠殿(주전) [3232]
殿 中殿(중전) [8032]
殿 淸殿(청전) [6232]
殿 寢殿(침전) [4032]
殿 便殿(편전) [7032]
漸 漸減(점감) [3242]
漸 漸染(점염) [3232]
漸 漸增(점증) [3242]
漸 漸進(점진) [3242]
漸 漸次(점차) [3242]
井 甘井(감정) [4032]
井 井然(정연) [3270]
井 天井(천정) [7032]
亭 孤亭(고정) [4032]
亭 料亭(요정) [5032]
亭 驛亭(역정) [3232]
亭 亭子(정자) [3272]
亭 浩亭(호정) [3232]
廷 開廷(개정) [6032]
廷 宮廷(궁정) [4232]
廷 法廷(법정) [5232]
廷 廷論(정론) [3242]
廷 朝廷(조정) [6032]
廷 出廷(출정) [7032]
廷 退廷(퇴정) [4232]
廷 閉廷(폐정) [4032]
廷 休廷(휴정) [7032]
征 遠征(원정) [6032]
征 長征(장정) [8032]
征 征途(정도) [3232]
征 征伐(정벌) [3242]
征 征服(정복) [3260]
征 征夫(정부) [3270]
征 征人(정인) [3280]
征 出征(출정) [7032]
淨 不淨(부정) [7232]
淨 淨潔(정결) [3242]
淨 淨書(정서) [3262]
淨 淨水(정수) [3280]
淨 淨土(정토) [3280]
淨 淨化(정화) [3252]
淨 淸淨(청정) [6232]
貞 童貞(동정) [6232]
貞 不貞(부정) [7232]
貞 貞潔(정결) [3242]
貞 貞烈(정렬) [3240]
貞 貞淑(정숙) [3232]
貞 貞節(정절) [3252]
貞 貞操(정조) [3250]
貞 貞察(정찰) [3242]
頂 登頂(등정) [7032]
頂 路頂(노정) [6032]
頂 山頂(산정) [8032]
頂 絶頂(절정) [4232]
頂 頂上(정상) [3272]
頂 頂點(정점) [3240]
諸 居諸(거저) [4032]
諸 諸國(제국) [3280]
諸 諸君(제군) [3240]
諸 諸般(제반) [3232]
諸 諸氏(제씨) [3240]
諸 諸員(제원) [3242]
諸 諸位(제위) [3250]
諸 諸賢(제현) [3242]
諸 忽諸(홀저) [3232]
齊 一齊(일제) [8032]
齊 整齊(정제) [4032]
齊 齊家(제가) [3272]

齊 齊唱(제창) [3250]
兆 佳兆(가조) [3232]
兆 吉兆(길조) [5032]
兆 亡兆(망조) [5032]
兆 前兆(전조) [7232]
兆 兆民(조민) [3280]
兆 兆域(조역) [3240]
兆 兆占(조점) [3240]
兆 徵兆(징조) [3232]
兆 宅兆(택조) [5232]
兆 凶兆(흉조) [5232]
照 觀照(관조) [5232]
照 對照(대조) [6232]
照 落照(낙조) [5032]
照 照度(조도) [3260]
照 照明(조명) [3262]
照 照準(조준) [3242]
照 照會(조회) [3262]
照 參照(참조) [5232]
照 探照(탐조) [4032]
租 租界(조계) [3262]
租 租課(조과) [3252]
租 租稅(조세) [3242]
租 租借(조차) [3232]
縱 放縱(방종) [6232]
縱 操縱(조종) [5032]
縱 縱斷(종단) [3242]
縱 縱隊(종대) [3242]
縱 縱紋(종문) [3232]
縱 縱書(종서) [3262]
縱 縱走(종주) [3242]
縱 縱橫(종횡) [3232]
坐 對坐(대좌) [6232]
坐 連坐(연좌) [4232]
坐 丙坐(병좌) [3232]
坐 靜坐(정좌) [4032]
坐 正坐(정좌) [7232]
坐 坐像(좌상) [3232]
坐 坐禪(좌선) [3232]
坐 坐視(좌시) [3242]
坐 坐藥(좌약) [3262]
坐 坐罪(좌죄) [3250]
坐 坐板(좌판) [3250]
坐 坐向(좌향) [3260]
奏 建奏(건주) [5032]
奏 獨奏(독주) [5232]
奏 讀奏(독주) [6232]
奏 面奏(면주) [7032]
奏 密奏(밀주) [4232]
奏 變奏(변주) [5232]
奏 伏奏(복주) [4032]
奏 封奏(봉주) [3232]
奏 上奏(상주) [7232]
奏 序奏(서주) [5032]
奏 申奏(신주) [4232]
奏 仰奏(앙주) [3232]
奏 演奏(연주) [4232]
奏 章奏(장주) [6032]
奏 前奏(전주) [7232]
奏 節奏(절주) [5232]
奏 奏達(주달) [3242]
奏 奏聞(주문) [3262]
奏 奏文(주문) [3270]
奏 奏疏(주소) [3232]
奏 奏議(주의) [3242]
奏 奏請(주청) [3242]
奏 奏效(주효) [3252]
奏 重奏(중주) [7032]
奏 陳奏(진주) [3232]
奏 進奏(진주) [4232]
奏 執奏(집주) [3232]
奏 吹奏(취주) [3232]
奏 彈奏(탄주) [4032]
奏 表奏(표주) [6232]
奏 合奏(합주) [6032]
奏 協奏(협주) [4232]
宙 宇宙(우주) [3232]
宙 宙水(주수) [3280]
柱 四柱(사주) [8032]
柱 電柱(전주) [7232]
柱 柱石(주석) [3260]
柱 柱礎(주초) [3232]
柱 支柱(지주) [4232]
株 新株(신주) [6232]
株 株價(주가) [3252]
株 株券(주권) [3240]
株 株式(주식) [3260]
株 株主(주주) [3270]
洲 滿洲(만주) [4232]
洲 美洲(미주) [6032]
洲 亞洲(아주) [3232]
珠 江珠(강주) [7232]
珠 貫珠(관주) [3232]
珠 念珠(염주) [5232]
珠 連珠(연주) [4232]
珠 露珠(노주) [3232]
珠 明珠(명주) [6232]
珠 默珠(묵주) [3232]
珠 寶珠(보주) [4232]
珠 眼珠(안주) [4232]
珠 遺珠(유주) [4032]
珠 珠履(주리) [3232]
珠 珠算(주산) [3270]
珠 珠玉(주옥) [3242]
珠 珠殿(주전) [3232]
珠 珠板(주판) [3250]
珠 珠汗(주한) [3232]
珠 珍珠(진주) [4032]
珠 眞珠(진주) [4232]
珠 懸珠(현주) [3232]
鑄 改鑄(개주) [5032]
鑄 鼓鑄(고주) [3232]
鑄 陶鑄(도주) [3232]
鑄 鑄工(주공) [3272]

鑄 鑄錢(주전) [3240]
鑄 鑄造(주조) [3242]
鑄 鑄鐵(주철) [3250]
仲 伯仲(백중) [3232]
仲 仲介(중개) [3232]
仲 仲媒(중매) [3232]
仲 仲裁(중재) [3232]
仲 仲兄(중형) [3280]
卽 卽刻(즉각) [3240]
卽 卽決(즉결) [3252]
卽 卽死(즉사) [3260]
卽 卽席(즉석) [3260]
卽 卽時(즉시) [3272]
卽 卽位(즉위) [3250]
卽 卽興(즉흥) [3242]
憎 可憎(가증) [5032]
憎 愛憎(애증) [6032]
憎 憎惡(증오) [3252]
曾 曾孫(증손) [3260]
曾 曾往(증왕) [3242]
症 輕症(경증) [5032]
症 狂症(광증) [3232]
症 急症(급증) [6232]
症 炎症(염증) [3232]
症 症狀(증상) [3242]
症 症勢(증세) [3242]
症 症候(증후) [3240]
症 滯症(체증) [3232]
症 痛症(통증) [4032]
蒸 炎蒸(염증) [3232]
蒸 蒸氣(증기) [3272]
蒸 蒸發(증발) [3262]
蒸 汗蒸(한증) [3232]
之 之玄(지현) [3232]
之 置之(치지) [4232]
枝 幹枝(간지) [3232]
枝 枝葉(지엽) [3250]
池 蓮池(연지) [3232]
池 電池(전지) [7232]
池 天池(천지) [7032]
振 不振(부진) [7232]
振 三振(삼진) [8032]
振 振動(진동) [3272]
振 振武(진무) [3242]
振 振作(진작) [3262]
振 振興(진흥) [3242]
辰 佳辰(가신) [3232]
辰 北辰(북신) [8032]
辰 生辰(생신) [8032]
辰 日辰(일진) [8032]
辰 辰方(진방) [3272]
辰 辰宿(진수) [3252]
辰 辰時(진시) [3272]
鎭 文鎭(문진) [7032]
鎭 書鎭(서진) [6232]
鎭 重鎭(중진) [7032]
鎭 鎭山(진산) [3280]
鎭 鎭壓(진압) [3242]
鎭 鎭靜(진정) [3240]
鎭 鎭定(진정) [3260]
鎭 鎭痛(진통) [3240]
鎭 鎭魂(진혼) [3232]
鎭 鎭火(진화) [3280]
陳 開陳(개진) [6032]
陳 具陳(구진) [5232]
陳 陳列(진열) [3242]
陳 陳腐(진부) [3232]
陳 陳謝(진사) [3242]
陳 陳設(진설) [3242]
陳 陳述(진술) [3232]
陳 陳容(진용) [3242]
陳 陳情(진정) [3252]
陳 陳奏(진주) [3232]
陳 出陳(출진) [7032]
震 耐震(내진) [3232]
震 微震(미진) [3232]
震 餘震(여진) [4232]
震 地震(지진) [7032]
震 震驚(진경) [3240]
震 震恐(진공) [3232]
震 震怒(진노) [3242]
震 震檀(진단) [3242]
震 震動(진동) [3272]
震 震死(진사) [3260]
震 震央(진앙) [3232]
震 震源(진원) [3240]
震 震災(진재) [3250]
震 震電(진전) [3272]
震 洪震(홍진) [3232]
震 強震(강진) [6032]
疾 惡疾(악질) [5232]
疾 眼疾(안질) [4232]
疾 疫疾(역질) [3232]
疾 疾故(질고) [3242]
疾 疾苦(질고) [3260]
疾 疾病(질병) [3260]
疾 疾徐(질서) [3232]
疾 疾視(질시) [3242]
疾 疾走(질주) [3242]
疾 疾患(질환) [3250]
疾 稱疾(칭질) [4032]
秩 秩滿(질만) [3242]
秩 秩米(질미) [3260]
秩 秩序(질서) [3250]
執 據執(거집) [4032]
執 堅執(견집) [4032]
執 見執(견집) [5232]
執 固執(고집) [5032]
執 父執(부집) [8032]
執 我執(아집) [3232]
執 執權(집권) [3242]
執 執念(집념) [3252]
執 執刀(집도) [3232]
執 執務(집무) [3242]

執	執事(집사) [3272]
執	執徐(집서) [3232]
執	執奏(집주) [3232]
執	執着(집착) [3252]
執	執筆(집필) [3252]
執	執行(집행) [3260]
執	偏執(편집) [3232]
徵	象徵(상징) [4032]
徵	性徵(성징) [5232]
徵	徵發(징발) [3262]
徵	徵兵(징병) [3252]
徵	徵收(징수) [3242]
徵	徵用(징용) [3262]
徵	徵兆(징조) [3232]
徵	徵調(치조) [3252]
徵	徵集(징집) [3262]
徵	徵表(징표) [3262]
徵	徵驗(징험) [3242]
徵	徵候(징후) [3240]
徵	追徵(추징) [3232]
徵	特徵(특징) [6032]
借	假借(가차) [4232]
借	貸借(대차) [3232]
借	賃借(임차) [3232]
借	租借(조차) [3232]
借	借名(차명) [3272]
借	借問(차문) [3270]
借	借邊(차변) [3242]
借	借用(차용) [3262]
借	借入(차입) [3270]
此	若此(약차) [3232]
此	如此(여차) [4232]
此	此亦(차역) [3232]
此	此際(차제) [3242]
此	此後(차후) [3272]
此	彼此(피차) [3232]
錯	交錯(교착) [6032]
錯	倒錯(도착) [3232]
錯	失錯(실착) [6032]
錯	錯覺(착각) [3240]
錯	錯亂(착란) [3240]
錯	錯視(착시) [3242]
錯	錯誤(착오) [3242]
錯	錯雜(착잡) [3240]
贊	贊同(찬동) [3270]
贊	贊反(찬반) [3262]
贊	贊否(찬부) [3240]
贊	贊成(찬성) [3262]
贊	贊意(찬의) [3262]
贊	贊助(찬조) [3242]
贊	協贊(협찬) [4232]
倉	穀倉(곡창) [4032]
倉	營倉(영창) [4032]
倉	倉庫(창고) [3240]
倉	倉皇(창황) [3232]
倉	彈倉(탄창) [4032]
昌	隆昌(융창) [3232]
昌	繁昌(번창) [3232]
昌	昌盛(창성) [3242]
蒼	蒼空(창공) [3272]
蒼	蒼白(창백) [3280]
蒼	蒼生(창생) [3280]
蒼	蒼然(창연) [3270]
蒼	蒼遠(창원) [3260]
蒼	蒼天(창천) [3270]
蒼	蒼波(창파) [3242]
債	公債(공채) [6232]
債	國債(국채) [8032]
債	起債(기채) [4232]
債	負債(부채) [4032]
債	私債(사채) [4032]
債	社債(사채) [6232]
債	外債(외채) [8032]
債	債券(채권) [3240]
債	債權(채권) [3242]
債	債務(채무) [3242]
彩	光彩(광채) [6232]
彩	多彩(다채) [6032]
彩	文彩(문채) [7032]
彩	色彩(색채) [7032]
彩	生彩(생채) [8032]
彩	異彩(이채) [4032]
彩	彩鳳(채봉) [3232]
彩	彩裳(채상) [3232]
彩	彩色(채색) [3270]
菜	乾菜(건채) [3232]
菜	山菜(산채) [8032]
菜	生菜(생채) [8032]
菜	野菜(야채) [6032]
菜	葉菜(엽채) [5032]
菜	菜毒(채독) [3242]
菜	菜麻(채마) [3232]
菜	菜食(채식) [3272]
策	計策(계책) [6232]
策	國策(국책) [8032]
策	對策(대책) [6232]
策	妙策(묘책) [4032]
策	方策(방책) [7232]
策	別策(별책) [6032]
策	祕策(비책) [4032]
策	散策(산책) [4032]
策	上策(상책) [7232]
策	術策(술책) [6232]
策	施策(시책) [4232]
策	時策(시책) [7232]
策	失策(실책) [6032]
策	政策(정책) [4232]
策	策動(책동) [3272]
策	策略(책략) [3240]
策	策命(책명) [3270]
策	策問(책문) [3270]
策	策定(책정) [3260]
策	劃策(획책) [3232]
妻	繼妻(계처) [4032]

妻	恐妻(공처) [3232]
妻	多妻(다처) [6032]
妻	良妻(양처) [5232]
妻	本妻(본처) [6032]
妻	夫妻(부처) [7032]
妻	喪妻(상처) [3232]
妻	惡妻(악처) [5232]
妻	愛妻(애처) [6032]
妻	前妻(전처) [7232]
妻	妻家(처가) [3272]
妻	妻男(처남) [3272]
妻	妻子(처자) [3272]
妻	妻弟(처제) [3280]
妻	妻族(처족) [3260]
妻	妻兄(처형) [3280]
尺	三尺(삼척) [8032]
尺	越尺(월척) [3232]
尺	丈尺(장척) [3232]
尺	尺度(척도) [3260]
尺	尺土(척토) [3280]
尺	縮尺(축척) [4032]
戚	外戚(외척) [8032]
戚	戚臣(척신) [3252]
戚	親戚(친척) [6032]
戚	婚戚(혼척) [4032]
戚	休戚(휴척) [7032]
拓	干拓(간척) [4032]
拓	開拓(개척) [6032]
拓	拓本(탁본) [3260]
淺	深淺(심천) [4232]
淺	日淺(일천) [8032]
淺	淺綠(천록) [3260]
淺	淺薄(천박) [3232]
淺	淺學(천학) [3280]
賤	貴賤(귀천) [5032]
賤	微賤(미천) [3232]
賤	卑賤(비천) [3232]
賤	賤價(천가) [3252]
賤	賤待(천대) [3260]
賤	賤買(천매) [3250]
賤	賤民(천민) [3280]
賤	賤視(천시) [3242]
賤	賤人(천인) [3280]
賤	賤職(천직) [3242]
踐	實踐(실천) [5232]
踐	踐歷(천력) [3252]
踐	踐約(천약) [3252]
遷	變遷(변천) [5232]
遷	三遷(삼천) [8032]
遷	左遷(좌천) [7232]
遷	遷都(천도) [3250]
遷	遷延(천연) [3240]
哲	明哲(명철) [6232]
哲	哲理(철리) [3262]
哲	哲人(철인) [3280]
哲	哲學(철학) [3280]
哲	賢哲(현철) [4232]
徹	貫徹(관철) [3232]
徹	冷徹(냉철) [5032]
徹	徹夜(철야) [3260]
徹	徹底(철저) [3240]
徹	透徹(투철) [3232]
滯	結滯(결체) [5232]
滯	固滯(고체) [5032]
滯	久滯(구체) [3232]
滯	留滯(유체) [4232]
滯	消滯(소체) [6232]
滯	宿滯(숙체) [5232]
滯	延滯(연체) [4032]
滯	肉滯(육체) [4232]
滯	積滯(적체) [4032]
滯	停滯(정체) [5032]
滯	滯納(체납) [3240]
滯	滯念(체념) [3252]
滯	滯留(체류) [3242]
滯	滯佛(체불) [3242]
滯	滯賃(체임) [3232]
滯	滯在(체재) [3260]
滯	滯症(체증) [3232]
滯	沈滯(침체) [3232]
礎	基礎(기초) [5232]
礎	定礎(정초) [6032]
礎	柱礎(주초) [3232]
礎	礎石(초석) [3260]
肖	不肖(불초) [7232]
肖	肖像(초상) [3232]
超	超過(초과) [3252]
超	超黨(초당) [3242]
超	超然(초연) [3270]
超	超越(초월) [3232]
超	超人(초인) [3280]
超	超脫(초탈) [3240]
超	卓超(탁초) [5032]
促	督促(독촉) [4232]
促	促求(촉구) [3242]
促	促急(촉급) [3262]
促	促迫(촉박) [3232]
促	促成(촉성) [3262]
促	促進(촉진) [3242]
促	催促(최촉) [3232]
觸	感觸(감촉) [6032]
觸	抵觸(저촉) [3232]
觸	接觸(접촉) [4232]
觸	觸覺(촉각) [3240]
觸	觸角(촉각) [3262]
觸	觸感(촉감) [3260]
觸	觸怒(촉노) [3242]
觸	觸媒(촉매) [3232]
觸	觸發(촉발) [3262]
觸	觸手(촉수) [3272]
催	開催(개최) [6032]
催	主催(주최) [7032]
催	催告(최고) [3252]
催	催眠(최면) [3232]

催	催促(최촉) [3232]	吹	鼓吹(고취) [3232]	沈	擊沈(격침) [4032]
追	擊追(격추) [4032]	吹	吹入(취입) [3270]	沈	浮沈(부침) [3232]
追	訴追(소추) [3232]	吹	吹奏(취주) [3232]	沈	陰沈(음침) [4232]
追	追加(추가) [3250]	醉	陶醉(도취) [3232]	沈	沈降(침강) [3240]
追	追擊(추격) [3240]	醉	滿醉(만취) [4232]	沈	沈眠(침면) [3232]
追	追告(추고) [3252]	醉	熟醉(숙취) [3232]	沈	沈沒(침몰) [3232]
追	追求(추구) [3242]	醉	宿醉(숙취) [5232]	沈	沈默(침묵) [3232]
追	追究(추구) [3242]	醉	心醉(심취) [7032]	沈	沈思(침사) [3250]
追	追窮(추궁) [3240]	醉	醉客(취객) [3252]	沈	沈床(침상) [3242]
追	追記(추기) [3272]	醉	醉氣(취기) [3272]	沈	沈水(침수) [3280]
追	追念(추념) [3252]	醉	醉中(취중) [3280]	沈	沈潛(침잠) [3232]
追	追突(추돌) [3232]	醉	醉興(취흥) [3242]	沈	沈重(침중) [3270]
追	追慕(추모) [3232]	側	貴側(귀측) [5032]	沈	沈着(침착) [3252]
追	追放(추방) [3262]	側	兩側(양측) [4232]	沈	沈滯(침체) [3232]
追	追想(추상) [3242]	側	反側(반측) [6232]	沈	沈痛(침통) [3240]
追	追憶(추억) [3232]	側	外側(외측) [8032]	浸	浸禮(침례) [3260]
追	追越(추월) [3232]	側	右側(우측) [7232]	浸	浸水(침수) [3280]
追	追認(추인) [3242]	側	左側(좌측) [7232]	浸	浸染(침염) [3232]
追	追跡(추적) [3232]	側	側近(측근) [3260]	浸	浸潤(침윤) [3232]
追	追從(추종) [3240]	側	側面(측면) [3270]	浸	浸透(침투) [3232]
追	追增(추증) [3242]	側	側目(측목) [3260]	奪	削奪(삭탈) [3232]
追	追徵(추징) [3232]	値	價値(가치) [5232]	奪	收奪(수탈) [4232]
追	追後(추후) [3272]	値	相値(상치) [5232]	奪	爭奪(쟁탈) [5032]
畜	家畜(가축) [7232]	値	數値(수치) [7032]	奪	侵奪(침탈) [4232]
畜	牧畜(목축) [4232]	値	値遇(치우) [3240]	奪	奪氣(탈기) [3272]
畜	畜舍(축사) [3242]	恥	國恥(국치) [8032]	奪	奪取(탈취) [3242]
畜	畜産(축산) [3252]	恥	雪恥(설치) [6232]	奪	奪還(탈환) [3232]
畜	畜生(축생) [3280]	恥	恥部(치부) [3262]	奪	脅奪(협탈) [3232]
畜	畜養(축양) [3252]	恥	恥事(치사) [3272]	奪	強奪(강탈) [6032]
畜	畜牛(축우) [3250]	恥	恥辱(치욕) [3232]	塔	金塔(금탑) [8032]
衝	上衝(상충) [7232]	稚	幼稚(유치) [3232]	塔	佛塔(불탑) [4232]
衝	緩衝(완충) [3232]	稚	稚氣(치기) [3272]	塔	石塔(석탑) [6032]
衝	要衝(요충) [5232]	稚	稚魚(치어) [3250]	塔	鐵塔(철탑) [5032]
衝	折衝(절충) [4032]	漆	金漆(금칠) [8032]	湯	甘湯(감탕) [4032]
衝	衝擊(충격) [3240]	漆	漆器(칠기) [3242]	湯	冷湯(냉탕) [5032]
衝	衝突(충돌) [3232]	漆	漆夜(칠야) [3260]	湯	鳳湯(봉탕) [3232]
衝	衝動(충동) [3272]	漆	漆板(칠판) [3250]	湯	熱湯(열탕) [5032]
衝	衝天(충천) [3270]	漆	漆黑(칠흑) [3250]	湯	雜湯(잡탕) [4032]

湯 再湯(재탕) [5032]
湯 重湯(중탕) [7032]
湯 中湯(중탕) [8032]
湯 湯液(탕액) [3242]
湯 湯藥(탕약) [3262]
殆 危殆(위태) [4032]
殆 殆半(태반) [3262]
泰 泰斗(태두) [3242]
泰 泰山(태산) [3280]
泰 泰然(태연) [3270]
泰 泰平(태평) [3272]
澤 光澤(광택) [6232]
澤 德澤(덕택) [5232]
澤 潤澤(윤택) [3232]
澤 澤雨(택우) [3252]
澤 惠澤(혜택) [4232]
兎 家兎(가토) [7232]
兎 野兎(야토) [6032]
兎 兎眼(토안) [3242]
兎 兎影(토영) [3232]
吐 實吐(실토) [5232]
吐 吐氣(토기) [3272]
吐 吐露(토로) [3232]
吐 吐鳳(토봉) [3232]
吐 吐說(토설) [3252]
吐 吐血(토혈) [3242]
透 浸透(침투) [3232]
透 透明(투명) [3262]
透 透視(투시) [3242]
透 透徹(투철) [3232]
版 架版(가판) [3232]
版 菊版(국판) [3232]
版 銅版(동판) [4232]
版 木版(목판) [8032]
版 新版(신판) [6232]
版 鉛版(연판) [4032]
版 原版(원판) [5032]
版 壯版(장판) [4032]
版 再版(재판) [5032]
版 絶版(절판) [4232]
版 組版(조판) [4032]
版 重版(중판) [7032]
版 初版(초판) [5032]
版 出版(출판) [7032]
版 版權(판권) [3242]
版 版圖(판도) [3262]
版 版木(판목) [3280]
版 版畫(판화) [3260]
版 活版(활판) [7232]
偏 半偏(반편) [6232]
偏 一偏(일편) [8032]
偏 偏角(편각) [3262]
偏 偏見(편견) [3252]
偏 偏黨(편당) [3242]
偏 偏母(편모) [3280]
偏 偏食(편식) [3272]
偏 偏愛(편애) [3260]
偏 偏在(편재) [3260]
偏 偏重(편중) [3270]
偏 偏執(편집) [3232]
偏 偏差(편차) [3240]
偏 偏聽(편청) [3240]
偏 偏廢(편폐) [3232]
偏 偏向(편향) [3260]
片 斷片(단편) [4232]
片 阿片(아편) [3232]
片 一片(일편) [8032]
片 破片(파편) [4232]
片 片道(편도) [3272]
片 片貌(편모) [3232]
片 片志(편지) [3242]
片 片紙(편지) [3270]
編 改編(개편) [5032]
編 續編(속편) [4232]
編 再編(재편) [5032]
編 編曲(편곡) [3250]
編 編年(편년) [3280]
編 編隊(편대) [3242]
編 編曆(편력) [3232]
編 編物(편물) [3272]
編 編髮(변발) [3240]
編 編成(편성) [3262]
編 編修(편수) [3242]
編 編入(편입) [3270]
編 編者(편자) [3260]
編 編著(편저) [3232]
編 編制(편제) [3242]
編 編織(편직) [3240]
廢 改廢(개폐) [5032]
廢 存廢(존폐) [4032]
廢 偏廢(편폐) [3232]
廢 廢家(폐가) [3272]
廢 廢刊(폐간) [3232]
廢 廢車(폐차) [3272]
廢 廢鑛(폐광) [3240]
廢 廢校(폐교) [3280]
廢 廢農(폐농) [3272]
廢 廢物(폐물) [3272]
廢 廢石(폐석) [3260]
廢 廢水(폐수) [3280]
廢 廢業(폐업) [3262]
廢 廢人(폐인) [3280]
廢 廢止(폐지) [3250]
廢 廢品(폐품) [3252]
廢 廢合(폐합) [3260]
廢 荒廢(황폐) [3232]
弊 民弊(민폐) [8032]
弊 惡弊(악폐) [5232]
弊 作弊(작폐) [6232]
弊 通弊(통폐) [6032]
弊 弊家(폐가) [3272]
弊 弊端(폐단) [3242]
弊 弊社(폐사) [3262]
弊 弊習(폐습) [3260]

弊	弊風(폐풍)	[3262]
弊	弊害(폐해)	[3252]
弊	疲弊(피폐)	[4032]
肺	肺病(폐병)	[3260]
肺	肺炎(폐렴)	[3232]
肺	肺患(폐환)	[3250]
捕	生捕(생포)	[8032]
捕	捕球(포구)	[3262]
捕	捕盜(포도)	[3240]
捕	捕手(포수)	[3272]
捕	捕卒(포졸)	[3252]
捕	捕獲(포획)	[3232]
浦	木浦(목포)	[8032]
浦	三浦(삼포)	[8032]
浦	鹽浦(염포)	[3232]
浦	浦口(포구)	[3270]
浦	浦邊(포변)	[3242]
浦	浦田(포전)	[3242]
浦	浦村(포촌)	[3270]
浦	浦項(포항)	[3232]
浦	浦港(포항)	[3242]
楓	觀楓(관풍)	[5232]
楓	丹楓(단풍)	[3232]
楓	霜楓(상풍)	[3232]
楓	楓菊(풍국)	[3232]
楓	楓林(풍림)	[3270]
彼	彼我(피아)	[3232]
彼	彼岸(피안)	[3232]
彼	彼此(피차)	[3232]
皮	蓋皮(개피)	[3232]
皮	去皮(거피)	[5032]
皮	桂皮(계피)	[3232]
皮	內皮(내피)	[7232]
皮	毛皮(모피)	[4232]
皮	蛇皮(사피)	[3232]
皮	羊皮(양피)	[4232]
皮	外皮(외피)	[8032]
皮	牛皮(우피)	[5032]
皮	脫皮(탈피)	[4032]
皮	表皮(표피)	[6232]
皮	皮骨(피골)	[3240]
皮	皮下(피하)	[3272]
皮	皮革(피혁)	[3240]
被	被擊(피격)	[3240]
被	被告(피고)	[3252]
被	被覆(피복)	[3232]
被	被服(피복)	[3260]
被	被殺(피살)	[3242]
被	被選(피선)	[3250]
被	被訴(피소)	[3232]
被	被襲(피습)	[3232]
被	被疑(피의)	[3240]
被	被害(피해)	[3252]
畢	畢納(필납)	[3240]
畢	畢生(필생)	[3280]
畢	畢業(필업)	[3262]
何	若何(약하)	[3232]
何	如何(여하)	[4232]
何	何等(하등)	[3262]
何	何時(하시)	[3272]
何	何如(하여)	[3242]
何	何人(하인)	[3280]
何	何處(하처)	[3242]
何	何必(하필)	[3252]
荷	薄荷(박하)	[3232]
荷	負荷(부하)	[4032]
荷	入荷(입하)	[7032]
荷	出荷(출하)	[7032]
荷	荷擔(하담)	[3242]
荷	荷物(하물)	[3272]
荷	荷船(하선)	[3250]
荷	荷役(하역)	[3232]
荷	荷主(하주)	[3270]
荷	荷重(하중)	[3270]
荷	荷花(하화)	[3270]
賀	慶賀(경하)	[4232]
賀	敬賀(경하)	[5232]
賀	祝賀(축하)	[5032]
賀	致賀(치하)	[5032]
賀	賀客(하객)	[3252]
賀	賀禮(하례)	[3260]
賀	賀正(하정)	[3272]
鶴	白鶴(백학)	[8032]
鶴	鶴舞(학무)	[3240]
鶴	鶴髮(학발)	[3240]
鶴	鶴翼(학익)	[3232]
汗	可汗(가한)	[5032]
汗	盜汗(도한)	[4032]
汗	發汗(발한)	[6232]
汗	珠汗(주한)	[3232]
汗	汗蒸(한증)	[3232]
割	分割(분할)	[6232]
割	役割(역할)	[3232]
割	割據(할거)	[3240]
割	割當(할당)	[3252]
割	割禮(할례)	[3260]
割	割腹(할복)	[3232]
割	割賦(할부)	[3232]
割	割愛(할애)	[3260]
割	割引(할인)	[3242]
割	割增(할증)	[3242]
含	包含(포함)	[4232]
含	含量(함량)	[3250]
含	含有(함유)	[3270]
含	含蓄(함축)	[3242]
陷	缺陷(결함)	[4232]
陷	謀陷(모함)	[3232]
陷	陷落(함락)	[3250]
陷	陷沒(함몰)	[3232]
陷	陷害(함해)	[3252]
恒	恒久(항구)	[3232]
恒	恒常(항상)	[3242]
恒	恒星(항성)	[3242]
恒	恒心(항심)	[3270]

恒	恒溫(항온) [3260]
恒	恒用(항용) [3262]
項	各項(각항) [6232]
項	事項(사항) [7232]
項	條項(조항) [4032]
項	浦項(포항) [3232]
項	項目(항목) [3260]
項	項鎖(항쇄) [3232]
響	反響(반향) [6232]
響	影響(영향) [3232]
響	音響(음향) [6232]
響	響應(향응) [3242]
獻	貢獻(공헌) [3232]
獻	文獻(문헌) [7032]
獻	奉獻(봉헌) [5232]
獻	亞獻(아헌) [3232]
獻	進獻(진헌) [4232]
獻	獻金(헌금) [3280]
獻	獻納(헌납) [3240]
獻	獻上(헌상) [3272]
獻	獻身(헌신) [3262]
獻	獻血(헌혈) [3242]
獻	獻花(헌화) [3270]
懸	懸隔(현격) [3232]
懸	懸賞(현상) [3250]
懸	懸垂(현수) [3232]
懸	懸案(현안) [3250]
懸	懸珠(현주) [3232]
懸	懸板(현판) [3250]
玄	幽玄(유현) [3232]
玄	玄關(현관) [3252]
玄	玄木(현목) [3280]
玄	玄妙(현묘) [3240]
玄	玄武(현무) [3242]
玄	玄米(현미) [3260]
玄	玄孫(현손) [3260]
玄	玄黃(현황) [3260]
穴	經穴(경혈) [4232]
穴	孔穴(공혈) [4032]
穴	洞穴(동혈) [7032]
穴	墓穴(묘혈) [4032]
穴	穴居(혈거) [3240]
穴	虎穴(호혈) [3232]
脅	威脅(위협) [4032]
脅	誘脅(유협) [3232]
脅	脅迫(협박) [3232]
脅	脅弱(협약) [3262]
脅	脅奪(협탈) [3232]
衡	權衡(권형) [4232]
衡	均衡(균형) [4032]
衡	論衡(논형) [4232]
衡	門衡(문형) [8032]
衡	玉衡(옥형) [4232]
衡	爭衡(쟁형) [5032]
衡	平衡(평형) [7232]
衡	抗衡(항형) [4032]
衡	衡度(형도) [3260]
衡	衡平(형평) [3272]
慧	智慧(지혜) [4032]
慧	知慧(지혜) [5232]
慧	慧眼(혜안) [3242]
浩	浩歌(호가) [3270]
浩	浩氣(호기) [3272]
浩	浩大(호대) [3280]
浩	浩博(호박) [3242]
浩	浩繁(호번) [3232]
浩	浩然(호연) [3270]
浩	浩亭(호정) [3232]
浩	浩歎(호탄) [3240]
胡	胡桃(호도) [3232]
胡	胡亂(호란) [3240]
胡	胡壽(호수) [3232]
胡	胡燕(호연) [3232]
胡	胡人(호인) [3280]
胡	胡笛(호적) [3232]
虎	客虎(객호) [5232]
虎	猛虎(맹호) [3232]
虎	白虎(백호) [8032]
虎	虎口(호구) [3270]
虎	虎穴(호혈) [3232]
豪	文豪(문호) [7032]
豪	富豪(부호) [4232]
豪	土豪(토호) [8032]
豪	豪傑(호걸) [3240]
豪	豪放(호방) [3262]
豪	豪言(호언) [3260]
豪	豪雨(호우) [3252]
豪	豪族(호족) [3260]
豪	豪快(호쾌) [3242]
豪	豪華(호화) [3240]
豪	強豪(강호) [6032]
惑	困惑(곤혹) [4032]
惑	當惑(당혹) [5232]
惑	不惑(불혹) [7232]
惑	誘惑(유혹) [3232]
惑	疑惑(의혹) [4032]
惑	惑星(혹성) [3242]
惑	惑世(혹세) [3272]
魂	靈魂(영혼) [3232]
魂	商魂(상혼) [5232]
魂	鎭魂(진혼) [3232]
魂	招魂(초혼) [4032]
魂	忠魂(충혼) [4232]
魂	鬪魂(투혼) [4032]
魂	魂靈(혼령) [3232]
忽	疏忽(소홀) [3232]
忽	忽待(홀대) [3260]
忽	忽然(홀연) [3270]
忽	忽諸(홀저) [3232]
洪	洪範(홍범) [3240]
洪	洪福(홍복) [3252]
洪	洪城(홍성) [3242]
洪	洪水(홍수) [3280]
洪	洪震(홍진) [3232]

禍	輪禍(윤화)	[4032]
禍	士禍(사화)	[5232]
禍	舌禍(설화)	[4032]
禍	災禍(재화)	[5032]
禍	戰禍(전화)	[6232]
禍	筆禍(필화)	[5232]
禍	禍根(화근)	[3260]
禍	禍福(화복)	[3252]
禍	禍因(화인)	[3250]
禍	黃禍(황화)	[6032]
換	更換(경환)	[4032]
換	交換(교환)	[6032]
換	變換(변환)	[5232]
換	外換(외환)	[8032]
換	轉換(전환)	[4032]
換	置換(치환)	[4232]
換	換氣(환기)	[3272]
換	換率(환율)	[3232]
換	換買(환매)	[3250]
換	換物(환물)	[3272]
換	換拂(환불)	[3232]
換	換算(환산)	[3270]
換	換言(환언)	[3260]
換	換錢(환전)	[3240]
換	換票(환표)	[3242]
還	歸還(귀환)	[4032]
還	償還(상환)	[3232]
還	生還(생환)	[8032]
還	送還(송환)	[4232]
還	奪還(탈환)	[3232]
還	還甲(환갑)	[3240]
還	還國(환국)	[3280]
還	還給(환급)	[3250]
還	還都(환도)	[3250]
還	還流(환류)	[3252]
還	還滅(환멸)	[3232]
還	還付(환부)	[3232]
還	還拂(환불)	[3232]
還	還生(환생)	[3280]
還	還屬(환속)	[3240]
還	還俗(환속)	[3242]
還	還送(환송)	[3242]
還	還收(환수)	[3242]
還	還元(환원)	[3252]
皇	教皇(교황)	[8032]
皇	三皇(삼황)	[8032]
皇	張皇(장황)	[4032]
皇	倉皇(창황)	[3232]
皇	皇考(황고)	[3250]
皇	皇國(황국)	[3280]
皇	皇宮(황궁)	[3242]
皇	皇女(황녀)	[3280]
皇	皇妃(황비)	[3232]
皇	皇室(황실)	[3280]
皇	皇恩(황은)	[3242]
皇	皇帝(황제)	[3240]
皇	皇族(황족)	[3260]
荒	虛荒(허황)	[4232]
荒	荒年(황년)	[3280]
荒	荒唐(황당)	[3232]
荒	荒涼(황량)	[3232]
荒	荒城(황성)	[3242]
荒	荒野(황야)	[3260]
荒	荒淫(황음)	[3232]
荒	荒土(황토)	[3280]
荒	荒廢(황폐)	[3232]
荒	凶荒(흉황)	[5232]
悔	悔改(회개)	[3250]
悔	悔心(회심)	[3270]
悔	悔悟(회오)	[3232]
悔	悔恨(회한)	[3240]
悔	後悔(후회)	[7232]
懷	感懷(감회)	[6032]
懷	所懷(소회)	[7032]
懷	述懷(술회)	[3232]
懷	下懷(하회)	[7232]
懷	懷古(회고)	[3260]
懷	懷柔(회유)	[3232]
懷	懷疑(회의)	[3240]
劃	計劃(계획)	[6232]
劃	區劃(구획)	[6032]
劃	企劃(기획)	[3232]
劃	劃一(획일)	[3280]
劃	劃定(획정)	[3260]
劃	劃策(획책)	[3232]
獲	擒獲(금획)	[3232]
獲	漁獲(어획)	[5032]
獲	捕獲(포획)	[3232]
獲	獲得(획득)	[3242]
橫	專橫(전횡)	[4032]
橫	縱橫(종횡)	[3232]
橫	橫斷(횡단)	[3242]
橫	橫帶(횡대)	[3242]
橫	橫隊(횡대)	[3242]
橫	橫列(횡렬)	[3242]
橫	橫領(횡령)	[3250]
橫	橫流(횡류)	[3252]
橫	橫步(횡보)	[3242]
橫	橫死(횡사)	[3260]
橫	橫書(횡서)	[3262]
橫	橫線(횡선)	[3262]
橫	橫數(횡수)	[3270]
橫	橫災(횡재)	[3250]
橫	橫材(횡재)	[3252]
橫	橫財(횡재)	[3252]
橫	橫暴(횡포)	[3242]
橫	橫行(횡행)	[3260]
胸	胸背(흉배)	[3242]
胸	胸部(흉부)	[3262]
胸	胸像(흉상)	[3232]
胸	胸圍(흉위)	[3240]
胸	胸中(흉중)	[3280]
稀	古稀(고희)	[6032]
稀	稀貴(희귀)	[3250]

稀	稀年(희년) [3280]
稀	稀代(희대) [3262]
稀	稀微(희미) [3232]
稀	稀薄(희박) [3232]
稀	稀釋(희석) [3232]
稀	稀姓(희성) [3272]
稀	稀世(희세) [3272]
稀	稀少(희소) [3270]
稀	稀壽(희수) [3232]
稀	稀有(희유) [3270]
戲	角戲(각희) [6232]
戲	遊戲(유희) [4032]
戲	戲曲(희곡) [3250]
戲	戲劇(희극) [3240]
戲	戲弄(희롱) [3232]
戲	戲笑(희소) [3242]
戲	戲筆(희필) [3252]
戲	戲畫(희화) [3260]

讀書百遍 義自見

漢字

(社) 韓國語文會 主管 / 韓國漢字能力檢定會 施行

9章

漢文의 理解

漢文의 理解

漢文을 이해하기 위해서는 文章을 구성하는 實辭와 語助辭의 쓰임을 알아야 하고, 기초적 文章 構成法을 익혀야 한다. 그런데 實辭는 字典의 뜻을 익히면 족하므로 따로 책을 읽을 것은 없다. 다만 語助辭는 字典만으로는 충분히 익히기 어렵다. 語助辭는 文章의 始終이 되고 또 實辭의 연결 고리 역할을 하면서 文章속에서 여러 가지 語義와 語氣를 나타내므로 관련 文章을 精讀하면서 그 용법을 기억하여 두어야 한다. 이에 本章에서는 主要 語助辭의 쓰임 용례를 보여 漢文의 이해를 돕기로 한다. 다만 글자에 따라서는 實辭와 語助辭의 機能을 共有하기도 하므로 필요한 경우 일부 實辭의 쓰임도 언급하기로 한다.

文章 構成法은 따로 공부해야 할 정도는 아니니다. 순 우리말 構造와 달리 目的語나 補語 등이 뒤에 오는 文章이라는 정도만 알고 출발하여도 좋다. 本書에서 이미 漢字語의 構造에 대하여 설명하였는데, 그것이 그대로 漢文에도 적용되므로 이 부분을 다시 한 번 익혀 두시기 바란다.

也 주로 終結 助辭로 쓰이는데, 斷定을 나타내는 경우가 일반적이고 疑問이나 感歎, 命令 助辭로도 쓰인다. 또 主格 助辭나 呼格 助辭, 强勢 助辭로도 쓰인다. 최근에 '이끼 야'라고 하지만 이는 입에서 나오는 기운, 즉 語助辭의 뜻으로 쓰인 옛말 '입기(口氣), 입겻'의 잘못이다.

未若貧而樂 富而好禮者也(論語)
가난하되 즐거워하고, 부유하되 예를 좋아하는 자만은 못하다
子曰 不患人之不己知 患不知人也(論語)
자왈, 남이 자기를 알아주지 않는 것을 근심하지 않고 남을 알아보지 못하는 것을 근심한다.
樊遲曰 何謂也(論語)
번지왈, 무엇을 이름입니까?
是可忍也 孰不可忍也(論語)
이것을 참아낸다면 무엇을 차마 못하겠는가?
其爲人也 孝弟 而好犯上者 鮮矣(論語)
그 사람됨이 효도하고 공경하는데 윗사람을 범하는 것을 좋아하는 자는 드물다.
孝弟也者 其爲仁之本與(論語)
효도와 공경은 아마 인을 행하는 근본이 되리라.
子曰 賜也 爾愛其羊 我愛其禮(論語)
자왈, 사(자공)야! 너는 그 양을 아끼는 구나. 나는 그 예를 아끼는 도다.
子曰 君子 無所爭 必也射乎(論語)

자왈, 군자는 다투는 바가 없으나 (있다면) 반드시 활쏘기일진저.

矣 斷定이나 命令 등을 나타내는 終結 助辭로 쓰인다. 也 보다는 斷定의 강도는 약한 편이다.

其爲人也 孝弟 而好犯上者 鮮矣(論語)

그 사람됨이 효도하고 공경하는데 윗사람을 범하는 것을 좋아하는 자는 드물다.

子曰 巧言令色 鮮矣仁

자왈, 말을 교묘하게 하여 아첨하고 낯빛을 꾸며 알랑거리는 사람은 어진이가 드물다.

焉 斷定, 疑問, 命令을 나타내는 終結 助辭로 쓰인다. 또 主格 助辭로도 쓰인다. 앞에 올 때는 '어찌'의 뜻의 疑問 副詞로 쓰인다. 文尾에서 大 등과 어울려 比較의 문장을 만들기도 한다. 指示代名詞로도 쓰인다. 이 경우는 于(於)是의 合字로 '이(그) 보다, 이(그)와, 이(그)에, 이(그)를' 등의 뜻을 나타낸다. 또 用言이나 副詞의 뒤에서 接尾辭로 쓰여 形容詞나 副詞를 만든다.

子曰 見賢思齊焉(論語)

자왈, 어진 것을 보면 이와 같을 수 있기를 생각한다.

子曰 回也 其心 三月不違仁 其餘則日月至焉而已(論語)

자왈, 안회는 그 마음이 삼 개월을 어짊을 어기지 않는다. 그 나머지는 하루나 한 달에 한 번 거기에 이를 뿐이다.

子曰 三人行 必有我師焉(論語)

자왈, 세 사람이 다니면 그 중에 반드시 나의 스승이 있다.

邦有道 貧且賤焉 恥也 邦無道 富且貴焉 恥也(論語)

나라에 도가 있는데 가난하고 천한 것은 부끄러운 것이고, 나라에 도가 없는데 부귀한 것은 부끄러운 것이다.

就有道而正焉 可謂好學也已(論語)

도가 있는데 나아가 그것을 바로잡으면 배움을 좋아한다고 이를 수 있다.

人焉廋哉(論語)

사람이 어찌 숨기겠는가?

子曰 後生 可畏 焉知來者之不如今也(論語)

자왈, 후배는 두려워할만하다. 어찌 후배가 지금 우리들만 못하리라는 것을 알겠는가?

父子之間不責善 責善則離 離則不祥莫大焉(孟子)

부자 사이에는 잘하라고 책망하지 않는 것이다. 그러면 멀어지고, 멀어지면 상서롭지 못함이 그보다 큰 것이 없는 것이다.

瞻之在前 忽焉在後(論語)
바라보면 앞에 있으셨는데, 문득 뒤에 계시네.

邪 耶로도 쓰며, 疑問 終結 助辭로 쓰인다. 乎가 가벼운 보통의 疑問을 나타낸다면 邪(耶)는 약간 추궁하는 듯한 낮춤말의 語氣를 지닌다.

松耶柏耶(史記)
소나무인가? 잣나무인가?
女忘會稽之恥邪(史記)
너는 회계의 치욕을 잊었느냐?

哉 주로 感歎 終結 助辭로 쓰인다. 간혹 疑問이나 命令 終結 助辭로서도 기능한다.

林放問 禮之本 子曰 大哉問(論語)
임방이 예의 근본에 대하여 질문하였다. 자왈, 크도다! 질문이여.
子曰 管仲之器小哉
자왈, 관중의 그릇이 작도다.
人焉廋哉(論語)
사람이 어찌 숨기겠는가?
誨人不倦 何有於我哉(論語)
사람을 가르침에 게으르지 아니함이 어찌 나에게 있겠는가?

耳 國語에서는 모두 '귀'의 뜻이나 漢文에서는 '而已, 而已矣'와 마찬가지로 '~일 뿐이다, ~일 따름이다'의 뜻으로 限定 終結 助辭로의 쓰임이 많다. 音價로 보면 耳는 而已의 두 音을 하나로 줄이면서 만들어진 글자로 볼 수 있다. 이외에도 爾나 已도 쓰이는데, 爾는 耳의 假借이고, 已는 而已에서 而가 줄어든 것으로 볼 수 있다.

六十而耳順(論語)
육십에 귀가 순해지다.
直不百步耳 是亦走也(孟子)
다만 백 걸음이 아닐 따름이지 이 또한 달아난 것이다.
不敢請耳 固所願也(孟子)
감히 요청하지 못할 뿐이지 진실로 바라는 바이다.

爾 보통 명사 '너(汝=女)'의 뜻으로 쓰인다. 終結 助辭로 쓰이기도 하는데 경우에 따라서는 耳와 쓰임이 같아 '~일 뿐이다, ~일 따름이다'의 뜻으로 푼다. 또 用言이나 副詞의 뒤에서 接尾辭로 쓰여 形容詞나 副詞를 만든다.

子曰 賜也 爾愛其羊 我愛其禮(論語)
자왈, 사(자공)야! 너는 그 양을 아끼는 구나. 나는 그 예를 아끼는 도다.

子曰 賜也 非爾所及也(論語)
자왈, 사(자공)야, 네가 미칠 바가 아니니다.

子曰 女得人焉爾乎(論語)
자왈, 네가 사람(인재)을 얻었는냐?

其爲人也 發憤忘食 樂以忘憂 不知老之將至 云爾(論語)
그 사람됨이 배움에 힘을 다하여 먹는 것을 잊고, 즐겨 근심을 잊고, 늙음이 장차 다가오는 것을 모른다. 이러할 뿐이다.

誨人不倦 則可謂云爾已矣(論語)
사람을 가르침에 게으르지 아니한 것은 이와 같다고 이를 수 있을 뿐이다.

如有所立 卓爾 雖欲從之 末由也已(論語)
마치 서 계심이 (바위나 거목처럼) 우뚝함이 있어 비록 좇고자 하나 말미암을 바가 없을 뿐이다.

子路 率爾而對曰(論語)
자로가 가볍게(경솔하게) 대답하여 말하기를...

夫子 莞爾而笑曰 割鷄焉用牛刀(論語)
스승님께서 빙그레 웃으시며 말씀하시기를 '닭을 잡는데 어찌 소 잡는 칼을 쓰랴' 라고 하시다.

云 보통 動詞로 '이르다(謂)'의 뜻으로 쓰인다. 語助辭로 쓰일 때는 대개 爾와 어울려 如此의 뜻을 지닌다. '이러하다, 이와 같다'의 뜻을 나타낸다.

詩云 如切如磋 如琢如磨(論語)
시경에 이르기를 '마치 나무를 자르듯, 마치 돌을 갈듯, 마치 옥을 쪼듯, 마치 칼을 갈듯' 이라 하였다.

其爲人也 發憤忘食 樂以忘憂 不知老之將至 云爾(論語)
그 사람됨이 배움에 힘을 다하여 먹는 것을 잊고, 즐겨 근심을 잊고, 늙음이 장차 다가오는 것을 모른다. 이러할 뿐이다.

誨人不倦 則可謂云爾已矣(論語)
사람을 가르침에 게으르지 아니한 것은 이와 같다고 이를 수 있을 뿐이다.

已 '이미'의 뜻을 지닌 過去 時制를 나타내는 副詞로 쓰이고, '지나치게, 너무'의 뜻으로도 쓴다. 動詞로는 '그치다(止)'의 뜻으로 쓰인다. 終結 助辭로도 쓰이는데, 경우에 따라서는 耳나 爾와 쓰임이 같아 '~일 뿐이다, ~일 따름이다'의 뜻으로 푼다. 이때는 而已에서 而가 줄어든 형태로 볼 수 있다.

寡人已知將軍能用兵矣(史記)
　과인은 이미 장군이 군사를 잘 부리는 것을 알고 있다.
人而不仁 疾之已甚 亂也(論語)
　사람이 어질지 않은 것을 지나치게 미워하면 어지럽힌다.
子曰 已矣乎 吾未見 能見其過 而內自訟者也(論語)
　자왈, 그만두리라. 나는 능히 제 허물을 보고 안으로 스스로 반성하는 자를 아직 보지 못하였느니라.
學之不已 如鳥數飛也(論語 朱子注)
　배움을 그만두지 못하는 것은 새가 자주 날개 짓을 하는 것과 같다.
就有道而正焉 可謂好學也已(論語)
　도가 있는데 나아가 그것을 바로잡으면 배움을 좋아한다고 이를 수 있다.
曾子曰 夫子之道 忠恕而已矣(論語)
　증자왈, 스승님의 도는 충과 서일뿐이다.
子曰 回也 其心 三月不違仁 其餘則日月至焉而已(論語)
　자왈, 안회는 그 마음이 삼 개월을 어짊을 어기지 않는다. 그 나머지는 하루나 한 달에 한 번 거기에 이를 뿐이다.
子曰 攻乎異端 斯害也已(論語)
　자왈, 이단을 전공하는 것, 이것은 해로울 뿐이니라.
誨人不倦 則可謂云爾已矣(論語)
　사람을 가르침에 게으르지 아니한 것은 이와 같다고 이를 수 있을 뿐이다.

夫 '지아비', '사내', '장부', '스승' 등을 일컫는 것 외에 發語辭로서 쓰인다. 이때는 '저' 쯤으로 풀이하면 된다. '무릇(凡)' 등으로 푸는 것은 '대체로'라는 뜻이 담긴 말이므로 적확하지 않다. 또 指示詞로도 쓰이는데, 이때도 역시 '저' 정도로 풀면 된다. 文尾에서는 感歎 등을 나타내는 語助辭로 쓰이기도 한다.

天將以夫子爲木鐸(論語)
　하늘이 장차 스승님을 목탁으로 삼을 것이다.
夫秦之所以重楚者 以其有齊也(史記)
　저, 진나라가 초나라를 중하게 여기는 까닭은 제나라가 있기 때문이다.
夫仁者 己欲立而立人 己欲達而達人(論語)

저, 어진 이는 자기가 서고자 하면 남을 세우고, 자기가 영달하고자 하면 남을 영달하게 한다.

非夫人之爲慟 而誰爲(論語)

저 사람을 위해 애통해 하지 않는다면 누구를 위해 애통해 하겠는가?

子曰 回也 視予猶父也 予不得視猶子也 非我也 夫二三子也

자왈, 안회는 나 보기를 아비같이 하였는데, 나는 아들같이 보지 못하였다. 내가 아니로다. 저 사람들(때문)이로다.

伯牛有疾 子問之 自牖 執其手曰 亡之 命矣夫(論語)

백우가 병이 있었다. 공자께서 이를 들으시고 창문으로부터 그의 손을 잡고 말씀하시기를 '잃어버리는 것이 천명이로구나'라고 탄식하시다.

子曰 君子博學於文 約之以禮 亦可以不畔矣夫(論語)

자왈, 군자는 글을 널리 배우고, 예로써 이를 간추리면 또한 도에 어긋나지 않을 것인저.

之 主格, 冠形格, 目的格 助辭로 쓰인다. 이때는 그에 맞게 '~가(이), ~의, ~하는, ~를(을)' 등으로 푼다. 代名詞로도 쓰인다. 이때는 '이를, 그를, 이것, 그것' 등으로 푼다. '가다(去)'의 뜻으로도 쓰인다. 참고로 之는 특정한 것을 강조하기 위한 倒置文을 만들며 이때는 대개 述語 또는 述語와 目的語(補語) 사이에 위치한다.

鳥之將死 其鳴也哀 人之將死 其言也善(論語)

새가 장차 죽을 때에 그 울음소리 슬프고, 사람이 장차 죽을 때에 그 말이 착하다.

夫子之求之也 其諸異乎人之求之與(論語)

스승님께서 구하시는 것은 아마 다른 사람의 구함과 다를 진저.

子曰 道千乘之國 敬事而信 節用而愛人 使民以時(論語)

자왈, 천승의 나라를 다스림에 일을 공경히 하여 미덥고, 쓰임을 아끼며 백성을 사랑하고, 백성을 부림에 때에 맞게 하라.

孝弟也者 其爲仁之本與(論語)

효도와 공경은 아마 인을 행하는 근본이 되리라.

子曰 學而時習之 不亦說乎(論語)

자왈, 배우고 때로 익히면 어찌 기쁘지 아니한가?

不好犯上 而好作亂者 未之有也(論語)

윗사람을 범하는 것을 좋아하지 않는데 난을 일으키는 것을 좋아하는 자는 있지 아니하다.

天命之謂性 率性之謂道(中庸)

하늘의 명령을 성이라 이르고, 성을 따르는 것을 도라 이른다.

子曰 古者 言之不出 恥躬之不逮也(論語)

자왈, 옛적에 말을 (함부로) 하지 않은 것은 몸이 따르지 못함을 부끄럽게 여겼음이다.

之一邦 則又曰 猶吾大夫崔子也 違之(論語)

한 나라에 가서는 곧 또 말하기를 '우리 대부 최자와 같도다.'하고는 떠나다.

而 接續詞로서 기능하고, 假定이나 條件 따위를 나타낸다. 각각 '~하고, ~하여, ~하는데, ~하되, ~하나, ~인데, ~이더라도, ~하면, 그리고, 그러나, 그래서, 그러면, 그런데, 그렇더라도, 그리하여' 등으로 푼다. 어떤 때는 終結 助辭나 主格 助辭로 보아 좋은 경우도 있다. 또 時間이나 나이 따위를 나타내고, '너(爾)'의 뜻으로도 쓰였다. 참고로 而已矣 등은 '~일뿐이다'라고 푸는데, 이 경우의 而 역시 별 다른 용법은 아니고 역시 接續詞로서 '그리고'의 뜻을 지닌 것이다. '그리고 그만이다(더 이상 없다)'를 '~일 뿐이다'로 표현한 것이다.

子曰 學而時習之 不亦說乎(論語)

자왈, 배우고 때로 익히면 어찌 기쁘지 아니한가?

曾子曰 夫子之道 忠恕而已矣(論語)

증자왈, 스승님의 도는 충과 서일뿐이다.

貧而無諂 富而無驕(論語)

가난하나 아첨하지 않고 부유하나 교만하지 않다.

子曰 放於利而行 多怨(論語)

자왈, 이로움에 의지하여 행동한다면 원망이 많을 것이다.

人不知而不慍 不亦君子乎(論語)

남이 나를 알아주지 않더라도 성내지 않으면 또한 군자가 아니겠는가?

其爲人也 孝弟 而好犯上者 鮮矣(論語)

그 사람됨이 효도하고 공경하는데 윗사람을 범하는 것을 좋아하는 자는 드물다.

君子務本 本立而道生(論語)

군자는 근본을 일삼으니 근본이 서면 도가 생긴다.

子曰 吾十有五而志于學(論語)

자왈, 나는 십 오세에 배움에 뜻을 두었다.

子曰 晏平仲 善與人交 久而敬之(論語)

자왈, 안평중은 사람들과 잘 사귀는 도다. 오래도록 공경하는 도다.

子曰 人而不仁 如禮何(論語)

자왈, 사람인데 어질지 않다면 예가 무슨 소용인가?

管氏而知禮 孰不知禮(論語)

관중이 예를 안다면 누가 예를 모르겠는가?

子曰 南方之强與 北方之强與 抑而强與(中庸)

자왈, 남방의 강함이냐? 북방의 강함이냐? 아니면 너의 강함이냐?

於 處所, 對象, 目的, 由來, 時間, 比較 등을 나타내는 格助辭로 쓰인다. 이때는 '~에, ~에게, ~에서, ~(으)로, ~(으)로부터, ~를(을), ~보다, ~과(와)' 등으로 풀이한다. 또 感歎詞로도 쓰인다. 이때는 '아!, 오!, 오호라!' 등으로 풀이한다. 感歎詞로 쓰일 때는 音이 '오'가 된다. 또 格助辭로 쓰이면서 被動의 뜻을 나타낸다. 이때는 '~에게~하여지다'의 뜻으로 풀이된다.

封召公於北燕(史記)
소공을 북연에 봉하다.
於是民人被髮文身(淮南子)
이(때)에 백성들이 머리를 풀어 헤치고 문신을 하다.
孔子適周 將問禮於老子(史記)
공자께서 주나라에 가시어 노자에게 예를 물으려 하시다.
古之欲明明德於天下者 先治其國(大學)
옛적에 세상에 명덕을 밝히려 하는 자는 먼저 그 나라를 다스린다.
仰以觀於天文 俯以察於地理(周易)
우러러 천문을 보고, 굽어 지리를 살피다.
青取之於藍 而青於藍(荀子)
푸름은 쪽에서 취하였으나 쪽보다 푸르다.
小子識之 苛政猛於虎也(禮記)
어린이라도 안다. 가혹한 정사는 호랑이 보다 사납다.
霜葉紅於二月花(杜牧-唐詩)
서리 맞은 잎새 이월의 꽃보다도 붉네.
詩云 於戲오호 前王不忘(大學) * 於乎/於呼
시경에 이르기를 아! 전왕을 잊지 못하겠도다.
勞心者 治人 勞力者 治於人(孟子)
마음을 쓰는 자는 남을 다스리고, 힘을 쓰는 자는 남에게 다스려진다.

于 處所, 對象, 目的, 由來, 時間, 比較 등을 나타내는 格助辭로 쓰인다. 이때는 '~에, ~에게, ~에서, ~(으)로, ~(으)로부터, ~를(을), ~보다, ~과(와)' 등으로 풀이한다. 또 感歎詞로도 쓰인다. 이때는 '아!' 등으로 풀이한다. 또 格助辭로 쓰이면서 被動의 뜻을 나타낸다. 이때는 '~에게~하여지다'의 뜻으로 풀이된다.

東至于海(史記)
동으로 바다에 이르다.
周于利者 凶年不能殺 周于德者 邪世不能亂(孟子)
이로움에 두루 밝은 자는 흉년이라도 죽이지 못하고, 덕에 두루 밝은 자는 사악한 세상이라도 어지럽히지 못한다.
置左右大監 監于萬國(史記)
좌우 대감을 두어 만국을 감독하게 하다.
子曰 吾十有五而志于學(論語)
자왈, 나는 십 오세에 배움에 뜻을 두었다.
民到于今 受其賜(論語)
백성들이 지금에 이르도록 그 내려준 것(혜택)을 받다.
和親已定 始于今年(史記)
화친이 이미 정해졌으니 금년부터 비롯한다.
于嗟徂兮 命之衰矣(史記)
아! 가는구나. 목숨이 쇠약해지네.
文王之圖 不同于伏羲(與猶堂全書)
문왕의 도모함이 복희씨와는 같지 않도다.
公族其有死罪則磬于甸人(禮記) *磬=縊
공족이 죽을 죄를 지었다면 전인에게 보내어 목매어지게 한다.

乎

處所, 對象, 目的, 由來, 時間, 比較 등을 나타내는 格助辭로 쓰인다. 이때는 '~에, ~에게, ~에서, ~(으)로, ~(으)로부터, ~를(을), ~보다, ~과(와)' 등으로 풀이한다. 또 感歎詞로도 쓰인다. 이때는 '아!' 등으로 풀이한다. 또 格助辭로 쓰이면서 被動의 뜻을 나타낸다. 이때는 '~에게~하여지다'의 뜻으로 풀이된다. 한편 乎는 於나 于와는 달리 疑問, 反語, 感歎 등의 終結 助辭로 쓰이고, 呼格 助辭로도 쓰인다. 또 然, 爾, 如처럼 用言과 결합하여 形容詞나 副詞를 만든다.

浴乎沂 風乎舞雩 詠而歸(論語)
기수에서 목욕하고, 무우에서 바람을 쐬고, 시가를 읊으며 돌아가리라.
子曰 攻乎異端 斯害也已(論語)
자왈, 이단을 전공하는 것, 이것은 해로울 뿐이니라.
子曰 以吾一日長乎爾 毋吾以也(論語)
자왈, 내가 너보다 하루를 더 살았다고(나이가 많다고)하여 그 때문에 나를 어려워하지 마라.
子張曰 異乎吾所聞(論語)
자장왈, 내가 들은 바와 다르다.
郊疇乎天子 社至乎諸侯(史記)
교 제사(天祭)는 천자에게서 이루어지고, 땅신 제사(地祭)는 제후에게 이른다.
嗟乎 大丈夫當如此也(史記) * 於乎/嗚乎
아! 대장부는 마땅히 이와 같아야만 한다.
(孔子) 已而去魯 斥乎齊 逐乎宋衛(史記)

그만두고서 노를 떠나시다. 제에서 배척당하시고, 송과 위에서 쫓겨나시다.

子曰 學而時習之 不亦說乎(論語)

자왈, 배우고 때로 익히면 어찌 기쁘지 아니한가?

子曰 周監於二代 郁郁乎文哉 吾從周(論語)

자왈, 주는 이대(夏, 商)를 본받았으니 반짝반짝 문채 나는 도다. 나는 주를 좇으리라.

子曰 參乎 吾道 一以貫之(論語)

자왈, 증삼아, 나의 도는 하나로 꿰뚫려 있느니라.

子曰 已矣乎 吾未見 能見其過 而內自訟者也(論語)

자왈, 그만두리라. 나는 능히 제 허물을 보고 안으로 스스로 반성하는 자를 아직 보지 못하였느니라.

子謂顔淵曰 惜乎 吾見其進也 未見其止也(論語)

공자께서 안연을 일러 말씀하시기를 '아깝도다. 나는 그가 나아가는 바는 보았으나 그치는 것은 아직 보지 못하였느니라.'

以 手段이나 方法, 資格이나 身分, 理由나 原因, 目的, 同伴, 使用, 行爲, 時間, 接續의 뜻을 나타낸다. 각각 ~로써, ~를(을) 가지고, ~으로, ~로서, ~때문에, ~이므로, 까닭, 이유, ~를(을), ~를(을) 가지고, ~를(을) 거느리고, 쓰다(用), 하다(爲), ~에, ~동안, ~과(와) 더불어, ~하여, ~하나(以=而) 등으로 푼다.

子曰 溫故而知新 可以爲師矣(論語)

자왈, 옛것을 익히고 새것을 앎으로써 스승이 될 수 있다.

知和而和 不以禮節之 亦不可行也(論語)

조화만 알아 조화롭게 하고 예로써 조절하지 않는다면 또한 행할 수가 없는 것이다.

不敬 何以別乎(論語)

공경하지 않는다면 무엇으로 구별하겠는가?

子曰 道千乘之國 敬事而信 節用而愛人 使民以時(論語)

자왈, 천승의 나라를 다스림에 일을 공경히 하여 미덥고, 쓰임을 아끼며 백성을 사랑하고, 백성을 부림에 때에 맞게 하라.

以臣弑君 可謂仁乎(史記)

신하로서 임금을 죽이는 것이 어질다고 할 수 있는가?

夫秦之所以重楚者 以其有齊也(史記)

저, 진나라가 초나라를 중하게 여기는 까닭은 제나라가 있기 때문이다.

此臣所以爲大王患也(史記)

이것이 신이 대왕을 위하여 근심하는 까닭입니다.

以魯襄公二十二年庚戌之歲(史記)

노양공 22년 경술년에

今王奉仇讎以伐援國(史記)

지금 왕께서는 원수를 받들어서 원조하는 나라를 정벌하는 것이다.

回也 聞一以知十(論語)

안회는 하나를 듣고서 열을 안다.

舜無咫尺之地 以有天下(史記)

순임금은 조금의 땅도 없었으나 천하를 소유하였다.

諸侯有不如約者, 以五國之兵共伐之(史記)

제후가 맹약대로 하지 않음이 있으면 오국의 병사를 거느리고 함께 정벌한다.

子曰 吾以女爲死矣(論語)

자왈, 내가 너를 죽었다고 생각하였다.

君以我爲相(史記)

임금이 나를 재상으로 삼다.

子曰 行有餘力 則以學文(論語)

자왈, 행하고 남은 힘이 있다면 글을 배우는데 쓰라.

子曰 視其所以(論語)

자왈, 그가 하는 바를 보며

與 前置詞, 接續詞, 疑問이나 推測 또는 感歎을 나타내는 終結 助辭로 쓰이는데, 각각 '~과(와), ~과(와) 더불어(함께), ~인가? ~이리라, ~인저' 등으로 푼다. 또 不如(不若), 寧 등과 어울려 比較의 문장을 만들며, 動詞로서는 '주다(授), 허여(許與)하다, 관여(關與)하다' 등의 뜻으로 쓰인다. 또 특별한 뜻이 없이 語氣辭로 쓰이기도 한다.

子曰 富與貴 是人之所欲也 不以其道 得之 不處也(論語)

자왈, 부유하고 존귀한 것은 사람이 바라는 바이나 도리로써 얻은 것이 아니라면 거처하지 아니한다.

與朋友交而不信乎(論語)

친구와 더불어 사귀는데 미덥지 아니하였는가?

子曰 賜也 始可與言詩已矣(論語)

자왈, 사(자공)야, 비로소 더불어 詩를 말할 만하구나.

子曰 道之將行也與(論語)

자왈, 도가 장차 행해질 것인가?

孝弟也者 其爲仁之本與(論語)

효도와 공경은 아마 인을 행하는 근본인저.

子在陳 曰歸與 歸與(論語)

공자께서 진에 계실 적에 말씀하시기를 '돌아가리라. 돌아가리라'하시다.

禮 與其奢也 寧儉(論語)

예는 사치한 것 보다는 차라리 검소한 것이 낫다.

與其敬不足而禮有餘也 不若禮不足而敬有餘也(論語 注)

공경함이 부족하고 예가 남음이 있는 것은 예가 부족하고 공경함이 남음이 있는 것만 못하다.(공경함이 부족하고 예가 남음이 있는 것보다는 차라리 예가 부족하고 공경함이 남음이 있는 것이 낫다.)

子曰 孰謂微生高直 或乞醯焉 乞諸其隣而與之(論語)

자왈, 누가 미생을 정직하다 하는가? 혹자가 식초를 구하니 이웃에게 구하여 주는 도다.

子曰 暴虎馮河 死而無悔者 吾不與也(論語)

자왈, 사나운 호랑이에게 덤비고 함부로 거친 물을 건너고 죽더라도 후회하지 않는 자를 나는 허여하지 않는다.

子曰 巍巍乎 舜禹之有天下也而不與焉(論語)

자왈, 높고 크도다. 순 임금과 우 임금은 천하를 소유하셨으나 관여하지 않으셨도다.

諸

보통 冠形詞로서 '모든, 여러'의 뜻으로 쓰인다. 語助辭로 쓰이는 경우에는 문장 가운데서 之於의 축약으로서 '이것을 ~에'의 뜻을 표현하며, 之乎의 축약인 경우에는 文尾에서 疑問을 나타내는 終結 助辭로 쓰인다. 또 특별한 뜻이 없는 語氣辭로 쓰이기도 한다.

擧直錯諸枉則民服(論語)

모든 굽은 것에 곧은 것을 두면 백성이 복종할 것입니다.

其如示諸斯乎 指其掌(論語)

'아마 그것을 여기에서 보는 것과 같을 것이다'라고 하시고는 그 손바닥을 가리키시다.

子貢曰 我不欲人之加諸我也 吾亦欲無加諸人(論語)

자공왈, 저는 남이 저에게 가하는 것을 바라지 않는 것을 저도 남에게 가함이 없고자 합니다.

定公 問一言而可以興邦 有諸(論語)

정공이 질문하였다. '한 마디로 말하여서 나라를 흥하게 할 수 있는 것, 그런 것이 있습니까?'

夫子之求之也 其諸異乎人之求之與(論語)

스승님께서 구하시는 것은 아마 다른 사람의 구함과 다를 진저.

自

보통 '스스로, 저절로'의 뜻으로 副詞나 名詞로 쓰인다. 그 외에 前置詞로 쓰이는 경우가 있는데, 이 경우에는 ~로부터, ~에서의 뜻을 갖는다.

有朋 自遠方來 不亦樂乎(論語)

벗이 먼 곳으로 부터 오면 또한 즐겁지 아니한가?

子曰 見賢思齊焉 見不賢而內自省也(論語)

자왈, 어진 것을 보면 이와 같이 될 것을 생각하고 어질지 않은 것을 보면 안으로 스스로 반성할 것이니라.

子貢問友 子曰 忠告而善道之 不可則止 無自辱焉(論語)

자공이 벗을 사귐에 대하여 질문하였다. 자왈, 충고하여 좋게 이끌고 안 되면 그만두는 것이다. 스스로를 욕되게 함이 없는 것이다.

子曰 躬自厚而薄責於人 則遠怨矣(論語)

자왈, 자기를 책망하기를 두텁게 하고 남을 책망하기를 엷게 하면 원망이 멀리 있을 것이다.

至

보통 動詞로 '이르다'의 뜻을 지니고, 形容詞로서 '지극하다'의 뜻을 지니나 自(~부터) 등과 어울려 '~까지'의 뜻을 나타낸다.

夫子至於是邦也 必問其政(論語)

스승님이 이 나라에 이르시어 반드시 그 정사를 물으시다.

至於犬馬 皆能有養 不敬 何以別乎(論語)

개와 말에 이르러서도 다 능히 기름이 있으니 공경하지 않는다면 무엇으로 구별하겠는가?

子曰 中庸之爲德也 其至矣乎 民鮮久矣(論語)

자왈, 중용이 덕이 됨은 아마 지극할진저. 백성이 (이 덕이) 적은 지가 오래로다.

子曰 泰伯 其可謂至德也已矣(論語)

자왈, 태백은 아마 덕이 지극하다고 이를 수 있으리라.

人之事親 自始至終 一於禮而不苟 其尊親也至矣(論語 朱子注)

사람이 어버이를 섬김에 처음부터 끝까지 예에 한결같아서 구차함이 없어야 그 어버이를 존경하는 것이 지극한 것이리라.

則

보통 接續詞로서 쓰인다. 音은 '즉'으로 '곧, 그러므로, 그렇다면, ~하면, ~라면'의 뜻을 나타낸다. 主格 助辭로서도 쓰인다. 그밖에 名詞나 動詞로서의 쓰임이 있는데, 이때는 音이 '칙'이고 '법, 법칙, 본받다' 등의 뜻을 나타낸다.

之一邦 則又曰 猶吾大夫崔子也 違之(論語)

한 나라에 가서는 곧 또 말하기를 '우리 대부 최자와 같도다.'하고는 떠나다.

今也則亡 未聞好學者也(論語)

지금은 곧 없다. 아직 배움을 좋아하는 자에 대하여 들은 바가 없다.

過則勿憚改(論語)

허물이 있다면 고치는 것을 꺼려하지 말아라.

子曰 父母之年 不可不知也 一則以喜 一則以懼(論語)

자왈, 부모의 나이는 알지 않을 수 없다. 한 살을 더 드시면 기뻐하고, 한 살을 더 드시면 두려워하는 것이니라.

子曰 回也 其心 三月不違仁 其餘則日月至焉而已(論語)

자왈, 안회는 그 마음이 삼 개월 동안 어짊을 어기지 않는다. 그 나머지는 하루나 한 달에 한 번 거기에 이를 뿐이다.

仁則吾不知也(論語)

인은 나는 모르겠다.

我則異於是 無可無不可(論語)

나는 이와 다르다. 가함도 없고, 불가함도 없다.

定公以孔子爲中都宰 一年 四方皆則之(史記)

정공이 공자로 중도의 재보를 삼았다. 1년이 지나자 사방이 모두 이를 본받았다.

爲萬世法則 不可易(史記)

만대의 법칙이 되어 바꿀 수 없다.

爲 보통 動詞로는 '하다, 되다, 삼다, 이다'의 뜻을 나타낸다. 前置詞로 쓰이면 '~위하여, ~때문에'의 뜻을 나타낸다.

子曰 爲政以德 譬如北辰 居其所 而衆星 共之(論語)

자왈, 덕으로 정치를 하는 것은 비유하자면 북극성이 제자리에 있는데 뭇별이 이를 향하고 있는 것과 같다.

知之爲知之 不知爲不知 是知也(論語)

아는 것은 안다고 하고 모르는 것은 모른다고 하는 것, 이것이 아는 것이다.

其爲人也 孝弟 而好犯上者 鮮矣(論語)

그 사람됨이 효도하고 공경하는데 윗사람을 범하는 것을 좋아하는 자는 드물다.

有子曰 禮之用 和爲貴(論語)

유자왈, 예의 작용은 조화로 귀함을 삼는다.

子曰 事君盡禮 人以爲諂也(論語)

자왈, 임금을 섬김에 예를 다하는데, 사람들이 이를 아첨한다 하는구나.

勤爲無價之寶 愼是護身之符(明心寶鑑)

부지런함은 값을 매길 수 없는 보배이고, 신중함은 몸을 지키는 부적이다.

爲人謀而不忠乎(論語)

남을 위하여 계책을 냄에 있어서 정성을 다하지 아니하였는가?

王欲誅相國 爲其奉先王功大 及賓客辯士爲游說者衆 王不忍致法(史記)

왕이 재상을 주살하고자 하였으나 그가 선왕을 받든 공이 컸고, 손님이나 변사 중에 왕을 달래는 사람이 많았기 때문에 차마 법대로 하지 못했다.

百 보통 十의 열배인 '백'의 數値를 나타내지만 옛날에는 '백'은 셀 수 없이 많다는 뜻이었고 그로써 '많은 것, 모든 것'을 나타냈다. 따라서 '모두(諸)'의 뜻으로 많이 쓰였다.

子曰 詩三百 一言以蔽之 曰思無邪(論語)
자왈, 詩 삼백 편은 한 마디로 표현하면 생각함에 사악함이 없다.
捕虜 百四十六人, 降卒 二千九百人(史記)
포로가 백 사십육 명이고, 항복해 온 군사가 이천 구백 명이다.
其或繼周者 雖百世 可知也(論語)
혹 주나라를 이을 자라면 비록 오랜 세월이 지날지라도 알 수 있다.
百姓足 君孰與不足 百姓不足 君孰與足(論語)
나라의 모든 이가 넉넉하다면 임금이 뉘와 더불어 넉넉하지 않을 것이며, 나라의 모든 이가 넉넉하지 않다면 임금이 뉘와 더불어 넉넉하겠는가?

萬 보통 千의 열배인 '만'의 數値를 나타내지만 옛날에는 '만'은 셀 수 없이 많다는 뜻이었고 그로써 '많은 것, 모든 것'을 나타냈다. 따라서 '모두(諸)'의 뜻으로 많이 쓰였다.

二十五家爲里 萬二千五百家爲鄕(論語 朱子注)
이십오 家로 里를 삼고, 만 이천 오백 家로 鄕을 삼다.
魏地方不至千里 卒不過三十萬(史記)
위는 땅이 천리에 이르지 못하고, 군사는 삽십 만을 넘지 못한다.
朕躬有罪 無以萬方 萬方有罪 罪在朕躬(論語)
짐이 죄가 있다면 온 세상에는 죄가 없는 것이요, 온 세상에 죄가 있다면 죄는 짐에게 있는 것이다.
夫所謂賢人者, 必能安天下而治萬民(史記)
저, 이른 바 현인은 반드시 세상을 안정시킨 뒤에 온 백성을 다스린다.

其 보통 指示詞로서 '그'의 뜻을 나타내지만 漢文에서는 推測이나 反語的 疑問의 語氣辭로 많이 쓰인다. '아마~이리라', '어찌~아닌가?' 정도의 뜻을 나타낸다.

子曰 爲政以德 譬如北辰 居其所 而衆星 共之(論語)
자왈, 덕으로 정치를 하는 것은 비유하자면 북극성이 제자리에 있는데 뭇별이 이를 향하고 있는 것과 같다.
言寡尤 行寡悔 祿在其中(論語)
말에 허물이 적고, 행실에 뉘우침이 적다면 녹봉은 그 속에 있다.

孔子 名丘 字仲尼 其先宋人 父叔梁紇 母顔氏(史記)

공자의 이름은 '구'이고 자는 '중니'이다. 그의 선조는 송나라 출신이다. 아비는 숙량흘이요, 어미는 안씨이다.

孝弟也者 其爲仁之本與(論語)

효도와 공경은 아마 인을 행하는 근본이 되리라.

夫子之求之也 其諸異乎人之求之與(論語)

스승님께서 구하시는 것은 아마 다른 사람의 구함과 다를 진저.

子曰 人而無信 不知其可也(論語)

자왈, 사람이되 미더움이 없다면 그 되는 것인지 모르겠구나.

孔子曰 才難 不其然乎(論語)

공자왈, 인재를 얻기가 어렵도다. 그렇지 아니한가?

許 보통 '허락하다, 허여하다'의 뜻을 나타내지만 數量을 나타내는 말 뒤에 쓰여 '~정도, ~쯤, ~가량'의 뜻을 나타낸다. 또 '곳, 장소' 등의 뜻을 나타내기도 하고, 語助辭로 쓰인다.

於是 上許和親(史記)

이에 주상이 화친을 허락하다.

朱蒙問曰 子等何許人也 何姓何名乎(三國史記)

주몽이 질문하였다. '자네들은 어느 곳(무엇 하는) 사람인가? 성은 무엇이고 이름은 무엇인가?'

有異獸若牛 身長且高 尾長三尺許 無毛長鼻(三國史記)

소처럼 생긴 이상한 짐승이 있는데 신장이 크고 꼬리 길이가 세 자 가량이고 털이 없고 코가 길다.

如 대개 '같다', '마치'의 뜻으로 쓰인다. 不 등의 否定詞와 어울리면 '~와 같지 않다(~만 못하다)'의 뜻을 나타낸다. 또 '가다(去)'의 뜻으로도 쓴다. '만일(若)'의 뜻으로 條件이나 假定의 문장을 만들기도 한다. 또 何 등과 어울려 '어찌, 무엇'의 뜻으로 疑問文을 만든다. 또 用言이나 副詞의 뒤에서 接尾辭로 쓰여 形容詞나 副詞를 만든다.

子曰 後生可畏 焉知來者之不如今也(論語)

자왈, 후배는 두려워할만하다. 어찌 후배가 지금 우리들만 못하리라는 것을 알겠는가?

如有所立 卓爾 雖欲從之 末由也已(論語)

마치 서 계심이 (바위나 거목처럼) 우뚝함이 있어 비록 좇고자 하나 말미암을 바가 없을 뿐이다.

復如陳(史記)

다시 진나라로 가다.

季氏使閔子騫 爲費宰 閔子騫曰 善爲我辭焉 如有復我者 則吾必在汶上矣(論語)

계씨가 민자건을 비 땅의 재보로 삼고자 하였다. 민자건왈, 나를 위해 (사양하는) 말을 잘해 주시게. 만일 나를 다시 보고자 함이 있으면 나는 반드시 문수가에 있을 것이네.

子貢曰 如有博施於民而能濟衆 何如 可謂仁乎(論語)

자공왈, 만일 백성에게 널리 베풀어 민중을 구제함이 있다면 어떠합니까? 어질다고 이를 수 있습니까?

子曰 人而不仁 如禮何(論語)

자왈, 사람인데 어질지 않다면 예가 무슨 소용인가?

子貢曰 貧而無諂 富而無驕 何如 子曰 可也 未若貧而樂 富而好禮者也(論語)

자공왈, 가난하되 아첨함이 없고 부유하되 교만함이 없으면 어떻습니까? 자왈, 괜찮다. 가난하되 즐기고 부유하되 예를 좋아하는 자만은 못하다.

子之燕居 申申如也 夭夭如也(論語)

스승님이 일 없이 한가롭게 계실 때는 몸가짐이 편안하시고, 낯빛이 부드러우셨다.

若

보통 '같다'의 뜻으로 쓰인다. 未, 不 등의 否定詞와 어울리면 '~와 같지 않다(~만 못하다)'의 뜻을 나타낸다. 또 '만약, 만일'의 뜻으로 '語頭에서 條件이나 假定의 문장을 만든다. 指示詞로 '너(爾)'의 뜻으로 쓰이기도 한다.

有異獸若牛 身長且高 尾長三尺許 無毛長鼻(三國史記)

소처럼 생긴 이상한 짐승이 있는데 신장이 크고 꼬리 길이가 세 자 가량이고 털이 없고 코가 길다.

子貢曰 貧而無諂 富而無驕 何如 子曰 可也 未若貧而樂 富而好禮者也(論語)

자공왈, 가난하되 아첨함이 없고 부유하되 교만함이 없으면 어떻습니까? 자왈, 괜찮다. 가난하되 즐기고 부유하되 예를 좋아하는 자만은 못하다.

與其敬不足而禮有餘也 不若禮不足而敬有餘也(論語 注)

공경함이 부족하고 예가 남음이 있는 것은 예가 부족하고 공경함이 남음이 있는 것만 못하다.(공경함이 부족하고 예가 남음이 있는 것보다는 차라리 예가 부족하고 공경함이 남음이 있는 것이 낫다.)

今王若欲因禍爲福 轉敗爲功 則莫若挑霸齊而尊之(史記)

지금 만일 왕이 화를 복으로 바꾸고 실패를 공으로 바꾸고자 하신다면 으뜸인 제나라를 돋우고 높이는 것 만한 것이 없습니다.

若伯夷叔齊 可謂善人者非邪(史記)

백이와 숙제 같은 이는 착한 사람이라고 이를 수 있지 아니하겠는가?

燕王曰 若不忠信耳 豈有以忠信而得罪者乎(史記)

연왕왈, 너는 충성스럽고 미덥지 아니하였을 뿐이다. 어찌 충성스러움과 미더움으로 죄를 얻은 자가 있겠는냐?

然 대개 '그렇다, 그러하다'의 뜻으로 쓰인다. 接續詞로 '그러나'의 뜻으로 쓰이는 경우도 있다. 또 用言이나 副詞의 뒤에서 接尾辭로 쓰여 形容詞나 副詞를 만든다.

子曰 不然 獲罪於天 無所禱也(論語)

자왈, 그렇지 않다. 하늘에 죄를 얻으면 기도할 데가 없느니라.

孔子曰 才難 不其然乎(論語)

공자왈, 인재를 얻기가 어렵도다. 그렇지 아니한가?

然則 管仲知禮乎(論語)

그렇다면 관중이 예를 아는 것입니까?

然 魯終不能用孔子 孔子亦不求仕(史記)

그러나 노나라는 끝내 공자를 등용하지 않았고, 공자 또한 벼슬을 구하지 아니하였다.

吾黨之小子 狂簡 斐然成章 不知所以裁之(論語)

내 문하의 어린 학자들이 대범하기만 하도다. 문채가 나도록 문리를 터득하였으나 그 이치를 다스릴 줄 모르는구나.

兮 주로 詩句에서 感歎의 語氣를 나타낼 때 쓰인다. '~여!' 정도로 풀면 된다.

子夏問 巧笑倩兮 美目盼兮 素以爲絢兮 何謂也(論語)

자하가 질문하였다. '고운 웃음 머금은 보조개여!, 흑백이 조화를 이룬 아름다운 눈동자여!, 본바탕으로써 아름다움이여!'라고 한 바 무엇을 이른 것입니까?

鳳兮鳳兮 何德之衰(論語)

봉황이여! 봉황이여! 어찌 덕이 쇠퇴하였는가?

將 보통 '將帥'나 '將次'의 뜻으로 쓰이나 '~를 가지고, ~를 거느리고, ~로써, ~받들어'로 以와 같은 뜻으로 쓰이는 경우도 있다.

臣聞 敗軍之將 不可以言勇 亡國之大夫 不可以圖存(史記)

신이 들은 바, 패배한 군대의 장수는 용맹을 말할 수 없고, 패망한 나라의 벼슬아치는 생존을 도모할 수 없다 하였습니다.

聞漢將韓信 涉西河(史記)

한나라 장군 한신이 서하를 건넜다고 들었습니다.

天將以夫子爲木鐸(論語)

하늘이 장차 스승님을 목탁으로 삼을 것이다.

鳥之將死 其鳴也哀 人之將死 其言也善(論語)

새가 죽을 때에 그 울음소리 슬프고, 사람이 죽을 때에 그 말이 착하다.

將命者 出戶 取瑟而歌 使之聞之(論語)

명령을 받드는 자(전할 말씀을 가지고 온 자)가 문을 나서자, 거문고를 가져다가 타면서 노래하여 그로 하여금 듣게 하셨다.

乃遂將其兵 襲邯鄲(史記)

이에 마침내 그 병사를 거느리고 한단을 습격하다.

彭越將其兵三萬餘人 歸漢(史記)

팽월이 그 병사 삼만 여명을 거느리고 한나라에 귀부하였다.

猶 보통 形容詞로 '~와 같다'의 뜻으로 쓰이고, 副詞로 '오히려'의 뜻으로도 쓰인다.

子曰 回也 視予猶父也 予不得視猶子也 非我也 夫二三子也

자왈, 안회는 나 보기를 아비같이 하였는데, 나는 아들같이 보지 못하였다. 내가 아니로다. 저 사람들(때문)이로다.

之一邦 則又曰 猶吾大夫崔子也 違之(論語)

한 나라에 가서는 곧 또 말하기를 '우리 대부 최자와 같도다.'하고는 떠나다.

何事於仁 必也聖乎 堯舜 其猶病諸(論語)

어찌 어짊에 관한 일이겠는가? 반드시 성스러운 것일진저. 요임금 순임금은 아마 오히려 이것을 (갖추지 못하였음을) 괴로워하셨으리라.

子曰 學如不及 猶恐失之(論語)

자왈, 배움은 미치지 못한 것처럼 하고, 오히려 그것을 잃을까 두려워하라.

愈 보통 '어떤 대상보다 뛰어나다, 병이 낫다'의 뜻으로 쓰이고, 副詞로 '더욱, 매우'의 뜻으로 쓰인다.

子謂子貢曰 女與回也 孰愈(論語)

스승님께서 자공에게 일러 말씀하시기를 '너와 안회 중에 누가 더 나은가?'라고 질문하셨다.

三日卽病愈(史記)

삼일 째 되는 날에 병이 나았다.

紂愈淫亂不止(史記)

주 임금은 더욱 음란하여 멈추지 않았다.

逆理愈甚 則其失之愈速(論語 朱子注)
이치에 어긋남이 심할수록 이치를 잃어버림이 더욱 더 빨라진다.

寧 보통 副詞로 '차라리'의 뜻으로 쓰이고, 形容詞로 '편안하다'의 뜻으로 쓰인다. 특히 與와 어울려 '~보다는 차라리 ~이 낫다'의 뜻으로 쓰인다. 의미상 '與~寧'의 문장은 '與~不若(不如);~이 ~하느니만 못하다'와 뜻이 같다.

禮 與其奢也 寧儉(論語)
예는 사치한 것 보다는 차라리 검소한 것이 낫다.
子曰 奢則不孫 儉則固 與其不孫也 寧固(論語)
자왈, 사치하면 불손하고 검소하면 고루하다. 불손한 것 보다는 차라리 고루한 것이 낫다.
未嘗寧居(史記)
일찍이 편안한 삶을 살지 못하였다.

有 보통 '가지다, 있다'의 뜻이다. 在와는 달리 所在의 개념이 아니라, 存在와 所有의 개념으로서의 '있다'의 뜻이다. 또 發語辭로도 쓰이고, 더함의 뜻을 나타내는 助辭 '도'의 뜻을 지닌다. 또 國名 등에 接頭辭로 쓰이기도 한다.

不好犯上 而好作亂者 未之有也(論語)
윗사람을 범하는 것을 좋아하지 않는데 난을 일으키는 것을 좋아하는 자는 있지 아니하다.
子曰 三人行 必有我師焉(論語)
자왈, 세 사람이 다니면 그 중에 반드시 나의 스승이 있다.
舜無咫尺之地 以有天下(史記)
순임금은 조금의 땅도 없었으나 천하를 가졌다.
有朋 自遠方來 不亦樂乎(論語)
벗이 먼 곳으로부터 찾아오면 또한 즐겁지 아니한가?
子曰 吾十有五而志于學(論語)
자왈, 나는 열 살하고도 다섯 살(십 오세)에 배움에 뜻을 두었다.
有夏多罪(史記)
夏나라가 죄가 많도다.

抑 보통 '누르다, 물리치다'의 뜻으로 쓰인다. 또 反語辭로 많이 쓰여 '아니, 아니라면, 아니~면'의 뜻을 나타낸다.

尊君抑臣(史記)

임금을 높이고 신하를 억누르다.

遂乘勝逐秦軍 至函谷關 抑秦兵(史記)

드디어 승기를 타고 진군을 쫓아 함곡관에 이르러 진나라 군대를 물리치다.

夫子至於是邦也 必問其政 求之與 抑與之與(論語)

스승님이 이 나라에 이르시어 반드시 그 정사를 물으시니 듣기를 구하신 것입니까? 아니면 들을 기회를 준 것입니까?

抑爲之不厭 誨人不倦 則可謂云爾已矣(論語)

아니, 하는 것을 싫증내지 않고 사람을 가르치는 것을 게을리 하지 아니하는 것이라면 그러하다고 이를 수 있을 뿐이다.

子曰 不逆詐 不億不信 抑亦先覺者 是賢乎(論語)

자왈, 나를 속일까 미리 걱정하지 말고, 나를 믿지 않을까 지레 짐작하지 마라. 아니, 역시 먼저 아는 사람이 현명한 것인가?

子 보통은 '아들'의 뜻이다. 그런데 이로써 동물의 '새끼', '새알[卵]', '열매', '씨[種]' 등도 나타냈다. 또 '남자', '사나이' 등을 지칭하였고, '벼슬이름(子爵)'으로도 쓰였으며, '그대, 당신, 임자, 어르신네, 임, 나' 등의 인칭대명사로도 쓰였다. 또 학식이나 덕망이 있는 사람에 대한 존칭으로도 쓰여 '선생, 스승' 등의 뜻을 지닌다. 12地支 중의 첫째로 쓰여 그로써 시간 등을 나타내기도 한다. 그런데 子의 기능 중에서 여기서 언급하고 싶은 부분은 接尾辭로서의 기능이다. 특정한 뜻이 없이 名詞에 붙어 名詞 派生語를 만드는데, 사실 接尾辭 子는 그 實辭의 名詞的 性格을 분명히 하는 것 외에 별도로 뜻은 없다고 할 수 있으므로 이 경우에는 語助辭로 부를 수 있을 것이다. 오늘날 많이 쓰이는 骨子, 菓子, 餃子, 娘子, 端子, 帽子, 獅子, 箱子, 素子, 額子, 原子, 椅子, 因子, 電子, 簇子, 卓子, 板子 등의 子는 모두 語助辭로 볼 수 있다.

黃帝者 少典之子(史記)

황제는 소전씨의 아들이다.

昔高陽氏有才子八人(史記)

옛적에 고양씨에게는 재주 있는 사내 여덟 명이 있었다.

子曰 回也 視予猶父也 予不得視猶子也 非我也 夫二三子也

자왈, 안회는 나 보기를 아비같이 하였는데, 나는 아들같이 보지 못하였다. 내가 아니로다. 저 두셋의 사내(문하 제자를 지칭)때문이로다.

朱蒙問曰 子等何許人也 何姓何名乎(三國史記)

주몽이 질문하였다. '자네들은 어느 곳(무엇 하는) 사람인가? 성은 무엇이고 이름은 무엇인가?'

子曰 君子 無所爭 必也射乎(論語)

자왈, 군자는 다투는 바가 없으나 (있다면) 반드시 활쏘기일진저.

夫子 莞爾而笑曰 割鷄焉用牛刀(論語)

스승님께서 빙그레 웃으시며 말씀하시기를 '닭을 잡는데 어찌 소 잡는 칼을 쓰랴' 라고 하시다.

甲子日 紂兵敗(史記)

갑자일에 주 임금의 군대가 패배하였다.

等 본래의 뜻 외에 等, 屬, 曹 등은 '무리'의 뜻에서 名詞에 붙어 그 名詞의 複數形을 만든다.

公等亦且爲虜矣(史記)

공들 또한 장차 포로가 될 것이다.

我屬無患矣(史記)

우리들은 근심할 것이 없다.

者 보통 '놈'의 뜻으로 '사람'을 일컫는다. 경우에 따라서는 사물이나 개념, 장소를 일컫기도 한다. 그런데 語助辭로 쓰인 者나 也者 등은 主格 助辭로 쓰인 경우로 풀이할 필요가 없는 경우가 많다. 그 외에 古, 今 등 시간을 나타내는 말과 어울려 문맥상 副詞를 만든다.

未若貧而樂 富而好禮者也(論語)

가난하되 즐거워하고, 부유하되 예를 좋아하는 자만은 못하다

子曰 後生 可畏 焉知來者之不如今也(論語)

사왈, 후배는 두려워할만하다. 어찌 후배가 지금 우리들만 못하리라는 것을 알겠는가?

孝弟也者 其爲仁之本與(論語)

효도와 공경은 아마 인을 행하는 근본이 되리라.

夫秦之所以重楚者 以其有齊也(史記)

저, 진나라가 초나라를 중하게 여기는 까닭은 제나라가 있기 때문이다.

子曰 古者 言之不出 恥躬之不逮也(論語)

자왈, 옛적에 말을 (함부로) 하지 않은 것은 몸이 따르지 못함을 부끄럽게 여겼음이다.

三歲之習 至于八十

漢字

(社) 韓國語文會 主管 / 韓國漢字能力檢定會 施行

10章

同音異義語

同音異義語

同音異義語는 소리가 같으면서 뜻은 다른 말을 말한다. 예를 들어 國語辭典에서 '사상'이라는 말을 찾으면 史上 四相 四象 死狀 死相 死傷 私商 私傷 私償 事狀 事相 事象 使相 泗上 思想 沙上/砂上 捨象 蛇床 絲狀 寫象/寫像 寫像 등 20여 가지가 나온다. 이 말들은 모두 '사상'이라는 소리는 공유하나 글자 모양이 다르고 뜻도 다른 것이다. 한글만 가지고는 이 많은 단어들의 뜻을 쉽게 구분하기 어려운 것이다. 漢字를 학습해야 하는 이유의 하나도 여기에 있다. 漢字를 모르고 同音異義語를 구분하지 못하면 결국 같은 소리의 단어는 비슷한 것으로 알거나 어림짐작하고 정확히 이해하지 못하게 된다. 잘 이해되지 않는 同音異義語를 만나면 辭典과 字典을 찾아가며 그 뜻과 쓰임을 정확히 구분하여 이해하려는 노력이 필요하다.

同音異義語 역시 無數히 많다 여기서도 모든 同音異義語를 열거할 수는 없으므로 필요하다고 판단되는 것을 중심으로 간추려 보았다.

可恐(가공) [5032] 두려워하거나 놀랄 만함.
架空(가공) [3272] 어떤 시설물을 공중에 가설함. 이유나 근거가 없음. 사실이 아니고 거짓이나 상상으로 꾸며냄.
佳句(가구) [3242] 잘 지은 글귀.
架構(가구) [3240] 낱낱의 재료를 조립하여 만든 구조물.
佳器(가기) [3242] 좋은 그릇. 훌륭한 인재를 비유.
佳妓(가기) [3210] 아름다운 기생.
佳期(가기) [3250] 좋은 계절. 사랑을 처음 맺게 되는 좋은 시기.
佳氣(가기) [3272] 자연의 상서롭고 맑은 기운.
嫁期(가기) [1050] 시집갈 만한 나이.
假像(가상) [4232] 실물처럼 보이는 거짓 형상.
嫁殤(가상) [1000] 혼례를 치르기 전에 죽은 처녀의 넋을 약혼한 남자에게 시집보내는 일.
架上(가상) [3272] 시렁 또는 선반의 위.
假飾(가식) [4232] 말이나 행동 따위를 거짓으로 꾸밈. 임시로 장식함.
加飾(가식) [5032] 어떤 것을 꾸밈.
佳節(가절) [3252] 좋은 시절이나 계절. 좋은 명절.
佳絶(가절) [3242] 빼어나게 아름다움.
呵責(가책) [1052] 자기나 남의 잘못에 대하여 꾸짖어 책망함.
苛責(가책) [1052] 몹시 심하게 꾸짖음.
佳趣(가취) [3240] 좋은 취미.
嫁娶(가취) [1010] 시집가고 장가듦.
佳稱(가칭) [3240] 좋은 명칭.

嘉稱(가칭) [1040] 칭찬하여 아름답게 여김. 명예로운 이름.
架版(가판) [3232] 인쇄하기 전에 연판이나 원판을 인쇄기 판 위에 페이지 차례대로 정돈하여 인쇄할 수 있도록 준비하는 공정.
街販(가판) [4230] 길거리에 물건을 벌여 놓고 파는 일
卻顧(각고) [0030] 뒤를 돌아봄. 되새겨 봄. 고려함.
轂苦(각고) [0060] 궁핍함. 가난함.
各其(각기) [6232] 저마다의 사람이나 사물.
脚氣(각기) [3272] 비타민 비 원(B1)이 부족하여 일어나는 영양실조 증상.
却下(각하) [3072] 물리침. 행정상 신청을 배척하는 처분. 또는 상소 따위가 형식적인 요건을 갖추지 못한 경우 소송을 종료하는 일.
脚下(각하) [3272] 다리 아래라는 뜻으로, 현재 또는 지금 당장을 이르는 말.
閣下(각하) [3272] 특정한 고급 관료에 대한 경칭.
侃侃(간간) [0202] 품성이나 행동 따위가 꼿꼿함.
衎衎(간간) [0000] 화락한 모양. 강직하고 침착한 모양.
間隔(간격) [7232] 공간적이나 시간적으로 벌어진 사이. 사람들의 관계가 벌어진 정도. 사물 사이의 관계에 생긴 틈.
扞格(간격) [0052] 서로 막아서 들이지 아니함.
奸計(간계) [1062] 간사한 꾀.
澗谿(간계) [1002] 산골에 흐르는 물.
諫戒(간계) [1040] 윗사람에게 잘못을 고치거나 주의하도록 간함.
懇談(간담) [3250] 서로 정답게 이야기를 주고받음. 또는 그 이야기.
肝膽(간담) [3220] 간과 쓸개. 속마음.
奸毒(간독) [1042] 간사하고 독살스러움.
干黷(간독) [4000] 범하여 더럽힘.
懇篤(간독) [3230] 정성스럽고 돈독함.
簡牘(간독) [4002] 글씨를 쓰는 데에 사용한 대쪽과 나무쪽. 편지
奸婦(간부) [1042] 간악한 여자.
姦夫(간부) [3070] 간통한 남자.
姦婦(간부) [3042] 간통한 여자.
幹部(간부) [3262] 조직체의 중심이 되는 자리에서 책임을 맡거나 지도하는 사람.
奸詐(간사) [1030] 교활하게 거짓으로 남의 비위를 맞춤.
奸邪(간사) [1032] 간교하고 바르지 않음.
幹事(간사) [3272] 일을 맡아 주선하고 처리함. 또는 그런 일을 하는 사람.
肝腸(간장) [3240] 간과 창자. 애. 마음.
肝臟(간장) [3232] 간(肝).
奸智(간지) [1040] 간사한 지혜.
幹枝(간지) [3232] 식물의 줄기와 가지.
葛布(갈포) [2042] 칡 섬유로 짠 베. 칡베.

褐袍(갈포) [1010] 거친 칡베로 지은 도포.
減免(감면) [4232] 매겨야 할 부담 따위를 덜어 주거나 면제함. 등급 따위를 낮추어 면제함.
酣眠(감면) [0032] 깊이 단잠을 잠.
勘査(감사) [1050] 잘 살펴 조사함.
鑑査(감사) [3250] 주로 예술 작품의 우열이나 옳고 그름 따위를 감별하여 조사함.
憾情(감정) [2052] 원망하거나 성내는 마음.
戡定(감정) [0260] 적을 물리치어 난리를 평정함.
甘井(감정) [4032] 물맛이 좋은 우물.
鑑定(감정) [3260] 사물의 특성이나 참과 거짓, 좋고 나쁨을 분별하여 판정함. 재판 관련 사항에 대하여 전문가가 의견과 지식을 보고하는 일.
剛氣(강기) [3272] 굳세고 꿋꿋한 기상.
綱紀(강기) [3240] 나라의 법과 풍속, 풍습에 대한 기율(紀律). 삼강오륜 등 사람이 지켜야 할 도리.
剛薄(강박) [3232] 매우 딱딱하고 인정이 없음.
糠粕(강박) [1010] 쌀겨와 지게미.
薑板(강판) [1050] 무, 생강, 과일 따위를 갈아 즙을 내거나 채를 만들기 위하여 사용하는, 표면이 거칠게 생긴 도구.
鋼板(강판) [3250] 강철판.
改刊(개간) [5032] 책 따위의 원판을 고치어 간행함.
開刊(개간) [6032] 신문이나 책 따위를 처음으로 간행함.
概觀(개관) [3252] 전체를 대강 살펴봄. 윤곽, 구도 따위의 대체의 모양.
開館(개관) [6032] 도서관 따위의 기관이 처음으로 문을 엶.
慨然(개연) [3070] 억울하고 원통하여 몹시 분함.
蓋然(개연) [3270] 단정할 수는 없지만 대개 그럴 것이라고 생각되는 상태.
介意(개의) [3262] 어떤 일 따위를 마음에 두고 생각하거나 신경을 씀.
概意(개의) [3262] 내용의 개략적인 뜻.
改訂(개정) [5030] 글의 틀린 곳 따위를 고쳐 바로잡음.
開廷(개정) [6032] 법정을 열어 재판을 시작하는 일.
愷悌(개제) [0210] 용모와 기상이 화락하고 단아함.
開霽(개제) [6002] 비가 멎고 하늘이 활짝 갬.
改鑄(개주) [5032] 활자나 주물 따위를 고쳐 다시 주조함.
鎧冑(개주) [0210] 갑옷과 투구.
蓋板(개판) [3250] 서까래, 부연, 목반자 따위의 위에 까는 널빤지. 옷장이나 책장 따위의 맨 위에 모양을 내기 위하여 댄 나무판.
鎧板(개판) [0250] 탄알이 꿰뚫지 못하도록 표면에 쇠붙이를 덧붙인 판.
粳稻(갱도) [0230] 메벼
秔稻(갱도) [0030] 메벼.

居喪(거상) [4032] 상중(喪中)에 있음.
踞床(거상) [0242] 가로로 길어 여러 사람이 늘어앉을 수 있는 걸상.
健脚(건각) [5032] 튼튼하여 잘 걷거나 잘 뛰는 다리.
蹇脚(건각) [0232] 절뚝발이.
乾位(건위) [3250] 남자의 신주나 위패 또는 무덤.
健胃(건위) [5032] 위(胃)를 튼튼하게 함.
劍劇(검극) [3240] 칼싸움을 내용으로 하는 연극이나 영화.
劍戟(검극) [3210] 칼과 창.
劍技(검기) [3250] 검을 다루는 솜씨.
劍氣(검기) [3272] 검의 칼날에서 풍기는 싸늘한 기운.
堅剛(견강) [4032] 성질 따위가 매우 굳세고 단단함.
畎疆(견강) [0012] 논밭의 경계. 논밭의 두둑.
牽強(견강) [3060] 이치에 맞지 않는 것을 억지로 끌고 감.
堅忍(견인) [4032] 굳게 참고 견딤.
牽引(견인) [3042] 끌어서 당김.
堅執(견집) [4032] 굳게 지님. 자신의 의견을 바꾸거나 고치지 않고 버팀.
見執(견집) [5232] 남에게 붙잡힘.
兼事(겸사) [3272] 둘 이상의 대상을 아울러 섬김. 한 가지 일을 하면서 동시에 다른 일도 아울러 함.
謙辭(겸사) [3240] 겸손하게 사양함. 겸손의 말.
耿光(경광) [0262] 밝은 빛. → 높은 덕.
頃筐(경광) [3202] 한쪽 운두가 다른 쪽 운두보다 낮은 광주리.
傾倒(경도) [4032] 기울어 넘어짐. 또는 기울여 넘어뜨림. 온 마음을 기울여 사모하거나 열중함.
硬度(경도) [3260] 굳기.
驚倒(경도) [4032] 몹시 놀라 넘어짐.
傾覆(경복) [4032] 기울어져 엎어짐. 또는 기울여서 뒤집어엎음.
敬扑(경복) [5200] 공경하여 답장한다는 뜻으로, 주로 한문투의 편지글 답장 첫머리에 쓰는 말.
擎手(경수) [0272] 공경하여 두 손으로 떠받듦.
硬水(경수) [3280] 센물.
勍敵(경적) [0242] 강한 적.
警笛(경적) [4232] 주의나 경계를 하도록 소리를 울리는 장치.
硬直(경직) [3272] 몸 따위가 굳어서 뻣뻣하게 됨. 사고방식 따위가 부드럽지 못함.
耕織(경직) [3240] 농사짓는 일과 길쌈하는 일.
更佚(경질) [4010] 어떤 직위에 있는 사람을 다른 사람으로 바꿈.
硬質(경질) [3252] 단단하고 굳은 성질.
慶賀(경하) [4232] 경사스러운 일을 치하(致賀)함.

敬賀(경하) [5232] 공경하여 축하함.
硬化(경화) [3252] 물건이나 몸의 조직 따위가 단단하게 굳어짐. 주장이나 의견, 태도, 사고 방식 따위가 강경해짐.
硬貨(경화) [3242] 금속으로 만든 화폐. 언제든지 금이나 다른 화폐로 바꿀 수 있는 화폐.
更換(경환) [4032] 바꾸거나 바꿈.
惸鰥(경환) [0010] 외로운 홀아비. 또는 외로운 사람.
煢鰥(경환) [0010] 과부와 홀아비. 의지할 곳이 없는 사람.
啓告(계고) [3252] 윗사람이나 관청 등에 일에 대한 의견이나 사정 따위를 말이나 글로 보고함.
稽古(계고) [0260] 옛일을 자세히 살핌.
桂冠(계관) [3232] 월계수의 가지와 잎으로 만들어 경기의 우승자에게 씌워 주던 관.
鷄冠(계관) [4032] 닭의 볏.
契機(계기) [3240] 어떤 일이 일어나거나 변화하도록 만드는 결정적인 원인이나 기회.
屆期(계기) [0250] 정한 때에 다다름.
啓導(계도) [3242] 남을 일깨우고 이끌어 줌.
戒刀(계도) [4032] 비구가 늘 가지고 다니는 작은 칼.
溪流(계류) [3252] 산골짜기에 흐르는 시냇물.
繫留(계류) [3042] 밧줄 같은 것으로 붙잡아 매어 놓음. 어떤 사건이 해결되지 않은 상태임.
啓上(계상) [3272] 윗사람에게 말씀을 올림.
稽顙(계상) [0200] 이마가 땅에 닿도록 몸을 굽힘.
桂樹(계수) [3260] 계수나무.
溪水(계수) [3280] 산골짜기에 흐르는 시냇물.
契狀(계장) [3242] 계약서.
契長(계장) [3280] 계의 일을 맡아서 처리하는 책임자.
桂皮(계피) [3232] 계수나무 껍질을 한방에서 이르는 말.
鷄皮(계피) [4032] 닭의 살갗처럼 거친 살갗. 늙은 사람.
高閣(고각) [6232] 높게 지은 집이나 누각.
鼓角(고각) [3262] 군중(軍中)에서 호령할 때 쓰던 북과 나발.
刳肝(고간) [0032] 배를 갈라 간을 드러냄. 마음속에 품은 뜻을 모두 털어놓음을 비유하는 말.
觚簡(고간) [0040] 고대에 글자를 기록하는 데 쓰던 나무쪽. 서적을 이르는 말.
枯渴(고갈) [3030] 말라서 없어짐.
熇竭(고갈) [0010] 물이 마름.
辜女(고녀) [0280] 어지자지.
瞽女(고녀) [0080] 여자 장님.
拷問(고문) [1070] 숨기고 있는 사실을 강제로 알아내기 위하여 육체적 고통을 주며 신문함.

顧問(고문) [3070] 의견을 물음. 자문에 응하여 의견을 제시하고 조언을 하는 직책. 또는 그런 사람.

顧復(고복) [3042] 부모가 자식을 기름.

鼓腹(고복) [3232] 배를 두드린다는 뜻으로, 생활이 풍족하여 태평한 세월을 즐기는 것을 이르는 말.

高峯(고봉) [6232] 높은 산봉우리.

高鳳(고봉) [6232] 아름다운 봉황(鳳凰).

姑婦(고부) [3242] 시어머니와 며느리를 아울러 이르는 말.

鼓桴(고부) [3200] 북채

告祀(고사) [5232] 액운(厄運)은 없어지고 풍요와 행운이 오도록 집안에서 섬기는 신(神)에게 음식을 차려 놓고 비는 제사.

枯死(고사) [3060] 나무나 풀 따위가 말라 죽음.

罟師(고사) [0042] 어부.

高尙(고상) [6232] 품위나 몸가짐이 속되지 아니하고 훌륭함.

翺翔(고상) [0010] 빙빙 돌며 낢. 배회하며 나아가지 않음. 머뭇거리며 앞으로 나가지 않음. 유유히 노닒.

菰繩(고승) [0212] 골풀을 비벼 꼰 줄.

高僧(고승) [6232] 덕이 높은 중. 위계(位階)가 높은 중.

羔羊(고양) [0242] 어린양.

高揚(고양) [6232] 높이 쳐들어 올림. 정신이나 기분 따위를 북돋워서 높임.

古蹟(고적) [6032] 남아 있는 옛날 건물이나 물건. 옛 문화를 보여 주는 건물이나 물건이 있던 터.

孤寂(고적) [4032] 외롭고 쓸쓸함.

鼓笛(고적) [3232] 북과 피리.

姑從(고종) [3240] 고종 사촌으로 고모의 자녀.

扣鐘(고종) [0002] 종을 침. 가르침을 잘 받음.

沽酒(고주) [0240] 술을 팔거나 삼.

鼓鑄(고주) [3232] 녹인 쇠붙이를 거푸집에 부어 물건을 만듦.

公卿(공경) [6230] 삼공(三公)과 구경(九卿)을 아울러 이르는 말.

恭敬(공경) [3252] 공손히 받들어 모심.

公館(공관) [6232] 정부의 고위 관리가 공적으로 쓰는 저택.

悾款(공관) [0020] 정성스러움.

公募(공모) [6230] 공개 모집.

共謀(공모) [6232] 공동 어떤 일을 꾀함.

供物(공물) [3272] 신령이나 부처 앞에 바치는 물건.

貢物(공물) [3272] 중앙 관서와 궁중의 수요를 충당하기 위하여 여러 군현에 부과상납하게 한 특산물. 조(租)용(庸)조(調)의 조(調).

供需(공수) [3232] 공급과 수요.

拱手(공수) [1072] 두 손을 마주잡아 공경의 뜻을 나타내는 예. 팔짱을 끼고 아무 일도 하지 않고 있음.

空輸(공수) [7232] 항공 수송을 줄여 이르는 말.

攻襲(공습) [4032] 갑자기 공격하여 침.

空襲(공습) [7232] 공중 습격을 줄여 이르는 말.

公儲(공저) [6202] 정부에서 하는 저축. 양곡을 비축하는 것 따위를 이름.

共著(공저) [6232] 책을 둘 이상의 사람이 함께 지음.

果刀(과도) [6232] 과일 깎는 칼.

過渡(과도) [5232] 한 상태에서 다른 상태로 넘어가거나 바뀌어 가는 도중.

寡慾(과욕) [3232] 욕심이 적음. 또는 그 욕심.

過慾(과욕) [5232] 욕심이 지나침. 또는 그 욕심.

冠帶(관대) [3242] 옛날 벼슬아치들의 공복(公服).

寬大(관대) [3280] 마음이 너그럽고 큼.

寬待(관대) [3260] 너그럽게 대접함.

款待(관대) [2060] 친절히 대하거나 정성껏 대접함.

冠禮(관례) [3260] 예전에, 남자가 성년에 이르면 어른이 된다는 의미로 상투를 틀고 갓을 쓰게 하던 예식.

慣例(관례) [3260] 전례(前例)가 관습으로 굳어진 것.

官祿(관록) [4232] 관원(官員)에게 주던 봉급.

貫祿(관록) [3232] 쌓은 경력과 그에 따르는 권위.

官吏(관리) [4232] 관직에 있는 사람.

菅履(관리) [0232] 엄짚신.

冠詞(관사) [3232] 영어 따위에서 명사 앞에 놓여 단수, 복수, 성, 격 따위를 나타내는 품사.

館舍(관사) [3242] 외국 사신이나 다른 곳에서 온 벼슬아치를 대접하고 묵게 하던 숙소.

官署(관서) [4232] 관청과 그 부속 기관을 통틀어 이르는 말.

寬恕(관서) [3232] 죄나 허물 따위를 너그럽게 용서함.

寬容(관용) [3242] 남의 잘못을 너그럽게 받아들이거나 용서함.

慣用(관용) [3262] 습관적으로 늘 씀.

管掌(관장) [4032] 일을 맡아서 주관함.

館長(관장) [3280] '관(館)' 자가 붙은 기관의 최고 책임자.

廣幅(광폭) [5230] 넓은 폭.

狂暴(광폭) [3242] 미쳐 날뛰듯이 매우 거칠고 사나움.

壞變(괴변) [3252] 무너져 모양이 바뀜.

怪變(괴변) [3252] 예상하지 못한 괴상한 재난이나 사고.

壞死(괴사) [3260] 생체 내의 조직이나 세포가 부분적으로 죽는 일.

怪死(괴사) [3260] 원인을 알 수 없이 죽음. 또는 그런 죽음.

宏飮(굉음) [1062] 술을 한꺼번에 대단히 많이 마심.

轟音(굉음) [1062] 몹시 요란하게 울리는 소리.
蕎麥(교맥) [0232] 메밀.
茭麥(교맥) [0032] 메밀.
僑民(교민) [2080] 외국에 나가 살고 있는 자기 나라의 사람.
巧敏(교민) [3230] 행동이 교묘하고 재빠름.
交付(교부) [6032] 내어 줌. 물건을 인도하는 일.
鮫膚(교부) [0220] 소름
狡詐(교사) [1030] 교활하게 남을 속임.
絞死(교사) [2060] 목을 매어 죽음.
驕肆(교사) [1002] 교만하고 방자함.
校訂(교정) [8030] 출판물 따위의 잘못된 글자나 글귀 따위를 바르게 고침.
矯正(교정) [3072] 틀어지거나 잘못된 것을 바로잡음. 재소자의 잘못된 품성이나 행동을 바로잡음.
舊刊(구간) [5232] 예전에 나온 책.
搆間(구간) [0072] 두 사람 사이를 멀어지게 함. 이간함
窶艱(구간) [0010] 가난하고 고생스러움.
裘葛(구갈) [0020] 겨울옷과 여름옷을 아울러 이르는 말. 1년을 이르는 말. 사철의 옷과 추위와 더위의 때의 변화를 두루 이름.
裘褐(구갈) [0010] 거칠고 허름한 옷. 은사(隱士)를 이르는 말.
口徑(구경) [7032] 원통 모양으로 된 물건의 아가리의 지름.
疚懼(구경) [0000] 근심.
勾管(구관) [0240] 맡아서 다스림.
舊館(구관) [5232] 전에 세운 건물.
糗糧(구량) [0040] 말린 양식.
笱梁(구량) [0032] 통발과 어량(魚梁). 물고기를 잡는 설비
久滯(구체) [3232] 오랫동안 내버려 둠. 오랫동안 한 곳에 쌓여 있거나 머무름. 오래된 체증.
狗彘(구체) [3000] 개돼지.
拘置(구치) [3242] 형(刑)을 집행하려고 피의자나 범죄자 따위를 일정한 곳에 가둠.
驅馳(구치) [3010] 말을 몰아 달리며 돌아다님. → 매우 바쁘게 돌아다님.
國恥(국치) [8032] 나라의 수치.
鞫治(국치) [0242] 엄중한 죄인을 국청에서 심문하여 죄를 다스리던 일.
糾合(규합) [3060] 어떤 일을 꾸미려고 세력이나 사람을 모음.
閨閤(규합) [2002] 궁중의 작은 문. 또는 침전. 안방.
克復(극복) [3242] 이기어 도로 회복함. 정도(正道)로 돌아감.
克服(극복) [3260] 악조건이나 고생 따위를 이겨 냄. 적을 이기어 굴복시킴.
根幹(근간) [6032] 뿌리와 줄기. 바탕이나 중심이 되는 중요한 것.
近刊(근간) [6032] 최근에 출판함.

斤兩(근량) [3042] 무게를 나타내는 단위인 근과 냥을 아울러 이르는 말.
斤量(근량) [3050] 저울로 단 무게.
禁輸(금수) [4232] 수입이나 수출을 금함.
禽獸(금수) [3232] 날짐승과 길짐승이라는 뜻으로, 모든 짐승을 이르는 말. 행실이 아주 더럽고 나쁜 사람을 비유.
錦繡(금수) [3210] 수를 놓은 비단. 아름답고 화려한 옷. 아름다운 시문(詩文).
禁慾(금욕) [4232] 욕구나 욕망을 억제하고 금함.
衾褥(금욕) [1002] 이부자리
襟章(금장) [1060] 군복이나 교복 따위의 제복의 옷깃에 붙여서 계급, 소속, 학년 따위를 표시하는 휘장.
錦帳(금장) [3240] 비단으로 된 휘장이나 장막.
其間(기간) [3272] 어느 때부터 다른 어느 때까지의 동안.
基幹(기간) [5232] 어떤 분야나 부문에서 가장 으뜸이 되거나 중심이 되는 부분.
既刊(기간) [3032] 책 따위가 이미 간행됨. 또는 그런 간행물.
器械(기계) [4232] 연장, 연모, 그릇, 기구 따위를 통틀어 이르는 말. 구조가 간단하며 제조나 생산을 목적으로 하지 아니하고 사용하는 도구를 통틀어 이르는 말.
機械(기계) [4032] 동력을 써서 움직이거나 일을 하는 장치.
綦谿(기계) [0002] 매우 깊음.
奇觚(기고) [4000] 진귀한 책.
寄稿(기고) [4032] 신문, 잡지 따위에 싣기 위하여 원고를 써서 보냄. 또는 그 원고.
忌故(기고) [3042] 해마다 사람이 죽은 날에 제사를 지내는 일. 또는 그 날.
技巧(기교) [5032] 기술이나 솜씨가 아주 교묘함.
機巧(기교) [4032] 잔꾀와 솜씨가 매우 교묘함.
崎嶇(기구) [1010] 산길이 험함. 세상살이가 순탄하지 못하고 가탈이 많음.
祈求(기구) [3242] 원하는 바가 실현되도록 빌고 바람.
企待(기대) [3260] 어떤 일이 이루어지기를 바라고 기다림.
頎大(기대) [0080] 체구가 크고 훤칠함.
企圖(기도) [3262] 어떤 일을 이루려고 꾀함. 또는 그런 계획이나 행동.
祈禱(기도) [3210] 절대적 존재에게 빎. 또는 그런 의식.
幾萬(기만) [3080] 만의 몇 배가 되는 수.
欺瞞(기만) [3010] 남을 속여 넘김.
企望(기망) [3252] 어떠한 일이 이루어지기를 바람.
既望(기망) [3052] 음력으로 매달 열엿샛날.
欺罔(기망) [3030] 남을 속여 넘김.
跂望(기망) [0052] 발돋움하여 바라봄. 간절히 바람을 형용한 말.
幾微(기미) [3032] 낌새.
機微(기미) [4032] 낌새.
歧迷(기미) [0030] 엇갈리어 분명하지 않음.

機敏(기민) [4030] 눈치가 빠르고 동작이 날쌤.
飢民(기민) [3080] 굶주린 백성.
幾死(기사) [3060] 거의 다 죽게 됨.
棋士(기사) [2052] 바둑이나 장기를 두는 사람.
騎士(기사) [3252] 말을 탄 무사.
氣像(기상) [7232] 사람이 타고난 기개나 마음씨가 겉으로 드러난 모양.
起牀(기상) [4202] 잠자리에서 일어남.
其數(기수) [3270] 그 수.
耆叟(기수) [1200] 노인(老人).
騎手(기수) [3272] 경마에서 말을 타는 사람.
旣述(기술) [3032] 이미 앞서 기술함.
記述(기술) [7232] 기록하여 서술함.
棄兒(기아) [3052] 남몰래 아이를 내다 버림. 또는 그렇게 버린 아이.
飢餓(기아) [3030] 굶주림.
饑餓(기아) [0230] 굶주림
記憶(기억) [7232] 이전의 인상이나 경험을 의식 속에 간직하거나 도로 생각해 냄.
岐嶷(기억) [0000] 어린 나이에 총명함을 이르는 말. 6~7세의 나이를 이르는 말.
其亦(기역) [3232] 그것도 이것과 마찬가지로.
饑疫(기역) [0232] 굶주림과 돌림병.
杞憂(기우) [1032] 앞일에 대해 쓸데없는 걱정을 함.
氣宇(기우) [7232] 기개와 도량을 아울러 이르는 말.
祈雨(기우) [3252] 날이 가물 때에 비가 오기를 빎.
羇寓(기우) [0010] 타향살이.
棋院(기원) [2050] 돈을 내고 바둑을 두는 곳. 바둑을 즐기는 사람들이 조직하는 단체.
祈願(기원) [3250] 바라는 일이 이루어지기를 빎.
幾日(기일) [3080] 몇 날.
忌日(기일) [3080] 해마다 돌아오는 제삿날. 불길하다 하여 꺼리는 날.
嗜好(기호) [1042] 즐기고 좋아함.
畿湖(기호) [3250] 경기도와 황해도 남부 및 충청남도 북부를 아울러 이르는 말.
屺岵(기호) [0002] 부모.
娘娘(낭랑) [3232] 왕비나 귀족의 아내를 높여 이르는 말.
琅琅(낭랑) [0202] 옥이 부딪쳐 울리는 소리가 매우 맑음.
娘子(낭자) [3272] 예전에, '처녀'를 높여 이르던 말.
曩者(낭자) [0060] 지난번.
狼藉(낭자) [1010] 여기저기 흩어져 어지러움.
郞子(낭자) [3272] 예전에, 남의 집 총각을 점잖게 이르던 말.
內賓(내빈) [7230] 안손님.
來賓(내빈) [7030] 모임에 공식적으로 초대를 받고 온 사람.

內粧(내장) [7232] 집 안을 손질하고 꾸밈. 내부 수장을 줄여 이르는 말.
內臟(내장) [7232] 척추동물의 위, 간 등 여러 가지 기관.
內藏(내장) [7232] 밖으로 드러나지 않게 안에 간직함.
耐寒(내한) [3250] 추위를 견딤.
耐旱(내한) [3230] 가물을 견딤.
老妄(노망) [7032] 늙어서 망령을 부림.
鹵莽(노망) [0202] 행동 따위가 무디고 거칢.
奴婢(노비) [3232] 사내종과 계집종을 아울러 이르는 말.
老婢(노비) [7032] 늙은 여자종.
奴役(노역) [3232] 고용인에 의하여 일방적으로 혹사를 당하는 일. 노예로 부려지는 일.
勞役(노역) [5232] 몹시 괴롭고 힘든 노동.
蘆笛(노적) [1232] 갈피리.
露積(노적) [3240] 곡식 따위를 한데에 수북이 쌓음. 또는 그런 물건.
綠肥(녹비) [6032] 생풀이나 생나무의 잎으로 만들어 완전히 썩지 아니하는 거름. 풋거름.
鹿皮(녹비) [3032] 사슴가죽.
濃淡(농담) [2032] 색깔, 명암, 용액 따위의 짙음과 옅음. 또는 진함과 묽음. 생각이나 표현의 강함과 약함.
弄談(농담) [3250] 실없이 놀리거나 장난으로 하는 말.
弄月(농월) [3280] 달을 바라보고 즐김.
朧月(농월) [0280] 흐린 달.
腦死(뇌사) [3260] 뇌의 기능이 완전히 멈추어 본디 상태로 되돌아가지 않는 상태.
賚賜(뇌사) [0230] 윗사람이 아랫사람에게 물건을 내려 줌.
樓閣(누각) [3232] 사방을 바라볼 수 있도록 문과 벽이 없이 다락처럼 높이 지은 집.
漏刻(누각) [3240] 물시계. 누전(漏箭)에 새긴 눈금.
樓臺(누대) [3232] 누각과 대사와 같이 높은 건물.
累代(누대) [3262] 여러 대.
漏水(누수) [3280] 물이 샘. 또는 새어 나오는 물. 물시계에서 떨어지는 물.
摟搜(누수) [0030] 이익이 될 만한 것은 모조리 긁어모음 곧 매우 인색하게 자신의 이익을 챙김.
漏籍(누적) [3240] 호적, 병적, 학적 따위의 기록에서 빠뜨림.
累積(누적) [3240] 포개어 여러 번 쌓음. 또는 쌓임.
漏盡(누진) [3240] 모두 새어 없어짐.
累進(누진) [3242] 지위, 등급 따위가 차차 올라감. 가격, 수량 따위가 더해져 비율이 점점 높아짐.
凌上(능상) [1072] 아랫사람이 윗사람을 업신여김.
陵上(능상) [3272] 임금이나 왕후의 무덤. 능(陵).
多寡(다과) [6032] 수량의 많고 적음.
茶果(다과) [3262] 차와 과실.

但書(단서) [3262] 법률 조문이나 문서 따위에서, 본문 다음에 그에 대한 어떤 조건이나 예외 따위를 나타내는 글.
端緖(단서) [4232] 어떤 문제를 해결하는 방향으로 이끌어 가는 실마리.
但只(단지) [3230] 다른 것이 아니라 오로지. 다만.
斷趾(단지) [4202] 발의 뒤꿈치를 자름. * 옛날 형벌의 하나로 가벼운 죄는 왼발 뒤꿈치, 무거운 죄는 오른발 뒤꿈치를 잘랐음.
淡素(담소) [3242] 담담하고 소박함.
膽小(담소) [2080] 겁이 많고 배짱이 없음.
淡水(담수) [3280] 민물.
湛水(담수) [0280] 괸 물, 저수지 따위에 물을 채움.
堂姪(당질) [6230] 사촌 형제의 아들로, 오촌이 되는 관계. 종질(從姪).
糖質(당질) [3252] 당분(糖分)이 들어 있는 물질.
當惑(당혹) [5232] 무슨 일을 당하여 정신이 헷갈리거나 생각이 막혀 어찌할 바를 몰라 함.
儻或(당혹) [0040] 아마. 혹시. 가령.
大刀(대도) [8032] 큰 칼.
歹徒(대도) [0040] 나쁜 사람.
臺詞(대사) [3232] 연극이나 영화 따위에서 배우가 하는 말.
臺辭(대사) [3240] 연극이나 영화 따위에서 배우가 하는 말.
臺榭(대사) [3200] 높고 크게 세운 누각이나 정자.
代役(대역) [6232] 다른 사람이 역할을 대신 맡아 하는 일.
大役(대역) [8032] 국가적인 큰 공사. 큰 역할.
對譯(대역) [6232] 원문과 맞대어서 번역함.
垈地(대지) [2070] 집터로서의 땅.
臺地(대지) [3270] 주위보다 고도가 높고 넓은 면적의 평탄한 표면을 가지고 있는 지형.
臺紙(대지) [3270] 그림이나 사진 따위의 뒤에 붙여 그 바탕이 되게 하는 두꺼운 종이.
貸地(대지) [3270] 세를 받고 빌려 주는 땅.
倒壞(도괴) [3232] 넘어지거나 무너짐. 또는 넘어뜨리거나 무너뜨림.
盜魁(도괴) [4010] 도적의 우두머리.
塗料(도료) [3050] 물건의 겉에 칠하여 그것을 썩지 않게 하거나 외관상 아름답게 하는 재료.
荼蓼(도료) [0002] 씀바귀와 여뀌. 잡초를 두루 이름. 쓰고 맵다는 뜻에서 어렵고 고생스러움을 비유하는 말.
桃李(도리) [3260] 복숭아와 오얏(자두). 남이 천거한 어진 사람을 비유.
闍里(도리) [0070] 길거리.
圖謀(도모) [6232] 어떤 일을 이루기 위하여 대책과 방법을 세움.
悼耄(도모) [2000] 일곱 살 어린이와 여든 살 늙은이를 아울러 이르는 말.
渡美(도미) [3260] 미국으로 건너감.
謟媚(도미) [0010] 아첨함.

塗褙(도배) [3002] 종이로 벽 따위를 바르는 일.
徒輩(도배) [4032] 함께 어울려 나쁜 짓을 하는 무리.
塗壁(도벽) [3042] 벽에 종이나 흙을 바름.
盜癖(도벽) [4010] 습관적으로 물건을 훔치는 버릇.
桃園(도원) [3260] 복숭아나무가 많은 정원.
桃源(도원) [3240] 복숭아꽃이 핀 수원지라는 데서 살기 좋은 이상향, 별천지.
桃仁(도인) [3240] 복숭아씨의 알맹이를 한방에서 이르는 말.
陶人(도인) [3280] 옹기장이.
盜斫(도작) [4002] 허가 없이 산의 나무를 몰래 베어 감.
稻作(도작) [3062] 벼를 심고 가꾸어 거두는 일. 벼농사.
倒着(도착) [3252] 옷 따위를 거꾸로 입음.
倒錯(도착) [3232] 뒤바뀌어 거꾸로 됨. 사회나 도덕에 어그러진 행동을 나타냄.
韜晦(도회) [0210] 재능이나 학식 따위를 숨겨 감춤.
洮頮(도회) [0000] 손과 얼굴을 씻음.
獨奏(독주) [5232] 한 사람이 악기를 연주하는 것.
讀奏(독주) [6232] 임금에게 아뢸 문서를 어전에서 읽던 일.
毒嘴(독취) [4202] 독살스러운 부리라는 데서, 악독한 말을 옮기는 사람의 입을 이름.
禿鷲(독취) [1002] 독수리.
凍死(동사) [3260] 얼어 죽음.
動詞(동사) [7232] 사물의 동작이나 작용을 나타내는 품사.
凍傷(동상) [3240] 추위 때문에 살갗이 얼어서 조직이 상하는 일.
銅像(동상) [4232] 구리로 사람이나 동물의 형상을 만들거나 그런 형상에 구릿빛을 입혀서 만들어 놓은 기념물.
慢性(만성) [3052] 버릇이 되다시피 하여 쉽게 고쳐지지 아니하는 성질.
晩成(만성) [3262] 늦게 이루어짐.
晩禾(만화) [3230] 늦벼.
漫畫(만화) [3060] 붓 가는 대로 아무렇게나 그린 그림. 이야기 따위를 그린 그림.
妄覺(망각) [3240] 외부 세계의 자극을 잘못 지각하거나 없는 자극을 있는 것처럼 생각하는, 병적 현상.
忘却(망각) [3030] 어떤 사실을 잊어버림.
亡靈(망령) [5032] 죽은 사람의 영혼.
妄靈(망령) [3232] 늙거나 정신이 흐려서 말이나 행동이 정상을 벗어남.
忙忙(망망) [3030] 매우 바쁨.
茫茫(망망) [3030] 넓고 멂. 막연하고 아득함.
梅毒(매독) [3242] 나선균(螺旋菌)에 의하여 감염되는 성병.
浼瀆(매독) [0010] 더럽힘. 모독함. 주로 상대방에게 누를 끼친다는 의미의 겸사로 쓰임.
埋葬(매장) [3032] 시체나 유골 따위를 땅속에 묻음.
埋藏(매장) [3032] 묻어서 감춤. 지하자원 따위가 땅속에 묻히어 있음.

梅花(매화) [3270] 매화꽃. 매실나무.
梅畫(매화) [3260] 매화를 치는 일. 또는 그런 그림.
盲兒(맹아) [3252] 눈먼 아이.
盲啞(맹아) [3210] 장님과 벙어리.
萌芽(맹아) [1032] 식물에 새로 트는 싹. 움. 사물의 시초가 되는 것.
猛將(맹장) [3242] 용맹한 장수.
盲腸(맹장) [3240] 척추동물의, 작은창자에서 큰창자로 넘어가는 부분에 있는 주머니 모양의 부분. 막창자.
免死(면사) [3260] 죽음을 면함.
綿絲(면사) [3240] 솜에서 자아낸 실. 무명실.
免役(면역) [3232] 병역이나 부역(賦役) 따위를 면함.
免疫(면역) [3232] 몸속에 들어온 병원(病原)에 대항하는 항체를 생산하여 다음에는 그 병에 걸리지 않도록 된 상태. 반복되는 자극 따위에 반응하지 않고 무감각해지는 상태를 비유.
免職(면직) [3242] 일정한 직무에서 물러나게 함.
綿織(면직) [3240] 목화솜을 주원료로 하여 짠 직물.
冥府(명부) [3042] 사람이 죽은 뒤에 심판을 받는 곳.
名簿(명부) [7232] 어떤 일에 관련된 사람의 이름, 주소, 직업 따위를 적어 놓은 장부.
冥想(명상) [3042] 고요히 눈을 감고 깊이 생각함. 또는 그런 생각.
瞑想(명상) [0242] 고요히 눈을 감고 깊이 생각함.
冒耕(모경) [3032] 땅 임자의 허락 없이 남의 땅에 농사를 지음.
暮境(모경) [3042] 늙바탕.
暮景(모경) [3050] 저녁때의 경치.
謀事(모사) [3272] 일을 꾀함.
謀士(모사) [3252] 꾀를 써서 일이 잘 이루어지게 하는 사람.
摸索(모색) [1032] 일이나 사건 따위를 해결할 수 있는 방법이나 실마리를 더듬어 찾음.
貌色(모색) [3270] 얼굴의 생김새나 차린 모습.
模擬(모의) [4010] 실제의 것을 흉내 내어 그대로 해 봄.
謀議(모의) [3242] 어떤 일을 꾀하고 의논함. 두 사람 이상이 함께 범죄를 계획함.
夢寐(몽매) [3210] 잠을 자면서 꿈을 꿈.
蒙昧(몽매) [3210] 어리석고 사리에 어두움.
無慘(무참) [5030] 더 이상 참혹할 데가 없음. 몹시 끔찍하고 참혹함.
誣譖(무참) [1000] 없는 사실을 거짓으로 꾸며 남을 참소함.
未刊(미간) [4232] 아직 간행되지 않음.
眉間(미간) [3072] 눈썹사이.
未久(미구) [4232] 얼마 오래지 아니함.
糜軀(미구) [0010] 몸이 부서지도록 정성을 다함. 목숨을 바침.
彌望(미망) [1252] 멀리 넓게 바라봄.

迷妄(미망) [3032] 사리에 어두워 갈피를 잡지 못하고 헤맴.
微服(미복) [3260] 지위가 높은 사람이 남의 눈을 피하려고 입는 남루한 옷차림.
弭伏(미복) [0040] 온순히 복종함. 순종함.
微笑(미소) [3242] 소리 없이 빙긋이 웃음.
美蘇(미소) [6032] 미국과 소련을 아울러 이르는 말.
未遂(미수) [4230] 목적한 바를 시도하였으나 이루지 못함.
米壽(미수) [6032] 여든 여덟 살을 달리 이르는 말.
亹壽(미수) [0032] 오래 삶.
尾行(미행) [3260] 다른 사람의 행동을 감시하거나 증거를 잡기 위하여 그 사람 몰래 뒤를 밟음.
微行(미행) [3260] 지위가 높은 사람이 무엇을 몰래 살피기 위하여 남루한 옷차림을 하고 남 모르게 다님.
密封(밀봉) [4232] 단단히 붙여 꼭 봉함.
蜜蜂(밀봉) [3030] 꿀벌.
剝皮(박피) [1032] 껍질이나 가죽을 벗김.
薄皮(박피) [3232] 얇은 껍질.
叛起(반기) [3042] 배반하여 일어남.
飯器(반기) [3242] 밥그릇.
盤上(반상) [3272] 밥상의 위. 장기판이나 바둑판 따위의 위.
飯床(반상) [3242] 격식을 갖추어 밥상 하나를 차리도록 만든 한 벌의 그릇. 반상기.
搬送(반송) [2042] 물건 따위를 운반하여 보냄.
盤松(반송) [3240] 키가 작고 가지가 옆으로 퍼진 소나무.
返送(반송) [3042] 돌려보냄.
斑點(반점) [1040] 동식물 따위의 몸에 박혀 있는 얼룩얼룩한 점.
飯店(반점) [3252] 주로 중국 음식을 파는 대중적인 음식점.
伴奏(반주) [3032] 노래나 기악의 연주를 도와주기 위하여 옆에서 다른 악기를 연주함. 또는 그렇게 하는 연주.
飯酒(반주) [3240] 밥을 먹을 때에 곁들여서 한두 잔 마시는 술.
發刊(발간) [6232] 책, 신문, 잡지 따위를 만들어 냄.
發柬(발간) [6202] 초대장을 보냄.
發芽(발아) [6232] 초목의 눈이 틈. 씨앗에서 싹이 틈. 어떤 사물이나 사태가 비롯함을 비유.
發蛾(발아) [6202] 누에가 나방이 되어서 고치를 뚫고 나옴.
發靷(발인) [6202] 장례를 지내러 가기 위하여 상여 따위가 집에서 떠남.
發軔(발인) [6200] 수레가 떠나간다는 뜻으로, 어떤 일을 시작함을 비유적으로 이르는 말.
傍白(방백) [3080] 연극에서, 등장인물이 말을 하지만 무대 위의 다른 인물에게는 들리지 않고 관객만 들을 수 있는 것으로 약속되어 있는 대사.
方伯(방백) [7232] 관찰사. 도지사를 예스럽게 이르는 말.

倍率(배율) [5032] 어떤 수(數)가 기준이 되는 수의 몇 배가 되는가를 나타내는 수.
排律(배율) [3242] 오언(五言)이나 칠언(七言)의 대구(對句)를 여섯 구 이상 늘어놓은 한시.
排出(배출) [3270] 안에서 밖으로 밀어 내보냄.
輩出(배출) [3270] 인재(人材)가 계속하여 나옴.
白沙(백사) [8032] 빛깔이 희고 깨끗한 모래.
白蛇(백사) [8032] 몸이 흰 뱀.
白壽(백수) [8032] 아흔아홉 살. '百'에서 '一'을 빼면 99가 되고 '白' 자가 되는 데서 유래.
白叟(백수) [8000] 노인.
飜案(번안) [3050] 원작의 내용이나 줄거리는 그대로 두고 풍속, 인명, 지명 따위를 시대나 풍토에 맞게 바꾸어 고침.
翻案(번안) [0050] 이미 결정된 판결, 정론(定論)을 뒤엎음.
弁髦(변모) [1200] 쓸데없는 물건. 변은 관례 때에 한 번만 쓰는 치포관, 모는 동자의 더펄머리로, 관례가 끝나면 모두 소용이 없게 된다는 데서 유래.
變貌(변모) [5232] 모양이나 모습이 달라지거나 바뀜.
變喪(변상) [5232] 변고로 인하여 생긴 상사(喪事).
辨償(변상) [3032] 남에게 진 빚을 갚음.
幷月(병월) [0280] 월경을 두 달에 한 번씩 하는 일.
秉鉞(병월) [1202] 부월(도끼)를 잡음. → 무장이 병권을 잡음.
補講(보강) [3242] 결강이나 휴강 따위로 빠진 강의를 보충함.
補強(보강) [3260] 보태거나 채워서 본디보다 더 튼튼하게 함.
普及(보급) [4032] 널리 펴서 많은 사람들에게 골고루 미치게 하여 누리게 함.
補給(보급) [3250] 물자나 자금 따위를 계속해서 대어 줌.
報償(보상) [4232] 남에게 진 빚 또는 받은 물건을 갚음.
補償(보상) [3232] 남에게 끼친 손해를 갚음.
補身(보신) [3262] 몸의 영양을 보충함.
黼扆(보신) [0010] 제왕의 거처. 제왕을 이름.
寶殿(보전) [4232] 부처를 모셔 두는 건물.
補塡(보전) [3210] 부족한 부분을 보태어 채움.
補整(보정) [3240] 보태어 가지런히 정돈함.
補正(보정) [3272] 부족한 부분을 보태어 바르게 함. 오차를 없애고 참값에 가까운 값을 구하는 것.
保佐(보좌) [4230] 보호하여 도움.
補佐(보좌) [3230] 상관을 도와 일을 처리함.
卜役(복역) [3032] 나라에서 백성에게 책임 지우던 강제 노동이나 병역.
服役(복역) [6032] 공역이나 병역 따위에 종사함. 징역을 삶.
本貫(본관) [6032] 성씨의 시조(始祖)가 난 곳.
本館(본관) [6032] 별관(別館)이나 분관(分館)에 상대하여 주가 되는 건물.
封合(봉합) [3260] 봉투 따위를 열지 못하게 꼭 붙이거나 싸서 막아 붙임.

縫合(봉합) [2060] 수술을 하려고 절단한 자리나 외상(外傷)으로 갈라진 자리를 꿰매어 붙이는 일.
浮氣(부기) [3272] 부종(浮腫)으로 인하여 부은 상태.
簿記(부기) [3272] 자산, 자본, 부채의 수지증감 따위를 밝히는 기장법(記帳法).
附記(부기) [3272] 원문에 덧붙이어 적음. 또는 그런 기록.
負袋(부대) [4010] 종이, 피륙, 가죽 따위로 만든 큰 자루.
附帶(부대) [3242] 기본이 되는 것에 곁달아 덧붙임.
附圖(부도) [3262] 어떤 책에 부속된 지도나 도표. 딸린 그림.
不渡(부도) [7232] 기한이 되어도 어음이나 수표에 적힌 돈을 지불받지 못하는 일.
浮動(부동) [3272] 물이나 공기 중에 떠서 움직임. 고정되어 있지 않고 움직임.
桴棟(부동) [0020] 기둥. 사물의 중심축.
不凍(부동) [7232] 얼지 않음.
符書(부서) [3262] 점술에서, 뒷날에 일어날 일을 미리 알아서 해석하기 어렵게 적어 놓은 글.
部署(부서) [6232] 기관, 기업, 조직 따위에서 일이나 사업의 체계에 따라 나뉘어 있는, 사무의 각 부문.
敷設(부설) [2042] 다리, 철도, 지뢰 따위를 설치함.
浮說(부설) [3252] 유언비어.
附設(부설) [3242] 어떤 기관 따위에 부속시켜 설치함.
附隨(부수) [3232] 주가 되는 것이나 기본적인 것에 붙어서 따름.
俘囚(부수) [0030] 포로.
腐植(부식) [3270] 흙 속에서 식물이 썩으면서 여러 가지 분해 단계에 있는 유기물의 혼합물을 만드는 일.
腐蝕(부식) [3210] 썩어서 문드러짐.
扶養(부양) [3252] 생활 능력이 없는 사람의 생활을 돌봄.
浮揚(부양) [3232] 가라앉은 것이 떠오름.
賦與(부여) [3240] 나누어 줌.
附與(부여) [3240] 권리 명예 임무 가치 따위를 지니도록 해 주거나, 붙여 줌.
負役(부역) [4032] 백성이 부담하는 공역.
賦役(부역) [3232] 국가나 공공 단체가 특정한 공익사업을 위하여 보수 없이 국민에게 의무적으로 책임을 지우는 노역.
赴役(부역) [3032] 병역이나 부역(賦役)을 치르러 나감.
附逆(부역) [3242] 국가에 반역이 되는 일에 동조하거나 가담함.
富裕(부유) [4232] 재물이 넉넉함.
浮遊(부유) [3240] 물 위나 물속, 또는 공기 중에 떠다님. 행선지를 정하지 아니하고 이리저리 떠돌아다님.
覆翼(부익) [3232] 날개로 덮어 따뜻하게 한다는 뜻으로, 감싸서 도와줌을 비유.
裒益(부익) [0042] 덜어 냄과 보탬. 줄이고 더함.

副葬(부장) [4232] 생전에 쓰던 여러 가지 패물이나 그릇 따위를 무덤에 같이 묻던 일.
祔葬(부장) [0032] 합장(合葬)함. 조상의 무덤 옆에 안장함.
不淨(부정) [7232] 깨끗하지 못함. 사람이 죽는 따위의 불길한 일.
不貞(부정) [7232] 정조를 지키지 아니함.
扶助(부조) [3242] 잔칫집이나 상가(喪家) 따위에 돈이나 물건을 보내어 도와줌. 남을 거들어서 도와주는 일.
鳧藻(부조) [0210] 물오리가 藻類(조류)를 보면 기뻐한다는 데서, 몹시 기뻐서 떠듦을 이름.
符合(부합) [3260] 부신(符信)이 꼭 들어맞듯 사물이나 현상이 서로 꼭 들어맞음.
附合(부합) [3260] 서로 맞대어 붙임. 분리하지 못할 상태에 있는 것.
富豪(부호) [4232] 재산이 넉넉하고 세력이 있는 사람.
符號(부호) [3260] 일정한 뜻을 나타내기 위하여 따로 정하여 쓰는 기호.
奮然(분연) [3270] 떨쳐 일어서는 기운이 세차고 꿋꿋한 모양.
扮演(분연) [1042] 배우가 극중의 어떤 인물로 분장하여 출연함.
墳土(분토) [3080] 무덤의 흙.
糞土(분토) [1080] 썩은 흙. 똥을 섞은 흙.
不恭(불공) [7232] 공손하지 못함.
佛供(불공) [4232] 부처 앞에 공양을 드림.
不拘(불구) [7232] 얽매여 거리끼지 아니함.
紼謳(불구) [0010] 상엿소리.
不眠(불면) [7232] 잠을 자지 못함.
紱冕(불면) [0012] 관인의 인끈과 대부 이상의 관리가 쓰는 예관. 지위가 높은 벼슬이나 관리를 이르는 말.
不祥(불상) [7230] 상서롭지 못함.
佛像(불상) [4232] 부처의 형상을 표현한 상.
佛譯(불역) [4232] 프랑스 어로 번역함.
拂逆(불역) [3242] 마음에 거슬림.
碑銘(비명) [4032] 비석에 새긴 글.
朏明(비명) [0062] 날이 막 밝아옴. 동이 틈.
卑俗(비속) [3242] 격이 낮고 속됨.
卑屬(비속) [3240] 아들 이하의 항렬에 속하는 친족을 통틀어 이르는 말.
祕藏(비장) [4032] 남이 모르게 감추어 두거나 소중히 간직함.
脾腸(비장) [0040] 종아리. 장딴지.
丕績(비적) [1240] 훌륭하게 여길 만한 큰 공적.
匪賊(비적) [2040] 무장을 하고 떼를 지어 다니면서 사람들을 해치는 도둑.
頻發(빈발) [3062] 어떤 일이나 현상이 자주 일어남.
鬢髮(빈발) [0040] 살쩍과 머리털.
斯界(사계) [3062] 해당되는 분야. 또는 그런 사회.
纚笄(사계) [0000] 머리를 묶고 비녀를 얹음.

沙器(사기) [3242] 흙을 원료로 하여서 구워 만든 그릇. 사기그릇.
詐欺(사기) [3030] 나쁜 꾀로 남을 속임.
邪氣(사기) [3272] 요사스럽고 나쁜 기운.
思戀(사련) [5032] 생각하여 그리워함.
邪戀(사련) [3232] 도덕이나 도리에 벗어나거나 떳떳하지 못한 연애.
闍梨(사리) [0030] 阿闍利의 약칭. 고승. 승려를 두루 이르는 말.
奢利(사리) [1062] 석가모니나 성자의 유골. 부처의 법신의 자취인 경전.
蓑笠(사립) [1010] 도롱이와 삿갓.
簑笠(사립) [0010] 도롱이와 삿갓.
斜面(사면) [3270] 경사가 진 평면이나 지면을 수평면에 상대하여 이르는 말. 비탈면. 빗면.
赦免(사면) [2032] 죄를 용서하여 형벌을 면제함.
辭免(사면) [4032] 맡아보던 일자리를 그만두고 물러남.
思慕(사모) [5032] 애틋하게 생각하고 그리워함.
私募(사모) [4030] 새로 주식이나 사채를 발행할 때에 발행 회사와 특정한 관계가 있는 곳에서 모집하는 일.
斯文(사문) [3070] 유학의 도의나 문화를 이르는 말.
蛇紋(사문) [3232] 뱀 껍질 모양의 무늬.
斜線(사선) [3262] 비스듬하게 비껴 그은 줄. 빗금. 한 평면 또는 직선에 수직이 아닌 선.
蛇線(사선) [3262] 뱀이 기어가는 모양으로 구불구불한 줄.
詐術(사술) [3062] 남을 속이는 수단.
邪術(사술) [3262] 바르지 못한 요사스러운 술법.
捨身(사신) [3062] 수행과 보은을 위하여 속계의 몸을 버리고 불문에 들어감. 불사(佛事) 또는 불도의 수행을 위하여 자기의 몸과 목숨을 버림.
蛇身(사신) [3262] 뱀의 몸. 또는 뱀과 같은 몸.
邪神(사신) [3262] 재앙을 내린다고 하는 요사스러운 귀신.
蛇心(사심) [3270] 뱀과 같이 간사하고 흉악한 마음.
邪心(사심) [3270] 간사스러운 마음.
斜陽(사양) [3260] 저녁때의 햇빛. 또는 저녁때의 저무는 해.
辭讓(사양) [4032] 겸손하여 받지 아니하거나 응하지 아니함.
四侑(사유) [8002] 四配. 공자묘에 함께 모신 네 賢人. * 오른쪽의 顔子와 子思, 왼쪽의 曾子와 孟子.
四維(사유) [8032] 사방의 네 방위 乾坤艮巽. 나라를 다스리는 데 지켜야 할 네 가지 원칙인 禮義廉恥.
思惟(사유) [5030] 대상을 두루 생각하는 일.
査丈(사장) [5032] 사돈집의 웃어른을 높여 이르는 말.
死藏(사장) [6032] 사물 따위를 필요한 곳에 활용하지 않고 썩혀 둠.
私藏(사장) [4032] 개인이 사사로이 간직함.
事蹟(사적) [7232] 사업의 남은 자취.

史跡(사적) [5232] 역사적으로 중요한 사건이나 시설의 자취.
史蹟(사적) [5232] 역사적으로 중요한 사건이나 시설의 자취. 국가가 법적으로 지정한 문화재.
司正(사정) [3272] 그릇된 일을 다스려 바로잡음.
戺庭(사정) [0062] 섬돌 아래의 뜰
四柱(사주) [8032] 사람이 태어난 연월일시의 네 간지(干支). 또는 이에 근거하여 사람의 길흉화복을 알아보는 점.
蛇酒(사주) [3240] 뱀술.
社債(사채) [6232] 주식회사가 채권을 발행하여 사업 자금을 조달하는 채무.
私債(사채) [4032] 개인 사이의 사사로운 빚.
山祇(산기) [8002] 산신령.
酸氣(산기) [2072] 신맛이나 신 냄새.
山砦(산채) [8002] 산에 돌이나 목책 따위를 둘러 만든 진터. 산적들의 소굴.
山菜(산채) [8032] 산나물.
相補(상보) [5232] 서로 모자란 부분을 보충함.
詳報(상보) [3242] 자세히 보고하거나 보도함.
上司(상사) [7232] 위 등급의 관청. 자기보다 벼슬이나 지위가 위인 사람.
喪事(상사) [3272] 사람이 죽은 사고.
相似(상사) [5230] 서로 비슷함.
上僊(상선) [7202] 하늘로 올라가 신선이 됨. → 帝王(제왕)의 죽음.
尙膳(상선) [3210] 조선 시대에, 내시부에서 궁중의 식사에 대한 일을 맡아보던 종이품 벼슬.
上疏(상소) [7232] 임금에게 글을 올리던 일.
上訴(상소) [7232] 상급 법원에 재심을 요구하는 일.
上述(상술) [7232] 윗부분이나 앞부분에서 말하거나 적음.
詳述(상술) [3232] 자세하게 설명하여 말함.
喪失(상실) [3260] 어떤 사람과 관계가 끊어지거나 헤어지게 됨. 어떤 것이 아주 없어지거나 사라짐.
橡實(상실) [0252] 상수리.
孀娥(상아) [1002] 홀어미.
象牙(상아) [4032] 코끼리의 어금니.
上奏(상주) [7232] 임금에게 말씀을 아뢰던 일.
喪主(상주) [3270] 주(主)가 되는 상제(喪制).
桑弧(상호) [3210] 옛날 중국에서 남자가 태어나면 뽕나무로 만든 활과 쑥대로 만든 살을 천지 사방에 쏘아 큰 뜻을 이루기를 빌던 풍속에서 유래하여 남자가 큰 뜻을 세움을 비유.
相互(상호) [5230] 상대가 되는 이쪽과 저쪽 모두.
生彩(생채) [8032] 생생한 빛이나 기운.

生菜(생채) [8032] 익히지 아니하고 날로 무친 나물.
序詞(서사) [5032] 책 따위의 첫머리에 그 책의 취지나 내용을 적은 글.
敍事(서사) [3072] 사실을 있는 그대로 적음.
書肆(서사) [6202] 책 가게, 서점.
敍情(서정) [3052] 주로 예술 작품에서, 자기의 감정이나 정서를 그려 냄.
抒情(서정) [0052] 생각이나 감정을 펼침.
序奏(서주) [5032] 뒤에 나올 중요한 부분의 악곡을 도입하는 준비로서 연주하는 전주.
湑酒(서주) [0040] 맑은 술. 청주(淸酒)
禪師(선사) [3242] 선종의 법리(法理)에 통달한 중.
膳賜(선사) [1030] 존경, 친근, 애정의 뜻을 나타내기 위하여 남에게 선물을 줌.
鱣舍(선사) [0042] 학교 건물. 교사(校舍). 후한 때 황새들이 세 마리의 드렁허리를 물고 양진(楊震)의 강당 앞에 날아와 모였다는 고사에서 유래.
宣揚(선양) [4032] 명성이나 권위 따위를 널리 떨치게 함.
煽揚(선양) [1032] 부추기어 일으킴.
禪讓(선양) [3232] 임금의 자리를 물려줌.
楔齒(설치) [0242] 염습하기 전에, 입에 낟알을 물리려고 屍身(시신)의 이를 벌리는 일.
雪恥(설치) [6232] 승부에서 진 따위의 부끄러움을 씻음.
消却(소각) [6230] 지워서 없애 버림.
燒却(소각) [3230] 불에 태워 없애 버림.
小鼓(소고) [8032] 작은북.
溯考(소고) [0250] 옛일을 거슬러 올라가서 자세히 고찰함.
消滅(소멸) [6232] 사라져 없어짐.
燒滅(소멸) [3232] 불살라 없앰.
召命(소명) [3070] 임금이 신하를 부르는 명령. 사람이 하나님의 일을 하도록 하나님의 부르심을 받는 일.
疏明(소명) [3262] 까닭이나 이유를 밝혀 설명함. 법에서 당사자가 제출하는 증거로 증명(證明)보다 낮은 정도의 심증(心證). 해명.
小盤(소반) [8032] 자그마한 밥상.
蔬飯(소반) [3032] 변변하지 아니한 음식.
小祥(소상) [8030] 사람이 죽은 지 1년 만에 지내는 제사.
昭詳(소상) [3032] 분명하고 자세함.
昭然(소연) [3070] 일이나 이치 따위가 밝고 선명함.
騷然(소연) [3070] 떠들썩함.
逍遙(소요) [1030] 자유롭게 이리저리 슬슬 거닐며 돌아다님.
騷擾(소요) [3010] 여럿이 떠들썩하게 들고 일어남.
慅擾(소요) [0010] 난리가 남.
疏遠(소원) [3260] 지내는 사이가 두텁지 아니하고 거리가 있어서 서먹서먹함.
訴願(소원) [3250] 하소연하여 바로잡아 주기를 바람.

燒印(소인) [3242] 불에 달구어 찍는, 쇠붙이로 된 도장.
騷人(소인) [3080] 시인이나 문필가를 이름.
訴狀(소장) [3242] 소송을 제기하기 위하여 제일심 법원에 제출하는 서류.
所藏(소장) [7032] 자기의 것으로 지니어 간직함.
燒火(소화) [3280] 불에 태우거나 불을 사름.
韶華(소화) [0240] 화창한 봄의 경치, 젊은 시절, 젊은이처럼 윤택이 나는 늙은이의 얼굴빛.
召喚(소환) [3010] 법원이 소송관계인에게 지정한 일시에 지정한 장소에 나올 것을 명령하는 일.
召還(소환) [3032] 국제법에서, 본국에서 외국에 파견한 외교 사절이나 영사를 불러들이는 일. 헌법에서, 국가나 지방 자치 단체의 공직에 있는 사람을 임기가 끝나기 전에 국민의 투표로 파면하는 일.
所懷(소회) [7032] 마음에 품고 있는 회포.
溯洄(소회) [0200] 배를 저어 흐르는 물을 거슬러 올라감.
碎骨(쇄골) [1040] 뼈를 부숨.
鎖骨(쇄골) [3240] 가슴 위쪽 좌우에 있는 한 쌍의 뼈. 빗장뼈.
修鍊(수련) [4232] 인격, 기술, 학문 따위를 닦아서 단련함.
睡蓮(수련) [3032] 수련과의 여러해살이 수초.
受侮(수모) [4230] 모욕을 받음.
誰某(수모) [3030] 아무개.
垂髮(수발) [3240] 머리를 뒤로 길게 늘어뜨림. 또는 그 머리.
隨發(수발) [3262] 두 가지 이상의 일이 한꺼번에 일어남.
搜査(수사) [3050] 찾아서 조사함. 범인을 발견, 확보하고 증거를 수집, 보전하는 수사 기관의 활동.
數詞(수사) [7032] 사물의 수량이나 순서를 나타내는 품사.
廋辭(수사) [0040] 수수께끼
受像(수상) [4232] 텔레비진이나 사진 전송 따위에서, 신호로 받은 사물의 상을 재생하는 일.
垂裳(수상) [3232] 옷소매를 늘어뜨리고 팔짱을 낀다는 뜻으로, 아무 일도 하지 않음을 이르는 말.
殊常(수상) [3242] 보통과는 달리 이상하여 의심스러움.
愁心(수심) [3270] 매우 근심함. 또는 그런 마음.
獸心(수심) [3270] 짐승같이 사납고 모진 마음.
壽宴(수연) [3232] 장수(長壽)를 축하하는 잔치. 보통 환갑잔치를 이름.
燧煙(수연) [0242] 봉화의 연기.
水泳(수영) [8030] 스포츠나 놀이로서 물속을 헤엄치는 일.
秀穎(수영) [4002] 잘 여문 벼나 수수 따위의 이삭. 재능이 뛰어남.
囚衣(수의) [3060] 죄수가 입는 옷.
壽衣(수의) [3260] 염습할 때에 송장에 입히는 옷.

獸醫(수의) [3260] 가축에 생기는 여러 가지 질병을 진찰하고 치료하는 의사.
隨意(수의) [3262] 자기의 마음대로 함.
收藏(수장) [4232] 거두어서 깊이 간직함.
水葬(수장) [8032] 시체를 물속에 넣어 장사 지냄. 물속에서 잃어버리거나 물속에 가라앉힘.
遂行(수행) [3060] 생각하거나 계획한 대로 일을 해냄.
隨行(수행) [3260] 일정한 임무를 띠고 가는 사람을 따라감.
熟眠(숙면) [3232] 잠이 깊이 듦.
熟面(숙면) [3270] 여러 번 보아서 낯이 익은 사람.
宿醉(숙취) [5232] 이튿날까지 깨지 아니하는 취기.
熟醉(숙취) [3232] 술에 흠뻑 취함.
旬刊(순간) [3232] 신문, 잡지 따위를 열흘에 한 번씩 간행하는 일. 또는 그런 간행물.
瞬間(순간) [3272] 아주 짧은 동안.
巡禮(순례) [3260] 종교적인 의미가 있는 곳을 찾아다니며 방문하여 참배함.
循例(순례) [3060] 관례나 전례를 따름.
巡訪(순방) [3242] 나라나 도시 따위를 차례로 돌아가며 방문함.
詢訪(순방) [0242] 방문하여 의논함. 또는 자문을 구하러 방문함.
巡視(순시) [3242] 돌아다니며 사정을 살핌.
瞬時(순시) [3272] 매우 짧은 시간.
旬葬(순장) [3232] 죽은 지 열흘 만에 지내는 장사.
殉葬(순장) [3032] 한 집단의 지배층 계급에 속하는 사람이 죽었을 때 그 사람의 뒤를 따라 강제로 혹은 자진하여 산 사람을 함께 묻던 일.
乘降(승강) [3240] 차, 배, 비행기 따위를 타고 내림.
昇降(승강) [3240] 오르고 내림.
僧階(승계) [3240] 중의 계급.
陞階(승계) [0240] 품계가 오름, 법계가 오름.
乘務(승무) [3242] 차, 기차, 배, 비행기 따위의 안에서 운행과 관련된 직무와 승객에 관한 사무를 맡아봄.
僧舞(승무) [3240] 장삼과 고깔을 걸치고 부채를 쥐고 추는 민속춤.
豕圈(시권) [0220] 돼지우리.
塒圈(시권) [0020] 홰와 우리.
侍童(시동) [3262] 귀인(貴人) 밑에서 심부름을 하는 아이.
尸童(시동) [0262] 제사 지낼 때 神位(신위) 대신으로 앉히던 어린아이.
侍飯(시반) [3232] 어른이 식사할 때 곁에 모시고 서 있는 일.
屍斑(시반) [2010] 사람이 죽은 후에 피부에 생기는 반점.
侍婢(시비) [3232] 곁에서 시중을 드는 계집종.
施肥(시비) [4232] 거름주기.
柴扉(시비) [1210] 나뭇가지를 엮어서 만든 문짝을 단 문. 사립문.

屍身(시신) [2062] 송장.
柴薪(시신) [1210] 땔나무.
侍醫(시의) [3260] 궁중에서, 임금과 왕족의 진료를 맡은 의사.
時宜(시의) [7230] 그 당시의 사정에 알맞음.
施策(시책) [4232] 어떤 정책을 시행함.
時策(시책) [7232] 시국에 대처할 정책.
市虎(시호) [7232] 저자의 호랑이라는 데서 여러 사람이 한 입으로 하는 거짓말은 쇠도 녹임의 뜻.
柴戶(시호) [1242] 사립문. 가난한 집을 이르는 말.
諡號(시호) [1060] 제왕이나 재상, 유현(儒賢) 들이 죽은 뒤에, 그들의 공덕을 칭송하여 붙인 이름.
豺虎(시호) [1032] 승냥이와 호랑이. 사납고 악독한 사람을 비유.
伸張(신장) [3040] 세력이나 권리 따위가 늘어남. 또는 늘어나게 함.
伸長(신장) [3080] 길이 따위를 길게 늘림.
腎臟(신장) [2032] 콩팥.
雙務(쌍무) [3242] 계약 당사자 양쪽이 서로 지는 의무.
雙舞(쌍무) [3240] 둘이 쌍을 이루어 추는 춤.
亞聖(아성) [3242] 유학에서 공자 다음가는 성인(聖人)이라고 하여 孟子를 이르는 말.
牙城(아성) [3242] 예전에, 주장(主將)이 거처하던 성. 아주 중요한 근거지를 비유.
亞鉛(아연) [3240] 질(質)이 무르고 광택이 나는 청색을 띤 흰색의 금속 원소.
啞然(아연) [1070] 너무 놀라거나 어이가 없어서 또는 기가 막혀서 입을 딱 벌리고 말을 못하는 모양.
雅兄(아형) [3280] 남자 친구 사이에서, 상대편을 높여 이르는 이인칭 대명사.
迓衡(아형) [0032] 태평스러운 정사(政事)를 맞이함을 이르는 말.
安眠(안면) [7232] 편안히 잠을 잠.
顔面(안면) [3270] 얼굴. 서로 얼굴을 알 만한 친분.
安徐(안서) [7232] 잠시 보류함.
雁書(안서) [3062] 기러기 편지라는 데서 먼 곳에서 온 소식이나 편지.
犴噬(안서) [0000] 체포되어 감옥에 갇힘을 비유하는 말.
按酒(안주) [1040] 술안주.
眼珠(안주) [4232] 눈망울.
謁廟(알묘) [3030] 종묘나 사당에 배알함.
揠苗(알묘) [0030] 揠苗助長의 준말. 곡식을 빨리 자라게 하려고 고갱이를 뽑아 올림. 억지로 빨리 이루려다가 그르침을 비유.
哀惜(애석) [3232] 슬프고 아까움.
愛惜(애석) [6032] 사랑하고 아깝게 여김.
哀怨(애원) [3240] 슬프게 원망함.
哀願(애원) [3250] 소원이나 요구 따위를 들어 달라고 애처롭게 사정하여 간절히 바람.

揚水(양수) [3280] 물을 위로 퍼 올림.
養漱(양수) [5202] 양치질.
洋裁(양재) [6032] 양복을 재단하고 재봉하는 일.
禳災(양재) [0250] 신령이나 귀신에게 빌어서 재앙을 물리침.
諒知(양지) [3052] 살피어 앎.
楊枝(양지) [3032] 나무로 만든 이쑤시개.
譯官(역관) [3242] 통역을 맡아보는 관리. 「사역원의 벼슬아치를 통틀어 이르는 말. 역학인.
驛館(역관) [3232] 역참에서 인마(人馬)의 중계를 맡아보던 집.
轢死(역사) [0260] 차에 치여 죽음.
役事(역사) [3272] 토목이나 건축 따위의 공사. 하나님이 이룬 일.
驛舍(역사) [3242] 역으로 쓰는 건물.
曆術(역술) [3262] 해와 달의 운행을 재어 책력을 만드는 기술.
譯述(역술) [3232] 번역하여 기술함.
曆學(역학) [3280] 천체의 운동을 관측하여 책력을 연구하는 학문.
疫學(역학) [3280] 전염병 따위의 원인이나 변동 상태를 연구하는 학문.
譯學(역학) [3280] 조선 시대에, 외국어 학습·교육·연구·통역 따위의 분야를 통틀어 이르던 말.
戀歌(연가) [3270] 사랑을 표현하는 노래.
連枷(연가) [4202] 도리깨, 곡식의 낟알을 떠는 데 쓰는 농기구.
鍊金(연금) [3280] 쇠붙이를 불에 달구어 두드려 단련함.
軟禁(연금) [3242] 외부와의 접촉을 제한·감시하고 외출을 허락하지 아니함.
戀書(연서) [3262] 연애편지.
連署(연서) [4232] 한 문서에 여러 사람이 잇따라 서명함.
淵藪(연수) [1202] 물고기가 모여들고 짐승이 모여드는 못과 숲에서, 물건이나 사람이 모이는 곳의 뜻으로 발전.
軟水(연수) [3280] 단물.
燕息(연식) [3242] 한가로이 집에서 쉼.
緣飾(연식) [4032] 겉치레.
軟食(연식) [3272] 죽, 빵, 국수 따위의 주식에다 소화가 잘되는 반찬을 곁들인 부드러운 음식물.
戀愛(연애) [3260] 남녀가 서로 애틋하게 그리워하고 사랑함.
涓埃(연애) [0212] 물방울과 티끌이라는 데서, 아주 작은 것을 이름.
聯作(연작) [3262] 한 작품을 여러 작가가 나누어 맡아서 짓는 일. 한 작가가 같은 주인공의 단편 소설을 몇 편 써서, 그것을 연결하여 장편으로 만드는 일.
燕雀(연작) [3210] 제비와 참새. 도량이 좁은 사람을 비유.
戀敵(연적) [3242] 연애의 경쟁자. 또는 연애를 방해하는 사람.
硯滴(연적) [2030] 벼루에 먹을 갈 때 쓰는, 물을 담아 두는 그릇.
延滯(연체) [4032] 정한 기한에 약속을 지키지 못하고 지체함.

軟體(연체) [3262] 연하고 무른 몸.
聯彈(연탄) [3240] 한 대의 피아노를 두 사람이 함께 치며 연주함.
軟炭(연탄) [3250] 역청탄. 검고 광택이 있는 가장 일반적인 석탄.
年賀(연하) [8032] 새해를 축하함.
嚥下(연하) [0272] 꿀떡 삼켜서 넘김.
煙霞(연하) [4210] 안개와 노을에서, 고요한 산수의 경치를 말함.
蓮花(연화) [3270] 연꽃.
軟化(연화) [3252] 단단한 것이 부드럽고 무르게 됨. 강경하게 주장하던 것을 버리고 타협하는 태도를 보임.
厭忌(염기) [2030] 싫어하고 꺼림.
鹽基(염기) [3252] 산과 반응하여 염을 만드는 물질.
鹽氣(염기) [3272] 소금기.
拈語(염어) [0270] 불가에서, 옛사람의 숨은 이야기를 가져다가 해석하고 비평하는 말.
饜飫(염어) [0000] 음식이 매우 풍성함을 이르는 말. 배부르게 먹음. 포만감을 느낌. 책을 두루 많이 읽음.
殮葬(염장) [1032] 시체를 염습하여 장사를 지냄.
鹽藏(염장) [3232] 소금에 절여 저장함.
捻轉(염전) [0240] 비틀어짐, 뒤틀림.
鹽田(염전) [3242] 소금을 만들기 위하여 바닷물을 끌어들여 논처럼 만든 곳.
厭症(염증) [2032] 싫증.
炎症(염증) [3232] 생체 조직이 손상을 입었을 때에 체내에서 일어나는 방어적 반응. 몸의 일부에 충혈, 부종, 발열, 통증을 일으키는 증상.
炎蒸(염증) [3232] 찌는 듯한 더위.
靈感(영감) [3260] 신령스러운 예감이나 느낌. 창조적인 일의 계기가 되는 기발한 착상이나 자극.
靈龕(영감) [3202] 널
靈柩(영구) [3210] 시체를 담은 관.
永久(영구) [6032] 어떤 상태가 시간상으로 무한히 이어짐.
零落(영락) [3050] 초목의 잎이 시들어 떨어짐.
苓落(영락) [0050] 시들어 떨어짐. 쇠락함.
佞邪(영사) [0032] 간사하고 아첨을 잘함. 또는 그런 사람.
詠史(영사) [3052] 역사적인 사실을 주제로 하여 시가(詩歌)를 적음. 또는 그 시가.
縈絲(영사) [0040] 얽힌 실. 얽히어 풀기 어려운 근심이나 걱정을 비유하는 말.
零上(영상) [3072] 0℃ 이상의 기온을 이르는 말.
影像(영상) [3232] 사람의 얼굴을 그린 족자. 빛의 굴절이나 반사에 의하여 물체의 상(像)이 비추어진 것.
映像(영상) [4032] 빛의 굴절이나 반사에 의하여 물체의 상(像)이 비추어진 것. 머릿속에서 그려지는 모습이나 광경.

嶺西(영서) [3280] 강원도의 대관령 서쪽에 있는 지역.
永逝(영서) [6030] 영원히 딴 세상으로 떠난다는 뜻으로, 죽음을 이르는 말.
零時(영시) [3072] 이십사 시간제에서 24시부터 1시까지의 사이로 하루가 시작하는 시각.
詠詩(영시) [3042] 시를 읊음.
靈前(영전) [3272] 신이나 죽은 사람의 영혼을 모셔 놓은 자리의 앞.
影殿(영전) [3232] 임금의 초상을 모신 전각. 高僧의 화상(畫像)을 모신 집.
營倉(영창) [4032] 법을 어긴 군인을 가두기 위하여 부대 안에 설치한 감옥.
詠唱(영창) [3050] 오페라 따위에서 기악 반주가 있는 서정적인 가락의 독창곡. 아리아 (aria).
叡智(예지) [0240] 사물의 이치를 꿰뚫어 보는 지혜롭고 밝은 마음.
銳智(예지) [3040] 날카롭고 뛰어난 지혜.
午睡(오수) [7230] 낮잠.
汚水(오수) [3080] 구정물.
伍列(오열) [1042] 군대에서 오(伍)와 열(列)에 맞추어 짜여진 대열(隊列).
嗚咽(오열) [3010] 목메어 욺.
娛遊(오유) [3040] 즐기고 놂.
烏有(오유) [3270] 어찌 있겠느냐는 뜻으로, 있던 사물이 없게 되는 것을 이르는 말.
於戱(오호) [3032] 감탄하거나 찬미할 때 내는 소리.
嗚呼(오호) [3042] 슬플 때나 탄식할 때 내는 소리.
獄苦(옥고) [3260] 옥살이를 하는 고생.
玉稿(옥고) [4232] 훌륭한 원고라는 뜻으로, 다른 사람의 원고를 높여 이르는 말.
獄死(옥사) [3260] 감옥에서 죽음.
獄舍(옥사) [3242] 죄인을 가두어 두는 건물.
玉桁(옥형) [4202] 옥돌로 만든 도리나 지름대.
玉衡(옥형) [4232] 옥으로 만든 천문 관측기. 북두칠성의 다섯째 별.
婉娩(완만) [1020] 여자의 태도가 의젓하고 부드러움.
緩慢(완만) [3230] 일 따위의 되어 가는 속도가 늦음.
倭寇(왜구) [1210] 13세기부터 16세기까지 중국과 우리나라 연안을 무대로 약탈을 일삼던 일본 해적.
矮軀(왜구) [1010] 키가 작은 체구.
療飢(요기) [2030] 시장기를 겨우 면할 정도로 조금 먹음.
妖氣(요기) [2072] 요사스러운 기운.
嶢崎(요기) [0210] 복잡하고 곡절이 많음.
妖妄(요망) [2032] 요사스럽고 망령됨. 언행이 방정맞고 경솔함.
遙望(요망) [3052] 멀리 바라보거나 멀리서 바라봄.
夭折(요절) [1040] 젊은 나이에 죽음.
腰絶(요절) [3042] 몹시 우스워서 허리가 부러질 듯함.
蟯蟲(요충) [0242] 요충과의 기생충.

要衝(요충) [5232] 지세(地勢)가 군사적으로 아주 중요한 곳.
僥倖(요행) [1002] 행복을 바람. 뜻밖에 얻는 행복.
徼倖(요행) [0002] 분수에 맞지 않는 것을 바람. 뜻밖의 성공을 바람.
龍顔(용안) [4032] 임금의 얼굴을 높여 이르는 말.
容顔(용안) [4232] 얼굴.
偶數(우수) [3270] 둘로 나누어 나머지 없이 떨어지는 수. 짝수.
憂愁(우수) [3232] 근심과 걱정을 아울러 이르는 말.
迂叟(우수) [1000] 세상일에 어두운 늙은이. 노인이 자기를 낮추어 이르는 일인칭 대명사.
優劣(우열) [4030] 나음과 못함.
愚劣(우열) [3230] 어리석고 못남.
優柔(우유) [4032] 마음이 부드럽고 순하여 끊고 맺는 데가 없음.
訏猷(우유) [0002] 원대한 계획.
元帥(원수) [5232] 대장의 위로 군대에서 가장 높은 계급.
怨讐(원수) [4010] 원한이 맺힐 정도로 자기에게 해를 끼친 사람이나 집단.
僞裝(위장) [3240] 본래의 정체나 모습이 드러나지 않도록 거짓으로 꾸밈.
胃腸(위장) [3240] 위(胃)와 장(腸)을 아울러 이르는 말.
僞貨(위화) [3242] 위조한 화폐.
違和(위화) [3062] 조화가 어그러짐.
遺稿(유고) [4032] 죽은 사람이 생전에 써서 남긴 원고.
遺誥(유고) [4002] 선왕이 남긴 교훈.
遺棄(유기) [4030] 내다 버림.
鍮器(유기) [1042] 놋그릇.
柔道(유도) [3272] 두 사람이 맨손으로 던져 넘어뜨리거나 조르거나 눌러 승부를 겨루는 운동.
誘導(유도) [3242] 사람이나 물건을 목적한 장소나 방향으로 이끎. 물체가 전기 마당이나 자기 마당의 영향을 받아 전기나 자기를 띠는 것.
牖導(유도) [0042] 이끎. 인도함.
由緖(유서) [6032] 예로부터 전하여 내려오는 까닭과 내력.
遺緖(유서) [4032] 선대(先代)부터 이어온 사업.
幼兒(유아) [3252] 생후 1년부터 만 6세까지의 어린아이.
幽雅(유아) [3232] 그윽하고 품위가 있음.
柔弱(유약) [3262] 부드럽고 약함.
釉藥(유약) [0262] 잿물, 도자기의 몸에 덧씌우는 약.
流涎(유연) [5202] 부럽거나 먹고 싶어 침을 흘림.
悠然(유연) [3270] 침착하고 여유가 있음.
柔軟(유연) [3232] 부드럽고 연함.
幽遠(유원) [3260] 심오하여 아득함.
悠遠(유원) [3260] 아득히 멂.

游園(유원) [1060] 산책하며 놀 만하게 설비하여 놓은 공원.
榴月(유월) [0280] 석류꽃이 피는 달이란 데서, 음력 오월을 이르는 말.
逾越(유월) [0232] 한도를 넘음.
誘因(유인) [3250] 어떤 일 또는 현상을 일으키는 원인.
誘引(유인) [3242] 주의나 흥미를 일으켜 꾀어냄.
乳脂(유지) [4020] 크림(cream). 젖이나 우유에 들어 있는 지방. 젖기름.
維持(유지) [3240] 어떤 상태나 상황을 그대로 보존하거나 변함없이 계속하여 지탱함.
遺旨(유지) [4020] 죽은 사람이 살아 있을 때에 가졌던 생각.
幼稚(유치) [3232] 나이가 어림. 수준이 낮거나 미숙함.
幼齒(유치) [3242] 어린 나이.
誘致(유치) [3250] 꾀어서 데려옴. 행사나 사업 따위를 이끌어 들임.
疑懼(의구) [4030] 의심하고 두려워함.
蟻寇(의구) [0210] 좀도둑.
儀軌(의궤) [4030] 의례(儀禮)의 본보기. 예전에, 나라에서 큰일을 치를 때 후세에 참고를 위하여 그 일의 처음부터 끝까지의 경과를 자세하게 적은 책.
懿軌(의궤) [0230] 좋은 본보기나 법칙.
彛倫(이륜) [0232] 사람으로서 떳떳하게 지켜야 할 도리.
彝倫(이륜) [0032] 사람이 항상 지켜야 하는 도리.
吏房(이방) [3242] 조선 시대에, 승정원과 지방 관아의 두었던 육방(六房) 가운데 하나로 문관의 인사(人事) 따위에 관한 일을 맡아보던 관아.
異邦(이방) [4030] 다른 나라.
涖事(이사) [0072] 집무함. 공무를 처리함.
頤使(이사) [0060] 턱으로 부림. 사람을 마음대로 부림을 이르는 말.
利藪(이수) [6202] 이익이 많은 곳.
履修(이수) [3242] 해당 학과를 순서대로 공부하여 마침.
痢疾(이질) [1032] 변에 곱이 섞여 나오며 뒤가 잦은 증상을 보이는 법정 전염병.
姨姪(이질) [1030] 언니나 여동생의 아들딸. 아내의 자매의 아들딸.
立脚(입각) [7232] 어떤 사실이나 주장 따위에 근거를 두어 그 입장에 섬.
入閣(입각) [7032] 내각(內閣)의 한 사람이 됨.
刺戟(자극) [3210] 외부에서 작용을 주어 감각이나 마음에 반응이 일어나게 함.
磁極(자극) [2042] 자석이 쇠붙이를 끌어당기는 힘이 가장 센 곳.
瓷器(자기) [1042] 흙을 원료로 하여서 구워 만든 그릇. 사기그릇.
茲其(자기) [0032] 호미.
仔詳(자상) [1032] 찬찬하고 자세함. 인정이 넘치고 정성이 지극함.
刺傷(자상) [3240] 칼 따위의 날카로운 것에 찔려서 입은 상처.
磁性(자성) [2052] 자기(磁氣)를 띤 물체가 나타내는 여러 가지 성질.
粢盛(자성) [0042] 제사 때 제기에 담아 올리는 곡식을 이르는 말.
子爵(자작) [7230] 다섯 등급으로 나눈 귀족의 작위(爵位) 가운데 넷째.

自酌(자작) [7230] 자기 스스로 술을 따라 마심.
暫福(잠복) [3252] 세상에서 갖는 잠시 동안의 행복.
潛伏(잠복) [3240] 드러나지 않게 숨음. 병원체에 감염되어 있으면서도 병의 증상이 겉으로 드러나지 않음.
杖家(장가) [1072] 집안에서 지팡이를 짚을 만한 나이라는 뜻으로, 쉰 살을 이르는 말.
葬歌(장가) [3270] 죽은 사람을 조상하기 위한 악곡.
壯途(장도) [4032] 중대한 사명이나 장한 뜻을 품고 떠나는 길.
粧刀(장도) [3232] 주머니 속에 넣거나 옷고름에 늘 차고 다니는 칼집이 있는 작은 칼.
長途(장도) [8032] 오랜 기간의 여행.
丈夫(장부) [3270] 다 자란 씩씩한 남자. 남편. 불성(佛性)의 이치를 깨달은 사람.
帳簿(장부) [4032] 물건의 출납이나 돈의 수지(收支) 계산을 적어 두는 책.
藏府(장부) [3242] 예전에, 창고(倉庫)를 이르던 말.
葬事(장사) [3272] 죽은 사람을 땅에 묻거나 화장하는 일.
長蛇(장사) [8032] 크고 긴 뱀.
藏書(장서) [3262] 책을 간직하여 둠. 또는 그 책.
長逝(장서) [8030] 영영 가고 돌아오지 아니한다는 뜻으로 죽음을 완곡하게 이르는 말.
將帥(장수) [4232] 군사를 거느리는 우두머리.
樟樹(장수) [0260] 녹나무.
長壽(장수) [8032] 오래도록 삶.
粧飾(장식) [3232] 얼굴 따위를 매만져 꾸밈.
裝飾(장식) [4032] 옷이나 액세서리 따위로 치장하는 것.
丈人(장인) [3280] 아내의 아버지. 늙은이를 이르는 말. 죽은 할아버지를 이르는 말.
匠人(장인) [1080] 손으로 물건을 만드는 것을 업으로 하는 사람. 예술가를 두루 이르는 말.
莊重(장중) [3270] 씩씩하고 무게가 있음.
藏中(장중) [3280] 광이나 창고의 속.
裁斷(재단) [3242] 마름질. 옳고 그름을 가려 결정함.
齋壇(재단) [1050] 신(神)에게 제사를 지내는 곳.
裁量(재량) [3250] 자기의 생각과 판단에 따라 일을 처리함.
載量(재량) [3250] 물건을 쌓아 실은 분량이나 중량.
齎糧(재량) [0240] 먹을 양식을 지니고 다님.
再審(재심) [5032] 한 번 심사하였던 것을 다시 심사함.
齋心(재심) [0270] 마음을 깨끗이 하여 부정(不淨)을 피함.
再版(재판) [5032] 이미 간행된 책을 다시 출판함.
裁判(재판) [3240] 옳고 그름을 따져 판단함. 법관이 공권적 판단을 내리는 일.
柞作(저작) [0062] 검안서를 사실대로 작성하지 아니함.
咀嚼(저작) [1010] 음식을 입에 넣고 씹음.
著作(저작) [3262] 예술이나 학문에 관한 책이나 작품 따위를 지음.

貯藏(저장) [5032] 물건이나 재화 따위를 모아서 간수함.
苴杖(저장) [0010] 아들이 부친상에 짚는 대지팡이.
摘採(적채) [3240] 무엇을 따거나 캠.
積債(적채) [4032] 오랫동안 쌓이고 쌓여 많아진 빚.
殿閣(전각) [3232] 궁궐. 전(殿)이나 각(閣) 자가 붙은 커다란 집.
篆刻(전각) [1040] 나무, 돌, 금옥 따위에 인장을 새김. 흔히 전자(篆字)로 글을 새긴 데서 유래.
前途(전도) [7232] 앞으로 나아갈 길.
顚倒(전도) [1032] 엎어져 넘어지거나 넘어뜨림. 차례, 이치 따위가 뒤바뀌어 거꾸로 됨.
佃漁(전어) [0250] 사냥질과 고기잡이를 아울러 이름.
畋漁(전어) [0050] 사냥과 물고기잡이. 널리 섭렵함을 비유하는 말.
筌蹄(전제) [0210] 고기를 잡는 통발과 토끼를 잡는 올가미라는 데서, 목적을 달성하기 위한 방편, 사물의 길잡이를 이름.
荃蹄(전제) [0010] 통발과 올무. 목적을 이루기 위한 수단을 비유하는 말.
前奏(전주) [7232] 성악이나 기악 독주의 반주 첫머리.
箋註(전주) [1010] 본문의 뜻을 설명한 주석.
電柱(전주) [7232] 전봇대.
剪枝(전지) [1032] 가지치기.
電池(전지) [7232] 전극 사이에 전기 에너지를 발생시키는 장치.
翦枝(전지) [0032] 가지치기.
截取(절취) [1042] 잘라 냄. 자름.
竊取(절취) [3042] 남의 물건을 몰래 훔치어 가짐.
淨潔(정결) [3242] 매우 깨끗하고 깔끔함.
貞潔(정결) [3242] 정조가 굳고 행실이 깨끗함.
情緖(정서) [5232] 사람의 마음에 일어나는 여러 가지 감정. 또는 감정을 불러일으키는 기분이나 분위기.
淨書(정서) [3262] 글씨를 깨끗이 씀.
貞淑(정숙) [3232] 여자로서 행실이 곧고 마음씨가 맑고 고움.
靜淑(정숙) [4032] 여자의 성품과 몸가짐이 조용하고 얌전함.
亭亭(정정) [3232] 나무 따위가 우뚝하게 높이 솟음. 늙은 몸이 굳세고 건강함.
訂正(정정) [3072] 글자나 글 따위의 잘못을 고쳐서 바로잡음.
正坐(정좌) [7232] 몸을 바르게 하고 앉음.
靜坐(정좌) [4032] 마음을 가라앉히고 몸을 바르게 하여 조용히 앉음.
弔旗(조기) [3070] 남의 죽음을 슬퍼하는 뜻을 나타내기 위하여 검은 헝겊을 달거나 검은 선을 두른 기. 반기(半旗). 조의를 표하기 위하여 깃봉에서 기의 한 폭만큼 내려서 다는 국기.
釣磯(조기) [2002] 낚시터.
早稻(조도) [4230] 올벼.

照度(조도) [3260] 단위 면적이 단위 시간에 받는 빛의 양.
兆民(조민) [3280] 모든 백성. 또는 모든 사람.
弔慰(조민) [3002] 죽음에 대하여 조의를 표하고 위로함.
助詞(조사) [4232] 체언 따위에 붙어 문법적 관계를 표시하거나 말뜻을 도와주는 품사.
弔辭(조사) [3040] 죽은 사람을 슬퍼하여 조상(弔喪)의 뜻을 표하는 글이나 말.
租稅(조세) [3242] 국가 또는 지방 공공 단체가 국민이나 주민으로부터 강제로 거두어들이는 금전.
蚤世(조세) [0272] 夭折. 일찍 죽음.
嘲笑(조소) [1042] 비웃음.
彫塑(조소) [2010] 조각과 소조. 재료를 깎고 새기거나 빚어서 입체 형상을 만듦. 또는 그런 미술.
兆域(조역) [3240] 무덤이 있는 지역.
助役(조역) [4232] 일을 도와줌.
弔鐘(조종) [3002] 죽은 사람을 애도하는 뜻으로 치는 종. 일의 맨 마지막을 고하는 신호를 비유적으로 이름.
操縱(조종) [5032] 비행기나 선박, 자동차 따위의 기계를 다루어 부림.
宗廟(종묘) [4230] 왕실 조상의 위패를 모시던 사당.
種苗(종묘) [5230] 식물의 씨나 싹을 심어서 가꿈. 또는 그런 모종이나 묘목.
主幹(주간) [7032] 어떤 일을 책임지고 맡아서 처리함.
週刊(주간) [5232] 한 주일에 한 번씩 간행함.
周忌(주기) [4030] 사람이 죽은 뒤 그 날짜가 해마다 돌아오는 횟수.
譸欺(주기) [0030] 속임.
呪文(주문) [1070] 음양가나 점술가가 술법을 부리거나 귀신을 쫓을 때 외는 글귀. 다라니의 글. 천도교에서, 교인들이 심령을 닦고 한울님에게 빌고 맹세할 때 외는 글.
奏文(주문) [3270] 임금에게 아뢰는 글.
州司(주사) [5232] 주의 관사(官司). 또는 주의 벼슬아치.
酒邪(주사) [4032] 술 마신 뒤에 버릇으로 하는 못된 언행.
柱石(주석) [3260] 기둥과 주춧돌을 아울러 이르는 말. 가장 중요한 자리에 있거나 구실을 하는 사람을 비유적으로 이르는 말.
註釋(주석) [1032] 낱말이나 문장의 뜻을 쉽게 풀이함. 또는 그런 글.
宙水(주수) [3280] 하천의 퇴적물로 된 토지의 점토층에 고여 있는 지하수.
酒嗽(주수) [4002] 술을 지나치게 마셔서 가래와 기침이 심하게 나오는 병.
主役(주역) [7032] 주된 역할. 또는 주된 역할을 하는 사람.
註譯(주역) [1032] 주를 달면서 번역함. 또는 그 번역.
侏儒(주유) [0240] 난쟁이. 예전에, 궁중에 있던 배우.
澍濡(주유) [0202] 단비에 젖는다는 데서, 임금의 은총이 골고루 미침을 비유적으로 이름.
鑄錢(주전) [3240] 돈을 주조함. 또는 그 돈.

輈轉(주전) [0040] 두루 돌아다님. 사방에 유세하러 다님을 이르는 말.
珠板(주판) [3250] 셈을 놓는 데 쓰는 기구의 하나.
籌辦(주판) [0210] 형편이나 사정을 헤아려서 처리함.
俊秀(준수) [3040] 생김, 풍채 따위가 빼어남.
遵守(준수) [3042] 규칙 따위를 그대로 좇아서 지킴.
仲媒(중매) [3232] 결혼이 이루어지도록 중간에서 소개하는 일.
仲買(중매) [3250] 생산자와 판매상, 또는 도매상과 소매상의 중간에서 물건이나 권리의 매매를 중개하고 이익을 얻는 일.
重役(중역) [7032] 책임이 무거운 역할. 중요한 임무를 맡은 임원.
重譯(중역) [7032] 한 번 번역된 말이나 글을 다시 다른 말이나 글로 번역함.
烝庶(증서) [0230] 모든 백성.
烝暑(증서) [0230] 무더위.
贄見(지현) [0252] 예물을 가지고 스승 등을 찾아뵘.
之玄(지현) [3232] 풍수지리에서, 종주산에서 내려온 산줄기가 꾸불거리는 모양.
陳謝(진사) [3242] 까닭을 설명하며 사과의 말을 함.
震死(진사) [3260] 벼락을 맞아 죽음.
珍羞(진수) [4010] 진귀하고 맛이 좋은 음식.
辰宿(진수) [3252] 모든 별자리의 별들.
塵纓(진영) [2002] 먼지가 묻은 冠의 끈이라는 데서, 속세의 관직을 이름.
眞影(진영) [4232] 얼굴을 그린 화상 또는 얼굴을 찍은 사진.
眞宰(진재) [4230] 노장철학에서, 도(道)의 본체인 하늘을 이르는 말. 우주의 주재자. 또는 조화의 신.
震災(진재) [3250] 지진으로 생긴 재해.
鎭定(진정) [3260] 반대하는 세력이나 기세를 억눌러 안정되게 함.
鎭靜(진정) [3240] 몹시 소란스럽고 어지러운 일을 가라앉힘.
陳情(진정) [3252] 실정이나 사정을 진술함.
眞珠(진주) [4232] 진주조개 대합 전복 따위의 조가비나 살 속에 생기는 아름다운 빛깔의 광택이 나는 딱딱한 덩어리.
進奏(진주) [4232] 임금 앞에 나아가 아룀.
陳奏(진주) [3232] 사정을 윗사람에게 진술하여 아룀.
振幅(진폭) [3230] 진동하고 있는 물체가 정지 또는 평형 위치에서 최대 변위까지 이동하는 거리.
震幅(진폭) [3230] 지반(地盤)의 흔들림이 지진계에 감촉되어 기록되는 그 너비.
秦火(진화) [1280] 秦의 始皇帝가 儒學과 諸子百家의 서적을 불태운 일, 焚書坑儒.
鎭火(진화) [3280] 불이 난 것을 끔. 말썽, 소동, 소문 따위를 해결함.
疾徐(질서) [3232] 빠름과 느림을 아울러 이르는 말.
秩序(질서) [3250] 혼란 없이 순조롭게 이루어지게 하는 사물의 순서나 차례.
執拗(집요) [3210] 몹시 고집스럽고 끈질김.

輯要(집요) [2052] 요점만을 모음. 또는 그런 책.
徵收(징수) [3242] 나라, 공공 단체, 지주 등이 돈, 곡식, 물품 따위를 거두어들임.
澄水(징수) [1080] 맑고 깨끗한 물.
此日(차일) [3280] 이날.
遮日(차일) [2080] 햇볕을 가리기 위하여 치는 포장.
贊同(찬동) [3270] 어떤 행동이나 견해 따위가 옳거나 좋다고 판단하여 그에 뜻을 같이함.
爨桐(찬동) [0020] 후한의 채옹이 이웃에서 땔감으로 오동나무를 태우는 소리를 듣고 곧 그것을 얻어다가 금(琴)을 만들었더니 좋은 소리가 났다는 고사에서 유래한 말로 훌륭한 인재나 재목이 버려짐을 이르는 말.
慘事(참사) [3072] 비참하고 끔찍한 일.
慘死(참사) [3060] 비참하게 죽음.
慘殺(참살) [3042] 참혹하게 죽임.
斬殺(참살) [2042] 칼로 목을 베어 죽임.
暢達(창달) [3042] 의견, 주장, 견해 따위를 거리낌이나 막힘이 없이 자유롭게 표현하고 전달함.
鬯達(창달) [0042] 막힘없이 잘 통함. 또는 거침없이 뻗어 나감.
敞然(창연) [1270] 드높아 시원스러움.
蒼然(창연) [3270] 빛깔이 몹시 푸름. 날이 저물어 어둑어둑함. 물건 따위가 오래되어 예스러운 느낌이 은근함.
債券(채권) [3240] 남에게 빌린 돈의 금액을 적는 장부. 사업에 필요한 자금을 차입하기 위하여 발행하는 유가 증권.
債權(채권) [3242] 특정인이 다른 특정인에게 재산과 관련한 어떤 행위를 청구할 수 있는 권리.
菜毒(채독) [3242] 채소 따위에 섞여 있는 독기.
蠆毒(채독) [0042] 전갈의 독. 재난이나 재앙을 비유하는 말.
脊髓(척수) [1010] 등골. 척주의 관 속에 있는 중추 신경.
隻手(척수) [2072] 외손. 매우 외로움을 비유적으로 이르는 말.
天桃(천도) [7032] 선가(仙家)에서, 하늘나라에서 난다고 하는 복숭아.
遷都(천도) [3250] 도읍을 옮김.
天覆(천부) [7032] 넓은 하늘이 덮은 그 아래.
天賦(천부) [7032] 하늘이 주었다는 뜻으로, 타고날 때부터 지님.
捷報(첩보) [1042] 싸움에 이겼다는 소식이나 보고.
諜報(첩보) [2042] 상대편의 정보나 형편을 몰래 알아내어 보고함.
疊字(첩자) [1070] 같은 글자를 거듭 씀. 또는 그렇게 쓴 글자.
諜者(첩자) [2060] 간첩. 한 국가나 단체의 비밀이나 상황을 몰래 알아내어 경쟁 또는 대립 관계에 있는 국가나 단체에 제공하는 사람.
淸雅(청아) [6232] 속된 티가 없이 맑고 아름다움.
菁莪(청아) [0202] 무성한 쑥과 같이 많은 인재를 교육함.

滯在(체재) [3260] 객지에 가서 머물러 있음.
體裁(체재) [6232] 생기거나 이루어진 틀. 또는 그런 됨됨이.
滯症(체증) [3232] 먹은 음식이 잘 소화되지 아니하는 증상. 교통의 흐름이 순조롭지 아니하여 길이 막히는 상태.
遞增(체증) [3042] 수량이 차례로 점차 늚.
初喪(초상) [5032] 사람이 죽어서 장사 지낼 때까지의 일.
肖像(초상) [3232] 사진, 그림 따위에 나타낸 사람의 얼굴이나 모습.
稍遠(초원) [1060] 조금 멂.
超遠(초원) [3260] 아득히 멂.
觸覺(촉각) [3240] 물건이 피부에 닿아서 느껴지는 감각.
觸角(촉각) [3262] 절지동물의 머리 부분에 있는 감각 기관. 더듬이.
燭數(촉수) [3070] 촉광의 정도를 나타내는 수.
觸手(촉수) [3272] 하등 무척추동물의 몸 앞부분이나 입 주위에 있는 돌기 모양의 기관으로 촉각, 미각 따위의 감각 기관. 물건을 쥐는 손. 오른손. 사물에 손을 댐. 어떤 작용이나 행동이 미치는 영향을 비유.
觸鬚(촉수) [3202] 곤충 따위의 입 주위에 있는 수염 모양의 감각 기관.
促進(촉진) [3242] 다그쳐 빨리 나아가게 함.
觸診(촉진) [3220] 진맥 등 환자의 몸을 손으로 만져서 진단하는 일.
追求(추구) [3242] 목적을 이룰 때까지 뒤쫓아 구함.
追究(추구) [3242] 근본까지 깊이 캐어 들어가 연구함.
甃理(추리) [0062] 수리함. 고침
鄒里(추리) [0070] 공자의 고향 마을.
追慕(추모) [3232] 죽은 사람을 그리며 생각함.
醜貌(추모) [3032] 보기 흉한 용모. 또는 못생긴 용모.
皺紋(추문) [0232] 주름살 같은 무늬.
醜聞(추문) [3062] 추잡하고 좋지 못한 소문.
抽象(추상) [3040] 여러 가지 사물이나 개념에서 공통되는 특성이나 속성 따위를 추출하여 파악하는 작용.
秋霜(추상) [7032] 가을의 찬 서리.
追想(추상) [3242] 지나간 일을 돌이켜 생각함.
抽身(추신) [3062] 바쁘거나 어려운 처지에서 몸을 뺌.
追伸(추신) [3230] 뒤에 덧붙여 말한다는 뜻으로, 편지의 끝에 더 쓰고 싶은 것이 있을 때에 그 앞에 쓰는 말.
秋糴(추적) [7000] 가을에 나라에서 환곡을 거두어들이던 일.
追跡(추적) [3232] 도망하는 사람의 뒤를 밟아서 쫓음. 사물의 자취를 더듬어 감.
追從(추종) [3240] 남의 뒤를 따라서 좇음. 권력이나 권세를 가진 사람이나 자신이 동의하는 학설 따위를 별 판단 없이 믿고 따름.
騶從(추종) [0240] 윗사람을 따라다니는 종.

追增(추증) [3242] 나중에 더 보탬.
追贈(추증) [3230] 종이품 이상 벼슬아치의 죽은 아버지, 할아버지, 증조할아버지에게 벼슬을 주던 일. 나라에 공로가 있는 벼슬아치가 죽은 뒤에 품계를 높여 주던 일.
出廷(출정) [7032] 법정에 나가는 일.
出征(출정) [7032] 군에 입대하여 싸움터에 나감. 군사를 보내어 정벌함.
醉客(취객) [3252] 술에 취한 사람.
毳客(취객) [0052] 중. 중들이 취납(毳衲)을 입기 때문에 이르는 말.
恥部(치부) [3262] 남에게 드러내고 싶지 아니한 부끄러운 부분.
置簿(치부) [4232] 금전이나 물건의 들어오고 나감을 기록함. 또는 그런 장부. 마음속으로 그러하다고 보거나 여김.
恥事(치사) [3272] 행동이나 말 따위가 쩨쩨하고 남부끄러움.
致詞(치사) [5032] 다른 사람을 칭찬함. 경사가 있을 때에 임금에게 올리던 송덕(頌德)의 글.
沈眠(침면) [3232] 피곤하여 깊이 잠듦.
沈湎(침면) [3200] 술에 절어서 아주 헤어나지 못함.
寢睡(침수) [4030] 잠의 높임말.
沈水(침수) [3280] 물에 잠김.
浸水(침수) [3280] 물에 젖거나 잠김.
寢殿(침전) [4032] 임금의 침실이 있는 전각.
沈澱(침전) [3210] 액체 속에 있는 물질이 밑바닥에 가라앉음. 기분 따위가 가라앉음.
沈痛(침통) [3240] 슬픔이나 걱정 따위로 몹시 마음이 괴롭거나 슬픔.
鍼筒(침통) [1010] 침을 넣어 보관하는 작은 통.
唾具(타구) [1052] 가래나 침을 뱉는 그릇.
拖鉤(타구) [0210] 줄다리기.
楕球(타구) [1062] 나원형으로 된 공.
奪取(탈취) [3242] 빼앗아 가짐.
脫臭(탈취) [4030] 냄새를 빼어 없앰.
探偵(탐정) [4020] 드러나지 않은 사정을 몰래 살펴 알아냄.
貪政(탐정) [3042] 탐욕을 부려 재물을 약탈하고 백성을 억압하는 정치를 함.
殆半(태반) [3262] 거의 절반.
胎盤(태반) [2032] 임신 중 태아와 모체의 자궁을 연결시키는 기관.
特殊(특수) [6032] 특별히 다름. 평균 수준을 넘음.
特需(특수) [6032] 특별한 상황에서 발생하는 수요.
破棄(파기) [4230] 깨뜨리거나 찢어서 내버림.
簸箕(파기) [0012] 키. 곡식을 까부르는 데에 쓰는 도구.
坂路(판로) [0260] 비탈길.
販路(판로) [3060] 상품이 팔리는 방면이나 길.

扁桃(편도) [1232] 사람의 입속 양쪽 구석에 퍼져 있는 림프 소절의 집합체.
片道(편도) [3272] 가고 오는 길 가운데 어느 한쪽. 일방적으로만 함.
編曆(편력) [3232] 달력을 만듦.
遍歷(편력) [3052] 이곳저곳을 널리 돌아다님. 여러 가지 경험을 함.
偏母(편모) [3280] 아버지가 죽거나 이혼하여 홀로 있는 어머니.
片貌(편모) [3232] 단편적인 모습.
片志(편지) [3242] 자그마한 뜻.
片紙(편지) [3270] 안부, 소식, 용무 따위를 적어 보내는 글.
偏執(편집) [3232] 편견을 고집하고, 남의 말을 듣지 않음.
編輯(편집) [3220] 여러 가지 재료를 모아 신문, 잡지, 책, 작품 따위를 만드는 일.
廢家(폐가) [3272] 버려 두어 낡아 빠진 집.
弊家(폐가) [3272] 말하는 이가 자기 집을 낮추어 이르는 말.
廢刊(폐간) [3232] 신문, 잡지 따위의 간행을 폐지함.
肺肝(폐간) [0032] 허파와 간. 속마음을 비유하는 말.
閉幕(폐막) [4032] 연극 음악회나 행사 따위가 끝남.
弊瘼(폐막) [3200] 고치기 어려운 폐단.
捕球(포구) [3262] 공을 잡음.
浦口(포구) [3270] 배가 드나드는 개의 어귀.
捕手(포수) [3272] 본루에서 투수가 던지는 공을 받는 선수.
脯脩(포수) [1002] 얇게 잘라서 말린 고기, 말린 고기와 과일류.
捕食(포식) [3272] 다른 동물을 잡아먹음.
飽食(포식) [3072] 배부르게 먹음.
哺育(포육) [1070] 동물이 새끼를 먹여 기름.
脯肉(포육) [1042] 얇게 저미어서 양념을 하여 말린 고기.
瓢舟(표주) [0230] 표주박처럼 만든 작은 배.
表奏(표주) [6232] 임금에게 신하가 글을 올려 아룀.
被服(피복) [3260] 옷을 문어적으로 이르는 말. 공공 기관의 제복을 이르는 말.
被覆(피복) [3232] 거죽을 덮어씌움. 덮기.
畢竟(필경) [3230] 끝장에 가서는.
筆耕(필경) [5232] 직업으로 글이나 글씨를 씀. 등사 원지(原紙)에 글씨를 씀.
必需(필수) [5232] 반드시 있어야 함. 또는 반드시 쓰임.
必須(필수) [5230] 꼭 있어야 하거나 하여야 함.
匹敵(필적) [3042] 능력이나 세력이 엇비슷하여 서로 맞섬.
筆跡(필적) [5232] 글씨의 모양이나 솜씨.
嘏辭(하사) [0040] 제사를 지낼 때에, 신(神)이 제주(祭主)에게 내리는 축복의 말.
下賜(하사) [7230] 임금이 신하에게, 또는 윗사람이 아랫사람에게 물건을 줌.
喊聲(함성) [1042] 여러 사람이 함께 지르는 고함 소리.
陷城(함성) [3242] 성이 함락됨. 또는 성을 함락함.

艦艇(함정) [2020] 크거나 작은 군사용 배를 통틀어 이르는 말.
陷穽(함정) [3210] 짐승 따위를 잡기 위한 위장한 구덩이. 빠져나올 수 없는 상황이나 남을 해치기 위한 계략을 비유.
合掌(합장) [6032] 두 손바닥을 합하여 마음이 한결같음을 나타냄.
合葬(합장) [6032] 여러 사람의 시체를 한 무덤에 묻음.
解弛(해이) [4210] 느즈러짐, 풀림
解頤(해이) [4200] 턱을 풂. 입을 크게 벌리고 웃음을 이르는 말.
享受(향수) [3042] 어떤 혜택을 받아 누림. 예술적인 아름다움이나 감동 따위를 음미하고 즐김.
鄕愁(향수) [4232] 고향을 그리워하는 마음이나 시름.
歇后(헐후) [1012] 대수롭지 아니함.
歇後(헐후) [1072] 뒤끝에 붙은 말을 줄여 버림.
玄關(현관) [3252] 건물의 출입문이나 건물에 붙이어 따로 달아낸 문간. 깊고 묘한 이치에 드는 관문(關門).
縣官(현관) [3042] 현(縣)의 우두머리인 현령과 현감을 아울러 이르던 말.
眩亂(현란) [1040] 정신을 차리기 어려울 정도로 어수선함.
絢爛(현란) [1020] 눈이 부시도록 찬란함. 시나 글에 아름다운 수식이 많아서 문체가 화려함.
懸象(현상) [3240] 일월, 천문, 천상(天象) 따위의 천상(天上)에 걸린 현상(現象).
懸賞(현상) [3250] 무엇을 모집하거나 구하거나 사람을 찾는 일 따위에 현금이나 물품 따위를 내걺.
現像(현상) [6232] 노출된 필름이나 인화지를 약품으로 처리하여 상이 나타나도록 함.
弦壺(현호) [2002] 활등 모양의 손잡이가 달린 항아리.
舷弧(현호) [0210] 배의 이물과 고물 사이 뱃전의 곡선 각도.
協奏(협주) [4232] 두 가지 이상의 악기로 동시에 연주함. 또는 그런 연주.
夾註(협주) [0210] 본문보나 작은 글자로 괄호로 묶거나 본문 속에 끼워 넣어 본문을 알기 쉽게 풀이하여 놓은 글.
糊口(호구) [1070] 입에 풀칠을 한다는 뜻으로, 겨우 끼니를 이어 감을 이르는 말.
虎口(호구) [3270] 범의 아가리란 뜻으로, 매우 위태로운 처지나 형편을 이르는 말. 어수룩하여 이용하기 좋은 사람을 비유. 바둑에서, 바둑돌 석 점이 둘러싸고 한쪽만이 트인 그 속.
浩氣(호기) [3272] 호연지기. 하늘과 땅 사이에 가득 찬 넓고 큰 원기.
豪氣(호기) [3272] 씩씩하고 거리낌 없는 기상.
壺觴(호상) [0210] 술병과 술잔을 아울러 이름.
好喪(호상) [4232] 복을 누리고 오래 산 사람의 상사(喪事).
浩蕩(호탕) [3210] 물이 넓어서 끝이 없음. 세차게 내달리는 듯한 힘이 있음. 흐무러지게 아름다움.
豪宕(호탕) [3210] 호기롭고 걸걸함.

互換(호환) [3032] 서로 교환함.
虎患(호환) [3250] 호랑이에게 당하는 화(禍).
惑世(혹세) [3272] 어지러운 세상. 세상을 어지럽게 함.
酷稅(혹세) [2042] 가혹한 세금.
婚齡(혼령) [4010] 혼인할 나이.
魂靈(혼령) [3232] 죽은 사람의 넋. 영혼(靈魂).
婚需(혼수) [4032] 혼인에 드는 물품.
昏睡(혼수) [3030] 정신없이 잠이 듦. 의식을 잃고 인사불성이 되는 일.
烘爐(홍로) [0232] 큰 화로.
紅爐(홍로) [4032] 빨갛게 달아오른 화로.
紅顔(홍안) [4032] 붉은 얼굴이란 뜻으로, 젊어서 혈색이 좋은 얼굴.
鴻雁(홍안) [3030] 큰 기러기와 작은 기러기를 아울러 이르는 말.
鴻儒(홍유) [3040] 뭇사람의 존경을 받는 이름난 유학자. 학식이 뛰어난 선비.
鴻猷(홍유) [3002] 큰 계략.
花郞(화랑) [7032] 신라 때에 둔, 심신 수련을 위한 귀족 청소년 단체.
畫廊(화랑) [6032] 그림 따위의 미술품을 진열하여 관람하도록 만든 방.
禍事(화사) [3272] 좋지 못한 일.
華奢(화사) [4010] 화려하게 고움.
和尙(화상) [6232] 수행을 많이 한 중. 중을 높여 이르는 말.
畫像(화상) [6032] 사람의 얼굴을 그림으로 그린 형상.
化粧(화장) [5232] 화장품 따위로 얼굴을 곱게 꾸밈. 머리나 옷의 맵시를 냄.
火葬(화장) [8032] 죽은 사람을 불에 살라 장사 지냄.
喚起(환기) [1042] 주의나 여론, 생각 따위를 불러일으킴.
換氣(환기) [3272] 탁한 공기를 맑은 공기로 바꿈.
換算(환산) [3270] 어떤 단위나 척도로 된 것을 다른 단위나 척도로 고쳐서 헤아림.
渙散(환산) [0240] 군중이나 단체가 뿔뿔이 헤어짐. 높은 열이 서서히 내림.
還俗(환속) [3242] 중이 다시 속인이 됨.
還屬(환속) [3240] 이전의 소속으로 다시 돌려보냄.
皇國(황국) [3280] 황제가 다스리는 나라.
黃菊(황국) [6032] 누런색의 국화.
潢池(황지) [0232] 물이 괴어 있는 못.
隍池(황지) [0232] 성 밖에 빙 둘러서 파 놓은, 물이 마른 못.
回顧(회고) [4230] 뒤를 돌아다봄. 지나간 일을 돌이켜 생각함.
懷古(회고) [3260] 옛 자취를 돌이켜 생각함.
肴核(효핵) [0240] 술안주와 과일을 아울러 이름.
殽核(효핵) [0040] 요리와 과일. 맛있는 좋은 음식을 이르는 말.
兇相(흉상) [1052] 좋지 못한 관상. 보기 흉한 몰골.
胸像(흉상) [3232] 사람의 모습을 가슴까지만 표현한 그림이나 조각.

稀少(희소) [3270] 매우 드물고 적음.

嘻笑(희소) [0042] 억지로 웃음. 기뻐서 웃음. 호탕하게 웃음. 비웃음. 조소함.

戲笑(희소) [3242] 실없이 희롱으로 웃음.

喜壽(희수) [4032] 나이 일흔일곱 살을 달리 이르는 말.

稀壽(희수) [3232] 나이 일흔 살을 달리 이르는 말.

晞和(희화) [0262] 날씨나 마음씨가 온화함.

戲畫(희화) [3260] 실없이 장난삼아 그린 그림. 익살맞게 그린 그림. 익살맞고 우스꽝스러운 모양을 비유.

精神一到 何事不成

漢字

(社) 韓國語文會 主管 / 韓國漢字能力檢定會 施行

附錄

- 旣出問題
- 特級 新習漢字 代表訓音 一覽表

第108回 漢字能力檢定試驗 旣出問題

(社)한국어문회 주관·한국한자능력검정회 시행

[問 1-20] 다음 밑줄 친 漢字語의 讀音을 쓰시오.

[1] 제국의 미술관은 搶奪한 물품으로 가득했다.

[2] 그는 이 작품에 심혈을 殫竭하였다.

[3] 관직을 잃은 후 마치 새가 翶翔하듯이 유람했다.

[4] 아무리 狎昵한 사이라도 예절을 지켜야 한다.

[5] 短檠은 가난한 선비의 생활을 상징한다.

[6] 폭설로 교통이 痲痺 상태다.

[7] 아침부터 辟除의 소리가 요란했다.

[8] 세무 문제로 국세청에서 審覈을 하고 있다.

[9] 적의 囚俘가 되느니 자결하겠다.

[10] 쌀 주머니가 罄乏해도 책만 읽었다.

[11] 조정에 訐嗾의 간신들만 가득했다.

[12] 신하들은 왕이 지은 시에 賡韻하였다.

[13] 그는 그녀의 불행을 惻怛하였다.

[14] 도백은 과거의 民瘼을 광정해 나갔다.

[15] 그는 眇身임에도 힘이 장사다.

[16] 배따라기는 扣舷의 노래이다.

[17] 그는 廩食만 축내는 관료였다.

[18] 麤疏한 그는 매사 실수투성이다.

[19] 그 댁의 鴟尾는 유독 하늘로 솟구쳐 있다.

[20] 공자는 狂狷의 선비를 가르쳐야 하겠다고 마음먹었다.

[問 21-45] 다음 漢字語의 讀音을 쓰시오.

[21] 黷貨　　[22] 邪佞　　[23] 虛愓
[24] 塽塏　　[25] 厲祭　　[26] 筐筥
[27] 摧抑　　[28] 徂謝　　[29] 蒙汜
[30] 霍焉　　[31] 鬢霜　　[32] 傲睨
[33] 擯斥　　[34] 敝件　　[35] 厖大
[36] 黑翳　　[37] 非訾　　[38] 翦定
[39] 貧窶　　[40] 盥漱　　[41] 徼幸
[42] 乖忤　　[43] 繳還　　[44] 蕊柱
[45] 翁嫗

[問 46-75] 다음 밑줄 친 漢字語를 正字의 漢字로 쓰시오.

[46] 그는 어린애를 유괴한 협의를 받았다.

[47] 어려운 일들이 중첩되어 부담이 크다.

[48] 음식물을 저작하지 않으면 소화에 부담이 많이 간다.

[49] 춘천은 아름다운 호반의 도시다.

[50] 그의 처지가 무척 민망해서 잠자코 있었다.

[51] 장관은 국회의 탄핵을 받았다.

[52] 그녀는 치마 속 전대에서 돈을 꺼냈다.

[53] 군왕의 명을 주저 않고 실행했다.

[54] 많은 사람이 연도에 도열했다.

[55] 지리산에서 공비들이 준동했다.

[56] 임금을 착취하는 악덕 기업은 퇴출되야 한다.

[57] 그 일을 훼방하려는 음모를 꾸몄다.

[58] 순례자의 모습은 초췌했다.

[59] 눈물을 보이는 것이 <u>창피</u>했다.

[60] 잠을 못 잤더니 얼굴이 <u>수척</u>했다.

[61] 권력자의 <u>역린</u>을 건드리면 엄청난 화가 따른다.

[62] 왕을 <u>진예</u>하려고 몸가짐을 바로 했다.

[63] 독주를 <u>굉음</u>한 그의 몸이 비틀거렸다.

[64] 연구의 논점이 매우 <u>애매</u>하고 모호하다.

[65] 주택의 <u>하자</u> 보수는 시공업체의 몫이다.

[66] 그들은 동양의 문화를 <u>비리</u>하게 생각한다.

[67] 그는 직원들이 바라는 <u>선망</u>의 대상이다.

[68] 뭘 잘못 먹었는지 <u>설사</u>를 했다.

[69] 올림픽 출전을 위해 <u>기량</u>을 연마했다.

[70] 한여름 태양이 뜨겁게 <u>작열</u>했다.

[71] 제주에는 <u>폭포</u>가 몇 군데 있다.

[72] 온실 가득 <u>장미</u>로 차 있었다.

[73] 임금은 백성을 <u>긍휼</u>히 여겼다.

[74] 감자를 <u>은박</u>지로 싸서 구웠다.

[75] 안중근은 이토 히로부미를 <u>저격</u>했다.

[問 76-85] 다음 뜻을 가진 漢字語를 漢字(正字)로 쓰시오.

[76] (전경) 목의 앞쪽.

[77] (피로) 적에게 사로잡힘.

[78] (출송) 쫓아 보냄.

[79] (후삭) 썩은 밧줄.

[80] (섬홀) 갑자기 빛이 번쩍임.

[81] (애열) 슬퍼서 목이 멤.

[82] (전동) 오동나무로 만든 화살집.

[83] (야연) 밤에 잔치를 베풂.

[84] (취해) 고약한 냄새를 풍기는 시체.

[85] (적벌) 꾸짖어 벌함.

[問 86-107] 다음 漢字의 訓과 音을 쓰시오.

[86] 忱　[87] 狃　[88] 藹

[89] 瀌　[90] 寖　[91] 觚

[92] 樛　[93] 薿　[94] 剞

[95] 叨　[96] 穟　[97] 椓

[98] 懍　[99] 顓　[100] 啍

[101] 醢　[102] 紕　[103] 偪

[104] 燊　[105] 姤　[106] 售

[107] 迸

[問 108-112] 다음 빈칸에 제시한 漢字를 넣어 단어로 성립하지 않는 것을 찾아 그 번호를 쓰시오.

[108] 釁 : ① 邊[ ]　② [ ]隙　③ 蚌[ ]　④ [ ]端

[109] 橐 : ① 愁[ ]　② [ ]駝　③ 囊[ ]　④ 網[ ]

[110] 粥 : ① [ ]婁　② 羹[ ]　③ 豆[ ]　④ 稀[ ]

[111] 杵 : ① 砧[ ]　② [ ]臼　③ 搗[ ]　④ [ ]崖

[112] 鬢 : ① 卷[ ]　② [ ]髯　③ 顎[ ]　④ 童[ ]

[問 113-122] 다음 漢字의 部首를 쓰시오.

[113] 褒　[114] 鶩　[115] 黽

[116] 彝　　[117] 猊　　[118] 掣

[119] 豢　　[120] 隰　　[121] 虁

[122] 龜

[問 123-125] 다음 漢字의 略字를 쓰시오.

[123] 溢　　[124] 膽　　[125] 麥

[問 126-135] 다음 漢字語 중 첫소리가 長音인 것을 가려 그 번호를 쓰시오.

[126] ① 籠球　② 弄具

[127] ① 斑指　② 半紙

[128] ① 良輔　② 讓步

[129] ① 淺才　② 千載

[130] ① 退院　② 頹垣

[131] ① 縣官　② 絃管

[132] ① 加數　② 假睡

[133] ① 挑戰　② 導電

[134] ① 排置　② 背馳

[135] ① 零上　② 影像

[問 136-145] 다음 두 단어가 유의 관계가 되도록 빈칸에 알맞은 漢字(正字)를 넣으시오.

[136] 鄰[　] - 鴛鴦

[137] 結盟 - 歃[　]

[138] 旄倪 - 耄[　]

[139] 扆闥 - 宮[　]

[140] 艱難 - 苦[　]

[141] 炷竈 - 風[　]

[142] 宂談 - [　]言

[143] 僾[　] - 眼鏡

[144] 父母 - 爹[　]

[145] [　]轂 - 御駕

[問 146-155] 다음 漢字語의 반의어(또는 상대어)를 漢字(正字)로 쓰시오.

[146] 摹倣

[147] 陞任

[148] 老獪

[149] 須臾

[150] 疎遠

[151] 怠惰

[152] 嫡統 [153] 利己

[154] 陰鬱 [155] 穩健

[問 156-165] 다음 ( ) 속 단어의 同音異義語를 주어진 뜻에 맞게 漢字(正字)로 쓰시오.

[156] (夙世) 저물어 가는 해.

[157] (五柳) 그릇되어 이치에 맞지 않는 일.

[158] (籌廳) 임금에게 아뢰어 청하던 일.

[159] (破卵) 잔물결과 큰 물결.

[160] (補便) 두루 널리 미침.

[161] (鼎組) 여자의 곧은 절개.

[162] (杯狀) 남의 권리를 침해한 손해를 물어 주는 일.

[163] (鉅萬) 잘난 체하며 남을 업신여김.

[164] (傍腫) 거리낌 없이 제멋대로 행동함.

[165] (未捧) 일의 빈구석이나 잘못을 임시변통으로 주선하여 꾸며댐.

[問 166-175] 다음 빈칸에 알맞은 漢字를 적어 四字成語를 완성하시오.

[166] [ ]廁二心 : 뒷간에 갈 적과 올 적의 마음 다름.

[167] 霄[ ]之間 : 하늘과 땅 사이의 차이.

[168] 翻[ ]覆雨 : 갑자기 구름이 끼고 비가 옴.

[169] 颺湯止[ ] : 끓는 물을 잠시 퍼냈다가 다시 부어 끓는 것을 중지시키려 함.

[170] 日月[ ]昃 : 해와 달도 차면 기움.

[171] 攬轡[ ]淸 : 천하의 정치를 바로잡을 큰 뜻을 품고 부임함.

[172] [ ]銷暗鑠 : 알지 못하는 사이에 쇠가 녹듯이 슬그머니 줄어 없어짐.

[173] 揣摩[ ]測 : 남의 생각을 자기 나름대로 추측함.

[174] [　　]躬盡瘁 : 몸과 마음을 다하여 나랏일에 힘씀.

[175] 飽飫烹[　　] : 배부르면 삶고 칼질한 고기 요리도 싫음.

[問 176-180] 다음 漢字語의 뜻을 쓰시오.

[176] 誑詐　　[177] 纔出　　[178] 蹙頞

[179] 怙勢　　[180] 瑣屑

[問 181-200] 다음 글을 읽고 물음에 답하시오.

○ 在陳①<u>絶糧</u>, 從者病, 莫能(②). 子路(③)見曰, 君子亦有窮乎? 子曰, 君子, ④<u>固窮</u>. 小人, 窮斯(⑤)矣. 〈論語〉

[181] 밑줄 ① 絶糧의 뜻을 풀이하시오.

[182] (②)에 들어갈 한자를 사용한 한자어는?

㈎ 追蹤　　㈏ 興起　　㈐ 疾走　　㈑ 奮發

[183] (③)에 들어갈 한자로 적절한 것은?

㈎ 突　　㈏ 怨　　㈐ 慍　　㈑ 遜

[184] 밑줄 ④ 固窮의 뜻을 풀이하시오.

[185] (⑤)에 들어갈 한자어를 쓰시오.

○ 曰, ①<u>不憂不懼</u>, 斯謂之君子矣乎? 子曰, 內省(②)不疚, 夫何憂何懼? 〈論語〉

[186] 밑줄 ① 不憂不懼의 뜻을 풀이하시오.

[187] (②)에 들어갈 한자어로 가장 적합한 것은?

㈎ 不疚　　㈏ 泰然　　㈐ 恭謙　　㈑ 洽足

○ 商聞之矣, ①<u>死生有命</u>, 富貴(②)天. 君子③<u>敬而無失</u>, (④)人恭而(⑤), ⑥<u>四海</u>之內, (⑦)兄弟也, 君子⑧<u>何患乎無兄弟也</u>

[188] 밑줄 ① 死生有命의 뜻을 풀이하시오.

[189] (②)에 들어갈 한자를 쓰시오.

[190] 밑줄 ③ 敬而無失과 가장 가까운 말은?

㈎ 格致　　㈏ 頌禱　　㈐ 愼獨　　㈑ 窮理

[191] (④)에 들어갈 한자를 쓰시오.

[192] (⑤)에 들어갈 한자어로 적합한 것은?

㈎ 有禮　　㈏ 信賴　　㈐ 和諧　　㈑ 推奬

[193] 밑줄 ⑥ 四海와 바꾸어 쓸 수 없는 말은?

㈎ 八荒　　㈏ 天下　　㈐ 宇內　　㈑ 畿甸

[194] (⑦)에 들어갈 한자를 적으시오.

[195] 밑줄 ⑧의 뜻을 풀이하시오.

○ 公主果有(①), 生薛聰. 聰生而睿敏, (②)經史, 新羅十賢中一也. 以③<u>方音通會華夷方俗物名</u>, 訓解六經文學, 至今海東業明經者, 傳受不絶. 曉旣(④), 生聰已後, ⑤<u>易俗服</u>, 自號小姓居士. 〈三國遺事〉

[196] (①)에 들어갈 한자를 사용한 한자어는?

㈎ 胎盤　　㈏ 娩娠　　㈐ 沈澱　　㈑ 膨脹

[197] (②)에 들어갈 한자어로 가장 적합한 것은?

㈎ 撰述　　㈏ 輯佚　　㈐ 解惑　　㈑ 博通

[198] 밑줄 ③ 方音通會華夷方俗物名의 뜻을 풀이하시오.

[199] (④)에 들어갈 한자어로 가장 적합한 것은?

㈎ 失戒　　㈏ 傳鉢　　㈐ 薦度　　㈑ 剃髮

[200] 밑줄 ⑤ 易俗服과 의미상 가장 가까운 성어는?

㈎ 以理服人　　㈏ 不稱其服
㈐ 寤寐思服　　㈑ 白龍魚服

漢字能力檢定試驗

第109回 漢字能力檢定試驗 旣出問題

(社)한국어문회 주관·한국한자능력검정회 시행

[問 1-20] 다음 밑줄 친 漢字語의 讀音을 쓰시오.

[1] 벌판에 큰 바위가 喬竦해 있다.

[2] 腰絰을 두른 상주가 빈소를 지켰다.

[3] 그의 부탁을 迫阨하게 거절했다.

[4] 연못의 부들과 菡萏이 탐스럽다.

[5] 그는 오만과 褊狹에 사로잡혀 있었다.

[6] 그는 과분하게도 임금의 忝叨를 받았다.

[7] 먼 길을 떠나고자 말끔히 盥櫛하였다.

[8] 이 작품에 그는 심혈을 殫竭하였다.

[9] 한량들이 종일 酣飫하며 즐겼다.

[10] 거짓말한 아이의 종아리를 扑撻했다.

[11] 무더운 여름 葭簾으로 햇빛을 차단했다.

[12] 전염병을 앓던 媼嫗들이 하나 둘 쓰러져 갔다.

[13] 문인들이 자신의 작품들을 賡酬하였다.

[14] 장군은 鮠業이 되는 자를 숙청하였다.

[15] 매일 어머니께 饔飧을 올리다.

[16] 그는 특히 鬱鬯을 좋아했다.

[17] 뒷산을 몽땅 赭斫해 버렸다.

[18] 감기 때문에 계속 噴嚏를 하였다.

[19] 뒤주가 罄乏해도 독서만 하고 있었다.

[20] 그는 그녀의 불행을 惻怛하였다.

[問 21-45] 다음 漢字語의 讀音을 쓰시오.

[21] 加髢　　[22] 蠹傷　　[23] 彤雲

[24] 彀率　　[25] 獎詡　　[26] 儲廩

[27] 糗餌　　[28] 爨婢　　[29] 瓜瓞

[30] 鎧甲　　[31] 偸薄　　[32] 耨耕

[33] 鋤骨　　[34] 赧面　　[35] 鴟梟

[36] 鳳釵　　[37] 城砦　　[38] 狷忿

[39] 遡洄　　[40] 凍餒　　[41] 黯靄

[42] 芻豢　　[43] 屬纊　　[44] 顓民

[45] 提挈

[問 46-75] 다음 밑줄 친 漢字語를 正字의 漢字로 쓰시오.

[46] 그는 모든 종교를 두루 <u>섭렵</u>한 사람이다.

[47] 그는 정년 퇴임을 하겠다는 <u>맹세</u>를 지켰다.

[48] 내 <u>짐작</u>으로 일이 잘 풀릴 것 같다.

[49] 독일어로 <u>번역</u>된 조선 초의 문헌들이 출간되었다.

[50] 물만두를 <u>초장</u>에 찍어 먹으면 맛이 좋다.

[51] 임금 협상에서 노사 간에 <u>마찰</u>이 빚어졌다.

[52] 비록 그 선비의 집은 <u>애루</u>했지만 성품은 너그럽고 올곧았다.

[53] 둥근 몸통에 짧은 목이 달려 있는 이 <u>편병</u>은 한국산 도자기다.

[54] 부채를 제대로 갚지 못해 집이 <u>압류</u>되었다.

[55] 강물은 오랜 세월 동안 강가 절벽을 <u>침식</u>시켰다.

[56] 여당은 정부 방침을 적극 <u>옹호</u>하였다.

[57] 우리 고장은 깨끗한 자연이 보존된 <u>보배</u>로운 곳이다.

[58] 결혼한 지 10년이 넘도록 그는 후사를 보지 못하였다.

[59] 청아하고 강렬한 해금 소리가 귓전을 울렸다.

[60] 아프리카의 다수국이 기아에 허덕였다.

[61] 뒤늦게 등장한 가수가 관객들에게 야유를 받았다.

[62] 노동자의 소요가 찻잔 속에 태풍으로 끝났다.

[63] 그 당시 정치의 타락은 극에 달했다.

[64] 회의 안건에 첨부할 사항을 보고했다.

[65] 노지에서 키운 채소가 훨씬 싱싱하고 맛있다.

[66] 그는 그녀의 아름다움에 뇌쇄되었다.

[67] 물질문명과 정신문명이 배치되면 사회가 혼란에 빠지기 쉽다.

[68] 우리 가족들이 동해안으로 피서를 갔다.

[69] 무차별 미사일 공격에 대항하여 두 배의 응징을 가했다.

[70] 황급히 교정을 빠져나가는 친구의 행동이 의아스러웠다.

[71] 적의 매복 공격으로 전투 대형이 흐트러졌다.

[72] 동료들은 그를 질시했다.

[73] 불량배들이 난입해 행사를 무산시켰다.

[74] 그는 매사 억측이 심한 편이다.

[75] 적군의 침략으로 극도의 공포가 도시를 엄습했다.

[問 76-85] 다음 뜻을 가진 漢字語를 漢字(正字)로 쓰시오.

[76] (수선) 낡거나 헌 물건을 고침.

[77] (벽지) 외따로 떨어진 궁벽한 땅.

[78] (항만) 배가 정박하도록 시설한 구역.

[79] (증정) 책 따위의 내용을 더하거나 잘못된 곳을 고침.

[80] (열람) 책이나 문서 따위를 두루 훑어 봄.

[81] (연적) 먹을 갈 때 물을 담아 두는 그릇.

[82] (반주) 노래를 돕기 위해 옆에서 악기를 연주함.

[83] (양이) 서양 오랑캐.

[84] (종질) 사촌 형제의 아들로, 오촌이 되는 관계.

[85] (게재) 글 따위를 신문이나 잡지에 실음.

[問 86-107] 다음 漢字의 訓과 音을 쓰시오

[86] 寘	[87] 猎	[88] 怩
[89] 嬴	[90] 簑	[91] 覿
[92] 棨	[93] 徯	[94] 茷
[95] 緪	[96] 螽	[97] 詘
[98] 蕧	[99] 髡	[100] 匱
[101] 亹	[102] 崒	[103] 溢
[104] 黿	[105] 椓	[106] 頊
[107] 搨		

[問 108-112] 다음 빈칸에 제시한 漢字를 넣어 단어로 성립하지 않는 것을 찾아 그 번호를 쓰시오.

[108] 櫝 : ① 誠[ ]	② 枌[ ]	③ [ ]梏	④ [ ]楚
[109] 斝 : ① [ ]歷	② 罍[ ]	③ [ ]陵	④ [ ]彝
[110] 僌 : ① 按[ ]	② [ ]訐	③ [ ]倖	④ [ ]遮
[111] 咎 : ① 懺[ ]	② [ ]悔	③ [ ]段	④ 禍[ ]
[112] 冪 : ① [ ]纜	② 昇[ ]	③ 乘[ ]	④ 降[ ]

[問 113-122] 다음 漢字의 部首를 쓰시오.

[113] 弁　　[114] 柬　　[115] 勦
[116] 黴　　[117] 牝　　[118] 斧
[119] 鞋　　[120] 戾　　[121] 奘
[122] 砮

[問 123-125] 다음 漢字의 略字를 쓰시오.

[123] 囑　　[124] 璽　　[125] 廛

[問 126-135] 다음 漢字語 중 첫소리가 長音인 것을 가려 그 번호를 쓰시오.

[126] ① 將帥 ② 張數　　[127] ① 濠洲 ② 戶主
[128] ① 救助 ② 構造　　[129] ① 配耦 ② 俳優
[130] ① 書名 ② 署名　　[131] ① 童顔 ② 東岸
[132] ① 眼前 ② 安全　　[133] ① 紬絲 ② 注射
[134] ① 定員 ② 庭園　　[135] ① 意識 ② 儀式

[問 136-145] 다음 漢字語의 유의어(또는 동의어)를 漢字(正字)로 쓰시오.

[136] 缺陷　　[137] 暘谷　　[138] 俘囚
[139] 丘冢　　[140] 諷讀　　[141] 插彈
[142] 震懼　　[143] 踟躕　　[144] 斷頭
[145] 寢具

[問 146-155] 다음 漢字語의 반의어(또는 상대어)를 漢字(正字)로 쓰시오.

[146] 沈着　　[147] 潑剌　　[148] 險難
[149] 溶解　　[150] 自由　　[151] 精巧
[152] 進取　　[153] 憤怒　　[154] 仙界
[155] 縈轉

[問 156-165] 다음 ( ) 속 단어의 同音異義語를 주어진 뜻에 맞게 漢字(正字)로 쓰시오.

[156] (嘉禽) 엄하게 금지함.

[157] (連枷) 사랑하는 이를 그리워하는 노래.

[158] (鉛刀) 죽은 이를 가련히 여겨 슬퍼함.

[159] (胡狄) 세력이 강한 큰 도적.

[160] (婚需) 정신없이 잠이 듦.

[161] (肢體) 때를 늦추거나 질질 끎.

[162] (誨諭) 어르고 달래어 시키는 말을 듣도록 함.

[163] (細漣) 미끈하게 갈고 닦음.

[164] (塗褙) 함께 어울려 나쁜 짓을 하는 무리.

[165] (銅鏡) 간절히 그리워하여 그것만을 생각함.

[問 166-175] 다음 ( ) 안에 알맞은 漢字를 적어 四字成語를 완성하시오.

[166] 壎篪相[ ] : 형이 훈이라는 악기를 불면 아우는 지라는 악기로 화답함.

[167] 盤根[ ]節 : 서린 뿌리와 얼크러진 마디.

[168] 慼[ ]歡招 : 슬픔은 사양하고 즐거움은 부름.

[169] 懸梁[ ]股 : 머리카락을 들보에 묶고 허벅다리를 찌름.

[170] 同黨[ ]異 : 뜻이 같으면 무리를 이루고 다르면 공격함.

[171] [ ]螂窺蟬 : 사마귀가 매미를 엿보는 데에만 정신이 팔림.

[172] 戴[ ]望天 : 동이를 이고 하늘을 보려 함.

[173] 羝羊觸[ ] : 숫양이 울타리를 받다가 뿔이 걸려 꼼짝도 못함.

[174] [ ]群索居 : 벗들의 곁을 떠나 홀로 쓸쓸하게 지냄.

[175] 隔靴[ ]痒 : 신을 신고 발바닥을 긁음.

[問 176-180] 다음 漢字語의 뜻을 쓰시오.

[176] 歉年　　[177] 蟹醢　　[178] 褫職

[179] 頤使　　[180] 冗多

[問 181-200] 다음 글을 읽고 물음에 답하시오.

○ 學而時習之 不亦說(①).
○ 知者②<u>樂</u>水 仁者樂山.
○ 君子務本 本立而道生 孝(③)也者 其爲仁之本與.
○ 吾日三省吾身 爲人謀而不(④)乎 與朋友交而不信乎 傳不習乎.
○ 詩三百 一言以(⑤)之 曰思無邪.
○ 吾十有五而志于學 三十而立 四十而(⑥).
○ 生事之以禮 死葬之以禮 祭之以(⑦).
○ 君子求諸己 小人求⑧<u>諸</u>人.
○ 溫故而知新 可以爲(⑨)矣.
○ 知之爲知之 不知爲不知 是(⑩)
○ 禮與其奢也 寧儉 喪與其易也 ⑪<u>寧戚</u>
○ 不仁者 不可以久處⑫<u>約</u> 不可以長處樂.
○ 朝聞(⑬) 夕死可矣.
○ 人之生也直 ⑭<u>罔</u>之生也 幸而免.
○ 可以託⑮<u>六尺之孤</u> 可以寄百里之命.
○ 興於(⑯) 立於禮 成於樂.　　〈논어〉

[181] (①)에 알맞은 漢字를 고르시오.

㉮ 乎　　㉯ 也　　㉰ 矣　　㉱ 也已

[182] 밑줄 ② 樂의 訓과 音을 쓰시오.

[183] (③)에 알맞은 漢字를 고르시오.

㉮ 弟　　㉯ 恭　　㉰ 聖　　㉱ 仁

[184] (④)에 들어갈 1음절 漢字를 쓰시오.

[185] (⑤)에 들어갈 1음절 漢字를 쓰시오.

[186] (⑥)에 들어갈 2음절 漢字語를 漢字로 쓰시오.

[187] (⑦)에 들어갈 1음절 漢字를 쓰시오.

[188] 밑줄 ⑧ 諸와 같은 의미를 가진 2음절 漢字語를 漢字로 쓰시오.

[189] (⑨)에 들어갈 1음절 漢字를 쓰시오.

[190] (⑩)에 들어갈 1음절 漢字를 쓰시오.

[191] 밑줄 ⑪ 寧戚을 풀이하시오.

[192] 밑줄 ⑫ 約과 같은 의미의 2음절 漢字語를 漢字로 쓰시오.

[193] (⑬)에 들어갈 1음절 漢字를 쓰시오.

[194] 밑줄 ⑭ 罔과 같은 의미의 2음절 漢字語를 漢字로 쓰시오.

[195] 밑줄 ⑮ 六尺之孤를 풀이하시오.

[196] (⑯)에 들어갈 1음절 漢字를 쓰시오.

○ 溫達 高句麗平岡王時人也 容貌①龍鍾可笑 中心則曉然 家甚貧 常乞食以養母 ②破衫弊履 往來於市井間 時人目③之爲愚溫達 平岡王少女兒好啼 王戱曰 汝常啼聒我耳 長必不得爲士大夫妻 當④歸之愚溫達 王每言之 〈삼국사기〉

[197] 밑줄 ① 龍鍾의 뜻을 쓰시오.

[198] 밑줄 ② 破衫弊履를 풀이하시오.

[199] 밑줄 ③ 之의 品詞를 쓰시오.

[200] 밑줄 ④ 歸와 같은 의미를 가진 1음절 漢字를 쓰시오.

第110回 漢字能力檢定試驗 既出問題

(社)한국어문회 주관·한국한자능력검정회 시행

[問 1-20] 다음 밑줄 친 漢字語의 讀音을 쓰시오.

[1] 그는 결심을 飜意하는 일이 없다.

[2] 질문에 그는 模糊하게 대답했다.

[3] 일본의 신사에는 賽錢을 바치는 통이 마련되어 있다.

[4] 범인의 蹤跡이 묘연하여 수사망을 확대했다.

[5] 민간의 질곡을 檢覈하는 어사를 파견했다.

[6] 비록 직원일망정 頤使하는 것은 잘못이다.

[7] 상중에는 衰絰을 입었다.

[8] 이번 일로 정부가 여론의 叱咤를 받았다.

[9] 문화재 보수에 관한 한 두 사람은 雙璧을 이루었다.

[10] 이번 달에는 買售가 잘 이뤄지지 않았다.

[11] 희생으로 끌려가는 소가 觳觫하고 있다.

[12] 부당한 譖訴로 해직을 당했다.

[13] 그에 관한 터무니없는 臆測이 파다했다.

[14] 지역 按配를 고려한 인사가 단행되었다.

[15] 그 말은 입에 올리기도 愧赧했다.

[16] 학덕이 높은 사람의 죽음을 易簀이라고 표현했다.

[17] 褊狹한 사고로는 난국을 헤쳐나갈 수 없다.

[18] 시문에서 해당 어휘들을 掇拾하여 정리했다.

[19] 질책을 당한 그가 竦動하여 어쩔 줄 몰라 했다.

[20] 여전히 정권을 簒奪하고자 하는 세력들이 존재한다.

[問 21-45] 다음 漢字語의 讀音을 쓰시오.

[21] 敝履	22] 顖門	[23] 樵叟
[24] 贐物	[25] 旄倪	[26] 醢漿
[27] 鴻濛	[28] 劬勞	[29] 噂沓
[30] 霾雨	31] 裹封	[32] 鑰檠
[33] 陰騭	[34] 囊橐	[35] 賷載
[36] 肱膂	[37] 麻痺	[38] 赭色
[39] 孥稚	[40] 沈湎	[41] 龍鈕
[42] 帷幕	[43] 鼎鼐	[44] 迫阨
[45] 廩粟		

[問 46-75] 다음 밑줄 친 漢字語를 正字의 漢字로 쓰시오.

[46] 그는 사회를 신랄하게 풍자했다.

[47] 누추한 우거를 찾아 주시니 몸 둘 바를 모르겠다.

[48] 아이는 팔에서 붕대를 풀었다.

[49] 김치를 다져 만두에 넣었다.

[50] 줄다리기를 한자어로 견구라 한다.

[51] 제초제를 써서 밭의 잡초를 박멸했다.

[52] 임금은 백성들을 긍휼히 여겼다.

[53] 그는 세계 백과사전 한국어판 완질을 구입했다.

[54] 볍씨를 모판에 주앙하였다.

[55] 종헌으로 청주 한 잔을 적대에 올렸다.

[56] 그는 합창단을 지휘하였다.

[57] 이곳엔 표범이 서식한다.

[58] 직물이 조직이 아주 치밀하게 짜여 있다.

[59] 그에게 고집불통이라는 낙인이 찍혔다.

[60] 거친 파도가 뱃전을 후려쳤다.

[61] 그 지역에 전염병이 만연했다.

[62] 그는 횡령 사건으로 견책되었다.

[63] 반란군에게 많은 사람이 도륙을 당했다.

[64] 신병이 수류탄 투척 훈련을 받았다.

[65] 삼림욕을 통해 마음의 상처를 치유하였다.

[66] 소작인들이 지주들에게 도조를 바쳤다.

[67] 대장부가 창피하게 울 수는 없었다.

[68] 그는 좋은 글들을 보철했다.

[69] 수많은 사람들이 전열하여 강연을 들었다.

[70] 월평균 보수가 100만 원 남짓이다.

[71] 농사 짓기에는 땅이 너무 척박하다.

[72] 그가 범죄를 방조한 혐의로 입건되었다.

[73] 비서실에 필요한 사람을 새로 발탁했다.

[74] 농부는 강수량이 적어 감질이 났다.

[75] 복권이 1등에 당첨되었다.

[問 76-85] 다음 뜻을 가진 漢字語를 漢字(正字)로 쓰시오.

[76] (반담) 날씨가 반쯤 흐림.

[77] (갈채) 외침이나 박수 따위로 찬양의 뜻을 나타냄.

[78] (맹아) 식물에 새로 트는 싹.

[79] (오매) 자나 깨나 언제나.

[80] (격쟁) 징이나 꽹과리를 침.

[81] (자비) 물 따위가 펄펄 끓음.

[82] (복지) 행복한 삶.

[83] (적막) 의지할 데 없이 외로움.

[84] (진완) 진귀한 노리개.

[85] (부마) 임금의 사위.

[問 86-107] 다음 漢字의 訓과 音을 쓰시오

[86] 匱 [87] 婿 [88] 髢

[89] 黯 [90] 鬻 [91] 雞

[92] 滕 [93] 簑 [94] 咏

[95] 汔 [96] 鴟 [97] 憖

[98] 餽 [99] 扣 [100] 咢

[101] 鎡 [102] 躕 [103] 棼

[104] 劓 [105] 瑣 [106] 蜶

[107] 槀

[問 108-112] 다음 빈칸에 제시한 漢字를 넣어 단어로 성립하지 않는 것을 찾아 그 번호를 쓰시오.

[108] 岷 : ① 愚[ ] ② 峽[ ] ③ [ ]霂 ④ 流[ ]

[109] 愍 : ① [ ]窟 ② 憐[ ] ③ 弔[ ] ④ 惜[ ]

[110] 陞 : ① [ ]差 ② 聲[ ] ③ [ ]遞 ④ [ ]遷

[111] 馭 : ① 騎[ ] ② [ ]烏 ③ 制[ ] ④ 司[ ]

[112] 嘴 : ① 崎[ ] ② 銳[ ] ③ 煙[ ] ④ 莪[ ]

[問 113-122] 다음 漢字의 部首를 쓰시오.

[113] 彀　　[114] 戻　　[115] 滕

[116] 翳　　[117] 顱　　[118] 盍

[119] 亟　　[120] 鼏　　[121] 髡

[122] 鵍

[問 123-125] 다음 漢字의 略字를 쓰시오.

[123] 繪　　[124] 豬　　[125] 齡

[問 126-135] 다음 漢字語 중 첫소리가 長音인 것을 가려 그 번호를 쓰시오.

[126] ① 姦婦 ② 幹部　　[127] ① 監査 ② 感傷

[128] ① 開船 ② 凱旋　　[129] ① 階段 ② 繼承

[130] ① 禁錮 ② 今古　　[131] ① 弄璋 ② 籠檻

[132] ① 導電 ② 稻田　　[133] ① 排置 ② 背馳

[134] ① 沙果 ② 謝過　　[135] ① 駐日 ② 遒逸

[問 136-145] 다음 단어와 뜻이 같거나 비슷한 漢字語를 漢字(正字)로 쓰시오.

[136] 扆闥　　[137] 鄰提　　[138] 顙面

[139] 毳客　　[140] 怙恃　　[141] 枌榆

[142] 贏輸　　[143] 訏嗾　　[144] 交睫

[145] 簡牘

[問 146-155] 다음 단어의 반대어 또는 상대어를 漢字(正字)로 쓰시오.

[146] 起牀　　[147] 裟婆　　[148] 老獪

[149] 永劫　　[150] 謙遜　　[151] 收縮

[152] 祝願　　[153] 持續　　[154] 貫徹

[155] 濫用

[問 156-165] 다음 (　　) 속 단어의 同音異義語를 주어진 뜻에 맞게 漢字(正字)로 쓰시오.

[156] (巨役) 지시 따위를 따르지 않고 거스름.

[157] (結團) 결정적 판단이나 단정.

[158] (卵管) 일을 하여 나가면서 부딪치는 어려운 고비.

[159] (圖書) 크고 작은 온갖 섬.

[160] (同派) 얼어서 터짐.

[161] (燈盤) 험한 산이나 높은 곳의 정상에 이르기 위하여 기어오름.

[162] (晩裝) 자리를 가득 채움.

[163] (煤塵) 전심전력을 다하여 해 나감.

[164] (賞刑) 물건의 형상을 본뜸.

[165] (靈水) 여러 사람 가운데 우두머리.

[問 166-175] 다음 (　　) 안에 알맞은 漢字를 적어 四字成語를 완성하시오.

[166] 酣紅爛[　　] : 가을 단풍이 한창 울긋불긋함.

[167] 鞠躬[　　]瘁 : 몸과 마음을 다하여 나랏일에 힘씀.

[168] 衣[　　]尙褧 : 비단 옷 위에 홑옷을 또 입음.

[169] [　　]厲風飛 : 일하는 솜씨가 빠름.

[170] [　　]飫烹宰 : 배부르면 삶고 칼질한 고기 요리도 싫음.

[171] 跖[　　]吠堯 : 도척이 기르던 개가 요임금을 보고 짖음.

[172] 毁[　　]劃墁 : 기와를 헐고 흙손질한 벽에 금을 그음.

[173] 瞯瑕伺[　　] : 상대방의 빈틈을 엿봄.

[174] 被[　　]左衽 : 머리를 풀고 옷깃을 왼쪽으로 여밈.

[175] 攬轡[　　]淸 : 천하의 정치를 바로 잡을 큰 뜻을 품고 부임함.

[問 176-180] 다음 漢字語의 뜻을 쓰시오.

[176] 鹿裘　　[177] 青甓　　[178] 竈突

[179] 沮遏　　[180] 巓頂痛

[問 181-200] 다음 漢文을 읽고 물음에 답하시오.

○ 子貢曰: ①貧而無諂, 富而無驕, 何如? 子曰: ②可也. (③)若貧而樂, 富而④好禮者也. 子貢曰: 詩云如切如磋, 如琢如(⑤), 其⑥斯之謂與! 子曰: 賜也, 始可(⑦)言詩已矣. 告諸往而知⑧來者. 〈論語〉

○ 商聞之矣, 死生(⑨), 富貴在天. 君子敬而⑩無失, 與人恭而(⑪), 四海之內, 皆兄弟也. ⑫君子何患乎無兄弟也? 〈論語〉

○ 弟子入則孝, 出則弟, (⑬)而信, 汎愛衆而⑭親仁. 行有餘力, 則以(⑮). 〈論語〉

○ 高麗本記云: 始祖東明聖帝, 姓⑯言氏, 諱朱蒙. (⑰)北扶餘王解夫婁, 旣避地于東扶餘. 及夫婁薨, 金蛙⑱嗣位. 于時得一女子於太伯山南優渤水. 問之, 云: "我是河伯之女名柳花, 與諸弟(⑲)時, 有一男子, 自言天帝子解慕漱, 誘我於熊神山下鴨綠邊, ⑳室中知之, 而往不返." 〈三國遺事〉

[181] 밑줄 ① 貧而無諂의 뜻을 풀이하시오.

[182] 밑줄 ② 可也의 속뜻으로 알맞은 것은?

㈎ 할 수 있다.　　㈏ 아주 좋다.
㈐ 괜찮기는 하다.　　㈑ 그럴 수 있을까?

[183] (③)에 들어갈 한자를 사용한 한자어는?

㈎ 無念　　㈏ 未然　　㈐ 不詳　　㈑ 勿忘

[184] 밑줄 ④ 好禮와 같은 짜임의 한자어는?

㈎ 雪冤　　㈏ 侍立　　㈐ 孱弱　　㈑ 怠惰

[185] (⑤)에 들어갈 한자를 쓰시오.

[186] 밑줄 ⑥ 斯가 가리키는 뜻을 해설하시오.

[187] (⑦)에 들어갈 한자를 쓰시오.

[188] 밑줄 ⑧ 來者의 뜻으로 가장 적절한 것은?

㈎ 오는 사람　　㈏ 오도록 청하는 것
㈐ 종래부터 있어온 것　　㈑ 아직 말하지 않은 것

[189] (⑨)에 들어갈 두 글자를 쓰시오.

[190] 밑줄 ⑩ 無失의 뜻을 풀이하시오.

[191] (⑪)에 들어갈 한자어로 적합한 것은?

㈎ 調和　㈏ 有禮　㈐ 敦厚　㈑ 格致

[192] 밑줄 ⑫ 君子何患乎無兄弟也?를 번역하시오.

[193] (⑬)에 들어갈 한자와 뜻이 가장 가까운 한자어는?

㈎ 愼　㈏ 訥　㈐ 毅　㈑ 溫

[194] 밑줄 ⑭ 親仁의 뜻을 풀이하시오.

[195] (⑮)에 들어갈 한자어로 적합한 것은?

㈎ 問學　㈏ 造道　㈐ 學文　㈑ 博學

[196] 밑줄 ⑯ 言 자는 무슨 글자의 잘못인지, 추정되는 글자를 적으시오.

[197] 서술이나 화제를 앞의 사건으로 되돌릴 때 (⑰)에 가장 적당한 한자어는?

㈎ 先是　㈏ 然而　㈐ 但只　㈑ 雖然

[198] 밑줄 ⑱ 嗣位의 뜻이 가장 가까운 것은?

㈎ 賓天　㈏ 靡寧　㈐ 卽祚　㈑ 夙宵

[199] (⑲)에 들어갈 가장 적절한 말은?

㈎ 出遊　㈏ 弄丸　㈐ 緩步　㈑ 戲謔

[200] 밑줄 ⑳ 室中知之를 풀이하시오.

漢字能力檢定試驗

第111回 漢字能力檢定試驗 旣出問題

(社)한국어문회 주관·한국한자능력검정회 시행

[問 1-20] 다음 밑줄 친 漢字語의 讀音을 쓰시오.

[1] 그들의 駿厖한 우정은 모두 부러워한다.

[2] 簑笠을 쓴 노인이 폭우 속으로 걸어갔다.

[3] 선거를 위해 설치된 현수막들이 모두 飄颺되어 없어졌다.

[4] 저녁참에야 겨우 耨耕을 마쳤다.

[5] 친구의 죽음을 衋傷하면서 그의 삶을 추모하였다.

[6] 강가엔 釣叟만이 홀로 있었다.

[7] 속세의 塵囂를 떠나 홀연히 입산하였다.

[8] 마을의 축제는 悼耋들 모두 참여하여 성황리에 마쳤다.

[9] 논문을 작성하면서 煩瑣한 사항은 각주로 돌렸다.

[10] 그는 溝洫마다 농작물을 더 심어 수확을 늘려갔다.

[11] 팥죽은 귀신을 물리치는 辟邪의 기능을 했다고 전한다.

[12] 흉년이 지속되자 관가에서 빈민들에게 廩振을 늘려나갔다.

[13] 아버지는 동생을 扑撻하여 잘못을 꾸짖었다.

[14] 발갛게 드러나도록 뒷산을 완전히 赭斫해 버렸다.

[15] 암행어사는 弊瘼을 바로 잡았다.

[16] 그는 성인이 되어서도 褊陋함을 고치지 못하였다.

[17] 변호사는 범죄를 낱낱이 覈辨함으로써 승소를 이끌어냈다.

[18] 신하는 임금님 어전을 향해 趨蹌해 나아갔다.

[19] 자신의 죄를 솔직하게 고백하면서 간절히 <u>跪謝</u>하였다.

[20] 국가 간의 관계는 사소한 일로 <u>釁端</u>이 생기기 쉽다.

[問 21-45] 다음 漢字語의 讀音을 쓰시오.

[21] 囊橐 [22] 昵愛 [23] 蕊柱

[24] 衰絰 [25] 遊弋 [26] 爨婢

[27] 霾雨 [28] 鴟梟 [29] 蓁芃

[30] 繁噲 [31] 告罄 [32] 鳧鴈

[33] 簟匠 [34] 諛佞 [35] 數罟

[36] 韭菹 [37] 八耋 [38] 顓頊

[39] 盥洗 [40] 芳躅 [41] 葛藟

[42] 驚惕 [43] 鎔鑠 [44] 解酲

[45] 冷竈

[問 46-75] 다음 밑줄 친 漢字語를 正字의 漢字로 쓰시오.

[46] 얼음판에 나동그라져 <u>창피</u>했다.

[47] 아이가 숙제하는 것을 <u>훼방</u>했다.

[48] 그가 범죄사실을 <u>엄폐</u>했다.

[49] 여인이 <u>요염</u>한 자태를 뽐냈다.

[50] 영석의 얼굴에는 생기가 <u>발랄</u>했다.

[51] 나는 잘 지내고 있다는 말로 어머니를 <u>안도</u>시켰다.

[52] 휴전선에 <u>철책</u>이 동서로 뻗어있다.

[53] 대형 할인점에 밀려 동네 가게들이 <u>도태</u>되고 있다.

[54] 젊은이들이 거리를 <u>활보</u>했다.

[55] 끝머리가 휘어 오른 추녀의 <u>앙곡</u>이 완만하다.

[56] 그는 친구의 상여를 운구하였다.

[57] 그는 30여 년을 넘게 글쓰기에 골몰했다.

[58] 그는 매사에 늘 진지하다.

[59] 언론이 정계와 유착하였다.

[60] 2번 출구에서 비행기에 탑승했다.

[61] 선비는 시골집에 칩거했다.

[62] 이곳은 장애가 있는 농아들을 위한 특수 교육 기관이다.

[63] 그들의 현실은 아주 참담했다.

[64] 그 해역은 포경으로 유명했다.

[65] 나는 그 역사적인 사건 현장을 분명하게 목격할 수 있었다.

[66] 그는 적의 사주를 받아 내부의 기밀을 염탐했다.

[67] 아들은 지난날의 잘못을 참회하며 아버지께 용서를 빌었다.

[68] 대한민국의 영토는 한반도와 그 부속 도서로 한다.

[69] 그의 대답은 군색하기 짝이 없다.

[70] 무릎이 탈구되어 통증이 심하다.

[71] 김 교수는 파동의 본질에 대해 천착하고 있다.

[72] 병환으로 수척해지신 할아버지의 모습이 안쓰럽다.

[73] 그 작가는 작품을 표절하여 비난을 받았다.

[74] 이 습지에는 저어새가 서식한다.

[75] 국정을 농단한 죄는 매우 무겁다.

[問 76-85] 다음 뜻을 가진 漢字語를 漢字(正字)로 쓰시오.

[76] (유린) 남의 권리나 인격을 짓밟음.

[77] (추소) 가을밤.

[78] (효후) 사나운 짐승 따위가 으르렁거림.

[79] (모애) 저녁 안개.

[80] (기량) 기술상의 재주.

[81] (제계) 사다리.

[82] (핍박) 형세가 절박함.

[83] (만학) 첩첩이 겹친 많은 골짜기.

[84] (전완) 아래팔.

[85] (좌절) 계획이나 일 따위가 도중에 실패로 돌아감.

[問 86-107] 다음 漢字의 訓과 音을 쓰시오.

[86] 哂	[87] 餒	[88] 勦
[89] 霔	[90] 睢	[91] 畀
[92] 勖	[93] 惔	[94] 汜
[95] 燠	[96] 酗	[97] 矧
[98] 皞	[99] 訑	[100] 縶
[101] 頍	[102] 裒	[103] 袢
[104] 蠋	[105] 渰	[106] 偰
[107] 槩		

[問 108-112] 다음 빈칸에 제시한 漢字를 넣어 단어로 성립하지 않는 것을 찾아 그 번호를 쓰시오.

[108] 昃 : ① [ ]晷 ② [ ]蠟 ③ 盈[ ] ④ [ ]景

[109] 齗 : ① 揉[ ] ② [ ]泥 ③ 齷[ ] ④ [ ]雕

[110] 觥 : ① [ ]南 ② [ ]觴 ③ [ ]盂 ④ [ ]酌

[111] 俘 : ① 獻[ ] ② [ ]萋 ③ [ ]虜 ④ [ ]囚

[112] 戛 : ① 俟[ ] ② 磽[ ] ③ [ ]齒 ④ [ ]箏

[問 113-122] 다음 漢字의 部首를 쓰시오.

[113] 卻　　[114] 髡　　[115] 眚

[116] 羿　　[117] 慭　　[118] 臬

[119] 挈　　[120] 糜　　[121] 賁

[122] 裘

[問 123-125] 다음 漢字의 略字를 쓰시오.

[123] 澁　　[124] 廟　　[125] 蠻

[問 126-135] 다음 漢字語 중 첫소리가 長音인 것을 가려 그 번호를 쓰시오.

[126] ① 胴部　② 動部　　[127] ① 班長　② 反對

[128] ① 配球　② 排球　　[129] ① 士氣　② 砂器

[130] ① 善戰　② 宣傳　　[131] ① 猜忌　② 視界

[132] ① 神話　② 信號　　[133] ① 良識　② 養殖

[134] ① 聯句　② 硏究　　[135] ① 定員　② 庭園

[問 136-145] 다음 단어와 뜻이 같거나 비슷한 漢字語를 漢字(正字)로 쓰시오.

[136] 僾逮　　[137] 酣臥　　[138] 丘冢

[139] 輦轂　　[140] 洋溢　　[141] 缺陷

[142] 拓本　　[143] 置簿　　[144] 私屠

[145] 褒懲

[問 146-155] 다음 단어의 반대어 또는 상대어를 漢字(正字)로 쓰시오.

[146] 謙巽　　[147] 秩序　　[148] 推仰

[149] 儉素　　[150] 穎敏　　[151] 勤勉

[152] 斬新　　[153] 絶讚　　[154] 柔和

[155] 精密

[問 156-165] 다음 ( ) 속 단어의 同音異義語를 주어진 뜻에 맞게 漢字(正字)로 쓰시오.

[156] (加勢) 지나치게 많이 매긴 세금.

[157] (甘棠) 일 따위를 맡아서 능히 해냄.

[158] (蘭殿) 허가 없이 길에 함부로 벌여 놓은 가게.

[159] (徒取) 술이 거나하게 취함.

[160] (半紙) 한 짝으로만 끼게 된 가락지.

[161] (破腫) 논밭에 곡식의 씨앗을 뿌리는 일.

[162] (鄉愁) 오래 사는 복을 누림.

[163] (帙冊) 꾸짖어 나무람.

[164] (除免) 국수를 만듦.

[165] (晶體) 사물이 발전하거나 나아가지 못하고 한자리에 머물러 그침.

[問 166-175] 다음 ( ) 안에 알맞은 漢字를 적어 四字成語를 완성하시오.

[166] 刖趾[ ]屨 : 발꿈치를 잘라 신에 맞춤.

[167] 摧[ ]拉朽 : 마른 나무와 썩은 나무를 꺾음.

[168] 羝羊[ ]藩 : 숫양이 울다리를 받나가 뿔이 걸려 꼼짝도 못함.

[169] 揣摩[ ]測 : 남의 생각을 자기 나름대로 추측함.

[170] 呶呶發[ ] : 여러 말로 구차하게 변명함.

[171] [ ]突豨勇 : 멧돼지처럼 앞뒤를 생각하지 않고 용맹스럽게 나아감.

[172] [ ]輳幷臻 : 수레 바퀴통에 바퀴살이 모이듯 함.

[173] [ ]飫烹宰 : 배부르면 삶고 칼질한 고기 요리도 싫음.

[174] 買櫝還[ ] : 상자만 사고 구슬은 돌려줌.

[175] 白晝搶[ ] : 대낮에 남의 물건을 빼앗음.

[問 176-180] 다음 漢字語의 뜻을 쓰시오.

[176] 瓜瓞 [177] 涕洟 [178] 蛤醢

[179] 捋乳 [180] 麤談

[問 181-200] 다음 漢文을 읽고 물음에 답하시오.

○ 割鷄①焉用牛刀.
○ 子曰 ②後生可畏 焉知來者之不如今也? 四十五十而無聞焉 斯亦不足畏也已.
○ 君子之過也 ③如日月之食焉.
○ 君子有三變 望之儼然 ④卽之也溫 聽其言也厲.
○ 博學而篤志 切問而近思 (⑤)在其中矣.
○ 往者不可諫 來者猶可(⑥).
○ 生而知之者 上也 學而知之者 次也 ⑦困而學之 又其次也.
○ 過而不改 是謂(⑧)矣.
○ 君子⑨矜而不爭 群而不黨.
○ 君子求諸己 小人求⑩諸人.
○ 益者三友 友直友諒友(⑪) 益友.
○ 事君 敬其事而後其⑫食.
○ 衆⑬惡之 必察焉 衆好之 必察焉.
○ 見利思義 見危授命 ⑭久要 不忘平生之言 亦可以爲成人矣. 〈논어〉

[181] 밑줄 ① 焉의 용법과 같은 의미로 쓰인 문장을 고르시오.

㈎ 人焉廋哉? 人焉廋哉? ㈏ 天下之父歸之 其子焉往?
㈐ 未能事人 焉能事鬼? ㈑ 見賢思齊焉 見不賢而內自省也.

[182] 밑줄 ②의 문장과 관계가 있는 4자성어를 고르시오.

㈎ 手不釋卷 ㈏ 他山之石
㈐ 竹馬故友 ㈑ 表裏不同

[183] 밑줄 ③ 如와 같은 용법으로 쓰인 문장을 고르시오.

㈎ 學問如逆水行舟 不進則退. ㈏ 如或知爾 則何以哉.
㈐ 文公如齊 惠公如秦. ㈑ 公如大夫入其門.

[184] 밑줄 ④ 卽之也溫을 풀이하시오.

[185] (⑤)에 들어갈 1음절 漢字를 쓰시오.

[186] (⑥)에 들어갈 1음절 漢字를 쓰시오.

[187] 밑줄 ⑦ 困같은 의미의 2음절 漢字語를 漢字로 쓰시오.

[188] (⑧)에 들어갈 1음절 漢字를 쓰시오.

[189] 밑줄 ⑨ 矜 같은 의미의 1음절 漢字를 쓰시오.

[190] 밑줄 ⑩ 諸와 같은 의미의 2음절 漢字語를 漢字로 쓰시오.

[191] (⑪)에 들어갈 2음절 漢字語를 漢字로 쓰시오.

[192] 밑줄 ⑫ 食과 같은 의미의 2음절 漢字語를 漢字로 쓰시오.

[193] 밑줄 ⑬ 惡과 같은 음이 아닌 것은?

(가) 惡心　(나) 惡阻　(다) 惡寒　(라) 惡物

[194] 밑줄 ⑭ 久要와 같은 의미의 2음절 漢字語를 漢字로 쓰시오.

○ 强首嘗與釜谷冶家之女①<u>野合</u> 情好頗篤 及年二十歲 父母媒邑中之女有容行者 ②<u>將妻之</u> 强首辭不可以再娶 父怒曰 ③<u>爾有時名</u> 國人無不知 而以微者爲偶 不亦可恥(④) 强首再拜曰 貧且賤非所羞也 學道而不行之 ⑤<u>誠所羞也</u> 嘗聞古人之言曰 糟糠之妻 不下堂 貧賤之交 (⑥)則賤妾所不忍棄者 〈삼국사기〉

[195] 밑줄 ① 野合의 뜻을 쓰시오.

[196] 밑줄 ② 將妻之를 풀이하시오.

[197] 밑줄 ③ 爾有時名을 풀이하시오.

[198] (④)에 들어갈 한자로 알맞은 것은?

(가) 乎　(나) 也　(다) 矣　(라) 哉

[199] 밑줄 ⑤ 誠所羞也가 무엇인지 본문에서 찾아 한자로 쓰시오.

[200] (⑥)에 들어갈 漢字를 쓰시오.

■ 사단법인 한국어문회 • 한국한자능력검정회 2025. 02. 22. (토) 001 ■

수험번호 □□□-□□-□□□□ 성명 □□□□□

생년월일 □□□□□□ ※ 유성 싸인펜, 붉은색 필기구 사용 불가.

※ 답안지는 컴퓨터로 처리되므로 구기거나 더럽히지 마시고, 정답 칸 안에만 쓰십시오.
글씨가 채점란으로 들어오면 오답처리가 됩니다.

제108회 전국한자능력검정시험 특급[국가공인] 답안지 (1)

답안란		채점란	답안란		채점란	답안란		채점란
번호	정답		번호	정답		번호	정답	
1	창탈		31	빈상		61	逆鱗	
2	탄갈		32	오예		62	進詣	
3	고상		33	빈척		63	轟飮/宏飮	
4	압닐		34	폐건		64	曖昧	
5	단경		35	방대		65	瑕疵	
6	마비		36	흑예		66	鄙俚	
7	벽제		37	비자		67	羨望	
8	심핵		38	전정		68	泄瀉	
9	수부		39	빈구		69	技倆/伎倆	
10	경필		40	관수		70	灼熱	
11	알주		41	요행		71	瀑布	
12	갱운		42	괴오		72	薔薇	
13	측달		43	작환		73	矜恤	
14	민막		44	예주		74	銀箔	
15	묘신		45	옹구		75	狙擊	
16	구현		46	誘拐		76	前頸	
17	늠식		47	重疊		77	被虜	
18	추소		48	咀嚼		78	黜送	
19	치미		49	湖畔		79	朽索	
20	광견		50	憫惘		80	閃忽	
21	독화		51	彈劾		81	哀咽	
22	사녕		52	纏帶		82	箭桐	
23	허척		53	躊躇		83	夜筵/夜宴	
24	상개		54	堵列		84	臭骸	
25	여제		55	蠢動		85	謫罰	
26	광거		56	搾取		86	정성 침	
27	최억		57	毁謗		87	익숙할 뉴	
28	조사		58	憔悴		88	너그러울 과	
29	몽사		59	猖披		89	눈비퍼부을 표	
30	곽언		60	瘦瘠		90	잘 침	

감독위원	채점위원(1)		
(서명)	(득점)	(서명)	※뒷면으로 이어짐

■ ■

※ 본 답안지는 컴퓨터로 처리되므로 구겨지거나 더렵혀지지 않도록 조심하시고 글씨를 칸 안에 또박또박 쓰십시오.

第108회 전국한자능력검정시험 특급[국가공인] 답안지 (2)

답안란		채점란	답안란		채점란	답안란		채점란
번호	정답		번호	정답		번호	정답	
91	술잔 고		128	②		165	彌縫	
92	훨 규		129	①		166	如	
93	우거질 의/억		130	①		167	壤	
94	쪼갤 고		131	①		168	雲	
95	탐할 도		132	②		169	沸	
96	벼이삭 수		133	②		170	盈	
97	칠 탁		134	②		171	澄	
98	두려워할 름		135	②		172	潛	
99	오로지 전		136	提		173	臆	
100	부르짖을 호		137	血		174	鞠	
101	젓 해		138	悼		175	宰	
102	꾸밀 비		139	殿/闕		176	거짓말로 속임	
103	핍박할 핍		140	楚		177	고치에서 실을 뽑아냄	
104	드리울 예		141	爐		178	괴롭고 귀찮아서 눈살을 찌푸림	
105	만날 구		142	贅		179	권세를 믿음	
106	팔 수		143	逮		180	자질구레하게 부스러짐	
107	흩어질 병		144	娘		181	양식이 떨어지다	
108	③		145	輩		182	(나)	
109	①		146	創造		183	(다)	
110	①		147	左遷		184	본시(본디) 곤궁하다	
111	④		148	純眞		185	濫	
112	④		149	永劫		186	근심하지 않고 두려워하지 않는다	
113	衣		150	緊密		187	(가)	
114	鳥		151	勤勉		188	죽음과 삶에는 정해진 운명이 있다	
115	黽		152	庶系		189	在	
116	彐(彑)		153	犧牲		190	(다)	
117	豸		154	潑剌		191	與	
118	手		155	過激		192	(가)	
119	豕		156	宿歲		193	(라)	
120	阜(阝)		157	誤謬		194	皆	
121	艸(++)		158	奏請		195	어찌 형제가 없음을 걱정하겠습니까?	
122	比		159	波瀾		196	(나)	
123	渋		160	普遍		197	(라)	
124	胆		161	貞操		198	우리말로 중국과 이민족의 각 지방 풍속과 품물 이름을 꿰뚫어 이해하다	
125	麦		162	賠償		199	(가)	
126	②		163	倨慢		200	(라)	
127	②		164	放縱				

■ ■

■ 사단법인 한국어문회 • 한국한자능력검정회 2025. 05. 24. (토) 001 ■

수험번호 □□□－□□－□□□□ 성명 □□□□□

생년월일 □□□□□□ ※ 유성 싸인펜, 붉은색 필기구 사용 불가.

※ 답안지는 컴퓨터로 처리되므로 구기거나 더럽히지 마시고, 정답 칸 안에만 쓰십시오.
글씨가 채점란으로 들어오면 오답처리가 됩니다.

제109회 전국한자능력검정시험 특급[국가공인] 답안지 (1)

답안란		채점란	답안란		채점란	답안란		채점란
번호	정답		번호	정답		번호	정답	
1	교송		31	투박		61	揶揄	
2	요질		32	누경		62	茶盞	
3	박액		33	서골		63	墮落	
4	함담		34	난면		64	添附	
5	편협		35	치효		65	菜蔬	
6	첨도		36	봉채		66	惱殺	
7	관즐		37	성채		67	背馳	
8	탄갈		38	견분		68	避暑	
9	감어		39	소회		69	膺懲	
10	복달		40	동뇌		70	疑訝	
11	가렴		41	암애		71	埋伏	
12	온구		42	추환		72	嫉視	
13	갱수		43	속광		73	霧散	
14	얼업		44	전민		74	臆測	
15	옹손		45	제설		75	掩襲	
16	울창		46	涉獵		76	修繕	
17	자작		47	盟誓		77	僻地	
18	분체		48	斟酌		78	港灣	
19	경핍		49	飜譯		79	增訂	
20	측달		50	醋醬		80	閱覽	
21	가체		51	摩擦		81	硯滴	
22	혁상		52	隘陋		82	伴奏	
23	동운		53	扁甁		83	洋夷	
24	구율		54	押留		84	從姪	
25	장후		55	浸蝕		85	揭載	
26	저름		56	擁護		86	둘 치	
27	구이		57	寶貝		87	산이름 노	
28	찬비		58	後嗣		88	부끄러워할 니	
29	과질		59	奚琴		89	가득할 영	
30	개갑		60	飢餓/饑餓		90	도롱이 사	

감독위원	채점위원(1)		※뒷면으로 이어짐
(서명)	(득점)	(서명)	

■ ■

※ 본 답안지는 컴퓨터로 처리되므로 구겨지거나 더렵혀지지 않도록 조심하시고 글씨를 칸 안에 또박또박 쓰십시오.

제109회 전국한자능력검정시험 특급[국가공인] 답안지 (2)

답안란		채점란	답안란		채점란	답안란		채점란
번호	정답		번호	정답		번호	정답	
91	볼 적		128	① 救助		165	憧憬	
92	수레장식 목		129	① 配耦		166	和	
93	기다릴 혜		130	② 署名		167	錯	
94	풀잎무성할 패		131	① 童顔		168	謝	
95	아청빛 추		132	① 眼前		169	刺	
96	좀먹을 려 | 소라 라		133	② 注射		170	伐	
97	말막힐 굴 | 내칠 출		134	① 定員		171	螳	
98	힘쓸 망		135	① 意識		172	盆	
99	머리깎을 곤		136	瑕疵		173	蕃/藩	
100	손궤 독		137	扶桑		174	離	
101	힘쓸 미		138	捕虜		175	搔	
102	산높을 줄		139	墳墓		176	흉년	
103	물가 서		140	暗誦		177	게젓	
104	큰자라 원		141	裝塡		178	직위를 빼앗음	
105	칠 탁		142	戰慄		179	턱으로 부림/마음대로 부림	
106	광대뼈 규 | 구		143	躊躇		180	쓸데없이 많음	
107	떠날 걸		144	斬首		181	①	
108	①		145	衾枕		182	좋아할 요	
109	③		146	唐慌		183	①	
110	①		147	萎縮		184	忠	
111	③		148	順坦		185	蔽	
112	①		149	凝固		186	不惑	
113	干		150	束縛		187	禮	
114	木		151	粗惡		188	之於	
115	力		152	退嬰		189	師	
116	黑		153	喜悅		190	知	
117	牛		154	紅塵		191	차라리 슬퍼하다	
118	斤		155	左遷		192	困窮	
119	革		156	苛禁		193	道	
120	戶		157	戀歌		194	不直	
121	大		158	憐悼		195	15세 정도의 고아	
122	口		159	豪賊		196	詩	
123	囑		160	昏睡		197	늙고 꾀죄죄하다	
124	璽		161	遲滯		198	떨어진 옷과 해진 신발	
125	厘		162	懷柔		199	대명사	
126	① 將帥		163	洗鍊		200	嫁	
127	② 戶主		164	徒輩				

■ 사단법인 한국어문회 • 한국한자능력검정회 2025. 08. 23. (토) 001 ■

수험번호 □□□-□□-□□□□ 성명 □□□□□

생년월일 □□□□□□ ※ 유성 싸인펜, 붉은색 필기구 사용 불가.

※ 답안지는 컴퓨터로 처리되므로 구기거나 더럽히지 마시고, 정답 칸 안에만 쓰십시오.
글씨가 채점란으로 들어오면 오답처리가 됩니다.

제110회 전국한자능력검정시험 특급[국가공인] 답안지 (1)

답안란		채점란	답안란		채점란	답안란		채점란
번호	정답		번호	정답		번호	정답	
1	번의		31	과봉		61	蔓延/蔓衍	
2	모호		32	유경		62	譴責	
3	새전		33	음즐		63	屠戮	
4	종적		34	낭탁		64	投擲	
5	검핵		35	갱재		65	治癒	
6	이사		36	굉려		66	賭租	
7	최질		37	마비		67	猖披	
8	질타		38	자색		68	補綴	
9	쌍벽		39	노치		69	塡咽	
10	매수		40	침면		70	報酬	
11	곡속		41	용뉴		71	瘠薄	
12	참소		42	유막		72	幇助/幫助	
13	억측		43	정내		73	拔擢	
14	안배		44	박액		74	疳疾	
15	괴란		45	늠속		75	當籤	
16	역책		46	諷刺		76	半曇	
17	편협		47	寓居		77	喝采	
18	철습		48	繃帶		78	萌芽	
19	송동		49	饅頭		79	寤寐	
20	찬탈		50	牽鉤		80	擊錚	
21	폐리		51	撲滅		81	煮沸	
22	전문		52	矜恤		82	福祉	
23	초수		53	完帙		83	寂寞	
24	신물		54	注秧		84	珍玩	
25	모예		55	炙臺		85	駙馬	
26	해장		56	指麾/指揮		86	갑/다할 궤	
27	홍몽		57	棲息		87	사위 서	
28	구로		58	緻密		88	딴머리 체	
29	준답		59	烙印		89	검을 암	
30	매우		60	波濤		90	죽 죽 ㅣ 팔 육	

감독위원	채점위원(1)		※뒷면으로 이어짐
(서명)	(득점)	(서명)	

■ ■

※ 본 답안지는 컴퓨터로 처리되므로 구겨지거나 더럽혀지지 않도록 조심하시고 글씨를 칸 안에 또박또박 쓰십시오.

제110회 전국한자능력검정시험 특급[국가공인] 답안지 (2)

답안란		채점란	답안란		채점란	답안란		채점란
번호	정답		번호	정답		번호	정답	
91	닭 계		128	②		165	領袖	
92	물솟아오를 등		129	②		166	紫	
93	도롱이 사		130	①		167	盡	
94	읊을 영		131	①		168	錦	
95	거의 흘		132	①		169	雷	
96	솔개 치		133	②		170	飽	
97	총명할 민		134	②		171	狗	
98	먹일 궤		135	①		172	瓦	
99	두드릴 구		136	宮殿		173	隙	
100	깜짝놀랄 악		137	鴛鴦		174	髮	
101	호미 자		138	洗手		175	澄	
102	머뭇거릴 주		139	僧侶		176	사슴 가죽으로 만든 옷	
103	어지러울 분		140	父母		177	푸른 빛깔의 벽돌	
104	코벨 의		141	故鄕		178	굴뚝	
105	옥가루 쇄		142	勝負		179	막아서 못하게 함	
106	귀뚜라미 솔		143	謀陷		180	정수리가 몹시 아픈 증상	
107	마른나무 고		144	接目		181	가난해도 아첨하지 않는다	
108	③		145	便紙		182	(다)	
109	①		146	就寢		183	(나)	
110	②		147	彼岸		184	(가)	
111	②		148	純眞		185	磨	
112	④		149	刹那		186	터득한 바가 있다고 하여도 자족해서는 안된다는 사실	
113	弓		150	倨慢		187	與	
114	日		151	膨脹		188	(라)	
115	糸		152	咀呪		189	有命	
116	羽		153	間歇		190	과실이 없다	
117	龠		154	挫折		191	(나)	
118	皿		155	儉約		192	군자가 어찌 형제가 없음을 걱정하겠습니까?	
119	二		156	拒逆		193	(가)	
120	大		157	決斷		194	어진 이를 친근히 한다	
121	髟		158	難關		195	(다)	
122	自		159	島嶼		196	高	
123	絵		160	凍破		197	(가)	
124	猪		161	登攀		198	(다)	
125	齢		162	滿場		199	(가)	
126	①		163	邁進		200	방 속에서 사통하다	
127	②		164	象形				

■ ■

수험번호 □□□-□□-□□□□ 성명 □□□□□

생년월일 □□□□□□□ ※ 유성 싸인펜, 붉은색 필기구 사용 불가.

※ 답안지는 컴퓨터로 처리되므로 구기거나 더럽히지 마시고, 정답 칸 안에만 쓰십시오.
글씨가 채점란으로 들어오면 오답처리가 됩니다.

제111회 전국한자능력검정시험 특급[국가공인] 답안지 (1)

답안란		채점란	답안란		채점란	답안란		채점란
번호	정답		번호	정답		번호	정답	
1	준방		31	고경		61	蟄居	
2	사립		32	부안		62	聾啞	
3	표양		33	점장		63	慘憺	
4	누경		34	유녕		64	捕鯨	
5	혁상		35	촉고		65	目擊	
6	조수		36	구저		66	使嗾	
7	진효		37	팔질		67	懺悔	
8	도모		38	전욱		68	島嶼	
9	번쇄		39	관세		69	窘塞	
10	구혁		40	방탁		70	脫臼	
11	벽사		41	갈류		71	穿鑿	
12	늠진		42	경척		72	瘦瘠	
13	복달		43	용삭		73	剽竊	
14	자작		44	해정		74	棲息	
15	폐막		45	냉조		75	壟斷	
16	편루		46	猖披		76	蹂躪	
17	핵변		47	毁謗		77	秋宵	
18	추창		48	掩蔽		78	哮吼	
19	궤사		49	妖艶		79	暮靄	
20	흔단		50	潑剌		80	伎倆	
21	낭탁		51	安堵		81	梯階	
22	일애		52	鐵柵		82	逼迫	
23	예주		53	淘汰		83	萬壑	
24	최질		54	闊步		84	前腕	
25	유익		55	昻曲		85	挫折	
26	찬비		56	運柩		86	웃을 신	
27	매우		57	汨沒		87	주릴 뇌	
28	치효		58	眞摯		88	노곤할 초	
29	진교/진규		59	癒着		89	시우 주	
30	번쾌		60	搭乘		90	부릅떠볼 휴 | 물이름 수	

감독위원	채점위원(1)		
(서명)	(득점)	(서명)	※뒷면으로 이어짐

※ 본 답안지는 컴퓨터로 처리되므로 구겨지거나 더렵혀지지 않도록 조심하시고 글씨를 칸 안에 또박또박 쓰십시오.

제111회 전국한자능력검정시험 특급[국가공인] 답안지 (2)

답안란		채점란	답안란		채점란	답안란		채점란
번호	정답		번호	정답		번호	정답	
91	줄 비		128	① 配球		165	停滯	
92	수고로울 예 | 수고로울 이		129	① 士氣		166	適	
93	속탈 담		130	① 善戰		167	枯	
94	늪 사		131	② 視界		168	觸	
95	더울 욱		132	② 信號		169	臆	
96	주정할 후		133	② 養殖		170	明	
97	하물며 신		134	② 研究.		171	豬	
98	밝을 호		135	① 定員		172	輻	
99	자랑할 이 | 방탕할 탄		136	眼鏡		173	飽	
100	말맬 칩		137	熟眠		174	珠	
101	빛날 경		138	墳墓		175	奪	
102	모을 부		139	御駕		176	큰 오이와 작은 오이	
103	속옷 번		140	充滿		177	눈물과 콧물	
104	뽕나무벌레 촉		141	瑕疵		178	조개젓	
105	구름일 엄		142	碑帖		179	젖을 짬.	
106	맑을 설		143	看做		180	거칠고 어리석은 말	
107	고라니 미		144	盜殺		181	(다)	
108	②		145	賞罰		182	(가)	
109	③		146	驕慢		183	(가)	
110	①		147	混沌		184	나아가 보면 온화해 보인다	
111	②		148	凌蔑		185	仁	
112	①		149	奢侈		186	追	
113	冂		150	愚鈍		187	不通	
114	髟		151	懶怠		188	過	
115	目		152	陳腐		189	莊	
116	羽		153	酷評		190	之於, 之乎	
117	心		154	剛硬		191	多聞	
118	木		155	粗雜		192	俸祿	
119	手		156	苛稅		193	(라)	
120	米		157	堪當		194	舊約	
121	貝		158	亂廛		195	(혼인 전) 정을 통하다	
122	衣		159	陶醉		196	장차 아내로 삼으려 하다	
123	渋		160	斑指		197	세상에 이름이 알려지다	
124	廓 庙		161	播種		198	(가)	
125	蛮		162	享壽		199	學道而不行之	
126	② 動部		163	叱責		200	不可忘	
127	② 反對		164	製麪				

■ ■

特級 新習漢字 代表訓音 一覽表

가 哿 (口/07) 가할 가:
가 斝 (斗/08) 옥잔 가
가 檟 (木/13) 가나무 가
가 珈 (玉/05) 머리꾸미개 가
가 葭 (艸/09) 갈대 가 | 멀 하
각 卻 (卩/07) 물리칠 각
각 桷 (木/07) 서까래 각
간 榦 (木/10) 줄기 간 | 우물난간 한
간 玕 (玉/03) 옥돌 간
간 衎 (行/03) 즐길/곧을 간
간 瞯 (目/12) 엿볼 간: | 곁눈질할 한:
간 蕑 (艸/12) 난초/연밥 간
갈 秸 (禾/06) 볏짚 갈
감 欿 (欠/08) 서운할 감:
감 歛 (欠/13) 바랄 감
감 矙 (目/20) 엿볼 감:
감 酣 (酉/05) 술즐길 감
감 减 (冫/09) 덜 감:
강 杠 (木/03) 깃대 강
강 橿 (木/13) 참죽나무 강
개 槩 (木/11) 평미레 개:
개 玠 (玉/04) 큰홀 개
개 喈 (口/09) 새소리/빠를 개
개 嘅 (口/11) 탄식할 개
개 湝 (水/09) 물흐를 개
갱 硜 (石/07) 돌소리 갱
갱 賡 (貝/08) 이을 갱
갱 鏗 (金/11) 금석소리 갱
갱 秔 (禾/04) 메벼 갱
갹 臄 (肉/13) 순대 갹

거 秬 (禾/05) 검은기장 거
거 筥 (竹/07) 광주리 거: | 밥통 려:
거 籧 (竹/17) 대자리 거
거 莒 (艸/07) 나라이름 거
거 蘧 (艸/17) 패랭이꽃 거
거 袪 (衣/05) 소매 거:
거 椐 (木/08) 느티나무 거
거 琚 (玉/08) 패옥 거
거 虡 (虍/08) 쇠북걸이틀 거
건 褰 (衣/10) 걷을 건
걸 朅 (曰/10) 떠날 걸
겁 跲 (足/06) 엎드러질 겁
게 愒 (心/09) 쉴 게 | 탐할 개
격 鴃 (鳥/04) 왜가리 격
격 綌 (糸/07) 굵은갈포 격
격 繳 (糸/13) 주살 격 | 동일 교
격 鵙 (鳥/07) 왜가리 격
견 狷 (犬/07) 고집스러울 견
견 畎 (田/04) 밭고랑 견
견 繾 (糸/14) 곡진할 견:
견 蠲 (虫/17) 덜/정결할 견
견 岍 (山/04) 산이름 견
견 獧 (犬/13) 뛸 견: | 급할 현:
견 睊 (目/07) 흘겨볼 견
견 豜 (豕/06) 돼지/노루 견
결 闋 (門/09) 마칠 결
결 袺 (衣/06) 옷섶잡을 결
결 觼 (角/15) 쇠고리 결
겸 歉 (欠/10) 흉년들 겸
겸 蒹 (艸/10) 갈대 겸

경	冏	(冂/05)	빛날 경
경	憬	(心/09)	근심할 경
경	檠	(木/13)	등잔걸이 경
경	煢	(火/09)	외로울 경
경	茕	(火/08)	외로울 경
경	熲	(火/11)	빛날 경
경	罄	(缶/11)	다할 경:
경	褧	(衣/10)	홑옷 경
경	駉	(馬/05)	살찌고큰 경
경	黥	(黑/08)	자자(刺字)할 경
경	冂	(冂/00)	멀 경
경	牼	(牛/07)	소정강이뼈 경
경	瞏	(目/08)	놀라서볼 경
경	鶊	(鳥/08)	꾀꼬리 경
계	烓	(火/06)	화덕 계
계	雞	(隹/10)	닭 계
계	笄	(竹/04)	비녀 계
고	刳	(刀/06)	가를 고
고	杲	(木/04)	밝을 고
고	栲	(木/06)	북나무 고
고	槀	(木/10)	마른나무 고
고	橐	(木/15)	칼집 고
고	盬	(皿/13)	짠못/마실 고
고	瞽	(目/13)	소경 고
고	罟	(网/05)	그물 고:
고	羖	(羊/04)	염소 고:
고	觚	(角/05)	술잔 고
고	酤	(酉/05)	단술 고
고	熇	(火/10)	말릴 고
고	楛	(木/09)	거칠 고 | 나무이름 호
고	稾	(禾/10)	원고/볏짚 고
고	罛	(网/05)	큰물고기그물 고
고	翺	(羽/12)	노닐 고
고	鼛	(鼓/08)	큰북 고
곡	觳	(角/10)	곱송그릴 곡 | 비교할 각
곡	轂	(車/10)	수레바퀴통 곡
곡	牿	(牛/07)	외양간 곡
곤	緄	(糸/08)	띠 곤 | 오랑캐이름 혼
곤	錕	(金/08)	붉은쇠 곤
곤	髡	(髟/03)	머리깎을 곤
곤	梱	(木/08)	문지방 곤
곤	鯀	(魚/07)	큰물고기 곤
공	悾	(心/08)	정성 공
공	邛	(邑/03)	수고할 공
과	夸	(大/03)	사치할/자랑할 과
과	裹	(衣/08)	쌀 과:
과	薖	(艸/13)	너그러울 과
과	蜾	(虫/08)	나나니벌 과
곽	躩	(足/20)	바삐갈 곽
곽	霍	(雨/08)	곽란 곽
곽	鞹	(革/11)	가죽 곽
관	丱	(丨/04)	쌍상투 관
관	盥	(皿/11)	낯씻을 관:
관	祼	(示/08)	강신제 관
관	綰	(糸/08)	얽을 관
관	錧	(金/08)	비녀장 관
관	鸛	(鳥/18)	황새 관
관	痯	(疒/08)	병에지칠 관
관	瘝	(疒/09)	앓을 관
괄	佸	(人/06)	모일 괄
괄	栝	(木/06)	전나무 괄
괄	聒	(耳/06)	떠지껄일 괄
광	桄	(木/06)	광랑나무 광
광	纊	(糸/15)	고운솜 광:
광	誑	(言/07)	속일 광
광	迋	(辵/04)	속일 광 | 갈 왕
괴	瑰	(玉/10)	옥돌 괴
괴	蕢	(艸/12)	흙덩이 괴 | 삼태기 궤

괵	虢	(虍/09)	나라이름 괵
굉	觥	(角/06)	뿔잔 굉
굉	鞃	(革/05)	고삐 굉
교	佼	(人/06)	예쁠/업신여길 교
교	嘐	(口/11)	깨물 교 | 클 효
교	姣	(女/06)	아름다울/아양부릴 교
교	磽	(石/12)	자갈땅 교
교	蹻	(足/12)	발들 교 | 짚신 갹
교	僥	(人/13)	갈 교
교	敿	(攴/12)	맬 교
교	曒	(日/13)	밝을 교
교	茭	(艸/06)	마른꼴 교 | 풀뿌리 효
교	茮	(艸/06)	당아욱 교
교	鷮	(鳥/12)	꿩 교
구	俅	(人/07)	공순할 구
구	劬	(力/05)	수고할 구
구	姤	(女/06)	만날 구
구	媾	(女/10)	겹혼인/화친할 구
구	嫗	(女/11)	할미 구
구	屨	(尸/14)	신 구:
구	彀	(弓/10)	활당길 구:
구	扣	(手/03)	두드릴 구
구	捄	(手/07)	흙파올릴 구
구	搆	(手/10)	얽을 구
구	漚	(水/11)	물거품 구
구	璆	(玉/11)	옥경쇠 구
구	疚	(疒/03)	오랜병 구
구	窶	(穴/11)	가난할 구: | 기울어진땅 루:
구	糗	(米/10)	미숫가루 구:
구	裘	(衣/07)	갖옷 구
구	覯	(見/10)	만나볼 구
구	遘	(辵/10)	만날 구
구	韭	(韭/00)	부추 구
구	笱	(竹/05)	통발 구
구	艽	(艸/02)	변방 구 | 진교 교
구	觩	(角/07)	뿔굽을 구
구	雊	(隹/05)	장끼울 구
국	匊	(勹/06)	움큼 국
굴	詘	(言/05)	말막힐 굴 | 내칠 출
권	棬	(木/08)	나무그릇 권
권	睠	(目/08)	돌아볼 권:
권	綣	(糸/08)	정다울 권
권	鬈	(髟/08)	머리고울 권
궤	匱	(匚/12)	갑(匣)/다할 궤:
궤	氿	(水/02)	구멍샘 궤:
궤	簋	(竹/11)	제기(祭器)이름 궤:
궤	跪	(足/06)	꿇어앉을 궤:
궤	餽	(食/10)	먹일 궤:
궤	匭	(匚/09)	상자 궤
궤	垝	(土/06)	무너질 궤
궤	簣	(竹/12)	삼태기 궤:
귀	宄	(宀/02)	간악할 귀
규	刲	(刀/06)	찌를/벨 규
규	樛	(木/11)	휠 규
규	睽	(目/09)	어그러질/반목할 규
규	糾	(糸/01)	살필 규
규	闚	(門/11)	엿볼 규
규	頍	(頁/04)	머리들 규
규	戣	(戈/09)	창 규
규	頄	(頁/02)	광대뼈 규 | 광대뼈 구
규	騤	(馬/09)	말건장할 규
균	箘	(竹/08)	죽순 균
균	麕	(鹿/08)	노루 균
극	亟	(二/07)	빠를 극 | 자주 기
극	殛	(歹/09)	귀양보낼 극
극	襋	(衣/12)	옷깃 극
극	郤	(邑/07)	틈 극
근	墐	(土/11)	묻을 근

근 瑾 (水/11) 맑을 근
급 岌 (山/04) 산높을 급
긍 亙 (二/04) 뻗칠 긍:
기 僛 (人/12) 비틀거려춤출 기
기 墍 (土/11) 흙바를 기
기 屺 (山/03) 민둥산 기
기 忮 (心/04) 사나울 기
기 掎 (手/08) 당길 기
기 旂 (方/06) 용대기 기
기 曔 (日/10) 별 기
기 暨 (日/12) 미칠 기
기 棊 (木/08) 바둑 기
기 歧 (止/04) 두갈래길 기
기 綦 (糸/08) 들메끈 기
기 羇 (网/17) 굴레/나그네 기
기 跂 (足/04) 육발이/발돋움할 기
기 頎 (頁/04) 헌걸찰 기
기 芑 (艸/03) 흰차조 기
기 蘷 (艸/16) 조심할 기
기 羈 (襾/19) 굴레/나그네 기
기 軝 (車/04) 수레굴통대 기
길 姞 (女/06) 삼갈 길
난 赧 (赤/05) 부끄러울 난:
난 戁 (心/19) 두려워할 난
날 陧 (阜/07) 위태할 날
납 軜 (車/04) 고삐 납
낭 曩 (日/17) 지난번 낭:
내 迺 (辵/06) 이에 내:
내 鼐 (鼎/02) 큰솥 내:
녕 佞 (人/05) 재주있을/아첨할 녕
녕 甯 (用/07) 차라리 녕
노 呶 (口/05) 지껄일 노
노 孥 (子/05) 자식 노
노 峱 (山/07) 산이름 노

노 猱 (犬/09) 원숭이 노
노 怓 (心/05) 어지러울 노
노 砮 (石/05) 돌살촉 노
농 穠 (禾/13) 무성할 농
뇌 餒 (食/07) 주릴 뇌
누 耨 (耒/10) 호미 누:
뉴 忸 (心/04) 익을 뉴 | 부끄러울 뉵
뉴 狃 (犬/04) 익숙할 뉴:
뉴 鈕 (金/04) 인꼭지 뉴
니 怩 (心/05) 부끄러워할 니
니 柅 (木/05) 굄목 니
니 你 (人/05) 너 니
닐 昵 (日/05) 친할 닐 | 아비사당 녜
다 爹 (父/06) 아비 다
단 慱 (心/11) 근심할 단
단 漙 (水/11) 이슬많을 단
단 癉 (疒/12) 앓을 단
단 煅 (火/09) 쇠불릴 단
단 襢 (衣/13) 웃통벗을 단 | 흰베 전
달 怛 (心/05) 슬플 달
달 闥 (門/13) 궐문 달
담 黮 (黑/09) 검을 담: | 오디 심:
담 惔 (心/08) 속탈 담
담 窞 (穴/08) 구덩이 담
담 聃 (耳/04) 귓바퀴없을 담
담 菼 (艸/08) 달 담:
담 萏 (艸/08) 연봉오리 담
담 餤 (食/08) 먹을 담
담 驔 (馬/12) 정강이흰말 담
담 髧 (髟/04) 머리늘어질 담
당 倘 (人/08) 만일 당 | 노닐 상
당 儻 (人/20) 고상할/구차할 당
당 鏜 (金/11) 종고소리 당
당 鐺 (金/13) 목쇠사슬 당 | 노구 쟁

당 螗 (虫/10) 씽씽매미 당
대 懟 (心/14) 원망할 대:
대 憝 (心/12) 원망할/악할 대:
대 祋 (示/04) 창 대
대 譈 (言/12) 원망할 대:
도 叨 (口/02) 탐할 도
도 忉 (心/02) 근심할 도
도 慆 (心/10) 기뻐할 도
도 擣 (手/14) 찧을 도
도 檮 (木/14) 등걸 도 | 산대 주
도 稌 (禾/07) 찰벼 도
도 闍 (門/09) 성문 도
도 鼗 (鼓/06) 작은북 도
도 咷 (口/06) 울 도
도 瘏 (疒/09) 앓을 도
도 綯 (糸/08) 노꼴 도
도 翿 (羽/14) 깃일산 도
도 荼 (艸/07) 씀바귀 도
도 謟 (言/10) 의심할 도
도 鞉 (革/06) 소고 도
독 櫝 (木/15) 궤 독
독 黷 (黑/15) 더러울 독
독 匵 (匚/15) 손궤 독
동 侗 (人/06) 지각없을 동 | 키멀쑥할 통
동 僮 (人/12) 아이종 동:
동 彤 (彡/04) 붉은칠할 동
동 蝀 (虫/08) 무지개 동:
동 烔 (火/06) 뜨거울 동
동 罿 (网/12) 새그물 동
두 斁 (攴/13) 무너질 두 | 싫어할 역
등 滕 (水/10) 물솟아오를 등
등 縢 (糸/10) 노/꿰맬 등
등 螣 (虫/10) 등사 등
라 臝 (肉/17) 벌거벗을 라
라 蠃 (虫/13) 나나니벌 라
락 雒 (隹/06) 올빼미/표가라 락
란 闌 (門/09) 가로막을 란
란 瓓 (玉/17) 옥빛 란
랄 捋 (手/07) 뽑을/문지를 랄
랑 稂 (禾/07) 가라지/강아지풀 랑
래 騋 (馬/08) 큰말 래
래 倈 (人/08) 올/위로할 래
래 勑 (力/08) 위로할 래 | 조서 칙
려 厲 (厂/13) 엄할/숫돌 려:
려 膂 (肉/10) 등골뼈 려
려 蠡 (虫/15) 좀먹을 려 | 소라 라
려 藘 (艸/15) 꼭두서니 려
력 鬲 (鬲/00) 솥 력 | 가로막을 격
력 櫟 (木/15) 떡갈나무 력
력 酈 (邑/19) 땅이름 력 | 땅이름 리
련 孌 (女/19) 아름다울 련
렬 栵 (木/06) 산밤나무 렬 | 늘어설 례
렴 蘞 (艸/17) 거지덩굴 렴
령 姈 (女/05) 여자영리할 령
령 昤 (日/05) 햇빛 령
령 苓 (艸/05) 복령(茯苓) 령
령 蛉 (虫/05) 고추잠자리 령
례 鱧 (魚/13) 가물치 례
로 壚 (土/16) 검은흙 로
로 簬 (竹/13) 대이름 로
로 纑 (糸/16) 베올 로
록 彔 (彐/05) 새길 록
롱 隴 (阜/16) 언덕 롱:
뢰 罍 (缶/15) 술잔 뢰
뢰 耒 (耒/00) 따비 뢰:
료 潦 (水/12) 장마 료: | 장마 로:
료 繚 (糸/12) 동일 료
료 敹 (攴/11) 가릴 료

루 摟 (手/11) 안을 루
류 纍 (糸/15) 가둘 류 | 가둘 루
류 懰 (心/15) 근심할/아름다울 류
류 罶 (网/10) 통발 류:
류 藟 (艸/15) 덩굴풀 류
류 虆 (艸/21) 덩굴 류
류 駵 (馬/07) 월따말 류
륙 僇 (人/11) 욕할 륙
륙 穋 (禾/11) 올벼 륙
름 廩 (广/13) 쌀곳간 름
름 懍 (心/13) 두려워할 름
리 俐 (人/07) 영리할 리
리 涖 (水/07) 임할 리
리 离 (内/06) 도깨비/산신 리
리 莅 (艸/07) 임할 리
리 梩 (木/07) 삼태기 리
리 縭 (糸/11) 신꾸밀 리
리 纚 (糸/19) 맬 리 | 머리싸개 사
리 詈 (言/05) 꾸짖을 리:
린 粼 (米/08) 물맑을 린
린 鄰 (邑/12) 이웃 린
립 苙 (艸/05) 구릿대/짐승우리 립
마 禡 (示/10) 마제(禡祭) 마
막 藐 (艸/14) 멀 막 | 작을 묘
막 瘼 (疒/11) 병들 막
만 墁 (土/11) 바를 만
만 鏋 (金/11) 금 만
말 秣 (禾/05) 말먹이 말
망 蘉 (艸/16) 힘쓸 망
매 沬 (水/05) 희미할 매 | 낯씻을 회
매 苺 (艸/05) 딸기 매
매 勱 (力/13) 힘쓸 매
매 浼 (水/07) 더럽힐 매 | 편히흐를 면
매 痗 (疒/07) 병들 매
매 脢 (肉/07) 등심 매
매 鋂 (金/07) 사슬고리 매
매 霾 (雨/14) 흙비 매
매 韎 (韋/05) 가죽 매
맥 貊 (豸/06) 오랑캐 맥
맥 霢 (雨/10) 가랑비 맥
면 湎 (水/09) 빠질 면:
멸 篾 (竹/11) 대껍질 멸
멸 幭 (巾/15) 덮개 멸
모 旄 (方/06) 털기(旗) 모
모 眊 (目/04) 눈흐릴/늙을 모
모 耄 (老/04) 늙을 모
모 蟊 (虫/11) 해충 모
모 髦 (髟/04) 다박머리 모
모 麰 (麥/06) 보리 모
목 楘 (木/09) 수레장식 목
목 霂 (雨/07) 가랑비 목
몽 幪 (巾/14) 덮을 몽
몽 濛 (水/14) 이슬비 몽
몽 矇 (目/14) 소경 몽
몽 饛 (食/14) 밥수북히담을 몽
묘 眇 (目/04) 애꾸 묘:
묘 貓 (豸/09) 고양이 묘:
묘 茆 (艸/05) 띠 묘 | 갯버들 류
무 儛 (人/14) 춤출 무:
무 廡 (广/12) 행랑 무
무 膴 (肉/12) 두터울 무
무 髳 (髟/05) 다박머리 무
묵 纆 (糸/15) 노 묵
문 捫 (手/08) 어루만질 문
문 炆 (火/04) 따뜻할 문
문 璊 (玉/11) 붉은옥 문
문 穈 (禾/11) 붉은기장 문 | 검은기장 미
미 亹 (亠/20) 힘쓸 미

미	弭	(弓/06)	활고자 미:
미	敉	(攴/06)	어루만질 미
미	瀰	(水/17)	물가득할 미
미	糜	(米/11)	죽 미
미	麋	(鹿/06)	고라니 미
미	郿	(邑/09)	땅이름 미
민	忞	(心/04)	힘쓸 민
민	暋	(日/09)	강할/번민할 민
민	黽	(黽/00)	힘쓸 민 | 맹꽁이 맹 | 땅이름 면
민	慜	(心/11)	총명할 민
민	敃	(攴/05)	힘쓸 민
민	潣	(水/12)	물졸졸흐를 민
민	痻	(疒/08)	병들 민
박	亳	(亠/08)	땅이름 박
박	鎛	(金/10)	호미 박
박	襮	(衣/15)	수놓은깃 박
박	鉑	(金/05)	금박 박
반	胖	(肉/05)	살찔 반
반	鞶	(革/10)	가죽띠 반
발	浡	(水/07)	우쩍일어날 발
발	茇	(艸/05)	풀뿌리 발
발	軷	(車/05)	길제사 발
방	厖	(厂/07)	클 방
방	幫	(巾/14)	도울 방
방	魴	(魚/04)	방어 방
방	逄	(辵/06)	막을 방
방	雱	(雨/04)	눈내릴 방
배	桮	(木/07)	술잔 배
번	翻	(羽/12)	날/뒤칠 번
번	蘩	(艸/17)	흰쑥 번
번	袢	(衣/05)	속옷 번
번	墦	(土/12)	무덤 번
범	杋	(木/03)	나무이름 범
벽	甓	(瓦/13)	벽돌 벽
벽	辟	(辛/06)	물리칠 벽
변	籩	(竹/19)	제기이름 변
변	釆	(釆/00)	나눌 변
병	缾	(缶/08)	병 병
병	迸	(辵/08)	흩어질 병
병	怲	(心/05)	근심할 병
병	荓	(艸/08)	풀이름 병
보	鴇	(鳥/04)	너새 보:
보	黼	(黹/07)	수놓은옷 보
복	扑	(手/02)	칠 복
복	濮	(水/14)	물이름 복
복	楅	(木/09)	뿔막이 복 | 뿔막이 벽
복	葍	(艸/09)	순무 복
복	鍑	(金/09)	솥 복
봉	丰	(丨/03)	예쁠 봉
봉	菶	(艸/08)	풀우거질 봉
봉	唪	(口/08)	크게웃을 봉
봉	葑	(艸/09)	순무 봉
봉	芃	(艸/03)	풀무성할 봉
부	俘	(人/07)	사로잡을 부
부	拊	(手/05)	어루만질 부:
부	掊	(手/08)	헤칠 부
부	桴	(木/07)	대마루 부
부	祔	(示/05)	합장할 부
부	罦	(网/07)	덮을 부
부	芣	(艸/04)	질경이 부
부	蜉	(虫/07)	하루살이 부
부	裒	(衣/07)	모을 부
부	鈇	(金/04)	작두/도끼 부
부	鮒	(魚/05)	붕어 부:
부	痡	(疒/07)	앓을 부
부	紑	(糸/04)	옷깨끗할 부
분	枌	(木/04)	흰느릅나무 분
분	棼	(木/08)	어지러울 분

분 濆 (水/12) 물가 분
분 蕡 (艸/12) 열매많을 분
분 幩 (巾/13) 재갈장식 분
분 苯 (艸/05) 우거질 분
분 豮 (豕/13) 불깐[去勢]돼지 분
분 饙 (食/13) 찐밥 분
분 鼖 (鼓/05) 큰북 분
불 紱 (糸/05) 인끈 불
불 艴 (色/05) 성발끈낼 불 | 성발끈낼 발
불 茀 (艸/05) 우거질 불
불 黻 (黹/05) 슬갑/보불 불
불 芾 (艸/04) 슬갑/우거질 불
불 咈 (口/05) 어길 불
불 市 (巾/01) 슬갑 불
불 笰 (竹/05) 수레가리개 불
불 紼 (糸/05) 인끈 불
비 仳 (人/04) 떠날 비
비 俾 (人/08) 하여금 비:
비 剕 (刀/08) 발벨 비:
비 圮 (土/03) 무너질 비:
비 埤 (土/08) 더할 비
비 庳 (广/08) 낮을 비
비 悱 (心/08) 분할 비:
비 棐 (木/08) 도지개 비
비 淠 (水/08) 물이름 비
비 痺 (疒/08) 저릴 비
비 紕 (糸/04) 꾸밀 비
비 羆 (网/14) 곰 비
비 腓 (肉/08) 장딴지 비
비 貔 (豸/10) 맹수이름 비
비 轡 (車/15) 고삐 비:
비 閟 (門/05) 닫을 비:
비 霏 (雨/08) 눈펄펄내릴 비
비 騑 (馬/08) 곁마 비
비 伾 (人/05) 힘셀 비
비 奰 (大/15) 장대할 비
비 岯 (山/05) 산겹칠 비
비 朏 (月/05) 초승달 비
비 畀 (田/03) 줄 비:
비 秠 (禾/05) 검은기장 비
비 篦 (竹/10) 대광주리 비:
비 鞞 (革/08) 마상북 비 | 칼집 병
비 駓 (馬/05) 황부루 비
빈 儐 (人/14) 인도할 빈
빈 擯 (手/14) 물리칠 빈
빈 繽 (糸/14) 어지러울 빈
빈 蘋 (艸/16) 마름 빈
빈 豳 (豕/10) 나라이름 빈
빈 邠 (邑/04) 나라이름 빈
빈 鬢 (髟/14) 살쩍 빈
빈 璸 (玉/14) 옥의무늬 빈
빈 蠙 (虫/14) 진주조개 빈
사 糸 (糸/00) 실 사 | 가는실 멱
사 傞 (人/10) 취한춤 사
사 榭 (木/10) 정자/사당 사
사 汜 (水/03) 늪 사:
사 笥 (竹/05) 옷상자 사:
사 鯊 (魚/07) 상어/모래무지 사
사 戺 (戶/03) 문지방 사
사 涘 (水/07) 물가 사:
사 簑 (竹/10) 도롱이 사
사 耜 (耒/05) 따비/보습 사:
사 葸 (艸/09) 겁낼 사
사 蓰 (艸/11) 다섯곱 사:
사 躧 (足/11) 천천히걸을 사
삭 鑠 (金/15) 쇠녹일 삭
산 潸 (水/12) 눈물줄줄흘릴 산
삽 歃 (欠/09) 마실 삽

상 塽 (土/11) 높고밝은땅 상
상 殤 (歹/11) 어려서죽을 상
상 顙 (頁/10) 이마 상:
상 鱨 (魚/14) 자가사리/날치 상
생 眚 (目/05) 재앙 생
서 噬 (口/13) 씹을 서:
서 婿 (女/09) 사위 서:
서 湑 (水/09) 이슬맺힐 서
서 澨 (水/13) 물가 서
서 紓 (糸/04) 늘어질 서
서 癙 (疒/13) 근심병 서:
서 藇 (艸/14) 아름다울 서 | 마 여
서 諝 (言/09) 슬기 서
서 鱮 (魚/14) 연어 서
석 腊 (肉/08) 육포 석
석 舃 (臼/06) 신 석
석 鉐 (金/05) 놋쇠 석
석 鼫 (鼠/05) 다람쥐 석
석 螫 (虫/11) 쏠 석
석 裼 (衣/08) 벗어맬 석 | 포대기 체
선 墡 (土/12) 흰흙 선
선 愃 (心/09) 상쾌할 선 | 너그러울 훤
선 僎 (人/12) 갖출 선 | 준작 준
선 墠 (土/12) 제터 선
선 毨 (毛/06) 털갈 선
선 珗 (玉/06) 옥돌 선
설 偰 (人/09) 맑을 설
설 暬 (日/11) 설만할 설
설 紲 (糸/05) 고삐 설
설 挈 (手/06) 끌 설 | 이지러질 계
설 絏 (糸/06) 맬 설 | 소매 예
섬 憸 (心/13) 아첨할 섬
섭 韘 (韋/09) 깍지 섭
성 瑆 (玉/09) 옥빛 성
성 騂 (馬/07) 붉은소 성
성 娍 (女/07) 아름다울 성
세 帨 (巾/07) 수건 세
소 埽 (土/08) 쓸 소(:)
소 愬 (心/10) 하소연할 소 | 두려워할 색
소 繅 (糸/11) 고치켤 소
소 翛 (羽/07) 날개소리 소
소 艘 (舟/10) 고물(船尾) 소
소 蛸 (虫/07) 갈거미 소
소 霄 (雨/07) 하늘 소
소 愫 (心/10) 정성 소
소 慅 (心/10) 소란스러울 소 | 고달플 초
소 柖 (木/05) 나무흔들릴 소
소 玿 (玉/05) 아름다운옥 소
소 蠨 (虫/17) 갈거미 소
속 樕 (木/11) 참나무 속
속 蔌 (艸/11) 푸성귀 속
속 藚 (艸/15) 쇠귀나물 속
속 觫 (角/07) 곱송그릴 속
속 餗 (食/07) 삶은나물 속
손 飧 (食/03) 저녁밥/물만밥 손
손 飱 (食/04) 저녁밥 손
솔 蟀 (虫/11) 귀뚜라미 솔
송 竦 (立/07) 공경할/두려울 송:
쇄 洒 (水/06) 뿌릴 쇄: | 씻을 세:
쇄 瑣 (玉/10) 옥가루 쇄:
수 叟 (又/07) 늙은이 수
수 售 (口/08) 팔 수
수 廋 (广/09) 숨길 수
수 殳 (殳/00) 창 수
수 濉 (水/13) 물이름 수 | 노려볼 휴
수 睟 (目/08) 바로볼 수
수 瞍 (目/09) 소경 수
수 竪 (豆/08) 세울 수

수	檖	(木/13)	산배 수
수	穟	(禾/13)	벼이삭 수
수	繻	(糸/14)	고운비단 수
수	魗	(鬼/14)	미워할 수 ㅣ 미워할 추
숙	俶	(人/08)	비롯할 숙
숙	橚	(木/13)	무성할 숙
순	肫	(肉/04)	광대뼈 순
순	鶉	(鳥/08)	메추리 순
순	漘	(水/11)	물가 순
순	犉	(牛/08)	입술검은누렁소 순
순	郇	(邑/06)	나라이름 순
슬	璱	(玉/13)	아름다운옥 슬
습	熠	(火/11)	빛날 습
습	隰	(阜/14)	진펄 습
시	偲	(人/09)	힘쓸 시
시	兕	(儿/05)	외뿔소 시
시	啻	(口/09)	뿐 시:
시	塒	(土/10)	홰 시
시	枲	(木/05)	수삼 시:
시	緦	(糸/09)	시마(緦麻) 시
시	諟	(言/09)	다스릴 시:
시	釃	(酉/19)	술거를 시
시	鳲	(鳥/03)	뻐꾸기 시
식	栻	(木/06)	점치는판 식
신	哂	(口/06)	웃을 신:
신	矧	(矢/04)	하물며 신:
신	賮	(貝/14)	노자 신:
신	駪	(馬/06)	많을 신
신	璶	(玉/14)	옥돌 신
신	甡	(生/05)	수두룩할 신
실	蟋	(虫/11)	귀뚜라미 실
심	葚	(艸/09)	오디 심:
심	諗	(言/08)	고할 심
아	迓	(辵/04)	맞을 아
악	咢	(口/06)	깜짝놀랄 악
안	犴	(犬/03)	들개/옥(獄) 안
안	鴈	(鳥/04)	기러기 안:
알	揠	(手/09)	뽑을 알
알	訐	(言/03)	들추어낼 알
알	遏	(辵/09)	막을 알
알	頞	(頁/06)	콧대 알
알	戛	(戈/07)	창/어근버근할 알
알	歹	(歹/00)	뼈앙상할 알 ㅣ 나쁠 대
암	黯	(黑/09)	검을 암:
앙	卬	(卩/02)	나 앙
앙	泱	(水/05)	물깊고넓을 앙 ㅣ 흰구름일 영
앙	盎	(皿/05)	동이 앙
앙	鞅	(革/05)	가슴걸이 앙
애	僾	(人/13)	비슷할/돋보기 애:
애	藹	(艸/16)	초목우거질 애:
애	餲	(食/09)	밥쉴 애:
액	戹	(戶/01)	좁을 액
액	阨	(阜/04)	막힐 액 ㅣ 좁을 애
액	額	(頁/06)	이마 액
앵	嚶	(口/17)	꾀꼬리소리 앵
약	禴	(示/17)	봄제사 약
약	籥	(竹/17)	피리 약
약	瀹	(水/17)	데칠/지질 약
양	漾	(水/11)	물출렁거릴 양
양	瀼	(水/17)	이슬많은모양 양
양	颺	(風/09)	날릴 양
양	昜	(日/05)	볕 양
양	鍚	(金/09)	말이마치장 양
양	饟	(食/17)	건량 양
어	圉	(囗/08)	마부 어
어	敔	(攴/07)	막을 어
어	飫	(食/04)	배부를 어:
어	饇	(食/11)	배부를 어

억 嶷 (山/14) 숙성할 억 | 산이름 의
언 唁 (口/07) 위문할 언
언 鰋 (魚/09) 메기 언:
얼 臬 (自/04) 문지방 얼
얼 孽 (子/17) 서자 얼
얼 臲 (自/10) 위태할 얼
엄 閹 (門/08) 고자/내시 엄
엄 揜 (手/09) 가릴 엄:
엄 渰 (水/09) 구름일 엄
여 旟 (方/16) 기 여
여 洳 (水/06) 물이름/축축할 여
여 畬 (田/07) 세해된밭 여 | 따비밭 사
여 鸒 (鳥/14) 갈까마귀 여
역 嶧 (山/13) 산이름 역
역 懌 (心/13) 기뻐할 역
역 淢 (水/08) 빨리흐를 역 | 해자 혁
역 閾 (門/08) 문지방 역
역 埸 (土/08) 지경/밭두둑 역
역 晹 (日/08) 햇살약할 역
역 棫 (木/08) 두릅나무 역
역 緎 (糸/08) 혼솔 역
역 罭 (网/08) 물고기그물 역
역 鶂 (鳥/08) 거위소리 역 | 거위소리 예
역 鷊 (鳥/10) 칠면조 역
연 兗 (儿/07) 땅이름 연
연 悁 (心/07) 성낼 연 | 조급할 견
연 掾 (手/09) 아전 연
연 蜎 (虫/07) 벌레꿈틀거릴 연
연 醼 (酉/16) 잔치 연
열 噎 (口/12) 목멜 열
염 冉 (冂/03) 나아갈 염
염 檿 (木/14) 산뽕나무 염:
염 饜 (食/14) 싫을/배부를 염:
염 焱 (火/08) 불꽃 염 | 불꽃 혁
염 燄 (火/12) 불당길 염:
염 艷 (色/18) 고울 염[豔]
엽 爗 (火/15) 빛날 엽
엽 饁 (食/10) 들밥먹일 엽
영 咏 (口/05) 읊을 영:
영 嬴 (女/13) 가득할 영
영 縈 (糸/10) 얽힐 영
영 贏 (貝/13) 남을 영
영 郢 (邑/07) 땅이름 영:
영 攖 (手/17) 찌를/가까이할 영
예 睨 (目/08) 흘겨볼 예:
예 翳 (羽/11) 가릴 예:
예 蕊 (艸/12) 꽃술 예:
예 蚋 (虫/04) 모기 예:
예 鷖 (鳥/11) 갈매기 예
예 麑 (鹿/08) 사슴새끼 예
예 勩 (力/12) 수고로울 예 | 수고로울 이
예 堄 (土/08) 성가퀴 예
예 橤 (木/12) 드리울 예
예 瘞 (疒/10) 묻을 예:
예 羿 (羽/03) 사람이름 예:
예 蓺 (艸/11) 심을 예
예 輗 (車/08) 멍에막이 예
오 忤 (心/04) 거스를 오:
오 汙 (水/03) 더러울 오:
오 隩 (阜/13) 감출 오
오 嗸 (口/11) 시끄러울 오
오 奡 (大/09) 거만할 오:
오 杇 (木/03) 흙손 오
오 珸 (玉/07) 아름다운돌 오
옥 鋈 (金/07) 도금할 옥
온 媼 (女/10) 할미 온
온 慍 (心/10) 성낼 온
온 昷 (日/05) 온화할 온

온 醞 (酉/10) 술빚을 온:
온 韞 (韋/10) 감출 온:
올 卼 (卩/07) 위태할 올
올 扤 (手/03) 움직일 올
올 杌 (木/03) 가지없는나무/위태로울 올
옹 廱 (广/18) 막힐 옹
옹 雝 (隹/10) 화할/할미새 옹
옹 顒 (頁/09) 우러를 옹
옹 灉 (水/18) 물이름 옹
와 吪 (口/04) 움직일 와
완 垸 (土/07) 회섞어바를 완
완 盌 (皿/05) 주발 완
완 婠 (女/08) 품성좋을 완
왜 騧 (馬/09) 공골말 왜
요 喓 (口/09) 벌레소리 요
요 徭 (彳/10) 구실 요
요 徼 (彳/13) 구할 요: | 변방 교:
요 殀 (歹/04) 일찍죽을 요
요 蕘 (艸/12) 나무할 요
요 葽 (艸/09) 아기풀 요
요 鷕 (鳥/11) 암꿩이울 요
용 宂 (宀/02) 일없을/번잡할 용:
용 踴 (足/09) 뛸 용:
용 鄘 (邑/11) 나라이름 용
우 俁 (人/07) 클 우
우 吁 (口/03) 탄식할 우
우 堣 (土/09) 땅이름 우
우 盱 (目/03) 눈부릅뜰 우
우 耦 (耒/09) 짝 우:
우 耰 (耒/15) 고무래 우
우 踽 (足/09) 홀로걸을 우
우 麀 (鹿/02) 암사슴 우
우 麌 (鹿/07) 수사슴/떼지어모일 우
우 噳 (口/13) 떼지을/웃는모양 우
우 懮 (心/15) 근심할 우
우 楀 (木/09) 나무이름 우
우 訏 (言/03) 속일 우:
우 訧 (言/04) 허물 우
욱 燠 (火/13) 더울 욱
욱 勖 (力/09) 힘쓸 욱
욱 稢 (禾/08) 서직무성할 욱
욱 薁 (艸/13) 머루 욱
운 沄 (水/04) 물콸콸흐를 운
운 篔 (竹/10) 왕대 운
울 菀 (艸/08) 무성할 울 | 동산 원: | 개미취 완
원 騵 (馬/10) 붉은말 원
원 黿 (黽/04) 큰자라 원
월 刖 (刀/04) 발꿈치벨 월
월 軏 (車/03) 멍에막이 월
위 喟 (口/09) 한숨쉴 위
위 煒 (火/09) 빛날 위
위 闈 (門/09) 대궐안작은문 위
위 韡 (韋/12) 밝고성한모양 위
위 蔚 (艸/15) 익모초 위
유 呦 (口/05) 사슴울 유
유 囿 (囗/06) 동산 유:
유 帷 (巾/08) 휘장/장막 유
유 揉 (手/09) 휠 유
유 牖 (片/11) 깨우칠/창 유
유 窬 (穴/09) 판장문 유
유 籲 (竹/26) 부르짖을 유
유 緌 (糸/08) 갓끈 유
유 莠 (艸/07) 가라지 유
유 鮪 (魚/06) 상어 유
유 黝 (黑/05) 검푸를 유
유 龥 (龠/09) 부르짖을 유
유 卣 (卜/05) 술통 유
유 曘 (日/14) 햇빛 유

유 楰 (木/08) 산유자나무 유
유 槱 (木/11) 화톳불놓을 유
유 滺 (水/11) 물흐르는모양 유
유 濰 (水/14) 물이름 유
유 秞 (禾/05) 곡식무성할 유
유 羑 (羊/03) 인도할 유
유 褎 (衣/09) 옷잘입을/나아갈 유 | 소매 수
유 輶 (車/09) 가벼운수레 유
유 醹 (酉/14) 술맛진할 유
윤 狁 (犬/04) 오랑캐이름 윤
윤 阭 (阜/04) 높을 윤
율 汩 (水/04) 물흐를 율 | 빠질 골
율 繘 (糸/12) 두레박줄 율
율 驈 (馬/12) 샅흰검은말 율
율 鴥 (鳥/05) 빨리날 율
은 嚚 (口/15) 어리석을 은
은 憖 (心/12) 물을/원할 은
은 檼 (木/14) 마룻대/도지개 은
은 溵 (水/10) 물이름 은
은 訔 (言/03) 언쟁할 은
읍 挹 (手/07) 뜰/읍할 읍
읍 浥 (水/07) 젖을 읍
의 劓 (刀/14) 코벨 의
의 猗 (犬/08) 불깐개 의 | 부드러울 아
의 饐 (食/12) 밥쉴 의 | 밥쉴 애
의 扆 (戶/06) 병풍 의
의 薿 (艸/14) 우거질 의 | 우거질 억
이 彝 (彐/15) 떳떳할 이
이 洟 (水/06) 콧물 이
이 訑 (言/03) 자랑할 이 | 방탕할 탄
이 迤 (辵/05) 든든할 이 | 어정거릴 타
이 刵 (刀/06) 귀벨 이
이 异 (廾/03) 그만둘 이
이 杝 (木/03) 나무이름 이 | 쪼갤 치
이 桋 (木/06) 가시목 이
이 樲 (木/12) 멧대추나무 이:
이 苢 (艸/05) 질경이 이:
이 詒 (言/05) 줄 이 | 속일 태
이 頤 (頁/06) 턱 이
익 弋 (弋/00) 주살 익
인 仞 (人/03) 길 인:
인 夤 (夕/11) 공손할 인
인 禋 (示/09) 제사지낼 인
인 牣 (牛/03) 가득할 인:
인 訒 (言/03) 말더듬거릴 인:
인 軔 (車/03) 바퀴고임나무 인
인 闉 (門/09) 성문 인
인 陻 (阜/09) 막을/막힐 인
인 駰 (馬/06) 회색얼룩말 인
일 泆 (水/05) 음탕할/넘칠 일
임 衽 (衣/04) 옷깃 임
임 袵 (衣/06) 옷깃 임
잉 陾 (阜/09) 담쌓는소리 잉
자 孶 (子/10) 새끼칠 자
자 柘 (木/05) 메뽕나무 자
자 粢 (米/06) 서직/젯밥 자
자 耔 (耒/03) 북돋울 자
자 胾 (肉/06) 고깃점 자
자 茲 (艸/06) 초목무성할 자
자 訾 (言/06) 훼방할/헐뜯을 자
자 貲 (貝/06) 재물 자
자 赭 (赤/09) 붉은흙 자
자 鎡 (金/10) 호미 자
자 秭 (禾/05) 천억 자
자 胏 (肉/05) 밥찌끼 자
자 訿 (言/06) 훼방할/헐뜯을 자
자 鼒 (鼎/03) 옹솥 자
작 柞 (木/05) 떡갈나무 작

잔	僝	(人/12)	갖출/욕할 잔
장	奘	(大/07)	클 장
장	戕	(戈/04)	찌를 장
장	漳	(水/11)	물이름 장
장	牂	(爿/06)	암양 장
장	萇	(艸/08)	보리수 장
장	鏘	(金/11)	옥소리 장
장	斨	(斤/04)	도끼 장
장	粻	(米/08)	양식 장
재	灾	(火/03)	재앙 재
재	纔	(糸/17)	겨우 재
재	賫	(貝/08)	가질 재
저	杼	(木/04)	북(織具) 저:
저	氐	(氏/01)	근본 저
저	罝	(网/05)	짐승그물 저
저	羝	(羊/05)	숫양 저
저	苴	(艸/05)	암삼 저 ㅣ 두엄풀 자
저	疷	(疒/05)	앓을 저
저	砠	(石/05)	돌산 저
저	筯	(竹/07)	젓가락 저
저	羜	(羊/05)	새끼양 저
적	糴	(米/16)	쌀사들일 적
적	覿	(見/15)	볼 적
적	逖	(辵/07)	멀 적
적	籊	(竹/14)	가늘고길 적
적	趯	(走/14)	뛸 적 ㅣ 뛸 약
적	踖	(足/08)	조심해서걸을/밟을 적
전	巓	(山/19)	산꼭대기 전
전	戩	(戈/10)	다할 전
전	旃	(方/06)	기(旗) 전
전	畋	(田/04)	사냥할 전
전	翦	(羽/09)	자를 전
전	腆	(肉/08)	두터울 전:
전	荃	(艸/06)	향초 전
전	邅	(辵/13)	머뭇거릴 전
전	靦	(面/07)	부끄러울 전:
전	顓	(頁/09)	오로지 전
전	飦	(食/03)	죽 전
전	鱣	(魚/13)	전어 전: ㅣ 드렁허리 선:
전	瀍	(水/15)	물이름 전
전	牷	(牛/06)	희생 전
전	瘨	(疒/10)	앓을 전
전	闐	(門/10)	성할 전
절	晢	(日/07)	밝을 절 ㅣ 별반짝일 제
절	晣	(日/07)	밝을 절 ㅣ 별반짝일 제
점	墊	(土/11)	빠질 점
점	玷	(玉/05)	옥티 점
점	簟	(竹/12)	대자리 점:
점	坫	(土/05)	잔돌려놓는자리 점
정	桯	(木/07)	탁자 정
정	梃	(木/07)	몽둥이 정
정	棖	(木/08)	문설주 정
정	珵	(玉/07)	옥이름 정
정	酲	(酉/07)	숙취 정
정	鋥	(金/07)	칼날세울 정:
정	靚	(靑/07)	단장할 정
정	涏	(水/07)	물결곧을 정 ㅣ 윤이날 전
정	裎	(衣/07)	옷벗을 정
정	赬	(赤/09)	붉을 정
정	阱	(阜/04)	함정 정
제	娣	(女/07)	제수 제:
제	瑅	(玉/09)	옥이름 제
제	禔	(示/09)	편안할 제
제	稊	(禾/07)	가라지 제
제	躋	(足/14)	오를 제
제	隄	(阜/09)	둑/막을 제
제	嚌	(口/14)	맛볼 제
제	懠	(心/14)	성낼 제

제 渧 (水/05) 물이름 제
제 穧 (禾/14) 볏단 제
제 蠐 (虫/14) 굼벵이 제
제 隮 (阜/14) 오를 제
제 鵜 (鳥/07) 사다새 제
조 洮 (水/06) 씻을 조
조 佻 (人/06) 경박할 조
조 徂 (彳/05) 갈 조
조 懆 (心/13) 근심할 조
조 殂 (歹/05) 죽을 조
조 皁 (白/02) 검을/하인 조:
조 竈 (穴/16) 부엌 조
조 蔦 (艸/11) 담쟁이덩굴 조
조 蜩 (虫/08) 매미 조
조 鼂 (黽/05) 아침 조
조 恌 (心/06) 경박할 조
조 慥 (心/11) 독실할 조
조 旐 (方/08) 기 조
조 皀 (白/02) 검을/하인 조:
조 罩 (网/08) 가리 조
조 蓧 (艸/11) 삼태기 조
조 螬 (虫/11) 굼벵이 조
조 阼 (阜/05) 동편섬돌 조
조 鞗 (革/07) 고삐 조
조 鰷 (魚/11) 피라미 조
종 椶 (木/09) 종려나무 종
종 樅 (木/11) 전나무 종
종 瑽 (玉/11) 패옥소리 종
종 螽 (虫/11) 메뚜기 종
종 蹤 (足/11) 자취 종
종 尰 (尢/09) 수종다리 종
종 豵 (豕/11) 돼지새끼 종
종 鬷 (鬲/09) 모일 종
좌 脞 (肉/07) 잗달 좌
주 侜 (人/06) 가릴 주
주 幬 (巾/14) 휘장 주 | 덮을 도
주 裯 (衣/08) 홑이불 주 | 소매 도
주 輈 (車/06) 수레채 주
주 遒 (辵/09) 굳셀 주
주 霔 (雨/08) 시우 주
주 咮 (口/06) 새부리 주
주 姝 (女/05) 여자예쁜모양 주
주 燽 (火/14) 드러날 주
주 譸 (言/14) 속일 주
주 躕 (足/15) 머뭇거릴 주
주 邾 (邑/06) 나라이름 주
주 馵 (馬/03) 뒷발이흰말 주
죽 鬻 (鬲/12) 죽 죽 | 팔 육
준 噂 (口/12) 수군거릴 준
준 埻 (土/08) 과녁 준
준 蹲 (足/12) 걸어앉을 준
준 隼 (隹/02) 새매 준
준 鱒 (魚/12) 송어 준
줄 崒 (山/08) 산높을 줄
즐 騭 (馬/10) 수말 즐
즙 戢 (戈/09) 거둘 즙
즙 濈 (水/13) 화목할 즙
증 璔 (玉/12) 옥(玉) 증
지 坻 (土/05) 모래섬 지 | 무너질 저
지 篪 (竹/10) 저[笛] 지
지 踟 (足/08) 머뭇거릴 지
지 蚳 (虫/05) 개미알 지
지 輊 (車/06) 수레숙어질 지
지 鋕 (金/07) 새길 지
진 瑱 (玉/10) 귀막이옥 진
진 蓁 (艸/10) 우거질 진
진 鬒 (髟/10) 숱많고검을 진
진 禛 (示/10) 복받을 진

진	紾	(糸/05)	비틀/거칠 진
진	螓	(虫/10)	쓰르라미 진
질	垤	(土/06)	개밋둑 질
질	絰	(糸/06)	요질/수질 질
질	蒺	(艸/10)	남가새 질
질	挃	(手/06)	벼벨 질
질	瓞	(瓜/05)	북치 질
질	礩	(石/15)	주춧돌 질
질	耋	(老/06)	늙을 질
질	銍	(金/06)	짧은낫 질
차	泚	(水/06)	물맑을 차
차	佌	(人/06)	작을 차
차	佽	(人/06)	도울 차
차	瑳	(玉/10)	옥빛 차
착	斲	(斤/10)	깎을 착
착	斮	(斤/08)	벨 착
찬	巑	(山/19)	높이솟을 찬
찬	爨	(火/25)	불땔 찬:
찬	湌	(水/09)	먹을 찬 | 밥 손
찰	扎	(手/01)	뽑을 찰
참	憯	(心/12)	마음아플 참
참	毚	(比/13)	약은토끼 참
잠	譖	(言/12)	참소할 참
창	悵	(心/08)	슬플 창:
창	搶	(手/10)	빼앗을 창
창	瑲	(玉/10)	옥소리 창
창	窗	(穴/07)	창 창
창	蹌	(足/10)	추창할 창
창	鬯	(鬯/00)	향풀 창
창	鶬	(鳥/10)	왜가리/꾀꼬리 창
창	韔	(韋/08)	활집 창
채	瘥	(疒/10)	병나을 채 | 역질 차
채	瘵	(疒/11)	허로병 채
채	蠆	(虫/13)	벌(蜂)/전갈 채:
책	簀	(竹/11)	살평상 책
처	萋	(艸/08)	풀성할 처
척	坧	(土/05)	터 척
척	惕	(心/08)	두려워할 척
척	跖	(足/05)	발바닥 척
척	慼	(心/11)	근심할 척
척	踖	(足/10)	잔걸음 척
척	蹢	(足/11)	머뭇거릴 척 | 굽 적
천	俴	(人/08)	엷을 천
천	倩	(人/08)	아름다울 천: | 사위 청:
천	幝	(巾/12)	해진모양 천
천	梴	(木/07)	나무밋밋할 천
천	遄	(辵/09)	빠를 천
철	啜	(口/08)	훌쩍거릴 철
철	惙	(心/08)	근심할 철
철	掇	(手/08)	주울 철
철	歠	(欠/15)	마실 철
철	驖	(馬/13)	구렁말 철
첨	覘	(見/05)	엿볼 첨 | 엿볼 점
첨	忝	(心/04)	욕될 첨
첨	襜	(衣/13)	수레휘장 첨
첨	餂	(食/06)	핥을 첨
체	彘	(彐/09)	돼지 체
체	棣	(木/08)	산앵두나무 체 | 익숙할 태
체	嚔	(口/15)	재채기할 체
체	掣	(手/08)	끌 체 | 당길 철
체	揥	(手/09)	빗치개 체 | 버릴 제
체	杕	(木/03)	나무우뚝설 체 | 키 타
체	疐	(疋/09)	꼭지 체 | 엎어질 치
체	禘	(示/09)	큰제사 체
체	蝃	(虫/08)	무지개 체
체	遰	(辵/09)	갈마들 체 | 두를 대
체	髢	(髟/03)	딴머리 체
초	勦	(力/11)	노곤할 초

초 悄 (心/07) 근심할 초
초 誚 (言/07) 꾸짖을 초
초 譙 (言/12) 꾸짖을 초
촉 躅 (足/13) 자취 촉
촉 蠋 (虫/13) 뽕나무벌레 촉
총 冢 (冖/08) 클/무덤 총:
총 潨 (水/12) 물모일 총
최 漼 (氵/11) 눈서리쌓일 최
최 嘬 (口/12) 물(齧) 최:
최 摧 (手/11) 꺾을 최
추 蝤 (虫/09) 나무굼벵이 추 | 하루살이 유
추 甃 (瓦/09) 우물벽돌 추
추 瘳 (疒/11) 병나을 추
추 縐 (糸/10) 주름 추
추 騅 (馬/08) 푸르고흰얼룩말 추
추 鵻 (鳥/08) 비둘기 추
추 鶖 (鳥/09) 무수리 추
추 麤 (鹿/22) 거칠 추
추 棸 (木/08) 나무이름 추
추 緅 (糸/08) 아청빛 추
추 萑 (艸/08) 익모초 추 | 물억새 환
추 鄹 (邑/14) 나라이름 추
축 妯 (女/05) 동서 축 | 슬퍼할 추
축 蹜 (足/11) 종종걸음칠 축
축 柷 (木/05) 악기이름 축
축 蓫 (艸/11) 참소리쟁이 축
축 踧 (足/08) 삼갈 축 | 평평할 척
축 顣 (頁/11) 찡그릴 축
춘 杶 (木/04) 참죽나무 춘
춘 賰 (貝/09) 넉넉할 춘
출 怵 (心/05) 두려울 출
충 忡 (心/04) 근심할 충
충 珫 (玉/06) 귀막이 충
충 虫 (虫/00) 벌레 충 | 벌레 훼
췌 惴 (心/09) 두려워할 췌
췌 揣 (手/09) 헤아릴 췌 | 헤아릴 취
췌 瘁 (疒/08) 병들 췌: | 병들 취:
취 毳 (毛/08) 솜털 취:
측 廁 (广/09) 뒷간 측
측 昃 (日/04) 해기울 측
치 哆 (口/06) 입벌릴 치
치 寘 (宀/10) 둘 치
치 絺 (糸/07) 가는칡베 치
치 菑 (艸/08) 묵정밭 치 | 재앙 재
치 褫 (衣/10) 옷벗길/빼앗을 치
치 鴟 (鳥/05) 솔개 치
치 庤 (广/06) 쌓을 치
치 懥 (心/15) 성낼 치
치 懫 (心/15) 성낼 치
치 觶 (角/12) 술잔 치
침 忱 (心/04) 정성 침
침 駸 (馬/07) 말달릴 침
침 寑 (宀/09) 잘 침:
침 綅 (糸/07) 붉은실 침 | 비단 섬
칩 縶 (糸/11) 말맬 칩
쾌 噲 (口/13) 목구멍 쾌:
쾌 夬 (大/01) 괘이름/결단할 쾌
타 佗 (人/05) 짊어질/다를 타
타 沱 (水/05) 물이름/눈물흐를 타
타 鮀 (魚/05) 모래무지 타
타 鼉 (黽/12) 자라/악어 타
타 它 (宀/02) 다를 타 | 뱀 사
타 嶞 (山/12) 산좁고길 타
타 紽 (糸/05) 타래 타
탁 橐 (木/12) 전대 탁
탁 蘀 (艸/16) 낙엽 탁
탁 椓 (木/08) 칠 탁
탄 僤 (人/12) 빠를 탄

탄	殫	(歹/12)	다할 탄
탄	驒	(馬/12)	연전총(連錢驄) 탄
탄	嘽	(口/12)	헐떡거릴 탄 | 느릿할 천:
탄	疃	(田/12)	짐승발자국/마을 탄
탈	棁	(木/07)	막대기 탈 | 동자기둥 절
탐	嗿	(口/11)	먹는소리/많을 탐
탐	醓	(酉/09)	육장 탐
탑	漯	(水/11)	물이모이는모양 탑 | 강이름 루
탕	盪	(皿/12)	씻을 탕:
탕	簜	(竹/12)	왕대 탕
탕	蝪	(虫/09)	땅거미 탕
태	迨	(辵/05)	미칠 태
태	駾	(馬/07)	말빨리달릴 태
톤	啍	(口/08)	느릿할 톤 | 일깨울 순
톤	噋	(口/12)	느릿할 톤 | 일깨울 순
톤	噸	(口/13)	무게단위 톤
톤	瓲	(瓦/04)	톤 톤
톤	畽	(田/09)	염우없을 톤 | 빈터 탄
통	恫	(心/06)	슬플 통 | 으를 동
퇴	魋	(鬼/08)	짐승이름 퇴 | 북상투 추
퇴	隤	(阜/12)	무너질 퇴
퇴	蓷	(艸/11)	익모초 퇴
투	渝	(水/09)	변할 투
특	忒	(心/03)	변할 특
파	皤	(白/12)	머리흴 파
파	簸	(竹/13)	까부를 파:
파	嶓	(山/12)	산이름 파
파	豝	(豕/04)	암퇘지 파
판	昄	(日/04)	클 판
패	孛	(子/04)	살별 패 | 안색변할 발
패	旆	(方/06)	기(旗) 패
패	粺	(米/08)	정미(精米) 패
패	茷	(艸/06)	풀잎무성할 패
팽	伻	(人/05)	심부름꾼 팽
팽	祊	(示/04)	제사이름 팽
편	徧	(彳/09)	두루 편 | 두루 변
편	褊	(衣/09)	옷좁을 편
편	諞	(言/09)	교묘히말할 편
평	苹	(艸/05)	다북쑥 평
폐	敝	(攴/08)	해질 폐:
포	炮	(火/05)	싸서구울 포
포	炰	(火/05)	구울 포
포	餔	(食/07)	저녁밥 포
포	褒	(衣/11)	기릴 포
포	麃	(鹿/04)	고라니 포 | 김맬 표
표	儦	(人/15)	떼지어다닐 표
표	嘌	(口/11)	빠를 표
표	摽	(手/11)	칠 표
표	殍	(歹/07)	굶어죽을 표
표	鑣	(金/15)	재갈 표
표	滮	(水/11)	물흐르는모양 표 | 퓨
표	瀌	(水/15)	눈비퍼부을 표
표	飆	(風/12)	폭풍 표
풍	灃	(水/18)	강이름 풍
풍	豐	(豆/11)	풍년 풍
피	詖	(言/05)	치우칠 피
필	佖	(人/05)	점잖을/가득할 필
필	觱	(角/09)	피리/쌀쌀할 필
필	鞸	(革/11)	슬갑 필 | 칼집 병
필	駜	(馬/05)	말살찔 필
필	怭	(心/05)	설만할 필
필	鉍	(金/05)	창자루 필
필	飶	(食/05)	음식의향기 필
핍	偪	(人/09)	핍박할 핍
하	嘏	(口/11)	클 하
하	呀	(口/04)	입벌릴 하
하	苄	(艸/03)	지황 하 | 지황 호
하	菏	(艸/08)	풀이름/늪이름 하

하 騢 (馬/09) 적부루마 하
학 翯 (羽/10) 함치르르할 학
한 熯 (火/11) 마를/말릴 한
한 哻 (口/07) 코고는소리 한
한 僩 (人/12) 너그러울/노할 한
한 暵 (日/11) 마를/말릴 한
한 扞 (手/03) 막을 한
할 劼 (力/06) 삼갈 할
할 舝 (舛/07) 비녀장 할
함 菡 (艸/08) 연꽃봉오리 함
함 諴 (言/09) 화할 함
함 鬫 (鬥/12) 범우는소리 함
합 嗑 (口/10) 입다물 합
합 柙 (木/05) 짐승우리 합
합 盍 (皿/05) 덮을 합 | 새이름 갈
항 頏 (頁/04) 새날아내릴/목구멍 항
해 醢 (酉/10) 젓 해
해 陔 (阜/06) 섬돌 해
핵 覈 (襾/13) 핵실할 핵
행 悻 (心/08) 발끈성낼 행:
허 栩 (木/06) 상수리나무 허 | 상수리나무 우
헌 巘 (山/20) 산봉우리 헌
험 獫 (犬/13) 오랑캐이름 험 | 개 렴
험 玁 (犬/20) 오랑캐이름 험
혁 侐 (人/06) 고요할 혁
혁 洫 (水/06) 빌[虛]/넘칠 혁
혁 焃 (火/07) 붉을 혁
혁 虩 (虍/12) 두려워할 혁
혁 衋 (血/18) 애통해할 혁
현 儇 (人/13) 영리할 현
현 嬛 (女/13) 산뜻할 현 | 외로울 경
현 昡 (日/05) 햇빛 현
현 駽 (馬/07) 검푸른말 현
현 怰 (心/05) 팔 현
현 莧 (艸/07) 비름 현:
현 鞙 (革/07) 멍에끈 현
혈 絜 (糸/06) 잴 혈 | 깨끗할 결
협 洽 (氵/06) 젖을 협
협 恊 (心/06) 맞을 협
혜 傒 (人/10) 기다릴/가둘 혜
혜 嘒 (口/11) 반짝거릴 혜
혜 徯 (彳/10) 기다릴 혜:
혜 盻 (目/04) 눈흘길 혜
혜 憓 (心/12) 사랑할 혜
혜 譓 (言/12) 슬기로울 혜
호 嘑 (口/11) 부르짖을 호
호 怙 (心/05) 믿을 호:
호 皜 (白/10) 흴 호
호 皞 (白/12) 밝을 호
호 薅 (艸/13) 김맬 호
혼 惛 (心/08) 흐릴 혼 | 번민할 민
홍 鉷 (金/06) 쇠뇌 홍
홍 鬨 (鬥/06) 싸움소리 홍:
홍 洚 (水/06) 물넘칠 홍
확 矍 (目/15) 두리번거릴 확
확 雘 (隹/10) 붉을/진사(辰沙) 확
환 圜 (囗/13) 두를 환 | 둥글 원
환 懽 (心/18) 기뻐할 환
환 睆 (目/07) 밝을 환
환 豢 (豕/06) 기를 환:
환 鍰 (金/09) 무게단위/고리 환
환 鐶 (金/13) 고리 환
환 芄 (艸/03) 왕골 환
환 逭 (辵/08) 도망할 환:
활 濶 (水/14) 넓을 활
황 堭 (土/09) 해자 황
황 喤 (口/09) 울음소리 황
황 媓 (女/09) 어머니 황

회 洄 (水/06) 거슬러흐를/돌아흐를 회
회 頮 (頁/07) 낯씻을 회
회 薈 (艸/13) 초목무성할 회
획 擭 (手/14) 잡을 획 | 덫 확
효 効 (力/06) 본받을 효:
효 嘵 (口/12) 두려워할 효
효 傚 (人/10) 본받을 효
효 囂 (口/18) 들렐 효
효 殽 (殳/08) 섞일/안주 효
효 虓 (虍/04) 범울부짖을 효
효 鴞 (鳥/05) 부엉이/올빼미 효
후 詡 (言/06) 자랑할 후
후 酗 (酉/04) 주정할 후
후 餱 (食/09) 건량 후
후 鍭 (金/09) 화살촉 후
훈 纁 (糸/14) 분홍빛 훈
훈 鑂 (金/14) 금빛바랠 훈
훤 咺 (口/06) 울 훤
훤 諠 (言/09) 지껄일/잊을 훤
훤 諼 (言/09) 속일/잊을 훤
훤 貆 (豸/06) 담비새끼 훤
훼 虺 (虫/03) 독사/작은뱀 훼:
휘 翬 (羽/09) 날개훨훨칠/꿩 휘
휴 睢 (目/08) 부릅떠볼 휴 | 물이름 수
휴 咻 (口/06) 지껄일 휴 | 따뜻하게할 후
휴 攜 (手/18) 끌 휴
휴 觿 (角/18) 뿔송곳 휴
휼 遹 (辵/12) 좇을/간사할 휼
흉 訩 (言/04) 흉악할/다툴 흉
흔 忻 (心/04) 기뻐할 흔
흔 釁 (酉/18) 틈 흔
흘 仡 (人/03) 날랠 흘 | 배흔들리는모양 올
흘 汔 (水/03) 거의 흘
흘 迄 (辵/03) 이를 흘
흘 齕 (齒/03) 씹을/깨물 흘
흡 潝 (水/12) 물빨리흐를 흡
희 咥 (口/06) 웃을 희 | 깨물 절
희 噫 (口/12) 탄식하는소리/화락할 희
희 爔 (火/16) 불 희
희 狶 (豕/07) 돼지 희
희 餼 (食/10) 보낼 희
희 橲 (木/12) 나무이름 희
희 饎 (食/12) 주식 희
힐 襭 (衣/15) 옷자락에꽂을 힐

著　者　南基卓
略　歷　韓國語文教育研究會 編纂委員長
社團法人 韓國語文會 理事
韓國漢字能力檢定會 會長
江原大學校 人文大學 國語國文學科 敎授

漢字能力檢定試驗 特級

초판 인쇄 2012년 3월 1일
초판 발행 2012년 3월 1일
8판 발행 2026년 8월 20일

發行人 韓國語文教育研究會
發行處 韓國語文教育研究會
住　所 서울시 서초구 사임당로 64, 401호(서초동, 교대벤처타워)
電　話 1566-1400

등록번호 : 제 22-1555호
I S B N : 979-11-91238-93-8 13700

정가 : 39,000원

공급처 푸른하늘 T.02-332-1275, 1276 | F.02-332-1274
www.skymiru.co.kr

한자능력검정시험